불경

佛經
SUTTA

불경

佛經
SUTTA

중각 이중표 편역

불광출판사

머리말

불법승 삼보에 귀의합니다.

붓다는 제자들에게 항상 이렇게 말씀하셨습니다.

그대들은 자신을 등불로 삼고, 자신을 귀의처로 삼고, 다른 사람을 귀의처로 삼지 말라. 가르침[法]을 등불로 삼고, 가르침을 귀의처로 삼고, 다른 것을 귀의처로 삼지 않고 살아가도록 하라.

오늘의 불자들은 이 가르침을 받들지 못하고 있습니다. 여기에는 여러 가지 이유가 있겠지만, 무엇보다도 불자들이 붓다의 가르침을 쉽게 접할 수 있는 불경이 없기 때문이라고 생각합니다. 그리고 불자들이 불경을 쉽게 접할 수 없는 이유는 불경의 양이 방대하고, 고대 인도어나 한자로 되어 있기 때문일 것입니다. 대장경으로 일컬어지는 불경은 우리가 평생을 읽어도 다 읽지 못할 방대한 양입니다. 그뿐만이 아니라 고대 산스크리트나 빨리어로 기록된 불경과 한자로 번역된 불경은 전문가가 아니면 읽을 수 없습니다.

저는 10대 후반 고등학교 2학년 봄에 우연히 하굣길에 절 앞을 지나가다가 법회 참석을 권하는 대학생들에 이끌려 법회에 참석하게 되었습니다. 법사님으로부터 들은 법문은 제가 알고 있던 불교가 아니었습니다. 불상에 기도하고 염불하여 복을 비는 것이 불교라고 알고 있던 저는 마음이 편안하면 천당이고 마음이 괴로우면 지옥이라는 법사님의 설법을 듣고 마음 다스리는 법을 배우기 위해 불교에 귀의했습니다.

절대자를 맹목적으로 믿는 종교도 누구나 쉽게 읽을 수 있는 경전이 있는데, 붓다의 가르침에 의지하여 깨달음을 구하는 불교가 불경 없이 불상에 의지하고 있는 현실이 너무 안타까웠습니다. 저는 불교를 공부하면서 누구나 쉽게 붓다의 가르침을 만날 수 있는 불경을 편찬하겠다는 원을 세웠습니다. 아마 저와 같은 원을 세운 분이 많을 것입니다. 만해 한용운 스님께서 『불교대전』을 편찬하신 것도 저와 같은 뜻이었을 것입니다. 이후로도 『불교성전』이라는 이름으로 불경을 한 권의 책으로 담아내려는 시도가 몇 차례 있었습니다. 그렇지만 방대한 불경을 한 권의 책에 담아내기는 너무 어려운 일이기에, 지금까지 나온 『불교성전』들은 만족할 만한 성과를 거두지 못했습니다.

대장경으로 일컬어지는 경(經), 율(律), 론(論) 삼장(三藏)을 한 권의 책으로 엮어 내는 일은 불가능합니다. 특히 대승불교 전통의 북방불교권에는 많은 대승 경전이 전해지기 때문에, 대승 경전을 포함하면 더욱 어렵습니다. 그런데 이전의 『불교성전』들은 대승경전을 중심으로 『불교성전』을 편찬했기 때문에 경전 속의 좋은 말씀을 발췌하여 엮어 내는 방식을 취할 수밖에 없었습니다. 저는 이전의 『불교성전』이 만족스럽지 못했던 이유가 여기에 있다고 생각합니다.

2007년, 전남대학교에 재직하던 저는 연구년을 맞아 1년간 미국에 머물게 되었습니다. 저는 미국인들이 불교에 많은 관심을 보이는 것을 보았습니다. 그런데 그들은 달라이 라마나 틱낫한 스님 같은 훌륭한 스님들의 가르침에 의지하고 있었습니다. 스님들을 의지하는 불교는 미래가 없습니다. 왜냐하면 그 스님이 세상을 떠나면 의지처가 사라지기 때문입니다. 붓다는 이것을 잘 아셨기 때문에, 붓다 자신이 아니라 붓다의 가르침에 의지하도록 했던 것입니다, 저는 미국에서 누구나 쉽게 접할 수 있는 불경의 필요성을 더욱 절감했습니다. 그리고 누구나 쉽게 접할 수 있는 불경은 전 세계의 시대적인 요구라고 느꼈습니다.

동북아시아에 전승된 대승 경전은 붓다 이후에 형성된 것이기 때문에 세계 공통의 불경이 되기 어렵습니다. 저는 이 시대에 우리에게 필요한 불경은 누구나 인정하는 붓다가 직접 가르친 『니까야』와 『아함경』이라고 생각합니다. 그리고 근본불교를 전공한 제가 보기에, 대승불교는 근본불교와 근본적으로 다름이 없습니다. 대승불교의 사상은 근본 경전 속에 잘 드러나 있기 때문에, 새로 편찬할 『불경』에 굳이 대승 경전을 넣지 않아도 된다고 생각합니다. 저는 미국에서 『니까야』와 『아함경』을 정선하여 한 권의 『불경』으로 엮어 내야겠다는 생각을 가지고 귀국했습니다.

2008년에 귀국하여 『불경』을 편찬할 목적으로 『니까야』를 정선하여 번역하는 일을 시작했습니다. 저는 불경에 수록할 경전을 정선하고, 정선한 경을 반복되는 문장을 생략하되 문맥을 해치지 않고 양을 줄이는 방식으로 번역했습니다. 그리고 번역어는 널리 알려진 한역(漢譯)의 한자어를 사용하되, 새로운 말로 번역하거나 한자어의 의미를 원어로 확인할 필요가 있는 경우에는, 예를 들어 '자신이 존재한다는 견해[有身見, sakkāyadiṭṭhi], 욕유(欲有, kāma-bhava)'처럼 대괄호와 소괄호를 사용하여 한자어와 빠알리 원어를 병기했습니다. 이렇게 함으로써 한자 용어에 익숙한 분은 낯설지 않고, 불교 용어에 익숙하지 않은 분은 어렵지 않게 불경의 의미를 파악할 수 있도록 했습니다.

귀국하여 번역에 착수했지만, 1년을 비워 둔 학교 일에 쫓기다 보니 2014년 1월에야 전남대학교출판부를 통해 『정선 디가니까야』를 출간할 수 있었습니다. 저는 출간한 『정선 디가니까야』로 근본불교를 공부하는 〈근본불교연구회〉를 조직하여 서울과 광주에서 강의했습니다. 그리고 2016년 1월에 『정선 맛지마니까야』를 전남대학교출판부에서 간행하였으며, 『정선 디가니까야』에 이어서 『정선 맛지마니까야』를 가지고 〈근본불교연구회〉에서 강의했습니다.

2018년 8월 저는 전남대학교 교수직을 정년 퇴임하여 서울에 연구실을 두고 번역과 〈근본불교연구회〉에 전념하게 되었습니다. 〈근본불교연구회〉는 회원들의 열의에 의해 회원 수가 날로 늘어갔는데, 강의할 장소가 없어서 이리저리 옮겨가며 강의실을 빌려서 사용했습니다. 그러던 차에 2018년 12월에 보해 임성우 회장님께서 서울 사옥에 〈근본불교연구회〉가 활동할 수 있는 공간과 연구실을 마련해 주셔서, 이후로는 안정된 환경에서 번역과 강의를 할 수 있었습니다. 이렇게 좋은 환경이 조성되자 〈근본불교연구회〉는 더욱 번성하여 부산·대구·울산 등지에 지부가 만들어졌으며, 이에 용기를 얻어 〈근본불교연구회〉 회원들은 2020년 2월 〈불교신행공동체 붓다나라〉를 설립하여 단체등록을 하였습니다. 그리고 모든 회원들이 『불경』의 출판에 힘을 모아 후원했습니다.

〈붓다나라〉 회원들의 성원에 힘입어 2021년 4월에 『정선 상윳따니까야』를 간행하였고, 2023년 5월과 8월에 『담마빠다』와 『숫따니빠따』를 간행했으며, 9월에는 『정선 앙굿따라니까야』를 간행했습니다. 그리고 2024년 6월에 붓다의 진솔한 모습을 초기 율장인 『마하왁가(Mahāvagga)』와 『쭐라왁가(Cullavagga)』에서 찾아 정리하여 『인간 붓다』라는 이름으로 출간했습니다. 이 모든 책의 출판은 불광출판사가 맡았습니다. 불광출판사에서는 『불경』 편찬의 필요성을 저와 공감하고 흔쾌히 출판을 맡았으며, 이전에 전남대학교출판부에서 출간된 『정선 디가니까야』와 『정선 맛지마니까야』도 다시 출판하여 〈정선 니까야 시리즈〉로 만들었습니다. 이제 마지막으로 이들을 모아서 한 권의 『불경』으로 만드는 일도 불광출판사에서 맡았습니다. 지금까지 함께하신 불광출판사 여러분 고맙습니다.

돌이켜 보니 이 『불경』이 세상에 나오기까지 많은 은혜가 있었습니다. 이 세상에 진리의 빛을 밝히신 석가모니 붓다와 그분의 가르침을 후대에 전하신 여러 성자들의 은혜에 감사합니다. 이 불사에 함께 하신 〈붓다나라〉 도반 여러분께 감사드립니다. 마지막으로 『불경』이 세상에 출현할 수 있도록 물심양면으로 후원해 주신 보해 임성우 회장님께 깊이 감사드립니다.

이제 누구나 쉽게 부처님의 가르침을 만날 수 있는 『불경』이 세상에 출현했으니, 불교의 중심은 불상에서 『불경』으로 전환될 것입니다. 그리고 부처님의 가르침에 의해 이 세상은 자유롭고, 평등하고, 평화로운 부처님 세상이 될 것입니다.

모든 생명이 다투지 않고 행복하게 살아가는 붓다나라를 기원하며.

불기 2568년 9월

붓다나라 대표 중각 합장

차례

디가니까야 Dīgha-Nikāya

맛지마니까야 Majjhima-Nikāya

상윳따니까야 Saṃyutta-Nikāya

앙굿따라니까야 Aṅguttara-Nikāya

제1장 하나-모음[Eka-Nipāta]

숫따니빠따 Sutta-Nipāta

담마빠다 Dhammapada

붓다

[佛]

BUDDHA

제1장 성불(成佛)

〈깨달으신 이야기〉

1.1. 붓다 세존께서 우루웰라(Uruvela)에 계실 때, 네란자라(Nerañjara)강 언덕 보리수(菩提樹) 아래에서 최초의 바른 깨달음[正覺]을 이루셨습니다. 그때 세존께서는 7일 동안 결가부좌하고 앉아서 해탈의 즐거움을 누리셨습니다.

1.2. 세존께서는 초저녁에 연기(緣起)를 순관(順觀)과 역관(逆觀)으로 사유하셨습니다.

'나라고 할 만한 것이 없다는 사실을 알지 못하기 때문에[無明] 내가 있다고 생각하면서 살아간다[行]. 내가 있다고 생각하면서 살아가기 때문에 나와 세계를 분별하는 분별의식[識]이 생긴다. 나와 세계를 분별하는 분별의식에 의지하여 이름과 형색[名色]이 나타난다. 이름과 형색에 의지하여 그것을 보고 듣는 나[六入處]가 나타난다. 그 나에 의지하여 대상을 경험하는 접촉[觸]이 나타난다. 그 접촉에 의지하여 즐겁거나 괴로운 느낌[受]이 나타난다. 그 느낌에 의지하여 느낌을 갈망하는 갈애[愛]가 나타난다. 그 갈애에 의지하여 무상한 오온(五蘊)을 나로 취(取)하게 된다. 오온을 나로 취하기 때문에 내가 있다는 생각[有]이 나타난다. 내가 있다는 생각에 의지하여 내가 태어났다는 생각[生]이 나타난다. 내가 태어났다는 생각에 의지하여 내가 늙어 죽는다는 생각[老死]이 나타난다. 이와 같은 과정이 모여서 온갖 고통을 일으키는 괴로움 덩어리가 나타난다[苦集].'

'나라고 할 만한 것이 없다는 사실을 깨달으면[無明滅] 나 아닌 것이 없다고 생각하며 살아갈 수 있다[行滅]. 나 아닌 것이 없다고 생각하며 살아가면 나와 세계를 분별하는 분별의식이 사라진다[識滅]. 분별의식이 사라지면 이름과 형색이 사라진다[名色滅]. 이름과 형색이 사라지면 그것을 보고 듣는 나가 사라진다[六入處滅]. 그 나가 사라지면 대상을 경험하는 접촉이 사라진다[觸滅]. 그 접촉이 사라지면 즐겁거나 괴로운 느낌이 사라진다[受滅]. 그 느낌이 사라지면 느낌을 갈망하는 갈애가 사라진다[愛滅]. 그 갈애가 사라지면 오온(五蘊)을 나로 취하지 않게 된다[取滅]. 오온을 나로 취하지 않으면 내가 있다는 생각이 사라진다[有滅]. 내가 있다는 생각이 사라지면 내가 태어났다는 생각이 사라진다[生滅]. 내가 태어났다는 생각이 사라지면 내가 늙어 죽는다는 생각이 사라진다[老死滅]. 이와 같은 통찰을 이어가면 온갖 고통을 일으키는 괴로움 덩어리가 소멸한다[苦滅].'

1.3. 세존께서는 이 도리를 발견하시고 우다나(udāna)를 읊으셨습니다.

> 열심히 선정 닦는 바라문[brāhmaṇa]에게[1]
> 여러 법(法)이 드러났다.

---

1 'brāhmaṇa'는 당시의 사제계급으로서 한역에서는 바라문(婆羅門)으로 번역한다. 여기에서는 붓다를 의미한다.

원인을갖는법[sahetudhamma][2]을통찰하니
모든 의심이 사라졌다.

1.4. 세존께서는 한밤중에 연기를 순관과 역관으로 사유하셨습니다.

'나라고 할 만한 것이 없다는 사실을 알지 못하기 때문에 내가 있다고 생각하면서 살아간다. 내가 있다고 생각하면서 살아가기 때문에 나와 세계를 분별하는 분별의식이 생긴다. 나와 세계를 분별하는 분별의식에 의지하여 이름과 형색이 나타난다. 이름과 형색에 의지하여 그것을 보고 듣는 나가 나타난다. 그 나에 의지하여 대상을 경험하는 접촉이 나타난다. 그 접촉에 의지하여 즐겁거나 괴로운 느낌이 나타난다. 그 느낌에 의지하여 느낌을 갈망하는 갈애가 나타난다. 그 갈애에 의지하여 무상한 오온을 나로 취하게 된다. 오온을 나로 취하기 때문에 내가 있다는 생각이 나타난다. 내가 있다는 생각에 의지하여 내가 태어났다는 생각이 나타난다. 내가 태어났다는 생각에 의지하여 내가 늙어 죽는다는 생각이 나타난다. 이와 같은 과정이 모여서 온갖 고통을 일으키는 괴로움 덩어리가 나타난다.'

'나라고 할 만한 것이 없다는 사실을 깨달으면 나 아닌 것이 없다고 생각하며 살아갈 수 있다. 나 아닌 것이 없다고 생각하며 살아가면 나와 세계를 분별하는 분별의식이 사라진다. 분별의식이 사라지면 이름과 형색이 사라진다. 이름과 형색이 사라지면 그것을 보고 듣는 나가 사라진다. 그 나가 사라지면 대상을 경험하는 접촉이 사라진다. 그 접촉이 사라지면 즐겁거나 괴로운 느낌이 사라진다. 그 느낌이 사라지면 느낌을 갈망하는 갈애가 사라진다. 그 갈애가 사라지면 오온을 나로 취하지 않게 된다. 오온을 나로 취하지 않으면 내가 있다는 생각이 사라진다. 내가 있다는 생각이 사라지면 내가 태어났다는 생각이 사라진다. 내가 태어났다는 생각이 사라지면 내가 늙어 죽는다는 생각이 사라진다. 이와 같은 통찰을 이어가면 온갖 고통을 일으키는 괴로움 덩어리가 소멸한다.'

1.5. 세존께서는 이 도리를 발견하시고 우다나를 읊으셨습니다.

열심히 선정 닦는 바라문에게
여러 법이 드러났다.
소멸의 조건을 알고 나니
모든 의심이 사라졌다.

1.6. 세존께서는 새벽녘에 연기를 순관과 역관으로 사유하셨습니다.

'나라고 할 만한 것이 없다는 사실을 알지 못하기 때문에 내가 있다고 생각하면서 살아간다. 내가 있다고 생각하면서 살아가기 때문에 나와 세계를 분별하는 분별의식이 생긴다. 나와 세계를 분별하는 분별의식에 의지하여 이름과 형색이 나타난다. 이름과 형색에 의지하여 그것을 보고 듣는 나가 나타난다. 그 나에 의지하여 대상을 경험하는 접촉이 나타난다. 그 접촉에 의지하여 즐겁거나 괴로운 느낌이 나타난다. 그 느낌에 의지하여 느낌을 갈망하는 갈애가 나타난다. 그 갈애에 의지하여 무상한 오온을 나로 취하게

2 'sahetudhamma'는 연기법(緣起法)을 의미한다.

된다. 오온을 나로 취하기 때문에 내가 있다는 생각이 나타난다. 내가 있다는 생각에 의지하여 내가 태어났다는 생각이 나타난다. 내가 태어났다는 생각에 의지하여 내가 늙어 죽는다는 생각이 나타난다. 이와 같은 과정이 모여서 온갖 고통을 일으키는 괴로움 덩어리가 나타난다.'

'나라고 할 만한 것이 없다는 사실을 깨달으면 나 아닌 것이 없다고 생각하며 살아갈 수 있다. 나 아닌 것이 없다고 생각하며 살아가면 나와 세계를 분별하는 분별의식이 사라진다. 분별의식이 사라지면 이름과 형색이 사라진다. 이름과 형색이 사라지면 그것을 보고 듣는 나가 사라진다. 그 나가 사라지면 대상을 경험하는 접촉이 사라진다. 그 접촉이 사라지면 즐겁거나 괴로운 느낌이 사라진다. 그 느낌이 사라지면 느낌을 갈망하는 갈애가 사라진다. 그 갈애가 사라지면 오온을 나로 취하지 않게 된다. 오온을 나로 취하지 않으면 내가 있다는 생각이 사라진다. 내가 있다는 생각이 사라지면 내가 태어났다는 생각이 사라진다. 내가 태어났다는 생각이 사라지면 내가 늙어 죽는다는 생각이 사라진다. 이와 같은 통찰을 이어가면 온갖 고통을 일으키는 괴로움 덩어리가 소멸한다.'

1.7. 세존께서는 이 도리를 발견하시고 우다나를 읊으셨습니다.

열심히 선정 닦는 바라문에게
여러 법이 드러났다.
어두운 허공을 비추는 태양처럼
그는 악마의 군대[魔軍]를 섬멸했다.

〈아자빨라(Ajapāla) 이야기〉

1.8. 세존께서는 7일 후에 그 삼매에서 일어나 보리수(菩提樹) 아래에서 아자빨라니그로다(nigrodha)나무로 자리를 옮기셨습니다. 세존께서는 아자빨라니그로다나무 아래에서 7일 동안 결가부좌하고 앉아서 해탈의 즐거움을 누리셨습니다.

1.9. 그때 어떤 거만한 바라문이 세존을 찾아와서, 세존과 함께 정중하게 인사를 나누고, 공손한 인사말을 주고받은 후에, 한쪽에 서서 세존께 말했습니다.

"고따마 존자여! 어떤 사람이 바라문인가요? 바라문의 행실(行實)은 어떤 것인가요?"

1.10. 세존께서는 그 의도를 아시고 우다나를 읊으셨습니다.

바라문은 사악(邪惡)한 법(法)을 버리고
거만하지 않고 허물이 없고
자제력이 있어야 한다오.
베다(veda)에 통달하고
청정한 범행(梵行)을 완성한 바라문은
진리[法]를 가지고
가장 훌륭한 말을 해야 한다오.
그의 세계에는
어디에도 오만(傲慢)이 없다오.

〈무짤린다(Mucalinda) 이야기〉

1.11. 세존께서는 7일 후에 그 삼매에서 일어나 아자빨라니그로다나무에서 무짤린다 나무로 자리를 옮기셨습니다. 세존께서는 무짤

린다나무 아래에서 7일 동안 결가부좌하고 앉아서 해탈의 즐거움을 누리셨습니다.

1.12. 그때 느닷없이 큰 구름이 일어나 7일 동안 찬 바람이 불면서 흐린 가운데 비가 왔습니다. 그러자 무짤린다 용왕(龍王)이 자신의 거처에서 나와 세존의 몸을 일곱 겹으로 똬리를 틀어 휘감고 머리 위에 큰 덮개를 만든 채로 서 있었습니다. 그리하여 세존께서 춥거나 덥지 않도록 하고, 등에나 모기나 바람이나 열기나 뱀 등이 세존에게 접촉하지 못하게 했습니다.

1.13. 무짤린다 용왕은 7일 후에 구름이 걷히고 하늘이 맑게 갠 것을 알고, 세존의 몸에서 똬리를 푼 후에 자신의 모습을 감추고, 바라문 청년의 모습으로 변화하여 세존께 합장하고 공경하며 세존 앞에 서 있었습니다.

1.14. 세존께서는 그 의도를 아시고 우다나를 읊으셨습니다.

> 법을 듣고 만족을 알아
> 세속 멀리하는 것[遠離]이 즐거움이다.
> 세간의 살아 있는 것들에 대하여
> 자제하고 해치지 않는 것이 즐거움이다.
> 세간의 감각적 욕망을 초월하여
> 탐욕 버리는 것[離欲]이 즐거움이다.
> '내가 있다'라고 하는
> 교만의 억제야말로
> 진정으로 최고의 즐거움이다.

〈라자야따나(Rājāyatana) 이야기〉

1.15. 세존께서는 7일 후에 그 삼매에서 일어나 무짤린다나무에서 라자야따나 나무로 자리를 옮기셨습니다. 세존께서는 라자야따나 나무 아래에서 7일 동안 결가부좌하고 앉아서 해탈의 즐거움을 누리셨습니다.

1.16. 그때 욱깔라(Ukkalā)의 상인(商人) 따뿌싸(Tapussa)와 발리까(Bhallika)가 먼 길을 여행하고 있었는데, 그들의 조상신(祖上神)이 그들에게 말했습니다.

"여봐라! 얼마 전에 바른 깨달음을 성취하신 세존께서 라자야따나나무 아래에 계신다. 너희들은 세존을 찾아가서 만타(mantha)[3]와 꿀 덩어리를 공양하여라. 그러면 너희들에게 오랫동안 이익과 즐거움이 있을 것이다."

1.17. 그래서 따뿌싸와 발리까는 만타와 꿀 덩어리를 가지고 세존을 찾아가서 세존께 예배한 후에 한쪽에 서서 이렇게 말했습니다.

"세존이시여, 세존께서는 만타와 꿀 덩어리를 받아 주십시오! 그러면 우리에게 오랫동안 이익과 즐거움이 있을 것입니다."

1.18. 세존께서는 '여래가 맨손으로 받을 수는 없다. 그런데 나는 무엇으로 만타와 꿀 덩어리를 받아야 하나?'라고 생각하셨습니다. 그러자 사천왕(四天王)이 이심전심으로 세존의 생각을 알아차리고 "세존이시여, 이제 세존께서는 만타와 꿀 덩어리를 받으십시오!"라고 말하면서 사방에서 수정으로 만든 네 개의 그릇을 세존께 바쳤습니다. 세존께서는 아름다운 수정 그릇에 만타와 꿀 덩어

3 쌀로 만든 일종의 과자.

리를 받아 드셨습니다.

1.19. 따뿌싸와 발리까는 세존께서 음식을 다 드신 것을 알고, 세존의 발에 머리를 조아려 예배하고 이렇게 말씀드렸습니다.

"세존이시여, 저희는 세존과 가르침[法]에 귀의합니다. 세존께서는 저희를 청신사(淸信士)로 받아 주소서! 지금부터 살아 있는 날까지 귀의하겠습니다."

그들은 세간에서 두 귀의처에 귀의를 맹세한[dvevācikā][4] 최초의 청신사였습니다.

〈범천(梵天, Brahman)의 간청〉

1.20. 세존께서는 7일 후에 그 삼매에서 일어나 라자야따나나무에서 아자빨라니그로다 나무로 자리를 옮기시고, 아자빨라니그로다 나무 아래에서 지내셨습니다.

1.21. 그때 세존께서 홀로 좌선하는 가운데 마음속에 이런 생각이 떠올랐습니다.

'내가 도달한 이 진리[法]는 심오하고 보기 어렵고 깨닫기 어렵고 고요하고 사변을 벗어났으며, 미묘(微妙)하고 승묘(勝妙)하여 현자만이 알 수 있는 것이다. 그런데 지금 사람들은 애착이 생겨서, 애착을 좋아하고, 애착에 빠져 있다. 그런데 애착이 생겨서, 애착을 좋아하고, 애착에 빠져 있는 지금 사람들은 이 의존성[idappaccayatā], 즉 연기(緣起, paṭiccasamuppādo)라는 도리를 보기 어렵다. 그리고 일체의 행위[行]의 멈춤[sabbasaṅkhārasamatho], 일체의 집착의 버림[sabbupadhipaṭinissaggo], 갈애[愛]의 파괴[taṇhakkhayo], 탐욕을 멀리함[virāgo], 소멸[nirodho, 滅], 열반[nibbānaṃ]이라는 도리를 보기 어렵다. 내가 진리[法]를 가르쳐도 다른 사람들은 나의 말을 이해하지 못할 것이다. 그것은 나에게 피곤한 일이고, 무익한 일이다.'

1.22. 세존에게 다음과 같은, 진실로 과거에 전혀 들어 본 적이 없는, 희유한 게송들이 생각났습니다.

내가 힘들게 도달한 것을
지금 가르치려고 한 것으로 충분하리라.
탐욕과 분노에 패배한 자들은
이 진리[法]를 쉽게 이해하지 못하리라.

세상의 흐름을 거슬러 올라가는
미묘하고 심오하고 보기 어렵고 미세한
진리를
어둠 덩어리에 뒤덮인
탐욕에 물든 자들은 보지 못하리라.

1.23. 이렇게 생각하신 세존께서는 진리[法]를 가르치지 않고 편히 지내기로 마음먹었습니다.

그때 사함빠띠(Sahampati) 범천은 이심전심(以心傳心)으로 세존께서 생각하신 바를 알아차리고 이렇게 생각했습니다.

'여래(如來) 아라한(阿羅漢) 등정각(等正覺)께서 진리[法]를 가르치지 않고 편히 지내기로 마음먹었으니, 이제 세상은 끝이로

---

4 원문의 의미는 '두 번 이야기한'인데, 여기에서 두 번 이야기했다는 것은 붓다와 법에 귀의를 맹세한 것을 의미한다. 그때는 아직 상가[僧伽]가 성립하지 않았기 때문에 붓다와 법이 두 귀의처가 되었다.

구나! 이제 세상은 망했구나!'

1.24. 사함빠띠 범천은 마치 건장한 사람이 구부린 팔을 펴거나 편 팔을 구부리듯이, 이렇게 삽시간에 범천의 세계에서 사라져 세존 앞에 나타났습니다.

1.25. 사함빠띠 범천은 한쪽 어깨에 상의를 걸치고, 오른쪽 무릎을 꿇고, 세존을 향해 합장 공경하고 세존께 말씀드렸습니다.

"세존이시여, 세존께서는 진리를 가르치소서! 선서(善逝)께서는 진리를 가르치소서! 천성(天性)이 때가 묻지 않은 중생들이 있습니다. 그들은 진리를 듣지 못해서 타락하고 있습니다. 그들은 진리를 이해할 수 있을 것입니다."

1.26. 사함빠띠 범천은 이렇게 말하고 나서 다시 말씀드렸습니다.

이전에 마가다(Magadha)에는
불순한 자들이 생각해 낸
불결(不潔)한 가르침이 있었으니
불사(不死)의 문을 여소서!
순결하신 분이 깨달은
진리를 듣게 하소서!

산꼭대기 바위에 서서
두루 사람들을 살펴보듯이
그와 같이 진리의 궁전에 올라
두루 보는 눈[普眼]을 지닌 현자여!
슬픔을 여읜 분이시여!
태어남과 늙음의 지배를 받는
슬픔에 빠진 사람들을
굽어살펴 주옵소서!
일어나소서!
전쟁에서 승리한 영웅이여!
세상을 돌아다니소서!
빚 없는 대상(隊商)의 지도자여!
진리를 가르치소서!
세존이시여!
구경의 지혜를 얻는 사람들이 있을 것입니다.

1.27. 이렇게 말씀드리자, 세존께서 사함빠띠 범천에게 말씀하셨습니다.

"범천이여, 나는 '내가 도달한 이 진리는 심오하고 보기 어렵고 깨닫기 어렵고 고요하고 사변을 벗어났으며, 미묘하고 승묘하여 현자만이 알 수 있는 것이다. …… 내가 진리를 가르쳐도 다른 사람들은 나의 말을 이해하지 못할 것이다. 그것은 나에게 피곤한 일이고, 무익한 일이다'라고 생각했다오."

1.28. 그러자 사함빠띠 범천은 재차 "세존이시여, 세존께서는 진리를 가르치소서! 선서께서는 진리를 가르치소서! 천성이 때가 묻지 않은 중생들이 있습니다. 그들은 진리를 듣지 못해서 타락하고 있습니다. 그들은 진리를 이해할 수 있을 것입니다"라고 간청했습니다.

세존께서는 "범천이여, 나는 '내가 도달한 이 진리는 심오하고 보기 어렵고 깨닫기 어렵고 고요하고 사변을 벗어났으며, 미묘하고 승묘하여 현자만이 알 수 있는 것이다. …… 내가 진리를 가르쳐도 다른 사람들은 나의 말을 이해하지 못할 것이다. 그것은 나에게 피곤한 일이고, 무익한 일이다'라고 생각했다오"라고 말씀하셨습니다.

1.29. 그러자 사함빠띠 범천은 세 번째로 "세존이시여, 세존께서는 진리를 가르치소서! 선서께서는 진리를 가르치소서! 천성이 때가 묻지 않은 중생들이 있습니다. 그들은 진

리를 듣지 못해서 타락하고 있습니다. 그들은 진리를 이해할 수 있을 것입니다"라고 간청했습니다. 세존께서는 세 번째로 범천의 간청을 받고, 중생들을 연민하여 불안(佛眼)으로 세간을 살펴보셨습니다. 세존께서 불안으로 세간을 살펴보시니 때가 없는 중생도 있고, 때가 많은 중생도 있고, 근기가 날카로운[利根] 중생도 있고, 근기가 무딘[鈍根] 중생도 있고, 잘생긴 중생도 있고, 못생긴 중생도 있고, 가르치기 쉬운 중생도 있고, 가르치기 어려운 중생도 있었으며, 어떤 중생들은 내세의 죄를 두려워하며 살고 있었습니다.

1.30. 비유하면, 청련이나 홍련이나 백련이 자라는 연못에 어떤 청련이나 홍련이나 백련은 물에서 태어나 물속에서 물에 잠겨서 자라고, 어떤 청련이나 홍련이나 백련은 물에서 태어나 수면에서 자라고, 어떤 청련이나 홍련이나 백련은 물 위로 솟아올라 물에 오염되지 않고 자라는 것과 같았습니다.

1.31. 세존께서는 이렇게 보시고 나서 사함빠띠 범천에게 게송으로 답하셨습니다.

> 귀 있는 자들에게 불사의 문이 열렸다.
> 헛된 신앙[saddham]에서 벗어날지어다.
> 범천이여! 나는 무익하다는 생각에서
> 고상하고 승묘한 진리를
> 인간들 가운데서 설하지 않으려고 했노라.

1.32. 그러자 사함빠띠 범천은 '나는 세존으로부터 진리를 가르치겠다는 승낙을 받았다'라고 생각하고, 세존께 예배한 후에 오른쪽으로 돌고 그곳에서 사라졌습니다.

제2장 초전법륜(初轉法輪)

〈법륜을 굴리신 이야기〉

2.1. 그때 세존께서는 이렇게 생각하셨습니다.

'나는 맨 처음 누구에게 진리[法]를 가르쳐야 할까? 누가 이 진리[法]를 빨리 이해할까?'

세존께서는 이렇게 생각하셨습니다.

'알라라 깔라마(Aḷāra Kālāma)는 현명하고 박식하고 총명하다. 그는 눈에 때가 끼지 않은 밝은 사람이다. 나는 맨 처음 알라라 깔라마에게 진리를 가르쳐야겠다. 그는 분명히 이 진리를 빨리 이해할 것이다.'

2.2. 그때 천신이 모습을 드러내지 않고 세존께 말씀드렸습니다.

"세존이시여, 알라라 깔라마는 7일 전에 죽었습니다."

세존께서도 알라라 깔라마가 7일 전에 죽었다는 것을 통찰하셨습니다. 세존께서는 이렇게 생각하셨습니다.

'매우 고매한 알라라 깔라마가 이 진리를 듣는다면 빨리 이해할 수 있을 텐데!'

2.3. 그때 세존께서는 다시 이렇게 생각하셨습니다.

'나는 맨 처음 누구에게 진리를 가르쳐야 할까? 누가 이 진리를 빨리 이해할까?'

세존께서는 이렇게 생각하셨습니다.

'웃다까 라마뿟따(Uddaka Rāmaputta)는 현명하고 박식하고 총명하다. 그는 눈에 때가 끼지 않은 밝은 사람이다. 나는 맨 처음 웃다까 라마뿟따에게 진리를 가르쳐야겠다. 그는 분명히 이 진리를 빨리 이해할 것이다.'

2.4. 그때 천신이 모습을 드러내지 않고 세존께 말씀드렸습니다.

"세존이시여, 웃다까 라마뿟따는 지난 밤에 죽었습니다."

세존께서도 웃다까 라마뿟따가 지난밤에 죽었다는 것을 통찰하셨습니다. 세존께서는 이렇게 생각하셨습니다.

'매우 고매한 웃다까 라마뿟따가 이 진리를 듣는다면 빨리 이해할 수 있을 텐데!'

2.5. 그때 세존께서는 다시 이렇게 생각하셨습니다.

'나는 맨 처음 누구에게 진리를 가르쳐야 할까? 누가 이 진리를 빨리 이해할까?'

세존께서는 이렇게 생각하셨습니다.

'나에게 많은 도움을 준 5비구가 있다. 그들은 내가 정진에 전념하도록 돌봐 주었다. 나는 맨 처음 5비구에게 진리를 가르쳐야겠다.'

2.6. 세존께서는 이렇게 생각하셨습니다.

'지금 5비구는 어디에 머물고 있을까?'

세존께서는 인간을 초월한 청정한 천안(天眼)으로 바라나시(Bārāṇasi)의 이시빠따나 미가다야(Isipatana migadāya, 鹿野苑)에 머무는 5비구를 보셨습니다. 세존께서는 우루웰라에서 적당히 머무신 후에 바라나시로 길을 떠나셨습니다.

2.7. 그때 사명외도(邪命外道, ājīvika)[5] 우빠까(Upaka)가 보리수에서 출발하여 가야(Gayā)를 향해 길을 가고 있는 세존을 보고 이렇게 말했습니다.

"존자여, 그대의 6근(六根)은 청정하고 피부색은 맑군요. 존자여, 그대는 누구에게 출가했습니까? 그대의 스승은 누구입니까? 그대는 누구의 가르침을 따릅니까?"

2.8. 이렇게 말하자, 세존께서 사명외도 우빠까에게 게송으로 말씀하셨습니다.

나는 모든 법에 물들지 않는
일체승자(一切勝者)이며 일체지자(一切知者)라오.
일체를 버리고 갈애를 부수고
체험적 지혜로써 스스로 해탈했다오.

누구를 스승이라 말하겠는가!
나에게는 스승이 없다오.
나와는 견줄 자가 없다오.
천신을 포함하여 이 세간에
나와 동등한 자는 없다오.

나는 세간의 아라한이며
나는 위없는 스승이라오.
번뇌가 소멸하여 맑고 고요한
나는 유일한 등정각(等正覺, sammā-sambuddha)이라오.

나는 법륜을 굴리기 위해서
까시(Kāsi)국(國)의 도시로[6] 간다오.
무지한 이 세상에
불사(不死)의 북을 두드리기 위해.

2.9. "존자여, 그대는 '내가 바로 아라한이며, 무적의 승리자인 지나(Jīna)[7]다'라고 선언하는 것입니까?"

번뇌[漏]를 남김없이 소멸한
나와 같은 사람이 진정한 지나라오.
나는 사악한 법을 정복했다오.
우빠까여, 그러므로 나는 승리자라오.

이렇게 말씀하시자, 사명외도 우빠까는 "존자여, 그렇다고 합시다"라고 말하고, 머리를 가로저으며 길을 떠나 옆길로 갔습니다.

2.10. 세존께서는 여행을 계속하여 바라나시의 이시빠따나 미가다야에 도착하자 5비구를 찾아갔습니다. 멀리서 세존께서 오시는 것을 본 5비구는 서로 다짐했습니다.

"존자여, 저기 정진(精進)을 포기하고 벗어나서 사치에 빠져 호사를 누리는 고따마 사문이 오고 있습니다. 인사도 하지 말고, 일어나서 맞이하지도 말고, 발우와 옷을 받아 주지도 맙시다. 그렇지만, 원한다면 앉을 수 있게 자리는 놓아둡시다."

2.11. 그런데 세존께서 5비구에게 가까이 다가가자, 5비구는 자신들의 언약을 지키지 못

---

5 막칼리 고살라(Makkhali Gosāla)를 추종하는 고행주의 수행자를 의미한다.

6 까시(Kāsi)국의 도시인 바라나시(Bārāṇasi)를 의미한다.

7 고행주의자들은 누(漏, āsava)를 멸진하여 수행을 완성한 사람을 'Jina', 즉 승리자라고 불렀다. 우빠까는 붓다가 스스로 모든 누를 소멸한 승리자, 즉 지나라고 선언하는가를 붓다에게 묻고 있다.

하고 세존을 맞아들인 후에, 어떤 비구는 세존의 발우와 옷을 받았고, 어떤 비구는 자리를 마련했고, 어떤 비구는 발 씻을 물과 의자와 발수건을 가져와서 세존 곁에 두었습니다. 세존께서는 마련된 자리에 앉으신 후에 발을 씻었습니다. 그러자 그들이 이름과 존자라는 말로 세존을 부르면서 말을 붙여 왔습니다.[8]

2.12. 이렇게 말을 붙여 오자, 세존께서 5비구에게 말씀하셨습니다.

"비구들이여, 여래를 이름과 존자라는 말로 부르지 마시오! 비구들이여, 여래는 아라한이며, 바른 깨달음을 이룬 붓다[等正覺]라오. 비구들이여, 귀를 기울이시오! 나는 불사(不死)를 성취했으니 가르쳐 주겠소. 내가 법(法)을 설하겠소. 가르쳐 준 대로 실천하면, 그대들은 오래지 않아 선남자가 집을 버리고 출가한 목적에 합당한 위없는 범행(梵行)의 완성을 지금 여기에서 몸소 체험적 지혜[勝智]로 체득하고 성취하여 살아가게 될 것이오."

2.13. 이렇게 말씀하시자, 5비구가 세존께 말했습니다.

"고따마 존자여, 당신은 그렇게 열심히 수행했고, 그렇게 부지런히 실천했고, 그렇게 극심한 고행을 했지만 실로 성자에게 합당한 지견(知見)을 성취하지 못했고, 인간을 초월한 법을 얻지 못했습니다. 그런데 지금 정진을 포기하고 벗어나서 사치에 빠져서 호사를 누리는 당신이 어떻게 성자에게 합당한 지견을 성취하고, 인간을 초월한 법을 얻을 수 있다는 말입니까?"

2.14. 이렇게 말하자, 세존께서 5비구에게 말씀하셨습니다.

"비구들이여, 여래는 정진을 포기하지 않았고, 벗어나지 않았고, 사치에 빠져서 호사를 누리지 않았다오. 비구들이여, 나는 아라한이며, 바른 깨달음을 이룬 붓다라오. 비구들이여, 귀를 기울이시오! 나는 불사를 성취했으니, 그대들에게 가르쳐 주겠소. 내가 법을 설하겠소. 가르쳐 준 대로 실천하면, 그대들은 오래지 않아 선남자가 집을 버리고 출가한 목적에 합당한 위없는 범행의 완성을 지금 여기에서 몸소 체험적 지혜로 체득하고 성취하여 살아가게 될 것이오."

2.15. 이렇게 말씀하시자, 5비구는 다시 같은 말을 하였고, 세존께서도 다시 5비구에게 같은 말씀을 하셨습니다. 그러자 5비구는 세 번을 거듭 같은 말을 하였습니다.

2.16. 그러자 세존께서 5비구에게 말씀하셨습니다.

"비구들이여, 그대들은 나에게 이런 말을 직접 들은 적이 있는가?"

"세존이시여[bhante],[9] 그런 적이 없습니다."

"비구들이여, 여래는 아라한이며, 바른 깨달음을 이룬 붓다라오. 비구들이여, 귀를 기울이시오! 나는 불사를 성취했으니, 그대

---

8 5비구가 세존을 'āvuso Gotama'라고 부른 것에 대하여 하신 말씀이다. '존자'로 번역한 'āvuso'는 친구나 손아랫사람에 대한 일반 호칭이며, 'Gotama'는 세존의 성씨이다. 'āvuso Gotama'는 불교에 귀의하지 않은 외도들이 붓다를 부를 때 사용하는 호칭이다.

9 'bhante'는 2인칭 높임말 'bhavant'의 단수 호격(呼格)이다. 5비구는 붓다를 'āvuso Gotama'라고 부르다가 여기에서부터 'bhante'라고 부르고 있다. 이것은 5비구가 붓다를 스승으로 받아들였다는 것을 의미한다.

들에게 가르쳐 주겠소. 내가 법을 설하겠소. 가르쳐 준 대로 실천하면, 그대들은 오래지 않아 선남자가 집을 버리고 출가한 목적에 합당한 위없는 범행의 완성을 지금 여기에서 몸소 체험적 지혜로 체득하고 성취하여 살아가게 될 것이오."

세존께서는 5비구를 설득할 수 있었습니다. 그리하여 5비구는 세존의 말씀을 듣고자 귀를 기울였으며, 가르침을 이해하려는 마음을 내었습니다.

2.17. 그러자 세존께서 5비구에게 말씀하셨습니다.

"비구들이여, 출가수행자는 두 극단(極端)을 가까이해서는 안 된다오. 두 극단은 어떤 것인가? 하나는 감각적 욕망에 빠져서 저열한 속가(俗家) 범부들의 천박하고 무익한 감각적 욕망에 전념하는 것이고, 하나는 자신을 괴롭히는 천박하고 무익한 고행(苦行)에 전념하는 것이라오. 비구들이여, 여래는 이 두 극단을 멀리함으로써 안목이 생기고 앎이 생겨서 평온과 체험적 지혜와 정각(正覺)과 열반으로 이끄는 중도(中道)를 체험하고 깨달았다오.

2.18. 비구들이여, 여래가 깨달은 중도는 어떤 것인가? 그것은 거룩한 8정도(八正道), 즉 정견(正見)·정사유(正思惟)·정어(正語)·정업(正業)·정명(正命)·정정진(正精進)·정념(正念)·정정(正定)이라오. 비구들이여, 이것이 안목이 생기고 앎이 생겨서 여래가 체험하고 깨달은, 평온과 체험적 지혜와 정각과 열반으로 이끄는 중도라오.

2.19. 비구들이여, 태어나서 늙고 병들어 죽는 것은 괴로움이라오[生老病死]. 근심하고, 슬퍼하고, 고뇌하고, 우울하고, 불안한 것은 괴로움이라오. 미워하는 사람과 만나는 것은 괴로움이라오[怨憎會苦]. 사랑하는 사람과 이별하는 것은 괴로움이라오[愛別離苦]. 원하는 것을 얻지 못하는 것은 괴로움이라오[求不得苦]. 요컨대 오취온(五取蘊)이 괴로움이라오. 비구들이여, 이 괴로움은 거룩한 진리[苦聖諦]라오.

2.20. 비구들이여, 다시 존재하기를 바라면서 기쁨과 탐욕을 수반하여 이런저런 것을 애락(愛樂)하는 갈애[愛], 즉 감각적 욕망을 갈망하는 갈애[欲愛]와 좋아하는 것이 다시 존재하기를 갈망하는 갈애[有愛]와 싫어하는 것이 존재하지 않기를 갈망하는 갈애[無有愛, vibhava-taṇhā], 이것이 괴로움의 쌓임이며, 이 괴로움의 쌓임은 거룩한 진리[苦集聖諦]라오.

2.21. 비구들이여, 그 갈애가 남김없이 사라지고 버려지고 완전히 포기되어, 갈애에서 해탈하여 집착이 없는 것, 이것이 괴로움의 소멸이며, 이 괴로움의 소멸은 거룩한 진리[苦滅聖諦]라오.

2.22. 비구들이여, 거룩한 8정도, 즉 정견·정사유·정어·정업·정명·정정진·정념·정정, 이것이 괴로움의 소멸에 이르는 길이며, 이 괴로움의 소멸에 이르는 길은 거룩한 진리[苦滅道聖諦]라오.

2.23. 비구들이여, 나에게 '이 괴로움은 거룩한 진리[苦聖諦]다'라는 이전에 들어 본 적이 없는 법들에 대한 안목이 생기고, 앎이 생기고, 통찰지[般若]가 생기고, 명지(明智)가 생기고, 광명이 생겼다오. 비구들이여, 나에게 '이 거룩한 진리인 괴로움을 명확하게 이해해야 한다'라는 이전에 들어 본 적이 없는 법들에 대한 안목이 생기고, 앎이 생기고, 통찰

지가 생기고, 명지가 생기고, 광명이 생겼다오. 비구들이여, 나에게 '이 거룩한 진리인 괴로움을 명확하게 이해했다'라는 이전에 들어 본 적이 없는 법들에 대한 안목이 생기고, 앎이 생기고, 통찰지가 생기고, 명지가 생기고, 광명이 생겼다오.

2.24. 비구들이여, 나에게 '이 괴로움의 쌓임은 거룩한 진리[苦集聖諦]다'라는 이전에 들어 본 적이 없는 법들에 대한 안목이 생기고, 앎이 생기고, 통찰지가 생기고, 명지가 생기고, 광명이 생겼다오. 비구들이여, 나에게 '이 거룩한 진리인 괴로움의 쌓임을 제거해야 한다'라는 이전에 들어 본 적이 없는 법들에 대한 안목이 생기고, 앎이 생기고, 통찰지가 생기고, 명지가 생기고, 광명이 생겼다오. 비구들이여, 나에게 '이 거룩한 진리인 괴로움의 쌓임을 제거했다'라는 이전에 들어 본 적이 없는 법들에 대한 안목이 생기고, 앎이 생기고, 통찰지가 생기고, 명지가 생기고, 광명이 생겼다오.

2.25. 비구들이여, 나에게 '이 괴로움의 소멸은 거룩한 진리[苦滅聖諦]다'라는 이전에 들어 본 적이 없는 법들에 대한 안목이 생기고, 앎이 생기고, 통찰지가 생기고, 명지가 생기고, 광명이 생겼다오. 비구들이여, 나에게 '이 거룩한 진리인 괴로움의 소멸을 증득(證得)해야 한다'라는 이전에 들어 본 적이 없는 법들에 대한 안목이 생기고, 앎이 생기고, 통찰지가 생기고, 명지가 생기고, 광명이 생겼다오. 비구들이여, 나에게 '이 거룩한 진리인 괴로움의 소멸을 증득했다'라는 이전에 들어 본 적이 없는 법들에 대한 안목이 생기고, 앎이 생기고, 통찰지가 생기고, 명지가 생기고, 광명이 생겼다오.

2.26. 비구들이여, 나에게 '이 괴로움의 소멸에 이르는 길은 거룩한 진리[苦滅道聖諦]다'라는 이전에 들어 본 적이 없는 법들에 대한 안목이 생기고, 앎이 생기고, 통찰지가 생기고, 명지가 생기고, 광명이 생겼다오. 비구들이여, 나에게 '이 거룩한 진리인 괴로움의 소멸에 이르는 길을 닦아 익혀야 한다'라는 이전에 들어 본 적이 없는 법들에 대한 안목이 생기고, 앎이 생기고, 통찰지가 생기고, 명지가 생기고, 광명이 생겼다오. 비구들이여, 나에게 '이 거룩한 진리인 괴로움의 소멸에 이르는 길을 닦아 익혔다'라는 이전에 들어 본 적이 없는 법들에 대한 안목이 생기고, 앎이 생기고, 통찰지가 생기고, 명지가 생기고, 광명이 생겼다오.

2.27. 비구들이여, 내가 이 네 가지 거룩한 진리[四聖諦]에 대하여 이렇게 3단계의 12행[三轉十二行]을 있는 그대로 알고 봄으로써 한 점 의혹 없이 확신하지 않았다면, 비구들이여, 나는 마라와 범천을 포함한 천신들의 세계와 사문과 바라문, 그리고 왕과 백성을 포함한 인간계에서 '위없는 바르고 평등한 깨달음[無上正等正覺]을 얻었다'라고 선언하지 않았을 것이오.

2.28. 비구들이여, 나는 이 네 가지 거룩한 진리에 대하여 이렇게 3단계의 12행을 있는 그대로 알고 봄으로써 한 점 의혹 없이 확신했기 때문에, 비구들이여, 나는 마라와 범천을 포함한 천신들의 세계와 사문과 바라문, 그리고 왕과 백성을 포함한 인간계에서 '위없는 바르고 평등한 깨달음을 얻었다'라고 선언했다오.

2.29. 그리고 나에게 '이것이 마지막 태어남이다. 이제 이후의 존재[後有]는 없다'라는

확고한 지견(知見)과 마음의 해탈[心解脫]이 생겼다오."

이것이 세존께서 하신 말씀입니다. 5비구는 세존의 말씀에 만족하고 기뻐했습니다. 그리고 이 설명을 하실 때, 꼰단냐(Koṇḍañña, 憍陳如) 존자에게 '쌓인 법[集法]은 어떤 것이든 모두 소멸하는 법[滅法]이다'라는 청정무구한 법안(法眼)이 생겼습니다.

2.30. 이렇게 세존께서 법륜(法輪)을 굴리실 때, 대지(大地)의 신들이 '세존께서 바라나시의 이시빠따나 미가다야[鹿野苑]에서 사문이든 바라문이든 천신이든 마라든 범천이든, 세간의 그 누구도 되돌릴 수 없는 위없는 법륜을 굴리셨다'라고 외쳤습니다.

대지의 신들의 소리를 듣고, 사대천왕(四大天王)이 '세존께서 바라나시의 이시빠따나 미가다야에서 사문이든 바라문이든 천신이든 마라든 범천이든, 세간의 그 누구도 되돌릴 수 없는 위없는 법륜을 굴리셨다'라고 외쳤습니다.

사대천왕의 소리를 듣고, 도리천(忉利天)의 천신들과 야마천(夜摩天)의 천신들과 도솔천(兜率天)의 천신들과 화락천(化樂天)의 천신들과 타화자재천(他化自在天)의 천신들이 '세존께서 바라나시의 이시빠따나 미가다야에서 사문이든 바라문이든 천신이든 마라든 범천이든, 세간의 그 누구도 되돌릴 수 없는 위없는 법륜을 굴리셨다'라고 외쳤습니다.

2.31. 이렇게 하여 순식간에 범천의 세계에 그 소리가 올라갔으며, 일만 세계가 진동하고 흔들리고 요동쳤습니다. 그리고 천신들의 위신력(威神力)을 뛰어넘는 헤아릴 수 없는 웅장한 광명이 세간에 비쳤습니다. 그때 세존께서 우다나를 읊으셨습니다.

꼰단냐여! 참으로 그대는 이해했군요.
꼰단냐여! 참으로 그대는 이해했군요.

이렇게 해서 꼰단냐 존자에게 안냐따 꼰단냐(Aññāta Koṇḍañña)[10]라는 이름이 생겼습니다.

2.32. 법을 보고 법을 성취하고 법을 알고 법을 깊이 이해하여, 의심에서 벗어나고 의혹이 사라지고 두려움이 사라지고 스승의 가르침에 대하여 남에게 의지하지 않게 된 안냐따 꼰단냐 존자는 세존께 이렇게 말씀드렸습니다.

"세존이시여, 저는 세존 앞으로 출가하여 구족계를 받고자 합니다."

세존께서는 "오라, 비구여! 법은 잘 설해졌다. 바르게 괴로움을 소멸하기 위하여 청정한 범행(梵行)을 실천하라!"라고 말씀하셨습니다. 실로 그것이 그 존자의 구족계(具足戒)였습니다.

2.33. 세존께서는 법을 설하여 나머지 비구들을 가르치고 인도하셨습니다. 세존께서 법을 설하여 가르치고 인도하시자, 왑빠(Vappa) 존자와 밧디야(Bhaddiya) 존자에게 '쌓인 법은 어떤 것이든 모두 소멸하는 법이다'라는 청정무구한 법안이 생겼습니다.

2.34. 법을 보고 법을 성취하고 법을 알고 법을 깊이 이해하여, 의심에서 벗어나고 의혹이 사라지고 두려움이 사라지고 스승의 가르

10 '이해한 꼰단냐'라는 의미.

침에 대하여 남에게 의지하지 않게 된 왑빠 존자와 밧디야 존자는 세존께 이렇게 말씀드렸습니다.

"세존이시여, 저희는 세존 앞으로 출가하여 구족계를 받고자 합니다."

세존께서는 "오라, 비구들이여! 법은 잘 설해졌다. 바르게 괴로움을 소멸하기 위하여 청정한 범행을 실천하라!"라고 말씀하셨습니다. 실로 그것이 그 존자들의 구족계였습니다.

2.35. 세존께서는 법을 설하여 나머지 비구들을 가르치고 인도하셨습니다. 세 비구가 탁발해 오면, 여섯 사람이 그것으로 살아갔습니다.

2.36. 세존께서 법을 설하여 가르치고 인도하시자, 마하나마(Mahānāma) 존자와 아싸지(Assaji) 존자에게 '쌓인 법은 어떤 것이든 모두 소멸하는 법이다'라는 청정무구한 법안이 생겼습니다.

2.37. 법을 보고 법을 성취하고 법을 알고 법을 깊이 이해하여, 의심에서 벗어나고 의혹이 사라지고 두려움이 사라지고 스승의 가르침에 대하여 남에게 의지하지 않게 된 마하나마 존자와 아싸지 존자는 세존께 이렇게 말씀드렸습니다.

"세존이시여, 저희는 세존 앞으로 출가하여 구족계를 받고자 합니다."

세존께서는 "오라, 비구들이여! 법은 잘 설해졌다. 바르게 괴로움을 소멸하기 위하여 청정한 범행을 실천하라!"라고 말씀하셨습니다. 실로 그것이 그 존자들의 구족계였습니다.

2.38. 세존께서 5비구에게 말씀하셨습니다.

"비구들이여, 몸의 형색[色]은 자아가 아니라오. 비구들이여, 만약 몸의 형색이 나라면 이 몸의 형색은 병이 들지 않을 것이오. 그리고 몸의 형색에 대하여, '나의 몸의 형색은 이렇게 되어라! 나의 몸의 형색은 이렇게 되지 마라!'라고 할 수 있을 것이오. 비구들이여, 그런데 몸의 형색은 자아가 아니기 때문에 몸의 형색은 병이 들고, 몸의 형색에 대하여, '나의 몸의 형색은 이렇게 되어라! 나의 몸의 형색은 이렇게 되지 마라!'라고 할 수 없는 것이라오. 느끼는 마음[受]도, 생각하는 마음[想]도, 유위(有爲)를 조작하는 행위[行]들도, 분별의식[識]도 마찬가지라오.

2.39. 비구들이여, 어떻게 생각하는가? 몸의 형색은 지속하는가[常], 지속하지 않는가[無常]?"

"지속하지 않습니다, 세존이시여!"

"그렇다면, 지속하지 않는 것은 괴로움인가, 즐거움인가?"

"괴로움입니다. 세존이시여!"

"그렇다면 지속하지 않고 괴롭고 변역(變易)하는 현상[法]을 '그것은 나의 소유다. 그것은 나다. 그것은 나의 자아다'라고 여기는 것은 옳은가?"

"그것은 옳지 않습니다. 세존이시여!"

"느끼는 마음, 생각하는 마음, 유위를 조작하는 행위들, 분별의식도 마찬가지라오."

2.40. 비구들이여, 그러므로 '과거·미래·현재의 어떤 몸의 형색이라 할지라도, 내적으로든 외적으로든, 거친 것이든 미세한 것이든, 보잘것없는 것이든 훌륭한 것이든, 먼 것이든 가까운 것이든, 일체의 몸의 형색은 나의 소유도 아니고, 나도 아니고, 나의 자아도 아니다'라고 바른 지혜로 있는 그대로 통찰해야 한다오. 느끼는 마음, 생각하는 마음,

유위를 조작하는 행위들, 분별의식도 마찬가지라오.

2.41. 비구들이여, 이렇게 보는 배움이 많은 거룩한 제자는 몸의 형색이나, 느끼는 마음, 생각하는 마음, 유위를 조작하는 행위들, 분별의식에 싫증[厭離]을 낸다오. 그는 싫증을 내기 때문에 욕탐을 버리고[離貪], 욕탐을 버리기 때문에 해탈(解脫)하며, '나는 해탈했다'라고 안다오. 그는 '생(生)은 소멸했다. 청정한 범행을 완성했으며, 해야 할 일을 끝마쳤다. 다시는 이와 같은 상태로 되지 않는다'라고 통찰한다오."

2.42. 세존께서 이렇게 말씀하시자, 5비구는 세존의 말씀에 환희하고 기뻐했습니다. 그리고 이러한 설명을 하실 때 5비구는 집착이 없어져서 마음이 번뇌에서 해탈했습니다.

그때 세간에 여섯 명의 아라한이 있었습니다.

제3장 전법선언(傳法宣言)

〈야사(Yasa)의 출가〉

3.1. 그때 바라나시에 용모가 빼어난 야사라는 부호(富豪)의 아들이 있었습니다. 그에게는 세 개의 별장이 있었습니다. 하나는 겨울에 사용하는 것이고, 하나는 여름에 사용하는 것이고, 하나는 우기(雨期)에 사용하는 것입니다. 그는 우기에 사용하는 별장에서 넉 달 동안 오로지 여인들과 유희를 즐기면서 아래의 저택으로 내려오지 않았습니다. 야사는 오욕락(五欲樂)을 빠짐없이 갖추어 즐겼으며, 밤새도록 기름 등을 켜 놓고, 그가 먼저 잠들면, 시녀들은 그 후에 잠을 잤습니다.

3.2. 어느 날 먼저 잠에서 깨어난 야사는 잠자고 있는 자신의 시녀들을 보았습니다. 어떤 시녀는 겨드랑이에 비파를 끼고, 어떤 시녀는 목에 장고(長鼓)를 메고, 어떤 시녀는 목에 북을 메고, 어떤 시녀는 침을 흘리고, 어떤 시녀는 머리를 풀어 헤치고, 어떤 시녀는 잠꼬대하면서 자는 모습이 마치 공동묘지에 온 것처럼 생각되었습니다. 그것을 보자, 그에게 역겹다는 생각이 떠오르면서, 마음속에 환멸감이 강하게 자리 잡았습니다. 그래서 야사는 우다나를 읊었습니다.

아아! 정말 답답하다.
아아! 정말 짜증 난다.

3.3. 야사는 황금신발을 신고 대문으로 나갔습니다. 그러자 비인(非人, amanussa)들이[11] "어느 누구도 선남자 야사의 출가를 가로막지 마라!"라고 말하면서 대문을 열어 주었습니다. 야사는 성문(城門)으로 나갔습니다. 그러자, 비인들이 "어느 누구도 선남자 야사의 출가를 가로막지 마라!"라고 말하면서 성문을 열어 주었습니다. 선남자 야사는 이시빠따나 미가다야[鹿野苑]로 갔습니다.

3.4. 그때 세존께서는 어두운 이른 새벽에 일어나서 마당에 나와 산책을 하시다가 저만치서 야사가 오는 것을 보시고, 산책을 멈추고 마련된 자리에 앉으셨습니다. 선남자 야사는 세존 가까이에서 우다나를 읊었습니다.

아아! 정말 답답하다.
아아! 정말 짜증 난다.

3.5. 그때 세존께서 선남자 야사에게 말씀하셨습니다.

"야사여! 이곳은 답답하지 않다오. 이곳은 짜증 나지 않는다오. 야사여! 와서 앉으시오! 내가 그대에게 법(法)을 가르쳐 주리다."

'이곳은 답답하지 않다. 이곳은 짜증 나지 않는다'라는 말씀에 온몸이 떨리는 환희를 느낀 선남자 야사는 황금신발을 벗어던지고 세존에게 다가가서, 세존께 예배한 후에

---

11 'amanussa'는 인간을 의미하는 'manussa'에 부정접두사 'a'가 결합된 것으로, '인간이 아닌 것'의 의미이다. 이것을 한역에서 '非人'으로 번역했다.

한쪽에 앉았습니다. 세존께서는 한쪽에 앉은 선남자 야사에게 순차적으로 설법[次第說法]을 하셨습니다. 보시(布施)를 말씀하시고, 지계(持戒)를 말씀하시고, 천상(天上)을 말씀하시고, 위험하고 천박하고 더러운 감각적 욕망과 감각적 욕망에서 벗어나 얻게 되는 이익을 차례차례 설명하셨습니다.

3.6. 세존께서는 선남자 야사가 유연하고 편견 없이 기쁘고 청정한 마음으로 가르침을 받아들일 수 있는 적절한 마음이 된 것을 아시고, 모든 붓다의 요결법문(要訣法門)인 괴로움[苦]·쌓임[集]·소멸[滅]·길[道]을 설명하셨습니다. 마치 오염이 안 된 깨끗한 옷이 염료를 완전히 받아들이듯이, 그 자리에서 선남자 야사에게 '쌓인 법[集法]은 어떤 것이든 모두 소멸하는 법[滅法]이다'라는 청정무구한 법안(法眼)이 생겼습니다.

3.7. 야사의 어머니는 별장에 올라갔다가 야사를 발견하지 못하자, 남편에게 가서 말했습니다.

"당신의 아들 야사가 보이지 않습니다."

부호 장자는 사방으로 말을 탄 사자(使者)를 떠나보내고, 자신은 이시빠따나 미가다야로 갔습니다. 그는 버려진 황금신발을 보고 그것을 따라갔습니다.

3.8. 세존께서는 저만치서 부호 장자가 오는 것을 보시고, '나는 부호 장자가 여기에 앉아도 여기에 앉아 있는 야사를 보지 못하는 신통을 부려야겠다'라고 생각하셨습니다. 세존께서는 그런 신통을 부리셨습니다.

3.9. 부호 장자는 세존 가까이에 와서 세존께 말씀드렸습니다.

"세존이시여, 세존께서는 야사를 보셨는지요?"

"장자여, 그렇다면 여기에 앉으시오! 여기에 앉으면 바로 여기에 앉아 있는 야사를 볼 수 있을 것이오."

부호 장자는 '여기에 앉으면 자신이 야사를 볼 수 있다'라는 말씀에 온몸이 떨리는 환희를 느끼면서 세존께 예배한 후에 한쪽에 앉았습니다.

3.10. 세존께서는 한쪽에 앉은 부호 장자에게 순차적으로 설법을 하셨습니다. 보시를 말씀하시고, 지계를 말씀하시고, 천상을 말씀하시고, 위험하고 천박하고 더러운 감각적 욕망과 감각적 욕망에서 벗어나 얻게 되는 이익을 차례차례 설명하셨습니다. 세존께서는 부호 장자가 유연하고 편견 없이 기쁘고 청정한 마음으로 가르침을 받아들일 수 있는 적절한 마음이 된 것을 아시고, 모든 붓다의 요결법문인 괴로움·쌓임·소멸·길을 설명하셨습니다. 마치 오염이 안 된 깨끗한 옷이 염료를 완전히 받아들이듯이, 그 자리에서 부호 장자에게 '쌓인 법은 어떤 것이든 모두 소멸하는 법이다'라는 청정무구한 법안이 생겼습니다.

법을 보고 법을 성취하고 법을 알고 법을 깊이 이해하여, 의심에서 벗어나고 의혹이 사라지고 두려움이 사라지고 스승의 가르침에 대하여 남에게 의지하지 않게 된 부호 장자는 세존께 이렇게 말씀드렸습니다.

"훌륭하십니다, 세존이시여! 훌륭하십니다, 세존이시여! 세존이시여, 마치 뒤집힌 것을 바로 세우는 것 같고, 감추어진 것을 드러내는 것 같고, 길 잃은 자에게 길을 알려 주는 것 같고, '눈 있는 자들은 보라!'라고 어둠 속에 등불을 비춰 주는 것 같습니다. 이렇게 세존께서는 여러 가지 방법으로 진리를 알려 주셨습니다. 세존이시여, 그래서 저는 세존께 귀의합니다. 가르침과 비구상가[僧伽]에 귀의합니다. 세존이시여, 저를 청신사(淸信士)로 받아 주소서! 지금부터 살아 있는 날까지 귀의하겠습니다."

그가 세간에서 세 귀의처에 귀의를 맹세한 첫 번째 청신사였습니다.[12]

3.11. 아버지에게 법을 설하는 동안, 선남자 야사는 보이는 그대로, 알려지는 그대로, 의식상태를 통찰함으로써 집착하지 않고 번뇌[漏]에서 마음이 해탈했습니다. 세존께서는 '아버지에게 법을 설하는 동안, 선남자 야사는 보이는 그대로, 알려지는 그대로, 의식상태를 통찰함으로써 집착하지 않고 번뇌에서 마음이 해탈했다. 선남자 야사는 환속하여 예전에 속인(俗人)일 때처럼 감각적 욕망을 누릴 수 없을 것이다. 그러니 나는 그 신통을 거두어야겠다'라고 생각하시고 신통을 거두셨습니다.

3.12. 부호 장자는 앉아 있는 선남자 야사를 보게 되었습니다. 그는 선남자 야사를 보고서 말했습니다.

"야사야, 네 어머니는 슬픔과 비탄에 빠져 있단다. 어머니 좀 살려다오."

3.13. 선남자 야사는 세존을 쳐다보았습니다. 그러자 세존께서 부호 장자에게 말씀하셨습니다.

"장자여, 어떻게 생각하나요? 야사가 유학(有學)의 지견(知見)으로 본 법(法)은 그대가 본 것과 같다오. 그는 보이는 그대로, 알려지는 그대로, 의식상태를 통찰함으로써 집착하지 않고 번뇌에서 마음이 해탈했다오. 장자여, 야사가 환속하여 예전에 속인일 때처럼 감각적 욕망을 누릴 수 있을까요?"

"결코 그럴 수 없을 것입니다, 세존이시여!"

"장자여, 야사가 유학의 지견으로 본 법은 그대가 본 것과 같다오. 그는 보이는 그대로, 알려지는 그대로, 의식상태를 통찰함으로써 집착하지 않고 번뇌에서 마음이 해탈했다오. 장자여, 야사는 환속하여 예전에 속인일 때처럼 감각적 욕망을 누릴 수 없다오."

3.14. "세존이시여, 야사가 집착하지 않고 번뇌에서 마음이 해탈한 것은 야사에게 이익이고, 야사에게 축복입니다. 세존이시여, 세존께서는 오늘의 공양을 저에게 허락하시고, 야사를 수종사문(隨從沙門)으로 삼아 오시옵소서."

세존께서는 침묵으로 허락하셨습니다. 부호 장자는 세존께서 허락하신 것을 알고, 자리에서 일어나 세존께 예배하고 오른쪽으로 돈 후에 떠나갔습니다.

3.15. 야사 선남자는 부호 장자가 떠난 직후에 세존께 말씀드렸습니다.

"세존이시여, 저는 세존 앞으로 출가하여 구족계를 받고자 합니다."

세존께서는 "오라, 비구여! 법은 잘 설해졌다. 바르게 괴로움을 소멸하기 위하여 청정한 범행(梵行)을 실천하라!"라고 말씀하셨습니다. 실로 그것이 그 존자의 구족계였

---

12 붓다가 라자야따나나무 아래 계실 때 귀의한 따뿌싸와 발리까는 상가[僧伽]가 성립하기 이전에 귀의했기 때문에 붓다[佛]와 가르침[法] 두 귀의처에 귀의했지만, 여기에서 부호 장자가 귀의할 때는 5비구가 출가하여 상가가 이루어졌기 때문에, 그가 처음으로 붓다와 가르침과 상가에 귀의한 재가신도가 된 것이다.

습니다.

그때 세간에 일곱 명의 아라한이 있었습니다.

〈첫 번째 청신녀 이야기〉

3.16. 세존께서는 오전에 옷을 입고, 발우와 법의를 지니고, 야사 존자를 수종사문으로 삼아 부호 장자의 집으로 가서 마련된 자리에 앉으셨습니다. 그러자 야사 존자의 어머니와 옛 아내가 세존께 다가와서 세존께 예배하고 한쪽에 앉았습니다.

3.17. 세존께서는 한쪽에 앉은 야사 존자의 어머니와 옛 아내에게 순차적으로 설법을 하셨습니다. 보시를 말씀하시고, 지계를 말씀하시고, 천상을 말씀하시고, 위험하고 천박하고 더러운 감각적 욕망과 감각적 욕망에서 벗어나 얻게 되는 이익을 차례차례 설명하셨습니다. 세존께서는 야사 존자의 어머니와 옛 아내가 유연하고 편견 없이 기쁘고 청정한 마음으로 가르침을 받아들일 수 있는 적절한 마음이 된 것을 아시고, 모든 붓다의 요결법문인 괴로움·쌓임·소멸·길을 설명하셨습니다. 마치 오염이 안 된 깨끗한 옷이 염료를 완전히 받아들이듯이, 그 자리에서 야사 존자의 어머니와 옛 아내에게 '쌓인 법은 어떤 것이든 모두 소멸하는 법이다'라는 청정무구한 법안이 생겼습니다.

3.18. 법을 보고 법을 성취하고 법을 알고 법을 깊이 이해하여, 의심에서 벗어나고 의혹이 사라지고 두려움이 사라지고 스승의 가르침에 대하여 남에게 의지하지 않게 된 야사 존자의 어머니와 옛 아내는 세존께 이렇게 말씀드렸습니다.

"훌륭하십니다, 세존이시여! 훌륭하십니다, 세존이시여! 세존이시여, 마치 뒤집힌 것을 바로 세우는 것 같고, 감추어진 것을 드러내는 것 같고, 길 잃은 자에게 길을 알려 주는 것 같고, '눈 있는 자들은 보라!'라고 어둠 속에 등불을 비춰 주는 것 같습니다. 이렇게 세존께서는 여러 가지 방법으로 진리를 알려 주셨습니다. 세존이시여, 그래서 저는 세존께 귀의합니다. 가르침과 비구상가에 귀의합니다. 세존이시여, 저희를 청신녀(淸信女)로 받아 주소서! 지금부터 살아 있는 날까지 귀의하겠습니다."

그녀들은 세간에서 세 귀의처에 귀의를 맹세한 첫 번째 청신녀였습니다.

3.19. 야사 존자의 어머니와 아버지, 그리고 옛 아내는 세존과 야사 존자에게 갖가지 훌륭한 딱딱한 음식과 부드러운 음식을 손수 올려 만족시킨 후에, 세존께서 공양을 마치고 발우에서 손을 떼시자 한쪽에 앉았습니다. 세존께서는 법을 설하여 한쪽에 앉은 야사 존자의 어머니와 아버지, 그리고 옛 아내를 가르치고 격려하고 칭찬하고 기쁘게 하신 후에 자리에서 일어나 떠나셨습니다.

〈야사의 친구 4인의 출가〉

3.20. 야사 존자에게는 바라나시에서 첫째나 둘째가는 부호의 아들인 속가 친구 네 사람이 있었습니다. 그들은 위말라(Vimala), 수바후(Subāhu), 뿐나지(Puṇṇaji), 가왐빠띠(Gavampati)였습니다. 그들은 선남자 야사가 머리와 수염을 깎고 가사(袈裟)를 입고 집을

떠나 출가했다는 말을 듣고서, '선남자 야사가 머리와 수염을 깎고 가사를 입고 집을 떠나 출가한 것을 보면, 그것은 분명히 시시한 가르침[法]과 율(律)이 아닐 것이다. 그것은 시시한 출가가 아닐 것이다'라고 생각했습니다.

3.21. 네 사람은 야사 존자를 찾아가서 야사 존자에게 인사를 한 후에 한쪽에 서 있었습니다. 야사 존자는 네 속가 친구를 데리고 세존을 찾아가서 세존께 예배한 후에 한쪽에 앉았습니다. 한쪽에 앉은 야사 존자가 세존께 말씀드렸습니다.

"세존이시여, 이들 네 선남자는 제 속가 친구로서, 바라나시에서 첫째나 둘째가는 부호인 위말라, 수바후, 뿐나지, 가왐빠띠입니다. 세존께서는 이 네 사람을 가르치고 인도하여 주십시오!"

3.22. 세존께서는 그들에게 순차적으로 설법을 하셨습니다. 보시를 말씀하시고, 지계를 말씀하시고, 천상을 말씀하시고, 위험하고 천박하고 더러운 감각적 욕망과 감각적 욕망에서 벗어나 얻게 되는 이익을 차례차례 설명하셨습니다. 세존께서는 그들이 유연하고 편견 없이 기쁘고 청정한 마음으로 가르침을 받아들일 수 있는 적절한 마음이 된 것을 아시고, 모든 붓다의 요결법문인 괴로움·쌓임·소멸·길을 설명하셨습니다. 마치 오염이 안 된 깨끗한 옷이 염료를 완전히 받아들이듯이, 그 자리에서 그들에게 '쌓인 법은 어떤 것이든 모두 소멸하는 법이다'라는 청정무구한 법안이 생겼습니다.

3.23. 법을 보고 법을 성취하고 법을 알고 법을 깊이 이해하여, 의심에서 벗어나고 의혹이 사라지고 두려움이 사라지고 스승의 가르침에 대하여 남에게 의지하지 않게 된 그들은 세존께 이렇게 말씀드렸습니다.

"세존이시여, 저희는 세존 앞으로 출가하여 구족계를 받고자 합니다."

세존께서는 "오라, 비구들이여! 법은 잘 설해졌다. 바르게 괴로움을 소멸하기 위하여 청정한 범행을 실천하라!"라고 말씀하셨습니다. 실로 그것이 그 존자들의 구족계였습니다. 세존께서 그 비구들을 법도에 맞는 말로 가르치고 인도하시자, 그들은 집착하지 않고 번뇌에서 마음이 해탈했습니다.

그때 세간에 열한 명의 아라한이 있었습니다.

〈야사의 친구 50인의 출가〉

3.24. 야사 존자에게는 50명의 속가 친구들이 있었습니다. 그들은 바라나시에서 첫째나 둘째가는 오랜 전통을 지닌 집안의 아들들이었습니다. 그들은 선남자 야사가 머리와 수염을 깎고 가사를 입고 집을 떠나 출가했다는 말을 듣고서, '선남자 야사가 머리와 수염을 깎고 가사를 입고 집을 떠나 출가한 것을 보면, 그것은 분명히 시시한 가르침과 율이 아닐 것이다. 그것은 시시한 출가가 아닐 것이다'라고 생각했습니다.

3.25. 그들은 야사 존자를 찾아가서 야사 존자에게 인사를 한 후에 한쪽에 서 있었습니다. 야사 존자는 그들을 데리고 세존을 찾아가서 세존께 예배한 후에 한쪽에 앉았습니다. 한쪽에 앉은 야사 존자가 세존께 말씀드렸습니다.

"세존이시여, 이들은 제 속가 친구로서, 바라나시에서 첫째나 둘째가는 오랜 전통을 지닌 집안의 아들들입니다. 세존께서는 이들을 가르치고 인도하여 주십시오!"

3.26. 세존께서는 그들에게 순차적으로 설법을 하셨습니다. 보시를 말씀하시고, 지계를 말씀하시고, 천상을 말씀하시고, 위험하고 천박하고 더러운 감각적 욕망과 감각적 욕망에서 벗어나 얻게 되는 이익을 차례차례 설명하셨습니다. 세존께서는 그들이 유연하고 편견 없이 기쁘고 청정한 마음으로 가르침을 받아들일 수 있는 적절한 마음이 된 것을 아시고, 모든 붓다의 요결법문인 괴로움·쌓임·소멸·길을 설명하셨습니다. 마치 오염이 안 된 깨끗한 옷이 염료를 완전히 받아들이듯이, 그 자리에서 그들에게 '쌓인 법은 어떤 것이든 모두 소멸하는 법이다'라는 청정무구한 법안이 생겼습니다.

3.27. 법을 보고 법을 성취하고 법을 알고 법을 깊이 이해하여, 의심에서 벗어나고 의혹이 사라지고 두려움이 사라지고 스승의 가르침에 대하여 남에게 의지하지 않게 된 그들은 세존께 이렇게 말씀드렸습니다.

"세존이시여, 저희는 세존 앞으로 출가하여 구족계를 받고자 합니다."

세존께서는 "오라, 비구들이여! 법은 잘 설해졌다. 바르게 괴로움을 소멸하기 위하여 청정한 범행을 실천하라!"라고 말씀하셨습니다. 실로 그것이 그 존자들의 구족계였습니다. 세존께서 그 비구들을 법도에 맞는 말로 가르치고 인도하시자, 그들은 집착하지 않고 번뇌에서 마음이 해탈했습니다.

그때 세간에 61명의 아라한이 있었습니다.

〈전법선언〉

3.28. 그때 세존께서 비구들에게 말씀하셨습니다.

"비구들이여, 나는 천상과 인간의 모든 덫에서 벗어났고, 그대들도 천상과 인간의 모든 덫에서 벗어났다오. 비구들이여, 많은 사람의 이익을 위하여 많은 사람의 행복을 위하여 길을 떠나시오! 세간을 연민하여 천신과 인간의 복리(福利)와 이익과 행복을 위하여 둘이 한 길로 다니지 마시오! 비구들이여, 처음도 좋고 중간도 좋고 마지막도 좋은 법을 의미 있는 말로 명쾌하게 설하시오! 완전하고 원만하고 청정한 범행(梵行)을 드러내 보여 주시오! 법을 듣지 못해서 타락한 눈에 때가 끼지 않은 중생들이 있다오. 그들은 법을 이해할 수 있을 것이오. 비구들이여, 나는 법을 설하기 위해서 우루웰라의 세나니가마(Senānigama)로 가겠소."

〈삼귀의에 의한 수계 이야기〉

3.29. 그때 비구들은 '세존께서 이들을 출가시키고 수계(授戒)를 하실 것이다'라고 생각하고, 여러 지역, 여러 지방에서 출가를 희망하고 구족계를 희망하는 사람들을 데려왔습니다. 그럴 때 비구들은 물론, 출가를 희망하고 구족계를 희망하는 사람들도 피곤했습니다. 어느 날 세존께서 홀로 좌선할 때 마음속에 이런 생각이 떠올랐습니다.

'지금 비구들이, '세존께서 이들을 출가시키고 수계(授戒)를 하실 것이다'라고 생각하고, 여러 지역, 여러 지방에서 출가를 희망하고 구족계를 희망하는 사람들을 데려온다. 그럴 때 비구들은 물론, 출가를 희망하고 수계를 희망하는 사람들도 피곤하다. 내가 비구들에게 '비구들이여, 이제는 각자 머무는 지역과 지방에서 그대들이 출가시키고 수계를 하라'라고 허락하는 것이 좋겠다.'

3.30. 세존께서는 선정에서 일어나시어, 그 일로 인해서 비구들을 모아 법도에 맞게 말씀하신 후에 비구들에게 말씀하셨습니다.

"비구들이여, 내가 홀로 좌선할 때 '지금은 비구들이, 여러 지역, 여러 지방에서 출가를 희망하고 수계를 희망하는 사람들을 데려온다. 앞으로는 내가 비구들에게 각자 머무는 지역과 지방에서 출가시키고 수계를 하도록 허락하는 것이 좋겠다'라는 생각이 떠올랐다오.

3.31. 비구들이여, 내가 허락하나니, 앞으로는 그대들이 각자 머무는 지역과 지방에서 출가를 희망하고 구족계를 희망하는 사람들을 출가시키고 수계를 하시오! 비구들이여, 다음과 같이 출가시키고 수계를 하시오!

먼저 머리와 수염을 깎도록 하고 가사를 입힌 다음, 한쪽 어깨에 상의를 걸치게 한 후에 비구들의 발에 절하게 하고, 무릎을 꿇고 앉게 한 후에 합장하고 다음과 같이 말하도록 하시오!

3.32.

부처님께 귀의합니다. 가르침에 귀의합니다. 상가[僧伽]에 귀의합니다.

두 번째로, 부처님께 귀의합니다. 두 번째로, 가르침에 귀의합니다. 두 번째로, 상가에 귀의합니다.

세 번째로, 부처님께 귀의합니다. 세 번째로, 가르침에 귀의합니다. 세 번째로, 상가에 귀의합니다.

비구들이여, 나는 이 삼귀의(三歸依)에 의한 출가와 수계를 허락합니다."

〈이치에 맞게 생각하고 바르게 정진하라〉

3.33. 우기(雨期)의 안거(安居)를 마치신 세존께서 비구들에게 말씀하셨습니다.

"비구들이여, 나는 이치에 맞는 생각, 이치에 맞는 바른 정진으로 위없는 해탈을 성취했고, 위없는 해탈을 증득했다오. 비구들이여, 그대들도 이치에 맞는 생각, 이치에 맞는 바른 정진으로 위없는 해탈을 성취하고 위없는 해탈을 증득하도록 하시오!"

3.34. 그러자 마라 빠삐만이 세존을 찾아와서 세존께 게송으로 말을 걸어왔습니다.

천상과 인간의
모든 덫에 그대는 묶여 있다네.
커다란 결박에 묶여 있다네.
사문이여, 그대는 나를 벗어날 수 없다네.

천상과 인간의
모든 덫에서 나는 벗어났다네.
커다란 결박에서 벗어났다네.
죽음의 신이여, 나는 이미 그대를 죽였다네.

그러자 마라 빠삐만은 "세존께서 나를 알아보았다. 선서(善逝)께서 나를 알아보았다"라고 괴로워하고 슬퍼하면서 그곳에서 바로 사라졌습니다.

〈30인의 귀공자〉

3.35. 세존께서는 바라나시에서 적절하게 머무신 후에 우루웰라로 길을 떠나셨습니다. 세존께서는 길을 가다가 길에서 벗어나 숲속으로 들어가서 어떤 나무 아래 앉으셨습니다. 그때 30명의 귀공자가 부인을 동반하여 그 숲속에서 놀고 있었습니다. 한 친구는 부인이 없었기 때문에 기녀를 데리고 왔습니다. 그런데 그 기녀가 그들이 방심하고 노는 틈을 타서 그 친구의 재물을 가지고 달아났습니다.

3.36. 친구들은 그 친구를 도와서 그 여인을 찾아 숲속을 돌아다니다가 나무 아래 앉아 있는 세존을 보았습니다. 그들은 세존을 보자 다가가서 세존께 말씀드렸습니다.

"세존이시여, 세존께서는 한 여인을 보시지 않았나요?"

"젊은이들이여, 그대들은 왜 여인을 찾는가?"

"우리는 부인을 동반하여 이 숲속에서 놀고 있었습니다. 한 친구는 부인이 없었기 때문에 기녀를 데리고 왔습니다. 그런데 그 기녀가 우리들이 방심하고 노는 틈을 타서 친구의 재물을 가지고 달아났습니다. 우리는 친구를 도와서 그 여인을 찾아 숲속을 돌아다니고 있습니다."

3.37. "젊은이들이여, 그대들에게 중요한 것은 무엇이라고 생각하는가? 그대들이 여인을 찾는 일인가, 자신을 찾는 일인가?"

"세존이시여, 우리에게 중요한 것은 우리 자신을 찾는 일입니다."

"젊은이들이여, 그렇다면 그대들은 앉으시오! 내가 그대들에게 법을 설하겠소."

그 귀공자들은 "그렇게 하겠습니다"라고 말한 후에, 세존께 예배하고 한쪽에 앉았습니다.

3.38. 세존께서는 그들에게 순차적으로 설법을 하셨습니다. 보시를 말씀하시고, 지계를 말씀하시고, 천상을 말씀하시고, 위험하고 천박하고 더러운 감각적 욕망과 감각적 욕망에서 벗어나 얻게 되는 이익을 차례차례 설명하셨습니다. 세존께서는 그들이 유연하고 편견 없이 기쁘고 청정한 마음으로 가르침을 받아들일 수 있는 적절한 마음이 된 것을 아시고, 모든 붓다의 요결법문인 괴로움·쌓임·소멸·길을 설명하셨습니다. 마치 오염이 안 된 깨끗한 옷이 염료를 완전히 받아들이듯이, 그 자리에서 그들에게 '쌓인 법은 어떤 것이든 모두 소멸하는 법이다'라는 청정무구한 법안이 생겼습니다.

3.39. 법을 보고 법을 성취하고 법을 알고 법을 깊이 이해하여, 의심에서 벗어나고 의혹이 사라지고 두려움이 사라지고 스승의 가르침에 대하여 남에게 의지하지 않게 된 그들은 세존께 이렇게 말씀드렸습니다.

"세존이시여, 저희는 세존 앞으로 출가하여 구족계를 받고자 합니다."

세존께서는 "오라, 비구들이여! 법은 잘 설해졌다. 바르게 괴로움을 소멸하기 위하여 청정한 범행을 실천하라!"라고 말씀하셨습니다. 실로 그것이 그 존자들의 구족계였습니다.

제4장 우루웰라의 기적

〈첫 번째 기적〉

4.1. 세존께서는 여행을 계속하여 마침내 우루웰라(Uruvela)에 도착하셨습니다. 그때 우루웰라에는 결발수행자(結髮修行者) 우루웰라까싸빠(Uruvelakassapa), 나디까싸빠(Nadīkassapa), 가야까싸빠(Gayākassapa)가 살고 있었습니다. 우루웰라까싸빠는 결발수행자 500명의 우두머리 지도자였고, 나디까싸빠는 결발수행자 300명의 우두머리 지도자였으며, 가야까싸빠는 결발수행자 200명의 우두머리 지도자였습니다.

4.2. 세존께서는 결발수행자 우루웰라까싸빠의 수도원으로 가서 우루웰라까싸빠에게 말씀하셨습니다.

"까싸빠여, 괜찮다면 불을 모신 그대의 제화당(祭火堂, agyāgāre)[13]에서 하룻밤을 머물고 싶습니다."

"대사문(大沙門, mahāsamaṇa)이여,[14] 나는 괜찮지만, 거기에는 맹독이 있고 신통력이 있는 독사 용왕(龍王)이 있습니다. 그대는 그를 제압하지 못할 것입니다."

세존께서는 두 번 세 번을 거듭하여 "까싸빠여, 괜찮다면 그대의 제화당에서 하룻밤을 머물고 싶습니다"라고 말씀하셨습니다.

우루웰라까싸빠는 그때마다 "대사문이여, 나는 괜찮지만, 거기에는 맹독이 있고 신통력이 있는 커다란 독사 용왕이 있습니다. 그대는 그를 제압하지 못할 것입니다"라고 말했습니다.

세존께서 우루웰라까싸빠에게 말씀하셨습니다.

"아마 그는 나를 해치지 않을 것입니다. 까싸빠여, 나에게 제화당을 허락해 주십시오!"

"대사문이여, 그럼 편히 머무십시오!"

4.3. 세존께서는 제화당에 들어가 한쪽에 풀로 만든 자리를 펴신 후에 가부좌(跏趺坐)하고 앉아서, 몸을 똑바로 세우고 정신을 바짝 차려 주의집중을 하셨습니다. 그러자 그 용은 세존께서 들어오신 것을 보고, 기분이 상하고 독이 올라 불을 내뿜었습니다. 그때 세존께서는 '나는 이 용의 피부와 가죽과 살과 뼈와 골수를 손상하지 않고 불로써 불을 소멸해야겠다'라고 생각하셨습니다.

4.4. 세존께서는 그와 같은 신통을 부려 불을 내뿜었습니다. 그러자 그 용은 화를 참지 못하고 불을 뿜었습니다. 세존께서도 화계(火界)에 들어가서 불을 뿜었습니다. 두 불길은 마치 제화당이 타오르는 것처럼 타올랐습

---

13 'agyāgāra'는 '불'을 의미하는 'aggi'와 '집'을 의미하는 'agāra'의 합성어로서 '불이 있는 집'을 의미한다. 'agyāgāra'는 제사에 사용할 신성한 불씨를 보관하는 집으로 생각되어 '제화당(祭火堂)'으로 번역했다.

14 대사문(大沙門)으로 번역한 'mahāsamaṇa'는 부처님에 대한 호칭이다. 우루웰라까싸빠가 이 호칭을 사용하는 것으로 보아, 붓다는 우루웰라에서 수행할 때 'mahāsamaṇa', 즉 '훌륭한 수행자'로 불린 것 같다.

니다. 결발수행자들은 제화당을 둘러싸고서 "여보게, 참으로 준수한 대사문이 용에게 죽게 되었네!"라고 말했습니다.

4.5. 세존께서는 그날 밤을 지새우며 그 용의 피부와 가죽과 살과 뼈와 골수를 손상하지 않고 불로써 불을 소멸하신 후에 발우(鉢盂)에 넣어서 결발수행자 우루웰라까싸빠에게 보여 주셨습니다.

"까싸빠여, 이것이 불에 의해서 불이 소멸한 그대의 용입니다."

그때 결발수행자 우루웰라까싸빠는 '맹독이 있고 신통력이 있는 커다란 독사 용왕의 피부와 가죽과 살과 뼈와 골수를 손상하지 않고 불로써 불을 소멸하다니, 대사문의 큰 신통력은 참으로 큰 위력이 있구나! 그렇지만 나와 같은 아라한은 못 된다'라고 생각했습니다.

4.6. 결발수행자 우루웰라까싸빠는 이 불가사의한 기적을 보고 믿음을 일으켜 세존께 "대사문이여, 여기에 머무십시오! 제가 당신에게 항상 식사를 올리겠습니다"라고 말했습니다.

〈두 번째 기적〉

4.7. 세존께서는 결발수행자 우루웰라까싸빠의 수도원 근처의 숲속에 머무셨습니다. 그날 밤이 되자 사천왕(四天王)이 휘황찬란한 모습으로 온 숲을 밝히면서 세존을 찾아와 세존께 예배하고, 마치 거대한 불덩어리처럼 사방(四方)에 서 있었습니다.

4.8. 그날 밤이 지나자, 결발수행자 우루웰라까싸빠가 세존을 찾아와서 말했습니다.

"대사문이여, 식사가 준비되었습니다. 대사문이여, 그런데 밤이 되자 휘황찬란한 모습으로 온 숲을 밝히면서 그대를 찾아와서 그대에게 예배하고, 마치 거대한 불덩어리처럼 사방에 서 있던 사람들은 누구입니까?"

"까싸빠여, 그들은 사천왕입니다. 그들이 법(法)을 듣기 위해 나를 찾아왔습니다."

결발수행자 우루웰라까싸빠는 '사천왕이 법을 듣기 위해 찾아오다니, 대사문의 큰 신통력은 참으로 큰 위력이 있구나! 그렇지만 나와 같은 아라한은 못 된다'라고 생각했습니다.

〈세 번째 기적〉

4.9. 그날 밤이 되자 신들의 왕 삭까(Sakka, Sakko devānam indo)가[15] 이전의 사천왕보다 훨씬 더 휘황찬란한 모습으로 온 숲을 밝히면서 세존을 찾아와 세존께 예배하고, 마치 거대한 불덩어리처럼 한쪽에 서 있었습니다. 그 모습은 이전보다 훨씬 더 휘황찬란했습니다.

4.10. 그날 밤이 지나자, 결발수행자 우루웰라까싸빠가 세존을 찾아와서 말했습니다.

"대사문이여, 식사가 준비되었습니다. 대사문이여, 그런데 밤이 되자 이전의 사천왕보다 훨씬 더 휘황찬란한 모습으로 온 숲

15 'Sakka'는 도리천(忉利天), 즉 33천(天)의 왕의 이름이다. 인드라천, 제석천(帝釋天)으로 불리는 33천에는 33명의 천신이 있는데, 이들의 왕이 'Sakka'이다. 그래서 'Sakka'를 '신들의 왕'이라고 한다.

을 밝히면서 그대를 찾아와서 그대에게 예배하고, 마치 거대한 불덩어리처럼 한쪽에 서 있던 사람은 누구입니까?"

"까싸빠여, 그는 신들의 왕 삭까입니다. 그가 법을 듣기 위해 나를 찾아왔습니다."

결발수행자 우루웰라까싸빠는 '신들의 왕 삭까가 법을 듣기 위해 찾아오다니, 대사문의 큰 신통력은 참으로 큰 위력이 있구나! 그렇지만 나와 같은 아라한은 못 된다'라고 생각했습니다.

세존께서는 결발수행자 우루웰라까싸빠의 음식을 드시고 그 숲에 머무셨습니다.

〈네 번째 기적〉

4.11. 그날 밤이 되자 사함빠띠(Sahampati) 범천(梵天)이 이전의 삭까보다 훨씬 더 휘황찬란한 모습으로 온 숲을 밝히면서 세존을 찾아와 세존께 예배하고, 마치 거대한 불덩어리처럼 한쪽에 서 있었습니다. 그 모습은 이전보다 훨씬 더 휘황찬란했습니다.

4.12. 그날 밤이 지나자, 결발수행자 우루웰라까싸빠가 세존을 찾아와서 말했습니다.

"대사문이여, 식사가 준비되었습니다. 대사문이여, 그런데 밤이 되자 이전의 사천왕보다 훨씬 더 휘황찬란한 모습으로 온 숲을 밝히면서 그대를 찾아와서 그대에게 예배하고, 마치 거대한 불덩어리처럼 한쪽에 서 있던 사람은 누구입니까?"

"까싸빠여, 그는 사함빠띠 범천입니다. 그가 법을 듣기 위해 나를 찾아왔습니다."

결발수행자 우루웰라까싸빠는 '사함빠띠 범천이 법을 듣기 위해 찾아오다니, 대사문의 큰 신통력은 참으로 큰 위력이 있구나! 그렇지만 나와 같은 아라한은 못 된다'라고 생각했습니다.

세존께서는 결발수행자 우루웰라까싸빠의 음식을 드시고 그 숲에 머무셨습니다.

〈다섯 번째 기적〉

4.13. 그때 결발수행자 우루웰라까싸빠는 큰 제사를 준비하고 있었으며, 앙가(Aṅga)와 마가다(Magadha)의 모든 지역에서 많은 딱딱한 음식과 부드러운 음식을 가지고 오고 있었습니다. 결발수행자 우루웰라까싸빠는 이렇게 생각했습니다.

'나는 지금 큰 제사를 준비하고 있고, 앙가와 마가다의 모든 지역에서 많은 딱딱한 음식과 부드러운 음식을 가지고 오고 있다. 만약에 대사문이 대중들 가운데서 신통을 부리면, 대사문의 소득과 숭배는 증대하고 나의 소득과 숭배는 감소할 것이다. 내일은 대사문이 오지 않으면 좋으련만!'

4.14. 세존께서는 결발수행자 우루웰라까싸빠가 마음으로 생각하는 바를 아시고, 웃따라꾸루(Uttarakuru)에 가서 그곳에서 탁발하신 후에, 아노땃따(Anotatta) 호수에서 음식을 드시고 그곳에서 오후의 휴식을 취하셨습니다.

그날 밤이 지나자, 결발수행자 우루웰라까싸빠가 세존을 찾아와서 말했습니다.

"대사문이여, 식사가 준비되었습니다. 대사문이여, 그런데 어제는 왜 오시지 않았습니까? 그때 우리는 '대사문께서 왜 오시지 않나?'라고 의아해했습니다. 딱딱한 음식과 부드러운 음식들 가운데 그대의 몫으로 남겨 둔 것입니다."

4.15. "까싸빠여, 그대는 '나는 지금 큰 제사를 준비하고 있고, 앙가와 마가다의 모든 지역에서 많은 딱딱한 음식과 부드러운 음식을 가지고 오고 있다. 만약에 대사문이 대중들 가운데서 신통을 부리면, 대사문의 소득과 숭배는 증대하고 나의 소득과 숭배는 감소할 것이다. 내일은 대사문이 오지 않으면 좋으련만!'이라고 생각하지 않았나요?

4.16. 까싸빠여, 나는 그대가 마음으로 생각하는 바를 알고, 웃따라꾸루에 가서 탁발한 후에, 아노땃따 호수에서 음식을 먹고 그곳에서 오후의 휴식을 취했습니다."

그때 결발수행자 우루웰라까싸빠는 '마음으로 생각하는 바를 통찰할 수 있다니, 대사문의 큰 신통력은 참으로 큰 위력이 있구나! 그렇지만 나와 같은 아라한은 못 된다'라고 생각했습니다.

세존께서는 결발수행자 우루웰라까싸빠의 음식을 드시고 그 숲에 머무셨습니다.

〈까싸빠 삼형제의 귀의〉

4.17. 그때 세존에게 분소의(糞掃衣)가[16] 생겼습니다. 세존께서는 '어디에서 이 분소의를 빨아야 할까?'라고 생각하셨습니다. 신들의 왕 삭까가 세존께서 마음으로 생각하시는 바를 헤아려 알고, 손으로 연못을 판 후에 세존께 말씀드렸습니다.

"세존이시여, 세존께서는 여기에서 분소의를 빠십시오!"

세존께서는 '무엇에다 분소의를 두들겨야 할까?'라고 생각하셨습니다. 신들의 왕 삭까가 세존께서 마음으로 생각하시는 바를 알고, 커다란 바위를 가져다 놓은 후에 세존께 말씀드렸습니다.

"세존이시여, 세존께서는 여기에다 분소의를 두들기십시오!"

4.18. 세존께서는 '무엇을 붙잡고 올라가야 할까?'라고 생각하셨습니다. 그러자 까꾸다(Kakudha)나무에 살고 있는 신이 세존께서 마음으로 생각하시는 바를 알고, 가지를 휜 후에 세존께 말씀드렸습니다.

"세존이시여, 세존께서는 이것을 붙잡고 올라가십시오!"

세존께서는 다시 '어디에다 분소의를 말려야 할까?'라고 생각하셨습니다. 그러자 신들의 왕 삭까가 세존께서 마음으로 생각하시는 바를 알고, 커다란 바위를 가져다 놓은 후에 세존께 말씀드렸습니다.

"세존이시여, 세존께서는 여기에다 분소의를 말리십시오!"

그날 밤이 지나자, 결발수행자 우루웰라까싸빠가 세존을 찾아와서 말했습니다.

"대사문이여, 식사가 준비되었습니다. 대사문이여, 그런데 어찌하여 전에는 여기에 없던 연못이 여기에 있으며, 전에는 여기에 놓여 있지 않던 바위가 여기에 놓여 있으며, 전에는 휘지 않았던 까꾸다나무 가지가 휘어 있습니까?"

---

16 당시 수행자들은 버려진 더러운 옷을 빨아서 기워 입었다. 이런 옷을 'paṃsukūlaṃ'라고 하며, 한역에서 '분소의(糞掃衣)'로 번역한다.

4.19. 세존께서는 까싸빠에게 분소의가 생겨서 빨래를 할 때 삭까가 연못을 만들고 바위를 옮기고, 까꾸다나무에 살고 있는 신이 까꾸다나무 가지를 굽힌 이야기를 해 주었습니다.

4.20. 결발수행자 우루웰라까싸빠는 '삭까가 연못을 만들고 바위를 옮기고, 까꾸다나무에 살고 있는 신이 까꾸다나무 가지를 굽혀서 빨래를 돕다니, 대사문의 큰 신통력은 참으로 큰 위력이 있구나! 그렇지만 나와 같은 아라한은 못 된다'라고 생각했습니다.

세존께서는 결발수행자 우루웰라까싸빠의 음식을 드시고 그 숲에 머무셨습니다.

4.21. 그날 밤이 지나자, 결발수행자 우루웰라까싸빠가 세존을 찾아와서 세존께 식사 시간을 알렸습니다.

"대사문이여, 식사가 준비되었습니다."

"까싸빠여! 그대는 먼저 가십시오! 나는 나대로 가겠습니다."

세존께서는 결발수행자 우루웰라까싸빠를 떠나보낸 후에, 잠부디빠(Jambudīpa)라는 이름의 유래가 되는 잠부(Jambu)나무로 가서,[17] 그 나무에서 열매를 따서 들고, 까싸빠보다 먼저 와서 제화당에 앉아 있었습니다.

4.22. 결발수행자 우루웰라까싸빠는 제화당에 앉아 있는 세존을 보고 세존께 말했습니다.

"대사문이여, 그대는 어떤 길로 왔기에 내가 그대보다 먼저 출발했는데, 그대가 먼저 와서 제화당에 앉아 있습니까?"

4.23. "까싸빠여! 나는 그대를 떠나보낸 후에 잠부디빠라는 지명의 유래가 되는 잠부나무로 가서, 그 나무에서 열매를 따서 들고, 그대보다 먼저 와서 제화당에 앉아 있었습니다. 까싸빠여! 이 잠부 열매는 빛깔도 좋고, 향기도 좋고, 맛도 좋습니다. 드시고 싶으면 드십시오!"

"아닙니다, 대사문이여! 마땅히 그대가 드셔야지요. 그대가 드십시오!"

그때 결발수행자 우루웰라까싸빠는 '나를 떠나보낸 후에 잠부디빠라는 지명의 유래가 되는 잠부나무로 가서, 그 나무에서 열매를 따서 들고, 나보다 먼저 와서 제화당에 앉아 있다니, 대사문의 큰 신통력은 참으로 큰 위력이 있구나! 그렇지만 나와 같은 아라한은 못 된다'라고 생각했습니다.

세존께서는 결발수행자 우루웰라까싸빠의 음식을 드시고 그 숲에 머무셨습니다.

4.24. 그날 밤이 지나자, 결발수행자 우루웰라까싸빠가 세존을 찾아와서 세존께 식사 시간을 알렸습니다.

"대사문이여, 식사가 준비되었습니다."

"까싸빠여! 그대는 먼저 가십시오! 나는 나대로 가겠습니다."

세존께서는 결발수행자 우루웰라까싸빠를 떠나보낸 후에, 잠부디빠라는 이름의 유래가 되는 잠부나무로 가서, 그 근처의 암바(amba)나무에서 열매를 따서 들고, 까싸

---

17 'Jambudīpa'는 고대 인도인들이 자신들이 사는 세계를 지칭하는 말이다. 고대 인도인들은 수미산을 중심으로 남쪽에 있는 큰 섬에 자신들이 살고 있다고 생각했으며, 이 섬을 '잠부(jambu)나무가 있는 섬(dīpa)'이라고 불렀다. 'Jambudīpa'는 한역에서 염부제(閻浮提)로 번역한다. 여기에서 언급되고 있는 잠부나무는 그 숲의 주변에 있는 잠부나무가 아니라 'Jambudīpa'라는 이름의 유래가 되는 잠부나무이기 때문에 우루웰라에서 매우 먼 곳에 있는 잠부나무라고 생각된다.

빠보다 먼저 와서 제화당에 앉아 있었습니다. 그리고 다음 날은 그 잠부나무 근처의 아말라끼(āmalakī)나무에서 아말라끼 열매를, 그다음 날은 그 잠부나무 근처의 하리따끼(harītakī)나무에서 하리따끼 열매를, 그다음 날은 도리천(忉利天)에 가서 빠리찻따까(Paricchattaka) 꽃을 따서 들고, 까싸빠보다 먼저 와서 제화당에 앉아 있었습니다.

결발수행자 우루웰라까싸빠는 제화당에 앉아있는세존을보고세존께 말했습니다.

"대사문이여, 그대는 어떤 길로 왔기에 내가 그대보다 먼저 출발했는데, 그대가 먼저 와서 제화당에 앉아 있습니까?"

4.25. "까싸빠여! 나는 그대를 떠나보낸 후에 도리천에 가서 빠리찻따까 꽃을 따서 들고, 그대보다 먼저 와서 제화당에 앉아 있었습니다. 까싸빠여! 이 빠리찻따까 꽃은 빛깔도 좋고 향기도 좋습니다. 가지고 싶으면 가지십시오!"

"아닙니다, 대사문이여! 마땅히 그대가 가지셔야지요. 그대가 가지십시오!"

그때 결발수행자 우루웰라까싸빠는 '나를 떠나보낸 후에 도리천에 가서 빠리찻따까 꽃을 따서 들고, 나보다 먼저 와서 제화당에 앉아 있다니, 대사문의 큰 신통력은 참으로 큰 위력이 있구나! 그렇지만 나와 같은 아라한은 못 된다'라고 생각했습니다.

4.26. 그때 결발수행자들이 불에 제사를 모시려고 했으나 장작을 쪼갤 수가 없었습니다. 그러자 결발수행자들은 '우리가 장작을 쪼갤 수 없는 것은 분명히 대사문의 신통력 때문이다'라고 생각했습니다. 그때 세존께서 결발수행자 우루웰라까싸빠에게 말씀하셨습니다.

"까싸빠여, 장작을 쪼개야 합니까?"

"대사문이여, 쪼개야 합니다."

그러자 단번에 500개의 장작이 쪼개졌습니다. 그때 결발수행자 우루웰라까싸빠는 '장작을 쪼갤 수 있다니, 대사문의 큰 신통력은 참으로 큰 위력이 있구나! 그렇지만 나와 같은 아라한은 못 된다'라고 생각했습니다.

4.27. 그때 결발수행자들이 불에 제사를 모시려고 했으나 불을 피울 수가 없었습니다. 그러자 결발수행자들은 '우리가 불을 피울 수 없는 것은 분명히 대사문의 신통력 때문이다'라고 생각했습니다. 그때 세존께서 결발수행자 우루웰라까싸빠에게 말씀하셨습니다.

"까싸빠여, 불을 피워야 합니까?"

"대사문이여, 피워야 합니다."

그러자 단번에 500개의 불이 타올랐습니다. 그때 결발수행자 우루웰라까싸빠는 '불을 피울 수 있다니, 대사문의 큰 신통력은 참으로 큰 위력이 있구나! 그렇지만 나와 같은 아라한은 못 된다'라고 생각했습니다.

4.28. 그때 결발수행자들은 불에 제사를 모신 후에 불을 끌 수가 없었습니다. 그러자 결발수행자들은 '우리가 불을 끌 수 없는 것은 분명히 대사문의 신통력 때문이다'라고 생각했습니다. 그때 세존께서 결발수행자 우루웰라까싸빠에게 말씀하셨습니다.

"까싸빠여, 불을 꺼야 합니까?"

"대사문이여, 꺼야 합니다."

그러자 단번에 500개의 불이 꺼졌습니다. 그때 결발수행자 우루웰라까싸빠는 '불을 끌 수 있다니, 대사문의 큰 신통력은 참으로 큰 위력이 있구나! 그렇지만 나와 같은 아라한은 못 된다'라고 생각했습니다.

4.29. 결발수행자들은 눈 오는 계절의 중순(中旬) 8일간, 추운 겨울밤에 네란자라강 물속에 들어갔다가 나오고, 나왔다가 들어가기를 반복했습니다. 그때 세존께서는 500개의 화로(火爐)를 화작(化作)하였으며,[18] 그 결발수행자들은 올라와서 몸을 녹였습니다. 그 결발수행자들은 '이 화로를 화작한 것은 분명히 대사문의 큰 신통력이다'라고 생각했습니다. 한편 결발수행자 우루웰라 까싸빠는 '엄청난 화로를 화작할 수 있다니, 대사문의 큰 신통력은 참으로 큰 위력이 있구나! 그렇지만 나와 같은 아라한은 못 된다'라고 생각했습니다.

4.30. 그때 느닷없이 엄청난 폭우가 쏟아져서 크게 홍수가 졌으며, 세존께서 머무시는 지역은 물이 범람했습니다. 세존께서는 '나는 모든 물을 물러가게 한 후에, 먼지가 날리는 땅 가운데를 거닐어야겠다'라고 생각하셨습니다. 세존께서는 물을 물러가게 한 후에, 먼지가 날리는 땅 가운데를 거니셨습니다.

결발수행자 우루웰라까싸빠는 "대사문이 물에 떠내려가서는 안 된다"라고 하면서 배를 타고 많은 결발수행자와 함께 세존께서 머무는 지역에 왔습니다. 결발수행자 우루웰라까싸빠는 모든 물을 물러가게 한 후에, 먼지가 날리는 땅 가운데를 거닐고 있는 세존을 보고 세존께 말했습니다.

"거기에 있는 그대는 대사문이십니까?"

"까싸빠여, 나는 여기에 있습니다."

세존께서는 하늘로 솟아올라 배에 오르셨습니다.

결발수행자 우루웰라까싸빠는 '물이 떠내려 보낼 수 없다니, 대사문의 큰 신통력은 참으로 큰 위력이 있구나! 그렇지만 나와 같은 아라한은 못 된다'라고 생각했습니다.

4.31. 세존께서는 "이 어리석은 사람은 오랫동안 '대사문의 큰 신통력은 참으로 큰 위력이 있다. 그렇지만 나와 같은 아라한은 못 된다'라고 생각하고 있을 것이다. 내가 이 결발수행자를 자극해야겠다"라고 생각하시고, 결발수행자 우루웰라까싸빠에게 말씀하셨습니다.

"까싸빠여, 그대는 아라한도 아니고, 아라한의 길에 도달하지도 못했으며, 그대에게는 그대가 아라한이 되거나 아라한의 길에 도달할 수 있는 방법도 없소."

그러자 결발수행자 우루웰라까싸빠는 세존의 발에 머리를 조아려 예배한 후에 세존께 말씀드렸습니다.

"세존이시여, 저는 세존 앞으로 출가하여 구족계를 받고자 합니다."

4.32. "까싸빠여, 그대는 결발수행자 500명의 맨 우두머리 지도자입니다. 먼저 그들이 그들 뜻대로 할 수 있도록 허락하시오!"

결발수행자 우루웰라까싸빠는 그 결발수행자들에게 가서 그들에게 말했습니다.

"존자들이여! 나는 대사문님 밑에서 청정한 범행(梵行)을 실천하려고 하오. 존자들은 존자들 뜻대로 하시오!"

"존자여! 우리는 오래전부터 대사문님을 신뢰했습니다. 만약에 존자께서 대사문님 밑에서 청정한 수행을 하신다면, 우리도 모두 대사문님 밑에서 청정한 수행을 하겠습니다."

18 'abhinimmini'는 신통력으로 여러 가지 모습이나 사물을 만들어 내는 것을 의미한다.

4.33. 그 결발수행자들은 (머리를 깎은 후에) 머리털 뭉텅이·결발(結髮) 뭉텅이·제기(祭器) 뭉텅이·불에 바치는 제물(祭物) 뭉텅이를 물에 던져 버리고, 세존을 찾아가서 세존의 발에 머리를 조아려 예배한 후에 세존께 말씀드렸습니다.

"세존이시여, 저희는 세존 앞으로 출가하여 구족계를 받고자 합니다."

세존께서는 "오라, 비구들이여! 법은 잘 설해졌다. 바르게 괴로움을 소멸하기 위하여 청정한 범행을 실천하라!"라고 말씀하셨습니다. 실로 그것이 그 존자들의 구족계였습니다.

4.34. 결발수행자 나디까싸빠는 머리털 뭉텅이·결발 뭉텅이·제기 뭉텅이·불에 바치는 제물 뭉텅이가 물에 떠내려오는 것을 보고, '나의 형제가 재난을 당했으면 안 되는데!'라고 생각했습니다. 그는 결발수행자들을 보내어, "가서 내 형제에 대하여 알아보라!"라고 말했습니다. 그리고 스스로 300명의 결발수행자와 함께 우루웰라까싸빠 존자를 찾아가서 우루웰라까싸빠 존자에게 말했습니다.

"까싸빠여! 이것이 더 훌륭합니까?"

"그렇다오. 존자들이여, 이것이 더 훌륭하다오."

4.35. 그 결발수행자들은 (머리를 깎은 후에) 머리털 뭉텅이·결발 뭉텅이·제기 뭉텅이·불에 바치는 제물 뭉텅이를 물에 던져 버리고, 세존을 찾아가서 세존의 발에 머리를 조아려 예배한 후에 세존께 말씀드렸습니다.

"세존이시여, 저희는 세존 앞으로 출가하여 구족계를 받고자 합니다."

세존께서는 "오라, 비구들이여! 법은 잘 설해졌다. 바르게 괴로움을 소멸하기 위하여 청정한 범행을 실천하라!"라고 말씀하셨습니다. 실로 그것이 그 존자들의 구족계였습니다.

4.36. 결발수행자 가야까싸빠도 머리털 뭉텅이·결발 뭉텅이·제기 뭉텅이·불에 바치는 제물 뭉텅이가 물에 떠내려오는 것을 보고, '나의 형제가 재난을 당했으면 안 되는데!'라고 생각했습니다. 그는 결발수행자들을 보내어, "가서 내 형님에 대하여 알아보라"라고 말했습니다. 그리고 스스로 200명의 결발수행자와 함께 우루웰라까싸빠 존자를 찾아가서 우루웰라까싸빠 존자에게 말했습니다.

"까싸빠여! 이것이 더 훌륭합니까?"

"그렇다오. 존자들이여, 이것이 더 훌륭하다오."

4.37. 그 결발수행자들은 (머리를 깎은 후에) 머리털 뭉텅이·결발 뭉텅이·제기 뭉텅이·불에 바치는 제물 뭉텅이를 물에 던져 버리고, 세존을 찾아가서 세존의 발에 머리를 조아려 예배한 후에 세존께 말씀드렸습니다.

"세존이시여, 저희는 세존 앞으로 출가하여 구족계를 받고자 합니다."

세존께서는 "오라, 비구들이여! 법은 잘 설해졌다. 바르게 괴로움을 소멸하기 위하여 청정한 범행을 실천하라!"라고 말씀하셨습니다. 실로 그것이 그 존자들의 구족계였습니다.

〈일체는 불타고 있다〉

4.38. 세존께서는 우루웰라에서 적절하게 머

무신 후에 예전에 결발수행자였던 1,000명의 비구로 이루어진 큰 비구상가[僧伽]와 함께 가야시사(Gayāsīsa)[19]로 길을 떠나셨습니다. 가야(Gayā)에 도착하신 세존께서는 곧바로 1,000명의 비구와 함께 가야시사에 머무셨습니다.

4.39. 그곳에서 세존께서 비구들에게 말씀하셨습니다.

"비구들이여, 일체(一切)는 불타고 있다오. 비구들이여, 일체가 불타고 있다는 것은 무엇인가? 비구들이여, 보는 나[眼]가 불타고 있다오. 보이는 형색[色]들이 불타고 있다오. 시각분별의식[眼識]이 불타고 있다오. 시각접촉[眼觸]이 불타고 있다오. 시각접촉에 의지하여 발생하는 즐거운[樂] 느낌이나 괴로운[苦] 느낌이나 즐겁지도 괴롭지도 않은[不苦不樂] 느낌, 이것들이 불타고 있다오.

무엇에 의해서 불타고 있는가? 비구들이여, 탐욕의 불길에 의해서, 분노의 불길에 의해서, 어리석음의 불길에 의해서 불타고 있고, 태어남에 의해서, 늙음에 의해서, 죽음에 의해서, 근심에 의해서, 슬픔에 의해서, 고통에 의해서, 불안에 의해서, 절망에 의해서 불타고 있다고 나는 말한다오. 듣는 나[耳]와 들리는 소리[聲]들, 냄새 맡는 나[鼻]와 냄새[香]들, 맛보는 나[舌]와 맛[味]들, 만지는 나[身]와 만져지는 촉감[觸]들, 마음[意]과 법(法)들도 마찬가지라오.

4.40. 비구들이여, 이렇게 본 학식이 많은 거룩한 제자는 보는 나에 대하여 싫증을 내고[厭離], 보이는 형색들에 대하여 싫증을 내고, 시각분별의식에 대하여 싫증을 내고, 시각접촉에 대하여 싫증을 내고, 시각접촉에 의지하여 발생하는 즐거운 느낌이나 괴로운 느낌이나 즐겁지도 괴롭지도 않은 느낌에 대하여 싫증을 낸다오. 듣는 나와 들리는 소리들, 냄새 맡는 나와 냄새들, 맛보는 나와 맛들, 만지는 나와 만져지는 촉감들, 마음과 법들에 대해서도 마찬가지라오.

싫증을 내기 때문에 탐욕을 버리고[離貪], 탐욕을 버리기 때문에 해탈(解脫)하며, 해탈했을 때 해탈했다는 것을 안다오. 즉 '생(生)은 소멸했다. 청정한 범행을 완성했으며, 해야 할 일을 끝마쳤다. 다시는 이와 같은 상태로 되지 않는다'라고 통찰한다오."

이 설법을 하실 때, 1,000명의 비구는 집착을 버리고 번뇌[漏]로부터 마음이 해탈했습니다.

---

19 붓다가 성불하신 가야(伽倻, Gayā)에 있는 산. 한역에서는 상두산(象頭山)으로 번역한다.

제5장 사리뿟따와 목갈라나의 출가

〈빔비사라의 귀의〉

5.1. 세존께서는 가야시사에서 적절하게 머무신 후에 결발수행자였던 1,000명의 큰 비구상가[僧伽]와 함께 라자가하(Rājagaha)로 길을 떠나셨습니다. 여행을 계속하여 마침내 라자가하에 도착하신 세존께서는 곧바로 랏티와누야나(Laṭṭhivanuyyāna)의 수빠띳타(Supatiṭṭha) 탑묘(塔墓)에 머무셨습니다.

5.2. 마가다(Māgadha)의 왕 세니야(Seniya) 빔비사라(Bimbisāra)는 '사끼야(Sakya)족의 후예로서 사끼야족에서 출가한 사문 고따마께서 랏티와누야나의 수빠띳타 탑묘에 머물고 있다. 고따마 세존은 아라한(阿羅漢), 원만하고 바르게 깨달으신 분[等正覺], 앎과 실천을 구족하신 분[明行足], 잘 가신 분[善逝], 세상을 잘 아시는 분[世間解], 위없는 분[無上士], 사람을 길들여 바른길로 이끄시는 분[調御丈夫], 천신과 인간의 스승[天人師], 진리를 깨달으신 분[佛], 세존(世尊)이라고 불리는 명성이 높은 훌륭한 분이다. 그분은 천계·마라·범천을 포함한 이 세간, 사문과 바라문과 왕과 백성을 포함한 인간계를 수승한 지혜로 몸소 체득하여 알려 준다. 그분은 처음도 좋고 중간도 좋고 마지막도 좋은, 의미 있고 명쾌하고 완벽한 진리[法]를 가르치며, 청정한 범행(梵行)을 알려 준다. 이러한 아라한은 만나 뵙는 것이 좋다'라는 말을 들었습니다.

5.3. 마가다의 왕 세니야 빔비사라는 12만 명의 마가다국 바라문과 거사들에 둘러싸여 세존을 찾아가서 세존께 예배하고 한쪽에 앉았습니다. 12만 명의 마가다국 바라문과 거사들 가운데, 어떤 이들은 세존께 예배한 후에 한쪽에 앉고, 어떤 이들은 세존과 함께 정중하게 인사를 하고 공손한 인사말을 나눈 후에 한쪽에 앉고, 어떤 이들은 세존에게 합장한 후에 한쪽에 앉고, 어떤 이들은 세존의 면전에서 성명(姓名)을 밝힌 후에 한쪽에 앉고, 어떤 이들은 말없이 조용히 한쪽에 앉았습니다.

5.4. 그 12만 명의 마가다국 바라문과 거사들에게 이런 생각이 들었습니다.

'대사문이 우루웰라깟싸빠 밑에서 청정한 수행을 하는 것일까, 그렇지 않으면 우루웰라깟싸빠가 대사문 밑에서 청정한 수행을 하는 것일까?'

세존께서는 그들이 마음으로 생각하는 바를 아시고, 우루웰라깟싸빠 존자에게 게송으로 말씀하셨습니다.

우루웰라에 사는 이여!
깡마른 자로 불리는 그대는
무엇을 보았기에 불을 버렸나요?
불에 바치는 제물(祭物)을 왜 버렸나요?
깟싸빠여!
그대에게 그 이유를 묻습니다.

형색과 소리 그리고 맛과 쾌락과 여인들을
제사(祭祀)는 환영하며 맞이합니다.

그렇지만, '이것은 더러운 먼지다'라고
집착에 대하여 알았습니다.
그래서 희생을 즐기지 않고,
헌공(獻供)을 즐기지 않습니다.

5.5. 세존께서 말씀하셨습니다.

여기에서 그대 마음이 형색과 소리
그리고 맛을 즐기지 않으면,
그대의 즐기는 마음이 (내세에)
천신(天神)이나 인간세계에 가게 되나요?
까싸빠여!
나에게 그것을 말해 보세요.

집착에서 벗어나 (번뇌가) 전혀 없는
적정(寂靜)한 곳을 보았기에
욕유(欲有, kāmabhava)에 물들지 않게 되었습니다.
이것은 변함없는 진실입니다.
제가 직접 알게 된 사실입니다.
그래서 희생을 즐기지 않고,
헌공을 즐기지 않습니다.

5.6. 우루웰라까싸빠 존자는 자리에서 일어나 한쪽 어깨에 상의를 걸치고 세존의 발에 머리를 조아려 예배한 후에 세존께 말씀드렸습니다.

"세존이시여, 세존께서 저의 스승이시고 저는 제자입니다. 세존이시여, 세존께서 저의 스승이시고 저는 제자입니다."

그래서 12만 명의 마가다국 바라문과 거사들은 '우루웰라까싸빠가 대사문 밑에서 청정한 수행을 하고 있구나!'라고 생각하게 되었습니다.

5.7. 세존께서는 12만 명의 마가다국 바라문과 거사들이 마음으로 생각하는 바를 아시고, 순차적으로 설법[次第說法]을 하셨습니다. 보시(布施)를 말씀하시고, 지계(持戒)를 말씀하시고, 천상(天上)을 말씀하시고, 위험하고 천박하고 더러운 감각적 욕망과 감각적 욕망에서 벗어나 얻게 되는 이익을 차례차례 설명하셨습니다. 세존께서는 그들이 유연하고 편견 없이 기쁘고 청정한 마음으로 가르침을 받아들일 수 있는 적절한 마음이 된 것을 아시고, 모든 붓다의 요결법문(要訣法門)인 괴로움[苦]·쌓임[集]·소멸[滅]·길[道]을 설명하셨습니다.

5.8. 마치 오염이 안 된 깨끗한 옷이 염료를 완전히 받아들이듯이, 그 자리에서 11만 명의 마가다국 바라문과 거사들에게 '쌓인 법[集法]은 어떤 것이든 모두 소멸하는 법[滅法]이다'라는 청정무구한 법안(法眼)이 생겼으며, 1만 명은 청신사(淸信士)가 되었음을 선언했습니다.

5.9. 법을 보고 법을 성취하고 법을 알고 법을 깊이 이해하여, 의심에서 벗어나고 의혹이 사라지고 두려움이 사라지고 스승의 가르침에 대하여 남에게 의지하지 않게 된 마가다의 왕 세니야 빔비사라는 세존께 이렇게 말씀드렸습니다.

"세존이시여, 예전에 왕자였을 때 저에게 다섯 가지 소원이 있었는데 지금 그 소원이 이루어졌습니다. 세존이시여, 예전에 왕자였을 때 저는 '내가 왕위에 올랐으면 좋겠다'라고 생각했습니다. 세존이시여, 이것이 저의 첫째 소원이었는데, 지금 그 소원이 이루어졌습니다. 세존이시여, '나의 영토에 아라한·등정각이 출현했으면 좋겠다'라는 것이 저의 둘째 소원이었는데, 지금 그 소원이 이루어졌습니다.

5.10. 세존이시여, '그 세존을 받들어 모시고 싶다'라는 것이 저의 셋째 소원이었는데, 지금 그 소원이 이루어졌습니다. 세존이시여, '세존께서 나에게 법을 가르쳐 주시면 좋겠다'라는 것이 저의 넷째 소원이었는데, 지금 그 소원이 이루어졌습니다. 세존이시여, '세존의 가르침을 이해했으면 좋겠다'라는 것이 저의 다섯째 소원이었는데, 지금 그 소원이 이루어졌습니다. 세존이시여, 이렇게 예전에 왕자였을 때 가졌던 다섯 가지 소원이 지금 모두 이루어졌습니다.

5.11. 훌륭하십니다, 세존이시여! 훌륭하십니다, 세존이시여! 세존이시여, 마치 뒤집힌 것을 바로 세우는 것 같고, 감추어진 것을 드러내는 것 같고, 길 잃은 자에게 길을 알려 주는 것 같고, '눈 있는 자들은 보라!'라고 어둠 속에 등불을 비춰 주는 것 같습니다. 이렇게 세존께서는 여러 가지 방법으로 진리를 알려 주셨습니다. 세존이시여, 그래서 저는 세존께 귀의합니다. 가르침과 비구상가[僧伽]에 귀의합니다. 세존이시여, 저를 청신사로 받아 주소서! 지금부터 살아 있는 날까지 귀의하겠습니다. 세존이시여, 세존께서는 내일 비구상가와 함께 저의 공양을 받아 주십시오."

세존께서는 침묵으로 허락하셨습니다.

5.12. 마가다의 왕 세니야 빔비사라는 세존께서 허락하신 것을 알고, 자리에서 일어나 세존께 예배하고 오른쪽으로 돈 후에 떠나갔습니다. 그날 밤이 지나자, 마가다의 왕 세니야 빔비사라는 갖가지 훌륭한 딱딱한 음식과 부드러운 음식을 마련한 후에 세존께 알렸습니다.

"세존이시여, 공양이 준비되었습니다."

세존께서는 오전에 옷을 입고, 발우와 법의(法衣)를 들고, 예전에 결발수행자였던 1,000명의 큰 비구상가와 함께 라자가하에 들어가셨습니다.

5.13. 세존께서는 마가다의 왕 세니야 빔비사라의 거처로 가서 비구상가와 함께 마련된 자리에 앉으셨습니다. 마가다의 왕 세니야 빔비사라는 붓다를 비롯한 비구상가에게 갖가지 훌륭한 딱딱한 음식과 부드러운 음식을 손수 올려 만족시킨 후에, 세존께서 공양을 마치고 발우에서 손을 떼시자 한쪽에 앉았습니다.

5.14. 한쪽에 앉은 마가다의 왕 세니야 빔비사라에게 이런 생각이 들었습니다.

'세존께서 어디에 머무셔야 좋을까? 그곳은 마을에서 멀지도 않고, 너무 가깝지도 않고, 왕래하기 좋아서 원하는 사람들이 접근하기 좋으면서도, 낮에는 붐비지 않고, 밤에는 조용하고, 소란스럽지 않고, 사람들로부터 격리되어 인적이 없어서 홀로 좌선하기 좋아야 할 텐데.'

마가다의 왕 세니야 빔비사라는 '나의 웰루와나(Veḷuvana)[20] 원림(園林)은 마을에서 멀지도 않고 너무 가깝지도 않고, 왕래하기 좋아서 원하는 사람들이 접근하기 좋으면서도, 낮에는 붐비지 않고, 밤에는 조용하고,

---

20 '웰루와나(Veḷuvana)'는 '대나무 숲'을 의미한다. 빔비사라왕은 이곳에 정사(精舍)를 지어 세존께 바쳤으며, 이것이 최초의 사원(寺院)인 죽림정사(竹林精舍)이다.

소란스럽지 않고, 사람들로부터 격리되어 인적이 없어서 홀로 좌선하기 좋다. 나는 이 웰루와나 원림을 붓다를 비롯한 비구상가에 바쳐야겠다'라고 생각했습니다.

5.15. 마가다의 왕 세니야 빔비사라는 황금물병을 가지고 가서 세존께 올리면서 말했습니다.

"세존이시여, 저는 이 웰루와나 원림을 붓다를 비롯한 비구상가에 바치겠습니다. 세존께서는 승원(僧園)을 받아 주십시오!"

세존께서는 법을 설하여 마가다의 왕 세니야 빔비사라를 가르치고 격려하고 칭찬하고 기쁘게 하신 후에 자리에서 일어나 떠나셨습니다.

세존께서는 이 인연에 대하여 설법하신 후에 비구들에게 말씀하셨습니다.

"비구들이여, 나는 승원을 허락하겠소."[21]

〈사리뿟따와 목갈라나〉

5.16. 그때 행각수행자 산자야(Sañjaya)가 250명이나 되는 많은 행각수행자 무리와 함께 라자가하에 머물고 있었습니다. 사리뿟따(Sāriputta)와 목갈라나(Moggallāna)는 산자야 밑에서 청정한 수행을 하고 있었습니다. 그들은 '먼저 불사(不死)를 성취한 사람은 알려 주기로 하자!'라고 언약한 사이였습니다.

5.17. 아싸지 존자는 오전에 옷을 입고, 발우와 법의를 들고, 위의(威儀)를 갖추어 평온하게 나아가고 물러서고, 올려보고 내려보고, 몸을 구부리고 펴고, 눈을 내리뜨고 탁발하러 라자가하에 들어갔습니다. 행각수행자 사리뿟따는 위의를 갖추어 평온하게 나아가고 물러서고, 올려보고 내려보고, 몸을 구부리고 펴고, 눈을 내리뜨고 탁발하는 아싸지 존자를 보았습니다. 그는 '이 사람은 세간에서 아라한이나 아라한의 길을 성취한 비구들 가운데 한 사람이 분명하다. 이 비구에게 가서 '존자여! 그대는 누구에게 출가했습니까? 그대의 스승은 누구입니까? 그대는 누구의 가르침을 따릅니까?'라고 물어봐야겠다'라고 생각했습니다.

5.18. 행각수행자 사리뿟따는 다시 이렇게 생각했습니다.

'지금은 질문할 때가 아니다. 이 비구는 지금 이집 저집 돌아다니며 탁발하고 있다. 이 비구를 뒤따르다가 탁발을 마치고 가는 길을 따라가는 것이 좋겠다.'

아싸지 존자는 라자가하에서 탁발한 후에 탁발 음식을 가지고 돌아왔습니다. 행각수행자 사리뿟따는 아싸지 존자에게 다가가서 정중하게 인사를 하고 공손한 인사말을 나눈 후에 한쪽에 섰습니다. 한쪽에 선 행각수행자 사리뿟따가 아싸지 존자에게 말했습니다.

"존자여, 그대의 6근(六根)은 청정하고 피부색은 맑군요. 존자여, 그대는 누구에게 출가했습니까? 그대의 스승은 누구입니까? 그대는 누구의 가르침을 따릅니까?"

5.19. "존자여, 사끼야족의 아들로서 사끼야족에서 출가한 대사문(大沙門)이 계십니다. 나는 그 세존께 출가했습니다. 그 세존이 나

21 머무는 곳 없이 돌아다니는 비구들에게 머물면서 수행할 수 있는 승원을 허락하신다는 말이다.

의 스승입니다. 나는 그 세존의 가르침을 따릅니다."

"그렇다면 존자의 스승은 무엇을 주장하고, 무엇을 가르칩니까?"

"존자여, 나는 이 가르침[法]과 율(律)에 새로 출가하여 입문한 지 얼마 안 된 새내기이기 때문에 가르침을 자세하게 가르쳐 줄 수 없습니다. 그렇지만 그대에게 의미를 간략하게 설명할 수는 있습니다."

행각수행자 사리뿟따가 아싸지 존자에게 말했습니다.

"존자여, 많든 적든 말하십시오! 나에게 의미를 설명해 주십시오! 나에게 필요한 것은 의미입니다. 많은 말이 무슨 소용이 있겠습니까?"

5.20. 아싸지 존자는 행각수행자 사리뿟따에게 이 법문을 설했습니다.

모든 법은 원인에 의해서 생긴다네.
여래는 그 원인을 말씀하셨다네.
모든 법의 소멸도 마찬가지라고
대사문은 말씀하신다네.

이 법문을 듣고, 행각수행자 사리뿟따에게 '쌓인 법은 어떤 것이든 모두 소멸하는 법이다'라는 청정무구한 법안이 생겼습니다.

그 정도라 할지라도
이 법은 (저에게) 실로 행운입니다.
나유타 겁(劫)이 흐르는 동안 보이지 않던
근심을 없애는 법구(法句)입니다.

5.21. 행각수행자 사리뿟따는 행각수행자 목갈라나를 찾아갔습니다. 행각수행자 목갈라나는 저만치서 행각수행자 사리뿟따가 오는 것을 보았습니다. 그는 행각수행자 사리뿟따를 보고 이렇게 말했습니다.

"존자여, 그대의 6근은 청정하고 피부색은 맑군요. 존자여, 그대는 불사(不死)를 성취했나요?"

"그렇다오. 존자여, 나는 불사를 성취했다오."

"존자여, 그대는 어떻게 불사를 성취했나요?"

행각수행자 사리뿟따는 행각수행자 목갈라나에게 아싸지 존자를 만난 이야기를 해주었습니다.

5.22. "목갈라나여! 아싸지 비구가 나에게 이 법문을 설했다오."

모든 법은 원인에 의해서 생긴다네.
여래는 그 원인을 말씀하셨다네.
모든 법의 소멸도 마찬가지라고
대사문은 말씀하신다네.

이 법문을 듣고, 행각수행자 목갈라나에게 '쌓인 법은 어떤 것이든 모두 소멸하는 법이다'라는 청정무구한 법안이 생겼습니다.

그 정도라 할지라도
이 법은 (저에게) 실로 행운입니다.
나유타 겁이 흐르는 동안 보이지 않던
근심을 없애는 법구입니다.

〈사리뿟따와 목갈라나의 출가〉

5.23. 행각수행자 목갈라나가 행각수행자 사

리뿟따에게 말했습니다.

"존자여, 우리 세존 앞으로 갑시다. 세존이 우리의 스승입니다."

"존자여, 250명의 행각수행자가 우리를 의지하여 우리를 바라보며 여기에 머물고 있습니다. 먼저 그들이 그들 뜻대로 할 수 있도록 허락합시다."

사리뿟따와 목갈라나는 그 행각수행자들에게 가서 그들에게 말했습니다.

"존자들이여, 우리는 세존 앞으로 갑니다. 세존이 우리의 스승입니다."

"우리는 존자들을 의지하여 존자들을 바라보며 여기에 머물고 있습니다. 만약에 존자들께서 대사문 밑에서 청정한 수행을 하려고 하신다면, 우리도 모두 대사문 밑에서 청정한 수행을 하겠습니다."

5.24. 사리뿟따와 목갈라나는 행각수행자 산자야에게 가서 그에게 말했습니다.

"존자여, 우리는 세존 앞으로 갑니다. 세존이 우리의 스승입니다."

"존자들이여, 제발 가지 마시오! 우리 셋이 함께 이 대중을 보살핍시다."

두 번 세 번 사리뿟따와 목갈라나는 행각수행자 산자야에게 "존자여, 우리는 세존 앞으로 갑니다. 세존이 우리의 스승입니다"라고 말했고, 산자야는 "존자들이여, 제발 가지 마시오! 우리 셋이서 함께 이 대중을 보살핍시다"라고 말했습니다.

5.25. 사리뿟따와 목갈라나는 250명의 행각수행자를 데리고 웰루와나로 갔습니다. 그때 행각수행자 산자야는 입에서 뜨거운 피를 토해 냈습니다.

세존께서는 저만치서 사리뿟따와 목갈라나가 오는 것을 보시고 비구들에게 말씀하셨습니다.

"비구들이여, 두 친구 꼴리따(Kolita)와 우빠띠싸(Upatissa)가[22] 오고 있소. 이들은 쌍벽을 이루는 나의 가장 뛰어난 두 제자가 될 것이오."

5.26. 사리뿟따와 목갈라나는 세존을 찾아가서 세존의 발에 머리 조아려 예배한 후에 세존께 말씀드렸습니다.

"세존이시여, 저희는 세존 앞으로 출가하여 구족계를 받고자 합니다."

세존께서는 "오라, 비구들이여! 법은 잘 설해졌다. 바르게 괴로움을 소멸하기 위하여 청정한 범행(梵行)을 실천하라!"라고 말씀하셨습니다. 실로 그것이 그 존자들의 구족계였습니다.

5.27. 그때 마가다의 이름 높은 훌륭한 가문의 자제들이 세존 밑에서 청정한 수행을 하고 있었습니다. 사람들은 '고따마 사문이 무자식(無子息)으로 만든다. 고따마 사문이 과부로 만든다. 고따마 사문이 대(代)를 끊는다. 최근에 결발수행자 1,000명을 출가시키더니, 이번에는 행각수행자 산자야의 제자 250명을 출가시켰다. 그리고 마가다의 이름 높은 훌륭한 가문의 자제들이 고따마 사문 밑에서 청정한 수행을 하고 있다'라고 실망하고 화가 나서 불평했습니다. 그뿐만 아니라 비구들을 보면 다음과 같은 게송으로 비난했습니다.

대사문은 마가다의

22 꼴리따(Kolita)와 우빠띠싸(Upatissa)는 목갈라나와 사리뿟따의 어린 시절 이름이다.

기립바자(Giribbaja)[23]에 와서
산자야의 제자를 모두 꾀어 가더니
이제는 누구를 꾀어 가려나?

5.28. 비구들은 사람들이 실망하고 화가 나서 불평하는 소리를 듣고, 이 사실을 세존께 알렸습니다.

"비구들이여, 그 소리는 오래가지 못하고, 기껏해야 7일을 갈 것이오. 7일이 지나면 사라질 것이오. 그러므로 그대들을 게송으로 비난하면, 그대들은 다음과 같은 게송으로 대응하시오!"

위대한 영웅이신 여래는
정법(正法)으로 인도하셨네.
법(法)으로 인도하신 지자(知者)를
어떤 자들이 시샘하는가?

비구들은 사람들이 앞의 게송으로 비난하면, 이 게송으로 대응했습니다. 사람들은 석씨(釋氏, Sakyaputtiya)[24]사문(沙門)들이 비법(非法)에 의해서 인도되지 않고 정법에 의해서 인도되었다고 생각하게 되었으며, 그 소리는 7일 동안 머물다가 7일이 지나자 사라졌습니다.

---

23 라자가하의 다른 이름.

24 'Sakyaputtiya'는 '석가족의 아들에 속하는'의 의미이다. 당시에 붓다의 제자를 'Sakyaputta', 즉 '석가족의 아들'이라고 불렀고 이를 한역에서 '석씨(釋氏)'로 번역했다.

제6장 유산

〈라훌라 이야기〉

6.1. 세존께서는 라자가하에서 적절하게 머무신 후에 까삘라왓투(Kapilavatthu)로 길을 떠나셨습니다. 여행을 계속하여 마침내 까삘라왓투에 도착하신 세존께서는 곧바로 삭까(Sakka)족의 까삘라왓투에 있는 니그로다(Nigrodha) 승원에 머무셨습니다. 세존께서는 오전에 옷을 입고, 발우와 법의(法衣)를 들고, 삭까의 왕 숫도다나(Suddhodana)의 거처로 가서 마련된 자리에 앉으셨습니다. 그러자 라훌라(Rāhula)의 어머니인 왕비가 라훌라 왕자에게 말했습니다.

"라훌라야! 이분이 너의 아버님이시다. 가서 유산을 달라고 요청하여라!"

6.2. 라훌라 왕자는 세존께 다가갔습니다. 그는 세존 앞에 서서, "사문이시여! 당신의 그늘은 안락하군요"라고 말했습니다. 세존께서는 자리에서 일어나 그 자리를 떠나셨습니다. 라훌라 왕자는 세존을 졸졸 뒤따라가면서 "사문이시여, 저에게 유산을 주십시오! 사문이시여, 저에게 유산을 주십시오!"라고 말했습니다.

세존께서 사리뿟따 존자에게 말씀하셨습니다.

"사리뿟따여! 그대가 라훌라 왕자를 출가시키도록 하시오!"

"세존이시여, 라훌라 왕자를 어떻게 출가시켜야 합니까?"

6.3. 세존께서는 이 인연과 이 일에 대하여 설명하신 후에 비구들에게 말씀하셨습니다.

"비구들이여, 나는 삼귀의에 의해 사미(沙彌)를 출가시키도록 규정합니다. 비구들이여, 사미의 출가는 이렇게 하도록 하시오!

먼저 머리와 수염을 깎도록 하고, 가사(袈裟)를 입힌 다음, 한쪽 어깨에 상의를 걸치게 한 후에 비구들의 발에 절하게 하고, 무릎을 꿇고 앉게 한 후에 합장하고 다음과 같이 말하도록 하시오!

> 부처님께 귀의합니다. 가르침에 귀의합니다. 상가[僧伽]에 귀의합니다.
>
> 두 번째로, 부처님께 귀의합니다. 두 번째로, 가르침에 귀의합니다. 두 번째로, 상가에 귀의합니다.
>
> 세 번째로, 부처님께 귀의합니다. 세 번째로, 가르침에 귀의합니다. 세 번째로, 상가에 귀의합니다.

비구들이여, 나는 이 삼귀의에 의해 사미를 출가시키도록 규정합니다."

6.4. 사리뿟따 존자가 라훌라 왕자를 출가시키자, 삭까의 왕 숫도다나가 세존을 찾아와서 예배하고 한쪽에 앉은 후에 세존께 말씀드렸습니다.

"세존이시여, 제가 세존께 소원을 하나

간청합니다."

"고따마 왕이시여, 모든 여래는[25] 소원을 초월했습니다."

"세존이시여, 허락하셔도 허물이 없는 것입니다."

"고따마 왕이시여, 말씀하십시오!"

6.5. "세존이시여, 세존께서 출가하셨을 때 저는 매우 괴로웠으며, 난다(Nanda)가 출가했을 때는 극심했습니다. 세존이시여, 그런데 라훌라까지 출가하고 보니, 자식에 대한 애정이 피부를 에고, 피부를 엔 후에 가죽을 에고, 가죽을 엔 후에 살을 에고, 살을 엔 후에 힘줄을 에고, 힘줄을 엔 후에 뼈를 에고, 뼈를 엔 후에 골수를 빼냅니다. 세존이시여, 제발 성자(聖者)들이 부모가 허락하지 않은 아이를 출가시키지 않도록 해 주십시오!"

6.6. 세존께서는 법을 설하여 삭까의 왕 숫도다나를 가르치고 격려하고 칭찬하고 기쁘게 하셨습니다. 세존의 가르침을 받은 삭까의 왕 숫도다나는 세존께 예배하고 오른쪽으로 돈 후에 떠나갔습니다. 세존께서는 이 인연과 이 일에 대하여 설명하신 후에 비구들에게 말씀하셨습니다.

"비구들이여, 부모가 허락하지 않은 아이를 출가시켜서는 안 되오. 이들을 출가시키는 사람은 악작(惡作, dukkaṭa)[26]을 범하는 것이오."

---

25 'tathāgatā'가 복수형이기 때문에 '모든 여래'로 번역함. 소원을 초월했다는 것은 소원을 비는 대상이 아니라는 의미이다.

26 계율을 범하는 죄 가운데 가벼운 죄로서, 참회하면 용서된다.

제7장 포살과 안거의 인연

〈포살의 인연〉

7.1. 세존께서 라자가하의 깃자꾸따[靈鷲山, Gijjhakūṭa]산에 머무실 때, 외도 행각수행자들은 보름의 8일과 14일 그리고 15일에 모여서 법을 설했습니다. 사람들은 법을 듣기 위해 그들에게 갔습니다. 사람들은 외도 행각수행자들을 좋아하고 신뢰하게 되었고, 외도 행각수행자들은 신도(信徒)를 얻었습니다.

7.2. 마가다의 왕 세니야 빔비사라는 홀로 좌선하는 도중에 마음에 이런 생각이 떠올랐습니다.

'지금 외도 행각수행자들은 보름의 8일과 14일 그리고 15일에 모여서 법을 설한다. 사람들은 법을 듣기 위해 그들에게 간다. 사람들은 외도 행각수행자들을 좋아하고 신뢰하게 되고, 외도 행각수행자들은 신도를 얻는다. 성자(聖者)들도 보름의 8일과 14일 그리고 15일에 모이면 좋겠다.'

7.3. 마가다의 왕 세니야 빔비사라는 세존을 찾아가서 예배한 후에, 한쪽에 앉아 세존께 말씀드렸습니다.

"세존이시여, 제가 홀로 좌선하는 도중에 마음에 '지금 외도 행각수행자들은 보름의 8일과 14일 그리고 15일에 모여서 법을 설한다. 사람들은 법을 듣기 위해 그들에게 간다. 사람들은 외도 행각수행자들을 좋아하고 신뢰하게 되고, 외도 행각수행자들은 신도를 얻는다. 성자들도 보름의 8일과 14일 그리고 15일에 모이면 좋겠다'라는 생각이 떠올랐습니다. 세존이시여, 부디 존자들도 보름의 8일과 14일 그리고 15일에 모이면 좋겠습니다."

7.4. 세존께서는 법을 설하여 마가다의 왕 세니야 빔비사라를 가르치고 격려하고 칭찬하고 기쁘게 했습니다. 세존의 가르침을 받은 마가다의 왕 세니야 빔비사라는 세존께 예배하고 오른쪽으로 돈 후에 떠나갔습니다. 세존께서는 이 인연과 이 일에 대하여 설명하신 후에 비구들에게 말씀하셨습니다.

"비구들이여, 나는 보름의 8일과 14일 그리고 15일에 모이도록 규정합니다."

〈포살설법〉

7.5. 그때 비구들은 세존께서 보름의 8일과 14일 그리고 15일에 모이라고 규정하셨기 때문에, 보름의 8일과 14일 그리고 15일에 모여서 말없이 앉아 있었습니다. 사람들은 법을 듣기 위해 왔다가 실망하고 화가 나서 불평했습니다.

"석씨(釋氏)사문들은 보름의 8일과 14일 그리고 15일에 모여서 말 못 하는 멧돼지들처럼 말없이 앉아만 있다. 모였으면 마땅히 법을 설해야 하지 않겠는가!"

그 비구들은 사람들이 불평하는 소리를 듣고, 이 일을 세존께 알렸습니다.

세존께서는 이 인연과 이 일에 대하여

설명하신 후에 비구들에게 말씀하셨습니다.

"비구들이여, 나는 보름의 8일과 14일 그리고 15일에 모여서 설법하도록 규정합니다."

〈포살갈마〉

7.6. 세존께서 홀로 좌선하는 도중에 마음에 '내가 비구들에게 제정(制定)한 학계(學戒)들을 그들이 계본(戒本, pātimokkha)으로 독송(讀誦, uddesa)하도록 규정하여,[27] 그것이 그들의 포살갈마(布薩羯磨)가 되게 하면 좋겠다'라는 생각이 떠올랐습니다.

7.7. 세존께서는 오전에 좌선에서 일어나 이 인연과 이 일에 대하여 설명하신 후에, 비구들에게 좌선하는 도중에 마음에 떠오른 생각을 말씀하시고 나서 이렇게 말씀하셨습니다.

"비구들이여, 나는 계본을 독송하도록 규정합니다.

7.8. 비구들이여, 계본의 독송은 이렇게 해야 합니다.

먼저 학식 있고 자격 있는 비구가 상가[僧伽]에 알려야 합니다."

'존자들이여! 상가는 나의 말을 들으시오! 오늘은 15일, 포살일(布薩日)입니다. 건전한 상가라면, 상가는 포살(布薩)을 행해야 하고, 계본을 독송해야 합니다.

상가가 먼저 해야 할 일은 무엇입니까?

존자들은 (자신이) 청정함을 알리십시오!

내가 계본을 독송하겠습니다. 우리 모두 조용히 잘 듣고 생각합시다.

죄가 있으면 발로(發露)하고, 죄가 없으면 침묵하십시오!

침묵하면 저는 그 존자에 대하여 '청정하다'라고 인지할 것입니다.

각각의 물음에 대답하십시오! 같은 방식으로 대중은 세 번 선언하십시오!

세 번 선언하는 동안에 죄를 기억하고 있어도 고백하지 않으면, 그 비구는 고의로 거짓말을 한 것이 됩니다. 존자들이여, 세존께서는 고의로 하는 거짓말은 장애가 되는 법이라고 말씀하셨습니다. 그러므로 청정해지기를 바란다면, 지은 죄를 기억하는 비구는 발로하십시오! 발로하면 편안할 것입니다.'

〈안거의 인연〉

7.9. 세존께서 라자가하의 웰루와나 깔란다까니와빠에 머무실 때, 그때는 아직 세존께서 비구들에게 우안거(雨安居)를 설정(設定)하지 않으셨습니다. 그래서 비구들은 겨울에도, 여름에도, 우기에도 유행(遊行)하였습니다.

7.10. 사람들은 실망하고 화가 나서 불평했습니다.

"야채와 풀이 짓밟히고, 지렁이가 밟히고, 많은 작은 생명이 죽게 될 텐데, 어찌하여 석씨사문들은 겨울이나 여름뿐만 아니라 우기에도 유행한단 말인가? 외도(外道)들은 지키기 어려운 가르침을 펴지만, 우안거를 준

27 계본(戒本)의 계목(戒目)을 독송하는 것을 의미한다.

비하고 실행하며, 새들도 나무꼭대기에 둥지를 지어 우안거를 준비하고 실행한다. 그런데 석씨사문들은 야채와 풀이 짓밟히고, 지렁이가 밟히고, 많은 작은 생명이 죽게 될 텐데, 겨울이나 여름뿐만 아니라 우기에도 유행한다."

7.11. 비구들은 사람들이 실망하고 화가 나서 불평하는 소리를 듣고, 이 사실을 세존께 알렸습니다. 세존께서는 이 인연과 이 일에 대하여 설명하신 후에 비구들에게 말씀하셨습니다.

"비구들이여, 나는 우안거에 들도록 규정합니다."

〈자자의 인연〉

7.12. 세존께서 사왓티(Sāvatthī)의 제따와나 아나타삔디까(Jetavana Anāthapiṇḍika) 승원(僧園)에 머무실 때, 서로 잘 아는 친구 사이의 많은 비구들이 꼬살라(Kosala)의 어떤 지방에 있는 거주지에서 우안거에 들어갔습니다. 그 비구들은 이렇게 생각했습니다.

'우리는 어떻게 하면 조화롭게 화합하고, 다투지 않고 편안하게, 탁발에 어려움이 없이 우안거를 지낼 수 있을까?'

7.13. 그 비구들은 다시 이렇게 생각했습니다.

'우리는 다른 사람과 말하거나 대화하지 않고, 맨 먼저 마을에서 탁발을 마치고 돌아온 사람은 자리를 깔고, 마실 물과 씻을 물을 마련하고, 개수통을 준비하기로 하자.

7.14. 나중에 마을에서 탁발을 마치고 돌아온 사람은 남은 음식이 있으면, 원하면 그것을 먹고 원치 않으면 풀이 없는 곳에 버리거나 아무것도 살지 않는 물에 가라앉히기로 하자. 그는 자리를 정리하고, 마실 물과 씻을 물을 치우고, 개수통을 정리하고, 식당을 청소하기로 하자.

7.15. 비어 있는 식수통이나 개수통은 본 사람이 채우고 배설물통은 본 사람이 치우기로 하자. 만약에 힘에 부치면, 손짓으로 동료를 불러서 손으로 신호하면서 함께 작업하기로 하자. 그렇지만 그 일을 하기 위해 말은 하지 않기로 하자. 이렇게 하면 우리는 조화롭게 화합하고, 다투지 않고 편안하게, 탁발에 어려움이 없이 우안거를 지낼 수 있을 것이다.'

7.16. 그 비구들은 다른 사람과 말하거나 대화하지 않고, 맨 먼저 마을에서 탁발을 마치고 돌아온 사람은 자리를 깔고, 마실 물과 씻을 물을 마련하고, 개수통을 준비했습니다.

7.17. 나중에 마을에서 탁발을 마치고 돌아온 사람은 남은 음식이 있으면, 원하면 그것을 먹고 원치 않으면 풀이 없는 곳에 버리거나 아무것도 살지 않는 물에 가라앉혔습니다. 그는 자리를 정리하고, 마실 물과 씻을 물을 치우고, 개수통을 정리하고, 식당을 청소했습니다.

7.18. 비어 있는 식수통이나 개수통은 본 사람이 채우고 배설물통은 본 사람이 치웠습니다. 만약에 힘에 부치면, 손짓으로 동료를 불러서 손으로 신호하면서 함께 작업했습니다. 그렇지만 그 일을 하기 위해 말을 하지는 않았습니다.

7.19. 안거를 마치면 비구들은 세존을 뵙기 위해 찾아가는 것이 관행이었습니다. 그래서 그 비구들은 안거에서 일어나 3개월 동안 머물던 숙소를 정리한 후에 발우와 법의(法衣)

를 들고, 사왓티로 길을 떠났습니다. 여행을 계속하여 사왓티의 제따와나 아나타삔디까 승원에 도착한 그들은 세존을 찾아가서 예배한 후에 한쪽에 앉았습니다. 방문하는 비구와 함께 인사를 나누는 것이 붓다 세존의 관행이었습니다.

7.20. 세존께서 그 비구들에게 말씀하셨습니다.

"비구들이여, 견딜 만했나요? 참을 만했나요? 조화롭게 화합하고, 다투지 않고 편안하게, 탁발에 어려움이 없이 우안거를 지냈나요?"

"세존이시여, 우리는 견딜 만하고 참을 만했습니다. 우리는 조화롭게 화합하고, 다투지 않고 편안하게, 탁발에 어려움이 없이 우안거를 지냈습니다."

7.21. 세존께서는 아시는 것을 묻기도 하고, 아시는 것을 묻지 않기도 하십니다. 때를 알아서 묻고, 때를 알아서 묻지 않으십니다. 여래는 유익하면 묻고, 무익하면 묻지 않으십니다. 여래는 무익하면 묻기를 멈추십니다. 세존께서는 두 가지 동기에서, 즉 법을 설하거나 제자들에게 학계를 시설(施設)하기 위해서 비구들에게 반문하십니다.

세존께서 그 비구들에게 말씀하셨습니다.

"비구들이여, 그대들은 어떻게 조화롭게 화합하고, 다투지 않고 편안하게, 탁발에 어려움이 없이 우안거를 지냈나요?"

7.22. 그 비구들은 서로 잘 아는 친구 사이였지만 안거 동안 다른 사람과 말하거나 대화하지 않고 지낸 일을 세존께 그대로 말씀드렸습니다.

7.23. 그러자 세존께서 그 비구들에게 말씀하셨습니다.

"비구들이여, 이 어리석은 사람들은 사실은 불편하게 지내고서, '우리는 편안하게 지냈다'라고 용인하는군요. 비구들이여, 이 어리석은 사람들은 사실은 말 못 하는 짐승처럼 함께 지내고서, '우리는 편안하게 지냈다'라고 용인하는군요. 비구들이여, 이 어리석은 사람들은 사실은 염소처럼 함께 지내고서, '우리는 편안하게 지냈다'라고 용인하는군요. 비구들이여, 이 어리석은 사람들은 사실은 태만한 자들처럼 함께 지내고서, '우리는 편안하게 지냈다'라고 용인하는군요. 비구들이여, 도대체 어찌하여 이 어리석은 사람들은 외도가 수지(受持)하는 묵언수행(默言修行)을 수지했단 말인가요?"

7.24. 세존께서는 크게 꾸짖으시고, 법도에 맞게 말씀하신 후에 비구들에게 말씀하셨습니다.

"비구들이여, 외도가 수지하는 묵언수행을 수지하지 마시오! 수지하는 사람은 악작(惡作)을 범하는 것이오. 비구들이여, 나는 우안거를 마친 후에 본 것, 들은 것, 의심스러운 것, 세 가지에 대하여 자자(自恣)를 행하도록 규정합니다. 그대들은 자자를 통해서 서로 수순(隨順)하게 되고, 죄에서 벗어나게 되고, 율(律)을 받들게 될 것입니다.

7.25. 비구들이여, 자자는 이렇게 해야 합니다.

먼저 학식 있고 자격 있는 비구가 상가에 알려야 합니다.

'존자들이여! 상가는 나의 말을 들으시오! 오늘은 자자일(自恣日)입니다. 건전한 상가라면, 상가는 자자를 행해야 합니다.'

장로(長老) 비구는 한쪽 어깨에 상의를

걸치고, 무릎을 꿇고 앉아 합장하고 다음과 같이 말하도록 하시오!

'존자들이여, 저는 본 것이나 들은 것이나 의심스러운 것에 대하여 상가에 자자를 행하고자 합니다. 존자들은 연민심을 일으켜 저에게 말해 주십시오! 알게 되면 참회하겠습니다.'

이렇게 각각 세 번씩 자자를 행해야 합니다.

장로 비구들의 자자가 끝나면 새내기 비구들도 같은 방법으로 자자를 행해야 합니다."

제8장 소나(Soṇa)의 출가

〈소나의 출가〉

8.1. 세존께서 라자가하의 깃자꾸따산에 머무실 때, 마가다의 왕 세니야 빔비사라는 8만 고을의 촌장들을 다스리고 있었습니다. 그때 짬빠(Campā)에 부호의 아들 소나 꼴리위사(Soṇa Koḷivisa)가 있었는데, 그는 연약했으며 발바닥에는 털이 돋아나 있었습니다. 마가다의 왕 세니야 빔비사라는 어떤 볼일로 8만 고을의 촌장을 소집한 후에, 소나 꼴리위사 앞으로 사자(使者)를 보내 "소나는 오너라! 나는 소나가 오기를 바란다"라고 전했습니다.

8.2. 소나 꼴리위사의 부모는 소나 꼴리위사에게 말했습니다.

"소나야! 왕께서 너의 발을 보고 싶어 하시는 것 같구나. 소나야! 너는 왕에게 두 발을 뻗지 말고, 왕 앞에서 가부좌하고 앉아라. 앉으면 왕께서 너의 두 발을 보실 수 있을 것이다."

가마를 타고 온 소나 꼴리위사는 마가다의 왕 세니야 빔비사라를 찾아가 예배한 후에 가부좌하고 앉았습니다. 마가다의 왕 세니야 빔비사라는 소나 꼴리위사의 발바닥에 난 털을 보았습니다.

8.3. 마가다의 왕 세니야 빔비사라는 8만 고을의 촌장들에게 현재의 이익에 대하여 설명한 후에 권유했습니다.

"여러분은 나에게 현재의 이익에 대하여 설명을 들었으니, 이제 가서 세존을 찾아가 뵙도록 하시오! 세존께서 미래의 이익에 대하여 설명해 주실 것입니다."

그래서 8만 고을의 촌장들은 깃자꾸따산으로 갔습니다.

8.4. 그때 사가따(Sāgata) 존자가 세존의 시자였습니다. 그래서 8만 고을의 촌장들은 사가따 존자를 찾아가서 말했습니다.

"존자여, 여기 8만 고을의 촌장들은 세존을 뵙기 위해서 찾아왔습니다. 존자여, 부디 우리가 세존을 뵐 수 있도록 해 주십시오!"

"존자들이여, 그렇다면 여러분은 제가 세존께 말씀드리는 동안 여기에 잠시 계십시오!"

8.5. 사가따 존자는 8만 고을의 촌장들이 보고 있는 앞에서 계단 아래 바닥 판 밑으로 들어갔다가 세존 앞에 솟아올라 세존께 말씀드렸습니다.

"세존이시여, 8만 고을의 촌장들이 세존을 뵙기 위해서 찾아왔습니다. 세존이시여, 지금 세존께서 맞이하실 때가 된 것 같습니다."

"사가따여, 그렇다면 그대는 정사(精舍)의 그늘에 자리를 펴도록 하라!"

8.6. "그렇게 하겠습니다, 세존이시여!"

사가따 존자는 세존께 대답한 후에 자리를 들고 세존 앞에서 밑으로 들어갔다가 8만 고을의 촌장들이 보고 있는 앞에서 계단 아래 바닥 판 위로 솟아올라 정사의 그늘에 자리를 폈습니다.

세존께서는 정사에서 나와 정사의 그늘에 마련된 자리에 앉으셨습니다.

8.7. 8만 고을의 촌장들은 세존께 다가가서 예배한 후에 한쪽에 앉았습니다. 그런데 그들은 사가따 존자에게 관심을 보이고, 세존에게는 관심을 보이지 않았습니다. 세존께서는 이들이 마음으로 생각하는 바를 아시고 사가따 존자에게 말씀하셨습니다.

"사가따여, 그대는 인간법(人間法)을 초월한 신통변화(神通變化)를 더 많이 보여 보라!"

"그렇게 하겠습니다, 세존이시여!"

사가따 존자는 세존께 대답한 후에 하늘로 떠올라 허공에서 공중을 걷기도 하고, 머물기도 하고, 앉기도 하고, 향을 피우기도 하고, 화염을 내기도 하고, 사라지기도 했습니다.

8.8. 사가따 존자는 허공에서 여러 가지 인간법을 초월한 신통변화를 보이고 나서, 세존의 발에 머리를 조아린 후에 세존께 말씀드렸습니다.

"세존이시여, 세존께서는 저의 스승이시고, 저는 세존의 제자입니다. 세존이시여, 세존께서는 저의 스승이시고, 저는 세존의 제자입니다."

그러자 8만 고을의 촌장들은 "여러분, 참으로 경이롭군요! 여러분, 참으로 희유하군요! 제자에게 이런 큰 신통이 있다면, 아마도 스승에게는 큰 위신력이 있을 것입니다" 라고 말하면서 세존에게 관심을 보이고, 사가따 존자에게는 관심을 보이지 않았습니다.

8.9. 세존께서는 8만 고을의 촌장들이 마음으로 생각하는 바를 아시고, 순차적으로 설법[次第說法]을 하셨습니다. 보시(布施)를 말씀하시고, 지계(持戒)를 말씀하시고, 천상(天上)을 말씀하시고, 위험하고 천박하고 더러운 감각적 욕망과 감각적 욕망에서 벗어나 얻게 되는 이익을 차례차례 설명하셨습니다. 세존께서는 그들이 유연하고 편견 없이 기쁘고 청정한 마음으로 가르침을 받아들일 수 있는 적절한 마음이 된 것을 아시고, 모든 붓다의 요결법문(要訣法門)인 괴로움[苦]·쌓임[集]·소멸[滅]·길[道]을 설명하셨습니다.

마치 오염이 안 된 깨끗한 옷이 염료를 완전히 받아들이듯이, 그 자리에서 8만 고을의 촌장들에게 '쌓인 법[集法]은 어떤 것이든 모두 소멸하는 법[滅法]이다'라는 청정무구한 법안(法眼)이 생겼습니다.

8.10. 법을 보고 법을 성취하고 법을 알고 법을 깊이 이해하여, 의심에서 벗어나고 의혹이 사라지고 두려움이 사라지고 스승의 가르침에 대하여 남에게 의지하지 않게 된 그들은 세존께 이렇게 말씀드렸습니다.

"훌륭하십니다, 세존이시여! 훌륭하십니다, 세존이시여! 세존이시여, 마치 뒤집힌 것을 바로 세우는 것 같고, 감추어진 것을 드러내는 것 같고, 길 잃은 자에게 길을 알려 주는 것 같고, '눈 있는 자들은 보라!'라고 어둠 속에 등불을 비춰 주는 것 같습니다. 이렇게 세존께서는 여러 가지 방법으로 진리를 알려 주셨습니다. 세존이시여, 그래서 저희는 세존께 귀의합니다. 가르침과 비구상가[僧伽]에 귀의합니다. 세존이시여, 저희를 청신사로 받아 주소서! 지금부터 살아 있는 날까지 귀의하겠습니다."

8.11. 그때 소나 꼴리위사는 '내가 속가에 살면서 세존의 가르침을 듣고 이해한 그대로 온전하고 순수하게 청정한 범행(梵行)을 실천하기는 쉽지 않다. 나는 차라리 머리와 수

염을 깎고, 가사(袈裟)를 입고, 집을 떠나 출가해야겠다'라고 생각했습니다.

8만 고을의 촌장들은 세존의 말씀에 만족하고 기뻐하고서, 자리에서 일어나 세존께 예배하고 오른쪽으로 돈 후에 떠나갔습니다.

8.12. 소나 꼴리위사는 8만 고을의 촌장들이 떠난 직후에 세존께 다가가서 예배하고 한쪽에 앉아 이렇게 말씀드렸습니다.

"세존이시여, 저는 '속가에 살면서 세존의 가르침을 듣고 이해한 그대로 온전하고 순수하게 청정한 범행을 실천하기는 쉽지 않으므로 차라리 머리와 수염을 깎고, 가사를 입고, 집을 떠나 출가해야겠다'라고 생각했습니다. 세존이시여, 저는 출가하고 싶습니다. 세존께서 저를 출가시켜 주십시오!"

소나 꼴리위사는 세존 앞으로 출가하여 구족계를 받았습니다. 소나 존자는 구족계를 받은 후에 시따와나(Sītavana)에서 지냈습니다.

8.13. 그는 극심하게 경행(經行)을 하여 두 발이 찢어졌으며, 경행처는 마치 도살장처럼 피가 낭자했습니다. 어느 날 홀로 좌선하던 소나 존자에게 이런 생각이 떠올랐습니다.

'그 누구든 극심한 정진을 하면서 지내는 세존의 제자들이 있다면, 나는 그들 가운데 하나다. 그런데 나의 마음은 집착 없이 번뇌로부터 해탈하지 못했다. 그렇지만 나의 가문에는 재산이 있으니, 재산을 향유할 수도 있고 공덕을 지을 수도 있다. 나는 차라리 환속하여 재산을 향유하고 공덕을 짓는 것이 나을 것 같다.'

8.14. 세존께서는 소나 존자가 마음으로 생각하는 바를 아시고, 마치 건장한 사람이 구부린 팔을 펴거나 편 팔을 구부리듯이, 이렇게 삽시간에 깃자꾸따산에서 사라져 시따와나에 나타나셨습니다. 세존께서는 많은 비구들과 함께 방사(房舍)를 돌아보고, 소나 존자의 경행처를 찾아가셨습니다. 세존께서는 마치 도살장처럼 피가 낭자한 소나 존자의 경행처를 보시고, 비구들에게 말씀하셨습니다.

"비구들이여, 어찌하여 이 경행처는 마치 도살장처럼 피가 낭자한가?"

"세존이시여, 소나 존자는 극심하게 경행을 하여 두 발이 찢어졌습니다. 그래서 이 경행처는 마치 도살장처럼 피가 낭자합니다."

8.15. 세존께서는 소나 존자의 처소를 찾아가서 마련된 자리에 앉으셨습니다. 소나 존자는 세존께 예배하고 한쪽에 앉았습니다. 한쪽에 앉은 소나 존자에게 세존께서 말씀하셨습니다.

"소나여, 그대가 홀로 좌선할 때 '그 누구든 극심한 정진을 하면서 지내는 세존의 제자들이 있다면, 나는 그들 가운데 하나다. 그런데 나의 마음은 집착 없이 번뇌로부터 해탈하지 못했다. 그렇지만 나의 가문에는 재산이 있으니, 재산을 향유할 수도 있고 공덕을 지을 수도 있다. 나는 차라리 환속하여 재산을 향유하고 공덕을 짓는 것이 나을 것 같다'라는 생각이 떠오르지는 않았는가?"

"그렇습니다, 세존이시여!"

"소나여, 어떠한가? 그대는 예전에 속가에 있을 때, 위나[vīṇā][28]를 연주하지 않았던가?"

28 '위나(vīṇā)'는 인도의 전통 현악기이다. 중국과 우리나라의 비파(琵琶)는 인도의 'vīṇā'가 전해진 것이다.

"그렇습니다, 세존이시여!"

"소나여, 어떠한가? 줄이 지나치게 조여지면, 그때 그대의 위나는 훌륭한 소리가 나던가?"

"그렇지 않습니다, 세존이시여!"

8.16. "소나여, 어떠한가? 줄이 지나치게 느슨하면, 그때 그대의 위나는 훌륭한 소리가 나던가?"

"그렇지 않습니다, 세존이시여!"

"소나여, 어떠한가? 줄이 지나치게 조여지지 않고 지나치게 느슨하지 않고 균형이 유지되면, 그때 그대의 위나는 훌륭한 소리가 나던가?"

"그렇습니다, 세존이시여!"

"소나여, 이렇게 극심한 정진을 하면 흥분하여 들뜨게 되고, 느슨하게 정진하면 나태해진다.

8.17. 소나여, 그러므로 이제 그대는 정진(精進)의 균형을 유지하면서 지각활동의 평정(平靜)을 얻어, 거기에서 지각된 모습을 파악하도록 하여라!"

소나 존자는 "그렇게 하겠습니다, 세존이시여!"라고 세존께 대답했습니다.

세존께서는 소나 존자를 이와 같은 교계(教誡)로써 훈계하신 후에, 마치 건장한 사람이 구부린 팔을 펴거나 편 팔을 구부리듯이 이렇게 삽시간에 시따와나의 소나 존자 앞에서 사라져 깃자꾸따산에 나타나셨습니다.

8.18. 소나 존자는 그 후에 균형 잡힌 정진을 유지하면서 지각활동의 평정을 얻어, 거기에서 지각된 모습을 파악했습니다. 홀로 멀리 떨어져 방일하지 않고 스스로 노력하며 지내던 소나 존자는 오래지 않아 선남자가 집을 버리고 출가한 목적에 합당한 위없는 범행(梵行)의 완성을 지금 여기에서 몸소 체험적 지혜[勝智]로 체득하고 성취하여 살아가게 되었습니다. 그는 '생(生)은 소멸했다. 청정한 범행을 완성했으며, 해야 할 일을 끝마쳤다. 다시는 이와 같은 상태로 되지 않는다'라고 증득했습니다. 그리하여 소나 존자는 아라한 가운데 한 분이 되었습니다.

제9장 지와까 꼬마라밧짜

〈지와까 꼬마라밧짜〉

9.1. 세존께서 라자가하의 웰루와나 깔란다까니와빠에 머무실 때, 웨살리(Vesālī)는 음식이 풍부하고 사람들로 붐비는, 인구가 많고 부유하고 풍요로운 곳이었으며, 7,707개의 누각(樓閣)이 있고, 7,707개의 중각(重閣)이 있고, 7,707개의 원림(園林)이 있고, 7,707개의 연못이 있었습니다. 그리고 연꽃 같은 최고의 용모를 지닌, 아름답고 사랑스럽고 빼어난 미모의 기녀(妓女) 암바빨리(Ambapālī)가 있었습니다. 그녀는 춤과 노래와 연주에도 능했습니다. 그녀와 함께 어울리기를 원하는 사람들의 하룻밤 화대(花代)는 50까하빠나(kahāpana)[29]에 달했습니다. 그래서 웨살리는 더욱 번성했습니다.

9.2. 라자가하에 사는 어떤 사람이 용무가 있어서 웨살리에 왔다가 풍요로운 웨살리가 아름다운 기녀 암바빨리로 인해서 더욱 번성하는 것을 보았습니다. 그는 용무를 마친 후에 라자가하에 돌아가, 마가다의 왕 세니야 빔비사라를 찾아가서 말했습니다.

"폐하! 웨살리는 음식이 풍부하고 사람들로 붐비는, 부유하고 풍요로운 곳인데, 빼어난 미모의 기녀 암바빨리가 있어서 더욱 번성하고 있습니다. 폐하! 부디 우리가 기녀를 만들도록 해 주십시오!"

"그렇다면 그와 같은 동녀(童女)를 찾아서 그대들이 그녀를 기녀로 만들도록 하라!"

9.3. 그때 라자가하에 연꽃 같은 최고의 용모를 지닌, 아름답고 사랑스럽고 빼어난 미모의 살라와띠(Sālavatī)라는 동녀가 있었습니다. 그래서 그 라자가하에 사는 사람이 동녀 살라와띠를 기녀로 만들었습니다. 기녀 살라와띠는 오래지 않아 춤과 노래와 연주에 능숙해졌습니다. 그녀와 함께 어울리기를 원하는 사람들의 하룻밤 화대는 100까하빠나에 달했습니다. 그런데 오래지 않아 기녀 살라와띠는 임신했습니다. 기녀 살라와띠는 이렇게 생각했습니다.

'임신한 여인을 사내들은 좋아하지 않는다. 누구든 내가 임신한 사실을 알게 되면, 나에 대한 모든 환대(歡待)가 줄어들 것이다. 그러니 내가 병이 들었다고 주변에 알리는 것이 좋겠다.'

기녀 살라와띠는 문지기를 불러서 말했습니다.

"문지기여, 너는 어떤 사람도 들어오지 못하게 하라! 그리고 나에 대해 물으면 '병이 들었다'라고 알려 주어라!"

그 문지기는 기녀 살라와띠에게 "주인님! 그렇게 하겠습니다"라고 대답했습니다.

9.4. 기녀 살라와띠는 달이 차서 아들을 낳았습니다. 기녀 살라와띠는 하녀를 불러서 말

---

29 화폐의 단위.

했습니다.

"여봐라! 이 아이를 키[kattarasuppa][30]에 담아서 쓰레기 더미에 버려라!"

그 하녀는 기녀 살라와띠에게 "주인님! 그렇게 하겠습니다"라고 대답했습니다.

그 하녀는 기녀 살라와띠에게 대답한 후에, 그 아이를 키에 담아서 쓰레기 더미에 버렸습니다.

그때 마침 아바야(Abhaya)라는 왕자가 왕을 알현하러 가다가 까마귀들에게 둘러싸인 그 아이를 보고 수행인들에게 물었습니다.

"까마귀들에게 둘러싸인 그것은 무엇인가?"

"전하! 아이입니다."

"살아 있는가?"

"전하! 살아 있습니다."

"그렇다면 그 아이를 나의 내궁(內宮)으로 데려가서, 양육하도록 유모에게 건네주어라!"

그 수행인들은 아바야 왕자에게 "전하! 그렇게 하겠습니다"라고 대답한 후에 그 아이를 아바야 왕자의 내궁으로 데려가서, 양육하도록 유모에게 건네주었습니다. 그는 살아 있었기 때문에 '지와까(Jīvaka)라고 불렸으며, 왕자가 양육했기 때문에 '꼬마라밧짜(Komārabhacca)라고 불렸습니다.

9.5. 이윽고 지와까 꼬마라밧짜는 철이 들어 사리를 분별하게 되었습니다. 그는 아바야 왕자를 찾아가서 말했습니다.

"전하! 제 어머니는 누구이고, 제 아버지는 누구입니까?"

"지와까야! 나는 너의 어머니를 알지 못한다. 하지만 내가 너를 키웠으니, 내가 너의 아버지다."

지와까 꼬마라밧짜는 '기술이 없이는 왕족들에게 의지하여 살아가기 어렵다. 그러므로 나는 기술을 익혀야겠다'라고 생각했습니다.

그때 딱까실라(Takkasilā)에 세상에서 제일가는 의사가 살고 있었습니다.

9.6. 지와까 꼬마라밧짜는 아바야 왕자의 허락도 받지 않고 딱까실라로 길을 떠났습니다. 그는 여행을 계속하여 딱까실라에 도착하자, 그 의사를 찾아가서 말했습니다.

"스승님! 저는 의술을 배우고 싶습니다."

"지와까여, 그렇다면 배우도록 하여라!"

지와까 꼬마라밧짜는 많은 것을 빨리 배워서 잘 이해했으며, 배운 것을 잊지 않고 잘 기억했습니다. 지와까 꼬마라밧짜는 7년이 지나자 이렇게 생각했습니다.

'나는 많은 것을 빨리 배워서 잘 이해했고, 배운 것을 잊지 않고 잘 기억한다. 나는 7년 동안 배웠지만 아직 의술을 완전하게 알지 못한다. 나는 언제 의술을 완전하게 알게 될까?'

9.7. 지와까 꼬마라밧짜는 그 스승을 찾아가서 말했습니다.

"스승님! 저는 많은 것을 빨리 배워서 잘 이해했고, 배운 것을 잊지 않고 잘 기억합니다. 저는 7년 동안 배웠지만 아직 의술을 완전하게 알지 못합니다. 저는 언제 의술을 완전하게 알게 될까요?"

"지와까여, 그렇다면 곡괭이를 가지고

---

30 'kattarasuppa'는 바람에 검불을 날려 버리고 알곡을 모으는 도구이다.

딱까실라 주변 1요자나(yojana)[31]를 돌아다니면서 어떤 것이든 약으로 쓸 수 없는 것을 보거든 그것을 가져오너라!"

"스승님! 그렇게 하겠습니다."

지와까 꼬마라밧짜는 그 의사에게 대답한 후에 곡괭이를 가지고 딱까실라 주변 1요자나를 돌아다녔지만, 어떤 것도 약으로 쓸 수 없는 것을 보지 못했습니다. 지와까 꼬마라밧짜는 그 의사에게 가서 말했습니다.

"스승님! 저는 딱까실라 주변 1요자나를 돌아다녔지만, 어떤 것도 약으로 쓸 수 없는 것을 보지 못했습니다."

그는 "지와까여, 너는 더 배울 것이 없다. 이 정도면 네가 살아가는 데 충분할 것이다"라고 말하고, 지와까 꼬마라밧짜에게 약간의 여비를 주었습니다.

9.8. 지와까 꼬마라밧짜는 그 여비를 가지고 라자가하로 길을 떠났습니다. 지와까 꼬마라밧짜의 여비는 도중에 사께따(Sāketa)에서 동났습니다. 지와까 꼬마라밧짜는 '이 길은 물도 없고 먹을 것도 없는 사막이다. 여비가 없으면 무사히 갈 수가 없으니, 여비를 마련해야겠다'라고 생각했습니다.

그때 사께따에 7년 동안 두통을 앓고 있는 부호의 부인이 있었습니다. 수많은 천하의 명의들이 왔지만 병을 고치지 못하고 많은 황금만 가져갔습니다. 지와까 꼬마라밧짜는 사께따에 들어가서 사람들에게 물었습니다.

"여보세요. 혹시 내가 치료할 환자는 없나요?"

"선생님! 7년 동안 두통을 앓고 있는 부호의 부인이 있습니다. 선생님이 가서 부호의 부인을 치료하십시오!"

9.9. 지와까 꼬마라밧짜는 부호 장자의 집에 가서 문지기를 불러냈습니다.

"문지기여! 그대는 가서 부호의 부인에게 '마님! 의사가 와서 마님을 뵙고 싶어 합니다'라고 말씀드려라."

"선생님! 그렇게 하겠습니다."

그 문지기는 지와까 꼬마라밧짜에게 대답한 후에 부호의 부인에게 가서 말했습니다.

"마님! 의사가 와서 마님을 뵙고 싶어 합니다."

"문지기여! 어떤 의사냐?"

"마님! 젊은이입니다."

"문지기여! 젊은이라면, 그만두어라! 문지기여! 젊은 의사가 나에게 무엇을 할 수 있겠느냐? 수많은 천하의 명의들이 왔지만, 병을 고치지 못하고 많은 황금만 가지고 갔을 뿐이다."

9.10. 문지기는 지와까 꼬마라밧짜에게 가서 부인의 말을 전했습니다.

"문지기여! 그대는 부호의 부인에게 가서 '마님! 그 의사가 병이 낫기 전에는 아무것도 받지 않겠으며, 병이 나으면 그때 주고 싶은 대로 주라고 했습니다'라고 말씀드려라!"

"선생님! 그렇게 하겠습니다."

그 문지기는 지와까 꼬마라밧짜에게 대답한 후에 부호의 부인에게 가서 지와까 꼬마라밧짜의 말을 전했습니다.

"문지기여! 그렇다면 그 의사를 데려오너라!"

---

31 '요자나(yojana)'는 거리의 단위로서 14km쯤 되는 거리이다. 한역에서 유순(由旬)으로 번역된다.

"마님! 그렇게 하겠습니다."

그 문지기는 부호의 부인에게 대답한 후에 지와까 꼬마라밧짜에게 가서 말했습니다.

"부호의 부인께서 선생님을 부르십니다."

9.11. 지와까 꼬마라밧짜는 부호의 부인에게 가서 그녀의 병색을 살핀 후에 그녀에게 말했습니다.

"마님! 버터기름 한 홉이 필요합니다."

부호의 부인은 사람을 시켜서 지와까 꼬마라밧짜에게 버터기름 한 홉을 주도록 했습니다. 지와까 꼬마라밧짜는 그 버터기름 한 홉을 여러 약재를 넣어 끓인 후에 부호의 부인을 침대 위에 눕히고 코에 넣었습니다. 그러자 코로 들어간 버터가 입으로 솟아 나왔습니다. 부호의 부인은 그 버터를 그릇에 뱉은 후에 "여봐라! 이 버터기름을 솜으로 받아 놓아라!"라고 하녀에게 명했습니다.

9.12. 지와까 꼬마라밧짜는 '놀랍구나! 뱉어 낸 버터기름을 솜으로 받아 놓게 하다니! 나는 비싼 약재를 많이 사용했는데, 이 부인은 나에게 어떤 대가를 줄까?'라고 생각했습니다.

거부의 부인은 지와까 꼬마라밧짜의 안색이 변한 것을 보고 그에게 물었습니다.

"선생님! 무슨 걱정이 있습니까?"

"저는 '놀랍구나! 뱉어 낸 버터기름을 솜으로 받아 놓게 하다니! 나는 비싼 약재를 많이 사용했는데, 이 부인은 나에게 어떤 대가를 줄까?'라고 생각했습니다."

"선생님! 우리 재가자들은 절약의 미덕(美德)을 배운답니다. 이 버터기름은 하인이나 일꾼들의 발에 바르거나 등에 부어 불을 켤 수 있습니다. 선생님! 걱정하지 마십시오! 당신의 대가는 소홀히 하지 않겠습니다."

9.13. 지와까 꼬마라밧짜는 한 차례 코를 씻어 냄으로써 부호의 부인이 7년 동안 앓고 있던 두통을 없앴습니다. 부호의 부인은 병이 낫자, 지와까 꼬마라밧짜에게 4,000까하빠나를 주었습니다. 그리고 아들은 '내 어머니의 병이 나았다'라고 4,000까하빠나를 주었고, 며느리도 '내 시어머니의 병이 나았다'라고 4,000까하빠나를 주었으며, 부호 장자는 '내 아내의 병이 나았다'라고 4,000까하빠나와 하인과 하녀와 마차를 주었습니다.

지와까 꼬마라밧짜는 그 16,000까하빠나를 가지고, 하인과 하녀와 마차를 거느리고 라자가하로 길을 떠났습니다. 그는 여행을 계속하여 라자가하에 도착하자, 아바야 왕자를 찾아가서 말했습니다.

"전하! 이것은 제가 처음으로 일을 해서 번 16,000까하빠나와 하인과 하녀와 마차입니다. 저를 키워 주신 왕자님께서 받아 주십시오!"

"지와까여, 그만두어라! 그것은 너의 소유로 하고, 나의 내궁에 네가 머물 집이나 지어라!"

"전하! 그렇게 하겠습니다."

지와까 꼬마라밧짜는 아바야 왕자에게 대답한 후에 아바야 왕자의 내궁에 머물 집을 지었습니다.

9.14. 그때 마가다의 왕 세니야 빔비사라에게 치질이 있어서 옷이 피로 더럽혀졌습니다. 왕비들이 그것을 보고 "폐하! 지금 월경 중이시군요. 폐하께 꽃이 나타났으니 머지않아 폐하께서는 출산하시겠군요"라고 놀렸습니다. 그것 때문에 왕은 창피했습니다. 그래서 마가다의 왕 세니야 빔비사라가 아바야 왕자

에게 말했습니다.

"아바야여, 나에게 옷이 피로 더럽혀지는 병이 있는데, 왕비들이 나를 보고 '폐하! 지금 월경 중이시군요. 폐하께 꽃이 나타났으니 머지않아 폐하께서는 출산하시겠군요'라고 놀리는구나. 아바야여, 어서 나를 치료할 수 있는 의사를 알아보아라!"

"폐하! 저에게 젊지만 명성이 높은 의사 지와까가 있습니다. 그가 폐하를 치료할 수 있을 것입니다."

"아바야여, 그렇다면 의사 지와까에게 나를 치료하도록 명하여라!"

9.15. 아바야 왕자는 지와까 꼬마라밧짜에게 명했습니다.

"지와까여, 너는 가서 왕을 치료하여라!"

"전하! 그렇게 하겠습니다."

지와까 꼬마라밧짜는 아바야 왕자에게 대답하고, 손톱에 약을 묻혀서 마가다의 왕 세니야 빔비사라를 찾아가서 말했습니다.

"폐하! 제가 환부(患部)를 살펴보겠습니다."

지와까 꼬마라밧짜는 한 차례 고약을 바름으로써 마가다의 왕 세니야 빔비사라의 치질을 없앴습니다. 마가다의 왕 세니야 빔비사라는 병이 낫자 500명의 여인을 온갖 장신구로 꾸미게 한 다음에, 장신구를 풀어서 큰 꾸러미를 만들게 하고서 지와까 꼬마라밧짜에게 말했습니다.

"지와까여, 여인 500명의 갖가지 장신구는 그대 것이다."

"폐하! 그만두십시오! 폐하께서 제 공덕을 기억해 주시면 됩니다."

"지와까여, 그렇다면 나와 나의 후궁과 붓다를 위시한 비구상가[僧伽]를 돌보도록 하여라."

"폐하! 그렇게 하겠습니다."

지와까 꼬마라밧짜는 마가다의 왕 세니야 빔비사라에게 약속했습니다.

9.16. 그때 라자가하에 사는 한 부호가 7년 동안 두통을 앓고 있었습니다. 수많은 천하의 명의들이 왔지만 병을 고치지 못하고 많은 황금만 가져갔습니다. 그뿐만 아니라, 어떤 의사들은 포기했습니다. 어떤 의사는 "이 부호 장자는 5일 후에 죽을 것이다"라고 했고, 어떤 의사는 "이 부호 장자는 7일 후에 죽을 것이다"라고 했습니다.

라자가하에 사는 한 주민이 "이 부호 장자는 왕과 주민들에게 매우 유익한 분이다. 그런데 의사들이 포기했다. 어떤 의사는 '이 부호 장자는 5일 후에 죽을 것이다'라고 하고, 어떤 의사는 '이 부호 장자는 7일 후에 죽을 것이다'라고 말한다. 왕에게는 젊지만 명성이 높은 의사 지와까가 있다. 우리가 왕에게 지와까가 부호 장자를 치료하게 해 달라고 청원해야겠다"라고 생각했습니다.

9.17. 그는 마가다의 왕 세니야 빔비사라를 찾아가서 지와까가 부호 장자를 치료하게 해 달라고 청원했습니다. 청원을 들은 마가다의 왕 세니야 빔비사라는 지와까에게 명했습니다.

"지와까여, 너는 가서 부호 장자를 치료하여라!"

"폐하! 그렇게 하겠습니다."

지와까 꼬마라밧짜는 빔비사라왕에게 대답하고 부호 장자를 찾아갔습니다. 그는 부호 장자의 병세를 살펴본 후에 부호 장자에게 말했습니다.

"만약에 내가 장자의 병을 고치면 대가는 어떻게 하시겠습니까?"

"선생님! 나의 모든 재산은 당신 것이 될 것이고, 나는 당신의 하인이 될 것입니다."

9.18. "장자여, 당신은 한쪽 옆구리로 7개월 동안 누워 있을 수 있습니까?"

"선생님! 나는 한쪽 옆구리로 7개월 동안 누워 있을 수 있습니다."

"장자여, 그러면 당신은 다른 쪽 옆구리로 7개월 동안 누워 있을 수 있습니까?"

"선생님! 나는 다른 쪽 옆구리로 7개월 동안 누워 있을 수 있습니다."

"장자여, 그러면 당신은 반듯이 누운 채로 7개월 동안 누워 있을 수 있습니까?"

"선생님! 나는 반듯이 누운 채로 7개월 동안 누워 있을 수 있습니다."

지와까 꼬마라밧짜는 부호 장자를 침대 위에 눕히고 침대에 묶은 다음, 머리 피부를 벗긴 후에 두개골을 열고 벌레 두 마리를 집어내어 사람들에게 보여 주었습니다.

"여러분! 여기 벌레 두 마리를 보십시오! 한 마리는 작고, 한 마리는 큽니다. '이 부호 장자는 5일 후에 죽을 것이다'라고 말한 선생님들은 이 큰 벌레를 본 것입니다. 이 벌레가 5일 후에는 부호 장자의 뇌수(腦髓)를 모조리 먹어 치우고, 뇌수가 소진(消盡)하여 부호 장자는 죽게 될 것입니다. 그 선생님들은 잘 본 것입니다. '이 부호 장자는 7일 후에 죽을 것이다'라고 말한 선생님들은 이 작은 벌레를 본 것입니다. 이 벌레가 7일 후에는 부호 장자의 뇌수를 모조리 먹어 치우고, 뇌수가 소진하여 부호 장자는 죽게 될 것입니다. 그 선생님들도 잘 본 것입니다."

그는 두개골을 닫고, 머리 피부를 봉합한 후에 고약을 발랐습니다.

9.19. 7일이 지나자, 부호 장자가 지와까 꼬마라밧짜에게 말했습니다.

"선생님! 나는 한쪽 옆구리로 7개월 동안 누워 있지 못하겠습니다."

"장자여, 당신은 한쪽 옆구리로 7개월 동안 누워 있을 수 있다고 대답하지 않았나요?"

"선생님! 대답한 것은 사실입니다. 그렇지만 나는 죽을 것 같습니다. 나는 도저히 한쪽 옆구리로 7개월 동안 누워 있지 못하겠습니다."

"장자여, 그렇다면 당신은 다른 쪽 옆구리로 7개월 동안 누워 있으시오!"

7일이 지나자, 부호 장자가 지와까 꼬마라밧짜에게 말했습니다.

"선생님! 나는 다른 쪽 옆구리로 7개월 동안 누워 있지 못하겠습니다."

"장자여, 당신은 다른 쪽 옆구리로 7개월 동안 누워 있을 수 있다고 대답하지 않았나요?"

"선생님! 대답한 것은 사실입니다. 그렇지만 나는 죽을 것 같습니다. 나는 도저히 다른 쪽 옆구리로 7개월 동안 누워 있지 못하겠습니다."

"장자여, 그렇다면 당신은 반듯이 누운 채로 7개월 동안 누워 있으시오!"

7일이 지나자, 부호 장자가 지와까 꼬마라밧짜에게 말했습니다.

"선생님! 나는 반듯이 누운 채로 7개월 동안 누워 있지 못하겠습니다."

"장자여, 당신은 반듯이 누운 채로 7개월 동안 누워 있을 수 있다고 대답하지 않았나요?"

"선생님! 대답한 것은 사실입니다. 그렇지만 나는 죽을 것 같습니다. 나는 도저히 반듯이 누운 채로 7개월 동안 누워 있지 못하겠습니다."

9.20. "장자여, 내가 만약에 그렇게 말하지 않았다면, 당신은 누워 있지 않고 포기했을 것입니다. 사실 나는 21일이 지나면 당신이 회복된다는 것을 알고 있었습니다. 장자여, 일어나시오! 당신은 완치되었습니다. 나에게 대가로 무엇을 주기로 했는지 아시나요?"

"선생님! 나의 모든 재산은 당신 것이 될 것이고, 나는 당신의 하인이 될 것입니다."

"장자여, 그만두십시오! 당신의 모든 재산을 나에게 주지 않아도 되고, 나의 하인이 되지 않아도 됩니다. 왕에게 10,000까하빠나를 주고, 나에게 10,000까하빠나를 주십시오!"

부호 장자는 병이 낫자, 왕에게 10,000까하빠나를 주었고, 지와까 꼬마라밧짜에게 10,000까하빠나를 주었습니다.

9.21. 그때 바라나시에 사는 부호의 아들이 재주넘기를 심하게 하다가 장이 꼬였습니다. 그래서 죽을 마셔도 소화가 되지 않고, 음식을 먹어도 소화가 되지 않고, 대소변도 보지 못했습니다. 그는 몸이 여위고 누렇게 떠서, 비참하고 빼빼 마른 흉한 몰골이 되었습니다. 바라나시에 사는 부호는 '내 아들의 병은 어떤 것이기에 죽을 마셔도 소화가 되지 않고, 음식을 먹어도 소화가 되지 않고, 대소변도 보지 못하고, 몸이 여위고 누렇게 떠서 비참하고 빼빼 마른 흉한 몰골이 되었을까? 나는 라자가하에 가서 왕에게 지와까가 내 아들을 치료하게 해 달라고 청원해야겠다'라고 생각했습니다.

바라나시에 사는 부호는 마가다의 왕 세니야 빔비사라를 찾아가서 지와까가 아들을 치료하게 해 달라고 청원했습니다.

9.22. 마가다의 왕 세니야 빔비사라는 지와까 꼬마라밧짜에게 명했습니다.

"지와까여, 너는 바라나시에 가서 바라나시에 사는 부호의 아들을 치료하여라!"

"폐하! 그렇게 하겠습니다."

지와까 꼬마라밧짜는 빔비사라왕에게 대답하고, 바라나시에 가서 부호 장자를 찾아갔습니다. 지와까 꼬마라밧짜는 아들의 병세를 살펴보고 사람들을 물러가게 한 후에, 장막을 둘러치고 그를 기둥에 묶었습니다. 지와까 꼬마라밧짜는 아들의 아내를 앞에 세우고 복부를 절개한 후에, 꼬인 창자를 꺼내서 그녀에게 보여 주며 말했습니다.

"보십시오! 당신 남편의 환부입니다. 이것 때문에 죽을 마셔도 소화가 되지 않고, 음식을 먹어도 소화가 되지 않고, 대소변도 보지 못했던 것입니다. 그래서 그는 몸이 여위고 누렇게 떠서, 비참하고 빼빼 마른 흉한 몰골이 되었던 것입니다."

그는 꼬인 창자를 풀어서 다시 집어넣고, 복부를 봉합한 후에 고약을 발랐습니다. 바라나시에 사는 부호의 아들은 오래지 않아 병이 나았습니다. 바라나시에 사는 부호는 '내 아들의 병이 나았다'라고 지와까 꼬마라밧짜에게 16,000까하빠나를 주었습니다. 지와까 꼬마라밧짜는 그 16,000까하빠나를 가지고 라자가하로 돌아왔습니다.

9.23. 그때 빳조따(Pajjota)왕이 황달에 걸렸습니다. 수많은 천하의 명의들이 왔지만 병

을 고치지 못하고 많은 황금만 가져갔습니다. 빳조따왕은 마가다의 왕 세니야 빔비사라에게 사신을 보내 청원했습니다.

"저에게 이러한 병이 있습니다. 폐하! 부디 의사 지와까에게 명하여 저를 치료하게 해 주십시오."

마가다의 왕 세니야 빔비사라는 지와까 꼬마라밧짜에게 명했습니다.

"지와까여, 너는 우제니(Ujjenī)[32]에 가서 빳조따왕을 치료하여라!"

"폐하! 그렇게 하겠습니다."

지와까 꼬마라밧짜는 빔비사라왕에게 대답한 후에 우제니에 가서 빳조따왕을 찾아갔습니다. 그는 빳조따왕의 병세를 살펴본 후에 빳조따왕에게 말했습니다.

9.24. "폐하! 제가 버터를 끓이겠습니다. 폐하께서는 그것을 마시도록 하십시오!"

"지와까여, 그만두어라. 버터를 사용하지 않고 치료할 수 있으면, 그렇게 하라. 버터는 나에게 맞지 않아서 싫다."

지와까 꼬마라밧짜는 '이 왕의 병은 버터를 사용하지 않고는 치료할 수가 없다. 나는 까사와(Kasāva)[33] 색깔이 나고, 까사와 냄새가 나고, 까사와 맛이 나도록 버터를 끓여야겠다'라 생각하고, 여러 약재를 넣어 까사와 색깔이 나고, 까사와 냄새가 나고, 까사와 맛이 나도록 버터를 끓였습니다.

지와까 꼬마라밧짜는 '이 왕이 버터기름을 마시면 구토할 것이다. 그러면 포악한 이 왕은 나를 죽일 것이다. 나는 미리 허가를 받아 놓아야겠다'라고 생각하고, 빳조따왕을 찾아가서 말했습니다.

9.25. "폐하! 우리 의사들은 수시로 뿌리를 캐서 약재를 수집해야 합니다. 폐하! 부디 마방(馬房)과 성문에 '지와까가 원하는 수레로 갈 수 있도록 하고, 원하는 성문으로 나갈 수 있도록 하고, 원하는 시간에 나갈 수 있도록 하고, 원하는 시간에 들어올 수 있도록 하라!'라고 명해 주십시오!"

빳조따왕은 마방과 성문에 '지와까가 원하는 수레로 갈 수 있도록 하고, 원하는 성문으로 나갈 수 있도록 하고, 원하는 시간에 나갈 수 있도록 하고, 원하는 시간에 들어올 수 있도록 하라!'라고 명했습니다.

그때 빳조따왕에게 하루에 50요자나를 가는 밧다와띠까(Bhaddavatikā)라는 암코끼리가 있었습니다. 지와까 꼬마라밧짜는 빳조따왕에게 버터기름을 주면서 "폐하! 까사와를 드십시오!"라고 말했습니다.

지와까 꼬마라밧짜는 빳조따왕에게 버터기름을 먹인 후에 코끼리 외양간에 가서 암코끼리 밧다와띠까를 타고 성에서 탈출했습니다.

9.26. 빳조따왕은 그 버터기름을 마시고 구토했습니다. 빳조따왕은 사람들에게 말했습니다.

"사악한 지와까가 나에게 버터기름을 먹였다. 그러니 너희들은 의사 지와까를 찾아오너라!"

"폐하! 그는 암코끼리 밧다와띠까를 타고 성에서 탈출했습니다."

그때 빳조따왕에게 하루에 60요자나를

---

32 아완띠(Avantī)의 수도.

33 끓이면 황색(黃色)이 되는 수렴제(收斂劑)로 쓰는 풀.

가는 까까(Kāka)라는 비인(非人, amanussa)[34] 출신의 하인이 있었습니다. 빳조따왕은 하인 까까에게 명했습니다.

"까까여, 너는 가서 의사 지와까에게 '선생님! 돌아가십시오! 대왕께서 돌아오라고 하셨습니다'라고 말하여라. 까까여, 의사들은 속임수가 많으니, 그에게 어떤 것도 받아서는 안 된다."

9.27. 하인 까까는 도중에 꼬삼비(Kosambī)에서 아침 식사를 하는 지와까 꼬마라밧짜를 붙잡았습니다. 하인 까까가 지와까 꼬마라밧짜에게 말했습니다.

"선생님! 대왕께서 돌아오라고 하셨습니다."

"까까여, 이리 오라! 우리 식사나 하자! 까까여, 우선 식사나 하자!"

"선생님! 그만두십시오! 대왕께서 저에게 '까까여, 의사들은 속임수가 많으니, 그에게 어떤 것도 받아서는 안 된다'라고 명하셨습니다."

그때 지와까 꼬마라밧짜는 손톱에 약을 바르고, 아말라까(āmaiaka)를 먹고 음료를 마셨습니다. 그러면서 지와까 꼬마라밧짜가 하인 까까에게 말했습니다.

"자! 까까여, 아말라까를 먹고 음료를 마셔라!"

9.28. 하인 까까는 '이 의사가 아말라까를 먹고 음료를 마셔도 아무 해가 생기지 않는다'라고 생각하고, 아말라까 절반쯤을 먹고 음료를 마셨습니다. 그는 절반쯤 먹은 아말라까를 곧바로 토해 냈습니다. 하인 까까는 지와까 꼬마라밧짜에게 말했습니다.

"선생님! 제 목숨은 온전하겠습니까?"

"까까여, 두려워하지 마라! 너는 곧 좋아질 것이다. 왕은 포악하다. 그 왕은 나를 죽일 것이다. 그러므로 나는 돌아가지 않겠다."

그는 암코끼리 밧다와띠까를 까까에게 건네주고, 라자가하로 길을 떠났습니다. 그는 여행을 계속하여 라자가하에 도착하자 곧바로 마가다의 왕 세니야 빔비사라를 찾아가서 이 일을 알렸습니다.

"지와까여, 돌아가지 않기를 잘했다. 그 왕은 포악하여 너를 죽였을 것이다."

9.29. 빳조따왕은 병이 낫자, 지와까 꼬마라밧짜 앞으로 사신을 보내 말했습니다.

"지와까여, 오라! 보답을 하고 싶다."

"그만두십시오! 폐하께서 제 공덕을 기억해 주시면 됩니다."

그때 빳조따왕에게 시위(Sivi)국에서 생산한 천으로 만든 옷이 한 벌 생겼습니다. 그 옷은 많은 옷 가운데 으뜸이며, 최고이며, 가장 뛰어나며, 최상이며, 가장 귀한 옷이었습니다. 빳조따왕은 지와까 꼬마라밧짜에게 그 옷을 보냈습니다.

지와까 꼬마라밧짜는 '빳조따왕이 나에게 보낸 시웨야까 천으로 만든 이 옷 한 벌은 많은 옷 가운데 으뜸이며, 최고이며, 가장 뛰어나며, 최상이며, 가장 귀한 옷이다. 이 옷은 아라한이며 등정각이신 세존이나 마가다의 왕 세니야 빔비사라 이외에 다른 어떤 사람도 입을 자격이 없다'라고 생각했습니다.

9.30. 그때 세존의 몸에 병세가 있었습니다.

---

34 'amanussa'는 야차(夜叉) 같은 인간이 아닌 존재를 의미한다. 여기에서는 인간 취급을 받지 못하는 천민을 의미하는 것 같다.

세존께서는 아난다 존자를 시켜 지와까 꼬마라밧짜를 불렀습니다. 지와까 꼬마라밧짜는 정성껏 세존을 치료하였습니다. 머지않아 세존께서는 건강을 회복하셨습니다.

9.31. 지와까 꼬마라밧짜는 시웨야까 천으로 만든 한 벌의 옷을 들고 세존을 찾아가서 세존께 예배한 후에 한쪽에 앉아 말씀드렸습니다.

"세존이시여, 세존께 한 가지 소원을 간청하고자 합니다."

"지와까여, 모든 여래는 소원을 초월했다오."

"세존이시여, 허락하셔도 허물이 없는 것입니다."

"지와까여, 말해 보시오!"

"세존이시여, 세존과 비구상가는 분소의를 입습니다. 세존이시여, 이것은 빳조따왕이 저에게 보낸 시웨야까 천으로 만든 한 벌의 옷입니다. 이 옷은 많은 옷 가운데 으뜸이며, 최고이며, 가장 뛰어나며, 최상이며, 가장 귀한 옷입니다. 세존이시여, 세존께서는 저의 시웨야까 천으로 만든 한 벌의 옷을 받아 주시고, 비구상가에게 재가자(在家者)가 올리는 옷을 허락해 주십시오!"

세존께서는 시웨야까 천으로 만든 한 벌의 옷을 받으셨습니다. 세존께서는 법을 설하여 지와까 꼬마라밧짜를 가르치고 격려하고 칭찬하고 기쁘게 하셨습니다. 세존의 가르침을 받은 지와까 꼬마라밧짜는 세존께 예배하고 오른쪽으로 돈 후에 떠나갔습니다.

9.32. 세존께서는 이 인연과 이 일에 대하여 설명하신 후에 비구들에게 말씀하셨습니다.

"비구들이여, 나는 재가자가 올리는 옷을 허락합니다. 분소의를 원하는 사람은 분소의를 입고, 재가자가 올리는 옷을 원하는 사람은 그것을 받아서 사용하시오! 비구들이여, 어떤 것으로든 만족하면, 나는 그것을 찬탄한다오."

라자가하에 사는 사람들은 세존께서 비구들에게 재가자가 올리는 옷을 허락하셨다는 말을 들었습니다. 그 사람들은 환희용약(歡喜踊躍)하며 말했습니다.

"세존께서 비구들에게 재가자가 올리는 옷을 허락하셨으니, 이제 우리는 보시하여 공덕을 짓도록 하자!"

라자가하에서는 하루에 수천 벌의 법의(法衣)가 만들어졌습니다.

그 나라에 사는 사람들도 세존께서 비구들에게 재가자가 올리는 옷을 허락하셨다는 말을 들었습니다. 그 사람들도 환희용약하며 말했습니다.

"세존께서 비구들에게 재가자가 올리는 옷을 허락하셨으니, 이제 우리는 보시하여 공덕을 짓도록 하자!"

그 나라에서도 하루에 수천 벌의 법의가 만들어졌습니다.

제10장 정사 건립

〈정사 건립의 인연〉

10.1. 붓다 세존께서 라자가하의 웰루와나 깔란다까니와빠에 머무실 때, 그때 세존께서는 비구들에게 거처(居處)를 마련해 주지 않으셨습니다. 비구들은 그때그때 숲에서, 나무 아래에서, 언덕에서, 동굴에서, 산굴에서, 묘지에서, 산림에서, 노천에서, 짚 더미에서 지냈습니다. 그들은 아침이 되면 숲에서, 나무 아래에서, 언덕에서, 동굴에서, 산굴에서, 묘지에서, 산림에서, 노천에서, 짚 더미에서, 여기저기에서 위의(威儀)를 갖추어 평온하게 나아가고 물러서고, 올려보고 내려보고, 몸을 구부리고 펴고, 눈을 내리뜨고 나왔습니다.

10.2. 그때 라자가하의 부호가 아침에 원림에 가서 그 모습을 보고 마음에 청정한 믿음이 생겼습니다. 그는 비구들에게 가서 말했습니다.

"존자들이여, 만약에 제가 정사(精舍)를 세우면, 그 정사에서 지내시겠습니까?"

"장자여, 세존께서는 방사(房舍)를 허락하지 않으셨습니다."

"존자들이여, 그렇다면 세존께 여쭈어 본 후에 저에게 알려 주십시오!"

"장자여, 그렇게 하겠습니다."

그 비구들은 그 부호에게 승낙한 후에 세존을 찾아가서 예배하고 한쪽에 앉아 말씀드렸습니다.

"세존이시여, 라자가하의 부호가 정사를 세우겠다고 합니다. 세존이시여, 어떻게 응답해야 할까요?"

세존께서는 이 인연과 이 일에 대하여 설명하신 후에 비구들에게 말씀하셨습니다.

"비구들이여, 나는 정실(靜室)·누각(樓閣)·중각(重閣)·정자(亭子)·석굴(石窟) 등 다섯 가지 정사를 허락합니다."

10.3. 그 비구들은 라자가하의 부호에게 가서 말했습니다.

"세존께서 정사를 허락하셨습니다. 이제 때가 되었습니다."

그 부호는 하루 만에 60개의 정사를 세운 후에, 세존을 찾아가서 예배하고 한쪽에 앉아 세존께 말씀드렸습니다.

"세존이시여, 세존께서는 내일 비구상가[僧伽]와 함께 저의 공양을 받아 주십시오!"

세존께서는 침묵으로 승낙하셨습니다. 라자가하의 부호는 세존께서 승낙하신 것을 알고, 자리에서 일어나 세존께 예배한 후에 오른쪽으로 돌고 떠나갔습니다.

10.4. 라자가하의 부호는 그날 밤새 갖가지 훌륭한 딱딱한 음식과 부드러운 음식을 마련한 후에 세존께 알렸습니다.

"세존이시여, 공양이 준비되었습니다."

세존께서는 오전에 옷을 입고, 발우와 법의(法衣)를 들고, 비구상가와 함께 그 부호의 집으로 가서 마련된 자리에 앉으셨습니다. 그 부호는 부처님을 위시한 비구상가를 갖가지 훌륭한 딱딱한 음식과 부드러운 음식으로 손수 시중을 들며 만족시켰습니다. 그 부호는 세존께서 공양을 마치고 발우에서 손을 떼시자, 아래에 있는 다른 자리로 가서 한쪽에 앉았습니다.

그 부호는 한쪽에 앉아 세존께 이렇게 말씀드렸습니다.

"세존이시여, 저의 이 60개의 정사는 공덕을 지어 행복하게 살고 싶어서 세운 것입니다. 세존이시여, 저는 이 정사들을 어떻게 하면 좋을까요?"

"장자여, 이 60개의 정사를 현재와 미래의 사방(四方) 상가에 봉헌(奉獻)하시오!"

"세존이시여, 그렇게 하겠습니다."

그 부호는 세존께 대답하고, 그 60개의 정사를 현재와 미래의 사방 상가에 봉헌했습니다.

세존께서는 라자가하의 부호를 기쁘게 하신 후에 자리에서 일어나 그곳을 떠나셨습니다.

〈아나타삔디까〉

10.5. 그때 라자가하의 부호의 매부(妹夫)인 아나타삔디까(Anāthapiṇḍika) 장자가 있었습니다. 아나타삔디까는 용무가 있어서 라자가하에 왔습니다. 그때 라자가하의 부호는 다음 날 붓다를 위시한 상가를 초대해 놓고 있었습니다. 그 부호는 하인과 일꾼들에게 명했습니다.

"너희들은 아침 일찍 일어나서 유미죽을 끓이고, 밥을 짓고, 카레를 마련하고, 진수성찬을 마련하여라!"

아나타삔디까는 이렇게 생각했습니다.

'이전에 이 장자는 내가 오면 만사를 제쳐 놓고 나와 함께 정중하게 인사를 나누었다. 그런데 지금 수선스럽게 하인과 일꾼들에게 진수성찬을 마련하라고 명하고 있다. 이 장자가 내일 아들을 장가보내거나, 딸을 시집보내거나, 큰 제사를 지내거나, 마가다의 왕 세니야 빔비사라를 군대와 함께 초대한 것이 아닐까?'

10.6. 라자가하의 부호는 하인과 일꾼들에게 명한 후에 아나타삔디까 장자에게 가서 함께 정중하게 인사를 나누고 한쪽에 앉았습니다. 한쪽에 앉은 부호에게 아나타삔디까 장자가 말했습니다.

"장자여, 당신은 이전에 내가 오면 만사를 제쳐 놓고 나와 함께 정중하게 인사를 나누었습니다. 그런데 오늘 당신은 수선스럽게 하인과 일꾼들에게 진수성찬을 마련하라고 명했습니다. 당신은 내일 아들을 장가보내거나, 딸을 시집보내거나, 큰 제사를 지내거나, 마가다의 왕 세니야 빔비사라를 군대와 함께 초대한 것이 아닌가요?"

"아닙니다. 장자여, 그런 것이 아니라, 나는 내일 붓다를 비구상가와 함께 초대했습니다."

"장자여, 당신은 '붓다'라고 말했습니까?"

"장자여, 나는 '붓다'라고 말했습니다."

"장자여, 당신이 '붓다'라고 말했다고요?"

"장자여, 그렇습니다. 나는 '붓다'라고 말했습니다."

"장자여, 당신은 분명히 '붓다'라고 말했다는 것이지요?"

"장자여, 나는 분명히 '붓다'라고 말했습

니다."

"장자여, 세간에서 얻기 어려운 '붓다'라는 명성을 얻은 바로 그 붓다라는 말이지요? 장자여, 내가 지금 그 아라한이시며, 바른 깨달음을 이루신 세존을 뵈러 갈 수 있을까요?"

"장자여, 지금은 아라한이시며, 바른 깨달음을 이루신 세존을 뵈러 갈 때가 아닙니다. 당신은 내일 적당한 때에 그 세존을 뵈러 가도록 하십시오!"

아나타삔디까 장자는 '나는 내일 적당한 때에 그 아라한이시며, 바른 깨달음을 이루신 세존을 뵈러 가야겠다'라고 붓다에 대해 생각하면서 잠자리에 든 후에, 밤중에 세 번이나 새벽이 된 줄 알고 일어났습니다.

10.7. 아나타삔디까 장자가 시따와나(Sītavana)[35] 출입문에 다가가자, 비인(非人)들이 문을 열었습니다. 성을 벗어나자 아나타삔디까 장자에게 빛이 사라지고 어둠이 나타났습니다. 그는 온몸의 털이 곤두서는 두려움을 느끼고 다시 돌아가려고 했습니다. 그러자 시와까(Sīvaka) 야차가 모습을 숨기고 소리를 냈습니다.

100마리의 코끼리, 100마리의 말,
노새가 끄는 100대의 수레,
마니보(摩尼寶)로 장식한 100명의 소녀들,
이 모든 것이 그대가 내딛는 한 발짝의
16분의 1에도 미치지 못한다네.

나아가라, 장자여!
나아가라, 장자여!
나아가면 좋을 것이다.
물러서지 마라!

그러자 아나타삔디까 장자에게 어둠이 사라지고 빛이 나타났으며, 온몸의 털이 곤두서는 두려움이 사라졌습니다. 아나타삔디까 장자가 다시 두려움을 느끼고 돌아가려고 하자, 시와까 야차가 모습을 숨기고 "물러서지 마라!"라고 소리쳤습니다. 이렇게 아나타삔디까 장자는 세 번을 돌아가려고 했고, 그 때마다 시와까 야차가 모습을 숨기고 "물러서지 마라!"라고 소리쳤습니다.

10.8. 아나타삔디까 장자는 시따와나로 갔습니다. 그때 세존께서는 어두운 새벽녘에 일어나 노천에서 경행(經行)을 하셨습니다. 세존께서는 멀리서 아나타삔디까 장자가 오는 것을 보고 경행을 멈추고 마련된 자리에 앉으셨습니다. 세존께서 자리에 앉아 아나타삔디까 장자에게 말씀하셨습니다.

"어서 오시오! 수닷따(Sudattā)[36]여!"

아나타삔디까 장자는 '세존께서 이름으로 나를 불러 주셨다'라고 환희용약하면서 세존께 다가가서 두 발에 머리 조아려 예배한 후에 세존께 말씀드렸습니다.

"세존이시여, 세존께서는 편히 주무셨습니까?"

---

35 '시따와나(Sītavana)'는 라자가하의 북쪽 성문 밖에 있는 숲으로서 시체를 버리는 공동묘지다. 한역에서는 이를 '尸荼林, 尸陀林'으로 번역한다. 불교에서 죽은 사람을 위해 설법하고 염불하는 것을 의미하는 '시다림'은 여기에서 유래한 말이다.

36 '수닷따(Sudattā)'는 '보시를 잘하는 사람'이란 의미로서, 아나타삔디까 장자가 보시를 잘했기 때문에 그에게 붙여진 별명이다.

감각적 욕망에 물들지 않고 청량하고 집착이 없는

열반을 성취한 바라문은 언제나 편히 잔다오.

모든 집착을 끊어 마음에서 근심을 없애고

마음의 평화를 얻어 고요하게 언제나 편히 잔다오.

10.9. 세존께서는 아나타삔디까 장자에게 순차적으로 설법[次第說法]을 하셨습니다. 보시(布施)를 말씀하시고, 지계(持戒)를 말씀하시고, 천상(天上)을 말씀하시고, 위험하고 천박하고 더러운 감각적 욕망과 감각적 욕망에서 벗어나 얻게 되는 이익을 차례차례 설명하셨습니다. 세존께서는 아나타삔디까 장자가 유연하고 편견 없이 기쁘고 청정한 마음으로 가르침을 받아들일 수 있는 적절한 마음이 된 것을 아시고, 모든 붓다의 요결법문(要訣法門)인 괴로움[苦]·쌓임[集]·소멸[滅]·길[道]을 설명하셨습니다.

마치 오염이 안 된 깨끗한 옷이 염료를 완전히 받아들이듯이, 그 자리에서 아나타삔디까 장자에게 '쌓인 법[集法]은 어떤 것이든 모두 소멸하는 법[滅法]이다'라는 청정무구한 법안(法眼)이 생겼습니다. 법을 보고 법을 성취하고 법을 알고 법을 깊이 이해하여, 의심에서 벗어나고 의혹이 사라지고 두려움이 사라지고 스승의 가르침에 대하여 남에게 의지하지 않게 된 아나타삔디까 장자는 세존께 이렇게 말씀드렸습니다.

"훌륭하십니다, 세존이시여! 훌륭하십니다, 세존이시여! 세존이시여, 마치 뒤집힌 것을 바로 세우는 것 같고, 감추어진 것을 드러내는 것 같고, 길 잃은 자에게 길을 알려 주는 것 같고, '눈 있는 자들은 보라!'라고 어둠 속에 등불을 비춰 주는 것 같습니다. 이렇게 세존께서는 여러 가지 방법으로 진리를 알려 주셨습니다. 세존이시여, 그래서 저는 세존께 귀의합니다. 가르침과 비구상가에 귀의합니다. 세존이시여, 저를 청신사로 받아 주소서! 지금부터 살아 있는 날까지 귀의하겠습니다. 세존이시여, 세존께서는 내일 비구상가와 함께 저의 공양을 받아 주십시오!"

세존께서는 침묵으로 승낙하셨습니다. 아나타삔디까 장자는 세존께서 승낙하신 것을 알고, 자리에서 일어나 세존께 예배한 후에 오른쪽으로 돌고 떠나갔습니다.

10.10. 라자가하의 부호는 아나타삔디까 장자가 붓다를 위시하여 비구상가를 초대했다는 말을 듣고 아나타삔디까 장자에게 말했습니다.

"장자여, 당신이 내일 붓다를 위시하여 비구상가를 초대했다고 하는데, 당신은 손님입니다. 장자여, 내가 비용을 드릴 테니, 그것으로 내일 붓다를 위시하여 비구상가에게 공양을 만들어 올리십시오!"

"장자여, 그만두십시오! 비용은 나에게도 있습니다. 나는 그것으로 내일 붓다를 위시하여 비구상가에게 공양을 만들어 올리겠습니다."

라자가하의 주민이 아나타삔디까 장자가 붓다를 위시하여 비구상가를 초대했다는 말을 듣고 아나타삔디까 장자에게 말했습니다.

"장자여, 당신이 내일 붓다를 위시하여 비구상가를 초대했다고 하는데, 당신은 손님입니다. 장자여, 내가 비용을 드릴 테니, 그것으로 내일 붓다를 위시하여 비구상가에게 공양을 만들어 올리십시오!"

"존자여, 그만두십시오! 비용은 나에게도 있습니다. 나는 그것으로 내일 붓다를 위시하여 비구상가에게 공양을 만들어 올리겠습니다."

마가다의 왕 세니야 빔비사라가 아나타삔디까 장자가 붓다를 위시하여 비구상가를 초대했다는 말을 듣고 아나타삔디까 장자에게 말했습니다.

"장자여, 당신이 내일 붓다를 위시하여 비구상가를 초대했다고 하는데, 당신은 손님입니다. 장자여, 내가 비용을 드릴 테니, 그것으로 내일 붓다를 위시하여 비구상가에게 공양을 만들어 올리십시오!"

"폐하! 그만두십시오! 비용은 저에게도 있습니다. 저는 그것으로 내일 붓다를 위시하여 비구상가에게 공양을 만들어 올리겠습니다."

10.11. 아나타삔디까 장자는 그날 밤새 라자가하의 부호의 집에서 갖가지 훌륭한 딱딱한 음식과 부드러운 음식을 마련한 후에 세존께 알렸습니다.

"세존이시여, 공양이 준비되었습니다."

세존께서는 오전에 옷을 입고, 발우와 법의를 들고, 비구상가와 함께 라자가하의 부호의 집으로 가서 마련된 자리에 앉으셨습니다. 아나타삔디까 장자는 부처님을 위시한 비구상가를 갖가지 훌륭한 딱딱한 음식과 부드러운 음식으로 손수 시중을 들며 만족시켰습니다. 아나타삔디까 장자는 세존께서 공양을 마치고 발우에서 손을 떼시자, 아래에 있는 다른 자리로 가서 한쪽에 앉았습니다.

아나타삔디까 장자는 한쪽에 앉아 세존께 이렇게 말씀드렸습니다.

"세존이시여, 세존께서 사왓티(Sāvatthī)에서 비구상가와 함께 우안거(雨安居)에 드시기를 청하옵니다."

"장자여, 모든 여래는 한적한 곳을 즐긴답니다."

"알았습니다, 세존님! 알았습니다, 선서(善逝)님!"

세존께서는 법을 설하여 아나타삔디까 장자를 가르치고 격려하고 칭찬하고 기쁘게 하신 후에 자리에서 일어나 떠나셨습니다.

10.12. 그때 아나타삔디까 장자는 많은 친구, 동료들의 환대를 받았습니다. 아나타삔디까 장자는 라자가하에서 용무를 마치고 사왓티로 길을 떠났습니다. 아나타삔디까 장자는 도중에 사람들에게 권유했습니다.

"존자여, 가람(伽藍)을 만드시오! 정사를 세우시오! 보시를 베푸시오! 붓다께서 세간에 출현하셨소. 그분 세존께서 나의 초청을 받아 이 길로 오실 것이오."

그 사람들은 아나타삔디까 장자의 권유를 받아 가람을 만들고, 정사를 세우고, 보시를 베풀었습니다.

아나타삔디까 장자는 사왓티에 가서 '세존께서 어디에 머무시는 것이 좋을까? 그곳은 마을에서 멀지도 않고, 너무 가깝지도 않고, 왕래하기 좋아서 원하는 사람들이 접근하기 좋으면서도, 낮에는 붐비지 않고, 밤에는 조용하고 소란스럽지 않고, 사람들로부터 격리되어 인적이 없어서 한적하게 지내기 좋은 곳이어야 할 텐데'라고 생각하면서 사왓티의 모든 곳을 둘러보았습니다.

10.13. 아나타삔디까 장자는 제따(Jeta) 왕자의 원림(園林)이 마을에서 멀지도 않고, 너무 가깝지도 않고, 왕래하기 좋아서 원하는 사

람들이 접근하기 좋으면서도, 낮에는 붐비지 않고, 밤에는 조용하고 소란스럽지 않고, 사람들로부터 격리되어 인적이 없어서 한적하게 지내기 좋다는 것을 알았습니다. 아나타삔디까 장자는 제따 왕자를 찾아가서 그에게 말했습니다.

"왕자님! 가람을 만들려고 합니다. 저에게 원림을 파십시오!"

"장자여, 원림을 팔 수 없습니다. 빈틈없이 금을 깐다면 모를까."

"왕자님! 원림은 팔렸습니다."

"장자여, 원림은 팔린 것이 아니오."

그들은 '팔린 것인지, 팔린 것이 아닌지'를 판관(判官) 대신에게 물었습니다.

대신은 "왕자여, 그대가 값을 매겼으므로 원림은 팔린 것입니다"라고 말했습니다.

아나타삔디까 장자는 수레로 황금을 꺼내 와 제따와나(Jetavana)에 빈틈없이 깔도록 했습니다.

10.14. 한 번 꺼내 온 황금은 문간(門間) 주변의 작은 공터까지 깔기에는 충분하지 않았습니다. 아나타삔디까 장자는 사람들에게 명했습니다.

"여봐라! 너희들은 가서 황금을 가져오너라. 나는 이 공터를 마저 깔아야겠다."

제따 왕자는 '이 장자가 이 정도로 많은 황금을 쓴다면, 이것은 예삿일이 아닐 것이다'라고 생각하고 아나타삔디까 장자에게 말했습니다.

"장자여! 그만 됐습니다. 이 공터는 내가 깔도록 해 주십시오! 이 공터를 나에게 주십시오! 이것은 내가 보시하게 해 주십시오!"

아나타삔디까 장자는 '이 제따 왕자는 널리 알려진 명망이 높은 사람이다. 이러한 큰 힘을 지닌 명망이 높은 사람이 이 가르침[法]과 율(律)에 청정한 신심을 보이는구나'라고 생각하고, 그 공터를 제따 왕자에게 주었습니다.

제따 왕자는 그 공터에 문을 세웠습니다. 아나타삔디까 장자는 제따와나에 정사들을 건설하고, 승방(僧房)들을 만들고, 강당·식당·창고·변소·경행처(經行處)·경행당(經行堂)·우물·욕실·욕탕·연못·차양(遮陽)을 만들었습니다.

〈제따와나〉

10.15. 세존께서는 라자가하에서 적절하게 머무신 후에 사왓티로 길을 떠나셨습니다. 여행을 계속하여 마침내 사왓티에 도착하신 세존께서는 곧바로 사왓티의 제따와나 아나타삔디까 승원에 머무셨습니다. 그때 아나타삔디까 장자가 세존을 찾아와서 예배한 후에 한쪽에 앉아 세존께 말씀드렸습니다.

"세존이시여, 세존께서는 내일 비구상가와 함께 저의 공양을 받아 주십시오!"

세존께서는 침묵으로 승낙하셨습니다. 아나타삔디까 장자는 세존께서 승낙하신 것을 알고, 자리에서 일어나 세존께 예배한 후에 오른쪽으로 돌고 떠나갔습니다.

아나타삔디까 장자는 그날 밤새 갖가지 훌륭한 딱딱한 음식과 부드러운 음식을 마련한 후에 세존께 알렸습니다.

"세존이시여, 공양이 준비되었습니다."

세존께서는 오전에 옷을 입고, 발우와 법의를 들고, 비구상가와 함께 그 부호의 집으로 가서 마련된 자리에 앉으셨습니다. 그 부호는 부처님을 위시한 비구상가를 갖가지 훌륭한 딱딱한 음식과 부드러운 음식으로 손수 시중을 들며 만족시켰습니다. 그 부호는 세존께서 공양을 마치고 발우에서 손을 떼시자, 아래에 있는 다른 자리로 가서 한쪽에 앉았습니다.

아나타삔디까 장자는 한쪽에 앉아 세존께 이렇게 말씀드렸습니다.

"세존이시여, 제따와나를 어떻게 하면 좋을까요?"

"장자여, 제따와나를 현재와 미래의 사방 상가에 봉헌하시오!"

"세존이시여, 그렇게 하겠습니다."

아나타삔디까 장자는 세존께 대답하고 제따와나를 현재와 미래의 사방 상가에 봉헌했습니다.

10.16. 세존께서는 아나타삔디까 장자를 게송으로 기쁘게 하셨습니다.

선정에 들어 사유하기 위해
안락한 수행처를 원하는 사람에게
추위를 막아 주고 더위를 막아 주고
맹수와 뱀과 모기를 막아 주고
추운 계절에는 비를 막아 주고
매섭게 일어난 열풍을 물리치는
정사를 보시하는 것이
붓다가 찬탄하는 최상의 보시라네.

그러므로 자신의 이익을 바라는
현명한 사람은 즐겨 정사를 만들어서
배움 많은 사람들이 살도록 하고
그들에게 먹을 것과 마실 것과
입을 것과 잠자리를 제공해야 한다네.

그들은 마음으로 올바르게 사유하여
그에게 일체의 괴로움을 없애는 법을 설해 주고
그는 그 법을 잘 이해하여 무루(無漏)의 열반에 들어간다네.

세존께서는 이 게송으로 아나타삔디까 장자를 기쁘게 하신 후에 자리에서 일어나 그곳을 떠나셨습니다.

제11장 상가의 분열

〈사끼야족 6인의 출가〉

11.1. 붓다 세존께서 말라(Malla)국의 마을 아누삐야(Anupiyā)에 계실 때, 매우 저명한 사끼야족 왕자들이 세존의 출가를 본받아서 출가했습니다. 그때 마하나마 삭까(Mahānāma Sakka)와 아누룻다(Anuruddha Sakka) 형제가 있었습니다. 연약한 아누룻다 삭까에게는 3개의 별장이 있었습니다. 하나는 겨울에 사용하는 것이고, 하나는 여름에 사용하는 것이며, 하나는 우기에 사용하는 것입니다. 그는 우기에 사용하는 별장에서 넉 달 동안 여인들과 유희를 즐기면서 아래의 저택으로 내려오지 않았습니다. 그때 마하나마 삭까에게 이런 생각이 들었습니다.

'지금 매우 저명한 사끼야족의 왕자들이 세존의 출가를 본받아서 출가한다. 그런데 우리 집안에서는 집을 버리고 출가한 사람이 아무도 없다. 내가 출가하거나, 아니면 아누룻다가 출가해야 하지 않을까?'

마하나마 삭까는 아누룻다 삭까를 찾아가서 말했습니다.

"아누룻다여, 지금 매우 저명한 사끼야족의 왕자들이 세존의 출가를 본받아서 출가한다. 그런데 우리 집안에서는 집을 버리고 출가한 사람이 아무도 없다. 그러므로 네가 출가하거나, 아니면 내가 출가해야 하지 않겠느냐?"

"저는 연약하여 집을 버리고 출가할 수 없습니다. 형님이 출가하십시오!"

11.2. "아누룻다여, 이리 오너라! 너에게 가업(家業)을 가르쳐 주마. 먼저 논을 갈아야 한다. 논을 간 다음에는 물을 대야 한다. 물을 댄 다음에는 물을 빼야 한다. 물을 뺀 다음에는 풀을 뽑아야 한다. 풀을 뽑은 다음에는 벼를 베야 한다. 벼를 벤 다음에는 수확해야 한다. 수확한 다음에는 볏단을 만들어야 한다. 볏단을 만든 다음에는 타작해야 한다. 타작한 다음에는 지푸라기를 제거해야 한다. 지푸라기를 제거한 다음에는 겨를 제거해야 한다. 겨를 제거한 다음에는 체로 쳐야 한다. 체로 친 다음에는 저장해야 한다. 저장한 다음에는 이듬해에도 이렇게 해야 하고, 그 이듬해에도 이렇게 해야 한다."

"일이 끝이 없군요! 일이 언제 끝날지 알 수 없겠군요! 일은 언제 끝납니까? 일이 언제 끝날지 알 수 있습니까? 나는 언제 편안하게 오욕락(五欲樂)을 구족하여 즐길 수 있습니까?"

"아누룻다여, 일은 끝이 없다. 일의 끝을 알 수 없다. 조상들과 할아버지들도 끝없이 일하다가 돌아가셨다."

"그렇다면 형님이 가업을 배우십시오! 저는 집을 버리고 출가하겠습니다."

아누룻다 삭까는 어머니를 찾아가서 말했습니다.

"어머님! 저는 집을 버리고 출가하고 싶습니다. 제가 집을 버리고 출가하도록 허락해 주십시오!"

이렇게 말하자, 아누룻다 삭까의 어머

니가 말했습니다.

"아누룻다여, 너는 사랑스럽고, 만족스럽고, 아무리 봐도 싫지 않은 나의 아들이다. 너에게 집을 떠나 출가하는 것을 허락할 수 없다. 네가 죽는다면야 우리가 어쩔 수 없이 이별하게 되겠지만, 내가 어떻게 살아 있는 너에게 집을 떠나 출가하는 것을 허락할 수 있겠느냐?"

아누룻다 삭까는 어머니에게 두 번 세 번 거듭하여 허락을 구했지만, 어머니는 허락하지 않았습니다.

11.3. 그때 아누룻다 삭까의 친구인 밧디야 사끼야라자(Bhaddiya Sakyarāja)가 사끼야를 다스리고 있었습니다. 아누룻다의 어머니는 아들의 친구인 밧디야 사끼야라자는 사끼야를 다스려야 하기 때문에 집을 버리고 출가할 수 없을 것이라고 생각하고, 아누룻다에게 이렇게 말했습니다.

"아누룻다여, 만약에 밧디야 사끼야라자가 집을 버리고 출가한다면, 너도 그렇게 집을 버리고 출가해도 좋다."

아누룻다는 밧디야를 찾아가서 말했습니다.

"벗이여, 나의 출가는 그대에게 달려 있네."

"벗이여, 그대의 출가가 나에게 달려 있든 달려 있지 않든, 나는 그대와 함께할 테니 그대는 마음대로 출가하게."

"여보게, 벗이여! 둘이 함께 집을 버리고 출가하세."

"벗이여, 나는 집을 버리고 출가할 수가 없네. 그 밖에 그대를 위해서 내가 할 수 있는 일을 할 테니 그대는 출가하도록 하게."

"벗이여, 어머니가 나에게 '아누룻다여, 만약에 밧디야 사끼야라자가 집을 버리고 출가한다면, 너도 그렇게 집을 버리고 출가해도 좋다'라고 말씀하셨다네. 그리고 그대는 '벗이여, 그대의 출가가 나에게 달려 있든 달려 있지 않든, 나는 그대와 함께할 테니 그대는 마음대로 출가하게'라고 말했네. 여보게, 벗이여! 둘이 함께 집을 버리고 출가하세."

그때 사람들은 언행이 일치했습니다. 그래서 밧디야 사끼야라자는 아누룻다 삭까에게 이렇게 말했습니다.

"벗이여, 7년을 기다리게. 7년 후에 둘이 함께 집을 버리고 출가하세."

"벗이여, 7년은 너무 기네. 나는 7년을 기다릴 수 없네."

"벗이여, 6년, 5년, 4년, 3년, 2년 1년을 기다리게. 6년, 5년, 4년, 3년, 2년, 1년 후에 둘이 함께 집을 버리고 출가하세."

"벗이여, 6년, 5년, 4년, 3년, 2년, 1년은 너무 기네. 나는 6년, 5년, 4년, 3년, 2년, 1년을 기다릴 수 없네."

"벗이여, 7개월을 기다리게. 7개월 후에 둘이 함께 집을 버리고 출가하세."

"벗이여, 7개월은 너무 기네. 나는 7개월을 기다릴 수 없네."

"벗이여, 6개월, 5개월, 4개월, 3개월, 2개월, 1개월, 반달을 기다리게. 6개월, 5개월, 4개월, 3개월, 2개월, 1개월, 반달 후에 둘이 함께 집을 버리고 출가하세."

"벗이여, 6개월, 5개월, 4개월, 3개월, 2개월, 1개월, 반달은 너무 기네. 나는 6개월, 5개월, 4개월, 3개월, 2개월, 1개월, 반달을 기다릴 수 없네."

"벗이여, 7일을 기다리게. 나는 아들들과 형제들에게 왕위를 넘기겠네."

"벗이여, 7일은 길지 않네. 나는 기다리겠네."

11.4. 밧디야, 아누룻다, 아난다(Ānanda), 바구(Bhagu), 낌빌라(Kimbila), 데와닷따(Devadatta)는 일곱 번째 날에 이발사 우빨리(Upāli)를 데리고, 예전에 자주 4군(四軍)[37]을 거느리고 원림으로 나갔듯이, 4군을 거느리고 나갔습니다. 그들은 멀리 가서 군대를 돌려보내고 다른 장소로 들어가서 장신구(裝身具)를 상의(上衣)에 벗어놓고 보따리를 만든 후에, 이발사 우빨리에게 말했습니다.

"우빨리여, 이제 돌아가거라! 이 정도면 네가 살아가는 데 충분할 것이다."

돌아가던 이발사 우빨리에게 이런 생각이 들었습니다.

'사끼야족은 사납다. '이자 때문에 왕자들이 집을 나갔다'라며 나를 죽일 것이다. 이 사끼야족 왕자들은 집을 버리고 출가하는데, 나는 뭐란 말인가?'

그는 보따리를 나무에 매달아 놓고 "본 사람이 가져가시오!"라고 말하고, 그 사끼야족 왕자들에게 갔습니다. 사끼야족 왕자들은 저만치서 이발사 우빨리가 오는 것을 보고 그에게 말했습니다.

"우빨리여, 너는 왜 돌아왔느냐?"

"왕자님! 저는 돌아가다가 '사끼야족은 사납다. 이자 때문에 왕자들이 집을 나갔다며 나를 죽일 것이다. 이 사끼야족 왕자들은 집을 버리고 출가하는데, 나는 뭐란 말인가?'라고 생각했습니다. 그래서 저는 보따리를 나무에 매달아 놓고 '본 사람이 가져가시오!'라고 말하고 다시 돌아왔습니다."

"우빨리여, 돌아가지 않기를 잘했다. 사끼야족은 사납다. 너 때문에 왕자들이 집을 나갔다며 너를 죽일 것이다."

사끼야족 왕자들은 이발사 우빨리를 데리고 세존을 찾아가서 세존께 예배하고 한쪽에 앉았습니다. 한쪽에 앉은 사끼야족 왕자들이 세존께 말씀드렸습니다.

"세존이시여, 우리 사끼야들은 교만합니다. 세존이시여, 이 이발사 우빨리는 오랜 기간 우리를 섬겼습니다. 세존께서는 이 우빨리를 먼저 출가시켜 주십시오! 우리는 이 분에게 일어나서 합장하고 공경하겠습니다. 이렇게 함으로써 우리 사끼야는 사끼야라는 교만을 버리겠습니다."

세존께서는 우빨리를 먼저 출가시킨 후에, 그 사끼야족 왕자들을 출가시켰습니다.

그해 우기(雨期)에 밧디야 존자는 세 가지 명지[三明, tisso vijjā][38]를 체득했고, 아누룻다 존자는 천안(天眼)을 얻었으며, 아난다 존자는 수다원과를 증득했고, 데와닷따 존자는 범부의 신통(神通)을 성취했습니다.

11.5. 그때 밧디야 존자는 숲에 가서도, 나무 아래에 가서도, 한적한 곳에 가서도, 끊임없이 "아, 행복하다! 아, 행복하다!"라고 중얼거렸습니다. 많은 비구들은 세존을 찾아가서 세존께 예배하고 한쪽에 앉아 세존께 말씀드렸습니다.

"세존이시여, 밧디야 존자는 숲에 가서도, 나무 아래에 가서도, 한적한 곳에 가서도, 끊임없이 '아, 행복하다! 아, 행복하다!'라고

---

37 4군은 고대 인도의 군대로서 코끼리부대, 기마부대, 전차부대, 보병부대를 의미한다.

38 'tisso vijjā'는 '三明'으로 한역되는 신통력으로 숙명통(宿命通), 천안통(天眼通), 누진통(漏盡通)을 의미한다.

중얼거립니다. 세존이시여, 분명히 밧디야 존자는 청정한 수행을 하면서 만족하지 못하고, 예전에 왕위에 있을 때의 즐거움을 회상하면서 숲에 가서도, 나무 아래에 가서도, 한적한 곳에 가서도, 끊임없이 '아, 행복하다! 아, 행복하다!'라고 중얼거리는 것 같습니다."

세존께서는 어떤 비구를 불렀습니다.

"이리 오라! 비구여, 그대는 밧디야 존자를 불러오라!"

"그렇게 하겠습니다, 세존이시여!"

그 비구는 밧디야 존자에게 세존의 말씀을 전했습니다.

11.6. 밧디야 존자는 "존자여, 그렇게 하겠습니다"라고 그 비구에게 말하고, 세존을 찾아가서 세존께 예배하고 한쪽에 앉았습니다. 한쪽에 앉은 밧디야 존자에게 세존께서 말씀하셨습니다.

"밧디야여, 그대는 숲에 가서도, 나무 아래에 가서도, 한적한 곳에 가서도, 끊임없이 '아, 행복하다! 아, 행복하다!'라고 중얼거린다는데, 그것이 사실인가?"

"그렇습니다, 세존이시여!"

"밧디야여, 그대는 어떤 이유에서 숲에 가서도, 나무 아래에 가서도, 한적한 곳에 가서도, 끊임없이 '아, 행복하다! 아, 행복하다!' 라고 중얼거렸는가?"

"세존이시여, 제가 이전에 왕이었을 때는 궁전 안에서도 경호를 받았고, 궁전 밖에서도 경호를 받았고, 성안에서도 경호를 받았고, 성 밖에서도 경호를 받았고, 나라 안에서도 경호를 받았습니다. 세존이시여, 저는 이렇게 경호를 받고 보호받았지만, 두렵고 무섭고 걱정스럽고 떨렸습니다. 세존이시여, 그런데 지금 저는 숲에 가도, 나무 아래에 가도, 한적한 곳에 가도, 두렵지 않고 무섭지 않고 걱정이 없고 떨리지 않고 편안하고 안심되고, 남이 준 것으로 살면서 자연 속을 뛰어노는 야생동물의 심정으로 지내고 있습니다. 세존이시여, 저는 이런 이유에서 숲에 가서도, 나무 아래에 가서도, 한적한 곳에 가서도, 끊임없이 '아, 행복하다! 아, 행복하다!'라고 중얼거렸습니다."

세존께서는 그 이유를 아시고 우다나를 읊으셨습니다.

안으로 분노가 없고
유(有)와 비유(非有)를 벗어난
두려움 없고 걱정 없는 행복은
신들도 보고 느끼지 못한다네.

〈데와닷따와 아자따삿뚜〉

11.7. 세존께서는 아누삐야에서 적절하게 머무신 후에 꼬삼비(Kosambī)로 길을 떠나셨습니다. 여행을 계속하여 꼬삼비에 도착한 세존께서는 꼬삼비의 고시따(Ghosita) 승원에 머무셨습니다. 그때 홀로 좌선하던 데와닷따에게 이런 생각이 떠올랐습니다.

'내가 누구를 믿게 하면, 나에 대한 믿음이 있는 그로 인해서 많은 이익과 존경이 생길까?'

데와닷따는 이렇게 생각했습니다.

'아자따삿뚜(Ajātasattu) 왕자는 어리지만 분명히 미래에 명성을 얻을 것이다. 나는 아자따삿뚜 왕자를 믿게 만들어서 나에 대한 믿음이 있는 그로 인해서 많은 이익과 존경

이 생기도록 해야겠다.'

데와닷따는 자리를 치운 후에 발우와 법의를 지니고 라자가하로 길을 떠났습니다. 그는 얼마 후에 라자가하에 도착했습니다. 데와닷따는 자신의 모습을 감추고 동자의 모습으로 변신하여, 뱀을 허리에 두르고 아자따삿뚜 왕자의 무릎에 모습을 드러냈습니다. 아자따삿뚜 왕자는 두렵고, 무섭고, 걱정스럽고, 떨렸습니다.

데와닷따가 아자따삿뚜 왕자에게 말했습니다.

"왕자님! 내가 무섭습니까?"

"그렇습니다. 나는 두렵습니다. 당신은 누구입니까?"

"나는 데와닷따입니다."

"만약에 당신이 데와닷따라면 자신의 모습을 드러내십시오!"

데와닷따는 동자의 모습을 거둔 후에 가사(袈裟)를 입고 발우와 법의를 지니고 아자따삿뚜 왕자 앞에 섰습니다. 데와닷따의 신통변화(神通變化)에 의해 믿음이 생긴 아자따삿뚜 왕자는 500대의 마차를 거느리고 아침저녁으로 인사를 갔으며, 500그릇의 음식으로 식사 공양을 올렸습니다.

이익과 존경과 공경에 현혹되어 마음이 고무된 데와닷따에게 이런 욕망이 생겼습니다.

'내가 비구상가[僧伽]를 돌봐야겠다.'

이런 생각을 일으키자 곧바로 데와닷따는 그의 신통력을 잃었습니다.

11.8. 세존께서는 꼬삼비에서 적절하게 머무신 후에 라자가하로 길을 떠나셨습니다. 여행을 계속하여 마침내 라자가하에 도착하신 세존께서는 곧바로 라자가하의 웰루와나 깔란다까니와빠에 머무셨습니다. 그때 많은 비구들이 세존을 찾아와서 세존께 예배하고 한쪽에 앉았습니다. 한쪽에 앉은 비구들은 세존께 이렇게 말씀드렸습니다.

"세존이시여, 데와닷따에게 아자따삿뚜 왕자가 500대의 마차를 거느리고 아침저녁으로 인사를 가며, 500그릇의 음식으로 식사 공양을 올립니다."

"비구들이여, 데와닷따의 이익과 존경과 공경을 부러워하지 마시오! 비구들이여, 제아무리 데와닷따에게 아자따삿뚜 왕자가 500대의 마차를 거느리고 아침저녁으로 인사를 가고, 500그릇의 음식으로 식사 공양을 올린다 할지라도, 데와닷따에게 기대할 수 있는 것은 선법(善法)의 손실이지 결코 증가가 아니라오. 비구들이여, 비유하면 사나운 사냥개의 코에 쓸개를 찢어 주면, 그 사냥개가 더욱 사나워지는 것과 같다오. 비구들이여, 이렇게 제아무리 데와닷따에게 아자따삿뚜 왕자가 500대의 마차를 거느리고 아침저녁으로 인사를 가고, 500그릇의 음식으로 식사 공양을 올린다고 할지라도, 데와닷따에게 기대할 수 있는 것은 선법의 손실이지 결코 증가가 아니라오. 비구들이여, 이익과 존경과 공경은 데와닷따의 자멸(自滅)을 가져오고, 이익과 존경과 공경은 데와닷따의 파멸을 가져온다오. 비구들이여, 비유하면 파초는 열매가 자멸을 가져오고, 열매가 파멸을 가져오는 것과 같다오. 비구들이여, 비유하면 대나무는 열매가 자멸을 가져오고, 열매가 파멸을 가져오는 것과 같다오. 비구들이여, 비유하면 노새 암컷이 수태(受胎)하면 자멸하고, 수태하면 파멸하는 것과 같다오. 비구들이여, 이렇게 이익과 존경과 공경은 데와닷따의 자멸을 가져오고, 이익과 존경과 공경은 데와닷따의 파멸을 가져온다오."

열매가 파초를 죽이듯이
열매가 대나무와 갈대를 죽이듯이
수태가 노새 암컷을 죽이듯이
존경이 천박한 사람을 죽인다네.

〈데와닷따의 음모〉

11.9. 세존께서 왕과 많은 대중이 참석한 곳에서 설법하실 때, 데와닷따가 자리에서 일어나 한쪽 어깨에 상의를 걸치고 세존을 향해 합장하고 이렇게 말했습니다.

"세존이시여, 세존께서는 이제 나이 많은 노쇠한 늙은이로서 만년에 이르렀습니다. 세존이시여, 세존께서는 이제 지금 여기에서 안락하게 지내면서 편안하게 사시고, 비구상가를 저에게 부촉(付囑)하십시오! 제가 비구상가를 보살피겠습니다."

"그만두어라! 데와닷따여, 그대는 비구상가를 보살피려 하지 마라!"

데와닷따가 다시 말했으나 세존께서는 같은 말씀을 하셨습니다. 데와닷따가 세 번째로 말하자, 세존께서 이렇게 말씀하셨습니다.

"그만두어라! 데와닷따여, 그대는 비구상가를 보살피려 하지 마라! 데와닷따여, 나는 사리뿟따와 목갈라나라고 해도 비구상가를 부촉하지 않을 것이다. 그런데 어떻게 6년 동안 가래를 삼킨[chavassakhelāpaka][39] 너에게 부촉할 수 있겠느냐?"

데와닷따는 "왕이 참석한 대중 가운데서 세존이 '6년 동안 가래를 삼킨 자'라고 나를 모욕하고, 사리뿟따와 목갈라나를 칭찬했다"라고 격분하고 불쾌해하면서 세존께 예배하고 오른쪽으로 돈 후에 떠나갔습니다. 이것이 세존에 대한 데와닷따의 첫 번째 원한이었습니다.

11.10. 세존께서 비구들에게 당부하셨습니다.

"비구들이여, 상가는 데와닷따에 대하여 '현재의 데와닷따의 상태는 예전과는 다른 상태다. 데와닷따가 하는 말과 행동은 붓다나 가르침이나 상가의 행위로 보아서는 안 되고, 데와닷따의 행위로 보아야 한다'라고 라자가하에 포고하도록 하시오! 그리고 비구들이여, 현명하고 자격 있는 비구들이 다음과 같이 상가에 알리시오!"

〈제안〉 여러분! 상가는 나의 말을 들으시오! 상가에 적절하다면, 상가는 데와닷따에 대하여 '현재의 데와닷따의 상태는 예전과는 다른 상태다. 데와닷따가 하는 말과 행동은 붓다나 가르침이나 상가의 행위로 보아서는 안 되고, 데와닷따의 행위로 보아야 한다'라고 라자가하에 포고합시다. 이것이 제안입니다.

〈토의〉 여러분! 상가는 나의 말을 들으시오! 데와닷따에 대하여 '현재의 데와닷따의 상태는 예전과는 다른 상태다. 데와닷따가 하는 말과 행동은 붓다나 가르침이나 상가의 행위로 보아서는 안 되고, 데와닷따의 행위로 보아야 한다'라고 라자가하에 포고하

39 출가하여 6년 동안 붓다의 가르침을 받들지 않고 시주만 받아먹으며 살았다는 의미다.

는 것이 적합하다고 생각하는 존자는 침묵하시고, 그렇지 않은 존자는 말하시오!

〈승인〉 상가는 데와닷따에 대하여 '현재의 데와닷따의 상태는 예전과는 다른 상태다. 데와닷따가 하는 말과 행동은 붓다나 가르침이나 상가의 행위로 보아서는 안 되고, 데와닷따의 행위로 보아야 한다'라고 라자가하에 포고하는 제안은 승인되었습니다. 상가가 동의했으니, 저는 이 제안을 받들겠습니다.

세존께서 사리뿟따에게 분부하셨습니다.

"사리뿟따여, 그대가 데와닷따에 대하여 라자가하에 포고하시오!"

"세존이시여, 예전에 저는 라자가하에서 '고디뿟다(Godhiputta)[40]는 큰 신통력이 있다. 고디뿟다는 큰 위신력이 있다'라고 데와닷따에 대하여 칭찬의 말을 했습니다. 그런데 어떻게 제가 데와닷따에 대하여 라자가하에 포고할 수 있겠습니까?"

"사리뿟따여, 진실로 그대는 라자가하에서 데와닷따에 대하여 칭찬의 말을 하였는가?"

"그렇습니다, 세존이시여!"

"사리뿟따여, 사실이 그렇다면 그대가 데와닷따에 대하여 라자가하에 포고하시오!"

사리뿟따 존자는 "그렇게 하겠습니다, 세존이시여!"라고 세존께 대답했습니다.

11.11. 세존께서 비구들에게 분부하셨습니다.

"비구들이여, 상가는 사리뿟따를 따라서 데와닷따에 대하여 라자가하에 포고하시오!"

임무를 부여받은 사리뿟따 존자는 많은 비구들과 함께 라자가하에 들어가서 '현재의 데와닷따의 상태는 예전과는 다른 상태다. 데와닷따가 하는 말과 행동은 붓다나 가르침이나 상가의 행위로 보아서는 안 되고, 데와닷따의 행위로 보아야 한다'라고 포고했습니다.

그러자 신심(信心)이 없고 믿음이 없고 지혜가 없는 사람들은 "샘이 많은 석씨(釋氏)사문들이 데와닷따의 이익과 존경과 공경을 시샘한다"라고 말했습니다. 그렇지만 신심이 있고 믿음이 있는 현명하고 지혜가 있는 사람들은 "세존께서 데와닷따에 대하여 라자가하에 포고하게 할 정도라면 이것은 예삿일이 아닐 것이다"라고 말했습니다.

11.12. 데와닷따는 아자따삿뚜 왕자를 찾아가서 그에게 말했습니다.

"왕자님! 예전에는 사람들의 수명이 길었는데 지금은 수명이 짧기 때문에 왕자인 당신도 분명히 오래 살지 못하고 죽을 것입니다. 왕자님! 그러므로 당신은 아버지를 죽이고 왕이 되십시오! 나는 세존을 죽이고 붓다가 되겠습니다."

아자따삿뚜 왕자는 '데와닷따는 큰 신통력이 있고 큰 위신력이 있다. 데와닷따는 알고 있을 것이다'라고 생각하고, 허벅지에 단검을 차고 아침 일찍 무섭고 두렵고 걱정되어 벌벌 떨면서, 급히 궁전으로 들어갔습

---

40 '고디뿟따(Godhiputta)'는 '고디(Godhi)의 아들'이라는 의미이다. 데와닷따의 어머니 이름이 'Godhi'이기 때문에 데와닷따를 'Godhiputta'라고 부른 것이다.

니다. 궁전에서 시중드는 대신들은 아침 일찍 무섭고 두렵고 걱정되어 벌벌 떨면서 급히 궁전으로 들어오는 아자따삿뚜 왕자를 보고, 그를 붙잡았습니다. 그들은 검색하여 허벅지에 차고 있는 단검을 발견하고 아자따삿뚜 왕자에게 말했습니다.

"왕자님! 당신은 무엇을 하려고 합니까?"

"아버지를 죽이려고 합니다."

"누가 사주했습니까?"

"데와닷따입니다."

어떤 대신들은 '왕자를 죽이고, 데와닷따를 죽이고, 모든 비구를 죽여야 한다'라고 생각했고, 어떤 대신들은 '비구들을 죽여서는 안 된다. 비구들은 어떤 죄도 짓지 않았다. 왕자와 데와닷따를 죽여야 한다'라고 생각했고, 어떤 대신들은 '왕자를 죽여도 안 되고, 데와닷따를 죽여도 안 되고, 비구들을 죽여도 안 된다. 왕에게 알려서 우리는 왕이 말씀하신 대로 해야 한다'라고 생각했습니다.

11.13. 대신들은 아자따삿뚜 왕자를 데리고 마가다의 왕 세니야 빔비사라에게 가서 이 일을 알렸습니다.

"여러분! 대신들은 어떻게 생각합니까?"

"폐하! 어떤 대신들은 '왕자를 죽이고, 데와닷따를 죽이고, 모든 비구를 죽여야 한다'라고 생각했고, 어떤 대신들은 '비구들을 죽여서는 안 된다. 비구들은 어떤 죄도 짓지 않았다. 왕자와 데와닷따를 죽여야 한다'라고 생각했고, 어떤 대신들은 '왕자를 죽여도 안 되고, 데와닷따를 죽여도 안 되고, 비구들을 죽여도 안 된다. 왕에게 알려서 우리는 왕이 말씀하신 대로 해야 한다'라고 생각했습니다."

"여러분! 붓다나 가르침이나 상가라면 어떻게 할까요?"

세존께서는 미리 '현재의 데와닷따의 상태는 예전과는 다른 상태다. 데와닷따가 하는 말과 행동은 붓다나 가르침이나 상가의 행위로 보아서는 안 되고, 데와닷따의 행위로 보아야 한다'라고 라자가하에 포고했습니다. 여기에서, 어떤 대신들은 '왕자를 죽이고, 데와닷따를 죽이고, 모든 비구를 죽여야 한다'라고 생각했는데, 왕은 그들의 생각은 부적절하다고 생각했습니다. 어떤 대신들은 '비구들을 죽여서는 안 된다. 비구들은 어떤 죄도 짓지 않았다. 왕자와 데와닷따를 죽여야 한다'라고 생각했는데, 왕은 그들의 생각이 낮다고 여겼습니다. 어떤 대신들은 '왕자를 죽여도 안 되고, 데와닷따를 죽여도 안 되고, 비구들을 죽여도 안 된다. 왕에게 알려서 우리는 왕이 말씀하신 대로 해야 한다'라고 생각했는데, 왕은 그들의 생각을 높게 여겼습니다.

마가다의 왕 세니야 빔비사라가 아자따삿뚜 왕자에게 말했습니다.

"왕자여, 너는 왜 나를 죽이려고 했느냐?"

"폐하! 저는 왕위를 원합니다."

"왕자여, 네가 왕위를 원한다면 이 왕국은 네 것이다."

왕은 아자따삿뚜 왕자에게 왕위를 양위했습니다.

11.14. 데와닷따가 아자따삿뚜 왕자를 찾아가서 말했습니다.

"대왕님! 사람들에게 '고따마 사문의 목숨을 빼앗아라!'라고 명령하십시오!"

아자따삿뚜 왕자는 사람들에게 명령했습니다.

"여봐라! 너희들은 데와닷따의 말대로 하여라!"

그러자 데와닷따는 한 사람에게 "여봐라! 너는 고따마 사문이 머무는 곳에 가서 그의 목숨을 빼앗고 이 길로 돌아오라!"라고 명령했습니다. 그리고 그 길에 두 사람을 세워 놓고 "한 사람이 이 길로 오면 그의 목숨을 빼앗고 이 길로 돌아오라!"라고 명령하고, 그 길에 네 사람을 세워 놓고 "두 사람이 이 길로 오면 그들의 목숨을 빼앗고 이 길로 돌아오라!"라고 명령하고, 그 길에 여덟 사람을 세워 놓고 "네 사람이 이 길로 오면 그들의 목숨을 빼앗고 이 길로 돌아오라!"라고 명령하고, 그 길에 열여섯 사람을 세워 놓고 "여덟 사람이 이 길로 오면 그들의 목숨을 빼앗고 이 길로 돌아오라!"라고 명령했습니다.

11.15. 그 한 사람은 칼과 방패를 들고, 활과 화살통을 메고, 세존을 찾아가서 세존으로부터 멀지 않은 곳에, 무섭고 두렵고 걱정되어 벌벌 떨면서 경직된 몸으로 서 있었습니다. 세존께서는 그 사람이 무섭고 두렵고 걱정되어 벌벌 떨면서 경직된 몸으로 서 있는 것을 보고 그에게 말씀하셨습니다.

"존자여, 두려워 말고 이리 오시오!"

그러자 그 사람은 칼과 방패를 한쪽에 두고, 활과 화살통을 내려놓고, 세존께 다가가서 세존의 두 발에 머리를 조아린 후에 이렇게 말씀드렸습니다.

"세존이시여, 저는 죄를 지었습니다, 어리석게도 눈먼 봉사처럼 착하지 못하게, 저는 사악한 의도를 가지고 살의(殺意)를 품고 이곳에 왔습니다. 세존이시여, 그러하오니 세존께서는 앞으로 죄를 짓지 않도록 죄지은 저를 받아 주십시오!"

"존자여, 그대가 어리석게도 눈먼 봉사처럼 착하지 못하게, 사악한 의도를 가지고 살의를 품고 이곳에 온 잘못을 저지른 것이 확실한가? 존자여, 그대는 지은 죄를 알고 여법하게 참회하였기에 우리는 그대를 받아들이겠소. 그대가 지은 죄를 알고 여법하게 참회하여 앞으로는 죄를 짓지 않게 된 것은 성자의 율 가운데서 성장한 것이오."

세존께서는 그 사람에게 순차적으로 설법[次第說法]을 하셨습니다. 보시(布施)를 말씀하시고, 지계(持戒)를 말씀하시고, 천상(天上)을 말씀하시고, 위험하고 천박하고 더러운 감각적 욕망과 감각적 욕망에서 벗어나 얻게 되는 이익을 차례차례 설명하셨습니다. 세존께서는 그가 유연하고 편견 없이 기쁘고 청정한 마음으로 가르침을 받아들일 수 있는 적절한 마음이 된 것을 아시고, 모든 붓다의 요결법문(要訣法門)인 괴로움[苦]·쌓임[集]·소멸[滅]·길[道]을 설명하셨습니다.

마치 오염이 안 된 깨끗한 옷이 염료를 완전히 받아들이듯이, 그 자리에서 그 사람에게 '쌓인 법[集法]은 어떤 것이든 모두 소멸하는 법[滅法]이다'라는 청정무구한 법안(法眼)이 생겼습니다. 법을 보고 법을 성취하고 법을 알고 법을 깊이 이해하여, 의심에서 벗어나고 의혹이 사라지고 두려움이 사라지고 스승의 가르침에 대하여 남에게 의지하지 않게 된 그 사람은 세존께 이렇게 말씀드렸습니다.

"훌륭하십니다, 세존이시여! 훌륭하십니다, 세존이시여! 세존이시여, 마치 뒤집힌 것을 바로 세우는 것 같고, 감추어진 것을 드러내는 것 같고, 길 잃은 자에게 길을 알려 주는 것 같고, '눈 있는 자들은 보라!'라고 어둠 속에 등불을 비춰 주는 것 같습니다. 이렇게 세존께서는 여러 가지 방법으로 진리를 알려 주셨습니다. 세존이시여, 그래서 저는 세존께 귀의합니다. 가르침과 비구상가에 귀의합니다. 세존이시여, 저를 청신사로 받아 주소서! 지금부터 살아 있는 날까지 귀의하겠습니다."

세존께서는 그 사람에게 "존자여, 그대는 이 길로 가지 말고 저 길로 가시오!"라고 말씀하시어 다른 길로 떠나보냈습니다.

11.16. 한편 그 두 사람은 '왜 그 한 사람이 아직 오지 않을까?'라고 생각하면서 그를 만나러 가다가 어떤 나무 아래 앉아 계시는 세존을 보고, 세존께 다가가서 예배하고 한쪽에 앉았습니다. 세존께서는 그 두 사람에게도 순차적으로 설법을 하셨습니다.

의심에서 벗어나고 의혹이 사라지고 두려움이 사라지고 스승의 가르침에 대하여 남에게 의지하지 않게 된 그 두 사람은 세존께 이렇게 말씀드렸습니다.

"세존이시여, 저희는 세존께 귀의합니다. 가르침과 비구상가에 귀의합니다. 세존이시여, 저희를 청신사로 받아 주소서! 지금부터 살아 있는 날까지 귀의하겠습니다."

세존께서는 그 두 사람에게 "존자여, 그대들은 이 길로 가지 말고 저 길로 가시오!"라고 말씀하시어 다른 길로 떠나보냈습니다.

한편 그 네 사람은 '왜 그 두 사람이 아직 오지 않을까?'라고 생각하면서 그들을 만나러 가다가 어떤 나무 아래 앉아 계시는 세존을 보고, 세존께 다가가서 예배하고 한쪽에 앉았습니다. 세존께서는 그 네 사람에게도 순차적으로 설법을 하셨습니다.

의심에서 벗어나고 의혹이 사라지고 두려움이 사라지고 스승의 가르침에 대하여 남에게 의지하지 않게 된 그 네 사람은 세존께 이렇게 말씀드렸습니다.

"세존이시여, 저희는 세존께 귀의합니다. 가르침과 비구상가에 귀의합니다. 세존이시여, 저희를 청신사로 받아 주소서! 지금부터 살아 있는 날까지 귀의하겠습니다."

세존께서는 그 네 사람에게 "존자여, 그대들은 이 길로 가지 말고 저 길로 가시오!"라고 말씀하시어 다른 길로 떠나보냈습니다.

한편 그 여덟 사람은 '왜 그 네 사람이 아직 오지 않을까?'라고 생각하면서 그들을 만나러 가다가 어떤 나무 아래 앉아 계시는 세존을 보고, 세존께 다가가서 예배하고 한쪽에 앉았습니다. 세존께서는 그 여덟 사람에게도 순차적으로 설법을 하셨습니다.

의심에서 벗어나고 의혹이 사라지고 두려움이 사라지고 스승의 가르침에 대하여 남에게 의지하지 않게 된 그 여덟 사람은 세존께 이렇게 말씀드렸습니다.

"세존이시여, 저희는 세존께 귀의합니다. 가르침과 비구상가에 귀의합니다. 세존이시여, 저희를 청신사로 받아 주소서! 지금부터 살아 있는 날까지 귀의하겠습니다."

세존께서는 그 여덟 사람에게 "존자여, 그대들은 이 길로 가지 말고 저 길로 가시오!"라고 말씀하시어 다른 길로 떠나보냈습니다.

한편 그 열여섯 사람은 '왜 그 여덟 사람이 아직 오지 않을까?'라고 생각하면서 그들을 만나러 가다가 어떤 나무 아래 앉아 계시는 세존을 보고, 세존께 다가가서 예배하고 한쪽에 앉았습니다. 세존께서는 그 열여섯 사람에게도 순차적으로 설법을 하셨습니다. 보시를 말씀하시고, 지계를 말씀하시고, 천상을 말씀하시고, 위험하고 천박하고 더러운 감각적 욕망과 감각적 욕망에서 벗어나 얻게 되는 이익을 차례차례 설명하셨습니다. 세존께서는 그들이 유연하고 편견 없이 기쁘고 청정한 마음으로 가르침을 받아들일 수 있는 적절한 마음이 된 것을 아시고, 모든 붓다의 요결법문인 괴로움·쌓임·소멸·길을 설명하셨습니다.

마치 오염이 안 된 깨끗한 옷이 염료를 완전히 받아들이듯이, 그 자리에서 그 열여섯 사람에게 '쌓인 법은 어떤 것이든 모두 소멸하는 법이다'라는 청정무구한 법안이 생겼습니다. 법을 보고 법을 성취하고 법을 알고 법을 깊이 이해하여, 의심에서 벗어나고 의혹이 사라지고 두려움이 사라지고 스승의 가르침에 대하여 남에게 의지하지 않게 된 그 열여섯 사람은 세존께 이렇게 말씀드렸습니다.

"훌륭하십니다, 세존이시여! 훌륭하십니다, 세존이시여! 세존이시여, 마치 뒤집힌 것을 바로 세우는 것 같고, 감추어진 것을 드러내는 것 같고, 길 잃은 자에게 길을 알려 주는 것 같고, '눈 있는 자들은 보라!'라고 어둠 속에 등불을 비춰 주는 것 같습니다. 이렇게 세존께서는 여러 가지 방법으로 진리를 알려 주셨습니다. 세존이시여, 그래서 저희는 세존께 귀의합니다. 가르침과 비구상가에 귀의합니다. 세존이시여, 저희를 청신사로 받아 주소서! 지금부터 살아 있는 날까지 귀의하겠습니다."

11.17. 그 한 사람은 데와닷따를 찾아가서 말했습니다.

"존자여, 저는 세존의 목숨을 빼앗을 수 없습니다. 세존께서는 큰 신통력이 있고 큰 위신력이 있습니다."

"여봐라! 그만두어라! 너는 고따마 사문의 목숨을 빼앗지 마라! 내가 고따마 사문의 목숨을 빼앗아야겠다."

어느 날 세존께서 깃자꾸따산의 그늘에서 경행(經行)을 하고 계실 때, 데와닷따는 깃자꾸따산에 올라가서 '이것으로 고따마 사문의 목숨을 빼앗아야겠다'라고 생각하며 큰 바위를 굴렸습니다. 그러자 두 산꼭대기가 만나서 그 바위를 받아 냈습니다. 그로 인해서 파편이 날아와 여래의 발에 피를 냈습니다. 세존께서는 위를 쳐다보고 데와닷따에게 말씀하셨습니다.

"어리석은 사람아! 사악한 의도로 살의를 가지고 여래에게 피를 낸 것은 그대가 행한 큰 죄악이다."

그리고 세존께서 비구들에게 말씀하셨습니다.

"비구들이여, 사악한 의도로 살의를 가지고 여래에게 피를 낸 것은 데와닷따가 쌓은 첫 번째 무간업(無間業)[41]이라오."

11.18. 비구들은 데와닷따가 여래를 살해하려 했다는 말을 들었습니다. 그 비구들은 여래를 지키고 방어하고 보호하기 위하여 여래가 머무는 곳의 주위를 돌면서 반복해서 높고 큰 소리를 질렀습니다. 세존께서 반복해서 나는 높고 큰 소리를 듣고 아난다 존자에

41 곧바로 과보를 받게 되는 악업(惡業).

게 말씀하셨습니다.

"아난다여, 반복해서 나는 저 높고 큰 소리는 무엇인가?"

"세존이시여, 비구들이 데와닷따가 여래를 살해하려 했다는 말을 듣고, 여래를 지키고 방어하고 보호하기 위하여 여래가 머무시는 곳의 주위를 돌면서 반복해서 높고 큰 소리를 지르고 있습니다."

"아난다여, 그 비구들을 불러오너라!"

아난다 존자는 "세존이시여, 그렇게 하겠습니다"라고 세존께 대답하고 비구들에게 가서 세존의 말씀을 전했습니다.

그 비구들은 "존자여, 그렇게 하겠습니다"라고 아난다 존자에게 대답한 후에 세존을 찾아가서 예배하고 한쪽에 앉았습니다.

한쪽에 앉은 비구들에게 세존께서 말씀하셨습니다.

"비구들이여, 여래가 다른 사람의 공격으로 목숨을 빼앗기는 일은 있을 수 없다오. 결코 그런 경우는 없다오. 비구들이여, 모든 여래는 누구의 공격도 받지 않고 반열반에 든다오. … 비구들이여, 그대들은 머물던 곳으로 돌아가시오! 비구들이여, 모든 여래는 지킬 필요가 없다오."

11.19. 그때 라자가하에 날라기리(Nālāgiri)라는 사람을 죽이는 난폭한 코끼리가 있었습니다. 데와닷따는 라자가하에 들어가 코끼리 축사(畜舍)로 가서, 코끼리 관리인들에게 말했습니다.

"여봐라! 우리는 낮은 지위의 사람을 높은 지위에 승진시켜 줄 수도 있고, 음식이나 급료를 많이 올려 줄 수도 있는 왕의 측근들이다. 너희들은 수레가 다니는 이 길에 고따마 사문이 들어서면, 그때 코끼리 날라기리를 풀어서 이 길에 들여보내도록 하여라!"

그 코끼리 관리인들은 "존자님! 그렇게 하겠습니다"라고 약속했습니다.

세존께서는 오전에 옷을 입고, 발우와 법의(法衣)를 들고, 많은 비구들과 함께 탁발하러 라자가하에 들어가서, 수레가 다니는 그 길에 들어섰습니다. 세존께서 수레가 다니는 그 길에 들어선 것을 본 코끼리 관리인들은 코끼리 날라기리를 풀어서 수레가 다니는 길에 들여보냈습니다. 코끼리 날라기리는 멀리서 세존께서 오시는 것을 보고, 코를 치켜들고 귀와 꼬리를 흔들면서 세존에게 돌진했습니다. 비구들은 멀리서 코끼리 날라기리가 오는 것을 보고 세존께 말씀드렸습니다.

"세존이시여, 사람을 죽이는 난폭한 코끼리 날라기리가 수레가 다니는 이 길에 들어왔습니다. 세존이시여, 세존께서는 물러서십시오! 선서께서는 물러서십시오!"

"비구들이여, 두려워하지 말고 이리 오시오! 비구들이여, 여래가 다른 사람의 공격으로 목숨을 빼앗기는 일은 있을 수 없다오. 결코 그런 경우는 없다오. 비구들이여, 모든 여래는 누구의 공격도 받지 않고 반열반에 든다오."

그 비구들은 두 번 세 번 거듭해서 세존께 물러서라고 말씀드렸지만, 그때마다 세존께서는 "비구들이여, 두려워하지 말고 이리 오시오! 비구들이여, 여래가 다른 사람의 공격으로 목숨을 빼앗기는 일은 있을 수 없다오. 결코 그런 경우는 없다오. 비구들이여, 모든 여래는 누구의 공격도 받지 않고 반열반에 든다오"라고 말씀하셨습니다.

11.20. 그때 사람들은 누각(樓閣)이나 누옥(樓屋)이나 지붕에 올라가서 그것을 보고 있

었습니다. 거기에서 신심이 없고 믿음이 없고 지혜가 없는 사람들은 "여보게, 틀림없이 준수(俊秀)한 대사문(大沙門)이 큰 코끼리에게 해를 입을 것이네"라고 말했습니다. 그렇지만 신심이 있고 믿음이 있고 지혜가 있는 사람들은 "여보게, 틀림없이 용상(龍象, nāga)[42]이 용상(龍象)과 오랫동안 싸울 것이네"라고 말했습니다.

세존께서는 코끼리 날라기리를 자애로운 마음으로 가득 채웠습니다. 그러자 코끼리 날라기리는 세존의 자애로운 마음의 가피(加被)를 받아, 코를 내려뜨리고 세존에게 다가와서 세존 앞에 섰습니다. 세존께서는 능숙한 솜씨로 코끼리 날라기리의 꿈바(kumbha)[43]를 어루만지면서 코끼리 날라기리에게 게송으로 말씀하셨습니다.

코끼리야! 용(龍)을 건드리지 마라!
코끼리야! 용을 건드리면 괴롭다.
코끼리야! 용을 죽이면
이후에 좋은 곳에 갈 수 없다.
그러므로 미쳐 날뛰지 말고, 방일하지 마라!
방일하면 너희들은 좋은 곳으로 가지 못한다.
네가 이렇게 행하면
너는 좋은 곳으로 가게 될 것이다.

그러자 코끼리 날라기리는 코로 세존의 발에 묻은 먼지를 빨아들여 머리 위에 흩뿌린 후에, 몸을 움츠리고 물러나서 세존을 바라보았습니다. 그런 다음에 코끼리 날라기리는 축사로 돌아가서 자신의 자리에 멈추어 섰습니다. 그렇게 코끼리 날라기리는 길들여졌습니다. 그때 사람들은 이 게송을 읊었습니다.

어떤 자들은 몽둥이로
갈고리로 채찍으로 길들이는데
위대한 선인(仙人)은 몽둥이나 칼 없이
큰 코끼리를 길들이셨네.

11.21. 사람들은 '데와닷따는 이렇게 큰 신통력이 있고, 이렇게 큰 위력이 있는 고따마 사문을 살해하려고 할 정도로 사악하고 못된 놈이다'라고 분개하고 꾸짖고 멸시했으며, 데와닷따의 이익과 공경은 줄어들었고, 세존의 이익과 공경은 늘어났습니다.

11.22. 데와닷따는 꼬깔리까(Kokālika), 까따모라까띠싸까(Kaṭamorakatissaka), 칸다데위야 뿟따(Khaṇḍadeviyā putta), 쌈우다닷따(Samuddadatta)를 찾아가서 말했습니다.

"존자들이여, 이제 우리는 고따마 사문의 상가를 분열시키고 화합을 깨뜨립시다."

이렇게 말하자, 꼬깔리까가 데와닷따에게 말했습니다.

"존자여, 고따마 사문은 큰 신통력이 있고 큰 위력이 있습니다. 우리가 어떻게 고따마 사문의 상가를 분열시키고 화합을 깨뜨린단 말입니까?"

"존자여, 이제 우리는 고따마 사문을 찾아가서 '세존이시여, 세존께서는 여러 가지 방편으로 소욕지족(少欲知足)하고, 엄격한 두타행(頭陀行)을 실천하고, 편안함을 줄이

---

42 'nāga'는 용(龍) 또는 큰 코끼리를 의미하는데, 여기에서는 세존과 날라기리 코끼리를 의미한다.
43 코끼리 머리에 매는 둥근 공 모양의 장식.

고, 용맹정진(勇猛精進)하는 것을 칭찬하셨습니다. 세존이시여, 다음의 다섯 항목은 소욕지족하고, 엄격한 두타행을 실천하고, 편안함을 줄이고, 용맹정진하는 데 여러 가지로 도움이 됩니다. 세존이시여, 비구들은 철저하게 (1) 평생을 숲에서 살아야 하며, 마을에 들어가서 살면 죄가 되어야 합니다. (2) 평생을 탁발하며 살아야 하며, 식사 초대를 받아들이면 죄가 되어야 합니다. (3) 평생을 분소의(糞掃衣)를 입고 살아야 하며, 거사의 옷을 수용(受用)하면 죄가 되어야 합니다. (4) 평생을 나무 아래에서 지내야 하며, 지붕 아래로 가면 죄가 되어야 합니다. (5) 평생을 생선이나 고기를 먹어서는 안 되며, 생선이나 고기를 먹으면 죄가 되어야 합니다. 고따마 사문은 이 항목들을 (계율로) 규정하십시오! 그러면 우리가 이 다섯 항목을 사람들에게 알리겠습니다'라고 다섯 항목을 요청합시다. 존자들이여, 우리는 이 다섯 항목으로 고따마 사문의 상가를 분열시키고 화합을 깨뜨릴 수 있습니다. 존자들이여, 사람들은 분명히 고행(苦行)에 신심을 일으킬 것입니다."

11.23. 데와닷따는 사람들과 함께 세존을 찾아가서 예배하고 한쪽에 앉았습니다. 한쪽에 앉은 데와닷따가 세존께 말했습니다.

"세존이시여, 세존께서는 여러 가지 방편으로 소욕지족하고, 엄격한 두타행을 실천하고, 편안함을 줄이고, 용맹정진하는 것을 칭찬하셨습니다. 세존이시여, 다음의 다섯 항목은 소욕지족하고, 엄격한 두타행을 실천하고, 편안함을 줄이고, 용맹정진하는 데 여러 가지로 도움이 됩니다. 세존이시여, 비구들은 (1) 평생을 숲에서 살아야 하며, 마을에 들어가서 살면 죄가 되어야 합니다. (2) 평생을 탁발하며 살아야 하며, 식사 초대를 받아들이면 죄가 되어야 합니다. (3) 평생을 분소의를 입고 살아야 하며, 거사의 옷을 수용하면 죄가 되어야 합니다. (4) 평생을 나무 아래에서 지내야 하며, 지붕 아래로 가면 죄가 되어야 합니다. (5) 평생을 생선이나 고기를 먹어서는 안 되며, 생선이나 고기를 먹으면 죄가 되어야 합니다. 고따마 사문께서는 이들 항목을 (계율로) 규정하십시오! 그러면 우리가 이 다섯 항목을 사람들에게 알리겠습니다."

"그만두어라! 데와닷따여, 원하는 사람은 숲에서 살아도 되고, 원하는 사람은 마을에서 살아도 된다. 원하는 사람은 탁발하며 살아도 되고, 원하는 사람은 식사 초대를 받아들여도 된다. 원하는 사람은 분소의를 입어도 되고, 원하는 사람은 거사의 옷을 수용해도 된다. 데와닷따여, 나는 (안거 기간이 아닌) 여덟 달 동안 나무 아래에 침소(寢所)를 두는 것과 (죽이는 것을) 보지 않고, (죽이는 소리를) 듣지 않고, (청정한 것인지) 의심이 가지 않는 세 가지 청정한 생선이나 고기는 허용한다."

세존께서 다섯 항목을 규정하지 않는다고 하시자, 데와닷따는 뛸 듯이 기뻐하면서 사람들과 함께 자리에서 일어나 세존께 예배하고 오른쪽으로 돈 후에 떠나갔습니다.

데와닷따는 사람들과 함께 라자가하에 들어가서 다섯 항목에 대하여 사람들에게 알렸습니다.

"여러분, 우리는 고따마 사문을 찾아가서 '비구들은 철저하게 (1) 평생을 숲에서 살아야 하며, 마을에 들어가서 살면 죄가 된다. (2) 평생을 탁발하며 살아야 하며, 식사 초대를 받아들이면 죄가 된다. (3) 평생을 분소의를 입고 살아야 하며, 거사의 옷을 수용하면 죄가 된다. (4) 평생을 나무 아래에서 지내야 하며, 지붕 아래로 가면 죄가 된다. (5) 평생을 생선이나 고기를 먹어서는 안 되며, 생선이나 고기를 먹으면 죄가 된다'라는 다섯 항목을 요청했습니다. 고따마 사문은 이 다섯 항목을 규정하지 않았습니다. 우리는 이 다섯 항목을 수지할 것입니다."

11.24. 그때 신심이 없고 믿음이 없고 지혜가 없는 사람들은 "이들 석씨사문들은 엄격한 두타행을 실천하는데, 호사스러운 고따마 사문은 호사를 누릴 생각을 한다"라고 말했습니다. 그렇지만 신심이 있고 믿음이 있고 지혜가 있는 사람들은 "데와닷따라는 자는 무엇 때문에 세존의 상가를 분열시키고 화합을 깨뜨리려고 애쓰는가?"라며 분개하고 꾸짖고 멸시했습니다.

비구들은 그 사람들이 분개하고 꾸짖고 멸시하는 소리를 들었습니다. 욕심 없는 비구들은 "데와닷따라는 자는 무엇 때문에 세존의 상가를 분열시키고 화합을 깨뜨리려고 애쓰는가?"라며 분개하고 꾸짖고 멸시했습니다. 그 비구들은 세존께 이 사실을 알렸습니다.

"데와닷따여, 그대가 상가를 분열시키고 화합을 깨뜨리려고 애썼다는데, 그것이 사실인가?"

"사실입니다, 세존이시여!"

"그만두어라! 데와닷따여, 상가의 분열을 좋아하면 안 된다! 데와닷따여, 상가의 분열은 실로 엄중하다. 데와닷따여, 화합된 상가를 깨뜨리는 사람은 죄의 과보를 받아 한 겁(劫) 동안 지옥에서 괴로움을 겪는다. 데와닷따여, 분열된 상가를 화합하게 하는 사람은 범천(梵天)의 공덕을 받아 한 겁 동안 천상에서 즐거움을 누린다. 그만두어라! 데와닷따여, 상가의 분열을 좋아하면 안 된다! 데와닷따여, 상가의 분열은 실로 엄중하다."

11.25. 아난다 존자는 오전에 옷을 입고, 발우와 법의를 지니고, 탁발하러 라자가하에 들어갔습니다. 데와닷따는 탁발하러 라자가하에 들어가는 아난다 존자를 보았습니다. 그는 아난다 존자에게 다가가서 말했습니다.

"아난다 존자여, 이제부터 나는 세존과 별도로, 비구상가와 별도로 포살(布薩)을 행하고 상가의 갈마(羯磨)를 행하겠다."

아난다 존자는 라자가하에서 탁발한 후에 탁발 음식으로 식사를 마치고 세존을 찾아가 세존께 예배한 후에 한쪽에 앉았습니다. 한쪽에 앉은 아난다 존자가 세존께 말씀드렸습니다.

"세존이시여, 저는 오전에 옷을 입고, 발우와 법의를 지니고, 탁발하러 라자가하에 들어갔습니다. 그런데 데와닷따가 탁발하러 라자가하에 들어가는 저를 보고 다가와서 '아난다 존자여, 이제부터 나는 세존과 별도로, 비구상가와 별도로 포살을 행하고 상가의 갈마를 행하겠다'라고 말했습니다. 세존이시여, 지금 데와닷따는 상가를 분열시키려고 합니다."

세존께서는 그 사실을 아시고 우다나를 읊으셨습니다.

> 선량한 사람이 선행을 하기는 쉽지만
> 사악한 사람이 선행을 하기는 어렵다.
> 사악한 사람이 악행을 하기는 쉽지만
> 고결한 사람이 악행을 하기는 어렵다.

〈데와닷따에 의한 상가의 분열〉

11.26. 어느 포살의 날에 데와닷따가 자리에서 일어나 막대기를 잡아 들고 말했습니다.

"존자들이여, 우리는 고따마 사문을 찾아가서 다섯 항목을 요청했습니다. 고따마 사문은 이 다섯 항목을 규정하지 않았습니다. 우리는 이 다섯 항목을 수지할 것입니다. 이 다섯 항목을 승인하는 존자들은 막대기를 잡으시오!"

그때 웨살리 왓지족 출신의 배은망덕한 새내기 비구 500명이 있었습니다. 그들은 "이것이 법(法)이고, 이것이 율(律)이고, 이것이 스승의 가르침이다"라고 하면서 막대기를 잡았습니다. 데와닷따는 상가를 분열시킨 후에 500명의 비구를 데리고 가야시사(Gayāsīsa)로 떠나갔습니다.

사리뿟따와 목갈라나가 세존을 찾아가서 예배하고 한쪽 앉은 후에 세존께 말씀드렸습니다.

"세존이시여, 데와닷따가 상가를 분열시킨 후에 500명의 비구를 데리고 가야시사로 떠나갔습니다."

"사리뿟따여, 그대들에게는 저 새내기 비구들에 대한 연민이 있지 않나요? 사리뿟따여, 그대들은 그 비구들이 화와 재난을 겪기 전에 얼른 가 보시오!"

"그렇게 하겠습니다, 세존이시여!"

사리뿟따와 목갈라나는 세존께 대답한 후에 자리에서 일어나 세존께 예배하고 오른쪽으로 돈 후에 가야시사로 갔습니다. 그때 어떤 비구가 세존 가까이에서 울면서 서 있었습니다. 세존께서 그 비구에게 물으셨습니다.

"비구여, 그대는 왜 우는가?"

"세존이시여, 세존의 수제자(首弟子)인 사리뿟따와 목갈라나가 데와닷따의 법을 좋아하여 데와닷따 앞으로 갔습니다."

"비구여, 언제 어디서든, 사리뿟따와 목갈라나가 데와닷따의 법을 좋아하는 일은 결코 있을 수 없다오. 그들이 간 것은 비구들을 설득하기 위해서라오."

11.27. 그때 데와닷따는 큰 대중에 둘러싸여 설법하며 앉아 있었습니다. 그는 저만치서 사리뿟따와 목갈라나가 오는 것을 보고 비구들에게 말했습니다.

"비구들이여, 보라! 나의 법은 잘 설해졌다. 그래서 고따마 사문의 수제자인 사리뿟따와 목갈라나도 나의 법을 좋아하여 내 앞으로 오고 있다."

이렇게 말하자, 꼬깔리까가 데와닷따에게 말했습니다.

"데와닷따 존자여, 사리뿟따와 목갈라나를 믿지 마십시오! 사리뿟따와 목갈라나는 사악한 의도에 사로잡혀 있습니다."

"그만두어라! 존자여, 그들을 환영한다. 왜냐하면 나의 법을 좋아하기 때문이다."

데와닷따는 자리의 절반을 내어 주며 사리뿟따를 불렀습니다.

"어서 오시오! 사리뿟따 존자여, 여기에 앉으시오!"

"존자여! 그만 되었습니다."

사리뿟따 존자는 다른 자리를 잡고 한쪽에 앉았습니다. 마하목갈라나 존자도 다른 자리를 잡고 한쪽에 앉았습니다. 데와닷따는 밤이 깊도록 법을 설하여 비구들을 가르치고 격려하고 칭찬하고 기쁘게 한 후에 사리뿟따 존자에게 부탁했습니다.

"사리뿟따 존자여, 비구상가는 혼침(昏沈)을 여의었습니다. 사리뿟따 존자가 나와서 비구들에게 설법하십시오! 나는 허리가 아파서 허리를 좀 펴야겠습니다."

사리뿟따 존자는 "존자여, 그렇게 하겠습니다"라고 데와닷따에게 약속했습니다.

데와닷따는 네 겹의 가사를 깔고 오른쪽 옆구리로 누워서, 피곤하여 주의집중을 잃고 알아차리지 못한 채 잠시 잠이 들었습니다.

11.28. 사리뿟따 존자는 불가사의(不可思議)한 설법으로[44] 법을 설하여 비구들을 훈계하고 가르쳤습니다. 마하목갈라나 존자는 불가사의한 신통(神通)으로[45] 법을 설하여 비구들을 훈계하고 가르쳤습니다. 사리뿟따 존자와 마하목갈라나 존자로부터 훈계를 받고 가르침을 받은 비구들에게 '쌓인 법은 어떤 것이든 모두 소멸하는 법이다'라는 청정무구한 법안이 생겼습니다. 그러자 사리뿟따 존자가 비구들에게 말했습니다.

"존자들이여, 우리 세존 앞으로 갑시다. 세존의 법을 좋아하는 사람은 오시오!"

사리뿟따와 목갈라나는 500명의 비구들을 데리고 웰루와나로 갔습니다.

꼬깔리까는 데와닷따를 깨웠습니다.

"데와닷따 존자여, 일어나시오! 사리뿟따와 목갈라나가 비구들을 이끌고 갔습니다. 데와닷따 존자여, 그러기에 내가 그대에게 '데와닷따여 존자여, 사리뿟따와 목갈라나를 믿지 마십시오! 사리뿟따와 목갈라나는 사악한 의도에 사로잡혀 있습니다'라고 말하지 않았습니까?"

그러자 데와닷따는 입에서 뜨거운 피를 토해 냈습니다.

11.29. 사리뿟따와 목갈라나는 세존을 찾아가서 예배하고 한쪽에 앉았습니다. 한쪽에 앉은 사리뿟따 존자가 세존께 말씀드렸습니다.

"세존이시여, 부디 분열을 추종한 비구들을 다시 받아 주십시오!"

"사리뿟따여, 그만 되었소. 그대는 분열을 추종한 비구들을 다시 받아 주려고 하지 마시오! 사리뿟따여, 다시 받아 주려면 그대는 분열을 추종한 비구들을 툴랏짜야(Thullaccaya, 偸蘭遮)[46] 죄에 대한 참회를 시키도록 하시오!"

---

44 'ādesanāpāṭihāriyānusāniyā'의 번역. 'ādesanāpāṭihāriya'는 타인의 마음을 관찰하는 능력을 의미하는 '기심신변(記心神變)'으로 해석되기도 하고, 뛰어난 언변으로 설명을 잘하는 능력을 의미하는 '설법신변(說法神變)'으로 해석되기도 하는데, 여기에서는 '설법신변'의 의미를 취했다.

45 'iddhipāṭihāriyānusāniyā'의 번역.

46 선근(善根)을 끊고 악도(惡道)에 떨어지게 되는 무거운 죄. 대죄(大罪), 추악(麤惡)으로 번역됨.

제12장 비구니

〈비구니 8경법〉

12.1. 세존께서 삭까족의 까삘라왓투에 있는 니그로다(Nigrodha) 승원에 머무실 때, 마하빠자빠띠 고따미(Mahāpajāpatī Gotamī)가 세존을 찾아와서 예배하고 한쪽에 섰습니다. 한쪽에 선 마하빠자빠띠 고따미가 세존께 말씀드렸습니다.

"세존이시여, 부디 여래께서 가르치신 가르침[法]과 율(律)에 여인이 집을 버리고 출가하는 것을 허락해 주십시오!"

"고따미여, 그만두십시오! 그대는 여인이 여래가 가르친 가르침과 율에 집을 버리고 출가하는 것을 좋아하지 마십시오!"

마하빠자빠띠 고따미가 두 번 세 번 거듭하여 간청했지만, 세존께서는 허락하지 않으셨습니다. 세존께서 여인의 출가를 허락하지 않으시자, 마하빠자빠띠 고따미는 슬픔에 젖어 괴로워하며 눈물을 흘리고 울면서 세존께 예배하고 오른쪽으로 돈 후에 떠나갔습니다.

12.2. 세존께서는 까삘라왓투에서 적절하게 머무신 후에 웨살리로 길을 떠나셨습니다. 여행을 계속하여 웨살리에 도착하신 세존께서는 곧바로 웨살리의 마하와나(Mahāvana)에 있는 중각(重閣) 강당(講堂)에 머무셨습니다. 그러자 마하빠자빠띠 고따미는 머리카락을 자르고 황색 옷을 입고[47], 많은 사끼야 여인들과 함께 웨살리로 길을 떠났습니다. 그녀는 여행을 계속하여 웨살리의 마하와나에 있는 중각 강당을 찾아갔습니다. 마하빠자빠띠 고따미는 온몸에 먼지를 뒤집어쓰고, 발이 퉁퉁 부은 채로 슬픔에 젖어 괴로워하며 눈물을 흘리고 울면서 출입문 밖에 서 있었습니다. 아난다 존자가 그것을 보고 마하빠자빠띠 고따미에게 말했습니다.

"고따미여, 당신은 왜 온몸에 먼지를 뒤집어쓰고, 발이 퉁퉁 부은 채로 울면서 출입문 밖에 서 있습니까?"

"아난다 존자여, 세존께서는 여래께서 가르치신 가르침과 율에 여인이 집을 버리고 출가하는 것을 허락하지 않으십니다."

"고따미여, 잠시만 여기에 계십시오! 제가 세존께 여인의 출가를 허락하시도록 간청하겠습니다."

12.3. 아난다 존자는 세존을 찾아가서 예배하고 한쪽에 앉아서 세존께 말씀드렸습니다.

"세존이시여, 세존께서 여인의 출가를 허락하지 않으시기 때문에 마하빠자빠띠 고따미가 온몸에 먼지를 뒤집어쓰고, 발이 퉁퉁 부은 채로 슬픔에 젖어 괴로워하며 눈물을 흘리고 울면서 출입문 밖에 서 있습니다. 세존이시여, 부디 여인이 여래께서 가르치신 가르침과 율에 집을 버리고 출가하는 것을

---

47 'kāsāyāni vatthāni'는 '황색 옷'을 의미한다. 그 당시 재가자는 흰옷을 입었고, 출가자는 '황색 옷'을 입었다. 스님들이 입는 옷을 가사(袈裟)라고 부르는 것은 출가자의 '황색 옷', 즉 'kāsāya vattha'에서 유래한 것이다.

허락해 주십시오!"

"아난다여, 그만두어라. 그대는 여인이 여래가 가르친 가르침과 율에 집을 버리고 출가하는 것을 좋아하지 마라!"

아난다 존자가 두 번 세 번 거듭하여 간청했지만, 세존께서는 허락하지 않으셨습니다. 그러자 아난다 존자가 세존께 말씀드렸습니다.

"세존이시여, 여인은 여래께서 가르치신 가르침과 율에 집을 버리고 출가하여 수다원과(須陀洹果)나 사다함과(斯多含果)나 아나함과(阿那含果)나 아라한과(阿羅漢果)를 성취할 수 없습니까?"

"아난다여, 여인도 여래가 가르친 가르침과 율에 집을 버리고 출가하여 수다원과나 사다함과나 아나함과나 아라한과를 성취할 수 있다."

"세존이시여, 여인이 출가하여 수다원과나 사다함과나 아나함과나 아라한과를 성취할 수 있다면, 세존이시여, 마하빠자빠띠 고따미는 어머님께서 돌아가시자 젖을 먹여 세존을 키우고 양육하신 은혜가 크신 세존의 이모님이십니다. 세존이시여, 부디 여인이 여래께서 가르치신 가르침과 율에 집을 버리고 출가하는 것을 허락해 주십시오!"

12.4. "아난다여, 마하빠자빠띠 고따미가 8경법(八敬法)을 받아들인다면, 그것이 그녀의 구족계가 될 것이다.

(1) 구족계를 받고 100년이 된 비구니도 그 자리에서 구족계를 받은 비구에게 일어나서 합장하고 공경하고 예배해야 한다. 이 법을 존중하고, 존경하고 공경하고 받들면서 수명이 다할 때까지 어기지 않아야 한다.

(2) 비구니는 비구가 없는 거처에서 안거(安居)를 보내서는 안 된다. 이 법을 존중하고, 존경하고 공경하고 받들면서 수명이 다할 때까지 어기지 않아야 한다.

(3) 비구니는 보름마다 비구상가에 포살질문(布薩質問, uposathapucchaka)[48]과 교계심방(敎誡尋訪, ovādūpasaṃkamana)[49], 두 법을 청해야 한다. 이 법을 존중하고, 존경하고 공경하고 받들면서 수명이 다할 때까지 어기지 않아야 한다.

(4) 안거를 지낸 비구니는 보았거나, 들었거나, 의심스러운 점을 가지고 (비구와 비구니) 두 상가 가운데서 자자(自恣)를 행해야 한다. 이 법을 존중하고, 존경하고 공경하고 받들면서 수명이 다할 때까지 어기지 않아야 한다.

(5) 공경법(恭敬法)을 범한 비구니는 두 상가 가운데서 반월(半月) 참회의 벌[pakkha-mānatta][50]을 받아야 한다. 이 법을 존중하고, 존경하고 공경하고 받들면서 수명이 다할 때까지 어기지 않아야 한다.

(6) 2년 동안 6법(法)[51]에 대하여 스승에게 배운 식차마나(式叉摩那, sikkhamāna)[52]는

48 포살을 행할 때 계를 범했는지를 묻는 질문. 이는 포살을 비구니상가에서 자체적으로 행할 수 없음을 의미한다.

49 포살을 행할 때 비구가 와서 설법하는 것을 의미한다.

50 보름 동안 참회하는 벌.

51 오계(五戒)와 일중식(日中食)을 의미함.

52 비구니가 되기 위해 2년 동안 견습하는 여인.

두 상가 가운데서 구족계를 청해야 한다. 이 법을 존중하고, 존경하고 공경하고 받들면서 수명이 다할 때까지 어기지 않아야 한다.

(7) 비구니는 어떤 이유로든 비구를 비난하거나 비방하지 않아야 한다. 이 법을 존중하고, 존경하고 공경하고 받들면서 수명이 다할 때까지 어기지 않아야 한다.

(8) 지금 이후로 비구에 대한 비구니의 언로(言路)는 닫혔고, 비구니에 대한 비구의 언로는 닫히지 않았다.[53] 이 법을 존중하고, 존경하고 공경하고 받들면서 수명이 다할 때까지 어기지 않아야 한다.

아난다여, 마하빠자빠띠 고따미가 8경법을 받아들인다면, 이것이 그녀의 구족계가 될 것이다."

12.5. 세존으로부터 직접 8경법을 배운 아난다 존자는 마하빠자빠띠 고따미를 찾아가서 말했습니다.

"고따미여, 만약에 8경법을 받아들인다면, 이것이 당신의 구족계입니다."

"아난다 존자여, 비유하면 몸단장하기 좋아하는 여자나 남자나 소년이나 청년이 연꽃 화환이나 와씨까(vassika)[54] 화환이나 아따뭇따까(atimuttaka) 화환을 얻어 두 손으로 받아서 머리 위에 얹어 놓듯이, 아난다 존자여, 나는 이렇게 이 8경법을 받아서 수명이 다할 때까지 어기지 않겠습니다."

12.6. 아난다 존자는 세존을 찾아가서 예배하고 한쪽에 앉아서 세존께 말씀드렸습니다.

"세존이시여, 세존의 마하빠자빠띠 고따미께서 8경법을 받아들였습니다. 세존의 이모님께서 구족계를 받으셨습니다."

"아난다여, 만약에 여인이 여래가 가르친 가르침과 율에 집을 버리고 출가하는 것을 허용하지 않으면, 아난다여, 범행(梵行)이 오래 머물고 정법(正法)이 천년(千年)을 머물 것이다. 아난다여, 그런데 여인이 여래가 가르친 가르침과 율에 집을 버리고 출가했기 때문에 이제 범행이 오래 머물지 않을 것이다. 아난다여, 이제 정법이 500년을 머물게 될 것이다. … 아난다여, 비유하면 어떤 사람이 저수지에 미리 둑을 쌓아서 물이 넘치지 않도록 하듯이, 아난다여, 이렇게 나는 미리 비구니들에게 8경법을 규정하여 수명이 다할 때까지 어기지 않도록 했다."

〈사끼야족 여인들의 출가〉

12.7. 어느 날 마하빠자빠띠 고따미가 세존을 찾아와서 예배하고 한쪽에 섰습니다. 한쪽에 선 마하빠자빠띠 고따미가 세존께 말씀드렸습니다.

"세존이시여, 저는 이 사끼야족 여인들 가운데서 어떻게 처신해야 할까요?"

세존께서는 법을 설하여 마하빠자빠띠 고따미를 가르치고 격려하고 칭찬하고 기쁘게 하셨습니다. 세존의 가르침을 받은 마하빠자빠띠 고따미는 세존께 예배하고 오른쪽으로 돈 후에 떠나갔습니다.

세존께서는 이 인연과 이 일에 대하여 설명하신 후에 비구들에게 말씀하셨습니다.

---

53 비구니는 비구를 꾸짖거나 가르칠 수 없지만, 비구는 비구니를 꾸짖거나 가르칠 수 있다는 뜻이다.

54 자스민의 일종으로 향기가 매우 뛰어난 꽃.

"비구들이여, 나는 비구가 비구니에게 구족계를 주는 것을 허락합니다."

12.8. 구족계를 받은 비구니들이 마하빠자빠띠 고따미에게 말했습니다.

"마마님은 구족계를 받지 않으셨지만 우리는 구족계를 받았습니다. 세존께서 '비구는 비구니에게 구족계를 주도록 하라!'라고 규정하셨습니다."

이 말을 듣고, 마하빠자빠띠 고따미는 아난다 존자를 찾아가서 예배하고 한쪽에 섰습니다. 한쪽에 선 마하빠자빠띠 고따미가 아난다 존자에게 말했습니다.

"아난다 존자여, 이 비구니들이 나에게 '마마님은 구족계를 받지 않으셨지만 우리는 구족계를 받았습니다. 세존께서 비구는 비구니에게 구족계를 주도록 하라고 규정하셨습니다'라고 말했습니다."

아난다 존자는 세존을 찾아가서 예배하고 세존께 마하빠자빠띠 고따미의 말을 전해 드렸습니다.

"아난다여, 마하빠자빠띠 고따미는 이전에 8경법을 받았기 때문에 그것으로 그녀는 구족계를 받은 것이다."

제13장 오백결집

〈결집의 인연〉

13.1. 마하 까싸빠(Mahā-Kassappa) 존자가 비구들에게 말했습니다.

"존자들이여, 나는 한때 500명의 큰 비구상가[僧伽]와 함께 빠와(Pava)에서 꾸씨나라(Kusinārā)로 가고 있었습니다. 존자들이여, 나는 도중에 길에서 벗어나 어떤 나무 아래에 앉아 있었습니다. 그때 어떤 사명외도(邪命外道)가 꾸씨나라에서 만다라와 꽃을 가지고 빠와로 가고 있었습니다. 존자들이여, 나는 멀리서 사명외도가 다가오는 것을 보고 그에게 물었습니다.

'존자여, 혹시 우리 스승님 소식을 아십니까?'

'그렇습니다, 존자여! 나는 알고 있습니다. 오늘이 고따마 사문께서 반열반하신 지 이레가 됩니다. 이 만다라와 꽃은 그곳에서 가져온 것입니다.'

그 말을 듣고, 탐욕을 버리지 못한 몇몇 비구들은 '세존께서 너무 빨리 반열반하셨네! 선서께서 너무 빨리 반열반하셨네! 세간에서 눈이 사라졌네!' 하면서 팔을 내저으며 울부짖고, 깎아지른 절벽에서 굴러떨어진 듯이 뒹굴었습니다. 그러나 탐욕에서 벗어난 비구들은 주의집중을 하고 알아차리면서 '제행무상(諸行無常)인 것을 지금 어찌하겠는가?'라고 참고 있었습니다.

나는 비구들에게 말했습니다.

'법우들이여, 이제 그만하시오! 슬퍼하지 마시오! 비탄(悲嘆)하지 마시오! 법우들이여, '사랑스럽고 즐거운 것은 모두 변하고 떠나가고 달라진다'라고 세존께서 이전에 말씀하시지 않았소? 법우들이여, 그것을 지금 어찌하겠소? 태어난 존재는 유위(有爲)이며, 쇠멸법(衰滅法)이오. 그것을 사멸(死滅)하지 말라고 할 수는 없는 것이오.'

그때 수밧다(Subhadda)라는 늙어서 출가한 비구가 대중 가운데 앉아 있었습니다. 늙어서 출가한 수밧다가 그 비구들에게 말했습니다.

'존자들이여, 이제 그만하시오! 슬퍼하지 마시오! 비탄하지 마시오! 우리는 대사문(大沙門)으로부터 잘 벗어난 것이오. '그대들은 이것은 해도 된다. 그대들은 이것은 해서는 안 된다'라고 해서 우리는 성가셨는데, 이제는 우리가 하고 싶은 것은 하고 하기 싫은 것은 하지 않을 수 있게 되었소.'

그래서 나는 비구들에게 말합니다.

자! 우리는 가르침[法]과 율(律)을 결집(結集)하도록 합시다. 벌써 가르침에 어긋난 것[非法]이 각광받고 가르침은 배척되었으며, 율에 어긋난 것이 각광받고 율은 배척되었습니다. 벌써 가르침에 어긋난 말을 하는 사람들이 힘이 있고 가르침을 말하는 사람들은 힘이 없어졌으며, 율에 어긋난 말을 하는 사람들이 힘이 있고, 율을 말하는 사람들은 힘이 없어졌습니다."

13.2. "존자님! 그렇다면 장로(長老)께서 비구들을 선발하십시오!"

마하 까싸빠 존자는 500명에서 한 명이 부족한 아라한들을 선발했습니다. 비구들이 마하 까싸빠 존자에게 말했습니다.

"존자님! 아난다 존자는 비록 유학(有學)이지만 결코 욕망과 분노와 어리석음과 두려움으로 인해서 도리에 어긋난 행위를 하지 않습니다. 그는 세존의 곁에서 배운 가르침과 율이 많습니다. 존자님! 그러므로 장로께서는 아난다 존자를 선발하십시오!"

그래서 마하 까싸빠 존자는 아난다 존자도 선발했습니다.

13.3. 장로 비구들은 이렇게 생각했습니다.

'우리는 어디에서 가르침과 율을 결집하는 것이 좋을까?'

장로 비구들은 이렇게 생각했습니다.

'우리는 라자가하에서 안거(安居)를 보내면서 결집하고, 다른 비구들은 라자가하에서 안거에 들지 않도록 하는 것이 좋겠다.'

13.4. 마하 까싸빠 존자가 상가에 알렸습니다.

"존자들이여, 상가는 나의 말을 들으시오! 상가가 적절하다고 생각한다면, 상가는 이들 500비구가 라자가하에서 안거를 보내면서 결집하고, 다른 비구들은 라자가하에서 안거에 들지 않도록 승인하여 주십시오! 이것이 제안입니다. 이 제안에 동의하면 침묵하시고, 동의하지 않으면 말씀해 주십시오!"

"이들 500비구가 라자가하에서 안거를 보내면서 결집하고, 다른 비구들은 라자가하에서 안거에 들지 않도록 하는 이 제안은 승인되었습니다. 상가가 동의했으니, 저는 이 제안을 받들겠습니다."

13.5. 장로 비구들은 가르침과 율을 결집하기 위해서 라자가하로 갔습니다. 장로 비구들은 서로 이렇게 말했습니다.

"존자들이여, 세존께서는 부서진 부분을 고쳐서 사는 것을 칭찬하셨습니다. 존자들이여, 이제 우리는 (안거의) 첫 달에는 부서진 부분을 수리하고, 중간 달에 모여서 가르침과 율을 결집합시다."

장로 비구들은 첫 달에는 부서진 부분을 수리했습니다.

13.6. 아난다 존자는 '내일 모임이 있는데, 내가 유학으로서 모임에 가는 것은 적절하지 않다'라고 생각하고, 밤 동안 몸에 대한 주의집중을 하면서 많은 시간을 보낸 후에 날이 새는 이른 아침에 자리에 누우려고 몸을 기울였습니다. 그때 머리는 베개에 닿지 않고, 두 발은 바닥에서 떨어지려는 순간에 마음이 번뇌로부터 남김없이 해탈했습니다. 그래서 아난다 존자는 아라한으로서 모임에 갔습니다.

13.7. 마하 까싸빠 존자가 상가에 알렸습니다.

"존자들이여, 상가는 나의 말을 들으시오! 상가가 적절하다고 생각한다면, 내가 우빨리 존자에게 율에 대하여 묻겠습니다."

우빨리 존자가 상가에 알렸습니다.

"존자들이여, 상가는 나의 말을 들으시오! 상가가 적절하다고 생각한다면, 나는 마하 까싸빠 존자께서 질문하시는 율에 대하여 대답하겠습니다."

마하 까싸빠 존자가 우빨리 존자에게

물었습니다.

"우빨리 존자여, 첫째 바라이(波羅夷)[55]는 어디에서 시설(施設)되었습니까?"

"존자여, 웨살리에서입니다."

"누구 때문입니까?"

"수딘나 깔란다뿟따(Sudinna Kalanda-putta) 때문입니다."

"어떤 사안(事案)에 대한 것입니까?"

"음행(淫行)에 대한 것입니다."

마하 까싸빠 존자는 우빨리 존자에게 첫째 바라이의 사안을 묻고, 사연을 묻고, 사람을 묻고, 규정을 묻고, 추가 규정을 묻고, 죄가 되는 것을 묻고, 죄가 되지 않는 것을 물었습니다.

"우빨리 존자여, 둘째 바라이는 어디에서 시설되었습니까?"

"존자여, 라자가하에서입니다."

"누구 때문입니까?"

"다니야 꿈바까라뿟따(Dhaniya Kumbha kāraputta) 때문입니다."

"어떤 사안에 대한 것입니까?"

"도둑질[不與取]에 대한 것입니다."

마하 까싸빠 존자는 우빨리 존자에게 둘째 바라이의 사안을 묻고, 사연을 묻고, 사람을 묻고, 규정을 묻고, 추가 규정을 묻고, 죄가 되는 것을 묻고, 죄가 되지 않는 것을 물었습니다.

"우빨리 존자여, 셋째 바라이는 어디에서 시설되었습니까?"

"존자여, 웨살리에서입니다."

"누구 때문입니까?"

"많은 비구들 때문입니다."

"어떤 사안에 대한 것입니까?"

"살생에 대한 것입니다."

마하 까싸빠 존자는 우빨리 존자에게 셋째 바라이의 사안을 묻고, 사연을 묻고, 사람을 묻고, 규정을 묻고, 추가 규정을 묻고, 죄가 되는 것을 묻고, 죄가 되지 않는 것을 물었습니다.

"우빨리 존자여, 넷째 바라이는 어디에서 시설되었습니까?"

"존자여, 웨살리에서입니다."

"누구 때문입니까?"

"왁구무다띠리야(Vaggumudātīriya) 비구 때문입니다."

"어떤 사안에 대한 것입니까?"

"초인법(超人法, uttarimanussadhamma)[56]에 대한 것입니다."

마하 까싸빠 존자는 우빨리 존자에게 넷째 바라이의 사안을 묻고, 사연을 묻고, 사람을 묻고, 규정을 묻고, 추가 규정을 묻고, 죄가 되는 것을 묻고, 죄가 되지 않는 것을 물었습니다.

13.8. 마하 까싸빠 존자가 상가에 알렸습니다.

"존자들이여, 상가는 나의 말을 들으시오! 상가가 적절하다고 생각한다면, 내가 아난다 존자에게 가르침에 대하여 묻겠습니

---

55 'pārājika'의 번역. 상가에서 추방당하는 가장 무거운 죄. '단두(斷頭)'로 한역됨. '살인, 도둑질, 음행, 거짓말을 한 자는 승려의 자격을 잃고, 다시는 승단에 들어올 수 없는 것이 마치 머리를 잘리면 다시는 살아날 수 없는 것과 같다'라는 의미에서 이를 단두라고 한다.

56 인간의 한계를 벗어난 초능력을 의미한다. 수행을 통해 초능력을 얻었다고 다른 사람을 속이는 것은 승단에서 추방당하는 큰 죄가 된다.

다."

아난다 존자가 상가에 알렸습니다.

"존자들이여, 상가는 나의 말을 들으시오! 상가가 적절하다고 생각한다면, 나는 마하 까싸빠 존자께서 질문하시는 가르침에 대하여 대답하겠습니다."

마하 까싸빠 존자가 아난다 존자에게 물었습니다.

"아난다존자여, 브라마잘라(Brahma-jāla, 梵網經)[57]는 어디에서 설해졌습니까?"

"존자여, 라자가하와 나란다(Nāḷanda) 중간에 있는 망고 숲속의 왕궁에서입니다."

"누구 때문입니까?"

"행각수행자 수삐야(Suppiya)와 젊은 제자 브라마닷따(Brahmadatta) 때문입니다."

마하 까싸빠 존자는 아난다 존자에게 브라마잘라가 설해진 사연을 묻고, 사람을 물었습니다.

마하 까싸빠 존자가 아난다 존자에게 물었습니다.

"아난다존자여, 사만냐팔라(sāmañña-phala, 沙門果經)[58]는 어디에서 설해졌습니까?"

"존자여, 라자가하에 있는 지와까의 망고 동산에서입니다."

"누가 함께 있었습니까?"

"아자따삿뚜 웨데히뿟따가 함께 있었습니다."

마하 까싸빠 존자는 아난다 존자에게 사만냐팔라가 설해진 사연을 묻고, 사람을 물었습니다. 이런 방식으로 5부 니까야에 대하여 물었으며, 아난다 존자는 질문을 받을 때마다 대답했습니다.

13.9. 아난다 존자가 장로 비구들에게 말했습니다.

"존자들이여, 세존께서 반열반하실 때 저에게 '아난다여, 나의 사후에 상가가 원하면 소소한 학계(學戒)들은 폐지하도록 하라' 라고 말씀하셨습니다."

"아난다 존자여, 그렇다면 그대는 세존께 '세존이시여, 어떤 것들이 소소한 학계입니까?'라고 물었습니까?"

"존자들이여, 저는 세존께 묻지 않았습니다."

그러자 어떤 장로는 "4바라이와 13승잔(僧殘, saṃghādisesa)[59]을 제외한 나머지는 소소한 학계다"라고 말하고, 어떤 장로는 "4바라이와 13승잔과 2부정죄(不定罪, aniyata)[60]를 제외한 나머지는 소소한 학계다"라고 말하고, 어떤 장로는 "4바라이와 13승잔과 2부정죄와 30사타(捨墮, nissaggiya-pācittiya)[61]를 제외한 나머지는 소소한 학계다"라고 말하고, 어떤 장로는 "4바라이와 13승잔과 2부정죄와 30사타와 92단타(單墮,

57 『디가니까야』 제1경이다.

58 『디가니까야』 제2경이다.

59 바라이 다음의 중죄로서, 상가에 들어오지 못하지만 참회하면 구제가 가능한 죄.

60 비구의 구족계 가운데 병처부정계(屛處不定戒)와 노처부정계(露處不定戒)가 있다.

61 범하면 재물을 내놓고 대중에게 타죄(墮罪)를 참회해야 하는 계.

pācittiya)[62]를 제외한 나머지는 소소한 학계다"라고 말하고, 어떤 장로는 "4바라이와 13승잔과 2부정죄와 30사타와 92단타와 4향피회(向彼悔, pāṭidesaniya)[63]를 제외한 나머지는 소소한 학계다"라고 말했습니다.

이렇게 되자, 마하 까싸빠 존자가 상가에 알렸습니다.

"존자들이여, 상가는 나의 말을 들으시오! 재가자(在家者)들은 우리의 학계를 잘 압니다. 재가자는 '실로 이것은 석씨사문(釋氏沙門)들에게 허용된 것이고, 실로 이것은 허용되지 않은 것이다'라고 확실하게 알고 있습니다. 만약에 우리가 소소한 학계들을 폐지한다면 '고따마 사문은 화장(火葬)할 때까지 제자들에게 학계를 시설했다. 스승이 살아 있을 때는 이들 학계를 배우더니, 스승이 반열반하고 나서 지금은 학계를 배우지 않는다'라고 말하는 사람들이 있을 것입니다. 상가가 적절하다고 생각한다면, 상가는 시설되지 않은 것은 시설하지 않고, 시설된 것은 폐지하지 않고, 시설된 그대로 학계를 수지하도록 합시다. 이것이 제안입니다. 이 제안에 동의하면 침묵하시고, 동의하지 않으면 말씀해 주십시오!"

"상가는 시설되지 않은 것은 시설하지 않고, 시설된 것은 폐지하지 않고, 시설된 그대로 학계를 수지하기로 하겠습니다. 상가가 침묵으로 동의했으므로, 저는 이 제안을 그대로 받들겠습니다."

13.10. 그때 장로 비구들이 아난다 존자에게 말했습니다.

"아난다 존자여, 그대가 세존께 '세존이시여, 어떤 것들이 소소한 학계입니까?'라고 묻지 않은 것은 악작(惡作, dukkaṭa)[64]입니다. 그 악작을 참회하시오!"

"존자들이여, 제가 생각이 미치지 못하여 세존께 묻지 못했습니다. 저는 그것을 악작으로 보지 않습니다. 그렇지만 존자들을 신뢰하기 때문에 저는 그 악작을 참회합니다."

"아난다 존자여, 그대가 세존의 비옷을 밟아서 꿰맨 것은 악작입니다. 그 악작을 참회하시오!"

"존자들이여, 제가 공경하지 않아서 세존의 비옷을 밟아서 꿰맨 것이 아닙니다.[65] 저는 그것을 악작으로 보지 않습니다. 그렇지만 존자들을 신뢰하기 때문에 저는 그 악작을 참회합니다."

"아난다 존자여, 그대가 여인들에게 세존의 사리에 맨 먼저 예배하도록 하여, 그녀들이 울면서 세존의 사리를 눈물로 더럽힌 것은 악작입니다. 그 악작을 참회하시오!"

"존자들이여, 저는 그 여인들이 밤늦게까지 있어서는 안 된다고 생각하여 세존의 사리에 맨 먼저 예배하도록 한 것입니다. 저는 그것을 악작으로 보지 않습니다. 그렇지만 존자들을 신뢰하기 때문에 저는 그 악작을 참회합니다."

---

62 범하면 대중에게 타죄(墮罪)를 참회해야 하는 가벼운 계.

63 범하면 다른 비구에게 참회해야 하는 가벼운 계.

64 '돌길라(突吉羅)'로 음역(音譯)된다. 참회하면 용서가 되는 경미한 죄.

65 세존의 비옷을 수리할 때, 발로 밟고 바느질을 한 것을 불경(不敬)한 행동이라고 지적한 것에 대한 변명이다.

"아난다 존자여, 세존께서 그대에게 중요한 언질을 주고 중요한 암시를 하였는데, 세존께 '세존이시여, 영겁토록 머무소서! 선서시여, 대중의 이익을 위하여, 대중의 행복을 위하여, 세간을 연민하사, 천신과 인간의 복과 이익과 행복을 위하여 영겁토록 머무소서!'라고 그대가 간청하지 않은 것은 악작입니다. 그 악작을 참회하시오!"

"존자들이여, 저는 마라(Māra)에게 마음이 사로잡혀서 세존께 간청하지 못했습니다. 저는 그것을 악작으로 보지 않습니다. 그렇지만 존자들을 신뢰하기 때문에 저는 그 악작을 참회합니다."

"아난다 존자여, 그대가 여래께서 가르치신 가르침과 율에 여인이 집을 버리고 출가할 수 있도록 힘쓴 것은 악작입니다. 그 악작을 참회하시오!"

"존자들이여, 저는 세존의 어머님께서 돌아가시자 이모님으로서 젖을 먹여 세존을 키우고 양육하신 은혜가 큰 마하빠자빠띠 고따미를 생각하여, 여래께서 가르치신 가르침과 율에 여인이 집을 버리고 출가할 수 있도록 힘썼습니다. 저는 그것을 악작으로 보지 않습니다. 그렇지만 존자들을 신뢰하기 때문에 저는 그 악작을 참회합니다."

13.11. 그때 뿌라나(Purāṇa) 존자는 500명의 큰 비구상가와 함께 닥키나기리(Dakkhiṇā-giri)에서 유행(遊行)했습니다. 뿌라나 존자는 장로 비구들이 가르침과 율을 결집하는 동안 닥키나기리에서 흡족하게 지낸 후에 라자가하의 웰루와나 깔란다까니와빠로 장로 비구들을 찾아가서 장로 비구들과 인사를 나누고 한쪽에 앉았습니다. 한쪽에 앉은 뿌라나 존자에게 장로 비구들이 말했습니다.

"뿌라나 존자여, 장로들이 가르침과 율을 결집했습니다. 결집된 그 경전을 취하십시오!"

"존자들이여, 장로들께서 가르침과 율을 잘 결집하셨군요. 그렇지만 나는 내가 세존에게 직접 듣고, 직접 받은 가르침과 율을 들은 그대로 수지하겠습니다."

13.12. 아난다 존자가 비구들에게 말했습니다.

"존자들이여, 세존께서 저에게 '아난다여, 나의 사후에 찬나(Channa)[66] 비구는 묵빈(默擯)[67]의 벌을 받게 해야 한다'라고 말씀하셨습니다."

"아난다 존자여, 그렇다면 그대는 세존께 '세존이시여, 묵빈의 벌이란 어떤 것입니까?'라고 물었습니까?"

"존자들이여, 저는 세존께 '세존이시여, 묵빈의 벌이란 어떤 것입니까?'라고 물었습니다. 세존께서는 '아난다여, 찬나 비구가 대화를 원해도 비구들은 대화해서도 안 되고, 훈계해서도 안 되고, 질책해서도 안 된다'라고 말씀하셨습니다."

---

66 붓다가 출가할 때 말을 끌던 마부였다. 붓다가 고향인 까삘라왓투에 갔을 때 출가했다. 평소 자만심이 많아 제멋대로 행동했다고 한다. 여기에서는 붓다가 직접 처벌을 명하고 있지만, 실제로 붓다가 열반에 임하여 한 개인의 처벌을 거론했다고는 생각되지 않는다. 찬나 비구가 부처님을 믿고 교단에서 방자한 행동을 했기 때문에, 부처님의 입멸 후에 교단으로부터 벌을 받은 것으로 보인다.

67 'brahmā-daṇḍa'의 번역. 범단(梵壇), 범천법(梵天法), 범천치(梵天治)라고도 함. 비구가 계율을 범하고도 그에 상응하는 벌을 받지 않으면, 대중은 그와 말하거나 왕래하지 않고 빼돌려 승단에서 내쫓는 벌.

"아난다 존자여, 그렇다면 그대는 찬나 비구가 묵빈의 벌을 받게 했습니까?"

"존자들이여, 제가 어떻게 찬나 비구가 묵빈의 벌을 받게 하겠습니까? 그 비구는 사납고 거칩니다."

"아난다 존자여, 그렇다면 여러 비구들과 함께 가시오!"

"존자들이여, 그렇게 하겠습니다."

아난다 존자는 장로 비구들에게 대답한 후에 500명의 큰 비구상가와 함께 배로 강을 거슬러 올라가, 꼬삼비에 내려서 우데나(Udena)왕의 공원 근처의 어떤 나무 아래에 앉았습니다.

13.13. 그때 우데나왕이 시녀들과 함께 공원에 놀러 왔습니다. 우데나왕의 시녀들은 '우리의 스승이신 아난다 성자(聖者)께서 공원 근처의 어떤 나무 아래에 앉아 계신다'라는 말을 들었습니다. 우데나왕의 시녀들이 우데나왕에게 말했습니다.

"전하! 우리의 스승이신 아난다 성자께서 공원 근처의 어떤 나무 아래에 앉아 계십니다. 전하! 우리는 아난다 성자를 뵙고 싶습니다."

"그렇다면 너희들은 아난다 사문을 만나 보도록 하라!"

우데나왕의 시녀들은 아난다 존자를 찾아가서 예배한 후에 한쪽에 앉았습니다. 아난다 존자는 법을 설하여 한쪽에 앉은 우데나왕의 시녀들을 가르치고 격려하고 칭찬하고 기쁘게 했습니다. 아난다 존자로부터 설법을 듣고 격려를 받고 칭찬을 받고 희열을 느낀 우데나왕의 시녀들은 아난다 존자에게 500벌의 상의(上衣)를 보시했습니다. 우데나왕의 시녀들은 아난다 존자의 말씀에 기뻐하고 만족하고서 자리에서 일어나 아난다 존자에게 예배하고 그곳을 떠나 우데나왕에게 갔습니다.

13.14. 저만치서 시녀들이 오는 것을 보고 우데나왕이 시녀들에게 말했습니다.

"너희들은 아난다 사문을 만나 보았느냐?"

"전하! 저희는 아난다 성자를 뵈었습니다."

"너희들은 아난다 사문에게 무엇을 보시하였느냐?"

"전하! 저희는 아난다 성자에게 500벌의 상의를 보시했습니다."

우데나왕은 실망하고 화를 내며 불평했습니다.

"아난다 사문은 어찌 그렇게 많은 옷을 받을 수가 있단 말인가? 아난다 사문은 옷 가게라도 차릴 생각이란 말인가?"

우데나왕은 아난다 존자를 찾아가서 함께 정중하게 인사를 나누고 한쪽에 앉았습니다. 한쪽에 앉은 우데나왕이 아난다 존자에게 말했습니다.

"아난다 존자여, 여기에 나의 시녀들이 왔었나요?"

"대왕님! 여기에 당신의 시녀들이 왔습니다."

"그렇다면 그녀들이 아난다 존자에게 무엇을 주었나요?"

"대왕님! 그녀들이 나에게 500벌의 상의를 주었습니다."

"아난다 존자는 그 많은 옷으로 무엇을 하시렵니까?"

"대왕님! 옷이 해진 비구들과 함께 나눌 것입니다."

"아난다 존자여, 그렇다면 이전의 해진 옷은 어떻게 하시렵니까?"

"대왕님! 담요를 만들 것입니다."

"아난다 존자여, 그렇다면 이전의 담요는 어떻게 하시렵니까?"

"대왕님! 방석을 만들 것입니다."

"아난다 존자여, 그렇다면 이전의 방석은 어떻게 하시렵니까?"

"대왕님! 방바닥 깔개를 만들 것입니다."

"아난다 존자여, 그렇다면 이전의 방바닥 깔개는 어떻게 하시렵니까?"

"대왕님! 발수건을 만들 것입니다."

"아난다 존자여, 그렇다면 이전의 발수건은 어떻게 하시렵니까?"

"대왕님! 걸레를 만들 것입니다."

"아난다 존자여, 그렇다면 이전의 걸레는 어떻게 하시렵니까?"

"대왕님! 잘게 찢어서 진흙으로 반죽하여 벽에 바를 것입니다."

우데나왕은 '이들 석씨사문들은 모든 것을 철저하게 사용하고 낭비하지 않는다'라고 생각하고, 아난다 존자에게 다른 옷 500벌을 보시했습니다. 그리하여 아난다 존자는 1,000벌의 옷을 받게 되었습니다.

13.15. 아난다 존자는 고시따(Ghosita) 승원으로 가서 자리를 펴고 앉았습니다. 그러자 찬나 존자가 아난다 존자를 찾아와서 아난다 존자에게 예배하고 한쪽에 앉았습니다. 한쪽에 앉은 찬나 존자에게 아난다 존자가 말했습니다.

"찬나 존자여, 상가는 그대에게 묵빈의 벌을 내렸습니다."

"아난다 존자여, 묵빈의 벌이란 어떤 것입니까?"

"찬나 존자여, 그대가 비구들과 대화를 원해도 비구들은 대화해서도 안 되고, 훈계해서도 안 되고, 질책해서도 안 됩니다."

"아난다 존자여, 이런 식으로 비구들이 저와 대화해서도 안 되고, 훈계해서도 안 되고, 질책해서도 안 된다면, 그것은 저를 죽이는 것이 아닙니까?"

찬나 존자는 그 자리에서 넋을 잃고 쓰러졌습니다. 묵빈의 벌을 받을 때, 괴로워하고 부끄러워하고 혐오하면서 홀로 소외된 가운데 열심히 노력하고 정진하며 지낸 찬나 존자는 오래지 않아 선남자가 집을 버리고 출가한 목적에 합당한 위없는 범행(梵行)의 완성을 지금 여기에서 몸소 체험적 지혜[勝智]로 체득하고 성취하여 살아가게 되었습니다. 그는 '생(生)은 소멸했다. 청정한 범행을 완성했으며, 해야 할 일을 끝마쳤다. 다시는 이와 같은 상태로 되지 않는다'라고 증득했습니다. 그리하여 찬나 존자는 아라한 가운데 한 분이 되었습니다. 아라한을 성취한 찬나 존자는 아난다 존자를 찾아가서 말했습니다.

"아난다 존자여, 이제 제 묵빈의 벌을 거두어 주십시오!"

"찬나 존자여, 그대가 아라한을 성취했을 때, 그대의 묵빈의 벌은 거두어졌습니다."

13.16. 이 율장의 결집에 더하지도 않고 덜하지도 않고, 꼭 500명의 비구들이 참여했기 때문에 이 율장의 결집을 500결집이라고 부릅니다.

디가 니까야

Dīgha-Nikāya

1. 범망경(梵網經)[68]

〈D.N. 1. Brahmajāla Sutta〉

1.1. 이와 같이 나는 들었습니다.

한때 세존께서 500명의 큰 비구상가와 함께 라자가하(Rājagaha)에서 나란다(Nāḷanda)로 가는 긴 여정에 나섰습니다. 행각수행자 수삐야(Suppiya)도 젊은 제자 브라마닷따(Brahmadatta)와 함께 라자가하에서 나란다로 가는 긴 여정에 나섰습니다. 그때 행각수행자 수삐야는 갖가지로 부처님을 비난하고, 가르침을 비난하고, 상가를 비난했습니다. 그리고 그의 젊은 제자 브라마닷따는 갖가지로 부처님을 찬탄하고, 가르침을 찬탄하고, 상가를 찬탄했습니다. 이렇게 스승과 그의 젊은 제자는 정반대로 말하면서 세존과 비구상가를 뒤따라왔습니다.

1.2. 그때 세존께서는 비구상가와 함께 왕성(王城) 안에 있는 망고 숲에서 하룻밤을 지내셨습니다. 행각수행자 수삐야도 그의 젊은 제자 브라마닷따와 함께 망고 숲에서 하룻밤을 지냈습니다. 그곳에서도 행각수행자 수삐야는 갖가지로 부처님을 비난하고, 가르침을 비난하고, 상가를 비난했습니다. 그리고 그의 젊은 제자 브라마닷따는 갖가지로 부처님을 찬탄하고, 가르침을 찬탄하고, 상가를 찬탄했습니다. 이렇게 스승과 그의 젊은 제자는 정반대로 말했습니다.

1.3. 밤이 지나자, 이른 아침에 일어난 여러 비구들은 강당(講堂)에 모여 앉아 이런 이야기를 했습니다.

"법우들이여, 놀랍습니다! 법우들이여, 희유합니다! 다 아시고, 다 보시고, 바른 깨달음을 이루신 세존께서는 아라한이며, 중생의 갖가지 생각을 잘 통찰하십니다. 그런데 저 행각수행자 수삐야는 갖가지로 부처님을 비난하고, 가르침을 비난하고, 상가를 비난합니다. 그리고 그의 젊은 제자 브라마닷따는 갖가지로 부처님을 찬탄하고, 가르침을 찬탄하고, 상가를 찬탄합니다. 이렇게 스승과 그의 젊은 제자는 정반대로 말하면서 세존과 비구상가를 뒤따라옵니다."

1.4. 그때 세존께서는 비구들이 이런 이야기를 나누는 것을 아시고, 그 강당으로 가서 마련된 자리에 앉으셨습니다. 자리에 앉은 후에 세존께서 비구들에게 말씀하셨습니다.

"비구들이여, 지금 무엇 때문에 모여 앉아 이야기하는가? 무슨 이야기를 나누는 중인가?"

그 비구들이 세존께 말씀드렸습니다.

"세존이시여, 우리는 밤이 지나고 이른 아침에 일어나 강당에 모여 앉아 '법우들이여, 놀랍습니다! 법우들이여, 희유합니다! 다 아시고, 다 보시고, 바른 깨달음을 이루신 세존께서는 아라한이며, 중생의 갖가지 생각을 잘 통찰하십니다. 그런데 저 행각수행자 수삐야는 갖가지로 부처님을 비난하고, 가르침을 비난하고, 상가를 비난합니다. 그리고 그의 젊은 제자 브라마닷따는 갖가지로 부처님

---

68 『장아함경(長阿含經)』의 「범동경(梵動經)」에 상응하는 경. 원어의 의미를 살려 「범망경(梵網經)」으로 번역함.

을 찬탄하고, 가르침을 찬탄하고, 상가를 찬탄합니다. 이렇게 스승과 그의 젊은 제자는 정반대로 말하면서 세존과 비구상가를 뒤따라옵니다'라고 이야기했습니다. 세존이시여, 이것이 세존께서 오시자 중단된 이야기입니다."

1.5. "비구들이여, 다른 사람들이 나를 비난하거나, 가르침을 비난하거나, 상가를 비난하더라도, 그때 그대들은 화를 내거나, 불만을 갖거나, 싫은 마음을 내서는 안 된다오. 비구들이여, 다른 사람들이 나를 비난하거나, 가르침을 비난하거나, 상가를 비난할 때, 그대들이 격분하고 불쾌해하는 것은 그대들에게 장애가 된다오. 비구들이여, 다른 사람들이 나를 비난하거나, 가르침을 비난하거나, 상가를 비난할 때, 그대들이 격분하고 불쾌해한다면, 그대들은 다른 사람들의 이야기가 옳은지 그른지 알 수 있겠는가?"

"알 수 없습니다, 세존이시여!"

"비구들이여, 다른 사람들이 나를 비난하거나, 가르침을 비난하거나, 상가를 비난할 때, 그대들은 '그것은 거짓이다. 그것은 사실이 아니다. 우리에게 그런 일은 없다. 우리에게는 그런 허물이 없다'라고 거짓을 거짓이라고 밝혀야 한다오.

1.6. 비구들이여, 다른 사람들이 나를 찬탄하거나, 가르침을 찬탄하거나, 상가를 찬탄한다면, 그때 그대들은 기뻐하거나, 좋아하거나, 의기양양해서는 안 된다오. 비구들이여, 다른 사람들이 나를 찬탄하거나, 가르침을 찬탄하거나, 상가를 찬탄할 때, 그대들이 기뻐하거나, 좋아하거나, 의기양양해하는 것은 그대들에게 장애가 된다오. 비구들이여, 다른 사람들이 나를 찬탄하거나, 가르침을 찬탄하거나, 상가를 찬탄할 때, 그대들은 '그것은 진실이다. 그것은 사실이다. 우리에게 그런 일이 있다. 우리에게는 그런 좋은 점이 있다'라고 진실을 진실이라고 밝혀야 한다오.

1.7. 비구들이여, 범부는 사소하고 세속적인 계율만으로[69] 여래를 찬탄한다오. 비구들이여, 범부는 어떻게 사소하고 세속적인 계율만으로 여래를 찬탄하는가?

1.8. 비구들이여, 범부는 '사문 고따마는 살생을 하지 않으며, 살생을 삼가며, 몽둥이나 칼을 잡지 않으며, 부끄러움을 알며, 모든 생명을 보살피고 사랑한다'라고 여래를 찬탄한다오. 비구들이여, 범부는 '사문 고따마는 도둑질을 하지 않으며, 도둑질을 삼가며, 보시받은 것만을 취하고, 보시만을 기대하며, 청정한 마음으로 살아간다'라고 여래를 찬탄한다오. 비구들이여, 범부는 '사문 고따마는 부도덕한 행위를 하지 않고, 세속의 법인 음행을 삼가고 멀리하는 청정한 수행자다'라고 여래를 찬탄한다오.

1.9. 비구들이여, 범부는 '사문 고따마는 거짓말을 하지 않으며, 거짓말을 삼가며, 진실을 말하며, 정직하며, 참되며, 믿음이 가며, 세상을 속이지 않는다'라고 여래를 찬탄한다오.

비구들이여, 범부는 '사문 고따마는 이간질을 하지 않으며, 이간질을 삼가며, 이들에게 들은 것을 저들에게 알려 이간하지 않으며, 저들에게 들은 것을 이들에게 알려 이

---

69 'sīla-mattaka'는 '계(戒)'를 의미하는 'sīla'와 '한정된 양'을 의미하는 'mattaka'의 합성어로서 '계율에 한하여'의 의미이다. 여기에서는 여래를 계율의 실천, 즉 도덕적인 면에 한정하여 찬탄하는 것을 의미한다.

간하지 않는다. 이렇게 언제나 불화를 화해하고, 집착함이 없는 화합의 기쁨, 화합의 즐거움, 화합의 환희, 화합의 필요를 이야기한다'라고 여래를 찬탄한다오.

비구들이여, 범부는 '사문 고따마는 추악한 말을 하지 않으며, 추악한 말을 삼가며, 부드럽고, 듣기 좋고, 사랑이 넘치고, 유쾌하고, 정중하고, 누구나 좋아하고, 누구나 즐거워하는 그런 이야기를 한다'라고 여래를 찬탄한다오.

비구들이여, 범부는 '사문 고따마는 잡담을 하지 않으며, 잡담을 삼가며, 때에 맞는 말[時語]·진실한 말[實語]·의미 있는 말[義語]·법에 대한 말[法語]·율에 대한 말[律語]을 시의적절하게, 분명한 의도를 가지고, 의미를 갖추어 새겨듣게 이야기한다'라고 여래를 찬탄한다오.

1.10. 비구들이여, 범부는 '사문 고따마는 농사를 짓지 않는다. 사문 고따마는 한 끼만 먹되, 밤에는 먹지 않고 때가 아니면 먹지 않는다. 사문 고따마는 춤과 노래와 음악과 연극을 구경하지 않는다. 사문 고따마는 꽃이나 향으로 치장하지 않는다. 사문 고따마는 높고 큰 침대를 쓰지 않는다. 사문 고따마는 금이나 은을 받지 않는다. 사문 고따마는 익히지 않은 곡식은 받지 않는다. 사문 고따마는 익히지 않은 고기는 받지 않는다. 사문 고따마는 부인이나 처녀를 받지 않는다. 사문 고따마는 노비(奴婢)를 받지 않는다. 사문 고따마는 염소나 양을 받지 않는다. 사문 고따마는 닭이나 돼지를 받지 않는다. 사문 고따마는 코끼리나 소나 말을 받지 않는다. 사문 고따마는 논밭을 받지 않는다. 사문 고따마는 하인을 받지 않는다. 사문 고따마는 물건을 사고팔지 않는다. 사문 고따마는 저울이나 양을 속이지 않는다. 사문 고따마는 거짓으로 속이지 않는다. 사문 고따마는 때리거나 죽이거나 결박하거나 강탈하거나 약탈하거나 폭력을 휘두르지 않는다'라고 여래를 찬탄한다오."

1.11.~1.27. (생략)[70]

1.28. "비구들이여, 이와는 달리 현자(賢者)만이 알 수 있는, 심오하고 보기 어렵고 깨닫기 어렵고 고요하고 사변(思辨)을 벗어난, 미묘하고 훌륭한 진리[dhamma][71]들이 있다오. 여래는 그것을 스스로 이해하고 체험하여 가르친다오. 그러므로 사람들은 그것으로 여래의 참모습을 바르게 찬탄해야 한다오. 비구들이여, 현자만 알 수 있는, 여실하고 바른 찬탄이 되는 진리는 어떤 것인가?

1.29. 비구들이여, 어떤 사문과 바라문들은 과거에 대하여 억측하는 자들이라오. 그들은 과거에 대하여 열여덟 가지 근거로 허망한 이론을 주장한다오. 과거에 대하여 억측하는 사문이나 바라문들은 어떤 근거에서, 무엇 때문에 과거에 대하여 열여덟 가지로 허망한 이론을 주장하는가?

1.30. 비구들이여, 상주론(常住論)을 주장하는 사문과 바라문들은 네 가지로 '자아와 세계는 상주한다'라고 주장한다오. 그들은 어떤 근거에서, 무엇 때문에 네 가지로 '자아와 세계는 상주한다'라고 상주론을 주장하는

---

70 짧은 계율과 유사한 내용을 길게 설명한 중간 계율과 긴 계율은 생략한다.

71 '법(法)'으로 한역되는 'dhamma'는 여러 가지 의미를 지닌다. 여기에서는 '진리'의 의미로 사용되고 있다.

가?

1.31. 비구들이여, 어떤 사문이나 바라문은 노력하고 정진하고 전념하고 방일하지 않고 마음을 집중하여 삼매(三昧)에 들어, 다양한 전생의 삶을 기억한다오. 그는 한 번의 태어남, 두 번의 태어남, 세 번의 태어남, 네 번의 태어남, 다섯 번의 태어남, 열 번의 태어남, 스무 번의 태어남, 서른 번의 태어남, 마흔 번의 태어남, 쉰 번의 태어남, 백 번의 태어남, 천 번의 태어남, 백천 번의 태어남, 수백 생, 수천 생, 수만 생을 기억하는 삼매에 도달한다오.

'그곳에서 나는 이름은 이러했고, 가문은 이러했고, 용모는 이러했고, 음식은 이러했으며, 이러한 고락(苦樂)을 겪었고, 이렇게 수명을 마쳤다. 그가 죽어서 거기에 태어났다. 그곳에서 나는 이름은 이러했고, 가문은 이러했고, 용모는 이러했고, 음식은 이러했으며, 이러한 고락을 겪었고, 이렇게 수명을 마쳤다. 그가 죽어서 이 세상에 태어났다.' 이렇게 그는 용모와 내력을 지닌 다양한 전생의 삶을 기억한다오.

그는 이렇게 말한다오.

'자아와 세계는 상주하며, 새로운 것을 생산하지 못하며, 움직이지 않고 기둥처럼 고정되어 있다. 그 중생은 흘러 다니고 돌아다니면서 죽고 다시 태어나지만, 영원히 존재한다. 이렇게 주장하는 근거는 무엇인가? 나는 노력하고 정진하고 전념하고 방일하지 않고 마음을 집중하여 삼매에 들어, 다양한 전생의 삶을 기억한다. 즉 한 번의 태어남, 두 번의 태어남, 세 번의 태어남, 네 번의 태어남, 다섯 번의 태어남, 열 번의 태어남, 스무 번의 태어남, 서른 번의 태어남, 마흔 번의 태어남, 쉰 번의 태어남, 백 번의 태어남, 천 번의 태어남, 백천 번의 태어남, 수백 생, 수천 생, 수만 생을 기억하는 삼매에 도달했다. 그곳에서 나는 이름은 이러했고, 가문은 이러했고, 용모는 이러했고, 음식은 이러했으며, 이러한 고락을 겪었고, 이렇게 수명을 마쳤다. 그가 죽어서 나는 거기에 태어났다. 그곳에서 나는 이름은 이러했고, 가문은 이러했고, 용모는 이러했고, 음식은 이러했으며, 이러한 고락을 겪었고, 이렇게 수명을 마쳤다. 그가 죽어서 이 세상에 태어났다. 이렇게 나는 용모와 내력을 지닌 다양한 전생의 삶을 기억한다. 그래서 나는 '자아와 세계는 상주하며, 새로운 것을 생산하지 못하며, 움직이지 않고 기둥처럼 고정되어 있다. 그 중생은 흘러 다니고 돌아다니면서 죽고 다시 태어나지만, 영원히 존재한다'라는 것을 안다.'

비구들이여, 이것이 사문이나 바라문들이 '자아와 세계는 상주한다'라고 상주론을 주장하는 첫 번째 이유이며 근거라오.

1.32. 상주론을 주장하는 두 번째 사문이나 바라문들은 어떤 근거에서, 무엇 때문에 '자아와 세계는 상주한다'라고 주장하는가?

비구들이여, 어떤 사문이나 바라문은 노력하고 정진하고 전념하고 방일하지 않고 마음을 집중하여 삼매에 들어, 다양한 전생의 삶을 기억한다오. 그는 한 번의 괴멸과 생성, 두 번의 괴멸과 생성, 세 번의 괴멸과 생성, 네 번의 괴멸과 생성, 다섯 번의 괴멸과 생성, 열 번의 괴멸과 생성을 기억하는 삼매에 도달한다오.

'그곳에서 나는 이름은 이러했고, 가문은 이러했고, 용모는 이러했고, 음식은 이러했으며, 이러한 고락을 겪었고, 이렇게 수명을 마쳤다. 그가 죽어서 거기에 태어났다. 그곳에서 나는 이름은 이러했고, 가문은 이러했고, 용모는 이러했고, 음식은 이러했으며, 이러한 고락을 겪었고, 이렇게 수명을 마쳤다. 그가 죽어서 이 세상에 태어났다.' 이렇게 그는 용모와 내력을 지닌 다양한 전생의 삶을 기억한다오.

그는 이렇게 말한다오.

'자아와 세계는 상주하며, 새로운 것을 생산하지 못하며, 움직이지 않고 기둥처럼 고정되어 있다. 그 중생은 흘러 다니고 돌아다니면서 죽고 다시 태어나지만, 영원히 존재한다. 이렇게 주장하는 근거는 무엇인가? 나는 노력하고 정진하고 전념하고 방일하지 않고 마음을 집중하여 삼매에 들어, 다양한 전생의 삶을 기억한다. 즉 한 번의 괴멸과 생성, 두 번의 괴멸과 생성, 세 번의 괴멸과 생성, 네 번의 괴멸과 생성, 다섯 번의 괴멸과 생성, 열 번의 괴멸과 생성을 기억하는 삼매에 도달했다. 그곳에서 나는 이름은 이러했고, 가문은 이러했고, 용모는 이러했고, 음식은 이러했으며, 이러한 고락을 겪었고, 이렇게 수명을 마쳤다. 그가 죽어서 거기에 태어났다. 그곳에서 나는 이름은 이러했고, 가문은 이러했고, 용모는 이러했고, 음식은 이러했으며, 이러한 고락을 겪었고, 이렇게 수명을 마쳤다. 그가 죽어서 이 세상에 태어났다. 이렇게 나는 용모와 내력을 지닌 다양한 전생의 삶을 기억한다. 그래서 나는 '자아와 세계는 상주하며, 새로운 것을 생산하지 못하며, 움직이지 않고 기둥처럼 고정되어 있다. 그 중생은 흘러 다니고 돌아다니면서 죽고 다시 태어나지만, 영원히 존재한다'라는 것을 안다.'

비구들이여, 이것이 사문이나 바라문들이 '자아와 세계는 상주한다'라고 상주론을 주장하는 두 번째 이유이며 근거라오.

1.33. 상주론을 주장하는 세 번째 사문이나 바라문들은 어떤 근거에서, 무엇 때문에 '자아와 세계는 상주한다'라고 주장하는가?

비구들이여, 어떤 사문이나 바라문은 노력하고 정진하고 전념하고 방일하지 않고 마음을 집중하여 삼매에 들어, 다양한 전생의 삶을 기억한다오. 그는 열 번의 괴멸과 생성, 스무 번의 괴멸과 생성, 서른 번의 괴멸과 생성, 마흔 번의 괴멸과 생성, 쉰 번의 괴멸과 생성을 기억하는 삼매에 도달한다오.

'그곳에서 나는 이름은 이러했고, 가문은 이러했고, 용모는 이러했고, 음식은 이러했으며, 이러한 고락을 겪었고, 이렇게 수명을 마쳤다. 그가 죽어서 거기에 태어났다. 그곳에서 나는 이름은 이러했고, 가문은 이러했고, 용모는 이러했고, 음식은 이러했으며, 이러한 고락을 겪었고, 이렇게 수명을 마쳤다. 그가 죽어서 이 세상에 태어났다.' 이렇게 그는 용모와 내력을 지닌 다양한 전생의 삶을 기억한다오.

그는 이렇게 말한다오.

'자아와 세계는 상주하며, 새로운 것을 생산하지 못하며, 움직이지 않고 기둥처럼 고정되어 있다. 그 중생은 흘러 다니고 돌아다니면서 죽고 다시 태어나지만, 영원히 존재한다. 이렇게 주장하는 근거는 무엇인가? 나는 노력하고 정진하고 전념하고 방일하지 않고 마음을 집중하여 삼매에 들어, 다양한 전생의 삶을 기억한다. 즉 열 번의 괴멸과 생성, 스무 번의 괴멸과 생성, 서른 번의 괴멸과 생성, 마흔 번의 괴멸과 생성, 쉰 번의 괴멸과 생성을 기억하는 삼매에 도달했다. 그곳에서 나는 이름은 이러했고, 가문은 이러했고, 용모는 이러했고, 음식은 이러했으며, 이러한 고락을 겪었고, 이렇게 수명을 마쳤다. 그가 죽어서 거기에 태어났다. 그곳에서 나는 이름은 이러했고, 가문은 이러했고, 용모는 이러했고, 음식은 이러했으며, 이러한 고락을 겪었고, 이렇게 수명을 마쳤다. 그가 죽어서 이 세상에 태어났다. 이렇게 나는 용모와 내력을 지닌 다양한 전생의 삶을 기억한다. 그래서 나는 '자아와 세계는 상주하며, 새로운 것을 생산하지 못하며, 움직이지 않고 기둥처럼 고정되어 있다. 그 중생은 흘러 다니고 돌아다니면서 죽고 다시 태어나지만, 영원히 존재한다'라는 것을 안다.'

비구들이여, 이것이 사문이나 바라문들이 '자아와 세계는 상주한다'라고 상주론을 주장하는 세 번째 이유이며 근거라오.

1.34. 상주론을 주장하는 네 번째 사문이나 바라문들은 어떤 근거에서, 무엇 때문에 '자아와 세계는 상주한다'라고 주장하는가?

비구들이여, 어떤 사문이나 바라문은 논리적으로 추론하는 사변가라오. 그는 논리학을 익혀 논리적으로 사유하고 스스로 이해하여 이렇게 말한다오.

'자아와 세계는 상주하며, 새로운 것을 생산하지 못하며, 움직이지 않고 기둥처럼 고정되어 있다. 그 중생은 흘러 다니고 돌아다니면서 죽고 다시 태어나지만, 영원히 존재한다.'

비구들이여, 이것이 사문이나 바라문들이 '자아와 세계는 상주한다'라고 상주론을 주장하는 네 번째 이유이며 근거라오.

1.35. 비구들이여, 이들이 네 가지로 '자아와 세계는 상주한다'라고 상주론을 주장하는 사문이나 바라문들이라오. 비구들이여, '자아와 세계가 상주한다'라고 상주론을 주장하는 사문이나 바라문들은 누구든 이들 네 가지나 이들 가운데 어느 하나를 가지고 주장할 뿐, 그 밖에 다른 것은 없다오.

1.36. 비구들이여, 여래는 이들 독단의 근거[diṭṭhiṭṭhānā]는 어떻게 이해된 것인지, 어떻게 취해진 것인지, 어디로 가는 것인지, 미래에 어떻게 될 것인지를 훤히 안다오. 여래는 그것을 알 뿐만 아니라 그보다 더욱 수승한 것을 알지만 그 지식에 집착하지 않으며, 집착이 없이 스스로 적멸(寂滅)에 이르렀음을 안다오. 비구들이여, 여래는 느낌[受]의 일어남과 사라짐, 그것이 주는 즐거움과 재앙, 그것으로부터 벗어남을 여실하게 알아서 집착하지 않고 해탈했다오.

1.37. 비구들이여, 이것이 현자만이 알 수 있는, 심오하고 보기 어렵고 깨닫기 어렵고 고요하고 생각으로는 미칠 수 없는 미묘하고 훌륭한 진리라오. 여래는 그것을 스스로 이해하고 체험하여 가르친다오. 그러므로 사람들은 그것으로 여래의 참모습을 바르게 찬탄해야 한다오.

2.1. 비구들이여, '일부는 상주하고 일부는 상주하지 않는다'라고 주장하는 사문과 바라문들은 네 가지로 '자아와 세계는 일부는 상주하고 일부는 상주하지 않는다'라고 주장한다오. 그들은 어떤 근거에서, 무엇 때문에 네 가지로 '자아와 세계는 일부는 상주하고 일부는 상주하지 않는다'라고 주장하는가?

2.2. 비구들이여, 오랜 시간이 지나면, 언젠가 이 세계는 괴멸한다오. 세계가 괴멸할 때 많은 중생은 아바싸라(Ābhassara, 光音天)에 태

어난다오. 그들은 그곳에서 의성신(意成身, manomaya)[72]으로, 기쁨을 음식 삼아 스스로 빛을 내고 허공을 날아다니며 청정한 상태로 오랫동안 긴 시간을 머문다오.

2.3. 비구들이여, 오랜 시간이 지나면, 언젠가 이 세계가 생성된다오. 생성된 세상에 텅 빈 브라만(Brahma, 梵天) 천궁(天宮, vimāna)이 나타난다오. 어떤 중생은 수명이 다하거나, 공덕이 다하면 아바싸라의 무리로부터 텅 빈 브라만 천궁으로 가서 태어난다오. 그는 그곳에서 의성신으로, 기쁨을 음식 삼아 스스로 빛을 내고 허공을 날아다니며 청정한 상태로 오랫동안 긴 시간을 머문다오.

2.4. 그는 그곳에서 혼자 오랜 시간을 보내기 때문에 근심과 불만과 두려움이 생겨 '진정으로 다른 중생이 이곳으로 왔으면 좋겠다'라고 생각한다오. 그러면 수명이 다하거나 공덕이 다한 다른 중생이 아바싸라의 무리로부터 텅 빈 브라만 천궁으로 가서 그 중생의 동료로 태어난다오. 그들은 그곳에서 의성신으로, 기쁨을 음식 삼아 스스로 빛을 내고 허공을 날아다니며 청정한 상태로 오랫동안 긴 시간을 머문다오.

2.5. 비구들이여, 그때 맨 처음 태어난 중생은 이렇게 생각한다오.

'나는 위대한 브라만이며, 주인이며, 정복되지 않는 자며, 모든 것을 보는 자며, 전능한 자며, 자재(自在)한 자며, 조물주며, 최상의 창조자며, 지배자며, 이미 존재하는 것과 앞으로 존재할 것의 아버지다. 나에 의해 이 중생은 창조되었다. 왜냐하면 과거에 나는 '진정으로 다른 중생이 이곳으로 왔으면 좋겠다'라고 생각했는데, 내가 이렇게 마음으로 소망하자 이 중생이 이곳으로 왔기 때문이다.'

뒤에 태어난 중생은 이렇게 생각한다오.

'이분은 위대한 브라만이며, 주인이며, 정복되지 않는 분이며, 모든 것을 보는 분이며, 전능한 분이며, 자재한 분이며, 조물주며, 최상의 창조자며, 지배자며, 존재하는 것과 존재할 것의 아버지다. 이 존귀한 브라만에 의해 우리는 창조되었다. 왜냐하면 우리는 여기에서 맨 처음 태어난 이분을 보았고, 우리는 뒤에 태어났기 때문이다.'

2.6. 비구들이여, 그때 맨 처음 태어난 중생은 수명이 더 길고, 더 잘생기고, 더 큰 위력이 있다오. 그리고 뒤에 태어난 중생은 수명이 더 짧고, 더 못생기고, 위력이 더 적다오. 비구들이여, 어떤 중생이 그 무리로부터 죽어서 이곳으로 오게 된다오. 이곳에 와서 집을 버리고 출가하여 사문이 된다오. 집을 버리고 출가한 사문은 노력하고 정진하고 전념하고 방일하지 않고 마음을 집중하여 삼매에 들어, 전생의 삶을 기억하고 그 이상은 기억하지 못하는 삼매에 도달한다오.

그는 이렇게 말한다오.

'그 존귀한 분은 실로 브라만이며, 위대한 브라만이며, 주인이며, 정복되지 않는 분이며, 모든 것을 보는 분이며, 전능한 분이며,

---

72 'manomaya'는 '의도에 의해 이루어진'이라는 의미인데, 광음천(光音天)은 음욕(淫慾)이 없고 남녀의 구별이 없다. 따라서 광음천에 태어나는 중생은 욕망에서 벗어나 자신이 원하는 모습으로 살아간다. 이런 몸을 'manomaya-kāya, 의성신'이라고 하는데, 이 경에서 'manomaya'는 'manomaya-kāya'를 의미한다.

자재한 분이며, 조물주며, 최상의 창조자며, 지배자며, 존재하는 것과 존재할 것의 아버지다. 그 존귀한 브라만에 의해 우리는 창조되었다. 그분은 상존(常存)하고 영원하고 상주하며, 변하지 않는 존재(dhamma)로서 영원히 그렇게 머무신다. 그러나 그 브라만에 의해 창조된 우리는 무상하고 영원하지 못한, 수명이 짧은 소멸하는 존재로 이곳에 태어났다.'

비구들이여, 이것이 '일부는 상주하고 일부는 상주하지 않는다'라고 주장하는 사문과 바라문들이 '자아와 세계는 일부는 상주하고 일부는 상주하지 않는다'라고 주장하는 첫 번째 이유이며 근거라오.

2.7. '일부는 상주하고 일부는 상주하지 않는다'라고 주장하는 두 번째 사문과 바라문들은 어떤 근거에서, 무엇 때문에 '자아와 세계는 일부는 상주하고 일부는 상주하지 않는다'라고 주장하는가?

비구들이여, 킷다빠도시까(Khiḍḍā-padosikā, 戲耽天)라고 불리는 신들이 있다오. 그들은 오랫동안 오락에 빠져서 탐닉(耽溺)하며 살아간다오. 그들은 오랫동안 오락에 빠져서 탐닉하며 살아가기 때문에 주의집중[正念, sati][73]을 잃게 되며, 주의집중을 잃으면 그 무리에서 죽는다오.

2.8. 비구들이여, 어떤 중생이 그 무리에서 죽어 이곳으로 온다오. 이곳으로 와서 집을 버리고 출가하여 사문이 된다오. 집을 버리고 출가한 사문은 노력하고 정진하고 전념하고 방일하지 않고 마음을 집중하여 삼매에 들어, 전생의 삶을 기억하고 그 이상은 기억하지 못하는 삼매에 도달한다오.

2.9. 그는 이렇게 말한다오.

'오락에 탐닉하지 않는 신들은 오랫동안 오락에 빠져서 탐닉하며 살아가지 않는다. 그들은 오랫동안 오락에 빠져서 탐닉하며 살아가지 않기 때문에 주의집중을 잃지 않는다. 주의집중을 잃지 않기 때문에 그 신들은 그 무리에서 죽지 않고 영원히 같은 상태로 상주하며, 불변하는 존재로서, 상주하는 존재로서 진실로 여실하게 머물 것이다. 그러나 오락에 탐닉한 우리는 오랫동안 오락에 빠져서 탐닉하며 살았다. 실로 오랫동안 오락에 빠져서 탐닉하며 살았기 때문에 주의집중을 잃었고, 주의집중을 잃었기 때문에 우리는 그 무리에서 죽었으며, 무상하고 영원하지 못한, 수명이 짧은 소멸하는 존재로 이 세상에 왔다.'

비구들이여, 이것이 '일부는 상주하고 일부는 상주하지 않는다'라고 주장하는 사문과 바라문들이 '자아와 세계는 일부는 상주하고 일부는 상주하지 않는다'라고 주장하는 두 번째 이유이며 근거라오.

2.10. '일부는 상주하고 일부는 상주하지 않는다'라고 주장하는 세 번째 사문과 바라문들은 어떤 근거에서, 무엇 때문에 '자아와 세계는 일부는 상주하고 일부는 상주하지 않는다'라고 주장하는가?

비구들이여, 마노빠도시까(Mano-

73 'sati'를 한역에서는 '정념(正念)'으로 번역했고, 최근에는 '마음챙김'으로 번역한다. 'sati'는 4념처(四念處)의 수행을 의미하는 말로써 신(身), 수(受), 심(心), 법(法)에 주의를 집중하여 관찰하는 것을 의미한다. 따라서 '주의집중'으로 번역했다.

padosikā, 상심한 신)라고 불리는 신들이 있다오. 그들은 오랫동안 상호 간에 질투한다오. 오랫동안 상호 간에 질투하다가 마음이 상한다오. 그들은 상호 간에 마음이 상하고, 몸이 지치고, 마음이 지친다오. 그 신들은 그 무리에서 죽는다오.

2.11. 비구들이여, 어떤 중생이 그 무리에서 죽어 이곳으로 온다오. 이곳으로 와서 집을 버리고 출가하여 사문이 된다오.

집을 버리고 출가한 사문은 노력하고 정진하고 전념하고 방일하지 않고 마음을 집중하여 삼매에 들어, 전생의 삶을 기억하고 그 이상은 기억하지 못하는 삼매에 도달한다오.

2.12. 그는 이렇게 말한다오.

'마음이 상하지 않은 신들은 오랫동안 상호 간에 질투하지 않는다. 그들은 오랫동안 상호 간에 질투하지 않기 때문에 마음을 상하지 않는다. 그들은 상호 간에 마음이 상하지 않고, 몸이 지치지 않고, 마음이 지치지 않는다. 그 신들은 그들의 무리에서 죽지 않고 영원히 같은 상태로 상주하며, 불변하는 존재로서, 상주하는 존재로서 진실로 여실하게 머물 것이다. 그러나 오랫동안 상호 간에 질투한 우리는 마음이 상했다. 우리는 오랫동안 상호 간에 질투하다가 마음을 상했다. 우리는 상호 간에 마음이 상하고, 몸이 지치고, 마음이 지쳤다. 우리는 그 무리에서 죽었으며, 무상하고 영원하지 못한, 수명이 짧은 소멸하는 존재로 이 세상에 왔다.'

비구들이여, 이것이 '일부는 상주하고 일부는 상주하지 않는다'라고 주장하는 사문과 바라문들이 '자아와 세계는 일부는 상주하고 일부는 상주하지 않는다'라고 주장하는 세 번째 이유이며 근거라오.

2.13. '일부는 상주하고 일부는 상주하지 않는다'라고 주장하는 네 번째 사문과 바라문들은 어떤 근거에서, 무엇 때문에 '자아와 세계는 일부는 상주하고 일부는 상주하지 않는다'라고 주장하는가?

비구들이여, 어떤 사문이나 바라문은 논리적으로 추론하는 사변가라오. 그는 논리학을 익혀 논리적으로 사유하고 스스로 이해하여 이렇게 말한다오.

'눈·귀·코·혀·몸이라고 불리는 이 자아는 무상하고 변화하며 일시적이고 변해 가는 존재다. 그러나 마음[心, citta]·정신[意, mano]·의식[識, viññāṇa]이라고 불리는 이 자아는 영원하고 불변하며, 상주하고 변하지 않는 존재로서 상주불멸하며, 참으로 진실로 머문다.'

2.14. 비구들이여, 이것이 '일부는 상주하고 일부는 상주하지 않는다'라고 주장하는 사문과 바라문들이 '자아와 세계는 일부는 상주하고 일부는 상주하지 않는다'라고 주장하는 네 번째 이유이며 근거라오.

비구들이여, 이들이 네 가지로 '일부는 상주하고 일부는 상주하지 않는다'라고 주장하면서 '자아와 세계는 일부는 상주하고 일부는 상주하지 않는다'라고 주장하는 사문이나 바라문들이라오. 비구들이여, '일부는 상주하고 일부는 상주하지 않는다'라고 주장하면서 '자아와 세계는 일부는 상주하고 일부는 상주하지 않는다'라고 주장하는 사문이나 바라문들은 누구든 이들 네 가지나 이들 가운데 어느 하나를 가지고 주장할 뿐, 그 밖에 다른 것은 없다오.

2.15. 비구들이여, 여래는 이들 독단의 근거

는 어떻게 이해된 것인지, 어떻게 취해진 것인지, 어디로 가는 것인지, 미래에 어떻게 될 것인지를 훤히 안다오. 여래는 그것을 알 뿐만 아니라 그보다 더욱 수승한 것을 알지만 그 지식에 집착하지 않으며, 집착이 없이 스스로 적멸에 이르렀음을 안다오. 비구들이여, 여래는 느낌의 일어남과 사라짐, 그것이 주는 즐거움과 재앙, 그것으로부터 벗어남을 여실하게 알아서 집착하지 않고 해탈했다오.

비구들이여, 이것이 현자만이 알 수 있는, 심오하고 보기 어렵고 깨닫기 어렵고 고요하고 생각으로는 미칠 수 없는 미묘하고 훌륭한 진리라오. 여래는 그것을 스스로 이해하고 체험하여 가르친다오. 그러므로 사람들은 그것으로 여래의 참모습을 바르게 찬탄해야 한다오.

2.16. 비구들이여, 끝의 유무(有無)를 주장하는 사문과 바라문들은 네 가지로 끝의 유무를 주장한다오. 그들 사문이나 바라문들은 어떤 근거에서, 무엇 때문에 네 가지로 끝의 유무를 주장하는가?

2.17. 비구들이여, 어떤 사문이나 바라문은 노력하고 정진하고 전념하고 방일하지 않고 마음을 집중하여, 끝이 있다고 생각하는 [antasaññin] 삼매에 도달하여 세상에 머문다오.

그는 이렇게 말한다오.

'이 세계는 유한하여 끝이 있다. 왜냐하면 나는 노력하고 정진하고 전념하고 방일하지 않고 마음을 집중하여, 끝이 있다고 생각하는 삼매에 도달하여 세상에 머물고 있다. 이런 까닭에 나는 이 세계는 유한하여 끝이 있다는 것을 안다.'

비구들이여, 이것이 끝의 유무를 주장하는 첫 번째 사문과 바라문들이 끝의 유무를 주장하는 이유이며 근거라오.

2.18. 두 번째 사문이나 바라문들은 어떤 근거에서, 무엇 때문에 끝의 유무를 주장하는가?

비구들이여, 어떤 사문이나 바라문은 노력하고 정진하고 전념하고 방일하지 않고 마음을 집중하여, 끝이 없다고 생각하는 [anantasaññin] 삼매에 도달하여 세상에 머문다오. 그는 이렇게 말한다오.

'이 세계는 무한하여 끝이 없다. 왜냐하면 나는 노력하고 정진하고 전념하고 방일하지 않고 마음을 집중하여, 끝이 없다고 생각하는 삼매에 도달하여 세상에 머물고 있다. 이런 까닭에 나는 이 세계는 무한하여 끝이 없다는 것을 안다.'

비구들이여, 이것이 끝의 유무를 주장하는 두 번째 사문과 바라문들이 끝의 유무를 주장하는 이유이며 근거라오.

2.19. 세 번째 사문이나 바라문들은 어떤 근거에서, 무엇 때문에 끝의 유무를 주장하는가?

비구들이여, 어떤 사문이나 바라문은 노력하고 정진하고 전념하고 방일하지 않고 마음을 집중하여, 상하로는 끝이 있고 사방으로는 끝이 없다고 생각하는 삼매에 도달하여 세상에 머문다오.

그는 이렇게 말한다오.

'이 세계는 상하로는 끝이 있고 사방으로는 끝이 없다. 왜냐하면 나는 노력하고 정진하고 전념하고 방일하지 않고 마음을 집중하여, 삼매에 들어 상하로는 끝이 있고 사방으로는 끝이 없다고 생각하는 삼매에 도달하여 세상에 머물고 있다. 이런 까닭에 나는 이

세계는 상하로는 끝이 있고 사방으로는 끝이 없다는 것을 안다.'

비구들이여, 이것이 끝의 유무를 주장하는 세 번째 사문과 바라문들이 끝의 유무를 주장하는 이유이며 근거라오.

2.20. 네 번째 사문이나 바라문들은 어떤 근거에서, 무엇 때문에 끝의 유무를 주장하는가?

비구들이여, 어떤 사문이나 바라문은 논리적으로 추론하는 사변가라오. 그는 논리학을 익혀 논리적으로 사유하고 스스로 이해하여 이렇게 말한다오.

'이 세계는 끝이 있는 것도 아니고 끝이 없는 것도 아니다. 이 세계는 유한하여 끝이 있다고 이야기한 사문이나 바라문들의 말은 거짓이다. 이 세계는 무한하여 끝이 없다고 이야기한 사문이나 바라문들의 말도 거짓이다. 이 세계는 끝이 있기도 하고 없기도 하다고 이야기한 사문이나 바라문들의 말도 거짓이다. 이 세계는 끝이 있는 것도 아니고 끝이 없는 것도 아니다.'

비구들이여, 이것이 끝의 유무를 주장하는 네 번째 사문과 바라문들이 끝의 유무를 주장하는 이유이며 근거라오.

2.21. 비구들이여, 이들이 끝의 유무를 주장하면서 네 가지로 끝의 유무를 주장하는 사문이나 바라문들이라오. 비구들이여, 끝의 유무를 주장하는 사문이나 바라문들은 누구든 이들 네 가지나 이들 가운데 어느 하나를 가지고 주장할 뿐, 그 밖에 다른 것은 없다오.

2.22. 비구들이여, 여래는 이들 독단의 근거는 어떻게 이해된 것인지, 어떻게 취해진 것인지, 어디로 가는 것인지, 미래에 어떻게 될 것인지를 훤히 안다오. 여래는 그것을 알 뿐만 아니라 그보다 더욱 수승한 것을 알지만 그 지식에 집착하지 않으며, 집착이 없이 스스로 적멸에 이르렀음을 안다오. 비구들이여, 여래는 느낌의 일어남과 사라짐, 그것이 주는 즐거움과 재앙, 그것으로부터 벗어남을 여실하게 알아서 집착하지 않고 해탈했다오.

비구들이여, 이것이 현자만이 알 수 있는, 심오하고 보기 어렵고 깨닫기 어렵고 고요하고 생각으로는 미칠 수 없는 미묘하고 훌륭한 진리라오. 여래는 그것을 스스로 이해하고 체험하여 가르친다오. 그러므로 사람들은 그것으로 여래의 참모습을 바르게 찬탄해야 한다오.

2.23. 비구들이여, 어떤 사문과 바라문들은 궤변론자라오. 그들은 이런저런 질문을 받으면, 네 가지로 애매모호한 궤변을 늘어놓는다오. 사문이나 바라문들은 어떤 근거에서, 무엇 때문에 이런저런 질문을 받으면 네 가지로 애매모호한 궤변을 늘어놓는가?

2.24. 비구들이여, 어떤 사문이나 바라문은 '이것은 옳다'라고 확실하게 알지 못하고, '이것은 옳지 않다'라고 확실하게 알지 못한다오.

그는 이렇게 생각한다오.

'나는 '이것은 옳다'라고 확실하게 알지 못하고, '이것은 옳지 않다'라고 확실하게 알지 못한다. 그런데 내가 '이것은 옳다'라고 확실하게 알지 못하고 '이것은 옳지 않다'라고 확실하게 알지 못하면서 '이것은 옳다'라고 대답하거나, '이것은 옳지 않다'라고 대답한다면, 그때 나에게 욕망이나 탐욕이나 분노나 증오가 있을 것이다. 나에게 욕망이나 탐욕이나 분노나 증오가 있는 것은 나에게 거짓이 있기 때문이다. 나에게 거짓이 있다는

것은 나에게 난처한 일이다. 나에게 난처한 일이라면, 그것은 나에게 장애가 될 것이다.'

이렇게 그는 거짓말을 두려워하고 거짓말을 혐오하여, 실로 '이것은 옳다'라고 대답하지 않고, '이것은 옳지 않다'라고 대답하지 않고, 이런저런 질문을 받으면 '나는 이렇다고도 하지 않고, 그렇다고도 하지 않고, 다르다고도 하지 않고, 아니라고도 하지 않고, 아닌 것이 아니라고도 하지 않는다'라고 혼란스러운 말로 궤변을 늘어놓는다오.

비구들이여, 이것이 궤변론자인 사문과 바라문들이 이런저런 질문을 받으면 애매모호한 궤변을 늘어놓는 첫 번째 이유이며 근거라오.

2.25. 두 번째 궤변론자인 사문과 바라문들은 어떤 근거에서, 무엇 때문에 이런저런 질문을 받으면 애매모호한 궤변을 늘어놓는가?

비구들이여, 어떤 사문이나 바라문은 '이것은 옳다'라고 확실하게 알지 못하고, '이것은 옳지 않다'라고 확실하게 알지 못한다오.

그는 이렇게 생각한다오.

'나는 '이것은 옳다'라고 확실하게 알지 못하고, '이것은 옳지 않다'라고 확실하게 알지 못한다. 그런데 내가 '이것은 옳다'라고 확실하게 알지 못하고 '이것은 옳지 않다'라고 확실하게 알지 못하면서 '이것은 옳다'라고 대답하거나, '이것은 옳지 않다'라고 대답한다면, 그때 나에게 욕망이나 탐욕이나 분노나 증오가 있을 것이다. 나에게 욕망이나 탐욕이나 분노나 증오가 있는 것은 나에게 취(取, upādāna)가 있기 때문이다. 나에게 취가 있다는 것은 나에게 난처한 일이다. 나에게 난처한 일이라면, 그것은 나에게 장애가 될 것이다.'

이렇게 그는 취를 두려워하고 취를 혐오하여, 실로 '이것은 옳다'라고 대답하지 않고, '이것은 옳지 않다'라고 대답하지 않고, 이런저런 질문을 받으면 '나는 이렇다고도 하지 않고, 그렇다고도 하지 않고, 다르다고도 하지 않고, 아니라고도 하지 않고, 아닌 것이 아니라고도 하지 않는다'라고 혼란스러운 말로 궤변을 늘어놓는다오.

비구들이여, 이것이 궤변론자인 사문과 바라문들이 이런저런 질문을 받으면 애매모호한 궤변을 늘어놓는 두 번째 이유이며 근거라오.

2.26. 세 번째 궤변론자인 사문이나 바라문들은 어떤 근거에서, 무엇 때문에 이런저런 질문을 받으면 애매모호한 궤변을 늘어놓는가?

비구들이여, 어떤 사문이나 바라문은 '이것은 옳다'라고 확실하게 알지 못하고, '이것은 옳지 않다'라고 확실하게 알지 못한다오.

그는 이렇게 생각한다오.

'나는 '이것은 옳다'라고 확실하게 알지 못하고, '이것은 옳지 않다'라고 확실하게 알지 못한다. 그런데 내가 '이것은 옳다'라고 확실하게 알지 못하고 '이것은 옳지 않다'라고 확실하게 알지 못하면서 '이것은 옳다'라고 대답하거나, '이것은 옳지 않다'라고 대답한다면, 현명하고 총명하고 논쟁에 능숙한 사문과 바라문들이 있어 예리한 지혜로써 잘못된 견해를 논파할 것이다. 그때 그들은 나와 논의하고 이유를 묻고 반문할 것이다. 그들이 나와 논의하고 이유를 묻고 반문한다면, 그때 나는 논의를 진행하지 못할 것이다. 내가 논의를 진행하지 못하는 것은 나에게 난처한 일이다. 나에게 난처한 일이라면, 그것은 나에게 장애가 될 것이다.'

이렇게 그는 반문을 두려워하고 반문을 혐오하여, 실로 '이것은 옳다'라고 대답하지 않고, '이것은 옳지 않다'라고 대답하지 않고, 이런저런 질문을 받으면 '나는 이렇다고도 하지 않고, 그렇다고도 하지 않고, 다르다고도 하지 않고, 아니라고도 하지 않고, 아닌 것이 아니라고도 하지 않는다'라고 혼란스러운 말로 궤변을 늘어놓는다오.

비구들이여, 이것이 궤변론자인 사문과 바라문들이 이런저런 질문을 받으면 애매모호한 궤변을 늘어놓는 세 번째 이유이며 근거라오.

2.27. 네 번째 궤변론자인 사문이나 바라문들은 어떤 근거에서, 무엇 때문에 이런저런 질문을 받으면 애매모호한 궤변을 늘어놓는가?

비구들이여, 어떤 사문이나 바라문은 어리석고 무지하다오. 그는 어리석고 무지하기 때문에 이런저런 질문을 받으면, '그대가 나에게 '저세상은 있는가?'라고 묻는다면, 그리고 내가 '저세상은 있다'라고 생각한다면, 나는 그대에게 '저세상은 있다'라고 그대에게 그것을 설명할 것이다. 그러나 나는 이렇다고도 하지 않고, 그렇다고도 하지 않고, 다르다고도 하지 않고, 아니라고도 하지 않고, 아닌 것이 아니라고도 하지 않는다. 그대가 나에게 '저세상은 없는가?'라고 묻는다면, … '저세상은 있기도 하고 없기도 하는가?', '저세상은 있지도 않고 없지도 않은가?', '중생의 화생(化生)은 있는가?', '없는가?', '있기도 하고 없기도 하는가?', '있지도 않고 없지도 않은가?', '선악업의 과보는 있는가?', '없는가?', '있기도 하고 없기도 하는가?', '있지도 않고 없지도 않은가?', '여래는 사후에 있는가?', '없는가?', '있기도 하고 없기도 하는가?', '있지도 않고 없지도 않은가?'라고 그대가 나에게 묻는다면, 그리고 내가 만약에 '여래는 사후에 있지도 않고 없지도 않다'라고 생각한다면, 나는 그대에게 '여래는 사후에 있지도 않고 없지도 않다'라고 그대에게 그것을 설명할 것이다. 그러나 나는 이렇다고도 하지 않고, 그렇다고도 하지 않고, 다르다고도 하지 않고, 아니라고도 하지 않고, 아닌 것이 아니라고도 하지 않는다'라고 혼란스러운 말로 궤변을 늘어놓는다오.

비구들이여, 이것이 궤변론자인 사문과 바라문들이 이런저런 질문을 받으면 애매모호한 궤변을 늘어놓는 네 번째 이유이며 근거라오.

2.28. 비구들이여, 이들이 궤변론자로서 이런저런 질문을 받으면 혼란스러운 말로 궤변을 늘어놓는 사문과 바라문들이라오. 비구들이여, 궤변론자로서 이런저런 질문을 받으면 혼란스러운 말로 궤변을 늘어놓는 사문이나 바라문들은 누구든 이들 네 가지나 이들 가운데 어느 하나를 가지고 주장할 뿐, 그 밖에 다른 것은 없다오.

2.29. 비구들이여, 여래는 이들 독단의 근거는 어떻게 이해된 것인지, 어떻게 취해진 것인지, 어디로 가는 것인지, 미래에 어떻게 될 것인지를 훤히 안다오. 여래는 그것을 알 뿐만 아니라 그보다 더욱 수승한 것을 알지만 그 지식에 집착하지 않으며, 집착이 없이 스스로 적멸에 이르렀음을 안다오. 비구들이여, 여래는 느낌의 일어남과 사라짐, 그것이

주는 즐거움과 재앙, 그것으로부터 벗어남을 여실하게 알아서 집착하지 않고 해탈했다오.

비구들이여, 이것이 현자만이 알 수 있는, 심오하고 보기 어렵고 깨닫기 어렵고 고요하고 생각으로는 미칠 수 없는 미묘하고 훌륭한 진리라오. 여래는 그것을 스스로 이해하고 체험하여 가르친다오. 그러므로 사람들은 그것으로 여래의 참모습을 바르게 찬탄해야 한다오.

2.30. 비구들이여, 우연발생론을 주장하는 사문과 바라문들은 두 가지 근거로 '자아와 세계는 우연히 발생한다'라고 주장한다오. 우연발생론을 주장하는 사문과 바라문들은 어떤 근거에서, 무엇 때문에 '자아와 세계는 우연히 발생한다'라고 주장하는가?

2.31. 비구들이여, 아산냐삿따(Asañña-satta, 無想有情天)라고 불리는 천신들이 있다오. 그 천신들의 몸은 생각[想]이 생기면 그곳에서 죽는다오. 비구들이여, 어떤 중생이 그 무리에서 죽어 이곳으로 온다오. 이곳으로 와서 집을 버리고 출가하여 사문이 된다오. 집을 버리고 출가한 사문은 노력하고 정진하고 전념하고 방일하지 않고 마음을 집중하여, 생각[想]의 발생을 기억하고 그 이상은 기억하지 못하는 삼매에 도달한다오. 그는 이렇게 말한다오.

'자아와 세계는 우연히 발생한다. 왜냐하면 나는 전생에는 존재하지 않았다. 그런데 존재하지 않았던 내가 지금은 중생의 상태로[sattattāya][74] 변화하여 존재하기 때문이다.'

비구들이여, 이것이 우연발생론을 주장하는 사문과 바라문들이 '자아와 세계는 우연히 발생한다'라고 주장하는 첫 번째 이유이며 근거라오.

2.32. 우연발생론을 주장하는 사문이나 바라문들은 두 번째로 어떤 근거에서, 무엇 때문에 '자아와 세계는 우연히 발생한다'라고 주장하는가?

비구들이여, 어떤 사문이나 바라문은 논리적으로 추론하는 사변가라오. 그는 논리학을 익혀 논리적으로 사유하고 스스로 이해하여 이렇게 말한다오.

'자아와 세계는 우연히 발생한다.'

비구들이여, 이것이 우연발생론을 주장하는 사문과 바라문들이 '자아와 세계는 우연히 발생한다'라고 주장하는 두 번째 이유이며 근거라오.

2.33. 비구들이여, 이들이 '자아와 세계는 우연히 발생한다'라고 두 가지 근거로 우연발생론을 주장하는 사문과 바라문들이라오. 비구들이여, '자아와 세계는 우연히 발생한다'라고 주장하는 사문이나 바라문들은 누구든 이들 두 가지나 이들 가운데 어느 하나를 가지고 우연발생론을 주장할 뿐, 그 밖에 다른 것은 없다오.

2.34. 비구들이여, 여래는 이들 독단의 근거는 어떻게 이해된 것인지, 어떻게 취해진 것인지, 어디로 가는 것인지, 미래에 어떻게 될 것인지를 훤히 안다오. 여래는 그것을 알 뿐만 아니라 그보다 더욱 수승한 것을 알지만 그 지식에 집착하지 않으며, 집착이 없이 스

74 'satta'는 한역에서 '유정(有情)' 또는 '중생'으로 번역됨. 'bhūta'도 비슷한 의미인데, 여기에서는 'satta'는 '중생'으로, 'bhūta'는 유정(有情)으로 번역함.

스로 적멸에 이르렀음을 안다오. 비구들이여, 여래는 느낌의 일어남과 사라짐, 그것이 주는 즐거움과 재앙, 그것으로부터 벗어남을 여실하게 알아서 집착하지 않고 해탈했다오.

비구들이여, 이것이 현자만이 알 수 있는, 심오하고 보기 어렵고 깨닫기 어렵고 고요하고 생각으로는 미칠 수 없는 미묘하고 훌륭한 진리라오. 여래는 그것을 스스로 이해하고 체험하여 가르친다오. 그러므로 사람들은 그것으로 여래의 참모습을 바르게 찬탄해야 한다오.

2.35. 비구들이여, 이들이 과거에 대하여 억측하는 자들로서 열여덟 가지로 허망한 이론을 주장하는 사문과 바라문들이라오. 비구들이여, 과거에 대하여 억측하는 자들로서 허망한 이론을 주장하는 사문이나 바라문들은 누구든 이들 열여덟 가지나 이들 가운데 어느 하나를 가지고 주장할 뿐, 그 밖에 다른 것은 없다오.

2.36. 비구들이여, 여래는 이들 독단의 근거는 어떻게 이해된 것인지, 어떻게 취해진 것인지, 어디로 가는 것인지, 미래에 어떻게 될 것인지를 훤히 안다오. 여래는 그것을 알 뿐만 아니라 그보다 더욱 수승한 것을 알지만 그 지식에 집착하지 않으며, 집착이 없이 스스로 적멸에 이르렀음을 안다오. 비구들이여, 여래는 느낌의 일어남과 사라짐, 그것이 주는 즐거움과 재앙, 그것으로부터 벗어남을 여실하게 알아서 집착하지 않고 해탈했다오.

비구들이여, 이것이 현자만이 알 수 있는, 심오하고 보기 어렵고 깨닫기 어렵고 고요하고 생각으로는 미칠 수 없는 미묘하고 훌륭한 진리라오. 여래는 그것을 스스로 이해하고 체험하여 가르친다오. 그러므로 사람들은 그것으로 여래의 참모습을 바르게 찬탄해야 한다오.

2.37. 비구들이여, 미래에 대하여 억측하는 사문과 바라문들은 미래에 대하여 마흔네 가지로 허망한 이론을 주장한다오. 미래에 대하여 억측하는 사문이나 바라문들은 어떤 근거에서, 무엇 때문에 미래에 대하여 마흔네 가지로 허망한 이론을 주장하는가?

2.38. 비구들이여, 어떤 사문과 바라문들은 사후유상론(死後有想論)을 주장한다오. 그들은 열여섯 가지로 생각[想]이 있는[saññin] 사후의 자아를 주장한다오. 그 사문과 바라문들은 어떤 근거에서, 무엇 때문에 열여섯 가지로 생각이 있는 사후의 자아를 주장하는가?

어떤 사문과 바라문들은 '① 사후에 생각이 있고 병이 없는[無病], 형색[色]이 있는[rūpin] 자아가 있다. ② 사후에 생각이 있고 병이 없는, 형색이 없는 자아가 있다. ③ 사후에 생각이 있고 병이 없는, 형색이 있기도 하고 없기도 한 자아가 있다. ④ 사후에 생각이 있고 병이 없는, 형색이 있지도 않고 없지도 않은 자아가 있다'라고 주장한다오.

어떤 사문과 바라문들은 '① 사후에 생각이 있고 병이 없는, 유한(有限)한 자아가 있다. ② 사후에 생각이 있고 병이 없는, 무한(無限)한 자아가 있다. ③ 사후에 생각이 있고 병이 없는, 유한하기도 하고 무한하기도 한 자아가 있다. ④ 사후에 생각이 있고 병이 없는, 유한하지도 무한하지도 않은 자아가 있다'라고 주장한다오.

어떤 사문과 바라문들은 '① 사후에 생각이 있고 병이 없는, 단일한 생각이 있는 자아가 있다. ② 사후에 생각이 있고 병이 없는,

다양한 생각이 있는 자아가 있다. ③ 사후에 생각이 있고 병이 없는, 적은 생각이 있는 자아가 있다. ④ 사후에 생각이 있고 병이 없는, 무수한 생각이 있는 자아가 있다'라고 주장한다오.

어떤 사문과 바라문들은 '① 사후에 생각이 있고 병이 없는, 오로지 즐거움만 있는 자아가 있다. ② 사후에 생각이 있고 병이 없는, 오로지 괴로움만 있는 자아가 있다. ③ 사후에 생각이 있고 병이 없는, 즐거움과 괴로움이 있는 자아가 있다. ④ 사후에 생각이 있고 병이 없는, 괴로움도 없고 즐거움도 없는 자아가 있다'라고 주장한다오.

2.39. 비구들이여, 이들이 열여섯 가지로 사후유상론을 주장하는 사문과 바라문들이라오. 비구들이여, 생각이 있는 사후의 자아를 주장하는 사문이나 바라문들은 누구든 이들 열여섯 가지나 이들 가운데 어느 하나를 가지고 주장할 뿐, 그 밖에 다른 것은 없다오.

2.40. 비구들이여, 여래는 이들 독단의 근거는 어떻게 이해된 것인지, 어떻게 취해진 것인지, 어디로 가는 것인지, 미래에 어떻게 될 것인지를 훤히 안다오. 여래는 그것을 알 뿐만 아니라 그보다 더욱 수승한 것을 알지만 그 지식에 집착하지 않으며, 집착이 없이 스스로 적멸에 이르렀음을 안다오. 비구들이여, 여래는 느낌의 일어남과 사라짐, 그것이 주는 즐거움과 재앙, 그것으로부터 벗어남을 여실하게 알아서 집착하지 않고 해탈했다오.

비구들이여, 이것이 현자만이 알 수 있는, 심오하고 보기 어렵고 깨닫기 어렵고 고요하고 생각으로는 미칠 수 없는 미묘하고 훌륭한 진리라오. 여래는 그것을 스스로 이해하고 체험하여 가르친다오. 그러므로 사람들은 그것으로 여래의 참모습을 바르게 찬탄해야 한다오.

3.1. 비구들이여, 어떤 사문과 바라문들은 사후무상론(死後無想論)을 주장한다오. 그들은 여덟 가지로 생각[想]이 없는[asaññin] 사후의 자아를 주장한다오. 그들은 어떤 근거에서, 무엇 때문에 여덟 가지로 생각이 없는 사후의 자아를 주장하는가?

3.2. 어떤 사문과 바라문들은 '① 사후에 생각이 없고 병이 없는, 형색이 있는 자아가 있다. ② 사후에 생각이 없고 병이 없는, 형색이 없는 자아가 있다. ③ 사후에 생각이 없고 병이 없는, 형색이 있기도 하고 없기도 한 자아가 있다. ④ 사후에 생각이 없고 병이 없는, 형색이 있지도 않고 없지도 않은 자아가 있다'라고 주장한다오.

어떤 사문과 바라문들은 '① 사후에 생각이 없고 병이 없는, 유한한 자아가 있다. ② 사후에 생각이 없고 병이 없는, 무한한 자아가 있다. ③ 사후에 생각이 없고 병이 없는, 유한하기도 하고 무한하기도 한 자아가 있다. ④ 사후에 생각이 없고 병이 없는, 유한하지도 무한하지도 않은 자아가 있다'라고 주장한다오.

3.3. 비구들이여, 이들이 여덟 가지로 사후무상론을 주장하는 사문과 바라문들이라오. 비구들이여, 생각이 없는 사후의 자아를 주장하는 사문이나 바라문들은 누구든 이들 여덟 가지나 이들 가운데 어느 하나를 가지고 주장할 뿐, 그 밖에 다른 것은 없다오.

3.4. 비구들이여, 여래는 이들 독단의 근거는 어떻게 이해된 것인지, 어떻게 취해진 것인지, 어디로 가는 것인지, 미래에 어떻게 될 것인지를 훤히 안다오. 여래는 그것을 알 뿐만

아니라 그보다 더욱 수승한 것을 알지만 그 지식에 집착하지 않으며, 집착이 없이 스스로 적멸에 이르렀음을 안다오. 비구들이여, 여래는 느낌의 일어남과 사라짐, 그것이 주는 즐거움과 재앙, 그것으로부터 벗어남을 여실하게 알아서 집착하지 않고 해탈했다오.

비구들이여, 이것이 현자만이 알 수 있는, 심오하고 보기 어렵고 깨닫기 어렵고 고요하고 생각으로는 미칠 수 없는 미묘하고 훌륭한 진리라오. 여래는 그것을 스스로 이해하고 체험하여 가르친다오. 그러므로 사람들은 그것으로 여래의 참모습을 바르게 찬탄해야 한다오.

3.5. 비구들이여, 어떤 사문과 바라문들은 사후비유상비무상론(死後非有想非無想論)을 주장한다오. 그들은 여덟 가지로 생각[想]이 있지도 않고 없지도 않은 사후의 자아를 주장한다오. 그들은 어떤 근거에서, 무엇 때문에 여덟 가지로 생각이 있지도 않고 없지도 않은 사후의 자아를 주장하는가?

3.6. 어떤 사문과 바라문들은 '① 사후에 생각이 있지도 않고 없지도 않은, 형색이 있는 자아가 있다. ② 사후에 생각이 있지도 않고 없지도 않은, 형색이 없는 자아가 있다. ③ 사후에 생각이 있지도 않고 없지도 않은, 형색이 있기도 하고 없기도 한 자아가 있다. ④ 사후에 생각이 있지도 않고 없지도 않은, 형색이 있지도 않고 없지도 않은 자아가 있다'라고 주장한다오.

어떤 사문과 바라문들은 '① 사후에 생각이 있지도 않고 없지도 않은, 유한한 자아가 있다. ② 사후에 생각이 있지도 않고 없지도 않은, 무한한 자아가 있다. ③ 사후에 생각이 있지도 않고 없지도 않은, 유한하기도 하고 무한하기도 한 자아가 있다. ④ 사후에 생각이 있지도 않고 없지도 않은, 유한하지도 무한하지도 않은 자아가 있다'라고 주장한다오.

3.7. 비구들이여, 이들이 여덟 가지로 사후비유상비무상론을 주장하는 사문과 바라문들이라오. 비구들이여, 생각이 있지도 않고 없지도 않은 사후의 자아를 주장하는 사문이나 바라문들은 누구든 이들 여덟 가지나 이들 가운데 어느 하나를 가지고 주장할 뿐, 그 밖에 다른 것은 없다오.

3.8. 비구들이여, 여래는 이들 독단의 근거는 어떻게 이해된 것인지, 어떻게 취해진 것인지, 어디로 가는 것인지, 미래에 어떻게 될 것인지를 훤히 안다오. 여래는 그것을 알 뿐만 아니라 그보다 더욱 수승한 것을 알지만 그 지식에 집착하지 않으며, 집착이 없이 스스로 적멸에 이르렀음을 안다오. 비구들이여, 여래는 느낌의 일어남과 사라짐, 그것이 주는 즐거움과 재앙, 그것으로부터 벗어남을 여실하게 알아서 집착하지 않고 해탈했다오.

비구들이여, 이것이 현자만이 알 수 있는, 심오하고 보기 어렵고 깨닫기 어렵고 고요하고 생각으로는 미칠 수 없는 미묘하고 훌륭한 진리라오. 여래는 그것을 스스로 이해하고 체험하여 가르친다오. 그러므로 사람들은 그것으로 여래의 참모습을 바르게 찬탄해야 한다오.

3.9. 비구들이여, 어떤 사문과 바라문들은 단멸론(斷滅論)을 주장한다오. 그들은 중생의 단멸과 사멸(死滅)과 소멸(消滅)을 일곱 가지로 주장한다오. 그 사문과 바라문들은 어떤 근거에서, 무엇 때문에 일곱 가지로 중생의 단멸과 사멸과 소멸을 주장하는가?

3.10. 비구들이여, 어떤 사문과 바라문은 이와 같은 견해를 가지고 이와 같이 주장한다오.

'이 자아는 형색[色]이 있으며, 4대(四大)로 된 것이며, 부모가 낳은 것이기 때문에 몸이 파괴되면 단멸하고 소멸하여 사후에는 존재하지 않는다. 실로 이 자아는 이렇게 완전히 단멸한다.'

3.11. 그것에 대하여 다른 사람은 이렇게 말한다오.

'실로 그대가 말한 자아는 존재한다. 나는 그 자아가 존재하지 않는다고는 말하지 않는다. 존자여, 그러나 이 자아가 그런 식으로 완전히 단멸하는 것은 아니다. 형색이 있으며, 덩어리 음식을 먹는 욕계천(欲界天)의 다른 자아가 있다. 그대는 그것을 알지 못하고 보지 못하고 있다. 나는 그것을 알고 본다. 그 자아가 몸이 파괴되면 단멸하고 소멸하여 사후에는 존재하지 않는다. 실로 이 자아는 이렇게 완전히 단멸한다.'

3.12. 그것에 대하여 다른 사람은 이렇게 말한다오.

'실로 그대가 말한 자아는 존재한다. 나는 그 자아가 존재하지 않는다고는 말하지 않는다. 그러나 이 자아가 그런 식으로 완전히 단멸하는 것은 아니다. 형색이 있으며, 일체의 수족(手足)을 갖추고 모든 감관을 구비한, 마음 으로 이루어진 천신(天神)의 다른 자아가 있다. 그대는 그것을 알지 못하고 보지 못하고 있다. 나는 그것을 알고 본다. 그 자아가 몸이 파괴되면 단멸하고 소멸하여 사후에는 존재하지 않는다. 실로 이 자아는 이렇게 완전히 단멸한다.'

3.13. 그것에 대하여 다른 사람은 이렇게 말한다오.

'실로 그대가 말한 자아는 존재한다. 나는 그 자아가 존재하지 않는다고는 말하지 않는다. 그러나 이 자아가 그런 식으로 완전히 단멸하는 것은 아니다. 형색에 대한 생각[rūpa-saññāṇa, 色想][75]을 완전히 초월하고, 지각대상에 대한 생각[paṭigha-saññāṇa, 有對想][76]을 소멸하여 잡다한 생각[想]에 마음을 쓰지 않음으로써 허공은 무한하다고 생각하는 공무변처(空無邊處)를 성취한 다른 자아가 있다. 그대는 그것을 알지 못하고 보지 못하고 있다. 나는 그것을 알고 본다. 그 자아가 몸이 파괴되면 단멸하고 소멸하여 사후에는 존재하지 않는다. 실로 이 자아는 이렇게 완전히 단멸한다.'

3.14. 그것에 대하여 다른 사람은 이렇게 말한다오.

'실로 그대가 말한 자아는 존재한다. 나는 그 자아가 존재하지 않는다고는 말하지 않는다. 그러나 이 자아가 그런 식으로 완전히 단멸하는 것은 아니다. 공무변처를 초월하여, 의식(意識)은 무한하다고 생각하는 식무변처(識無邊處)를 성취한 다른 자아가 있다. 그대는 그것을 알지 못하고 보지 못하고 있다. 나는 그것을 알고 본다. 그 자아가 몸이

---

75 감각적 지각을 통해 형성된 표상(表象)을 의미한다.

76 'paṭigha'는 '충돌, 장애'의 의미이다. 감각적 지각은 지각활동이 대상과 충돌하는 것, 즉 지각활동에 장애로 나타나는 것이다. 예를 들어 손의 운동을 어떤 것이 장애할 때, 우리는 그것을 외부의 대상으로 지각한다. 'paṭigha-saññāṇa'는 이렇게 대상으로 파악된 표상(表象)을 의미한다.

파괴되면 단멸하고 소멸하여 사후에는 존재하지 않는다. 실로 이 자아는 이렇게 완전히 단멸한다.'

3.15. 그것에 대하여 다른 사람은 이렇게 말한다오.

'실로 그대가 말한 자아는 존재한다. 나는 그 자아가 존재하지 않는다고는 말하지 않는다. 그러나 이 자아가 그런 식으로 완전히 단멸하는 것은 아니다. 식무변처를 완전히 초월하여, 어떤 것도 존재하지 않는다고 생각하는 무소유처(無所有處)를 성취한 다른 자아가 있다. 그대는 그것을 알지 못하고 보지 못하고 있다. 나는 그것을 알고 본다. 그 자아가 몸이 파괴되면 단멸하고 소멸하여 사후에는 존재하지 않는다. 실로 이 자아는 이렇게 완전히 단멸한다.'

3.16. 그것에 대하여 다른 사람은 이렇게 말한다오.

'실로 그대가 말한 자아는 존재한다. 나는 그 자아가 존재하지 않는다고는 말하지 않는다. 그러나 이 자아가 그런 식으로 완전히 단멸하는 것은 아니다. 무소유처를 초월하여 '이것은 평온하다. 이것이 훌륭하다'라고 생각하는 비유상비무상처(非有想非無想處)를 성취한 다른 자아가 있다. 그대는 그것을 알지 못하고 보지 못하고 있다. 나는 그것을 알고 본다. 그 자아가 몸이 파괴되면 단멸하고 소멸하여 사후에는 존재하지 않는다. 실로 이 자아는 이렇게 완전히 단멸한다.'

3.17. 비구들이여, 이들이 일곱 가지로 단멸론을 주장하는 사문과 바라문들이라오. 비구들이여, 중생의 단멸과 사멸과 소멸을 주장하는 사문이나 바라문들은 누구든 이들 일곱 가지나 이들 가운데 어느 하나를 가지고 주장할 뿐, 그 밖에 다른 것은 없다오.

3.18. 비구들이여, 여래는 이들 독단의 근거는 어떻게 이해된 것인지, 어떻게 취해진 것인지, 어디로 가는 것인지, 미래에 어떻게 될 것인지를 훤히 안다오. 여래는 그것을 알 뿐만 아니라 그보다 더욱 수승한 것을 알지만 그 지식에 집착하지 않으며, 집착이 없이 스스로 적멸에 이르렀음을 안다오. 비구들이여, 여래는 느낌의 일어남과 사라짐, 그것이 주는 즐거움과 재앙, 그것으로부터 벗어남을 여실하게 알아서 집착하지 않고 해탈했다오.

비구들이여, 이것이 현자만이 알 수 있는, 심오하고 보기 어렵고 깨닫기 어렵고 고요하고 생각으로는 미칠 수 없는 미묘하고 훌륭한 진리라오. 여래는 그것을 스스로 이해하고 체험하여 가르친다오. 그러므로 사람들은 그것으로 여래의 참모습을 바르게 찬탄해야 한다오.

3.19. 비구들이여, 어떤 사문과 바라문들은 다섯 가지로 중생의 최상의 현세열반(現世涅槃)을 주장한다오. 그 사문과 바라문들은 어떤 근거에서, 무엇 때문에 다섯 가지로 중생의 최상의 현세열반을 주장하는가?

3.20. 비구들이여, 어떤 사문과 바라문은 이와 같은 견해를 가지고 이와 같이 주장한다오.

'이 자아는 다섯 가지 감각적 욕망의 대상을 구족하여 마음껏 즐긴다. 이 자아는 이렇게 최상의 현세열반을 성취한다.'

3.21. 그것에 대하여 다른 사람은 이렇게 말한다오.

'실로 그대가 말한 자아는 존재한다. 나는 그 자아가 존재하지 않는다고는 말하지 않는다. 그러나 이 자아는 그런 식으로 최상의 현세열반을 성취하는 것이 아니다. 왜냐하면 감각적 욕망은 무상하며, 괴로움이며, 변화하는 법(法)이며, 그 변화하여 달라지는 존재들에게 슬픔·비탄·괴로움·근심·불안이 나타나기 때문이다. 이 자아는 감각적 욕망을 멀리하고 불선법(不善法)을 멀리함으로써 사유가 있고 숙고가 있는, 멀리함에서 생긴 기쁨과 즐거움이 있는 초선(初禪)을 성취하여 살아간다. 이 자아는 이렇게 최상의 현세열반을 성취한다.'

3.22. 그것에 대하여 다른 사람은 이렇게 말한다오.

'실로 그대가 말한 자아는 존재한다. 나는 그 자아가 존재하지 않는다고는 말하지 않는다. 그러나 이 자아는 그런 식으로 최상의 현세열반을 성취하는 것이 아니다. 왜냐하면 사유하고 숙고하는 상태에 있을 때, 그것은 거친 것이기 때문이다. 이 자아는 사유와 숙고를 억제함으로써 내적으로 고요해져 마음이 집중된, 사유와 숙고가 없는, 삼매에서 생긴 기쁨과 즐거움이 있는 제2선(第二禪)을 성취하여 살아간다. 이 자아는 이렇게 최상의 현세열반을 성취한다.'

3.23. 그것에 대하여 다른 사람은 이렇게 말한다오.

'실로 그대가 말한 자아는 존재한다. 나는 그 자아가 존재하지 않는다고는 말하지 않는다. 그러나 이 자아는 그런 식으로 최상의 현세열반을 성취하는 것이 아니다. 왜냐하면 기쁜 상태에 이르러 기쁨에 들떠 있을 때, 그것은 거친 것이기 때문이다. 이 자아는 기쁜 상태에서 욕탐을 떠나 평정한 마음으로 살아가면서, 몸으로 주의집중하고 알아차려 즐거움을 느낌으로써, 성자(聖者)들이 평정심으로 주의집중을 하면서 즐겁게 살아간다고 이야기한 제3선(第三禪)을 성취하여 살아간다. 이 자아는 이렇게 최상의 현세열반을 성취한다.'

3.24. 그것에 대하여 다른 사람은 이렇게 말한다오.

'실로 그대가 말한 자아는 존재한다. 나는 그 자아가 존재하지 않는다고는 말하지 않는다. 그러나 이 자아는 그런 식으로 최상의 현세열반을 성취하는 것이 아니다. 왜냐하면 마음이 즐거움이라고 느낄 때, 그것은 거친 것이기 때문이다. 이 자아는 즐거움도 버리고 괴로움도 버림으로써, 이전의 환희와 근심이 사라져서 괴로움도 없고 즐거움도 없이 평정심으로 청정하게 주의집중을 하는 제4선(第四禪)을 성취하여 살아간다. 이 자아는 이렇게 최상의 현세열반을 성취한다.'

3.25. 비구들이여, 이들이 다섯 가지로 중생의 최상의 현세열반을 주장하는 사문과 바라문들이라오. 비구들이여, 중생의 최상의 현세열반을 주장하는 사문이나 바라문들은 누구든 이들 다섯 가지나 이들 가운데 어느 하나를 가지고 주장할 뿐, 그 밖에 다른 것은 없다오.

3.26. 비구들이여, 여래는 이들 독단의 근거는 어떻게 이해된 것인지, 어떻게 취해진 것인지, 어디로 가는 것인지, 미래에 어떻게 될 것인지를 훤히 안다오. 여래는 그것을 알 뿐만 아니라 그보다 더욱 수승한 것을 알지만 그 지식에 집착하지 않으며, 집착이 없이 스스로 적멸에 이르렀음을 안다오. 비구들이여, 여래는 느낌의 일어남과 사라짐, 그것이 주는 즐거움과 재앙, 그것으로부터 벗어남을

여실하게 알아서 집착하지 않고 해탈했다오.

비구들이여, 이것이 현자만이 알 수 있는, 심오하고 보기 어렵고 깨닫기 어렵고 고요하고 생각으로는 미칠 수 없는 미묘하고 훌륭한 진리라오. 여래는 그것을 스스로 이해하고 체험하여 가르친다오. 그러므로 사람들은 그것으로 여래의 참모습을 바르게 찬탄해야 한다오.

3.27. 비구들이여, 이들이 미래에 대하여 마흔네 가지로 여러 가지 허망한 이론을 주장하는 사문과 바라문들이라오. 비구들이여, 미래에 대하여 여러 가지 허망한 이론을 주장하는 사문이나 바라문들은 누구든 이들 마흔네 가지나 이들 가운데 어느 하나를 가지고 주장할 뿐, 그 밖에 다른 것은 없다오.

3.28. 비구들이여, 여래는 이들 독단의 근거는 어떻게 이해된 것인지, 어떻게 취해진 것인지, 어디로 가는 것인지, 미래에 어떻게 될 것인지를 훤히 안다오. 여래는 그것을 알 뿐만 아니라 그보다 더욱 수승한 것을 알지만 그 지식에 집착하지 않으며, 집착이 없이 스스로 적멸에 이르렀음을 안다오. 비구들이여, 여래는 느낌의 일어남과 사라짐, 그것이 주는 즐거움과 재앙, 그것으로부터 벗어남을 여실하게 알아서 집착하지 않고 해탈했다오.

비구들이여, 이것이 현자만이 알 수 있는, 심오하고 보기 어렵고 깨닫기 어렵고 고요하고 생각으로는 미칠 수 없는 미묘하고 훌륭한 진리라오. 여래는 그것을 스스로 이해하고 체험하여 가르친다오. 그러므로 사람들은 그것으로 여래의 참모습을 바르게 찬탄해야 한다오.

3.29. 비구들이여, 이들이 과거와 미래에 대하여 예순두 가지 근거를 가지고 여러 가지 허망한 이론을 주장하는 사문과 바라문들이라오. 비구들이여, 과거와 미래에 대하여 여러 가지 허망한 이론을 주장하는 사문이나 바라문들은 누구든 이들 예순두 가지 근거나 이들 가운데 어느 하나를 가지고 주장할 뿐, 그 밖에 다른 것은 없다오.

3.30. 비구들이여, 여래는 이들 독단의 근거는 어떻게 이해된 것인지, 어떻게 취해진 것인지, 어디로 가는 것인지, 미래에 어떻게 될 것인지를 훤히 안다오. 여래는 그것을 알 뿐만 아니라 그보다 더욱 수승한 것을 알지만 그 지식에 집착하지 않으며, 집착이 없이 스스로 적멸에 이르렀음을 안다오. 비구들이여, 여래는 느낌의 일어남과 사라짐, 그것이 주는 즐거움과 재앙, 그것으로부터 벗어남을 여실하게 알아서 집착하지 않고 해탈했다오.

3.31. 비구들이여, 이것이 현자만이 알 수 있는, 심오하고 보기 어렵고 깨닫기 어렵고 고요하고 생각으로는 미칠 수 없는 미묘하고 훌륭한 진리라오. 여래는 그것을 스스로 이해하고 체험하여 가르친다오. 그러므로 사람들은 그것으로 여래의 참모습을 바르게 찬탄해야 한다오."

3.32.~3.43. (생략)

3.44. "비구들이여, 사문과 바라문들이 과거와 미래에 대하여 예순두 가지 근거를 가지고 여러 가지 허망한 이론을 주장하는 것은 그 사문과 바라문들이 알지 못하고, 보지 못하고, 느끼고, 갈애에 빠져서 두려워하는 몸부림이라오."

3.45.~3.56. (생략)

3.57. "비구들이여, 사문과 바라문들이 과거와 미래에 대하여 예순두 가지 근거를 가지고 여러 가지 허망한 이론을 주장하는 것은

촉(觸, phassa) 때문이라오."

3.58.~3.69. (생략)

3.70. "비구들이여, 사문과 바라문들은 과거와 미래에 대하여 예순두 가지 근거를 가지고 여러 가지 허망한 이론을 주장하는데, 그들이 접촉[觸] 없이 지각(知覺)하는 일은 결코 있을 수 없다오.

3.71. 비구들이여, 상주론자인 사문이나 바라문들이 네 가지로 '자아와 세계는 상주한다'라고 주장하는 것은, … 과거와 미래에 대하여 억측하는 사문과 바라문들이 과거와 미래에 대하여 예순두 가지 근거를 가지고 여러 가지 허망한 이론을 주장하는 것은 모두 육촉입처(六觸入處)로 거듭 접촉하여[chahi phassâyatanehi phussa phussa] 지각한 것이라오. 그들에게 수(受, vedanā)에 의지하여 애(愛, taṇhā)가, 애에 의지하여 취(取, upādāna)가, 취에 의지하여 유(有, bhava)가, 유에 의지하여 생(生)이, 생에 의지하여 늙음과 죽음[老死] 그리고 근심·슬픔·고통·걱정·고뇌가 생긴다오. 비구들이여, 비구가 육촉입처의 집(集, samudaya)과 멸(滅, atthagama), 그것이 주는 즐거움[assāda, 味]과 재앙[ādīnava, 患], 그것으로부터 벗어남[nissaraṇa, 出離]을 여실하게 안다면, 이 비구는 그 어떤 것보다 수승한 것을 아는 것이라오.

3.72. 비구들이여, 과거와 미래에 대하여 억측하는 사문과 바라문들은 누구든 예순두 가지 그물 속에 들어가 여기에 의지하여 물 위로 올라오거나, 여기에 걸려 물 위로 올라올 것이오.

비구들이여, 비유하면 능숙한 어부나 어부의 제자가 촘촘한 그물을 작은 연못에 쳐 놓고 '이 작은 연못에 있는 많은 생물들은 어떤 것이건 모두 그물 속에 들어가 여기에 의지하여 물 위로 올라오거나, 여기에 걸려 물 위로 올라올 것이다'라고 생각하는 것과 같다오. 비구들이여, 실로 이와 같이 과거와 미래에 대하여 억측하는 사문과 바라문들은 누구든 예순두 가지 그물 속에 들어가 여기에 의지하여 물 위로 올라오거나, 여기에 걸려 물 위로 올라올 것이오.

3.73. 비구들이여, 여래의 몸은 존재로 이끄는 고삐[bhava-nettiko]가 끊어졌다오. 몸이 머무는 동안은 신과 인간들이 그 몸을 볼 수 있지만, 수명이 다한 후에 몸이 무너지면 신과 인간들이 보지 못한다오.

비구들이여, 예를 들어 망고 송이의 줄기를 잘라 버리면 제아무리 꼭지에 단단히 붙어 있는 망고들이라 할지라도 그것들은 모두가 같은 처지가 되는 것과 같다오. 비구들이여, 실로 이와 같이 여래의 몸은 존재로 이끄는 고삐가 끊어졌다오. 몸이 머무는 동안은 신과 인간들이 그 몸을 볼 수 있지만, 수명이 다한 후에 몸이 무너지면 신과 인간들이 보지 못한다오."

3.74. 이 말씀을 듣고, 아난다 존자가 세존께 말씀드렸습니다.

"희유합니다, 세존이시여! 일찍이 없었던 일입니다, 세존이시여! 세존이시여, 이 법문은 이름이 무엇입니까?"

"아난다여, 그대는 이 법문을 '의미의 그물(Attha-jāla)'이라는 이름으로 기억하고, '법의 그물(Dhamma-jāla)'이라는 이름으로 기억하고, '범천(梵天)의 그물(Brahma-jāla)'이라는 이름으로 기억하고, '사견(邪見)의 그물(Diṭṭhi-jāla)'이라는 이름으로 기억하여라!"

이것이 세존께서 하신 말씀입니다.

그 비구들은 세존의 말씀에 만족하고 기뻐했습니다. 그리고 이 법문이 설해지고 있을 때, 일천 세계가 진동했습니다.

2. 사문과경(沙門果經)[77]
〈D.N. 2. Sāmañña-Phala Sutta〉

1. 이와 같이 나는 들었습니다.

한때 세존께서는 라자가하(Rājagaha)에 있는 지와까 꼬마라밧짜의 망고 숲에서 1,250명의 큰 비구상가와 함께 머물고 계셨습니다.

그때 마가다(Māgadha)의 왕 아자따삿뚜 웨데히뿟따(Ajātasattu Vedehiputta)는 꼬무디(Komudī) 4월의[78] 보름, 포살(布薩)의 날 밤에 신하들에게 둘러싸여 훌륭한 누각 위에 앉아 있었습니다. 마가다의 왕 아자따삿뚜 웨데히뿟따는 그날 포살의 날에 흥에 겨워 말했습니다.

"그대여, 달빛 밝은 밤은 참으로 상쾌하도다. 그대여, 달빛 밝은 밤은 참으로 아름답도다. 그대여, 달빛 밝은 밤은 참으로 장관이로다. 그대여, 달빛 밝은 밤은 참으로 사랑스럽도다. 그대여, 달빛 밝은 밤은 참으로 상서롭도다. 오늘 같은 날 어떤 사문이나 바라문을 친견하면 마음이 정화될까?"

2. 이렇게 말하자, 어떤 신하가 마가다의 왕 아자따삿뚜 웨데히뿟따에게 말했습니다.

"폐하! 뿌라나 까싸빠(Pūraṇa Kassapa)는 승단(僧團)의 지도자로서 많은 제자를 거느리고 있는 대중의 스승이며, 명성이 높은 교조(教祖)로서 큰 위덕(威德)이 있으며, 많은 사람들이 익히 알고 있는 출가한 지 오래된 원로(元老)로서 노년에 이른 사람입니다. 폐하께서는 그 뿌라나 까싸빠를 친견하십시오! 실로 폐하께서 뿌라나 까싸빠를 친견하시면 마음이 정화될 것입니다."

이렇게 말하자, 마가다의 왕 아자따삿뚜 웨데히뿟따는 대꾸하지 않았습니다.

3. 다른 신하는 … 막칼리 고살라(Makkhali Gosāla)를

4. 다른 신하는 … 아지따 께사깜발린(Ajita Kesakambalin)을

5. 다른 신하는 … 빠꾸다 깟짜야나(Pakudha Kaccāyana)를

6. 다른 신하는 … 산자야 벨랏띠뿟따(Sañjaya Belaṭṭiputta)를

7. 다른 신하는 … 니간타 나따뿟따(Nigaṇṭha Nātaputta)를 친견하면 마음이 정화될 것이라고 말했습니다.[79]

이렇게 말하자, 마가다의 왕 아자따삿뚜 웨데히뿟따는 대꾸하지 않았습니다.

8. 그때 지와까 꼬마라밧짜는 마가다의 왕 아자따삿뚜 웨데히뿟따로부터 멀지 않은 곳에 조용히 앉아 있었습니다. 마가다의 왕 아자

---

77 『장아함경(長阿含經)』의 27번째 경인 「사문과경(沙門果經)」에 상응하는 경.

78 열대 몬순 기후를 보이는 인도에서는 1년을 3계절, 즉 혹서기(酷暑期)·우기(雨期)·건조기(乾燥期)로 나누고, 3계절을 다시 넉 달로 나눈다. 현대의 달력으로 혹서기는 3·4·5·6월이고, 우기는 7·8·9·10월이며, 건조기는 11·12·1·2월이다. 우기의 마지막 달인 10월을 '꼬무디(Komudī)'라고 부르기 때문에 꼬무디 4월은 10월을 의미한다.

79 여기에서 언급되고 있는 6명의 사상가를 통칭하여 육사외도(六師外道)라고 부른다. 이들은 붓다 당시의 인도 사상계를 대표하는 인물들이다.

따삿뚜 웨데히뿟따가 지와까 꼬마라밧짜에게 이렇게 말했습니다.

"친애하는 벗 지와까여, 그대는 왜 말이 없는가?"

"폐하! 아라한이며, 원만하고 바른 깨달음을 이루신 세존께서 1,250명의 큰 비구상가와 함께 제 망고 동산에 머물고 계십니다. 고따마 세존께는 '그분은 아라한[應供], 원만하고 바르게 깨달으신 분[正遍知], 앎과 실천을 구족하신 분[明行足], 잘 가신 분[善逝], 세간을 잘 아시는 분[世間解], 위없는 분[無上士], 사람을 길들여 바른길로 이끄시는 분[調御丈夫], 천신과 인간의 스승[天人師], 진리를 깨달으신 분[佛], 세존(世尊)이시다'라는 훌륭한 찬탄이 주어졌습니다. 폐하께서는 그분 세존을 친견하십시오! 폐하께서 세존을 친견하시면 실로 마음이 정화될 것입니다."

"친애하는 벗 지와까여, 그렇다면 코끼리 수레를 준비하라!"

9. "예, 폐하!"

지와까 꼬마라밧짜는 마가다의 왕 아자따삿뚜 웨데히뿟따에게 대답하고서, 500마리의 암코끼리와 왕이 탈 용상(龍象, nāga)[80]을 준비하고 마가다의 왕 아자따삿뚜 웨데히뿟따에게 말했습니다.

"폐하! 코끼리 수레를 대령했습니다. 지금 가실 때가 되었습니다."

그러자 마가다의 왕 아자따삿뚜 웨데히뿟따는 500마리의 암코끼리에 부인들을 태운 후에 용상 위에 올라, 횃불을 들리고, 라자가하를 떠나 대왕의 위엄을 보이며 지와까 꼬마라밧짜의 망고 동산으로 출발했습니다.

10. 마가다의 왕 아자따삿뚜 웨데히뿟따는 망고 동산 가까이에 이르러 온몸이 떨리고 털이 곤두서는 두려움을 느꼈습니다. 두려움을 느낀 마가다의 왕 아자따삿뚜 웨데히뿟따가 지와까 꼬마라밧짜에게 말했습니다.

"친애하는 벗 지와까여, 그대가 나를 속이는 것은 아닌가? 친애하는 벗 지와까여, 그대가 나에게 거짓말하는 것은 아닌가? 친애하는 벗 지와까여, 그대가 나를 적에게 넘겨주는 것은 아닌가? 어찌하여 1,250명의 큰 비구상가가 재채기 소리도 없고 기침 소리도 없이 이렇게 조용하단 말인가?"

"대왕이시여, 무서워하지 마십시오! 폐하! 저는 대왕을 속이지 않습니다. 폐하! 저는 대왕에게 거짓말하지 않습니다. 폐하! 저는 대왕을 적에게 넘기지 않습니다. 나아가십시오! 대왕이시여, 나아가십시오! 대왕이시여, 저기 강당에 등불들이 켜져 있습니다."

11. 마가다의 왕 아자따삿뚜 웨데히뿟따는 용상을 타고 코끼리가 갈 수 있는 데까지 간 다음, 용상에서 내려 걸어서 강당 입구로 갔습니다. 그는 입구에서 지와까 꼬마라밧짜에게 이렇게 말했습니다.

"친애하는 벗 지와까여, 세존은 어디에 계시는가?"

"대왕이시여, 저분이 세존이십니다. 대왕이시여, 중앙의 기둥에 기대어 동쪽을 향해 비구상가의 앞에 앉아 계신 저분이 세존이십니다."

12. 마가다의 왕 아자따삿뚜 웨데히뿟따는 세존께 나아가서 한쪽에 섰습니다. 한쪽에

80 큰 코끼리를 의미함.

선 마가다의 왕 아자따삿뚜 웨데히뿟따는 깊은 호수처럼 고요하게 위빠싸나를 하고 있는 비구상가를 둘러보고, 감동하면서 생각했습니다.

'지금 비구상가가 지닌 평온을 나의 우다이밧다(Udāyi-bhadda) 왕자도 지녔으면 좋으련만!'

"대왕이시여, 그대는 사랑하는 사람을 생각하는 것 같군요?"

"존자여, 저의 우다이밧다 왕자는 사랑스럽답니다. '지금 비구상가가 지닌 평온을 나의 우다이밧다 왕자도 지녔으면 좋으련만!' 하고 생각했습니다."

13. 마가다의 왕 아자따삿뚜 웨데히뿟따는 세존께 예배하고, 비구상가에 합장한 후에 한쪽에 앉았습니다.

한쪽에 앉은 마가다의 왕 아자따삿뚜 웨데히뿟따가 세존께 말씀드렸습니다.

"세 존이시여, 세존께서 제 물음에 대한 답을 허락하신다면 세존께 어떤 것에 대하여 묻고자 합니다."

"대왕이시여, 원하는 대로 물으시오!"

14. "세존이시여, 이러한 직업들이 있습니다. 예를 들면 코끼리 조련사, 말 조련사, 마부, 궁수(弓手), 기수(旗手), 참모(參謀), 대신, 왕자, 하인, 요리사, 이발사, 도공 등과 같은 많은 직업이 있습니다. 그들은 그것으로 자신을 즐겁고 기쁘게 하고, 부모를 기쁘고 즐겁게 하고, 처자를 기쁘고 즐겁게 하고, 친구와 동료를 기쁘고 즐겁게 하며, 사문과 바라문에게 행한 유익한 공양은 천상에 태어나고 천상에 이르는 좋은 과보(果報)를 가져다줍니다. 세존이시여, 이렇게 지금 여기에서 눈에 보이는 사문의 과보를 보여 줄 수 있습니까?"

15. "대왕이시여, 그대는 이 질문을 다른 사문과 바라문들에게 물어본 기억이 있나요?"

"세존이시여, 저는 이 질문을 다른 사문과 바라문들에게 물어본 기억이 있습니다."

"대왕이시여, 괜찮다면 그들이 어떻게 대답했는지 말씀해 보시오!"

"세존이시여, 세존이나 세존 같은 분들이 앉아 계신다면 괜찮습니다."

"대왕이시여, 그렇다면 말씀해 보시오!"

16. "세존이시여, 언젠가 저는 뿌라나 까싸빠를 찾아가서, 그와 함께 정중하고 공손한 인사말을 나누고 한쪽에 앉았습니다. 세존이시여, 저는 뿌라나 까싸빠에게 그 질문을 했습니다.

17. 세존이시여, 뿌라나 까싸빠는 저에게 이렇게 말했습니다.

'대왕이시여, 베고, 베도록 시키고, 자르고, 자르도록 시키고, 굽고, 굽도록 시키고, 슬프게 하고, 슬프게 하도록 시키고, 괴롭히고, 괴롭히도록 시키고, 겁박하고, 겁박하도록 시키고, 생명을 해치고, 강탈하고, 이간질하고, 약탈하고, 노상에서 도둑질하고, 남의 부인을 겁탈하고, 거짓말을 해도 죄가 되지 않습니다. 설령 날카로운 칼끝의 전차 바퀴로 이 땅의 생명들을 한 덩어리로 짓이기고 한 덩어리로 만들어도 그것 때문에 죄가 있는 것이 아니며, 죄의 과보가 있는 것도 아닙니다. 설령 갠지스강의 남쪽 언덕에 가서 때리고, 죽이고, 자르고, 자르도록 시키고, 굽고, 굽도록 시켜도 그것 때문에 죄가 있는 것이 아니며, 죄의 과보가 있는 것도 아닙니다. 설령 갠지스강의 북쪽 언덕에 가서 보시하고, 보시하도록 하고, 공양을 올리고, 공양을 올리게 해도 그것 때문에 복이 있는 것이 아니며, 복의 과보가 있는 것도 아닙니다. 보시하고, 수행하고, 금욕하고, 정직함으로써 복이 있는 것이 아니며, 복의 과보가 있는 것도 아닙니다.'

18. 세존이시여, 이렇게 저는 눈에 보이는 사문의 과보에 대하여 물었는데, 뿌라나 까싸빠는 업(業)의 작용이 없음을 설명했습니다. 세존이시여, 비유하면 망고에 대하여 물었는데 빵나무에 대하여 설명하고, 빵나무에 대하여 물었는데 망고에 대하여 설명하는 것처럼, 저는 눈에 보이는 사문의 과보에 대하여 물었는데, 뿌라나 까싸빠는 업의 작용이 없음을 설명했습니다.

세존이시여, 그렇지만 저는 이렇게 생각했습니다.

'나 같은 왕이 어떻게 나의 영토에 머물고 있는 사문이나 바라문을 비난할 생각을 하겠는가?'

세존이시여, 저는 뿌라나 까싸빠의 말에 기뻐하지도 않고, 비난하지도 않고, 불쾌했지만 불쾌한 말을 하지 않고, 그 말을 받아들이지 않고, 무시하고 자리에서 일어나 그곳을 떠나왔습니다.

19. 세존이시여, 언젠가 저는 막칼리 고살라를 찾아가서, 그에게 같은 질문을 했습니다.

20. 세존이시여, 막칼리 고살라는 저에게 이렇게 말했습니다.

'대왕이시여, 중생이 타락하는 데는 원인이 없고 조건이 없습니다. 원인 없이, 조건 없이 중생은 타락합니다. 중생이 청정해지는 데는 원인이 없고 조건이 없습니다. 원인 없이, 조건 없이 중생은 청정해집니다. 자신의 업도 없고, 타인의 업도 없고, 인간의 업도 없고, 위력도 없고, 정진(精進)도 없고, 인간의 힘도 없고, 인간의 노력도 없습니다. 모든 중생·모든 생명·모든 생물·모든 목숨은 자제력(自制力)이 없고, 위력이 없고, 정진이 없이, 숙명(宿命, niyati)[81]이 결합하여 존재로 성숙하며, 여섯 가지 계층(階層)에서 고락(苦樂)을 겪습니다. 140만 6,600가지의 자궁이 있고, 500가지의 업에는 다섯 가지 업과 세 가지 업이 있으며, 업과 반업(半業)이 있습니다.[82] 예순두 가지 행도(行道)가 있고, 예순두 가지 중겁(中劫)이 있고, 여섯 가지 계층이 있고, 여덟 가지 인간의 지위가 있으며, 4,900가지의 직업이 있고, 4,900가지 행각수행자가 있으며, 4,900가지 용(龍)의 거처가 있으며, 2,000가지 감관[根]이 있으며, 3,000가지 지옥(地獄)이 있으며, 서른여섯 가지 티끌 세계[塵界]가 있고, 일곱 가지 생각이 있는 모태(母胎)가 있고, 일곱 가지 생각이 없는 모태가 있으며, 일곱 가지 마디 없는 모태가 있으며, 일곱 가지 천신, 일곱 가지 인간, 일곱 가지 악귀, 일곱 개의 호수, 일곱 개의 산맥, 700개의 산, 일곱 가지 절벽, 700개의 절벽, 일곱 가지 꿈, 700개의 꿈, 그리고 840만 대겁(大劫)이 있습니다. 어리석은 사람

---

81 'niyati'는 확정되고 결정된 법칙이나 운명을 의미한다. 결정론자이면서 숙명론자인 막칼리 고살라는 모든 존재 속에는 'niyati'라고 하는 확정된 숙명적인 요인이 결합되어 있다고 주장했다.

82 5업은 다섯 가지 감각 작용을 의미하고, 3업은 신(身)·구(口)·의(意) 삼업(三業)을 의미하며, 업은 신업(身業)과 구업(口業)을 의미하고, 반업(半業)은 의업(意業)을 의미함.

이든 현명한 사람이든 (숙명에 의해 정해진 만큼) 유전(流轉)하며, 윤회(輪廻)하고 나서 괴로움을 끝냅니다. 그때 '나는 계행(戒行)이나 덕행(德行)이나 고행(苦行)이나 청정한 수행[梵行]으로 미숙한 업을 성숙시키고, 성숙한 업을 자주 겪어 없애야겠다'라고 할 수 없습니다. 이와 같이 고락의 양이 정해진 윤회에 우열이나 증감은 없습니다. 비유하면 던져진 실타래가 풀리면서 굴러가듯이, 어리석은 사람이든 현명한 사람이든 유전하며, 윤회하고 나서 괴로움을 끝냅니다.'

21. 세존이시여, 이렇게 저는 눈에 보이는 사문의 과보에 대하여 물었는데, 막칼리 고살라는 순수한 윤회[suddhi saṃsāra][83]를 설명했습니다. 세존이시여, 비유하면 망고에 대하여 물었는데 빵나무에 대하여 설명하고, 빵나무에 대하여 물었는데 망고에 대하여 설명하는 것처럼, 저는 눈에 보이는 사문의 과보에 대하여 물었는데, 막칼리 고살라는 순수한 윤회를 설명했습니다.

세존이시여, 그렇지만 저는 이렇게 생각했습니다.

'나 같은 왕이 어떻게 나의 영토에 머물고 있는 사문이나 바라문을 비난할 생각을 하겠는가?'

세존이시여, 저는 막칼리 고살라의 말에 기뻐하지도 않고, 비난하지도 않고, 불쾌했지만 불쾌한 말을 하지 않고, 그 말을 받아들이지 않고, 무시하고 자리에서 일어나 그곳을 떠나왔습니다.

22. 세존이시여, 언젠가 저는 아지따 께사깜발린을 찾아가서, 그에게 같은 질문을 했습니다.

23. 세존이시여, 아지따 께사깜발린은 저에게 이렇게 말했습니다.

'대왕이시여, 보시도 없고, 제물(祭物)도 없고, 헌공(獻供)도 없으며, 선악업(善惡業)의 과보도 없습니다. 현세도 없고, 내세도 없으며, 부모도 없고, 중생의 화생(化生)도 없습니다. 세간에는 현세와 내세를 스스로 알고 체험하여 가르치는, 바른 수행으로 바른 성취를 한 사문과 바라문도 없습니다. 인간은 4대(四大)로 된 것이며, 죽으면 흙은 지신(地身)으로 녹아 돌아가고, 물은 수신(水身)으로 녹아 돌아가고, 불은 화신(火身)으로 녹아 돌아가고, 바람은 풍신(風身)으로 녹아 돌아가며, 감관들은 허공으로 흩어집니다. 상여꾼들이 상여에 죽은 자를 싣고 가면서 화장터까지 시구(詩句)를 읊어도, 해골은 비둘기색이 되고 헌공은 재가 됩니다. 유론(有論, atthika-vāda)[84]을 주장하는 사람들은 누구든, 그들의 주장은 허망한 거짓이며 낭설입니다. 어리석은 사람이든 현명한 사람이든 몸이 파괴되면 단멸하여 사라지며, 사후에는 존재하지 않습니다.'

24. 세존이시여, 이렇게 저는 눈에 보이는 사문의 과보에 대하여 물었는데, 아지따 께사깜발린은 단멸론(斷滅論)을 설명했습니다. 세존이시여, 비유하면 망고에 대하여 물었는데 빵나무에 대하여 설명하고, 빵나무에 대하여 물었는데 망고에 대하여 설명하는 것처럼, 저는 눈에 보이는 사문의 과보에 대하여

83 순수한 윤회란 오직 결정된 윤회만 있을 뿐, 다른 것은 작용하지 않는 윤회.

84 선악업의 과보나 사후의 존재가 있다는 이론.

물었는데, 아지따 께사깜발린은 단멸론을 설명했습니다.

세존이시여, 그렇지만 저는 이렇게 생각했습니다.

'나 같은 왕이 어떻게 나의 영토에 머물고 있는 사문이나 바라문을 비난할 생각을 하겠는가?'

세존이시여, 저는 아지따 께사깜발린의 말에 기뻐하지도 않고, 비난하지도 않고, 불쾌했지만 불쾌한 말을 하지 않고, 그 말을 받아들이지 않고, 무시하고 자리에서 일어나 그곳을 떠나왔습니다.

25. 세존이시여, 언젠가 저는 빠꾸다 깟짜야나를 찾아가서, 그에게 같은 질문을 했습니다.

26. 세존이시여, 빠꾸다 깟짜야나는 저에게 이렇게 말했습니다.

'대왕이시여, 일곱 가지 실체[身]는 만들어진 것이 아니며, 만들어진 것으로 구성된 것이 아니며, 창조된 것이 아니며, 석녀(石女)처럼 생산할 수 없으며, 기둥처럼 움직일 수 없는 것입니다. 그것들은 움직이지 않고, 변화하지 않고, 상호 간의 괴로움이나 즐거움이나 고락을 상호 간에 부족하게 방해하지 않습니다. 일곱 가지는 어떤 것인가? 지신, 수신, 화신, 풍신, 낙(樂), 고(苦) 그리고 명아(命我, jīva)가 일곱째입니다. 이들 일곱 가지 실체[身]는 만들어진 것이 아니며, 만들어진 것으로 구성된 것이 아니며, 창조된 것이 아니며, 석녀처럼 생산할 수 없으며, 기둥처럼 움직일 수 없는 것입니다. 그것들은 움직이지 않고, 변화하지 않고, 상호 간에 상호 간의 괴로움이나 즐거움이나 고락을 부족하게 방해하지 않습니다. 거기에는 살해하는 자나 살해되는 자, 듣는 자나 들리는 자, 인식하는 자나 인식되는 자가 없습니다. 누군가 날카로운 칼로 머리를 자른다 할지라도 아무도 어느 누구의 목숨을 빼앗지 못하며, 일곱 가지 실체 사이에 칼이 지나간 틈이 생길 뿐입니다.'

27. 세존이시여, 이렇게 저는 눈에 보이는 사문의 과보에 대하여 물었는데, 빠꾸다 깟짜야나는 엉뚱하게 동문서답했습니다. 세존이시여, 비유하면 망고에 대하여 물었는데 빵나무에 대하여 설명하고, 빵나무에 대하여 물었는데 망고에 대하여 설명하는 것처럼, 저는 눈에 보이는 사문의 과보에 대하여 물었는데, 빠꾸다 깟짜야나는 엉뚱하게 동문서답했습니다.

세존이시여, 그렇지만 저는 이렇게 생각했습니다.

'나 같은 왕이 어떻게 나의 영토에 머물고 있는 사문이나 바라문을 비난할 생각을 하겠는가?'

세존이시여, 저는 빠꾸다 깟짜야나의 말에 기뻐하지도 않고, 비난하지도 않고, 불쾌했지만 불쾌한 말을 하지 않고, 그 말을 받아들이지 않고, 무시하고 자리에서 일어나 그곳을 떠나왔습니다.

28. 세존이시여, 언젠가 저는 니간타 나따뿟따를 찾아가서, 그에게 같은 질문을 했습니다.

29. 세존이시여, 니간타 나따뿟따는 저에게 이렇게 말했습니다.

'대왕이시여, 니간타(nigaṇṭha)[85]는 네 가지 금계(禁戒)를 지켜 제어합니다. 대왕이

---

85 자이나(Jaina) 교도를 의미함.

시여, 니간타는 모든 찬물을 금제(禁制)하고,[86] 모든 악을 금제하기 위해 노력하고, 모든 악의 금제를 즐기고, 모든 악의 금제를 성취합니다. 대왕이시여, 이와 같이 니간타는 네 가지 금계를 지켜 제어합니다. 대왕이시여, 니간타는 이와 같이 네 가지 금계를 지켜 제어하기 때문에 '니간타는 자아를 성취하고, 자아를 제어하고, 자아를 확립한다'라고 하는 것입니다.'

30. 세존이시여, 이렇게 저는 눈에 보이는 사문의 과보에 대하여 물었는데, 니간타 나따뿟따는 네 가지 금계의 수호를 설명했습니다. 세존이시여, 비유하면 망고에 대하여 물었는데, 빵나무에 대하여 설명하고, 빵나무에 대하여 물었는데 망고에 대하여 설명하는 것처럼, 저는 눈에 보이는 사문의 과보에 대하여 물었는데, 니간타 나따뿟따는 네 가지 금계의 수호를 설명했습니다.

세존이시여, 그렇지만 저는 이렇게 생각했습니다.

'나 같은 왕이 어떻게 나의 영토에 머물고 있는 사문이나 바라문을 비난할 생각을 하겠는가?'

세존이시여, 저는 니간타 나따뿟따의 말에 기뻐하지도 않고, 비난하지도 않고, 불쾌했지만 불쾌한 말을 하지 않고, 그 말을 받아들이지 않고, 무시하고 자리에서 일어나 그곳을 떠나왔습니다.

31. 세존이시여, 언젠가 저는 산자야 벨랏띠뿟따를 찾아가서, 그에게 같은 질문을 했습니다.

32. 세존이시여, 산자야 벨랏띠뿟따는 저에게 이렇게 말했습니다.

'대왕이시여, 당신이 '내세는 있는가?'라고 묻는다면, 그리고 내가 '내세는 있다'라고 생각한다면, 나는 당신에게 '내세는 있다'라고 대답할 것입니다. 그러나 나는 이와 같이 생각하지 않습니다. 나는 그렇다고도 생각하지 않습니다. 나는 달리 생각하지도 않습니다. 아니라고 생각하지도 않고, 아닌 것이 아니라고 생각하지도 않습니다. '내세는 없는가?', '내세는 있기도 하고 없기도 한가?', '내세는 있지도 않고 없지도 않은가?', '화생하는 중생은 있는가?', '화생하는 중생은 없는가?', '화생하는 중생은 있기도 하고 없기도 한가?', '화생하는 중생은 있지도 않고 없지도 않은가?', '선악업의 과보는 있는가?', '선악업의 과보는 없는가?', '선악업의 과보는 있기도 하고 없기도 한가?', '선악업의 과보는 있지도 않고 없지도 않은가?', '여래는 사후에 존재하는가?', '여래는 사후에 존재하지 않는가?', '여래는 사후에 존재하기도 하고 존재하지 않기도 하는가?', '여래는 사후에 존재하지도 않고 존재하지 않지도 않은가?'라고 묻는다면, 그리고 내가 … '여래는 사후에 존재하지도 않고 존재하지 않지도 않는다'라고 생각한다면, 나는 당신에게 '여래는 사후에 존재하지도 않고 존재하지 않지도 않는다'라고 대답할 것입니다. 그러나 나는 이와 같이 생각하지 않습니다. 나는 그렇다고도 생각하지 않습니다. 나는 달리 생각하지도 않습니다. 아니라고도 생각하지도 않

86 자이나교는 살생을 엄격하게 금한다. 찬물 속에는 눈에 보이지 않는 생명이 살고 있을 수 있으므로 찬물을 먹는 것을 금한다.

고, 아닌 것이 아니라고도 생각하지도 않습니다.'

33. 세존이시여, 이렇게 저는 눈에 보이는 사문의 과보에 대하여 물었는데, 산자야 벨랏띠뿟따는 혼란한 대답을 했습니다. 세존이시여, 비유하면 망고에 대하여 물었는데 빵나무에 대하여 설명하고, 빵나무에 대하여 물었는데 망고에 대하여 설명하는 것처럼, 저는 눈에 보이는 사문의 과보에 대하여 물었는데, 산자야 벨랏띠뿟따는 혼란한 대답을 했습니다.

세존이시여, 그렇지만 저는 이렇게 생각했습니다.

'나 같은 왕이 어떻게 나의 영토에 머물고 있는 사문이나 바라문을 비난할 생각을 하겠는가?'

세존이시여, 저는 산자야 벨랏띠뿟따의 말에 기뻐하지도 않고, 비난하지도 않고, 불쾌했지만 불쾌한 말을 하지 않고, 그 말을 받아들이지 않고, 무시하고 자리에서 일어나 그곳을 떠나왔습니다.

34. 세존이시여, 이제 제가 세존께 묻겠습니다. 세존이시여, 이러한 직업들이 있습니다. 예를 들면 코끼리 조련사, 말 조련사, 마부, 궁수, 기수, 참모, 대신, 왕자, 하인, 요리사, 이발사, 도공 등과 같은 많은 직업이 있습니다. 그들은 그것으로 자신을 즐겁고 기쁘게 하고, 부모를 기쁘고 즐겁게 하고, 처자를 기쁘고 즐겁게 하고, 친구와 동료를 기쁘고 즐겁게 하며, 사문과 바라문에게 행한 유익한 공양은 천상에 태어나고 천상에 이르는 좋은 과보를 가져다줍니다. 세존이시여, 지금 여기에서 이렇게 눈에 보이는 사문의 과보를 보여 줄 수 있습니까?"

"보여 줄 수 있다오. 대왕이시여, 이제 내가 묻겠소. 좋을 대로 대답하시오!

35. 대왕이시여, 어떻게 생각하나요? 그대에게 먼저 일어나서 늦게 자고, 어떤 일에도 복종하고, 즐겁게 해 주고, 사랑스럽게 말하고, 안색을 살피는 종이 있다고 합시다. 그가 이렇게 생각했다고 합시다. '공덕(功德)을 지어 가는 세상[puññānaṃ gati]과 공덕의 과보는 실로 불가사의(不可思議)하고 경이롭구나. 마가다의 왕 아자따삿뚜 웨데히뿟따도 사람이고 나도 사람이다. 마가다의 왕 아자따삿뚜 웨데히뿟따는 다섯 가지 감각적 욕망의 대상을 구족하여 천신처럼 즐긴다. 그런데 나는 먼저 일어나서 늦게 자고, 어떤 일에도 복종하고, 즐겁게 해 주고, 사랑스럽게 말하고, 안색을 살피는 종이다. 나도 공덕을 지어야겠다. 머리와 수염을 깎고, 가사와 발우를 지니고, 집을 떠나 출가하면 어떨까?' 그가 그 후에 머리와 수염을 깎고, 가사와 발우를 지니고, 집을 떠나 출가한다고 합시다. 그는 출가하여 적당한 옷과 음식에 만족하고, 탈속의 삶을 즐기면서 몸을 수호하고 말을 수호하고 마음을 수호한다고 합시다. 그것을 보고 사람들이 그대에게 '폐하! 아시옵소서! 폐하의 종이 머리와 수염을 깎고, 가사와 발우를 지니고, 집을 떠나 출가했습니다. 그는 출가하여 적당한 옷과 음식에 만족하고, 탈속의 삶을 즐기면서 몸을 수호하고 말을 수호하고 마음을 수호합니다'라고 말한다고 합시다. 그러면 그대는 '여봐라! 그 사람을 나에게 데려와서 다시 먼저 일어나서 늦게 자고, 어떤 일에도 복종하고, 즐겁게 해 주고, 사랑스럽게 말하고, 안색을 살피는 종이 되게 하여라!'라고 하겠나요?"

36. "결코 그렇지 않습니다, 세존이시여! 우리는 그에게 예배하고, 자리에서 일어나 맞이하고, 부르고 초대할 것이며, 적당한 옷과 음식과 처소와 의약품으로 그를 보호하고 돌볼 것입니다."

"대왕이시여, 어떻게 생각하나요? 이와 같다면 눈에 보이는 사문의 과보는 있나요, 없나요?"

"세존이시여, 실로 눈에 보이는 사문의 과보는 있습니다."

"대왕이시여, 이것이 내가 그대에게 보여 준, 지금 여기에서 눈에 보이는 첫 번째 사문의 과보라오."

37. "세존이시여, 지금 여기에서 눈에 보이는 또 다른 사문의 과보를 보여 줄 수 있습니까?"

"보여 줄 수 있다오. 대왕이시여, 그렇다면 이제 내가 묻겠소. 좋을 대로 대답하시오! 대왕이시여, 어떻게 생각하나요? 그대에게 거사(居士)로서 세금을 내어 그대의 재산을 늘리는 농부가 있다고 합시다. 그가 이렇게 생각했다고 합시다. '공덕을 지어 가는 세상, 공덕의 과보는 실로 불가사의하고 경이롭구나. 마가다의 왕 아자따삿뚜 웨데히뿟따도 사람이고, 나도 사람이다. 마가다의 왕 아자따삿뚜 웨데히뿟따는 다섯 가지 감각적 욕망의 대상을 구족하여 천신처럼 즐긴다. 그런데 나는 거사로서 세금을 내어 왕의 재산을 늘리는 농부다. 나도 공덕을 지어야겠다. 머리와 수염을 깎고, 가사와 발우를 지니고, 집을 떠나 출가하면 어떨까?' 그가 그 후에 크고 작은 재산을 버리고, 가깝고 먼 친족을 버리고, 머리와 수염을 깎고 가사와 발우를 지니고 집을 떠나 출가한다고 합시다. 그는 출가하여 적당한 옷과 음식에 만족하고, 탈속의 삶을 즐기면서 몸을 수호하고 말을 수호하고 마음을 수호한다고 합시다. 그것을 보고 사람들이 그대에게 '폐하, 아시옵소서! 거사로서 세금을 내어 폐하의 재산을 늘리는 농부가 크고 작은 재산을 버리고, 가깝고 먼 친족을 버리고, 머리와 수염을 깎고 가사와 발우를 지니고 집을 떠나 출가했습니다. 그는 출가하여 적당한 옷과 음식에 만족하고, 탈속의 삶을 즐기면서 몸을 수호하고 말을 수호하고 마음을 수호합니다'라고 말한다고 합시다. 그러면 그대는 '여봐라, 그 사람을 나에게 데려와서 다시 거사로서 세금을 내어 재산을 늘리는 농부가 되게 하라'라고 하겠나요?"

38. "결코 그렇지 않습니다, 세존이시여! 우리는 그에게 예배하고, 자리에서 일어나 맞이하고, 부르고 초대할 것이며, 적당한 옷과 음식과 처소와 의약품으로 그를 보호하고 돌볼 것입니다."

"대왕이시여, 어떻게 생각하나요? 이와 같다면 눈에 보이는 사문의 과보는 있나요, 없나요?"

"세존이시여, 실로 눈에 보이는 사문의 과보는 있습니다."

"대왕이시여, 이것이 내가 그대에게 보여 준, 지금 여기에서 눈에 보이는 두 번째 사문의 과보라오."

39. "세존이시여, 지금 말씀하신 눈에 보이는 사문의 과보보다 더욱 훌륭하고 더욱 수승한, 지금 여기에서 눈에 보이는 또 다른 사문의 과보를 보여 줄 수 있습니까?"

"보여 줄 수 있다오. 대왕이시여, 그렇다면 잘 듣고 깊이 생각해 보시오! 내가 이야기하겠소."

마가다의 왕 아자따삿뚜 웨데히뿟따는 세존께 "그렇게 해 주십시오, 세존이시여!" 라고 간청했습니다.

세존께서는 이렇게 말씀하셨습니다.

40. "아라한[應供], 원만하고 바르게 깨달으신 분[正遍知], 앎과 실천을 구족하신 분[明行足], 잘 가신 분[善逝], 세간을 잘 아시는 분[世間解], 위없는 분[無上士], 사람을 길들여 바른길로 이끄시는 분[調御丈夫], 천신과 인간의 스승[天人師], 진리를 깨달으신 분[佛], 세존(世尊)으로 불리는 여래(如來)가 이 세상에 출현한다오. 그는 천계(天界)·마라(māra)·범천(梵天)을 포함한 이 세간, 사문과 바라문과 왕과 백성을 포함한 인간계를 체험적 지혜[勝智]로 몸소 체득하여 알려 준다오. 그는 처음도 좋고 중간도 좋고 마지막도 좋은, 의미 있고 명쾌하고 완벽한 진리를 가르치며, 청정한 수행을 알려 준다오.

41. 그 진리를 거사나 거사의 아들이나 다른 가문에 태어난 사람이 듣는다오. 그는 그 진리를 듣고, 여래에 대한 믿음을 성취한다오. 믿음을 성취하면, 그는 이렇게 생각한다오. '속세의 삶은 번거로운 홍진(紅塵)의 세계요, 출가는 걸림 없는 노지(露地)와 같다. 속가에 살면서 완전하고 청정한 수행을 실천하기는 쉽지 않다. 나는 머리와 수염을 깎고, 가사와 발우를 지니고, 집을 떠나 출가하는 것이 어떨까?' 그는 그 후에 크고 작은 재산을 버리고, 가깝고 먼 친족을 버리고, 머리와 수염을 깎고 가사와 발우를 지니고 집을 떠나 출가한다오.

42. 그는 이와 같이 출가하여, 별해탈율의(別解脫律儀, pātimokkha-saṃvara)[87]를 수호하며 살아간다오. 그는 행동규범[ācāra-gocara, 行境]을 갖추어 하찮은 죄에서도 두려움을 보고, 학계(學戒, sikkhapada)[88]를 수지하여 학습하며, 착한 신업(身業)과 구업(口業)을 성취하여 지각활동[諸根]을 할 때 문(門)을 지키고, 계를 성취한 청정한 생활을 하며, 주의집중과 알아차림을 갖추고 만족할 줄 알며 살아간다오.

43. 대왕이시여, 비구가 계를 성취한다는 것은 어떤 것인가? 대왕이시여, 비구는 살생하지 않으며, 살생을 삼간다오. 비구는 몽둥이나 칼을 잡지 않으며, 부끄러움을 알며, 모든 생명을 보살피고 사랑하며 살아간다오. 이것이 비구의 계행이라오.

비구는 도둑질하지 않으며, 도둑질을 삼간다오. 비구는 보시받은 것만을 취하고, 보시만을 기대하며, 청정한 마음으로 살아간다오. 이것이 비구의 계행이라오.

비구는 청정한 수행[梵行]이 아닌 행을 하지 않고 청정한 수행을 실천하며, 세속의 법인 음행을 삼가고 멀리한다오. 이것이 비구의 계행이라오.

44. 비구는 거짓말을 하지 않으며, 거짓말을 삼간다오. 비구는 진실을 말하고 정직하며, 참되고 믿음이 가며, 세상을 속이지 않는다오. 이것이 비구의 계행이라오.

비구는 이간질을 하지 않고, 이간질을 삼간다오. 비구는 이들에게 들은 것을 저들

---

87 5계, 10계, 구족계 등을 받아 신업과 구업으로 지은 악업에서 해탈하는 계법.

88 아라한을 성취하지 못한 사람들이 해야 할 공부를 의미한다.

에게 알려 이간하지 않고, 저들에게 들은 것을 이들에게 알려 이간하지 않는다오. 이렇게 언제나 불화를 화해하고, 집착함이 없는 화합의 기쁨, 화합의 즐거움, 화합의 환희, 화합의 필요를 이야기한다오. 이것이 비구의 계행이라오.

비구는 추악한 말을 하지 않고 추악한 말을 삼간다오. 비구는 부드럽고, 듣기 좋고, 사랑이 넘치고, 유쾌하고, 정중하고, 누구나 좋아하고, 누구나 즐거워하는 이야기를 한다오. 이것이 비구의 계행이라오.

비구는 잡담을 하지 않고, 잡담을 삼간다오. 비구는 때에 맞는 말[時語]·진실한 말[實語]·의미 있는 말[義語]·법에 대한 말[法語]·율에 대한 말[律語]을 시의적절하게, 분명한 의도를 가지고, 의미를 갖추어 새겨듣게 이야기한다오. 이것이 비구의 계행이라오.

45. 비구는 농사를 짓지 않는다오. 비구는 한 끼만 먹되, 밤에는 먹지 않고, 때가 아니면 먹지 않는다오. 비구는 춤과 노래와 음악과 연극을 구경하지 않는다오. 비구는 꽃이나 향으로 치장하지 않는다오. 비구는 높고 큰 침대를 쓰지 않는다오. 비구는 금이나 은을 받지 않는다오. 비구는 익히지 않은 곡식은 받지 않는다오. 비구는 익히지 않은 고기는 받지 않는다오. 비구는 부인이나 처녀를 받지 않는다오. 비구는 노비를 받지 않는다오. 비구는 염소나 양을 받지 않는다오. 비구는 닭이나 돼지를 받지 않는다오. 비구는 코끼리나 소나 말을 받지 않는다오. 비구는 논밭을 받지 않는다오. 비구는 하인을 받지 않는다오. 비구는 물건을 사고팔지 않는다오. 비구는 저울이나 양을 속이지 않는다오. 비구는 거짓으로 속이지 않는다오. 비구는 때리거나, 죽이거나, 결박하거나, 강탈하거나, 약탈하거나, 폭력을 휘두르지 않는다오. 이것이 비구의 계행이라오."

46.~62. (생략)[89]

63. "대왕이시여, 이와 같이 계(戒)를 성취한 비구는 어떤 경우에도 계를 수호하는 것을 두려워하지 않는다오. 비유하면, 관정(灌頂)을 한 무적의 크샤트리아가 어떤 경우에도 적을 두려워하지 않는 것과 같다오. 이렇게 계를 성취한 비구는 어떤 경우에도 계를 수호하는 것을 두려워하지 않는다오. 이들 성스러운 계온(戒蘊, sīlakkhandha)[90]을 구족한 그는 내적으로 완전한 행복을 느낀다오. 대왕이시여, 비구는 이렇게 계행을 성취한다오.

64. 대왕이시여, 비구는 어떻게 지각활동[根]을 할 때[indriyesu][91] 문(門)을 지키는가? 대왕이시여, 비구는 눈[眼]으로 형색[色]을 보고 형상(形相, nimitta)에 집착하지 않고, 부분의 모습[anuvyañjana]에 집착하지 않는다오. 시각활동[cakkhundriya, 眼根][92]을 통제하지

---

89 「범동경」과 마찬가지로 중간 계행과 긴 계행을 생략함.

90 '온(蘊)'으로 번역된 'khandha'는 '덩어리', '무더기'의 의미다. 계온(戒蘊)이란 계(戒)의 무더기, 즉 앞에서 언급한 모든 계를 말한다.

91 'indriyesu'는 'indriya'의 복수(複數) 처격(處格)이다. '근(根)'으로 한역된 'indriya'는 우리의 신체를 구성하는 '감각기관'이 아니라 '지각활동'을 의미한다. 빨리어에서 처격은 때와 장소를 의미하기 때문에 '지각활동을 할 때'로 번역했다.

92 '안근(眼根)'으로 한역되는 'cakkhundriya'는 'cakkhu'와 'indriya'의 합성어로서 시각활동을 의미한다.

않고 지내면 탐욕과 근심 같은 사악하고 좋지 않은 법(法)들이 흘러들어 오기 때문에, 그것을 막기 위해서 시각활동을 지켜보다가, 시각활동을 할 때 그것을 막는다오.

귀[耳]로 소리를 듣고서,

코[鼻]로 냄새를 맡고서,

혀[舌]로 맛을 보고서,

몸[身]으로 접촉하고서,

마음[意]으로 대상[法]을 지각하고서 형상에 집착하지 않고 부분의 모습에 집착하지 않는다오. 마음활동[意根]을 통제하지 않고 지내면 탐욕과 근심 같은 사악하고 좋지 않은 법들이 흘러들어 오기 때문에, 그것을 막기 위해서 마음활동을 지켜보다가, 마음활동을 할 때 그것을 막는다오. 대왕이시여, 비구는 이렇게 지각활동을 할 때 문을 지킨다오.

65. 대왕이시여, 비구는 어떻게 주의집중과 알아차림[sati-sampajañña][93]을 갖추는가? 대왕이시여, 비구는 가고 올 때 알아차리고, 바라보고 돌아볼 때 알아차리고, 구부리고 펼 때 알아차리고, 가사와 발우와 승복을 지닐 때 알아차리고, 먹고 마시고 씹고 맛볼 때 알아차리고, 대소변을 볼 때 알아차리고, 가고 서고 앉고 잠들고 깨어나고 말하고 침묵할 때 알아차린다오. 대왕이시여, 비구는 이렇게 주의집중과 알아차림을 갖춘다오.

66. 대왕이시여, 비구는 어떻게 만족할 줄 아는가? 대왕이시여, 비구는 몸을 보호하는 법복(法服)과 배를 채우는 음식을 담는 발우로 만족하며, 어디를 가더라도 법복과 발우를 지니고 간다오. 비유하면 대왕이시여, 날개 달린 새가 어디를 날아가더라도 깃털을 달고 날아가듯이, 비구는 몸을 보호하는 법복과 배를 채우는 음식을 담는 발우로 만족하며, 그는 어디를 가더라도 법복과 발우를 지니고 간다오. 대왕이시여, 비구는 이렇게 만족하며 살아간다오.

67. 그는 이렇게 거룩하게 계온을 갖추고, 6근(六根)의 수호를 갖추고, 주의집중과 알아차림을 갖추고, 만족할 줄 안다오. 그는 숲이나 나무 아래나 바위나 동굴이나 산속이나 무덤이나 삼림이나 노지(露地)나 짚 더미 같은 홀로 지내기 좋은 처소를 좋아한다오. 그는 발우에 음식을 얻어 돌아와 음식을 먹은 후에 가부좌하고 앉아서, 몸을 똑바로 세우고 정신을 바짝 차려 주의집중을 준비하고 앉는다오.

68. 그는 세간(世間)에 대한 탐욕을 버리고 탐욕을 떠난 마음으로 살아가면서 탐욕으로부터 마음을 정화한다오. 악의를 버리고 악의 없는 마음으로 살아가면서 살아 있는 모든 것을 연민하는 벗이 되어 진에(瞋恚)로부터 마음을 정화한다오. 나태와 졸음을 버리고 나태와 졸음 없이 살아가면서 밝은 생각으로 알아차려 나태와 졸음으로부터 마음을 정화한다오. 들뜸과 후회를 버리고 차분하게 살아가면서 내적으로 고요해진 마음으로 들뜸과 후회로부터 마음을 정화한다오. 의심을 버리고 의심을 벗어나 선법에 대하여 의심

---

93 한역에서 'sati'는 '정념(正念)'으로, 'sampajañña'는 '정지(正知)'로 번역된다. 'sampajañña'는 분명하게 알아차리는 것을 의미하므로, 'sati-sampajañña'는 주의를 집중하여 자신의 행동과 느낌을 분명하게 알아차리는 것을 의미한다.

없이 살아가면서 의심으로부터 마음을 정화한다오.

69. 대왕이시여, 비유하면 어떤 사람이 빚으로 사업을 하는 것과 같다오. 그가 후에 그 사업이 성공하여 예전의 빚을 갚았을 뿐만 아니라 아내를 얻을 여분이 있게 되면, '나는 과거에 빚으로 사업을 했다. 그 후 나는 사업에 성공했다. 그래서 나는 예전의 빚을 갚았을 뿐만 아니라, 나에게 아내를 얻을 여분이 있다'라고 생각한다오. 이와 같이 비구는 이로 인해서 행복을 얻고 만족을 얻는다오.

70. 대왕이시여, 비유하면 어떤 사람이 병이 들어, 괴롭고 심한 병으로 음식을 먹지 못하고 몸에 힘이 없는 것과 같다오. 그가 후에 병에서 벗어나 음식을 먹고 몸에 힘이 생기면, '나는 과거에 병이 들어 괴롭고 심한 병으로 음식을 먹지 못해 내 몸에 힘이 없었다. 그런데 그 후에 나는 병에서 벗어나 음식을 먹고 내 몸에 힘이 생겼다'라고 생각한다오. 이와 같이 비구는 이로 인해서 행복을 얻고 만족을 얻는다오.

71. 대왕이시여, 비유하면 어떤 사람이 감옥에 묶여 있는 것과 같다오. 그가 후에 감옥에서 무사하고 안전하게 벗어나 어떤 결박의 손실도 없게 되면, '나는 과거에 감옥에 묶여 있었다. 그런데 그 후에 감옥에서 무사하고 안전하게 벗어나 나에게 어떤 결박의 손실도 없게 되었다'라고 생각한다오. 이와 같이 비구는 이로 인해서 행복을 얻고 만족을 얻는다오.

72. 대왕이시여, 비유하면 어떤 사람이 자립하지 못하고, 남에게 의존하고 있는 노예로서 어디든 마음대로 가지 못하는 것과 같다오. 그가 후에 노예의 처지에서 벗어나 자립하여 다른 사람에게 의존하지 않는 자유인이 되어, 어디나 마음대로 갈 수 있게 되면, 그는 '나는 과거에 자립하지 못하고, 남에게 의존하고 있는 노예로서 어디든 마음대로 가지 못했다. 그런데 그 후에 노예의 처지에서 벗어나 자립하여 다른 사람에게 의존하지 않는 자유인이 되어, 어디나 마음대로 갈 수 있게 되었다'라고 생각한다오. 이와 같이 비구는 이로 인해서 행복을 얻고 만족을 얻는다오.

73. 대왕이시여, 비유하면 어떤 사람이 많은 재물과 보물을 가지고 흉년이 들어 위험하고 험난한 길을 나서는 것과 같다오. 그가 후에 그 험한 길을 극복하고 걱정 없고 평안한 마을 입구에 안전하게 도달하게 되면, 그는 '나는 과거에 많은 재물과 보물을 가지고 흉년이 들어 위험하고 험난한 길을 나섰다. 그 후에 그 험한 길을 극복하고 걱정 없고 평안한 마을 입구에 안전하게 도달했다'라고 생각한다오. 이와 같이 비구는 이로 인해서 행복을 얻고 만족을 얻는다오.

74. 대왕이시여, 비구는 이와 같이 자신에게서 다섯 가지 장애[pañca nīvaraṇā, 五蓋]가 제거되지 않은 것을 빚으로, 병으로, 감옥으로, 노예의 처지로, 험난한 길로 여긴다오. 대왕이시여, 비구는 이와 같이 자신에게서 다섯 가지 장애가 제거된 것을, 빚 없는 것으로, 병 없는 것으로, 속박에서 벗어난 것으로, 자유인으로, 안전한 곳으로 여긴다오.

75. 자신에게 이들 다섯 가지 장애가 제거된 것을 알면, 그에게 기쁨이 생긴다오. 기쁨으로 인해 즐거움이 생기고, 즐거운 마음으로 인해 몸이 안정된다오. 몸이 안정되면 행복을 느끼고, 마음이 행복하면 삼매에 든다오. 그는 욕망을 멀리하고 불선법(不善法)을 멀

리함으로써 사유[尋]가 있고 숙고[伺]가 있는, 멀리함에서 생긴 기쁨과 즐거움이 있는 초선(初禪)을 성취하여 살아간다오. 그는 멀리함에서 생긴 기쁨과 즐거움으로 이 몸을 가득 채우고, 넘치게 하고, 충만하게 하고, 두루 퍼지게 하여 멀리함에서 생긴 기쁨과 즐거움이 몸 전체에 미치지 않는 곳이 없도록 한다오.

76. 대왕이시여, 비유하면 숙련된 목욕사나 그 제자가 청동 대야에 비누 가루를 뿌리고 물을 고루 부어 섞으면, 그 비누 반죽은 안팎으로 습기를 머금고, 습기에 젖어 물기가 흘러나오지 않는 것과 같다오. 대왕이시여, 이와 같이 비구는 멀리함에서 생긴 기쁨과 즐거움으로 이 몸을 가득 채우고, 넘치게 하고, 충만하게 하고, 두루 퍼지게 하여 멀리함에서 생긴 기쁨과 즐거움이 몸 전체에 미치지 않는 곳이 없도록 한다오.

대왕이시여, 이것이 이전의 눈에 보이는 사문의 과보보다 더욱 훌륭하고 더욱 수승한, 눈에 보이는 사문의 과보라오.

77. 대왕이시여, 비구는 그다음에 사유와 숙고를 억제하여 내적으로 조용해진, 마음이 집중된, 사유와 숙고가 없는, 삼매에서 생긴 기쁨과 즐거움이 있는 제2선(第二禪)을 성취하여 살아간다오. 그는 삼매에서 생긴 기쁨과 즐거움으로 이 몸을 가득 채우고, 넘치게 하고, 충만하게 하고, 두루 퍼지게 하여 삼매에서 생긴 기쁨과 즐거움이 몸 전체에 미치지 않는 곳이 없도록 한다오.

78. 대왕이시여, 비유하면 동쪽 수로도 없고, 서쪽 수로도 없고, 북쪽 수로도 없고, 남쪽 수로도 없는 호수의 샘이 있는데, 천신이 때때로 적당한 소나기를 내려 주지 않아도 그 샘에서 시원한 물줄기가 솟아 나와 시원한 물로 그 호수를 가득 채우고, 넘치게 하고, 충만하게 하고, 두루 퍼지게 하여 시원한 물이 호수 전체에 미치지 않는 곳이 없도록 하는 것과 같다오. 대왕이시여, 이와 같이 비구는 삼매에서 생긴 기쁨과 즐거움으로 이 몸을 가득 채우고, 넘치게 하고, 충만하게 하고, 두루 퍼지게 하여 삼매에서 생긴 기쁨과 즐거움이 몸 전체에 미치지 않는 곳이 없도록 한다오.

대왕이시여, 이것이 이전의 눈에 보이는 사문의 과보보다 더욱 훌륭하고 더욱 수승한, 눈에 보이는 사문의 과보라오.

79. 대왕이시여, 비구는 그다음에 즐겁게 욕탐에서 벗어나[離欲] 평정한 주의집중과 알아차림을 하며 지내면서 몸으로 행복을 느끼는, 성자들이 '평정한[upekhaka][94] 주의집중을 하는 행복한 상태'라고 이야기한 제3선(第三禪)을 성취하여 살아간다오. 그는 즐거움을 초월한 행복으로 이 몸을 가득 채우고, 넘치게 하고, 충만하게 하고, 두루 퍼지게 하여 즐거움을 초월한 행복이 몸 전체에 미치지 않는 곳이 없도록 한다오.

80. 대왕이시여, 비유하면 청련·홍련·백련이 자라는 연못이 있는데, 물에서 태어나고 물에서 자라, 물 위로 올라오지 않고 물속에 잠겨서 크는 몇몇 청련이나 홍련이나 백련들은 꼭대기에서 뿌리까지 시원한 물로 가득 차고 넘치고 충만하고 두루 퍼져서, 청련이나 홍련이나 백련들의 모든 부분에 시원한

94 '사(捨)'로 한역되는 'upekhaka'는 고락(苦樂)의 느낌에서 벗어난, 평정하고 집착이 없는 상태를 의미한다.

물이 미치지 않는 곳이 없는 것과 같다오. 대왕이시여, 이와 같이 비구는 즐거움을 초월한 행복으로 이 몸을 가득 채우고, 넘치게 하고, 충만하게 하고, 두루 퍼지게 하여 즐거움을 초월한 행복이 몸 전체에 미치지 않는 곳이 없도록 한다오.

대왕이시여, 이것이 이전의 눈에 보이는 사문의 과보보다 더욱 훌륭하고 더욱 수승한, 눈에 보이는 사문의 과보라오.

81. 대왕이시여, 비구는 그다음에 행복감을 포기하고 괴로움을 버림으로써, 이전의 만족과 불만이 소멸하여 괴롭지도 않고 즐겁지도 않은, 평정한 주의집중이 청정한 제4선(第四禪)을 성취하여 살아간다오. 그는 이 몸을 청정하게 정화된 마음으로 채우고 앉아, 청정하게 정화된 마음이 몸 전체에 미치지 않는 곳이 없도록 한다오.

82. 대왕이시여, 비유하면 어떤 사람이 깨끗한 옷으로 머리끝까지 감싸고 앉으면 깨끗한 옷이 몸 전체에 닿지 않은 곳이 없는 것과 같다오. 대왕이시여, 이와 같이 비구는 이 몸을 청정하게 정화된 마음으로 채우고 앉아, 청정하게 정화된 마음이 몸 전체에 미치지 않는 곳이 없도록 한다오.

대왕이시여, 이것이 이전의 눈에 보이는 사문의 과보보다 더욱 훌륭하고 더욱 수승한, 눈에 보이는 사문의 과보라오.

83. 그는 청정하게 정화되고, 죄악의 먼지가 없고, 번뇌의 때가 없고, 유연하여 적응력이 있고, 견고하여 움직이지 않는 삼매에 들어, 알고 보기[ñāṇa-dassana, 知見] 위하여 마음을 그쪽으로 기울인다오. 그는 '4대(四大)로 된, 부모로부터 태어나 밥과 젖이 쌓인, 나의 이 형색이 있는 몸[色身]은 무상(無常)하며, 단멸하며, 부서지며, 파괴되며, 멸망하는 법(法)이다. 나의 이 분별의식[viññāṇa, 識]은 거기에 의존하고 있고, 거기에 묶여 있다'라고 통찰한다오.

84. 대왕이시여, 비유하면 아름답고 귀한, 팔각형으로 잘 다듬어진, 투명하고 순수하고 청정한 모든 특징을 빠짐없이 갖춘 마니보주(摩尼寶珠)가 있는데, 거기에 청색이나 황색이나 적색이나 백색이나 적황색 실을 꿰어 놓은 것과 같다오. 안목 있는 사람은 그것을 손 위에 놓고 '이 마니보주는 참으로 아름답고 귀한, 팔각형으로 잘 다듬어진, 투명하고 순수하고 청정한 모든 특징을 빠짐없이 갖춘 것인데, 거기에 청색이나 황색이나 적색이나 백색이나 적황색 실을 꿰어 놓았구나'라고 관찰한다오. 대왕이시여, 비구는 이와 같이 청정하게 정화되고, 죄악의 먼지가 없고, 번뇌의 때가 없고, 유연하여 적응력이 있고, 견고하여 움직이지 않는 삼매에 들어, 알고 보기 위하여 마음을 그쪽으로 기울인다오. 그는 '4대로 된, 부모로부터 태어나 밥과 젖이 쌓인, 나의 이 형색이 있는 몸은 무상하며, 단멸하며, 부서지며, 파괴되며, 멸망하는 법이다. 나의 이 분별의식은 거기에 의존하고 있고, 거기에 묶여 있다'라고 통찰한다오.

대왕이시여, 이것이 이전의 눈에 보이는 사문의 과보보다 더욱 훌륭하고 더욱 수승한, 눈에 보이는 사문의 과보라오.

85. 그는 이와 같이 청정하게 정화되고, 죄악의 먼지가 없고, 번뇌의 때가 없고, 유연하여 적응력이 있고, 견고하여 움직이지 않는 삼매에 들어, 의성신(意成身, mano-maya kāya)[95]을 만들기 위하여 마음을 그쪽으로 기울인다오. 그는 이 몸에서 사지(四肢)가 완전하고, 6근이 완전하며, 형색이 있는, 마음으로 된 다른 몸을 만들어 낸다오.

86. 대왕이시여, 비유하면 어떤 사람이 갈대 풀에서 갈대를 뽑아내는 것과 같다오. 그는 이렇게 생각할 것입니다. '이것은 갈대 풀이고, 이것은 갈대다. 갈대 풀과 갈대는 서로 다르다. 그렇지만 갈대는 갈대 풀에서 뽑혀 나왔다.'

대왕이시여, 비유하면 어떤 사람이 칼집에서 칼을 뽑아내는 것과 같다오. 그는 이렇게 생각할 것입니다. '이것은 칼이고, 이것은 칼집이다. 칼과 칼집은 서로 다르다. 그렇지만 칼은 칼집에서 뽑혀 나왔다.'

대왕이시여, 비유하면 어떤 사람이 뱀을 뱀 허물에서 빼내는 것과 같다오. 그는 이렇게 생각할 것입니다. '이것은 뱀이고, 이것은 뱀 허물이다. 뱀과 뱀 허물은 서로 다르다. 그렇지만 뱀은 뱀 허물에서 빠져나왔다.'

대왕이시여, 비구는 이와 같이 청정하게 정화되고, 죄악의 먼지가 없고, 번뇌의 때가 없고, 유연하여 적응력이 있고, 견고하여 움직이지 않는 삼매에 들어 의성신을 만들기 위하여 마음을 그쪽으로 기울인다오. 그는 이 몸에서 사지가 완전하고 6근이 완전하며 형색이 있는, 마음으로 된 다른 몸을 만들어 낸다오.

대왕이시여, 이것이 이전의 눈에 보이는 사문의 과보보다 더욱 훌륭하고 더욱 수승한, 눈에 보이는 사문의 과보라오.

87. 그가 이와 같이 청정하게 정화되고, 죄악의 먼지가 없고, 번뇌의 때가 없고, 유연하여 적응력이 있고, 견고하여 움직이지 않는 삼매에 들어 신족통(神足通)을 위하여 마음을 그쪽으로 기울이면, 그는 다양한 신통을 부릴 수 있다오. 그는 하나이다가 여럿이 되고, 여럿이다가 하나가 된다오. 마치 허공을 다니듯이, 나타나고 사라지고 담장을 넘고 성벽을 넘고 산을 넘어 거침없이 다닌다오. 마치 물속처럼 땅속에서 오르내린다오. 마치 땅 위를 걷듯이 물 위를 걸어 다닌다오. 마치 날개 달린 새처럼 허공에서 가부좌하고 다니기도 한다오. 이와 같은 큰 신족통과 이와 같은 큰 위력으로 해와 달을 손바닥으로 만지고 쓰다듬기도 한다오. 그는 몸을 범천(梵天)의 세계까지 늘리기도 한다오.

88. 대왕이시여, 비유하면 숙련된 도공이나 도공의 제자가 잘 준비된 진흙으로 원하는 그릇을 만드는 것과 같다오. 대왕이시여, 비유하면 숙련된 상아세공사나 상아세공사의 제자가 잘 다듬은 상아로 원하는 상아 제품을 만드는 것과 같다오. 대왕이시여, 비유하면 숙련된 금세공사나 금세공사의 제자가 잘 제련된 금으로 원하는 황금 제품을 만드는 것과 같다오.

대왕이시여, 비구가 이와 같이 청정하게 정화되고, 죄악의 먼지가 없고, 번뇌의 때가 없고, 유연하여 적응력이 있고, 견고하여 움직이지 않는 삼매에 들어 신족통을 위하여 마음을 그쪽으로 기울이면, 그는 여러 가지 신통을 부릴 수 있다오.

---

95 우리는 욕망의 지배를 받아 자신이 원하는 모습으로 살아가지 못한다. '의성신(意成身)'으로 한역되는 'mano-maya kāya'는 이러한 욕망에 휩싸인 모습에서 벗어나, 자신이 원하는 모습으로 살아가는 것을 의미한다.

대왕이시여, 이것이 이전의 눈에 보이는 사문의 과보보다 더욱 훌륭하고 더욱 수승한, 눈에 보이는 사문의 과보라오.

89. 그가 이와 같이 청정하게 정화되고, 죄악의 먼지가 없고, 번뇌의 때가 없고, 유연하여 적응력이 있고, 견고하여 움직이지 않는 삼매에 들어 천이통(天耳通)에 마음을 기울이면, 그는 청정하고 초인적인 천이통으로 멀고 가까운 천신과 인간의 두 소리를 들을 수 있다오.

90. 대왕이시여, 비유하면 여행을 떠난 사람이 길에서 북소리, 장고 소리, 고동 소리를 듣는 것과 같다오. 그는 '이것은 북소리다. 이것은 장고 소리다. 이것은 고동 소리다'라고 그 소리를 들을 수 있다오. 이와 같이 비구가 청정하게 정화되고, 죄악의 먼지가 없고, 번뇌의 때가 없고, 유연하여 적응력이 있고, 견고하여 움직이지 않는 삼매에 들어 천이통에 마음을 기울이면, 그는 청정하고 초인적인 천이통으로 멀고 가까운 천신과 인간의 두 소리를 들을 수 있다오.

대왕이시여, 이것이 이전의 눈에 보이는 사문의 과보보다 더욱 훌륭하고 더욱 수승한, 눈에 보이는 사문의 과보라오.

91. 그가 이와 같이 청정하게 정화되고, 죄악의 먼지가 없고, 번뇌의 때가 없고, 유연하여 적응력이 있고, 견고하여 움직이지 않는 삼매에 들어 타심통(他心通)에 마음을 기울이면, 그는 자신의 마음으로 다른 중생이나 다른 사람들의 마음을 통찰할 수 있다오.

그는 탐욕이 있는 마음은 탐욕이 있는 마음이라고 통찰한다오. 탐욕이 없는 마음은 탐욕이 없는 마음이라고 통찰한다오. 진에가 있는 마음은 진에가 있는 마음이라고 통찰한다오. 진에가 없는 마음은 진에가 없는 마음이라고 통찰한다오. 어리석음이 있는 마음은 어리석음이 있는 마음이라고 통찰한다오. 어리석음이 없는 마음은 어리석음이 없는 마음이라고 통찰한다오. 집중된 마음은 집중된 마음이라고 통찰한다오. 산만한 마음은 산만한 마음이라고 통찰한다오. 넓은 마음은 넓은 마음이라고 통찰한다오. 좁은 마음은 좁은 마음이라고 통찰한다오. 뛰어난 마음은 뛰어난 마음이라고 통찰한다오. 위없는 마음은 위없는 마음이라고 통찰한다오. 삼매에 든 마음은 삼매에 든 마음이라고 통찰한다오. 삼매에 들지 않은 마음은 삼매에 들지 않은 마음이라고 통찰한다오. 해탈한 마음은 해탈한 마음이라고 통찰한다오. 해탈하지 못한 마음은 해탈하지 못한 마음이라고 통찰한다오.

92. 대왕이시여, 비유하면 몸단장을 좋아하는 젊은 처녀나 청년이 깨끗하게 잘 닦인 거울이나 맑은 물그릇에 자신의 얼굴을 비춰 보고서, 검은 점이 있으면 있다고 알고 없으면 없다고 아는 것과 같다오. 대왕이시여, 비구가 이와 같이 청정하게 정화되고, 죄악의 먼지가 없고, 번뇌의 때가 없고, 유연하여 적응력이 있고, 견고하여 움직이지 않는 삼매에 들어 타심통에 마음을 기울이면, 그는 자신의 마음으로 다른 중생이나 다른 사람들의 마음을 통찰할 수 있다오.

대왕이시여, 이것이 이전의 눈에 보이는 사문의 과보보다 더욱 훌륭하고 더욱 수승한, 눈에 보이는 사문의 과보라오.

93. 그가 이와 같이 청정하게 정화되고, 죄악의 먼지가 없고, 번뇌의 때가 없고, 유연하여 적응력이 있고, 견고하여 움직이지 않는 삼

매에 들어 숙명통(宿命通)에 마음을 기울이면, 그는 용모와 내력을 지닌 여러 가지 전생의 삶을 기억할 수 있다오.

그는 한 번의 태어남, 두 번의 태어남, 세 번의 태어남, 네 번의 태어남, 다섯 번의 태어남, 열 번의 태어남, 스무 번의 태어남, 서른 번의 태어남, 마흔 번의 태어남, 쉰 번의 태어남, 백 번의 태어남, 천 번의 태어남, 백천 번의 태어남, 수많은 괴겁(壞劫), 수많은 성겁(成劫), 수많은 성괴겁(成壞劫)과 같은 여러 가지 전생의 삶을 '그곳에서 나는 이름은 이러했고, 가문은 이러했고, 용모는 이러했고, 음식은 이러했으며, 이러한 고락(苦樂)을 겪었고, 이와 같이 수명을 마쳤다. 그가 죽어서 나는 거기에 태어났다. 그곳에서 나는 이름은 이러했고, 가문은 이러했고, 용모는 이러했고, 음식은 이러했으며, 이러한 고락을 겪었고, 이와 같이 수명을 마쳤다. 그가 죽어서 이 세상에 태어났다'라고 기억한다오. 이와 같이 그는 용모와 내력을 지닌 여러 가지 전생의 삶을 기억한다오.

94. 대왕이시여, 비유하면 어떤 사람이 자기 마을에서 다른 마을로 가고, 그 마을에서 다시 다른 마을로 가고, 그 마을에서 자기 마을로 되돌아오는 것과 같다오. 그는 '나는 우리 마을에서 그 마을로 갔다. 나는 그곳에서 이렇게 살고, 이렇게 머물고, 이렇게 말하고, 이렇게 침묵했다. 나는 그 마을에서 저 마을로 갔다. 나는 그곳에서 이렇게 살고, 이렇게 머물고, 이렇게 말하고, 이렇게 침묵했다. 그리고 나는 그 마을에서 우리 마을로 돌아왔다'라고 기억한다오.

대왕이시여, 비구가 이와 같이 청정하게 정화되고, 죄악의 먼지가 없고, 번뇌의 때가 없고, 유연하여 적응력이 있고, 견고하여 움직이지 않는 삼매에 들어 숙명통에 마음을 기울이면, 그는 여러 가지 전생의 삶을 기억할 수 있다오.

대왕이시여, 이것이 이전의 눈에 보이는 사문의 과보보다 더욱 훌륭하고 더욱 수승한, 눈에 보이는 사문의 과보라오.

95. 그가 이와 같이 청정하게 정화되고, 죄악의 먼지가 없고, 번뇌의 때가 없고, 유연하여 적응력이 있고, 견고하여 움직이지 않는 삼매에 들어 중생의 죽고 태어남을 알기 위하여 그쪽으로 마음을 기울이면, 그는 청정하고 초인적인 천안(天眼)으로 중생을 보고, 중생이 업에 따라 죽고, 태어나고, 못나고, 훌륭하고, 잘생기고, 못생기고, 행복하고, 불행한 것을 통찰할 수 있다오.

그는 '이 중생들은 몸으로 악행을 행한 자들이며, 말로 악행을 행한 자들이며, 마음으로 악행을 행한 자들이며, 성자를 비방한 자들이며, 사견(邪見)을 가진 자들이며, 사견으로 업을 지은 자들이다. 그들은 몸이 파괴되어 죽은 후에 괴로운 곳, 불행한 곳, 험난한 곳, 지옥에 태어났다. 이 중생들은 몸으로 선행을 행한 자들이며, 말로 선행을 행한 자들이며, 마음으로 선행을 행한 자들이며, 성자를 비방하지 않은 자들이며, 정견(正見)을 가진 자들이며, 정견으로 업을 지은 자들이다. 그들은 몸이 파괴되어 죽은 후에 행복한 곳, 천상세계에 태어났다'라고 청정하고 초인적인 천안으로 중생을 보고, 중생이 업에 따라 죽고, 태어나고, 못나고, 훌륭하고, 잘생기고, 못생기고, 행복하고, 불행한 것을 통찰할 수 있다오.

96. 대왕이시여, 비유하면 눈 있는 사람이 사

거리 중앙에 있는 누각에 서서 사람들이 집에 들어가고 나오고, 마차로 길을 돌아다니고, 사거리 가운데 앉아 있는 것을 보는 것과 같다오. 그는 '이 사람들은 집에 들어간다. 이들은 나온다. 이들은 마차로 길을 돌아다닌다. 이들은 사거리 가운데 앉아 있다'라고 통찰한다오.

대왕이시여, 비구가 이와 같이 청정하게 정화되고, 죄악의 먼지가 없고, 번뇌의 때가 없고, 유연하여 적응력이 있고, 견고하여 움직이지 않는 삼매에 들어 중생의 죽고 태어남을 알기 위하여 그쪽으로 마음을 기울이면, 그는 청정하고 초인적인 천안으로 중생을 보고, 중생이 업에 따라 죽고, 태어나고, 못나고, 훌륭하고, 잘생기고, 못생기고, 행복하고, 불행한 것을 통찰할 수 있다오.

대왕이시여, 이것이 이전의 눈에 보이는 사문의 과보보다 더욱 훌륭하고 더욱 수승한, 눈에 보이는 사문의 과보라오.

97. 그는 이와 같이 청정하게 정화되고, 죄악의 먼지가 없고, 번뇌의 때가 없고, 유연하여 적응력이 있고, 견고하여 움직이지 않는 삼매에 들어 누진통(漏盡通)에 마음을 기울인다오.

그는 '이것은 괴로움[苦]이다'라고 있는 그대로 통찰한다오. 그는 '이것은 괴로움의 쌓임[苦集]이다'라고 있는 그대로 통찰한다오. 그는 '이것은 괴로움의 소멸[苦滅]이다'라고 있는 그대로 통찰한다오. 그는 '이것은 괴로움의 소멸에 이르는 길[苦滅道]이다'라고 있는 그대로 통찰한다오.

그는 '이것들은 번뇌[āsava, 漏]다'라고 있는 그대로 통찰한다오. 그는 '이것은 번뇌의 쌓임[漏集]이다'라고 있는 그대로 통찰한다오. 그는 '이것은 번뇌의 소멸[漏滅]이다'라고 있는 그대로 통찰한다오. 그는 '이것은 번뇌의 소멸에 이르는 길[漏滅道]이다'라고 있는 그대로 통찰한다오.

그가 이렇게 알고 이렇게 보았을 때, 마음이 욕루(欲漏)에서 해탈하고, 유루(有漏)에서 해탈하고, 무명루(無明漏)에서 해탈한다오. 그리고 해탈했을 때 '나는 해탈했다'라고 알게 된다오. 그는 '태어남은 끝났고, 청정한 수행을 마쳤으며, 해야 할 일을 끝마쳤다. 다시는 현재의 상태로[itthattaṃ][96] 되지 않는다'라고 통찰한다오.

98. 대왕이시여, 비유하면 산 정상에 맑고 청정한 호수가 있는데, 눈 있는 사람이 그 호숫가에 서서 조개껍질이나, 자갈이나, 물고기 떼가 움직이고 멈추는 것을 보는 것과 같다오. 그는 '이것은 산 정상에 있는 맑고 청정한 호수다. 거기에서 이 조개껍질이나, 자갈이나, 물고기 떼들이 움직이고 멈춘다'라고 훤히 본다오.

대왕이시여, 비구는 이와 같이 청정하게 정화되고, 죄악의 먼지가 없고, 번뇌의 때가 없고, 유연하여 적응력이 있고, 견고하여 움직이지 않는 삼매에 들어 누진통에 마음을 기울여서 '태어남은 끝났고, 청정한 수행을 마쳤으며, 해야 할 일을 끝마쳤다. 다시는 현재의 상태로 되지 않는다'라고 통찰한다오.

대왕이시여, 이것이 이전의 눈에 보이는 사문의 과보보다 더욱 훌륭하고 더욱 수승한, 눈에 보이는 사문의 과보라오."

---

96 무지의 상태에서 생로병사의 괴로움을 겪고 있는 상태를 의미한다.

99. 이와 같이 말씀하시자, 마가다의 왕 아자따삿뚜 웨데히뿟따는 이렇게 말했습니다.

"훌륭하십니다, 세존이시여! 훌륭하십니다, 세존이시여! 세존이시여, 마치 뒤집힌 것을 바로 세우는 것 같고, 감추어진 것을 드러내는 것 같고, 길 잃은 자에게 길을 알려 주는 것 같고, '눈 있는 자들은 보라'라고 어둠 속에 등불을 비춰 주는 것 같습니다. 이와 같이 세존께서는 여러 가지 방법으로 진리를 알려 주셨습니다. 세존이시여, 저는 세존께 귀의합니다. 가르침과 비구상가에 귀의합니다. 세존이시여, 저를 청신사(淸信士)로 받아 주소서! 지금부터 살아 있는 날까지 귀의하겠습니다. 세존이시여, 저는 못된 눈먼 바보처럼 적법한 법왕이신 아버지를 시해하는 죄를 범했습니다. 세존이시여, 세존께서는 미래에는 제가 죄악을 자제할 수 있도록 저의 지난 죄를 용서해 주십시오!"

100. "대왕이시여, 참으로 그대는 못된 눈먼 바보처럼 적법한 법왕인 아버지를 시해하는 죄를 범했다오. 대왕이시여, 그러나 그대가 지난날의 죄를 깨닫고 여법하게 참회했기 때문에, 우리는 그대의 참회를 받아들이겠소. 대왕이시여, 성자의 율(律) 가운데서 지난날의 죄를 깨닫고 여법하게 참회하여 미래에 죄악을 자제하는 것은 행운이라오."

101. 이와 같이 말씀하시자, 마가다의 왕 아자따삿뚜 웨데히뿟따는 세존께 "그럼, 이제 저희는 가고자 합니다. 세존이시여, 저희는 바쁘고 할 일이 많습니다"라고 말씀드렸습니다.

"대왕이시여, 지금이 가야 할 때라면, 그렇게 하시오!"

마가다의 왕 아자따삿뚜 웨데히뿟따는 세존의 말씀에 환희하고, 만족하고, 자리에서 일어나 세존께 예배하고, 오른쪽으로 돌고 떠나갔습니다.

102. 마가다의 왕 아자따삿뚜 웨데히뿟따가 떠나가자 세존께서 비구들에게 말씀하셨습니다.

"비구들이여, 이 왕은 자신을 죽이고, 자신을 파묻었던 것이오.[97] 비구들이여, 이 왕이 적법한 법왕인 아버지를 시해하지 않았다면, 이 자리에서 번뇌가 없는 청정한 법안(法眼)이 생겼을 것이오."

이것이 세존께서 하신 말씀입니다.

그 비구들은 세존의 말씀에 만족하고 기뻐했습니다.

---

97 아버지를 살해한 것은 자신을 죽인 것이나 다름이 없다는 뜻이다.

3. 꾸따단따경[98]

〈D.N. 5. Kūṭadanta Sutta〉

1. 이와 같이 나는 들었습니다.

한때 세존께서 500명의 큰 비구상가와 함께 마가다에서 유행(遊行)하시다가, 마가다의 바라문 마을 카누마따(Khānumata)에 도착하여 그곳의 망고 숲에 머무셨습니다.

그때 꾸따단따(Kūṭadanta)라는 바라문이 많은 사람들이 거주하는, 건초와 장작과 물이 풍부한 카누마따에서 마가다의 왕 세니야 빔비사라(Seniya Bimbisāra)가 신성한 공양물로 보시한 왕의 동산에 살고 있었습니다. 그때 꾸따단따 바라문은 큰 제사를 준비하고 있었습니다. 700마리의 수소와 700마리의 수송아지, 700마리의 암송아지, 700마리의 염소, 700마리의 숫양이 제물로 제사 기둥[thūṇa][99]에 끌려 나왔습니다.

2. 카누마따 사람들과 바라문 거사들은 "사끼야족의 후예로서 사끼야족에서 출가한 사문 고따마께서 500명의 큰 비구상가와 함께 마가다에서 유행하시다가 카누마따에 도착하여 망고 숲에 머물고 계신다. 고따마 세존은 열 가지 이름[十號]으로 불리는 명성이 자자하신 분이다. 그분은 천계·마라·범천을 포함한 이 세간, 사문과 바라문과 왕과 백성을 포함한 인간계를 체험적 지혜[勝智]로 몸소 체득하여 알려 준다. 그분은 처음도 좋고, 중간도 좋고, 마지막도 좋은, 의미 있고 명쾌하고 완벽한 진리[法]를 가르치며, 청정한 수행[梵行]을 알려 준다. 그러므로 마땅히 그런 성자(聖者)를 만나보아야 한다"라는 말을 들었습니다. 그래서 카누마따의 바라문과 거사들은 카누마따를 나서 삼삼오오 무리 지어 망고 숲으로 갔습니다.

3. 그때 꾸따단따 바라문은 누각 위에서 오후 휴식을 취하고 있었습니다. 꾸따단따 바라문은 카누마따를 나서서 삼삼오오 무리 지어 망고 숲으로 가는 카누마따의 바라문과 거사들을 보았습니다. 그는 집사에게 말했습니다.

"여보게, 집사! 무엇 때문에 카누마따의 바라문과 거사들은 카누마따를 나서서 삼삼오오 무리 지어 망고 숲으로 가는가?"

집사는 사실대로 이야기했습니다.

4. 꾸따단따 바라문은 '나는 사문 고따마가 제사를 성취하는 세 가지 제사법(祭祀法)과 열여섯 가지 제의법(祭儀法)을 알고 있다고 들었다. 나는 큰 제사를 봉행(奉行)하고 싶은데, 제사를 성취하는 세 가지 제사법과 열여섯 가지 제의법을 알지 못한다. 내가 사문 고따마에게 가서 제사를 성취하는 세 가지 제사법과 열여섯 가지 제의법을 물어보면 어떨까?'라고 생각했습니다.

꾸따단따 바라문은 그 집사에게 명했습니다.

"여보게, 집사! 그대는 카누마따의 바라

98 『장아함경(長阿含經)』의 23번째 경인 「구라단두경(究羅檀頭經)」에 상응하는 경.

99 제사에 희생할 동물을 묶어 두는 기둥.

문과 거사들에게 가서 '존자들이여, 돌아오시오! 꾸따단따 바라문께서 지금 사문 고따마를 뵈러 갈 것입니다'라고 말하여라!"

"예, 그렇게 하겠습니다."

그 집사는 카누마따의 바라문과 거사들에게 가서 꾸따단따 바라문의 말을 전했습니다.

5. 그때 카누마따에는 꾸따단따 바라문의 큰 제사에 참석하기 위해 수백 명의 바라문들이 머물고 있었습니다. 그들은 꾸따단따 바라문이 지금 사문 고따마를 뵈러 가려 한다는 말을 들었습니다. 그 바라문들은 꾸따단따 바라문에게 가서 말했습니다.

"지금 꾸따단따 존자께서 사문 고따마를 뵈러 가려 하신다는 말이 사실입니까?"

"그렇습니다, 여러분! 나는 사문 고따마를 뵈러 가려고 합니다."

6. "꾸따단따 존자께서는 사문 고따마를 뵈러 가지 마십시오! 꾸따단따 존자께서 사문 고따마를 뵈러 가는 것은 마땅치 않습니다. 꾸따단따 존자께서 사문 고따마를 뵈러 가면, 꾸따단따 존자의 명예는 실추되고, 사문 고따마의 명예는 높아질 것입니다. 이런 이유로 꾸따단따 존자께서 사문 고따마를 뵈러 가는 것은 마땅치 않습니다. 오히려 사문 고따마가 꾸따단따 존자를 뵈러 오는 것이 마땅합니다. 꾸따단따 존자께서는 부모가 모두 훌륭한 가문의 태생으로서, 족보에 의하면 7대 조부(祖父)까지 뒤섞이지 않고 비난받지 않은 순수한 혈통입니다. 이와 같은 꾸따단따 존자께서 사문 고따마를 뵈러 가는 것은 마땅치 않습니다. 오히려 사문 고따마가 꾸따단따 존자를 뵈러 오는 것이 마땅합니다. 꾸따단따 존자께서는 풍부한 재물과 많은 재산이 있습니다. … 꾸따단따 존자께서는 학식 있는 스승으로서 만트라[manta][100]를 암송하고, 세 가지 베다(veda)에 통달했으며, 어휘론(語彙論)과 의궤론(儀軌論), 음운론(音韻論)과 어원론(語原論), 그리고 역사(歷史, itihāsa)[101]에 정통하여 잘 해설하고, 세속의 철학[lokāyata]과 대인상(大人相, mahāpurisa-lakkhaṇa)[102]에 대한 지식에 부족함이 없습니다. … 이와 같은 꾸따단따 존자께서 사문 고따마를 뵈러 가는 것은 마땅치 않습니다. 오히려 사문 고따마가 꾸따단따 존자를 뵈러 오는 것이 마땅합니다."

7. 꾸따단따 바라문이 그 바라문들에게 말했습니다.

"여러분! 내 말을 들어 보십시오! 우리가 고따마 존자를 뵈러 가는 것이 마땅하고, 오히려 고따마 존자께서 우리를 보러 오시는 것은 마땅치 않은 이유를 이야기하겠습니다.

고따마 존자야말로 부모가 모두 훌륭한 가문의 태생으로서, 족보에 의하면 7대 조부까지 뒤섞이지 않고 비난받지 않은 순수한 혈통이오. 이런 이유로 고따마 존자께서 우리를 보러 오는 것은 마땅치 않고, 오히려 우리가 고따마 존자를 뵈러 가는 것이 마땅합

---

100 'manta'는 산스크리트로는 'mantra'로서 '만트라'로 잘 알려져 있기 때문에 '만트라'로 번역했다.

101 'itihāsa'는 '이와 같이(iti) 틀림없이(ha) 그런 일이 있었다(āsa)'라는 말로서 구전(口傳)된 전설이나 역사를 의미한다.

102 훌륭한 사람의 관상을 의미한다.

니다. 여러분! 참으로 사문 고따마께서는 고귀한 친족들을 버리고 출가했습니다. 여러분! 참으로 사문 고따마께서는 땅에 묻혀 있고 창고에 보관된 수많은 황금을 버리고 출가했습니다.

…(중략)…

여러분! 카누마따에 와서 망고 숲에 머물고 있는 사문 고따마는 우리의 손님입니다. 우리는 마땅히 손님을 친절하게 대하고, 존경하고, 존중하고, 배려하고, 공양하고, 공경해야 합니다. 그러므로 고따마 존자께서 우리를 보러 오는 것은 마땅치 않고, 오히려 우리가 고따마 존자를 뵈러 가는 것이 마땅합니다.

여러분! 나는 고따마 존자의 훌륭한 점을 이 정도로 알고 있습니다. 그러나 고따마 존자는 이 정도가 아니라, 아마도 훌륭한 점이 훨씬 더 많을 것입니다."

8. 이렇게 말하자, 그 바라문들이 꾸따단따 바라문에게 말했습니다.

"꾸따단따 존자께서 말씀하신 바와 같이 사문 고따마께서 훌륭하시다면, 그 고따마 존자께서 100요자나(yojana) 밖에 계신다 할지라도 신심 있는 선남자들은 도시락을 들고 가서 뵙는 것이 마땅합니다. 존자들이여! 우리 모두 사문 고따마를 뵈러 갑시다."

꾸따단따 바라문은 수많은 바라문 대중과 함께 세존을 뵙기 위해 망고 숲으로 갔습니다. 그들은 세존과 정중하게 인사를 하고 공손한 인사말을 나눈 후에 한쪽에 앉았습니다. 카누마따의 바라문과 거사들은, 어떤 이들은 세존께 예배한 후에 한쪽에 앉고, 어떤 이들은 세존과 정중하게 인사를 하고 공손한 인사말을 나눈 후에 한쪽에 앉고, 어떤 이들은 세존께 합장한 후에 한쪽에 앉고, 어떤 이들은 세존께 면전에서 성명(姓名)을 밝힌 후에 한쪽에 앉고, 어떤 이들은 말없이 조용히 한쪽에 앉았습니다.

9. 한쪽에 앉은 꾸따단따 바라문이 세존께 말씀드렸습니다.

"고따마 존자여, 저는 사문 고따마께서 제사를 성취하는 세 가지 제사법과 열여섯 가지 제의법을 알고 있다고 들었습니다. 저는 큰 제사를 봉행하려고 하는데, 제사를 성취하는 세 가지 제사법과 열여섯 가지 제의법을 알지 못합니다. 고따마 존자께서 저에게 제사를 성취하는 세 가지 제사법과 열여섯 가지 제의법을 가르쳐 주십시오!"

"바라문이여, 잘 들도록 하시오! 내가 이야기하겠소."

"예, 그렇게 하겠습니다."

세존께서 말씀하셨습니다.

10. "바라문이여, 옛날에 마하위지따(Mahā vijita)라는 왕이 있었다오. 그는 많은 재물과 재산이 있었고, 금은보화와 많은 곡물이 창고마다 가득했다오. 바라문이여, 마하위지따왕은 조용한 곳에서 혼자 이런 생각을 했다오.

'나에게는 많은 백성과 재산이 있고, 나는 큰 영토를 정복하여 살고 있다. 내가 오래오래 축복받고 행복하게 살기 위해 큰 제사를 봉행하면 어떨까?'

바라문이여, 마하위지따왕은 제사장(祭司長) 바라문을 불러 말했다오.

'바라문이여, 나는 홀로 조용한 곳에서 '나에게는 많은 백성과 재산이 있고, 나는 큰 영토를 정복하여 살고 있다. 내가 오래오래 축복받고 행복하게 살기 위해 큰 제사를 봉행하면 어떨까?'라고 생각했다오. 바라문이여, 나는 큰 제사를 봉행하고 싶다오. 존자께서는 내가 오래오래 축복받고 행복하게 살 수 있도록 나를 가르쳐 주시오!'

11. 바라문이여, 이 말을 듣고 제사장 바라문은 마하위지따왕에게 말했다오.

'폐하의 국토는 위험하고 곤혹스럽습니다. 마을이나 도시나 길에서 약탈하는 일들이 나타나고 있습니다. 그런데 폐하께서 세금을 올리려 하신다면, 그것은 해서는 안 됩니다. 폐하께서는 '나는 이러한 위험한 강도를 사형(死刑)이나 구속(拘束)이나 몰수(沒收)나 질책(叱責)이나 추방으로 근절(根絶)해야겠다'라고 생각할 수도 있습니다. 그러나 이렇게 하는 것은 위험한 강도를 바르게 근절하는 것이 아닙니다. 살아남은 자들이 있을 것이고, 그들은 뒤에 대왕의 국토를 괴롭힐 것입니다. 그보다는 좋은 정책을 시행하면 위험한 강도를 바르게 근절할 수 있습니다. 폐하께서는 폐하의 국토에서 경작과 목축을 할 수 있는 자들에게는 씨앗과 음식을 주십시오! 폐하의 국토에서 장사를 할 수 있는 자들에게는 자금을 주십시오! 폐하의 국토에서 신하가 될 수 있는 자들에게는 음식과 급료를 책정해 주십시오! 그러면 자신의 일에 바쁜 그들은 폐하의 국토를 괴롭히지 않을 것입니다. 그리고 대왕에게는 많은 세입(稅入)이 있게 될 것입니다. 국토는 평화롭고 안전하고 평안하며, 백성들은 기쁨을 누리면서 가슴에 자식들을 안고 춤을 추고, 분명히 집의 문을 열어 놓고 살 것입니다.'

바라문이여, 마하위지따왕은 '존자여, 그렇게 하겠소'라고 제사장 바라문에게 약속하고서, 왕의 국토에서 경작과 목축을 할 수 있는 자들에게는 씨앗과 음식을 주고, 장사를 할 수 있는 자들에게는 자금을 주고, 신하가 될 수 있는 자들에게는 음식과 급료를 책정해 주었다오. 그러자 자신의 일에 바쁜 그들은 왕의 국토를 괴롭히지 않았고, 대왕에게는 많은 세입이 있게 되었다오. 국토는 평화롭고 안전하고 평안해졌으며, 백성들은 행복하게 가슴에 자식들을 안고 춤을 추고, 집의 문을 열어 놓고 살았다오.

12. 바라문이여, 마하위지따왕은 제사장 바라문을 불러서 말했다오.

'존자여, 나는 위험한 강도를 근절했다오. 존자의 정책에 의해서 나의 세입은 많아지고, 국토는 평화롭고 안전하고 평안해졌으며, 백성들은 행복하게 가슴에 자식들을 안고 춤을 추고, 집의 문을 열어 놓고 살게 되었다오. 바라문이여, 나는 큰 제사를 봉행하고 싶다오. 존자여, 내가 오래오래 축복받고 행복하게 살 수 있도록 나를 가르쳐 주시오!'

'그렇다면 폐하께서는 폐하의 국토에 있는 헌신적인 성읍과 지방의 크샤트리아들을 불러서 '여러분! 나는 큰 제사를 봉행하고 싶소. 존자들은 내가 오래오래 축복받고 행복하게 살 수 있도록 제사를 허락해 주시오!'라고 상의하십시오! 그리고 폐하의 국토에 있는 성읍과 지방의 대신(大臣)들, 큰 공회당을 가진 바라문들, 부유한 거사(居士)들을 불러서 그들과 상의하십시오!'

바라문이여, 마하위지따왕은 '존자여, 그렇게 하겠습니다'라고 제사장 바라문에게 약속하고서 그들을 불러서 말했다오.

'여러분! 나는 큰 제사를 봉행하고 싶소. 존자들은 내가 오래오래 축복받고 행복하게 살 수 있도록 제사를 허락해 주시오!'

'폐하! 제사를 봉행하십시오! 대왕이시여, 제사를 봉행할 때가 되었습니다.'

바라문이여, 이렇게 동의하는 사부대중(四部大衆)이 그 제사의 제의법이라오.

13. 바라문이여, 마하위지따왕은 여덟 가지 덕목을 구족했다오.

그는 ① 부모가 모두 훌륭한 가문의 태생으로서, 족보에 의하면 7대 조부까지 뒤섞이지 않고 비난받지 않은 순수한 혈통이며, ② 자주 보고 싶을 만큼 아름답고 보기 좋고 사랑스러운 연꽃 같은 용모를 갖추고, 고상한 풍모와 위엄을 지녔으며, ③ 많은 재물과 많은 재산이 있고, 금은보화와 많은 곡물이 창고마다 가득했으며, ④ 충성스럽고 명령에 복종하는 막강한 사병(四兵)을 갖추어 명성만으로도 적들을 물리쳤으며, ⑤ 신심(信心) 있고 보시하는 시주(施主)로서 문을 열어 놓고 사문, 바라문, 가난한 여행자, 극빈자, 청원자들의 샘이 되어 많은 공덕을 지었으며, ⑥ 배움이 많은 자로서 이 사람 저 사람에게 많이 배워, 이 사람 저 사람들이 하는 말의 의미를 '이것이 이 사람이 한 말의 의미다. 이것이 저 사람이 한 말의 의미다'라고 알았으며, ⑦ 현명하고 유식하고 총명했으며, ⑧ 과거, 미래, 현재의 일을 생각하는 능력이 있었다오.

바라문이여, 이들 여덟 가지 덕목이 그 제사의 제의법이라오.

14. 바라문이여, 제사장 바라문은 네 가지 덕목을 구족했다오.

그는 ① 부모가 모두 훌륭한 가문의 태생으로서, 족보에 의하면 7대 조부까지 뒤섞이지 않고 비난받지 않은 순수한 혈통이며, ② 학식 있는 스승으로서 만트라를 암송하고 세 가지 베다에 통달했으며, 어휘론과 의궤론, 음운론과 어원론, 그리고 역사에 정통하여 잘 해설하고, 세속의 철학과 대인상에 대한 지식에 부족함이 없었으며, ③ 계행(戒行)과 원로(元老)의 덕행을 구족했으며, ④ 현명하고 유식하고 총명하여 헌공(獻供) 국자를 드는 자들 가운데[sujaṃ paggaṇhantānaṃ][103] 첫째나 둘째였다오. 제사장 바라문은 이들 네 가지 덕목을 구족했다오.

바라문이여, 이들 네 가지 덕목이 그 제사의 제의법이라오.

15. 바라문이여, 제사장 바라문은 마하위지따왕의 큰 제사에 앞서 세 가지를 가르쳤다오.

'① 폐하의 큰 제사를 봉행하고자 할 때, 누군가 '나의 큰 재산이 없어질 것이다'라고 후회할지라도, 폐하께서는 그런 후회를 해서는 안 됩니다. ② 폐하의 큰 제사를 봉행하고 있을 때, 누군가 '나의 큰 재산이 없어지고 있다'라고 후회할지라도, 폐하께서는 그런 후회를 해서는 안 됩니다. ③ 폐하의 큰 제사를 봉행하고 나서, 누군가 '나의 큰 재산이 없어졌다'라고 후회할지라도, 폐하께서는 그런 후회를 해서는 안 됩니다.'

바라문이여, 제사장 바라문은 마하위지따왕에게 제사에 앞서 이렇게 세 가지를 가르쳤다오.

16. 바라문이여, 제사장 바라문은 마하위지

103 제사에서 헌공에 쓰이는 국자가 'suja'이다. '헌공 국자를 드는 자들'이란 제사를 지내는 바라문들을 의미한다. 이들 가운데 첫째나 둘째라는 것은 제사를 지내는 바라문 가운데 가장 훌륭한 사람이라는 의미이다.

따왕의 큰 제사에 앞서 열 가지 봉행법(奉行法, ākāra)으로 참석한 사람들에 대한 걱정을 없애도록 했다오.

'폐하의 제사에 ① 살생하는 사람도 오고, 살생을 삼가는 사람도 올 것입니다. 살생하는 사람들은 그대로 두고, 살생을 삼가는 사람들과 함께 제사를 지내고, 즐기고, 안으로 마음을 정화하십시오! ② 도둑질하는 사람도 오고, ③ 삿된 음행을 하는 사람도 오고, ④ 거짓말을 하는 사람도 오고, ⑤ 이간질하는 사람도 오고, ⑥ 거친 말을 하는 사람도 오고, ⑦ 잡담을 하는 사람도 오고, ⑧ 탐욕스러운 사람도 오고, ⑨ 악의(惡意)를 품은 사람도 오고, ⑩ 사견을 가진 사람도 오고, 정견을 가진 사람도 올 것입니다. 사견을 가진 사람들은 그대로 두고, 정견을 가진 사람들과 함께 제사를 지내고, 즐기고, 안으로 마음을 정화하십시오!'

바라문이여, 제사장 바라문은 마하위지따왕의 제사에 앞서 이렇게 열 가지 봉행법으로 참석한 사람들에 대한 걱정을 없애도록 했다오.

17. 바라문이여, 제사장 바라문은 마하위지따왕이 큰 제사를 봉행할 때 열여섯 가지로 마음가짐을 가르치고 격려하고 고무하고 찬양했다오.

'폐하가 큰 제사를 봉행할 때, 누군가 '마하위지따왕은 큰 제사를 봉행하면서, 헌신적인 성읍과 지방의 ① 크샤트리아들을 부르지도 않고, ② 대신들을 부르지도 않고, ③ 큰 공회당을 가진 바라문들을 부르지도 않고, ④ 부유한 거사들을 부르지도 않고 이런 큰 제사를 봉행한다'라고 말할지라도, 폐하에 대한 이러한 말은 사실이 아닙니다. 폐하에게 헌신적인 성읍과 지방의 크샤트리아들과 대신들과 큰 공회당을 가진 바라문들과 부유한 거사들은 폐하의 부름을 받았습니다. 그러므로 폐하는 제사를 지내십시오! 폐하는 기꺼이 제사에 전념하십시오!

폐하가 큰 제사를 봉행할 때, 누군가 '마하위지따왕은 큰 제사를 봉행하면서, 여덟 가지 덕목을 구족하지도 못하고 이런 큰 제사를 봉행한다'라고 말할지라도, 폐하에 대한 이러한 말은 사실이 아닙니다. 폐하는 여덟 가지 덕목을 구족했습니다. 그러므로 폐하는 제사를 지내십시오! 폐하는 기꺼이 제사에 전념하십시오!

폐하가 큰 제사를 봉행할 때, 누군가 '마하위지따왕은 큰 제사를 봉행하면서, 제사장 바라문이 네 가지 덕목을 구족하지 못했음에도 이런 큰 제사를 봉행한다'라고 말할지라도, 폐하에 대한 이러한 말은 사실이 아닙니다. 제사장 바라문은 네 가지 덕목을 구족했습니다. 그러므로 폐하는 제사를 지내십시오! 폐하는 기꺼이 제사에 전념하십시오!'

바라문이여, 제사장 바라문은 마하위지따왕이 큰 제사를 봉행할 때, 이와 같은 열여섯 가지로 마음가짐을 가르치고 격려하고 고무하고 찬양했다오.

18. 바라문이여, 그 제사에서는 소를 잡지 않았고, 염소와 양을 잡지 않았고, 닭과 돼지를 잡지 않았고, 각양각색의 짐승들이 오지도 않았다오. 제사 기둥으로 쓰기 위해 나무들을 자르지 않았고, 제사용 풀로 쓰기 위해 길상초(吉祥草)를 베지도 않았다오. 노예나 하인이나 일꾼들은 매를 맞지 않았고, 두려움에 떨지 않았고, 눈물을 흘리고 울면서 준비하지 않았다오. 원하는 사람들은 일하고 원

하지 않는 사람들은 일하지 않았으며, 원하는 일은 하고 원하지 않는 일은 하지 않았다오. 버터, 참기름, 연유, 응유, 꿀, 사탕수수즙으로 그 제사는 완성되었다오.

19. 바라문이여, 그때 헌신적인 성읍과 지방의 크샤트리아들과 대신들, 큰 공회당을 가진 바라문들, 부유한 거사들이 많은 재산을 가지고 마하위지따왕에게 가서 말했다오.

'폐하! 이 많은 재산은 폐하에게 바치는 것입니다. 폐하께서는 받아 주십시오!'

'존자여, 여법하게 세금으로 모은 나의 이 많은 재산이면 충분하다오. 그대들의 것은 그대들이 갖고, 이제 나의 것을 더 가져가시오!'

그들은 왕이 거절하자 한쪽으로 가서 이렇게 의논했다오.

'우리가 이 재산을 다시 자신들의 집으로 가져가는 것은 마땅치 않습니다. 마하위지따왕께서 큰 제사를 봉행하십니다! 자, 우리도 왕을 따라서 제물을 헌공합시다!'

20. 바라문이여, 헌신적인 성읍과 지방의 크샤트리아들은 제물 구덩이[yaññâvāṭa][104]의 동쪽으로 보시했고, 대신들은 제물 구덩이의 남쪽으로 보시했고, 큰 공회당을 가진 바라문들은 제물 구덩이의 서쪽으로 보시했고, 부유한 거사들은 제물 구덩이의 북쪽으로 보시했다오. 바라문이여, 그 제사에서는 소를 잡지 않았고, 염소와 양을 잡지 않았고, 닭과 돼지를 잡지 않았고, 각양각색의 짐승들이 오지도 않았다오. 제사 기둥으로 쓰기 위해 나무들을 자르지 않았고, 제사용 풀로 쓰기 위해 길상초를 베지도 않았다오. 노예나 하인이나 일꾼들은 매를 맞지 않았고, 두려움에 떨지 않았고, 눈물을 흘리고 울면서 준비하지 않았다오. 원하는 사람들은 일하고 원하지 않는 사람들은 일하지 않았으며, 원하는 일은 하고 원하지 않는 일은 하지 않았다오. 버터, 참기름, 연유, 응유, 꿀, 사탕수수즙으로 그 제사는 완성되었다오.

이른바 사부대중의 허락, 마하위지따왕의 여덟 가지 덕목 구족, 제사장 바라문의 네 가지 덕목 구족이 제사를 성취하는 세 가지 제사법이오. 바라문이여, 이것이 제사를 성취하는 열여섯 가지 제의법이라오."

21. 이 말씀을 듣고, 그 바라문들은 큰 소리로 환호하며 찬탄했습니다.

"아, 제사란 이런 것이구나! 아, 제사의 성취란 이런 것이구나!"

그러나 꾸따단따 바라문은 말없이 앉아 있었습니다. 그러자 그 바라문들이 꾸따단따 바라문에게 말했습니다.

"꾸따단따 존자께서는 왜 사문 고따마의 좋은 말씀을 좋은 말씀이라고 기뻐하지 않습니까?"

"존자들이여, 나는 사문 고따마의 좋은 말씀을 좋은 말씀이라고 기뻐하지 않는 것이 아니라오. 사문 고따마의 좋은 말씀을 좋은 말씀이라고 기뻐하지 않는다면, 그의 머리는 쪼개지고 말 것이오. 존자여, 나는 기뻐했을 뿐만 아니라 '사문 고따마께서는 나는 이렇게 들었다고 하거나, 이렇게 하는 것이 바람직하다고 말씀하시지 않고, 그 대신 그때 이런 일이 있었다. 그때는 이러했다고 말씀하셨다'라는 생각을 했다오. 그래서 나는 '분명

104 바라문들이 제사를 지낼 때 제물을 바치는 구덩이.

히 사문 고따마께서는 그때 제사의 주인[祭主]인 마하위지따왕이었거나, 그 제사를 주관한 제사장 바라문이었을 것이다'라고 생각했다오."

꾸따단따 바라문이 세존께 물었습니다.

"고따마 존자께서는 이런 제사를 봉행하거나 주관하면, 몸이 무너져 죽은 후에 천상세계와 같은 좋은 곳[善趣]에 태어나는 것을 아시는지요?"

"바라문이여, 나는 이런 제사를 봉행하거나 주관하면, 몸이 무너져 죽은 후에 천상세계와 같은 좋은 곳에 태어나는 것을 알고 있다오. 나는 그때 그 제사를 주관한 제사장 바라문이었다오."

22. "그렇다면 고따마 존자여, 이러한 세 가지 제사법과 열여섯 가지 제의법보다 더 간편하고, 힘이 덜 들면서 더 많은 성과가 있고, 더 많은 이익이 있는 또 다른 제사가 있습니까?"

"바라문이여, 이러한 세 가지 제사법과 열여섯 가지 제의법보다 더 간편하고, 힘이 덜 들면서 더 많은 성과가 있고, 더 많은 이익이 있는 또 다른 제사가 있다오."

"고따마 존자여, 그 제사는 어떤 것입니까?"

"바라문이여, 계행을 갖춘 출가수행자들에게 항상 보시하는 것이 대를 이어 행해야 할 제사라오. 이것이 세 가지 제사법과 열여섯 가지 제의법보다 더 간편하고, 힘이 덜 들면서 더 많은 성과가 있고, 더 많은 이익이 있는 제사라오."

23. "고따마 존자여, 무슨 까닭에, 어찌하여, 계행을 갖춘 출가수행자들에게 항상 보시하는 것이 대를 이어 행해야 할 제사로서 세 가지 제사법과 열여섯 가지 제의법보다 더 간편하고, 힘이 덜 들면서 더 많은 성과가 있고, 더 많은 이익이 있습니까?"

"바라문이여, 이러한 제사에는 아라한(阿羅漢)이나 아라한의 길에 들어간 성자들은 오지 않는다오. 그들은 왜 오지 않는가? 바라문이여, 그들은 여기에서 [짐승들을] 몽둥이로 때리고 목을 조르는 것을 보게 될 것이오. 이러한 제사에는 아라한이나 아라한의 길에 들어간 성자들은 오지 않는다오. 바라문이여, 계행을 갖춘 출가수행자들에게 항상 보시하는, 대를 이어 행해야 할 제사에는 아라한이나 아라한의 길에 들어간 성자들이 온다오. 그들은 왜 오는가? 그들은 여기에서 몽둥이로 때리고 목을 조르는 것을 보지 않을 것이오. 이러한 제사에는 아라한이나 아라한의 길에 들어간 성자들이 온다오. 바라문이여, 이런 까닭에, 이런 연유에서, 계행을 갖춘 출가수행자들에게 항상 보시하는 것은 대를 이어 행해야 할 제사로서 세 가지 제사법과 열여섯 가지 제의법보다 더 간편하고, 힘이 덜 들면서 더 많은 성과가 있고, 더 많은 이익이 있다오."

24. "그렇다면 고따마 존자여, 이와 같은 제사보다 더 간편하고, 힘이 덜 들면서 더 많은 성과가 있고, 더 많은 이익이 있는 또 다른 제사가 있습니까?"

"바라문이여, 이와 같은 제사보다 더 간편하고, 힘이 덜 들면서 더 많은 성과가 있고, 더 많은 이익이 있는 또 다른 제사가 있다오."

"고따마 존자여, 그 제사는 어떤 것입니까?"

"바라문이여, 사방(四方) 상가[僧伽]를 위하여 정사(精舍)를 세우는 것이라오. 이것이 이전의 제사보다 더 간편하고, 힘이 덜 들면서 더 많은 성과가 있고, 더 많은 이익이 있는 제사라오."

25. "그렇다면 고따마 존자여, 이와 같은 제사보다 더 간편하고, 힘이 덜 들면서 더 많은 성과가 있고, 더 많은 이익이 있는 또 다른 제사가 있습니까?"

"바라문이여, 이와 같은 제사보다 더 간편하고, 힘이 덜 들면서 더 많은 성과가 있고, 더 많은 이익이 있는 또 다른 제사가 있다오."

"고따마 존자여, 그 제사는 어떤 것입니까?"

"바라문이여, 청정한 마음으로 붓다에 귀의(歸依)하고, 가르침에 귀의하고, 상가에 귀의하는 것이라오. 이것이 이전의 제사보다 더 간편하고, 힘이 덜 들면서 더 많은 성과가 있고, 더 많은 이익이 있는 제사라오."

26. "그렇다면 고따마 존자여, 이와 같은 제사보다 더 간편하고, 힘이 덜 들면서 더 많은 성과가 있고, 더 많은 이익이 있는 또 다른 제사가 있습니까?"

"바라문이여, 이와 같은 제사보다 더 간편하고, 힘이 덜 들면서 더 많은 성과가 있고, 더 많은 이익이 있는 또 다른 제사가 있다오."

"고따마 존자여, 그 제사는 어떤 것입니까?"

"바라문이여, 청정한 마음으로 학계(學戒)를 수지하는 것이라오. 살생을 멀리하고, 도둑질을 멀리하고, 삿된 음행[邪淫]을 멀리하고, 거짓말을 멀리하고, 술과 같은 방일(放逸)과 태만(怠慢)의 원인을 멀리하는 것, 이것이 이전의 제사보다 더 간편하고, 힘이 덜 들면서 더 많은 성과가 있고, 더 많은 이익이 있는 제사라오."

27. "그렇다면 고따마 존자여, 이와 같은 제사보다 더 간편하고, 힘이 덜 들면서 더 많은 성과가 있고, 더 많은 이익이 있는 또 다른 제사가 있습니까?"

"바라문이여, 이와 같은 제사보다 더 간편하고, 힘이 덜 들면서 더 많은 성과가 있고, 더 많은 이익이 있는 또 다른 제사가 있다오."

"고따마 존자여, 그 제사는 어떤 것입니까?"

"바라문이여, 열 가지 이름[十號]을 구족한 여래(如來)가 이 세상에 출현하면, 그 진리를 듣고 집을 떠나 출가하여 별해탈율의(別解脫律儀)를 수호하고, 학계를 수지하여 주의집중과 알아차림을 갖추고 만족할 줄 알며 살아가면서 초선(初禪)을 성취하는 것이 이전의 제사보다 더 간편하고, 힘이 덜 들면서 더 많은 성과가 있고, 더 많은 이익이 있는 제사라오. 바라문이여, 비구가 제2선(第二禪)을 성취하는 것이 이전의 제사보다 더 간편하고, 힘이 덜 들면서 더 많은 성과가 있고, 더 많은 이익이 있는 제사이며, 제3선(第三禪)을 성취하고, 제4선(第四禪)을 성취하는 것이 이전의 제사보다 더 간편하고, 힘이 덜 들면서 더 많은 성과가 있고, 더 많은 이익이 있는 제사라오. 바라문이여, 비구가 여실한 지견(知見)을 성취하고, 의성신(意成身)을 성취하고, 신족통을 성취하고, 천이통을 성취하고, 타심통을 성취하고, 숙명통을 성취하고, 천안통을 성취하고, 누진통을 성취하여 '태어남은 끝났고, 청정한 수행을 마쳤으며, 해야 할 일을 끝마쳤다. 다시는 현재의 상태로 되지 않는다'라고 분명하게 아는 것이 이전의 제사보다 더 간편하고, 힘이 덜 들면서 더 많은 성과가 있고, 더 많은 이익이 있는 제사라오."

28. 이 말씀을 듣고, 꾸따단따 바라문이 세존께 말씀드렸습니다.

"훌륭하십니다, 고따마 존자여! 훌륭하십니다, 고따마 존자여! 마치 뒤집힌 것을 바로 세우는 것 같고, 감추어진 것을 드러내는 것 같고, 길 잃은 자에게 길을 알려 주는 것 같고, '눈 있는 자들은 보라'라고 어둠 속에 등불을 비춰 주는 것 같습니다. 이와 같이 고따마 존자께서는 여러 가지 방법으로 진리를 알려 주셨습니다. 이제 저는 고따마 세존께 귀의합니다. 가르침과 비구상가에 귀의합니다. 고따마 세존께서는 저를 청신사로 받아 주소서! 지금부터 살아 있는 날까지 귀의하겠습니다. 고따마 존자여, 이제 저는 700마리의 수소와 700마리의 수송아지, 700마리의 암송아지, 700마리의 염소, 700마리의 숫양을 풀어 주고 살려 주어 푸른 풀을 뜯고, 시원한 물을 마시고, 시원한 바람을 쐬게 하겠습니다."

29. 세존께서는 꾸따단따 바라문에게 순차적으로 설법[次第說法]을 하셨습니다. 보시(布施)를 말씀하시고, 지계(持戒)를 말씀하시고, 천상(天上)을 말씀하시고, 위험하고 천박하고 더러운 감각적 욕망과 감각적 욕망에서 벗어나 얻게 되는 이익을 차례차례 설명하셨습니다. 세존께서는 꾸따단따 바라문이 유연하고 편견 없이 기쁘고 청정한 마음으로 가르침을 받아들일 수 있는 적절한 마음이 된 것을 아시고, 모든 붓다의 요결법문(要訣法門)인 괴로움[苦]·쌓임[集]·소멸[滅]·길[道]을 설명하셨습니다. 마치 오염이 안 된 깨끗한 옷이 염료를 완전히 받아들이듯이, 그 자리에서 꾸따단따 바라문에게 '쌓인 법[集法]은 어떤 것이든 모두 소멸하는 법[滅法]이다'라는 청정무구한 법안(法眼)이 생겼습니다.

30. 스승의 가르침에서 진리를 보고, 진리를 얻고, 진리를 알고, 진리를 깊이 이해하고, 의혹에서 벗어나고, 의심이 사라지고, 두려움이 없어지고, 남에게 의지하지 않게 된 꾸따단따 바라문이 세존께 말씀드렸습니다.

"고따마 존자께서는 내일 비구상가와 함께 제 공양을 받아 주십시오!"

세존께서는 침묵으로 승낙하셨습니다. 꾸따단따 바라문은 세존께서 승낙하신 것을 알고, 자리에서 일어나 세존께 예배하고, 오른쪽으로 돌고 떠나갔습니다.

꾸따단따 바라문은 그날 밤이 지나자, 자신의 제단에 갖가지 훌륭한 음식을 준비하고서 세존께 알렸습니다.

"시간이 되었습니다. 고따마 존자여, 공양이 준비되었습니다."

세존께서는 오전에 옷을 입고, 발우와 법복을 지니고, 비구상가와 함께 꾸따단따 바라문의 제단으로 가서 마련된 자리에 앉으셨습니다. 꾸따단따 바라문은 부처님을 상수로 하는 비구상가에 손수 갖가지 음식을 담아 대접했습니다. 꾸따단따 바라문은 세존께서 음식을 드시고 발우에서 손을 떼시자, 낮은 자리로 가서 한쪽에 앉았습니다. 세존께서는 꾸따단따 바라문을 법도에 맞는 말씀으로 가르치고 격려하고 칭찬하여 기쁘게 하신 후에 자리에서 일어나 떠나셨습니다.

4. 뽓타빠다경[105]

〈D.N. 9. Poṭṭhapāda Sutta〉

1. 이와 같이 나는 들었습니다.

한때 세존께서는 사왓티의 제따와나 아나타삔디까 승원(僧園)에 머무셨습니다.

그때 행각수행자 뽓타빠다(Poṭṭhapāda)는 띤두까(tinduka) 나무가 우거진 말리까(Mallikā) 원림(園林)의 강당[eka-sālaka]에[106] 300명의 행각수행자들과 함께 행각수행자 토론대회를 위해 머물고 있었습니다.

2. 세존께서는 오전에 옷을 입고, 발우와 법의를 들고, 탁발하러 사왓티에 들어가셨습니다. 세존께서는 '지금 사왓티에 탁발하러 가기는 너무 이르다. 말리까 원림의 강당에서 열린 토론대회에 행각수행자 뽓타빠다를 만나러 가는 것이 어떨까?'라고 생각하셨습니다. 세존께서는 말리까 원림의 강당에서 열린 토론대회에 행각수행자 뽓타빠다를 만나러 가셨습니다.

3. 그때 행각수행자 뽓타빠다는 많은 행각수행자 무리들과 함께 앉아서 왕 이야기, 도둑 이야기, 대신(大臣) 이야기, 군대 이야기, 괴담(怪談), 전쟁 이야기, 먹는 이야기, 마시는 이야기, 옷 이야기, 잠자리 이야기, 화만(華鬘) 이야기, 향수 이야기, 친척 이야기, 수레 이야기, 마을 이야기, 동네 이야기, 도시 이야기, 나라 이야기, 여자 이야기, 영웅담, 거리 이야기, 우물가 이야기, 귀신 이야기, 잡담, 세계가 생긴 이야기, 바다가 생긴 이야기, 이런저런 것들이 생긴 이야기 등등 여러 가지 잡스러운 이야기를 하고 있었습니다.

4. 행각수행자 뽓타빠다는 세존께서 오시는 것을 멀리서 보았습니다. 그리고 자신의 대중을 저지했습니다.

"여러분, 조용히 하시오! 여러분, 소리 내지 마시오! 조용한 것을 좋아하시는 사문 고따마께서 오십니다. 그분은 조용한 것을 좋아하시는 분이니, 아마 대중이 조용해진 것을 보고 나서 가까이 오실 것으로 생각됩니다."

이렇게 말하자, 그 행각수행자들은 침묵했습니다.

5. 세존께서 행각수행자 뽓타빠다에게 가셨습니다. 그러자 행각수행자 뽓타빠다가 말했습니다.

"어서 오십시오! 세존이시여! 잘 오셨습니다. 세존이시여! 오랜만에 오셨군요. 세존이시여 ! 여기 마련된 자리에 앉으십시오! 세존이시여!"

세존께서는 마련된 자리에 앉으셨습니다. 행각수행자 뽓타빠다는 맞은편 낮은 자리로 가서 한쪽에 앉았습니다. 한쪽에 앉은 행각수행자 뽓타빠다에게 세존께서 말씀하셨습니다.

---

105 『장아함경(長阿含經)』의 25번째 경인 「포타바루경(布吒婆樓經)」에 상응하는 경.

106 말리까(Mallikā)는 꼬살라의 왕 빠세나디(Pasenadi)의 왕비이다. 그녀의 원림에 세워진 강당에서 많은 사상가들이 모여 자유롭게 토론했다고 한다.

"뽓타빠다여, 무슨 이야기를 하기 위해 지금 여기 함께 앉아 있는가? 도중에 중단된 이야기는 어떤 것인가?"

6. 행각수행자 뽓타빠다가 세존께 말씀드렸습니다.

"세존이시여, 우리가 지금 모여 앉아 하던 이야기는 뒤에 들으셔도 됩니다. 세존이시여, 엊그제 여러 종파의 사문과 바라문들이 함께 모여 앉아 생각[saññā, 想]의 소멸에 대하여 '생각은 왜 소멸하는가?'라는 논쟁을 했습니다.

어떤 사람들은 '인간의 생각은 원인도 없고 조건도 없이 생기고 소멸한다. 생각이 생기면 생각이 있는 자가 되고, 소멸하면 생각이 없는 자가 된다'라고 말했습니다.

그에 대하여 다른 사람은 '그렇지 않다. 생각은 인간의 자아[attan]다. 생각은 오기도 하고 가기도 한다. 생각이 오면 생각이 있는 자가 되고, 생각이 가면 생각이 없는 자가 된다'라고 말했습니다.

그에 대하여 다른 사람은 '그렇지 않다. 큰 신통력과 큰 위력이 있는 사문과 바라문들이 있다. 그들은 인간의 생각을 집어넣기도 하고 빼내기도 한다. 집어넣으면 생각이 있는 자가 되고, 빼내면 생각이 없는 자가 된다'라고 말했습니다.

그에 대하여 다른 사람은 '그렇지 않다. 큰 신통력과 큰 위력이 있는 천신(天神)들이 있다. 그들은 인간의 생각을 집어넣기도 하고 빼내기도 한다. 집어넣으면 생각이 있는 자가 되고, 빼내면 생각이 없는 자가 된다'라고 말했습니다.

세존이시여, 그때 저에게 '아! 분명히 세존께서는, 아! 분명히 선서(善逝)께서는 이 문제들에 대하여 잘 아신다'라는 생각이 떠올랐습니다. 세존께서는 생각의 소멸에 대하여 잘 아시는 분입니다. 세존이시여, 생각은 왜 소멸합니까?"

세존께서 말씀하셨습니다.

7. "뽓타빠다여, '원인도 없고 조건도 없이 인간의 생각은 생기고 소멸한다'라고 이야기한 사문과 바라문들은 애초부터 잘못되었다오. 왜냐하면 원인과 함께, 조건과 함께 인간의 생각은 생기고 소멸하기 때문이오. 학계(學戒, sikkhā)[107]에 의해 어떤 생각은 생기고, 학계에 의해 어떤 생각은 소멸한다오.

뽓타빠다여, 학계란 무엇인가? 뽓타빠다여, 열 가지 이름[十號]을 구족한 여래(如來)가 이 세상에 출현한다오. 그는 처음도 좋고 중간도 좋고 마지막도 좋은, 의미 있고 명쾌하고 완벽한 진리[法]를 가르치며, 청정한 수행을 알려 준다오. 그 진리를 거사(居士)나 거사의 아들이나 다른 가문에 태어난 사람이 듣는다오. 그는 그 후에 크고 작은 재산을 버리고, 가깝고 먼 친족을 버리고, 머리와 수염을 깎고 가사와 발우를 지니고 집을 떠나 출가한다오. 그는 이와 같이 출가하여 별해탈율의(別解脫律儀)를 수호하며 살아간다오. 그는 행동규범을 갖추어 하찮은 죄에서도 두려움을 보고, 학계를 수지하여 학습하며, 착한 신업(身業)과 구업(口業)을 성취하여 지각활동을 할 때 문을 지키고, 계를 성취한 청정한 생활을 하며, 주의집중과 알아차림을 갖추고 만족할 줄 알며 살아간다오.

107 'sikkhā'는 계율의 실천에서 선정에 이르는 모든 수행 과정을 의미한다.

뽓타빠다여, 비구가 계를 성취한다는 것은 어떤 것인가? 뽓타빠다여, 비구는 살생하지 않으며, 살생을 삼가며, 몽둥이나 칼을 잡지 않으며, 부끄러움을 알며, 모든 생명을 보살피고 사랑하며 살아간다오. 이것이 비구의 계행(戒行)이라오.[108]

8. 뽓타빠다여, 이와 같이 계(戒)를 성취한 그는 어떤 경우에도 계를 수호하는 것을 두려워하지 않는다오. 비유하면 관정(灌頂)을 한 무적의 크샤트리아가 어떤 경우에도 적을 두려워하지 않는 것과 같다오. 이와 같이 계를 성취한 비구는 어떤 경우에도 계를 수호하는 것을 두려워하지 않는다오. 이들 성스러운 계온(戒蘊)을 구족한 그는 내적으로 완전한 행복을 느낀다오. 뽓타빠다여, 이와 같이 비구는 계행을 성취한다오.

9. 뽓타빠다여, 비구는 어떻게 지각활동[根]을 할 때 문을 지키는가? 비구는 눈[眼]으로 형색[色]을 보고서, 형상(形相)에 집착하지 않고, 부분의 모습에 집착하지 않는다오. 시각활동[眼根]을 통제하지 않고 지내면 탐욕과 근심 같은 사악하고 좋지 않은 법(法)들이 흘러들어 오기 때문에, 그것을 막기 위해서 시각활동을 지켜보다가, 시각활동을 할 때 그것을 막는다오.

귀[耳]로 소리를 듣고서,

코[鼻]로 냄새를 맡고서,

혀[舌]로 맛을 보고서,

몸[身]으로 접촉하고서,

마음[意]으로 대상[法]을 지각하고서, 형상에 집착하지 않고, 부분의 모습에 집착하지 않는다오. 마음활동[意根]을 통제하지 않고 지내면 탐욕과 근심 같은 사악하고 좋지 않은 법들이 흘러들어 오기 때문에, 그것을 막기 위해서 마음활동을 지켜보다가, 마음활동을 할 때 그것을 막는다오.

뽓타빠다여, 비구는 이렇게 지각활동을 할 때 문을 지킨다오. 그는 주의집중[正念]과 알아차림[正知]을 구족하고, 만족할 줄 아는 삶을 살면서 다섯 가지 장애[五蓋]를 제거하여 마음을 정화한다오.[109]

10. 뽓타빠다여, 자신에게서 이들 다섯 가지 장애가 제거된 것을 알면, 그에게 기쁨이 생긴다오. 기쁨으로 인해 즐거움이 생기고, 즐거운 마음으로 인해 몸이 안정된다오. 몸이 안정되면 행복을 느끼고, 마음이 행복하면 삼매에 든다오. 그는 감각적 욕망을 멀리하고 불선법(不善法)을 멀리함으로써 사유가 있고 숙고가 있는, 멀리함에서 생긴 기쁨과 즐거움이 있는 초선(初禪)을 성취하여 살아간다오. 그러면 이전의 감각적 욕망에 대한 생각[kāma-saññā, 欲想]이 사라지고, 멀리함에서 생긴 기쁨과 즐거움이 미묘하고 참된 것이라는 생각[vivekaja-pītisukha-sukhuma-sacca-saññā]'이 있게 된다오. 그때 '멀리함에서 생긴 기쁨과 즐거움이 미묘하고 참된 것이라는 생각이 있는 자'가 된다오. 이와 같이 학계에 의해 어떤 생각은 생기고, 학계에 의해 어떤 생각은 소멸한다오. 이것이 학계라오.

11. 뽓타빠다여, 그다음에 비구는 사유와 숙고를 억제함으로써 내적으로 고요해져 마음이 집중된, 사유와 숙고가 없는, 삼매에서 생

---

108 계행의 구체적인 내용은 「사문과경」과 동일하므로 간략하게 번역함.

109 구체적인 내용은 「사문과경」과 동일하므로 간략하게 번역함.

긴 기쁨과 즐거움이 있는 제2선(第二禪)을 성취하여 살아간다오. 그러면 이전의 '멀리함에서 생긴 기쁨과 즐거움이 미묘하고 참된 것이라는 생각'이 사라지고 '삼매에서 생긴 기쁨과 즐거움이 미묘하고 참된 것이라는 생각[samādhija-pītisukha-sukhuma-sacca-saññā]'이 있게 된다오. 그때 '삼매에서 생긴 기쁨과 즐거움이 미묘하고 참된 것이라는 생각이 있는 자'가 된다오. 이와 같이 학계에 의해 어떤 생각은 생기고, 학계에 의해 어떤 생각은 소멸한다오. 이것이 학계라오.

12. 뽓타빠다여, 그다음에 비구는 즐겁게 욕탐에서 벗어나[離欲] 평정한 주의집중과 알아차림을 하며 지내면서 몸으로 행복을 느끼는, 성자들이 '평정한 주의집중을 하는 행복한 상태'라고 이야기한 제3선(第三禪)을 성취하여 살아간다오. 그러면 이전의 '삼매에서 생긴 기쁨과 즐거움이 미묘하고 참된 것이라는 생각'이 사라지고 '평정한 행복이 미묘하고 참된 것이라는 생각[upekhā-sukha-sukhuma-sacca-saññā]'이 있게 된다오. 그때 '평정한 행복이 미묘하고 참된 것이라는 생각이 있는 자'가 된다오. 이와 같이 학계에 의해 어떤 생각은 생기고, 학계에 의해 어떤 생각은 소멸한다오. 이것이 학계라오.

13. 뽓타빠다여, 그다음에 비구는 행복감을 포기하고 괴로움을 버림으로써 이전의 만족과 불만이 소멸하여 괴롭지도 않고 즐겁지도 않은, 평정한 주의집중이 청정한 제4선(第四禪)을 성취하여 살아간다오. 그러면 이전의 '평정한 행복이 미묘하고 참된 것이라는 생각'이 사라지고 '괴롭지도 않고 즐겁지도 않은 것이 미묘하고 참된 것이라는 생각[adukkham-asukha-sukhuma-sacca-saññā]'이 있게 된다오. 그때 '괴롭지도 않고 즐겁지도 않은 것이 미묘하고 참된 것이라는 생각이 있는 자'가 된다오. 이와 같이 학계에 의해 어떤 생각들은 생기고, 학계에 의해 어떤 생각들은 소멸한다오. 이것이 학계라오.

14. 뽓타빠다여, 그다음에 비구는 일체의 형색에 대한 생각[rūpa-saññā, 色想]을 초월하고, 지각대상에 대한 생각[paṭigha-saññāṇa, 有對想]을 소멸하고, 다양한 모습에 대한 생각[nānatta-saññā]에 마음 쓰지 않음으로써 '허공은 무한하다'라고 생각하는 공무변처(空無邊處)를 성취하여 살아간다오. 그러면 이전의 '형색에 대한 생각'이 사라지고 '공무변처가 미묘하고 참된 것이라는 생각[ākāsānañcâyatana-sukha-sukhuma-sacca-saññā]'이 있게 된다오. 그때 '공무변처가 미묘하고 참된 것이라는 생각이 있는 자'가 된다오. 이와 같이 학계에 의해 어떤 생각들은 생기고, 학계에 의해 어떤 생각들은 소멸한다오. 이것이 학계라오.

15. 뽓타빠다여, 그다음에 비구는 일체의 공무변처를 초월하여 '의식은 무한하다'라고 생각하는 식무변처(識無邊處)를 성취하여 살아간다오. 그러면 이전의 '공무변처가 미묘하고 참된 것이라는 생각'이 사라지고 '식무변처가 미묘하고 참된 것이라는 생각[viññānañcâyatana-sukhuma-sacca-saññā]'이 있게 된다오. 그때 '식무변처가 미묘하고 참된 것이라는 생각이 있는 자'가 된다오. 이와 같이 학계에 의해 어떤 생각들은 생기고, 학계에 의해 어떤 생각들은 소멸한다오. 이것이 학계라오.

16. 뽓타빠다여, 그다음에 비구는 일체의 식무변처를 초월하여 '아무것도 없다'라고 생

각하는 무소유처(無所有處)를 성취하여 살아간다오. 그러면 이전의 '식무변처가 미묘하고 참된 것이라는 생각'이 사라지고 '무소유처가 미묘하고 참된 것이라는 생각[ākiñcaññâyatana-sukhuma-sacca-saññā]'이 있게 된다오. 그때 '무소유처가 미묘하고 참된 것이라는 생각이 있는 자'가 된다오. 이와 같이 학계에 의해 어떤 생각들은 생기고, 학계에 의해 어떤 생각들은 소멸한다오. 이것이 학계라오.

17. 뽓타빠다여, 비구는 자신의 생각을 갖게 되는 때부터,[110] 그곳으로부터 점차로 최상의 생각에 도달한다오. 그 최상의 생각에 머무는 그는 이렇게 생각한다오. '의도를 가지고 생각하는 것은 나에게 더 나쁘고, 의도를 가지고 생각하지 않는 것이 나에게 더 낫다. 내가 의도하고 실행한다면, 나의 이 생각들이 소멸하고 다른 거친 생각들이 생길 것이다. 차라리 나는 의도하지 않고 실행하지 않는 것이 좋겠다.' 그래서 그는 의도하지 않고 실행하지 않는다오. 그러면 의도하지 않고 실행하지 않음으로써 그 생각들은 소멸하고, 다른 거친 생각들이 생기지 않는다오. 그는 생각의 소멸에 도달한다오. 뽓타빠다여, 이와 같이 '점진적인 생각의 소멸에 대한 바른 앎의 성취[anupubbâbhisaññā-nirodha-sampajāna-samāpatti]'가 있다오.

18. 뽓타빠다여, 어떻게 생각하는가? 그대는 이전에 이와 같은 점진적인 생각의 소멸에 대한 바른 앎의 성취를 들어 본 적이 있는가?"

"없습니다, 세존이시여! 세존이시여, 저는 세존께서 하신 말씀을 이렇게 이해했습니다.

'비구는 자신의 생각을 갖게 되는 때부터 점차로 최상의 생각에 도달한다. 최상의 생각에 머무는 그는 이렇게 생각한다. '의도를 가지고 생각하는 것은 나에게 더 나쁘고, 의도를 가지고 생각하지 않는 것이 나에게 더 낫다. 그런데 내가 의도하고 실행한다면, 나의 이 생각들이 소멸하고 다른 거친 생각들이 생길 것이다. 차라리 나는 의도하지 않고 실행하지 않는 것이 좋겠다.' 그래서 그는 의도하지 않고 실행하지 않는다. 그러면 의도하지 않고 실행하지 않음으로써 그 생각들은 소멸하고, 다른 거친 생각들이 생기지 않는다. 그는 생각의 소멸에 도달한다. 이와 같이 점진적인 생각의 소멸에 대한 바른 앎의 성취가 있다.'"

"그렇다오, 뽓타빠다여!"

19. "세존이시여, 세존께서는 하나의 최상의 생각을 언명하십니까, 그렇지 않으면 여러 종류의 최상의 생각을 언명하십니까?"

"뽓타빠다여, 나는 하나의 최상의 생각을 언명하기도 하고, 여러 종류의 최상의 생각을 언명하기도 한다오."

"세존이시여, 세존께서는 어찌하여 하나의 최상의 생각을 언명하기도 하시고, 여러 종류의 최상의 생각을 언명하기도 하십니까?"

"뽓타빠다여, 나는 생각의 소멸에 도달하는 방식에 따라서 최상의 생각을 규정한다오. 뽓타빠다여, 이렇게 나는 하나의 최상의

---

110 이 경에서는 초선(初禪)에서 처음으로 자신의 생각[想]을 갖게 된다고 말하고 있다. 즉 이전에는 사회에서 관습적으로 또는 습관적으로 형성된 생각으로 살아가다가, 초선에서 비로소 자신의 주체적인 생각을 갖게 됨을 의미한다.

생각을 언명하기도 하고, 여러 종류의 최상의 생각을 언명하기도 한다오."

20. "세존이시여, 생각[saññā, 想]이 먼저 생기고 앎[ñāṇa]이 뒤에 생깁니까, 그렇지 않으면 앎이 먼저 생기고 생각이 뒤에 생깁니까, 그렇지 않으면 생각과 앎이 동시에 생깁니까?"

"뽓타빠다여, 생각이 먼저 생기고 뒤에 앎이 생긴다오. 생각이 생겼기 때문에 앎이 생기는 것이라오. 그는 분명히 '이것(생각)을 의지하여 나에게 앎이 생겼다'라고 통찰한다오. 뽓타빠다여, 그러므로 '생각이 먼저 생기고, 앎이 뒤에 생기며, 생각이 생겼기 때문에 앎이 생긴다'라는 것을 알아야 한다오."[111]

21. "세존이시여, 생각이 인간의 자아(自我)입니까, 그렇지 않으면 생각과 자아는 서로 다른 것입니까?"

"뽓타빠다여, 그대는 무엇을 자아라고 생각하는가?"

"세존이시여, 저는 형색[色]이 있는, 4대(四大)로 된[cātummahābhūtika], 음식을 먹는[kabaliṅkārāhāra-bhakkha] 조잡한 것을 자아라고 생각합니다."[112]

"뽓타빠다여, 그대의 자아가 형색이 있는, 4대로 된, 음식을 먹는 조잡한 것이라면, 뽓타빠다여, 그대의 자아가 그런 것이라면, 그대의 자아와 생각은 분명히 각기 다른 것이라오. 뽓타빠다여, 다음과 같은 이유에서 그대의 자아와 생각은 분명히 각기 다른 것임을 알아야 한다오. 뽓타빠다여, 형색이 있는, 4대로 된, 음식을 먹는 조잡한 이 자아가 머물고 있는데, 이 사람에게 그 자아와는 다른 생각들이 생기거나 소멸한다오. 뽓타빠다여, 그러므로 그대의 자아와 생각은 분명히 각기 다른 것임을 알아야 한다오."

22. "세존이시여, 저는 결함 없는 사지(四肢)를 갖추고 감관이 온전한, 마음으로 된 것을 자아라고 생각합니다."[113]

"뽓타빠다여, 그대의 자아가 결함 없는 사지를 갖추고, 감관이 온전한, 마음으로 된 것이라면, 뽓타빠다여, 그대의 자아가 그런 것이라면, 그대의 자아와 생각은 분명히 각기 다른 것이라오. 뽓타빠다여, 다음과 같은 이유에서 그대의 자아와 생각은 분명히 각기 다른 것임을 알아야 한다오. 뽓타빠다여, 결함 없는 사지를 갖추고, 감관이 온전한, 마음으로 된 자아가 머물고 있는데, 이 사람에게 그 자아와는 다른 생각들이 생기거나 소멸한다오. 뽓타빠다여, 그러므로 그대의 자아와 생각은 분명히 각기 다른 것임을 알아야 한다오."

23. "세존이시여, 저는 생각으로 된[saññā-maya] 형색이 없는[arūpin] 것을 자아라고 생각합니다."[114]

"뽓타빠다여, 그대의 자아가 생각으로

---

111 'saññā'는 '생각[想, 觀念]'이고, 'ñāṇa'는 '앎', 즉 지식이다. '지식을 통해서 생각이 형성되는가, 생각에 의해서 지식이 성립되는가?'라는 질문에 대해, 붓다는 지식의 토대로서 생각이 있다고 이야기하고 있다.

112 조잡한 자아란 6근(六根) 가운데 의근(意根)을 제외한 신체적인 부분을 의미한다. 욕계(欲界) 중생이 집착하는 자아를 이야기하고 있다.

113 색계(色界) 중생이 집착하는 자아를 이야기하고 있다.

114 무색계(無色界) 중생이 집착하는 자아를 이야기하고 있다.

된, 형색이 없는 것이라면, 뽓타빠다여, 자아가 그런 것이라면, 그대의 자아와 생각은 분명히 각기 다른 것이라오. 뽓타빠다여, 다음과 같은 이유에서 그대의 자아는 생각과 서로 다른 것임을 알아야 한다오. 뽓타빠다여, 생각으로 된, 형색이 없는 자아가 머물고 있는데, 이 사람에게 그 자아와는 다른 생각들이 생기거나 소멸한다오. 뽓타빠다여, 그러므로 그대의 자아와 생각은 분명히 각기 다른 것임을 알아야 한다오."

24. "세존이시여, 생각이 인간의 자아인지, 아니면 생각과 자아는 서로 다른 것인지를 제가 알 수 있을까요?"

"뽓타빠다여, 견해가 다르고, 이해가 다르고, 관심사가 다르고, 명상법이 다르고, 수행법이 다른 그대가 생각이 인간의 자아인지, 아니면 생각과 자아는 서로 다른 것인지를 알기는 어렵다오."

25. "세존이시여, 견해가 다르고, 이해가 다르고, 관심사가 다르고, 명상법이 다르고, 수행법이 다른 제가 생각이 인간의 자아인지, 아니면 생각과 자아는 서로 다른 것인지를 알기 어렵다면, 세존이시여, 그렇다면 세계는 상주(常住)합니까? 실로 이것이 진실이고 다른 것은 거짓입니까?"

"뽓타빠다여, 나는 '세계는 상주한다[sassato loko]. 이것이 진실이고 다른 것은 거짓이다'라고 판단하지 않는다오[avyākata]." 115

"세존이시여, 그렇다면 세계는 상주하지 않습니까? 이것이 진실이고 다른 것은 거짓입니까?"

"뽓타빠다여, 나는 '세계는 상주하지 않는다. 이것이 진실이고 다른 것은 거짓이다'라고 판단하지 않는다오."

"세존이시여, 그렇다면 세계는 유한(有限)합니까? 이것이 진실이고 다른 것은 거짓입니까?"

"뽓타빠다여, 나는 '세계는 유한하다. 이것이 진실이고 다른 것은 거짓이다'라고 판단하지 않는다오."

"세존이시여, 그렇다면 세계는 무한(無限)합니까? 이것이 진실이고 다른 것은 거짓입니까?"

"뽓타빠다여, 나는 '세계는 무한하다. 이것이 진실이고 다른 것은 거짓이다'라고 판단하지 않는다오."

26. "세존이시여, 그렇다면 육신(肉身)이 곧 생명(生命)입니까? 이것이 진실이고 다른 것은 거짓입니까?"

"뽓타빠다여, 나는 '육신이 곧 생명이다. 이것이 진실이고 다른 것은 거짓이다'라고 판단하지 않는다오."

"세존이시여, 그렇다면 육신과 생명은 각각 다른 것입니까? 이것이 진실이고 다른 것은 거짓입니까?"

"뽓타빠다여, 나는 '육신과 생명은 각각 다른 것이다. 이것이 진실이고 다른 것은 거짓이다'라고 판단하지 않는다오."

27. "세존이시여, 그렇다면 여래(如來)는 사후에 존재합니까? 이것이 진실이고 다른 것은 거짓입니까?"

"뽓타빠다여, 나는 '여래는 사후에 존재한다. 이것이 진실이고 다른 것은 거짓이다'

---

115 한역에서는 '무기(無記)'로 번역하는 'avyākata'는 '판단하지 않는다'라는 뜻이다.

라고 판단하지 않는다오."

"세존이시여, 그렇다면 여래는 사후에 존재하지 않습니까? 이것이 진실이고 다른 것은 거짓입니까?"

"뽓타빠다여, 나는 '여래는 사후에 존재하지 않는다. 이것이 진실이고 다른 것은 거짓이다'라고 판단하지 않는다오."

"세존이시여, 그렇다면 여래는 사후에 존재하기도 하고 존재하지 않기도 합니까? 이것이 진실이고 다른 것은 거짓입니까?"

"뽓타빠다여, 나는 '여래는 사후에 존재하기도 하고 존재하지 않기도 한다. 이것이 진실이고 다른 것은 거짓이다'라고 판단하지 않는다오."

"세존이시여, 그렇다면 여래는 사후에 존재하는 것도 아니고 존재하지 않는 것도 아닙니까? 이것이 진실이고 다른 것은 거짓입니까?"

"뽓타빠다여, 나는 '여래는 사후에 존재하는 것도 아니고 존재하지 않는 것도 아니다. 이것이 진실이고 다른 것은 거짓이다'라고 판단하지 않는다오."

28. "세존이시여, 어찌하여 세존께서는 그것을 판단하지 않으십니까?"

"뽓타빠다여, 그것은 무의미하고, 진실[法]에 상응하지 않고, 청정한 수행[梵行]의 근거가 아니며, 쾌락에 대한 싫증[nibbidā, 厭離]·욕탐을 버림[virāgā, 離欲]·번뇌의 소멸[nirodhā, 止滅]·적정[upasama, 寂靜]·체험적 지혜[abhiññā, 勝智]·바른 깨달음[sambodha, 正覺]·열반[nibbāna, 涅槃]에 도움이 되지 않는다오. 그래서 나는 그것을 판단하지 않는다오."

29. "세존이시여, 그렇다면 세존께서는 어떤 것을 판단하십니까?"

"뽓타빠다여, 나는 '이것은 괴로움[苦]이다'라고 판단한다오. 뽓타빠다여, 나는 '이것은 괴로움의 쌓임[集]이다'라고 판단한다오. 뽓타빠다여, 나는 '이것은 괴로움의 소멸[滅]이다'라고 판단한다오. 뽓타빠다여, 나는 '이것은 괴로움의 소멸에 이르는 길[道]이다'라고 판단한다오.

30. "세존이시여, 그렇다면 왜 세존께서는 그것을 판단하십니까?"

"뽓타빠다여, 그것은 의미 있고, 진실에 상응하고, 청정한 수행의 근거가 되며, 쾌락에 대한 싫증·욕탐을 버림·번뇌의 소멸·적정·체험적 지혜·바른 깨달음·열반에 도움이 된다오. 그래서 나는 그것을 판단한다오."

"그렇군요, 세존이시여! 그렇군요, 선서시여! 세존이시여, 지금 떠나셔야 할 시간입니다."

그러자 세존께서는 자리에서 일어나 그곳을 떠나셨습니다.

31. 세존께서 떠나시자, 그 행각수행자들은 모두 행각수행자 뽓타빠다를 조롱하고 빈정거리면서 말했습니다.

"뽓타빠다는 사문 고따마가 무슨 말을 하면 '그렇군요, 세존이시여! 그렇군요, 선서시여!'라며 크게 만족하는군요. 그러나 우리는 어떤 것이 사문 고따마가 가르친 확실한 진리인지, 세계는 상주한다는 것인지, 세계는 상주하지 않는다는 것인지, 또는 세계는 유한하다는 것인지, 세계는 무한하다는 것인지, 또는 육신이 곧 생명이라는 것인지, 육신과 생명은 서로 다르다는 것인지, 또는 여래는 사후에 존재한다는 것인지, 여래는 사후에 존재하지 않는다는 것인지, 여래는 사후에 존재하기도 하고 존재하지 않기도 한다는 것인지, 여래는 사후에 존재하는 것도 아니고 존재하지 않는 것도 아니라는 것인지 알지 못하겠소."

그 말을 듣고, 행각수행자 뽓타빠다가 그 행각수행자들에게 말했습니다.

"존자들이여, 나도 어떤 것이 사문 고따마께서 가르친 확실한 진리인지 알지 못합니다. 하지만 사문 고따마께서는 있는 사실 그대로의 길을[bhūtaṃ tacchaṃ tathaṃ paṭipadaṃ] 확고한 진리[dhammaṭṭhitaṃ], 확정된 진리[dhamma-niyāmakaṃ]로 규정하였습니다. 그런데 있는 사실 그대로의 길을 확고한 진리, 확정된 진리로 규정하신 사문 고따마의 옳은 말씀을 어떻게 나와 같은 배운 사람이 만족하지 않을 수 있겠습니까?"

32. 2~3일 후에 행각수행자 뽓타빠다는 찟따 핫티사리뿟따(Citta Hatthisāriputta)를 데리고 세존을 찾아왔습니다. 찟따 핫티사리뿟따는 세존께 예배하고 한쪽에 앉았고, 행각수행자 뽓타빠다는 세존과 정중하게 인사를 하고 공손한 인사말을 나눈 후 한쪽에 앉았습니다. 행각수행자 뽓타빠다는 세존께서 떠나신 후에 행각수행자들 사이에 있었던 일을 세존께 말씀드렸습니다.

그 말을 듣고, 세존께서 말씀하셨습니다.

33. "뽓타빠다여, 그 행각수행자들은 모두 눈먼 장님들이군요. 그들 가운데서 그대 혼자만 눈이 있군요. 뽓타빠다여, 나는 단정할 수 있는[ekaṃsika] 법들을 언명하여 가르칠 뿐만 아니라, 단정할 수 없는[anekaṃsika] 법들도 언명하여 가르친다오. 뽓타빠다여, 내가 언명하여 가르치는 단정할 수 없는 법들은 어떤 것인가? 뽓타빠다여, '세계는 상주한다'라는 판단은 내가 '단정할 수 없는 법'으로 언명하여 가르치는 것이라오. 뽓타빠다여, '세계는 상주하지 않는다' 또는 '세계는 유한하다' 또는 '세계는 무한하다' 또는 '육신이 곧 생명이다' 또는 '육신과 생명은 서로 다르다' 또는 '여래는 사후에 존재한다' 또는 '여래는 사후에 존재하지 않는다' 또는 '여래는 사후에 존재하기도 하고 존재하지 않기도 한다' 또는 '여래는 사후에 존재하는 것도 아니고 존재하지 않는 것도 아니다'라는 판단은 내가 '단정할 수 없는 법'으로 언명하여 가르치는 것이라오.

뽓타빠다여, 내가 그것들을 단정할 수 없는 법으로 언명하여 가르치는 까닭은 무엇인가? 뽓타빠다여, 그것들은 무의미하며, 진리에 상응하지 않고, 청정한 수행의 근거가 아니며, 쾌락에 대한 싫증·욕탐을 버림·번뇌의 소멸·적정·체험적 지혜·바른 깨달음·열반에 도움이 되지 않는다오. 그래서 나는 그것들을 단정할 수 없는 법으로 언명하여 가르친다오.

뽓타빠다여, 내가 단정할 수 있는 법으로 언명하여 가르치는 법들은 어떤 것들인가? 뽓타빠다여, 나는 '이것은 괴로움이다'라고 단정할 수 있는 법으로 언명하여 가르친다오. 뽓타빠다여, 나는 '이것은 괴로움의 쌓임이다'라고 단정할 수 있는 법으로 언명하여 가르친다오. 뽓타빠다여, 나는 '이것은 괴로움의 소멸이다'라고 단정할 수 있는 법으로 언명하여 가르친다오. 뽓타빠다여, 나는 '이것은 괴로움의 소멸에 이르는 길이다'라고 단정할 수 있는 법으로 언명하여 가르친다오.

뽓타빠다여, 나는 왜 그것들을 단정할 수 있는 법으로 언명하여 가르치는가? 뽓타빠다여, 그것들은 의미 있고, 진리에 상응하고, 청정한 수행의 근거가 되며, 쾌락에 대한 싫증·욕탐을 버림·번뇌의 소멸·적정·체험적 지혜·바른 깨달음·열반에 도움이 된다오. 그래서 나는 그것들을 단정할 수 있는 법으로 언명하여 가르친다오.

34. 뽓타빠다여, 어떤 사문과 바라문들은 '자아는 사후에 한결같이 행복하며 병이 없다'라고 보고 그와 같이 말했다오.

나는 그들에게 가서 '존자들이여, 그대들은 '자아는 사후에 한결같이 행복하며 병이 없다'라고 보고 그와 같이 말한다는데, 사실인가?'라고 물었다오. 그들이 나의 물음에 '그렇다'라고 인정하자, 나는 그들에게 '존자들이여, 그렇다면 그대들은 한결같이 행복한 세계를 알고 보면서 살고 있는가?'라고 물었다오. 이렇게 묻자, 그들은 '그렇지 않다'라고 대답했다오.

나는 그들에게 '존자들이여, 그렇다면 그대들은 하룻밤이나 낮이나 한나절이나 반나절만이라도 한결같이 행복한 자아를 인식한 적이 있는가?'라고 물었다오. 이렇게 묻자, 그들은 '그렇지 않다'라고 대답했다오.

나는 그들에게 '존자들이여, 그렇다면 그대들은 '이것이 한결같이 행복한 세계를 체득(體得)하는 길이며 방법이다'라고 알고 있는가?'라고 물었다오. 이렇게 묻자, 그들은 '그렇지 않다'라고 대답했다오.

나는 그들에게 '존자들이여, 그렇다면 그대들은 한결같이 행복한 세계에 도달한 천신들과 함께 이야기하면서 '벗들이여, 당신들은 한결같이 행복한 세계를 체득하기 위한 선행을 실천했소. 벗들이여, 당신들은 한결같이 행복한 세계를 체득하기 위한 바른길에 들어왔소. 벗들이여, 이와 같이 실천하여 우리는 한결같이 행복한 세계에 도달했소'라고 들었는가?'라고 물었다오. 이렇게 묻자, 그들은 '그렇지 않다'라고 대답했다오.

뽓타빠다여, 그대는 어떻게 생각하는가? 이와 같은 그 사문과 바라문들의 말은 근거 없는 말이 아닌가?

35. 예를 들어 어떤 사람이 '나는 이 나라에서 최고의 미녀를 원하고 그녀를 사랑한다'라고 말했다고 합시다. 그러자 사람들이 그에게 '여보게, 그대가 원하고 사랑하는 이 나라 최고의 미녀를 그대는 아는가? 그녀는 크샤트리아인가, 바라문인가, 바이샤인가, 수드라인가?'라고 물었다고 합시다. 이렇게 묻자, 그는 '모른다'라고 했다고 합시다. 그러자 사람들이 그에게 '여보게, 그대가 원하고 사랑하는 이 나라 최고의 미녀는 이름은 무엇이고, 성은 무엇인지, 키는 큰지, 작은지, 중간인지, 피부는 검은지, 노란지, 금빛인지, 어떤 마을에 사는지, 작은 마을인지, 큰 도시인지 아는가?'라고 물었다고 합시다. 이렇게 묻자, 그는 '모른다'라고 했다고 합시다. 그러자 사람들이 그에게 '여보게, 그대는 알지도 못하고 보지도 못한 사람을 원하고 사랑한단 말인가?'라고 물었다고 합시다. 이렇게 묻자, 그가 '그렇다'라고 했다고 합시다.

뽓타빠다여, 그대는 어떻게 생각하는가? 이와 같은 그 사람의 말은 근거 없는 말이 아닌가?"

"세존이시여, 참으로 이와 같은 그 사람의 말은 근거 없는 말입니다."

36. "뽓타빠다여, 실로 이와 같이 '자아는 사

후에 한결같이 행복하며 병이 없다'라고 주장하면서, 그와 같이 말하는 사문과 바라문들의 말은 알지도 못하고 보지도 못한 사람을 원하고 사랑하고 있다고 하는 사람의 말처럼 근거 없는 말이 아닌가?"

"세존이시여, 참으로 이와 같은 그 사문과 바라문들의 말은 근거 없는 말입니다."

37. "뽓타빠다여, 예를 들어 어떤 사람이 사거리의 큰길에서 누각에 오르기 위해 사다리를 만들고 있다고 합시다. 그러자 사람들이 그에게 '여보게, 그대는 누각에 오르기 위해 사다리를 만들고 있는데, 그 누각이 동쪽에 있는지, 서쪽에 있는지, 남쪽에 있는지, 북쪽에 있는지, 높은지, 낮은지, 중간인지 알고 있는가?'라고 물었다고 합시다. 이렇게 묻자, 그가 '모른다'라고 했다고 합시다. 그러자 사람들이 그에게 '여보게, 그대는 알지도 못하고 보지도 못한 누각에 오르기 위해 사다리를 만들고 있다는 말인가?'라고 물었다고 합시다. 이렇게 묻자, 그가 '그렇다'라고 했다고 합시다.

뽓타빠다여, 그대는 어떻게 생각하는가? 이와 같은 그 사람의 말은 근거 없는 말이 아닌가?"

"세존이시여, 참으로 이와 같은 그 사람의 말은 근거 없는 말입니다."

38. "뽓타빠다여, 실로 이와 같이 '자아는 사후에 한결같이 행복하며 병이 없다'라고 주장하면서 그와 같이 말하는 사문과 바라문들의 말은, 알지도 못하고 보지도 못한 누각에 오르기 위해 사다리를 만들고 있다고 하는 사람의 말처럼 근거 없는 말이 아닌가?"

"세존이시여, 참으로 이와 같은 그 사문과 바라문들의 말은 근거 없는 말입니다."

세존께서 말씀하셨습니다.

39. "뽓타빠다여, 나는 세 가지 취득된 자아, 즉 조잡하게 취득된 자아[oḷāriko atta-paṭilābho]·의성신(意成身)으로 취득된 자아[manomayo atta-paṭilābho][116]·형색 없이[無色] 취득된 자아[arūpo atta-paṭilābho][117]에 대하여 이야기한다오.

뽓타빠다여, 조잡하게 취득된 자아란 어떤 것인가? 형색[色]이 있는, 4대(四大)로 이루어진, 음식을 먹는 자아, 이것이 조잡하게 취득된 자아라오.

뽓타빠다여, 의성신으로 취득된 자아란 어떤 것인가? 형색이 있는, 마음으로 이루어진, 결함 없는 사지(四肢)를 갖추고, 지각능력이 온전한 자아, 이것이 의성신으로 취득된 자아라오.

뽓타빠다여, 형색 없이 취득된 자아란 어떤 것인가? 형색이 없는, 생각[想]으로 이루어진 자아, 이것이 형색 없이 취득된 자아라오.

40. 뽓타빠다여, 나는 조잡하게 취득된 자아를 포기하기 위한 법을 가르친다오. 그대로 실천하면 오염시키는 법들은 소멸하고, 정화하는 법들은 늘어나며, 그대들은 지혜의 완성과 충만을 지금 여기에서 스스로 체험하고 성취하여 살아가게 될 것이오.[118]

---

116 색계 중생의 자아. 감각적 욕망을 버렸지만, 여전히 지각하는 몸을 자아로 취하는 중생의 자아를 의미한다.

117 무색계 중생의 자아. 형색 없는 실체를 상정하여 자아로 취하는 중생의 자아를 의미한다.

118 뒷부분은 42. 뒷부분의 반복이므로 생략함.

41. 뽓타빠다여, 나는 의성신으로 취득된 자아를 포기하기 위한 법을 가르친다오. 그대로 실천하면 오염시키는 법들은 소멸하고, 정화하는 법들은 늘어나며, 그대들은 지혜의 완성과 충만을 지금 여기에서 스스로 체험하고 성취하여 살아가게 될 것이오.[119]

42. 뽓타빠다여, 나는 형색 없이 취득된 자아를 포기하기 위한 법을 가르친다오. 그대로 실천하면 오염시키는 법들은 소멸하고, 정화하는 법들은 늘어나며, 그대들은 지혜의 완성과 충만을 지금 여기에서 스스로 체험하고 성취하여 살아가게 될 것이오.

뽓타빠다여, 그대는 '오염시키는 법들이 소멸하고, 정화하는 법들이 늘어나고, 지혜의 완성과 충만을 지금 여기에서 스스로 체험하고 성취하여 살아가면 괴로운 삶이 될 것이다'라고 생각할지 모르겠소. 그러나 뽓타빠다여, 그런 일은 있을 수 없다오. 오염시키는 법들이 소멸하고, 정화하는 법들이 늘어나고, 지혜의 완성과 충만을 지금 여기에서 스스로 체험하고 성취하여 살아가면 즐거움이 있고, 기쁨과 평온, 주의집중과 알아차림 그리고 행복한 삶이 있게 될 것이오.

43. 뽓타빠다여, 다른 사람들이 나에게 '존자여, 어떤 것이 그대가 가르치는 조잡하게 취득된 자아를 포기하기 위한 진리로서, 그대로 실천하면 오염시키는 법들은 소멸하고, 정화하는 법들은 늘어나며, 지혜의 완성과 충만을 지금 여기에서 스스로 체험하고 성취하여 살아가게 되는 것인가?'라고 묻는다면, 나는 그들에게 '존자여, 이것이 내가 가르치는 조잡하게 취득된 자아를 포기하기 위한 진리로서, 그대로 실천하면 오염시키는 법들은 소멸하고, 정화하는 법들은 늘어나며, 지혜의 완성과 충만을 지금 여기에서 스스로 체험하고 성취하여 살아가게 될 것이오'라고 설명할 것이오.

44. 뽓타빠다여, 다른 사람들이 나에게 의성신으로 취득된 자아를 포기하기 위한 진리에 대하여 묻는다면, 나는 그들에게 '존자여, 이것이 내가 가르치는 의성신으로 취득된 자아를 포기하기 위한 진리로서, 그대로 실천하면 오염시키는 법들은 소멸하고, 정화하는 법들은 늘어나며, 지혜의 완성과 충만을 지금 여기에서 스스로 체험하고 성취하여 살아가게 될 것이오'라고 설명할 것이오.

45. 뽓타빠다여, 다른 사람들이 나에게 형색 없이 취득된 자아를 포기하기 위한 진리에 대하여 묻는다면, 나는 그들에게 '존자여, 이것이 내가 가르치는 형색 없이 취득된 자아를 포기하기 위한 진리로서, 그대로 실천하면 오염시키는 법들은 소멸하고, 정화하는 법들은 늘어나며, 지혜의 완성과 충만을 지금 여기에서 스스로 체험하고 성취하여 살아가게 될 것이오'라고 설명할 것이오.

뽓타빠다여, 그대는 어떻게 생각하는가? 이와 같은 말은 근거 있는 말이 아닌가?"

"세존이시여, 참으로 이와 같은 말은 근거 있는 말입니다."

46. "뽓타빠다여, 예를 들어 어떤 사람이 누각에 오르기 위해 그 누각 아래에서 사다리를 만들고 있다고 합시다. 그러자 사람들이 그에게 '여보게, 그대는 누각에 오르기 위해 사다리를 만들고 있는데, 그 누각이 동쪽에 있

---

119 뒷부분은 42. 뒷부분의 반복이므로 생략함.

는지, 서쪽에 있는지, 남쪽에 있는지, 북쪽에 있는지, 높은지, 낮은지, 중간인지 알고 있는가?'라고 물었다고 합시다. 그가 '존자여, 바로 이 누각이오. 나는 이 누각에 오르기 위해 이 누각 아래에서 사다리를 만들고 있다오' 라고 말한다면, 뽓타빠다여, 그대는 어떻게 생각하는가? 이와 같은 그 사람의 말은 근거 있는 말이 아닌가?"

"세존이시여, 참으로 이와 같은 그 사람의 말은 근거 있는 말입니다."

47. "뽓타빠다여, 이와 같이 다른 사람들이 나에게 조잡하게 취득된 자아를 포기하기 위한 진리에 대하여 묻는다면, … 의성신으로 취득된 자아를 포기하기 위한 진리에 대하여 묻는다면, … 형색 없이 취득된 자아를 포기하기 위한 진리에 대하여 묻는다면, 나는 그들에게 '존자여, 이것이 내가 가르치는 형색 없이 취득된 자아를 포기하기 위한 진리로서, 그대로 실천하면 참으로 오염시키는 법들은 소멸하고, 정화하는 법들은 늘어나며, 지혜의 완성과 충만을 지금 여기에서 스스로 체험하고 성취하여 살아가게 될 것이오'라고 설명할 것이오.

뽓타빠다여, 그대는 어떻게 생각하는가? 이와 같은 말은 근거 있는 말이 아닌가?"

"세존이시여, 참으로 이와 같은 말은 근거 있는 말입니다."

48. 이와 같은 대화를 듣고, 찟따 핫티사리뿟따가 세존께 말씀드렸습니다.

"세존이시여, 조잡하게 취득된 자아가 있을 때, 그때는 의성신으로 취득된 자아와 형색 없이 취득된 자아는 공허[mogha]합니까? 그때는 조잡하게 취득된 자아가 실재[sacca]합니까? 세존이시여, 의성신으로 취득된 자아가 있을 때, 그때는 조잡하게 취득된 자아와 형색 없이 취득된 자아는 공허합니까? 그때는 의성신으로 취득된 자아가 실재합니까? 세존이시여, 형색 없이 취득된 자아가 있을 때, 그때는 조잡하게 취득된 자아와 의성신으로 취득된 자아는 공허합니까? 그때는 형색 없이 취득된 자아가 실재합니까?"[120]

49. "찟따여, 조잡하게 취득된 자아가 있을 때, 그때는 '의성신으로 취득된 자아'라고 불리지 않고, '형색 없이 취득된 자아'라고 불리지 않는다오. 그때는 다만 '조잡하게 취득된 자아'라고 불린다오. 찟따여, 의성신으로 취득된 자아가 있을 때, 그때는 '조잡하게 취득된 자아'라고 불리지 않고, '형색 없이 취득된 자아'라고 불리지 않는다오. 그때는 다만 '의성신으로 취득된 자아'라고 불린다오. 찟따여, 형색 없이 취득된 자아가 있을 때, 그때는 '조잡하게 취득된 자아'라고 불리지 않고, '의성신으로 취득된 자아'라고 불리지 않는다오. 그때는 다만 '형색 없이 취득된 자아'라고 불린다오.[121]

찟따여, 그대에게 '그대는 과거세에 존재했는지 존재하지 않았는지, 그대는 미래세에 존재하게 될는지 존재하지 않게 될는지, 그대는 지금 존재하고 있는지 존재하지 않는지'에 대하여 묻는다면, 찟따여, 그대는 이러한 물음에 어떻게 대답하겠는가?"

---

120 찟따는 '어떤 자아가 실재하는가?'를 묻고 있다.

121 세존께서는 자아는 명칭으로 불리는 것일 뿐 실재하는 것이 아님을 이야기하고 있다.

"세존이시여, 저에게 그렇게 묻는다면, 세존이시여, 저는 이러한 물음에 '나는 과거세에 존재했었다. 나는 존재하지 않았던 것이 아니다. 나는 미래세에 존재하게 될 것이다. 나는 존재하지 않게 되지 않을 것이다. 나는 지금 존재하고 있다. 나는 존재하지 않는 것이 아니다'라고 대답할 것입니다."

50. "찟따여, 그대에게 '과거에 있었던 그대의 취득된 자아는 과거에는 실재하고 미래와 현재에는 공허한가? 미래에 존재하게 될 그대의 취득된 자아는 미래에는 실재하고 과거와 현재에는 공허한가? 지금 현재 존재하는 그대의 취득된 자아는 지금은 실재하고 과거와 미래에는 공허한가?'라고 묻는다면, 찟따여, 그대는 이러한 물음에 어떻게 대답하겠는가?"

"세존이시여, 저에게 그와 같이 묻는다면, 세존이시여, 저는 '과거에 있었던 나의 취득된 자아는 과거에는 실재하고 미래와 현재에는 공허하다. 미래에 존재하게 될 나의 취득된 자아는 미래에는 실재하고 과거와 현재에는 공허하다. 지금 현재 존재하는 나의 취득된 자아는 지금은 실재하고 과거와 미래에는 공허하다'라고 대답할 것입니다."

세존께서 찟따에게 말씀하셨습니다.

51. "찟따여, 바로 이와 같이 조잡하게 취득된 자아가 있을 때는 '의성신으로 취득된 자아'라고도 불리지 않고, '형색 없이 취득된 자아'라고도 불리지 않는다오. 그때는 다만 '조잡하게 취득된 자아'라고 불린다오. 찟따여, 의성신으로 취득된 자아가 있을 때는 '조잡하게 취득된 자아'라고도 불리지 않고, '형색 없이 취득된 자아'라고도 불리지 않는다오. 그때는 다만 '의성신으로 취득된 자아'라고 불린다오. 찟따여, 형색 없이 취득된 자아가 있을 때는 '조잡하게 취득된 자아'라고도 불리지 않고, '의성신으로 취득된 자아'라고도 불리지 않는다오. 그때는 다만 '형색 없이 취득된 자아'라고 불린다오.

52. 찟따여, 비유하면 소에서 우유를 얻고, 우유에서 연유(煉乳)를 얻고, 연유에서 버터를 얻고, 버터에서 제호(醍醐)를 얻는 것과 같다오. 우유일 때는 연유나 버터나 제호라고 불리지 않고, 그때는 다만 우유라고 불린다오. 연유일 때는, … 버터일 때는, … 제호일 때는 우유나 연유나 버터라고 불리지 않고, 그때는 다만 제호라고 불린다오.

53. 찟따여, 이와 같이 조잡하게 취득된 자아가 있을 때는, … 그때는 다만 조잡하게 취득된 자아라고 불리고, 의성신으로 취득된 자아가 있을 때는, … 그때는 다만 의성신으로 취득된 자아라고 불리고, 형색 없이 취득된 자아가 있을 때는 '조잡하게 취득된 자아'라고도 불리지 않고, '의성신으로 취득된 자아'라고도 불리지 않고, 그때는 다만 '형색 없이 취득된 자아'라고 불린다오.

찟따여, 이것들은 세간의 통칭(通稱, loka-samaññā)들이고, 세간의 언어[loka-nirutti]들이고, 세간의 명칭[loka-vohāra]들이고, 세간의 언명[loka-paññatti]들이라오. 여래는 집착하지 않고 그것들을 사용하여 말한다오."

54. 이 말씀을 듣고, 행각수행자 뽓타빠다가 말했습니다.

"훌륭하십니다, 세존이시여! 훌륭하십니다, 세존이시여! 세존이시여, 마치 뒤집힌 것을 바로 세우는 것 같고, 감추어진 것을 드러내는 것 같고, 길 잃은 자에게 길을 알려 주는 것 같고, '눈 있는 자들은 보라'라고 어둠 속에 등불을 비춰 주는 것 같습니다. 이와 같이 세존께서는 여러 가지 방법으로 진리를 알려 주셨습니다. 세존이시여, 저는 세존께 귀의합니다. 가르침과 비구상가에 귀의합니다. 세존이시여, 저를 청신사로 받아 주소서! 지금부터 살아 있는 날까지 귀의하겠습니다."

55. 찟따 핫티사리뿟따는 이렇게 말했습니다.

"훌륭하십니다, 세존이시여! 훌륭하십니다, 세존이시여! 세존이시여, 마치 뒤집힌 것을 바로 세우는 것 같고, 감추어진 것을 드러내는 것 같고, 길 잃은 자에게 길을 알려 주는 것 같고, '눈 있는 자들은 보라'라고 어둠 속에 등불을 비춰 주는 것 같습니다. 이와 같이 세존께서는 여러 가지 방법으로 진리를 알려 주셨습니다. 세존이시여, 저는 세존께 귀의합니다. 가르침과 비구상가에 귀의합니다. 세존이시여, 저는 세존님 앞으로 출가하여 구족계를 받고자 합니다."

56. 찟따 핫티사리뿟따는 세존 앞으로 출가하여 구족계를 받았습니다. 찟따 핫티사리뿟따 존자는 구족계를 받자 곧 홀로 외딴곳에서 열심히 노력하고 정진하며 지냈습니다. 그리고 오래지 않아 선남자(善男子)들이 출가하는 목적인 위없는 청정한 수행의 완성을 지금 여기에서 스스로 체험하고 성취하여 살았습니다. 그는 '태어남은 끝났고, 청정한 수행을 마쳤으며, 해야 할 일을 끝마쳤다. 다시는 현재의 상태로 되지 않는다'라는 것을 체득했습니다.

찟따 핫티사리뿟따 존자는 아라한 가운데 한 분이 되었습니다.

5. 께왓다경[122]

〈D.N. 11. Kevaddha Sutta〉

1. 이와 같이 나는 들었습니다.

한때 세존께서는 나란다의 빠와리까(Pāvārika) 망고 숲에 머무셨습니다. 그때 거사(居士)의 아들 께왓다(Kevaddha)가 세존을 찾아왔습니다. 그는 세존께 예배하고 한쪽에 앉은 후에 세존께 말씀드렸습니다.

"세존이시여, 이곳 나란다는 번성하고 풍요로우며 많은 사람들로 붐빕니다. 그리고 세존에 대한 신심이 있습니다. 세존이시여, 부디 한 비구로 하여금 인간을 초월한 신족통(神足通)을 나타내도록 명하십시오! 그러면 실로 이 나란다에서 세존에 대한 신심은 굉장할 것입니다."

세존께서 거사의 아들 께왓다에게 말씀하셨습니다.

"께왓다여, 나는 '비구들이여, 그대들은 흰옷을 입는 재가자에게 인간을 초월한 신족통을 나타내어라!'라고 법을 가르치지 않는다오."

2. 거사의 아들 께왓다는 "제가 세존을 잘못되게 하려고 이런 말씀을 드리는 것이 아닙니다"라고 거듭 청했습니다.

세존께서는 같은 말씀으로 대응하셨습니다.

3. 거사의 아들 께왓다는 세 번을 청했습니다. 세존께서는 같은 말씀으로 대응하신 후에 께왓다에게 말씀하셨습니다.

"께왓다여, 내가 직접 체험적 지혜로 체득하여 가르친 신통(神通)은 신족통, 타심통(他心通), 교계신통(敎誡神通)이라오.

4. 께왓다여, 신족통이란 어떤 것인가? 께왓다여, 비구는 다양한 신통을 체험한다오. 하나이던 몸이 여럿이 되고, 여럿이던 몸이 하나가 된다오. 마치 허공을 다니듯이 나타나고, 사라지고, 담장을 넘고, 성벽을 넘고, 산을 넘어 거침없이 다닌다오. 마치 물속처럼 땅속에서 오르내리기도 한다오. 마치 땅 위를 걷듯이 물 위를 걸어 다닌다오. 마치 날개 달린 새처럼 허공에서 가부좌하고 다니기도 한다오. 이와 같은 큰 신통력과 이와 같은 큰 위력으로 해와 달을 손바닥으로 만지고 쓰다듬기도 한다오. 그는 몸을 범천(梵天)의 세계까지 늘리기도 한다오. 그런데 신심이 있고 청정한 어떤 사람이 이와 같은 신통을 부리는 비구를 본다오.

5. 그 신심이 있고 청정한 사람이 신심이 없고 청정하지 못한 다른 사람에게 그것을 알려 준다오.

'벗이여, 사문의 큰 신통 변화와 큰 신통력은 실로 놀랍고 희유하다오. 나는 그런 신통을 부리는 비구를 보았다오.'

그러면 그 신심이 없고 청정하지 못한 사람은 신심이 있고 청정한 사람에게 이렇게 말한다오.

'벗이여, 간다리(Gandhārī)라고 하는 비법(秘法)이 있다오. 그것으로 그 비구는 그런

122 『장아함경(長阿含經)』의 24번째 경인 「견고경(堅固經)」에 상응하는 경.

신통을 부린 것이라오.'

께왓다여, 어떻게 생각하는가? 그 신심이 없고 청정하지 못한 사람은 신심이 있고 청정한 사람에게 이와 같이 말하지 않겠는가?"

"세존이시여, 그렇게 말할 것입니다."

"께왓다여, 나는 신족통에서 이런 위험을 보고 있기 때문에, 신족통을 곤란하게 여기고 걱정하고 기피하는 것이라오.

6. 께왓다여, 타심통이란 어떤 것인가? 께왓다여, 비구는 다른 중생이나 다른 사람들의 마음을 알아맞힌다오. 그는 '그대의 생각은 이와 같다. 그대의 생각은 이렇다. 그대의 마음은 이러이러하다'라고 다른 사람이 생각하는 것을 알아맞히고, 사유한 것을 알아맞히고, 고려한 것을 알아맞힌다오. 그런데 신심이 있고 청정한 어떤 사람이 이와 같은 신통을 부리는 비구를 본다오.

7. 그 신심이 있고 청정한 사람이 신심이 없고 청정하지 못한 다른 사람에게 그것을 알려 준다오.

'벗이여, 사문의 큰 신통 변화와 큰 신통력은 실로 놀랍고 희유하다오. 나는 그런 신통을 부리는 비구를 보았다오.'

그러면 그 신심이 없고 청정하지 못한 사람은 신심이 있고 청정한 사람에게 이렇게 말한다오.

'벗이여, 마니꼬(Maṇiko)라고 하는 비법이 있다오. 그것으로 그 비구는 그런 신통을 부린 것이라오.'

께왓다여, 어떻게 생각하는가? 그 신심이 없고 청정하지 못한 사람은 신심이 있고 청정한 사람에게 이와 같이 말하지 않겠는가?"

"세존이시여, 그렇게 말할 것입니다."

"께왓다여, 나는 타심통에서 이런 위험을 보고 있기 때문에, 타심통을 곤란하게 여기고 걱정하고 기피하는 것이라오."

세존께서 께왓다에게 설법하셨습니다.

8. "께왓다여, 교계신통이란 어떤 것인가? 께왓다여, 비구는 다음과 같이 가르친다오.

'이와 같이 사유하라! 이와 같이 사유해서는 안 된다! 이와 같이 생각하라! 이와 같이 생각해서는 안 된다! 이것은 없애고, 이것은 성취하여 살아가라!'

께왓다여, 이것을 교계신통이라고 한다오.

9. 께왓다여, 뿐만 아니라 10호를 구족한 여래(如來)가 이 세상에 출현한다오. 그는 천계(天界)·마라(māra)·범천을 포함한 이 세간, 사문과 바라문과 왕과 백성을 포함한 인간계를 체험적 지혜[勝智]로 몸소 체득하여 알려 준다오. 그는 처음도 좋고 중간도 좋고 마지막도 좋은, 의미 있고 명쾌하고 완벽한 진리를 가르치며, 청정한 수행을 알려 준다오.

10.~66. 그 진리를 듣고 집을 떠나 출가하여, 별해탈율의(別解脫律儀)를 수호하고 학계(學戒)를 수지(受持)하여 주의집중과 알아차림을 갖추고 만족할 줄 알며 살아가면서, 초선(初禪)을 성취하고, 제2선(第二禪)을 성취하고, 제3선(第三禪)을 성취하고, 제4선(第四禪)을 성취하도록 하는 것이 교계신통이라오. 비구가 여실한 지견(知見)을 성취하고, 의성신(意成身)을 성취하고, 신족통을 성취하고, 천이통을 성취하고, 타심통을 성취하고, 숙명통을 성취하고, 천안통을 성취하고, 누진통을 성취하여 '태어남은 끝났고, 청정한 수행을 마쳤으며, 해야 할 일을 끝마쳤

다. 다시는 현재의 상태로 되지 않는다'라고 분명하게 알도록 하는 것이 교계신통이라오.[123]

67. 께왓다여, 이러한 세 가지 신통이 내가 몸소 체험적 지혜로 체득하여 가르친 것이라오.

께왓다여, 예전에 이 비구상가에 있는 어떤 비구에게 이와 같은 생각이 떠올랐다오.

'4대(四大), 즉 지계(地界)·수계(水界)·화계(火界)·풍계(風界)는 어디에서 남김없이 소멸할까?'

께왓다여, 그 비구는 삼매에 들어 천상으로 가는 길이 나타나는 여기상정(如其像定, tathā-rūpaṃ samādi)[124]에 들어갔다오.

68. 께왓다여, 그 비구는 4왕천(四王天)의 신들에게 가서 그들에게 물었다오.

'천신들이여, 이들 4대, 즉 지계·수계·화계·풍계는 어디에서 남김없이 소멸합니까?'

4왕천의 천신들이 그 비구에게 말했다오.

'비구여, 우리는 이들 4대, 즉 지계·수계·화계·풍계가 남김없이 소멸하는 것에 대하여 알지 못합니다. 그런데 비구여, 우리보다 훌륭하고 뛰어난 4천왕(四天王)이 계십니다. 그분들은 이들 4대, 즉 지계·수계·화계·풍계가 남김없이 소멸하는 것에 대하여 알 것입니다.'

69. 께왓다여, 그 비구는 4천왕에게 가서 그들에게 물었다오.

'천신들이여, 이들 4대, 즉 지계·수계·화계·풍계는 어디에서 남김없이 소멸합니까?'

이렇게 묻자, 4천왕의 천신들이 그 비구에게 말했다오.

'비구여, 우리는 이들 4대, 즉 지계·수계·화계·풍계가 남김없이 소멸하는 것에 대하여 알지 못합니다. 그런데 비구여, 우리보다 훌륭하고 뛰어난 도리천(忉利天)[125]이라 불리는 천신들이 있습니다. 그들은 이들 4대, 즉 지계·수계·화계·풍계가 남김없이 소멸하는 것에 대하여 알 것입니다.'

70. 께왓다여, 그 비구는 도리천의 천신들에게 가서 그들에게 물었다오.

'천신들이여, 이들 4대, 즉 지계·수계·화계·풍계는 어디에서 남김없이 소멸합니까?'

이렇게 묻자, 도리천의 천신들이 그 비구에게 말했다오.

'비구여, 우리는 이들 4대, 즉 지계·수계·화계·풍계가 남김없이 소멸하는 것에 대하여 알지 못합니다. 그런데 비구여, 우리보다 훌륭하고 뛰어난 삭까(Sakka)라는 천신이 계십니다. 그분은 이들 4대, 즉 지계·수계·화계·풍계가 남김없이 소멸하는 것에 대하여 알 것입니다.'

71. 께왓다여, 그 비구는 삭까에게 가서 물었

---

123 여래에게 출가하여 누진통을 성취하는 과정은 「사만냐팔라 숫따」와 동일하므로 간략하게 번역함.

124 『중아함경(中阿含經)』의 번역에 따라 '여기상정(如其像定)'으로 번역함. 불교에서 세계는 마음에서 전개된 것이다. 여기상정은 마음이 선정에 들어 그에 상응하는 세계에 머무는 것을 의미한다.

125 도리천은 33명의 천신이 사는 곳이기 때문에 붙여진 이름이다. 도리천으로 번역된 'Tāvatiṃsa'는 숫자 33을 의미하며, 도리(忉利)는 'Tāvatiṃsa'의 음역(音譯)이다.

지만 삭까도 알지 못했다오.

72. 께왓다여, 그 비구는 야마천(夜摩天, Yāma)의 천신들에게 가서 물었지만 그들도 알지 못했다오.

73. 께왓다여, 그 비구는 수야마(Suyāma)[126] 천자(天子)에게 가서 물었지만 수야마 천자도 알지 못했다오.

74. 께왓다여, 그 비구는 도솔천(兜率天, Tusita)의 천신들에게 가서 물었지만 그들도 알지 못했다오.

75. 께왓다여, 그 비구는 산뚜시따(Santusita)[127] 천자에게 가서 물었지만 산뚜시따 천자도 알지 못했다오.

76. 께왓다여, 그 비구는 화락천(化樂天, Nimmānarati)의 천신들에게 가서 물었지만 그들도 알지 못했다오.

77. 께왓다여, 그 비구는 수니미따(Sunimmita)[128] 천자에게 가서 물었지만 수니미따 천자도 알지 못했다오.

78. 께왓다여, 그 비구는 타화자재천(他化自在天, Paranimmitta Vasavattin)의 천신들에게 가서 물었지만 그들도 알지 못했다오.

79. 께왓다여, 그 비구는 와사왓띤(Vasavattin)[129] 천자에게 가서 그에게 물었다오.

'와사왓띤 천자여, 이들 4대, 즉 지계·수계·화계·풍계는 어디에서 남김없이 소멸합니까?'

이렇게 묻자, 와사왓띤 천자가 그 비구에게 말했다오.

'비구여, 나는 이들 4대, 즉 지계·수계·화계·풍계가 남김없이 소멸하는 것에 대하여 알지 못합니다. 그런데 비구여, 우리보다 훌륭하고 뛰어난 범중천(梵衆天, Brahmakāyika)이라는 천신들이 있습니다. 그들은 이들 4대, 즉 지계·수계·화계·풍계가 남김없이 소멸하는 것에 대하여 알 것입니다.'

80. 께왓다여, 그 비구는 삼매에 들어 범천으로 가는 길이 나타나는 여기상정에 들어갔다오. 께왓다여, 그 비구는 범중천이라 불리는 천신들에게 가서 그들에게 물었다오.

'천신들이여, 이들 4대, 즉 지계·수계·화계·풍계는 어디에서 남김없이 소멸합니까?'

범중천이라 불리는 천신들이 그 비구에게 말했다오.

'비구여, 우리는 이들 4대, 즉 지계·수계·화계·풍계가 남김없이 소멸하는 것에 대하여 알지 못합니다. 비구여, 정복되지 않는 정복자이며, 모든 것을 보며, 자재하는 통치자이며, 모든 것을 만든 창조자이며, 최상의 주재자이며, 지배자이며, 이미 존재하는 것들과 앞으로 존재할 것들의 아버지이신, 우리보다 훌륭하고 뛰어난 대범천(大梵天, Mahā-Brahman)이 계십니다. 그분은 이들 4대, 즉 지계·수계·화계·풍계가 남김없이 소멸하는 것에 대하여 알 것입니다.'

'존자여, 그 대범천은 지금 어디에 있습니까?'

---

126 야마천 천왕의 이름.

127 도솔천 천왕의 이름.

128 화락천 천왕의 이름.

129 타화자재천 천왕의 이름.

'비구여, 우리는 대범천이 어디에 있는지, 어느 쪽에 있는지, 어떤 곳에 있는지 알지 못합니다. 비구여, 창조된 것들이 나타나고, 광명이 나오고, 광채가 나타나고, 대범천이 나타납니다. 대범천이 나타나기 전에는 이러한 창조된 것이 나타나고, 그 후에 광명이 나오고, 광채가 나타납니다.'

81. 께왓다여, 잠시 후에 대범천이 나타났다오. 그 비구는 그 대범천에게 가서 물었다오.

'존자여, 이들 4대, 즉 지계·수계·화계·풍계는 어디에서 남김없이 소멸합니까?'

그 대범천은 그 비구에게 이렇게 말했다오.

'비구여, 나는 정복되지 않는 정복자이며, 모든 것을 보며, 자재하는 통치자이며, 모든 것을 만든 창조자이며, 최상의 주재자이며, 지배자이며, 이미 존재하는 것들과 앞으로 존재할 것들의 아버지인 대범천이다.'

82. 께왓다여, 그 비구는 다시 그 대범천에게 물었다오.

'대범천이여, 나는 '그대는 정복되지 않는 정복자이며, 모든 것을 보며, 자재하는 통치자이며, 모든 것을 만든 창조자이며, 최상의 주재자이며, 지배자이며, 이미 존재하는 것들과 앞으로 존재할 것들의 아버지인 대범천인가?'라고 묻지 않았다오. 나는 그대에게 '이들 4대, 즉 지계·수계·화계·풍계는 어디에서 남김없이 소멸하는가?'라고 물었다오.'

께왓다여, 그 대범천은 그 비구에게 다시 '비구여, 나는 정복되지 않는 정복자이며, 모든 것을 보며, 자재하는 통치자이며, 모든 것을 만든 창조자이며, 최상의 주재자이며, 지배자이며, 이미 존재하는 것들과 앞으로 존재할 것들의 아버지인 대범천이다'라고 말했다오.

83. 께왓다여, 그 비구는 다시 그 대범천에게 말했다오. '대범천이여, 나는 '그대는 정복되지 않는 정복자이며, 모든 것을 보며, 자재하는 통치자이며, 모든 것을 만든 창조자이며, 최상의 주재자이며, 지배자이며, 이미 존재하는 것들과 앞으로 존재할 것들의 아버지인 대범천인가?'라고 묻지 않았다오. 나는 그대에게 '이들 4대, 즉 지계·수계·화계·풍계는 어디에서 남김없이 소멸하는가?'라고 물었다오.'

께왓다여, 그 대범천은 그 비구의 팔을 붙잡고 한쪽으로 데려가서 그 비구에게 이렇게 말했다오.

'비구여, 범중천의 천신들은 '대범천이 보지 못하는 것은 어떤 것도 없다. 대범천이 알지 못하는 것은 어떤 것도 없다. 대범천이 체득하지 못한 것은 어떤 것도 없다'라고 알고 있다오. 그래서 나는 그들의 면전에서 대답하지 못했다오. 비구여, 나도 그것을 알지 못한다오. 비구여, 그러므로 그대가 지금 이 물음에 답을 할 수 있는 사람인 세존을 떠나서, 밖에서 찾는 것은 그대의 잘못이며, 그대의 실수라오. 비구여 그대는 세존에게 가서 이 물음을 물으시오! 그리고 세존께서 그대에게 설명한 그대로 그것을 기억하시오!'

84. 께왓다여, 그 비구는 마치 건장한 사람이 굽혀진 팔을 펴거나 펴진 팔을 굽히듯이, 이와 같이 삽시간에 범천의 세계에서 사라져 내 앞에 나타났다오. 께왓다여, 그 비구는 나에게 인사하고 한쪽에 앉은 후에 말했다오.

'세존이시여, 이들 4대, 즉 지계·수계·화계·풍계는 어디에서 남김없이 소멸합니

까?'

85. 나는 그 비구에게 이렇게 말했다오.

'비구여, 옛날에 해상무역을 하는 상인들은 해안을 찾는 새를 잡아서 배를 타고 바다로 나간다오. 그들은 망망대해에서 해안을 찾는 새를 풀어 놓는다오. 그 새는 동쪽으로 가고, 남쪽으로 가고, 서쪽으로 가고, 북쪽으로 가고, 위로 가고, 모든 방향으로 간다오. 그 새는 어디에서든 해안을 보면, 그곳으로 가 버린다오. 그러나 어디에서도 해안을 보지 못하면, 그 새는 배로 돌아온다오. 비구여, 이와 같이 그대는 이 물음의 답을 찾아 이리저리 다니다가 범천의 세계에서 답을 얻지 못하고 내 앞으로 돌아왔군요! 그런데 비구여, 이 물음은 '존자여, 이들 4대, 즉 지계·수계·화계·풍계는 어디에서 남김없이 소멸합니까?'라고 물어서는 안 된다오. 비구여, 이 물음은 다음과 같이 물어야 한다오.'"

> 지·수·화·풍은 어디에서 기반을 잃는가?
> 길고 짧음, 가볍고 무거움, 깨끗함과 더러움은 어디에서 기반을 잃는가?
> 이름과 형색[名色]은 어디에서 남김없이 소멸하는가?

"그때 대답이 있다오."

> 볼 수 없고, 한계가 없는 분별의식[識]을 모두 버릴 때,
> 지·수·화·풍은 여기에서 기반을 잃고,
> 길고 짧음, 가볍고 무거움, 깨끗함과 더러움은 여기에서 기반을 잃고,
> 이름과형색은여기에서남김없이소멸한다.
> 분별의식이 멸하기 때문에 여기에서 그것이 소멸한다.

이것이 세존께서 하신 말씀입니다.

거사의 아들 께왓다는 세존의 말씀에 만족하고 기뻐했습니다.

6. 삼명경(三明經)[130]

〈D.N. 13. Tevijja Sutta〉

1. 한때 세존께서는 500명의 큰 비구상가와 함께 꼬살라에서 유행하시다가, 마나사까따(Manasakāta)라는 꼬살라의 바라문 마을에 도착하여, 마나사까따 북쪽에 있는 아찌라와띠(Aciravatī)강 언덕의 망고 숲에 머무셨습니다.

2. 그때 마나사까따에는 짱끼(Caṅkī) 바라문, 따룩카(Tārukkha) 바라문, 뽁카라사띠(Pokkharasāti) 바라문, 자누쏘니(Jaṇussoṇi) 바라문, 또데야(Todeyya) 바라문 같은 유명한 바라문(婆羅門) 장자(長者)들과 그 밖에도 많은 유명한 바라문 장자들이 살고 있었습니다.

3. 그때 바라문 청년 와셋타(Vāseṭṭha)와 바라드와자(Bhāradvāja)는 앞서거니 뒤서거니 한가로이 산책하면서 바른길과 그른 길에 대해서 이야기했습니다.

4. 바라문 청년 와셋타가 말했습니다.

"이것이 바른길이다. 이것이 지름길이다. 뽁카라사띠 바라문이 알려 준 구제의 길은 그것을 실천하는 사람을 범천(梵天)과 함께 사는 세계로 구제한다."

5. 바라문 청년 바라드와자는 이렇게 말했습니다.

"이것이 바른길이다. 이것이 지름길이다. 따룩카 바라문이 알려 준 구제의 길은 그것을 실천하는 사람을 범천과 함께 사는 세계로 구제한다."

6. 와셋타는 바라드와자를 설득할 수 없었고, 바라드와자는 와셋타를 설득할 수 없었습니다.

7. 바라드와자가 와셋타에게 말했습니다.

"와셋타여, 사끼야족의 후예로서 사끼야족에서 출가한 사문 고따마께서 마나사까따 북쪽에 있는 아찌라와띠강 언덕의 망고 숲에 머물고 계신다. 고따마 존자님은 열 가지 이름[十號]으로 불리는 명성이 자자하신 분이다. 왓세타여, 우리 고따마 사문을 찾아가서 이 문제를 고따마 사문께 물어보자! 고따마 사문께서 답을 주시면, 그것을 받아들이자!"

와셋타는 "벗이여, 그렇게 하자!"라고 승낙했습니다.

8. 와셋타와 바라드와자는 세존을 찾아가서 세존과 함께 정중하게 인사를 하고 공손한 인사말을 나눈 후에 한쪽에 앉았습니다. 와셋타와 바라드와자는 그들이 세존을 찾게 된 사연을 이야기한 후에 세존께 말씀드렸습니다.

"고따마 존자님! 지금 논쟁이 있고, 언쟁이 있고, 이론(異論)이 있습니다."

9. "와셋타여, 그대들이 대화를 나누는 가운데 무엇에 대한 논쟁이 있고, 무엇에 대한 언쟁이 있고, 무엇에 대한 이론이 있었다는 말인가?"

---

130 『장아함경(長阿含經)』의 26번째 경인 「삼명경(三明經)」에 상응하는 경. 한역의 경명(經名)에 따라 「삼명경(三明經)」으로 번역함.

10. "고따마 존자님! 바른길과 그른 길에 대해서입니다. 고따마 존자님! 바라문들, 즉 앗다리야(Addhariyā) 바라문들, 떳띠리야(Tittiriyā) 바라문들, 찬도까(Chandokā) 바라문들, 찬다와(Chandāvā) 바라문들, 브라마짜리야(Brahmacariyā) 바라문들[131]은 각기 다른 길을 알려 줍니다. 그렇지만 그 모든 구제의 길은 그것을 실천하는 사람을 범천과 함께 사는 세계로 구제합니다. 고따마 존자님! 비유하면 마을이나 촌락 근처에는 각기 다른 많은 길이 있지만, 그 모든 길은 마을에서 만나는 것과 같습니다."

11. "와셋타여, '구제한다'라고 말했는가?"

"고따마 존자님! '구제한다'라고 말했습니다."

"와셋타여, '구제한다'라고 말했는가?"

"고따마 존자님! '구제한다'라고 말했습니다."

"와셋타여, '구제한다'라고 말했는가?"

"고따마 존자님! '구제한다'라고 말했습니다."

12. "와셋타여, 그렇다면 삼명(三明) 바라문[tevijjanaṃ brāhmaṇāna][132]들 가운데 단 한 사람이라도 범천을 직접 본 바라문이 있는가?"

"없습니다, 고따마 존자님!"

"와셋타여, 그렇다면 삼명 바라문의 스승들 가운데 단 한 사람이라도 범천을 직접 본 스승이 있는가?"

"없습니다, 고따마 존자님!"

"와셋타여, 그렇다면 삼명 바라문의 스승의 스승들 가운데 단 한 사람이라도 범천을 직접 본 스승이 있는가?"

"없습니다, 고따마 존자님!"

"와셋타여, 그렇다면 삼명 바라문의 7대에 이르는 스승의 스승들 가운데 단 한 사람이라도 범천을 직접 본 스승이 있는가?"

"없습니다, 고따마 존자님!"

13. "와셋타여, 그렇다면 옛날에 만트라[manta][133]를 만들고 만트라를 선언한 삼명 선인(仙人, isi)들이[134], 그리고 그들이 만든 옛날의 만트라 구절과 찬가(讚歌)와 가영(歌詠)과 본집(本集)을 따라서 읊고, 따라서 말하고, 말한 것을 따라서 말하고, 암송한 것을 따라서 암송하는 지금의 삼명 바라문들이, 예를 들면 앗타까(Aṭṭhaka)·와마까(Vāmaka)·와마데와(Vāmadeva)·웨싸밋따(Vessāmitta)·야마딱기(Yamataggi)·앙기라사(Aṅgirasa)·바라드와자(Bhāradvāja)·와셋타(Vāseṭṭha)·까싸빠(Kassapa)·바구(Bhagu) 같은 바라문들이 '우리는 범천이 어느 곳에, 어느 쪽에, 어디에 있는지를 알고 본다'라고 말하던가?"

"그렇지 않습니다, 고따마 존자님!"

---

131 앗다리야(Addhariyā)는 '아이따레야 우파니샤드(Aitareya Upaniṣad)'를 의미하고, 떳띠리야(Tittiriyā)는 '따잇띠리야 우파니샤드(Taittirīyā Upaniṣad)'를 의미하며, 찬도까(Chandokā)는 '찬도갸 우파니샤드(Chāndogya Upaniṣad)'를 의미한다. 이들은 각각의 우파니샤드를 추종하는 바라문들을 의미한다.

132 세 가지 베다에 정통한 바라문.

133 베다를 의미한다.

134 '선인(仙人)'으로 번역한 'isi'는 베다를 만든 사람을 의미한다.

14. "와셋타여, 옛날의 삼명 선인들도, 7대에 이르는 스승의 스승들도, 그리고 지금의 바라문들도 '우리는 범천이 어느 곳에, 어느 쪽에, 어디에 있는지를 알고 본다'라고 말하지 않는다오. 그렇다면 그 삼명 바라문들은 '우리는 알지 못하고 보지 못하지만, 범천과 함께 사는 곳으로 벗어나게 하는 길을 우리가 알려 주겠다. 이것이 바른길이다. 이것이 지름길이다. 이 구제의 길은 그것을 실천하는 사람을 범천과 함께 사는 세계로 구제한다'라고 말한 것이 된다오. 와셋타여, 어떻게 생각하는가? 삼명 바라문들의 이러한 말은 이해할 수 없는 말이 아닌가?"

"고따마 존자님! 참으로 삼명 바라문들의 이러한 말은 이해할 수 없는 말입니다."

15. "와셋타여, 삼명 바라문들이 '우리는 알지 못하고 보지 못하지만, 범천과 함께 사는 곳으로 벗어나게 하는 길을 우리가 알려 주겠다. 이것이 바른길이다. 이것이 지름길이다. 이 구제의 길은 그것을 실천하는 사람을 범천과 함께 사는 세계로 구제한다'라고 한다면, 이런 일은 있을 수 없다오. 와셋타여, 비유하면 맨 앞 사람도 보지 못하고, 중간 사람도 보지 못하고, 마지막 사람도 보지 못하는 맹인들이 가까이 붙어서 줄지어 서 있는 것과 같다오. 와셋타여, 실로 이러한 맹인들의 줄서기 비유처럼, 삼명 바라문들의 말은 맨 앞의 바라문도 보지 못하고, 중간의 바라문도 보지 못하고, 마지막의 바라문도 보지 못하고 한 말이라오. 삼명 바라문들의 이 말은 실로 웃음거리가 되고, 무의미한 것이 되고, 허망한 것이 될 뿐이라오.

16. 와셋타여, 어떻게 생각하는가? 삼명 바라문들도 여타의 일반 대중과 마찬가지로 해와 달을 보고, 해와 달이 떠오르고 지는 곳에서 두 손 모아 합장하고 기원하고 찬양하면서 해와 달을 따라 돌아다니지 않던가?"

"그렇습니다, 고따마 존자님! 삼명 바라문들도 여타의 일반 대중과 마찬가지로 해와 달을 보고, 해와 달이 떠오르고 지는 곳에서 두 손 모아 합장하고 기원하고 찬양하면서 해와 달을 따라 돌아다닙니다."

17. "와셋타여, 어떻게 생각하는가? 여타의 일반 대중과 마찬가지로 해와 달을 보고, 해와 달이 떠오르고 지는 곳에서 두 손 모아 합장하고 기원하고 찬양하면서 해와 달을 따라 돌아다니는 삼명 바라문들이 '이것이 바른길이다. 이것이 지름길이다. 이 구제의 길은 그것을 실천하는 사람을 해와 달과 함께 사는 세계로 구제한다'라고 구제의 길을 알려 줄 수 있겠는가?"

"결코 그럴 수 없습니다, 고따마 존자님!"

18. "훌륭하오, 와셋타여! 삼명 바라문들이 '우리는 알지 못하고 보지 못하지만, 범천과 함께 사는 곳으로 벗어나게 하는 길을 우리가 알려 주겠다. 이것이 바른길이다. 이것이 지름길이다. 이 구제의 길은 그것을 실천하는 사람을 범천과 함께 사는 세계로 구제한다'라고 한다면, 이런 일은 있을 수 없다오.

19. 와셋타여, 비유하면 이와 같다오. 어떤 사람이 '나는 이 나라에서 최고의 미녀를 원하고, 그녀를 사랑한다'라고 말하자 사람들이 그에게 '여보게, 그대가 원하고 사랑하는 이 나라 최고의 미녀를 그대는 아는가? 그녀는 크샤트리아인가, 바라문인가, 바이샤인가, 수드라인가?'라고 물었다오. 그는 '모른다'라고 대답했다오. 그러자 사람들이 그에게 '여

보게, 그대가 원하고 사랑하는 이 나라 최고의 미녀는 이름은 무엇이고, 성은 무엇인지, 키는 큰지, 작은지, 중간인지, 피부는 검은지, 노란지, 금빛인지, 어떤 마을에 사는지, 작은 마을인지, 큰 도시인지 아는가?'라고 물었다오. 그는 '모른다'라고 대답했다오. 그러자 사람들이 그에게 '여보게, 그대는 알지도 못하고 보지도 못한 사람을 원하고 사랑한단 말인가?'라고 물었다오. 그는 '그렇다'라고 대답했다오.

와셋타여, 그대는 어떻게 생각하는가? 이와 같은 그 사람의 말은 이해할 수 없는 말이 아닌가?"

"세존이시여, 참으로 이와 같은 그 사람의 말은 이해할 수 없는 말입니다."

20. "와셋타여, 어떻게 생각하는가? 이와 같이 삼명 바라문들의 말도 참으로 이해할 수 없는 말이 아닌가?"

"고따마 존자님! 이와 같이 삼명 바라문들의 말은 참으로 이해할 수 없는 말입니다."

"훌륭하오, 와셋타여! 이와 같이 삼명 바라문들이 '우리는 알지 못하고 보지 못하지만, 범천과 함께 사는 곳으로 벗어나게 하는 길을 우리가 알려 주겠다. 이것이 바른길이다. 이것이 지름길이다. 이 구제의 길은 그것을 실천하는 사람을 범천과 함께 사는 세계로 구제한다'라고 한다면, 이런 일은 있을 수 없다오.

21. 와셋타여, 비유하면 이와 같다오. 어떤 사람이 사거리의 큰길에서 누각에 오르기 위해 사다리를 만들고 있다오. 그러자 사람들이 그에게 '여보게, 그대는 누각에 오르기 위해 사다리를 만들고 있는데, 그 누각이 동쪽에 있는지, 서쪽에 있는지, 남쪽에 있는지, 북쪽에 있는지, 높은지, 낮은지, 중간인지 알고 있는가?'라고 물었다오. 그는 '모른다'라고 대답했다오. 그러자 사람들이 그에게 '여보게, 그대는 알지도 못하고 보지도 못한 누각에 오르기 위해 사다리를 만들고 있다는 말인가?'라고 물었다오. 그는 '그렇다'라고 대답했다오.

와셋타여, 그대는 어떻게 생각하는가? 이와 같은 그 사람의 말은 이해할 수 없는 말이 아닌가?"

"고따마 존자님! 참으로 이와 같은 그 사람의 말은 이해할 수 없는 말입니다."

22. "와셋타여, 어떻게 생각하는가? 이와 같이 삼명 바라문들의 말도 참으로 이해할 수 없는 말이 아닌가?"

"고따마 존자님! 이와 같이 삼명 바라문들의 말은 참으로 이해할 수 없는 말입니다."

23. "훌륭하오, 와셋타여! 이와 같이 삼명 바라문들이 '우리는 알지 못하고 보지 못하지만, 범천과 함께 사는 곳으로 벗어나게 하는 길을 우리가 알려 주겠다. 이것이 바른길이다. 이것이 지름길이다. 이 구제의 길은 그것을 실천하는 사람을 범천과 함께 사는 세계로 구제한다'라고 한다면, 이런 일은 있을 수 없다오.

24. 와셋타여, 비유하면 어떤 사람이 저쪽 언덕으로 건너가려고 까마귀가 강둑에 앉아서 물을 마실 정도로 물이 넘실대는 이 아찌라와띠강에 와서, 이쪽 언덕에 서서 저쪽 언덕을 향해 '이리 건너와라! 이리 건너와라!'라고 부르는 것과 같다오. 와셋타여, 어떻게 생각하는가? 그 사람이 부른다고 해서, 부탁한다고 해서, 희망한다고 해서, 기뻐한다고 해서, 아찌라와띠강의 저쪽 언덕이 이쪽 언덕

으로 오겠는가?"

"결코 오지 않습니다, 고따마 존자님!"

25. "와셋타여, 이와 같이 삼명 바라문들은 바라문이 행해야 할 법도를 버리고, 바라문이 행해서는 안 될 법도를 지니면서 '인다(Inda)신을 청합니다. 소마(Soma)신을 청합니다. 와루나(Varuṇa)신을 청합니다. 이사나(Isāna)신을 청합니다. 빠자빠띠(Pajāpati)신을 청합니다. 브라만(Brahmā)신을 청합니다. 마힛디(Mahiddhī)신을 청합니다. 야마(Yama)신을 청합니다'라고 말한다오. 와셋타여, 그렇지만 바라문이 행해야 할 법도를 버리고, 바라문이 행해서는 안 될 법도를 지니는 삼명 바라문들이 아무리 청하고 부탁하고 희망하고 좋아한다고 해도, 그들은 몸이 무너져 죽은 후에 범천과 함께 사는 세계로 가는 일은 있을 수 없다오.

26. 와셋타여, 비유하면 어떤 사람이 저쪽 언덕으로 건너가려고 까마귀가 강둑에 앉아서 물을 마실 정도로 물이 넘실대는 이 아찌라와띠강에 왔는데, 이쪽 언덕에 강한 사슬로 팔이 뒤로 묶인 채로 단단한 결박에 묶여 있는 것과 같다오. 와셋타여, 어떻게 생각하는가? 그 사람이 이쪽 언덕에서 저쪽 언덕으로 갈 수 있겠는가?"

"결코 갈 수 없습니다, 고따마 존자님!"

27. "와셋타여, 실로 이와 같이 성자의 율(律)에서는 다섯 가지 감각적 욕망의 대상을 사슬이라고 부르고 결박이라고 부른다오. 다섯 가지 감각적 욕망의 대상은 어떤 것인가? 시각[眼]·청각[耳]·후각[鼻]·미각[舌]·촉각[身]에 의해 지각되는, 마음에 들고 사랑스럽고 매력 있고 귀엽고 즐겁고 유혹적인 형색[色]과 소리[聲]와 냄새[香]와 맛[味]과 촉감[觸], 와셋타여, 이들이 다섯 가지 감각적 욕망의 대상이라오. 와셋타여, 이들 다섯 가지 감각적 욕망의 대상을 성자의 율에서는 사슬이라고 부르고 결박이라고 부른다오. 와셋타여, 삼명 바라문들은 이들 감각적 욕망에 묶이고, 빠지고, 범하고, 위험을 보지 못하고, 벗어날 줄 모르고 향유한다오.

28. 와셋타여, 이와 같이 바라문이 행해야 할 법도를 버리고, 바라문이 행해서는 안 될 법도를 지니고, 감각적 욕망에 묶이고, 빠지고, 범하고, 위험을 보지 못하고, 벗어날 줄 모르고 향유하는, 감각적 욕망의 결박에 속박된 삼명 바라문들이 몸이 무너져 죽은 후에 범천과 함께 사는 세계로 가는 일은 있을 수 없다오.

29. 와셋타여, 비유하면 어떤 사람이 저쪽 언덕으로 건너가려고 까마귀가 강둑에 앉아서 물을 마실 정도로 물이 넘실대는 이 아찌라와띠강에 왔는데, 이쪽 언덕에서 머리까지 덮개를 뒤집어쓰고 누워 있는 것과 같다오. 와셋타여, 어떻게 생각하는가? 그 사람이 이쪽 언덕에서 저쪽 언덕으로 건너갈 수 있겠는가?"

"결코 건너갈 수 없습니다, 고따마 존자님!"

30. "와셋타여, 실로 이와 같이 성자의 율에서는 다섯 가지 장애[五蓋]를 덮개라고 부르고, 장애라고 부르고, 가리개라고 부르고, 씌우개라고 부른다오. 다섯 가지 장애는 어떤 것인가? 감각적 욕망을 바라는 장애[kāmacchanda-nīvaraṇa]·악의의 장애[vyāpāda-nīvaraṇa]·나태와 졸음의 장애[thīna-middha-nīvaraṇa]·들뜸과 후회의 장애[uddhacca-kukkucca-nīvaraṇa]·의심의 장애[vicikiccha-nīvaraṇa], 와셋타여, 이들 다섯 가지 장애를 성자의 율에서는 덮개라고 부르

고, 장애라고 부르고, 가리개라고 부르고, 씌우개라고 부른다오.

와셋타여, 삼명 바라문들은 이들 다섯 가지 장애에 뒤덮이고 휩싸이고 가려지고 씌워져 있다오. 와셋타여, 실로 바라문이 행해야 할 법도를 버리고, 바라문이 행해서는 안 될 법도를 지니고, 이들 다섯 가지 장애에 뒤덮이고 휩싸이고 가려지고 씌워진 삼명 바라문들이 몸이 무너져 죽은 후에 범천과 함께 사는 세계로 가는 일은 있을 수 없다오.

31. 와셋타여, 어떻게 생각하는가? 그대가 나이 많은 장로(長老) 바라문들과 스승과 스승의 스승들에게 들었던 말에 의하면, 범천은 소유(所有)가 있는가, 없는가?"

"소유가 없습니다, 고따마 존자님!"

"원한의 마음이 있는가, 없는가?"

"원한의 마음이 없습니다, 고따마 존자님!"

"악의(惡意)가 있는가, 없는가?"

"악의가 없습니다, 고따마 존자님!"

"오염된 마음이 있는가, 없는가?"

"오염된 마음이 없습니다, 고따마 존자님!"

"자재력(自在力)이 있는가, 없는가?"

"자재력이 있습니다, 고따마 존자님!"

32. "와셋타여, 어떻게 생각하는가? 삼명 바라문들은 소유가 있는가, 없는가?"

"소유가 있습니다, 고따마 존자님!"

"원한의 마음이 있는가, 없는가?"

"원한의 마음이 있습니다, 고따마 존자님!"

"악의가 있는가, 없는가?"

"악의가 있습니다, 고따마 존자님!"

"오염된 마음이 있는가, 없는가?"

"오염된 마음이 있습니다, 고따마 존자님!"

"자재력이 있는가, 없는가?"

"자재력이 없습니다, 고따마 존자님!"

33. "와셋타여, 이와 같이 삼명 바라문들은 소유가 있고 범천은 소유가 없다면, 소유가 있는 삼명 바라문들과 범천이 함께 만나서 교제(交際)하겠는가?"

"그렇지 않습니다, 고따마 존자님!"

34. "와셋타여, 훌륭하오! 와셋타여, 실로 소유가 있는 삼명 바라문들이 몸이 무너져 죽은 후에 범천과 함께 사는 세계로 가는 일은 있을 수 없다오.

35. 와셋타여, 이와 같이 삼명 바라문들은 원한의 마음이 있고 악의가 있고 오염된 마음이 있고 자재력이 없고, 범천은 원한의 마음이 없고 악의가 없고 오염된 마음이 없고 자재력이 있다면, 원한의 마음이 있고 악의가 있고 오염된 마음이 있고 자재력이 없는 삼명 바라문들과 범천이 함께 만나서 교제하겠는가?"

"그렇지 않습니다, 고따마 존자님!"

36. "와셋타여, 훌륭하오! 와셋타여, 실로 자재력이 없는 삼명 바라문들이 몸이 무너져 죽은 후에 범천과 함께 사는 세계로 가는 일은 있을 수 없다오. 와셋타여, 그런데 여기에서 그 삼명 바라문들은 더 행복한 곳으로 건너가려고 접근하면서 낙심하고, 낙심하면서 좌절한다오. 그래서 삼명 바라문들은 이것을 '삼명의 사막'이라고 부르고, '삼명의 숲'이라고 부르고, '삼명의 고난'이라고 부른다오."

37. 이와 같이 말씀하시자, 와셋타가 세존께 말씀드렸습니다.

"고따마 존자님! 저는 '고따마 사문은 범천과 함께 사는 세계로 가는 길을 안다'라고 들었습니다."

"와셋타여, 어떻게 생각하는가? 마나사까따는 여기에서 멀지 않고 가깝지 않은가?"

"그렇습니다, 고따마 존자님! 마나사까따는 여기에서 멀지 않고 가깝습니다."

"와셋타여, 어떻게 생각하는가? 여기 마나사까따에서 태어나 성장한 사람이 있는데, 그가 마나사까따를 나서자마자 그에게 마나사까따에 가는 길을 묻는다면, 와셋타여, 그 사람이 그 말을 듣고 망설이거나 주저하겠는가?"

"그렇지 않습니다, 고따마 존자님! 왜냐하면, 고따마 존자님! 그 사람은 마나사까따에서 태어나 성장했기 때문에 마나사까따에 가는 모든 길을 잘 알 것입니다."

38. "와셋타여, 마나사까따에서 태어나 성장한 사람이 마나사까따에 가는 길을 묻는 말을 듣고 망설이거나 주저하는 일은 있을지언정, 여래(如來)가 범천의 세계나 범천의 세계에 가는 길을 질문받고 망설이거나 주저하는 일은 없다오. 와셋타여, 나는 범천을 알고, 범천의 세계를 알고, 범천의 세계로 가는 길을 알고, 어떻게 하면 범천의 세계에 태어나는지도 안다오."

39. 이와 같이 말씀하시자, 와셋타가 세존께 말씀드렸습니다.

"고따마 존자님! 저는 '고따마 사문께서는 범천과 함께 사는 세계로 가는 길을 가르치신다'라고 들었습니다. 훌륭하신 고따마 존자님! 범천과 함께 사는 세계로 가는 길을 가르쳐 주시고, 고따마 존자님께서 바라문의 후예를 구제해 주십시오!"

"와셋타여, 그렇다면 내가 이야기하겠으니 잘 듣고 깊이 생각해 보라!"

와셋타는 "그렇게 하겠습니다"라고 세존께 대답했습니다.

세존께서는 이렇게 말씀하셨습니다.

40. "와셋타여, 10호를 구족한 여래가 이 세상에 출현한다오. 그는 천계(天界)·마라(māra)·범천을 포함한 이 세간, 사문과 바라문과 왕과 백성을 포함한 인간계를 체험적 지혜[勝智]로 몸소 체득하여 알려 준다오. 그는 처음도 좋고 중간도 좋고 마지막도 좋은, 의미 있고 명쾌하고 완벽한 진리를 가르치며, 청정한 수행을 알려 준다오.

41. 그 가르침[法]을 거사(居士)나 거사의 아들이나 다른 가문에 태어난 사람이 듣는다오. 그는 그 가르침을 듣고, 여래에 대한 믿음을 성취한다오. 믿음을 성취하면, 그는 '속세의 삶은 번거로운 홍진(紅塵)의 세계요, 출가는 걸림 없는 노지(露地)와 같다. 속가(俗家)에 살면서 완전하고 청정하고 밝은 수행을 실천하기는 쉽지 않다. 나는 머리와 수염을 깎고, 가사와 발우를 지니고, 집을 떠나 출가하는 것이 어떨까?'라고 생각한다오. 그는 그 후에 크고 작은 재산을 버리고, 가깝고 먼 친족을 버리고, 머리와 수염을 깎고, 가사와 발우를 지니고, 집을 떠나 출가한다오.

42. 그는 이와 같이 출가하여 별해탈율의(別解脫律儀)를 수호하며 살아간다오. 그는 행동규범을 갖추어 하찮은 죄에서도 두려움을 보고, 학계(學戒)를 수지(受持)하여 학습하며, 착한 신업(身業)과 구업(口業)을 성취하여 지각활동[諸根]을 하면서 문(門)을 지키고, 계를 성취한 청정한 생활을 하며, 주의집중과 알아차림을 갖추고 만족할 줄 알며 살아간다오."

43. ~ 74. (생략)

75. "자신에게서 이들 다섯 가지 장애가 제거된 것을 알면, 그에게 기쁨이 생긴다오. 기쁨으로 인해 즐거움이 생기고, 즐거운 마음으로 인해 몸이 안정된다오. 몸이 안정되면 행복을 느끼고, 마음이 행복하면 삼매(三昧)에 든다오.

76.~79. 그는 자애로운 마음[慈心]으로 한 방향을 가득 채우고 살아간다오. 그와 같이 두 번째, 세 번째, 네 번째 방향을 가득 채우고 살아간다오. 이와 같이 온 세상을 위로, 아래로, 사방으로, 모든 곳에 빠짐없이 풍부하고 광대하고 무량하게, 원한 없고 폭력 없는 자애로운 마음으로 가득 채우고 살아간다오. 비구는 연민하는 마음[悲心], 기뻐하는 마음[喜心], 평정한 마음[捨心]으로 온 세상을 가득 채우고 살아간다오.

와셋타여, 비유하면 훌륭한 나팔수가 어려움없이 온 사방에 알리는 것과 같다오. 와셋타여, 이와 같이 자애로운 마음, 연민하는 마음, 기뻐하는 마음, 평정한 마음을 닦아 마음이 해탈한 사람에게는 측량할 수 있는 업(業)이 어디에도 남지 않는다오. 와셋타여, 실로 이것이 범천과 함께 사는 세계로 가는 길이라오.

80. 와셋타여, 어떻게 생각하는가? 이렇게 사는 비구는 소유가 있는가, 없는가?"

"소유가 없습니다, 고따마 존자님!"

"원한의 마음이 있는가, 없는가?"

"원한의 마음이 없습니다, 고따마 존자님!"

"악의가 있는가, 없는가?"

"악의가 없습니다, 고따마 존자님!"

"오염된 마음이 있는가, 없는가?"

"오염된 마음이 없습니다, 고따마 존자님!"

"자재력이 있는가, 없는가?"

"자재력이 있습니다, 고따마 존자님!"

81. "와셋타여, 이와 같이 비구도 소유가 없고, 범천도 소유가 없다면, 소유가 없는 비구와 범천이 함께 만나서 교제하지 않겠는가?"

"그렇습니다, 고따마 존자님!"

"와셋타여, 훌륭하오! 와셋타여, 실로 소유가 없는 비구가 몸이 무너져 죽은 후에 범천과 함께 사는 세계로 가는 일은 있을 수 있다오. 와셋타여, 이와 같이 비구도 원한의 마음이 없고 악의가 없고 오염된 마음이 없고 자재력이 있고, 범천도 원한의 마음이 없고 악의가 없고 오염된 마음이 없고 자재력이 있다면, 원한의 마음이 없고 악의가 없고 오염된 마음이 없고 자재력이 있는 비구와 범천이 함께 만나서 교제하지 않겠는가?"

"그렇습니다, 고따마 존자님!"

"와셋타여, 훌륭하오! 와셋타여, 실로 자재력이 있는 비구가 몸이 무너져 죽은 후에 범천과 함께 사는 세계로 가는 일은 있을 수 있다오."

82. 이 말씀을 듣고, 와셋타와 바라드와자가 세존께 말씀드렸습니다.

"훌륭하십니다, 세존이시여! 훌륭하십니다, 세존이시여! 세존이시여, 마치 뒤집힌 것을 바로 세우는 것 같고, 감추어진 것을 드러내는 것 같고, 길 잃은 자에게 길을 알려 주는 것 같고, '눈 있는 자들은 보라'라고 어둠 속에 등불을 비춰 주는 것 같습니다. 이와 같이 세존께서는 여러 가지 방법으로 진리를 알려 주셨습니다. 세존이시여, 저희는 세존께 귀의합니다. 가르침과 비구상가에 귀의합니다. 세존이시여, 저희를 청신사로 받아 주소서! 지금부터 살아 있는 날까지 귀의하겠습니다."

7. 대인연경(大因緣經)[135]
〈D.N. 15. Mahā-Nidāna Sutta〉

1. 이와 같이 나는 들었습니다.

한때 세존께서는 꾸루(Kuru)국에 있는 꾸루족의 마을 깜마싸담마(Kammāssa-dhamma)에 머무셨습니다. 그때 아난다 존자가 세존을 찾아가서 예배하고 한쪽에 앉은 후에 세존께 말씀드렸습니다.

"경이롭습니다, 세존이시여! 희유합니다, 세존이시여! 세존이시여, 이 연기(緣起, paṭicca-samuppada)는 심심미묘(甚深微妙)합니다. 그렇지만 저에게는 아주 명백한 것으로 여겨집니다."

"아난다여, 그렇게 말하지 마라! 아난다여, 그렇게 말해서는 안 된다. 이 연기는 심심미묘하다. 아난다여, 이 연기를 알지 못하고 이해하지 못하기 때문에, 이 인류는 뒤엉킨 실타래처럼 태어나고, 뭉친 실타래처럼 태어나 갈대나 억새처럼 살면서 몹쓸 세상, 괴로운 세상, 험한 세상을 떠도는 윤회(輪廻)를 벗어나지 못하고 있다.

2. 아난다여, '늙음과 죽음[老死]은 이것의 조건[idapaccayā, 此緣]이 있는가?'라고 물으면, '있다'라고 답해야 한다. '어떤 조건[paccaya, 緣]에 의지하여 늙음과 죽음이 있는가?'라고 물으면, '태어남[生]이라는 조건에 의지하여 늙음과 죽음이 있다'라고 답해야 한다.

아난다여, '태어남은 그것의 조건이 있는가?'라고 물으면, '있다'라고 답해야 한다. '어떤 조건에 의지하여 태어남이 있는가?'라고 물으면, '존재[有]라는 조건에 의지하여 태어남이 있다'라고 답해야 한다.

아난다여, '존재는 그것의 조건이 있는가?'라고 물으면, '있다'라고 답해야 한다. '어떤 조건에 의지하여 존재가 있는가?'라고 물으면, '취(取)라는 조건에 의지하여 존재가 있다'라고 답해야 한다.

아난다여, '취는 그것의 조건이 있는가?'라고 물으면, '있다'라고 답해야 한다. '어떤 조건에 의지하여 취가 있는가?'라고 물으면, '갈애[愛]라는 조건에 의지하여 취가 있다'라고 답해야 한다.

아난다여, '갈애는 그것의 조건이 있는가?'라고 물으면, '있다'라고 답해야 한다. '어떤 조건에 의지하여 갈애가 있는가?'라고 물으면, '느낌[受]이라는 조건에 의지하여 갈애가 있다'라고 답해야 한다.

아난다여, '느낌은 그것의 조건이 있는가?'라고 물으면, '있다'라고 답해야 한다. '어떤 조건에 의지하여 느낌이 있는가?'라고 물으면, '접촉[觸]이라는 조건에 의지하여 느낌이 있다'라고 답해야 한다.

아난다여, '접촉은 그것의 조건이 있는가?'라고 물으면, '있다'라고 답해야 한다. '어

135 『장아함경(長阿含經)』의 13번째 경인 「대연방편경(大緣方便經)」에 상응하는 경. 『중아함경(中阿含經)』에는 「대인경(大因經)」으로 번역되었다. '니다나(nidāna)'를 '인연(因緣)'으로 해석하여 「대인연경(大因緣經)」으로 번역했다.

떤 조건에 의지하여 접촉이 있는가?'라고 물으면, '이름과 형색[名色]이라는 조건에 의지하여 접촉이 있다'라고 답해야 한다.[136]

아난다여, '이름과 형색은 그것의 조건이 있는가?'라고 물으면, '있다'라고 답해야 한다. '어떤 조건에 의지하여 이름과 형색이 있는가?'라고 물으면, '분별의식[識]이라는 조건에 의지하여 이름과 형색이 있다'라고 답해야 한다.

아난다여, '분별의식은 그것의 조건이 있는가?'라고 물으면, '있다'라고 답해야 한다. '어떤 조건에 의지하여 분별의식이 있는가?'라고 물으면, '이름과 형색이라는 조건에 의지하여 분별의식이 있다'라고 답해야 한다.

3. 아난다여, 이와 같이 이름과 형색이라는 조건에 의지하여 분별의식이 있고, 분별의식이라는 조건에 의지하여 이름과 형색이 있다. 이름과 형색이라는 조건에 의지하여 접촉이 있고, 접촉이라는 조건에 의지하여 느낌이 있으며, 느낌이라는 조건에 의지하여 갈애가 있고, 갈애라는 조건에 의지하여 취가 있다. 취라는 조건에 의지하여 존재가 있고, 존재라는 조건에 의지하여 태어남이 있으며, 태어남이라는 조건에 의지하여 늙음과 죽음이 있고, 늙음과 죽음이라는 조건에 의지하여 근심·슬픔·고통·걱정·고뇌가 생긴다. 이와 같이 순전(純全)한 괴로움 덩어리[dukkhakkhandha, 苦蘊]의 쌓임[集]이 있다.

4. '태어남이라는 조건에 의지하여 늙음과 죽음이 있다'라고 이야기했는데, 아난다여, 다음과 같은 이유에서 태어남이라는 조건에 의지하여 늙음과 죽음이 있다는 것을 알아야 한다. 아난다여, 전적으로, 완전히, 언제 어디서건 태어남이 없다면, 즉 건달바(乾達婆, Gandhabba)가 건달바로, 야차(夜叉, Yakkha)가 야차로, 유정(有情, Bhūta)이 유정으로, 사람이 사람으로, 짐승이 짐승으로, 날짐승이 날짐승으로, 길짐승이 길짐승으로, 아난다여, 그 중생이 그와 같은 것으로 태어남이 없다면, 어떤 경우에도 태어남이 없을 때, 태어남이 소멸한 상태에서 늙음과 죽음이 있다고 언명할[paññāyati] 수 있겠느냐?"

"아닙니다, 세존이시여!"

"아난다여, 그러므로 이 태어남이 늙음과 죽음의 원인이며, 인연이며, 쌓임이며, 조건이다.[137]

5. '존재라는 조건에 의지하여 태어남이 있다'라고 이야기했는데, 아난다여, 다음과 같은 이유에서 존재라는 조건에 의지하여 태어남이 있다는 것을 알아야 한다. 아난다여, 전적으로, 완전히, 언제 어디서건 존재가 없다면, 즉 욕유(欲有, kāma-bhava)·색유(色有, rūpa-bhava)·무색유(無色有, arūpa-bhava)가 없다면, 어떤 경우에도 존재가 없을 때, 존재가 소멸한 상태에서 태어남이 있다고 언명할 수 있겠느냐?"

"아닙니다, 세존이시여!"

---

136 일반적으로 촉(觸)의 조건은 육입(六入)이라고 설해지는데, 여기에서는 육입이 빠지고, 이름과 형색[名色]이라고 말하고 있다. 이것은 촉이 공간 속에서 일어나는 주관과 대상의 접촉을 의미하는 것이 아님을 보여 준다.

137 태어남이라는 사태가 원인이 되고, 근원이 되고, 그러한 사태의 경험이 모이면, 이런 조건 아래서 늙음과 죽음이라는 언어가 설정되어 사용된다는 의미이다.

"아난다여, 그러므로 이 존재가 태어남의 원인이며, 인연이며, 쌓임이며, 조건이다.

6. '취라는 조건에 의지하여 존재가 있다'라고 이야기했는데, 아난다여, 다음과 같은 이유에서 취라는 조건에 의지하여 존재가 있다는 것을 알아야 한다. 아난다여, 전적으로, 완전히, 언제 어디서건 취가 없다면, 즉 욕취(欲取, kāmūpādāna)·견취(見取, diṭṭūpādāna)·계금취(戒禁取, sīlabbatūpādāna)가 없다면, 어떤 경우에도 취가 없을 때, 취가 소멸한 상태에서 존재가 있다고 언명할 수 있겠느냐?"

"아닙니다, 세존이시여!"

"아난다여, 그러므로 이 취가 존재의 원인이며, 인연이며, 쌓임이며, 조건이다.

7. '갈애라는 조건에 의지하여 취가 있다'라고 이야기했는데, 아난다여, 다음과 같은 이유에서 갈애라는 조건에 의지하여 취가 있다는 것을 알아야 한다. 아난다여, 전적으로, 완전히, 언제 어디서건 갈애가 없다면, 즉 형색에 대한 갈애[色愛]·소리에 대한 갈애[聲愛]·냄새에 대한 갈애[香愛]·맛에 대한 갈애[味愛]·촉감에 대한 갈애[觸愛]·지각대상에 대한 갈애[法愛]가 없다면, 어떤 경우에도 갈애가 없을 때, 갈애가 소멸한 상태에서 취가 있다고 언명할 수 있겠느냐?"

"아닙니다, 세존이시여!"

"아난다여, 그러므로 이 갈애가 취의 원인이며, 인연이며, 쌓임이며, 조건이다.

8. '느낌이라는 조건에 의지하여 갈애가 있다'라고 이야기했는데, 아난다여, 다음과 같은 이유에서 느낌이라는 조건에 의지하여 갈애가 있다는 것을 알아야 한다. 아난다여, 전적으로, 완전히, 언제 어디서건 느낌이 없다면, 즉 시각접촉[眼觸]에서 생긴 느낌·청각접촉[耳觸]에서 생긴 느낌·후각접촉[鼻觸]에서 생긴 느낌·미각접촉[舌觸]에서 생긴 느낌·신체접촉[身觸]에서 생긴 느낌·의식접촉[意觸]에서 생긴 느낌이 없다면, 어떤 경우에도 느낌이 없을 때, 느낌이 소멸한 상태에서 갈애가 있다고 언명할 수 있겠느냐?"

"아닙니다, 세존이시여!"

"아난다여, 그러므로 이 느낌이 갈애의 원인이며, 인연이며, 쌓임이며, 조건이다.

9. 아난다여, 이와 같이 느낌을 의지하여 갈애가 있고, 갈애를 의지하여 갈구(渴求)가 있고, 갈구를 의지하여 취득(取得)이 있고, 취득을 의지하여 판단(判斷)이 있고, 판단을 의지하여 욕탐(欲貪)이 있고, 욕탐을 의지하여 탐닉(耽溺)이 있고, 탐닉을 의지하여 집착(執着)이 있고, 집착을 의지하여 인색(吝嗇)이 있고, 인색을 의지하여 지킴이 있고, 지키기 위하여 막대기를 들고 칼을 들고 싸우고 다투고 경쟁하고 투쟁하고 헐뜯고 속이는 갖가지 사악하고 못된 법들이 발생한다.

10. '지키기 위하여 막대기를 들고 칼을 들고 싸우고 다투고 경쟁하고 투쟁하고 헐뜯고 속이는 갖가지 사악하고 못된 법들이 발생한다'라고 이야기했는데, 아난다여, 다음과 같은 이유에서 지키기 위하여 막대기를 들고 칼을 들고 싸우고 다투고 경쟁하고 투쟁하고 헐뜯고 속이는 갖가지 사악하고 못된 법들이 발생한다는 것을 알아야 한다. 아난다여, 전적으로, 완전히, 언제 어디서건 지킴이 없다면, 어떤 경우에도 지킴이 없을 때, 지킴이 소멸한 상태에서 지키기 위하여 막대기를 들고 칼을 들고 싸우고 다투고 경쟁하고 투쟁하고 헐뜯고 속이는 갖가지 사악하고 못된 법들이 발생할 수 있겠느냐?"

"아닙니다, 세존이시여!"

"아난다여, 그러므로 이 지킴이 지키기 위하여 막대기를 들고 칼을 들고 싸우고 다투고 경쟁하고 투쟁하고 헐뜯고 속이는 갖가지 사악하고 못된 법들이 발생하는 원인이며, 인연이며, 쌓임이며, 조건이다.

11. '인색을 의지하여 지킴이 있다'라고 이야기했는데, 아난다여, 다음과 같은 이유에서 인색을 의지하여 지킴이 있다는 것을 알아야 한다. 아난다여, 전적으로, 완전히, 언제 어디서건 인색이 없다면, 어떤 경우에도 인색이 없을 때, 인색이 소멸한 상태에서 지킴이 있다고 언명할 수 있겠느냐?"

"아닙니다, 세존이시여!"

"아난다여, 그러므로 이 인색이 지킴의 원인이며, 인연이며, 쌓임이며, 조건이다.

12. '집착을 의지하여 인색이 있다'라고 이야기했는데, 아난다여, 다음과 같은 이유에서 집착을 의지하여 인색이 있다는 것을 알아야 한다. 아난다여, 전적으로, 완전히, 언제 어디서건 집착이 없다면, 어떤 경우에도 집착이 없을 때, 집착이 소멸한 상태에서 인색이 있다고 언명할 수 있겠느냐?"

"아닙니다, 세존이시여!"

"아난다여, 그러므로 이 집착이 인색의 원인이며, 인연이며, 쌓임이며, 조건이다.

13. '탐닉을 의지하여 집착이 있다'라고 이야기했는데, 아난다여, 다음과 같은 이유에서 탐닉을 의지하여 집착이 있다는 것을 알아야 한다. 아난다여, 전적으로, 완전히, 언제 어디서건 탐닉이 없다면, 어떤 경우에도 탐닉이 없을 때, 탐닉이 소멸한 상태에서 집착이 있다고 언명할 수 있겠느냐?"

"아닙니다, 세존이시여!"

"아난다여, 그러므로 이 탐닉이 집착의 원인이며, 인연이며, 쌓임이며, 조건이다.

14. '욕탐을 의지하여 탐닉이 있다'라고 이야기했는데, 아난다여, 다음과 같은 이유에서 욕탐을 의지하여 탐닉이 있다는 것을 알아야 한다. 아난다여, 전적으로, 완전히, 언제 어디서건 욕탐이 없다면, 어떤 경우에도 욕탐이 없을 때, 욕탐이 소멸한 상태에서 탐닉이 있다고 언명할 수 있겠느냐?"

"아닙니다, 세존이시여!"

"아난다여, 그러므로 이 욕탐이 탐닉의 원인이며, 인연이며, 쌓임이며, 조건이다.

15. '판단을 의지하여 욕탐이 있다'라고 이야기했는데, 아난다여, 다음과 같은 이유에서 판단을 의지하여 욕탐이 있다는 것을 알아야 한다. 아난다여, 전적으로, 완전히, 언제 어디서건 판단이 없다면, 어떤 경우에도 판단이 없을 때, 판단이 소멸한 상태에서 욕탐이 있다고 언명할 수 있겠느냐?"

"아닙니다, 세존이시여!"

"아난다여, 그러므로 이 판단이 욕탐의 원인이며, 인연이며, 쌓임이며, 조건이다.

16. '취득을 의지하여 판단이 있다'라고 이야기했는데, 아난다여, 다음과 같은 이유에서 취득을 의지하여 판단이 있다는 것을 알아야 한다. 아난다여, 전적으로, 완전히, 언제 어디서건 취득이 없다면, 어떤 경우에도 취득이 없을 때, 취득이 지멸된 상태에서 판단이 있다고 언명할 수 있겠느냐?"

"아닙니다, 세존이시여!"

"아난다여, 그러므로 이 취득이 판단의 원인이며, 인연이며, 쌓임이며, 조건이다.

17. '갈구를 의지하여 취득이 있다'라고 이야기했는데, 아난다여, 다음과 같은 이유에서

갈구를 의지하여 취득이 있다는 것을 알아야 한다. 아난다여, 전적으로, 완전히, 언제 어디서건 갈구가 없다면, 어떤 경우에도 갈구가 없을 때, 갈구가 지멸된 상태에서 취득이 있다고 언명할 수 있겠느냐?"

"아닙니다, 세존이시여!"

"아난다여, 그러므로 이 갈구가 취득의 원인이며, 인연이며, 쌓임이며, 조건이다.

18. '갈애를 의지하여 갈구가 있다'라고 이야기했는데, 아난다여, 다음과 같은 이유에서 갈애를 의지하여 갈구가 있다는 것을 알아야 한다. 아난다여, 전적으로, 완전히, 언제 어디서건 갈애가 없다면, 즉 욕애(欲愛, kāma-taṇhā)·유애(有愛, bhava-taṇhā)[138]·무유애(無有愛, vibhava-taṇhā)[139]가 없다면, 어떤 경우에도 갈애가 없을 때, 갈애가 소멸한 상태에서 갈구가 있다고 언명할 수 있겠느냐?"

"아닙니다, 세존이시여!"

"아난다여, 그러므로 이 갈애가 갈구의 원인이며, 인연이며, 쌓임이며, 조건이다.

아난다여, 이와 같이 이 두 법(法)[140]은 한 쌍의 느낌[dvayā vedanā][141]에 의해 하나로 결합된다.[142]

19. '접촉이라는 조건에 의지하여 느낌이 있다'라고 이야기했는데, 아난다여, 다음과 같은 이유에서 접촉이라는 조건에 의지하여 느낌이 있다는 것을 알아야 한다. 아난다여, 전적으로, 완전히, 언제 어디서건 접촉이 없다면, 즉 시각접촉·청각접촉·후각접촉·미각접촉·신체접촉·의식접촉이 없다면, 어떤 경우에도 접촉이 없을 때, 접촉이 소멸한 상태에서 느낌이 있다고 언명할 수 있겠느냐?"

"아닙니다, 세존이시여!"

"아난다여, 그러므로 이 접촉이 느낌의 원인이며, 인연이며, 쌓임이며, 조건이다.

20. '이름과 형색이라는 조건에 의지하여 접촉이 있다'라고 이야기했는데, 아난다여, 다음과 같은 이유에서 이름과 형색이라는 조건에 의지하여 접촉이 있다는 것을 알아야 한다. 아난다여, 기호(記號, ākāra)들에 의해서, 특징(特徵, liṅga)들에 의해서, 모습[相, nimitta]들에 의해서, 지시(指示, uddesa)들에 의해서 개념체계(槪念體系, nāma-kāya)가 성립된다. 그 기호들이, 그 특징들이, 그 모습

---

138 어떤 것이 존재하기를 바라는 갈애.

139 어떤 것이 존재하지 않기를 바라는 갈애.

140 이 경에는 두 가지 애(愛)가 설해지고 있다. 한편으로는 애가 인연이 되어 취(取)·유(有)·생(生)·노사(老死)가 연기하는 것을 이야기하고, 다른 한편으로는 애가 인연이 되어 갈구·취득·판단·욕탐·탐닉·집착·인색·지킴·투쟁 등의 사악한 법이 연기한다는 것을 이야기하고 있다. 여기에서 이야기하는 두 법은 취·유의 인연이 되는 애(愛)와 갈구·욕탐의 인연이 되는 애(愛)를 의미한다. 이 경에 상응하는 『중아함경(中阿含經)』의 「대인경(大因經)」에서는 이 부분을 '欲愛及有愛此二法因覺緣覺致來'라고 번역하여 두 법을 욕애(欲愛)와 유애(有愛)라고 하고 있다. 욕애는 감각적 욕망을 갈망하는 마음이고, 유애는 존재를 갈망하는 마음이다.

141 'dvayā'는 상대가 되는 한 쌍을 의미하므로 'dvayā vedanā'는 괴로운 느낌[苦受]과 즐거운 느낌[樂受]를 의미하는 것 같다.

142 존재[有]의 인연이 되는 유애(有愛)와 갈구(渴求), 욕탐(欲貪)의 인연이 되는 욕애(欲愛)가 고락의 느낌이라는 동일한 원인에서 기인한다는 의미이다.

들이, 그 지시들이 없을 때, 형색체계(形色體系, rūpa-kāya)[143] 속에서 명칭(名稱)의 접촉[adhivacana-samphassa]이 있을 수 있겠느냐?"[144]

"아닙니다, 세존이시여!"

"아난다여, 기호들에 의해서, 특징들에 의해서, 모습들에 의해서, 지시들에 의해서 형색체계가 성립된다. 그 기호들이, 그 특징들이, 그 모습들이, 그 지시들이 없을 때, 개념체계 속에서 대상(對象)의 접촉[paṭigha-samphassa, 有對觸]이 있을 수 있겠느냐?"[145]

"아닙니다, 세존이시여!"

"아난다여, 기호들에 의해서, 특징들에 의해서, 모습들에 의해서, 지시들에 의해서 개념체계와 형색체계가 성립된다. 그 기호들이, 그 특징들이, 그 모습들이, 그 지시들이 없을 때, 명칭의 접촉과 대상의 접촉이 있을 수 있겠느냐?"

"아닙니다, 세존이시여!"

"아난다여, 기호들에 의해서, 특징들에 의해서, 모습들에 의해서, 지시들에 의해서 이름과 형색이 성립된다. 그 기호들이, 그 특징들이, 그 모습들이, 그 지시들이 없을 때, 접촉이 있을 수 있겠느냐?"

"아닙니다, 세존이시여!"

"아난다여, 그러므로 이 이름과 형색이 접촉의 원인이며, 인연이며, 쌓임이며, 조건이다.

21. '분별의식이라는 조건에 의지하여 이름과 형색이 있다'라고 이야기했는데, 아난다여, 다음과 같은 이유에서 분별의식이라는 조건에 의지하여 이름과 형색이 있다는 것을 알아야 한다. 아난다여, 분별의식[viññāṇaṃ, 識]이라는 모태(母胎, mātu kucchiṃ)에 들어가지[okkamissatha] 않는다면,[146] 이름과 형색이 모태에서 강화될 수 있겠느냐?"

"아닙니다, 세존이시여!"

"아난다여, 분별의식이라는 모태에 들

---

143 『중아함경(中阿含經)』의 「대인경(大因經)」에서는 '색신(色身)'으로 번역함. 'nāma-kāya'와 마찬가지로, 대상을 인식하는 우리의 의식 속에는 대상을 인식할 수 있는 형색들이 체계를 이루고 있다. 이러한 형색들의 체계가 'rūpa-kāya'이다.

144 형색체계 속에서 명칭이 접촉한다는 것은 우리가 어떤 것을 인식할 때, 우리의 의식 속에 있는 형색체계에 그 형색에 상응하는 명칭이 접촉함으로써 그 사물을 인식한다는 뜻이다. 예를 들어 책상을 인식할 때, 우리의 의식 속에 형성되어 있는 형색체계 속에서 책상이라는 개념에 상응하는 형색에 책상이라는 명칭이 접촉함으로써 그 대상을 책상으로 인식할 수 있는 것이다.

145 개념체계 속에서 대상이 접촉한다는 것은 우리가 어떤 것을 인식할 때, 우리의 의식 속에 있는 개념체계에 그 개념에 상응하는 지각된 대상이 접촉함으로써 그 사물을 인식한다는 뜻이다. 예를 들어 책상을 인식할 때, 우리의 의식 속에 형성되어 있는 개념체계 속에서 책상이라는 지각 대상에 상응하는 개념에 책상이라는 대상이 접촉함으로써 그 대상을 책상으로 인식할 수 있는 것이다.

146 여기에서 'viññāṇaṃ'을 주어로 보면 '분별의식이 모태(母胎)에 들어가지 않으면'으로 번역되고, 'mātu kucchiṃ'과 동격인 목적격으로 보면, 이름과 형색이 주어가 되어 '이름과 형색이 분별의식이라는 모태에 들어가지 않으면'으로 번역된다. 지금까지 대부분 주격으로 보고 분별의식이 입태(入胎)하여 이름과 형색이 형성되는 것으로 이해했다. 즉, 분별의식이 입태하여 몸[色]과 정신[名]이 형성된다고 태생학적으로 해석했던 것이다. 이러한 해석은 '식과 명색이 상호의존한다'라는 이 경의 취지에 어긋난다. 여기에서는 식이 명색의 모태가 되고, 식은 명색에 의지하는 상호의존관계에서 모든 개념이 형성된다는 것을 이야기하고 있다. 유식학(唯識學)의 아뢰야식은 분별의식을 명색의 모태로 보는 이러한 관점이 발전한 것이라고 할 수 있다.

어가서 타락한다면, 이름과 형색이 현재의 상태로 될 수 있겠느냐?"

"아닙니다, 세존이시여!"

"아난다여, 소년이나 소녀의 어린 분별의식이 절단된다면, 이름과 형색이 자라나고 성장하여 완전해질 수 있겠느냐?"

"아닙니다, 세존이시여!"

"아난다여, 그러므로 이 분별의식이 이름과 형색의 원인이며, 인연이며, 쌓임이며, 조건이다.

22. '이름과 형색이라는 조건에 의지하여 분별의식이 있다'라고 이야기했는데, 아난다여, 다음과 같은 이유에서 이름과 형색이라는 조건에 의지하여 분별의식이 있다는 것을 알아야 한다. 아난다여, 분별의식이 이름과 형색에 의지하지 않으면, 미래에 태어나서 늙어 죽는 괴로움의 쌓임이 발생할 수[dukkha-samudaya-sambhava] 있겠느냐?"

"아닙니다, 세존이시여!"

"아난다여, 그러므로 이 이름과 형색이 분별의식의 원인이며, 인연이며, 쌓임이며, 조건이다.

아난다여, 이름과 형색이 분별의식과 함께하는 한 그대들은 태어나거나 늙거나 죽거나 변천하거나 다시 태어나게 되며, 현재의 상태를[itthattaṃ]를 드러내는 명칭(名稱)의 과정[adhivacana-patha, 增語]·언어의 과정[nirutti-patha, 增語說], 언명의 과정[paññatti-patha]·반야(般若)의 영역[paññâvacara], 윤전(輪轉, vaṭṭa)이 되풀이된다.[147]

23. 아난다여, 그렇다면 어떤 식으로 자아를 규정하여 언명하는 것일까? 아난다여, '나의 자아는 형색이 있으며 작다'라고 형색이 있는 작은 자아를 규정하여 언명한다. '나의 자아는 형색이 있으며 무한하다'라고 형색이 있는 무한한 자아를 규정하여 언명한다. '나의 자아는 형색이 없으며 작다'라고 형색이 없는 작은 자아를 규정하여 언명한다. '나의 자아는 형색이 없으며 무한하다'라고 형색이 없는 무한한 자아를 규정하여 언명한다.

24. 아난다여, 거기에서 형색이 있는 작은 자아를 규정하여 언명하는 사람은, 지금 형색이 있는 작은 자아를 규정하여 언명하거나, 혹은 '나는 지금은 그렇지 않지만 앞으로 그렇게 되도록 준비하겠다'라고 생각하여, 그렇게 존재하는 형색이 있는 작은 자아를 규정하여 언명한다.[148] 아난다여, '그에게는 이와 같이 형색이 있는 작은 자아가 실재한다는 추측[anudiṭṭhi]이 자리 잡고 있다'[149]라고 이야기해야 마땅하다.

아난다여, 거기에서 형색이 있는 무한한 자아를 규정하여 언명하는 사람은, 지금 형색이 있는 무한한 자아를 규정하여 언명하거나, 혹은 '나는 지금은 그렇지 않지만 앞

147 붓다가 이야기하는 생사윤회는 분별의식과 이름과 형색이 상호의존하면서 순환적으로 반복되는 것을 의미한다. 이러한 생사윤회는 사후에 다음 세상에 태어나는 윤회가 아니라 명칭, 언어, 개념의 형성이 반복되는 과정이다. 이러한 생사윤회는 반야(般若), 즉 지혜로 통찰해야 할 영역이다. '현재의 상태'란 자아를 개념화하여 생로병사를 겪는 상태를 의미한다. 따라서 붓다는 이 말씀에 이어서 중생이 어떻게 자아를 규정하여 언명함으로써 생사(生死)의 세계에 빠져드는지를 이야기한다.

148 현재의 상태는 그렇지 않지만, 자신이 원하는 미래의 자아를 설정하여 그러한 자아개념을 만든다는 뜻이다.

149 자아가 실재한다는 생각이 무의식 속에 자리 잡고 있다는 의미.

으로 그렇게 되도록 준비하겠다'라고 생각하여, 그렇게 존재하는 형색이 있는 무한한 자아를 규정하여 언명한다. 아난다여, '그에게는 이와 같이 형색이 있는 무한한 자아가 실재한다는 추측이 자리 잡고 있다'라고 이야기해야 마땅하다.

아난다여, 거기에서 형색이 없는 작은 자아를 규정하여 언명하는 사람은, 지금 형색이 없는 작은 자아를 규정하여 언명하거나, 혹은 '나는 지금은 그렇지 않지만 앞으로 그렇게 되도록 준비하겠다'라고 생각하여, 그렇게 존재하는 형색이 없는 작은 자아를 규정하여 언명한다. 아난다여, '그에게는 이와 같이 형색이 없는 작은 자아가 실재한다는 추측이 자리 잡고 있다'라고 이야기해야 마땅하다.

아난다여, 거기에서 형색이 없는 무한한 자아를 규정하여 언명하는 사람은, 지금 형색이 없는 무한한 자아를 규정하여 언명하거나, 혹은 '나는 지금은 그렇지 않지만 앞으로 그렇게 되도록 준비하겠다'라고 생각하여, 그렇게 존재하는 형색이 없는 무한한 자아를 규정하여 언명한다. 아난다여, '그에게는 이와 같이 형색이 없는 무한한 자아가 실재한다는 추측이 자리 잡고 있다'라고 이야기해야 마땅하다.

25. 아난다여, 어떤 식으로 자아를 규정하지 않고 언명하지 않는가? 아난다여, '나의 자아는 형색이 있으며 작다'라고 형색이 있는 작은 자아를 규정하지 않고 언명하지 않는다. '나의 자아는 형색이 있으며 무한하다'라고 형색이 있는 무한한 자아를 규정하지 않고 언명하지 않는다. '나의 자아는 형색이 없으며 작다'라고 형색이 없는 작은 자아를 규정하지 않고 언명하지 않는다. '나의 자아는 형색이 없으며 무한하다'라고 형색이 없는 무한한 자아를 규정하지 않고 언명하지 않는다.

26. 아난다여 거기에서 형색이 있는 작은 자아를 규정하지 않고 언명하지 않는 사람은, 지금 형색이 있는 작은 자아를 규정하지 않고 언명하지 않으며, '나는 지금은 그렇지 않지만 앞으로 그렇게 되도록 준비하겠다'라고 생각하지 않음으로써, 그렇게 존재하는 형색이 있는 작은 자아를 규정하지 않고 언명하지 않는다. 아난다여, '그에게는 이와 같이 형색이 있는 작은 자아가 실재한다는 추측이 자리 잡고 있지 않다'라고 이야기해야 마땅하다.

아난다여, 거기에서 형색이 있는 무한한 자아를 규정하지 않고 언명하지 않는 사람은, 지금 형색이 있는 무한한 자아를 규정하지 않고 언명하지 않으며, '나는 지금은 그렇지 않지만 앞으로 그렇게 되도록 준비하겠다'라고 생각하지 않음으로써, 그렇게 존재하는 형색이 있는 무한한 자아를 규정하지 않고 언명하지 않는다. 아난다여, '그에게는 이와 같이 형색이 있는 무한한 자아가 실재한다는 추측이 자리 잡고 있지 않다'라고 이야기해야 마땅하다.

아난다여, 거기에서 형색이 없는 작은 자아를 규정하지 않고 언명하지 않는 사람은, 지금 형색이 없는 작은 자아를 규정하지 않고 언명하지 않으며, '나는 지금은 그렇지 않지만 앞으로 그렇게 되도록 준비하겠다'라고 생각하지 않음으로써, 그렇게 존재하는 형색이 없는 작은 자아를 규정하지 않고 언명하지 않는다. 아난다여, '그에게는 이와 같이 형색이 없는 작은 자아가 실재한다는 추측이 자리 잡고 있지 않다'라고 이야기해야 마땅하다.

아난다여, 거기에서 형색이 없는 무한

한 자아를 규정하지 않고 언명하지 않는 사람은, 지금 형색이 없는 무한한 자아를 규정하지 않고 언명하지 않으며, '나는 지금은 그렇지 않지만 앞으로 그렇게 되도록 준비하겠다'라고 생각하지 않음으로써, 그렇게 존재하는 형색이 없는 무한한 자아를 규정하지 않고 언명하지 않는다. 아난다여, '그에게는 이와 같이 형색이 없는 무한한 자아가 실재한다는 추측이 자리 잡고 있지 않다'라고 이야기해야 마땅하다.

27. 아난다여, 그렇다면 그는 어떤 것을 자아로 여기는가? 아난다여, '느낌[受]이 나의 자아다'라고 생각하여, 느낌을 자아로 여긴다. 또는 '느낌은 나의 자아가 아니다. 느낌이 없는 것이[appaṭisaṃvedano] 나의 자아다'라고 생각하여 느낌이 없는 것을 자아로 여긴다. 또는 '느낌은 나의 자아가 아니다. 느낌이 없는 것도 나의 자아가 아니다. 나의 자아가 느낀다. 참으로, 느끼는 것[vedanā-dhamma]이 나의 자아다'라고 생각하여, 느끼는 것을 자아로 여긴다.

28. 아난다여, 거기에서 '느낌이 나의 자아다'라고 말하는 사람은 '벗이여, 이 느낌은 즐거운 느낌, 괴로운 느낌, 괴롭지도 즐겁지도 않은 느낌, 세 가지가 있다. 그대는 이 세 가지 느낌 가운데 어떤 것을 자아로 여기는가?'라는 질문을 받을 것이다.

아난다여, 즐거운 느낌을 느낄 때는 괴로운 느낌과 괴롭지도 즐겁지도 않은 느낌을 느끼지 못하고, 그때는 오직 즐거운 느낌만을 느낀다. 아난다여, 괴로운 느낌을 느낄 때는 즐거운 느낌과 괴롭지도 즐겁지도 않은 느낌을 느끼지 못하고, 그때는 오직 괴로운 느낌만을 느낀다. 아난다여, 괴롭지도 즐겁지도 않은 느낌을 느낄 때는 즐거운 느낌과 괴로운 느낌을 느끼지 못하고, 그때는 오직 괴롭지도 즐겁지도 않은 느낌만을 느낀다.

29. 아난다여, 즐거운 느낌은 무상(無常, anicca)하고, 유위(有爲, saṃkhata)이고, 연기(緣起)한 것[paṭiccasamuppanna]이고, 소멸하는 현상[khaya-dhamma, 消滅法]이고, 쇠멸하는 현상[vaya-dhamma, 衰滅法]이고, 퇴색하는 현상[virāga, 退色法]이고, 지멸하는 현상[nirodha-dhamma, 止滅法]이다. 아난다여, 괴로운 느낌은 무상하고, 유위이고, 연기한 것이고, 소멸하는 현상이고, 쇠멸하는 현상이고, 퇴색하는 현상이고, 지멸하는 현상이다. 아난다여, 괴롭지도 즐겁지도 않은 느낌은 무상하고, 유위이고, 연기한 것이고, 소멸하는 현상이고, 쇠멸하는 현상이고, 퇴색하는 현상이고, 지멸하는 현상이다.

그러므로 즐거운 느낌을 느끼면서 '이것이 나의 자아다'라고 한다면, 그 즐거운 느낌이 소멸하면 '나의 자아가 사라졌다'라고 해야 할 것이다. 괴로운 느낌을 느끼면서 '이것이 나의 자아다'라고 한다면, 그 괴로운 느낌이 지멸하면 '나의 자아가 사라졌다'라고 해야 할 것이다. 괴롭지도 즐겁지도 않은 느낌을 느끼면서 '이것이 나의 자아다'라고 한다면, 그 괴롭지도 즐겁지도 않은 느낌이 지멸하면 '나의 자아가 사라졌다'라고 해야 할 것이다.

'느낌이 나의 자아다'라고 말하는 사람은 이와 같이 지금 여기에서 무상하게 즐거움과 괴로움이 섞여서 나타났다가 사라지는 현상을 자아로 여기는 것이다. 아난다여, 그러므로 '느낌이 나의 자아다'라고 여기는 것은 옳지 않다.

30. 아난다여, 거기에서 '느낌은 나의 자아가

아니다. 느낌이 없는 것이 나의 자아다'라고 말하는 사람이 느껴진 것이 전혀 없을 때, 그때 '내가 있다'라고 언명할 수 있겠느냐?"

"할 수 없습니다, 세존이시여!"

"아난다여, 그러므로 '느낌은 나의 자아가 아니다. 느낌이 없는 것이 나의 자아다'라고 여기는 것은 옳지 않다.

31. 아난다여, 거기에서 '느낌은 나의 자아가 아니다. 느낌이 없는 것도 나의 자아가 아니다. 나의 자아가 느낀다. 참으로, 느끼는 것이 나의 자아다'라고 말하는 사람이 모든 느낌이 완전히 남김없이 사라졌을 때, 일체의 느낌이 없는 느낌이 사라진 상태에서 '이것이 나다'라고 언명할 수 있겠느냐?"

"할 수 없습니다, 세존이시여!"

"아난다여, 그러므로 '느낌은 나의 자아가 아니다. 느낌이 없는 것도 나의 자아가 아니다. 나의 자아가 느낀다. 참으로, 느끼는 것이 나의 자아다'라고 여기는 것은 옳지 않다.

32. 아난다여, 비구가 느낌을 자아로 여기지 않고, 느낌이 없는 것을 자아로 여기지 않고, '나의 자아가 느낀다. 참으로, 느끼는 것이 나의 자아다'라고 여기지 않으면, 이와 같이 자아로 여기지 않는 그는 세상에서 어떤 것도 집착하지 않으며, 집착하지 않기 때문에 두려워하지 않고, 두려움 없이 홀로 열반에 들어간다. 그는 '태어남은 끝났고, 청정한 수행을 마쳤으며, 해야 할 일을 끝마쳤다. 다시는 현재의 상태로 되지 않는다'라는 것을 분명하게 안다.

아난다여, 이와 같이 마음이 해탈한 비구에 대하여 '그는 여래는 사후에 존재한다는 견해를 가지고 있다'라고 말한다면, 그것은 옳지 않다. '그는 여래는 사후에 존재하지 않는다는 견해를 가지고 있다'라고 말한다면, 그것도 옳지 않다. '그는 여래는 사후에 존재하기도 하고 존재하지 않기도 한다는 견해를 가지고 있다'라고 말한다면, 그것도 옳지 않다. '그는 여래는 사후에 존재하는 것도 아니고 존재하지 않는 것도 아니라는 견해를 가지고 있다'라고 말한다면, 그것도 옳지 않다. 그 까닭은 무엇인가? 아난다여, 어떤 명칭도, 어떤 명칭의 과정도, 어떤 언어도, 어떤 언어의 과정도, 어떤 언명도, 어떤 언명의 과정도, 어떤 반야도, 어떤 반야의 영역도, 어떤 윤전(輪轉)도, 윤전(輪轉)이 되풀이되는 것까지도, 그 비구는 체험적 지혜[勝智]로 해탈했기 때문이다. 그런데 '그것을 체험적 지혜로 해탈한 비구가 알지 못하고 보지 못한다는 견해를 가지고 있다'라고 한다면, 그것은 옳지 않다.

33. 아난다여, 7식주(七識住, satta viññāṇa-ṭṭhitiya)와 2처(二處, dve āyatanāni)가 있다.[150]

7식주란 어떤 것인가?

아난다여, 다양한 몸에 다양한 생각을 지닌 중생이 있다. 예를 들면, 몇몇 인간들과 몇몇 천신들과 악처(惡處)에 떨어진 자들이 그들이다. 이것이 제1식주(第一識住)이다.

아난다여, 다양한 몸에 단일한 생각을 지닌 중생이 있다. 예를 들면, 범중천(梵衆天, Brahma-kāyikā)[151]에 처음 태어난 천신들이 그들이다. 이것이 제2식주(第二識住)이다.

---

150 7식주(七識住)와 2처(二處)는 분별의식의 다양한 상태와 그에 따라 벌어지는 중생의 다양한 세계를 의미한다.

151 색계 초선의 하늘세계. 범천(梵天)을 의미한다.

아난다여, 단일한 몸에 다양한 생각을 지닌 중생이 있다. 예를 들면, 광음천(光音天, Ābhassarā)[152]의 천신들이 그들이다. 이것이 제3식주(第三識住)이다.

아난다여, 단일한 몸에 단일한 생각을 지닌 중생이 있다. 예를 들면, 변정천(遍淨天, Subhakiṇṇā)[153]의 천신들이 그들이다. 이것이 제4식주(第四識住)이다.

아난다여, 일체의 형색에 대한 생각[色想]을 초월하고, 지각대상에 대한 생각[有對想]이 소멸하여, 다양한 생각에 마음을 두지 않고, '허공(虛空)은 무한하다'라고 생각하는 공무변처(空無邊處)에 도달한 중생이 있다. 이것이 제5식주(第五識住)이다.

아난다여, 일체의 공무변처를 초월하여, '분별의식은 무한하다'라고 생각하는 식무변처(識無邊處)에 도달한 중생이 있다. 이것이 제6식주(第六識住)이다.

아난다여, 일체의 식무변처를 초월하여, '어떤 것도 존재하지 않는다'라고 생각하는 무소유처(無所有處)에 도달한 중생이 있다. 이것이 제7식주(第七識住)이다.

무상천(無想天, asaññasattâyatana)[154]이 제1처(第一處)이고, 비유상비무상처(非有想非無想處, nevasaññā-nasaññâyatana)가 제2처(第二處)이다.[155]

34. 아난다여, 거기에서 다양한 몸에 다양한 생각을 지닌 제1식주를, 예를 들면 몇몇 인간들과 몇몇 천신들과 악처에 떨어진 자들을 분명하게 알고, 그것의 쌓임[集]을 분명하게 알고, 그것의 소멸(消滅)을 분명하게 알고, 그것의 유혹을 분명하게 알고, 그것의 재앙을 분명하게 알고, 그것에서 벗어남을 분명하게 아는 사람이 그것을 즐기겠는가?"

"그렇지 않습니다, 세존이시여!"

"아난다여, 거기에서 제2식주·제3식주·제4식주·제5식주·제6식주·제7식주를 분명하게 알고, 그것의 쌓임을 분명하게 알고, 그것의 소멸을 분명하게 알고, 그것의 유혹을 분명하게 알고, 그것의 재앙을 분명하게 알고, 그것에서 벗어남을 분명하게 아는 사람이 그것을 즐기겠는가?"

"그렇지 않습니다, 세존이시여!"

"아난다여, 거기에서 무상천을 분명하게 알고, 그것의 쌓임을 분명하게 알고, 그것의 소멸을 분명하게 알고, 그것의 유혹을 분명하게 알고, 그것의 재앙을 분명하게 알고, 그것에서 벗어남을 분명하게 아는 사람이 그것을 즐기겠는가?"

"그렇지 않습니다, 세존이시여!"

"아난다여, 거기에서 비유상비무상처를 분명하게 알고, 그것의 쌓임을 분명하게 알고, 그것의 소멸을 분명하게 알고, 그것의 유혹을 분명하게 알고, 그것의 재앙을 분명하

---

152 색계 제2선의 하늘세계.

153 색계 제3선의 하늘세계. 맑고 깨끗함으로 가득 찬 하늘세계.

154 『중아함경(中阿含經)』의 「대인경(大因經)」에서 무상천(無想天)으로 번역함. '생각[想]이 없는 중생이 사는 곳'이라는 의미.

155 제1처인 무상천은 색계(色界)에서 가장 높은 4선천(四禪天)에 속하는 하늘이다. 제2처인 비유상비무상처천(非有想非無想處天)은 무색계(無色界)에서 가장 높은 하늘이다.

게 알고, 그것에서 벗어남을 분명하게 아는 사람이 그것을 즐기겠는가?"

"그렇지 않습니다, 세존이시여!"

"아난다여, 비구는 이들 7식주와 2처의 쌓임과 소멸과 유혹과 재앙과 벗어남을 앎으로써 해탈한다. 아난다여, 이것을 지혜에 의한 해탈[paññā-vimutta, 慧解脫]이라고 한다.

35. 아난다여, 이들 해탈은 여덟 가지다. 여덟 가지는 어떤 것들인가?

형색[色]을 가지고 형색들을 본다. 이것이 첫째 해탈[初解脫]이다.[156]

안에 형색에 대한 생각[色想] 없이 밖의 형색들을 본다. 이것이 둘째 해탈[第二解脫]이다.[157]

'청정한 상태다'라고 몰입한다. 이것이 셋째 해탈[第三解脫]이다.

일체의 형색에 대한 생각을 초월하고, 지각대상에 대한 생각[有對想]이 소멸하여, 다양한 생각에 마음을 두지 않고, '허공은 무한하다'라고 생각하는 공무변처를 성취하여 살아간다. 이것이 넷째 해탈(第四解脫)이다.

일체의 공무변처를 초월하여, '분별의 식은 무한하다'라고 생각하는 식무변처를 성취하여 살아간다. 이것이 다섯째 해탈[第五解脫]이다.

일체의 식무변처를 초월하여, '어떤 것도 존재하지 않는다'라고 생각하는 무소유처를 성취하여 살아간다. 이것이 여섯째 해탈[第六解脫]이다.

일체의 무소유처를 초월하여, 비유상비무상처를 성취하여 살아간다. 이것이 일곱째 해탈[第七解脫]이다.

일체의 비유상비무상처를 초월하여, 생각과 느껴진 것의 소멸[saññā-vedayita-nirodha, 想受滅][158]을 성취하여 살아간다. 이것이 여덟째 해탈[第八解脫]이다.

아난다여, 이들이 여덟 가지 해탈[八解脫]이다.

36. 아난다여, 비구는 이 8해탈에 순관(順觀)으로 들어가고, 역관(逆觀)으로 들어가고, 순관과 역관으로 들어가고, 원하는 순서로, 원하는 대로, 원하는 데까지 들어가고 나오기 때문에, 번뇌[漏]가 소멸하여 무루(無漏)의 마음에 의한 해탈[心解脫]과 지혜에 의한 해탈[慧解脫]을 지금 여기에서 스스로 체험적 지혜[勝智]로 체험하고 체득하여 살아간다. 아난다여, 이런 비구를 구분해탈자(俱分解脫者, ubhato-bhāga-vimutta)[159]라고 한다. 아난다여, 이 구분해탈보다 더 훌륭하고 뛰어난 구분해탈은 없다."

이것이 세존께서 하신 말씀입니다.

아난다 존자는 세존의 말씀에 만족하고 기뻐했습니다.

---

156 대상에 대한 욕탐이 없이 6근(六根)을 가진 몸으로 외부의 형색을 있는 그대로 보는 것을 의미한다. 이것은 초선(初禪)에서 얻는 해탈이다.

157 대상을개념으로인식하지않고, 외부의 형색을있는그대로보는것을의미한다. 이것은제2선에서얻는해탈이다.

158 개념적 인식에서 벗어난 상태를 의미한다.

159 심해탈(心解脫)과 혜해탈(慧解脫)을 모두 성취한 사람이라는 의미.

8. 대반열반경(大般涅槃經)[160]

〈D.N. 16. Mahā-Parinibbāna Sutta〉

1.1. 이와 같이 나는 들었습니다.

한때 세존께서는 라자가하에 있는 깃자꾸따(Gijjhakūṭa)[161]에 머무셨습니다. 그때 마가다의 왕 아자따삿뚜 웨데히뿟따는 왓지(Vajji)를 공격하려고 했습니다. 그는 이렇게 말했습니다.

"이 왓지족은 이렇게 위력을 가지고 있고, 이렇게 세력을 가지고 있어 저항한다. 나는 왓지족을 전멸시키겠다. 나는 왓지족을 파멸시키겠다. 나는 왓지족을 소멸하겠다. 나는 왓지족을 몰살하겠다."

1.2. 마가다의 왕 아자따삿뚜 웨데히뿟따는 마가다의 대신 와싸까라(Vassakāra) 바라문에게 분부했습니다.

"바라문이여, 이리 오시오! 그대는 세존에게 가서 나의 말로 세존의 발에 머리 숙여 절하고, 병 없이 무탈하고 강건하며 평안하신지 안부를 묻도록 하시오! 그리고 '세존이시여, 마가다의 왕 아자따삿뚜 웨데히뿟따는 왓지를 공격하려고 합니다. '이 왓지족은 이렇게 위력을 가지고, 이렇게 세력을 가지고 저항한다. 나는 왓지족을 전멸시키겠다. 나는 왓지족을 파멸시키겠다. 나는 왓지족을 소멸하겠다. 나는 왓지족을 몰살하겠다'라고 했습니다'라고 말씀드리시오!"

1.3. "폐하! 그렇게 하겠습니다."

마가다의 대신 와싸까라 바라문은 마가다의 왕 아자따삿뚜 웨데히뿟따에게 이렇게 대답한 후에, 훌륭한 수레를 타고 라자가하를 떠나 깃자꾸따로 출발했습니다. 그는 수레가 갈 수 있는 곳까지 수레로 간 다음에, 걸어서 세존께 갔습니다. 그는 세존과 함께 인사하고 공손하게 인사말을 나눈 후에 한쪽에 앉았습니다. 마가다의 대신 와싸까라 바라문은 세존께 마가다의 왕 아자따삿뚜 웨데히뿟따의 말을 전했습니다.

1.4. 그때 아난다 존자는 세존의 뒤에 서서 세존께 부채질하고 있었습니다. 세존께서 아난다 존자에게 말씀하셨습니다.

"아난다여, 그대는 왓지족이 자주 모이고 많이 모인다는 말을 들었는가?"

"세존이시여, 저는 그들이 자주 모이고 많이 모인다고 들었습니다."

"아난다여, 왓지족이 자주 모이고 많이 모이는 한, 아난다여, 왓지족은 당연히 쇠퇴하지 않고 번영할 것이다. 아난다여, 그대는 왓지족은 화합하며 모이고, 화합하며 흩어지고, 왓지족이 해야 할 일을 화합하여 결정한다는 말을 들었는가?"

"세존이시여, 저는 그들은 화합하며 모이고, 화합하며 흩어지고, 왓지족이 해야 할 일을 화합하여 결정한다고 들었습니다."

"아난다여, 왓지족이 화합하며 모이고, 화합하며 흩어지고, 왓지족이 해야 할 일을

160 『장아함경(長阿含經)』의 두 번째 경인 「유행경(遊行經)」에 상응하는 경.

161 한역의 영취산(靈鷲山).

화합하여 결정하는 한, 아난다여, 왓지족은 당연히 쇠퇴하지 않고 번영할 것이다. 아난다여, 그대는 왓지족은 정해지지 않은 규범은 제정하지 않고, 정해진 규범은 폐지하지 않으며, 제정된 지 오래된 왓지 법을 지키면서 유지한다는 말을 들었는가?"

"세존이시여, 저는 그들은 정해지지 않은 규범은 제정하지 않고, 정해진 규범은 폐지하지 않으며, 제정된 지 오래된 왓지 법을 지키면서 유지한다고 들었습니다."

"아난다여, 왓지족이 정해지지 않은 규범은 제정하지 않고, 정해진 규범은 폐지하지 않으며, 제정된 지 오래된 왓지 법을 지키면서 유지하는 한, 아난다여, 왓지족은 당연히 쇠퇴하지 않고 번영할 것이다. 아난다여, 그대는 왓지족은 왓지에 사는 왓지 노인들을 공경하고, 존중하고, 존경하고, 공양하고, 그들의 말을 경청하려고 한다는 말을 들었는가?"

"세존이시여, 저는 그들은 왓지에 사는 왓지 노인들을 공경하고, 존중하고, 존경하고, 공양하고, 그들의 말을 경청하려고 한다고 들었습니다."

"아난다여, 왓지족이 왓지에 사는 왓지 노인들을 공경하고, 존중하고, 존경하고, 공양하고, 그들의 말을 경청하려고 하는 한, 아난다여, 왓지족은 당연히 쇠퇴하지 않고 번영할 것이다. 아난다여, 그대는 왓지족은 양갓집 규수와 양갓집 소녀를 강제로 데려와 살게 하지 않는다는 말을 들었는가?"

"세존이시여, 저는 그들은 양갓집 규수와 양갓집 소녀를 강제로 데려와 살게 하지 않는다고 들었습니다."

"아난다여, 왓지족이 양갓집 규수와 양갓집 소녀를 강제로 데려와 살게 하지 않는 한, 아난다여, 왓지족은 당연히 쇠퇴하지 않고 번영할 것이다. 아난다여, 그대는 왓지족은 왓지에 있는 왓지 탑묘(塔廟)들을 안과 밖에서 공경하고, 존중하고, 존경하고, 공양하고, 탑묘에 예전부터 봉헌해 오고 예전부터 행해 오던 여법(如法)한 공양을 게을리하지 않는다는 말을 들었는가?"

"세존이시여, 저는 그들은 왓지에 있는 왓지 탑묘들을 안과 밖에서 공경하고, 존중하고, 존경하고, 공양하고, 탑묘에 예전부터 봉헌해 오고 예전부터 행해 오던 여법한 공양을 게을리하지 않는다고 들었습니다."

"아난다여, 왓지족이 왓지에 있는 왓지 탑묘들을 안과 밖에서 공경하고, 존중하고, 존경하고, 공양하고, 탑묘에 예전부터 봉헌해 오고 예전부터 행해 오던 여법한 공양을 게을리하지 않는 한, 아난다여, 왓지족은 당연히 쇠퇴하지 않고 번영할 것이다. 아난다여, 그대는 왓지족은 아라한들에게 여법한 보호소를 마련하여, 오지 않은 아라한들은 그 나라에 오도록 하고, 와 있는 아라한들은 그 나라에서 편안하게 지내게 한다는 말을 들었는가?"

"세존이시여, 저는 그들은 아라한들에게 여법한 보호소를 마련하여, 오지 않은 아라한들은 그 나라에 오도록 하고, 와 있는 아라한들은 그 나라에서 편안하게 지내게 한다고 들었습니다."

"아난다여, 왓지족이 아라한들에게 여법한 보호소를 마련하여, 오지 않은 아라한들은 그 나라에 오도록 하고, 와 있는 아라한들은 그 나라에서 편안하게 지내게 하는 한, 아난다여, 왓지족은 당연히 쇠퇴하지 않고 번영할 것이다."

1.5. 세존께서 마가다의 대신 와싸까라 바라문에게 말씀하셨습니다.

"바라문이여, 나는 한때 웨살리(Vesālī)의 사란다다(Sārandada) 탑묘에 머물렀다오. 그곳에서 나는 왓지족에게 이 일곱 가지 불퇴법(不退法, aparihāniya dhamma)을 가르쳤다오. 바라문이여, 왓지족에게 이 일곱 가지 불퇴법이 있는 한, 그리고 왓지족이 이 일곱 가지 불퇴법에 뜻을 함께하는 한, 바라문이여, 왓지족은 당연히 쇠퇴하지 않고 번영할 것이오."

이 말씀을 듣고, 마가다의 대신 와싸까라 바라문이 세존께 말씀드렸습니다.

"고따마 존자여, 단 하나의 불퇴법만 갖추어도 왓지족은 당연히 쇠퇴하지 않고 번영할 것입니다. 그런데 일곱 가지 불퇴법을 갖추었다면 말해 무엇 하겠습니까? 고따마 존자여, 마가다의 왕 아자따삿뚜 웨데히뿟따는 유혹하지 않고, 반목시키지 않고서는 왓지와 전쟁을 해서는 안 될 것입니다. 고따마 존자여, 저희는 할 일이 많아서 이제 가 보겠습니다."

"바라문이여, 지금 떠날 때라고 생각되면 그렇게 하시오!"

그러자 마가다의 대신 와싸까라 바라문은 세존의 말씀에 기뻐하고 만족하면서 자리에서 일어나 떠났습니다.

1.6. 마가다의 대신 와싸까라 바라문이 떠나자, 세존께서 아난다 존자에게 말씀하셨습니다.

"아난다여, 라자가하 근처에 머물고 있는 비구들에게 가서 모두 강당에 모이게 하여라!"

아난다 존자는 "그렇게 하겠습니다, 세존이시여!"라고 세존께 대답하고, 라자가하 근처에 머물고 있는 비구들을 모두 강당에 모았습니다. 아난다 존자는 세존을 찾아가서 예배한 후에 한쪽에 서서 세존께 말씀드렸습니다.

"세존이시여, 비구상가가 모였습니다. 세존이시여, 이제 시간이 되었습니다."

세존께서는 자리에서 일어나 강당으로 가서 마련된 자리에 앉으신 후에 비구들에게 말씀하셨습니다.

"비구들이여, 일곱 가지 불퇴법을 알려주겠소. 내가 이야기하리니, 그것을 듣고 잘 기억하시오!"

그 비구들은 "그렇게 하겠습니다, 세존이시여!"라고 대답했습니다.

세존께서 그 비구들에게 말씀하셨습니다.

"비구들이여, 비구들이 자주 모이고 많이 모이는 한, 비구들은 당연히 쇠퇴하지 않고 번영할 것이오. 비구들이여, 비구들이 화합하며 모이고, 화합하며 흩어지고, 상가가 해야 할 일을 화합하여 결정하는 한, 비구들은 당연히 쇠퇴하지 않고 번영할 것이오. 비구들이여, 비구들이 정해지지 않은 규범은 제정하지 않고, 정해진 규범은 폐지하지 않으며, 제정된 학계(學戒)를 지키면서 유지하는 한, 비구들은 당연히 쇠퇴하지 않고 번영할 것이오. 비구들이여, 비구들이 경험이 많고 출가한 지 오래된, 상가의 어른이며 상가의 지도자인 장로(長老)를 공경하고, 존중하고, 존경하고, 공양하며, 그들의 말을 경청하는 한, 비구들은 당연히 쇠퇴하지 않고 번영할 것이오. 비구들이여, 비구들이 다시 존재하게 하는, 이미 발생한 갈애[愛]에 지배되지 않는 한, 비구들은 당연히 쇠퇴하지 않고 번영할 것이오. 비구들이여, 비구들이 숲에서의 수행을 열망하는 한, 비구들은 당연히 쇠퇴하지 않고 번영할 것이오. 비구들이여, 비구들이 각기 주의집중[sati]을 확립하고, 오지 않은 훌륭한 수행자들은 오게 하고, 이미 온 훌륭한 수행자들은 편안하게 머물게 하는 한, 비구들은 당연히 쇠퇴하지 않고 번영할 것이오. 비구들이여, 이 일곱 가지 불퇴법이 비구들에게 있고, 비구들이 이 일곱 가지 불퇴법에 일치하는 한, 비구들은 당연히 쇠퇴하지 않고 번영할 것이오.

1.7. 비구들이여, 또 다른 일곱 가지 불퇴법을 알려 주겠소. 내가 이야기하리니, 그것을 듣고 잘 기억하시오!"

그 비구들은 "그렇게 하겠습니다, 세존이시여!"라고 대답했습니다.

세존께서 그 비구들에게 말씀하셨습니다.

"비구들이여, 비구들이 세속의 일을 좋아하지 않고, 즐기지 않고, 세속 일의 즐거움에 빠지지 않는 한, 비구들은 당연히 쇠퇴하지 않고 번영할 것이오. 비구들이 논쟁을 좋아하지 않고, 즐기지 않고, 논쟁의 즐거움에 빠지지 않는 한, 비구들은 당연히 쇠퇴하지 않고 번영할 것이오. 비구들이 잠자기를 좋아하지 않고, 즐기지 않고, 잠자는 즐거움에 빠지지 않는 한, 비구들은 당연히 쇠퇴하지 않고 번영할 것이오. 비구들이 모여 놀기를 좋아하지 않고, 즐기지 않고, 모여 노는 즐거움에 빠지지 않는 한, 비구들은 당연히 쇠퇴하지 않고 번영할 것이오. 비구들이 악의(惡意)를 갖지 않고, 사악(邪惡)한 의도에 지배되지 않는 한, 비구들은 당연히 쇠퇴하지 않고 번영할 것이오. 비구들이 삿된 친구, 삿된 동료, 삿된 동무가 되지 않는 한, 비구들은 당연히 쇠퇴하지 않고 번영할 것이오. 비구들이 남다른 성취에 만족하여 도중에 그만두지 않는 한, 비구들은 당연히 쇠퇴하지 않고 번영할 것이오. 비구들이여, 이 일곱 가지 불퇴법이 비구들에게 있고, 비구들이 이 일곱 가지 불퇴법에 일치하는 한, 비구들은 당연히 쇠퇴하지 않고 번영할 것이오.

1.8. 비구들이여, 또 다른 일곱 가지 불퇴법을 알려 주겠소. 내가 이야기하리니, 그것을 듣고 잘 기억하시오!"

그 비구들은 "그렇게 하겠습니다, 세존이시여!"라고 대답했습니다.

세존께서 그 비구들에게 말씀하셨습니다.

"비구들이여, 비구들이 ① 신뢰할 수 있고, ② 양심이 있고, ③ 두려워할 줄 알고, ④ 배움이 많고, ⑤ 열심히 정진하고, ⑥ 주의집중을 실천하고, ⑦ 통찰력이 있는 한, 비구들은 당연히 쇠퇴하지 않고 번영할 것이오. 비구들이여, 이 일곱 가지 불퇴법이 비구들에게 있고, 비구들이 이 일곱 가지 불퇴법에 일치하는 한, 비구들은 당연히 쇠퇴하지 않고 번영할 것이오.

1.9. 비구들이여, 또 다른 일곱 가지 불퇴법을 알려 주겠소. 내가 이야기하리니, 그것을 듣고 잘 기억하시오!"

그 비구들은 "그렇게 하겠습니다, 세존이시여!"라고 대답했습니다.

세존께서 그 비구들에게 말씀하셨습니다.

"비구들이여, 비구들이 ① 염각지(念

覺支)가 있고, ② 택법각지(擇法覺支)가 있고, ③ 정진각지(精進覺支)가 있고, ④ 희각지(喜覺支)가 있고, ⑤ 경안각지(輕安覺支)가 있고, ⑥ 정각지(定覺支)가 있고, ⑦ 사각지(捨覺支)가 있는 한, 비구들은 당연히 쇠퇴하지 않고 번영할 것이오. 비구들이여, 이 일곱 가지 불퇴법이 비구들에게 있고, 비구들이 이 일곱 가지 불퇴법에 일치하는 한, 비구들은 당연히 쇠퇴하지 않고 번영할 것이오.

1.10. 비구들이여, 또 다른 일곱 가지 불퇴법을 알려 주겠소. 내가 이야기하리니, 그것을 듣고 잘 기억하시오!"

그 비구들은 "그렇게 하겠습니다, 세존이시여!"라고 대답했습니다.

세존께서 그 비구들에게 말씀하셨습니다.

"비구들이여, 비구들이 ① 무상하다는 생각[無常想]을 하고, ② 무아라는 생각[無我想]을 하고, ③ 부정하다는 생각[不淨想]을 하고, ④ 위험하다는 생각[患想]을 하고, ⑤ 버려야 한다는 생각[捨想]을 하고, ⑥ 탐욕을 버려야 한다는 생각[離欲想]을 하고, ⑦ 멸해야 한다는 생각[滅想]을 하는 한, 비구들은 당연히 쇠퇴하지 않고 번영할 것이오. 비구들이여, 이 일곱 가지 불퇴법이 비구들에게 있고, 비구들이 이 일곱 가지 불퇴법에 일치하는 한, 비구들은 당연히 쇠퇴하지 않고 번영할 것이오.

1.11. 비구들이여, 여섯 가지 불퇴법을 알려 주겠소. 내가 이야기하리니, 그것을 듣고 잘 기억하시오!"

그 비구들은 "그렇게 하겠습니다, 세존이시여!"라고 대답했습니다.

세존께서 그 비구들에게 말씀하셨습니다.

"비구들이여, 비구들이 ① 도반(道伴)에 대하여, 보이는 곳에서든 보이지 않는 곳에서든 몸으로 자애롭게 행동하는 한, ② 도반에 대하여, 보이는 곳에서든 보이지 않는 곳에서든 말로 자애롭게 행동하는 한, ③ 도반에 대하여, 보이는 곳에서든 보이지 않는 곳에서든 마음으로 자애롭게 행동하는 한, ④ 여법(如法)하게 얻은 재물을, 발우에 담긴 물건까지도 계행을 갖춘 도반들과 함께 나누는 한, ⑤ 부족함이 없고, 흠이 없고, 깨끗하고, 순수하고, 자유롭고, 현자들이 칭찬하고, 더럽혀지지 않고, 삼매에 도움이 되는 그와 같은 계행(戒行) 속에서, 보이는 곳에서든 보이지 않는 곳에서든 도반들과 함께 계행에 상응하여 살아가는 한, ⑥ 욕망을 벗어나서 그것을 실천한 사람이 괴로움을 바르게 사라지게 하는, 욕망에서 벗어난 성자(聖者)의 정견(正見)을 가지고, 보이는 곳에서든 보이지 않는 곳에서든 도반들과 함께 정견에 상응하여 살아가는 한, 비구들은 당연히 쇠퇴하지 않고 번영할 것이오. 비구들이여, 이 여섯 가지 불퇴법이 비구들에게 있고, 비구들이 이 여섯 가지 불퇴법에 일치하는 한, 비구들은 당연히 쇠퇴하지 않고 번영할 것이오."

1.12. 세존께서는 라자가하에 있는 깃자꾸따에 머무시면서 비구들에게 참으로 많은 설법을 하셨습니다. 계행은 이런 것이다[戒]. 삼매(三昧)는 이런 것이다[定]. 반야(般若)는 이런 것이다[慧]. 계행을 두루 실천하면 삼매라는 큰 과보와 큰 공덕이 있고, 삼매를 두루 닦으면 반야라는 큰 과보와 큰 공덕이 있고, 반야가 충만한 마음은 모든 번뇌[漏], 즉 욕

루(欲漏)·유루(有漏)·견루(見漏)·무명루(無明漏)에서 바르게 해탈한다[解脫]. 이런 내용의 설법이었습니다.

1.13. 세존께서는 라자가하에서 적절하게 머무신 후에 아난다 존자에게 분부하셨습니다.

"아난다여, 이제 암발랏티까(Amba-laṭṭhikā) 숲으로 가자!"

"예, 세존이시여!"

세존께서는 큰 비구상가와 함께 암발랏티까에 도착하셨습니다.

1.14. 세존께서는 암발랏티까에 있는 왕의 객사(客舍)에 머무셨습니다. 세존께서는 왕의 객사에 머물면서 비구들에게 참으로 많은 설법을 하셨습니다. 계행은 이런 것이다. 삼매는 이런 것이다. 반야는 이런 것이다. 계행을 두루 실천하면 삼매라는 큰 과보와 큰 공덕이 있고, 삼매를 두루 닦으면 반야라는 큰 과보와 큰 공덕이 있고, 반야가 충만한 마음은 모든 번뇌, 즉 욕루·유루·견루·무명루에서 바르게 해탈한다. 이런 내용의 설법이었습니다.

1.15. 세존께서는 암발랏티까 숲에서 적절하게 머무신 후에 아난다 존자에게 분부하셨습니다.

"아난다여, 이제 나란다로 가자!"

"예, 세존이시여!"

세존께서는 큰 비구상가와 함께 나란다에 도착하여 빠와리깜바와나(Pāvārikamba-vana)에 머무셨습니다.

1.16. 그때 사리뿟따(Sāriputta) 존자가 세존을 찾아와서 예배하고 한쪽에 앉아 세존께 말씀드렸습니다.

"세존이시여, 저는 바른 깨달음에 대하여 세존보다 더 잘 아는 사문이나 바라문은 과거에도 없었고, 미래에도 없을 것이며, 현재에도 없다는 것을 한 점의 의심 없이 확신합니다."

"사리뿟따여, 그대는 '세존이시여, 저는 바른 깨달음에 대하여 세존보다 더 잘 아는 사문이나 바라문은 과거에도 없었고, 미래에도 없을 것이며, 현재에도 없다는 것을 한 점의 의심 없이 확신합니다'라고 황소 같은 우렁찬 목소리로 확신에 찬 사자후를 토하는군요! 사리뿟따여, 그대는 과거에 존재했던 아라한(阿羅漢), 등정각(等正覺)들, 그 모든 세존의 마음을 마음으로 이해하고서, '그 세존들은 계행은 이러했고, 법은 이러했고, 반야는 이러했고, 경지(境地)는 이러했고, 해탈은 이러했다'라고 알았는가?"

"그렇지 않습니다, 세존이시여!"

"사리뿟따여, 그렇다면 그대는 미래에 있게 될 아라한, 등정각들, 그 모든 세존의 마음을 마음으로 이해하고서, '그 세존들은 계행은 이렇고, 법은 이렇고, 반야는 이렇고, 경지는 이렇고, 해탈은 이러할 것이다'라고 알았는가?"

"그렇지 않습니다, 세존이시여!"

"사리뿟따여, 그렇다면 그대는 현재 아라한, 등정각인 나의 마음을 마음으로 이해하고서, '세존은 계행은 이렇고, 법은 이렇고, 반야는 이렇고, 경지는 이렇고, 해탈은 이렇다'라고 알았는가?"

"그렇지 않습니다, 세존이시여!"

"사리뿟따여, 그대는 과거·미래·현재의 아라한, 등정각들에 대하여 마음으로 이해하여 아는 바가 없는데, 어떻게 '세존이시여, 저는 바른 깨달음에 대하여 세존보다 더 잘 아는 사문이나 바라문은 과거에도 없었고, 미래에도 없을 것이며, 현재에도 없다는 것을 한 점의 의심 없이 확신합니다'라고 황소 같은 우렁찬 목소리로 확신에 찬 사자후를 토했는가?"

1.17. "세존이시여, 저는 과거·미래·현재의 아라한, 등정각들에 대하여 마음으로 이해하여 아는 바가 없습니다. 그렇지만 이치로 미루어 알았습니다. 세존이시여, 비유하면 왕의 변경에 있는 성의 견고한 성벽에 견고한 성문과 하나의 입구가 있는데, 그곳에서 총명하고 유능하고 현명한 문지기가 모르는 사람은 막고, 아는 사람은 들여보내는 것과 같습니다. 그는 그 성으로 가는 모든 길을 순찰하면서 성벽의 틈이나 구멍으로 고양이가 돌아다니는 것까지 살피지는 않을 것입니다. 그는 '이 성을 들어오거나 나가는 몸집이 큰 짐승은 어떤 것이든 모두가 이 문으로 들어오거나 나간다'라고 생각할 것입니다. 세존이시여, 이와 마찬가지로 저는 이치로 미루어 알았습니다. 세존이시여, 과거에 존재했던 아라한, 등정각들, 그 모든 세존들께서는 다섯 가지 장애[五蓋]를 버리고, 마음의 더러운 번뇌들[cetaso upakkilese]을 통찰하여 제거하고, 4념처(四念處)에 잘 자리 잡은 마음으로 7각지(七覺支)를 여법하게 닦아 익힌 후에 위없는 바른 깨달음을 원만하게 이루셨습니다. 세존이시여, 미래에 존재할 아라한, 등정각들, 그 모든 세존들께서도 다섯 가지 장애를 버리고, 마음의 더러운 번뇌들을 통찰하여 제거하는 4념처에 잘 자리 잡은 마음이 7각지를 여법하게 닦아 익힌 후에 위없는 바른 깨달음을 원만하게 이루실 것입니다. 세존이시여, 현재 아라한, 등정각이신 세존께서도 다섯 가지 장애를 버리고, 마음의 더러운 번뇌들을 통찰하여, 번뇌를 제거하는 4념처에 잘 자리 잡은 마음이 7각지를 여법하게 닦아 익힌 후에 위없는 바른 깨달음을 원만하게 이루셨습니다."

1.18. 세존께서는 나란다에서 빠와리깜바와나에 머물면서 비구들에게 참으로 많은 설법을 하셨습니다. 계행은 이런 것이다. 삼매는 이런 것이다. 반야는 이런 것이다. 계행을 두루 실천하면 삼매라는 큰 과보와 큰 공덕이 있고, 삼매를 두루 닦으면 반야라는 큰 과보와 큰 공덕이 있고, 반야가 충만한 마음은 모든 번뇌, 즉 욕루·유루·견루·무명루에서 바르게 해탈한다. 이런 내용의 설법이었습니다.

1.19. 세존께서는 나란다에서 적절하게 머무신 후에 아난다 존자에게 분부하셨습니다.

"아난다여, 이제 빠딸리가마(Pāṭali-gāma)로 가자!"

"예, 세존이시여!"

세존께서는 큰 비구상가와 함께 빠딸리가마에 도착하셨습니다.

1.20. 빠딸리가마의 청신사(淸信士)들은 세존께서 방금 빠딸리가마에 도착하셨다는 말을 들었습니다. 빠딸리가마의 청신사들은 세존을 찾아가서 예배하고 한쪽에 앉았습니다. 빠딸리가마의 청신사들은 세존께 "세존이시여, 별장(別莊)에 머물러 주십시오!"라고 말씀드렸습니다. 세존께서는 침묵으로 승낙하셨습니다.

1.21. 빠딸리가마의 청신사들은 세존께서 승낙하신 것을 알고 자리에서 일어나 세존께 예배하고, 오른쪽으로 돈 후에 별장으로 가서 별장에 갖추어야 할 모든 것을 준비했습니다. 자리를 마련하고, 물통을 놓고, 기름등

을 설치한 후에 세존을 찾아가서 예배하고 한쪽에 섰습니다. 빠딸리가마의 청신사들은 한쪽에 서서 세존께 말씀드렸습니다.

"세존이시여, 별장에 갖추어야 할 모든 것을 준비했습니다. 자리가 마련되었고, 물통이 놓였으며, 기름등이 설치되었습니다. 세존이시여, 지금 가실 때가 되었습니다."

1.22. 세존께서는 옷을 입고, 발우와 법의(法衣)를 들고, 비구상가와 함께 별장으로 가셨습니다. 별장에 도착하여 발을 씻고, 별장으로 들어가서 중앙의 기둥에 의지해 동쪽을 향해 앉으셨습니다. 비구상가도 발을 씻고, 별장에 들어가서 뒤에 있는 벽에 의지해 동쪽을 향해 세존을 앞에 모시고 앉았습니다.

1.23. 세존께서 빠딸리가마의 청신사들에게 말씀하셨습니다.

"거사(居士)들이 계(戒)를 어기고 계에서 벗어나면, 다섯 가지 재난이 있다오. 그 다섯 가지는 어떤 것인가? 거사들이 계를 어기고 계에서 벗어나면, 방일(放逸)의 결과로 많은 재물의 손실을 보게 된다오. 이것이 계를 어기고 계에서 벗어나면 겪게 되는 첫째 재난이오. 다음으로, 계를 어기고 계에서 벗어난 거사들은 악명(惡名)이 높아진다오. 이것이 계를 어기고 계에서 벗어나면 겪게 되는 둘째 재난이오. 다음으로, 계를 어기고 계에서 벗어난 거사들은 크샤트리아의 모임이든, 바라문의 모임이든, 거사의 모임이든, 사문의 모임이든, 모임에 가면 자신이 없고 수치스럽다오. 이것이 계를 어기고 계에서 벗어나면 겪게 되는 셋째 재난이오. 다음으로, 계를 어기고 계에서 벗어난 거사들은 혼미한 상태로 죽는다오. 이것이 계를 어기고 계에서 벗어나면 겪게 되는 넷째 재난이오. 다음으로, 계를 어기고 계에서 벗어난 거사들은 몸이 무너져 죽은 후에 험난하고 고통스러운 지옥과 같은 악취(惡趣)에 태어난다오. 이것이 계를 어기고 계에서 벗어나면 겪게 되는 다섯째 재난이오.

1.24. 거사들이 계를 지니고 계를 실천하면 다섯 가지 이익이 있다오. 그 다섯 가지는 어떤 것인가? 계를 지니고 계를 실천한 거사들은 방일하지 않은 결과로 많은 재물을 얻게 된다오. 이것이 계를 지니고 계를 실천하면 얻게 되는 첫째 이익이오. 다음으로, 계를 지니고 계를 실천한 거사들은 명성이 높아진다오. 이것이 계를 지니고 계를 실천하면 얻게 되는 둘째 이익이오. 다음으로, 계를 지니고 계를 실천한 거사들은 크샤트리아의 모임이든, 바라문의 모임이든, 거사의 모임이든, 사문의 모임이든, 모임에 가면 자신이 있고 부끄럽지 않다오. 이것이 계를 지니고 계를 실천하면 얻게 되는 셋째 이익이오. 다음으로, 계를 지니고 계를 실천한 거사들은 혼미하지 않은 상태로 죽는다오. 이것이 계를 지니고 계를 실천하면 얻게 되는 넷째 이익이오. 다음으로, 계를 지니고 계를 실천한 거사들은 몸이 무너져 죽은 후에 천상세계와 같은 좋은 곳[善趣]에 태어난다오. 이것이 계를 지니고 계를 실천하면 얻게 되는 다섯째 이익이오."

1.25. 세존께서는 저녁에 빠딸리가마의 청신사들을 많은 법문으로 가르치고 격려하고 장려하고 고무하신 후에 "훌륭한 거사들이여, 밤이 늦었으니 이제 돌아가시오!"라고 권유하셨습니다. "그렇게 하겠습니다, 세존이시여!"

빠딸리가마의 청신사들은 자리에서 일

어나 세존께 예배하고, 오른쪽으로 돈 후에 떠나갔습니다. 세존께서는 빠딸리가마의 청신사들이 떠나가자 빈집으로 들어가셨습니다.

1.26. 그때 마가다의 대신(大臣) 수니다 와싸까라(Sunīdha Vassakārā)가 왓지를 물리치기 위해 빠딸리가마에 성(城)을 쌓고 있었습니다. 그때 수천의 천신(天神)들이 빠딸리가마에서 땅을 지키고 있었습니다. 위력이 큰 천신들이 땅을 지키고 있는 지역에는 위력이 큰 왕의 대신들이 집을 짓기로 마음먹고, 중간의 천신들이 땅을 지키고 있는 지역에는 중간 대신들이 집을 짓기로 마음먹고, 낮은 천신들이 땅을 지키고 있는 지역에는 낮은 대신들이 집을 짓기로 마음먹고 있었습니다.

1.27. 세존께서는 인간을 초월한 청정한 천안(天眼)으로 수천의 천신들이 빠딸리가마에서 땅을 지키고 있는 것을 보셨습니다. 세존께서는 어두운 새벽에 일어나시어 아난다 존자에게 말씀하셨습니다.

"아난다여, 누가 빠딸리가마에 성을 쌓는가?"

"세존이시여, 마가다의 대신 수니다 와싸까라가 왓지를 물리치기 위하여 빠딸리가마에 성을 쌓고 있습니다."

1.28. "아난다여, 33천(三十三天)의 천신들과 협의라도 한 것처럼, 마가다의 대신 수니다 와싸까라가 왓지를 물리치기 위하여 빠딸리가마에 성을 쌓는구나. 아난다여, 나는 인간을 초월한 청정한 천안으로 수천의 천신들이 빠딸리가마에서 땅을 지키고 있는 것을 보았다. 위력이 큰 천신들이 땅을 지키고 있는 지역에는 위력이 큰 왕의 대신들이 집을 짓기로 마음먹고, 중간의 천신들이 땅을 지키고 있는 지역에는 중간 대신들이 집을 짓기로 마음먹고, 낮은 천신들이 땅을 지키고 있는 지역에는 낮은 대신들이 집을 짓기로 마음먹고 있다. 아난다여, 성역(聖域)이 되고 무역(貿易)을 할 정도로, 이곳은 재화(財貨)가 모이는 최상의 도시 빠딸리뿟따(Pāṭaliputta)[162]가 될 것이다.

아난다여, 그렇지만 빠딸리뿟따에는 화재(火災)와 수재(水災)와 반목투쟁(反目鬪爭)의 세 가지 재난이 있을 것이다."[163]

1.29. 그때 마가다의 대신 수니다 와싸까라가 세존을 찾아와서 정중하게 인사하고 공손한 인사말을 나눈 후에, 한쪽에 서서 세존께 말씀드렸습니다.

"고따마 존자께서는 비구상가와 함께 오늘 공양을 승낙해 주십시오!"

세존께서는 침묵으로 승낙하셨습니다.

1.30. 마가다의 대신 수니다 와싸까라는 세존께서 승낙하신 것을 알고 자기 집으로 갔습니다. 집에 가서 갖가지 훌륭한 딱딱한 음식과 부드러운 음식을 마련한 후에 세존께 때를 알렸습니다.

"고따마 존자여, 때가 되었습니다. 공양이 준비되었습니다."

세존께서는 오전에 옷을 입고, 발우와

---

162 빠딸리가마에 새로 건설했기 때문에 빠딸리의 아들이라는 의미의 '빠딸리뿟따'라고 부른 것 같다. 후일 새로 건립된 도시는 빠딸리뿌뜨라(Paṭaliputra)로 불리게 되며, 마우리야(Mauriya) 왕조와 굽따(Gupta) 왕조 등 역대 통일 왕조의 수도가 되었다. 현재 인도 비하르주(州)의 주도(州都)인 빠뜨나(Patna)이다.

163 빠딸리뿟따가 귀족들이 모여 사는 상거래의 중심 도시가 되어 재화가 모이는 최상의 도시로 번성하겠지만, 왓지를 공격하기 위해 건립하기 때문에 여러 재난을 겪게 될 것이라는 의미이다.

법의(法衣)를 들고, 비구상가와 함께 마가다의 대신 수니다 와싸까라의 집으로 가서 마련된 자리에 앉으셨습니다. 마가다의 대신 수니다 와싸까라는 부처님을 비롯한 비구상가를 갖가지 훌륭한 딱딱한 음식과 부드러운 음식으로 손수 시중을 들며 만족시켰습니다. 마가다의 대신 수니다 와싸까라는 세존께서 공양을 마치고 발우에서 손을 떼시자, 아래에 있는 다른 자리로 가서 한쪽에 앉았습니다.

1.31. 세존께서는 한쪽에 앉아 있는 마가다의 대신 수니다 와싸까라를 다음과 같은 게송으로 기쁘게 하셨습니다.

어느 지역에서 살든 현명하게 태어난 사람은
그곳에서 계행을 갖춘 제어된 수행자를 공양한다네.

그때 그들이 공양을 바치는 것을 보고
천신들은 그를 공경하고 존경한다네.
어미가 자식을 연민하듯이 천신들은 그를 연민하나니
천신들이 연민하는 사람은 언제나 좋은 일[吉祥]을 본다네.

세존께서는 마가다의 대신 수니다 와싸까라를 이러한 게송으로 기쁘게 하신 후에 자리에서 일어나 그곳을 떠나셨습니다.

1.32. 그때 마가다의 대신 수니다 와싸까라는 세존의 뒤를 따르면서 말했습니다.

"오늘 사문 고따마께서 나가시는 문은 이름이 '고따마문'이 될 것이고, 강가(Gaṅga) 강을 건너시는 나루는 '고따마나루'가 될 것이다."

그래서 세존께서 나가신 문은 그 이름이 '고따마문'이 되었습니다.

1.33. 세존께서는 강가강으로 가셨습니다. 그때 강가강은 물이 강둑까지 차올랐습니다. 강을 건너기 위해 어떤 사람들은 배를 찾고, 어떤 사람들은 뗏목을 구하고, 어떤 사람들은 뗏목을 묶고 있었습니다. 그런데 세존께서는 마치 건장한 사람이 구부린 팔을 펴거나 편 팔을 구부리듯이, 이와 같이 삽시간에 이쪽 언덕에서 사라져 저쪽 언덕에 비구상가와 함께 나타나셨습니다.

1.34. 세존께서는 강을 건너기 위해 배를 찾고, 뗏목을 구하고, 뗏목을 묶는 사람들을 보았습니다. 세존께서는 그들이 건널 방도를 구하는 것을 아시고 우다나(udāna)를 읊으셨습니다.

다리를 만들어 작은 늪지를 버리고
강과 호수를 건너간 사람들처럼
사람들이 뗏목을 묶고 있는 동안
현명한 사람들은 이미 건너갔다네.[164]

2.1. 세존께서 아난다 존자에게 분부하셨습니다.

"아난다여, 이제 꼬띠가마(Koṭigāma)로 가자!"

"예, 세존이시여!"

세존께서는 큰 비구상가와 함께 꼬띠가마에 도착하여 그곳에 머무셨습니다.

2.2. 그때 세존께서 비구들에게 말씀하셨습니다.

---

164 세상 사람들은 고난을 극복하기 어렵지만, 지혜로운 사람은 다리를 건너듯이 쉽게 고난을 극복한다는 뜻.

"비구들이여, 나와 그대들은 네 가지 거룩한 진리[四聖諦]를 자각하지 못하고 이해하지 못했기 때문에 이와 같이 긴 세월을 흘러 다니고 돌아다녔다오. 네 가지는 어떤 것인가? 비구들이여, 나와 그대들은 고성제(苦聖諦)를 자각하지 못하고 이해하지 못했기 때문에 이와 같이 긴 세월을 흘러 다니고 돌아다녔다오. 비구들이여, 나와 그대들은 고집성제(苦集聖諦), 고멸성제(苦滅聖諦), 고멸도성제(苦滅道聖諦)를 자각하지 못하고 이해하지 못했기 때문에 이와 같이 긴 세월을 흘러 다니고 돌아다녔다오. 비구들이여, 나와 그대들은 고성제를 자각하고 이해했으며, 고집성제, 고멸성제, 고멸도성제를 자각하고 이해했다오. 존재로 이끌고[bhava-netti] 존재를 갈망하는 갈애[有愛]가 부서지고 소멸하여, 이제 이후의 존재[後有]는 없다오."

2.3. 세존께서는 이 말씀을 하시었습니다. 이 말씀을 하시고 나서, 우리의 스승이신 선서(善逝)께서는 다시 이런 말씀을 하셨습니다.

> 4성제를 여실(如實)하게 통찰하지 못했기에
> 긴 세월을 여기저기 태어남에 의존했네.
> 4성제를 보고서 존재로 이끄는 것이 제거되었으니
> 이제는 괴로움의 뿌리가 끊어져 이후의 존재는 없다네.

2.4. 세존께서는 꼬띠가마에 머무시면서 비구들에게 참으로 많은 설법을 하셨습니다. 계행은 이런 것이다. 삼매는 이런 것이다. 반야는 이런 것이다. 계행을 두루 실천하면 삼매라는 큰 과보와 큰 공덕이 있고, 삼매를 두루 닦으면 반야라는 큰 과보와 큰 공덕이 있고, 반야가 충만한 마음은 모든 번뇌, 즉 욕루·유루·견루·무명루에서 바르게 해탈한다. 이런 내용의 설법이었습니다.

2.5. 세존께서는 꼬띠가마에서 적절하게 머무신 후에 아난다 존자에게 분부하셨습니다.

"아난다여, 이제 나디까(Nādikā)로 가자!"

"예, 세존이시여!"

세존께서는 큰 비구상가와 함께 나디까에 도착하셨습니다. 세존께서는 나디까에 있는 긴자까와사타(Giñjakâvasatha) 정사(精舍)에[165] 머무셨습니다.

2.6. 그때 아난다 존자가 세존을 찾아와서 예배하고 한쪽에 앉은 후에 세존께 말씀드렸습니다.

"세존이시여, 나디까에서 죽은 비구 살하(Sāḷha)는 어느 곳으로 갔으며, 그의 내세(來世)는 어떠합니까? 세존이시여, 나디까에서 죽은 비구니 난다(Nandā), 청신사 수닷따(Sudatta), 청신녀 수자따(Sujātā), 그리고 청신사 꾸꾸다(Kukudha), 깔링가(Kāliṅga), 니까따(Nikaṭa), 까띠싸바(Kaṭissabha), 뚯타(Tuṭṭha), 산뚯타(Santuṭṭha), 밧다(Bhadda), 수밧다(Subhadda)는 각각 어느 곳으로 갔으며 그들의 내세는 어떠합니까?"

2.7. "아난다여, 살하 비구는 여러 번뇌[漏]들을 소멸함으로써 지금 여기에서 무루(無漏)의 심해탈(心解脫)과 혜해탈(慧解脫)을 몸

---

165 'Giñjaka'는 '기와'를 의미하고 'āvasatha'는 '집'을 의미하므로 '기와집'이라는 뜻이다. 신심 깊은 나디까의 주민들이 부처님에게 지어준 정사라고 한다.

소 체험하고, 체득하고, 성취하여 살았다. 아난다여, 난다 비구니는 다섯 가지 낮은 단계의 결박[pañca orambhāgiyāni saṃyojanāni, 五下分結][166]이 감소하여 화생(化生)한 아나함(阿那含, anāvatti-dhamma)으로서 그 세계에서 바로 반열반(般涅槃)했다. 아난다여, 수닷따 청신사는 세 가지 결박[三結]이 감소하여 탐냄과 성냄과 어리석음을 소멸한 사다함(斯陀含, sakadāgāmin)으로서 이 세계에 돌아와서 괴로움을 끝낸다. 아난다여, 수자따 청신녀는 세 가지 결박이 감소하여 악취(惡趣)에 떨어지지 않는 수다원(須陀洹, sotâpanna)으로서 결국은 정각(正覺)을 성취하도록 결정되었다.

아난다여, 청신사 꾸꾸다, 깔링가, 니까따, 까띠싸바, 뚯타, 산뚯타, 밧다, 수밧다는 다섯 가지 낮은 단계의 결박이 감소하여 화생한 아나함으로서 그 세계에서 바로 반열반한다.

아난다여, 나디까에서 죽은 50여 명의 청신사들은 다섯 가지 낮은 단계의 결박이 감소하여, 화생한 아나함으로서 그 세계에서 바로 반열반한다. 아난다여, 나디까에서 죽은 90여 명의 청신사들은 세 가지 결박이 감소하여 탐냄과 성냄과 어리석음을 소멸한 사다함으로서 이 세계에 와서 괴로움을 끝낸다. 아난다여, 나디까에서 죽은 500여 명의 청신사들은 세 가지 결박이 감소하여 악취에 떨어지지 않는 수다원으로서 결국은 정각을 성취하도록 결정되었다.

2.8. 아난다여, 태어난 사람이 죽는다는 것은 놀랄 일이 아니다. 사람이 죽을 때마다 여래를 찾아와서 이런 일을 묻는다면, 아난다여, 그것은 여래에게 성가신 일이다. 아난다여, 그러므로 이제 나는 '법의 거울[dhammâdāsa, 法鏡]'이라는 법문(法門)을 설하고자 한다. 이 법문을 지닌 성자(聖者)의 제자는, 그가 원한다면 '나는 지옥을 파괴했고, 축생의 자궁을 파괴했고, 아귀의 세계를 파괴했고, 괴롭고 험난한 악취를 파괴했다. 나는 수다원으로서 결국은 정각을 성취하도록 결정되었다'라고 스스로 자신을 해명할 수 있을것이다.

2.9. 아난다여, '법의 거울' 법문이란 어떤 것인가? 아난다여, 성자의 제자는 붓다에 대하여, '세존은 아라한[應供], 원만하고 바르게 깨달으신 분[正遍知], 앎과 실천을 구족하신 분[明行足], 잘 가신 분[善逝], 세간을 잘 아시는 분[世間解], 위없는 분[無上士], 사람을 길들여 바른길로 이끄시는 분[調御丈夫], 천신과 인간의 스승[天人師], 진리를 깨달으신 분[佛], 세존(世尊)이시다'라고 확고하고 청정한 믿음을 갖는다. 그는 가르침에 대하여 '세존께서 잘 가르치신 가르침[法]은 지금 여기에서, 즉시 '와서 보라'고 할 수 있으며, 현자들이 몸소 체험하는 데 도움이 되는 것이다'라고 확고하고 청정한 믿음을 갖는다. 그는 상가[僧伽]에 대하여, '세존의 성문(聲聞) 상가는 좋은 수행을 하고, 바른 수행을 하고, 이치에 맞는 수행을 하고, 화합한다. 사쌍팔배(四雙八輩)[167]는 세존의 성문상가로서 존

---

166 유신견(有身見), 의심(疑心), 계금취(戒禁取), 욕탐(欲貪), 분노(憤怒) 등 다섯 가지 번뇌를 의미함.

167 성문(聲聞)의 4과(四果)를 향하는 사람(향)과 얻은 사람(득)으로 나누어서 향아라한과 득아라한, 향아나함과 득아나함, 향사다함과 득사다함, 향수다원과 득수다원을 사쌍팔배(四雙八輩)라고 한다.

경받고 환대받고 공양받아 마땅하며, 합장 공경해야 하는 위없는 세간(世間)의 복전(福田)이다'라고 확고하고 청정한 믿음을 갖는다. 그는 완전하게, 빈틈없이, 흠 없이, 청정하게, 자유롭게, 방해받지 않고, 집착하지 않고, 삼매에 도움이 되도록 성자가 행한 계행을 지닌다.

아난다여, 이것이 '법의 거울' 법문이다. 이 법문을 지닌 성자의 제자는, 그가 원한다면 '나는 지옥을 파괴했고, 축생의 자궁을 파괴했고, 아귀의 세계를 파괴했고, 괴롭고 험난한 악취를 파괴했다. 나는 수다원으로서 결국은 정각을 성취하도록 결정되었다'라고 스스로 자신을 해명할 수 있을 것이다."

2.10. 세존께서는 나디까에서 긴자까와사타 정사에 머물면서 비구들에게 참으로 많은 설법을 하셨습니다. 계행은 이런 것이다. 삼매는 이런 것이다. 반야는 이런 것이다. 계행을 두루 실천하면 삼매라는 큰 과보와 큰 공덕이 있고, 삼매를 두루 닦으면 반야라는 큰 과보와 큰 공덕이 있고, 반야가 충만한 마음은 모든 번뇌, 즉 욕루·유루·견루·무명루에서 바르게 해탈한다. 이런 내용의 설법이었습니다.

2.11. 세존께서는 나디까에서 적절하게 머무신 후에 아난다 존자에게 분부하셨습니다.

"아난다여, 이제 웨살리로 가자!"

"예, 세존이시여!"

세존께서는 큰 비구상가와 함께 웨살리에 도착하여 웨살리에 있는 암바빨리(Ambapāli) 원림(園林)에 머무셨습니다.

2.12. 그때 세존께서 비구들에게 말씀하셨습니다.

"비구들이여, 비구는 주의집중하고 알아차리며 살아야 한다오. 이것이 그대들을 위한 나의 가르침이오.

비구들이여, 비구는 어떻게 주의집중을 하는가? 비구는 몸[kāya, 身]을 관찰하며 몸에 머물면서, 열심히 주의집중하고 알아차려 세간에 대한 탐욕과 불만을 제거해야 한다오. 느낌[vedanā, 受]을 관찰하며 느낌에 머물면서, 열심히 주의집중하고 알아차려 세간에 대한 탐욕과 불만을 제거해야 한다오. 마음[citta, 心]을 관찰하며 마음에 머물면서, 열심히 주의집중하고 알아차려 세간에 대한 탐욕과 불만을 제거해야 한다오. 법[dhamma, 法]을 관찰하며 법에 머물면서, 열심히 주의집중하고 알아차려 세간에 대한 탐욕과 불만을 제거해야 한다오. 비구들이여, 비구는 이와 같이 주의집중을 해야 한다오.

2.13. 비구들이여, 비구는 어떻게 알아차리는가? 비구들이여, 비구는 나아가고 물러날 때 알아차리고 행동하며, 바라보고 돌아볼 때 알아차리고 행동하며, 구부리고 펼 때 알아차리고 행동하며, 가사(袈裟)와 발우와 승복을 지닐 때 알아차리고 행동하며, 먹고 마시고 씹고 맛볼 때 알아차리고 행동하며, 대소변을 볼 때 알아차리고 행동하며, 가고 서고 앉고 자고 깨고 말하고 침묵할 때 알아차리고 행동한다오. 비구들이여, 비구는 이와 같이 알아차려야 한다오.

비구들이여, 비구는 주의집중하고 알아차리며 살아야 한다오. 이것이 그대들을 위한 나의 가르침이라오."

2.14. 기녀(妓女) 암바빨리(Ambapālī)는 세존께서 지금 웨살리에 도착하여 자신의 망고 숲에 머물고 계신다는 말을 들었습니다. 기녀 암바빨리는 훌륭한 수레들을 마련하여,

훌륭한 수레를 타고 웨살리를 나서 자신의 원림으로 향했습니다. 그녀는 수레로 갈 수 있는 곳까지는 수레로 간 후에, 수레에서 내려 걸어서 세존께 갔습니다. 그녀는 세존께 예배한 후에 한쪽에 앉았습니다. 세존께서는 기녀 암바빨리를 여법한 말씀으로 가르치고 격려하고 장려하고 기쁘게 하셨습니다.

세존으로부터 가르침을 받고 기뻐하면서, 기녀 암바빨리가 세존께 말씀드렸습니다.

"세존이시여, 세존께서는 비구상가와 함께 내일 저의 공양을 받아 주십시오!"

세존께서는 침묵으로 승낙하셨습니다. 기녀 암바빨리는 세존께서 승낙하신 것을 알고, 자리에서 일어나 세존께 예배한 후에 오른쪽으로 돌고 떠나갔습니다.

2.15. 웨살리에 사는 릿차위(Licchavi)[168]들은 "세존께서 지금 웨살리에 도착하여 암바빨리 원림에 머물고 계신다"라는 말을 들었습니다. 릿차위들은 훌륭한 수레들을 마련하여, 훌륭한 수레를 타고 웨살리를 나섰습니다. 그때 어떤 릿차위들은 푸른색으로 화장을 하고, 푸른색 옷을 입고, 푸른색 장신구를 하여 푸른색이었고, 어떤 릿차위들은 노란색으로 화장을 하고, 노란색 옷을 입고, 노란색 장신구를 하여 노란색이었고, 어떤 릿차위들은 붉은색 화장을 하고, 붉은색 옷을 입고, 붉은색 장신구를 하여 붉은색이었고, 어떤 릿차위들은 흰색 화장을 하고, 흰색 옷을 입고, 흰색 장신구를 하여 흰색이었습니다.

2.16. 그때 기녀 암바빨리가 젊은 릿차위들의 차축(車軸)을 차축으로, 바퀴를 바퀴로, 멍에를 멍에로 부딪쳤습니다. 릿차위들이 기녀 암바빨리에게 말했습니다.

"여보게, 암바빨리여! 그대는 왜 젊은 릿차위들의 차축을 차축으로, 바퀴를 바퀴로, 멍에를 멍에로 부딪치는 것인가?"

"귀공자들이시여, 정말이지 제가 세존을 비구상가와 함께 내일 저의 공양에 초대했답니다."

"여보게, 암바빨리여! 10만 금에 그 공양을 넘기게."

"귀공자들이시여, 여러분께서 저에게 웨살리를 영지(領地)와 함께 준다고 해도, 저는 이러한 큰 공양을 넘겨 드릴 수 없습니다."

그러자 그 릿차위들은 "여보게, 천한 여인에게 우리가 졌네! 여보게, 천한 여인에게 우리가 넘어갔네!"라고 손가락을 튕기면서 아쉬워했습니다.

그 릿차위들은 암바빨리 원림으로 나아갔습니다.

2.17. 세존께서는 멀리서 그 릿차위들이 오는 것을 보시고 비구들에게 말씀하셨습니다.

"비구들이여, 비구들 가운데 도리천(忉利天)의 천신들을 보지 못한 사람들은 릿차위 무리를 보시오! 비구들이여, 릿차위 무리를 살펴보시오! 비구들이여, 릿차위 무리를 견주어 도리천의 무리로 보시오!"

2.18. 릿차위들은 수레로 갈 수 있는 곳까지는 수레로 간 후에, 수레에서 내려 걸어서 세존께 갔습니다. 릿차위들은 세존께 예배한 후에 한쪽에 앉았습니다. 한쪽에 앉은 릿차위들을 세존께서는 여법한 말씀으로 가르치고 격려하고 장려하고 기쁘게 하셨습니다.

168 왓지(Vajji)국의 종족 이름, 웨살리는 왓지의 수도이며, 왓지는 릿차위족의 나라이다.

세존으로부터 가르침을 받고 기뻐하면서, 릿차위들은 세존께 이렇게 말씀드렸습니다.

"세존이시여, 세존께서는 비구상가와 함께 내일 저희 공양을 받아 주십시오!"

"릿차위들이여, 나는 내일 기녀 암바빨리의 공양을 받기로 승낙했다오."

그러자 그 릿차위들은 "여보게, 천한 여인에게 우리가 졌네! 여보게, 천한 여인에게 우리가 넘어갔네!"라고 손가락을 튕기면서 아쉬워했습니다.

그 릿차위들은 세존의 말씀에 기뻐하고 만족하고서, 자리에서 일어나 세존께 예배한 후에 오른쪽으로 돌고 떠나갔습니다.

2.19. 기녀 암바빨리는 그날 밤새 자신의 원림에 갖가지 훌륭한 딱딱한 음식과 부드러운 음식을 마련한 후에 세존께 알렸습니다.

"세존이시여, 공양이 준비되었습니다."

세존께서는 오전에 옷을 입고, 발우와 법의를 들고, 비구상가와 함께 기녀 암바빨리의 집으로 가서 마련된 자리에 앉으셨습니다. 기녀 암바빨리는 부처님을 비롯한 비구상가를 갖가지 훌륭한 딱딱한 음식과 부드러운 음식으로 손수 시중을 들며 만족시켰습니다. 기녀 암바빨리는 세존께서 공양을 마치고 발우에서 손을 떼시자, 아래에 있는 다른 자리로 가서 한쪽에 앉았습니다.

기녀 암바빨리는 한쪽에 앉아 세존께 이렇게 말씀드렸습니다.

"세존이시여, 저는 이 원림을 부처님을 비롯한 비구상가에 바치고자 합니다."

세존께서는 원림을 받으셨습니다. 세존께서는 기녀 암바빨리를 여법한 말씀으로 가르치고 격려하고 장려하고 기쁘게 하신 후에 자리에서 일어나 그곳을 떠나셨습니다.

2.20. 세존께서는 웨살리의 암바빨리 원림에 머물면서 비구들에게 참으로 많은 설법을 하셨습니다. 계행은 이런 것이다. 삼매는 이런 것이다. 반야는 이런 것이다. 계행을 두루 실천하면 삼매라는 큰 과보와 큰 공덕이 있고, 삼매를 두루 닦으면 반야라는 큰 과보와 큰 공덕이 있고, 반야가 충만한 마음은 모든 번뇌, 즉 욕루, 유루, 견루, 무명루에서 바르게 해탈한다. 이런 내용의 설법이었습니다.

2.21. 세존께서는 암바빨리 원림에서 적절하게 머무신 후에 아난다 존자에게 분부하셨습니다.

"아난다여, 이제 웰루와가마까(Veluvagāmaka)로 가자!"

"예, 세존이시여!"

세존께서는 큰 비구상가와 함께 웰루와가마까에 도착하여 그곳에 머무셨습니다.

2.22. 그때 세존께서 비구들에게 말씀하셨습니다.

"비구들이여, 그대들은 모두 웨살리에서 친구나 지인이나 동료를 따라 우기(雨期) 안거(安居)에 들어가시오! 나는 웰루와가마까에서 우기 안거에 들어가겠소."

그 비구들은 "그렇게 하겠습니다, 세존이시여!"라고 대답하고 모두 웨살리에서 친구나 지인이나 동료를 따라 우기 안거에 들었고, 세존께서는 웰루와가마까에서 우기 안거에 드셨습니다.

2.23. 그런데 안거 중에 세존께 심한 병이 생겨서 죽을 정도로 극심한 고통이 생겼습니다. 세존께서는 주의집중과 알아차림으로 괴로워하지 않고 참아 내셨습니다.

그때 세존께서는 이렇게 생각하셨습니다.

'내가 시자(侍者)에게 알리지 않고, 비구상가에 작별 인사도 없이 반열반에 든다면, 그것은 적절치 않다. 정진(精進)하여 이 병을 내쫓고, 살려는 의지[jīvita-saṃkhāra]를 가지고 머무는 것이 어떨까?'

세존께서는 정진하여 그 병을 내쫓고, 생명을 유지하려는 의지를 가지고 머무셨습니다. 세존의 병은 진정되었습니다.

2.24. 세존께서는 병에서 회복되자, 병실에서 나와 승원의 그늘에 마련된 자리에 앉아 계셨습니다. 그때 아난다 존자가 세존을 찾아와서 예배한 후에 한쪽에 앉아 세존께 말씀드렸습니다.

"세존이시여, 세존께서 병을 이겨 내고 건강하신 것을 보니 한없이 기쁩니다. 세존께서 편찮으시니, 제 몸은 마치 술에 취한 것처럼 중심을 잡을 수 없었고, 아무것도 보이지 않았습니다. 세존이시여, 그렇지만 '세존께서 비구상가에 대하여 무언가 말씀을 하시지 않고서 반열반에 드시지는 않을 것이다'라는 생각이 들어 약간의 위로가 되었습니다."

2.25. "아난다여, 이제 비구상가가 나에게 무엇을 더 바란다는 말이냐? 아난다여, 나는 현교(顯教)와 밀교(密教)를 구별하지 않고 [anantaraṃ abāhiraṃ karitvā][169] 진리를 가르쳤다. 아난다여, 여래의 가르침에는 숨겨 둔 '스승의 주먹[ācariya-muṭṭhi]'[170]이 없다. 아난다여, 누군가 '내가 비구상가를 이끌겠다'라거나 '비구상가는 나를 따른다'라고 생각한다면, 아난다여, 아마도 그는 비구상가에 대하여 무언가 말을 할 것이다. 아난다여, 그렇지만 여래는 '내가 비구상가를 이끌겠다'라거나 '비구상가는 나를 따른다'라고 생각하지 않는다. 아난다여, 그런데 여래가 비구상가에 대하여 무슨 말을 하겠느냐? 아난다여, 나는 지금 만년에 이른 늙고 노쇠한 늙은이로서, 내 나이 여든 살이 되었다. 아난다여, 마치 낡은 마차가 가죽끈에 묶여서 끌려가듯이, 여래의 몸도 가죽끈에 묶여서 끌려가는 것 같구나. 아난다여, 여래가 일체의 외부의 모습[nimitta]에 마음을 쓰지 않고, 어떤 느낌도 사라져서 외부의 모습에서 벗어난 [animittaṃ] 삼매를 성취하여 머물 때, 아난다여, 그때 여래의 몸은 편안하다.

2.26. 아난다여, 이제 그대들은 자신을 등불로 삼고, 자신을 귀의처로 삼고, 다른 사람을 귀의처로 삼지 마라! 가르침[法]을 등불로 삼고, 가르침을 귀의처로 삼고, 다른 것을 귀의처로 삼지 않고 살아가도록 하여라! 아난다여, 비구가 자신을 등불로 삼고, 자신을 귀의처로 삼고, 다른 사람을 귀의처로 삼지 않

---

169 원문의 뜻은 '안으로 (감추지) 않고, 밖으로 (공개하지) 않고'이다. 대부분의 종교는 대외적으로 드러내는 교리, 즉 현교(顯教)와 교단 내부에서 비밀스럽게 전하는 교리, 즉 밀교(密教)가 있다. 불교도 후대에 밀교를 자칭하는 교리가 등장하지만, 붓다는 결코 현교와 밀교를 구별하지 않았음을 이 경은 보여 주고 있다.

170 우파니샤드에서는 스승이 후계자를 선택하여 진리를 비밀리에 전하였다. 이것을 '스승의 주먹'이라고 한다. 스승의 주먹이 없다는 것은 특별한 사람에게만 가르치기 위해 주먹 속에 숨겨 둔 진리가 없다는 의미다. 여기에서 우리는 선종(禪宗)에서 주장하는 가섭존자에게만 특별하게 비전(秘傳)한 교외별전(教外別傳)은 없었다는 것을 알 수 있다.

고, 가르침을 등불로 삼고, 가르침을 귀의처로 삼고, 다른 것을 귀의처로 삼지 않고 살아간다는 것은 어떤 것인가?

아난다여, 비구는 몸[身]을 관찰하며 몸에 머물면서, 열심히 주의집중하고 알아차려 세간에 대한 탐욕과 불만을 제거해야 한다. 느낌[受]을 관찰하며 느낌에 머물면서, 열심히 주의집중하고 알아차려 세간에 대한 탐욕과 불만을 제거해야 한다. 마음[心]을 관찰하며 마음에 머물면서, 열심히 주의집중하고 알아차려 세간에 대한 탐욕과 불만을 제거해야 한다. 법을 관찰하며 법에 머물면서, 열심히 주의집중하고 알아차려 세간에 대한 탐욕과 불만을 제거해야 한다. 아난다여, 이렇게 하는 것이 비구가 자신을 등불로 삼고, 자신을 귀의처로 삼고, 다른 것을 귀의처로 삼지 않고, 가르침을 등불로 삼고, 가르침을 귀의처로 삼고, 다른 것을 귀의처로 삼지 않고 살아가는 것이다.

아난다여, 지금이든 나의 사후(死後)든, 자신을 등불로 삼고, 자신을 귀의처로 삼고, 다른 사람을 귀의처로 삼지 않고, 가르침을 등불로 삼고, 가르침을 귀의처로 삼고, 다른 것을 귀의처로 삼지 않고 살아간다면, 아난다여, 그 비구는 누구든지 학계(學戒)를 열망하는 나의 가장 훌륭한 제자가 될 것이다."

3.1. 세존께서는 오전에 옷을 입고, 발우와 법의를 들고 탁발하러 웨살리에 들어가서 탁발을 하시고, 탁발에서 돌아와 탁발한 음식을 드신 후에 아난다 존자에게 분부하셨습니다.

"아난다여, 좌구(坐具)를 챙겨라! 오후 휴식을 위해 짜빨라(Cāpāla) 탑묘로 가야겠다."

"그렇게 하겠습니다, 세존이시여!"

아난다 존자는 좌구를 들고 세존의 뒤를 따라갔습니다.

3.2. 세존께서는 짜빨라 탑묘로 가서 마련된 자리에 앉으셨습니다. 아난다 존자는 세존께 예배하고 한쪽에 앉았습니다. 한쪽에 앉은 아난다 존자에게 세존께서 말씀하셨습니다.

"아난다여, 웨살리가 보기 좋구나. 우데나(Udena) 탑묘가 보기 좋구나. 고따마까(Gotamaka) 탑묘가 보기 좋구나. 삿땀바(Sattamba) 탑묘가 보기 좋구나. 바후뿟따(Bahuputta) 탑묘가 보기 좋구나. 사란다다(Sārandada) 탑묘가 보기 좋구나. 짜빨라 탑묘가 보기 좋구나.

3.3. 아난다여, 4신족(四神足, cattāra iddhipādā)을 닦아 익히고 통달하고 철저하게 실천하고 실행하고 체득하고 훌륭하게 성취한 사람은 누구나 영겁(永劫)토록, 또는 겁(劫)이 다할 때까지 머물 수 있다. 아난다여, 여래는 4신족을 닦아 익히고 통달하고 철저하게 실천하고 실행하고 체화하고 훌륭하게 성취했다. 아난다여, 분명히 여래는 영겁토록, 또는 겁이 다할 때까지 머물 수 있다."

3.4. 아난다 존자는 세존께서 이와 같이 언질을 주고 암시하시는 것을, 마치 마라(Māra)에게 홀린 듯이 알아채지 못하고 '세존이시여, 세존께서는 영겁토록 머무소서! 여래께서는 대중의 이익을 위하여, 대중의 행복을 위하여, 세간을 연민하사, 천신과 인간의 복과 이익과 행복을 위하여 영겁토록 머무소서!'라고 세존께 간청하지 않았습니다.

3.5. 세존께서는 아난다 존자에게 두 번 세 번 같은 말씀을 하셨지만, 아난다 존자는 세존께서 이와 같이 언질을 주고 암시하시는 것을, 마치 마라에게 홀린 듯이 알아채지 못하

고 세존께 간청하지 않았습니다.

3.6. 그러자 세존께서 아난다 존자에게 분부하셨습니다.

"아난다여, 그대는 이제 그만 가 보아라!"

아난다 존자는 "그렇게 하겠습니다, 세존이시여!"라고 세존께 대답하고, 자리에서 일어나 세존께 예배하고 오른쪽으로 돈 후에 가까이에 있는 다른 나무 아래 앉았습니다.

3.7. 아난다 존자가 떠난 지 얼마 되지 않아, 마라(Māra) 빠삐만(Pāpimant)[171]이 세존께 와서 한쪽에 섰습니다.

마라 빠삐만이 세존께 말했습니다.

"세존이시여, 세존께서는 이제 반열반에 드십시오! 여래께서는 반열반에 드십시오! 세존이시여, 이제 세존께서 반열반에 드실 때입니다. 세존이시여, 세존께서는 '빠삐만이여, 나는 나의 성문(聲聞) 비구들이 학식 있고, 교양 있고, 숙련되고, 많은 지식을 갖추고, 가르침[法]을 수지(受持)하고, 가르침에 따라 진리를 실천하고, 화합하며 공경하고[和敬], 가르침에 따르는 수행자가 되어 스스로 스승의 가르침을 배운 후에 그것을 알리고 가르치고 시설하고 제공하고 현시하고 설명하고 명료하게 하고, 다른 사람과의 논쟁이 생기면 진리로써 잘 비판하여 굴복시키고, 이치에 맞게 진리[法]를 가르칠 수 있을 때까지는 반열반에 들지 않겠다'라고 하셨습니다.

3.8. 세존이시여, 그런데 지금 세존의 성문 비구들은 학식 있고, 교양 있고, 숙련되고, 많은 지식을 갖추고, 가르침을 수지하고, 가르침에 따라 진리를 실천하고, 화합하며 공경하고, 가르침에 따르는 수행자로서 스스로 스승의 가르침을 배운 후에 그것을 알리고 가르치고 시설하고 제공하고 현시하고 설명하고 명료하게 하고, 다른 사람과의 논쟁이 생기면 진리로써 잘 비판하여 굴복시키고, 이치에 맞게 진리를 가르치고 있습니다. 세존이시여, 세존께서는 이제 반열반에 드십시오! 여래께서는 반열반에 드십시오! 세존이시여, 이제 세존께서 반열반에 드실 때입니다.

세존이시여, 세존께서는 '빠삐만이여, 나는 나의 성문 비구니와 성문 청신사와 성문 청신녀들이 학식 있고, 교양 있고, 숙련되고, 많은 지식을 갖추고, 가르침을 수지하고, 가르침에 따라 진리를 실천하고, 화합하며 공경하고, 가르침에 따르는 수행자로서 스스로 스승의 가르침을 배운 후에 그것을 알리고 가르치고 시설하고 제공하고 현시하고 설명하고 명료하게 하고, 다른 사람과의 논쟁이 생기면 진리로써 잘 비판하여 굴복시키고, 이치에 맞게 진리를 가르칠 수 있을 때까지는 반열반에 들지 않겠다'라고 하셨습니다.

세존이시여, 그런데 지금 세존의 성문 비구니와 성문 청신사와 성문 청신녀들은 학식 있고, 교양 있고, 숙련되고, 많은 지식을 갖추고, 가르침을 수지하고, 가르침에 따라 진리를 실천하고, 화합하며 공경하고, 가르침에 따르는 수행자로서 스스로 스승의 가르침을 배운 후에 그것을 알리고 가르치고 시설하고 제공하고 현시하고 설명하고 명료하

---

171 죽음의 신. 마왕(魔王) 파순(波旬)으로 한역됨.

게 하고, 다른 사람과의 논쟁이 생기면 진리로써 잘 비판하여 굴복시키고, 이치에 맞게 진리를 가르치고 있습니다. 세존이시여, 세존께서는 이제 반열반에 드십시오! 여래께서는 반열반에 드십시오! 세존이시여, 이제 세존께서 반열반에 드실 때입니다.

세존이시여, 세존께서는 '빠삐만이여, 나는 나의 이 청정한 수행이 번성하고, 번창하고, 많은 사람들에게 널리 퍼지고 두루 퍼져서, 사람들에 의해 잘 드러날 때까지는 반열반에 들지 않겠다'라고 하셨습니다.

세존이시여, 그런데 지금 세존의 청정한 수행은 번성하고, 번창하고, 많은 사람들에게 널리 퍼지고 두루 퍼져서, 사람들에 의해 잘 드러났습니다. 세존이시여, 세존께서는 이제 반열반에 드십시오! 여래께서는 반열반에 드십시오! 세존이시여, 이제 세존께서 반열반에 드실 때입니다."

3.9. 이와 같이 이야기하자, 세존께서 마라 빠삐만에게 말씀하셨습니다.

"빠삐만이여, 네가 관여할 일이 아니다. 머지않아 여래의 반열반이 있을 것이다. 석 달 후에 여래는 반열반에 들 것이다."

3.10. 세존께서는 짜빨라 탑묘에서 주의집중하고 알아차리면서 수명(壽命)을 유지하려는 의지[āyu-saṃkhāra]를 놓아 버리셨습니다. 여래께서 수명을 유지하려는 의지를 놓아 버리셨을 때, 온몸의 털이 곤두서는 무서운 큰 지진이 있었으며, 천둥소리가 진동했습니다. 세존께서는 그 의미를 아시고 우다나를 읊으셨습니다.

같게든 다르게든 태어나서
존재하려는 의지[bhava-saṃkhāra]를 성자는 놓아 버렸다네.
안으로 즐거운 삼매에 들어
자아의 발생[atta-sambhava]이라는 쇠사슬을 끊어 버렸다네.

3.11. 그때 아난다 존자에게 이런 생각이 들었습니다.

'참으로 놀랍다. 실로 일찍이 없었던 일이다. 이 지진은 참으로 크다. 이 지진은 정말 엄청나서 온몸의 털이 곤두서고 무서우며, 천둥소리가 진동한다. 큰 지진이 나타나는 원인은 무엇이고 조건은 무엇일까?'

3.12. 아난다 존자는 세존에게 가서 예배한 후에 한쪽에 앉아 세존께 물었습니다.

"세존이시여, 참으로 놀랍습니다. 세존이시여, 실로 일찍이 없었던 일입니다. 세존이시여, 이 지진은 참으로 큽니다. 세존이시여, 이 지진은 정말 엄청나서 온몸의 털이 곤두서고 무서우며, 천둥소리가 진동합니다. 세존이시여, 큰 지진이 일어나는 원인은 무엇이고 조건은 무엇입니까?"

3.13. "아난다여, 큰 지진에는 여덟 가지 원인이 있고, 여덟 가지 조건이 있다. 여덟 가지는 어떤 것인가? 아난다여, 대지(大地)는 물 위에 안주하고, 물은 바람 위에 안주하고, 바람은 허공에 머물고 있다. 아난다여, 큰바람이 불 때, 부는 바람이 물을 흔들고, 흔들리는 물이 땅을 흔든다. 이것이 큰 지진이 일어나는 첫째 원인이고 첫째 조건이다.

3.14. 아난다여, 그다음에 신통력이 있고 마음이 자재한 사문이나 바라문, 또는 큰 신변(神變)과 큰 위력을 지닌 천신(天神)이 있어, 작은 땅에 대한 생각[paṭhavi-saññā, 地想]과 무한한 물에 대한 생각[āpo-saññā, 水想]을

�江으면, 그것이 이 땅을 흔들고, 뒤흔들고, 진동시키고, 요동치게 한다. 이것이 큰 지진이 일어나는 둘째 원인이고 둘째 조건이다.

3.15. 아난다여, 그다음에 보살(菩薩)이 도솔천(兜率天)에서 죽어 주의집중하고 알아차리면서 모태에 들어갈 때, 이 땅이 흔들리고 뒤흔들리고 진동하고 요동친다. 이것이 큰 지진이 일어나는 셋째 원인이고 셋째 조건이다.

3.16. 아난다여, 그다음에 보살이 주의집중하고 알아차리면서 모태에서 나올 때, 이 땅이 흔들리고 뒤흔들리고 진동하고 요동친다. 이것이 큰 지진이 일어나는 넷째 원인이고 넷째 조건이다.

3.17. 아난다여, 그다음에 여래가 위없는 바르고 평등한 깨달음[anuttara sammā sambodhi, 無上正等正覺]을 성취할 때, 이 땅이 흔들리고, 뒤흔들리고, 진동하고, 요동친다. 이것이 큰 지진이 일어나는 다섯째 원인이고 다섯째 조건이다.

3.18. 아난다여, 그다음에 여래가 위없는 법륜(法輪)을 굴릴 때, 이 땅이 흔들리고 뒤흔들리고 진동하고 요동친다. 이것이 큰 지진이 일어나는 여섯째 원인이고 여섯째 조건이다.

3.19. 아난다여, 그다음에 여래가 주의집중하고 알아차리면서 수명을 유지하려는 의지를 놓아 버릴 때, 이 땅이 흔들리고 뒤흔들리고 진동하고 요동친다. 이것이 큰 지진이 일어나는 일곱째 원인이고 일곱째 조건이다.

3.20. 아난다여, 그다음에 여래가 무여열반계(無餘涅槃界)에 반열반할 때, 이 땅이 흔들리고 뒤흔들리고 진동하고 요동친다. 이것이 큰 지진이 일어나는 여덟째 원인이고 여덟째 조건이다. 아난다여, 이것이 큰 지진이 일어나는 여덟 가지 원인이고 여덟 가지 조건이다.

3.21. 아난다여, 여덟 가지 무리[八衆]가 있다. 8중(八衆)이란 어떤 것인가? 그것은 크샤트리아의 무리, 바라문의 무리, 거사(居士)의 무리, 사문(沙門)의 무리, 4천왕(四天王)의 무리, 도리천(忉利天)의 무리, 마라의 무리, 범천(梵天)의 무리이다.

3.22. 아난다여, 나는 예전에 수백 명의 크샤트리아의 무리를 찾아가서, 그곳에서 그들과 함께 앉아 함께 대화하고 토론한 적이 있다. 그곳에서 나는 그들과 다름없는 용모를 하고, 그들과 다름없는 소리를 내어, 이치에 맞는 말로 그들을 가르치고 격려하고 장려하고 기쁘게 했다. 이야기하는 동안 그들은 '이야기하고 있는 이 사람은 천신인가, 인간인가?'라고 하며 나를 알아보지 못했다. 나는 이치에 맞는 말로 그들을 가르치고 격려하고 장려하고 기쁘게 한 후에 사라졌다. 그런데 사라진 후에도 그들은 '사라진 이 사람은 천신인가, 인간인가?'라고 하며 나를 알아보지 못했다.

3.23. 아난다여, 나는 예전에 수백 명의 바라문의 무리·거사의 무리·사문의 무리·4천왕의 무리·도리천의 무리·마라의 무리·범천의 무리를 찾아가서, 그곳에서 그들과 함께 앉아 함께 대화하고 토론한 적이 있다. 그곳에서 나는 그들과 다름없는 용모를 하고, 그들과 다름없는 소리를 내어, 이치에 맞는 말로 그들을 가르치고 격려하고 장려하고 기쁘게 했다. 이야기하는 동안 그들은 '이야기하고 있는 이 사람은 천신인가, 인간인가?'라고 하며 나를 알아보지 못했다. 나는 이치에 맞는 말로 그들을 가르치고 격려하고 장려하고 기쁘게 한 후에 사라졌다. 그런데 사라진 후

에도 그들은 '사라진 이 사람은 천신인가, 인간인가?'라고 하며 나를 알아보지 못했다.

아난다여, 이들이 8중이다.

3.24. 아난다여, 여덟 가지 승리자의 자리[aṭṭha abhibhâyatāni, 八勝處][172]가 있다. 8승처(八勝處)란 어떤 것인가?

3.25. 어떤 사람은 안으로 형색에 대한 생각[色想]을 가지고 아름답고 흉한 유한한 밖의 형색들을 본다. 그는 '나는 그 형색들을 극복하고 있다는 것을 알고 있고 보고 있다'라고 생각한다. 이것이 첫째 승리자의 자리[初勝處]이다.

3.26. 어떤 사람은 안으로 형색에 대한 생각을 가지고 아름답고 흉한 무량한 밖의 형색들을 본다. 그는 '나는 그 형색들을 극복하고 있다는 것을 알고 있고 보고 있다'라고 생각한다. 이것이 둘째 승리자의 자리[第二勝處]이다.

3.27. 어떤 사람은 안으로 형색에 대한 생각이 없이[無色想] 아름답고 흉한 유한한 밖의 형색들을 본다. 그는 '나는 그 형색들을 극복하고 있다는 것을 알고 있고 보고 있다'라고 생각한다. 이것이 셋째 승리자의 자리[第三勝處]이다.

3.28. 어떤 사람은 안으로 형색에 대한 생각이 없이 아름답고 흉한 무량한 밖의 형색들을 본다. 그는 '나는 그 형색들을 극복하고 있다는 것을 알고 있고 보고 있다'라고 생각한다. 이것이 넷째 승리자의 자리[第四勝處]이다.

3.29. 어떤 사람은 안으로 형색에 대한 생각이 없이 푸른색의, 푸른 모습의, 푸른 특징의 푸른빛이 나는 밖의 형색들을 본다. 예를 들면 푸른색의, 푸른 모습의, 푸른 특징의, 푸르게 빛나는 우마(ummā)꽃을 본다. 예를 들면 바라나시(Bārāṇasī)에서 나는 푸른색의, 푸른 모습의, 푸른 특징의, 푸르게 빛나는, 양면이 부드러운 옷을 본다. 이와 같이 안으로 형색에 대한 생각이 없이 푸른색의, 푸른 모습의, 푸른 특징의, 푸르게 빛나는 밖의 형색들을 본다. 그는 '나는 그 형색들을 극복하고 있다는 것을 알고 있고 보고 있다'라고 생각한다. 이것이 다섯째 승리자의 자리[第五勝處]이다.

3.30. 어떤 사람은 안으로 형색에 대한 생각이 없이 노란색의, 노란 모습의, 노란 특징의, 노란빛이 나는 밖의 형색들을 본다. 예를 들면 노란색의, 노란 모습의, 노란 특징의, 노랗게 빛나는 까니까라(kaṇikāra)꽃을 본다. 예를 들면 바라나시에서 나는 노란색의, 노란 모습의, 노란 특징의, 노랗게 빛나는, 양면이 부드러운 옷을 본다. 이와 같이 안으로 형색에 대한 생각이 없이 노란색의, 노란 모습의, 노란 특징의, 노랗게 빛나는 밖의 형색들을 본다. 그는 '나는 그 형색들을 극복하고 있다는 것을 알고 있고 보고 있다'라고 생각한다. 이것이 여섯째 승리자의 자리[第六勝處]이다.

3.31. 어떤 사람은 안으로 형색에 대한 생각이 없이 붉은색의, 붉은 모습의, 붉은 특징의, 붉게 빛나는 밖의 형색들을 본다. 예를 들면 붉은색의, 붉은 모습의, 붉은 특징의,

---

172 8중(八衆)은 번뇌에 지배당하고 사는 무지한 범부를 의미하고, 8승처(八勝處)는 번뇌를 극복하고 자기 삶의 주인으로 살아가는 수행자를 의미한다.

붉게 빛나는 반두지와까(bandhujīvaka)꽃을 본다. 예를 들면 바라나시에서 나는 붉은색의, 붉은 모습의, 붉은 특징의, 붉게 빛나는, 양면이 부드러운 옷을 본다. 이와 같이 안으로 형색에 대한 생각이 없이 붉은색의, 붉은 모습의, 붉은 특징의, 붉게 빛나는 밖의 형색들을 본다. 그는 '나는 그 형색들을 극복하고 있다는 것을 알고 있고 보고 있다'라고 생각한다. 이것이 일곱째 승리자의 자리[第七勝處]이다.

3.32. 어떤 사람은 안으로 형색에 대한 생각이 없이 흰색의, 흰 모습의, 흰 특징의, 흰빛이 나는 밖의 형색들을 본다. 예를 들면 흰색의, 흰 모습의, 흰 특징의, 희게 빛나는 태백성(太白星, osadhi-tārakā)을 본다. 예를 들면 바라나시에서 나는 흰색의, 흰 모습의, 흰 특징의, 희게 빛나는, 양면이 부드러운 옷을 본다. 이와 같이 안으로 형색에 대한 생각이 없이 흰색의, 흰 모습의, 흰 특징의, 희게 빛나는 밖의 형색들을 본다. 그는 '나는 그 형색들을 극복하고 있다는 것을 알고 있고 보고 있다'라고 생각한다. 이것이 여덟째 승리자의 자리[第八勝處]이다.

아난다여, 이들이 8승처이다.

3.33. 아난다여, 여덟 가지 해탈이 있다. 8해탈(八解脫)이란 어떤 것인가?

형색을 가지고 형색을 본다. 이것이 첫째 해탈이다.

안에 형색에 대한 생각 없이 밖의 형색들을 본다. 이것이 둘째 해탈이다.

'청정한 상태다'라고 몰입한다. 이것이 셋째 해탈이다.

일체의 형색에 대한 생각[色想]을 초월하고, 지각대상에 대한 생각[有對想]이 소멸하여, 다양한 생각에 마음을 두지 않고, '허공은 무한하다'라고 생각하는 공무변처(空無邊處)를 성취하여 살아간다. 이것이 넷째 해탈이다.

일체의 공무변처를 초월하여, '분별의 식[識]은 무한하다'라고 생각하는 식무변처(識無邊處)를 성취하여 살아간다. 이것이 다섯째 해탈이다.

일체의 식무변처를 초월하여, '어떤 것도 존재하지 않는다'라고 생각하는 무소유처(無所有處)를 성취하여 살아간다. 이것이 여섯째 해탈이다.

일체의 무소유처를 초월하여, 비유상비무상처(非有想非無想處)를 성취하여 살아간다. 이것이 일곱째 해탈이다.

일체의 비유상비무상처를 초월하여, 생각과 느껴진 것의 소멸[想受滅]을 성취하여 살아간다. 이것이 여덟째 해탈이다.

아난다여, 이들이 8해탈이다.

3.34. 아난다여, 한때 나는 처음 정각을 성취하여 우루웰라의 네란자라 강기슭에 있는 아자빨라니그로다나무 아래에 머물고 있었다. 아난다여, 그때 마라 빠삐만이 나에게 다가와서 한쪽에 서서 나에게 말했다.

'세존이시여, 세존께서는 이제 반열반에 드십시오! 여래께서는 반열반에 드십시오! 세존이시여, 이제 세존께서 반열반에 드실 때입니다.'

3.35. 아난다여, 이렇게 말하자 나는 마라 빠삐만에게 말했다.

'빠삐만이여, 나는 나의 성문 비구·비구니·청신사·청신녀들이 학식 있고, 교양 있고, 숙련되고, 많은 지식을 갖추고, 가르침을 수지하고, 가르침에 따라 진리를 실천하고,

화합하며 공경하고, 가르침에 따르는 수행자로서 스스로 스승의 가르침을 배운 후에 그것을 알리고 가르치고 시설하고 제공하고 현시하고 설명하고 명료하게 하고, 다른 사람과의 논쟁이 생기면 진리로써 잘 비판하여 굴복시키고, 이치에 맞게 진리를 가르칠 수 있을 때까지는 반열반에 들지 않겠다. 빠삐만이여, 나는 나의 이 청정한 수행이 번성하고, 번창하고, 많은 사람들에게 널리 퍼지고 두루 퍼져서, 사람들에 의해 잘 드러날 때까지는 반열반에 들지 않겠다.'

3.36. 아난다여, 그런데 오늘 조금 전에 짜빨라 탑묘에서 마라 빠삐만이 나를 찾아와서, 한쪽에 서서 나에게 말했다.

'세존이시여, 세존께서는 이제 반열반에 드십시오! 여래께서는 반열반에 드십시오! 세존이시여, 이제 세존께서 반열반에 드실 때입니다. 세존이시여, 세존께서는 '빠삐만이여, 나는 나의 성문 비구·비구니·청신사·청신녀들이 학식 있고, 교양 있고, 숙련되고, 많은 지식을 갖추고, 가르침을 수지하고, 가르침에 따라 진리를 실천하고, 화합하며 공경하고, 가르침에 따르는 수행자로서 스스로 스승의 가르침을 배운 후에 그것을 알리고 가르치고 시설하고 제공하고 현시하고 설명하고 명료하게 하고, 다른 사람과의 논쟁이 생기면 진리로써 잘 비판하여 굴복시키고, 이치에 맞게 진리를 가르칠 수 있을 때까지는 반열반에 들지 않겠다'라고 하셨습니다.

세존이시여, 그런데 지금 세존의 성문 비구·비구니·청신사·청신녀들은 학식 있고, 교양 있고, 숙련되고, 많은 지식을 갖추고, 가르침을 수지하고, 가르침에 따라 진리를 실천하고, 화합하며 공경하고, 진리에 따르는 수행자로서 스스로 스승의 가르침을 배운 후에 그것을 알리고 가르치고 시설하고 제공하고 현시하고 설명하고 명확하게 하고, 다른 사람과의 논쟁이 생기면 진리로써 잘 비판하여 굴복시키고, 이치에 맞게 진리를 가르치고 있습니다. 세존이시여, 세존께서는 이제 반열반에 드십시오! 여래께서는 반열반에 드십시오! 세존이시여, 이제 세존께서 반열반에 드실 때입니다.

세존이시여, 세존께서는 '빠삐만이여, 나는 나의 이 청정한 수행이 번성하고, 번창하고, 많은 사람들에게 널리 퍼지고 두루 퍼져서, 사람들에 의해 잘 드러날 때까지는 반열반에 들지 않겠다'라고 하셨습니다. 세존이시여, 그런데 지금 세존의 청정한 수행은 번성하고, 번창하고, 많은 사람들에게 널리 퍼지고 두루 퍼져서, 사람들에 의해 잘 드러났습니다. 세존이시여, 세존께서는 이제 반열반에 드십시오! 여래께서는 반열반에 드십시오! 세존이시여, 이제 세존께서 반열반에 드실 때입니다.'

3.37. 아난다여, 나는 마라 빠삐만에게 말했다.

'빠삐만이여, 네가 관여할 일이 아니다. 머지않아 여래의 반열반이 있을 것이다. 석 달 후에 여래는 반열반에 들 것이다.'

아난다여, 조금 전에 짜빨라 탑묘에서 여래는 주의집중하고 알아차리면서 수명을 유지하려는 의지를 놓아 버렸다."

3.38. 이 말씀을 듣고, 아난다 존자가 세존께 말씀드렸습니다.

"세존이시여, 세존께서는 영겁토록 머무소서! 여래께서는 대중의 이익을 위하여,

대중의 행복을 위하여, 세간을 연민하사, 천신과 인간의 복과 이익과 행복을 위하여 영겁토록 머무소서!"

"이제 그만 됐다. 아난다여, 여래에게 간청하지 마라! 아난다여, 여래에게 간청하기에는 이미 때가 늦었다."

3.39. 아난다 존자는 두 번 세 번 거듭하여 간청했지만, 그때마다 세존께서는 이미 때가 늦었음을 말씀하시고, 이렇게 말씀하셨습니다.

"아난다여, 그대는 여래의 깨달음을 신뢰하는가?"

"그렇습니다, 세존이시여!"

"아난다여, 그렇다면 그대는 왜 여래에게 세 차례나 강요하는가?"

3.40. "세존이시여, 저는 여래에게 '아난다여, 4신족을 닦고, 익히고, 통달하고, 철저하게 실천하고, 실행하고, 체득하고, 훌륭하게 성취한 사람은 누구나 영겁토록, 또는 겁이 다할 때까지 머물 수 있다. 아난다여, 여래는 4신족을 닦고, 익히고, 통달하고, 철저하게 실천하고, 실행하고, 체화하고, 훌륭하게 성취했다. 아난다여, 분명히 여래는 영겁토록, 또는 겁이 다할 때까지 머물 수 있다'라고 들었습니다."

"아난다여, 그대는 확실하게 들었는가?"

"그렇습니다, 세존이시여!"

"그러므로 아난다여, 여래가 이와 같이 중요한 언질을 주고 중요한 암시를 주었는데, 그대는 그것을 이해하지 못하고, 여래에게 '세존께서는 영겁토록 머무소서! 여래께서는 대중의 이익을 위하여, 대중의 행복을 위하여, 세간을 연민하사, 천신과 인간의 복과 이익과 행복을 위하여 영겁토록 머무소서!'라고 간청하지 않은 것은 그대의 잘못이며 그대의 실수이다. 아난다여, 만약에 그대가 여래에게 간청했다면, 두 번은 그대의 청을 거절했겠지만 세 번째는 들어주었을 것이다. 그러므로 아난다여, 그것은 그대의 잘못이고 그대의 실수이다.

3.41. 아난다여, 나는 한때 라자가하에 있는 깃자꾸따에 머물렀다. 아난다여, 그곳에서도 나는 그대에게 말했었다.

'아난다여, 라자가하가 보기 좋구나. 깃자꾸따가 보기 좋구나. 아난다여, 4신족을 닦고, 익히고, 통달하고, 철저하게 실천하고, 실행하고, 체득하고, 훌륭하게 성취한 사람은 누구나 영겁토록, 또는 겁이 다할 때까지 머물 수 있다. 아난다여, 여래는 4신족을 닦고, 익히고, 통달하고, 철저하게 실천하고, 실행하고, 체화하고, 훌륭하게 성취했다. 아난다여, 분명히 여래는 영겁토록, 또는 겁이 다할 때까지 머물 수 있다.'

아난다여, 여래가 이와 같이 중요한 언질을 주고 중요한 암시를 주었는데, 그대는 그것을 이해하지 못하고, 여래에게 '세존께서는 영겁토록 머무소서! 여래께서는 대중의 이익을 위하여, 대중의 행복을 위하여, 세간을 연민하사, 천신과 인간의 복과 이익과 행복을 위하여 영겁토록 머무소서!'라고 간청하지 않은 것은 그대의 잘못이며 그대의 실수이다. 아난다여, 만약에 그대가 여래에게 간청했다면, 두 번은 그대의 청을 거절했겠지만 세 번째는 들어주었을 것이다. 그러므로 아난다여, 그것은 그대의 잘못이고 그대의 실수이다.

3.42. 아난다여, 나는 한때 라자가하에 있는 니그로다 원림에 머물렀었고, 한때 라자

가하에 있는 쪼라(Cora) 절벽에 머물렀었고, 한때 라자가하에 있는 웨바라(Vebhāra)산 중턱의 칠엽굴(七葉窟)에 머물렀었고, 한때 라자가하에 있는 이시길리(Isigili)산 중턱의 깔라(Kāḷa) 바위에 머물렀었고, 한때 라자가하에 있는 시따(Sīta) 숲의 삽빠손디까(Sappasoṇḍika) 동굴에 머물렀었고, 한때 라자가하에 있는 따뽀다(Tapoda) 원림에 머물렀었고, 한때 라자가하에 있는 웰루와나 깔란다까니와빠에 머물렀었고, 한때 라자가하에 있는 지와까의 망고 숲에 머물렀었고, 한때 라자가하에 있는 맛다꿋치(maddakucchi)의 사슴동산에 머물렀었다.

3.43. 아난다여, 나는 그곳에서도 그대에게 말했었다.

'아난다여, 라자가하가 보기 좋구나. 깃자꾸따가 보기 좋구나. 고따마 니그로다가 보기 좋구나. 쪼라 절벽이 보기 좋구나. 웨바라 산 중턱의 칠엽굴이 보기 좋구나. 이시길리산 중턱의 깔라 바위가 보기 좋구나. 시따 숲의 삽빠손디까 동굴이 보기 좋구나. 따뽀다 원림이 보기 좋구나. 웰루와나 깔란다까니와빠가 보기 좋구나. 지와까의 망고 숲이 보기 좋구나. 맛다꿋치의 사슴동산이 보기 좋구나.

3.44. 아난다여, 4신족을 닦고, 익히고, 통달하고, 철저하게 실천하고, 실행하고, 체득하고, 훌륭하게 성취한 사람은 누구나 영겁토록, 또는 겁이 다할 때까지 머물 수 있다. 아난다여, 여래는 4신족을 닦고, 익히고, 통달하고, 철저하게 실천하고, 실행하고, 체화하고, 훌륭하게 성취했다. 아난다여, 분명히 여래는 영겁토록, 또는 겁이 다할 때까지 머물 수 있다.'

아난다여, 여래가 이와 같이 중요한 언질을 주고 중요한 암시를 주었는데, 그대는 그것을 이해하지 못하고, 여래에게 '세존께서는 영겁토록 머무소서! 여래께서는 대중의 이익을 위하여, 대중의 행복을 위하여, 세간을 연민하사, 천신과 인간의 복과 이익과 행복을 위하여 영겁토록 머무소서!'라고 간청하지 않은 것은 그대의 잘못이며 그대의 실수이다. 아난다여, 만약에 그대가 여래에게 간청했다면, 두 번은 그대의 청을 거절했겠지만 세 번째는 들어주었을 것이다. 그러므로 아난다여, 그것은 그대의 잘못이고 그대의 실수이다.

3.45. 아난다여, 나는 한때 웨살리에 있는 우데나(Udena) 탑묘에 머물렀었다. 아난다여, 나는 그곳에서도 그대에게 말했었다.

'아난다여, 웨살리가 보기 좋구나. 우데나 탑묘가 보기 좋구나. 아난다여, 4신족을 닦고, 익히고, 통달하고, 철저하게 실천하고, 실행하고, 체득하고, 훌륭하게 성취한 사람은 누구나 영겁토록, 또는 겁이 다할 때까지 머물 수 있다. 아난다여, 여래는 4신족을 닦고, 익히고, 통달하고, 철저하게 실천하고, 실행하고, 체화하고, 훌륭하게 성취했다. 아난다여, 분명히 여래는 영겁토록, 또는 겁이 다할 때까지 머물 수 있다.'

아난다여, 여래가 이와 같이 중요한 언질을 주고 중요한 암시를 주었는데, 그대는 그것을 이해하지 못하고, 여래에게 '세존께서는 영겁토록 머무소서! 여래께서는 대중의 이익을 위하여, 대중의 행복을 위하여, 세간을 연민하사, 천신과 인간의 복과 이익과 행복을 위하여 영겁토록 머무소서!'라고 간청하지 않은 것은 그대의 잘못이며 그대의 실수이다. 아난다여, 만약에 그대가 여래에게 간청했다면, 두 번은 그대의 청을 거절했겠지만 세 번째는 들어주었을 것이다. 그러므로 아난다여, 그것은 그대의 잘못이고 그대의 실수이다.

3.46. 아난다여, 나는 한때 웨살리에 있는 고따마까 탑묘에 머물렀었고, 한때 웨살리에 있는 쌋땀바 탑묘에 머물렀었고, 한때 웨살리에 있는 바후뿟따 탑묘에 머물렀었고, 한때 웨살리에 있는 사란다다 탑묘에 머물렀었다.

3.47. 아난다여, 나는 오늘 조금 전에 짜빨라 탑묘에서 그대에게 말했다.

'아난다여, 웨살리가 보기 좋구나. 우데나 탑묘가 보기 좋구나. 고따마까 탑묘가 보기 좋구나. 쌋땀바 탑묘가 보기 좋구나. 바후뿟따 탑묘가 보기 좋구나. 사란다다 탑묘가 보기 좋구나. 짜빨라 탑묘가 보기 좋구나. 아난다여, 4신족을 닦고, 익히고, 통달하고, 철저하게 실천하고, 실행하고, 체득하고, 훌륭하게 성취한 사람은 누구나 영겁토록, 또는 겁이 다할 때까지 머물 수 있다. 아난다여, 여래는 4신족을 닦고, 익히고, 통달하고, 철저하게 실천하고, 실행하고, 체화하고, 훌륭하게 성취했다. 아난다여, 분명히 여래는 영겁토록, 또는 겁이 다할 때까지 머물 수 있다.'

아난다여, 여래가 이와 같이 중요한 언질을 주고 중요한 암시를 주었는데, 그대는 그것을 이해하지 못하고, 여래에게 '세존께서는 영겁토록 머무소서! 여래께서는 대중의 이익을 위하여, 대중의 행복을 위하여, 세간을 연민하사, 천신과 인간의 복과 이익과 행복을 위하여 영겁토록 머무소서!'라고 간청하지 않은 것은 그대의 잘못이며 그대의

실수이다. 아난다여, 만약에 그대가 여래에게 간청했다면, 두 번은 그대의 청을 거절했겠지만 세 번째는 들어주었을 것이다. 그러므로 아난다여, 그것은 그대의 잘못이고 그대의 실수이다.

3.48. 아난다여, '사랑하고 좋아하는 모든 것은 달라지고, 떠나고, 변한다'라고 내가 미리 가르치지 않았던가? 아난다여, 태어난 것을, 존재하는 것을, 유위(有爲)를, 쇠멸법(衰滅法)을 어떻게 부서지지 말라고 할 수 있겠는가? 그런 일은 있을 수 없다. 아난다여, 여래는 수명을 유지하려는 의지를 버리고, 내놓고, 벗어나고, 포기하고, 단념하고, 놓아 버렸다. 여래는 '머지않아 여래의 반열반이 있을 것이다. 석 달 후에 여래는 반열반에 들 것이다'라고 확실하게 말했다. 그 말을 여래가 살기 위해서 다시 번복한다는 것은 있을 수 없다.

아난다여, 이제 마하와나(Mahā-vana, 大林園)의 중각강당(重閣講堂)으로 가자!"

"예, 세존이시여!"

3.49. 세존께서는 아난다 존자와 함께 마하와나의 중각강당으로 가서 아난다 존자에게 말씀하셨습니다.

"아난다여, 그대는 웨살리 부근에 머물고 있는 비구들에게 가서 모두 강당에 모이게 하여라!"

"예, 세존이시여!"

아난다 존자는 이렇게 세존께 대답하고, 웨살리 부근에 머물고 있는 비구들에게 가서 모두 강당에 모이게 한 후 세존에게 가서 예배한 후에 한쪽에 섰습니다. 아난다 존자는 한쪽에 서서 세존께 말씀드렸습니다.

"세존이시여, 비구상가가 모였습니다.

세존이시여, 이제 때가 되었습니다."

3.50. 세존께서는 강당으로 가서 마련된 자리에 앉으셨습니다. 세존께서는 앉아서 비구들에게 말씀하셨습니다.

"비구들이여, 나는 진리를 체득하여 그대들을 가르쳤소. 그러므로 그대들은 내가 가르친 진리를 철저하게 배우고 실천하고 수습(修習)하고 익혀서, 대중의 이익을 위하여, 대중의 행복을 위하여, 세간을 연민하여, 천신과 인간의 복과 이익과 행복을 위하여, 그 청정한 수행이 오래 지속되고 길이 지속되도록 해야 한다오.

비구들이여, 어떤 것이 내가 체득하여 그대들에게 가르친 진리이며, 그대들이 철저하게 배우고 실천하고 수습하고 익혀서, 대중의 이익을 위하여, 대중의 행복을 위하여, 세간을 연민하여, 천신과 인간의 복과 이익과 행복을 위하여, 그 청정한 수행이 오래 지속되고 길이 지속되도록 해야 할 진리인가? 그것은 4념처(四念處), 4정근(四正勤), 4신족(四神足), 5근(五根), 5력(五力), 7각지(七覺支) 그리고 성스러운 8정도(八正道)라오. 비구들이여, 나는 이들 진리를 체득하여 가르쳤으니, 그대들은 철저하게 배우고 실천하고 수습하고 익혀서, 대중의 이익을 위하여, 대중의 행복을 위하여, 세간을 연민하여, 천신과 인간의 복과 이익과 행복을 위하여, 그 청정한 수행이 오래 지속되고 길이 지속되도록 하시오!"

3.51. 세존께서 다시 비구들에게 말씀하셨습니다.

"비구들이여, 이제 그대들에게 당부하겠소. 제행(諸行, saṅkhārā)은 쇠멸법(衰滅法)이니 방일(放逸)하지 말고 (열반을) 성취하도록 하시오![173] 머지않아 여래의 반열반이 있을 것이오. 석 달 후에 여래는 반열반에 들 것이오."

세존께서는 이렇게 말씀하셨습니다. 선서께서는 이렇게 말씀하시고, 스승님께서는 다시 말씀하셨습니다.

> 내 나이 너무 늙었고, 내 수명 얼마 남지 않았다오.
> 그대들을 두고 나는 가려 한다오.
> 나는 나 자신을 의지처로 삼았다오.
> 비구들이여, 방일하지 말고
> 주의집중을 유지해 계행을 잘 실천하시오!
> 마음 모아 바른 뜻을 세워, 자신의 마음을 잘 지켜보시오!
> 방일하지 않고, 가르침과 율(律)에 머무는 사람은
> 유전(流轉)하는 생(生)을 버리고 괴로움을 끝내게 될 것이오.

4.1. 세존께서는 오전에 옷을 입고, 발우와 법의를 들고 탁발하러 웨살리에 들어가서 탁발을 하시고, 탁발에서 돌아와 탁발한 음식을 드시고, 큰 코끼리가 둘러보듯이 웨살리를 둘러보신 후에 아난다 존자에게 말씀하셨습니다.

"아난다여, 이것이 여래가 마지막으로 보는 웨살리가 될 것이다. 아난다여, 이제 반

---

173 우리가 취하고 있는 자아라는 존재는 쇠멸하는 현상이므로, 부지런히 노력하여 5취온이라는 자기 존재의 사슬에서 벗어나 열반을 성취하라는 말씀이다.

다가마(Bhaṇḍagāma)로 가자!"

"예, 세존이시여!"

세존께서는 큰 비구상가와 함께 반다가마에 도착하여 그곳에서 머무셨습니다.

4.2. 그때 세존께서 비구들에게 말씀하셨습니다.

"비구들이여, 네 가지 법(法)을 자각하지 못하고 이해하지 못했기 때문에 나와 그대들은 이와 같이 오랜 세월을 흘러 다니고 돌아다녔다오. 네 가지 법은 어떤 것인가? 비구들이여, 성자의 계행(戒行)을 자각하지 못하고 이해하지 못했기 때문에 나와 그대들은 이와 같이 오랜 세월을 흘러 다니고 돌아다녔다오. 비구들이여, 성자의 삼매(三昧)와 성자의 반야(般若)와 성자의 해탈(解脫)을 자각하지 못하고 이해하지 못했기 때문에 나와 그대들은 이와 같이 오랜 세월을 흘러 다니고 돌아다녔다오. 비구들이여, 나는 성자의 계행과 성자의 삼매와 성자의 반야와 성자의 해탈을 자각하고 이해했소. 존재로 이끄는 존재에 대한 갈애[有愛]는 부서지고 소멸하여 이제 이후의 존재[後有]가 없다오."

4.3. 세존께서는 이렇게 말씀하셨습니다. 선서께서는 이렇게 말씀하시고, 스승님께서는 다시 말씀하셨습니다.

위없는 계행과 삼매
그리고 반야와 해탈이 있나니
명성 높은 고따마는 이들 법을 깨달았다.
붓다는 체험적 지혜[勝智]로 비구들에게 그 법을 가르쳤다.
괴로움을 끝낸 눈이 있는 스승은 반열반한다.

4.4. 세존께서는 반다가마에 머물면서 비구들에게 참으로 많은 설법을 하셨습니다. 계행은 이런 것이다. 삼매는 이런 것이다. 반야는 이런 것이다. 계행을 두루 실천하면 삼매라는 큰 과보와 큰 공덕이 있고, 삼매를 두루 닦으면 반야라는 큰 과보와 큰 공덕이 있고, 반야가 충만한 마음은 모든 번뇌, 즉 욕루·유루·견루·무명루에서 바르게 해탈한다. 이런 내용의 설법이었습니다.

4.5. 세존께서는 반다가마에서 적절하게 머무신 후에 아난다 존자에게 분부하셨습니다.

"아난다여, 이제 핫티가마(Hatthigāma)로 가자! …[174]

아난다여, 이제 암바가마(Ambagāma)로 가자! …

아난다여, 이제 잠부가마(Jambugāma)로 가자! …

아난다여, 이제 보가나가라(Bhoga-nagara)로 가자!"

4.6. "예, 세존이시여!"

세존께서는 큰 비구상가와 함께 보가나가라에 도착하셨습니다.

4.7. 세존께서는 그곳 보가나가라에서 아난다(Ānanda) 탑묘에 머무셨습니다. 그곳에서 세존께서 비구들에게 말씀하셨습니다.

"비구들이여, 내가 4대교법[四大教法]을 가르쳐 주겠소. 잘 듣고 깊이 생각해 보시오! 내가 이야기하겠소."

"그렇게 하겠습니다, 세존이시여!"라고 비구들은 세존께 대답했습니다. 세존께서 말씀하셨습니다.

4.8. "비구들이여, 어떤 비구가 '존자들이여,

---

174 4.4와 동일한 내용이 반복되어 생략함.

나는 세존으로부터 직접 듣고 직접 가르침을 받았다. 이것이 법(法)이고, 이것이 율(律)이고, 이것이 스승의 가르침이다'라고 말하면, 비구들이여, 그대들은 그 비구의 말을 찬탄하지도 말고 비난하지도 마시오! 찬탄하거나 비난하지 말고, 그가 하는 말들을 잘 배운 다음, 경(經)에 비추어 해석하고 율(律)에 비추어 살펴보시오! 경에 비추어 해석하고 율에 비추어 살펴보아서, 그것들이 경을 해석한 것이 아니고 율을 보여 준 것이 아니면, 비구들이여, 그대들은 이제 '이것은 분명히 세존의 말씀이 아니다. 이 비구는 잘못 수지했다'라고 결론을 내리고 그것을 버리시오! 경에 비추어 해석하고 율에 비추어 살펴보아서, 그것들이 경을 해석한 것이고 율을 보여 준 것이면, 비구들이여, 그대들은 이제 '이것은 분명히 세존의 말씀이다. 이 비구는 잘 수지했다'라고 결론을 내리시오! 비구들이여, 이것이 첫째 큰 교법이니 그대들은 명심하도록 하시오!

4.9. 비구들이여, 어떤 비구가 '존자들이여, 이러한 곳에 훌륭한 장로(長老)가 있는 상가[僧伽]가 머물고 있다. 나는 그 상가로부터 직접 듣고 직접 가르침을 받았다. 이것이 법이고, 이것이 율이고, 이것이 스승의 가르침이다'라고 말하면, 비구들이여, 그대들은 그 비구의 말을 찬탄하지도 말고 비난하지도 마시오! 찬탄하거나 비난하지 말고, 그가 하는 말들을 잘 배운 다음, 경에 비추어 해석하고 율에 비추어 살펴보시오! 경에 비추어 해석하고 율에 비추어 살펴보아서, 그것들이 경을 해석한 것이 아니고 율을 보여 준 것이 아니면, 비구들이여, 그대들은 이제 '이것은 분명히 세존의 말씀이 아니다. 이 비구는 잘못 수지했다'라고 결론을 내리고 그것을 버리시오! 경에 비추어 해석하고 율에 비추어 살펴보아서, 그것들이 경을 해석한 것이고 율을 보여 준 것이면, 비구들이여, 그대들은 이제 '이것은 분명히 세존의 말씀이다. 이 비구는 잘 수지했다'라고 결론을 내리시오! 비구들이여, 이것이 둘째 큰 교법이니 그대들은 명심하도록 하시오!

4.10. 비구들이여, 어떤 비구가 '존자들이여, 이러한 곳에 학식이 많고, 아함(阿含, āgama)[175]에 정통한, 법을 호지(護持)하고, 율을 호지하고, 논모(論母, mātikā)[176]를 호지한 많은 장로 비구들이 머물고 있다. 나는 그 장로들로부터 직접 듣고 직접 가르침을 받았다. 이것이 법이고, 이것이 율이고, 이것이 스승의 가르침이다'라고 말하면, 비구들이여, 그대들은 그 비구의 말을 찬탄하지도 말고 비난하지도 마시오! 찬탄하거나 비난하지 말고, 그가 하는 말들을 잘 배운 다음, 경에 비추어 해석하고 율에 비추어 살펴보시오! 경에 비추어 해석하고 율에 비추어 살펴보아서, 그것들이 경을 해석한 것이 아니고 율을 보여 준 것이 아니면, 비구들이여, 그대들은 이제 '이것은 분명히 세존의 말씀이 아니다. 이 비구는 잘못 수지했다'라고 결론을 내리고 그것을 버리시오! 경에 비추어 해석하고 율에 비추어 살펴보아서, 그것들이 경을 해석한 것이고 율을 보여 준 것이면,

175 전승되는 부처님의 말씀.

176 'mātikā'는 경(經)이나 율(律)의 주요한 표제어를 뽑아 외우기 쉽게 축약한 것이다.

비구들이여, 그대들은 이제 '이것은 분명히 세존의 말씀이다. 이 비구는 잘 수지했다'라고 결론을 내리시오! 비구들이여, 이것이 셋째 큰 교법이니 그대들은 명심하도록 하시오!

4.11. 비구들이여, 어떤 비구가 '존자들이여, 이러한 곳에 학식이 많고, 아함에 정통한, 법을 호지하고, 율을 호지하고, 논모를 호지한 어떤 장로 비구가 머물고 있다. 나는 그 장로에게서 직접 듣고 직접 가르침을 받았다. 이것이 법이고, 이것이 율이고, 이것이 스승의 가르침이다'라고 말하면, 비구들이여, 그대들은 그 비구의 말을 찬탄하지도 말고 비난하지도 마시오! 찬탄하거나 비난하지 말고, 그가 하는 말들을 잘 배운 다음, 경에 비추어 해석하고 율에 비추어 살펴보시오! 경에 비추어 해석하고 율에 비추어 살펴보아서, 그것들이 경을 해석한 것이 아니고 율을 보여 준 것이 아니면, 비구들이여, 그대들은 이제 '이것은 분명히 세존의 말씀이 아니다. 이 비구는 잘못 수지했다'라고 결론을 내리고 그것을 버리시오! 경에 비추어 해석하고 율에 비추어 살펴보아서, 그것들이 경을 해석한 것이고 율을 보여 준 것이면, 비구들이여, 그대들은 이제 '이것은 분명히 세존의 말씀이다. 이 비구는 잘 수지했다'라고 결론을 내리시오! 비구들이여, 이것이 넷째 큰 교법이니 그대들은 명심하도록 하시오!

비구들이여, 이들이 4대교법이니 그대들은 명심하도록 하시오!"

4.12. 세존께서는 보가나가라에서 아난다 탑묘에 머물면서 비구들에게 참으로 많은 설법을 하셨습니다. 계행은 이런 것이다. 삼매는 이런 것이다. 반야는 이런 것이다. 계행을 두루 실천하면 삼매라는 큰 과보와 큰 공덕이 있고, 삼매를 두루 닦으면 반야라는 큰 과보와 큰 공덕이 있고, 반야가 충만한 마음은 모든 번뇌, 즉 욕루·유루·견루·무명루에서 바르게 해탈한다. 이런 내용의 설법이었습니다.

4.13. 세존께서는 보가나가라에서 적절하게 머무신 후에 아난다 존자에게 분부하셨습니다.

"아난다여, 이제 빠와(Pāvā)로 가자!"

"예, 세존이시여!"

세존께서는 큰 비구상가와 함께 빠와에 도착하셨습니다.

세존께서는 그곳에서 대장장이 쭌다(Cunda)의 망고 숲에 머무셨습니다.

4.14. 대장장이 쭌다는 세존께서 지금 빠와에 도착하여 자신의 망고 숲에 머물고 계신다는 말을 듣고 세존을 찾아갔습니다. 그는 세존께 예배한 후에 한쪽에 앉았습니다. 세존께서는 대장장이 쭌다를 여법한 말씀으로 가르치고 격려하고 장려하고 기쁘게 하셨습니다.

4.15. 세존으로부터 가르침을 받고 기뻐하면서, 대장장이 쭌다가 세존께 말씀드렸습니다.

"세존이시여, 세존께서는 비구상가와 함께 내일 저의 공양을 받아 주십시오!"

세존께서는 침묵으로 승낙하셨습니다.

4.16. 대장장이 쭌다는 세존께서 승낙하신 것을 알고, 자리에서 일어나 세존께 예배한 후에 오른쪽으로 돌고 떠나갔습니다.

4.17. 대장장이 쭌다는 그날 밤새 자신의 집에 훌륭한 음식과 풍성한 전단수이(栴檀樹

榵, sūkara-maddava)[177] 버섯 요리를 마련한 후에 세존께 알렸습니다.

"세존이시여, 공양이 준비되었습니다."

4.18. 세존께서는 오전에 옷을 입고, 발우와 법의를 들고, 비구상가와 함께 대장장이 쭌다의 집으로 가서 마련된 자리에 앉으셨습니다. 자리에 앉으신 세존께서 대장장이 쭌다에게 분부하셨습니다.

"쭌다여, 그대가 마련한 전단수이 버섯 요리는 나에게 공양하고, 다른 음식은 비구상가에 공양하시오!"

대장장이 쭌다는 "그렇게 하겠습니다, 세존이시여!"라고 세존께 대답한 후에 마련된 전단수이 버섯 요리는 세존께 공양드리고, 다른 음식은 비구상가에 공양했습니다.

4.19. 그때 세존께서 대장장이 쭌다에게 분부하셨습니다.

"쭌다여, 남은 전단수이 버섯 요리는 구덩이에 파묻으시오! 쭌다여, 나는 천신(天神)·마라(māra)·범천(梵天)을 포함한 세간(世間), 사문과 바라문과 왕과 사람들을 포함한 인간계 가운데서 이 음식을 먹고 소화시킨 것은 여래 이외에는 보지 못했다오."

대장장이 쭌다는 "그렇게 하겠습니다, 세존이시여!"라고 세존께 대답하고, 남은 전단수이 버섯 요리를 구덩이에 파묻은 후에 세존에게 가서 예배하고 한쪽에 앉았습니다. 세존께서는 대장장이 쭌다를 여법한 말씀으로 가르치고 격려하고 장려하고 기쁘게 하신 후에 자리에서 일어나 그곳을 떠나셨습니다.

4.20. 쭌다가 공양한 전단수이 버섯 요리를 드신 세존께서는 혈변(血便)이 나오는 심한 설사병이 발생하여 죽을 지경의 혹독한 고통이 생겼습니다. 세존께서는 주의집중과 알아차림으로 괴로워하지 않고 참아 내셨습니다.

세존께서 아난다 존자에게 분부하셨습니다.

"아난다여, 이제 꾸씨나라(Kusinārā)로 가자!"

"예, 세존이시여!"

나는 들었네. 대장장이 쭌다의 공양을 드시고,
죽을 지경으로 고통이 심한 병이 드셨다네.
전단수이 버섯 요리를 드시고,
스승님에게 혹독한 질병이 생겼다네.
설사를 하시면서 세존께서 말씀하셨다네.
"나는 꾸씨나라성(城)으로 간다."[178]

4.21. 세존께서 도중에 길에서 벗어나 어떤 나무 아래로 가서 아난다 존자에게 분부하셨습니다.

"아난다여, 그대는 어서 가사를 네 겹으로 접어 자리를 마련해다오. 아난다여, 내가 피곤해서 앉아야겠다."

"예, 세존이시여!"

아난다 존자는 가사를 네 겹으로 접어 자리를 마련했습니다.

---

177 'sūkara-maddava'는 '돼지'를 의미하는 'sūkara'와 '부드러운'의 의미인 'maddava'의 합성어로서 '부드러운 돼지고기'로 번역할 수도 있다. 그러나 'sūkara-maddava'는 버섯의 이름을 의미하기도 하며, 한역에 전단수이(栴檀樹榵)로 번역되었다. 부처님께서 이 버섯 요리를 드시고 병에 걸렸다고 하는데, 버섯 요리 가운데 독버섯이 들어가지 않았을까 생각된다.

178 '태국본'에 의하면 이 게송은 합송자들이 읊은 것이라고 한다.

4.22. 세존께서는 마련된 자리에 앉으셨습니다. 세존께서는 앉아서 아난다 존자에게 분부하셨습니다.

"아난다여, 그대는 어서 마실 물을 가져오너라! 아난다여, 목이 말라 마셔야겠다."

아난다 존자가 세존께 말씀드렸습니다.

"세존이시여, 방금 500대의 마차가 지나갔습니다. 수레바퀴가 가르고 지나가서 혼탁하고 더러운 적은 물이 흐릅니다. 세존이시여, 멀지 않은 곳에 있는 까꿋타(Kakutthā) 강은 마시기 좋은 깨끗하고 시원한 물이 있으며 강둑이 아름답습니다. 세존께서는 그곳에서 물도 마시고 몸도 시원하게 식히십시오!"

4.23. 세존께서 두 번째로 아난다 존자에게 분부하셨습니다.

"아난다여, 그대는 어서 마실 물을 가져오너라! 아난다여, 목이 말라 마셔야겠다."

두 번째도 아난다 존자는 세존께 같은 말을 했습니다.

4.24. 세존께서 세 번째로 아난다 존자에게 분부하셨습니다.

"아난다여, 그대는 어서 마실 물을 가져오너라! 아난다여, 목이 말라 마셔야겠다."

아난다 존자는 "그렇게 하겠습니다, 세존이시여!"라고 세존께 대답한 후에 발우를 가지고 그 강으로 갔습니다. 그런데 수레바퀴가 가르고 지나가서 혼탁하고 더러운 적은 물이 흐르고 있던 그 강은, 아난다 존자가 다가가자 혼탁하지 않은 맑고 청정한 물이 흘렀습니다.

4.25. 아난다 존자에게 이런 생각이 들었습니다.

'참으로 불가사의(不可思議)하다. 참으로 희유하다. 이는 세존의 큰 신통(神通)이며 큰 위력(威力)이다. 수레바퀴가 가르고 지나가서 혼탁하고 더러운 적은 물이 흐르고 있던 이 강에, 내가 다가가자 혼탁하지 않은 맑고 청정한 물이 흐르다니!'

아난다 존자는 발우에 물을 담아 들고 세존에게 가서 이렇게 말씀드렸습니다.

"참으로 불가사의합니다, 세존이시여! 참으로 희유합니다, 세존이시여! 이는 세존의 큰 신통이며 세존의 큰 위력입니다. 수레바퀴가 가르고 지나가서 혼탁하고 더럽고 적은 물이 흐르고 있던 이 강에, 제가 다가가자 혼탁하지 않은 맑고 청정한 물이 흘렀습니다. 세존이시여, 물을 드십시오! 선서시여, 물을 드십시오!"

세존께서는 물을 드셨습니다.

4.26. 그때 알라라 깔라마(Āḷāra Kālāma)의 제자 뿍꾸사 말라뿟따(Pukkhusa Mallaputta)가 빠와에서 꾸씨나라로 여행을 하고 있었습니다. 뿍꾸사 말라뿟따는 나무 아래에 앉아 있는 세존을 보았습니다. 그는 세존께 다가와서 예배하고 한쪽에 앉았습니다. 뿍꾸사 말라뿟따가 세존께 말씀드렸습니다.

"세존이시여, 수행자들이 적정(寂靜)하게 머무는 것은 참으로 불가사의합니다. 참으로 희유합니다.

4.27. 세존이시여, 예전에 알라라 깔라마가 여행을 하다가 도중에 길에서 벗어나 어떤 나무 아래로 가서 오후 휴식을 위해 앉았습니다. 세존이시여, 그런데 500대의 마차가 알라라 깔라마 가까이로 지나갔습니다. 500대의 마차 뒤를 따라오던 어떤 사람이 알라라 깔라마에게 다가가서 이렇게 말했습니다.

'존자님, 500대의 마차가 지나가는 것을

보았습니까?'

'존자여, 나는 보지 못했다오.'

'존자님, 그러면 소리는 들었습니까?'

'존자여, 나는 소리를 듣지 못했다오.'

'존자님, 그러면 잠들었습니까?'

'존자여, 나는 잠들지 않았다오.'

'존자님, 그러면 생각이 있었습니까?'

'존자여, 그렇다오.'

'존자님, 당신의 상가띠(saṅghāṭī)[179]가 먼지로 뒤덮여 있는데, 당신은 생각이 있고, 의식이 있고, 깨어 있으면서 가까이 지나가는 500대의 마차를 보지 못하고, 소리도 듣지 못했다는 말씀입니까?'

'존자여, 그렇다오.'

세존이시여, 그러자 그에게 이런 생각이 들었습니다. '수행자들이 적정하게 머무는 것은 참으로 불가사의하고, 참으로 희유하구나! 생각이 있고, 의식이 있고, 깨어 있으면서 가까이로 지나가는 500대의 마차를 보지 못하고, 소리도 듣지 못하다니!'

그는 알라라 깔라마에게 신심을 표시하고 그곳을 떠났습니다."

4.28. "뿍쿠사여, 그대는 어떻게 생각하는가? 어떤 사람은 생각이 있고, 의식이 있고, 깨어 있으면서 가까이로 지나가는 500대의 마차를 보지 못하고, 소리도 듣지 못하고, 어떤 사람은 생각이 있고, 의식이 있고, 깨어 있으면서 억수로 비가 내리고 천지를 진동하며 천둥과 번개가 내리치는데, 내리치는 번개를 보지 못하고 소리도 듣지 못한다면, 어떤 것이 더 하기 어렵고, 어떤 것이 더 성취하기 어렵겠는가?"

4.29. "세존이시여, 500대의 마차나, 600·700·800·900·1,000대의 마차나, 10만 대의 마차 따위로 어떻게 비교하겠습니까? 어떤 사람이 생각이 있고, 의식이 있고, 깨어 있으면서 억수로 비가 내리고 천지를 진동하며 천둥과 번개가 내리치는데, 내리치는 번개를 보지 못하고 소리도 듣지 못한다면, 그것이 더 하기 어렵고, 그것이 더 성취하기 어렵습니다."

4.30. "뿍쿠사여, 나는 한때 아뚜마(Ātumā)에 있는 부사가라(Bhusâgara)에 머물렀다오. 그때 억수로 비가 내리고 천지를 진동하며 천둥과 번개가 내리쳐서 부사가라의 농부 형제 두 사람과 4마리의 황소가 벼락을 맞았다오. 뿍쿠사여, 수많은 대중이 아뚜마를 나서서 벼락 맞은 농부 형제와 4마리의 황소에게 갔다오.

4.31. 뿍쿠사여, 나는 그때 부사가라를 나서서 부사가라 성문 광장을 거닐고 있었다오. 뿍쿠사여, 그러자 그 수많은 대중 가운데서 어떤 사람이 나에게 다가와서 인사한 후에 한쪽에 섰다오. 뿍쿠사여, 나는 한쪽에 서 있는 그 사람에게 물었다오.

4.32. '존자여, 저 수많은 대중은 왜 모였나요?'

'세존이시여, 지금 억수로 비가 내리고 천지를 진동하며 천둥과 번개가 내리쳐서 농부 형제 두 사람과 4마리의 황소가 벼락을 맞았습니다. 그래서 저 수많은 대중이 모였습니다. 세존이시여, 그런데 당신은 어디에 계셨습니까?'

'존자여, 나는 여기에 있었다오.'

---

179 수행자들이 걸치고 다니는 웃옷.

'세존이시여, 그러면 무엇인가를 보았습니까?'

'존자여, 나는 보지 못했다오.'

'세존이시여, 그러면 어떤 소리를 들었습니까?'

'존자여, 나는 소리를 듣지 못했다오.'

'세존이시여, 그러면 잠들었습니까?'

'존자여, 나는 잠들지 않았다오.'

'세존이시여, 그러면 생각이 있었습니까?'

'존자여, 그렇다오.'

'세존이시여, 당신은 생각이 있고, 의식이 있고, 깨어 있으면서 억수로 비가 내리고 천지를 진동하며 천둥과 번개가 내리치는데, 내리치는 번개를 보지 못하고 소리도 듣지 못했다는 말씀입니까?'

'존자여, 그렇다오.'

4.33. 뿍꾸사여, 그 사람은 이렇게 생각했다오.

'수행자들이 적정하게 머무는 것은 참으로 불가사의하고, 참으로 희유하구나! 생각이 있고, 의식이 있고, 깨어 있으면서 억수로 비가 내리고 천지를 진동하며 천둥과 번개가 내리치는데, 내리치는 번개를 보지 못하고 소리도 듣지 못하다니!'

그는 나에게 큰 신심을 표시하고 그곳을 떠났다오."

4.34. 뿍꾸사 말라뿟따가 세존께 말씀드렸습니다.

"세존이시여, 저는 알라라 깔라마에 대한 저의 신심을 큰바람에 날려 버리고, 급류로 깨끗이 쓸어 버렸습니다. 세존이시여, 훌륭하십니다! 세존이시여, 훌륭하십니다! 세존이시여, 마치 뒤집힌 것을 바로 세우는 것 같고, 감추어진 것을 드러내는 것 같고, 길 잃은 자에게 길을 알려 주는 것 같고, '눈 있는 자들은 보라'라고 어둠 속에 등불을 비춰 주는 것 같습니다. 이와 같이 세존께서는 여러 가지 방법으로 진리를 알려 주셨습니다. 세존이시여, 저는 세존께 귀의합니다. 가르침과 비구상가에 귀의합니다. 세존이시여, 저를 청신사로 받아 주십시오! 지금부터 살아 있는 날까지 귀의하겠습니다."

4.35. 뿍꾸사 말라뿟따가 어떤 하인에게 분부했습니다.

"너는 어서 나에게 황금색 망토 한 쌍을 가져오너라!"

그 하인은 "그렇게 하겠습니다, 주인님!"이라고 뿍꾸사 말라뿟따에게 대답한 후에 황금색 망토 한 쌍을 가져왔습니다.

뿍꾸사 말라뿟따는 그 황금색 망토 한 쌍을 들고 세존께 다가왔습니다.

"세존이시여, 이것은 황금색 망토 한 쌍입니다. 세존이시여, 세존께서는 저를 가엽게 여기시어 이것을 받아 주십시오!"

"뿍꾸사여, 그 망토 하나는 내가 걸치게 하고, 다른 하나는 아난다가 걸치게 하시오!"

"그렇게 하겠습니다, 세존이시여!"라고 뿍꾸사 말라뿟따는 세존께 대답한 후에 하나는 세존께서 걸치시도록 하고, 하나는 아난다 존자가 걸치도록 했습니다.

4.36. 세존께서는 뿍꾸사 말라뿟따를 여법한 말씀으로 가르치고 격려하고 장려하고 기쁘게 하셨습니다. 뿍꾸사 말라뿟따는 세존으로부터 가르침을 받고 기뻐하면서, 자리에서 일어나 세존께 예배한 후에 오른쪽으로 돌고 떠나갔습니다.

4.37. 아난다 존자는 뿍꾸사 말라뿟따가 떠난

후에 바로 그 황금색 망토 한 쌍을 들고 세존의 몸 가까이 다가갔습니다. 세존의 몸 가까이 다가간 그 망토는 마치 불이 꺼진 숯처럼 빛을 잃었습니다.

그러자 아난다 존자가 세존께 말씀드렸습니다.

"불가사의합니다, 세존이시여! 희유합니다, 세존이시여! 세존이시여, 여래의 피부색은 어찌 이리 맑고 청정하신가요! 세존이시여, 이 황금색 망토 한 쌍을 들고 세존의 몸 가까이 다가가니, 세존의 몸 가까이 다가간 그 천은 마치 불이 꺼진 숯처럼 빛을 잃습니다."

"그렇다. 아난다여, 여래의 피부색은 두 가지 경우에 유난히 맑고 청정하다. 두 가지는 어떤 경우인가? 아난다여, 그것은 여래가 위없는 바르고 평등한 깨달음[無上正等正覺]을 성취하는 밤과 무여열반계(無餘涅槃界)에 반열반하는 밤이다. 아난다여, 이 두 경우에 여래의 피부색은 유난히 맑고 청정하다.

4.38. 아난다여, 오늘 밤 후야(後夜)에 꾸씨나라 근처에 있는 말라(Malla)[180]들의 살라(sāla) 숲속의 살라 쌍수(雙樹)에서 여래의 반열반이 있을 것이다. 가자! 아난다여, 이제 까꿋타강으로 가자!"

"예, 세존이시여!"

뿍꾸사가 한 쌍의 황금색 망토를 바치니
그것을 걸친 스승님은 금빛으로 빛났다네.

4.39. 세존께서는 큰 비구상가와 함께 까꿋타강으로 가서 까꿋타 강물 속으로 들어가 몸을 씻고 물을 마신 다음, 몸에 묻은 물을 닦으신 후에 망고 숲으로 가서 쭌다까(Cundaka) 존자에게 분부하셨습니다.

"쭌다까여, 그대는 어서 가사를 네 겹으로 접어 자리를 마련해다오! 쭌다까여, 피곤하여 앉아야겠다."

"예, 세존이시여!"

쭌다까 존자는 가사를 네 겹으로 접어 자리를 마련했습니다.

4.40. 세존께서는 다시 일어날 생각을 하시고, 주의집중하고 알아차리면서, 오른쪽 측면으로 발을 포개고 사자처럼 누우셨습니다. 그러자 쭌다까 존자는 세존 앞에 앉았습니다.

4.41.

부처님은 맑고 청정하여 마시기 좋은 물이 있는
까꿋타강으로 가셨다네.
세상에 비길 바 없는 여래는
몸이 피곤하신 스승님은 물속에 들어가셨다네.
비구의 무리 가운데서 존경을 받는
스승님은 몸을 씻고 물을 마신 후에 밖으로 나오셨다네.
이 세상에서 법을 설하신 우리의 스승 세존께서는
망고 숲에 도달하셨다네.
쭌다까 비구에게 분부하셨다네.
"내가 누울 수 있도록 가사를 네 겹으로 접어 깔아라!"
자신을 잘 수습(修習)하신 분의 분부에

---

180 부처님 당시 인도의 16대국 가운데 하나인 말라국 사람을 의미한다.

쭌다(Cunda)[181]는 기뻐하면서 재빨리 네
겹의 가사를 깔았다네.
몸이 피곤하신 스승님께서 누우시니,
그때 쭌다는 맨 앞에 앉았다네.

4.42. 세존께서 아난다 존자에게 분부하셨습니다.

"아난다여, 누군가가 대장장이 쭌다에게 '쭌다 존자여, 여래께서 그대가 올린 공양을 마지막으로 드시고 반열반하신 것은 그대에게 해로운 일이고 죄가 된다오'라고 말하여 쭌다가 죄책감을 일으킬지도 모른다. 아난다여, 다음과 같이 말하여 대장장이 쭌다의 죄책감을 없애도록 하여라!

'존자여, 여래께서 그대가 올린 공양을 마지막으로 드시고 반열반하신 것은 그대에게 이로운 일이고 축복이라오. 여보시오! 쭌다 존자여, 나는 세존의 면전에서 이러한 말씀을 듣고, 세존의 면전에서 가르침을 받았다오. 똑같은 결실과 똑같은 과보가 있으며, 다른 공양보다 훨씬 더 큰 결과와 공덕이 있는 두 가지 공양이 있다오. 두 가지 공양은 어떤 것인가? 그것은 여래께서 드시고 위없는 바르고 평등한 깨달음을 성취하신 공양과 여래께서 드시고 무여열반계에 반열반하시는 공양이라오. 이 두 공양은 똑같은 결실과 과보가 있으며, 다른 공양보다 훨씬 더 큰 결실과 공덕이 있다오. 쭌다 존자가 쌓은 업(業)은 장수하게 되고, 찬탄받게 되고, 행복하게 되고, 명성을 얻게 되고, 천상에 태어나게 되고, 위력을 얻게 된다오.'

아난다여, 이와 같이 대장장이 쭌다의 죄책감을 없애도록 하여라!"

4.43. 세존께서는 그 도리를 아시고 우다나를 읊으셨습니다.

베풀면 공덕이 늘고
자제(自制)하면 원한이 쌓이지 않는다.
착한 사람은 악을 버리고
탐진치(貪瞋癡)를 소멸하여 열반을 얻는다.

5.1. 세존께서 아난다 존자에게 분부하셨습니다.

"아난다여, 이제 히란냐와띠(Hiraññavatī)강 건너편 언덕에 있는 꾸씨나라 근처 말라들의 살라 숲으로 가자!"

"예, 세존이시여!"

세존께서는 큰 비구상가와 함께 히란냐와띠강 건너편 언덕에 있는 꾸씨나라 근처 말라들의 살라 숲으로 가서 아난다 존자에게 분부하셨습니다.

"아난다여, 그대는 어서 살라 쌍수 사이에 머리를 북쪽으로 하여 침상을 마련해다오! 내가 피곤해서 누워야겠다."

"예, 세존이시여!"

아난다 존자는 살라 쌍수 사이에 머리를 북쪽으로 하여 침상을 마련했습니다. 세존께서는 주의집중하고 알아차리면서 오른쪽 측면으로 발을 포개고 사자처럼 누우셨습니다.

5.2. 그때 여래에게 공양하기 위해 살라 쌍수가 때아닌 꽃을 만개하여 여래의 몸 위에 흩날리고 흩뿌리고 뒤덮었습니다. 여래에게 공양하기 위해 천상의 만다라와(Mandārava)꽃

---

181 붓다에게 공양을 올린 대장장이 쭌다(Cunda)가 아니라 쭌다까(Cundaka) 존자를 'Cunda'로 표기한 것이다.

들이 하늘에서 떨어져 여래의 몸 위에 흩날리고 흩뿌리고 뒤덮었습니다. 여래에게 공양하기 위해 천상의 전단향(栴檀香) 가루들이 하늘에서 떨어져 여래의 몸 위에 흩날리고 흩뿌리고 뒤덮었습니다. 여래에게 공양하기 위해 천상의 악기들이 하늘에서 음악을 연주했습니다. 여래에게 공양하기 위해 천상의 합창 소리가 하늘에서 들렸습니다.

5.3. 세존께서 아난다 존자에게 분부하셨습니다.

"아난다여, 여래에게 공양하기 위해 살라 쌍수가 때아닌 꽃을 만개하여 여래의 몸 위에 흩날리고 흩뿌리고 뒤덮고, 천상의 만다라와 꽃들이 하늘에서 떨어져 여래의 몸 위에 흩날리고 흩뿌리고 뒤덮고, 천상의 전단향 가루들이 하늘에서 떨어져 여래의 몸 위에 흩날리고 흩뿌리고 뒤덮고, 천상의 악기들이 하늘에서 음악을 연주하고, 천상의 합창 소리가 하늘에서 들리는구나! 아난다여, 그러나 이렇게 하는 것은 여래를 공경하고, 존경하고, 존중하고, 공양하고, 받드는 것이 아니다. 아난다여, 비구나 비구니나 청신사나 청신녀가 여법하게 가르침을 실천하고, 화경(和敬)을 실천하고, 가르침에 따라 수행하면서 살아가는 것이 여래를 공경하고, 존경하고, 존중하고, 공양하고, 받드는 최상의 공양이다. 아난다여, 그러므로 '우리는 여법하게 가르침을 실천하고, 화경을 실천하고, 가르침에 따라 수행하겠다'라고, 아난다여, 참으로 그대들은 이와 같이 공부해야 한다."

5.4. 그때 우빠와나(Upavāṇa) 존자가 세존 앞에 서서 세존께 부채질을 하고 있었습니다. 세존께서는 "비구여, 내 앞에 서 있지 말고 물러서라!"라고 하시면서 우빠와나 존자를 내치셨습니다.

그러자 아난다 존자에게 이런 생각이 들었습니다.

'우빠와나 존자는 오랜 세월을 가까이에서 세존을 모신 세존의 측근 시자이다. 그런데 세존께서는 임종의 시간에 '비구여, 내 앞에 서 있지 말고 물러서라!'라고 하시면서 우빠와나 존자를 내치셨다. 무엇 때문에, 어찌하여 세존께서는 우빠와나 존자를 내치셨을까?'

5.5. 아난다 존자가 세존께 말씀드렸습니다.

"세존이시여, 우빠와나 존자는 오랜 세월을 가까이에서 세존을 모신 세존의 측근 시자입니다. 그런데 세존께서는 임종의 시간에 '비구여, 내 앞에 서 있지 말고 물러서라!'라고 하시면서 우빠와나 존자를 내치셨습니다. 세존이시여, 무엇 때문에, 어찌하여 세존께서는 우빠와나 존자를 내치셨습니까?"

"아난다여, 시방(十方)세계에 있는 많은 천신들이 여래를 보기 위해 모였다. 아난다여, 꾸씨나라 근처에 있는 말라들의 살라 숲 주변 12요자나가 입추의 여지 없이 큰 위력을 지닌 천신들로 꽉 찰 정도다. 아난다여, 그 천신들이 '우리는 여래를 뵙기 위해 멀리서 왔다. 여래, 아라한, 등정각께서 언제 다시 세상에 출현하겠는가? 오늘 밤 후야(後夜)에 여래의 반열반이 있을 것이다. 그런데 이 큰 위력을 지닌 비구가 세존 앞에 서서 가로막고 있어서 임종의 시간에 여래를 뵐 수가 없다'라고 불평하고 있다."

5.6. "세존이시여, 세존께서 보시기에 천신들은 어떻게 하고 있습니까?"

"아난다여, 허공에서는 지상(地想)을 지

닌 천신[182]들이 '세존께서 너무 빨리 반열반하려고 하시네! 선서께서 너무 빨리 반열반하려고 하시네! 세간에서 눈이 사라지려 하네!'라고 하면서 머리카락을 쥐어뜯으며 울부짖고, 팔을 내저으며 울부짖고, 깎아지른 절벽에서 굴러떨어진 듯이 뒹굴고 있다. 아난다여, 땅 위에서는 지상(地想)을 지닌 천신들이 '세존께서 너무 빨리 반열반하려고 하시네! 선서께서 너무 빨리 반열반하려고 하시네! 세간에서 눈이 사라지려 하네!'라고 하면서 머리카락을 쥐어뜯으며 울부짖고, 팔을 내저으며 울부짖고, 깎아지른 절벽에서 굴러떨어진 듯이 뒹굴고 있다. 그러나 탐욕에서 벗어난 천신[183]들은 주의집중하고 알아차리면서 '제행무상(諸行無常)인 것을 지금 어찌하겠는가?'라고 하면서 참고 있다."

5.7. "세존이시여, 이전에는 사방에서 우기를 지낸 비구들이 세존을 뵙기 위해 왔고, 저희는 마음을 잘 닦은 그 비구들을 뵐 수 있었고 모실 수 있었습니다. 세존이시여, 그러나 세존의 사후(死後)에는 마음을 잘 닦은 비구들을 뵐 수도 없고 모실 수도 없게 되었습니다."

5.8. "아난다여, 신심(信心) 있는 선남자들이 찾아와 보게 되고 감격하게 되는 네 가지 장소가 있다. 그 넷은 어떤 곳인가?

아난다여, '여기에서 여래께서 탄생하셨다'라고 하는 곳이 선남자들이 찾아와서 보게 되고 감격하게 되는 장소다.

아난다여, '여기에서 여래께서 위없는 바르고 평등한 깨달음을 성취하셨다'라고 하는 곳이 선남자들이 찾아와서 보게 되고 감격하게 되는 장소다.

아난다여, '여기에서 여래께서 위없는 진리의 수레바퀴[法輪]를 굴리셨다'라고 하는 곳이 선남자들이 찾아와서 보게 되고 감격하게 되는 장소다.

아난다여, '여기에서 여래께서 무여열반계에 반열반하셨다'라고 하는 곳이 선남자들이 찾아와서 보게 되고 감격하게 되는 장소다.

아난다여, 이들이 신심 있는 선남자들이 찾아와서 보게 되고 감격하게 되는 네 가지 장소다.

아난다여, 신심 있는 비구·비구니·청신사·청신녀들은 '여기에서 여래께서 탄생하셨다' 하면서 찾아올 것이다. 아난다여, 신심 있는 비구·비구니·청신사·청신녀들은 '여기에서 여래께서 위없는 바르고 평등한 깨달음을 성취하셨다'라고 하면서 찾아올 것이다. 아난다여, 신심 있는 비구·비구니·청신사·청신녀들은 '여기에서 여래께서 위없는 진리의 수레바퀴를 굴리셨다'라고 하면서 찾아올 것이다. 아난다여, 신심 있는 비구·비구니·청신사·청신녀들은 '여기에서 여래께서 무여열반계에 반열반하셨다'라고 하면서 찾아올 것이다.

아난다여, 누구든지 청정한 마음으로

---

182 지상(地想)을 지닌 천신이란 지거천(地居天)을 의미하는 듯하다. 불교의 세계관에 의하면 천상의 세계는 지거천(地居天)과 공거천(空居天)이 있다. 지거천은 땅에 거주하는 천신이라는 의미인데, 욕계(欲界)의 4천왕천과 도리천(忉利天)이 지거천에 속한다. 그 이상의 천신들은 허공에 거주하기 때문에 공거천(空居天)이라고 부른다.

183 욕계를 벗어난 천신, 즉 색계천 이상의 천신을 의미한다.

탑묘를 순례하며 여행한 사람은 죽게 되면, 몸이 무너져 죽은 후에 모두 천상세계와 같은 좋은 곳[善趣]에 태어날 것이다."

5.9. "세존이시여, 저희는 여인들에 대하여 어떻게 처신해야 합니까?"

"아난다여, 보지 마라!"

"세존이시여, 보았다면 어떻게 처신해야 합니까?"

"아난다여, 말을 걸지 마라!"

"세존이시여, 말을 걸어오면 어떻게 처신해야 합니까?"

"아난다여, 주의집중을 확립해야 한다."

5.10. "세존이시여, 저희는 여래의 시신(屍身, sarīra)[184]을 어떻게 장사(葬事) 지내야 합니까?"

"아난다여, 그대들은 여래의 장례(葬禮, sarīra-pūjā)[185]에 대하여 걱정하지 마라! 아난다여, 그대들은 어서 자신의 일에 전념하고 헌신하되, 게으르지 말고 스스로 노력하며 살도록 하여라! 아난다여, 여래에게 신심이 있는 현명한 크샤트리아나 바라문이나 거사들이 여래의 장례를 치를 것이다."

5.11. "세존이시여, 여래의 시신은 어떻게 장사 지내야 합니까?"

"아난다여, 전륜왕(轉輪王)의 시신을 장사 지내듯이 여래의 시신을 장사 지내야 한다."

"세존이시여, 전륜왕의 시신은 어떻게 장사 지냅니까?"

"아난다여, 전륜왕의 시신을 새 옷으로 감싼 후에 넓은 솜으로 감싼다. 넓은 솜으로 감싼 후에 다시 새 옷으로 감싼다. 이러한 방식으로 오백 겹으로 전륜왕의 시신을 감싼 후에 쇠로 만든 기름통에 넣은 다음, 쇠로 만든 다른 기름통에 넣고 오직 향나무로만 장작더미를 만들어 전륜왕의 시신을 화장(火葬)한다. 그리고 사거리에 전륜왕의 사리탑을 세운다. 아난다여, 전륜왕의 시신은 이와 같이 장사 지낸다.

아난다여, 전륜왕의 시신을 장사 지내듯이 여래의 시신을 장사 지내고, 사거리에 여래의 사리탑을 세우도록 하여라! 그곳에 아름다운 꽃다발이나 향을 올리고 예배하거나 청정한 신심을 일으키면, 그 사람에게는 오랜 세월 이익과 행복이 있을 것이다.

5.12. 아난다여, 사리탑을 세워야 할 네 부류의 훌륭한 사람들이 있다. 그 넷은 어떤 사람들인가?

여래, 아라한, 등정각들은 사리탑을 세워야 할 훌륭한 사람들이다. 벽지불(辟支佛)들은 사리탑을 세워야 할 훌륭한 사람들이다. 여래의 성문제자들은 사리탑을 세워야 할 훌륭한 사람들이다. 전륜왕들은 사리탑을 세워야 할 훌륭한 사람들이다.

아난다여, 어떤 연유에서 여래, 아라한, 등정각들은 사리탑을 세워야 할 훌륭한 사람들인가? 아난다여, 많은 사람들은 '이것이 세존, 아라한, 등정각의 사리탑이다'라고 마음으로 기뻐하며, 그곳에서 마음으로 기뻐한 후에는 몸이 무너져 죽은 후에 천상세계와 같은 좋은 곳에 태어난다. 아난다여, 이러한 연유에서 여래, 아라한, 등정각들은 사리탑

---

184 'sarīra'는 유골(遺骨)을 의미하는데, 이를 사리(舍利)로 한역하였다.

185 원문의 뜻은 '시신 공양'인데 '장례'로 번역했다.

을 세워야 할 훌륭한 사람들이다.

아난다여, 어떤 연유에서 벽지불, 여래의 성문제자, 전륜왕은 사리탑을 세워야 할 훌륭한 사람들인가? 아난다여, 많은 사람들은 '이것이 벽지불, 여래의 성문제자, 전륜왕의 사리탑이다'라고 마음으로 기뻐하며, 그곳에서 마음으로 기뻐한 후에는 몸이 무너져 죽은 후에 천상세계와 같은 좋은 곳에 태어난다. 아난다여, 이러한 연유에서 벽지불, 여래의 성문제자, 전륜왕은 사리탑을 세워야 할 훌륭한 사람들이다.

아난다여, 이들이 사리탑을 세워야 할 네 부류의 훌륭한 사람들이다."

5.13. 아난다 존자는 방으로 들어가 문짝을 붙잡고 "참으로 나는 배워야 할 것이 많은 유학(有學, sekha)[186]이다. 그런데 나를 연민하시는 나의 스승님께서는 반열반하려고 하시는구나!"라고 통곡하며 서 있었습니다.

그러자 세존께서 비구들에게 말씀하셨습니다.

"비구들이여, 아난다는 어찌하고 있는가?"

"세존이시여, 아난다 존자는 방으로 들어가 문짝을 붙잡고 '참으로 나는 배워야 할 것이 많은 유학이다. 그런데 나를 연민하시는 나의 스승님께서는 반열반하려고 하시는구나!'라고 통곡하며 서 있습니다."

그러자 세존께서 어떤 비구에게 분부하셨습니다.

"비구여, 그대는 '스승님께서 아난다를 부르십니다'라고 나의 말로 아난다를 불러오너라!"

"그렇게 하겠습니다, 세존이시여!"라고 그 비구는 세존께 대답한 후에 아난다 존자에게 가서 "존자여, 스승님께서 그대를 부르십니다"라고 말했습니다.

"존자여, 알았습니다."

아난다 존자는 그 비구에게 대답한 후에 세존에게 가서 예배하고 한쪽에 앉았습니다.

5.14. 아난다 존자에게 세존께서 말씀하셨습니다.

"아난다여, 이제 그만하여라! 슬퍼하지 마라! 비탄하지 마라! 아난다여, '사랑스럽고 즐거운 모든 것은 변하고, 떠나가고, 달라진다'라고 내가 미리 이야기하지 않았더냐? 아난다여, 그것을 지금 어찌하겠느냐? 태어난 존재는 유위(有爲)이며, 쇠멸법(衰滅法)이다. 그것을 사멸(死滅)하지 말라고 할 수는 없다. 아난다여, 오랜 세월 그대는 한량없는 불이(不二)의 즐겁고 유익한 자애로운 신업(身業)과 구업(口業)과 의업(意業)으로 여래를 모셨다. 아난다여, 그대는 공덕을 쌓은 사람이다. 전념으로 정진하여 어서 번뇌[漏]에서 벗어나도록 하여라!"

5.15. 세존께서 비구들에게 말씀하셨습니다.

"비구들이여, 과거세의 아라한·등정각들에게도 내 시자 아난다와 같은 세존들의 가장 뛰어난 시자들이 있었다오. 비구들이여, 미래세의 아라한·등정각들에게도 내 시자 아난다와 같은 세존들의 가장 뛰어난 시자들이 있을 것이오. 비구들이여, 아난다는 훌륭한 시자로서 여래를 뵈러 가야 할 때, 비구를 보러 가야 할 때, 비구니를 보러 가야 할 때, 청신사를 보러 가야 할 때, 청신녀를 보러

---

186 아라한이 되지 못한 수행자를 의미함. 아라한(阿羅漢)은 'asekha[無學]'라고 한다.

가야 할 때, 왕의 대신들을 보러 가야 할 때, 외도와 외도의 제자들을 보러 가야 할 때를 알았다오.

5.16. 비구들이여, 아난다에게는 네 가지 불가사의한 미증유법(未曾有法)이 있다오. 그 네 가지는 어떤 것인가?

비구들이여, 비구 대중이 아난다에게 가서 그를 보면, 그들은 아난다를 보고 기뻐한다오. 비구들이여, 그곳에서 아난다가 설법을 하면 그들은 설법을 듣고 기뻐하고, 아난다가 침묵하면 비구 대중은 만족하지 못한다오.

비구들이여, 비구니·청신사·청신녀 대중이 아난다에게 가서 그를 보면, 그들은 아난다를 보고 기뻐한다오. 비구들이여, 그곳에서 아난다가 설법을 하면 그들은 설법을 듣고 기뻐하고, 아난다가 침묵하면 그들은 만족하지 못한다오.

비구들이여, 전륜왕에게는 네 가지 불가사의한 미증유법이 있다오. 그 네 가지는 어떤 것인가?

비구들이여, 크샤트리아·바라문·거사·사문 대중이 전륜왕을 보기 위해 가면, 그들은 전륜왕을 보고 기뻐한다오. 그곳에서 전륜왕이 이야기하면 그들은 이야기를 듣고 기뻐하고, 전륜왕이 침묵하면 그들은 만족하지 못한다오.

비구들이여, 아난다에게도 이와 같은 네 가지 불가사의한 미증유법이 있나니, 비구들이여, 비구·비구니·청신사·청신녀 대중이 아난다를 보기 위해 가면, 그들은 아난다를 보고 기뻐한다오. 비구들이여, 그곳에서 아난다가 설법을 하면 그들은 설법을 듣고 기뻐하고, 아난다가 침묵하면 그들은 만족하지 못한다오.

비구들이여, 이것이 아난다에게 있는 네 가지 불가사의한 미증유법이라오."

5.17. 이 말씀을 듣고, 아난다 존자가 세존께 말씀드렸습니다.

"세존이시여, 세존께서는 이 사막에 있는 지방의 작은 도성(都城)에서 반열반하지 마십시오! 세존이시여, 짬빠(Campā)나 라자가하나 사왓티나 사께따(Sāketa)나 꼬삼비(Kosambi)나 바라나시(Bārāṇasi) 같은 다른 큰 도시들도 있습니다. 세존께서는 그런 곳에서 반열반하셔야 합니다. 그런 곳에는 여래에게 신심이 있는 큰 재력을 가진 크샤트리아, 바라문, 거사들이 많습니다. 그들이 여래의 장례를 치를 것입니다."

"아난다여, 그런 말 하지 마라! 아난다여, 사막에 있는 지방의 작은 도성이라고 말하지 마라!

5.18. 아난다여, 옛날에 여법한 법왕으로서 칠보(七寶)를 구족하고, 사방을 정복하여 나라를 안정시킨 마하수다싸나(Mahā-Sudassana)라는 전륜왕이 있었다. 아난다여, 이 꾸씨나라는 꾸사와띠(Kusāvatī)라고 불리던 마하수다싸나왕의 왕도(王都)로서 가로는 동서(東西)로 12요자나이고, 세로는 남북(南北)으로 7요자나였다.

아난다여, 꾸사와띠는 음식이 풍부하고 사람들로 가득 찬, 인구가 많은 번성한 왕도였다. 아난다여, 음식이 풍부하고 사람들로 가득 차고, 인구가 많고 번성한 알라까마나(Āḷakamanā)라는 천신들의 왕도처럼, 꾸사와띠는 음식이 풍부하고 사람들이 가득 찬, 인구가 많은 번성한 왕도였다.

아난다여, 꾸사와띠는 밤낮으로 열 가

지 소리, 즉 코끼리 소리·말 소리·마차 소리·북소리·장고 소리·비파 소리·노랫소리·삼마(samma)[187] 소리·딸라(tāḷa)[188] 소리 그리고 열 번째로 '먹어라! 마셔라! 삼켜라!' 하는 소리가 끊이지 않았다.

5.19. 아난다여, 가라! 그대는 꾸씨나라로 들어가서 꾸씨나라의 말라족 사람들에게 '와셋타(Vāseṭṭha)[189]들이여, 오늘 밤 후야(後夜)에 여래의 반열반이 있을 것이오. 와셋타들이여, 나오십시오! 와셋타들이여, 나오십시오! '우리 마을에서 여래의 반열반이 있었지만 나는 임종의 시간에 여래를 뵙지 못했다'라고 뒤에 후회하지 마십시오!'라고 알려라!"

"그렇게 하겠습니다, 세존이시여!"라고 아난다 존자는 세존께 대답한 후에 옷을 입고 발우와 법의를 들고, 자신을 벗 삼아 꾸씨나라로 들어갔습니다.

5.20. 그때 꾸씨나라의 말라족 사람들은 해야 할 어떤 일 때문에 공회당에 모여 있었습니다. 아난다 존자는 꾸씨나라의 말라족 공회당을 찾아가서, 꾸씨나라의 말라족 사람들에게 "와셋타들이여, 오늘밤 후야에 여래의 반열반이 있을 것이오. 와셋타들이여, 나오십시오! 와셋타들이여, 나오십시오! '우리 마을에서 여래의 반열반이 있었지만 나는 임종의 시간에 여래를 뵙지 못했다'라고 뒤에 후회하지 마십시오!"라고 알렸습니다.

5.21. 아난다 존자의 말을 듣고, 말라족 사람들은 아들·며느리·부인 등 누구라고 할 것 없이 모두 고통스러운 마음으로 비통해하는 가운데, 어떤 사람들은 "세존께서 너무 빨리 반열반하려 하시네! 선서께서 너무 빨리 반열반하려 하시네! 세간에서 눈이 사라지려 하네!"라고 하면서 머리카락을 쥐어뜯으며 울부짖고, 팔을 내저으며 울부짖고, 깎아지른 절벽에서 굴러떨어진 듯이 뒹굴었습니다.

말라족 사람들은 아들, 며느리, 부인 등 누구라고 할 것 없이 모두 고통스러운 마음으로 비통해하면서 근처에 있는 말라들의 살라 숲으로 아난다 존자를 찾아갔습니다.

5.22. 그때 아난다 존자에게 이런 생각이 들었습니다.

'만약에 내가 말라 사람들을 한 사람씩 세존께 예배하게 한다면, 꾸씨나라의 말라 사람들이 세존께 예배를 마치기도 전에 날이 밝을 것이다. 차라리 한 가족씩 둘러 세워 '세존이시여, 이런 이름을 가진 말라 사람이 아들, 부인, 가족, 친지와 함께 세존의 발에 머리 조아려 예배합니다'라고 세존께 예배하게 하면 어떨까?'

아난다 존자는 그 방법으로 초저녁[初夜]에 꾸씨나라의 말라 사람들이 세존께 예배하도록 했습니다.

5.23. 그때 수밧다(Subhadda)라는 행각수행자가 꾸씨나라에 머물고 있었습니다. 행각수행자 수밧다는 "오늘 밤 후야에 여래의 열반이 있을 것이다"라는 소문을 들었습니다.

행각수행자 수밧다는 이렇게 생각했습

---

187 심벌즈처럼 두 손에 끼고 부딪혀서 소리를 내는 악기.

188 징이나 심벌즈와 비슷한 타악기.

189 말라족 현인의 이름. 말라족 사람을 높여 부르는 호칭으로 생각된다.

니다.

'나는 나이 많은 원로 행각수행자인 스승님과 스승님의 스승들이 '여래, 아라한, 등정각들은 언제 세상에 출현할지 모른다'라고 이야기하는 것을 들었다. 그런데 오늘 밤 후야에 사문 고따마의 반열반이 있을 것이다. 나에게 진리에 대한 의심이 일어났는데, 사문 고따마에 대하여 '그 진리에 대한 의심을 버릴 수 있도록 사문 고따마는 나에게 진리를 가르쳐 줄 것 같다'라는 믿음이 생긴다.'

5.24. 행각수행자 수밧다는 근처에 있는 말라들의 살라 숲으로 아난다 존자를 찾아가서, 아난다 존자에게 말했습니다.

"아난다 존자여, 나는 나이 많은 원로 행각수행자인 스승님과 스승님의 스승들이 '여래, 아라한, 등정각들은 언제 세상에 출현할지 모른다'라고 이야기하는 것을 들었습니다. 그런데 오늘 밤 후야에 사문 고따마의 반열반이 있을 것입니다. 나에게 진리에 대한 의심이 일어났는데, 사문 고따마에 대하여 '그 진리에 대한 의심을 버릴 수 있도록 사문 고따마는 나에게 진리를 가르쳐 줄 것 같다'라는 믿음이 나에게 생겼습니다. 아난다 존자여, 내가 사문 고따마를 뵐 수 있도록 해 주십시오!"

아난다 존자가 행각수행자 수밧다에게 말했습니다.

"그만두십시오! 수밧다 존자여, 여래를 괴롭히지 마십시오! 여래는 피곤하십니다."

행각수행자 수밧다는 두 번 세 번 거듭하여 뵙기를 청했고, 그때마다 아난다 존자는 거절했습니다.

5.25. 아난다 존자와 행각수행자 수밧다의 대화를 들으신 세존께서 아난다 존자에게 분부하셨습니다.

"멈추어라! 아난다여, 수밧다를 막지 마라! 아난다여, 수밧다가 여래를 볼 수 있도록 하여라! 수밧다가 나에게 묻고자 하는 것이 무엇이든지, 그것은 모두 알기 위한 것이지 괴롭히기 위한 것이 아니다. 내가 질문을 받아 설명하면, 그는 그것을 곧바로 이해할 것이다."

아난다 존자가 수밧다에게 말했습니다.

"가십시오! 수밧다 존자여, 세존께서 그대를 허락하십니다."

5.26. 행각수행자 수밧다는 세존에게 가서 정중하게 인사를 하고 공손한 인사말을 나눈 후에 한쪽에 앉았습니다. 행각수행자 수밧다가 세존께 말씀드렸습니다.

"고따마 존자여! 교단의 지도자로서, 대중의 스승으로서, 명성이 자자하고 큰 존경을 받는 교조들, 즉 뿌라나 까싸빠, 막칼리 고살라, 아지따 께사깜발린, 빠꾸다 깟짜야나, 산자야 벨랏띠뿟따, 니간타 나따뿟따 등은 스스로 이야기하듯이 모두 진리를 깨달았습니까, 그렇지 않으면 모두 깨닫지 못했습니까, 혹은 어떤 사람은 깨닫고 어떤 사람은 깨닫지 못했습니까?"

"그만두시오! 수밧다여, 그들이 스스로 이야기하듯이 모두 진리를 깨달았는지, 그렇지 않으면 모두 깨닫지 못했는지, 혹은 어떤 사람은 깨닫고 어떤 사람은 깨닫지 못했는지는 버려두고, 수밧다여, 내가 그대에게 가르침을 주겠소. 잘 듣고 깊이 생각해 보시오! 내가 이야기하겠소."

"존자여, 그렇게 하겠습니다"

세존께서 수밧다에게 말씀하셨습니다.

5.27. "수밧다여, 거룩한 8정도(八正道)가 드러나지 않은 가르침[法]과 율(律)에는 사문(沙門)도 없고, 둘째 사문도 없고, 셋째 사문도 없고, 넷째 사문도 없다오.[190] 수밧다여, 거룩한 8정도가 드러난 가르침과 율에는 사문도 있고, 둘째 사문도 있고, 셋째 사문도 있고, 넷째 사문도 있다오. 수밧다여, 나의 이 가르침과 율에는 거룩한 8정도가 드러나 있다오. 수밧다여, 여기에 사문이 있고, 여기에 둘째 사문이 있고, 여기에 셋째 사문이 있고, 여기에 넷째 사문이 있다오. 다른 가르침과 율에는 논쟁만 있을 뿐 사문들이 없다오. 수밧다여, 이 가르침과 율에서 비구들이 바르게 살아간다면, 이 세상은 아라한들이 사는 세상이 될 것이오."

수밧다여, 내 나이 스물아홉에 출가한 것은
선(善)이 무엇인가를 알기 위함이었다오.
50년이라는 긴 세월을
수밧다여, 나는 출가수행자로서
정리(正理)와 법도(法道)를 벗어나지 않았다오.
이밖에는 사문이 없다오.
둘째 사문도 없고, 셋째 사문도 없고, 넷째 사문도 없다오.
다른 가르침과 율에는 논쟁만 있을 뿐 사문들이 없지만
수밧다여, 이 가르침[法]과 율(律)에서
비구들이 바르게 살아간다면,
이 세상은 아라한들이 사는 세상이 될 것이오.

5.28. 이 말씀을 듣고, 행각수행자 수밧다가 세존께 말씀드렸습니다.

"훌륭하십니다, 세존이시여! 훌륭하십니다, 세존이시여! 세존이시여, 마치 뒤집힌 것을 바로 세우는 것 같고, 감추어진 것을 드러내는 것 같고, 길 잃은 자에게 길을 알려 주는 것 같고, '눈 있는 자들은 보라'라고 어둠 속에 등불을 비춰 주는 것 같습니다. 이와 같이 세존께서는 여러 가지 방법으로 진리를 알려 주셨습니다. 세존이시여, 저는 세존께 귀의합니다. 가르침과 비구상가에 귀의합니다. 세존이시여, 저는 세존께 출가하여 구족계를 받고자 합니다."

"수밧다여, 이전에 외도(外道)였던 사람으로서 이 가르침과 율에 출가하여 구족계를 받고자 하는 사람은 넉 달 동안 별주(別住)하고,[191] 넉 달이 지나서 확신을 가진 비구들이 그를 비구가 되도록 출가시켜 구족계를 준다오. 그렇지만 나는 사람마다 차이가 있다는 것을 알고 있다오."

5.29. "세존이시여, 만약에 이전에 외도였던 사람으로서 이 가르침과 율에 출가하여 구족계를 받고자 하는 사람은 넉 달 동안 별주하고, 넉 달이 지나서 확신을 가진 비구들이 그를 비구가 되도록 출가시켜 구족계를 준다면, 저는 넉 달 동안 별주하겠습니다. 넉 달이 지나서 확신을 가진 비구들께서 비구가 되도록 출가시켜 구족계를 주십시오!"

---

190 8정도를 드러내지 못하는 가르침과 율에서는 진정한 수행자가 나올 수 없다는 의미이다. 여기에서 첫째, 둘째, 셋째, 넷째 사문은 사과(四果), 즉 아라한·아나함·사다함·수다원을 의미한다.

191 별주(別住)란 구족계를 받기 전에 승단의 승인을 받기 위해 따로 생활하는 것을 의미한다.

그러자 세존께서 아난다 존자에게 분부하셨습니다.

"아난다여, 수밧다를 출가시켜라!"

"그렇게 하겠습니다, 세존이시여!"

5.30. 행각수행자 수밧다가 아난다 존자에게 말했습니다.

"아난다 존자여! 지금 그대들이 스승의 면전에서 제자로서 관정(灌頂)을 받은 것은[192] 그대들의 재산이며, 그대들의 지복(至福)입니다."

행각수행자 수밧다는 세존의 면전에서 출가하여 구족계를 받았습니다. 수밧다 존자는 구족계를 받자 곧 홀로 외딴곳에서 열심히 노력하고 정진하며 지냈습니다. 그리고 오래지 않아 선남자들이 출가하는 목적인 위없는 청정한 수행의 완성을 지금 여기에서 스스로 체험하고 성취하여 살아갔습니다. 그는 '태어남은 끝났고, 청정한 수행을 마쳤으며, 해야 할 일을 끝마쳤다. 다시는 현재의 상태로 되지 않는다'라는 것을 체득했습니다.

수밧다 존자는 아라한 가운데 한 분이 되었습니다. 그는 세존의 마지막 직제자(直弟子)가 되었습니다.

6.1. 세존께서 아난다 존자에게 분부하셨습니다.

"아난다여, 그대들은 '스승의 말씀은 이제 없다. 실로 스승은 존재하지 않는다'라고 생각할지도 모른다. 아난다여, 그러나 그렇게 보아서는 안 된다. 아난다여, 내가 그대들에게 가르치고 시설한 가르침과 율이 나의 사후에는 그대들의 스승이다.

6.2. 아난다여, 지금 비구들은 상호 간에 '벗이여(avuso)!'라고 부르는데, 나의 사후에는 그렇게 불러서는 안 된다. 아난다여, 장로 비구는 젊은 비구를 이름이나 성이나 '벗이여!'라는 말로 부르고, 젊은 비구는 장로 비구를 '장로님[bhante]!'이라고 부르거나 '존자님[āyasmā]!'이라고 부르도록 하여라!

6.3. 아난다여, 나의 사후에 상가가 원하면 소소한 학계(學戒)들은 폐지하여라!

6.4. 아난다여, 나의 사후에 찬나(Channa)[193] 비구에게 범단(梵壇, brahmā-daṇḍa)의 벌을 주어야 한다."

"세존이시여, 범단의 벌이란 어떤 것입니까?"

"아난다여, 찬나 비구가 대화를 원해도, 비구들은 대화해서도 안 되고, 훈계해서도 안 되고, 질책해서도 안 된다."

6.5. 이제 세존께서 비구들에게 말씀하셨습니다.

"비구들이여, 어떤 비구든 붓다[佛]나 가르침[法]이나 상가[僧]나 길이나 방법에 대하여 의심이나 의혹이 있으면 물으시오! 이후에 '스승님을 대면하고 있었지만, 우리는 직접 세존께 면전에서 물어보지 못했구나!'라고 후회하지 마시오!"

이 말씀을 듣고, 그 비구들은 침묵했습니다.

같은 말씀으로 두 번 세 번 거듭하여 말씀하셨지만, 그 비구들은 침묵했습니다.

세존께서 비구들에게 말씀하셨습니다.

---

192 세존의 제자가 되어 구족계를 받는 것을 제자로서 관정을 받았다고 말하고 있다.

193 부처님께서 출가할 때 말을 끌던 마부였다. 평소 자만심이 많아 제멋대로 행동했다고 한다.

"비구들이여, 만약 스승을 공경하여 직접 묻지 못한다면, 비구들이여, 동료를 통해 말하시오!"

이 말씀을 듣고도, 그 비구들은 침묵했습니다.

6.6. 그러자 아난다 존자가 세존께 말씀드렸습니다.

"놀랍습니다, 세존이시여! 희유합니다, 세존이시여! 세존이시여, 저는 이 비구상가 가운데 어떤 비구도 붓다나 가르침이나 상가나 길이나 방법에 대하여 의심이나 의혹이 없다고 확신합니다."

"아난다여, 그대는 확신을 가지고 이야기하는구나. 아난다여, 여래는 이제 이 비구상가 가운데 어떤 비구도 붓다나 가르침이나 상가나 길이나 방법에 대하여 의심이나 의혹이 없으며, 이 500명의 비구는 가장 낮은 비구라도 악취에 떨어지지 않고 결국은 정각(正覺)을 성취하도록 결정된 수다원이라는 것을 알았다."

6.7. 세존께서 비구들에게 말씀하셨습니다.

"자! 비구들이여, 내가 이제 그대들에게 당부하겠소. 제행(諸行)은 쇠멸하는 법[衰滅法]이니, 방일하지 말고 정진하시오!"

이것이 여래의 마지막 말씀입니다.

6.8. 세존께서는 초선에 드셨습니다. 초선에서 나와 제2선에 드셨습니다. 제2선에서 나와 제3선에 드셨습니다. 제3선에서 나와 제4선에 드셨습니다. 제4선에서 나와 공무변처에 드셨습니다. 공무변처정(空無邊處定)에서 나와 식무변처에 드셨습니다. 식무변처정(識無邊處定)에서 나와 무소유처에 드셨습니다. 무소유처정(無所有處定)에서 나와 비유상비무상처에 드셨습니다. 비유상비무상처정(非有想非無想處定)에서 나와 상수멸(想受滅, saññā-vedayita-nirodha)에 드셨습니다.

그러자 아난다 존자가 아누룻다 존자에게 말했습니다.

"아누룻다 존자여, 세존께서 반열반하셨습니다."

"아난다 존자여, 세존께서는 반열반하신 것이 아니라 상수멸에드셨습니다."

6.9. 세존께서는 상수멸정(想受滅定)에서 나와 비유상비무상처에 드셨습니다. 비유상비무상처정에서 나와 무소유처에 드셨습니다. 무소유처정에서 나와 식무변처에 드셨습니다. 식무변처정에서 나와 공무변처에 드셨습니다. 공무변처정에서 나와 제4선에 드셨습니다. 제4선에서 나와 제3선에 드셨습니다. 제3선에서 나와 제2선에 드셨습니다. 제2선에서 나와 초선에 드셨습니다. 초선에서 나와 제2선에 드셨습니다. 제2선에서 나와 제3선에 드셨습니다. 제3선에서 나와 제4선에 드셨습니다. 세존께서는 제4선에서 나오신 후 곧바로 반열반하셨습니다.

6.10. 세존께서 반열반하실 때, 온몸의 털이 곤두서는 무서운 큰 지진이 일어나고 천둥이 쳤습니다.

세존께서 반열반하실 때, 사함빠띠 범천(梵天)은 이 게송(偈頌)을 읊었습니다.

세상에 태어난 것들은
모두 몸을 내려놓게 된다네.
세상에 비길 바 없는 스승님도
큰 위력이 있는 정각 여래도
반열반하셨다네.

세존께서 반열반하실 때, 삭까(Sakka) 인드라천[帝釋天]은 이 게송을 읊었습니다.

제행은 무상한 생멸법(生滅法)이라네.
생겨난 다음에는 소멸하나니
제행의 적멸(寂滅)이 행복이라네.[194]

세존께서 반열반하실 때, 아누룻다 존자는 이 게송을 읊었습니다.

마음이 평화로운 분에게 들숨 날숨이 없어졌네.
욕망 없는 성자께서 고요하게 서거(逝去)하셨네.
견고한 마음으로 고통[195]을 이겨 내고,
등불이 꺼지듯이 심해탈을 하셨네.

세존께서 반열반하실 때, 아난다 존자는 이 게송을 읊었습니다.

그때 나는 두려웠네.
온몸의 털이 곤두섰네.
일체 공덕 구족하신 정각께서
반열반하신 그때에.

세존께서 반열반하실 때, 탐욕을 버리지 못한 몇몇 비구들은 "세존께서 너무 빨리 반열반하려 하시네! 선서께서 너무 빨리 반열반하려 하시네! 세간에서 눈이 사라지려 하네!"라고 하면서 팔을 내저으며 울부짖고, 깎아지른 절벽에서 굴러떨어진 듯이 뒹굴었습니다.

탐욕에서 벗어난 비구들은 주의집중하고 알아차리면서 "제행무상인 것을 지금 어찌하겠는가?"라고 하면서 참고 있었습니다.

6.11. 그러자 아누룻다 존자가 비구들에게 말했습니다.

"법우들이여, 이제 그만하시오! 슬퍼하지 마시오! 비탄하지 마시오! 법우들이여, '사랑스럽고 즐거운 모든 것은 변하고, 떠나가고, 달라진다'라고 세존께서 미리 말씀하시지 않았소? 법우들이여, 그것을 지금 어찌하겠소? 태어난 존재는 유위이며, 쇠멸법이오. 그것을 사멸하지 말라고 할 수는 없는 것이오. 법우들이여, 천신들이 불평하고 있다오."

"존자님! 아누룻다 존자께서 보시기에 천신들은 어떻게 하고 있습니까?"

"아난다 법우여, 허공에서는 지상(地想)을 지닌 천신들이 '세존께서 너무 빨리 반열반하셨네! 선서께서 너무 빨리 반열반하셨네! 세간에서 눈이 사라졌네!'라고 하면서 머리카락을 쥐어뜯으며 울부짖고, 팔을 내저으며 울부짖고, 깎아지른 절벽에서 굴러떨어진 듯이 뒹굴고 있다오. 아난다 존자여, 땅 위에서는 지상(地想)을 지닌 천신들이 '세존께서 너무 빨리 반열반하셨네! 선서께서 너무 빨리 반열반하셨네! 세간에서 눈이 사라졌네!'라고 하면서 머리카락을 쥐어뜯으며 울부짖고, 팔을 내저으며 울부짖고, 깎아지른 절벽

---

194 이 부분의 한역은 '諸行無常 是生滅法 生滅滅已 寂滅爲樂'이다.

195 'vedanā'의 번역. 'vedanā[受]'는 고락(苦樂)의 느낌을 의미한다. 부처님께서는 괴로운 느낌은 물론 즐거운 느낌도 결국은 괴로움이 된다고 말씀하셨다. 따라서 'vedanā'는 고통을 의미한다.

에서 굴러떨어진 듯이 뒹굴고 있다오. 그러나 탐욕을 벗어난 천신들은 주의집중하고 알아차리면서 '제행무상인 것을 지금 어찌하겠는가?'라고 하면서 참고 있다오."

6.12. 아누룻다 존자는 아난다 존자와 남은 밤을 법담(法談)으로 보낸 후에, 아난다 존자에게 말했습니다.

"아난다 법우여, 꾸씨나라에 들어가서 꾸씨나라의 말라족 사람들에게 '와셋타들이여, 여래께서 반열반하셨습니다. 이제 때가 되었습니다'라고 알리시오!"

"그렇게 하겠습니다, 존자님!"

아난다 존자는 아누룻다 존자에게 대답한 후에, 아침 일찍 옷을 입고 발우와 법의를 들고, 자신을 벗 삼아 꾸씨나라에 들어갔습니다.

그때 꾸씨나라의 말라족 사람들은 해야 할 어떤 일 때문에 공회당에 모여 있었습니다. 아난다 존자는 꾸씨나라의 말라족 공회당을 찾아가서 꾸씨나라의 말라족 사람들에게 알렸습니다.

"와셋타들이여, 여래께서 반열반하셨습니다. 이제 때가 되었습니다."

아난다 존자의 말을 듣고, 말라족 사람들은 아들·며느리·부인 등 누구라고 할 것 없이 모두 고통스러운 마음으로 비통해했습니다. 어떤 사람들은 "세존께서 너무 빨리 반열반하셨네! 선서께서 너무 빨리 반열반하셨네! 세간에서 눈이 사라졌네!"라고 하면서 머리카락을 쥐어뜯으며 울부짖고, 팔을 내저으며 울부짖고, 깎아지른 절벽에서 굴러떨어진 듯이 뒹굴었습니다.

6.13. 꾸씨나라의 말라족 사람들은 하인들에게 분부했습니다.

"꾸씨나라의 모든 향과 화환과 악사(樂師)들을 모아라!"

꾸씨나라의 말라족 사람들은 모든 향과 화환과 악사들과 500유가(yuga)[196]의 천을 가지고 근처에 있는 말라들의 살라 숲으로 세존의 시신을 찾아갔습니다. 그들은 세존의 시신을 춤과 노래와 음악과 화환과 향으로 공경하고, 예배하고, 예경하고, 공양하고, 차양을 치고, 둥근 천막을 세우면서 그날을 보냈습니다.

꾸씨나라의 말라족 사람들은 이렇게 생각했습니다.

'오늘은 세존의 시신을 다비(茶毘)하기에 적절치 않다. 우리는 내일 낮에 여래의 시신을 다비해야겠다.'

꾸씨나라의 말라족 사람들은 세존의 시신을 춤과 노래와 음악과 화환과 향으로 공경하고, 예배하고, 예경하고, 공양하고, 차양을 치고, 둥근 천막을 세우면서 둘째 날을 보냈습니다. 셋째 날도 그렇게 보냈고, 넷째 날도 그렇게 보냈고, 다섯째 날도 그렇게 보냈고, 여섯째 날도 그렇게 보냈습니다.

6.14. 일곱째 날 꾸씨나라의 말라족 사람들은 이렇게 생각했습니다.

'우리는 세존의 시신을 춤과 노래와 음악과 화환과 향으로 공경하고, 예배하고, 예경하고, 공양하면서 성의 남쪽으로 운구(運柩)한 후에 성의 남쪽 밖에서 여래의 시신을 다비해야겠다.'

말라의 지도자 여덟 사람이 머리를 감

196 길이나 깊이의 단위. 장(張)이나 심(尋)으로 한역됨.

고, 새 옷으로 갈아입고, "우리가 세존의 시신을 들어 올리자!"라고 했으나, 그들은 들어 올릴 수 없었습니다.

그러자 꾸씨나라의 말라족 사람들이 아누룻다 존자에게 말했습니다.

"존자여, 무엇 때문에, 어떤 연유에서 이들 말라의 지도자 여덟 사람이 머리를 감고, 새 옷으로 갈아입고, '우리가 세존의 시신을 들어 올리자!'라고 했지만 들어 올릴 수 없습니까?"

"와셋타들이여, 그대들의 의도와 천신들의 의도가 다르기 때문이오."

6.15. "존자여, 그렇다면 천신들의 의도는 무엇입니까?"

"와셋타들이여, 그대들의 의도는 '우리는 세존의 시신을 춤과 노래와 음악과 화환과 향으로 공경하고, 예배하고, 예경하고, 공양하면서 성의 남쪽으로 운구한 후에 성의 남쪽 밖에서 여래의 시신을 다비해야겠다'라는 것이고, 천신들의 의도는 '우리는 세존의 시신을 춤과 노래와 음악과 화환과 향으로 공경하고, 예배하고, 예경하고, 공양하면서 성의 북쪽으로 운구한 후에 성의 북문으로 들어와서 성의 중앙으로 운구한 다음, 동문으로 나가서 성의 동쪽에 있는 말라의 탑묘 마꾸따 반다나(Makuṭa-bandhana)에서 여래의 시신을 다비해야겠다'라는 것이오."

"존자여, 천신들의 의도가 그렇다면, 그렇게 하겠습니다."

6.16. 그때 꾸씨나라는 더러운 쓰레기더미 틈새까지, 무릎에 찰 정도로 만다라와 꽃으로 덮였습니다. 천신들과 꾸씨나라의 말라족 사람들은 세존의 시신을 천상과 인간의 춤과 노래와 음악과 화환과 향으로 공경하고, 예배하고, 예경하고, 공양하면서 성의 북쪽으로 운구한 후에 성의 북문으로 들어와서 성의 중앙으로 운구한 다음, 동문으로 나가서 성의 동쪽에 있는 말라의 탑묘 마꾸따 반다나에 여래의 시신을 내려놓았습니다.

6.17. 꾸씨나라의 말라족 사람들이 아난다 존자에게 말했습니다.

"아난다 존자여, 여래의 시신은 어떻게 장사 지내야 합니까?"

"와셋타들이여, 전륜왕의 시신을 장사 지내듯이 여래의 시신을 장사 지내야 합니다."

"아난다 존자여, 그러면 전륜왕의 시신은 어떻게 장사 지냅니까?"

"와셋타들이여, 전륜왕의 시신을 새 옷으로 감싼 후에 넓은 솜으로 감쌉니다. 넓은 솜으로 감싼 후에 다시 새 옷으로 감쌉니다. 이러한 방식으로 오백 겹으로 전륜왕의 시신을 감싼 후에 쇠로 만든 기름통에 넣은 다음, 쇠로 만든 다른 기름통에 넣고 오직 향나무로만 장작더미를 만들어 전륜왕의 시신을 화장합니다. 그리고 사거리에 전륜왕의 사리탑을 세웁니다. 와셋타들이여, 전륜왕의 시신은 이와 같이 장사 지냅니다. 와셋타들이여, 전륜왕의 시신을 장사 지내듯이 여래의 시신을 장사 지내고, 사거리에 여래의 사리탑을 세우도록 하십시오! 그곳에 아름다운 꽃다발이나 향을 올리고 예배하거나 청정한 신심을 일으키면, 그 사람에게는 오랜 세월 이익과 행복이 있을 것입니다."

6.18. 그러자 꾸씨나라의 말라족 사람들은 하인들에게 분부했습니다.

"그렇다면, 말라의 새 솜을 모아라!"

꾸씨나라의 말라족 사람들은 여래의 시

신을 새 옷으로 감싼 후에 넓은 솜으로 감싸고, 넓은 솜으로 감싼 후에 다시 새 옷으로 감쌌습니다. 이러한 방식으로 오백 겹으로 여래의 시신을 감싼 후에 쇠로 만든 기름통에 넣은 다음, 쇠로 만든 다른 기름통에 넣고 오직 향나무로만 장작더미를 만들어 여래의 시신을 장작더미에 올려놓았습니다.

6.19. 그때 마하 까싸빠 존자는 500명의 큰 비구상가와 함께 빠와에서 꾸씨나라로 가고 있었습니다. 마하 까싸빠 존자는 도중에 길에서 벗어나 어떤 나무 아래에 앉아 있었습니다.

그때 어떤 사명외도(邪命外道, Ājīvaka)[197]가 꾸씨나라에서 만다라와 꽃을 가지고 빠와로 가고 있었습니다. 마하 까싸빠 존자는 멀리서 사명외도가 다가오는 것을 보았습니다.

마하 까싸빠 존자가 그에게 물었습니다.

"존자여, 혹시 우리 스승님 소식을 아십니까?"

"그렇습니다, 존자여! 나는 알고 있습니다. 오늘이 사문 고따마께서 반열반하신 지 이레가 됩니다. 이 만다라와 꽃은 그곳에서 가져온 것입니다."

그 말을 듣고, 탐욕을 버리지 못한 몇몇 비구들은 "세존께서 너무 빨리 반열반하셨네! 선서께서 너무 빨리 반열반하셨네! 세간에서 눈이 사라졌네!"라고 하면서 팔을 내저으며 울부짖고, 깎아지른 절벽에서 굴러떨어진 듯이 뒹굴었습니다. 그러나 탐욕에서 벗어난 비구들은 주의집중하고 알아차리면서 "제행무상인 것을 지금 어찌하겠는가?"라고 하면서 참고 있었습니다.

6.20. 그때 수받다(Subhadda)라는 늙어서 출가한 비구가 대중 가운데 앉아 있었습니다. 늙어서 출가한 수받다가 그 비구들에게 말했습니다.

"존자들이여, 이제 그만하시오! 슬퍼하지 마시오! 비탄하지 마시오! 우리는 대사문(大沙門)으로부터 잘 벗어난 것이오. '그대들은 이것은 해도 된다. 그대들은 이것은 해서는 안 된다'라고 해서 우리는 성가셨는데, 이제는 우리가 하고 싶은 것은 하고 하기 싫은 것은 하지 않을 수 있게 되었소."

그러자 마하 까싸빠 존자가 비구들에게 말했습니다.

"법우들이여, 이제 그만하시오! 슬퍼하지 마시오! 비탄하지 마시오! 법우들이여, '사랑스럽고 즐거운 모든 것은 변하고, 떠나가고, 달라진다'라고 세존께서 미리 말씀하시지 않았소? 법우들이여, 그것을 지금 어찌하겠소? 태어난 존재는 유위이며, 쇠멸법이오. 그것을 사멸하지 말라고 할 수는 없는 것이오."

6.21. 한편 말라의 지도자 네 사람이 머리를 감고, 새 옷으로 갈아입고, "우리가 세존의 다비 장작에 불을 붙이자!"라고 했으나 그들은 불을 붙일 수 없었습니다.

그러자 꾸씨나라의 말라족 사람들이 아누룻다 존자에게 말했습니다.

"존자여, 무엇 때문에, 어떤 연유에서 이들 말라의 지도자 네 사람이 머리를 감고, 새 옷으로 갈아입고, '우리가 세존의 다비 장작

---

197 막칼리 고살라의 교단에 속하는 수행자를 지칭함.

에 불을 붙이자!'라고 했지만 불을 붙일 수 없습니까?"

"와셋타들이여, 천신들의 의도가 다르기 때문이오."

"존자여, 그렇다면 천신들의 의도는 무엇입니까?"

"와셋타들이여, 천신들의 의도는 '마하 까싸빠 존자가 500명의 큰 비구상가와 함께 빠와에서 꾸씨나라로 오고 있으니, 마하 까싸빠 존자가 세존의 발에 정례(頂禮)를 올리기 전에는 세존의 다비 장작이 불붙게 하지 않겠다'라는 것이오."

"존자여, 천신들의 의도가 그렇다면, 그렇게 하겠습니다."

6.22. 이윽고 마하 까싸빠 존자가 말라의 탑묘인 꾸씨나라의 마꾸따 반다나에 왔습니다. 그는 세존의 다비 장작으로 가서 한쪽 어깨를 드러내어 법의를 걸치고 합장한 후에, 다비 장작을 오른쪽으로 돌고 나서 발 쪽을 열고 세존의 발에 정례를 올렸습니다.

함께 온 500명의 비구들도 한쪽 어깨를 드러내어 법의를 걸치고 합장한 후에, 다비 장작을 오른쪽으로 돌고 나서 세존의 발에 정례를 올렸습니다.

마하 까싸빠 존자와 500명의 비구들이 예배하자, 세존의 다비 장작이 저절로 타올랐습니다.

6.23. 세존의 시신을 다비하는 동안 피부와 가죽, 살과 근육 그리고 골수(骨髓)는 재나 검댕을 남기지 않고 타 버리고 사리(舍利, sarīra)[198]만 남았습니다.

마치 버터나 기름이 타는 동안 재나 검댕을 남기지 않듯이, 세존의 시신을 다비하는 동안 피부와 가죽, 살과 근육 그리고 골수는 재나 검댕을 남기지 않고 타 버리고 사리만 남았습니다. 500겹으로 둘러싼 외부의 천과 내부의 모든 천도 타 버렸습니다.

세존의 시신이 타 버리자, 하늘에서 물이 쏟아져 세존의 다비 장작의 불을 껐습니다. 살라나무에서도 물이 솟아 나와 세존의 다비 장작의 불을 껐습니다. 꾸씨나라의 말라족 사람들도 오직 향수로만 세존의 다비 장작의 불을 껐습니다.

꾸씨나라의 말라족 사람들은 공회당에 창으로 담장을 만들고 활로 벽을 둘러친 후에, 이레 동안 춤과 노래와 음악과 화환과 향으로 여래의 사리를 공경하고, 예배하고, 예경하고, 공양했습니다.

6.24. 그때 마가다의 왕 아자따삿뚜 웨데히뿟따는 세존께서 꾸씨나라에서 반열반하셨다는 소문을 들었습니다. 마가다의 왕 아자따삿뚜 웨데히뿟따는 꾸씨나라의 말라족 사람들에게 사자를 보내 이렇게 말했습니다.

"세존도 크샤트리아고 나도 크샤트리아다. 나는 세존의 사리 일부를 내 몫으로 분배받을 자격이 있다. 나는 세존의 큰 사리탑을 세우고자 한다."

웨살리에 사는 릿차위들도 세존께서 꾸씨나라에서 반열반하셨다는 소문을 들었습니다. 웨살리에 사는 릿차위들도 꾸씨나라의

---

198 'sarīra'는 '몸, 신체'의 의미와 '시체, 유골'의 의미가 있다. 우리가 사리(舍利)라고 부르는 것은 'sarīra'의 음역(音譯)이다. 이 경에서는 다비하기 전의 몸도 'sarīra'로 표현하고, 다비 후의 유골도 'sarīra'로 표현하고 있다. 그래서 다비하기 전에는 '시신'으로 번역하고, 다비 후에는 '사리'로 번역했다.

말라족 사람들에게 사자를 보내 이렇게 말했습니다.

"세존도 크샤트리아고 우리도 크샤트리아다. 우리는 세존의 사리 일부를 우리 몫으로 분배받을 자격이 있다. 우리는 세존의 큰 사리탑을 세우고자 한다."

까삘라왓투에 사는 사끼야(Sakya, 釋迦)족 사람들도 세존께서 꾸씨나라에서 반열반하셨다는 소문을 들었습니다. 까삘라왓투에 사는 사끼야족 사람들도 꾸씨나라의 말라족 사람들에게 사자를 보내 이렇게 말했습니다.

"세존은 우리의 가장 훌륭한 친족이시다. 우리는 세존의 사리 일부를 우리 몫으로 분배받을 자격이 있다. 우리는 세존의 큰 사리탑을 세우고자 한다."

알라까빠(Allakappa)에 사는 불리(Būli)족 사람들도 세존께서 꾸씨나라에서 반열반하셨다는 소문을 들었습니다. 알라까빠에 사는 불리족 사람들도 꾸씨나라의 말라족 사람들에게 사자를 보내 이렇게 말했습니다.

"세존도 크샤트리아고 우리도 크샤트리아다. 우리는 세존의 사리 일부를 우리 몫으로 분배받을 자격이 있다. 우리는 세존의 큰 사리탑을 세우고자 한다."

라마가마(Rāmagāma)에 사는 꼴리야(Koliya)족 사람들도 세존께서 꾸씨나라에서 반열반하셨다는 소문을 들었습니다. 라마가마에 사는 꼴리야족 사람들도 꾸씨나라의 말라족 사람들에게 사자를 보내 이렇게 말했습니다.

"세존도 크샤트리아고 우리도 크샤트리아다. 우리는 세존의 사리 일부를 우리 몫으로 분배받을 자격이 있다. 우리는 세존의 큰 사리탑을 세우고자 한다."

웨타디빠(Veṭhadīpa)에 사는 바라문도 세존께서 꾸씨나라에서 반열반하셨다는 소문을 들었습니다. 웨타디빠에 사는 바라문도 꾸씨나라의 말라족 사람들에게 사자를 보내 이렇게 말했습니다.

"세존은 크샤트리아고 나는 바라문이다. 나는 세존의 사리 일부를 내 몫으로 분배받을 자격이 있다. 나는 세존의 큰 사리탑을 세우고자 한다."

빠와에 사는 말라족 사람들도 세존께서 꾸씨나라에서 반열반하셨다는 소문을 들었습니다. 빠와에 사는 말라족 사람들도 꾸씨나라의 말라족 사람들에게 사자를 보내 이렇게 말했습니다.

"세존도 크샤트리아고 우리도 크샤트리아다. 우리는 세존의 사리 일부를 우리 몫으로 분배받을 자격이 있다. 우리는 세존의 큰 사리탑을 세우고자 한다."

6.25. 꾸씨나라의 말라족 사람들은 그 대중에게 이렇게 말했습니다.

"세존께서는 우리 마을의 땅에서 반열반하셨다. 우리는 세존의 사리를 나누어 주지 않겠다."

이렇게 말하자, 도나(Doṇa)[199] 바라문이 그 대중에게 말했습니다.

존자들이여, 내 한 말씀 들어 보오!
우리의 부처님은 인욕을 가르치셨소.

---

199 'Doṇa'는 유명한 바라문 학자로서, 부처님의 설법을 듣고 불환과(不還果)를 얻은 사람이라고 한다. 그가 세존의 사리를 팔분(八分)하여 분배했다고 전한다.

위없는 분의 사리를 나누면서
다투는 것은 좋은 일이 아니라오.
존자들이여, 우리 모두 화합하여
화기애애하게 여덟 부분으로 나누어서,
사방에 유명한 사리탑을 세웁시다.
많은 사람들이 눈 가진 분에게 신심을 일으키도록.

"그렇다면 바라문이여, 당신이 여래의 사리를 여덟 부분으로 골고루 잘 나누시오!"

"존자들이여, 그렇게 하겠습니다."

도나 바라문은 여래의 사리를 여덟 부분으로 골고루 잘 나눈 후에 말했습니다.

"존자들이여, 이 단지[200]는 저에게 주십시오! 저는 세존의 큰 단지탑을 세우고자 합니다."

그들은 도나 바라문에게 단지를 주었습니다.

6.26. 삡팔리와나(Pipphalivana)에 사는 모리야(Moriya)족 사람들도 세존께서 꾸씨나라에서 반열반하셨다는 소문을 들었습니다. 삡팔리와나에 사는 모리야족 사람들도 꾸씨나라의 말라족 사람들에게 사자를 보내 이렇게 말했습니다.

"세존도 크샤트리아고 우리도 크샤트리아다. 우리는 세존의 사리 일부를 우리 몫으로 분배받을 자격이 있다. 우리는 세존의 큰 사리탑을 세우고자 한다."

"세존의 사리를 이미 분배하여 세존의 사리가 남지 않았다오. 이제 그대들은 숯을 가져가시오!"

그들은 숯을 가져갔습니다.

6.27. 마가다의 왕 아자따삿뚜 웨데히뿟따는 라자가하에 세존의 큰 사리탑을 세웠습니다.

웨살리에 사는 릿차위들은 웨살리에 세존의 큰 사리탑을 세웠습니다.

까삘라왓투에 사는 사끼야족 사람들은 까삘라왓투에 세존의 큰 사리탑을 세웠습니다.

알라까빠에 사는 불리족 사람들은 알라까빠에 세존의 큰 사리탑을 세웠습니다.

라마가마에 사는 꼴리야족 사람들은 라마가마에 세존의 큰 사리탑을 세웠습니다.

웨타디빠에 사는 바라문은 웨타디빠에 세존의 큰 사리탑을 세웠습니다.

빠와에 사는 말라족 사람들은 빠와에 세존의 큰 사리탑을 세웠습니다.

꾸씨나라의 말라족 사람들은 꾸씨나라에 세존의 큰 사리탑을 세웠습니다.

도나 바라문은 세존의 큰 단지탑을 세웠습니다.

삡팔리와나에 사는 모리야족 사람들은 삡팔리와나에 세존의 큰 숯탑을 세웠습니다.

이와 같이 여덟 개의 사리탑과 아홉 번째 단지탑과 열 번째 숯탑이 옛날에 세워졌던 것입니다.

6.28.

눈 가진 분의 사리는 8도나(doṇa)[201]인데
7도나는 잠부디빠(Jambudīpa)에 봉안되었다.
위없이 고귀한 분의 사리 1도나는 용왕(龍王)이

---

200 사리를 분배할 때 사용한 단지.

201 용량의 단위.

라마가마에 봉안했다.
치아 하나는 33천신(三十三天神)이 공양하
고
하나는 간다라(Gandhāra)성에 봉안되었다.
깔링가(Kāliṅga) 왕국에 또 하나가 봉안되
었고
또 하나는 용왕이 봉안했다.
이 풍요로운 대지는 최상의 공물(供物)과
빛으로 장엄되었다.
천왕과 용왕과 제왕의 공양을 받고
최상의 인간에 의해 이렇게 공양을 받았나
니,
그대들은 그분을 합장하고 공경하라!
부처님은 백겁(百劫) 동안 만나 뵙기 어렵다.

9. 대념처경(大念處經)[202]
〈D.N. 22. Mahā-Satipaṭṭhāna Sutta〉

1. 이와 같이 나는 들었습니다.

한때 세존께서는 꾸루국에 있는 꾸루족의 마을 깜마싸담마에 머무셨습니다. 그때 세존께서 "비구들이여!" 하고 비구들을 부르셨습니다. 비구들은 "예, 스승님!" 하고 대답했습니다.

세존께서 말씀하셨습니다.

"비구들이여, 중생이 근심과 슬픔을 극복하고, 괴로움과 불만을 없애는 방법을 터득하여, 열반을 체득할 수 있는 유일한 청정한 길은 오직 네 가지 주의집중의 확립[cattāro-satipaṭṭhāna, 四念處]뿐이라오.

어떤 것이 네 가지인가? 비구들이여, 비구는 몸[身]을 관찰하며 몸에 머물면서, 열심히 주의집중하고 알아차려 세간에 대한 탐욕과 불만을 제거해야 한다오. 느낌[受]을 관찰하며 느낌에 머물면서, 열심히 주의집중하고 알아차려 세간에 대한 탐욕과 불만을 제거해야 한다오. 마음[心]을 관찰하며 마음에 머물면서, 열심히 주의집중하고 알아차려 세간에 대한 탐욕과 불만을 제거해야 한다오. 법(法)을 관찰하며 법에 머물면서, 열심히 주의집중하고 알아차려 세간에 대한 탐욕과 불만을 제거해야 한다오.

2. 비구들이여, 비구는 어떻게 몸을 관찰하면서 몸에 머무는가?

비구들이여, 비구는 숲이나 나무 아래나 한가한 장소에 가서 가부좌를 한 후에, 몸을 곧추세우고 앉아 앞을 향하고 주의집중을 준비한 다음, 주의집중하여 들이쉬고 주의집중하여 내쉰다오. 길게 들이쉬면서 '나는 길게 들이쉰다'라고 알아차리고, 길게 내쉬면서 '나는 길게 내쉰다'라고 알아차린다오. 짧게 들이쉬면서 '나는 짧게 들이쉰다'라고 알아차리고, 짧게 내쉬면서 '나는 짧게 내쉰다'라고 알아차린다오. '나는 온몸으로 느끼면서 들이쉬겠다'라고 수습(修習)하고, '나는 온몸으로 느끼면서 내쉬겠다'라고 수습한다오. '나는 신행(身行, kāya-saṃkhāra)[203]을 고요히 가라앉히면서 들이쉬겠다'라고 수습하고, '나는 신행을 고요히 가라앉히면서 내쉬겠다'라고 수습한다오.

비구들이여, 비유하면 솜씨 있는 도공(陶工)이나 도공의 제자가 [흙덩이를] 길게 당기면서 '나는 길게 당긴다'라고 알아차리고, 짧게 당기면서 '나는 짧게 당긴다'라고 알아차리는 것과 같다오. 비구들이여, 이와 같이 비구는 길게 들이쉬면서 '나는 길게 들이쉰다'라고 알아차리고, 길게 내쉬면서 '나는 길게 내쉰다'라고 알아차린다오. 짧게 들이쉬면서 '나는 짧게 들이쉰다'라고 알아차리고, 짧게 내쉬면서 '나는 짧게 내쉰다'라고 알

---

202 『중아함경(中阿含經)』의 98번째 경인 「염처경(念處經)」에 상응하는 경. 『장아함경(長阿含經)』에는 이에 상응하는 경이 없다.

203 몸을 자아(自我)라고 생각하는 망상.

아차린다오. '나는 온몸으로 느끼면서 들이쉬겠다'라고 수습하고, '나는 온몸으로 느끼면서 내쉬겠다'라고 수습한다오. '나는 신행을 고요히 가라앉히면서 들이쉬겠다'라고 수습하고, '나는 신행을 고요히 가라앉히면서 내쉬겠다'라고 수습한다오.

이와 같이 안으로 몸을 관찰하면서 몸에 머물고, 밖으로 몸을 관찰하면서 몸에 머물고, 안과 밖으로 몸을 관찰하면서 몸에 머문다오. 쌓여서 나타나는 현상[集法]을 관찰하면서[samudaya-dhammânupassī] 몸에 머물고, 사라지는 현상[滅法]을 관찰하면서 몸에 머물고, 모여서 나타나고 사라지는 현상을 관찰하면서 몸에 머문다오. 그러면 단지 알아차릴 정도로만, 단지 주의집중을 할 수 있을 정도로만, '몸이 있다'라고 생각하는 주의집중이 일어난다오. 그는 의존하지 않고 머물며, 세간에서 어떤 것도 취하지 않는다오. 비구들이여, 이와 같이 비구는 몸을 관찰하면서 몸에 머문다오.

3. 비구들이여, 그다음에 비구는 가면서 '나는 가고 있다'라고 알아차리고, 서서는 '나는 서 있다'라고 알아차리고, 앉아서는 '나는 앉아 있다'라고 알아차리고, 누워서는 '나는 누워 있다'라고 알아차린다오. 그는 몸이 취한 자세를 그대로 알아차린다오.

이와 같이 안으로 몸을 관찰하면서 몸에 머물고, 밖으로 몸을 관찰하면서 몸에 머물고, 안과 밖으로 몸을 관찰하면서 몸에 머문다오. 쌓여서 나타나는 현상을 관찰하면서 몸에 머물고, 사라지는 현상을 관찰하면서 몸에 머물고, 모여서 나타나고 사라지는 현상을 관찰하면서 몸에 머문다오. 그러면 단지 알아차릴 정도로만, 단지 주의집중을 할 수 있을 정도로만, '몸이 있다'라고 생각하는 주의집중이 일어난다오. 그는 의존하지 않고 머물며, 세간에서 어떤 것도 취하지 않는다오. 비구들이여, 이와 같이 비구는 몸을 관찰하면서 몸에 머문다오.

4. 비구들이여, 그다음에 비구는 나아가고 물러날 때 알아차리고, 바라보고 돌아볼 때 알아차리고, 구부리고 펼 때 알아차리고, 가사(袈裟)와 발우와 승복을 지닐 때 알아차리고, 먹고 마시고 씹고 맛볼 때 알아차리고, 대소변을 볼 때 알아차리고, 가고 서고 앉고 자고 깨고 말하고 침묵할 때 알아차린다오.

이와 같이 안으로 몸을 관찰하면서 몸에 머물고, 밖으로 몸을 관찰하면서 몸에 머물고, 안과 밖으로 몸을 관찰하면서 몸에 머문다오. 쌓여서 나타나는 현상을 관찰하면서 몸에 머물고, 사라지는 현상을 관찰하면서 몸에 머물고, 모여서 나타나고 사라지는 현상을 관찰하면서 몸에 머문다오. 그러면 단지 알아차릴 정도로만, 단지 주의집중을 할 수 있을 정도로만, '몸이 있다'라고 생각하는 주의집중이 일어난다오. 그는 의존하지 않고 머물며, 세간에서 어떤 것도 취하지 않는다오. 비구들이여, 이와 같이 비구는 몸을 관찰하면서 몸에 머문다오.

5. 비구들이여, 그다음에 비구는 '이 몸에는 머리카락, 털, 손톱, 이빨, 피부, 살, 힘줄, 뼈, 골수, 콩팥, 염통, 간, 늑막, 비장, 허파, 창자, 내장, 위, 똥, 쓸개, 가래, 고름, 피, 땀, 기름, 눈물, 비계, 침, 콧물, 활액(滑液), 오줌이 들어 있다'라고 발바닥에서 머리끝까지 피부 속에 가득 찬 갖가지 더러운 것을 낱낱이 관찰한다오.

비구들이여, 비유하면 안목 있는 사람

이 갖가지 곡물들, 즉 쌀·벼·녹두·콩·참깨·기장으로 가득 찬, 양쪽이 터진 자루를 풀어 놓고 '이것은 쌀이다. 이것은 벼다. 이것은 녹두다. 이것은 콩이다. 이것은 참깨다. 이것은 기장이다'라고 낱낱이 관찰하는 것과 같다오.

비구들이여, 이와 같이 비구는 '이 몸에는 머리카락, 털, 손톱, 이빨, 피부, 살, 힘줄, 뼈, 골수, 콩팥, 염통, 간, 늑막, 비장, 허파, 창자, 내장, 위, 똥, 쓸개, 가래, 고름, 피, 땀, 기름, 눈물, 비계, 침, 콧물, 활액, 오줌이 들어 있다'라고 발바닥에서 머리끝까지 피부 속에 가득 찬 갖가지 더러운 것을 낱낱이 관찰한다오.

이와 같이 안으로 몸을 관찰하면서 몸에 머물고, 밖으로 몸을 관찰하면서 몸에 머물고, 안과 밖으로 몸을 관찰하면서 몸에 머문다오. 쌓여서 나타나는 현상을 관찰하면서 몸에 머물고, 사라지는 현상을 관찰하면서 몸에 머물고, 모여서 나타나고 사라지는 현상을 관찰하면서 몸에 머문다오. 그러면 단지 알아차릴 정도로만, 단지 주의집중을 할 수 있을 정도로만, '몸이 있다'라고 생각하는 주의집중이 일어난다오. 그는 의존하지 않고 머물며, 세간에서 어떤 것도 취하지 않는다오. 비구들이여, 이와 같이 비구는 몸을 관찰하면서 몸에 머문다오.

6. 비구들이여, 그다음에 비구는 이 몸을 있는 그대로, 취한 자세 그대로, '이 몸에는 지계(地界)·수계(水界)·화계(火界)·풍계(風界)가 있다'라고 계(界)를 낱낱이 관찰한다오.

비구들이여, 비유하면 솜씨 있는 소백정이나 소백정의 제자가 암소를 잡아 큰 사거리에 부위별로 나누어 놓고 앉아 있는 것과 같다오.

비구들이여, 이와 같이 비구는 이 몸을 있는 그대로, 취한 자세 그대로, '이 몸에는 지계·수계·화계·풍계가 있다'라고 계를 낱낱이 관찰한다오.

이와 같이 안으로 몸을 관찰하면서 몸에 머물고, 밖으로 몸을 관찰하면서 몸에 머물고, 안과 밖으로 몸을 관찰하면서 몸에 머문다오. 쌓여서 나타나는 현상을 관찰하면서 몸에 머물고, 사라지는 현상을 관찰하면서 몸에 머물고, 모여서 나타나고 사라지는 현상을 관찰하면서 몸에 머문다오. 그러면 단지 알아차릴 정도로만, 단지 주의집중을 할 수 있을 정도로만, '몸이 있다'라고 생각하는 주의집중이 일어난다오. 그는 의존하지 않고 머물며, 세간에서 어떤 것도 취하지 않는다오. 비구들이여, 이와 같이 비구는 몸을 관찰하면서 몸에 머문다오.

7. 비구들이여, 예를 들어 하루나 이틀이나 사흘이 지나서 부풀어 오르고, 검푸르게 변한, 예전에 죽어 버린, 묘지에 버려진 시체를 보면, 비구는 이 몸과 비교하여 '이 몸은 이와 같은 현상[法]이고, 이와 같이 존재하며, 이와 같은 것에 지나지 않는다'라고 생각한다오.

이와 같이 안으로 몸을 관찰하면서 몸에 머물고, 밖으로 몸을 관찰하면서 몸에 머물고, 안과 밖으로 몸을 관찰하면서 몸에 머문다오. 쌓여서 나타나는 현상을 관찰하면서 몸에 머물고, 사라지는 현상을 관찰하면서 몸에 머물고, 모여서 나타나고 사라지는 현상을 관찰하면서 몸에 머문다오. 그러면 단지 알아차릴 정도로만, 단지 주의집중을 할 수 있을 정도로만, '몸이 있다'라고 생각하는 주의집중이 일어난다오. 그는 의존하지 않고 머물며, 세간에서 어떤 것도 취하지 않는다오. 비구들이여, 이와 같이 비구는 몸을 관찰하면서 몸에 머문다오.

8. 비구들이여, 예를 들어 까마귀나 독수리나 개나 늑대가 먹고 있거나, 갖가지 벌레들이 생겨서 파먹고 있는, 묘지에 버려진 시체를 보면, 비구는 이 몸과 비교하여 '이 몸은 이와 같은 현상이고, 이와 같이 존재하고, 이와 같은 것에 지나지 않는다'라고 생각한다오.

이와 같이 안으로 몸을 관찰하면서 몸에 머물고, 밖으로 몸을 관찰하면서 몸에 머물고, 안과 밖으로 몸을 관찰하면서 몸에 머문다오. 쌓여서 나타나는 현상을 관찰하면서 몸에 머물고, 사라지는 현상을 관찰하면서 몸에 머물고, 모여서 나타나고 사라지는 현상을 관찰하면서 몸에 머문다오. 그러면 단지 알아차릴 정도로만, 단지 주의집중을 할 수 있을 정도로만, '몸이 있다'라고 생각하는 주의집중이 일어난다오. 그는 의존하지 않고 머물며, 세간에서 어떤 것도 취하지 않는다오. 비구들이여, 이와 같이 비구는 몸을 관찰하면서 몸에 머문다오.

9. 비구들이여, 예를 들어 붉은 살점이 붙어 있는 해골을 힘줄이 결합하고 있는, 묘지에 버려진 시체를 보거나, 붉은 살점으로 더럽혀진 해골을 힘줄이 결합하고 있는, 묘지에 버려진 시체를 보거나, 붉은 살점이 사라진 해골을 힘줄이 결합하고 있는, 묘지에 버려진 시체를 보거나, 결합하는 힘줄이 사라져 손뼈는 손뼈대로, 다리뼈는 다리뼈대로, 경골(脛骨)은 경골대로, 대퇴골(大腿骨)은 대퇴골대로, 요추(腰椎)는 요추대로, 척추(脊椎)는 척추대로, 두개골(頭蓋骨)은 두개골대로, 뼈가 사방팔방으로 흩어진 채로 묘지에 버려진 시체를 보면, 비구는 이 몸과 비교하여 '이 몸은 이와 같은 현상이고, 이와 같이 존재하고, 이와 같은 것에 지나지 않는다'라고 생각한다오.

이와 같이 안으로 몸을 관찰하면서 몸에 머물고, 밖으로 몸을 관찰하면서 몸에 머물고, 안과 밖으로 몸을 관찰하면서 몸에 머문다오. 쌓여서 나타나는 현상을 관찰하면서 몸에 머물고, 사라지는 현상을 관찰하면서 몸에 머물고, 모여서 나타나고 사라지는 현상을 관찰하면서 몸에 머문다오. 그러면 단지 알아차릴 정도로만, 단지 주의집중을 할 수 있을 정도로만, '몸이 있다'라고 생각하는 주의집중이 일어난다오. 그는 의존하지 않고 머물며, 세간에서 어떤 것도 취하지 않는다오. 비구들이여, 이와 같이 비구는 몸을 관찰하면서 몸에 머문다오.

10. 비구들이여, 예를 들어 뼛조각들이 하얗게 조개껍질 색처럼 된, 묘지에 버려진 시체를 보거나, 뼛조각들이 말라서 수북하게 쌓인, 묘지에 버려진 시체를 보거나, 뼛조각들이 썩어서 가루가 된, 묘지에 버려진 시체를 보면, 비구는 이 몸과 비교하여 '이 몸은 이와 같은 현상이고, 이와 같이 존재하고, 이와 같은 것에 지나지 않는다'라고 생각한다오.

이와 같이 안으로 몸을 관찰하면서 몸에 머물고, 밖으로 몸을 관찰하면서 몸에 머물고, 안과 밖으로 몸을 관찰하면서 몸에 머문다오. 쌓여서 나타나는 현상을 관찰하면서 몸에 머물고, 사라지는 현상을 관찰하면서 몸에 머물고, 모여서 나타나고 사라지는 현상을 관찰하면서 몸에 머문다오. 그러면 단지 알아차릴 정도로만, 단지 주의집중을 할 수 있을 정도로만, '몸이 있다'라고 생각하는 주의집중이 일어난다오. 그는 의존하지 않고 머물며, 세간에서 어떤 것도 취하지 않는다오. 비구들이여, 이와 같이 비구는 몸을 관찰하면서 몸에 머문다오.

11. 비구들이여, 비구는 어떻게 느낌[受]을 관찰하면서 느낌에 머무는가?

비구들이여, 비구는 즐거운 느낌을 느끼면서 '나는 즐거운 느낌을 느낀다'라고 알아차리고, 괴로운 느낌을 느끼면서 '나는 괴로운 느낌을 느낀다'라고 알아차리고, 괴롭지도 즐겁지도 않은 느낌을 느끼면서 '나는 괴롭지도 즐겁지도 않은 느낌을 느낀다'라고 알아차린다오. 육체적인 즐거운 느낌을 느끼면서 '나는 육체적인 즐거운 느낌을 느낀다'라고 알아차리고, 정신적인 즐거운 느낌을 느끼면서 '나는 정신적인 즐거운 느낌을 느낀다'라고 알아차리고, 육체적인 괴로운 느낌을 느끼면서 '나는 육체적인 괴로운 느낌을 느낀다'라고 알아차리고, 정신적인 괴로운 느낌을 느끼면서 '나는 정신적인 괴로운 느낌을 느낀다'라고 알아차리고, 육체적인 괴롭지도 즐겁지도 않은 느낌을 느끼면서 '나는 육체적인 괴롭지도 즐겁지도 않은 느낌을 느낀다'라고 알아차리고, 정신적인 괴롭지도 즐겁지도 않은 느낌을 느끼면서 '나는 정신적인 괴롭지도 즐겁지도 않은 느낌을 느낀다'라고 알아차린다오.

이와 같이 안으로 느낌을 관찰하면서 느낌에 머물고, 밖으로 느낌을 관찰하면서 느낌에 머물고, 안과 밖으로 느낌을 관찰하면서 느낌에 머문다오. 쌓여서 나타나는 현상을 관찰하면서 느낌에 머물고, 사라지는 현상을 관찰하면서 느낌에 머물고, 모여서 나타나고 사라지는 현상을 관찰하면서 느낌에 머문다오. 그러면 단지 알아차릴 정도로만, 단지 주의집중을 할 수 있을 정도로만, '느낌이 있다'라고 생각하는 주의집중이 일어난다오. 그는 의존하지 않고 머물며, 세간에서 어떤 것도 취하지 않는다오. 비구들이여, 이와 같이 비구는 느낌을 관찰하면서 느낌에 머문다오.

12. 비구들이여, 비구는 어떻게 마음[心]을 관찰하면서 마음에 머무는가?

비구들이여, 비구는 탐욕[貪]이 있는 마음은 '탐욕이 있는 마음이다'라고 알아차리고, 탐욕이 없는 마음은 '탐욕이 없는 마음이다'라고 알아차린다오.

성냄[瞋]이 있는 마음은 '성냄이 있는 마음이다'라고 알아차리고, 성냄이 없는 마음은 '성냄이 없는 마음이다'라고 알아차린다오.

어리석음[癡]이 있는 마음은 '어리석음이 있는 마음이다'라고 알아차리고, 어리석음이 없는 마음은 '어리석음이 없는 마음이다'라고 알아차린다오.

집중된 마음은 '집중된 마음이다'라고 알아차리고, 산란한 마음은 '산란한 마음이다'라고 알아차린다오.

넓은 마음은 '넓은 마음이다'라고 알아차리고, 옹졸한 마음은 '옹졸한 마음이다'라고 알아차린다오.

최상의 마음은 '최상의 마음이다'라고 알아차리고, 무상(無上)의 마음은 '무상의 마음이다'라고 알아차린다오.

삼매에 든 마음은 '삼매에 든 마음이다'라고 알아차리고, 삼매에 들지 않은 마음은 '삼매에 들지 않은 마음이다'라고 알아차린다오.

해탈한 마음은 '해탈한 마음이다'라고 알아차리고, 해탈하지 못한 마음은 '해탈하지 못한 마음이다'라고 알아차린다오.

이와 같이 안으로 마음을 관찰하면서 마음에 머물고, 밖으로 마음을 관찰하면서 마음에 머물고, 안과 밖으로 마음을 관찰하면서 마음에 머문다오. 쌓여서 나타나는 현상을 관찰하면서 마음에 머물고, 사라지는 현상을 관찰하면서 마음에 머물고, 모여서 나타나고 사라지는 현상을 관찰하면서 마음에 머문다오. 그러면 단지 알아차릴 정도로만, 단지 주의집중을 할 수 있을 정도로만, '마음이 있다'라고 생각하는 주의집중이 일어난다오. 그는 의존하지 않고 머물며, 세간에서 어떤 것도 취하지 않는다오. 비구들이여, 이와 같이 비구는 마음을 관찰하면서 마음에 머문다오.

13. 비구들이여, 비구는 어떻게 법(法)을 관찰하면서 법에 머무는가?

비구들이여, 비구는 법을 관찰하면서 다섯 가지 장애[pañca nīvaraṇā, 五蓋] 법에 머문다오.

비구들이여, 비구는 어떻게 법을 관찰하면서 다섯 가지 장애 법에 머무는가?

비구들이여, 비구는 마음속에 감각적 욕망이 있으면 '나의 마음속에 감각적 욕망이 있다'라고 알아차리고, 감각적 욕망이 없으면 '나의 마음속에 감각적 욕망이 없다'라고 알아차린다오. 발생하지 않았던 감각적 욕망이 어떻게 발생하는지를 알아차리고, 발생한 감각적 욕망이 어떻게 사라지는지를 알아차리고, 사라진 감각적 욕망이 어떻게 미래에 발생하지 않는지를 알아차린다오.

마음속에 악의가 있으면 '나의 마음속에 악의가 있다'라고 알아차리고, 악의가 없으면 '나의 마음속에 악의가 없다'라고 알아차린다오. 발생하지 않았던 악의가 어떻게 발생하는지를 알아차리고, 발생한 악의가 어떻게 사라지는지를 알아차리고, 사라진 악의가 어떻게 미래에 발생하지 않는지를 알아차린다오.

마음속에 나태[thīna]와 졸음[middha]이 있으면 '나의 마음속에 나태와 졸음이 있다'라고 알아차리고, 나태와 졸음이 없으면 '나의 마음속에 나태와 졸음이 없다'라고 알아차린다오. 발생하지 않았던 나태와 졸음이 어떻게 발생하는지를 알아차리고, 발생한 나태와 졸음이 어떻게 사라지는지를 알아차리고, 사라진 나태와 졸음이 어떻게 미래에 발생하지 않는지를 알아차린다오.

마음속에 들뜸[uddhacca, 掉擧]과 후회[kukkucca, 惡作]가 있으면 '나의 마음속에 들뜸과 후회가 있다'라고 알아차리고, 들뜸과 후회가 없으면 '나의 마음속에 들뜸과 후회가 없다'라고 알아차린다오. 발생하지 않았던 들뜸과 후회가 어떻게 발생하는지를 알아차리고, 발생한 들뜸과 후회가 어떻게 사라지는지를 알아차리고, 사라진 들뜸과 후회가 어떻게 미래에 발생하지 않는지를 알아차린다오.

마음속에 의심(疑心, vicikiccha)이 있으면 '나의 마음속에 의심이 있다'라고 알아차리고, 의심이 없으면 '나의 마음속에 의심이 없다'라고 알아차린다오. 발생하지 않았던 의심이 어떻게 발생하는지를 알아차리고, 발생한 의심이 어떻게 사라지는지를 알아차리고, 소멸한 의심이 어떻게 미래에 발생하지 않는지를 알아차린다오.

이와 같이 안으로 법을 관찰하면서 법에 머물고, 밖으로 법을 관찰하면서 법에 머물고, 안과 밖으로 법을 관찰하면서 법에 머문다오. 쌓여서 나타나는 현상을 관찰하면서 법에 머물고, 사라지는 현상을 관찰하면서 법에 머물고, 모여서 나타나고 사라지는 법을 관찰하면서 법에 머문다오. 그러면 단지 알아차릴 정도로만, 단지 주의집중을 할 수 있을 정도로만, '법이 있다'라고 생각하는 주의집중이 일어난다오. 그는 의존하지 않고 머물며, 세간에서 어떤 것도 취하지 않는다오. 비구들이여, 이와 같이 비구는 법을 관찰하면서 다섯 가지 장애 법에 머문다오.

14. 비구들이여, 그다음에 비구는 법을 관찰하면서 5취온(五取蘊, pañca-upādāna-kkhandha) 법에 머문다오. 비구들이여, 비구는 어떻게 법을 관찰하면서 5취온 법에 머무는가?

비구들이여, 비구는 '이것은 형색[色]이다. 이것은 형색의 쌓임[集]이다. 이것은 형색의 사라짐[滅]이다. 이것은 느낌[受]이다. 이것은 느낌의 쌓임이다. 이것은 느낌의 사라짐이다. 이것은 생각[想]이다. 이것은 생각의 쌓임이다. 이것은 생각의 사라짐이다. 이것은 행위[行]이다. 이것은 행위의 쌓임이다. 이것은 행위의 사라짐이다. 이것은 분별의식[識]이다. 이것은 분별의식의 쌓임이다. 이것은 분별의식의 사라짐이다.' 이와 같이 안으로 법을 관찰하면서 법에 머물고, 밖으로 법을 관찰하면서 법에 머물고, 안과 밖으로 법을 관찰하면서 법에 머문다오. 쌓여서 나타나는 현상을 관찰하면서 법에 머물고, 사라지는 현상을 관찰하면서 법에 머물고, 쌓여서 나타나고 사라지는 법을 관찰하면서 법에 머문다오. 그러면 단지 알아차릴 정도로만, 단지 주의집중을 할 수 있을 정도로만, '법이 있다'라고 생각하는 주의집중이 일어난다오. 그는 의존하지 않고 머물며, 세간에서 어떤 것도 취하지 않는다오. 비구들이여, 이와 같이 비구는 법을 관찰하면서 5취온 법에 머문다오.

15. 비구들이여, 그다음에 비구는 법을 관찰하면서 여섯 가지 내외입처[六內外入處, cha ajjhattika-bāhira āyatana] 법에 머문다오.

비구들이여, 비구는 어떻게 법을 관찰하면서 육내외입처 법에 머무는가?

비구는 보는 나[cakkhu, 眼][204]를 알아차리고, 보이는 형색[色]들을 알아차리고, 그 둘을 의지하여 결박(結縛)이 발생하는 것을 알아차린다오. 발생하지 않았던 결박이 어떻게 발생하는지를 알아차리고, 발생한 결박이 어떻게 사라지는지를 알아차리고, 사라진 결박이 어떻게 미래에 발생하지 않는지를 알아차린다오.[205]

듣는 나[耳]를 알아차리고, 들리는 소리

---

204 여기에서 관찰의 대상이 되는 것은 입처(入處, āyatana)로서의 'cakkhu'이다. 입처는 '자아가 머무는 장소'라는 의미이므로 입처로서의 'cakkhu'는 '시각활동을 하는 자아(自我)'를 의미한다. 따라서 '보는 나'로 번역했다. 이(耳, sota), 비(鼻, ghāna), 설(舌, jivhā), 신(身, kāya), 의(意, mano)도 마찬가지다.

205 육내외입처(六內外入處)는 중생이 자아의식을 가지고 지각활동을 할 때 내외(內外)로 대립하는 지각 구조이다. 우리는 지각활동을 할 때 지각하는 자아(주관)와 지각되는 대상(객관)이 공간 속에서 대립하고 있다고 생각한다. 자아는 몸 안에 있고, 대상은 몸 밖에 있다고 생각하는 것이다. 육내외입처는 이것을 의미한다. 따라서 육내외입처에 대한 관찰은 이러한 중생의 지각활동에 대한 관찰을 의미한다. 우리는 몸 안에 있는 자아가 눈을 통해서 밖에 있는 대상을 본다고 생각한다. 그때 대상에 대하여 욕탐(欲貪)이 생기게 되는데, 이 욕탐이 결박이다. 욕탐이라는 결박은 몸 안의 자아가 몸 밖의 대상에 대하여 일으킨 것인데, 사실은 몸 안에는 지각활동을 하는 자아가 없고, 몸 밖에는 지각활동과 무관한 대상이 없다. 이러한 사실의 자각을 통해서 욕탐이라는 결박은 소멸하고 다시는 발생하지 않게 된다.

들[聲]을 알아차리고, 냄새 맡는 나[鼻]를 알아차리고, 냄새들[香]을 알아차리고, 맛보는 나[舌]를 알아차리고, 맛들[味]을 알아차리고, 만지는 나[身]를 알아차리고, 만져지는 촉감들[觸]을 알아차리고, 마음[意]을 알아차리고, 지각되는 대상들[法]을 알아차리고, 그 둘을 의지하여 결박이 발생하는 것을 알아차린다오. 발생하지 않았던 결박이 어떻게 발생하는지를 알아차리고, 발생한 결박이 어떻게 사라지는지를 알아차리고, 사라진 결박이 어떻게 미래에 발생하지 않는지를 알아차린다오.

이와 같이 안으로 법을 관찰하면서 법에 머물고, 밖으로 법을 관찰하면서 법에 머물고, 안과 밖으로 법을 관찰하면서 법에 머문다오. 쌓여서 나타나는 현상을 관찰하면서 법에 머물고, 사라지는 현상을 관찰하면서 법에 머물고, 모여서 나타나고 사라지는 법을 관찰하면서 법에 머문다오. 그러면 단지 알아차릴 정도로만, 단지 주의집중을 할 수 있을 정도로만, '법이 있다'라고 생각하는 주의집중이 일어난다오. 그는 의존하지 않고 머물며, 세간에서 어떤 것도 취하지 않는다오. 비구들이여, 이와 같이 비구는 법을 관찰하면서 육내외입처 법에 머문다오.

16. 비구들이여, 그다음에 비구는 법을 관찰하면서 7각지(七覺支) 법에 머문다오. 비구들이여, 비구는 어떻게 법을 관찰하면서 7각지 법에 머무는가?

비구들이여, 비구는 마음속에 염각지(念覺支)가 있으면 '내 마음속에 염각지가 있다'라고 알아차리고, 마음속에 염각지가 없으면 '내 마음속에 염각지가 없다'라고 알아차린다오. 발생하지 않았던 염각지가 어떻게 발생하는지 알아차리고, 발생한 염각지의 수습(修習)이 어떻게 실행되는지 알아차린다오.

마음속에 택법각지(擇法覺支)가 있으면 …

마음속에 정진각지(精進覺支)가 있으면 …

마음속에 희각지(喜覺支)가 있으면 …

마음속에 경안각지(輕安覺支)가 있으면 …

마음속에 정각지(定覺支)가 있으면 …

마음속에 사각지(捨覺支)가 있으면 '내 마음속에 사각지가 있다'라고 알아차리고, 마음속에 사각지 없으면 '내 마음속에 사각지가 없다'라고 알아차린다오. 발생하지 않았던 사각지가 어떻게 발생하는지 알아차리고, 발생한 사각지의 수습이 어떻게 실행되는지 알아차린다오.

17. 비구들이여, 그다음에 비구는 법을 관찰하면서 4성제(四聖諦) 법에 머문다오.

비구들이여, 비구는 어떻게 법을 관찰하면서 4성제 법에 머무는가?

비구들이여, 비구는 '이것이 괴로움[苦]이다'라고 여실하게 알아차리고, '이것이 괴로움의 쌓임[集]이다'라고 여실하게 알아차리고, '이것이 괴로움의 소멸[滅]이다'라고 여실하게 알아차리고, '이것이 괴로움의 소멸에 이르는 길[道]이다'라고 여실하게 알아차린다오.

18. 비구들이여, 고성제(苦聖諦)란 어떤 것인가? 태어남[生]은 괴로움이고, 늙음[老]은 괴로움이고, 병(病)은 괴로움이고, 죽음[死]은 괴로움이고, 슬픔·비탄·고통·근심·불안은 괴로움이고, 원하는 것을 얻지 못하는 것은

괴로움이라오. 한마디로 말해서, 5취온은 괴로움이라오.

비구들이여, 태어남이란 어떤 것인가? 이런저런 중생이 이런저런 중생의 부류 속에 태어남·탄생·출현·출생·온(蘊)들의 현현(顯現)·입처(入處)들의 획득(獲得), 비구들이여, 이것을 태어남이라고 한다오.

비구들이여, 늙음이란 어떤 것인가? 이런저런 중생이 이런저런 중생의 부류 속에서 늙음·노쇠함·이가 빠지고 백발이 됨·피부가 주름짐·수명이 짧아짐·지각활동[根]들의 쇠퇴, 비구들이여, 이것을 늙음이라고 한다오.

비구들이여, 죽음이란 어떤 것인가? 이런저런 중생이 이런저런 중생의 부류 속에서 사라짐·소멸함·파괴됨·소실됨·사망함·죽음·종말·온들이 파괴됨·시체를 매장함, 비구들이여, 이것을 죽음이라고 한다오.

비구들이여, 슬픔이란 어떤 것인가? 비구들이여, 다양한 불행에 따르는, 다양한 괴로움을 겪음으로써 생긴 슬픔·시름·비통·마음속의 슬픔·마음속의 큰 슬픔, 비구들이여, 이것을 슬픔이라고 한다오.

비구들이여, 비탄이란 어떤 것인가? 비구들이여, 다양한 불행에 따르는, 다양한 괴로움을 겪음으로써 생긴 한탄·비탄·비읍(悲泣)·통곡, 비구들이여, 이것을 비탄이라고 한다오.

비구들이여, 괴로움이란 어떤 것인가? 비구들이여, 신체적인 괴로움, 신체적인 불쾌함, 신체적인 경험에서 생긴 괴롭고 불쾌한 느낌, 비구들이여, 이것을 괴로움이라고 한다오.

비구들이여, 근심이란 어떤 것인가? 비구들이여, 심적(心的)인 괴로움·심적인 불쾌함·심적인 경험에서 생긴 괴롭고 불쾌한 느낌, 비구들이여, 이것을 근심이라고 한다오.

비구들이여, 불안이란 어떤 것인가? 비구들이여, 다양한 불행에 따르는, 다양한 괴로움을 겪음으로써 생긴 초조·불안·걱정·절망, 비구들이여, 이것을 불안이라고 한다오.

비구들이여, '원하는 것을 얻지 못하는 것은 괴로움이다'라는 것은 어떤 것인가? 비구들이여, 태어나는 존재인 중생에게 '아아! 제발 우리가 태어나는 일이 없으면 좋으련만. 제발 우리에게 태어나는 일이 일어나지 않으면 좋으련만!' 하는 소망이 생긴다오. 그런데 이 소망이 이루어지지 않으면, 이와 같이 원하는 것을 얻지 못하는 것은 괴로움이라오. 비구들이여, 늙어 가는 존재인 중생에게, 죽어 가는 존재인 중생에게, 슬퍼하고 비탄에 빠지고 고통받고 근심하고 불안한 존재인 중생에게 '아아! 제발 우리가 슬퍼하고, 비탄에 빠지고, 고통받고, 근심하고, 불안해하는 일이 없으면 좋으련만. 제발 우리에게 이런 일이 일어나지 않으면 좋으련만!' 하는 소망이 생긴다오. 그런데 이 소망이 이루어지지 않으면, 이와 같이 원하는 것을 얻지 못하는 것은 괴로움이라오.

비구들이여, '한마디로 말해서 5취온은 괴로움이다'라는 것은 어떤 것인가? 색취온(色取蘊)·수취온(受取蘊)·상취온(想取蘊)·행취온(行取蘊)·식취온(識取蘊), 비구들이여, 이들을 '한마디로 말해서 5취온은 괴로움이다'라고 한다오.

비구들이여, 이것을 고성제(苦聖諦)라고 한다오.

19. 비구들이여, 고집성제(苦集聖諦)란 어떤

것인가? 그것은 다시 존재하게 하는 것으로서, 좋아하고 탐착하며 이것저것을 애락(愛樂)하는 갈애[愛], 즉 욕애(欲愛)·유애(有愛)·무유애(無有愛)라오.

비구들이여, 갈애는 어디에서 발생하며, 어디에 안주(安住)하고 있는가? 세간(世間)에 있는 사랑스러운 형색[色], 기쁨을 주는 형색, 갈애는 거기에서 발생하며, 거기에 안주하고 있다오.

어떤 것이 세간에 있는 사랑스러운 형색, 기쁨을 주는 형색인가?

보는 나[cakkhu, 眼][206]·듣는 나[sota, 耳]·냄새 맡는 나[ghāna, 鼻]·맛보는 나[jivhā, 舌]·만지는 나[kāya, 身]·마음[mano, 意], 이들이 세간에 있는 사랑스러운 형색, 기쁨을 주는 형색이라오. 갈애는 거기에서 발생하며, 거기에 안주하고 있다오.

보이는 형색[色]·들리는 소리[聲]·냄새[香]·맛[味]·촉감[觸]·지각대상[法], 이들이 세간에 있는 사랑스러운 형색, 기쁨을 주는 형색이라오. 갈애는 거기에서 발생하며, 거기에 안주하고 있다오.

시각분별의식[眼識]·청각분별의식[耳識]·후각분별의식[鼻識]·미각분별의식[舌識]·촉각분별의식[身識]·마음분별의식[意識]이 세간에 있는 사랑스러운 형색, 기쁨을 주는 형색이라오. 갈애는 거기에서 발생하며, 거기에 안주하고 있다오.

시각접촉[眼觸]·청각접촉[耳觸]·후각접촉[鼻觸]·미각접촉[舌觸]·신체접촉[身觸]·의식접촉[意觸], 이들이 세간에 있는 사랑스러운 형색, 기쁨을 주는 형색이라오. 갈애는 거기에서 발생하며, 거기에 안주하고 있다오.

시각접촉에서 생긴 느낌[受, vedanā]·청각접촉에서 생긴 느낌·후각접촉에서 생긴 느낌·미각접촉에서 생긴 느낌·신체접촉에서 생긴 느낌·의식접촉에서 생긴 느낌, 이들이 세간에 있는 사랑스러운 형색, 기쁨을 주는 형색이라오. 갈애는 거기에서 발생하며, 거기에 안주하고 있다오.

보이는 형색에 대한 생각[色想]·들리는 소리에 대한 생각[聲想]·냄새에 대한 생각[香想]·맛에 대한 생각[味想]·촉감에 대한 생각[觸想]·지각대상에 대한 생각[dhamma-saññā, 法想], 이들이 세간에 있는 사랑스러운 형색, 기쁨을 주는 형색이라오. 갈애는 거기에서 발생하며, 거기에 안주하고 있다오.

보이는 형색에 대한 의욕[色思, rūpa-sañcetanā]·들리는 소리에 대한 의욕[聲思]·냄새에 대한 의욕[香思]·맛에 대한 의욕[味思]·촉감에 대한 의욕[觸思]·지각대상에 대한 의욕[法思], 이들이 세간에 있는 사랑스러운 형색, 기쁨을 주는 형색이라오. 갈애는 거기에서 발생하며, 거기에 안주하고 있다오.

보이는 형색에 대한 갈애[色愛]·들리는 소리에 대한 갈애[聲愛]·냄새에 대한 갈애[香愛]·맛에 대한 갈애[味愛]·촉감에 대한 갈애[觸愛]·법에 대한 갈애[法愛], 이들이 세간에 있는 사랑스러운 형색, 기쁨을 주는 형색이라오. 갈애는 거기에서 발생하며, 거기에 안주하고 있다오.

보이는 형색에 대한 사유(思惟)[rūpa-vitakka]·들리는 소리에 대한 사유·냄새에

206 안입처(眼入處)를 의미한다.

대한 사유·맛에 대한 사유·촉감에 대한 사유·지각대상에 대한 사유, 이들이 세간에 있는 사랑스러운 형색, 기쁨을 주는 형색이라오. 갈애는 거기에서 발생하며, 거기에 안주하고 있다오.

보이는 형색에 대한 숙고(熟考)[rūpa-vicāra]·들리는 소리에 대한 숙고·냄새에 대한 숙고·맛에 대한 숙고·촉감에 대한 숙고·지각대상에 대한 숙고, 이들이 세간에 있는 사랑스러운 형색, 기쁨을 주는 형색이라오. 갈애는 거기에서 발생하며, 거기에 안주하고 있다오.

비구들이여, 이것을 고집성제(苦集聖諦)라고 한다오.

20. 비구들이여, 고멸성제(苦滅聖諦)란 어떤 것인가?

그것은 갈애가 남김없이 사라지고 소멸하는 것이며, 갈애를 버리는 것이며, 포기하는 것이며, 갈애에서 벗어나는 것이며, 갈애를 싫증 내는 것이라오.

비구들이여, 갈애는 어디에서 소멸하고, 어디에서 그치는가?

세간에 있는 사랑스러운 형색, 기쁨을 주는 형색, 갈애는 거기에서 소멸하고, 거기에서 그친다오.

어떤 것이 세간에 있는 사랑스러운 형색, 기쁨을 주는 형색인가? 보는 나·듣는 나·냄새 맡는 나·맛보는 나·만지는 나·마음, 이들이 세간에 있는 사랑스러운 형색, 기쁨을 주는 형색이라오. 갈애는 거기에서 소멸하고, 거기에서 그친다오.

보이는 형색들·들리는 소리들·냄새들·맛들·촉감들·지각되는 대상들, 이들이 세간에 있는 사랑스러운 형색, 기쁨을 주는 형색이라오. 갈애는 거기에서 소멸하고, 거기에서 그친다오.

시각분별의식·청각분별의식·후각분별의식·미각분별의식·촉각분별의식·마음분별의식, 이들이 세간에 있는 사랑스러운 형색, 기쁨을 주는 형색이라오. 갈애는 거기에서 소멸하고, 거기에서 그친다오.

시각접촉·청각접촉·후각접촉·미각접촉·신체접촉·의식접촉, 이들이 세간에 있는 사랑스러운 형색, 기쁨을 주는 형색이라오. 갈애는 거기에서 소멸하고, 거기에서 그친다오.

시각접촉에서 생긴 느낌·청각접촉에서 생긴 느낌·후각접촉에서 생긴 느낌·미각접촉에서 생긴 느낌·신체접촉에서 생긴 느낌·의식접촉에서 생긴 느낌, 이들이 세간에 있는 사랑스러운 형색, 기쁨을 주는 형색이라오. 갈애는 거기에서 소멸하고, 거기에서 그친다오.

보이는 형색에 대한 생각·들리는 소리에 대한 생각·냄새에 대한 생각·맛에 대한 생각·촉감에 대한 생각·지각대상에 대한 생각, 이들이 세간에 있는 사랑스러운 형색, 기쁨을 주는 형색이라오. 갈애는 거기에서 소멸하고, 거기에서 그친다오.

보이는 형색에 대한 의욕·들리는 소리에 대한 의욕·냄새에 대한 의욕·맛에 대한 의욕·촉감에 대한 의욕·지각대상에 대한 의욕, 이들이 세간에 있는 사랑스러운 형색, 기쁨을 주는 형색이라오. 갈애는 거기에서 소멸하고, 거기에서 그친다오.

보이는 형색에 대한 갈애·들리는 소리에 대한 갈애·냄새에 대한 갈애·맛에 대한 갈애·촉감에 대한 갈애·지각대상에 대한 갈애, 이들이 세간에 있는 사랑스러운 형색, 기뼘을 주는 형색이라오. 갈애는 거기에서 소멸하고, 거기에서 그친다오.

보이는 형색에 대한 사유·들리는 소리에 대한 사유·냄새에 대한 사유·맛에 대한 사유·촉감에 대한 사유·지각대상에 대한 사유, 이들이 세간에 있는 사랑스러운 형색, 기쁨을 주는 형색이라오. 갈애는 거기에서 소멸하고, 거기에서 그친다오.

보이는 형색에 대한 숙고·들리는 소리에 대한 숙고·냄새에 대한 숙고·맛에 대한 숙고·촉감에 대한 숙고·지각대상에 대한 숙고, 이들이 세간에 있는 사랑스러운 형색, 기쁨을 주는 형색이라오. 갈애는 거기에서 소멸하고, 거기에서 그친다오.

비구들이여, 이것을 고멸성제(苦滅聖諦)라고 한다오.

21. 비구들이여, 고멸도성제(苦滅道聖諦)란 어떤 것인가?

그것은 거룩한 8정도(八正道), 즉 정견(正見)·정사유(正思惟), 정어(正語)·정업(正業)·정명(正命)·정정진(正精進)·정념(正念)·정정(正定)이라오.

비구들이여, 정견이란 어떤 것인가?

비구들이여, 괴로움[苦]에 대하여 알고, 괴로움의 쌓임[苦集]에 대하여 알고, 괴로움의 소멸[苦滅]에 대하여 알고, 괴로움을 소멸하는 길[苦滅道]에 대하여 아는 것, 비구들이여, 이것을 정견이라고 한다오.

비구들이여, 정사유란 어떤 것인가?

욕망에서 벗어나려는[出離] 생각·성내지 않으려는[無恚] 생각·해치지 않으려는[非暴力] 생각, 비구들이여, 이것을 정사유라고 한다오.

비구들이여, 정어란 어떤 것인가?

거짓말 안 하기[不妄語]·이간질 안 하기[不兩舌]·욕설 안 하기[不惡口]·쓸데없는 잡담 안 하기[不綺語], 비구들이여, 이것을 정어라고 한다오.

비구들이여, 정업이란 어떤 것인가?

생명 죽이지 않기[不殺生]·주지 않은 것 훔치지 않기[不偸盜]·삿된 음행(淫行)을 하지 않기[不邪淫], 비구들이여, 이것을 정업이라고 한다오.

비구들이여, 정명이란 어떤 것인가?

비구들이여, 거룩한 제자는 삿된 생업(生業)을 버리고 바른 생업으로 살아간다오. 비구들이여, 이것을 정명이라고 한다오.

비구들이여, 정정진이란 어떤 것인가?

비구들이여, 비구는 발생하지 않은 사악하고 좋지 못한 법[惡不善法]들은 생기지 않도록 의욕을 일으키고, 힘쓰고, 정진하고, 마음을 다잡고, 노력한다오. 발생한 사악하고 좋지 못한 법들은 버리도록 의욕을 일으키고, 힘쓰고, 정진하고, 마음을 다잡고, 노력한다오. 발생하지 않은 좋은 법[善法]들은 생기도록 의욕을 일으키고, 힘쓰고, 정진하고, 마음을 다잡고, 노력한다오. 발생한 좋은 법들은 머물고, 망실되지 않고, 증가하고, 충만해지고, 닦아 익히고, 성취하도록 의욕을 일으키고, 힘쓰고, 정진하고, 마음을 다잡고, 노력한다오. 비구들이여, 이것을 정정진이라고 한다오.

비구들이여, 정념이란 어떤 것인가?

비구들이여, 비구는 몸을 관찰하며 몸에 머물면서, 열심히 주의집중하고 알아차려 세간에서 탐욕과 불만을 제거해야 한다오. 느낌을 관찰하며 느낌에 머물면서, 열심히 주의집중하고 알아차려 세간에서 탐욕과 불만을 제거해야 한다오. 마음을 관찰하며 마음에 머물면서, 열심히 주의집중하고 알아차려 세간에서 탐욕과 불만을 제거해야 한다오. 법을 관찰하며 법에 머물면서, 열심히 주의집중하고 알아차려 세간에서 탐욕과 불만을 제거해야 한다오. 비구들이여, 이것을 정념이라고 한다오.

비구들이여, 정정이란 어떤 것인가? 비구는 욕망을 멀리하고 불선법(不善法)을 멀리함으로써 사유가 있고 숙고가 있는, 멀리함에서 생긴 기쁨과 즐거움이 있는 초선(初禪)을 성취하여 살아간다오. 사유와 숙고를 억제함으로써 내적으로 고요해져 마음이 집중된, 사유와 숙고가 없는, 삼매에서 생긴 기쁨과 즐거움이 있는 제2선(第二禪)을 성취하여 살아간다오. 즐겁게 욕탐에서 벗어나[離欲] 평정한 마음으로 주의집중과 알아차림을 하며 지내면서 몸으로 행복을 느끼는, 성자들이 '평정한 주의집중을 하는 행복한 상태'라고 이야기한 제3선(第三禪)을 성취하여 살아간다오. 행복감을 포기하고 괴로움을 버림으로써 이전의 만족과 불만이 소멸하여 괴롭지도 않고 즐겁지도 않은, 평정한 주의집중이 청정한 제4선(第四禪)을 성취하여 살아간다오.

비구들이여, 이것을 정정이라고 한다오. 비구들이여, 이것을 고멸도성제(苦滅道聖諦)라고 한다오.

이와 같이 안으로 법을 관찰하면서 법에 머물고, 밖으로 법을 관찰하면서 법에 머물고, 안과 밖으로 법을 관찰하면서 법에 머문다오. 쌓여서 나타나는 현상을 관찰하면서 법에 머물고, 사라지는 현상을 관찰하면서 법에 머물고, 모여서 나타나고 사라지는 법을 관찰하면서 법에 머문다오. 그러면 단지 알아차릴 정도로만, 단지 주의집중을 할 수 있을 정도로만, '법이 있다'라고 생각하는 주의집중이 일어난다오. 그는 의존하지 않고 머물며, 세간에서 어떤 것도 취하지 않는다오. 비구들이여, 이와 같이 비구는 법을 관찰하면서 4성제 법에 머문다오.

22. 비구들이여, 누구든지 7안거(七安居) 동안 이 4념처(四念處)를 이와 같이 수행하면, 지금 여기에서 깨닫거나 유여(有餘)의 불환과(不還果), 둘 가운데 하나의 과(果)를 기대할 수 있을 것이오. 비구들이여, 그러므로 7안거 동안 지속하도록 하시오! 누구든지 6안거 동안 4념처를 이와 같이 수행하면, … 5안거 동안 … 4안거 동안 … 3안거 동안 … 2안거 동안 … 1안거 동안 4념처를 이와 같이 수행하면, 지금 여기에서 깨닫거나 유여의 불환과, 둘 가운데 하나의 과를 기대할 수 있을 것이오. 비구들이여, 그러므로 1안거 동안 지속하도록 하시오!

비구들이여, 누구든지 일곱 달 동안 이 4념처를 이와 같이 수행하면, 지금 여기에서 깨닫거나 유여의 불환과, 둘 가운데 하나의 과를 기대할 수 있을 것이오. 비구들이여, 그러므로 일곱 달 동안 지속하도록 하시오! 누구든지 여섯 달 동안 … 다섯 달 동안 … 넉 달 동안 … 석 달 동안 … 두 달 동안 … 한 달 동안 … 반 달 동안 이 4념처를 이와 같이 수행하면, 지금 여기에서 깨닫거나 유여의 불환과, 둘 가운데 하나의 과를 기대할 수 있을 것이오. 비구들이여, 그러므로 반 달 동안 지속하도록 하시오!

비구들이여, 누구든지 7일 동안 이 4념처를 이와 같이 수행하면, 지금 여기에서 깨닫거나 유여의 불환과, 둘 가운데 하나의 과를 기대할 수 있을 것이오.

비구들이여, 이런 까닭에 나는 '중생이 근심과 슬픔을 극복하고, 괴로움과 불만을 소멸하는 방법을 터득하여 열반을 체득할 수 있는 유일한 청정한 길은 오로지 네 가지 주의집중[四念處]뿐이다'라고 말했던 것이오."

이것이 세존께서 하신 말씀입니다.

그 비구들은 세존의 말씀에 만족하고 기뻐했습니다.

10. 전륜성왕사자후경(轉輪聖王獅子吼經)[207]
〈D.N. 26. Cakkavatti-Sīhanāda Sutta〉

1. 이와 같이 나는 들었습니다.

한때 세존께서는 마가다의 마뚤라(Mātulā)에 머무셨습니다. 그때 세존께서 비구들을 불러 말씀하셨습니다.

"비구들이여, 자신을 등불로 삼고, 자신을 귀의처로 삼고, 다른 사람을 귀의처로 삼지 마시오! 가르침을 등불로 삼고, 가르침을 귀의처로 삼고, 다른 것을 귀의처로 삼지 마시오! 비구들이여, 비구가 자신을 등불로 삼고, 자신을 귀의처로 삼고, 다른 사람을 귀의처로 삼지 않고, 가르침을 등불로 삼고, 가르침을 귀의처로 삼고, 다른 것을 귀의처로 삼지 않고 살아간다는 것은 어떤 것인가? 비구들이여, 비구는 몸[身]을 관찰하며 몸에 머물면서, 열심히 주의집중하고 알아차려 세간에 대한 탐욕과 불만을 제거해야 한다오. 느낌[受]을 관찰하며 느낌에 머물면서, 열심히 주의집중하고 알아차려 세간에 대한 탐욕과 불만을 제거해야 한다오. 마음[心]을 관찰하며 마음에 머물면서, 열심히 주의집중하고 알아차려 세간에 대한 탐욕과 불만을 제거해야 한다오. 법(法)을 관찰하며 법에 머물면서, 열심히 주의집중하고 알아차려 세간에 대한 탐욕과 불만을 제거해야 한다오. 비구들이여, 이렇게 하는 것이 비구가 자신을 등불로 삼고, 자신을 귀의처로 삼고, 다른 사람을 귀의처로 삼지 않고, 가르침을 등불로 삼고, 가르침을 귀의처로 삼고, 다른 것을 귀의처로 삼지 않고 살아가는 것이오. 비구들이여, 이와 같이 자신의 고향에서 수행하시오! 자신의 고향에서 수행하면, 마라는 접근할 수 없고 상대할 수 없을 것이오. 비구들이여, 이와 같이 선법(善法)을 수지(受持)하면 공덕(功德)이 늘어날 것이오.

2. 비구들이여, 옛날에 여법(如法)한 법왕(法王)으로서 칠보(七寶)를 구족하고 사방을 정복하여 나라를 안정시킨 달하네미(Daḷhanemi)라는 전륜성왕(轉輪聖王)이 있었다오. 그에게는 금륜보(金輪寶, cakka-ratana), 백상보(白象寶, hatthi-ratana), 감마보(紺馬寶, assa-ratana), 신주보(神珠寶, maṇi-ratana), 옥녀보(玉女寶, itthi-ratana), 거사보(居士寶, gahapati-ratana), 주병보(主兵寶, pariṇaya-ratana) 등의 칠보가 있었다오. 그리고 그에게는 영웅적으로 적군을 정복하는 천 명이 넘는 용감한 아들이 있었다오. 그는 바다에 이르는 대지(大地)를 몽둥이나 칼을 사용하지 않고, 법(法)으로 정복하여 다스렸다오.

3. 비구들이여, 수백 수천 년이 지난 후에 달하네미왕이 어떤 하인에게 명했다오.

'여봐라! 너는 천상의 금륜보가 뒤로 물러나 자리에서 벗어난 것을 발견하면, 나에게 알려라!'

---

207 『장아함경(長阿含經)』의 6번째 경인 「전륜성왕수행경(轉輪聖王修行經)」에 상응하는 경. 원어의 의미에 따라 「전륜성왕사자후경(轉輪聖王獅子吼經)」으로 번역함.

'그렇게 하겠습니다, 대왕이시여!'

비구들이여, 그 하인은 수백 수천 년이 지난 후에 천상의 금륜보가 뒤로 물러나 자리에서 벗어난 것을 보았다오. 그는 달하네미왕을 찾아가서 말했다오.

'폐하, 아시옵소서! 천상의 금륜보가 뒤로 물러나 자리에서 벗어났습니다.'

비구들이여, 달하네미왕은 태자(太子)를 불러서 말했다오.

'나의 왕자여, 지금 천상의 금륜보가 뒤로 물러나 자리에서 벗어났다고 한다. 그런데 나는 '전륜성왕의 천상의 금륜보가 뒤로 물러나 자리에서 벗어나면, 이제 그 왕은 오래 살지 못한다'라고 들었다. 나는 인간의 욕락(欲樂)을 누렸다. 이제 천상(天上)의 욕락을 누리고 싶다. 왕자여, 이리 오너라! 바다에 이르는 이 대지를 네가 다스려라! 나는 머리와 수염을 깎고, 가사와 발우를 지니고, 집을 떠나 출가하겠다.'

비구들이여, 달하네미왕은 훌륭한 태자에게 왕위를 잘 물려준 후에 머리와 수염을 깎고, 가사와 발우를 지니고, 집을 떠나 출가했다오. 비구들이여, 대왕이 선인(仙人)이 되어 출가한 지 7일 만에 천상의 금륜보가 사라졌다오.

4. 비구들이여, 그러자 어떤 하인이 관정(灌頂)을 한[208] 크샤트리아 왕을 찾아가서 말했다오.

'폐하, 아시옵소서! 천상의 금륜보가 사라졌습니다.'

비구들이여, 그 왕은 천상의 금륜보가 사라진 것에 근심하고 상심했다오. 그는 선인이 된 대왕을 찾아가서 말했다오.

'폐하, 아시옵소서! 천상의 금륜보가 사라졌습니다.'

선인이 된 대왕이 그 왕에게 말했다오.

'아들아, 너는 천상의 금륜보가 사라진 것에 근심하거나 상심하지 마라! 아들아, 그 천상의 금륜보는 네 조상의 유산이 아니다. 아들아, 너는 어서 전륜성왕의 도리를 실천하도록 하여라! 네가 전륜성왕의 도리를 실천하면서 보름날 포살일(布薩日)에 머리를 감고 포살을 위하여 큰 누각 위에 올라가면, 1000폭(千輻)의 바퀴테와 바퀴통을 지닌, 모든 형태를 구비한 천상의 금륜보가 나타날 것이다.'

5. '폐하! 어떤 것이 전륜성왕의 도리입니까?'

'아들아, 너는 법에 의지하고, 법을 공경하고, 법을 존중하고, 법을 존경하고, 법을 받들고, 법을 숭배하고, 법의 기치(旗幟)를 세우고, 법의 깃발을 날리고, 법의 위력을 드러내어 나라 안의 백성·군대·크샤트리아·신하·바라문과 거사·지방의 작은 마을 사람들과 사문과 바라문·금수(禽獸)에 이르기까지, 이들을 여법하게 지키고 보호하여 안주하게 하여라! 그리고 너의 왕국에서는 법에 어긋난 일을 하지 못하도록 하여라! 너의 왕국에 가난한 사람들이 있거든 그들에게 재물을 나누어 주어라! 아들아, 너의 왕국에 있는 사문이나 바라문으로서 자만하거나 태만하지 않고, 관용과 자제에 헌신하면서 자신을

---

208 정식으로 왕위에 올랐다는 의미이다. 관정(灌頂)은 정수리에 물을 붓는 의식(儀式)으로서, 크샤트리아가 왕위에 오를 때 행하는 의식이다.

길들이고, 자신을 알고, 자신을 완성시키는 사람들을 수시로 찾아가서 '존자여, 선(善)은 무엇이고, 불선(不善)은 무엇입니까? 어떤 것이 죄가 되고, 어떤 것이 죄가 되지 않습니까? 해야 할 일은 무엇이고, 해서는 안 될 일은 무엇입니까? 무엇을 행하면 나에게 오랜 세월 무익한 괴로움이 있고, 무엇을 행하면 나에게 오랜 세월 유익한 즐거움이 있습니까?'라고 묻도록 하여라! 그들로부터 답을 들은 후에는 불선은 제거하고, 선은 잘 기억하여 실천하여라! 아들아, 이것이 전륜성왕의 도리다.'

'폐하! 잘 알겠습니다.'

비구들이여, 그 왕은 전륜성왕의 도리를 실천했다오.

그가 전륜성왕의 도리를 실천하면서 보름날 포살일에 머리를 감고 포살을 위하여 큰 누각 위에 올라가자, 1000폭의 바퀴테와 바퀴통을 지닌, 모든 형태를 구비한 천상의 금륜보가 나타났다오. 그것을 본 왕은 '관정을 한 크샤트리아 왕이 전륜성왕의 도리를 실천하면서 보름날 포살일에 머리를 감고 포살을 위하여 큰 누각 위에 올라가면, 1000폭의 바퀴테와 바퀴통을 지닌, 모든 형태를 구비한 천상의 금륜보가 나타나는데, 그가 바로 전륜성왕이라고 들었다. 나는 분명히 전륜성왕이 되었다'라고 생각했다오.

6. 비구들이여, 그 왕은 자리에서 일어나 한쪽 어깨에 웃옷을 걸치고, 왼손으로 물병을 들고, '금륜보야, 굴러가라! 금륜보야, 정복하라!'라고 말하며, 오른손으로 금륜보에 물을 뿌렸다오. 비구들이여, 그러자 그 금륜보는 동방(東方)으로 굴러갔으며, 전륜성왕은 네 종류의 군사들과 함께 그 뒤를 따랐다오. 비구들이여, 금륜보가 멈추어 선 자리에 전륜성왕은 네 종류의 군사와 함께 주둔했다오. 비구들이여, 그러자 동방에 있는 적국의 왕들이 전륜성왕을 찾아와서 말했다오.

'어서 오십시오, 대왕이시여! 잘 오셨습니다, 대왕이시여! 모두 당신의 것입니다. 대왕이시여! 지도해 주십시오! 대왕이시여!'

전륜성왕은 이렇게 말했다오.

'산 것을 죽이지 마라! 주지 않은 것을 취하지 마라! 삿된 음행을 하지 마라! 거짓말을 하지 마라! 술을 마시지 마라! 그리고 적당하게 먹어라!'

비구들이여, 그러자 동방에 있는 적국의 왕들은 전륜성왕에게 복종했다오.

7. 비구들이여, 그러자 금륜보는 동쪽 바다 깊이 들어갔다가 다시 나와서 남방(南方)·서방(西方)·북방(北方)으로 굴러갔으며, 전륜성왕은 네 종류의 군사들과 함께 그 뒤를 따랐다오. 비구들이여, 금륜보가 멈추어 선 자리에 전륜성왕은 네 종류의 군사와 함께 주둔했다오. 비구들이여, 그러자 남방·서방·북방에 있는 적국의 왕들이 전륜성왕을 찾아와서 말했다오.

'어서 오십시오, 대왕이시여! 잘 오셨습니다, 대왕이시여! 모두 당신의 것입니다. 대왕이시여! 지도해 주십시오! 대왕이시여!'

전륜성왕은 이렇게 말했다오.

'산 것을 죽이지 마라! 주지 않은 것을 취하지 마라! 삿된 음행을 하지 마라! 거짓말을 하지 마라! 술을 마시지 마라! 그리고 적당하게 먹어라!

비구들이여, 사방에 있는 적국의 왕들은 전륜성왕에게 복종했다오.

비구들이여, 금륜보는 바다에 이르는

대지를 정복한 후에, 왕도(王都)로 돌아와서 전륜성왕의 내궁(內宮) 입구에 있는 재판정(裁判廷) 맨 앞에 멈추어 서서 차축에 단단히 고정된 것처럼 전륜성왕의 내궁을 장식했다오.

8. 비구들이여, 둘째 전륜성왕과 셋째, 넷째, 다섯째, 여섯째 전륜성왕도 마찬가지였다오. 일곱째 전륜성왕도 훌륭한 태자에게 왕위를 잘 물려준 후에 머리와 수염을 깎고, 가사와 발우를 지니고, 집을 떠나 출가했다오. 비구들이여, 전륜성왕이 선인이 되어 출가한 지 7일 만에 천상의 금륜보가 사라졌다오.

9. 비구들이여, 그러자 어떤 하인이 관정을 한 크샤트리아 왕을 찾아가서 말했다오.

'폐하, 아시옵소서! 천상의 금륜보가 사라졌습니다.'

비구들이여, 그 왕은 천상의 금륜보가 사라진 것에 근심하고 상심하였으나, 선인이 된 대왕을 찾아가 전륜성왕의 도리를 묻지는 않았다오. 그는 참으로 자신의 생각으로 백성을 다스렸다오. 그는 자신의 생각으로 백성을 다스렸지만, 백성들은 이전의 왕들이 전륜성왕의 도리를 실천하던 때처럼 번창하지 않았다오.

비구들이여, 그러자 신하·내시·사력대신(司曆大臣)·근위병·수문장·주술사들이 모여서 그 왕을 찾아가 말했다오.

'폐하! 폐하께서는 자신의 생각으로 백성을 다스리지만, 백성들은 이전의 왕들이 전륜성왕의 도리를 실천하던 때처럼 번창하지 않습니다. 폐하! 폐하의 왕국에는 신하·내시·사력대신·근위병·수문장·주술사들이 있으며, 저희뿐만 아니라 다른 사람들도 전륜성왕의 도리를 기억하고 있습니다. 폐하! 폐하께서는 어서 우리에게 전륜성왕의 도리에 대하여 물어 주십시오! 폐하께서 물으시면, 전륜성왕의 도리에 대하여 저희가 설명해 드리겠습니다.'

10. 비구들이여, 그러자 그 왕은 신하·내시·사력대신·근위병·수문장·주술사들을 모아 놓고 전륜성왕의 도리에 대하여 물었다오. 왕이 묻자, 그들은 왕에게 전륜성왕의 도리에 대하여 설명했다오. 왕은 그것을 들은 후에 여법하게 그 도리를 지켰으나, 가난한 사람들에게 재물을 나누어 주지는 않았다오. 가난한 사람들에게 재물을 나누어 주지 않자, 가난이 만연했다오. 가난이 만연하자, 어떤 사람이 다른 사람이 주지 않은 것을 도둑질로 빼앗았다오. 사람들이 그를 붙잡아 그 왕에게 가서 알렸다오.

'폐하! 이 사람이 다른 사람이 주지 않은 것을 도둑질로 빼앗았습니다.'

비구들이여, 그 왕이 그 사람에게 말했다오.

'여봐라! 진실로 네가 다른 사람이 주지 않은 것을 도둑질로 빼앗은 놈이냐?'

'그렇습니다, 폐하!'

'왜 그랬느냐?'

'폐하! 저는 참으로 가난해서 살 수가 없습니다.'

비구들이여, 그러자 그 왕은 그 사람에게 재물을 나누어 주었다오.

'여봐라! 너는 이 재물로 너 스스로 살아가고, 부모를 봉양하고, 처자를 돌보고, 직업에 종사하고, 사문과 바라문에게 천상에 태어나고 천상에 이르는 좋은 과보를 가져다주는 유익한 공양을 하여라!'

비구들이여, 그 사람은 왕에게 '그렇게

하겠습니다, 폐하!'라고 대답했다오.

11. 비구들이여, 그런데 또 어떤 사람이 다른 사람이 주지 않은 것을 도둑질로 빼앗았다오. 사람들이 그를 붙잡아 그 왕에게 가서 알렸다오.

'폐하! 이 사람이 다른 사람이 주지 않은 것을 도둑질로 빼앗았습니다.'

비구들이여, 그 왕이 그 사람에게 말했다오.

'여봐라! 진실로 네가 다른 사람이 주지 않은 것을 도둑질로 빼앗은 놈이냐?'

'그렇습니다, 폐하!'

'왜 그랬느냐?'

'폐하! 저는 참으로 가난해서 살 수가 없습니다.'

비구들이여, 그러자 그 왕은 그 사람에게 재물을 나누어 주었다오.

'여봐라! 너는 이 재물로 너 스스로 살아가고, 부모를 봉양하고, 처자를 돌보고, 직업에 종사하고, 사문과 바라문에게 천상에 태어나고 천상에 이르는 좋은 과보를 가져다주는 유익한 공양을 하여라!'

비구들이여, 그 사람은 왕에게 '그렇게 하겠습니다, 폐하!'라고 대답했다오.

12. 비구들이여, 사람들은 '다른 사람이 주지 않은 것을 도둑질로 빼앗은 사람에게 왕이 재물을 나누어 주었다'라는 말을 들었다오. 그 말을 듣고서, 그들은 '우리는 차라리 다른 사람이 주지 않은 것을 도둑질로 빼앗는 것이 좋겠다'라고 생각했다오.

비구들이여, 어떤 사람이 다른 사람이 주지 않은 것을 도둑질로 빼앗았다오. 사람들이 그를 붙잡아 그 왕에게 가서 알렸다오.

'폐하! 이 사람이 다른 사람이 주지 않은 것을 도둑질로 빼앗았습니다.'

비구들이여, 그 왕이 그 사람에게 말했다오.

'여봐라! 진실로 네가 다른 사람이 주지 않은 것을 도둑질로 빼앗은 놈이냐?'

'그렇습니다, 폐하!'

'왜 그랬느냐?'

'폐하! 저는 참으로 가난해서 살 수가 없습니다.'

비구들이여, 그러자 그 왕은 이렇게 생각했다오.

'만약 내가 다른 사람이 주지 않은 것을 도둑질로 빼앗은 자에게 재물을 나누어 주면, 이와 같이 주지 않은 것을 취하는 일이 증가할 것이다. 나는 이런 사람을 제압하고, 엄벌하고, 이런 사람의 머리를 베는 것이 좋겠다.'

비구들이여, 그 왕은 하인들에게 명령했다오.

'내가 명하나니, 이놈의 팔을 뒤로하여 굵은 밧줄로 묶어서 단단히 결박하고 머리를 삭발한 후에, 거슬리는 소리가 나는 작은 북을 걸치고, 차도에서 차도로, 사거리에서 사거리로, 이리저리 끌고 다닌 다음 남문(南門)으로 나가, 성의 남쪽으로 가서 제압하고 엄벌하고 그의 머리를 베어라!'

비구들이여, 그 하인들은 '폐하! 그렇게 하겠나이다'라고 왕에게 대답한 후에, 그 사람의 팔을 뒤로하여 굵은 밧줄로 묶어서 단단히 결박하고 머리를 삭발한 후에, 거슬리는 소리가 나는 작은 북을 걸치고, 차도에서 차도로, 사거리에서 사거리로, 이리저리 끌고 다닌 다음 남문으로 나가, 성의 남쪽으로 가서 그 사람을 제압하고 엄벌하고 그의 머리를 베었다오.

13. 비구들이여, 사람들은 '다른 사람이 주지 않은 것을 도둑질로 빼앗은 사람들을 왕이 제압하고 엄벌하고 그들의 머리를 베었다'라는 말을 들었다오. 그들은 그 말을 듣고서 '우리는 차라리 날카로운 칼을 드는 것이 좋겠다. 날카로운 칼을 들고서 우리가 도둑질하며 주지 않은 것을 빼앗을 때, 주지 않는 사람들을 제압하고 엄벌하고 그들의 머리를 베는 것이 좋겠다'라고 생각했다오.

그들은 날카로운 칼을 들었다오. 그들은 날카로운 칼을 들고서 마을을 강탈하고, 시장을 강탈하고, 성을 강탈하고, 노상강도 짓을 자행했다오. 그들은 도둑질하며 주지 않은 것을 빼앗으면서, 주지 않는 사람들을 제압하고 엄벌하고 그들의 머리를 베었다오.

14. 비구들이여, 이와 같이 가난한 사람들에게 재물을 나누어 주지 않자 가난이 만연했고, 가난이 만연하자 도둑질이 만연했고, 도둑질이 만연하자 흉기가 만연했고, 흉기가 만연하자 살생이 만연했고, 살생이 만연하자 그 중생의 수명이 줄어들고 장점(長點)이 줄어들었다오. 그들의 수명이 줄어들고 장점이 줄어들어서 8만 세의 수명을 가진 인간들의 자손들은 수명이 4만 세가 되었다오.

비구들이여, 인간의 수명이 4만 세일 때, 어떤 사람이 다른 사람이 주지 않은 것을 도둑질로 빼앗았다오. 사람들이 그를 붙잡아 그 왕에게 가서 알렸다오.

'폐하! 이 사람이 다른 사람이 주지 않은 것을 도둑질로 빼앗았습니다.'

비구들이여, 그 왕이 그 사람에게 말했다오.

'여봐라! 진실로 네가 다른 사람이 주지 않은 것을 도둑질로 빼앗은 놈이냐?'

그는 '아닙니다, 폐하!'라고 말했다오. 그는 고의로 거짓말을 한 것이라오.

15. 비구들이여, 이와 같이 가난한 사람들에게 재물을 나누어 주지 않자 가난이 만연했고, 가난이 만연하자 도둑질이 만연했고, 도둑질이 만연하자 흉기가 만연했고, 흉기가 만연하자 살생이 만연했고, 살생이 만연하자 거짓말이 만연했고, 거짓말이 만연하자 그 중생의 수명이 줄어들고 장점이 줄어들었다오. 그들의 수명이 줄어들고 장점이 줄어들어서 4만 세의 수명을 가진 인간들의 자손들은 수명이 2만 세가 되었다오.

비구들이여, 인간의 수명이 2만 세일 때, 어떤 사람이 다른 사람이 주지 않은 것을 도둑질로 빼앗았다오. 어떤 사람이 이 사람을 왕에게 알렸다오. 그는 '이런 이름을 가진 사람이 다른 사람이 주지 않은 것을 도둑질로 빼앗았습니다'라고 이간질[兩舌]을 한 것이라오.

16. 비구들이여, 이와 같이 가난한 사람들에게 재물을 나누어 주지 않자 가난이 만연했고, 가난이 만연하자 도둑질이 만연했고, 도둑질이 만연하자 흉기가 만연했고, 흉기가 만연하자 살생이 만연했고, 살생이 만연하자 거짓말이 만연했고, 거짓말이 만연하자 이간질이 만연했고, 이간질이 만연하자 그 중생의 수명이 줄어들고 장점이 줄어들었다오. 그들의 수명이 줄어들고 장점이 줄어들어서 2만 세의 수명을 가진 인간들의 자손들은 수명이 1만 세가 되었다오.

비구들이여, 인간의 수명이 1만 세일 때, 어떤 중생은 아름답고 어떤 중생은 추악했다오. 그때 추악한 중생이 아름다운 중생을 탐애(貪愛)하여 다른 사람의 아내와 통정(通情)했다오.

17. 비구들이여, 이와 같이 가난한 사람들에게 재물을 나누어 주지 않자 가난이 만연했고, 가난이 만연하자 도둑질이 만연했고, 도둑질이 만연하자 흉기가 만연했고, 흉기가 만연하자 살생이 만연했고, 살생이 만연하자 거짓말이 만연했고, 거짓말이 만연하자 이간질이 만연했고, 이간질이 만연하자 삿된 음행[邪淫]이 만연했고, 삿된 음행이 만연하자 그 중생의 수명이 줄어들고 장점이 줄어들었다오. 그들의 수명이 줄어들고 장점이 줄어들어서 1만 세의 수명을 가진 인간들의 자손들은 수명이 5천 세가 되었다오.

비구들이여, 인간의 수명이 5천 세일 때, 욕설[惡口]과 쓸데없는 잡담[綺語]이 만연했고, 이들 두 가지가 만연하자 그 중생의 수명이 줄어들고 장점이 줄어들었다오. 그들의 수명이 줄어들고 장점이 줄어들어서 5천 세의 수명을 가진 인간들의 자손들은 수명이 어떤 사람들은 2천5백 세가 되었고, 어떤 사람들은 2천 세가 되었다오.

비구들이여, 인간의 수명이 2천5백 세일 때, 탐애와 분노[瞋恚]가 만연했고, 탐애와 분노가 만연하자 그 중생의 수명이 줄어들고 장점이 줄어들었다오. 그들의 수명이 줄어들고 장점이 줄어들어서 2천5백 세의 수명을 가진 인간들의 자손들은 수명이 1천 세가 되었다오.

비구들이여, 인간의 수명이 1천 세일 때, 사견(邪見)이 만연했고, 사견이 만연하자 그 중생의 수명이 줄어들고 장점이 줄어들었다오. 그들의 수명이 줄어들고 장점이 줄어들어서 1천 세의 수명을 가진 인간들의 자손들은 수명이 500세가 되었다오.

비구들이여, 인간의 수명이 500세일 때, 부도덕한 욕망[adhamma-rāga]·터무니없는 욕심[visama-lobha]·삿된 윤리[micchā-dhamma]가 만연했고, 이들 세 가지 법이 만연하자 그 중생의 수명이 줄어들고 장점이 줄어들었다오. 그들의 수명이 줄어들고 장점이 줄어들어서 500세의 수명을 가진 인간들의 자손들은 수명이 어떤 사람들은 250세가 되었고, 어떤 사람들은 200세가 되었다오.

비구들이여, 인간의 수명이 250세일 때, 이런 법들이 만연하자 어머니를 공경하지 않고, 아버지를 공경하지 않고, 사문을 공경하지 않고, 바라문을 공경하지 않고, 집안 어른을 공경하지 않게 되었다오.

18. 비구들이여, 이와 같이 가난한 사람들에게 재물을 나누어 주지 않자 가난이 만연했고, 가난이 만연하자 도둑질이 만연했고, 도둑질이 만연하자 흉기가 만연했고, 흉기가 만연하자 살생이 만연했고, 살생이 만연하자 거짓말이 만연했고, 거짓말이 만연하자 이간질이 만연했고, 이간질이 만연하자 삿된 음행이 만연했고, 삿된 음행이 만연하자 욕설과 쓸데없는 잡담이 만연했다오. 이들 두 가지 법이 만연하자 탐애와 분노가 만연했고, 탐애와 분노가 만연하자 사견이 만연했고, 사견이 만연하자 부도덕한 욕망·터무니없는 욕심·삿된 윤리가 만연했고, 이들 세 가지 법이 만연하자 어머니를 공경하지 않고, 아버지를 공경하지 않고, 사문을 공경하지 않고, 바라문을 공경하지 않고, 집안 어른을 공경하지 않게 되었으며, 이런 일들이 만연하자 그 중생의 수명이 줄어들고 장점이 줄어들었다오. 그들의 수명이 줄어들

고 장점이 줄어들어서 250세의 수명을 가진 인간들의 자손들은 수명이 100세가 되었다오.

19. 비구들이여, 이런 인간들의 자손들의 수명이 10세가 되는 때가 있게 된다오. 비구들이여, 인간의 수명이 10세일 때, 소녀들은 나이가 다섯 살이 되면 결혼하기에 충분한 여인이 된다오. 비구들이여, 인간의 수명이 10세일 때는 발효유(醱酵乳), 연유(煉乳), 참기름, 꿀, 설탕, 소금 등과 같은 맛있는 것들이 사라진다오. 비구들이여, 인간의 수명이 10세일 때는 보리밥[kudrūsaka]이 최상의 음식이 된다오. 비구들이여, 비유하면 오늘날 쌀밥과 고기가 최상의 음식이듯이, 비구들이여, 인간의 수명이 10세일 때는 보리밥이 최상의 음식이 된다오. 비구들이여, 인간의 수명이 10세일 때는 열 가지 선업도(善業道)는 모두 다 사라지고, 열 가지 악업도(惡業道)는 현저하게 빛을 내나니, 비구들이여, 인간의 수명이 10세일 때는 '선(善)'이라는 말도 없게 된다오. 그런데 어떻게 착한 일이 있을 수 있겠소? 비구들이여, 인간의 수명이 10세일 때는 어머니를 공경하지 않고, 아버지를 공경하지 않고, 사문을 공경하지 않고, 바라문을 공경하지 않고, 집안 어른을 공경하지 않는 자들이 존경받고 칭찬받게 된다오. 비구들이여, 비유하면 오늘날 어머니를 공경하고, 아버지를 공경하고, 사문을 공경하고, 바라문을 공경하고, 집안 어른을 공경하는 자들이 존경받고 칭찬받듯이, 비구들이여, 인간의 수명이 10세일 때는 어머니를 공경하지 않고, 아버지를 공경하지 않고, 사문을 공경하지 않고, 바라문을 공경하지 않고, 집안 어른을 공경하지 않는 자들이 존경받고 칭찬받게 된다오.

20. 비구들이여, 인간의 수명이 10세일 때는 어머니나 고모나 이모나 선생님의 부인이나 스승의 아내라는 말이 없어져서 염소나 양, 닭이나 돼지, 개나 늑대처럼 뒤섞여 사는 세상이 된다오. 비구들이여, 인간의 수명이 10세일 때는 그 중생이 상호 간에 날카로운 증오를 드러내고, 날카로운 분노와 날카로운 악의와 날카로운 살의를 드러낸다오. 어미가 자식에게, 자식이 어미에게, 아비가 자식에게, 자식이 아비에게, 형제가 형제에게, 형제가 자매에게, 자매가 형제에게 날카로운 증오를 드러내고, 날카로운 분노와 날카로운 악의와 날카로운 살의를 드러낸다오. 비구들이여, 비유하면 사냥꾼이 짐승을 보고서 날카로운 증오를 드러내고, 날카로운 분노와 날카로운 악의와 날카로운 살의를 드러내듯이, 비구들이여, 실로 이와 같이 인간의 수명이 10세일 때는 그 중생이 상호 간에 날카로운 증오를 드러내고, 날카로운 분노와 날카로운 악의와 날카로운 살의를 드러낸다오. 어미가 자식에게, 자식이 어미에게, 아비가 자식에게, 자식이 아비에게, 형제가 형제에게, 형제가 자매에게, 자매가 형제에게 날카로운 증오를 드러내고, 날카로운 분노와 날카로운 악의와 날카로운 살의를 드러낸다오.

21. 비구들이여, 인간의 수명이 10세일 때, 7일간의 도병겁(刀兵劫, satthantarakappa)이 일어난다오. 그들은 상대방을 짐승으로 생각한다오. 그들은 손에 날카로운 칼을 들고 다닌다오. 그들은 날카로운 칼로 '이 짐승! 이 짐승!'이라고 하면서 상대방의 목숨을 빼앗는다오.

비구들이여, 그런데 그 중생 가운데서

어떤 중생은 '우리는 누구도 죽이지 않겠다. 우리는 아무도 죽이지 않겠다. 우리는 차라리 풀숲이나 삼림(森林)이나 밀림(密林)이나 험한 강이나 바위틈으로 들어가서, 나무뿌리나 과일을 먹으며 목숨을 부지해야겠다'라고 생각한다오. 그들은 풀숲이나 삼림이나 밀림이나 험한 강이나 바위틈으로 들어가서 나무뿌리나 과일을 먹으며 목숨을 부지한다오. 그들은 7일이 지난 후에 풀숲이나 삼림이나 밀림이나 험한 강이나 바위틈에서 나와서 서로 얼싸안고 모여서 노래하고, '만세! 여보시오! 중생이여, 당신은 살아 있었군요! 만세! 여보시오! 중생이여, 당신은 살아 있었군요!'라고 위로한다오.

비구들이여, 이제 그 중생은 이렇게 생각한다오.

'우리는 불선법(不善法)을 지녔기 때문에 이렇게 많은 친족을 잃게 된 것이다. 이제 우리는 선(善)을 행하자! 어떤 선을 행해야 할까? 이제 우리는 살생을 그치자! 우리는 이 선법(善法)을 지니고 유지하자!'

그들은 살생을 그치고, 이 선법을 지니고 유지한다오. 그들은 살생을 그치고, 선법을 지니고 유지함으로써 수명이 늘어나고 장점이 늘어난다오. 그들의 수명이 늘어나고 장점이 늘어나서 10세의 수명을 가진 인간들의 자손들은 수명이 20세가 된다오.

22. 비구들이여, 이제 그 중생은 이렇게 생각한다오.

'우리는 선법을 지녔기 때문에 수명이 늘어나고 장점이 늘어났다. 이제 우리는 더 많은 선을 행하자! 이제 우리는 도둑질을 그치고, 삿된 음행을 그치고, 거짓말을 그치고, 이간질을 그치고, 욕설을 그치고, 쓸데없는 잡담을 그치고, 탐애를 버리고, 분노를 버리고, 사견을 버리고, 세 가지 법, 즉 부도덕한 욕망·터무니없는 욕심·삿된 윤리를 버리자! 우리는 이제 어머니를 공경하고, 아버지를 공경하고, 사문을 공경하고, 바라문을 공경하고, 집안 어른을 공경하자! 우리는 이 선법을 지니고 유지하자!'

비구들이여, 그들은 어머니를 공경하고, 아버지를 공경하고, 사문을 공경하고 바라문을 공경하고, 집안 어른을 공경하고, 이 선법을 지니고 유지한다오.

그들이 선법을 지니고 유지함으로써 수명이 늘어나고 장점이 늘어나게 된다오. 그들의 수명이 늘어나고 장점이 늘어나서 20세의 수명을 가진 인간들의 자손들은 수명이 40세가 된다오. 40세의 수명을 가진 인간들의 자손들은 수명이 80세가 되고, 160세가 되고, 320세가 되고, 640세가 되고, 2천 세가 되고, 4천 세가 되고, 8천 세가 되고, 2만 세가 되고, 4만 세가 되고, 4만 세의 수명을 가진 인간들의 자손들은 수명이 8만 세가 된다오.

23. 비구들이여, 인간의 수명이 8만 세일 때, 소녀들은 나이가 5백 살이 되면 결혼하기에 충분한 여인이 된다오. 비구들이여, 인간의 수명이 8만 세일 때는 질병이 세 가지가 있게 되는데, 욕망과 배고픔과 늙음이라오. 비구들이여, 인간의 수명이 8만 세일 때는 이 잠부디빠(Jambudīpa)가 번성하고, 풍요롭게 되며, 마을과 시장과 왕도(王都)는 닭이 날아갈 수 있을 만큼 가깝게 된다오. 비구들이여, 인간의 수명이 8만 세일 때 이 잠부디빠는, 생각건대 갈대[nala]밭이나 왕골[sara]밭처

럼[209] 사람들이 빈틈없이 넘치게 된다오. 비구들이여, 인간의 수명이 8만 세일 때, 이 바라나시(Bārāṇasī)는 번성하고, 풍요롭고, 인구가 많고, 사람들과 먹을 것이 넘치는 께뚜마띠(Ketumatī)라는 이름의 왕도가 된다오. 비구들이여, 인간의 수명이 8만 세일 때, 이 잠부디빠에는 8만 4천의 마을이 있게 되는데, 께뚜마띠가 그 가운데 가장 큰 왕도라오.

24. 비구들이여, 인간의 수명이 8만 세일 때, 왕도 께뚜마띠에서 여법한 법왕으로서 칠보를 구족하고 사방을 정복하여 나라를 안정시키는 상카(Saṃkha)라고 불리는 전륜성왕이 출현한다오. 그에게는 칠보가 있고, 적군을 정복하는 천 명이 넘는 용감한 아들이 있다오. 그는 바다에 이르는 대지를 몽둥이나 칼을 사용하지 않고, 법으로 정복하여 다스린다오.

25. 비구들이여, 열 가지 이름[十號]을 구족한 내가 지금 이 세간에 출현했듯이, 인간의 수명이 8만 세일 때 열 가지 이름을 구족한 미륵(彌勒, Metteya)이라고 불리는 세존이 세간에 출현한다오. 내가 지금 그러하듯이, 그는 천계(天界)·마라(māra)·범천(梵天)을 포함한 이 세간, 사문과 바라문과 왕과 백성을 포함한 인간계를 체험적 지혜[勝智]로 몸소 체득하여 알려 준다오. 내가 지금 그러하듯이, 그는 처음도 좋고 중간도 좋고 마지막도 좋은, 의미 있고 명쾌하고 완벽한 진리[法]를 가르치며, 청정한 수행을 알려 준다오. 내가 지금 그러하듯이, 그는 수천 명의 비구상가를 돌본다오.

26. 비구들이여, 상카왕은 마하빠나다(Mahā-Panāda)왕이 세웠던 궁전을 다시 건설하여 그곳에서 살다가 사문과 바라문, 떠돌이, 부랑아, 거지들에게 보시하고, 미륵 세존·아라한·등정각 앞에서 머리와 수염을 깎고, 가사와 발우를 지니고, 집을 떠나 출가한다오. 그는 이와 같이 출가하여 홀로 떨어져서 부지런히 열심히 노력하며 지내다가, 오래지 않아 선남자들이 출가하는 목적인 위없는 청정한 수행의 완성을 바로 그 자리에서 스스로 체험하고 성취하여 살아간다오.

27. 비구들이여, 자신을 등불로 삼고, 자신을 귀의처로 삼고, 다른 사람을 귀의처로 삼지 마시오! 가르침을 등불로 삼고, 가르침을 귀의처로 삼고, 다른 것을 귀의처로 삼지 마시오! 비구들이여, 비구가 자신을 등불로 삼고, 자신을 귀의처로 삼고, 다른 사람을 귀의처로 삼지 않고, 가르침을 등불로 삼고, 가르침을 귀의처로 삼고, 다른 것을 귀의처로 삼지 않고 살아간다는 것은 어떤 것인가?

비구들이여, 비구는 몸[身]을 관찰하며 몸에 머물면서, 열심히 주의집중하고 알아차려 세간에 대한 탐욕과 불만을 제거해야 한다오. 느낌[受]을 관찰하며 느낌에 머물면서, 열심히 주의집중하고 알아차려 세간에 대한 탐욕과 불만을 제거해야 한다오. 마음[心]을 관찰하며 마음에 머물면서, 열심히 주의집중하고 알아차려 세간에 대한 탐욕과 불만을 제거해야 한다오. 법(法)을 관찰하며 법에 머물면서, 열심히 주의집중하고 알아차려 세간에 대한 탐욕과 불만을 제거해야

209 'nala'와 'sara'는 갈대의 일종이다. 이것은 많은 사람들이 넘쳐나서 빈틈이 없는 것을 갈대밭에 갈대들이 빈틈없이 무성하게 자라는 것에 비유한 것이다.

한다오. 비구들이여, 이렇게 하는 것이 비구가 자신을 등불로 삼고, 자신을 귀의처로 삼고, 다른 사람을 귀의처로 삼지 않고, 가르침을 등불로 삼고, 가르침을 귀의처로 삼고, 다른 것을 귀의처로 삼지 않고 살아가는 것이라오.

28. 비구들이여, 이와 같이 자신의 고향에서 수행하시오! 자신의 고향에서 수행하면, 수명도 늘어나고, 장점도 늘어나고, 즐거움도 늘어나고, 재산도 늘어나고, 위력도 늘어날 것이오.

비구들이여, 비구의 수명이란 어떤 것인가? 비구들이여, 비구는 욕삼매근행성취신족(欲三昧勤行成就神足), 정근삼매근행성취신족(精勤三昧勤行成就神足), 심삼매근행성취신족(心三昧勤行成就神足), 사유삼매근행성취신족(思惟三昧勤行成就神足)을 닦아 익힌다오. 이들 4신족(四神足)을 닦아 익히고 지속적으로 실천한 비구는 마음먹으면 한 겁 동안, 또는 겁이 다할 때까지 머물 수 있다오. 비구들이여, 나는 이것을 비구의 수명이라고 한다오.

비구들이여, 비구의 장점이란 무엇인가? 비구들이여, 비구는 계행(戒行)을 지닌다오. 그는 별해탈율의(別解脫律儀)를 수호하고 살아가면서 행동규범[行境]을 갖추어 하찮은 죄에서도 두려움을 보고, 배워야 할 규범[學戒]을 수지하여 학습한다오. 비구들이여, 이것을 비구의 장점이라고 한다오.

비구들이여, 비구의 즐거움이란 무엇인가? 비구들이여, 비구는 감각적 욕망을 멀리하고 불선법을 멀리함으로써 사유가 있고 숙고가 있는, 멀리함에서 생긴 기쁨과 행복감이 있는 초선(初禪)을 성취하여 살아간다오. 그다음에 비구는 사유와 숙고를 억제함으로써 내적으로 고요해져 마음이 집중된, 사유가 없고 숙고가 없는, 삼매(三昧)에서 생긴 기쁨과 즐거움이 있는 제2선(第二禪)을 성취하여 살아간다오. 그다음에 비구는 즐겁게 욕탐에서 벗어나[離欲] 평정한 주의집중과 알아차림을 하며 지내면서 몸으로 행복을 느끼는, 성자들이 '평정한 주의집중을 하는 행복한 상태'라고 이야기한 제3선(第三禪)을 성취하여 살아간다오. 그다음에 비구는 행복감을 포기하고 괴로움을 버림으로써 이전의 만족과 불만이 소멸하여 괴롭지도 않고 즐겁지도 않은, 평정한 주의집중이 청정한 제4선(第四禪)을 성취하여 살아간다오. 비구들이여, 이것을 비구의 즐거움이라고 한다오.

비구들이여, 비구의 재산이란 무엇인가? 비구들이여, 비구는 자애로운[慈] 마음으로 한쪽 방향을 가득 채우고 살아간다오. 이와 같이 두 번째, 세 번째, 네 번째 방향을 가득 채우고 살아간다오. 이와 같이 온 세상을 위로, 아래로, 사방으로, 모든 곳에 빠짐없이 풍부하고 광대하고 무량하게, 원한 없고 폭력 없는 자애로운[慈] 마음·연민하는[悲] 마음·기뻐하는[喜] 마음·평정한[捨] 마음으로 온 세상을 가득 채우고 살아간다오. 비구들이여, 이것을 비구의 재산이라고 한다오.

비구들이여, 비구의 위력(威力)이란 무엇인가? 비구들이여, 비구는 여러 번뇌[āsava, 漏]들을 소멸함으로써 지금 여기에서 무루(無漏)의 심해탈(心解脫)과 혜해탈(慧解脫)을 몸소 체험하고, 체득하고, 성취하여 살아간다오. 비구들이여, 이것을 비구의 위력이라고 한다오.

비구들이여, 나는 마라의 위력보다 극복하기 힘든 위력은 하나도 보지 못했다오. 그러나 비구들이여, 선법을 수지하면, 그로 인해서 이러한 공덕(功德)이 늘어난다오."

이것이 세존께서 하신 말씀입니다.

그 비구들은 세존의 말씀에 만족하고 기뻐했습니다.

11. 태초경(太初經)[210]
〈D.N. 27. Aggañña Sutta〉

1. 이와 같이 나는 들었습니다.

한때 세존께서는 사왓티의 뿝바라마(Pubbârāma) 미가라마뚜빠사다(Migāramātu-pāsāda)에 머무셨습니다. 그때 와셋타와 바라드와자는 비구가 되기 위해 비구들 속에서 별주(別住)하고 있었습니다. 그때 세존께서 해 질 무렵에 좌선에서 일어나 강당에서 내려와서 강당의 그늘이 진 마당을 거니셨습니다.

2. 와셋타는 세존께서 좌선에서 일어나 강당을 내려와서 강당의 그늘이 진 마당을 거니시는 것을 보았습니다. 그는 바라드와자를 불러서 말했습니다.

"바라드와자 존자여, 세존께서 좌선에서 일어나 강당에서 내려와서 강당의 그늘이 진 마당을 거닐고 계신다네. 바라드와자 존자여, 우리 함께 세존께 가 보세! 분명히 세존으로부터 직접 설법을 들을 수 있을 것이네."

"존자여, 그렇게 하세!"

와셋타와 바라드와자는 세존에게 가서 예배한 후에 세존을 따라 거닐었습니다.

3. 세존께서 와셋타에게 말씀하셨습니다.

"와셋타여, 그대들은 바라문 가문의 바라문 출신으로서 바라문 집안에서 집을 떠나 출가하였다. 와셋타여, 바라문들이 그대들을 욕하거나 비난하지는 않던가?"

"분명히 그렇습니다, 세존이시여! 바라문들은 자신들을 위한 험담을 모조리 사용하여 욕하고 비난합니다."

"와셋타여, 어떤 이야기로 바라문들은 자신들을 위한 험담을 모조리 사용하여 그대들을 욕하고 비난하는가?"

"세존이시여, 바라문들은 '바라문들은 최상의 계급이고, 다른 사람들은 저열하다. 바라문들은 청정한 계급이고, 다른 사람들은 더럽다. 바라문들은 정화되지만 바라문이 아닌 자들은 그러지 못한다. 바라문들은 범천의 입에서 태어난 적자(嫡子)인 아들로서 범천에서 생긴, 범천이 만든, 범천의 후계자다. 그런데 너희들은 최상의 계급을 버리고 저열한 계급인, 범천의 발에서 태어난, 더럽고 천한, 삭발한 사문(沙門)을 따르고 있다. 너희들이 최상의 계급을 버리고 저열한 계급인, 범천의 발에서 태어난, 더럽고 천한, 삭발한 사문을 따르는 것은 무익하고 적절치 않다'라고 말했습니다. 세존이시여, 바라문들은 이와 같이 자신들을 위한 험담을 모조리 사용하여 욕하고 비난합니다."

세존께서 말씀하셨습니다.

4. 와셋타여, 바라문들은 분명히 태초를 기억하지 못하기 때문에 그대들에게 '바라문들은 최상의 계급이고, 다른 사람들은 저열하다. 바라문들은 청정한 계급이고, 다른 사람들은

---

210 『디가 니까야(Dīgha-Nikāya)』의 제27경이며, 『장아함경(長阿含經)』의 다섯 번째 경인 「소연경(小緣經)」에 상응하는 경.

더럽다. 바라문들은 정화되지만 바라문이 아닌 자들은 그러지 못한다. 바라문들은 범천의 입에서 태어난 적자인 아들로서 범천에서 생긴, 범천이 만든, 범천의 후계자다'라고 말한 것이다. 와셋타여, 바라문 계급의 바라문 여인들로서 월경 중인 여인이나, 임산부나, 산모나, 젖을 먹이는 여인들은 없던가? 그 바라문들도 다른 사람들과 마찬가지로 자궁에서 태어났으면서 그렇게 말한 것이다. 그 바라문들은 실로 중상(中傷)을 하고 있고, 거짓말을 하고 있고, 아무런 공덕도 짓지 못하고 있다.

5. 와셋타여, 이 세상에는 크샤트리아, 바라문[Brāhmaṇa], 바이샤[Vessa], 수드라[Sudda][211] 등 네 가지 계급이 있다. 와셋타여, 크샤트리아 가운데는 살생하고, 도둑질하고, 삿된 음행[邪淫]을 하고, 거짓말하고, 이간질하고, 욕설하고, 쓸데없이 잡담하고, 탐내고, 성내고, 사견(邪見)을 가진 자가 있다. 와셋타여, 이와 같이 어떤 크샤트리아들 가운데서는 현자들이 꾸짖는, 착하지 않아서 착하지 않다고 일컬어지고, 허물이 있어서 허물이 있다고 일컬어지고, 해서는 안 되기 때문에 해서는 안 된다고 일컬어지고, 성스럽지 못해서 성스럽지 못하다고 일컬어지는, 사악해서 불행한 과보가 있는 법들을 볼 수 있다. 와셋타여, 바라문·바이샤·수드라도 마찬가지다.

6. 와셋타여, 크샤트리아 가운데는 살생을 삼가고, 도둑질을 삼가고, 삿된 음행을 삼가고, 거짓말을 삼가고, 이간질을 삼가고, 욕설을 삼가고, 쓸데없는 잡담을 삼가고, 탐내지 않고, 성내지 않고, 정견(正見)을 가진 이가 있다. 와셋타여, 이와 같이 어떤 크샤트리아들 가운데서는 현자들이 찬탄하는, 착해서 착하다고 일컬어지고, 허물이 없어서 허물이 없다고 일컬어지고, 해야 하기 때문에 해야 한다고 일컬어지고, 성스러워서 성스럽다고 일컬어지는, 착해서 행복한 과보가 있는 법들을 볼 수 있다. 와셋타여, 바라문·바이샤·수드라도 마찬가지다.

7. 와셋타여, 이들 네 가지 계급에는 이와 같이 현자들이 꾸짖는 사악한 법과 현자들이 찬탄하는 착한 법이 함께 있기 때문에, 바라문들이 '바라문들은 최상의 계급이고, 다른 사람들은 저열하다. 바라문들은 청정한 계급이고, 다른 사람들은 더럽다. 바라문들은 정화되지만 바라문이 아닌 자들은 그러지 못한다. 바라문들은 범천의 입에서 태어난 적자인 아들로서 범천에서 생긴, 범천이 만든, 범천의 후계자다'라고 말한 것을 현자들은 인정하지 않는다. 그 까닭은 무엇인가? 와셋타여, 이들 네 가지 계급 가운데는 비구로서 번뇌를 소멸하고, 수행을 완성하고, 해야 할 일을 마치고, 짐을 내려놓고, 자신의 목적에 도달하여 존재의 결박[bhava-saṃyojana, 有結]을 끊고, 바른 지혜를 갖추어 해탈한 아라한(阿羅漢)이 있다. 그 사람을 최상이라고 칭

---

211 사성(四姓) 계급을 빨리어가 아닌 산스크리트 음으로 표기했다. 'Brāhmaṇa'는 전통적인 한역에 따라 '바라문'으로 표기한다.

하는 것은 행실[法][212]에 의해서이지 행실이 아닌 다른 것에 의해서가 아니다. 와셋타여, 현세에서나 내세에서나 사람에게 가장 중요한 것은 행실이다.

8. 와셋타여, 이런 까닭에 현세에서나 내세에서나 사람에게 가장 중요한 것은 행실이라는 것을 알아야 한다.

와셋타여, 꼬살라의 왕 빠세나디는 '사문 고따마는 최상의 사끼야족 출가자다'라고 알고 있다. 와셋타여, 그러나 사끼야족 사람들은 꼬살라의 왕 빠세나디의 지배를 받고 있다. 와셋타여, 사끼야족 사람들은 꼬살라의 왕 빠세나디에게 겸손하게 일어나서 예배하고 합장하고 공경한다. 와셋타여, 사끼야족 사람들이 꼬살라의 왕 빠세나디에게 겸손하게 일어나서 예배하고 합장하고 공경하듯이, 꼬살라의 왕 빠세나디는 '사문 고따마께서는 훌륭한 가문 태생이 아니신가요? 저는 보잘것없는 가문 태생입니다. 사문 고따마께서는 위력이 있고, 저는 힘이 없습니다. 사문 고따마께서는 용모가 빼어나시고, 저는 볼품없습니다. 사문 고따마께서는 큰 권위가 있고, 저는 무력합니다'라고 여래에게 겸손하게 일어나서 예배하고 합장하고 공경한다. 이와 같이 그 행실을 공경하고 존중하고 존경하고 숭상하고 숭배하는 꼬살라의 왕 빠세나디는 여래에게 겸손하게 일어나서 예배하고 합장하고 공경한다. 와셋타여, 이런 까닭에 현세에서나 내세에서나 사람에게 가장 중요한 것은 행실이라는 것을 알아야 한다.

9. 와셋타여, 그대들은 태생이 다르고, 성이 다르고, 혈통이 다른 다양한 가문에서 집을 버리고 출가했다. '그대들은 누구인가?'라고 물으면, 그대들은 '우리는 석씨사문(釋氏沙門, Samaṇa Sakyaputtiya)[213]이다'라고 선언하여라! 와셋타여, 여래에 대한 믿음이 확고하게 자리 잡고 뿌리내리고 확립된 사람은 사문이든 바라문이든 천신(天神)이든 마라(māra)든 범천(梵天)이든, 세간의 누구도 제압하지 못한다. 이런 사람은 '나는 세존의 입에서 태어난 아들로서 진리[法]에 의해 태어나, 진리에 의해 만들어지고, 진리를 상속한 적자다'라고 말하는 것이 마땅하다. 그 까닭은 무엇인가? 와셋타여, 세존에게는 진리의 몸[法身]이라는 이름도 있고, 범천의 몸[梵身]이라는 이름도 있고, 진리의 존재[Dhamma-bhūta]라는 이름도 있고, 범천의 존재[Brahma-bhūta]라는 이름도 있기 때문이다.

10. 와셋타여, 오랜 시간이 지나 언젠가 이 세계가 괴멸하는 때가 있다. 세계가 괴멸할 때 대부분의 중생들은 아바싸라(Ābhassara, 光音天)에 태어난다. 그들은 그곳에서 의성신(意成身)으로, 기쁨을 음식 삼아, 스스로 빛을 내면서, 허공을 날아다니며, 청정한 상태로 오랫동안 긴 시간을 머문다. 와셋타여, 오랜 시간이 지나면 언젠가 이 세계가 다시 생성되는 때가 있다. 세계가 다시 생성될 때 대

---

212 행실[法]로 번역한 'dhamma'는 '진리, 의무, 붓다의 가르침' 등 다양한 의미가 있기 때문에 문맥에 따라 각기 다른 말로 번역해야 한다. 여기에서는 사람의 가치는 행실(行實)에서 비롯된다는 의미이므로 행실로 번역했다.

213 불교에 귀의한 승려들을 석씨(釋氏)라고 하기 때문에 'Sakyaputtiya'를 '석씨'로 번역했다. 한역 「청정경(清淨經)」에서는 석자(釋子)로 번역하였다.

부분 중생들은 아바싸라의 몸을 상실하고 이 세상에 온다. 그들은 의성신으로, 기쁨을 음식 삼아, 스스로 빛을 내면서, 허공을 날아다니며, 청정한 상태로 오랫동안 긴 시간을 머문다.

11. 와셋타여, 그때는 온 세상이 물로 되어 있었으며, 칠흑같이 어두웠다. 태양과 달도 보이지 않고 별과 별빛도 보이지 않았으며, 낮과 밤의 구별도 없고, 달과 계절과 해의 구별도 없고, 남녀의 구별도 없었다. 중생(衆生, satta)은 오직 중생이라고 불렸다. 와셋타여, 그런데 오랜 시간이 지나 언젠가 그 중생들에게 맛있는 땅[rasa-paṭhavī, 地肥][214]이 물 위에 나타났다. 그것은 마치 뜨거운 유미(乳糜)죽이 식으면서 표면에 생기는 것처럼 나타났다. 그것은 색과 맛과 향을 갖추고 있는데, 버터나 연유 같은 색을 지니고 있고, 순수한 꿀처럼 달콤했다.

12. 와셋타여, 그런데 탐욕이 생긴 어떤 중생이 '잠깐! 이게 어떻게 된 것이지?'라고 하면서 맛있는 땅을 손가락으로 맛보았다. 손가락으로 맛을 본 맛있는 땅이 그를 사로잡아서 그에게 갈애(渴愛)가 생겼다. 와셋타여, 그 중생이 하는 것을 보고 본받아서 다른 중생들도 맛있는 땅을 손가락으로 맛보았다. 손가락으로 맛을 본 맛있는 땅이 그들을 사로잡아서 그들에게도 갈애가 생겼다. 와셋타여, 그 중생들은 맛있는 땅을 손으로 뜯어먹기 시작했다. 와셋타여, 중생들이 맛있는 땅을 손으로 뜯어먹었기 때문에, 그 중생들에게 자신으로부터 나던 빛이 사라졌다. 자신으로부터 나던 빛이 사라지자 태양과 달이 나타났다. 태양과 달이 나타나자 별과 별빛이 나타났다. 별과 별빛이 나타나자 낮과 밤의 구별이 생겼다. 낮과 밤이 구별되자 달의 구별이 생겼다. 달이 구별되자 계절과 해의 구별이 생겼다. 와셋타여, 이렇게 이 세계는 다시 생성되었다.

13. 와셋타여, 그 중생들은 맛있는 땅을 음식으로 먹으며 오랫동안 긴 시간을 머물렀다. 그 중생들이 오랫동안 긴 시간을 머무는 가운데, 맛있는 땅을 음식으로 먹으면 먹은 만큼 그들의 몸은 굳어졌고 피부색은 퇴색했다. 어떤 중생들은 아름다워지고, 어떤 중생들은 추해졌다. 그러자 아름다운 중생들은 '우리는 이렇게 아름다운데 너희들은 이렇게 추하다'라고 생각하여 추한 중생들을 경멸했다. 용모에 대한 자부심으로 인해 교만이 생기자 맛있는 땅이 사라졌다. 맛있는 땅이 사라지자 그들은 모여서 '아! 그 맛. 아! 그 맛!' 하면서 슬퍼했다. 그래서 지금도 사람들은 무언가 맛있는 것을 먹고서는 '아! 그 맛. 아! 그 맛'이라고 말하는 것이다. 실로 그들은 옛날 태곳적의 관습을 반복하고 있지만, 그 의미는 알지 못하고 있는 것이다.

14. 와셋타여, 그 중생들에게 맛있는 땅이 사라지자 땅에서 나오는 떡[bhūmi-pappaṭaka, 麤厚地肥][215]이 나타났다. 그것은 마치 뱀이나 버섯처럼 [땅속에서] 나타났다. 그것은 색과 맛과 향을 갖추고 있었는데, 버터나 연유 같은 색을 지니고 있었고, 순수한 꿀처럼 달콤했다. 와셋타여, 그 중생들은 땅에서 나오

---

214 「소연경(小緣經)」에서는 '지비(地肥)'로 번역함. 지미(地味)로 한역한 경들도 있다.

215 「소연경(小緣經)」에서는 '추후지비(麤厚地肥)'로 번역함.

는 떡을 먹기 시작했다. 그 중생들은 땅에서 나오는 떡을 음식으로 먹으며 오랫동안 긴 시간을 머물렀다. 와셋타여, 그 중생들이 오랫동안 긴 시간을 머무는 가운데, 땅에서 나오는 떡을 음식으로 먹으면 먹은 만큼 그들의 몸은 훨씬 더 굳어졌고 피부색은 퇴색했다. 어떤 중생들은 아름다워지고, 어떤 중생들은 추해졌다. 그러자 아름다운 중생들은 '우리는 이렇게 아름다운데 너희들은 이렇게 추하다'라고 생각하여 추한 중생들을 경멸했다. 용모에 대한 자부심으로 인해 교만이 생기자 땅에서 나오는 떡이 사라졌다. 땅에서 나오는 떡이 사라지자 바달라따(badālatā)[216]가 나타났다. 그것은 마치 넝쿨 풀처럼 나타났다. 그것은 색과 맛과 향을 갖추고 있었는데, 버터나 연유 같은 색을 지니고 있었고, 순수한 꿀처럼 달콤했다.

15. 와셋타여, 그 중생들은 바달라따를 먹기 시작했다. 그 중생들은 바달라따를 음식으로 먹으며 오랫동안 긴 시간을 머물렀다. 와셋타여, 그 중생들이 오랫동안 긴 시간을 머무는 가운데, 바달라따를 음식으로 먹으면 먹은 만큼 그들의 몸은 더욱 굳어졌고 피부색은 퇴색했다. 그래서 어떤 중생들은 아름다워지고, 어떤 중생들은 추해졌다. 그러자 아름다운 중생들은 '우리는 이렇게 아름다운데 너희들은 이렇게 추하다'라고 생각하여 추한 중생들을 경멸했다. 용모에 대한 자부심으로 인해 교만이 생기자 바달라따가 사라졌다. 바달라따가 사라지자 그들은 모여서 '아! 이거 참. 아! 이거 참, 우리의 바달라따.' 하면서 슬퍼했다. 그래서 지금도 사람들은 무언가 괴로운 일을 당하면 '아! 이거 참. 아! 이거 참'이라고 말하는 것이다. 실로 그들은 옛날 태곳적의 관습을 반복하고 있지만, 그 의미는 알지 못하고 있는 것이다.

16. 와셋타여, 그 중생들에게 바달라따가 사라지자, 겨도 없고 껍질도 없는 향기 좋은 백미가 열리며 경작하지 않아도 익는 쌀이 나타났다. 그들이 저녁에 저녁 식사를 위해 수확하면 그 쌀은 아침에 다시 자라나서 익고, 아침에 아침 식사를 위해 수확하면 저녁에 다시 자라나 익으면서 끊임없이 열렸다. 와셋타여, 그 중생들은 경작하지 않아도 익는 쌀을 음식으로 먹으며 오랫동안 긴 시간을 머물렀다. 와셋타여, 그 중생들이 오랫동안 긴 시간을 머무는 가운데, 경작하지 않아도 익는 쌀을 음식으로 먹으면 먹은 만큼 그들의 몸은 더욱 굳어졌고 피부색은 퇴색했다. 여자에게는 여자의 특징이, 남자에게는 남자의 특징이 나타났으며, 여자는 남자에게, 남자는 여자에게 지나치게 관심을 가졌다. 상호 간에 지나치게 관심을 갖자 애정이 생겨서 몸이 달아올랐다. 그들은 몸이 달아올라서 음행(淫行)을 저질렀다. 와셋타여, 그 당시 중생들은 음행을 저지르는 자들을 보고서 '사라져라! 더러운 것. 사라져라! 더러운 것. 어떻게 중생이란 자가 중생에게 이런 일을 할 수 있단 말이냐?'라고 소리 지르면서, 어떤 자들은 흙을 집어 던지고, 어떤 자들은 재를 집어 던지고, 어떤 자들은 쇠똥을 집어 던졌다. 그래서 지금도 어떤 지방에서는 사람들이 신부를 데려와서 어떤 자들은 흙을 집어 던지고, 어떤 자들은 재를 집어 던지고, 어

216 넝쿨 식물의 일종.

떤 자들은 쇠똥을 집어 던진다. 실로 그들은 옛날 태곳적의 관습을 반복하고 있지만, 그 의미는 알지 못하고 있는 것이다.

17. 와셋타여, 그 당시에는 못된 행실[非法]로 여겨지던 것이 지금은 바른 행실[法]로 여겨지고 있다. 와셋타여, 그 당시에는 음행을 저지른 자들은 한 달이나 두 달 동안 마을이나 도시에 들어갈 수가 없었다. 와셋타여, 그 중생들은 죄를 지었을 때 심한 비난을 받았기 때문에, 그 못된 행실을 감추기 위해서 집을 짓기 시작했다.

와셋타여, 천성이 게으른 어떤 중생이 '잠깐! 내가 왜 저녁에는 저녁 식사를 위해서, 아침에는 아침 식사를 위해서 쌀을 수확하는 수고를 해야 하지? 나는 아침·저녁거리로 쌀을 한꺼번에 수확하면 어떨까?'라고 생각했다. 와셋타여, 그 중생은 아침·저녁거리로 쌀을 한꺼번에 수확했다. 와셋타여, 다른 중생들이 그 중생에게 가서 '여보시오, 우리 쌀을 수확하러 갑시다'라고 말하자 '여보시오, 나는 충분하다오. 나는 아침·저녁거리로 쌀을 한꺼번에 수확했소'라고 말했다. 와셋타여, 그 중생은 '그렇게 하면 좋겠군요'라고 하면서 그 중생을 본받아서 한꺼번에 이틀분의 쌀을 수확했다. 와셋타여, 다른 중생이 그 중생에게 가서 '여보시오, 우리 쌀을 수확하러 갑시다'라고 말하자 '여보시오, 나는 충분하다오. 나는 이틀분의 쌀을 한꺼번에 수확했소'라고 말했다. 와셋타여, 그 중생은 '그렇게 하면 좋겠군요'라고 하면서 그 중생을 본받아서 한꺼번에 나흘분의 쌀을 수확했다. 와셋타여, 그런데 다른 중생이 그 중생에게 가서 '여보시오, 우리 쌀을 수확하러 갑시다'라고 말하자 '여보시오, 나는 충분하다오. 나는 나흘분의 쌀을 한꺼번에 수확했소'라고 말했다. 와셋타여, 그러자 그 중생은 '그렇게 하면 좋겠군요'라고 하면서 그 중생을 본받아서 한꺼번에 여드레분의 쌀을 수확했다. 와셋타여, 그 중생들은 쌀을 저장해 두고 먹기 시작했다. 그러자 쌀을 겨가 둘러싸고, 왕겨가 둘러쌌으며, 벼는 베어 내면 다시 자라나지 않고 단절되어 그루터기가 남았다.

18. 와셋타여, 그러자 그 중생들은 모여서 슬퍼하면서 말했다.

'벗이여, 중생들에게 참으로 사악한 행실들이 생겼다. 우리는 예전에 마음으로 이루어졌으며, 기쁨을 음식 삼아, 스스로 빛을 내면서, 허공을 날아다니며, 청정한 상태로 오랫동안 긴 시간을 머물렀다. 그런 우리에게 오랜 시간이 지나자 언제부턴가 물 위에 맛있는 땅이 나타났다. 그것은 색과 향과 맛을 갖추었다. 우리는 그 맛있는 땅을 손으로 뜯어서 먹기 시작했다. 그러자 스스로 나던 빛이 사라졌다. 스스로 나던 빛이 사라지자 태양과 달이 나타났다. 태양과 달이 나타나자 별과 별빛이 나타났다. 별과 별빛이 나타나자 낮과 밤의 구별이 생겼다. 낮과 밤이 구별되자 달의 구별이 생겼다. 달이 구별되자 계절과 해의 구별이 생겼다. 우리는 맛있는 땅을 음식으로 먹으며 오랫동안 긴 시간을 머물렀다. 그런 우리에게 실로 사악하고 못된 법이 생기자 맛있는 땅이 사라졌다. 맛있는 땅이 사라지자 땅에서 나오는 떡이 나타났다. 그것은 색과 향과 맛을 갖추었다. 우리는 그 맛있는 땅에서 나오는 떡을 먹기 시작했다. 우리는 땅에서 나오는 떡을 음식으로 먹으며 오랫동안 긴 시간을 머물렀다. 그런 우리에게 실로 사악하고 못된 행실이 생기자 땅에서 나오는 떡이 사라졌다. 땅에서 나오는 떡이 사라지자 바달라따가 나타났다. 그것은 색과 향과 맛을 갖추었다. 우리는 그 바달라따를 먹기 시작했다. 우리는 그 바달라따를 음식으로 먹으며 오랫동안 긴 시간을 머물렀다. 그런 우리에게 실로 사악하고 못된 행실이 생기자 바달라따가 사라졌다. 바달라따가 사라지자 겨도 없고 껍질도 없는, 향기 좋은 백미가 열리며, 경작하지 않아도 익는 쌀이 나타났다. 저녁에 저녁 식사를 위해 수확하면 그 쌀은 아침에 다시 자라나서 익고, 아침에 아침 식사를 위해 수확하면 저녁에 다시 자라나 익으면서 끊임없이 열렸다. 우리는 경작하지 않아도 익는 쌀을 음식으로 먹으며 오랫동안 긴 시간을 머물렀다. 그런 우리에게 실로 사악하고 못된 행실이 생기자 쌀을 겨가 둘러싸고, 왕겨가 둘러쌌으며, 벼는 베어 내면 다시 자라나지 않고 단절되어 그루터기가 남았다. 그러니 이제 우리는 논의 경계를 구분하여 쌀을 분배하면 어떨까?'

와셋타여, 그 중생들은 논의 경계를 구분하여 쌀을 분배했다.

19. 와셋타여, 그런데 어떤 중생이 탐욕이 생겨서 자신의 몫은 아껴 두고, 다른 중생의 몫을 훔쳐서 먹었다. 그들은 이 중생을 붙잡아서 '중생아! 너는 자신의 몫은 아껴 두고 다른 사람의 몫을 훔쳐 먹는 사악한 일을 저질렀다. 중생아! 다시는 이런 짓을 하지 마라!'라고 말했다.

이 중생은 '존자여, 알겠습니다'라고 그 중생들에게 대답했다.

와셋타여, 그러나 이 중생은 두 번 세 번 거듭하여 자신의 몫은 아껴 두고, 다른 중생들의 몫을 훔쳐서 먹었다. 그들은 이 중생을 붙잡아서 '중생아, 실로 너는 자신의 몫은 아껴 두고, 다른 사람의 몫을 훔쳐 먹는 사악한 일을 저질렀다. 중생아, 다시는 이런 짓을 하지 마라!'라고 말하면서, 어떤 중생들은 손으로 때리고, 어떤 중생들은 흙덩어리로 때리고, 어떤 중생들은 매로 때렸다. 와셋타여, 이때 비로소 도둑질이 나타나고, 질책이 나타나고, 거짓말이 나타나고, 매질이 나타났다.

20. 와셋타여, 그러자 그 중생들은 모여서 슬퍼하면서 말했다.

'벗이여, 중생들에게 참으로 사악한 행실들이 생겼다. 앞으로는 도둑질이 나타날 것이고, 질책이 나타날 것이고, 거짓말이 나타날 것이고, 매질이 나타날 것이다. 그러니 우리는 한 중생을 선출하여, 그로 하여금 마땅히 꾸짖어야 할 자는 꾸짖고, 마땅히 책망해야 할 자는 책망하고, 마땅히 내쫓아야 할 자는 내쫓는 것이 어떨까? 그리고 우리는 그에게 그 대가로 쌀을 주도록 하자!'

와셋타여, 그 중생들은 그들 가운데서 가장 잘생기고, 보기 좋고, 매력 있고, 큰 힘이 있는 중생을 찾아가서 말했다.

'여보시오! 중생이여, 마땅히 꾸짖어야 할 자는 꾸짖고, 마땅히 책망해야 할 자는 책망하고, 마땅히 내쫓아야 할 자는 내쫓아 주시오! 그러면 우리는 그대에게 그 대가로 쌀을 주겠소!'

그는 그 중생들에게 '벗이여, 그렇게 합시다'라고 승낙한 후에 마땅히 꾸짖어야 할 자는 꾸짖고, 마땅히 책망해야 할 자는 책망하고, 마땅히 내쫓아야 할 자는 내쫓았다. 그리고 그들은 그에게 그 대가로 쌀을 주었다.

21. 와셋타여, '대중이 선출한 자[mahājanasammata]'라고 해서 마하삼마따(Mahā-sammata)라고 하였나니, 마하삼마따라는 말이 맨 처음 생겼다.

와셋타여, '국토의 주인[khettānaṃ pati]'이라고 해서 크샤트리아[khattiyo]라고 하였나니, 크샤트리아라는 말이 두 번째로 생겼다.

와셋타여, '법으로 다른 사람들을 기쁘게 한다[dhammena pare rañjeti]'라고 해서 라자(Rājā, 王)라고 하였나니, 라자라는 말이 세 번째로 생겼다.

와셋타여, 오래된 태곳적 이야기에 의하면 크샤트리아 계급은 이렇게 해서 생겼다. 그들은 다를 바 없는 똑같은 중생으로부터 생긴 것이지 특별한 것으로부터 생긴 것이 아니며, 행실에 의한 것이지 행실이 아닌 다른 것에 의한 것이 아니다. 와셋타여, 그러므로 현세에서나 내세에서나 사람에게 가장 중요한 것은 행실이다.

22. 와셋타여, 그런데 어떤 중생들은 '중생들에게 참으로 사악한 행실들이 생겼다. 앞으로는 도둑질이 나타날 것이고, 질책이 나타날 것이고, 거짓말이 나타날 것이고, 매질이 나타날 것이다. 그러니 우리는 사악하고 못된 행실을 멀리하는 것이 어떨까?'라고 생각했다. 그들은 사악하고 못된 행실을 멀리했다.

와셋타여, '사악하고 못된 행실을 멀리한다[bāhenti]'라고 해서 바라문[Brāhmaṇa]이라고 하였나니, 바라문이라는 말이 맨 처음 생겼다. 그들은 숲속에 초막을 짓고, 초막에서 명상하면서, 절구질하거나 불을 지피지 않고, 저녁에는 저녁 식사를 위하여, 아침에는 아침 식사를 위하여 마을이나 시장이나 도읍에 들어가서 음식을 구했다. 그들은 음식을 얻은 후에는 다시 숲속의 초막에서 명상했다.

이들을 보고 사람들이 말했다.

'이 중생들은 숲속에 초막을 짓고, 초막에서 명상하면서, 절구질하거나 불을 지피지 않고, 저녁에는 저녁 식사를 위하여, 아침에는 아침 식사를 위하여 마을이나 시장이나 도읍에 들어가서 음식을 구한다. 그들은 음식을 얻은 후에는 다시 숲속의 초막에서 명상한다.'

와셋타여, '명상한다[jhāyanti]'라고 해서 자야까(Jhāyaka)라고 하였나니, 자야까라는 말이 두 번째로 생겼다.

23. 와셋타여, 그 중생들 가운데 어떤 중생들은 숲속의 초막에서 명상을 하지 못하고 마을 근처나 시장 근처에 들어가서 경전(經典)을 만들어서 먹고살았다.

이들을 보고 사람들이 말했다.

'이 중생들은 숲속의 초막에서 명상을 하지 못하고 마을 근처나 시장 근처에 들어가서 경전을 만들어서 먹고산다. 이들은 이제는 명상하지 않는다.'

와셋타여, '이제는 명상하지 않는다'라고 해서 아자야까(Ajhāyaka)[217]라고 하였나니, 아자야까라는 말이 세 번째로 생겼다.

와셋타여, 이들은 그때에는 천하게 여겨졌는데 오늘날은 최상으로 여겨지고 있다. 와셋타여, 오래된 태곳적 이야기에 의하면 바라문 계급은 이렇게 해서 생겼다. 그들은 다를 바 없는 똑같은 중생으로부터 생긴 것이지 특별한 것으로부터 생긴 것이 아니며,

217 원래는 '베다를 공부하는 자'라는 의미로서 바라문 학자를 가리키는 말이다.

행실에 의한 것이지 행실이 아닌 다른 것에 의한 것이 아니다. 와셋타여, 그러므로 현세에서나 내세에서나 사람에게 가장 중요한 것은 행실이다.

24. 와셋타여, 그 중생들 가운데 어떤 중생들은 결혼하여 여러 가지 직업에 종사했다. 와셋타여, '결혼하여 여러 가지 직업에 종사한다'라고 해서 바이샤[Vessa]라고 하였나니, 바이샤라는 말이 생긴 것이다. 와셋타여, 오래된 태곳적 이야기에 의하면 바이샤 계급은 이렇게 해서 생겼다. 그들은 다를 바 없는 똑같은 중생으로부터 생긴 것이지 특별한 것으로부터 생긴 것이 아니며, 행실에 의한 것이지 행실이 아닌 다른 것에 의한 것이 아니다. 와셋타여, 그러므로 현세에서나 내세에서나 사람에게 가장 중요한 것은 행실이다.

25. 와셋타여, 그 중생들 가운데 나머지 중생들은 사냥질을 했다. 와셋타여, '사냥질은 천한 일이다'라고 해서 수드라[Sudda]라고 하였나니, 수드라라는 말이 생긴 것이다. 와셋타여, 오래된 태곳적 이야기에 의하면 수드라 계급은 이렇게 해서 생겼다. 그들은 다를 바 없는 똑같은 중생으로부터 생긴 것이지 특별한 것으로부터 생긴 것이 아니며, 행실에 의한 것이지 행실이 아닌 다른 것에 의한 것이 아니다. 와셋타여, 그러므로 현세에서나 내세에서나 사람에게 가장 중요한 것은 행실이다.

26. 와셋타여, 그러다가 어느 때가 되자 크샤트리아가 자신의 신분을 비판하고, '나는 사문이 되겠다'라고 하면서 집을 떠나 출가하였다. 바라문도 자신의 신분을 비판하고, '나는 사문이 되겠다'라고 하면서 집을 떠나 출가하였다. 바이샤도 자신의 신분을 비판하고, '나는 사문이 되겠다'라고 하면서 집을 떠나 출가하였다. 수드라도 자신의 신분을 비판하고, '나는 사문이 되겠다'라고 하면서 집을 떠나 출가하였다. 와셋타여, 이들 네 가지 계급으로부터 사문 계급이 출현하였다. 그들은 다를 바 없는 똑같은 중생으로부터 생긴 것이지 특별한 것으로부터 생긴 것이 아니며, 행실에 의한 것이지 행실이 아닌 다른 것에 의한 것이 아니다. 와셋타여, 그러므로 현세에서나 내세에서나 사람에게 가장 중요한 것은 행실이다.

27. 와셋타여, 크샤트리아도 사견(邪見)을 지니고 몸으로 악행을 저지르고, 말로 악행을 저지르고, 마음으로 악행을 저지르면, 사견을 지니고 지은 업으로 인해서 몸이 무너져 죽은 후에 험난하고 고통스러운 지옥과 같은 악취(惡趣)에 태어난다. 바라문도, 바이샤도, 수드라도 마찬가지다.

28. 와셋타여, 크샤트리아도 정견(正見)을 지니고 몸으로 선행을 행하고, 말로 선행을 행하고, 마음으로 선행을 행하면, 정견을 지니고 지은 업으로 인해서 몸이 무너져 죽은 후에 천상세계와 같은 선취(善趣)에 태어난다. 바라문도, 바이샤도, 수드라도 마찬가지다.

29. 와셋타여, 크샤트리아도 정견과 사견을 지니고 몸으로 선행과 악행을 행하고, 말과 마음으로 선행과 악행을 행하며, 정견과 사견을 지니고 지은 업으로 인해서 몸이 무너져 죽은 후에는 즐거움과 괴로움을 겪는다. 바라문도, 바이샤도, 수드라도 마찬가지다.

30. 와셋타여, 크샤트리아도 몸을 제어하고, 말을 제어하고, 마음을 제어하여, 일곱 가지 깨달음을 돕는 수행법[七覺支]을 닦은 뒤에

는 지금 여기에서 반열반에 들게 된다. 바라문도, 바이샤도, 수드라도 마찬가지다.

31. 와셋타여, 이들 네 가지 계급 가운데 비구로서 번뇌를 소멸하고, 해야 할 일을 마치고, 짐을 내려놓고 자신의 목적에 도달하여, 존재의 결박[有結]을 끊고 바른 지혜를 갖추어 해탈한 아라한이 있다. 그 사람을 최상이라고 칭하는 것은 행실에 의해서이지 행실이 아닌 다른 것에 의해서가 아니다. 와셋타여, 현세에서나 내세에서나 사람에게 가장 중요한 것은 행실이다.

32. 와셋타여, 사낭꾸마라(Sanaṃ-Kumāra) 범천은 이런 게송을 읊었다."

가문에 의지하는 사람들 가운데서는
크샤트리아가 최상이지만
천신과 인간 가운데서는
지혜와 실천을 구족한 분이 최상이다.

"와셋타여, 나는 사낭꾸마라 범천은 게송을 잘 읊었지 잘못 읊은 것이 아니며, 잘 이야기한 것이지 잘못 이야기한 것이 아니며, 의미 있는 게송이지 무의미한 게송이 아니라고 인정한다. 와셋타여, 나도 이렇게 말한다."

가문에 의지하는 사람들 가운데서는
크샤트리아가 최상이지만
천신과 인간 가운데서는
지혜와 실천을 구족한 분이 최상이다.

이것이 세존께서 하신 말씀입니다.

와셋타와 바라드와자는 세존의 말씀에 만족하고 기뻐했습니다.

12. 청정경(清淨經)[218]

〈D.N. 29. Pāsādika Sutta〉

1. 이와 같이 나는 들었습니다.

한때 세존께서는 사끼야족의 도시 웨단냐(Vedhañña)에 있는 망고 숲의 중각강당에 머무셨습니다. 그때 얼마 전에 니간타 나따뿟따가 빠와에서 죽었습니다. 그가 죽자 두 파로 분열된 니간타들은 투쟁과 불화와 논쟁을 일으켜 날카로운 독설로 상호 간에 상대방을 공격하며 지냈습니다.

"너는 이 가르침[法]과 율(律)을 이해하지 못하고 있다. 나는 이 가르침과 율을 이해하고 있다. 너는 왜 이 가르침과 율을 이해하지 못하느냐?" "너는 잘못하고 있다. 내가 제대로 하고 있다." "나는 맞고 너는 틀렸다." "너는 먼저 할 말을 뒤에 하고, 뒤에 할 말을 먼저 했다."[219] "너는 반대로 생각하고 있다." "네가 한 말은 비난받아 마땅하다." "할 수 있다면 해명을 하든지, 아니면 닥치고 꺼져라!"

니간타 나따뿟따의 제자들 사이에 꼭 살육이 발생할 것만 같았습니다. 흰옷을 입는 니간타 나따뿟따의 재가 제자들은 니간타 나따뿟따의 제자들에게 진절머리를 내며 외면하고 분통을 터트렸습니다.

이런 일이 벌어진 것은 그 가르침과 율이 수호할 수 없는 것으로서 잘못 설해진 것이고, 해탈로 이끌지 못하고 고요함으로 이끌지 못하는, 바른 깨달음을 얻지 못한 사람이 가르친 것으로서 무너진 탑처럼 귀의처가 될 수 없기 때문이었습니다.

2. 그때 쭌다(Cunda) 사미(沙彌)가 빠와에서 우기(雨期)를 보내고 아난다 존자를 찾아 사마가마(Sāmagāma)에 왔습니다. 쭌다 사미는 아난다 존자에게 예배하고 한쪽에 앉은 후에 빠와에서 니간타 나따뿟따가 죽은 후에 일어난 일을 이야기했습니다.

그 이야기를 듣고 아난다 존자가 쭌다 사미에게 말했습니다.

"쭌다여, 이 이야기는 세존님께 알려야 할 이야기다. 쭌다여, 세존님께 가자! 가서 이 내용을 세존님께 알리자!"

쭌다 사미는 "예, 존자님" 하고 아난다 존자에게 대답했습니다.

3. 아난다 존자와 쭌다 사미는 세존에게 갔습니다. 그들은 세존께 예배하고 한쪽에 앉았습니다. 아난다 존자와 쭌다 사미는 쭌다 사미가 보고 들은 일을 세존께 말씀드렸습니다.

그 이야기를 듣고 세존께서 쭌다에게 말씀하셨습니다.

"그렇다. 쭌다여, 그 가르침과 율은 수호할 수 없는 것으로서 잘못 설해진 것이고, 해탈로 이끌지 못하고 고요함으로 이끌지 못하는, 바른 깨달음을 얻지 못한 사람이 가르친 것이다."

세존께서 말씀하셨습니다.

---

218 『장아함경(長阿含經)』의 17번째 경인 「청정경(清淨經)」에 상응하는 경.

219 말에 두서(頭緖)가 없다는 의미.

4. "쭌다여, 여기에 바른 깨달음을 얻지 못한 스승이 있다고 하자. 그리고 수호할 수 없이 잘못 설해져서, 해탈로 이끌지 못하고 고요함으로 이끌지 못하는, 바른 깨달음을 얻지 못한 스승이 가르친 가르침이 있고, 그 가르침 가운데 제자로서 가르침에 따라 여법하게 성취하여 살아가지 않고, 화목하며 존경하지 않고, 가르침을 따르지 않고, 그 가르침에서 벗어난 사람이 있다고 하자. 그는 이런 말을 들어 마땅할 것이다.

'벗이여, 이것은 그대에게 이익이고 그대에게 축복이다. 그대의 스승은 바른 깨달음을 얻지 못했다. 그의 가르침은 수호할 수 없이 잘못 설해져서, 해탈로 이끌지 못하고 고요함으로 이끌지 못하는, 바른 깨달음을 얻지 못한 스승의 가르침이다. 그대는 그 가르침 가운데서 가르침에 따라 여법하게 성취하여 살아가지 않고, 화목하며 존경하지 않고, 그 가르침을 따르지 않고, 그 가르침에서 벗어났다.'

쭌다여, 이런 경우에는 스승도 비난받아야 하고, 가르침도 비난받아야 하지만, 제자는 이와 같이 칭찬받을 만하다.

쭌다여, 이러한 제자에게 '여보시오! 존자여, 그대의 스승이 가르치고 시설한 그대로 실천하시오!'라고 말한다면, 격려하는 사람과 격려하는 일과 격려를 받고 그대로 실천하는 사람 모두가 많은 잘못된 결과를 낳는다. 그 까닭은 무엇인가? 쭌다여, 그것은 그 가르침과 율이 수호할 수 없는 것으로서 잘못 설해진 것이고, 해탈로 이끌지 못하고 고요함으로 이끌지 못하는, 바른 깨달음을 얻지 못한 사람이 가르친 것이기 때문이다.

5. 쭌다여, 여기에 바른 깨달음을 얻지 못한 스승이 있다고 하자. 그리고 수호할 수 없이 잘못 설해져서, 해탈로 이끌지 못하고 고요함으로 이끌지 못하는, 바른 깨달음을 얻지 못한 스승이 가르친 가르침이 있고, 그 가르침 가운데 제자로서 가르침에 따라 여법하게 성취하여 살아가고, 화목하며 존경하고, 가르침을 따르고, 그 가르침을 수지(受持)하는 사람이 있다고 하자. 그는 이런 말을 들어 마땅할 것이다.

'벗이여, 이것은 그대에게 손해이고 그대에게 불행이다. 그대의 스승은 바른 깨달음을 얻지 못했다. 그의 가르침은 수호할 수 없이 잘못 설해져서, 해탈로 이끌지 못하고 고요함으로 이끌지 못하는, 바른 깨달음을 얻지 못한 스승이 가르친 가르침이다. 그대는 그 가르침 가운데서 가르침에 따라 여법하게 성취하여 살아가고, 화목하며 존경하고, 그 가르침을 따르고, 그 가르침을 수지했다.'

쭌다여, 이런 경우에는 스승도 비난받아야 하고, 가르침도 비난받아야 하고, 제자도 비난받아야 한다.

쭌다여, 이러한 제자에게 '존자여, 바른 길을 갔으니 반드시 바른 도리를 얻을 것이오'라고 말한다면, 칭찬하는 사람과 칭찬하는 일과 칭찬을 받고 더욱 정진하는 사람 모두가 많은 잘못된 결과를 낳는다. 그 까닭은 무엇인가? 쭌다여, 그것은 그 가르침과 율이 수호할 수 없는 것으로서 잘못 설해진 것이고, 해탈로 이끌지 못하고 고요함으로 이끌지 못하는, 바른 깨달음을 얻지 못한 사람이 가르친 것이기 때문이다.

6. 쭌다여, 여기에 바른 깨달음을 얻은 스승이 있다고 하자. 그리고 수호할 수 있고 잘 설

해졌으며, 해탈로 이끌고 고요함으로 이끄는, 바른 깨달음을 얻은 스승이 가르친 가르침이 있고, 그 가르침 가운데 제자로서 가르침에 따라 여법하게 성취하여 살아가지 않고, 화목하며 존경하지 않고, 가르침을 따르지 않고, 그 가르침에서 어긋난 사람이 있다고 하자. 그는 이런 말을 들어 마땅할 것이다.

'벗이여, 이것은 그대에게 손해이고 그대에게 불행이다. 그대의 스승은 바른 깨달음을 얻었다. 그의 가르침은 수호할 수 있고 잘 설해졌으며, 해탈로 이끌고 고요함으로 이끄는, 바른 깨달음을 얻은 스승이 가르친 가르침이다. 그대는 그 가르침 가운데서 가르침에 따라 여법하게 성취하여 살아가지 않고, 화목하며 존경하지 않고, 그 가르침을 따르지 않고, 그 가르침에서 어긋났다.'

쭌다여, 이런 경우에는 스승도 칭찬받아야 하고, 가르침도 칭찬받아야 하지만, 제자는 이와 같이 비난받아야 한다.

쭌다여, 이러한 제자에게 '여보시오! 존자여, 그대의 스승이 가르치고 시설한 그대로 실천하시오!'라고 말한다면, 격려하는 사람과 격려하는 일과 격려를 받는 사람 모두가 큰 공덕을 낳는다. 그 까닭은 무엇인가? 쭌다여, 그것은 그 가르침과 율이 수호할 수 있는 것으로서 잘 설해진 것이고, 해탈로 이끌고 고요함으로 이끄는, 바른 깨달음을 얻은 등정각이 가르친 것이기 때문이다.

7. 쭌다여, 여기에 바른 깨달음을 얻은 스승이 있다고 하자. 그리고 수호할 수 있고 잘 설해졌으며, 해탈로 이끌고 고요함으로 이끄는, 바른 깨달음을 얻은 스승이 가르친 가르침이 있고, 그 가르침 가운데 제자로서 가르침에 따라 여법하게 성취하여 살아가고, 화목하며 존경하고, 가르침을 따르고, 그 가르침을 수지하는 사람이 있다고 하자. 그는 이런 말을 들어 마땅할 것이다.

'벗이여, 이것은 그대에게 이익이고 그대에게 축복이다. 그대의 스승은 바른 깨달음을 얻었다. 그의 가르침은 수호할 수 있고 잘 설해졌으며, 해탈로 이끌고 고요함으로 이끄는, 바른 깨달음을 얻은 스승이 가르친 가르침이다. 그대는 그 가르침 가운데서 가르침에 따라 여법하게 성취하여 살아가고, 화목하며 존경하고, 그 가르침을 따르고, 그 가르침을 수지했다.'

쭌다여, 이런 경우에는 스승도 칭찬받아야 하고, 가르침도 칭찬받아야 하고, 제자도 이와 같이 칭찬받아야 한다.

쭌다여, 이러한 제자에게 '존자여, 바른 길을 갔으니 반드시 바른 도리를 얻을 것이오'라고 말한다면, 칭찬하는 사람과 칭찬하는 일과 칭찬을 받고 더욱 정진하는 사람 모두가 큰 공덕을 낳는다. 그 까닭은 무엇인가? 쭌다여, 그것은 그 가르침과 율이 수호할 수 있는 것으로서 잘 설해진 것이고, 해탈로 이끌고 고요함으로 이끄는, 바른 깨달음을 얻은 등정각이 가르친 것이기 때문이다.

8. 쭌다여, 세간에 스승으로서 바른 깨달음을 얻은 등정각·아라한이 출현한다고 하자. 그리고 수호할 수 있고 잘 설해졌으며, 해탈로 이끌고 고요함으로 이끄는, 바른 깨달음을 얻은 등정각이 가르친 가르침이 있다고 하자. 그런데 제자들은 바른 가르침 가운데서 의미를 알지 못하고, 그들에게 일체의 주의집중과 신통을 행하는 완전히 성취된 청정한 수행이 사람들이 잘 이해할 수 있을 만큼 드러나지 않았다고 하자. 그런데 그들에게

스승이 없어졌다면, 쭌다여, 실로 이러한 스승의 죽음은 제자들에게 애석한 일이다. 그 까닭은 무엇인가? 쭌다여, 세간에 스승으로서 바른 깨달음을 얻은 등정각·아라한이 출현했고, 수호할 수 있고 잘 설해졌으며, 해탈로 이끌고 고요함으로 이끄는, 바른 깨달음을 얻은 등정각이 가르친 가르침이 있으나, 제자들이 바른 가르침 가운데서 의미를 알지 못하고, 그들에게 일체의 주의집중과 신통을 행하는 완전히 성취된 청정한 수행이 사람들이 잘 이해할 수 있을 만큼 드러나지 않았는데, 그들에게 스승이 없어졌기 때문이다. 쭌다여, 실로 이러한 스승의 죽음은 제자들에게 애석한 일이다.

9. 쭌다여, 세간에 스승으로서 바른 깨달음을 얻은 등정각·아라한이 출현한다고 하자. 그리고 수호할 수 있고 잘 설해졌으며, 해탈로 이끌고 고요함으로 이끄는, 바른 깨달음을 얻은 등정각이 가르친 가르침이 있는데, 제자들은 바른 가르침 가운데서 의미를 알고, 그들에게 일체의 주의집중과 신통을 행하는 완전히 성취된 청정한 수행이 사람들이 잘 이해할 수 있을 만큼 드러났다고 하자. 그런데 그들에게 스승이 없어진다면, 쭌다여, 실로 이러한 스승의 죽음은 제자들에게 애석한 일이 아니다. 그 까닭은 무엇인가? 쭌다여, 세간에 스승으로서 바른 깨달음을 얻은 등정각·아라한이 출현했고, 수호할 수 있고 잘 설해졌으며, 해탈로 이끌고 고요함으로 이끄는, 바른 깨달음을 얻은 등정각이 가르친 가르침이 있으며, 제자들은 바른 가르침 가운데서 의미를 알고, 그들에게 일체의 주의집중과 신통을 행하는 완전히 성취된 청정한 수행이 사람들이 잘 이해할 수 있을 만큼 드러났는데, 그들에게 스승이 없어졌기 때문이다. 쭌다여, 실로 이러한 스승의 죽음은 제자들에게 애석한 일이 아니다.

10. 쭌다여, 이런 부분들을 구족한 청정한 수행이 있어도, 스승이 장로로서 출가한 지 오래되고 나이 많고 경험 많은 원로가 아니라면, 그 청정한 수행은 그로 인해서 완전한 것이 못 된다. 쭌다여, 이런 부분들을 구족한 청정한 수행이 있는데, 스승이 장로로서 출가한 지 오래되고 나이 많고 경험 많은 원로라면, 그 청정한 수행은 그로 인해서 완전한 것이 된다.

11. 쭌다여, 이런 부분들을 구족한 청정한 수행이 있는데, 스승이 장로로서 출가한 지 오래되고 나이 많고 경험 많은 원로라고 할지라도, 장로 비구로서 학식이 있고 수련이 잘 되고 속박에서 벗어나 안온을 성취하고, 정법(正法)을 선양하고, 정법으로 논쟁을 굴복시키고, 굴복시킨 후에 신통을 갖춘 법을 드러낼 수 있는 제자가 없다면, 그 청정한 수행은 그로 인해서 완전한 것이 못 된다. 쭌다여, 이런 부분들을 구족한 청정한 수행이 있는데, 스승이 장로로서 출가한 지 오래되고 나이 많고 경험 많은 원로인데, 장로 비구로서 수련이 잘 되고 속박에서 벗어나 안온을 성취하고, 정법을 선양하고, 정법으로 논쟁을 굴복시키고, 굴복시킨 후에 신통을 갖춘 법을 드러낼 수 있는 제자들이 있다면, 그 청정한 수행은 그로 인해서 완전한 것이 된다.

12. 쭌다여, 이런 부분들을 구족한 청정한 수행이 있는데, 장로로서 출가한 지 오래되고 나이 많고 경험 많은 원로 스승이 있고, 수련이 잘 되고 속박에서 벗어나 안온을 성취하고, 정법을 선양하고, 정법으로 논쟁을 굴복

시키고, 굴복시킨 후에 신통을 갖춘 법을 드러낼 수 있는 장로 비구 제자들이 있어도 그와 같은 중견 비구 제자들이 없으면, 그와 같은 중견 비구 제자들이 있어도 그와 같은 신참 비구 제자들이 없으면, 그와 같은 신참 비구 제자들이 있어도 그와 같은 장로 비구니 제자들이 없으면, 그와 같은 장로 비구니 제자들이 있어도 그와 같은 중견 비구니 제자들이 없으면, 그와 같은 중견 비구니 제자들이 있어도 그와 같은 신참 비구니 제자들이 없으면, 그와 같은 신참 비구니 제자들이 있어도 흰옷을 입은 재가 제자로서 청정한 수행을 실천하는 그와 같은 청신사들이 없으면, 흰옷을 입은 재가 제자로서 청정한 수행을 실천하는 그와 같은 청신사들이 있어도 흰옷을 입은 재가 제자로서 욕락(欲樂)을 즐기는 그와 같은 청신사들이 없으면, 흰옷을 입은 재가 제자로서 욕락을 즐기는 그와 같은 청신사들이 있어도 흰옷을 입은 재가 제자로서 청정한 수행을 실천하는 그와 같은 청신녀들이 없으면, 흰옷을 입은 재가 제자로서 청정한 수행을 실천하는 그와 같은 청신녀들이 있어도 흰옷을 입은 재가 제자로서 욕락을 즐기는 그와 같은 청신녀들이 없으면, 흰옷을 입은 재가 제자로서 욕락을 즐기는 그와 같은 청신녀들이 있어도 두루 널리 퍼지고 많은 사람들에게 널리 알려져서 사람들이 잘 알 수 있는 청정한 수행이 아니라면, 두루 널리 퍼지고 많은 사람들에게 널리 알려져서 사람들이 잘 알 수 있는 청정한 수행이라 할지라도 최상의 후원과 최상의 명성을 얻지 못한다면, 그 청정한 수행은 그로 인해서 완전한 것이 못 된다.

13. 쭌다여, 이런 부분들을 구족한 청정한 수행이 있는데, 장로로서 출가한 지 오래되고 나이 많고 경험 많은 원로 스승이 있고, 수련이 잘 되고 속박에서 벗어나 안온을 성취하고, 정법을 선양하고, 정법으로 논쟁을 굴복시키고, 굴복시킨 후에 신통을 갖춘 법을 드러낼 수 있는 장로 비구 제자들이 있고, 그와 같은 중견 비구 제자들이 있고, 그와 같은 신참 비구 제자들이 있고, 그와 같은 장로 비구니 제자들이 있고, 그와 같은 중견 비구니 제자들이 있고, 그와 같은 신참 비구니 제자들이 있고, 흰옷을 입은 재가 제자로서 청정한 수행을 실천하는 그와 같은 청신사들이 있고, 흰옷을 입은 재가 제자로서 욕락을 즐기는 그와 같은 청신사들이 있고, 흰옷을 입은 재가 제자로서 청정한 수행을 실천하는 그와 같은 청신녀들이 있고, 흰옷을 입은 재가 제자로서 욕락을 즐기는 그와 같은 청신녀들이 있고, 두루 널리 퍼지고 많은 사람들에게 널리 알려져서 사람들이 잘 알 수 있는 청정한 수행으로서 최상의 후원과 최상의 명성을 얻는다면, 그 청정한 수행은 그로 인해서 완전한 것이 된다.

14. 쭌다여, 지금 나는 스승으로서 세간에 출현한 아라한이며, 바른 깨달음을 얻은 등정각이며, 수호할 수 있고 잘 설해진, 해탈로 이끌고 고요함으로 이끄는, 바른 깨달음을 얻은 등정각이 가르친 가르침이 있다. 그리고 제자들은 바른 가르침 가운데서 의미를 알며, 그들에게 일체의 주의집중과 신통을 행하는 완전히 성취된 청정한 수행이 사람들이 잘 이해할 수 있을 만큼 드러났다. 쭌다여, 게다가 나는 지금 장로로서 출가한 지 오래되고 나이 많고 경험 많은 원로 스승이다.

15. 쭌다여, 그리고 지금 수련이 잘 되고 속박

에서 벗어나 안온을 성취하고, 정법을 선양하고, 정법으로 논쟁을 굴복시키고, 굴복시킨 후에 신통을 갖춘 법을 드러낼 수 있는 장로 비구 제자들이 있고, 그와 같은 중견 비구 제자들이 있고, 그와 같은 신참 비구 제자들이 있고, 그와 같은 장로 비구니 제자들이 있고, 그와 같은 중견 비구니 제자들이 있고, 그와 같은 신참 비구니 제자들이 있고, 흰옷을 입은 재가 제자로서 청정한 수행을 실천하는 그와 같은 청신사들이 있고, 흰옷을 입은 재가 제자로서 욕락을 즐기는 그와 같은 청신사들이 있고, 흰옷을 입은 재가 제자로서 청정한 수행을 실천하는 그와 같은 청신녀들이 있고, 흰옷을 입은 재가 제자로서 욕락을 즐기는 그와 같은 청신녀들이 있으며, 청정한 수행은 두루 널리 퍼지고 많은 사람들에게 널리 알려져서 사람들이 잘 알 수 있다.

16. 쭌다여, 지금 세간에 스승들이 출현했지만, 쭌다여, 나는 나처럼 최상의 이익과 최상의 명성을 얻은 스승은 한 사람도 보지 못했다. 쭌다여, 지금 세간에 여러 상가[僧伽]와 대중(大衆)이 출현했지만, 쭌다여, 나는 비구 상가처럼 최상의 이익과 최상의 명성을 얻은 상가는 하나도 보지 못했다. 쭌다여, 바르게 이야기하면서 '일체의 조건을 구족하고 일체의 조건이 충족된, 부족하지도 않고 지나치지도 않은, 잘 설해지고 완전하며 잘 드러난 청정한 수행이다'라고 말한다고 한다면, 이것을 두고 말하는 것이다.

쭌다여, 웃다까 라마뿟따(Uddaka Rāma-putta)는 '보면서 보지 못한다'라고 말한다.[220] 무엇을 보면서 보지 못한다는 것인가? 날카로운 면도칼의 면은 보지만 칼날은 보지 못한다는 것이다. 쭌다여, 그가 말하는 '보면서 보지 못한다'라는 것은 이것을 두고 한 말이다. 쭌다여, 웃다까 라마뿟따는 그것에 대하여 실로 속세 범부의 천박하고 무익한 면도칼을 이야기한 것이다. 쭌다여, '보면서 보지 못한다'라는 말을 바르게 이야기한다면, 이런 것을 이야기해야 할 것이다. 무엇을 보면서 보지 못하는가? 이와 같이 일체의 조건을 구족하고 일체의 조건이 충족된, 부족하지도 않고 지나치지도 않은, 잘 설해지고 완전하며 잘 드러난 청정한 수행을 보면서, '지금 이것을 제거하면 보다 청정한 수행이 될 것이다'라고 하여 제거해야 할 것을 보지 못하고, '지금 이것을 집어넣으면 그 청정한 수행이 완성될 것이다'라고 하여 집어넣어야 할 것을 보지 못한다면, 이것을 두고 '보면서 보지 못한다'라고 말하는 것이다.

쭌다여, 바르게 이야기하면서 '일체의 조건을 구족하고 일체의 조건이 충족된, 부족하지도 않고 지나치지도 않은, 잘 설해지고 완전하며 잘 드러난 청정한 수행이다'라

---

220 웃다까 라마뿟따는 비유상비무상처(非有想非無想處)를 궁극의 경지라고 가르친 사람이다. 여기에서 칼날의 비유는 비유상비무상처에 대한 웃다까 라마뿟따의 비유를 뜻하는 것 같다. "보면서 보지 못한다"라는 것은 비유상비무상을 이야기한 것이다. '보는 것'은 유상(有想)이고 '보지 못하는 것'은 무상(無想)이다. 즉, 우리에게 있다는 생각[有想]은 봄을 통해서 나타나고, 없다는 생각[無想]은 보지 못할 때 나타난다. 그런데 '보면서 보지 못한다'면 그것은 유상이라고 할 수도 없고 무상이라고 할 수도 없을 것이다. 그렇다면 그런 일이 어떻게 가능한가? 우리가 면도칼을 볼 때 칼의 양면은 보지만, 칼날은 보지 못한다. 우리는 동일한 사물 속에 있는 것을 보면서 보지 못하는 것이다. 붓다는 이것을 세속의 천박한 말장난이라고 비판하고 있다.

고 말한다고 한다면, 이것을 두고 말하는 것이다.

17. 쭌다여, 그러므로 내가 체득하여 그대들에게 가르친 가르침들을 함께 만나고 모여서 의미(意味, attha)는 의미로, 문장(文章, vyañjana)은 문장으로 합송(合誦)하되 논쟁하지 마라! 그리하여 많은 사람들의 이익과 행복을 위하여, 세간을 연민하여, 천신과 인간의 부(富)와 이익과 행복을 위하여, 이 청정한 수행이 길이 오래 머물도록 하라!

쭌다여, 내가 체득하여 그대들에게 가르친 가르침은 어떤 것인가? 그것은 4념처(四念處), 4정근(四正勤), 4신족(四神足), 5근(五根), 5력(五力), 7각지(七覺支), 8정도(八正道)이다. 쭌다여, 이것이 내가 체득하여 그대들에게 가르친 가르침이니 함께 만나고 모여서 의미는 의미로, 문장은 문장으로 합송하되 논쟁하지 마라! 그리하여 많은 사람들의 이익과 행복을 위하여, 세간을 연민하여, 천신과 인간의 부와 이익과 행복을 위하여, 이 청정한 수행이 길이 오래 머물도록 하라!

18. 쭌다여, 그대들은 우애를 가지고 화합하여 다투지 말고 공부하라! 어떤 도반이 상가에서 가르침에 대하여 이야기한다고 하자. 거기에서 그대들에게 '이 존자는 의미를 잘못 파악하고 있고 문장을 잘못 사용하고 있다'라는 생각이 들면, 그에게 호응하지도 말고 비난하지도 말아야 한다. 호응하지도 말고 비난하지도 말고 이렇게 말해야 한다.

'법우여, 이 의미에는 이 문장이나 저 문장 가운데 어떤 것들이 더 적당한가? 이 문장에는 이 의미와 저 의미 가운데 어떤 것이 더 적당한가?'

그가 '법우여, 이 의미에는 이 문장이 더 적당하다. 그리고 이 문장에는 이 의미가 더 적당하다'라고 말하면, 그를 칭찬하지도 말고 비난하지도 말아야 한다. 칭찬하지도 말고 비난하지도 말고, 주의해서 그 의미와 그 문장에 대하여 충분하게 설명해 주어야 한다.

19. 쭌다여, 또 다른 도반이 상가에서 가르침에 대하여 이야기한다고 하자. 거기에서 그대들에게 '이 존자는 의미를 잘못 파악하고 있으나 문장은 바르게 사용하고 있다'라는 생각이 들면, 그에게 호응하지도 말고 비난하지도 말아야 한다. 호응하지도 말고 비난하지도 말고, 이렇게 말해야 한다.

'법우여, 이 문장에는 이 의미와 저 의미 가운데 어떤 것이 더 적당한가?'

그가 '법우여, 이 문장에는 이 의미가 더 적당하다'라고 말하면, 그를 칭찬하지도 말고 비난하지도 말아야 한다. 칭찬하지도 말고 비난하지도 말고, 주의해서 그 의미에 대하여 충분하게 설명해 주어야 한다.

20. 쭌다여, 또 다른 도반이 상가에서 가르침에 대하여 이야기한다고 하자. 거기에서 그대들에게 '이 존자는 의미는 바르게 파악하고 있으나 문장을 잘못 사용하고 있다'라는 생각이 들면, 그에게 호응하지도 말고 비난하지도 말아야 한다. 호응하지도 말고 비난하지도 말고, 이렇게 말해야 한다.

'법우여, 이 의미에는 이 문장과 저 문장 가운데 어떤 것이 더 적당한가?'

그가 '법우여, 이 의미에는 이 문장이 더 적당하다'라고 말하면, 그를 칭찬하지도 말고 비난하지도 말아야 한다. 칭찬하지도 말고 비난하지도 말고, 주의해서 그 문장에 대하여 충분하게 설명해 주어야 한다.

21. 쭌다여, 또 다른 도반이 상가에서 가르침에 대하여 이야기한다고 하자. 거기에서 그대들에게 '이 존자는 의미도 바르게 파악하고 있고 문장도 바르게 사용하고 있다'라는 생각이 들면, 그에게 '훌륭하다'라고 말하면서 기뻐하고 감사해야 한다. 그에게 '훌륭하다'라고 말하면서 기뻐하고 감사하며 이렇게 말해야 한다.

'벗이여, 우리는 이와 같이 의미를 갖추고 문장을 갖춘 존자와 같은 도반을 보게 되어 실로 다행이고 축복이다.'

22. 쭌다여, 나는 현세의 번뇌를 제어하기 위한 법을 가르치지 않는다. 쭌다여, 나는 후세의 번뇌를 막기 위한 법을 가르치지도 않는다. 쭌다여, 나는 현세의 번뇌를 제어하고 후세의 번뇌를 막기 위한 법을 가르친다.

쭌다여, 그러므로 여기 내가 그대들에게 허락한 법의(法衣)는 그대들이 추위를 막고 더위를 막고 등에나 모기나 바람이나 햇빛이나 뱀이 접촉하는 것을 막기에 충분한 것이며, 치부를 가리는 옷으로 충분한 것이다.

내가 그대들에게 허락한 탁발 음식은 '나는 이전의 느낌은 가라앉히고, 새로운 느낌은 일으키지 않으리라. 나는 허물없이 평안하게 지내리라'라고 생각하면서 그대들이 이 몸을 지탱하고 유지하고 악을 그치고 청정한 수행을 돕는 데 충분한 것이다.

내가 그대들에게 허락한 방사(房舍)는 그대들이 추위를 막고 더위를 막고 등에나 모기나 바람이나 햇빛이나 뱀이 접촉하는 것을 막고 계절의 위난을 피하여 홀로 선정을 즐기기에 충분한 것이다.

내가 그대들에게 허락한 의약(醫藥)과 자구(資具)는 이미 발생한 고통을 없애고 최선으로 고통을 없애기에 충분한 것이다.

23. 쭌다여, 그런데 외도 출가자들이 '석씨사문(釋氏沙門)들은 안락의 추구에 전념하며 살아간다'라고 말하는 경우가 있을 것이다.

쭌다여, 이렇게 말하는 외도 출가자들에게는 '존자여, 그대가 말하는 안락의 추구는 어떤 것인가? 안락의 추구는 많고 다양하며 여러 가지다'라고 말해야 한다.

쭌다여, 다음의 네 가지 열등한 속세 범부의 천박하고 무익한 안락의 추구는 쾌락에 대한 싫증[厭離], 욕탐을 버림[離欲], 번뇌의 소멸[止滅], 적정(寂靜), 체험적 지혜[勝智], 바른 깨달음[正覺], 열반(涅槃)에 도움이 되지 못한다. 그 네 가지는 어떤 것인가?

쭌다여, 어떤 어리석은 자는 생명을 해치고서 스스로 기뻐하고 만족해한다. 이것이 첫째 안락의 추구다.

쭌다여, 어떤 자는 주지 않은 것을 취하고서 스스로 기뻐하고 만족해한다. 이것이 둘째 안락의 추구다.

쭌다여, 어떤 자는 거짓말을 하고서 스스로 기뻐하고 만족해한다. 이것이 셋째 안락의 추구다.

쭌다여, 어떤 자는 다섯 가지 감각적 욕망의 대상을 구족하고서 스스로 기뻐하고 만족해한다. 이것이 넷째 안락의 추구다.

쭌다여, 이상의 네 가지 열등한 속세 범부의 천박하고 무익한 안락의 추구는 쾌락에 대한 싫증, 욕탐을 버림, 번뇌의 소멸, 적정, 체험적 지혜, 바른 깨달음, 열반에 도움이 되지 못한다.

24. 쭌다여, 그런데 외도 출가자들이 '석씨사문들은 이들 네 가지 안락의 추구에 전념하며 살아간다'라고 말하는 경우가 있을 것이

다. 그들에게는 '결코 그렇지 않다'라고 말해야 한다. 왜냐하면 그들은 그대들에게 바른 말을 하지 않고 있으며, 사실이 아닌 거짓으로 비방하고 있기 때문이다.

쭌다여, 다음의 네 가지 안락의 추구는 전적으로 쾌락에 대한 싫증, 욕탐을 버림, 번뇌의 소멸, 적정, 체험적 지혜, 바른 깨달음, 열반에 도움이 된다.

그 네 가지는 어떤 것인가?

쭌다여, 비구는 감각적 욕망을 멀리하고 불선법(不善法)을 멀리함으로써 사유가 있고 숙고가 있는, 멀리함에서 생긴 기쁨과 행복감이 있는 초선(初禪)을 성취하여 살아간다. 이것이 첫째 안락의 추구다.

쭌다여, 그다음에 비구는 사유와 숙고를 억제함으로써 내적으로 고요해져 마음이 집중된, 사유가 없고 숙고가 없는, 삼매에서 생긴 기쁨과 즐거움이 있는 제2선(第二禪)을 성취하여 살아간다. 이것이 둘째 안락의 추구다.

쭌다여, 그다음에 비구는 즐겁게 욕탐에서 벗어나[離欲] 평정한 마음으로 주의집중과 알아차림을 하며 지내면서 몸으로 행복을 느끼는, 성자들이 '평정한 주의집중을 하는 행복한 상태'라고 이야기한 제3선(第三禪)을 성취하여 살아간다. 이것이 셋째 안락의 추구다.

쭌다여, 그다음에 비구는 행복감을 포기하고 괴로움을 버림으로써 이전의 만족과 불만이 소멸하여 괴롭지도 않고 즐겁지도 않은, 평정한 주의집중이 청정한 제4선(第四禪)을 성취하여 살아간다. 이것이 넷째 안락의 추구다.

쭌다여, 이상의 네 가지 안락의 추구는 전적으로 쾌락에 대한 싫증, 욕탐을 버림, 번뇌의 소멸, 적정, 체험적 지혜, 바른 깨달음, 열반에 도움이 된다.

쭌다여, 외도 출가자들이 '석씨사문들은 이들 네 가지 안락의 추구에 전념하며 살아간다'라고 말하는 경우가 있을 것이다. 그들에게는 '참으로 그렇다'라고 말해야 한다. 왜냐하면 그들은 그대들에게 바른말을 하고 있으며, 사실이 아닌 거짓으로 그대들을 비방하는 것이 아니기 때문이다.

25. 쭌다여, 외도 출가자들이 '존자여, 이들 네 가지 안락의 추구에 전념하며 살아가면 어떤 과보(果報)와 어떤 이익을 기대할 수 있는가?'라고 묻는 경우가 있을 것이다. 쭌다여, 이렇게 묻는 외도 출가자들에게는 다음과 같이 대답해야 한다.

'존자여, 이들 네 가지 안락의 추구에 전념하며 살아가면 네 가지 과보와 네 가지 이익을 기대할 수 있다. 그 네 가지는 어떤 것인가? 존자여, 비구는 세 가지 결박이 감소한 수다원이 되어 악취에 떨어지지 않고 결국은 정각(正覺)을 성취하도록 결정된다. 이것이 첫째 과보이며 첫째 이익이다. 존자여, 비구는 세 가지 결박이 감소하고 탐냄과 성냄과 어리석음을 소멸한 사다함이 되어 이 세계에 다시 와서 괴로움을 끝낸다. 이것이 둘째 과보이며 둘째 이익이다. 존자여, 비구는 다섯 가지 낮은 단계의 결박[五下分結]이 감소하여 화생(化生)한 후에 다시 돌아오지 않고[不還] 그 세계에서 바로 반열반(般涅槃)하는 사람이 된다. 이것이 셋째 과보이며 셋째 이익이다. 존자여, 비구는 번뇌를 소멸하여 무루(無漏)의 심해탈(心解脫)과 혜해탈(慧解脫)을 지금 여기에서 체험적 지혜[勝

智]로 체험하고 체득하여 살아간다. 이것이 넷째 과보이며 넷째 이익이다. 존자여, 이들 네 가지 안락의 추구에 전념하며 살아가면 이러한 네 가지 과보와 네 가지 이익을 기대할 수 있다.'

26. 쭌다여, 외도 출가자들이 '석씨사문들은 정해진 법이 없이[aṭṭhita-dhammā] 살아간다'라고 말하는 경우가 있을 것이다. 쭌다여, 이렇게 말하는 외도 출가자들에게는 다음과 같이 대답해야 한다.

'존자여, 아는 분이시며, 보는 분이시며, 아라한이시며, 등정각이신 세존께서 제자들에게 가르치고 시설하신, 생명이 있는 한 어기면 안 되는 법들이 있다. 존자여, 그것은 마치 깊이 뿌리박히고 잘 설치되어 움직이지 않고 흔들리지 않는 문설주[inda-khīla][221]나 쇠기둥과 같다. 아는 분이시며, 보는 분이시며, 아라한이시며, 등정각이신 세존께서는 제자들에게 생명이 있는 한 어겨서는 안 되는 이런 법들을 가르치고 시설하셨다. 존자여, 비구로서 번뇌를 소멸하고, 수행을 완성하고, 해야 할 일을 마치고, 짐을 내려놓고, 자신의 목적에 도달하여 존재의 결박을 끊고, 바른 지혜를 갖추어 해탈한 아라한은 아홉 가지 일을 할 수 없다. 존자여, 번뇌가 소멸한 비구는 고의로 중생으로부터 목숨을 빼앗을 수 없다. 번뇌가 소멸한 비구는 주지 않은 물건을 취하는 도둑질을 할 수 없다. 번뇌가 소멸한 비구는 음행을 할 수 없다. 번뇌가 소멸한 비구는 알면서 거짓말을 할 수 없다. 번뇌가 소멸한 비구는 예전에 속가에서처럼 재산을 모아 놓고 쾌락을 향유할 수 없다. 번뇌가 소멸한 비구는 욕망에 사로잡혀 해서는 안 될 일을 할 수 없다. 번뇌가 소멸한 비구는 분노에 사로잡혀 해서는 안 될 일을 할 수 없다. 번뇌가 소멸한 비구는 어리석음에 사로잡혀 해서는 안 될 일을 할 수 없다. 번뇌가 소멸한 비구는 두려움에 사로잡혀 해서는 안 될 일을 할 수 없다. 존자여, 비구로서 번뇌를 소멸하고, 수행을 완성하고, 해야 할 일을 마치고, 짐을 내려놓고, 자신의 목적에 도달하여 존재의 결박을 끊고, 바른 지혜를 갖추어 해탈한 아라한은 이상의 아홉 가지 일을 할 수 없다.'

27. 쭌다여, 외도 출가자들이 '사문 고따마는 과거에 대해서는 한계가 없는 지견(知見)을 알려 주지만, 미래에 대해서는 한계가 없는 지견을 알려 주지 않는다. 도대체 왜, 도대체 무엇 때문에 그러한가?'라고 말하는 경우가 있을 것이다. 그 외도 출가자들은 어리석은 바보처럼 망상에 사로잡힌 지견으로 망상에 사로잡힌 지견을 언명할 수 있다고 생각하고 있다.[222] 쭌다여, 과거에 대해서 여래에게는 주의집중에 따르는 앎[satânusāri-viññāṇaṃ]이 있나니, 여래는 원하는 대로 기억한다. 그리고 미래에 대해서 여래에게는 무한한 깨달음에서 생긴, '이것이 최후의 태어남이다. 이제 이후의 존재는 없다'라는 앎이 생긴다.

---

221 'inda-khīla'는 본래 인드라천의 성문 기둥을 의미하는데, 이것은 문설주의 의미로 사용된다. 부처님의 가르침은 우리가 자유자재한 삶을 살기 위해 반드시 지켜야 하는 고정불변하는 진리라는 것을 문설주로 비유한 것이다.

222 외도들이 미래에 대한 예언을 기대하는 것은, 실재하지 않는 미래의 일을 마치 실재하는 일처럼 이야기할 수 있다고 생각하기 때문이라는 뜻이다. 미래는 결정된 것이 아니기 때문에 예언할 수 없다는 의미이다.

28. 쭌다여, 과거에 대한 물음이 사실이 아니고 진실이 아니며 의미가 없다면, 여래는 그런 과거에 대해서는 대답하지 않는다. 쭌다여, 과거에 대한 물음이 사실이고 진실이지만 의미가 없다면, 여래는 그런 과거에 대해서도 대답하지 않는다. 쭌다여, 과거에 대한 물음이 사실이고 진실이고 의미가 있으면, 그때 여래는 적당한 때를 알아 그 물음에 대답한다.

쭌다여, 미래에 대한 물음이 사실이 아니고 진실이 아니며 의미가 없다면, 여래는 그런 미래에 대해서는 대답하지 않는다. 쭌다여, 미래에 대한 물음이 사실이고 진실이지만 의미가 없다면, 여래는 그런 미래에 대해서도 대답하지 않는다. 쭌다여, 미래에 대한 물음이 사실이고 진실이고 의미가 있으면, 그때 여래는 적당한 때를 알아 그 물음에 간략하게 대답한다.

쭌다여, 현재에 대한 물음이 사실이 아니고 진실이 아니며 의미가 없다면, 여래는 그런 현재에 대해서는 대답하지 않는다. 쭌다여, 현재에 대한 물음이 사실이고 진실이지만 의미가 없다면, 여래는 그런 현재에 대해서도 대답하지 않는다. 쭌다여, 현재에 대한 물음이 사실이고 진실이고 의미가 있으면, 그때 여래는 적당한 때를 알아 그 물음에 대답한다.

쭌다여, 이와 같이 여래는 과거·현재·미래의 법에 대하여 시의적절하게 말하는 자이며, 사실을 말하는 자이며, 의미 있는 말을 하는 자이며, 법(法)을 말하는 자이며, 율(律)을 말하는 자이다. 그래서 여래라고 부른다.

29. 쭌다여, 천신(天神)과 마라(māra)와 범천을 포함한 세간(世間), 사문과 바라문과 왕과 사람들을 포함한 인간이 보고, 듣고, 지각하고, 인식하고, 마음으로 탐구하고 숙고한 일체(一切)를 여래는 바르고 원만하게 깨달았다. 그래서 여래라고 부른다.

쭌다여, 여래가 위없는 바르고 평등한 깨달음을 원만하게 성취한 밤부터 무여열반계(無餘涅槃界)에 입적(入寂)하는 밤까지 가르치고, 이야기하고, 언명한 모든 것은 진실한 것일 뿐 다른 것이 아니다. 그래서 여래라고 부른다.

쭌다여, 여래는 말한 대로 행동하는 자이고, 행동한 대로 말하는 자이다. 이와 같이 말한 대로 행동하는 자이고, 행동한 대로 말하는 자이기 때문에 여래라고 부른다.

쭌다여, 천신과 마라와 범천을 포함한 세간, 사문과 바라문과 왕과 사람들을 포함한 인간계 가운데서 여래는 승리자이며, 패배하지 않는 자이며, 모든 것을 보는 자이며, 전능한 자이다. 그래서 여래라고 부른다.

30. 쭌다여, 외도 출가자들이 '존자여, 여래는 죽은 후에 존재하는가? 이것은 실로 진실이고 다른 것은 거짓인가?'라고 묻는 경우가 있을 것이다. 쭌다여, 이렇게 말하는 외도 출가자들에게는 '세존께서는 '여래는 죽은 후에 존재한다. 이것은 실로 진실이고 다른 것은 거짓이다'라고 판단하지 않았다'라고 대답해야 한다.

쭌다여, 외도 출가자들이 '존자여, 여래는 죽은 후에 존재하지 않는가? 이것은 실로 진실이고 다른 것은 거짓인가?'라고 묻는 경우가 있을 것이다. 쭌다여, 이렇게 말하는 외도 출가자들에게는 '세존께서는 '여래는 죽은 후에 존재하지 않는다. 이것은 실로 진실이고 다른 것은 거짓이다'라고 판단하지 않았다'라고 대답해야 한다.

쭌다여, 외도 출가자들이 '존자여, 여래는 죽은 후에 존재하기도 하고 존재하지 않기도 하는가? 이것은 실로 진실이고 다른 것은 거짓인가?'라고 묻는 경우가 있을 것이다. 쭌다여, 이렇게 말하는 외도 출가자들에게는 '세존께서는 '여래는 죽은 후에 존재하기도 하고 존재하지 않기도 한다. 이것은 실로 진실이고 다른 것은 거짓이다'라고 판단하지 않았다'라고 대답해야 한다.

쭌다여, 외도 출가자들이 '존자여, 여래는 죽은 후에 존재하는 것도 아니고 존재하지 않는 것도 아닌가? 이것은 실로 진실이고 다른 것은 거짓인가?'라고 묻는 경우가 있을 것이다. 쭌다여, 이렇게 말하는 외도 출가자들에게는 '세존께서는 '여래는 죽은 후에 존재하는 것도 아니고 존재하지 않는 것도 아니다. 이것은 실로 진실이고 다른 것은 거짓이다'라고 판단하지 않았다'라고 대답해야 한다.

31. 쭌다여, 외도 출가자들이 '사문 고따마는 왜 이런 것을 판단하지 않는가?'라고 묻는 경우가 있을 것이다. 쭌다여, 이렇게 말하는 외도 출가자들에게는 다음과 같이 답해야 한다.

'이런 것은 무의미하고, 진실에 상응하지 않고, 청정한 수행[梵行]의 근거가 아니며, 쾌락에 대한 싫증·욕탐을 버림·번뇌의 소멸·적정·체험적 지혜·바른 깨달음·열반에 도움이 되지 않는다. 그래서 세존께서는 그것을 판단하지 않았다.'

32. 쭌다여, 외도 출가자들이 '사문 고따마는 어떤 것을 판단하는가?'라고 묻는 경우가 있을 것이다. 쭌다여, 이렇게 말하는 외도 출가자들에게는 다음과 같이 답해야 한다.

'세존께서는 '이것은 괴로움[苦]이다'라고 판단하셨다. 세존께서는 '이것은 괴로움의 쌓임[集]이다'라고 판단하셨다. 세존께서는 '이것은 괴로움의 소멸[滅]이다'라고 판단하셨다. 세존께서는 '이것은 괴로움의 소멸에 이르는 길[道]이다'라고 판단하셨다.'

33. 쭌다여, 외도 출가자들이 '사문 고따마는 왜 이것을 판단하는가?'라고 묻는 경우가 있을 것이다. 쭌다여, 이렇게 말하는 외도 출가자들에게는 다음과 같이 답해야 한다.

'이것은 의미가 있고, 진실에 상응하고, 청정한 수행의 근거가 되며, 쾌락에 대한 싫증·욕탐을 버림·번뇌의 소멸·적정·체험적 지혜·바른 깨달음·열반에 도움이 된다. 그래서 세존께서는 이것을 판단하셨다.'

34. 쭌다여, 과거와 관련된[pubbanta-sahagata][223] 견해에 대하여 나는 그대들에게 판단해야 할 것은 판단했다. 그러나 판단해서는 안 될 것을 내가 어떻게 그대들에게 판단하겠는가? 쭌다여, 미래와 관련된[aparanta-sahagata][224] 견해에 대하여 나는 그대들에게 판단해야 할 것은 판단했다. 그러나 판단해서는 안 될 것을 내가 어떻게 그대들에게 판단하겠는가?

---

223 'pubbanta'는 '앞'이라는 의미의 'pubba'와 '끝'이라는 의미의 'anta'의 합성어로서 '전제(前際)'로 한역된다. '앞의 끝'이란 시간적으로는 '시작'을 의미하는데, 일반적으로 '과거'의 의미로 사용된다.

224 'aparanta'는 '뒤'라는 의미의 'apara'와 '끝'이라는 의미의 'anta'의 합성어로서 '후제(後際)'로 한역된다. '뒤의 끝'이란 시간적으로는 '종말'을 의미하는데, 일반적으로 '미래'의 의미로 사용된다.

쭌다여, 과거와 관련된 견해에 대하여 내가 그대들에게 판단해야 할 것은 어떤 것이고, 판단해서는 안 될 것은 어떤 것인가?

쭌다여, 어떤 사문과 바라문들은 이와 같은 견해를 가지고 이와 같이 주장한다.

'자아와 세계는 상주(常住)한다. 이것은 실로 진실이고 다른 것은 거짓이다.'

'자아와 세계는 상주하지 않는다. 이것은 실로 진실이고 다른 것은 거짓이다.'

'자아와 세계는 상주하기도 하고 상주하지 않기도 한다. 이것은 실로 진실이고 다른 것은 거짓이다.'

'자아와 세계는 상주하는 것도 아니고 상주하지 않는 것도 아니다. 이것은 실로 진실이고 다른 것은 거짓이다.'

'자아와 세계는 자신이 만든 것이다. 이것은 실로 진실이고 다른 것은 거짓이다.'

'자아와 세계는 다른 것이 만든 것이다. 이것은 실로 진실이고 다른 것은 거짓이다.'

'자아와 세계는 자신이 만든 것도 있고 다른 것이 만든 것도 있다. 이것은 실로 진실이고 다른 것은 거짓이다.'

'자아와 세계는 자신이 만든 것도 아니고, 다른 것이 만든 것도 아니며, 우연히 발생한 것이다. 이것은 실로 진실이고 다른 것은 거짓이다.'

'고락(苦樂)은 상주한다. 이것은 실로 진실이고 다른 것은 거짓이다.'

'고락은 상주하지 않는다. 이것은 실로 진실이고 다른 것은 거짓이다.'

'고락은 상주하기도 하고 상주하지 않기도 한다. 이것은 실로 진실이고 다른 것은 거짓이다.'

'고락은 상주하는 것도 아니고 상주하지 않는 것도 아니다. 이것은 실로 진실이고 다른 것은 거짓이다.'

'고락은 자신이 만든 것이다. 이것은 실로 진실이고 다른 것은 거짓이다.'

'고락은 다른 것이 만든 것이다. 이것은 실로 진실이고 다른 것은 거짓이다.'

'고락은 자신이 만든 것도 있고 다른 것이 만든 것도 있다. 이것은 실로 진실이고 다른 것은 거짓이다.'

'고락은 자신이 만든 것도 아니고, 다른 것이 만든 것도 아니며, 우연히 발생한 것이다. 이것은 실로 진실이고 다른 것은 거짓이다.'

35. 쭌다여, 나는 이 문제에 관하여 '자아와 세계는 상주한다. 이것은 실로 진실이고 다른 것은 거짓이다'라고 주장하면서 이렇게 주장하는 사문과 바라문들에게 가서 이렇게 말한다. '존자여, 그대는 '자아와 세계는 상주한다'라고 주장했는가?'

그들이 '이것은 실로 진실이고 다른 것은 거짓이다'라고 주장한 것을 나는 허용하지 않는다. 그 까닭은 무엇인가? 그 문제에 대하여 어떤 중생은 다른 생각을 가지고 있기 때문이다.[225]

쭌다여, 나는 이 언명(言明, paññatti)에 대하여 나와 동등하다고 여기지 않는다. 그런데 어떻게 더 뛰어나다고 하겠는가? 거기에서 이 언명을 벗어난[adhipaññatti] 내가 실로 더 훌륭하다.

36. 쭌다여, 나는 이 문제에 관하여 '자아와

---

225 자아와 세계에 대하여 중생은 각기 다른 생각을 가지고 있다는 의미이다.

세계는 상주하지 않는다. … 고락은 자신이 만든 것도 아니고, 다른 것이 만든 것도 아니며, 우연히 발생한 것이다. 이것은 실로 진실이고 다른 것은 거짓이다'라고 주장하면서 이렇게 주장하는 사문과 바라문들에게 가서 이렇게 말한다. '존자여, 그대는 '고락은 자신이 만든 것도 아니고, 다른 것이 만든 것도 아니며, 우연히 발생한 것이다'라고 주장했는가?'

그들이 '이것은 실로 진실이고 다른 것은 거짓이다'라고 주장한 것을 나는 허용하지 않는다. 그 까닭은 무엇인가? 그 문제에 대하여 어떤 중생은 다른 생각을 가지고 있기 때문이다.

쭌다여, 나는 이 언명에 대하여 나와 동등하다고 여기지 않는다. 그런데 어떻게 더 뛰어나다고 하겠는가? 거기에서 이 언명을 벗어난 내가 실로 더 훌륭하다.

쭌다여, 이 과거와 관련된 견해에 대하여 나는 그대들에게 판단해야 할 것은 판단했다. 그러나 판단해서는 안 될 것을 내가 어떻게 그대들에게 판단하겠는가?

37. 쭌다여, 미래와 관련된 견해에 대하여 내가 그대들에게 판단해야 할 것은 어떤 것이고, 판단해서는 안 될 것은 어떤 것인가?

쭌다여, 어떤 사문과 바라문들은 이와 같은 견해를 가지고 이와 같이 주장한다.

'자아는 사후(死後)에 병이 없는 형색[色]을 지닌다[rūpin]. 이것은 실로 진실이고 다른 것은 거짓이다.'

쭌다여, 또 어떤 사문과 바라문들은 이와 같은 견해를 가지고 이와 같이 주장한다.

'자아는 사후에 형색이 없다[arūpin]. 이것은 실로 진실이고 다른 것은 거짓이다.'

'자아는 사후에 형색이 있기도 하고 없기도 하다. 이것은 실로 진실이고 다른 것은 거짓이다.'

'자아는 사후에 형색이 있는 것도 아니고 없는 것도 아니다. 이것은 실로 진실이고 다른 것은 거짓이다.'

'자아는 사후에 생각[想]이 있다[saññin]. 이것은 실로 진실이고 다른 것은 거짓이다.'

'자아는 사후에 생각이 없다[asaññin]. 이것은 실로 진실이고 다른 것은 거짓이다.'

'자아는 사후에 생각이 있는 것도 아니고 없는 것도 아니다. 이것은 실로 진실이고 다른 것은 거짓이다.'

'자아는 단멸(斷滅)하여 사라지고 사후에는 존재하지 않는다. 이것은 실로 진실이고 다른 것은 거짓이다.'

38. 쭌다여, 나는 이 문제에 관하여 '자아는 사후에 병이 없는 몸을 지닌다. 이것은 실로 진실이고 다른 것은 거짓이다'라고 주장하면서 이렇게 주장하는 사문과 바라문들에게 가서 이렇게 말한다. '존자여, 그대는 '자아는 사후에 병이 없는 몸을 지닌다'라고 주장했는가?'

그들이 '이것은 실로 진실이고 다른 것은 거짓이다'라고 주장한 것을 나는 허용하지 않는다. 그 까닭은 무엇인가? 그 문제에 대하여 어떤 중생은 다른 생각을 가지고 있기 때문이다.

쭌다여, 나는 이 언명에 대하여 나와 동등하다고 여기지 않는다. 그런데 어떻게 더 뛰어나다고 하겠는가? 거기에서 이 언명을 벗어난 내가 실로 더 훌륭하다.

39. 쭌다여, 나는 이 문제에 관하여 '자아는

사후에 몸이 없다. … 자아는 단멸하여 사라지고 사후에는 존재하지 않는다. 이것은 실로 진실이고 다른 것은 거짓이다'라고 주장하면서 이렇게 주장하는 사문과 바라문들에게 가서 이렇게 말한다. '존자여, 그대는 '자아는 단멸하여 사라지고 사후에는 존재하지 않는다'라고 주장했는가?'

그들이 '이것은 실로 진실이고 다른 것은 거짓이다'라고 주장한 것을 나는 허용하지 않는다. 그 까닭은 무엇인가? 그 문제에 대하여 어떤 중생은 다른 생각을 가지고 있기 때문이다.

쭌다여, 나는 이 언명에 대하여 나와 동등하다고 여기지 않는다. 그런데 어떻게 더 뛰어나다고 하겠는가? 거기에서 이 언명을 벗어난 내가 실로 더 훌륭하다.

쭌다여, 이 미래와 관련된 견해에 대하여 나는 그대들에게 판단해야 할 것은 판단했다. 그러나 판단해서는 안 될 것을 내가 어떻게 그대들에게 판단하겠는가?

40. 쭌다여, 나는 이들 과거와 관련된 견해들을, 그리고 미래와 관련된 견해들을 끊어 버리고 초월하도록 4념처를 시설하여 가르쳤다.

4념처란 어떤 것인가? 쭌다여, 비구는 몸[身]을 관찰하며 몸에 머물면서, 열심히 주의집중하고 알아차려 세간에 대한 탐욕과 불만을 제거해야 한다. 느낌[受]을 관찰하며 느낌에 머물면서, 열심히 주의집중하고 알아차려 세간에 대한 탐욕과 불만을 제거해야 한다. 마음[心]을 관찰하며 마음에 머물면서, 열심히 주의집중하고 알아차려 세간에 대한 탐욕과 불만을 제거해야 한다. 법(法)을 관찰하며 법에 머물면서, 열심히 주의집중하고 알아차려 세간에 대한 탐욕과 불만을 제거해야 한다.

쭌다여, 나는 이들 과거와 관련된 견해들을, 그리고 미래와 관련된 견해들을 끊어 버리고 초월하도록 4념처를 시설하여 가르쳤다."

41. 그때 우빠와나(Upavāna) 존자는 세존 뒤에 서서 세존께 부채질을 해 드리고 있었습니다. 우빠와나 존자가 세존께 말씀드렸습니다.

"경이롭습니다, 세존이시여! 희유합니다, 세존이시여! 세존이시여, 참으로 이 법문(法門)은 상쾌합니다. 세존이시여, 참으로 이 법문은 더없이 상쾌합니다. 세존이시여, 이 법문의 이름은 무엇입니까?"

"우빠와나여, 그대는 이 법문을 '빠사디까(Pāsādika)'[226]라고 기억하여라!"

이것이 세존께서 하신 말씀입니다.

우빠와나 존자는 세존의 말씀에 만족하고 기뻐했습니다.

---

226 '상쾌한, 유쾌한, 평안한'의 의미이다

13. 싱갈라를 가르치신 경[227]
〈D.N. 31. Siṅgālovāda Sutta〉

1. 이와 같이 나는 들었습니다.

한때 세존께서 라자가하에 있는 웰루와나 깔란다까니와빠에 머무셨습니다. 그때 거사(居士)의 아들 싱갈라까(Siṅgālaka)[228]는 아침 일찍 일어나 라자가하성에서 나와, 젖은 옷과 젖은 머리 차림으로 동방·남방·서방·북방·하방·상방에 각각 합장 예배했습니다.

2. 세존께서는 오전에 옷을 입고, 발우와 법의를 들고 탁발하러 라자가하성에 들어가셨습니다. 세존께서는 거사의 아들 싱갈라까가 아침 일찍 일어나 라자가하성에서 나와, 젖은 옷과 젖은 머리 차림으로 동방·남방·서방·북방·하방·상방에 각각 합장 예배하는 것을 보셨습니다. 이를 보시고 거사의 아들 싱갈라까에게 말씀하셨습니다.

"거사의 아들이여, 그대는 어찌하여 아침 일찍 일어나 라자가하성에서 나와, 젖은 옷과 젖은 머리 차림으로 동방·남방·서방·북방·하방·상방에 각각 합장 예배하는가?"

"세존이시여, 돌아가신 아버지께서 저에게 '아들아, 여러 방향에 예배하여라!'라고 말씀하셨습니다. 세존이시여, 저는 아버지의 말씀을 존경하고 존중하고 받들어, 아침 일찍 일어나 라자가하성에서 나와 젖은 옷과 젖은 머리 차림으로 동방·남방·서방·북방·하방·상방에 각각 합장 예배합니다."

"거사의 아들이여, 성자의 율(律)에서는 이와 같이 6방에 합장 예배하지 않는다."

"세존이시여, 그렇다면 성자의 율에서는 어떻게 6방에 합장 예배합니까? 세존이시여, 세존께서는 부디 저에게 성자의 율에서 6방에 합장 예배하는 법을 가르쳐 주십시오!"

"거사의 아들이여, 잘 듣고 깊이 생각해 보아라! 내가 이야기하겠다."

"그렇게 하겠습니다, 세존이시여!"

세존께서 말씀하셨습니다.

3. "거사의 아들이여, 성자의 제자는 네 가지 더럽히는 업(業)을 버린다. 그리고 네 가지 이유로 인해 악업을 짓지 않으며, 여섯 가지 재산을 탕진하는 파멸의 문에 들어가지 않는다. 그는 이와 같은 열네 가지 사악함을 제거하고, 6방을 보호하여 이 세상과 저세상에서 승리를 얻는다. 그는 몸이 무너져 죽은 후에 행복한 천상세계에 태어난다.

어떤 것이 그가 버린 더럽히는 네 가지 업인가? 거사의 아들이여, 살생(殺生)이 더럽히는 업이다. 도둑질이 더럽히는 업이다. 삿된 음행[邪淫]이 더럽히는 업이다. 거짓말이 더럽히는 업이다. 이것이 그가 버린 더럽히는 네 가지 업이다."

---

227 『장아함경(長阿含經)』의 16번째 경인 「선생경(善生經)」에 상응하는 경.

228 경의 제목에는 싱갈라(Siṅgāla)로 되어 있는데, 본문에서는 어미에 'ka'가 첨가되어 싱갈라까(Siṅgālaka)로 부르고 있다.

4. 선서(善逝)께서는 이렇게 말씀하셨습니다. 스승님께서는 다시 이렇게 말씀하셨습니다.

살생하고, 도둑질하고, 거짓말하고,
남의 아내를 범하는 일을
현자들은 칭찬하지 않는다.

5. "성자의 제자는 어떤 네 가지 이유로 인해 악업(惡業)을 짓지 않는가?

성자의 제자는 욕망에 빠져서 악업을 짓지 않는다.

성자의 제자는 분노에 빠져서 악업을 짓지 않는다.

성자의 제자는 어리석음에 빠져서 악업을 짓지 않는다.

성자의 제자는 두려움에 빠져서 악업을 짓지 않는다.

거사의 아들이여, 성자의 제자는 결코 욕망에 빠지지 않고, 분노에 빠지지 않고, 어리석음에 빠지지 않고, 두려움에 빠지지 않기 때문에, 이들 네 가지 이유로 인해 악업을 짓지 않는다."

6. 선서께서는 이렇게 말씀하셨습니다. 스승님께서는 다시 이렇게 말씀하셨습니다.

욕망과 분노와 두려움과 어리석음 때문에
법도(法道, dhamma)를 어기는 사람은
그의 권위가 사라진다.
어둡게 이지러지는 달처럼.

욕망과 분노와 두려움과 어리석음 때문에
법도를 어기지 않는 사람은
그의 권위가 증가한다.
밝게 차오르는 달처럼.

7. "어떤 것이 성자의 제자가 들어가지 않는 여섯 가지 재산을 탕진하는 파멸의 문인가?

거사의 아들이여, 곡주나 과주를 마시며 방일에 전념하는 것이 재산을 탕진하는 파멸의 문이다. 밤길을 배회하는 일에 전념하는 것이 재산을 탕진하는 파멸의 문이다. 구경거리에 빠지는 것이 재산을 탕진하는 파멸의 문이다. 도박에 빠지는 것이 재산을 탕진하는 파멸의 문이다. 못된 친구에 빠지는 것이 재산을 탕진하는 파멸의 문이다. 게으름에 빠지는 것이 재산을 탕진하는 파멸의 문이다.

8. 거사의 아들이여, 곡주나 과주를 마시고 방일에 전념하면 여섯 가지 재난이 있다. 바로 그 자리에서 재산의 손실이 있고, 싸움이 잦아지고, 병의 근원이 되고, 악명(惡名)을 얻게 되고, 치부를 드러내게 되고, 지혜가 없어지나니, 이러한 여섯 가지 재난이 있다. 거사의 아들이여, 곡주나 과주를 마시고 방일에 전념하면 이와 같은 여섯 가지 재난이 있다.

9. 거사의 아들이여, 밤길을 배회하는 일에 전념하면 여섯 가지 재난이 있다. 자기 자신을 지키고 보호할 수 없으며, 자녀와 아내를 지키고 보호할 수 없으며, 재산을 지키고 보호할 수 없으며, 범죄의 혐의를 받기 쉬우며, 그에게 헛소문이 퍼지며, 많은 괴로운 일이 따르나니, 이러한 여섯 가지 재난이 있다. 거사의 아들이여, 밤길을 배회하는 일에 전념하면 이와 같은 여섯 가지 재난이 있다.

10. 거사의 아들이여, 구경거리에 빠지면 여섯 가지 재난이 있다. '놀이판은 어디에서 벌어지나, 노래판은 어디에서 벌어지나, 연주는 어디에서 하나, 만담은 어디에서 하나, 자

바라(啫哮囉)는 어디에서 치나, 북은 어디에서 치나?' 하며 찾아다닌다. 거사의 아들이여, 구경거리에 빠지면 이와 같은 여섯 가지 재난이 있다.

11. 거사의 아들이여, 도박에 빠지면 여섯 가지 재난이 있다. 승자는 원한을 낳고, 패자는 잃은 재물을 한탄하며, 바로 그 자리에서 재산의 손실이 있고, 법정에서 한 진술이 효력을 미치지 못하며, 동료와 친구들이 경멸하고, 노름꾼은 여자를 부양하지 못한다고 하여 청혼하지 않는다. 거사의 아들이여, 도박에 빠지면 이와 같은 여섯 가지 재난이 있다.

12. 거사의 아들이여, 못된 친구에 빠지면 여섯 가지 재난이 있다. 노름꾼, 난봉꾼, 술꾼, 사기꾼, 협잡꾼, 폭력배들이 그의 친구가 된다. 거사의 아들이여, 못된 친구에 빠지면 이와 같은 여섯 가지 재난이 있다.

13. 거사의 아들이여, 게으름에 빠지면 여섯 가지 재난이 있다. 그는 춥다고 일하지 않고, 덥다고 일하지 않고, 너무 늦었다고 일하지 않고, 너무 빠르다고 일하지 않고, 배고프다고 일하지 않고, 배부르다고 일하지 않는다. 이와 같이 해야 할 일에 여러 가지 핑계를 대면서 지내면, 새로운 재산은 생기지 않고 얻은 재산은 줄어든다. 거사의 아들이여, 게으름에 빠지면 이와 같은 여섯 가지 재난이 있다."

14. 스승님께서는 다시 이렇게 말씀하셨습니다.

술친구가 있어
'벗이여, 벗이여!'라고 하지만
필요할 때 함께하는 사람
그가 진정한 친구다.

해가 중천에 뜨도록 자고 남의 아내를 범하고
원한을 품고 무익한 일을 하고
못된 친구를 사귀고 인색하면
이 여섯 가지가 인간을 파멸로 이끈다.

못된 동료 못된 친구와 어울려
못된 곳을 다니며 못된 짓을 하면
이 세상과 저세상
두 세상에서 인간은 파멸한다.

도박과 여자에 빠지고 술과 춤과 노래에 빠지고
낮에는 자고 밤에 돌아다니고
못된 친구를 사귀고 인색하면
이 여섯 가지가 인간을 파멸로 이끈다.

도박에 빠지고 술에 빠지고
타인의 목숨 같은 여인을 넘보고
천박한 사람을 따르고 덕 있는 사람을 따르지 않으면
이지러지는 달처럼 파멸한다.

가진 것 없는 가난한 자가
갈증에 물 마시듯 술을 마시면
물속에 빠지듯이 빚에 빠지고
자신의 가문은 순식간에 몰락한다.

낮에 자는 습관을 가진 사람
밤에 일어나 활동하는 사람
항상 술에 취해 있는 사람
그는 가정생활을 할 수 없다.

'춥다, 덥다, 늦었다' 핑계 대면서
할 일을 팽개치고 내버려두면
젊은이에게 좋은 기회는 흘러간다.

추위와 더위를 검불만도 못하게 여기고
사람으로서 해야 할 일을 하는 사람은
행복을 잃지 않는다.

15. "거사의 아들이여, 다음의 네 부류는 친구처럼 보이는 적이라는 것을 알아야 한다.

언제나 가져가기만 하는 사람은 친구처럼 보이는 적이라는 것을 알아야 한다.

말만 번지르르한 사람은 친구처럼 보이는 적이라는 것을 알아야 한다.

듣기 좋은 말만 하는 사람은 친구처럼 보이는 적이라는 것을 알아야 한다.

방탕한 동료는 친구처럼 보이는 적이라는 것을 알아야 한다.

16. 거사의 아들이여, 언제나 가져가기만 하는 사람은 친구처럼 보이는 적이라는 것을 다음의 네 가지를 근거로 알아야 한다.

언제나 가져가기만 한다.
적은 것으로 많은 것을 요구한다.
두려움 때문에 할 일을 한다.
이익을 위해서 교제한다.

거사의 아들이여, 이러한 네 가지를 근거로 언제나 가져가기만 하는 사람은 친구처럼 보이는 적이라는 것을 알아야 한다.

17. 거사의 아들이여, 말만 번지르르한 사람은 친구처럼 보이는 적이라는 것을 다음의 네 가지를 근거로 알아야 한다.

과거의 일로 공치사한다.
미래의 일로 공치사한다.
빈말로 환심을 산다.
해야 할 일을 당해서는 난색을 보인다.

거사의 아들이여, 이러한 네 가지를 근거로 말만 번지르르한 사람은 친구처럼 보이는 적이라는 것을 알아야 한다.

18. 거사의 아들이여, 듣기 좋은 말만 하는 사람은 친구처럼 보이는 적이라는 것을 다음의 네 가지를 근거로 알아야 한다.

못된 일을 하는 데 동조한다.
좋은 일을 하는 데 동조하지 않는다.
면전에서는 칭찬한다.
돌아서서는 비난한다.

거사의 아들이여, 이러한 네 가지를 근거로 듣기 좋은 말만 하는 사람은 친구처럼 보이는 적이라는 것을 알아야 한다.

19. 거사의 아들이여, 방탕한 동료는 친구처럼 보이는 적이라는 것을 다음의 네 가지를 근거로 알아야 한다.

술에 빠져 있을 때 함께 어울린다.
밤길을 배회할 때 함께 어울린다.
구경거리를 찾아다닐 때 함께 어울린다.
도박에 빠져 있을 때 함께 어울린다.

거사의 아들이여, 이러한 네 가지를 근거로 방탕한 동료는 친구처럼 보이는 적이라는 것을 알아야 한다."

20. 선서께서는 이렇게 말씀하셨습니다. 스승님께서는 다시 이렇게 말씀하셨습니다.

언제나 가져가기만 하는 친구
말만 번지르르한 친구
듣기 좋은 말만 하는 친구
못된 일에 함께 어울리는 친구
이들 네 부류는 적이라는 것을
현명한 사람은 알아차리고
무서운 길을 피해 가듯이

멀리 피해야 한다.

21. "거사의 아들이여, 다음의 네 부류는 좋은 친구라는 것을 알아야 한다.

도움을 주는 친구는 좋은 친구라는 것을 알아야 한다.

고락을 함께하는 친구는 좋은 친구라는 것을 알아야 한다.

유익한 충고를 하는 친구는 좋은 친구라는 것을 알아야 한다.

동정심이 있는 친구는 좋은 친구라는 것을 알아야 한다.

22. 거사의 아들이여, 도움을 주는 친구는 좋은 친구라는 것을 다음의 네 가지를 근거로 알아야 한다.

방일할 때 그대를 지켜 준다.

방일할 때 재산을 지켜 준다.

두려울 때 의지처가 되어 준다.

일이 생겼을 때 필요한 비용의 갑절로 도와준다.

거사의 아들이여, 이러한 네 가지를 근거로 도움을 주는 친구는 좋은 친구라는 것을 알아야 한다.

23. 거사의 아들이여, 고락을 함께하는 친구는 좋은 친구라는 것을 다음의 네 가지를 근거로 알아야 한다.

자신의 비밀을 이야기한다.

그대의 비밀을 지켜 준다.

어려움에 처했을 때 떠나지 않는다.

그대를 위하여 신명(身命)을 아끼지 않는다.

거사의 아들이여, 이러한 네 가지를 근거로 고락을 함께하는 친구는 좋은 친구라는 것을 알아야 한다.

24. 거사의 아들이여, 유익한 충고를 하는 친구는 좋은 친구라는 것을 다음의 네 가지를 근거로 알아야 한다.

못된 짓을 하지 못하게 충고한다.

좋은 일을 하도록 간청한다.

들어보지 못한 것을 듣게 한다.[229]

천상(天上)으로 가는 길을 알려 준다.

거사의 아들이여, 이러한 네 가지를 근거로 유익한 조언을 하는 친구는 좋은 친구라는 것을 알아야 한다.

25. 거사의 아들이여, 동정심이 있는 친구는 좋은 친구라는 것을 다음의 네 가지를 근거로 알아야 한다.

그대의 불운을 기꺼워하지 않는다.

그대의 성공을 기뻐한다.

그대를 비난할 때 보호해 준다.

그대를 찬탄할 때 동조한다.

거사의 아들이여, 이러한 네 가지를 근거로 동정심이 있는 친구는 좋은 친구라는 것을 알아야 한다."

26. 선서께서는 이렇게 말씀하셨습니다. 스승님께서는 다시 이렇게 말씀하셨습니다.

도움을 주는 친구
고락을 함께하는 친구
유익한 충고를 하는 친구
동정심이 있는 친구
이들 네 부류는 참된 친구라는 것을
현명한 사람은 알아차리고
어머니가 자식이나 적자(嫡子)를 대하듯이

229 지금까지 들어보지 못한 부처님의 가르침을 듣게 한다는 의미.

공손하게 모셔야 한다.
계행을 갖춘 현명한 사람은
타오르는 불처럼 빛난다.

벌이 꿀을 모으듯이
재산을 모으면
개미탑이 쌓이듯이
재산은 계속해서 모인다.
이와 같이 재산을 모은 후에
가장은 가족을 부양할 수 있다.
재산은 네 부분으로 나누고
친구들은 결속해야 한다.
재산의 한 부분은 생계에 쓰고
두 부분은 사업하는 데 쓰고
네 번째 부분은 저축을 해야
어려움을 당했을 때 쓸 수가 있다.

27. "거사의 아들이여, 성자의 제자는 어떻게 6방을 수호하는가? 거사의 아들이여, 6방을 다음과 같이 알아야 한다. 동방은 부모로 알아야 한다. 남방은 스승으로 알아야 한다. 서방은 아내로 알아야 한다. 북방은 친구와 동료로 알아야 한다. 하방은 하인이나 고용인으로 알아야 한다. 상방은 사문이나 바라문으로 알아야 한다.

28. 거사의 아들이여, 자식은 다음과 같이 다섯 가지 도리를 실천하여 동방인 부모를 수호해야 한다.

나는 양육을 받았으니 부모를 봉양하겠다.

나는 부모에 대한 책무를 다하겠다.

나는 가문의 혈통과 전통을 잇겠다.

나는 유산을 지키겠다.

나는 부모의 사후에 혼령에게 공양을 베풀겠다.

거사의 아들이여, 자식은 이와 같이 다섯 가지 도리를 실천하여 동방인 부모를 수호해야 하고, 부모는 다음과 같이 다섯 가지 도리를 실천하여 자식을 사랑해야 한다.

못된 짓을 하지 못하게 막는다.

좋은 일을 하도록 장려한다.

기술을 가르친다.

어울리는 배우자와 맺어 준다.

적당한 때에 유산을 물려준다.

거사의 아들이여, 자식은 이와 같이 다섯 가지 도리를 실천하여 동방인 부모를 수호해야 하고, 부모는 이와 같이 다섯 가지 도리를 실천하여 자식을 사랑해야 한다.

이와 같이 동방을 수호하면 두려움 없이 평온할 것이다.

29. 거사의 아들이여, 제자는 다음과 같이 다섯 가지 도리를 실천하여 남방인 스승을 수호해야 한다.

일어나서 맞이한다.

공경하여 받든다.

가르침을 따른다.

시중을 든다.

공손하게 가르침을 받는다.

거사의 아들이여, 제자는 이와 같이 다섯 가지 도리를 실천하여 남방인 스승을 수호해야 하고, 스승은 다음과 같이 다섯 가지 도리를 실천하여 제자를 사랑해야 한다.

잘 배우도록 가르친다.

잘 이해하도록 이해시킨다.

자신의 모든 기술과 학문을 남김없이 가르친다.

좋은 친구와 동료를 맺어 준다.

세간에서 보호막이 되어 준다.

거사의 아들이여, 제자는 이와 같이 다섯 가지 도리를 실천하여 남방인 스승을 수호해야 하고, 스승은 이와 같이 다섯 가지 도리를 실천하여 제자를 사랑해야 한다.

이와 같이 남방을 수호하면 두려움 없이 평온할 것이다.

30. 거사의 아들이여, 남편은 다음과 같이 다섯 가지 도리를 실천하여 서방인 아내를 수호해야 한다.

아내를 존중하고
예를 갖추어 대하고
신의를 지키고
집안 살림을 맡기고
장신구(裝身具)를 마련해 준다.

거사의 아들이여, 남편은 이와 같이 다섯 가지 도리를 실천하여 서방인 아내를 수호해야 하고, 아내는 다음과 같이 다섯 가지 도리를 실천하여 남편을 사랑해야 한다.

집안일을 잘 다스린다.
양가의 친족을 잘 보살핀다.
신의를 지킨다.
남편이 모은 재산을 지킨다.
해야 할 모든 일을 능숙하게 한다.
게으름 피지 않는다.

거사의 아들이여, 남편은 이와 같이 다섯 가지 도리를 실천하여 서방인 아내를 수호해야 하고, 아내는 이와 같이 다섯 가지 도리를 실천하여 남편을 사랑해야 한다.

이와 같이 서방을 수호하면 두려움 없이 평온할 것이다.

31. 거사의 아들이여, 선남자는 다음과 같이 다섯 가지 도리를 실천하여 북방인 친구와 동료를 수호해야 한다.

친구에게 베풀고[布施]
곱게 말하고[愛語]
이로운 일을 하고[利行]
자신처럼 대하고
정직하고 성실하게 대한다.

거사의 아들이여, 선남자는 이와 같이 다섯 가지 도리를 실천하여 북방인 친구와 동료를 수호해야 하고, 친구와 동료는 다음과 같이 다섯 가지 도리를 실천하여 그 선남자를 사랑해야 한다.

방일할 때 지켜 준다.
방일할 때 재산을 지켜 준다.
두려울 때 의지처가 되어 준다.
어려울 때 떠나지 않는다.
자손을 존중한다.

거사의 아들이여, 선남자는 이와 같이 다섯 가지 도리를 실천하여 북방인 친구와 동료를 수호해야 하고, 친구와 동료는 이와 같이 다섯 가지 도리를 실천하여 그 선남자를 사랑해야 한다.

이와 같이 서방을 수호하면 두려움 없이 평온할 것이다.

32. 거사의 아들이여, 주인은 다음과 같이 다섯 가지 도리를 실천하여 하방인 하인이나 고용인을 수호해야 한다.

능력만큼 일을 준다.
음식과 노임을 제공한다.
병자는 치료해 준다.
좋은 음식은 함께 나눈다.
적당한 때에 쉬게 한다.

거사의 아들이여, 주인은 이와 같이 다섯 가지 도리를 실천하여 하방인 하인이나 고용인을 수호해야 하고, 하인이나 고용인은 다음과 같이 다섯 가지 도리를 실천하여 그 주인을 사랑해야 한다.

주인보다 먼저 잠자리에서 일어난다.

뒤에 잠자리에 든다.

준 것에 만족한다.

주어진 일을 성실하게 한다.

주인을 칭찬한다.

거사의 아들이여, 선남자는 이와 같이 다섯 가지 도리를 실천하여 하방인 하인이나 고용인을 수호해야 하고, 하인이나 고용인은 이와 같이 다섯 가지 도리를 실천하여 그 주인을 사랑해야 한다.

이와 같이 하방을 수호하면 두려움 없이 평온할 것이다.

33. 거사의 아들이여, 선남자는 다음과 같이 다섯 가지 도리를 실천하여 상방인 사문이나 바라문을 수호해야 한다.

자애로운 태도로 대한다.

자애로운 말로 대한다.

자애로운 마음으로 대한다.

문을 열어 맞이한다.

음식을 대접한다.

거사의 아들이여, 선남자는 이와 같이 다섯 가지 도리를 실천하여 상방인 사문이나 바라문을 수호해야 하고, 사문이나 바라문은 다음과 같이 여섯 가지 도리를 실천하여 그 선남자를 사랑해야 한다.

못된 짓을 하지 못하게 막는다.

좋은 일을 하도록 장려한다.

좋은 마음으로 자애롭게 보살핀다.

배우지 못한 것을 가르친다.

배운 것을 잘 이해시킨다.

천상으로 가는 길을 알려 준다.

거사의 아들이여, 선남자는 이와 같이 다섯 가지 도리를 실천하여 상방인 사문이나 바라문을 수호해야 하고, 사문이나 바라문은 이와 같이 여섯 가지 도리를 실천하여 그 선남자를 사랑해야 한다.

이와 같이 상방을 수호하면 두려움 없이 평온할 것이다."

34. 선서께서는 이렇게 말씀하셨습니다. 스승님께서는 다시 이렇게 말씀하셨습니다.

부모는 동방
스승은 남방
처자(妻子)는 서방
친구와 동료는 북방
하인과 고용인은 하방
사문과 바라문은 상방
선남자는 이들 6방을
공경해야 한다.

계행(戒行)을 갖추고
온화하고 재치 있고
겸손하고 유연한 현자
이러한 사람은 명예를 얻는다.

근면하고 부지런하고
재난에 처해서 흔들리지 않고
청렴하게 살아가는 총명한 사람
이러한 사람은 명예를 얻는다.

친절하고 친구가 되어 주고
관대하고 인색하지 않고
[바른길로] 안내하고 화해시키는 지도자
이러한 사람은 명예를 얻는다.

보시(布施)와 애어(愛語), 이행(利行)을
이 세상에서 실천하고
모든 일을 공평하게

언제 어디서나 적절하게 행하는
이런 일들이 수레의 바퀴를 고정하는 쐐기
처럼 모여서
세상을 돌아가게 한다.

이런 일들이 없으면
아들이 공경하여 올리는 공양을
어머니가 받을 일도 없고
아버지 또한 그러하리라.

그러므로 이런 일들을
현자는 주의 깊게 살핀다.
그리하여 위대한 인물이 되어
찬탄을 받게 된다.

35. 이 말씀을 듣고, 거사의 아들 싱갈라까가 세존께 말씀드렸습니다.

"훌륭하십니다, 세존이시여! 훌륭하십니다, 세존이시여! 세존이시여, 마치 뒤집힌 것을 바로 세우는 것 같고, 감추어진 것을 드러내는 것 같고, 길 잃은 자에게 길을 알려 주는 것 같고, '눈 있는 자들은 보라'라고 어둠 속에 등불을 비춰 주는 것 같습니다. 이와 같이 세존께서는 여러 가지 방법으로 진리를 알려 주셨습니다. 세존이시여, 저는 세존께 귀의합니다. 가르침과 비구상가에 귀의합니다. 세존께서는 저를 청신사로 받아 주십시오! 지금부터 살아 있는 날까지 귀의하겠습니다."

맛지마 니까야

Majjhima-Nikāya

1. 근본법문경[230]

〈M.N. 1. Mūlapariyāya-sutta〉

이와 같이 나는 들었습니다.

한때 세존께서는 욱깟타(Ukkaṭṭha)의 수바가(Subhaga) 숲속에서 가장 큰 살라나무 아래에 머무셨습니다.

그때 세존께서 "비구들이여!"라고 비구들을 부르셨습니다.

비구들은 "존경하는 스승님!" 하고 대답했습니다.

세존께서 말씀하셨습니다.

"비구들이여, 그대들에게 모든 가르침의 근본이 되는 법문을 설하겠소. 잘 듣고 깊이 생각하도록 하시오! 내가 이야기하겠소."

"그렇게 하겠습니다, 세존이시여!"

세존께서 비구들에게 말씀하셨습니다.

"비구들이여, 성인을 무시하고, 성인의 가르침을 이해하지 못하고, 성인의 가르침에서 배우지 못하고, 참사람[正士]을 무시하고, 참사람의 가르침을 이해하지 못하고, 참사람의 가르침에서 배우지 못한 무지한 범부는 흙[地]·물[水]·불[火]·바람[風]을 흙·물·불·바람이라는 개념으로 인식한다[sañjānāti][231]오. 흙·물·불·바람을 흙·물·불·바람이라는 개념으로 인식하고 나서, 흙·물·불·바람을 생각하고, 흙·물·불·바람에 대하여 생각하고, 흙·물·불·바람이라고 생각하고, '흙·물·불·바람은 나의 소유(所有)다'라고 생각하고, 흙·물·불·바람을 좋아한다오. 그 까닭은 무엇인가? '그는 정확하게 알지 못하기 때문이다'라고 나는 말한다오.

비구들이여, 마음의 평온을 성취하지 못한 유학(有學) 비구는 누구나 더할 나위 없이 행복한 열반[anuttara yogakkhema, 無上瑜伽安穩]을 희구하며 살아간다오. 그는 흙·물·불·바람을 흙·물·불·바람으로 체험하여 인지한다[abhijānāti][232]오. 흙·물·불·바람을 흙·물·불·바람으로 체험하여 인지하고 나서, 흙·물·불·바람을 생각하지 않고, 흙·물·불·바람에 대하여 생각하지 않고, 흙·물·불·바람이라고 생각하지 않고, '흙·물·불·바람은 나의 소유다'라고 생각하지 않고, 흙·물·불·바람을 좋아하지 않는다오. 그 까닭은 무엇인가? '그는 정확하게 알려고 하기 때문이다'라고 나는 말한다오.

비구들이여, 비구로서 번뇌[漏]를 소멸하고, 수행을 완성하고, 해야 할 일을 마치고, 짐을 내려놓고, 자신의 목적을 이루어 존재의 결박[bhava-saṃyojana, 有結]을 끊고, 바른 지혜를 갖추어 해탈한 아라한도 누구나 흙·물·불·바람을 흙·물·불·바람으로 체험하여 인지하고 나서, … '흙·물·불·바람은 나의 소유다'라고 생각하지 않고, 흙·물·불

---

230 『중아함경(中阿含經)』의 「106. 상경(想經)」에 상응하는 경.

231 대상을 일반화된 개념을 가지고 인식하는 것을 의미한다.

232 대상을 자신이 직접 체험하여 인지하는 것을 의미한다.

·바람을 좋아하지 않는다오. 그 까닭은 무엇인가? '그는 정확하게 알고 있기 때문이다'라고 나는 말한다오.

비구들이여, 비구로서 번뇌를 소멸하고, 수행을 완성하고, 해야 할 일을 마치고, 짐을 내려놓고, 자신의 목적을 이루어 존재의 결박을 끊고, 바른 지혜를 갖추어 해탈한 아라한은 누구나 흙·물·불·바람을 흙·물·불·바람으로 체험하여 인지하고 나서, … '흙·물·불·바람은 나의 소유다'라고 생각하지 않고, 흙·물·불·바람을 좋아하지 않는다오. 그 까닭은 무엇인가? 그는 탐욕[貪]이 소멸하여 탐욕에서 벗어났고, 분노[瞋]가 소멸하여 분노에서 벗어났고, 어리석음[癡]이 소멸하여 어리석음에서 벗어났기 때문이라오.

비구들이여, 아라한이며, 바르고 평등한 깨달음을 성취한 여래도 흙·물·불·바람을 흙·물·불·바람으로 체험하여 인지하고 나서, … '흙·물·불·바람은 나의 소유다'라고 생각하지 않고, 흙·물·불·바람을 좋아하지 않는다오. 그 까닭은 무엇인가? '여래는 정확하게 알고 있기 때문이다'라고 나는 말한다오.

비구들이여, 아라한이며, 바르고 평등한 깨달음을 성취한 여래도 흙·물·불·바람을 흙·물·불·바람으로 체험하여 인지하고 나서, … '흙·물·불·바람은 나의 소유다'라고 생각하지 않고, 흙·물·불·바람을 좋아하지 않는다오. 그 까닭은 무엇인가? 여래는 기쁨[nandī]이 괴로움의 뿌리라는 것을 알고 있으며, 유(有, bhava)로부터 생(生)이 있고, 유정(有情)의 노사(老死)가 있다는 것을 알기 때문이라오. 비구들이여, 그래서 '여래는 어떤 경우에도 갈애[愛]를 없애고 소멸하고 단념하고 포기하여 위없는 바르고 평등한 깨달음을 성취한 등정각(等正覺)이다'라고 나는 말한다오."

유정(有情, bhūta)들·천신(天神, deva)들·생주신(生主神, pajāpati)·범천(梵天, brahmā: 色界初禪)·광음천(光音天, ābhassara: 色界二禪)·변정천(遍淨天, subhakiṇṇa: 色界三禪)·광과천(廣果天, vehapphala: 色界四禪)·승자천(勝者天, abhibhū: 色界四禪)·공무변처(空無邊處, ākāsañcāyatana)·식무변처(識無邊處, viññānañcāyatana)·무소유처(無所有處, ākiñcaññāyatana)·비유상비무상처(非有想非無想處, nevasaññānāsaññāyatana)·보인 것[diṭṭha]·들린 것[suta]·생각된 것[muta]·인식된 것[viññāta]·단일성(單一性, ekatta)·다양성(多樣性, nānatta)·일체(一切, sabba)·열반(涅槃, nibbāna)에 대해서도 마찬가지로 말씀하셨습니다.[233]

이것이 세존께서 하신 말씀입니다.

그 비구들은 세존의 말씀에 만족하고 기뻐했습니다.

---

233 이들에 대하여 각각 동일한 내용으로 기술하고 있기 때문에 생략함.

2. 일체의 번뇌경[234]

〈M.N. 2. Sabbāsava-sutta〉

이와 같이 나는 들었습니다.

한때 세존께서는 사왓티의 제따와나 아나타삔디까 승원에 머무셨습니다.

그때 세존께서 비구들을 불러 말씀하셨습니다.

"비구들이여, 그대들에게 일체의 번뇌[漏]를 막는 방법을 알려 주겠소. 듣고 깊이 생각하도록 하시오! 내가 이야기하겠소."

"그렇게 하겠습니다, 세존이시여!"

세존께서 비구들에게 말씀하셨습니다.

"비구들이여, 나는 알고 보면 번뇌들이 사라진다고 말한다오. 알지 못하고 보지 못하면 번뇌들은 사라지지 않는다오. 비구들이여, 그러면 무엇을 알고 무엇을 보면 번뇌들이 사라지는가?

이치에 맞는 생각[yoniso manasikāra, 如理作意]과 이치에 맞지 않는 생각이 있다오. 비구들이여, 이치에 맞지 않는 생각을 하면, 생기지 않은 번뇌들이 생기고 생긴 번뇌들이 커진다오. 비구들이여, 이치에 맞는 생각을 하면, 생기지 않은 번뇌들은 생기지 않고 생긴 번뇌들은 사라진다오.

비구들이여, 보면 사라지는 번뇌들이 있고, 지켜보면[守護] 사라지는 번뇌들이 있고, 만족할 줄 알면[知足] 사라지는 번뇌들이 있고, 인내하면 사라지는 번뇌들이 있고, 멀리하면 사라지는 번뇌들이 있고, 몰아내면 사라지는 번뇌들이 있고, 닦아 익히면[修習] 사라지는 번뇌들이 있다오.

비구들이여, 보면 사라지는 번뇌는 어떤 것인가? 비구들이여, 성인(聖人)을 무시하고, 성인의 가르침을 이해하지 못하고, 성인의 가르침에서 배우지 못하고, 참사람[正士]을 무시하고, 참사람의 가르침을 이해하지 못하고, 참사람의 가르침에서 배우지 못한 무지한 범부는 생각해야 할 법(法)을 알지 못하고 생각해서는 안 될 법을 알지 못한다오. 그는 생각해야 할 법을 알지 못하고 생각해서는 안 될 법을 알지 못하기 때문에, 생각해서는 안 될 법을 생각하고 생각해야 할 법을 생각하지 않는다오.

비구들이여, 생각해서는 안 될 법인데 그가 생각하는 법은 어떤 것인가? 비구들이여, 그 법을 생각하면 그에게 아직 생기지 않은 욕루(欲漏)가 생기고 이미 생긴 욕루가 커지거나, 아직 생기지 않은 유루(有漏)가 생기고 이미 생긴 유루가 커지거나, 아직 생기지 않은 무명루(無明漏)가 생기고 이미 생긴 무명루가 커진다면, 이것이 생각해서는 안 될 법인데 그가 생각하는 법이라오.

비구들이여, 생각해야 할 법이지만 그가 생각하지 않는 법은 어떤 것인가? 비구들이여, 그 법을 생각하면 아직 생기지 않은 욕루는 생기지 않고 이미 생긴 욕루는 소멸하거나, 아직 생기지 않은 유루는 생기지 않고 이미 생긴 유루는 소멸하거나, 아직 생기지

234 『중아함경(中阿含經)』의 「10. 누진경(漏盡經)」에 상응하는 경.

않은 무명루는 생기지 않고 이미 생긴 무명루는 소멸한다면, 이것이 생각해야 할 법인데 그가 생각하지 않는 법이라오. 무지한 범부는 생각해서는 안 될 법을 생각하고 생각해야 할 법을 생각하지 않기 때문에, 생기지 않은 번뇌가 생기고 생긴 번뇌가 커진다오.

무지한 범부는 다음과 같이 이치에 맞지 않는 생각을 한다오.

'나는 과거세에 존재했을까, 존재하지 않았을까? 나는 과거세에는 무엇이었을까? 나는 과거세에 어떻게 지냈을까? 나는 과거세에 무엇이 되어 무엇으로 존재했을까? 나는 진실로 미래세에 존재하게 될까, 존재하지 않게 될까? 나는 미래세에 무엇이 될까? 나는 미래세에 어떻게 지내게 될까? 나는 미래세에 무엇이 되어 무엇으로 존재하게 될까?'

현실에서는 현세(現世)의 자신을 의심한다오.

'나는 존재하는가, 존재하지 않는가? 나는 무엇인가? 나는 어떻게 지낼까? 이 중생은 어디에서 와서 어디로 가게 될까?'

이와 같이 이치에 맞지 않는 생각을 하기 때문에, 그에게 여섯 가지 사견(邪見) 가운데 하나의 견해가 생긴다오. '나의 자아가 존재한다는 것은 진실이며 사실이다'라는 견해가 생기거나, '나의 자아는 존재하지 않는다는 것은 진실이며 사실이다'라는 견해가 생기거나, '내가 자아라는 개념으로 자아를 인식하는 것은 진실이며 사실이다'라는 견해가 생기거나, '내가 자아라는 개념으로 자아 아닌 것[非我]을 인식하는 것은[235] 진실이며 사실이다'라는 견해가 생기거나, '내가 자아 아닌 것이라는 개념으로 자아를 인식하는 것은[236] 진실이며 사실이다'라는 견해가 생긴다오. 그뿐만 아니라 '말하고, 느끼고, 여기저기에서 선악업(善惡業)의 과보를 받는 나의 이 자아는 지속적이며, 일정하며, 영속적이며, 불변하는 법(法)이며, 영원히 그대로 머물 것이다'라는 견해가 있게 된다오.

비구들이여, 이것을 이론(理論, diṭṭhi)[237]에 빠짐, 이론을 붙잡음, 이론이라는 마음의 때, 이론의 동요, 이론의 몸부림, 이론의 결박이라고 한다오. 비구들이여, 나는 '이론의 결박에 묶인 무지한 범부는 태어남·늙어 죽음·근심·슬픔·고통·우울·절망이 있는 삶에서 벗어나지 못하며, 괴로움에서 벗어나지 못한다'라고 말한다오.

비구들이여, 성인을 알고, 성인의 가르침을 이해하고, 성인의 가르침에서 배우고,

---

235 'attanā va anattānaṃ sañjānāmîti'의 번역. 앞에서는 '자아'라는 개념으로 '자아'를 인식한 것에 대하여 이야기했는데, 여기에서는 '자아가 아닌 것'을 인식한 것에 대하여 이야기하고 있다. 모든 개념이 모순 관계에 있기 때문에 '자아'라는 개념으로 인식할 때 세계는 '자아(自我)'와 '자아 아닌 것[非我]'으로 인식되는데, 여기에서는 이러한 모순 관계를 통한 인식이 모두 진실이라고 생각하는 견해를 이야기하고 있다.

236 'anattanā va attānaṃ sañjānāmîti'의 번역. 모든 개념은 모순 관계에 있기 때문에 논리적으로 어떤 대상을 판단할 때, 세 가지 방식이 있게 된다. 하나는 A=A, 즉 동일률(同一律)에 의한 것이고, 다른 하나는 A≠-A, 즉 모순율(矛盾律)에 의한 것이며, 마지막으로 'A와 −A 가운데 하나는 반드시 참이어야 한다는 배중률(排中律)에 의한 것이다. 이전의 두 견해는 동일률에 의하여 규정된 '자아'에 대한 견해와 모순율에 의해 규정된 '자아'에 대한 견해를 이야기했고, 여기에서는 배중률에 의해 규정된 '자아'에 대한 견해들을 이야기하고 있다.

237 'diṭṭhi'는 개념으로 사유하여 만든 이론을 의미한다.

참사람을 알고, 참사람의 가르침을 이해하고, 참사람의 가르침에서 배운, 학식 있는 거룩한 제자는 생각해야 할 법을 알고 생각해서는 안 될 법을 안다오. 그는 생각해야 할 법을 알고 생각해서는 안 될 법을 알기 때문에, 생각해서는 안 될 법에 대하여 생각하지 않고 생각해야 할 법에 대하여 생각한다오. … 거룩한 제자는 생각해서는 안 될 법은 생각하지 않고 생각해야 할 법을 생각하기 때문에, 아직 생기지 않은 번뇌들은 생기지 않고 이미 생긴 번뇌들은 소멸한다오.

거룩한 제자는 '이것은 괴로움이다[苦]'라고 이치에 맞는 생각을 하고, '이것은 괴로움의 쌓임이다[苦集]'라고 이치에 맞는 생각을 하고, '이것은 괴로움의 소멸이다[苦滅]'라고 이치에 맞는 생각을 하고, '이것은 괴로움의 소멸에 이르는 길이다[苦滅道]'라고 이치에 맞는 생각을 한다오. 이와 같이 생각하면 그에게 세 가지 결박[三結], 즉 자기 자신이 있다고 보는 견해[sakkāyadiṭṭhi, 有身見]와 의심[vicikicchā, 疑]과 계율이나 의례에 대한 집착[sīlabbataparāmāsa, 戒禁取]이 소멸한다오.

비구들이여, 이것을 '보면 사라지는 번뇌'라고 한다오.

비구들이여, 지켜보면 사라지는 번뇌는 어떤 것인가? 비구들이여, 비구는 이치에 맞게 성찰하여 지켜보아야 할 시각활동[cakkhundriya, 眼根][238]을 지켜보면서 살아야 한다오. 비구들이여, 지켜보아야 할 시각활동을 지켜보지 않고 살아가면 그에게 고뇌가 뜨겁게 타오르는 번뇌들이 생기겠지만, 이와 같이 지켜보아야 할 시각활동을 지켜보면서 살아가면 고뇌가 뜨겁게 타오르는 번뇌들이 존재하지 않을 것이오. 청각활동[耳根], 후각활동[鼻根], 미각활동[舌根], 촉각활동[身根], 마음활동[意根]에 대해서도 마찬가지라오.

비구들이여, 이것을 '지켜보면 사라지는 번뇌'라고 한다오.

비구들이여, 만족할 줄 알면 사라지는 번뇌는 어떤 것인가? 비구들이여, 비구는 이치에 맞게 성찰하여 옷에 만족할 줄 알아야 한다오. 추위와 더위를 막을 정도의 옷, 등에·모기·바람·햇빛·뱀 등의 접촉을 막을 정도의 옷, 치부를 가리는 정도의 옷에 만족할 줄 알아야 한다오.

비구는 이치에 맞게 성찰하여 탁발 음식에 만족할 줄 알아야 한다오. 오락하지 말고, 교만하지 말고, 장식하지 말고, 치장하지 말고, 이 몸을 유지하고 부양하고 피해를 막고, 청정한 수행[梵行]에 도움을 주는 정도로 음식에 만족할 줄 알고, '나는 이전의 느낌은 없애고 새로운 느낌은 생기지 않게 하겠다. 그러면 나에게 허물없는 삶과 평안이 있을 것이다'라고 생각해야 한다오.

비구는 이치에 맞게 성찰하여 처소에 만족할 줄 알아야 한다오. 추위와 더위를 막

---

238 '근(根)'으로 한역되는 'indriya'는 신체의 감각기관을 의미하는 것이 아니라 지각활동을 의미한다. 따라서 'cakkhundriya'는 시각활동을 의미한다. 다른 근도 마찬가지다. 근을 의미하는 'cakkhu[眼], sota[耳], ghāna[鼻]' 등은 신체를 구성하는 눈, 귀, 코가 아니다. 신체를 구성하는 눈, 귀, 코를 의미하는 명사는 'nayana[눈], kaṇṇa[귀], nāsā[코]'이다.

을 정도의 처소, 등에·모기·바람·햇빛·뱀 등의 접촉을 막을 정도의 처소, 계절에 따른 위험을 막아 주고 홀로 좌선을 즐길 수 있을 정도의 처소에 만족할 줄 알아야 한다오.

비구는 이치에 맞게 성찰하여 환자를 치료할 의약자구(醫藥資具)에 만족할 줄 알아야 한다오. 이미 생긴 고통을 없애 주고, 고통 없는 최상의 상태에 이르게 하는 정도의 의약자구에 만족할 줄 알아야 한다오. 비구들이여, 만족할 줄 모르면 그에게 고뇌가 뜨겁게 타오르는 번뇌들이 생기겠지만, 이와 같이 만족할 줄 알면 고뇌가 뜨겁게 타오르는 번뇌들이 존재하지 않을 것이오.

비구들이여, 이것을 '만족할 줄 알면 사라지는 번뇌'라고 한다오.

비구들이여, 인내하면 사라지는 번뇌는 어떤 것인가? 비구들이여, 비구는 이치에 맞게 성찰하여 추위, 더위, 배고픔, 굶주림, 등에, 모기, 바람, 햇빛, 뱀 등의 접촉을 참아야 한다오. 대화하는 가운데 비난받고 비방을 받을 때, 날카롭고 거칠고 가혹하고 불쾌하고 즐겁지 않은 죽을 지경의 고통이 몸에 생길 때, 참을성이 있어야 한다오. 비구들이여, 인내하지 않으면 그에게 고뇌가 뜨겁게 타오르는 번뇌들이 생기겠지만, 이와 같이 인내하면 고뇌가 뜨겁게 타오르는 번뇌들이 존재하지 않을 것이오.

비구들이여, 이것을 '인내하면 사라지는 번뇌'라고 한다오.

비구들이여, 멀리하면 사라지는 번뇌는 어떤 것인가? 비구들이여, 비구는 이치에 맞게 성찰하여 사나운 코끼리, 사나운 말, 사나운 황소, 사나운 개를 멀리해야 한다오.[239] 뱀, 그루터기, 가시덤불, 구덩이, 절벽, 오물 웅덩이, 구정물 웅덩이를 멀리해야 한다오.[240] 이와 같은 앉을 자리가 아닌 곳에 앉거나, 이와 같은 다닐 곳이 아닌 곳을 다니거나, 이와 같은 사악한 친구를 사귀면, 현명한 도반(道伴)은 그를 타락한 상태에 있다고 판단할 것이오. 그러므로 비구는 앉을 자리가 아닌 곳, 다닐 곳이 아닌 곳, 사악한 친구를 이치에 맞게 성찰하여 멀리해야 한다오. 비구들이여, 이들을 멀리하지 않으면 그에게 고뇌가 뜨겁게 타오르는 번뇌들이 생기겠지만, 멀리하면 고뇌가 뜨겁게 타오르는 번뇌들이 존재하지 않을 것이오.

비구들이여, 이것을 '멀리하면 사라지는 번뇌'라고 한다오.

비구들이여, 몰아내면 사라지는 번뇌는 어떤 것인가? 비구들이여, 비구는 이치에 맞게 성찰하여 이미 생긴 감각적 욕망을 추구하려는 생각, 화를 내려는 생각, 남을 해치려는 생각을 용납하지 않고 단념하고 몰아내고 제거하고 비워야 한다오. 이미 생긴 사악하고 좋지 못한 법(法)을 용납하지 않고 단념하고 몰아내고 제거하고 비워야 한다오. 비구들이여, 이들을 몰아내지 않으면 그에게 고뇌가 뜨겁게 타오르는 번뇌들이 생기겠지만, 몰아내면 고뇌가 뜨겁게 타오르는 번뇌들이 존재하지 않을 것이오.

비구들이여,이것을'몰아내면 사라지는 번뇌'라고 한다오.

---

239 이것은 못된 친구를 멀리하라는 비유의 말씀이다.

240 이것은 술집이나 유흥가 같은 수행자가 가서는 안 되는 장소를 멀리하라는 비유의 말씀이다.

비구들이여, 닦아 익히면 사라지는 번뇌는 어떤 것인가? 비구들이여, 비구는 이치에 맞게 성찰하여 쾌락을 멀리하고[遠離], 욕탐을 버리고[離欲], 번뇌를 소멸하고[止滅], 마침내 포기하는[vossaggapariṇāmiṃ, 捨離] 염각지(念覺支)·택법각지(擇法覺支)·정진각지(精進覺支)·희각지(喜覺支)·경안각지(輕安覺支)·정각지(定覺支)·사각지(捨覺支)를 닦아 익혀야 한다오.

비구들이여, 이들을 닦아 익히지 않으면 그에게 고뇌가 뜨겁게 타오르는 번뇌들이 생기겠지만, 닦아 익히면 고뇌가 뜨겁게 타오르는 번뇌들이 존재하지 않을 것이오.

비구들이여, 이것을 '닦아 익히면 사라지는 번뇌'라고 한다오.

비구들이여, 비구가 보면 사라지는 번뇌들을 보아서 끊고, 지켜보면 사라지는 번뇌들을 지켜보아서 끊고, 만족할 줄 알면 사라지는 번뇌들을 만족할 줄 알아서 끊고, 인내하면 사라지는 번뇌들을 인내하여 끊고, 멀리하면 사라지는 번뇌들을 멀리하여 끊고, 몰아내면 사라지는 번뇌들을 몰아내서 끊고, 닦아 익히면 사라지는 번뇌들을 닦아 익혀서 끊으면, '이 비구는 일체의 번뇌를 막고 제어하고 살아가면서, 갈애[愛]를 끊고 결박을 풀고 교만을 없애고 괴로움을 끝냈다'라고 한다오."

이것이 세존께서 하신 말씀입니다.

그 비구들은 세존의 말씀에 만족하고 기뻐했습니다.

3. 소망경[241]

〈M.N. 6. Ākaṅkheyya-sutta〉

이와 같이 나는 들었습니다.

한때 세존께서는 사왓티의 제따와나 아나타삔디까 승원에 머무셨습니다.

그때 세존께서 비구들을 불러 말씀하셨습니다.

"비구들이여, 그대들은 계행(戒行, sīla)을 갖추어 살아가도록 하시오! 별해탈율의(別解脫律儀, pātimakkhasaṃvara)를 지키며 살아가도록 하시오! 행동규범[ācāragocara]을 갖추어 작은 죄도 두렵게 보고 학계(學戒, sikkhāpada)를 익히도록 하시오!

비구들이여, 만약 어떤 비구가 도반(道伴)들의 마음에 들고 사랑을 받고 존중을 받고 존경을 받기를 소망한다면, 그는 계행(戒行)을 완성하고, 안으로 마음을 사마타(samatha, 止)에 전념하여 선정(禪定) 가운데서 방해받지 않고, 위빠싸나(vipassana, 觀)를 구족하여 텅 빈 한가한 마음[suññāgāra, 空閒處][242]을 키워야 한다오.

비구들이여, 만약 어떤 비구가 옷·처소·탁발 음식·환자를 치료할 의약자구(醫藥資具)를 받기를 소망한다면, … 그가 사용하는 옷·처소·탁발 음식·환자를 치료할 의약자구를 보시한 사람들에게 큰 과보와 큰 공덕이 이루어지기를 소망한다면, … 그를 기억하는 맑고 밝은 마음을 간직한 죽은 일가친척들의 영혼들에게 큰 과보와 큰 공덕이 있기를 소망한다면, … 사랑과 미움을 극복하여 미움이 자신을 지배하지 못하고, 이미 생긴 미움을 극복하고 살아가기를 소망한다면, … 불안과 공포를 극복하여 불안과 공포가 자신을 지배하지 못하고, 이미 생긴 불안과 공포를 극복하고 살아가기를 소망한다면, … 지금 여기에서[diṭṭhidhamma] 행복한 삶을 주는 수승(殊勝)한 마음의 4선정(四禪定)을 어렵지 않고 쉽게 만족스럽게 얻기를 소망한다면, … 색계(色界)를 극복하고, 무색계(無色界)의 고요한 해탈을 몸으로 체득하여 살아가기를 소망한다면, … 세 가지 결박[三結]이 감소한 수다원[sotâpanna, 預流]이 되어 물러서지 않고 결국은 정각(正覺)을 성취하도록 결정되기를 소망한다면, … 세 가지 결박이 감소하여 탐냄[貪]과 성냄[瞋]과 어리석음[癡]을 소멸한 사다함[sakadāgāmin, 一來]이 되어 이 세계에 돌아와서 괴로움을 끝내기를 소망한다면, … 다섯 가지 낮은 단계의 결박[五下分結]이 감소하여 화생(化生, opapātika)[243] 한 아나함[anāvatti-dhamma, 不還]이 되어 그 세계에서 바로 반열반(般涅槃)하기를 소망한다면, … 여러 종류의 신통(神通)을 체험하기를 소망한다면, … 인간을 초월한 청정한 천이통(天耳通)으로 멀고 가까

---

241 『중아함경(中阿含經)』의 「105. 원경(願經)」에 상응하는 경.

242 'suññāgāra'는 '빈집'을 의미하는데, 이것은 마음에 잡념이 없는 것에 대한 은유이다.

243 화생(化生)은 남녀의 성별이 없고, 성욕이 없는 세계에 부모 없이 태어나는 것을 의미함.

운 천신과 인간의 두 소리를 듣기를 소망한다면, … 자신의 마음으로 다른 중생이나 다른 사람들의 마음을 통찰하여 체험적으로 알기를 소망한다면, … 여러 가지 전생의 거처(居處)를 기억하기를 소망한다면, … 인간을 초월한 청정한 천안(天眼)으로 중생을 보고, 중생이 업에 따라 죽고 태어나고 못나고 훌륭하고 잘생기고 못생기고 행복하고 불행한 것을 체험적으로 알기를 소망한다면, … 여러 번뇌들이 소멸함으로써 지금 여기에서 무루(無漏)의 심해탈과 혜해탈을 몸소 체험하고 체득하고 성취하여 살아가기를 소망한다면, 계행을 완성하고, 안으로 마음을 사마타에 전념하여 선정 가운데서 방해받지 않고, 위빠싸나를 구족하여 텅 빈 한가한 마음을 키워야 한다오.[244]

비구들이여, 그대들은 계행을 갖추어 살아가도록 하시오! 별해탈율의를 지키며 살아가도록 하시오! 행동규범을 갖추어 작은 죄도 두렵게 보고 학계를 익히도록 하시오!"

이것이 세존께서 하신 말씀입니다.

그 비구들은 세존의 말씀에 만족하고 기뻐했습니다.

244 동일한 내용이 중복되는 부분을 생략하여 번역함.

4. 옷 비유경[245]

〈M.N. 7. Vatthūpama-sutta〉

이와 같이 나는 들었습니다.

한때 세존께서는 사왓티의 제따와나 아나타삔디까 승원에 머무셨습니다.

그때 세존께서는 비구들을 불러 말씀하셨습니다.

"비구들이여, 예를 들어 때가 묻은 더러운 옷을 염색공이 청색·황색·적색·진홍색·분홍색으로 염색하면, 더러운 염색이 될 것이오. 왜냐하면 비구들이여, 옷이 더럽기 때문이오. 비구들이여, 이와 같이 마음이 더러울 때는 불행이 깃든다오.

비구들이여, 예를 들어 청정하고 깨끗한 옷을 염색공이 청색·황색·적색·진홍색·분홍색으로 염색하면 깨끗한 염색이 될 것이오. 왜냐하면 비구들이여, 옷이 깨끗하기 때문이오. 비구들이여, 이와 같이 마음이 청정할 때는 행복이 깃든다오.

비구들이여, 그렇다면 어떤 것이 마음의 때[cittassa upakkilesa]인가?

삿된 탐욕(貪欲, abhijjhā)이 마음의 때라오. 악의(惡意, byāpāda)가 마음의 때라오. 분노, 원한(怨恨), 위선(僞善), 앙심(怏心), 질투(嫉妬), 인색(吝嗇), 거짓, 배신(背信), 고집(固執), 충동(衝動), 교만(驕慢), 자만(自慢), 중독(中毒), 게으름이 마음의 때라오.

비구들이여, 비구는 '삿된 탐욕은 마음의 때다'라고 알고 나서, 삿된 탐욕이라는 마음의 때를 버려야 한다오.

…(악의, 분노, 원한, 위선, 앙심, 질투, 인색, 거짓, 배신, 고집, 충동, 교만, 자만, 중독, 게으름에 대해서도 마찬가지로 말씀하셨습니다)…

비구들이여, 비구가 '삿된 탐욕 내지 게으름은 마음의 때다'라고 알고 나서, 삿된 탐욕 내지 게으름이라는 마음의 때를 버리면, 그로 인해서 그는 붓다(Buddha)에 대하여, '세존은 아라한이시며, 평등하고 바른 깨달음을 이루신 분[正遍智]이시며, 앎과 실천을 구족하신 분[明行足]이시며, 열반에 잘 가신 분[善逝]이시며, 세간을 아시는 분[世間解]이시며, 위없는 분[無上士]이시며, 사람을 길들이는 분[調御丈夫]이시며, 천신과 인간들의 스승[天人師]이시며, 깨달은 분[佛]이시며, 세존(世尊)이시다'라는 확고하고 청정한 믿음을 성취한다오. 그는 가르침[法]에 대하여 '세존께서 잘 가르치신 진리[法]는 지금 여기에서, 즉시, '와서 보라!'라고 할 수 있으며, 현자들이 몸소 체험하는 데 도움이 되는 것이다'라는 확고하고 청정한 믿음을 성취한다오. 그는 상가[僧伽]에 대하여, '세존의 성문상가(聲聞僧伽)는 좋은 수행을 하고, 올바른 수행을 하고, 이치에 맞는 수행을 하고, 화합한다. 사쌍팔배(四雙八輩)는 세존의 성문상가로서 존경받고 환대받고 공양받아 마땅하며, 합장 공경해야 하는 위없는 세간(世間)의 복전(福田)이다'라는 확고하고 청정한 믿음을 성취한다오.

---

245 『중아함경(中阿含經)』의 「93. 수정범지경(水淨梵志經)」에 상응하는 경.

(마음의 때를) 버리고 포기하고 벗어나고 없애고 단념할 때, 비로소 '나는 부처님[佛]과 가르침[法]과 상가[僧]에 대하여 확고하고 청정한 믿음을 성취했다'라는 말의 의미를 알게 되고, 청정한 믿음을 성취했다는 사실을 알게 되고, 청정한 믿음의 성취에 따르는 행복감을 성취한다오.

행복감에서 기쁨이 생기며, 기쁘기 때문에 몸이 편안해지고, 몸이 편안하기 때문에 행복을 느끼며, 행복이 깃든 마음이 삼매에 든다오.[246]

그때 비로소 '나는 버리고 포기하고 벗어나고 없애고 단념했다'라는 말의 의미를 알게 되고, 그 사실을 알게 되고, 그에 따르는 행복감을 성취한다오. 행복감에서 기쁨이 생기며, 기쁘기 때문에 몸이 편안해지고, 몸이 편안하기 때문에 행복을 느끼며, 행복이 깃든 마음이 삼매에 든다오.

비구들이여, 이와 같은 계행(戒行)과 이와 같은 가르침과 이와 같은 통찰지[般若]를 갖춘 비구는 설령 잡곡이 섞이지 않은 쌀밥에 갖가지 반찬과 갖가지 음식을 탁발하여 먹는다고 할지라도 그것이 장애가 되지 않는다오. 비구들이여, 비유하면 더러운 때가 묻은 옷을 맑은 물에 넣으면 깨끗하게 세탁되는 것과 같고, 금을 용광로에 넣으면 순수하게 제련되는 것과 같다오.

비구들이여, 비구는 자애로운 마음[慈]으로 한쪽을 가득 채우고 살아간다오. 그와 같이 두 번째, 세 번째, 네 번째 방향을 가득 채우고 살아간다오. 이와 같이 위로, 아래로, 사방으로, 모든 곳에 빠짐없이 풍부하고 광대하고 무량하게, 원한 없고 폭력 없는 자애로운 마음으로 온 세상을 가득 채우고 살아간다오. 비구는 연민하는 마음[悲]으로…, 함께 기뻐하는 마음[喜]으로…, 평정한 마음[捨]으로 한쪽을 가득 채우고 살아간다오. 그와 같이 두 번째, 세번째, 네 번째 방향을 가득 채우고 살아간다오. 이렇게 위로, 아래로, 사방으로, 모든 곳에 빠짐없이 풍부하고 광대하고 무량하게, 원한 없고 폭력 없는 평정한 마음으로 온 세상을 가득 채우고 살아간다오.

그는 '이것은 있다. 이것은 천박한 것이다. 이것은 훌륭한 것이다. 이것은 개념적 사유를 뛰어넘어 벗어난 것이다'라고 분명하게 안다오. 그가 이렇게 알고 이렇게 보았을 때, 마음이 욕루(欲漏)에서 해탈하고, 유루(有漏)·무명루(無明漏)에서 해탈한다오. 해탈했을 때 '나는 해탈했다'라고 알게 된다오. 그는 '태어남은 끝났고, 청정한 수행[梵行]을 마쳤으며, 해야 할 일을 끝마쳤다. 다시는 이런 상태로 되지 않는다'라고 분명하게 안다오. 비구들이여, 이런 사람을 '안으로 목욕한 비구'라고 한다오."

그런데 그때 순다리까바라드와자(Sundarikabhāradvāja) 바라문이 세존으로부터 멀지 않은 곳에 앉아 있었습니다.그래서 순다리까바라드와자 바라문이 세존께 말씀드렸습니다.

"고따마 존자께서는 목욕을 하기 위해 바후까(Bāhukā)강으로 가십니까?"

"바라문이여, 바후까강에 가면 무엇 하며, 바후까강이 무엇을 할 수 있단 말이오?"

---

246 가르침과 상가에 대하여 동일하게 중복되는 내용을 생략하여 번역함.

"고따마 존자여, 많은 사람들은 바후까강이 해탈을 가져다준다고 생각합니다. 고따마 존자여, 많은 사람들은 바후까강이 공덕을 가져다준다고 생각합니다. 그래서 많은 사람들은 바후까강에서 자신이 지은 악업을 씻어 냅니다."

그러자 세존께서 순다리까바라드와자 바라문에게 게송(偈頌)으로 말씀하셨습니다.

바후까강의 아디깍까(Adhikakka)와
순다리까(Sundarikā)강의 가야(Gayā),
사라싸띠(Sarassatī)강의 빠야가(Payāga),
그리고 바후마띠(Bāhumatī)강에
항상 어리석은 사람이 들어가지만
흑업(黑業)은 깨끗해지지 않는다.
순다리까가 무엇을 할 수 있으며,
빠야가가 무엇을 할 수 있으며,
바후까강이 무엇을 할 수 있을까?
원한을 품고 악행을 행한 사람을,
그가 지은 악업을,
그 강들은 결코 씻어 내지 못할 것이다.
언제나 청정한 단식(斷食) 수행을 하고,
언제나 청정한 포살(布薩)을 행하고,
언제나 청정한 정업(淨業)을 짓는 것이 덕행(德行)이 되나니,
바라문이여, 여기에서 목욕하라!
모든 생명을 안온하게 하라!
만약 그대가 거짓말을 하지 않고, 남을 해치지 않고,
주지 않은 것을 취하지 않고, 신뢰가 있고,
인색하지 않으면,
가야에 가서 그대가 할 일이 무엇이겠는가?
그대에게 가야는 물구덩이일 뿐이다.

이 말씀을 듣고, 순다리까바라드와자 바라문이 세존께 말씀드렸습니다.

"훌륭합니다, 고따마 존자여! 훌륭합니다, 고따마 존자여! 마치 뒤집힌 것을 바로 세우는 것 같고, 감추어진 것을 드러내는 것 같고, 길 잃은 자에게 길을 알려 주는 것 같고, '눈 있는 자들은 보라'라고 어둠 속에 등불을 비춰 주는 것 같습니다. 이와 같이 고따마 존자께서는 여러 가지 방법으로 진리를 알려 주셨습니다. 그래서 저는 고따마 존자께 귀의합니다. 가르침과 비구상가에 귀의합니다. 저는 고따마 존자 앞으로 출가하여 구족계를 받고 싶습니다."

순다리까바라드와자 바라문은 세존 앞으로 출가하여 구족계를 받았습니다. 새로 구족계를 받은 바라드와자 존자는 홀로 외딴곳에서 열심히 노력하고 정진하며 지냈습니다. 그리고 오래지 않아 선남자(善男子)들이 출가하는 목적인 위없는 청정한 수행[梵行]의 완성을 지금 여기에서 스스로 체험하고 성취하여 살아갔습니다. 그는 '태어남은 끝났고, 청정한 수행을 마쳤으며, 해야 할 일을 끝마쳐 다시는 이런 상태로 되지 않는다'라는 것을 체득했습니다. 바라드와자 존자는 아라한 가운데 한 분이 되었습니다.

5. 고결한 삶경[247]
〈M.N. 8. Sallekha-sutta〉

이와 같이 나는 들었습니다.

한때 세존께서는 사왓티의 제따와나 아나타삔디까 승원에 머무셨습니다.

그때 마하쭌다(Mahācunda) 존자가 저녁에 좌선에서 일어나 세존을 찾아가서 예배하고 한쪽에 앉아 세존께 말씀드렸습니다.

"세존이시여, 자아론(自我論)이나 세계론(世界論)에 관한 다양한 견해들이 세간에서 생깁니다. 세존이시여, 처음부터 비구들이 심사숙고할 때 이런 견해들이 없어지고 버려집니까?"

세존께서 말씀하셨습니다.

"쭌다여, 실로 자아론이나 세계론에 대한 다양한 견해들이 세간에서 생긴다. 이런 견해들이 생기고 되풀이되고 통용될 때, 그것에 대하여 '이것은 나의 것이 아니다. 이것은 내가 아니다. 이것은 나의 자아가 아니다'라고, 이와 같이 바른 통찰지로 있는 그대로 볼 때[248] 이와 같은 견해들은 없어지고 버려진다.

쭌다여, 어떤 비구가 감각적 욕망을 멀리하고, 불선법(不善法)을 멀리하고, 사유(思惟)가 있고 숙고(熟考)가 있고, 멀리함에서 생긴 기쁨과 행복감이 있는 초선(初禪)을 성취하여 살아가면서, '나는 고결한 삶[sallekha]을 산다'라고 생각할지 모른다. 쭌다여, 그러나 성인(聖人)의 율(律)에서는 이것을 고결한 삶이라고 하지 않는다. 성인의 율에서는 이것을 현재의 즐거운 삶[sukhavihāra]이라고 한다.

쭌다여, 어떤 비구가 사유와 숙고를 억제하고, 내적으로 평온하게 마음이 집중되고, 사유가 없고 숙고가 없고, 삼매에서 생긴 기쁨과 행복감이 있는 제2선(第二禪)을 성취하여 살아가면서, '나는 고결한 삶을 산다'라고 생각할지 모른다. 쭌다여, 그러나 성인의 율에서는 이것을 고결한 삶이라고 하지 않는다. 성인의 율에서는 이것을 현재의 즐거운 삶이라고 한다.

쭌다여, 어떤 비구가 희열(喜悅)이 사라지고 평정한 마음으로 주의집중과 알아차림을 하며 지내는 가운데 몸으로 행복을 느끼면서, 성인들이 '평정한 마음[upekhaka, 捨]으로 주의집중을 하는 행복한 상태'라고 이야기한 제3선(第三禪)을 성취하여 살아가면서, '나는 고결한 삶을 산다'라고 생각할지 모른다. 쭌다여, 그러나 성인의 율에서는 이것을 고결한 삶이라고 하지 않는다. 성인의 율에서는 이것을 현재의 즐거운 삶이라고 한다.

쭌다여, 어떤 비구가 행복감을 포기하고 괴로움을 버림으로써 이전의 만족과 불만이 소멸하여 괴롭지도 않고 즐겁지도 않은

---

247 『중아함경(中阿含經)』의 「91. 주나문견경(周那問見經)」에 상응하는 경.

248 'yathābhūtaṃ sammapaññāya passato'의 번역. 'sammapaññā'를 '바른 통찰지(通察智)'로 번역함. 선정에 들어서 내면을 통찰하는 지혜가 'paññā; 般若; 通察智'이고, 바른 'paññā; 般若'가 'sammapaññā'이다.

평정한 주의집중이 청정한 제4선(第四禪)을 성취하여 살아가면서, '나는 고결한 삶을 산다'라고 생각할지 모른다. 쭌다여, 그러나 성인의 율에서는 이것을 고결한 삶이라고 하지 않는다. 성인의 율에서는 이것을 현재의 즐거운 삶이라고 한다.

쭌다여, 어떤 비구가 일체의 형색에 대한 생각[rūpa-saññā, 色想]을 초월하고, 지각의 대상에 대한 생각[paṭigha-saññā, 有對想]을 소멸하고, 차별적인 모습에 대한 생각[nānatta-saññā, 別想]에 마음 쓰지 않음[amanasikāra]으로써 '허공은 무한하다'라고 생각하는 공무변처(空無邊處)를 성취하여 살아가면서, '나는 고결한 삶을 산다'라고 생각할지 모른다. 쭌다여, 그러나 성인의 율에서는 이것을 고결한 삶이라고 하지 않는다. 성인의 율에서는 이것을 고요한 삶[santa-vihāra]이라고 한다.

쭌다여, 어떤 비구가 일체의 공무변처를 초월하여 '의식은 무한하다'라고 생각하는 식무변처(識無邊處)를 성취하여 살아가면서, '나는 고결한 삶을 산다'라고 생각할지 모른다. 쭌다여, 그러나 성인의 율에서는 이것을 고결한 삶이라고 하지 않는다. 성인의 율에서는 이것을 고요한 삶이라고 한다.

쭌다여, 어떤 비구가 일체의 식무변처를 초월하여 '아무것도 없다'라고 생각하는 무소유처(無所有處)를 성취하여 살아가면서, '나는 고결한 삶을 산다'라고 생각할지 모른다. 쭌다여, 그러나 성인의 율에서는 이것을 고결한 삶이라고 하지 않는다. 성인의 율에서는 이것을 고요한 삶이라고 한다.

쭌다여, 어떤 비구가 일체의 무소유처를 초월하여 비유상비무상처(非有想非無想處)를 성취하여 살아가면서, '나는 고결한 삶을 산다'라고 생각할지 모른다. 쭌다여, 그러나 성인의 율에서는 이것을 고결한 삶이라고 하지 않는다. 성인의 율에서는 이것을 고요한 삶이라고 한다.

쭌다여, 그대들은 고결한 삶을 살아야 한다.

'다른 사람들은 폭력을 행할지라도 우리는 폭력을 행하지 않겠다'라고 고결한 삶을 살아야 한다. '다른 사람들은 살생할지라도 우리는 살생하지 않겠다'라고 고결한 삶을 살아야 한다. '다른 사람들은 주지 않은 것을 취할지라도 우리는 주지 않은 것을 취하지 않겠다'라고 고결한 삶을 살아야 한다. '다른 사람들은 음행(淫行)을 할지라도 우리는 음행을 버리고 청정한 수행[梵行]을 하겠다'라고 고결한 삶을 살아야 한다. '다른 사람들은 거짓말을 할지라도 우리는 거짓말을 하지 않겠다'라고 고결한 삶을 살아야 한다. '다른 사람들은 이간질을 할지라도 우리는 이간질을 하지 않겠다'라고 고결한 삶을 살아야 한다. '다른 사람들은 욕설을 할지라도 우리는 욕설을 하지 않겠다'라고 고결한 삶을 살아야 한다. '다른 사람들은 잡담을 할지라도 우리는 잡담을 하지 않겠다'라고 고결한 삶을 살아야 한다. '다른 사람들은 탐낼지라도 우리는 탐내지 않겠다'라고 고결한 삶을 살아야 한다. '다른 사람들은 악의를 품을지라도 우리는 악의를 품지 않겠다'라고 고결한 삶을 살아야 한다.

'다른 사람들은 사견(邪見, miccā-diṭṭhi)을 가질지라도 우리는 정견(正見, sammā-diṭṭhi)을 갖겠다'라고 고결한 삶을 살아야 한다. '다른 사람들은 삿된 의도[miccāsaṅkappa]를 가질지라도 우리는 바른 의도[sammā-saṅkappa, 正思惟]를 갖겠다'라고 고결한 삶을 살아야 한다. '다른 사람들은 삿된 말을 할지라도 우리는 바른말[正語]을 하겠다'라고 고결한 삶을 살아야 한다. '다른 사람들은 삿된 행위를 할지라도 우리는 바른 행위[正業]를 하겠다'라고 고결한 삶을 살아야 한다. '다른 사람들은 삿된 생활을 할지라도 우리는 바른 생활[正命]을 하겠다'라고 고결한 삶을 살아야 한다. '다른 사람들은 삿된 정진을 할지라도 우리는 바른 정진[正精進]을 하겠다'라고 고결한 삶을 살아야 한다. '다른 사람들은 삿된 주의집중을 할지라도 우리는 바른 주의집중[正念]을 하겠다'라고 고결한 삶을 살아야 한다. '다른 사람들은 삿된 선정을 닦을지라도 우리는 바른 선정[正定]을 닦겠다'라고 고결한 삶을 살아야 한다. '다른 사람들은 삿된 앎을 가질지라도 우리는 바른 앎[sammā-ñāṇin, 正知]을 갖겠다'라고 고결한 삶을 살아야 한다. '다른 사람들은 삿된 해탈을 할지라도 우리는 바른 해탈[正解脫]을 하겠다'라고 고결한 삶을 살아야 한다.

'다른 사람들은 나태[thīna, 昏沈]와 들뜸[uddhata, 掉擧]에 빠진다고 할지라도 우리는 나태와 들뜸에서 벗어나겠다'라고 고결한 삶을 살아야 한다. '다른 사람들은 들뜰지라도 우리는 들뜨지 않겠다'라고 고결한 삶을 살아야 한다. '다른 사람들은 의심할지라도 우리는 의심하지 않겠다'라고 고결한 삶을 살아야 한다. '다른 사람들은 격분할지라도 우리는 격분하지 않겠다'라고 고결한 삶을 살아야 한다. '다른 사람들은 원한을 품을지라도 우리는 원한을 품지 않겠다'라고 고결한 삶을 살아야 한다. '다른 사람들은 포악(暴惡)할지라도 우리는 포악하지 않겠다'라고 고결한 삶을 살아야 한다. '다른 사람들은 악의를 품을지라도 우리는 악의를 품지 않겠다'라고 고결한 삶을 살아야 한다. '다른 사람들은 질투할지라도 우리는 질투하지 않겠다'라고 고결한 삶을 살아야 한다. '다른 사람들은 인색할지라도 우리는 인색하지 않겠다'라고 고결한 삶을 살아야 한다. '다른 사람들은 교활할지라도 우리는 교활하지 않겠다'라고 고결한 삶을 살아야 한다. '다른 사람들은 속일지라도 우리는 속이지 않겠다'라고 고결한 삶을 살아야 한다. '다른 사람들은 고집을 부릴지라도 우리는 고집하지 않겠다'라고 고결한 삶을 살아야 한다. '다른 사람들은 오만할지라도 우리는 오만하지 않겠다'라고 고결한 삶을 살아야 한다. '다른 사람들은 사나운 말을 할지라도 우리는 유순한 말을 하겠다'라고 고결한 삶을 살아야 한다. '다른 사람들은 나쁜 친구가 될지라도 우리는 좋은 친구가 되겠다'라고 고결한 삶을 살아야 한다. '다른 사람들은 게으를지라도 우리는 게으르지 않겠다'라고 고결한 삶을 살아야 한다. '다른 사람들은 불신(不信)할지라도 우리는 확신겠다'라고 고결한 삶을 살아야 한다. '다른 사람들은 부끄러움을 모를지라도 우리는 부끄러움을 알겠다'라고 고결한 삶을 살아야 한다. '다른 사람들은 두려움을 모를지라도 우리는 두려움을 알겠다'라고 고결한 삶을 살아야 한다. '다른 사람들은 배움이 적을지라도 우리는 많이 배우겠다'라고 고결한 삶을 살아야 한다. '다른 사람들은 게으를지라도 우리는 부지런하겠다'라고 고결한 삶을 살아야 한다. '다른 사람들은 주의집중을 망각할지라도 우리는 매 순간 주의집중하겠다'라고 고결한 삶을 살아야 한다. '다른 사람들은 어리석을지라도 우리는 지혜를 갖추겠다'라고 고결한 삶을 살아야 한다. '다른 사람들은 세속에 물들고 완고하여 벗어나기 어렵다고 할지라도 우리는 세속에 물들지 않고 고집하지 않고 기꺼이 벗어나겠다'라고 고결한 삶을 살아야 한다.

쭌다여, 나는 발심(發心, cittuppādaṃ)이 선법(善法)에 많은 도움을 준다고 이야기한다. 그렇다면 몸과 말로 준수해야 할 발심의 말은 어떤 것인가? 쭌다여, '다른 사람들은 폭력을 행할지라도 우리는 폭력을 행하지 않겠다'라고 발심해야 한다. … '다른 사람들은 세속에 물들고 완고하여 벗어나기 어렵다고 할지라도 우리는 세속에 물들지 않고 고집하지 않고 기꺼이 벗어나겠다'라고 발심해야 한다.[249]

쭌다여, 잘못된 길이 있으면, 그와는 다른 가야 할 바른길이 있듯이, 쭌다여, 잘못된 나루가 있으면, 그와는 다른 건너야 할 바른 나루가 있듯이, 쭌다여, 이와 같이 폭력적인 사람에게는 비폭력(非暴力)이 그가 가야 할 길이다. … 세속에 물들고 완고하여 벗어나기 어려운 사람에게는 세속에 물들지 않고 고집하지 않고 기꺼이 벗어나는 것이 그가 가야 할 길이다.

쭌다여, 불선법은 어떤 것이든 모두가 낮은 존재로 이끌고, 선법은 어떤 것이든 모두가 높은 존재로 이끌듯이, 쭌다여, 이와 같이 폭력적인 사람에게는 비폭력이 높은 존재로 이끄는 선법이다. … 세속에 물들고 완고하여 벗어나기 어려운 사람에게는 세속에 물들지 않고 고집하지 않고 기꺼이 벗어나는 것이 높은 존재로 이끄는 선법이다.

쭌다여, 실로 자신이 진흙탕 속에 빠진 사람은 다른 사람을 진흙탕에서 건져 줄 수는 없다. 쭌다여, 실로 자신은 진흙탕 속에 빠지지 않은 사람이 다른 사람을 진흙탕에서 건져 줄 수 있다. 쭌다여, 실로 자신이 길들지 않고 교육받지 않고 열반에 들지 않은 사람이 다른 사람을 길들이고 교육하고 열반에 들게 할 수는 없다. 쭌다여, 실로 자신이 길들고 교육받고 열반에 든 사람이 다른 사람을 길들이고 교육하고 열반에 들게 할 수 있다. 쭌다여, 이와 같이 폭력적인 사람이 열반에 들기 위해서는 폭력을 행하지 않아야 하며, … 세속에 물들고 완고하여 벗어나기 어려운 사람이 열반에 들기 위해서는 세속에 물들지 않고 고집하지 않고 기꺼이 벗어나야 한다.

쭌다여, 이와 같이 나는 고결한 삶에 대한 법문을 설했고, 발심에 대한 법문을 설했고, 가야 할 길에 대한 법문을 설했고, 높은 존재에 대한 법문을 설했고, 반열반(般涅槃)에 대한 법문을 설했다. 쭌다여, 스승이 제자를 위하여 연민을 가지고 해야 할 일을 나는 너를 위하여 연민을 가지고 한 것이다. 쭌다

---

249 발심(發心)의 내용은 이전에 이야기한 '고결한 삶'을 살겠다는 것이다. 고결한 삶의 처음과 끝만 번역하고 중간은 생략하였다.

여, 이 가르침들이 나무 아래이며, 텅 빈 한가한 곳[空閒處]들이다.[250] 쭌다여, 나중에 후회하지 않도록 방일(放逸)하지 말고 선정을 닦아라! 이것이 그대들에게 주는 우리의 가르침이다."

이것이 세존께서 하신 말씀입니다.

마하쭌다 존자는 세존의 말씀에 만족하고 기뻐했습니다.

250 나무 아래와 텅 빈 한가한 곳은 비구들이 선정을 수행하는 장소이다. 어느 곳에서 선정수행을 하든, 고결한 삶을 살면 그곳이 바로 선정수행을 하는 나무 아래, 텅 빈 한가한 곳이라는 의미이다.

6. 정견경

〈M.N. 9. Sammādiṭṭhi-sutta〉

이와 같이 나는 들었습니다.

한때 세존께서는 사왓티의 제따와나 아나타삔디까 승원에 머무셨습니다.

그때 사리뿟따 존자께서 "비구들이여!"라고 비구들을 불렀습니다.

비구들은 "존자님!" 하고 사리뿟따 존자에게 대답했습니다.

사리뿟따 존자께서 말씀하셨습니다.

"존자들이여, 정견(正見)이라고들 하는데, 어떤 점에서 '거룩한 제자는 정견이 있으며, 견해가 바르기 때문에 가르침[法]에 대하여 흔들리지 않는 믿음으로 그 바른 가르침[正法]을 성취한다'라고 할까요?"

"존자님이여, 우리는 멀리서 그 말의 의미를 알기 위하여 사리뿟따 존자님 앞에 오려고 했던 것입니다. 사리뿟따 존자님께서 그 말의 의미를 밝혀 주시면 고맙겠습니다. 저희 비구들은 사리뿟따 존자님의 말씀을 받아 지니겠습니다."

"그렇다면, 존자들이여, 듣고 잘 생각하도록 하십시오! 내가 이야기하겠습니다."

그 비구들은 "존자님이여, 그렇게 하겠습니다"라고 사리뿟따 존자에게 대답했습니다.

사리뿟따 존자께서 비구들에게 말씀하셨습니다.

"존자들이여, 거룩한 제자는 불선(不善)을 알고, 불선의 뿌리를 알고, 선(善)을 알고, 선의 뿌리를 알기 때문에, 이런 점에서 '거룩한 제자는 정견이 있으며, 견해가 바르기 때문에 가르침에 대하여 흔들리지 않는 믿음으로 그 바른 가르침을 성취한다'라고 하는 것입니다. 존자들이여, 어떤 것이 불선이고 어떤 것이 불선의 뿌리이며, 어떤 것이 선이고 어떤 것이 선의 뿌리인가? 존자들이여, 살생·도둑질·삿된 음행[邪淫]·거짓말·이간질·욕설·잡담·간탐(慳貪)·분노(忿怒)·사견(邪見)이 불선입니다. 존자들이여, 이것을 불선이라고 합니다. 존자들이여, 어떤 것이 불선의 뿌리인가? 탐심(貪心), 진심(瞋心), 치심(癡心)이 불선의 뿌리입니다. 존자들이여, 이것을 불선의 뿌리라고 합니다.

존자들이여, 어떤 것이 선인가? 살생하지 않는 것이 선이고, 도둑질하지 않고, 삿된 음행을 하지 않고, 거짓말하지 않고, 이간질하지 않고, 욕설하지 않고, 잡담하지 않고, 간탐하지 않고, 분노하지 않는 것이 선이며, 정견(正見)이 선입니다. 존자들이여, 이것을 선이라고 합니다. 존자들이여, 어떤 것이 선의 뿌리인가? 탐욕이 없는 마음[無貪]이 선의 뿌리이고, 성내지 않는 마음[無瞋]이 선의 뿌리이고, 어리석지 않은 마음[無癡]이 선의 뿌리입니다. 존자들이여, 이것을 선의 뿌리라고 합니다.

존자들이여, 거룩한 제자는 이와 같이 불선을 알고, 불선의 뿌리를 알고, 선을 알고, 선의 뿌리를 알기 때문에 어떤 경우에도 탐내는 습성[rāgānusaya, 貪隨眠]을 버리고 화내는 습성[paṭighānusaya, 瞋隨眠]을 버린 후에 '내가 있다'라는 무의식적인 아견(我見)

과 아만(我慢, diṭṭhimānānusaya)을 제거한 다음, 무명(無明)을 버리고 명지(明智, vijja)를 드러내어 지금 여기에서 괴로움을 끝냅니다. 존자들이여, 이런 점에서 '거룩한 제자는 정견이 있으며, 견해가 바르기 때문에 가르침에 대하여 흔들리지 않는 믿음으로 그 바른 가르침을 성취한다'라고 하는 것입니다."

그 비구들은 "감사합니다, 존자님!"이라고 사리뿟따 존자의 말씀에 기뻐하고 감사하면서, 사리뿟따 존자에게 그 위에 덧붙여서 물었습니다.

"존자님이여, 그렇게 말하는 또 다른 이유가 있습니까?"

"존자들이여, 있습니다. 존자들이여, 거룩한 제자는 음식[āhāra, 食]을 알고, 음식의 쌓임[食集]을 알고, 음식의 소멸[食滅]을 알고, 음식의 소멸에 이르는 길[食滅道]을 알기 때문에, 이런 점에서 '거룩한 제자는 정견이 있으며, 견해가 바르기 때문에 가르침에 대하여 흔들리지 않는 믿음으로 그 바른 가르침을 성취한다'라고 하는 것입니다. 존자들이여, 어떤 것이 음식이고, 어떤 것이 음식의 쌓임이며, 어떤 것이 음식의 소멸이고, 어떤 것이 음식의 소멸에 이르는 길인가? 존자들이여, 이미 존재하는 중생을 (중생의 상태에) 머물게 하고, 생겨나는 중생을 (생겨나도록) 돕는 네 가지 음식이 있습니다. 네 가지는 어떤 것들인가? 딱딱하거나 부드러운 단식(團食, kabaḷiṃkāra āhāra),[251] 둘째는 촉식(觸食, phassa āhāra), 셋째는 의사식(意思食, manosañcetanā āhāra), 넷째는 식식(識食, viññāṇa āhāra)입니다. 갈애[愛]가 쌓이면[愛集] 음식이 쌓이고[食集], 갈애가 소멸하면[愛滅] 음식이 소멸[食滅]합니다. 거룩한 8정도, 즉 정견·정사유·정어·정업·정명·정정진·정념·정정이 음식의 소멸에 이르는 길입니다.

존자들이여, 거룩한 제자는 이와 같이 음식을 알고, 음식의 쌓임를 알고, 음식의 소멸을 알고, 음식의 소멸에 이르는 길을 알기 때문에, 어떤 경우에도 탐내는 습성을 버리고 화내는 습성을 없앤 후에 '내가 있다'라는 무의식적인 아견과 아만을 제거한 다음, 무명을 버리고 명지를 드러내어 지금 여기에서 괴로움을 끝냅니다. 존자들이여, 이런 점에서 '거룩한 제자는 정견이 있으며, 견해가 바르기 때문에 가르침에 대하여 흔들리지 않는 믿음으로 그 바른 가르침을 성취한다'라고 하는 것입니다."

그 비구들은 "감사합니다, 존자님!"이라고 사리뿟따 존자의 말씀에 기뻐하고 감사하면서, 사리뿟따 존자에게 그 위에 덧붙여서 물었습니다.

"존자님이여, 그렇게 말하는 또 다른 이유가 있습니까?"

"존자들이여, 있습니다. 존자들이여, 거룩한 제자는 괴로움[苦]을 알고, 괴로움의 쌓임[苦集]을 알고, 괴로움의 소멸[苦滅]을 알고, 괴로움의 소멸에 이르는 길[苦滅道]을 알기 때문에, 이런 점에서 '거룩한 제자는 정견이 있으며, 견해가 바르기 때문에 가르침에 대하여 흔들리지 않는 믿음으로 그 바른 가르침을 성취한다'라고 하는 것입니다. 존자들이여, 그러면 어떤 것이 괴로움이고, 어

251 몸을 형성하는 입으로 섭취하는 음식을 의미함. 다른 세 가지 음식은 정신을 형성하는 음식을 의미함.

떤 것이 괴로움의 쌓임이며, 어떤 것이 괴로움의 소멸이고, 어떤 것이 괴로움의 소멸에 이르는 길인가? 존자들이여, 태어남[生]이 괴로움이고, 늙음[老]이 괴로움이고, 질병[病]이 괴로움이고, 죽음[死]이 괴로움이고, 근심[憂]·슬픔[悲]·고통[苦]·우울[惱]·불안(不安)이 괴로움이고, 원하는 것을 얻지 못하는 것이 괴로움[求不得苦]입니다. 요컨대 5취온이 괴로움입니다[saṅkhitena pañc' upādānakkhandhā dukkhā]. 존자들이여, 이것을 괴로움이라고 합니다.

존자들이여, 어떤 것이 괴로움의 쌓임인가? 다시 존재하기를 바라면서, 기쁨과 탐욕을 수반하여 이런저런 것을 좋아하는 갈애,[252] 즉 욕애(欲愛, kāma-taṇhā),[253] 유애(有愛, bhava-taṇhā),[254] 무유애(無有愛, vibhava-taṇhā),[255] 이것을 괴로움의 쌓임이라고 합니다. 존자들이여, 어떤 것이 괴로움의 소멸인가? 그 갈애가 남김없이 사라지고 버려지고 완전히 포기되어 갈애에서 해탈하여 집착이 없으면, 이것을 괴로움의 소멸이라고 합니다. 존자들이여, 어떤 것이 괴로움의 소멸에 이르는 길인가? 거룩한 8정도, 즉 정견·정사유·정어·정업·정명·정정진·정념·정정이 괴로움의 소멸에 이르는 길입니다.

존자들이여, 거룩한 제자는 이와 같이 괴로움을 알고, 괴로움의 쌓임을 알고, 괴로움의 소멸을 알고, 괴로움의 소멸에 이르는 길을 알기 때문에, 어떤 경우에도 탐내는 습성을 버리고 화내는 습성을 없앤 후에 '내가 있다'라는 무의식적인 아견과 아만을 제거한 다음, 무명을 버리고 명지를 드러내어 지금 여기에서 괴로움을 끝냅니다. 존자들이여, 이런 점에서 '거룩한 제자는 정견이 있으며, 견해가 바르기 때문에 가르침에 대하여 흔들리지 않는 믿음으로 그 바른 가르침을 성취한다'라고 하는 것입니다."

그 비구들은 "감사합니다, 존자님!"이라고 사리뿟따 존자의 말씀에 기뻐하고 감사하면서, 사리뿟따 존자에게 그 위에 덧붙여서 물었습니다.

"존자님이여, 그렇게 말하는 또 다른 이유가 있습니니까?"

"존자들이여, 있습니다. 존자들이여, 거룩한 제자는 노사(老死)를 알고, 노사의 쌓임[老死集]를 알고, 노사의 소멸[老死滅]을 알고, 노사의 소멸에 이르는 길[老死滅道]을 알기 때문에, 이런 점에서 '거룩한 제자는 정견이 있으며, 견해가 바르기 때문에 가르침에 대하여 흔들리지 않는 믿음으로 그 바른 가르침을 성취한다'라고 하는 것입니다. 존자들이여, 어떤 것이 노사이고, 어떤 것이 노사의 쌓임이며, 어떤 것이 노사의 소멸이고, 어떤 것이 노사의 소멸에 이르는 길인가? 존자들이여, 이런저런 중생의 이런저런 중생의 몸[sattanikāya, 衆生身]에 노쇠가 나타나고, 이가 빠지고, 주름살이 지고, 수명이 줄고, 지각활동이 쇠퇴하면, 이것을 늙음[老]

252 'yā 'yaṃ taṇhā ponobhavikā nandirāgasahagatā tatratatrābhinandinī'의 번역.

253 감각적 욕망의 대상을 갈망하는 마음이 욕애이다.

254 좋아하는 것이 다시 존재하기를 갈망하는 마음이 유애이다.

255 싫어하는 것이 다시는 존재하지 않기를 갈망하는 마음이 무유애이다.

이라고 하고, 이런저런 중생의 이런저런 중생의 몸의 죽음·소멸·파멸·소실·사망·운명(殞命)·온(蘊)들의 파괴·사체의 매장(埋葬), 이것을 죽음[死]이라고 합니다. 존자들이여, 이것이 늙음이고, 이것이 죽음이며, 이것을 노사라고 합니다. 생(生)의 쌓임[生集]으로 인해서 노사의 쌓임이 있으며, 생의 소멸[生滅]로 인해서 노사의 소멸이 있습니다. 거룩한 8정도, 즉 정견·정사유·정어·정업·정명·정정진·정념·정정이 노사의 소멸에 이르는 길입니다.

존자들이여, 거룩한 제자는 생(生)을 알고, 생의 쌓임을 알고, 생의 소멸을 알고, 생의 소멸에 이르는 길[生滅道]을 알기 때문에, 이런 점에서 '거룩한 제자는 정견이 있으며, 견해가 바르기 때문에 가르침에 대하여 흔들리지 않는 믿음으로 그 바른 가르침을 성취한다'라고 하는 것입니다. 존자들이여, 어떤 것이 생이고, 어떤 것이 생의 쌓임이며, 어떤 것이 생의 소멸이고, 어떤 것이 생의 소멸에 이르는 길인가? 존자들이여, 이런저런 중생이 이런저런 중생의 몸 가운데 태어남[生]·탄생(誕生)·출현(出現)·출생·온(蘊)들의 현현(顯現)·입처(入處)들의 획득(獲得), 이것을 생이라고 합니다. 유(有)의 쌓임[有集]으로 인해서 생의 쌓임이 있으며, 유의 소멸로 인해서 생의 소멸이 있습니다. 거룩한 8정도, 즉 정견·정사유·정어·정업·정명·정정진·정념·정정이 생의 소멸에 이르는 길입니다.

존자들이여, 거룩한 제자는 유(有)를 알고, 유의 쌓임을 알고, 유의 소멸[有滅]을 알고, 유의 소멸에 이르는 길[有滅道]을 알기 때문에, 이런 점에서 '거룩한 제자는 정견이 있으며, 견해가 바르기 때문에 가르침에 대하여 흔들리지 않는 믿음으로 그 바른 가르침을 성취한다'라고 하는 것입니다. 존자들이여, 어떤 것이 유이고, 어떤 것이 유의 쌓임이며, 어떤 것이 유의 소멸이고, 어떤 것이 유의 소멸에 이르는 길인가? 존자들이여, 유는 욕유(欲有, kāma-bhava)·색유(色有, rūpa-bhava)·무색유(無色有, arūpa-bhava), 세 가지입니다. 취(取)의 쌓임[取集]으로 인해서 유의 쌓임이 있으며, 취의 소멸[取滅]로 인해서 유의 소멸이 있습니다. 거룩한 8정도, 즉 정견·정사유·정어·정업·정명·정정진·정념·정정이 유의 소멸에 이르는 길입니다.

존자들이여, 거룩한 제자는 취를 알고, 취의 쌓임을 알고, 취의 소멸을 알고, 취의 소멸에 이르는 길[取滅道]을 알기 때문에, 이런 점에서 '거룩한 제자는 정견이 있으며, 견해가 바르기 때문에 가르침[法]에 대하여 흔들리지 않는 믿음으로 그 바른 가르침[正法]을 성취한다'라고 하는 것입니다. 존자들이여, 어떤 것이 취이고, 어떤 것이 취의 쌓임이며, 어떤 것이 취의 소멸이고, 어떤 것이 취의 소멸에 이르는 길인가? 존자들이여, 취는 욕취(欲取, kāmupādāna)·견취(見取, diṭṭhupādāna)·계금취(戒禁取, sīlabbatupādāna)·아어취(我語取, attavādupādāna), 네 가지입니다. 갈애[愛]의 쌓임으로 인해서 취의 쌓임이 있으며, 갈애의 소멸로 인해서 취의 소멸이 있습니다. 거룩한 8정도, 즉 정견·정사유·정어·정업·정명·정정진·정념·정정이 취의 소멸에 이르는 길입니다.

존자들이여, 거룩한 제자는 갈애를 알고, 갈애의 쌓임[愛集]을 알고, 갈애의 소멸[愛滅]을 알고, 갈애의 소멸에 이르는 길[愛滅道]을 알기 때문에, 이런 점에서 '거룩한 제자는 정견이 있으며, 견해가 바르기 때문에 가르침에 대하여 흔들리지 않는 믿음으로 그 바른 가르침을 성취한다'라고 하는 것입니다. 존자들이여, 어떤 것이 갈애이고, 어떤 것이 갈애의 쌓임이며, 어떤 것이 갈애의 소멸이고, 어떤 것이 갈애의 소멸에 이르는 길인가? 존자들이여, 갈애의 구조[taṇhākāyā, 愛身][256]는 형색에 대한 갈애[色愛]·소리에 대한 갈애[聲愛]·냄새에 대한 갈애[香愛]·맛에 대한 갈애[味愛]·촉감에 대한 갈애[觸愛]·지각대상에 대한 갈애[法愛], 여섯 가지입니다. 느낌의 쌓임[受集]으로 인해서 갈애의 쌓임[愛集]이 있으며, 느낌의 소멸[受滅]로 인해서 갈애의 소멸[愛滅]이 있습니다. 거룩한 8정도, 즉 정견·정사유·정어·정업·정명·정정진·정념·정정이 갈애의 소멸에 이르는 길입니다.

존자들이여, 거룩한 제자는 느낌[受]을 알고, 느낌의 쌓임을 알고, 느낌의 소멸을 알고, 느낌의 소멸에 이르는 길[受滅道]을 알기 때문에, 이런 점에서 '거룩한 제자는 정견이 있으며, 견해가 바르기 때문에 가르침에 대하여 흔들리지 않는 믿음으로 그 바른 가르침을 성취한다'라고 하는 것입니다. 존자들이여, 어떤 것이 느낌이고, 어떤 것이 느낌의 쌓임이며, 어떤 것이 느낌의 소멸이고, 어떤 것이 느낌의 소멸에 이르는 길인가? 존자들이여, 느낌의 구조[vedanākāyā, 受身][257]는 여섯 가지, 즉 시각접촉[眼觸]에서 생긴 느낌·청각접촉[耳觸]에서 생긴 느낌·후각접촉[鼻觸]에서 생긴 느낌·미각접촉[舌觸]에서 생긴 느낌·신체접촉[身觸]에서 생긴 느낌·의식접촉[意觸]에서 생긴 느낌입니다. 접촉[觸]의 쌓임으로 인해서 느낌의 쌓임이 있으며, 접촉의 소멸로 인해서 느낌의 소멸이 있습니다. 거룩한 8정도, 즉 정견·정사유·정어·정업·정명·정정진·정념·정정이 느낌의 소멸에 이르는 길입니다.

존자들이여, 거룩한 제자는 접촉을 알고, 접촉의 쌓임[觸集]을 알고, 접촉의 소멸[觸滅]을 알고, 접촉의 소멸에 이르는 길[觸滅道]을 알기 때문에, 이런 점에서 '거룩한 제자는 정견이 있으며, 견해가 바르기 때문에 가르침에 대하여 흔들리지 않는 믿음으로 그 바른 가르침을 성취한다'라고 하는 것입니다. 존자들이여, 어떤 것이 접촉이고, 어떤 것이 접촉의 쌓임이며, 어떤 것이 접촉의 소멸이고, 어떤 것이 접촉의 소멸에 이르는 길인가? 존자들이여, 접촉의 구조[phassakāyā, 觸身]는[258] 시각접촉·청각접촉·후각접촉·미각접촉·신체접촉·의식접촉, 여섯 가지입니다. 6입처의 쌓임[六入處集]으로 인해서 접촉의 쌓임이 있으며, 6입처의 소멸[六入處滅]로 인해서 접촉의 소멸이 있습니다. 거룩한 8정도, 즉 정견·정사유·정어·정업·정명·정정진·정념·정정이 접촉의 소멸에 이르는 길입니다.

존자들이여, 거룩한 제자는 6입처를 알고, 6입처의 쌓임을 알고, 6입처의 소멸을 알고, 6입처의 소멸에 이르는 길[六入處

---

256 'taṇhā'를 '갈애[愛]'로, 'kāya'를 '구조'로 번역함.
257 'vedanā'를 '느낌[受]'으로, 'kāya'를 '구조'로 번역함.
258 'phassa'를 '접촉[觸]'으로, 'kāya'를 '구조'로 번역함.

滅道]을 알기 때문에, 이런 점에서 '거룩한 제자는 정견이 있으며, 견해가 바르기 때문에 가르침에 대하여 흔들리지 않는 믿음으로 그 바른 가르침을 성취한다'라고 하는 것입니다. 존자들이여, 어떤 것이 6입처이고, 어떤 것이 6입처의 쌓임이며, 어떤 것이 6입처의 소멸이고, 어떤 것이 6입처의 소멸에 이르는 길인가? 존자들이여, 입처(入處, āyatana)는 안입처(眼入處)·이입처(耳入處)·비입처(鼻入處)·설입처(舌入處)·신입처(身入處)·의입처(意入處), 여섯 가지입니다. 이름과 형색[名色]의 쌓임[集]으로 인해서 6입처의 쌓임이 있으며, 이름과 형색의 소멸[滅]로 인해서 6입처의 소멸이 있습니다. 거룩한 8정도, 즉 정견·정사유·정어·정업·정명·정정진·정념·정정이 6입처의 소멸에 이르는 길입니다.

존자들이여, 거룩한 제자는 이름과 형색[nāmarūpa, 名色]을 알고, 이름과 형색의 쌓임[名色集]을 알고, 이름과 형색의 소멸[名色滅]을 알고, 이름과 형색의 소멸에 이르는 길[名色滅道]을 알기 때문에, 이런 점에서 '거룩한 제자는 정견이 있으며, 견해가 바르기 때문에 가르침에 대하여 흔들리지 않는 믿음으로 그 바른 가르침을 성취한다'라고 하는 것입니다. 존자들이여, 어떤 것이 이름과 형색이고, 어떤 것이 이름과 형색의 쌓임이며, 어떤 것이 이름과 형색의 소멸이고, 어떤 것이 이름과 형색의 소멸에 이르는 길인가? 느낌[受]·생각[想]·의도[思]·접촉[觸]·숙고[作意], 이것을 이름[名]이라고 합니다.[259] 4대(四大)와 4대를 취하고 있는 형색[色], 이것을 형색이라고 합니다.[260] 이와 같이 이 이름과 이 형색, 이것을 이름과 형색[名色]이라고 합니다. 분별의식의 쌓임[識集]으로 인해서 이름과 형색의 쌓임이 있으며, 분별의식의 소멸[識滅]로 인해서 이름과 형색의 소멸이 있습니다. 거룩한 8정도, 즉 정견·정사유·정어·정업·정명·정정진·정념·정정이 이름과 형색의 소멸에 이르는 길입니다.

존자들이여, 거룩한 제자는 분별의식[識]을 알고, 분별의식의 쌓임[識集]을 알고, 분별의식의 소멸[識滅]을 알고, 분별의식의 소멸에 이르는 길[識滅道]을 알기 때문에, 이런 점에서 '거룩한 제자는 정견이 있으며, 견해가 바르기 때문에 가르침에 대하여 흔들리지 않는 믿음으로 그 바른 가르침을 성취한다'라고 하는 것입니다. 존자들이여, 어떤 것이 분별의식이고, 어떤 것이 분별의식의 쌓

---

259 'vedanā saññā cetanā phasso manasikāro, idaṃ vuccat' āvuso nāmaṃ'의 번역. 일반적으로 'nāma'를 '정신'으로 이해하고 있는데, 이것은 옳지 않다. 여기에서 'vedanā saññā cetanā phasso manasikāro'를 단순한 정신작용으로 해석해서는 안 된다. 이것은 느끼고, 생각하고, 의도하고 경험하고, 숙고하는 것을 의미한다. 우리는 인식의 대상을 명사, 즉 이름[nāma]으로 분별하는데, 이 이름은 인식의 대상이 본래부터 가지고 있는 이름이 아니라 느끼고, 생각하고, 의도하고 경험하고, 숙고하여 만들어진 것이라는 의미이다

260 'cattāri ca mahābhūtāni catunnañ ca mahābhūtānaṃ upādāya rūpaṃ, idaṃ vuccat' āvuso rūpaṃ'의 번역. 기존의 해석에 의하면 'rūpa'를 '물질'로 이해하고, 이 부분을 4대(四大)와 4대로 만들어진 물질이라고 번역했다. 그러나 'rūpa'는 본래 '형색, 형태'를 의미하며, 4대는 당시의 인도인들이 물질세계를 구성하는 네 가지 불변의 요소라고 생각했던 것들이다. 우리는 인식의 대상을 형색[色]으로 분별하는데, 이 형색은 인식의 대상이 본래부터 가지고 있는 것이 아니라 4대와 4대를 취하고 있는 형색이라는 것을 이 경에서 이야기하고 있다.

임이며, 어떤 것이 분별의식의 소멸이고, 어떤 것이 분별의식의 소멸에 이르는 길인가? 존자들이여, 분별의식의 구조[viññānakāyā, 識身]는 시각분별의식[眼識]·청각분별의식[耳識]·후각분별의식[鼻識]·미각분별의식[舌識]·촉각분별의식[身識]·의식(意識), 여섯 가지입니다. 행위의 쌓임[行集]으로 인해서 분별의식의 쌓임이 있으며, 행위의 소멸[行滅]로 인해서 분별의식의 소멸이 있습니다. 거룩한 8정도, 즉 정견·정사유·정어·정업·정명·정정진·정념·정정이 분별의식의 소멸에 이르는 길입니다.

존자들이여, 거룩한 제자는 행위[行]를 알고, 행위의 쌓임[行集]을 알고, 행위의 소멸[行滅]을 알고, 행위의 소멸에 이르는 길[行滅道]을 알기 때문에, 이런 점에서 '거룩한 제자는 정견이 있으며, 견해가 바르기 때문에 가르침에 대하여 흔들리지 않는 믿음으로 그 바른 가르침을 성취한다'라고 하는 것입니다. 존자들이여, 어떤 것이 행위이고, 어떤 것이 행위의 쌓임이며, 어떤 것이 행위의 소멸이고, 어떤 것이 행위의 소멸에 이르는 길인가? 존자들이여, 행위는 신체행위[kāyasaṅkhāra, 身行]·언어행위[vacīsaṅkhāra, 口行]·마음행위[cittasaṅkhāra, 意行], 세 가지입니다. 무명의 쌓임[無明集]으로 인해서 행위의 쌓임이 있으며, 무명의 소멸[無明滅]로 인해서 행위의 소멸이 있습니다. 거룩한 8정도, 즉 정견·정사유·정어·정업·정명·정정진·정념·정정이 행위의 소멸에 이르는 길입니다.

존자들이여, 거룩한 제자는 무명(無明)을 알고, 무명의 쌓임을 알고, 무명의 소멸을 알고, 무명의 소멸에 이르는 길을 알기 때문에, 이런 점에서 거룩한 제자는 정견이 있으며, 견해가 바르기 때문에 가르침에 대하여 흔들리지 않는 믿음으로 그 바른 가르침을 성취하는 것입니다. 존자들이여, 어떤 것이 무명이고, 어떤 것이 무명의 쌓임이며, 어떤 것이 무명의 소멸이고, 어떤 것이 무명의 소멸에 이르는 길인가? 존자들이여, 괴로움에 대하여 알지 못하고, 괴로움의 쌓임에 대하여 알지 못하고, 괴로움의 소멸에 대하여 알지 못하고, 괴로움의 소멸에 이르는 길에 대하여 알지 못하면, 이것을 무명이라고 부릅니다. 번뇌[āsava, 漏]의 쌓임으로 인해서 무명의 쌓임이 있으며, 번뇌의 소멸로 인해서 무명의 소멸이 있습니다. 거룩한 8정도, 즉 정견·정사유·정어·정업·정명·정정진·정념·정정이 무명의 소멸에 이르는 길입니다.

존자들이여, 거룩한 제자는 이와 같이 노사(老死)·생(生)·유(有)·취(取)·갈애[愛]·느낌[受]·접촉[觸]·6입처(六入處)·이름과 형색[名色]·분별의식[識]·행위[行]·무명(無明)을 알고, 이들의 쌓임[集]과 소멸[滅]과 소멸에 이르는 길[滅道]을 알기 때문에, 어떤 경우에도 탐내는 습성을 버리고 화내는 습성을 없앤 후에 '내가 있다'라는 무의식적인 아견과 아만을 제거한 다음, 무명을 버리고 명지를 드러내어 지금 여기에서 괴로움을 끝냅니다. 존자들이여, 이런 점에서 '거룩한 제자는 정견이 있으며, 견해가 바르기 때문에 가르침에 대하여 흔들리지 않는 믿음으로 그 바른 가르침을 성취한다'라고 하는 것입니다."

그 비구들은 "감사합니다, 존자님"이라고 사리뿟따 존자의 말씀에 기뻐하고 감사하면서, 사리뿟따 존자에게 그 위에 덧붙여서 물었습니다.

"존자님이여, 그렇게 말하는 또 다른 이유가 있습니까?"

"존자들이여, 있습니다. 존자들이여, 거룩한 제자는 번뇌를 알고, 번뇌의 쌓임을 알고, 번뇌의 소멸을 알고, 번뇌의 소멸에 이르는 길을 알기 때문에, 이런 점에서 거룩한 제자는 정견이 있으며, 견해가 바르기 때문에 가르침에 대하여 흔들리지 않는 믿음으로 그 바른 가르침을 성취하는 것입니다. 존자들이여, 어떤 것이 번뇌이고, 어떤 것이 번뇌의 쌓임이며, 어떤 것이 번뇌의 소멸이고, 어떤 것이 번뇌의 소멸에 이르는 길인가? 존자들이여, 번뇌는 욕루(欲漏)·유루(有漏)·무명루(無明漏), 세 가지입니다. 무명의 쌓임으로 인해서 번뇌의 쌓임이 있으며, 무명의 소멸로 인해서 번뇌의 소멸이 있습니다. 거룩한 8정도, 즉 정견·정사유·정어·정업·정명·정정진·정념·정정이 번뇌의 소멸에 이르는 길입니다.

존자들이여, 거룩한 제자는 이와 같이 번뇌를 알고, 번뇌의 쌓임을 알고, 번뇌의 소멸을 알고, 번뇌의 소멸에 이르는 길을 알기 때문에, 어떤 경우에도 탐하는 습성을 버리고 화내는 습성을 없앤 후에 '내가 있다'라는 무의식적인 아견과 아만을 제거한 다음, 무명을 버리고 명지를 드러내어 지금 여기에서 괴로움을 끝냅니다. 존자들이여, 이런 점에서 '거룩한 제자는 정견이 있다. 견해가 바르기 때문에 가르침에 대하여 흔들리지 않는 믿음으로 그 바른 가르침을 성취한다'라고 하는 것입니다."

이것이 사리뿟따 존자께서 하신 말씀입니다.

그 비구들은 사리뿟따 존자의 말씀에 만족하고 기뻐했습니다.

7. 작은 사자후경[261]

〈M.N. 11. Cūḷasīhanāda-sutta〉

이와 같이 나는 들었습니다.

한때 세존께서는 사왓티의 제따와나 아나타삔디까 승원에 머무셨습니다.

그때 세존께서 비구들을 불러 말씀하셨습니다.

"비구들이여, '실로 여기에는 사문(沙門)이 있다. 여기에는 두 번째 사문이 있다. 여기에는 세 번째 사문이 있다. 여기에는 네 번째 사문이 있다. 여타의 다른 교단에는 사문이 없다'라고 정정당당하게 사자후(獅子吼)를 하시오!

비구들이여, 그러면 외도(外道) 수행자들은 '존자들이여, 그대들은 어떤 확신과 어떤 근거로 '실로 여기에는 사문이 있다. 여기에는 두 번째 사문이 있다. 여기에는 세 번째 사문이 있다. 여기에는 네 번째 사문이 있다. 여타의 다른 교단에는 사문이 없다'라고 말하는가?'라고 말할 것이오.

비구들이여, 이렇게 말하는 외도 수행자들에게는 '존자들이여, 우리에게는 아라한이시며, 바르고 평등한 깨달음을 성취하신 세존께서 알고 보고 가르친 네 가지 법이 있다. 우리는 스스로 그것들을 잘 통찰하고 있기 때문에 그렇게 말하는 것이다. 네 가지 법은 어떤 것인가? 존자들이여, 우리에게는 스승님에 대한 믿음이 있고, 가르침[法]에 대한 믿음이 있고, 계행의 완성이 있다. 그뿐만 아니라 우리에게는 같은 가르침을 따르는 사랑스럽고 매력 있는 재가자와 출가자가 있다. 이것이 아라한이시며, 바르고 평등한 깨달음을 성취하신 세존께서 알고 보고 가르친 네 가지 법이다. 우리는 스스로 그것들을 잘 통찰하고 있기 때문에 그렇게 말하는 것이다'라고 말해야 한다오.

비구들이여, 그러면 외도 수행자들은 '존자들이여, 우리에게도 스승이 있고, 스승에 대한 믿음이 있다. 우리의 스승은 이런 분이다. 우리에게도 가르침에 대한 믿음이 있다. 우리의 가르침은 이런 것이다. 우리도 계행을 완성한다. 그것은 우리의 계행이다. 우리에게도 같은 가르침을 따르는 사랑스럽고 매력 있는 재가자와 출가자가 있다. 존자들이여, 여기에서 우리와 다른 것은 무엇이고, 구별되는 것은 무엇이며, 그대들과 우리의 차이는 무엇인가?'라고 말할 것이오.

비구들이여, 이렇게 말하는 외도 수행자들에게는 '존자들이여, 목적은 하나인가, 그렇지 않으면 여럿인가?'라고 물어야 한다오. 비구들이여, 올바른 대답을 하는 외도 수행자들이라면 '존자들이여, 목적은 하나다. 목적은 여럿이 아니다'라고 대답할 것이오.

'존자들이여, 그것은 탐심(貪心)이 있는 사람들의 목적인가, 탐심이 없는 사람들의 목적인가?'라고 물으면, 올바른 대답을 하는 외도 수행자들이라면 '존자들이여, 그것은 탐심이 없는 사람들의 목적이다. 탐심이 있는 사

261 『중아함경(中阿含經)』의 「103. 사자후경(師子吼經)」에 상응하는 경.

람들의 목적이 아니다'라고 대답할 것이오.

'존자들이여, 그것은 진심(瞋心)이 있는 사람들의 목적인가, 진심이 없는 사람들의 목적인가?'라고 물으면, 올바른 대답을 하는 외도 수행자들이라면 '존자들이여, 그것은 진심이 없는 사람들의 목적이다. 진심이 있는 사람들의 목적이 아니다'라고 대답할 것이오.

'존자들이여, 그것은 치심(癡心)이 있는 사람들의 목적인가, 치심이 없는 사람들의 목적인가?'라고 물으면, 올바른 대답을 하는 외도 수행자들이라면 '존자들이여, 그것은 치심이 없는 사람들의 목적이다. 치심이 있는 사람들의 목적이 아니다'라고 대답할 것이오.

'존자들이여, 그것은 갈애[愛]가 있는 사람들의 목적인가, 갈애가 없는 사람들의 목적인가?'라고 물으면, 올바른 대답을 하는 외도 수행자들이라면 '존자들이여, 그것은 갈애가 없는 사람들의 목적이다. 갈애가 있는 사람들의 목적이 아니다'라고 대답할 것이오.

'존자들이여, 그것은 취(取)가 있는 사람들의 목적인가, 취가 없는 사람들의 목적인가?'라고 물으면, 올바른 대답을 하는 외도 수행자들이라면 '존자들이여, 그것은 취가 없는 사람들의 목적이다. 취가 있는 사람들의 목적이 아니다'라고 대답할 것이오.

'존자들이여, 그것은 현명한 사람들의 목적인가, 어리석은 사람들의 목적인가?'라고 물으면, 올바른 대답을 하는 외도 수행자들이라면 '존자들이여, 그것은 현명한 사람들의 목적이다. 어리석은 사람들의 목적이 아니다'라고 대답할 것이오.

'존자들이여, 그것은 투쟁을 좋아하는 사람들의 목적인가, 화합을 좋아하는 사람들의 목적인가?'라고 물으면, 올바른 대답을 하는 외도 수행자들이라면 '존자들이여, 그것은 화합을 좋아하는 사람들의 목적이다. 투쟁을 좋아하는 사람들의 목적이 아니다'라고 대답할 것이오.

'존자들이여, 그것은 억측[papañca, 戱論]을 좋아하고 즐기는 사람들의 목적인가, 억측을 좋아하지 않고 즐기지 않는 사람들의 목적인가?'라고 물으면, 올바른 대답을 하는 외도 수행자들이라면 '존자들이여, 그것은 억측을 좋아하지 않고 즐기지 않는 사람들의 목적이다. 억측을 좋아하고 즐기는 사람들의 목적이 아니다'라고 대답할 것이오.

비구들이여, 유견(有見, bhava-diṭṭhi)과 무견(無見, vibhava-diṭṭhi)이라는 두 가지 견해가 있다오. 비구들이여, 유견에 집착하고 가까이하고 고집하는 사문이나 바라문들은 누구나 무견에 반대한다오. 비구들이여, 무견에 집착하고 가까이하고 고집하는 사문이나 바라문들은 누구나 유견에 반대한다오.

비구들이여, 이들 두 가지 견해의 쌓임[見集]과 소멸[滅], 그것이 주는 맛[assāda, 味]과 재난[ādīnava, 患], 그것에서 벗어남[nissaraṇa, 出離]을 있는 그대로 통찰하지 못하는 사문이나 바라문들은 누구나 탐심(貪心)이 있고, 진심(瞋心)이 있고, 치심(癡心)이 있고, 갈애[愛]가 있고, 취(取)가 있고, 어리석고, 투쟁을 좋아하고, 억측을 좋아하고 즐기는 사람들로서 그들은 태어남, 늙어 죽음, 근심, 슬픔, 고통, 우울, 절망에서 벗어나지 못하고 괴로움에서 벗어나지 못한다고 나는 이야기한다오.

비구들이여, 이들 두 가지 견해의 쌓임과 소멸, 그것이 주는 맛과 재난, 그것에서 벗어남을 있는 그대로 통찰하는 사문이나 바라문들은 누구나 탐심이 없고, 진심이 없고, 치심이 없고, 갈애가 없고, 취가 없고, 현명하고, 화합을 좋아하고, 억측을 좋아하지 않고, 즐기지 않는 사람들로서 그들은 태어남, 늙어 죽음, 근심, 슬픔, 고통, 우울, 절망에서 벗어나고 괴로움에서 벗어난다고 나는 이야기한다오.

비구들이여, 네 가지 취가 있나니, 그것은 욕취(欲取), 견취(見取), 계금취(戒禁取), 아어취(我語取)라오. 비구들이여, 일체의 취를 이해한 교리[sabbupādānapariññāvādā]라고 주장하면서도 취에 대한 이해를 보여 주지 못하는 사문과 바라문들이 있다오. 비구들이여, 어떤 사문과 바라문들은 욕취에 대한 이해는 보여 주지만 견취, 계금취, 아어취에 대한 이해는 보여 주지 못한다오. 왜냐하면, 그 사문과 바라문 존자들은 욕취 이외의 세 가지 상태는 있는 그대로 통찰하지 못하기 때문이오. 그래서 그 사문과 바라문 존자들은 일체의 취를 이해한 교리라고 주장하면서도 일체의 취에 대한 이해를 보여 주지 못한다오.

비구들이여, 어떤 사문과 바라문들은 욕취와 견취에 대한 이해는 보여 주지만 계금취, 아어취에 대한 이해는 보여 주지 못한다오. 왜냐하면, 그 사문과 바라문 존자들은 욕취와 견취 이외의 두 가지 상태는 있는 그대로 통찰하지 못하기 때문이오. 그래서 그 사문과 바라문 존자들은 일체의 취를 이해한 교리라고 주장하면서도 일체의 취에 대한 이해를 보여 주지 못하는 것이오.

비구들이여, 어떤 사문과 바라문들은 욕취, 견취, 계금취에 대한 이해는 보여 주지만 아어취에 대한 이해는 보여 주지 못한다오. 왜냐하면, 그 사문과 바라문 존자들은 아어취 한 가지 상태는 있는 그대로 통찰하지 못하기 때문이오. 그래서 그 사문과 바라문 존자들은 일체의 취를 이해한 교리라고 주장하면서도 일체의 취에 대한 이해를 보여 주지 못하는 것이오.

비구들이여, 이러한 가르침[法]과 율(律)에서는 스승에 대한 믿음이 바르게 살아갈 길을 알려 주지 못하고, 가르침에 대한 믿음이 바르게 살아갈 길을 알려 주지 못하고, 계행의 완성이 바르게 살아갈 길을 알려 주지 못하고, 같은 가르침을 따르는 사랑스러운 사람이 바르게 살아갈 길을 알려 주지 못한다오. 왜냐하면, 비구들이여, 그것은 잘못 가르쳐진 가르침과 율로서, 잘못 설명된 것이고, 해탈에 도움이 되지 않고, 평온으로 이끌지 못하고, 바르고 평등한 깨달음을 성취한 분이 가르친 것이 아니기 때문이오.

비구들이여, 그러나 아라한이며, 바르고 평등한 깨달음을 성취한 여래는 일체의 취를 이해한 교리라고 주장하면서, 일체의 취에 대한 이해를 보여 준다오. 여래는 욕취에 대한 이해를 보여 주고, 견취에 대한 이해를 보여 주고, 계금취에 대한 이해를 보여 주고, 아어취에 대한 이해를 보여 준다오. 비구들이여, 이러한 가르침과 율에서는 스승에 대한 믿음이 바르게 살아갈 길을 알려 주고, 가르침에 대한 믿음이 바르게 살아갈 길을 알려 주고, 계행의 완성이 바르게 살아갈 길을 알려 주고, 같은 가르침을 따르는 사랑스러운 사람들이 바르게 살아갈 길을 알려 준다오. 왜냐하면 비구들이여, 그것은 잘 가르쳐진 가르침과 율로서, 잘 설명되고, 해탈에 도움이 되고, 평온으로 이끌고, 바르고 평등한 깨달음을 성취한 사람이 가르친 것이기 때문이오.

비구들이여, 이 네 가지 취는 어떤 인연으로, 어떤 것이 쌓여서, 어떤 것의 발생으로 인해서, 어떤 것을 근거로 하여 존재하는가? 이 네 가지 취는 갈애를 인연으로, 갈애가 쌓여서, 갈애의 발생으로 인해서, 갈애를 근거로 하여 존재한다오.

비구들이여, 이 갈애는 어떤 인연으로, 어떤 것이 쌓여서, 어떤 것의 발생으로 인해서, 어떤 것을 근거로 하여 존재하는가? 이 갈애는 느낌[受]을 인연으로, 느낌이 쌓여서, 느낌의 발생으로 인해서, 느낌을 근거로 하여 존재한다오.

비구들이여, 이 느낌은 어떤 인연으로, 어떤 것이 쌓여서, 어떤 것의 발생으로 인해서, 어떤 것을 근거로 하여 존재하는가? 이 느낌은 접촉[觸]을 인연으로, 접촉이 쌓여서, 접촉의 발생으로 인해서, 접촉을 근거로 하여 존재한다오.

비구들이여, 이 접촉은 어떤 인연으로, 어떤 것이 쌓여서, 어떤 것의 발생으로 인해서, 어떤 것을 근거로 하여 존재하는가? 이 접촉은 6입처를 인연으로, 6입처가 쌓여서, 6입처의 발생으로 인해서, 6입처를 근거로 하여 존재한다오.

비구들이여, 그렇다면 이 6입처는 어떤 인연으로, 어떤 것이 쌓여서, 어떤 것의 발생으로 인해서, 어떤 것을 근거로 하여 존재하는가? 이 6입처는 이름과 형색[nāmarūpa, 名色]을 인연으로, 이름과 형색이 쌓여서, 이름과 형색의 발생으로 인해서, 이름과 형색을 근거로 하여 존재한다오.

비구들이여, 그렇다면 이 이름과 형색은 어떤 인연으로, 어떤 것이 쌓여서, 어떤 것의 발생으로 인해서, 어떤 것을 근거로 하여 존재하는가? 이 이름과 형색은 분별의식[識]을 인연으로, 분별의식이 쌓여서, 분별의식의 발생으로 인해서, 분별의식을 근거로 하여 존재한다오.

비구들이여, 이 분별의식은 어떤 인연으로, 어떤 것이 쌓여서, 어떤 것의 발생으로 인해서, 어떤 것을 근거로 하여 존재하는가? 이 분별의식은 행위[行]를 인연으로, 행위가 쌓여서, 행위의 발생으로 인해서, 행위를 근거로 하여 존재한다오.

비구들이여, 이 행위는 어떤 인연으로, 어떤 것이 쌓여서, 어떤 것의 발생으로 인해서, 어떤 것을 근거로 하여 존재하는가? 이 행위는 무명(無明)을 인연으로, 무명이 쌓여서, 무명의 발생으로 인해서, 무명을 근거로 하여 존재한다오.

비구들이여, 무명이 소멸한 비구에게는 명지(明智)가 생기기 때문에, 그는 무명이 사라지고 명지가 생김으로써 결코 욕취를 취하지 않고, 견취를 취하지 않고, 계금취를 취하지 않고, 아어취를 취하지 않는다오. 그는 취하지 않음으로써 두려워하지 않고, 두려워하지 않음으로써 자기 스스로 반열반(般涅槃)에 든다오. 그는 '태어남은 끝났고, 청정한 수행[梵行]을 마쳤으며, 해야 할 일을 끝마쳤다. 다시는 이런 상태로 되지 않는다'라고 분명하게 안다오."

이것이 세존께서 하신 말씀입니다.

그 비구들은 세존의 말씀에 만족하고 기뻐했습니다.

8. 큰 괴로움 덩어리경[262]
〈M.N. 13. Mahādukkhakkhandha-sutta〉

이와 같이 나는 들었습니다.

한때 세존께서는 사왓티의 제따와나 아나타삔디까 승원에 머무셨습니다.

그때 많은 비구들은 오전에 옷을 입고 발우와 법의(法衣)를 지니고 탁발하러 사왓티에 들어갔습니다. 그런데 그 비구들에게 이런 생각이 들었습니다.

'지금 바로 사왓티에서 탁발하기는 너무 이르다. 우리는 외도 행각수행자들의 승원을 방문하는 것이 어떨까?'

그 비구들은 외도 행각수행자들의 승원을 방문했습니다.

그들은 외도 행각수행자들과 정중하게 인사를 하고 공손한 인사말을 나눈 후에 한쪽에 앉았습니다. 한쪽에 앉은 비구들에게 외도 행각수행자들이 말했습니다.

"존자들이여, 고따마 사문은 감각적 욕망에 대한 이해를 언명합니다. 우리도 감각적 욕망에 대한 이해를 언명합니다. 존자들이여, 고따마 사문은 형색[色]에 대한 이해를 언명합니다. 우리도 형색에 대한 이해를 언명합니다. 존자들이여, 고따마 사문은 느낌[受]에 대한 이해를 언명합니다. 우리도 느낌에 대한 이해를 언명합니다. 존자여, 여기에서 차이는 무엇입니까? 고따마 사문과 우리의 가르침에는 어떤 의미의 차이가 있고, 훈계에는 어떤 의미의 차이가 있습니까?"

그 비구들은 외도 행각수행자들의 말에 기뻐하지도 않고, 비난하지도 않고, "우리는 세존으로부터 직접 이 말의 의미를 배우기로 하자"라고 이야기하면서 자리에서 일어나 그 자리를 떠났습니다.

그 비구들은 사왓티에서 탁발을 마친 후에, 탁발한 음식을 먹고 나서 세존을 찾아갔습니다. 그 비구들은 세존께 예배하고 한쪽에 앉아서 세존께 오전에 있었던 일을 말씀드렸습니다.[263]

세존께서 그 비구들에게 말씀하셨습니다.

"비구들이여, 그와 같이 이야기하는 외도 행각수행자들에게는 이렇게 말해야 한다오.

'존자들이여, 어떤 것이 감각적 욕망의 맛[味]이며, 재난[患]이며, 벗어남[出離]인가? 어떤 것이 형색[色]의 맛이며, 재난이며, 벗어남인가? 어떤 것이 느낌[受]의 맛이며, 재난이며, 벗어남인가?'

비구들이여, 그 외도 행각수행자들에게 이와 같이 물으면, 그들은 설명하지 못하고 곤혹해 할 것이오. 왜냐하면 비구들이여, 이 물음은 그들의 인식의 한계를 벗어난 것이기 때문이오. 비구들이여, 나는 천신(天神)과 마라(Māra)와 범천(梵天, Brahman)을 포함한 세간(世間), 사문과 바라문과 왕과 사람들을

---

262 『중아함경(中阿含經)』의 「99. 고음경(苦陰經)」에 상응하는 경.

263 중복되는 내용을 생략하여 번역함.

포함한 인간 가운데서 여래나 여래의 제자나 그들에게서 들은 자를 제외한 다른 자들이 그 물음에 대답하는 것을 보지 못했다오.

비구들이여, 무엇이 감각적 욕망의 맛인가? 비구들이여, 다섯 가지 감각적 욕망의 대상이 있다오. 시각[眼]에 의해서 지각되는 마음에 들고 호감이 가고 매력 있고 사랑스럽고 열망하고 유혹적인 형색[色], 청각[耳]에 의해서 지각되는 마음에 들고 호감이 가고 매력 있고 사랑스럽고 열망하고 유혹적인 소리[聲], 후각[鼻]에 의해서 지각되는 마음에 들고 호감이 가고 매력 있고 사랑스럽고 열망하고 유혹적인 향기[香], 미각[舌]에 의해서 지각되는 마음에 들고 호감이 가고 매력 있고 사랑스럽고 열망하고 유혹적인 맛[味], 촉각[身]에 의해서 지각되는 마음에 들고 호감이 가고 매력 있고 사랑스럽고 열망하고 유혹적인 촉감[觸], 비구들이여, 이들이 다섯 가지 감각적 욕망의 대상이라오. 비구들이여, 이들 다섯 가지 감각적 욕망의 대상을 의지하여 즐거움과 만족이 생긴다오. 이것이 감각적 욕망의 맛이라오.

비구들이여, 무엇이 감각적 욕망의 재난인가? 비구들이여, 이 세상에서 선남자는 회계·계산·산수·농사·장사·목축·궁술·관리 등의 기술이나 여타의 기술로 생계를 영위하면서, 추위나 더위를 무릅쓰고, 등에·모기·열풍·뱀 등을 만나 해를 입고, 굶주림과 목마름으로 죽어 간다오. 비구들이여, 이것이 감각적 욕망의 재난이며, 지금 여기에 있는 괴로움 덩어리[dukkhakkhanda, 苦蘊]는 감각적 욕망이 원인이며, 감각적 욕망이 인연이며, 감각적 욕망과 연관되어 있나니, 참으로 감각적 욕망이 그 원인이라오.

비구들이여, 만약에 그 선남자가 열심히 노력하고 정진하고도 그에게 재산이 생기지 않는다면, 그는 '실로 나의 노력이 허사로다. 실로 나는 힘만 들였지 결과가 없다'라고 슬퍼하고, 아쉬워하고, 가슴을 치며 통탄하고, 혼란에 빠진다오. 비구들이여, 이것이 감각적 욕망의 재난이며, 지금 여기에 있는 괴로움 덩어리는 감각적 욕망이 원인이며, 감각적 욕망이 인연이며, 감각적 욕망과 연관되어 있나니, 참으로 감각적 욕망이 그 원인이라오.

비구들이여, 만약에 그 선남자가 열심히 노력하고 정진하여 그에게 재산이 생기면, 그는 재산을 지키고자 하기 때문에 '나의 재산을 왕에게 빼앗기지나 않을까, 도적에게 빼앗기지나 않을까, 불이 태우지나 않을까, 물이 휩쓸어가지나 않을까, 사랑하지 않는 상속인들이 가져가지나 않을까?'라고 괴로움과 근심을 느낀다오. 이렇게 보호하고 지켰건만, 그의 재산을 왕이 빼앗아가고, 도적이 빼앗아 가고, 불이 태우고, 물이 휩쓸어가고, 사랑하지 않는 상속인들이 가져가면, 그는 '실로 나의 노력이 허사로다. 실로 나는 힘만 들였지 결과가 없다'라고 슬퍼하고, 아쉬워하고, 가슴을 치며 통탄하고, 혼란에 빠진다오. 비구들이여, 이것이 감각적 욕망의 재난이며, 지금 여기에 있는 괴로움 덩어리는 감각적 욕망이 원인이며, 감각적 욕망이 인연이며, 감각적 욕망과 연관되어 있나니, 참으로 감각적 욕망이 그 원인이라오.

비구들이여, 그뿐만이 아니라오. 감각적 욕망을 원인으로, 감각적 욕망을 인연으로, 감각적 욕망과 연관되어, 참으로 감각적 욕망이 그 원인이 되어 왕들이 왕들과 다투고, 크샤트리아들이 크샤트리아들과 다투고, 바라문들이 바라문들과 다투고, 거사들이 거사들과 다투고, 어머니가 아들과 다투고, 아들이 어머니와 다투고, 아버지가 아들과 다투고, 아들이 아버지와 다투고, 형제가 형제와 다투고, 형제가 자매와 다투고, 자매가 형제와 다투고, 동료가 동료와 다툰다오. 그리하여 그들은 불화하고 싸우고 논쟁하면서 서로서로 손으로 때리고, 흙덩이로 공격하고, 막대기로 때리고, 칼로 공격한다오. 그리하여 그들은 죽음과 죽을 지경의 괴로움에 이른다오. 비구들이여, 이것이 감각적 욕망의 재난이며, 지금 여기에 있는 괴로움 덩어리는 감각적 욕망이 원인이며, 감각적 욕망이 인연이며, 감각적 욕망과 연관되어 있나니, 참으로 감각적 욕망이 그 원인이라오.

비구들이여, 그뿐만이 아니라오. 감각적 욕망을 원인으로, 감각적 욕망을 인연으로, 감각적 욕망과 연관되어, 참으로 감각적 욕망이 그 원인이 되어 칼을 들고 갑옷을 입고 활과 화살통으로 무장하고서, 화살이 빗발치고 창이 날아다니고 칼이 번뜩이는 가운데 양쪽으로 진을 치고 있는 전쟁터로 돌진한다오. 그리하여 그들은 화살에 맞고 창에 찔리고 칼에 머리를 잘린다오. 그리하여 그들은 죽음과 죽을 지경의 괴로움에 이른다오. 비구들이여, 이것이 감각적 욕망의 재난이며, 지금 여기에 있는 괴로움 덩어리는 감각적 욕망이 원인이며, 감각적 욕망이 인연이며, 감각적 욕망과 연관되어 있나니, 참으로 감각적 욕망이 그 원인이라오.

비구들이여, 그뿐만이 아니라오. 감각적 욕망을 원인으로, 감각적 욕망을 인연으로, 감각적 욕망과 연관되어, 참으로 감각적 욕망이 그 원인이 되어 칼을 들고 갑옷을 입고 활과 화살통으로 무장하고서, 화살이 빗발치고 창이 날아다니고 칼이 번뜩이는 가운데 휘황찬란한 궁성(宮城)으로 돌진한다오. 그리하여 그들은 화살에 맞고 창에 찔리고 끓는 물을 뒤집어쓰고 수많은 군사들에게 짓밟히고 칼에 머리를 잘린다오. 그리하여 그들은 죽음과 죽을 지경의 괴로움에 이른다오. 비구들이여, 이것이 감각적 욕망의 재난이며, 지금 여기에 있는 괴로움 덩어리는 감각적 욕망이 원인이며, 감각적 욕망이 인연이며, 감각적 욕망과 연관되어 있나니, 참으로 감각적 욕망이 그 원인이라오.

비구들이여, 그뿐만이 아니라오. 감각적 욕망을 원인으로, 감각적 욕망을 인연으로, 감각적 욕망과 연관되어, 참으로 감각적 욕망이 그 원인이 되어 강탈하고 약탈하고 도둑질하고 노상 강도질을 하고 남의 부인에게 간다오. 이런 사람을 왕들이 붙잡아 매로 때리고, 팔다리를 자르고, 삶아 죽이고, 태워 죽이고, 구워 죽이고, 찢어 죽이고, 껍질을 벗겨 죽이고, 기름에 튀겨 죽이고, 개에게 먹여 죽이고, 꼬챙이로 찔러 죽이고, 칼로 목을 자르는 등 갖가지 형벌을 가한다오. 그리하여 그들은 죽음과 죽을 지경의 괴로움에 이른다오. 비구들이여, 이것이 감각적 욕망의 재난이며, 지금 여기에 있는 괴로움 덩어리는 감각적 욕망이 원인이며, 감각적 욕망이 인연이며, 감각적 욕망과 연관되어 있나니, 참으로 감각적 욕망이 그 원인이라오.

비구들이여, 그뿐만이 아니라오. 감각적 욕망을 원인으로, 감각적 욕망을 인연으로, 감각적 욕망과 연관되어, 참으로 감각적 욕망이 그 원인이 되어 몸으로 악행을 저지르고, 말로 악행을 저지르고, 마음으로 악행을 저지른다오. 그리하여 그들은 몸이 무너져 죽은 후에 험난하고, 고통스러운, 지옥과 같은 악취(惡趣)에 태어난다오. 비구들이여, 이것이 감각적 욕망의 재난이며, 지금 여기에 있는 괴로움 덩어리는 감각적 욕망이 원인이며, 감각적 욕망이 인연이며, 감각적 욕망과 연관되어 있나니, 참으로 감각적 욕망이 그 원인이라오.

비구들이여, 어떤 것이 감각적 욕망에서 벗어남인가? 비구들이여, 감각적 욕망에 대하여 욕탐(欲貪)을 제어(制御)하고, 욕탐을 버리는 것이 감각적 욕망에서 벗어남이라오.

비구들이여, 그 어떤 사문이든 바라문이든, 이와 같이 감각적 욕망의 맛을 맛으로, 재앙을 재앙으로, 벗어남을 벗어남으로, 있는 그대로 통찰하지 못하는 사람들이 스스로 감각적 욕망에 대하여 알게 되고, 여실하게 실천하도록 타인들을 격려하여 그들이 감각적 욕망에 대하여 알도록 하는 일은 있을 수 없다오. 비구들이여, 하지만 그 어떤 사문이든 바라문이든, 이와 같이 감각적 욕망의 맛을 맛으로, 재앙을 재앙으로, 벗어남을 벗어남으로, 있는 그대로 통찰하는 사람들은 스스로 감각적 욕망에 대하여 알게 되고, 여실하게 실천하도록 타인들을 격려하여 그들이 감각적 욕망에 대하여 알도록 할 수 있다오.

비구들이여, 어떤 것이 형색의 맛인가? 비구들이여, 예를 들면 십 오륙 세 무렵의 너무 크지도 않고 작지도 않으며, 너무 마르지도 않고 뚱뚱하지도 않으며, 너무 검지도 않고 희지도 않은 크샤트리아 소녀나 바라문 처녀나 거사 처녀는 그 시기에 용모가 가장 아름답지 아니한가?"

"그렇습니다, 세존이시여!"

"비구들이여, 이와 같은 아름다운 용모로 인하여 즐거움과 기쁨이 생기나니, 이것이 형색의 맛이라오.

비구들이여, 어떤 것이 형색의 재난인가? 비구들이여, 이후에 여든이나 아흔이나 백 살이 된, 늙어서 허리가 활처럼 구부러지고 지팡이에 의지하여 비틀거리며 걷는, 치아는 빠지고 머리카락은 빠져 대머리가 되고, 사지에는 검버섯이 생긴, 비참한 노년의 그 자매(姉妹)를 본다면, 비구들이여, 어떻게 생각하는가? 이전의 아름다운 용모는 사라지고 재난이 나타난 것이 아닌가?"

"그렇습니다, 세존이시여!"

"비구들이여, 이것이 형색의 재난이라오. 비구들이여, 그뿐만이 아니라오. 병이 들어 극심한 고통을 느끼면서 자신의 대소변을 묻히고 드러누워, 다른 사람이 일으키고 눕히는 그 자매를 본다면, 비구들이여, 어떻게 생각하는가? 이전의 아름다운 용모는 사라지고 재난이 나타난 것이 아닌가?"

"그렇습니다, 세존이시여!"

"비구들이여, 이것이 형색의 재난이라오. 비구들이여, 그뿐만이 아니라오. 시신이 묘지에 버려져 하루나 이틀이나 사흘이 지나 부풀어 오르고, 푸르게 변색하고, 곪아 터진 그 자매를 본다면, 비구들이여, 어떻게 생각하는가? 이전의 아름다운 용모는 사라지고 재난이 나타난 것이 아닌가?"

"그렇습니다, 세존이시여!"

"비구들이여, 이것이 형색의 재난이라오. 비구들이여, 그뿐만이 아니라오. 시신이 묘지에 버려져 까마귀나 매나 독수리가 파먹고, 개나 늑대가 뜯어 먹고, 갖가지 벌레가 생겨 파먹은 그 자매를 본다면, 비구들이여, 어떻게 생각하는가? 이전의 아름다운 용모는 사라지고 재난이 나타난 것이 아닌가?"

"그렇습니다, 세존이시여!"

"비구들이여, 이것이 형색의 재난이라오. 비구들이여, 그뿐만이 아니라오. 시신이 묘지에 버려져 붉은 살점이 붙어 있는 해골을 힘줄이 결합하고 있는 그 자매를 본다면, 붉은 살점으로 더렵혀진 해골을 힘줄이 결합하고 있는 그 자매를 본다면, 붉은 살점이 사라진 해골을 힘줄이 결합하고 있는 그 자매를 본다면, 결합하고 있는 힘줄이 사라져서 손뼈는 손뼈대로, 다리뼈는 다리뼈대로, 경골(脛骨)은 경골대로, 대퇴골(大腿骨)은 대퇴골대로, 허리뼈는 허리뼈대로 척추(脊椎)는 척추대로, 두개골(頭蓋骨)은 두개골대로, 뼈가 사방팔방으로 흩어진 그 자매를 본다면, 비구들이여, 어떻게 생각하는가? 이전의 아름다운 용모는 사라지고 재난이 나타난 것이 아닌가?"

"그렇습니다, 세존이시여!"

"비구들이여, 이것이 형색의 재난이라오. 비구들이여, 그뿐만이 아니라오. 시신이 묘지에 버려져 뼛조각들이 하얗게 조개껍데기 색처럼 된 그 자매를 본다면, 뼛조각들이 말라서 수북하게 쌓인 그 자매를 본다면, 뼛조각들이 썩어서 가루가 된 그 자매를 본다면, 비구들이여, 어떻게 생각하는가? 이전의 아름다운 용모는 사라지고 재난이 나타난 것이 아닌가?"

"그렇습니다, 세존이시여!"

"비구들이여, 이것이 형색의 재난이라오."

세존께서 계속하여 말씀하셨습니다.

"비구들이여, 어떤 것이 형색에서 벗어남인가? 비구들이여, 형색에 대하여 욕탐을 제어하고 욕탐을 버리는 것이 형색에서 벗어남이라오.

비구들이여, 그 어떤 사문이든 바라문이든, 이와 같이 형색의 맛을 맛으로, 재앙을 재앙으로, 벗어남을 벗어남으로, 있는 그대로 통찰하지 못하는 사람들이 스스로 형색에 대하여 알게 되고, 남들이 여실하게 실천하도록 격려하여 그들이 형색에 대하여 알도록 하는 일은 있을 수 없다오. 비구들이여, 하지만 그 어떤 사문이든 바라문이든, 이와 같이 형색의 맛을 맛으로, 재앙을 재앙으로, 벗어남을 벗어남으로, 있는 그대로 통찰하는 사람들은 스스로 형색에 대하여 알게 되고, 남들이 여실하게 실천하도록 격려하여 그들이 형색에 대하여 알도록 할 수 있다오.

비구들이여, 어떤 것이 느낌의 맛인가? 비구들이여, 비구는 감각적 욕망을 멀리하고 불선법(不善法)을 멀리함으로써 사유가 있고 숙고가 있는, 멀리함에서 생긴 기쁨과 즐거움이 있는 초선(初禪)을 성취하여 살아간다오. 비구들이여, 비구가 초선을 성취하여 살아갈 때, 그는 자신에 대한 증오심을 일으키지 않고, 타인에 대한 증오심을 일으키지 않고, 자신과 타인에 대한 증오심을 일으키지 않으며, 그때 그는 증오심 없는 평온한 느낌을 느낀다오. 비구들이여, 나는 증오심 없는 최상의 평온한 마음을 느낌의 맛이라고 말한다오.

비구들이여, 그뿐만이 아니라오. 비구는 사유와 숙고를 억제하여 내적으로 조용해진, 마음이 집중된, 사유와 숙고가 없는, 삼매에서 생긴 즐거움과 행복이 있는 제2선(第二禪)을 성취하고, 계속해서 제3선(第三禪)과 제4선(第四禪)을 성취하여 살아간다오.[264]

비구들이여, 비구가 행복감을 포기하고 괴로움을 버림으로써 이전의 만족과 불만이 소멸하여, 괴롭지도 않고 즐겁지도 않은, 평정한 주의집중이 청정한 제4선을 성취하여 살아갈 때, 그는 자신에 대한 증오심을 일으키지 않고, 타인에 대한 증오심을 일으키지 않고, 자신과 타인에 대한 증오심을 일으키지 않으며, 그때 그는 증오심 없는 평온한 느낌을 느낀다오. 비구들이여, 나는 증오심 없는 최상의 평온한 마음을 느낌의 맛이라고 말한다오.

비구들이여, 어떤 것이 느낌의 재난인가? 비구들이여, 느낌은 지속하지 않고[無常], 괴로운[苦], 변천하는 법[變易法]이니, 이것이 느낌의 재난이라오.

비구들이여, 어떤 것이 느낌에서 벗어남인가? 비구들이여, 느낌에 대하여 욕탐을 제어하고, 욕탐을 버리는 것이 느낌에서 벗어남이라오.

비구들이여, 그 어떤 사문이든 바라문이든, 이와 같이 느낌의 맛을 맛으로, 재앙을 재앙으로, 벗어남을 벗어남으로, 있는 그대로 통찰하지 못하는 사람들이 스스로 느낌에 대하여 알게 되고, 여실하게 실천하도록 타인들을 격려하여 그들이 느낌에 대하여 알도록 하는 일은 있을 수 없다오. 비구들이여, 하지만 그 어떤 사문이든 바라문이든, 이와 같이 느낌의 맛을 맛으로, 재앙을 재앙으로, 벗어남을 벗어남으로, 있는 그대로 통찰하는 사람들은 스스로 느낌에 대하여 알게 되고, 여실하게 실천하도록 타인들을 격려하여 그들이 느낌에 대하여 알도록 할 수 있다오."

이것이 세존께서 하신 말씀입니다.

그 비구들은 세존의 말씀에 만족하고 기뻐했습니다.

---

264 4선정(四禪定)의 내용은 동일한 내용이 여러 경에서 반복되므로 생략하여 번역함.

9. 작은 괴로움 덩어리경[265]

〈M.N. 14. Cūḷadukkhakkhandha-sutta〉

이와 같이 나는 들었습니다.

한때 세존께서는 삭까(釋迦, Sakka)의 까삘라왓투에 있는 니그로다 원림(園林)에 머무셨습니다.

그때 마하나마 삭까(Mahānāma Sakka)가 찾아와서 세존께 예배하고 한쪽에 앉은 후에 세존께 말씀드렸습니다.

"세존이시여, 저는 오랫동안 세존께서 가르치신 다음과 같은 가르침을 배웠습니다. '탐심(貪心)은 마음의 때다. 진심(瞋心)은 마음의 때다. 치심(癡心)은 마음의 때다.' 세존이시여, 그래서 저는 세존께서 가르치신 그와 같은 가르침을 알고 있습니다. 그렇지만 어떨 때는 탐심들이 나의 마음을 사로잡고, 진심들과 치심들이 나의 마음을 사로잡습니다. 세존이시여, 그래서 저는 '내가 나 스스로 어떤 법을 버리지 않았기 때문에 어떨 때는 탐심들이 나의 마음을 사로잡고, 진심들과 치심들이 나의 마음을 사로잡는 것일까?'라고 생각했습니다."

세존께서 답하셨습니다.

"마하나마여, 그대는 그대 스스로 버리지 못한 법이 있다. 그것 때문에 어떨 때는 탐심들이 그대의 마음을 사로잡고, 진심들과 치심들이 그대의 마음을 사로잡는 것이다. 마하나마여, 그대가 그대 스스로 그 법을 버린다면, 그대는 속가(俗家)에서 살지 않고 감각적 욕망을 누리지 않을 것이다. 그런데 그대는 그대 스스로 그 법을 버리지 못하기 때문에 속가에 살면서 감각적 욕망을 누리는 것이다.

마하나마여, 거룩한 제자가 '감각적 욕망은 맛없고, 괴로움이 많고, 고난이 많다. 여기에는 재난이 많다'라고 바른 통찰지(通察智)로 있는 그대로 잘 통찰한다고 할지라도, 감각적 욕망과 불선법(不善法)에서 벗어난 기쁨과 즐거움이나 그보다 더 평온한 다른 기쁨과 즐거움을 성취하지 못하는 한, 그는 결코 감각적 욕망의 유혹에서 벗어나지 못한다.

마하나마여, 거룩한 제자는 '감각적 욕망은 맛없고, 괴로움이 많고, 고난이 많다. 여기에는 재난이 많다'라고 바른 통찰지로 있는 그대로 잘 통찰하고, 감각적 욕망과 불선법에서 벗어난 기쁨과 즐거움이나 그보다 더 평온한 다른 기쁨과 즐거움을 성취함으로써, 그는 참으로 감각적 욕망의 유혹에서 벗어난다.

마하나마여, 내가 이전에 바른 깨달음을 얻지 못한 보살이었을 때 '감각적 욕망은 맛없고, 괴로움이 많고, 고난이 많다. 여기에는 재난이 많다'라고 바른 통찰지로 있는 그대로 잘 통찰했지만, 감각적 욕망과 불선법에서 벗어난 기쁨과 즐거움이나 그보다 더 평온한 다른 기쁨과 즐거움을 성취하지 못했기 때문에, 나는 결코 감각적 욕망의 유혹에

---

265 『중아함경(中阿含經)』의 「100. 고음경(苦陰經)」에 상응하는 경.

서 벗어나지 못했다는 것을 알았다. 마하나마여, '감각적 욕망은 맛없고, 괴로움이 많고, 고난이 많다. 여기에는 재난이 많다'라고 바른 통찰지로 있는 그대로 잘 통찰했고, 감각적 욕망과 불선법에서 벗어난 기쁨과 즐거움이나 그보다 더 평온한 다른 기쁨과 즐거움을 성취함으로써, 나는 참으로 감각적 욕망의 유혹에서 벗어났다는 것을 알았다.

마하나마여, 무엇이 감각적 욕망의 맛[味]인가? 마하나마여, 다섯 가지 감각적 욕망의 대상이 있다. 시각[眼]에 의해서 지각되는 마음에 들고 호감이 가고 매력 있고 사랑스럽고 열망하고 유혹적인 형색[色], 청각[耳]에 의해서 지각되는 마음에 들고 호감이 가고 매력 있고 사랑스럽고 열망하고 유혹적인 소리[聲], 후각[鼻]에 의해서 지각되는 마음에 들고 호감이 가고 매력 있고 사랑스럽고 열망하고 유혹적인 향기[香], 미각[舌]에 의해서 지각되는 마음에 들고 호감이 가고 매력 있고 사랑스럽고 열망하고 유혹적인 맛[味], 촉각[身]에 의해서 지각되는 마음에 들고 호감이 가고 매력 있고 사랑스럽고 열망하고 유혹적인 촉감[觸], 이들이 다섯 가지 감각적 욕망의 대상이다. 마하나마여, 이들 다섯 가지 감각적 욕망의 대상에 의지하여 즐거움과 만족이 생긴다. 이것이 감각적 욕망의 맛이다.

마하나마여, 무엇이 감각적 욕망의 재난[患]인가? … (세존께서는 이전의 경에서 말씀하신 것과 같은 내용으로 감각적 욕망의 여러 가지 재난에 대하여 말씀하셨습니다. 즉 감각적 욕망으로 인해서 몸이 무너져 죽은 후에 험난하고 고통스러운 지옥과 같은 악취에 태어난다는 말씀까지 하셨습니다) …

마하나마여, 이것이 감각적 욕망의 재난이며, 지금 여기에 있는 괴로움 덩어리는 감각적 욕망을 원인으로, 감각적 욕망을 인연으로, 감각적 욕망과 연관되어 있나니, 참으로 감각적 욕망이 그 원인이다.

마하나마여, 나는 한때 라자가하의 깃자꾸따(Gijjhakūṭa, 靈鷲山)에 머물렀다. 그때 이시길리빠싸 깔라실라(Isigilipassa Kāḷasilā)에 수많은 상립행자(常立行者)[266] 니간타들이 있었다. 그들은 결코 앉지 않고 고행에서 비롯된 신랄하고 격렬한 고통을 느끼고 있었다. 마하나마여, 나는 저녁에 좌선(坐禪)에서 일어나 이시길리빠싸 깔라실라로 니간타들을 찾아가서 그 니간타들에게 이렇게 말했다. '상립행자 니간타 존자들이여, 여러분은 무엇 때문에 앉지 않고 고행에서 비롯된 신랄하고 격렬한 고통을 느끼고 있나요?'

마하나마여, 그 니간타들은 나에게 이렇게 말했다.

'존자여, 니간타 나따뿟따께서는 모든 것을 아시고, 모든 것을 보시는 분으로서, 완전한 지견(知見)을 갖추었다고 다음과 같이 선언하셨습니다. '나는 갈 때나, 서 있을 때나, 잘 때나, 깨어 있을 때나, 항상 끊임없이 지견이 나타난다.' 그분은 이렇게 말씀하셨습니다. '니간타들이여, 그대들에게는 전생에 지은 악업이 있다. 그대들은 그 악업을 이 극심한 고행으로 소멸하도록 하라! 지금 여기에서는 몸을 제어하고, 말을 제어하고, 마음을 제어하고, 미래에는 악업을 짓지 마라!

---

266 앉거나 눕지 않고 항상 서서 고행을 하는 수행자.

이와 같이 과거의 업은 고행으로 없애고 새로운 업을 짓지 않으면 미래에 (업이) 흘러들지 않는다. 미래에 (업이) 흘러들지 않기 때문에 업이 소멸하고, 업이 소멸하기 때문에 괴로움이 소멸하고, 괴로움이 소멸하기 때문에 느낌[受]이 소멸하고, 느낌이 소멸하기 때문에 모든 괴로움이 소멸하게 된다. 그것은 우리에게 기쁜 것이고 즐거운 것이다. 그로 인해서 우리에게 즐거움이 있다."

마하나마여, 나는 그 니간타들에게 이렇게 말했다.

'니간타 존자들이여, 그대들은 전생에 우리가 있었는지 없었는지를 아는가?'

'존자여, 알지 못합니다.'

'니간타 존자들이여, 그대들은 전생에 우리가 악업을 지었는지 짓지 않았는지를 아는가?'

'존자여, 알지 못합니다.'

'니간타 존자들이여, 그대들은 이만큼의 괴로움은 없앴고, 이만큼의 괴로움은 없애야 하고, 이만큼의 괴로움을 없애면 모든 괴로움을 없앤다는 것을 아는가?'

'존자여, 알지 못합니다.'

'니간타 존자들이여, 그대들은 현세에서 불선법(不善法)이 소멸하고 선법(善法)을 획득한 것을 아는가?'

'존자여, 알지 못합니다.'

'니간타 존자들이여, 그렇다면 그대들은 전생에 우리가 있었는지 없었는지도 모르고, 전생에 우리가 악업을 지었는지 짓지 않았는지도 모르고, 이만큼의 괴로움은 없앴고, 이만큼의 괴로움은 없애야 하고, 이만큼의 괴로움을 없애면 모든 괴로움을 없애게 된다는 것도 모르고, 현세에서 불선법이 소멸하고 선법을 획득한 것도 모른다는 말이 아닌가! 니간타 존자들이여, 그렇다면 세간에서 피를 묻히는 잔인한 일을 하며 살아가는 사나운 사냥꾼들이 인간 가운데 다시 태어나서 니간타에 출가하는 것인가?'

'고따마 존자여, 즐거움으로는 즐거움을 얻을 수 없고, 괴로움으로 즐거움을 얻을 수 있습니다. 고따마 존자여, 만약에 즐거움으로 즐거움을 얻게 된다면, 마가다의 왕 세니야 빔비사라(Seniya Bimbisāra)가 즐거움을 얻게 될 것입니다. 왜냐하면, 마가다의 왕 세니야 빔비사라는 고따마 존자보다 더 많은 즐거움을 누리는 사람이기 때문입니다.'

분명히 이 말은 니간타 존자들이 별생각 없이 급히 한 말이다. 그래서 나는 그때 '이들 중에서 더 많은 즐거움을 누리는 사람은 누구인가? 마가다의 왕 세니야 빔비사라인가, 고따마인가?'라고 반문하지 않을 수 없었다.

'고따마 존자여, 분명히 그 말은 우리가 별생각 없이 급히 한 말입니다. 그러니 그 점은 차치하고, 이제 우리가 고따마 존자에게 묻겠습니다. 이들 중에서 더 많은 즐거움을 누리는 사람은 누구인가요? 마가다의 왕 세니야 빔비사라인가요, 고따마인가요?'

'니간타 존자들이여, 그렇다면 내가 이제 그대들에게 반문하겠소. 그대들 좋을 대로 대답하도록 하시오! 니간타 존자들이여, 어떻게 생각하는가? 마가다의 왕 세니야 빔비사라는 칠일 밤낮을 몸을 움직이지 않고, 아무 말도 하지 않고, 여일(如一)한 즐거움을 느끼며 지낼 수 있겠는가?'

'존자여, 결코 그럴 수 없을 것입니다.'

'니간타 존자들이여, 어떻게 생각하는

가? 마가다의 왕 세니야 빔비사라는 엿새, 아니면 닷새, 아니면 나흘, 아니면 사흘, 아니면 이틀, 아니면 하루 밤낮을 몸을 움직이지 않고, 아무 말도 하지 않고, 여일한 즐거움을 느끼며 지낼 수 있겠는가?'

'존자여, 결코 그럴 수 없을 것입니다.'

'니간타 존자들이여, 나는 하루 밤낮을 몸을 움직이지 않고, 아무 말도 하지 않고, 여일한 즐거움을 느끼며 지낼 수 있다오. 나는 이틀, 사흘, 나흘, 닷새, 엿새, 또는 칠일 밤낮을 몸을 움직이지 않고, 아무 말도 하지 않고, 여일한 즐거움을 느끼며 지낼 수 있다오. 니간타 존자들이여, 어떻게 생각는가? 이와 같다면, 더 많은 즐거움을 누리는 사람은 마가다의 왕 세니야 빔비사라인가, 나인가?'

'존자여, 이와 같다면, 고따마가 마가다의 왕 세니야 빔비사라보다 많은 즐거움을 누리는 사람입니다.'"

이것이 세존께서 하신 말씀입니다.

삭까족의 마하나마는 세존의 말씀에 만족하고 기뻐했습니다.

10. 마음속 쓰레기경[267]
〈M.N. 16. Cetokhila-sutta〉

이와 같이 나는 들었습니다.

한때 세존께서는 사왓티의 제따와나 아나타삔디까 승원에 머무셨습니다.

그때 세존께서 비구들에게 말씀하셨습니다.

"비구들이여, 어떤 비구라 할지라도 다섯 가지 마음속 쓰레기를 버리지 않고 다섯 가지 마음의 속박을 끊지 않으면, 그는 실로 이 가르침[法]과 율(律)에서 번영하고 성장하고 발전할 수가 없다오. 어떤 것이 다섯 가지 마음속 쓰레기를 버리지 않는 것인가?

비구들이여, 비구가 스승[佛]에 대하여 의심하고, 미심쩍어하고, 확신하지 못하고, 청정한 믿음을 갖지 못하면, 그의 마음은 인내하면서 전념하여 끊임없이 정진하려고 하지 않는다오. 이것이 첫 번째 마음속 쓰레기를 버리지 않는 것이라오.

비구들이여, 비구가 가르침에 대하여 의심하고, 미심쩍어하고, 확신하지 못하고, 청정한 믿음을 갖지 못하면, 그의 마음은 인내하면서 전념하여 끊임없이 정진하려고 하지 않는다오. 이것이 두 번째 마음속 쓰레기를 버리지 않는 것이라오.

비구들이여, 비구가 상가[僧]에 대하여 의심하고, 미심쩍어하고, 확신하지 못하고, 청정한 믿음을 갖지 못하면, 그의 마음은 인내하면서 전념하여 끊임없이 정진하려고 하지 않는다오. 이것이 세 번째 마음속 쓰레기를 버리지 않는 것이라오.

비구들이여, 비구가 학계(學戒)에 대하여 의심하고, 미심쩍어하고, 확신하지 못하고, 청정한 믿음을 갖지 못하면, 그의 마음은 인내하면서 전념하여 끊임없이 정진하려고 하지 않는다오. 이것이 네 번째 마음속 쓰레기를 버리지 않는 것이라오.

비구들이여, 비구가 도반(道伴)에 대하여 화를 내고, 싫어하고, 괴로워하고, 무관심하면, 그의 마음은 인내하면서 전념하여 끊임없이 정진하려고 하지 않는다오. 이것이 다섯 번째 마음속 쓰레기를 버리지 않는 것이라오.

이것이 다섯 가지 마음속 쓰레기를 버리지 않는 것이라오.

어떤 것이 다섯 가지 마음의 속박을 끊지 않는 것인가?

비구들이여, 비구가 감각적 욕망에 대한 탐심[rāga]을 버리지 않고, 욕심[chanda]을 버리지 않고, 애정[pema]을 버리지 않고, 갈망[pipāsa]을 버리지 않고, 갈애[愛]를 버리지 않으면, 그의 마음은 인내하면서 전념하여 끊임없이 정진하려고 하지 않는다오. 이것이 첫 번째 마음의 속박을 끊지 않는 것이라오.

비구들이여, 비구가 자신(自身, kāya)에

267 『중아함경(中阿含經)』의 「206. 심예경(心穢經)」에 상응하는 경.

대한[268] 탐심을 버리지 않고, 욕심을 버리지 않고, 애정을 버리지 않고, 갈망을 버리지 않고, 갈애를 버리지 않으면, 그의 마음은 인내하면서 전념하여 끊임없이 정진하려고 하지 않는다오. 이것이 두 번째 마음의 속박을 끊지 않는 것이라오.

비구들이여, 비구가 형색[色]에 대한 탐심을 버리지 않고, 욕심을 버리지 않고, 애정을 버리지 않고, 갈망을 버리지 않고, 갈애를 버리지 않으면, 그의 마음은 인내하면서 전념하여 끊임없이 정진하려고 하지 않는다오. 이것이 세 번째 마음의 속박을 끊지 않는 것이라오.

비구들이여, 비구가 마음대로 배불리 먹고, 안락한 침상에서 편하게 눕고, 편히 자는 데 열중하며 지내면, 그의 마음은 인내하면서 전념하여 끊임없이 정진하려고 하지 않는다오. 이것이 네 번째 마음의 속박을 끊지 않는 것이라오.

비구들이여, 비구가 '나는 이 계율(戒律)이나, 덕행(德行)이나, 고행이나, 청정한 수행[梵行]으로 천신(天神)이나 천중(天衆)이 되어야겠다'라고 생각하고, 어떤 천신이 되기 위하여 청정한 수행을 실천하면, 그의 마음은 인내하면서 전념하여 끊임없이 정진하려고 하지 않는다오. 이것이 다섯 번째 마음의 속박을 끊지 않는 것이라오.

이렇게 하는 것이 다섯 가지 마음의 속박을 끊지 않는 것이라오.

비구들이여, 어떤 비구라 할지라도 다섯 가지 마음속 쓰레기를 버리지 않고, 다섯 가지 마음의 속박을 끊지 않으면, 그는 이 가르침과 율에서 번영하고 성장하고 발전할 수가 없다오.

비구들이여, 어떤 비구라도 다섯 가지 마음속 쓰레기를 버리고, 다섯 가지 마음의 속박을 끊으면, 그는 실로 이 가르침과 율에서 번영하고 성장하고 발전할 수 있다오.

그는 욕삼매근행성취신족(欲三昧勤行成就神足, chanda-samādhipadhānasaṅkhārasamannāgata iddhipāda)을 닦아 익히고, 정진삼매근행성취신족(精進三昧勤行成就神足, viriya-samādhipadhānasaṅkhārasamannāgata iddhipāda)을 닦아 익히고, 심삼매근행성취신족(心三昧勤行成就神足, citta-samādhipadhānasaṅkhārasamannāgata iddhipāda)을 닦아 익히고, 사유삼매근행성취신족(思惟三昧勤行成就神足, vīmaṃsa-samādhipadhānasaṅkhārasamannāgata iddhipāda)을 닦아 익히고, 다섯 번째로 용맹정진(勇猛精進, ussoḷhi)을 닦아 익힌다오.

비구들이여, 이와 같이 용맹정진을 포함한 열다섯 가지를 성취한 비구는 (어두운 무명의) 껍질을 깨트리고 나올 수 있고, 정각(正覺)을 성취할 수 있고, 더할 나위 없이 행복한 열반[anuttara yogakkhema, 無上瑜伽安穩]에 도달할 수 있다오.

비구들이여, 비유하면 암탉이 여덟 개나 열 개나 열두 개의 달걀을 낳아 적절하게 품고 앉아서 적절하게 온기를 주고 적절하게 굴려 주면, 그 암탉이 '아! 내 병아리가 발톱이나 부리로 알껍데기를 깨부수고 안전하게

268 'kāya'는 일반적으로 '몸'을 의미하지만 '자기가 있다는 견해'를 의미하는 'sakkāya diṭṭhi'의 경우처럼 '자기 존재'를 의미한다. 따라서 '타자와 대립적인 자기'라는 의미에서 '자신(自身)'으로 번역했다.

부화해야 할 텐데'라고 걱정하지 않아도, 그 병아리는 발톱이나 부리로 알껍데기를 깨부수고 안전하게 부화하는 것과 같다오.

비구들이여, 이와 같이 용맹정진을 포함한 열다섯 가지를 성취한 비구는 껍질을 깨트리고 나올 수 있고, 정각을 성취할 수 있고, 더할 나위 없는 행복에 도달할 수 있다오."

이것이 세존께서 하신 말씀입니다.

그 비구들은 세존의 말씀에 만족하고 기뻐했습니다.

11. 꿀 덩어리경[269]
〈M.N. 18. Madhupiṇḍika-sutta〉

이와 같이 나는 들었습니다.

한때 세존께서는 삭까의 까삘라왓투에 있는 니그로다 승원에 머무셨습니다.

그때 세존께서는 오전에 옷을 입고 발우와 법의(法衣)를 지니고 탁발하러 까삘라왓투에 들어가셨습니다. 세존께서는 탁발하여 식사를 마치신 다음, 오후의 휴식을 위해 마하와나(Mahāvana, 大林園)[270]에 가셨습니다. 세존께서는 오후의 휴식을 하려고 어린 벨루와(beluva)나무 아래에 앉으셨습니다.

그때 단다빠니 삭까(Daṇḍapāṇi Sakka)[271]가 이리저리 산책하다가 세존의 뒤를 따라 마하와나에 갔습니다. 그는 마하와나에 깊숙이 들어가서 어린 벨루와나무로 세존을 찾아갔습니다. 단다빠니 삭까는 세존과 정중하게 인사를 하고 공손한 인사말을 나눈 후에 지팡이를 짚고 한쪽에 서서 세존에게 말했습니다.

"사문은 어떤 교리를 가지고 무엇을 가르칩니까?"

"존자여, 나는 천신(天神)과 마라(Māra)와 브라만(Brahman, 梵天)을 포함한 세간(世間) 가운데서, 그리고 사문과 바라문과 왕과 사람들을 포함하는 인간 가운데서 누구와도 다투지 않고 세간에 머무는 교리를 가지고 '감각적 욕망에서 벗어나 살아가는, 의혹이 없고 회한이 없고 유(有, bhava)와 무(無, abhava)에 대한 갈애[愛]가 없는 바라문은 생각[saññā, 想]에 사로잡히지 않는다'라고 가르친다오. 존자여, 나는 이와 같은 교리를 가지고, 이와 같이 가르친다오."

이 말씀을 듣고, 단다빠니 삭까는 머리를 가로젓고 혀를 차면서, 이맛살을 찌푸리고 눈을 찡그리며 지팡이를 짚고 떠났습니다.

세존께서는 저녁에 좌선에서 일어나 니그로다 승원으로 가서 마련된 자리에 앉으셨습니다. 자리에 앉으신 후에 세존께서 비구들에게 단다빠니 삭까를 만난 이야기를 하셨습니다. 그러자 어떤 비구가 세존께 말씀드렸습니다.

"세존이시여, 세존께서 천신과 마라와 브라만을 포함하는 세간 가운데서, 그리고 사문과 바라문과 왕과 사람들을 포함하는 인간 가운데서 누구와도 다투지 않고 세간에 머문다고 하신 교리는 어떤 것입니까? 세존이시여, 어찌하여 감각적 욕망에서 벗어나 살아가는, 의혹이 없고 회한이 없고 유와 무에 대한 갈애가 없는 바라문은 생각에 사로잡히지 않습니까?"

"비구여, 왜냐하면 억측과 생각과 명칭[papañcasaññāsaṅkhā]이 사람을 괴롭히기 때문이라오. 이 문제에 대해 즐기지 않게 되고,

---

269 『중아함경(中阿含經)』의 「115. 밀환유경(蜜丸喩經)」에 상응하는 경.

270 숲의 이름. 큰 숲이라는 의미인데, 한역에서는 '대림정사(大林精舍)'로 번역됨.

271 '지팡이를 든 삭까'라는 의미이다.

단언하지 않게 되고, 집착하지 않게 되면, 이것이 탐내는 습성[貪隨眠]의 끝이며, 화내는 습성[瞋隨眠]의 끝이며, 사견(邪見)을 일으키는 습성[見隨眠]의 끝이며, 의심하는 습성[疑隨眠]의 끝이며, 자만하는 습성[慢隨眠]의 끝이며, 존재를 탐내는 습성[有貪隨眠]의 끝이며, 무명에 이끌리는 습성[無明隨眠]의 끝이며, 몽둥이를 들고, 칼을 들고, 싸우고, 다투고, 논쟁하고, 언쟁하고, 험담하고, 거짓말하는 일의 끝이라오. 여기에서 이들 사악(邪惡)하고 착하지 않은 법은 남김없이 사라진다오."

세존께서는 이렇게 말씀하셨습니다. 선서(善逝)께서는 이렇게 말씀하시고 자리에서 일어나 방으로 들어가셨습니다. 세존께서 떠나시자 곧바로 비구들은 이런 이야기를 했습니다.

"존자들이여, 세존께서는 간략하게 가르침을 주시고, 자세하게 의미를 설명해 주지 않고 자리에서 일어나 방으로 들어가셨습니다. 누가 세존께서 간략하게 말씀하신 이 가르침의 자세한 의미를 설명해 줄 수 있을까요?"

그때 비구들은 이런 이야기를 했습니다.

"마하 깟짜나(Mahā Kaccāna) 존자는 스승님의 칭찬을 받고, 현명한 도반(道伴)들의 존경을 받습니다. 마하 깟짜나 존자는 세존께서 간략하게 말씀하신 이 가르침의 자세한 의미를 설명해 줄 수 있을 것입니다. 우리는 마하 깟짜나 존자를 찾아가서 마하 깟짜나 존자에게 그 의미를 묻는 것이 좋겠습니다."

그 비구들은 마하 깟짜나 존자를 찾아가서 마하 깟짜나 존자와 정중하게 인사를 하고 공손한 인사말을 나눈 후에 한쪽에 앉았습니다. 한쪽에 앉은 그 비구들은 마하 깟짜나 존자에게 찾아온 사연을 이야기하고, 자세한 의미를 설명해 주기를 청했습니다.

"존자들이여, 비유하면 단단한 목재를 구하는 어떤 사람이 목재를 찾아 큰 나무에 가서 단단하고 견실한 줄기를 내버리고, 뿌리를 내버리고, 가지와 잎에서 목재를 구하려 하는 것과 같이, 여러분은 스승님 면전(面前)에서 세존을 버려두고 나에게 그 의미를 물으려고 하고 있군요. 존자들이여, 세존께서는 알아야 할 것을 아시고, 보아야 할 것을 보시나니, 눈을 성취한 분이시며, 앎을 성취한 분이시며, 법(法)을 성취한 분이시며, 브라만[梵天]을 성취한 분이시며, 알려 주는 분이시며, 가르치는 분이시며, 목표로 인도(引導)하는 분이시며, 불사(不死)의 감로(甘露)를 베푸는 분[amatassa dātar]이시며, 진리의 주인[dhammassāmin]이시며, 여래(如來)이십니다. 여러분은 세존께 그 의미를 물어볼 기회가 있었습니다. 그때 세존께서 설명하신 것을 여러분은 그대로 받아 지니면 되었을 것입니다."

"마하 깟짜나 존자여, 참으로 그렇습니다. 우리는 세존께 그 의미를 물어볼 기회가 있었습니다. 그때 세존께서 설명하신 것을 우리는 그대로 받아 지니면 되었을 것입니다. 그런데 마하 깟짜나 존자께서는 스승님의 칭찬을 받고 존중을 받는 현명한 도반이십니다. 마하 깟짜나 존자께서는 세존께서 간략하게 말씀하신 이 가르침의 자세한 의미를 설명해 줄 수 있을 것입니다. 마하 깟짜나 존자께서는 어려워하지 말고 설명해 주십시오!"

"그렇다면 존자들이여, 잘 듣고 깊이 생

각해 보십시오! 내가 이야기하겠습니다."

그 비구들은 "존자여, 그렇게 하겠습니다"라고 마하 깟짜나 존자에게 대답했습니다.

마하 깟짜나 존자께서는 다음과 같이 말씀하셨습니다.

"존자들이여, 세존께서 간단하게 하신 말씀의 의미를 나는 이렇게 자세하게 이해하고 있습니다. 존자들이여, 보는 나[眼]와 보이는 형색[色]들을 의지하여 시각분별의식[cakkhuviññāṇa, 眼識]이 생깁니다. 셋의 만남이 접촉[觸]입니다. 접촉을 의지하여 느낌[受]이 있으며, 느낀 것을 개념으로 인식하고[yaṃ vedeti taṃ sañjānāti], 개념으로 인식한 것을 사유하고[yaṃ sañjānāti taṃ vitakketi], 사유한 것을 억측하며[yaṃ vitakketi taṃ papañceti], 억측하기 때문에 과거·미래·현재의 시각[眼]에 의해서 지각되는 형색들에 대한 억측[papañca, 戱論]과 생각[sañña, 想]과 명칭(名稱, saṅkhā)이 사람에게 발생합니다[purisaṃ papañcasaññāsaṅkhā samudācaranti].

듣는 나[耳]와 소리[聲]를 의지하여 청각분별의식[耳識]이 생깁니다. ……

냄새 맡는 나[鼻]와 향기[香]를 의지하여 후각분별의식[鼻識]이 생깁니다. ……

맛보는 나[舌]와 맛[味]을 의지하여 미각분별의식[舌識]이 생깁니다. ……

만지는 나[身]와 촉감[觸]을 의지하여 촉각분별의식[身識]이 생깁니다. ……

마음[意]과 지각대상[法]을 의지하여 마음분별의식[意識]이 생깁니다. 셋의 만남이 접촉입니다. 접촉을 의지하여 느낌이 있으며, 느낀 것을 개념으로 인식하고, 개념으로 인식한 것을 논리적으로 사유하고, 논리적으로 사유한 것을 억측하고, 억측하기 때문에 과거·미래·현재의 마음으로 분별하는 법(法)에 대한 억측과 생각과 명칭이 사람에게 발생합니다.

존자들이여, 실로 보는 나가 있을 때, 보이는 형색들이 있을 때, 시각분별의식이 있을 때, 접촉이라는 개념[phassapaññatti, 觸假名]이 사용될 수 있습니다[paññapessati]. 접촉이라는 개념이 있을 때, 느낌이라는 개념[vedanāpaññatti, 受假名]이 사용될 수 있고, 느낌이라는 개념이 있을 때, 생각이라는 개념[saññāpaññatti, 想假名]이 사용될 수 있고, 생각이라는 개념이 있을 때, 사유라는 개념[vitakkapaññatti, 尋假名]이 사용될 수 있고, 사유라는 개념이 있을 때, 억측[戱論]과 생각과 명칭의 발생이라는 개념[papañcasaññāsaṅkhāsamudācaraṅapaññattiṃ]이 사용될 수 있습니다. 듣는 나, 냄새 맡는 나 맛보는 나, 만지는 나, 마음도 마찬가지입니다.

존자들이여, 실로 보는 나가 없을 때는, 보이는 형색들이 없을 때는, 시각분별의식이 없을 때는, 접촉이라는 개념이 사용될 수 없습니다. 접촉이라는 개념이 없을 때는 느낌이라는 개념이 사용될 수 없고, 느낌이라는 개념이 없을 때는 생각이라는 개념이 사용될 수 없고, 생각이라는 개념이 없을 때는 사유라는 개념이 사용될 수 없고, 사유라는 개념이 없을 때는 억측과 생각과 명칭의 발생이라는 개념이 사용될 수 없습니다. 듣는 나, 냄새 맡는 나, 맛보는 나, 만지는 나, 마음도 마찬가지입니다.

존자들이여, 세존께서 간단하게 하신 말씀의 의미를 나는 이와 같이 자세하게 이해하고 있습니다. 이제 존자 여러분께서는 세존을 찾아가서 그 의미를 물어보시고, 세존께서 설명하시는 것을 받아 지니시기 바랍니다."

그 비구들은 마하 깟짜나 존자의 말씀에 기뻐하고 만족하고서, 자리에서 일어나 세존을 찾아갔습니다. 그 비구들은 세존을 찾아가서 예배한 후에, 한쪽에 앉아 세존께 마하 깟짜나 존자와 나눈 이야기를 말씀드렸습니다.

세존께서는 다음과 같이 말씀하셨습니다.

"비구들이여, 마하 깟짜나는 현명하다오. 비구들이여, 마하 깟짜나는 큰 지혜가 있다오. 비구들이여, 만약 그대들이 나에게 그 의미를 물었다면, 나도 마하 깟짜나가 설명한 그대로 설명했을 것이오. 그러니 그것을 받아 지니도록 하시오!"

이 말씀을 듣고, 아난다 존자가 세존께 말씀드렸습니다.

"세존이시여, 비유하면 기아에 허덕이는 사람이 꿀 덩어리를 얻은 것과 같습니다. 그것을 조금씩 맛본다면, 그는 순수한 단맛을 맛보게 될 것입니다. 세존이시여, 이와 같이 심성이 훌륭한 비구가 차근차근 이 법문(法門)에 대하여 지혜로 의미를 탐구한다면, 실로 기쁨을 얻고 마음에 만족을 얻을 것입니다. 세존이시여, 이 법문을 어떤 이름으로 부를까요?"

"아난다여, 그대는 이 법문을 '꿀 덩어리 법문'이라는 이름으로 받아 지니도록 하여라!"

이것이 세존께서 하신 말씀입니다.

아난다 존자는 세존의 말씀에 만족하고 기뻐했습니다.

12. 사유의 형태경[272]
〈M.N. 20. Vitakkasanthāna-sutta〉

이와 같이 나는 들었습니다.

한때 세존께서는 사왓티의 제따와나 아나타삔디까 승원에 머무셨습니다.

그때 세존께서 비구들에게 말씀하셨습니다.

"비구들이여, 향상하는 마음[adhicittam, 增上心]을 실천하는 비구는 수시로 다섯 가지 모습[nimitta, 相]에 마음 써야 한다오. 그 다섯 가지는 어떤 것인가?

비구들이여, 비구에게 어떤 모습 때문에, 어떤 모습을 생각할 때, 탐욕을 수반하고 분노를 수반하고 어리석음을 수반하는 사악(邪惡)하고 못된 사유들이 일어나면, 비구들이여, 그 비구는 그 모습과는 다른, 선(善)을 수반하는 모습에 마음 써야 한다오. 그가 그 모습[相]과는 다른, 선을 수반하는 모습에 마음 쓰면, 탐욕을 수반하고 분노를 수반하고 어리석음을 수반하는 사악하고 못된 사유들이 소멸하고 사라진다오. 그것들이 소멸하면, 안으로 마음이 고요하게 멈추고 안정되고 통일되고 집중된다오. 비구들이여, 비유하면 숙련된 석공(石工)이나 석공의 제자가 작은 쐐기로 큰 쐐기를 밀쳐내고 뽑아내고 제거하는 것과 같다오.

비구들이여, 만약에 그 모습과는 다른, 선을 수반하는 모습에 마음 쓸 때, 그 비구에게 탐욕을 수반하고 분노를 수반하고 어리석음을 수반하는 사악하고 못된 사유들이 일어나면, 그 비구는 '이 사유들은 불선이다. 이 사유들은 결함이 있다. 이 사유들은 괴로운 과보[苦報]가 있다'라고 그 사유들의 재난을 확인해야 한다오. 그가 그 사유들의 재난을 확인하면, 탐욕을 수반하고 분노를 수반하고 어리석음을 수반하는 사악하고 못된 사유들이 소멸하고 사라진다오. 그것들이 소멸하면, 안으로 마음이 고요하게 멈추고 안정되고 통일되고 집중된다오. 비구들이여, 비유하면 치장하기를 좋아하는 젊은 처녀나 총각이 죽은 뱀이나 죽은 개나 죽은 사람을 목에 걸쳐 주면 곤혹스러워하고 부끄러워하고 싫어하는 것과 같다오.

비구들이여, 만약에 그 사유들의 재난을 확인할 때, 그 비구에게 탐욕을 수반하고 분노를 수반하고 어리석음을 수반하는 사악하고 못된 사유들이 일어나면, 그 비구는 그 사유들에 대하여 주의집중하지 않고 마음 쓰지 않도록 해야 한다오. 그가 그 사유들에 대하여 주의집중하지 않고 마음 쓰지 않으면, 탐욕을 수반하고 분노를 수반하고 어리석음을 수반하는 사악하고 못된 사유들이 소멸하고 사라진다오. 그것들이 소멸하면, 안으로 마음이 고요하게 멈추고 안정되고 통일되고 집중된다오. 비구들이여, 비유하면 눈 있는 사람이 시야에 들어오는 형색[色]들을 보고

272 『중아함경(中阿含經)』의 「115. 증상심경(增上心經)」에 상응하는 경.

싶지 않으면 눈을 감거나 다른 것을 쳐다보는 것과 같다오.[273]

비구들이여, 만약에 그 사유들에 대하여 주의집중하지 않고 마음 쓰지 않을 때, 그 비구에게 탐욕을 수반하고 분노를 수반하고 어리석음을 수반하는 사악하고 못된 사유들이 일어나면, 그 비구는 그 사유들에 대하여 사유행위의 형태[vitakkasaṅkhāra-santhāna][274]에 마음 쓰도록 해야 한다오. 그가 그 사유들에 대하여 사유행위의 형태에 마음 쓰면, 탐욕을 수반하고 분노를 수반하고 어리석음을 수반하는 사악하고 못된 사유들이 소멸하고 사라진다오. 그것들이 소멸하면, 안으로 마음이 고요하게 멈추고 안정되고 통일되고 집중된다오. 비구들이여, 비유하면 어떤 사람이 빨리 간다면 '내가 왜 빨리 가고 있지? 천천히 가는 것이 더 낫겠다'라고 생각하고, 천천히 간다면 '내가 왜 천천히 가고 있지? 오히려 서 있는 것이 더 낫겠다'라고 생각하고, 서 있다면 '내가 왜 서 있지? 오히려 앉아 있는 것이 더 낫겠다'라고 생각하고, 앉아 있다면 '내가 왜 앉아 있지? 오히려 눕는 것이 더 낫겠다'라고 생각하고 그는 눕게 될 것이오. 비구들이여, 이와 같이 그 사람이 힘든 자세를 차례로 버리고 보다 쉬운 자세를 취하는 것과 같다오.[275]

비구들이여, 만약에 그 사유들에 대하여 사유행위의 형태에 마음 쓸 때, 그 비구에게 탐욕을 수반하고 분노를 수반하고 어리석음을 수반하는 사악하고 못된 사유들이 생기면, 그 비구는 이를 다물고, 혀를 입천장에 붙이고, 마음을 다잡아 제지하고 억제하고 괴롭혀야 한다오. 그가 이를 다물고, 혀를 입천장에 붙이고, 마음을 다잡아 제지하고 억제하고 괴롭히면, 탐욕을 수반하고 분노를 수반하고 어리석음을 수반하는 사악하고 못된 사유들이 소멸하고 사라진다오. 그것들이 소멸하면, 안으로 마음이 고요하게 멈추고 안정되고 통일되고 집중된다오. 비구들이여, 비유하면 힘센 사람이 더 약한 사람의 머리를 붙잡고, 어깨를 붙잡아 제지하고 억제하고 괴롭히는 것과 같다오.[276]

비구들이여, 이와 같이 수행한 비구를 사유의 방법과 과정에 통달한 사람이라고 하나니, 그는 원하는 것은 무엇이나 사유하고, 원하지 않는 것은 어떤 것도 사유하지 않을 것이오. 그는 갈애[愛]를 끊고 결박을 제거했으며, 철저하게 교만을 이해하고 괴로움을 끝낸다오."

이것이 세존께서 하신 말씀입니다.

그 비구들은 세존의 말씀에 만족하고 기뻐했습니다.

---

273 이것은 제3선(第三禪)과 제4선(第四禪)을 성취하는 과정에 관한 이야기로 생각된다.

274 'vitakkasaṅkhārasanthāna'는 '사유(思惟)'를 의미하는 'vitakka'와 '조작하는 행위[行]'를 의미하는 'saṅkhāra', '자리 또는 위치'를 의미하는 'santhāna'의 합성어이다. 이것은 사유의 세계인 무색계(無色界) 4처(四處), 즉 공무변처(空無邊處), 식무변처(識無邊處), 무소유처(無所有處), 비유상비무상처(非有想非無想處)를 의미하는 것으로 생각된다.

275 이것은 무색계 4처에서의 사유에 대한 이야기로 생각된다.

276 비유상비무상처(非有想非無想處)를 벗어나 상수멸정(想受滅定)을 성취하는 것에 대한 말씀으로 생각된다.

13. 톱 비유경[277]

〈M.N. 21. Kakacūpama-sutta〉

이와 같이 나는 들었습니다.

한때 세존께서는 사왓티의 제따와나 아나타삔디까 승원에 머무셨습니다.

그때 몰리야팍구나(Moliyaphagguna) 존자는 비구니들과 적절하지 않게 함께 어울려 지냈습니다. 만약 어떤 비구가 몰리야팍구나 존자의 면전(面前)에서 그 비구니들의 허물을 이야기하면, 몰리야팍구나 존자는 화를 내고 불쾌해하며 그 비구와 언쟁을 벌였고, 어떤 비구가 그 비구니들의 면전에서 몰리야팍구나 존자의 허물을 이야기하면, 그 비구니들은 화를 내고 불쾌해하며 그 비구와 언쟁을 벌였습니다. 몰리야팍구나 존자는 이렇게 비구니들과 함께 어울려 지냈습니다.

어떤 비구가 세존을 찾아가서 세존께 예배하고 한쪽에 앉은 후에 이 일을 말씀드렸습니다. 세존께서 어떤 비구를 불러 말씀하셨습니다.

"이리 오라! 비구여, 그대는 '팍구나 존자여, 스승님께서 그대를 부르십니다'라고 나의 말을 전하여 몰리야팍구나 비구를 불러라!"

"그렇게 하겠습니다, 세존이시여!"

그 비구는 몰리야팍구나 존자를 찾아가서 말했습니다.

"존자여, 스승님께서 그대 팍구나를 부르십니다."

"알겠습니다, 존자여!"

몰리야팍구나 존자는 세존을 찾아가서 예배하고 한쪽에 앉았습니다.

한쪽에 앉은 몰리야팍구나 존자에게 세존께서 말씀하셨습니다.

"팍구나여, 그대는 비구니들과 적절하지 않게 함께 어울려 지낸다는데, 사실인가? 만약 어떤 비구가 그대의 면전에서 그 비구니들의 허물을 이야기하면, 그대는 화를 내고 불쾌해하며 그 비구와 언쟁을 벌이고, 어떤 비구가 그 비구니들의 면전에서 그대의 허물을 이야기하면, 그 비구니들은 화를 내고 불쾌해하며 그 비구와 언쟁을 벌인다고 하는데, 실제로 그대는 이와 같이 비구니들과 함께 어울려 지내고 있는가?"

"그렇습니다, 세존이시여!"

"팍구나여, 그대는 신념을 가지고 집을 버리고 출가한 선남자(善男子)가 아닌가?"

"그렇습니다, 세존이시여!"

"팍구나여, 그대가 비구니들과 적절하지 않게 함께 어울려 지내는 것은 신념을 가지고 집을 버리고 출가한 선남자인 그대에게 적합하지 않다. 팍구나여, 그러므로 어떤 사람이 그대의 면전에서 그 비구니들의 허물을 이야기하더라도, 팍구나여, 거기에서 그대는 세속적인 욕망이나 세속적인 생각을 버려야 한다. 팍구나여, 거기에서 그대는 '결코 나의 마음이 변하지 않도록 하리라! 나는 사악한 말을 하지 않으리라! 나는 성내지 않고 자애로운 마음으로 연민하며 살아가리라!'라고

277 『중아함경(中阿含經)』의 「193. 모리파군나경(牟犂破群那經)」에 상응하는 경.

공부해야 한다. 팍구나여, 그대는 이와 같이 공부해야 한다.

팍구나여, 그러므로 어떤 사람이 그대의 면전에서 그 비구니들을 손바닥으로 때리고, 흙덩어리로 때리고, 막대기로 때리고, 칼로 때릴지라도, 거기에서 그대는 세속적인 욕망이나 세속적인 생각을 버려야 한다. 팍구나여, 거기에서 그대는 '내 마음은 변하지 않을 것이다. 나는 사악한 말을 내뱉지 않고, 자애로운 마음으로 분노를 품지 않고 연민하며 살아가겠다'라고 공부해야 한다. 팍구나여, 그대는 이와 같이 공부해야 한다."

세존께서 비구들에게 말씀하셨습니다.

"비구들이여, 비구들은 실로 한때 나의 마음에 들었다오. 그때 나는 비구들에게 다음과 같이 말했다오.

'비구들이여, 나는 하루에 한 끼를 먹는다. 나는 하루에 한 끼를 먹으면서 병 없이 건강하고 경쾌하고 힘 있고 평안하다고 느끼고 있다. 비구들이여, 이리 와서 그대들도 하루에 한 끼를 먹어라! 비구들이여, 그대들도 하루에 한 끼를 먹으면 병 없이 건강하고 경쾌하고 힘 있고 평안하다고 느낄 것이다.'

비구들이여, 그 비구들에게는 내가 훈계할 일이 없었다오. 내가 할 일은 단지 그 비구들에게 주의집중을 일으키는 일이었다오. 비구들이여, 비유하면 평탄한 큰길 사거리에 세워진 마구를 갖춘 훌륭한 말이 끄는 마차를 숙련된 마부나 조련사가 올라타서 왼손으로는 고삐를 잡고, 오른손으로는 채찍을 쥐고, 가고 싶은 곳으로 마음대로 몰고 가고 몰고 오는 것처럼, 그 비구들에게는 내가 훈계할 일이 없었다오. 내가 할 일은 단지 그 비구들에게 주의집중을 일으키는 일이었다오.

비구들이여, 그러므로 그대들은 불선법(不善法)을 버리고 선법(善法)에 전념하도록 하시오! 그러면 그대들도 이 가르침[法]과 율(律)에서 번영하고 성장하고 발전할 것이오. 비구들이여, 예를 들어 마을이나 촌락 근처에 덩굴나무에 덮여 있는 커다란 살라나무 숲이 있다면, 그 숲이 번성하기를 바라고 평안하기를 바라는 사람은 누구든지 구부러지고 말라 비틀어진 어린 살라나무는 베어서 밖으로 내버리고 숲속을 깨끗이 정리할 것이오. 그리고 똑바로 잘 자란 어린 살라나무는 적절하게 보살필 것이오. 비구들이여, 그렇게 하면 나중에 그 살라나무 숲은 번영하고 성장하고 발전할 것이오. 실로 이와 같나니, 비구들이여, 그대들은 불선법을 버리고 선법에 전념하도록 하시오! 그러면 그대들도 이 가르침과 율에서 번영하고 성장하고 발전할 것이오.

비구들이여, 옛날에 이 사왓티에 웨데히까(Vedehikā)라는 부인이 있었다오. 비구들이여, 웨데히까 부인에 대하여 온화하고 겸손하고 정숙(靜肅)하다는 훌륭한 명성이 자자했다오. 비구들이여, 웨데히까 부인에게는 깔리(Kālī)라는 유능하고 부지런하고 일을 잘하는 하녀가 있었다오. 비구들이여, 하녀 깔리에게 이런 생각이 들었다오.

'나의 주인은 온화하고 겸손하고 정숙하다는 훌륭한 명성이 자자하다. 진실로 나의 주인은 정숙한 분일까? 그렇지 않으면, 사실은 속으로는 화를 내면서도 불편한 심사를 드러내지 않는 것일까? 그렇지 않으면, 나의 주인이 정숙한 것은 내가 일을 잘하기 때문이고, 사실은 속으로는 화를 내면서도 불편한 심사를 드러내지 않는 것일까? 내가 주인을 시험해 보면 어떨까?'

비구들이여, 하녀 깔리는 일부러 늦잠을 잤다오. 그러자 웨데히까 부인이 하녀 깔리에게 말했다오.

'이봐라! 깔리야!'

'왜 그러십니까? 주인님!'

'너는 어째서 늦게 일어나느냐?'

'그게 어때서요? 주인님!'

'감히 종 주제에 대낮에 일어나서는 그게 어떠냐고?'

그녀는 격분하고 불쾌해하며 화를 냈다오. 그러자 하녀깔리에게 이런 생각이 들었다오.

'나의 주인이 정숙한 것은 사실은 속으로는 화를 내면서도 불편한 심사를 드러내지 않았기 때문이구나! 나의 주인이 정숙한 것은 내가 일을 잘하기 때문이고, 사실은 속으로는 화를 내면서도 불편한 심사를 드러내지 않았구나! 내가 다시 더 심하게 주인을 시험해 보면 어떨까?'

비구들이여, 하녀 깔리는 낮에 더 늦게 잠자리에서 일어났다오. 그러자 웨데히까 부인은 격분하고 불쾌해하며 문빗장을 집어서 머리를 때렸다오. 하녀 깔리는 피가 흐르는 깨진 머리를 하고 이웃들에게 하소연했다오.

'주인님의 온화한 행동을 보세요! 주인님의 겸손한 행동을 보세요! 주인님의 정숙한 행동을 보세요! 어쩌면 하나뿐인 하녀에게 늦잠을 잤다고 해서 격분하고 불쾌해하며 문빗장을 집어서 머리를 때릴 수 있단 말입니까?'

비구들이여, 그 후에는 웨데히까 부인에 대하여 포악하고 겸손하지 않고 정숙하지 못하다는 악명(惡名)이 자자했다오.

비구들이여, 이와 같이 어떤 비구는 불쾌한 말을 듣지 않을 때는 매우 온화하고 겸손하고 정숙하다오. 비구들이여, 그렇지만 불쾌한 말을 들어도, 비구는 온화하고 겸손하고 정숙하다는 말을 들어야 한다오. 비구들이여, 나는 옷과 발우와 좌구(坐具)와 의약자구(醫藥資具)로 인해서 유순하고 유순해지는 비구를 유순한 비구라고 말하지 않는다오. 왜냐하면 그 비구는 옷과 발우와 좌구와 의약자구를 얻지 못하면 유순하지 않고, 유순해지지 않기 때문이오.

비구들이여, 나는 가르침을 존경하고 가르침을 존중하고 가르침을 공경하면서 유순하고 유순해지는 비구를 유순한 비구라고 말한다오. 비구들이여, 그러므로 '우리는 가르침을 존경하고 가르침을 존중하고 가르침을 공경함으로써 유순하고 유순해지도록 하자!'라고 생각해야 한다오. 비구들이여, 그대들은 이와 같이 공부해야 한다오.

비구들이여, 다른 사람들이 그대들에게 말할 때, 말하는 방식에 다섯 가지 경우가 있을 것이오. 그 말이 시의(時宜)가 적절하거나 적절하지 않거나, 사실이거나 거짓이거나, 부드럽거나 거칠거나, 유익하거나 해롭거나, 자애로운 마음으로 말하거나 악의를 품고 말하는 경우가 있을 것이오. 비구들이여, 다른 사람들이 그대들에게 어떤 방식으로 말하든, 그대들은 이와 같이 공부해야 한다오.

'나는 결코 그것에 영향을 받지 않으리라![278] 나는 사악한 말을 하지 않으리라! 나는 성내지 않고 자애로운 마음으로 애민(哀

278 원문은 'na c' eva no cittaṃ vipariṇataṃ bhavissati'로 '결코 마음이 변하게 하지 않겠다'이다.

愍)하며 살아가리라! 나는 그 사람에 대하여 자애로운 마음을 가득 채워 살아가리라! 그리고 이 일을 계기로 하여 일체의 세계를 풍부하고 광대하고 무량하게, 원한 없고 폭력 없는 자애로운 마음으로 가득 채워 살아가리라!'

비구들이여, 이와 같이 공부해야 한다오.

비구들이여, 예를 들어 어떤 사람이 호미와 바구니를 가지고 와서 '나는 이 대지(大地)를 땅 아닌 것으로 만들겠다'라고 말하고, 여기저기에서 흙을 파내어 여기저기에 흩뿌리고, 여기저기에 침을 뱉고 여기저기에 방뇨하면서, '땅 아닌 것이 되어라! 땅 아닌 것이 되어라!'라고 말한다면, 비구들이여 그대들은 어떻게 생각하는가? 그 사람이 대지를 땅 아닌 것으로 만들 수 있겠는가?"

"아닙니다. 세존이시여! 왜냐하면 이 대지는 측량할 수 없이 깊어서 땅 아닌 것으로 만들 수 없기 때문입니다. 그 사람은 힘만 들고 괴롭게 될 뿐입니다."

"비구들이여, 바로 그와 같다오. 비구들이여, 예를 들어 어떤 사람이 검은색 물감, 황색 물감, 청색 물감, 진홍색 물감을 가지고 와서 '나는 이 허공에 갖가지 그림을 그리고 뚜렷한 형색을 만들겠다'라고 말한다면, 비구들이여, 그대들은 어떻게 생각하는가? 그 사람이 이 허공에 갖가지 그림을 그리고 뚜렷한 형색을 만들 수 있겠는가?"

"아닙니다, 세존이시여! 왜냐하면 이 허공은 형색이 없고 볼 수 없어서 그림을 그리거나 뚜렷한 형색을 만들 수 없기 때문입니다. 그 사람은 힘만 들고 괴롭게 될 뿐입니다."

"비구들이여, 바로 그와 같다오. 비구들이여, 어떤 사람이 타오르는 횃불을 가지고 와서 '나는 이 횃불로 갠지스[Gaṅga]강을 데워서 뜨겁게 하겠다'라고 말한다면, 비구들이여, 그대들은 어떻게 생각하는가? 그 사람이 횃불로 갠지스강을 데워서 뜨겁게 할 수 있겠는가?"

"아닙니다, 세존이시여! 왜냐하면 갠지스강은 측량할 수 없이 깊어서 그 강을 데워서 뜨겁게 할 수 없기 때문입니다. 그 사람은 힘만 들고 괴롭게 될 뿐입니다."

"비구들이여, 바로 그와 같다오. 비구들이여, 예를 들어 솜처럼 부드럽게 잘 무두질되어 사각거리지 않고 바스락거리지 않는 고양이 가죽 주머니가 있는데, 어떤 사람이 나무 조각이나 자갈을 들고 와서 '나는 나무 조각이나 자갈로 이 고양이 가죽 주머니를 사각거리게 하고 바스락거리게 하겠다'라고 말한다면, 비구들이여, 그대들은 어떻게 생각하는가? 그 사람이 나무 조각이나 자갈로 그 고양이 가죽 주머니를 사각거리게 하고 바스락거리게 할 수 있겠는가?"

"아닙니다, 세존이시여! 왜냐하면 그 고양이 가죽 주머니는 솜처럼 부드럽게 잘 무두질되어 사각거리지 않고 바스락거리지 않아서 조각이나 자갈로 이 고양이 가죽 주머니를 사각거리게 할 수 없고 바스락거리게 할 수 없기 때문입니다. 그 사람은 힘만 들고 괴롭게 될 뿐입니다."

"비구들이여, 바로 그와 같다오. 비구들이여, 다른 사람들이 그대들에게 다섯 가지 방식으로 말할 때, 그대들은 이와 같이 공부해야 한다오.

'나는 결코 그것에 영향을 받지 않으리

라! 나는 사악한 말을 하지 않으리라! 나는 성내지 않고 자애로운 마음으로 연민하며 살아가리라! 나는 그 사람에 대하여 자애로운 마음을 가득 채워 살아가리라! 그리고 이 일을 계기로 하여 일체의 세계를 풍부하고 광대하고 무량하게, 원한 없고 폭력 없는 자애로운 마음으로 가득 채워 살아가리라!'

비구들이여, 그대들은 이와 같이 공부해야 한다오.

비구들이여, 양쪽에 손잡이가 있는 톱으로 비열한 도적들이 사지를 차례로 잘라낸다고 할지라도, 거기에서 마음이 타락한다면 그는 나의 가르침을 따르는 사람이 아니라오. 비구들이여, 거기에서 이렇게 공부해야 한다오.

'나는 결코 그것에 영향을 받지 않으리라! 나는 사악한 말을 하지 않으리라! 나는 성내지 않고 자애로운 마음으로 연민하며 살아가리라! 나는 그 사람에 대하여 자애로운 마음을 가득 채워 살아가리라! 그리고 이 일을 계기로 하여 일체의 세계를 풍부하고 광대하고 무량하게, 원한 없고 폭력 없는 자애로운 마음으로 가득 채워 살아가리라!'

비구들이여, 그대들은 이와 같이 공부해야 한다오.

비구들이여, 그대들은 이 '톱 비유 가르침'을 끊임없이 반복해서 생각하시오! 비구들이여, 그대들은 이 말하는 방식에서 작든 크든, 그대들이 동의할 수 없는 것을 보았는가?"

"아닙니다, 세존이시여!"

"비구들이여, 그러므로 그대들은 이 '톱 비유 가르침'을 끊임없이 반복해서 생각하시오! 그것은 그대들에게 오래도록 이익이 되고 행복이 될 것이오."

이것이 세존께서 하신 말씀입니다.

그 비구들은 세존의 말씀에 만족하고 기뻐했습니다.

14. 독사 비유경[279]

〈M.N. 22. Alagaddūpama-sutta〉

이와 같이 나는 들었습니다.

한때 세존께서는 사왓티의 제따와나 아나타삔디까 승원에 머무셨습니다.

그때 출가 이전에 매 조련사였던 아릿타(Ariṭṭha) 비구에게 사악한 견해가 생겼습니다.

"나는 세존께서 가르치신 가르침을 '세존께서 말씀하신 장애법(障碍法)을 추구(追求)해도 문제가 될 것이 없다'라고 알고 있다."

많은 비구가 출가 이전에 매 조련사였던 아릿타 비구에게 이런 사악한 견해가 생겼다는 말을 들었습니다. 그 비구들은 아릿타 비구를 찾아가서 그것이 사실인지를 물었습니다.

아릿타 비구는 사실이라고 대답했습니다.

그 비구들은 이러한 사악한 견해를 버리도록 아릿타 비구를 엄하게 추궁하고, 이유를 따지고 충고했습니다.

"아릿타 존자여, 그런 말을 하지 마시오! 세존을 중상(中傷)하지 마시오! 세존을 중상하는 일은 좋은 일이 아니오. 세존께서는 그렇게 말씀하시지 않았을 것이오. 왜냐하면 아릿타 존자여, 세존께서는 여러 가지 방법으로 세존께서 말씀하신 장애법을 추구하면 많은 장애가 있다고 말씀하셨기 때문이오. 세존께서는 '감각적 욕망은 맛없고, 많은 괴로움이 있고, 많은 어려움이 있고, 거기에는 재난이 훨씬 더 많다'라고 말씀하셨소. 세존께서는 해골의 비유, 살덩어리의 비유, 횃불의 비유, 불구덩이의 비유, 꿈의 비유, 빚의 비유, 과실(果實)의 비유, 도살장의 비유, 칼과 창의 비유, 뱀 대가리의 비유를 들어 '감각적 욕망은 맛없고, 많은 괴로움이 있고, 많은 어려움이 있고, 거기에는 재난이 훨씬 많다'라고 말씀하셨소."

이와 같이 그 비구들은 아릿타 비구를 엄하게 추궁하고, 이유를 따지고 충고했지만 그는 그 사악한 견해를 강하게 붙잡고 집착하면서 단언했습니다.

"확실히 나는 세존께서 가르치신 가르침을 '세존께서 말씀하신 장애법을 추구해도 문제 될 것이 없다'라고 알고 있소."

그 비구들은 아릿타 비구로 하여금 이러한 사악한 견해를 버리도록 할 수 없었습니다.

그 비구들은 세존을 찾아가서 예배하고 한쪽에 앉은 후에, 세존께 이 일을 자세히 말씀드렸습니다.

세존께서 어떤 비구를 불러 말씀하셨습니다.

"이리 오라! 비구여, 그대는 '아릿타 존자여, 스승님께서 그대를 부르십니다'라고 나의 말을 전하여 아릿타 비구를 불러라!"

"그렇게 하겠습니다, 세존이시여!"

---

279 『중아함경(中阿含經)』의 「200. 아리타경(阿梨吒經)」에 상응하는 경.

그 비구는 아릿타 존자를 찾아가서 말했습니다.

"존자여, 스승님께서 그대 아릿타를 부르십니다."

"알겠습니다, 존자여!"

아릿타 존자는 세존을 찾아가서 예배하고 한쪽에 앉았습니다.

한쪽에 앉은 아릿타 존자에게 세존께서 말씀하셨습니다.

"아릿타여, 그대는 사악한 견해를 일으켜 '세존께서 말씀하신 장애법을 추구해도 문제 될 것이 없다고 가르쳤다'라고 했다는데, 사실인가?"

"사실입니다, 세존이시여! 저는 확실히 세존께서 '세존께서 말씀하신 장애법을 수용(受用)해도 문제 될 것이 없다'라고 가르쳤다고 알고 있습니다."

"어리석은 사람아, 누구에게 내가 그런 가르침을 가르쳤다고 그대는 알고 있는가? 어리석은 사람아, 내가 여러 가지 방법으로, 갖가지 비유를 들어서, '장애법을 추구하면 많은 장애가 있다'라고 이야기하지 않았던가? 어리석은 사람아, 그런데 그대는 자신이 잘못 파악한 견해로 우리를 중상하고 자신을 해치고 많은 죄를 짓는구나. 어리석은 사람아, 그것은 그대에게 오랜 세월 동안 무익한 괴로움이 될 것이다."

세존께서 비구들에게 말씀하셨습니다.

"비구들이여, 그대들은 어떻게 생각하는가? 이 아릿타 비구는 이 가르침과 율에서 수행에 열중하는가?"

"어떻게 그럴 수 있겠습니까? 세존이시여! 열중하지 않습니다, 세존이시여!"

이와 같이 이야기하자, 아릿타 비구는 말없이 부끄러워하면서 시든 잎처럼 어깨를 떨어뜨리고 고개를 숙이고 생각에 잠긴 채 아무런 대꾸도 하지 못하고 앉아 있었습니다.

그런 모습을 보시고, 세존께서 아릿타 비구에게 말씀하셨습니다.

"어리석은 사람아! 그대는 자신의 견해가 사악한 것임을 알게 될 것이다. 내가 이제 비구들에게 물어보겠다."

세존께서 비구들에게 말씀하셨습니다.

"비구들이여, 그대들도 내가 가르친 가르침을, 아릿타 비구가 자신이 잘못 파악한 견해로 우리를 중상하고 자신을 해치고 많은 죄를 짓고 있는 것처럼, 그렇게 이해하는가?"

"그렇지 않습니다, 세존이시여! 세존께서는 분명히 여러 가지 방법으로 '장애법을 수용하면 많은 장애가 있다'라고 말씀하셨습니다. 세존께서는 '감각적 욕망은 맛없고 많은 괴로움이 있고 많은 어려움이 있고, 거기에는 재난이 훨씬 더 많다'라고 말씀하셨습니다. 세존께서는 해골의 비유, 살덩어리의 비유, 횃불의 비유, 불구덩이의 비유, 꿈의 비유, 빚의 비유, 과실의 비유, 도살장의 비유, 칼과 창의 비유, 뱀 대가리의 비유를 들어 '감각적 욕망은 맛없고 많은 괴로움이 있고 많은 어려움이 있고, 거기에는 재난이 훨씬 많다'라고 말씀하셨습니다."

"훌륭하오, 비구들이여! 비구들이여, 그대들은 내가 가르친 가르침을 훌륭하게 이해하고 있군요. 그런데 이 아릿타 비구는 자신이 잘못 파악한 견해로 우리를 중상하고 자신을 해치고 많은 죄를 짓고 있군요. 그것은 이 어리석은 사람에게 오랜 세월 동안 무익한 괴로움이 될 것이오. 실로 감각적 욕망

[kāma]이 없다면, 감각적 욕망에 대한 생각 [kāmasaññā]이 없다면, 감각적 욕망에 대한 사유[kāmavitakka]가 없다면, 감각적 욕망을 추구하는 일은 있을 수 없을 것이오.

비구들이여, 어떤 어리석은 사람들은 경(經, sutta), 응송(應頌, geyya), 기별(記別, veyyākaraṇa), 게송(偈頌, gātha), 감흥어(感興語, udāna), 여시어(如是語, itivuttaka), 본생(本生, jātaka), 미증유법(未曾有法, abbhuta-dhamma), 문답(問答, vedalla) 등의 가르침을 배우지만 그들은 그 가르침을 배운 후에 지혜로 그 가르침의 의미를 탐구하지 않으며, 지혜로 그 가르침의 의미를 탐구하지 않기 때문에 이해하지 못한다오. 그들은 비난하기 위하여 가르침을 배우고 잡담하기 위하여 가르침을 배우기 때문에 그 의미를 체득하지 못한다오. 그들이 잘못 파악한 가르침은 그들을 오랜 세월 동안 무익한 괴로움으로 이끌 것이오. 비구들이여, 그 원인은 무엇인가? 그것은 그들이 가르침을 잘못 파악했기 때문이오.

비구들이여, 비유하면 어떤 사람이 독사가 필요해서 독사를 찾아 탐색하고 다니다가, 커다란 독사를 발견하고 곧바로 그 독사의 똬리 튼 몸통이나 꼬리를 잡는 것과 같다오. 그 뱀은 돌아서서 손이나 팔이나 다른 손발을 물게 될 것이오. 그리고 그는 그로 인해서 죽음에 이르거나 죽을 지경의 괴로움에 이르게 될 것이오. 비구들이여, 그 원인은 무엇인가? 그것은 그가 뱀을 잘못 잡았기 때문이오.

비구들이여, 어떤 선남자(善男子)들은 경, 응송, 기별, 게송, 감흥어, 여시어, 본생, 미증유법, 문답 등의 가르침을 배우면, 그들은 그 가르침을 배운 후에 지혜로 그 가르침의 의미를 탐구하고, 지혜로 그 가르침의 의미를 탐구하기 때문에 이해한다오. 그들은 비난하기 위하여 가르침을 배우는 것이 아니고, 잡담하기 위하여 가르침을 배우는 것이 아니기 때문에 그 의미를 체득한다오. 그들이 이해한 가르침은 그들을 오랜 세월 동안 유익한 즐거움으로 이끌 것이오. 비구들이여, 그 원인은 무엇인가? 그것은 그들이 가르침을 잘 파악했기 때문이오.

비구들이여, 비유하면 어떤 사람이 독사가 필요해서 독사를 찾아 탐색하고 다니다가, 커다란 독사를 발견하고 곧바로 끝이 갈라진 막대기로 눌러서 제압한 후에 목을 잘 붙잡는 것과 같다오. 비구들이여, 그러면 그 독사가 그 사람의 손이나 팔이나 다른 손발을 똬리 틀어 칭칭 감아도, 결코 그로 인해서 죽음에 이르거나 죽을 지경의 괴로움에 이르지는 않을 것이오. 비구들이여, 그 원인은 무엇인가? 그것은 그가 뱀을 잘 잡았기 때문이오.

비구들이여, 그러므로 그대들은 내 말의 의미를 이해했으면, 내 말을 그대로 받아 지니도록 하시오! 그러나 내 말의 의미를 이해하지 못했으면, 그때는 나에게 그대들이 잘 이해했는지 반문해야 한다오.

비구들이여, 내가 그대들에게 뗏목은 강을 건너기 위한 것이지, 붙잡기 위한 것이 아니라는 뗏목의 비유를 이야기하겠소. 잘 듣고 깊이 생각하도록 하시오! 내가 이야기하겠소."

그 비구들은 "그렇게 하겠습니다, 세존이시여!"라고 세존께 대답했습니다.

세존께서는 다음과 같이 말씀하셨습니다.

"비구들이여, 비유하면 길을 가던 어떤 나그네가 이쪽 언덕은 무섭고 위험하고 저쪽 언덕은 안전하고 위험이 없는, 범람하는 큰 강을 만났는데 이 언덕[此岸]에서 저 언덕[彼岸]으로 갈 수 있도록 강을 건네줄 배가 없었다오. 그는 이렇게 생각했다오.

'이 큰 강은 이쪽 언덕은 무섭고 위험하고, 저쪽 언덕은 안전하고 위험이 없다. 그런데 이 언덕에서 저 언덕으로 갈 수 있도록 강을 건네줄 배가 없구나. 나는 풀·나무토막·나뭇가지·나뭇잎을 모아 뗏목을 엮은 다음, 그 뗏목에 의지하여 손과 발을 힘껏 저어서 안전한 저 언덕으로 올라가야겠다.'

비구들이여, 그 사람은 풀·나무토막·나뭇가지·나뭇잎을 모아 뗏목을 엮은 다음, 그 뗏목에 의지하여 손과 발을 힘껏 저어서 안전한 저 언덕으로 올라갔다오. 그런데 강을 건너 저 언덕에 올라간 사람이 이런 생각을 했다오.

'이 뗏목은 나에게 많은 도움이 되었다. 나는 이 뗏목에 의지하여 안전한 언덕으로 올라왔다. 그러니 나는 이 뗏목을 머리에 이거나 어깨에 지고 갈 길을 가야겠다.'

비구들이여, 어떻게 생각하는가? 그 사람이 그 뗏목에 대하여 이렇게 하는 것이 마땅한 일인가?"

"아닙니다, 세존이시여!"

"비구들이여, 그렇다면 그 사람이 그 뗏목에 대하여 어떻게 하는 것이 마땅한 일인가? 비구들이여, 이제 강을 건너 저 언덕에 올라간 사람이 이런 생각을 했다오.

'이 뗏목은 나에게 많은 도움이 되었다. 나는 이 뗏목에 의지하여 안전한 언덕으로 올라왔다. 나는 이 뗏목을 땅 위에 올려놓거나 물에 띄워 놓고 갈 길을 가야겠다.'

비구들이여, 그 사람이 뗏목에 대하여 이렇게 하는 것이 마땅한 일이 아니겠는가? 비구들이여, 나는 이와 같이 뗏목은 강을 건너기 위한 것이지, 붙잡기 위한 것이 아니라는 뗏목의 비유를 이야기하였소. 비구들이여, 그대들은 뗏목의 비유를 이해하여 마땅히 가르침[法]들도 버려야 하거늘, 하물며 가르침이 아닌 것[非法]들은 말해 무엇 하겠는가?

비구들이여, 6가지 관점[cha diṭṭhiṭṭhānāni, 六見處]이 있다오. 여섯 가지는 어떤 것인가? 비구들이여, 성인(聖人)을 무시하고, 성인의 가르침을 이해하지 못하고, 성인의 가르침에서 배우지 못하고, 참사람[正士]을 무시하고, 참사람의 가르침을 이해하지 못하고, 참사람의 가르침에서 배우지 못한 무지한 범부는 (몸의) 형색[色]에 대하여 '이 형색은 나의 소유다. 이 형색이 나다. 이 형색은 나의 자아(自我)다'라고 보고, 느낌[受]에 대하여 '이 느낌은 나의 소유다. 이 느낌이 나다. 이 느낌은 나의 자아다'라고 보고, 생각[想]에 대하여 '이 생각은 나의 소유다. 이 생각이 나다. 이 생각은 나의 자아다'라고 보고, 행위[行]들[saṅkhāre][280]에 대하여 '이 행위

280 'saṅkhāre'는 '行'으로 한역되는 'saṅkhāra'의 복수 대격(對格)이다. 'saṅkhāra'가 복수형을 취한 것은 'saṅkhāra'에 신행(身行), 구행(口行), 의행(意行) 세 가지가 있기 때문이다. 업(業)에도 신업(身業), 구업(口業), 의업(意業) 세 가지가 있는데, 행위[行]에도 같은 내용의 세 가지가 있다는 것은 우리의 삶[業]이 무명(無明)에서 벗어나지 못할 때 유위를 조작하는 삶[行]이 된다는 것을 의미한다.

들은 나의 소유다. 이 행위들이 나다. 이 행위들은 나의 자아다'라고 보고, 분별의식[識]에 대하여 '이 분별의식은 나의 소유다. 이 분별의식이 나다. 이 분별의식은 나의 자아다'라고 여긴다오. 심지어는 마음[mano]에 의해서 보이고 들리고 지각되고 인식되고 파악되고 소망되고 성찰된 것에 대하여 '이것은 나의 소유다. 이것이 나다. 이것은 나의 자아다'라고 여긴다오.

그리고 이 관점[diṭṭhiṭṭhāna, 見處]에서, 그는 '이것이 자아다. 이것이 세계다. 나는 사후(死後)에 지속하고 일정하고 영원하고 변하지 않을 것이다. 나는 그대로 언제까지나 머물게 될 것이다'라고 생각하고, 그것에 대하여 '이것은 나의 소유다. 이것이 나다. 이것은 나의 자아다'라고 여긴다오.

비구들이여, 그렇지만 성인을 알아보고, 성인의 가르침을 이해하고, 성인의 가르침에서 잘 배우고, 참사람을 알아보고, 참사람의 가르침을 이해하고, 참사람의 가르침에서 잘 배운, 학식 있는 거룩한 제자는 형색과 느낌과 생각과 행위들과 분별의식에 대하여 '이것은 나의 소유가 아니다. 이것은 내가 아니다. 이것은 나의 자아가 아니다'라고 보고, 마음에 의해서 보이고 들리고 지각되고 인식되고 파악되고 소망되고 성찰된 것에 대해서도 '이것은 나의 소유가 아니다. 이것은 내가 아니다. 이것은 나의 자아가 아니다'라고 여긴다오.

그리고 이 관점[見處]에서, '이것이 자아다. 이것이 세계다. 나는 사후에 지속하고 일정하고 영원하고 변하지 않을 것이다. 나는 그대로 언제까지나 머물게 될 것이다'라고 생각하지 않고, 그것에 대하여 '이것은 나의 소유가 아니다. 이것은 내가 아니다. 이것은 나의 자아가 아니다'라고 여긴다오. 그는 이렇게 여기고 있는 것이 없기 때문에 걱정하지 않는다오."

이 말씀을 듣고, 어떤 비구가 세존께 말씀드렸습니다.

"세존이시여, 밖으로 없다고 걱정하는 경우가 있습니까?"

"있다오. 비구여, 어떤 사람은 '전에는 내 것이었는데, 그것이 지금은 내 것이 아니다. 내 것이면 좋겠는데, 나는 지금 그것을 얻지 못했다'라고 생각한다오. 그리하여 그는 슬퍼하고, 아쉬워하고, 가슴을 치며 통탄하고, 혼란에 빠진다오. 비구여, 이와 같이 밖으로 없다고 걱정하는 경우가 있다오."

"세존이시여, 밖으로 없다고 걱정하지 않는 경우가 있습니까?"

"있다오. 비구여, 어떤 사람은 '전에는 내 것이었는데, 그것이 지금은 내 것이 아니다. 내 것이면 좋겠는데, 나는 지금 그것을 얻지 못했다'라고 생각하지 않는다오. 그래서 그는 슬퍼하지 않고, 아쉬워하지 않고, 가슴을 치며 통탄하지 않고, 혼란에 빠지지 않는다오. 비구여, 이와 같이 밖으로 없다고 걱정하지 않는 경우가 있다오."

"세존이시여, 안으로 없다고 걱정하는 경우가 있습니까?"

"있다오. 비구여, 어떤 사람은 '이것이 자아다. 이것이 세계다. 나는 사후에 지속하고 일정하고 영원하고 변하지 않을 것이다. 나는 그대로 언제까지나 머물게 될 것이다'라고 생각한다오. 그래서 그는 여래나 여래의 제자가 일체의 관점[見處]에 대한 근거(根據, adhiṭṭhāna)와 선입견(先入見,

pariyuṭṭhāna)과 경향(傾向, abhinivesa)과 습성[anusaya]을 없애기 위하여, 일체의 행위[saṅkhāra, 行]를 그치기 위하여, 일체의 집착[upadhi]을 버리기 위하여, 갈애[taṇha, 愛]를 소멸하기 위하여, 욕탐을 버리기[離欲] 위하여, 번뇌를 소멸하기[止滅] 위하여, 열반을 위하여 가르친 가르침을 듣고, '나는 정말로 단멸(斷滅)하게 되는구나! 나는 정말로 사라지게 되는구나! 나는 정말로 존재하지 않게 되는구나!'라고 생각한다오. 그는 슬퍼하고, 아쉬워하고, 가슴을 치며 통탄하고, 혼란에 빠진다오. 비구여, 이와 같이 안으로 없다고 걱정하는 경우가 있다오."

"세존이시여, 안으로 없다고 걱정하지 않는 경우가 있습니까?"

"그렇다오. 비구여, 어떤 사람은 '이것이 자아다. 이것이 세계다. 나는 사후에 지속하고 일정하고 영원하고 변하지 않을 것이다. 나는 그대로 언제까지나 머물게 될 것이다'라고 생각하지 않는다오. 그래서 그는 여래나 여래의 제자가 일체의 관점에 대한 근거와 선입견과 경향과 습성을 제거하기 위하여, 일체의 행위를 그치기 위하여, 일체의 집착을 버리기 위하여, 갈애를 소멸하기 위하여, 욕탐을 버리기 위하여, 번뇌를 소멸하기 위하여, 열반을 위하여 가르친 가르침을 듣고, '나는 정말로 단멸하게 되는구나. 나는 정말로 사라지게 되는구나. 나는 정말로 존재하지 않게 되는구나'라고 생각하지 않는다오. 그는 슬퍼하지 않고, 아쉬워하지 않고, 가슴을 치며 통탄하지 않고, 혼란에 빠지지 않는다오. 비구여, 이와 같이 안으로 없다고 걱정하지 않는 경우가 있다오.

비구들이여, 지속하고 일정하고 영원하고 변하지 않는 법으로서 그대로 언제까지나 머물 수 있는 재물(財物)이 있다면, 그대들은 그 재물을 소유해도 좋을 것이오. 비구들이여, 그대들은 지속하고 일정하고 영원하고 변하지 않는 법으로서 그대로 언제까지나 머물 수 있는 재물을 보았는가?"

"보지 못했습니다, 세존이시여!"

"그렇다오, 비구들이여! 비구들이여, 나도 역시 지속하고 일정하고 영원하고 변하지 않는 법으로서 그대로 언제까지나 머물 수 있는 재물을 보지 못했다오.

비구들이여, 그것을 취했을 때 근심·걱정·슬픔과 같은 고뇌[憂悲苦惱]가 생기지 않는 아어취(我語取, attavādupadāna)[281]가 있다면, 그대들은 그것을 취해도 좋을 것이오. 비구들이여, 그대들은 그것을 취했을 때 근심·걱정·슬픔과 같은 고뇌가 생기지 않는 아어취를 보았는가?"

"보지 못했습니다, 세존이시여!"

"그렇다오, 비구들이여! 비구들이여, 나도 역시 그것을 취했을 때 근심·걱정·슬픔과 같은 고뇌가 생기지 않는 아어취를 보지 못했다오.

비구들이여, 그것에 의지했을 때 근심·걱정·슬픔과 같은 고뇌가 생기지 않는 견(見)의 근거[diṭhinissaya, 見依]가 있다면, 그대들은 그 견의 근거를 의지해도 좋을 것이요, 비구들이여, 그대들은 그것에 의지했을 때 근심·걱정·슬픔과 같은 고뇌가 생기지 않는 견의 근거를 보았는가?"

281 어떤 것을 자아라는 언어에 상응하는 것으로 취한 것. 5취온(五取蘊)이 곧 아어취(我語取)이다.

"보지 못했습니다, 세존이시여!"

"그렇다오, 비구들이여! 비구들이여, 나도 역시 그것을 의지했을 때 근심·걱정·슬픔과 같은 고뇌가 생기지 않는 견의 근거를 보지 못했다오.

비구들이여, 자아[我]가 있을 때 '나의 자아에 속하는 것[attaniya, 我所]이 있다'라고 말할 수 있지 않겠는가?"

"그렇습니다, 세존이시여!"

"비구들이여, 자아에 속하는 것[我所]이 있을 때 '나의 자아가 있다'라고 말할 수 있지 않겠는가?"

"그렇습니다, 세존이시여!"

"비구들이여, 자아와 자아에 속하는 것이 진실로, 실제로 발견되지 않았다면, '이것이 자아다. 이것이 세계다. 나는 사후에 지속하고 일정하고 영원하고 변하지 않을 것이다. 나는 그대로 언제까지나 머물게 될 것이다'라는 관점은 전적으로 완전한 어리석음이 아니겠는가?"

"세존이시여, 어찌하여 그것이 전적으로 완전한 어리석음입니까?"

"비구들이여, 어떻게 생각하는가? (몸의) 형색은 지속하는가[常], 지속하지 않는가[無常]?

"지속하지 않습니다, 세존이시여!"

"지속하지 않는 것은 괴로움인가, 즐거움인가?"

"괴로움입니다, 세존이시여!"

"지속하지 않고, 괴롭고, 변해 버리는 현상[vipariṇāmadhamma]에 대하여 '이것은 나의 소유다. 이것이 나다. 이것이 나의 자아다'라고 보는 것이 과연 현명한가?"

"그렇지 않습니다, 세존이시여!"

"비구들이여, 어떻게 생각하는가? 느낌, 생각, 행위, 분별의식은 지속하는가, 지속하지 않는가?"

"지속하지 않습니다, 세존이시여!"

"그러면 지속하지 않는 것은 괴로움인가, 즐거움인가?"

"괴로움입니다, 세존이시여!"

"그러면 지속하지 않고, 괴롭고, 변해버리는 현상에 대하여 '이것은 나의 소유다. 이것이 나다. 이것이 나의 자아다'라고 보는 것이 과연 현명한가?"

"그렇지 않습니다, 세존이시여!"

"비구들이여, 그러므로 과거의 것이든 미래의 것이든 현재의 것이든, 내부의 것이든 외부의 것이든, 크든 작든, 저열하든 훌륭하든, 멀리 있든 가까이 있든, 일체의 형색에 대하여 '이것은 나의 소유가 아니다. 이것은 내가 아니다. 이것은 나의 자아가 아니다'라고 그것을 바른 통찰지(通察智)로 있는 그대로 통찰해야 한다오. 느낌, 생각, 행위, 분별의식도 마찬가지라오.

비구들이여, 이와 같이 본 학식 있는 거룩한 제자는 형색을 싫어하고, 느낌·생각·행위·분별의식을 싫어한다오. 그는 싫어하는 가운데 탐욕에서 벗어나고, 탐욕에서 벗어남으로써 해탈하게 되고, 해탈했을 때 '해탈했다'라고 안다오. 그는 '태어남은 끝났고, 청정한 수행[梵行]을 마쳤으며, 해야 할 일을 끝마쳤다. 다시는 이런 상태로 되지 않는다'라고 안다오. 비구들이여, 이런 비구를 장애(障礙)를 제거한 사람, 해자(垓字)를 채운 사람, 욕망의 화살을 뽑은 사람, 빗장을 연 사람, 깃발을 거두고 짐을 내려놓고 속박에서 벗어난 성자라고 부른다오.

비구들이여, 어떤 비구가 장애를 제거한 사람인가? 비구들이여, 뿌리를 자르고 야자수의 밑둥치를 베어 내어 미래에는 생기지 않도록 절멸(絶滅)하듯이, 무명을 없앤 비구가 있다오. 이런 비구가 장애를 제거한 사람이라오.

비구들이여, 어떤 비구가 해자를 채운 사람인가? 비구들이여, 뿌리를 자르고 야자수의 밑둥치를 베어 내어 미래에는 생기지 않도록 절멸하듯이, 거듭되는 생(生)의 되풀이[ponobhavika jātisaṃsāra, 生死流轉]를 없앤 비구가 있다오. 이런 비구가 해자를 채운 사람이라오.

비구들이여, 어떤 비구가 욕망의 화살을 뽑은 사람인가? 비구들이여, 뿌리를 자르고 야자수의 밑둥치를 베어 내어 미래에는 생기지 않도록 절멸하듯이, 갈애를 없앤 비구가 있다오. 이런 비구가 욕망의 화살을 뽑은 사람이라오.

비구들이여, 어떤 비구가 빗장을 연 사람인가? 비구들이여, 뿌리를 자르고 야자수의 밑둥치를 베어 내어 미래에는 생기지 않도록 절멸하듯이, 5하분결(五下分結)을 없앤 비구가 있다오. 이런 비구가 빗장을 연 사람이라오.

비구들이여, 어떤 비구가 깃발을 거두고 짐을 내려놓고 속박에서 벗어난 성자인가? 비구들이여, 뿌리를 자르고 야자수의 밑둥치를 베어 내어 미래에는 생기지 않도록 절멸하듯이, '내가 있다'라는 생각을 없앤 비구가 있다오. 이런 비구가 깃발을 거두고 짐을 내려놓고 속박에서 벗어난 성자라오.

비구들이여, 인드라천에 속하고, 브라만천에 속하고, 쁘라자빠띠천에 속하는 모든 신들이 이와 같은 비구의 해탈한 마음을 찾을 때, '이것이 여래가 의지하는 분별의식이다'라는 이해에 도달할 수가 없다오. 그 까닭은 무엇인가? 비구들이여, 나는 '나도 지금 여기에서 여래를 발견할 수 없다'라고 이야기하기 때문이라오.

비구들이여, 나의 이와 같은 말에 대하여 어떤 사문과 바라문들은 이렇게 이야기하는 것은 옳지 않고, 공허하고, 허망하고, 진실이 아니라고 하면서 '사문 고따마(Gotama)는 진실한 중생의 단멸과 소멸과 허무를 가르치는 허무주의자다'라고 비난한다오. 비구들이여, 나는 그 사문과 바라문들이 나를 비난하는 것과 같은 그런 허무주의자가 아니며, 나는 그런 말을 하지도 않는다오. 비구들이여, 이전에도 지금도, 나는 괴로움과 괴로움의 소멸에 대하여 가르친다오.

비구들이여, 다른 사람들이 여래를 비난하고 비방하고 괴롭힌다고 할지라도, 비구들이여, 거기에서 여래는 미워하지 않고, 낙담하지 않고, 마음에 불만을 품지 않는다오. 비구들이여, 다른 사람들이 여래를 찬탄하고 존중하고 공경하고 공양한다고 할지라도, 비구들이여, 거기에서 여래는 즐거워하지 않고, 기뻐하지 않고, 의기양양하지 않는다오. 비구들이여, 다른 사람들이 여래를 찬탄하고 존중하고 공경하고 공양하면, 비구들이여, 그때 여래는 '나는 이전에 이것을 완전히 이해했고, 그곳에서 나는 이에 상응하는 행위를 했을 뿐이다'라고 생각한다오.

비구들이여, 그러므로 다른 사람들이 그대들을 비난하고 비방하고 괴롭힌다고 할지라도, 비구들이여, 거기에서 그대들은 미워하지 않고, 낙담하지 않고, 마음에 불만을 품지 않아야 한다오. 비구들이여, 다른 사람들이 그대들을 찬탄하고 존중하고 공경하고 공양한다고 할지라도, 비구들이여, 거기에서 그대들은 즐거워하지 않고, 기뻐하지 않고, 의기양양하지 않아야 한다오. 비구들이여, 다른 사람들이 그대들을 찬탄하고 존중하고 공경하고 공양하면, 비구들이여, 그때 그대들은 '우리는 이전에 이것을 완전히 이해했고, 그곳에서 우리는 이에 상응하는 행위를 했을 뿐이다'라고 생각해야 한다오.

비구들이여, 그러므로 그대들은 그대들의 소유가 아닌 것을 버리도록 하시오! 그것을 버리면, 그것은 그대들에게 오래도록 이익과 행복이 될 것이오. 비구들이여, 무엇이 그대들의 소유가 아닌가? 비구들이여, (몸의) 형색은 그대들의 소유가 아니오. 그것을 버리도록 하시오! 그것을 버리면, 그것은 그대들에게 오래도록 이익과 행복이 될 것이오. 비구들이여, 느낌, 생각, 행위, 분별의식은 그대들의 소유가 아니오. 그것을 버리도록 하시오! 그것을 버리면, 그것은 그대들에게 오래도록 이익과 행복이 될 것이오.

비구들이여, 어떻게 생각하는가? 사람들이 이 제따와나 숲에 있는 풀과 나무토막, 나뭇가지, 나뭇잎을 집어가거나 태우거나 제멋대로 한다면, 그대들은 '사람들이 나의 소유를 집어가거나 태우거나 제멋대로 한다'라고 생각하겠는가?"

"아닙니다, 세존이시여! 왜냐하면 그것은 자아도 아니고, 자아에 속하는 것도 아니기 때문입니다."

"비구들이여, 바로 이와 같이 그대들은 그대들의 소유가 아닌 것을 버리도록 하시오! 그것을 버리면, 그것은 그대들에게 오래도록 이익과 행복이 될 것이오.

비구들이여, 이와 같이 나는 감춘 것 없이 잘 드러내고, 장막을 제거한 명료한 가르침을 잘 이야기했소. 비구들이여, 이와 같이 내가 잘 이야기한 명료한 가르침 가운데서 비구로서 수행을 완성하고, 해야 할 일을 마치고, 짐을 내려놓고, 자신의 목적을 성취하고, 존재의 결박[bhavasaṃyojana, 有結]이 소멸하고, 완전한 지혜에 의해 해탈하고, 번뇌[漏]가 소멸한 아라한들에게는 윤회(輪廻, vaṭṭa)가 언명(言明)되지 않는다오.

비구들이여, 이와 같이 나는 감춘 것 없이 잘 드러내고, 장막을 제거한 명료한 가르침을 잘 이야기했소. 비구들이여, 이와 같이 내가 잘 이야기한 명료한 가르침 가운데서 5하분결을 없앤 비구들은 모두 화생(化生)하여, 그곳에서 돌아오지 않는 아나함(阿那含)들로서 그 세상에서 반열반(般涅槃)한다오.

비구들이여, 이와 같이 나는 감춘 것 없이 잘 드러내고, 장막을 제거한 명료한 가르침을 잘 이야기했소. 비구들이여, 이와 같이 내가 잘 이야기한 명료한 가르침 가운데서 삼결(三結)을 없애어 탐진치(貪瞋癡)가 줄어든 비구들은 모두 사다함(斯多含)들로서 이 세상에 한 번 와서 괴로움을 끝낸다오.

비구들이여, 이와 같이 나는 감춘 것 없이 잘 드러내고, 장막을 제거한 명료한 가르침을 잘 이야기했소. 비구들이여, 이와 같이 내가 잘 이야기한 명료한 가르침 가운데서 삼결을 없앤 비구들은 모두 수다원(須陀洹)들로서 물러서지 않고 반드시 정각(正覺)을 이루도록 결정된다오.

비구들이여, 이와 같이 나는 감춘 것 없이 잘 드러내고, 장막을 제거한 명료한 가르침침을 잘 이야기했소. 비구들이여, 이와 같이 내가 잘 이야기한 명료한 가르침 가운데서 가르침을 이해하고 실천하는 비구와 믿음으로 실천하는 비구들은 모두 반드시 정각을 이룬다오.

비구들이여, 이와 같이 나는 감춘 것 없이 잘 드러내고, 장막을 제거한 명료한 가르침을 잘 이야기했소. 비구들이여, 이와 같이 내가 잘 이야기한 명료한 가르침 가운데서 나를 믿고 나를 사랑하는 사람들은 모두 반드시 천상에 이르게 된다오."

이것이 세존께서 하신 말씀입니다.

그 비구들은 세존의 말씀에 만족하고 기뻐했습니다.

15. 거룩한 소원경[282]
〈M.N. 26. Ariyapariyesanā-sutta〉

이와 같이 나는 들었습니다.

한때 세존께서는 사왓티의 제따와나 아나타삔디까 승원에 머무셨습니다.

그때 세존께서 오전에 옷을 입고 발우와 법의(法衣)를 지니고 탁발하러 사왓티에 들어가셨습니다. 그러자 여러 비구들이 아난다 존자를 찾아와서 말했습니다.

"아난다 존자여, 우리가 세존으로부터 직접 설법을 들은 지가 오래되었습니다. 아난다 존자여, 부디 우리가 세존으로부터 직접 설법을 들을 수 있게 해 주십시오!"

"존자들이여, 람마까(Rammaka) 바라문의 수도원으로 오십시오! 분명히 세존으로부터 직접 설법을 들을 수 있을 것입니다."

"존자여, 그렇게 하겠습니다"

그때 세존께서는 탁발하러 사왓티에 들어갔다가 탁발을 마치고 돌아와서 식사를 마치신 후에 아난다 존자에게 분부했습니다.

"아난다여, 이제 오후의 휴식을 위하여 뿝바라마 미가라마뚜 누각(樓閣)으로 가자."

"네, 세존이시여!"

세존께서는 아난다 존자와 함께 오후의 휴식을 위하여 뿝바라마 미가라마뚜 누각으로 갔습니다. 세존께서는 저녁에 좌선(坐禪)에서 일어나 아난다 존자에게 분부했습니다.

"아난다여, 이제 목욕하러 뿝바꼿타까(Pubbakoṭṭhaka)로 가자."

"네, 세존이시여!"

세존께서는 아난다 존자와 함께 목욕하러 뿝바꼿타까로 가서 몸을 씻으신 후에, 물에서 나와 옷 한 벌을 걸치고 몸을 말리며 서 계셨습니다.

그때 아난다 존자가 세존께 말씀드렸습니다.

"세존이시여, 이곳에서 멀지 않은 곳에 람마까 바라문의 수도원이 있습니다. 세존이시여, 람마까 바라문의 수도원은 아름답습니다. 세존이시여, 람마까 바라문의 수도원은 편안합니다. 세존이시여, 부디 연민을 가지고 람마까 바라문의 수도원으로 가시기 바랍니다."

세존께서는 침묵으로 허락하시고 람마까 바라문의 수도원으로 갔습니다.

그때 많은 비구가 람마까 바라문의 수도원에 모여 앉아 법담(法談)을 하고 있었습니다. 세존께서는 이야기가 끝나기를 기다리면서 문밖에 서 계셨습니다. 세존께서는 이야기가 끝난 것을 아시고 헛기침하신 후에 문빗장을 두드렸습니다. 그 비구들은 세존께 문을 열어드렸습니다. 세존께서는 람마까 바라문의 수도원에 들어가서 마련된 자리에 앉으신 후에 비구들에게 말씀하셨습니다.

"비구들이여, 그대들은 지금 모여 앉아 어떤 이야기를 하고 있는가? 그대들이 도중에 중단한 이야기는 어떤 것인가?"

"세존이시여, 저희는 세존에 대한 법담

---

282 『중아함경(中阿含經)』의 「204. 라마경(羅摩經)」에 상응하는 경.

을 나누다가 세존께서 도착하여 중단했습니다."

세존께서 비구들에게 말씀하셨습니다.

"비구들이여, 믿음을 가지고 집을 떠나 출가한 그대들과 같은 선남자(善男子)들이 모여 앉아 법담을 하는 것은 훌륭한 일이오. 비구들이여, 그대들이 함께 모였을 때 해야 할 일은 두 가지이니, 법담을 하거나 거룩한 침묵을 하는 것이오.

비구들이여, 두 가지 소원이 있나니, 그것은 거룩한 소원과 천박한 소원이오. 비구들이여, 어떤 것이 천박한 소원인가? 비구들이여, 어떤 사람은 자기 스스로 태어나는 존재[jātidhamma]로서 태어나는 존재를 소원하고, 자기 스스로 늙는 존재로서 늙는 존재를 소원하고, 자기 스스로 병드는 존재로서 병드는 존재를 소원하고, 자기 스스로 죽는 존재로서 죽는 존재를 소원하고, 자기 스스로 비통(悲痛)한 존재[sokadhamma]로서 비통한 존재를 소원하고, 자기 스스로 번뇌에 물든 존재[saṅkilesadhamma]로서 번뇌에 물든 존재를 소원한다오.

비구들이여, 무엇이 그대들이 말하는 태어나는 존재인가? 비구들이여, 자식과 아내가 태어나는 존재이고, 하녀와 하인이 태어나는 존재이고, 염소와 양이 태어나는 존재이고, 닭과 돼지가 태어나는 존재이고, 코끼리와 소와 말이 태어나는 존재이고, 금은 보화가 태어나는 존재라오. 비구들이여, 이들 집착의 대상[upadhi]이 태어나는 존재들이며, 지금 자기 스스로 집착하고 얼빠지고 탐착하는 태어나는 존재로서 태어나는 존재를 소원한다오.

비구들이여, 무엇이 그대들이 말하는 늙는 존재, 병드는 존재, 죽는 존재, 걱정스러운 존재, 번뇌에 물든 존재인가? 비구들이여, 자식·아내·하녀·하인·염소·양·닭·돼지·코끼리·소·말·금은보화가 늙는 존재, 병드는 존재, 죽는 존재, 걱정스러운 존재, 번뇌에 물든 존재라오. 비구들이여, 이들 집착의 대상이 늙는 존재, 병드는 존재, 죽는 존재, 걱정스러운 존재, 번뇌에 물든 존재라오. 지금 자기 스스로 집착하고 얼빠지고 탐착하는 늙는 존재, 병드는 존재, 죽는 존재, 걱정스러운 존재, 번뇌에 물든 존재로서 늙는 존재, 병드는 존재, 죽는 존재, 걱정스러운 존재, 번뇌에 물든 존재를 소원한다오.

비구들이여, 이것이 천박한 소원이라오.

비구들이여, 어떤 것이 거룩한 소원인가?

비구들이여, 어떤 사람은 자기 스스로 태어나는 존재로서 태어나는 존재에서 재난을 발견하고, 태어남이 없는 더할 나위 없이 행복한 열반[瑜伽安穩]을 소원한다오. 자기 스스로 늙는 존재로서 늙는 존재에서 재난을 발견하고, 늙음이 없는 더할 나위 없이 행복한 열반을 소원하고, 자기 스스로 병드는 존재로서 병드는 존재에서 재난을 발견하고, 병이 없는 더할 나위 없이 행복한 열반을 소원하고, 자기 스스로 죽는 존재로서 죽는 존재에서 재난을 발견하고, 죽음이 없는 더할 나위 없이 행복한 열반을 소원하고, 자기 스스로 걱정스러운 존재로서 걱정스러운 존재에서 재난을 발견하고, 걱정이 없는 더할 나위 없이 행복한 열반을 소원하고, 자기 스스로 번뇌에 물든 존재로서 번뇌에 물든 존재에서 재난을 발견하고, 번뇌에 물든 존재가 없는 더할 나위 없이 행복한 열반을 소원한다오. 비구들이여, 이것이 거룩한 소원이라오.

비구들이여, 나도 예전에 정각(正覺)을 성취하지 못한 보살이었을 때는 나 스스로 태어나는 존재로서 태어나는 존재를 소원하고, 나 스스로 늙는 존재로서 늙는 존재를 소원하고, 나 스스로 병드는 존재로서 병드는 존재를 소원하고, 나 스스로 죽는 존재로서 죽는 존재를 소원하고, 나 스스로 걱정스러운 존재로서 걱정스러운 존재를 소원하고, 나 스스로 번뇌에 물든 존재로서 번뇌에 물든 존재를 소원했다오.

비구들이여, 그런데 나는 이렇게 생각했다오.

'나는 왜 나 스스로 태어나는 존재로서 태어나는 존재를 소원하고, 나 스스로 늙는 존재로서 늙는 존재를 소원하고, 나 스스로 병드는 존재로서 병드는 존재를 소원하고, 나 스스로 죽는 존재로서 죽는 존재를 소원하고, 나 스스로 걱정스러운 존재로서 걱정스러운 존재를 소원하고, 나 스스로 번뇌에 물든 존재로서 번뇌에 물든 존재를 소원하고 있는가? 나는 오히려 나 스스로 태어나는 존재로서 태어나는 것에서 재난을 발견하고, 태어남이 없는 더할 나위 없이 행복한 열반을 소원하고, 나 스스로 늙는 존재로서 늙는 것에서 재난을 발견하고, 늙음이 없는 더할 나위 없이 행복한 열반을 소원하고, 나 스스로 병드는 존재로서 병드는 것에서 재난을 발견하고, 병이 없는 더할 나위 없이 행복한 열반을 소원하고, 나 스스로 죽는 존재로서 죽는 것에서 재난을 발견하고, 죽음이 없는 더할 나위 없이 행복한 열반을 소원하고, 나 스스로 걱정스러운 존재로서 걱정스러운 것에서 재난을 발견하고, 걱정이 없는 더할 나위 없이 행복한 열반을 소원하고, 나 스스로 번뇌에 물든 존재로서 번뇌에 물든 존재에서 재난을 발견하고, 번뇌에 물든 존재가 없는 더할 나위 없이 행복한 열반을 소원하는 것이 어떨까?'

비구들이여, 나는 그 후에, 청년 시절에, 검은 머리에 찬란한 젊음을 지닌 가장 좋은 나이에, 원치 않은 부모님은 눈물 젖은 얼굴로 울부짖었지만, 머리와 수염을 깎고 가사(袈裟)와 옷을 걸치고 집을 떠나 출가했다오. 이렇게 출가하여 좋은 것이라면 무엇이든 찾던 나는 더할 나위 없는 평화와 행복[santivarapada]을 구하여 알라라 깔라마(Āḷāra Kālāma)를 찾아갔다오.

나는 알라라 깔라마에게 말했다오.

'깔라마 존자여, 저는 당신이 체득한 법(法)과 율(律)에서 범행(梵行)을 실천하고 싶습니다.'

비구들이여, 알라라 깔라마는 나에게 이렇게 말했다오.

'존자여, 머물도록 하시오! 이 법은 현명한 사람이면 오래지 않아 자신이 배운 것을 몸소 체험적 지혜[abhiññā, 勝智]로 체득하고 성취하여 살아갈 수 있을 것이오.'

비구들이여, 나는 오래 걸리지 않고 빠르게 그 법을 이해했다오. 비구들이여, 나는 입술을 똑같이 맞출 정도로, 중얼거린 말을 그대로 따라서 할 정도로 지식론(知識論)과 상좌론(上座論, theravāda)을 말했으며, '나는 알고 나는 본다'라는 것을 내가 인정했고 다른 사람들도 인정했다오.

비구들이여, 그때 나에게 이런 생각이

들었다오.

'알라라 깔라마는 순전히 신념으로 이 법을 말한 것이 아니다. 그는 '몸소 체험적 지혜로 체득하고 성취하여 머문다'라고 가르쳤다. 알라라 깔라마는 진실로 이 법을 알고 보고 머물 것이다.'

비구들이여, 그래서 나는 알라라 깔라마에게 가서 말했다오.

'깔라마 존자여, 당신은 어느 정도로 이 법을 몸소 체험적 지혜로 체득하고 성취하여 가르칩니까?'

비구들이여, 알라라 깔라마는 나에게 무소유처(無所有處, ākiñcaññāyatana)를 알려 주었다오.

비구들이여, 나는 이렇게 생각했다오.

'알라라 깔라마에게만 신념이 있는 것이 아니다. 나에게도 신념이 있다. 알라라 깔라마만 정진을 할 수 있는 것이 아니다. 나도 정진을 할 수 있다. 알라라 깔라마만 주의집중을 할 수 있는 것이 아니다. 나도 주의집중을 할 수 있다. 알라라 깔라마만 삼매에 들 수 있는 것이 아니다. 나도 삼매에 들 수 있다. 알라라 깔라마만 통찰지[paññā, 般若]가 있는 것이 아니다. 나에게도 통찰지가 있다. 그러므로 나는 이제 알라라 깔라마가 '나는 몸소 체험적 지혜로 체득하고 성취하여 머문다'라고 알려 준 그 법을 체득하기 위하여 힘쓰는 것이 좋지 않을까?'

비구들이여, 나는 오래 걸리지 않고 빠르게 그 법을 몸소 체험적 지혜로 체득하고 성취하여 머물렀다오. 비구들이여, 그래서 나는 알라라 깔라마에게 가서 말했다오.

'알라라 깔라마 존자여, 당신은 이 정도로 이 법을 몸소 체험적 지혜로 체득하고 성취하여 가르칩니까?'

'존자여, 나는 이 정도로 이 법을 몸소 체험적 지혜로 체득하고 성취하여 가르친다오.'

'존자여, 나도 이 정도로 이 법을 몸소 체험적 지혜로 체득하고 성취하여 머뭅니다.'

'존자여, 참으로 유익한 일이오. 존자여, 참으로 큰 축복이오. 우리가 존자와 같은 도반(道伴)을 보게 되다니! 내가 몸소 체험적 지혜로 체득하고 성취하여 가르친 법이 바로 그대가 몸소 체험적 지혜로 체득하고 성취하여 머물고 있는 법이고, 그대가 몸소 체험적 지혜로 체득하고 성취하여 머물고 있는 법이 바로 내가 몸소 체험적 지혜로 체득하고 성취하여 가르치는 법이오. 내가 알고 있는 법이 곧 그대가 알고 있는 법이고, 그대가 알고 있는 법이 곧 내가 알고 있는 법이오. 내가 한 것과 같이 그대가 그렇게 했고, 그대가 한 것과 같이 내가 그렇게 했소. 어서 오시오! 존자여! 우리 둘이 함께 이 대중을 돌봅시다.'

비구들이여, 이렇게 나의 스승인 알라라 깔라마는 제자인 나를 자신과 동등한 위치에 세우고, 나를 극진하게 존중했다오.

비구들이여, 그때 나에게 이런 생각이 들었다오.

'이 법(法)은 쾌락에 대한 싫증[厭離]·욕탐을 버림[離欲]·번뇌의 소멸[止滅]·적정(寂靜)·체험적 지혜·바른 깨달음[正覺]·열반(涅槃)으로 이끄는 것이 아니라, 단지 무소유처에 도달하게 할 뿐이다.'

비구들이여, 그래서 나는 그 법에 만족하지 못하고, 그 법에 실망하여 그곳을 떠났다오.

비구들이여, 그리하여 좋은 것이라면 무엇이든 찾던 나는 더할 나위 없는 평화와 행복을 구하여 웃다까 라마뿟따(Uddaka Rāmaputta)를 찾아갔다오.

나는 웃다까 라마뿟따에게 말했다오.

'존자여, 저는 이 법과 율에서 범행을 실천하고 싶습니다.'

웃다까 라마뿟따가 나에게 말했다오.

'존자여, 머물도록 하시오! 이 법은 현명한 사람이면 오래지 않아 자신이 배운 것을 몸소 체험적 지혜로 체득하고 성취하여 머물 수 있을 것이오.'

비구들이여, 나는 오래 걸리지 않고 빠르게 그 법을 터득했다오. 비구들이여, 나는 입술을 똑같이 맞출 정도로, 중얼거린 말을 그대로 따라서 할 정도로, 지식론과 상좌론을 말했으며, '나는 알고 나는 본다'라는 것을 내가 인정했고 다른 사람들도 인정했다오.

비구들이여, 그때 나에게 이런 생각이 들었다오.

'라마(Rāma)는 이 법을 순전히 신념으로 말한 것이 아니다. 그는 '나는 몸소 체험적 지혜로 체득하고 성취하여 머문다'라고 가르쳤다. 라마는 진실로 이 법을 알고 보고 머물 것이다.'

비구들이여, 나는 웃다까 라마뿟따에게 가서 말했다오.

'존자여, 라마는 어느 정도로 이 법을 몸소 체험적 지혜로 체득하고 성취하여 가르쳤습니까?'

비구들이여, 이와 같이 이야기하자, 웃다까 라마뿟따는 나에게 비유상비무상처(非有想非無想處, nevasaññānāsaññāyatana)를 알려 주었다오.

비구들이여, 나에게 이런 생각이 들었다오.

'라마에게만 신념이 있는 것이 아니다. 나에게도 신념이 있다. 라마만 정진을 할 수 있는 것이 아니다. 나도 정진을 할 수 있다. 라마만 주의집중을 할 수 있는 것이 아니다. 나도 주의집중을 할 수 있다. 라마만 삼매에 들 수 있는 것이 아니다. 나도 삼매에 들 수 있다. 라마에게만 통찰지가 있는 것이 아니다. 나에게도 통찰지가 있다. 그러므로 나는 이제 라마가 '나는 몸소 체험적 지혜로 체득하고 성취하여 머문다'라고 알려 준 그 법을 체득하기 위하여 힘쓰는 것이 좋지 않겠는가?'

비구들이여, 나는 오래 걸리지 않고 빠르게 그 법을 몸소 체험적 지혜로 체득하고 성취하여 머물렀다오.

비구들이여, 나는 웃다까 라마뿟따에게 가서 말했다오.

'존자여, 라마는 이 정도로 이 법을 몸소 체험적 지혜로 체득하고 성취하여 가르쳤습니까?'

'존자여, 라마께서는 이 정도로 이 법을 몸소 체험적 지혜로 체득하고 성취하여 가르쳤습니다.'

'존자여, 나도 이 정도로 이 법을 몸소 체험적 지혜로 체득하고 성취하여 머뭅니다.'

'존자여, 참으로 유익한 일입니다. 존자여, 참으로 큰 축복입니다. 우리가 존자와 같은 도반을 보게 되다니! 라마께서 몸소 체험적 지혜로 체득하고 성취하여 가르친 법이 바로 그대가 몸소 체험적 지혜로 체득하고 성취하여 머물고 있는 법입니다. 그대가 몸소 체험적 지혜로 체득하고 성취하여 머물고 있는 법이 바로 라마께서 몸소 체험적 지혜로 체득하고 성취하여 가르친 법입니다. 라마께서 알고 있는 법이 곧 그대가 알고 있는 법이고, 그대가 알고 있는 법이 곧 라마께서 알고 있는 법입니다. 라마께서 한 것과 같이 그대가 그렇게 했고, 그대가 한 것과 같이 라마께서 그렇게 했습니다. 어서 오시오! 존자여! 그대가 이 대중을 돌보도록 하시오!'

비구들이여, 이와 같이 나의 도반인 웃다까 라마뿟따는 나를 스승의 자리에 세우고, 나를 극진하게 존중했다오.

비구들이여, 그때 나에게 이런 생각이 들었다오.

'이 법은 쾌락에 대한 싫증·욕탐을 버림·번뇌의 소멸·적정·체험적 지혜·바른 깨달음·열반으로 이끄는 것이 아니라, 단지 비유상비무상처에 도달하게 할 뿐이다.'

비구들이여, 그래서 나는 그 법에 만족하지 못하고, 그 법에 실망하여 그곳을 떠났다오.

비구들이여, 그리하여 좋은 것이라면 무엇이든 찾던 나는 더할 나위 없는 평화와 행복을 구하여 마가다국을 차례로 유행하다가 우루웰라(Uruvela)의 세나니가마(Senānigama)에 도착했다오. 그곳에서 나는 편안한 숲이 있고, 아름다운 강변을 끼고 깨끗한 물이 흐르는 강이 있고, 어디에나 음식을 구할 수 있는 마을이 있는 아름다운 장소를 발견했다오. 그때 나에게 이런 생각이 들었다오.

'참으로 아름다운 장소로다. 편안한 숲이 있고, 아름다운 강변을 끼고 깨끗한 물이 흐르는 강이 있고, 어디에나 음식을 구할 수 있는 마을이 있구나. 이곳이면 정진하는 선남자가 정진하기에 충분하다.'

비구들이여, 그래서 나는 '이곳이면 정진하기에 충분하다'라고 생각하면서 그곳에 정착했다오.

비구들이여, 나는 나 스스로 태어나는 존재로서 태어나는 존재에서 재난을 발견하고, 태어남이 없는 더할 나위 없이 행복한 열반을 소원하여 태어남이 없는 더할 나위 없이 행복한 열반을 성취했다오. 나 스스로 늙는 존재로서 늙는 존재에서 재난을 발견하고, 늙음이 없는 더할 나위 없이 행복한 열반을 소원하여 늙음이 없는 더할 나위 없이 행복한 열반을 성취했고, 나 스스로 병드는 존재로서 병드는 존재에서 재난을 발견하고, 병이 없는 더할 나위 없이 행복한 열반을 소원하여 병이 없는 더할 나위 없이 행복한 열반을 성취했고, 나 스스로 죽는 존재로서 죽는 존재에서 재난을 발견하고, 죽음이 없는 더할 나위 없이 행복한 열반을 소원하여 죽음이 없는 더할 나위 없이 행복한 열반을 성취했고, 나 스스로 걱정스러운 존재로서 걱정스러운 존재에서 재난을 발견하고, 걱정이 없는 더할 나위 없이 행복한 열반을 소원하여 걱정이 없는 더할 나위 없이 행복한 열반을 성취했고, 나 스스로 번뇌에 물든 존재로서 번뇌에 물든 존재에서 재난을 발견하고, 번뇌에 물든 존재가 없는 더할 나위 없이 행복한 열반을 소원하여 번뇌에 물든 존재가 없는 더할 나위 없이 행복한 열반을 성취했다오.

나에게 다음과 같은 이해와 통찰이 생겼다오.

'나의 해탈은 흔들리지 않는다. 이것이

마지막 태어남이다. 이제 이후의 존재[punabbhhava, 後有]는 없다.'

그때 나에게 이런 생각이 들었다오.

'내가 성취한 이 법은 이해하기 어렵고, 깨닫기 어렵고, 평안하고, 승묘(勝妙)하고, 추론의 영역을 벗어난 미묘(微妙)한 것으로서 현자만이 알 수 있는 심오한 것이다. 그런데 이 사람들은 애착을 즐기고, 애착에 빠져 있고, 애착을 좋아한다. 애착을 즐기고, 애착에 빠져 있고, 애착을 좋아하는 사람들은 이 도리, 즉 이것을 조건으로 하는 도리[idapaccayatā, 此緣性]의 연기(緣起, paṭicca-samuppāda)를 보기 어렵고, 또한 일체의 행위[行]를 그치고, 일체의 집착을 버리고, 갈애[愛]가 소멸한, 욕탐을 버림·번뇌의 소멸·열반의 도리를 보기 어렵다. 내가 진리를 가르쳐도 다른 사람들이 나를 이해하지 못한다면, 그것은 나에게 피곤하고 고달픈 일이 될 것이다. 더욱이 이전에 들은 적이 없는 다음과 같은 게송이 불현듯이 생각났다오.'

내가 힘들게 성취한 진리를
지금 알려 줄 필요가 있을까?
탐욕과 분노의 지배를 받는 자들은
이 진리를 이해하기 어려운 것을!

흐름을 거스르는 미묘하고 심오하고,
보기 어렵고 미세한 진리를
탐욕에 물들고 어둠에 뒤덮인 자들은
알아보기 어려울 것이다.

비구들이여, 그래서 나는 관심을 기울이지 않고, 진리를 설하지 않으려고 했다오. 비구들이여, 그런데 사함빠띠(Sahampati) 범천(梵天)이 내가 마음속으로 생각한 것을 알아차리고 이렇게 생각했다오.

'아! 세상은 끝났다. 아! 세상은 망했다. 아라한이시며, 바르고 평등한 깨달음을 성취하신 여래(如來)께서 관심을 기울이지 않고, 설법하지 않으려 하신다.'

비구들이여, 그래서 사함빠띠 범천은 마치 건장한 사람이 굽힌 팔을 펴거나 편 팔을 굽히듯이, 순식간에 범천의 세계에서 사라져 내 앞에 모습을 드러냈다오. 비구들이여, 사함빠띠 범천은 상의(上衣)를 한쪽 어깨로 걸어 올리고, 나에게 합장한 후에 이렇게 말했다오.

'세존이시여, 세존께서는 진리를 설하십시오! 여래께서는 진리를 설하십시오! 천성이 티 없이 맑은 중생이 있습니다. 그들은 진리를 듣지 못하면 타락할 것이고, 진리를 들으면 누군가는 이해할 것입니다.'

비구들이여, 사함빠띠 범천은 다시 다음과 같이 말했다오.

이전에 마가다(Magadha)에는
불순한 자들이 생각해 낸
불결(不潔)한 가르침이 있었으니
불사(不死)의 문을 여소서!
순결하신 분이 깨달은
진리[法]를 듣게 하소서!

산꼭대기 바위에 서서
두루 사람들을 살펴보듯이
그와 같이 진리의 궁전에 올라
두루 보는 눈[普眼]을 지닌 현자여!
슬픔을 여읜 분이시여!
태어남과 늙음의 지배를 받는

슬픔에 빠진 사람들을
굽어살펴 주옵소서!

일어나소서!
전쟁에서 승리한 영웅이여!
세상을 돌아다니소서!
빚 없는 대상(隊商)의 지도자여!
진리를 가르치소서!
세존이시여!
구경의 지혜를 얻는 사람들이 있을 것입니다.

비구들이여, 나는 범천의 권청(勸請)을 듣고서 중생에 대한 연민(憐愍)으로 세상을 살펴보았다오. 비구들이여, 내가 불안(佛眼)으로 세상을 살펴보니, 비유하면 수련지(睡蓮池)나 홍련지(紅蓮池)나 백련지(白蓮池)에 어떤 수련이나 홍련이나 백련들은 물속에서 생겨서 물속에서 성장하여 물에 잠겨서 자라고, 어떤 수련이나 홍련이나 백련들은 물속에서 생겨서 물속에서 성장하여 수면에 머물고, 어떤 수련이나 홍련이나 백련들은 물속에서 생겨서 물속에서 성장하여 물 위로 솟아올라 물에 젖지 않고 머무는 것처럼, 더러움이 적은 중생도 있고 더러움이 많은 중생도 있으며, 영리한 중생도 있고 아둔한 중생도 있으며, 행실이 착한 중생도 있고 행실이 악한 중생도 있으며, 가르치기 쉬운 중생도 있고 가르치기 어려운 중생도 있으며, 어떤 중생은 내세에 받을 죄의 공포를 실감하며 살고 있었다오. 비구들이여, 그래서 나는 사함빠띠 범천에게 게송으로 대답했다오.

귀 있는 자들에게 불사(不死)의 문이 열렸다.
헛된 신앙에서 벗어날지어다[pamuccantu saddhaṃ].[283]
범천이여, 나는 무익하다는 생각에서
고상하고 승묘한 진리[法]를
인간들 가운데서 설하지 않으려고 했노라.

비구들이여, 그러자 사함빠띠 범천은 '세존께서 나에게 설법을 약속하셨다'라고 생각하고, 나를 오른쪽으로 돌고 예배한 후에 그곳에서 사라졌다오.

비구들이여, 그때 나에게 이런 생각이 들었다오.

'맨 처음 누구에게 법을 가르쳐야 할까? 누가 이 법을 빨리 이해할 수 있을까?'

비구들이여, 그때 나에게 이런 생각이 들었다오.

'알라라 깔라마는 현명하고 학식이 있고 총명하며, 오래도록 천성이 티 없이 맑은 사람이다. 알라라 깔라마에게 맨 처음 법을 가르치는 것이 좋겠다. 그는 이 법을 빨리 이해할 것이다.'

비구들이여, 그러자 천신들이 나를 찾아와서 이렇게 말했다오.

'세존이시여, 알라라 깔라마는 7일 전에 죽었습니다.'

나는 그래서 알라라 깔라마가 7일 전에 죽었다는 것을 알게 되었다오. 비구들이여, 그때 나에게 이런 생각이 들었다오.

'알라라 깔라마는 손해가 크구나. 그가 이 법을 들었다면 빨리 이해했을 텐데.'

---

283 'saddhaṃ'은 '믿음'을 의미하는데, '헛된 신앙'으로 번역함. 당시 사회를 지배하고 있던 바라문교 신앙을 버릴 것을 이야기한 것이다.

비구들이여, 그때 나에게 이런 생각이 들었다오.

'맨 처음 누구에게 법을 가르쳐야 할까? 누가 이 법을 빨리 이해할 수 있을까?'

비구들이여, 그때 나에게 이런 생각이 들었다오.

'웃다까 라마뿟따는 현명하고 학식이 있고 총명하며, 오래도록 천성이 티 없이 맑은 사람이다. 웃다까 라마뿟따에게 맨 처음 법을 가르치는 것이 좋겠다. 그는 이 법을 빨리 이해할 것이다.'

비구들이여, 그러자 천신들이 나를 찾아와서 이렇게 말했다오.

'세존이시여, 웃다까 라마뿟따는 지난밤에 죽었습니다.'

나는 그래서 웃다까 라마뿟따가 지난밤에 죽었다는 것을 알게 되었다오. 비구들이여, 그때 나에게 이런 생각이 들었다오.

'웃다까 라마뿟따는 손해가 크구나. 그가 이 법을 들었다면, 빨리 이해했을 텐데.'

비구들이여, 그때 나에게 이런 생각이 들었다오.

'맨 처음 누구에게 진리를 가르쳐야 할까? 누가 이 진리를 빨리 이해할 수 있을까?'

비구들이여, 그때 나에게 이런 생각이 들었다오.

'정진할 때 나를 시중들었던, 나에게 많은 도움을 준 5비구가 있다. 5비구에게 맨 처음 진리를 가르치는 것이 좋겠다.'

비구들이여, 그때 나에게 이런 생각이 들었다오.

'지금 5비구는 어디에 머물고 있을까?'

나는 인간을 초월하는 청정한 천안(天眼)으로 5비구가 바라나시(Bārāṇasī)의 선인(仙人)이 내려왔던 녹야원(鹿野苑)에 머물고 있는 것을 보았다오. 비구들이여, 그래서 나는 우루웰라에서 적절하게 머문 후에 바라나시로 여행을 떠났다오.

내가 보리수(菩提樹)에서 가야(Gaya)로 여행하는 도중에 사명외도(邪命外道, Ājīvaka) 우빠까(Upaka)가 나를 보고 말했다오.

'존자여, 그대의 6근(六根)은 청정하고, 용모는 맑고 아름답군요. 존자여, 그대는 누구에게 출가했습니까? 그대의 스승은 누구이고, 그대는 누구의 가르침을 따릅니까?'

비구들이여, 이렇게 말하자 나는 게송으로 우빠까에게 말했다오.

> 나는 모든 법에 물들지 않는
> 일체승자(一切勝者)이며 일체지자(一切知者)라오.
> 일체를 버리고 갈애를 부수고
> 체험적 지혜로써 스스로 해탈했다오.
>
> 누구를 스승이라 말하겠는가!
> 나에게는 스승이 없다오.
> 나와는 견줄 자가 없다오.
> 천신을 포함하여 이 세간에
> 나와 동등한 자는 없다오.
>
> 나는 세간의 아라한이며
> 나는 위없는 스승이라오.
> 번뇌가 소멸하여 맑고 고요한
> 나는 유일한 등정각(等正覺, sammā-sambuddha)이라오.
> 나는 법륜을 굴리기 위해서

까시(Kāsi)국의 도시로[284] 간다오.
무지한 이 세상에
불사(不死)의 북을 두드리기 위해.

'존자여, 그대는 '내가 바로 아라한이며, 무적의 승리자인 지나(Jīna)[285]다'라고 선언하는 것입니까?'

번뇌[漏]를 남김없이 소멸한
나와 같은 사람이 진정한 지나라오.
나는 사악한 법을 정복했다오.
우빠까여, 그러므로 나는 승리자라오.

비구들이여, 이렇게 말하자 사명외도 우빠까는 '존자여, 그렇다고 합시다'라고 말하고, 머리를 가로저으면서 옆길로 떠나갔다오.

비구들이여, 나는 곧바로 바라나시의 선인이 내려왔던 녹야원으로 여행을 하여 5비구를 찾아갔다오. 비구들이여, 5비구는 저 만치에서 내가 오는 것을 보고서 서로서로 이렇게 다짐했다오.

'존자들이여, 정진하다가 타락하여 윤택한 생활로 전락한 사치스러운 사문 고따마가 오고 있소. 그가 원하면 옆에 앉게는 하되, 인사도 하지 말고, 일어나 맞이하지도 말고, 발우와 옷을 받아 주지도 말고, 자리를 내주지도 맙시다.'

비구들이여, 내가 다가가자 5비구는 자신들의 언약을 지킬 수가 없었다오. 어떤 사람은 나를 맞이하면서 발우와 옷을 받아 주고, 어떤 사람은 자리를 마련해 주고, 어떤 사람은 발 씻을 물을 떠다 주면서, 나를 '존자'라는 호칭으로 불렀다오.

비구들이여, 나는 5비구에게 이렇게 말했다오.

'비구들이여, 여래를 이름과 존자라는 말로 부르지 마시오! 비구들이여, 여래는 아라한이며, 바른 깨달음을 이룬 붓다[等正覺]라오. 비구들이여, 귀를 기울이시오! 나는 불사(不死)를 성취했으니 가르쳐 주겠소. 내가 법(法)을 설하겠소. 가르쳐 준 대로 실천하면, 그대들은 오래지 않아 선남자가 집을 버리고 출가한 목적에 합당한 위없는 범행의 완성을 지금 여기에서 몸소 체험적 지혜로 체득하고 성취하여 살아가게 될 것이오.'

비구들이여, 이와 같이 말하자 5비구는 나에게 이렇게 말했다오.

'고따마 존자여, 당신은 그렇게 열심히 수행했고, 그렇게 부지런히 실천했고, 그렇게 극심한 고행을 했지만 실로 성자에게 합당한 지견(知見)을 성취하지 못했고, 인간을 초월한 법을 얻지 못했습니다. 그런데 지금 정진을 포기하고 벗어나서 사치에 빠져서 호사를 누리는 당신이 어떻게 성자에게 합당한 지견을 성취하고, 인간을 초월한 법을 얻을 수 있다는 말입니까?'

비구들이여, 이와 같이 말하자 나는 5비구에게 이렇게 말했다오.

'비구들이여, 여래는 정진을 포기하지

---

284 까시(Kāsi)국의 도시인 바라나시(Bārāṇasi)를 의미한다.

285 고행주의자들은 누(漏, āsava)를 멸진하여 수행을 완성한 사람을 'Jina', 즉 승리자라고 불렀다. 고행주의자인 사명외도 우빠까는 붓다가 스스로 모든 누를 소멸한 승리자, 즉 지나라고 선언하는가를 붓다에게 묻고 있다.

않았고, 벗어나지 않았고, 사치에 빠져서 호사를 누리지 않았다오. 비구들이여, 나는 아라한이며, 바른 깨달음을 이룬 붓다라오. 비구들이여, 귀를 기울이시오! 나는 불사를 성취했으니, 그대들에게 가르쳐 주겠소. 내가 법을 설하겠소. 가르쳐 준 대로 실천하면, 그대들은 오래지 않아 선남자가 집을 버리고 출가한 목적에 합당한 위없는 범행의 완성을 지금 여기에서 몸소 체험적 지혜로 체득하고 성취하여 살아가게 될 것이오.'

비구들이여, 5비구는 두 번 세 번을 거듭하여 나에게 그렇게 말했다오.

비구들이여, 나는 5비구에게 이렇게 말했다오.

'비구들이여, 그대들은 이전에 나에게 이와 같은 말을 들은 적이 있는가?'

'세존이시여,[286] 그런 적이 없습니다.'

'비구들이여, 여래는 아라한이며, 바른 깨달음을 이룬 붓다라오. 비구들이여, 귀를 기울이시오! 나는 불사를 성취했으니, 그대들에게 가르쳐 주겠소. 내가 법을 설하겠소. 가르쳐 준 대로 실천하면, 그대들은 오래지 않아 선남자가 집을 버리고 출가한 목적에 합당한 위없는 범행의 완성을 지금 여기에서 몸소 체험적 지혜로 체득하고 성취하여 살아가게 될 것이오.'

비구들이여, 나는 5비구를 설득할 수 있었다오. 비구들이여, 내가 두 비구를 가르치면 세 비구는 탁발하러 갔으며, 세 비구가 탁발하여 가져온 음식으로 여섯 사람을 부양했다오. 비구들이여, 내가 세 비구를 가르치면 두 비구는 탁발하러 갔으며, 두 비구가 탁발하여 가져온 음식으로 여섯 사람을 부양했다오.

비구들이여, 5비구는 나에게 이렇게 가르침을 받고, 이렇게 지도를 받으면서, 자기 스스로 태어나는 존재로서 태어나는 존재에서 재난을 발견하고, 태어남이 없는 더할 나위 없이 행복한 열반을 소원하여 태어남이 없는 더할 나위 없이 행복한 열반을 성취했고, … 자기 스스로 번뇌에 물든 존재로서 번뇌에 물든 존재에서 재난을 발견하고, 번뇌에 물든 존재가 없는 더할 나위 없이 행복한 열반을 소원하여 번뇌에 물든 존재가 없는 더할 나위 없이 행복한 열반을 성취했다오. 그리고 그들에게 '실로 이 해탈은 확고하다. 이것이 최후의 태어남이다. 이제 이후의 존재[後有]는 없다'라는 지견이 생겼다오.

비구들이여, 다섯 가지 감각적 욕망의 대상이 있다오. 시각[眼]에 의해서 지각되는 마음에 들고 호감이 가고 매력 있고 사랑스럽고 열망하고 유혹적인 형색[色], 청각[耳]에 의해서 지각되는 마음에 들고 호감이 가고 매력 있고 사랑스럽고 열망하고 유혹적인 소리[聲], 후각[鼻]에 의해서 지각되는 마음에 들고 호감이 가고 매력 있고 사랑스럽고 열망하고 유혹적인 향기[香], 미각[舌]에 의해서 지각되는 마음에 들고 호감이 가고 매력 있고 사랑스럽고 열망하고 유혹적인 맛[味], 촉각[身]에 의해서 지각되는 마음에 들고 호감이 가고 매력 있고 사랑스럽고 열망하고 유혹적인 촉감[觸], 비구들이여, 이들이

286 'bhante'의 번역. 'bhante'는 2인칭 높임말 'bhavant'의 단수 호격(呼格)이다. 5비구는 붓다를 'āvuso Gotama'라고 부르다가 여기에서부터 'bhante'라고 부르고 있다. 이것은 5비구가 붓다를 스승으로 받아들였다는 것을 의미한다.

다섯 가지 감각적 욕망의 대상이라오.

비구들이여, 어떤 사문이건 바라문이건, 이들 다섯 가지 감각적 욕망의 대상에 묶이고, 홀리고, 빠지고, 재난을 보지 못하고, 벗어날 줄 모르고 즐기는 사람은 누구나 화를 자초하고, 재앙을 초래하고, 악마의 뜻대로 행했음을 느끼게 될 것이오. 비구들이여, 비유하면 숲에 사는 사슴이 덫에 걸려 누워 있는 것과 같다오. 그 사슴은 화를 자초하고, 재앙을 초래하고, 사냥꾼의 뜻대로 행했음을 느끼게 될 것이고, 사냥꾼이 왔을 때 원하는 곳으로 도망갈 수 없다는 것을 알게 될 것이오.

비구들이여, 어떤 사문이건 바라문이건, 이들 다섯 가지 감각적 욕망의 대상에 묶이지 않고, 홀리지 않고, 빠지지 않고, 재난을 보고, 벗어날 줄 알아서 즐기지 않는 사람은 누구나 화를 자초하지 않고, 재앙을 초래하지 않고, 악마의 뜻대로 행하지 않았음을 느끼게 될 것이오. 비구들이여, 비유하면 숲에 사는 사슴이 덫에 걸리지 않고 누워 있는 것과 같다오. 그 사슴은 화를 자초하지 않고, 재앙을 초래하지 않고, 사냥꾼의 뜻대로 행하지 않았음을 느끼게 될 것이고, 사냥꾼이 왔을 때 원하는 곳으로 도망갈 수 있다는 것을 알게 될 것이오.

비구들이여, 예를 들어 숲에 사는 어떤 사슴이 숲속을 다니면서 자신 있게 가고, 자신 있게 멈추고, 자신 있게 앉고, 자신 있게 눕는다면, 그 까닭은 무엇인가? 비구들이여, 그 사슴은 사냥꾼의 손아귀에서 벗어났기 때문이라오.

비구들이여, 이와 같이 어떤 비구는 감각적 욕망을 멀리하고 불선법(不善法)을 멀리함으로써 사유가 있고 숙고가 있는, 멀리함에서 생긴 즐거움과 행복이 있는 초선(初禪)을 성취하여 살아간다오. 비구들이여, 이런 비구를 '악마를 눈멀게 한 사람, 악마의 눈을 부수어 악마를 볼 수 없게 만든 사람'이라고 부른다오.

비구들이여, 그다음으로 어떤 비구는 사유와 숙고를 억제하여 내적으로 조용해진, 마음이 집중된, 사유와 숙고가 없는, 삼매에서 생긴 즐거움과 행복이 있는 제2선(第二禪)을 성취하여 살아간다오. 비구들이여, 이런 비구를 '악마를 눈멀게 한 사람, 악마의 눈을 부수어 악마를 볼 수 없게 만든 사람'이라고 부른다오.

비구들이여, 그다음으로 어떤 비구는 희열(喜悅)이 사라지고 평정한 마음으로 주의집중과 알아차림을 하며 지내는 가운데 몸으로 행복을 느끼면서, 성인들이 '평정한 마음[捨]으로 주의집중을 하는 행복한 상태'라고 이야기한 제3선(第三禪)을 성취하여 살아간다오. 비구들이여, 이런 비구를 '악마를 눈멀게 한 사람, 악마의 눈을 부수어 악마를 볼 수 없게 만든 사람'이라고 부른다오.

비구들이여, 그다음으로 어떤 비구는 행복감을 포기하고 괴로움을 버림으로써 이전의 만족과 불만이 소멸하여 괴롭지도 않고 즐겁지도 않은, 평정한 주의집중이 청정한 제4선(第四禪)을 성취하여 살아간다오. 비구들이여, 이런 비구를 '악마를 눈멀게 한 사람, 악마의 눈을 부수어 악마를 볼 수 없게 만든 사람'이라고 부른다오.

비구들이여, 나아가서 어떤 비구는 형색에 대한 생각[色想]을 완전히 초월하고, 지각의 대상에 대한 생각[有對想] 소멸하여, 차별적인 생각[想]에 마음 쓰지 않음으로써 '허공은 무한하다'라고 생각하는 공무변처(空無邊處)를 성취하여 살아간다오. 비구들이여, 이런 비구를 '악마를 눈멀게 한 사람, 악마의 눈을 부수어 악마를 볼 수 없게 만든 사람'이라고 부른다오.

비구들이여, 그다음으로 어떤 비구는 공무변처를 완전히 초월하여 '식(識)은 무한하다'라고 생각하는 식무변처(識無邊處)를 성취하여 살아간다오. 비구들이여, 이런 비구를 '악마를 눈멀게 한 사람, 악마의 눈을 부수어 악마를 볼 수 없게 만든 사람'이라고 부른다오.

비구들이여, 그다음으로 어떤 비구는 일체의 식무변처를 초월하여 '아무것도 없다'라고 생각하는 무소유처(無所有處)를 성취하여 살아간다오. 비구들이여, 이런 비구를 '악마를 눈멀게 한 사람, 악마의 눈을 부수어 악마를 볼 수 없게 만든 사람'이라고 부른다오.

비구들이여, 그다음으로 어떤 비구는 일체의 무소유처를 초월하여 비유상비무상처(非有想非無想處)를 성취하여 살아간다오. 비구들이여, 이런 비구를 '악마를 눈멀게 한 사람, 악마의 눈을 부수어 악마를 볼 수 없게 만든 사람'이라고 부른다오.

비구들이여, 그다음으로 어떤 비구는 일체의 비유상비무상처를 초월하여 생각과 느껴진 것의 소멸[想受滅]을 성취하여 살아간다오. 그는 통찰지로써 번뇌가 소멸했음을 보게 된다오. 비구들이여, 이런 비구를 '악마를 눈멀게 한 사람, 악마의 눈을 부수어 악마를 볼 수 없게 만든 사람, 세간에 대한 집착을 극복한 사람'이라고 부른다오. 그는 자신 있게 가고, 자신 있게 멈추고, 자신 있게 앉고, 자신 있게 눕는다오. 그 까닭은 무엇인가? 비구들이여, 그는 악마의 손아귀에서 벗어났기 때문이라오."

이것이 세존께서 하신 말씀입니다.

그 비구들은 세존의 말씀에 만족하고 기뻐했습니다.

16. 큰 코끼리 발자국 비유경[287]
〈M.N. 28. Mahāhatthipadopama-sutta〉

이와 같이 나는 들었습니다.

한때 세존께서는 사왓티의 제따와나 아나타삔디까 승원에 머무셨습니다.

그때 사리뿟따 존자가 "비구들이여!" 하고 비구들을 불렀습니다.

그 비구들은 "예, 존자님!" 하고 사리뿟따 존자에게 대답했습니다.

사리뿟따 존자께서 그 비구들에게 말씀하셨습니다.

"존자들이여, 예를 들면 동물의 발자국은 어떤 것이든 모두 코끼리 발자국에 들어가듯이, 그래서 코끼리 발자국이 동물들 가운데서 가장 크다고 말하듯이, 존자들이여, 이와 같이 선법(善法)은 어떤 것이든 모두가 4성제(四聖諦) 속에 들어간다오. 4성제는 어떤 것인가? 고성제(苦聖諦), 고집성제(苦集聖諦), 고멸성제(苦滅聖諦), 고멸도성제(苦滅道聖諦)라오.

존자들이여, 고성제란 어떤 것인가? 태어남[生]이 괴로움[苦]이고, 늙음[老]이 괴로움이고, 죽음[死]이 괴로움이고, 슬픔·비탄·고통·근심·절망이 괴로움이고, 원하는 것을 얻지 못하는 것이 괴로움이라오. 요컨대 5취온(五取蘊)이 괴로움이라오.

존자들이여, 5취온은 어떤 것인가? 그것은 색취온(色取蘊), 수취온(受取蘊), 상취온(想取蘊), 행취온(行取蘊), 식취온(識取蘊)이라오.

존자들이여, 색취온은 어떤 것인가? 그것은 4대(四大)와 4대를 취하고 있는 (몸의) 형색[色]이라오[cattāri ca mahābhūtāni catunnañ ca mahābhūtānaṃ upādāya rūpaṃ].[288]

존자들이여, 4대란 어떤 것인가? 그것은 지계(地界, paṭhavī-dhātu), 수계(水界, āpo-dhātu), 화계(火界, tejo-dhātu), 풍계(風界, vāyo-dhātu)라오.[289]

존자들이여, 지계란 어떤 것인가? 지계는 안에도 있고 밖에도 있다오. 존자들이여, 어떤 것이 안에 있는 지계인가? 그것은 각자의 안에 있는 단단한 상태를 취한 것이라오. 예를 들면 머리카락, 털, 손톱, 치아, 피부, 살,

---

287 『중아함경(中阿含經)』의 「30. 상적유경(象跡喩經)」에 상응하는 경.

288 이 문장의 번역에 유의해야 한다. 대부분 이 문장을 '4대(四大)와 4대로 만들어진 물질'이라고 번역한다. 그리고 이러한 번역은 색(色), 즉 'rūpa'를 '물질'로 해석하는 근거가 된다. 그러나 '만들어진'으로 번역된 'upādāya'에는 '만들어진'이라는 뜻이 없다. 'upādāya'는 '잡다, 취하다, 집착하다'의 의미를 지닌 동사 'upādiyati'의 속격(屬格)을 지배하는 절대사로서 '~에 의해', '~을 취하여'라는 의미가 있다. 그리고 물질로 번역된 'rūpa'는 '형색·형태'를 의미한다. 따라서 이 문장은 '4대와 4대에 의한 형색' 또는 '4대와 4대를 취하고 있는 형색'으로 번역하는 것이 옳다. 4대는 유물론자들이 주장한 세계를 구성하는 불멸의 실체다. 그런데 이 경에서는 유물론자의 4대를 불교의 개념인 4계(四界)로 환치(換置)하여 우리의 살아 있는 몸을 구성하는 신체, 장기, 혈액, 활력, 소화 기능 등을 의미하는 개념으로 사용하고 있다. 따라서 'catunnañ ca mahābhūtānaṃ upādāya rūpaṃ'은 '4대를 취하고 있는 몸'을 의미한다.

289 4대(四大)를 4계(四界)로 설명함으로써 붓다가 말하는 4대는 유물론자의 4대와 다른 의미라는 것을 보여 준다.

힘줄, 뼈, 골수, 콩팥, 염통, 간, 가슴막, 비장, 허파, 창자, 내장, 위, 똥이나 그 밖의 어떤 것이든 각자의 안에 있는 단단한 상태를 취한 것이라오. 존자들이여, 이것이 안에 있는 지계라고 불리는 것이라오.

안에 있는 지계와 밖에 있는 지계, 이들 지계에 대하여 '이것은 나의 소유가 아니고, 이것은 내가 아니고, 이것은 나의 자아가 아니다'라고, 이와 같이 이것을 있는 그대로 바른 통찰지(通察智)로 통찰해야 한다오. 이와 같이 이것을 있는 그대로 바른 통찰지로 통찰하고서 지계를 싫어하고, 지계에 마음을 두지 말아야 한다오.

존자들이여, 밖에 있는 지계가 요동칠 때가 있다오. 그때 밖에 있는 지계는 소실된다오. 존자들이여, 그래서 밖에 있는 지계는 노파(老婆)만큼이나 무상한 성질[無常性]과 소멸법의 성질[消滅法性]과 쇠멸법의 성질[衰滅法性]과 변역법의 성질[變易法性]이 있다는 것을 알 수 있다오. 그런데 갈애[愛]에 의해 취해진 초로(草露) 같은 몸을 가지고 '나'라거나, '내 것'이라거나, '내가 있다'라고 할 수 있을까요? 이 점에 관해서는 '아니다'라고 해야 할 것이오.

존자들이여, 수계란 어떤 것인가? 수계는 안에도 있고 밖에도 있다오.

존자들이여, 어떤 것이 안에 있는 수계인가? 그것은 각자의 안에 있는 물과 물의 상태를 취한 것이라오. 예를 들면 담즙, 가래, 고름, 피, 땀, 기름, 눈물, 비계, 침, 콧물, 활액(滑液), 오줌이나 그 밖의 어떤 것이든 각자의 안에 있는 물과 물의 상태를 취한 것이라오. 존자들이여, 이것이 안에 있는 수계라고 불리는 것이라오.

안에 있는 수계와 밖에 있는 수계, 이들 수계에 대하여 '이것은 나의 소유가 아니고, 이것은 내가 아니고, 이것은 나의 자아가 아니다'라고, 이와 같이 이것을 바른 통찰지로 있는 그대로 통찰해야 한다오. 이와 같이 이것을 있는 그대로 바른 통찰지로 통찰하고서 수계를 싫어하고, 수계에 마음을 두지 말아야 한다오.

존자들이여, 밖에 있는 수계가 요동칠 때가 있다오. 그때 그 수계는 마을을 휩쓸어가고, 촌락을 휩쓸어가고, 성읍을 휩쓸어가고, 나라를 휩쓸어가고, 국토를 휩쓸어간다오. 그런가 하면 존자들이여, 큰 바다에 물이 100요자나(yojana, 由旬)[290] 내려갈 때도 있고, 200요자나 내려갈 때도 있고, 300요자나 내려갈 때도 있고, 400요자나 내려갈 때도 있고, 500요자나 내려갈 때도 있고, 600요자나 내려갈 때도 있고, 700요자나 내려갈 때도 있다오. 존자들이여, 큰 바다에 물이 7딸라(tāla)[291] 찰 때도 있고, 6딸라 찰 때도 있고, 5딸라 찰 때도 있고, 4딸라 찰 때도 있고, 3딸라 찰 때도 있고, 2딸라 찰 때도 있고, 딸라만큼 찰 때도 있다오. 존자들이여, 큰 바다에 물이 7뽀리사(porisa)[292] 찰 때도 있고, 6뽀리사 찰 때도 있고, 5뽀리사 찰 때도 있고, 4뽀리사 찰 때도 있고, 3뽀리사 찰 때도 있

---

290 길이의 단위. 1요자나(yojana)는 14km 정도라고 함.

291 'tāla'는 야자수이다. 여기에서는 길이의 단위로서 야자수 높이를 의미한다.

292 'porisa'는 길이의 단위로서 일반 성인의 키 정도이다.

고, 2뽀리사 찰 때도 있고, 사람의 키만큼 찰 때도 있다오. 존자들이여, 큰 바다에 물이 반 뽀리사 찰 때도 있고, 허리만큼 찰 때도 있고, 무릎만큼 찰 때도 있고, 발목만큼 찰 때도 있다오. 존자들이여, 큰 바다에 물이 손가락을 적실 만큼도 없는 때도 있다오.

존자들이여, 그래서 밖에 있는 수계는 노파만큼이나 무상한 성질과 소멸법의 성질과 쇠멸법의 성질과 변역법의 성질이 있다는 것을 알 수 있다오. 그런데 갈애에 의해 취해진 초로 같은 몸을 가지고 '나'라거나, '내 것'이라거나, '내가 있다'라고 할 수 있을까요? 이 점에 관해서는 '아니다'라고 해야 할 것이오.

존자들이여, 화계란 어떤 것인가? 화계는 안에도 있고 밖에도 있다오.

존자들이여, 어떤 것이 안에 있는 화계인가? 그것은 각자의 안에 있는 열(熱)과 열의 상태를 취한 것이라오. 예를 들면 활력을 주는 것, 노쇠하게 하는 것, 화를 일으키는 것, 먹은 음식을 소화시키는 것, 그 밖의 어떤 것이든 각자의 안에 있는 불과 불의 상태를 취한 것이라오. 존자들이여, 이것이 안에 있는 화계라고 불리는 것이라오.

안에 있는 화계와 밖에 있는 화계, 이들 화계에 대하여 '이것은 나의 소유가 아니고, 이것은 내가 아니고, 이것은 나의 자아가 아니다'라고, 이와 같이 이것을 바른 통찰지로 있는 그대로 통찰해야 한다오. 이와 같이 이것을 바른 통찰지로 있는 그대로 통찰하고서 화계를 싫어하고, 화계에 마음을 두지 말아야 한다오.

존자들이여, 밖에 있는 화계가 요동칠 때가 있다오. 그때 그 화계는 마을을 태우고, 촌락을 태우고, 성읍을 태우고, 나라를 태우고, 국토를 태운다오. 존자들이여, 그 화계는 초원가나 도로가나 바위가나 물가나 탁 트인 평지에 이르러 연료가 다하면 꺼진다오. 존자들이여, 그런가 하면 사람들이 닭의 깃털과 가죽 조각으로 불씨를 구하기 위해 애쓰는 때가 있다오.

존자들이여, 그래서 밖에 있는 화계는 노파만큼이나 무상한 성질과 소멸법의 성질과 쇠멸법의 성질과 변역법의 성질이 있다는 것을 알 수 있다오. 그런데 갈애에 의해 취해진 초로 같은 몸을 가지고 '나'라거나, '내 것'이라거나, '내가 있다'라고 할 수 있을까요? 이 점에 관해서는 '아니다'라고 해야 할 것이오.

존자들이여, 풍계란 어떤 것인가? 풍계는 안에도 있고 밖에도 있다오.

존자들이여, 어떤 것이 안에 있는 풍계인가? 그것은 각자의 안에 있는 바람과 바람의 상태를 취한 것이라오. 예를 들면 위로 올라가는 바람, 아래로 내려가는 바람, 자궁 안에 있는 바람, 배 안에 있는 바람, 사지(四肢)를 돌아다니는 바람, 들숨과 날숨, 그 밖의 어떤 것이든 각자의 안에 있는 바람과 바람의 상태를 취한 것이라오. 존자들이여, 이것이 안에 있는 풍계라고 불리는 것이라오.

안에 있는 풍계와 밖에 있는 풍계, 이들 풍계에 대하여 '이것은 나의 소유가 아니고, 이것은 내가 아니고, 이것은 나의 자아가 아니다'라고, 이와 같이 이것을 바른 통찰지로 있는 그대로 통찰해야 한다오. 이와 같이 이것을 바른 통찰지로 있는 그대로 통찰하고서 풍계를 싫어하고, 풍계에 마음을 두지 말아야 한다오.

존자들이여, 밖에 있는 풍계가 요동칠 때가 있다오. 그때 그 풍계는 마을을 휩쓸어버리고, 촌락을 휩쓸어버리고, 성읍을 휩쓸어버리고, 나라를 휩쓸어버리고, 국토를 휩쓸어버린다오. 존자들이여, 그런가 하면 사람들이 야자수 잎과 부채로 바람을 구하는 여름의 마지막 달에는 흐르는 물가의 풀잎들도 흔들리지 않는 때가 있다오.

존자들이여, 그래서 밖에 있는 풍계는 노파만큼이나 무상한 성질과 소멸법의 성질과 쇠멸법의 성질과 변역법의 성질이 있다는 것을 알 수 있다오. 그런데 갈애에 의해 취해진 초로 같은 몸을 가지고 '나'라거나, '내 것'이라거나, '내가 있다'라고 할 수 있을까요? 이 점에 관해서는 '아니다'라고 해야 할 것이오.

존자들이여, 만약 어떤 비구를 다른 사람들이 욕하고, 비난하고, 괴롭히고, 모욕한다면, 그는 다음과 같이 통찰한다오.

'나에게 발생한 청각접촉[耳觸]에서 생긴 이 괴로운 느낌[受]은 분명히 의지하고 있지, 독립적으로 있지 않구나. 무엇을 의지하고 있는가? 접촉[觸]을 의지하고 있구나.'

그는 접촉은 무상(無常)하다는 것을 알고, 느낌은 무상하다는 것을 알고, 생각[想]은 무상하다는 것을 알고, 행위[行]는 무상하다는 것을 알고, 분별의식[識]은 무상하다는 것을 안다오. 그래서 마음이 통찰의 대상이 되는 계(界, dhātārammaṇa)에 도약하여, 확신을 가지고 확고하게 머물면서 몰입한다오.

비구들이여, 만약에 다른 사람들이 불쾌하고, 기분 나쁘고, 마음에 들지 않게 그 비구에게 손찌검·흙덩어리 팔매질·몽둥이질·칼질을 하면, 그는 다음과 같이 통찰한다오.

'지금 이 몸은 손찌검을 당하고, 흙덩어리 팔매질을 당하고, 몽둥이질을 당하고, 칼질을 당하고 있구나. 그런데 세존께서는 「톱비유경」에서 '비구들이여, 양쪽에 손잡이가 있는 톱으로 비열한 도적들이 사지를 차례로 잘라 낸다고 할지라도, 거기에서 마음이 타락한다면 그는 나의 가르침을 따르는 사람이 아니다'라고 말씀하셨다. 그러므로 나는 물러서지 않고 힘써 정진하겠다. 정신을 똑바로 차리고 주의집중에 전념하겠다. 몸은 가볍고 편안하게 하고, 마음은 집중하여 삼매에 들겠다. 이제 마음 내키는 대로 이 몸에 손찌검하고, 흙덩어리를 던지고, 몽둥이질하고, 칼질하도록 내버려두자. 이것이 부처님들의 가르침이다.'

존자들이여, 만약 그 비구가 이와 같이 부처님[佛]을 생각하고, 가르침[法]을 생각하고, 상가[僧伽]를 생각해도 좋은 의지처가 되는 평정한 마음[捨]이 확립되지 않으면, 그는 그로 인해서 동요하고 두려움이 생긴다오. 그래서 다음과 같이 생각한다오.

'나에게 무익하구나. 나에게 이익이 없구나. 내가 성취하기는 어렵구나. 나는 잘 성취하지 못했구나. 내가 이와 같이 부처님을 생각하고, 가르침을 생각하고, 상가를 생각해도 나에게 좋은 의지처가 되는 평정한 마음이 확립되지 않는구나.'

존자들이여, 마치 며느리가 시아버지를 보고서 동요하고 두려움을 느끼는 것과 같이, 존자들이여, 만약 그 비구가 이와 같이 부처님을 생각하고, 가르침을 생각하고, 상가를 생각해도 좋은 의지처가 되는 평정한 마음이 확립되지 않으면, 그로 인해서 동요하고 두려움을 느낀다오.

존자들이여, 만약 그 비구가 부처님을 생각하고, 가르침을 생각하고, 상가를 생각하여 좋은 의지처가 되는 평정한 마음이 확립되면, 그로 인해서 기쁨이 있다오. 존자들이여, 비구가 이 정도가 되려면 많은 수행이 필요하다오.

존자들이여, 비유하면 나뭇조각을 의지하고, 칡넝쿨을 의지하고, 풀을 의지하고, 진흙을 의지하여 둘러싸인 허공이 '집'이라는 명칭으로 불리듯이, 존자들이여, 이와 같이 해골을 의지하고, 근육을 의지하고, 살을 의지하고, 가죽을 의지하여 둘러싸인 허공이 형색[色]이라는 명칭으로 불린다오.

존자들이여, 안에 손상을 입지 않은 시각[眼]이 있어도, 밖에 형색들이 시야(視野)에 들어오지 않고, 적절하게 집중하지 않으면, 그 결과 적절한 분별의식[識]의 영역은 결코 나타나지 않는다오. 존자들이여, 안에 손상을 입지 않은 시각이 있고, 밖에 형색들이 시야에 들어와도, 적절하게 집중하지 않으면, 그 결과 적절한 분별의식의 영역은 결코 나타나지 않는다오. 존자들이여, 몸 안에 손상을 입지 않은 시각이 있고, 밖에 형색들이 시야에 들어오고, 적절하게 집중하기 때문에, 이와 같이 적절한 분별의식의 영역이 나타난다오.

그렇게 형성된 형색은 색취온에 모이고, 그렇게 형성된 느낌은 수취온에 모이고, 그렇게 형성된 생각은 상취온에 모이고, 그렇게 형성된 행위들은 행취온에 모이고, 그렇게 형성된 분별의식은 식취온에 모인다오. 그는 '참으로 이들 5취온은 이와 같이 모이고, 집합되고, 결합된다'라고 통찰한다오.

세존께서는 '연기(緣起)를 보는 자는 법(法)을 보고, 법을 보는 자는 연기를 본다'라고 말씀하셨다오. 그런데 이들 5취온은 연기한 것이라오. 이들 5취온에 대하여 욕망·애착·호의·탐닉이 있는 것이 고집(苦集)이며, 이들 5취온에 대하여 욕탐(欲貪)을 억제하고 욕탐을 제거하는 것이 고멸(苦滅)이라오. 존자들이여, 비구가 이 정도가 되려면 많은 수행이 필요하다오.

존자들이여, 청각[耳], 후각[鼻], 미각[舌], 촉각[身], 마음[意]도 마찬가지라오.

존자들이여, 안에 손상을 입지 않은 마음이 있어도, 밖에 법(法)이 시야에 들어오지 않고, 적절하게 집중하지 않으면, 그 결과 적절한 분별의식의 영역은 결코 나타나지 않는다오. 존자들이여, 안에 손상을 입지 않은 마음이 있고, 밖에 법이 시야에 들어와도, 적절하게 집중하지 않으면, 그 결과 적절한 분별의식의 영역은 나타나지 않는다오. 존자들이여, 안에 손상을 입지 않은 사유 기능이 있고, 밖에 법이 시야에 들어오고, 적절하게 집중하기 때문에, 이와 같이 적절한 분별의식의 영역이 나타나는 것이라오.

그렇게 형성된 형색은 색취온에 모이고, 그렇게 형성된 느낌은 수취온에 수집되고, 그렇게 형성된 생각은 상취온에 모이고, 그렇게 형성된 행위들은 행취온에 모이고, 그렇게 형성된 분별의식은 식취온에 모인다오. 그는 '참으로 이들 5취온은 이와 같이 모이고, 집합되고, 결합된다'라고 통찰한다오.

세존께서는 '연기를 보는 자는 법을 보고, 법을 보는 자는 연기를 본다'라고 말씀하셨다오. 그런데 이들 5취온은 연기한 것이라오. 이들 5취온에 대하여 욕망·애착·호의·탐닉이 있는 것이 고집(苦集)이며, 이들 5취온에 대하여 욕탐을 억제하고 욕탐을 제거하는 것이 고멸(苦滅)이라오. 존자들이여, 비구가 이 정도가 되려면 많은 수행이 필요하다오."

이것이 사리뿟따 존자께서 하신 말씀입니다.

그 비구들은 사리뿟따 존자의 말씀에 만족하고 기뻐했습니다.

17. 작은 고싱가경[293]
〈M.N. 31. Cūḷagosiṅga-sutta〉

이와 같이 나는 들었습니다.

한때 세존께서는 나디까(Nādika)의 긴자까와사타(Giñjakāvasatha) 승원에 머무셨습니다.

그때 아누룻다(Anuruddha) 존자와 난디야(Nandiya) 존자와 낌빌라(Kimbila) 존자는 고싱가살라와나(Gosiṅgasālavana) 동산에 머물고 있었습니다.

세존께서는 좌선에서 일어나 고싱가살라와나 동산으로 가셨습니다. 동산지기가 세존께서 오시는 것을 저만치에서 보고 세존께 말씀드렸습니다.

"사문이여, 이 동산에 들어오지 마시오! 이곳에는 영혼이 자유로운 세 분의 훌륭한 분이 머물고 있습니다. 그분들을 불편하게 하지 마시오!"

때마침 아누룻다 존자가 동산지기가 세존과 함께 나누는 이야기를 듣고 동산지기에게 말했습니다.

"여보시오, 동산지기여! 세존을 막지 마시오! 스승님께서, 세존께서 오셨습니다."

그런 다음, 아누룻다 존자는 난디야 존자와 낌빌라 존자에게 가서 말했습니다.

"존자들이여, 나와 보시오! 존자들이여, 나와 보시오! 스승님께서, 세존께서 오셨습니다."

아누룻다 존자와 난디야 존자와 낌빌라 존자는 나와서 세존을 맞이한 후에 한 사람은 옷과 발우를 받아 들었고, 한 사람은 자리를 마련해 드렸고, 한 사람은 발 씻을 물을 떠 왔습니다. 그 존자들은 세존께 예배한 후에 한쪽에 앉았습니다. 한쪽에 앉은 아누룻다 존자에게 세존께서 말씀하셨습니다.

"아누룻다여, 그대들은 견딜 만한가? 살아갈 만한가? 탁발 음식은 부족하지 않은가?"

"세존이시여, 저희는 견딜 만합니다. 세존이시여, 살아갈 만합니다. 탁발 음식은 부족하지 않습니다."

"아누룻다여, 그대들은 우유와 물처럼 화합하고 화목하며, 다투지 않고 상호 간에 애정 어린 눈길을 주고받으며 지내는가?"

"세존이시여, 저희는 참으로 우유와 물처럼 화합하고 화목하며, 다투지 않고 상호 간에 애정 어린 눈길을 주고받으며 지내고 있습니다."

"아누룻다여, 그대들은 어떻게 지내기에 우유와 물처럼 화합하고 화목하며, 다투지 않고 상호 간에 애정 어린 눈길을 주고받으며 지낸다고 말하는가?"

"세존이시여, 저는 '내가 이런 도반(道伴)들과 함께 지내는 것은 실로 나에게 이익이고 축복이다'라고 생각합니다. 세존이시여, 그래서 저는 볼 때나 보지 않을 때나, 이 존자들에게 몸과 말과 마음으로 항상 자애로운 행동을 합니다. 저는 '나는 내 생각을 내

---

293 『중아함경(中阿含經)』의 「185. 우각바라림경(牛角娑羅林經)」에 상응하는 경.

려놓고 이 존자들의 생각에 따라야겠다'라고 생각합니다. 세존이시여, 그래서 저는 제 생각을 내려놓고 이 존자들의 생각에 따르고 있습니다. 세존이시여, 생각건대 저희는 몸은 다르지만 마음은 하나입니다."

난디야 존자와 낌빌라 존자도 마찬가지로 이야기했습니다.

"세존이시여, 저희는 이렇게 우유와 물처럼 화합하고 화목하며, 다투지 않고 상호 간에 애정 어린 눈길을 주고받으며 지내고 있습니다."

"아누룻다여, 훌륭하구나! 참으로 훌륭하구나! 아누룻다여, 그대들은 게으름 피우지 않고 열심히 정진하면서 지내는가?"

"세존이시여, 저희는 참으로 게으름 피우지 않고 열심히 정진하면서 지내고 있습니다."

"아누룻다여, 그대들은 어떻게 지내기에 게으름 피우지 않고 열심히 정진하면서 지낸다고 말하는가?"

"세존이시여, 저희 가운데서 맨 먼저 마을에서 탁발을 마치고 돌아온 사람은 자리를 깔고, 마실 물과 씻을 물을 마련하고, 개수통을 준비합니다. 누구든 마지막에 마을에서 탁발을 마치고 돌아온 사람은 남은 음식이 있으면, 원하면 그것을 먹고 원치 않으면 풀이 없는 곳에 버리거나 아무것도 살지 않는 물에 가라앉힙니다. 그는 자리를 정리하고, 마실 물과 씻을 물을 치우고, 개수통을 정리하고, 식당을 청소합니다. 비워야 할 식수통이나 세숫대야나 개수통이나 배설물 통은 누구든지 본 사람이 비웁니다. 만약에 힘에 부치면, 손짓으로 두 사람을 불러서 손으로 신호하면서 함께 비웁니다. 세존이시여, 그렇지만 저희는 그 일을 하기 위해 말을 하지는 않습니다. 세존이시여, 그리고 저희는 닷새마다 밤을 지새우며 함께 앉아 법담을 나눕니다. 세존이시여, 저희는 이렇게 게으름 피우지 않고 열심히 정진하면서 살고 있습니다."

"아누룻다여, 훌륭하구나! 참으로 훌륭하구나! 아누룻다여, 그대들은 이와 같이 게으름 피우지 않고 열심히 정진하는 삶을 통해서 인간법(人間法)을 초월한, 성자에게 합당한 지견(知見)을 성취하여 체험한 안주처(安住處, phāsuvihāra)가 있는가?"

"세존이시여, 어찌 없겠습니까? 세존이시여, 저희는 저희 마음대로, 감각적 욕망을 멀리하고 불선법(不善法)을 멀리함으로써 사유가 있고 숙고가 있는, 멀리함에서 생긴 즐거움과 행복이 있는 초선(初禪)을 성취하여 살고 있습니다. 세존이시여, 이것이 게으름 피우지 않고 열심히 정진하는 삶을 통해서 인간법을 초월한, 성자에게 합당한 지견을 성취하여 체험한 안주처입니다."

"아누룻다여, 훌륭하구나! 참으로 훌륭하구나! 아누룻다여, 그대들에게 그것을 극복하고, 그것을 그치고 쉬는[止息] 삶을 통해서 인간법을 초월한, 성자에게 합당한 지견을 성취하여 체험한 또 다른 안주처가 있는가?"

"세존이시여, 어찌 없겠습니까? 세존이시여, 저희는 저희 마음대로, 사유와 숙고를 억제하여 내적으로 조용해진, 마음이 집중된, 사유와 숙고가 없는, 삼매에서 생긴 즐거움과 행복이 있는 제2선(第二禪)을 성취하여 살고 있습니다. 세존이시여, 이것이 그것을 극복하고, 그것을 그치고 쉬는 삶을 통해서 인간법을 초월한, 성자에게 합당한 지견을 성취하여 체험한 또 다른 안주처입니다."

"아누룻다여, 훌륭하구나! 참으로 훌륭하구나! 아누룻다여, 그대들에게 그것을 극복하고, 그것을 그치고 쉬는 삶을 통해서 인간법을 초월한, 성자에게 합당한 지견을 성취하여 체험한 또 다른 안주처가 있는가?"

"세존이시여, 어찌 없겠습니까? 세존이시여, 저희는 저희 마음대로, 희열(喜悅)이 사라지고 평정한 마음으로 주의집중과 알아차림을 하며 지내는 가운데 몸으로 행복을 느끼면서, 성인들이 '평정한 마음[捨]으로 주의집중을 하는 행복한 상태'라고 이야기한 제3선(第三禪)을 성취하여 살고 있습니다. 세존이시여, 이것이 그것을 극복하고, 그것을 그치고 쉬는 삶을 통해서 인간법을 초월한, 성자에게 합당한 지견을 성취하여 체험한 또 다른 안주처입니다."

"아누룻다여, 훌륭하구나! 참으로 훌륭하구나! 아누룻다여, 그대들에게 그것을 극복하고, 그것을 그치고 쉬는 삶을 통해서 인간법을 초월한, 성자에게 합당한 지견을 성취하여 체험한 또 다른 안주처가 있는가?"

"세존이시여, 어찌 없겠습니까? 세존이시여, 저희는 저희 마음대로, 행복감을 포기하고 괴로움을 버림으로써, 이전의 만족과 불만이 소멸하여, 괴롭지도 않고 즐겁지도 않은, 평정한 주의집중이 청정한 제4선(第四禪)을 성취하여 살고 있습니다. 세존이시여, 이것이 그것을 극복하고, 그것을 그치고 쉬는 삶을 통해서 인간법을 초월한, 성자에게 합당한 지견을 성취하여 체험한 또 다른 안주처입니다."

"아누룻다여, 훌륭하구나! 참으로 훌륭하구나! 아누룻다여, 그대들에게 그것을 극복하고, 그것을 그치고 쉬는 삶을 통해서 인간법을 초월한, 성자에게 합당한 지견을 성취하여 체험한 또 다른 안주처가 있는가?"

"세존이시여, 어찌 없겠습니까? 세존이시여, 저희는 저희 마음대로, 형색에 대한 생각[色想]을 완전히 초월하고, 지각의 대상에 대한 생각[有對想]을 소멸하여, 차별적인 생각에 마음 쓰지 않음으로써 '허공은 무한하다'라고 생각하는 공무변처(空無邊處)를 성취하여 살고 있습니다. 세존이시여, 이것이 그것을 극복하고, 그것을 그치고 쉬는 삶을 통해서 인간법을 초월한, 성자에게 합당한 지견을 성취하여 체험한 또 다른 안주처입니다."

"아누룻다여, 훌륭하구나! 참으로 훌륭하구나! 아누룻다여, 그대들에게 그것을 극복하고, 그것을 그치고 쉬는 삶을 통해서 인간법을 초월한, 성자에게 합당한 지견을 성취하여 체험한 또 다른 안주처가 있는가?"

"세존이시여, 어찌 없겠습니까? 세존이시여, 저희는 저희 마음대로, 공무변처를 완전히 초월하여, '의식(意識)은 무한하다'라고 생각하는 식무변처(識無邊處)를 성취하여 살고 있습니다. 세존이시여, 이것이 그것을 극복하고, 그것을 그치고 쉬는 삶을 통해서 인간법을 초월한, 성자에게 합당한 지견을 성취하여 체험한 또 다른 안주처입니다."

"아누룻다여, 훌륭하구나! 참으로 훌륭하구나! 아누룻다여, 그대들에게 그것을 극복하고, 그것을 그치고 쉬는 삶을 통해서 인간법을 초월한, 성자에게 합당한 지견을 성취하여 체험한 또 다른 안주처가 있는가?"

"세존이시여, 어찌 없겠습니까? 세존이시여, 저희는 저희 마음대로, 일체의 식무변처를 초월하여, '아무것도 없다'라고 생각하는 무소유처(無所有處)를 성취하여 살고 있습니다. 세존이시여, 이것이 그것을 극복하고, 그것을 그치고 쉬는 삶을 통해서 인간법을 초월한, 성자에게 합당한 지견을 성취하여 체험한 또 다른 안주처입니다."

"아누룻다여, 훌륭하구나! 참으로 훌륭하구나! 아누룻다여, 그대들에게 그것을 극복하고, 그것을 그치고 쉬는 삶을 통해서 인간법을 초월한, 성자에게 합당한 지견을 성취하여 체험한 또 다른 안주처가 있는가?"

"세존이시여, 어찌 없겠습니까? 세존이시여, 저희는 저희 마음대로, 일체의 무소유처를 초월하여, 비유상비무상처(非有想非無想處)를 성취하여 살고 있습니다. 세존이시여, 이것이 그것을 극복하고, 그것을 그치고 쉬는 삶을 통해서 인간법을 초월한, 성자에게 합당한 지견을 성취하여 체험한 또 다른 안주처입니다."

"아누룻다여, 훌륭하구나! 참으로 훌륭하구나! 아누룻다여, 그대들에게 그것을 극복하고, 그것을 그치고 쉬는 삶을 통해서 인간법을 초월한, 성자에게 합당한 지견을 성취하여 체험한 또 다른 안주처가 있는가?"

"세존이시여, 어찌 없겠습니까? 세존이시여, 저희는 저희 마음대로, 일체의 비유상비무상처를 초월하여, 생각[想]과 느껴진 것의 소멸[想受滅]을 성취하여 살고 있습니다. 저희는 통찰지[般若]로써 번뇌[漏]가 소멸했다는 것을 알고 있습니다. 세존이시여, 이것이 그것을 극복하고, 그것을 그치고 쉬는 삶을 통해서 인간법을 초월한, 성자에게 합당한 지견을 성취하여 체험한 또 다른 안주처입니다. 세존이시여, 저희는 이 안주처보다 다른 안주처가 더 높거나 더 훌륭하다고 여기지 않습니다."

"아누룻다여, 훌륭하구나! 참으로 훌륭하구나! 아누룻다여, 이 안주처보다 더 높거나 더 훌륭한 다른 안주처는 없다."

그러고 나서 세존께서는 아누룻다 존자와 난디야 존자와 낌빌라 존자를 진리의 말씀으로 가르치고 격려하고 고무하고 칭찬하신 후에 자리에서 일어나 그곳을 떠났습니다. 아누룻다 존자와 난디야 존자와 낌빌라 존자는 세존을 배웅했습니다. 그리고 돌아와서 난디야 존자와 낌빌라 존자가 아누룻다 존자에게 말했습니다.

"아누룻다 존자는 세존의 면전에서 우리가 번뇌를 소멸한 경지까지 성취했다고 이야기했는데, 우리가 아누룻다 존자에게 '우리는 이러이러한 경지를 성취한 사람이다'라고 알려 준 적이 있나요?"

"존자들이 나에게 알려 준 적은 없소. 그렇지만 나는 이심전심(以心傳心, cetassā ceto paricca)으로 '이 존자들은 이러이러한 경지를 성취한 사람이다'라는 것을 알았소. 그리고 천신(天神)들도 나에게 '이 존자들은 이러이러한 경지를 성취한 사람들이다'라고 알려 주었소. 그래서 세존의 질문에 그렇게 대답했던 것이오."

그때 디가 빠라자나(Dīgha parajana) 야차(夜叉, yakkha)[294]가 세존을 찾아가서, 세존께 예배하고 한쪽에 섰습니다. 한쪽에 선 디

294 사람을 괴롭히는 사나운 귀신. 불법에 귀의하여 불법을 수호하는 신이 되었다. 금강역사(金剛力士)가 대표적인 야차(夜叉)이다.

가 빠라자나 야차가 세존께 말씀드렸습니다.

"세존이시여, 왓지(Vajji)족에게 이익이 있고, 왓지 사람들에게 축복이 있을 것입니다. 그것은 이곳에 아라한이시며 등정각(等正覺)이신 여래와 세 분의 선남자, 아누룻다 존자·난디야 존자·낌빌라 존자가 머물고 있기 때문입니다."

디가 빠라자나 야차의 말을 듣고, 대지(大地)의 신들이 소리 내어 말했습니다.

"세존이시여, 왓지족에게 이익이 있고, 왓지 사람들에게 축복이 있을 것입니다. 그것은 이곳에 아라한이시며 등정각이신 여래와 세 분의 선남자, 아누룻다 존자·난디야 존자·낌빌라 존자가 머물고 있기 때문입니다."

지상(地上)의 신들의 소리를 듣고 4대왕천(四大王天) 천신들이, 4대왕천 천신들의 소리를 듣고 도리천(忉利天, Tāvatiṃsa) 천신들이, 도리천 천신들의 소리를 듣고 야마천 천신들이, 야마천 천신들의 소리를 듣고 도솔천 천신들이, 도솔천 천신들의 소리를 듣고 화락천(化樂天) 천신들이, 화락천 천신들의 소리를 듣고 타화자재천(他化自在天) 천신들이, 타화자재천 천신들의 소리를 듣고 범신천(梵身天) 천신들이 소리 내어 말했습니다.

"세존이시여, 왓지족에게 이익이 있고, 왓지 사람들에게 축복이 있을 것입니다. 그것은 이곳에 아라한이시며 등정각이신 여래와 세 분의 선남자, 아누룻다 존자·난디야 존자·낌빌라 존자가 머물고 있기 때문입니다."

이리하여 아누룻다 존자와 난디야 존자와 낌빌라 존자는 그 찰나에, 그 순간에 범천의 세계에까지 알려졌다고 합니다.

"그렇다, 디가여! 그렇다, 디가여! 디가여, 이들 세 선남자는 가정을 위해서 집을 떠나 출가했기 때문에, 그 가정이 이들 세 선남자를 청정한 신심으로 기억한다면, 그 가정에는 오래도록 이익이 있고 행복이 있을 것이다. 디가여, 이들 세 선남자는 가문을 위해서 집을 떠나 출가했기 때문에, 그 가문이 이들 세 선남자를 청정한 신심으로 기억한다면, 그 가문에는 오래도록 이익이 있고 행복이 있을 것이다. 디가여, 이들 세 선남자는 마을·촌락·성읍·나라를 위해서 집을 떠나 출가했기 때문에, 그 마을·촌락·성읍·나라가 이들 세 선남자를 청정한 신심으로 기억한다면, 그 마을·촌락·성읍·나라에는 오래도록 이익이 있고 행복이 있을 것이다. 디가여, 모든 크샤트리아나 바라문이나 바이샤나 수드라가 이들 세 선남자를 청정한 신심으로 기억한다면, 모든 크샤트리아나 바라문이나 바이샤나 수드라에게 오래도록 이익이 있고 행복이 있을 것이다. 디가여, 천신(天神)과 마라(Māra)와 브라만(Brahman, 梵天)을 포함하는 세간(世間), 사문과 바라문과 왕과 사람들을 포함하는 인간이 이들 세 선남자를 청정한 신심으로 기억한다면, 천신과 마라와 브라만을 포함하는 세간, 사문과 바라문과 왕과 사람들을 포함하는 인간에게 오래도록 이익이 있고 행복이 있을 것이다. 보라! 디가여, 이들 세 선남자가 많은 사람의 이익을 위하여, 많은 사람의 행복을 위하여, 세간을 연민하여, 왕과 사람들의 행복과 이익과 즐거움을 위하여 어떻게 실천했는가를!"

이것이 세존께서 하신 말씀입니다.

디가 빠라자나 야차는 세존의 말씀에 만족하고 기뻐했습니다.

18. 큰 소 치는 사람 비유경[295]

〈M.N. 33. Mahāgopālaka-sutta〉

이와 같이 나는 들었습니다.

한때 세존께서는 사왓티의 제따와나 아나타삔디까 승원에 머무셨습니다.

그때 세존께서 비구들에게 말씀하셨습니다.

"비구들이여, 열한 가지 부류에 속하는 소 치는 사람은 소 떼를 돌볼 수 없고 늘릴 수 없다오. 그 열한 가지는 어떤 것인가? 비구들이여, 소 치는 사람으로서 소의 형색[色]을 알지 못하는 사람, 소의 관상을 볼 줄 모르는 사람, 파리의 알을 제거하지 않는 사람, 상처를 보호하지 않는 사람, 연기로 소독을 하지 않는 사람, 나루를 알지 못하는 사람, 마실 것을 알지 못하는 사람, 통로를 알지 못하는 사람, 방목지를 알지 못하는 사람, 우유를 남김없이 짜는 사람, 소 떼를 지키는 우두머리 황소를 특별하게 대우하지 않는 사람이 있다오. 비구들이여, 이 열한 가지 부류에 속하는 소 치는 사람은 소 떼를 돌볼 수 없고 늘릴 수 없다오.

비구들이여, 이와 마찬가지로 열한 가지 법에 속하는 비구는 이 가르침과 율(律)에서 번영하고 성장하고 발전할 수 없다오. 그 열한 가지는 어떤 것인가? 비구들이여, 형색을 알지 못하고, 관상을 볼 줄 모르고, 파리의 알을 제거하지 않고, 상처를 보호하지 않고, 연기로 소독을 하지 않고, 나루를 알지 못하고, 마실 것을 알지 못하고, 통로를 알지 못하고, 방목지를 알지 못하고, 남김없이 짜고, 출가한 지 오래되어 경험이 많은, 상가[僧伽]를 지키고 상가의 우두머리가 되는 장로(長老)들을 특별하게 공경하지 않는 비구가 있다오. 비구들이여, 이 열한 가지 법에 속하는 비구는 이 가르침과 율에서 번영하고 성장하고 발전할 수 없다오.

비구들이여, 어떤 비구가 형색을 알지 못하는 비구인가? 비구들이여, 어떤 비구는 '모든 형색은, 그것이 어떤 형색이든 4대(四大)와 4대를 취하고 있는 형색이다'라고 있는 그대로 통찰하지 못한다오. 비구들이여, 이런 비구가 형색을 알지 못하는 비구라오.

비구들이여, 어떤 비구가 관상을 볼 줄 모르는 비구인가? 비구들이여, 어떤 비구는 어리석은 자의 행위의 특징과 현명한 사람의 행위의 특징을 있는 그대로 통찰하지 못한다오. 비구들이여, 이런 비구가 관상을 볼 줄 모르는 비구라오.

비구들이여, 어떤 비구가 파리의 알을 제거하지 않는 비구인가? 비구들이여, 어떤 비구는 이미 일어난 감각적 욕망에 대한 생각에 내맡기고, 몰아내지 않고, 제거하지 않고, 없애지 않으며, 이미 일어난 분노의 생각·이미 일어난 폭력적인 생각·거듭해서 일어나는 사악한 불선법(不善法)에 내맡기고, 몰

295 『중아함경(中阿含經)』에는 상응하는 경이 없고, 『잡아함경(雜阿含經)』 47.9.와 『증일아함경(增壹阿含經)』 49.1.에 같은 내용이 있다.

아내지 않고, 제거하지 않고, 없애지 않는다오. 비구들이여, 이런 비구가 파리의 알을 제거하지 않는 자라오.

비구들이여, 어떤 비구가 상처를 보호하지 않는 자인가? 비구들이여, 어떤 비구는 눈으로 형색을 보고서 모습[nimitta, 相]에 이끌리고, 부분의 모습[anuvyañjana]에 이끌린다오. 그는 시각활동[cakkhundriya, 眼根]을 통제하지 않고 지내기 때문에 탐욕과 근심, 사악한 불선법(不善法)이 흘러들어 와도 시각활동을 통제하지 않고, 시각활동을 보호하지 않고, 시각활동을 할 때 자제하지 않는다오. 어떤 비구는 귀로 소리를 듣고, 코로 냄새를 맡고, 혀로 맛을 보고, 몸으로 촉감을 느끼고, 마음으로 법을 인식하고서 모습에 이끌리고, 부분의 모습에 이끌린다오. 그는 청각활동[耳根]·후각활동[鼻根]·미각활동[舌根]·촉각활동[身根]·마음활동[意根]을 통제하지 않고 지내기 때문에 탐욕과 근심, 사악한 불선법이 흘러들어 와도 청각활동·후각활동·미각활동·촉각활동·의식활동을 통제하지 않고 보호하지 않으며, 청각활동·후각활동·미각활동·촉각활동·의식활동을 하면서 자제하지 않는다오. 비구들이여, 이런 비구가 상처를 보호하지 않는 비구라오.

비구들이여, 어떤 비구가 연기로 소독하지 않는 비구인가? 비구들이여, 어떤 비구는 가르침을 배운 그대로, 이해한 그대로 다른 사람들에게 자세하게 가르쳐 주지 않는다오. 비구들이여, 이런 비구가 연기로 소독하지 않는 비구라오.

비구들이여, 어떤 비구가 나루를 알지 못하는 비구인가? 비구들이여, 어떤 비구는 많이 배우고 아함(阿含, āgama)에 정통하여, 가르침을 지니고, 율(律)을 지니고, 논모(論母, mātikā)를 지닌 비구들을 수시로 찾아가서 '이것은 어떤 것입니까? 이것의 의미는 무엇입니까?'라고 묻지 않고 질문하지 않는다오. 그에게 그 존자들은 막힌 것을 터 주지 못하고, 불분명한 것을 분명하게 해 주지 못하고, 가르침에 대하여 갖가지 의심이 있을 때 의심을 제거해 주지 못한다오. 비구들이여, 이런 비구가 나루를 알지 못하는 비구라오.

비구들이여, 어떤 비구가 마실 것을 알지 못하는 비구인가? 비구들이여, 어떤 비구는 여래가 가르치는 가르침과 율을 배우면서도 의미를 알지 못하고, 가르침에 공감하지 못하고, 가르침에 따르는 행복을 얻지 못한다오. 비구들이여, 이런 비구가 마실 것을 알지 못하는 비구라오.

비구들이여, 어떤 비구가 통로를 알지 못하는 비구인가? 비구들이여, 어떤 비구는 거룩한 8정도(八正道)를 있는 그대로 통찰하지 못한다오. 비구들이여, 이런 비구가 통로를 알지 못하는 비구라오.

비구들이여, 어떤 비구가 방목지를 알지 못하는 비구인가? 비구들이여, 어떤 비구는 4념처(四念處)를 있는 그대로 통찰하지 못한다오. 비구들이여, 이런 비구가 방목지를 알지 못하는 비구라오.

비구들이여, 어떤 비구가 남김없이 짜는 비구인가? 비구들이여, 어떤 비구는 신심 있는 거사들이 옷과 음식과 와구(臥具)와 의약자구(醫藥資具)를 공양하기 위하여 비구를 초대했을 때 받아야 할 적당한 양(量)을 알지 못한다오. 비구들이여, 이런 비구가 남김없이 짜는 비구라오.

비구들이여, 어떤 비구가 출가한 지 오

래되어 경험이 많은, 상가를 지키고 상가의 우두머리가 되는 장로들을 특별하게 공경하지 않는 비구인가? 비구들이여, 어떤 비구는 출가한 지 오래되어 경험이 많은, 상가를 지키고 상가의 우두머리가 되는 장로들에게, 볼 때나 보지 않을 때나 자애로운 행동을 보이지 않고, 자애로운 언행을 보이지 않고, 자애로운 마음을 보이지 않는다오. 비구들이여, 이런 비구가 출가한 지 오래되어 경험이 많은, 상가를 지키고 상가의 우두머리가 되는 장로들을 특별하게 공경하지 않는 비구라오.

비구들이여, 이 열한 가지 부류에 속하는 비구는 이 가르침과 율에서 번영하고 성장하고 발전할 수 없다오.

비구들이여, 열한 가지 부류에 속하는 소 치는 사람은 소 떼를 돌볼 수 있고 늘릴 수 있다오. 그 열한 가지는 어떤 것인가? 비구들이여, 소 치는 사람으로서 소의 형색을 아는 자, 소의 관상을 볼 줄 아는 자, 파리의 알을 제거하는 자, 상처를 보호하는 자, 연기로 소독을 하는 자, 나루를 아는 자, 마실 것을 아는 자, 통로를 아는 자, 방목지를 아는 자, 우유를 남기고 짜는 자, 소 떼를 지키는 우두머리 황소를 특별하게 대우하는 자가 있다오. 비구들이여, 이 열한 가지 부류에 속하는 소 치는 사람은 소 떼를 돌볼 수 있고 늘릴 수 있다오.

비구들이여, 이와 마찬가지로 열한 가지 법에 속하는 비구는 이 가르침과 율에서 번영하고 성장하고 발전할 수 있다오. 그 열한 가지는 어떤 것인가? 비구들이여, 비구로서 형색을 아는 자, 관상을 볼 줄 아는 자, 파리의 알을 제거하는 자, 상처를 보호하는 자, 연기로 소독을 하는 자, 나루를 아는 자, 마실 것을 아는 자, 통로를 아는 자, 방목지를 아는 자, 남기고 짜는 자, 출가한 지 오래되어 경험이 많은, 상가를 지키고 상가의 우두머리가 되는 장로들을 특별하게 공경하는 자가 있다오. 비구들이여, 이 열한 가지 법에 속하는 비구는 이 가르침과 율에서 번영하고 성장하고 발전할 수 있다오.

비구들이여, 어떤 비구가 형색을 아는 비구인가? 비구들이여, 어떤 비구는 모든 형색은 그것이 어떤 형색이든, 4대(四大)와 4대를 취하고 있는 형색이라고 있는 그대로 통찰한다오. 비구들이여, 이런 비구가 형색을 아는 비구라오.

비구들이여, 어떤 비구가 관상을 볼 줄 아는 비구인가? 비구들이여, 어떤 비구는 어리석은 자의 행위의 특징과 현명한 사람의 행위의 특징을 있는 그대로 통찰한다오. 비구들이여, 이런 비구가 관상을 볼 줄 아는 비구라오.

비구들이여, 어떤 비구가 파리의 알을 제거하는 비구인가? 비구들이여, 어떤 비구는 이미 일어난 감각적 욕망에 대한 생각에 내맡기지 않고, 몰아내고, 제거하고, 없애며, 이미 일어난 분노의 생각·이미 일어난 폭력적인 생각·거듭해서 일어나는 사악하고 좋지 않은 법에 내맡기지 않고, 몰아내고, 제거하고, 없앤다오. 비구들이여, 이런 비구가 파리의 알을 제거하는 비구라오.

비구들이여, 어떤 비구가 상처를 보호하는 비구인가? 비구들이여, 어떤 비구는 눈으로 형색을 보고서 모습에 이끌리지 않고, 부분의 모습에 이끌리지 않는다오. 그는 시각활동을 통제하며 지내기 때문에 탐욕과 근심, 사악하고 좋지 않은 법들이 흘러들어 오면, 시각활동을 통제하고, 시각활동을 보호하며, 시각활동을 할 때 자제한다오.

어떤 비구는 귀로 소리를 듣고, 코로 냄새를 맡고, 혀로 맛을 보고, 몸으로 촉감을 느끼고, 마음으로 법을 인식하고서 모습에 이끌리지 않고, 부분의 모습에 이끌리지 않는다오. 그는 청각활동·후각활동·미각활동·촉각활동·마음활동을 통제하며 지내기 때문에 탐욕과 근심, 사악하고 좋지 않은 법들이 흘러들어 오면 청각활동·후각활동·미각활동·촉각활동·의식활동을 통제하고, 보호하며, 청각활동·후각활동·미각활동·촉각활동·의식활동을 할 때 자제한다오. 비구들이여, 이런 비구가 상처를 보호하는 비구라오.

비구들이여, 어떤 비구가 연기로 소독하는 비구인가? 비구들이여, 어떤 비구는 가르침을 배운 그대로, 이해한 그대로 다른 사람들에게 자세하게 가르쳐 준다오. 비구들이여, 이런 비구가 연기로 소독하는 비구라오.

비구들이여, 어떤 비구가 나루를 아는 비구인가? 비구들이여, 어떤 비구는 많이 배우고 아함에 정통하여, 가르침을 지니고, 율을 지니고, 논모를 지닌 비구들을 수시로 찾아가서 '이것은 어떤 것입니까? 이것의 의미는 무엇입니까?'라고 묻고 질문한다오. 그에게 그 존자들은 막힌 것을 터 주고, 불분명한 것을 분명하게 해 주고, 가르침에 대하여 갖가지 의심이 있을 때 의심을 제거해 준다오. 비구들이여, 이런 비구가 나루를 아는 비구라오.

비구들이여, 어떤 비구가 마실 것을 아는 비구인가? 비구들이여, 어떤 비구는 여래가 가르치는 가르침과 율을 배우면서 의미를 알고, 가르침에 공감하고, 가르침에 따르는 행복을 얻는다오. 비구들이여, 이런 비구가 마실 것을 아는 비구라오.

비구들이여, 어떤 비구가 통로를 아는 비구인가? 비구들이여, 어떤 비구는 거룩한 8정도를 있는 그대로 통찰한다오. 비구들이여, 이런 비구가 통로를 아는 비구라오.

비구들이여, 어떤 비구가 방목지를 아는 비구인가? 비구들이여, 어떤 비구는 4념처를 있는 그대로 통찰한다오. 비구들이여, 이런 비구가 방목지를 아는 비구라오.

비구들이여, 어떤 비구가 남김없이 짜지 않는 비구인가? 비구들이여, 어떤 비구는 신심 있는 거사들이 옷과 음식과 와구와 의약자구를 공양하기 위하여 비구를 초대했을 때, 받아야 할 적당한 양을 안다오. 비구들이여, 이런 비구가 남김없이 짜지 않는 비구라오.

비구들이여, 어떤 비구가 출가한 지 오래되어 경험이 많은, 상가를 지키고 상가의 우두머리가 되는 장로들을 특별하게 공경하는 비구인가? 비구들이여, 어떤 비구는 출가한 지 오래되어 경험이 많은, 상가를 지키고 상가의 우두머리가 되는 장로들에게, 볼 때나 보지 않을 때나 자애로운 행동을 보이고, 자애로운 언행을 보이고, 자애로운 마음을 보인다오. 비구들이여, 이런 비구가 출가한 지 오래되어 경험이 많은, 상가를 지키고 상가의 우두머리가 되는 장로들을 특별하게 공경하는 비구라오.

비구들이여, 이 열한 가지 법에 속하는 비구는 이 가르침과 율에서 번영하고 성장하고 발전할 수 있다오."

이것이 세존께서 하신 말씀입니다.

그 비구들은 세존의 말씀에 만족하고 기뻐했습니다.

19. 작은 삿짜까경[296]
〈M.N. 35. Cūḷasaccaka-sutta〉

이와 같이 나는 들었습니다.

한때 세존께서는 웨살리(Vesālī)의 마하와나에 있는 중각강당(重閣講堂, Kūṭāgāra-sālā)[297]에 머무셨습니다.

그때 웨살리에 삿짜까 니간타뿟따(Saccaka Nigaṇṭhaputta)가 살고 있었습니다. 그는 토론을 좋아하고, 박학다식(博學多識)하여 많은 사람의 큰 존경을 받았습니다. 그는 웨살리의 대중들에게 이렇게 말했습니다.

"교단을 이끌고 대중을 이끄는 대중의 스승이라고 공언하고, 아라한·등정각(等正覺)이라고 공언하는 사문이나 바라문으로서 나와 논쟁하여 흔들리지 않고, 동요하지 않고, 전율하지 않고, 겨드랑이에 땀을 흘리지 않은 자를 나는 보지 못했다. 내가 만약 의식이 없는 기둥과 논쟁을 한다면, 나와 논쟁을 한 기둥들도 흔들리고 동요하고 전율할 것인데, 하물며 인간존재는 말해 무엇 하겠는가?"

어느 날 아싸지(Assaji) 존자는 오전에 옷을 입고 발우와 법의(法衣)를 지니고 탁발하러 웨살리에 들어갔습니다. 삿짜까 니간타뿟따는 웨살리에서 이리저리 돌아다니며 산책하다가 저만치에서 아싸지 존자가 오는 것을 보았습니다. 그는 아싸지 존자에게 다가가서 아싸지 존자와 정중하게 인사를 하고 공손한 인사말을 나눈 후에 한쪽에 섰습니다. 삿짜까 니간타뿟따는 한쪽에 서서 아싸지 존자에게 말했습니다.

"아싸지 존자여, 고따마(Gotama) 사문(沙門)은 제자들을 어떻게 가르칩니까? 고따마 사문은 제자들에게 주로 어떤 내용을 가르칩니까?"

"악기웨싸나(Aggivessana)여, 세존께서는 다음과 같이 제자들을 가르치십니다. 세존께서는 제자들에게 주로 다음과 같은 내용을 가르치십니다.

'비구들이여, (몸의) 형색[色]은 무상(無常)하다[rūpaṃ aniccaṃ]. 느낌[受]은 무상하다. 생각[想]은 무상하다. 행위[行]들은 무상하다. 분별의식[識]은 무상하다. 비구들이여, 형색은 자아가 아니다[rūpaṃ anattā]. 느낌은 자아가 아니다. 생각은 자아가 아니다. 행위들은 자아가 아니다. 분별의식은 자아가 아니다. 일체의 행위들은 무상하다[諸行無常, sabbe saṅkhārā aniccā]. 일체의 법(法)은 자아가 아니다[諸法無我, sabbe dhammā anattā].'

악기웨싸나여, 세존께서는 이와 같이 제자들을 가르치십니다. 세존께서는 주로 이와 같은 내용을 제자들에게 가르치십니다."

---

296 『중아함경(中阿含經)』에는 상응하는 경이 없고, 『잡아함경(雜阿含經)』 5.8.과 『증일아함경(增壹阿含經)』 37.10.에 같은 내용이 있다.

297 'Kūṭa'는 첨탑을 의미하고, 'āgāra'는 건물을 의미하며, 'sālā'는 공회당이나 강당을 의미한다. 첨탑 형식의 지붕을 한 공회당으로 쓰이는 큰 건물을 의미하는데, 한역에서 '중각강당(重閣講堂)'으로 번역하므로 이를 따른다.

"아싸지 존자여, 고따마 사문에게 그런 말을 듣고, 사실 우리는 실망했습니다. 만약 우리가 언젠가 고따마 사문과 만나서 토론을 하게 된다면, 우리는 그런 이론[diṭṭhigata]들을 비판할 것입니다."

그때 오백여 명의 릿차위(Licchavi) 사람들은 어떤 용무가 있어서 공회당에 모였습니다. 삿짜까 니간타뿟따는 그 릿차위 사람들을 찾아가서 말했습니다.

"릿차위 여러분, 나와 보시오! 릿차위 여러분, 나와 보시오! 오늘 나는 고따마 사문과 토론을 할 것입니다. 만약에 고따마 사문이, 유명한 제자 가운데 한 사람인 아싸지 비구가 나에게 주장한 바와 같이 나에게 주장한다면, 나는 힘센 사람이 털이 긴 염소의 털을 붙잡아서 끌어당기고 밀고 이리저리 흔들듯이, 주장할 때마다 고따마 사문을 끌어당기고 밀고 이리저리 흔들어 버릴 것이오. 나는 힘센 술 빚는 사람이 큰 술통을 깊은 호수에 집어넣고서 귀퉁이를 붙잡고 끌어당기고 밀고 이리저리 흔들듯이, 주장할 때마다 고따마 사문을 끌어당기고 밀고 이리저리 흔들어 버릴 것이오. 나는 힘센 술주정뱅이가 맹수의 귀를 잡고 들어 올리고 흔들고 내던지듯이, 주장할 때마다 고따마 사문을 들어 올리고 흔들고 내던져 버릴 것이오. 나는 60년 된 코끼리가 깊은 연못에 뛰어 들어가 싸나도위까(saṇadhovika)라는 물놀이를 즐기듯이, 고따마 사문을 싸나도위까 놀이하듯이 가지고 놀 것이오. 릿차위 여러분, 나와 보시오! 릿차위 여러분, 나와 보시오! 오늘 나는 고따마 사문과 토론을 할 것입니다."

그러자 어떤 릿차위들은 "어떻게 고따마 사문이 삿짜까 니간타뿟따를 논파하겠는가? 삿짜까 니간타뿟따가 고따마 사문를 논파할 것이다"라고 말했고, 어떤 릿차위들은 "어떻게 삿짜까 니간타뿟따 따위가 세존을 논파하겠는가? 세존이 삿짜까 니간타뿟따를 논파할 것이다"라고 말했습니다.

삿짜까 니간타뿟따는 오백여 명의 릿차위들에게 에워싸여 마하와나의 중각강당으로 갔습니다. 그때 많은 비구가 야외에서 산책하고 있었습니다. 삿짜까 니간타뿟따는 그 비구들에게 가서 말했습니다.

"존자들이여, 지금 고따마 존자는 도대체 어디에 있습니까? 우리는 고따마 존자를 보고 싶습니다."

"악기웨싸나여, 세존께서는 마하와나에 들어가서, 어떤 나무 아래에서 오후의 휴식을 취하며 앉아 계십니다."

삿짜까 니간타뿟따는 많은 릿차위 무리들과 함께 마하와나에 들어가서 세존을 찾아갔습니다. 그는 세존과 정중하게 인사를 하고 공손한 인사말을 나눈 후에 한쪽에 앉았습니다. 릿차위들은, 어떤 사람들은 세존께 예배하고 한쪽에 앉았고, 어떤 사람들은 세존과 정중하게 인사를 하고 공손한 인사말을 나눈 후에 한쪽에 앉았고, 어떤 사람들은 세존께 합장하고 한쪽에 앉았고, 어떤 사람들은 세존 앞에서 자기 가문을 알리고 한쪽에 앉았고, 어떤 사람들은 말없이 한쪽에 앉았습니다.

한쪽에 앉은 삿짜까 니간타뿟따가 세존께 말씀드렸습니다.

"만약에 고따마 존자께서 나의 질문에 대답해 주신다면, 고따마 존자에게 어떤 점에 대하여 묻고 싶습니다."

"악기웨싸나여, 주저하지 말고 묻도록

하시오!"

"고따마 존자께서는 제자들을 어떻게 가르치며, 제자들에게 주로 어떤 내용을 가르칩니까?"

"악기웨싸나여, 나는 다음과 같이 제자들을 가르치고, 제자들에게 주로 다음과 같은 내용을 가르친다오.

'비구들이여, 형색은 무상하다. 느낌은 무상하다. 생각은 무상하다. 행위들은 무상하다. 분별의식은 무상하다. 비구들이여, 형색은 자아가 아니다. 느낌은 자아가 아니다. 생각은 자아가 아니다. 행위들은 자아가 아니다. 분별의식은 자아가 아니다. 일체의 행위들은 무상하다. 일체의 법은 자아가 아니다.'

악기웨싸나여, 나는 이와 같이 제자들을 가르치고, 주로 이와 같은 내용을 제자들에게 가르친다오."

"고따마 존자여, 나에게 비유가 생각납니다."

세존께서 말씀하셨습니다.

"악기웨싸나여, 그 비유를 말해 보시오!"

"고따마 존자여, 예를 들면 종자와 생명은 모두 땅을 토대로, 땅에 의지하여 성장하고 증가하고 번영합니다. 고따마 존자여, 예를 들면 힘을 쓰고 작업하는 일은 모두 땅을 토대로, 땅에 의지합니다. 고따마 존자여, 이와 같이 형색을 본성으로 하는 이 인간은 형색에 의지하여 공덕(功德)이나 악덕(惡德)을 낳습니다. 느낌을 본성으로 하는 이 인간은 느낌에 의지하여 공덕이나 악덕을 낳습니다. 생각을 본성으로 하는 이 인간은 생각에 의지하여 공덕이나 악덕을 낳습니다. 행위를 본성으로 하는 이 인간은 행위에 의지하여 공덕이나 악덕을 낳습니다. 분별의식을 본성으로 하는 이 인간은 분별의식에 의지하여 공덕이나 악덕을 낳습니다."

"악기웨싸나여, 그대는 '형색은 나의 자아다. 느낌은 나의 자아다. 생각은 나의 자아다. 행위는 나의 자아다. 분별의식은 나의 자아다'라고 말하고 있는 것이 아닌가요?"

"고따마 존자여, 그렇습니다. 저는 바로 '형색은 나의 자아다. 느낌은 나의 자아다. 생각은 나의 자아다. 행위는 나의 자아다. 분별의식은 나의 자아다'라고 말하고 있습니다. 그리고 이것은 많은 사람의 생각입니다."

"악기웨싸나여, 많은 사람의 생각이 무슨 소용이 있겠소? 악기웨싸나여, 어서 그대 자신의 말을 해 보시오!"

"고따마 존자여, 저는 '형색은 나의 자아다. 느낌은 나의 자아다. 생각은 나의 자아다. 행위는 나의 자아다. 분별의식은 나의 자아다'라고 이야기합니다."

"악기웨싸나여, 그렇다면 이제 내가 그대에게 묻겠소. 그대 좋을 대로 대답하시오! 악기웨싸나여, 어떻게 생각하나요? 예를 들면, 꼬살라(Kosala)의 빠세나디(Pasenadi)왕이나 마가다(Māgadha)의 아자따삿뚜 웨데히뿟따(Ajātasattu Vedehiputta)왕처럼 관정(灌頂)을 마친 크샤트리아 왕에게는 자신의 영토에서 죽여야 할 사람은 죽이고, 재산을 빼앗아야 할 사람은 재산을 빼앗고, 내쫓아야 할 사람은 내쫓을 힘이 있지 않나요?"

"고따마 존자여, 꼬살라의 빠세나디왕이나 마가다의 아자따삿뚜 웨데히뿟따왕처럼 관정을 마친 크샤트리아 왕에게는 그렇게 할 힘이 있을 것입니다. 고따마 존자여, 왓지

(Vajji)나 말라(Malla)와 같은 공동체나 대중에게도 그렇게 할 힘이 있는데, 하물며 꼬살라의 빠세나디왕이나 마가다의 아자따삿뚜 웨데히뿟따왕처럼 관정을 마친 크샤트리아 왕에게 그럴 힘이 어찌 없겠습니까? 고따마 존자여, 그에게는 그렇게 할 힘이 있을 것입니다."

"악기웨싸나여, 어떻게 생각하나요? 그대는 '형색은 나의 자아다'라고 말했는데, 그 형색에 대하여 '내 형색은 이렇게 되어라! 내 형색은 이렇게 되지 마라!'라고 할 수 있는 힘이 그대에게 있나요?"

이렇게 말씀하시자, 삿짜까 니간타뿟따는 침묵했습니다. 다시 물었지만 삿짜까 니간타뿟따는 침묵했습니다. 그러자 세존께서 삿짜까 니간타뿟따에게 말씀하셨습니다.

"악기웨싸나여, 어서 대답하시오! 지금 그대에게는 침묵하고 있을 시간이 없소. 악기웨싸나여, 누구든 여래가 세 번을 물어도 대답하지 않는 사람은 머리가 일곱 조각으로 쪼개질 것이오."

그때 금강저(金剛杵)를 손에 든 야차(夜叉)가 붉은 화염에 휩싸인 작열하는 무쇠 금강저를 들고 삿짜까 니간타뿟따 머리 위의 공중에 서서, '만약에 삿짜까 니간타뿟따가 세존께서 세 번 물어도 대답하지 않으면 내가 머리를 일곱 조각으로 쪼개 버리겠다'라고 생각하고 있었습니다. 그 금강저를 손에 든 야차를 세존도 보고 삿짜까 니간타뿟따도 보았습니다. 삿짜까 니간타뿟따는 무서워서 온몸의 털이 곤두서는 두려움을 느끼고, 세존께 피난처를 구하고, 세존께 도피처를 구하고, 세존께 의지처를 구하여, 세존께 말씀드렸습니다.

"고따마 존자께서는 저에게 물으십시오! 제가 대답하겠습니다."

"악기웨싸나여, 어떻게 생각하나요? 그대는 '형색은 나의 자아다'라고 말했는데, 그 형색에 대하여 '나의 형색은 이렇게 되어라! 나의 형색은 이렇게 되지 마라!'라고 할 수 있는 힘이 그대에게 있나요?"

"고따마 존자여, 그렇지 않습니다."

"악기웨싸나여, 잘 생각하시오! 악기웨싸나여, 잘 생각하고 대답하시오! 그대의 말은 앞뒤가 맞지를 않소. 악기웨싸나여, 어떻게 생각하나요? 그대는 '느낌·생각·행위·분별의식은 나의 자아다'라고 말했는데, 그 느낌·생각·행위들·분별의식에 대하여 '나의 느낌·생각·행위들·분별의식은 이렇게 되어라! 나의 느낌·생각·행위들·분별의식은 이렇게 되지 마라!'라고 할 수 있는 힘이 그대에게 있나요?"

"고따마 존자여, 그렇지 않습니다."

"악기웨싸나여, 잘 생각하시오! 악기웨싸나여, 잘 생각하고 대답하시오! 그대의 말은 앞뒤가 맞지를 않소. 악기웨싸나여, 어떻게 생각하나요? 형색은 지속하나요, 지속하지 않고 무상한가요?"

"고따마 존자여, 무상합니다."

"그렇다면 무상한 것은 괴로운 것인가요, 즐거운 것인가요?"

"고따마 존자여, 괴로운 것입니다."

"그렇다면 무상하고, 괴롭고, 변해가는 법(法)에 대하여 '이것은 나의 것이다. 이것이 나다. 이것은 나의 자아다'라고 생각하는 것이 과연 올바른가요?"

"고따마 존자여, 그렇지 않습니다."

"악기웨싸나여, 어떻게 생각하나요? 느

낌, 생각, 행위, 분별의식은 지속하나요, 지속하지 않고 무상한가요?"

"고따마 존자여, 무상합니다."

"그렇다면 무상한 것은 괴로운 것인가요, 즐거운 것인가요?"

"고따마 존자여, 괴로운 것입니다."

"그렇다면 무상하고, 괴롭고, 변해 가는 법에 대하여 '이것은 나의 것이다. 이것이 나다. 이것은 나의 자아다'라고 생각하는 것이 과연 올바른가요?"

"고따마 존자여, 그렇지 않습니다."

"악기웨싸나여, 어떻게 생각하나요? 괴로움에 오염되고, 괴로움을 겪고, 괴로움을 탐닉하는 사람이, 괴로운 것에 대하여 '이것은 나의 것이다. 이것이 나다. 이것은 나의 자아다'라고 생각한다면, 그 사람이 과연 스스로 괴로움을 이해하거나 괴로움을 소멸하고 살아갈 수 있을까요?"

"고따마 존자여, 어찌 그럴 수 있겠습니까? 고따마 존자여, 그럴 수 없습니다."

"악기웨싸나여, 예를 들면 목재가 필요하여, 목재를 구하기 위해, 목재를 찾아다니는 사람이 날카로운 도끼를 들고 숲속으로 들어가서, 그곳에서 곧고 깨끗하고 크게 자란 커다란 파초(芭蕉) 줄기를 보았다고 합시다. 그리고 그 파초의 뿌리를 자르고, 뿌리를 자른 다음에 가지를 자르고, 가지를 자른 다음에 잎사귀를 베어 냈다고 합시다. 잎사귀를 베어 낸 그는 거기에서 나뭇가지조차 얻지 못할 것인데, 어떻게 목재를 얻을 수 있겠소? 악기웨싸나여, 이와 같이 내가 추궁하고 따지고 묻자, 그대 자신의 말은 공허하고, 텅 빈, 잘못된 말이라는 것이 드러났소. 악기웨싸나여, 그대는 웨살리 사람들에게 이렇게 말하지 않았나요?

'교단을 이끌고 대중을 이끄는 대중의 스승이라고 공언하고, 아라한·등정각이라고 공언하는 사문이나 바라문으로서, 나와 논쟁을 하여 흔들리지 않고, 동요하지 않고, 전율하지 않고, 겨드랑이에 땀을 흘리지 않은 자를 나는 보지 못했다. 내가 만약 의식 없는 기둥과 논쟁을 한다면 나와 논쟁을 한 기둥들도 흔들리고 동요하고 전율할 것이다. 그런데 인간존재는 말해 무엇 하겠는가?'

악기웨싸나여, 그대의 이마에서 떨어진 땀방울들이 상의를 타고 흘러내려 땅바닥에 떨어지는군요. 악기웨싸나여, 그런데 내 몸에는 땀이 나지 않는군요."

세존께서는 그 대중들에게 황금처럼 빛나는 몸을 보여 주셨습니다.

삿짜까 니간타뿟따는 말없이 부끄러워하며 어깨를 떨어뜨리고, 고개를 숙인 채 생각에 잠겨 대답하지 못하고 앉아 있었습니다. 말없이 부끄러워하며 어깨를 떨어뜨리고, 고개를 숙인 채 생각에 잠겨 대답하지 못하고 있는 삿짜까 니간타뿟따를 보고서, 둠무카 릿차위뿟따(Dummukha Licchaviputta)가 세존께 말씀드렸습니다.

"세존이시여, 저에게 비유가 생각납니다."

세존께서 말씀하셨습니다.

"둠무카여, 그것을 말해 보시오"

둠무카가 세존께 말씀드렸습니다.

"세존이시여, 예를 들어 마을이나 동네 근처의 연못에 게가 있다고 합시다. 세존이시여, 그런데 많은 소년이나 소녀들이 마을이나 동네에서 나와 그 연못으로 가서, 연못에 뛰어 들어가 게를 잡아 물 밖으로 들어 올려 땅에 내려놓았다고 합시다. 세존이시여, 그런데 만약에 그 게가 집게발을 들어 공격하면, 그 소년이나 소녀들은 막대기나 돌멩이로 집게발을 자르고 쪼개고 부술 것입니다. 세존이시여, 이와 같이 그 게는 모든 집게발이 잘리고 쪼개지고 부수어져서, 이전처럼 다시 그 연못에 들어갈 수 없을 것입니다."

이와 같이 말하자 삿짜까 니간타뿟따가 둠무카 릿차위뿟따에게 말했습니다.

"둠무카여, 그대는 끼어들지 마시오! 둠무카여, 그대는 끼어들지 마시오! 우리는 그대와 논의하는 것이 아니요. 우리는 지금 고따마 존자와 논의하고 있소.

고따마 존자여, 우리와 여타의 갖가지 사문과 바라문들의 말은 실없는 소리라고 생각되니 내버려두십시오! 고따마 존자의 제자는 어떻게 가르침에 따르고, 교계(教誡)에 복종하고, 의심 없이, 망설임 없이 무외(無畏)를 성취하여, 남에게 의존하지 않고 스승의 가르침 속에서 살아갑니까?"

"악기웨싸나여, 나의 제자는 과거·미래·현재의 형색에 대하여, 그것이 어떤 것이든, 안의 것이든 밖의 것이든, 거친 것이든 미세한 것이든, 못난 것이든 훌륭한 것이든, 멀리 있든 가까이 있든, 모든 형색에 대하여 '이것은 나의 소유가 아니다. 이것은 내가 아니다. 이것은 나의 자아가 아니다'라고, 이와 같이 이것을 바른 통찰지(通察智)로 있는 그대로 통찰한다오. 느낌, 생각, 행위, 분별의식에 대해서도 마찬가지라오. 악기웨싸나여, 나의 제자는 이렇게 가르침에 따르고, 교계에 복종하고, 의심 없이, 망설임 없이, 무외를 성취하여, 남에게 의존하지 않고 스승의 가르침 속에서 살아간다오."

"고따마 존자여, 어떤 비구가 번뇌를 소멸하고, 수행을 완성하고, 해야 할 일을 마치고, 짐을 내려놓고, 자신의 목적에 도달하여 존재의 결박[有結]을 끊고, 바른 지혜를 갖추어 해탈한 아라한입니까?"

"악기웨싸나여, 어떤 비구는 과거·미래·현재의 형색에 대하여, 그것이 어떤 것이든, 안의 것이든 밖의 것이든, 거친 것이든 미세한 것이든, 못난 것이든 훌륭한 것이든, 멀리 있든 가까이 있든, 모든 형색에 대하여 '이것은 나의 소유가 아니다. 이것은 내가 아니다. 이것은 나의 자아가 아니다'라고, 이와 같이 이것을 있는 그대로 바른 통찰지로 통찰하고서 집착하지 않고 해탈한다오. 느낌, 생각, 행위, 분별의식에 대해서도 마찬가지라오. 악기웨싸나여, 이런 비구가 번뇌를 소멸하고, 수행을 완성하고, 해야 할 일을 마치고, 짐을 내려놓고, 자신의 목적에 도달하여 존재의 결박을 끊고, 바른 지혜를 갖추어 해탈한 아라한이라오. 악기웨싸나여, 이와 같이 마음이 해탈한[心解脫] 비구는 세 가지 무상(無上)을 구족하나니, 무상의 통찰력[dassanānuttariya, 見無上]과 무상의 실천[paṭipadānuttariya, 行道無上]과 무상의 해탈[vimuttānuttariya, 解脫無上]을 구족한다오. 악기웨싸나여, 이와 같이 해탈한 비구는 '세존은 깨달은 분으로서 깨달음을 위한 법을 가르친다. 세존은 길들여진 분으로서 길들이기 위하여 법을 가르친다. 세존은 평온한 분으로서 평온을 위한 법을 가르친다. 세존은 건너간 분으로서 건너기 위한 법을 가르친다. 여래는 완전한 열반을 성취한 분으로서 완전한 열반을 위한 법을 가르친다'라는 것을 알기 때문에 여래를 공경하고, 존중하고,

존경하고, 공양한다오."

이 말씀을 듣고, 삿짜까 니간타뿟따가 세존께 말씀드렸습니다.

"고따마 존자여, 고따마 존자의 말씀을 논박하려고 생각한 우리가 무례했습니다. 우리가 무모했습니다. 고따마 존자여, 미친 코끼리를 공격한 사람은 무사할 수 있어도 고따마 존자를 공격한 사람은 결코 무사할 수 없을 것입니다. 고따마 존자여, 타오르는 불덩어리를 공격한 사람은 무사할 수 있어도 고따마 존자를 공격한 사람은 결코 무사할 수 없을 것입니다. 고따마 존자여, 맹독을 지닌 독사를 공격한 사람은 무사할 수 있어도 고따마 존자를 공격한 사람은 결코 무사할 수 없을 것입니다. 고따마 존자여, 고따마 존자의 말씀을 논박하려고 생각한 우리가 무례했습니다. 우리가 무모했습니다. 고따마 존자께서는 비구상가와 함께 내일의 식사를 저에게 허락해 주십시오!"

세존께서는 침묵으로 허락하셨습니다.

삿짜까 니간타뿟따는 세존께서 허락하신 것을 알고서 릿차위 사람들에게 말했습니다.

"릿차위 여러분, 내 말을 들어 보시오! 고따마 사문께서 비구상가와 함께 내일 식사 초대를 승낙하셨습니다. 여러분은 적당하다고 생각하는 음식을 나에게 가져오시오!"

그래서 릿차위 사람들은 그날 밤새 삿짜까 니간타뿟따에게 오백 솥 분량의 유미(乳糜)죽을 공양 음식으로 가져갔습니다. 삿짜까 니간타뿟따는 자신의 원림(園林)에 갖가지 훌륭한 딱딱한 음식과 부드러운 음식을 차리게 한 다음, 세존께 '고따마 존자여, 때가 되었습니다. 공양이 준비되었습니다'라고 때를 알리게 했습니다.

세존께서는 오전에 옷을 입고 발우와 법의(法衣)를 지니고, 삿짜까 니간타뿟따의 원림으로 가서 비구상가와 함께 마련된 자리에 앉으셨습니다. 삿짜까 니간타뿟따는 부처님을 비롯한 비구상가를 갖가지 훌륭한 딱딱한 음식과 부드러운 음식으로 손수 시중을 들어 만족시켰습니다. 삿짜까 니간타뿟따는 세존께서 공양을 마치고 발우에서 손을 떼시자, 아래에 있는 다른 자리로 가서 한쪽에 앉았습니다.

한쪽에 앉은 삿짜까 니간타뿟따가 세존께 말씀드렸습니다.

"고따마 존자여, 이 보시에 깃든 공덕과 큰 복이 보시한 사람들의 행복이 되기를 바랍니다."

"악기웨싸나여, 그대와 같이 탐욕을 버리지 못하고, 분노를 버리지 못하고, 어리석음을 버리지 못한 사람에게 보시한 공덕은 보시한 사람의 것이 될 것이오. 악기웨싸나여, 나와 같이 탐욕을 버리고, 분노를 버리고, 어리석음을 버린 사람에게 보시한 공덕은 그대의 것이 될 것이오."

20. 큰 삿짜까경
〈M.N. 36. Mahāsaccaka-sutta〉

이와 같이 나는 들었습니다.

한때 세존께서는 웨살리의 마하와나에 있는 중각강당(重閣講堂)에 머무셨습니다.

세존께서 오전에 옷을 입고 발우와 법의를 지니고 탁발하러 웨살리에 들어가려고 하실 때, 삿짜까 니간타뿟따가 이리저리 돌아다니며 산책하다가 마하와나의 중각강당으로 왔습니다. 아난다 존자는 저만치에서 삿짜까 니간타뿟따가 오는 것을 보고 세존께 말씀드렸습니다.

"세존이시여, 토론을 좋아하고, 박학다식하여 많은 사람으로부터 큰 존경을 받는 삿짜까 니간타뿟따가 오고 있습니다. 세존이시여, 이 사람은 부처님을 비난하고, 가르침을 비난하고, 상가를 비난하고 싶어 하는 사람입니다. 세존이시여, 부디 세존께서는 연민을 가지고 잠시만 앉아 주십시오!"

세존께서는 마련된 자리에 앉으셨습니다. 그러자 삿짜까 니간타뿟따가 세존께 와서 세존과 정중하게 인사를 하고, 공손한 인사말을 나눈 후에 한쪽에 앉았습니다. 한쪽에 앉은 삿짜까 니간타뿟따가 세존께 말씀드렸습니다.

"고따마 존자여, 어떤 사문과 바라문은, 몸 수련은 열심히 하며 살아가지만 마음 수련은 하지 않습니다. 고따마 존자여, 그들은 신체적인 괴로운 느낌을 경험합니다. 고따마 존자여, 만약에 이전에 허벅지가 마비되고, 심장이 터지고, 입으로 뜨거운 피를 토하고, 번민과 심적 혼란에 빠지는 신체적인 괴로운 느낌을 경험한 사람이라면, 고따마 존자여, 그의 마음은 몸에 지배되어 몸에 순응합니다. 왜냐하면 마음 수련을 하지 않았기 때문입니다. 고따마 존자여, 어떤 사문과 바라문은, 마음 수련은 열심히 하며 살아가지만 몸 수련은 하지 않습니다. 고따마 존자여, 그들은 심적인 괴로운 느낌을 경험합니다. 고따마 존자여, 만약에 이전에 허벅지가 마비되고, 심장이 터지고, 입으로 뜨거운 피를 토하고, 번민과 심적 혼란에 빠지게 되는 심적인 괴로운 느낌을 경험한 사람이라면, 고따마 존자여, 그의 몸은 마음에 지배되어 마음에 순응합니다. 왜냐하면 몸 수련을 하지 않았기 때문입니다. 고따마 존자여, 저는 '분명히 고따마 존자의 제자들은 마음 수련은 열심히 하며 살아가지만 몸 수련은 하지 않는다'라고 생각합니다."

"악기웨싸나여, 그대가 아는 몸 수련은 어떤 것인가요?"

"고따마 존자여, 예를 들면 난다 왓차(Nanda Vaccha)나 끼사 상낏짜(Kisa Saṅkicca)나 막칼리 고살라같은 이들은 벌거벗고, 예의범절을 무시하고, 손을 핥고, 오라는 초대를 거부하고, 머물라는 초대를 거부하고, 제공된 음식은 받지 않고, 할당된 음식은 받지 않고, 초청에 응하지 않습니다. 솥에서 퍼낸 음식은 받지 않고, 냄비에서 퍼낸 음식은 받지 않고, 염소 사이에서는 받지 않고,[298] 지팡이 사이에서는 받지 않고,[299] 절구질하는 동안에는 받지 않고, 둘이 식사하는 도중에는 받지 않고,[300] 임산부에게는 받지 않고, 젖을 먹일 때는 받지 않고, 남자와 관계한 여인에게는 받지 않고, 배급하는 곳에서는 받지 않고, 개가 있는 곳에서는 받지 않고, 파리 떼가 득실대는 곳에서는 받지 않고, 생선을 받지 않고, 고기를 받지 않습니다. 그들은 술을 마시지 않고, 과일주를 마시지 않고, 묽은 죽을 마시지 않습니다. 그들은 한 재가신도의 집에서 얻은 한 덩어리의 음식으로 살기도 하고,[301] 두 재가신도의 집에서 얻은 두 덩어리의 음식으로 살기도 하고, 일곱 재가신도의 집에서 얻은 일곱 덩어리의 음식으로 살기도 합니다. 그들은 한 덩어리의 보시받은 음식으로 살아가기도 하고, 두 덩어리의 보시받은 음식으로 살아가기도 하고, 일곱 덩어리의 보시받은 음식으로 살아가기도 합니다. 그들은 하루에 한 끼를 먹기도 하고, 이틀에 한 끼를 먹기도 하고, 이레에 한 끼를 먹기도 합니다. 이렇게 보름 동안 정해진 식사를 열심히 실천하며 살아갑니다."

"악기웨싸나여, 그들은 그것만으로 살아가던가요?"

"그렇지 않습니다, 고따마 존자여! 고따마 존자여, 어떨 때는 매우 풍성한 음식을 먹고, 매우 부드러운 음식을 먹고, 매우 맛있는 음식을 먹고, 매우 훌륭한 음료를 마십니다. 그들은 이 음식들로 몸의 힘을 돋우고, 몸을 키우고, 살이 찐 것이 분명합니다."

"악기웨싸나여, 그들은 전에 버린 것을 뒤에 모을 뿐이오. 이렇게 그들은 이 몸을 늘리고 줄일 뿐이오. 악기웨싸나여, 그대가 아는 마음 수련은 어떤 것인가요?"

삿짜까 니간타뿟따는 세존의 질문에 대답하지 못했습니다. 그러자 세존께서 삿짜까 니간타뿟따에게 말씀하셨습니다.

"악기웨싸나여, 그대가 이야기한 몸 수련은 성자의 율(律)에서는 여법(如法)한 몸 수련이 아니라오. 악기웨싸나여, 몸 수련도 알지 못하는 그대가 어떻게 마음 수련을 알 수 있겠소? 악기웨싸나여, 수련되지 않은 몸이 있듯이 수련되지 않은 마음도 있고, 수련된 몸과 수련된 마음도 있다오. 그것을 듣고 잘 생각해 보시오! 내가 이야기하겠소."

"그렇게 하겠습니다"

세존께서 말씀하셨습니다.

"악기웨싸나여, 수련되지 않은 몸과 수련되지 않은 마음은 어떠한가? 악기웨싸나여, 배우지 못한 범부에게 즐거운 느낌이 발생하면, 그는 즐거운 느낌을 느끼면서 즐거움을 탐착하고, 즐거움에 빠져든다오. 그에게 그 즐거운 느낌이 소멸하고, 즐거운 느낌의 소멸로 인해 괴로운 느낌이 발생하면, 그

---

298 '염소 사이'는 '목축을 하는 장소나 때'를 의미하는 것 같다.

299 '지팡이 사이'는 '지팡이로 소를 몰며 농사일을 하는 장소나 때'를 의미하는 것 같다.

300 '둘'은 부부(夫婦)를 의미하는 것 같다.

301 그 당시 고행수행자들은 신도를 하나나 둘, 또는 일곱까지 정해 놓고 그 집에서 걸식했던 것 같다. 부처님은 성도하신 후에 일정한 집을 정하지 않고, 매일 다른 일곱 집을 찾아가서 걸식했다.

는 괴로운 느낌을 느끼면서 슬퍼하고, 아쉬워하고, 가슴을 치며 통탄하고, 혼란에 빠진다오. 악기웨싸나여, 그에게 발생한 즐거운 느낌은, 수련되지 않은 몸으로 인하여, 마음을 사로잡고 머물고, 그에게 발생한 괴로운 느낌은, 수련되지 않은 마음으로 인하여, 마음을 사로잡고 머문다오. 악기웨싸나여, 누구에게나 이와 같은 두 가지 느낌이 발생하면, 그에게 발생한 기쁜 느낌은, 수련되지 않은 몸으로 인하여, 마음을 사로잡고 머물고, 괴로운 느낌은, 수련되지 않은 마음으로 인하여, 마음을 사로잡고 머문다오. 악기웨싸나여, 수련되지 않은 몸과 수련되지 않은 마음은 이와 같다오.

악기웨싸나여, 어떤 것이 수련된 몸과 수련된 마음인가? 악기웨싸나여, 많이 배운 거룩한 제자에게 즐거운 느낌이 발생하면, 그는 즐거운 느낌을 느끼면서 즐거움을 탐착하지 않고, 즐거움에 빠져들지 않는다오. 그에게 그 즐거운 느낌이 소멸하고, 즐거운 느낌의 소멸로 인해 괴로운 느낌이 발생하면, 그는 괴로운 느낌을 느끼면서 슬퍼하지 않고, 아쉬워하지 않고, 가슴을 치며 통탄하지 않고, 혼란에 빠지지 않는다오. 악기웨싸나여, 그에게 발생한 즐거운 느낌은, 수련된 몸으로 인하여, 마음을 사로잡고 머물지 않고, 괴로운 느낌은, 수련된 마음으로 인하여, 마음을 사로잡고 머물지 않는다오. 악기웨싸나여, 누구에게나 이와 같은 두 가지 느낌이 발생하면, 그에게 발생한 기쁜 느낌은, 수련된 몸으로 인하여, 마음을 사로잡고 머물지 않고, 괴로운 느낌은, 수련된 마음으로 인하여, 마음을 사로잡고 머물지 않는다오. 악기웨싸나여, 수련된 몸과 수련된 마음은 이와 같다오."

"제가 고따마 존자에 대하여, '고따마 존자는 분명히 몸 수련과 마음 수련을 하신 분이다'라고 믿어도 될까요?"

"악기웨싸나여, 참으로 그대가 한 이 말은 모욕적이고 무례한 것이오. 그렇지만 내가 그대에게 대답하겠소. 악기웨싸나여, 나는 머리와 수염을 깎고, 가사(袈裟)와 옷을 걸치고, 집을 떠나 출가한 이후, 실로 나에게 발생한 즐거운 느낌이 마음을 사로잡고 머물거나, 나에게 생긴 괴로운 느낌이 마음을 붙잡고 머무는 일은 있을 수가 없었다오."

"고따마 존자에게는 마음을 사로잡고 머무는, 그와 같은 즐거운 느낌이 발생하지 않고, 마음을 사로잡고 머무는, 그와 같은 괴로운 느낌이 발생하지 않는다는 것인가요?"

"악기웨싸나여, 어찌 그러하지 않겠소? 나는 과거에 정각(正覺)을 원만하게 깨닫지 못한 보살이었을 때 이렇게 생각했다오.

'속세의 삶은 번거로운 홍진(紅塵)의 세계요, 출가는 걸림 없는 노지(露地)와 같다. 속가(俗家)에 살면서 완전하고 청정하고 밝은 범행(梵行)을 수행하기는 쉽지 않다. 나는 오히려 머리와 수염을 깎고, 가사와 발우를 지니고, 집을 떠나 출가하는 것이 좋겠다.'

악기웨싸나여, 나는 그 후에, 청년 시절에, 검은 머리에 찬란한 젊음을 지닌 가장 좋은 나이에, 원치 않은 부모님은 눈물 젖은 얼굴로 울부짖었지만, 머리와 수염을 깎고, 가사와 옷을 걸치고, 집을 떠나 출가했다오. 이와 같이 출가하여, 좋은 것이라면 무엇이든 찾던 나는 더할 나위 없는 평화와 행복을 구하여 알라라 깔라마와 웃다까 라마뿟따를 찾아갔다오. 그들로부터 무소유처(無所有處)

와 비유상비무상처(非有想非無想處)를 배워서 성취했지만 나는 만족하지 못하고 실망하여 그곳을 떠났다오.[302]

악기웨싸나여, 그리하여 좋은 것이라면 무엇이든 찾던 나는 더할 나위 없는 평화와 행복을 구하여 마가다국을 차례로 유행하다가 우루웰라의 세나니가마에 도착했다오. 그곳에서 나는 편안한 숲이 있고, 아름다운 강변을 끼고 깨끗한 물이 흐르는 강이 있고, 어디에나 음식을 구할 수 있는 마을이 있는 아름다운 장소를 발견했다오. 그때 나에게 이런 생각이 들었다오.

'참으로 아름다운 장소로다. 편안한 숲이 있고, 아름다운 강변을 끼고 깨끗한 물이 흐르는 강이 있고, 어디에나 음식을 구할 수 있는 마을이 있구나. 이곳이면 정진(精進)하는 선남자(善男子)가 정진하기에 충분하다.' 그래서 나는 '이곳이면 정진하기에 충분하다'라고 생각하면서 그곳에 정착했다오.

악기웨싸나여, 일찍이 없었던, 전에 들어 본 적이 없는 세 가지 비유가 나에게 생각났다오. 악기웨싸나여, 비유하면 어떤 사람이 습기에 젖어 있는 물에 잠긴 장작으로 찬목(鑽木)을 가지고 와서, '나는 불을 피워야겠다. 나는 불빛을 밝혀야겠다'라고 하는 것과 같다오. 악기웨싸나여, 그대는 어떻게 생각하나요? 그 사람은 습기에 젖어 있는 물에 잠긴 장작을 찬목으로 마찰하여 불을 피우고 불빛을 밝힐 수 있을까요?"

"아닙니다, 고따마 존자여! 왜냐하면 고따마 존자여, 장작이 젖어 있을 뿐만 아니라 물에 잠겨 있기 때문입니다. 그 사람은 그렇게 하는 동안 피곤해지고 곤혹스러워질 것입니다."

"악기웨싸나여, 이와 같이 어떤 사문이건 바라문이건, 육체적 욕망을 가까이하고 살아가면서, 그 욕망에 대한 욕구·애착·심취·갈망·고뇌가 자신의 내면에서 버려지지 않고 소멸하지 않으면, 고행으로 인한 격렬하고 신랄한 괴로운 느낌을 느끼더라도 그 사문과 바라문 존자들은 알 수 없고, 볼 수 없고, 위없는 바른 깨달음을 이룰 수 없으며, 고행으로 인한 격렬하고 신랄한 괴로운 느낌을 느끼지 않더라도 그 사문과 바라문 존자들은 알 수 없고, 볼 수 없고, 위없는 바른 깨달음을 이룰 수 없다오. 악기웨싸나여, 이것이 내가 생각한, 일찍이 없었던, 전에 들어 본 적이 없는 첫 번째 비유라오.

악기웨싸나여, 그다음에 일찍이 없었던, 전에 들어 본 적이 없는 두 번째 비유가 나에게 생각났다오. 악기웨싸나여, 비유하면 어떤 사람이 습기에 젖어 있는, 물에서 멀리 떨어진 땅에 놓인 장작으로 찬목을 가지고 와서 '나는 불을 피워야겠다. 나는 불빛을 밝혀야겠다'라고 하는 것과 같다오. 악기웨싸나여, 그대는 어떻게 생각하나요? 그 사람은 습기에 젖어 있는, 물에서 멀리 떨어진 땅에 놓인 장작을 찬목으로 마찰하여 불을 피우고 불빛을 밝힐 수 있을까요?"

"아닙니다, 고따마 존자여! 왜냐하면 고

---

302 출가하여 알라라 깔라마와 웃다까 라마뿟따를 찾아가서 배운 후에 실망하여 떠난 내용은 「15. 거룩한 소원경」과 동일한 내용이므로 생략함. 「15. 거룩한 소원경」에는 우루웰라의 세나니가마에 정착하여 고행한 이야기가 나오지만 구체적인 내용은 없다. 이 경에는 부처님께서 행한 고행이 구체적으로 나온다.

따마 존자여, 장작이 물에서 멀리 떨어진 땅에 놓여 있다고 할지라도 습기에 젖어 있기 때문입니다. 그 사람은 그렇게 하는 동안 피곤해지고 곤혹스러워질 것입니다."

"악기웨싸나여, 이와 같이 어떤 사문이건 바라문이건, 육체적 욕망을 가까이하고 살아가지 않더라도, 그 욕망에 대한 욕구·애착·심취·갈망·고뇌가 자신의 내면에서 버려지지 않고 소멸하지 않으면, 고행으로 인한 격렬하고 신랄한 괴로운 느낌을 느끼더라도 그 사문과 바라문 존자들은 알 수도 없고, 볼 수도 없고, 위없는 바른 깨달음을 이룰 수도 없으며, 고행으로 인한 격렬하고 신랄한 괴로운 느낌을 느끼지 않더라도 그 사문과 바라문 존자들은 알 수 없고, 볼 수 없고, 위없는 바른 깨달음을 이룰 수 없다오. 악기웨싸나여, 이것이 내가 생각한, 일찍이 없었던, 전에 들어 본 적이 없는 두 번째 비유라오.

악기웨싸나여, 그다음에 일찍이 없었던, 전에 들어 본 적이 없는 세 번째 비유가 나에게 생각났다오. 악기웨싸나여, 비유하면 어떤 사람이 잘 마른, 물에서 멀리 떨어진 땅에 놓인 장작으로 찬목을 가지고 와서 '나는 불을 피워야겠다. 나는 불빛을 밝혀야겠다'라고 하는 것과 같다오. 악기웨싸나여, 그대는 어떻게 생각하나요? 그 사람은 잘 마른, 물에서 멀리 떨어진 땅에 놓인 장작을 찬목으로 마찰하여 불을 피우고 불빛을 밝힐 수 있을까요?"

"그렇습니다, 고따마 존자여! 왜냐하면 고따마 존자여, 장작이 잘 말랐을 뿐만 아니라 물에서 멀리 떨어진 땅에 놓여 있기 때문입니다."

"악기웨싸나여, 이와 같이 어떤 사문이건 바라문이건, 육체적 욕망을 멀리하고 살아가면서 그 욕망에 대한 욕구·애착·심취·갈망·고뇌가 자신의 내면에서 잘 버려지고 잘 소멸하면, 고행으로 인한 격렬하고 신랄한 괴로운 느낌을 느끼더라도 그 사문과 바라문 존자들은 알 수 있고, 볼 수 있고, 위없는 바른 깨달음을 이룰 수 있으며, 고행으로 인한 격렬하고 신랄한 괴로운 느낌을 느끼지 않더라도 그 사문과 바라문 존자들은 알 수 있고, 볼 수 있고, 위없는 바른 깨달음을 이룰 수 있다오. 악기웨싸나여, 이것이 내가 생각한, 일찍이 없었던, 전에 들어 본 적이 없는 세 번째 비유라오. 악기웨싸나여, 이들이 내가 생각한, 일찍이 없었던, 전에 들어 본 적이 없는 세 가지 비유라오.

악기웨싸나여, 나는 '이를 다물고, 혀를 입천장에 붙이고, 마음을 다잡아 제지하고 억제하고 괴롭히는 것이 좋겠다'라고 생각했다오. 악기웨싸나여, 내가 이를 다물고, 혀를 입천장에 붙이고, 마음을 다잡아 제지하고 억제하고 괴롭히자, 겨드랑이에 땀이 났다오. 악기웨싸나여, 마치 힘센 사람이 힘없는 사람의 머리나 어깨를 잡고 제지하고 억제하고 괴롭히듯이, 내가 이를 다물고, 혀를 입천장에 붙이고, 마음을 다잡아 제지하고 억제하고 괴롭히자, 겨드랑이에 땀이 났다오. 악기웨싸나여, 나의 정진은 물러섬이 없었고 흐트러짐 없는 주의집중이 현전(現前)했지만, 힘든 고행에 시달렸기 때문에 나의 몸은 평안하지 않고 고달팠다오. 악기웨싸나여, 그렇지만 나에게 발생한 그 괴로운 느낌은 마음을 사로잡고 머물지 않았다오.

악기웨싸나여, 그래서 나는 '숨을 멈추는 선정(禪定) 수행을 하는 것이 좋겠다'라고 생각했다오. 악기웨싸나여, 나는 입과 코에서 호흡을 억제했다오. 악기웨싸나여, 내가 입과 코에서 호흡을 억제했을 때 귓구멍으로 바람이 빠져나오면서 엄청난 소리가 났다오. 악기웨싸나여, 마치 대장장이가 풀무로 풀무질할 때 엄청난 소리가 나듯이, 악기웨싸나여, 내가 입과 코에서 호흡을 억제했을 때 귓구멍으로 바람이 빠져나오면서 엄청난 소리가 났다오. 악기웨싸나여, 나의 정진은 물러섬이 없었고 흐트러짐 없는 주의집중이 현전했지만, 힘든 고행에 시달렸기 때문에 나의 몸은 평안하지 않고 고달팠다오. 악기웨싸나여, 그렇지만 나에게 발생한 그 괴로운 느낌은 마음을 사로잡고 머물지 않았다오.

악기웨싸나여, 그래서 나는 '계속해서 숨을 멈추는 선정수행을 하는 것이 좋겠다'라고 생각했다오. 악기웨싸나여, 나는 (계속해서) 입과 코에서 호흡을 억제했다오. 악기웨싸나여, 내가 (계속해서) 입과 코에서 호흡을 억제했을 때 엄청난 바람이 머릿골을 때렸다오. 악기웨싸나여, 마치 힘센 사람이 날카로운 칼날로 머릿골을 쪼개듯이, 악기웨싸나여, 내가 (계속해서) 입과 코에서 호흡을 억제했을 때 엄청난 바람이 머릿골을 때렸다오. 악기웨싸나여, 나의 정진은 물러섬이 없었고 흐트러짐 없는 주의집중이 현전했지만, 힘든 고행에 시달렸기 때문에 나의 몸은 평안하지 않고 고달팠다오. 악기웨싸나여, 그렇지만 나에게 발생한 그 괴로운 느낌은 마음을 사로잡고 머물지 않았다오.

악기웨싸나여, 그래서 나는 '계속해서 숨을 멈추는 선정수행을 하는 것이 좋겠다'라고 생각했다오. 악기웨싸나여, 나는 (계속해서) 입과 코에서 호흡을 억제했다오. 악기웨싸나여, 내가 (계속해서) 입과 코에서 호흡을 억제했을 때 머리에 엄청난 두통이 생겼다오. 악기웨싸나여, 마치 힘센 사람이 가죽끈으로 머리를 감아 조이듯이, 악기웨싸나여, 내가 (계속해서) 입과 코에서 호흡을 억제했을 때 머리에 엄청난 두통이 생겼다오. 악기웨싸나여, 나의 정진은 물러섬이 없었고 흐트러짐 없는 주의집중이 현전했지만, 힘든 고행에 시달렸기 때문에 나의 몸은 평안하지 않고 고달팠다오. 악기웨싸나여, 그렇지만 나에게 발생한 그 괴로운 느낌은 마음을 사로잡고 머물지 않았다오.

악기웨싸나여, 그래서 나는 '계속해서 숨을 멈추는 선정수행을 하는 것이 좋겠다'라고 생각했다오. 악기웨싸나여, 나는 (계속해서) 입과 코에서 호흡을 억제했다오. 악기웨싸나여, 내가 (계속해서) 입과 코에서 호흡을 억제했을 때 엄청난 바람이 배를 찔렀다오. 악기웨싸나여, 마치 솜씨 좋은 소백정이나 소백정의 제자가 날카로운 소 잡는 칼로 배를 찌르듯이, 악기웨싸나여, 내가 (계속해서) 입과 코에서 호흡을 억제했을 때 엄청난 바람이 배를 찔렀다오. 악기웨싸나여, 나의 정진은 물러섬이 없었고 흐트러짐 없는 주의집중이 현전했지만, 힘든 고행에 시달렸기 때문에 나의 몸은 평안하지 않고 고달팠다오. 악기웨싸나여, 그렇지만 나에게 발생한 그 괴로운 느낌은 마음을 사로잡고 머물지 않았다오.

악기웨싸나여, 그래서 나는 '계속해서 숨을 멈추는 선정수행을 하는 것이 좋겠다'라고 생각했다오. 악기웨싸나여, 나는 (계속해서) 입과 코에서 호흡을 억제했다오. 악기웨싸나여, 내가 (계속해서) 입과 코에서 호흡을 억제했을 때 몸에 엄청난 뜨거운 통증이 생겼다오. 악기웨싸나여, 마치 힘센 사람이 힘없는 사람의 두 팔을 붙잡고 불구덩이에 굽고 태우듯이, 악기웨싸나여, 내가 (계속해서) 입과 코에서 호흡을 억제했을 때 몸에 엄청난 뜨거운 통증이 생겼다오. 악기웨싸나여, 나의 정진은 물러섬이 없었고 흐트러짐 없는 주의집중이 현전했지만, 힘든 고행에 시달렸기 때문에 나의 몸은 평안하지 않고 고달팠다오. 악기웨싸나여, 그렇지만 나에게 발생한 그 괴로운 느낌은 마음을 사로잡고 머물지 않았다오. 악기웨싸나여, 천신(天神)들은 나를 보고 '고따마 사문은 죽었다'라고 말했다오. 어떤 천신들은 '고따마 사문은 죽지 않았다. 그렇지만 그는 죽는다'라고 말했다오. 어떤 천신들은 '고따마 사문은 죽지 않았다. 그는 죽지 않는다. 고따마 사문은 아라한이다. 아라한은 이렇게 산다'라고 말했다오.

악기웨싸나여, 그래서 나는 '모든 음식을 끊고 단식(斷食)을 실행하는 것이 좋겠다'라고 생각했다오. 악기웨싸나여, 그러자 천신들이 나에게 와서 '벗이여, 그대는 모든 음식을 끊고 단식을 실행하지 마시오! 만약에 그대가 모든 음식을 끊고 단식을 실행한다면, 우리는 천상(天上)의 음식을 털구멍으로 넣어서 그것으로 그대가 연명(延命)하도록 하겠소'라고 말했다오. 나는 '내가 모든 음식을 끊고 단식을 실행해도 이 천신들이 천상의 음식을 털구멍으로 넣어서 그것으로 내가 연명한다면, 그것은 내가 속이는 것이다'라고 생각했다오. 악기웨싸나여, 그래서 나는 그 신들에게 거절하면서 '그럴 필요가 없다'라고 말했다오.

악기웨싸나여, 그래서 나는 '콩죽이든 팥죽이든 녹두죽이든 완두콩죽이든, 한 움큼씩 조금씩 음식을 먹는 것이 좋겠다'라고 생각했다오. 악기웨싸나여, 나는 콩죽이든 팥죽이든 녹두죽이든 완두콩죽이든, 한 움큼씩 조금씩 음식을 먹었다오. 악기웨싸나여, 내가 콩죽이든 팥죽이든 녹두죽이든 완두콩죽이든, 한 움큼씩 조금씩 음식을 먹으니 몸이 바싹 여위었다오. 그렇게 적게 먹었기 때문에 나의 팔과 다리는 담쟁이나 낙엽의 마디처럼 되었고, 나의 엉덩이는 낙타의 발처럼 되었고, 나의 등뼈는 쇠 구슬 줄처럼 울퉁불퉁하게 불거졌고, 나의 갈비뼈는 낡은 집의 삐져나온 서까래처럼 삐져나왔고, 나의 눈구멍 속의 눈동자는 깊은 우물 속의 물방울이 깊숙이 아득하게 보이듯이 깊숙이 아득하게 보였고, 나의 두피(頭皮)는 덜 익어서 딴 조롱박이 바람과 햇빛에 쪼그라들고 오그라들듯이 쪼그라들고 오그라들었다오. 악기웨싸나여, 내가 뱃가죽을 만지려고 하면 등뼈가 잡히고, 등뼈를 만지려고 하면 뱃가죽이 잡혔다오. 악기웨싸나여, 그렇게 적게 먹었기 때문에 나의 뱃가죽은 등뼈에 들러붙을 정도가 되었다오. 악기웨싸나여, 나는 대변이나 소변을 보려고 하면 주저앉아 쓰러졌다오. 악기웨싸나여, 나는 몸을 다독이며 손으로 팔다리를 문질렀다오. 악기웨싸나여, 내 손으로 팔다리를 문지르자 뿌리가 썩은 털들이 빠졌다오. 악기웨싸나여, 사람들은 나를 보고 '고따마 사문은 시커멓다'라고 말했다오. 어떤 사람들은 '고따마 사문은 시커멓지 않다. 고따마 사문은 누렇다'라고 말했다오. 어떤 사람들은 '고따마 사문은 시커멓지도 않고 누렇지도 않다. 고따마 사문은 금빛 피부다'라고 말했다오. 악기웨싸나여, 그렇게 적게 먹었기 때문에 나의 맑고 고운 피부는 썩어 문드러졌다오.

악기웨싸나여, 나는 이렇게 생각했다오.

'지난 과거의 어떤 사문이나 바라문이 고행으로 인하여 신랄하고 격렬한 고통을 느꼈다고 할지라도, 이것이 최고이며 이보다 더하지는 않았을 것이다. 미래의 어떤 사문이나 바라문이 고행으로 인하여 신랄하고 격렬한 고통을 느끼게 될지라도, 이것이 최고이며 이보다 더하지는 않을 것이다. 현재의 어떤 사문이나 바라문이 고행으로 인하여 신랄하고 격렬한 고통을 느낀다고 할지라도, 이것이 최고이며 이보다 더하지는 않을 것이다. 하지만 나는 이러한 극심한 고행으로 인간존재에 대한 만족할 만한 거룩한 지견(知見)의 성취에 도달하지 못했다. 깨달음으로 가는 길은 다른 길이 아닐까?'

악기웨싸나여, 나에게 이런 생각이 들었다오.

'나는 아버지의 종족 삭까족의 일터에서, 논두렁의 잠부나무 그늘에 앉아 감각적 욕망을 멀리하고 불선법(不善法)을 멀리함으로써 사유가 있고 숙고가 있는, 멀리함에서 생긴 즐거움과 행복이 있는 초선(初禪)을 성취하여 머무는 것을 체험하여 알고 있다. 이 길이 깨달음으로 가는 길이 아닐까?'

악기웨싸나여, 주의집중의 결과 나는 '이 길이 깨달음으로 가는 길이다'라는 것을 알았다오. 악기웨싸나여, 나에게 이런 생각이 들었다오.

'무엇 때문에 내가 감각적 욕망을 떠나고 불선법을 떠난 그 즐거움을 두려워해야 하는가?'

악기웨싸나여, 나는 이렇게 생각했다오.

'나는 감각적 욕망을 떠나고 불선법을 떠난 그 즐거움을 두려워하지 않겠다.'

악기웨싸나여, 나는 이렇게 생각했다오.

'이와 같은 극단적으로 여윈 마른 몸으로는 그 즐거움을 쉽게 얻을 수 없다. 나는 영양가 있는 음식인 유미죽을 먹어야겠다.'

악기웨싸나여, 나는 영양가가 많은 유미죽을 먹었다오. 그때 5비구가 함께 있었다오. 그들은 '고따마 사문이 진리를 성취하면 그 진리를 우리에게 알려 줄 것이다'라고 생각했다오. 악기웨싸나여, 그런데 내가 영양가가 많은 유미죽을 먹자 5비구는 '고따마 사문은 정진을 포기하고 타락하여 사치에 빠졌다'라고 생각하고, 실망하여 내 곁을 떠났다오.

악기웨싸나여, 나는 영양가가 많은 유미죽을 먹고 힘을 얻어 감각적 욕망을 멀리하고 불선법을 멀리함으로써 사유가 있고 숙고가 있는, 멀리함에서 생긴 즐거움과 행복이 있는 초선을 성취하여 머물렀다오. 악기웨싸나여, 그렇지만 나에게 발생한 이와 같은 즐거운 느낌은 마음을 사로잡고 머물지 않았다오. 나는 사유와 숙고를 억제하여 내적으로 조용해진, 마음이 집중된, 사유와 숙고가 없는, 삼매에서 생긴 즐거움과 행복이 있는 제2선(第二禪)을 성취하여 머물렀다오. 그렇지만 나에게 발생한 이와 같은 즐거운 느낌은 마음을 사로잡고 머물지 않았다오. 나는 희열(喜悅)이 사라지고 평정한 마음으로 주의집중과 알아차림을 하며 지내는 가운데 몸으로 행복을 느끼면서, 성인들이 '평정한 마음[捨]으로 주의집중을 하는 행복한 상태'라고 이야기한 제3선(第三禪)을 성취하여 머물렀다오. 그렇지만 나에게 발생한 이와 같은 즐거운 느낌은 마음을 사로잡고 머물지 않았다오. 나는 행복감을 포기하고 괴로움을 버림으로써 이전의 만족과 불만이 소멸하여 괴롭지도 않고 즐겁지도 않은, 평정한 주의집중이 청정한 제4선(第四禪)을 성취하여 머물렀다오. 그렇지만 나에게 발생한 이와 같은 즐거운 느낌은 마음을 사로잡고 머물지 않았다오.

이와 같이 청정하게 정화되고, 죄악의 먼지가 없고[無塵], 번뇌의 때가 없으며[無垢], 유연하여 적응력이 있고, 견고하여 움직이지 않는, 삼매에 든 마음에서, 나는 전생에 대한 앎[宿命通]에 주의를 기울였다오. 나는 여러 가지 전생의 삶을 기억했다오. …

악기웨싸나여, 이것이 내가 그날 밤 초야(初夜)에 성취한 첫 번째 명지(明智, vijjā)라오. 게으름 피우지 않고 열심히 정진하며 살아가면 으레 그러하듯이, 무명이 사라지고 명지가 나타났다오. 어둠이 사라지고 광명이 나타났다오. 그렇지만 나에게 발생한 이와 같은 즐거운 느낌은 마음을 사로잡고 머물지 않았다오.

이와 같이 청정하게 정화되고, 죄악의 먼지가 없고, 번뇌의 때가 없으며, 유연하여 적응력이 있고, 견고하여 움직이지 않는, 삼매에 든 마음에서, 나는 중생의 죽고 태어남에 대한 앎[天眼通]에 주의를 기울였다오. 나는 인간을 초월한 청정한 천안(天眼)으로 중생을 보고, 중생이 업에 따라 죽고, 태어나고, 못나고, 훌륭하고, 잘생기고, 못생기고, 행복하고, 불행한 것을 체험적으로 알았다오. …

악기웨싸나여, 이것이 내가 그날 밤 중야(中夜)에 성취한 두 번째 명지라오. 게으름을 피우지 않고 열심히 정진하며 살아가면 으레 그러하듯이, 무명이 사라지고 명지가 나타났다오. 어둠이 사라지고 광명이 나타났다오. 그렇지만 나에게 발생한 이와 같은 즐거운 느낌은 마음을 사로잡고 머물지 않았다오.

이와 같이 청정하게 정화되고, 죄악의 먼지가 없고, 번뇌의 때가 없으며, 유연하여 적응력이 있고, 견고하여 움직이지 않는, 삼매에 든 마음에서, 나는 번뇌의 소멸에 대한 앎[漏盡通]에 주의를 기울였다오. 나는 '이것은 괴로움[苦]이다'라고 여실(如實)하게 체험했다오. 나는 '이것은 괴로움의 쌓임[苦集]이다'라고 여실하게 체험했다오. 나는 '이것은 괴로움의 소멸[苦滅]이다'라고 여실하게 체험했다오. 나는 '이것은 괴로움의 소멸에 이르는 길[苦滅道]이다'라고 여실하게 체험했다오. 나는 '이것들은 번뇌[漏]다'라고 여실하게 체험했다오. 나는 '이것은 번뇌의 쌓임[漏集]이다'라고 여실하게 체험했다오. 나는 '이것은 번뇌의 소멸[漏滅]이다'라고 여실하게 체험했다오. 나는 '이것은 번뇌의 소멸에 이르는 길[漏滅道]이다'라고 여실하게 체험했다오. 내가 이렇게 알고 이렇게 보았을 때, 마음이 욕루(欲漏)에서 해탈하고, 유루(有漏)·무명루(無明漏)에서 해탈했다오. 해탈했을 때 '나는 해탈했다'라고 알게 되었다오. 나는 '태어남은 끝났고, 청정한 수행[梵行]을 마쳤으며, 해야 할 일을 끝마쳤다. 다시는 이런 상태로 되지 않는다'라고 체험적으로 알았다오. 악기웨싸나여, 이것이 내가 그날 밤 후야(後夜)에 성취한 세 번째 명지라오. 게으름 피우지 않고 열심히 정진하며 살아가면 으레 그러하듯이, 무명이 사라지고 명지가 나타났다오. 어둠이 사라지고 광명이 나타났다오. 그렇지만 나에게 발생한 이와 같은 즐거운 느낌은 마음을 사로잡고 머물지 않았다오.

악기웨싸나여, 나는 많은 대중을 위하여 법(法)을 설했다고 알고 있는데, 제각기 '고따마 사문은 나에 대하여 법을 설했다'라고 생각할 수도 있다오. 악기웨싸나여, 그렇지만 여래는 알려 주기 위해서 다른 사람들에게 법을 설하므로, 그렇게 보아서는 안 된다오. 악기웨싸나여, 나는 설법이 끝나면 이전의 삼매의 상태에서 안으로 마음을 멈추고, 가라앉히고, 통일시키고, 집중시켜서 실로 거기에 영겁(永劫)을 머문다오."

"고따마 존자는 틀림없는 아라한이시며 등정각(等正覺)이라는 것을 믿을 수 있게 되었습니다. 그런데 고따마 존자께서는 낮잠을 주무신 적이 있습니까?"

"악기웨싸나여, 나는 무더운 지난달 오후에 탁발을 마치고 돌아와서 가사(袈裟)를 네 겹으로 접어서 깔고 오른쪽으로 누워서, 주의집중과 알아차림을 하면서 잠든 적이 있다오."

"고따마 존자여, 어떤 사문과 바라문들은 그것을 미혹(迷惑)한 삶이라고 이야기합니다."

"악기웨싸나여, 그것은 미혹하거나 미혹하지 않은 것과 아무런 관계가 없다오. 악기웨싸나여, 참으로 미혹한 것과 미혹하지 않은 것이 있다오. 그것을 듣고 잘 생각해 보시오! 내가 이야기하겠소."

삿짜까 니간타뿟따는 세존께 "그렇게 하겠습니다"라고 대답했습니다.

세존께서 말씀하셨습니다.

"악기웨싸나여, 누구든지 미래에 태어나서 늙어 죽는 비참한 괴로운 과보를 가져오는, 다시 존재하게 하는, 더러움에 물들게 하는 번뇌들을 버리지 못한 사람을 나는 '미혹하다'라고 이야기한다오. 악기웨싸나여, 번뇌들이 버려지지 않은 것이 미혹한 것이라오. 악기웨싸나여, 누구든지 미래에 태어나서 늙어 죽는 비참한 괴로운 과보를 가져오는, 다시 존재하게 하는, 더러움에 물들게 하는 번뇌들을 버리면 나는 그를 '미혹하지 않다'라고 이야기한다오. 악기웨싸나여, 번뇌들이 버려진 것이 미혹하지 않은 것이라오. 악기웨싸나여, 여래에게는 미래에 태어나서 늙어 죽는 비참한 괴로운 과보를 가져오는, 다시 존재하게 하는, 더러움에 물들게 하는 번뇌들은 제거되고 근절되고 단절되고 없어져서 미래에는 발생하지 않는다오. 악기웨싸나여, 비유하면 꼭대기가 잘린 야자수는 다시 자라날 수 없는 것과 같다오. 악기웨싸나여, 이와 같이 여래에게는 미래에 태어나서 늙어 죽는 비참한 괴로운 과보를 가져오는, 다시 존재하게 하는, 더러움에 물들게 하는 번뇌들은 제거되고 근절되고 단절되고 없어져서 미래에는 발생하지 않는다오."

이 말씀을 듣고, 삿짜까 니간타뿟따가 세존께 말씀드렸습니다.

"놀랍습니다, 고따마 존자여! 희유합니다, 고따마 존자여! 고따마 존자에게 이와 같이 비방하는 말을 하고 모욕적인 어투로 말을 걸어도, 아라한이시며 바르게 깨달으신 분답게, 표정이 밝고 얼굴빛이 명랑하시군요. 고따마 존자여, 저는 뿌라나 까싸빠(Purāṇa Kassapa)와 토론을 한 적이 있습니다. 그는 나와 토론하면서 동문서답을 하고, 화제를 다른 곳으로 돌리고, 화를 내고, 성을 내고, 불만을 드러냈습니다. 그런데 고따마 존자에게 이와 같이 비방하는 말을 하고 모욕적인 어투로 말을 걸어도, 아라한이시며 바르게 깨달으신 분답게, 표정이 밝고 얼굴빛이 명랑하시군요. 고따마 존자여, 저는 막칼리 고살라(Makkhali Gosāla), 아지따 께사깜발라(Ajita Kesakambala), 빠꾸다 깟짜야나(Pakudha Kaccāyana), 산자야 벨랏띠뿟따(Sañjaya Belaṭṭiputta), 니간타 나따뿟따(Nigaṇṭha Nātaputta)와 토론을 한 적이 있습니다. 그들은 나와 토론하면서 동문서답을 하고, 화제를 다른 곳으로 돌리고, 화를 내고, 성을 내고, 불만을 드러냈습니다. 그런데 고따마 존자에게 이와 같이 비방하는 말을 하고 모욕적인 어투로 말을 걸어도, 아라한이시며 바르게 깨달으신 분답게, 표정이 밝고 얼굴빛이 명랑하시군요. 고따마 존자여, 해야 할 일이 많아서 우리는 이제 가야겠습니다."

"악기웨싸나여, 그렇다면 그렇게 하십시오!"

삿짜까 니간타뿟따는 세존의 말씀에 만족하고 기뻐하며 자리에서 일어나 떠나갔습니다.

21. 큰 갈애소멸경[303]
〈M.N. 38. Mahātaṇhāsaṅkhaya-sutta〉

이와 같이 나는 들었습니다.

한때 세존께서는 사왓티의 제따와나 아나타삔디까 승원에 머무셨습니다.

그때 어부의 아들인 사띠(Sāti) 비구에게 이러한 사악한 견해가 생겼습니다.

"나는 세존께서 '다른 것이 아니라, 이 분별의식[viññāṇa, 識]이 유전(流轉)하고[sandhāvati], 윤회(輪廻)한다[saṃsarati]'라고 설법하신 것으로 알고 있다."

많은 비구가 이 말을 들었습니다. 그래서 그 비구들은 어부의 아들 사띠 비구를 찾아가서 그에게 말했습니다.

"사띠 존자여, 그대는 진실로 '세존께서 다른 것이 아니라, 이 분별의식이 유전하고, 윤회한다고 설법하신 것으로 알고 있다'라는 사악한 견해를 일으켰는가?"

"그렇습니다. 존자들이여, 진정으로 나는 그렇게 알고 있습니다."

그러자 그 비구들은 이와 같은 사악한 견해를 버리게 하려는 의도에서 어부의 아들 사띠 비구를 꾸짖고, 따지고, 충고했습니다.

"사띠 존자여, 그렇게 말하지 마시오! 세존을 중상(中傷)하지 마시오! 제발 세존을 욕보이지 마시오! 세존께서는 분명히 그렇게 말씀하시지 않았을 것이오. 사띠 존자여, 세존께서는 여러 법문을 통하여 조건[緣]에 의지하여 함께 발생한 분별의식에 대하여 말씀하시면서, '조건이 없으면 분별의식은 생기지 않는다'라고 하셨소."

이와 같이 그 비구들이 꾸짖고 따지고 충고했지만, 어부의 아들 사띠 비구는 사악한 견해를 굳게 붙들고 집착하면서 "나는 분명히 세존께서 '다른 것이 아니라, 이 분별의식이 유전하고, 윤회한다'라고 설법하신 것으로 알고 있다"라고 주장했습니다.

그 비구들은 어부의 아들 사띠 비구로 하여금 이러한 사악한 견해를 버리게 할 수 없었기 때문에 세존을 찾아갔습니다. 그 비구들은 세존을 찾아가서 예배한 후에, 한쪽에 앉아 세존께 이 사실을 알렸습니다.[304]

그러자 세존께서 어떤 비구를 부르셨습니다.

"이리 오라! 비구여, 그대는 '사띠 존자여, 스승님께서 그대를 부르십니다'라고 나의 말을 전하여 어부의 아들 사띠 비구를 불러라!"

그 비구는 "그렇게 하겠습니다, 세존이시여!"라고 세존께 대답하고, 사띠 비구를 찾아가서 말했습니다.

"존자여, 스승님께서 그대 사띠를 부르십니다."

어부의 아들 사띠 비구는 그 비구에게 "알겠습니다, 존자여!"라고 대답하고서 세존을 찾아갔습니다. 그는 세존을 찾아가서 예

303 『중아함경(中阿含經)』의 「201. 차제경(嗏帝經)」에 상응하는 경.

304 중복된 내용 생략.

배하고 한쪽에 앉았습니다. 한쪽에 앉은 사띠 비구에게 세존께서 말씀하셨습니다.

"사띠여, 그대는 사악한 사견을 일으켜 '나는 세존께서 다른 것이 아니라, 이 분별의식이 유전하고, 윤회한다고 설법한 것으로 알고 있다'라고 했다는데, 사실인가?"

"사실입니다, 세존이시여! 저는 확실히 세존께서 '다른 것이 아니라, 이 분별의식이 유전하고, 윤회한다'라고 가르쳤다고 알고 있습니다."

"사띠여, 그 분별의식은 어떤 것인가?"

"세존이시여, 이것은 말하고 경험하는 것으로서, 여기저기에서 선하고 악한 업의 과보(果報)를 받습니다."

"어리석은 사람아, 누구에게 내가 그런 가르침을 가르쳤다고 그대는 알고 있는가? 어리석은 사람아, 내가 여러 가지 방법으로, 갖가지 비유를 들어서 조건에 의지하여 함께 발생[緣起]한 분별의식에 대하여 말하면서, '조건[緣]이 없으면 분별의식[識]은 생기지 않는다'라고 하지 않았던가? 어리석은 사람아, 그런데 그대는 자신이 잘못 파악한 견해로 우리를 중상하고, 자신을 해치고, 많은 죄를 짓는구나. 어리석은 사람아, 그것은 그대에게 오랜 세월 동안 무익한 괴로움이 될 것이다."

이제 세존께서 비구들에게 말씀하셨습니다.

"비구들이여, 그대들은 어떻게 생각하는가? 이 사띠 비구는 이 가르침과 율(律)에서 열심히 수행하는가?"

"어떻게 그렇겠습니까? 세존이시여! 열심히 하지 않나이다, 세존이시여!"

이와 같이 말하자, 어부의 아들 사띠 비구는 말없이 부끄러워하면서 시든 잎처럼 어깨를 떨어뜨리고, 고개를 숙이고 생각에 잠긴 채 아무 대꾸도 하지 못하고 앉아 있었습니다. 세존께서는 그런 모습을 보시고 사띠 비구에게 말씀하셨습니다.

"어리석은 사람아, 그대는 자신의 견해가 사악한 것임을 알게 될 것이다. 내가 이제 비구들에게 물어보겠다."

세존께서 비구들에게 말씀하셨습니다.

"비구들이여, 그대들도 내가 가르친 가르침을, 이 어부의 아들 사띠 비구가 자신이 잘못 파악한 견해로 우리를 중상하고, 자신을 해치고, 많은 죄를 짓고 있는 것처럼, 그렇게 이해하는가?"

"그렇지 않습니다, 세존이시여! 세존께서는 분명히 여러 법문을 통하여 조건에 의지하여 함께 발생]한 분별의식에 대하여 말씀하시면서 '조건이 없으면 분별의식은 생기지 않는다'라고 하셨습니다."

"훌륭하오, 비구들이여! 비구들이여, 그대들은 내가 가르친 가르침을 훌륭하게 이해하고 있군요. 그런데 이 어부의 아들 사띠 비구는 자신이 잘못 파악한 견해로 우리를 중상하고, 자신을 해치고, 많은 죄를 짓고 있소. 그것은 이 어리석은 사람에게 오랜 세월 동안 무익한 괴로움이 될 것이오.

비구들이여, 어떤 조건에 의지하여 분별의식이 생기면, 그것에 의하여 그것으로 명칭을 붙인다오. 보는 나[眼]와 보이는 형색[色]들에 의지하여 분별의식이 생기면 시각분별의식[cakkhuviññāṇa, 眼識]이라는 명칭을 붙이고, 듣는 나[耳]와 들리는 소리[聲]들에 의지하여 분별의식이 생기면 청각분별의식[sotaviññāṇa, 耳識]이라는 명칭을 붙이고, 냄새 맡는 나[鼻]와 향기[香]들에 의지하여 분별의식이 생기면 후각분별의식[ghānaviññāṇa, 鼻識]이라는 명칭을 붙이고, 맛보는 나[舌]와 맛[味]들에 의지하여 분별의식이 생기면 미각분별의식[jivhaviññāṇa, 舌識]이라는 명칭을 붙이고, 만지는 나[身]와 촉감[觸]들에 의지하여 분별의식이 생기면 촉각분별의식[kāyaviññāṇa, 身識]이라는 명칭을 붙이고, 마음[mano, 意]과 대상[dhamma 法]에 의지하여 분별의식이 생기면 마음분별의식[manoviññāṇa, 意識]이라는 명칭을 붙인다오. 비구들이여, 비유하면 어떤 조건에 의지하여 불이 타면, 그것에 의하여 그것으로 명칭을 붙이는 것과 같다오. 장작에 의지하여 불이 타면 장작불이라는 명칭을 붙이고, 장작개비에 의지하여 불이 타면 장작개비 불이라는 명칭을 붙이고, 건초에 의지하여 불이 타면 건초 불이라는 명칭을 붙이고, 쇠똥에 의지하여 불이 타면 쇠똥 불이라는 명칭을 붙이고, 왕겨에 의지하여 불이 타면 왕겨 불이라는 명칭을 붙이고, 때에 의지하여 불이 타면 때 불이라는 명칭을 붙이는 것과 같다오. 비구들이여, 이와 같이 어떤 조건에 의지하여 분별의식이 생기면, 그 조건에 의하여 그것으로 명칭을 붙인다오.

비구들이여, 그대들은 '이것은 살아 있는 존재인 유정(有精, bhūta)이다'라고 보는가?"

"그렇습니다, 세존이시여!"

"비구들이여, 그대들은 '그것은 음식[食]에서 생긴 것이다'라고 보는가?"

"그렇습니다, 세존이시여!"

"비구들이여, 그대들은 '그 음식이 소멸하면, 그 유정은 소멸하는 법(法)이다'라고 보는가?"

"그렇습니다, 세존이시여!"

"비구들이여, '이것은 유정인가, 아닌가?'라는 의심이 일어나는 것은 불확실성 때문인가?"

"그렇습니다, 세존이시여!"

"비구들이여, '그것은 음식에서 생긴 것인가, 아닌가?'라는 의심이 일어나는 것은 불확실성 때문인가?"

"그렇습니다, 세존이시여!"

"비구들이여, '그 음식이 소멸하면, 그 유정은 소멸하는 법인가, 아닌가?'라는 의심이 일어나는 것은 불확실성 때문인가?"

"그렇습니다, 세존이시여!"

"비구들이여, '이것은 유정이다'라고 있는 그대로 바른 통찰지(通察智)로 통찰하면, 불확실성은 사라지는가?"

"그렇습니다, 세존이시여!"

"비구들이여, '그것은 음식에서 생긴 것이다'라고 있는 그대로 바른 통찰지로 통찰하면, 불확실성은 사라지는가?"

"그렇습니다, 세존이시여!"

"비구들이여, '그 음식이 소멸하면, 그 유정은 소멸하는 법이다'라고 있는 그대로 바른 통찰지로 관찰하면, 불확실성은 사라지는가?"

"그렇습니다, 세존이시여!"

"비구들이여, '이것은 유정이다'라는 점에 대하여 그대들에게 의심이 없는가?"

"그렇습니다, 세존이시여!"

"비구들이여, '그것은 음식에서 생긴 것이다'라는 점에 대하여 그대들에게 의심이 없는가?"

"그렇습니다, 세존이시여!"

"비구들이여, '그 음식이 소멸하면, 그 유정은 소멸하는 법이다'라는 점에 대하여 그대들에게 의심이 없는가?"

"그렇습니다, 세존이시여!"

"비구들이여, '이것은 유정이다'라는 것은 있는 그대로 바른 통찰지로 잘 본 것인가?"

"그렇습니다, 세존이시여!"

"비구들이여, '그것은 음식에서 생긴 것이다'라는 것은 있는 그대로 바른 통찰지로 잘 본 것인가?"

"그렇습니다, 세존이시여!"

"비구들이여, '그 음식이 소멸하면, 그 유정은 소멸하는 법이다'라는 것은 있는 그대로 바른 통찰지로 잘 본 것인가?"

"그렇습니다, 세존이시여!"

"비구들이여, 만약 그대들이 이와 같이 결점이 없고, 이와 같이 흠이 없는 이 견해를 집착하고, 소중히 하고, 바라고, 애착한다면, 비구들이여, 그대들은 건너기 위한 것이지 붙잡기 위한 것이 아니라고 뗏목의 비유로 가르친 가르침을 이해한 것인가?"

"아닙니다, 세존이시여!"

"비구들이여, 만약 그대들이 이와 같이 결점이 없고, 이와 같이 흠이 없는 이 견해를 집착하지 않고, 소중히 하지 않고, 바라지 않고, 애착하지 않는다면, 비구들이여, 그대들은 건너기 위한 것이지 붙잡기 위한 것이 아니라고 뗏목의 비유로 가르친 가르침을 이해한 것인가?"

"그렇습니다, 세존이시여!"

"비구들이여, 이미 생긴 중생(衆生)이 머물거나 다시 태어나기를 바라는 중생에게 도움을 주는 네 가지 음식[四食]이 있다오. 그 네 가지는 어떤 것인가? 입으로 먹는 딱딱하거나 부드러운 단식(團食), 둘째는 촉식(觸食), 셋째는 의사식(意思食), 넷째는 식식(識食)이라오. 비구들이여, 이 네 가지 음식은 무엇이 바탕이고, 무엇이 쌓인 것이고, 무엇에서 생긴 것이고, 무엇이 기원인가? 비구들이여, 이 네 가지 음식은 갈애[愛]가 바탕이고, 갈애가 쌓인 것이고, 갈애에서 생긴 것이고, 갈애가 기원이라오.

비구들이여, 이 갈애는 무엇이 바탕이고, 무엇이 쌓인 것이고, 무엇에서 생긴 것이고, 무엇이 기원인가? 비구들이여, 갈애는 느낌[受]이 바탕이고, 느낌이 쌓인 것이고, 느낌에서 생긴 것이고, 느낌이 기원이라오.

비구들이여, 이 느낌은 무엇이 바탕이고, 무엇이 쌓인 것이고, 무엇에서 생긴 것이고, 무엇이 기원인가? 비구들이여, 느낌은 접촉[觸]이 바탕이고, 접촉이 쌓인 것이고, 접촉에서 생긴 것이고, 접촉이 기원이라오.

비구들이여, 이 접촉은 무엇이 바탕이고, 무엇이 쌓인 것이고, 무엇에서 생긴 것이고, 무엇이 기원인가? 비구들이여, 접촉은 6입처(六入處)가 바탕이고, 6입처가 쌓인 것이고, 6입처에서 생긴 것이고, 6입처가 기원이라오.

비구들이여, 이 6입처는 무엇이 바탕이고, 무엇이 쌓인 것이고, 무엇에서 생긴 것이고, 무엇이 기원인가? 비구들이여, 6입처는 이름과 형색[名色]이 바탕이고, 이름과 형색이 쌓인 것이고, 이름과 형색에서 생긴 것이고, 이름과 형색이 기원이라오.

비구들이여, 이 이름과 형색은 무엇이 바탕이고, 무엇이 쌓인 것이고, 무엇에서 생긴 것이고, 무엇이 기원인가? 비구들이여, 이름과 형색은 분별의식[識]이 바탕이고, 분별의식이 쌓인 것이고, 분별의식에서 생긴 것이고, 분별의식이 기원이라오.

비구들이여, 이 분별의식은 무엇이 바탕이고, 무엇이 쌓인 것이고, 무엇에서 생긴 것이고, 무엇이 기원인가? 비구들이여, 분별의식은 행위[行]들이 바탕이고, 행위들이 쌓인 것이고, 행위들에서 생긴 것이고, 행위들이 기원이라오.

비구들이여, 이 행위들은 무엇이 바탕이고, 무엇이 쌓인 것이고, 무엇에서 생긴 것이고, 무엇이 기원인가? 비구들이여, 행위들은 무명(無明)이 바탕이고, 무명이 쌓인 것이고, 무명에서 생긴 것이고, 무명이 기원이라오.

비구들이여, 이와 같이 무명에 의지하여 행위들이, 행위들에 의지하여 분별의식이, 분별의식에 의지하여 이름과 형색이, 이름과 형색에 의지하여 6입처가, 6입처에 의지하여 접촉이, 접촉에 의지하여 느낌이, 느낌에 의지하여 갈애가, 갈애에 의지하여 취(取)가, 취에 의지하여 유(有)가, 유에 의지하여 생(生)이, 생에 의지하여 노사(老死)와 근심·걱정·고통·슬픔·절망이 생겨난다오. 이와 같이 완전한 괴로움 덩어리[苦蘊]의 쌓임[集]이 있다오.

'생에 의지하여 노사가 있다'라고 말했는데, 비구들이여, 과연 생에 의지하여 우리에게 노사가 있는 것인지, 이 점에 대하여 어떻게 생각하는가?"

"세존이시여, 생에 의지하여 노사가 있습니다. 우리는 '생에 의지하여 노사가 있다'라고 생각합니다."

"'유에 의지하여 생이 있다'라고 말했는데, 비구들이여, 과연 유에 의지하여 우리에게 생이 있는 것인지, 이 점에 대하여 어떻게 생각하는가?"

"세존이시여, 유에 의지하여 생이 있습니다. 우리는 '유에 의지하여 생이 있다'라고 생각합니다."

"'취에 의지하여 유가 있다'라고 말했는데, 비구들이여, 과연 취에 의지하여 우리에게 유가 있는 것인지, 이 점에 대하여 어떻게 생각하는가?"

"세존이시여, 취에 의지하여 유가 있습니다. 우리는 '취에 의지하여 유가 있다'라고 생각합니다."

"'갈애에 의지하여 취가 있다'라고 말했는데, 비구들이여, 과연 갈애에 의지하여 우리에게 취가 있는 것인지, 이 점에 대하여 어떻게 생각하는가?"

"세존이시여, 갈애에 의지하여 취가 있습니다. 우리는 '갈애에 의지하여 취가 있다'라고 생각합니다."

"'느낌에 의지하여 갈애가 있다'라고 말했는데, 비구들이여, 과연 느낌에 의지하여 우리에게 갈애가 있는 것인지, 이 점에 대하여 어떻게 생각하는가?"

"세존이시여, 느낌에 의지하여 갈애가 있습니다. 우리는 '느낌에 의지하여 갈애가 있다'라고 생각합니다."

"'접촉에 의지하여 느낌이 있다'라고 말했는데, 비구들이여, 과연 접촉에 의지하여 우리에게 느낌이 있는 것인지, 이 점에 대하여 어떻게 생각하는가?"

"세존이시여, 접촉에 의지하여 느낌이 있습니다. 우리는 '접촉에 의지하여 느낌이 있다'라고 생각합니다."

"'6입처에 의지하여 접촉이 있다'라고 말했는데, 비구들이여, 과연 6입처에 의지하여 우리에게 접촉이 있는 것인지, 이 점에 대하여 어떻게 생각하는가?"

"세존이시여, 6입처에 의지하여 접촉이 있습니다. 우리는 '6입처에 의지하여 접촉이 있다'라고 생각합니다."

"'이름과 형색에 의지하여 6입처가 있다'라고 말했는데, 비구들이여, 과연 이름과 형색에 의지하여 우리에게 6입처가 있는 것인지, 이 점에 대하여 어떻게 생각하는가?"

"세존이시여, 이름과 형색에 의지하여 6입처가 있습니다. 우리는 '이름과 형색에 의지하여 6입처가 있다'라고 생각합니다."

"'분별의식에 의지하여 이름과 형색이 있다'라고 말했는데, 비구들이여, 과연 분별의식에 의지하여 우리에게 이름과 형색이 있는 것인지, 이 점에 대하여 어떻게 생각하는가?"

"세존이시여, 분별의식에 의지하여 이름과 형색이 있습니다. 우리는 '분별의식에 의지하여 이름과 형색이 있다'라고 생각합니다."

"'행위들에 의지하여 분별의식이 있다'라고 말했는데, 비구들이여, 과연 행위들에 의지하여 우리에게 분별의식이 있는 것인지, 이 점에 대하여 어떻게 생각하는가?"

"세존이시여, 행위들에 의지하여 분별의식이 있습니다. 우리는 '행위들에 의지하여 분별의식이 있다'라고 생각합니다."

"'무명에 의지하여 행위들이 있다'라고 말했는데, 비구들이여, 과연 무명에 의지하여 우리에게 행위들이 있는 것인지, 이 점에 대하여 어떻게 생각하는가?"

"세존이시여, 무명에 의지하여 행위들이 있습니다. 우리는 '무명에 의지하여 행위들이 있다'라고 생각합니다."

"비구들이여, 훌륭하오. 비구들이여, 그대들도 이와 같이 말하고, 나도 또한 이와 같이 말한다오.

'이것이 있는 곳에 이것이 있고, 이것이 나타나면 이것이 나타난다[imasmiṃ sati idaṃ hoti imass' uppādā idaṃ uppajjati].[305] 이와 같이 무명에 의지하여 행위들이, 행위들에 의지하여 분별의식이, 분별의식에 의지하여 이름과 형색이, 이름과 형색에 의지하여 6입처가, 6입처에 의지하여 접촉이, 접촉에 의지하여 느낌이, 느낌에 의지하여 갈애가, 갈

305 '此有故彼有 此起故彼起'로 한역되는 이 문장은 연기(緣起)의 의미를 설명한 것이다. 이 문장을 일반적으로 '이것이 있기 때문에 저것이 있고, 이것이 생기기 때문에 저것이 생긴다'라고 번역하는데, 필자는 '이것이 있는 곳에 이것이 있고, 이것이 나타나면 이것이 나타난다'로 번역했다. '이것'과 '저것'을 구별하지 않고, 모두 '이것'으로 번역한 것은 원문에 충실한 것이다. 원문에서 구별 없이 'idaṃ'으로 표현한 것은 이 문장이 개념에 의한 사유가 아니라 관찰(觀察)의 내용이기 때문이다. 'idaṃ', 즉 '이것'은 관찰자 가까이 있는 관찰의 대상이다. 관찰자는 두 대상을 관찰하고 있다. 관찰자가 볼 때 두 대상은 모두 '이것'이다. 예를 들어서 한 책상 위의 책과 연필을 관찰할 때, '이것은 책이다. 이것은 연필이다'라고 관찰하는 경우와 같다. 어느 하나를 '저것'이라고 할 경우에는 책과 연필이 멀리 떨어져 있을 때이다. 연기는 동일한 장소에서 일어나는 현상을 관찰하여 얻은 내용이다. 예를 들어, 무명(無明)과 행위[行]는 시간적으로나 공간적으로 떨어져 있지 않다. 무명이 있는 곳에서 행위가 일어난다. 따라서 관찰자가 보면, 무명도 '이것'이고, 행위도 '이것'이다. 이 둘의 차이는 격(格)을 통해서 드러난다. 무명을 지시하는 '이것'은 'imasmiṃ', 즉 '처격(處格)'을 취하고, 행위를 지시하는 '이것'은 'idaṃ', 즉 '주격(主格)'을 취한다. 격을 통해서 두 '이것'의 관계를 보여 주고 있는 것이다. 그리고 이러한 관계가 연기이다.

애에 의지하여 취가, 취에 의지하여 유가, 유에 의지하여 생이, 생에 의지하여 노사와 근심·걱정·고통·슬픔·절망이 생겨난다. 이와 같이 완전한 괴로움 덩어리의 쌓임이 있다.

그렇지만 무명이 남김없이 완전히 소멸하면 행위들이 소멸하고, 행위들이 소멸하면 분별의식이 소멸하고, 분별의식이 소멸하면 이름과 형색이 소멸하고, 이름과 형색이 소멸하면 6입처가 소멸하고, 6입처가 소멸하면 접촉이 소멸하고, 접촉이 소멸하면 느낌이 소멸하고, 느낌이 소멸하면 갈애가 소멸하고, 갈애가 소멸하면 취가 소멸하고, 취가 소멸하면 유가 소멸하고, 유가 소멸하면 생이 소멸하고, 생이 소멸하면 노사와 근심·걱정·고통·슬픔·절망이 소멸한다. 이와 같이 완전한 괴로움 덩어리의 소멸이 있다.'

'생이 소멸하면 노사가 소멸한다'라고 말했는데, 비구들이여, 과연 생이 소멸하면 우리에게 노사가 소멸하는 것인지, 이 점에 대하여 어떻게 생각하는가?"

"세존이시여, 생이 소멸하면 노사가 소멸합니다. 우리는 '생이 소멸하면 노사가 소멸한다'라고 생각합니다."

"'유가 소멸하면 생이 소멸한다'라고 말했는데, 비구들이여, 과연 유가 소멸하면 우리에게 생이 소멸하는 것인지, 이 점에 대하여 어떻게 생각하는가?"

"세존이시여, 유가 소멸하면 생이 소멸합니다. 우리는 '유가 소멸하면 생이 소멸한다'라고 생각합니다."

"'취가 소멸하면 유가 소멸한다'라고 말했는데, 비구들이여, 과연 취가 소멸하면 우리에게 유가 소멸하는 것인지, 이 점에 대하여 어떻게 생각하는가?"

"세존이시여, 취가 소멸하면 유가 소멸합니다. 우리는 '취가 소멸하면 유가 소멸한다'라고 생각합니다."

"'갈애가 소멸하면 취가 소멸한다'라고 말했는데, 비구들이여, 과연 갈애가 소멸하면 우리에게 취가 소멸하는 것인지, 이 점에 대하여 어떻게 생각하는가?"

"세존이시여, 갈애가 소멸하면 취가 소멸합니다. 우리는 '갈애가 소멸하면 취가 소멸한다'라고 생각합니다."

"'느낌이 소멸하면 갈애가 소멸한다'라고 말했는데, 비구들이여, 과연 느낌이 소멸하면 우리에게 갈애가 소멸하는 것인지, 이 점에 대하여 어떻게 생각하는가?"

"세존이시여, 느낌이 소멸하면 갈애가 소멸합니다. 우리는 '느낌이 소멸하면 갈애가 소멸한다'라고 생각합니다."

"'접촉이 소멸하면 느낌이 소멸한다'라고 말했는데, 비구들이여, 과연 접촉이 소멸하면 우리에게 느낌이 소멸하는 것인지, 이 점에 대하여 어떻게 생각하는가?"

"세존이시여, 접촉이 소멸하면 느낌이 소멸합니다. 우리는 '접촉이 소멸하면 느낌이 소멸한다'라고 생각합니다."

"'6입처가 소멸하면 접촉이 소멸한다'라고 말했는데, 비구들이여, 과연 6입처가 소멸하면 우리에게 접촉이 소멸하는 것인지, 이 점에 대하여 어떻게 생각하는가?"

"세존이시여, 6입처가 소멸하면 접촉이 소멸합니다. 우리는 '6입처가 소멸하면 접촉이 소멸한다'라고 생각합니다."

"'이름과 형색이 소멸하면 6입처가 소멸한다'라고 말했는데, 비구들이여, 과연 이름과 형색이 소멸하면 우리에게 6입처가 소멸하는 것인지, 이 점에 대하여 어떻게 생각하는가?"

"세존이시여, 이름과 형색이 소멸하면 6입처가 소멸합니다. 우리는 '이름과 형색이 소멸하면 6입처가 소멸한다'라고 생각합니다."

"'분별의식이 소멸하면 이름과 형색이 소멸한다'라고 말했는데, 비구들이여, 과연 분별의식이 소멸하면 우리에게 이름과 형색이 소멸하는 것인지, 이 점에 대하여 어떻게 생각하는가?"

"세존이시여, 분별의식이 소멸하면 이름과 형색이 소멸합니다. 우리는 '분별의식이 소멸하면 이름과 형색이 소멸한다'라고 생각합니다."

"'행위들이 소멸하면 분별의식이 소멸한다'라고 말했는데, 비구들이여, 과연 행위들이 소멸하면 우리에게 분별의식이 소멸하는 것인지, 이 점에 대하여 어떻게 생각하는가?"

"세존이시여, 행위들이 소멸하면 분별의식이 소멸합니다. 우리는 '행위들이 소멸하면 분별의식이 소멸한다'라고 생각합니다."

"'무명이 소멸하면 행위들이 소멸한다'라고 말했는데, 비구들이여, 과연 무명이 소멸하면 우리에게 행위들이 소멸하는 것인지, 이 점에 대하여 어떻게 생각하는가?"

"세존이시여, 무명이 소멸하면 행위들이 소멸합니다. 우리는 '무명이 소멸하면 행위들이 소멸한다'라고 생각합니다."

"비구들이여, 훌륭하오. 비구들이여, 그대들도 이와 같이 말하고, 나도 이와 같이 말한다오.

'이것이 없는 곳에 이것이 없고, 이것이 소멸하면 이것이 소멸한다. 이와 같이 무명이 소멸하면 조작하는 행위들이 소멸하고, 조작하는 행위들이 소멸하면 분별의식이 소멸하고, 분별의식이 소멸하면 이름과 형색이 소멸하고, 이름과 형색이 소멸하면 6입처가 소멸하고, 6입처가 소멸하면 접촉이 소멸하고, 접촉이 소멸하면 느낌이 소멸하고, 느낌이 소멸하면 갈애가 소멸하고, 갈애가 소멸하면 취가 소멸하고, 취가 소멸하면 유가 소멸하고, 유가 소멸하면 생이 소멸하고, 생이 소멸하면 노사와 근심·걱정·고통·슬픔·절망이 소멸한다. 이와 같이 완전한 괴로움덩어리가 소멸한다.'

비구들이여, 그대들은 이와 같이 알고, 이와 같이 보면서도 과거로 돌아가서, '우리는 과거세(過去世, atītam-addhānaṃ)에 존재했을까, 존재하지 않았을까? 우리는 과거세에 무엇이었을까? 우리는 과거세에 어떻게 지냈을까? 우리는 과거세에 무엇이었고, 그 다음에는 무엇이었을까?'라고 하겠는가?"

"그렇지 않습니다, 세존이시여!"

"비구들이여, 그대들은 이와 같이 알고, 이와 같이 보면서도 미래로 앞질러 가서, '우리는 미래세(未來世, anāgatam-addhānaṃ)에 존재하게 될까, 존재하지 않게 될까? 우리는 미래세에 무엇이 될까? 우리는 미래세에 어떻게 될까? 우리는 미래세에 무엇이 되고, 그 다음에는 무엇이 될까?'라고 하겠는가?"

"그렇지 않습니다, 세존이시여!"

"비구들이여, 그대들은 이와 같이 알고, 이와 같이 보면서도 '나는 존재하는가, 존재하지 않는가? 나는 무엇인가? 나는 어떻게 지내는가? 이 중생은 어디에서 왔다가 어디로 가는 것일까?'라고 현재세(現在世, paccuppannam-addhānaṃ)에 자신에 대하여 의혹이 있는가?"

"그렇지 않습니다, 세존이시여!"

"비구들이여, 그대들은 이와 같이 알고, 이와 같이 보면서도 '스승은 존경스럽다. 존경하는 스승이 한 말이기 때문에 우리는 그렇게 말한다'라고 이야기하겠는가?"

"그렇지 않습니다, 세존이시여!"

"비구들이여, 그대들은 이와 같이 알고, 이와 같이 보면서도 '어떤 사문(沙門)이 이렇게 말했다. 다른 사문이 한 말이기 때문에 우리는 그렇게 말하지 않는다'라고 이야기하겠는가?"

"그렇지 않습니다, 세존이시여!"

"비구들이여, 그대들은 이와 같이 알고, 이와 같이 보면서도 다른 사람을 스승으로 받들겠는가?"

"그렇지 않습니다, 세존이시여!"

"비구들이여, 그대들은 이와 같이 알고, 이와 같이 보면서도 여러 사문과 바라문들의 복점(卜占)이나 축제나 제사에, 그것들이 진실이라고 생각하여, 돌아가겠는가?"

"그렇지 않습니다, 세존이시여!"

"비구들이여, 그대들은 그대들이 스스로 알고, 스스로 보고, 스스로 경험한 것을 이야기하는가?"

"그렇습니다, 세존이시여!"

"훌륭하오, 비구들이여! 비구들이여, 나는 그대들에게 지금 여기에서 즉시 '와서 보라!'라고 할 수 있는, 현명한 사람들이 저마다 경험하는 데 도움이 되는 가르침을 주었소. 비구들이여, '이 가르침은 지금 여기에서 즉시 '와서 보라!'고 할 수 있는, 현명한 사람들이 저마다 경험하는 데 도움이 되는 가르침이다'라고 하는 것은 이것을 두고 이야기한 것이라오.

비구들이여, 세 가지가 결합해야 탁태(托胎)가 된다오. 부모가 결합해도, 어머니가 수태기의 여인이 아니고, 간답바(gandhabba)[306]가 나타나지 않으면 탁태가 되지 않는다오. 부모가 결합하고, 어머니가 수태기의 여인이라고 할지라도, 간답바가 나타나지 않으면 탁태가 되지 않는다오. 비구들이여, 부모가 결합하고, 어머니가 수태기의 여인이고, 간답바가 나타남으로써 이렇게 셋이 결합함으로써 탁태가 된다오. 비구들이여, 어머니는 자궁 속에 아홉 달이나 열 달 동안 그 소중한 태(胎)를 크게 염려하면서 보호한다오. 비구들이여, 어머니는 아홉 달이나 열 달이 지난 후에 그 소중한 아이를 크게 염려하면서 출산한다오. 어머니는 태어난 그 아이를 자신의 피로 키운다오. 비구들이여, 성자의 율(律)에서 피는 곧 모유(母乳)라오. 비구들이여, 그 아이는 성장하면서, 6근(六根)이 성숙하는 가운데 장난감 농기구, 막대기, 팔랑개비, 소꿉, 장난감 수레, 장난감 활과 같은 장난감을 가지고 논다오. 비구들이여, 그 아

306 건달바(乾達婆, gandharva)의 빨리어 표기. 인도의 주악신(奏樂神)인데, 인도인들은 이 신이 관여해야 탁태(托胎)가 된다고 믿었다. 이 경에서는 이와 같은 당시 인도인의 생각을 이야기하고 있다. 그런데 건달바가 나타나야 탁태가 된다는 아비달마불교에서는 이 경의 말씀을 오해하여 건달바를 다음 생을 받는 존재로 생각하고, 연기설을 윤회설로 해석했다.

이는 성장하면서, 6근이 성숙하는 가운데 5욕락(五欲樂)을 즐기나니, 눈에 보이고, 귀에 들리고, 코에 맡아지고, 혀에 맛보아지고, 몸에 느껴지는 즐겁고 사랑스럽고 유쾌하고 귀엽고 매혹적이고 유혹적인 형색[色]과 소리[聲]와 향기[香]와 맛[味]과 촉감[觸]을 즐긴다오.

비구들이여, 그는 눈[眼]으로 형색을 보고서, 사랑스러운 형색들은 즐기고 사랑스럽지 않은 형색들은 꺼리면서, 몸에 대한 주의집중[身念處, kāyasati]을 확립하지 않고 옹졸한 마음으로 지낸다오. 그는 사악한 불선법(不善法)들이 남김없이 소멸하는 심해탈(心解脫)과 혜해탈(慧解脫)을 여실(如實)하게 통찰하지 못한다오. 그는 이와 같이 만족하거나 혐오할 때, 그가 느낀 느낌이 어떤 것이든, 즐거운 것이든, 괴로운 것이든, 괴롭지도 즐겁지도 않은 것이든, 그 느낌을 즐기고 환영하고 집착한다오. 그 느낌을 즐기고 환영하고 집착할 때 그에게 쾌락[nandī]이 생긴다오. 느낌[受] 가운데 있는 쾌락이 취(取)라오. 그에게 취에 의지하여 유(有)가, 유에 의지하여 생(生)이, 생에 의지하여 노사(老死)와 근심, 걱정, 고통, 슬픔, 절망이 생겨난다오. 이와 같이 완전한 괴로움 덩어리의 쌓임이 있다오. 귀로 소리를 듣고, 코로 냄새를 맡고, 혀로 맛을 보고, 몸으로 촉감을 느끼고, 마음[意]으로 법(法)을 지각하는 것도 마찬가지라오.

비구들이여, 여래(如來)가 세상에 출현하나니, 그는 아라한[應供], 원만하고 바르게 깨달으신 분[正遍知], 앎과 실천을 구족하신 분[明行足], 열반에 잘 가신 분[善逝], 세상을 잘 아시는 분[世間解], 위없는 분[無上士], 사람을 길들여 바른길로 이끄시는 분[調御丈夫], 천신과 인간의 스승[天人師], 진리를 깨달으신 분[佛], 세존(世尊)이라오. 그는 천계(天界)와 마라(Māra)와 범천(梵天)을 포함한 이 세상을, 사문과 바라문과 왕과 백성을 포함한 인간계를 체험적 지혜[勝智]로 몸소 체득하여 알려 준다오. 그는 처음도 좋고 중간도 좋고 마지막도 좋은, 의미 있고 명쾌하고 완벽한 진리[法]를 가르치며, 청정한 수행[梵行]을 알려 준다오. 그 진리를 장자(長者)나 장자의 아들이나 다른 가문에 태어난 사람이 듣는다오. 그는 그 진리를 듣고 여래에 대한 믿음을 성취한다오. 믿음을 성취하면, 그는 이렇게 생각한다오. '속세의 삶은 번거로운 홍진(紅塵)의 세계요, 출가는 걸림 없는 노지(露地)와 같다. 속가에 살면서 완전하고 청정하고 밝은 수행을 실천하기는 쉽지 않다. 나는 오히려 머리와 수염을 깎고, 가사와 발우를 지니고, 집을 떠나 출가하는 것이 좋겠다. 그는 그 후에 많고 적은 재산을 버리고, 가깝고 먼 친족을 버리고, 머리와 수염을 깎고, 가사와 발우를 지니고, 집을 떠나 출가한다오.

그는 이와 같이 출가하여, 비구가 배워야 할 규범과 학계(學戒)를 성취하고, 살생을 하지 않으며, 살생을 삼가며, 몽둥이나 칼을 잡지 않으며, 부끄러움을 알며, 모든 생명을 보살피고 사랑하며 지낸다오. 도둑질하지 않으며, 도둑질을 삼가며, 보시받은 것만을 취하고, 보시만을 기대하며, 청정한 마음으로 지낸다오. 범행(梵行)이 아닌 행을 하지 않고, 범행을 행하며, 세속의 법인 음행을 삼가고 멀리한다오. 거짓말을 하지 않으며, 거짓말을 삼가며, 진실을 말하며, 정직하며, 참되며, 믿을 만하며, 세상을 속이지 않는다오. 험담하지 않으며, 험담을 삼가며, 이들에게 들은 것을 저들에게 알려 반목하게 하지 않으며, 저들에게 들은 것을 이들에게 알려 반목하게 하지 않는다오. 이와 같이 언제나 불화를 화해하고, 집착함이 없는 화합의 기쁨, 화합의 즐거움, 화합의 환희, 화합의 필요를 이야기한다오. 추악한 말을 하지 않으며, 추악한 말을 삼가며, 부드럽고, 듣기 좋고, 사랑이 넘치고, 유쾌하고, 정중하며, 누구나 좋아하고, 누구나 즐거워하는 그런 이야기를 한다오. 쓸데없는 말을 하지 않으며, 쓸데없는 말을 삼가며, 때에 맞는 말[時語], 진실한 말[實語], 의미 있는 말[義語], 법에 대한 말[法語], 율에 대한 말[律語]을 시의적절하게, 분명한 의도를 가지고, 의미를 갖추어, 새겨듣게 말한다오.

그는 농사를 짓지 않는다오. 한 끼만 먹되, 밤에는 먹지 않고, 때가 아니면 먹지 않는다오. 춤과 노래와 음악과 연극을 구경하지 않는다오. 꽃이나 향으로 치장하지 않는다오. 높고 큰 침대를 쓰지 않는다오. 금이나 은을 받지 않는다오. 익히지 않은 곡식은 받지 않는다오. 익히지 않은 고기는 받지 않는다오. 부인이나 처녀를 받지 않는다오. 노비(奴婢)를 받지 않는다오. 염소나 양을 받지 않는다오. 닭이나 돼지를 받지 않는다오. 코끼리나 소나 말을 받지 않는다오. 논밭을 받지 않는다오. 하인을 받지 않는다오. 물건을 사고 팔지 않는다오. 저울이나 양을 속이지 않는다오. 거짓으로 속이지 않는다오. 때리거나, 죽이거나, 결박하거나, 강탈하거나, 약탈하거나, 폭력을 행하지 않는다오.

그는 몸을 보호하는 법복과 배를 채우는 음식을 담는 발우로 만족하며, 어디를 가더라도 법복과 발우를 지니고 간다오. 비유하면 비구들이여, 날개 달린 새가 어디를 날아가더라도 깃털을 달고 날아가듯이, 이와 같이, 비구들이여, 그는 몸을 보호하는 법복과 배를 채우는 음식을 담는 발우로 만족하며, 어디를 가더라도 법복과 발우를 지니고 간다오. 그는 이들 성스러운 계온(戒蘊, sīla-kkhandha)을 구족하여 내적으로 완전한 행복을 느낀다오.

그는 눈[眼]으로 형색[色]을 보고서, 모습[相]에 집착하지 않고, 부분의 모습에 집착하지 않는다오. 시각활동[眼根]을 통제하지 않고 지내면 탐욕과 근심, 사악한 불선법(不善法)들이 흘러들어오기 때문에, 그것을 막기 위해 나아가서, 시각활동을 지켜보다가, 시각활동을 할 때 막는다오. 귀[耳], 코[鼻], 혀[舌], 몸[身], 마음[意]으로 법(法)을 지각하고서, 모습에 집착하지 않고, 부분의 모습에 집착하지 않는다오. 마음활동[意根]을 통제하지 않고 지내면 탐욕과 근심, 사악한 불선법들이 흘러들어 오기 때문에, 그것을 막기 위해 나아가서, 의식활동을 지켜보다가, 의식활동을 할 때 막는다오. 그는 이러한 성스러운 지각활동의 수호[indriyasaṃvara, 根守護]를 구족하여 내적으로 완전한 행복을 느낀다오.

그는 가고 올 때 알아차리고, 바라보고 돌아볼 때 알아차리고, 구부리고 펼 때 알아차리고, 가사와 발우와 승복을 지닐 때 알아차리고, 먹고 마시고 씹고 맛볼 때 알아차리고, 대소변을 볼 때 알아차리고, 가고 서고 앉고 잠들고 깨어나고 말하고 침묵할 때 알아차린다오.

그는 이러한 성스러운 계온을 구족하

고, 이러한 성스러운 지각활동의 수호를 구족하고, 이러한 성스러운 주의집중과 알아차림을 구족하고, 숲이나 나무 아래나 바위나 동굴이나 산속이나 무덤이나 삼림이나 노지(露地)나 짚더미 같은, 홀로 지내기 좋은 처소를 좋아한다오. 그는 발우에 음식을 얻어 돌아와 음식을 먹은 후에 가부좌하고 앉아서, 몸을 똑바로 세우고 정신을 바짝 차려 주의집중을 한다오.

그는 세간에 대한 탐애(貪愛)를 버리고 탐애가 없는 마음으로 지내면서 탐애로부터 마음을 정화하고, 악의와 분노를 버리고 악의와 분노가 없는 마음으로 지내면서 살아 있는 모든 것을 연민하는 벗이 되어 악의와 분노로부터 마음을 정화하고, 나태와 졸음을 버리고 나태와 졸음 없이 지내면서 밝은 생각으로 알아차려 나태와 졸음으로부터 마음을 정화하고, 들뜸과 후회[惡作]를 버리고 차분하게 지내면서 내적으로 고요해진 마음으로 들뜸과 후회로부터 마음을 정화하고, 의혹(疑惑)을 버리고 의혹에서 벗어나 선법(善法)에 대하여 의혹 없이 지내면서 의혹으로부터 마음을 정화한다오.

그는 통찰지[般若]를 약화시키는 이들 다섯 가지 장애[五蓋]를 제거하고, 감각적 욕망을 멀리하고 불선법을 멀리함으로써 사유가 있고 숙고가 있는, 멀리함에서 생긴 즐거움과 행복이 있는 초선(初禪)을 성취하여 살아간다오. 비구들이여, 계속해서 비구는 제2선(第二禪), 제3선(第三禪), 제4선(第四禪)을 차례로 성취하여 살아간다오.

그는 눈으로 형색을 보고서, 사랑스러운 형색들을 즐기지 않고, 사랑스럽지 않은 형색들을 꺼리지 않으면서, 몸에 대한 주의집중[身念處]을 확립하여 한량없는 마음[無量心, appamāṇaacetaso]으로 지낸다오. 그는 사악한 불선법이 남김없이 소멸한 심해탈과 혜해탈을 있는 그대로 통찰한다오. 그는 이와 같이 만족과 혐오를 버릴 때, 그가 느낀 느낌이 어떤 것이든, 즐거운 것이든, 괴로운 것이든, 즐겁지도 괴롭지도 않은 것이든, 그 모든 느낌을 즐기지 않고 환영하지 않고 집착하지 않는다오. 그 느낌을 즐기지 않고 환영하지 않고 집착하지 않을 때 그에게 느낌 가운데 있는 쾌락이 사라진다오. 그에게 쾌락이 소멸하기 때문에 취가 소멸하고, 취가 소멸하기 때문에 유가 소멸하고, 유가 소멸하기 때문에 생이 소멸하고, 생이 소멸하기 때문에 노사와 근심·걱정·고통·슬픔·절망이 사라진다오. 이와 같이 완전한 괴로움 덩어리가 소멸한다오. 귀로 소리를 듣고, 코로 냄새를 맡고, 혀로 맛을 보고, 몸으로 촉감을 느끼고, 마음으로 법을 지각하는 것도 마찬가지라오.

비구들이여, 그대들은 커다란 갈애의 그물과 갈애 덩어리에 속박된 어부의 아들 사띠 비구를 보고, 내가 간략하게 이야기한 갈애가 소멸한 해탈[taṇhāsaṅkhayavimmutti, 愛滅解脫]을 명심하도록 하시오!"

이것이 세존께서 하신 말씀입니다.

그 비구들은 세존의 말씀에 만족하고 기뻐했습니다.

22. 큰 아싸뿌라경[307]

〈M.N. 39. Mahā-assapura-sutta〉

이와 같이 나는 들었습니다.

한때 세존께서는 앙가(Aṅga)에서 앙가족의 마을 아싸뿌라(Assapura)에 머무셨습니다.

그때 세존께서 비구들에게 말씀하셨습니다.

"비구들이여, 사람들은 그대들을 '사문이여! 사문이여!'라고 부른다오. 그리고 '그대들은 누구인가?'라고 물으면, 그대들은 '우리는 사문이다'라고 자칭한다오. 비구들이여, 그대들이 이와 같이 불리고, 이와 같이 자칭한다면, 비구들이여, 그대들은 이와 같이 공부해야 한다오.

'우리는 사문이 되고 바라문이 되는 법을 지니고 살아가겠다. 이와 같이 우리에게 주어진 사문이라는 이름이 진실이 되고, 우리가 스스로 칭하는 사문이라는 이름이 사실이 되게 하겠다. 그러면 우리가 사용하는 의복, 음식, 좌구, 의약자구(醫藥資具)를 우리에게 제공한 사람들에게 큰 과보와 큰 공덕이 될 것이다. 실로 이것이 우리에게 헛되지 않고, 결실이 있고, 이익이 있는 출가가 될 것이다.'

비구들이여, 사문이 되고, 바라문이 되는 법은 어떤 것인가? 비구들이여, 그대들은 '우리는 부끄러움과 뉘우침을 갖추겠다'라고 공부해야 한다오. 비구들이여, 그대들은 '우리는 부끄러움과 뉘우침을 갖추었다. 이 정도 했으면 충분하다. 사문의 목표를 성취했으니 더 이상 할 일이 없다'라고 생각할 수도 있을 것이오. 그리고 그 정도로 만족할 수도 있을 것이오. 비구들이여, 내가 그대들에게 말하겠소. 비구들이여, 내가 그대들에게 선언하겠소. 그대들이 사문이 되기를 목표로 한다면, 이후에 해야 할 일이 더 있는데, 사문의 목표를 버려서는 안 되오.

비구들이여, 이후에 해야 할 일은 어떤 것인가? 비구들이여, 그대들은 '우리는 떳떳하고, 명백하고, 허물이 없고, 절제된, 청정한 바른 신체적 행위와 청정한 바른 언어적 행위와 청정한 바른 의도적 행위를 하겠다. 하지만 청정하고 바른 신체적 행위와 청정하고 바른 언어적 행위와 청정하고 바른 의도적 행위를 한다고 해서 결코 자신을 칭찬하지 않고 남을 비난하지 않겠다'라고 공부해야 한다오. 비구들이여, 그대들은 '우리는 부끄러움과 뉘우침을 갖추었고, 청정하고 바른 신체적 행위와 청정하고 바른 언어적 행위와 청정하고 바른 의도적 행위를 갖추었다. 이 정도 했으면 충분하다. 사문의 목표를 성취했으니 더 이상 할 일이 없다'라고 생각할 수도 있을 것이오. 그리고 그 정도로 만족할 수도 있을 것이오. 비구들이여, 내가 그대들에게 말하겠소. 비구들이여, 내가 그대들에게 선언하겠소. 그대들이 사문이 되기를 목표로 한다면, 이후에 더 해야 할 일이 있는데, 사문

307 『중아함경(中阿含經)』의 「182. 마읍경(馬邑經)」에 상응하는 경.

의 목표를 버려서는 안 되오.

비구들이여, 이후에 더 해야 할 일은 어떤 것인가? 비구들이여, 그대들은 '우리는 떳떳하고, 명백하고, 허물이 없고, 절제된, 청정한 생활을 하겠다. 그러한 청정한 생활을 하면서 자신을 칭찬하지 않고 남을 욕하지 않겠다'라고 공부해야 한다오. 비구들이여, 그대들은 '우리는 부끄러움과 뉘우침을 갖추었고, 청정하고 바른 신체적 행위와 청정하고 바른 언어적 행위와 청정하고 바른 의도적 행위를 갖추었으며, 청정한 생활을 갖추었다. 이 정도 했으면 충분하다. 사문의 목표를 성취했으니 더 이상 할 일이 없다'라고 생각할 수도 있을 것이오. 그리고 그 정도로 만족할 수도 있을 것이오. 비구들이여, 내가 그대들에게 말하겠소. 비구들이여, 내가 그대들에게 선언하겠소. '그대들이 사문이 되기를 목표로 한다면, 이후에 해야 할 일이 더 있는데, 사문의 목표를 버려서는 안 되오.'

비구들이여, 이후에 해야 할 일은 어떤 것인가? 비구들이여, 그대들은 '우리는 지각활동을 할 때 문을 지키겠다. 눈[眼]으로 형색[色]을 볼 때, 모습에 집착하지 않고, 부분의 모습에 집착하지 않겠다. 시각활동[眼根]을 통제하지 않고 지내면 탐욕과 근심, 사악한 불선법들이 흘러들어 올 것이다. 그것을 통제하는 수행을 하면서 시각활동을 지켜보고, 시각활동을 통제하겠다. 귀[耳]로 소리를 들을 때, 코[鼻]로 냄새를 맡을 때, 혀[舌]로 맛을 볼 때, 몸[身]으로 촉감을 느낄 때, 마음[意]으로 법(法)을 지각할 때, 모습에 집착하지 않고, 부분의 모습에 집착하지 않겠다. 마음활동[意根]을 통제하지 않고 지내면 탐욕과 근심, 사악한 불선법들이 흘러들어 올 것이다. 그것을 통제하는 수행을 하면서, 마음활동을 지켜보고, 마음활동을 통제하겠다'라고 공부해야 한다오. 비구들이여, 그대들은 '이 정도 했으면 충분하다. 사문의 목표를 성취했으니 더 이상 할 일이 없다'라고 생각할 수도 있을 것이오. 그리고 그 정도로 만족할 수도 있을 것이오. 비구들이여, 내가 그대들에게 말하겠소. 비구들이여, 내가 그대들에게 선언하겠소. 그대들이 사문이 되기를 목표로 한다면, 이후에 해야 할 일이 더 있는데, 사문의 목표를 버려서는 안 되오.

비구들이여, 이후에 해야 할 일은 어떤 것인가? 비구들이여, 그대들은 '우리는 식사할 때 적당한 양을 알아야겠다. 잘 판단하여 적절하게 음식을 먹어야겠다. 유흥(遊興)을 위해서가 아니라, 현혹되어서가 아니라, 장엄하기 위해서가 아니라, 남에게 내보이기 위해서가 아니라, 오직 이 몸을 유지하고 부양하고 배고픔을 없애고, 청정한 수행[梵行]을 돕기 위하여 먹어야겠다. 나는 지난 과거의 느낌[受]은 없애고, 새로운 느낌은 생기지 않게 하여, 나의 생계가 허물이 없고, 평온하게 유지되게 하겠다'라고 공부해야 한다오. 비구들이여, 그대들은 '이 정도 했으면 충분하다. 사문의 목표를 성취했으니 더 이상 할 일이 없다'라고 생각할 수도 있을 것이오. 그리고 그 정도로 만족할 수도 있을 것이오. 비구들이여, 내가 그대들에게 말하겠소. 비구들이여, 내가 그대들에게 선언하겠소. 그대들이 사문이 되기를 목표로 한다면, 이후에 해야 할 일이 더 있는데, 사문의 목표를 버려서는 안 되오.

비구들이여, 이후에 해야 할 일은 어떤 것인가? 비구들이여, 그대들은 '우리는 깨어 있음[308]에 전념하겠다. 낮에는 행선(行禪)[309]과 좌선(坐禪)[310]으로 장애법(障碍法)[311]들로부터 마음을 정화하겠다. 초야(初夜)에는 행선과 좌선으로 장애법으로부터 마음을 정화하고, 중야(中夜)에는 사자처럼 발 위에 발을 포개고 오른쪽 옆구리로 누워서 주의집중과 알아차림을 하면서 일어날 생각을 하고, 후야(後夜)에는 일어나서 행선과 좌선으로 장애법으로부터 마음을 정화하겠다'라고 공부해야 한다오. 비구들이여, 그대들은 '이 정도 했으면 충분하다. 사문의 목표를 성취했으니 더 이상 할 일이 없다'라고 생각할 수도 있을 것이오. 그리고 그 정도로 만족할 수도 있을 것이오. 비구들이여, 내가 그대들에게 말하겠소. 비구들이여, 내가 그대들에게 선언하겠소. 그대들이 사문이 되기를 목표로 한다면, 이후에 해야 할 일이 더 있는데, 사문의 목표를 버려서는 안 되오.

비구들이여, 이후에 해야 할 일은 어떤 것인가? 비구들이여, 그대들은 '우리는 주의집중[正念]과 알아차림[正知][312]을 갖추겠다. 가고 올 때 알아차리고, 바라보고 돌아볼 때 알아차리고, 구부리고 펼 때 알아차리고, 가사와 발우와 승복을 지닐 때 알아차리고, 먹고 마시고 씹고 맛볼 때 알아차리고, 대소변을 볼 때 알아차리고, 가고 서고 앉고 잠들고 깨어나고 말하고 침묵할 때 알아차리겠다'라고 공부해야 한다오. 비구들이여, 그대들은 '이 정도 했으면 충분하다. 사문의 목표를 성취했으니 더 이상 할 일이 없다'라고 생각할 수도 있을 것이오. 그리고 그 정도로 만족할 수도 있을 것이오. 비구들이여, 내가 그대들에게 말하겠소. 비구들이여, 내가 그대들에게 선언하겠소. 그대들이 사문이 되기를 목표로 한다면, 이후에 해야 할 일이 더 있는데, 사문의 목표를 버려서는 안 되오.

비구들이여, 이후에 해야 할 일은 어떤 것인가? 비구들이여, 비구는 숲이나 나무 아래나 바위나 동굴이나 산속이나 무덤이나 삼림이나 노지(露地)나 짚더미 같은, 홀로 지내기 좋은 처소를 가까이한다오. 그는 발우에 음식을 얻어 돌아와 음식을 먹은 후에 가부좌(跏趺坐)하고 앉아서, 몸을 똑바로 세우고 정신을 바짝 차려 주의집중을 한다오. 그는 세간에 대한 탐욕을 버리고 탐욕을 떠난 마음으로 지내면서 탐욕으로부터 마음을 정화하고, 악의(惡意)를 버리고 악의 없는 마음으로 지내면서 살아 있는 모든 것을 연민하는 벗이 되어 악의로부터 마음을 정화하고, 나태와 졸음을 버리고 나태와 졸음 없이 지내면서 밝은 생각으로 알아차려 나태와 졸음으로부터 마음을 정화하고, 들뜸과 후회[惡作]를 버리고 차분하게 지내면서 내적으로 고요해진 마음으로 들뜸과 후회로부터 마음을 정화하고, 의심을 버리고 의심을 벗어나 선법(善法)에 대하여 의심 없이 지내면서 의심으

308 'jāgariya'의 번역.
309 'caṅkama'의 번역.
310 'nisajjā'의 번역.
311 'āvaraṇiya dhamma'의 번역.
312 'satisampajañña'의 번역.

로부터 마음을 정화한다오.

비구들이여, 비유하면 빚으로 사업을 한 사람이 후에 그 사업들이 성공하여 그가 예전의 빚을 갚았을 뿐만 아니라 아내를 얻을 여분이 있게 되면, '나는 과거에 빚으로 사업을 했다. 그 후 나는 사업에 성공했다. 그래서 나는 예전의 빚을 갚았다. 그뿐만 아니라, 나에게 아내를 얻을 여분이 있다'라고 생각하는 것과 같다오. 그는 이로 인해서 행복을 얻고 만족을 얻을 것이오.

비구들이여, 비유하면 병이 들어 괴롭고 심한 병으로 음식을 먹지 못하고 몸에 힘이 없는 사람이 후에 병에서 벗어나 음식을 먹고 몸에 힘이 생기면, '나는 과거에 병이 들어 괴롭고 심한 병으로 음식을 먹지 못해 내 몸에 힘이 없었다. 그런데 그 후에 나는 병에서 벗어나 음식을 먹고 내 몸에 힘이 생겼다'라고 생각하는 것과 같다오. 그는 이로 인해 행복을 얻고 만족을 얻을 것이오.

비구들이여, 비유하면 감옥에 묶여 있는 사람이 후에 감옥에서 무사하고 안전하게 벗어나 어떤 결박의 손실도 없게 되면, '나는 과거에 감옥에 묶여 있었다. 그런데 그 후에 감옥에서 무사하고 안전하게 벗어나 나에게 어떤 결박의 손실도 없게 되었다'라고 생각하는 것과 같다오. 그는 이로 인해 행복을 얻고 만족을 얻을 것이오.

비구들이여, 비유하면 자립하지 못하고 남에게 의존하고 있는 노예로서 어디든 마음대로 가지 못하는 사람이 후에 노예의 처지에서 벗어나 자립하여 다른 사람에게 의존하지 않는 자유인이 되어 어디나 마음대로 갈 수 있게 되면, '나는 과거에 자립하지 못하고 남에게 의존하고 있는 노예로서 어디든 마음대로 가지 못했다. 그런데 그 후에 노예의 처지에서 벗어나 자립하여 다른 사람에게 의존하지 않는 자유인이 되어 어디나 마음대로 갈 수 있게 되었다'라고 생각하는 것과 같다오. 그는 이로 인해 행복을 얻고 만족을 얻을 것이오.

비구들이여, 비유하면 많은 재물과 보물을 가지고 흉년이 들어 위험하고 험난한 길을 나선 사람이 후에 그 험한 길을 극복하고 걱정 없고 평안한 마을 입구에 안전하게 도달하게 되면, '나는 과거에 많은 재물과 보물을 가지고 흉년이 들어 위험하고 험난한 길을 나섰다. 그 후에 그 험한 길을 극복하고 걱정 없고 평안한 마을 입구에 안전하게 도달했다'라고 생각하는 것과 같다오. 그는 이로 인해 행복을 얻고 만족을 얻을 것이오.

비구들이여, 비구는 자신에게서 다섯 가지 장애[五蓋]가 제거되지 않은 것을 이와 같이 빚으로, 병으로, 감옥으로, 노예의 처지로, 험난한 길로 간주한다오. 비구들이여, 비구는 자신에게서 다섯 가지 장애가 제거된 것을 이와 같이 빚 없는 것으로, 병 없는 것으로, 속박에서 벗어난 것으로, 자유인으로, 안전한 곳으로 간주한다오.

그는 마음을 더럽히고 통찰지[般若]를 약하게 하는 이들 다섯 가지 장애를 제거하고, 감각적 욕망을 멀리하고 불선법(不善法)을 멀리함으로써 사유가 있고 숙고가 있는, 멀리함에서 생긴 즐거움과 행복이 있는 초선(初禪)을 성취하여 살아간다오. 그는 멀리함에서 생긴 즐거움과 행복으로 이 몸을 가득 채우고, 넘치게 하고, 충만하게 하고, 두루 퍼지게 하여, 멀리함에서 생긴 즐거움과 행복이 몸 전체에 미치지 않는 곳이 없도록 한다오. 비구들이여, 비유하면 숙련된 목욕사나 그 제자가 청동 대야에 비누 가루를 뿌리고 물을 고루 부어 섞으면, 그 비누 반죽은 안팎으로 습기를 머금고 습기에 젖어 물기가 흘러나오지 않는 것과 같다오.

비구들이여, 다음으로 비구는 사유와 숙고를 억제하여 내적으로 조용해진, 마음이 집중된, 사유와 숙고가 없는, 삼매에서 생긴 즐거움과 행복이 있는 제2선(第二禪)을 성취하여 살아간다오. 그는 삼매에서 생긴 즐거움과 행복으로 이 몸을 가득 채우고, 넘치게 하고, 충만하게 하고, 두루 퍼지게 하여, 삼매에서 생긴 즐거움과 행복이 몸 전체에 미치지 않는 곳이 없도록 한다오. 비구들이여, 비유하면 동쪽 수로도 없고, 서쪽 수로도 없고, 북쪽 수로도 없고, 남쪽 수로도 없는 호수의 샘이 있는데, 천신이 때때로 적당한 소나기를 내리지도 않는다면, 이제 그 호수에서 시원한 물줄기가 솟아 나와 시원한 물로 그 호수를 가득 채우고, 넘치게 하고, 충만하게 하고, 두루 퍼지게 하여, 시원한 물이 호수 전체에 미치지 않는 곳이 없도록 하는 것과 같다오.

비구들이여, 다음으로 비구는 희열(喜悅)이 사라지고 평정한 마음으로 주의집중과 알아차림을 하며 지내는 가운데 몸으로 행복을 느끼면서, 성인들이 '평정한 마음[捨]으로 주의집중을 하는 행복한 상태'라고 이야기한 제3선(第三禪)을 성취하여 살아간다오. 그는 즐거움을 초월한 행복으로 이 몸을 가득 채우고, 넘치게 하고, 충만하게 하고, 두루 퍼지게 하여, 즐거움을 초월한 행복이 몸 전체에 미치지 않는 곳이 없도록 한다오. 비구들이여, 비유하면 청련·홍련·백련이 자라는 연못이 있는데, 물에서 태어나고 물에서 자라 물 위로 올라오지 않고 물속에 잠겨서 크는 몇몇 청련이나 홍련이나 백련들은 꼭대기에서 뿌리까지 시원한 물로 가득 차고, 넘치고, 충만하고, 두루 퍼져, 청련이나 홍련이나 백련들의 모든 부분에 시원한 물이 미치지 않는 곳이 없는 것과 같다오.

비구들이여, 다음으로 비구는 행복감을 포기하고 괴로움을 버림으로써 이전의 만족과 불만이 소멸하여 괴롭지도 않고 즐겁지도 않은, 평정한 주의집중이 청정한 제4선(第四禪)을 성취하여 살아간다오. 그는 이 몸을 청정하게 정화된 마음으로 채우고 앉아 청정하게 정화된 마음이 몸 전체에 미치지 않는 곳이 없도록 한다오. 비구들이여, 비유하면 어떤 사람이 깨끗한 옷으로 머리끝까지 감싸고 앉으면 깨끗한 옷이 몸 전체에 닿지 않은 곳이 없는 것과 같다오.

그는 이와 같이 청정하게 정화되고, 죄악의 먼지가 없고, 번뇌의 때가 없으며, 유연하여 적응력이 있고, 견고하여 움직이지 않는, 삼매에 든 마음에서 숙명통(宿命通)에 주의를 기울인다오. 그는 한 번의 태어남, 두 번의 태어남, 세 번의 태어남, 네 번의 태어남, 다섯 번의 태어남, 열 번의 태어남, 스무 번의 태어남, 서른 번의 태어남, 마흔 번의 태어남, 쉰 번의 태어남, 백 번의 태어남, 천 번의 태어남, 백천 번의 태어남, 수많은 괴겁(壞劫), 수많은 성겁(成劫), 수많은 성괴겁(成壞劫)과 같은 여러 가지 전생의 거처를 기억한다오. '그곳에서 나는 이름은 이러했고, 가문은 이러했고, 용모는 이러했고, 음식은 이러했으며, 이러한 고락(苦樂)을 겪었고, 이와 같이 수명을 마쳤다. 그가 죽어서 나는 거기에 태어났다. 그곳에서 나는 이름은 이러했고, 가문은 이러했고, 용모는 이러했고, 음식은 이러했으며, 이러한 고락을 겪었고, 이와 같이 수명을 마쳤다. 그가 죽어서 이 세상에 태어났다.' 이와 같이 그는 용모와 내력을 지닌 여러 가지 전생의 거처를 기억한다오. 비구들이여, 비유하면 자기 마을에서 다른 마을로 가고, 그 마을에서 다시 다른 마을로 가고, 그 마을에서 자기 마을로 되돌아온 사람이 '나는 우리 마을에서 그 마을로 갔다. 나는 그곳에서 이렇게 살고, 이렇게 머물고, 이렇게 말하고, 이렇게 침묵했다. 나는 그 마을에서 저 마을로 갔다. 나는 그곳에서 이렇게 살고, 이렇게 머물고, 이렇게 말하고, 이렇게 침묵했다. 그리고 나는 그 마을에서 우리 마을로 돌아왔다'라고 생각하는 것과 같다오. 비구들이여, 비구는 이와 같이 여러 가지 전생의 거처를 기억한다오.

그는 이와 같이 청정하게 정화되고, 죄악의 먼지가 없고, 번뇌의 때가 없으며, 유연하여 적응력이 있고, 견고하여 움직이지 않는, 삼매에 든 마음에서 중생의 죽고 태어남을 알기[天眼通] 위하여 그쪽으로 주의를 기울인다오. 그는 인간을 초월한 청정한 천안(天眼)으로 중생을 보고, 중생이 업에 따라 죽고 태어나고 못나고 훌륭하고 잘생기고 못생기고 행복하고 불행한 것을 분명하게 안다오. 존자들이여, 참으로 이 중생은 몸으로 악행을 행한 자들이며, 말로 악행을 행한 자들이며, 마음으로 악행을 행한 자들이며, 성인을 비방한 자들이며, 사견(邪見)을 가진 자들이며, 사견으로 업을 지은 자들이라오. 그들은 몸이 파괴되어 죽은 후에 괴로운 곳, 불행한 곳, 험난한 곳, 지옥에 태어났다오. 존자들이여, 참으로 이 중생은 몸으로 선행을 행한 자들이며, 말로 선행을 행한 자들이며, 마음으로 선행을 행한 자들이며, 성인을 비방하지 않은 자들이며, 정견(正見)을 가진 자들이며, 정견으로 업을 지은 자들이라오. 그들은 몸이 파괴되어 죽은 후에 행복한 곳, 천상세계에 태어났다오. 이와 같이 그는 인간을 초월한 청정한 천안으로 중생을 보고, 중생이 업에 따라 죽고 태어나고 못나고 훌륭하고 잘생기고 못생기고 행복하고 불행한 것을 분명하게 안다오. 비구들이여, 비유하면 문이 있는 두 집이 있는데, 눈 있는 사람이 그 중간에 서서 사람들이 집에 들어가고, 나오고, 가로지르고, 돌아다니는 것을 보는 것과 같다오.

그는 이와 같이 청정하게 정화되고, 죄악의 먼지가 없고, 번뇌의 때가 없으며, 유연하여 적응력이 있고, 견고하여 움직이지 않는, 삼매에 든 마음에서 누진통(漏盡通, āsava-kkhaya-ñāṇa)에 주의를 기울인다오. 그는 '이것은 괴로움[苦]이다'라고 있는 그대로 통찰한다오. 그는 '이것은 괴로움의 쌓임[苦集]이다'라고 있는 그대로 통찰한다오. 그는 '이것은 괴로움의 소멸[苦滅]이다'라고 있는 그대로 통찰한다오. 그는 '이것은 괴로움의 소멸에 이르는 길[苦滅道]이다'라고 있는 그대로 통찰한다오. 그는 '이것들은 번뇌[漏]다'라고 있는 그대로 통찰한다오. 그는 '이것은 번뇌의 쌓임[漏集]이다'라고 있는 그대로 통찰한다오. 그는 '이것은 번뇌의 소멸[漏滅]이다'라고 있는 그대로 통찰한다오. 그는 '이것은 번뇌의 소멸에 이르는 길[漏滅道]이다'라고 있는 그대로 통찰한다오. 그가 이렇게 알고 이렇게 보았을 때, 마음이 욕루(欲漏, kāmâsava)에서 해탈하고 유루(有漏, bhavâsava),[313] 무명루(無明漏, avijjâsava)에서 해탈한다오. 해탈했을 때 '나는 해탈했다'라고 알게 된다오. 그는 '태어남은 끝났고, 청정한 수행[梵行]을 마쳤으며, 해야 할 일을 끝마쳤다. 다시는 이런 상태로 되지 않는다'라고 분명하게 안다오. 비구들이여, 비유하면 산 정상에 혼탁하지 않고 맑고 청정한 호수가 있는데, 눈 있는 사람이 그 호숫가에 서서 조개껍데기나 자갈이나 물고기 떼가 움직이고 멈추는 것을 보고, '이것은 산 정상에 있는 혼탁하지 않고 맑고 청정한 호수다. 여기에 이런 조개껍데기나 자갈이 있고, 물고기 떼가 움직이고 멈춘다'라고 생각하는 것과 같다오.

비구들이여, 이런 비구가 사문, 바라문, 목욕한 사람, 베다에 통달한 사람, 행복한 사람, 성자, 아라한이라고 불린다오.

비구들이여, 어떤 비구가 사문인가? 미래에 태어나서 늙고 죽는, 비참하고 괴로운 과보(果報)를 일으키는 사악(邪惡)하고 못된 더러운 행실[法]들이 그쳤다면, 비구들이여, 이런 비구가 사문이라오.

비구들이여, 어떤 비구가 바라문인가? 미래에 태어나서 늙고 죽는, 비참하고 괴로운 과보를 일으키는 사악하고 못된 더러운 행실들을 멀리 버렸다면, 비구들이여, 이런 비구가 바라문이라오.

비구들이여, 어떤 비구가 목욕한 사람인가? 미래에 태어나서 늙고 죽는, 비참하고 괴로운 과보를 일으키는 사악하고 못된 더러운 행실들을 씻어 버렸다면, 비구들이여, 이런 비구가 목욕한 사람이라오.

비구들이여, 어떤 비구가 베다에 통달한 사람인가? 미래에 태어나서 늙고 죽는, 비참하고 괴로운 과보를 일으키는 사악하고 못된 더러운 행실들을 안다면, 비구들이여, 이런 비구가 베다에 통달한 사람이라오.

비구들이여, 어떤 비구가 행복한 사람인가? 미래에 태어나서 늙고 죽는, 비참하고 괴로운 과보를 일으키는 사악하고 못된 더러운 행실들이 사라졌다면, 비구들이여, 이런 비구가 행복한 사람이라오.

비구들이여, 어떤 비구가 성자인가? 미래에 태어나서 늙고 죽는, 비참하고 괴로운 과보를 일으키는 사악하고 못된 더러운 행실들이 멀어졌다면, 비구들이여, 이런 비구가 성자라오.

비구들이여, 어떤 비구가 아라한인가? 미래에 태어나서 늙고 죽는, 비참하고 괴로운 과보를 일으키는 사악하고 못된 더러운 행실들이 멀어졌다면, 비구들이여, 이런 비구가 아라한이라오."

이것이 세존께서 하신 말씀입니다.

그 비구들은 세존의 말씀에 만족하고 기뻐했습니다.

---

313 'bhavâsava'의 번역.

23. 작은 아싸뿌라경[314]

〈M.N. 40. Cūḷa-assapura-sutta〉

이와 같이 나는 들었습니다.

한때 세존께서는 앙가에서 앙가족의 마을 아싸뿌라에 머무셨습니다.

그때 세존께서 비구들에게 말씀하셨습니다.

"비구들이여, 사람들은 그대들을 '사문이여! 사문이여!'라고 부른다오. 그리고 '그대들은 누구인가?'라고 물으면, 그대들은 스스로 '우리는 사문이다'라고 칭한다오. 비구들이여, 그대들이 이와 같이 불리고, 이와 같이 자칭한다면, 비구들이여, 그대들은 다음과 같이 공부해야 한다오.

'우리는 사문(沙門)의 바른 행도(行道)[samaṇasāmīcipaṭipadā]를 실천하겠다. 이와 같이 우리에게 주어진 사문이라는 이름이 진실이 되고, 우리가 스스로 칭하는 사문이라는 이름이 사실이 되게 하겠다. 그러면 우리가 사용하는 의복, 음식, 좌구, 의약자구(醫藥資具)를 우리에게 제공한 사람들에게 큰 과보와 큰 공덕이 될 것이다. 실로 이것이 우리에게 헛되지 않고, 결실이 있고, 이익이 있는 출가가 될 것이다.

비구들이여, 어떤 비구가 사문의 바른 행도를 실천하지 않는 비구인가? 비구들이여, 어떤 비구든지 탐욕스러운 상태에서 탐욕을 버리지 않고, 분노의 상태에서 분노를 버리지 않고, 화가 난 상태에서 화를 버리지 않고, 적의(敵意)를 가진 상태에서 적의를 버리지 않고, 악의(惡意)를 품은 상태에서 악의를 버리지 않고, 원한을 품은 상태에서 원한을 버리지 않고, 질투하는 상태에서 질투심을 버리지 않고, 인색한 상태에서 인색한 마음을 버리지 않고, 위선(僞善)의 상태에서 거짓을 버리지 않고, 사악한 의도를 가진 상태에서 사악한 의도를 버리지 않고, 사견(邪見)을 가진 상태에서 사견을 버리지 않으면, 비구들이여, 나는 이런 비구들에게, 악취(惡趣)에 머물면서 고통을 받게 하는 사문의 먼지·사문의 결점·사문의 때를 버리지 않았기 때문에, '사문의 바른 행도를 실천하지 않는 자'라고 말한다오. 비구들이여, 비유하면 날카로운 양날을 지닌 마따자(maṭaja)라는 치명적인 무기를 승복(僧服, saṅghāṭī)으로 덮어 싸고 있는 것과 같다오. 비구들이여, 나는 이런 비구의 출가는 그와 같다고 말한다오.

비구들이여, 나는 승복을 입는 수행자가 승복을 입고 있다고 해서 사문이라고 말하지 않는다오. 비구들이여, 나는 나체수행자가 벌거벗고 다닌다고 해서 사문이라고 말하지 않는다오. 비구들이여, 나는 진흙 속에서 수행하는 자가 진흙을 뒤집어쓰고 있다고 해서 사문이라고 말하지 않는다오. 비구들이여, 나는 물속에서 수행하는 자가 목욕재계(沐浴齋戒)한다고 해서 사문이라고 말하지 않는다오. 비구들이여, 나는 나무 아래에서 수행하는 자가 나무 아래 앉아 있다고

---

314 『중아함경(中阿含經)』의 「183. 마읍경(馬邑經)」에 상응하는 경.

해서 사문이라고 말하지 않는다오. 비구들이여, 나는 노천(露天)에서 수행하는 자가 노천에 앉아 있다고 해서 사문이라고 말하지 않는다오. 비구들이여, 나는 직립(直立)수행자가 똑바로 서 있다고 해서 사문이라고 말하지 않는다오. 비구들이여, 나는 때를 정하여 식사하는 수행자가 제때 음식을 먹는다고 해서 사문이라고 말하지 않는다오. 비구들이여, 나는 주문(呪文)을 외우는 수행자가 주문을 외운다고 해서 사문이라고 말하지 않는다오. 비구들이여, 나는 결발(結髮)수행자가 머리를 길러 상투를 틀고 있다고 해서 사문이라고 말하지 않는다오.

비구들이여, 만약에 승복을 입는 수행자가 승복을 입고 있다고 해서 탐욕스러운 상태에서 탐욕이 소멸하고, 분노의 상태에서 분노가 소멸하고, 화가 난 상태에서 화가 소멸하고, 적의를 가진 상태에서 적의가 소멸하고, 악의를 품은 상태에서 악의가 소멸하고, 원한을 품은 상태에서 원한이 소멸하고, 질투하는 상태에서 질투심이 소멸하고, 인색한 상태에서 인색한 마음이 소멸하고, 위선의 상태에서 거짓이 소멸하고, 사악한 의도를 가진 상태에서 사악한 의도가 소멸하고, 사견을 가진 상태에서 사견이 소멸한다면, 친구나 친척들이 태어난 아이에게 승복을 입히고 승복 입는 것을 격려할 것이오. '복덩어리야! 이리 와서 승복을 입어라! 네가 승복을 입으면 승복을 입음으로써 탐욕스러운 상태에서 탐욕이 소멸하고, 분노의 상태에서 분노가 소멸하고, 화가 난 상태에서 화가 소멸하고, 적의를 가진 상태에서 적의가 소멸하고, 악의를 품은 상태에서 악의가 소멸하고, 원한을 품은 상태에서 원한이 소멸하고, 질투하는 상태에서 질투가 소멸하고, 인색한 상태에서 인색함이 소멸하고, 위선의 상태에서 거짓이 소멸하고, 사악한 의도를 가진 상태에서 사악한 의도가 소멸하고, 사견을 가진 상태에서 사견이 소멸할 것이다.'

비구들이여, 나는 어떤 사람은 승복을 입고 있지만 탐욕스럽고, 분노하고, 화를 내고, 적의를 가지고 있고, 악의를 품고 있고, 원한을 품고 있고, 질투하고, 인색하고, 위선적이고, 사악한 의도를 가지고 있고, 사견을 가지고 있는 것을 본다오. 그래서 나는 승복을 입는 수행자가 승복을 입고 있다고 해서 사문이라고 말하지 않는다오.

비구들이여, 마찬가지로 나는 나체수행자가 벌거벗고 다닌다고 해서, 진흙 속에서 수행하는 자가 진흙을 뒤집어쓰고 있다고 해서, 물속에서 수행하는 자가 목욕재계한다고 해서, 나무 아래에서 수행하는 자가 나무 아래 앉아 있다고 해서, 노천에서 수행하는 자가 노천에 앉아 있다고 해서, 직립수행자가 똑바로 서 있다고 해서, 때를 정하여 식사하는 수행자가 제때 음식을 먹는다고 해서, 주문을 외우는 수행자가 주문을 외운다고 해서, 결발수행자가 머리를 길러 상투를 틀고 있다고 해서 사문이라고 말하지 않는다오.

비구들이여, 어떤 비구가 사문의 바른 행도를 실천하는 비구인가? 비구들이여, 어떤 비구든지 탐욕스러운 상태에서 탐욕을 버리고, 분노의 상태에서 분노를 버리고, 화가 난 상태에서 화를 버리고, 적의를 가진 상태에서 적의를 버리고, 악의를 품은 상태에서 악의를 버리고, 원한을 품은 상태에서 원한을 버리고, 질투하는 상태에서 질투심을 버리고, 인색한 상태에서 인색한 마음을 버리고, 위선의 상태에서 거짓을 버리고, 사악한 의도를 가진 상태에서 사악한 의도를 버리고, 사견을 가진 상태에서 사견을 버리면, 비구들이여, 나는 이런 비구들에게, 악취에 머물면서 고통을 받게 하는 사문의 먼지·사문의 결점·사문의 때를 버렸기 때문에, '사문의 바른 행도를 실천한 자'라고 말한다오.

그는 이러한 일체의 사악하고 못된 행실로부터 청정해진 자신을 보고, 해탈한 자신을 본다오. 그가 이러한 일체의 사악하고 못된 행실로부터 청정해지고 해탈한 자신을 볼 때 기쁨[pāmujja]이 생기고, 기쁨으로 인해서 희열[pīti]이 생기고, 희열의 마음으로 인해서 몸이 편안해지고, 몸이 편안한 자는 행복[sukha]을 느끼고, 행복을 느끼는 자의 마음은 삼매에 든다오.

그는 자애로운[慈] 마음으로 한 방향을 가득 채우고 살아간다오. 그와 같이 두 번째, 세 번째, 네 번째 방향을 가득 채우고 살아간다오. 이와 같이 위로, 아래로, 사방으로, 모든 곳에 빠짐없이 풍부하고 광대하고 무량하게, 원한 없고 폭력 없는 자애로운 마음으로 온 세상을 가득 채우고 살아간다오. 그는 연민하는[悲] 마음, 기뻐하는[喜] 마음, 평정한[捨] 마음으로 온 세상을 가득 채우고 살아간다오. 비구들이여, 비유하면 물이 맑고, 상쾌하고, 시원하고, 투명한, 예쁜 둑이 있는 아름다운 연못이 있으면, 더위를 먹고, 더위에 지쳐 피곤하고, 갈증으로 목마른 사람이 동쪽에서 오든 서쪽에서 오든 북쪽에서 오든 남쪽에서 오든, 그 연못에 의해서 갈증을 없애고 열뇌(熱惱)를 없애는 것과 같다오.

비구들이여, 이와 같이 크샤트리아 가문에서 출가한 사람이든, 브라만 가문에서 출가한 사람이든, 바이샤 가문에서 출가한 사람이든, 수드라 가문에서 출가한 사람이든, 여래가 가르친 법(法)과 율(律)에 의해서 자애[慈], 연민[悲], 기쁨[喜], 평정[捨]의 마음을 닦아서 안으로 평온을 얻는다오. 그리고 나는 그가 안으로 평온을 얻기 때문에, '사문의 바른 행도를 실천한 자'라고 말한다오. 크샤트리아 가문에서 출가한 사람이든, 브라만 가문에서 출가한 사람이든, 바이샤 가문에서 출가한 사람이든, 수드라 가문에서 출가한 사람이든, 번뇌[漏]를 소멸하여 무루(無漏)의 심해탈(心解脫)과 혜해탈(慧解脫)을 지금 여기에서 스스로 체험하고 깨달아 증득하고 살아가면, 그가 번뇌를 소멸한 사문이라오."

이것이 세존께서 하신 말씀입니다.

그 비구들은 세존의 설법에 만족하고 기뻐했습니다.

24. 살라경
〈M.N. 41. Sāleyyaka-sutta〉

이와 같이 나는 들었습니다.

한때 세존께서는 큰 비구상가와 함께 꼬살라(Kosala)에서 유행(遊行)하시다가 살라(Sālā)라는 꼬살라의 바라문 마을에 도착하셨습니다.

살라에 사는 바라문 거사들은 '사끼야족의 후예로서 사끼야족에서 출가한 고따마 사문께서 큰 비구상가와 함께 꼬살라에서 유행하시다가 살라에 도착하셨다. 고따마 세존은 열 가지 이름[十號]으로 불리는 명성이 자자하신 분이다. 그분은 천계·마라·범천을 포함한 이 세간을, 사문과 바라문과 왕과 백성을 포함한 인간계를 체험적 지혜[勝智]로 몸소 체득하여 알려 준다. 그분은 처음도 좋고 중간도 좋고 마지막도 좋은, 의미 있고 명쾌하고 완벽한 진리[法]를 가르치며, 범행(梵行)을 알려 준다. 그러므로 마땅히 그런 성자(聖者)를 만나 보아야 한다'라는 말을 들었습니다.

살라에 사는 바라문 거사들은 세존을 찾아갔습니다. 그들은 세존을 찾아가서, 어떤 이들은 세존께 예배한 후 한쪽에 앉고, 어떤 이들은 세존과 정중하게 인사를 하고 공손한 인사말을 나눈 후에 한쪽에 앉고, 어떤 이들은 세존께 합장한 후에 한쪽에 앉고, 어떤 이들은 면전(面前)에서 세존께 성명(姓名)을 밝힌 후에 한쪽에 앉고, 어떤 이들은 말없이 조용히 한쪽에 앉았습니다.

한쪽에 앉은 살라에 사는 바라문 거사들이 세존께 말씀드렸습니다.

"고따마 존자여, 어떤 중생은 몸이 무너져 죽은 후에 험난하고 고통스러운 지옥과 같은 악취(惡趣)에 태어납니다. 그 원인은 무엇이고 조건은 무엇입니까? 고따마 존자여, 그런데 어떤 중생은 몸이 무너져 죽은 후에 행복한 천상세계에 태어납니다. 그 원인은 무엇이고 조건은 무엇입니까?"

"거사들이여, 어떤 중생이 몸이 무너져 죽은 후에 험난하고 고통스러운 지옥과 같은 악취에 태어나는 것은 법도[法]에 어긋나는 행위[adhammacariyā, 非法行], 바르지 못한 행위[visamacariyā, 不正行]가 원인이라오. 거사들이여, 어떤 중생이 몸이 무너져 죽은 후에 행복한 천상세계에 태어나는 것은 법도에 따르는 행위[dhammacariyā, 法行], 바른 행위[samacariyā, 正行]가 원인이라오."

"고따마 존자께서 이렇게 간략한 말씀으로 설명하시고 자세하게 설명하지 않으시니, 우리는 그 의미를 이해할 수가 없습니다. 부디 고따마 존자께서는 간략하게 설명하시고 자세하게 설명하지 않으신 의미를 우리가 이해할 수 있도록 가르쳐 주십시오!"

"거사들이여, 그렇다면 잘 듣고 깊이 생각해 보시오! 내가 이야기하겠소."

"그렇게 해 주십시오! 존자님!"

세존께서 말씀하셨습니다.

"거사들이여, 몸으로 행하는 세 가지 법도에 어긋나는 행위·바르지 못한 행위가 있고, 언어로 행하는 네 가지 법도에 어긋나는 행위·바르지 못한 행위가 있고, 마음으로 행하는 세 가지 법도에 어긋나는 행위·바르지 못한 행위가 있다오.

거사들이여, 어떤 것이 몸으로 행하는 세 가지 법도에 어긋나는 행위, 바르지 못한 행위인가? 거사들이여, 어떤 사람은 살생한다오. 그는 잔인하게 손에 피를 묻히고, 살육에 전념하고, 생명을 불쌍히 여기지 않는다오. 어떤 사람은 도둑질한다오. 그는 마을이나 숲에 가서 주지 않은 다른 사람의 재물을 남몰래 훔친다오. 어떤 사람은 삿된 음행[邪淫]을 한다오. 그는 부모의 보호를 받는 여인, 형제의 보호를 받는 여인, 자매의 보호를 받는 여인, 친척의 보호를 받는 여인, 남편이 있는 여인, 법의 보호를 받는 여인, 심지어는 결혼을 위해 화만(華鬘)으로 치장한 여인에 이르기까지, 그런 사람들과 관계를 갖는다오. 거사들이여, 이와 같이 몸으로 행하는 세 가지 법도에 어긋나는 행위, 바르지 못한 행위가 있다오.

거사들이여, 어떤 것이 언어로 행하는 네 가지 법도에 어긋나는 행위, 바르지 못한 행위인가? 거사들이여, 어떤 사람은 거짓말을 한다오. 그는 집회에 가거나, 대중들에게 가거나, 문중(門中)에 가거나, 단체에 가거나, 법정에 가서 '그대는 아는 것을 말하라!'라고 증인으로서 심문을 받을 때, 알지 못하는 것을 '나는 안다'라고 말하고, 아는 것을 '나는 모른다'라고 말하고, 보지 못한 것을 '나는 보았다'라고 말하고, 본 것을 '나는 보지 못했다'라고 말한다오. 그는 이렇게 자신 때문에, 또는 다른 사람 때문에, 또는 하찮은 이익 때문에 고의로 거짓말을 한다오. 어떤 사람은 이간(離間)하는 말을 한다오. 그는 화합을 파괴하기 위하여 여기에서 들은 것을 저기에 알리고, 화합을 파괴하기 위하여 저기에서 들은 것을 여기에 알린다오. 그는 이렇게 화합을 파괴하고, 분열을 조장하고, 분열을 즐기고, 분열을 좋아하고, 분열을 기뻐하면서 분열시키는 말을 한다오. 어떤 사람은 추악한 말을 한다오. 그는 거칠고 난폭하고 신랄한 말로 남을 질책하고, 이웃에 화를 내면서, 삼매(三昧)로 이끌지 않는 말을 한다오. 어떤 사람은 쓸데없는 말을 한다오. 그는 때에 맞지 않고, 진실하지 않고, 의미 없고, 진리에 맞지 않고, 율(律)에 맞지 않는 말을 하며, 적절하지 않은 때에 근거 없고, 일정한 의도가 없고, 이익이 없는 무의미한 말을 한다오. 거사들이여, 이와 같이 언어로 행하는 네 가지 법도에 어긋나는 행위, 바르지 못한 행위가 있다오.

거사들이여, 어떤 것이 마음으로 행하는 세 가지 법도에 어긋나는 행위, 바르지 못한 행위인가? 거사들이여, 어떤 사람은 탐욕스럽다오. 그는 '아! 다른 사람의 것이 내 것이면 좋을 텐데'라고 생각하면서 다른 사람의 재물을 탐낸다오. 어떤 사람은 증오심을 갖는다오. 그는 '이 중생을 죽여 버리겠다. 때려죽이겠다. 찢어 죽이겠다. 없애 버리겠다. 존재하지 못하게 하겠다'라고 생각하는 악의(惡意)를 품는다오. 어떤 사람은 사견(邪見)을 가진다오. 그는 '보시(布施)의 과보(果報)도 없고, 공양(供養)의 과보도 없고, 헌공(獻供)의 과보도 없고, 선악업(善惡業)의 과보도 없다. 이 세상도 없고 저세상도 없다. 부모도 없고 중생의 화생(化生, opapākika)도 없다. 세상에는 이 세상과 저세상을 스스로 지혜로 체득하여 알려 주는, 바른 삶과 바른 실천을 하는 사문과 바라문도 없다'라고 생각하는 뒤집힌[顚倒] 견해를 갖는다오. 거사들이여, 이와 같이 마음으로 행하는 세 가지 법도에 어긋나는 행위, 바르지 못한 행위가 있다오.

거사들이여, 이와 같이 법도에 어긋나는 행위·바르지 못한 행위로 인하여, 어떤 중생은 몸이 무너져 죽은 후에 험난하고 고통스러운 지옥과 같은 악취에 태어난다오.

거사들이여, 몸으로 행하는 세 가지 법도에 따르는 행위·바른 행위가 있고, 언어로 행하는 네 가지 법도에 따르는 행위·바른 행위가 있고, 마음으로 행하는 3가지 법도에 따르는 행위·바른 행위가 있다오.

거사들이여, 어떤 것이 몸으로 행하는 세 가지 법도에 따르는 행위, 바른 행위인가?

거사들이여, 어떤 사람은 살생을 멀리하고 살생하지 않는다오. 그는 몽둥이와 칼을 내려놓고, 부끄러워할 줄 알며, 연민을 가지고 모든 생명을 동정하여 이익을 주며 살아간다오. 어떤 사람은 도둑질을 멀리하고 도둑질을 하지 않는다오. 그는 마을이나 숲에 가서 주지 않은 다른 사람의 재물을 남몰래 훔치지 않는다오. 어떤 사람은 삿된 음행을 멀리하고 삿된 음행을 하지 않는다오. 그는 부모의 보호를 받는 여인, 형제의 보호를 받는 여인, 자매의 보호를 받는 여인, 친척의 보호를 받는 여인, 남편이 있는 여인, 법의 보호를 받는 여인, 결혼을 위해 화만으로 치장한 여인에 이르기까지, 그런 사람들과 관계를 갖지 않는다오. 거사들이여, 이와 같이 몸으로 행하는 세 가지 법도에 따르는 행위, 바른 행위가 있다오.

거사들이여, 어떤 것이 언어로 행하는 네 가지 법도에 따르는 행위, 바른 행위인가? 거사들이여, 어떤 사람은 거짓말을 멀리하고 거짓말을 하지 않는다오. 그는 집회에 가거나, 대중들에게 가거나, 문중에 가거나, 단체에 가거나, 법정에 가서 '그대는 아는 것을 말하라!'라고 증인으로서 심문을 받을 때, 알지 못하는 것은 '나는 모른다'라고 말하고, 아는 것은 '나는 안다'라고 말하고, 보지 못한 것은 '나는 보지 못했다'라고 말하고, 본 것은 '나는 보았다'라고 말한다오. 그는 이렇게 자신 때문에, 또는 다른 사람 때문에, 또는 하찮은 이익 때문에 고의로 거짓말을 하지 않는다오. 어떤 사람은 이간하는 말을 멀리하고, 이간하는 말을 하지 않는다오. 그는 여기에서 들은 것을 저기에 알려 화합을 파괴하지 않고, 저기에서 들은 것을 여기에 알려 화합을 파괴하지 않는다오. 그는 이렇게 분열을 화해하거나 단합하도록 하며, 화합을 즐기고, 화합을 좋아하고, 화합을 기뻐하면서 화합하는 말을 한다오. 어떤 사람은 추악한 말을 멀리하고 추악한 말을 하지 않는다오. 그는 온화하고, 듣기 좋고, 사랑스럽고, 유쾌하고, 예의 바르고, 대중을 즐겁게 하는 말을 한다오. 어떤 사람은 쓸데없는 말을 멀리하고 쓸데없는 말을 하지 않는다오. 그는 때에 맞고, 진실하고, 의미 있고, 진리에 맞고, 율(律)에 맞는 말을 하는 자로서, 적절한 때에 근거 있고, 일정한 의도가 있고, 이익이 있는, 의미 있는 말을 한다오. 거사들이여, 이와 같이 네 가지 언어로 행하는 법도에 따르는 행위, 바른 행위가 있다오.

거사들이여, 어떤 것이 마음으로 행하는 세 가지 법도에 따르는 행위, 바른 행위인가? 거사들이여, 어떤 사람은 탐욕스럽지 않다오. 그는 '아! 다른 사람의 것이 내 것이면 좋을 텐데'라고 생각하거나 다른 사람의 재물을 탐내지 않는다오. 어떤 사람은 증오심이 없다오. 그는 악의 없이 '이 중생이 원한 없이, 평화롭고, 편안하고, 행복하게 자신을 보호하기 바란다'라고 생각한다오. 어떤 사람은 정견(正見)을 가진다오. 그는 '보시의 과보도 있고, 공양의 과보도 있고, 헌공의 과보도 있고, 선악업의 과보도 있다. 이 세상도 있고 저세상도 있다. 부모도 있고 중생의 화생도 있다. 세상에는 이 세상과 저세상을 스스로 지혜로 체득하여 알려 주는, 바른 삶과 바른 실천을 하는 사문과 바라문도 있다'라고 생각하는 확실한 견해를 갖는다오. 거사들이여, 이와 같이 마음으로 행하는 세 가지 법도에 따르는 행위, 바른 행위가 있다오.

거사들이여, 이와 같이 법도에 따르는 행위, 바른 행위로 인하여, 어떤 중생은 몸이 무너져 죽은 후에 행복한 천상세계에 태어난다오.

거사들이여, 만약 법도에 따르는 행위를 하고, 바른 행위를 하는 사람이 '아! 나는 몸이 무너져 죽은 후에 큰 세력이 있는 크샤트리아 무리에 태어나고 싶다'라고 원한다면, 그는 몸이 무너져 죽은 후에 큰 세력이 있는 크샤트리아 무리에 태어날 수 있다오. 왜냐하면 그는 법도에 따르는 행위를 하고, 바른 행위를 하는 사람이기 때문이라오.

거사들이여, 만약 법도에 따르는 행위를 하고, 바른 행위를 하는 사람이 '아! 나는 몸이 무너져 죽은 후에 큰 세력이 있는 바라문이나 거사의 무리에 태어나고 싶다'라고 원한다면, 그는 몸이 무너져 죽은 후에 큰 세력이 있는 바라문이나 거사의 무리에 태어날 수 있다오. 왜냐하면 그는 법도에 따르는 행위를 하고, 바른 행위를 하는 사람이기 때문이라오.

거사들이여, 만약 법도에 따르는 행위를 하고, 바른 행위를 하는 사람이 '아! 나는 몸이 무너져 죽은 후에 사왕천(四王天)이나, 제석천(帝釋天)이나, 야마천(夜摩天)이나, 도솔천(兜率天)이나, 화락천(化樂天)이나, 타화자재천(他化自在天)이나, 범중천(梵衆天)이나, 광천(光天)이나, 소광천(少光天)이나, 무량광천(無量光天)이나, 광음천(光音天)이나, 정거천(淨居天)이나, 소정천(少淨天)이나, 무량정천(無量淨天)이나, 변정천(遍淨天)이나, 광과천(廣果天)이나, 무번천(無煩天)이나, 무열천(無熱天)이나, 선현천(善現天)이나, 선견천(善見天)이나, 색구경천(色究竟天)이나, 공무변처천(空無邊處天)이나, 식무변처천(識無邊處天)이나, 무소유처천(無所有處天)이나, 비상비비상처천(非想非非想處天)의 무리에 태어나고 싶다'라고 원한다면, 그는 몸이 무너져 죽은 후에 그곳에 태어날 수 있다오. 왜냐하면 그는 법도에 따르는 행위를 하고, 바른 행위를 하는 사람이기 때문이라오.

거사들이여, 만약 '아! 나는 번뇌[漏]를 소멸하여 무루(無漏)의 심해탈(心解脫)과 혜해탈(慧解脫)을 지금 여기에서 스스로 체험하고 깨달아 체득하여 살아가고 싶다'라고 원한다면, 그는 번뇌를 소멸하여 무루의 심해탈과 혜해탈을 지금 여기에서 스스로 체험하고 깨달아 체득하여 살아갈 수 있다오. 왜냐하면 그는 법도에 따르는 행위를 하고, 바른 행위를 하는 사람이기 때문이라오."

이 말씀을 듣고, 살라에 사는 바라문 거사들이 세존께 말씀드렸습니다.

"훌륭하십니다, 고따마 존자여! 훌륭하십니다, 고따마 존자여! 마치 뒤집힌 것을 바로 세우는 것 같고, 감추어진 것을 드러내는 것 같고, 길 잃은 자에게 길을 알려 주는 것 같고, '눈 있는 자들은 보라'라고 어둠 속에 등불을 비춰 주는 것 같습니다. 이와 같이 고따마 존자께서는 여러 가지 방법으로 진리를 알려 주셨습니다. 이제 우리는 고따마 존자님께 귀의합니다. 가르침과 비구상가에 귀의합니다. 고따마 존자님께서는 우리를 청신사(淸信士)로 받아 주소서. 오늘부터 살아 있는 날까지 귀의하겠습니다."

25. 큰 교리문답경[315]

〈M.N. 43. Mahāvedalla-sutta〉

이와 같이 나는 들었습니다.

한때 세존께서는 사왓티의 제따와나 아나타삔디까 승원에 머무셨습니다.

그때 마하 꼿티따(Mahā Koṭṭhita) 존자는 저녁에 좌선에서 일어나 사리뿟따 존자를 찾아가서 사리뿟따 존자와 정중하게 인사를 하고 공손한 인사말을 나눈 후에 한쪽에 앉았습니다.

마하 꼿티따 존자가 사리뿟따 존자에게 말했습니다.

"존자여, '어리석은 자'라고들 말합니다. 존자여, 어찌하여 '어리석은 자'라고 불립니까?"

"존자여, 그는 통찰하지 못합니다. 통찰하지 못하면, 그로 인해서 '어리석은 자'라고 불립니다. 무엇을 통찰하지 못하는가? '이것은 괴로움[苦]이다'라고 통찰하지 못합니다. '이것은 괴로움의 쌓임[苦集]이다'라고 통찰하지 못합니다. '이것은 괴로움의 소멸[苦滅]이다'라고 통찰하지 못합니다. '이것은 괴로움의 소멸에 이르는 길[苦滅道]이다'라고 통찰하지 못합니다."

"존자여, 감사합니다."

마하 꼿티따 존자는 사리뿟따 존자의 말씀에 만족하고 기뻐하면서 사리뿟따 존자에게 다시 물었습니다.

"존자여, '지혜로운 자'라고들 말합니다. 존자여, 어찌하여 '지혜로운 자'라고 불립니까?"

"존자여, 그는 통찰합니다. 통찰하면, 그로 인해서 '지혜로운 자'라고 불립니다. 무엇을 통찰하는가? '이것은 괴로움이다'라고 통찰합니다. '이것은 괴로움의 쌓임이다'라고 통찰합니다. '이것은 괴로움의 소멸이다'라고 통찰합니다. '이것은 괴로움의 소멸에 이르는 길이다'라고 통찰합니다."

"존자여, '분별의식[識]'이라고들 말합니다. 존자여, 어찌하여 '분별의식'이라고 불립니까?"

"존자여, 분별합니다. 분별하면, 그로 인해서 '분별의식'이라고 불립니다. 무엇을 분별하는가? '즐거움'이라고 분별하고, '괴로움'이라고 분별하고, '즐겁지도 괴롭지도 않음'이라고 분별합니다."

"존자여, 통찰지[般若]와 분별의식, 이들 법(法)은 서로 관계가 있습니까, 그렇지 않으면 무관하여 이들 법을 각각 분리하여 언명(言明)할 수 있습니까?"

"존자여, 통찰지와 분별의식, 이들 법은 서로 관계가 있고 무관하지 않으므로, 이들 법을 각각 분리하여 언명할 수 없습니다. 존자여, 통찰한 것, 그것을 분별하고, 분별한 것, 그것을 통찰합니다. 그러므로 이들 법은 서로 관계가 있고 무관하지 않으므로, 이들 법을 각각 분리하여 언명할 수 없습니다."

"존자여, 통찰지와 분별의식, 이들 법이

---

315 『중아함경(中阿含經)』의 「211. 대구치라경(大拘絺羅經)」에 상응하는 경.

서로 관계가 있고 무관하지 않다면 차이는 무엇입니까?"

"존자여, 통찰지와 분별의식, 이들 법은 서로 관계가 있고 무관하지 않지만 통찰지는 닦아 익혀야[修習] 하고, 분별의식은 이해해야 합니다.[316] 이것이 이들의 차이입니다."

"존자여, '느낌[受]'이라고들 말합니다. 존자여, 어찌하여 '느낌'이라고 불립니까?"

"존자여, 느낍니다. 느끼면, 그로 인해서 '느낌'이라고 불립니다. 무엇을 느끼는가? 즐거움을 느끼고, 괴로움을 느끼고, 즐겁지도 괴롭지도 않음을 느낍니다. 존자여, 느낍니다. 느끼면, 그로 인해서 '느낌'이라고 불립니다."

"존자여, '생각[想]'이라고들 말합니다. 존자여, 어찌하여 '생각'이라고 불립니까?"

"존자여, 개념적으로 생각합니다. 개념적으로 생각하면, 그로 인해서 '생각'이라고 불립니다. 무엇을 개념적으로 생각하는가? 청색(青色)을 개념적으로 생각하고, 황색(黃色)을 개념적으로 생각하고, 적색(赤色)을 개념적으로 생각하고, 백색(白色)을 개념적으로 생각합니다. 존자여, 개념적으로 생각합니다. 개념적으로 생각하면, 그로 인해서 '생각'이라고 불립니다."

"존자여, 느낌과 생각과 분별의식, 이들 법은 서로 관계가 있습니까, 그렇지 않으면 관계가 없으므로 이들 법을 각각 분리하여 언명할 수 있습니까?"

"존자여, 느낌과 생각과 분별의식, 이들 법은 서로 관계가 있고 무관하지 않으므로, 이들 법을 각각 분리하여 언명할 수 없습니다. 존자여, 느낀 것, 그것을 개념적으로 생각하고, 개념적으로 생각한 것, 그것을 분별합니다. 그러므로 이들 법은 서로 관계가 있고 무관하지 않으므로, 이들 법을 각각 분리하여 언명할 수 없습니다."

"존자여, 다섯 가지 지각활동[五根]을 떠난 청정한 의식[manoviññāṇa, 意識]으로 무엇을 추론할 수 있습니까?"

"존자여, 다섯 가지 지각활동을 떠난 청정한 의식으로 '허공(虛空)은 끝이 없다'라고 공무변처(空無邊處)를 추론할 수 있고, '식(識)은 끝이 없다'라고 식무변처(識無邊處)를 추론할 수 있고, '어떤 것도 존재하지 않는다'라고 무소유처(無所有處)를 추론할 수 있습니다."

"존자여, 그렇다면 추론된 법을[neyyaṃ dhammaṃ] 무엇으로 통찰합니까?"

"존자여, 추론된 법을 통찰하는 눈[paññā cakkhu, 慧眼]으로 통찰합니다."

"존자여, 그렇다면 통찰지[paññā, 般若]는 무엇을 위한 것입니까?"

"존자여, 통찰지는 체험적으로 아는 것이 목적이고, 이해하는 것이 목적이고, 버리는 것이 목적입니다."

"존자여, 정견(正見)이 생기는 조건[緣]은 몇 가지입니까?"

"존자여, 정견이 생기는 조건은 두 가지입니다. 다른 사람의 말과 이치에 맞는 생각[如理作意], 이 두 가지가 정견이 생기는 조건입니다."

"존자여, 정견이 몇 가지 도움을 받으면, 그 결과 심해탈(心解脫)과 심해탈의 공덕이

316 통찰지[般若]는 실천수행의 대상이고, 분별의식[識]은 그 실상을 알아야 할 이해의 대상이라는 의미.

있고, 혜해탈(慧解脫)과 혜해탈의 공덕이 있습니까?"

"존자여, 정견이 다섯 가지 도움을 받으면, 그 결과 심해탈과 심해탈의 공덕이 있고, 혜해탈과 혜해탈의 공덕이 있습니다. 정견은 계행(戒行)의 도움을 받고, 배움의 도움을 받고, 토론의 도움을 받고, 삼매(三昧)의 도움을 받고, 관찰(觀察, vipassana)의 도움을 받습니다. 존자여, 정견이 다섯 가지 도움을 받으면, 그 결과 심해탈과 심해탈의 공덕이 있고, 혜해탈과 혜해탈의 공덕이 있습니다."

"존자여, 유(有)는 몇 가지입니까?"

"존자여, 유는 욕유(欲有)·색유(色有)·무색유(無色有), 세 가지입니다."

"존자여, 어찌하여 미래에 이후의 존재[後有]의 생성[punabbhhavābhinibbatti]이 있습니까?"

"무명(無明)에 뒤덮인 중생이 갈애[愛]에 묶여서 여기저기에서 환락을 즐기면, 미래에 이후의 존재[punabbhhava, 後有]의 생성이 있습니다."

"존자여, 어찌하면 미래에 이후의 존재의 생성이 없습니까?"

"존자여, 무명이 사라지고 명지(明智)가 생겨서 갈애가 소멸하면, 미래에 이후의 존재의 생성이 없습니다."

"존자여, 초선(初禪)은 어떤 것입니까?"

"존자여, 비구는 감각적 욕망을 멀리하고 불선법(不善法)을 멀리함으로써 사유가 있고 숙고가 있는, 멀리함에서 생긴 즐거움과 행복이 있는 초선을 성취하여 살아갑니다. 존자여, 이것을 초선이라고 부릅니다."

"존자여, 초선은 몇 가지 부분으로 되어 있습니까?"

"존자여, 초선은 다섯 가지 부분으로 되어 있습니다. 존자여, 초선을 성취한 비구에게는 사유와 숙고와 즐거움과 행복과 마음의 집중[cittekaggatā]이 생깁니다. 존자여, 초선은 이와 같이 다섯 가지 부분으로 되어 있습니다."

"존자여, 초선은 몇 가지를 버리고 몇 가지를 구족(具足)합니까?"

"존자여, 초선은 다섯 가지를 버리고 다섯 가지를 구족합니다. 존자여, 초선을 성취한 비구는 감각적 욕망에 대한 욕망을 버리고, 악의를 버리고, 나태와 졸음을 버리고, 들뜸과 후회를 버리고, 의심을 버립니다. 그리고 그에게 사유와 숙고와 즐거움과 행복과 마음의 집중이 생깁니다. 존자여, 이와 같이 초선은 다섯 가지를 버리고 다섯 가지를 구족합니다."

"존자여, 다섯 가지 지각활동, 즉 시각활동[眼根]·청각활동[耳根]·후각활동[鼻根]·미각활동[舌根]·촉각활동[身根]은 대상[visaya, 境]이 다르고, 활동영역[gocara, 行境]이 달라서, 다른 것들의 활동영역과 대상을 경험하지 못합니다. 존자여, 대상이 다르고 활동영역이 달라서, 다른 것들의 활동영역과 대상을 경험하지 못하는 이들 다섯 가지 지각활동의 의지처(依止處)는 무엇입니까? 무엇이 그것들의 활동영역과 대상을 경험합니까?"

"존자여, 대상이 다르고 활동영역이 달라서, 다른 것들의 활동영역과 대상을 경험하지 못하는 이들 다섯 가지 지각활동의 의지처는 마음[意]입니다. 그리고 마음이 그것들의 활동영역과 대상을 경험합니다."

"존자여, 다섯 가지 지각활동, 즉 시각활

동·청각활동·후각활동·미각활동·촉각활동은 무엇을 의지하여 지속합니까?"

"존자여, 다섯 가지 지각활동은 생명(āyu)을 의지하여 지속합니다."

"존자여, 생명은 무엇을 의지하여 지속합니까?"

"존자여, 생명은 체온[usmā, 熱]을 의지하여 지속합니다."

"존자여, 체온은 무엇을 의지하여 지속합니까?"

"존자여, 체온은 생명을 의지하여 지속합니다."

"존자여, 지금 우리는 사리뿟따 존자의 말씀을 '생명은 체온을 의지하여 지속한다'라고 이해했습니다. 지금 우리는 사리뿟따 존자의 말씀을 '체온은 생명을 의지하여 지속한다'라고 이해했습니다. 존자여, 왜 그러한지요? 이 말씀의 의미를 알려 주십시오!"

"존자여, 내가 비유를 들겠습니다. 지혜로운 사람들은 비유로써 말의 의미를 이해합니다. 존자여, 비유하면 등불이 탈 때 불꽃을 의지하여 빛이 보이고, 빛을 의지하여 불꽃이 보이는 것과 같습니다. 존자여, 실로 이와 같이 생명은 체온을 의지하여 지속하고, 체온은 생명을 의지하여 지속합니다."

"존자여, 느껴진 것들[vedaniyā dhammā]이 생명을 구성하는 것들[āyusaṅkhārā]입니까, 그렇지 않으면 생명을 구성하는 것들과 느껴진 것들은 서로 다릅니까?"

"존자여, 느껴진 것들은 생명을 구성하는 것들이 아닙니다. 존자여, 느껴진 것들이 생명을 구성하는 것들이라면, 상수멸(想受滅, saññāvedayitanirodha)을 성취한 비구는 선정(禪定)에서 나오지 못할 것입니다. 존자여, 생명을 구성하는 것들과 느껴진 것들은 서로 다르기 때문에 상수멸을 성취한 비구가 선정에서 나올 수 있는 것입니다."

"존자여, 어떤 법들이 몸을 버리면, 그 몸은 의식 없는 나무토막처럼 버려지고 내던져집니까?"

"존자여, 생명·체온·분별의식, 이들 세 가지가 몸을 버리면, 그 몸은 의식 없는 나무토막처럼 버려지고 내던져집니다."

"존자여, 죽은 사람과 상수멸을 성취한 비구는 무엇이 다릅니까?"

"존자여, 죽은 사람은 신체행위[身行]와 언어행위[口行]과 마음행위[意行]가 소멸하여 그치며, 생명이 다하고, 체온이 식고, 지각기능[根]이 완전히 무너집니다. 그러나 상수멸을 성취한 비구는 신체행위와 언어행위과 마음행위는 소멸하여 그치지만 생명은 다하지 않고, 체온은 식지 않으며, 지각기능은 무너지지 않습니다. 존자여, 이것이 죽은 사람과 상수멸을 성취한 비구의 차이입니다."

"존자여, 괴롭지도 즐겁지도 않은[不苦不樂] 심해탈을 성취하기 위한 조건들은 어떤 것입니까?"

"존자여, 괴롭지도 즐겁지도 않은 심해탈을 성취하기 위한 조건은 네 가지입니다. 존자여, 비구는 행복감을 포기하고, 괴로움을 버리고, 이전의 만족과 불만을 소멸함으로써 고락(苦樂)을 벗어나 평정하고 주의집중이 청정한 제4선(第四禪)을 성취하여 살아갑니다. 존자여, 괴롭지도 즐겁지도 않은 심해탈을 성취하기 위한 조건은 이들 네 가지입니다."

"존자여, 무상심해탈(無相心解脫, animittā cetovimutti)을 성취하기 위한 조건

은 어떤 것입니까?"

"존자여, 무상심해탈을 성취하기 위한 조건은 두 가지입니다. 그것은 일체의 상(相)에 주의를 기울이지 않는 것과 상이 없는 계[無相界]에 주의를 기울이는 것입니다."

"존자여, 무상심해탈을 지속하기 위한 조건은 어떤 것입니까?"

"존자여, 무상심해탈을 지속하기 위한 조건은 세 가지입니다. 그것은 일체의 상에 주의를 기울이지 않고, 상이 없는 계에 주의를 기울이고, 미리 준비하는 것입니다."

"존자여, 무상심해탈에서 나오기 위한 조건은 어떤 것입니까?"

"존자여, 무상심해탈에서 나오기 위한 조건은 두 가지입니다. 그것은 일체의 상에 주의를 기울이고, 상이 없는 계에 주의를 기울이지 않는 것입니다."

"존자여, 무량심해탈(無量心解脫, appamāṇā cetovimutti)과 무소유심해탈(無所有心解脫, ākiñcaññā cetovimutti)과 무상심해탈은 공심해탈(空心解脫, suññatā cetovimutti)과 의미도 다르고 문자도 다릅니까, 그렇지 않으면 의미는 같고 문자만 다릅니까?"

"존자여, 무량심해탈과 무소유심해탈과 무상심해탈은 공심해탈과 의미도 다르고 문자도 다르다고 할 수 있는 이유도 있고, 의미는 같고 문자만 다르다고 할 수 있는 이유도 있습니다. 존자여, 이들이 의미도 다르고 문자도 다르다고 할 수 있는 이유는 어떤 것인가?

존자여, 비구는 자애로운 마음[慈心]으로 한쪽 방향을 가득 채우고 살아갑니다. 그와 같이 두 번째, 세 번째, 네 번째 방향을 가득 채우고 살아갑니다. 이렇게 위로, 아래로, 사방으로, 모든 곳에 빠짐없이 풍부하고 광대하고 무량하게, 원한 없고 폭력 없는 자애로운 마음으로 온 세상을 가득 채우고 살아갑니다. 연민하는 마음[悲心], 기뻐하는 마음[喜心], 평정한 마음[捨心]도 마찬가지입니다. 존자여, 이것을 무량심해탈이라고 부릅니다.

존자여, 무소유심해탈이란 어떤 것인가? 존자여, 비구는 일체의 식무변처를 초월하여 '아무것도 없다'라고 생각하는 무소유처를 성취하여 살아갑니다. 존자여, 이것을 무소유심해탈이라고 부릅니다.

존자여, 공심해탈이란 어떤 것인가? 존자여, 비구는 숲속이나 나무 아래나 아무도 없는 곳에 가서 '자아나 자아에 속하는 것[我所]은 텅 비었다'라고 성찰합니다. 존자여, 이것을 공심해탈이라고 부릅니다.

존자여, 무상심해탈이란 어떤 것인가? 존자여, 비구는 일체의 상에 주의를 기울이지 않고 무상심해탈을 성취하여 살아갑니다. 존자여, 이것을 무상심해탈이라고 부릅니다.

존자여, 이것이 이들이 의미도 다르고 문자도 다르다고 할 수 있는 이유입니다.

존자여, 이들이 의미는 같고 문자만 다르다고 할 수 있는 이유는 어떤 것인가?

존자여, 탐욕[貪]이 척도(尺度)를 만들고, 분노[瞋]가 척도를 만들고, 어리석음[癡]이 척도를 만듭니다.[317] 번뇌[漏]가 소멸한

---

317 탐진치(貪瞋癡)가 척도(尺度)를 만든다는 것은, 탐진치에 의해서 우리의 마음이 좋은 것과 싫은 것을 구분하여 가치의 기준을 만든다는 의미이다.

비구에게는 그런 탐욕, 분노, 어리석음은 포기되고 끊어지고 근절되고 없어져서 미래에는 발생하지 않는 법(法)들입니다. 존자여, 무량심해탈 가운데서 부동(不動)의 심해탈이 최상이라고 이야기되는데, 그 부동의 심해탈은 탐욕이 텅 비고, 분노가 텅 비고, 어리석음이 텅 비었습니다.

존자여, 탐욕은 무엇인가에 대한 것이고, 분노는 무엇인가에 대한 것이고, 어리석음은 무엇인가에 대한 것입니다. 번뇌가 소멸한 비구에게는 그런 탐욕, 분노, 어리석음은 포기되고 끊어지고 근절되고 없어져서 미래에는 발생하지 않는 법들입니다. 존자여, 무소유심해탈 가운데서 부동의 무소유심해탈이 최상이라고 이야기되는데, 그 부동의 심해탈은 탐욕이 텅 비었고, 분노가 텅 비었고, 어리석음이 텅 비었습니다.

존자여, 탐욕이 상을 만들고, 분노가 상을 만들고, 어리석음이 상을 만듭니다.[318] 번뇌가 소멸한 비구에게 그런 탐욕, 분노, 어리석음은 포기되고 끊어지고 근절되고 없어져서 미래에는 발생하지 않는 법들입니다. 존자여, 무상심해탈 가운데서 부동의 심해탈이 최상이라고 이야기되는데, 그 심해탈은 탐욕이 텅 비었고, 분노가 텅 비었고, 어리석음이 텅 비었습니다.

존자여, 이것이 이들이 의미는 같고, 문자만 다르다고 할 수 있는 이유입니다."

이것이 사리뿟따 존자께서 하신 말씀입니다.

마하 꿋티따 존자는 사리뿟따 존자의 설법에 만족하고 기뻐했습니다.

---

318 탐진치가 대상을 규정하여 그것에 모습[nimitta, 相]을 부여한다는 의미이다.

26. 작은 교리문답경[319]

〈M.N. 44. Cūḷavedalla-sutta〉

이와 같이 나는 들었습니다.

한때 세존께서는 라자가하의 웰루와나 깔란다까니와빠에 머무셨습니다.

그때 청신사(淸信士) 위삭까(Visākka)가 담마딘나(Dhammadinnā) 비구니를 찾아가서 담마딘나 비구니에게 인사하고 한쪽에 앉았습니다.

청신사 위삭까가 담마딘나 비구니에게 말했습니다.

"현자(賢者)여, '자기 존재[sakkāya, 有身]'[320]라고들 이야기합니다. 존자여, 세존께서 말씀하신 자기 존재는 어떤 것입니까?"

"위삭까 존자여, 세존께서 말씀하신 자기 존재는 5취온(五取蘊), 즉 색취온(色取蘊)·수취온(受取蘊)·상취온(想取蘊)·행취온(行取蘊)·식취온(識取蘊)입니다. 위삭까 존자여, 세존께서는 이들 5취온을 자기 존재라고 말씀하셨습니다."

"현자여, 감사합니다."

청신사 위삭까는 담마딘나 비구니의 말씀에 만족하고 기뻐하면서 담마딘나 비구니에게 다시 물었습니다.

"현자여, '자기 존재의 쌓임[sakkāya-samudaya, 有身集]'[321]이라고들 이야기합니다. 존자여, 세존께서 말씀하신 '자기 존재의 쌓임'은 어떤 것입니까?"

"위삭까 존자여, 좋아하고 탐착하며, 이것저것을 좋아하는, (자신을) 다시 존재하게 하는 갈애[愛], 즉 욕애(欲愛)·유애(有愛)·무유애(無有愛), 이것이 세존께서 말씀하신 '자기 존재의 쌓임'입니다."

"현자여, '자기 존재의 소멸[sakkāya-nirodha, 有身滅]'이라고들 이야기합니다. 존자여, 세존께서 말씀하신 '자기 존재의 소멸'은 어떤 것입니까?"

"위삭까 존자여, 그 갈애가 남김없이 사라지고 소멸하고, 그 갈애를 버리고 포기하고, 그 갈애에서 벗어나고, 그 갈애를 싫어하는 것, 이것이 세존께서 말씀하신 '자기 존재의 소멸'입니다."

"현자여, '자기 존재의 소멸에 이르는 길[sakkāyanirodhagāminī paṭipadā, 有身滅道]'이라고들 이야기합니다. 존자여, 세존께서 말씀하신 '자기 존재의 소멸에 이르는 길'은 어떤 것입니까?"

"위삭까 존자여, 거룩한 8정도 즉,정견(正見)·정사유(正思惟)·정어(正語)·정업(正業)·정명(正命)·정정진(正精進)·정념(正念)·정정(正定)이 자기 존재의 소멸에 이르는 길이라고 세존께서 말씀하셨습니다."

---

319 『중아함경(中阿含經)』의 「210. 법락비구니경(法樂比丘尼經)」에 상응하는 경.

320 '유신(有身)'으로 한역되는 'sakkāya'는 '존재'를 의미하는 'sat'와 '몸'을 의미하는 'kāya'의 합성어로서 '실재(實在)하는 자기 존재'를 의미한다. 여기에서는 '자기 존재'로 번역한다.

321 '실재하는자기 존재'는허망한 생각일 뿐이며, 'sakkāyasamudaya'는 이러한허망한 생각의 쌓임[集]을의미한다.

"현자여, 취(取)가 5취온입니까, 그렇지 않으면 5취온 이외에 취가 따로 있습니까?"

"위삭까 존자여, 취가 5취온은 아닙니다. 그렇지만 5취온 이외에 취가 따로 있는 것도 아닙니다. 위삭까 존자여, 5취온에 대한 욕탐(欲貪, chandarāga), 그것이 바로 취입니다."

"현자여, 자기 자신이 있다고 보는 견해[sakkāyadiṭṭhi, 有身見]는 어찌하여 존재합니까?"

"위삭까 존자여, 성인(聖人)을 무시하고, 성인의 가르침을 이해하지 못하고, 성인의 가르침에서 배우지 못하고, 참사람[正士]을 무시하고, 참사람의 가르침을 이해하지 못하고, 참사람의 가르침에서 배우지 못한 무지한 범부는 형색[色]을 자아(自我)로 여기거나, 자아가 형색을 소유하고 있다고 여기거나, 자아 속에 형색이 있다고 여기거나, 형색 속에 자아가 있다고 여깁니다. 느낌[受], 생각[想], 행위[行], 분별의식[識]에 대해서도 마찬가지입니다. 느낌·생각·행위들·분별의식을 자아로 여기거나, 자아가 느낌·생각·행위들·분별의식을 소유하고 있다고 여기거나, 자아 속에 느낌·생각·행위들·분별의식이 있다고 여기거나, 느낌·생각·행위들·분별의식속에 자아가 있다고 여깁니다. 위삭까 존자여, 이렇게 하면 자기 자신이 있다고 보는 견해가 존재합니다."

"현자여, 자기 자신이 있다고 보는 견해는 어떻게 하면 존재하지 않습니까?"

"위삭까 존자여, 성인을 알아보고, 성인의 가르침을 이해하고, 성인의 가르침에서 배우고, 참사람을 알아보고, 참사람의 가르침을 이해하고, 참사람의 가르침에서 잘 배운 학식 있는 거룩한 제자는 형색을 자아로 여기지 않고, 자아가 몸을 소유하고 있다고 여기지 않고, 자아 속에 몸이 있다고 여기지 않고, 몸속에 자아가 있다고 여기지 않습니다. 느낌, 생각, 행위들, 분별의식에 대해서도 마찬가지입니다. 느낌·생각·행위들·분별의식을 자아로 여기지 않고, 자아가 느낌·생각·행위들·분별의식을 소유하고 있다고 여기지 않고, 자아 속에 느낌·생각·행위들·분별의식이 있다고 여기지 않고, 느낌·생각·행위들·분별의식속에 자아가 있다고 여기지 않습니다. 위삭까 존자여, 이렇게 하면 자기 자신이 있다고 보는 견해가 존재하지 않습니다."

"현자여 어떤 것이 거룩한 8정도입니까?"

"위삭까 존자여, 정견·정사유·정어·정업·정명·정정진·정념·정정이 거룩한 8정도입니다."

"현자여 거룩한 8정도는 유위(有爲, saṅkhata)입니까, 무위(無爲, asaṅkhata)입니까?"

"위삭까 존자여, 거룩한 8정도는 유위입니다."

"현자여 거룩한 8정도에 세 가지 온(蘊)이 포함됩니까, 그렇지 않으면 세 가지 온에 거룩한 8정도가 포함됩니까?"

"위삭까 존자여, 거룩한 8정도에 세 가지 온이 포함되는 것이 아니라, 세 가지 온에 거룩한 8정도가 포함됩니다. 위삭까 존자여, 정어와 정업과 정명은 계온(戒蘊, sīlakhandha)에 포함되고, 정정진과 정념과 정정은 정온(定蘊, samādhikhandha)에 포함되고, 정견과 정사유는 혜온(慧蘊, paññākhandha)

에 포함됩니다."

"현자여, 정(定, samādhi)은 어떤 것이고, 정의 모습[samādhinimitta, 定相]들은 어떤 것들이며, 정에 필요한 도구[samādhiparikkhāra]들은 어떤 것들이고, 정수행(samādhibhāvana, 定修行)은 어떤 것입니까?"

"위삭까 존자여, 마음의 통일이 정입니다. 4념처(四念處)가 정의 모습입니다. 4정근(四正勤)이 정의 도구입니다. 이들 수행법을 반복하여 닦아 익히는 것이 정수행입니다."

"현자여, 행위[saṅkhāra, 行]들은 어떤 것입니까?"

"위삭까 존자여, 행위들은 세 가지입니다. 그것은 신체행위[身行], 언어행위[口行], 마음행위[意行]입니다."

"현자여, 어떤 것이 신체행위이고, 어떤 것이 언어행위이고, 어떤 것이 마음행위입니까?"

"위삭까 존자여, 숨을 들이쉬고 내쉬는 일[assāsapassāsā, 入息出息]이 신체행위입니다. 사유와 숙고[vitakkavicāra, 覺觀]가 언어행위입니다. 생각과 느낌[saññā ca vedanā, 想受]이 마음행위입니다."

"현자여, 어찌하여 숨을 들이쉬고 내쉬는 일이 신체행위입니까? 어찌하여 사유하고 숙고하는 일이 언어행위입니까? 어찌하여 생각과 느낌이 마음행위입니까?"

"위삭까 존자여, 숨을 들이쉬고 내쉬는 일은 신체적인 것이며, 몸과 연결된 것입니다. 그러므로 숨을 들이쉬고 내쉬는 일은 신체행위입니다. 위삭까 존자여, 먼저 사유하고 숙고하고 나서 뒤에 말을 합니다. 그러므로 사유하고 숙고하는 일은 언어행위입니다. 위삭까 존자여, 생각과 느낌은 마음에 속한 것이며, 마음과 연결된 것입니다. 그러므로 생각과 느낌은 마음행위입니다."

"현자여, 상수멸정(想受滅定, saññāvedyitanirodhasamāpatti)에 들어가면 어떠합니까?"

"위삭까 존자여, 상수멸정에 들어간 비구에게는 '나는 상수멸정에 들어가겠다'라거나, '나는 지금 상수멸정에 들어간다'라거나, '나는 상수멸정에 들어갔다'라는 생각이 들지 않습니다. 그는 이전에 그런 식으로 마음을 닦았기 때문에 실제로 그렇게 됩니다."

"현자여, 상수멸정에 들어간 비구에게는 어떤 법이 맨 처음 소멸합니까? 신체행위입니까, 언어행위입니까, 마음행위입니까?"

"위삭까 존자여, 상수멸정에 들어간 비구에게는 언어행위가 맨 처음 소멸합니다. 그 후에 신체행위가 소멸하고, 그 후에 마음행위가 소멸합니다."

"현자여, 상수멸정에서 나오면 어떠합니까?"

"위삭까 존자여, 상수멸정에서 나온 비구에게는 '나는 상수멸정에서 나와야겠다'라거나, '나는 지금 상수멸정에서 나간다'라거나, '나는 상수멸정에서 이미 나왔다'라는 생각이 들지 않습니다. 그는 이전에 그런 식으로 마음을 닦았기 때문에 실제로 그렇게 됩니다."

"현자여, 상수멸정에서 나온 비구에게는 어떤 법이 맨 처음 생깁니까? 신체행위입니까, 언어행위입니까, 마음행위입니까?"

"위삭까 존자여, 상수멸정에서 나온 비구에게는 마음행위가 맨 처음 생깁니다. 그 후에 신체행위가 생기고, 그 후에 언어행위가 생깁니다."

"현자여, 상수멸정에서 나온 비구에게는 어떤 접촉[觸]들이 생깁니까?"

"위삭까 존자여, 상수멸정에서 나온 비구에게는 세 가지 접촉, 즉 공성의 접촉[suññata phassa, 空觸]·모습 없음의 접촉[animitta phassa, 無相觸]·바랄 것 없음의 접촉[appaṇihita phassa, 無願觸]이 생깁니다."

"현자여, 상수멸정에서 나온 비구의 마음은 어떤 것을 좋아하고, 어떤 것으로 나아가고, 어떤 것을 따릅니까?"

"위삭까 존자여, 상수멸정에서 나온 비구의 마음은 쾌락을 멀리하기[viveka, 遠離]를 좋아하고, 쾌락을 멀리하기로 나아가고, 쾌락을 멀리하기를 따릅니다."

"현자여, 느낌[受]은 몇 가지입니까?"

"위삭까 존자여, 느낌은 즐거운 느낌·괴로운 느낌·괴롭지도 즐겁지도 않은 느낌, 세 가지입니다."

"현자여, 즐거운 느낌은 어떤 것이고, 괴로운 느낌은 어떤 것이고, 괴롭지도 즐겁지도 않은 느낌은 어떤 것입니까?"

"위삭까 존자여, 신체적으로나 정신적으로 즐겁고 기분 좋게 느껴진 것, 이것이 즐거운 느낌입니다. 위삭까 존자여, 신체적으로나 정신적으로 괴롭고 기분 나쁘게 느껴진 것, 이것이 괴로운 느낌입니다. 위삭까 존자여, 신체적으로나 정신적으로 기분 좋지도 않고 기분 나쁘지도 않게 느껴진 것, 이것이 괴롭지도 즐겁지도 않은 느낌입니다."

"현자여, 즐거운 느낌은 무엇이 즐거움이고, 무엇이 괴로움입니까? 괴로운 느낌은 무엇이 즐거움이고, 무엇이 괴로움입니까? 괴롭지도 즐겁지도 않은 느낌은 무엇이 즐거움이고, 무엇이 괴로움입니까?"

"위삭까 존자여, 즐거운 느낌은 지속(持續)이 즐거움이고, 변화(變化)가 괴로움입니다. 괴로운 느낌은 지속이 괴로움이고, 변화가 즐거움입니다. 괴롭지도 즐겁지도 않은 느낌은 앎[ñāṇa, 知]이 즐거움이고, 모름[aññāṇa, 無知]이 괴로움입니다."

"현자여, 즐거운 느낌에는 어떤 습성[anusaya]이 잠재하고, 괴로운 느낌에는 어떤 습성이 잠재하고, 괴롭지도 즐겁지도 않은 느낌에는 어떤 습성이 잠재합니까?"

"위삭까 존자여, 즐거운 느낌에는 탐하는 습성이 잠재하고, 괴로운 느낌에는 화내는 습성이 잠재하고, 괴롭지도 즐겁지도 않은 느낌에는 무명에 이끌리는 습성이 잠재합니다."

"현자여, 모든 즐거운 느낌에는 탐하는 습성이 잠재하고, 모든 괴로운 느낌에는 화내는 습성이 잠재하고, 모든 괴롭지도 즐겁지도 않은 느낌에는 무명에 이끌리는 습성이 잠재합니까?"

"위삭까 존자여, 모든 즐거운 느낌에 탐하는 습성이 잠재하는 것은 아니고, 모든 괴로운 느낌에 화내는 습성이 잠재하는 것은 아니며, 모든 괴롭지도 즐겁지도 않은 느낌에 무명에 이끌리는 습성이 잠재하는 것은 아닙니다."

"현자여, 즐거운 느낌에서는 무엇을 버려야 하고, 괴로운 느낌에서는 무엇을 버려야 하고, 괴롭지도 즐겁지도 않은 느낌에서는 무엇을 버려야 합니까?"

"위삭까 존자여, 즐거운 느낌에서는 탐하는 습성을 버려야 하고, 괴로운 느낌에서는 화내는 습성을 버려야 하고, 괴롭지도 즐겁지도 않은 느낌에서는 무명에 이끌리는 습성을 버려야 합니다."

"현자여, 모든 즐거운 느낌에서 탐하는 습성을 버려야 하고, 모든 괴로운 느낌에서 화내는 습성을 버려야 하고, 모든 괴롭지도 즐겁지도 않은 느낌에서 무명에 이끌리는 습성을 버려야 합니까?"

"위삭까 존자여, 모든 즐거운 느낌에서 탐하는 습성을 버려야 하는 것은 아니고, 모든 괴로운 느낌에서 화내는 습성을 버려야 하는 것은 아니며, 모든 괴롭지도 즐겁지도 않은 느낌에서 무명에 이끌리는 습성을 버려야 하는 것은 아닙니다. 위삭까 존자여, 비구는 감각적 욕망을 멀리하고 불선법(不善法)을 멀리함으로써 사유가 있고 숙고가 있는, 멀리함에서 생긴 즐거움과 행복이 있는 초선(初禪)을 성취하여 살아갑니다. 그렇게 함으로써 그는 탐욕을 버리며, 그때는 탐하는 습성이 잠재하지 않습니다. 위삭까 존자여, 비구는 '나는 반드시 지금 성인들이 성취하여 살아가고 있는 자리[āyatana]를 성취하여 살아가야겠다'라고 생각합니다. 이렇게 무상(無上)의 해탈을 서원(誓願)하면, 서원으로 인하여 불만이 생깁니다. 그렇게 함으로써 그는 분노를 버리며, 그때는 화내는 습성이 잠재하지 않습니다. 위삭까 존자여, 비구는 행복감을 포기하고 괴로움을 버림으로써 이전의 만족과 불만이 소멸하여 괴롭지도 않고 즐겁지도 않은, 평정한 주의집중이 청정한 제4선(第四禪)을 성취하여 살아갑니다. 그렇게 함으로써 그는 무명을 버리며, 그때는 무명에 이끌리는 습성이 잠재하지 않습니다."

"현자여, 즐거운 느낌에 대응하는 것은 무엇입니까?"

"위삭까 존자여, 즐거운 느낌에 대응하는 것은 괴로운 느낌입니다."

"현자여, 괴로운 느낌에 대응하는 것은 무엇입니까?"

"위삭까 존자여, 괴로운 느낌에 대응하는 것은 즐거운 느낌입니다."

"현자여, 괴롭지도 즐겁지도 않은 느낌에 대응하는 것은 무엇입니까?"

"위삭까 존자여, 괴롭지도 즐겁지도 않은 느낌에 대응하는 것은 무명입니다."

"현자여, 무명에 대응하는 것은 무엇입니까?"

"위삭까 존자여, 무명에 대응하는 것은 명지(明智)입니다."

"현자여, 명지에 대응하는 것은 무엇입니까?"

"위삭까 존자여, 명지에 대응하는 것은 해탈(解脫)입니다."

"현자여, 해탈에 대응하는 것은 무엇입니까?"

"위삭까 존자여, 해탈에 대응하는 것은 열반(涅槃)입니다."

"현자여, 열반에 대응하는 것은 무엇입니까?"

"위삭까 존자여, 질문이 지나쳤습니다. 할 수 있는 질문의 한계를 벗어났습니다. 위삭까 존자여, 왜냐하면 열반은 청정한 수행[梵行]의 근거이고, 목적이고, 완성이기 때문입니다. 원한다면 세존을 찾아가서 이 의미를 물어보시고, 세존께서 대답하시는 것을 그대로 받아 지니십시오!"

청신사 위삭까는 담마딘나 비구니의 말씀에 만족하고 기뻐하면서 자리에서 일어나 담마딘나 비구니에게 예배하고 오른쪽으로 세 바퀴를 돈 후에 세존을 찾아갔습니다. 청신사 위삭까는 세존을 찾아가서 예배한 후에 한쪽에 앉아 담마딘나 비구니와 함께 나눈 대화를 모두 세존께 말씀드렸습니다. 이와 같이 말씀드리자, 세존께서 청신사 위삭까에게 말씀하셨습니다.

"위삭까여, 담마딘나 비구니는 현명하군요. 위삭까여, 담마딘나 비구니는 큰 지혜가 있군요. 위삭까여, 만약 그대가 나에게 이 의미를 물었다면, 나도 담마딘나 비구니가 대답한 그대로 대답했을 것이오. 이것이 이것의 의미이니 이와 같이 받아 지니도록 하시오!"

이것이 세존께서 하신 말씀입니다.

청신사 위삭까는 세존의 설법에 만족하고 기뻐했습니다.

27. 큰 업보받는 법경[322]

〈M.N. 46. Mahādhammasamādāna-sutta〉

이와 같이 나는 들었습니다.

한때 세존께서는 사왓티의 제따와나 아나타삔디까 승원에 머무셨습니다.

그때 세존께서 비구들에게 말씀하셨습니다.

"비구들이여, 중생은 대부분 '아! 제발 마음에 들지 않고 불쾌하고 즐겁지 않은 일[法]들은 줄어들고, 마음에 들고 유쾌하고 즐거운 일[法]들은 늘어났으면!' 하는 욕망을 가지고, 그렇게 욕구하고 소망한다오. 비구들이여, 그러나 이와 같은 욕망을 가지고, 그렇게 욕구하고 소망하는 중생에게 불쾌하고 즐겁지 않은 일들은 늘어나고, 마음에 들고 유쾌하고 즐거운 일들은 줄어든다오. 비구들이여, 그대들은 그 원인이 무엇이라고 생각하는가?"

"세존이시여, 세존께서는 법(法)의 근본이시고, 법의 안내자이시고, 법의 귀의처이십니다. 세존이시여, 부디 세존께서는 이 말씀의 의미를 밝혀 주십시오! 세존의 말씀을 듣고 비구들은 받아 지닐 것입니다."

"비구들이여, 그대들은 듣고 잘 생각하도록 하시오! 내가 이야기하겠소."

"그렇게 하겠습니다, 세존이시여!"

세존께서 말씀하셨습니다.

"비구들이여, 성인을 무시하고, 성인의 가르침을 이해하지 못하고, 성인의 가르침에서 배우지 못하고, 참사람[正士]을 무시하고, 참사람의 가르침을 이해하지 못하고, 참사람의 가르침에서 배우지 못한 무지한 범부는 해야 할 일들[sevitabbe dhamme]을 알지 못하고, 해서는 안 될 일들을 알지 못하고, 가까이해야 할 것들[bhajitabbe dhamme]을 알지 못하고, 가까이해서는 안 될 것들을 알지 못한다오. 그는 해야 할 일들을 알지 못하고, 해서는 안 될 일들을 알지 못하고, 가까이해야 할 것들을 알지 못하고, 가까이해서는 안 될 것들을 알지 못하기 때문에 해서는 안 될 일들을 행하고, 해야 할 일들을 행하지 않으며, 가까이해서는 안 될 것들을 가까이하고, 가까이해야 할 것들을 가까이하지 않는다오. 그렇게 하면 그에게 불쾌하고 즐겁지 않은 일들은 늘어나고, 마음에 들고 유쾌하고 즐거운 일들은 줄어든다오. 그 원인은 무엇인가? 비구들이여, 그는 그것에 대하여 알지 못하기 때문이라오.

비구들이여, 성인을 알아보고, 성인의 가르침을 이해하고, 성인의 가르침에서 배우고, 참사람을 알아보고, 참사람의 가르침을 이해하고, 참사람의 가르침에서 잘 배운 학식 있는 거룩한 제자는 해야 할 일들을 알고, 해서는 안 될 일들을 알고, 가까이해야 할 것들을 알고, 가까이해서는 안 될 것들을 안다오. 그는 해야 할 일들을 알고, 해서는 안 될 일들을 알고, 가까이해야 할 것들을 알고, 가까이해서는 안 될 것들을 알기 때문에 해서

---

322 『중아함경(中阿含經)』의 「175. 수법경(受法經)」에 상응하는 경.

는 안 될 일들은 행하지 않고, 해야 할 일들을 행하며, 가까이해서는 안 될 것들은 가까이 하지 않고, 가까이해야 할 것들을 가까이한다오. 그렇게 하면 그에게 불쾌하고 즐겁지 않은 일들은 줄어들고, 마음에 들고 유쾌하고 즐거운 일들은 늘어난다오. 그 원인은 무엇인가? 비구들이여, 그는 그것에 대하여 알기 때문이라오.

비구들이여 네 가지 업보(業報)받는 법 [dhammasamādāna][323]이 있다오. 네 가지는 어떤 것인가? 비구들이여, 현재도 괴롭고 미래도 괴로운 업보를 받는 법이 있다오. 비구들이여, 현재는 즐겁지만 미래는 괴로운 업보를 받는 법이 있다오. 비구들이여, 현재는 괴롭지만 미래는 즐거운 업보를 받는 법이 있다오. 비구들이여, 현재도 즐겁고 미래도 즐거운 업보를 받는 법이 있다오.

비구들이여, 현재도 괴롭고 미래도 괴로운 업보를 받는 법을 알지 못하는 무지한 자는 '이것은 현재도 괴롭고 미래도 괴로운 업보를 받는 법이다'라고 여실(如實)하게 통찰하지 못한다오. 그것을 알지 못하는 무지한 자는 여실하게 통찰하지 못하기 때문에, 그것을 행하면서 멀리하지 않는다오. 그것을 행하면서 멀리하지 않으면 그에게 불쾌하고 즐겁지 않은 일들은 늘어나고, 마음에 들고 유쾌하고 즐거운 일들은 줄어든다오. 왜냐하면 비구들이여, 그는 그 업보를 받는 법을 알지 못하기 때문이라오.

비구들이여, 현재는 즐겁지만 미래는 괴로운 업보를 받는 법을 알지 못하는 무지한 자는 '이것은 현재는 즐겁지만 미래는 괴로운 업보를 받는 법이다'라고 여실하게 통찰하지 못한다오. 그것을 알지 못하는 무지한 자는 여실하게 통찰하지 못하기 때문에, 그것을 행하고 멀리하지 않는다오. 그것을 행하고 멀리하지 않으면 그에게 불쾌하고 즐겁지 않은 일들은 늘어나고, 마음에 들고 유쾌하고 즐거운 일들은 줄어든다오. 왜냐하면 비구들이여, 그는 그 업보를 받는 법을 알지 못하기 때문이라오.

비구들이여, 현재는 괴롭지만 미래는 즐거운 업보를 받는 법을 알지 못하는 무지한 자는 '이것은 현재는 괴롭지만 미래는 즐거운 업보를 받는 법이다'라고 여실하게 통찰하지 못한다오. 그것을 알지 못하는 무지한 자는 여실하게 통찰하지 못하기 때문에, 그것을 행하지 않고 멀리한다오. 그것을 행하지 않고 멀리하면 그에게 불쾌하고 즐겁지 않은 일들은 늘어나고, 마음에 들고 유쾌하고 즐거운 일들은 줄어든다오. 왜냐하면 비구들이여, 그는 그 업보를 받는 법을 알지 못하기 때문이라오.

비구들이여, 현재도 즐겁고 미래도 즐거운 업보를 받는 법을 알지 못하는 무지한 자는 '이것은 현재도 즐겁고 미래도 즐거운 업보를 받는 법이다'라고 여실하게 통찰하지 못한다오. 그것을 알지 못하는 무지한 자는 여실하게 통찰하지 못하기 때문에, 그것을 행하지 않고 멀리한다오. 그것을 행하지 않고 멀리하면 그에게 불쾌하고 즐겁지 않은 일들은 늘어나고, 마음에 들고 유쾌하고 즐

323 'dhammasamādāna'의 원뜻은 '법[dhamma]의 취득[samādāna]'인데, 여기에서 '법'은 업보의 의미이기 때문에 '업보받는 법'으로 번역함.

거운 일들은 줄어든다오. 왜냐하면 비구들이여, 그는 그 업보를 받는 법을 알지 못하기 때문이라오.

비구들이여, 현재도 괴롭고 미래도 괴로운 업보를 받는 법을 아는 총명한 사람[vijjāgato]은 '이것은 현재에도 괴롭고 미래에도 괴로운 업보를 받는 법이다'라고 있는 그대로 통찰한다오. 그것을 아는 총명한 사람은 여실하게 통찰하기 때문에, 그것을 행하지 않고 멀리한다오. 그것을 행하지 않고 멀리하면 그에게 불쾌하고 즐겁지 않은 일들은 줄어들고, 마음에 들고 유쾌하고 즐거운 일들은 늘어난다오. 왜냐하면 비구들이여, 그는 그 업보를 받는 법을 알기 때문이라오.

비구들이여, 현재는 즐겁지만 미래는 괴로운 업보를 받는 법을 아는 총명한 사람은 '이것은 현재에는 즐겁지만 미래는 괴로운 업보를 받는 법이다'라고 있는 그대로 통찰한다오. 그것을 아는 총명한 사람은 여실하게 통찰하기 때문에, 그것을 행하지 않고 멀리한다오. 그것을 행하지 않고 멀리하면 그에게 불쾌하고 즐겁지 않은 일들은 줄어들고, 마음에 들고 유쾌하고 즐거운 일들은 늘어난다오. 왜냐하면 비구들이여, 그는 그 업보를 받는 법을 알기 때문이라오.

비구들이여, 현재는 괴롭지만 미래는 즐거운 업보를 받는 법을 아는 총명한 사람은 '이것은 현재는 괴롭지만 미래는 즐거운 업보를 받는 법이다'라고 있는 그대로 통찰한다오. 그것을 아는 총명한 사람은 여실하게 통찰하기 때문에, 그것을 행하고 멀리하지 않는다오. 그것을 행하고 멀리하지 않으면 그에게 불쾌하고 즐겁지 않은 일들은 줄어들고, 마음에 들고 유쾌하고 즐거운 일들은 늘어난다오. 왜냐하면 비구들이여, 그는 그 업보를 받는 법을 알기 때문이라오.

비구들이여, 현재도 즐겁고 미래도 즐거운 업보를 받는 법을 아는 총명한 사람은 '이것은 현재도 즐겁고 미래도 즐거운 업보를 받는 법이다'라고 있는 그대로 통찰한다오. 그것을 아는 총명한 사람은 여실하게 통찰하기 때문에, 그것을 행하고 멀리하지 않는다오. 그것을 행하고 멀리하지 않으면 그에게 불쾌하고 즐겁지 않은 일들은 줄어들고, 마음에 들고 유쾌하고 즐거운 일들은 늘어난다오. 왜냐하면 비구들이여, 그는 그 업보를 받는 법을 알기 때문이라오.

비구들이여, 현재도 괴롭고 미래도 괴로운 업보를 받는 법은 어떤 것인가? 비구들이여, 어떤 사람은 괴로워하고 근심하면서 살생하고, 도둑질하고, 삿된 음행[邪淫]을 하고, 거짓말하고, 이간(離間)하는 말을 하고, 추악한 말을 하고, 쓸데없는 말을 하고, 욕심부리고, 화내고, 사견(邪見)을 가지고 살아가면서 살생·도둑질·삿된 음행·거짓말·이간하는 말·추악한 말·쓸데없는 말·탐욕·악의·사견으로 인하여 괴로움과 불만을 느낀다오. 그는 몸이 무너져 죽은 후에 험난하고 고통스러운 지옥과 같은 악취(惡趣)에 태어난다오. 비구들이여, 이것을 현재도 괴롭고 미래도 괴로운 업보를 받는 법이라고 한다오.

비구들이여, 현재는 즐겁지만 미래는 괴로운 업보를 받는 법은 어떤 것인가? 비구들이여, 어떤 사람은 즐거워하고 기쁜 마음으로 살생하고, 도둑질하고, 삿된 음행을 하고, 거짓말하고, 이간하는 말을 하고, 추악한 말을 하고, 쓸데없는 말을 하고, 욕심부리고, 화내고, 사견을 가지고 살아가면서 살생·도둑질·삿된 음행·거짓말·이간하는 말·추악한 말·쓸데없는 말·탐욕·악의·사견으로 인하여 즐거움과 만족을 느낀다오. 그는 몸이 무너져 죽은 후에는 험난하고 고통스러운 지옥과 같은 악취에 태어난다오. 비구들이여, 이것을 현재는 즐겁지만 미래는 괴로운 업보를 받는 법이라고 한다오.

비구들이여, 현재는 괴롭지만 미래는 즐거운 업보를 받는 법은 어떤 것인가? 비구들이여, 어떤 사람은 괴로워하고 근심하면서 살생하지 않고, 도둑질하지 않고, 삿된 음행을 하지 않고, 거짓말하지 않고, 이간하는 말을 하지 않고, 추악한 말을 하지 않고, 쓸데없는 말을 하지 않고, 욕심부리지 않고, 화내지 않고, 정견(正見)을 가지고 살아가면서 살생을 멀리하고, 도둑질을 멀리하고, 삿된 음행을 멀리하고, 거짓말을 멀리하고, 이간하는 말을 멀리하고, 추악한 말을 멀리하고, 쓸데없는 말을 멀리하고, 탐욕을 멀리하고, 악의를 멀리하고, 정견을 가짐으로써 괴로움과 불만을 느낀다오. 그는 몸이 무너져 죽은 후에는 행복한 천상세계에 태어난다오. 비구들이여, 이것을 현재는 괴롭지만 미래는 즐거운 업보를 받는 법이라고 한다오.

비구들이여, 현재도 즐겁고 미래도 즐거운 업보를 받는 법은 어떤 것인가? 비구들이여, 어떤 사람은 즐거워하고 기쁜 마음으로 살생하지 않고, 도둑질하지 않고, 삿된 음행을 하지 않고, 거짓말을 하지 않고, 이간하는 말을 하지 않고, 추악한 말을 하지 않고, 쓸데없는 말을 하지 않고, 욕심부리지 않고, 화내지 않고, 정견을 가지고 살아가면서 살생을 멀리하고, 도둑질을 멀리하고, 삿된 음행을 멀리하고, 거짓말을 멀리하고, 이간하는 말을 멀리하고, 추악한 말을 멀리하고, 쓸데없는 말을 멀리하고, 탐욕을 멀리하고, 악의를 멀리하고, 정견을 가짐으로써 즐거움과 만족을 느낀다오. 그는 몸이 무너져 죽은 후에 행복한 천상세계에 태어난다오. 비구들이여, 이것을 현재도 즐겁고 미래에도 즐거운 업보를 받는 법이라고 한다오.

비구들이여, 이것이 네 가지 업보받는 법이라오.

비구들이여, 비유하면 독이 섞인 쓴 물이 들어 있는 조롱박이 있다오. 그런데 살기를 갈망하고, 죽지 않기를 갈망하고, 즐거움을 갈망하고, 괴로움을 싫어하는 사람이 왔다오. 누군가가 그에게 '여보시오, 이 조롱박에 들어 있는 쓴 물은 독이 들어 있소. 만약에 그대가 원한다면 마시도록 하시오! 마시는 동안 그대는 색깔이나 향기나 맛을 즐기지 못할 것이오. 그리고 마신 후에는 죽거나 죽을 지경의 괴로움을 겪을 것이오.'라고 말했다오. 그러나 그가 그 말을 무시하고 버리지 않고 마신다면, 그는 마시는 동안 색깔이나 향기나 맛을 즐기지 못하고, 마신 후에는 죽거나 죽을 지경의 괴로움을 겪을 것이오. 비구들이여, 내가 말하는 '현재도 괴롭고 미래도 괴로운 업보를 받는 법'은 이와 같은 것이라오.

비구들이여, 비유하면 색깔이 곱고 향기가 좋고 맛이 있지만 독이 섞인 음료수가 들어 있는 잔이 있다오. 그런데 살기를 갈망하고, 죽지 않기를 갈망하고, 즐거움을 갈망하고, 괴로움을 싫어하는 사람이 왔다오. 누군가가 그에게 '여보시오, 이 잔에 든 음료수는 색깔이 곱고 향기가 좋고 맛이 있지만 독이 섞여 있소. 만약에 그대가 원한다면 마시도록 하시오! 마시는 동안 그대는 색깔이나 향기나 맛을 즐길 것이오. 그러나 마신 후에는 죽거나 죽을 지경의 괴로움을 겪을 것이오'라고 말했다오. 그러나 그가 그 말을 무시하고 버리지 않고 마신다면, 그는 마시는 동안은 색깔이나 향기나 맛을 즐기지만 마신 후에는 죽거나 죽을 지경의 괴로움을 겪을 것이오. 비구들이여, 내가 말하는 '현재는 즐겁지만 미래는 괴로운 업보를 받는 법'은 이와 같은 것이라오.

비구들이여, 비유하면 여러 가지 약이 섞인 썩은 오줌이 있다오. 그런데 살기를 갈망하고, 죽지 않기를 갈망하고, 즐거움을 갈망하고, 괴로움을 싫어하는 사람이 왔다오. 누군가가 그에게 '여보시오, 이 썩은 오줌은 여러 가지 약이 섞여 있소. 만약에 그대가 원한다면 마시도록 하시오! 마시는 동안 그대는 색깔이나 향기나 맛을 즐기지 못할 것이오. 그러나 마신 후에는 즐겁게 될 것이오'라고 말했다오. 그가 그 말을 듣고 잘 생각하여 버리지 않고 마신다면, 그는 마시는 동안은 색깔이나 향기나 맛을 즐기지 못하지만 마신 후에는 즐겁게 될 것이오. 비구들이여, 내가 말하는 '현재는 괴롭지만 미래는 즐거운 업보를 받는 법'은 이와 같은 것이라오.

비구들이여, 비유하면 우유와 꿀과 버터와 당밀(糖蜜)이 함께 섞인 음료수가 있다오. 그런데 살기를 갈망하고, 죽지 않기를 갈망하고, 즐거움을 갈망하고, 괴로움을 싫어하는 사람이 왔다오. 누군가가 그에게 '여보시오, 이 음료수는 우유와 꿀과 버터와 당밀이 함께 섞인 것이오. 만약에 그대가 원한다면 마시도록 하시오! 마시는 동안 그대는 색깔이나 향기나 맛을 즐길 것이오. 그리고 마신 후에는 즐겁게 될 것이오'라고 말했다오. 그가 그 말을 듣고 잘 생각하여 버리지 않고 마신다면, 그는 마시는 동안 색깔이나 향기나 맛을 즐기고 마신 후에는 즐겁게 될 것이오. 비구들이여, 내가 말하는 '현재도 즐겁고, 미래도 즐거운 업보를 받는 법'이란 이와 같은 것이라오.

비구들이여, 우기(雨期)가 지나면 구름 한 점 없는 청명한 가을하늘에 구름을 몰아내는 태양이 높이 솟아올라 모든 허공과 어둠을 뚫고 찬란한 광채를 내며 빛나듯이, 비구들이여, 현재에도 즐겁고 미래에도 즐거운 업보를 받는 법은 다른 많은 사문과 바라문들의 논쟁을 물리치고 찬란한 광채를 내며 빛난다오."

이것이 세존께서 하신 말씀입니다.

그 비구들은 세존의 설법에 만족하고 기뻐했습니다.

28. 꼬삼비경[324]

〈M.N. 48. Kosambiya-sutta〉

이와 같이 나는 들었습니다.

한때 세존께서는 꼬삼비(Kosambī)의 고시따(Ghosita) 승원에 머무셨습니다.

그때 꼬삼비의 비구들은 언쟁을 일으키고, 분쟁을 일으키고, 논쟁을 일으켜 서로 날카로운 독설을 퍼부으며 지냈습니다. 그들은 상호 간에 설득하지 않고, 납득하지 않고, 동의하지 않았습니다. 그러자 어떤 비구가 세존을 찾아왔습니다. 그는 세존을 찾아와서 예배한 후에 한쪽에 앉아 세존께 이 일을 말씀드렸습니다.

그러자 세존께서 어떤 비구를 부르셨습니다.

"이리 오라! 비구여, 그대는 '스승님께서 존자들을 부르십니다'라고 나의 말을 전하여 그 비구들을 불러라!"

그 비구는 "그렇게 하겠습니다, 세존이시여!"라고 세존께 대답하고, 그 비구들을 찾아가서 말했습니다.

"존자들이여, 스승님께서 존자들을 부르십니다."

그 비구들은 그 비구에게 "알겠습니다, 존자여!"라고 대답하고서 세존을 찾아갔습니다. 그들은 세존을 찾아가서 예배하고 한쪽에 앉았습니다. 한쪽에 앉은 그 비구들에게 세존께서 말씀하셨습니다.

"비구들이여, 그대들은 언쟁을 일으키고, 분쟁을 일으키고, 논쟁을 일으켜 서로 날카로운 독설을 퍼부으며 지내면서 상호 간에 설득하지 않고, 납득하지 않고, 동의하지 않는다고 하는데, 그것이 사실인가?"

"그렇습니다, 세존이시여!"

"비구들이여, 어떻게 생각하는가? 그대들이 그와 같이 지낼 때, 도반(道伴)들에 대하여 함께할 때나 혼자일 때나 자애로운 신업(身業)과 구업(口業)과 의업(意業)을 행하게 되던가?"

"그렇지 않습니다, 세존이시여!"

"어리석은 사람들이여, 그렇다면 그대들은 왜, 어떻게 알고 어떻게 보았기에, 언쟁을 일으키고 분쟁을 일으키고 논쟁을 일으켜 서로 날카로운 독설을 퍼부으며 지내면서 상호 간에 설득하지 않고, 납득하지 않고, 동의하지 않는단 말인가? 어리석은 사람들이여, 그것은 오랜 세월 동안 해롭고 괴로운 일이 될 것이오."

세존께서 비구들에게 말씀하셨습니다.

"비구들이여, 단합으로 이끌고 다툼을 없애고 화합으로 이끌고 통일로 이끄는, 사랑하고 존중하고 기억해야 할 여섯 가지 법이 있다오. 그 여섯 가지는 어떤 것인가?

비구들이여, 비구들은 도반들에 대하여 함께일 때나 혼자일 때나 자애로운 신업을 행해야 한다오. 이것이 단합으로 이끌고 다툼을 없애고 화합으로 이끌고 통일로 이끄는, 사랑하고 존중하고 기억해야 할 법이라오.

---

324 『증일아함경(增壹阿含經)』의 24.7.에 상응하는 경.

비구들이여, 비구들은 도반들에 대하여 함께일 때나 혼자일 때나 자애로운 구업을 행해야 한다오. 이것이 단합으로 이끌고 다툼을 없애고 화합으로 이끌고 통일로 이끄는, 사랑하고 존중하고 기억해야 할 법이라오.

비구들이여, 비구들은 도반들에 대하여 함께일 때나 혼자일 때나 자애로운 의업을 행해야 한다오. 이것이 단합으로 이끌고 다툼을 없애고 화합으로 이끌고 통일로 이끄는, 사랑하고 존중하고 기억해야 할 법이라오.

비구들이여, 비구들은 여법(如法)하고 정당하게 얻은 것들을, 발우 속에 든 음식까지도 함께 나눌 정도로, 한계를 정하지 않고 계행(戒行)을 갖춘 도반들과 함께 나누어야 한다오. 이것이 단합으로 이끌고 다툼을 없애고 화합으로 이끌고 통일로 이끄는, 사랑하고 존중하고 기억해야 할 법이라오.

비구들이여, 비구들은 도반들과 더불어 함께일 때나 혼자일 때나 부서지지 않고 끊어지지 않고 청정무구하고 자유롭고 현자들이 칭찬하고 오염되지 않고 삼매에 도움이 되는, 그런 계율에 상응하는 삶을 살아야 한다오. 이것이 단합으로 이끌고 다툼을 없애고 화합으로 이끌고 통일로 이끄는, 사랑하고 존중하고 기억해야 할 법이라오.

비구들이여, 비구들은 도반들과 더불어 함께일 때나 혼자일 때나 그것을 실천하는 사람이 괴로움을 완전히 소멸하도록 거룩한 벗어남[出離]으로 이끄는, 그런 견해(見解)에 상응하는 삶을 살아야 한다오. 이것이 단합으로 이끌고 다툼을 없애고 화합으로 이끌고 통일로 이끄는, 사랑하고 존중하고 기억해야 할 법이라오.

비구들이여, 이것이 단합으로 이끌고 다툼을 없애고 화합으로 이끌고 통일로 이끄는, 사랑하고 존중하고 기억해야 할 여섯 가지 법이라오. 비구들이여, 비유하면 첨탑 누각에서 가장 중요하고 총체적이며 종합적인 것은 첨탑이듯이, 이 여섯 가지 법 가운데서 가장 중요하고 총체적이며 종합적인 것은 그것을 실천하는 사람이 괴로움을 완전히 소멸하도록 거룩한 벗어남으로 이끄는 견해라오.

비구들이여, 어떤 것이 그것을 실천하는 사람이 괴로움을 완전히 소멸하도록 거룩한 벗어남으로 이끄는 견해인가? 비구들이여, 비구는 숲이나 나무 아래나 한가한 곳으로 가서 '나에게 내적으로 버리지 못한 편견이 있는 것은 아닐까? 그래서 나는 편견에 사로잡힌 마음에서 있는 그대로 알지 못하고 보지 못하는 것은 아닐까?'라고 성찰한다오.

비구들이여, 만약에 비구가 욕탐(欲貪)에 의한 편견이 있다면, 그것이 바로 편견에 사로잡힌 마음이라오. 비구들이여, 만약에 비구가 악의(惡意)에 의한 편견이 있다면, 그것이 바로 편견에 사로잡힌 마음이라오. 비구들이여, 만약에 비구가 나태[昏沈]와 졸음[睡眠]에 의한 편견이 있다면, 그것이 바로 편견에 사로잡힌 마음이라오. 비구들이여, 만약에 비구가 들뜸[掉擧]과 후회[惡作][325]에 의한 편견이 있다면, 그것이 바로 편견에 사로잡힌 마음이라오. 비구들이여, 만약에 비구가 의혹(疑惑)에 의한 편견이 있다면, 그것이 바로 편견에 사로잡힌 마음이라오.

비구들이여, 만약에 비구가 이 세상에

325 '들뜸[uddhacca, 掉擧]'은 불안정한 심리상태를, '후회[kukkucca, 惡作]'는 과거의 악업에 대한 후회를 의미한다.

대한 생각을[idhalokacintāya] 추구한다면, 그것이 바로 편견에 사로잡힌 마음이라오. 비구들이여, 만약에 비구가 저세상에 대한 생각을[paralokacintāya] 추구한다면, 그것이 바로 편견에 사로잡힌 마음이라오. 비구들이여, 만약에 비구가 언쟁을 일으키고, 분쟁을 일으키고, 논쟁을 일으켜 날카로운 독설을 퍼부으며 지낸다면, 그것이 바로 편견에 사로잡힌 마음이라오.

거룩한 제자는 '편견에 사로잡힌 마음에서 있는 그대로 알지 못하고 보지 못하게 하는, 내적으로 버리지 못한 편견이 나에게는 없다. 나의 의지(意志)는 진리의 깨달음을 갈망한다'라고 통찰한다오. 이것이 범부와는 다른, 맨 처음 성취한 세간을 초월한 거룩한 앎이라오.

비구들이여, 다음으로 거룩한 제자는 '나는 이 견해에 따라 실천하고 닦아 익혀 나 자신의 평온[samatha]과 평화[nibbuti]를 성취하고 있는가?'라고 성찰한다오. 그는 '나는 이 견해에 따라 실천하고 닦아 익혀 나 자신의 평온과 평화를 성취하고 있다'라고 통찰한다오. 이것이 범부와는 다른, 두 번째로 성취한 세간을 초월한 거룩한 앎이라오.

비구들이여, 다음으로 거룩한 제자는 '내가 가진 견해와 같은 견해를 가진 다른 사문이나 바라문이 이 가르침 밖에 있는가?'라고 성찰한다오. 그는 '내가 가진 견해와 같은 견해를 가진 다른 사문이나 바라문이 이 가르침 밖에는 없다'라고 통찰한다오. 이것이 범부와는 다른, 세 번째로 성취한 세간을 초월한 거룩한 앎이라오.

비구들이여, 다음으로 거룩한 제자는 '견해를 성취한 사람이 지닌 행실을 나도 지니고 있는가?'라고 성찰한다오. 비구들이여, 어떤 것이 견해를 성취한 사람이 지닌 행실인가? 비구들이여, 견해를 성취한 사람의 행실은 이러하다오. 그는 어떤 죄든 자신이 죄를 지은 것을 알게 되면, 그것을 빨리 스승이나 현자나 도반에게 참회하고, 공개하고, 드러낸다오. 그런 다음에 미래에는 자제한다오. 비구들이여, 비유하면 기어 다니는 무지한 어린아이가 손이나 발로 숯불을 밟고 나서 재빨리 물러서는 것과 같다오. 비구들이여, 이와 같은 행실이 견해를 성취한 사람의 행실이라오. 그는 '견해를 성취한 사람이 지닌 행실을 나도 지니고 있다'라고 통찰한다오. 이것이 범부와는 다른, 네 번째로 성취한 세간을 초월한 거룩한 앎이라오.

비구들이여, 다음으로 거룩한 제자는 '견해를 성취한 사람이 지닌 행실을 나도 지니고 있는가?'라고 성찰한다오. 비구들이여, 어떤 것이 견해를 성취한 사람이 지닌 행실인가? 비구들이여, 견해를 성취한 사람의 행실은 이러하다오. 그는 어떤 일이든 도반들이 해야 할 갖가지 일들을 곧바로 열심히 하면서, 계행(戒行)의 학습과 선정(禪定)의 학습과 수승한 지혜(智慧)의 학습에 열중한다오. 비구들이여, 비유하면 암소가 어린 송아지에게 풀을 뜯어 먹이면서 송아지를 돌보는 것과 같다오. 비구들이여, 이와 같은 행실이 견해를 성취한 사람의 행실이라오. 그는 '견해를 성취한 사람이 지닌 행실을 나도 지니고 있다'라고 통찰한다오. 이것이 다섯 번째로 성취한, 범부와는 다른 세간을 초월한 거룩한 앎이라오.

비구들이여, 다음으로 거룩한 제자는 '견해를 성취한 사람이 지닌 힘을 나도 지니고 있는가?'라고 성찰한다오. 비구들이여, 어떤 것이 견해를 성취한 사람이 지닌 힘인가? 비구들이여, 견해를 성취한 사람의 힘은 이러하다오. 그는 여래가 가르친 법과 율이 설해질 때 흥미를 가지고 주의를 기울이고, 모든 마음을 집중하여 귀를 기울여 법을 듣는다오. 그는 '견해를 성취한 사람이 지닌 힘을 나도 지니고 있다'라고 통찰한다오. 이것이 여섯 번째로 성취한, 범부와는 다른, 세간을 초월한 거룩한 앎이라오.

비구들이여, 다음으로 거룩한 제자는 '견해를 성취한 사람이 지닌 힘을 나도 지니고 있는가?'라고 성찰한다오. 비구들이여, 어떤 것이 견해를 성취한 사람이 지닌 힘인가? 비구들이여, 견해를 성취한 사람의 힘은 이러하다오. 그는 여래가 가르친 법과 율이 설해질 때 의미를 이해하고, 법을 이해하고, 법열(法悅)을 얻는다오. 그는 '견해를 성취한 사람이 지닌 힘을 나도 지니고 있다'라고 통찰한다오. 이것이 일곱 번째로 성취한, 범부와는 다른, 세간을 초월한 거룩한 앎이라오.

비구들이여, 수다원과를 체득하기 위해서는 이와 같은 일곱 가지를 구족한 거룩한 제자의 행실을 잘 실천해야 한다오. 비구들이여, 이와 같은 일곱 가지를 구족한 거룩한 제자는 수다원과를 성취한 사람이라오."

이것이 세존께서 하신 말씀입니다.

그 비구들은 세존의 설법에 만족하고 기뻐했습니다.

29. 지와까경
〈M.N. 55. Jīvaka-sutta〉

이와 같이 나는 들었습니다.

한때 세존께서는 라자가하에서 지와까 꼬마라밧짜의 망고 숲에 머무셨습니다.

그때 지와까 꼬마라밧짜가 세존을 찾아와서 세존께 예배하고 한쪽에 앉은 후에 세존께 말씀드렸습니다.

"세존이시여, 저는 '사문 고따마는 사람들이 사문 고따마를 위하여 죽인 짐승의 고기를, 그것이 자신을 위해서 죽인 것인 줄을 알고도 먹는다'라는 말을 들었습니다. 세존이시여, 세존께 이런 말을 하는 사람들은 세존을 거짓말로 비방하는 것인가요, 사실을 가지고 있는 그대로 이야기한 것인가요? 누구든지 이런 말을 하는 사람은 비난을 받아야 하지 않을까요?"

"지와까여, 그런 말은 나에 대한 진실한 말이 아니라오. 그들은 있지도 않은 거짓으로 나를 비방하는 것이라오. 지와까여, 나는 '세 가지 경우에는 고기를 수용할 수 없다'라고 말한다오. 지와까여, 나는 '보았을 경우, 들었을 경우, 의심스러울 경우, 이 세 가지 경우에는 고기를 수용할 수 없다'라고 말한다오. 지와까여, 나는 '세 가지 경우에는 고기를 수용할 수 있다'라고 말한다오. 지와까여, 나는 '보지 않았을 경우, 듣지 않았을 경우, 의심스럽지 않을 경우, 이 세 가지 경우에는 고기를 수용할 수 있다'라고 말한다오.

지와까여, 비구는 어떤 마을이나 도시에 의지해서 살아간다오. 그는 자애로운[慈] 마음으로 한 방향을 가득 채우고 살아간다오. 그와 같이 둘째, 셋째, 넷째 방향을 가득 채우고 살아간다오. 이렇게 위로, 아래로, 사방으로, 모든 곳에 빠짐없이 풍부하고 광대하고 무량하게, 원한 없고 폭력 없는 자애로운 마음으로 온 세상을 가득 채우고 살아간다오. 그에게 거사나 거사의 아들이 찾아와서 다음 날의 식사에 초대한다오. 지와까여, 비구는 기꺼이 응한다오. 그는 다음 날 오전에 옷을 입고 발우와 법의를 지니고 그 거사나 거사의 아들이 사는 곳을 찾아가서 마련된 자리에 앉는다오. 그에게 그 거사나 거사의 아들이 훌륭한 음식을 대접한다오. 그는 '이 거사나 거사의 아들이 나에게 훌륭한 음식을 대접하니 참 좋구나. 아! 이 거사나 거사의 아들이 앞으로도 나에게 이와 같은 훌륭한 음식을 대접하면 좋겠다'라고 생각하지 않는다오. 그는 집착하지 않고, 탐닉하지 않고, 탐착하지 않고, 재앙이라고 보고, 벗어나야 한다는 지혜를 가지고 그 음식을 먹는다오. 지와까여, 그대는 어떻게 생각하는가? 그때 그 비구가 자신을 해칠 생각을 하거나 남을 해칠 생각을 하거나 자신과 남을 해칠 생각을 하겠는가?"

"그렇지 않습니다, 세존이시여!"

"지와까여, 그 비구는 그때 실로 허물없는 음식을 먹는 것이 아닌가?"

"그렇습니다, 세존이시여! 세존이시여, 저는 '범천[Brahmā]은 자애로운 마음을 지녔다'라고 들었습니다. 세존이시여, 세존께서는 저에게 그것을 보여 준 증인입니다. 세존이시여, 세존이야말로 자애로운 마음을 지닌 분입니다."

"지와까여, 참으로 탐욕[貪] 때문에, 분노[瞋] 때문에, 어리석음[癡] 때문에 악의(惡意)가 있다오. 여래는 그 탐욕, 그 분노, 그 어리석음을 버리고 근절하고 단절하고 없앴으며, 미래에는 일으키지 않는다오. 지와까여, 만약에 그대의 말이 이것에 관한 것이라면, 나는 그대의 말을 인정하오."

"세존이시여, 제 말은 실로 그것에 관한 것입니다."

"지와까여, 비구는 어떤 마을이나 도시에 의지해서 살아간다오. 그는 연민하는 마음[悲], 기뻐하는 마음[喜], 평정한 마음[捨]으로 한 방향을 가득 채우고 살아간다오. 그와 같이 둘째, 셋째, 넷째 방향을 가득 채우고 살아간다오. 이렇게 온 세상을 위로, 아래로, 사방으로, 모든 곳에 빠짐없이 풍부하고 광대하고 무량하게, 원한 없고 폭력 없는 연민하는 마음[悲], 기뻐하는 마음[喜], 평정한 마음[捨]으로 가득 채우고 살아간다오. 그에게 거사나 거사의 아들이 찾아와서 다음 날의 식사에 초대한다오. 지와까여, 비구는 기꺼이 응한다오. 그는 다음 날 오전에 옷을 입고 발우와 법의를 지니고 그 거사나 거사의 아들이 사는 곳을 찾아가서 마련된 자리에 앉는다오. 그에게 그 거사나 거사의 아들이 훌륭한 음식을 대접한다오. 그는 '이 거사나 거사의 아들이 나에게 훌륭한 음식을 대접하니 참 좋구나. 아! 정말 이 거사나 거사의 아들이 앞으로도 나에게 이와 같은 훌륭한 음식을 대접하면 좋겠다'라고 생각하지 않는다오. 그는 집착하지 않고, 탐닉하지 않고, 탐착하지 않고, 재앙이라고 보고, 벗어나야 한다는 지혜를 가지고 그 음식을 먹는다오. 지와까여, 그대는 어떻게 생각하는가? 그때 그 비구가 자신을 해칠 생각을 하거나 남을 해칠 생각을 하거나 자신과 남을 해칠 생각을 하겠는가?"

"그렇지 않습니다, 세존이시여!"

"지와까여, 그 비구는 그때 실로 허물없는 음식을 먹는 것이 아닌가?"

"그렇습니다, 세존이시여! 세존이시여, 저는 '브라만(Brahmā) 신은 연민하는 마음, 기뻐하는 마음, 평정한 마음을 지닌 분이다'라고 들었습니다. 세존이시여, 세존께서는 저에게 그것을 보여 준 증인입니다. 세존이시여, 세존이야말로 연민하는 마음, 기뻐하는 마음, 평정한 마음을 지닌 분입니다."

"지와까여, 참으로 탐욕 때문에, 분노 때문에, 어리석음 때문에 가해(加害)가 있고 혐오(嫌惡)가 있고 증오(憎惡)가 있다오. 여래는 그 탐욕, 그 분노, 그 어리석음을 버리고 근절하고 단절하고 없앴으며, 미래에는 일으키지 않는다오. 지와까여, 만약에 그대의 말이 이것에 관한 것이라면, 나는 그대의 말을 인정하오."

"세존이시여, 제 말은 실로 그것에 관한 것입니다."

"지와까여, 실로 여래나 여래의 제자를 위하여 짐승을 죽이는 사람은 다섯 가지 이유에서 많은 죄를 짓는다오. 그는 '너는 가서 말 못 하는 짐승을 데려오너라!'라고 말할 것이니, 이것이 그가 많은 죄를 짓는 첫 번째 이유라오. 그 짐승은 끌려오면서 목이 터지게 울부짖으며 괴로움과 슬픔을 느낄 것이니, 이것이 그가 많은 죄를 짓는 두 번째 이유라오. 그는 '너는 그 짐승을 죽여라!'라고 말할 것이니, 이것이 그가 많은 죄를 짓는 세 번째 이유라오. 그 짐승은 죽임을 당하면서 괴로움과 슬픔을 느낄 것이니, 이것이 그가 많은 죄를 짓는 네 번째 이유라오. 그는 적절하지 못한 음식으로 여래나 여래의 제자를 모욕하는 것이니, 이것이 그가 많은 죄를 짓는 다섯 번째 이유라오. 지와까여, 실로 여래나 여래의 제자를 위하여 짐승을 죽이는 사람은 이와 같은 다섯 가지 경우에 많은 죄를 짓는 것이라오."

이 말씀을 듣고, 지와까 꼬마라밧짜는 세존께 이렇게 말씀드렸습니다.

"놀랍습니다, 세존이시여! 희유합니다, 세존이시여! 세존이시여, 실로 비구들은 적절한 음식을 먹는군요! 세존이시여, 실로 비구들은 허물없는 음식을 먹는군요! 훌륭하십니다, 세존이시여! 훌륭하십니다, 세존이시여! 마치 뒤집힌 것을 바로 세우는 것 같고, 감추어진 것을 드러내는 것 같고, 길 잃은 자에게 길을 알려 주는 것 같고, '눈 있는 자들은 보라'라고 어둠 속에 등불을 비춰 주는 것 같습니다. 이와 같이 세존께서는 여러 가지 방법으로 진리를 알려 주셨습니다. 이제 저는 세존께 귀의합니다. 가르침과 비구상가에 귀의합니다. 세존께서는 저를 청신사로 받아 주소서. 오늘부터 살아 있는 날까지 귀의하겠습니다."

30. 우빨리경[326]

〈M.N. 56. Upāli-sutta〉

이와 같이 나는 들었습니다.

한때 세존께서는 나란다(Nāḷanda)의 빠와리까(Pāvārika) 망고 숲에 머무셨습니다.

그때 니간타 나따뿟따가 많은 니간타 무리와 함께 나란다에 살고 있었습니다.

어느 날 디가따빠씬(Dīghatapassin) 니간타가 나란다에 탁발하러 와서 탁발한 음식을 먹은 후에 빠와리까 망고 숲으로 세존을 찾아왔습니다. 그는 세존을 찾아와서 세존과 정중하게 인사를 하고 공손한 인사말을 나눈 후에 한쪽에 서 있었습니다.

세존께서 디가따빠씬 니간타에게 말씀하셨습니다.

"따빠씬(Tapassin)이여, 자리들이 있으니 원한다면 앉으시오!"

디가따빠씬 니간타는 낮은 자리를 하나 취하여 한쪽에 앉았습니다.

세존께서 디가따빠씬 니간타에게 말씀하셨습니다.

"따빠씬이여, 니간타 나따뿟따는 악업(惡業)이 작용할 때, 악업이 과보(果報)로 나타날 때, 어떤 업(業)들을 언명(言明)하는가?"

"고따마 존자여, 업이라고 언명하는 것은 니간타 나따뿟따의 관습이 아닙니다. 고따마 존자여, 벌(罰)이라고 언명하는 것이 니간타 나따뿟따의 관습입니다."

"그렇다면 따빠씬이여, 니간타 나따뿟따는 악업이 작용할 때, 악업이 과보로 나타날 때, 어떤 벌들을 언명하는가?"

"고따마 존자여, 니간타 나따뿟따는 악업이 작용할 때, 악업이 과보로 나타날 때, 세 가지 벌, 즉 몸으로 지어 받는 벌[身罰]·말로 지어 받는 벌[口罰]·마음으로 지어 받는 벌[意罰]을 언명합니다."

"그렇다면 따빠씬이여, 몸으로 지어 받는 벌과 말로 지어 받는 벌과 마음으로 지어 받는 벌은 각각 다른가?"

"고따마 존자여, 몸으로 지어 받는 벌과 말로 지어 받는 벌과 마음으로 지어 받는 벌은 각각 다릅니다."

"그렇다면 따빠씬이여, 니간타 나따뿟따는 악업이 작용할 때, 악업이 과보로 나타날 때, 이와 같이 구분되고, 이와 같이 구별되는 이들 세 가지 벌 가운데서 어떤 벌을 가장 큰 죄로 언명하는가? 몸으로 지어 받는 벌인가, 아니면 말로 지어 받는 벌인가, 아니면 마음으로 지어 받는 벌인가?"

"고따마 존자여, 니간타 나따뿟따는 이들 세 가지 벌 가운데서 몸으로 지어 받는 벌을 가장 큰 죄로 언명합니다. 말로 지어 받는 벌과 마음으로 지어 받는 벌은 그렇지 않습니다."

"따빠씬이여, 그대는 몸으로 지어 받는 벌이라고 말했는가?"

"고따마 존자여, 저는 몸으로 지어 받는

---

326 『중아함경(中阿含經)』의 「133. 우바리경(優婆離經)」에 상응하는 경.

벌이라고 말했습니다."

"따빠씬이여, 그대는 몸으로 지어 받는 벌이라고 말했는가?"

"고따마 존자여, 저는 몸으로 지어 받는 벌이라고 말했습니다."

세존께서는 이처럼 세 번에 걸쳐서 디가따빠씬 니간타의 주장을 확정했습니다.

이와 같이 대화를 나눈 후에 디가따빠씬 니간타가 세존께 말했습니다.

"고따마 존자여, 당신은 악업이 작용할 때, 악업이 과보로 나타날 때, 어떤 벌들을 언명합니까?"

"따빠씬이여, 벌이라고 언명하는 것은 여래의 관습이 아니라오. 고행자여, 업이라고 언명하는 것이 여래의 관습이라오."

"고따마 존자여, 그렇다면 당신은 악업이 작용할 때, 악업이 과보로 나타날 때, 어떤 업들을 언명합니까?"

"따빠씬이여, 나는 악업이 작용할 때, 악업이 과보로 나타날 때, 세 가지 업, 즉 몸으로 짓는 업[身業]·말로 짓는 업[口業]·마음으로 짓는 업[意業]을 언명한다오."

"그렇다면 고따마 존자여, 몸으로 짓는 업과 말로 짓는 업과 마음으로 짓는 업은 각각 다릅니까?"

"따빠씬이여, 몸으로 짓는 업과 말로 짓는 업과 마음으로 짓는 업은 각각 다르다오."

"그렇다면 고따마 존자여, 이들 세 가지 업 가운데서 당신은 어떤 업을 가장 큰 죄로 언명합니까? 몸으로 짓는 업입니까, 아니면 말로 짓는 업입니까, 아니면 마음으로 짓는 업입니까?"

"따빠씬이여, 이들 세 가지 업 가운데서 나는 마음으로 짓는 업을 가장 큰 죄로 언명한다오. 몸으로 짓는 업과 말로 짓는 업은 그렇지 않다오."

"고따마 존자여, 당신은 마음으로 짓는 업이라고 말했습니까?"

"따빠씬이여, 나는 마음으로 짓는 업이라고 말했다오."

"고따마 존자여, 당신은 마음으로 짓는 업이라고 말했습니까?"

"따빠씬이여, 나는 마음으로 짓는 업이라고 말했다오."

디가따빠씬 니간타는 이처럼 세 번에 걸쳐서 세존의 주장을 확정한 후에 자리에서 일어나 니간타 나따뿟따에게 갔습니다.

그 때 니간타 나따뿟따는 발라까(Bālaka) 마을의 우빨리(Upāli)를 비롯하여 많은 재가자들과 함께 앉아 있었습니다. 니간타 나따뿟따는 저만치에서 디가따빠씬 니간타가 오는 것을 보았습니다. 그것을 보고서 디가따빠씬 니간타에게 말했습니다.

"따빠씬이여, 지금 그대는 아침 일찍이 어디를 다녀오는가?"

"존자여, 저는 고따마 사문(沙門)을 만나고 옵니다."

"따빠씬이여, 그대는 고따마 사문과 함께 대화를 나누었는가?"

"존자여, 저는 고따마 사문과 함께 대화를 나누었습니다."

"따빠씬이여, 그대가 고따마 사문과 함께 나눈 대화는 어떤 것인가?"

디가따빠씬 니간타는 세존과 함께 나눈 모든 대화를 니간타 나따뿟따에게 이야기했습니다. 그러자 니간타 나따뿟따가 디가따빠씬 니간타에게 말했습니다.

"훌륭하다! 따빠씬이여, 훌륭하다! 스승

의 가르침을 바르게 이해한 배움이 많은 제자로서 디가따빠씬 니간타는 고따마 사문에게 그와 같이 대답했구나. 이와 같이 몸으로 지어 받는 무거운 벌에 비하여 어떻게 마음으로 지어 받는 하찮은 벌이 무겁겠는가? 실로 악업이 작용할 때, 악업이 과보로 나타날 때, 몸으로 지어 받는 벌이 가장 큰 죄가 된다. 말로 지어 받는 벌과 마음으로 지어 받는 벌은 그렇지 않다."

이 말을 듣고, 거사(居士) 우빨리가 니간타 나따뿟따에게 말했습니다.

"훌륭하군요! 존자여, 따빠씬은 훌륭하군요! 스승의 가르침을 바르게 이해한 배움이 많은 제자로서 디가따빠씬 니간타는 고따마 사문에게 그와 같이 대답했군요. 이와 같이 몸으로 지어 받는 무거운 벌에 비하여 어떻게 마음으로 지어 받는 하찮은 벌이 무겁겠습니까? 실로 악업이 작용할 때, 악업이 과보로 나타날 때, 몸으로 지어 받는 벌이 가장 큰 죄가 됩니다. 말로 지어 받는 벌과 마음으로 지어 받는 벌은 그렇지 않습니다. 존자여, 이제 내가 가서 고따마 사문의 그러한 주장을 논파하겠습니다. 만약에 사문 고따마가 따빠씬 존자의 주장을 확정하듯이 나의 주장을 확정한다면, 힘센 장사가 털이 긴 염소의 털을 붙잡아 끌어당겨서 이리저리 끌고 다니듯이, 나는 말끝마다 사문 고따마를 붙잡아 끌어당겨서 이리저리 끌고 다니겠습니다. 비유하면, 힘센 술 빚는 사람이 커다란 술 거르는 체를 깊은 호수 속에 던져 넣고 귀퉁이를 붙잡아 끌어당겨서 이리저리 끌고 다니듯이, 나는 말끝마다 고따마 사문을 붙잡아 끌어당겨서 이리저리 끌고 다니겠습니다. 비유하면, 힘센 술주정뱅이가 말의 귀를 잡고 흔들어 떨어뜨리듯이, 나는 말끝마다 고따마 사문을 잡고 흔들어서 떨어뜨리겠습니다. 비유하면, 60년 된 코끼리가 깊은 연못에 들어가서 흥겹게 물놀이를 즐기듯이, 나는 말끝마다 고따마 사문을 가지고 물놀이하듯이 흥겹게 즐기겠습니다. 이제 내가 가서 사문 고따마의 그러한 주장을 논파하겠습니다."

"거사여, 그대가 가서 고따마 사문의 그러한 주장을 논파하시오! 나도 고따마의 주장을 논파할 수 있고, 디가따빠씬 니간타도 할 수 있고, 그대도 할 수 있을 것이오."

이렇게 말하자, 디가따빠씬 니간타가 니간타 나따뿟따에게 말했습니다.

"존자여, 제 생각에 우빨리 거사가 고따마 사문을 논파하는 것은 좋지 않을 것 같습니다. 고따마 사문은 환술(幻術)에 능하며, 유인하는 환술을 알아서 외도(外道)의 제자들을 개종(改宗)시킵니다."

"따빠씬이여, 우빨리 거사가 고따마 사문의 제자가 된다는 것은 당찮고, 있을 수 없다. 고따마 사문이 우빨리 거사의 제자가 될 수는 있을 것이다. 거사여, 그대는 가서 고따마 사문의 주장을 논파하시오! 나도 고따마의 주장을 논파할 수 있고, 디가따빠씬 니간타도 할 수 있고, 그대도 할 수 있을 것이오."

디가따빠씬 니간타는 같은 말로 세 번을 만류했지만 니간타 나따뿟따는 듣지 않고 말했습니다.

"따빠씬이여, 우빨리 거사가 사문 고따마의 제자가 된다는 것은 당찮고, 있을 수 없다. 고따마 사문이 우빨리 거사의 제자가 될 수는 있을 것이다. 거사여, 그대는 가서 고따마 사문의 주장을 논파하시오! 나도 고따마의 주장을 논파할 수 있고, 디가따빠씬 니간타도 할 수 있고, 그대도 할 수 있을 것이오."

"존자여, 그렇게 하겠습니다"

거사 우빨리는 니간타 나따뿟따에게 대답하고, 자리에서 일어나 니간타 나따뿟따에게 예배하고, 오른쪽으로 돌고 나서 빠와리까 망고 숲으로 세존을 찾아갔습니다.

그는 세존께 예배한 다음 한쪽에 앉아 세존께 말씀드렸습니다.

"존자여, 이곳에 디가따빠씬 니간타가 왔었습니까?"

"거사여, 이곳에 디가따빠씬 니간타가 왔었다오."

"존자여, 당신은 디가따빠씬 니간타와 나눈 대화가 있습니까?"

"거사여, 나는 디가따빠씬 니간타와 나눈 대화가 있다오."

"존자여, 그렇다면 디가따빠씬 니간타와 나눈 대화를 그대로 말씀해 주시겠습니까?"

세존께서는 디가따빠씬 니간타와 나눈 모든 대화를 그대로 거사 우빨리에게 말씀하셨습니다.

이 말씀을 듣고, 거사 우빨리가 세존께 말씀드렸습니다.

"훌륭하군요! 따빠씬 존자는 훌륭하군요! 스승의 가르침을 바르게 이해한 배움이 많은 제자로서 디가따빠씬 니간타는 존자에게 그와 같이 대답했군요! 몸으로 지어 받는 무거운 벌에 비하여 어떻게 마음으로 지어 받는 하찮은 벌이 무겁겠습니까? 실로 악업이 작용할 때, 악업이 과보로 나타날 때, 몸으로 지어 받는 벌이 가장 큰 죄가 됩니다. 말로 지어 받는 벌은 그렇지 않고, 마음으로 지어 받는 벌은 그렇지 않습니다."

"거사여, 만약에 그대가 사실에 근거하여 논의한다면, 우리는 이 점에 대하여 논의할 수 있을 것이오."

"존자여, 저는 사실에 근거하여 논의하겠습니다. 우리 이점에 대하여 논의합시다."

"거사여, 어떻게 생각하나요? 여기 심한 병이 들어 극심한 고통을 받으면서도 찬물을 거부하고 따뜻한 물만 먹는 니간타가 있다고 합시다. 그가 찬물을 먹지 않아서 죽었다고 합시다. 거사여, 니간타 나따뿟따는 그가 어디에 태어난다고 이야기하나요?"

"존자여, 마노삿따(Manosattā)라는 신들이 있는데, 그는 그곳에 태어납니다. 왜냐하면 존자여, 그는 죽을 때 마음에 속박되기 때문입니다."

"거사여! 거사여! 거사는 심사숙고하여 대답하시오. 그대의 말은 앞뒤가 맞지 않는군요. 거사여, 그대는 '존자여, 저는 사실에 근거하여 논의하겠습니다. 우리 이점에 대하여 논의합시다'라고 말하지 않았나요?"

"존자여, 존자께서 그렇게 말씀하실지라도, 실로 악업이 작용할 때, 악업이 과보로 나타날 때, 몸으로 지어 받는 벌이 가장 큰 죄가 됩니다. 말로 지어 받는 벌과 마음으로 지어 받는 벌은 그렇지 않습니다."

"거사여, 어떻게 생각하나요? 여기 일체의 물을 살피고, 일체의 물을 통제하고, 일체의 물을 억제하고, 일체의 물에 대한 악(惡)을 방지하는, 네 가지 금계(禁戒)를 잘 지키는 니간타가 있다고 합시다. 그는 오고 가면서 많은 작은 생명들을 죽일 것이오. 거사여, 니간타 나따뿟따는 그에게 어떤 과보가 있다고 이야기하나요?"

"존자여, 니간타 나따뿟따는 의도하지

않은 것은 큰 죄가 아니라고 이야기합니다."

"거사여, 만약에 그가 의도한다면 어떠한가요?"

"존자여, 큰 죄가 됩니다."

"거사여, 니간타 나따뿟따는 의도는 어디에 속한다고 이야기하나요?"

"존자여, 의도는 마음으로 지은 죄에 속한다고 이야기합니다."

"거사여! 거사여! 거사는 심사숙고하여 대답하시오. 그대의 말은 앞뒤가 맞지 않는군요. 거사여, 그대는 '존자여, 저는 사실에 근거하여 논의하겠습니다. 우리 이점에 대하여 논의합시다'라고 말하지 않았나요?"

"존자여, 존자께서 그렇게 말씀하실지라도, 실로 악업이 작용할 때, 악업이 과보로 나타날 때, 몸으로 지어 받는 벌이 가장 큰 죄가 됩니다. 말로 지어 받는 벌과 마음으로 지어 받는 벌은 그렇지 않습니다."

"거사여, 어떻게 생각하나요? 이 나란다는 번영하고, 번성하고, 인구가 많고, 사람들이 붐비지 않나요?"

"그렇습니다. 존자여, 이 나란다는 번영하고, 번성하고, 인구가 많고, 사람들이 붐빕니다."

"거사여, 어떻게 생각하나요? 여기에 어떤 사람이 칼을 빼 들고 와서 '내가 이 나란다의 살아 있는 것들을 한 찰나, 한순간에 한 덩어리로 짓이기고, 한 덩어리로 만들겠다'라고 말한다고 합시다. 거사여, 어떻게 생각하나요? 그 사람이 이 나란다의 살아 있는 것들을 한 찰나, 한순간에 한 덩어리로 짓이기고, 한 덩어리로 만드는 일이 가능할까요?"

"존자여, 열 사람, 아니 스무 사람, 아니 서른 사람, 아니 마흔 사람, 아니 쉰 사람도 이 나란다의 살아 있는 것들을 한 찰나, 한순간에 한 덩어리로 짓이기고, 한 덩어리로 만드는 일은 불가능할 것입니다. 그런데 어떻게 하찮은 한 개인이 그렇게 할 수 있겠습니까?"

"거사여, 어떻게 생각하나요? 여기에 마음대로 할 수 있는 신통력을 지닌 사문이나 바라문이 와서 '내가 하나의 악심(惡心)으로 이 나란다를 재로 만들어 버리겠다'라고 말한다고 합시다. 거사여, 어떻게 생각하나요? 그 마음대로 할 수 있는 신통력을 지닌 사문이나 바라문이 하나의 악심으로 이 나란다를 재로 만들어 버리는 일이 가능할까요?"

"존자여, 열 개의 나란다, 아니 스무 개의 나란다, 아니 서른 개의 나란다, 아니 마흔 개의 나란다, 아니 쉰 개의 나란다라고 할지라도, 마음대로 할 수 있는 신통력을 지닌 사문이나 바라문은 하나의 악심으로 재로 만들어 버릴 수 있을 것입니다. 그런데 어떻게 하찮은 하나의 나란다를 그렇게 하지 못하겠습니까?"

"거사여! 거사여! 거사는 심사숙고하여 대답하시오. 그대의 말은 앞뒤가 맞지 않는군요. 거사여, 그대는 '존자여, 저는 사실에 근거하여 논의하겠습니다. 우리 이점에 대하여 논의합시다'라고 말하지 않았나요?"

"존자여, 존자께서 그렇게 말씀하실지라도, 실로 악업이 작용할 때, 악업이 과보로 나타날 때, 몸으로 지어 받는 벌이 가장 큰 죄가 됩니다. 말로 지어 받는 벌과 마음으로 지어 받는 벌은 그렇지 않습니다."

"거사여, 그대는 단다까 숲, 까링가 숲, 멧자 숲, 마땅가 숲이 숲이 된 이야기를 들어 보았나요?"

"존자여, 저는 단다까 숲, 까링가 숲, 멧자 숲, 마땅가 숲이 숲이 된 이야기를 들었습니다."

"거사여, 그대는 그 단다까 숲, 까링가 숲, 멧자 숲, 마땅가 숲은 무엇 때문에 숲이 되었다고 들었나요?"

"존자여, 저는 단다까 숲, 까링가 숲, 멧자 숲, 마땅가 숲은 선인(仙人)들의 악심에 의해서 숲이 되었다고 들었습니다."

"거사여! 거사여! 거사는 심사숙고하여 대답하시오. 그대의 말은 앞뒤가 맞지 않는군요. 거사여, 그대는 '존자여, 저는 사실에 근거하여 논의하겠습니다. 우리 이점에 대하여 논의합시다'라고 말하지 않았나요?"

"존자여, 사실은 맨 처음의 비유로 인해서 저는 세존께 흡족하고 만족했습니다. 그렇지만 저는 세존의 여러 가지 대답을 듣고 싶었습니다. 그래서 저는 세존과 반대로 생각했던 것입니다. 훌륭하십니다, 세존이시여! 훌륭하십니다, 세존이시여! 세존이시여, 마치 뒤집힌 것을 바로 세우는 것 같고, 감추어진 것을 드러내는 것 같고, 길 잃은 자에게 길을 알려 주는 것 같고, '눈 있는 자들은 보라'라고 어둠 속에 등불을 비춰 주는 것 같습니다. 이와 같이 세존께서는 여러 가지 방법으로 진리를 알려 주셨습니다. 이제 저는 세존께 귀의합니다. 가르침과 비구상가에 귀의합니다. 세존께서는 저를 청신사(淸信士)로 받아 주소서. 오늘부터 살아 있는 날까지 귀의하겠습니다."

"거사여, 깊이 생각하십시오! 당신은 세상에 널리 알려진 사람이니 부디 깊이 생각하도록 하십시오!"

"세존이시여, 세존께서 저에게 '거사여, 깊이 생각하십시오! 당신은 세상에 널리 알려진 사람이니 부디 깊이 생각하도록 하십시오'라고 말씀하시니, 저는 더욱더 세존께 흡족하고 만족합니다. 세존이시여, 외도들은 저를 제자로 얻은 다음에는, '우빨리 거사가 우리의 제자가 되었다'라고 외치면서 깃발을 흔들며 나란다의 모든 곳을 돌아다닐 것입니다. 그런데 세존께서는 저에게 '거사여, 깊이 생각하십시오! 당신은 세상에 널리 알려진 사람이니 부디 깊이 생각하도록 하십시오'라고 말씀하셨습니다. 이제 저는 거듭 세존께 귀의합니다. 가르침과 비구상가에 귀의합니다. 세존께서는 저를 청신사로 받아 주소서. 오늘부터 살아 있는 날까지 귀의하겠습니다."

"거사여, 당신의 가문은 오랫동안 니간타의 후원자였습니다. 그러므로 그들이 오면 탁발 음식을 보시해야 한다고 생각하십시오!"

"세존이시여, 세존께서 저에게 '거사여, 당신의 가문은 오랫동안 니간타의 후원자였습니다. 그러므로 그들이 오면 탁발 음식을 보시해야 한다고 생각하십시오'라고 말씀하시니, 저는 더욱더 세존께 흡족하고 만족합니다. 세존이시여, 저는 사문 고따마는 '나에게만 보시를 베풀고, 다른 사람에게는 보시를 베풀지 마라! 나의 제자들에게만 보시를 베풀고, 다른 사람의 제자들에게는 보시를 베풀지 마라! 나에게 베푼 보시만 이 큰 공덕이 있고, 다른 사람에게 베푼 보시는 큰 공덕이 없다. 나의 제자들에게 베푼 보시만이 큰 공덕이 있고, 다른 사람의 제자들에게 베푼 보시는 큰 공덕이 없다'라고 말한다고 들었습니다. 그런데 세존께서는 저에게 니간타에게도 보시할 것을 권유하시는군요. 세존이시여, 그 점은 제가 때를 알아 하겠습니다. 세존이시여, 이제 저는 세 번 거듭 세존께 귀의합니다. 가르침과 비구상가에 귀의합니다. 세존께서는 저를 청신사로 받아 주소서. 오늘부터 살아 있는 날까지 귀의하겠습니다."

그러자 세존께서는 우빨리 거사에게 차제설법(次第說法)을 하셨습니다. 즉 보시를 말씀하시고, 계율을 말씀하시고, 천상(天上)을 말씀하시고, 감각적 욕망은 위험하고 무익하고 더러운 것이며, 그것에서 벗어나는 것이 이익이 된다는 것을 설명하셨습니다. 세존께서는 우빨리 거사의 마음이 유연하고, 편견이 없고, 즐겁고, 청정하여 가르침을 받아들일 준비가 된 것을 아시고, 깨달으신 분들이 찬탄하시는 고(苦)·집(集)·멸(滅)·도(道)의 법문을 그에게 설명하셨습니다. 비유하면, 얼룩이 없는 깨끗한 옷이 염색을 잘 받아들이듯이, 그 자리에서 우빨리 거사에게 '어떤 것이든 쌓인 법[集法]은 모두가 소멸하는 법[滅法]'이라는 것을 보는 청정무구한 법안(法眼)이 생겼습니다. 진리를 보고, 진리를 획득하고, 진리를 알고, 진리를 깊이 이해하여 스승의 가르침에 대하여 다른 사람을 의지하지 않고, 의심을 극복하고, 의혹이 사라지고, 두려움이 없어진 우빨리 거사가 세존께 말씀드렸습니다.

"세존이시여, 이제 저는 가 보겠습니다. 제가 할 일이 많아 바쁩니다."

"거사여, 가야 할 시간이라면 그렇게 하시오!"

우빨리 거사는 세존의 말씀에 환희하고, 자리에서 일어나 세존께 예배한 후에 오른쪽으로 돈 다음 자신의 집으로 갔습니다. 집에 도착하자, 그는 문지기에게 분부했습니다.

"문지기여, 나는 오늘부터 니간타와 니간티(nigaṇṭhī)[327]의 출입을 금하고, 세존의 비구와 비구니, 청신사, 청신녀(淸信女)의 출입을 허락한다. 만약에 니간타가 오면, 너는 '존자여, 멈추시오! 들어가지 마시오! 우빨리 거사는 오늘부터 고따마 사문의 제자가 되어 니간타와 니간티의 출입을 금하고, 세존의 비구와 비구니, 청신사, 청신녀의 출입을 허락했소. 존자여, 그대의 목적이 탁발 음식이라면, 여기에 서 있으시오! 지금 그대에게 음식을 가져오겠소'라고 말하라!"

문지기가 우빨리 거사에게 대답했습니다.

"그렇게 하겠습니다, 주인님!"

디가따빠씬 니간타는 '우빨리 거사가 고따마 사문의 제자가 되었다'라는 말을 들었습니다. 그래서 디가따빠씬 니간타는 니간타 나따뿟따를 찾아가서 말했습니다.

"존자여, 저는 '우빨리 거사가 고따마 사문의 제자가 되었다'라는 말을 들었습니다."

"따빠씬이여, 그럴 리가 없소. 고따마 사문이 우빨리 거사의 제자가 될 수는 있겠지만, 우빨리 거사가 고따마 사문의 제자가 되는 일은 있을 수 없소."

디가따빠씬 니간타는 니간타 나따뿟따에게 두 번 세 번 거듭해서 같은 말을 했지만, 니간타 나따뿟따는 그 말을 믿지 않았습니다.

---

327 여자 니간타 수행자.

"존자여, 제가 가서 우빨리 거사가 고따마 사문의 제자가 되었는지 그렇지 않은지 알아보겠습니다."

"따빠씬이여, 그대는 가서 우빨리 거사가 고따마 사문의 제자가 되었는지 그렇지 않은지 알아보도록 하시오!"

그리하여 디가따빠씬 니간타는 우빨리 거사의 집으로 갔습니다.

문지기는 저만치에서 디가따빠씬 니간타가 오는 것을 보았습니다. 그는 디가따빠씬 니간타를 보고서 그에게 말했습니다.

"존자여, 멈추시오! 들어가지 마시오! 우빨리 거사는 오늘부터 고따마 사문의 제자가 되어 니간타와 니간티의 출입을 금하고, 세존의 비구와 비구니, 청신사, 청신녀의 출입을 허락했소. 존자여, 그대의 목적이 탁발 음식이라면, 여기에 서 있으시오! 지금 그대에게 음식을 가져오겠소."

"벗이여, 나의 목적은 탁발 음식이 아니라오."

그는 이렇게 말한 후에 돌아와 니간타 나따뿟따를 찾아가서 말했습니다.

"존자여, 우빨리 거사가 고따마 사문의 제자가 된 것은 분명한 사실입니다. 존자여, 당신은 '존자여, 제 생각에 우빨리 거사가 사문 고따마를 논파하는 것은 좋지 않을 것 같습니다. 사문 고따마는 환술에 능하여, 유인하는 환술을 알아서 외도의 제자들을 개종시킵니다'라는 말을 받아들이지 않았습니다. 존자여, 참으로 당신의 우빨리 거사는 고따마 사문의 유인하는 환술에 의해 개종했습니다."

"따빠씬이여, 그럴 리가 없소. 고따마 사문이 우빨리 거사의 제자가 될 수는 있겠지만, 우빨리 거사가 고따마 사문의 제자가 되는 일은 있을 수 없소."

디가따빠씬 니간타는 니간타 나따뿟따에게 두 번 세 번 거듭해서 같은 말을 했지만, 니간타 나따뿟따는 그 말을 믿지 않았습니다.

그리하여 니간타 나따뿟따는 많은 니간타 대중들과 함께 우빨리 거사의 집으로 갔습니다. 문지기는 저만치에서 니간타 나따뿟따가 오는 것을 보았습니다. 그는 니간타 나따뿟따를 보고서 그에게 말했습니다.

"존자여, 멈추시오! 들어가지 마시오! 우빨리 거사는 오늘부터 고따마 사문의 제자가 되어 니간타와 니간티의 출입을 금하고, 세존의 비구와 비구니, 청신사, 청신녀의 출입을 허락했소. 존자여, 그대의 목적이 탁발 음식이라면, 여기에 서 있으시오! 지금 그대에게 음식을 가져오겠소."

"좋소, 문지기여. 그대는 우빨리 거사에게 가서, 우빨리 거사에게 '존자여, 니간타 나따뿟따가 많은 니간타 대중들과 함께 대문 밖에 서 있습니다. 그가 당신을 보기를 원합니다'라고 말해 주시오!"

"존자여, 그렇게 하겠습니다."

문지기는 니간타 나따뿟따에게 대답한 후에 우빨리 거사에게 가서 말했습니다.

"존자여, 니간타 나따뿟따가 많은 니간타 대중들과 함께 대문 밖에 서 있습니다. 그가 당신을 보기를 원합니다."

"그렇다면 좋다. 문지기여, 중간 사랑채에 자리를 마련하도록 해라!"

"그렇게 하겠습니다, 주인님!"

문지기는 우빨리 거사에게 대답한 후에 중간 사랑채에 자리를 마련한 다음, 우빨리 거사에게 가서 말했습니다.

"주인님, 중간 사랑채에 자리가 마련되었습니다. 이제 가실 때가 되었습니다."

그리하여 우빨리 거사는 중간 사랑채로 갔습니다. 그는 사랑채에 가서 가장 높고 가장 훌륭한 자리에 앉은 후에 문지기에게 분부했습니다.

"이제 됐다. 문지기여, 그대는 니간타 나따뿟따에게 가서 '존자여, 우빨리 거사께서 원한다면 들어오라고 말했습니다'라고 전하라!"

"그렇게 하겠습니다, 주인님!"

문지기는 우빨리 거사에게 대답한 후에 니간타 나따뿟따에게 가서 말했습니다.

"존자여, 우빨리 거사께서 원한다면 들어오라고 했습니다."

그리하여 니간타 나따뿟따는 많은 니간타 대중들과 함께 중간 사랑채로 갔습니다.

그때 우빨리 거사는 저만치에서 니간타 나따뿟따가 오는 것을 보고 영접한 후에, 그곳에서 가장 높고 가장 훌륭한 자리를 상의(上衣)로 닦아 낸 다음, 자리를 잡고 앉았습니다. 그는 그곳에서 가장 높고 가장 훌륭한 자리에 자신이 앉아서 니간타 나따뿟따에게 말했습니다.

"존자여, 자리들이 있으니, 원하시면 앉으시지요."

이렇게 이야기하자, 니간타 나따뿟따가 우빨리 거사에게 말했습니다.

"거사여, 그대는 제정신이 아니군요. 거사여, 그대는 어리석군요. 그대는 '존자여, 내가 가서 사문 고따마의 주장을 논파하겠소'라고 말하고 가서는, 크게 혼란스러운 말에 걸려들어 돌아왔군요. 거사여, 그대는 알을 주우러 갔다가 알을 버리고 돌아온 사람과 같군요. 거사여, 그대는 눈을 뽑으러 갔다가 눈이 뽑혀서 돌아온 사람과 같군요. 거사여, 이와 같이 그대는 '존자여, 내가 가서 사문 고따마의 주장을 논파하겠소'라고 하고 가서는, 크게 혼란스러운 말에 걸려들어 돌아왔군요. 거사여, 그대는 고따마 사문의 유인하는 환술에 의해 개종했군요."

"존자여, 환술에 의해 개종하는 일은 행운이라오. 존자여, 환술에 의해 개종하는 일은 기쁨이라오. 존자여, 나의 사랑스러운 친족들이 이러한 개종을 하게 된다면, 그것은 사랑하는 나의 친족에게 길이길이 축복이며 행복이라오. 존자여, 모든 크샤트리아들이 이러한 개종을 하게 된다면, 그것은 모든 크샤트리아들에게 길이길이 축복이며 행복이라오. 존자여, 모든 바이샤·수드라들이 이러한 개종을 하게 된다면, 그것은 모든 바이샤·수드라들에게 길이길이 축복이며 행복이라오. 존자여, 천계·마라·범천을 포함한 이 세간이, 사문과 바라문과 왕과 백성을 포함한 인간들이 이러한 개종을 하게 된다면, 그것은 천계·마라·범천을 포함한 이 세간에, 사문과 바라문과 왕과 백성을 포함한 인간들에게 길이길이 축복이며 행복이라오. 존자여, 그러므로 내가 그대에게 비유를 들겠소. 현명한 사람들은 비유로 말의 의미를 이해하기 때문이오.

존자여, 옛날에 늙고 나이 많은 어떤 장로 바라문에게 젊고 나이 어린, 임신하여 해산이 임박한 부인이 있었다오. 존자여, 그런데 그 부인이 그 바라문에게 말했다오.

'바라문이여, 당신은 시장에 가서 내 아들의 장난감이 될 수컷 새끼원숭이를 사 오

세요.'

존자여, 이와 같이 말하자, 그 바라문은 그 부인에게 말했다오.

'부인! 출산할 때까지 기다리시오! 부인! 만약에 당신이 아들을 낳으면, 나는 시장에서 당신 아들의 장난감이 될 수컷 새끼원숭이를 사 오겠소. 부인! 그러나 만약에 당신이 딸을 낳으면, 나는 시장에 가서 당신 딸의 장난감이 될 암컷 새끼원숭이를 사 오겠소.'

그러나 그 부인은 그 바라문에게 두 번 세 번 거듭하여 수컷 새끼원숭이를 사 오라고 졸라 댔다오. 존자여, 그러자 그 부인을 애착하고 마음이 묶여 있던 그 바라문은 시장에서 수컷 새끼원숭이를 사 와서 그 부인에게 말했다오.

'부인! 이것이 시장에서 사 온 당신 아들의 장난감이 될 수컷 새끼원숭이오.'

이와 같이 말하자, 그 부인이 그 바라문에게 말했다오.

'바라문이여, 당신은 이 새끼원숭이를 가지고 염색공의 아들 랏따빠니(Rattapaṇi)에게 가서 '랏따빠니여, 이 새끼원숭이를 황색으로 염색하고, 매끈하게 다듬이질하고, 양쪽 면을 부드럽게 연마해 주시오'라고 말하세요.'

존자여, 그리하여 그 부인을 애착하고 마음이 묶여 있던 그 바라문은 그 새끼원숭이를 가지고 염색공의 아들 랏따빠니에게 가서 말했다오.

'랏따빠니여, 이 새끼원숭이를 황색으로 염색하고, 매끈하게 다듬이질하고, 양쪽 면을 부드럽게 연마해 주시오!'

존자여, 이렇게 말하자, 염색공의 아들 랏따빠니가 그 바라문에게 말했다오.

'존자여, 당신의 이 새끼원숭이는 염색은 할 수 있지만 다듬이질과 연마는 할 수 없습니다.'

존자여, 이와 같이 어리석은 니간타의 교리는 어리석은 사람은 물들일 수 있지만 현명한 사람은 물들일 수 없으며, 실천할 수 없고, 연마할 수 없다오.

존자여, 그 바라문은 나중에 깨끗한 옷 한 벌을 가지고 염색공의 아들 랏따빠니에게 가서 말했다오.

'랏따빠니여, 이 깨끗한 옷 한 벌을 황색으로 염색하고, 매끈하게 다듬이질하고, 양쪽 면을 부드럽게 연마해 주시오!'

존자여, 이렇게 말하자, 염색공의 아들 랏따빠니는 그 바라문에게 말했다오.

'존자여, 당신의 이 깨끗한 옷 한 벌은 염색도 할 수 있고, 다듬이질도 할 수 있고, 연마도 할 수 있습니다.'

존자여, 참으로 이와 같이 아라한이시며, 바르고 평등한 깨달음을 성취하신 세존의 교리는 현명한 사람은 물들일 수 있지만 어리석은 사람은 물들일 수 없으며, 실천할 수 있고, 연마할 수 있다오."

"거사여, 왕을 포함하여 이 대중들은 '우빨리 거사는 니간타 나따뿟따의 제자다'라고 알고 있소. 거사여, 우리는 그대를 누구의 제자로 인정해야 하는 것이오?"

이와 같이 말하자, 우빨리 거사는 자리에서 일어나 상의를 한쪽 어깨에 올리고 세존이 계신 곳을 향하여 합장 예배한 후에 니간타 나따뿟따에게 말했습니다.

"존자여, 그렇다면 내가 누구의 제자인지 들어 보시오!"

어리석음을 소멸하고 번뇌를 부숴 버린,
승리자 중의 승리자시며,
흔들림 없는 고요한 마음과 덕행을 갖추시고,
훌륭한 지혜를 지니신,
안온(安穩)하고 티 없이 맑으신 지혜로운 세존,
나는 그분의 제자입니다.

만족을 알고 속된 이익을 버리고 희심(喜心)이 충만한,
사문의 행을 실천하여 사람의 최후신(最後身)을 성취한 인간,
비할 자 없고, 번뇌가 없는, 모든 의심을 떨쳐 버린 세존,
나는 그분의 제자입니다.

선량하며 율법에 정통한 최상의 조어자(調御者)이시며,
무상(無上)의 광명으로서 두려움을 없애는 빛을 발하시는,
교만을 깨부순 영웅으로서 의혹이 없는 세존,
나는 그분의 제자입니다.

측량할 수 없는 깊은 지혜를 성취하시고,
안온을 주는 지혜로운 법에 머물러 자신을 잘 제어하시는,
집착을 버리고 해탈한 목우자(牧牛子)이신 세존,
나는 그분의 제자입니다.

한가한 곳에 머물면서 결박을 끊고 해탈하신 분,
친절한 말벗이며 청정하신 분,
싸움을 끝내고 탐욕을 여읜 분,
자신을 잘 길들이고 억측[戱論]이 없는
용상(龍象)이신 세존,
나는 그분의 제자입니다.

거짓이 없으며, 삼명(三明)을 통달하고 범천에 이르신 분,
베다에 정통하고 안온하며, 이름이 널리 알려지신 분,
제석천의 삭까(Sakka)시며 일곱 번째 선인(仙人)이신 세존,
나는 그분의 제자입니다.

자신을 잘 수습(修習)하고 최상의 공덕을 성취하여
진리를 설명해 주시는 분,
주의집중을 확립하고 여실(如實)하게 체험하여
올바르고 왜곡이 없으신 분,
동요하지 않고 자제력을 갖춘 거룩하신 세존,
나는 그분의 제자입니다.

선정(禪定)을 닦아 마음속에 장애가 없는
청정하기 그지없는 분,
집착이 없고 원이 없이[無願], 한가하게 머무는
최상의 경지를 성취하신 분,
스스로 건너가고 남들을 건네주는,
정행자(正行者)이신 세존,
나는 그분의 제자입니다.

위대한 지혜는 대지(大地)와 같고,

탐욕이 없는 평화로운 분,
여래(如來)이시며 선서(善逝)이신,
비길 바 없고 견줄 바 없는 분,
두려움이 없는 미묘하신 세존,
나는 그분의 제자입니다.

갈애[愛]를 부수고 깨달으신 분,
연막(煙幕)을 거두신 오염 없는 분,
공양을 받아 마땅한 영혼, 견줄 이 없는 최상의 인간,
위대하시며 가장 높은 명성을 얻으신 세존,
나는 그분의 제자입니다.

"거사여, 그대는 언제 고따마 사문을 찬탄하는 이 찬사들을 모았습니까?"

"존자여, 솜씨 좋은 꽃 장식사나 꽃 장식사의 제자가 다양하고 많은 꽃으로 갖가지 꽃다발을 묶어 놓은 것처럼, 존자여, 저 세존에 대한 찬사는 한둘이 아니라 수백 가지입니다. 존자여, 그러한데, 누구라서 찬탄받아 마땅한 분을 찬탄하지 않겠습니까?"

니간타 나따뿟따는 세존에 대한 찬탄을 견디지 못하고, 그곳에서 뜨거운 피를 토해냈습니다.

31. 많은 느낌경[328]

〈M.N. 59. Bahuvedaniya-sutta〉

이와 같이 나는 들었습니다.

한때 세존께서는 사왓티의 제따와나 아나타삔디까 승원에 머무셨습니다.

그때 빤짜깡가(Pañcakaṅga)라는 목수가 우다이(Udāyi) 존자를 찾아와서 우다이 존자에게 예배하고 한쪽에 앉았습니다.

목수 빤짜깡가가 우다이 존자에게 말했습니다.

"우다이 존자여, 세존께서 말씀하신 느낌[受]은 몇 가지입니까?"

"거사여, 세존께서 말씀하신 느낌은 셋입니다. 거사여, 즐거운 느낌·괴로운 느낌·괴롭지도 즐겁지도 않은 느낌, 이들 세 가지 느낌을 세존께서는 말씀하셨습니다."

"우다이 존자여, 세존께서 말씀하신 느낌은 셋이 아닙니다. 세존께서는 즐거운 느낌·괴로운 느낌, 두 가지를 말씀하셨습니다. 존자여, 세존께서는 괴롭지도 즐겁지도 않은 느낌은 고요하고 승묘(勝妙)한 즐거움이라고 말씀하셨습니다."

우다이 존자가 재차 목수 빤짜깡가에게 말했습니다.

"거사여, 세존께서 말씀하신 느낌은 둘이 아닙니다. 세존께서 말씀하신 느낌은 셋입니다. 거사여, 즐거운 느낌·괴로운 느낌·괴롭지도 즐겁지도 않은 느낌, 이들 세 가지 느낌을 세존께서는 말씀하셨습니다."

목수 빤짜깡가도 재차 우다이 존자에게 말했습니다.

"우다이 존자여, 세존께서 말씀하신 느낌은 셋이 아닙니다. 세존께서는 즐거운 느낌·괴로운 느낌, 두 가지를 말씀하셨습니다. 존자여, 세존께서는 괴롭지도 즐겁지도 않은 느낌은 고요하고 승묘한 즐거움이라고 말씀하셨습니다."

우다이 존자는 세 번을 거듭 목수 빤짜깡가에게 말했습니다.

"거사여, 세존께서 말씀하신 느낌은 둘이 아닙니다. 세존께서 말씀하신 느낌은 셋입니다. 거사여, 즐거운 느낌·괴로운 느낌·괴롭지도 즐겁지도 않은 느낌, 이들 세 가지 느낌을 세존께서는 말씀하셨습니다."

목수 빤짜깡가도 세 번을 거듭 우다이 존자에게 말했습니다.

"우다이 존자여, 세존께서 말씀하신 느낌은 셋이 아닙니다. 세존께서는 즐거운 느낌·괴로운 느낌, 두 가지를 말씀하셨습니다. 존자여, 세존께서는 괴롭지도 즐겁지도 않은 느낌은 고요하고 승묘한 즐거움이라고 말씀하셨습니다."

우다이 존자는 목수 빤짜깡가를 설득할 수 없었고, 목수 빤짜깡가는 우다이 존자를 설득할 수 없었습니다.

아난다 존자는 우다이 존자와 목수 빤짜깡가가 이런 대화를 하는 것을 보았습니다. 그래서 아난다 존자는 세존을 찾아갔습

328 『잡아함경(雜阿含經)』「17.32. 우다이(優陀夷)」에 상응하는 경.

니다. 세존께 예배하고 한쪽에 앉은 후에 아난다 존자는 세존께 우다이 존자와 목수 빤짜깡가가 나눈 대화를 그대로 말씀드렸습니다. 이와 같이 말씀드리자, 세존께서 아난다 존자에게 말씀하셨습니다.

"아난다여, 방편은 옳은데 목수 빤짜깡가는 우다이에게 만족하지 못했고, 방편은 옳은데 우다이는 목수 빤짜깡가에게 만족하지 못한 것이다. 아난다여, 나는 방편으로 두 느낌을 말하기도 했고, 세 느낌을 말하기도 했고, 다섯 느낌을 말하기도 했고, 여섯 느낌을 말하기도 했고, 열여덟 느낌을 말하기도 했고, 서른여섯 느낌을 말하기도 했고, 백팔 느낌을 말하기도 했다. 아난다여, 이와 같이 나의 가르침은 방편으로 설해진 것이다. 아난다여, 이와 같이 각자에게 잘 설해지고 잘 이야기된, 방편으로 설해진 내 가르침들을 시인하지 않고 동의하지 않고 만족하지 않으면, 그들은 당연히 투쟁이 생기고 불화가 생기고 논쟁이 일어나 상호 간에 날카로운 독설로 공격하며 지내게 될 것이다. 아난다여, 이와 같이 나의 가르침은 방편으로 설해진 것이다. 아난다여, 이와 같이 각자에게 잘 설해지고 잘 이야기된, 방편으로 설해진 내 가르침들을 시인하고 동의하고 납득하면, 그들은 당연히 조화를 이루고 화합하고 논쟁을 그치고 우유와 물처럼 융합하여 상호 간에 애정 어린 눈으로 보면서 지내게 될 것이다.

아난다여, 다섯 가지 감각적 욕망의 대상이 있다. 그 다섯은 어떤 것인가? 시각[眼]에 의해 지각되는 마음에 들고 사랑스럽고 매력적이고 귀엽고 즐겁고 매혹적인 형색[色], 청각[耳]에 의해 지각되는 마음에 들고 사랑스럽고 매력적이고 귀엽고 즐겁고 매혹적인 소리[聲], 후각[鼻]에 의해 지각되는 마음에 들고 사랑스럽고 매력적이고 귀엽고 즐겁고 매혹적인 향기[香], 미각[舌]에 의해 지각되는 마음에 들고 사랑스럽고 매력적이고 귀엽고 즐겁고 매혹적인 맛[味], 촉각[身]에 의해 지각되는 마음에 들고 사랑스럽고 매력적이고 귀엽고 즐겁고 매혹적인 촉감[觸], 아난다여, 이들이 다섯 가지 감각적 욕망의 대상이다. 아난다여, 이들 다섯 가지 감각적 욕망의 대상을 의지하여 생기는 즐거움과 기쁨을 감각적인 쾌락이라고 부른다.

아난다여, 어떤 사람이 '이것이 중생이 느끼는 최상의 즐거움과 기쁨이다'라고 말한다면, 나는 그것을 인정하지 않는다. 왜냐하면 아난다여, 그 즐거움보다 더 훌륭하고 더 뛰어난 다른 즐거움이 있기 때문이다. 아난다여, 그 즐거움보다 더 훌륭하고 더 뛰어난 다른 즐거움은 어떤 것인가? 아난다여, 비구는 감각적 욕망을 멀리하고 불선법(不善法)을 멀리함으로써 사유가 있고 숙고가 있는, 멀리함에서 생긴 즐거움과 행복이 있는 초선(初禪)을 성취하여 살아간다. 아난다여, 이것이 그 즐거움보다 더 훌륭하고 더 뛰어난 다른 즐거움이다.

아난다여, 어떤 사람이 '이것이 중생이 느끼는 최상의 즐거움과 기쁨이다'라고 말한다면, 나는 그것을 인정하지 않는다. 왜냐하면 아난다여, 그 즐거움보다 더 훌륭하고 더 뛰어난 다른 즐거움이 있기 때문이다. 아난다여, 그 즐거움보다 더 훌륭하고 더 뛰어난 다른 즐거움은 어떤 것인가? 아난다여, 비구는 사유와 숙고를 억제하여 내적으로 조용해진, 마음이 집중된, 사유와 숙고가 없는, 삼매

(三昧)에서 생긴 즐거움과 행복이 있는 제2선(第二禪)을 성취하여 살아간다. 아난다여, 이것이 그 즐거움보다 더 훌륭하고 더 뛰어난 다른 즐거움이다.

아난다여, 어떤 사람이 '이것이 중생이 느끼는 최상의 즐거움과 기쁨이다'라고 말한다면, 나는 그것을 인정하지 않는다. 왜냐하면 아난다여, 그 즐거움보다 더 훌륭하고 더 뛰어난 다른 즐거움이 있기 때문이다. 아난다여, 그 즐거움보다 더 훌륭하고 더 뛰어난 다른 즐거움은 어떤 것인가? 아난다여, 비구는 희열(喜悅)이 사라지고 평정한 마음으로 주의집중과 알아차림을 하며 지내는 가운데 몸으로 행복을 느끼면서, 성인들이 '평정한 마음[捨]으로 주의집중을 하는 행복한 상태'라고 이야기한 제3선(第三禪)을 성취하여 살아간다. 아난다여, 이것이 그 즐거움보다 더 훌륭하고 더 뛰어난 다른 즐거움이다.

아난다여, 어떤 사람이 '이것이 중생이 느끼는 최상의 즐거움과 기쁨이다'라고 말한다면, 나는 그것을 인정하지 않는다. 왜냐하면 아난다여, 그 즐거움보다 더 훌륭하고 더 뛰어난 다른 즐거움이 있기 때문이다. 아난다여, 그 즐거움보다 더 훌륭하고 더 뛰어난 다른 즐거움은 어떤 것인가? 아난다여, 비구는 행복감을 포기하고 괴로움을 버림으로써 이전의 만족과 불만이 소멸하여 괴롭지도 않고 즐겁지도 않은, 평정한 주의집중이 청정한 제4선(第四禪)을 성취하여 살아간다. 아난다여, 이것이 그 즐거움보다 더 훌륭하고 더 뛰어난 다른 즐거움이다.

아난다여, 어떤 사람이 '이것이 중생이 느끼는 최상의 즐거움과 기쁨이다'라고 말한다면, 나는 그것을 인정하지 않는다. 왜냐하면 아난다여, 그 즐거움보다 더 훌륭하고 더 뛰어난 다른 즐거움이 있기 때문이다. 아난다여, 그 즐거움보다 더 훌륭하고 더 뛰어난 다른 즐거움은 어떤 것인가? 아난다여, 비구는 일체의 형색에 대한 생각[色想]을 초월하고, 지각의 대상에 대한 생각[有對想]을 소멸하고, 차별적인 생각[想]에 마음 쓰지 않음으로써 '허공은 무한하다'라고 생각하는 공무변처(空無邊處)를 성취하여 살아간다. 아난다여, 이것이 그 즐거움보다 더 훌륭하고 더 뛰어난 다른 즐거움이다.

아난다여, 어떤 사람이 '이것이 중생이 느끼는 최상의 즐거움과 기쁨이다'라고 말한다면, 나는 그것을 인정하지 않는다. 왜냐하면 아난다여, 그 즐거움보다 더 훌륭하고 더 뛰어난 다른 즐거움이 있기 때문이다. 아난다여, 그 즐거움보다 더 훌륭하고 더 뛰어난 다른 즐거움은 어떤 것인가? 아난다여, 비구는 일체의 공무변처를 초월하여 '의식은 무한하다'라고 생각하는 식무변처(識無邊處)를 성취하여 살아간다. 아난다여, 이것이 그 즐거움보다 더 훌륭하고 더 뛰어난 다른 즐거움이다.

아난다여, 어떤 사람이 '이것이 중생이 느끼는 최상의 즐거움과 기쁨이다'라고 말한다면, 나는 그것을 인정하지 않는다. 왜냐하면 아난다여, 그 즐거움보다 더 훌륭하고 더 뛰어난 다른 즐거움이 있기 때문이다. 아난다여, 그 즐거움보다 더 훌륭하고 더 뛰어난 다른 즐거움은 어떤 것인가? 아난다여, 비구는 일체의 식무변처를 초월하여 '아무것도 없다'라고 생각하는 무소유처(無所有處)를 성취하여 살아간다. 아난다여, 이것이 그 즐거움보다 더 훌륭하고 더 뛰어난 다른 즐거움이다.

아난다여, 어떤 사람이 '이것이 중생이 느끼는 최상의 즐거움과 기쁨이다'라고 말한다면, 나는 그것을 인정하지 않는다. 왜냐하면 아난다여, 그 즐거움보다 더 훌륭하고 더 뛰어난 다른 즐거움이 있기 때문이다. 아난다여, 그 즐거움보다 더 훌륭하고 더 뛰어난 다른 즐거움은 어떤 것인가? 아난다여, 비구는 일체의 무소유처를 초월하여 비유상비무상처(非有想非無想處)를 성취하여 살아간다. 아난다여, 이것이 그 즐거움보다 더 훌륭하고 더 뛰어난 다른 즐거움이다.

아난다여, 어떤 사람이 '이것이 중생이 느끼는 최상의 즐거움과 기쁨이다'라고 말한다면, 나는 그것을 인정하지 않는다. 왜냐하면 아난다여, 그 즐거움보다 더 훌륭하고 더 뛰어난 다른 즐거움이 있기 때문이다. 아난다여, 그 즐거움보다 더 훌륭하고 더 뛰어난 다른 즐거움은 어떤 것인가? 아난다여, 비구는 일체의 비유상비무상처를 초월하여 상수멸(想受滅)을 성취하여 살아간다. 아난다여, 이것이 그 즐거움보다 더 훌륭하고 더 뛰어난 다른 즐거움이다.

아난다여, 외도 행각수행자들은 '사문 고따마는 상수멸을 이야기하고 그것을 즐거움이라고 언명하는데, 그것은 도대체 무엇이며, 그것은 도대체 어떤 것인가?'라고 말할 수 있다. 아난다여, 이와 같이 말하는 외도 행각수행자들에게는 '존자여, 세존은 즐거운 느낌에 대해서만 즐거움이라고 언명하지 않습니다. 존자여, 여래는 언제 어디서든 즐거움을 얻을 때, 그것을 즐거움이라고 언명합니다'라고 말해야 한다."

이것이 세존께서 하신 말씀입니다.

아난다 존자는 세존의 설법에 만족하고 기뻐했습니다.

32. 큰 라훌라경[329]

〈M.N. 62. Mahā-Rāhulovāda-sutta〉

이와 같이 나는 들었습니다.

한때 세존께서는 사왓티의 제따와나 아나타삔디까 승원에 머무셨습니다.

그때 세존께서 오전에 옷을 입고 발우와 법의를 지니고 탁발하러 사왓티에 들어가셨습니다.

라훌라(Rāhula) 존자도 오전에 옷을 입고 발우와 법의를 지니고 세존의 뒤를 따라 갔습니다.

세존께서 라훌라 존자를 살펴보시고 말씀하셨습니다.

"라훌라야, '과거·미래·현재의 몸의 형색[色]은, 그것이 어떤 것이든, 안에 있는 것이든 밖에 있는 것이든, 거친 것이든 미세한 것이든, 보잘것없는 것이든 훌륭한 것이든, 멀리 있는 것이든 가까이 있는 것이든, 일체의 몸의 형색은 나의 소유가 아니고, 내가 아니고, 나의 자아가 아니다'라고 이와 같이 바른 통찰지(通察智)로 있는 그대로 보아야 한다."

"세존이시여, 몸의 형색만 그렇게 보아야 합니까? 선서(善逝)시여, 몸의 형색만 그렇게 보아야 합니까?"

"라훌라여, 몸의 형색도 그렇게 보아야 하고, 느낌[受]과 생각[想]과 행위[行]와 분별의식[識]도 그렇게 보아야 한다."

라훌라 존자는 '지금 면전에서 세존의 가르침을 받고 누가 마을에 걸식하러 갈 수 있겠는가?'라고 생각하고, 다시 돌아와 어떤 나무 아래 앉았습니다. 그는 가부좌(跏趺坐)하고, 몸을 똑바로 세우고 정신을 바짝 차려 주의집중을 했습니다.

그때 사리뿟따 존자가 나무 아래 앉아서 가부좌하고, 몸을 똑바로 세우고 정신을 바짝 차려 주의집중을 하는 라훌라 존자를 보고 라훌라 존자에게 말했습니다.

"라훌라여, 호흡에 주의집중하는 수행을 하여라! 라훌라여, 호흡에 주의집중하는 수행을 하여 익히면 큰 과보와 큰 이익이 있다."

라훌라 존자는 저녁에 좌선에서 일어나 세존을 찾아갔습니다. 그는 세존께 예배하고 한쪽에 앉아 세존께 여쭈었습니다.

"세존이시여, 호흡에 주의집중하는 수행은 어떻게 하며, 그것을 하면 어떤 큰 과보와 큰 이익이 있습니까?"

세존께서 라훌라에게 말씀하셨습니다.

"라훌라여, 어떤 것이든 안에 있는, 낱낱의 단단한 고체(固體)의 성질을 갖는 것, 예를 들면 머리카락·털·손톱·치아·피부·살·힘줄·뼈·골수·콩팥·염통·간·가슴막·비장·허파·창자·내장·위·똥이나 그 밖의 어떤 것이든 안에 있는, 낱낱의 단단한 고체의 성질을 갖는 것, 라훌라여, 이것이 안에 있는 지계(地界)라고 불리는 것이다. 안에 있는 지계와 밖에 있는 지계, 이들에 대하여 '이것은 나의

---

329 『증일아함경(增壹阿含經)』「17.1. 나운(羅雲)」에 같은 내용이 있음.

소유가 아니고, 이것은 내가 아니고, 이것은 나의 자아가 아니다'라고 바른 통찰지로 있는 그대로 보아야 한다. 이와 같이 이것을 바른 통찰지로 있는 그대로 보고 나서, 지계를 싫어하고 지계에 마음을 두지 않아야 한다.

라훌라여, 수계(水界)란 어떤 것인가?

수계는 안에도 있고 밖에도 있다. 라훌라여, 어떤 것이 안에 있는 수계인가? 그것은 안에 있는, 낱낱의 물과 물의 성질을 갖는 것이다. 예를 들면 담즙·가래·고름·피·땀·기름·눈물·비계·침·콧물·활액(滑液)·오줌이나 그 밖의 어떤 것이든 몸 안에 있는, 낱낱의 물과 물의 성질을 갖는 것이다. 라훌라여, 이것이 안에 있는 수계라고 불리는 것이다. 안에 있는 수계와 밖에 있는 수계, 이들 수계에 대하여 '이것은 나의 소유가 아니고, 이것은 내가 아니고, 이것은 나의 자아가 아니다'라고 바른 통찰지로 있는 그대로 보아야 한다. 이와 같이 이것을 있는 그대로 바른 통찰지로 보고 나서, 수계를 염리하고 수계에 마음을 두지 않아야 한다.

라훌라여, 화계(火界)란 어떤 것인가?

화계는 안에도 있고 밖에도 있다. 라훌라여, 어떤 것이 안에 있는 화계인가? 그것은 안에 있는, 낱낱의 불과 불의 성질을 갖는 것이다. 예를 들면 활력을 주는 것, 노쇠하게 하는 것, 화를 일으키는 것, 먹은 음식을 잘 소화시키는 것, 그 밖의 어떤 것이든 몸 안에 있는, 낱낱의 불과 불의 성질을 갖는 것이다. 라훌라여, 이것이 안에 있는 화계라고 불리는 것이다. 안에 있는 화계와 밖에 있는 화계, 이들 화계에 대하여 '이것은 나의 소유가 아니고, 이것은 내가 아니고, 이것은 나의 자아가 아니다'라고 바른 통찰지로 있는 그대로 보아야 한다. 이와 같이 이것을 바른 통찰지로 있는 그대로 보고 나서, 화계를 염리하고 화계에 마음을 두지 않아야 한다.

라훌라여, 풍계(風界)란 어떤 것인가?

풍계는 안에도 있고 밖에도 있다. 라훌라여, 어떤 것이 안에 있는 풍계인가? 그것은 안에 있는, 낱낱의 바람과 바람의 성질을 갖는 것이다. 예를 들면 위로 올라가는 바람, 아래로 내려가는 바람, 자궁 안에 있는 바람, 배 안에 있는 바람, 사지(四肢)를 돌아다니는 바람, 들숨과 날숨, 그 밖의 어떤 것이든 몸 안에 있는, 낱낱의 바람과 바람의 성질을 갖는 것이다. 라훌라여, 이것이 안에 있는 풍계라고 불리는 것이다. 안에 있는 풍계와 밖에 있는 풍계, 이들 풍계에 대하여 '이것은 나의 소유가 아니고, 이것은 내가 아니고, 이것은 나의 자아가 아니다'라고 바른 통찰지로 있는 그대로 보아야 한다. 이와 같이 이것을 바른 통찰지로 있는 그대로 보고 나서, 풍계를 염리하고 풍계에 마음을 두지 않아야 한다.

라훌라여, 공계(空界)란 어떤 것인가?

공계는 안에도 있고 밖에도 있다. 라훌라여, 어떤 것이 안에 있는 공계인가? 그것은 안에 있는, 낱낱의 공간과 공간의 성질을 갖는 것이다. 예를 들면 귓구멍·콧구멍·구강(口腔) 그리고 먹고 마시고 씹고 맛본 것을 삼키는 공간, 먹고 마시고 씹고 맛본 것이 머무는 공간, 먹고 마시고 씹고 맛본 것이 아래로 나오는 공간, 그 밖의 어떤 것이든 몸 안에 있는, 낱낱의 공간과 공간의 성질을 갖는 것이다. 라훌라여, 이것이 안에 있는 공계라고 불리는 것이다. 안에 있는 공계와 밖에 있는 공계, 이들 공계에 대하여 '이것은 나의 소유가 아니고, 이것은 내가 아니고, 이것은 나의 자아가 아니다'라고 바른 통찰지로 있는 그대로 보아야 한다. 이와 같이 이것을 바른 통찰지로 있는 그대로 보고 나서, 공계를 염리하고 공계에 마음을 두지 않아야 한다.

라훌라여, 땅과 같은 마음을 닦아라!

라훌라여, 땅과 같은 마음을 닦으면, 마음에 들거나 마음에 들지 않는 접촉[觸]들이 생겨도 마음을 사로잡지 못할 것이다. 라훌라여, 땅에 깨끗한 것을 버려도, 더러운 것을 버려도, 똥을 싸도, 오줌을 싸도, 침을 뱉어도, 고름을 흘려도, 피를 흘려도, 그로 인해서 땅은 괴로워하거나 걱정하거나 싫어하지 않는다. 라훌라여, 너는 이와 같이 땅과 같은 마음을 닦아라! 라훌라여, 땅과 같은 마음을 닦으면, 마음에 들거나 마음에 들지 않는 접촉들이 생겨도 마음을 사로잡지 못할 것이다.

라훌라여, 물과 같은 마음을 닦아라!

라훌라여, 물과 같은 마음을 닦으면, 마음에 들거나 마음에 들지 않는 접촉들이 생겨도 마음을 사로잡지 못할 것이다. 라훌라여, 물에 깨끗한 것을 씻어도, 더러운 것을 씻어도, 똥을 씻어도, 오줌을 씻어도, 침을 씻어도, 고름을 씻어도, 피를 씻어도, 그로 인해서 물은 괴로워하거나 걱정하거나 싫어하지 않는다. 라훌라여, 너는 이와 같이 물과 같은 마음을 닦아라! 라훌라여, 물과 같은 마음을 닦으면, 마음에 들거나 마음에 들지 않는 접촉들이 생겨도 마음을 사로잡지 못할 것이다.

라훌라여, 불과 같은 마음을 닦아라!

라훌라여, 불과 같은 마음을 닦으면, 마음에 들거나 마음에 들지 않는 접촉들이 생겨도 마음을 사로잡지 못할 것이다. 라훌라여, 불은 깨끗한 것을 태워도, 더러운 것을 태워도, 똥을 태워도, 오줌을 태워도, 침을 태워도, 고름을 태워도, 피를 태워도, 그로 인해서 불은 괴로워하거나 걱정하거나 싫어하지 않는다. 라훌라여, 너는 이와 같이 불과 같은 마음을 닦아라! 라훌라여, 불과 같은 마음을 닦으면, 마음에 들거나 마음에 들지 않는 접촉들이 생겨도 마음을 사로잡지 못할 것이다.

라훌라여, 바람과 같은 마음을 닦아라!

라훌라여, 바람과 같은 마음을 닦으면, 마음에 들거나 마음에 들지 않는 접촉들이 생겨도 마음을 사로잡지 못할 것이다. 라훌라여, 바람은 깨끗한 것을 날려도, 더러운 것을 날려도, 똥을 날려도, 오줌을 날려도, 침을 날려도, 고름을 날려도, 피를 날려도, 그로 인해서 바람은 괴로워하거나 걱정하거나 싫어하지 않는다. 라훌라여, 너는 이와 같이 바람과 같은 마음을 닦아라! 라훌라여, 바람과 같은 마음을 닦으면, 마음에 들거나 마음에 들지 않는 접촉들이 생겨도 마음을 사로잡지 못할 것이다.

라훌라여, 자애의 마음[慈心]을 닦아라!

라훌라여, 자애의 마음을 닦으면 성내는 마음이 소멸할 것이다. 라훌라여, 연민의 마음[悲心]을 닦아라! 라훌라여, 연민의 마음을 닦으면 가해(加害)의 마음이 소멸할 것이다. 라훌라여, 기뻐하는 마음[喜心]을 닦아라! 라훌라여, 기뻐하는 마음을 닦으면 싫어하는 마음이 소멸할 것이다. 라훌라여, 평정한 마음[捨心]을 닦아라! 라훌라여, 평정한 마음을 닦으면 장애(障碍)가 소멸할 것이다.

라훌라여, 더럽다고 생각하는 마음[不淨]을 닦아라!

라훌라여, 더럽다고 생각하는 마음을 닦으면 탐욕이 소멸할 것이다. 라훌라여, 무상(無常)하다는 생각[aniccasaññā, 無常想]을 닦아라! 무상하다는 생각을 닦으면 내가 있다는 생각[asmimāna, 我慢]이 소멸할 것이다.

라훌라여, 호흡에 대한 주의집중 수행을 하여라! 라훌라여, 호흡에 대한 주의집중 수행을 하여 익히면 큰 과보와 큰 이익이 있다.

라훌라여, 호흡에 대한 주의집중 수행은 어떻게 하고, 어떻게 익히면 큰 과보와 큰 이익이 있는가?

라훌라여, 비구는 숲이나 나무 아래나 한적한 곳에 가서 가부좌하고 앉아서, 몸을 똑바로 세우고 정신을 바짝 차려 주의집중을 한다. 그는 주의집중하여 내쉬고 주의집중하여 들이쉰다. 길게 내쉬면서 '나는 길게 내쉰다'라고 통찰하고, 길게 들이쉬면서 '나는 길게 들이쉰다'라고 통찰한다. 짧게 내쉬면서 '나는 짧게 내쉰다'라고 통찰하고, 짧게 들이쉬면서 '나는 짧게 들이쉰다'라고 통찰한다. '나는 온몸을 느끼면서 들이쉬겠다'라고 학습(學習)하고, '나는 온몸을 느끼면서 내쉬겠다'라고 학습한다. '나는 신체행위[kāyasaṃkhāra, 身行]를 고요히 가라앉히면서 들이쉬겠다'라고 학습하고, '나는 신체행위를 고요히 가라앉히면서 내쉬겠다'라고 학습한다. '나는 기쁨을 느끼면서 들이쉬겠다'라고 학습하고, '나는 기쁨을 느끼면서 내쉬겠다'라고 학습한다. '나는 즐거움을 느끼면서 들이쉬겠다'라고 학습하고, '나는 즐거움을 느끼면서 내쉬겠다'라고 학습한다. '나는 마음행위[cittasaṃkhāra, 意行]를 느끼면서 들이쉬겠다'라고 학습하고, '나는 마음행위를 느끼면서 내쉬겠다'라고 학습한다. '나는 마음행위를 고요히 가라앉히면서 들이쉬겠다'라고 학습하고, '나는 마음행위를 고요히 가라앉히면서 내쉬겠다'라고 학습한다. '나는 마음[citta]을 느끼면서 들이쉬겠다'라고 학습하고, '나는 마음을 느끼면서 내쉬겠다'라고 학습한다. '나는 마음을 기쁘게 하면서 들이쉬겠다'라고 학습하고, '나는 마음을 기쁘게 하면서 내쉬겠다'라고 학습한다. '나는 마음을 집중하면서 들이쉬겠다'라고 학습하고, '나는 마음을 집중하면서 내쉬겠다'라고 학습한다. '나는 마음을 자유롭게 하면서 들이쉬겠다'라고 학습하고, '나는 마음을 자유롭게 하면서 내쉬겠다'라고 학습한다. '나는 무상을 관찰하면서 들이쉬겠다'라고 학습하고, '나는 무상을 관찰하면서 내쉬겠다'라고 학습한다. '나는 욕탐의 버림[離欲]을 관찰하면서 들이쉬겠다'라고 학습하고, '나는 욕탐의 버림을 관찰하면서 내쉬겠다'라고 학습한다. '나는 번뇌의 소멸을 관찰하면서 들이쉬겠다'라고 학습하고, '나는 번뇌의 소멸을 관찰하면서 내쉬겠다'라고 학습한다. '나는 버림[捨離]을 관찰하면서 들이쉬겠다'라고 학습하고, '나는 버림을 관찰하면서 내쉬겠다'라고 학습한다.

라훌라여, 이와 같이 호흡에 대한 주의집중 수행을 하면 큰 과보와 큰 이익이 있다. 라훌라여, 이와 같이 호흡에 대한 주의집중 수행을 하고, 이와 같이 익힌 사람들은 마지막 호흡을 모르는 채 죽지 않고, 알고 죽는다."

이것이 세존께서 하신 말씀입니다.

라훌라 존자는 세존의 설법에 만족하고 기뻐했습니다.

33. 작은 말룽꺄경[330]

〈M.N. 63. Cūḷa-Māluṅkya-sutta〉

이와 같이 나는 들었습니다.

한때 세존께서는 사왓티의 제따와나 아나타삔디까 승원에 머무셨습니다.

그때 말룽꺄뿟따(Māluṅkyaputta) 존자는 홀로 좌선을 하다가 이런 생각을 일으켰습니다.

"세존께서는 '세계는 상주(常住)한다', '세계는 상주하지 않는다', '세계는 끝이 있다', '세계는 끝이 없다', '생명과 육신은 같다', '생명과 육신은 서로 다르다', '여래는 사후(死後)에 존재한다', '여래는 사후에 존재하지 않는다, '여래는 사후에 존재하기도 하고 존재하지 않기도 한다', '여래는 사후에 존재하지도 않고 존재하지 아니하지도 않는다'라는 이러한 이론[diṭṭhigata]들에 대하여 판단하지 않고 내팽개치고 배척하셨다. 세존께서는 그런 것들에 대하여 나에게 판단해[byākaroti] 주시지 않는다. 나는 이것이 마음에 들지 않고, 이것을 용인할 수가 없다. 나는 세존을 찾아가서 이 문제를 물어보겠다. 만약 세존께서 나에게 이 문제에 대하여 판단해 주신다면, 나는 세존 밑에서 청정한 수행[梵行]을 실천하겠다. 그러나 나에게 판단해 주시지 않는다면, 나는 공부를 포기하고 환속하겠다."

말룽꺄뿟따 존자는 저녁에 좌선에서 일어나 세존을 찾아가서 세존께 예배하고 한쪽에 앉았습니다. 말룽꺄뿟따 존자는 한쪽에 앉아서 홀로 좌선을 하다가 일으킨 생각을 세존께 말씀드린 후에 세존께 말씀드렸습니다.

"세존이시여, 만약에 세존께서 '세계는 상주한다'라고 알고 계신다면, 저에게 '세계는 상주한다'라고 판단해 주십시오! 만약에 세존께서 '세계는 상주하지 않는다'라고 알고 계신다면, 저에게 '세계는 상주하지 않는다'라고 판단해 주십시오! 만약에 세존께서 세계가 상주하는지 상주하지 않는지를 알지 못하고 보지 못하신다면, '나는 알지 못한다. 나는 보지 못한다'라고 말씀하시는 것이 솔직하지 않겠습니까? … 만약에 세존께서 여래는 사후에 존재하는지, 존재하지 않는지, 존재하기도 하고 존재하지 않기도 하는지, 존재하지도 않고 존재하지 아니하지도 않는지를 알지 못하고 보지 못하신다면, '나는 알지 못한다. 나는 보지 못한다'라고 하는 것이 솔직하지 않겠습니까?"

"말룽꺄뿟따여, 내가 그대에게 '말룽꺄뿟따여, 그대는 나에게 와서 청정한 수행을 실천하라! 나는 그대에게 세계는 상주하는지, 상주하지 않는지, … 여래는 사후에 존재하는지, 존재하지 않는지, 존재하기도 하고 존재하지 않기도 하는지, 존재하지도 않고 존재하지 아니하지도 않는지에 대하여 판단해 주겠다'라고 말했던가?"

"그렇지 않습니다, 세존이시여!"

---

330 『중아함경(中阿含經)』의 「221. 전유경(箭喩經)」에 상응하는 경.

"그렇다면 그대가 나에게 '세존이시여, 나는 세존 밑에서 청정한 수행을 실천하겠습니다. 세존께서는 나에게 세계는 상주하는지, 상주하지 않는지, … 여래는 사후에 존재하는지, 존재하지 않는지, 존재하기도 하고 존재하지 않기도 하는지, 존재하지도 않고 존재하지 아니하지도 않는지에 대하여 판단해 주십시오'라고 말했던가?"

"그렇지 않습니다, 세존이시여!"

세존께서 말룽꺄뿟따에게 말씀하셨습니다.

"말룽꺄뿟따여, 나도 그대에게 그런 말을 하지 않았고, 그대도 나에게 그런 말을 하지 않았다. 어리석은 사람아! 그렇다면 그대는 누구이고, 무엇을 거부한다는 것인가?

말룽꺄뿟따여, '세존께서 나에게 세계는 상주하는지, 상주하지 않는지, … 여래는 사후에 존재하는지, 존재하지 않는지, 존재하기도 하고 존재하지 않기도 하는지, 존재하지도 않고 존재하지 아니하지도 않는지에 대하여 판단해 주시지 않는다면, 나는 세존 밑에서 청정한 수행을 하지 않겠다'라고 말하는 사람은, 말룽꺄뿟따여, 그 사람은 여래가 그에게 판단해 주기 전에 죽을 것이다.

말룽꺄뿟따여, 비유하면 어떤 사람이 독화살을 맞았다. 그에게 그의 친구와 친척들이 화살 뽑는 의사를 불러왔다. 그는 '나에게 화살을 쏜 사람이 크샤트리아인지, 바라문인지, 바이샤인지, 수드라인지를 알 때까지 나는 화살을 뽑지 않겠다'라고 말했다. 그는 '나에게 화살을 쏜 사람이 이름은 무엇이고 성은 무엇인지를 내가 알 때까지 나는 화살을 뽑지 않겠다'라고 말했다. 그는 '나에게 화살을 쏜 사람이 키가 큰지, 작은지, 중간인지를 내가 알 때까지 나는 화살을 뽑지 않겠다'라고 말했다. 그는 '나에게 화살을 쏜 사람이 검은색 피부인지, 갈색 피부인지, 황금색 피부인지를 내가 알 때까지 나는 화살을 뽑지 않겠다'라고 말했다. 그는 '나에게 화살을 쏜 사람이 어떤 마을이나 동네나 도시에 사는지를 내가 알 때까지 나는 화살을 뽑지 않겠다'라고 말했다. 그는 '나를 쏜 활과 활시위와 화살과 화살의 깃털 등에 대하여 그것이 어떤 것으로 만들어진 것인지를 내가 알 때까지 나는 화살을 뽑지 않겠다'라고 말했다. 말룽꺄뿟따여, 이렇게 말한다면 그는 그것에 대하여 알기 전에 죽을 것이다.

말룽꺄뿟따여, 이와 마찬가지로 '세존께서 나에게 세계는 상주하는지, 상주하지 않는지, … 여래는 사후에 존재하는지, 존재하지 않는지, 존재하기도 하고 존재하지 않기도 하는지, 존재하지도 않고 존재하지 아니하지도 않는지에 대하여 판단해 주시지 않는다면, 나는 세존 밑에서 청정한 수행을 하지 않겠다'라고 말하는 사람은, 말룽꺄뿟따여, 그 사람은 여래가 그에게 판단해 주기 전에 죽을 것이다.

말룽꺄뿟따여, '세계는 상주한다'라는 견해가 있을 때는 청정한 수행을 실천하는 삶이 있을 수 없다. '세계는 상주하지 않는다'라는 견해가 있을 때도 청정한 수행을 실천하는 삶이 있을 수 없다. 말룽꺄뿟따여, '세계는 상주한다'라는 견해가 있을 때, 또는 '세계는 상주하지 않는다'라는 견해가 있을 때, 태어남[生]이 있고, 늙음[老]이 있고, 죽음[死]이 있고, 슬픔·눈물·고통·근심·절망이 있으며, 나는 지금 여기에서 그것들의 파괴를 언명(言明)한다. 말룽꺄뿟따여, 다른 견해들도 마찬가지다. 그들 견해가 있을 때는 청정한 수행을 실천하는 삶이 있을 수 없다. 그리고 그들 견해가 있을 때, 태어남이 있고, 늙음이 있고, 죽음이 있고, 슬픔·눈물·고통·근심·절망이 있으며, 나는 지금 여기에서 그것들의 파괴를 언명한다.

말룽꺄뿟따여, 그러므로 그대는 내가 판단하지 않는 것은 판단해서는 안 되는 것이라고 명심(銘心)하고, 내가 판단한 것은 판단해야 할 것이라고 명심하도록 하라!

말룽꺄뿟따여, 내가 판단하지 않는 것은 어떤 것인가? 말룽꺄뿟따여, 나는 '세계는 상주한다'라고 판단하지 않는다. … 나는 '여래는 사후에 존재하지도 않고 존재하지 아니하지도 않는다'라고 판단하지 않는다.

말룽꺄뿟따여, 그렇다면 나는 왜 그것을 판단하지 않는가? 말룽꺄뿟따여, 그것은 무의미하고, 청정한 수행의 근거가 아니며, 쾌락에 대한 싫증[厭離]·욕탐을 버림[離欲]·번뇌의 소멸[止滅]·적정(寂靜)·체험적 지혜[勝智]·바른 깨달음[正覺]·열반(涅槃)에 도움이 되지 않는다. 그래서 나는 그것을 판단하지 않는다.

말룽꺄뿟따여, 내가 판단하는 것은 어떤 것인가? 말룽꺄뿟따여, 나는 '이것은 괴로움이다[苦]'라고 판단한다. 나는 '이것은 괴로움의 쌓임이다[苦集]'라고 판단한다. 나는 '이것은 괴로움의 소멸이다[苦滅]'라고 판단한다. 나는 '이것은 괴로움의 소멸로 가는 길이다[苦滅道]'라고 판단한다.

말룽꺄뿟따여, 그렇다면 나는 왜 그것을 판단하는가? 말룽꺄뿟따여, 그것은 의미있고, 청정한 수행의 근거가 되며, 쾌락에 대한 싫증·욕탐을 버림·번뇌의 소멸·적정·체험적 지혜·바른 깨달음·열반에 도움이 된다. 그래서 나는 그것을 판단한다.

말룽꺄뿟따여, 그러므로 그대는 내가 판단하지 않는 것은 판단해서는 안 되는 것이라고 명심하고, 내가 판단한 것은 판단해야 할 것이라고 명심하도록 하라!"

이것이 세존께서 하신 말씀입니다.

말룽꺄뿟따 존자는 세존의 설법에 만족하고 기뻐했습니다.

34. 큰 말룽꺄경[331]

〈M.N. 64. Mahā-Māluṅkya-sutta〉

이와 같이 나는 들었습니다.

한때 세존께서는 사왓티에 있는 제따와나 아나타삔디까 승원에 머무셨습니다.

그때 세존께서 "비구들이여!" 하고 비구들을 부르셨습니다.

그 비구들은 "세존이시여!" 하고 세존께 대답했습니다.

세존께서 말씀하셨습니다.

"비구들이여, 그대들은 내가 가르친 다섯 가지 낮은 단계의 장애[五下分結]를 기억하고 있는가?"

말룽꺄뿟따 존자가 세존께 말씀드렸습니다.

"세존이시여, 저는 세존께서 가르치신 다섯 가지 낮은 단계의 장애를 기억하고 있습니다."

"말룽꺄뿟따여, 그대는 다섯 가지 낮은 단계의 장애를 어떻게 기억하고 있는가?"

"세존이시여, 저는 자기 자신이 있다고 보는 견해[有身見]를 세존께서 가르치신 낮은 단계의 장애라고 기억하고 있습니다. 세존이시여, 저는 의혹(疑惑)을 세존께서 가르치신 낮은 단계의 장애라고 기억하고 있습니다. 세존이시여, 저는 금계(禁戒)에 대한 집착[戒禁取]을 세존께서 가르치신 낮은 단계의 장애라고 기억하고 있습니다. 세존이시여, 저는 감각적인 욕망[欲貪]을 세존께서 가르치신 낮은 단계의 장애라고 기억하고 있습니다. 세존이시여, 저는 악의(惡意)를 세존께서 가르치신 낮은 단계의 장애라고 기억하고 있습니다. 세존이시여, 저는 이와 같이 세존께서 가르치신 다섯 가지 낮은 단계의 장애를 기억하고 있습니다."

"말룽꺄뿟따여, 그대는 내가 누구에게 다섯 가지 낮은 단계의 장애를 이와 같이 가르쳤다고 기억하고 있는가? 말룽꺄뿟따여, 외도 행각수행자들은 다음과 같은 어린아이의 비유로 논박하지 않겠는가?

말룽꺄뿟따여, 제대로 움직이지도 못하고 반듯이 누워 있는 어린아이에게는 '자신'이라는 생각이 없을 것이다. 그런데 어떻게 해서 그에게 자기 자신이 있다고 보는 견해가 나타날 수 있겠는가? 그렇다면 그에게 자기 자신이 있다고 보는 무의식적인 견해가 잠재한다는 것인가? 말룽꺄뿟따여, 제대로 움직이지도 못하고 반듯이 누워 있는 어린아이에게는 '가르침[法]'이라는 생각이 없을 것이다. 그런데 어떻게 해서 그에게 가르침에 대한 의혹이 나타날 수 있겠는가? 그렇다면 그에게 가르침에 대한 무의식적인 의혹이 잠재한다는 것인가? 말룽꺄뿟따여, 제대로 움직이지도 못하고 반듯이 누워 있는 어린아이에게는 '계(戒)'라는 생각이 없을 것이다. 그런데 어떻게 해서 금계에 대한 집착이 나타날 수 있겠는가? 그렇다면 그에게 금계에 대한 무의식적인 집착이 잠재한다는 것인가?

331 『중아함경(中阿含經)』의 「205. 오하분결경(五下分結經)」에 상응하는 경.

말룽꺄뿟따여, 제대로 움직이지도 못하고 반듯이 누워 있는 어린아이에게는 '감각적 욕망'이라는 생각이 없을 것이다. 그런데 어떻게 해서 그에게 감각적 욕망에 대한 욕망이 나타날 수 있겠는가? 그렇다면 그에게 감각적 욕망에 대한 무의식적인 욕망이 잠재한다는 것인가? 말룽꺄뿟따여, 제대로 움직이지도 못하고 반듯이 누워 있는 어린아이에게는 '중생'이라는 생각이 없을 것이다. 그런데 어떻게 해서 그에게 중생에 대한 악의가 나타날 수 있겠는가? 그렇다면 그에게 중생에 대한 무의식적인 악의가 잠재한다는 것인가?

말룽꺄뿟따여, 외도 행각수행자들은 이와 같이 어린아이의 비유로 논박하지 않겠는가?"

이 말씀을 듣고, 아난다 존자가 세존께 말씀드렸습니다.

"세존이시여, 지금이 바로 좋은 때입니다. 선서(善逝)시여, 지금이 바로 좋은 때입니다. 세존께서 다섯 가지 낮은 단계의 장애들을 가르쳐 주신다면, 비구들은 세존으로부터 그것을 듣고 기억할 것입니다."

"아난다여, 그렇다면 듣고 잘 기억하도록 하라! 내가 가르쳐 주겠다."

"세존이시여, 그렇게 하겠습니다"

세존께서는 말씀하셨습니다.

"아난다여, 성인(聖人)을 무시하고, 성인의 가르침을 이해하지 못하고, 성인의 가르침에서 배우지 못하고, 참사람을 무시하고, 참사람의 가르침을 이해하지 못하고, 참사람의 가르침에서 배우지 못한 무지한 범부는 자기 자신이 있다고 보는 견해에 사로잡힌 마음으로 자기 자신이 있다고 보는 견해에 정복당하여 살아가면서, 이미 발생한 자기 자신이 있다고 보는 견해에서 벗어나는 법을 여실(如實)하게 통찰하지 못한다. 그 확고해져서 정복되지 않는 자기 자신이 있다고 보는 견해가 그에게 낮은 단계의 장애다.

그는 의혹에 사로잡힌 마음으로 의혹에 정복당하여 살아가면서, 이미 발생한 의혹에서 벗어나는 법을 여실하게 통찰하지 못한다. 그 확고해져서 정복되지 않는 의혹이 그에게 낮은 단계의 장애다.

그는 금계에 대한 집착에 사로잡힌 마음으로 금계에 대한 집착에 정복당하여 살아가면서, 이미 발생한 금계에 대한 집착에서 벗어나는 법을 여실하게 통찰하지 못한다. 그 확고해져서 정복되지 않는 금계에 대한 집착이 그에게 낮은 단계의 장애다.

그는 감각적 욕망에 대한 욕망에 사로잡힌 마음으로 감각적 욕망에 대한 욕망에 정복당하여 살아가면서, 이미 발생한 감각적 욕망에 대한 욕망에서 벗어나는 법을 여실하게 통찰하지 못한다. 그 확고해져서 정복되지 않는 감각적 욕망에 대한 욕망이 그에게 낮은 단계의 장애다.

그는 악의에 사로잡힌 마음으로 악의에 정복당하여 살아가면서, 이미 발생한 악의에서 벗어나는 법을 여실하게 통찰하지 못한다. 그 확고해져서 정복되지 않는 악의가 그에게 낮은 단계의 장애다.

아난다여, 성인을 알아보고, 성인의 가르침을 이해하고, 성인의 가르침에서 배우고, 참사람을 알아보고, 참사람의 가르침을 이해하고, 참사람의 가르침에서 배운 거룩한 제자는 자기 자신이 있다고 보는 견해에 사로잡히지 않는 마음으로 자기 자신이 있다고 보는 견해에 정복당하지 않고 살아가면서, 이미 발생한 자기 자신이 있다고 보는 견해에서 벗어나는 법을 여실하게 통찰한다. 그에게 무의식적인 자기 자신이 있다고 보는 견해가 끊어진다.

그는 의혹에 사로잡히지 않는 마음으로 의혹에 정복당하지 않고 살아가면서, 이미 발생한 의혹에서 벗어나는 법을 여실하게 통찰한다. 그에게 무의식적인 의혹이 끊어진다.

그는 금계에 대한 집착에 사로잡히지 않는 마음으로 금계에 대한 집착에 정복당하지 않고 살아가면서, 이미 발생한 금계에 대한 집착에서 벗어나는 법을 여실하게 통찰한다. 그에게 무의식적인 금계에 대한 집착이 끊어진다.

그는 감각적 욕망에 대한 욕망에 사로잡히지 않는 마음으로 감각적 욕망에 대한 욕망에 정복당하지 않고 살아가면서, 이미 발생한 감각적 욕망에 대한 욕망에서 벗어나는 법을 여실하게 통찰한다. 그에게 무의식적인 감각적 욕망에 대한 욕망이 끊어진다.

그는 악의에 사로잡히지 않는 마음으로 악의에 정복당하지 않고 살아가면서, 이미 발생한 악의에서 벗어나는 법을 여실하게 통찰한다. 그에게 무의식적인 악의가 끊어진다.

아난다여, 다섯 가지 낮은 단계의 장애를 끊는 길[magga]과 행도(行道, paṭipadā)에 의하지 않고서는 다섯 가지 낮은 단계의 장애를 알거나 보거나 끊을 수 없다. 아난다여, 비유하면 외피를 절단하지 않고, 껍질을 절단하지 않고서는 큰 나무의 단단하고 견실한 중심을 절단할 수 없는 것과 같다.

아난다여, 다섯 가지 낮은 단계의 장애를 끊는 길과 행도에 의하면, 다섯 가지 낮은 단계의 장애를 알거나 보거나 끊을 수 있다. 아난다여, 비유하면 외피를 절단하고 껍질을 절단한 다음에 큰 나무의 단단하고 견실한 중심을 절단할 수 있는 것과 같다.

아난다여, 비유하면 까마귀가 강둑에 앉아서 물을 마실 정도로 물이 넘실대는 갠지스강에 허약한 사람이 와서 '나는 두 팔로 급류를 가로질러서 이 갠지스강을 건너 안전하게 저편으로 가야겠다'라고 할지라도, 그는 그렇게 할 수 없는 것과 같다. 아난다여, 이와 같이 누구든지 자기 자신이 있다고 보는 견해의 소멸에 대한 법문을 듣고 뛸 듯이 기뻐하지 않고, 안주하지 않고, 해탈하지 않는 사람은 저 허약한 사람과 같다고 보아야 한다.

아난다여, 비유하면 까마귀가 강둑에 앉아서 물을 마실 정도로 물이 넘실대는 갠지스강에 건장한 사람이 와서 '나는 두 팔로 급류를 가로질러서 이 갠지스강을 건너 안전하게 저편으로 가야겠다'라고 한다면, 그는 그렇게 할 수 있는 것과 같다. 아난다여, 이와 같이 누구든지 자기 자신이 있다고 보는 견해의 소멸에 대한 법문을 듣고 뛸 듯이 기뻐하고, 안주하고, 해탈한 사람은 저 건장한 사람과 같다고 보아야 한다.

아난다여, 다섯 가지 낮은 단계의 장애를 끊는 길은 어떤 것이고, 다섯 가지 낮은 단계의 장애를 끊는 행도는 어떤 것인가?

아난다여, 비구는 집착에서 벗어나 불선법(不善法)을 버리고, 어떤 경우에도 몸으로 행하는 추악한 행위를 소멸하여, 감각적 욕망을 멀리하고 불선법(不善法)을 멀리함으로써 사유가 있고 숙고가 있는, 멀리함에서 생긴 기쁨과 행복감이 있는 초선(初禪)을 성취하여 살아간다. 만약에 거기에 형색[色]의 성질·느낌[受]의 성질·생각[想]의 성질·행위[行]의 성질·분별의식[識]의 성질이 있으면, 그는 그 법을 무상(無常)으로, 괴로움으로, 병으로, 종기로, 화살로, 불행으로, 질병으로, 타자(他者)로, 파멸(破滅)로, 공(空)으로, 무아(無我)로 여긴다. 그는 마음을 그 법에서 벗어나도록 한다. 그는 마음을 그 법에서 벗어나도록 한 후에 '이것은 평온하다. 이것은 훌륭하다. 이것이 바로 일체의 행위의 소멸이며, 일체의 집착의 버림이며, 갈애[愛]의 소멸이며, 욕탐의 버림[離欲]이며, 번뇌의 소멸이며, 열반이다'라고 불사(不死)의 세계에 마음을 집중한다. 그는 그곳에 안주하면서 번뇌의 소멸을 성취한다. 번뇌의 소멸을 성취하지 못한 경우에는 가르침을 원하고[法愛], 가르침을 즐겨[法樂] 다섯 가지 낮은 단계의 장애를 끊음으로써 화생(化生)하여 불환자(不還者)로서 그 세계에서 반열반(般涅槃)한다. 아난다여, 이것이 다섯 가지 낮은 단계의 장애를 끊는 길이며, 행도이다.

아난다여, 그다음에 비구는 사유와 숙고를 억제하여 내적으로 조용해진, 마음이 집중된, 사유와 숙고가 없는, 삼매에서 생긴 즐거움과 행복이 있는 제2선(第二禪), 그리고 제3선(第三禪), 제4선(第四禪)을 성취하여 살아간다. 만약에 거기에 형색의 성질·느낌의 성질·생각의 성질·행위의 성질·분별의식의 성질이 있으면, 그 법을 무상으로, 괴로움으로, 병으로, 종기로, 화살로, 불행으로, 질병으로, 타자로, 파멸로, 공으로, 무아로 여긴다. 그는 마음을 그 법에서 벗어나도록 한다. 그는 마음을 그 법에서 벗어나도록 한 후에 '이것은 평온하다. 이것은 훌륭하다. 이것이 바로 일체의 행위의 소멸이며, 일체의 집착의 버림이며, 갈애의 소멸이며, 욕탐의 버림이며, 번뇌의 소멸이며, 열반이다'라고 불사의 세계에 마음을 집중한다. 그는 그곳에 안주하면서 번뇌의 소멸을 성취한다. 번뇌의 소멸을 성취하지 못한 경우에는 가르침을 원하고, 가르침을 즐겨 다섯 가지 낮은 단계의 장애를 끊음으로써 화생하여 불환자로서 그 세계에서 반열반한다. 아난다여, 이것이 다섯 가지 낮은 단계의 장애를 끊는 길이며, 행도이다.

아난다여, 그다음에 비구는 일체의 형색에 대한 생각[色想]을 초월하고, 지각의 대상에 대한 생각[有對想]을 소멸하고, 차별적인 생각에 마음 쓰지 않음으로써 '허공은 무한하다'라고 생각하는 공무변처(空無邊處), 그리고 식무변처(識無邊處), 무소유처(無所有處)를 성취하여 살아간다. 만약에 거기에 형색의 성질·느낌의 성질·생각의 성질·행위의 성질·분별의식의 성질이 있으면, 그 법을 무상으로, 괴로움으로, 병으로, 종기로, 화살로, 불행으로, 질병으로, 타자로, 파멸로, 공으로, 무아로 여긴다. 그는 마음을 그 법에서 벗어나도록 한다. 그는 마음을 그 법에서 벗어나도록 한 후에 '이것은 평온하다. 이것은 훌륭하다. 이것이 바로 일체의 행위의 소멸이며, 일체의 집착의 버림이며, 갈애의 소멸이며, 욕탐의 버림이며, 번뇌의 소멸이며, 열반이다'라고 불사의 세계에 마음을 집중한다. 그는 그곳에 안주하면서 번뇌의 소멸을 성취한다. 번뇌의 소멸을 성취하지 못한 경우에는 가르침을 원하고, 가르침을 즐겨 다섯 가지 낮은 단계의 장애들을 끊음으로써 화생하여 불환자로서 그 세계에서 반열반한다. 아난다여, 이것이 다섯 가지 낮은 단계의 장애들을 끊는 길이며, 행도이다."

"세존이시여, 이것이 다섯 가지 낮은 단계의 장애를 끊는 길이고 행도라면, 어떤 비구들은 심해탈자(心解脫者)이고, 어떤 비구들은 혜해탈자(慧解脫者)인 까닭은 무엇입니까?"

"아난다여, 그것은 '그들의 근기(根機)의 차이'라고 나는 이야기한다."

이것이 세존께서 하신 말씀입니다.

아난다 존자는 세존의 설법에 만족하고 기뻐했습니다.

35. 나라까빠나경[332]
〈M.N. 68. Naḷakapāna-sutta〉

이와 같이 나는 들었습니다.

한때 세존께서는 꼬살라의 나라까빠나(Naḷakapāna)에서 빨라사와나(Pālasavana)에 머무셨습니다.

그때 아누룻다(Anuruddha) 존자, 난디야(Nandiya) 존자, 낌빌라(Kimbila) 존자, 바구(Bhagu) 존자, 꾼다다나(Kuṇḍadhāna) 존자, 레와따(Revata) 존자, 아난다(Ānanda) 존자 같은 명성이 높고 저명한 선남자(善男子)들과 그 밖의 명성이 높고 저명한 많은 선남자들이 세존에 대한 믿음으로 출가했습니다.

세존께서 노지(露地)에서 비구상가에 둘러싸여 앉아서 비구들에게 그 선남자들의 출가 이야기를 들려 주셨습니다.

"비구들이여, 그 선남자들은 나에 대한 믿음으로 출가했다오. 비구들이여, 그 비구들은 청정한 수행[梵行]을 즐기는가?"

이 말씀을 듣고, 그 비구들은 침묵했습니다. 두 번째 물음에도 침묵했고, 세 번째 물음에도 침묵했습니다.

세존께서는 '차라리 그 선남자들에게 묻는 것이 낫겠다'라고 생각하셨습니다.

세존께서 아누룻다 존자에게 말씀하셨습니다.

"아누룻다여, 그대들은 청정한 수행을 즐기는가?"

"세존이시여, 저희는 진정으로 청정한 수행을 즐깁니다."

"훌륭하구나! 아누룻다여, 훌륭하구나! 그대들이 청정한 수행을 즐기는 것은 믿음으로 출가한 선남자들이 마땅히 해야 할 일이다. 아누룻다여, 그대들은 꽃다운 청춘으로 쾌락을 누릴 수 있는 칠흑 같은 머리를 갖춘 초년(初年)의 나이다. 아누룻다여, 그런데 그대들은 꽃다운 청춘으로 칠흑 같은 머리를 갖춘 초년의 나이에 출가했다. 아누룻다여, 그대들은 왕의 강요 때문에 출가한 것이 아니고, 도적의 강제 때문에 출가한 것이 아니다. 빚 때문도 아니고, 두려움 때문도 아니고, 생계를 유지하기 위해서 출가한 것도 아니다. 아누룻다여, 그대는 '나는 생(生), 노(老), 병(病), 사(死), 근심, 슬픔, 고통, 우울, 절망에 빠졌다. 괴로움에 빠졌고, 괴로움에 정복당했다. 나는 이 순전한 괴로움 덩어리[苦蘊]의 종식에 대하여 알아야겠다'라는 신념으로 출가한 것이 아닌가?"

"그렇습니다, 세존이시여!"

"아누룻다여, 이와 같이 출가한 선남자가 해야 할 일은 무엇이겠는가? 아누룻다여, 쾌락을 멀리하고 불선법(不善法)을 멀리하여 그와는 다른, 그리고 그보다 더 좋은 기쁨과 즐거움을 얻지 못하면, 탐애(貪愛)가 마음을 사로잡고 머물고, 악의(惡意)·나태[昏沈]와 졸음[睡眠]·들뜸[掉擧]과 후회[惡作]·의혹(疑惑)·불만·권태(倦怠)가 마음을 사로잡고 머문다. 아누룻다여, 그는 쾌락을 멀리하고

---

332 『중아함경(中阿含經)』의 「77. 바계제삼족성자경(婆啓帝三族姓子經)」에 상응하는 경.

불선법을 멀리하여 그와는 다른, 그리고 그보다 더 좋은 기쁨과 즐거움을 얻지 못한다.

아누룻다여, 쾌락을 멀리하고 불선법을 멀리하여 그와는 다른, 그리고 그보다 더 좋은 기쁨과 즐거움을 얻으면, 탐애가 마음을 사로잡고 머물지 않고, 악의·나태와 졸음·들뜸과 후회·의혹·불만·권태가 마음을 사로잡고 머물지 않는다. 아누룻다여, 그는 쾌락을 멀리하고 불선법을 멀리하여 그와는 다른, 그보다 더 좋은 기쁨과 즐거움을 얻는다.

아누룻다여, 그대는 나에 대하여 '미래에 태어나서 늙어 죽는 비참한 괴로운 과보를 가져오는, 다시 존재하게 하는, 더러움에 물들게 하는 번뇌[漏]들이 여래에게 제거되지 않았다. 그래서 여래는 심사숙고하여 어떤 것을 추구하고, 심사숙고하여 어떤 것을 동의하고, 심사숙고하여 어떤 것을 멀리하고, 심사숙고하여 어떤 것을 제거한다'라고 생각하는가?"

"그렇지 않습니다, 세존이시여. 저는 세존에 대하여 '미래에 태어나서 늙어 죽는 비참한 괴로운 과보를 가져오는, 다시 존재하게 하는, 더러움에 물들게 하는 번뇌들이 여래에게 제거되었다. 그래서 여래는 심사숙고하여 어떤 것을 추구하고, 심사숙고하여 어떤 것을 동의하고, 심사숙고하여 어떤 것을 멀리하고, 심사숙고하여 어떤 것을 제거한다'라고 생각합니다."

"훌륭하구나! 아누룻다여, 훌륭하구나! 아누룻다여, 미래에 태어나서 늙어 죽는 비참한 괴로운 과보를 가져오는, 다시 존재하게 하는, 더러움에 물들게 하는 번뇌들은 여래에게 제거되고 근절되고 단절되고 없어진, 미래에는 발생하지 않는 법(法)들이다. 아누룻다여, 비유하면 꼭대기가 잘린 야자수는 다시 자라날 수 없는 것과 같다. 아누룻다여, 이와 같이 미래에 태어나서 늙어 죽는 비참한 괴로운 과보를 가져오는, 다시 존재하게 하는, 더러움에 물들게 하는 번뇌들은 여래에게는 제거되고 근절되고 단절되고 없어진, 미래에는 발생하지 않는 법들이다. 그래서 여래는 심사숙고하여 어떤 것을 추구하고, 심사숙고하여 어떤 것을 동의하고, 심사숙고하여 어떤 것을 멀리하고, 심사숙고하여 어떤 것을 제거하는 것이다.

아누룻다여, 그대는 어떻게 생각하는가? 여래가 죽어서 세상을 떠난 제자의 다시 태어나는 곳에 대하여 '누구는 어느 곳에 태어났고, 누구는 어느 곳에 태어났다'라고 기별(記別)하는 이유는 무엇이라고 생각하는가?"

"세존이시여, 우리의 모든 법은 세존을 근본으로 하고, 세존을 스승으로 하고, 세존을 의지처로 합니다. 세존이시여, 부디 세존께서 그 말씀을 하시는 이유를 밝혀 주십시오! 비구들은 세존의 말씀을 듣고 명심할 것입니다."

"아누룻다여, 죽어서 세상을 떠난 제자의 다시 태어나는 곳에 대하여 '누구는 어느 곳에 태어났고, 누구는 어느 곳에 태어났다'라고 여래가 기별하는 것은 사람들을 속이기 위해서도 아니고, 사람들의 잡담에 오르내리기 위해서도 아니고, 존경과 명성과 이익을 얻기 위해서도 아니고, 사람들이 나를 알아주기를 바라서도 아니다. 아누룻다여, 믿음이 있고, 큰 지혜가 있고, 큰 즐거움이 있는 선남자들이 있다. 그들은 그 말을 듣고 진실로 마음을 집중한다. 아누룻다여, 그들에게 그 말은 오랫동안 이익이 되고 기쁨이 된다.

아누룻다여, 어떤 비구는 '이런 이름을 가진 비구가 죽자 세존께서 '그는 이미 구경지(究竟智, aññā)를 갖추었다'라고 기별했다'라는 말을 듣는다. 그는 그 존자에 대하여 '그 존자의 계행(戒行)은 이러했고, 행실은 이러했고, 지혜는 이러했고, 삶은 이러했고, 해탈은 이러했다'라는 것을 스스로 보거나 소문으로 듣는다. 그는 그 존자의 신념과 계행과 헌신과 지혜를 명심하고 진실로 마음을 집중한다. 아누룻다여, 이렇게 함으로써 그 비구는 평온하게 살아간다.

아누룻다여, 어떤 비구는 '이런 이름을 가진 비구가 죽자 세존께서 '그는 다섯 가지 낮은 단계의 결박[五下分結]이 소멸하여 화생(化生)하였으며, 그곳에서 반열반에 들어가 그 세계에서 다시 돌아오지 않는 과보[不還果]를 성취했다'라고 기별했다'라는 말을 듣는다. … 아누룻다여, 어떤 비구는 '이런 이름을 가진 비구가 죽자 세존께서 '그는 세 가지 결박[三結]이 소멸하고 탐진치(貪瞋癡)가 줄어든 사다함(斯多含)으로서, 이 세계에 한 번 돌아와서 괴로움을 끝낼 것이다'라고 기별했다'라는 말을 듣는다. … 아누룻다여, 어떤 비구는 '이런 이름을 가진 비구가 죽자 세존께서 '그는 세 가지 결박이 소멸한 수다원(須陀洹)으로서, 악취(惡趣)에 떨어지지 않고 결국에는 바른 깨달음[正覺]을 성취하도록 결정되었다'라고 기별했다'라는 말을 듣는다. 그는 그 존자에 대하여 '그 존자의 계행은 이러했고, 행실은 이러했고, 지혜는 이러했고, 삶은 이러했고, 해탈은 이러했다'라는 것을 스스로 보거나 소문으로 듣는다. 그는 그 존자의 신념과 계행과 헌신과 지혜를 명심하고 진실로 마음을 집중한다. 아누룻다여, 이렇게 함으로써 그 비구는 평온하게 살아간다.

아누룻다여, 비구니·청신사·청신녀도 마찬가지다. 아누룻다여, 어떤 청신녀는 '이런 이름을 가진 청신녀가 죽자 세존께서 '그녀는 세 가지 결박이 소멸한 수다원으로서, 악취에 떨어지지 않고 결국에는 바른 깨달음을 성취하도록 결정되었다'라고 기별했다'라는 말을 듣는다. 그 청신녀는 그 자매에 대하여 '그 자매의 계행은 이러했고, 행실은 이러했고, 지혜는 이러했고, 삶은 이러했고, 해탈은 이러했다'라는 것을 스스로 보거나 소문으로 듣는다. 그 청신녀는 그 자매의 신념과 계행과 헌신과 지혜를 명심하고 진실로 마음을 집중한다. 아누룻다여, 이렇게 함으로써 그 청신녀는 평온하게 살아간다.

아누룻다여, 이와 같이 죽어서 세상을 떠난 제자의 다시 태어나는 곳에 대하여 '누구는 어느 곳에 태어났고, 누구는 어느 곳에 태어났다'라고 여래가 기별하는 것은 사람들을 속이기 위해서도 아니고, 사람들의 잡담에 오르내리기 위해서도 아니고, 존경과 명성과 이익을 얻기 위해서도 아니고, 사람들이 나를 알아주기를 바라서도 아니다. 아누룻다여, 믿음이 있고, 큰 지혜가 있고, 큰 즐거움이 있는 선남자들이 있다. 그들은 그 말을 듣고 진실로 마음을 집중한다. 아누룻다여, 그들에게 그 말은 오랫동안 이익이 되고 기쁨이 된다."

이것이 세존께서 하신 말씀입니다.

아누룻다 존자는 세존의 설법에 만족하고 기뻐했습니다.

36. 끼따기리경[333]
〈M.N. 70. Kīṭāgiri-sutta〉

이와 같이 나는 들었습니다.

한때 세존께서는 큰 비구상가와 함께 까시(Kāsi)에서 유행(遊行)하셨습니다.

그때 세존께서 비구들에게 말씀하셨습니다.

"비구들이여, 나는 야식(夜食)을 하지 않는다오. 나는 야식을 하지 않음으로써 크고 작은 병이 없고, 몸이 가볍고, 강건하고, 평온함을 느낀다오. 자! 비구들이여, 그대들도 야식을 하지 마시오! 비구들이여, 그대들도 야식을 하지 않음으로써 크고 작은 병이 없고, 몸이 가볍고, 강건하고, 평온함을 느끼도록 하시오!"

"그렇게 하겠습니다, 세존이시여!"라고 그 비구들은 세존의 말씀에 따랐습니다.

세존께서는 까시를 차례로 유행하시면서 끼따기리(Kīṭāgiri)라는 마을에 도착했습니다. 세존께서는 바로 그곳, 까시의 마을 끼따기리에 머무셨습니다. 그때 비구 아싸지(Assaji)와 뿌납바수까(Punabbasuka)가 끼따기리에 거주하고 있었습니다.

많은 비구가 아싸지와 뿌납바수까에게 가서 말했습니다.

"존자들이여, 세존께서는 야식을 하지 않습니다. 존자들이여, 비구상가도 야식을 하지 않음으로써 크고 작은 병이 없고, 몸이 가볍고, 강건하고, 평온함을 느낍니다. 자! 존자들이여, 그대들도 야식을 하지 마시오! 존자들이여, 그대들도 야식을 하지 않음으로써 크고 작은 병이 없고, 몸이 가볍고, 강건하고, 평온함을 느끼도록 하시오!"

이 말을 듣고, 아싸지와 뿌납바수까가 그 비구들에게 말했습니다.

"존자들이여, 우리는 저녁에도 식사를 하고, 아침에도 식사를 하고, 낮에도 아무 때나 식사를 합니다. 그렇지만 크고 작은 병이 없고, 몸이 가볍고, 강건하고, 평온함을 느낍니다. 그런데 우리가 무엇 때문에 눈에 보이는 이익을 버리고 정해진 시간을 따라야 합니까? 우리는 저녁에도 식사를 하고, 아침에도 식사를 하고, 낮에도 아무 때나 식사를 하겠습니다."

그 비구들은 아싸지와 뿌납바수까를 설득할 수 없었기 때문에 세존을 찾아갔습니다. 그들은 세존께 예배하고 한쪽에 앉아서 아싸지와 뿌납바수까 이야기를 세존께 말씀드렸습니다.

"세존이시여, 저희는 아싸지와 뿌납바수까를 설득할 수 없었습니다. 그래서 세존께 이 일을 알려드립니다."

세존께서는 어떤 비구를 부르셨습니다.

"이리 오라! 비구여, 그대는 나의 말로 '스승님께서 존자들을 부르십니다'라고 아싸지와 뿌납바수까를 불러오라!"

"그렇게 하겠습니다."

그 비구는 세존의 말씀에 따라 아싸지

---

333 『중아함경(中阿含經)』의 「195. 아습패경(阿濕貝經)」에 상응하는 경.

와 뿌납바수까를 찾아가서 말했습니다.

"스승님께서 존자들을 부르십니다."

"존자여, 알겠습니다."

아싸지와 뿌납바수까는 그 비구의 말을 듣고 세존을 찾아갔습니다. 그들은 세존께 예배하고 한쪽에 앉았습니다.

세존께서 아싸지와 뿌납바수까에게 말씀하셨습니다.

"비구들이여, 많은 비구가 그대들을 찾아가서 야식을 하지 않도록 설득했을 때, 그대들은 거절했는가?"

"그렇습니다, 세존이시여!"

"비구들이여, 그대들은 내가 '사람이 어떤 것을 느끼든, 괴로움을 느끼든 즐거움을 느끼든 괴롭지도 즐겁지도 않음을 느끼든, 그에게 불선법(不善法)은 줄어들고 선법(善法)은 증가한다'라는 가르침을 설한 것으로 알고 있지는 않은가?"

"그렇게 알고 있지 않습니다, 세존이시여!"

"비구들이여, 그대들은 내가 '어떤 사람이 이러한 즐거운 느낌을 느끼면 그에게 불선법은 증가하고 선법이 줄어들지만, 어떤 사람이 이러한 즐거운 느낌을 느끼면 그에게 불선법은 줄어들고 선법이 증가하며, 어떤 사람이 이러한 괴로운 느낌을 느끼면 그에게 불선법은 증가하고 선법이 줄어들지만, 어떤 사람이 이러한 괴로운 느낌을 느끼면 그에게 불선법은 줄어들고 선법이 증가하며, 어떤 사람이 이러한 괴롭지도 즐겁지도 않은 느낌을 느끼면 그에게 불선법은 증가하고 선법이 줄어들지만, 어떤 사람이 이러한 괴롭지도 즐겁지도 않은 느낌을 느끼면 그에게 불선법은 줄어들고 선법이 증가한다'라는 가르침을 설한 것으로 알고 있는가?"

"그렇게 알고 있습니다, 세존이시여!"

"훌륭하다, 비구들이여! 비구들이여, 만약에 내가 '어떤 사람이 이러한 즐거운 느낌을 느끼면 그에게 불선법은 증가하고 선법이 줄어든다'라는 것을 통찰지[般若]로 통찰하지 못하고 보지 못하고 알지 못하고 체험하지 못하고 체득하지 못하고서, 이와 같이 알지도 못하는 내가 '그대들은 이러한 즐거운 느낌을 단념하라!'라고 말한다면, 비구들이여, 이것이 과연 나에게 어울리는 일이겠는가?"

"그렇지 않습니다, 세존이시여!"

"비구들이여, 나는 '어떤 사람이 이러한 즐거운 느낌을 느끼면 그에게 불선법은 증가하고 선법이 줄어든다'라는 사실을 통찰지로 통찰하고 보고 알고 체험하고 체득했다오. 그래서 나는 '그대들은 이러한 즐거운 느낌을 단념하라!'라고 말한다오.

비구들이여, 만약에 내가 '어떤 사람이 이러한 즐거운 느낌을 느끼면 그에게 불선법은 줄어들고 선법이 증가한다'라는 사실을 통찰지로 통찰하지 못하고 보지 못하고 알지 못하고 체험하지 못하고 체득하지 못하고서, 이와 같이 알지도 못하는 내가 '그대들은 이러한 즐거운 느낌을 성취하여 머물라!'라고 말한다면, 비구들이여, 이것이 과연 나에게 어울리는 일이겠는가?"

"그렇지 않습니다, 세존이시여!"

"비구들이여, 나는 '어떤 사람이 이러한 즐거운 느낌을 느끼면 그에게 불선법은 줄어들고 선법이 증가한다'라는 사실을 통찰지로 통찰하고 보고 알고 체험하고 체득했다오. 그래서 나는 '그대들은 이러한 즐거운 느낌을 성취하여 머물라!'라고 말한다오. 비구들이여,만약 내가 '어떤 사람이 이러한 괴로운 느낌이나 괴롭지도 즐겁지도 않은 느낌을 느끼면 그에게 불선법이 증가하고 선법은 줄어든다'라는 사실을 통찰지로 보지 못하고 알지 못하고 체험하지 못하고 체득하지 못하고서, 이와 같이 알지도 못하는 내가 '그대들은 이러한 괴로운 느낌이나 괴롭지도 즐겁지도 않은 느낌을 단념하라!'라고 말한다면, 비구들이여, 이것이 과연 나에게 어울리는 일이겠는가?"

"그렇지않습니다, 세존이시여!"

"비구들이여, 나는 '어떤 사람이 이러한 괴로운 느낌이나 괴롭지도 즐겁지도 않은 느낌을 느끼면 그에게 불선법은 증가하고 선법이 줄어든다'라는 사실을 통찰지로 통찰하고 보고 알고 체험하고 체득했다오. 그래서 나는 '그대들은 이러한 괴로운 느낌이나 괴롭지도 즐겁지도 않은 느낌을 단념하라!'라고 말한다오.

비구들이여, 만약 내가 '어떤 사람이 이러한 괴로운느낌이나 괴롭지도 즐겁지도 않은 느낌을 느끼면 그에게 불선법은 줄어들고 선법이 증가한다'라는 사실을 통찰지로 통찰하지 못하고 보지 못하고 알지 못하고 체험하지 못하고 체득하지 못하고서, 이와 같이 알지도 못하는 내가 '그대들은 이러한 괴로운 느낌이나 괴롭지도 즐겁지도 않은 느낌을 성취하여 머물라!'라고 말한다면, 비구들이여, 이것이 과연 나에게 어울리는 일이겠는가?"

"그렇지 않습니다, 세존이시여!"

"비구들이여, 나는 '어떤 사람이 이러한 괴로운 느낌이나 괴롭지도 즐겁지도 않은 느낌을 느끼면 그에게 불선법은 줄어들고 선법이 증가한다'라는 사실을 통찰지로 통찰하고 보고 알고 체험하고 체득했다오. 그래서 나는 '그대들은 이러한 괴로운 느낌이나 괴롭지도 즐겁지도 않은 느낌을 성취하여 머물라!'라고 말한다오.

비구들이여, 나는 모든 비구에게 '방일(放逸)하지 않고 해야 할 일이 있다'라고 말하지 않는다오. 비구들이여, 나는 모든 비구에게 '방일하지 않고 해야 할 일이 없다'라고 말하지도 않는다오. 비구들이여, 비구로서 번뇌를 소멸하고, 수행을 완성하고, 해야 할 일을 마치고, 짐을 내려놓고, 자신의 목적에 도달하여 존재의 결박[有結]을 끊고, 완전한 구경지(究竟智)로 해탈한 아라한들이 있다오. 비구들이여, 나는 그런 비구들에게는 '방일하지 않고 해야 할 일이 없다'라고 말한다오. 왜냐하면, 그들에게는 방일하지 않는 삶[不放逸]이 성취되어 그들은 방일할 수 없기 때문이라오. 비구들이여, 마음의 평온을 성취하지 못하고 더할 나위 없이 행복한 열반[瑜伽安穩]을 희구하며 살아가는 배워야 할[有學] 비구들이 있다오. 비구들이여, 나는 그런 비구들에게는 '방일하지 않고 해야 할 일이 있다'라고 말한다오. 왜냐하면, 이 존자들은 선남자들이 출가한 바로 그 목적을 위하여 적당한 숙소와 좌구를 사용하고, 선지식(善知識)을 의지하여 지각활동을 통제함으로써 위없는 청정한 수행[梵行]의 완성을 지금 여기에서 스스로 체험적 지혜[勝智]로 체득하고 증득하여 살아갈 수 있기 때문이오. 비구들이여, 나는 이 불방일(不放逸)의 과보를 보기 때문에 이런 비구들에게 '방일하지 않고 해야 할 일이 있다'라고 말한다오.

비구들이여, 현재 이 세상에는 일곱 종류의 사람이 있다오. 그 일곱은 어떤 사람들인가? 구분해탈자(俱分解脫者, ubhatobhāgavimutta), 혜해탈자(慧解脫者, paññāvimutta), 신증자(身證者, kāyasakkhin), 득견자(得見者, diṭṭhippatta), 신해탈자(信解脫者, sadhāvimutta), 수법행자(隨法行者, dhammānusārin), 수신행자(隨信行者, saddhānusārin)가 그들이라오.

비구들이여, 어떤 사람이 구분해탈자인가?

비구들이여, 어떤 사람은 색계(色界)와 무색계(無色界)를 초월한 평온한 해탈들을 몸으로 체험하며 살아간다오. 그리고 통찰지로 통찰함으로써 번뇌[漏]들이 소멸한다오. 비구들이여, 이런 사람을 구분해탈자라고 한다오. 비구들이여, 나는 이런 비구들에게는 '방일하지 않고 해야 할 일이 없다'라고 말한다오. 그 까닭은 무엇인가? 그들은 방일하지 않는 삶이 성취되어 방일할 수 없기 때문이라오.

비구들이여, 어떤 사람이 혜해탈자인가?

비구들이여, 어떤 사람은 색계와 무색계를 초월한 평온한 해탈들을 몸으로 체험하며 살아가지 않는다오. 그렇지만 통찰지로 통찰함으로써 번뇌들이 소멸한다오. 비구들이여, 이런 사람을 혜해탈자라고 한다오. 비구들이여, 나는 이런 비구들에게는 '방일하지 않고 해야 할 일이 없다'라고 말한다오. 그 까닭은 무엇인가? 그들은 방일하지 않는 삶이 성취되어 방일할 수 없기 때문이라오.

비구들이여, 어떤 사람이 신증자인가?

비구들이여, 어떤 사람은 색계와 무색계를 초월한 평온한 해탈들을 몸으로 체험하며 살아간다오. 그리고 통찰지로 통찰함으로써 번뇌들이 다소 소멸한다오. 비구들이여, 이런 사람을 신증자라고 한다오. 비구들이여, 나는 이런 비구들에게는 '방일하지 않고 해야 할 일이 있다'라고 말한다오.

비구들이여, 어떤 사람이 득견자인가?

비구들이여, 어떤 사람은 색계와 무색계를 초월한 평온한 해탈들을 몸으로 체험하며 살아가지는 않는다오. 그렇지만 통찰지로 통찰함으로써 번뇌들이 다소 소멸하며, 여래가 가르친 가르침들을 통찰지로 잘 이해하고 통찰한다오. 비구들이여, 이런 사람을 득견자라고 한다오. 비구들이여, 나는 이런 비구들에게는 '방일하지 않고 해야 할 일이 있다'라고 말한다오.

비구들이여, 어떤 사람이 신해탈자인가?

비구들이여, 어떤 사람은 색계와 무색계를 초월한 평온한 해탈들을 몸으로 체험하며 살아가지는 않는다오. 그렇지만 통찰지로 통찰함으로써 번뇌들이 다소 소멸하며, 여래에 대하여 그의 믿음이 자리 잡고 뿌리내리고 확립된다오. 비구들이여, 이런 사람을 신해탈자라고 한다오. 비구들이여, 나는 이런 비구들에게는 '방일하지 않고 해야 할 일이 있다'라고 말한다오.

비구들이여, 어떤 사람이 수법행자인가?

비구들이여, 어떤 사람은 색계와 무색계를 초월한 평온한 해탈들을 몸으로 체험하며 살아가지 않는다오. 그리고 통찰지로 통찰하지만 번뇌들은 소멸하지 않는다오. 그는 여래가 가르친 가르침들을 그의 통찰지로 적절하게 이해하여 승인한다오. 그리하여 그에게 신근(信根), 정진근(精進根), 염근(念根), 정근(定根), 혜근(慧根)이 있다오. 비구들이여, 이런 사람을 수법행자라고 한다오. 비구들이여, 나는 이런 비구들에게는 '방일하지 않고 해야 할 일이 있다'라고 말한다오.

비구들이여, 어떤 사람이 수신행자인가?

비구들이여, 어떤 사람은 색계와 무색계를 초월한 평온한 해탈들을 몸으로 체험하며 살아가지 않는다오. 그리고 통찰지로 통찰하지만 번뇌들은 소멸하지 않는다오. 그렇지만 그는 여래에 대하여 믿음이 있고 사랑이 있다오. 그리하여 그에게 신근, 정진근, 염근, 정근, 혜근이 있다오. 비구들이여, 이런 사람을 수신행자라고 한다오. 비구들이여, 나는 이런 비구들에게는 '방일하지 않고 해야 할 일이 있다'라고 말한다오. 왜냐하면, 이 존자들은 선남자들이 출가한 바로 그 목적을 위하여 적당한 숙소와 좌구를 사용하고, 선지식을 의지하여 지각활동을 통제함으로써 위없는 청정한 수행의 완성을 지금 여기에서 스스로 체험적 지혜로 체득하고 증득하여 살아갈 수 있기 때문이라오. 비구들이여, 나는 이 불방일의 과보를 보기 때문에 이런 비구들에게는 '방일하지 않고 해야 할 일이 있다'라고 말한다오.

비구들이여, 나는 결코 구경지가 곧바로 성취된다고 이야기하지 않는다오. 비구들이여, 구경지는 점진적인 학계(學戒)[anupubbasikkhā]에 의해서, 점진적인 수행[anupubbakiriyā]에 의해서, 점진적인 행도(行道)[anupubbapaṭipadā]에 의해서 성취된다오. 비구들이여, 어떻게 점진적인 학계에 의해서, 점진적인 수행에 의해서, 점진적인 행도에 의해서 구경지가 성취되는가? 비구들이여, 믿음이 생기면 찾아간다오. 찾아가서 가까이 모신다오. 가까이 모시면서 귀를 기울인다오. 귀를 기울여 가르침을 듣는다오. 듣고 나서 가르침을 명심한다오. 명심하고 있는 가르침의 의미를 확인한다오. 의미를 확인하면 가르침이 이해되고 승인된다오. 가르침에 대한 이해와 승인이 있을 때 의욕이 생긴다오. 의욕이 생기면 시도한다오. 시도하고 나서 점검한다오. 점검하고 나서 정진(精進)한다오. 정진할 때 최상의 진리를 몸으로 체험하고, 그것을 통찰지로 통찰한다오.

비구들이여, 그대들은 믿음이 없는 것 같군요! 비구들이여, 그대들은 찾아가지 않는 것 같군요! 비구들이여, 그대들은 가까이 모시지 않는 것 같군요! 비구들이여, 그대들은 귀를 기울이지 않는 것 같군요! 비구들이여, 그대들은 가르침을 듣지 않는 것 같군요! 비구들이여, 그대들은 가르침을 명심하지 않는 것 같군요! 비구들이여, 그대들은 의미를 확인하지 않는 것 같군요! 비구들이여, 그대들은 가르침을 이해하여 승인하지 않는 것 같군요! 비구들이여, 그대들은 의욕이 없는 것 같군요! 비구들이여, 그대들은 시도하지 않는 것 같군요! 비구들이여, 그대들은 점검하지 않는 것 같군요! 비구들이여, 그대들은 정진하지 않는 것 같군요! 비구들이여, 그대들은 길을 잃었다오. 비구들이여, 그대들은 삿된 길을 가고 있다오. 비구들이여, 이 어리석은 사람들이여! 그대들은 실로 이 가르침과 율(律)에서 얼마나 멀리 벗어나 있는가!

비구들이여, 알려 주면 현명한 사람

은 오래 걸리지 않고 통찰지로 의미를 통찰할 수 있는 네 가지 기별(記別)[catuppadaṁ veyyākaraṇaṁ]이 있다오. 비구들이여, 내가 그대들에게 알려 줄 것이니 나에게 배우도록 하시오!"

"세존이시여, 우리가 가르침을 받아 구경지를 얻으면 무엇이 달라집니까[ke ca mayaṁ bhante ke ca dhammassa aññātāro]?"[334]

"비구들이여, 스승이 재물을 중시하여 재물을 받아서 재물과 관계하며 살아간다고 할지라도, '우리에게 이와 같은 이익이 있으면 우리는 그것을 하겠다. 그렇지 않으면 우리는 그것을 하지 않겠다'라고 장사꾼들이 거래하는 식으로 그를 대하지는 않는다오. 비구들이여, 그런데 하물며 재물과 전혀 관계하지 않고 살아가는 여래를 대함에 있어서랴!

비구들이여, 스승의 가르침에 전념하며 살아가는 믿음이 있는 제자는 '세존은 스승이고 나는 제자다. 세존은 알고 나는 알지 못한다'라고 가르침에 따르는 생각을 한다오.

비구들이여, 스승의 가르침에 전념하며 살아가는 믿음이 있는 제자는 '스승의 가르침은 발전을 주고 생기를 준다'라고 생각한다오.

비구들이여, 스승의 가르침에 전념하며 살아가는 믿음이 있는 제자는 '피부와 힘줄과 해골만 남고 몸에서 피와 살이 말라 버릴지라도 인간의 힘과 노력과 정력으로 얻어야 할 것을 얻지 못하고서는 정진을 멈추지 않겠다'라고 생각한다오.

비구들이여, 스승의 가르침에 전념하며 살아가는 믿음이 있는 제자는 두 가지 과보 가운데 하나의 과보를 기대할 수 있다오. 지금 여기에서 구경지를 성취하거나, 남은 번뇌가 있으면 불환과(不還果)를 얻는다오."

이것이 세존께서 하신 말씀입니다.

그 비구들은 세존의 설법에 만족하고 기뻐했습니다.

---

334 문자 그대로 번역하면, '세존이시여, 우리는 누구이고 가르침의 구경지(究境智)를 얻은 사람들은 누구입니까?'이다. '우리가 가르침을 이해하면 무엇이 달라지는가?'라는 의미로 생각된다.

37. 악기왓차곳따경[335]

〈M.N. 72. Aggivacchagotta-sutta〉

이와 같이 나는 들었습니다.

한때 세존께서는 사왓티의 제따와나 아나타삔디까 승원에 머무셨습니다.

그때 행각수행자 왓차곳따가 세존을 찾아왔습니다. 그는 세존과 정중하게 인사를 하고 공손한 인사말을 나눈 후에 한쪽에 앉았습니다. 한쪽에 앉은 행각수행자 왓차곳따가 세존께 말씀드렸습니다.

"고따마 존자여, '세계는 상주(常住)한다. 실로 이것이 진실이고 다른 것은 거짓이다'라는 것이 고따마 존자의 이론[diṭṭhi-gata][336]입니까?"

"왓차여, 나에게는 그런 이론이 없다오."

"고따마 존자여, 그렇다면 '세계는 상주하지 않는다. 실로 이것이 진실이고 다른 것은 거짓이다'라는 것이 고따마 존자의 이론입니까?"

"왓차여, 나에게는 그런 이론이 없다오."

"고따마 존자여, '세계는 끝이 있다. 실로 이것이 진실이고 다른 것은 거짓이다'라는 것이 고따마 존자가 추론에 의해 도달한 견해입니까?"

"왓차여, 나에게는 그런 이론이 없다오."

"고따마 존자여, 그렇다면 '세계는 끝이 없다. 실로 이것이 진실이고 다른 것은 거짓이다'라는 것이 고따마 존자의 이론입니까?"

"왓차여, 나에게는 그런 이론이 없다오."

"고따마 존자여, '생명과 육신은 같은 것이다. 실로 이것이 진실이고 다른 것은 거짓이다'라는 것이 고따마 존자의 이론입니까?"

"왓차여, 나에게는 그런 이론이 없다오."

"고따마 존자여, 그렇다면 '생명과 육신은 서로 다른 것이다. 실로 이것이 진실이고 다른 것은 거짓이다'라는 것이 고따마 존자의 이론입니까?"

"왓차여, 나에게는 그런 이론이 없다오."

"고따마 존자여, '여래는 사후에 존재한다. 실로 이것이 진실이고 다른 것은 거짓이다'라는 것이 고따마 존자의 이론입니까?"

"왓차여, 나에게는 그런 이론이 없다오."

"고따마 존자여, 그렇다면 '여래는 사후에 존재하지 않는다. 실로 이것이 진실이고 다른 것은 거짓이다'라는 것이 고따마 존자의 이론입니까?"

"왓차여, 나에게는 그런 이론이 없다오."

"고따마 존자여, '여래는 사후에 존재하기도 하고 존재하지 않기도 한다. 실로 이것이 진실이고 다른 것은 거짓이다'라는 것이 고따마 존자의 이론입니까?"

"왓차여, 나에게는 그런 이론이 없다오."

"고따마 존자여, 그렇다면 '여래는 사후에 존재하지도 않고 존재하지 아니하지도 않는다. 실로 이것이 진실이고 다른 것은 거짓이다'라는 것이 고따마 존자의 이론입니까?"

---

335 『잡아함경(雜阿含經)』 34.24.에 같은 내용이 있음.

336 'diṭṭhi'는 '견해'를 의미하고, 'gata'는 '도달한'의 의미이다. 이것은 '추론을 통해 결론에 도달한 견해'를 의미한다.

"왓차여, 나에게는 그런 이론이 없다오."

"고따마 존자여, 고따마 존자는 나의 질문을 받고, 모든 질문에 '왓차여, 나에게는 그런 이론이 없다오'라고 말씀하셨습니다. 고따마 존자는 어떤 위험을 간파했기에 이 모든 견해를 멀리하십니까?"

"왓차여, '세계는 상주한다'라는 이론은 (소통할 수 없는) 밀림 같은 이론이며, (실천할 수 없는) 황야 같은 이론이며, (우리의 삶을 불안하게 하는) 요동치는 이론이며, 분쟁을 일으키는 편견이며, 속박하는 견해로서 괴로움을 수반하고, 곤혹스럽고, 불안을 수반하고, 고뇌를 수반한다오. 그리고 쾌락에 대한 싫증[厭離], 욕탐을 버림[離欲], 번뇌의 소멸[止滅], 적정(寂靜), 체험적 지혜[勝智], 바른 깨달음[正覺], 열반(涅槃)에 도움이 되지 않는다오. 추론에 의한 다른 견해들도 마찬가지라오. 왓차여, 나는 이러한 위험을 간파했기 때문에 이론을 멀리한다오."

"그렇다면 고따마 존자에게는 어떤 이론이 있습니까?"

"왓차여, 여래에게는 '이론', 바로 그것이 제거되었다오. 왓차여, 여래가 본 것은 이런 것이라오. '형색[色]은 이러하다.' '형색은 이렇게 쌓인다[集].' '형색은 이렇게 사라진다[滅].' '느낌[受]은 이러하다.' '느낌은 이렇게 쌓인다.' '느낌은 이렇게 사라진다.' '생각[想]은 이러하다.' '생각은 이렇게 쌓인다.' '생각은 이렇게 사라진다.' '행위[行]는 이러하다.' '행위는 이렇게 쌓인다.' '행위는 이렇게 사라진다.' '분별의식[識]은 이러하다.' '분별의식은 이렇게 쌓인다.' '분별의식은 이렇게 사라진다.' 그래서 '여래는 모든 억측과 모든 혼란과 나라는 생각, 내 것이라는 생각을 일으키는 잠재하는 모든 아만(我慢)을 파괴하고, 소멸하고, 단념하고, 포기하고, 집착을 버리고, 해탈했다'라고 나는 말한다오."

"고따마 존자여, 이렇게 마음이 해탈한 비구는 어디에 가서 태어납니까?"

"왓차여, '가서 태어난다'라는 말은 적절치 않다오."

"고따마 존자여, 그렇다면 가서 태어나지 않습니까?"

"왓차여, '가서 태어나지 않는다'라는 말도 적절치 않다오."

"고따마 존자여, 그렇다면 가서 태어나기도 하고 태어나지 않기도 합니까?"

"왓차여, '가서 태어나기도 하고 태어나지 않기도 한다'라는 말도 적절치 않다오."

"고따마 존자여, 그렇다면 가서 태어나지도 않고 태어나지 아니하지도 않습니까?"

"왓차여, '가서 태어나지도 않고 태어나지 아니하지도 않는다'라는 말도 적절치 않다오."

"고따마 존자여, 고따마 존자께서는 내가 묻는 모든 질문에 대하여, 그 질문들이 모두 적절치 않다고 말씀하셨습니다. 나는 이 점에 대하여 알 수가 없고 당혹스럽습니다. 이전에 고따마 존자와 대화하면서 나에게 있었던 신뢰마저 지금 나에게 사라졌습니다."

"왓차여, 그대가 알 수 없고 당혹스러운 것은 당연하다오. 왓차여, 이 진리[法]는 이해하기 어렵고 깨닫기 어렵고 평안하고 훌륭하고 추론의 영역을 벗어난 미묘(微妙)한 것으로서, 현자만이 알 수 있는 심오한 것이라오. 견해가 다르고 신념이 다르고 경향이 다르고 선정법(禪定法)이 다르고 수행법이 다른 그대가 그것을 이해하기는 어렵다오. 왓차여, 그렇다면 여기에서 내가 묻겠소. 그대는 적당한 대답을 하도록 하시오! 왓차여, 어떻게 생각하는가? 만약 그대 앞에서 불이 타고 있다면, 그대는 '이 불이 내 앞에서 타고 있다'라고 알 수 있겠는가?"

"고따마 존자여, 만약 내 앞에서 불이 타고 있다면, 나는 '이 불이 내 앞에서 타고 있다'라고 알 수 있습니다."

"왓차여, 만약에 '그대 앞에서 타고 있는 이 불은 무엇을 의지하여 타고 있는가?'라고 묻는다면, 그대는 어떻게 대답하겠는가?"

"고따마 존자여, 만약 나에게 그렇게 묻는다면, 나는 '내 앞에서 타고 있는 이 불은 풀이나 장작 같은 연료[upādāna]를 의지하여[paṭicca] 타고 있다'[337]라고 대답할 것입니다."

"왓차여, 만약 그대 앞에서 그 불이 꺼진다면, 그대는 '이 불이 내 앞에서 꺼졌다'라고 알 수 있겠는가?"

"고따마 존자여, 만약 내 앞에서 그 불이 꺼진다면, 나는 '이 불이 내 앞에서 꺼졌다'라고 알 수 있습니다."

"왓차여, 그런데 만약에 '그대 앞에서 꺼진 그 불은 여기에서 어느 방향으로 갔는가? 동쪽인가, 서쪽인가, 남쪽인가, 북쪽인가?'라고 묻는다면, 왓차여, 그대는 어떻게 대답하겠는가?"

"고따마 존자여, 그 질문은 적절치 않습니다. 고따마 존자여, 풀이나 장작 같은 연료를 의지하여 탔던 그 불은 다른 연료가 공급되지 않고 연료가 없어서 꺼져 버렸다고 생각됩니다."

"왓차여, 이와 같이 여래를 형색이라는 개념으로 규정하여 묘사한다면, 여래에게 그 (개념으로 규정된) 형색은 제거되고 근절되고 단절되고 없어진, 미래에는 발생하지 않는 법(法)이라오. 왓차여, 여래는 형색이라는 개념에서 벗어났기[rūpasaṅkhāvimutta] 때문에 헤아릴 수 없고 측량할 수 없고 이해하기 어렵다오. 비유하면, 큰 바다가 '(사라져서 다른 곳에) 가서 생겨난다'라는 말도 적절치 않고, '가서 생겨나지 않는다'라는 말도 적절치 않고, '가서 생겨나기도 하고 가서 생겨나지 않기도 한다'라는 말도 적절치 않고, '가서 생겨나지도 않고 가서 생겨나지 아니하지도 않는다'라는 말도 적절치 않은 것과 같다오. 느낌[受], 생각[想], 행위[行], 분별의식[識]도 마찬가지라오. 여래를 분별의식이라는 개념으로 규정하여 묘사한다면, 여래에게는 그 (개념으로 규정된) 분별의식은 제거되고 근절되고 단절되고 없어진, 미래에는 다시 발생하지 않는 법이라오. 왓차여, 여래는 분별의식이라는 개념에서 벗어났기 때문에 헤아릴 수 없고 측량할 수 없고 이해하기 어렵다오."

이 말씀을 듣고, 행각수행자 왓차곳따가 세존께 말씀드렸습니다.

"고따마 존자여, 마을이나 도시 근처에 있는 큰 살라나무가 무상(無常)하게 가지와 잎이 떨어지고 겉껍질이 벗겨지고 속껍질이 벗겨지면, 미래에는 가지와 잎이 제거되

337 타는 불이 의지하는 '연료[upādāna]'와 12연기의 '유(有, bhava)'가 의지하는 '취(取, upādāna)'가 같은 단어인 'upādāna'라는 점에 유의할 필요가 있다. 이것은 불이 연료에 의지하여 타듯이, 우리는 '취'에 의지하여 36.5°로 타는 불꽃과 같은 존재[有, bhava]라는 것을 보여 준다.

고 겉껍질이 제거되고 속껍질이 제거되고 깨끗한 수심(樹心)만 있듯이, 고따마 존자의 말씀은 가지와 잎이 제거되고 겉껍질이 제거되고 속껍질이 제거되고 깨끗한 핵심(核心)만 있습니다. 훌륭합니다, 고따마 존자여! 훌륭합니다, 고따마 존자여! 마치 뒤집힌 것을 바로 세우는 것 같고, 감추어진 것을 드러내는 것 같고, 길 잃은 자에게 길을 알려 주는 것 같고, '눈 있는 자들은 보라'라고 어둠 속에 등불을 비춰 주는 것 같습니다. 이와 같이 고따마 존자께서는 여러 가지 방법으로 진리를 알려 주셨습니다. 이제 저는 고따마 존자님께 귀의합니다. 가르침과 비구상가에 귀의합니다. 고따마 존자님께서는 저를 청신사로 받아 주소서. 오늘부터 살아 있는 날까지 귀의하겠습니다."

38. 디가나카경[338]

〈M.N. 74. Dīghanakha-sutta〉

이와 같이 나는 들었습니다.

한때 세존께서는 라자가하의 깃자꾸따(Gijjhakūṭa) 수까라카따(Sūkarakhatā)에 머무셨습니다. 그때 행각수행자 디가나카(Dīghanakha)가 세존을 찾아왔습니다. 그는 세존과 정중하게 인사를 하고 공손한 인사말을 나눈 후에 한쪽에 앉았습니다.

행각수행자 디가나카가 세존께 말씀드렸습니다.

"고따마 존자여, 나는 '모든 것을 인정하지 않는다'라는 견해를 가진 사람입니다."

"악기웨싸나여, 그대는 '모든 것을 인정하지 않는다'라고 하는 그대의 견해도 인정하지 않겠군요!"

"고따마 존자여, 만약에 제가 이 견해를 인정한다면, 참으로 그것도 또한 그렇게 되는군요! 참으로 그것도 또한 그렇게 되는군요!"[339]

"악기웨싸나여, 세상 사람 대부분은 '참으로 그것도 또한 그렇게 되는구나! 참으로 그것도 또한 그렇게 되는구나!'라고 하면서도 그것을 버리지 않을뿐더러, 다른 견해를 취한다오. 악기웨싸나여, '참으로 그것도 또한 그렇게 되는구나! 참으로 그것도 또한 그렇게 되는구나!'라고 하면서 그것을 버리고, 다른 견해도 취하지 않는 사람은 세간에 많지 않다오.

악기웨싸나여, 어떤 사문과 바라문들은 '나는 모든 것을 인정한다'라는 견해를 주장한다오. 악기웨싸나여, 어떤 사문과 바라문들은 '모든 것을 인정하지 않는다'라는 견해를 주장한다오. 악기웨싸나여, 어떤 사문과 바라문들은 '어떤 것은 인정하고 어떤 것은 인정하지 않는다'라는 견해를 주장한다오. 악기웨싸나여, 거기에서 '모든 것을 인정한다'라는 사문과 바라문들의 견해는 그것에 대하여 탐욕이 있고 속박이 있고 기쁨이 있고 집착이 있고 취(取)가 있을 때 주장한 것이라오. 악기웨싸나여, '모든 것을 인정하지 않는다'라는 사문과 바라문들의 견해는 그것에 대하여 탐욕이 없고 속박이 없고 기쁨이 없고 집착이 없고 취(取)가 없을 때 주장한 것이라오."

이 말씀을 듣고, 행각수행자 디가나카가 세존께 말씀드렸습니다.

"고따마 존자께서는 저의 이론[diṭṭhi-gata]을 칭찬하는 것입니까? 고따마 존자께서는 저의 이론을 칭찬하는 것입니까?"[340]

"악기웨싸나여, '어떤 것은 인정하고 어떤 것은 인정하지 않는다'라는 견해를 주장

---

338 『잡아함경(雜阿含經)』 34.31.에 같은 내용이 있음.

339 자신의 주장도 부정할 수밖에 없는 모순에 빠지게 된다는 의미이다.

340 '모든 것을 인정하지 않는다'라는 견해가 탐욕이 없고, 속박이 없고, 기쁨이 없고, 집착이 없고, 취착이 없기 때문에 생긴 것이라는 부처님의 말씀을 '모든 것을 인정하지 않는다'라는 자신의 견해에 대한 칭찬으로 이해하고 한 말이다.

하는 사문과 바라문들이 '인정한다'라고 한 견해는 이 견해에 대하여 그들에게 탐욕이 있고 속박이 있고 기쁨이 있고 집착이 있고 취착이 있기 때문에 생긴 것이고, '인정하지 않는다'라고 한 견해는 이 견해에 대하여 그들에게 탐욕이 없고 속박이 없고 기쁨이 없고 집착이 없고 취착이 없기 때문에 생긴 것이라오.

악기웨싸나여, 어떤 사문과 바라문들이 '모든 것을 인정한다'라는 견해를 주장할 때, 지혜 있는 사람은 이렇게 반성한다오.

'만약에 내가 '모든 것을 인정한다'라고 하는 나의 견해를 강하게 붙잡고 집착하여 '실로 이것이 진실이고 다른 것은 거짓이다' 라고 주장하면, 나는 '모든 것을 인정하지 않는다'라는 견해를 주장하거나, '어떤 것은 인정하고 어떤 것은 인정하지 않는다'라는 견해를 주장하는 두 부류의 사문이나 바라문들과 논쟁하게 될 것이다. 이렇게 논쟁하면 다투게 될 것이고, 다투면 가해(加害)하게 될 것이고, 가해하면 해악(害惡)이 될 것이다.'

그는 이렇게 자신의 내면에서 논쟁과 다툼과 가해와 해악을 보고, 그 견해를 버리고 다른 견해를 집착하지 않는다오. 이렇게 이 견해가 버려지고 포기된다오.

다른 견해들도 마찬가지라오.

악기웨싸나여, 형색을 지닌 이 몸은 4대(四大)로 이루어진 것이며, 부모로부터 태어나 밥과 젖이 쌓인 것이며, 무상(無常)하게 단멸(斷滅)하고 부서지고 파괴되고 멸망하는 법(法)으로서, 무상으로, 괴로움으로, 병으로, 종기로, 화살로, 불행으로, 질병으로, 타자(他者)로, 파멸(破滅)로, 공(空)으로, 무아(無我)로 여겨야 한다오. 이 몸을 무상으로, 괴로움으로, 병으로, 종기로, 화살로, 불행으로, 질병으로, 타자로, 파멸로, 공으로, 무아로 여길 때 몸에 대한 욕망, 몸에 대한 집착, 몸에 대한 순종이 포기된다오.

악기웨싸나여, 세 가지 느낌, 즉 즐거운 느낌·괴로운 느낌·괴롭지도 즐겁지도 않은 느낌이 있다오. 악기웨싸나여, 즐거운 느낌을 느낄 때는 괴로운 느낌과 괴롭지도 즐겁지도 않은 느낌은 느끼지 않고, 그때는 즐거운 느낌만을 느낀다오. 악기웨싸나여, 괴로운 느낌을 느낄 때는 즐거운 느낌과 괴롭지도 즐겁지도 않은 느낌은 느끼지 않고, 그때는 괴로운 느낌만을 느낀다오. 악기웨싸나여, 괴롭지도 즐겁지도 않은 느낌을 느낄 때는 즐거운 느낌과 괴로운 느낌은 느끼지 않고, 그때는 괴롭지도 즐겁지도 않은 느낌만을 느낀다오. 악기웨싸나여, 즐거운 느낌은 무상하며, 유위(有爲)이며, 연기(緣起)한 것이며, 소멸법(消滅法)이며, 쇠퇴법(衰退法)이며, 욕탐을 버려야 할 법[離欲法]이며, 없애야 할 법[止滅法]이라오. 악기웨싸나여, 괴로운 느낌과 괴롭지도 즐겁지도 않은 느낌도 마찬가지라오. 악기웨싸나여, 이와 같이 보기 때문에 배움이 많은 거룩한 제자는 즐거운 느낌도 멀리하고 괴로운 느낌도 멀리하고 괴롭지도 즐겁지도 않은 느낌도 멀리하며, 멀리함으로써 탐욕에서 벗어난다오. 그는 탐욕에서 벗어남으로써 해탈하고, 해탈했을 때 '해탈했다'라고 알게 된다오. 즉 그는 '태어남은 끝났고, 청정한 수행[梵行]을 마쳤으며, 해야 할 일을 끝마쳤다. 다시는 이런 상태로 되지 않는다'라고 통찰한다오.

악기웨싸나여, 이와 같이 마음이 해탈

한 비구는 어느 누구에게도 동의하지 않고, 어느 누구와도 논쟁하지 않는다오. 그리고 그는 세간의 말을 사용하여 집착 없이 말한다오."

그때 사리뿟따 존자는 세존의 뒤에 서서 세존께 부채질을 하고 있었습니다. 그때 사리뿟따 존자에게 이런 생각이 들었습니다.

'지금 세존께서 우리에게 저런 법들을 체험적 지혜[勝智]로 통찰하여 버리라고 말씀하시는구나. 지금 선서(善逝)께서 우리에게 저런 법들을 체험적 지혜로 통찰하여 단념(斷念)하라고 말씀하시는구나.'

이렇게 생각함으로써 사리뿟따 존자는 번뇌가 남김없이 사라져서 마음이 해탈했습니다.

한편 행각수행자 디가나카에게는 '쌓인 법은 어떤 것이든 모두 소멸하는 법이다'라고 보는 청정무구한 법안(法眼)이 생겼습니다. 이제 가르침을 보고 가르침을 얻고 가르침을 깊이 이해함으로써 스승의 가르침에 대하여 의심에서 벗어나고, 의혹이 사라지고, 자신감을 얻고, 남에게 의지하지 않게 된 행각수행자 디가나카는 세존께 다음과 같이 말씀드렸습니다.

"훌륭합니다, 고따마 존자여! 훌륭합니다, 고따마 존자여! 마치 뒤집힌 것을 바로 세우는 것 같고, 감추어진 것을 드러내는 것 같고, 길 잃은 자에게 길을 알려 주는 것 같고, '눈 있는 자들은 보라'라고 어둠 속에 등불을 비춰 주는 것 같습니다. 이와 같이 고따마 존자께서는 여러 가지 방법으로 진리를 알려 주셨습니다. 이제 저는 고따마 존자님께 귀의합니다. 가르침과 비구상가에 귀의합니다. 고따마 존자님께서는 저를 청신사로 받아 주소서. 오늘부터 살아 있는 날까지 귀의하겠습니다."

39. 마간디야경[341]

〈M.N. 75. Māgandiya-sutta〉

이와 같이 나는 들었습니다.

한때 세존께서는 꾸루(Kuru)의 깜마싸담마(Kammāssadhamma)라는 꾸루족 마을에서 바라드와자곳따(Bhāradvājagotta) 바라문의 불을 모신 사당(祠堂, agyāgāra)[342] 안에 있는 풀로 만든 자리에 머무셨습니다.

그때 세존께서는 오전에 옷을 입고 발우와 법의(法衣)를 지니고, 탁발하러 깜마싸담마에 들어가셨습니다. 깜마싸담마에서 탁발을 하신 후에, 탁발한 음식을 드시고 오후에 식후의 휴식을 위하여 어떤 숲으로 가셨습니다. 그 숲 깊숙이 들어가셔서 오후의 휴식을 하려고 어떤 나무 아래에 앉으셨습니다.

그때 행각수행자 마간디야(Māgandiya)가 이리저리 다니며 산책하다가 바라드와자곳따 바라문의 불을 모신 사당으로 왔습니다. 행각수행자 마간디야는 바라드와자곳따 바라문의 불을 모신 사당 안에 마련된 풀로 만든 자리를 보았습니다. 그는 그것을 보고 바라드와자곳따 바라문에게 말했습니다.

"바라드와자 존자의 불을 모신 사당 안에 마련된 풀로 만든 이 자리는 어떤 사문의 잠자리 같다는 생각이 드는군요."

"마간디야 존자여, 사끼야족에서 출가한 사끼야의 아들 고따마 사문이 있습니다. 그 고따마 존자는 '아라한[應供], 원만하고 바르게 깨달으신 분[正遍知], 앎과 실천을 구족하신 분[明行足], 피안으로 잘 가신 분[善逝], 세상을 잘 아시는 분[世間解], 위없는 분[無上士], 사람을 길들여 바른길로 이끄시는 분[調御丈夫], 천신과 인간의 스승[天人師], 진리를 깨달으신 분[佛], 세존(世尊)'이라는 훌륭한 명성을 얻은 세간의 존중을 받는 분입니다. 이 자리는 그 고따마 존자를 위해서 마련된 잠자리입니다."

"바라드와자 존자여, 우리가 존재의 파괴자[bhūnaha]인 고따마 존자의 잠자리를 보다니, 우리는 참으로 보아서는 안 될 것을 보았군요."

"마간디야여, 그런 말은 조심하십시오! 마간디야여, 그런 말은 조심하십시오! 고따마 존자의 거룩하고 올바른 좋은 가르침을 믿고 따르는 현명한 크샤트리아들, 현명한 바라문들, 현명한 바이샤들, 현명한 사문들이 많습니다."

"바라드와자 존자여, 우리가 그 고따마 존자를 직접 보게 된다면, 면전에서 그에게 '고따마 사문은 존재의 파괴자입니다. 왜냐하면 우리의 경전에 그렇게 전해 오기 때문입니다'라고 말합시다."

"그런 말을 고따마 사문에게 알려도 마간디야 존자께서는 괜찮겠습니까?"

"바라드와자 존자께서 그에게 내가 한 말을 해도 상관없습니다."

---

341 『중아함경(中阿含經)』의 「153. 수한제경(鬚閑提經)」에 상응하는 경.

342 불에 제사하는 곳을 의미한다.

그때 세존께서는 인간을 초월한 청정한 하늘귀[天耳]로 바라드와자곳따 바라문이 행각수행자 마간디야와 함께 나눈 대화를 들으셨습니다. 세존께서는 저녁에 좌선에서 일어나 바라드와자곳따 바라문의 불을 모신 사당으로 와서 풀로 만든 자리에 앉으셨습니다. 그러자 바라드와자곳따 바라문이 세존을 찾아와서 세존과 정중하게 인사를 하고, 공손한 인사말을 나눈 후에 한쪽에 앉았습니다. 한쪽에 앉은 바라드와자곳따 바라문에게 세존께서 말씀하셨습니다.

"바라드와자여, 그대는 행각수행자 마간디야와 함께 이 풀로 만든 자리에 대하여 어떤 대화를 하지 않았나요?"

이 말씀을 듣고, 온몸의 털이 곤두선 바라드와자 바라문은 두려움에 떨면서 말했습니다.

"그것을 우리가 고따마 존자에게 알려드리려고 했는데, 고따마 존자께서 이미 알고 계시니 말씀드릴 필요가 없겠군요!"

세존께서 바라드와자곳따 바라문과 함께 이런 대화를 하는 도중에 행각수행자 마간디야가 이리저리 다니며 산책하다가 바라드와자곳따 바라문의 불을 모신 사당으로 세존을 찾아왔습니다. 그는 세존과 정중하게 인사를 하고 공손한 인사말을 나눈 후에 한쪽에 앉았습니다. 한쪽에 앉은 행각수행자 마간디야에게 세존께서 말씀하셨습니다.

"마간디야여, 보이는 형색[色]을 즐기고 탐닉하고 좋아하는 보는 나[眼], 이것을 여래는 길들이고 억제하고 지키고 통제하며, 이것을 통제하는 법을 가르친다오. 마간디야여, 그대는 이것에 대하여 '고따마 사문은 존재의 파괴자'라고 이야기했던 것이오?"

"고따마 존자여, 나는 그것에 대하여 '고따마 사문은 존재의 파괴자'라고 이야기했습니다. 왜냐하면 우리의 경전에 그렇게 전해오기 때문입니다."

"마간디야여, 소리[聲]를 즐기고 탐닉하고 좋아하는 보는 나[耳], 향기[香]를 즐기고 탐닉하고 좋아하는 냄새 맡는 나[鼻], 맛[味]을 즐기고 탐닉하고 좋아하는 맛보는 나[舌], 촉감[觸]을 즐기고 탐닉하고 좋아하는 만지는 나[身], 지각되는 대상[法]을 즐기고 탐닉하고 좋아하는 마음[意], 이것을 여래는 길들이고 억제하고 지키고 통제하며, 이것을 통제하는 법을 가르친다오. 마간디야여, 그대는 이것에 대하여 '고따마 사문은 존재의 파괴자'라고 이야기했던 것이오?"

"고따마 존자여, 나는 그것에 대하여 '고따마 사문은 존재의 파괴자'라고 이야기했습니다. 왜냐하면 우리의 경전에 그렇게 전해오기 때문입니다."

"마간디야여, 어떻게 생각하나요? 어떤 사람이 과거에 즐기던, 시각[眼]에 의해 지각된 마음에 들고 즐겁고 사랑스럽고 매력적이고 귀엽고 쾌락을 주는 형색들이 있었다고 합시다. 그가 그 후에 형색의 쌓임[集]과 소멸[滅], 그것이 주는 맛[味]과 재난[患], 그것에서 벗어남[出離]을 있는 그대로 알고 나서, 형색에 대한 갈애[色愛]를 버리고 형색에 대한 열뇌(熱惱)를 제거함으로써 갈망이 사라져서 내적으로 고요한 마음으로 살아간다고 합시다. 마간디야여, 그대는 이 사람에게 할 말이 있나요?"

"고따마 존자여, 어떤 말도 할 말이 없습니다."

"마간디야여, 어떻게 생각하나요? 어떤

사람이 과거에 즐기던, 청각[耳]·후각[鼻]·미각[舌]·촉각[身]에 의해 지각된 마음에 들고 즐겁고 사랑스럽고 매력적이고 귀엽고 쾌락을 주는 소리, 향기, 맛, 촉감이 있다고 합시다. 그가 그 후에 소리·향기·맛·촉감의 쌓임과 소멸, 그것이 주는 맛과 재난, 그것에서 벗어남을 있는 그대로 알고 나서, 그것들에 대한 갈애를 버리고 그것들에 대한 열뇌를 제거함으로써 갈망이 사라져서 내적으로 고요한 마음으로 살아간다고 합시다. 마간디야여, 그대는 이 사람에게 할 말이 있나요?"

"고따마 존자여, 어떤 말도 할 말이 없습니다."

"마간디야여, 나는 과거에 다섯 가지 감각적 욕망의 대상[kāmaguṇa]에 구속된 속인(俗人)으로서 시각[眼], 청각[耳], 후각[鼻], 미각[舌], 촉각[身]에 의해 지각된 마음에 들고 즐겁고 사랑스럽고 매력적이고 귀엽고 쾌락을 주는 형색, 소리, 향기, 맛, 촉감을 탐닉했다오. 마간디야여, 나에게는 세 개의 궁전이 있었다오. 하나는 우기(雨期) 궁전이고, 하나는 겨울 궁전이고, 하나는 여름 궁전이 었다오. 마간디야여, 나는 그 우기 궁전에서 우기의 넉 달 동안을 궁전 아래로 내려오지 않고 여인들과 가무(歌舞)를 즐겼다오. 나는 그 후에 감각적 욕망의 쌓임과 소멸, 그것이 주는 맛과 재난, 그것에서 벗어남을 있는 그대로 알고 나서, 그것들에 대한 갈애를 버리고 그것들에 대한 열뇌를 제거함으로써 갈망이 사라져서 내적으로 고요한 마음으로 살고 있다오. 나는 다른 중생이 감각적 욕망에 대한 탐욕을 버리지 않고, 감각적 욕망에 대한 갈애에 먹히면서, 감각적 욕망에 대한 열뇌에 불타면서 감각적 욕망을 추구하는 것을 보지만, 그들을 부러워하지 않고, 그곳에서 즐기지 않는다오. 왜냐하면 마간디야여, 감각적 욕망을 떠나고 불선법(不善法)을 떠나면 천신(天神)의 즐거움을 초월한 기쁨이 있기 때문이라오. 나는 그런 기쁨을 누리기 때문에 저열한 것을 부러워하지 않고, 그곳에서 즐기지 않는다오.

마간디야여, 예를 들어 거사나 거사의 아들로서 큰 재산을 가진 부유한 거부(巨富)가 다섯 가지 감각적 욕망의 대상을 구족하여 즐긴다고 합시다. 그가 몸[身]과 말[口]과 마음[意]으로 선행(善行)을 실천하고, 몸이 무너져 죽은 후에 도리천(忉利天, Tāvatiṃsa)의 천신들과 함께 사는 행복한 천상세계에 태어났다고 합시다. 그는 그곳에서 환희원(歡喜園, Nandana) 숲에서 천녀(天女)들에게 둘러싸여 천상(天上)의 다섯 가지 감각적 욕망의 대상을 구족하여 즐긴다고 합시다. 마간디야여, 어떻게 생각하나요? 환희원 숲에서 천녀들에게 둘러싸여 천상의 다섯 가지 감각적 욕망의 대상을 구족하여 탐닉하고 있는 천상에 태어난 사람이 거사나 거사의 아들이 누리는 인간세계의 다섯 가지 감각적 욕망의 대상을 부러워하거나 인간세계의 쾌락으로 돌아갈까요?"

"고따마 존자여, 그렇지 않을 것입니다. 왜냐하면 고따마 존자여, 인간세계의 쾌락보다 천상의 쾌락이 훨씬 즐겁고 뛰어나기 때문입니다."

"마간디야여, 예를 들어 헐어서 썩어 가고, 구더기가 파먹고 있는 상처 구멍을 손톱으로 후비면서 불구덩이에 몸을 태우고 있는 나환자가 있다고 합시다. 그에게 친구와 친척들이 의사를 데려와서 그를 치료하였는데,

그 치료로 인해 그 나환자는 병이 나아서 건강하고 자유로운 몸이 되어 마음대로 돌아다니게 되었다고 합시다. 그가 헐어서 썩어 가고, 구더기가 파먹고 있는 상처 구멍을 손톱으로 후비면서 불구덩이에 몸을 태우고 있는 다른 나환자를 본다고 합시다. 마간디야여, 어떻게 생각하나요? 그 사람이 나환자의 불구덩이나 치료를 부러워할까요?"

"고따마 존자여, 그렇지 않을 것입니다. 왜냐하면 고따마 존자여, 병이 있을 때는 치료를 해야 할 필요가 있지만, 병이 없으면 치료할 필요가 없기 때문입니다."

"마간디야여, 예를 들어 병이 나아서 건강하고 자유로운 몸이 되어 마음대로 돌아다니게 된 그 나환자를 힘센 장정 두 사람이 두 팔을 붙잡고 불구덩이로 끌어당긴다고 합시다. 마간디야여, 어떻게 생각하나요? 그 사람은 이리저리 몸을 뒤틀면서 반항하지 않을까요?"

"고따마 존자여, 그럴 것입니다. 왜냐하면 고따마 존자여, 뜨겁게 타고 있는 그 불은 접촉하면 괴롭기 때문입니다."

"마간디야여, 어떻게 생각하나요? 뜨겁게 타고 있는 그 불은 지금은 접촉하면 괴롭지만, 이전에는 접촉할 때 괴롭지 않았을까요?"

"고따마 존자여, 뜨겁게 타고 있는 그 불은 지금도 접촉하면 괴롭고, 이전에도 접촉하면 괴로웠을 것입니다. 고따마 존자여, 헐어서 썩어 가고 구더기가 파먹고 있는 상처 구멍을 손톱으로 후비면서 불구덩이에 몸을 태우고 있는 그 나환자는 지각능력이 손상되어 접촉하면 괴로운 불에 대해 뒤집힌 생각을 하여 '즐겁다'라고 느꼈을 뿐입니다."

"마간디야여, 이와 마찬가지로 뜨겁게 타고 있는 감각적 욕망은 과거에도 접촉하면 괴롭고, 미래에도 접촉하면 괴롭고, 현재에도 접촉하면 괴롭다오. 마간디야여, 그런데 감각적 욕망에 대하여 탐욕을 버리지 않고, 감각적 욕망에 대한 갈애에 먹히고, 감각적 욕망에 대한 열뇌에 불타면서, 감각적 욕망의 불길에 휩싸인 중생은 지각능력이 손상되어 접촉하면 괴로운 감각적 욕망에 대해 뒤집힌 생각을 하여 '즐겁다'라고 느낄 뿐이라오.

마간디야여, 예를 들어 헐어서 썩어 가고 구더기가 파먹고 있는 상처 구멍을 손톱으로 후비면서 불구덩이에 몸을 태우고 있는 나환자가 있다고 합시다. 마간디야여, 그 나환자가 헐어서 썩어 가고 구더기가 파먹고 있는 상처 구멍을 손톱으로 후비면서 불구덩이에 몸을 태우면, 그럴수록 그 상처 구멍은 더 더러워지고, 더 악취가 나고, 더 썩을 것이오. 그렇지만 상처 구멍의 가려운 곳을 긁어서 얻는 즐거움과 만족의 양은 보잘것없다오. 마간디야여, 이와 같이 중생은 감각적 욕망에 대한 탐욕을 버리지 않고, 감각적 욕망에 대한 갈애에 먹히고, 감각적 욕망에 대한 열뇌에 불타서 감각적 욕망을 추구하지만, 마간디야여, 그럴수록 그 중생의 감각적 욕망에 대한 갈애가 증가하여 감각적 욕망에 대한 열뇌가 그들을 불태운다오. 그렇지만 다섯 가지 감각적 욕망의 대상으로 인해서 얻는 즐거움과 만족의 양은 보잘것없다오.

마간디야여, 어떻게 생각하나요? 다섯 가지 감각적 욕망의 대상을 구족하여 즐기면서 감각적 욕망에 대한 갈애를 버리지 않고, 감각적 욕망에 대한 열뇌를 제거하지 않고,

갈망이 사라져서 내적으로 마음이 고요하게 살았거나, 살고 있거나, 살아가게 된 왕이나 왕의 대신을 보거나 들어 본 적이 있는가?"

"고따마 존자여, 보거나 들어 보지 못했습니다."

"마간디야여, 그렇다오. 나도 그런 왕이나 왕의 대신을 보지 못했고 들어 보지 못했다오. 마간디야여, 갈망이 사라져서 내적으로 마음이 고요하게 살았거나, 살고 있거나, 살아가게 될 사문들이나 바라문들은 누구든지 모두가 감각적 욕망의 쌓임과 소멸, 그것이 주는 맛과 재난, 그것에서 벗어남을 있는 그대로 알고 나서, 감각적 욕망에 대한 갈애를 버리고 감각적 욕망에 대한 열뇌를 제거함으로써 갈망이 사라져서 내적으로 고요한 마음으로 살았고, 살고 있고, 살아가게 되는 것이라오."

세존께서는 다음과 같은 우다나(udāna)를 읊으셨습니다.

> 병 없는 것이 최상의 재산이고, 열반이 최상의 행복이다.
> 여덟 가지 길이 죽음 없는[不死] 평온한 곳으로 이끈다.

이 말씀을 듣고, 행각수행자 마간디야가 세존께 말씀드렸습니다.

"놀랍습니다, 고따마 존자여! 희유합니다, 고따마 존자여! 고따마 존자께서 '병 없는 것이 최상의 재산이고, 열반이 최상의 행복이라네'라고 하신 것은 참으로 좋은 말씀입니다. 고따마 존자여, 우리도 옛날의 행각수행자 스승과 스승의 스승들께서 '병 없는 것이 최상의 재산이고, 열반이 최상의 행복이라네'라고 말씀하시는 것을 들었습니다. 고따마 존자여, 존자의 말씀과 스승의 말씀이 일치하는군요!"

"마간디야여, 그대가 옛날의 행각수행자 스승과 스승의 스승들에게 들었던, '병 없는 것이 최상의 재산이고, 열반이 최상의 행복이다'라는 말씀에서 그 병 없는 것은 어떤 것이고, 그 열반은 어떤 것인가요?"

이 말씀을 듣고, 행각수행자 마간디야는 자신의 4지(四肢)를 만지면서 말했습니다.

"고따마 존자여, 이것이 그 병 없는 것이고, 이것이 그 열반입니다. 고따마 존자여, 나는 지금 병이 없고 행복합니다. 나는 아픈 곳이 없습니다."

"마간디야여, 예를 들어 장님으로 태어난 사람이 있다고 합시다. 그는 검은색과 흰색을 보지 못하고, 푸른색·노란색·붉은색·진홍색을 보지 못할 것이오. 같은 것과 다른 것을 보지 못하고, 별빛을 보지 못하고, 해와 달을 보지 못할 것이오. 그가 눈 있는 사람이 '존자여, 아름답고 흠 없이 깨끗한 흰옷이 있습니다'라고 하는 말을 듣고, 그 흰옷을 구하려고 한다고 합시다. 어떤 사람이 기름때와 검댕이 묻은 조잡한 옷으로 '여보시오, 이것이 아름답고 흠 없이 깨끗한 흰옷이오'라고 그를 속인다고 합시다. 그가 그 옷을 받아 입고서 '존자여, 참으로 아름답고 흠 없이 깨끗한 흰옷이군요!'라고 하면서 기뻐서 탄성을 지른다고 합시다. 마간디야여, 어떻게 생각하나요? 그 장님으로 태어난 사람이 기름때와 검댕이 묻은 조잡한 옷을 받아 입고서 '존자여, 참으로 아름답고 흠 없이 깨끗한 흰옷이군요!'라고 하면서 기뻐서 탄성을 지른 것은 스스로 알고 보았기 때문일까요, 아니면 눈 있는 사람을 믿었기 때문일까요?"

"고따마 존자여, 그 장님으로 태어난 사람이 기름때와 검댕이 묻은 조잡한 옷을 받아 입고서 '존자여, 참으로 아름답고 흠 없이 깨끗한 흰옷이군요!'라고 하면서 기뻐서 탄성을 지른 것은 스스로 알지 못하고 보지 못하면서 눈 있는 사람을 믿었기 때문입니다."

"마간디야여, 이와 같이 눈먼 장님 같은 외도(外道) 행각수행자들은 병 없는 것을 알지 못하고 열반을 보지 못하면서, '병 없는 것이 최상의 재산이고, 열반이 최상의 행복이다'라는 게송을 이야기한다오. 마간디야여, 이 게송은 옛날의 아라한, 등정각(等正覺)들이 설했던 것이라오.

> 병 없는 것이 최상의 재산이고, 열반이 최상의 행복이다.
> 여덟 가지 길이 죽음 없는 평온한 곳으로 이끈다.

이 게송이 점차 범부들에게 알려졌다오. 마간디야여, 이 몸은 병들고, 종기가 나고, 화살을 맞고, 고통이 있고, 질병이 있다오. 그대가 '고따마 존자여, 이것이 그 병 없는 것이고, 이것이 그 열반입니다'라고 말한 것은 병들고, 종기가 나고, 화살을 맞고, 고통이 있는 이 몸이군요. 마간디야여, 그대에게는 병 없는 것을 알고, 열반을 보는 성인의 안목이 없군요."

"저는 '고따마 존자께서 나에게 가르침을 주신다면, 나는 병 없는 것을 알고 열반을 보게 될 것이다'라고 고따마 존자님을 믿게 되었습니다."

"마간디야여, 예를 들어 장님으로 태어난 사람이 있다고 합시다. 그에게 친구와 친척들이 의사를 데려와서 그 의사가 그를 치료하였다고 합시다. 그런데 치료했지만, 시력이 생기지 않고, 눈이 밝아지지 않았다고 합시다. 마간디야여, 어떻게 생각하나요? 그 의사는 피로와 고뇌를 느끼지 않을까요?"

"고따마 존자여, 그렇습니다."

"마간디야여, 실로 이와 같이 내가 그대에게 '이것이 그 병 없는 것이다. 이것이 그 열반이다'라고 가르쳐 준다고 해도, 그대가 병 없는 것을 알지 못하고 열반을 보지 못한다면, 그것은 나에게 피로한 일이 될 것이고, 그것은 나에게 걱정거리가 될 것이오."

"저는 고따마 존자님을 신뢰합니다. 고따마 존자님께서는 저에게 가르침을 줄 수 있을 것이고, 그러면 저는 병 없는 것을 알고 열반을 볼 수 있을 것입니다."

"마간디야여, 예를 들어 장님으로 태어난 사람이 있다고 합시다. 그가 '아름답고 흠 없이 깨끗한 흰옷이 있다'라는 말을 듣고, 그 흰옷을 구하려고 한다고 합시다. 어떤 사람이 기름때와 검댕이 묻은 조잡한 옷으로 '여보시오, 이것이 아름답고 흠 없이 깨끗한 흰옷이오'라고 그를 속였다고 합시다. 그래서 그는 그 옷을 받아 입었다고 합시다. 그에게 친구와 친척들이 의사를 데려와서, 그 의사가 코를 벌리고 위로 짜내고 아래로 짜내고 약을 발라서 그를 치료했다고 합시다. 그 치료로 인해서 그는 시력이 생기고 눈이 밝아졌다고 합시다. 그러면 그는 안목이 생겨서 기름때와 검댕이 묻은 조잡한 옷에 대한 욕탐(欲貪)을 버리고, '여보게, 나는 오랫동안 이 사람의 기름때와 검댕이 묻은 조잡한 옷에 속고, 사기당하고, 기만당했네.' '이놈아! 이것이 아름답고 흠 없이 깨끗한 흰옷이냐?' 라고 하면서, 그 사람을 적으로 간주하고, 원수로 간주하고, 죽이려고 작정할 것이오.

마간디야여, 실로 이와 같이 내가 그대에게 '이것이 그 병 없는 것이다. 이것이 그 열반이다'라고 말하여 그대가 병 없는 것을 알고 열반을 보게 된다면, 그대는 안목이 생겨서 '자아로 취하고 있는 다섯 가지 망상덩어리[五取蘊]'에 대한 욕탐을 버리고, 이렇게 생각할 것이오.

'나는 오랫동안 이 마음에 속고, 사기당하고, 기만당했다. 나는 형색[色]을 취하여 집착하고, 느낌[受]을 취하여 집착하고, 생각[想]을 취하여 집착하고, 행위[行]를 취하여 집착하고, 분별의식[識]을 취하여 집착하고 있다. 그 취(取)에 의지하여 나에게 유(有)가 있고, 유에 의지하여 생(生)이 있고, 생에 의지하여 노사(老死)와 근심·걱정·고통·슬픔·절망이 생겨난다. 이처럼 완전한 괴로움덩어리가 쌓인다.'"

"저는 '고따마 존자께서 나에게 가르침을 주신다면, 나는 이 자리에서 안목이 생길 것이다'라고 고따마 존자님을 믿게 되었습니다."

"마간디야여, 그렇다면 그대는 참사람들을 가까이하도록 하시오! 마간디야여, 그대가 참사람들을 가까이하면, 그대는 바른 가르침[正法]을 듣게 될 것이오. 마간디야여, 그대가 바른 가르침을 들으면, 그대는 가르침에 따라 가르침을 실천하게 될 것이오. 마간디야여, 그대가 가르침에 따라 가르침을 실천하면, '이것은 병이고 종기고 화살이다. 여기에서 병과 종기와 화살이 남김없이 소멸한다. 나에게 취가 소멸하면 유가 소멸하고, 유가 소멸하면 생이 소멸하고, 생이 소멸하면 노사와 근심·걱정·고통·슬픔·절망이 소멸한다. 이와 같이 완전한 괴로움 덩어리가 소멸한다'라는 것을 스스로 알고 스스로 보게 될 것이오."

이 말씀을 듣고, 행각수행자 마간디야가 세존께 말씀드렸습니다.

"훌륭합니다, 고따마 존자여! 훌륭합니다, 고따마 존자여! 마치 뒤집힌 것을 바로 세우는 것 같고, 감추어진 것을 드러내는 것 같고, 길 잃은 자에게 길을 알려 주는 것 같고, '눈 있는 자들은 보라'라고 어둠 속에 등불을 비춰 주는 것 같습니다. 이와 같이 고따마 존자께서는 여러 가지 방법으로 진리를 알려 주셨습니다. 이제 저는 고따마 존자님께 귀의합니다. 가르침과 비구상가에 귀의합니다. 저는 고따마 존자 앞으로 출가하여 구족계를 받고 싶습니다."

"마간디야여, 이전에 외도였던 사람으로서 이 가르침과 율에 출가하여 구족계를 받고자 하는 사람은 넉 달 동안 별주(別住)하고,[343] 넉 달이 지나서 확신을 가진 비구들이 그를 비구가 되도록 출가시켜 구족계를 준다오. 그렇지만 나는 사람마다 차이가 있다고 알고 있소."

"세존이시여, 만약에 외도였던 사람이 이 가르침과 율에 출가하여 구족계를 받고자

---

343 'parivasati'의 번역. 별주(別住)란 비구상가와 함께 생활하지 않고 따로 생활하는 것이다. 구족계를 받기 전에 따로 생활하면서 상가의 승인을 기다리는 것을 의미한다.

하는 사람은 넉 달 동안 별주하고, 넉 달이 지나서 확신을 가진 비구들이 그를 비구가 되도록 출가시켜 구족계를 준다면, 저는 네 해 동안이라도 별주하겠습니다. 네 해가 지나서라도 좋으니, 확신을 가진 비구들께서 비구가 되도록 출가시켜 구족계를 주십시오!"

행각수행자 마간디야는 세존 앞으로 출가하여 구족계를 받았습니다. 새로 구족계를 받은 마간디야 존자는 홀로 외딴곳에서 열심히 노력하고 정진하며 지냈습니다. 그리고 오래지 않아 선남자(善男子)들이 출가하는 목적인 위없는 청정한 수행[梵行]의 완성을 지금 여기에서 스스로 체험하고 성취하여 살아갔습니다. 그는 '태어남은 끝났고, 청정한 수행을 마쳤으며, 해야 할 일을 끝마쳤다. 다시는 이런 상태로 되지 않는다'라는 것을 체득했습니다. 마간디야 존자는 아라한 가운데 한 분이 되었습니다.

40. 큰 사꿀우다인경[344]

〈M.N. 77. Mahāsakuludāyi-sutta〉

이와 같이 나는 들었습니다.

한때 세존께서는 라자가하의 웰루와나 깔란다까니와빠에 머무셨습니다. 그때 명성이 높고 저명한 행각수행자 아누가라(Anugāra), 와라다라(Varadhara), 사꿀우다인(Sakuludāyin), 그리고 그 밖의 명성이 높고 저명한 많은 행각수행자들이 모라니와빠(Moranivāpa) 행각수행자 원림(園林)에 머물고 있었습니다.

그때 세존께서는 오전에 옷을 입고 발우와 법의를 지니고 탁발하러 라자가하에 들어가시다가, '곧바로 라자가하에 탁발하러 가기는 너무 이르다. 모라니와빠 행각수행자 원림으로 행각수행자 사꿀우다인을 찾아가는 것이 어떨까?'라고 생각하셨습니다. 그래서 세존께서는 모라니와빠 행각수행자 원림으로 행각수행자 사꿀우다인을 찾아가셨습니다.

그때 행각수행자 사꿀우다인은 많은 행각수행자 무리와 함께 앉아서 왕 이야기, 도둑 이야기, 귀신 이야기, 잡담, 세계가 생긴 이야기 등등 여러 가지 잡스러운 이야기를 하고 있었습니다. 행각수행자 사꿀우다인은 저만치에서 세존께서 오시는 것을 보았습니다. 그리고 자신의 대중을 저지했습니다.

"여러분, 조용히 하시오! 여러분, 소리 내지 마시오! 조용한 것을 좋아하는 고따마 사문이 오고 있습니다. 그 존자는 조용한 것을 좋아하고 조용한 것을 칭찬하는 분이니, 아마 대중이 조용해진 것을 보고 나서 가까이 올 것이오."

그러자 그 행각수행자들은 침묵했습니다.

세존께서 행각수행자 사꿀우다인에게 다가가자 사꿀우다인이 세존께 말씀드렸습니다.

"어서 오십시오! 세존이시여! 잘 오셨습니다. 세존이시여! 오랜만에 오셨군요. 세존이시여! 여기 마련된 자리에 앉으십시오! 세존이시여!"

세존께서는 마련된 자리에 앉으셨습니다. 행각수행자 사꿀우다인은 맞은편 낮은 자리로 가서 한쪽에 앉았습니다.

세존께서 행각수행자 사꿀우다인에게 말씀하셨습니다.

"우다인이여, 무슨 이야기를 하기 위해 지금 여기 함께 앉아 있나요? 도중에 중단된 이야기는 어떤 것인가요?"

행각수행자 사꿀우다인이 세존께 말씀드렸습니다.

"세존이시여, 우리가 지금 모여 앉아서 하던 이야기는 내버려두시지요. 세존이시여, 그 이야기는 세존께서 뒤에 들으셔도 됩니다. 세존이시여, 엊그제 여러 교파(教派)의 사문과 바라문들이 강당에서 함께 모여 앉아 잠시 이런 이야기를 했습니다.

---

344 『중아함경(中阿含經)』의 「207. 전모경(箭毛經)」에 상응하는 경.

'사문이나 바라문 상가의 무리를 이끄는 현명하고 명성이 있는 교조(教祖)로서 많은 사람에게 크게 존경받는 스승들이 우기(雨期)의 안거(安居)를 위해 라자가하에 온 것은 앙가와 마가다의 이익이며 축복이다. 뿌라나 까싸빠, 막칼리 고살라, 아지따 께사깜발린(Ajita Kesakambalin), 빠꾸다 깟짜야나, 산자야 벨랏띠뿟따, 니간타 나따뿟따는 상가의 무리를 이끄는 현명하고 명성이 있는 교조로서 많은 사람에게 크게 존경받는 대중의 스승들인데, 그분들이 우기의 안거를 위해 라자가하에 오셨다. 고따마 사문은 상가의 무리를 이끄는 현명하고 명성이 있는 교조로서 많은 사람에게 크게 존경받는 대중의 스승인데, 그분도 우기의 안거를 위해 라자가하에 오셨다. 사문이나 바라문 상가의 무리를 이끄는 현명하고 명성이 있는 교조로서 많은 사람에게 크게 존경받는 스승인 이분들 가운데 누가 제자들의 존경을 받고 존중을 받고 숭배를 받고 공양을 받을까? 제자들은 무엇 때문에 존경하고 존중하고 의지하여 살아가는 것일까?'

그때 어떤 사람이 이렇게 말했습니다.

'뿌라나 까싸빠는 상가의 무리를 이끄는 현명하고 명성이 있는 교조로서 많은 사람에게 크게 존경받는 대중의 스승이지만, 그는 제자들의 존경을 받지 못하고, 존중을 받지 못하고, 숭배를 받지 못하고, 공양을 받지 못합니다. 제자들은 뿌라나 까싸빠를 존경하고 존중하고 의지하며 살아가지 않습니다. 이전에 뿌라나 까싸빠가 수백 명의 대중에게 설법을 했습니다. 그곳에서 어떤 뿌라나 까싸빠의 제자가 소리를 질렀습니다. '여러분, 뿌라나 까싸빠에게 그 의미를 묻지 마시오! 그는 그것을 알지 못합니다. 우리가 그것을 압니다. 우리에게 그 의미를 물으시오! 우리가 여러분들에게 그것을 설명하겠소.' 그때 뿌라나 까싸빠는 팔을 저으며 '여러분, 조용히 하시오! 여러분, 소리 지르지 마시오! 그들은 그것을 그대들에게 묻지 않았소. 그들은 그것을 나에게 물었소. 내가 그것을 설명할 것이오'라고 눈물로 하소연했지만 소용없었습니다. 많은 뿌라나 까싸빠의 제자들은 '당신은 이 가르침과 율(律)을 알지 못하고, 나는 이 가르침과 율을 압니다. 당신이 어떻게 이 가르침과 율을 알 수 있겠습니까? 당신은 잘못했고, 내가 제대로 했습니다. 나는 맞고 당신은 틀렸습니다. 당신은 먼저 할 말을 뒤에 하고, 뒤에 할 말을 먼저 했습니다.[345] 당신은 거꾸로 생각했습니다. 당신의 주장은 논파되었습니다. 당신은 졌습니다. 군말 말고 물러나든지, 할 수 있다면 해명해 보시오!'라고 비난하고 떠나갔습니다. 이와 같이 뿌라나 까싸빠는 제자들의 존경을 받지 못하고, 존중을 받지 못하고, 숭배를 받지 못하고, 공양을 받지 못합니다. 제자들은 뿌라나 까싸빠를 존경하고 존중하고 의지하며 살아가지 않습니다. 뿌라나 까싸빠는 가르침 때문에 비난받았습니다.'

어떤 사람은 막칼리 고살라에 대하여, 어떤 사람은 아지따 께사깜발린에 대하여, 어떤 사람은 빠꾸다 깟짜야나에 대하여, 어떤 사람은 산자야 벨랏띠뿟따에 대하여, 어떤 사람은 니간타 나따뿟따에 대하여 같은

345 말에 두서(頭緒)가 없다는 의미.

말을 했습니다.[346]

그러자 어떤 사람이 이렇게 말했습니다.

'고따마 사문은 상가의 무리를 이끄는 현명하고 명성이 있는 교조로서 많은 사람에게 크게 존경받는 대중의 스승인데, 그분은 제자들의 존경을 받고 존중을 받고 숭배를 받고 공양을 받으며, 제자들은 고따마 사문을 존경하고 존중하고 의지하여 살아갑니다. 이전에 고따마 사문이 수백 명의 대중에게 설법했는데, 그곳에서 고따마 사문의 어떤 제자가 헛기침을 하니 다른 동료 수행자가 그를 무릎으로 살짝 치면서 '존자여, 조용히 하십시오! 존자여, 소리 내지 마십시오! 우리의 스승이신 세존께서 설법하십니다'라고 말했습니다. 고따마 사문이 수백 명의 대중에게 설법할 때, 고따마 사문의 제자들은 재채기 소리나 헛기침 소리를 내지 않습니다. 마치 큰 사거리에서 순수한 꿀을 짜면 많은 사람이 그것을 기대하는 모습이 역력하듯이, 그 사람들은 '세존께서 설법하시면 우리는 그것을 들어야겠다'라고 기대하는 모습이 역력합니다. 동료 수행자들과 함께 공부하다가 공부를 포기하고 환속(還俗)한 고따마 사문의 제자들은 스승을 찬탄하고, 가르침을 찬탄하고, 상가를 찬탄합니다. 그들은 '우리가 복이 없고, 우리가 공덕이 부족하다. 우리는 이와 같이 잘 설해진 가르침과 율에 출가하였지만, 종신토록 청정한 수행을 완전하게 수행하지 못했다'라고 스스로 탓하고 남을 탓하지 않습니다. 그들은 5계(五戒)를 수지(受持)하면서 승원의 관리인이 되거나 청신사(淸信士)가 됩니다. 이와 같이 고따마 사문은 제자들의 존경을 받고 존중을 받고 숭배를 받고 공양을 받으며, 제자들은 고따마 사문을 존경하고 존중하고 의지하여 살아갑니다.'"

"우다인이여, 그대는 어떤 이유에서 제자들이 나를 존경하고 존중하고 숭배하고 공양하며 의지하여 살아간다고 생각하나요?"

"세존이시여, 저는 다섯 가지 이유에서 제자들이 세존을 존경하고 존중하고 숭배하고 공양하며 의지하여 살아간다고 생각합니다. 그 다섯 가지란 이런 것입니다. 세존이시여, 세존께서는 소식(小食)하시면서 소식을 칭찬합니다. 이것이 첫 번째 이유입니다. 세존이시여, 세존께서는 어떤 옷에도 만족하시면서 어떤 옷에도 만족하는 것을 칭찬합니다. 세존이시여, 이것이 두 번째 이유입니다. 세존이시여, 세존께서는 어떤 탁발 음식에도 만족하시면서 어떤 탁발 음식에도 만족하는 것을 칭찬합니다. 세존이시여, 이것이 세 번째 이유입니다. 세존이시여, 세존께서는 어떤 잠자리에도 만족하시면서 어떤 잠자리에도 만족하는 것을 칭찬합니다. 세존이시여, 이것이 네 번째 이유입니다. 세존이시여, 세존께서는 한적한 곳에 머무시면서 한적한 곳에 머무는 것을 칭찬합니다. 세존이시여, 이것이 다섯 번째 이유입니다."

"우다인이여, 만약에 '고따마 사문은 소식하면서 소식을 칭찬한다'라는 사실 때문에 제자들이 나를 존경하고 존중하고 숭배하고 공양하며 의지하여 살아간다면, 우다인이여, 나에게는 작은 발우의 음식을 먹거나, 작

346 뿌라나 까싸빠에 대한 비난과 같은 내용이기 때문에 생략함.

은 발우 절반의 음식을 먹거나, 벨루와 열매만큼의 음식을 먹거나, 벨루와 열매 절반만큼의 음식을 먹는 제자들이 있다오. 우다인이여, 그런데 나는 어떨 때는 이 발우 한가득 먹기도 하고 그보다 더 먹기도 한다오. 우다인이여, 만약에 '고따마 사문은 소식하면서 소식을 칭찬한다'라는 사실 때문에 제자들이 나를 존경하고 존중하고 숭배하고 공양하며 의지하여 살아간다면, 우다인이여, 작은 발우의 음식을 먹거나, 작은 발우 절반의 음식을 먹거나, 벨루와 열매만큼의 음식을 먹거나, 벨루와 열매 절반만큼의 음식을 먹는 나의 제자들은 이 가르침 때문에 나를 존경하고 존중하고 숭배하고 공양하며 의지하여 살아가는 것이 아닐 것이오.

우다인이여, 만약에 '고따마 사문은 어떤 옷에도 만족하면서 어떤 옷에도 만족하는 것을 칭찬한다'라는 사실 때문에 제자들이 나를 존경하고 존중하고 숭배하고 공양하며 의지하여 살아간다면, 우다인이여, 나에게는 거친 분소의(糞掃衣)를 입는 제자들이 있다오. 그들은 묘지나 쓰레기더미나 시장에서 넝마를 골라 법의(法衣)를 만들어 입는다오. 우다인이여, 그런데 나는 어떨 때는 질기고 굵은 아름다운 털로 짠 거사들의 옷을 입기도 한다오. 우다인이여, 만약에 '고따마 사문은 어떤 옷에도 만족하면서 어떤 옷에도 만족하는 것을 칭찬한다'라는 사실 때문에 제자들이 나를 존경하고 존중하고 숭배하고 공양하며 의지하여 살아간다면, 우다인이여, 묘지나 쓰레기더미나 시장에서 넝마를 골라 법의를 만들어 입는, 거친 분소의를 입는 나의 제자들은 이 가르침 때문에 나를 존경하고 존중하고 숭배하고 공양하며 의지하여 살아가는 것이 아닐 것이오.

우다인이여, 만약에 '고따마 사문은 어떤 탁발 음식에도 만족하면서 어떤 탁발 음식에도 만족하는 것을 칭찬한다'라는 사실 때문에 제자들이 나를 존경하고 존중하고 숭배하고 공양하며 의지하여 살아간다면, 우다인이여, 나에게는 차제걸식(次第乞食)을 하며 음식 찌꺼기를 남기지 않는 규율을 즐기는 제자들이 있다오. 그들은 이집 저집을 차별 없이 방문하고, 자리에 초대를 받으면 응하지 않는다오. 우다인이여, 그런데 나는 어떨 때는 초대를 받아 흰 쌀밥에 갖가지 반찬과 카레를 먹기도 한다오. 우다인이여, 만약에 '고따마 사문은 어떤 탁발 음식에도 만족하면서 어떤 탁발 음식에도 만족하는 것을 칭찬한다'라는 사실 때문에 제자들이 나를 존경하고 존중하고 숭배하고 공양하며 의지하여 살아간다면, 우다인이여, 이집 저집을 차별 없이 방문하고, 자리에 초대를 받으면 응하지 않고, 차제걸식을 하며 음식 찌꺼기를 남기지 않는 규율을 즐기는 나의 제자들은 이 가르침 때문에 나를 존경하고 존중하고 숭배하고 공양하며 의지하여 살아가는 것이 아닐 것이오.

우다인이여, 만약에 '고따마 사문은 어떤 잠자리에도 만족하면서 어떤 잠자리에도 만족하는 것을 칭찬한다'라는 사실 때문에 제자들이 나를 존경하고 존중하고 숭배하고 공양하며 의지하여 살아간다면, 우다인이여, 나에게는 나무 아래나 노지(露地)에서 지내는 제자들이 있다오. 그들은 8개월 동안은 지붕 밑으로 다가가지 않는다오. 우다인이여, 그런데 나는 어떨 때는 빗장을 걸고 창문을 닫은, 바람이 없는 단청(丹青)한 누각(樓

閣)에서 지내기도 한다오. 우다인이여, 만약에 '고따마 사문은 어떤 잠자리에도 만족하면서 어떤 잠자리에도 만족하는 것을 칭찬한다'라는 사실 때문에 제자들이 나를 존경하고 존중하고 숭배하고 공양하며 의지하여 살아간다면, 우다인이여, 여덟 달 동안 지붕 밑으로 다가가지 않고 나무 아래나 노지에서 지내는 나의 제자들은 이 가르침 때문에 나를 존경하고 존중하고 숭배하고 공양하며 의지하여 살아가는 것이 아닐 것이오.

우다인이여, 만약에 '고따마 사문은 한적한 곳에서 지내면서 한적한 곳에서 지내는 것을 칭찬한다'라는 사실 때문에 제자들이 나를 존경하고 존중하고 숭배하고 공양하며 의지하여 살아간다면, 우다인이여, 나에게는 숲속의 인적 없는 거처나 고적(孤寂)한 숲이나 한적한 곳에 들어가 지내는 제자들이 있다오. 그들은 보름에 한 번 계목(戒目)을 독송하기 위하여 상가 가운데 들어갈 뿐이라오. 우다인이여, 그런데 나는 어떨 때는 비구, 비구니, 청신사, 청신녀, 왕, 대신, 외도, 외도의 제자들과 함께 지내기도 한다오. 우다인이여, 만약에 '고따마 사문은 한적한 곳에서 지내면서 한적한 곳에서 지내는 것을 칭찬한다'라는 사실 때문에 제자들이 나를 존경하고 존중하고 숭배하고 공양하며 의지하여 살아간다면, 우다인이여, 보름에 한 번 계목을 독송하기 위하여 상가 가운데 들어갈 뿐, 숲속의 인적 없는 거처나 고적한 숲이나 한적한 곳에 들어가 지내는 나의 제자들은 이 가르침 때문에 나를 존경하고 존중하고 숭배하고 공양하며 의지하여 살아가는 것이 아닐 것이오.

우다인이여, 이와 같이 나의 제자들은 이들 다섯 가지 이유에서 나를 존경하고 존중하고 숭배하고 공양하며 의지하여 살아가는 것이 아니라오. 우다인이여, 이와는 다른 다섯 가지 이유가 있다오.

우다인이여, 나의 제자들은 훌륭한 계행(戒行) 때문에 나를 존경한다오. 그들은 '계행을 갖춘 고따마 사문은 최상의 계온(戒蘊, sīlakkhandha)을 구족했다'라고 생각한다오. 우다인이여, 이것이 나의 제자들이 나를 존경하고 존중하고 숭배하고 공양하며 의지하여 살아가는 첫 번째 이유라오.

우다인이여, 나의 제자들은 지견(知見) 때문에 나를 존경한다오. 그들은 '고따마 사문은 알고 있는 것을 '나는 안다'라고 말하고, 본 것을 '나는 본다'라고 말한다. 고따마 사문은 체험하여 안 것을 가르치고, 체험하지 않은 것은 가르치지 않는다. 고따마 사문은 근거가 있는[sanidānaṁ] 법(法)을 설하고, 근거가 없는 것은 설하지 않는다. 고따마 사문은 놀라운 변화[神變]가 있는[sappāṭihāriyaṁ] 법을 설하고, 놀라운 변화가 없는 것은 설하지 않는다'라고 생각한다오. 우다인이여, 이것이 나의 제자들이 나를 존경하고 존중하고 숭배하고 공양하며 의지하여 살아가는 두 번째 이유라오.

우다인이여, 나의 제자들은 수승한 통찰지[abhipaññā] 때문에 나를 존경한다오. 그들은 '지혜로운 고따마 사문은 최상의 혜온(慧蘊, paññākkhandha)을 구족했다. 그가 진행될 언로(言路, anāgataṁ vādapathaṁ]를 보지 못하거나, 제기된 상대의 반박(反駁)을 조리 있게 굴복시키지 못하는 일은 있을 수 없다'[347]라고 생각한다오. 우다인이여, 어떻게 생각하나요? 이와 같이 알고, 이와 같이 보는 나의 제자들이 이야기 도중에 방해하겠나요?"

"아닙니다, 세존이시여!"

"우다인이여, 나는 제자들에게 지도(指導)를 원하지 않지만, 제자들은 어떤 경우에도 나에게 지도를 원한다오. 우다인이여, 그래서 나의 제자들은 수승한 통찰지 때문에 나를 존경한다오. 그들은 '지혜로운 고따마 사문은 최상의 혜온을 구족했다. 그가 진행될 언로를 보지 못하거나, 제기된 상대의 반박을 조리 있게 굴복시키지 못하는 일은 있을 수 없다'라고 생각한다오. 이것이 나의 제자들이 나를 존경하고 존중하고 숭배하고 공양하며 의지하여 살아가는 세 번째 이유라오.

우다인이여, 괴로움에 빠져서 괴로움에 시달리는 나의 제자들은 나를 찾아와서 고성제(苦聖諦)에 대하여 묻는다오. 나는 질문을 받고 그들에게 고성제에 대하여 설명해 준다오. 나는 질문에 대한 대답으로 그들의 마음을 기쁘게 한다오. 그들은 나에게 고집성제(苦集聖諦), 고멸성제(苦滅聖諦), 고멸도성제(苦滅道聖諦)에 대하여 묻는다오. 나는 질문을 받고 그들에게 고집성제, 고멸성제, 고멸도성제에 대하여 설명해 준다오. 나는 질문에 대한 대답으로 그들의 마음을 기쁘게 한다오. 우다인이여, 이것이 나의 제자들이 나를 존경하고 존중하고 숭배하고 공양하며 의지하여 살아가는 네 번째 이유라오.

우다인이여, 내가 제자들에게 가르친 행도(行道)[348]에 따라 나의 제자들은 4념처(四念處)를 닦아 익힌다오. 우다인이여, 어떤 비구는 몸[身]을 관찰하며 몸에 머물면서, 열심히 알아차리고 주의집중을 하여 세간에 대한 탐욕과 불만을 제거한다오. 느낌[受]을 관찰하며 느낌에 머물면서, 열심히 알아차리고 주의집중을 하여 세간에 대한 탐욕과 불만을 제거한다오. 마음[心]을 관찰하며 마음에 머물면서, 열심히 알아차리고 주의집중을 하여 세간에 대한 탐욕과 불만을 제거한다오. 법(法)을 관찰하며 법에 머물면서, 열심히 알아차리고 주의집중을 하여 세간에 대한 탐욕과 불만을 제거한다오.

우다인이여, 내가 제자들에게 가르친 행도에 따라 나의 제자들은 4정단(四正斷)을 닦아 익힌다오. 우다인이여, 어떤 비구는 아직 생기지 않은 사악(邪惡)한 불선법(不善法)이 생기지 않도록 의욕을 일으키고, 힘쓰고, 정진하고, 애쓰고, 마음을 다잡고, 노력한다오. 이미 생긴 사악한 불선법은 끊어 버리기 위해 의욕을 일으키고, 힘쓰고, 정진하고, 애쓰고, 마음을 다잡고, 노력한다오. 아직 생기지 않은 선법(善法)이 생기도록 의욕을 일으키고, 힘쓰고, 정진하고, 애쓰고, 마음을 다잡고, 노력한다오. 이미 생긴 선법은 지속하도록, 망각하지 않도록, 증가하도록, 충만하

347 '진행될 언로(言路)'로 번역한 'anāgataṁ vādapathaṁ'의 원문의 의미는 '미래의 언로'인데, 이때 '언로'란 '언어의 논리적 진행'을 의미하는 것 같다. 어떤 주장이나 사상은 논리적으로 어떤 결론에 도달하게 되어 있으며, 부처님께서는 그것을 안다는 의미인 것 같다.

348 'paṭipadā'의 번역. '수행의 과정'을 의미한다.

도록, 닦아 익히도록, 성취하도록 의욕을 일으키고, 힘쓰고, 정진하고, 애쓰고, 마음을 다잡고, 노력한다오. 그리하여 나의 많은 제자는 체험적 지혜[勝智]를 성취(成就)하여[349] 살아간다오.

우다인이여, 내가 제자들에게 가르친 행도에 따라 나의 제자들은 4신족(四神足)을 닦아 익힌다오. 우다인이여, 어떤 비구는 욕삼매근행성취신족(欲三昧勤行成就神足)을 닦아 익히고, 정근삼매근행성취신족(精勤三昧勤行成就神足)을 닦아 익히고, 심삼매근행성취신족(心三昧勤行成就神足)을 닦아 익히고, 사유삼매근행성취신족(思惟三昧勤行成就神足)을 닦아 익힌다오. 그리하여 나의 많은 제자는 체험적 지혜를 성취하여 살아간다오.

우다인이여, 내가 제자들에게 가르친 행도에 따라 나의 제자들은 5근(五根)을 닦아 익힌다오. 우다인이여, 어떤 비구는 마음의 평온[寂靜]으로 이끌고 바른 깨달음[正覺]으로 이끄는 신근(信根)을 닦아 익히고, 정진근(精進根)을 닦아 익히고, 염근(念根)을 닦아 익히고, 정근(定根)을 닦아 익히고, 혜근(慧根)을 닦아 익힌다오. 그리하여 나의 많은 제자는 체험적 지혜를 성취하여 살아간다오.

우다인이여, 내가 제자들에게 가르친 행도에 따라 나의 제자들은 5력(五力)을 닦아 익힌다오. 우다인이여, 어떤 비구는 마음의 평온으로 이끌고 바른 깨달음으로 이끄는 신력(信力)을 닦아 익히고, 정진력(精進力)을 닦아 익히고, 염력(念力)을 닦아 익히고, 정력(定力)을 닦아 익히고, 혜력(慧力)을 닦아 익힌다오. 그리하여 나의 많은 제자는 체험적 지혜를 성취하여 살아간다오.

우다인이여, 내가 제자들에게 가르친 행도에 따라 나의 제자들은 7각지(七覺支)를 닦아 익힌다오. 우다인이여, 비구는 쾌락을 멀리하고[遠離], 욕탐을 버리고[離欲], 번뇌를 소멸하고[止滅], 마침내 버리는[捨離] 염각지(念覺支)를 닦아 익히고, 택법각지(擇法覺支)를 닦아 익히고, 정진각지(精進覺支)를 닦아 익히고, 희각지(喜覺支)를 닦아 익히고, 경안각지(輕安覺支)를 닦아 익히고, 정각지(定覺支)를 닦아 익히고, 사각지(捨覺支)를 닦아 익힌다오. 그리하여 나의 많은 제자는 체험적 지혜를 성취하여 살아간다오.

우다인이여, 내가 제자들에게 가르친 행도에 따라 나의 제자들은 거룩한 8정도(八正道)를 닦아 익힌다오. 우다인이여, 어떤 비구는 정견(正見)을 닦아 익히고, 정사유(正思惟)를 닦아 익히고, 정어(正語)를 닦아 익히고, 정업(正業)을 닦아 익히고, 정명(正命)을 닦아 익히고, 정정진(正精進)을 닦아 익히고, 정념(正念)을 닦아 익히고, 정정(正定)을 닦아 익힌다오. 그리하여 나의 많은 제자는 체험적 지혜를 성취하여 살아간다오.

우다인이여, 내가 제자들에게 가르친 행도에 따라 나의 제자들은 8해탈(八解脫)을 닦아 익힌다오. 우다인이여, 형색[色]을 가지고 여러 가지 형색들을 본다오. 이것이 첫 번째 해탈이라오. 안으로 형색에 대한 생각[色想] 없이 밖으로 형색들을 본다오. 이것이 두 번째 해탈이라오. 청정함을 확신한다오. 이것이 세 번째 해탈이라오. 일체의 형색에 대

---

349 'abhiññāvosānapāramippattā'의 번역.

한 생각을 초월하고, 지각대상에 대한 생각[有對想]을 소멸하고, '다르다'라는 생각에 마음 쓰지 않고, '허공은 무한하다'라고 생각하는 공무변처(空無邊處)에 도달하여 살아간다오. 이것이 네 번째 해탈이라오. 일체의 공무변처를 초월하여 '식(識)은 무한하다'라고 생각하는 식무변처(識無邊處)에 도달하여 살아간다오. 이것이 다섯 번째 해탈이라오. 일체의 식무변처를 초월하여 '어떤 것도 존재하지 않는다'라고 생각하는 무소유처(無所有處)에 도달하여 살아간다오. 이것이 여섯 번째 해탈이라오. 일체의 무소유처를 초월하여 비유상비무상처(非有想非無想處)에 도달하여 살아간다오. 이것이 일곱 번째 해탈이라오. 일체의 비유상비무상처를 초월하여 상수멸(想受滅)에 도달하여 살아간다오. 이것이 여덟 번째 해탈이라오. 그리하여 나의 많은 제자는 체험적 지혜를 성취하여 살아간다오.

우다인이여, 내가 제자들에게 가르친 행도에 따라 나의 제자들은 8승처(八勝處, aṭṭha abhibhāyatanāni)를 닦아 익힌다오. 우다인이여, 어떤 사람은 안으로 형색에 대한 생각을 가지고 밖으로 자잘한 아름답고 추한 형색들을 본다오. 그것들을 통달하여 '나는 알고 나는 본다'라고 생각하는 것, 이것이 첫 번째 승처(勝處)라오. 어떤 사람은 안으로 형색에 대한 생각을 가지고 밖으로 측량할 수 없는 아름답고 추한 형색들을 본다오. 그것들을 통달하여 '나는 알고 나는 본다'라고 생각하는 것, 이것이 두 번째 승처라오. 어떤 사람은 안으로 형색에 대한 생각 없이 밖으로 자잘한 아름답고 추한 형색들을 본다오. 그것들을 통달하여 '나는 알고 나는 본다'라고 생각하는 것, 이것이 세 번째 승처라오. 어떤 사람은 안으로 형색에 대한 생각 없이 밖으로 측량할 수 없는 아름답고 추한 형색들을 본다오. 그것들을 통달하여 '나는 알고 나는 본다'라고 생각하는 것, 이것이 네 번째 승처라오. 어떤 사람은 안으로 형색에 대한 생각 없이 밖으로 푸른색의, 푸른 모습의, 푸른빛이 나는 푸른 형색들을 본다오. 예를 들면 푸른색의, 푸른 모습의, 푸른빛이 나는 아마(亞麻)꽃이나 바라나시(Bārāṇasī)에서 나는 양면(兩面)을 잘 두드린 푸른색의, 푸른 모습의, 푸른빛이 나는 옷과 같은 푸른색의, 푸른 모습의, 푸른빛이 나는 푸른 형색들을 본다오. 그것들을 통달하여 '나는 알고 나는 본다'라고 생각하는 것, 이것이 다섯 번째 승처라오. 어떤 사람은 안으로 형색에 대한 생각 없이 밖으로 노란색의, 노란 모습의, 노란빛이 나는 노란 형색들을 본다오. 예를 들면 노란색의, 노란 모습의, 노란빛이 나는 깐니까라(kaṇṇikāra)꽃이나 바라나시에서 나는 양면을 잘 두드린 노란색의, 노란 모습의, 노란빛이 나는 옷과 같은 노란색의, 노란 모습의, 노란빛이 나는 노란 형색들을 본다오. 그것들을 통달하여 '나는 알고 나는 본다'라고 생각하는 것, 이것이 여섯 번째 승처라오. 어떤 사람은 안으로 형색에 대한 생각 없이 밖으로 붉은색의, 붉은 모습의, 붉은빛이 나는 붉은 형색들을 본다오. 예를 들면 붉은색의, 붉은 모습의, 붉은빛이 나는 반두지와까(bandhujīvaka)꽃이나 바라나시에서 나는 양면을 잘 두드린 붉은색의, 붉은 모습의, 붉은빛이 나는 옷과 같은 붉은색의, 붉은 모습의, 붉은빛이 나는 붉은 형색들을 본다오. 그것들을 통달하여 '나는 알고 나는 본다'라고 생각하는 것, 이것이 일곱 번째 승처라오. 어떤 사람은 안으로 형색에 대한 생각 없이 밖으로 흰색의, 흰 모습의, 흰빛이 나는 흰 형색들을 본다오. 예를 들면 흰색의, 흰 모습의, 흰빛이 나는 태백성(太白星)이나 바라나시에서 나는 양면을 잘 두드린 흰색의, 흰 모습의, 흰빛이 나는 옷과 같은 흰색의, 흰 모습의, 흰빛이 나는 흰 형색들을 본다오. 그것들을 통달하여 '나는 알고 나는 본다'라고 생각하는 것, 이것이 여덟 번째 승처라오. 그리하여 나의 많은 제자는 체험적 지혜를 성취하여 살아간다오.

우다인이여, 내가 제자들에게 가르친 행도에 따라 나의 제자들은 10변처(十遍處, dasa kasiṇāyatanāni)를 닦아 익힌다오. 어떤 사람은 상하(上下) 사방(四方)에 온통 무한한 땅[地]이 꽉 차 있다고 생각한다오. 어떤 사람은 상하 사방에 온통 무한한 물[水]이 꽉 차 있다고 생각한다오. 어떤 사람은 상하 사방에 온통 무한한 불[火]이 꽉 차 있다고 생각한다오. 어떤 사람은 상하 사방에 온통 무한한 바람[風]이 꽉 차 있다고 생각한다오. 어떤 사람은 상하 사방에 온통 무한한 파란색[靑色]이 꽉 차 있다고 생각한다오. 어떤 사람은 상하 사방에 온통 무한한 노란색[黃色]이 꽉 차 있다고 생각한다오. 어떤 사람은 상하 사방에 온통 무한한 붉은색[赤色]이 꽉 차 있다고 생각한다오. 어떤 사람은 상하 사방에 온통 무한한 하얀색[白色]이 꽉 차 있다고 생각한다오. 어떤 사람은 상하 사방에 온통 무한한 허공(虛空)이 꽉 차 있다고 생각한다오. 어떤 사람은 상하 사방에 온통 무한한 식(識)이 꽉 차 있다고 생각한다오. 그리하여 나의 많은 제자는 체험적 지혜를 성취하여 살아간다오.

우다인이여, 내가 제자들에게 가르친 행도에 따라 나의 제자들은 4선정(四禪定)을 닦아 익힌다오. 우다인이여, 비구는 감각적 욕망을 멀리하고 불선법(不善法)을 멀리함으로써 사유가 있고 숙고가 있는, 멀리함에서 생긴 기쁨과 행복감이 있는 초선(初禪)을 성취하여 살아간다오. 그는 멀리함에서 생긴 즐거움과 행복으로 이 몸을 가득 채우고, 넘치게 하고, 충만하게 하고, 두루 퍼지게 하여, 멀리함에서 생긴 즐거움과 행복이 몸 전체에 미치지 않은 곳이 없도록 한다오. 우다인이여, 비유하면 숙련된 목욕사나 그 제자가 청동 대야에 비누 가루를 뿌리고 물을 고루 부어 섞으면, 그 비누 반죽은 안팎으로 습기를 머금고 습기에 젖어 물기가 흘러나오지 않는 것과 같다오.

우다인이여, 다음으로 비구는 사유와 숙고를 억제하여 내적으로 조용해진, 마음이 집중된, 사유와 숙고가 없는, 삼매에서 생긴 즐거움과 행복이 있는 제2선(第二禪)을 성취하여 살아간다오. 그는 삼매에서 생긴 즐거움과 행복으로 이 몸을 가득 채우고, 넘치게 하고, 충만하게 하고, 두루 퍼지게 하여, 삼매에서 생긴 즐거움과 행복이 몸 전체에 미치지 않은 곳이 없도록 한다오. 우다인이여, 비유하면 동쪽 수로도 없고, 서쪽 수로도 없고, 북쪽 수로도 없고, 남쪽 수로도 없는 호수의 샘이 있는데, 천신이 때때로 적당한 소나기를 내려 주지 않는다면, 이제 그 샘에서 시원한 물줄기가 솟아 나와 시원한 물로 그 호수를 가득 채우고, 넘치게 하고, 충만하게 하고, 두루 퍼지게 하여, 시원한 물이 호수 전체에 미치지 않은 곳이 없도록 하는 것과 같다오.

우다인이여, 다음으로 비구는 희열(喜

悅)이 사라지고 평정한 주의집중과 알아차림을 하며 지낸다오. 그는 몸으로 행복을 느끼면서, 성자들이 '평정한 주의집중을 하는 행복한 상태'라고 이야기한 제3선(第三禪)을 성취하여 살아간다오. 그는 즐거움을 초월한 행복으로 이 몸을 가득 채우고, 넘치게 하고, 충만하게 하고, 두루 퍼지게 하여, 즐거움을 초월한 행복이 몸 전체에 미치지 않은 곳이 없도록 한다오. 우다인이여, 비유하면 청련·홍련·백련이 자라는 연못이 있는데, 물에서 태어나고 물에서 자라 물 위로 올라오지 않고 물속에 잠겨서 크는 몇몇 청련이나 홍련이나 백련들은 꼭대기에서 뿌리까지 시원한 물로 가득 차고, 넘치고, 충만하고, 두루 퍼져, 청련이나 홍련이나 백련들의 모든 부분에 시원한 물이 미치지 않은 곳이 없는 것과 같다오.

우다인이여, 다음으로 비구는 행복감을 포기하고 괴로움을 버림으로써 이전의 만족과 불만이 소멸하여 괴롭지도 않고 즐겁지도 않은, 평정한 주의집중이 청정한 제4선(第四禪)을 성취하여 살아간다오. 그는 이 몸을 청정하게 정화된 마음으로 채우고 앉아 청정하게 정화된 마음이 몸 전체에 미치지 않은 곳이 없도록 한다오. 우다인이여, 비유하면 어떤 사람이 깨끗한 옷으로 머리끝까지 감싸고 앉으면, 깨끗한 옷이 몸 전체에 닿지 않은 곳이 없는 것과 같다오. 우다인이여, 이와 같이 비구는 이 몸을 청정하게 정화된 마음으로 채우고 앉아 청정하게 정화된 마음이 몸 전체에 미치지 않은 곳이 없도록 한다오. 그리하여 나의 많은 제자는 체험적 지혜를 성취하여 살아간다오.

우다인이여, 내가 제자들에게 가르친 행도에 따라 나의 제자들은 '4대(四大)로 된, 부모로부터 태어나 밥과 젖이 쌓인, 나의 이 형상이 있는 형색은 무상(無常)하며, 단멸(斷滅)하며, 부서지며, 파괴되며, 멸망하는 법(法)이다. 나의 이 분별의식[識]은 거기에 의존하고, 거기에 묶여 있다'라고 통찰한다오. 우다인이여, 비유하면 아름답고 귀한, 팔각형으로 잘 다듬어진, 투명하고, 순수하고, 청정한, 모든 특징을 구족한 마니보주(摩尼寶珠)가 있는데, 거기에 청색이나 황색이나 적색이나 백색이나 적황색 실을 꿰 놓은 것과 같다오. 안목 있는 사람은 그것을 손 위에 놓고 관찰할 것이오. '이 마니보주는 참으로 아름답고 귀한, 팔각형으로 잘 다듬어진, 투명하고, 순수하고, 청정한, 모든 특징을 구족한 것인데, 거기에 청색이나 황색이나 적색이나 백색이나 적황색 실을 꿰 놓았구나.' 우다인이여, 이와 같이 내가 제자들에게 가르친 행도에 따라 나의 제자들은 '4대로 된, 부모로부터 태어나 음식과 젖이 쌓인, 나의 이 형상이 있는 형색은 무상하며, 단멸하며, 부서지며, 파괴되며, 멸망하는 법이다. 나의 이 분별의식은 거기에 의존하고, 거기에 묶여 있다'라고 통찰한다오. 그리하여 나의 많은 제자는 체험적 지혜를 성취하여 살아간다오.

우다인이여, 내가 제자들에게 가르친 행도에 따라 나의 제자들은 이 몸에서 4지(四肢)가 완전하고, 6근(六根)이 완전하며, 형상이 있는, 마음으로 된[manomaya][350] 다른 몸을 만들어 낸다오. 우다인이여, 비유하

350 의성신(意成身)을 이야기함.

면 어떤 사람이 갈대 풀에서 갈대를 뽑아내는 것과 같다오. 그는 '이것은 갈대 풀이고, 이것은 갈대다. 갈대 풀과 갈대는 서로 다르다. 그렇지만 갈대는 갈대 풀에서 뽑혀 나왔다'라고 생각할 것이오. 우다인이여, 비유하면 어떤 사람이 칼을 칼집에서 뽑아내는 것과 같다오. 그는 '이것은 칼이고, 이것은 칼집이다. 칼과 칼집은 서로 다르다. 그렇지만 칼은 칼집에서 뽑혀 나왔다'라고 생각할 것이오. 우다인이여, 비유하면 어떤 사람 이 뱀을 뱀 허물에서 빼내는 것과 같다오. 그는 '이것은 뱀이고, 이것은 뱀 허물이다. 뱀과 뱀 허물은 서로 다르다. 그렇지만 뱀은 뱀 허물에서 빠져나왔다'라고 생각할 것이오. 우다인이여, 이와 같이 내가 제자들에게 가르친 행도에 따라 나의 제자들은 이 몸에서 사지가 완전하고, 6근이 완전하며, 형상이 있는, 마음으로 된 다른 몸을 만들어 낸다오. 그리하여 나의 많은 제자는 체험적 지혜를 성취하여 살아간다오.

우다인이여, 내가 제자들에게 가르친 행도에 따라 나의 제자들은 여러 가지 신통(神通)을 체험한다오. 그들은 하나이다가 여럿이 되고, 여럿이다가 하나가 된다오. 마치 허공을 다니듯이 나타나고, 사라지고, 담장을 넘고, 성벽을 넘고, 산을 넘어 거침없이 다닌다오. 마치 물속처럼 땅속에서 오르내리기도 한다오. 마치 땅 위를 걷듯이 물 위를 걸어 다닌다오. 마치 날개 달린 새처럼 허공에서 가부좌하고 다니기도 한다오. 이와 같은 큰 신족통과 이와 같은 큰 위력으로 해와 달을 손바닥으로 만지고 쓰다듬기도 한다오. 그들은 몸을 범천(梵天)의 세계까지 늘리기도 한다오. 우다인이여, 비유하면 숙련된 도공이나 도공의 제자가 잘 준비된 진흙으로 원하는 그릇을 만드는 것과 같다오. 우다인이여, 비유하면 숙련된 상아 세공사나 상아 세공사의 제자가 상아를 잘 다듬어 원하는 상아 제품을 만드는 것과 같다오. 우다인이여, 비유하면 숙련된 금세공사나 금세공사의 제자가 잘 제련된 금으로 원하는 황금 제품을 만드는 것과 같다오. 우다인이여, 이와 같이 내가 제자들에게 가르친 행도에 따라 나의 제자들은 여러 가지 신통을 체험한다오. 그리하여 나의 많은 제자는 체험적 지혜를 성취하여 살아간다오.

우다인이여, 내가 제자들에게 가르친 행도에 따라 나의 제자들은 인간을 초월한 청정한 천이통(天耳通)으로 멀고 가까운 천신과 인간의 두 소리를 듣는다오. 우다인이여, 비유하면, 건장한 나팔수가 어렵지 않게 사방으로 알리는 것과 같다오. 우다인이여, 이와 같이 내가 제자들에게 가르친 행도에 따라 나의 제자들은 인간을 초월한 청정한 천이통으로 멀고 가까운 천신과 인간의 두 소리를 듣는다오. 그리하여 나의 많은 제자는 체험적 지혜를 성취하여 살아간다오.

우다인이여, 내가 제자들에게 가르친 행도에 따라 나의 제자들은 자신의 마음으로 다른 중생이나 다른 사람들의 마음을 통찰한다오. 탐욕이 있는 마음은 탐욕이 있는 마음이라고 통찰한다오. 탐욕이 없는 마음은 탐욕이 없는 마음이라고 통찰한다오. 악의(惡意)가 있는 마음은 악의가 있는 마음이라고 통찰한다오. 악의가 없는 마음은 악의가 없는 마음이라고 통찰한다오. 어리석음이 있는 마음은 어리석음이 있는 마음이라고 통찰한다오. 어리석음이 없는 마음은 어리석음이 없는 마음이라고 통찰한다오. 집중된 마음은 집중된 마음이라고 통찰한다오. 산만한 마음은 산만한 마음이라고 통찰한다오. 넓은 마음은 넓은 마음이라고 통찰한다오. 좁은 마음은 좁은 마음이라고 통찰한다오. 뛰어난 마음은 뛰어난 마음이라고 통찰한다오. 위없는 마음은 위없는 마음이라고 통찰한다오. 삼매에 든 마음은 삼매에 든 마음이라고 통찰한다오. 삼매에 들지 않은 마음은 삼매에 들지 않은 마음이라고 통찰한다오. 해탈한 마음은 해탈한 마음이라고 통찰한다오. 해탈하지 못한 마음은 해탈하지 못한 마음이라고 통찰한다오. 우다인이여, 비유하면 몸단장을 좋아하는 젊은 처녀나 청년이 깨끗하게 잘 닦인 거울이나 맑은 물그릇에 자신의 얼굴을 비춰 보고서, 검은 점이 있으면 있다고 알고 없으면 없다고 아는 것과 같다오. 우다인이여, 이와 같이 내가 제자들에게 가르친 행도에 따라 나의 제자들은 자신의 마음으로 다른 중생이나 다른 사람들의 마음을 통찰한다오. 그리하여 나의 많은 제자는 체험적 지혜를 성취하여 살아간다오.

우다인이여, 내가 제자들에게 가르친 행도에 따라 나의 제자들은 여러 가지 전생의 삶을 기억한다오. 그들은 한 번의 태어남, 두 번의 태어남, 세 번의 태어남, 네 번의 태어남, 다섯 번의 태어남, 열 번의 태어남, 스무 번의 태어남, 서른 번의 태어남, 마흔 번의 태어남, 쉰 번의 태어남, 백 번의 태어남, 천 번의 태어남, 백천 번의 태어남, 수많은 괴겁(壞劫), 수많은 성겁(成劫), 수많은 성괴겁(成壞劫)과 같은 여러 가지 전생의 삶을 기억한다오. 그들은 '그곳에서 나는 이름은 이러했고, 가문은 이러했고, 용모는 이러했고, 음식은 이러했으며, 이러한 고락(苦樂)을 겪었고, 이와 같이 수명을 마쳤다. 그가 죽어서 나는 거기에 태어났다. 그곳에서 나는 이름은 이러했고, 가문은 이러했고, 용모는 이러했고, 음식은 이러했으며, 이러한 고락을 겪었고, 이와 같이 수명을 마쳤다. 그가 죽어서 이 세상에 태어났다'라고 특징이 있고 내력이 있는 여러 가지 전생의 삶을 기억한다오. 우다인이여, 비유하면 어떤 사람이 자기 마을에서 다른 마을로 가고, 그 마을에서 다시 다른 마을로 가고, 그 마을에서 자기 마을로 되돌아오는 것과 같다오. 그는 '나는 우리 마을에서 그 마을로 갔다. 나는 그곳에서 이렇게 살고, 이렇게 머물고, 이렇게 말하고, 이렇게 침묵했다. 나는 그 마을에서 저 마을로 갔다. 나는 그곳에서 이렇게 살고, 이렇게 머물고, 이렇게 말하고, 이렇게 침묵했다. 그리고 나는 그 마을에서 우리 마을로 돌아왔다'라고 생각할 것이오. 우다인이여, 이와 같이 내가 제자들에게 가르친 행도에 따라 나의 제자들은 여러 가지 전생의 삶을 기억한다오. 그리하여 나의 많은 제자는 체험적 지혜를 성취하여 살아간다오.

우다인이여, 내가 제자들에게 가르친 행도에 따라 나의 제자들은 인간을 초월한 청정한 천안(天眼)으로 중생을 보고, 중생이 업에 따라 죽고 태어나고 못나고 훌륭하고 잘생기고 못생기고 행복하고 불행한 것을 통찰한다오. 그들은 '존자들이여, 참으로 이 중생은 몸으로 악행을 행한 자들이며, 말로 악행을 행한 자들이며, 마음으로 악행을 행한 자들이며, 성자를 비방한 자들이며, 사견(邪見)을 가진 자들이며, 사견으로 업을 지은 자들입니다. 그들은 몸이 파괴되어 죽은 후에 괴로운 곳, 불행한 곳, 험난한 곳, 지옥에 태어났습니다. 존자들이여, 참으로 이 중생은 몸으로 선행을 한 자들이며, 말로 선행을 한 자들이며, 마음으로 선행을 한 자들이며, 성자를 비방하지 않은 자들이며, 정견(正見)을 가진 자들이며, 정견으로 업을 지은 자들입니다. 그들은 몸이 파괴되어 죽은 후에 행복한 곳, 천상세계에 태어났습니다'라고 인간을 초월한 청정한 천안으로 중생을 보고, 중생이 업에 따라 죽고 태어나고 못나고 훌륭하고 잘생기고 못생기고 행복하고 불행한 것을 통찰한다오. 우다인이여, 비유하면 사거리 중앙에 누각이 있는데, 눈 있는 사람이 그 누각에 서서 사람들이 집에 들어가고 나오고, 마차로 길을 돌아다니고, 사거리 가운데 앉아 있는 것을 보는 것과 같다오. 우다인이여, 이와 같이 내가 제자들에게 가르친 행도에 따라 나의 제자들은 인간을 초월한 청정한 천안으로 중생을 보고, 중생이 업에 따라 죽고 태어나고 못나고 훌륭하고 잘생기고 못생기고 행복하고 불행한 것을 통찰한다오. 그리하여 나의 많은 제자는 체험적 지혜를 성취하여 살아간다오.

우다인이여, 내가 제자들에게 가르친 행도에 따라 나의 제자들은 번뇌[漏]를 소멸하여 체험적 지혜[勝智]로 무루(無漏)의 심해탈(心解脫)과 혜해탈(慧解脫)을 지금 여기에서 스스로 체험하고 성취하여 살아간다오. 우다인이여, 비유하면 산 정상에 혼탁하지 않고 맑고 청정한 호수가 있는데, 눈 있는 사람이 그 호숫가에 서서 조개껍데기나 자갈이나 물고기 떼가 움직이고 멈추는 것을 보는 것과 같다오. 그는 '이것은 산 정상에 있는, 혼탁하지 않고 맑고 청정한 호수다. 거기에서 이 조개껍데기나 자갈들이나 고기떼들이 움직이고 멈춘다'라고 생각할 것이오. 우다인이여, 이와 같이 내가 제자들에게 가르친 행도에 따라 나의 제자들은 번뇌를 소멸하여 체험적 지혜로 무루의 심해탈과 혜해탈을 지금 여기에서 스스로 체험하고 성취하여 살아간다오. 그리하여 나의 많은 제자는 체험적 지혜를 성취하여 살아간다오. 우다인이여, 이것이 나의 제자들이 나를 존경하고 존중하고 숭배하고 공양하며 의지하여 살아가는 다섯 번째 이유라오.

우다인이여, 이들 다섯 가지 이유에서 나의 제자들은 나를 존경하고 존중하고 숭배하고 공양하며 의지하여 살아가는 것이라오."

이것이 세존께서 하신 말씀입니다.

행각수행자 사꿀우다인은 세존의 설법에 만족하고 기뻐했습니다.

41. 사마나만디까경[351]

〈M.N. 78. Samaṇamaṇḍikā-sutta〉

이와 같이 나는 들었습니다.

한때 세존께서는 사왓티의 제따와나 아나타삔디까 승원에 머무셨습니다.

그때 행각수행자 사마나만디까뿟따 욱가하마나(Samaṇamaṇḍikāputta Uggāhamāna)가 떤두까(tinduka)나무가 우거진 말리까(Mallikā) 원림(園林)의 강당에 300명의 행각수행자들과 함께 토론대회를 위해 머물고 있었습니다. 어느 날 목수 빤짜깡가(Pañca kaṅga)는 아침 일찍 세존을 뵙기 위하여 사왓티를 나섰습니다. 그는 '지금은 세존을 뵙기에 적절한 때가 아니다. 세존께서 좌선(坐禪)하시는 시간이다. 마음수행하는 비구들을 뵙기에 적절한 때가 아니다. 마음수행하는 비구들이 좌선하는 시간이다. 차라리 말리까 원림의 강당에서 열린 토론대회에 행각수행자 욱가하마나를 만나러 가는 것이 어떨까?'라고 생각했습니다. 그래서 목수 빤짜깡가는 말리까 원림의 강당에서 열린 토론대회에 행각수행자 사마나만디까뿟따 욱가하마나를 만나러 갔습니다.

그때 행각수행자 사마나만디까뿟따 욱가하마나는 많은 행각수행자 무리와 함께 앉아서 목청을 돋우어 큰 소리로 언성을 높여가며 왕 이야기, 도둑 이야기, 대신(大臣) 이야기, 군대 이야기, 귀신 이야기 등등 여러 가지 잡스러운 이야기를 하고 있었습니다.

행각수행자 사마나만디까뿟따 욱가하마나는 목수 빤짜깡가가 오는 것을 저만치에서 보았습니다. 그는 자신의 대중을 저지했습니다.

"여러분, 조용히 하시오! 여러분, 소리 내지 마시오! 고따마 사문의 제자 빤짜깡가 목수가 오고 있소. 사왓티에는 고따마 사문의 흰옷 입는 재가 제자들이 살고 있는데, 빤짜깡가 목수는 그들 가운데 한 사람이오. 조용하도록 교육받아서 조용한 것을 칭찬하는 그 존자들은 조용한 것을 좋아한다오. 분명히 조용한 대중을 보면 가까이 올 것이오."

그 행각수행자들은 침묵했습니다.

목수 빤짜깡가는 행각수행자 사마나만디까뿟따 욱가하마나에게 가서 그와 함께 정중하게 인사를 하고, 공손한 인사말을 나눈 후에 한쪽에 앉았습니다.

행각수행자 사마나만디까뿟따 욱가하마나가 목수 빤짜깡가에게 말했습니다.

"목수여, 나는 네 가지 법을 구족한 사람을 선(善)을 성취하고, 가장 선하고, 최상의 공덕을 성취한 무적(無敵)의 사문이라고 언명(言明)한다오. 네 가지는 어떤 것인가? 목수여, 몸으로 사악한 행위를 하지 않는 것, 사악한 말을 하지 않는 것, 사악한 의도를 갖지 않는 것, 사악한 생계(生計)로 생활하지 않는 것이오. 목수여, 나는 이들 네 가지 법을 구족한 사람을 선을 성취하고, 가장 선하고, 최상의 공덕을 성취한 무적의 사문이라고 언명한

---

351 『중아함경(中阿含經)』의 「179. 오지물주경(五支物主經)」에 상응하는 경.

다오.”

목수 빤짜깡가는 행각수행자 사마나만디까뿟따 욱가하마나의 말에 수긍하지도 비난하지도 않았습니다. 그는 수긍하지도 비난하지도 않고, ‘세존을 뵙고 이 말의 의미를 알아보리라’ 생각하며 자리에서 일어나 그곳을 떠났습니다.

목수 빤짜깡가는 세존을 찾아갔습니다. 그는 세존을 찾아가서 예배한 후에 한쪽에 앉았습니다. 목수 빤짜깡가는 행각수행자 사마나만디까뿟따 욱가하마나와 함께 나눈 이야기를 세존께 모두 말씀드렸습니다.

세존께서 목수 빤짜깡가에게 말씀하셨습니다.

“목수여, 행각수행자 사마나만디까뿟따 욱가하마나가 말한 바에 따른다면, 반듯이 누워서 꼼지락거리는 어린 아기가 선을 성취하고, 가장 선하고, 최상의 공덕을 성취한 무적의 사문일 것이오. 목수여, 반듯이 누워서 꼼지락거리는 어린 아기에게는 ‘몸이 있다’라는 생각마저 없을 것이오. 그런데 꼬무락거리는 정도의 몸짓 이외에 어떻게 몸으로 사악한 행위를 할 수 있겠는가? 목수여, 반듯이 누워서 꼼지락거리는 어린 아기에게는 ‘말이 있다’라는 생각마저 없을 것이오. 그런데 칭얼대는 정도의 말 이외에 어떻게 사악한 말을 할 수 있겠는가? 목수여, 반듯이 누워서 꼼지락거리는 어린 아기에게는 ‘의도(意圖)가 있다’라는 생각마저 없을 것이오. 그런데 짜증 내는 정도 이외에 어떻게 사악한 의도를 가질 수 있겠는가? 목수여, 반듯이 누워서 꼼지락거리는 어린 아기에게는 ‘생계가 있다’라는 생각마저 없을 것이오. 그런데 모유(母乳) 이외에 어떻게 사악한 생계로 생활할 수 있겠는가?

목수여, 나는 그런 네 가지 법을 구족한 사람은 선을 성취한 것도 아니고, 가장 선한 것도 아니고, 최상의 공덕을 성취한 무적의 사문도 아니라고 언명한다오. 이런 사람은 단지 반듯이 누워서 꼼지락거리는 어린 아기에 지나지 않는다오.

목수여, 나는 열 가지 법을 구족한 사람을 선을 성취하여 가장 선하고, 최상의 공덕을 성취한 무적의 사문이라고 가르친다오. 열 가지는 어떤 것인가?

목수여, 나는 ‘이것들은 좋지 못한 습관[akusalasīlā]’이라는 것을 알아야 한다고 이야기한다오. 목수여, 나는 ‘이것으로부터 좋지 못한 습관이 생긴다’라는 것을 알아야 한다고 이야기한다오. 목수여, 나는 ‘여기에서 좋지 못한 습관이 남김없이 소멸한다’라는 것을 알아야 한다고 이야기한다오. 목수여, ‘이와 같은 행도(行道)가 좋지 못한 습관이 소멸하는 행도다’라는 것을 알아야 한다고 나는 이야기한다오.

목수여, 나는 ‘이것들은 좋은 습관’이라는 것을 알아야 한다고 이야기한다오. 목수여, 나는 ‘이것으로부터 좋은 습관이 생긴다’라는 것을 알아야 한다고 이야기한다오. 목수여, 나는 ‘여기에서 좋은 습관이 남김없이 소멸한다’라는 것을 알아야 한다고 이야기한다오. 목수여, 나는 ‘이와 같은 행도가 좋은 습관이 소멸하는 행도다’라는 것을 알아야 한다고 이야기한다오.

목수여, 나는 '이것들은 불선한 의도'[352]라는 것을 알아야 한다고 이야기한다오. 목수여, 나는 '이것으로부터 불선한 의도가 생긴다'라는 것을 알아야 한다고 이야기한다오. 목수여, 나는 '여기에서 불선한 의도가 남김없이 소멸한다'라는 것을 알아야 한다고 이야기한다오. 목수여, 나는 '이와 같은 행도가 불선한 의도들이 소멸하는 행도다'라는 것을 알아야 한다고 이야기한다오.

목수여, 나는 '이것들은 선한 의도'라는 것을 알아야 한다고 이야기한다오. 목수여, 나는 '이것으로부터 선한 의도가 생긴다'라는 것을 알아야 한다고 이야기한다오. 목수여, 나는 '여기에서 선한 의도가 남김없이 소멸한다'라는 것을 알아야 한다고 이야기한다오. 목수여, 나는 '이와 같은 행도가 선한 의도들이 소멸하는 행도다'라는 것을 알아야 한다고 이야기한다오.

목수여, 그러면 어떤 것들이 좋지 못한 습관인가? 불선한 신업(身業)·불선한 구업(口業)·사악한 생계(生計), 목수여, 이것들이 좋지 못한 습관이라고 불린다오.

목수여, 그러면 이 좋지 못한 습관들은 무엇에서 생긴 것인가? 그것들은 '마음에서 생긴 것'이라오. 그것은 어떤 마음인가? 마음은 다양하고 많은 종류가 있는데, 탐욕이 있고, 분노가 있고, 어리석음이 있는 마음, 좋지 못한 습관들은 이것으로부터 생긴다오.

목수여, 그러면 이 좋지 못한 습관들은 어디에서 남김없이 소멸하는가? 목수여, 비구는 몸으로 악행(惡行)을 버리고 몸으로 선행(善行)을 닦아 익히며, 언어로 악행을 버리고 언어로 선행을 닦아 익히며, 마음으로 악행을 버리고 마음으로 선행을 닦아 익히며, 삿된 생계를 버리고 바른 생계로 삶을 영위한다오. 여기에서 좋지 못한 습관들이 남김없이 소멸한다오.

목수여, 그러면 어떤 행도가 좋지 못한 습관들이 소멸하는 행도인가? 목수여, 비구는 아직 생기지 않은 사악하고 불선한 법들은 생기지 않도록 의욕을 일으켜 노력하고 정진하고 주의를 기울이고 힘쓰며, 이미 생긴 사악하고 불선한 법들은 버리도록 의욕을 일으켜 노력하고 정진하고 주의를 기울이고 힘쓰며, 아직 생기지 않은 선한 법들은 생기도록 의욕을 일으켜 노력하고 정진하고 주의를 기울이고 힘쓰며, 이미 생긴 선한 법들은 머물고 안정되고 증가하고 발전하고 닦아 익히고 완성되도록 의욕을 일으켜 노력하고 정진하고 주의를 기울이고 힘쓴다오. 목수여, 이와 같은 행도가 좋지 못한 습관들이 소멸하는 행도라오.

목수여, 그러면 어떤 것들이 좋은 습관인가? 선한 신업·선한 구업·청정한 생계, 목수여, 나는 이것들을 좋은 습관이라고 한다오. 목수여, 이것들이 좋은 습관이라고 불린다오.

목수여, 그러면 이 좋은 습관들은 무엇에서 생긴 것들인가? 이것들은 '마음에서 생긴 것'이라오. 어떤 마음인가? 마음은 다양하고 많은 종류가 있는데, 탐욕이 없고, 분노가 없고, 어리석음이 없는 마음, 좋은 습관들은 이것으로부터 생긴다오.

목수여, 그러면 이 좋은 습관들은 어디

352 'akusalasaṁkappā'의 번역.

에서 남김없이 소멸하는가? 목수여, 계행(戒行)을 갖춘, 그리고 참으로 계행으로 이루어진 비구는 심해탈(心解脫)과 혜해탈(慧解脫)을 있는 그대로 통찰한다오.[353] 이렇게 될 때 그의 좋은 습관들이 남김없이 소멸한다오.

목수여, 그러면 어떤 행도가 좋은 습관들이 소멸하는 행도인가? 목수여, 비구는 아직 생기지 않은 사악하고 불선한 법들은 생기지 않도록 의욕을 일으켜 노력하고 정진하고 주의를 기울이고 힘쓰며, 이미 생긴 사악하고 불선한 법들은 버리도록 의욕을 일으켜 노력하고 정진하고 주의를 기울이고 힘쓰며, 아직 생기지 않은 선한 법들은 생기도록 의욕을 일으켜 노력하고 정진하고 주의를 기울이고 힘쓰며, 이미 생긴 선한 법들은 머물고 안정되고 증가하고 발전하고 닦아 익히고 완성되도록 의욕을 일으켜 노력하고 정진하고 주의를 기울이고 힘쓴다오. 목수여, 이와 같은 행도가 좋은 습관들이 소멸하는 행도라오.

목수여, 그러면 어떤 것들이 불선한 의도인가? 감각적 욕망에 대한 의도, 악의 있는 의도, 해치려는 의도, 목수여, 이것들이 불선한 의도라오.

목수여, 그러면 이 불선한 의도들은 무엇에서 생기는가? 이들은 생각[想]에서 생긴다오. 그것은 어떤 생각인가? 생각은 다양하고 많은 종류가 있는데, 감각적 욕망에 대한 생각, 악한 생각, 해치려는 생각, 이들로부터 불선한 의도들이 생긴다오. 목수여, 그러면 이 불선한 의도들은 어디에서 남김없이 소멸하는가? 목수여, 비구는 감각적 욕망을 멀리하고 초선(初禪)을 성취하여 살아간다오. 여기에서 이 불선한 의도들이 남김없이 소멸한다오.

목수여, 그러면 어떤 행도가 불선한 의도들이 소멸하는 행도인가? 목수여, 비구는 아직 생기지 않은 사악하고 불선한 법들은 생기지 않도록 의욕을 일으켜 노력하고 정진하고 주의를 기울이고 힘쓰며, 이미 생긴 사악하고 불선한 법들은 버리도록 의욕을 일으켜 노력하고 정진하고 주의를 기울이고 힘쓰며, 아직 생기지 않은 선한 법들은 생기도록 의욕을 일으켜 노력하고 정진하고 주의를 기울이고 힘쓰며, 이미 생긴 선한 법들은 머물고 안정되고 증가하고 발전하고 닦아 익히고 완성되도록 의욕을 일으켜 노력하고 정진하고 주의를 기울이고 힘쓴다오. 목수여, 이와 같은 행도가 불선한 의도들이 소멸하는 행도라오.

목수여, 그러면 어떤 것들이 선한 의도들인가? 세속적인 욕망에서 벗어나려는 의도, 악의 없는 의도, 해치지 않으려는 의도, 나는 이것들을 선한 의도들이라고 말한다오. 이것들이 선한 의도들이라고 불린다오.

목수여, 그러면 이 선한 의도들은 무엇에서 생기는가? 이들은 생각에서 생긴다오. 그것은 어떤 생각인가? 생각은 다양하고 많은 종류가 있는데, 세속적인 욕망에서 벗어나려는 생각, 악의 없는 생각, 해치지 않는 생각, 이들로부터 선한 의도들이 생긴다오.

목수여, 그러면 이 선한 의도들은 어디

---

353 'Idha, thapati, bikkhu sīlavā hoti, no ca sīlamayo, tañ ca ceto vimuttiṁ paññāvimuttiṁ yathābhūtaṁ pajānāti'의 번역.

에서 남김없이 소멸하는가? 목수여, 비구는 사유와 숙고를 억제하여 제2선(第二禪)을 성취하여 살아간다오. 여기에서 선한 의도들이 남김없이 소멸한다오.[354]

목수여, 그러면 어떤 행도가 선한 의도들이 소멸하는 행도인가? 목수여, 비구는 아직 생기지 않은 사악하고 불선한 법들은 생기지 않도록 의욕을 일으켜 노력하고 정진하고 주의를 기울이고 힘쓰며, 이미 생긴 사악하고 불선한 법들은 버리도록 의욕을 일으켜 노력하고 정진하고 주의를 기울이고 힘쓰며, 아직 생기지 않은 선한 법들은 생기도록 의욕을 일으켜 노력하고 정진하고 주의를 기울이고 힘쓰며, 이미 생긴 선한 법들은 머물고 안정되고 증가하고 발전하고 닦아 익히고 완성되도록 의욕을 일으켜 노력하고 정진하고 주의를 기울이고 힘쓴다오. 목수여, 이와 같은 행도가 선한 의도들이 소멸하는 행도라오.

목수여, 그렇다면 나는 어떤 열 가지 법을 구족한 사람을 선을 성취하여 가장 선하고, 최상의 공덕을 성취한 무적의 사문이라고 가르치는가? 목수여, 비구는 더 공부할 것이 없는[無學] 정견(正見), 정사유(正思惟), 정어(正語), 정업(正業), 정명(正命), 정정진(正精進), 정념(正念), 정정(正定), 정지(正知, sammāñāṇa), 정해탈(正解脫, sammāvimutti)을 성취한다오. 목수여, 나는 이 열 가지 법을 구족한 사람을 선을 성취하여 가장 선하고, 최상의 공덕을 성취한 무적의 사문이라고 가르친다오."

이것이 세존께서 하신 말씀입니다.

목수 빤짜깡가는 세존의 설법에 만족하고 기뻐했습니다.

354 의도(意圖)는 생각에서 생기는데, 생각은 사유와 숙고에 의해서 생긴다. 제2선(第二禪)에서는 사유와 숙고를 억제하기 때문에 생각이 사라지며, 생각이 없기 때문에 의도가 생기지 않는다.

42. 웨카나싸경[355]

〈M.N. 80. Vekhanassa-sutta〉

이와 같이 나는 들었습니다.

한때 세존께서는 사왓티의 제따와나 아나타삔디까 승원에 머무셨습니다.

그때 행각수행자 웨카나싸(Vekhanassa)가 세존을 찾아왔습니다. 그는 세존과 함께 정중하게 인사를 하고 공손한 인사말을 나눈 후에 한쪽에 앉았습니다.

행각수행자 웨카나싸는 세존의 면전에서 우다나(udāna)를 읊었습니다.

이것이 최상의 모습[vaṇṇa]이라네.
이것이 최상의 모습이라네.

"깟짜나(Kaccāna)여, 그대는 무엇을 가지고 '이것이 최상의 모습이라네. 이것이 최상의 모습이라네'라고 이야기하는가? 그 최상의 모습은 어떤 것인가?"

"고따마 존자여, 그보다 더 훌륭하거나 더 뛰어난 다른 모습은 없으므로 그것이 최상의 모습입니다."

"깟짜나여, 그보다 더 훌륭하거나 더 뛰어난 다른 모습은 없다고 그대가 이야기하는 그것은 어떤 것인가?"

"고따마 존자여, 그보다 더 훌륭한 모습이나 더 뛰어난 다른 모습은 없으므로 그것이 최상의 모습입니다."

"깟짜나여, 그대가 이런 식으로 설명하면 길어진다오. 그대는 '고따마 존자여, 그보다 더 훌륭한 모습이나 더 뛰어난 다른 모습은 없으므로 그것이 최상의 모습입니다'라고 말하지만, 그대는 그 모습을 설명하지 않았다오. 깟짜나여, 비유하면 어떤 사람이 '나는 이 나라에서 최고의 미녀를 원하고 그녀를 사랑한다'라고 말했다오. 그러자 사람들이 그에게 '여보게, 그대가 원하고 사랑하는 이 나라 최고의 미녀를 그대는 아는가? 그녀는 크샤트리아인가, 바라문인가, 바이샤인가, 수드라인가?'라고 물었다오. 이렇게 묻자, 그는 '모른다'라고 대답했다오. 그러자 그에게 '여보게, 그대가 원하고 사랑하는 이 나라 최고의 미녀는 이름은 무엇이고 성은 무엇인지, 키는 큰지 작은지 중간인지, 피부는 검은지 노란지 금빛인지, 어떤 마을에 사는지, 작은 마을인지 큰 도시인지 아는가?'라고 물었다오. 이렇게 묻자, 그는 '모른다'라고 대답했다오. 그러자 사람들이 그에게 '여보게, 그대는 알지도 못하고 보지도 못한 사람을 원하고 사랑한단 말인가?'라고 물었다오. 이렇게 묻자, 그는 '그렇다'라고 대답했다오. 깟짜나여, 그대는 어떻게 생각하는가? 이와 같다면, 그 사람의 말은 이해할 수 없는 말이 아닌가?"

"고따마 존자여, 이와 같다면 그 사람의 말은 참으로 이해할 수 없는 말입니다."

"깟짜나여, 그대도 마찬가지라오. '고따마 존자여, 그보다 더 훌륭한 모습이나 더 뛰

355 『중아함경(中阿含經)』의 「209. 비마나수경(鞞摩那修經)」에 상응하는 경.

어난 다른 모습은 없으므로 그것이 최상의 모습입니다'라고 말하지만, 그대는 그 모습을 설명하지 않았다오."

"고따마 존자여, 비유하면 아름답고 귀한, 팔각형으로 잘 다듬어진 투명하고 순수하고 청정한 모든 특징을 구족한 마니보주(摩尼寶珠)가 밝고 찬란하게 빛나듯이, 사후에는 이런 모습의 자아(自我)가 있습니다."

"깟짜나여, 그대는 어떻게 생각하는가? 밝고 찬란하게 빛나는 아름답고 귀한, 팔각형으로 잘 다듬어진 투명하고 순수하고 청정한 모든 특징을 구족한 마니보주와 칠흑 같은 어두운 밤의 반딧불이 벌레, 이 둘의 모습 가운데 어떤 모습이 더 훌륭하고 더 뛰어나게 빛나는가?"

"고따마 존자여, 이 둘의 모습 가운데 칠흑 같은 어두운 밤의 반딧불이 벌레가 더 훌륭하고 더 뛰어나게 빛납니다."

"깟짜나여, 그대는 어떻게 생각하는가? 칠흑 같은 어두운 밤의 반딧불이 벌레와 칠흑 같은 어두운 밤의 등잔불, 이 둘의 모습 가운데 어떤 모습이 더 훌륭하고 더 뛰어나게 빛나는가?"

"고따마 존자여, 이 둘의 모습 가운데 칠흑 같은 어두운 밤의 등잔불이 더 훌륭하고 더 뛰어나게 빛납니다."

"깟짜나여, 그대는 어떻게 생각하는가? 칠흑 같은 어두운 밤의 등잔불과 칠흑 같은 어두운 밤의 큰 모닥불, 이 둘의 모습 가운데 어떤 모습이 더 훌륭하고 더 뛰어나게 빛나는가?"

"고따마 존자여, 이 둘의 모습 가운데 칠흑 같은 어두운 밤의 큰 모닥불이 더 훌륭하고 더 뛰어나게 빛납니다."

"깟짜나여, 그대는 어떻게 생각하는가? 칠흑 같은 어두운 밤의 큰 불덩어리와 어두운 새벽에, 구름 걷힌 청명한 하늘에 뜬 샛별, 이 둘의 모습 가운데 어떤 모습이 더 훌륭하고 더 뛰어나게 빛나는가?"

"고따마 존자여, 이 둘의 모습 가운데 어두운 새벽에, 구름 걷힌 청명한 하늘에 뜬 샛별이 더 훌륭하고 더 뛰어나게 빛납니다."

"깟짜나여, 그대는 어떻게 생각하는가? 어두운 새벽에, 구름 걷힌 청명한 하늘에 뜬 샛별과 어느 포살(布薩)의 날, 보름날 한밤중에, 구름 걷힌 청명한 하늘에 뜬 밝은 달, 이 둘의 모습 가운데 어떤 모습이 더 훌륭하고 더 뛰어나게 빛나는가?"

"고따마 존자여, 이 둘의 모습 가운데 어느 포살의 날, 보름날 한밤중에, 구름 걷힌 청명한 하늘에 뜬 밝은 달이 더 훌륭하고 더 뛰어나게 빛납니다."

"깟짜나여, 그대는 어떻게 생각하는가? 어느 포살의 날, 보름날 한밤중에, 구름 걷힌 청명한 하늘에 뜬 밝은 달과 우기(雨期)의 마지막 달 가을에, 구름 걷힌 청명한 하늘에 뜬 정오의 밝은 태양, 이 둘의 모습 가운데 어떤 모습이 더 훌륭하고 더 뛰어나게 빛나는가?"

"고따마 존자여, 이 둘의 모습 가운데 우기의 마지막 달 가을에, 구름 걷힌 청명한 하늘에 뜬 정오의 밝은 태양이 더 훌륭하고 더 뛰어나게 빛납니다."

"깟짜나여, 달과 태양의 광명이 미치지 못하는 훨씬 더 큰 광명을 지닌 많은 신을 나는 알고 있다오. 그렇지만 나는 '그보다 더 훌륭하거나 더 뛰어난 다른 모습은 없다'라고 말하지 않는다오. 깟짜나여, 그런데 그대는 반딧불이 벌레만도 못한 모습을 가지고 더 훌륭하고 더 뛰어난 모습이라고 말하면서도, 그 모습을 설명하지 못하고 있다오.

깟짜나여, 다섯 가지 감각적 욕망의 대상[kāmaguṇā]이 있다오. 다섯 가지는 어떤 것인가? 눈으로 지각하는 마음에 들고 즐겁고 매력이 있고 욕망에 따르는 유혹적인 형색[色], 귀·코·혀·몸으로 지각하는 마음에 들고 즐겁고 매력이 있고 욕망에 따르는 유혹적인 소리[聲]·향기[香·맛[味]·촉감[觸], 깟짜나여, 이들이 다섯 가지 감각적 욕망의 대상이라오. 깟짜나여, 이 다섯 가지 감각적 욕망의 대상에 의지하여 즐거운 만족감이 생기는데, 이것을 감각적 쾌락[欲樂, kāmasukha]이라고 부른다오. 이와 같이 감각적 욕망의 대상에 의해 감각적 쾌락이 있으며, 감각적 쾌락 가운데서 최상의 감각적 쾌락을 최상이라고 한다오."

이 말씀을 듣고, 행각수행자 웨카나싸가 세존께 말씀드렸습니다.

"놀랍습니다, 고따마 존자여! 희유합니다, 고따마 존자여! 고따마 존자께서는 '감각적 욕망의 대상에 의해 감각적 쾌락이 있으며, 감각적 쾌락 가운데서 최상의 감각적 쾌락을 최상이라고 한다'라고 잘 말씀해 주셨습니다."

"깟짜나여, 견해가 다르고, 신념이 다르고, 경향이 다르고, 선정법(禪定法)이 다르고, 수행법이 다른 그대는 감각적 욕망의 대상이나 감각적 쾌락이나 최상의 감각적 쾌락을 알기 어렵다오."

이 말씀을 듣고, 불쾌해진 행각수행자 웨카나싸는 "고따마 사문은 망신을 당할 것입니다"라고 세존을 비난하고 욕하면서 말했습니다.

"무지한 사문이나 바라문들이 과거에 대하여 알지 못하고 보지 못하고, 미래에 대해서도 알지 못하고 보지 못하면서, 자칭 '태어남은 끝났고, 청정한 수행[梵行]을 마쳤으며, 해야 할 일을 끝마쳤고, 다시는 이런 상태로 되지 않는다'라고 말했지만, 그들의 말은 실로 웃음거리가 되었고, 무의미한 말이 되었고, 공허한 말이 되었고, 빈말이 되었습니다. 당신도 이와 같습니다."

"깟짜나여, 과거를 알지 못하고 보지 못하고, 미래 또한 알지 못하고 보지 못하면서, 자칭 '태어남은 끝났고, 청정한 수행을 마쳤으며, 해야 할 일을 끝마쳤고, 다시는 이런 상태로 되지 않는다'라고 말한 그 무지한 사문이나 바라문들은 비난을 받아 마땅하다오. 깟짜나여, 그러니 과거는 내버려두고 거론하지 맙시다. 미래는 내버려두고 거론하지 맙시다. 정직하고 솔직하고 천성이 곧은 현명한 사람은 오시오! 내가 가르치고 내가 설하는 가르침을 배운 그대로 실천하면 머지않아 스스로 알고 스스로 보게 되며, 이렇게 하면 결박으로부터, 즉 무명(無明)의 결박으로부터 바르게 해탈한다오. 깟짜나여, 비유하면 반듯이 누워서 꼼지락거리는 어린 아기가 목에 다섯 겹의 밧줄로 결박되었다가, 성장하여 여러 능력이 성숙한 후에 그 결박을 풀어 버리는 것과 같다오. 그러면 그는 '나는 벗어났다'라고 결박이 없음을 알 것이오. 깟짜나여, 실로 이와 같나니, 정직하고 솔직하고 천성이 곧은 현명한 사람은 오시오! 내가 가르치고 내가 설하는 가르침을 배운 그대로 실천하면, 머지않아 스스로 알고 스스로 보게 되며, 이렇게 하면 결박으로부터, 즉 무명의 결박으로부터 바르게 해탈한다오."

이 말씀을 듣고, 행각수행자 웨카나싸는 세존께 말씀드렸습니다.

"훌륭합니다, 고따마 존자여! 훌륭합니다, 고따마 존자여! 마치 뒤집힌 것을 바로 세우는 것 같고, 감추어진 것을 드러내는 것 같고, 길 잃은 자에게 길을 알려 주는 것 같고, '눈 있는 자들은 보라'라고 어둠 속에 등불을 비춰 주는 것 같습니다. 이와 같이 고따마 존자께서는 여러 가지 방법으로 진리를 알려 주셨습니다. 이제 저는 고따마 존자님께 귀의합니다. 가르침과 비구상가에 귀의합니다. 고따마 존자님께서는 저를 청신사로 받아 주소서. 오늘부터 살아 있는 날까지 귀의하겠습니다."

43. 랏타빨라경[356]
〈M.N. 82. Raṭṭhapāla-sutta〉

이와 같이 나는 들었습니다.

한때 세존께서는 꾸루에서 큰 비구상가와 함께 유행(遊行)하시다가 꾸루족의 마을 툴라꿋티따(Thullakoṭṭhita)에 도착하셨습니다.

툴라꿋티따의 바라문과 거사들은 '사끼야족의 후예로서 사끼야족에서 출가한 사문 고따마께서 큰 비구상가와 함께 꾸루에서 유행하시다가 툴라꿋티따에 도착하셨다. 고따마 세존은 열 가지 이름[十號]으로 불리는 명성이 자자하신 분이다. 그분은 천계·마라·범천을 포함한 이 세간을, 사문과 바라문과 왕과 백성을 포함한 인간계를 체험적 지혜로 몸소 체득하여 알려 준다. 그분은 처음도 좋고 중간도 좋고 마지막도 좋은, 의미 있고 명쾌하고 완벽한 진리[法]를 가르치며, 청정한 수행[梵行]을 알려 준다. 그러므로 마땅히 그런 성자를 만나 보아야 한다'라는 말을 들었습니다.

툴라꿋티따의 바라문과 거사들은 세존을 찾아왔습니다. 그들은 세존을 찾아와서 어떤 이들은 세존께 예배한 후에 한쪽에 앉고, 어떤 이들은 세존과 정중하게 인사를 하고 공손한 인사말을 나눈 후에 한쪽에 앉고, 어떤 이들은 세존께 합장한 후에 한쪽에 앉고, 어떤 이들은 면전에서 세존께 성명(姓名)을 밝힌 후에 한쪽에 앉고, 어떤 이들은 말없이 조용히 한쪽에 앉았습니다. 한쪽에 앉은 툴라꿋티따의 바라문과 거사들을 세존께서는 법(法)에 대한 말씀으로 가르치고 격려하고 장려하고 기쁘게 하셨습니다.

그때 툴라꿋티따에서 명성 높은 가문의 아들인 랏타빨라(Raṭṭhapāla)라는 훌륭한 청년이 그 대중 가운데 앉아 있었습니다. 훌륭한 청년 랏타빨라는 다음과 같이 생각했습니다.

'내가 세존께서 가르쳐 주신 법문을 이해한 바로는, 속가에 살면서 이 청정하고 빛나는 청정한 범행(梵行)을 전념하여 실천하기 어렵다. 그러니 나는 머리와 수염을 깎고, 가사(袈裟)와 법복(法服)을 입고, 집을 떠나 출가해야겠다.'

세존께서 설하신 법문에 의해 가르침을 받고 격려를 받고 장려를 받고 기쁨을 얻은 툴라꿋티따의 바라문과 거사들은 세존의 말씀에 기뻐하고 만족하여 자리에서 일어나 세존께 예배한 후에 오른쪽으로 돌고 떠나갔습니다. 훌륭한 청년 랏타빨라는 툴라꿋티따의 바라문과 거사들이 떠나간 지 오래지 않아 세존을 찾아왔습니다. 그는 세존을 찾아와서 예배한 후에 한쪽에 앉았습니다.

훌륭한 청년 랏타빨라가 세존께 말씀드렸습니다.

"세존이시여, 제가 세존께서 가르쳐 주신 법문을 이해한 바로는, 속가에 살면서 이 청정하고 빛나는 청정한 범행을 전념하여 실

---

356 『중아함경(中阿含經)』의 「221. 뇌타화라경(賴吒和羅經)」에 상응하는 경.

천하기 어렵습니다. 그러니 저는 머리와 수염을 깎고, 가사와 법복을 입고, 집을 떠나 출가하기를 원합니다. 세존이시여, 저는 세존 앞으로 출가하고 싶습니다. 저는 구족계를 받고 싶습니다."

"랏타빨라여, 그대는 부모로부터 집을 떠나 출가하는 것을 허락받았는가?"

"세존이시여, 저는 부모로부터 집을 떠나 출가하는 것을 허락받지 않았습니다."

"랏타빨라여, 부모의 허락 없이는 여래에게 출가할 수 없다."

"세존이시여, 그렇다면 제가 부모님께서 저에게 집을 떠나 출가하는 것을 허락하도록 하겠습니다."

훌륭한 청년 랏타빨라는 자리에서 일어나 세존께 예배한 후에 오른쪽으로 돌고 나서 부모를 찾아갔습니다. 그는 부모에게 말했습니다.

"어머님, 아버님! 제가 세존께서 가르쳐 주신 법문을 이해한 바로는, 속가에 살면서 이 청정하고 빛나는 범행을 전념하여 실천하기 어렵습니다. 그러니 저는 머리와 수염을 깎고, 가사와 법복을 입고, 집을 떠나 출가하기를 원합니다. 저에게 집을 떠나 출가하도록 허락해 주십시오!"

이 말을 듣고, 랏타빨라의 부모가 훌륭한 청년 랏타빨라에게 말했습니다.

"사랑하는 랏타빨라야! 너는 우리의 사랑스럽고 귀여운 외아들로서 유복하게 살았고 행복하게 자랐다. 사랑하는 랏타빨라야! 너는 괴로움에 대하여 아무것도 모른다. 사랑하는 랏타빨라야! 너는 이리 와서 먹고 마시고 즐겨라! 먹고 마시고 즐기면서 쾌락을 누리고, 공덕을 지으면서 즐겨라! 우리는 너에게 집을 떠나 출가하는 것을 허락할 수 없다. 네가 죽는다면야 우리가 어쩔 수 없이 이별하게 되겠지만, 어떻게 우리가 살아 있는 너에게 집을 떠나 출가하는 것을 허락할 수 있겠느냐?"

두 번 세 번 거듭하여 훌륭한 청년 랏타빨라는 부모에게 출가를 간청했지만, 부모는 허락하지 않았습니다. 훌륭한 청년 랏타빨라는 부모에게 출가를 허락받지 못하자 모두가 보는 땅 위에 누워서 말했습니다.

"이제 나에게는 출가가 아니면 죽음만이 있을 것입니다."

훌륭한 청년 랏타빨라의 부모가 그에게 말했습니다.

"사랑하는 랏타빨라야! 너는 우리의 사랑스럽고 귀여운 외아들로서 유복하게 살았고 행복하게 자랐다. 사랑하는 랏타빨라야! 너는 괴로움에 대하여 아무것도 알지 못한다. 사랑하는 랏타빨라야! 너는 일어나서 먹고 마시고 즐겨라! 먹고 마시고 즐기면서 쾌락을 누리고, 공덕을 지으면서 즐겨라! 우리는 너에게 집을 떠나 출가하는 것을 허락할 수 없다. 네가 죽는다면야 우리가 어쩔 수 없이 이별하게 되겠지만, 어떻게 우리가 살아 있는 너에게 집을 떠나 출가하는 것을 허락할 수 있겠느냐?"

이렇게 이야기했지만, 훌륭한 청년 랏타빨라는 침묵했습니다.

그의 부모는 두 번 세 번 거듭하여 출가를 허락할 수 없다고 간곡하게 설득했지만, 그는 그때마다 침묵했습니다.

훌륭한 청년 랏타빨라의 부모는 랏타빨라의 친구들을 찾아가서 말했습니다.

"여보게, 랏타빨라가 모두가 보는 땅 위

에 누워서 '이제 나에게는 출가가 아니면 죽음만이 있을 것이다'라고 하고 있다네. 여보게, 이리 와서 랏타빨라를 찾아가 랏타빨라에게 '사랑하는 벗 랏타빨라여! 그대는 부모님의 사랑스럽고 귀여운 외아들로서 유복하게 살았고 행복하게 자랐네. 사랑하는 벗 랏타빨라여! 그대는 괴로움에 대하여 아무것도 모른다네. 사랑하는 벗 랏타빨라여! 그대는 일어나서 먹고 마시고 즐기게! 먹고 마시고 즐기면서 쾌락을 누리고, 공덕을 지으면서 즐기게! 부모님은 그대에게 집을 떠나 출가하는 것을 허락하지 않네. 그대가 죽는다면야 부모님이 어쩔 수 없이 이별하게 되겠지만, 어떻게 부모님이 살아 있는 그대에게 집을 떠나 출가하는 것을 허락하겠는가?'라고 말해 주게!"

훌륭한 청년 랏타빨라의 친구들은 랏타빨라의 부모의 말을 듣고 랏타빨라를 찾아가서 설득했습니다. 그러나 훌륭한 청년 랏타빨라는 침묵했습니다. 그의 친구들은 두 번 세 번 거듭하여 설득했지만, 그는 그때마다 침묵했습니다.

훌륭한 청년 랏타빨라의 친구들은 랏타빨라의 부모를 찾아가서 말했습니다.

"부모님, 랏타빨라는 그곳에서 모두가 보는 땅 위에 누워서 '이제 나에게는 출가가 아니면 죽음만이 있을 것이다'라고 하고 있습니다. 만약에 두 분께서 랏타빨라에게 집을 떠나 출가하는 것을 허락하지 않으시면, 그곳에서 그는 죽음을 맞이하게 될 것입니다. 그렇지만 두 분께서 랏타빨라에게 집을 떠나 출가하는 것을 허락하신다면, 두 분께서는 출가한 그를 보실 수 있을 것입니다. 랏타빨라가 집을 떠나 출가하는 삶을 누리지 못한다면 그에게 어떤 다른 할 일이 있겠습니까? 그는 분명히 이곳으로 돌아올 것입니다. 두 분께서는 랏타빨라에게 집을 떠나 출가하는 것을 허락하십시오!"

"여보게, 우리는 랏타빨라에게 집을 떠나 출가하는 것을 허락하겠네. 하지만 출가한 후에 부모가 볼 수 있어야 하네."

훌륭한 청년 랏타빨라의 친구들은 랏타빨라에게 가서 말했습니다.

"부모님께서 그대에게 집을 떠나 출가하는 것을 허락하셨네. 하지만 출가한 후에 부모님께서 그대를 볼 수 있어야 한다네."

훌륭한 청년 랏타빨라는 힘을 얻어 일어나서 세존을 찾아갔습니다. 그는 세존께 예배하고 한쪽에 앉았습니다.

훌륭한 청년 랏타빨라가 세존께 말씀드렸습니다.

"세존이시여, 저는 부모님으로부터 집을 떠나 출가하는 것을 허락받았습니다. 세존께서는 저를 출가시켜 주십시오!"

훌륭한 청년 랏타빨라는 세존 앞으로 출가하여 구족계를 받았습니다. 세존께서는 새로 구족계를 받은 랏타빨라 존자가 구족계를 받는 보름 동안 충분히 툴라꼿티따에 머무신 후에 사왓티로 여행을 떠나 차례로 유행하시다가 사왓티에 도착하셨습니다. 세존께서는 그곳 사왓티에서 곧바로 제따와나 아나타삔디까 승원에 머무셨습니다.

랏타빨라 존자는 홀로 외딴곳에서 열심히 노력하고 정진하며 지냈습니다. 그리고 머지않아 선남자(善男子)들이 출가하는 목적인 위없는 청정한 수행[梵行]의 완성을 지금 여기에서 스스로 체험하고 성취하여 살아갔습니다. 그는 '태어남은 끝났고, 청정한 수행을 마쳤으며, 해야 할 일을 끝마쳤다. 다시는 이런 상태로 되지 않는다'라는 것을 체득했습니다. 랏타빨라 존자는 아라한 가운데 한 분이 되었습니다.

랏타빨라 존자는 세존을 찾아가 예배하고 한쪽에 앉은 후에 세존께 말씀드렸습니다.

"세존이시여, 세존께서 허락하신다면, 저는 부모님을 뵙고 싶습니다."

세존께서는 마음으로 랏타빨라 존자가 의도하는 바를 살펴보셨습니다. 세존께서는 랏타빨라 존자가 공부를 포기하고 환속(還俗)할 수 없다는 것을 아셨습니다.

세존께서 랏타빨라 존자에게 말씀하셨습니다.

"랏타빨라여, 이제 그렇게 하여라!"

랏타빨라 존자는 자리에서 일어나 세존께 예배하고 오른쪽으로 돌고 나서, 방사(房舍)를 정리한 후에 발우와 법의(法衣)를 지니고 툴라꿋티따로 여행을 떠나 차례로 유행하다가 툴라꿋티따에 도착했습니다. 랏타빨라 존자는 그곳 툴라꿋티따에서 꼬라비야(Koravya)왕의 사냥터에 머물렀습니다.

랏타빨라 존자는 오전에 옷을 입고, 발우와 법의를 지니고 탁발하러 툴라꿋티따에 들어갔습니다. 그는 툴라꿋티따에서 차례로 탁발하면서 자신의 친가를 찾아갔습니다. 랏타빨라 존자의 아버지는 랏타빨라 존자가 저만치에서 오는 것을 보고 말했습니다.

"이 머리 깎은 사문들 때문에 우리의 사랑스럽고 귀여운 외아들이 출가했다."

랏타빨라 존자는 자신의 친가에서 보시를 받지 못했으며, (탁발을) 포기하지 않았다가 비난만 받았습니다. 그때 랏타빨라 존자 친가의 하녀가 지난 저녁의 상한 유미(乳糜)죽을 버리려고 했습니다.

랏타빨라 존자가 그 하녀에게 말했습니다.

"누이여, 만약에 그것을 버리려고 한다면, 나의 발우에 부으십시오!"

랏타빨라 존자 친가의 하녀는 상한 유미죽을 랏타빨라 존자의 발우에 부으면서 손과 발과 목소리의 특징을 알아보았습니다.

랏타빨라 존자 친가의 하녀는 랏타빨라 존자의 어머니를 찾아가서 말했습니다.

"주인마님! 아셔야 합니다. 주인님의 아들 랏타빨라가 왔습니다."

"얘야! 네가 한 말이 사실이라면, 너는 이제 하녀가 아니다."

랏타빨라 존자의 어머니는 랏타빨라 존자의 아버지를 찾아가서 말했습니다.

"거사여! 아셔야 합니다. 랏타빨라가 왔답니다."

그때 랏타빨라 존자는 상한 유미죽을 어떤 담장에 기대어 먹고 있었습니다. 그때 랏타빨라 존자의 아버지가 랏타빨라 존자를 찾아와서 말했습니다.

"사랑하는 랏타빨라야, 네가 상한 유미죽을 먹는다는 것이 말이 되느냐? 사랑하는 랏타빨라야, 이제 너의 집으로 가야 하지 않겠느냐?"

"거사여, 집을 떠나 출가한 우리에게 집이 있겠습니까? 거사여, 우리는 집이 없습니다. 거사여, 우리는 당신의 집에 갔습니다. 우리는 그곳에서 보시를 받지 못했으며, 포기하지 않았다가 비난만 받았습니다."

"이리 오너라! 사랑하는 랏타빨라야, 우리 이제 집으로 가자!"

"거사여, 됐습니다. 나는 오늘의 식사를

마쳤습니다."

"사랑하는 랏타빨라야, 그렇다면 내일의 식사를 승낙해다오!"

랏타빨라 존자는 침묵으로 승낙했습니다.

랏타빨라 존자의 아버지는 랏타빨라 존자가 승낙한 것을 알고, 자신의 집으로 가서 많은 황금을 덩어리로 만들어 깔개로 덮어 놓고 랏타빨라 존자의 옛 부인들에게 말했습니다.

"며느리들아, 이리 오너라! 너희들은 이전에 랏타빨라가 사랑하고 매료된 장신구로 장식하도록 하여라!"

랏타빨라 존자의 아버지는 다음 날 자신의 집에 갖가지 훌륭한 음식을 준비한 후에 랏타빨라 존자에게 때가 되었음을 알렸습니다.

"사랑하는 랏타빨라야, 때가 되었다. 식사가 준비되었다."

랏타빨라 존자는 오전에 옷을 입고 발우와 법의를 지니고 자신의 아버지의 집으로 가서 마련된 자리에 앉았습니다. 랏타빨라 존자의 아버지는 황금 덩어리를 열어 보이며 말했습니다.

"사랑하는 랏타빨라야, 이것은 네 어머니의 재산이고, 이것은 아버지의 재산이고, 이것은 할아버지의 재산이다. 사랑하는 랏타빨라야, 너는 즐기면서 공덕을 지을 수 있다. 사랑하는 랏타빨라야, 이리 오너라! 공부를 포기하고 환속하여 즐기면서 공덕을 지어라!"

"거사여, 만약 내가 당신에게 해 줄 말이 있다면, 이 황금 덩어리를 수레에 싣고 나가서 갠지스강 물속에 가라앉히라는 말입니다. 왜냐하면 거사여, 그것 때문에 당신에게 근심과 걱정과 고통과 슬픔과 불안이 생기기 때문입니다."

랏타빨라 존자의 옛 부인들은 두 발을 부여잡고 랏타빨라 존자에게 말했습니다.

"서방님! 도대체 어떤 선녀(仙女)들이 있기에 당신은 그녀들 때문에 청정한 수행을 하는 것입니까?"

"누이여, 우리는 결코 선녀들 때문에 청정한 수행을 하는 것이 아니라오."

그녀들은 "랏타빨라 서방님이 '누이'라는 말로 말을 걸다니!"라고 말하면서, 기가 막혀 그 자리에서 쓰러졌습니다.

그러자 랏타빨라 존자가 아버지에게 말했습니다.

"거사여, 음식을 주시려거든 주시고, 저를 괴롭히지는 마십시오!"

"사랑하는 랏타빨라야, 먹어라! 식사는 준비되었다."

랏타빨라 존자의 아버지는 랏타빨라 존자에게 갖가지 훌륭한 음식을 손수 제공하면서 만족시켰습니다.

랏타빨라 존자는 식사를 마치고 일어나서 다음과 같은 게송을 읊었습니다.

보라! 장신구로 치장한 몸뚱이는
피고름이 쌓인 병드는 것,
많은 정성을 기울이지만
견고하게 머물지 못한다.
보라!
마니보주 귀고리로 치장한 몸은
해골과 가죽으로 엮어 놓은 것이
옷에 의해 아름답게 보일 뿐이다.
붉은 칠을 한 발가락

분 바른 얼굴이
어리석은 자는 속일 수 있어도
피안을 구하는 자는 속일 수 없다.
여덟 가닥으로 땋은 머리채
까맣게 색칠한 두 눈이
어리석은 자는 속일 수 있어도,
피안을 구하는 자는 속일 수 없다.
새로운 그림으로 장식한
고약 상자 같은 썩은 몸뚱이가
어리석은 자는 속일 수 있어도,
피안을 구하는 자는 속일 수 없다.
사냥꾼은 덫을 놓았으나
사슴은 그물 가까이 가지 않았다.
먹이를 먹고 나는 가는데
사냥꾼은 슬피 울고 있구나.

랏타빨라 존자는 선 채로 이 게송을 읊은 후에 꼬라비야왕의 사냥터로 가서 오후의 휴식을 위해 어떤 나무 아래에 앉았습니다. 그때 꼬라비야왕이 사냥꾼에게 분부했습니다.

"사냥꾼이여, 사냥터에 갈 터이니 사냥터를 보기 좋게 청소하여라!"

"그렇게 하겠습니다, 왕이시여!"

사냥꾼은 꼬라비야왕에게 대답한 후에 사냥터를 청소하다가 오후의 휴식을 위해 어떤 나무 아래에 앉아 있는 랏타빨라 존자를 보았습니다. 그는 꼬라비야왕에게 가서 말했습니다.

"왕이시여! 사냥터를 청소했습니다. 그런데 왕께서 이 툴라꽂티따에서 가장 훌륭한 청년이라고 자주 칭찬하시는 훌륭한 청년 랏타빨라가 오후의 휴식을 위해 어떤 나무 아래에 앉아 있습니다."

"사냥꾼이여, 그렇다면 오늘 사냥터 나들이는 그만두자. 우리는 랏타빨라 존자를 뵈러 가야겠다."

꼬라비야왕은 딱딱한 음식과 부드러운 음식을 마련하여 그 모두를 랏타빨라 존자에게 보내라고 명한 후에, 여러 황소를 멍에로 묶은 황소 수레 위에 올라 여러 훌륭한 수레를 거느리고 대왕의 위용을 떨치며 랏타빨라 존자를 보기 위해 툴라꽂티따를 나섰습니다. 꼬라비야왕은 수레가 갈 수 있는 데까지는 수레로 간 다음에 수레에서 내려 위풍당당한 대중을 거느리고 걸어서 랏타빨라 존자에게 갔습니다. 그는 랏타빨라 존자와 정중하게 인사를 하고 공손한 인사말을 나눈 후에 한 쪽에 섰습니다.

꼬라비야왕이 랏타빨라 존자에게 말했습니다.

"랏타빨라 존자여, 여기 코끼리 안장 깔개에 앉으십시오!"

"대왕이시여, 괜찮습니다. 당신이 앉으십시오! 저는 이미 제 자리에 앉았습니다."

꼬라비야왕은 마련된 자리에 앉은 후에 랏타빨라 존자에게 말했습니다.

"랏타빨라 존자여, 네 가지 쇠퇴(衰頹)가 있습니다. 어떤 사람들은 네 가지 쇠퇴를 겪고, 그로 인하여 머리와 수염을 깎고 가사와 법복을 입고 집을 떠나 출가합니다. 그 네 가지는 노년의 쇠퇴, 질병의 쇠퇴, 재산의 쇠퇴, 친지의 쇠퇴입니다.

랏타빨라 존자여, 노년의 쇠퇴로 인한 출가란 이런 것입니다. 나이가 들어 노쇠하고 늙은 만년(晩年)의 어떤 노인이 '나는 이제 나이가 들어 노쇠하고 늙은 만년의 노인이다. 얻지 못한 재산을 얻거나 얻은 재산을 늘리기가 쉽지 않다. 나는 차라리 머리와 수염을 깎고, 가사와 발우를 지니고, 집을 떠나 출가하는 것이 좋겠다'라고 생각합니다. 그는 노년의 쇠퇴를 겪고, 그로 인하여 머리와 수염을 깎고 가사와 법복을 입고 집을 떠나 출가합니다. 랏타빨라 존자여, 이것을 노년의 쇠퇴로 인한 출가라고 합니다. 그런데 랏타빨라 존자는 지금 꽃다운 청춘에 이른 가장 좋은 시절의 젊은 청년입니다. 랏타빨라 존자에게는 노년의 쇠퇴가 없습니다. 랏타빨라 존자는 무엇을 알고 보고 들었기에 집을 버리고 출가한 것입니까?

랏타빨라 존자여, 질병의 쇠퇴로 인한 출가란 이런 것입니다. 랏타빨라 존자여, 병이 들어 괴로운 어떤 환자가 '나는 이제 병이 들어 괴로운 환자다. 얻지 못한 재산을 얻거나 얻은 재산을 늘리기가 쉽지 않다. 나는 차라리 머리와 수염을 깎고, 가사와 발우를 지니고, 집을 떠나 출가하는 것이 좋겠다'라고 생각합니다. 그는 질병의 쇠퇴를 겪고, 그로 인하여 머리와 수염을 깎고 가사와 법복을 입고 집을 떠나 출가합니다. 랏타빨라 존자여, 이것을 질병의 쇠퇴로 인한 출가라고 합니다. 그런데 랏타빨라 존자는 지금 추운 줄도 모르고 더운 줄도 모르고 혈기 왕성하며, 병도 없고 건강합니다. 랏타빨라 존자에게는 질병의 쇠퇴가 없습니다. 랏타빨라 존자는 무엇을 알고 보고 들었기에 집을 버리고 출가한 것입니까?

랏타빨라 존자여, 재산의 쇠퇴로 인한 출가란 이런 것입니다. 랏타빨라 존자여, 재산이 점점 줄어 고갈된 어떤 큰 부자가 '나는 과거에는 재산이 많은 큰 부자였는데 그 재산이 점점 줄어 고갈되었다. 얻지 못한 재산을 얻거나 얻은 재산을 늘리기가 쉽지 않다. 나는 차라리 머리와 수염을 깎고, 가사와 발우를 지니고, 집을 떠나 출가하는 것이 좋겠다'라고 생각합니다. 그는 재산의 쇠퇴를 겪고, 그로 인하여 머리와 수염을 깎고 가사와 법복을 입고 집을 떠나 출가합니다. 랏타빨라 존자여, 이것을 재산의 쇠퇴로 인한 출가라고 합니다. 그런데 랏타빨라 존자는 지금 이 툴라꼿티따에서 가장 훌륭한 집안의 아들입니다. 랏타빨라 존자에게는 재산의 쇠퇴가 없습니다. 랏타빨라 존자는 무엇을 알고 보고 들었기에 집을 버리고 출가한 것입니까?

랏타빨라 존자여, 친지의 쇠퇴로 인한 출가란 이런 것입니다. 랏타빨라 존자여, 친구와 친족이 많은 어떤 사람이 친지가 점점 줄어들자 '나는 과거에는 친구와 친족이 많았는데 친지가 점점 줄어들었다. 얻지 못한 재산을 얻거나 얻은 재산을 늘리기가 쉽지 않다. 나는 차라리 머리와 수염을 깎고, 가사와 발우를 지니고, 집을 떠나 출가하는 것이 좋겠다'라고 생각합니다. 그는 친지의 쇠퇴를 겪고, 그로 인하여 머리와 수염을 깎고 가사와 법복을 입고 집을 떠나 출가합니다. 랏타빨라 존자여, 이것을 친지의 쇠퇴로 인한 출가라고 합니다. 그런데 랏타빨라 존자는 지금 이 툴라꼿티따에 많은 친구와 친족이 있습니다. 랏타빨라 존자에게는 친지의 쇠퇴가 없습니다. 랏타빨라 존자는 무엇을 알고 보고 들었기에 집을 버리고 출가한 것입니까?"

"대왕이시여, 바르고 평등한 깨달음을 성취하신 거룩한 세존께서는 네 가지 진리의 가르침을 간략하게 가르쳤습니다. 나는 그것을 알고 보고 듣고서 집을 버리고 출가했습니다. 그 네 가지는 이런 것입니다.

바르고 평등한 깨달음을 성취하신 거룩한 세존께서는 '세간에 변하지 않는 것은 없다'라고 첫 번째 진리의 가르침을 간략하게 가르쳤습니다. 나는 그것을 알고 보고 듣고서 집을 버리고 출가했습니다.

바르고 평등한 깨달음을 성취하신 거룩한 세존께서는 '세간은 피난처가 없고 보호자가 없다'라고 두 번째 진리의 가르침을 간략하게 가르쳤습니다. 나는 그것을 알고 보고 듣고서 집을 버리고 출가했습니다.

바르고 평등한 깨달음을 성취하신 거룩한 세존께서는 '세간은 자신의 소유가 아니므로 모든 것을 버리고 가야 한다'라고 세 번째 진리의 가르침을 간략하게 가르쳤습니다. 나는 그것을 알고 보고 듣고서 집을 버리고 출가했습니다.

바르고 평등한 깨달음을 성취하신 거룩한 세존께서는 '만족을 모르고 불만에 가득 찬 세간은 갈애[愛]의 노예다'라고 네 번째 진리의 가르침을 간략하게 가르쳤습니다. 나는 그것을 알고 보고 듣고서 집을 버리고 출가했습니다."

"랏타빨라 존자는 '세간에 변하지 않는 것은 없다'라고 말했습니다. 랏타빨라 존자여, 이 말의 의미는 어떻게 이해해야 합니까?"

"대왕이시여, 어떻게 생각하십니까? 당신은 20대 초반에는 코끼리·말·전차·활·칼에 능수능란하고, 팔과 다리에는 힘이 넘쳐서 전쟁터를 누비고 다니지 않았습니까?"

"랏타빨라 존자여, 나는 20대 초반에는 코끼리·말·전차·활·칼에 능수능란하고, 팔과 다리에는 힘이 넘쳐서 전쟁터를 누비고 다녔습니다. 랏타빨라 존자여, 나는 가끔 내가 신통력을 가지고 있는 것은 아닐까 하는 생각을 했습니다. 나처럼 힘이 센 사람을 나는 보지 못했습니다."

"대왕이시여, 어떻게 생각하십니까? 당신은 지금도 팔과 다리에 힘이 넘쳐서 전쟁터를 누비고 다니십니까?"

"그렇지 않습니다, 랏타빨라 존자여! 지금은 여든 살이 된, 나이가 들어 노쇠하고 늙은 만년의 노인입니다. 랏타빨라 존자여, 가끔 나는 헛발을 내딛기도 합니다."

"대왕이시여, 바르고 평등한 깨달음을 성취하신 거룩한 세존께서 '세간에 변하지 않는 것은 없다'라고 하신 말씀은 바로 그런 것입니다."

"놀랍습니다, 랏타빨라 존자여! 희유합니다, 랏타빨라 존자여! 바르고 평등한 깨달음을 성취하신 거룩한 세존께서 '세간에 변하지 않는 것은 없다'라고 하신 말씀은 참으로 지당합니다. 랏타빨라 존자여, 참으로 세간에 변하지 않는 것은 없습니다.

랏타빨라 존자여, 이 왕가(王家)에는 우리를 지켜 줄 코끼리부대[象軍], 기마부대[馬軍], 전차부대[車軍], 보병(步兵)이 있습니다. 그런데 랏타빨라 존자는 '세간은 피난처가 없고 보호자가 없다'라고 말했습니다. 랏타빨라 존자여, 이 말의 의미는 어떻게 이해해야 합니까?"

"대왕이시여, 어떻게 생각하십니까? 당신에게는 어떤 고질병은 없습니까?"

"랏타빨라 존자여, 나에게는 고질병이 있습니다. 랏타빨라 존자여, 가끔 친구들과 친척들이 주위에서 '머지않아 꼬라비야왕은 죽을 것이다. 머지않아 꼬라비야왕은 죽을 것이다'라고 걱정합니다."

"대왕이시여, 어떻게 생각하십니까? 당신은 '나의 친구들과 친척들이여, 이리 오시오! 평안한 사람들은 모두 이 괴로움을 내가 가볍게 느낄 수 있도록 함께 나눕시다'라고 할 수 있습니까, 그렇지 않으면 당신만이 그 괴로움을 느낍니까?"

"랏타빨라 존자여, 내가 '나의 친구들과 친척들이여, 이리 오시오! 평안한 사람들은 모두 이 괴로움을 내가 가볍게 느낄 수 있도록 함께 나눕시다'라고 할 수 없습니다. 그리고 참으로 그 괴로움은 나만 느낍니다."

"대왕이시여, 바르고 평등한 깨달음을 성취하신 거룩한 세존께서 '세간은 피난처가 없고 보호자가 없다'라고 하신 말씀은 바로 그런 의미입니다."

"놀랍습니다, 랏타빨라 존자여! 희유합니다, 랏타빨라 존자여! 바르고 평등한 깨달음을 성취하신 분, 아시고 보시는 거룩한 세존께서 '세간은 피난처가 없고 보호자가 없다'라고 하신 말씀은 참으로 지당합니다. 랏타빨라 존자여, 참으로 세간은 피난처가 없고 보호자가 없습니다.

랏타빨라 존자여, 이 왕가에는 감추어 놓은 황금도 많고, 드러내 놓은 황금도 많습니다. 그런데 랏타빨라 존자는 '세간은 자신의 소유가 아니므로 모든 것을 버리고 가야 한다'라고 말했습니다. 랏타빨라 존자여, 이 말의 의미는 어떻게 이해해야 합니까?"

"대왕이시여, 어떻게 생각하십니까? 당신이 지금 다섯 가지 감각적 욕망의 대상을 구비하고 구족하여 즐기듯이, 사후에 다른 세상에서도 이와 같은 다섯 가지 감각적 욕망의 대상을 구비하고 구족하여 즐길 수 있을까요? 그렇지 않으면 이 재산은 다른 사람들이 얻게 되고, 당신은 업을 따라가게 될까요?"

"랏타빨라 존자여, 내가 지금 다섯 가지 감각적 욕망의 대상을 구비하고 구족하여 즐기듯이, 사후에 다른 세상에서도 이와 같은 다섯 가지 감각적 욕망의 대상을 구비하고 구족하여 즐길 수는 없습니다. 그리고 참으로 이 재산은 다른 사람들이 얻게 되고, 나는 업을 따라가게 될 것입니다."

"대왕이시여, 바르고 평등한 깨달음을 성취하신 거룩한 세존께서 '세간은 자신의 소유가 아니므로 모든 것을 버리고 가야 한다'라고 하신 말씀은 바로 그런 의미입니다."

"놀랍습니다, 랏타빨라 존자여! 희유합니다, 랏타빨라 존자여! 바르고 평등한 깨달음을 성취하신 거룩한 세존께서 '세간은 자신의 소유가 아니므로 모든 것을 버리고 가야 한다'라고 하신 말씀은 참으로 지당합니다. 랏타빨라 존자여, 참으로 세간은 자신의 소유가 아니므로 모든 것을 버리고 가야 합니다.

랏타빨라 존자는 '만족을 모르고 불만에 가득 찬 세간은 갈애의 노예다'라고 말했습니다. 랏타빨라 존자여, 이 말의 의미는 어떻게 이해해야 합니까?"

"대왕이시여, 어떻게 생각하십니까? 당신은 풍요로운 꾸루국을 다스리고 있지 않습니까?"

"랏타빨라 존자여, 나는 풍요로운 꾸루국을 다스리고 있습니다."

"대왕이시여, 어떻게 생각하십니까? 동쪽에서 믿을 만한, 신뢰할 수 있는 사람이 당신에게 왔다고 합시다. 그가 당신을 찾아와서 '대왕이시여, 아셔야 합니다. 저는 동쪽으로 갔습니다. 그곳에서 저는 풍요롭고 인구가 많고 사람들로 붐비는 번영하는 큰 나라를 보았습니다. 그곳에는 많은 코끼리부대, 기마부대, 전차부대, 보병이 있습니다. 그곳에는 많은 상아가 있습니다. 그곳에는 많은 천연의 황금 덩어리와 제련한 황금 덩어리가 있습니다. 그곳에는 군인처럼 전투할 수 있는 많은 여인들이 있습니다. 대왕이시여, 그 나라를 정복하십시오'라고 말한다고 합시다. 당신은 어떻게 하시겠습니까?"

"랏타빨라 존자여, 그 나라를 정복하여 내가 다스리겠습니다."

"대왕이시여, 어떻게 생각하십니까? 서쪽, 남쪽, 북쪽에서 믿을 만한 사람이 당신을 찾아와서 그가 본 풍요롭고, 번영하는 큰 나라를 정복하라고 한다면, 당신은 어떻게 하시겠습니까?"

"랏타빨라 존자여, 그 나라를 정복하여 내가 다스리겠습니다."

"대왕이시여, 바르고 평등한 깨달음을 성취하신 거룩한 세존께서 '만족을 모르고 불만에 가득찬 세간은 갈애의 노예다'라고 하신 말씀은 바로 그런 의미입니다."

"놀랍습니다, 랏타빨라 존자여! 희유합니다, 랏타빨라 존자여! 바르고 평등한 깨달음을 성취하신 거룩한 세존께서 '만족을 모르고 불만에 가득 찬 세간은 갈애의 노예다'라고 하신 말씀은 참으로 지당합니다. 랏타빨라 존자여, 참으로 만족을 모르고 불만에 가득 찬 세간은 갈애의 노예입니다."

랏타빨라 존자는 다시 다음과 같이 말했습니다.

내가 보니 세간의 부자들은
어리석게도 얻은 재산을 베풀 줄 모르고
탐욕스럽게 재산을 모으면서
끊임없이 쾌락을 열망합니다.

땅을 정복하고 바다 끝까지
대지를 정복한 왕들은
바다의 이쪽에 만족하지 못하고
바다의 저쪽을 갈망합니다.

왕과 그 밖의 많은 사람은
갈애를 버리지 못해 죽음에 도달합니다.
불만에 가득 차서 몸을 포기하지 않으며
세간의 쾌락에 만족할 줄 모릅니다.

친척들은 머리카락을 흩트리고 통곡하며
'아! 그도 죽음을 벗어나지 못하는구나!'라
고 말하면서
수의(壽衣)를 입힌 그를 끌어내
장작더미 위에 놓고 화장합니다.

그는 꼬챙이에 찔리고 태워지며
한 벌의 옷만 입고 재산을 버립니다.
죽어 가는 사람에게 친척은 피난처가 아니며,
친구나 동료도 피난처가 아닙니다.

그의 재물은 상속인들이 가져가고
중생은 업을 따라갑니다.
재물은 죽어 가는 사람을 따라가지 않습니
다.
어떤 아들도, 부인도, 재물도, 국토도 따라
가지 않습니다.

재물로 긴 수명을 얻을 수 없고

재산으로 늙음을 막을 수 없습니다.
이 목숨은 짧고 영원한 것이 아니며
변하고 있는 법(法)이라고 현자는 말했습니다.

부자(富者)도 빈자(貧者)도 죽음과 마주칩니다.
현명한 사람도 어리석은 자도 마찬가지로 마주치지만
어리석은 자는 어리석음으로 인해 충격받아 드러눕고
현명한 사람은 동요하지 않습니다.

그러므로 통찰지[般若]가 재물보다 훌륭합니다.
통찰지를 성취해야 제석천(帝釋天, inda)에 갈 수 있습니다.[357]
통찰지를 성취하지 못하면 이런저런 존재 가운데[bhavābhavesu] 태어나
어리석음으로 인해 사악한 업을 짓습니다.

그는 끊임없이 윤회를 겪으면서
모태(母胎)에 들어 다른 세상으로 갑니다.
자신의 존재를 믿는 통찰지가 없는 사람은
모태에 들어 다른 세상으로 갑니다.

숨어들다 붙잡힌 사악한 도둑이
자신의 업에 의해 파멸하듯이
사악한 사람들은 사후 저세상에서
자신의 업에 의해 파멸합니다.

달콤하고 사랑스러운 갖가지 쾌락은
다양한 모습으로 마음을 흔듭니다.
나는 쾌락에서 위험을 보았습니다.
대왕이시여, 그래서 나는 출가했습니다.

나무 열매는 땅에 떨어지고
젊은이도 늙은이도 육신(肉身)은 무너집니다.
나는 이것을 보고 출가했습니다.
대왕이시여, 의심의 여지 없이 사문의 삶이 더 훌륭합니다.

357 '제석천'으로 번역한 'inda'는 번개·천둥의 신 '인드라'이다. '제석천에 간다'라는 것은 가장 큰 위력을 얻는다는 의미이며, 아라한을 성취한다는 의미이기도 하다.

44. 마두라경[358]

〈M.N. 84. Madhurā-sutta〉

이와 같이 나는 들었습니다.

한때 마하 깟짜나 존자(Mahā Kaccāna)는 마두라(Madhurā)의 군다와나(Gundāvana)에 머물렀습니다.

마두라의 왕 아완띠뿟따(Avantiputta)는 '명성 높은 사문 깟짜나 존자가 마두라의 군다와나에 머물고 있다. 깟짜나 존자는 현명하고 학식이 있고 총명하고 아는 것이 많고 말솜씨가 뛰어나고 언변이 좋은 장로(長老)이며 아라한이다. 그와 같은 아라한을 친견하면 유익하다'라는 말을 들었습니다.

마두라의 왕 아완띠뿟따는 여러 황소를 멍에로 묶은 황소 수레 위에 올라, 여러 훌륭한 수레를 거느리고 대왕의 위용(威容)을 떨치며 마하 깟짜나 존자를 보기 위해 마두라를 나섰습니다. 마두라의 왕 아완띠뿟따는 수레가 갈 수 있는 데까지 수레로 간 다음에 수레에서 내려 걸어서 마하 깟짜나 존자에게 갔습니다.

마두라의 왕 아완띠뿟따는 마하 깟짜나 존자와 정중하게 인사를 하고 공손한 인사말을 나눈 후에 한쪽에 앉았습니다.

마두라의 왕 아완띠뿟따가 마하 깟짜나 존자에게 말했습니다.

"깟짜나 존자여, 바라문들은 '바라문은 최상의 계급이고 다른 사람들은 저열하다. 바라문은 청정한 계급이고 다른 사람들은 더럽다. 바라문은 정화되지만 바라문이 아닌 자들은 그러지 못한다. 바라문은 범천의 입에서 태어난 적자(嫡子)로서 범천에서 생긴, 범천이 만든, 범천의 후계자다'라고 말했습니다. 이에 대하여 깟짜나 존자께서는 어떻게 말씀하십니까?"

"대왕이시여, 그런 말은 단지 세간에 떠도는 소리일 뿐입니다. 대왕이시여, 다음과 같은 이유로 그런 말은 단지 세간에 떠도는 소리일 뿐이라는 것을 알 수 있습니다. 대왕이시여, 어떻게 생각하십니까? 만약에 어떤 크샤트리아에게 재물이나 곡물이나 은이나 금이 많다면, 먼저 일어나고 뒤에 자고 종처럼 복종하고 존경하고 상냥하게 말하는 크샤트리아가 있지 않을까요? 또한 먼저 일어나고 뒤에 자고 종처럼 복종하고 존경하고 상냥하게 말하는 바라문도 있고, 바이샤도 있고, 수드라도 있지 않을까요?"

"깟짜나 존자여, 만약에 어떤 크샤트리아에게 재물이나 곡물이나 은이나 금이 많다면, 그렇게 하는 크샤트리아도 있고, 바라문도 있고, 바이샤도 있고, 수드라도 있을 것입니다."

"대왕이시여, 어떻게 생각하십니까? 만약에 어떤 바라문에게 재물이나 곡물이나 은이나 금이 많다면, 먼저 일어나고 뒤에 자고 종처럼 복종하고 존경하고 상냥하게 말하는 바라문이 있지 않을까요? 또한 먼저 일어나고 뒤에 자고 종처럼 복종하고 존경하고 상

358 『잡아함경(雜阿含經)』의 「20.12. 마투라(摩偸羅)」에 상응하는 경.

냥하게 말하는 크샤트리아도 있고, 바이샤도 있고, 수드라도 있지 않을까요?”

“깟짜나 존자여, 만약에 어떤 바라문에게 재물이나 곡물이나 은이나 금이 많다면, 그렇게 하는 바라문도 있고, 크샤트리아도 있고, 바이샤도 있고, 수드라도 있을 것입니다.”

“대왕이시여, 어떻게 생각하십니까? 만약에 어떤 바이샤에게 재물이나 곡물이나 은이나 금이 많다면, 먼저 일어나고 뒤에 자고 종처럼 복종하고 존경하고 상냥하게 말하는 바이샤가 있지 않을까요? 또한 먼저 일어나고 뒤에 자고 종처럼 복종하고 존경하고 상냥하게 말하는 크샤트리아도 있고, 바라문도 있고, 수드라도 있지 않을까요?”

“깟짜나 존자여, 만약에 어떤 바이샤에게 재물이나 곡물이나 은이나 금이 많다면, 그렇게 하는 바이샤도 있고, 크샤트리아도 있고, 바라문도 있고, 수드라도 있을 것입니다.”

“대왕이시여, 어떻게 생각하십니까? 만약에 어떤 수드라에게 재물이나 곡물이나 은이나 금이 많다면, 먼저 일어나고 뒤에 자고 종처럼 복종하고 존경하고 상냥하게 말하는 수드라가 있지 않을까요? 또한 먼저 일어나고 뒤에 자고 종처럼 복종하고 존경하고 상냥하게 말하는 크샤트리아도 있고, 바라문도 있고, 바이샤도 있지 않을까요?”

“깟짜나 존자여, 만약에 어떤 수드라에게 재물이나 곡물이나 은이나 금이 많다면, 그렇게 하는 수드라도 있고, 크샤트리아도 있고, 바라문도 있고, 바이샤도 있을 것입니다.”

“대왕이시여, 어떻게 생각하십니까? 그렇다면 이들 네 계급은 평등합니까, 그렇지 않습니까? 당신의 생각은 어떠합니까?”

“깟짜나 존자여, 그렇다면 참으로 이들 네 계급은 평등합니다. 나는 여기에서 어떤 차이도 볼 수가 없습니다.”

“대왕이시여, 또한 다음과 같은 이유로 그런 말은 단지 세간에 떠도는 소리일 뿐이라는 것을 알 수 있습니다. 대왕이시여, 어떻게 생각하십니까? 살생하고, 도둑질하고, 삿된 음행을 하고, 거짓말하고, 이간질하고, 욕설하고, 쓸데없이 잡담하고, 탐내고, 성내고, 사견(邪見)을 가진 크샤트리아가 있다면, 그는 몸이 무너져 죽은 후에 험난하고 고통스러운 지옥과 같은 악취(惡趣)에 태어날까요, 그렇지 않을까요? 당신의 생각은 어떠합니까?”

“깟짜나 존자여, 그런 크샤트리아는 몸이 무너져 죽은 후에 험난하고 고통스러운 지옥과 같은 악취에 태어날 것입니다. 나는 그렇게 생각합니다. 그뿐만 아니라 나는 아라한에게 그렇게 들었습니다.”

“옳습니다, 대왕이시여! 옳습니다, 대왕이시여! 당신이 그렇게 생각한 것은 옳습니다. 당신이 아라한에게 들은 말은 옳습니다. 대왕이시여, 어떻게 생각하십니까? 바라문이나 바이샤나 수드라도 마찬가지가 아닐까요? 당신의 생각은 어떠합니까?”

“깟짜나 존자여, 바라문이나 바이샤나 수드라도 마찬가지라고 나는 생각합니다. 그뿐만 아니라 나는 아라한에게 그렇게 들었습니다.”

“옳습니다, 대왕이시여! 옳습니다, 대왕이시여! 당신이 그렇게 생각한 것은 옳습니다. 당신이 아라한에게 들은 것은 옳습니다.

대왕이시여, 어떻게 생각하십니까? 그렇다면 이들 네 계급은 평등합니까, 그렇지 않습니까? 당신의 생각은 어떠합니까?"

"깟짜나 존자여, 그렇다면 참으로 이들 네 계급은 평등합니다. 나는 여기에서 어떤 차이도 볼 수가 없습니다."

"대왕이시여, 또한 다음과 같은 이유로 그런 말은 단지 세간에 떠도는 소리일 뿐이라는 것을 알 수 있습니다. 대왕이시여, 어떻게 생각하십니까? 살생하지 않고, 도둑질하지 않고, 삿된 음행을 하지 않고, 거짓말하지 않고, 이간질하지 않고, 욕설하지 않고, 쓸데없는 잡담을 하지 않고, 탐내지 않고, 성내지 않고, 정견(正見)을 가진 크샤트리아가 있다면, 그는 몸이 무너져 죽은 후에 천상세계와 같은 선취(善趣)에 태어날까요, 그렇지 않을까요? 당신의 생각은 어떠합니까?"

"깟짜나 존자여, 그런 크샤트리아는 몸이 무너져 죽은 후에 천상세계와 같은 선취에 태어날 것입니다. 나는 그렇게 생각합니다. 그뿐만 아니라 나는 아라한에게 그렇게 들었습니다."

"옳습니다, 대왕이시여! 옳습니다, 대왕이시여! 당신이 그렇게 생각한 것은 옳습니다. 당신이 아라한에게 들은 말은 옳습니다. 대왕이시여, 어떻게 생각하십니까? 바라문이나 바이샤나 수드라도 마찬가지가 아닐까요? 당신의 생각은 어떠합니까?"

"깟짜나 존자여, 바라문이나 바이샤나 수드라도 마찬가지라고 나는 생각합니다. 그뿐만 아니라 나는 아라한에게 그렇게 들었습니다."

"옳습니다, 대왕이시여! 옳습니다, 대왕이시여! 당신이 그렇게 생각한 것은 옳습니다. 당신이 아라한에게 들은 말은 옳습니다. 대왕이시여, 어떻게 생각하십니까? 그렇다면 이들 네 계급은 평등합니까, 그렇지 않습니까? 당신의 생각은 어떠합니까?"

"깟짜나 존자여, 그렇다면 참으로 이들 네 계급은 평등합니다. 나는 여기에서 어떤 차이도 볼 수가 없습니다."

"대왕이시여, 또한 다음과 같은 이유로 그런 말은 단지 세간에 떠도는 소리일 뿐이라는 것을 알 수 있습니다. 대왕이시여, 어떻게 생각하십니까? 어떤 크샤트리아가 벽을 뚫거나, 약탈하거나, 빈집을 털거나, 노상 강도질을 하거나, 남의 부인을 겁탈한다고 합시다. 사람들이 그를 붙잡아서 '왕이시여, 이 도적은 죄를 저지른 놈입니다. 이놈에게 왕의 뜻대로 벌을 주십시오'라고 말하면서 당신에게 보여 준다면, 그를 어떻게 하시겠습니까?"

"깟짜나 존자여, 죽이거나 재산을 몰수하거나 추방하거나 죄상에 따라 처벌할 것입니다. 왜냐하면 깟짜나 존자여, 그에게 이전의 크샤트리아라는 명칭은 사라지고, 그는 도적이라고 불리기 때문입니다."

"대왕이시여, 어떻게 생각하십니까? 그 도적이 바라문이나 바이샤나 수드라라면 그를 어떻게 하시겠습니까?"

"깟짜나 존자여, 죽이거나 재산을 몰수하거나 추방하거나 죄상에 따라 처벌할 것입니다. 왜냐하면 깟짜나 존자여, 그에게 이전의 바라문이나 바이샤나 수드라라는 명칭은 사라지고, 그는 도적이라고 불리기 때문입니다."

"대왕이시여, 어떻게 생각하십니까? 그렇다면 이들 네 계급은 평등합니까, 그렇지 않습니까? 당신의 생각은 어떠합니까?"

"깟짜나 존자여, 그렇다면 참으로 이들 네 계급은 평등합니다. 나는 여기에서 어떤 차이도 볼 수가 없습니다."

"대왕이시여, 또한 다음과 같은 이유로 그런 말은 단지 세간에 떠도는 소리일 뿐이라는 것을 알 수 있습니다. 대왕이시여, 어떻게 생각하십니까? 어떤 크샤트리아가 머리와 수염을 깎고, 가사(袈裟)와 법복(法服)을 입고, 집을 떠나 출가하여 살생하지 않고, 도둑질하지 않고, 거짓말하지 않고, 한 끼만 먹으면서 범행(梵行)을 수행하고, 덕행을 갖춘 훌륭한 품성을 가졌다면, 당신은 그에게 어떻게 하시겠습니까?"

"깟짜나 존자여, 나는 예배하고, 일어나서 맞이하고, 자리에 초대하고, 초청하고, 그에게 법도에 맞게 법의와 탁발 음식과 좌구(坐具)와 환자를 위한 의약자구(醫藥資具)를 마련해 주고, 지켜 주고, 보호할 것입니다. 왜냐하면 깟짜나 존자여, 그에게 이전의 크샤트리아라는 명칭은 사라지고, 그는 사문(沙門)이라고 불리기 때문입니다."

"대왕이시여, 어떻게 생각하십니까? 그 사문이 바라문이나 바이샤나 수드라라면 그를 어떻게 하시겠습니까?"

"깟짜나 존자여, 나는 예배하고, 일어나서 맞이하고, 자리에 초대하고, 초청하고, 그에게 법도에 맞게 법의와 탁발 음식과 좌구와 환자를 위한 의약자구를 마련해 주고, 지켜 주고, 보호할 것입니다. 왜냐하면 깟짜나 존자여, 그에게 이전의 바라문이나 바이샤나 수드라라는 명칭은 사라지고, 그는 사문이라고 불리기 때문입니다."

"대왕이시여, 어떻게 생각하십니까? 그렇다면 이들 네 계급은 평등합니까, 그렇지 않습니까? 당신의 생각은 어떠합니까?"

"깟짜나 존자여, 그렇다면 참으로 이들 네 계급은 평등합니다. 나는 여기에서 어떤 차이도 볼 수가 없습니다."

"대왕이시여, 이와 같은 이유로 '바라문들은 최상의 계급이고 다른 사람들은 저열하다. 바라문들은 청정한 계급이고 다른 사람들은 더럽다. 바라문은 정화되지만 바라문이 아닌 자들은 그러지 못한다. 바라문은 범천의 입에서 태어난 적자인 아들로서, 범천에서 생긴, 범천이 만든, 범천의 후계자다'라는 말은 단지 세간에 떠도는 소리일 뿐이라는 것을 알 수 있습니다."

이와 같이 말하자, 마두라의 왕 아완띠뿟따는 마하 깟짜나 존자에게 말했습니다.

"훌륭하십니다, 깟짜나 존자여! 훌륭하십니다, 깟짜나 존자여! 마치 뒤집힌 것을 바로 세우는 것 같고, 감추어진 것을 드러내는 것 같고, 길 잃은 자에게 길을 알려 주는 것 같고, '눈 있는 자들은 보라'라고 어둠 속에 등불을 비춰 주는 것 같습니다. 이와 같이 깟짜나 존자께서는 여러 가지 방법으로 진리를 알려 주셨습니다. 이제 저는 깟짜나 존자님께 귀의합니다. 가르침과 비구상가에 귀의합니다. 깟짜나 존자님께서는 저를 청신사(淸信士)로 받아 주소서. 오늘부터 살아 있는 날까지 귀의하겠습니다."

"대왕이시여, 나에게 귀의하지 마십시오! 내가 귀의한 세존께 귀의하십시오!"

"깟짜나 존자여, 그렇다면 아라한이시며, 바르고 평등한 깨달음을 성취하신 세존께서는 지금 어디에 계십니까?"

"대왕이시여, 아라한이시며, 바르고 평

등한 깨달음을 성취하신 세존께서는 반열반하셨습니다."

"깟짜나 존자여, 세존께서 10요자나[由旬] 밖에 계신다는 말을 들었다면, 아라한이시며 바르고 평등한 깨달음을 성취하신 세존을 뵙기 위해 우리는 10요자나를 갔을 것입니다. 깟짜나 존자여, 세존께서 20요자나, 아니 30요자나, 아니 40요자나, 아니 50요자나, 아니 100요자나 밖에 계신다는 말을 들었어도 우리는 아라한이시며, 바르고 평등한 깨달음을 성취하신 세존을 뵙기 위해 갔을 것입니다. 깟짜나 존자여, 그런데 세존께서 반열반하셨으니, 우리는 반열반하신 세존께 귀의합니다. 가르침과 비구상가에 귀의합니다. 깟짜나 존자께서는 저를 청신사로 받아 주소서. 오늘부터 살아 있는 날까지 귀의하겠습니다."

45. 보디 왕자경
〈M.N. 85. Bodhirājakumāra-sutta〉

이와 같이 나는 들었습니다.

한때 세존께서는 박가(Bhagga, 跋祇)[359]의 숭수마라기리(Suṁsumāragiri)[360]에 있는 베사깔라와나(Bhesakalāvana)의 사슴 동산에 머무셨습니다. 그때 보디(Bodhi) 왕자의 꼬까나다(Kokanada) 궁전은 지은 지 얼마 되지 않아서 사문이든 바라문이든, 사람이라고는 그 누구도 살지 않았습니다. 보디 왕자는 바라문 청년 산지까뿟따(Sañjikāputta)에게 분부했습니다.

"사랑하는 벗 산지까뿟따여, 이리 오라! 그대는 세존을 찾아가서 '세존이시여, 보디 왕자가 세존의 발에 머리 숙여 절하고, 병 없이 무탈하시고 강건하시며 평안하신지 안부를 묻습니다'라고 나의 말로 세존의 발에 머리 숙여 절하고 안부를 묻도록 하라! 그리고 '세존이시여, 세존께서는 비구상가와 함께 내일 보디 왕자의 식사 초대에 응해 주십시오'라고 말씀드리도록 하라!"

"전하, 그렇게 하겠습니다."

바라문 청년 산지까뿟따는 보디 왕자에게 대답하고 세존을 찾아갔습니다. 그는 세존을 찾아가서 함께 인사를 하고 공손하게 인사말을 나눈 후에 한쪽에 앉았습니다.

바라문 청년 산지까뿟따가 세존께 말씀드렸습니다.

"고따마 존자여, 보디 왕자가 고따마 존자의 발에 머리 숙여 절하고, 병 없이 무탈하시고 강건하시며 평안하신지 안부를 묻습니다. 그리고 고따마 존자께서 비구상가와 함께 내일 보디 왕자의 식사 초대에 응해 주시기를 청합니다."

세존께서는 침묵으로 승낙하셨습니다.

바라문 청년 산지까뿟따는 세존께서 승낙하신 것을 알고, 자리에서 일어나 보디 왕자에게 가서 말했습니다.

"우리는 전하께서 안부를 묻고 식사에 초대한다는 말을 고따마 세존께 전했습니다. 그리고 고따마 사문께서는 승낙하셨습니다."

보디 왕자는 다음 날 자신의 거처에 훌륭한 음식을 마련하고, 꼬까나다 궁전을 맨 아래 계단까지 하얀 융단으로 깔게 한 다음에 바라문 청년 산지까뿟따에게 분부했습니다.

"사랑하는 벗 산지까뿟따여, 이리 오라! 그대는 세존을 찾아가서 '세존이시여, 때가 되었습니다. 식사가 준비되었습니다'라고 때가 되었음을 알리도록 하라!"

"전하, 그렇게 하겠습니다."

바라문 청년 산지까뿟따는 보디 왕자에게 대답하고 세존을 찾아갔습니다. 그는 세존을 찾아가서 "고따마 존자여, 때가 되었습니다. 식사가 준비되었습니다"라고 때가 되었음을 알렸습니다.

---

359 '발지(跋祇)'로 한역되는 나라 이름.

360 산의 이름. 'Suṁsumāra'는 '악어'를 의미하고, 'giri'는 산을 의미한다.

세존께서는 오전에 옷을 입고 발우와 법의를 지니고 비구상가와 함께 보디 왕자의 거처로 갔습니다. 그때 보디 왕자는 세존께서 오시는 동안 문밖에 서 있었습니다. 보디 왕자는 저만치에서 세존께서 오시는 것을 보았습니다. 세존께서 오시는 것을 본 보디 왕자는 마중을 나가서 세존께 예배하고, 뒤를 따라 꼬까나다 궁전으로 왔습니다.

세존께서는 맨 아래 계단 앞에서 멈추셨습니다. 그러자 보디 왕자가 세존께 말씀드렸습니다.

"세존이시여, 융단 위로 오르십시오! 선서(善逝)시여, 융단 위로 오르십시오! 저에게 오랫동안 이익과 행복이 있을 것입니다."

이와 같이 말씀드리자, 세존께서는 침묵하셨습니다. 거듭 청하였으나, 세존께서는 침묵하셨습니다. 보디 왕자가 세 번을 청하자, 세존께서는 아난다 존자를 바라보셨습니다. 아난다 존자가 보디 왕자에게 말했습니다.

"왕자여, 융단을 거두십시오! 세존께서는 융단을 밟지 않으십니다. 여래(如來)는 가장 낮은 사람을 바라봅니다."[361]

보디 왕자는 융단을 거둔 후에 꼬까나다 궁전 높은 곳에 자리를 마련했습니다. 세존께서는 꼬까나다 궁전으로 올라가 비구상가와 함께 마련된 자리에 앉으셨습니다. 보디 왕자는 부처님을 비롯한 비구상가를 훌륭한 음식으로 손수 시중을 들며 만족시켰습니다. 보디 왕자는 세존께서 공양을 마치고 발우에서 손을 떼시자, 아래에 있는 다른 자리로 가서 한쪽에 앉았습니다.

보디 왕자가 세존께 말씀드렸습니다.

"세존이시여, 우리는 '즐거움으로는 결코 즐거움을 얻을 수 없다. 실로 괴로움으로 즐거움을 얻을 수 있다'라고 생각합니다."

세존께서 보디 왕자에게 말씀하셨습니다.

"왕자여, 나도 과거에 정각(正覺)을 원만하게 깨닫지 못한 보살이었을 때는 '즐거움으로는 결코 즐거움을 얻을 수 없다. 실로 괴로움으로 즐거움을 얻을 수 있다'라고 생각했다오. 왕자여, 나는 그 후에, 청년 시절에, 검은 머리에 찬란한 젊음을 지닌 가장 좋은 나이에, 원치 않은 부모님은 눈물 젖은 얼굴로 울부짖었지만, 머리와 수염을 깎고 가사와 옷을 걸치고 집을 떠나 출가했다오.

이렇게 출가하여 알라라 깔라마를 찾아가서 그에게 무소유처(無所有處)를 배워 성취하고, 웃다까 라마뿟따를 찾아가서 그에게 비유상비무상처(非有想非無想處)를 배워 성취했으나 나는 만족하지 못하고 그들을 떠났다오.[362]

---

361 "pacchimaṁ janataṁ Tathāgato apaloketi"의 번역. 이 부분을 I. B. Horner는 "the Tathāgata looks towards the folk that come after"(The Middle Length Sayings, PTS, 1975, vol. Ⅱ. p.281)로 번역한다. 율장에는 이 부분이 '바라본다'라는 의미의 'apaloketi' 대신에 '연민한다'라는 의미의 'anukampati'로 표기되어 있다는 점을 고려하면, 'pacchimaṁ janataṁ'은 '뒤에 오는 사람'을 의미한다기보다 '가장 낮은 사람'을 의미한다고 보는 것이 좋을 것 같다. 여래는 융단을 밟고 지나가는 화려한 삶을 지향하지 않고, 신분이 낮은 사람을 연민하는 삶을 지향한다는 의미로 보는 것이 더 좋다고 생각된다.

362 알라라 깔라마와 웃다까 라마뿟따를 찾아가서 선정(禪定)을 배운 후에 실망하여 떠난 내용은 「15. 거룩한 소원경」과 같은 내용이므로 생략함.

나는 더할 나위 없는 평화와 행복을 구하여 마가다국을 차례로 유행하다가 우루웰라의 세나니가마에 도착하여 그곳에서 극심한 고행을 했다오. 왕자여, 나는 이렇게 생각했다오.

'지난 과거의 어떤 사문이나 바라문이 고행으로 인한 신랄하고 격렬한 고통을 느꼈다고 할지라도, 이것이 최고이며 이보다 더하지는 않았을 것이다. 미래와 현재의 어떤 사문이나 바라문이 고행으로 인한 신랄하고 격렬한 고통을 느끼게 될지라도, 이것이 최고이며 이보다 더하지는 않을 것이다. 하지만 나는 이러한 극심한 고행으로 인간존재에 대한 만족할 만한 거룩한 지견(知見)을 성취하지 못했다. 깨달음으로 가는 길은 다른 길이 아닐까?'

왕자여, 나에게 '나는 아버지의 종족 삭까족의 일터에서 논두렁의 잠부나무 그늘에 앉아 감각적 욕망을 멀리하고 불선법(不善法)을 멀리함으로써 사유가 있고 숙고가 있는, 멀리함에서 생긴 즐거움과 행복이 있는 초선(初禪)을 성취하여 머무는 체험을 했다. 이 길이 깨달음으로 가는 길이 아닐까?'라는 생각이 들었다오.

왕자여, 주의집중의 결과 나는 '이 길이 깨달음으로 가는 길이다'라는 것을 알았다오. 왕자여, 나에게 '무엇 때문에 내가 감각적 욕망을 떠나고 불선법을 떠난 그 즐거움을 두려워해야 하는가?'라는 생각이 들었다오.

왕자여, 나는 이렇게 생각했다오.

'나는 감각적 욕망을 떠나고 불선법을 떠난 그 즐거움을 두려워하지 않겠다.'

왕자여, 나는 이렇게 생각했다오.

'이와 같은 극단적으로 여윈 마른 몸으로는 그 즐거움을 쉽게 얻을 수 없다. 나는 영양가 있는 음식인 유미(乳糜)죽을 먹어야겠다.'

왕자여, 나는 영양가가 많은 유미죽을 먹었다오. 그때 5비구가 함께 있었다오. 그들은 '고따마 사문이 진리를 성취하면 그 진리를 우리에게 알려 줄 것이다'라고 생각했다오. 왕자여, 그런데 내가 영양가가 많은 유미죽을 먹자, 그들은 '고따마 사문은 정진을 포기하고 타락하여 사치에 빠졌다'라고 생각하여 실망하고 내 곁을 떠났다오.

왕자여, 나는 영양가가 많은 유미죽을 먹고 힘을 얻어 감각적 욕망을 멀리하고 불선법을 멀리함으로써 사유가 있고 숙고가 있는, 멀리함에서 생긴 즐거움과 행복이 있는 초선을 성취하여 머물렀다오. 왕자여, 그렇지만 나에게 발생한 이와 같은 즐거운 느낌은 마음을 사로잡고 머물지 않았다오. 나는 사유와 숙고를 억제하여 내적으로 조용해진, 마음이 집중된, 사유와 숙고가 없는, 삼매에서 생긴 즐거움과 행복이 있는 제2선(第二禪)을 성취하여 머물렀다오. 그렇지만 나에게 발생한 이와 같은 즐거운 느낌은 마음을 사로잡고 머물지 않았다오. 나는 희열(喜悅)이 사라지고 평정한 마음으로 주의집중과 알아차림을 하며 지내는 가운데 몸으로 행복을 느끼면서, 성인들이 '평정한 마음으로 주의집중을 하는 행복한 상태'라고 이야기한 제3선(第三禪)을 성취하여 머물렀다오. 그렇지만 나에게 발생한 이와 같은 즐거운 느낌은 마음을 사로잡고 머물지 않았다오. 나는 행복감을 포기하고 괴로움을 버림으로써 이전의 만족과 불만이 소멸하여 괴롭지도 않고 즐겁지도 않은, 평정한 주의집중이 청정한 제4선(第四禪)을 성취하여 머물렀다오. 그렇지만 나에게 발생한 이와 같은 즐거운 느낌은 마음을 사로잡고 머물지 않았다오.

이와 같이 청정하게 정화되고, 죄악의 먼지가 없고, 번뇌의 때가 없으며, 유연하여 적응력이 있고, 견고하여 움직이지 않는, 삼매에 든 마음에서 나는 전생에 대한 앎[宿命通]에 주의를 기울였다오. 나는 여러 가지 전생의 삶을 기억했다오. … 왕자여, 이것이 내가 그날 밤 초야(初夜)에 성취한 첫 번째 명지(明智)라오. 게으름 피우지 않고 열심히 정진하며 살아가면 으레 그러하듯이, 무명(無明)이 사라지고 명지가 나타났다오. 어둠이 사라지고 광명이 나타났다오. 그렇지만 나에게 발생한 이와 같은 즐거운 느낌은 마음을 사로잡고 머물지 않았다오.

이와 같이 청정하게 정화되고, 죄악의 먼지가 없고, 번뇌의 때가 없으며, 유연하여 적응력이 있고, 견고하여 움직이지 않는, 삼매에 든 마음에서 나는 중생의 죽고 태어남에 대한 앎[天眼通]에 주의를 기울였다오. 나는 인간을 초월한 청정한 천안(天眼)으로 중생을 보고, 중생이 업에 따라 죽고 태어나고 못나고 훌륭하고 잘생기고 못생기고 행복하고 불행한 것을 체험적으로 알았다오. … 왕자여, 이것이 내가 그날 밤 중야(中夜)에 성취한 두 번째 명지라오. 게으름 피우지 않고 열심히 정진하며 살아가면 으레 그러하듯이, 무명이 사라지고 명지가 나타났다오. 어둠이 사라지고 광명이 나타났다오. 그렇지만 나에게 발생한 이와 같은 즐거운 느낌은 마음을 사로잡고 머물지 않았다오.

이와 같이 청정하게 정화되고, 죄악의 먼지가 없고, 번뇌의 때가 없으며, 유연하여 적응력이 있고, 견고하여 움직이지 않는, 삼매에 든 마음에서 나는 번뇌의 소멸에 대한 앎[漏盡通]에 주의를 기울였다오. 나는 '이것은 괴로움[苦]이다'라고 여실(如實)하게 체험했다오. 나는 '이것은 괴로움의 쌓임[苦集]이다'라고 여실하게 체험했다오. 나는 '이것은 괴로움의 소멸[苦滅]이다'라고 여실하게 체험했다오. 나는 '이것은 괴로움의 소멸에 이르는 길[苦滅道]이다'라고 여실하게 체험했다오. 나는 '이것들은 번뇌[漏]다'라고 여실하게 체험했다오. 나는 '이것은 번뇌의 쌓임[漏集]이다'라고 여실하게 체험했다오. 나는 '이것은 번뇌의 소멸[漏滅]이다'라고 여실하게 체험했다오. 나는 '이것은 번뇌의 소멸에 이르는 길[漏滅道]이다'라고 여실하게 체험했다오. 내가 이렇게 알고 이렇게 보았을 때, 마음이 욕루(欲漏)에서 해탈하고, 유루(有漏)·무명루(無明漏)에서 해탈했다오. 해탈했을 때 '나는 해탈했다'라고 알게 되었다오. 나는 '태어남은 끝났고, 청정한 수행[梵行]을 마쳤으며, 해야 할 일을 끝마쳤다. 다시는 이런 상태로 되지 않는다'라고 체험적으로 알았다오. 왕자여, 이것이 내가 그날 밤 후야(後夜)에 성취한 세 번째 명지라오. 게으름 피우지 않고 열심히 정진하며 살아가면 으레 그러하듯이, 무명이 사라지고 명지가 나타났다오. 어둠이 사라지고 광명이 나타났다오. 그렇지만 나에게 발생한 이와 같은 즐거운 느낌은 마음을 사로잡고 머물지 않았다오.

왕자여, 나는 정각을 성취한 후에 바라나시의 선인(仙人)이 내려왔던 녹야원(鹿野苑)으로 5비구를 찾아가서 그들을 가르쳤다오.[363] 왕자여, 5비구는 나에게 가르침을 받고 지도를 받고서, 오래지 않아 선남자(善男子)들이 출가하는 목적인 위없는 청정한 수행의 완성을 지금 여기에서 스스로 체험하고 성취하여 살아갔다오."

이 말씀을 듣고, 보디 왕자가 세존께 말씀드렸습니다.

"세존이시여, 비구가 여래의 지도를 받아 얼마 동안 수행하면 선남자들이 출가하는 목적인 위없는 청정한 수행의 완성을 지금 여기에서 스스로 체험하고 성취하여 살아갈 수 있습니까?"

"왕자여, 내가 그대에게 묻겠으니 그대에게 합당한 답을 하도록 하시오! 왕자여, 어떻게 생각하나요? 그대는 코끼리를 타고 갈고리를 사용하는 기술을[364] 잘 아나요?"

"그렇습니다. 세존이시여, 저는 코끼리를 타고 갈고리를 사용하는 기술을 잘 압니다."

"왕자여, 어떻게 생각하나요? 어떤 사람이 와서 '보디 왕자는 코끼리를 타고 갈고리를 사용하는 기술을 안다. 나는 그에게 직접 코끼리를 타고 갈고리를 사용하는 기술을 배워야겠다'라고 한다고 합시다. 그런데 그는 믿음이 없어서 믿음으로 그 기술을 습득할 수 없고, 병이 많아서 건강으로 그 기술을 습득할 수 없고, 교활하고 위선적이어서 정직과 성실로 그 기술을 습득할 수 없고, 게을러서 부단한 노력으로 그 기술을 습득할 수 없고, 어리석어서 지혜로 그 기술을 습득할 수 없다고 합시다. 왕자여, 어떻게 생각하나요? 그 사람은 그대에게 직접 코끼리를 타고 갈고리를 사용하는 기술을 배울 수 있을까요?"

"세존이시여, 단 한 가지만으로도 그 사람은 나에게 직접 코끼리를 타고 갈고리를 사용하는 기술을 배울 수 없을 것입니다. 하물며 다섯 가지라면 말해 무엇 하겠습니까?"

"왕자여, 어떻게 생각하나요? 어떤 사람이 와서 '보디 왕자는 코끼리를 타고 갈고리를 사용하는 기술을 안다. 나는 그에게 직접 코끼리를 타고 갈고리를 사용하는 기술을 배워야겠다'라고 한다고 합시다. 그런데 그는 믿음이 있어서 믿음으로 그 기술을 습득할 수 있고, 병이 없어서 건강으로 그 기술을 습득할 수 있고, 정직하고 성실하여 정직과 성실로 그 기술을 습득할 수 있고, 부지런하여 부단한 노력으로 그 기술을 습득할 수 있고, 지혜로워서 지혜로 그 기술을 습득할 수 있다고 합시다. 왕자여, 어떻게 생각하나요? 그 사람은 그대에게 직접 코끼리를 타고 갈고리를 사용하는 기술을 배울 수 있을까요?"

"세존이시여, 단 한 가지만으로도 그 사람은 나에게 직접 코끼리를 타고 갈고리를 사용하는 기술을 배울 수 있을 것입니다. 하물며 다섯 가지라면 말해 무엇 하겠습니까?"

"왕자여, 이와 마찬가지로 다섯 가지 정근(正勤)의 조건이 있다오. 그 다섯 가지는 무엇인가?

왕자여, 비구는 믿음이 있어야 한다오. 그는 '세존은 아라한[應供], 원만하고 바르게

---

363 부처님께서 출가하여 성도(成道)하신 후에 5비구를 찾아가 가르친 내용은 「15. 거룩한 소원경」의 내용과 같기 때문에 생략하여 번역함.

364 말을 다룰 때 채찍으로 때리듯이, 코끼리를 다룰 때는 쇠갈고리로 머리를 찌른다.

깨달으신 분[正遍知], 앎과 실천을 구족하신 분[明行足], 피안으로 잘 가신 분[善逝], 세상을 잘 아시는 분[世間解], 위없는 분[無上士], 사람을 길들여 바른길로 이끄시는 분[調御丈夫], 천신과 인간의 스승[天人師], 진리를 깨달으신 분[佛], 세존(世尊)이시다'라고 여래의 깨달음을 믿어야 한다오. 병이 없어야 한다오. 그는 건강하여 소화를 잘 시키고, 지나치게 열성을 내거나 지나치게 태만하지 않은 중용(中庸)으로 정근을 견뎌야 한다오. 거짓이 없어야 한다오. 그는 속이지 않고 자기 자신을 스승이나 현인(賢人)들이나 도반(道伴)들에게 있는 그대로 보여 주어야 한다오. 그는 불선법을 버리고 선법(善法)을 얻기 위해 선법들 가운데서 확고하게 열심히 노력하며 살아야 한다오. 지혜로워야 한다오. 그는 나타나고 사라지는 것에 대하여, 올바른 괴로움의 소멸로 이끄는 거룩한 결택(決擇)을 할 수 있는 통찰지[般若]를 갖추어야 한다오.

왕자여, 비구가 이들 다섯 가지 정근의 조건을 갖추고 여래의 지도를 받으면, 7년이면 선남자들이 출가하는 목적인 위없는 청정한 수행의 완성을 지금 여기에서 스스로 체험하고 성취하여 살아갈 수 있을 것이오. 왕자여, 7년이 아니더라도, 비구가 이들 다섯 가지 정근의 조건을 갖추고 여래의 지도를 받으면, 6년, 아니 5년, 아니 4년, 아니 3년, 아니 2년, 아니 1년, 아니 7개월, 아니 6개월, 아니 5개월, 아니 4개월, 아니 3개월, 아니 2개월, 아니 1개월, 아니 7주야(晝夜), 아니 6주야, 아니 5주야, 아니 4주야, 아니 3주야, 아니 2주야, 아니 1주야를 수행하면 선남자들이 출가하는 목적인 위없는 청정한 수행의 완성을 지금 여기에서 스스로 체험하고 성취하여 살아갈 수 있을 것이오.[365] 왕자여, 1주야가 아니라도, 비구가 이들 다섯 가지 정근의 조건을 갖추고 여래의 지도를 받으면, 저녁에 가르침을 받아서 아침에 성취할 수 있고, 아침에 가르침을 받아서 저녁에 성취할 수 있을 것이오."

이 말씀을 듣고, 보디 왕자가 세존께 말씀드렸습니다.

"놀랍습니다, 부처님! 놀라운 가르침입니다! 저녁에 가르침을 받아서 아침에 성취할 수 있고, 아침에 가르침을 받아서 저녁에 성취할 수 있다니, 참으로 놀라운 가르침을 잘 설하셨습니다."

이와 같이 말하자, 바라문 청년 산지까뿟따가 보디 왕자에게 말했습니다.

"그런데 보디 존자께서는 '놀랍습니다, 부처님! 놀라운 가르침입니다! 참으로 놀라운 가르침을 잘 설하셨습니다'라고 말씀하실 뿐, '고따마 존자님께 귀의합니다. 가르침과 비구상가에 귀의합니다'라고는 말씀하시지 않는군요."

"사랑하는 벗 산지까뿟따여, 그렇게 말하지 마라! 사랑하는 벗 산지까뿟따여, 그렇게 말하지 마라! 사랑하는 벗 산지까뿟따여, 나는 나의 어머니에게 직접 들었다. 사랑하는 벗 산지까뿟따여, 한때 세존께서 꼬삼비의 고시따라마(Ghositārāma)에 계실 때, 임신한 나의 어머니는 세존을 찾아가서 세존께 예배하고 한쪽에 앉아, '세존이시여, 제가 임신한 이 아이가 왕자든 공주든, 그는 세존

365 6년에서 2주야까지 중복되는 내용을 생략하여 번역함.

과 가르침과 비구상가에 귀의합니다. 세존께서는 그를 오늘부터 살아 있는 날까지 귀의한 청신사(淸信士)로 받아 주소서!'라고 말했다. 사랑하는 벗 산지까뿟따여, 나는 나의 어머니에게 직접 들었다. 사랑하는 벗 산지까뿟따여, 한때 세존께서 이곳 박가의 숭수마라기리에 있는 베사깔라와나의 사슴 동산에 계실 때, 유모가 나를 등에 업고 세존을 찾아가서, 세존께 예배하고 한쪽에 서서 세존께 '세존이시여, 이 보디 왕자가 세존과 가르침과 비구상가에 귀의합니다. 세존께서는 그를 오늘부터 살아 있는 날까지 귀의한 청신사로 받아 주소서!'라고 말했다. 사랑하는 벗 산지까뿟따여, 이제 나는 세 번째로 세존과 가르침과 비구상가에 귀의한다. 세존께서는 저를 오늘부터 살아 있는 날까지 귀의한 청신사로 받아 주소서!"

46. 앙굴리말라경
〈M.N. 86. Aṅgulimāla-sutta〉

이와 같이 나는 들었습니다.

한때 세존께서는 사왓티의 제따와나 아나타삔디까 승원에 머무셨습니다. 그때 빠세나디(Pasenadi)왕의 영토에 손에 피를 묻히고 무자비하게 중생을 살육하는 앙굴리말라라는 사나운 도적이 있었습니다. 그래서 마을이 황폐해지고, 도시가 황폐해지고, 나라가 황폐해졌습니다. 그는 사람들을 살해하여 손가락으로 목걸이를 만들어서 걸었습니다.

어느 날 세존께서는 오전에 옷을 입고 발우와 법의를 지니고 탁발하러 사왓티에 들어가셨습니다. 사왓티에서 탁발을 하신 후에 탁발에서 돌아와 식사를 마치신 다음, 자리를 거두시고 발우와 법의를 지니고 도적 앙굴리말라를 찾아 길을 나서셨습니다. 소 키우는 사람들, 가축 키우는 사람들, 농부들이 달려 나와서 세존께서 도적 앙굴리말라를 찾아가시는 것을 보고 말했습니다.

"사문이여, 이 길을 가지 마십시오! 이 길에는 손에 피를 묻히고 무자비하게 중생을 살육하는 앙굴리말라라는 사나운 도적이 있습니다. 그래서 마을이 황폐해지고, 도시가 황폐해지고, 나라가 황폐해졌습니다. 그는 사람들을 살해하여 손가락으로 목걸이를 만들어서 걸고 있습니다. 이 길은 열 사람이나 스무 사람이나 서른 사람이나 마흔 사람이 함께 모여서 가더라도, 그들은 도적 앙굴리말라의 손아귀에 들어갑니다."

이와 같이 말했지만 세존께서는 묵묵히 길을 가셨습니다. 소 키우는 사람들, 가축 키우는 사람들, 농부들이 달려 나와서 두 번 세 번 거듭하여 말렸지만, 세존께서는 묵묵히 길을 가셨습니다.

도적 앙굴리말라는 저만치에서 세존께서 오시는 것을 보고 이렇게 생각했습니다.

'저 사람 참 놀랍구나! 저 사람 참 희한하구나! 이 길은 열 사람이나 스무 사람이나 서른 사람이나 마흔 사람이 함께 모여서 가더라도, 그들은 나의 손아귀에 들어온다. 그런데 이 사문은 겁 없이 둘도 아니고 혼자서 오는 것 같다. 내가 이 사문의 생명을 빼앗자!'

도적 앙굴리말라는 칼과 방패를 들고, 활과 화살통을 차고, 뒤에서 세존을 따라갔습니다. 세존께서는 도적 앙굴리말라가 제아무리 애를 써서 걸어도 통상적으로 걷는 세존을 따라잡을 수 없는 신통(神通)을 부리셨습니다.

도적 앙굴리말라는 이렇게 생각했습니다.

'저 사람 참 놀랍구나! 저 사람 참 희한하구나! 나는 이전에 달리는 코끼리를 따라가서 잡았고, 달리는 말을 따라가서 잡았고, 달리는 전차(戰車)를 따라가서 잡았고, 달리는 사슴을 따라가서 잡았다. 그런데 지금 나는 제아무리 애를 써서 걸어도 통상적으로 걷는 이 사문을 따라잡을 수가 없구나!'

그는 멈추어 서서 세존에게 말했습니다.

"멈추어라! 사문이여! 멈추어라! 사문

이여!"

"앙굴리말라여! 나는 멈추었다. 그대가 멈추어라!"

앙굴리말라는 이렇게 생각했습니다.

'이들 석씨(釋氏)사문들은 진실을 말하고 진실을 인정하는 사람들이다. 그런데 이 사문은 걸어가면서 '앙굴리말라여! 나는 멈추었다. 그대가 멈추어라!'라고 말했다. 이 사문에게 그 의미를 물어보자.'

도적 앙굴리말라는 세존께 게송(偈頌)으로 말을 걸었습니다.

사문이여, 그대는 걸으면서 '나는 멈추었다'라고 말하고
멈추어 있는 나에게 '너는 멈추지 않았다'라고 말한다.
사문이여, 그대에게 그 의미를 묻나니
어찌하여 그대는 멈추었고 나는 멈추지 않았는가?

앙굴리말라여, 나는 언제나
일체의 생명에 대하여 폭력을 내려놓고 있다.
그런데 그대는 생명을 가진 것들에 대하여 절제하지 않고 있다.
그러므로 나는 멈추었고 그대는 멈추지 않았다.

마침내 나를 위해 이 숲에 위대한 선인(仙人)이신
사문께서 출현하셨구나!
법을 갖춘 당신의 게송을 듣고
드디어 저는 악(惡)을 버리게 되었습니다.
이리하여 도적은 칼과 무기를
구덩이로, 심연(深淵)으로, 나락(奈落)으로 내던졌다네.
도적은 선서(善逝)의 두 발에 예배하고,
그곳에서 출가를 간청했다네.

자비롭고 위대한 선인이시며,
천신(天神)을 포함한 세간의 스승이신 부처님께서
그에게 '오라! 비구여!'라고 말씀하셨다네.
그리하여 그는 비구가 되었다네.

세존께서는 앙굴리말라 존자를 수종사문(隨從沙門, pacchāsamaṇa)[366]으로 삼아 사왓티로 길을 떠나셨습니다. 세존께서는 차례로 유행하시다가 사왓티에 도착해서 제따와나 아나타삔디까 승원에 머무셨습니다.

그때 꼬살라(Kosala)의 왕 빠세나디의 궁전 안에 많은 사람이 모여서 큰소리로 소란스럽게 말했습니다.

"대왕이시여, 대왕의 영토에 손에 피를 묻히고 무자비하게 중생을 살육하는 앙굴리말라라는 사나운 도적이 있습니다. 그래서 마을이 황폐해지고, 도시가 황폐해지고, 나라가 황폐해졌습니다. 그는 사람들을 살해하여 손가락으로 목걸이를 만들어서 걸고 있습니다. 대왕이시여, 그 도적을 막아 주소서!"

꼬살라의 왕 빠세나디는 기병(騎兵) 500명을 거느리고 아침 일찍 사왓티를 나와서 승원으로 출발했습니다. 그는 수레가 갈 수 있는 데까지 수레로 간 다음, 수레에서 내려 걸어서 세존을 찾아가 세존께 예배하고

366 부처님이 길을 갈 때 뒤를 따르는 사문.

한쪽에 앉았습니다.

세존께서 꼬살라의 왕 빠세나디에게 말씀하셨습니다.

"대왕이시여, 당신에게 소란을 피우는 자가 누구입니까? 마가다의 왕 세니야 빔비사라입니까, 웨살리에 사는 릿차위들입니까, 그렇지 않으면 다른 적국의 왕입니까?"

"세존이시여, 저에게 소란을 피우는 자는 마가다의 왕 세니야 빔비사라도 아니고, 웨살리에 사는 릿차위들도 아니고, 다른 적국의 왕도 아닙니다. 세존이시여, 앙굴리말라라는 사나운 도적이 내 영토에서 손에 피를 묻히고 무자비하게 중생을 살육하고 있습니다. 그래서 마을이 황폐해지고, 도시가 황폐해지고, 나라가 황폐해졌습니다. 그는 사람들을 살해하여 손가락으로 목걸이를 만들어서 걸고 있습니다. 세존이시여, 저는 그를 막을 수가 없습니다."

"대왕이시여, 만약에 머리와 수염을 깎고, 가사(袈裟)와 법의(法衣)를 입고, 집을 떠나 출가하여 살생하지 않고, 도둑질하지 않고, 거짓말하지 않고, 하루에 한 끼를 먹는 청정한 수행자로서 계행을 갖추고 훌륭한 인품을 갖춘 앙굴리말라를 본다면, 당신은 그를 어찌하겠습니까?"

"세존이시여, 저는 예배하고, 일어나서 맞이하고, 자리에 초대하고, 초청하고, 법도에 맞게 그에게 법의와 탁발 음식과 좌구(坐具)와 환자를 위한 의약자구(醫藥資具)를 마련해 주고, 지켜 주고, 보호할 것입니다. 세존이시여, 그렇지만 부도덕하고 사악한 그에게 어떻게 그런 계행(戒行)에 의한 절제가 있겠습니까?"

그때 앙굴리말라 존자는 세존 가까이에 앉아 있었습니다. 세존께서는 오른쪽 팔을 뻗고서 꼬살라의 왕 빠세나디에게 말씀하셨습니다.

"대왕이시여, 이 사람이 앙굴리말라입니다."

그러자 꼬살라의 왕 빠세나디는 두렵고 놀라서 털이 곤두섰습니다.

세존께서는 두렵고 놀라서 털이 곤두선 꼬살라의 왕 빠세나디를 보고 그에게 말씀하셨습니다.

"대왕이시여, 두려워하지 마시오! 대왕이시여, 두려워하지 마시오! 당신이 두려워해야 할 것은 없습니다."

그러자 털이 곤두선 빠세나디왕에게 두려움과 놀라움이 사라졌습니다. 빠세나디왕은 앙굴리말라 존자에게 가서 말했습니다.

"존자여, 당신이 앙굴리말라입니까?"

"그렇습니다, 대왕이시여!"

"존자여, 당신 아버지의 성은 무엇이고, 어머니의 성은 무엇입니까?"

"대왕이시여, 아버지는 각가(Gagga)이고, 어머니는 만따니(Mantāṇī)입니다."

"존자여, 각가 만따니뿟따 존자가 기꺼이 사용하십시오! 내가 각가 만따니뿟따 존자에게 성심을 다하여 법의와 탁발 음식과 좌구와 환자를 위한 의약자구를 마련해 드리겠습니다."

그때 앙굴리말라 존자는 숲에서 탁발 음식과 세 벌의 분소의(糞掃衣)로 생활했습니다.

앙굴리말라 존자가 꼬살라의 왕 빠세나디에게 말했습니다.

"대왕이시여, 그만두십시오! 제가 가진 세 벌의 옷이면 충분합니다."

꼬살라의 왕 빠세나디는 세존께 가서 예배한 후에 한쪽에 앉아 말했습니다.

"놀랍습니다, 세존이시여! 희한합니다, 세존이시여! 세존께서는 길들일 수 없는 자들을 길들이시고, 평온할 수 없는 자들을 평온하게 하시고, 열반에 들 수 없는 자들을 열반에 들게 하십니다. 세존이시여, 우리는 몽둥이나 칼로도 길들일 수 없는 자를 세존께서는 몽둥이나 칼을 쓰지 않고 길들이셨습니다. 세존이시여, 우리는 할 일이 많아서 그만 가겠습니다."

"대왕이시여, 이제 가야 할 시간이라고 생각되면 그렇게 하십시오!"

꼬살라의 왕 빠세나디는 자리에서 일어나 세존께 예배하고, 오른쪽으로 돌고 떠났습니다.

어느 날 앙굴리말라 존자는 오전에 옷을 입고, 발우와 법의를 지니고 탁발하러 사왓티에 들어갔습니다. 앙굴리말라 존자는 사왓티에서 차례로 걸식을 하다가, 난산(難産)으로 분만을 하지 못하고 있는 어떤 부인을 보았습니다.

이것을 보고 그는 생각했습니다.

'실로 중생은 고통 속에 빠져 있구나! 실로 중생은 고통 속에 빠져 있구나!'

앙굴리말라 존자는 사왓티에서 탁발을 한 후에 식사를 마치고, 오후에 세존을 찾아갔습니다. 그는 세존께 예배한 후에 한쪽에 앉아 세존께 말씀드렸습니다.

"세존이시여, 저는 오전에 탁발하러 사왓티에 들어가서 걸식을 하다가, 난산으로 분만하지 못하고 있는 어떤 부인을 보았습니다. 이것을 보고 저는 '실로 중생은 고통 속에 빠져 있다'라고 생각했습니다."

"앙굴리말라여, 그렇다면 그대는 사왓티에 가서 그 부인에게 '자매여, 나는 태어난 이래로 고의로 살아 있는 생명을 빼앗은 기억이 없습니다. 이러한 진실을 가지고 당신에게 가피(加被)가 있기를 축원합니다. 태아에게 가피가 있기를 축원합니다'라고 말하여라!"

"세존이시여, 그것은 제가 고의로 거짓말을 하는 것이 아닌가요? 세존이시여, 저는 고의로 살아 있는 많은 생명을 빼앗았습니다."

"앙굴리말라여, 그렇다면 그대는 사왓티에 가서 그 부인에게 '자매여, 나는 거룩한 가문에 태어난 이래로[367] 고의로 살아 있는 생명을 빼앗은 기억이 없습니다. 이러한 진실을 가지고 당신에게 가피가 있기를 축원합니다. 태아에게 가피가 있기를 축원합니다'라고 말하여라!"

"그렇게 하겠습니다."

앙굴리말라 존자는 세존께 약속한 후에 사왓티에 가서 그 부인에게 "자매여, 나는 거룩한 가문에 태어난 이래로 고의로 살아 있는 생명을 빼앗은 기억이 없습니다. 이러한 진실을 가지고 당신에게 가피가 있기를 축원합니다. 태아에게 가피가 있기를 축원합니다"라고 말했습니다. 그래서 그 부인과 태아에게 가피가 있었습니다.

앙굴리말라 존자는 홀로 외딴곳에서 열심히 노력하고 정진하며 지냈습니다. 그리고 오래지 않아 선남자(善男子)들이 출가하는

367 부처님에게 출가하여 새로운 생명을 받았다는 의미이다.

목적인 위없는 청정한 수행[梵行]의 완성을 지금 여기에서 스스로 체험하고 성취하여 살아갔습니다. 그는 '태어남은 끝났고, 청정한 수행을 마쳤으며, 해야 할 일을 끝마쳤다. 다시는 이런 상태로 되지 않는다'라는 것을 체득했습니다. 그래서 앙굴리말라 존자는 아라한 가운데 한 분이 되었습니다.

어느 날 앙굴리말라 존자는 오전에 옷을 입고, 발우와 법의를 지니고 탁발하러 사왓티에 들어갔습니다. 그때 어떤 사람은 앙굴리말라 존자의 몸에 흙덩어리를 던졌고, 어떤 사람은 몽둥이를 던졌고, 어떤 사람은 돌덩어리를 던졌습니다. 그래서 앙굴리말라 존자는 머리가 깨져서 피를 흘리며, 깨진 발우와 찢어진 승복 차림으로 세존께 갔습니다. 세존께서는 저만치에서 앙굴리말라 존자가 오는 것을 보시고 앙굴리말라 존자에게 말씀하셨습니다.

"바라문이여, 그대는 참아내야 한다. 바라문이여, 그대는 참아내야 한다. 그대가 수백 년 수천 년 지옥에 가야 할 업보를, 바라문이여, 그대는 그 업보를 지금 여기에서 받는 것이다."

앙굴리말라 존자는 홀로 조용한 곳에서 좌선하면서 해탈의 즐거움을 느꼈습니다. 그때 그는 이 우다나를 읊었습니다.

이전에는 방일(放逸)하다가
이후에는 방일하지 않는 자
그는 이 세간을 비춘다네
구름에서 벗어난 달빛처럼.

과거에 지은 악업(惡業)을
선업(善業)으로 가린 자
그는 이 세간을 비춘다네
구름에서 벗어난 달빛처럼.

진실로 깨달은 분의
가르침에 따르는 젊은 비구
그는 이 세간을 비춘다네
구름에서 벗어난 달빛처럼.

나의 적들아, 설법을 들어라!
나의 적들아, 깨달은 분의 가르침을 따르라!
나의 적들아, 가르침을 받게 하는 평온한 사람들과 사귀어라!
나의 적들아, 인욕을 설하고 관용(寬容)을 칭찬하는 사람들에게
수시로 가르침을 듣고 가르침을 따르라!

그가 자신을 해치지 않고, 다른 누구도 해치지 않으면,
최고의 평온을 얻어 동물이든 식물이든,
모든 것을 보호하게 되리.

물 대는 사람은 물길을 잡고
살 만드는 사람은 화살을 다듬고
목공(木工)은 목재를 다듬고
현자(賢者)는 자신을 길들인다네.

어떤 사람들은 몽둥이와
갈고리와 채찍으로 길들여지는데,
몽둥이나 칼을 쓰지 않고
나는 이렇게 길들여졌네.

과거에 힝싸까(Hiṁsaka, 살해자)였던 나의 이름은
이제는 '아힝싸까(Ahiṁsaka, 비폭력자)'라

네.
지금 나는 진실한 이름이 있으니
나는 그 누구도 해치지 않는다네.

나는 과거에 도적
앙굴리말라로 알려졌다네.
커다란 폭류(暴流) 속에 떠다니다가,
부처님을 피난처로 귀의했다네.

나는 과거에 손에 피를 묻힌
앙굴리말라로 알려졌다네.
피난처에 귀의한 나를 보라!
존재로 이끄는 줄[bhavanetti]이 끊겼다네.

수많은 악처(惡處)에
떨어질 업을 지어
업의 과보를 받은 나는
빚 없이 음식을 먹는다네.[368]

어리석고 무지한 사람들은
방일에 빠진다네.
현명한 사람은 불방일(不放逸)을
가장 소중한 재산으로 지킨다네.

게으름에 빠지지 말라!
감각적 욕망을 가까이하지 말라!
게으름 피우지 않고 선정(禪定)을 닦으면
큰 즐거움을 얻는다.

잘 왔구나!
떠나지 않으리라!
나에게는 떠난다는 나쁜 생각이 없다네.
분명한 가르침 가운데서 나는 최상에 도달했다네.

잘 왔구나!
떠나지 않으리라!
나에게는 떠난다는 나쁜 생각이 없다네.
삼명(三明)을 얻었다네. 부처님의 가르침을 성취했다네.

368 아라한을 성취했다는 의미이다. 아라한을 응공(應供)이라고 하는데, 아라한은 공양받은 음식이 자신의 공덕으로 얻은 것이기 때문에 빚 없이 먹을 자격이 있다는 의미이다.

47. 가르침의 탑경[369]

〈M.N. 89. Dhammacetiya-sutta〉

이와 같이 나는 들었습니다.

한때 세존께서는 삭까(Sakka)에서 사끼야족의 마을 메다룸빵(Medaḷumpaṁ)에 머무셨습니다. 그때 꼬살라의 빠세나디왕은 볼일이 있어서 낭가라까(Naṅgaraka)에 와 있었습니다. 꼬살라의 빠세나디왕은 디가 까라야나(Dīga Kārāyana)에게 분부했습니다.

"사랑하는 벗 까라야나여, 훌륭한 수레들을 준비하라! 좋은 땅을 보기 위해 유원지에 가야겠다."

"왕이시여, 그렇게 하겠습니다."

디가 까라야나는 꼬살라의 빠세나디왕에게 대답하고 훌륭한 수레들을 준비한 후에 빠세나디왕에게 알렸습니다.

"왕이시여, 훌륭한 수레들을 끌고 왔습니다. 이제 출발하실 때가 되었습니다."

꼬살라의 빠세나디왕은 훌륭한 수레에 올라 훌륭한 수레들을 거느리고 낭가라까에서 나와 대왕의 위용(威容)을 떨치며 원림(園林)으로 출발했습니다. 그는 수레가 갈 수 있는 데까지 수레로 간 다음에 수레에서 내려 걸어서 원림으로 들어갔습니다. 꼬살라의 빠세나디왕은 원림에서 이리저리 돌아다니다가, 평온하고 청정하고 고요하고 조용하고 인적이 없고 사람 사는 곳과 떨어져 있어서 좌선하기 좋은 숲을 보았습니다. 그는 그것을 보자 세존 생각이 났습니다.

"이 숲은 평온하고 청정하고 고요하고 조용하고 인적이 없고 사람 사는 곳과 떨어져 있어서 좌선하기 좋겠다. 우리가 아라한이시며, 바르고 평등한 깨달음을 성취하신 세존께 존경의 뜻을 보이기에 참으로 좋은 곳이다."

그래서 꼬살라의 빠세나디왕은 디가 까라야나에게 분부했습니다.

"사랑하는 벗 까라야나여, 이 숲은 평온하고 청정하고 고요하고 조용하고 인적이 없고 사람 사는 곳과 떨어져 있어서 좌선하기 좋겠다. 우리가 아라한이시며, 바르고 평등한 깨달음을 성취하신 세존께 존경의 뜻을 보이기에 참으로 좋은 곳이다. 사랑하는 벗 까라야나여, 그런데 아라한이시며, 바르고 평등한 깨달음을 성취하신 세존께서는 지금 어디에 계시는가?"

"왕이시여, 메다룸빵이라는 사끼야족의 마을이 있습니다. 아라한이시며, 바르고 평등한 깨달음을 성취하신 세존께서는 지금 그곳에 계십니다."

"사랑하는 벗 까라야나여, 메다룸빵이라는 사끼야족의 마을은 낭가라까에서 얼마나 먼가?"

"왕이시여, 멀지 않습니다. 3요자나 거리입니다. 해가 지기 전에 갈 수 있습니다."

"사랑하는 벗 까라야나여, 그렇다면 훌륭한 수레들을 준비하라! 우리는 아라한이시며, 바르고 평등한 깨달음을 성취하신 세

---

369 『중아함경(中阿含經)』의 「213. 법장엄경(法莊嚴經)」에 상응하는 경.

존을 뵈러 가자."

"왕이시여! 그렇게 하겠습니다."

디가 까라야나는 꼬살라의 빠세나디왕에게 대답하고 훌륭한 수레들을 준비한 후에 빠세나디왕에게 알렸습니다.

"왕이시여! 훌륭한 수레들을 끌고 왔습니다. 이제 출발하실 때가 되었습니다."

꼬살라의 빠세나디왕은 훌륭한 수레에 올라 훌륭한 수레들을 거느리고 낭가라까에서 메다룸빠이라는 사끼야족의 마을로 출발하여, 해가 지기 전에 메다룸빠이라는 사끼야족의 마을에 도착한 후에 원림을 찾아 나섰습니다. 그는 수레가 갈 수 있는 데까지 수레로 간 다음, 수레에서 내려 걸어서 원림으로 들어갔습니다. 그때 많은 비구가 야외에서 산책하고 있었습니다. 꼬살라의 빠세나디왕은 그 비구들에게 가서 말했습니다.

"존자들이여, 아라한이시며, 바르고 평등한 깨달음을 성취하신 세존께서는 지금 어디에 계십니까? 우리는 아라한이시며, 바르고 평등한 깨달음을 성취하신 세존을 뵙고 싶습니다."

"대왕이시여, 문이 닫힌 이 승방(僧房)에 계십니다. 조용히 가서 천천히 현관으로 들어가 헛기침을 하고 문고리를 두드리십시오! 세존께서 당신에게 문을 열어 주실 것입니다."

꼬살라의 빠세나디왕은 그곳에서 칼과 터번[uṇhīsa]을 디가 까라야나에게 건네주었습니다. 디가 까라야나는 '지금 대왕께서 나를 두고 가려고 하신다. 나는 이제 이곳에 머물겠다'라고 생각했습니다. 꼬살라의 빠세나디왕은 조용히 문이 닫힌 그 승방으로 가서 천천히 현관으로 들어가 헛기침을 하고 문고리를 두드렸습니다. 세존께서 문을 열었습니다. 꼬살라의 빠세나디왕은 승방으로 들어가서 세존의 발에 머리를 조아리고, 세존의 두 발에 입을 맞추고, 손으로 어루만지면서 이름을 알렸습니다.

"세존이시여, 저는 꼬살라의 왕 빠세나디입니다. 세존이시여, 저는 꼬살라의 왕 빠세나디입니다."

"대왕이시여, 당신은 어떤 이유에서 이 몸에 이와 같은 최상의 경례를 하고, 우정 어린 표현을 하십니까?"

"세존이시여, 저는 '세존에게는 가르침의 궁극[dhammanvaya]이 있다. 세존은 평등하고 바른 깨달음을 성취하신 분[等正覺]이다. 세존에 의해 가르침은 잘 설해졌다. 세존의 성문(聲聞)상가는 가르침을 잘 실천한다'라고 생각합니다. 세존이시여, 저는 어떤 사문과 바라문들이 10년이나 20년, 또는 30년이나 40년 동안 일정 기간 범행(梵行)을 실천한 것을 보았습니다. 그들은 (수행을 마친) 뒤에는 몸을 씻고, 향을 바르고, 머리와 수염을 빗고, 잘 갖추어진 다섯 가지 감각적 욕망의 대상에 둘러싸여 있습니다. 세존이시여, 그런데 제가 보니 비구들은 수명과 목숨이 다할 때까지 원만하고 청정한 범행을 실천합니다. 세존이시여, 저는 이밖에 다른 사람들에게서 이와 같이 원만하고 청정한 범행을 보지 못했습니다. 세존이시여, 이것이 제가 '세존에게는 가르침의 궁극이 있다. 세존은 평등하고 바른 깨달음을 성취하신 분이다. 세존에 의해 가르침은 잘 설해졌다. 세존의 성문상가는 가르침을 잘 실천한다'라고 생각한 이유입니다.

세존이시여, 그뿐만이 아닙니다. 왕들은

왕들과 다투고, 크샤트리아들은 크샤트리아들과 다투고, 바라문들은 바라문들과 다투고, 거사들은 거사들과 다투고, 어머니는 자식들과 다투고, 자식은 어머니와 다투고, 아버지는 아들들과 다투고, 아들은 아버지와 다투고, 형제들은 형제들과 다투고, 형제들은 자매들과 다투고, 자매들은 자매들과 다투고, 자매들은 형제들과 다투고, 친구는 친구들과 다툽니다. 세존이시여, 그런데 제가 보니 비구들은 조화를 이루고 일치하여 다투지 않으며, 우유와 물처럼 화합하고, 상호 간에 애정 어린 눈길을 주고받으며 살아갑니다. 세존이시여, 저는 이밖에 다른 대중들에게서 이와 같이 화합하는 대중을 보지 못했습니다. 세존이시여, 이것이 제가 '세존에게는 가르침의 궁극이 있다. 세존은 평등하고 바른 깨달음을 성취하신 분이다. 세존에 의해 가르침은 잘 설해졌다. 세존의 성문상가는 가르침을 잘 실천한다'라고 생각한 이유입니다.

세존이시여, 그뿐만이 아닙니다. 저는 여러 원림을 돌아다녔습니다. 저는 그곳에서 황달이 들고 핏줄이 불거져서, 사람이라면 차마 눈 뜨고 볼 수 없이 여위고 비루하고 흉측한 사문과 바라문들을 보았습니다. 세존이시여, 그래서 저는 '이 존자들은 사실은 기꺼이 범행을 실천하는 것이 아니다. 그들은 드러나지 않은 어떤 악업(惡業)을 지었을 것이다. 그래서 이 존자들은 황달이 들고 핏줄이 불거져서, 사람이라면 차마 눈 뜨고 볼 수 없이 여위고 비루하고 흉측한 것이다'라고 생각했습니다. 그래서 저는 그들에게 가서 이렇게 말했습니다.

'존자들이여, 그대들은 왜 황달이 들고 핏줄이 불거져서, 사람이라면 차마 눈 뜨고 볼 수 없이 여위고 비루하고 흉측합니까?'

그들은 이렇게 말했습니다.

'대왕이시여, 그것은 우리 친족의 유전병입니다.'

세존이시여, 그런데 제가 보니 비구들은 기꺼이 매우 즐겁게 좋아하면서 정력적으로 평안하게 걱정 없이 다른 사람의 보시에 의지하여 사슴과 같은 마음으로 살아갑니다. 그래서 저는 이렇게 생각했습니다.

'이 존자들은 세존의 가르침에 대하여 훌륭하게 선후(先後)를 구별할 줄 안다. 그래서 이 존자들은 기꺼이 매우 즐겁게 좋아하면서 정력적으로 평안하게 걱정 없이 다른 사람의 보시에 의지하여 사슴과 같은 마음으로 살아간다.'

세존이시여, 이것이 제가 '세존에게는 가르침의 궁극이 있다. 세존은 평등하고 바른 깨달음을 성취하신 분이다. 세존에 의해 가르침은 잘 설해졌다. 세존의 성문상가는 가르침을 잘실천한다'라고 생각한 이유입니다.

세존이시여, 그뿐만이 아닙니다. 저는 관정(灌頂)을 받은 크샤트리아로서 죽여야 하면 죽이고, 재산을 몰수해야 하면 몰수하고, 추방해야 하면 추방하는 일을 하는 왕입니다. 세존이시여, 제가 앉아서 판결할 때면 여기저기서 떠드는 소리가 방해합니다. '여러분, 내가 앉아서 판결할 때는 여러분에게 내 판결이 전달될 수 있도록 여기저기서 떠들어 방해하지 않도록 하시오!'라고 말하지만, 그렇게 되지 않고 여기저기서 떠드는 소리가 저를 방해합니다. 세존이시여, 그런데 제가 보니 세존께서 수백 명의 대중에게 설법하실 때, 비구들은 재채기 소리도 내지 않고 헛기침 소리도 내지 않습니다. 세존이시여, 이전에 세존께서 수백 명의 대중에게 설법하셨습니다. 그곳에서 세존의 어떤 제자가 헛기침을 하자, 다른 동료 수행자가 그를 무릎으로 살짝 치면서 말했습니다.

'존자여, 조용히 하세요. 존자여, 소리 내지 마세요. 우리의 스승이신 세존께서 설법하십니다.'

세존이시여, 저는 이렇게 생각했습니다.

'참으로 놀랍구나! 참으로 희한하구나! 참으로 몽둥이를 쓰지 않고도, 참으로 칼을 쓰지 않고도 이와 같이 잘 훈련된 대중들이 있을 수 있다니!'

세존이시여, 저는 이밖에 다른 대중들에게서 이와 같이 잘 훈련된 대중을 보지 못했습니다. 세존이시여, 이것이 제가 '세존에게는 가르침의 궁극이 있다. 세존은 평등하고 바른 깨달음을 성취하신 분이다. 세존에 의해 가르침은 잘 설해졌다. 세존의 성문상가는 가르침을 잘 실천한다'라고 생각한 이유입니다.

세존이시여, 그뿐만이 아닙니다. 저는 다른 사람들과의 논쟁에 능숙하고 현명하고 영리하고 예리한 크샤트리아, 바라문, 거사들을 보았습니다. 제 생각에 그들은 지혜롭게 상대의 주장을 논파합니다. 그들은 고따마 사문이 어떤 마을이나 도시에 온다는 말을 들었습니다. 그들은 질문을 준비했습니다.

'우리는 고따마 사문에게 가서 이 물음을 묻기로 하자. 만약에 우리가 이렇게 물으면 그는 이렇게 답변할 것이다. 그러면 우리는 이렇게 논파하자. 만약에 우리가 이렇게 물으면 그는 이렇게 답변할 것이다. 그러면 우리는 이렇게 논파하자.'

그들은 고따마 사문이 어떤 마을이나 도시에 왔다는 말을 들었습니다. 그들은 세존을 찾아갔습니다. 세존께서는 설법하여 그들을 가르치고 격려하고 장려하고 기쁘게 했습니다. 그들은 세존의 설법을 통해 가르침을 받고 격려를 받고 장려를 받고 기뻤기 때문에 세존께 질문을 하지 않았습니다. 그런데 어떻게 논파를 하겠습니까? 아무튼, 그들은 세존의 제자가 되었습니다. 세존이시여, 이것이 제가 '세존에게는 가르침의 궁극이 있다. 세존은 평등하고 바른 깨달음을 성취하신 분이다. 세존에 의해 가르침은 잘 설해졌다. 세존의 성문상가는 가르침을 잘 실천한다'라고 생각한 이유입니다.

세존이시여, 그뿐만이 아닙니다. 제가 본 바로는 다른 사람들과의 논쟁에 능숙하고 현명하고 영리하고 예리한 사문(沙門)들도 마찬가지였습니다.[370] 그들은 세존의 설법을 통해 가르침을 받고 격려를 받고 장려를 받고 기뻤기 때문에 세존께 질문하지 않았습니다. 그런데 어떻게 논파를 하겠습니까? 아무튼, 그들은 집을 떠나 출가하는 것을 허락해 달라고 세존께 간청했습니다. 세존께서는 그들을 출가시켰습니다. 그곳에서 출가한 그 사문들은 홀로 외딴곳에서 열심히 노력하고 정진하며 지냈습니다. 그리고 오래지 않아 선남자(善男子)들이 출가하는 목적인 위없는 청정한 수행[梵行]의 완성을 지금 여기에서 스스로 체험하고 성취하여 살고 있습니다. 그들은 이렇게 말했습니다.

'참으로 우리는 망할 뻔했다. 참으로 우

370 크샤트리아의 경우와 같은 내용이 반복되기 때문에 생략하여 번역함.

리는 파멸할 뻔했다. 우리는 과거에 사문도 아니면서 스스로 진정한 사문이라고 칭했고, 바라문도 아니면서 스스로 진정한 바라문이라고 칭했고, 아라한도 아니면서 스스로 진정한 아라한이라고 칭했다. 이제 우리는 사문이고, 이제 우리는 바라문이고, 이제 우리는 아라한이다.'

세존이시여, 이것이 제가 '세존에게는 가르침의 궁극이 있다. 세존은 평등하고 바른 깨달음을 성취하신 분이다. 세존에 의해 가르침은 잘 설해졌다. 세존의 성문상가는 가르침을 잘 실천한다'라고 생각한 이유입니다.

세존이시여, 그뿐만이 아닙니다. 시종무관(侍從武官) 이시닷따(Isīdatta)와 뿌라나(Purāṇā)는 나의 음식을 먹고, 나의 수레를 사용합니다. 나는 그들에게 생계를 제공하고 높은 지위를 주었습니다. 그런데 그들은 세존께 하는 것만큼 저에게 복종하지 않습니다. 세존이시여, 이전에 군대를 이끌고 진격할 때, 시종무관 이시닷따와 뿌라나를 시험해 보려고 어떤 비좁은 거처에 숙소를 잡았습니다. 세존이시여, 시종무관 이시닷따와 뿌라나는 밤에 대부분의 시간을 법담으로 보낸 다음, 세존이 계신 곳을 향하여 머리를 두고 나를 향해 발을 두고 누웠습니다. 세존이시여, 저는 이렇게 생각했습니다.

'참으로 놀랍구나! 참으로 희한하구나! 시종무관 이시닷따와 뿌라나는 나의 음식을 먹고, 나의 수레를 사용한다. 나는 그들에게 생계를 제공하고 높은 지위를 주었다. 그런데 그들은 세존께 하는 것만큼 나에게 복종하지 않는다. 이 존자들은 세존의 가르침에 대하여 훌륭하게 선후를 구별할 줄 아는구나.'

세존이시여, 이것이 제가 '세존에게는 가르침의 궁극이 있다. 세존은 평등하고 바른 깨달음을 성취하신 분이다. 세존에 의해 가르침은 잘 설해졌다. 세존의 성문상가는 가르침을 잘 실천한다'라고 생각한 이유입니다.

세존이시여, 그뿐만이 아닙니다. 세존도 크샤트리아이고 저도 크샤트리아입니다. 세존도 꼬살라 사람이고 저도 꼬살라 사람입니다. 세존도 여든 살이고 저도 여든 살입니다. 세존이시여, 세존도 크샤트리아이고 저도 크샤트리아이기 때문에, 세존도 꼬살라 사람이고 저도 꼬살라 사람이기 때문에, 세존도 여든 살이고 저도 여든 살이기 때문에, 세존이시여, 이런 경우에는 제가 마땅히 세존께 이와 같은 최상의 경례를 하고 우정 어린 표현을 해야 합니다. 세존이시여, 우리는 할 일이 많아서 그만 물러가겠습니다."

"대왕이시여, 이제 가야 할 시간이라고 생각되면 그렇게 하십시오!"

꼬살라의 빠세나디왕은 자리에서 일어나 세존께 예배하고, 오른쪽으로 돌고 떠났습니다.

세존께서는 꼬살라의 빠세나디왕이 떠난 후에 곧바로 비구들에게 말씀하셨습니다.

"비구들이여, 꼬살라의 빠세나디왕은 가르침의 탑(塔)을 이야기하고 자리에서 일어나 떠나갔다오. 비구들이여, 가르침의 탑을 배우시오! 비구들이여, 가르침의 탑을 숙달하시오! 비구들이여, 가르침의 탑을 명심하시오! 비구들이여, 가르침의 탑은 유익하며, 청정한 수행의 출발점이오."

이것이 세존께서 하신 말씀입니다.

그 비구들은 세존의 말씀에 만족하고 기뻐했습니다.

48. 짱끼경
〈M.N. 95. Caṅkī-sutta〉

이와 같이 나는 들었습니다.

한때 세존께서는 꼬살라에서 큰 비구상가와 함께 유행(遊行)하시다가 오빠사다(Opasāda)라는 꼬살라의 바라문 마을에 도착하셨습니다. 세존께서는 그곳 오빠사다에 계시는 동안 오빠사다의 북쪽에 있는 데와와나(Devavana) 살라나무 숲에 머무셨습니다. 그때 짱끼(Caṅkī) 바라문이 오빠사다에 살고 있었는데, 그곳은 꼬살라의 왕 빠세나디가 하사한 봉토(封土)로서 인구가 많고 풀과 장작과 물이 풍부하고 곡식이 풍부한 곳이었습니다.

오빠사다의 바라문과 거사들은 '사끼야족의 후예로서 사끼야족에서 출가한 사문 고따마께서 큰 비구상가와 함께 꼬살라에서 유행하시다가 오빠사다에 도착하셨다. 고따마 세존은 열 가지 이름[十號]으로 불리는 명성이 자자하신 분이다. 그분은 천계·마라·범천을 포함한 이 세간을, 사문과 바라문과 왕과 백성을 포함한 인간계를 체험적 지혜로 몸소 체득하여 알려 준다. 그분은 처음도 좋고 중간도 좋고 마지막도 좋은, 의미 있고 명쾌하고 완벽한 진리[法]를 가르치며, 청정한 범행(梵行)을 알려 준다. 그러므로 마땅히 그런 성자를 만나 보아야 한다'라는 말을 들었습니다.

오빠사다의 바라문과 거사들은 삼삼오오 무리 지어 오빠사다를 나와서 북쪽에 있는 데와와나 살라나무 숲으로 갔습니다.

그때 짱끼 바라문은 누각 위에서 오후 휴식을 취하고 있었습니다. 짱끼 바라문은 오빠사다를 나와서 삼삼오오 무리 지어 북쪽에 있는 데와와나 살라나무 숲으로 가는 바라문과 거사들을 보았습니다.

짱끼 바라문이 집사에게 말했습니다.

"여보게, 집사! 무엇 때문에 오빠사다의 바라문과 거사들은 북쪽에 있는 데와와나 살라나무 숲으로 가는가?"

집사는 사실대로 이야기했습니다.

"여보게, 집사! 그렇다면 오빠사다의 바라문과 거사들에게 가서 '돌아오시오! 존자들이여! 짱끼 바라문도 고따마 사문을 뵈러 갈 것이오'라고 말하게."

"예, 그렇게 하겠습니다"

집사는 오빠사다의 바라문과 거사들에게 가서 짱끼 바라문의 말을 전했습니다.

그때 오빠사다에는 어떤 볼일이 있어서 여러 지방에서 온 500명의 바라문들이 머물고 있었습니다. 그 바라문들은 짱끼 바라문이 고따마 사문을 뵈러 간다는 말을 들었습니다.

그 바라문들은 짱끼 바라문을 찾아가서 말했습니다.

"짱끼 존자께서 고따마 사문을 보러 가신다는 말이 사실입니까?"

"나는 고따마 사문을 뵈러 가려고 합니다."

"짱끼 존자께서는 고따마 사문을 보러 가지 마십시오! 짱끼 존자께서 고따마 사문을 보러 가는 것은 마땅하지 않습니다. 고따마 사문이 짱끼 존자를 뵈러 와야 마땅합니다. 짱끼 존자께서는 부모가 모두 훌륭한 가문의 태생으로서 족보에 의하면, 7대 조부(祖父)까지 뒤섞이지 않고 비난받지 않은 순수한 혈통입니다. 그러므로 짱끼 존자께서 고따마 사문을 보러 가는 것은 마땅하지 않습니다. 고따마 사문이 짱끼 존자를 뵈러 오는 것이 마땅합니다. …[371] 짱끼 존자께서는 꼬살라의 왕 빠세나디의 존경과 존중과 공경과 공양과 숭배를 받습니다. 짱끼 존자께서는 뽁카라사띠(Pokkharasāti) 바라문의 존경과 존중과 공경과 공양과 숭배를 받습니다. 짱끼 존자께서는 꼬살라의 왕 빠세나디가 봉토로 하사한 인구가 많고 풀과 장작과 물이 풍부하고 곡식이 풍부한 오빠사다에 살고 있습니다. 그러므로 짱끼 존자께서 고따마 사문을 보러 가는 것은 마땅하지 않습니다. 고따마 사문이 짱끼 존자를 뵈러 와야 마땅합니다."

짱끼 바라문이 그 바라문들에게 말했습니다.

"그렇다면 우리가 고따마 사문을 뵈러 가는 것이 마땅하고, 고따마 사문께서 우리를 보러 오는 것은 마땅하지 않은 이유를 나에게 들어 보시오! 고따마 사문이야말로 부모가 모두 훌륭한 가문의 태생으로서 족보에 의하면, 7대 조부까지 뒤섞이지 않고 비난받지 않은 순수한 혈통이라오. 이런 이유로 고따마 사문께서 우리를 보러 오는 것은 마땅하지 않고, 오히려 우리가 고따마 사문을 뵈러 가는 것이 마땅하다오. 벗이여, 참으로 고따마 사문께서는 고귀한 친족들을 버리고 출가했다오. 벗이여, 참으로 고따마 사문께서는 땅에 묻혀 있고 창고에 보관된 수많은 황금을 버리고 출가했다오. …[372] 오빠사다에 와서 북쪽에 있는 데와와나 살라나무 숲에 머물고 계시는 고따마 사문은 우리의 손님이라오. 그리고 우리는 손님을 친절하게 대하고 존경하고 존중하고 배려하고 공양하고 공경해야 한다오. 이런 이유로 고따마 존자께서 우리를 보러 오는 것은 마땅하지 않고, 오히려 우리가 고따마 존자를 뵈러 가는 것이 마땅하다오. 나는 고따마 존자의 훌륭한 점을 이 정도로 알고 있다오. 그러나 고따마 존자는 이 정도가 아니라, 어쩌면 훌륭한 점이 한없이 많을 것이오. 고따마 존자께서 우리를 보러 오는 것은 마땅하지 않고, 오히려 우리가 고따마 존자를 뵈러 가는 것이 마땅한 이유가 낱낱이 밝혀졌소. 그러니 우리 모두 고따마 사문을 뵈러 갑시다."

그 바라문들이 짱끼 바라문에게 말했습니다.

"짱끼 존자께서 말씀하신 바와 같이 고따마 사문이 훌륭하다면, 그 고따마 사문께서 100요자나 밖에 계신다 해도, 신심 있는 선남자는 도시락을 들고 가서라도 가서 뵙는 것이 마땅합니다. 그러므로 존자여, 우리 모두 고따마 사문을 뵈러 갑시다."

그리하여 짱끼 바라문은 수많은 바라문 대중과 함께 세존을 찾아갔습니다. 그는 세존과 정중하게 인사를 하고 공손한 인사말을 나눈 후에 한쪽에 앉았습니다. 그때 세존께

371 짱끼에 대한 많은 찬탄을 생략함.
372 고따마에 대한 많은 찬탄을 생략함.

서는 나이 많은 장로 바라문들과 함께 안부를 묻고 공손한 인사를 나눈 후에 앉아 계셨습니다.

그때 세가지 베다에 통달하고, 어휘론(語彙論)과 의궤론(儀軌論), 음운론(音韻論)과 어원론(語原論), 그리고 다섯 번째로 역사(歷史, itihāsa)에 정통하여 잘 해설하고, 세속의 철학[lokāyata]과 대인상(大人相, mahā-purisa-lakkhaṇa)에 대한 지식에 부족함이 없는 까빠티까(Kāpaṭhika)라는 삭발한 16세의 젊은 바라문 청년이 그 대중 가운데 앉아 있었습니다. 그는 세존께서 나이 많은 장로 바라문들과 함께 논의하는 중간에 끼어들어 대화를 방해했습니다.

세존께서 까빠티까 바라문 청년을 꾸짖었습니다.

"바라드와자 존자는 나이 많은 장로들이 논의하는 중간에 끼어들어 대화를 방해하지 마시오! 바라드와자 존자는 대화가 끝나면 오시오!"

이 말씀을 듣고, 짱끼 바라문이 세존께 말씀드렸습니다.

"고따마 존자께서는 까빠티까 바라문 청년을 꾸짖지 마십시오! 까빠티까 바라문 청년은 훌륭한 가문의 자녀입니다. 까빠티까 바라문 청년은 학식이 많습니다. 까빠티까 바라문 청년은 행실(行實)이 선량합니다. 까빠티까 바라문 청년은 현명합니다. 까빠티까 바라문 청년은 고따마 존자와 함께 이 대화에서 충분히 토론할 수 있습니다."

세존께서는 '까빠티까 바라문 청년은 세 가지 베다에 통달했을 것이다. 그래서 바라문들이 그를 존경한다'라고 생각하셨습니다. 까빠티까 바라문 청년은 '만약에 고따마 사문이 나와 눈길이 마주치면, 나는 고따마 사문에게 질문해야 겠다'라고 생각했습니다. 세존께서는 까빠티까 바라문 청년의 마음을 지혜로 살피시고, 까빠티까 바라문 청년에게 눈길을 주셨습니다.

까빠티까 바라문 청년은 이렇게 생각했습니다.

'고따마 사문께서 나를 배려하시는구나! 나는 지금 고따마 사문께 질문해야겠다.'

까빠티까 바라문 청년이 세존께 말씀드렸습니다.

"고따마 존자여, 바라문의 오래된 만트라의 구절[mantapada]은 끊이지 않고 경전으로 전승된 전통(傳統)입니다. 바라문들은 그 만트라에 의지하여 '오로지 이것만이 진실이고 다른 것은 거짓이다'라는 결론에 도달합니다. 고따마 존자께서는 여기에 대하여 어떻게 말씀하십니까?"

"바라드와자여, 그렇다면 바라문 가운데 누구든 '내가 그것을 안다. 내가 그것을 보았다. 이것만이 진실이고 다른 것은 거짓이다'라고 이야기한 바라문이 한 사람이라도 있는가?"

"없습니다, 고따마 존자여!"

"바라드와자여, 그렇다면 바라문 가운데 누구든 '내가 그것을 안다. 내가 그것을 보았다. 이것만이 진실이고 다른 것은 거짓이다'라고 이야기한 스승이나, 스승의 스승이나, 7대에 걸쳐서 스승의 스승이 한 사람이라도 있는가?"

"없습니다, 고따마 존자여!"

"바라드와자여, 그렇다면 바라문 가운데 옛날에 만트라를 지은 선인(仙人)들, 만트라를 해설한 선인들, 지금 바라문들이 따라서 노래하고, 따라서 말하고, 따라서 한 말을 따라서 말하고, 따라서 한 이야기를 따라서 이야기하는 오래된 만트라의 말씀인 찬가(讚歌, gīta)·가영(歌詠, pavutta)·본집(本集, saṁhita)을 지은 선인들, 즉 앗타까(Aṭṭhka)·와마까(Vāmaka)·와마데와(Vāmadeva)·웨싸밋따(Vessāmitta)·야마딱기(Yamataggi)·앙기라사(Aṅgirasa)·바라드와자(Bhāradvāja)·와셋타(Vāseṭṭha)·까싸빠(Kassapa)·바구(Bhagu), 그들은 '내가 그것을 안다. 내가 그것을 보았다. 이것만이 진실이고 다른 것은 거짓이다'라고 이야기했는가?"

"그렇지 않습니다, 고따마 존자여!"

"바라드와자여, 그와 같다면 그것은 곧 맨 앞 사람도 보지 못하고 가운데 사람도 보지 못하고 맨 뒷사람도 보지 못하는 장님들이 고집스럽게 줄지어 서 있는 장님들의 줄서기 같은 것이라오. 바라드와자여, 내 생각에는 맨 앞사람도 보지 못하고 가운데 사람도 보지 못하고 맨 뒷사람도 보지 못한다는 이 비유가 바라문들의 이야기에 잘 어울리오.

바라드와자여, 그대는 어떻게 생각하는가? 이와 같이 바라문들의 신념(信念)은 근거가 없지 않은가?"

"고따마 존자여, 이 경우에 바라문들은 결코 신념 때문에 숭배하는 것이 아닙니다. 바라문들은 이 경우에 전통 때문에 숭배합니다."

"바라드와자여, 그대는 이전에는 신념을 따르더니, 이제는 전통을 이야기하는군요. 바라드와자여, 지금 여기 현실에서 두 가지 결과가 있는 다섯 가지 법이 있다오.[373] 그 다섯 가지는 어떤 것인가? 신념(信念, saddhā)·기호(嗜好, ruci)·전통(傳統, anussava),·논리적인 추론(推論, ākāra-parivitakka)[374]·이론의 이해와 승인(承認, diṭṭhinijjhānakhanti), 바라드와자여, 이들이 지금 여기에서 두 가지 결과가 있는 다섯 가지 법이라오. 바라드와자여, 굳게 믿고 있는 신념이 허망하고 공허하고 거짓일 수 있고, 전혀 믿기지 않는 것이 사실이고 진리이고 진실일 수 있다오. 바라드와자여, 진정으로 마음에 드는 것, 들어서 잘 알고 있는 전통, 잘 추론된 이론, 잘 이해한 이론이 허망하고 공허하고 거짓일 수 있고, 마음에 들지 않고, 들어 보지 못하고, 추론을 벗어나고, 잘 이해되지 않는 이론이 사실이고 진리이고 진실일 수 있다오. 바라드와자여, 진리를 수호(守護)하는 현명한 사람은 이 경우에 '오로지 이것만이 진실이고 다른 것은 거짓이다'라는 결론에 도달할 수 없다오."

"고따마 존자여, 그렇다면 진리의 수호란 어떤 것입니까? 진리는 어떻게 수호합니까? 우리는 고따마 존자에게 진리의 수호에 대하여 묻습니다."

"바라드와자여, 만약에 어떤 사람에게 신념이 있다면 '나의 신념은 이와 같다'라고

---

373 '두 가지 결과가 있다'라는 것은 상반된 결론, 즉 이율배반에 봉착한다는 것을 의미한다.

374 'ākāra'는 '기호·특징·형태·양식' 등의 의미이고, 'parivitakka'는 '심사숙고·성찰' 등의 의미이다. '추론'은 기호나 언어를 사용하여 논리 형식에 따라 추리하는 것인데, 'ākāraparivitakka'는 기호나 논리 형식으로 추론하는 것을 의미하기 때문에 'ākāraparivitakka'는 '논리적인 추론'을 의미한다. 부처님 당시 인도에 현대의 논리학과 같은 논리학이 있었음을 알 수 있다.

말하는 것이 진리의 수호라오. 그는 그때 '오로지 이것만이 진실이고 다른 것은 거짓이다'라는 결론에 도달하지는 않는다오. 바라드와자여, 만약에 어떤 사람에게 기호가 있다면 '나의 기호는 이와 같다'라고 말하고, 만약에 어떤 사람에게 전통이 있다면 '나의 전통은 이와 같다'라고 말하고, 만약에 어떤 사람에게 논리적인 추론이 있다면 '내가 논리적으로 추론한 것은 이와 같다'라고 말하고, 만약에 어떤 사람에게 이론의 이해와 승인이 있다면 '내가 이해하고 승인한 이론은 이와 같다'라고 말하는 것이 진리의 수호라오. 그는 그때 '오로지 이것만이 진실이고 다른 것은 거짓이다'라는 결론에 도달하지는 않는다오. 바라드와자여, 이런 방식으로 하는 것이 진리의 수호라오. 진리는 이런 방식으로 수호한다오. 우리는 이런 방식으로 진리의 수호를 언명(言明)한다오. 그렇지만 그때 진리의 자각(自覺)[saccānubodha]이 있는 것은 아니라오."

"고따마 존자여, 진리의 수호는 이런 방식으로 하는군요. 진리는 이런 방식으로 수호하는군요. 우리도 이런 방식으로 진리를 수호하겠습니다. 그렇다면 진리의 자각이란 어떤 것입니까? 진리는 어떻게 자각합니까? 우리는 고따마 존자에게 진리의 자각에 대하여 묻습니다."

"바라드와자여, 비구가 어떤 마을이나 도시에 의지하여 살아가면, 거사나 거사의 아들이 그에게 와서 탐(貪)·진(瞋)·치(痴), 세 가지 법(法)에 대하여 살펴본다오.

'이 존자는 마음이 탐·진·치에 사로잡혀서, 알지 못하면서 '나는 안다'라고 말하거나, 보지 못하면서 '나는 본다'라고 말하여 다른 사람이 오랜 시간 무익한 괴로움을 겪도록 하는 것은 아닐까?'

이와 같이 그를 살펴보고 나서, '이 존자는 그렇지 않다. 이 존자는 탐·진·치가 없는 사람으로서 몸가짐이 바른 사람이고, 언행이 바른 사람이다. 이 존자가 가르치는 가르침[法]은 이해하기 어렵고 깨닫기 어렵고 평안하고 승묘(勝妙)하고 추론의 영역을 벗어난 미묘(微妙)한 것으로서 현자만이 알 수 있는 심오한 것이다. 그것은 탐·진·치가 있는 사람이 가르칠 수 있는 가르침이 아니다'라고 알게 된다오. 탐·진·치에 대하여 살펴보고, 탐·진·치가 없이 청정하다고 여김으로써 이제 그에게 믿음을 일으킨다오. 믿음이 생기기 때문에 찾아가서 공경하고, 공경하기 때문에 귀를 기울인다오. 귀를 기울여 가르침을 듣고, 듣고 나서 가르침을 기억하고, 기억한 가르침의 의미를 확인한다오. 의미를 확인함으로써 가르침을 이해하여 승인하고, 가르침에 대한 이해와 승인이 있을 때 의욕이 생긴다오. 의욕이 생기면 시도(試圖)하고, 시도해 본 후에 비교하고, 비교해 본 후에 정근(精勤)하고, 정근하면서 몸으로 최고의 진리[paramasacca, 第一義諦]를 체험한다오. 그리고 그것을 통찰지[般若]로 꿰뚫어 본다오. 바라드와자여, 이런 방식으로 하는 것이 진리의 자각이라오. 진리는 이런 방식으로 자각한다오. 우리는 이런 방식으로 진리의 자각을 언명한다오. 그렇지만 그때 진리의 성취(成就, saccānupatti)가 있는 것은 아니라오."

"고따마 존자여, 진리의 인식은 이런 방식으로 하는군요. 진리는 이런 방식으로 인식되는군요. 우리도 이런 방식으로 진리를 인식하겠습니다. 그렇다면 진리의 성취이란 어떤 것입니까? 진리는 어떻게 성취합니까? 우리는 고따마 존자에게 진리의 성취에 대하여 묻습니다."

"바라드와자여, 그 가르침을 반복하여 닦아 익혀서 실천하는 것이 진리의 성취라오. 바라드와자여, 이런 방식으로 하는 것이 진리의 성취라오. 진리는 이런 방식으로 성취한다오. 우리는 이런 방식으로 진리의 성취를 언명한다오."

"고따마 존자여, 진리의 성취는 이런 방식으로 하는군요. 진리는 이런 방식으로 성취하는군요. 우리도 이런 방식으로 진리를 성취하겠습니다. 고따마 존자여, 그렇다면 진리의 성취에 도움이 되는 것은 어떤 것입니까? 우리는 고따마 존자에게 진리의 성취에 도움이 되는 것을 묻습니다."

"바라드와자여, 정근(精勤, padhāna)이 진리의 성취에 도움이 된다오. 노력하지 않으면 이 진리를 성취할 수 없다오. 노력하기 때문에 진리를 성취한다오. 그러므로 정근이 진리의 성취에 도움이 된다오."

"고따마 존자여, 그렇다면 정근에 도움이 되는 것은 어떤 것입니까? 우리는 고따마 존자에게 정근에 도움이 되는 것을 묻습니다."

"바라드와자여, 비교(比較, tulaṇā)가 정근에 도움이 된다오. 비교해 보지 않으면 정근할 수 없다오. 비교해 보기 때문에 정근한다오. 그러므로 비교가 정근에 도움이 된다오."

"고따마 존자여, 그렇다면 비교에 도움이 되는 것은 어떤 것입니까? 우리는 고따마 존자에게 비교에 도움이 되는 것을 묻습니다."

"바라드와자여, 시도(試圖, ussāha)가 비교에 도움이 된다오. 시도해 보지 않으면 비교할 수 없다오. 시도해 보기 때문에 비교할 수 있다오. 그러므로 시도가 비교에 도움이 된다오."

"고따마 존자여, 그렇다면 시도에 도움이 되는 것은 어떤 것입니까? 우리는 고따마 존자에게 시도에 도움이 되는 것을 묻습니다."

"바라드와자여, 의욕(意欲)이 시도에 도움이 된다오. 의욕이 생기지 않으면 시도할 수 없다오. 의욕이 생기기 때문에 시도하는 것이라오. 그러므로 의욕이 시도에 도움이 된다오."

"고따마 존자여, 그렇다면 의욕에 도움이 되는 것은 어떤 것입니까? 우리는 고따마 존자에게 의욕에 도움이 되는 것을 묻습니다."

"바라드와자여, 가르침의 이해와 승인(承認, dhammanijjhānakhanti)이 의욕에 도움이 된다오. 가르침을 이해하여 승인하지 않으면 의욕이 생길 수 없다오. 가르침을 이해하여 승인하기 때문에 의욕이 생긴다오. 그러므로 가르침의 이해와 승인이 의욕에 도움이 된다오."

"고따마 존자여, 그렇다면 가르침의 이해와 승인에 도움이 되는 것은 어떤 것입니까? 우리는 고따마 존자에게 가르침의 이해와 승인에 도움이 되는 것을 묻습니다."

"바라드와자여, 의미의 확인(確認, attha-upaparikkhā)이 가르침의 이해와 승인에 도움이 된다오. 의미를 확인하지 않으면 가르침을 이해하여 승인할 수 없다오. 의미를 확인하기 때문에 가르침을 이해하여 승인할 수 있다오. 그러므로 의미의 확인이 가르침의 이해와 승인에 도움이 된다오."

"고따마 존자여, 그렇다면, 의미의 확인에 도움이 되는 것은 어떤 것입니까? 우리는 고따마 존자에게 의미의 확인에 도움이 되는 것을 묻습니다."

"바라드와자여, 가르침의 기억[dhamma-dhāraṇā]이 의미의 확인에 도움이 된다오. 가르침을 기억하지 않으면 의미를 확인할 수 없다오. 가르침을 기억하기 때문에 의미를 확인할 수 있다오. 그러므로 가르침의 기억이 의미의 확인에 도움이 된다오."

"고따마 존자여, 그렇다면 가르침의 기억에 도움이 되는 것은 어떤 것입니까? 우리는 고따마 존자에게 가르침의 기억에 도움이 되는 것을 묻습니다."

"바라드와자여, 가르침을 듣기[375]가 가르침의 기억에 도움이 된다오. 가르침을 듣지 않으면 가르침을 기억할 수 없다오. 가르침을 듣기 때문에 가르침을 기억할 수 있다오. 그러므로 가르침을 듣기가 가르침의 기억에 도움이 된다오."

"고따마 존자여, 그렇다면 가르침을 듣기에 도움이 되는 것은 어떤 것입니까? 우리는 고따마 존자에게 가르침을 듣기에 도움이 되는 것을 묻습니다."

"바라드와자여, 귀 기울이기(傾聽)[376]가 가르침을 듣기에 도움이 된다오. 귀 기울이지 않으면 가르침을 들을 수 없다오. 귀 기울이기 때문에 가르침을 들을 수 있다오. 그러므로 귀 기울이기가 가르침을 듣기에 도움이 된다오."

"고따마 존자여, 그렇다면 귀 기울이기에 도움이 되는 것은 어떤 것입니까? 우리는 고따마 존자에게 귀 기울이기에 도움이 되는 것을 묻습니다."

"바라드와자여, 공경(恭敬)이 귀 기울이기에 도움이 된다오. 공경하지 않으면 귀를 기울이지 않는다오. 공경하기 때문에 귀를 기울인다오. 그러므로 공경이 귀 기울이기에 도움이 된다오."

"고따마 존자여, 그렇다면 공경에 도움이 되는 것은 어떤 것입니까? 우리는 고따마 존자에게 공경에 도움이 되는 것을 묻습니다."

"바라드와자여, 찾아가기[377]가 공경에 도움이 된다오. 찾아가지 않으면 공경할 수 없다오. 찾아가기 때문에 공경할 수 있다오. 그러므로 찾아가기가 공경에 도움이 된다오."

"고따마 존자여, 그렇다면 찾아가기에 도움이 되는 것은 어떤 것입니까? 우리는 고따마 존자에게 찾아가기에 도움이 되는 것을 묻습니다."

"바라드와자여, 신뢰(信賴)[378]가 찾아가기에 도움이 된다오. 신뢰가 생기지 않으면 찾아가지 않는다오. 신뢰가 생기기 때문에 찾아간다오. 그러므로 신뢰가 찾아가기에 도

375 'dhammasavana'의 번역.
376 'sotāvadhāna'의 번역.
377 'upasaṅkamana'의 번역.
378 'saddhā'의 번역.

움이 된다오."

"우리는 고따마 존자에게 진리의 수호에 대하여 물었고, 고따마 존자께서는 그것을 설명해 주셨습니다. 그것을 우리는 기꺼이 승인합니다. 그래서 우리는 행복합니다. 우리는 고따마 존자에게 진리의 인식과 진리의 성취에 대하여 물었고, 고따마 존자께서는 그것을 설명해 주셨습니다. 그것을 우리는 기꺼이 승인합니다. 그래서 우리는 행복합니다. 우리는 고따마 존자에게 진리의 성취에 도움이 되는 것을 물었고, 고따마 존자께서는 그것을 설명해 주셨습니다. 그것을 우리는 기꺼이 승인합니다. 그래서 우리는 행복합니다. 우리가 고따마 존자에게 물었던 물음을 고따마 존자께서 모두 설명해 주셨습니다. 그것을 우리는 기꺼이 승인합니다. 그래서 우리는 행복합니다. 고따마 존자여, 우리는 이전에는 '범천(梵天)의 발에서 나온 검고 천박한 삭발한 사문들은 도대체 어떤 자들일까? 누가 진리[法]를 알기나 할까?'라고 알고 있었습니다. 고따마 존자께서는 저에게 사문들에 대한 애정과 사문들에 대한 믿음과 사문들에 대한 존경을 불러일으켰습니다.

훌륭하십니다, 고따마 존자여! 훌륭하십니다, 고따마 존자여! 마치 뒤집힌 것을 바로 세우는 것 같고, 감추어진 것을 드러내는 것 같고, 길 잃은 자에게 길을 알려 주는 것 같고, '눈 있는 자들은 보라'라고 어둠 속에 등불을 비춰 주는 것 같습니다. 이와 같이 고따마 존자께서는 여러 가지 방법으로 진리를 알려 주셨습니다. 이제 저는 고따마 존자님께 귀의합니다. 가르침과 비구상가에 귀의합니다. 고따마 존자님께서는 저를 청신사로 받아 주소서. 오늘부터 살아 있는 날까지 귀의하겠습니다."

49. 데와다하경[379]

〈M.N. 101. Devadaha-sutta〉

이와 같이 나는 들었습니다.

한때 세존께서는 삭까에서 사끼야족의 마을 데와다하(Devadaha)에 머무셨습니다.

그때 세존께서 비구들을 불러 말씀하셨습니다.

"비구들이여, 어떤 사문과 바라문들은 '인간이 겪는 즐거움이나 괴로움이나 괴롭지도 즐겁지도 않음은 무엇이든 모두가 과거에 행한 것이 원인[pubbekatahetu]이다. 고행으로 과거의 업[purāṇānaṁ kammanaṁ]을 소멸하고 새로운 업을 짓지 않으면 미래에는 (업이) 유입(流入)하지 않는다. 미래에 유입하지 않으면 업이 소멸한다. 업이 소멸하면 괴로움이 소멸하고, 괴로움이 소멸하면 느낌[受]이 소멸하며, 느낌이 소멸하면 일체의 괴로움이 소멸한다'라는 교리와 견해를 가지고 있다오.

비구들이여, 니간타(Nigaṇṭha)[380] 들은 이런 교리를 가진 사람들이라오. 나는 이런 주장을 하는 니간타들에게 가서 이렇게 말한다오.

'니간타 존자들이여, 그대들은 진실로 이와 같은 주장을 하는가?'

비구들이여, 그 니간타들이 이와 같은 질문을 받고 나에게 '그렇다'라고 대답하면, 나는 이렇게 말한다오.

'니간타 존자들이여, 그렇다면 그대들은 '전생에 우리는 존재했는지, 존재하지 않았는지'를 아는가?'

'그렇지 않습니다, 존자여!'

'니간타 존자들이여, 그렇다면 그대들은 '전생에 우리가 악업(惡業)을 지었는지, 짓지 않았는지'를 아는가?'

'그렇지 않습니다, 존자여!'

'니간타 존자들이여, 그렇다면 그대들은 '우리가 어떤 악업을 지었는지'를 아는가?'

'그렇지 않습니다, 존자여!'

'니간타 존자들이여, 그렇다면 그대들은 '이 정도의 괴로움이 소멸했다. 이 정도의 괴로움이 소멸해야 한다. 이 정도의 괴로움이 소멸하면 일체의 괴로움이 소멸할 것이다'라는 것을 아는가?'

'그렇지 않습니다, 존자여!'

'니간타 존자들이여, 그렇다면 그대들은 지금 여기에서 불선법(不善法)을 버리고 선법(善法)을 얻는 것에 대하여 아는가?'

'그렇지 않습니다, 존자여!'

'니간타 존자들이여, 이와 같이 그대들은 '전생에 우리는 존재했는지, 존재하지 않았는지'도 알지 못하고, … 지금 여기에서 불선법을 버리고 선법을 얻는 것에 대하여도 알지 못하는군요. 이와 같다면, 니간타 존자들이 '인간이 겪는 즐거움이나 괴로움이나

379 『중아함경(中阿含經)』의 「19. 니건경(尼乾經)」에 상응하는 경.

380 니간타(Nigaṇṭha)는 자이나교도를 가리키는 말이다.

괴롭지도 즐겁지도 않음은 무엇이든 모두 전생의 업(業)이 원인이다. 그러므로 고행으로 과거의 업을 소멸하고 새로운 업을 짓지 않으면, 미래에는 (업이)유입하지 않는다. 미래에 유입하지 않으면 업이 소멸한다. 업이 소멸하면 괴로움이 소멸하고, 괴로움이 소멸하면 느낌이 소멸하며, 느낌이 소멸하면 일체의 괴로움이 소멸한다'라고 주장하는 것은 정당(正當)하지 않다오. 니간타 존자들이여, 만약에 그대들이 그 모든 것을 안다면, 그대들의 주장은 정당할 것이오.

니간타 존자들이여, 비유하면 독화살에 맞은 사람과 같다오. 그는 화살에 맞았기 때문에 격렬하고 극심한 고통을 느낄 것이오. 니간타 존자들이여, 그의 친구와 친족들은 화살을 뽑는 의사를 부를 것이오. 그 의사가 칼로 그 사람의 상처 구멍을 절개하면, 이로 인하여 그는 격렬하고 극심한 고통을 느낄 것이오. 그 의사가 탐침(探針)으로 화살을 찾으면, 이로 인하여 그는 격렬하고 극심한 고통을 느낄 것이오. 그 의사가 화살을 뽑으면, 이로 인하여 그는 격렬하고 극심한 고통을 느낄 것이오. 그 의사가 상처 구멍에 해독제를 바르면, 이로 인하여 그는 격렬하고 극심한 고통을 느낄 것이오. 그는 상처가 치료된 후에 건강한 피부를 드러내고, 즐겁게 혼자서 자유롭게 마음대로 다니게 될 것이오. 그는 '나는 과거에 독화살에 맞아 격렬하고 극심한 고통을 느꼈다. 나는 의사가 치료할 때 격렬하고 극심한 고통을 느꼈다. 나는 이제 상처가 치료되어 건강한 피부를 드러내고, 즐겁게 혼자서 자유롭게 마음대로 다닌다'라고 생각할 것이오.

니간타 존자들이여, 만약에 그대들이 이와 같이 그 모든 것을 안다면, 그대들의 주장은 정당할 것이오. 니간타 존자들이여, 그런데 그대들은 아무것도 알지 못하는군요. 그러므로 그대들의 주장은 정당하지 않다오.'[381]

비구들이여, 이와 같이 말하면 그 니간타들은 나에게 말한다오.

'존자여, 니간타 나따뿟따는 모든 것을 아시는 분[一切知者]이며, 모든 것을 보시는 분으로서 남김없이 알고 본다고 스스로 공언했습니다. '가거나 서 있거나, 자거나 깨어 있거나, 나에게는 항상 계속해서 지견(知見)이 나타난다. 니간타 형제들이여, 그대들에게는 과거에 지은 악업이 있다. 그것을 이러한 극심한 고행으로 소멸하라! 그리고 지금 여기에서 몸으로 제어하고, 말로 제어하고, 마음으로 제어하고, 미래에 악업을 짓지 마라! 이렇게 과거의 업을 고행으로 소멸하고, 미래에 새로운 업을 짓지 않으면, 미래에는 (업이) 유입하지 않는다. 미래에 유입하지 않으면 업이 소멸한다. 업이 소멸하면 괴로움이 소멸하고, 괴로움이 소멸하면 느낌이 소멸하며, 느낌이 소멸하면 일체의 괴로움이 소멸한다'라고 말했습니다. 그 말이 우리의 마음에 듭니다. 그리고 우리는 그 말을 승인합니다. 그래서 우리는 만족합니다.'

비구들이여, 이와 같이 말하면 나는 그 니간타들에게 이렇게 말한다오.

'니간타 존자들이여, 지금 여기에서 두 가지 결과가 있는 다섯 가지 법이 있다오.

---

381 중복되는 내용은 생략하여 번역함.

그 다섯 가지는 어떤 것인가? 신념(信念), 기호(嗜好), 전통(傳統), 논리적인 추론(推論), 이론의 이해와 승인(承認)이라오. 니간타 존자들이여, 이것들이 지금 여기에서 두 가지 결과가 있는 다섯 가지 법이라오. 과거의 스승에 대하여 니간타 존자들이 가지고 있는 것은 바로 신념이나 기호나 전통이나 논리적인 추론이나 이론의 이해와 승인이 아닌가?'

비구들이여, 내가 이렇게 말할 때 니간타들 가운데서 근거를 가지고 교리를 옹호하는 사람을 나는 보지 못했다오. 비구들이여, 나는 한 걸음 더 나아가서 그 니간타들에게 이렇게 말한다오.

'니간타 존자들이여, 어떻게 생각하는가? 그대들이 격렬하게 노력하고 격렬하게 정진할 때는 고행에서 야기된 격렬하고 극심한 고통이 느껴지겠지만, 격렬하게 노력하지 않고 격렬하게 정진하지 않을 때도 고행에서 야기된 격렬하고 극심한 고통이 느껴지는가?'

'고따마 존자여, 우리가 격렬하게 노력하고 격렬하게 정진할 때는 고행에서 야기된 격렬하고 극심한 고통이 느껴지지만, 격렬하게 노력하지 않고 격렬하게 정진하지 않을 때는 고행에서 야기된 격렬하고 극심한 고통이 느껴지지 않습니다.'

'니간타 존자들이여, 그렇다면 '인간이 겪는 즐거움이나 괴로움이나 괴롭지도 즐겁지도 않음은 무엇이든 모두 전생의 업이 원인이다. 그러므로 고행으로 과거의 업을 소멸하고 새로운 업을 짓지 않으면, 미래에는 (업이) 유입하지 않는다. 미래에 유입하지 않으면 업이 소멸한다. 업이 소멸하면 괴로움이 소멸하고, 괴로움이 소멸하면 느낌이 소멸하며, 느낌이 소멸하면 일체의 괴로움이 소멸한다'라는 니간타 존자들의 주장은 정당하지 않다오. 니간타 존자들이여, 만약에 그대들이 격렬하게 노력하고 격렬하게 정진할 때도 고행에서 야기된 격렬하고 극심한 고통의 느낌이 지속하고, 격렬하게 노력하지 않고 격렬하게 정진하지 않을 때도 고행에서 야기된 격렬하고 극심한 고통의 느낌이 지속한다면, 니간타 존자들의 주장은 정당할 것이오. 니간타 존자들이여, 그런데 그대들이 격렬하게 노력하고 격렬하게 정진할 때는 고행에서 야기된 격렬하고 극심한 고통이 느껴지지만, 격렬하게 노력하지 않고 격렬하게 정진하지 않을 때는 고행에서 야기된 격렬하고 극심한 고통이 느껴지지 않는다면, 그런 주장을 하는 것은 바로 그대들이 고행에서 야기된 격렬하고 극심한 고통을 느끼면서 스스로 무명(無明)과 무지(無知)와 미망(迷妄)에 빠지는 것이라오.'

비구들이여, 내가 이렇게 말할 때 니간타 가운데서 근거를 가지고 교리를 옹호하는 사람을 나는 보지 못했다오.

비구들이여, 나는 한 걸음 더 나아가서 그 니간타들에게 이렇게 말한다오.

'니간타 존자들이여, 어떻게 생각하는가? 현재에 받을 업을 노력이나 정진을 통해 미래에 받도록 할 수 있는가?'

'존자여, 그렇게 할 수 없습니다.'

'그렇다면 미래에 받을 업을 노력이나 정진을 통해 현재에 받도록 할 수 있는가?'

'존자여, 그렇게 할 수 없습니다.'

'니간타 존자들이여, 어떻게 생각하는가? 즐겁게 받을 업을 노력이나 정진을 통해

괴롭게 받도록 할 수 있는가?'

'존자여, 그렇게 할 수 없습니다.'

'그렇다면 괴롭게 받을 업을 노력이나 정진을 통해 즐겁게 받도록 할 수 있는가?'

'존자여, 그렇게 할 수 없습니다.'

'니간타 존자들이여, 어떻게 생각하는가? 성숙(成熟)한 상태로 받을 업을 노력이나 정진을 통해 미숙(未熟)한 상태로 받도록 할 수 있는가?'

'존자여, 그렇게 할 수 없습니다.'

'그렇다면 미숙한 상태로 받을 업을 노력이나 정진을 통해 성숙한 상태로 받도록 할 수 있는가?'

'존자여, 그렇게 할 수 없습니다.'

'니간타 존자들이여, 어떻게 생각하는가? 많이 받을 업을 노력이나 정진을 통해 적게 받도록 할 수 있는가?'

'존자여, 그렇게 할 수 없습니다.'

'그렇다면 적게 받을 업을 노력이나 정진을 통해 많이 받도록 할 수 있는가?'

'존자여, 그렇게 할 수 없습니다.'

'니간타 존자들이여, 어떻게 생각하는가? 받을 업을 노력이나 정진을 통해 받지 않게 할 수 있는가?'

'존자여, 그렇게 할 수 없습니다.'

'그렇다면 받지 않을 업을 노력이나 정진을 통해 받게 할 수 있는가?'

'존자여, 그렇게 할 수 없습니다.'

'니간타 존자들이여, 그렇다면 니간타 존자들의 노력과 정진은 효과가 없는 것이라오.'

비구들이여, 니간타들은 이와 같이 (효과가 없는 노력과 정진을) 이야기하는 사람들이라오. 비구들이여, 이와 같이 이야기하는 니간타들에게는 그들의 교리에 근거를 둔 열 가지 비난이 뒤따른다오.

비구들이여, 만약에 중생이 전생의 행위로 인해서 즐겁거나 괴로운 과보를 받는다면, 비구들이여, 지금 이렇게 격렬하고 극심한 괴로움을 느끼고 있는 니간타들은 참으로 전생에 사악한 행위를 한 사람들이라오. 비구들이여, 만약에 중생이 자재신(自在神)의 창조로 인해서[issaranimmānahetu] 즐겁거나 괴로운 과보를 받는다면, 비구들이여, 지금 이렇게 격렬하고 극심한 괴로움을 느끼고 있는 니간타들은 참으로 사악한 자재신이 창조한 사람들이라오. 비구들이여, 만약에 중생이 요소들의 결합으로 인해서 즐겁거나 괴로운 과보를 받는다면, 비구들이여, 지금 이렇게 격렬하고 극심한 괴로움을 느끼고 있는 니간타들은 참으로 사악한 요소들이 결합한 사람들이라오. 비구들이여, 만약에 중생이 혈통(血統)으로 인해서 즐겁거나 괴로운 과보를 받는다면, 비구들이여, 지금 이렇게 격렬하고 극심한 괴로움을 느끼고 있는 니간타들은 참으로 사악한 혈통의 사람들이라오. 비구들이여, 만약에 중생이 현재의 노력으로 인해서[diṭṭhadhammupakkamahetu] 즐겁거나 괴로운 과보를 받는다면, 비구들이여, 지금 이렇게 격렬하고 극심한 괴로움을 느끼고 있는 니간타들은 참으로 현재 사악한 노력을 하는 사람들이라오.

비구들이여, 만약에 중생이 전생의 행위로 인해서 즐겁거나 괴로운 과보를 받는다고 해도 니간타들은 비난받아 마땅하고, 만약에 중생이 전생의 행위로 인해서 즐겁거나 괴로운 과보를 받는 것이 아니라고 해도 니간타들은 비난받아 마땅하다오.[382] 비구들이여, 만약에 중생이 자재신의 창조로 인해서 즐겁거나 괴로운 과보를 받는다고 해도 니간타들은 비난받아 마땅하고, 만약에 중생이 자재신의 창조로 인해서 즐겁거나 괴로운 과보를 받는 것이 아니라고 해도 니간타들은 비난받아 마땅하다오. 비구들이여, 만약에 중생이 요소들의 결합으로 인해서 즐겁거나 괴로운 과보를 받는다고 해도 니간타들은 비난받아 마땅하고, 만약에 중생이 요소들의 결합으로 인해서 즐겁거나 괴로운 과보를 받는 것이 아니라고 해도 니간타들은 비난받아 마땅하다오. 비구들이여, 만약에 중생이 혈통으로 인해서 즐겁거나 괴로운 과보를 받는다고 해도 니간타들은 비난받아 마땅하고, 만약에 중생이 혈통으로 인해서 즐겁거나 괴로운 과보를 받는 것이 아니라고 해도 니간타들은 비난받아 마땅하다오. 비구들이여, 만약에 중생이 현재의 노력으로 인해서 즐겁거나 괴로운 과보를 받는다고 해도 니간타들은 비난받아 마땅하고, 만약에 중생이 현재의 노력으로 인해서 즐겁거나 괴로운 과보를 받는 것이 아니라고 해도 니간타들은 비난받아 마땅하다오.

비구들이여, 니간타들이 이와 같은 교리를 주장할 때, 이런 교리를 주장하는 니간타들에게는 그들의 교리에 근거를 둔 이러한 열 가지 비난이 뒤따른다오. 비구들이여, 이와 같은 노력과 정진은 효과가 없다오.

비구들이여, 그렇다면 효과가 있는 노력은 어떤 것이고, 효과가 있는 정진은 어떤 것인가? 비구들이여, 비구는 괴롭지 않은 자신을 괴롭히지 않고, 여법(如法)한 즐거움을 거부하지 않고, 그 즐거움에 빠지지 않는다오. 그는 '내가 괴로움의 원인이 되는 행위[行]에 맞서 정진하면, 행위에 맞서 정진함으로써 나는 탐욕에서 벗어난다. 그리고 내가 이 괴로움의 원인을 관찰하고 평정심[捨]을 닦아 익히면, 나는 탐욕에서 벗어난다'라고 통찰한다오. 그래서 그는 그 행위에 맞서 정진하고 평정심을 닦아 익힌다오. 그렇게 함으로써 그는 탐욕에서 벗어나며, 이렇게 함으로써 그 괴로움은 소멸한다오.

비구들이여, 비유하면 여인에게 매료되어 집착과 강한 의욕과 강한 애착이 있는 사람과 같다오. 그 여인이 다른 사람과 함께 서서 웃으며 즐겁게 이야기하는 것을 그가 본다면, 비구들이여, 그대들은 어떻게 생각하는가? 다른 사람과 함께 서서 웃으며 즐겁게 이야기하는 그 여인을 본 후에 그 사람에게 근심과 걱정과 고통과 슬픔과 불안이 생기지 않겠는가?"

"그렇습니다, 세존이시여! 왜냐하면 그 사람은 그 여인에게 매료되어 집착과 강한 의욕과 강한 애착이 있으므로, 그 여인이 다른 사람과 함께 서서 웃으며 즐겁게 이야기하는 것을 본 후에 그 사람에게 근심과 걱정과 고통과 슬픔과 불안이 생길 것입니다."

"비구들이여, 그 사람이 '나는 이 여인에게 매료되어 집착과 강한 의욕과 강한 애

---

382 전생의 행위로 인해서 현재의 괴로운 과보를 받는다고 한다면, 현재 고행을 통해 괴로움을 느끼고 있는 니간타들은 전생에 못된 업을 지은 자로써 비난받고, 그렇지 않다고 한다면, 그들이 거짓된 교리를 주장한다는 비난을 받게 된다는 의미다.

착이 있기에, 이 여인이 다른 사람과 함께 서서 웃으며 즐겁게 이야기하는 것을 본 후에 나에게 근심과 걱정과 고통과 슬픔과 불안이 생겼다. 나는 이 여인에 대한 나의 욕탐(欲貪)을 버리는 것이 좋겠다'라고 생각했다오. 그래서 그는 그 여인에 대한 욕탐을 버렸다오. 그가 그다음에 그 여인이 다른 사람과 함께 서서 웃으며 즐겁게 이야기하는 것을 본다면, 비구들이여, 그대들은 어떻게 생각하는가? 그 여인이 다른 사람과 함께 서서 웃으며 즐겁게 이야기하는 것을 본 후에 그 사람에게 근심과 걱정과 고통과 슬픔과 불안이 생기겠는가?"

"그렇지 않습니다, 세존이시여! 왜냐하면 세존이시여, 그 사람은 그 여인에 대한 욕심이 없으므로, 그 여인이 다른 사람과 함께 서서 웃으며 즐겁게 이야기하는 것을 본 후에 그 사람에게 근심과 걱정과 고통과 슬픔과 불안이 생기지 않을 것입니다."

"비구들이여, 참으로 이와 같이 비구는 괴롭지 않은 자신을 괴롭히지 않고, 여법한 즐거움을 거부하지 않고, 그 즐거움에 빠지지 않는다오. …[383] 그가 괴로움의 원인이 되는 그 행위에 맞서 정진하면, 행위에 맞서 정진함으로써 그는 탐욕에서 벗어난다오. 이와 같이 그 괴로움은 소멸한다오. 그가 이 괴로움의 원인을 관찰하고 평정심을 닦아 익히면, 그는 탐욕에서 벗어난다오. 이와 같이 그 괴로움은 소멸한다오. 비구들이여, 이와 같은 노력과 정진은 효과가 있다오.

비구들이여, 한 걸음 더 나아가서 비구는 다음과 같이 성찰한다오.

'내가 마음 편하게 살아가면, 나에게 불선법(不善法)들이 늘어나고 선법(善法)들은 줄어든다. 그렇지만 괴로움 때문에 나 자신에 맞서 정진하면, 나에게 불선법들은 줄어들고 선법들이 늘어난다. 나는 괴로움 때문에 나 자신에 맞서 정진하는 것이 좋지 않을까?'

그는 괴로움 때문에 자신에 맞서 정진한다오. 괴로움 때문에 자신에 맞서 정진할 때, 그에게 불선법들은 줄어들고 선법들이 늘어난다오. 그는 그 후에는 괴로움 때문에 자신에 맞서 정진하지 않는다오. 그 까닭은 무엇인가? 비구들이여, 비구는 괴로움을 없애기 위해서 자신에 맞서 정진했는데, 그는 바로 그 목적을 달성했기 때문이라오.[384] 그래서 그는 그 후에는 괴로움 때문에 자신에 맞서 정진하지 않는다오.

비구들이여, 비유하면 화살 만드는 사람이 불타는 두 관솔 가지 사이에 화살을 넣고 달구어 쓸모 있도록 곧게 만드는 것과 같다오. 비구들이여, 화살 만드는 사람은 불타는 두 관솔 가지 사이에 화살을 넣고 달구어 쓸모 있도록 곧게 만들면, 그 후에는 불타는 두 관솔 가지 사이에 화살을 넣고 달구지 않는다오. 왜냐하면 비구들이여, 그는 쓸모 있도록 곧게 만들려고 불타는 두 관솔 가지 사이에 화살을 넣고 달구었는데, 목적을 달성했기 때문이라오. 그래서 그는 그 후에는 불

383 반복되는 내용을 생략함.

384 괴로움이 있기 때문에 그것을 없애려는 목적에서 수행하지만, 괴로움이 소멸하여 목적을 달성하면 그렇게 할 필요가 없어진다는 의미이다.

타는 두 관솔 가지 사이에 화살을 넣고 달구지 않는다오.

비구들이여, 비구들은 이렇게 성찰하고 정진한다오.[385] 비구들이여, 이와 같은 노력과 정진도 효과가 있다오.

비구들이여, 한 걸음 더 나아가서 '아라한[應供], 원만하고 바르게 깨달으신 분[正遍知], 앎과 실천을 구족하신 분[明行足], 피안으로 잘 가신 분[善逝], 세상을 잘 아시는 분[世間解], 위없는 분[無上士], 사람을 길들여 바른길로 이끄시는 분[調御丈夫], 천신과 인간의 스승[天人師], 진리를 깨달으신 분[佛], 세존(世尊)'으로 불리는 여래(如來)가 이 세상에 출현한다오. 그는 천계(天界)·마라·범천(梵天)을 포함한 이 세간을, 사문과 바라문과 왕과 백성을 포함한 인간계를 체험적 지혜로 몸소 체득하여 알려 준다오. 그는 처음도 좋고 중간도 좋고 마지막도 좋은, 의미 있고 명쾌하고 완벽한 진리를 가르치며, 청정한 범행(梵行)을 알려 준다오.

그 진리를 거사(居士)나 거사의 아들이나 다른 가문에 태어난 사람이 듣는다오. 그는 그 진리를 듣고, 여래에 대한 믿음을 성취한다오. 믿음을 성취하면 그는 이렇게 생각한다오.

'속세의 삶은 번거로운 홍진(紅塵)의 세계요, 출가는 걸림 없는 노지(露地)와 같다. 속가(俗家)에 살면서 완전하고 청정하고 밝은 범행을 수행하기는 쉽지 않다. 나는 오히려 머리와 수염을 깎고, 가사와 발우를 지니고, 집을 떠나 출가하는 것이 좋겠다.'

그는 그 후에 많고 적은 재산을 버리고, 가깝고 먼 친족을 버리고, 머리와 수염을 깎고, 가사와 발우를 지니고, 집을 떠나 출가한다오. … 그는 마음을 더럽히고 통찰지[般若]를 약하게 하는 이들 다섯 가지 장애를 제거하여, 감각적 욕망을 멀리하고 불선법을 멀리함으로써 사유가 있고 숙고가 있는, 멀리함에서 생긴 즐거움과 행복이 있는 초선(初禪)을 성취하여 살아간다오. 비구들이여, 이와 같은 노력과 정진도 효과가 있다오.

비구들이여, 한 걸음 더 나아가서 비구는 사유와 숙고를 억제하여, 내적으로 조용해진, 마음이 집중된, 사유와 숙고가 없는, 삼매에서 생긴 즐거움과 행복이 있는 제2선(第二禪)을 성취하여 살아간다오. 비구들이여, 이와 같은 노력과 정진도 효과가 있다오.

비구들이여, 한 걸음 더 나아가서 비구는 희열(喜悅)이 사라지고 평정한 마음으로 주의집중과 알아차림을 하며 지내는 가운데 몸으로 행복을 느끼면서, 성인들이 '평정한 마음[捨]으로 주의집중을 하는 행복한 상태'라고 이야기한 제3선(第三禪)을 성취하여 살아간다오. 비구들이여, 이와 같은 노력과 정진도 효과가 있다오.

비구들이여, 한 걸음 더 나아가서 비구는 행복감을 포기하고 괴로움을 버림으로써 이전의 만족과 불만이 소멸하여 괴롭지도 않고 즐겁지도 않은, 평정한 주의집중이 청정한 제4선(第四禪)을 성취하여 살아간다오. 비구들이여, 이와 같은 노력과 정진도 효과가 있다오.

… (숙명통, 천안통을 차례로 설하신 내용 생략) …

385 성찰과 정진의 내용은 중복되는 내용이므로 생략함.

비구들이여, 한 걸음 더 나아가서 비구는 이와 같이 청정하게 정화되고, 죄악의 먼지가 없고, 번뇌의 때가 없으며, 유연하여 적응력이 있고, 견고하여 움직이지 않는, 삼매에 든 마음에서 누진통(漏盡通)에 주의를 기울인다오. 그는 '이것은 괴로움[苦]이다'라고 있는 그대로 통찰한다오. 그는 '이것은 괴로움의 쌓임[苦集]이다'라고 있는 그대로 통찰한다오. 그는 '이것은 괴로움의 소멸[苦滅]이다'라고 있는 그대로 통찰한다오. 그는 '이것은 괴로움의 소멸에 이르는 길[苦滅道]이다'라고 있는 그대로 통찰한다오. 그는 '이것들은 번뇌[漏]다'라고 있는 그대로 통찰한다오. 그는 '이것은 번뇌의 쌓임[漏集]이다'라고 있는 그대로 통찰한다오. 그는 '이것은 번뇌의 소멸[漏滅]이다'라고 있는 그대로 통찰한다오. 그는 '이것은 번뇌의 소멸에 이르는 길[漏滅道]이다'라고 있는 그대로 통찰한다오. 그가 이렇게 알고 이렇게 보았을 때, 마음이 욕루(欲漏)에서 해탈하고, 유루(有漏) · 무명루(無明漏)에서 해탈한다오. 해탈했을 때 '나는 해탈했다'라고 알게 된다오. 그는 '태어남은 끝났고, 청정한 수행[梵行]을 마쳤으며, 해야 할 일을 끝마쳤다. 다시는 이런 상태로 되지 않는다'라고 통찰한다오. 비구들이여, 이와 같은 노력과 정진도 효과가 있다오.

비구들이여, 여래는 이와 같이 (효과가 있는 노력과 정진을) 이야기하는 사람이라오. 비구들이여, 이와 같이 이야기하는 여래에게는 여법한 열 가지 찬탄이 뒤따른다오.

비구들이여, 만약에 중생이 전생의 행위로 인해서 즐겁거나 괴로운 과보를 받는다면, 비구들이여, 지금 이렇게 번뇌가 없는, 즐거운 느낌을 느끼고 있는 여래는 참으로 전생에 좋은 업을 지은 사람이라오. 비구들이여, 만약에 중생이 자재신의 창조로 인해서 즐겁거나 괴로운 과보를 받는다면, 비구들이여, 지금 이렇게 번뇌가 없는, 즐거운 느낌을 느끼고 있는 여래는 참으로 훌륭한 자재신이 창조한 사람이라오. 비구들이여, 만약에 중생이 요소들의 결합으로 인해서 즐겁거나 괴로운 과보를 받는다면, 비구들이여, 지금 이렇게 번뇌가 없는, 즐거운 느낌을 느끼고 있는 여래는 참으로 훌륭한 요소들이 결합한 사람이라오. 비구들이여, 만약에 중생이 혈통으로 인해서 즐겁거나 괴로운 과보를 받는다면, 비구들이여, 지금 이렇게 번뇌가 없는, 즐거운 느낌을 느끼고 있는 여래는 참으로 훌륭한 혈통의 사람이라오. 비구들이여, 만약에 중생이 현재의 노력으로 인해서 즐겁거나 괴로운 과보를 받는다면, 비구들이여, 지금 이렇게 번뇌가 없는, 즐거운 느낌을 느끼고 있는 여래는 참으로 현재 훌륭한 노력을 하는 사람이라오.

비구들이여, 만약에 중생이 전생의 행위로 인해서 즐겁거나 괴로운 과보를 받는다고 해도 여래는 칭찬받아 마땅하고, 만약에 중생이 전생의 행위로 인해서 즐겁거나 괴로운 과보를 받는 것이 아니라고 해도 여래는 칭찬받아 마땅하다오. 비구들이여, 만약에 중생이 자재신의 창조로 인해서 즐겁거나 괴로운 과보를 받는다고 해도 여래는 칭찬받아 마땅하고, 만약에 중생이 자재신의 창조로 인해서 즐겁거나 괴로운 과보를 받는 것이 아니라고 해도 여래는 칭찬받아 마땅하다오. 비구들이여, 만약에 중생이 요소들의 결합으로 인해서 즐겁거나 괴로운 과보를 받는다고 해도 여래는 칭찬받아 마땅하고, 만약에 중생이 요소들의 결합으로 인해서 즐겁거나 괴로운 과보를 받는 것이 아니라고 해도 여래는 칭찬받아 마땅하다오. 비구들이여, 만약에 중생이 혈통으로 인해서 즐겁거나 괴로운 과보를 받는다고 해도 여래는 칭찬받아 마땅하고, 만약에 중생이 혈통으로 인해서 즐겁거나 괴로운 과보를 받는 것이 아니라고 해도 여래는 칭찬받아 마땅하다오. 비구들이여, 만약에 중생이 현재의 노력으로 인해서 즐겁거나 괴로운 과보를 받는다고 해도 여래는 칭찬받아 마땅하고, 만약에 중생이 현재의 노력으로 인해서 즐겁거나 괴로운 과보를 받는 것이 아니라고 해도 여래는 칭찬받아 마땅하다오.

비구들이여, 여래는 이와 같이 이야기하는 사람이라오, 비구들이여, 이와 같이 이야기하는 여래에게는 이러한 여법한 열 가지 찬탄이 뒤따른다오."

이것이 세존께서 하신 말씀입니다.

그 비구들은 세존의 말씀에 만족하고 기뻐했습니다.

50. 부동도경(不動道經)[386]

〈M.N. 106. Āṇañjasappāya-sutta〉

이와 같이 나는 들었습니다.

한때 세존께서는 꾸루에서 꾸루족의 마을 깜마싸담마에 머무셨습니다.

그때 세존께서 비구들을 불러 말씀하셨습니다.

"비구들이여, 감각적 욕망은 무상(無常)하고 공허하고 허망하고 헛된 것이라오. 비구들이여, 그것은 허깨비의 장난이며, 바보의 꼬드김이라오. 현재의 감각적 욕망과 미래의 감각적 욕망, 현재의 감각적 욕망에 대한 생각[kāmasaññā, 欲想]과 미래의 감각적 욕망에 대한 생각, 이 둘은 모두 마라(Māra)의 영역이며, 마라의 대상이며, 마라의 먹이이며, 마라의 목장이라오. 여기에서 사악(邪惡)하고 불선(不善)한 마음, 즉 탐욕·분노·격정이 생기고, 거룩한 제자가 이것을 배워 익히면 장애가 생긴다오. 비구들이여, 그러므로 거룩한 제자는 '현재의 감각적 욕망과 미래의 감각적 욕망, 현재의 감각적 욕망에 대한 생각과 미래의 감각적 욕망에 대한 생각, 이 둘은 마라의 영역이며, 마라의 대상이며, 마라의 먹이이며, 마라의 목장이다. 여기에서 사악하고 불선한 마음, 즉 탐욕이나 분노나 격정이 생긴다. 거룩한 제자가 이것을 배워 익히면 장애가 생긴다. 그러므로 나는 크고 넓은 생각을 가지고 세간을 극복하려는 확고한 마음으로 살아가는 것이 좋겠다. 크고 넓은 생각을 가지고 세간을 극복하려는 확고한 마음으로 살아가면, 나에게 사악하고 불선한 마음, 즉 탐욕이나 분노나 격정이 존재하지 않을 것이다. 그것들을 포기하면 나의 마음은 커지고, 한계가 없어지고[無量], 잘 닦아질 것이다'라고 성찰한다오. 그는 이렇게 큰 생각으로 살아가는 삶을 실천함으로써 머무는 곳[āyatana, 處][387]에서 마음이 고요해지고, 고요해지면 현재에 부동(不動, āṇañjaṁ)[388]을 성취하여 통찰지[般若]로 (욕계에서) 해탈하거나 몸이 무너져 죽은 후에 적절한 분별의식[viññāṇa, 識]이 부동에 도달할 수 있다오. 비구들이여, 이것을 부동에 유익한 첫 번째 길이라고 한다오.

비구들이여, 그다음에 거룩한 제자는 '현재의 감각적 욕망과 미래의 감각적 욕망이 있고, 현재의 감각적 욕망에 대한 생각과 미래의 감각적 욕망에 대한 생각이 있다. (감각적 욕망의 대상인) 형색[色]은 무엇이든 4대(四大)와 4대를 취하고 있는 형색이다'라고 성찰한다오. 그는 이와 같이 큰 생각으로 살아가는 삶을 실천함으로써 머무는 곳에서 마음이 고요해지고, 고요해지면 현재에 부동을

---

386 『중아함경(中阿含經)』의 「75. 정부동도경(淨不動道經)」에 상응하는 경.

387 '머무는 곳[āyatana, 處]'이란 분별의식[識]이 머무는 곳을 의미한다. 수행하는 과정에서 분별의식[識]이 머무는 곳은 단계적으로 높아진다. 색계의 4선정과 무색계의 4처(處)가 단계적으로 분별의식이 머무는 곳이다.

388 '부동(不動, āṇañjaṁ)'이란 분별의식[識]이 안정되어 흔들리지 않는 상태로서 선정에 든 상태를 의미한다.

성취하여 통찰지로 해탈하거나 몸이 무너져 죽은 후에 적절한 분별의식이 부동에 도달할 수 있다오. 비구들이여, 이것을 부동에 유익한 두 번째 길이라고 한다오.

비구들이여, 그다음에 거룩한 제자는 '현재의 감각적 욕망과 미래의 감각적 욕망, 현재의 감각적 욕망에 대한 생각과 미래의 감각적 욕망에 대한 생각, 현재의 형색과 미래의 형색, 현재의 형색에 대한 생각[色想]과 미래의 형색에 대한 생각, 이 둘은 무상하다. 무상한 것은 즐길 만한 것이 못 되고, 환영할 만한 것이 못 되고, 탐닉할 만한 것이 못 된다'라고 성찰한다오. 그는 이와 같이 큰 생각으로 살아가는 삶을 실천함으로써 머무는 곳에서 마음이 고요해지고, 고요해지면 현재에 부동을 성취하여 통찰지로 해탈하거나 몸이 무너져 죽은 후에 적절한 분별의식이 부동에 도달할 수 있다오. 비구들이여, 이것을 부동에 유익한 세 번째 길이라고 한다오.

비구들이여, 그다음에 거룩한 제자는 '현재의 감각적 욕망과 미래의 감각적 욕망, 현재의 감각적 욕망에 대한 생각과 미래의 감각적 욕망에 대한 생각, 현재의 형색과 미래의 형색, 현재의 형색에 대한 생각과 미래의 형색에 대한 생각, 부동에 대한 생각[āṇañjasaññā, 不動想], 그 모든 생각[想]이 남김없이 소멸한 무소유처(無所有處), 이것은 평온하며 이것은 훌륭하다'라고 성찰한다오. 그는 이와 같이 큰 생각으로 살아가는 삶을 실천함으로써 머무는 곳에서 마음이 고요해지고, 고요해지면 현세에 무소유처를 성취하여 통찰지로 해탈하거나 몸이 무너져 죽은 후에 적절한 분별의식이 무소유처에 도달할 수 있다오. 비구들이여, 이것을 무소유처에 적합한 첫 번째 길이라고 한다오.

비구들이여, 그다음에 거룩한 제자는 숲속이나 나무 아래에 가서 '이것은 자아나 자아의 소유가 비었다[suññam idaṁ attena vā attaniyena vā]'[389]라고 성찰한다오. 그는 이와 같이 큰 생각으로 살아가는 삶을 실천함으로써 머무는 곳에서 마음이 고요해지고, 고요해지면 현세에 무소유처를 성취하여 통찰지로 해탈하거나 몸이 무너져 죽은 후에 적절한 분별의식이 무소유처에 도달할 수 있다오. 비구들이여, 이것을 무소유처에 적합한 두 번째 길이라고 한다오.

비구들이여, 그다음에 거룩한 제자는 '나는 어디에도 없고, 그 누구도 아니고, 아무것도 아니다. 그리고 나의 소유도 어디에도 없고, 그 어떤 것도 아니고, 아무것도 없다'라고 성찰한다오. 그는 이와 같이 큰 생각으로 살아가는 삶을 실천함으로써 머무는 곳에서 마음이 고요해지고, 고요해지면 현세에 무소유처를 성취하여 통찰지로 해탈하거나 몸이 무너져 죽은 후에 적절한 분별의식이 무소유처에 도달할 수 있다오. 비구들이여, 이것을 무소유처에 적합한 세 번째 길이라고 한다오.

비구들이여, 그다음에 거룩한 제자는 '현재의 감각적 욕망과 미래의 감각적 욕망, 현재의 감각적 욕망에 대한 생각과 미래의 감각적 욕망에 대한 생각, 현재의 형색과 미래의 형색, 현재의 형색에 대한 생각과 미래의 형색에 대한 생각, 부동에 대한 생각, 무소

389 원문의 'saññam'은 'suññam'의 오기로 생각되어 'suññam'의 의미로 번역함.

유처에 대한 생각[無所有處想], 그 모든 생각이 남김없이 소멸한 비유상비무상처(非有想非無想處), 그곳은 평온하며 그곳은 훌륭하다'라고 성찰한다오. 그는 이와 같이 큰 생각으로 살아가는 삶을 실천함으로써 머무는 곳에서 마음이 고요해지고, 고요해지면 현세에 비유상비무상처를 성취하여 통찰지로 (무소유처에서) 해탈하거나 몸이 무너져 죽은 후에 적절한 분별의식이 비유상비무상처에 도달할 수 있다오. 비구들이여, 이것을 비유상비무상처에 적합한 길이라고 한다오."

이 말씀을 듣고, 아난다 존자가 세존께 말씀드렸습니다.

"세존이시여, 비구가 '그것(자아)이 존재하지 않는다면, 나의 소유도 존재하지 않을 것이다. 그것(자아)은 미래에 존재하지 않을 것이다. 나의 소유는 미래에 존재하지 않을 것이다. 지금 있는 것, 이미 있는 것을 나는 버리겠다'[390]라고 실천하여, 이와 같이 평정한 마음[upekhā, 捨]을 얻었다면, 세존이시여, 그 비구는 반열반(般涅槃)한 것입니까?"

"아난다여, 어떤 비구는 반열반할 수 있고, 어떤 비구는 반열반할 수 없다."

"세존이시여, 어떤 비구는 반열반할 수 있고, 어떤 비구는 반열반할 수 없는 원인은 무엇이고, 연유(緣由)는 무엇입니까?"

"아난다여, 어떤 비구는 '그것(자아)이 존재하지 않는다면, 나의 소유도 존재하지 않을 것이다. 그것(자아)은 미래에 존재하지 않을 것이다. 나의 소유는 미래에 존재하지 않을 것이다. 지금 있는 것, 이미 있는 것을 나는 버리겠다'라고 실천하여, 이와 같이 평정한 마음을 얻는다. 그는 그 평정한 마음을 즐기고 환영하고 탐닉하며 살아간다. 그 평정한 마음을 즐기고 환영하고 탐닉하며 살아가면, 그의 분별의식이 그것에 의존하고, 그것을 취(取)한다. 아난다여, 취가 있는 비구는 반열반하지 못한다."

"세존이시여, 그렇다면 취하고 있는 그 비구는 무엇을 취하는 것입니까?"

"아난다여, 비유상비무상처를 취한다."

"세존이시여, 지금 취하고 있는 그 비구는 최상의 취(取, upādānaseṭṭhaṁ]를 취한 것입니까?"

"아난다여, 비유상비무상처를 취하고 있는 그 비구는 최상의 취를 취한 것이다. 아난다여, 그 최상의 취는 바로 비유상비무상처이다. 아난다여, 어떤 비구는 '(자아가) 존재하지 않는다면, 그리고 나의 소유도 존재하지 않는다면, (자아는) 미래에 존재하지 않을 것이고 나의 소유도 미래에 존재하지 않을 것이다. 존재하는 것, 생긴 것을 나는 버리겠다'라고 실천하여, 이와 같이 평정한 마음을 얻는다. 그는 그 평정한 마음을 즐기거나 환영하거나 탐닉하지 않고 살아간다. 그 평정한 마음을 즐기거나 환영하거나 탐닉하지 않고 살아가면, 그의 분별의식은 그것에 의존하지 않고, 그것을 취하지 않는다. 아난다

390 '자아'라는 개념에 상응하는 것이 존재하지 않는다면, '자아의 소유'라는 것이 존재할 수 없으며, 그 '자아'와 '자아의 소유'는 미래에 존재할 수 없다고 생각함으로써 이미 생겨서 존재하는 자아에 대한 망상을 모두 버린다는 의미이다. 『중아함경(中阿含經)』의 「淨不動道經」에는 이 부분이 "無我 無我所 我當不有 我所當不有 若本有者 便盡得捨"로 한역되어 있다.

여, 취가 없는 비구는 반열반한다."

"놀랍습니다, 세존이시여! 희유합니다, 세존이시여! 세존이시여, 세존께서는 지금 저희에게 이런저런 것에 의지하여 폭류(暴流)를 건너는 말씀을 하셨습니다. 세존이시여, 그렇다면 거룩한 해탈은 어떤 것입니까?"

"아난다여, 거룩한 제자는 '현재의 감각적 욕망과 미래의 감각적 욕망, 현재의 감각적 욕망에 대한 생각과 미래의 감각적 욕망에 대한 생각, 현재의 형색과 미래의 형색, 현재의 형색에 대한 생각과 미래의 형색에 대한 생각, 부동에 대한 생각, 무소유처에 대한 생각, 비유상비무상처에 대한 생각[非有想非無想處想]은, 그것이 어떤 자기(自己) 존재[sakkāya][391]라 할지라도 자기 존재일 뿐이다. 집착 없는 심해탈[anupādā cittassa vimokha, 無餘依心解脫]이 불사(不死, amata)다'라고 성찰한다.

아난다여, 이와 같이 나는 부동에 적합한 길을 가르쳤고, 무소유처에 적합한 길을 가르쳤고, 비유상비무상처에 적합한 길을 가르쳤고, 이런저런 것에 의지하여 폭류를 건너는 것을 가르쳤고, 거룩한 해탈을 가르쳤다. 아난다여, 스승이 해야 할 일은 연민의 마음으로 제자들의 이익을 도모하는 것이다. 나는 연민을 가지고 그대들에게 그 일을 한 것이다. 아난다여, 이것들이 나무 아래[rukkhamūlāni]이고, 이것들이 한적한 곳[suññāgārāni, 空閑處]이다.[392] 아난다여, 그대들은 선정(禪定)을 닦아라! 방일하지 마라! 나중에 후회하지 마라! 이것이 그대들에게 주는 우리의 가르침이다."

이것이 세존께서 하신 말씀입니다.

아난다 존자는 세존의 말씀에 만족하고 기뻐했습니다.

---

391 『중아함경(中阿含經)』의 「淨不動道經」에서는 일반적으로 '有身'으로 한역되는 'sakkāya'를 '自己有'로 번역함.

392 부처님께서 '나무 아래나 아무도 없는 한적한 곳[空閒處]에 가서 선정을 닦아라!'라고 하신 '나무 아래'와 '아무도 없는 한적한 곳'은 격리된 공간이 아니라 분별의식[識]이 안정되어 흔들리지 않는 상태[不動]를 의미한다.

51. 가나까 목갈라나경[393]

〈M.N. 107. Gaṇākamoggallāna-sutta〉

이와 같이 나는 들었습니다.

한때 세존께서는 사왓티의 뿝바라마 미가라마뚜 누각에 머무셨습니다.

그때 가나까 목갈라나 바라문이 세존을 찾아왔습니다. 그는 세존과 함께 정중하게 인사를 하고 공손한 인사말을 나눈 후에 한쪽에 앉았습니다.

가나까 목갈라나 바라문이 세존께 말씀드렸습니다.

"고따마 존자여, 비유하면 이 미가라마뚜 누각에 가장 낮은 곳에서 점차로 위로 올라가는 계단이 있듯이, 고따마 존자여, 바라문들의 독송(讀誦)에도 점진적인 학습(學習), 점진적인 실습(實習), 점진적인 행도(行道)가 있습니다. 고따마 존자여, 궁수(弓手)들의 궁술(弓術)에도 점진적인 학습, 점진적인 실습, 점진적인 행도가 있습니다. 고따마 존자여, 우리처럼 회계(會計)가 생업인 회계사들의 산술(算術)에도 점진적인 학습, 점진적인 실습, 점진적인 행도가 있습니다. 고따마 존자여, 우리는 제자들을 얻으면, 맨 처음에 '1은 하나, 2는 둘, 3은 셋, 4는 넷, 5는 다섯, 6은 여섯, 7은 일곱, 8은 여덟, 9는 아홉, 10은 열', 이렇게 수(數)를 셀 수 있게 가르칩니다. 고따마 존자여, 우리는 (점차로) 100도 셀 수 있게 가르칩니다. 고따마 존자여, 이 가르침[法]과 율(律)에서도 이와 같이 점진적인 학습, 점진적인 실습, 점진적인 행도를 언명할 수 있습니까?"

"바라문이여, 이 가르침과 율에서도 점진적인 학습, 점진적인 실습, 점진적인 행도를 언명할 수 있다오. 바라문이여, 비유하면 유능한 말 조련사가 혈통이 좋은 말을 얻으면, 맨 처음에는 재갈을 물리고, 그다음에 더 높은 단계의 훈련을 시키는 것과 같다오.

바라문이여, 이와 같이 여래는 가르칠 사람을 얻으면, 맨 처음에 '오라, 비구여! 그대는 계행(戒行)을 갖추도록 하라! 별해탈율의(別解脫律儀)를 지키며 살아가도록 하라! 행동규범(行動規範, ācāragocara)을 갖추어 작은 죄도 두렵게 보고 학계(學戒, sikkhāpada)를 익히도록 하라!'라고 가르친다오.

바라문이여, 비구가 계행을 갖추고 별해탈율의를 지키며 살아가면서 행동규범을 갖추어 작은 죄도 두렵게 보고 학계를 익히면, 여래는 그에게 '오라, 비구여! 그대는 지각활동을 할 때 문을 지켜라! 눈[眼]으로 형색[色]을 볼 때, 모습[相]에 집착하지 말고 부수적인 모습[別相]에 집착하지 마라! 시각활동[眼根]을 통제하지 않고 지내면 탐욕과 근심, 사악한 불선법(不善法)들이 흘러들어 올 것이다. 그것을 통제하는 수행을 하면서 시각활동을 지켜보고 시각활동을 통제하라! 귀[耳]로 소리[聲]를 들을 때, … 코[鼻]로 냄새[香]를 맡을 때, … 혀[舌]로 맛[味]을 볼 때, … 몸[身]으로 촉감[觸]을 느낄 때, … 마

393 『중아함경(中阿含經)』의 「144. 산수목건련경(算數目揵連經)」에 상응하는 경.

음[意]으로 대상[法]을 인식할 때, … 마음활동[意根]을 통제하라!'라고 그 위 단계를 가르친다오.

바라문이여, 비구가 지각활동을 할 때 문을 지키면, 여래는 그에게 '오라, 비구여! 그대는 식사할 때 적당한 양을 알도록 하라! 잘 판단하여 적절하게 음식을 먹도록 하라! 결코 유흥을 위해서가 아니라, 현혹되어서가 아니라, 장엄하기 위해서가 아니라, 남에게 내보이기 위해서가 아니라, '나는 지난 과거의 느낌[受]은 없애고, 새로운 느낌은 생기지 않게 하고, 나의 생계가 허물이 없고 평온하게 유지되게 하겠다'라고 오직 이 몸을 유지하고 부양하고 배고픔을 없애고 청정한 수행[梵行]을 돕기 위하여 먹도록 하라!'라고 그 위 단계를 가르친다오.

바라문이여, 비구가 식사할 때 적당한 양을 알면, 여래는 그에게 '오라, 비구여! 그대는 깨어 있음에 전념하도록 하라! 낮에는 행선(行禪)과 좌선(坐禪)으로 장애법(障碍法)들로부터 마음을 정화하도록 하라! 초야(初夜)에는 행선과 좌선으로 장애법들로부터 마음을 정화하고, 중야(中夜)에는 오른쪽 옆구리로 사자처럼 발 위에 발을 포개고 누워서 주의집중과 알아차림을 하면서 일어날 생각을 하고, 후야(後夜)에는 일어나서 행선과 좌선으로 장애법들로부터 마음을 정화하도록 하라!'라고 그 위 단계를 가르친다오.

바라문이여, 비구가 깨어 있음에 전념하면, 여래는 그에게 '오라, 비구여! 그대는 주의집중[正念]과 알아차림[正知]을 갖추도록 하라! 가고 올 때 알아차리고, 바라보고 돌아볼 때 알아차리고, 구부리고 펼 때 알아차리고, 가사와 발우와 승복을 지닐 때 알아차리고, 먹고 마시고 씹고 맛볼 때 알아차리고, 대소변을 볼 때 알아차리고, 가고 서고 앉고 잠들고 깨어나고 말하고 침묵할 때 알아차리도록 하라!'라고 그 위 단계를 가르친다오.

바라문이여, 비구가 주의집중과 알아차림을 갖추면, 여래는 그에게 '오라, 비구여! 그대는 숲이나 나무 아래나 바위나 동굴이나 산속이나 무덤이나 삼림이나 노지(露地)나 짚더미 같은, 홀로 지내기 좋은 처소를 가까이하라!'라고 그 위 단계를 가르친다오.

바라문이여, 그는 숲이나 나무 아래나 바위나 동굴이나 산속이나 무덤이나 삼림이나 노지나 짚더미 같은, 홀로 지내기 좋은 처소를 가까이한다오. 그는 발우에 음식을 얻어 돌아와 음식을 먹은 후에 가부좌하고 앉아서, 몸을 똑바로 세우고 정신을 바짝 차려 주의집중을 한다오. 그는 세간에 대한 탐욕을 버리고 탐욕을 떠난 마음으로 지내면서 탐욕으로부터 마음을 정화하고, 악의(惡意)를 버리고 악의 없는 마음으로 지내면서 살아 있는 모든 것을 연민하는 벗이 되어 악의로부터 마음을 정화하고, 나태[昏沈]와 졸음[睡眠]을 버리고 나태와 졸음 없이 지내면서 밝은 생각으로 알아차려 나태와 졸음으로부터 마음을 정화하고, 들뜸[掉擧]과 후회[惡作]를 버리고 차분하게 지내면서 내적으로 고요해진 마음으로 들뜸과 후회로부터 마음을 정화하고, 의심을 버리고 의심을 벗어나 선법(善法)에 대하여 의심 없이 지내면서 의심으로부터 마음을 정화한다오.

그는 마음을 더럽히고 통찰지[般若]를 약하게 하는 이들 다섯가지 장애를 제거하여, 감각적 욕망을 멀리하고 불선법(不善法)을 멀리함으로써 사유가 있고 숙고가 있는,

멀리함에서 생긴 즐거움과 행복이 있는 초선(初禪)을 성취하여 살아간다오. 그는 사유와 숙고를 억제하여 내적으로 조용해진, 마음이 집중된, 사유와 숙고가 없는, 삼매에서 생긴 즐거움과 행복이 있는 제2선(第二禪)을 성취하여 살아간다오. 그는 희열(喜悅)이 사라지고 평정한 마음으로 주의집중과 알아차림을 하며 지내는 가운데 몸으로 행복을 느끼면서, 성인들이 '평정한 마음[捨]으로 주의집중을 하는 행복한 상태'라고 이야기한 제3선(第三禪)을 성취하여 살아간다오. 그는 행복감을 포기하고 괴로움을 버림으로써 이전의 만족과 불만이 소멸하여 괴롭지도 않고 즐겁지도 않은, 평정한 주의집중이 청정한 제4선(第四禪)을 성취하여 살아간다오. 바라문이여, 마음의 평온을 성취하지 못한 유학(有學) 비구들은 더할 나위 없이 행복한 열반[瑜伽安穩]을 희구하며 살아간다오. 그들에게 나는 이와 같이 가르친다오.

바라문이여, 번뇌를 소멸하고, 수행을 완성하고, 해야 할 일을 마치고, 짐을 내려놓고, 자신의 목적에 도달하여 존재의 결박[有結]을 끊고, 바른 지혜를 갖추어 해탈한 아라한 비구들에게 이 가르침들은 지금 여기에서 행복한 삶에[diṭṭhadhammasukhavihārāya] 도움이 되고, 주의집중과 알아차림에 도움이 된다오."

이 말씀을 듣고, 가나까 목갈라나 바라문이 세존께 말씀드렸습니다.

"고따마 존자로부터 이와 같은 가르침을 받고, 이와 같은 안내를 받은 고따마 존자의 제자들은 모두 구경(究竟)의 열반(涅槃)에 도달합니까, 그렇지 않으면 어떤 사람들은 도달하지 못합니까?"

"바라문이여, 이와 같은 가르침을 받고, 이와 같은 안내를 받은 나의 제자들 가운데 어떤 사람들은 구경의 열반에 도달하고, 어떤 사람들은 도달하지 못한다오."

"고따마 존자여, 열반이 있고, 열반으로 가는 길이 있고, 안내자인 고따마 존자가 있는데 어찌하여, 그리고 무엇 때문에, 가르침을 받고 안내를 받은 고따마 존자의 제자들 가운데 어떤 사람들은 구경의 열반에 도달하고, 어떤 사람들은 도달하지 못합니까?"

"바라문이여, 그렇다면 내가 이제 그대에게 반문하겠소. 그대의 뜻에 따라 대답하시오! 바라문이여, 그대는 라자가하로 가는 길을 잘 아나요?"

"고따마 존자여, 그렇습니다. 저는 라자가하로 가는 길을 잘 압니다."

"바라문이여, 어떻게 생각하나요? 이곳에 라자가하에 가고 싶어하는 사람이 왔다고 합시다. 그가 그대를 찾아와서 '존자여, 나는 라자가하에 가고 싶습니다. 나에게 라자가하로 가는 길을 가르쳐 주십시오'라고 말하자, 그대가 그에게 '그렇게 하겠소. 이 길이 라자가하로 가는 길이오. 이 길로 조금 가시오! 조금 가면 이런 마을을 보게 될 것이오. 그 길로 조금 가시오! 조금 가면 이런 도시를 보게 될 것이오. 그 길로 조금 가시오! 조금 가면 라자가하의 아름다운 동산과 아름다운 숲과 아름다운 땅과 아름다운 연못을 보게 될 것이오'라고 말한다고 합시다. 그는 그대에게 이와 같은 가르침을 받고, 이와 같은 안내를 받고, 곁길로 빠져서 서쪽으로 간다고 합시다. 그런데 라자가하에 가고 싶어 하는 두 번째 사람은 그대를 찾아와서 그대에게 이와 같은 가르침을 받고, 이와 같은 안내를 받고,

무사히 라자가하에 간다고 합시다. 바라문이여, 라자가하가 있고, 라자가하로 가는 길이 있고, 안내자인 그대가 있는데 어찌하여, 그리고 무엇 때문에, 그대에게 이와 같은 가르침을 받고, 이와 같은 안내를 받은 사람들 가운데 어떤 사람은 곁길로 빠져서 서쪽으로 가고, 어떤 사람은 무사히 라자가하에 도달하나요?"

"고따마 존자여, 그것을 제가 어찌하겠습니까? 고따마 존자여, 저는 길을 알려 줄 뿐입니다."

"바라문이여, 실로 그와 같이 열반이 있고, 열반으로 가는 길이 있고, 안내자인 내가 있지만, 나에게 가르침을 받고 안내를 받은 나의 제자들 가운데 어떤 사람들은 구경의 열반에 도달하고, 어떤 사람들은 도달하지 못한다오. 바라문이여, 그것을 여래가 어찌하겠소? 바라문이여, 여래는 길을 알려 줄 뿐이라오."

이 말씀을 듣고, 가나까 목갈라나 바라문이 세존께 말씀드렸습니다.

"고따마 존자여, 고따마 존자께서는 신념 없이 생계(生計)를 목적으로 집을 떠나 출가한, 교활하고 위선적이고 거짓되고 오만(傲慢)하고 방자(放恣)하고 변덕스럽고 수다스럽고 쓸데없는 말을 하고 지각활동을 할 때 문을 지키지 않고 식사할 때 적당한 양을 알지 못하고 깨어 있음에 전념하지 않고 사문(沙門)의 삶을 열망하지 않고 학계(學戒)에 열성(熱誠)이 없고 사치스럽고 방종하고 규범을 어기는 일에 앞장서고 한가한 수행처(修行處)를 기피하고 게으르고 정진(精進)하지 않고 주의집중을 망각(忘却)하고 알아차림이 없고 집중하지 못하여 마음이 산란하고 우둔하고 어리석은 사람들하고는 함께 지내지 않는군요. 고따마 존자께서는 신념을 가지고 집을 떠나 출가한, 교활하지 않고 위선적이지 않고 거짓되지 않고 오만하지 않고 방자하지 않고 변덕스럽지 않고 수다스럽지 않고 쓸데없는 말을 하지 않고 지각활동을 할 때 문을 지키고 식사할 때 적당한 양을 알고 깨어 있음에 전념하고 사문의 삶을 열망하고 학계에 열성이 있고 사치스럽지 않고 방종하지 않고 규범을 어기는 일을 멀리하고 한가한 수행처에 앞장서고 열심히 정진하고 스스로 노력하고 지금 여기 매 순간에 주의집중하고 알아차림이 있고 집중하여 마음을 하나로 모으고 지혜롭고 어리석지 않은 선남자(善男子)들과 함께 지내는군요. 고따마 존자여, 비유하면 어떤 뿌리의 향기보다도 흑단향(黑檀香)의 향기를 최상으로 치듯이, 어떤 고갱이의 향기보다도 붉은 전단(栴檀)의 향기를 최상으로 치듯이, 어떤 꽃향기보다도 와씨까(vassikā)의 향기를 최상으로 치듯이, 고따마 존자의 가르침이 오늘날의 가르침 가운데 최상입니다. 훌륭합니다, 고따마 존자여! 훌륭합니다, 고따마 존자여! 고따마 존자여, 마치 뒤집힌 것을 바로 세우는 것 같고, 감추어진 것을 드러내는 것 같고, 길 잃은 자에게 길을 알려 주는 것 같고, '눈 있는 자들은 보라'라고 어둠 속에 등불을 비춰 주는 것 같습니다. 이와 같이 고따마 존자께서는 여러 가지 방법으로 진리를 알려 주셨습니다. 이제 저는 고따마 존자님께 귀의합니다. 가르침과 비구상가에 귀의합니다. 고따마 존자님께서는 저를 청신사(淸信士)로 받아 주소서. 오늘부터 살아 있는 날까지 귀의하겠습니다."

52. 고빠까 목갈라나경[394]
〈M.N. 108. Gopakamoggallāna-sutta〉

이와 같이 나는 들었습니다.

한때 아난다 존자는 세존께서 반열반하신 지 얼마 되지 않았을 때, 라자가하의 웰루와나 깔란다까니와빠에 머물렀습니다.

그때 마가다의 왕 아자따삿뚜 웨데히뿟따는 빳조따(Pajjota)왕[395]을 두려워하여 라자가하성을 보수하고 있었습니다.

어느 날 아난다 존자는 오전에 옷을 입고, 발우와 법의(法衣)를 지니고 탁발하러 라자가하에 들어갔습니다.

그때 아난다 존자에게 이런 생각이 들었습니다.

'지금 바로 라자가하에서 탁발하기에는 너무 이르다. 그보다는 고빠까 목갈라나(Gopaka Moggallāna) 바라문의 공사장으로 고빠까 목갈라나 바라문을 찾아가는 것이 좋겠다.'

아난다 존자는 고빠까 목갈라나 바라문의 공사장으로 고빠까 목갈라나 바라문을 찾아갔습니다.

고빠까 목갈라나 바라문은 저만치에서 아난다 존자가 오는 것을 보고 아난다 존자에게 말했습니다.

"어서 오십시오! 아난다 존자여! 잘 오셨습니다. 아난다 존자여! 아난다 존자께서 오랜만에 오셨군요. 아난다 존자께서는 여기 마련된 자리에 앉으십시오!"

아난다 존자가 마련된 자리에 앉자, 고빠까 목갈라나 바라문은 아래에 있는 다른 자리에 가서 한쪽에 앉았습니다.

고빠까 목갈라나 바라문이 아난다 존자에게 말했습니다.

"아라한이시며, 바르고 평등한 깨달음을 성취하신 고따마 존자가 구족(具足)하신 법(法)을 모든 면에서 모든 부분에서 모두 구족한 비구가 한 사람이라도 있습니까?"

"바라문이여, 아라한이시며, 바르고 평등한 깨달음을 성취하신 세존께서 구족하신 법을 모든 면에서 모든 부분에서 모두 구족한 비구는 한 사람도 없습니다. 바라문이여, 왜냐하면 세존께서는 드러나지 않은 길을 드러내고 생기지 않은 길을 내고 알려지지 않은 길을 알려 주신 길을 아는 분이시며, 길에 밝은 분이시며, 길에 정통한 분이시기 때문입니다. 지금 제자들은 그 길을 따라 살아가면서 뒤에 구족할 뿐입니다."

고빠까 목갈라나 바라문과 아난다 존자의 대화는 도중에 중단되었습니다. 왜냐하면 마가다의 대신(大臣) 와싸까라(Vassakāra) 바라문이 라자가하의 공사를 감독하다가, 고빠까 목갈라나 바라문의 공사장으로 아난다 존자를 찾아왔기 때문입니다. 그는 아난다

---

394 『중아함경(中阿含經)』의 「145. 구묵목건련경(瞿黙目揵連經)」에 상응하는 경.

395 빳조따(Pajjota)왕은 아자따삿뚜왕이 시해(弑害)한 빔비사라(Bimbisāra)의 친구로서 왓지(Vajji)의 왕이다. 부왕을 시해한 아자따삿뚜왕은 빳조따왕이 자신을 공격할 것을 두려워한 것이다.

존자를 찾아와서 아난다 존자와 정중하게 인사를 하고 공손한 인사말을 나눈 후에 한쪽에 앉았습니다.

와싸까라 바라문이 아난다 존자에게 말했습니다.

"아난다 존자여, 지금 함께 앉아서 나눈 대화는 어떤 내용입니까? 그대들이 도중에 중단한 이야기는 무엇입니까?"

아난다 존자가 고빠까 목갈라나 바라문과 나눈 대화를 와싸까라 바라문에게 이야기하자,[396] 와싸까라 바라문이 말했습니다.

"아난다 존자여, 고따마 존자께서 '이 사람이 나의 사후(死後)에 그대들의 귀의처(歸依處)가 될 것이다'라고 내세운, 그래서 그대들이 지금 돌아가서 의지해야 할 비구가 한 사람이라도 있습니까?"

"바라문이여, 아시고 보시는 아라한이시며 바르고 평등한 깨달음을 성취하신 세존께서 '이 사람이 나의 사후에 그대들의 귀의처가 될 것이다'라고 내세운, 그래서 우리가 지금 돌아가서 의지해야 할 비구는 한 사람도 없습니다."

"아난다 존자여, '이 사람이 세존의 사후에 우리의 귀의처가 될 것이다'라고 상가가 동의하고 장로 비구들이 내세운, 그래서 그대들이 지금 돌아가서 의지해야 할 비구가 한 사람이라도 있습니까?"

"바라문이여, '이 사람이 세존의 사후에 우리의 귀의처가 될 것이다'라고 상가가 동의하고 장로 비구들이 내세운, 그래서 우리가 지금 돌아가서 의지해야 할 비구는 한 사람도 없습니다."

"아난다 존자여, 이와 같이 귀의처가 없다면 어떻게 화합할 수 있습니까?"

"바라문이여, 우리에게 귀의처가 없는 것은 아닙니다. 바라문이여, 우리는 귀의처를 가지고 있습니다. 가르침[法]이 귀의처입니다."

"아난다 존자여, 그대는 고따마 존자나 장로 비구들이 세존의 사후에 귀의처로 내세운 비구는 한 사람도 없다고 말했습니다. 그런데 그대는 '바라문이여, 우리에게 귀의처가 없는 것은 아닙니다. 바라문이여, 우리는 귀의처를 가지고 있습니다. 가르침이 귀의처입니다'라고 말했습니다. 아난다 존자여, 이 말의 의미를 어떻게 이해해야 합니까?"

"바라문이여, 아시고 보시는 아라한이시며 바르고 평등한 깨달음을 성취하신 세존께서 비구들을 위하여 언명(言明)하신 학계(學戒)와 설하신 계본(戒本, pātimakkha)[397]이 있습니다. 우리는 포살일(布薩日)에 한마을에 의지하여 살아가는 모든 비구가 한곳에 함께 모여서 각자에게 일어난 일을 이야기하도록 요청합니다. 이야기할 때, 만약에 그 비구가 계를 범했거나 계를 위반했으면 우리는 그를 가르침에 따라 계율에 따라 다스립니다. 결코 존자(尊者)들이 우리를 다스리는 것이 아니라, 가르침이 우리를 다스립니다."

"아난다 존자여, 지금 그대들이 공경하고 존중하고 존경하고 숭배하며, 공경하고 존중하면서 의지하여 살아갈 만한 비구가 한 사람이라도 있습니까?"

---

396 중복되는 대화의 내용을 생략함.

397 율장의 계율을 모은 것.

"바라문이여, 우리는 지금 어떤 비구라도 공경하고 존중하고 존경하고 숭배하며, 공경하고 존중하면서 의지하여 살고 있습니다."

"아난다 존자여, 그대는 고따마 존자나 장로 비구들이 세존의 사후에 귀의처로 내세운 비구는 한 사람도 없다고 말했습니다. 그런데 그대는 '바라문이여, 우리는 지금 어떤 비구라도 공경하고 존중하고 존경하고 숭배하며, 공경하고 존중하면서 의지하여 살고 있습니다'라고 말했습니다. 아난다 존자여, 이 말의 의미를 어떻게 이해해야 합니까?"

"바라문이여, 아시고 보시는 아라한이시며 바르고 평등한 깨달음을 성취하신 세존께서 설하신 열 가지 믿음을 주는 법(法)이 있습니다. 이들 법을 지닌 비구들을 보면, 우리는 지금 그들을 공경하고 존중하고 존경하고 숭배하며, 공경하고 존중하면서 의지하여 살아가고 있습니다.

열 가지는 어떤 것인가? 바라문이여, 이런 비구가 있습니다.

① 그는 계행(戒行)을 갖추어 별해탈율의(別解脫律儀)를 지키고 살아가면서, 행동규범(行動規範)을 갖추어 작은 죄도 두렵게 보고 학계를 수지하여 익힙니다.

② 그는 많이 배우고, 배운 것을 기억하고, 배운 것을 모읍니다. 처음도 좋고 중간도 좋고 마지막도 좋은, 의미 있고 명쾌하고 완벽하고 청정한 범행(梵行)을 알려 주는 가르침들을 많이 배우고 기억하고 언어로 모아서 심사숙고하고, 바른 견해로 잘 이해합니다.

③ 그는 옷과 탁발 음식과 방사(房舍)와 의약자구(醫藥資具)에 만족을 압니다.

④ 그는 청정한 마음으로 사선(四禪)을 닦아 현재의 행복한 삶을 어려움 없이 쉽게 마음껏 얻습니다.

⑤ 그는 다양한 신통을 체험합니다. 하나이다가 여럿이 되고, 여럿이다가 하나가 됩니다. 마치 허공을 다니듯이 나타나고 사라지고 담장을 넘고 성벽을 넘고 산을 넘어 거침없이 다닙니다. 마치 물속처럼 땅속에서 오르내리기도 합니다. 마치 땅 위를 걷듯이 물 위를 걸어 다닙니다. 마치 날개 달린 새처럼 허공에서 가부좌하고 다니기도 합니다. 이와 같은 큰 신족통과 이와 같은 큰 위력으로 해와 달을 손바닥으로 만지고 쓰다듬기도 합니다. 몸을 범천(梵天)의 세계까지 늘리기도 합니다.

⑥ 그는 인간을 초월한 청정한 천이통(天耳通)으로 멀고 가까운 천신과 인간의 두 소리를 듣습니다.

⑦ 그는 자신의 마음으로 다른 중생이나 다른 사람들의 마음을 통찰합니다. 탐욕이 있는 마음은 탐욕이 있는 마음이라고 통찰합니다. 탐욕이 없는 마음은 탐욕이 없는 마음이라고 통찰합니다. 악의가 있는 마음은 악의가 있는 마음이라고 통찰합니다. 악의가 없는 마음은 악의가 없는 마음이라고 통찰합니다. 어리석음이 있는 마음은 어리석음이 있는 마음이라고 통찰합니다. 어리석음이 없는 마음은 어리석음이 없는 마음이라고 통찰합니다. 집중된 마음은 집중된 마음이라고 통찰합니다. 산만한 마음은 산만한 마음이라고 통찰합니다. 넓은 마음은 넓은 마음이라고 통찰합니다. 좁은 마음은 좁은 마음이라고 통찰합니다. 뛰어난 마음은 뛰어난 마음이라고 통찰합니다. 위없는 마음은 위없는 마음이라고 통찰합니다. 삼매에 든 마음은

삼매에 든 마음이라고 통찰합니다. 삼매에 들지 않은 마음은 삼매에 들지 않은 마음이라고 통찰합니다. 해탈한 마음은 해탈한 마음이라고 통찰합니다. 해탈하지 못한 마음은 해탈하지 못한 마음이라고 통찰합니다.

⑧ 그는 여러 가지 전생의 삶을 기억합니다. 한 번의 태어남, 두 번의 태어남, 세 번의 태어남, 네 번의 태어남, 다섯 번의 태어남, 열 번의 태어남, 스무 번의 태어남, 서른 번의 태어남, 마흔 번의 태어남, 쉰 번의 태어남, 백 번의 태어남, 천 번의 태어남, 백천 번의 태어남, 수많은 괴겁(壞劫), 수많은 성겁(成劫), 수많은 성괴겁(成壞劫)과 같은 여러 가지 전생의 삶을 기억합니다. '그곳에서 나는 이름은 이러했고, 가문은 이러했고, 용모는 이러했고, 음식은 이러했으며, 이러한 고락(苦樂)을 겪었고, 이와 같이 수명을 마쳤다. 그가 죽어서 나는 거기에 태어났다. 그곳에서 나는 이름은 이러했고, 가문은 이러했고, 용모는 이러했고, 음식은 이러했으며, 이러한 고락을 겪었고, 이와 같이 수명을 마쳤다. 그가 죽어서 이 세상에 태어났다.' 이와 같이 특징이 있고 내력이 있는 여러 가지 전생의 삶을 기억합니다.

⑨ 그는 인간을 초월한 청정한 천안(天眼)으로 중생을 보고, 중생이 업에 따라 죽고 태어나고 못나고 훌륭하고 잘생기고 못생기고 행복하고 불행한 것을 통찰합니다.

⑩ 그는 번뇌[漏]를 소멸하여 지금 여기에서 체험적 지혜[勝智]로 무루(無漏)의 심해탈(心解脫)과 혜해탈(慧解脫)을 스스로 체험하고 성취하여 살아갑니다.

바라문이여, 이것이 아시고 보시는 아라한이시며, 바르고 평등한 깨달음을 성취하신 세존께서 설하신 열 가지 믿음을 주는 법입니다. 우리들 가운데 누구든지 이 법들이 있으면, 우리는 지금 그를 공경하고 존중하고 존경하고 숭배하며, 공경하고 존중하면서 의지하여 살아갑니다."

이 말을 듣고, 마가다의 대신 와싸까라 바라문이 우빠난다(Upananda) 장군에게 말했습니다.

"그대는 어떻게 생각하나요? 장군이여, 만약에 이 존자들이 이와 같이 마땅히 공경해야 할 것을 공경하고, 마땅히 존중해야 할 것을 존중하고, 마땅히 존경해야 할 것을 존경하고, 마땅히 숭배해야 할 것을 숭배한다면, 이 존자들은 분명히 마땅히 공경해야 할 것을 공경하고, 마땅히 존중해야 할 것을 존중하고, 마땅히 존경해야 할 것을 존경하고, 마땅히 숭배해야 할 것을 숭배하고 있소. 그 존자들이 이것을 공경하지 않고 존중하지 않고 존경하지 않고 숭배하지 않는다면, 그 존자들은 도대체 무엇을 공경하고 존중하고 존경하고 숭배하며, 공경하고 존중하면서 의지하여 살아갈 수 있겠소?"

마가다의 대신 와싸까라 바라문이 이제 아난다 존자에게 말했습니다.

"아난다 존자께서는 지금 어디에 머물고 계십니까?"

"바라문이여, 나는 지금 웰루와나에 머물고 있습니다."

"아난다 존자여, 웰루와나는 마음에 드십니까? 조용하고 고요하고 인적이 없고 사람들과 격리되어 홀로 명상하기에 적합합니까?"

"바라문이여, 웰루와나는 참으로 마음에 듭니다. 조용하고 고요하고 인적이 없고 사람들과 격리되어 홀로 명상하기에 적합합니다. 그것은 여러분의 도움과 보호와 관리 덕택입니다."

"아난다 존자여, 확실히 웰루와나는 존자들과 같은 선정을 닦는 선정수행자들에게 잘 어울리는, 마음에 들고 조용하고 고요하고 인적이 없고 사람들과 격리되어 홀로 명상하기에 적합한 곳입니다. 존자들은 진정으로 선정(禪定)을 닦는 선정수행자들입니다. 아난다 존자여, 한때 고따마 존자께서 웨살리의 마하와나에 있는 중각강당에 머무셨습니다. 아난다 존자여, 나는 그때 마하와나의 중각강당으로 고따마 존자를 찾아갔습니다. 그곳에서 고따마 존자께서는 여러 가지 선정에 대해 말씀하셨습니다. 고따마 존자는 진정으로 선정을 닦는 선정수행자셨습니다. 고따마 존자께서는 모든 선정을 칭찬하셨습니다."

"바라문이여, 세존께서 모든 선정을 칭찬하신 것은 아닙니다. 세존께서 모든 선정을 칭찬하지 않으신 것도 아닙니다.

바라문이여, 세존께서는 어떤 선정을 칭찬하시지 않았는가? 바라문이여, 어떤 사람은 감각적 욕망과 탐욕에 사로잡히고 감각적 욕망과 탐욕에 정복된 마음으로 살아가면서, 이미 생긴 감각적 욕망과 탐욕에서 벗어날 줄을 있는 그대로 통찰하지 못합니다. 그는 안으로 감각적 욕망과 탐욕을 일으켜 선정을 닦으면서 생각에 잠기고 깊이 생각하고 심려하고 심사숙고합니다. 악의에 사로잡히고 악의에 정복된 마음으로 살아가면서, 이미 생긴 악의에서 벗어날 줄을 있는 그대로 통찰하지 못합니다. 그는 안으로 악의를 일으켜 선정을 닦으면서 생각에 잠기고 깊이 생각하고 심려하고 심사숙고합니다. 나태[昏沈]과 졸음[睡眠]에 사로잡히고 나태와 졸음에 정복된 마음으로 살아가면서, 이미 생긴 나태와 졸음에서 벗어날 줄을 여실하게 통찰하지 못합니다. 그는 안으로 나태와 졸음에 빠져 선정을 닦으면서 생각에 잠기고 깊이 생각하고 심려하고 심사숙고합니다. 들뜸과 후회에 사로잡히고 들뜸과 후회에 정복된 마음으로 살아가면서, 이미 생긴 들뜸과 후회에서 벗어날 줄을 있는 그대로 통찰하지 못합니다. 그는 안으로 들뜸과 후회에 빠져 선정을 닦으면서 생각에 잠기고 깊이 생각하고 심려하고 심사숙고합니다. 의혹에 사로잡히고 의혹에 정복된 마음으로 살아가면서, 이미 생긴 의혹에서 벗어날 줄을 있는 그대로 통찰하지 못합니다. 그는 안으로 의혹에 빠져 선정을 닦으면서 생각에 잠기고 깊이 생각하고 심려하고 심사숙고합니다. 바라문이여, 세존께서는 이런 선정을 칭찬하지 않으셨습니다.

바라문이여, 세존께서는 어떤 선정을 칭찬하셨는가? 바라문이여, 비구는 감각적 욕망을 멀리하고 불선법을 멀리함으로써 사유가 있고 숙고가 있는, 멀리함에서 생긴 즐거움과 행복이 있는 초선(初禪)을 성취하여 살아갑니다. 그는 사유와 숙고를 억제하여 내적으로 조용해진, 마음이 집중된, 사유와 숙고가 없는, 삼매에서 생긴 즐거움과 행복이 있는 제2선(第二禪)을 성취하여 살아갑니다. 그는 희열(喜悅)이 사라지고 평정한 마음으로 주의집중과 알아차림을 하며 지내는 가운데 몸으로 행복을 느끼면서, 성인들이 '평정한 마음으로 주의집중을 하는 행복한 상태'라고 이야기한 제3선(第三禪)을 성취하여 살아갑니다. 그는 행복감을 포기하고 괴로움을 버림으로써 이전의 만족과 불만이 소멸하여 괴롭지도 않고 즐겁지도 않은, 평정한 주의집중이 청정한 제4선(第四禪)을 성취하여 살아갑니다. 바라문이여, 세존께서는 이런 선정을 칭찬하셨습니다."

"아난다 존자여, 고따마 존자께서는 비난받아 마땅한 선정은 비난하고, 칭찬받아 마땅한 선정은 칭찬하셨군요. 아난다 존자여, 해야 할 일이 많아서 우리는 이제 가겠습니다."

"바라문이여, 그렇다면 이제 그렇게 하십시오!"

마가다의 대신 와싸까라 바라문은 아난다 존자의 말씀에 만족하고 기뻐하면서 자리에서 일어나 떠나갔습니다. 와싸까라 바라문이 떠나자 곧바로 고빠까 목갈라나 바라문이 아난다 존자에게 말했습니다.

"우리는 아난다 존자에게 질문을 했는데, 아난다 존자께서는 그에 대한 대답을 하시지 않았습니다."

"바라문이여, 이미 그대에게 '바라문이여, 아라한이시며, 바르고 평등한 깨달음을 성취하신 세존께서 구족하신 법(法)을 모든 면에서 모든 부분에서 모두 구족한 비구는 한 사람도 없습니다. 바라문이여, 왜냐하면 세존께서는 드러나지 않은 길을 드러내고 생기지 않은 길을 내고 알려지지 않은 길을 알려 준, 길을 아는 분이시며, 길에 밝은 분이시며, 길에 정통한 분이시기 때문입니다. 지금 제자들은 그 길을 따라 살아가면서 뒤에 구족할 뿐입니다'라고 이야기하지 않았습니까?"

53. 큰 보름경
〈M.N. 109. Mahāpuṇṇama-sutta〉

이와 같이 나는 들었습니다.

한때 세존께서는 사왓티의 뿝바라마 미가라마뚜 누각에 머무셨습니다.

어느 보름날, 보름달이 충만한 포살일(布薩日) 밤에 세존께서는 비구상가에 둘러싸여 야외에 앉아 계셨습니다. 그때 어떤 비구가 자리에서 일어나 법의(法衣)를 한쪽 어깨에 걸치고 세존께 합장한 후에 말씀드렸습니다.

"세존이시여, 세존께서 저에게 질문할 기회를 주신다면, 세존께 묻고 싶습니다."

"비구여, 그렇다면 그대는 자신의 자리에 앉고 나서, 그다음에 원하는 대로 하라!"

그 비구는 자신의 자리에 앉은 후에 세존께 말씀드렸습니다.

"세존이시여, 5취온(五取蘊)은 색취온(色取蘊)·수취온(受取蘊)·상취온(想取蘊)·행취온(行取蘊)·식취온(識取蘊)입니까?"

"비구여, 5취온은 색취온·수취온·상취온·행취온·식취온이라오."

그 비구는 "잘 알겠습니다, 세존이시여!"라고 세존의 말씀에 만족하고 기뻐하면서 세존께 다음 질문을 하였습니다.

"세존이시여, 그렇다면 5취온의 뿌리가 되는 것은 무엇입니까?"

"비구여, 5취온의 뿌리가 되는 것은 욕망[chanda]이라오."

"세존이시여, 취(取, upādāna)가 5취온입니까, 그렇지 않으면 취는 5취온과 별개의 것입니까?"

"비구여, 취가 5취온은 아니라오. 그렇지만 취는 5취온과 별개의 것도 아니라오. 비구여, 5취온에 대한 욕망과 탐욕, 그것이 바로 취라오."

"세존이시여, 그렇다면 5취온에 대한 욕망과 탐욕은 차별성이 있습니까?"

"비구여, 있다고 할 수 있다오. 비구여, 어떤 사람은 '미래세(未來世)에는 이런 형색의 몸[色, rūpa][398]이면 좋겠다. 미래세에는 이런 느낌[受]이면 좋겠다. 미래세에는 이런 생각[想]이면 좋겠다. 미래세에는 이런 행위[行]이면 좋겠다. 미래세에는 이런 분별의식[識]이면 좋겠다'라고 생각한다오. 비구여, 이와 같이 5취온에 대한 욕망과 탐욕은 차별성이 있다오."

"세존이시여, 그렇다면 5온(五蘊)의 온(蘊, khandha)이라는 명칭이 사용되는 범위는 어느 정도입니까?"[399]

"비구여, 안의 것이건 밖의 것이건, 크고 거친 것이건 작고 미세한 것이건, 보잘것

398 색(色)으로 한역되는 'rūpa'를 대부분의 번역에서 '물질'로 번역하는데, 'rūpa'는 물질을 의미하는 것이 아니라 지각에 의해 지각된 것을 의미한다.

399 '온(蘊)'으로 번역된 'khandha'는 '덩어리, 줄기'의 의미를 지닌다. 부처님께서는 이 개념을 사용하여 5온(五蘊)이라는 개념을 만들어서 인간과 세계를 설명한다. 이 비구는 부처님께서 5온이라는 개념을 사용할 때, 온이라는 개념이 적용되는 외연(外延)이 어디까지인가를 묻고 있다.

없는 것이건 훌륭한 것이건, 가까이 있는 것이건 멀리 있는 것이건, 그 어떤 형태의 형색[色]이건, 과거·현재·미래의 모든 형태의 형색, 이것이 색온(色蘊)이라오. 비구여, 안의 것이건 밖의 것이건, 크고 거친 것이건 작고 미세한 것이건, 보잘것없는 것이건 훌륭한 것이건, 가까이 있는 것이건 멀리 있는 것이건, 그 어떤 느낌[受]이건, 과거·현재·미래의 모든 느낌, 이것이 수온(受蘊)이라오. 비구여, 안의 것이건 밖의 것이건, 크고 거친 것이건 작고 미세한 것이건, 보잘것없는 것이건 훌륭한 것이건, 가까이 있는 것이건 멀리 있는 것이건, 그 어떤 생각[想]이건, 과거·현재·미래의 모든 생각, 이것이 상온(想蘊)이라오. 비구여, 안의 것이건 밖의 것이건, 크고 거친 것이건 작고 미세한 것이건, 보잘것없는 것이건 훌륭한 것이건, 가까이 있는 것이건 멀리 있는 것이건, 그 어떤 행위[行]이건, 과거·현재·미래의 모든 행위, 이것이 행온(行蘊)이라오. 비구여, 안의 것이건 밖의 것이건, 크고 거친 것이건 작고 미세한 것이건, 보잘것없는 것이건 훌륭한 것이건, 가까이 있는 것이건 멀리 있는 것이건, 그 어떤 분별의식[識]이건, 과거·현재·미래의 모든 분별의식, 이것이 식온(識蘊)이라오. 비구여, 여기까지가 5온의 온이라는 명칭이 사용되는 범위라오."

"세존이시여, 그렇다면 색온(色蘊)을 언명(言明)하는 원인은 무엇이고 조건은 무엇입니까? 수온(受蘊), 상온(想蘊), 행온(行蘊), 식온(識蘊)을 언명하는 원인은 무엇이고 조건은 무엇입니까?"[400]

"비구여, 4대(四大)가 색온을 언명하는 원인이며 조건이라오. 접촉[觸]이 수온을 언명하는 원인이며 조건이라오. 접촉이 상온을 언명하는 원인이며 조건이라오. 접촉이 행온을 언명하는 원인이며 조건이라오. 개념과 형색[nāma-rūpa, 名色]이 식온을 언명하는 원인이며 조건이라오."

"세존이시여, 그렇다면 어떤 것이 자기 자신이 있다고 보는 견해[sakkāyadiṭṭhi, 有身見]입니까?"[401]

"비구여, 성인(聖人)을 무시하고, 성인의 가르침을 이해하지 못하고, 성인의 가르침에서 배우지 못하고, 참사람을 무시하고, 참사람의 가르침을 이해하지 못하고, 참사람의 가르침에서 배우지 못한 무지한 범부는 형색이나 느낌·생각·행위·분별의식을 자아로 간주하거나, 자아가 형색이나 느낌·생각·행위·분별의식을 지닌 것으로 간주하거나, 자아 속에 형색이나 느낌·생각·행위·분별의식이 있다고 간주하거나, 형색이나 느낌·생각·행위·분별의식 속에 자아가 있다고 간주한다오. 비구여, 이런 것이 자기 자신이 있다고 보는 견해라오."

"세존이시여, 그렇다면 어떤 것이 자기 자신이 있다고 보는 견해가 아닙니까?"

"비구여, 성인을 알아보고, 성인의 가르침을 이해하고, 성인의 가르침에서 배우고, 참사람을 알아보고, 참사람의 가르침을 이해

---

400 5온(五蘊)이라는 개념을 사용할 수 있는 근거를 묻고 있다.

401 'sakkāyadiṭṭhi'는 '자신의 존재가 실재한다는 견해'이다. 여기에서는 5온(五蘊)의 근거가 4대(四大)와 촉(觸)과 명색(名色)이라면, 사람들은 어떻게 자신의 존재가 실재한다는 견해를 갖게 되는가를 묻고 있다.

하고, 참사람의 가르침에서 배운 거룩한 제자는 형색이나 느낌·생각·행위·분별의식을 자아로 간주하지 않고, 자아가 형색이나 느낌·생각·행위·분별의식을 지닌 것으로 간주하지 않고, 자아 속에 형색이나 느낌·생각·행위·분별의식이 있다고 간주하지 않고, 형색이나 느낌·생각·행위·분별의식 속에 자아가 있다고 간주하지 않는다오. 비구여, 이런 것이 자기 자신이 있다고 보는 견해가 아니라오."

"세존이시여, 그렇다면 형색에 있는 맛[味]은 무엇이고, 재난[患]은 무엇이고, 그것에서 벗어남[出離]은 무엇입니까? 느낌·생각·행위·분별의식에 있는 맛은 무엇이고, 재난은 무엇이고, 그것에서 벗어남은 무엇입니까?"

"비구여, 형색에 의지하여 발생한 즐거움과 만족, 이것이 형색에 있는 맛이라오. 형색은 무상(無常)하고, 괴롭고, 변해 간다오. 이것이 형색에 있는 재난이라오. 형색에 대하여 욕망과 탐욕을 억제하고 욕망과 탐욕을 버리는 것, 이것이 형색에서 벗어남이라오. 느낌, 생각, 행위, 분별의식도 마찬가지라오."

"세존이시여, 그렇다면 어떻게 알고 어떻게 보면, 의식을 지닌 신체와 외부의 일체의 모습에 대하여 나라고 생각하고 나의 소유라고 생각하는 습성[隨眠]이 없어집니까?"

"비구여, '안의 것이건 밖의 것이건, 크고 거친 것이건 작고 미세한 것이건, 보잘것없는 것이건 훌륭한 것이건, 가까이 있는 것이건 멀리 있는 것이건, 그 어떤 형태의 형색이건, 과거·현재·미래의 모든 형태의 형색, 그것은 나의 소유가 아니고, 그것은 내가 아니고, 그것은 나의 자아가 아니다'라고 이와 같이 그것을 바른 통찰지(通察智)로 있는 그대로 보아야 한다오. 느낌, 생각, 행위, 분별의식도 마찬가지라오. 비구여 이와 같이 알고, 이와 같이 보면, 의식을 지닌 신체와 외부의 일체의 모습에 대하여 나라고 생각하고 나의 소유라고 생각하는 습성이 없어진다오."

그때 어떤 비구의 마음속에 이런 생각이 일어났습니다.

'형색은 자아가 아니고, 느낌은 자아가 아니고, 생각은 자아가 아니고, 행위는 자아가 아니고, 분별의식은 자아가 아니라는 말씀인데, 그렇다면 자아 없이 행해진 업(業)들이 자아에 무슨 영향을 줄 수 있단 말인가?'

세존께서는 그 비구가 마음속으로 생각한 바를 아시고 비구들에게 말씀하셨습니다.

"비구들이여, 어떤 무지한 어리석은 사람은 무명의 상태에서 갈애[愛]에 사로잡혀 '형색은 자아가 아니고, 느낌은 자아가 아니고, 생각은 자아가 아니고, 행위는 자아가 아니고, 분별의식은 자아가 아니라는 말씀인데, 그렇다면 자아 없이 행해진 업들이 자아에 무슨 영향을 줄 수 있단 말인가?'라고 스승의 가르침을 뛰어넘을 수 있다는 생각을 할 수 있을 것이오. 비구들이여, 나는 그대들을 그때그때 문제가 되는 교리들에 대하여 반문(反問)으로 가르쳤다오. 비구들이여, 어떻게 생각하는가? 형색은 무상한가, 무상하지 않은가?"

"무상합니다, 세존이시여!"

"무상한 것은 괴로움인가, 즐거움인가?"

"괴로움입니다, 세존이시여!"

"무상하고 괴롭고 변해 가는 것[法]을

'그것은 나의 소유다. 그것은 나다. 그것은 나의 자아다'라고 간주하는 것이 과연 마땅한가?"

"그렇지 않습니다, 세존이시여!"

"비구들이여, 어떻게 생각하는가? 느낌·생각·행위·분별의식은 무상한가, 무상하지 않은가?"

"무상합니다, 세존이시여!"

"무상한 것은 괴로움인가, 즐거움인가?"

"괴로움입니다, 세존이시여!"

"무상하고 괴롭고 변해 가는 것을 '그것은 나의 소유다. 그것은 나다. 그것은 나의 자아다'라고 간주하는 것이 과연 마땅한가?"

"그렇지 않습니다, 세존이시여!"

"비구들이여, 그러므로 '안의 것이건 밖의 것이건, 크고 거친 것이건 작고 미세한 것이건, 보잘것없는 것이건 훌륭한 것이건, 가까이 있는 것이건 멀리 있는 것이건, 그 어떤 형태의 형색이건, 과거·현재·미래의 모든 형태의 형색, 그것은 나의 소유가 아니고, 그것은 내가 아니고, 그것은 나의 자아가 아니다'라고 그것을 바른 통찰지로 있는 그대로 보아야 한다오. 느낌, 생각, 행위, 분별의식도 마찬가지라오. 비구들이여, 이렇게 통찰한 많이 배운 거룩한 제자는 형색을 싫어하고, 느낌·생각·행위·분별의식을 싫어한다오. 싫어함으로써[厭離] 욕탐을 버리고[離貪], 욕탐을 버림으로써 해탈(解脫)하며, 해탈했을 때 해탈했음을 안다오. 그는 '태어남은 끝났고, 청정한 수행[梵行]을 마쳤으며, 해야 할 일을 끝마쳤다. 다시는 이런 상태로 되지 않는다'라고 통찰한다오."

이것이 세존께서 하신 말씀입니다.

그 비구들은 세존의 말씀에 만족하고 기뻐했습니다. 이 설명을 하실 때, 60명의 비구가 남김 없는 무루(無漏)의 심해탈(心解脫)을 얻었습니다.

54. 차제경(次第經)
〈M.N. 111. Anupada-sutta〉

이와 같이 나는 들었습니다.

한때 세존께서는 사왓티의 제따와나 아나타삔디까 승원에 머무셨습니다.

그때 세존께서 비구들에게 말씀하셨습니다.

"비구들이여, 사리뿟따는 현명한 사람이라오. 비구들이여, 사리뿟따는 큰 지혜가 있다오. 비구들이여, 사리뿟따는 넓은 지혜가 있다오. 비구들이여, 사리뿟따는 민첩한 지혜가 있다오. 비구들이여, 사리뿟따는 신속한 지혜가 있다오. 비구들이여, 사리뿟따는 날카로운 지혜가 있다오. 비구들이여, 사리뿟따는 결택(決擇)하는 지혜가 있다오.

비구들이여, 사리뿟따는 보름 동안 연속하여 관찰되는 법(法)을 관찰했다오. 비구들이여, 사리뿟따가 관찰한 연속하여 관찰되는 법은 다음과 같다오.

비구들이여, 사리뿟따는 감각적 욕망에 대한 욕망을 멀리하고, 착하지 않은 법을 멀리하고, 사유하고 숙고하여 멀어짐에서 생긴 기쁨과 즐거움이 있는 첫 번째 선정[初禪]에 도달하여 머물렀다오. 이 첫 번째 선정에서 여러 법들이, 즉 사유·숙고·기쁨·즐거움·마음집중[cittekaggatā]·접촉[觸]·느낌[受]·생각[想]·의도[cetanā, 思]·욕망·확신·정진(精進)·주의집중[sati, 念]·평정[upekhā, 捨]·작의(作意, manasikāra), 이러한 법들이 그에게 연속하여 나타났다오. 그에게 이러한 법들이 분명하게 나타나 분명하게 머물다가 분명하게 소멸해 갔다오. 그는 '이와 같이 지금 나에게 여러 법들이 없다가 나타났고, 있다가 없어졌다'라고 통찰했다오.

그는 그 법들에 집착하지 않고, 빠져들지 않고, 의존하지 않고, 묶이지 않고, 자유롭게 속박에서 벗어나 해탈한 마음에 머물렀다오. 그는 '이보다 위의 벗어남[出離]이 있다'라고 통찰했다오. 그는 더 닦아야 할 것이 있다고 생각했다오. 비구들이여, 사리뿟따는 그 후에 다시 사유와 숙고가 적멸함으로써 내적으로 평온한, 마음이 집중된, 사유가 없고 숙고가 없는, 삼매(三昧)에서 생긴 기쁨과 즐거움이 있는 두 번째 선정[第二禪]에 도달하여 머물렀다오. 이 두 번째 선정에서 여러 법들이, 즉 내적인 평온·기쁨·즐거움·마음집중·접촉·느낌·생각·의도·의욕·확신·정진·주의집중·평정·작의, 이러한 법들이 그에게 연속하여 나타났다오. 그에게 이러한 법들이 분명하게 나타나 분명하게 머물다가 분명하게 소멸해 갔다오. 그는 '이와 같이 지금 나에게 여러 법들이 없다가 나타났고, 있다가 없어졌다'라고 통찰했다오.

그는 그 법들에 집착하지 않고, 빠져들지 않고, 의존하지 않고, 묶이지 않고, 자유롭게 속박에서 벗어나 해탈한 마음에 머물렀다오. 그는 '이보다 위의 벗어남이 있다'라고 통찰했다오. 그는 더 닦아야 할 것이 있다고 생각했다오. 비구들이여, 사리뿟따는 그 후에 다시 기쁨[pīti]과 욕탐을 버림[離欲]으로써 평정하게 주의집중하며[正念], 바르게 알고[正知] 머물면서 몸으로 기쁨을 느꼈다오. 그는 성인(聖人)들이 '평정한 주의집중을 하는 행복한 상태'라고 말하는 세 번째 선정[第三禪]에 도달하여 머물렀다오. 이 세 번째 선정에서 여러 법들이, 즉 평정·즐거움·주의집중·바른 앎·마음집중·접촉·느낌·생각·의도·의욕·확신·정진·주의집중·평정·작의, 이러한 법들이 그에게 연속하여 나타났다오. 그에게 이러한 법들이 분명하게 나타나 분명하게 머물다가 분명하게 소멸해 갔다오. 그는 '이와 같이 지금 나에게 여러 법들이 없다가 나타났고, 있다가 없어졌다'라고 통찰했다오.

그는 그 법들에 집착하지 않고, 빠져들지 않고, 의존하지 않고, 묶이지 않고, 자유롭게 속박에서 벗어나 해탈한 마음에 머물렀다오. 그는 '이보다 위의 벗어남이 있다'라고 통찰했다오. 그는 더 닦아야 할 것이 있다고 생각했다오. 비구들이여, 그 후에 다시 사리뿟따는 즐거움을 버리고 괴로움을 버려, 이전에 있었던 희열[somanassa]과 근심[domanassa]이 사라짐으로써 괴로움도 없고 즐거움도 없는, 평정한 주의집중이 청정한[upekhāsatipārisuddhaṁ] 네 번째 선정[第四禪]에 도달하여 머물렀다오. 이 네 번째 선정에서 여러 법들이, 즉 평정[捨]·괴롭지도 즐겁지도 않은 느낌·평온한 느낌[passi vedanā]·무관심[cetaso anābhogo]·주의집중·청정·마음집중·접촉·느낌·생각·의도·의욕·확신·정진·주의집중·평정·작의, 이러한 법들이 그에게 연속하여 나타났다오. 그에게 이러한 법들이 분명하게 나타나 분명하게 머물다가 분명하게 소멸해 갔다오. 그는 '이와 같이 지금 나에게 여러 법들이 없다가 나타났고, 있다가 없어졌다'라고 통찰했다오.

그는 그 법들에 집착하지 않고, 빠져들지 않고, 의존하지 않고, 묶이지 않고, 자유롭게 속박에서 벗어나 해탈한 마음에 머물렀다오. 그는 '이보다 위의 벗어남이 있다'라고 통찰했다오. 그는 더 닦아야 할 것이 있다고 생각했다오. 비구들이여, 그 후 다시 사리뿟따는 일체의 형색에 대한 생각[色想]을 초월하고, 지각의 대상에 대한 생각[有對想]을 소멸하고, 차별적인 생각[想]에 마음을 쓰지 않음으로써 허공은 무한하다고 하는 공무변처(空無邊處)에 도달하여 머물렀다오. 이 공무변처에서 여러 법들이, 즉 공무변처라는 생각[想]·마음집중·접촉·느낌·생각·의도·의욕·확신·정진·주의집중·평정·작의, 이러한 법들이 그에게 연속하여 나타났다오. 그에게 이러한 법들이 분명하게 나타나 분명하게 머물다가 분명하게 소멸해 갔다오. 그는 '이와 같이 지금 나에게 여러 법들이 없다가 나타났고, 있다가 없어졌다'라고 통찰했다오.

그는 그 법들에 집착하지 않고, 빠져들지 않고, 의존하지 않고, 묶이지 않고, 자유롭게 속박에서 벗어나 해탈한 마음에 머물렀다오. 그는 '이보다 위의 벗어남이 있다'라고 통찰했다오. 그는 더 닦아야 할 것이 있다고 생각했다오. 비구들이여, 그 후 다시 사리뿟따는 일체의 공무변처에 대한 생각을 초월함으로써 의식은 무한하다고 하는 식무변처(識無邊處)에 도달하여 머물렀다오. 이 식무변처에서 여러 법들이, 즉 식무변처라는 생각·마음집중·접촉·느낌·생각·의도·의욕·확신·정진·주의집중·평정·작의, 이러한 법들이 그에게 연속하여 나타났다오. 그에게 이러한 법들이 분명하게 나타나 분명하게 머물다가 분명하게 소멸해 갔다오. 그는 '이와 같이 지금 나에게 여러 법들이 없다가 나타났고, 있다가 없어졌다'라고 통찰했다오.

그는 그 법들에 집착하지 않고, 빠져들지 않고, 의존하지 않고, 묶이지 않고, 자유롭게 속박에서 벗어나 해탈한 마음에 머물렀다오. 그는 '이보다 위의 벗어남이 있다'라고 통찰했다오. 그는 더 닦아야 할 것이 있다고 생각했다오. 비구들이여, 그 후 다시 사리뿟따는 일체의 식무변처에 대한 생각을 초월함으로써 그 어떤 것도 존재하지 않는다고 하는 무소유처(無所有處)에 도달하여 머물렀다오. 이 무소유처에서 여러 법들이, 즉 무소유처라는 생각·마음집중·접촉·느낌·생각·의도·의욕·확신·정진·주의집중·평정·작의, 이러한 법들이 그에게 연속하여 나타났다오. 그에게 이러한 법들이 분명하게 나타나 분명하게 머물다가 분명하게 소멸해 갔다오. 그는 '이와 같이 지금 나에게 여러 법들이 없다가 나타났고, 있다가 없어졌다'라고 통찰했다오.

그는 그 법들에 집착하지 않고, 빠져들지 않고, 의존하지 않고, 묶이지 않고, 자유롭게 속박에서 벗어나 해탈한 마음에 머물렀다오. 그는 '이보다 위의 벗어남이 있다'라고 통찰했다오. 그는 더 닦아야 할 것이 있다고 생각했다오. 비구들이여, 그 후 다시 사리뿟따는 일체의 무소유처에 대한 생각을 초월함으로써 비유상비무상처(非有想非無想處)에 도달하여 머물렀다오. 그는 주의집중하며 그 선정에서 나왔다오. 그는 주의집중하며 그 선정에서 나와서 이전의 사라지고 변해 버린 그 법들을 생각했다오.

'이와 같이 지금 나에게 여러 법들이 없다가 나타났고, 있다가 없어졌다.'

그는 그 법들에 집착하지 않고, 빠져들지 않고, 의존하지 않고, 묶이지 않고, 자유롭게 속박에서 벗어나 해탈한 마음에 머물렀다오. 그는 '이보다 위의 벗어남이 있다'라고 통찰했다오. 그는 더 닦아야 할 것이 있다고 생각했다오. 비구들이여, 그 후 다시 사리뿟따는 일체의 비유상비무상처에 대한 생각을 초월함으로써 상수멸(想受滅)에 도달하여 머물렀다오. 그리고 통찰지[般若]로 통찰하자 번뇌[漏]들이 소멸했다오.

그는 주의집중하며 그 선정에서 나왔다오. 그는 주의집중하며 그 선정에서 나와서 이전의 사라지고 변해 버린 그 법들을 생각했다오.

'이와 같이 지금 나에게 여러 법들이 없다가 나타났고, 있다가 없어졌다.'

그는 그 법들에 집착하지 않고, 빠져들지 않고, 의존하지 않고, 묶이지 않고, 자유롭게 속박에서 벗어나 해탈한 마음에 머물렀다오. 그는 '이보다 위의 벗어남은 없다'라고 통찰했다오. 그는 더 닦아야 할 것이 없다고 생각했다오.

비구들이여, 만약 어떤 사람을 '거룩한 계(戒)에서 자재(自在)와 피안(彼岸)을 얻고, 거룩한 삼매[samādhi, 定]에서 자재와 피안을 얻고, 거룩한 통찰지에서 자재와 피안을 얻고, 거룩한 해탈(解脫)에서 자재와 해탈을 얻은 사람이다'라고 진정으로 말할 수 있다면, 사리뿟따가 진실로 그런 사람이라오.

비구들이여, 만약 어떤 사람을 '세존의 입에서 태어난, 가르침[法]에서 태어난, 가르침으로 만들어진, 재산의 상속자가 아니라 가르침의 상속자인 세존의 아들이다'라고 진정으로 말할 수 있다면, 사리뿟따가 진실로 그런 사람이라오.

비구들이여, 사리뿟따는 여래가 굴리는 위없는 법륜(法輪)을 바르게 잘 굴린다고 이야기할 수 있는 사람이라오."

이것이 세존께서 하신 말씀입니다.

그 비구들은 세존의 말씀에 만족하고 기뻐했습니다.

55. 구경지검증경(究竟智檢證經)[402]

〈M.N. 112. Chabbisodhana-sutta〉

이와 같이 나는 들었습니다.

한때 세존께서는 사왓티에 있는 제따와나 아나타삔디까 승원에 머무셨습니다.

그때 세존께서 비구들을 불러 말씀하셨습니다.

"비구들이여, 어떤 비구가 '나는 '태어남은 끝났고, 청정한 수행[梵行]을 마쳤으며, 해야 할 일을 끝마쳤다. 다시는 이런 상태로 되지 않는다'라는 것을 분명하게 안다'라고 구경지(究竟智, aññā)를 선언하면, 비구들이여, 그대들은 그 비구의 말을 인정해서도 안 되고 비난해서도 안 된다오. 인정하지도 말고 비난하지도 말고, 다음과 같이 물어야 한다오.

'존자여, 아시고 보시는 아라한이시며 바르고 평등한 깨달음을 성취하신 세존께서 바르게 가르쳐 주신 말해야 할 것은 네 가지라오. 네 가지는 어떤 것인가? 보았을 때 본 것을 말하고, 들었을 때 들은 것을 말하고, 지각(知覺)했을 때[mute] 지각한 것을 말하고, 인식(認識)했을 때[viññāte] 인식한 것을 말하는 것, 이것이 아시고 보시는 아라한이시며 바르고 평등한 깨달음을 성취하신 세존께서 바르게 가르쳐 주신 네 가지 말해야 할 것이라오. 존자는 이들 네 가지 말해야 할 것에 대하여 어떻게 알고, 어떻게 보고, 번뇌[漏]가 남김없이 사라져서 마음이 해탈했는가?'

비구들이여, 번뇌를 소멸하고, 수행을 완성하고, 해야 할 일을 마치고, 짐을 내려놓고, 자신의 목적에 도달하여 존재의 결박[有結]을 끊고, 바른 지혜를 갖추어 해탈한 비구는 사실대로 이렇게 대답한다오.

'존자여, 나는 본 것에 대하여 집착하지 않고, 싫어하지 않고, 의존하지 않고, 묶이지 않고, 해탈하고 벗어나서 자유롭게 된 마음으로 살아간다오. 존자여, 나는 들은 것에 대하여, 지각한 것에 대하여, 인식한 것에 대하여 집착하지 않고, 싫어하지 않고, 의존하지 않고, 묶이지 않고, 해탈하고 벗어나서 자유롭게 된 마음으로 살아간다오. 존자여, 나는 이와 같이 알고, 이와 같이 보고, 이들 네 가지 말해야 할 것에 대하여 번뇌가 남김없이 사라져서 마음이 해탈했다오.'

비구들이여, 그대들은 '훌륭하다!'라고 그 비구의 말을 인정하고 기뻐해야 한다오. '훌륭하다!'라고 그의 말을 인정하고 기뻐한 후에 그다음 질문을 해야 한다오.

'존자여, 아시고 보시는 아라한이시며 바르고 평등한 깨달음을 성취하신 세존께서는 5취온(五取蘊)을 바르게 가르치셨다오. 5취온은 어떤 것인가? 그것은 색취온(色取蘊), 수취온(受取蘊), 상취온(想取蘊), 행취온(行取蘊), 식취온(識取蘊)이라오. 존자여, 아시고 보시는 아라한이시며 바르고 평등한 깨달음을 성취하신 세존께서 이들 5취온을 바

---

402 『중아함경(中阿含經)』의 「187. 설지경(說智經)」에 상응하는 경. 경의 이름인 'Chabbisodhana'는 '여섯 가지 검증'이라는 뜻이다. 여섯 가지 검증은 구경지(究竟智)에 대한 검증이다.

르게 가르치셨다오. 존자는 이들 5취온에 대하여 어떻게 알고, 어떻게 보고, 번뇌가 남김없이 사라져서 마음이 해탈했는가?'

비구들이여, 번뇌를 소멸하고, 수행을 완성하고, 해야 할 일을 마치고, 짐을 내려놓고, 자신의 목적에 도달하여 존재의 결박을 끊고, 바른 지혜를 갖추어 해탈한 비구는 사실대로 이렇게 대답한다오.

'존자여, 나는 '형색[色]은 나약하고 쇠약해지고 믿을 수 없다'라는 것을 본 후에, 마음의 잠재적인 집착의 습성인 형색을 집착하는 취(取)들[rūpe upādāyupādānā], 그것들을 소멸하고 탐욕을 버리고 없애고 포기하고 거부함으로써 '나의 마음이 해탈했다'라고 통찰했다오. 느낌[受], 생각[想], 행위[行], 분별의식[識]에 대해서도 마찬가지라오. 나는 이와 같이 알고, 이와 같이 보고, 이들 5취온에 대하여 번뇌가 남김없이 사라져서 마음이 해탈했다오.'

비구들이여, 그대들은 '훌륭하다!'라고 그 비구의 말을 인정하고 기뻐해야 한다오. '훌륭하다!'라고 그의 말을 인정하고 기뻐한 후에 그다음 질문을 해야 한다오.

'존자여, 아시고 보시는 아라한이시며 바르고 평등한 깨달음을 성취하신 세존께서는 6계(六界)를 바르게 가르치셨다오. 6계는 어떤 것인가? 그것은 지계(地界), 수계(水界), 화계(火界), 풍계(風界), 공계(空界), 식계(識界)라오. 존자여, 아시고 보시는 아라한이시며 바르고 평등한 깨달음을 성취하신 세존께서 이들 6계를 바르게 가르치셨다오. 존자는 이들 6계에 대하여 어떻게 알고, 어떻게 보고, 번뇌가 남김없이 사라져서 마음이 해탈했는가?'

비구들이여, 번뇌를 소멸하고, 수행을 완성하고, 해야 할 일을 마치고, 짐을 내려놓고, 자신의 목적에 도달하여 존재의 결박을 끊고, 바른 지혜를 갖추어 해탈한 비구는 사실대로 이렇게 대답한다오.

'존자여, 나는 지계를 자아가 아닌 것으로 여겼으며, 자아를 지계에 의존하고 있는 것으로 여기지 않았습니다. 나는 마음의 잠재적인 집착의 습성인 지계를 집착하는 취들, 그것들을 소멸하고 탐욕을 버리고 없애고 포기하고 거부함으로써 '나의 마음이 해탈했다'라고 통찰했다오. 수계, 화계, 풍계, 공계, 식계에 대해서도 마찬가지라오. 나는 이와 같이 알고, 이와 같이 보고, 이들 6계에 대하여 번뇌가 남김없이 사라져서 마음이 해탈했다오.'

비구들이여, 그대들은 '훌륭하다!'라고 그 비구의 말을 인정하고 기뻐해야 한다오. '훌륭하다!'라고 그의 말을 인정하고 기뻐한 후에 그다음 질문을 해야 한다오.

'존자여, 아시고 보시는 아라한이시며 바르고 평등한 깨달음을 성취하신 세존께서는 6내외입처(六內外入處)를 바르게 가르치셨다오. 6내외입처는 어떤 것인가? 그것은 보는 나[眼]와 보이는 형색[色], 듣는 나[耳]와 들리는 소리[聲], 냄새 맡는 나[鼻]와 향기[香], 맛보는 나[舌]와 맛[味], 만지는 나[身]와 촉감[觸], 마음[意]과 지각대상[法]이라오. 존자여, 아시고 보시는 아라한이시며 바르고 평등한 깨달음을 성취하신 세존께서 이들 6내외입처를 바르게 가르치셨다오. 존자는 이들 6내외입처에 대하여 어떻게 알고, 어떻게 보고, 번뇌가 남김없이 사라져서 마음이 해탈했는가?'

비구들이여, 번뇌를 소멸하고, 수행을 완성하고, 해야 할 일을 마치고, 짐을 내려놓고, 자신의 목적에 도달하여 존재의 결박을 끊고, 바른 지혜를 갖추어 해탈한 비구는 사실대로 이렇게 대답한다오.

'존자여, 나는 보는 나와 보이는 형색, 시각분별의식[眼識], 시각분별의식에 의해 분별되는 지각대상[法]들에 대한 욕망·탐욕·기쁨·갈애, 그리고 마음의 잠재적인 집착의 습성인 지각대상들을 집착하는 취들, 그것들을 소멸하고 탐욕을 버리고 없애고 포기하고 거부함으로써 '나의 마음이 해탈했다'라고 통찰했다오. 듣는 나와 들리는 소리, 냄새 맡는 나와 향기, 맛보는 나와 맛, 만지는 나와 촉감, 마음과 지각대상에 대해서도 마찬가지라오. 나는 이와 같이 알고, 이와 같이 보고, 이들 6내외입처에 대하여 번뇌가 남김없이 사라져서 마음이 해탈했다오.'

비구들이여, 그대들은 '훌륭하다!'라고 그 비구의 말을 인정하고 기뻐해야 한다오. '훌륭하다!'라고 그의 말을 인정하고 기뻐한 후에 그다음 질문을 해야 한다오.

'존자는 어떻게 알고, 어떻게 보고, 의식을 지닌 신체[saviññāṇaka kāya]와 외부의 일체의 모습[bahiddhā sabbanimitta]에 대하여 나라고 생각하고 나의 소유라고 생각하는 습성[隨眠]을 완전히 제거했는가?'

비구들이여, 번뇌를 소멸하고, 수행을 완성하고, 해야 할 일을 마치고, 짐을 내려놓고, 자신의 목적에 도달하여 존재의 결박을 끊고, 바른 지혜를 갖추어 해탈한 비구는 사실대로 이렇게 대답한다오.

'존자여, 내가 이전에 속가(俗家)에 살면서 무지했을 때, 그런 나에게 여래나 여래의 제자가 가르침을 주었다오. 나는 그 가르침을 듣고 여래에게 믿음을 가졌다오. 나는 여래에 대한 믿음을 가지고 '속세의 삶은 번거로운 홍진(紅塵)의 세계요, 출가는 걸림 없는 노지(露地)와 같다. 속가에 살면서 완전하고 청정하고 밝은 범행을 수행하기는 쉽지 않다. 나는 오히려 머리와 수염을 깎고, 가사와 발우를 지니고, 집을 떠나 출가하는 것이 좋겠다'라고 생각했다오. 나는 그 후에 많고 적은 재산을 버리고, 가깝고 먼 친족을 버리고, 머리와 수염을 깎고 가사와 발우를 지니고 집을 떠나 출가했다오. 나는 이와 같이 출가해서 비구의 학계(學戒)와 계행(戒行)을 구족했다오.[403] 거룩한 계온(戒蘊)을 성취하고, 거룩한 지각활동의 수호(守護)를 성취하고, 거룩한 주의집중과 알아차림을 성취하고, 숲이나 나무 아래나 바위나 동굴이나 산속이나 무덤이나 삼림이나 노지나 짚더미 같은, 홀로 지내기 좋은 처소를 가까이했다오. 나는 발우에 음식을 얻어 돌아와 음식을 먹은 후에 가부좌하고 앉아서, 몸을 똑바로 세우고 정신을 바짝 차려 주의집중을 했다오. 나는 세간(世間)에 대한 탐욕을 버리고, 탐욕을 떠난 마음으로 지내면서 탐욕으로부터 마음을 정화했다오. 악의(惡意)를 버리고, 악의 없는 마음으로 지내면서 살아 있는 모든 것을 연민하는 벗이 되어 악의로부터 마음을 정화했다오. 나태와 졸음을 버리고, 나태

403 불살생(不殺生) 등의 상세한 계행(戒行)과 구체적인 지각활동의 수호[六根守護]는 「18. 소치는 사람의 비유 큰 경」과 같은 내용이므로 생략하여 번역함.

와 졸음 없이 지내면서 밝은 생각으로 알아차려 나태와 졸음으로부터 마음을 정화했다오. 들뜸과 후회를 버리고, 차분하게 지내면서 내적으로 고요해진 마음으로 들뜸과 후회로부터 마음을 정화했다오. 의심을 버리고, 의심을 벗어나 선법(善法)에 대하여 의심 없이 지내면서 의심으로부터 마음을 정화했다오. 나는 이들 다섯 가지 장애[五蓋]를 버리고, 통찰지[般若]를 약하게 하는 마음의 때를 멀리하고 감각적 욕망과 불선법(不善法)을 멀리함으로써 사유와 숙고가 있는, 멀리함에서 생긴 기쁨과 행복감이 있는 첫 번째 선정[初禪]을 성취하여 살았다오. 사유와 숙고를 억제하고 내적으로 평온하게 마음이 집중된, 사유와 숙고가 없는, 삼매(三昧)에서 생긴 기쁨과 행복감이 있는 두 번째 선정[第二禪]을 성취하여 살았다오. 희열(喜悅)이 사라지고 평정한 마음으로 주의집중과 알아차림을 하며 지내는 가운데 몸으로 행복을 느끼면서, 성인들이 '평정한 마음[捨]으로 주의집중을 하는 행복한 상태'라고 이야기한 세 번째 선정[第三禪]을 성취하여 살았다오. 행복감을 포기하고 괴로움을 버림으로써 이전의 만족과 불만이 소멸하여 괴롭지도 않고 즐겁지도 않은, 평정한 주의집중이 청정한 네 번째 선정[第四禪]을 성취하여 살았다오. 이와 같이 청정하게 정화되고, 죄악의 먼지가 없고, 번뇌의 때가 없으며, 유연하여 적응력이 있고, 견고하여 움직이지 않는, 삼매에 든 마음에서 번뇌를 소멸하는 앎[漏盡智, āsavānaṁ khayañāṇā]에 주의를 기울였다오. 나는 '이것은 괴로움[苦]이다'라고 있는 그대로 통찰했다오. 나는 '이것은 괴로움의 쌓임[苦集]이다'라고 있는 그대로 통찰했다오. 나는 '이것은 괴로움의 소멸[苦滅]이다'라고 있는 그대로 통찰했습니다. 나는 '이것은 괴로움의 소멸에 이르는 길[苦滅道]이다'라고 있는 그대로 통찰했다오. 나는 '이것들은 번뇌[漏]다'라고 있는 그대로 통찰했다오. 나는 '이것은 번뇌의 쌓임[漏集]이다'라고 있는 그대로 통찰했다오. 나는 '이것은 번뇌의 소멸[漏滅]이다'라고 있는 그대로 통찰했다오. 나는 '이것은 번뇌의 소멸에 이르는 길[漏滅道]이다'라고 있는 그대로 통찰했다오. 내가 이렇게 알고 이렇게 보았을 때 마음이 욕루(欲漏)에서 해탈하고, 유루(有漏)·무명루(無明漏)에서 해탈했다오. 해탈했을 때 '나는 해탈했다'라고 알게 되었다오. 나는 '태어남은 끝났고, 청정한 수행[梵行]을 마쳤으며, 해야 할 일을 끝마쳤다. 다시는 이런 상태로 되지 않는다'라고 체험적으로 알았다오. 존자여, 나는 이와 같이 알고, 이와 같이 봄으로써 의식을 지닌 신체와 외부의 일체의 모습에 대하여 나라고 생각하고 나의 소유라고 생각하는 무의식을 완전히 제거했다오.'

비구들이여, 그대들은 '훌륭하다!'라고 그 비구의 말을 인정하고 기뻐해야 한다오. '훌륭하다!'라고 그의 말을 인정하고 기뻐한 후에 이와 같이 말해야 한다오.

'존자여, 존자와 같은 훌륭한 수행자를 뵙게 되어 우리는 많은 것을 얻었습니다. 존자여, 존자와 같은 훌륭한 수행자를 뵙게 된 것은 우리에게 커다란 축복입니다.'"

이것이 세존께서 하신 말씀입니다.

그 비구들은 세존의 말씀에 만족하고 기뻐했습니다.

56. 다계경(多界經)[404]

〈M.N. 115. Bahudhātuka-sutta〉

이와 같이 나는 들었습니다.

한때 세존께서는 사왓티의 제따와나 아나타삔디까 승원에 머무셨습니다. 그때 세존께서 "비구들이여!"라고 비구들을 부르셨습니다. 비구들은 "존경하는 스승님!"하고 대답했습니다.

세존께서는 다음과 같이 말씀하셨습니다.

"비구들이여, 모든 두려움은 어리석기 때문에 생기고, 현명하면 생기지 않는다오. 모든 재난은 어리석기 때문에 생기고, 현명하면 생기지 않는다오. 모든 위험은 어리석기 때문에 생기고, 현명하면 생기지 않는다오. 비구들이여, 비유하면 불길이 모옥(茅屋)이나 초가(草家)는 태울지라도, 두껍게 벽을 발라 바람을 막고, 빗장을 잠그고, 창을 닫아 놓은 누각(樓閣)은 태우지 못하는 것과 같다오.[405] 비구들이여, 이와 같이 어리석은 사람은 두려움이 있고, 현명한 사람은 두려움이 없으며, 어리석은 사람은 재난이 있고, 현명한 사람은 재난이 없으며, 어리석은 사람은 위험이 있고, 현명한 사람은 위험이 없다오. 비구들이여, 현명하면 두려움이 없고, 현명하면 재난이 없으며, 현명하면 위험이 없다오. 비구들이여, 그러므로 그대들은 '나는 사려 깊고 현명해지겠다'라고 공부하도록 하시오!"

이 말씀을 듣고, 아난다 존자가 세존께 말씀드렸습니다.

"세존이시여, 그렇다면 어느 정도가 되어야 '사려 깊고 현명한 비구'라고 할 수 있습니까?"

"아난다여, 비구로서 계(界)를 잘 알고, 입처(入處)를 잘 알고, 연기(緣起)를 잘 알고, 있을 수 있는 일과 있을 수 없는 일[是處非處]을 잘 알아야 한다. 아난다여, 이 정도가 되어야 '사려 깊고 현명한 비구'라고 할 수 있다."

"세존이시여, 그렇다면 어느 정도가 되어야 '계를 잘 아는 비구'라고 할 수 있습니까?"

"아난다여, 18계, 즉 안계(眼界)·색계(色界)·안식계(眼識界)·이계(耳界)·성계(聲界)·이식계(耳識界)·비계(鼻界)·향계(香界)·비식계(鼻識界)·설계(舌界)·미계(味界)·설식계(舌識界)·신계(身界)·촉계(觸界)·신식계(身識界)·의계(意界)·법계(法界)·의식계(意識界)가 있다. 아난다여, 이들 18계를

---

404 『중아함경(中阿含經)』의 「181. 다계경(多界經)」에 상응하는 경.

405 원문은 '비유하면 비구들이여, 모옥(茅屋)이나 초가(草家)의 불길이 두껍게 벽을 바르고, 바람 없고, 빗장을 잠그고, 창을 닫아 놓은 누각(樓閣)을 태우는 것과 같다'이다. 그러나 이것은 문맥상 어울리지 않는 비유다. 여기에서 모옥(茅屋)이나 초가(草家)는 어리석은 사람의 비유고, 두껍게 벽을 바르고 바람 없고 빗장을 잠그고 창을 닫아 놓은 누각(樓閣)은 6근(六根)을 수호하여 외부의 유혹에 빠지지 않는 현명한 사람의 비유라고 생각된다. 따라서 그에 적절한 의미로 번역하였다.

알고 보아야 '계를 잘 아는 비구'라고 할 수 있다."

"세존이시여, 다른 방법으로도 '계를 잘 아는 비구'라고 할 수 있습니까?"

"할 수 있다. 아난다여, 6계, 즉 지계(地界)·수계(水界)·화계(火界)·풍계(風界)·공계(空界)·식계(識界)가 있다. 아난다여, 이들 6계를 알고 보아야 '계를 잘 아는 비구'라고 할 수 있다."

"세존이시여, 다른 방법으로도 '계를 잘 아는 비구'라고 할 수 있습니까?"

"할 수 있다. 아난다여, 6계, 즉 낙계(樂界)·고계(苦界)·희계(喜界)·우계(憂界)·사계(捨界)·무명계(無明界)가 있다. 아난다여, 이들 6계를 알고 보아야 '계를 잘 아는 비구'라고 할 수 있다."

"세존이시여, 다른 방법으로도 '계를 잘 아는 비구'라고 할 수 있습니까?"

"할 수 있다. 아난다여, 6계, 즉 욕계(欲界)·무욕계(無欲界)·에계(恚界)·무에계(無恚界)·해계(害界)·무해계(無害界)가 있다. 아난다여, 이들 6계를 알고 보아야 '계를 잘 아는 비구'라고 할 수 있다."

"세존이시여, 다른 방법으로도 '계를 잘 아는 비구'라고 할 수 있습니까?"

"할 수 있다. 아난다여, 3계, 즉 욕계(欲界)·색계(色界)·무색계(無色界)가 있다. 아난다여, 이들 3계를 알고 보아야 '계를 잘 아는 비구'라고 할 수 있다."

"세존이시여, 다른 방법으로도 '계를 잘 아는 비구'라고 할 수 있습니까?"

"할 수 있다. 아난다여, 2계, 즉 유위계(有爲界)·무위계(無爲界)가 있다. 아난다여, 이들 2계를 알고 보아야 '계를 잘 아는 비구'라고 할 수 있다."

"세존이시여, 그렇다면 어느 정도가 되어야 '입처를 잘 아는 비구'라고 할 수 있습니까?"

"아난다여, 6내외입처, 즉 보는 나[眼]와 보이는 형색[色], 듣는 나[耳]와 들리는 소리[聲], 냄새 맡는 나[鼻]와 향기[香], 맛보는 나[舌]와 맛[味], 만지는 나[身]와 촉감[觸], 마음[意]과 지각대상[法]이 있다. 아난다여, 이들 6내외입처를 알고 보아야 '입처를 잘 아는 비구'라고 할 수 있다."

"세존이시여, 그렇다면 어느 정도가 되어야 '연기를 잘 아는 비구'라고 할 수 있습니까?"

"아난다여, 어떤 비구는 이와 같이 안다. '이것이 있는 곳에 이것이 있고[imasmiṁ sati idaṁ hoti, 此有故彼有], 이것이 나타나기 때문에 이것이 나타난다[imass' uppādā idaṁ uppajati, 此起故彼起]. 이것이 없는 곳에는 이것이 있지 않고[imasmiṁ asati idaṁ na hoti, 此無故彼無], 이것이 소멸하기 때문에 이것이 소멸한다[imass' nirodhā idaṁ nirujjhati, 此滅故彼滅]. 즉, 무명(無明)에 의지하여 행위[行]가 있고,[406] 행위에 의지하여 식(識)이 있고, 식에 의지하여 명색(名色)이 있고, 명색에 의지하여 6입처(六入處)가 있고, 6입처에 의지하여 촉(觸)이 있고, 촉에 의지하여 수(受)가 있고, 수에 의지하여 애(愛)가 있고, 애에 의지하여 취(取)가 있고, 취에 의지하여 유(有)가 있고, 유에 의지하여 생(生)이 있고,

406 'avijjāpaccayā saṁkhārā'의 번역.

생에 의지하여 노사(老死)와 슬픔·비탄·고통·고뇌·절망 등이 발생한다. 이와 같이 완전한 괴로움 덩어리[苦蘊]의 쌓임[集]이 있다. 그렇지만 무명이 남김없이 사라져 소멸하면 행위가 소멸하고, 행위가 소멸하면 식이 소멸하고, 식이 소멸하면 명색이 소멸하고, 명색이 소멸하면 6입처가 소멸하고, 6입처가 소멸하면 촉이 소멸하고, 촉이 소멸하면 수가 소멸하고, 수가 소멸하면 애가 소멸하고, 애가 소멸하면 취가 소멸하고, 취가 소멸하면 유가 소멸하고, 유가 소멸하면 생이 소멸하고, 생이 소멸하면 노사와 슬픔·비탄·고통·고뇌·절망 등이 소멸한다. 이와 같이 완전한 괴로움 덩어리의 소멸[滅]이 있다.'

아난다여, 이 정도가 되어야 '연기를 잘 아는 비구'라고 할 수 있다."

"세존이시여, 그렇다면 어느 정도가 되어야 '있을 수 있는 일과 있을 수 없는 일을 잘 아는 비구'라고 할 수 있습니까?"

"아난다여, 어떤 비구는 있을 수 없는 일에는 그것이 있을 수 없다는 것을, 즉 정견(正見)을 성취한 사람이 '어떤 행위[行]는 지속성이 있다[常]'라고 여기는 일은 있을 수 없다는 것을 통찰한다. 있을 수 있는 일에는 그것이 있을 수 있다는 것을, 즉 범부가 '행위는 지속성이 있다'라고 여기는 일은 있을 수 있다는 것을 통찰한다. 정견을 성취한 사람이 '어떤 행위는 안락성(安樂性, sukhata)이 있다'라고 여기는 일은 있을 수 없다는 것을 통찰한다. 범부가 '어떤 행위는 안락성이 있다'라고 여기는 일은 있을 수 있다는 것을 통찰한다. 정견을 성취한 사람이 '어떤 법은 자아성(自我性, attata)이 있다'라고 여기는 일은 있을 수 없다는 것을 통찰한다. 범부가 '어떤 법은 자아성이 있다'라고 여기는 일은 있을 수 있다는 것을 통찰한다. 정견을 성취한 사람이 어머니나 아버지나 아라한의 목숨을 빼앗는 일은 있을 수 없다는 것을 통찰한다. 범부가 어머니나 아버지나 아라한의 목숨을 빼앗는 일은 있을 수 있다는 것을 통찰한다. 정견을 성취한 사람이 악심을 가지고 여래의 피를 나오게 하는 일은 있을 수 없다는 것을 통찰한다. 범부가 악심을 가지고 여래의 피를 나오게 하는 일은 있을 수 있다는 것을 통찰한다. 정견을 성취한 사람이 상가[僧伽]를 파괴하는 일은 있을 수 없다는 것을 통찰한다. 범부가 상가를 파괴하는 일은 있을 수 있다는 것을 통찰한다. 정견을 성취한 사람이 다른 스승을 받드는 일은 있을 수 없다는 것을 통찰한다. 범부가 다른 스승을 받드는 일은 있을 수 있다는 것을 통찰한다. 한 세계에 두 분의 아라한·등정각(等正覺)이 동시에 출현하는 일은 있을 수 없다는 것을 통찰한다. 한 세계에 한 분의 아라한·등정각이 출현하는 일은 있을 수 있다는 것을 통찰한다. 한 세계에 두 전륜성왕(轉輪聖王)이 동시에 출현하는 일은 있을 수 없다는 것을 통찰한다. 한 세계에 한 전륜성왕이 출현하는 일은 있을 수 있다는 것을 통찰한다. 몸으로 행한 악행·말로 행한 악행·마음으로 행한 악행이 즐겁고, 마음에 들고, 원하는 과보(果報)를 낳는 일은 있을 수 없다는 것을 통찰한다. 몸으로 행한 악행·말로 행한 악행·마음으로 행한 악행이 즐겁지 않고, 마음에 들지 않고, 원하지 않는 과보를 낳는 일은 있을 수 있다는 것을 통찰한다. 몸으로 행한 선행·말로 행한 선행·마음으로 행한 선행이 즐겁지 않고, 마음에 들지 않고, 원하지 않는 과보를 낳는 일은 있을 수 없다는 것을 통찰한다. 몸으로 행한 선행·말로 행한 선행·마음으로 행한 선행이 즐겁고, 마음에 들고, 원하는 과보를 낳는 일은 있을 수 있다는 것을 통찰한다. 몸으로 악행을 행한 사람이나 말로 악행을 행한 사람이나 마음으로 악행을 행한 사람이 그 인연 때문에, 그 조건 때문에, 몸이 무너져 죽은 후에 천상세계와 같은 선취(善趣)에 태어나는 일은 있을 수 없다는 것을 통찰한다. 몸으로 악행을 행한 사람이나 말로 악행을 행한 사람이나 마음으로 악행을 행한 사람이 그 인연 때문에, 그 조건 때문에, 몸이 무너져 죽은 후에 험난하고 고통스러운 지옥과 같은 악취(惡趣)에 태어나는 일은 있을 수 있다는 것을 통찰한다. 몸으로 선행을 행한 사람이나 말로 선행을 행한 사람이나 마음으로 선행을 행한 사람이 그 인연 때문에, 그 조건 때문에, 몸이 무너져 죽은 후에 험난하고 고통스러운 지옥과 같은 악취에 태어나는 일은 있을 수 없다는 것을 통찰한다. 몸으로 선행을 행한 사람이나 말로 선행을 행한 사람이나 마음으로 선행을 행한 사람이 그 인연 때문에, 그 조건 때문에, 몸이 무너져 죽은 후에 천상세계와 같은 선취에 태어나는 일은 있을 수 있다는 것을 통찰한다. 아난다여, 이 정도가 되어야 '있을 수 있는 일과 있을 수 없는 일을 잘 아는 비구'라고 할 수 있다."

이 말씀을 듣고, 아난다 존자가 세존께 말씀드렸습니다.

"놀랍습니다, 세존이시여! 희유합니다, 세존이시여! 세존이시여, 이 법문의 이름은 무엇입니까?"

"아난다여, 그대는 이 법문을 '다계(多界, Bahudhātuka)'라는 이름으로 기억하고, '4전(四轉, Catuparivaṭṭo)'[407]이라는 이름으로 기억하고, '법경(法鏡, Dhammādāso)'이라는 이름으로 기억하고, '불사(不死)의 북소리[Amatadundubhi]'라는 이름으로 기억하고 '무상의 승리[Anuttaro Saṁgāmavijayo]'라는 이름으로 기억하라!"

이것이 세존께서 하신 말씀입니다.

아난다 존자는 세존의 말씀에 만족하고 기뻐했습니다.

407 계(界), 입처(入處), 연기(緣起), 있을 수 있는 일과 있을 수 없는 경우[是處非處]에 대한 네 가지 법문이라는 의미다.

57. 40대법문경(四十大法門經)[408]
〈M.N. 117. Mahācattārīsaka-sutta〉

이와 같이 나는 들었습니다.

한때 세존께서는 사왓티의 제따와나 아나타삔디까 승원에 머무셨습니다.

그때 세존께서 비구들을 불러 말씀하셨습니다.

"비구들이여, 거룩한 정정(正定)이 갖추어야 할 선행조건과 도구(道具)를 가르쳐 주겠소. 듣고 잘 기억하도록 하시오! 내가 이야기하겠소."

"그렇게 하겠습니다, 세존이시여!"

세존께서 말씀하셨습니다.

"비구들이여, 거룩한 정정이 갖추어야 할 선행조건과 도구는 어떤 것인가? 그것은 바로 정견(正見), 정사유(正思惟), 정어(正語), 정업(正業), 정명(正命), 정정진(正精進), 정념(正念)이라오. 비구들이여, 이들이 마음을 하나로 모으는 일곱 가지 도구라오. 비구들이여, 이것을 거룩한 정정이 갖추어야 할 선행조건이라고 부르고, 갖추어야 할 도구라고 부른다오.

비구들이여, 거기에서 정견이 앞장선다오. 비구들이여, 어떻게 정견이 앞장서는가? 사견(邪見)을 사견이라고 통찰하고, 정견을 정견이라고 통찰하면, 이것이 정견이라오. 비구들이여, 그렇다면 어떤 것이 사견인가? '보시(布施)의 과보(果報)도 없고, 제물(祭物)의 과보도 없고, 헌공(獻供)의 과보도 없고, 선악업(善惡業)의 과보도 없다. 현세도 없고, 내세도 없으며, 부모도 없고, 중생의 화생(化生)도 없다. 세간에는 현세와 내세를 스스로 알고 체험하여 가르치고, 바른 수행으로 바른 성취를 한 사문과 바라문도 없다.' 비구들이여, 이런 견해가 사견이라오. 비구들이여, 그렇다면 어떤 것이 정견인가? 비구들이여, 나는 두 종류의 정견을 이야기한다오. 비구들이여, 복을 받고 집착으로 성숙하는 유루(有漏)의 정견[sammādiṭṭhi sāsavā]이 있고, 출세간(出世間)의 도(道)를 이루는 거룩한 무루(無漏)의 정견[sammādiṭṭhi ariyā anāsavā]이 있다오.

비구들이여, 그렇다면 어떤 것이 복을 받고 집착으로 성숙하는 유루의 정견인가? '보시의 과보도 있고, 제물의 과보도 있고, 헌공의 과보도 있고, 선악업의 과보도 있다. 현세도 있고, 내세도 있고, 부모도 있고, 중생의 화생도 있다. 세간에는 현세와 내세를 스스로 알고 체험하여 가르치고, 바른 수행으로 바른 성취를 한 사문과 바라문이 있다'라는 견해가 복을 받고 집착으로 성숙하는 유루의 정견이라오.

비구들이여, 그렇다면 어떤 것이 출세간의 도가 되는 거룩한 무루의 정견인가? 비구들이여, 거룩한 마음을 가지고, 무루의 마음으로 거룩한 도를 구족한 사람이 거룩한 도를 닦아 익힐 때 바른 견해의 도가 되는 것들, 즉 통찰지[般若]·(5근의) 혜근(慧根)·(5

---

408 『중아함경(中阿含經)』의 「189. 성도경(成道經)」에 상응하는 경.

력의) 혜력(慧力)·(7각지의) 택법각지(擇法覺支), 이것이 출세간의 도가 되는 거룩한 무루의 정견이라오. 사견을 버리고 정견을 얻기 위해 정진하는 것이 정정진이라오. 주의집중하여 사견을 버리고, 주의집중하여 정견을 성취하여 살아가는 것이 정념이라오. 이와 같이 이들 두 가지 법(法)은 정견을 뒤따라 흐르고 정견을 따라간다오. 다시 말하면, 정견 다음에 정정진이 뒤따라 흐르고, 정념이 따라간다오.

비구들이여, 거기에서 정견이 앞장선다오. 비구들이여, 어떻게 정견이 앞장서는가? '삿된 의지를 삿된 의지라고 통찰하고, 바른 의지를 바른 의지라고 통찰하는 것이 정사유라오. 비구들이여, 그렇다면 어떤 것이 삿된 의지인가? 감각적 욕망을 추구하는 의지·성내려는 의지·가해(加害)하려는 의지, 비구들이여, 이것이 삿된 의지라오. 비구들이여, 그렇다면 어떤 것이 정사유인가? 비구들이여, 나는 두 종류의 정사유를 이야기한다오. 비구들이여, 복을 받고 집착으로 성숙하는 유루의 정사유가 있고, 출세간의 도를 이루는 거룩한 무루의 정사유가 있다오.

비구들이여, 그렇다면 어떤 것이 복을 받고 집착으로 성숙하는 유루의 정사유인가? 감각적 욕망을 추구하지 않으려는 의지·성내지 않으려는 의지·가해하지 않으려는 의지, 비구들이여, 이것이 복을 받고 집착으로 성숙하는 유루의 정사유라오.

비구들이여, 그렇다면 어떤 것이 출세간의 도를 이루는 거룩한 무루의 정사유인가? 거룩한 마음을 가지고, 무루의 마음으로 거룩한 도를 구족한 사람이 거룩한 도를 닦아 익히면서 전심전력으로 마음을 쏟는 언어적인 행위[vācāsaṁkhāro], 즉 합리적으로 사유하려는 의지[takko vitakko saṁkappo], 이것이 출세간의 도가 되는 거룩한 무루의 정사유라오. 삿된 의지를 버리고 정사유를 얻기 위해 정진하는 것이 정정진이라오. 주의집중하여 삿된 의지를 버리고, 주의집중하여 정사유를 성취하여 살아가는 것이 정념이라오. 이와 같이 이들 두 가지 법은 정견을 뒤따라 흐르고 정견을 따라간다오. 다시 말하면, 정견 다음에 정정진이 뒤따라 흐르고, 정념이 따라간다오.

비구들이여, 거기에서 정견이 앞장선다오. 비구들이여, 어떻게 정견이 앞장서는가? 삿된 말을 삿된 말이라고 통찰하고, 바른말을 바른말이라고 통찰하는 것이 정어라오. 비구들이여, 그렇다면 어떤 것이 삿된 말인가? 거짓말·이간질·욕설·잡담, 비구들이여, 이것이 삿된 말이라오. 비구들이여, 그렇다면 어떤 것이 정어인가? 비구들이여, 나는 두 종류의 정어를 이야기한다오. 비구들이여, 복을 받고 집착으로 성숙하는 유루의 정어가 있고, 출세간의 도를 이루는 거룩한 무루의 정어가 있다오.

비구들이여, 그렇다면 어떤 것이 복을 받고 집착으로 성숙하는 유루의 정어인가? 거짓말을 멀리하고, 이간질을 멀리하고, 욕설을 멀리하고, 잡담을 멀리하는 것, 비구들이여, 이것이 복을 받고 집착으로 성숙하는 유루의 정어라오.

비구들이여, 그렇다면 어떤 것이 출세간의 도를 이루는 거룩한 무루의 정어인가? 거룩한 마음을 가지고, 무루의 마음으로 거룩한 도를 구족한 사람이 거룩한 도를 닦아 익히면서 네 가지 못된 언행을 삼가고, 금하고, 절제하고, 멀리하는 것, 이것이 출세간의 도가 되는 거룩한 무루의 정어라오. 삿된 말을 버리고 정어를 얻기 위해 정진하는 것이 정정진이라오. 주의집중하여 삿된 말을 버리고, 주의집중하여 정어를 성취하여 살아가는 것이 정념이라오. 이와 같이 이들 두 가지 법은 정견을 뒤따라 흐르고 정견을 따라간다오. 다시 말하면, 정견 다음에 정정진이 뒤따라 흐르고, 정념이 따라간다오.

비구들이여, 거기에서 정견이 앞장선다오. 비구들이여, 어떻게 정견이 앞장서는가? 삿된 행위를 삿된 행위라고 통찰하고, 바른 행위를 바른 행위라고 통찰하는 것이 정업이라오. 비구들이여, 그렇다면 어떤 것이 삿된 행위인가? 생물을 죽이는 일[殺生], 주지 않은 것을 취하는 일[不與取], 삿된 음행[邪淫]이 삿된 행위라오. 비구들이여, 그렇다면 어떤 것이 정업인가? 비구들이여, 나는 두 종류의 정업을 이야기한다오. 비구들이여, 복을 받고 집착으로 성숙하는 유루의 정업이 있고, 출세간의 도를 이루는 거룩한 무루의 정업이 있다오.

비구들이여, 그렇다면 어떤 것이 복을 받고 집착으로 성숙하는 유루의 정업인가? 생물을 죽이는 일을 멀리하고, 주지 않은 것을 취하는 일을 멀리하고, 삿된 음행을 멀리하는 것이 복을 받고 집착으로 성숙하는 유루의 정업이라오.

비구들이여, 그렇다면 어떤 것이 출세간의 도를 이루는 거룩한 무루의 정업인가? 거룩한 마음을 가지고, 무루의 마음으로 거룩한 도를 구족한 사람이 거룩한 도를 닦아 익히면서 세 가지 못된 신체적 행위[身行]를 삼가고, 금하고, 절제하고, 멀리하는 것, 이것이 출세간의 도가 되는 거룩한 무루의 정업이라오. 삿된 행위를 버리고 정업을 얻기 위해 정진하는 것이 정정진이라오. 주의집중하여 삿된 행위를 버리고, 주의집중하여 정업을 성취하여 살아가는 것이 정념이라오. 이와 같이 이들 세 가지 법은 정견을 뒤따라 흐르고 정견을 따라간다오. 다시 말하면, 정견 다음에 정정진이 뒤따라 흐르고, 정념이 따라간다오.

비구들이여, 거기에서 정견이 앞장선다오. 비구들이여, 어떻게 정견이 앞장서는가? 삿된 생계(生計)를 삿된 생계라고 체험적으로 알고, 바른 생계를 바른 생계라고 체험적으로 아는 것이 정명이라오. 비구들이여, 그렇다면 어떤 것이 삿된 생계인가? 사기(詐欺)·감언이설(甘言利說)·관상(觀相)·점복(占卜)·고리대금(高利貸金), 비구들이여, 이것이 삿된 생계라오. 비구들이여, 그렇다면 어떤 것이 정명인가? 비구들이여, 나는 두 종류의 정명을 이야기한다오. 비구들이여, 복을 받고 집착으로 성숙하는 유루의 정명이 있고, 출세간의 도를 이루는 거룩한 무루의 정명이 있다오.

비구들이여, 그렇다면 어떤 것이 복을 받고 집착으로 성숙하는 유루의 정명인가? 거룩한 제자가 삿된 생계를 버리고, 바른 생계로 생활하는 것, 비구들이여, 이것이 복을 받고 집착으로 성숙하는유루의 정명이라오.

비구들이여, 그렇다면 어떤 것이 출세간의 도를 이루는 거룩한 무루의 정명인가? 거룩한 마음을 가지고, 무루의 마음으로 거룩한 도를 구족한 사람이 거룩한 도를 닦아 익히면서 삿된 생계를 삼가고, 금하고, 절제하고, 멀리하는 것, 이것이 출세간의 도가 되는 거룩한 무루의 정명이라오. 삿된 생계를 버리고 정명을 얻기 위해 정진하는 것이 정정진이라오. 주의집중하여 삿된 생계를 버리고, 주의집중하여 정명을 성취하여 살아가는 것이 정념이라오. 이와 같이 이들 두 가지 법은 정견을 뒤따라 흐르고 정견을 따라간다오. 다시 말하면, 정견 다음에 정정진이 뒤따라 흐르고, 정념이 따라간다오.

비구들이여, 거기에서 정견이 앞장선다오. 비구들이여, 어떻게 정견이 앞장서는가? 비구들이여, 정견으로 인하여 정사유가 가능하고, 정사유로 인하여 정어가 가능하고, 정어로 인하여 정업이 가능하고, 정업으로 인하여 정명이 가능하고, 정명으로 인하여 정정진이 가능하고, 정정진으로 인하여 정념이 가능하고, 정념으로 인하여 정정이 가능하고, 정정으로 인하여 정지(正知)가 가능하고, 정지로 인하여 정해탈(正解脫)이 가능하다오. 비구들이여, 이와 같이 유학(有學)의 행도(行道)인 여덟 가지 바른길[八正道]이 있고, 아라한의 열 가지 바른길[十正道]이 있다오.

비구들이여, 거기에서 정견이 앞장선다오. 비구들이여, 어떻게 정견이 앞장서는가? 비구들이여, 정견으로 인하여 삿된 견해가 소멸하고, 삿된 견해에 의지하여 발생하는 여러 가지 사악한 불선법(不善法)들이 소멸하고, 정견에 의지하는 여러 가지 선법(善法)들을 실천할 수 있다오.

비구들이여, 정사유로 인하여 삿된 의지가 소멸하고, 삿된 의지에 의지하여 발생하는 여러 가지 사악한 불선법들이 소멸하고, 정사유에 의지하는 여러 가지 선법들을 실천할 수 있다오.

비구들이여, 정어로 인하여 삿된 말이 소멸하고, 삿된 말에 의지하여 발생하는 여러 가지 사악한 불선법들이 소멸하고, 정어에 의지하는 여러 가지 선법들을 실천할 수 있다오.

비구들이여, 정업으로 인하여 삿된 행위가 소멸한다오. 정업에 의지하여 발생하는 여러 가지 사악한 불선법들을 소멸하고, 정업에 의지하여 여러 가지 선법들을 실천할 수 있다오.

비구들이여, 정명으로 인하여 삿된 생계가 소멸하고, 삿된 생계에 의지하여 발생하는 여러 가지 사악한 불선법들이 소멸하고, 정명에 의지하는 여러 가지 선법들을 실천할 수 있다오.

비구들이여, 정정진으로 인하여 삿된 정진이 소멸하고, 삿된 정진에 의지하여 발생하는 여러 가지 사악한 불선법들이 소멸하고, 정정진에 의지하는 여러 가지 선법들을 실천할 수 있다오.

비구들이여, 정념으로 인하여 삿된 주의집중이 소멸하고, 삿된 주의집중에 의지하여 발생하는 여러 가지 사악한 불선법들이 소멸하고, 정념에 의지하는 여러 가지 선법들을 실천할 수 있다오.

비구들이여, 정정으로 인하여 삿된 삼매가 소멸하고, 삿된 삼매에 의지하여 발생하는 여러 가지 사악한 불선법들이 소멸하고, 정정에 의지하는 여러 가지 선법들을 실천할 수 있다오.

비구들이여, 정지(正知)로 인하여 삿된 지식이 소멸하고, 삿된 지식에 의지하여 발생하는 여러 가지 사악한 불선법들이 소멸하고, 정지에 의지하는 여러 가지 선법들을 실천할 수 있다오.

비구들이여, 정해탈(正解脫)로 인하여 삿된 해탈이 소멸하고, 삿된 해탈에 의지하여 발생하는 여러 가지 사악한 불선법들이 소멸하고, 정해탈에 의지하는 여러 가지 선법들을 실천할 수 있다오.

비구들이여, 이와 같이 20선품(善品)이 있고, 20불선품(不善品)이 있다오. 여기 설해진 40개의 큰 법문은 사문이든 바라문이든 천신(天神)이든 마라(Māra)든 브라만[梵天]이든, 세간의 그 누구도 반대할 수가 없다오. 그 어떤 사문이나 바라문도, 이 40개의 큰 법문을 비난하거나 욕하려고 생각한다면, 그는 곧바로 다음과 같은 열 가지 합당한 비난을 받게 될 것이오.

'만약에 당신이 정견을 비난한다면, 당신은 사견을 가진 사문이나 바라문을 존경하고 칭찬하는 것이다. 만약에 당신이 정사유를 비난한다면, 당신은 삿된 의지를 가진 사문이나 바라문을 존경하고 칭찬하는 것이다. 만약에 당신이 정어를 비난한다면, 당신은 삿된 말을 하는 사문이나 바라문을 존경하고 칭찬하는 것이다. 만약에 당신이 정업을 비난한다면, 당신은 삿된 행위를 하는 사문이나 바라문을 존경하고 칭찬하는 것이다. 만약에 당신이 정명을 비난한다면, 당신은 삿된 생계로 살아가는 사문이나 바라문을 존경하고 칭찬하는 것이다. 만약에 당신이 정정진을 비난한다면, 당신은 삿된 정진을 하는 사문이나 바라문을 존경하고 칭찬하는 것이다. 만약에 당신이 정념을 비난한다면, 당신은 삿된 주의집중을 하는 사문이나 바라문을 존경하고 칭찬하는 것이다. 만약에 당신이 정정을 비난한다면, 당신은 삿된 삼매를 행하는 사문이나 바라문을 존경하고 칭찬하는 것이다. 만약에 당신이 정지를 비난한다면, 당신은 삿된 지식을 가진 사문이나 바라문을 존경하고 칭찬하는 것이다. 만약에 당신이 정해탈을 비난한다면, 당신은 삿된 해탈을 한 사문이나 바라문을 존경하고 칭찬하는 것이다.'

비구들이여, 이와 같이 그 어떤 사문이나 바라문도, 이 40개의 큰 법문을 비난하거나 욕하려고 생각한다면, 그는 곧바로 열 가지 합당한 비난을 받게 될 것이오. 비구들이여, 무인론자(無因論者)이며, 무업론자(無業論者)이며, 허무주의자(虛無主義者)인 옥깔라(Okkalā)와 와싸 반냐(Vassa Bhaññā)가 있었는데, 그들도 이 40개의 큰 법문은 비난하거나 욕하려고 생각하지 않았을 것이오. 왜냐하면 비난이 무섭고 질책이 두렵기 때문이오."

이것이 세존께서 하신 말씀입니다.

그 비구들은 세존의 말씀에 만족하고 기뻐했습니다.

58. 호흡주의집중경
〈M.N. 118. Ānāpānasati-sutta〉

이와 같이 나는 들었습니다.

한때 세존께서는 사왓티의 뿝바라마 미가라마뚜 누각에서 명성 높은 장로 제자인 사리뿟따 존자, 마하 목갈라나 존자, 마하 까싸빠 존자, 마하 깟짜야나 존자, 마하 꼿티따 존자, 마하 깝삔나 존자, 마하 쭌다 존자, 아누룻다 존자, 레와따 존자, 아난다 존자, 그리고 그 밖에 명성 높은 여러 장로(長老) 제자들과 함께 머무셨습니다.

그때 장로 비구들은 신출내기 비구들을 가르치며 지도했습니다. 어떤 장로 비구들은 열 명의 비구를 가르치며 지도했고, 어떤 장로 비구들은 스무 명의 비구를 가르치며 지도했고, 어떤 장로 비구들은 서른 명의 비구를 가르치며 지도했고, 어떤 장로 비구들은 마흔 명의 비구를 가르치며 지도했습니다. 신출내기 비구들은 장로 비구들의 가르침과 지도를 받아 수행의 선후를 잘 구별할 줄 알게 되었습니다.

세존께서는 보름달이 충만한 어느 보름날, 자자(自恣)를 행하는 포살일(布薩日) 밤에 비구상가에 둘러싸여 야외에 앉아 계셨습니다. 그때 세존께서 침묵하고 있는 비구상가를 둘러보신 다음에 비구들에게 말씀하셨습니다.

"비구들이여, 나는 이 방법이 만족스럽다오.[409] 비구들이여, 나는 이 방법이 마음에 든다오. 비구들이여, 얻지 못한 것을 얻고, 도달하지 못한 것에 도달하고, 체험하지 못한 것을 체험하기 위하여 더욱 열심히 정진하시오! 나는 꼬무디(Komudī) 4월[cātumāsiniṁ]에[410] 사왓티에 다시 돌아오겠소."

그 지방의 비구들은 세존께서 꼬무디 4월에 사왓티에 다시 돌아오신다는 말을 듣고 세존을 뵙기 위해 사왓티에 모여들었습니다. 장로 비구들은 신출내기 비구들을 더욱 열심히 가르치며 지도했습니다. 신출내기 비구들은 장로 비구들의 가르침을 받고 지도를 받아 수행의 선후를 잘 구별할 줄 알게 되었습니다.

세존께서는 보름달이 충만한 꼬무디 4월 보름날, 포살일 밤에 비구상가에 둘러싸여 야외에 앉아 계셨습니다. 그때 세존께서 침묵하고 있는 비구상가를 둘러보신 다음에 비구들에게 말씀하셨습니다.

"비구들이여, 이 대중은 잡담하지 않는군요. 비구들이여, 이 대중은 논쟁하지 않는군요. 이 대중은 순수하고 확고한 핵심들이

---

409 장로 비구가 일정한 신출내기 비구들을 맡아서 지도하는 방법에 만족하신다는 말씀이다.

410 인도에서는 1년을 3계절, 즉 혹서기(酷暑期)·우기(雨期)·건조기(乾燥期)로 나누고, 3계절을 다시 넉 달로 나눈다. 현대의 달력으로 혹서기는 3,·4·5·6월이고, 우기는 7·8·9·10월이며, 건조기는 11·12·1·2월이다. 우기의 마지막 달을 '꼬무디(Komudī)'라고 부르기 때문에 'Komudiṁ cātumāsiniṁ'이라고 한 것이다. 꼬무디 4월은 현대의 달력으로는 10월이다.

군요. 비구들이여, 이 비구상가는 존경받아 마땅하고, 환대받아 마땅하고, 공양받아 마땅하고, 합장 공경받아 마땅한 대중이군요.

비구들이여, 이 비구상가는 세간의 무상(無上) 복전(福田)이오. 이 대중에게 적은 보시를 하면 큰 공덕이 있고, 큰 보시를 하면 더욱 큰 공덕이 있을 것이오.

비구들이여, 이 비구상가는 세간에서 보기 어려운 대중이오. 비구들이여, 이런 대중을 보기 위해서는 도시락을 싸 들고 수십 리를 가도 좋을 것이오.

비구들이여, 이 비구상가에는 번뇌를 소멸하고 수행을 완성하고 해야 할 일을 마치고 짐을 내려놓고 자신의 목적에 도달하여 존재의 결박[有結]을 끊고 바른 지혜를 갖추어 해탈한 아라한들도 있고, 5하분결(五下分結)을 없애고 화생(化生)하면 그곳에서 반열반하는 아나함(阿那含)들도 있고, 삼결(三結)을 없애고 탐진치(貪瞋癡)가 줄어들어 이 세상에 한 번 돌아와서 괴로움을 끝내는 사다함(斯多含)들도 있고, 삼결을 없애고 반드시 정각(正覺)을 이루도록 결정된 물러서지 않는 수다원(須陀洹)들도 있군요.

비구들이여, 이 비구상가에는 4념처 수행을 실천하며 지내는 비구들도 있고, 4정단 수행을 실천하며 지내는 비구들도 있고, 4여의족 수행을 실천하며 지내는 비구들도 있고, 5근 수행을 실천하며 지내는 비구들도 있고, 5력 수행을 실천하며 지내는 비구들도 있고, 7각지 수행을 실천하며 지내는 비구들도 있고, 거룩한 8정도 수행을 실천하며 지내는 비구들도 있군요.

비구들이여, 이 비구상가에는 자애로운 마음[慈心] 수행을 실천하며 지내는 비구들도 있고, 연민하는 마음[悲心] 수행을 실천하며 지내는 비구들도 있고, 기뻐하는 마음[喜心] 수행을 실천하며 지내는 비구들도 있고, 평정한 마음[捨心] 수행을 실천하며 지내는 비구들도 있군요.

비구들이여, 이 비구상가에는 부정관(不淨觀) 수행을 실천하며 지내는 비구들도 있고, 무상상(無常想) 수행을 실천하며 지내는 비구들도 있고, 호흡주의집중 수행을 실천하며 지내는 비구들도 있군요.

비구들이여, 호흡주의집중을 꾸준히 닦아 익히면 커다란 과보와 이익이 있다오. 비구들이여, 호흡주의집중을 꾸준히 닦아 익히면 4념처가 완성되고, 4념처를 꾸준히 닦아 익히면 7각지가 완성되고, 7각지를 꾸준히 닦아 익히면 명지(明智)에 의한 해탈(解脫)[vijjāvimuttiṁ]이 완성된다오.

비구들이여, 그렇다면 호흡주의집중은 어떤 것이며, 어떻게 꾸준하게 수행하며, 어떤 커다란 과보와 이익이 있는가?

비구들이여, 비구는 숲이나 나무 아래나 한적한 곳에 가서 가부좌하고 앉아서, 몸을 똑바로 세우고 정신을 바짝 차려 주의집중을 한다오. 그는 주의집중하여 내쉬고 주의집중하여 들이쉰다오. 길게 내쉬면서 '나는 길게 내쉰다'라고 알아차리고, 길게 들이쉬면서 '나는 길게 들이쉰다'라고 알아차린다오. 짧게 내쉬면서 '나는 짧게 내쉰다'라고 알아차리고, 짧게 들이쉬면서 '나는 짧게 들이쉰다'라고 알아차린다오. '나는 온몸을 느끼면서 들이쉬겠다'라고 학습(學習)하고, '나는 온몸을 느끼면서 내쉬겠다'라고 학습한다오. '나는 신행(身行, kāyasaṁkhāra)을 고요히 가라앉히면서[passambhayaṁ] 들이쉬겠다'

라고 학습하고, '나는 신행을 고요히 가라앉히면서 내쉬겠다'라고 학습한다오.[411] '나는 기쁨을 느끼면서 들이쉬겠다'라고 학습하고, '나는 기쁨을 느끼면서 내쉬겠다'라고 학습한다오. '나는 즐거움을 느끼면서 들이쉬겠다'라고 학습하고, '나는 즐거움을 느끼면서 내쉬겠다'라고 학습한다오. '나는 심행(心行, cittasaṁkhāra)을 느끼면서 들이쉬겠다'[412]라고 학습하고, '나는 심행을 느끼면서 내쉬겠다'라고 학습한다오. '나는 심행을 고요히 가라앉히면서 들이쉬겠다'라고 학습하고, '나는 심행을 고요히 가라앉히면서 내쉬겠다'라고 학습한다오. '나는 마음(citta)을 느끼면서 들이쉬겠다'라고 학습하고, '나는 마음을 느끼면서 내쉬겠다'라고 학습한다오. '나는 마음을 기쁘게 하면서 들이쉬겠다'라고 학습하고, '나는 마음을 기쁘게 하면서 내쉬겠다'라고 학습한다오. '나는 마음을 집중하면서 들이쉬겠다'라고 학습하고, '나는 마음을 집중하면서 내쉬겠다'라고 학습한다오. '나는 마음을 자유롭게 하면서 들이쉬겠다'라고 학습하고, '나는 마음을 자유롭게 하면서 내쉬겠다'라고 학습한다오. '나는 무상(無常)을 관찰하면서 들이쉬겠다'라고 학습하고, '나는 무상을 관찰하면서 내쉬겠다'라고 학습한다오. '나는 욕탐의 버림[離欲]을 관찰하면서 들이쉬겠다'라고 학습하고, '나는 욕탐의 버림을 관찰하면서 내쉬겠다'라고 학습한다오. '나는 번뇌의 소멸[止滅]을 관찰하면서 들이쉬겠다'라고 학습하고, '나는 번뇌의 소멸을 관찰하면서 내쉬겠다'라고 학습한다오. '나는 포기[捨離]를 관찰하면서 들이쉬겠다'라고 학습하고, '나는 포기를 관찰하면서 내쉬겠다'라고 학습한다오. 비구들이여, 이와 같이 호흡주의집중을 꾸준히 닦아 익히면, 이와 같이 커다란 과보와 이익이 있다오.

비구들이여, 그렇다면 어떻게 호흡주의집중을 꾸준히 닦아 익히면 어떻게 4념처가 완성되는가?

비구들이여, 길게 들이쉬면서 '나는 길게 들이쉰다'라고 알아차리고, 길게 내쉬면서 '나는 길게 내쉰다'라고 알아차리고, 짧게 들이쉬면서 '나는 짧게 들이쉰다'라고 알아차리고, 짧게 내쉬면서 '나는 짧게 내쉰다'라고 알아차리고, '나는 온몸을 느끼면서 들이쉬겠다'라고 학습하고, '나는 온몸을 느끼면서 내쉬겠다'라고 학습하고, '나는 신행(身行)을 고요히 가라앉히면서 들이쉬겠다'라고 학습하고, '나는 신행을 고요히 가라앉히면서 내쉬겠다'라고 학습한다오. 비구들이여, 이렇게 몸을 대상으로 몸을 관찰하면서 열심히 알아차리고 주의집중하며 살아가면, 비구는 세간에 대한 탐욕과 근심을 없앨 수 있다오. 비구들이여, 나는 이러한 호흡을 여러 몸들 가운데 하나의 몸이라고 말한다오.[413] 비구들이여, 그러므로 몸을 대상으로

---

411 '신행(身行)'으로 번역한 'kāyasaṁkhāra'는 '신체적인 행위'를 의미한다. 몸의 움직임을 억제하면서 호흡한다는 의미이다.

412 '심행(心行)'으로 번역한 'cittasaṁkhāra'는 '심적 의도'를 의미한다. 수행하는 과정에 일어나는 기쁨과 즐거움을 느끼다가, 그 느낌에 대하여 일어나는 심적인 의도를 알아차리는 것을 의미한다.

413 호흡을 집중하여 관찰하는 것이 4념처(四念處)의 신념처(身念處)가 된다는 의미이다.

몸을 관찰하면서 열심히 알아차리고 주의집중하며 살아감으로써 비구는 세간에 대한 탐욕과 근심을 없애야 한다오.

비구들이여, '나는 기쁨을 느끼면서 들이쉬겠다'라고 학습하고, '나는 기쁨을 느끼면서 내쉬겠다'라고 학습하고, '나는 즐거움을 느끼면서 들이쉬겠다'라고 학습하고, '나는 즐거움을 느끼면서 내쉬겠다'라고 학습하고, '나는 심행을 느끼면서 들이쉬겠다'라고 학습하고, '나는 심행을 느끼면서 내쉬겠다'라고 학습하고, '나는 심행을 고요히 가라앉히면서 들이쉬겠다'라고 학습하고, '나는 심행을 고요히 가라앉히면서 내쉬겠다'라고 학습한다오. 비구들이여, 이렇게 느낌[受]을 대상으로 느낌을 관찰하면서 열심히 알아차리고 주의집중하며 살아가면, 비구는 세간에 대한 탐욕과 근심을 없앨 수 있다오. 나는 이렇게 (느낌을 대상으로 느낌을 관찰하면서) 호흡에 주의를 잘 집중하는 것을 여러 느낌들 가운데 하나의 느낌이라고 말한다오.[414] 비구들이여, 그러므로 느낌을 대상으로 느낌을 관찰하면서 열심히 알아차리고 주의집중하며 살아감으로써 비구는 세간에 대한 탐욕과 근심을 없애야 한다오.

비구들이여, '나는 마음을 느끼면서 들이쉬겠다'라고 학습하고, '나는 마음을 느끼면서 내쉬겠다'라고 학습하고. '나는 마음을 기쁘게 하면서 들이쉬겠다'라고 학습하고, '나는 마음을 기쁘게 하면서 내쉬겠다'라고 학습하고, '나는 마음을 집중하면서 들이쉬겠다'라고 학습하고, '나는 마음을 집중하면서 내쉬겠다'라고 학습하고, '나는 마음을 자유롭게 하면서 들이쉬겠다'라고 학습하고, '나는 마음을 자유롭게 하면서 내쉬겠다'라고 학습한다오. 비구들이여, 이렇게 마음[心]을 대상으로 마음을 관찰하면서 열심히 알아차리고 주의집중하며 살아가면, 비구는 세간에 대한 탐욕과 근심을 없앨 수 있다오. 나는 주의집중을 망각하고 알아차림이 없는 사람에게는 호흡주의집중 수행을 이야기하지 않는다오. 비구들이여, 그러므로 마음을 대상으로 마음을 관찰하면서 열심히 알아차리고 주의집중하며 살아감으로써 비구는 세간에 대한 탐욕과 근심을 없애야 한다오.

비구들이여, '나는 무상을 관찰하면서 들이쉬겠다'라고 학습하고, '나는 무상을 관찰하면서 내쉬겠다'라고 학습하고, '나는 욕탐의 버림을 관찰하면서 들이쉬겠다'라고 학습하고, '나는 욕탐의 버림을 관찰하면서 내쉬겠다'라고 학습하고, '나는 번뇌의 소멸을 관찰하면서 들이쉬겠다'라고 학습하고, '나는 번뇌의 소멸을 관찰하면서 내쉬겠다'라고 학습하고, '나는 포기를 관찰하면서 들이쉬겠다'라고 학습하고, '나는 포기를 관찰하면서 내쉬겠다'라고 학습한다오. 비구들이여, 이렇게 법을 대상으로 법을 관찰하면서 열심히 알아차리고 주의집중하며 살아가면, 비구는 세간에 대한 탐욕과 근심을 없앨 수 있다오. 그는 탐욕과 근심을 통찰지[般若]로 철저하게 보고 버리는 관찰자[ajjhupekkhitar]가 된다오. 비구들이여, 그러므로 법을 대상으로 법을 관찰하면서 열심히 알아차리고 주의

414 호흡에 주의집중하면서 일어나는 느낌[受]을 대상으로 느낌을 관찰하는 것이 4념처(四念處)의 수념처(受念處)가 된다는 의미이다.

집중하며 살아감으로써 비구는 세간에 대한 탐욕과 근심을 없애야 한다오.

비구들이여, 이렇게 호흡주의집중을 꾸준히 닦아 익히면 이와 같이 4념처가 완성된다오.

비구들이여, 그렇다면 어떻게 4념처를 꾸준히 닦아 익히면 어떻게 7각지가 완성되는가?

비구들이여, 비구가 몸[身]을 대상으로 몸을 관찰하며 살아가면서 열심히 알아차리고 주의집중하여 세간에 대한 탐욕과 근심을 없애면, 그때 또렷한 주의집중이 현전(現前)한다오. 비구들이여, 비구에게 또렷한 주의집중이 현전할 때, 그때 그 비구의 염각지(念覺支)가 시작되며, 그때 비구가 염각지를 닦아 익히면, 그때 그 비구의 염각지 수행이 완성된다오.

그는 그렇게 주의집중하며 살아가면서 그 법을 통찰지로 간택(揀擇)하고[pavicinati] 고찰(考察)하여[pavicarati] 철저한 고찰[parivīmaṁsaṁ, 審察]에 도달한다오. 비구들이여, 비구가 그렇게 주의집중하며 살아가면서 그 법을 통찰지로 간택하고 고찰하여 철저한 고찰에 도달할 때, 그때 그 비구의 택법각지(擇法覺支)가 시작되며, 그때 비구가 택법각지를 닦아 익히면, 그때 그 비구의 택법각지 수행이 완성된다오.

그 법을 통찰지로 간택하고 고찰하여 철저한 고찰에 도달한 비구에게 불퇴전(不退轉)의 정진이 시작된다오. 비구들이여, 그 법을 통찰지로 간택하고 고찰하여 철저한 고찰에 도달한 비구에게 불퇴전의 정진이 시작될 때, 그때 그 비구의 정진각지(精進覺支)가 시작되며, 그때 비구가 정진각지를 닦아 익히면, 그때 그 비구의 정진각지 수행이 완성된다오.

정진을 시작함으로써 감각적 욕망에서 벗어난 기쁨[pīti nirāmisā]이 생긴다오. 비구들이여, 정진을 시작함으로써 그 비구에게 감각적 욕망에서 벗어난 기쁨이 생길 때, 그때 그 비구의 희각지(喜覺支)가 시작되며, 그때 비구가 희각지를 닦아 익히면, 그때 그 비구의 희각지 수행이 완성된다오.

기쁜 마음을 가져야 몸도 안정되고 마음도 안정된다오. 비구들이여, 기쁜 마음을 가진 비구의 몸도 안정되고 마음도 안정될 때, 그때 그 비구의 경안각지(輕安覺支)가 시작되며, 그때 비구가 경안각지를 닦아 익히면, 그때 그 비구의 경안각지 수행이 완성된다오.

몸이 편안하고 평안해야 마음이 집중된다오. 비구들이여, 몸이 편안하고 평안한 비구의 마음이 집중될 때, 그때 그 비구의 정각지(定覺支)가 시작되며, 그때 비구가 정각지를 닦아 익히면, 그때 그 비구의 정각지 수행이 완성된다오.

그는 그렇게 철저하게 마음을 집중하는 관찰자가 된다오. 비구들이여, 그렇게 철저하게 집중된 비구의 마음이 관찰자가 될 때, 그때 그 비구의 사각지(捨覺支)가 시작되며, 그때 비구가 사각지를 닦아 익히면, 그때 그 비구의 사각지 수행이 완성된다오.

비구들이여, 느낌[受]·마음[心]·법(法)에 대해서도 마찬가지라오.[415]

비구들이여, 이렇게 4념처를 꾸준히 닦아 익히면, 이와 같이 7각지가 완성된다오.

비구들이여, 그렇다면 어떻게 꾸준히 7각지를 닦아 익히면 어떻게 명지(明智)에 의한 해탈(解脫)이 완성되는가? 비구들이여, 비구는 쾌락을 멀리하고[遠離], 욕탐을 버리고[離欲], 번뇌를 소멸하고[止滅], 마침내 버리는[捨離] 7각지를 닦아 익힌다오. 즉 쾌락을 멀리하고, 욕탐을 버리고, 번뇌를 소멸하고, 마침내 버리는 염각지·택법각지·정진각지·희각지·경안각지·정각지·사각지를 닦아 익힌다오. 비구들이여, 이렇게 7각지를 닦아 익히면 이와 같이 명지에 의한 해탈이 완성된다오."

이것이 세존께서 하신 말씀입니다.

그 비구들은 세존의 말씀에 만족하고 기뻐했습니다.

---

415 수념처(受念處), 심념처(心念處), 법념처(法念處) 수행도 신념처(身念處) 수행과 마찬가지로 7각지(七覺支)가 차례로 완성된다. 사각지(捨覺支)에 이르는 수념처, 심념처, 법념처 수행의 과정이 신념처와 같은 내용이기 때문에 생략함.

59. 염신경(念身經)[416]

〈M.N. 119. Kāyagatā-sutta〉

이와 같이 나는 들었습니다.

한때 세존께서는 사왓티의 제따와나 아나타삔디까 승원에 머무셨습니다.

그때 많은 비구가 탁발을 마치고 돌아와서, 식사를 마친 후에 강당에 모여 앉아서 이런 이야기를 하고 있었습니다.

"놀랍습니다, 존자여! 희유합니다, 존자여! 아시고 보시는 아라한이시며, 바르고 평등한 깨달음을 성취하신 세존께서는 몸에 대한 주의집중을 꾸준히 닦아 익히면 커다란 과보(果報)와 이익이 있다고 하십니다."

그 비구들의 대화는 도중에 중단되었습니다. 왜냐하면 저녁에 세존께서 좌선에서 일어나 강당으로 와서 마련된 자리에 앉으셨기 때문입니다.

세존께서 비구들에게 말씀하셨습니다.

"비구들이여, 지금 모여 앉아서 어떤 이야기를 하고 있었는가? 그대들이 도중에 중단한 이야기는 무엇인가?"

"세존이시여, 저희는 탁발을 마치고 돌아와서 식사를 마친 후에 강당에 모여 앉아서 '놀랍습니다, 존자여! 희유합니다, 존자여! 아시고 보시는 아라한이시며, 바르고 평등한 깨달음을 성취하신 세존께서는 몸에 대한 주의집중을 꾸준히 닦아 익히면 커다란 과보와 이익이 있다고 하십니다'라고 이야기했습니다. 세존이시여, 이것이 저희가 세존께서 오시자 도중에 중단한 이야기입니다."

"비구들이여, 그렇다면 몸에 대한 주의집중은 어떻게 닦아 익히는가? 그리고 꾸준하게 닦아 익히면 어떤 커다란 과보와 이익이 있는가? 비구들이여, 비구는 숲이나 나무 아래나 한적한 곳에 가서 가부좌(跏趺坐)하고 앉아서, 몸을 똑바로 세우고 정신을 바짝 차려 주의집중을 한다오. 그는 주의집중하여 들이쉬고, 주의집중하여 내쉰다오. 길게 들이쉬면서 '나는 길게 들이쉰다'라고 알아차리고, 길게 내쉬면서 '나는 길게 내쉰다'라고 알아차린다오. 짧게 들이쉬면서 '나는 짧게 들이쉰다'라고 알아차리고, 짧게 내쉬면서 '나는 짧게 내쉰다'라고 알아차린다오. '나는 온몸을 느끼면서 들이쉬겠다'라고 학습하고, '나는 온몸을 느끼면서 내쉬겠다'라고 학습한다오. '나는 신행(身行)을 고요히 가라앉히면서 들이쉬겠다'라고 학습하고, '나는 신행을 고요히 가라앉히면서 내쉬겠다'라고 학습한다오. 그가 이렇게 게으름 피우지 않고 열심히 정진하며 살아갈 때 (몸에 대한) 세속적인 기억과 열망(熱望)들이 버려지고, 그것들이 버려짐으로써 안으로 마음이 멈추고 안정되고 통일되고 집중된다오. 비구들이여, 이와 같이 비구는 몸에 대한 주의집중을 닦아 익힌다오.

비구들이여, 다음으로 비구는 갈 때는 '나는 가고 있다'라고 알아차리고, 서 있을 때는 '나는 서 있다'라고 알아차리고, 앉아 있을

---

416 『중아함경(中阿含經)』의 「81. 염신경(念身經)」에 상응하는 경.

때는 '나는 앉아 있다'라고 알아차리고, 누워 있을 때는 '나는 누워 있다'라고 알아차린다오. 그는 몸이 취한 자세를 그대로 알아차린다오. 그가 이렇게 게으름 피우지 않고 열심히 정진하며 살아갈 때 (몸에 대한) 세속적인 기억과 열망들이 버려지고, 그것들이 버려짐으로써 안으로 마음이 멈추고 안정되고 통일되고 집중된다오. 비구들이여, 이와 같이 비구는 몸에 대한 주의집중을 닦아 익힌다오.

비구들이여, 다음으로 비구는 나아가고 물러날 때 알아차리고, 바라보고 돌아볼 때 알아차리고, 구부리고 펼 때 알아차리고, 가사(袈裟)와 발우와 승복을 지닐 때 알아차리고, 먹고 마시고 씹고 맛볼 때 알아차리고, 대소변을 볼 때 알아차리고, 가고 서고 앉고 자고 깨고 말하고 침묵할 때 알아차린다오. 그가 이렇게 게으름 피우지 않고 열심히 정진하며 살아갈 때 (몸에 대한) 세속적인 기억과 열망들이 버려지고, 그것들이 버려짐으로써 안으로 마음이 멈추고 안정되고 통일되고 집중된다오. 비구들이여, 이와 같이 비구는 몸에 대한 주의집중을 닦아 익힌다오.

비구들이여, 다음으로 비구는 이 몸을 '이 몸에는 머리카락, 털, 손톱, 이빨, 피부, 살, 힘줄, 뼈, 골수, 콩팥, 염통, 간, 가슴막, 비장, 허파, 창자, 내장, 위, 똥, 쓸개, 가래, 고름, 피, 땀, 기름, 눈물, 비계, 침, 콧물, 활액(滑液), 오줌이 들어 있다'라고 발바닥에서 머리끝까지 피부 속에 가득 찬 갖가지 더러운 것을 낱낱이 관찰한다오. 비구들이여, 비유하면 갖가지 곡물들, 즉 쌀·벼·녹두·콩·참깨·기장으로 가득 찬, 양쪽이 터진 자루를 안목(眼目) 있는 사람이 풀어 놓고 '이것은 쌀이다. 이것은 벼다. 이것은 녹두다. 이것은 콩이다. 이것은 참깨다. 이것은 기장이다'라고 낱낱이 관찰하는 것과 같다오. 비구들이여, 이와 같이 비구는 이 몸을 '이 몸에는 머리카락, 털, 손톱, 이빨, 피부, 살, 힘줄, 뼈, 골수, 콩팥, 염통, 간, 가슴막, 비장, 허파, 창자, 내장, 위, 똥, 쓸개, 가래, 고름, 피, 땀, 기름, 눈물, 비계, 침, 콧물, 활액, 오줌이 들어 있다'라고 발바닥에서 머리끝까지 피부 속에 가득 찬 갖가지 더러운 것을 낱낱이 관찰한다오. 그가 이렇게 게으름 피우지 않고 열심히 정진하며 살아갈 때 (몸에 대한) 세속적인 기억과 열망들이 버려지고, 그것들이 버려짐으로써 안으로 마음이 멈추고 안정되고 통일되고 집중된다오. 비구들이여, 이와 같이 비구는 몸에 대한 주의집중을 닦아 익힌다오.

비구들이여, 다음으로 비구는 이 몸을 있는 그대로, 마음 내키는 대로, '이 몸에는 지계(地界)·수계(水界)·화계(火界)·풍계(風界)가 있다'라고 계(界)를 낱낱이 관찰한다오. 비구들이여, 비유하면 솜씨 있는 소백정이나 소백정의 제자가 암소를 잡아 큰 사거리에 부위별로 나누어 놓고 앉아 있는 것과 같다오. 비구들이여, 이와 같이 비구는 이 몸을 있는 그대로, 마음 내키는 대로, '이 몸에는 지계·수계·화계·풍계가 있다'라고 계를 낱낱이 관찰한다오. 그가 이렇게 게으름 피우지 않고 열심히 정진하며 살아갈 때 (몸에 대한) 세속적인 기억과 열망들이 버려지고, 그것들이 버려짐으로써 안으로 마음이 멈추고 안정되고 통일되고 집중된다오. 비구들이여, 이와 같이 비구는 몸에 대한 주의집중을 닦아 익힌다오.

비구들이여, 다음으로 비구는 하루나 이틀이나 사흘이 지나서 부풀어 오르고 검푸르게 변한, 예전에 죽어 버린, 묘지에 버려진 시체를 보면, 이 몸과 비교하여 '이 몸은 이와 같은 법(法)이고, 이와 같이 존재하며, 이런 것에 지나지 않는다'라고 생각한다오. 그가 이렇게 게으름 피우지 않고 열심히 정진하며 살아갈 때 (몸에 대한) 세속적인 기억과 열망들이 버려지고, 그것들이 버려짐으로써 안으로 마음이 멈추고 안정되고 통일되고 집중된다오. 비구들이여, 이와 같이 비구는 몸에 대한 주의집중을 닦아 익힌다오.

비구들이여, 다음으로 비구는 까마귀나 독수리나 개나 늑대가 먹고 있거나, 갖가지 버러지가 생겨서 파먹고 있는, 묘지에 버려진 시체를 보면, 이 몸과 비교하여 '이 몸은 이와 같은 법이고, 이와 같이 존재하고, 이런 것에 지나지 않는다'라고 생각한다오. 그가 이렇게 게으름 피우지 않고 열심히 정진하며 살아갈 때 (몸에 대한) 세속적인 기억과 열망들이 버려지고, 그것들이 버려짐으로써 안으로 마음이 멈추고 안정되고 통일되고 집중된다오. 비구들이여, 이와 같이 비구는 몸에 대한 주의집중을 닦아 익힌다오.

비구들이여, 다음으로 비구는 붉은 살점이 붙어 있는 해골을 힘줄이 결합하고 있는 묘지에 버려진 시체를 보거나, 붉은 살점으로 더럽혀진 해골을 힘줄이 결합하고 있는 묘지에 버려진 시체를 보거나, 붉은 살점이 사라진 해골을 힘줄이 결합하고 있는 묘지에 버려진 시체를 보거나, 결합하는 힘줄이 사라져 손뼈는 손뼈대로, 다리뼈는 다리뼈대로, 경골(脛骨)은 경골대로, 대퇴골(大腿骨)은 대퇴골대로, 허리뼈는 허리뼈대로 척추(脊椎)는 척추대로, 두개골(頭蓋骨)은 두개골대로, 뼈가 사방팔방으로 흩어진 채로 묘지에 버려진 시체를 보면, 이 몸과 비교하여 '이 몸은 이와 같은 법이고, 이와 같이 존재하고, 이런 것에 지나지 않는다'라고 생각한다오, 그가 이렇게 게으름 피우지 않고 열심히 정진하며 살아갈 때 (몸에 대한) 세속적인 기억과 열망들이 버려지고, 그것들이 버려짐으로써 안으로 마음이 멈추고 안정되고 통일되고 집중된다오. 비구들이여, 이와 같이 비구는 몸에 대한 주의집중을 닦아 익힌다오.

비구들이여, 다음으로 비구는 뼛조각들이 하얗게 조개껍데기 색처럼 된, 묘지에 버려진 시체를 보거나, 뼛조각들이 말라서 수북하게 쌓인, 묘지에 버려진 시체를 보거나, 뼛조각들이 썩어서 가루가 된, 묘지에 버려진 시체를 보면, 이 몸과 비교하여 '이 몸은 이와 같은 법이고, 이와 같이 존재하고, 이런 것에 지나지 않는다'라고 생각한다오. 그가 이렇게 게으름 피우지 않고 열심히 정진하며 살아갈 때 (몸에 대한) 세속적인 기억과 열망들이 버려지고, 그것들이 버려짐으로써 안으로 마음이 멈추고 안정되고 통일되고 집중된다오. 비구들이여, 이와 같이 비구는 몸에 대한 주의집중을 닦아 익힌다오.

비구들이여, 다음으로 비구는 감각적 욕망을 멀리하고 불선법(不善法)을 멀리함으로써 사유[尋]가 있고 숙고[伺]가 있는, 멀리함에서 생긴 즐거움과 행복이 있는 초선(初禪)을 성취하여 살아간다오. 그는 멀리함에서 생긴 즐거움과 행복으로 이 몸을 가득 채우고, 넘치게 하고, 충만하게 하고, 두루 퍼지게 하여, 멀리함에서 생긴 즐거움과 행복이 몸 전체에 미치지 않는 곳이 없도록 한다오. 비유하면, 숙련된 목욕사나 그 제자가 청동 대야에 비누 가루를 뿌리고 물을 고루 부어 섞으면, 그 비누 반죽은 안팎으로 습기를 머금고 습기에 젖어 물기가 흘러나오지 않는 것과 같다오. 비구들이여, 이와 같이 비구는 멀리함에서 생긴 즐거움과 행복으로 이 몸을 가득 채우고, 넘치게 하고, 충만하게 하고, 두루 퍼지게 하여, 멀리함에서 생긴 즐거움과 행복이 몸 전체에 미치지 않는 곳이 없도록 한다오. 그가 이렇게 방일(放逸)하지 않고 열심히 정진하며 살아갈 때 (감각적 욕망에 대한) 세속적인 기억과 열망들이 버려지고, 그것들이 버려짐으로써 안으로 마음이 멈추고 안정되고 통일되고 집중된다오. 비구들이여, 이와 같이 비구는 몸에 대한 주의집중을 닦아 익힌다오.

비구들이여, 다음으로 비구는 사유와 숙고를 억제하여, 내적으로 조용해진, 마음이 집중된, 사유와 숙고가 없는, 삼매에서 생긴 즐거움과 행복이 있는 제2선(第二禪)을 성취하여 살아간다오. 그는 삼매에서 생긴 즐거움과 행복으로 이 몸을 가득 채우고, 넘치게 하고, 충만하게 하고, 두루 퍼지게 하여, 삼매에서 생긴 즐거움과 행복이 몸 전체에 미치지 않는 곳이 없도록 한다오. 비구들이여, 비유하면 동쪽 수로도 없고, 서쪽 수로도 없고, 북쪽 수로도 없고, 남쪽 수로도 없는 호수의 샘이 있는데, 천신이 때때로 적당한 소나기를 내려 주지 않는다면, 이제 그 샘에서 시원한 물줄기가 솟아 나와 시원한 물로 그 호수를 가득 채우고, 넘치게 하고, 충만하게 하고, 두루 퍼지게 하여, 시원한 물이 호수 전체에 미치지 않는 곳이 없도록 하는 것과 같다오. 비구들이여, 이와 같이 비구는 삼매에서 생긴 즐거움과 행복으로 이 몸을 가득 채우고, 넘치게 하고, 충만하게 하고, 두루 퍼지게 하여, 삼매에서 생긴 즐거움과 행복이 몸 전체에 미치지 않는 곳이 없도록 한다오. 그가 이렇게 방일하지 않고 열심히 정진하며 살아갈 때 (사유와 숙고에 대한) 세속적인 기억과 열망들이 버려지고, 그것들이 버려짐으로써 안으로 마음이 멈추고 안정되고 통일되고 집중된다오. 비구들이여, 이와 같이 비구는 몸에 대한 주의집중을 닦아 익힌다오.

비구들이여, 다음으로 비구는 희열(喜悅)이 사라지고 평정한 주의집중과 알아차림을 하며 지낸다오. 그는 몸으로 행복을 느끼면서 성자들이 '평정한[捨] 주의집중을 하는 행복한 상태'라고 이야기한 제3선(第三禪)을 성취하여 살아간다오. 그는 즐거움을 초월한 행복으로 이 몸을 가득 채우고, 넘치게 하고, 충만하게 하고, 두루 퍼지게 하여, 즐거움을 초월한 행복이 몸 전체에 미치지 않는 곳이 없도록 한다오. 비구들이여, 비유하면 청련·홍련·백련이 자라는 연못이 있는데, 물에서 태어나고 물에서 자라 물 위로 올라오지 않고 물속에 잠겨서 크는 몇몇 청련이나, 홍련이나, 백련들은 꼭대기에서 뿌리까지 시원한 물로 가득 차고, 넘치고, 충만하고, 두루 퍼져, 청련이나 홍련이나 백련들의 모든 부분에 시원한 물이 미치지 않는 곳이 없는 것과 같다오. 비구들이여, 이와 같이 비구는 즐거움을 초월한 행복으로 이 몸을 가득 채우고, 넘치게 하고, 충만하게 하고, 두루 퍼지게 하여, 즐거움을 초월한 행복이 몸 전체에 미치지 않는 곳이 없도록 한다오. 그가 이렇게 방일하지 않고 열심히 정진하며 살아갈 때 (희열에 대한) 세속적인 기억과 열망들이 버려지고, 그것들이 버려짐으로써 안으로 마음이 멈추고 안정되고 통일되고 집중된다오. 비구들이여, 이와 같이 비구는 몸에 대한 주의집중을 닦아 익힌다오.

비구들이여, 다음으로 비구는 행복감을 포기하고 괴로움을 버림으로써 이전의 만족과 불만이 소멸하여 괴롭지도 않고 즐겁지도 않은, 평정한 주의집중이 청정한 제4선(第四禪)을 성취하여 살아간다오. 그는 이 몸을 청정하게 정화된 마음으로 채우고 앉아 청정하게 정화된 마음이 몸 전체에 미치지 않는 곳이 없도록 한다오. 비구들이여, 비유하면 어떤 사람이 깨끗한 옷으로 머리끝까지 감싸고 앉으면, 깨끗한 옷이 몸 전체에 닿지 않은 곳이 없는 것과 같다오. 비구들이여, 이와 같이 비구는 이 몸을 청정하게 정화된 마음으로 채우고 앉아 청정하게 정화된 마음이 몸 전체에 미치지 않는 곳이 없도록 한다오. 그가 이렇게 방일하지 않고 열심히 정진하며 살아갈 때 (행복감과 괴로움에 대한) 세속적인 기억과 열망들이 버려지고, 그것들이 버려짐으로써 안으로 마음이 멈추고 안정되고 통일되고 집중된다오. 비구들이여, 이와 같이 비구는 몸에 대한 주의집중을 닦아 익힌다오.

비구들이여, 누구나 몸에 대한 주의집중을 꾸준하게 닦아 익히는 사람의 내면에는 명지(明智)에 도움이 되는 모든 선법(善法)이 있게 된다오. 비구들이여, 비유하면 누구든 마음으로 큰 바다를 생각하는 사람의 내면에는 바다로 흘러가는 모든 강물이 있게 되는 것과 같다오. 비구들이여, 이와 같이 누구나 몸에 대한 주의집중을 꾸준하게 닦아 익히는 사람의 내면에는 명지에 도움이 되는 모든 선법이 있게 된다오.

비구들이여, 누구든 몸에 대한 주의집중을 꾸준하게 닦아 익히지 않는 비구들에게 마라가 접근하여 대상으로 삼는다오. 비구들이여, 비유하면 어떤 사람이 무거운 바윗덩이를 젖은 진흙 웅덩이에 던져 넣는 것과 같다오. 비구들이여, 그대들은 어떻게 생각하는가? 그 무거운 바윗덩이는 젖은 진흙 웅덩이 속으로 빠져 들지 않겠는가?"

"그렇습니다, 세존이시여!"

"비구들이여, 이와 같이 누구든 몸에 대한 주의집중을 꾸준하게 닦아 익히지 않는 비구들에게 마라가 접근하여 대상으로 삼는다오.

비구들이여, 비유하면 어떤 사람이 잘 마른 장작으로 찬목(鑽木, uttarāraṇī)[417]을 가지고 와서 '나는 불을 피워야겠다. 나는 불빛을 밝혀야겠다'라고 하는 것과 같다오. 비구들이여, 그대들은 어떻게 생각하는가? 그 사람은 그 잘 마른 장작을 찬목으로 마찰하여 불을 일으켜 불을 피우고, 불빛을 밝힐 수 있지 않겠는가?"

"그렇습니다, 세존이시여!"

"비구들이여, 이와 같이 누구든 몸에 대한 주의집중을 꾸준하게 닦아 익히지 않는 비구들에게 마라가 접근하여 대상으로 삼는다오.

비구들이여, 비유하면 어떤 사람이 텅 빈 물동이가 있는 곳에 물을 지고 온 것과 같다오. 비구들이여, 그대들은 어떻게 생각하는가? 그 사람은 물을 내려놓을 수 있지 않겠

417 'uttarāraṇī'는 'uttara'와 'araṇī'의 합성어로서 '위에 있는 찬목(鑽木)'을 의미한다. 불을 지피기 위해서 나무에 구멍을 뚫고 마찰하는 막대기가 찬목이다.

는가?”

“그렇습니다, 세존이시여!”

“비구들이여, 이와 같이 누구든 몸에 대한 주의집중을 꾸준하게 닦아 익히지 않는 비구들에게 마라가 접근하여 대상으로 삼는다오.

비구들이여, 누구든 몸에 대한 주의집중을 꾸준하게 닦아 익히는 비구들에게는 마라가 접근하지 못하고, 대상으로 삼지 못한다오. 비구들이여, 비유하면 어떤 사람이 가벼운 실타래를 전체가 단단한 나무로 만들어진 문에 던지는 것과 같다오. 비구들이여, 그대들은 어떻게 생각하는가? 그 가벼운 실타래가 전체가 단단한 나무로 만들어진 문 안으로 들어갈 수 있겠는가?”

“아닙니다, 세존이시여!”

“비구들이여, 이와 같이 누구든 몸에 대한 주의집중을 꾸준하게 닦아 익히는 비구들에게는 마라가 접근하지 못하고, 대상으로 삼지 못한다오.

비구들이여, 비유하면 어떤 사람이 습기에 젖어 있는 장작으로 찬목을 가지고 와서 '나는 불을 피워야겠다. 나는 불빛을 밝혀야겠다'라고 하는 것과 같다오. 비구들이여, 그대들은 어떻게 생각하는가? 그 사람은 그 습기에 젖어 있는 장작을 찬목으로 마찰하여 불을 일으켜 불을 피우고, 불빛을 밝힐 수 있겠는가?”

“아닙니다, 세존이시여!”

“비구들이여, 이와 같이 누구든 몸에 대한 주의집중을 꾸준하게 닦아 익히는 비구들에게는 마라가 접근하지 못하고, 대상으로 삼지 못한다오.

비구들이여, 비유하면 어떤 사람이 까마귀가 마실 수 있을 정도로 물이 넘실대는 물동이가 있는 곳에 물 짐을 지고 온 것과 같다오. 비구들이여, 그대들은 어떻게 생각하는가? 그 사람은 물 짐을 내려놓을 수 있겠는가?”

“아닙니다, 세존이시여!”

“비구들이여, 이와 같이 누구든 몸에 대한 주의집중을 꾸준하게 닦아 익히는 비구들에게는 마라가 접근하지 못하고, 대상으로 삼지 못한다오.

비구들이여, 누구든지 몸에 대한 주의집중을 꾸준히 닦아 익히는 사람이 체험적 지혜[勝智]를 증득(證得)하기 위하여 체험적 지혜를 증득하는 데 도움을 주는 법(法)으로 마음이 향하면, 어디에서나 주의집중 수행을 하는 곳에서 증득할 수 있다오.[418] 비구들이여, 비유하면 까마귀가 마실 수 있을 정도로 물이 넘실대는 물동이를 힘센 사람이 기울이는 것과 같다오. 그러면 물이 흘러나오지 않겠는가?”

“그렇습니다, 세존이시여!”

“비구들이여, 이와 같이 누구든지 몸에 대한 주의집중을 꾸준히 닦아 익히는 사람이 체험적 지혜를 증득하기 위하여 체험적 지혜를 증득하는 데 도움을 주는 법으로 마음이 향하면, 어디에서나 주의집중 수행을 하는 곳에서 증득할 수 있다오.

비구들이여, 비유하면 평평한 땅에 까마귀가 마실 수 있을 정도로 물이 넘실대는 수문(水門)이 있는 사각형 연못이 있는데, 힘

418 'tatra tatr' eva sakkhibhavyataṁ pāpuṇāti sati sati-āyatane'의 번역.

센 사람이 그 수문을 열어 놓는 것과 같다오. 그러면 물이 흘러나오지 않겠는가?"

"그렇습니다, 세존이시여!"

"비구들이여, 이와 같이 누구든지 몸에 대한 주의집중을 꾸준히 닦아 익히는 사람이 체험적 지혜를 증득하기 위하여 체험적 지혜를 증득하는 데 도움을 주는 법으로 마음이 향하면, 어디에서나 주의집중 수행을 하는 곳에서 증득할 수 있다오. 비구들이여, 비유하면 평탄한 땅의 사거리에 채찍이 달린 준마가 끄는 마차가 있는데, 숙련된 조련사가 그 수레에 올라가서 왼손으로 고삐를 잡고 오른손으로 채찍을 잡고 마음대로 마차를 모는 것과 같다오.

비구들이여, 몸에 대한 주의집중을 잘 시작하여 꾸준히 습관적으로 철저하게 체험적으로 몸에 배게 몰입하여 닦아 익히면, 마땅히 열 가지 이익이 있을 것이오. 그 열 가지는 어떤 것인가? ① 좋고 싫음을 극복하여 싫은 감정이 그를 정복하지 못하며, 이미 생긴 싫은 감정을 극복하고 살아간다오. ② 두려움과 공포를 극복하여 두려움과 공포가 그를 정복하지 못하며, 이미 생긴 두려움과 공포를 극복하고 살아간다오. ③ 추위·더위·배고픔·목마름·등에나 모기나 바람이나 열이나 뱀의 접촉, 비난이나 비방의 말, 이미 생긴 고통스럽고 격렬하고 신랄하고 불쾌한, 죽을 지경의 신체적인 고통스러운 느낌을 참아 낸다오. ④ 향상된 마음[增上心]으로 4선정(四禪定)을 만족스럽게 어려움 없이 쉽게 얻어 지금 여기에서 행복하게 살아간다오. ⑤ 여러 가지 신통(神通)을 체험한다오.[419] ⑥ 인간을 초월한 청정한 천이통(天耳通)으로 멀고 가까운 천신과 인간의 두 소리를 듣는다오. ⑦ 자신의 마음으로 다른 중생이나 다른 사람들의 마음을 통찰한다오.[420] ⑧ 여러 가지 전생의 삶을 기억한다오.[421] ⑨ 인간을 초월한 청정한 천안(天眼)으로 중생을 보고, 중생이 업에 따라 죽고 태어나고 못나고 훌륭하고 잘생기고 못생기고 행복하고 불행한 것을 통찰한다오. ⑩ 번뇌[漏]를 소멸하여 체험적 지혜로 무루(無漏)의 심해탈(心解脫)과 혜해탈(慧解脫)을 지금 여기에서 스스로 체험하고 성취하여 살아간다오. 비구들이여, 몸에 대한 주의집중을 잘 시작하여 꾸준히 습관적으로 철저하게 체험적으로 몸에 배게 몰입하여 닦아 익히면, 마땅히 이러한 열 가지 이익이 있을 것이오."

이것이 세존께서 하신 말씀입니다.

그 비구들은 세존의 말씀에 만족하고 기뻐했습니다.

---

419 구체적인 내용은 「40. 큰 사꿀우다인경」 참조.

420 구체적인 내용은 「40. 큰 사꿀우다인경」 참조.

421 구체적인 내용은 「40. 큰 사꿀우다인경」 참조.

60. 작은 공경(空經)[422]

〈M.N. 121. Cūḷasuññata-sutta〉

이와 같이 나는 들었습니다.

한때 세존께서는 사왓티의 뿝바라마 미가라마뚜 누각에 머무셨습니다.

그때 아난다 존자는 저녁에 좌선에서 일어나 세존을 찾아가서 예배하고 한쪽에 앉은 후에 세존께 말씀드렸습니다.

"세존이시여, 언젠가 세존께서 삭까의 사끼야족 마을 나가라까(Nagaraka)에 계셨습니다. 세존이시여, 저는 그곳에서 세존으로부터 직접 '아난다여, 나는 요즈음 대부분 비어 있는 처소[suññatāvihāra, 空性處]에서 지낸다'라고 하신 말씀을 들었습니다. 세존이시여, 제가 제대로 듣고 제대로 기억하고 있습니까?"

세존께서 아난다 존자에게 말씀하셨습니다.

"아난다여, 그대는 분명히 제대로 듣고 제대로 기억하고 있다. 아난다여, 나는 예전에도, 그리고 요즘도 대부분 비어 있는 처소에서 지낸다. 비유하면 코끼리·소·말이 비고[suñño, 空], 금(金)·은(銀)이 비고, 남녀의 모임은 비었지만, 참으로 비구상가 하나만은 비지 않은[asuññataṁ] 미가라마뚜 누각과 같다. 아난다여, 이와 같이 비구는 마을에 대한 생각[gāmasaññaṁ]이나 사람에 대한 생각[manussasaññaṁ]에 마음 쓰지 않고, 숲에 대한 생각[araññasaññaṁ] 하나에만 마음 쓴다. 그리하여 마음이 숲에 대한 생각으로 도약하고 맑아지고 확립되고 해탈한다. 그는 '마을에 대한 생각으로 인한 걱정이 여기에는 없다. 사람에 대한 생각으로 인한 걱정이 여기에는 없다. 그러나 참으로 숲에 대한 생각으로 인한 걱정 정도는 하나 있다'라고 통찰한다. 그는 '이것은 마을에 대한 생각으로 인지할 수 있는 것이 비었다'라고 통찰한다. 그는 '이것은 사람에 대한 생각으로 인지할 수 있는 것이 비었다'라고 통찰한다. '그러나 이것은 참으로 숲에 대한 생각 하나는 비지 않았다'라고 통찰한다.

이와 같이 그는 그곳에 없는 것을 공(空, suññaṁ)으로 간주한다. '그렇지만 그곳에 남아 있는, 그 존재하는 것은 이것이다'라고 통찰한다. 아난다여, 이렇게 하면 그에게 여실하고 뒤집힘[顚倒]이 없는 순수한 공이 드러난다[suññatāvakkanti bhavati].

아난다여, 다음으로 비구는 마을에 대한 생각이나 사람에 대한 생각에 마음 쓰지 않고, 땅에 대한 생각[paṭhavīsaññaṁ, 地想] 하나에만 마음 쓴다. 그리하여 마음이 땅에 대한 생각으로 도약하고 맑아지고 확립되고 해탈한다. 아난다여, 비유하면 수천 개의 못을 박아 구김이 없는 황소 가죽처럼, 아난다여, 이와 같이 비구는 이 땅의 모든 높고 낮음, 험한 강, 가시덤불 구덩이, 높은 낭떠러지 같은 것에 마음 쓰지 않고, 오직 땅에 대한 생각 하나에만 마음 쓴다. 그리하여 마음이 땅

422 『중아함경(中阿含經)』의 「190. 소공경(小空經)」에 상응하는 경.

에 대한 생각으로 도약하고 밝아지고 확립되고 해탈한다. 그는 '사람에 대한 생각으로 인한 걱정이 여기에는 없다. 숲에 대한 생각으로 인한 걱정이 여기에는 없다. 그러나 참으로 땅에 대한 생각으로 인한 걱정 정도는 하나 있다'라고 통찰한다. 그는 '이것은 사람에 대한 생각으로 인지할 수 있는 것이 비었다'라고 통찰한다. 그는 '이것은 숲에 대한 생각으로 인지할 수 있는 것이 비었다'라고 통찰한다. '그러나 참으로 땅에 대한 생각 하나는 비지 않았다'라고 통찰한다.

이와 같이 그는 그곳에 없는 것을 공으로 간주한다. '그렇지만 그곳에 남아 있는, 그 존재하는 것은 이것이다'라고 통찰한다. 아난다여, 이렇게 하면 그에게 여실하고 뒤집힘이 없는 순수한 공이 드러난다.

아난다여, 다음으로 비구는 숲에 대한 생각이나 땅에 대한 생각에 마음 쓰지 않고, 공무변처상(空無邊處想, ākāsaanañca-āyatanasaññaṁ) 하나에만 마음 쓴다. 그리하여 마음이 공무변처상으로 도약하고 밝아지고 확립되고 해탈한다. 아난다여, 그는 '숲에 대한 생각으로 인한 걱정이 여기에는 없다. 땅에 대한 생각으로 인한 걱정이 여기에는 없다. 그러나 참으로 공무변처상으로 인한 걱정 정도는 하나 있다'라고 통찰한다. 그는 '이것은 숲에 대한 생각으로 인지할 수 있는 것이 비었다'라고 통찰한다. 그는 '이것은 땅에 대한 생각으로 인지할 수 있는 것이 비었다'라고 통찰한다. '그러나 참으로 공무변처상 하나는 비지 않았다'라고 통찰한다.

이와 같이 그는 그곳에 없는 것을 공으로 간주한다. '그렇지만 그곳에 남아 있는, 그 존재하는 것은 이것이다'라고 통찰한다. 아난다여, 이렇게 하면 그에게 여실하고 뒤집힘이 없는 순수한 공이 드러난다.

아난다여, 다음으로 비구는 땅에 대한 생각이나 공무변처상에 마음 쓰지 않고, 식무변처(識無邊處, viññāṇañcāyatanaṁ) 하나에만 마음 쓴다. 그리하여 마음이 식무변처상으로 도약하고 밝아지고 확립되고 해탈한다. 아난다여, 그는 '땅에 대한 생각으로 인한 걱정이 여기에는 없다. 공무변처상으로 인한 걱정이 여기에는 없다. 그러나 참으로 식무변처상으로 인한 걱정 정도는 하나 있다'라고 통찰한다. 그는 '이것은 땅에 대한 생각으로 인지할 수 있는 것이 비었다'라고 통찰한다. 그는 '이것은 공무변처상으로 인지할 수 있는 것이 비었다'라고 통찰한다. '그러나 참으로 식무변처상 하나는 비지 않았다'라고 통찰한다.

이와 같이 그는 그곳에 없는 것을 공으로 간주한다. '그렇지만 그곳에 남아 있는, 그 존재하는 것은 이것이다'라고 통찰한다. 아난다여, 이렇게 하면 그에게 여실하고 뒤집힘이 없는 순수한 공이 드러난다.

아난다여, 다음으로 비구는 공무변처상이나 식무변처상에 마음 쓰지 않고, 무소유처상(無所有處想, ākiñcaññāyatanasaññaṁ) 하나에만 마음 쓴다. 그리하여 마음이 무소유처상으로 도약하고 밝아지고 확립되고 해탈한다. 아난다여, 그는 '공무변처상으로 인한 걱정이 여기에는 없다. 식무변처상으로 인한 걱정이 여기에는 없다. 그러나 참으로 무소유처상으로 인한 걱정 정도는 하나 있다'라고 통찰한다. 그는 '이것은 공무변처상으로 인지할 수 있는 것이 비었다'라고 통찰한다. 그는 '이것은 식무변처상으로 인지할 수 있는 것이 비었다'라고 통찰한다. '그러나 참으로 무소유처상 하나는 비지 않았다'라고 통찰한다.

이와 같이 그는 그곳에 없는 것을 공으로 간주한다. '그렇지만 그곳에 남아 있는, 그 존재하는 것은 이것이다'라고 통찰한다. 아난다여, 이렇게 하면 그에게 여실하고 뒤집힘이 없는 순수한 공이 드러난다.

아난다여, 다음으로 비구는 식무변처상이나 무소유처상에 마음 쓰지 않고, 비유상비무상처상(非有想非無想處想, nevasaññā-nāsaññaāyatanasaññaṁ) 하나에만 마음 쓴다. 그리하여 마음이 비유상비무상처상으로 도약하고 맑아지고 확립되고 해탈한다. 아난다여, 그는 '식무변처상으로 인한 걱정이 여기에는 없다. 무소유처상으로 인한 걱정이 여기에는 없다. 그러나 참으로 비유상비무상처상으로 인한 걱정 정도는 하나 있다'라고 통찰한다. 그는 '이것은 식무변처상으로 인지할 수 있는 것이 비었다'라고 통찰한다. 그는 '이것은 무소유처상으로 인지할 수 있는 것이 비었다'라고 통찰한다. '그러나 참으로 비유상비무상처상 하나는 비지 않았다'라고 통찰한다.

이와 같이 그는 그곳에 없는 것을 공으로 간주한다. '그렇지만 그곳에 남아 있는, 그 존재하는 것은 이것이다'라고 통찰한다. 아난다여, 이렇게 하면 그에게 여실하고 뒤집힘이 없는 순수한 공이 드러난다.

아난다여, 다음으로 비구는 무소유처상이나 비유상비무상처상에 마음 쓰지 않고, 무상심정(無相心定, animittaṁ cetosamādhiṁ) 하나에만 마음 쓴다. 그리하여 마음이 무상심정으로 도약하고 맑아지고 확립되고 해탈한다. 아난다여, 그는 '무소유처상으로 인한 걱정이 여기에는 없다. 비유상비무상처상으로 인한 걱정이 여기에는 없다. 그러나 참으로 이 몸에 의지하고[kāyaṁ paṭicca] 생명에 의지하는[jīvitapaccayā] 6입처(六入處)의 영역에 있는[salāyatanikaṁ] 걱정 정도는 있다'라고 통찰한다. 그는 '이것은 무소유처상으로 인지할 수 있는 것이 비었다'라고 통찰한다. 그는 '이것은 비유상비무상처상으로 인지할 수 있는 것이 비었다'라고 통찰한다. '그러나 참으로 이 몸에 의지하고 생명에 의지하는 6입처의 영역은 비지 않았다'라고 통찰한다.

이와 같이 그는 그곳에 없는 것을 공으로 간주한다. '그렇지만 그곳에 남아 있는, 그 존재하는 것은 이것이다'라고 통찰한다. 아난다여, 이렇게 하면 그에게 여실하고 뒤집힘이 없는 순수한 공이 드러난다.

아난다여, 다음으로 비구는 무소유처상이나 비유상비무상처상에 마음 쓰지 않고, 무상심정 하나에만 마음 쓴다. 그리하여 마음이 무상심정으로 도약하고 맑아지고 확립되고 해탈한다. 아난다여, 그는 '이 무상심정은 조작된 것[abhisaṅkhato]이고, 의도된 것[abhisañcetayito]이다. 어떤 것이든 조작된 것이나 의도된 것은 모두가 무상(無常)한 소멸법(消滅法)[aniccaṁ nirodhadhammaṁ]이다'라고 통찰한다. 이렇게 알고, 이렇게 봄으로써 마음이 욕루(欲漏)에서 해탈하고, 유루(有漏)에서 해탈하고, 무명루(無明漏)에서 해탈한다. 그리고 해탈했을 때, '해탈했다'라고 알게 된다. 즉 '태어남은 끝났고, 청정한 수행을 마쳤으며, 해야 할 일을 끝마쳤다. 다시는 이런 상태로 되지 않는다'라고 통찰한다.

그는 '욕루로 인한 걱정이 여기에는 없다. 유루로 인한 걱정이 여기에는 없다. 무명루로 인한 걱정이 여기에는 없다. 그러나 참으로 이 몸에, 6입처에 속하는, 생명에 의한 걱정은 있다'라고 통찰한다. 그는 '이것은 무소유처상으로 인지할 수 있는 것이 비었다'라고 통찰한다. 그는 '이것은 비유상비무상처상으로 인지할 수 있는 것이 비었다'라고 통찰한다. '그러나 참으로 이 몸에 의지하고 생명에 의지하는 6입처의 영역은 비지 않았다'라고 통찰한다.

이와 같이 그는 그곳에 없는 것을 공으로 간주한다. '그렇지만 그곳에 남아 있는, 그 존재하는 것은 이것이다'라고 통찰한다. 아난다여, 이렇게 하면 그에게 여실하고 뒤집힘이 없는 순수한 최상의 공[parisuddhaṁ paramānuttaraṁ suññataṁ]이 드러난다.

아난다여, 과거에 순수한 최상의 공을 성취하여 살았던 사문이나 바라문은 누구나 이 순수한 최상의 공을 성취하여 살았다. 아난다여, 미래에 순수한 최상의 공을 성취하여 살아갈 사문이나 바라문은 누구나 이 순수한 최상의 공을 성취하여 살아갈 것이다. 아난다여, 현재 순수한 최상의 공을 성취하여 살고 있는 사문이나 바라문은 누구나 이 순수한 최상의 공을 성취하여 살고 있다. 아난다여, 그러므로 그대는 '나는 순수한 최상의 공을 성취하여 살아가겠다'라고 공부해야 한다."

이것이 세존께서 하신 말씀입니다.

아난다 존자는 세존의 말씀에 만족하고 기뻐했습니다.

61. 행복전념경
〈M.N. 131. Bhaddekaratta-sutta〉

이와 같이 나는 들었습니다.

한때 세존께서는 사왓티의 제따와나 아나타삔디까 승원에 머무셨습니다.

그때 세존께서 비구들에게 말씀하셨습니다.

"비구들이여, 내가 그대들에게 행복에 전념하는 사람에 대한 개요(槪要, uddesa)와 해석(解釋, vibhaṅga)을 가르쳐 주겠소. 듣고 잘 생각해 보시오! 내가 이야기하겠소."

"세존이시여, 그렇게 하겠습니다"

세존께서 말씀하셨습니다.

이미 버려진 과거를 돌아보지 않고
아직 오지 않은 미래를 갈망하지 않는 사람.
현재의 법(法)을 그때그때 그곳에서 통찰하는 사람.
지배되지 않고 동요하지 않고 그것을 알고 실천하는 사람.
내일 죽을지를 그 누가 알겠는가? 오늘 열심히 해야 할 일을 하면서
대군(大軍)을 거느린 죽음의 신과 결코 타협하지 않는 사람.
이와 같은 삶을 열심히 살면서 밤낮으로 게으르지 않은 사람.
그를 진실로 행복에 전념하는 사람, 평온한 성자라고 부른다.

비구들이여, 어떻게 과거를 돌아보는가? '나는 과거에 이런 형색[色]이 있었다'라고 생각하면서 거기에서 즐거워하고, '나는 과거에 이런 느낌[受]이 있었다'라고 생각하면서 거기에서 즐거워하고, '나는 과거에 이런 생각[想]이 있었다'라고 생각하면서 거기에서 즐거워하고, '나는 과거에 이런 행위[行]가 있었다'라고 생각하면서 거기에서 즐거워하고, '나는 과거에 이런 분별의식[識]이 있었다'라고 생각하면서 거기에서 즐거워한다오. 비구들이여, 이와 같이 과거를 돌아본다오.

비구들이여, 어떻게 과거를 돌아보지 않는가? '나는 과거에 이런 형색이 있었다'라고 생각하면서 거기에서 즐거워하지 않고, '나는 과거에 이런 느낌·생각·행위·분별의식이 있었다'라고 생각하면서 거기에서 즐거워하지 않는다오. 비구들이여, 이와 같이 과거를 돌아보지 않는다오.

비구들이여, 어떻게 미래를 갈망하는가? '나는 미래에 이런 형색이 있으면 좋겠다'라고 생각하면서 거기에서 즐거워하고, '나는 미래에 이런 느낌·생각·행위·분별하는 마음이 있으면 좋겠다'라고 생각하면서 거기에서 즐거워한다오. 비구들이여, 이와 같이 미래를 갈망한다오.

비구들이여, 어떻게 미래를 갈망하지 않는가? '나는 미래에 이런 형색이 있으면 좋겠다'라고 생각하면서 거기에서 즐거워하지 않고, '나는 미래에 이런 느낌·생각·행위·분별하는 마음이 있으면 좋겠다'라고 생각하면서 거기에서 즐거워하지 않는다오. 비구들이여, 이와 같이 미래를 갈망하지 않는다오.

비구들이여, 어떻게 현재의 법에 지배되는가? 비구들이여, 성인(聖人)을 무시하고, 성인의 가르침을 이해하지 못하고, 성인의 가르침에서 배우지 못하고, 참사람[正士]을 무시하고, 참사람의 가르침을 이해하지 못하고, 참사람의 가르침에서 배우지 못한 무지한 범부는 형색을 자아로 여기거나, 자아가 형색을 소유하고 있다고 여기거나, 자아 속에 형색이 있다고 여기거나, 형색 속에 자아가 있다고 여긴다오. 느낌, 생각, 행위, 분별하는 마음에 대해서도 마찬가지라오. 비구들이여, 이와 같이 현재의 법에 지배된다오.

비구들이여, 어떻게 현재의 법에 지배되지 않는가? 비구들이여, 성인을 알아보고, 성인의 가르침을 이해하고, 성인의 가르침에서 배우고, 참사람을 알아보고, 참사람의 가르침을 이해하고, 참사람의 가르침에서 배운 거룩한 제자는 형색을 자아로 간주하지 않고, 자아가 형색을 지닌 것으로 간주하지 않고, 자아 속에 형색이 있다고 간주하지 않고, 형색 속에 자아가 있다고 간주하지 않는다오. 느낌, 생각, 행위, 분별의식에 대해서도 마찬가지라오. 비구들이여, 이와 같이 현재의 법에 지배되지 않는다오.

비구들이여, 이것이 내가 그대들에게 가르쳐 주겠다고 한 '행복에 전념하는 사람에 대한 개요와 해석'이라오."

이것이 세존께서 하신 말씀입니다.

그 비구들은 세존의 말씀에 만족하고 기뻐했습니다.

62. 작은 업분별경(業分別經)[423]

〈M.N. 135. Cūḷakammavibhaṅga-sutta〉

이와 같이 나는 들었습니다.

한때 세존께서는 사왓티의 제따와나 아나타삔디까 승원에 머무셨습니다.

그때 바라문 청년 수바 또데야뿟따(Subha Todeyyaputta)가 세존을 찾아왔습니다. 그는 세존과 함께 정중하게 인사를 하고 공손한 인사말을 나눈 후에 한쪽에 앉았습니다.

바라문 청년 수바 또데야뿟따가 세존께 말씀드렸습니다.

"고따마 존자여, 사람들 가운데는 잘난 사람과 못난 사람이 있습니다. 그 원인은 무엇이고 그 조건은 무엇입니까? 고따마 존자여, 사람들 가운데는 수명이 짧은 사람도 있고 장수하는 사람도 있으며, 병이 많은 사람도 있고 병 없는 사람도 있으며, 추한 사람도 있고 예쁜 사람도 있으며, 힘없는 사람도 있고 큰 힘을 가진 사람도 있으며, 재산이 없는 사람도 있고 많은 재산을 가진 사람도 있으며, 천한 가문의 사람도 있고 귀한 가문의 사람도 있으며, 어리석은 사람도 있고 현명한 사람도 있습니다. 고따마 존자여, 이와 같이 사람들 가운데는 잘난 사람과 못난 사람이 있습니다. 그 원인은 무엇이고 그 조건은 무엇입니까?"

"바라문 청년이여, 중생(衆生)은 업(業)의 소유자(所有者, kammassakā)며, 업의 상속자[kammadāyādā]며, 업이 모태(母胎, kammayonī)며, 업이 친척(親戚 kammabandhū)이며, 업이 보호자[kamma-paṭisaraṇā]라오. 업이 중생을 이와 같이 잘난 사람과 못난 사람으로 나눈다오."

"고따마 존자께서 설명 없이 간략하게 말씀하시니, 저는 상세하게 의미를 알 수가 없습니다. 고따마 존자께서는 부디 저에게 고따마 존자께서 설명 없이 간략하게 하신 말씀의 의미를 제가 상세하게 알 수 있도록 가르쳐 주십시오!"

"바라문 청년이여, 그렇다면 듣고 잘 생각해 보시오! 내가 이야기하겠소."

"그렇게 하겠습니다."

세존께서는 다음과 같이 말씀하셨습니다.

"바라문 청년이여, 어떤 여자나 남자는 생명에 대하여 자비심이 없이 손에 피를 묻히고 잔인하게 살생을 일삼는다오. 그 업으로 인하여, 그와 같은 행동을 했기 때문에, 그와 같이 실행했기 때문에, 그는 몸이 무너져 죽은 후에 험난하고 고통스러운 지옥과 같은 악취(惡趣)에 태어난다오. 만약에 몸이 무너져 죽은 후에 험난하고 고통스러운 지옥과 같은 악취에 태어나지 않고 인간으로 돌아온다면, 어느 곳에 태어나더라도 수명이 짧다오. 바라문 청년이여, 생명에 대하여 자비심이 없이 손에 피를 묻히고 잔인하게 살생을 일삼는 것이 짧은 수명으로 가는 길이라오.

바라문 청년이여, 어떤 여자나 남자는

---

423 『중아함경(中阿含經)』의 「170. 앵무경(鸚鵡經)」에 상응하는 경.

살생을 하지 않고, 살생을 삼가고, 몽둥이와 칼을 내려놓고, 자비롭게 모든 생명을 애민(哀愍)하며 살아간다오. 그 업으로 인하여, 그와 같은 행동을 했기 때문에, 그와 같이 실행했기 때문에, 그는 몸이 무너져 죽은 후에 행복한 천상에 태어난다오. 만약에 몸이 무너져 죽은 후에 행복한 천상에 태어나지 않고 인간으로 돌아온다면, 어느 곳에 태어나더라도 장수한다오. 바라문 청년이여, 살생을 하지 않고, 살생을 삼가고, 몽둥이와 칼을 내려놓고, 자비롭게 모든 생명을 애민하며 사는 것이 장수하는 길이라오.

바라문 청년이여, 어떤 여자나 남자는 손이나 흙덩어리나 몽둥이나 칼로 중생을 해친다오. 그 업으로 인하여, 그와 같은 행동을 했기 때문에, 그와 같이 실행했기 때문에, 그는 몸이 무너져 죽은 후에 험난하고 고통스러운 지옥과 같은 악취에 태어난다오. 만약에 몸이 무너져 죽은 후에 험난하고 고통스러운 지옥과 같은 악취에 태어나지 않고 인간으로 돌아온다면, 어느 곳에 태어나더라도 병이 많다오. 바라문 청년이여, 손이나 흙덩어리나 몽둥이나 칼로 중생을 해치는 것이 많은 병으로 가는 길이라오.

바라문 청년이여, 어떤 여자나 남자는 손이나 흙덩어리나 몽둥이나 칼로 중생을 해치지 않는다오. 그 업으로 인하여, 그와 같은 행동을 했기 때문에, 그와 같이 실행했기 때문에, 그는 몸이 무너져 죽은 후에 행복한 천상에 태어난다오. 만약에 몸이 무너져 죽은 후에 행복한 천상에 태어나지 않고 인간으로 돌아온다면, 어느 곳에 태어나더라도 병이 없다오. 바라문 청년이여, 손이나 흙덩어리나 몽둥이나 칼로 중생을 해치지 않는 것이 무병(無病)으로 가는 길이라오.

바라문 청년이여, 어떤 여자나 남자는 사소한 말을 들어도 화를 내고, 성을 내고, 짜증을 내고, 저항하고, 원한과 분노와 불만을 드러내면서 쉽게 화내고 근심한다오. 그 업으로 인하여, 그와 같은 행동을 했기 때문에, 그와 같이 실행했기 때문에, 그는 몸이 무너져 죽은 후에 험난하고 고통스러운 지옥과 같은 악취에 태어난다오. 만약에 몸이 무너져 죽은 후에 험난하고 고통스러운 지옥과 같은 악취에 태어나지 않고 인간으로 돌아온다면, 어느 곳에 태어나더라도 모습이 추하다오. 바라문 청년이여, 사소한 말을 들어도 화를 내고, 성을 내고, 짜증을 내고, 저항하고, 원한과 분노와 불만을 드러내면서 쉽게 화내고 근심하는 것이 추한 모습으로 가는 길이라오.

바라문 청년이여, 어떤 여자나 남자는 많은 말을 들어도 화를 내지 않고, 성을 내지 않고, 짜증을 내지 않고, 저항하지 않고, 원한과 분노와 불만을 드러내지 않으면서 쉽게 화내지 않고 근심하지 않는다오. 그 업으로 인하여, 그와 같은 행동을 했기 때문에, 그와 같이 실행했기 때문에, 그는 몸이 무너져 죽은 후에 행복한 천상에 태어난다오. 만약에 몸이 무너져 죽은 후에 행복한 천상에 태어나지 않고 인간으로 돌아온다면, 어느 곳에 태어나더라도 모습이 사랑스럽다오. 바라문 청년이여, 많은 말을 들어도 화를 내지 않고, 성을 내지 않고, 짜증을 내지 않고, 저항하지 않고, 원한과 분노와 불만을 드러내지 않으면서 쉽게 화내지 않고 근심하지 않는 것이 사랑스러운 모습으로 가는 길이라오.

바라문 청년이여, 어떤 여자나 남자는

다른 사람이 받는 이익과 공경과 존경과 존중과 예배와 공양에 대하여 시기하고, 질투하고, 질투심에 속박된다오. 그 업으로 인하여, 그와 같은 행동을 했기 때문에, 그와 같이 실행했기 때문에, 그는 몸이 무너져 죽은 후에 험난하고 고통스러운 지옥과 같은 악취에 태어난다오. 만약에 몸이 무너져 죽은 후에 험난하고 고통스러운 지옥과 같은 악취에 태어나지 않고 인간으로 돌아온다면, 어느 곳에 태어나더라도 세력이 없다오. 바라문 청년이여, 다른 사람이 받는 이익과 공경과 존경과 존중과 예배와 공양에 대하여 시기하고, 질투하고, 질투심에 속박되는 것이 무력하게 되는 길이라오.

바라문 청년이여, 어떤 여자나 남자는 다른 사람이 받는 이익과 공경과 존경과 존중과 예배와 공양에 대하여 시기하지 않고, 질투하지 않고, 질투심에 속박되지 않는다오. 그 업으로 인하여, 그와 같은 행동을 했기 때문에, 그와 같이 실행했기 때문에, 그는 몸이 무너져 죽은 후에 행복한 천상에 태어난다오. 만약에 몸이 무너져 죽은 후에 행복한 천상에 태어나지 않고 인간으로 돌아온다면, 어느 곳에 태어나더라도 세력이 있다오. 바라문 청년이여, 다른 사람이 받는 이익과 공경과 존경과 존중과 예배와 공양에 대하여 시기하지 않고, 질투하지 않고, 질투심에 속박되지 않는 것이 세력을 갖는 길이라오.

바라문 청년이여, 어떤 여자나 남자는 사문이나 바라문에게 음식, 음료, 옷, 수레, 꽃과 향과 기름, 와구(臥具)와 거처(居處)와 등(燈)을 보시하지 않는다오. 그 업으로 인하여, 그와 같은 행동을 했기 때문에, 그와 같이 실행했기 때문에, 그는 몸이 무너져 죽은 후에 험난하고 고통스러운 지옥과 같은 악취에 태어난다오. 만약에 몸이 무너져 죽은 후에 험난하고 고통스러운 지옥과 같은 악취에 태어나지 않고 인간으로 돌아온다면, 어느 곳에 태어나더라도 가난하다오. 바라문 청년이여, 사문이나 바라문에게 음식, 음료, 옷, 수레, 꽃과 향과 기름, 와구와 거처와 등을 보시하지 않는 것이 가난하게 되는 길이라오.

바라문 청년이여, 어떤 여자나 남자는 사문이나 바라문에게 음식, 음료, 옷, 수레, 꽃과 향과 기름, 와구와 거처와 등을 보시한다오. 그 업으로 인하여, 그와 같은 행동을 했기 때문에, 그와 같이 실행했기 때문에, 그는 몸이 무너져 죽은 후에 행복한 천상에 태어난다오. 만약에 몸이 무너져 죽은 후에 행복한 천상에 태어나지 않고 인간으로 돌아온다면, 어느 곳에 태어나더라도 부유하다오. 바라문 청년이여, 사문이나 바라문에게 음식, 음료, 옷, 수레, 꽃과 향과 기름, 와구와 거처와 등을 보시하는 것이 부유하게 되는 길이라오.

바라문 청년이여, 어떤 여자나 남자는 예배해야 할 사람에게 예배하지 않고, 일어나서 맞이해야 할 사람을 일어나서 맞이하지 않고, 자리를 내줘야 할 사람에게 자리를 내주지 않고, 길을 비켜 줘야 할 사람에게 길을 비켜 주지 않고, 공경해야 할 사람을 공경하지 않고, 존중해야 할 사람을 존중하지 않고, 존경해야 할 사람을 존경하지 않고, 공양해야 할 사람을 공양하지 않고, 오만하고 거만하다오. 그 업으로 인하여, 그와 같은 행동을 했기 때문에, 그와 같이 실행했기 때문에, 그는 몸이 무너져 죽은 후에 험난하고 고통스러운 지옥과 같은 악취에 태어난다오. 만약에 몸이 무너져 죽은 후에 험난하고 고통스러운 지옥과 같은 악취에 태어나지 않고 인간으로 돌아온다면, 어느 곳에 태어나더라도 천한 가문에 태어난다오. 바라문 청년이여, 예배해야 할 사람에게 예배하지 않고, 일어나서 맞이해야 할 사람을 일어나서 맞이하지 않고, 자리를 내줘야 할 사람에게 자리를 내주지 않고, 길을 비켜 줘야 할 사람에게 길을 비켜 주지 않고, 공경해야 할 사람을 공경하지 않고, 존중해야 할 사람을 존중하지 않고, 존경해야 할 사람을 존경하지 않고, 공양해야 할 사람을 공양하지 않고, 오만하고 거만한 것이 천한 가문에 태어나는 길이라오.

바라문 청년이여, 어떤 여자나 남자는 예배해야 할 사람에게 예배하고, 일어나서 맞이해야 할 사람을 일어나서 맞이하고, 자리를 내줘야 할 사람에게 자리를 내주고, 길을 비켜 줘야 할 사람에게 길을 비켜 주고, 공경해야 할 사람을 공경하고, 존중해야 할 사람을 존중하고, 존경해야 할 사람을 존경하고, 공양해야 할 사람을 공양하고, 오만하지 않고 거만하지 않다오. 그 업으로 인하여, 그와 같은 행동을 했기 때문에, 그와 같이 실행했기 때문에, 그는 몸이 무너져 죽은 후에 행복한 천상에 태어난다오. 만약에 몸이 무너져 죽은 후에 행복한 천상에 태어나지 않고 인간으로 돌아온다면, 어느 곳에 태어나더라도 귀한 가문에 태어난다오. 바라문 청년이여, 예배해야 할 사람에게 예배하고, 일어나서 맞이해야 할 사람을 일어나서 맞이하고, 자리를 내줘야 할 사람에게 자리를 내주고, 길을 비켜 줘야 할 사람에게 길을 비켜 주고, 공경해야 할 사람을 공경하고, 존중해야 할 사람을 존중하고, 존경해야 할 사람을 존경하고, 공양해야 할 사람을 공양하고, 오만하지 않고 거만하지 않는 것이 귀한 가문에 태어나는 길이라오.

바라문 청년이여, 어떤 여자나 남자는 사문이나 바라문을 찾아가서 '존자여, 무엇이 선(善)이고, 무엇이 불선(不善)입니까? 어떤 것이 비난받을 일이고, 어떤 것이 비난받지 않을 일입니까? 어떤 것이 해야 할 일이고, 어떤 것이 해서는 안 될 일입니까? 나에게 오랫동안 불이익과 괴로움을 가져오는 것은 무엇이고, 나에게 오랫동안 이익과 행복을 가져오는 것은 무엇입니까?'라고 묻지 않는다오. 그 업으로 인하여, 그와 같은 행동을 했기 때문에, 그와 같이 실행했기 때문에, 그는 몸이 무너져 죽은 후에 험난하고 고통스러운 지옥과 같은 악취에 태어난다오. 만약에 몸이 무너져 죽은 후에 험난하고 고통스러운 지옥과 같은 악취에 태어나지 않고 인간으로 돌아온다면, 어느 곳에 태어나더라도 어리석다오. 바라문 청년이여, 사문이나 바라문을 찾아가서 '존자여, 무엇이 선이고, 무엇이 불선입니까? 어떤 것이 비난받을 일이고, 어떤 것이 비난받지 않을 일입니까? 어떤 것이 해야 할 일이고, 어떤 것이 해서는 안 될 일입니까? 나에게 오랫동안 불이익과 괴로움을 가져오는 것은 무엇이고, 나에게 오랫동안 이익과 행복을 가져오는 것은 무엇입니까?'라고 묻지 않는 것이 어리석게 되는 길이라오.

바라문 청년이여, 어떤 여자나 남자는 사문이나 바라문을 찾아가서 '존자여, 무엇이 선이고, 무엇이 불선입니까? 어떤 것이 비난받을 일이고, 어떤 것이 비난받지 않을 일입니까? 어떤 것이 해야 할 일이고, 어떤 것이 해서는 안 될 일입니까? 나에게 오랫동안 불이익과 괴로움을 가져오는 것은 무엇이고, 나에게 오랫동안 이익과 행복을 가져오는 것은 무엇입니까?'라고 묻는다오. 그 업으로 인하여, 그와 같은 행동을 했기 때문에, 그와 같이 실행했기 때문에, 그는 몸이 무너져 죽은 후에 행복한 천상에 태어난다오. 만약에 몸이 무너져 죽은 후에 행복한 천상에 태어나지 않고 인간으로 돌아온다면, 어느 곳에 태어나더라도 현명하다오. 바라문 청년이여, 사문이나 바라문을 찾아가서 '존자여, 무엇이 선이고, 무엇이 불선입니까? 어떤 것이 비난받을 일이고, 어떤 것이 비난받지 않을 일입니까? 어떤 것이 해야 할 일이고, 어떤 것이 해서는 안 될 일입니까? 나에게 오랫동안 불이익과 괴로움을 가져오는 것은 무엇이고, 나에게 오랫동안 이익과 행복을 가져오는 것은 무엇입니까?'라고 묻는 것이 현명하게 되는 길이라오.

바라문 청년이여, 이와 같이 짧은 수명으로 가는 길을 가면 수명이 짧게 되고, 긴 수명으로 가는 길을 가면 장수하게 되고, 많은 병으로 가는 길을 가면 병이 많게 되고, 무병으로 가는 길을 가면 병이 없게 되고, 추한 모습으로 가는 길을 가면 추한 모습이 되고, 사랑스러운 모습으로 가는 길을 가면 사랑스러운 모습이 되고, 무력하게 되는 길을 가면 무력하게 되고, 세력을 갖게 되는 길을 가면 세력을 갖게 되고, 가난하게 되는 길을 가면 가난하게 되고, 부유하게 되는 길을 가면 부유하게 되고, 천한 가문에 태어나는 길을 가면 천한 가문에 태어나고, 귀한 가문에 태어나는 길을 가면 귀한 가문에 태어나고, 어리석게 되는 길을 가면 어리석게 되고, 현명하게 되는 길을 가면 현명하게 된다오.

바라문 청년이여, 이와 같이 중생은 업의 소유자며, 업의 상속자며, 업이 모태며, 업이 친척이며, 업이 보호자라오. 업이 중생을 이와 같이 잘난 사람과 못난 사람으로 나눈다오."

이 말씀을 듣고, 바라문 청년 수바 또데야뿟따가 세존께 말씀드렸습니다.

"훌륭합니다, 고따마 존자여! 훌륭합니다, 고따마 존자여! 고따마 존자여, 마치 뒤집힌 것을 바로 세우는 것 같고, 감추어진 것을 드러내는 것 같고, 길 잃은 자에게 길을 알려 주는 것 같고, '눈 있는 자들은 보라'라고 어둠 속에 등불을 비춰 주는 것 같습니다. 이와 같이 고따마 존자께서는 여러 가지 방법으로 진리를 알려 주셨습니다. 이제 저는 고따마 존자님께 귀의합니다. 가르침과 비구상가에 귀의합니다. 고따마 존자님께서는 저를 청신사(淸信士)로 받아 주소서. 오늘부터 살아 있는 날까지 귀의하겠습니다."

63. 개요분별경(槪要分別經)[424]

〈M.N. 138. Uddesavibhaṅga-sutta〉

이와 같이 나는 들었습니다.

한때 세존께서는 사왓티의 제따와나 아나타삔디까 승원에 머무셨습니다.

그때 세존께서 비구들을 불러 말씀하셨습니다.

"비구들이여, 내가 그대들에게 개요(槪要, uddesavibhaṅgaṁ)를[425] 가르쳐 주겠소. 듣고 잘 생각해 보시오! 내가 이야기하겠소."

그 비구들은 "세존이시여, 그렇게 하겠습니다"라고 대답했습니다.

세존께서 말씀하셨습니다.

"비구들이여, 비구는 분별의식[識]이 밖으로 어지럽게 흩어지지 않게 살펴야 하고, 안으로는 마음이 머물지 않고 집착할 것이 없기 때문에 걱정하지 않아야 한다오. 비구들이여, 분별의식이 밖으로 어지럽게 흩어지지 않고 안으로 마음이 머물지 않고 집착할 것이 없어서 걱정하지 않으면, 미래에 늙어 죽는 괴로움이 쌓이는 일이 발생하지 않는다오."

이것이 세존께서 하신 말씀입니다. 선서(善逝)께서는 이 말씀을 하시고 자리에서 일어나 승방(僧房)으로 들어가셨습니다. 그 비구들은 세존께서 떠나시자 곧바로 이런 이야기를 했습니다.

"존자들이여, 세존께서는 우리에게 간략하게 개요를 말씀하시고 자세한 의미는 설명하지 않으신 채 자리에서 일어나 승방으로 들어가셨습니다. 세존께서 우리에게 간략하게 개요를 말씀하시고 자세하게 의미를 설명하지 않으신 것에 대하여 누가 그 의미를 자세하게 설명해 줄 수 있을까요?"

그 비구들은 이런 이야기를 했습니다.

"마하 깟짜나 존자는 스승님의 칭찬을 받고 현명한 도반들의 공경을 받습니다. 마하 깟짜나 존자는 그 의미를 자세하게 설명해 줄 수 있을 것입니다. 우리는 마하 깟짜나 존자를 찾아가서 그 의미를 묻는 것이 좋겠습니다."

그 비구들은 마하 깟짜나 존자를 찾아가서 마하 깟짜나 존자와 정중하게 인사를 하고 공손한 인사말을 나눈 후에 한쪽에 앉았습니다.

그 비구들은 마하 깟짜나 존자에게 그를 찾아온 사연을 이야기하고, 자세한 의미를 설명해 주기를 청했습니다.

마하 깟짜나 존자가 말했습니다.

"존자들이여, 비유하면 단단한 목재를 구하는 어떤 사람이 목재를 찾아 큰 나무에 가서 단단하고 견실한 줄기를 내버리고, 뿌리를 내버리고, 가지와 잎에서 목재를 구하려고 생각하는 것과 같군요. 이와 같이 존자

---

424 『중아함경(中阿含經)』의 「164. 분별관법경(分別觀法經)」에 상응하는 경.

425 'uddesavibhaṅgaṁ'는 '개요(槪要)'를 의미하는 'uddesa'와 '분별, 분석'을 의미하는 'vibhaṅga'의 합성어로서 축어적으로는 '개요분별'이지만, 이 경에서 세존은 '개요'만을 말씀하셨기 때문에 '개요'로 번역함.

들은 스승님 면전(面前)에서, 세존을 버려두고, 나에게 그 의미를 물으려고 하는군요. 존자들이여, 세존은 알아야 할 것을 아시고, 보아야 할 것을 보시나니, 눈을 성취한 분이시며, 앎을 성취한 분이시며, 진리를 성취한 분이시며, 브라만(梵天)을 성취한 분이시며, 알려 주는 분이시며, 가르치는 분이시며, 목표로 인도(引導)하는 분이시며, 불사(不死)의 감로(甘露)를 베푸는 분이시며, 진리의 주인이시며, 여래(如來)이십니다. 여러분은 세존께 그 의미를 물어볼 기회가 있었습니다. 그때 세존께서 설명하셨다면, 여러분은 그대로 그것을 받아 지니면 되었을 것입니다."

"마하 깟짜나 존자여, 참으로 그렇습니다. 세존은 알아야 할 것을 아시고, 보아야 할 것을 보시는, 눈을 성취한 분이시며, 앎을 성취한 분이시며, 진리를 성취한 분이시며, 브라만을 성취한 분이시며, 알려 주는 분이시며, 가르치는 분이시며, 목표로 인도하는 분이시며, 불사의 감로를 베푸는 분이시며, 진리의 주인이시며, 여래이십니다. 우리는 세존께 그 의미를 물어볼 기회가 있었습니다. 그때 세존께서 설명하셨다면, 우리는 그대로 그것을 받아 지니면 되었을 것입니다. 그런데 마하 깟짜나 존자께서는 스승님의 칭찬을 받고 현명한 도반(道伴)들의 존경을 받는 분입니다. 마하 깟짜나 존자께서는 세존께서 간략하게 말씀하신 이 가르침의 자세한 의미를 설명해 줄 수 있을 것입니다. 마하 깟짜나 존자께서는 어려워하지 말고 설명해 주십시오!"

"그렇다면 존자들이여, 잘 듣고 깊이 생각해 보시오! 내가 이야기하겠습니다."

"존자여, 그렇게 하겠습니다"

마하 깟짜나 존자는 다음과 같이 말했습니다.

"존자들이여, 세존께서 간략하게 말씀하신 이 가르침의 의미를 나는 이와 같이 자세하게 이해하고 있습니다.

존자들이여, '분별의식이 밖으로 어지럽게 흩어진다'라는 것은 어떤 것인가? 존자들이여, 비구가 눈[眼]으로 형색[色]을 본 후에 형색의 모습[色相]을 애착하고, 형색의 모습에 속박되고, 형색의 모습에 결박(結縛)된 분별의식이 형색의 모습을 추구하는 것[rūpanimittānusārī]을 '분별의식이 밖으로 어지럽게 흩어진다'라고 합니다. 귀[耳]로 소리[聲]를 듣고, 코[鼻]로 냄새[香]를 맡고, 혀[舌]로 맛[味]을 보고, 몸[身]으로 촉감[觸]을 느끼고, 마음[意]으로 지각대상[法]을 지각하는 것도 마찬가지입니다. 마음으로 지각대상을 지각한 후에 지각대상의 모습[法相]을 애착하고, 지각대상의 모습에 속박되고, 지각대상의 모습에 결박된 분별의식이 지각대상의 모습을 추구하는 것을 '분별의식이 밖으로 어지럽게 흩어진다'라고 합니다.

존자들이여, '분별의식이 밖으로 어지럽게 흩어지지 않는다'라는 것은 어떤 것인가? 존자들이여, 비구가 눈으로 형색을 본 후에 형색의 모습을 애착하지 않고, 형색의 모습에 속박되지 않고, 형색의 모습에 결박되지 않은 분별의식이 형색의 모습을 추구하지 않는 것을 '분별의식이 밖으로 어지럽게 흩어지지 않는다'라고 합니다. 귀로 소리를 듣고, 코로 냄새를 맡고, 혀로 맛을 보고, 몸으로 촉감을 느끼고, 마음으로 지각대상을 지각하는 것도 마찬가지입니다. 비구가 마음으로 지각대상을 지각한 후에 지각대상의 모습을 애착하지 않고, 지각대상의 모습에 속박되지 않고, 지각대상의 모습에 결박되지 않고, 분별의식이 지각대상의 모습을 추구하지 않는 것을 '분별의식이 밖으로 어지럽게 흩어지지 않는다'라고 합니다.

존자들이여, '안으로 마음[cittaṁ]이 머문다'라는 것은 어떤 것인가? 존자들이여, 어떤 비구는 감각적 욕망을 멀리하고 불선법(不善法)을 멀리함으로써 사유가 있고 숙고가 있는, 멀리함에서 생긴 기쁨과 행복감이 있는 초선(初禪)을 성취하여 살아갑니다. 그때 그의 분별의식이 멀리함에서 생긴 기쁨과 행복감을 애착하고, 멀리함에서 생긴 기쁨과 행복감에 속박되고, 멀리함에서 생긴 기쁨과 행복감에 결박되어 멀리함에서 생긴 기쁨과 행복감을 추구하는 것을 '안으로 마음이 머문다'라고 합니다. 다음으로 존자들이여, 어떤 비구는 사유와 숙고를 억제하고, 내적으로 평온하게 마음이 집중된, 사유가 없고 숙고가 없는, 삼매에서 생긴 기쁨과 행복감이 있는 제2선(第二禪)을 성취하여 살아갑니다. 그때 그의 분별의식이 삼매에서 생긴 기쁨과 행복감을 애착하고, 삼매에서 생긴 기쁨과 행복감에 속박되고, 삼매에서 생긴 기쁨과 행복감에 결박되어 삼매에서 생긴 기쁨과 행복감을 추구하는 것을 '안으로 마음이 머문다'라고 합니다. 다음으로 존자들이여, 어떤 비구는 희열(喜悅)이 사라지고 평정한 마음으로 주의집중과 알아차림을 하며 지내는 가운데 몸으로 행복을 느끼면서, 성인들이 '평정한 마음[捨]으로 주의집중을 하는 행복한 상태'라고 이야기한 제3선(第三禪)을 성취하여 살아갑니다. 그때 그의 분별의식이 평정한 마음을 애착하고, 평정한 마음에 속박되고, 평정한 마음에 결박되어 평정한 마음을 추구하는 것을 '안으로 마음이 머문다'라고 합니다. 다음으로 존자들이여, 어떤 비구는 행복감을 포기하고 괴로움을 버림으로써 이전의 만족과 불만이 소멸하여 괴롭지도 않고 즐겁지도 않은, 평정한 주의집중이 청정한 제4선(第四禪)을 성취하여 살아갑니다. 그때 그의 분별의식이 괴롭지도 즐겁지도 않은 느낌을 애착하고, 괴롭지도 즐겁지도 않은 느낌에 속박되고, 괴롭지도 즐겁지도 않은 느낌에 결박되어 괴롭지도 즐겁지도 않은 느낌을 추구하는 것을 '안으로 마음이 머문다'라고 합니다. 존자들이여, 이런 것을 '안으로 마음이 머문다'라고 합니다.

존자들이여, '안으로 마음이 머물지 않는다'라는 것은 어떤 것인가? 존자들이여, 어떤 비구는 감각적 욕망을 멀리하고 불선법을 멀리함으로써 사유가 있고 숙고가 있는, 멀리함에서 생긴 기쁨과 행복감이 있는 초선을 성취하여 살아갑니다. 그때 그의 분별의식이 멀리함에서 생긴 기쁨과 행복감을 애착하지 않고, 멀리함에서 생긴 기쁨과 행복감에 속박되지 않고, 멀리함에서 생긴 기쁨과 행복감에 결박되지 않고, 멀리함에서 생긴 기쁨과 행복감을 추구하지 않는 것을 '안으로 마음이 머물지 않는다'라고 합니다. 다음으로 존자들이여, 어떤 비구는 사유와 숙고를 억제하고, 내적으로 평온하게 마음이 집중된, 사유가 없고 숙고가 없는, 삼매에서 생긴 기쁨과 행복감이 있는 제2선을 성취하여 살아갑니다. 그때 그의 분별의식이 삼매에서 생긴 기쁨과 행복감을 애착하지 않고, 삼매에서 생긴 기쁨과 행복감에 속박되지 않고, 삼매에서 생긴 기쁨과 행복감에 결박되지 않고, 삼매에서 생긴 기쁨과 행복감을 추구하지 않는 것을 '안으로 마음이 머물지 않는다'라고 합니다. 다음으로 존자들이여, 어떤 비구는 희열이 사라지고 평정한 마음으로 주의집중과 알아차림을 하며 지내는 가운데 몸으로 행복을 느끼면서, 성인들이 '평정한 마음으로 주의집중을 하는 행복한 상태'라고 이야기한 제3선을 성취하여 살아갑니다. 그때 그의 분별의식이 평정한 마음을 애착하지 않고, 평정한 마음에 속박되지 않고, 평정한 마음에 결박되지 않고, 평정한 마음을 추구하지 않는 것을 '안으로 마음이 머물지 않는다'라고 합니다. 다음으로 존자들이여, 어떤 비구는 행복감을 포기하고 괴로움을 버림으로써 이전의 만족과 불만이 소멸하여 괴롭지도 않고 즐겁지도 않은, 평정한 주의집중이 청정한 제4선을 성취하여 살아갑니다. 그때 그의 분별의식이 괴롭지도 즐겁지도 않은 느낌을 애착하지 않고, 괴롭지도 즐겁지도 않은 느낌에 속박되지 않고, 괴롭지도 즐겁지도 않은 느낌에 결박되지 않고, 괴롭지도 즐겁지도 않은 느낌을 추구하지 않는 것을 '안으로 마음이 머물지 않는다'라고 합니다. 존자들이여, 이런 것을 '안으로 마음이 머물지 않는다'라고 합니다.

존자들이여, '집착할 것이 없기 때문에 걱정이 있다'라는 것은 어떤 것인가? 존자들이여, 성인(聖人)을 무시하고, 성인의 가르침을 이해하지 못하고, 성인의 가르침에서 배우지 못하고, 참사람[正士]을 무시하고, 참사람의 가르침을 이해하지 못하고, 참사람의 가르침에서 배우지 못한 무지한 범부는 형색[色]을 자아로 여기거나, 자아가 몸을 소유하고 있다고 여기거나, 자아 속에 몸이 있다고 여기거나, 몸속에 자아가 있다고 여깁니다. 그의 몸은 변천(變遷)하여 달라집니다. 몸이 변천하여 달라지면, 그의 분별의식은 몸의 변천에 얽매입니다.[426] 그의 분별의식이 몸의 변천에 얽매이면, 몸의 변천에 얽매임으로써 그와 함께 걱정들이 생겨서 마음을 사로잡고 머뭅니다. 그는 마음이 사로잡혀서 (변천을) 두려워하고, 고뇌하고, (변천에) 무관심하며, (변천하여) 집착할 것이 없는 것을 걱정합니다. 느낌[受], 생각[想], 행위[行], 분별의식[識]도 마찬가지입니다. 무지한 범부는 분별의식을 자아로 여기거나, 자아가 분별의식을 소유하고 있다고 여기거나, 자아 속에 분별의식이 있다고 여기거나, 분별의식 속에 자아가 있다고 여깁니다. 그의 분별의식은 변천하여 달라집니다. 분별의식이 변천하여 달라지면, 그의 분별의식은 분별의식의 변천에 얽매입니다. 그의 분별의식이 분별의식의 변천에 얽매이면, 분별의식의 변천에 얽매임으로써 그와 함께 걱정들이 생겨서 마음을 사로잡고 머뭅니다. 그는 마음이 사로잡혀서 두려워하고, 고뇌하고, 무관심하며, 집착할 것이 없는 것을 걱정합니다. 존자들이여, 이와 같이 집착할 것이 없기 때문에 걱정이 있습니다.

존자들이여, '집착할 것이 없기 때문에 걱정이 없다'라는 것은 어떤 것인가? 존자들이여, 성인을 알아보고, 성인의 가르침을 이해하고, 성인의 가르침에서 배우고, 참사람을 알아보고, 참사람의 가르침을 이해하고,

---

426 'tassa rūpavipariṇāmaññathābhāvā rūpavipariṇāmānuparavatti viññāṇaṁ hoti'의 번역.

참사람의 가르침에서 배운 거룩한 제자는 형색을 자아로 간주하지 않고, 자아가 형색을 지닌 것으로 간주하지 않고, 자아 속에 형색이 있다고 간주하지 않고, 형색 속에 자아가 있다고 간주하지 않습니다. 그의 몸은 변천하여 달라집니다. 몸이 변천하여 달라져도 그의 분별의식은 몸의 변천에 얽매이지 않습니다. 그의 분별의식이 몸의 변천에 얽매이지 않으면, 몸의 변천에 얽매이지 않음으로써 걱정들이 생기지 않고 마음을 사로잡고 머물지 않습니다. 그는 마음이 사로잡히지 않고, 두려워하지 않고, 고뇌하지 않고 , 무관심하지 않으며, 집착할 것이 없는 것을 걱정하지 않습니다. 느낌, 생각, 행위, 분별의식도 마찬가지입니다. 거룩한 제자는 분별의식을 자아로 여기지 않고, 자아가 분별의식을 소유하고 있다고 여기지 않고, 자아 속에 분별의식이 있다고 여기지 않고, 분별의식 속에 자아가 있다고 여기지 않습니다. 그의 분별의식은 변천하여 달라집니다. 분별의식이 변천하여 달라져도 그의 분별의식은 분별의식의 변천에 얽매이지 않습니다. 그의 분별의식이 분별의식의 변천에 얽매이지 않으면, 분별의식의 변천에 얽매이지 않음으로써 걱정들이 생기지 않고 걱정이 마음을 사로잡고 머물지 않습니다. 그는 마음이 사로잡히지 않고, 두려워하지 않고, 고뇌하지 않고, 무관심하지 않으며, 집착할 것이 없는 것을 걱정하지 않습니다. 존자들이여, 이와 같이 집착할 것이 없기 때문에 걱정이 없습니다.

존자들이여, 세존께서 간략하게 말씀하신 가르침의 의미를 나는 이와 같이 자세하게 이해하고 있습니다. 존자 여러분들은 세존을 찾아가서 그 의미를 물어보시고, 세존께서 여러분들에게 설명해 주시는 것을 받아 지니시기 바랍니다."

그 비구들은 마하 깟짜나 존자의 말씀에 기뻐하고 만족하고서 자리에서 일어나 세존을 찾아갔습니다. 그들은 세존께 예배한 후에 한쪽에 앉아서 마하 깟짜나 존자와 나눈 이야기를 말씀드렸습니다.

세존께서 그 비구들에게 말씀하셨습니다.

"비구들이여, 마하 깟짜나는 현명하오. 비구들이여, 마하 깟짜나는 큰 지혜가 있다오. 비구들이여, 만약 그대들이 나에게 그 의미를 물었다면, 나도 마하 깟짜나가 설명한 그대로 설명했을 것이오. 그러니 그것을 받아 지니도록 하시오!"

이것이 세존께서 하신 말씀입니다.

그 비구들은 세존의 말씀에 만족하고 기뻐했습니다.

64. 무쟁분별경(無諍分別經)[427]
〈M.N. 139. Araṇavibhaṅga-sutta〉

이와 같이 나는 들었습니다.

한때 세존께서는 사왓티의 제따와나 아나타삔디까 승원에 머무셨습니다.

그때 세존께서 비구들을 불러 말씀하셨습니다.

"비구들이여, 내가 그대들에게 무쟁(無諍)에 대하여 상세하게 가르쳐 주겠소. 듣고 잘 생각해 보시오! 내가 이야기하겠소."

"세존이시여, 그렇게 하겠습니다"

세존께서 말씀하셨습니다.

"저열하고 속된 범부의 천박하고 무익한 감각적 욕망을 추구하지도 말고, 자신을 괴롭히는 고통스럽고 천박하고 무익한 고행을 추구하지도 마시오! 이들 막다른 두 길을 멀리하면 여래(如來)가 깨달은 중도(中道)가 있다오. 이 길은 안목(眼目)이 생기고 앎이 생기며, 평온과 체험적 지혜[勝智]와 깨달음과 열반으로 이끈다오. 칭찬을 알고 비난을 알아야 한다오. 칭찬을 알고 비난을 알고 나서, 칭찬도 하지 말고 비난도 하지 말고 진실로 법(法)을 알려 주어야 한다오. 행복을 판별할 줄 알고 행복을 판별한 다음에 안으로 행복을 추구해야 한다오. 밀담(密談, rahovādaṁ)을 하지 않아야 하고 면박(面駁)하지 않아야 한다오. 서두르지 않고 침착하게 말해야 한다오. 방언(方言, janapada-niruttiṁ)을 고집하지 않고 통용되는 명칭[samaññaṁ]을 벗어나지 않아야 한다오. 이것이 무쟁에 대한 개요라오.

'저열하고 속된 범부의 천박하고 무익한 감각적 욕망을 추구하지도 말고, 자신을 괴롭히는 고통스럽고 천박하고 무익한 고행을 추구하지도 마라!'라고 했는데, 이 말은 무엇을 이야기한 것인가? 저열하고 속된 범부의 천박하고 무익한 감각적 욕망이 주는 행복과 만족을 추구하는 것은 피해가 있고 근심이 있고 고뇌가 있고 불행이 있는 삿된 길[邪道]이라오. 저열하고 속된 범부의 천박하고 무익한 감각적 욕망이 주는 행복과 만족을 추구하지 않는 것이 피해가 없고 근심이 없고 고뇌가 없고 불행이 없는 바른길[正道]이라오. 자신을 괴롭히는 고통스럽고 천박하고 무익한 고행을 추구하는 것은 피해가 있고 근심이 있고 고뇌가 있고 불행이 있는 삿된 길이라오. 자신을 괴롭히는 고통스럽고 천박하고 무익한 고행을 추구하지 않는 것이 피해가 없고 근심이 없고 고뇌가 없고, 불행이 없는 바른길이라오. '저열하고 속된 범부의 천박하고 무익한 감각적 욕망을 추구하지도 말고, 자신을 괴롭히는 고통스럽고 천박하고 무익한 고행을 추구하지도 마라!'라고 한 것은 이것을 이야기한 것이라오.

'이들 막다른 두 길을 멀리하면 여래가 깨달은 중도가 있으며, 이 길은 안목이 생기고 앎이 생기며, 평온과 체험적 지혜와 깨달음과 열반으로 이끈다'라고 했는데, 이 말은

427 『중아함경(中阿含經)』의 「169. 구루수무쟁경(拘樓瘦無諍經)」에 상응하는 경.

무엇을 이야기한 것인가? 정견(正見), 정사유(正思惟), 정어(正語), 정업(正業), 정명(正命), 정정진(正精進), 정념(正念), 정정(正定)이라는 거룩한 8정도(八正道)가 있다오. '이들 막다른 두 길을 멀리하면 여래가 깨달은 중도가 있으며, 이 길은 안목이 생기고 앎이 생기며, 평온과 체험적 지혜와 깨달음과 열반으로 이끈다'라고 한 것은 이것을 이야기한 것이라오.

'칭찬을 알고 비난을 알아야 한다. 칭찬을 알고 비난을 알고 나서, 칭찬도 하지 말고 비난도 하지 말고 진실로 법을 알려 주어야 한다'라고 했는데, 이것은 무엇을 이야기한 것인가?

비구들이여, 어떤 것이 칭찬하고 비난하면서 법을 알려 주지 않는 것인가? '저열하고 속된 범부의 천박하고 무익한 감각적 욕망이 주는 행복과 만족을 추구하는 사람은 모두 피해가 있고 근심이 있고 고뇌가 있고 불행이 있는 삿된 길을 가는 사람이다'라는 말은 어떤 사람을 비난하는 것이오. '저열하고 속된 범부의 천박하고 무익한 감각적 욕망이 주는 행복과 만족을 추구하는 사람은 모두 피해가 없고 근심이 없고 고뇌가 없고 불행이 없는 바른길을 가는 사람이다'라는 말은 어떤 사람을 칭찬하는 것이오. '자신을 괴롭히는 고통스럽고 천박하고 무익한 고행을 추구하는 사람은 모두 피해가 있고 근심이 있고 고뇌가 있고 불행이 있는 삿된 길을 가는 사람이다'라는 말은 어떤 사람을 비난하는 것이오. '자신을 괴롭히는 고통스럽고 천박하고 무익한 고행을 추구하는 사람은 모두 피해가 없고 근심이 없고 고뇌가 없고 불행이 없는 바른길을 가는 사람이다'라는 말은 어떤 사람을 칭찬하는 것이오. '누구든지 존재의 결박을 끊어 버리지 못한 사람은 모두 피해가 있고 근심이 있고 고뇌가 있고 불행이 있는 삿된 길을 가는 사람이다'라는 말은 어떤 사람을 비난하는 것이오. '누구든지 존재의 결박을 끊어 버린 사람은 모두 피해가 없고 근심이 없고 고뇌가 없고 불행이 없는 바른길을 가는 사람이다'라는 말은 어떤 사람을 칭찬하는 것이오. 비구들이여, 이와 같이 칭찬하고 비난하는 것은 법을 알려 주는 것이 아니라오.

비구들이여, 어떤 것이 칭찬도 하지 않고 비난도 하지 않고 진실로 법을 알려 주는 것인가? '저열하고 속된 범부의 천박하고 무익한 감각적 욕망이 주는 행복과 만족을 추구하는 사람은 모두 피해가 있고 근심이 있고 고뇌가 있고 불행이 있는 삿된 길을 가는 사람이다'라고 말하지 않고, '감각적 욕망이 주는 행복과 만족을 추구하는 것은 피해가 있고 근심이 있고 고뇌가 있고 불행이 있는 삿된 길이다'라고 말하는 것이 진실로 법을 알려 주는 것이라오.[428] '저열하고 속된 범부의 천박하고 무익한 감각적 욕망이 주는 행복과 만족을 추구하는 사람은 모두 피해가 없고 근심이 없고 고뇌가 없고 불행이 없는 바른길을 가는 사람이다'라고 말하지 않고, '감각적 욕망이 주는 행복과 만족을 추구하지 않는 것이 피해가 없고 근심이 없고 고뇌

428 삿된 길을 가는 사람이 있는 것이 아니라, 단지 삿된 길이 있을 뿐이라는 의미이다. 삿된 행동을 하는 사람을 비난하지 말고, 그것이 삿된 길이라는 사실을 알려 주어 삿된 행동을 하지 않게 해야 한다는 의미이다.

가 없고 불행이 없는 바른길이다'라고 말하는 것이 진실로 법을 알려 주는 것이라오. '자신을 괴롭히는 천박하고 고통스럽고 무익한 고행을 추구하는 사람은 모두 피해가 있고 근심이 있고 고뇌가 있고 불행이 있는 삿된 길을 가는 사람이다'라고 말하지 않고, '고행을 추구하는 것은 피해가 있고 근심이 있고 고뇌가 있고 불행이 있는 삿된 길이다'라고 말하는 것이 진실로 법을 알려 주는 것이라오. '자신을 괴롭히는 천박하고 고통스럽고 무익한 고행을 추구하는 사람은 모두 피해가 없고 근심이 없고 고뇌가 없고 불행이 없는 바른길을 가는 사람이다'라고 말하지 않고, '고행을 추구하지 않는 것이 피해가 없고 근심이 없고 고뇌가 없고 불행이 없는 바른길이다'라고 말하는 것이 진실로 법을 알려 주는 것이라오. '누구든지 존재의 결박을 끊어 버리지 못한 사람은 모두 피해가 있고 근심이 있고 고뇌가 있고 불행이 있는 삿된 길을 가는 사람이다'라고 말하지 않고, '존재의 결박을 끊지 않으면 존재[有]가 제거되지 않는다'리고 말하는 것이 진실로 법을 알려 주는 것이라오. '누구든지 존재의 결박을 끊어 버린 사람은 모두 피해가 없고 근심이 없고 고뇌가 없고 불행이 없는 바른길을 가는 사람이다'라고 말하지 않고, '존재의 결박을 끊어 버리면 존재가 제거된다'라고 말하는 것이 진실로 법을 알려 주는 것이라오. 비구들이여, 이렇게 하는 것이 칭찬도 하지 않고 비난도 하지 않고 진실로 법을 알려 주는 것이라오. '칭찬을 알고 비난을 알아야 한다. 칭찬을 알고 비난을 알고 나서, 칭찬도 하지 말고 비난도 하지 말고 진실로 법을 알려 주어야 한다'라고 한 것은 이것을 이야기한 것이라오.

'행복을 판별할 줄 알고, 행복을 판별한 다음에 안으로 행복을 추구해야 한다'라고 했는데, 이 말은 무엇을 이야기한 것인가? 비구들이여, 다섯 가지 감각적 욕망의 대상[pañca kāmaguṇā]이 있다오. 그 다섯 가지는 어떤 것인가? 마음에 들고 사랑스럽고 매력적이고 귀엽고 쾌락을 주고 유혹적인, 눈에 보이는 형색[色]·귀에 들리는 소리[聲]·코에 맡아지는 향기[香]·혀에 느껴지는 맛[味]·몸에 느껴지는 촉감[觸], 이들이 다섯 가지 감각적 욕망의 대상이라오. 비구들이여, 이들 다섯 가지 감각적 욕망의 대상에 의지하여 생기는 즐거움과 만족을 감각적인 쾌락, 더러운 쾌락, 범부의 쾌락, 천박한 쾌락이라고 부른다오. 나는 이런 쾌락을 추구하지 말고, 익히지 말고, 늘리지 말고, 두려워해야 한다고 말한다오. 비구들이여, 어떤 비구는 감각적 욕망을 멀리하고 불선법(不善法)을 멀리함으로써 사유가 있고 숙고가 있는, 멀리함에서 생긴 기쁨과 행복감이 있는 초선(初禪)을 성취하여 살아간다오. 더 나아가 제2선(第二禪), 제3선(第三禪), 제4선(第四禪)을 성취하여 살아간다오.[429] 이것을 무욕(無欲)의 즐거움, 탈속(脫俗)의 즐거움, 적정(寂靜)의 즐거움, 정각(正覺)의 즐거움이라고 부른다오. 나는 이런 즐거움을 추구하고, 익히고, 늘리고, 두려워하지 않아야 한다고 말한다오. '행복을 판별할 줄 알고, 행복을 판별한 다음에 안으로 행복을 추구해야 한다'라고 한 것은 이것을 이야기한 것이라오.

---

429 선정(禪定)의 내용은 생략함.

'숙덕공론을 하지 않아야 하고 면책(面責)을 하지 않아야 한다'라고 했는데, 이 말은 무엇을 이야기한 것인가? 숙덕공론이 사실이 아니고 진실이 아니고 무익한 것임을 알았다면, 결코 그 숙덕공론을 이야기해서는 안 된다오. 숙덕공론이 사실이고 진실이지만 무익한 것임을 알았다면, 그것을 이야기하지 않도록 공부해야 한다오. 숙덕공론이 사실이고 진실이고 유익한 것임을 알았다면, 그때는 적당한 때를 보아서 그 숙덕공론을 이야기해야 한다오. 비구들이여, 면책을 하려고 할 때 그것이 사실이 아니고 진실이 아니고 무익한 것임을 알았다면, 결코 면책을 해서는 안 된다오. 면책을 하려는 것이 사실이고 진실이지만 무익한 것임을 알았다면, 면책을 하지 않도록 공부해야 한다오. 면책을 하려는 것이 사실이고 진실이고 유익한 것임을 알았다면, 그때는 적당한 때를 보아서 면책을 해야 한다오. '숙덕공론을 하지 않아야 하고 면책을 하지 않아야 한다'라고 한 것은 이것을 이야기한 것이라오.

'서두르지 않고 침착하게 말해야 한다'라고 했는데, 이 말은 무엇을 이야기한 것인가? 비구들이여, 급하게 말을 하면 몸은 피곤하고 마음은 흥분되며, 목소리가 상하고 목구멍이 아프며, 급하게 하는 말은 불분명하여 알아들을 수 없다오. 비구들이여, 침착하게 말을 하면 몸은 피곤하지 않고 마음은 흥분되지 않으며, 목소리가 상하지 않고 목구멍이 아프지 않으며, 침착하게 하는 말은 분명하여 알아들을 수 있다오. '서두르지 않고 침착하게 말해야 한다'라고 한 것은 이것을 이야기한 것이오.

'방언을 고집하지 않고 통용되는 명칭을 벗어나지 않아야 한다'라고 했는데, 이 말은 무엇을 이야기한 것인가? 비구들이여, 어떤 것이 방언을 고집하면서 통용되는 명칭을 벗어나는 것인가? 비구들이여, 지방에 따라서 '그릇'을 '삐띠(Pītī)'라는 명칭으로 부르고, '빳땅(Pattaṁ)'이라는 명칭으로 부르고, '싸라왕(Sarāvaṁ)'이라는 명칭으로 부르고, '다로빵(Dhāropaṁ)'이라는 명칭으로 부르고, '뽀낭(Ponaṁ)'이라는 명칭으로 부르고, '삐씰랑(Pisīlaṁ)'이라는 명칭으로 부른다오. 이와 같이 각각의 지방에서 부르는 명칭을 강하게 고집하고 집착하여 사용하면서 '이것만이 옳고 다른 것은 틀렸다'라고 한다면, 비구들이여, 이것이 방언을 고집하면서 통용되는 명칭을 벗어나는 것이라오. 비구들이여, 어떤 것이 방언을 고집하지 않고 통용되는 명칭을 벗어나지 않는 것인가? 비구들이여, 지방에 따라서 각기 다른 명칭으로 부를 때, '지금 이 존자들은 이것에 대하여 이것이라고 말하는구나'라고 생각하고 (자신의 방언을) 집착하지 않고 그 지방에서 부르는 명칭을 사용하여 말하면, 이것이 방언을 고집하지 않고 통용되는 명칭을 벗어나지 않는 것이라오. '방언을 고집하지 않고 통용되는 명칭을 벗어나지 않아야 한다'라고 한 것은 이것을 이야기한 것이오.

비구들이여, 저열하고 속된 범부의 천박하고 무익한 감각적 욕망이 주는 행복과 만족을 추구하는 것은 피해가 있고 근심이 있고 고뇌가 있고 불행이 있는 삿된 길이라오. 그러므로 이것은 분쟁[430]이라오. 비구들

430 'raṇa'를 '분쟁(紛爭)'으로 번역했다.

이여, 저열하고 속된 범부의 천박하고 무익한 감각적 욕망이 주는 행복과 만족을 추구하지 않는 것이 피해가 없고 근심이 없고 고뇌가 없고 불행이 없는 바른길이라오. 그러므로 이것은 무쟁이라오.

비구들이여, 자신을 괴롭히는 천박하고 고통스럽고 무익한 고행을 추구하는 것은 피해가 있고 근심이 있고 고뇌가 있고 불행이 있는 삿된 길이라오. 그러므로 이것은 분쟁이라오. 비구들이여, 자신을 괴롭히는 천박하고 고통스럽고 무익한 고행을 추구하지 않는 것이 피해가 없고 근심이 없고 고뇌가 없고 불행이 없는 바른길이라오. 그러므로 이것은 무쟁이라오.

비구들이여, 여래가 깨달은 중도는 안목이 생기고 앎이 생기며, 평온과 체험적 지혜와 깨달음과 열반으로 이끌며, 피해가 없고 근심이 없고 고뇌가 없고 불행이 없는 바른길이라오. 그러므로 이것은 무쟁이라오.

비구들이여, 칭찬하고 비난하면서 법을 알려 주지 않는 것은 피해가 있고 근심이 있고 고뇌가 있고 불행이 있는 삿된 길이라오. 그러므로 이것은 분쟁이라오. 비구들이여, 칭찬하지 않고 비난하지 않고 법을 알려 주는 것은 피해가 없고 근심이 없고 고뇌가 없고 불행이 없는 바른길이라오. 그러므로 이것은 무쟁이라오.

비구들이여, 감각적인 쾌락, 더러운 쾌락, 범부의 쾌락, 천박한 쾌락은 피해가 있고 근심이 있고 고뇌가 있고 불행이 있는 삿된 길이라오. 그러므로 이것은 분쟁이라오. 비구들이여, 무욕의 즐거움, 탈속의 즐거움, 적정의 즐거움, 정각의 즐거움은 피해가 없고 근심이 없고 고뇌가 없고 불행이 없는 바른길이라오. 그러므로 이것은 무쟁이라오.

비구들이여, 사실이 아니고 진실이 아니고 무익한 숙덕공론은 피해가 있고 근심이 있고 고뇌가 있고 불행이 있는 삿된 길이라오. 그러므로 이것은 분쟁이라오. 비구들이여, 사실이고 진실이지만 무익한 숙덕공론도 피해가 있고 근심이 있고 고뇌가 있고 불행이 있는 삿된 길이라오. 그러므로 이것은 분쟁이라오. 비구들이여, 사실이고 진실이고 유익한 숙덕공론은 피해가 없고 근심이 없고 고뇌가 없고 불행이 없는 바른길이라오. 그러므로 이것은 무쟁이라오.

비구들이여, 사실이 아니고 진실이 아니고 무익한 면책은 피해가 있고 근심이 있고 고뇌가 있고 불행이 있는 삿된 길이라오. 그러므로 이것은 분쟁이라오. 비구들이여, 사실이고 진실이지만 무익한 면책도 피해가 있고 근심이 있고 고뇌가 있고 불행이 있는 삿된 길이라오. 그러므로 이것은 분쟁이라오. 비구들이여, 사실이고 진실이고 유익한 면책은 피해가 없고 근심이 없고 고뇌가 없고 불행이 없는 바른길이라오. 그러므로 이것은 무쟁이라오.

비구들이여, 성급한 말은 피해가 있고 근심이 있고 고뇌가 있고 불행이 있는 삿된 길이라오. 그러므로 이것은 분쟁이라오. 비구들이여, 침착한 말은 피해가 없고 근심이 없고 고뇌가 없고 불행이 없는 바른길이라오. 그러므로 이것은 무쟁이라오.

비구들이여, 방언을 고집하면서 통용되는 명칭을 벗어나는 것은 피해가 있고 근심이 있고 고뇌가 있고 불행이 있는 삿된 길이라오. 그러므로 이것은 분쟁이라오. 비구들이여, 방언을 고집하지 않고 통용되는 명칭을 벗어나지 않는 것이 피해가 없고 근심이 없고 고뇌가 없고 불행이 없는 바른길이라오. 그러므로 이것은 무쟁이라오.

비구들이여, 그러므로 그대들은 '우리는 이제 분쟁을 알고 무쟁을 알아야겠다. 우리는 분쟁과 무쟁을 알고서 무쟁의 길을 가겠다'라고 공부해야 한다오. 비구들이여, 선남자 쑤부띠가 무쟁의 길을 가는 사람이라오."

이것이 세존께서 하신 말씀입니다.

그 비구들은 세존의 말씀에 만족하고 기뻐했습니다.

65. 계분별경(界分別經)[431]

〈M.N. 140. Dhātuvibhaṅga-sutta〉

이와 같이 나는 들었습니다.

한때 세존께서는 마가다국을 유행(遊行)하시다가 라자가하에 도착하여 도공(陶工) 박가와(Bhaggava)를 찾아가서 말씀하셨습니다.

"박가와여, 괜찮다면 그대의 집에서 하룻밤 머물고 싶습니다."

"세존이시여, 저는 괜찮습니다. 그런데 여기에 어떤 출가수행자가 먼저 들어와 머물고 있습니다. 세존이시여, 만약에 그가 허락한다면 편하게 머무십시오!"

그때 세존에 대한 신심으로 집을 버리고 출가한 뿍꾸사띠(Pukkusāti)라는 선남자가 그 도공의 집에 먼저 들어와 머물고 있었습니다. 그래서 세존께서는 뿍꾸사띠 존자를 찾아가서 그에게 말씀하셨습니다.

"비구여, 괜찮다면 이 집에서 하룻밤 머물러도 좋겠는가?"

"존자여, 도공의 집은 넓습니다. 존자께서는 편히 머무십시오!"

세존께서는 도공의 집에 들어가서 한쪽에 풀로 만든 자리를 펴신 후에 가부좌하고 앉아서, 몸을 똑바로 세우고 정신을 바짝 차려 주의집중을 하며 앉아 계셨습니다. 세존께서는 밤새도록 앉아서 시간을 보내셨습니다. 뿍꾸사띠 존자도 밤새도록 앉아서 시간을 보냈습니다. 세존께서는 이렇게 생각하셨습니다.

'이 선남자는 기특하게 처신하는구나! 내가 질문을 좀 해 볼까?'

세존께서 뿍꾸사띠 존자에게 질문하셨습니다.

"비구여, 그대는 누구에게 출가했는가? 그대의 스승은 누구인가? 그대는 누구의 가르침에 동의했는가?"

"존자여, 사끼야족의 후예로서 사끼야족에서 출가한 고따마 사문이 계십니다. 그 고따마 존자는 '아라한[應供], 원만하고 바르게 깨달으신 분[正遍知], 앎과 실천을 구족하신 분[明行足], 피안으로 잘 가신 분[善逝], 세상을 잘 아시는 분[世間解], 위없는 분[無上士], 사람을 길들여 바른길로 이끄시는 분[調御丈夫], 천신과 인간의 스승[天人師], 진리를 깨달으신 분[佛], 세존(世尊)'이라는 훌륭한 명성을 얻은 세간의 존중을 받는 분입니다. 저는 그분 세존께 출가했습니다. 그분 세존께서 저의 스승이십니다. 저는 그분 세존의 가르침에 동의했습니다."

"비구여, 그렇다면 아라한이며 바르고 평등한 깨달음을 성취한 그 세존은 지금 어디에 머물고 있는가?"

"존자여, 북쪽 지방에 사왓티라는 도시가 있습니다. 아라한이시며 바르고 평등한 깨달음을 성취하신 그분 세존께서는 지금 그곳에 머물고 계십니다."

"비구여, 그대는 그 세존을 이전에 본 적

431 『중아함경(中阿含經)』의 「162. 분별육계경(分別六界經)」에 상응하는 경.

이 있는가? 보면 알아볼 수 있는가?"

"아닙니다. 존자여, 저는 그분 세존을 이전에 뵌 적이 없습니다. 그래서 저는 보아도 알아보지 못할 것입니다."

세존께서는 '이 선남자는 나에게 출가했으니, 내가 가르침을 주어야 하지 않겠는가?'라고 생각하셨습니다. 그래서 세존께서 뿍꾸사띠 존자에게 말씀하셨습니다.

"비구여, 내가 그대에게 법을 설할 테니, 듣고 잘 생각해 보겠는가? 내가 이야기해도 좋겠는가?"

뿍꾸사띠 존자는 "그렇게 하겠습니다, 존자님!" 하고 세존께 대답했습니다.

세존께서는 다음과 같이 말씀하셨습니다.

"비구여, 사람은 6계(六界)로 되어 있으며, 6촉입처(六觸入處, chaphassāyatano)가 있고, 18의행(十八意行, aṭṭhādasamanopvicāro)이 있고, 4주처(四住處, caturādhiṭṭhāno)가 있다오. 그곳에 머물면 망상(妄想, maññussavā)이 일어나지 않으며, 망상이 일어나지 않으면 그를 평온한 성자라고 부른다오. 통찰(通察, paññaṁ)을 게을리하지 않고, 진실(眞實, saccaṁ)을 수호(守護)하고, 사단(捨斷, cāgaṁ)을 키우고, 적정(寂靜, santiṁ)을 공부해야 한다오. 이것이 6계에 대한 분별(分別)의 개요(槪要)라오.

'사람은 6계로 되어 있다'라고 했는데, 이 말은 무엇을 이야기한 것인가? 지계(地界), 수계(水界), 화계(火界), 풍계(風界), 공계(空界), 식계(識界)가 있다오. 비구여, '사람은 6계로 되어 있다'라고 한 것은 이것을 두고 이야기한 것이라오.

'사람은 6촉입처가 있다'라고 했는데, 이 말은 무엇을 이야기한 것인가? 안촉입처(眼觸入處), 이촉입처(耳觸入處), 비촉입처(鼻觸入處), 설촉입처(舌觸入處), 신촉입처(身觸入處), 의촉입처(意觸入處)가 있다오. 비구여, '사람은 6촉입처가 있다'라고 한 것은 이것을 두고 이야기한 것이라오.

'사람은 18의행이 있다'라고 했는데, 이 말은 무엇을 이야기한 것인가? 사람은 눈[眼]으로 형색[色]을 보고 나서, 만족스러운[somanassaṭṭhānīyaṁ] 형색을 판별(判別)하고[upavicarati], 불만스러운[domanassa-ṭṭhānīyaṁ] 형색을 판별하고, 관심이 가지 않는[upekkhaṭṭhānīyaṁ] 형색을 판별한다오. 귀[耳]로 소리[聲]를 듣고, 코[鼻]로 냄새[香]를 맡고, 혀[舌]로 맛[味]을 보고, 몸[身]으로 촉감[觸]을 느끼고, 마음[意]으로 지각대상[法]을 지각하고 나서, 만족스러운 지각대상을 판별하고, 불만스러운 지각대상을 판별하고, 관심이 가지 않는 지각대상을 판별한다오. 이와 같이 여섯 가지 만족스러운 판별, 여섯 가지 불만스러운 판별, 여섯 가지 관심 없는 판별이 있다오. 비구여, '사람은 18의행이 있다'라고 한 것은 이것을 두고 이야기한 것이라오.

'사람은 4주처가 있다'라고 했는데, 이 말은 무엇을 이야기한 것인가? 반야주처(般若住處, paññādhiṭṭhāno), 진실주처(眞實住處, saccādhiṭṭhāno), 사단주처(捨斷住處, cāgādhiṭṭhāno), 적정주처(寂靜住處, upasamādhiṭṭhāno)가 있다오. '사람은 4주처가 있다'라고 한 것은 이것을 두고 이야기한 것이라오.

'통찰을 게을리하지 않고, 진리를 수호하고, 사단을 키우고, 적정을 공부해야 한다'

라고 했는데, 이 말은 무엇을 이야기한 것인가? 비구는 어떤 것에 대한 통찰을 게을리하지 않는가? 그것은 6계, 즉 지계·수계·화계·풍계·공계·식계라오.

비구여, 지계란 어떤 것인가? 지계는 안에도 있고 밖에도 있다오. 비구여, 어떤 것이 안에 있는 지계인가? 그것은 안에 있는 낱낱의 단단한 고체의 성질을 갖는 것이라오. 예를 들면 머리카락, 털, 손톱, 이빨, 피부, 살, 힘줄, 뼈, 골수, 콩팥, 염통, 간, 가슴막, 비장, 허파, 창자, 내장, 위, 똥이나 그 밖의 어떤 것이든 안에 있는 낱낱의 단단한 고체의 성질을 갖는 것이라오. 비구여, 이것이 안에 있는 지계라고 불리는 것이라오. 안에 있는 지계와 밖에 있는 지계, 이들 지계에 대하여 '이것은 나의 소유가 아니고, 이것은 내가 아니고, 이것은 나의 자아가 아니다'라고 바른 통찰지로 있는 그대로 보아야 한다오. 이와 같이 이것을 있는 그대로 바른 통찰지로 보고 나서, 지계를 싫어하고 지계에 마음을 두지 말아야 한다오.

비구여, 수계란 어떤 것인가? 수계는 안에도 있고 밖에도 있다오. 비구여, 어떤 것이 안에 있는 수계인가? 그것은 안에 있는 낱낱의 물과 물의 성질을 갖는 것이라오. 예를 들면 담즙, 가래, 고름, 피, 땀, 기름, 눈물, 비계, 침, 콧물, 활액(滑液), 오줌이나 그 밖의 어떤 것이든 몸 안에 있는 낱낱의 물과 물의 성질을 갖는 것이라오. 비구여, 이것이 안에 있는 수계라고 불리는 것이라오. 안에 있는 수계와 밖에 있는 수계, 이들 수계에 대하여 '이것은 나의 소유가 아니고, 이것은 내가 아니고, 이것은 나의 자아가 아니다'라고 바른 통찰지로 있는 그대로 보아야 한다오. 이와 같이 이것을 있는 그대로 바른 통찰지로 보고 나서, 수계를 염리하고 수계에 마음을 두지 말아야 한다오.

비구여, 화계란 어떤 것인가? 화계는 안에도 있고 밖에도 있다오. 비구여, 어떤 것이 안에 있는 화계인가? 그것은 안에 있는, 낱낱의 불과 불의 성질을 갖는 것이라오. 예를 들면 활력을 주는 것, 노쇠하게 하는 것, 화를 일으키는 것, 먹은 음식을 잘 소화시키는 것, 그 밖의 어떤 것이든 몸 안에 있는, 낱낱의 불과 불의 성질을 갖는 것이라오. 비구여, 이것이 안에 있는 화계라고 불리는 것이라오. 안에 있는 화계와 밖에 있는 화계, 이들 화계에 대하여 '이것은 나의 소유가 아니고, 이것은 내가 아니고, 이것은 나의 자아가 아니다'라고 바른 통찰지로 있는 그대로 보아야 한다오. 이와 같이 이것을 바른 통찰지로 있는 그대로 보고 나서, 화계를 염리하고 화계에 마음을 두지 말아야 한다오.

비구여, 풍계란 어떤 것인가? 풍계는 안에도 있고 밖에도 있다오. 비구여, 어떤 것이 안에 있는 풍계인가? 그것은 안에 있는 낱낱의 바람과 바람의 성질을 갖는 것이라오. 예를 들면 위로 올라가는 바람, 아래로 내려가는 바람, 자궁 안에 있는 바람, 배 안에 있는 바람, 4지(四肢)를 돌아다니는 바람, 들숨과 날숨, 그 밖의 어떤 것이든 안에 있는 낱낱의 바람과 바람의 성질을 갖는 것이라오. 비구여, 이것이 안에 있는 풍계라고 불리는 것이라오. 안에 있는 풍계와 밖에 있는 풍계, 이들 풍계에 대하여 '이것은 나의 소유가 아니고, 이것은 내가 아니고, 이것은 나의 자아가 아니다'라고 바른 통찰지로 있는 그대로 보아야 한다오. 이와 같이 이것을 바른 통찰지로 있는 그대로 보고 나서, 풍계를 염리하고 풍계에 마음을 두지 말아야 한다오.

비구여, 공계란 어떤 것인가? 공계는 안에도 있고 밖에도 있다오. 비구여, 어떤 것이 안에 있는 공계인가? 그것은 안에 있는 낱낱의 공간과 공간의 성질을 갖는 것이라오. 예를 들면 귓구멍, 콧구멍, 구강(口腔), 그리고 먹고 마시고 씹고 맛본 것을 삼키는 공간, 먹고 마시고 씹고 맛본 것이 머무는 공간, 먹고 마시고 씹고 맛본 것이 아랫부분으로 나오는 공간, 그 밖의 어떤 것이든 몸 안에 있는, 낱낱의 공간과 공간의 성질을 갖는 것이라오. 비구여, 이것이 안에 있는 공계라고 불리는 것이라오. 안에 있는 공계와 밖에 있는 공계, 이들 공계에 대하여 '이것은 나의 소유가 아니고, 이것은 내가 아니고, 이것은 나의 자아가 아니다'라고 바른 통찰지로 있는 그대로 보아야 한다오. 이와 같이 이것을 바른 통찰지로 있는 그대로 보고 나서, 공계를 염리하고 공계에 마음을 두지 말아야 한다오.

그다음에 청정하게 정화된 분별의식[識]이 남는다오. 그는 무엇이든지 그 분별의식으로 분별한다오. '즐겁다'라고 분별하고, '괴롭다'라고 분별하고, '괴롭지도 즐겁지도 않다'라고 분별한다오. 비구여, 즐거운 느낌을 주는 접촉[觸]에 의지하여 즐거운 느낌이 생긴다오. 그는 즐거운 느낌을 느끼면서 '나는 즐거운 느낌을 느낀다'라고 통찰한다오. 그 즐거운 느낌을 주는 접촉이 사라지면, 그는 '즐거운 느낌을 주는 접촉에 의지하여 생겼던, 그로 인하여 느껴졌던 즐거운 느낌, 그것이 사라지고, 그것이 가라앉는다'라고 통찰한다오. 비구여, 괴로운 느낌을 주는 접촉에 의지하여 괴로운 느낌이 생긴다오. 그는 괴로운 느낌을 느끼면서 '나는 괴로운 느낌을 느낀다'라고 통찰한다오. 그 괴로운 느낌을 주는 접촉이 사라지면, 그는 '괴로운 느낌을 주는 접촉에 의지하여 생겼던, 그로 인하여 느껴졌던 괴로운 느낌, 그것이 사라지고, 그것이 가라앉는다'라고 통찰한다오.

비구여, 비유하면 두 나무토막을 맞대고 문지르면 열이 나고 불이 생기고, 그 두 나무토막을 따로 떼어 놓으면 불과 열이 사라지고 가라앉는 것과 같다오. 비구여, 이와 같이 즐거운 느낌을 주는 접촉에 의지하여 즐거운 느낌이 생기고, 괴로운 느낌을 주는 접촉에 의지하여 괴로운 느낌이 생긴다오. 그때 그는 즐거운 느낌과 괴로운 느낌을 느끼면서 '즐거운 느낌과 괴로운 느낌을 느낀다'라고 통찰한다오. 그 즐거운 느낌과 괴로운 느낌이 사라지면, '접촉에 의지하여 생겼던 즐거운 느낌과 괴로운 느낌이 사라지고 가라앉는다'라고 통찰한다오.[432]

그다음에 청정하게 정화되고 유연하여 적응력이 있고 밝게 빛나는 평정한 마음[捨]이 남는다오. 비구여, 비유하면 숙련된 금세공사나 금세공사의 제자가 횃불을 들고 화로에 점화한 후에 집게로 금덩어리를 집어 화로에 던져 넣고, 수시로 바람을 불어 넣고 수시로 물을 뿌리고 수시로 들여다보면, 그 금덩어리는 순수하게 잘 제련되어 노란색을 나타내고 유연하여 적응력이 있고 밝게 빛나며, 그는 그것으로 목적에 맞게 팔찌나 귀고리나 목걸이나 황금 화환과 같은 장신구를

432 중복되는 내용을 생략하여 번역함.

원하는 대로 만드는 것과 같다오. 비구여, 이와 같이 그다음에 청정하게 정화되고 유연하여 적응력이 있고 밝게 빛나는 평정한 마음이 남는다오.

그는 이와 같이 통찰한다오.

'내가 만약에 이와 같이 청정하고 이와 같이 정화된 이 평정한 마음을 공무변처(空無邊處)에 집중하여 그에 적당한 마음을 닦아 익히면, 나의 이 평정한 마음은 그것을 의지하고 그것을 취하여 오랫동안 긴 시간을 머물 것이다. 내가 만약에 이와 같이 청정하고 이와 같이 정화된 이 평정한 마음을 식무변처(識無邊處)에 집중하여 그에 적당한 마음을 닦아 익히면, 나의 이 평정한 마음은 그것을 의지하고 그것을 취하여 오랫동안 긴 시간을 머물 것이다. 내가 만약에 이와 같이 청정하고 이와 같이 정화된 이 평정한 마음을 무소유처(無所有處)에 집중하여 그에 적당한 마음을 닦아 익히면, 나의 이 평정한 마음은 그것을 의지하고 그것을 취하여 오랫동안 긴 시간을 머물 것이다. 내가 만약에 이와 같이 청정하고 이와 같이 정화된 이 평정한 마음을 비유상비무상처(非有想非無想處)에 집중하여 그에 적당한 마음을 닦아 익히면, 나의 이 평정한 마음은 그것을 의지하고 그것을 취하여 오랫동안 긴 시간을 머물 것이다.'

그는 이와 같이 통찰한다오.

'내가 만약에 이와 같이 청정하고 이와 같이 정화된 이 평정한 마음을 공무변처에 집중하여 그에 적당한 마음을 닦아 익히면, 이것은 유위(有爲, saṅkhatam)다. 내가 만약에 이와 같이 청정하고 이와 같이 정화된 이 평정한 마음을 식무변처에 집중하여 그에 적당한 마음을 닦아 익히면, 이것은 유위다. 내가 만약에 이와 같이 청정하고 이와 같이 정화된 이 평정한 마음을 무소유처에 집중하여 그에 적당한 마음을 닦아 익히면, 이것은 유위다. 내가 만약에 이와 같이 청정하고 이와 같이 정화된 이 평정한 마음을 비유상비무상처에 집중하여 그에 적당한 마음을 닦아 익히면, 이것은 유위다.'

그는 유(有, bhava)나 비유(非有, vibhavāya)를 조작(造作)하지않고 의도하지 않는다오. 그는 유나 비유를 조작하지 않고 의도하지 않기 때문에 세간에서 어떤 것도 집착하지 않으며, 집착하지 않기 때문에 걱정하지 않으며, 걱정하지 않기 때문에 스스로 열반(涅槃)에 든다오. 그는 '태어남은 끝났고, 청정한 수행[梵行]을 마쳤으며, 해야 할 일을 끝마쳤다. 다시는 이런 상태로 되지 않는다'라고 통찰한다오.

그는 즐거운 느낌을 느끼거나 괴로운 느낌을 느끼거나 괴롭지도 즐겁지도 않은 느낌을 느낄 때, '그것은 무상(無常)하다'라고 통찰하고, '집착해서는 안 될 것'이라고 통찰하고, '즐겨서는 안 될 것'이라고 통찰한다오. 그는 즐거운 느낌을 느끼거나 괴로운 느낌을 느끼거나 괴롭지도 즐겁지도 않은 느낌을 느낄 때, 속박에서 벗어나 그것을 느낀다오. 그는 몸의 마지막 느낌을 느끼면서[kāyapariyantikaṁ vedanaṁ vediyamāno] '나는 몸의 마지막 느낌을 느낀다'라고 통찰하고, 수명의 마지막 느낌을 느끼면서[jīvitapariyantikaṁ vedanaṁ vediyamāno] '나는 수명의 마지막 느낌을 느낀다'라고 통찰한다오. 그는 '몸이 무너지고 수명이 다하여 죽은 후에는, 이제 느끼고 즐겼던 모든 것이 싸늘하게 식어 버릴 것이다'라고 통찰한다오. 비구여, 비유하면 기름과 심지에 의지하여 타는 등불이 기름을 넣어 주지 않으면 꺼지는 것과 같다오. 비구여, 이와 같이 그는 몸의 마지막 느낌을 느끼면서 '나는 몸의 마지막 느낌을 느낀다'라고 통찰하고, 수명의 마지막 느낌을 느끼면서 '나는 수명의 마지막 느낌을 느낀다'라고 통찰한다오. 그는 '몸이 무너지고 수명이 다하여 죽은 후에는, 이제 느끼고 즐겼던 모든 것이 싸늘하게 식어 버릴 것이다'라고 통찰한다오.

그다음에 이와 같이 성취한 비구는 제일(第一)의 반야주처(般若住處)를 성취하게 된다오. 비구여, 모든 괴로움의 소멸에 대한 앎[sabbadukkhakkhaye ñāṇaṁ]이 제일의 거룩한 반야(般若)라오. 이러한 그의 해탈은 진실에 머물러 동요하지 않는다오. 왜냐하면 비구여, 허망한 법(法)은 거짓이고 허망하지 않은 열반은 진실이라오.

그다음에 이와 같이 성취한 비구는 제일의 진실주처(眞實住處)를 성취하게 된다오. 비구여, 허망하지 않은 열반이 제일의 거룩한 진실[paramaṁ ariyasaccaṁ, 第一義諦]이라오. 그에게 이전에 어리석었을 때 있었던 집착의 대상들이 완전히 없어진다오. 그것들이 뿌리가 잘린 나무나 밑동이 잘린 종려나무처럼 미래에는 생기지 않게 제거된다오.

그다음에 이와 같이 성취한 비구는 제일의 사단주처(捨斷住處)를 성취하게 된다오. 비구여, 모든 집착의 대상을 버리는 것이 제일의 거룩한 사단(捨斷)이라오. 그에게 이전에 어리석었을 때 있었던 탐욕스러운 탐심(貪心)이 뿌리가 잘린 나무나 밑동이 잘린 종려나무처럼 미래에는 생기지 않게 제거되고, 이전에 어리석었을 때 그에게 있던 악의(惡意)에 찬 진심(嗔心)이 뿌리가 잘린 나무나 밑동이 잘린 종려나무처럼 미래에는 생기지 않게 제거되고, 어리석었을 때 있었던 미망(迷妄)에 빠진 무명(無明)이 뿌리가 잘린 나무나 밑동이 잘린 종려나무처럼 미래에는 생기지 않게 제거된다오.

그다음에 이와 같이 성취한 비구는 제일의 적정주처(寂靜住處)를 성취하게 된다오. 비구여, 탐진치(貪瞋癡)의 적정이 제일의 거룩한 적정(寂靜)이라오.

'통찰을 게을리하지 않고, 진실을 수호하고, 사단을 키우고, 적정을 공부해야 한다'라고 한 것은 이것을 두고 이야기한 것이라오.

'그곳에 머물면 망상이 일어나지 않으며, 망상이 일어나지 않으면 그를 평온한 성자라고 부른다'라고 했는데, 이 말은 무엇을 이야기한 것인가?

비구여, '내가 있다'라는 생각, 이것이 망상이라오. '이것이 나다'라는 생각, 이것이 망상이라오. '(미래에) 나는 존재할 것이다'라는 생각, 이것이 망상이라오. '(미래에) 나는 존재하지 않을 것이다'라는 생각, 이것이 망상이라오. '나는 형색을 가지고 존재할 것이다'라는 생각, 이것이 망상이라오. '나는 형색 없이[無色] 존재할 것이다'라는 생각, 이것이 망상이라오. '나는 생각[想]을 가지고 존재할 것이다'라는 생각, 이것이 망상이라오. '나는 생각 없이[無想] 존재할 것이다'라는 생각, 이것이 망상이라오. '나는 비유상비무상으로 존재할 것이다'라는 생각, 이것이 망상이라오.

비구여, 망상은 질병(疾病)이라오. 망상은 종양(腫瘍)이라오. 망상은 독화살이라오. 비구여, 일체의 망상을 초월하면 평온한 성자라고 불린다오. 비구여, 평온한 성자는 태어나지 않고 늙지 않고 동요하지 않고 갈망하지 않는다오. 비구여, 태어나지 않는다면, 태어나지 않는데 어떻게 늙을 수 있겠는가? 늙지 않는데 어떻게 죽을 수 있겠는가? 죽지 않는데 어떻게 동요할 수 있겠는가? 동요하지 않는데 어떻게 갈망할 수 있겠는가? '그곳에 머물면 망상이 일어나지 않으며, 망상이 일어나지 않으면 그를 평온한 성자라고 부른다'라고 한 것은 이것을 두고 이야기한 것이라오.

비구여, 그대는 나의 이 6계에 대한 분별을 명심하라!"

뿍꾸사띠 존자는 '지금 스승님께서 나에게 오셨구나! 지금 선서(善逝)께서 나에게 오셨구나! 지금 등정각(等正覺)께서 나에게 오셨구나!'라고 생각하고, 자리에서 일어나 옷을 한쪽 어깨에 걸치고, 세존의 발에 머리를 조아려 예배한 후에 세존께 말씀드렸습니다.

"세존이시여, 어리석게도 눈이 멀어서, 무례하게도, 제가 세존께 '존자'라는 호칭으로 대화해도 된다고 생각하는 잘못을 저질렀습니다. 세존이시여, 앞으로는 그런 일이 없도록 세존께서는 저를 용서해 주십시오!"

"비구여, 그대가 어리석게도 눈이 멀어서, 무례하게 나에게 '존자'라는 호칭으로 대화해도 된다고 생각한 잘못을 저지른 것은 사실이다. 비구여, 하지만 그대가 잘못을 잘못으로 보고 여법하게 참회하므로 우리는 그대를 용서한다.[433] 비구여, 잘못을 잘못으로 안 후에 여법하게 참회하고 이후에 그런 잘못을 저지르지 않게 되는 것이 성인(聖人)의 율(律)에서는 성장(成長)이다."

"세존이시여, 제가 세존으로부터 직접 구족계(具足戒)를 받을 수 있을까요?"

"비구여, 그대는 발우(鉢釪)와 법의(法衣)를 구비했는가?"

"세존이시여, 저는 발우와 법의를 구비하지 못했습니다."

"비구여, 모든 여래는 발우와 법의를 구비하지 못하면 구족계를 주지 않는다."

뿍꾸사띠 존자는 세존의 말씀에 만족하고 기뻐하고서, 자리에서 일어나 세존께 예배한 후에 오른쪽으로 돌고 발우와 법의를 구비하기 위하여 떠나갔습니다. 그런데 발우와 법의를 구비하기 위해 길을 가던 뿍꾸사띠 존자의 목숨을 흥분한 암소가 앗아 갔습니다.

어느 날 많은 비구가 세존을 찾아와서 세존께 예배하고 한쪽에 앉았습니다.

그 비구들이 세존께 말씀드렸습니다.

"세존이시여, 세존으로부터 간략하게 가르침을 받은 뿍꾸사띠라는 선남자가 죽었습니다. 그는 죽어서 어디로 갔습니까?"

"비구들이여, 뿍꾸사띠 선남자는 현명했다오. 그는 가르침을 잘 따랐기 때문에 가르치는 일로 나를 힘들게 하지 않았다오. 비구들이여, 뿍꾸사띠 선남자는 5하분결(五下分結)을 없애고 화생(化生)한 아나함(阿那含)으로서 그곳에서 돌아오지 않고 반열반(般涅槃)한다오."

이것이 세존께서 하신 말씀입니다.

그 비구들은 세존의 말씀에 만족하고 기뻐했습니다.

---

433 "우리는 용서한다"라고 하신 것은 용서의 주체가 세존 '개인'이 아니라 '상가'임을 보이신 것이다.

66. 찬나경
〈M.N. 144. Channovāda-sutta〉

이와 같이 나는 들었습니다.

한때 세존께서는 라자가하의 웰루와나 깔란다까니와빠에 머무셨습니다.

그때 사리뿟따 존자와 마하쭌다 존자와 찬나(Channa) 존자는 깃자꾸따(Gijjhakūṭa)에 머물고 있었습니다. 찬나 존자는 병이 들어 극심한 고통을 겪고 있었습니다.

사리뿟따 존자가 저녁에 좌선에서 일어나 마하쭌다 존자를 찾아가서 말했습니다.

"쭌다 존자여, 찬나 존자에게 문병을 갑시다!"

마하쭌다 존자는 사리뿟따 존자에게 "존자여, 그렇게 합시다!"라고 대답했습니다.

사리뿟따 존자와 마하쭌다 존자는 찬나 존자를 찾아가서 찬나 존자와 함께 정중하게 인사를 하고 공손한 인사말을 나눈 후에 한쪽에 앉았습니다. 한쪽에 앉은 사리뿟따 존자가 찬나 존자에게 말했습니다.

"찬나 존자여, 견딜 만하십니까? 기력은 어떠십니까? 고통이 줄어들고 더 심해지지는 않는지요? 더 이상 심해지지 않고 완쾌되실 것 같습니까?"

"사리뿟따 존자여, 저는 견딜 수가 없습니다. 기력이 없습니다. 고통은 줄어들지 않고 더 심해집니다. 점점 더 심해져서 완쾌될 것 같지 않습니다. 사리뿟따 존자여, 나는 칼을 들고 싶습니다. 나는 살고 싶지 않습니다."

"찬나 존자여, 칼을 들어서는 안 됩니다. 찬나 존자는 사셔야 합니다. 우리는 찬나 존자께서 살아 계시기를 바랍니다. 만약에 찬나 존자에게 좋은 음식이 없다면, 제가 좋은 음식을 구해 보겠습니다. 만약에 찬나 존자에게 좋은 약이 없다면, 제가 좋은 약을 구해 보겠습니다. 만약에 찬나 존자에게 적당한 간병인이 없다면, 제가 간병하겠습니다. 찬나 존자여, 칼을 들어서는 안 됩니다. 찬나 존자는 사셔야 합니다. 우리는 찬나 존자께서 살아 계시기를 바랍니다."

"사리뿟따 존자여, 나에게 좋은 음식이 없는 것도 아니고 좋은 약이 없는 것도 아니고 적당한 간병인이 없는 것도 아닙니다. 사리뿟따 존자여, 저는 오랫동안 즐겁게 결코 불만 없이 스승님을 모셨습니다. 왜냐하면 사리뿟따 존자여, 스승을 즐겁게 불만 없이 모시는 것은 제자의 도리이기 때문입니다. 사리뿟따 존자여, '찬나 비구는 허물없이 칼을 들려고 한다'[434]라고 기억해 주십시오!"

"만약에 찬나 존자께서 물음에 대답하실 수 있다면, 우리는 찬나 존자에게 몇 가지 물어보고 싶습니다."

"사리뿟따 존자여, 알아들을 수 있게 물어보십시오!"

"찬나 존자여, 보는 나[眼]와 시각분별의식[眼識]과 시각분별의식에 의해 분별되

---

434 자살은 비난받아 마땅한 허물이다. 그러나 무아(無我)를 체득한 사람은 생사(生死)에 자유롭기 때문에 그런 사람이 스스로 의미 없는 삶을 마치는 것은 허물이 아니라는 의미이다.

는 대상[法]들에 대하여, 그대는 '그것은 나의 소유다. 그것은 나다. 그것은 나의 자아다'라고 여기십니까? 듣는 나[耳], 냄새 맡는 나[鼻], 맛보는 나[舌], 만지는 나[身], 그리고 마음[意]과 마음분별의식[意識]과 마음분별의식에 의해 분별되는 대상[法]들에 대하여, 그대는 '그것은 나의 소유다. 그것은 나다. 그것은 나의 자아다'라고 여기십니까?"

"사리뿟따 존자여, 저는 그것들에 대하여 '그것은 나의 소유다. 그것은 나다. 그것은 나의 자아다'라고 여기지 않습니다."

"찬나 존자여, 그대는 보는 나와 시각분별의식과 시각분별의식에 의해 분별되는 대상들에서 무엇을 보고, 무엇을 체험했기에[abhiññāya], '그것은 나의 소유다. 그것은 나다. 그것은 나의 자아다'라고 여기지 않습니까? 그대는 듣는 나, 냄새 맡는 나, 맛보는 나, 만지는 나, 그리고 마음과 마음분별의식과 마음분별의식에 의해 분별되는 대상들에서 무엇을 보았고 무엇을 체험했기에, '그것은 나의 소유다. 그것은 나다. 그것은 나의 자아다'라고 여기지 않습니까?"

"사리뿟따 존자여, 저는 그것들에서 소멸(消滅, nirodhaṁ)을 보고 소멸을 체험했기 때문에 '그것은 나의 소유다. 그것은 나다. 그것은 나의 자아다'라고 여기지 않습니다."

이 말을 듣고, 마하쭌다 존자가 찬나 존자에게 말했습니다.

"찬나 존자여, 그러므로 항상 세존의 가르침을 생각해야 합니다. 의존하면 동요(動搖)가 있고 의존하지 않으면 동요가 없습니다. 동요가 없으면 평온이 있습니다. 평온이 있으면 갈망(渴望)이 없습니다. 갈망이 없으면 오고 감[āgatigati, 去來]이 없습니다. 오고 감이 없으면 죽고 태어남[cutūpapāto]이 없습니다. 죽고 태어남이 없으면 이승도 없고 저승도 없고 이승과 저승의 중간도 없으며, 이것이 괴로움의 끝입니다."

사리뿟따 존자와 마하쭌다 존자는 찬나 존자에게 이와 같은 충고를 한 후에 자리에서 일어나 떠나왔습니다. 찬나 존자는 사리뿟따 존자와 마하쭌다 존자가 떠난 직후에 칼을 들었습니다.

사리뿟따 존자와 마하쭌다 존자가 세존을 찾아가서 예배하고 한쪽에 앉은 후에 세존께 말씀드렸습니다.

"세존이시여, 찬나 존자가 칼을 들었습니다. 그는 죽어서 어디로 갔습니까?"

"사리뿟따여, 찬나 비구가 직접 허물이 없음을 밝히지 않던가?"

"세존이시여, 뿝바지라(Pubbajira)라는 왓지족의 마을이 있습니다. 그곳에는 찬나 존자의 허물이 있는 친구와 친지들이 있습니다."

"사리뿟따여, 찬나 비구에게 허물이 있는 친구와 친지들이 있다고 해서, 사리뿟따여, 나는 그것으로 그에게 허물이 있다고 말하지 않는다오. 사리뿟따여, 이 몸을 내려놓고 다른 몸을 취하는 것, 이것을 나는 '허물이 있다'라고 말한다오. 찬나 비구에게는 그 허물이 없으며, 찬나 비구는 허물없이 칼을 든 것이라오."

이것이 세존께서 하신 말씀입니다.

사리뿟따 존자는 세존의 말씀에 만족하고 기뻐했습니다.

67. 뿐나경
〈M.N. 145. Puṇṇovāda-sutta〉

이와 같이 나는 들었습니다.

한때 세존께서는 사왓티의 제따와나 아나타삔디까 승원에 머무셨습니다.

그때 뿐나(Puṇṇa) 존자가 저녁에 좌선에서 일어나 세존을 찾아가 세존께 예배하고 한쪽에 앉은 후에 세존께 말씀드렸습니다.

"세존이시여, 제가 세존의 가르침을 듣고 홀로 외딴곳에서 열심히 노력하고 정진하며 지낼 수 있도록 세존께서 저에게 간략한 가르침을 주시면 고맙겠습니다."[435]

"뿐나여, 그렇다면 듣고 잘 생각해 보아라! 내가 이야기하겠다."

뿐나 존자는 "그렇게 하겠습니다, 세존이시여!" 하고 세존께 대답했습니다.

세존께서는 다음과 같이 말씀하셨습니다.

"뿐나여, 시각[眼]에 의해서 지각되는 마음에 들고 호감이 가고 매력 있고 사랑스럽고 열망하고 유혹적인 형색[色]들이 있다. 만약에 비구가 그것을 즐기거나 환영하거나 탐닉하면, 그것을 즐기고 환영하고 탐닉함으로써 그에게 기쁨이 생긴다. 뿐나여, 나는 '기쁨이 쌓이면 괴로움이 쌓인다[nandīsamudayā dukkhasamudayo]'라고 이야기한다. 청각[耳]에 의해서 지각되는 소리[聲]들, 후각[鼻]에 의해서 지각되는 향기[香]들, 미각[舌]에 의해서 지각되는 맛[味]들, 촉각[身]에 의해서 지각되는 촉감[觸]들도 마찬가지다.

뿐나여, 보는 시각에 의해서 지각되는 마음에 들고 호감이 가고 매력 있고 사랑스럽고 열망하고 유혹적인 형색들이 있다. 만약에 비구가 그것을 즐기지 않고 환영하지 않고 탐닉하지 않으면, 그것을 즐기지 않고 환영하지 않고 탐닉하지 않음으로써 그에게 기쁨이 사라진다. 뿐나여, 나는 '기쁨이 소멸하면 괴로움이 소멸한다[nandīnirodhā dukkhanirodho]'라고 이야기한다. 청각에 의해서 지각되는 소리들, 후각에 의해서 지각되는 향기들, 미각에 의해서 지각되는 맛들, 촉각에 의해서 지각되는 촉감들도 마찬가지다.

뿐나여, 이제 나는 그대에게 간략하게 가르침을 주었다. 그대는 어느 지방에서 머물려고 하는가?"

"세존이시여, 이제 저는 세존으로부터 간략하게 가르침을 받았습니다. 수나빠란따(Sunāparanta)라는 지방이 있습니다. 저는 그곳에서 머물려고 합니다."

"뿐나여, 수나빠란따 사람들은 사납다. 뿐나여, 수나빠란따 사람들은 거칠다. 뿐나여, 만약에 수나빠란따 사람들이 그대를 욕하고 비난하면, 그때 그대는 어떻게 하겠는가?"

"세존이시여, 만약에 수나빠란따 사람

---

435 '홀로 외딴곳에서 지내겠다'라는 것은 불교가 전파되지 않은 지역에 홀로 가서 불교를 포교하겠다는 것을 의미한다. 뿐나 존자는 포교의 길을 나서면서 세존께 그곳에 가서 포교할 가르침의 요지를 묻고 있다.

들이 저를 욕하고 비난하면, 그때 저는 '수나빠란따 사람들은 참으로 착하다. 수나빠란따 사람들은 참으로 훌륭하다. 수나빠란따 사람들은 나를 손바닥으로 때리지 않는다'라고 생각하겠습니다. 선서시여, 저는 이렇게 생각하겠습니다."

"뿐나여, 수나빠란따 사람들은 사납다. 뿐나여, 수나빠란따 사람들은 거칠다. 뿐나여, 만약에 수나빠란따 사람들이 그대를 손바닥으로 때리면, 뿐나여, 그때 그대는 어떻게 하겠는가?"

"세존이시여, 만약에 수나빠란따 사람들이 저를 손바닥으로 때리면, 그때 저는 '수나빠란따 사람들은 참으로 착하다. 수나빠란따 사람들은 참으로 훌륭하다. 수나빠란따 사람들은 나를 흙덩어리로 때리지 않는다'라고 생각하겠습니다. 선서시여, 저는 이렇게 생각하겠습니다."

"뿐나여, 수나빠란따 사람들은 사납다. 뿐나여, 수나빠란따 사람들은 거칠다. 뿐나여, 만약에 수나빠란따 사람들이 그대를 흙덩어리로 때리면, 뿐나여, 그때 그대는 어떻게 하겠는가?"

"세존이시여, 만약에 수나빠란따 사람들이 저를 흙덩어리로 때리면, 그때 저는 '수나빠란따 사람들은 참으로 착하다. 수나빠란따 사람들은 참으로 훌륭하다. 수나빠란따 사람들은 나를 몽둥이로 때리지 않는다'라고 생각하겠습니다. 선서시여, 저는 이렇게 생각하겠습니다."

"뿐나여, 수나빠란따 사람들은 사납다. 뿐나여, 수나빠란따 사람들은 거칠다. 뿐나여, 만약에 수나빠란따 사람들이 그대를 몽둥이로 때리면, 그때 그대는 어떻게 하겠는가?"

"세존이시여, 만약에 수나빠란따 사람들이 저를 몽둥이로 때리면, 그때 저는 '수나빠란따 사람들은 참으로 착하다. 수나빠란따 사람들은 참으로 훌륭하다. 수나빠란따 사람들은 나를 칼로 치지 않는다'라고 생각하겠습니다. 선서시여, 저는 이렇게 생각하겠습니다."

"뿐나여, 수나빠란따 사람들은 사납다. 뿐나여, 수나빠란따 사람들은 거칠다. 뿐나여, 만약에 수나빠란따 사람들이 그대를 칼로 치면, 그때 그대는 어떻게 하겠는가?"

"세존이시여, 만약에 수나빠란따 사람들이 저를 칼로 치면, 그때 저는 '수나빠란따 사람들은 참으로 착하다. 수나빠란따 사람들은 참으로 훌륭하다. 수나빠란따 사람들은 나의 목숨을 빼앗지 않는다'라고 생각하겠습니다. 선서시여, 저는 이렇게 생각하겠습니다."

"뿐나여, 수나빠란따 사람들은 사납다. 뿐나여, 수나빠란따 사람들은 거칠다. 뿐나여, 만약에 수나빠란따 사람들이 그대의 목숨을 빼앗으면, 그때 그대는 어떻게 하겠는가?"

"세존이시여, 만약에 수나빠란따 사람들이 저의 목숨을 빼앗으면, 그때 저는 '몸과 수명을 성가시게 여기고 싫어하는 세존의 제자들이 있다. 그들은 일부러 칼을 들기도 한다. 그런데 나는 일부러 하지 않아도 칼을 들게 되었다'라고 생각하겠습니다. 선서시여, 저는 이렇게 생각하겠습니다."

"훌륭하구나! 뿐나여! 훌륭하구나! 뿐나여! 그대는 이렇게 자신을 절제하고 평온하므로 능히 수나빠란따 지방에서 머물 수 있을 것이다. 뿐나여, 이제 떠나도록 하여라!"

뿐나 존자는 세존의 말씀에 기뻐하고 만족하고서 자리에서 일어나 세존께 예배한 후에 오른쪽으로 돌고 나서 잠자리를 정리한 다음, 발우와 법의(法衣)를 지니고 수나빠란따 지방으로 길을 떠났습니다. 그는 차례로 유행하다가 수나빠란따 지방에 도착했습니다. 뿐나 존자는 수나빠란따 지방에서 머물렀습니다. 뿐나 존자는 그 우기(雨期) 동안에 500명의 청신사(淸信士)들과 500명의 청신녀(淸信女)들을 교화했고, 세 사람은 명지(明智)를 체득했습니다. 그 후에 뿐나 존자는 반열반(般涅槃)했습니다.

어느 날 많은 비구가 세존을 찾아와서 세존께 예배하고 한쪽에 앉았습니다. 그 비구들은 한쪽에 앉아서 세존께 말씀드렸습니다.

"세존이시여, 세존으로부터 간략하게 가르침을 받은 선남자 뿐나가 죽었습니다. 그는 죽어서 어디로 갔습니까?"

"비구들이여, 뿐나 선남자는 현명했다오. 그는 가르침을 잘 따랐기 때문에 가르치는 일로 나를 힘들게 하지 않았다오. 비구들이여, 뿐나 선남자는 반열반했다오."

이것이 세존께서 하신 말씀입니다.

그 비구들은 세존의 말씀에 만족하고 기뻐했습니다.

68. 육육경(六六經)[436]

〈M.N. 148. Chachaka-sutta〉

이와 같이 나는 들었습니다.

한때 세존께서는 사왓티의 제따와나 아나타삔디까 승원에 머무셨습니다.

그때 세존께서 비구들을 불러 말씀하셨습니다.

"비구들이여, 내가 그대들에게 처음도 좋고 중간도 좋고 마지막도 좋으며, 의미 있고 명쾌하고 완벽하며, 청정한 범행(梵行)을 드러내는 가르침을 설하겠소. 듣고 잘 생각하도록 하시오! 내가 이야기하겠소."

"그렇게 하겠습니다, 세존이시여!"

세존께서 말씀하셨습니다.

"여섯 가지 내입처[六內入處]에 대하여 알아야 하고, 여섯 가지 외입처[六外入處]에 대하여 알아야 하고, 여섯 가지 분별의식의 구조[六識身, cha viññāṇakāyā]에 대하여 알아야 하고, 여섯 가지 접촉의 구조[六觸身, cha phassakāyā]에 대하여 알아야 하고, 여섯 가지 느낌의 구조[六受身, cha vedanākāyā]에 대하여 알아야 하고, 여섯 가지 갈애의 구조[六愛身, cha taṇhākāyā]에 대하여 알아야 한다오.

여섯 가지 내입처에 대하여 알아야 한다고 했는데, 이것은 무엇을 두고 한 말인가? 볼 때 눈 속에 내가 들어 있다는 생각[眼入處], 들을 때 귓속에 내가 들어 있다는 생각[耳入處], 냄새 맡을 때 콧속에 내가 들어 있다는 생각[鼻入處], 맛볼 때 혀 속에 내가 들어 있다는 생각[舌入處], 만질 때 몸속에 내가 들어 있다는 생각[身入處], 생각할 때 마음속에 내가 들어 있다는 생각[意入處]이 있다오. 여섯 가지 내입처에 대하여 알아야 한다고 한 것은 이것을 두고 한 말이라오. 이것이 첫째 6(六)이라오.

여섯 가지 외입처에 대하여 알아야 한다고 했는데, 이것은 무엇을 두고 한 말인가? 보이는 형색 속에 보이는 것이 들어 있다는 생각[色入處], 들리는 소리 속에 들리는 것이 들어 있다는 생각[聲入處], 향기 속에 냄새나는 것이 들어 있다는 생각[香入處], 맛 속에 맛 내는 것이 들어 있다는 생각[味入處], 촉감 속에 촉감을 주는 것이 들어 있다는 생각[觸入處], 지각되는 대상 속에 지각되는 것이 들어 있다는 생각[法入處]이 있다오. 여섯 가지 외입처에 대하여 알아야 한다고 한 것은 이것을 두고 한 말이라오. 이것이 둘째 6(六)이라오.

여섯 가지 분별의식의 구조에 대하여 알아야 한다고 했는데, 이것은 무엇을 두고 한 말인가? 보는 나[眼]와 보이는 형색[色]들을 의지하여 시각분별의식[眼識]이 생긴다오. 듣는 나[耳]와 들리는 소리[聲]들을 의지하여 청각분별의식[耳識]이 생긴다오. 냄새 맡는 나[鼻]와 향기[香]들을 의지하여 후각분별의식[鼻識]이 생긴다오. 맛보는 나[舌]와 맛[味]들을 의지하여 미각분별의식[舌識]

---

436 『중아함경(中阿含經)』의 「86. 설처경(說處經)」에 상응하는 경.

이 생긴다오. 만지는 나[身]와 촉감[觸]들을 의지하여 촉각분별의식[身識]이 생긴다오. 마음[意]과 지각대상[法]들을 의지하여 마음분별의식[意識]이 생긴다오. 여섯 가지 분별의식의 구조에 대하여 알아야 한다고 한 것은 이것을 두고 한 말이라오. 이것이 셋째 6(六)이라오.

여섯 가지 접촉의 구조에 대하여 알아야 한다고 했는데, 이것은 무엇을 두고 한 말인가? 보는 나와 보이는 형색들을 의지하여 시각분별의식이 생기며, 이들 셋의 만남이 접촉[觸]이라오. 듣는 나·냄새 맡는 나·맛보는 나·만지는 나·마음과 지각대상들을 의지하여 마음분별의식이 생기며, 이들 셋의 만남이 접촉이라오. 여섯 가지 접촉의 구조에 대하여 알아야 한다고 한 것은 이것을 두고 한 말이라오. 이것이 넷째 6(六)이라오.

여섯 가지 느낌의 구조에 대하여 알아야 한다고 했는데, 이것은 무엇을 두고 한 말인가? 보는 나와 보이는 형색들을 의지하여 시각분별의식이 생긴다오. 이들 셋의 만남이 접촉이며, 접촉을 의지하여 느낌[受]이 생긴다오. 듣는 나, 냄새 맡는 나, 맛보는 나, 만지는 나, 마음과 지각대상들을 의지하여 마음분별의식이 생긴다오. 이들 셋의 만남이 접촉이며, 접촉을 의지하여 느낌이 생긴다오. 여섯 가지 느낌의 구조에 대하여 알아야 한다고 한 것은 이것을 두고 한 말이라오. 이것이 다섯째 6(六)이라오.

여섯 가지 갈애의 구조에 대하여 알아야 한다고 했는데, 이것은 무엇을 두고 한 말인가? 보는 나와 보이는 형색들을 의지하여 시각분별의식이 생긴다오. 이들 셋의 만남이 접촉이며, 접촉을 의지하여 느낌이 생기고, 느낌에 의지하여 갈애[愛]가 생긴다오. 듣는 나, 냄새 맡는 나, 맛보는 나, 만지는 나, 마음과 지각대상들을 의지하여 마음분별의식이 생긴다오. 이들 셋의 만남이 접촉이며, 접촉을 의지하여 느낌이 생기고, 느낌에 의지하여 갈애가 생긴다오. 여섯 가지 갈애의 구조에 대하여 알아야 한다고 한 것은 이것을 두고 한 말이라오. 이것이 여섯째 6(六)이라오.

누군가 '보는 나[眼]가 자아다[cakkhuṁ attā]'라고 주장한다면, 그것은 옳지 않다오. 보는 나는 발생하고 소멸한다는 것은 잘 알려진 사실이오. 그것이 발생하고 소멸한다는 것이 잘 알려진 사실이라면, '나의 자아는 발생하고 소멸한다'라는 결론이 되오. 그러므로 누군가 '보는 나가 자아다'라고 주장한다면, 그것은 옳지 않다오.

누군가 '이와 같이 보는 나는 자아가 아니고, 보이는 형색들이 자아다[rūpā attā]'라고 주장한다면, 그것은 옳지 않다오. 보이는 형색들이 발생하고 소멸한다는 것은 잘 알려진 사실이오. 그것들이 발생하고 소멸한다는 것이 잘 알려진 사실이라면, '나의 자아는 발생하고 소멸한다'라는 결론이 되오. 그러므로 누군가 '보이는 형색들이 자아다'라고 주장한다면, 그것은 옳지 않다오.

누군가 '이와 같이 보는 나도 자아가 아니고, 보이는 형색들도 자아가 아니다. 시각분별의식이 자아다[cakkhuviññāṇaṁ attā]'라고 주장한다면, 그것은 옳지 않다오. 시각분별의식이 발생하고 소멸한다는 것은 잘 알려진 사실이오. 그것이 발생하고 소멸한다는 것이 잘 알려진 사실이라면, '나의 자아는 발생하고 소멸한다'라는 결론이 되오. 그러므로 누군가 '시각분별의식이 자아다'라고 주장한다면, 그것은 옳지 않다오.

누군가 '이와 같이 보는 나도 자아가 아니고, 보이는 형색들도 자아가 아니고, 시각분별의식도 자아가 아니다. 시각접촉이 자아다[cakkhusamphasso attā]'라고 주장한다면, 그것은 옳지 않다오. 시각접촉이 발생하고 소멸한다는 것은 잘 알려진 사실이오. 그것이 발생하고 소멸한다는 것이 잘 알려진 사실이라면, '나의 자아는 발생하고 소멸한다'라는 결론이 되오. 그러므로 누군가 '시각접촉이 자아다'라고 주장한다면, 그것은 옳지 않다오.

누군가 '이와 같이 보는 나도 자아가 아니고, 보이는 형색들도 자아가 아니고, 시각분별의식도 자아가 아니고, 시각접촉도 자아가 아니다. 느낌이 자아다[vedanā attā]'라고 주장한다면, 그것은 옳지 않다오. 느낌이 발생하고 소멸한다는 것은 잘 알려진 사실이오. 그것이 발생하고 소멸한다는 것이 잘 알려진 사실이라면, '나의 자아는 발생하고 소멸한다'라는 결론이 되오. 그러므로 누군가 '느낌이 자아다'라고 주장한다면, 그것은 옳지 않다오.

누군가 '이와 같이 보는 나도 자아가 아니고, 보이는 형색들도 자아가 아니고, 시각분별의식도 자아가 아니고, 시각접촉도 자아가 아니다. 느낌도 자아가 아니다. 갈애가 자아다'라고 주장한다면, 그것은 옳지 않다오. 갈애가 발생하고 소멸한다는 것은 잘 알려진 사실이오. 그것이 발생하고 소멸한다는 것이 잘 알려진 사실이라면, '나의 자아는 발생하고 소멸한다'라는 결론이 되오. 그러므로 누군가 '갈애가 자아다'라고 주장한다면, 그것은 옳지 않다오. 이와 같이 보는 나도 자아가 아니고, 보이는 형색들도 자아가 아니고, 시각분별의식도 자아가 아니고, 시각접촉도 자아가 아니고, 느낌도 자아가 아니고, 갈애도 자아가 아니라오. 듣는 나, 냄새 맡는 나, 맛보는 나, 만지는 나, 마음도 마찬가지라오.

비구들이여, 자기 존재라는 망상이 쌓이는 길[sakkāyasamudayagāminī paṭipadā]은 실로 이와 같다오. (어리석은 범부들은) 보는 나, 보이는 형색들, 시각분별의식, 시각접촉, 느낌, 갈애에 대하여 '이것은 나의 소유다. 이것이 나다. 이것이 나의 자아다'라고 여긴다오. 듣는 나, 냄새 맡는 나, 맛보는 나, 만지는 나, 마음에 대해서도 마찬가지라오.

비구들이여, 자기 존재라는 망상이 소멸하는 길[sakkāyanirodhagāminī paṭipadā]은 실로 이와 같다오. (지혜로운 사람은) 보는 나, 보이는 형색들, 시각분별의식, 시각접촉, 느낌, 갈애에 대하여 '이것은 나의 소유가 아니다. 이것은 내가 아니다. 이것은 나의 자아가 아니다'라고 여긴다오. 듣는 나, 냄새 맡는 나, 맛보는 나, 만지는 나, 마음에 대해서도 마찬가지라오.

비구들이여, 보는 나와 보이는 형색들을 의지하여 시각분별의식이 생긴다오. 이들 셋의 만남이 접촉이며, 접촉을 의지하여 즐겁거나 괴롭거나 괴롭지도 즐겁지도 않은 느낌이 생긴다오. 즐거운 느낌을 느끼면서 기뻐하고 환영하고 탐닉하면서 살아가면, 그에게 탐욕의 습성[rāgānusayo]이 잠재(潛在)하게 된다오. 괴로운 느낌을 접촉하면서 슬퍼하고 아쉬워하고 가슴을 치며 통탄하고 혼란에 빠지면, 그에게 반감의 습성[paṭighānusayo]이 잠재하게 된다오. 괴롭지도 즐겁지도 않은 느낌을 접촉하면서 그 느낌[受]의 쌓임[集]과 소멸[滅], 그리고 맛[味]과 재난[患], 벗어남[出離]을 있는 그대로 통찰하지 못하면, 그에게 무명(無明)의 습성[avijjānusayo]이 잠재하게 된다오. 비구들이여, 즐거운 느낌에 대한 탐욕의 습성을 버리지 않고, 괴로운 느낌에 대한 반감의 습성을 제거하지 않고, 괴롭지도 즐겁지도 않은 느낌에 대한 무명의 습성을 근절하지 않고, 무명을 버리지 않고, 명지(明智)를 일으키지 않으면, 지금 여기에서 괴로움을 끝낼 수 없다오. 듣는 나, 냄새 맡는 나, 맛보는 나, 만지는 나, 마음도 마찬가지라오.

비구들이여, 보는 나와 보이는 형색들을 의지하여 시각분별의식이 생긴다오. 이들 셋의 만남이 접촉이며, 접촉을 의지하여 즐겁거나 괴롭거나 괴롭지도 즐겁지도 않은 느낌이 생긴다오. 즐거운 느낌을 접촉하면서 기뻐하지 않고 환영하지 않고 탐닉하지 않고 살아가면, 그에게 탐욕의 습성이 잠재하지 않는다오. 괴로운 느낌을 접촉하면서 슬퍼하지 않고 아쉬워하지 않고 가슴을 치며 통탄하지 않고 혼란에 빠지지 않으면, 그에게 반감의 습성이 잠재하지 않는다오. 괴롭지도 즐겁지도 않은 느낌을 접촉하면서 그 느낌의 쌓임과 소멸, 그리고 맛과 재난, 벗어남을 있는 그대로 알면, 그에게 무명의 습성이 잠재하지 않는다오. 비구들이여, 즐거운 느낌에 대한 탐욕의 습성을 버리고, 괴로운 느낌에 대한 반감의 습성을 제거하고, 괴롭지도 즐겁지도 않은 느낌에 대한 무명의 습성을 근절하여 무명을 버리고 명지를 일으키면, 지금 여기에서 괴로움을 끝낼 수 있다오. 듣는 나, 냄새 맡는 나, 맛보는 나, 만지는 나, 마음도 마찬가지라오.

비구들이여, 이와 같이 보고 들은 거룩한 제자는 보는 나를 싫어하고, 보이는 형색들을 싫어하고, 시각분별의식을 싫어하고, 시각접촉을 싫어하고, 느낌을 싫어하고, 갈애를 싫어한다오. 듣는 나, 냄새 맡는 나, 맛보는 나, 만지는 나, 마음에 대해서도 마찬가지라오.

싫어하면 탐욕에서 벗어나게 되고, 탐욕에서 벗어나면 해탈하게 되며, 해탈하면 '해탈했다'라고 알게 된다오. '태어남은 끝났고, 청정한 수행[梵行]을 마쳤으며, 해야 할 일을 끝마쳤다. 다시는 이런 상태로 되지 않는다'라고 체험적으로 알게 된다오."

이것이 세존께서 하신 말씀입니다.

그 비구들은 세존의 말씀에 만족하고 기뻐했습니다.

이 설명을 하실 때 100명의 비구들이 집착을 버리고 무루(無漏)의 심해탈(心解脫)을 얻었습니다.

69. 큰 육입처경(六入處經)
〈M.N. 149. Mahāsaḷāyatanika-sutta〉

이와 같이 나는 들었습니다.

한때 세존께서는 사왓티의 제따와나 아나타삔디까 승원에 머무셨습니다.

그때 세존께서 비구들을 불러 말씀하셨습니다.

"비구들이여, 내가 그대들에게 6입처(六入處)에 속하는 큰 법문을 설하겠소. 듣고 잘 생각하도록 하시오! 내가 이야기하겠소."

"그렇게 하겠습니다, 세존이시여!"라고 그 비구들이 대답했습니다.

세존께서 말씀하셨습니다.

"비구들이여, 보는 나[眼]를 있는 그대로 알지 못하고 보지 못하고, 보이는 형색[色]들을 있는 그대로 알지 못하고 보지 못하고, 시각분별의식[眼識]을 있는 그대로 알지 못하고 보지 못하고, 시각접촉[眼觸]을 있는 그대로 알지 못하고 보지 못하고, 시각접촉을 의지하여 생기는 즐겁거나 괴롭거나 괴롭지도 즐겁지도 않은 느낌[受]을 있는 그대로 알지 못하고 보지 못하면, 보는 나[眼]를 탐착(貪着)하고[chakkhusmiṁ sārajjati], 보이는 형색들을 탐착하고, 시각분별의식을 탐착하고, 시각접촉을 탐착하고, 시각접촉을 의지하여 생기는 즐겁거나 괴롭거나 괴롭지도 즐겁지도 않은 느낌을 탐착한다오. 그것에 탐착하고 속박되고 정신을 빼앗겨 맛[味]이라고 여기고 살아가면, 미래에 5취온(五取蘊, pañcupādānakkhandhā)이 쌓여 간다오[upacayaṁ gacchanti]. 그리고 여기저기에서 애락(愛樂)하며 다시 존재하기를 바라는[ponobhavikā],[437] 기쁨과 탐욕을 수반하는 갈애[愛]가 늘어난다오. 그러면 몸에 따르는 걱정이 늘어나고 마음에 따르는 걱정이 늘어나고, 몸에 따르는 고통이 늘어나고 마음에 따르는 고통이 늘어나고, 몸에 따르는 고뇌가 늘어나고 마음에 따르는 고뇌가 늘어난다오. 그는 몸도 괴롭고 마음도 괴롭다오. 듣는 나[耳], 냄새맡는 나[鼻], 맛보는 나[舌], 만지는 나[身], 마음[意]도 마찬가지라오.

비구들이여, 보는 나를 있는 그대로 알고 보고, 보이는 형색들을 있는 그대로 알고 보고, 시각분별의식을 있는 그대로 알고 보고, 시각접촉을 있는 그대로 알고 보고, 시각접촉을 의지하여 생기는 즐겁거나 괴롭거나 괴롭지도 즐겁지도 않은 느낌을 있는 그대로 알고 보면, 보는 나를 탐착하지 않고, 보이는 형색들을 탐착하지 않고, 시각분별의식을 탐착하지 않고, 시각접촉을 탐착하지 않고, 시각접촉을 의지하여 생기는 즐겁거나 괴롭거나 괴롭지도 즐겁지도 않은 느낌을 탐착하지 않는다오. 그것에 탐착하지 않고 속박되지 않고 정신을 빼앗기지 않고 재앙[患]이라

---

437 'ponobhavikā'는 '다시, 다음에'를 의미하는 'pono(puna)'와 '존재하려는'을 의미하는 'bhavikā'의 합성어이다. 우리는 즐거움을 주는 것에 대하여 그것이 다시 존재하게 되기를 바라고, 그것을 즐기는 자신도 그 상태로 다시 존재하기를 바란다. 이러한 욕구가 갈애다.

고 여기고 살아가면, 미래에 5취온이 소멸한다오. 그리고 다시 존재하기를 바라며 기쁨과 탐욕을 수반하여 여기저기에서 애락하는 갈애가 소멸한다오. 그러면 몸에 따르는 걱정이 소멸하고 마음에 따르는 걱정이 소멸하고, 몸에 따르는 고통이 소멸하고 마음에 따르는 고통이 소멸하고, 몸에 따르는 고뇌가 소멸하고 마음에 따르는 고뇌가 소멸한다오. 그는 몸도 즐겁고 마음도 즐겁다오.

있는 그대로 봄[yathābhūtassa diṭṭhi], 그것이 정견(正見)이라오. 있는 그대로의 의도(意圖), 그것이 정사유(正思惟)라오. 있는 그대로의 정진, 그것이 정정진(正精進)이라오. 있는 그대로의 주의집중, 그것이 정념(正念)이라오. 있는 그대로의 삼매(三昧), 그것이 정정(正定)이라오. 신업(身業)과 구업(口業)과 생업(生業, ājīva)은 그전에 청정해진다오.[438] 이와 같이 거룩한 8정도(八正道) 수행이 완성된다오.

이와 같이 이 거룩한 8정도를 수행하면, 4념처(四念處) 수행도 완성되고, 4정근(四正勤) 수행도 완성되고, 4여의족(四如意足) 수행도 완성되고, 5근(五根) 수행도 완성되고, 5력(五力) 수행도 완성되고, 7각지(七覺支) 수행도 완성된다오. 그에게 사마타(samatha, 止]와 위빠싸나(vipassanā, 觀)라는 두 개의 멍에[dve dhammā yuganandhā]가 생긴다오.

그는 체험적 지혜[勝智, abhiññā]로써 알 수 있는 법(法)들은 체험적 지혜로써 통찰하고, 체험적 지혜로써 버려야 할 법들은 체험적 지혜로써 버리고, 체험적 지혜로써 수행해야 할 법들은 체험적 지혜로써 수행하고, 체험적 지혜로써 체득해야 할 법들은 체험적 지혜로써 체득한다오.

비구들이여, 어떤 것이 체험적 지혜로써 알 수 있는 법인가? 그것은 '5취온'이라고 불리는 것, 즉 색취온(色取蘊)·수취온(受取蘊)·상취온(想取蘊)·행취온(行取蘊)·식취온(識取蘊)이오. 이들이 체험적 지혜로써 알 수 있는 법이라오.

비구들이여, 어떤 법들을 체험적 지혜로써 버려야 하는가? 무명(無明)과 유애(有愛, bhavataṇha), 이 법들을 체험적 지혜로써 버려야 한다오. 비구들이여, 어떤 법들을 체험적 지혜로써 수행해야 하는가? 사마타[止]와 위빠싸나[觀], 이 법들을 체험적 지혜로써 수행해야 한다오. 비구들이여, 어떤 법들을 체험적 지혜로써 체득해야 하는가? 명지(明智)와 해탈(解脫), 이 법들을 체험적 지혜로써 체득해야 한다오.

듣는 나, 냄새 맡는 나, 맛보는 나, 만지는 나, 마음도 마찬가지라오."

이것이 세존께서 하신 말씀입니다.

그 비구들은 세존의 말씀에 만족하고 기뻐했습니다.

---

438 8정도 가운데 정어, 정업, 정명은 그전에 완성된다는 의미다.

70. 지각수행경(知覺修行經)
〈M.N. 152. Indriyabhāvā-sutta〉

이와 같이 나는 들었습니다.

한때 세존께서는 까장갈라(Kajaṅgala)의 무켈루와나(Mukheluvana)에 머무셨습니다.

그때 빠라사리야(Pārāsariya)의 제자인 바라문 청년 웃따라(Uttara)가 세존을 찾아왔습니다. 그는 세존과 함께 정중하게 인사를 하고 공손한 인사말을 나눈 후에 한쪽에 앉았습니다.

세존께서 바라문 청년 웃따라에게 말씀하셨습니다.

"웃따라여, 빠라사리야 바라문은 제자들에게 지각수행(知覺修行, indriyabhāvanā)을 가르치는가?"

"고따마 존자여, 빠라사리야 바라문은 제자들에게 지각수행을 가르칩니다."

"웃따라여, 빠라사리야 바라문은 어떻게 제자들에게 지각수행을 가르치는가?"

"고따마 존자여, 눈으로 형색[色]을 보지 않고, 귀로 소리를 듣지 않아야 합니다. 고따마 존자여, 빠라사리야 바라문은 제자들에게 이와 같이 지각수행을 가르칩니다."

"웃따라여, 그와 같다면 장님이 지각수행을 할 수 있고, 귀머거리가 지각수행을 할 수 있을 것이오. 웃따라여, 빠라사리야 바라문의 말처럼 장님은 눈으로 형색을 보지 않고, 귀머거리는 귀로 소리를 듣지 않는다오."

이 말씀을 듣고, 빠라사리야의 제자인 바라문 청년 웃따라는 당황해하며 풀이 죽어 고개를 숙이고 생각에 잠겨 아무런 대꾸도 하지 못하고 말없이 앉아 있었습니다.

세존께서는 빠라사리야의 제자인 바라문 청년 웃따라가 당황해하며 풀이 죽어 고개를 숙이고 생각에 잠겨 아무런 대꾸도 하지 못하는 것을 보시고, 아난다 존자에게 말씀하셨습니다.

"아난다여, 성자의 율(律)에는 빠라사리야 바라문이 제자들에게 가르치는 지각수행과는 다른, 최상의 지각수행이 있다."

"세존이시여, 성자의 율에 있는 최상의 지각수행을 가르치시기에 지금이 좋은 때입니다. 선서(善逝)시여, 지금이 좋은 때입니다. 세존으로부터 들으면 비구들은 명심할 것입니다."

"아난다여, 그렇다면 듣고 잘 생각해 보아라! 내가 이야기하겠다."

"그렇게 하겠습니다, 세존이시여!"

세존께서 말씀하셨습니다.

"아난다여, 성자의 율에 있는 최상의 지각수행은 어떤 것인가? 아난다여, 비구가 눈[眼]으로 형색[色]을 보면, 그에게 좋은 느낌이 나타나고 싫은 느낌이 나타나고 좋지도 싫지도 않은 느낌이 나타난다. 그는 '나에게 나타난 이 좋은 느낌, 싫은 느낌, 좋지도 싫지도 않은 느낌은 유위(有爲)이고 저열하고 연기한 것이며, 평정한 마음[upekhā]이 평온하고 훌륭한 것이다'라고 통찰한다. 그러면 그에게 나타난 그 좋은 느낌, 싫은 느낌, 좋지도 싫지도 않은 느낌은 소멸하고 평정한 마음[upekhā]이 확립된다. 아난다여, 비유하면 눈 있는 사람이 눈을 깜빡이듯이, 아난다여, 이와 같이 순식간에, 이와 같이 빠르게, 이와 같이 쉽게, 그에게 나타난 좋은 느낌, 싫은 느낌, 좋지도 싫지도 않은 느낌은 소멸하고 평정한 마음이 확립된다. 아난다여, 이것이 성자의 율에 있는 시각[眼]에 의해 지각되는 형색에 대한 최상의 지각수행이다.

그다음에 아난다여, 비구가 귀[耳]으로 소리[聲]를 들으면, 그에게 좋은 느낌이 나타나고 싫은 느낌이 나타나고 좋지도 싫지도 않은 느낌이 나타난다. 그는 '나에게 나타난 이 좋은 느낌, 싫은 느낌, 좋지도 싫지도 않은 느낌은 유위이고 저열하고 연기한 것이며, 평정한 마음이 평온하고 훌륭한 것이다'라고 통찰한다. 그러면 그에게 나타난 그 좋은 느낌, 싫은 느낌, 좋지도 싫지도 않은 느낌은 소멸하고 평정한 마음이 확립된다. 아난다여, 비유하면 건장한 사람이 손가락을 튕기듯이, 아난다여, 이와 같이 순식간에, 이와 같이 빠르게, 이와 같이 쉽게, 그에게 나타난 좋은 느낌, 싫은 느낌, 좋지도 싫지도 않은 느낌은 소멸하고 평정한 마음이 확립된다. 아난다여, 이것이 성자의 율에 있는 청각[耳]에 의해 지각되는 소리에 대한 최상의 지각수행이다.

그다음에 아난다여, 비구가 코[鼻]으로 냄새[香]를 맡으면, 그에게 좋은 느낌이 나타나고 싫은 느낌이 나타나고 좋지도 싫지도 않은 느낌이 나타난다. 그는 '나에게 나타난 이 좋은 느낌, 싫은 느낌, 좋지도 싫지도 않은 느낌은 유위이고 저열하고 연기한 것이며, 평정한 마음이 평온하고 훌륭한 것이다'라고 통찰한다. 그러면 그에게 나타난 그 좋은 느낌, 싫은 느낌, 좋지도 싫지도 않은 느낌은 소멸하고 평정한 마음이 확립된다. 아난다여, 비유하면 막대기로 연잎 위의 물방울을 어렵지 않게 털어 내듯이, 아난다여, 이와 같이 순식간에, 이와 같이 빠르게, 이와 같이 쉽게, 그에게 나타난 좋은 느낌, 싫은 느낌, 좋지도 싫지도 않은 느낌은 소멸하고 평정한 마음이 확립된다. 아난다여, 이것이 성자의 율에 있는 후각[鼻]에 의해 지각되는 냄새에 대한 최상의 지각수행이다.

그다음에 아난다여, 비구가 혀[舌]로 맛[味]을 보면, 그에게 좋은 느낌이 나타나고 싫은 느낌이 나타나고 좋지도 싫지도 않은 느낌이 나타난다. 그는 '나에게 나타난 이 좋은 느낌, 싫은 느낌, 좋지도 싫지도 않은 느낌은 유위이고 저열하고 연기한 것이며, 평정한 마음이 평온하고 훌륭한 것이다'라고 통찰한다. 그러면 그에게 나타난 그 좋은 느낌, 싫은 느낌, 좋지도 싫지도 않은 느낌은 소멸하고 평정한 마음이 확립된다. 아난다여, 비유하면 건장한 사람이 혀끝으로 침을 모아 어렵지 않게 내뱉듯이, 아난다여, 이와 같이 순식간에, 이와 같이 빠르게, 이와 같이 쉽게, 그에게 나타난 좋은 느낌, 싫은 느낌, 좋지도 싫지도 않은 느낌은 소멸하고 평정한 마음이 확립된다. 아난다여, 이것이 성자의 율에 있는 미각[舌]에 의해 지각되는 맛에 대한 최상의 지각수행이다.

그다음에 아난다여, 비구가 몸[身]으로 촉감[觸]을 느끼면, 그에게 좋은 느낌이 나타나고 싫은 느낌이 나타나고 좋지도 싫지도 않은 느낌이 나타난다. 그는 '나에게 나타난 이 좋은 느낌, 싫은 느낌, 좋지도 싫지도 않은 느낌은 유위이고 저열하고 연기한 것이며, 평정한 마음이 평온하고 훌륭한 것이다'라고 통찰한다. 그러면 그에게 나타난 그 좋은 느낌, 싫은 느낌, 좋지도 싫지도 않은 느낌은 소멸하고 평정한 마음이 확립된다. 아난다여, 비유하면 건장한 사람이 어렵지 않게 구부린 팔을 펴거나 편 팔을 구부리듯이, 아난다여, 이와 같이 순식간에, 이와 같이 빠르게, 이와 같이 쉽게, 그에게 나타난 좋은 느낌, 싫은 느낌, 좋지도 싫지도 않은 느낌은 소멸하고 평정한 마음이 확립된다. 아난다여, 이것이 성자의 율에 있는 촉각[身]에 의해 지각되는 촉감에 대한 최상의 지각수행이다.

그다음에 아난다여, 비구가 마음[意]으로 대상[法]을 식별하면, 그에게 좋은 느낌이 나타나고 싫은 느낌이 나타나고 좋지도 싫지도 않은 느낌이 나타난다. 그는 '나에게 나타난 이 좋은 느낌, 싫은 느낌, 좋지도 싫지도 않은 느낌은 유위이고 저열하고 연기한 것이며, 평정한 마음이 평온하고 훌륭한 것이다'라고 통찰한다. 그러면 그에게 나타난 그 좋은 느낌, 싫은 느낌, 좋지도 싫지도 않은 느낌은 소멸하고 평정한 마음이 확립된다. 아난다여, 비유하면 어떤 사람이 한낮에 뜨거워진 철판 위에 두세 방울의 물방울을 천천히 떨구면 떨어진 물방울이 급속히 고갈되어 없어지듯이, 아난다여, 이와 같이 순식간에, 이와 같이 빠르게, 이와 같이 쉽게, 그에게 나타난 좋은 느낌, 싫은 느낌, 좋지도 싫지도 않은 느낌은 소멸하고 평정한 마음이 확립된다. 아난다여, 이것이 성자의 율에 있는 마음에 의해 지각되는 대상에 대한 최상의 지각수행이다.

아난다여, 성자의 율에 있는 최상의 지각수행은 이와 같다.

아난다여, 유학(有學)의 실천도(實踐道, pāṭipado)는 어떤 것인가? 아난다여, 비구가 눈으로 형색을 보면, 좋은 느낌이 나타나고 싫은 느낌이 나타나고 좋지도 싫지도 않은 느낌이 나타난다. 좋은 느낌이 나타나고 싫은 느낌이 나타나고 좋지도 싫지도 않은 느낌이 나타나면, 그는 곤혹스러워하고 부끄러워하고 싫어한다. 귀로 소리를 듣고, 코로 냄새를 맡고, 혀로 맛을 보고, 몸으로 촉감을 느끼고, 마음으로 대상을 지각할 때도 마찬가지다.

아난다여, 유학의 실천도는 이와 같다.

아난다여, 수행이 잘된 거룩한 지각활동[ariyo bhāvitindriyo]은 어떤 것인가? 아난다여, 비구가 눈으로 형색을 보면, 좋은 느낌이 나타나고 싫은 느낌이 나타나고 좋지도 싫지도 않은 느낌이 나타난다. 만약에 그가 싫은 느낌에 대하여 싫지 않다는 생각이 머물기를 원하면 그곳에 싫지 않다는 생각이 머물고, 만약에 그가 싫지 않은 느낌에 대하여 싫다는 생각이 머물기를 원하면 그곳에 싫다는 생각이 머물고, 만약에 그가 싫은 느낌과 싫지 않은 느낌에 대하여 싫지 않다는 생각이 머물기를 원하면 그곳에 싫지 않다는 생각이 머물고, 만약에 그가 싫지 않은 느낌과 싫은 느낌에 대하여 싫다는 생각이 머물기를 원하면 그곳에 싫다는 생각이 머물고, 만약에 그가 싫은 느낌과 싫지 않은 느낌, 그 둘에 대한 생각을 피하고 평정한 마음이 주의집중과 알아차림을 하면서 머물기를 원하면, 그곳에 평정한 마음이 주의집중과 알아차림을 하면서 머문다.

귀로 소리를 듣고, 코로 냄새를 맡고, 혀로 맛을 보고, 몸으로 촉감을 느끼고, 마음으로 대상을 지각할 때도 마찬가지다.

아난다여, 수행이 잘된 거룩한 지각활

동은 이와 같다.

아난다여, 이와 같이 나는 성자의 율에 있는 최상의 지각수행을 설했고, 유학의 실천도를 설했고, 수행이 잘된 거룩한 지각활동을 설했다. 아난다여, 스승이 제자들에게 호의를 가지고 연민을 가지고 해야 할 일을 나는 너에게 하였다. 아난다여, 이 가르침들이 나무 아래[rukkhamūlāni]이며, 텅 빈 한가한 곳[空閒處, suññāgārāni]들이다. 아난다여, 나중에 후회하지 않도록 방일(放逸)하지 말고 선정(禪定)을 닦아라! 이것이 그대들에게 주는 우리의 가르침이다."

이것이 세존께서 하신 말씀입니다.

아난다 존자는 세존의 말씀에 만족하고 기뻐했습니다.

상윳따 니까야

Saṃyutta-Nikāya

1. 게송품(偈頌品, Sagātha-Vagga)

제1 천신(天神, Deva) 상윳따

1.1. 생사(生死)의 폭류(暴流, Oghaṃ) 〈s.1.1〉

이렇게 나는 들었습니다.

한때 세존께서는 사왓티의 제따와나 아나타삔디까(Anāthapiṇḍika) 승원에 머무셨습니다.

밤이 지나자 어떤 천신이 눈부신 용모로 제따와나를 환히 밝히면서 세존을 찾아와 예배한 후 한쪽에 서서 세존께 말씀드렸습니다.

"스승님! 당신은 어떻게 생사(生死)의 폭류(暴流)를 건너셨습니까?"

"존자여, 나는 머물지 않고 애쓰지 않고 생사의 폭류를 건넜다오."

"스승님! 당신은 어떻게 머물지 않고 애쓰지 않고 생사의 폭류를 건너셨습니까?"

"존자여, 내가 머물 때, 그때 나는 빠져들었다오. 존자여, 내가 애쓸 때, 그때 나는 혼란스러웠다오. 존자여, 그래서 나는 머물지 않고 애쓰지 않고 생사의 폭류를 건넜다오."[439]

마침내 나는 보았네!
반열반(般涅槃)을 성취한 바라문을.
머물지 않고 애쓰지 않고
세간(世間)의 애착에서 벗어났다네!

천신이 이와 같이 말하자, 스승님은 승인하셨습니다. 그 천신은 '스승님이 나를 인정하셨다'라고 생각하고, 세존께 예배하고 오른쪽으로 돌고 나서 그곳에서 사라졌습니다.

1.2. 해탈[Nimokkho] 〈s.1.2〉

세존께서 사왓티의 제따와나 아나타삔디까 승원에 머무실 때, 밤이 지나자 어떤 천신이 찾아와서 말씀드렸습니다.

"스승님! 당신은 중생의 해탈[nimokkha], 해방[pamokkha], 멀리함[viveka, 遠離]을 아십니까?"

"존자여, 나는 참으로 중생의 해탈, 해방, 멀리함을 안다오."

"스승님! 당신은 중생의 해탈, 해방, 멀리함을 어떻게 아십니까?"

즐기는 존재[nandī-bhava]가 사라지고
생각[saññā, 想]과 분별의식[viññāṇa, 識]이
소멸하고
느낌[vedanā, 受]이 소멸하면 평온하다오.
존자여, 나는 이와 같이 안다오.
이것이 중생의 해탈, 해방, 멀리함이라오.

---

439 머물지 않고, 애쓰지 않고 생사의 폭류를 건넜다는 것은 선정(禪定)에 빠져들지 않고, 고행(苦行)으로 헛된 고생을 하지 않고, 중도(中道) 수행을 통해서 생사를 벗어나 열반을 얻었음을 의미한다.

1.3. 임종(臨終, Upaneyyaṃ) 〈s.1.3〉

그 천신이 세존 앞에 서서 게송을 읊었습니다.

생명은 죽음에 이르고 수명은 짧다네.
늙어 가는 우리에게 피난처는 없다네.
죽음에서 이러한 두려움을 보았다면
행복 주는 공덕을 지어야 하리.

세존께서 게송으로 답하셨습니다.

생명은 죽음에 이르고 수명은 짧다네.
늙어 가는 우리에게 피난처는 없다네.
죽음에서 이러한 두려움을 보았다면
세간 유혹 버리고 평온을 구해야 하리.

1.4. 덧없어라[Accenti] 〈s.1.4〉

그 천신이 게송을 읊으니, 세존께서 게송으로 답하셨습니다.

밤이 가면 새벽 오고 세월은 흘러가네.
세월 가면 청춘은 우리를 버린다네.
죽음에서 이러한 두려움을 보았다면
행복 주는 공덕을 지어야 하리.

밤이 가면 새벽 오고 세월은 흘러가네.
세월 가면 청춘은 우리를 버린다네.
죽음에서 이러한 두려움을 보았다면
세간 유혹 버리고 평온을 구해야 하리.

1.5. 얼마나 끊어야 하나[Kati chinde] 〈s.1.5〉

그 천신이 게송을 읊으니, 세존께서 게송으로 답하셨습니다.

얼마나 끊고 얼마나 버리고
그 위에 얼마나 더 닦고
얼마나 집착을 벗어나야
생사의 폭류를 건넌 비구라고 하나요?

다섯을 끊고 다섯을 버리고[440]
그 위에 다섯을 더 닦고[441]
5가지 집착을 벗어나야[442]
생사의 폭류를 건넌 비구라고 한다네.

1.6. 깨어 있으면[Jāgaraṃ] 〈s.1.6〉

그 천신이 게송을 읊으니, 세존께서 게송으로 답하셨습니다.

깨어 있으면 어떤 것들이 잠들고
잠들면 어떤 것들이 깨어 있나요?
어떤 것들로 인하여 오염되고
어떤 것들로 인하여 정화되나요?

---

440 5하분결(五下分結)을 끊고, 5상분결(五上分結)을 버린다는 의미이다.

441 5근(五根), 즉 확신[信, saddhā]·정진(精進, viriya)·주의집중[念, sati]·삼매[定, samādhi]·통찰지[慧, paññā]를 닦아 익힌다는 의미이다.

442 탐(貪, rāga)·진(瞋, dosa)·치(癡, moha)·만(慢, māna)·사견(邪見, diṭṭhi)에서 벗어난다는 의미이다.

깨어 있으면 5가지가 잠들고[443]
잠들면 5가지가 깨어 있다네.[444]
5가지로 인하여 오염되고[445]
5가지로 인하여 정화된다네.[446]

1.7. 무지한 사람들[Appaṭividitā] 〈s.1.7〉

그 천신이 게송을 읊으니, 세존께서 게송으로 답하셨습니다.

진실한 가르침[法]을 이해하지 못한 사람들은
외도(外道)의 교리에 빠져든다네.
그들은 잠에서 깨어나지 못한다네.
이제는 그들이 깨어날 시간.

진실한 가르침을 이해한 사람들은
외도의 교리에 빠져들지 않는다네.
바르게 깨닫고 온전하게 알아서
험한 길을 편안하게 간다네.

1.8. 미혹한 사람들[Susammuṭṭhā] 〈s.1.8〉

그 천신이 게송을 읊으니, 세존께서 게송으로 답하셨습니다.

진실한 가르침에 미혹한 사람들은
외도의 교리에 빠져든다네.
그들은 잠에서 깨어나지 못한다네.
이제는 그들이 깨어날 시간.

진실한 가르침을 확신하는 사람들은
외도의 교리에 빠져들지 않는다네.
바르게 깨닫고 온전하게 알아서
험한 길을 편안하게 간다네.

1.9. 아만(我慢)에 사로잡힘[Mānakāma] 〈s.1.9〉

그 천신이 게송을 읊으니, 세존께서 게송으로 답하셨습니다.

아만에 사로잡히면[mānakāmassa][447] 자제(自制)가 있을 수 없다네.
삼매(三昧)에 들지 않으면 지혜가 있을 수 없다네.
숲속에서 홀로 지내도 방일한다면
죽음의 영역에서 피안(彼岸)으로 갈 수 없다네.

아만을 버리고 삼매에 들면
모든 것으로부터 마음이 해탈한다네.

---

443 주의집중[念, sati]을 닦아 익혀서 통찰하면 다섯 가지 장애[五蓋, pañca nīvaraṇāni], 즉 감각적인 욕망[kāma]·악의[vyāpāda]·나태와 졸음[惛沈, thīnamiddha]·흥분과 후회[悼擧, uddhaccakukkucca]·의심[疑, vicikiccha]이 일어나지 않는다는 의미이다.

444 주의집중[念, sati]을 닦아 익히지 않고 타성에 젖어서 살아가면 다섯 가지 장애가 일어난다는 의미이다.

445 다섯 가지 장애로 인하여 번뇌에 휩싸인다는 의미이다.

446 5근(五根)으로 인하여 번뇌에서 벗어난다는 의미이다.

447 'māna'는 '아만(我慢)'을 의미하고, 'kāmassa'는 '욕망'을 의미하는 'kāma'의 복수 속격(屬格)이다. 'kāmassa'를 '사로잡히면'으로 번역했다.

숲속에서 홀로 지내며 방일하지 않으면
죽음의 영역에서 피안으로 갈 수 있다네.

1.10. 숲속[Araññe] ⟨s.1.10⟩

그 천신이 게송을 읊으니, 세존께서 게송으로 답하셨습니다.

숲속에서 지내면서
고요하게 수행하는 수행자들은
하루에 한 끼만 먹을 뿐인데
어찌하여 용모에서 빛이 나나요?

그들은 지난 것을 슬퍼하지 않고
오지 않은 것을 갈망하지 않고
현재를 충실하게 살아간다네.
그리하여 용모에서 빛이 난다네.

오지 않은 것을 갈망하고
지난 것을 슬퍼한다네.
어리석은 사람들은 그래서 마른다네.
베어낸 푸른 갈대 시들어가듯.

1.11. 환희원(歡喜園, Nandana) ⟨s.1.11⟩

이와 같이 나는 들었습니다.

한때 세존께서는 사왓티의 제따와나 아나타삔디까 승원에 머무셨습니다.

그때 세존께서 "비구들이여!"라고 비구들을 부르셨습니다.

비구들은 "존경하는 스승님!" 하고 대답했습니다.

세존께서 말씀하셨습니다.

"비구들이여, 옛날에 어떤 도리천(忉利天)의 몸을 받은 천신이 환희원에서 하늘의 여인들에게 둘러싸여 천상의 5욕락(五欲樂)을 빠짐없이 즐기면서 이러한 게송을 읊었다오."

환희원을 보지 못한 사람들은
즐거움이 무엇인지 알지 못하리.
명예로운 서른 명의
하늘 사람들이 사는 곳이라네.

"비구들이여, 이와 같이 말하자 다른 천신이 그 천신에게 게송으로 답했다오."

어리석은 그대는 알지 못한다네.
아라한의 말씀은 이와 같다네.
일체의 행위[sabba saṅkhārā, 諸行]는 무상하다[諸行無常].
그들의 본성(本性)은 생멸(生滅, uppāda-vayadhammino)이다[是生滅法].
그들은 생긴 후에 소멸한다[生滅滅已].
그들의 소멸이 즐거움이다[寂滅爲樂].

1.12. 기뻐하다[Nandati] ⟨s.1.12⟩

그 천신이 세존 앞에서 게송을 읊으니, 세존께서 게송으로 답하셨습니다.

아들 가진 사람은 아들 때문에 기뻐하고
소를 가진 사람은 소 때문에 기뻐한다네.
사람의 기쁨은 가진 것 때문이니
가진 것 없는 사람 기뻐할 것 없다네.

아들 가진 사람은 아들 때문에 슬퍼하고
소를 가진 사람은 소 때문에 슬퍼한다네.

사람의 슬픔은 가진 것 때문이니
가진 것 없는 사람 슬퍼할 것 없다네.

1.13. 아들과 같은 것은 없다[Natthi Puttasamaṃ] ⟨s.1.13⟩

그 천신이 세존 앞에서 게송을 읊으니, 세존께서 게송으로 답하셨습니다.

아들처럼 사랑스러운 것은 없고
소와 같은 재산은 없다네.
태양과 같은 광명은 없고
바다와 같은 큰 물은 없다네.

자신보다 사랑스러운 것은 없고
곡식보다 훌륭한 재산은 없다네.
지혜보다 밝은 광명은 없고
비보다 큰 물은 없다네.

1.14. 크샤트리아[Khattiyo] ⟨s.1.14⟩

두 발 가진 사람 중에는 크샤트리아가
네 발 가진 짐승 가운데는 황소가
아내감 가운데는 어린 처녀가
아들 가운데는 장남이 으뜸이라네.

두 발 가진 사람 중에는 등정각(等正覺)이
네 발 가진 짐승 가운데는 좋은 혈통이
아내 가운데는 순종하는 여인이
아들 가운데는 효자가 으뜸이라네.

1.15. 숲에 이는 바람 소리[Sakamāno] ⟨s.1.15⟩

한낮의 정오에
새들도 조용한데
숲에 이는 바람 소리
두려움을 일으키네.

한낮의 정오에
새들도 조용한데
숲에 이는 바람 소리
마음에 드네.

1.16. 수면과 나태[Niddā Tandi] ⟨s.1.16⟩

수면과 나태 그리고 졸음
불만과 식후의 나른한 식곤증
이들 때문에 중생들에게는
성스러운 길이 나타나지 않는다.

수면과 나태 그리고 졸음
불만과 식후의 나른한 식곤증
이들을 정진으로 내쫓으면
성스러운 길이 청정해진다.

1.17. 어려운 일[Dukkaraṃ] ⟨s.1.17⟩

어리석은 사람에게 사문의 길은
실천하기 어렵고 참아 내기 어렵다.
거기에는 많은 어려움이 있다.
어리석은 사람은 극복하지 못한다.

만약에 마음을 다스리지 않는다면
잠시라도 사문의 길 갈 수 있을까?
한 발 한 발 빠져들리라!
잡생각에 끌려가리라!

거북이 네 발을 등딱지에 감추듯이

비구는 사색(思索)에[mano-vitakke] 전념
한다.[448]
해탈한 사람[anissito]은[449] 남을 해치지 않고
반열반(般涅槃)에 든 사람은
그 누구도 비난하지 않는다.

1.18. 부끄러움[Hirī] 〈s.1.18〉

부끄러움을 아는 사람은
세상 어디에 있어도
그는 비난을 받지 않는다.
훌륭한 말이 채찍을 맞지 않듯.

작은 것에도 부끄러움을 알아
언제나 바른길을 가는 사람은
괴로움의 끝에 도달하여
험한 길도 편히 간다.

1.19. 오두막[Kuṭikā] 〈s.1.19〉

당신은 오두막이 없지 않나요?
당신은 둥지가 없지 않나요?
당신은 끈이 없지 않나요?
당신은 결박에서 벗어났나요?

진실로 나에게는 오두막이 없다오.
진실로 나에게는 둥지가 없다오.
진실로 나에게는 끈이 없다오.
나는 결박에서 벗어났다오.

내가 말한 오두막은 무엇일까요?
내가 말한 둥지는 무엇일까요?
내가 말한 끈은 무엇일까요?
내가 말한 결박은 무엇일까요?

그대가 말한 오두막은 어머니라오.
그대가 말한 둥지는 부인이라오.
그대가 말한 끈은 아들이라오.
그리고 결박은 나의 갈애[愛]라오.

훌륭합니다! 당신에겐 오두막이 없군요!
훌륭합니다! 당신에겐 둥지가 없군요!
훌륭합니다! 당신에겐 끈이 없군요!
훌륭합니다! 결박에서 벗어났군요!

1.20. 사밋디(Samiddhi) 〈s.1.20〉

1. 이와 같이 나는 들었습니다. 한때 세존께서는 라자가하(Rājagaha)의 따뽀다(Tapodā) 승원[450]에 머무셨습니다.

2. 그때 사밋디 존자는 어스름 새벽에 일어나 목욕을 하러 따뽀다강에 갔습니다. 그는 따뽀다강에서 목욕을 마치고 나와 속옷만 입은 채로 서서 몸을 말리고 있었습니다.

3. 밤이 지나자 어떤 천신이 눈부신 용모로 따뽀다강을 환히 밝히면서 사밋디 존자를 찾아왔습니다. 그 천신은 허공에 서서 사밋디 존자에게 게송을 읊었습니다.

---

448 선정수행에 전념한다는 의미.

449 'anissito'는 모든 집착에서 벗어난 사람을 의미한다.

450 따뽀다(Tapodā)강 옆에 세운 정사(精舍). Tapodā'는 '열'을 의미하는 'tapa'와 '물'을 의미하는 'uda'의 합성어로서 '온천수'를 의미한다. 이 강은 라자가하 근처의 웨바라(Vebhāha) 언덕 아래를 흘러간다고 한다.

향락하지 않고 걸식하는 비구여!
향락을 모르고 걸식만 하는군요.
비구여, 향락하며 걸식하세요!
시간이 당신을 지나가지 않도록.

사밋디 존자가 게송으로 답했습니다.

나는 결코 시간을 알지 못한다오.
시간은 숨어서 보이지 않는다오.
그래서 향락하지 않고 걸식한다오.
시간이 나를 지나가지 못하도록.

4. 그 천신이 땅으로 내려와 사밋디 존자에게 말했습니다.

"비구여, 당신은 칠흑 같은 머리를 갖춘 가장 좋은 꽃다운 청춘 시절 초년에 출가하여 아직 쾌락을 맛보지 못한 젊은이군요. 비구여, 인간의 쾌락을 향유하세요! 눈에 보이는 것을 버리고 시간이 걸리는 것을 추구하지 마세요!"

5. "존자여, 나는 결코 눈에 보이는 것을 버리고 시간이 걸리는 것을 추구하는 것이 아닙니다. 존자여, 나는 실로 시간이 걸리는 것을 버리고 눈에 보이는 것을 추구합니다. 존자여, 세존께서는 '쾌락은 시간이 걸리는 것이며, 더욱이 여기에는 근본적으로 괴로움이 많고 근심이 많다. 이 가르침[法]은 눈에 보이는 것이며, 시간이 걸리지 않으며, 와서 보라고 할 수 있으며, 열반으로 이끌며, 현명한 사람들은 누구나 알 수 있는 것이다'라고 말씀하셨습니다."

6. "비구여, 세존께서는 왜 '쾌락은 시간이 걸리는 것이며, 더욱이 여기에는 근본적으로 괴로움이 많고 근심이 많다'라고 하셨는지요? 어찌하여 이 가르침은 눈에 보이는 것이며, 시간이 걸리지 않으며, 와서 보라고 할 수 있으며, 열반으로 이끌며, 현명한 사람들은 누구나 알 수 있는 것인지요?"

7. "존자여, 나는 최근에 출가하여 들어온 지가 얼마 되지 않은 신출내기입니다. 나는 사실 이 가르침과 율(律)을 자세하게 설명해 드릴 수가 없습니다. 아라한이시며 바른 깨달음을 이루신 세존께서 라자가하의 따뽀다 승원에 머물고 계십니다. 세존을 찾아가서 이 의미를 묻고, 세존께서 당신에게 설명해 주시면 그것을 받아 지니도록 하십시오!"

8. "비구여, 세존께서는 큰 위력이 있는 다른 천신들에게 둘러싸여 있기 때문에 우리는 세존께 가까이 가기가 어렵습니다. 비구여, 만약에 당신이 세존을 찾아가서 이 의미를 묻는다면, 우리는 가르침을 들으러 가겠습니다."

9.-16. 사밋디 존자는 그 천신에게 "존자여, 그렇게 하겠습니다"라고 대답하고 세존을 찾아갔습니다. 그는 세존을 찾아가 예배한 후 한쪽에 앉았습니다. 사밋디 존자는 천신을 만나서 함께 나눈 이야기를 세존께 자세히 말씀드린 후에 이렇게 말했습니다.

"세존이시여, 만약에 그 천신을 위하여 진실을 말씀하신다면, 그 천신은 이 근처에 올 것입니다."

17. 이와 같이 말씀드리자, 그 천신이 사밋디 존자에게 말했습니다.

"비구여, 질문하세요! 비구여, 질문하세요! 나는 여기에 와 있습니다."

18. 세존께서 그 천신에게 게송으로 말씀하셨습니다.

언어로 표현된 것을 생각으로 인식하고
언어로 표현된 것에 머물고
언어로 표현된 것을 이해하지 못하는
중생들은 죽음의 손아귀에 들어간다.

언어로 표현된 것을 이해하면
언어로 표현된 것으로[akkhātāraṃ][451] 자만하지 않는다.
그가 그런 일을 하지 않으면
그에게 허물이 있을 수 없다.

"야차여, 이 말의 뜻을 이해했다면 말해 보라!"

19. "세존이시여, 실로 저는 세존께서 간략하게 하신 말씀의 의미를 충분히 알지 못하겠습니다. 세존이시여, 부디 저에게 세존께서 간략하게 하신 말씀의 의미를 제가 충분히 알 수 있도록 이야기해주십시오!"

20.

동등하다. 우월하다. 열등하다.
자만하는 자들은 그것으로 다툰다.
세 가지에 동요하지 않는 사람은
같다거나 다르다고 생각하지 않는다.

"야차여, 이 말의 뜻을 이해했다면 말해 보라!"

21. "세존이시여, 저는 여전히 세존께서 간략히 하신 말씀의 의미를 충분히 알지 못하겠습니다. 세존이시여, 부디 저에게 세존께서 간략히 하신 말씀의 의미를 제가 충분히 알 수 있도록 이야기해주십시오!"

22.

명칭을 버리고 자만에 빠지지 않고,
이름과 형색[名色]에 대한 갈애[愛]를 끊고
결박을 끊고 동요하지 않고 욕망 없는 사람은
신들도 인간들도 찾을 수 없다.
이 세상에서도 저세상에서도
천상에서도 그 어느 곳에서도.

"야차여, 이 말의 뜻을 이해했다면 말해 보라!"

"세존이시여, 저는 세존께서 간략히 하신 말씀의 의미를 이와 같이 충분히 알았습니다."

일체의 세간에서 몸과 말과 마음으로
그 어떤 악행도 행하지 마라!
쾌락을 버리고 주의집중하고[satimā] 알아차리면서[sampajāno]
무익한 괴로움을 만들지 마라!

1.21. 칼날[Sattiyā] 〈s.1.21〉

세존께서 사왓티에 머무실 때, 한쪽에 선 천신이 세존 앞에서 게송을 읊으니 세존께서 게송으로 답하셨습니다.

내리치는 칼날을 피하듯이
머리에 붙은 불을 끄듯이
쾌락에 대한 탐욕을 버리기 위해
비구여, 주의집중을 하며 유행(遊行)하라!

451 'akkhātāraṃ'이 주석서에는 'akkhātānaṃ'으로 표기되어 있다.

내리치는 칼날을 피하듯이
머리에 붙은 불을 끄듯이
자신이 존재한다는 견해[有身見]를 버리기 위해
비구여, 주의집중을 하며 유행하라!

1.22. 접촉하다[Phusati] 〈s.1.22〉

접촉해서 안 될 것은 접촉하지 않고
접촉해야 할 것을 접촉해야 한다.
그러므로 타락하지 않고 해가 없는
그런 사람을 접촉해야 한다.

탐욕에서 벗어나 타락하지 않은
청정한 사람을 타락시키는
어리석은 사람에게 죄가 되돌아온다.
바람을 향해 던진 먼지처럼.

1.23. 뒤엉킴[Jaṭā] 〈s.1.23〉

안으로도 뒤엉키고 밖으로도 뒤엉켰네.
사람들은 온통 뒤엉켜 있네.
고따마여, 제가 묻습니다.
누가 뒤엉킴을 풀 수 있나요?

지혜를 갖추어 계(戒)에 굳게 머물면서
마음과 지혜를 닦는 사람
부지런하고 사려 깊은 비구
그가 이 뒤엉킴을 풀 수 있다.

탐욕도 버리고 분노도 버리고
무명(無明)마저 버린
번뇌가 소멸한 아라한
그에게 뒤엉킴이 풀린다.

이름[名]과 형색[色]을 소멸하고
지각대상과 형색[色]에 대한 생각을[452]
남김없이 소멸할 때
그때 뒤엉킴이 풀린다.

1.24. 마음 단속[Mano-nivāraṇā] 〈s.1.24〉

마음을 단속하면
괴로움이 오지 않는다.
언제나 마음을 단속하면
언제나 괴로움은 오지 않는다.

자제(自制)를 성취한 마음은
언제나 단속하지 않아도 된다.
사악한 마음이 일어날 때
그때그때 단속하면 된다.

1.25. 아라한(Arahaṃ) 〈s.1.25〉

번뇌를 소멸하고 최후신(最後身)을 지닌
아라한을 성취한 비구가
"내가 말한다"라고 말할 수 있고
"나에게 말한다"라고 말할 수 있을까요?

번뇌를 소멸하고 최후신을 지닌
아라한을 성취한 비구는
"내가 말한다"라고 말할 수 있고
"나에게 말한다"라고 말할 수 있다.
세상에 통용되는 명칭을 잘 알아서

452 'paṭighaṃ rūpasaññā ca'의 번역.

적절하게 사용하여 말할 수 있다.

번뇌를 소멸하고 최후신을 지닌
아라한을 성취한 비구가
아만에 빠져서
"내가 말한다"라고 말하고
"나에게 말한다"라고 말하는 게 아닐까요?

아만을 버린 사람에게는 결박이 없다.
아만의 결박이 모두 파괴되었다.
아만을 벗어난 현명한 그는
"내가 말한다"라고 말할 수 있고
"나에게 말한다"라고 말할 수 있다.
세상에 통용되는 명칭을 잘 알아서
적절하게 사용하여 말할 수 있다.

1.26. 빛[Pajjoto] 〈s.1.26〉

세상에는 빛이 몇 가지나 있어서
그것이 세상을 비추나요?
세존께 묻기 위해 우리는 왔습니다.
우리에게 그것을 알려 주세요.

세상에는 네 가지 빛이 있다.
여기에 다섯째는 보이지 않는다.
낮에는 태양이 빛나고
밤에는 달이 빛난다.

불은 밤이나 낮이나
여기저기를 비춘다.
비추는 것 중에 최고는 바른 깨달음[正覺]
이다.
그보다 뛰어난 광명은 없다.

1.27. 흐름[Sarā] 〈s.1.27〉

흐름은 어디에서 멈추나요?
소용돌이는 어디에서 돌지 않나요?
이름[名]과 형색[色]은 어디에서
남김없이 소멸하나요?

지(地), 수(水), 화(火), 풍(風)
4대(四大)가 기반을 잃으면
그 결과 흐름이 멈추고
여기에서 소용돌이가 돌지 않고
여기에서 이름과 형색이
남김없이 소멸한다.[453]

1.28. 큰 재산[Mahaddhana] 〈s.1.28〉

큰 재산이 있고 큰 재물이 있고
왕국을 가진 크샤트리아도
쾌락에 만족하지 못하고
서로서로 탐을 냅니다.

탐욕에서 생긴[ussukkajātesu]
존재의 흐름을 따르는 자들 가운데
누가 탐욕과 갈애[愛]를 버리고
세간에서 애쓰지 않나요?

---

453 『디가 니까야』「11. 께왓다경」에서는 "식(識)을 모두 버릴 때 지(地)·수(水)·화(火)·풍(風)은 기반을 잃고, 여기에서 길고 짧음·가볍고 무거움·깨끗함과 더러움은 기반을 잃고, 여기에서 이름과 형태는 남김없이 소멸된다"라고 이야기한다.

탐욕과 분노를 버리고
무명(無明)도 제거하여
번뇌를 소멸한 아라한들
그들이 세간에서 애쓰지 않는다.

1.29. 네 바퀴 수레[Catucakka] 〈s.1.29〉

문이 아홉 달린 네 바퀴 수레
가득 찬 탐욕에 묶여 있네.
진흙에서 태어난 위대한 영웅이여!
어떻게 하면 나올 수가 있나요?

환락의 가죽끈을 끊고
사악한 욕망과 탐욕을 끊고
갈애를 뿌리째 뽑으면
그러면 그는 나올 수 있다.

1.30. 사슴 장딴지[Enijaṅgha] 〈s.1.30〉

소식(小食)하며 맛을 탐하지 않고
사자나 용상(龍象)처럼 혼자서 가며
감각적 욕망을 바라지 않는
장딴지가 사슴 같은[enijaṅghaṃ][454] 여윈 영웅을
우리가 찾아와서 묻습니다.
어찌하면 괴로움에서 벗어날까요?

세상에는 다섯 가지 쾌락이 있고
마음은 여섯째로 알려졌다.
여기에서 욕구를 버리면
괴로움에서 벗어난다.

1.31. 참사람과 함께하면[Sabbhi] 〈s.1.31〉

1. 이와 같이 나는 들었습니다.

한때 세존께서는 사왓티의 제따와나 아나타삔디까 승원에 머무셨습니다.

2. 그때 밤이 지나자 많은 사뚤라빠까이까 천신들이 눈부신 용모로 제따와나를 환히 밝히면서 세존을 찾아와 예배한 후 한쪽에 섰습니다.

3. 한쪽에 선 한 천신이 세존 앞에서 이 게송을 읊었습니다.

참사람[santa]과 함께 지내야 한다네.
참사람과 사귀어야 한다네.
참사람의 참된 가르침을 알면
더 나아지고, 더는 나빠지지 않는다네.

4. 그러자 다른 천신이 세존 앞에서 이 게송을 읊었습니다.

참사람과 함께 지내야 한다네.
참사람과 사귀어야 한다네.
참사람의 참된 가르침을 알면
다른 데서는 얻을 수 없는 통찰지[般若]를 얻는다네.

5. 그러자 다른 천신이 세존 앞에서 이 게송을 읊었습니다.

참사람과 함께 지내야 한다네.
참사람과 사귀어야 한다네.
참사람의 참된 가르침을 알면
슬픔 가운데서 슬퍼하지 않는다네.

---

454 'enijaṅgha'는 부처님의 32상(相) 가운데 '천여녹왕상(腨如鹿王相)', 즉 '장딴지가 사슴 같은 상호'이다.

6. 그러자 다른 천신이 세존 앞에서 이 게송을 읊었습니다.

참사람과 함께 지내야 한다네.
참사람과 사귀어야 한다네.
참사람의 참된 가르침을 알면
친족 가운데서 빛난다네.

7. 그러자 다른 천신이 세존 앞에서 이 게송을 읊었습니다.

참사람과 함께 지내야 한다네.
참사람과 사귀어야 한다네.
참사람의 참된 가르침을 알면
중생들은 행복한 곳에 도달한다네.

8. 그러자 다른 천신이 세존 앞에서 이 게송을 읊었습니다.

참사람과 함께 지내야 한다네.
참사람과 사귀어야 한다네.
참사람의 참된 가르침을 알면
중생들은 행복한 곳에 안주한다네.

9. 그러자 다른 천신이 세존께 말씀드렸습니다.

"세존이시여, 누가 잘 이야기했습니까?"

"그대들은 모두 좋은 법문을 설했다. 그대들은 이제 나의 말을 들어 보라!"

참사람과 함께 지내야 한다.
참사람과 사귀어야 한다.
참사람의 참된 가르침을 알면
모든 괴로움에서 벗어난다.

1.32. 인색한 사람[Macchari] 〈s.1.32〉

1. 이와 같이 나는 들었습니다.

한때 세존께서는 사왓티의 제따와나 아나타삔디까 승원에 머무셨습니다.

2. 그때 밤이 지나자 많은 사뚤라빠까이까 천신들이 눈부신 용모로 제따와나를 환히 밝히면서 세존을 찾아와 예배한 후 한쪽에 섰습니다.

3. 한쪽에 선 한 천신이 세존 앞에서 이 게송을 읊었습니다.

인색하고 게을러서
보시하지 않는다네.
복(福)을 바란다면
보시해야 한다는 것을 알아야 하리.

4. 그러자 다른 천신이 세존 앞에서 이 게송을 읊었습니다.

인색한 사람은 두려워서 보시하지 않는다네.
보시하지 못하는 두려움은
가난과 굶주림이라네.
인색한 사람은 그것을 두려워하지만
이 세상과 다음 세상에서
어리석은 사람은 그것을 겪는다네.

그러므로 두려움을 버려야 한다네.
못된 생각[mala][455] 극복하고 보시해야 한

455 '더러운 먼지'를 의미하는 'mala'를 '못된 생각'으로 번역함.

다네.
많은 복(福)이 다음 세상에서
생명들의 의지처라네.

5. 그러자 다른 천신이 세존 앞에서 이 게송을 읊었습니다.

함께 길을 가는 길동무처럼
적지만 베푸는 사람들은
죽는 자 가운데서 죽지 않는다네.
이것이 만고의 진리라네.
어떤 사람들은 적지만 베풀고
어떤 사람들은 많지만 베풀지 않네.
적지만 공양을 베풀면
그 공덕이 천 배가 된다네.

6. 그러자 다른 천신이 세존 앞에서 이 게송을 읊었습니다.

주기 어려운 것을 베풀어 주는
행하기 어려운 일을 해야 한다네.
진실하지 않으면 행할 수 없다네.
따르기 어렵지만 참사람들의 의무라네.
그래서 참사람과 진실하지 않은 사람은
여기에서 가는 곳이 다르다네.
진실하지 않은 사람 지옥[nirayaṃ]으로 가고
참사람들은 천상(天上, saggaparāyana)으로 간다네.

7. 그러자 다른 천신이 세존께 말씀드렸습니다.

"세존이시여, 누가 잘 이야기했습니까?"

"그대들은 모두 좋은 법문을 설했다. 그대들은 이제 나의 말을 들어 보라!"

이삭을 주워서 아내를 돌보고
적은 살림 가운데서 보시의 의무를 실천한다면
억만 번의 제사를 올리는 것은
거기에 비하면 하잘것없다.

8. 그러자 다른 천신이 세존께 게송으로 말씀드렸습니다.

어찌하여 크고 성대한 이 제사가
올바른 보시가 되지 못하며
억만 번의 제사를 올리는 것이
거기에 비하면 하잘것없나요?

9. 그러자 세존께서 그 천신에게 게송으로 말씀하셨습니다.

어떤 사람들은 옳지 않게 보시한다.
자르고 죽여서 슬프게 한다.
희생물들은 눈물에 젖어 말뚝에 묶여 있다.
그것은 올바른 보시가 되지 못한다.
이렇게 억만 번의 제사를 올려도
거기에 비하면 하잘것없다.

1.33. 훌륭한 것[Sādhu] 〈s.1.33〉

1. 이와 같이 나는 들었습니다.

한때 세존께서는 사왓티의 제따와나 아나타삔디까 승원에 머무셨습니다.

2. 그때 밤이 지나자 많은 사뚤라빠까이까 천신들이 눈부신 용모로 제따와나를 환히 밝히면서 세존을 찾아와 예배한 후 한쪽에 섰습니다.

3. 한쪽에 선 한 천신이 세존 앞에서 이 우다

나(udāna)[456]를 읊었습니다.

스승님! 보시는 훌륭한 것입니다.
인색하고 게으르면
이런 보시를 할 수 없습니다.
복을 바란다면
보시할 줄 알아야 합니다.

4. 그러자 다른 천신이 세존 앞에서 이 우다나를 읊었습니다.

스승님! 보시는 훌륭한 것입니다.
적을 때의 보시는 더욱 훌륭합니다.
어떤 사람들은 적지만 베풀고
어떤 사람들은 많지만 베풀지 않습니다.
적을 때 베푸는 보시는
공덕이 천 배가 됩니다.

5. 그러자 다른 천신이 세존 앞에서 이 우다나를 읊었습니다.

스승님! 보시는 훌륭한 것입니다.
적을 때의 보시도 훌륭하지만
확신에 찬 보시는 더욱 훌륭합니다.
보시와 전쟁은 같다고 했습니다.
소수의 정예군(精銳軍)이 대군(大軍)을 무찌르듯
확신을 가지고 적지만 보시하면
그도 행복하고 다른 사람도 이롭습니다.

6. 그러자 다른 천신이 세존 앞에서 이 우다나를 읊었습니다.

스승님! 보시는 훌륭한 것입니다.
적을 때의 보시도 훌륭하고
확신에 찬 보시도 훌륭하지만
정당하게 얻은 것을 보시하면 더욱 훌륭합니다.
힘써 노력하여 정당하게 얻은 것을
베풀어 보시하는 사람은
야마천의 웨따라니(Vetaraṇī)강을 건너[457]
죽어서 천신들이 사는 곳으로 갑니다.

7. 그러자 다른 천신이 세존 앞에서 이 우다나를 읊었습니다.

스승님! 보시는 훌륭한 것입니다.
적을 때의 보시도 훌륭하고
확신에 찬 보시도 훌륭하고
정당하게 얻은 것을 보시해도 훌륭하지만
잘 살펴서 적절하게 보시하면 더욱 훌륭합니다.
선서(善逝)께서는 적절한 보시를 칭찬하셨습니다.
이 생명의 세계에서 공양을 받을 만한 사람들
이런 사람들에게 보시하면 큰 과보(果報)가 있습니다.
좋은 밭에 뿌린 씨앗들처럼.

456 'udāna'는 '감동하여 읊는 시(詩)'를 의미한다. '게송(偈頌)'으로 번역한 'gātha'와 구별하기 위하여 '우다나'로 음사하였다.

457 야마천은 죽은 자들이 가는 세계이며, 웨따라니강은 그곳에 있는 강이다. 잿물이 흐르는 강이라고 하여 회하(灰河)라고도 한다.

8. 그러자 다른 천신이 세존 앞에서 이 우다나를 읊었습니다.

스승님! 보시는 훌륭한 것입니다.
적을 때의 보시도 훌륭하고
확신에 찬 보시도 훌륭하고
정당하게 얻은 것을 보시해도 훌륭하고
잘 살펴서 적절하게 보시해도 훌륭하지만
생명에 대하여 자제하면 더욱 훌륭합니다.[458]
생명 있는 존재들을 괴롭히지 않고
타인의 비난에 악행(惡行)을 하지 않는
참사람들은
용감하게 두려움을 거부하며
두려움 때문에 악행을 하지 않습니다.

9. 그러자 다른 천신이 세존께 말씀드렸습니다.

"세존이시여, 누가 잘 이야기했습니까?"
"그대들은 모두 좋은 법문을 설했다. 그대들은 이제 나의 말을 들어 보라!"

확신으로 행하는 보시는 크게 칭찬받아 마땅하지만
진리의 말씀[dhammapada, 法句]을 보시하는 것이 더 훌륭하다.[459]
이전에도 그 이전에도 참사람들이
지혜를 지닌 사람들이 열반에 도달했다.

1.34. 그런 것은 없다[Na santi] 〈s.1.34〉

1. 이와 같이 나는 들었습니다.

한때 세존께서는 사왓티의 제따와나 아나타삔디까 승원에 머무셨습니다.

2. 그때 밤이 지나자 많은 사뚤라빠까이까 천신들이 눈부신 용모로 제따와나를 환히 밝히면서 세존을 찾아와 예배한 후 한쪽에 섰습니다.

3. 한쪽에 선 한 천신이 세존 앞에서 이 게송을 읊었습니다.

인간에게 지속하는[niccā] 감각적 욕망[kāmā]은 없다네.
세상 사람들은 매력적인 감각적 욕망에 사로잡혀 있다네.
방일하는 사람은 감각적 욕망으로 다시 돌아가
죽음의 영역에서 돌아오지 못한다네.
불행은 욕망에서 생기는 것
괴로움은 욕망에서 생기는 것
욕망을 없애야 불행이 없어지고
욕망을 없애야 괴로움이 사라진다네.

세간의 감각적 욕망은 여러 가지가 아니라네.
탐욕이 바라는 것[saṅkapparāgo]이 인간의 감각적 욕망이라네.
세간에는 아름다운 것들이 있지만
현자들은 그에 대한 욕심을 버린다네.

성냄도 벗어 놓고 아만(我慢)도 내던지고
일체의 속박을 벗어나야 한다네.

---

458 살아 있는 것들에게 두려움을 없애 주는 무외시(無畏施)를 의미한다.

459 여러 가지 보시 가운데 법시(法施)가 가장 훌륭하다는 의미이다.

이름과 형색[名色]에 집착하지 않는
아무것도 없는 사람에게는 괴로움이 따르지 않는다네.

명칭을 버리고 자만에 빠지지 않고
이름과 형색에 대한 갈애[愛]를 끊고
결박을 끊고 동요하지 않고 욕망 없는 사람은
신들도 인간들도 찾을 수 없다네.
이 세상에서도 저세상에서도
천상에서도 그 어느 곳에서도.[460]

모가라자(Mogharāja) 존자가 말하기를

신들과 인간들이 이 세상이나 저세상에서
만약 그렇게 해탈한 사람을 보지 못했다면
선을 행한 사람들 가운데서 가장 훌륭한
그 사람을 존경하는 사람들은 칭찬받아 마땅합니다.

세존께서 말씀하시기를

모가라자여! 그렇게 해탈한 사람을
존경하는 비구들도 칭찬받아 마땅하다.
가르침을 완전히 이해하고 의혹을 버림으로써
그 비구들도 집착에서 벗어난다.

1.35. 불평하는 자들[Ujjhāsaññino] 〈s.1.35〉

1. 이와 같이 나는 들었습니다.

한때 세존께서는 사왓티의 제따와나 아나타삔디까 승원에 머무셨습니다.

2. 그때 밤이 지나자 많은 불평하기 좋아하는 천신들이 눈부신 용모로 제따와나를 환히 밝히면서 세존을 찾아와서 허공에 섰습니다.
3. 허공에 선 한 천신이 세존 앞에서 이 게송을 읊었습니다.

자신의 진실을 사실과
다르게 말하는 사람은
사기꾼이 속임수로
도둑질하여 먹는 것과 같다네.

행할 수 있는 것을 말하고
행할 수 없는 것을 말해서는 안 된다네.
행하지 않은 것을 말하는 것을
지혜로운 사람들은 다 안다네.

(세존께서 게송으로 답하셨습니다.)

이것은 단지 말뿐이거나
듣는 것만이 아니라
진실로 따를 수 있는 확고한 길이다.
이것으로 현명한 선정수행자들은
죽음의 속박에서 벗어난다.

현자들은 세간의 이치를 알고서
세간의 일을 하지 않는다.
구경지(究竟智)로 번뇌를 소멸한 현자들은
세간에 대한 집착을 초월했다.

4. 그러자 그 천신들은 땅에 내려서서 세존의 발에 머리를 조아려 예배하고 세존께 말씀드렸습니다.

460 「1.20. 사밋디(Samiddhi)경」〈s.1.20〉에도 같은 내용의 게송이 나온다.

"세존이시여, 우리가 과오(過誤)를 범했습니다. 바보처럼, 장님처럼, 못된 사람처럼, 우리는 세존을 비난하려고 하면서 믿지 않았습니다. 세존이시여, 그 점에 대하여 앞으로는 자제하겠으니 세존께서는 우리의 과오를 용서해 주십시오!"

5. 세존께서는 미소를 보이셨습니다.

6. 그러자 그 천신들은 크게 불평하면서 하늘로 올라갔습니다.

7. 한 천신이 세존 앞에서 이 게송을 읊었습니다.

과오를 참회하는데
이것을 용서하지 않고
고약하게 분노를 품은 자는
원한에 묶인다네.

만약에 과오가 없다면
이 세상에서 죽을 자가 누가 있겠는가?
원한을 그치지 않는다면
이 세상에서 누구를 착하다 하겠는가?

누구에게 과오가 없을 것이며
누구에게 죽음이 없을 것인가?
누가 어리석은 일을 저지르지 않으며
누가 언제나 현명하고 착한 사람이란 말인가?

(세존께서 게송으로 답하셨습니다.)

모든 존재를 연민하는
여래에게는 붓다에게는
그에게는 과오가 없으며
그에게는 죽음이 없다.
그는 어리석은 일을 저지르지 않으며
그는 언제나 현명하고 착하다.

과오를 참회하는데
이것을 용서하지 않고
고약하게 분노를 품은 자는
원한에 묶인다.
나는 원한을 좋아하지 않으며
그대들의 과오를 용서했다.

1.36. 확신(確信, Saddhā) 〈s.1.36〉

1. 이와 같이 나는 들었습니다.

한때 세존께서는 사왓티의 제따와나 아나타삔디까 승원에 머무셨습니다.

2. 그때 밤이 지나자 많은 사뚤라빠까이까 천신들이 눈부신 용모로 제따와나를 환히 밝히면서 세존을 찾아와 예배한 후 한쪽에 섰습니다.

3. 한쪽에 선 한 천신이 세존 앞에서 이 게송을 읊었습니다.

확신(確信)이 인간의 동반자라네
불신(不信)에 머물지 않으면
그에게 성공과 명성이 있고
몸을 버린 다음에는 천상에 간다네.

성냄도 벗어 놓고 아만도 내던지고
일체의 속박을 벗어나야 한다네.
이름과 형색[名色]에 집착이 없는
아무것도 없는 사람에게는 집착이 따르지 않는다네.

(세존께서 게송으로 답하셨습니다.)

현명하지 못한 어리석은 사람들은
게으름에 빠진다.
현명한 사람들은 부지런함을
최상의 재물처럼 지킨다.
게으름에 빠지지 마라!
감각적 욕망을 탐닉하지 말고 멀리하라!
부지런히 선정을 닦으면
최상의 행복을 얻는다.

1.37. 집회[Samayo] 〈s.1.37〉

1. 이와 같이 나는 들었습니다.

한때 세존께서는 삭까(Sakka)족의 까삘라왓투(Kapilavatthu)에 있는 큰 숲에서 모두가 아라한인 5백 명의 큰 비구상가와 함께 머무셨습니다. 그때 시방세계 대부분의 천신들이 세존과 비구상가를 보기 위해 모였습니다.

2. 그때 수다와사(Suddhāvāsa, 淨居天)의 무리에 속하는 네 명의 천신들은 이렇게 생각했습니다.

'지금 세존께서 삭까족의 까삘라왓투에 있는 큰 숲에서 모두가 아라한인 5백 명의 큰 비구상가와 함께 머물고 계시는데, 시방세계 대부분의 천신들이 세존과 비구상가를 보기 위해 모였다. 우리도 세존을 찾아가서 세존 앞에서 각자의 게송을 읊도록 하자!'

3. 그 천신들은 마치 건장한 사람이 굽혀진 팔을 펴거나 펴진 팔을 굽히듯이, 이와 같이 삽시간에 수다와사를 떠나 세존 앞에 나타났습니다.

4. 그 천신들은 세존께 예배한 후 한쪽에 섰습니다.

한쪽에 선 한 천신이 세존 앞에서 이 게송을 읊었습니다.

큰 대중이 모인 총림(叢林)에
천신의 무리가 모였네.
우리도 이 법회에 왔다네.
무적(無敵)의 상가[僧伽]를 보기 위하여.

5. 그러자 다른 천신이 세존 앞에서 이 게송을 읊었습니다.

비구들은 그곳에서 삼매에 들어
자신의 마음을 바로잡았네.
마부들이 고삐를 움켜잡듯이
현자들은 지각활동을 지켜본다네.

6. 그러자 다른 천신이 세존 앞에서 이 게송을 읊었습니다.

가시를 뽑고 빗장을 풀고
인드라의 말뚝을 뽑고 동요하지 않고
그들은 청정무구하게 살아간다네.
잘 길들여진 지혜로운 어린 코끼리처럼.

7. 그러자 다른 천신이 세존 앞에서 이 게송을 읊었습니다.

붓다에게 귀의한 그들은
지옥에 가지 않는다네.
사람의 몸을 버리고
천신의 몸을 성취한다네.

1.38. 불이 났을 때[Ādittaṃ] 〈s.1.41〉

이와 같이 나는 들었습니다.

한때 세존께서는 사왓티의 제따와나 아나타삔디까 승원에 머무셨습니다.

그때 밤이 지나자 많은 어떤 천신들이 눈부신 용모로 제따와나를 환히 밝히면서 세존을 찾아와 예배한 후 한쪽에 섰습니다.

한쪽에 선 그 천신이 세존 앞에서 이 게송을 읊었습니다.

집에 불이 났을 때는
살림살이를 구해 내야 한다네.
그곳에서 살림살이가
불에 타지 않도록.

이와 같이 세상은
늙음과 죽음으로 불타고 있으니
보시하여 구해 내야 한다네.
보시가 좋은 구제책(救濟策)이라네.

보시하면 행복한 과보가 있다네.
보시하지 않으면 그렇지 않다네.
도적이나 왕들이 빼앗아 가고
불에 타서 소실된다네.

몸과 가진 재산은
종국에는 버려진다네.
현명한 사람들아! 이것을 알아서
즐겨 보시하라!
힘닿는 데로 즐겨 보시하면
즉시에 천상에 도달한다네.

1.39. 무엇을 주는 것이[Kiṃdada] 〈s.1.42〉

무엇을 주는 것이 힘을 주는 것인가요?
무엇을 주는 것이 미모(美貌)를 주는 것인가요?
무엇을 주는 것이 안락을 주는 것인가요?
무엇을 주는 것이 눈을 주는 것인가요?
그리고 모든 것을 주는 사람은 누구인가요?
제 질문에 답을 주세요.

음식을 주는 것이 힘을 주는 것이다.
옷을 주는 것이 미모를 주는 것이다.
수레를 주는 것이 안락을 주는 것이다.
등을 주는 것이 눈을 주는 것이다.
살 곳을 주는 사람이
모든 것을 주는 사람이다.
그리고 진리를 가르쳐 주는 사람은
불사(不死)의 감로(甘露)[amataṃ][461]를 주는 사람이다.

1.40. 천녀(天女, Accharā) 〈s.1.46〉

천녀들이 무리 지어 노래 부르고
악령들이 무리 지어 출몰하는 곳
그 숲의 이름은 미혹(迷惑)이라네.
어떻게 그곳에서 벗어날 수 있을까요?

(세존께서 게송으로 답하셨습니다.)

그 길은 올바르고
사방은 위험이 없으며
진리의 수레바퀴가 달린
수레는 삐걱대지 않는다.

461 'amata'는 '죽음'을 의미하는 'mata'에 부정 접두사 'a'가 결합한 것으로서 먹으면 죽지 않는 음식을 의미하며, '감로(甘露)'로 한역된다. 이 두 의미를 살려서 '불사(不死)의 감로'로 번역했다. 여기에서는 열반(涅槃)을 의미한다.

부끄러움이 그 수레의 제어(制御) 장치다.
주의집중이 그 수레의 장막(帳幕)이다.
나는 진리를 마부라고 부르고
바른 견해[正見]를 선도자(先導者)라고 부른다.

여자든 남자든
이러한 수레를 타면
이 수레에 의해서
열반으로 간다.

1.41. 숲을 가꾸면[Vanaropa] 〈s.1.47〉

어떤 사람들에게 낮이나 밤이나
언제나 공덕이 늘어나나요?
가르침에 머물면서 계행(戒行)을 구족하면
어떤 사람들이 행복한 곳으로 가나요?

승원을 가꾸고 숲을 가꾸고
사람들을 위하여 다리를 만들고
샘과 우물을 만들고
살 곳을 주는 사람들
그들에게 낮이나 밤이나
언제나 공덕이 늘어난다.
가르침에 머물면서 계행을 구족하면
그 사람들이 행복한 곳으로 간다.

1.42. 제따와나(Jetavana) 〈s.1.48〉

이곳 제따와나는 축복의 땅.
선인(仙人)들의 상가[僧伽]가 실현된 곳.
법왕(法王)께서 사시는 곳.
나에게 희열이 생기네.

업보(業報)와 명지(明智)의 가르침[法]
계행(戒行)을 실천하는 최상의 생활
인간은 이것으로 청정해진다.
가문이나 재산에 의해서가 아니다.

그러므로 현명한 사람이
자신의 이익을 생각하여
이치에맞게가르침[dhammaṃ]을탐구하면
이와 같이 그곳에서 청정해진다.

통찰지[般若]와 계행과 적정(寂靜)으로
피안(彼岸)에 도달한
사리뿟따(Sāriputta)처럼
이렇게 피안에 도달한 비구가
가장 훌륭한 비구다.

1.43. 구두쇠[Macchari] 〈s.1.49〉

이 세상의 구두쇠들
다른 사람에게 베푸는 것에 대하여
인색하고 험담하고
방해하는 사람들

그들의 과보는 어떤 세상인가요?
그들의 미래는 어떤 세상인가요?
우리는 세존께 묻기 위해 왔습니다.
어떻게 되는지 알고 싶습니다.

이 세상의 구두쇠들
다른 사람에게 베푸는 것에 대하여
인색하고 험담하고
방해하는 사람들
그들은 지옥이나 축생의 자궁이나
죽음의 세계에 태어난다.

만약에 인간으로 돌아온다면
빈천한 집안에 태어난다.
옷이나 음식이나 환락이나 오락
이런 것은 얻기 어렵고
그 어리석은 사람이 바라는 것은
더더욱 얻을 수 없다.
현재에도 그 과보를 받고
미래에도 불행에 빠지게 된다.
이와 같은 말씀을 우리는 이해했습니다.
고따마여, 다른 것을 묻고자 합니다.
이 세상에서 인간의 몸을 얻어
인색하지 않고 관대한 사람들
부처님과 가르침과 상가에 대하여
청정한 신심을가지고 깊이 공경하는사람들
그들의 과보는 어떤 세상인가요?
그들의 미래는 어떤 세상인가요?
우리는 세존께 묻기 위해 왔습니다.
어떻게 되는지 알고 싶습니다.

이 세상에서 인간의 몸을 얻어
인색하지 않고 관대한 사람들
부처님과 가르침과 상가에 대하여
청정한 신심을가지고 깊이 공경하는사람들
그들은 다시 태어나면
행복한 곳에 태어난다.
만약에 인간으로 돌아온다면
부귀한 집안에 태어난다.
옷이나 음식이나 환락이나 오락
이런 것을 얻기는 어렵지 않고
자재천(自在天)과 같은
풍요로움을 누리게 된다.
지금 여기에서 그 과보를 받고
미래에도 행복을 누리게 된다.

1.44. 노년[Jarā] 〈s.1.51〉

노년(老年)까지 좋은 것은 무엇인가요?
좋은 의지처는 무엇인가요?
인간의 보물은 무엇인가요?
도둑맞지 않는 것은 무엇인가요?

노년까지 좋은 것은 계행[sīla]이다.
좋은 의지처는 확신[saddhā]이다.
인간의 보물은 통찰지[paññā, 般若]다.
도둑맞지 않는 것은 공덕(功德, puñña)이다.

1.45. 젊을 때[Ajarasā] 〈s.1.52〉

젊을 때 좋은 것은 무엇인가요?
어떤 것이 행복을 보장하나요?
인간의 보물은 무엇인가요?
도둑맞지 않는 것은 무엇인가요?

젊을 때 좋은 것은 계행이다.
확신이 행복을 보장한다.
인간의 보물은 통찰지다.
도둑맞지 않는 것은 공덕이다.

1.46. 벗[Mittaṃ] 〈s.1.53〉

길 떠나면 누가 벗이 되나요?
집안에선 누가 벗이 되나요?
일 생기면 누가 벗이 되나요?
앞날에는 무엇이 벗이 되나요?

길 떠나면 길동무가 벗이 된다.
집안에선 어머니가 벗이 된다.
좋은 일이나 궂은일이나 일 생기면 동료가
벗이 된다.

앞날에는 자신이 지은 공덕이 벗이 된다.

1.47. 비탕[Vatthu] 〈s.1.54〉

인간의 바탕은 무엇인가요?
최상의 친구는 누구인가요?
땅에 의존해 살아가는 생명들은
무엇이 있어서 생육(生育)하나요?

인간의 바탕은 아이들이다.
최상의 친구는 부부[462]다.
땅에 의존해 살아가는 생명들은
비가 있어서 생육한다.

1.48. 이름[Nāmaṃ] 〈s.1.61〉

무엇이 일체(一切)를 지배했나요?
가장 높은 것은 무엇인가요?
일체를 통제하는
유일한 법(法)은 무엇인가요?

이름[nāmam,名]이 일체를 지배했다.
가장 높은 것은 이름이다.
일체를 통제하는
유일한 법은 이름이다.

1.49. 마음[Cittaṃ] 〈s.1.62〉

세간은 무엇에 의해 끌려가나요?
무엇에 의해 이리저리 끌려다니나요?
일체를 통제하는
유일한 법은 무엇인가요?

세간은 마음에 의해 끌려간다.
마음에 의해 이리저리 끌려다닌다.
일체를 통제하는
유일한 법은 마음이다.

1.50. 갈애[愛, Taṇhā] 〈s.1.63〉

세간은 무엇에 끌려가나요?
무엇에 의해 이리저리 끌려다니나요?
모든 것을 통제하는
유일한 법은 무엇인가요?

세간은 갈애[愛]에 끌려간다.
갈애에 의해 이리저리 끌려다닌다.
(세간의) 모든 것을 통제하는
유일한 법은 갈애다.

1.51. 속박하는 것[Saṃyojana] 〈s.1.64〉

무엇이 세간을 속박하나요?
무엇이 그것을 찾아다니나요?
무엇을 버려야
열반이라고 부르나요?

환희(歡喜, nandī)가 세간을 속박한다.
사유(思惟, vitakka)가 그것을 찾아다닌다.
갈애[愛]를 버려야
열반이라고 불린다.

1.52. 결박하는 것[Bandhana] 〈s.1.65〉

무엇이 세간을 결박하나요?

---

462 부부는 서로 좋은 친구라는 의미에서 '아내'를 의미하는 'bhariyā'를 '부부'로 번역함.

무엇이 그것을 찾아다니나요?
무엇을 버려야만
일체의 결박을 끊어 내나요?

환희가 세간을 결박한다.
사유가 그것을 찾아다닌다.
갈애를 버려야만
일체의 결박을 끊어 낸다.

1.53. 공격하는 것[Abbhāhata] 〈s.1.66〉

무엇이 세간을 공격하고 있나요?
무엇이 세간을 포위하고 있나요?
어떤 화살을 맞았나요?
항상 어떤 연기가 자욱하나요?

죽음이 세간을 공격하고 있다.
늙음이 세간을 포위하고 있다.
갈애의 화살을 맞았다.
항상 욕망의 연기가 자욱하다.

1.54. 묶고 있는 것[Uḍḍito] 〈s.1.67〉

무엇이 세간을 묶고 있나요?
무엇이 세간을 포위하고 있나요?
무엇이 세간을 덮고 있나요?
세간은 어떤 것 속에 있나요?

갈애가 세간을 묶고 있다.
늙음이 세간을 포위하고 있다.
죽음이 세간을 덮고 있다.
세간은 괴로움 속에 있다.

1.55. 덮고 있는 것[Pihito] 〈s.1.68〉

무엇이 세간을 덮고 있나요?
세간은 어떤 것 속에 있나요?
무엇이 세간을 묶고 있나요?
무엇이 세간을 포위하고 있나요?

죽음이 세간을 덮고 있다.
세간은 괴로움 속에 있다.
갈애가 세간을 묶고 있다.
늙음이 세간을 포위하고 있다.

1.56. 욕망[Icchā] 〈s.1.69〉

세간은 무엇에 붙잡혀 있나요?
어떤 굴레에서 벗어나야 하나요?
무엇을 버려야
일체의 결박을 끊게 되나요?

세간은 욕망에 붙잡혀 있다.
욕망의 굴레에서 벗어나야 한다.
욕망을 버려야만
일체의 결박을 끊게 된다.

1.57. 세간[Loka] 〈s.1.70〉

세간은 어디에서 생겼나요?
어디에서 교제(交際)를 하나요?
무엇이 세간을 붙들고 있나요?
세간은 어디에서 고난을 겪나요?

세간은 여섯[463]에서 생겨났다.
여섯에서 교제를 한다.

463 '여섯'은 6입처(六入處)를 의미한다.

여섯이 세간을 붙들고 있다.
세간은 여섯에서 고난을 겪는다.

1.58. 끊음[Chetvā] 〈s.1.71〉

무엇을 끊어야 행복하게 지내나요?
무엇을 끊어야 슬퍼하지 않나요?
고따마여! 죽이는 것을 당신이 허락하시는
유일한 것은 무엇인가요?

화를 끊어야 행복하게 지낸다.
화를 끊어야 슬퍼하지 않는다.
천신이여! 달콤하기 그지없지만
뿌리에 독이 있는 화를 죽이면
성인(聖人)들은 그것을 찬탄한다.
그것을 끊어야 슬퍼하지 않는다.

1.59. 재산[Vitta] 〈s.1.73〉

무엇이 인간에게 최상의 재산인가요?
무엇을 잘 실천하면 행복이 오나요?
무엇보다 감미로운 맛은 어떤 것인가요?
어떻게 사는 것이 최상의 삶인가요?
확신이 인간에게 최상의 재산이다.
가르침을 잘 실천하면 행복이 온다.
진리[464]가 무엇보다 감미로운 맛이다.
반야로 통찰하는 삶이 최상의 삶이다.

1.60. 비[Vuṭṭhi] 〈s.1.74〉

올라오는 것은 무엇이 최상인가요?
내려오는 것은 무엇이 최상인가요?
돌아다니는 것은 무엇이 최상인가요?
말하는 것은 무엇이 최상인가요?

(다른 천신이 답했습니다.)

올라오는 것은 종자(種子)가 최상이라네.
내려오는 것은 비가 최상이라네.
돌아다니는 것은 황소가 최상이라네.
말하는 것은 자식(子息)이 최상이라네.

(세존께서 답하셨습니다.)

올라오는 것은 명지(明智)가 최상이다.
내려오는 것은 무명(無明)이 최상이다.
돌아다니는 것은 상가[僧伽]가 최상이다.
말하는 것은 깨달은 사람이 최상이다.

1.61. 위하여[Kāma] 〈s.1.78〉

이익을 위하여 내주어서 안 되는 것은 무엇인가요?
사람이 포기해서 안되는것은 무엇인가요?
무엇에서 해탈해야 훌륭하고
해탈하지 못하면 사악한가요?

사람은 자기를 내주어서는 안 된다.
자기를 포기해서는 안 된다.
언어(言語)를 벗어나야 훌륭하다.[465]
벗어나지 못하면 사악하다.

---

464 'saccam'의 번역. 4성제(四聖諦)를 의미한다.

465 탐욕과 사악한 불선법(不善法)을 버리고 초선(初禪)을 닦으면 언어(言語)가 적멸한다.

제2 천자(天子, Devaputta) 상윳따

1.62. 수브라만(Subrahmā) 〈s.2.17〉

한쪽에 선 수브라만(Subrahmā) 천자(天子)가 세존께 게송으로 말을 걸었습니다.

이 마음[cittaṃ] 항상 두렵습니다.
이 생각[mano] 항상 걱정합니다.
할 일이 없으면 두렵습니다.
할 일이 생기면 걱정합니다.
만약에 두려움을 없앨 수 있다면
저에게 알려 주길 청하옵니다.

각지(覺支)를 닦는 수밖에 없다.
지각활동[根]을 단속하는 수밖에 없다.[466]
일체를 버리는 수밖에 없다.[467]
그 밖에 살아 있는 존재의 행복을 나는 알지 못한다.

1.63. 까꾸다[Kakudho] 〈s.2.18〉

한쪽에 선 까꾸다(Kakudha) 천자가 세존께 말씀드렸습니다.

"사문이여, 당신은 기쁩니까?"

"존자여, 내가 무엇을 얻었는가?"

"사문이여, 그렇다면 당신은 슬픕니까?"

"존자여, 내가 무엇을 잃었는가?"

"사문이여, 그렇다면 당신은 기쁘지도 않고 슬프지도 않습니까?"

"존자여, 그렇다오."

비구여, 당신은 동요하지 않고,
기뻐하지 않나요?
한 끼의 생활에
불만이 없나요?

야차여, 진실로 나는 동요하지 않고
기뻐하지 않는다.
한 끼의 생활에
불만이 없다.

비구여, 어찌하여 동요하지 않고
기뻐하지 않나요?
어찌하여 한 끼의 생활에
불만이 없나요?

기쁨은 고통에서 생긴다.
고통은 기쁨에서 생긴다.
기쁨이 없고, 동요가 없는 것이 비구다.
존자여, 이와 같이 알아야 한다.

실로 오랜만에 나는 보았네.
반열반을 성취한 바라문을
기쁨이 없고 동요가 없는 비구를
세간에서 애착을 극복한 분을.

1.64. 로히따[Rohito] 〈s.2.26〉

한쪽에 선 로히따싸(Rohitassa) 천자가 세존께 이렇게 말씀드렸습니다.

"세존이시여, 태어나지 않고, 늙지 않고, 죽지 않고, 옮아가지 않고, 다시 태어나지 않

466 6근(六根)의 수호(守護)를 의미한다.

467 12입처(十二入處), 즉 주관과 객관을 분별하는 생각을 버리는 것을 의미한다.

는 세간의 끝을 걸어가서 알고 보고 도달할 수 있을까요?"

"존자여, 태어나지 않고, 늙지 않고, 죽지 않고, 옮아가지 않고, 다시 태어나지 않는 세간의 끝을 걸어가서 알고 보고 도달할 수는 없다고 나는 말한다오."

"놀랍습니다, 세존이시여! 경이롭습니다, 세존이시여! 참으로 옳은 말씀을 하셨습니다. 저는 옛날에 로히따싸라고 하는 선인(仙人)이었는데, 보자(Bhoja)의 아들로서 하늘을 걸어 다니는 신통력이 있었습니다. 세존이시여, 저는 훈련받아 능숙하게 숙련된 솜씨 좋은 궁사(弓師)가 쏜 화살처럼 날래고 빨랐습니다. 저는 한 발걸음에 동해에서 서해로 가로질러 갔습니다. 세존이시여, 그때 저에게 '나는 걸어서 세간의 끝에 도달해야겠다'라는 욕망이 생겼습니다. 세존이시여, 제가 이와 같은 빠르기를 가지고, 이와 같은 발걸음으로 음식을 먹고, 마시고, 대소변을 보고, 잠자고, 지칠 때를 제외하고 100년을 살면서 100살까지, 100년을 걸어갔지만, 세간의 끝에 도달하지 못하고 도중에 죽었습니다."

"존자여, 나는 세간의 끝에 가서 괴로움을 종식할 수 있다고 말하지 않는다오. 존자여, 그 대신 나는, 의식이 있고 생각이 있는 한 길 몸속에 있는 세간과 세간의 집(集)과 세간의 멸(滅)과 세간의 멸에 이르는 길을 알려 준다오."

걸어서는 결코
세간의 끝에 도달할 수 없지만,
세간의 끝에 도달하지 않으면
괴로움에서 벗어날 수 없다.
그러므로 진실로 세간을 아는
세간의 끝에 도달하여 청정한 수행[梵行]을
완성한
세간의 끝에서 평온을 얻은 현자(賢者)는
이 세간도, 저 세간도 바라지 않는다.

제3 꼬살라(Kosala) 상윳따

1.65. 젊은이[Daharo] 〈s.3.1〉

1. 이와 같이 나는 들었습니다.

한때 세존께서는 사왓티의 제따와나 아나타삔디까 승원에 머무셨습니다.

2. 그때 꼬살라의 빠세나디왕이 세존을 찾아왔습니다. 그는 세존에게 정중히 인사하고 공손한 인사말을 나눈 후에 한쪽에 앉았습니다.

3. 꼬살라의 왕 빠세나디가 세존께 말씀드렸습니다.

"고따마 존자께서는 위없는 바른 깨달음을 원만하게 깨달았다고 선언하십니까?"

4. "대왕이시여, 솔직히 '위없는 바른 깨달음을 원만하게 깨달았다'라고 말한다면, 그것은 바로 나를 두고 하는 말일 것입니다. 대왕이시여, 나는 진실로 위없는 바른 깨달음을 원만하게 깨달았습니다."

5. "고따마 존자여, 뿌라나 까싸빠·막칼리 고살라·니간타 나따뿟따·산자야 벨랏띠뿟따·빠꾸다 깟짜야나·아지따 께사깜발라 같은 많은 무리를 거느리는 상가의 지도자이며 널리 알려진, 명성 있고 훌륭한 교조로서 많은 사람의 존경을 받는 사문과 바라문들은 내가 '위없는 바른 깨달음을 원만하게 깨달았다고 선언하는지'를 물었을 때, 위없는 바른 깨달

음을 원만하게 깨달았다고 선언하지 않았습니다. 그런데 나이도 젊고 출가한 지 얼마 되지도 않은 고따마 존자가 어떻게 그럴 수 있습니까?"

6. "대왕이시여, 어리다고 깔보거나 무시해서는 안 되는 네 가지가 있습니다. 대왕이시여, 크샤트리아는 어리다고 깔보거나 무시해서는 안 됩니다. 대왕이시여, 뱀은 어리다고 깔보거나 무시해서는 안 됩니다. 대왕이시여, 불은 작다고 깔보거나 무시해서는 안 됩니다. 대왕이시여, 비구는 어리다고 깔보거나 무시해서는 안 됩니다."

7. 세존께서는 이와 같이 말씀하셨습니다. 선서께서는 이와 같이 말씀하셨습니다. 스승님께서는 다시 다음과 같이 말씀하셨습니다.

8.

명성 있는 훌륭한 가문에 태어난
명문 출신의 크샤트리아는
어리다고 깔보면 안 된다네.
어리다고 무시하면 안 된다네.
그가 인간의 주인인
왕이 되면
그때는 성을 내어
큰 벌을 내린다네.
그러므로 목숨을 부지하려면
깔보거나 무시하면 안 된다네.

9.

마을이나 숲에서
뱀을 보았을 때
어리다고 깔보면 안 된다네.
어리다고 무시하면 안 된다네.
다양한 형색과 위력을 가진
뱀은 돌아다니다가
어린애를 공격하여 물고,
남자도 물고, 여자도 문다네.
그러므로 목숨을 부지하려면
깔보거나 무시하면 안 된다네.

10.

모든 것을 먹어 치우며 타오르는
검은 꼬리를 가진 빛나는 불은
작다고 깔보면 안 된다네.
작다고 무시하면 안 된다네.
작은 불은 연료를 얻으면
큰불이 되어서
어린애를 공격하여 집어삼키고,
남자도, 여자도 집어삼킨다네.
그러므로 목숨을 부지하려면
깔보거나 무시하면 안 된다네.

11.

검은 꼬리를 가진
빛나는 불이 숲을 태워도
시간이 지나면
새싹이 돋지만

12.

계행을 갖추고 위력을 가진
비구를 괴롭히는 사람
그에게는 대를 이을 아들이 없고,
재산을 물려받을 상속자가 없다네.
후손이 없고 상속자가 없는
그들은 둥치만 남은 종려나무 신세가 된다네.[468]

13.

그러므로 지혜로운 사람은
자신의 이익을 생각하여

---

468 줄기가 잘려 둥치만 남은 종려나무는 번식하지 못하고 죽는다.

뱀과 불과
명문 출신의 크샤트리아를
그리고 계행을 갖춘 비구를
합당하게 대해야 한다네.

1.66. 왕[Rājā] 〈s.3.3〉

1. 한때 세존께서는 사왓티의 제따와나 아나타삔디까 승원에 머무셨습니다.

2. 한쪽에 앉은 꼬살라의 왕 빠세나디가 세존께 말씀드렸습니다.

"세존이시여, 태어난 자가 늙음과 죽음을 피할 수 있을까요?"

3. "대왕이시여, 늙음과 죽음을 피할 수 없습니다.

4. 대왕이시여, 큰 집을 지니고, 많은 재물과 재산이 있고, 많은 금은보화를 지니고, 많은 살림살이를 갖추고, 곳간에 보물과 곡식이 가득한 부유한 크샤트리아로 태어난 자들도 늙음과 죽음은 피할 수 없습니다.

5. 대왕이시여, 큰 집을 지니고, 많은 재물과 재산이 있고, 많은 금은보화를 지니고, 많은 살림살이를 갖추고, 곳간에 보물과 곡식이 가득한 부유한 바라문 거사(居士)로 태어난 자들도 늙음과 죽음은 피할 수 없습니다.

6. 대왕이시여, 비구로서 수행을 완성하고, 해야 할 일을 마치고, 짐을 내려놓고, 자신의 목적을 성취하고, 존재의 결박[有結]이 소멸하고, 완전한 지혜에 의해 해탈하고 번뇌[漏]가 소멸한 아라한들의 몸도 파괴되고 버려집니다.

7.

화려한 왕의 수레 낡아지듯이
육신은 마침내 노쇠한다네.
그러나 올바른 법[sata dhamma]은 노쇠하지 않는다네.
참사람[santa]이 참사람들에게 전한다네.

1.67. 사랑스러운[Piya] 〈s.3.4〉

1. 한때 세존께서는 사왓티의 제따와나 아나타삔디까 승원에 머무셨습니다.

2. 한쪽에 앉은 꼬살라의 왕 빠세나디가 세존께 말씀드렸습니다.

"세존이시여, 저는 조용한 곳에서 혼자 명상을 하면서 이런 생각을 했습니다.

'어떤 사람들은 자기가 사랑스럽고, 어떤 사람들은 자기가 사랑스럽지 않을까?'

3. 세존이시여, 그때 저는 이렇게 생각했습니다.

'몸으로 악행(惡行)을 하고, 말로 악행을 하고, 마음으로 악행을 하는 사람들은 자기가 사랑스럽지 않은 것이다. 그들이 비록 '나는 내가 사랑스럽다'라고 말할지라도, 사실 그들은 자기가 사랑스럽지 않은 것이다. 왜냐하면, 사랑스럽지 않은 자가 사랑스럽지 않은 자에게 하는 행위를 그들은 스스로 자신들에게 행하기 때문이다. 그러므로 그들은 자기가 사랑스럽지 않은 것이다.

4. 몸으로 선행(善行)을 하고, 말로 선행을 하고, 마음으로 선행을 하는 사람들은 자기가 사랑스러운 것이다. 그들이 비록 '나는 내가 사랑스럽지 않다'라고 말할지라도, 사실은 그들은 자기가 사랑스러운 것이다. 왜냐하면, 사랑스러운 자가 사랑스러운 자에게 하는 행위를 그들은 스스로 자신들에게 행하기 때문이다. 그러므로 그들은 자기가 사랑스러운 것이다.'"

5. "그렇습니다, 대왕이시여! 그렇습니다, 대왕이시여! 대왕의 말씀 그대로입니다."[469]

6.

자신이 사랑스러운 줄을 안다면
악행으로 자신을 결박하지 않으리니
실로 악행을 행한 자가
행복을 얻기는 쉽지 않다네.

죽음의 신에게 사로잡혀서
마침내 버려질 인간에게
자신의 것은 무엇이겠는가?
가지고 갈 것은 무엇이겠는가?
떨어지지 않는 그림자처럼
따라오는 것은 무엇이겠는가?

이 세상에서 인간이 지은
공덕과 죄악, 이 두 가지가
진실로 그 사람 자신의 것이라네.
그는 그것을 가지고 간다네.
떨어지지 않는 그림자처럼
그것이 그를 따라온다네.

그러므로 좋은 일을 해야 한다네.
후세의 부를 쌓아야 한다네.
다음 세상에서는 공덕이
살아가는 것들의 의지가 된다네.

1.68. 자신의 수호(守護, Attānarakkhita) 〈s.3.5〉

1. 한때 세존께서는 사왓티의 제따와나 아나타삔디까 승원에 머무셨습니다.

2. 한쪽에 앉은 꼬살라의 왕 빠세나디가 세존께 말씀드렸습니다.

"세존이시여, 저는 조용한 곳에서 혼자 명상을 하면서 이런 생각을 했습니다.

'어떤 사람들은 자신을 수호(守護)하고, 어떤 사람들은 자신을 수호하지 않을까?'

세존이시여, 그때 저는 이렇게 생각했습니다.

3. '몸으로 악행을 하고, 말로 악행을 하고, 마음으로 악행을 하는 사람들은 자신을 수호하지 않는 것이다. 그들을 비록 코끼리부대[象兵]가 수호하거나 기마부대[馬兵]가 수호하거나 전차부대[車兵]가 수호하거나 보병(步兵)부대가 수호한다고 할지라도, 사실 그들은 자기를 수호하지 않는 것이다. 왜냐하면, 이것은 밖을 지키는 것이지 안을 지키는 것이 아니기 때문이다. 그러므로 그들은 자기를 수호하지 않는 것이다.

4. 몸으로 선행을 하고, 말로 선행을 하고, 마음으로 선행을 하는 사람들은 자기를 수호하는 것이다. 그들을 비록 코끼리부대가 수호하지 않고, 기마부대가 수호하지 않고, 전차부대가 수호하지 않고, 보병부대가 수호하지 않는다고 할지라도, 사실 그들은 자기를 수호하는 것이다. 왜냐하면, 이것은 안을 지키는 것이지 밖을 지키는 것이 아니기 때문이다. 그러므로 그들은 자기를 수호하는 것이다.'"

5. "그렇습니다, 대왕이시여! 그렇습니다, 대왕이시여! 대왕의 말씀 그대로입니다."

6.

몸을 제어하는 것이 훌륭하다네.

469 대왕의 말이 그대로 반복되므로 생략함.

말을 제어하는 것이 훌륭하다네.
마음을 제어하는 것이 훌륭하다네.
모든 면에서 제어하는 것이 훌륭하다네.
부끄러운 줄을 알고 모든 면에서 제어하는
것을
수호라고 한다네.

1.69. 많지 않음[Appakā] 〈s.3.6〉

1. 한때 세존께서는 사왓티의 제따와나 아나타삔디까 승원에 머무셨습니다.
2. 한쪽에 앉은 꼬살라의 왕 빠세나디가 세존께 말씀드렸습니다.

"세존이시여, 저는 조용한 곳에서 혼자 명상을 하면서 '세간에는 막대한 재산을 얻고 나서 쾌락에 빠지지 않고, 방일하지 않고, 감각적 욕망에 대한 욕탐을 일으키지 않고, 죄를 짓지 않는 중생들은 많지 않다. 그런데 세간에는 막대한 재산을 얻고 나서 쾌락에 빠지고, 방일하고, 감각적 욕망에 대한 욕탐을 일으키고, 중생들에게 죄를 짓는 중생들은 많다'라고 생각했습니다."

3. "그렇습니다, 대왕이시여! 그렇습니다, 대왕의 말씀 그대로입니다."
4.

쾌락을 누리는 데 열중하는 자
쾌락에 얼이 빠져 갈망하는 자
그들은 지나침을 알지 못하네.
덫에 속은 사슴처럼
그가 지은 죄악이 성숙하면
그 결과는 쓰디쓰다네.

1.70. 말리까(Mallikā) 〈s.3.8〉

1. 한때 세존께서는 사왓티의 제따와나 아나타삔디까 승원에 머무셨습니다.
2. 그때 꼬살라의 왕 빠세나디는 말리까 왕비와 함께 궁전의 높은 누각에 있었습니다.
3. 꼬살라의 왕 빠세나디가 말리까 왕비에게 말했습니다.

"말리까여, 그대에게는 자신보다 사랑스러운 것이 있나요?"

4. "대왕이시여, 저에게는 자신보다 사랑스러운 것은 없습니다. 대왕이시여, 그렇다면 당신에게는 자신보다 사랑스러운 것이 있습니까?"
5. "말리까여, 나에게도 자신보다 사랑스러운 것은 없다오."
6.-7. 꼬살라의 왕 빠세나디는 누각에서 내려와 세존을 찾아갔습니다. 그는 세존께 예배한 후 한쪽에 앉아 세존께 말리까 왕비와 함께 나눈 이야기를 말씀드렸습니다.
8. 세존께서는 그 의미를 아시고 그때 이 게송을 읊으셨습니다.

마음으로 사방을 찾아다녀도
자신보다 사랑스러운 것은 얻을 수가 없다.
이와 같이 다른 사람도 저마다 자신이 사랑
스럽다.
그러므로 자신을 사랑하는 사람은 남을 해
쳐서는 안 된다.

1.71. 결박[Bandhana] 〈s.3.10〉

쇠나 나무나 새끼줄로 된 것을
현자들은 단단한 결박이라 말하지 않는다.

보석 장신구에 혹(惑)하고
처자식에 애착하는 것
현자들은 이런 것을 단단한 결박이라고 말한다.
굼뜨고 해이함은 벗어나기 어려운 것
현자들은 이것을 끊고 유행(遊行)한다.
감각적 욕망을 버리고 초연(超然)하다.

1.72. 결발(結髮) 수행자[Jaṭilo] 〈s.3.11〉

1. 한때 세존께서는 사왓티의 뿝바라마 미가라마뚜 강당에 머무셨습니다.
2. 세존께서 해 질 무렵에 좌선에서 일어나 문밖에 나와 앉아 계실 때, 꼬살라의 왕 빠세나디가 세존을 찾아와서 세존께 예배하고 한쪽에 앉았습니다.
3. 그때 겨드랑이털과 손톱과 체모(體毛)가 길게 자란 일곱 명의 결발(結髮)수행자와 일곱 명의 니간타와 일곱 명의 나체(裸體)수행자와 일곱 명의 단벌옷수행자와 일곱 명의 행각수행자가 유행장구(遊行裝具)[470]를 들고 세존 곁을 지나갔습니다.
4. 그러자 꼬살라의 왕 빠세나디는 자리에서 일어나 윗도리를 한쪽 어깨에 올리고 땅에 오른쪽 무릎을 꿇은 후에, 그들에게 합장하고 예배한 다음 세 차례 이름을 알렸습니다.

"존자들이여! 저는 꼬살라의 왕 빠세나디입니다. 존자들이여! 저는 꼬살라의 왕 빠세나디입니다."

5. 그들이 떠나자 꼬살라의 왕 빠세나디는 세존에게 다가와서 예배한 후 한쪽에 앉았습니다.

한쪽에 앉은 꼬살라의 왕 빠세나디가 세존께 말씀드렸습니다.

6. "세존이시여, 저분들은 세간에서 아라한(阿羅漢)이거나 아라한도(阿羅漢道)에 들어간 분들이지요? 그렇지 않은가요?"
7. "대왕이시여, 감각적 욕망을 즐기고 자식을 걱정하고 살면서 까시(Kāsi)국의 전단(栴檀)을 사용하고, 화환과 향수와 도향(塗香)으로 치장하고, 금과 은을 취하는 재가자(在家者)인 당신은 그들이 아라한인지 또는 아라한도에 들어간 사람인지를 알기 어렵습니다.
8. 대왕이시여, 계행(戒行, sīiaṃ)은 잠시가 아니라 오랜 시간 함께 살아 보고, 대충 보지 않고 세심하게 살펴서 통찰력을 가지고 어리석지 않게[paññavatā no dupaññena] 판단해야 합니다.
9. 대왕이시여, 순수함[soceyyaṃ]은 잠시가 아니라 오랜 시간 함께 일해 보고, 대충 보지 않고 세심하게 살펴서 통찰력을 가지고 어리석지 않게 판단해야 합니다.
10. 대왕이시여, 확고함[thāmo]은 잠시가 아니라 오랜 시간 불행한 처지에서, 대충 보지 않고 세심하게 살펴서 통찰력을 가지고 어리석지 않게 판단해야 합니다.
11. 대왕이시여, 통찰지[paññā, 般若]는 잠시가 아니라 오랜 시간 대화해 보고, 대충 보지 않고 세심하게 살펴서 통찰력을 가지고 어리석지 않게 판단해야 합니다."
12. "놀랍습니다, 세존이시여! 경이롭습니다, 세존이시여! 참으로 옳은 말씀을 하셨습니다. 세존의 말씀 그대로입니다.
13. 세존이시여, 염탐하고 정탐하는 제 신하

---

470 수행자들이 여행할 때 지니는 지팡이나 발우(鉢盂) 같은 소지품.

들이 영토를 염탐하고 돌아왔습니다. 그들이 먼저 염탐한 것을 저는 나중에 결정할 것입니다. 세존이시여, 그들은 지금 흙먼지를 털고 목욕하고 향유를 바르고 머리와 수염을 다듬고 흰옷을 입고 5욕락을 구족하여 즐길 것입니다."[471]

세존께서는 그 말의 의미를 아시고, 그때 이 게송을 읊으셨습니다.

겉모습으로는 사람을 잘 알 수 없다.
잠깐 보고 믿어서는 안 된다.
잘 수련된 모습을 하고
수련되지 않은 자들이 세상을 돌아다닌다.
가짜 진흙 귀걸이나
반 푼도 안 되는 도금한 놋쇠 같은
허세로위장한사람들이세상을돌아다닌다.
겉은 빛이 나지만 속은 더럽다.

1.73. 도나 분량의 밥[Doṇapāka] 〈s.3.13〉

1. 한때 세존께서는 사왓티의 제따와나 아나타삔디까 승원에 머무셨습니다.

그때 꼬살라의 왕 빠세나디는 도나 분량의 밥[doṇapākaṃ]을[472] 먹었습니다.

2. 어느 날 식사를 마친 꼬살라의 왕 빠세나디가 숨을 몰아쉬면서 세존을 찾아와서 세존께 예배하고 한쪽에 앉았습니다.

3. 세존께서 식사를 마치고 숨을 몰아쉬는 꼬살라의 왕 빠세나디를 보고, 이 게송을 읊으셨습니다.

항상 유념하여
먹어야 할 식사의 양을 아는 사람.
그에게 괴로움은 줄어들고
소중한 수명은 천천히 노쇠한다네.

4. 그때 바라문 청년 수다싸나(Sudassana)는 꼬살라의 왕 빠세나디 뒤에 서 있었습니다.

5. 꼬살라의 왕 빠세나디가 바라문 청년 수다싸나를 불렀습니다.

"이리 오라! 수다싸나여, 그대는 세존 앞에서 이 게송을 배워서 밥을 먹을 때 읊도록 하여라! 나는 그대에게 매일 밥을 먹을 때마다 100까하빠나(kahāpaṇa)[473]씩 주겠다.

6. "그렇게 하겠습니다, 전하!"

바라문 청년 수다싸나는 세존 앞에서 이 게송을 배워 꼬살라의 왕 빠세나디가 밥을 먹을 때 읊었습니다.

항상 유념하여
먹어야 할 식사의 양을 아는 사람.
그에게 괴로움은 줄어들고
소중한 수명은 천천히 노쇠한다네.

---

471 염탐꾼들이 염탐을 할 때는 먼지를 뒤집어쓰고 위장을 하지만 돌아와서는 5욕락을 즐기듯이, 거짓 수행자들이 수행자의 모습을 하고 돌아다니지만 돌아가서는 5욕락을 즐길 것이라는 의미이다.

472 'doṇa'는 인도의 도량(度量) 단위이다. 우리말로는 '되'에 해당하는 말로서 '되'보다는 크고 '말'보다는 적은 양이므로 '큰 됫박'쯤으로 생각할 수 있다. 'pāka'는 '요리 · 음식 · 밥'을 의미하므로 'doṇapākaṃ'은 '큰 됫박 분량의 밥'을 의미하며, 식사량이 많음을 표현한 것이다.

473 화폐의 단위.

7. 꼬살라의 왕 빠세나디는 점차로 식사의 양을 줄여 날리까(nāḷika)[474] 분량의 밥에 만족하게 되었습니다.
8. 그 후에 날씬해진 꼬살라의 왕 빠세나디는 손바닥으로 몸을 쓰다듬으면서 이 우다나를 읊었습니다.

세존께서는 실로 이중(二重)으로 행복을 주셨네!
나를 연민하여 현재의 행복과 미래의 행복을 주셨네!

1.74. 전쟁에 대한 두 말씀[Saṅgāme dve vuttāni] (1) 〈s.3.14〉

1. 세존께서 사왓티에 머무실 때, 마가다의 왕 아자따삿뚜 웨데히뿟따가 4병(四兵)을[475] 무장하고 꼬살라의 왕 빠세나디를 공격하기 위하여 까시(Kāsī)로 쳐들어왔습니다.
2. 그 소식을 듣고, 꼬살라의 빠세나디왕도 4병을 무장하여 마가다의 왕 아자따삿뚜 웨데히뿟따를 막기 위해 까시로 나아갔습니다.
3. 마가다의 왕 아자따삿뚜 웨데히뿟따와 꼬살라의 왕 빠세나디는 까시에서 전투를 벌였습니다.
4. 그 전투에서 마가다의 왕 아자따삿뚜 웨데히뿟따가 꼬살라의 왕 빠세나디를 이겼습니다. 전투에서 패배한 꼬살라의 왕 빠세나디는 자신의 왕성(王城)인 사왓티로 돌아왔습니다.
5.-6. 아침에 사왓티에 탁발을 다녀온 많은 비구들이 세존을 찾아가서 이 사실을 알려드렸습니다.
7. "비구들이여, 마가다의 왕 아자따삿뚜 웨데히뿟따는 못된 친구이고 못된 벗이고 못된 동료라오. 비구들이여, 꼬살라의 왕 빠세나디는 훌륭한 친구이고 훌륭한 벗이고 훌륭한 동료라오. 비구들이여, 그렇지만 오늘 패배한 꼬살라의 왕 빠세나디는 이 밤을 괴롭게 지새울 것이오.

승리는 원한을 낳고
패자는 괴롭게 밤을 지새운다.
이기고 지는 일을 버리고
마음이 평온한 사람은 단잠을 이룬다.

1.75. 전쟁에 대한 두 말씀[Saṅgāme dve vuttāni] (2) 〈s.3.15〉

8. 그 후에 다시 마가다의 왕 아자따삿뚜 웨데히뿟따가 4병(四兵)을 무장하고, 꼬살라의 왕 빠세나디를 공격하기 위하여 까시로 쳐들어왔습니다.
9. 그 소식을 듣고, 꼬살라의 빠세나디왕도 4병을 무장하여 마가다의 왕 아자따삿뚜 웨데히뿟따를 막기 위해 까시로 나아갔습니다.
10. 마가다의 왕 아자따삿뚜 웨데히뿟따와 꼬살라의 왕 빠세나디는 까시로 진격했습니다.
11. 마가다의 왕 아자따삿뚜 웨데히뿟따와 꼬살라의 왕 빠세나디는 전투를 벌였습니다. 그 전투에서 꼬살라의 왕 빠세나디가 승리하여 마가다의 왕 아자따삿뚜 웨데히뿟따를 생

474 인도의 도량(度量) 단위이다. 우리말로는 '홉'에 해당하는 분량이다.
475 고대 인도의 군대 형태로서 상병(象兵), 차병(車兵), 마병(馬兵), 보병(步兵)을 4병(四兵)이라고 한다.

포했습니다.

12. 꼬살라의 왕 빠세나디는 이렇게 생각했습니다.

'마가다의 왕 아자따삿뚜 웨데히뿟따는 해친 적이 없는 나를 해치지만, 그는 나의 조카이니[476] 상병(象兵)·차병(車兵)·마병(馬兵)·보병(步兵)을 모조리 빼앗고 목숨만은 살려서 풀어 주어야겠다.'

13. 꼬살라의 왕 빠세나디는 마가다의 왕 아자따삿뚜 웨데히뿟따의 군대를 모두 빼앗고 목숨을 살려서 그를 풀어 주었습니다.

14.-15. 아침에 사왓티에 탁발을 다녀온 많은 비구들이 세존을 찾아가서 이 사실을 알려드렸습니다.

16. 그때 세존께서 이 게송을 읊으셨습니다.

자신에게 유익하면
사람은 약탈한다.
그렇지만 다른 사람들이 약탈하면,
약탈당한 그 사람도 약탈한다.
악행이 익어서 괴로움이 되기 전에는
어리석은 사람은 잘한 일이라고 생각한다.
그러다가 악행이 익어서 괴로움이 되면
어리석은 사람은 괴로움에 빠진다.
남을 죽인 사람은 자신을 죽이는 사람을 만나고
남에게 승리한 사람은 자신을 이기는 사람을 만난다.
남을 비난한 사람은 자신을 비난하는 사람을 만나고
남을 괴롭힌 사람은 자신을 괴롭히는 사람을 만난다.
업(業)은 돌고 돌아서
약탈당한 그 사람이 약탈을 한다.

1.76. 딸[Dhitā] 〈s.3.16〉

1. 세존께서 사왓티에 머무실 때
2. 꼬살라의 왕 빠세나디가 세존을 찾아와서 예배하고 한쪽에 앉았습니다.
3. 한쪽에 앉아 있는 꼬살라의 왕 빠세나디에게 어떤 신하가 다가와서 말했습니다.

"대왕이시여, 말리까(Malikā) 왕비께서 딸을 출산하셨습니다."

4. 이 말을 듣고 꼬살라의 왕 빠세나디는 기뻐하지 않았습니다.
5. 세존께서는 꼬살라의 왕 빠세나디가 기뻐하지 않는 것을 아시고, 그때 이 게송을 읊으셨습니다.

백성들의 왕이시여! 어떤 여인은
실로 남자보다 훌륭하다오.
총명한 여인으로서 계행을 갖추고
시부모를 섬기는
정숙한 아내에게 태어난 남자가
국토를 다스리는 왕이 된다오.
그와 같이 훌륭한 아내의 아들이
왕국을 다스린다오.

1.77. 불방일(不放逸, Appamāda) (1) 〈s.3.17〉

1. 세존께서 사왓티에 머무실 때
2. 꼬살라의 왕 빠세나디가 세존을 찾아와서 예배하고 한쪽에 앉아 세존께 말씀드렸

476 아자따삿뚜의 어머니 웨데히는 빠세나디의 누이동생이다. 빠세나디는 아자따삿뚜의 외삼촌이다.

습니다.

"세존이시여, 두 가지 이익을 얻을 수 있는, 즉 현재에도 이익을 얻고 미래에도 이익을 얻을 수 있는 하나의 법(法)이 있을까요?"

3. "대왕이시여, 있습니다."

4. "세존이시여, 그것은 어떤 것입니까?"

5. "대왕이시여, 그것은 불방일(不放逸)입니다. 대왕이시여, 비유하면 발을 가진 동물의 발자국은 어떤 것이든 모두 코끼리의 발자국 속에 들어가는 것과 같습니다. 코끼리의 발은 동물들 가운데 가장 크다고 알려져 있습니다. 대왕이시여, 이와 같이 불방일이 현재에도 이익을 얻고 미래에도 이익을 얻을 수 있는 유일한 법입니다."

6.

건강하고 아름답게 장수하고
귀한 가문에서 행복하게 살면서
사랑받기를 원한다면
공덕을 짓는 데 게으르지 않아야 함을
수많은 훌륭한 현자들은
찬탄한다네.
부지런한 현자는
두 가지 이익을 얻나니
현재의 이익과
미래의 이익이라네.
현명한 사람은 이익을 알기 때문에
현자라고 불린다네.

1.78. 불방일(不放逸, Appamāda) (2) 〈s.3.18〉

1. 세존께서 사왓티에 머무실 때

2. 꼬살라의 왕 빠세나디가 세존을 찾아와서 예배하고 한쪽에 앉아 세존께 말씀드렸습니다.

"세존이시여, 저는 조용한 곳에서 홀로 명상을 하면서 '세존께서 잘 설하신 가르침[法]은 좋은 친구가 되고 좋은 도반이 되고 좋은 동료가 되라는 것이지, 나쁜 친구가 되고 나쁜 도반이 되고 나쁜 동료가 되라는 것이 아니다'라는 생각을 했습니다."

3. "대왕이시여, 그렇습니다. 대왕이시여, 그렇습니다. 내가 잘 가르친 가르침은 좋은 친구가 되고 좋은 도반이 되고 좋은 동료가 되라는 것이지, 나쁜 친구가 되고 나쁜 도반이 되고 나쁜 동료가 되라는 것이 아닙니다.

4. 대왕이시여, 나는 한때 삭까족이 사는 나가라까(Nāgaraka)라는 삭까족의 작은 마을에 머물렀습니다.

5. 대왕이시여, 그때 아난다 비구가 나를 찾아와서 인사를 하고 한쪽에 앉아서 이런 말을 했습니다.

'세존이시여, 좋은 친구·좋은 도반·좋은 동료는 청정한 수행[梵行]의 절반은 되는 것 같습니다.'

6. 대왕이시여, 이와 같은 말을 듣고 나는 아난다 비구에게 이렇게 말했습니다.

'아난다여! 그렇게 말하지 마라. 아난다여! 그렇게 말해서는 안 된다. 아난다여! 좋은 친구, 좋은 도반, 좋은 동료는 청정한 수행의 전부이다. 아난다여! 비구는 좋은 친구가 있고, 좋은 벗이 있고, 좋은 동료가 있어야 거룩한 8정도(八正道)를 수행하고, 거룩한 8정도를 지속적으로 실천할 수 있다.

7. 아난다여! 좋은 친구가 되고, 좋은 벗이 되고, 좋은 동료가 되는 비구는 어떻게 거룩한 8정도를 수행하고, 거룩한 8정도를 지속적으로 실천하는가?

8. 아난다여! 어떤 비구는 쾌락을 멀리하기[遠離]에 도움이 되고 욕탐을 버리기[離欲]에 도움이 되고 번뇌의 소멸에 도움이 되고 마침내 버림[捨離]으로 귀결되는 바른 견해[正見]를 닦아 익히며,[477] 쾌락을 멀리하기에 도움이 되고 욕탐을 버리기에 도움이 되고 번뇌의 소멸에 도움이 되고 마침내 버림으로 귀결되는 바른 의도[正思惟]·바른말[正語]·바른 행동[正業]·바른 생계[正命]·바른 정진[正精進]·바른 주의집중[正念]·바른 선정[正定]을 닦아 익힌다. 아난다여! 이런 좋은 친구가 있고, 좋은 벗이 있고, 좋은 동료가 있는 비구는 거룩한 8정도를 닦아 익히고, 거룩한 8정도를 지속적으로 실천할 수 있다.

9. 아난다여! 이런 점에서 좋은 친구, 좋은 도반, 좋은 동료는 청정한 수행의 전부라는 것을 알아야 한다.

10. 아난다여! 나를 좋은 벗으로 삼아, 태어날 운명의 중생들이 태어남에서 벗어나고, 늙을 운명의 중생들이 늙음에서 벗어나고, 죽을 운명의 중생들이 죽음에서 벗어나고, 근심·슬픔·고통·우울·고뇌의 운명에 빠진 중생들이 근심·슬픔·고통·우울·고뇌에서 벗어난다. 아난다여! 이런 점에서 좋은 친구, 좋은 도반, 좋은 동료는 청정한 범행의 전부라는 것을 알아야 한다.

11. 대왕이시여, 그러므로 대왕께서는 '나는 좋은 친구가 되고, 좋은 도반이 되고, 좋은 동지가 되겠다'라고 공부하도록 하십시오! 대왕이시여, 좋은 친구가 되고, 좋은 도반이 되고, 좋은 동지가 되기 위해서 대왕께서는 선법(善法)들 가운데 하나인 불방일(不放逸)이라는 법(法)에 의지하여 생활하도록 하십시오!

12.-14. 대왕이시여, 대왕께서 불방일에 의지하여 게으름 피우지 않고 생활하면 궁녀들도, 크샤트리아 신하들도, 도시와 촌락의 백성들도 '대왕께서는 불방일에 의지하여 게으름 피우지 않고 생활하신다. 자! 우리도 불방일에 의지하여 게으름 피우지 않고 생활하자'라고 할 것입니다.

15. 대왕이시여, 대왕께서 불방일에 의지하여 게으름 피우지 않고 생활하면 자신도 지키고 보호하게 될 것이고, 궁녀들도 지키고 보호하게 될 것이고, 창고와 곡간도 지키고 보호하게 될 것입니다."

1.79. 아들 없는 사람[Aputtaka] (1) 〈s.3.19〉

1. 세존께서 사왓티에 머무실 때

2. 꼬살라의 왕 빠세나디가 한낮에 세존을 찾아와서 예배하고 한쪽에 앉았습니다. 한쪽에 앉은 빠세나디왕에게 세존께서 말씀하셨습니다.

"대왕이시여, 대왕께서는 무슨 일로 한낮에 오셨습니까?"

3. "세존이시여, 사왓티에서 큰 부자가 죽었습니다. 그는 아들이 없기 때문에 내가 그 재산을 왕궁 안에 옮겨 놓고 왔습니다. 세존이시여, 그의 재산은 금화가 800만(萬)인데, 은화는 말해 무엇 하겠습니까? 세존이시여, 그

477 바른 견해[正見]를 닦음으로써 쾌락을 멀리하고[遠離], 탐욕을 버리고[離欲], 번뇌를 소멸하여[消滅] 고락(苦樂)의 감정을 모두 버린 평정심에 이른다는 말이다.

런데 그는 겨죽을 먹고 쉰 죽을 먹었습니다. 그는 세 번을 덧댄 삼베 누더기를 입었습니다. 그는 나뭇잎 양산을 부착한 낡고 작은 수레를 타고 다녔습니다."

4. "대왕이시여, 그렇습니다. 대왕이시여, 그렇습니다. 대왕이시여, 천박한 사람은 많은 재물을 얻지만 자신을 행복하게 하고 기쁘게 하지 못하며, 부모·처자·종과 일꾼·친지를 행복하게 하고 기쁘게 하지 못하며, 사문과 바라문에게 천상에 가서 천상의 복을 누리는 행복한 과보를 주는 공양을 하지도 않습니다. 이렇게 바르게 사용하지 않은 그의 재산은 왕들이 가져가거나, 도적들이 훔쳐 가거나, 불이 태우거나, 물이 쓸어 가거나, 사랑하지 않은 상속인들이 가져갑니다. 대왕이시여, 바르게 사용하지 않은 재산은 이렇게 써 보지도 못하고 사라집니다."

5.-7. (생략)

8.

인적이 없는 곳의 맑은 물은
마시지 않아도 고갈하듯이
못난 사람은 재물을 얻으면
자신도 쓰지 않고 베풀지도 않는다네.

지혜로운 현자는 재물을 얻으면
자신도 쓰고 해야 할 일도 한다네.
훌륭한 사람은 친족을 부양하고
칭송을 받으며 천상에 간다네.

1.80. 아들 없는 사람[Aputtaka] (2) 〈s.3.20〉

1.-8. (생략)

9.

곡물이든 재물이든 금은보화든
소유물은 그것이 어떤 것이든
종과 일꾼, 심부름꾼, 식솔까지도
어떤 것도 가지고 갈 수 없다네.
모든 것을 내려놓고 가야 한다네.

10.

몸이나 말이나 마음으로 행한 것이
진실로 그 사람 자신의 것이라네.
그는 그것을 가지고 간다네.
떨어지지 않는 그림자처럼 그것이 그를 따라온다네.

11.

그러므로 좋은 일을 해야 한다네.
후세의 부를 쌓아야 한다네.
다음 세상에서는 공덕이
살아가는 것들의 의지가 된다네.

1.81. 사람[Puggala] 〈s.3.21〉

1. 세존께서 사왓티에 머무실 때

2. 꼬살라의 왕 빠세나디가 세존을 찾아와서 예배하고 한쪽에 앉았습니다. 한쪽에 앉은 빠세나디왕에게 세존께서 말씀하셨습니다.

"대왕이시여, 세간에는 네 종류의 사람들이 있습니다. 네 종류의 사람들이란, 어두운 곳에서 어두운 곳으로 가는 사람, 어두운 곳에서 밝은 곳으로 가는 사람, 밝은 곳에서 어두운 곳으로 가는 사람, 밝은 곳에서 밝은 곳으로 가는 사람입니다."

3.-8. (생략)

9.

왕이시여! 어떤 사람은 가난하면서
믿음이 없고 인색하고 비천하여
사악한 의도와 삿된 견해를 가지고
사문이나 바라문이나 그 밖의 탁발승에게

욕하고 비방하고 무시하고 화를 내고
음식을 비는 사람에게
보시하는 것을 방해한다오.
백성들의 왕이시여! 이런 사람은
죽어서 무서운 지옥으로 가나니
어두운 곳에서 어두운 곳으로 가는 사람이
라오.

10.

왕이시여! 어떤 사람은 가난하지만
믿음이 있고 인색하지 않아서
훌륭한 의도로 보시를 행하고
산란하지 않은 마음을 가지고
사문이나 바라문이나 그 밖의 탁발승에게
일어나서 인사하고
고요한 행을 익히며
음식을 비는 사람에게
보시하는 것을 방해하지 않는다오.
백성들의 왕이시여! 이런 사람은
죽어서 도리천(忉利天)으로 가나니
어두운 곳에서 밝은 곳으로 가는 사람이
라오.

11.

왕이시여! 어떤 사람은 부유하지만
믿음이 없고 인색하고 비천하여
사악한 의도와 삿된 견해를 가지고
사문이나 바라문이나 그 밖의 탁발승에게
욕하고 비방하고 무시하고 화를 내고
음식을 비는 사람에게
보시하는 것을 방해한다오.
백성들의 왕이시여! 이런 사람은
죽어서 무서운 지옥으로 가나니
밝은 곳에서 어두운 곳으로 가는 사람이
라오.

12.

왕이시여! 어떤 사람은 부유하면서
믿음이 있고 인색하지 않아서
훌륭한 의도로 보시를 행하고
산란하지 않은 마음을 가지고
사문이나 바라문이나 그 밖의 탁발승에게
일어나서 인사하고
고요한 행을 익히며
음식을 비는 사람에게
보시하는 것을 방해하지 않는다오.
백성들의 왕이시여! 이런 사람은
죽어서 도리천으로 가나니
밝은 곳에서 밝은 곳으로 가는 사람이라오.

1.82. 할머니[Ayyakā] 〈s.3.22〉

1. 세존께서 사왓티에 머무실 때
2. 꼬살라의 왕 빠세나디가 한낮에 세존을 찾아와서 예배하고 한쪽에 앉았습니다. 한쪽에 앉은 빠세나디왕에게 세존께서 말씀하셨습니다.

"대왕이시여, 대왕께서는 무슨 일로 한낮에 오셨습니까?"

3. "세존이시여, 몹시 사랑하는 저의 할머니가 돌아가셨습니다."[478]
4. "대왕이시여, 모든 중생은 죽는 법입니다. 죽음이 끝이며, 죽음에서 벗어날 수는 없습니다."

5.-7. (생략)

8.

모든 중생은 죽는다네.

---

478 간략하게 번역함.

수명(壽命)은 죽음이 끝이라네.
그들은 업에 따라가게 된다네.
복(福)과 죄(罪)의 과보를 받는다네.
죄를 지으면 지옥에 가고,
복을 지으면 좋은 곳에 간다네.

그러므로 좋은 일을 해야 한다네.
후세의 부를 쌓아야 한다네.
다음 세상에서는 공덕이
살아가는 것들의 의지가 된다네.

1.83. 세간[Loko] 〈s.3.23〉

1. 세존께서 사왓티에 머무실 때
2. 꼬살라의 왕 빠세나디가 한낮에 세존을 찾아와서 예배하고 한쪽에 앉은 후에 세존께 말씀드렸습니다.

"세존이시여, 그것이 나타나면 이익이 없고, 괴롭고, 살기 어렵게 되는 세간의 법(法)은 몇 가지나 됩니까?"

3. "대왕이시여, 그것이 나타나면 이익이 없고, 괴롭고, 살기 어렵게 되는 세간의 법은 세 가지입니다.

4.-5. 그 셋은 어떤 것인가? 대왕이시여, 탐욕과 분노와 어리석음이 그 셋입니다."

6.

탐욕과 분노와 어리석음은
자신에게서 나와
사악한 마음을 지닌 그 사람을 죽인다네.
너무 많은 열매가 나무를 죽이듯이.

제4 마라(Māra) 상윳따

1.84. 고행(苦行, Tapo kammañ ca) 〈s.4.1〉

1. 이와 같이 나는 들었습니다.

한때 세존께서는 정각(正覺)을 성취하신 후에 우루웰라(Uruvela)의 네란자라 강기슭에 있는 아자빨라니그로다나무 아래에 머무셨습니다.

2. 그때 세존께서 홀로 좌선하는 가운데 마음속에 이런 생각이 떠올랐습니다.

'나는 참으로 고행(苦行)에서 벗어났다. 다행스럽게 나는 참으로 저 무의미한 고행에서 벗어났다. 다행스럽게 나는 주의집중을 확립하여[ṭhito sato][479] 깨달음에 도달했다.'

3. 그러자 마라(Māra) 빠삐만(Pāpimant)[480]이 세존의 마음속에 일어난 생각을 알고 세존을 찾아와서 세존께 게송으로 말을 걸어왔습니다.

고행으로 사람들은 청정해지는데
고행을 내던지다니!
부정(不淨)한 것을 청정하다고 생각하여
청정한 길에서 벗어났도다.

4. 세존께서는 '이 자는 마라 빠삐만이다'라고 알아차리고 마라 빠삐만에게 게송으로 답하셨습니다.

그 어떤 고행도
무익한 것임을 알고 나서

---

479 4념처(四念處) 수행을 통해서 깨달음을 성취했다는 의미이다.

480 '마왕(魔王) 파순(波旬)'으로 한역되는 악신(惡神). 'Māra'는 마음에서 일어나는 혼란이나 착각을 신격화한 것이다.

밀림에서 노와 타(舵)가 쓸모없듯이
백해무익(百害無益)함을 알고 나서
계율과 선정과 지혜를 닦아
깨달음에 이르는 길을 닦아
나는 최상의 청정을 얻었다.
죽음의 신이여, 나는 이미 너를 죽였다.

5. 마라 빠삐만은 "세존께서 나를 알아보았다. 선서(善逝)께서 나를 알아보았다"라고 괴로워하고 슬퍼하면서 그곳에서 바로 사라졌습니다.

1.85. 덫[Pāsa] 〈s.4.5〉

1. 한때 세존께서는 바라나시(Bārāṇasi)의 이시빠따나 미가다야[鹿野苑]에 머무셨습니다.

그때 세존께서 "비구들이여!" 하고 부르셨습니다. 비구들은 "세존이시여!" 하고 대답했습니다.

2. 세존께서 말씀하셨습니다.

"비구들이여, 나는 천상(天上)과 인간의 모든 덫에서 벗어났고, 그대들도 천상과 인간의 모든 덫에서 벗어났다오. 비구들이여, 많은 사람의 이익을 위하여, 많은 사람의 행복을 위하여 길을 떠나시오! 세간을 연민하여, 천신과 인간의 복리(福利)와 이익과 행복을 위하여, 둘이 한 길로 다니지 마시오! 비구들이여, 처음도 좋고 중간도 좋고 마지막도 좋은 법을 의미 있는 말로 명쾌하게 설하시오! 완전하고 원만하고 청정한 범행(梵行)을 드러내 보여 주시오! 법을 듣지 못해서 타락한 눈에 때가 끼지 않은 중생들이 있다오. 그들은 법을 이해할 수 있을 것이오. 비구들이여, 나는 법을 설하기 위해서 우루웰라의 세나니가마(Senānigama)로 가겠소."

그러자 마라 빠삐만이 세존을 찾아와서 세존께 게송으로 말을 걸어왔습니다.

천상과 인간의
모든 덫에 그대는 묶여 있다네.
커다란 결박에 묶여 있다네.
사문이여, 그대는 나를 벗어날 수 없다네.

천상과 인간의
모든 덫에서 나는 벗어났다.
커다란 결박에서 벗어났다.
죽음의 신이여, 나는 이미 너를 죽였다.

1.86. 수명(壽命, Āyu) 〈s.4.10〉

1. 한때 세존께서는 라자가하의 웰루와나 깔란다까니와빠(Veluvana kalandakanivāpa, 竹林精舍)에 머무셨습니다.

그곳에서 세존께서 말씀하셨습니다.

"비구들이여, 사람은 수명이 길지 않다오. 다음 세상으로 가야 한다오. 그러므로 착한 일을 해야 한다오. 청정한 수행[梵行]을 해야 한다오. 태어나서 죽지 않는 것은 없다오. 비구들이여, 오래 살아야 100년 남짓이라오."

2. 그러자 마라 빠삐만이 세존을 찾아와서 세존께 게송으로 말을 걸어왔습니다.

세월[ahorattā]은 흘러가지 않는다네.
목숨[āyu]은 끊어지지 않는다네.
죽는 자들의 수명은 돌고 돈다네.
바퀴의 축을 도는 바퀴 테처럼.

세월은 흘러간다.

목숨은 끊어진다.
죽는 자들의 수명은 고갈된다.
작은 개울의 물이 마르듯이.

그러자 마라 빠삐만은 "세존께서 나를 알아보았다. 선서께서 나를 알아보았다"라고 괴로워하고 슬퍼하면서 그곳에서 바로 사라졌습니다.

1.87. 입처(入處, Āyatana) 〈s.4.17〉

1. 한때 세존께서는 웨살리(Vesāli)에 있는 마하와나(Mahāvana, 大林園)의 중각강당(重閣講堂)에 머무셨습니다.
2. 그때 세존께서 비구들에게 6촉입처(六觸入處)를 여법한 말씀으로 가르치고 격려하고 장려하여 기쁘게 하셨습니다. 그 비구들은 흥미를 가지고 주의를 기울여 모든 마음을 집중하고 가르침을 경청(傾聽)했습니다.
3. 그러자 마라 빠삐만은 이렇게 생각했습니다.

'사문 고따마가 비구들에게 6촉입처를 가르치고, 비구들은 가르침을 경청하고 있다. 내가 사문 고따마를 찾아가서 당황하게 해야겠다.'

4. 마라 빠삐만은 세존을 찾아가 가까운 곳에서 땅이 무너지는 것 같은 두렵고 무서운 큰소리를 질렀습니다.
5. 그러자 어떤 비구가 다른 비구에게 말했습니다.

"비구여! 비구여! 이것은 분명히 땅이 무너지는 소리 같소!"

6. 이 말을 듣고 세존께서 그 비구에게 말씀하셨습니다.

"비구여, 이것은 땅이 무너지는 소리가 아니다. 이것은 마라 빠삐만이 그대들을 당황하게 하려고 온 것이다."[481]

7. 세존께서는 이것은 마라 빠삐만이라는 것을 알아보시고, 마라 빠삐만에게 게송으로 말을 거셨습니다.

형색[色]과 소리[聲]와 냄새[香]와 맛[味]
그리고 촉감[觸]과 지각대상[法]은 오로지
세간을 유혹하는 무서운 미끼일 뿐
세간은 지금 여기에 빠져 있다.
주의집중하는 붓다의 제자는
이것을 바르게 벗어난다.
마라의 영역을 벗어난다.
태양이 찬란한 빛을 내듯이.

그러자 마라 빠삐만은 "세존께서 나를 알아보았다. 선서께서 나를 알아보았다"라고 괴로워하고 슬퍼하면서 그곳에서 바로 사라졌습니다.

1.88. 통치(統治, Rajjaṃ) 〈s.4.20〉

1. 한때 세존께서는 꼬살라(Kosala)의 설산(雪山) 지역[Himavant padesa]에[482] 있는 숲속의 암자에 머무셨습니다.
2. 그때 세존께서 좌선하는 가운데 마음속에 이런 생각이 떠올랐습니다.

---

481 6촉입처와 그로 인한 가르침을 듣고, 제자들이 크게 당황한 것을 마라의 출현으로 표현함.
482 'Himavant'는 히말라야를 의미한다.

'때리지 않고, 죽이지 않고, 정복하지 않고, 약탈하지 않고, 슬픔이 없고, 근심이 없이 법(法)으로 통치(統治)할 수는 없는 것일까?'

3. 그러자 마라 빠삐만이 세존의 마음속에 일어난 생각을 알고 세존을 찾아와서 세존에게 말했습니다.

"세존이시여, 세존께서 통치하십시오! 선서께서 죽이지 않고, 학살하지 않고, 정복하지 않고, 약탈하지 않고, 슬픔이 없고, 근심이 없이 법으로 통치하십시오!"

4. "빠삐만이여, 그대는 무엇을 보고 나에게 그런 말을 하는가?"

5. "세존이시여, 세존께서는 4여의족(四如意足)을 닦아 익혀서 능통하셨으며, 철저하게 성취하여 익숙하게 실행하십니다. 세존이시여, 세존께서 원하여 산들의 왕 설산을 황금으로 만들 결심을 하면, 설산은 황금산이 될 것입니다."

6.

황금으로 된 산도
온통 순금으로 된 산도
그 곱절도 한 사람을 만족시킬 수 없다.
이와 같이 알고 평정심을 지녀야 한다.

괴로움의 근원을 본 사람이
어찌 감각적 욕망으로 기울겠는가?
소유(所有)는 세간의 걱정임을 알고
그것을 제어하는 법을 배워야 한다.

7. 마라 빠삐만은 "세존께서 나를 알아보았다. 선서께서 나를 알아보았다"라고 괴로워하고 슬퍼하면서 그곳에서 바로 사라졌습니다.

1.89. 마라의 딸들[Dhītaro] 〈s.4.25〉

1. 한때 세존께서는 우루웰라에 있는 네란자라 강기슭의 아자빨라니그로다나무 아래에 머무셨습니다.

그때 마라 빠삐만은 세존을 7년 동안 따라다니며 허점을 노렸지만 기회를 잡지 못하고 있었습니다.[483] 그러자 마라의 딸 땅하(Taṇhā)와 아라띠(Arati)와 라가(Ragā)가[484] 마라 빠삐만에게 다가와서 게송으로 말을 걸었습니다.

아버지, 무슨 일로 낙담(落膽)하나요?
어떤 자 때문에 우울해하시나요?
우리가 그자를 욕망의 그물로
숲속의 코끼리를 결박하듯이
단단히 결박하여 데리고 와서
당신의 지배 아래 두겠습니다.

2.

아라한(阿羅漢) 선서(善逝)는 세간에서
욕망으로 유혹할 수 없단다.
마라의 영역을 뛰어넘었단다.
그래서 나는 매우 우울하단다.

3. 그러자 마라의 딸 땅하와 아라띠와 라가

---

483 이 부분은 이전 「4. Sattavassānubandha」의 내용이다. 「4. Sattavassānubandha」와 「5. Dhītaro」는 시기적으로 이어지고 있는데, 여기에서는 「4. Sattavassānubandha」를 생략했기 때문에 이 부분을 첨가했다.

484 'taṇhā'는 갈애(渴愛) 또는 애(愛)로 한역되는 '강한 애착'이고, 'arati'는 '불만'을 의미하며, 'ragā'는 '탐욕으로 한역되는 '욕망'이다. 여기에서는 갈애[愛]와 불만과 탐욕이 마라의 딸로 표현되고 있다.

는 세존을 찾아가서 말했습니다.

"사문이시여, 우리가 당신을 모시고 즐겁게 해 드리겠습니다."

세존께서는 집착이 소멸한 위없는 해탈의 상태에 그대로 계시면서 개의치 않았습니다.

4. 그러자 마라의 딸 땅하와 아라띠와 라가는 한쪽으로 물러나서 이렇게 대화를 나누었습니다.

"인간의 욕구는 다양하다. 우리가 100명의 소녀 모습으로 변신하여 유혹해 보자."

5. 마라의 딸 땅하와 아라띠와 라가는 100명의 소녀 모습으로 변신하여 세존을 찾아가서 말했습니다.

"사문이시여, 우리가 당신을 모시고 즐겁게 해 드리겠습니다."

세존께서는 집착이 소멸한 위없는 해탈의 상태에 그대로 계시면서 개의치 않았습니다.

6.-11. 마라의 딸 땅하와 아라띠와 라가는 100명의 처녀 모습으로 변신하고, 100명의 부인 모습으로 변신하고, 100명의 중년 부인 모습으로 변신하고, 100명의 노파 모습으로 변신하는 등 갖가지 모습의 여인으로 변신하여 유혹했지만, 세존께서는 집착이 소멸한 위없는 해탈의 상태에 그대로 계시면서 개의치 않았습니다.

12. 그러자 마라의 딸 땅하와 아라띠와 라가는 한쪽으로 물러나서 이렇게 대화를 나누었습니다.

"아라한 선서는 세간에서 욕망으로 유혹할 수 없다는 아버지의 말이 사실이었구나!

13. 만약에 우리가 욕망에서 벗어나지 못한 사문이나 바라문을 이런 방법으로 유혹했다면, 심장이 터지거나 입으로 뜨거운 피를 토하거나, 마음이 혼란하여 미쳐 날뛰었을 것이다. 잘려 나간 푸른 갈대처럼 시들고 말라 비틀어졌을 것이다."

14. 마라의 딸 땅하와 아라띠와 라가는 세존에게 다가가서 한쪽에 섰습니다.

15. 마라의 딸 땅하가 한쪽에 서서 세존께 게송으로 말을 걸었습니다.

슬픔에 잠겨 숲속에서 선정을 닦는군요.
재산을 잃었나요, 갈망하나요?
마을에서 어떤 죄라도 지었나요?
어찌하여 사람들과 어울리지 않나요?
그 누구와도 어울리지 않나요?

16.

사랑스럽고 귀여운 모습의 군대를 정복했기에
목적은 성취되었고, 심장은 고요하다.
나는 홀로 선정을 닦아 행복을 깨달았다.
그래서 사람들과 어울리지 않는다.
그 누구와도 어울리지 않는다.

17. 그러자 마라의 딸 아라띠가 세존께 게송으로 말을 걸었습니다.

비구는 이 세상에서 대부분을
어떻게 지내나요?
이 세상에서 다섯 폭류(暴流)를 건너고
여섯 번째를 건넜나요?[485]
어떤 선정을 열심히 닦아

485 다섯 폭류와 여섯 번째 폭류는 6촉입처(觸入處)를 의미한다.

감각적 욕망에 대한 생각[kāma-saññā]을
멀리하고 그것을 취하지 않나요?

18.

몸은 가볍고 편안하며, 마음은 잘 해탈했다.
나라는 생각 없이[asaṅkhārāno][486] 주의집중하며 집 없이 지낸다.
진리[法]를 증득하고[aññāya dhammaṃ]
사유 없는[avitakka] 선정을 닦는 사람
동요하지 않고, 표류하지 않고,
나태[thino, 昏沈]에 빠지지 않는다.

비구는 이 세상에서 대부분을
이렇게 지낸다.
이 세상에서 다섯 폭류를 건너고
여섯 번째를 건넜다.
이와 같은 선정을 열심히 닦아
감각적 욕망과 그로 인한 생각을
멀리하고 그것을 취하지 않는다.

19. 그러자 마라의 딸 라가가 세존 앞에서 조용히 게송을 읊었습니다.

갈애[愛]를 끊고
대중(大衆) 상가와 지내시는 분
실로 많은 중생들이 그를 따르네.
이 집 없는 사람이 많은 사람을
죽음의 왕에게서 빼앗아
피안(彼岸)으로 인도하네.

20.

위대한 영웅들은 인도한다네.
여래들은 정법(正法)으로 인도한다네.
정법으로 인도하는데
이를 알고 그 누가 비방하리오!

21. 마라의 딸 땅하와 아라띠와 라가는 마라 빠삐만에게 갔습니다.

22. 마라 빠삐만은 땅하와 아라띠와 라가가 멀리서 오는 것을 보고 게송으로 말을 걸었습니다.

바보들아! 너희들은 연꽃 줄기로
바위를 부수려고 하는구나!
손톱으로 산을 허물려고 하는구나!
이빨로 쇠를 씹으려고 하는구나!
머리로 바위를 들어 올리려고
절벽에서 발 디딜 곳을 찾다가
가슴에 말뚝이 박혀
고따마에게 실망하고 떠나오는구나!

23.

휘황찬란한 미모(美貌)를 하고
땅하와 아라띠와 라가가 왔지만
스승님은 그녀들을 쫓아 버렸네.
바람이 솜털을 날려 버리듯.

제5 비구니 상윳따

1.90. 알라위까(Āḷavikā) 〈s.5.1〉

1. 이와 같이 나는 들었습니다.

한때 세존께서는 사왓티의 제따와나 아나타삔디까 승원에 머무셨습니다.

2. 그때 알라위까(Āḷavikā) 비구니는 아침에 옷을 입고 발우와 법의를 지니고 탁발하러 사왓티에 들어갔습니다. 사왓티에서 탁발을

486 'asaṅkhārāno'는 '자아'라는 망상을 하지 않는 것을 의미한다.

하고 돌아와 식사를 마친 후에 홀로 있고 싶어서[vivekatthikinī] 안다(Andha) 숲으로 갔습니다.
3. 그러자 마라 빠삐만이 온몸의 털이 곤두서는 두려움과 공포를 일으켜서 알라위까 비구니가 홀로 있는 것을 방해하려고 알라위까 비구니에게 다가가서 게송으로 말을 걸었습니다.

> 세간에는 벗어날 길[出離]이 없다네.
> 왜 홀로 있으려고 하는가?
> 감각적 욕망을 즐겨라!
> 뒷날 후회하지 마라!

4. 그러자 알라위까 비구니는 이렇게 생각했습니다.
'이 게송을 읊는 자는 도대체 누구인가? 사람인가, 귀신[amanusso]인가?'[487]
5. 그때 알라위까 비구니는 이렇게 생각했습니다.
'온몸의 털이 곤두서는 두려움과 공포를 일으켜서 내가 홀로 있는 것을 방해하려고 게송으로 말을 거는 이자는 분명히 마라 빠삐만이다.'
6. 알라위까 비구니는 '이자는 마라 빠삐만이다'라고 알아차리고서 마라 빠삐만에게 게송으로 답했습니다.

> 세간에는 벗어날 길이 있다.
> 나는 반야로써 잘 도달했다.
> 게으른 친구 빠삐만이여!
> 그대는 그 경지를 알지 못한다.
> 감각적 욕망은 칼과 창 같은 것.
> 5온(五蘊)은 칼질하는 도마 같은 것.
> 그대가 쾌락이라고 부르는 것이
> 나에게는 혐오스러운 것이다.

7. 마라 빠삐만은 "알라위까 비구니가 나를 알아보았다"라고 괴로워하고 슬퍼하면서 그곳에서 바로 사라졌습니다.

1.91. 소마(Somā) 〈s.5.2〉

1. 세존께서 사왓티에 머무실 때, 소마 비구니는 사왓티에서 탁발하러 갔습니다.
2. 소마 비구니는 탁발하고 돌아와서 식사를 마친 후에 오후의 휴식을 위해 안다숲으로 들어가 어떤 나무 아래 앉았습니다.
3. 그때 마라 빠삐만이 온몸의 털이 곤두서는 두려움과 공포를 일으켜서 소마 비구니의 휴식을 방해하려고 소마 비구니에게 다가가서 게송으로 말을 걸었습니다.

> 선인(仙人)들이나 성취할 수 있는
> 그 경지는 도달하기 어렵다네.
> 여인의 천박한 지혜로는
> 도달할 수가 없다네.

4. 그러자 소마 비구니는 이렇게 생각했습니다.
'이 게송을 읊는 자는 도대체 누구인가? 사람인가, 귀신인가?'
5. 그때 소마 비구니는 이렇게 생각했습니다.
'온몸의 털이 곤두서는 두려움과 공포를

---

487 '非人'으로 한역되는 'amanusso'는 인간이 아닌 귀신이나 유령을 의미한다.

일으켜서 나의 휴식을 방해하려고 게송으로 말을 거는 이자는 분명히 마라 빠삐만이다.'

6. 소마 비구니는 '이자는 마라 빠삐만이다'라고 알아차리고서 마라 빠삐만에게 게송으로 답했습니다.

마음이 삼매에 잘 들어가고
지혜가 잘 드러나서
바르게 법을 통찰하는데
여인이면 무엇이 어떠하리.

나는 여자다. 나는 남자다.
나는 누구다.
이런 생각을 하는 사람은
마라라고 말할 수 있다.

7. 마라 빠삐만은 "소마 비구니가 나를 알아보았다"라고 괴로워하고 슬퍼하면서 그곳에서 바로 사라졌습니다.

1.92. 고따미(Gotamī) 〈s.5.3〉

1.-2. 세존께서 사왓티의 제따와나 아나타삔디까 승원에 머무실 때, 끼사 고따미[488] 비구니는 사왓티에서 탁발을 하고 돌아와 식사를 마친 후에 오후의 휴식을 위해 안다 숲으로 들어가서 어떤 나무 아래 앉았습니다.

3. 그때 마라 빠삐만이 온몸의 털이 곤두서는 두려움과 공포를 일으켜서 끼사 고따미 비구니의 휴식을 방해하려고 끼사 고따미 비구니에게 다가가서 게송으로 말을 걸었습니다.

그대는 아들을 잃고 어찌하여
애처로운 얼굴로 홀로 앉아 있는가?
홀로 숲속에 들어와서
사내를 찾고 있는 것은 아닌가?

4. 그러자 끼사 고따미 비구니는 이렇게 생각했습니다.

'이 게송을 읊는 자는 도대체 누구인가? 사람인가, 귀신인가?'

5. 그때 끼사 고따미 비구니는 이렇게 생각했습니다.

'온몸의 털이 곤두서는 두려움과 공포를 일으켜서 나의 휴식을 방해하려고 게송으로 말을 거는 이자는 분명히 마라 빠삐만이다.'

6. 끼사 고따미 비구니는 '이자는 마라 빠삐만이다'라고 알아차리고서 마라 빠삐만에게 게송으로 답했습니다.

나는 결국 아들을 잃었다.
그가 내가 찾던 마지막 사내다.
나는 슬프지 않다. 나는 결코 울지 않는다.
나는 그대가 두렵지 않다.

모든 환락은 무너졌다.
어둠 덩어리는 부서졌다.
죽음의 군대를 물리쳤다.
나는 번뇌 없이 살고 있다.

7. 마라 빠삐만은 "끼사 고따미 비구니가 나를 알아보았다"라고 괴로워하고 슬퍼하면서 그곳에서 바로 사라졌습니다.

---

488 어린 아들을 잃고 실성하였다가 부처님을 만나 출가한 비구니.

1.93. 위자야(Vijayā) 〈s.5.4〉

1. 세존께서 사왓티의 제따와나 아나타삔디까 승원에 머무실 때, 위자야(Vijayā) 비구니는 사왓티에서 탁발을 하고 돌아와 식사를 마친 후에 오후의 휴식을 위해 안다 숲으로 들어가서 어떤 나무 아래 앉았습니다.
2. 그때 마라 빠삐만이 온몸의 털이 곤두서는 두려움과 공포를 일으켜서 위자야 비구니의 휴식을 방해하려고 위자야 비구니에게 다가가서 게송으로 말을 걸었습니다.

그대는 젊고 아름다운 여인
나는 젊고 멋진 사나이
오라! 귀부인이여!
다섯 가지 악기로[489] 즐겨 보자.

3.-6. 그러자 위자야 비구니는 '이자는 마라 빠삐만이다'라고 알아차리고서 마라 빠삐만에게 게송으로 답했습니다.

마음을 즐겁게 하는 형색과 소리
그리고 향기와 맛과 촉감을
나는 그대에게 넘겨주겠다.
마라여, 나는 원치 않는다.

쾌락에 대한 갈망을 근절했기에
언젠가는 부서지고 흩어지고
썩어 문드러질 이 몸은
나에게 곤혹스럽고 성가실 뿐이다.

색계(色界)에 도달한 중생들
무색계(無色界)에 머무는 중생들
그리고 평온의 성취에 대하여
모든 어둠이 사라졌다.[490]

7. 마라 빠삐만은 "위자야 비구니가 나를 알아보았다"라고 괴로워하고 슬퍼하면서 그곳에서 바로 사라졌습니다.

1.94. 우빨라완나(Uppalavaṇṇā) 〈s.5.5〉

1. 세존께서 사왓티의 제따와나 아나타삔디까 승원에 머무실 때, 우빨라완나 비구니는 사왓티에서 탁발을 하고 돌아와 식사를 마친 후에 오후의 휴식을 위해 안다 숲으로 들어가서 어떤 나무 아래 앉았습니다.
2. 그때 마라 빠삐만이 온몸의 털이 곤두서는 두려움과 공포를 일으켜서 우빨라완나 비구니의 휴식을 방해하려고 우빨라완나 비구니에게 다가가서 게송으로 말을 걸었습니다.

꽃이 만발한 쌀라 나무 아래
홀로 서 있는 그대, 비구니여!
세상에 둘도 없이 아름답구나.
어리석은 여인아! 불량배들이 두렵지 않은가?

3.-6. 그러자 우빨라완나 비구니는 '이자는 마라 빠삐만이다'라고 알아차리고서 마라 빠삐만에게 게송으로 답했습니다.

---

489 'pañcaṅgikena turiyena'의 번역. 인도 음악을 합주할 때 사용하는 다섯 가지 악기. 다섯 가지 감각적 욕망의 대상, 즉 색(色)·성(聲)·향(香)·미(味)·촉(觸)을 비유적으로 표현한 것이다.

490 욕계(欲界)에서 색계(色界), 무색계(無色界)를 거쳐서 열반에 이르는 길에 대하여 밝게 알고 있다는 의미이다.

그대 같은 불량배들이
백 명이 오든 천 명이 오든
나는 추호도 놀라지 않는다.
마라여! 나는 홀로지만 그것이 두렵지 않다.

내가 여기에서 사라져서
그대의 배 속에 들어가거나
눈썹 사이에 서 있으면,
그대는 나를 보지 못한다.

여러 여의족(如意足)을 잘 닦아서[491]
나는 마음을 조복(調伏)했다.
일체의 결박에서 벗어났다.
벗이여, 나는 그것이 두렵지 않다.

7. 마라 빠삐만은 "우빨라완나 비구니가 나를 알아보았다"라고 괴로워하고 슬퍼하면서 그곳에서 바로 사라졌습니다.

1.95. 짤라(Cālā) 〈s.5.6〉

1. 세존께서 사왓티의 제따와나 아나타삔디까 승원에 머무실 때, 짤라(Cālā) 비구니는 사왓티에서 탁발을 하고 돌아와 식사를 마친 후에 오후의 휴식을 위해 안다 숲으로 들어가서 어떤 나무 아래 앉았습니다.
2. 그때 마라 빠삐만이 온몸의 털이 곤두서는 두려움과 공포를 일으켜서 짤라 비구니의 휴식을 방해하려고 짤라 비구니에게 다가가서 말했습니다.

"비구니여, 그대는 무엇을 기뻐하지 않는가?"

"벗이여, 나는 태어남[生]을 기뻐하지 않는다오."

태어남이 왜 기쁘지 않은가?
태어나야 여러 쾌락 즐길 수 있는데.
비구니여, 누가 그대에게
태어남을 기뻐하지 말라고 가르쳤는가?

3.

태어난 자에게 죽음이 있다.
태어난 자는 속박(束縛), 살해(殺害), 고뇌(苦惱) 같은
여러 가지 괴로움을 겪는다.
그러므로 태어남을 기뻐해선 안 된다.

붓다께서는
일체의 괴로움을 끊어 버리도록
태어남에서 벗어나는 법(法)을 가르쳤다.
그분께서 나를 진리 속에 살게 했다.

색계(色界)에 도달한 중생들
무색계(無色界)에 머무는 중생들
이들은 소멸을 알지 못하여
이후의 존재[後有]로 돌아온 자들이다.

4. 마라 빠삐만은 "짤라 비구니가 나를 알아보았다"라고 괴로워하고 슬퍼하면서 그곳에서 바로 사라졌습니다.

1.96. 우빠짤라(Upacālā) 〈s.5.7〉

1. 세존께서 사왓티의 제따와나 아나타삔디

---

491 4여의족(四如意足)을 잘 수행했다는 의미이다.

까 승원에 머무실 때, 우빠짤라(Upacālā) 비구니는 사왓티에서 탁발을 하고 돌아와 식사를 마친 후에 오후의 휴식을 위해 안다 숲으로 들어가서 어떤 나무 아래 앉았습니다.
2. 그때 마라 빠삐만이 온몸의 털이 곤두서는 두려움과 공포를 일으켜서 우빠짤라 비구니의 휴식을 방해하려고 우빠짤라 비구니에게 다가가서 말했습니다.

"비구니여, 그대는 어느 곳에 다시 태어나기를 바라는가?"
3. "벗이여, 나는 어느 곳에도 다시 태어나기를 바라지 않는다오."
4.

도리천(忉利天)도 있고 야마천도 있고
도솔천의 천신들도 있다.
화락천(化樂天)의 천신들도 있고
자재천의 천신들도 있다.
마음을 그곳으로 향하도록 하라!
그대는 큰 기쁨을 느낄 것이다.

5.

도리천도 야마천도
도솔천의 천신들도
화락천의 천신들도
자재천의 천신들도
쾌락의 결박에 묶여
마라의 지배 아래 다시 돌아간다.

일체의 세간은 불타고 있다.
일체의 세간은 연기에 휩싸였다.
일체의 세간은 작열(灼熱)하고 있다.
일체의 세간은 동요하고 있다.

동요하지 않고, 흔들리지 않는 곳
범부(凡夫)들이 가지 않는 곳
마라가 미치지 못하는 곳
나의 마음은 그곳을 좋아한다.

6. 마라 빠삐만은 "우빠짤라 비구니가 나를 알아보았다"라고 괴로워하고 슬퍼하면서 그곳에서 바로 사라졌습니다.

1.97. 시수빠짤라(Sīsupacālā) 〈s.5.8〉

1. 세존께서 사왓티의 제따와나 아나타삔디까 승원에 머무실 때, 시수빠짤라 비구니는 사왓티에서 탁발을 하고 돌아와 식사를 마친 후에 오후의 휴식을 위해 안다 숲으로 들어가서 어떤 나무 아래 앉았습니다.
2. 그때 마라 빠삐만이 온몸의 털이 곤두서는 두려움과 공포를 일으켜서 시수빠짤라 비구니의 휴식을 방해하려고 시수빠짤라 비구니에게 다가가서 말했습니다.

"비구니여, 그대는 어떤 외도(外道)를[492] 따르는가?"
3. "벗이여, 나는 그 어떤 외도도 따르지 않는다오."
4.

누구 아래에서 삭발했는가?
그대는 여성 사문(沙門)처럼 보이는데,
외도를 따르지 않는다면서
어찌하여 정신없이 돌아다니는가?

5.

이 밖의 외도들은
삿된 견해[邪見]를 믿는다.

---

492 당시 바라문교를 벗어난 종교 사상가를 의미함.

나는 그들의 법(法)을 따르지 않는다.
그들은 법을 제대로 알지 못한다.

삭까족에서 태어난 분이 있다.
견줄 이 없는 깨달으신 분,
죽음을 물리치고 일체를 정복하신 분,
어떤 경우에도 정복되지 않는 분,
모든 것에서 해탈한 의존하지 않는 분,
안목(眼目)이 있는 그분은 일체를 본다.

모든 업을 소멸하신 분,
집착을 깨부순 해탈하신 분,
그분이 나의 스승, 세존이시다.
나는 그분의 가르침을 따른다.

6. 마라 빠삐만은 "시수빠짤라 비구니가 나를 알아보았다"라고 괴로워하고 슬퍼하면서 그곳에서 바로 사라졌습니다.

1.98. 셀라(Selā) 〈s.5.9〉

1. 세존께서 사왓티의 제따와나 아나타삔디까 승원에 머무실 때, 셀라(Selā) 비구니는 사왓티에서 탁발을 하고 돌아와 식사를 마친 후에 오후의 휴식을 위해 안다 숲으로 들어가서 어떤 나무 아래 앉았습니다.
2. 그때 마라 빠삐만이 온몸의 털이 곤두서는 두려움과 공포를 일으켜서 셀라 비구니의 휴식을 방해하려고 셀라 비구니에게 다가가서 게송으로 말을 걸었습니다.

누가 이 형상을 만들었는가?
형상을 만든 자는 어디에 있는가?
형상은 어디에서 나타나서
형상은 어디로 사라지는가?

3.-5. 그러자 셀라 비구니는 '이자는 마라 빠삐만이다'라고 알아차리고서 마라 빠삐만에게 게송으로 답했습니다.

이 형상은 스스로 만든 것이 아니라네.
이 고통은 다른 것이 만든 것이 아니라네.
원인에 의지하여 생긴 것이라서,
원인을 없애면 사라진다네.
밭에 뿌려진 어떤 씨앗이
땅의 힘[地力]과 습기
두 가지에 의해서
싹을 틔우고 성장하듯이,
이와 같이 온(蘊)들과 계(界)들[493]
그리고 6입처(六入處)는
원인에 의지하여 생긴 것이라서,
원인을 없애면 사라진다네.

6. 마라 빠삐만은 "셀라 비구니가 나를 알아보았다"라고 괴로워하고 슬퍼하면서 그곳에서 바로 사라졌습니다.

1.99. 와지라(Vajirā) 〈s.5.10〉

1. 세존께서 사왓티의 제따와나 아나타삔디까 승원에 머무실 때, 와지라(Vajirā) 비구니는 사왓티에서 탁발을 하고 돌아와 식사를 마친 후에 오후의 휴식을 위해 안다 숲으로 들어가서 어떤 나무 아래 앉았습니다.

493 5온(蘊)과 18계(界)를 의미한다.

2. 그러자 마라 빠삐만이 온몸의 털이 곤두서는 두려움과 공포를 일으켜서 와지라 비구니의 휴식을 방해하려고 와지라 비구니에게 다가가서 게송으로 말을 걸었습니다.

3.

무엇이 이 중생(衆生)을 만들었는가?
중생을 만든 자는 어디에 있는가?
중생은 어디에서 생겨서
중생은 어디로 사라지는가?

4.-6. 그러자 와지라 비구니는 '이자는 마라 빠삐만이다'라고 알아차리고서 마라 빠삐만에게 게송으로 답했습니다.

그대는 왜 '중생'이라고 여기는가?
마라여, 그대의 삿된 견해[邪見]가 아닌가?
순전히 행위[行]들의 모임일 뿐
이 세상에 중생은 없다.

부품(部品)들이 모여서
수레라는 말이 있듯이
이와 같이 온(蘊)들이 있을 때
중생이라는 가명(假名)이 있다.
단지 괴로움이 생길 뿐이다.
괴로움이 머물다가 사라질 뿐이다.
괴로움 이외에 생기는 것은 없다.
괴로움 이외에 사라지는 것은 없다.

7. 마라 빠삐만은 "와지라 비구니가 나를 알아보았다"라고 괴로워하고 슬퍼하면서 그곳에서 바로 사라졌습니다.

제6 범천(梵天) 상윳따

1.100. 청원(請願, Āyācanaṃ) 〈s.6.1〉

1. 이와 같이 나는 들었습니다.

한때 세존께서는 정각(正覺)을 성취하신 후에 우루웰라의 네란자라 강기슭에 있는 아자빨라니그로다나무 아래에 머무셨습니다.

2. 그때, 세존께서 홀로 좌선하는 가운데 마음속에 이런 생각이 떠올랐습니다.

3. '내가 도달한 이 진리[法]는 심오하고 보기 어렵고 깨닫기 어렵고 고요하고 사변을 벗어나고 미묘(微妙)하고 승묘(勝妙)하여 현자만이 알 수 있는 것이다. 그런데 지금 사람들은 애착이 생겨서 애착을 좋아하고 애착에 빠져 있다. 애착이 생겨서 애착을 좋아하고 애착에 빠져 있는 사람들은 이 의존성[idappaccayatā], 즉 연기(緣起, paṭiccasamuppādo)라는[494] 도리를 보기 어렵다. 그리고 일체의 행위[行]의 멈춤[sabbasaṅkhārasamatho], 일체의 집착의 버림[sabbaupadhipaṭinissaggo], 갈애[愛]의 파괴[taṇhakkhayo], 탐욕을 멀리함[virāgo], 소멸[nirodho, 滅], 열반[nibbānaṃ]이라는 도리를 보기 어렵다. 내가 진리를 가르쳐도 다른 사람들은 나의 말을 이해하지 못할 것이다. 그

494 'idappaccayatā paṭiccasamuppādo'는 이것이 있을 때, 이것을 조건으로 어떤 현상이 함께 생기는 연기(緣起)를 의미한다. 예를 들면 무명(無明)이 있을 때, 무명에 의지하여 무명과 함께 행(行)이 생기고, 행이 있을 때, 행에 의지하여 행과 함께 식(識)이 생긴다. 이와 같이 연기는 어떤 조건이 있을 때, 그 조건에 의지하여 그것과 함께 어떤 현상이 생기는 것을 의미한다.

것은 나에게 피로한 일이고 무익한 일이다.'
4. 세존에게 다음과 같은, 진실로 과거에 전혀 들어 본 적 없는, 희유한 게송들이 생각났습니다.

내가 힘들게 도달한 것을
지금 가르치려고 한 것으로[495] 충분하리라.
탐욕과 분노에 패배한 자들은
이 진리를 쉽게 이해하지 못하리라.

세상의 흐름을 거슬러 올라가는
미묘하고, 심오하고, 보기 어렵고, 미세한
진리를
어둠 덩어리에 뒤덮인
탐욕에 물든 자들은 보지 못하리라.

5. 이와 같이 성찰하신 세존께서는 진리를 가르치지 않고 편히 지내기로 마음먹으셨습니다.
6. 그때 사함빠띠(Sahampati) 범천(梵天)은 이심전심(以心傳心, cetasā ceto)으로 세존께서 성찰하신 바를 알아차리고 이렇게 생각했습니다.
'여래(如來) · 아라한(阿羅漢) · 등정각(等正覺)께서 진리를 가르치지 않고 편히 지내기로 마음먹었으니, 이제 세상은 끝이로구나! 이제 세상은 망했구나!'
7. 사함빠띠 범천은 마치 건장한 사람이 구부린 팔을 펴거나 편 팔을 구부리듯이, 이와 같이 삽시간에 범천의 세계에서 사라져 세존 앞에 나타났습니다.
사함빠띠 범천은 한쪽 어깨에 상의를 걸치고, 오른쪽 무릎을 꿇고 세존을 향해 합장 공경(恭敬)하고 세존께 말씀드렸습니다.
8. "세존이시여, 세존께서는 진리를 가르치소서! 선서(善逝)께서는 진리를 가르치소서! 천성(天性)이 때 묻지 않은 중생들이 있습니다. 그들은 진리를 듣지 못해서 타락하고 있습니다. 그들은 진리를 이해할 수 있을 것입니다."
9. 사함빠띠 범천은 이와 같이 말하고 나서 다시 다음과 같이 말했습니다.

이전에 마가다(Magadha)에는
불순한 자들이 생각해 낸
불결(不潔)한 가르침이 있었으니
불사(不死)의 문을 여소서!
순결하신 분이 깨달은
진리를 듣게 하소서!

산꼭대기 바위에 서서
두루 사람들을 살펴보듯이
그와 같이 진리의 궁전에 올라
두루 보는 눈[普眼]을 지닌 현자여!
슬픔을 여읜 분이시여!
태어남과 늙음의 지배를 받는
슬픔에 빠진 사람들을
굽어살펴 주옵소서!

일어나소서!
전쟁에서 승리한 영웅이여!
세상을 돌아다니소서!
빚 없는 대상(隊商)의 지도자여!
진리를 가르치소서!

495 가르치려고 생각했다가 포기한 것을 의미한다.

세존이시여!

구경의지혜를얻는사람들이있을것입니다.

10. 세존께서는 범천의 권청(勸請)을 듣고, 중생들을 연민하여 불안(佛眼)으로 세간을 살펴보셨습니다.

11. 세존께서 불안(佛眼)으로 세간을 살펴보시니, 때가 없는 중생도 있고, 때가 많은 중생도 있고, 근기가 날카로운[利根] 중생도 있고, 근기가 무딘[鈍根] 중생도 있고, 잘생긴 중생도 있고, 못생긴 중생도 있고, 가르치기 쉬운 중생도 있고, 가르치기 어려운 중생도 있었으며, 어떤 중생들은 내세의 죄를 두려워하며 살고 있었습니다.

12. 비유하면, 청련이나 홍련이나 백련이 자라는 연못에 어떤 청련이나 홍련이나 백련은 물에서 태어나 물속에서 물에 잠겨서 자라고, 어떤 청련이나 홍련이나 백련은 물에서 태어나 수면(水面)에서 자라고, 어떤 청련이나 홍련이나 백련은 물 위로 솟아올라 물에 오염되지 않고 자라는 것과 같았습니다.

13. 이와 같이 보시고 나서 사함빠띠 범천에게 게송으로 답하셨습니다.

> 귀있는자들에게불사(不死)의문이열렸다.
> 헛된 신앙[saddhaṃ]에서 벗어날지어다.[496]
> 범천이여, 나는 무익하다는 생각에서
> 고상하고 승묘한 진리를
> 인간들 가운데서 설하지 않으려고 했노라.

14. 사함빠띠 범천은 '나는 세존으로부터 진리를 가르치겠다는 승낙을 받았다'라고 생각하고, 세존께 예배한 후에 오른쪽으로 돌고 그곳에서 사라졌습니다.

1.101. 숭배(崇拜, Gāravo) 〈s.6.2〉

1. 이와 같이 나는 들었습니다.

한때 세존께서는 정각을 성취하신 후에 우루웰라의 네란자라 강기슭에 있는 아자빨라니그로다나무 아래에 머무셨습니다.

2. 그때 세존께서 홀로 좌선하는 가운데 마음속에 이런 생각이 떠올랐습니다.

'숭배하지 않고 순종하지 않고 살아가는 것은 괴롭다. 나는 어떤 사문이나 바라문을 공경하고 숭배하고 의지하면서 살아가면 좋을까?'

3.-8. 세존께서는 이렇게 생각하셨습니다.

'부족한 계온(戒蘊)을 원만하게 성취하기 위해서 다른 사문이나 바라문을 공경하고 숭배하고 의지하면 좋겠다. 그런데 마라와 범천을 포함한 천신들의 세계, 사문과 바라문 그리고 왕과 백성을 포함한 인간계에서 계(戒)를 나보다 더 원만하게 성취하여 내가 공경하고 숭배하고 의지할 만한 사문이나 바라문을 나는 보지 못했다. 정온(定蘊), 혜온(慧蘊), 해탈온(解脫蘊), 해탈지견온(解脫知見蘊)도 마찬가지다.[497] 나는 내가 깨달은 이 진리[法]를 공경하고 숭배하고 의지하면서 사는 것이 좋겠다.'

9. 그때 사함빠띠 범천은 이심전심으로 세존께서 성찰하신 바를 알아차리고, 마치 건장

---

496 'saddhaṃ'을 '헛된 신앙'으로 번역함. 당시의 사회를 지배하고 있던 신앙을 버릴 것을 이야기한 것이다.

497 원본에서는 각각의 온(蘊)에 대하여 같은 내용을 반복적으로 서술하고 있는데, 여기에서는 생략하여 번역함.

한 사람이 구부린 팔을 펴거나 편 팔을 구부리듯이, 이와 같이 삽시간에 범천의 세계에서 사라져 세존 앞에 나타났습니다.

10. 사함빠띠 범천은 한쪽 어깨에 상의를 걸치고, 오른쪽 무릎을 꿇고 세존을 향해 합장 공경하고 세존께 말씀드렸습니다.

11. "그렇습니다, 세존이시여! 그렇습니다, 선서시여! 세존이시여, 과거에 존재했던 아라한(阿羅漢)·등정각(等正覺)들, 그 세존들도 참으로 깨달아서 이해한 진리를 공경하고 숭배하고 의지하면서 살았습니다. 세존이시여, 미래에 존재할 아라한·등정각들, 그 세존들도 참으로 깨달아서 이해한 진리를 공경하고 숭배하고 의지하면서 살아갈 것입니다. 세존이시여, 현재의 아라한·등정각인 세존께서도 참으로 깨달아서 이해한 진리를 공경하고 숭배하고 의지하면서 살아가십시오!"

12. 사함빠띠 범천은 이렇게 말했습니다. 그리고 다시 말했습니다.

> 과거의 모든 부처님[sambuddhā]
> 미래의 모든 부처님
> 많은 이의 슬픔을 없애 주시는
> 현재의 부처님.
>
> 모두가 정법(正法)을 숭배하며
> 살아가셨고, 살아가시며
> 앞으로도 살아가실 것이니
> 이것이 붓다의 마땅한 도리[佛性][498]라네.
>
> 그러므로 자신의 이익을 바라고
> 위대한 삶[mahattam]을 소망하는 이들은
> 정법을 숭배해야 한다네.
> 부처님의 가르침을 명심해야 한다네.

1.102. 브라마데와[Brahmadevo] 〈s.6.3〉

1. 이와 같이 나는 들었습니다.

한때 세존께서는 사왓티의 제따와나 아나타삔디까 승원에 머무셨습니다.

2. 그때 브라마데와(Brahmadeva)라는 이름의 어떤 바라문의 아들이 집을 버리고 세존 앞으로 출가했습니다.

3. 브라마데와 존자는 홀로 외딴곳에서 열심히 노력하고 정진하며 지냈습니다. 그리고 오래지 않아 선남자(善男子)들이 출가하는 목적인 위없는 청정한 수행[梵行]의 완성을 지금 여기에서 스스로 체득하고 성취하여 살았습니다. 그는 '생(生)은 소멸했다. 청정한 수행을 완성했으며, 해야 할 일을 끝마쳤다. 다시는 이와 같은 상태로 되지 않는다'라는 것을 체득했습니다. 브라마데와 존자는 아라한 가운데 한 분이 되었습니다.

4. 어느 날 브라마데와 존자는 아침에 옷을 입고 발우와 법의를 지니고 탁발하러 사왓티에 들어가 차례로 걸식을 하다가 자신의 어머니가 사는 집에 이르렀습니다.

5. 그때 브라마데와 존자의 어머니는 일상적인 헌공(獻供)을 올리고 있었습니다.

6. 사함빠띠 범천은 이렇게 생각했습니다.

---

498 인도인들은 네가지 인생의 목표, 즉 쾌락(kāma)·재산(attha)·마땅히 해야 할 도리(dhamma)·해탈(mokkha)을 추구하였다. 'dhamma'는 여기에서 마땅히 해야 할 도리'를 의미하며, 'dhammatā'는 'dhamma'의 보편성을 의미한다. 따라서 'buddhānaṃ dhammatā'는 '붓다의 법성(法性)', 즉 불성(佛性)으로 이해할 수 있다.

'브라마데와 존자의 어머니가 일상적인 헌공을 올리고 있구나! 내가 가서 각성(覺醒)을 시켜야겠다.'

7. 사함빠띠 범천은 마치 건장한 사람이 구부린 팔을 펴거나 편 팔을 구부리듯이, 이와 같이 삽시간에 범천의 세계에서 사라져 브라마데와 존자의 어머니 앞에 나타났습니다.

8. 사함빠띠 범천은 공중에 서서 브라마데와 존자의 어머니에게 게송으로 말을 걸었습니다.

바라문 여인이여! 그대가 날마다 헌공을 올리는
범천세계는 먼 곳에 있다네.
바라문 여인이여! 범천은 그런 음식을 먹지 않는다네.
알지도 못하면서 어찌하여 범천의 도(道)를 중얼대는가?

바라문 여인이여! 이 사람은 그대의 브라마데와다.
집착을 벗어나 천신(天神) 중의 천신이 되었다.
다른 사람을 부양하지 않는 무소유의 비구다.
그가 지금 탁발하러 그대 집에 왔다.

최상의 지혜를 얻고 자신을 잘 닦아 헌공을 받아 마땅한 분
인간과 천신의 공양을 받아 마땅한 분
악행(惡行)을 멀리하여 오점(汚點) 없는 분
청량(淸涼)한 그분이 음식을 구하러 다니신다.

그분에게는 앞이 없고 뒤가 없다.[499]
연기(煙氣)도 없고 격정도 없고
탐욕도 없는[500] 평온하신 분
약자거나 강자거나 폭력을 버리신 분
그대가 가장 먼저 올리는 공양은
마땅히 그분이 받아야 한다.

군대를 물리쳐서 마음이 고요한 분
길들인 큰 코끼리[龍象]처럼 침착하게 걸어간다.
계행(戒行)이 훌륭하고 마음이 잘 해탈한 비구
그대가 가장 먼저 올리는 공양은
마땅히 그분이 받아야 한다.

바라문 여인이여! 주저하지 말고 확신을 가지고
공양받아 마땅한 분에게 공양을 올려라!
생사의 폭류를 건넌 성자(聖者)를 보고
미래의 행복을 위해 공덕을 지어라!

9.

바라문 여인이여! 주저하지 말고 확신을 가지고
공양받아 마땅한 분에게 공양을 올려라!
생사의 폭류를 건넌 성자를 보고
미래의 행복을 위해 공덕을 지어라!

---

499 앞과 뒤가 없다는 것은 과거와 미래와 그로 인한 후회나 불안이 없이 '지금 여기'에서 평온하게 지낸다는 의미이다.

500 탐진치(貪瞋癡)가 없다는 의미이다.

제7 바라문[Brāhmaṇa] 상윳따

1.103. 다난자니(Dhanañjanī) 〈s.7.1〉

1. 이와 같이 나는 들었습니다.

한때 세존께서는 라자가하의 웰루와나 깔란다까니와빠[竹林精舍]에 머무셨습니다.

2. 바라드와자(Bhāradvāja) 가문의 바라문 여인 다난자니(Dhanañjanī)는 부처님과 가르침과 상가에 대하여 맑은 신심을 가지고 있었습니다.

3. 바라문 여인 다난자니는 바라드와자 가문의 바라문들을 위하여 밥상을 차린 후에 다음과 같은 우다나를 세 차례 읊었습니다.

> 아라한이시며 등정각(等正覺)이신
> 그분 세존(世尊)께 귀의합니다.
> [namo tassa Bhagavato arahato sammā-sambuddhassa]

4. 이 말을 듣고, 바라드와자 가문의 바라문이 다난자니에게 말했습니다.

"이 딱한 여인은 시도 때도 없이 이렇게 저 삭발한 사문을 찬양하는구나! 딱한 여인아! 지금 당장 내가 네 스승의 말을 논파해야겠다."

5. "바라문이여! 나는 마라와 범천을 포함한 천신들의 세계, 사문과 바라문 그리고 왕과 백성을 포함한 인간계에서 아라한이시며 등정각이신 세존의 말씀을 논파할 수 있는 자를 보지 못했습니다. 바라문이여! 그대가 직접 가 보세요! 가 보면 알게 될 것입니다."

6. 그러자 화가 나서 기분이 상한 바라드와자 가문의 바라문은 세존을 찾아갔습니다. 그는 세존에게 정중하게 인사를 하고 공손한 인사말을 나눈 후 한쪽에 앉았습니다.

7. 한쪽에 앉은 바라드와자 가문의 바라문이 세존께 게송으로 말을 걸었습니다.

> 무엇을 끊어야 편히 자나요?
> 무엇을 끊어야 슬프지 않나요?
> 하나를 죽여야 한다면
> 고따마여! 당신은 무엇을 죽이겠습니까?

8.

> 분노를 끊어야 편히 잔다오.
> 분노를 끊어야 슬프지 않다오.
> 분노는 처음은 달콤하지만
> 바라문이여! 끝에는 독이 있다오.
> 분노를 죽이는 것을 성자들은 칭찬한다오.
> 그것을 끊으면 슬프지 않다오.

9. 이 말씀을 듣고, 바라드와자 가문의 바라문은 이렇게 말했습니다.

"훌륭합니다, 세존이시여! 훌륭합니다, 세존이시여! 세존이시여, 마치 뒤집힌 것을 바로 세우는 것 같고, 감추어진 것을 드러내는 것 같고, 길 잃은 자에게 길을 알려 주는 것 같고, '눈 있는 자들은 보라'라고 어둠 속에 등불을 비춰 주는 것 같습니다. 이와 같이 세존께서는 여러 가지 방법으로 진리를 알려 주셨습니다. 세존이시여, 그래서 저는 세존께 귀의합니다. 가르침과 비구상가에 귀의합니다. 세존이시여, 저는 세존님 앞으로 출가하여 구족계를 받고자 합니다."

10. 바라드와자 가문의 바라문은 세존 앞으로 출가하여 구족계를 받았습니다.

11. 바라드와자 존자는 구족계를 받자 곧 홀로 외딴곳에서 열심히 노력하고 정진하며 지냈습니다. 그리고 오래지 않아 선남자(善男

子)들이 출가하는 목적인 위없는 청정한 수행[梵行]의 완성을 지금 여기에서 스스로 체득하고 성취하여 살았습니다. 그는 '생(生)은 소멸했다. 청정한 수행을 완성했으며, 해야 할 일을 끝마쳤다. 다시는 이와 같은 상태로 되지 않는다'라는 것을 체득했습니다.
12. 바라드와자 존자는 아라한 가운데 한 분이 되었습니다.

1.104. 욕쟁이[Akkosa] 〈s.7.2〉
1. 한때 세존께서는 라자가하의 웰루와나 깔란다까니와빠[竹林精舍]에 머무셨습니다.
2. 어떤 욕쟁이 바라드와자 바라문이 바라드와자 가문의 한 바라문이 고따마 사문 앞으로 출가했다는 말을 들었습니다.
3. 화가 나서 기분이 상한 그는 세존을 찾아가서 세존에게 무례하고 거친 말로 욕하면서 비난했습니다.
4. 그 말을 듣고, 세존께서 욕쟁이 바라드와자 바라문에게 말씀하셨습니다.
"바라문이여, 어떻습니까? 그대에게 친구나 친척이나 손님들이 오지 않습니까?"
5. "고따마 존자여, 가끔 나에게 친구나 친척이나 손님들이 옵니다."
6. "바라문이여, 어떻습니까? 그대는 그들에게 부드럽고 맛있는 먹기 좋은 음식을 대접하지 않나요?"
7. "고따마 존자여, 가끔 나는 그들에게 부드럽고 맛있는 먹기 좋은 음식을 대접합니다."
8. "바라문이여, 만약에 그들이 당신에게 받지 않으면, 그 음식은 누구의 것이 됩니까?"
9. "고따마 존자여, 만약에 그들이 나에게서 받지 않으면, 그 음식은 우리 것이 됩니다."
10. "바라문이여, 실로 그와 같이, 그대는 욕하지 않는 우리에게 욕하고, 괴롭히지 않는 우리를 괴롭히고, 다투지 않는 우리와 다투고 있습니다. 우리는 그대에게 그것을 받지 않았습니다. 바라문이여, 그것은 참으로 당신의 것이 되었습니다. 바라문이여, 그것은 참으로 당신의 것이 되었습니다. 바라문이여, 욕하는 사람에 맞서서 욕하고, 괴롭히는 사람에 맞서서 괴롭히고, 다투는 사람에 맞서서 다툰다면, 이것은 함께 먹고 서로 나눈다고 할 것입니다. 우리는 진실로 그대와 그것을 함께 먹지 않았고 서로 나누지 않았습니다. 바라문이여, 그것은 참으로 당신의 것이 되었습니다. 바라문이여, 그것은 참으로 당신의 것이 되었습니다."
11. "고따마 존자에 대하여 여러 왕들을 비롯하여 대중들은 '고따마 사문은 아라한이다'라고 알고 있습니다. 그런데 고따마 존자는 화가 났군요."
12.

억제되어 분노가 없는
평온한 삶을 사는 사람에게
올바른 지혜로 해탈한 고요한 사람에게
어찌 분노가 있겠는가?

성내는 사람에게 성내는 사람은
그 사람이 더 나쁜 사람이라네.
성내는 사람에게 성내지 않는 사람은
이기기 어려운 싸움에서 승리하는 것이라네.

다른 사람이 화난 것을 알아차리고
주의집중하여 진정하는 사람은
나에게 그리고 남에게
둘에게 이익을 준다네.

자신도 치유하고 남도 치유하고
둘을 모두 치유하는 사람을
진리에 무지한 사람들은
바보라고 생각한다네.

13.-16. 이 말씀을 듣고, 욕쟁이 바라드와자 바라문은 세존 앞으로 출가하여 구족계를 받고, 오래지 않아 선남자(善男子)들이 출가하는 목적인 위없는 청정한 수행[梵行]의 완성을 지금 여기에서 스스로 체득하고 성취하여 아라한 가운데 한 분이 되었습니다.[501]

1.105. 숫디까(Suddhika) 〈s.7.7〉

1. 한때 세존께서는 사왓티의 제따와나 아나타삔디까 승원에 머무셨습니다.
2. 그때 숫디까(Suddhika) 바라드와자 바라문이 세존을 찾아와서 세존에게 정중히 인사하고 공손한 인사말을 나눈 후 한쪽에 앉았습니다.
3. 한쪽에 앉은 숫디까 바라드와자 바라문이 세존께 게송으로 말을 걸었습니다.

비록 계행이나 고행을 행할지라도
바라문이 아니면 세간에서 그 누가 청정해지겠는가?
앎과 실천을 구족한[vijjācaraṇasampanno, 明行足][502] 바라문이 청정해진다네.
그 밖의 다른 사람들은 아니라네.

4.

비록 많은 헛소리를 암송한다 해도
안은 쓰레기로 오염되고
위선으로 가득 차 있다면
혈통에 의해 바라문이 될 수는 없다네.

크샤트리아든 바라문이든 바이샤든
수드라든 불가촉천민이든
열심히 정진하고 스스로 노력하고
끊임없이 꿋꿋하게 나아가면
누구나 최상의 청정에 이른다네.
바라문이여! 이와 같이 알아야 한다네.

5. 이 말씀을 듣고, 숫디까 바라드와자 바라문은 세존 앞으로 출가하여 구족계를 받고, 오래지 않아 선남자(善男子)들이 출가하는 목적인 위없는 청정한 수행[梵行]의 완성을 지금 여기에서 스스로 체득하고 성취하여 살았습니다.
6. 바라드와자 존자는 아라한 가운데 한 분이 되었습니다.

1.106. 순다리까(Sundarika) 〈s.7.9〉

1. 한때 세존께서는 꼬살라(Kosala)에 있는 순다리까(Sundarika)강 언덕에 머무셨습니다.
2. 그때 순다리까(Sundarika) 바라드와자 바라문은 순다리까강 언덕에서 불의 신에게 헌공하고 제화(祭火)를 올렸습니다.
3. 불의 신에게 헌공하고 제화를 올린 순다

501 생략하여 번역함.

502 바라문교에서 베다에 통달하여 제사를 잘 수행하는 것을 의미함. 이것이 불교에서는 여래의 열 가지 호칭[十號] 가운데 하나가 되어 진리를 깨달아 실천한 사람이라는 의미를 지니게 됨.

리까 바라드와자 바라문은 자리에서 일어나 사방을 두루 둘러보았습니다.

"헌공하고 남은 이 음식을 누군가가 먹었으면 좋겠는데."

4. 순다리까 바라드와자 바라문은 어떤 나무 아래에 머리를 가리고 앉아 있는 세존을 보았습니다. 그는 왼손으로는 남은 음식을 들고, 오른손으로는 물병을 들고, 세존에게 다가갔습니다.

5. 세존께서는 순다리까 바라드와자 바라문의 발자국 소리를 듣고 머리를 드러내셨습니다.

6. 그러자 순다리까 바라드와자 바라문은 "이 존자는 삭발했네! 이 존자는 삭발했네!"라고 하면서 그곳에서 다시 돌아가려고 생각했습니다.

7. 순다리까 바라드와자 바라문은 '하긴 어떤 바라문들은 삭발을 하기도 하지! 내가 다가가서 그의 혈통을 물어봐야겠다'라고 생각했습니다.

8. 순다리까 바라드와자 바라문은 다가가서 세존에게 말했습니다.

"존자는 출생이 어찌되나요?"

9.

출생을 묻지 말고 행위를 물어야 한다오.
어떤 나무에서도 불은 생긴다오.
출생이 천해도 부끄러움을 알고 자제하면
그는 확실한 고귀한 성자라오.

10.-16. (생략)

17.

바라문이여! 장작을 모아 놓고 태우면서
밖에서 불을 피우는 것을
정화(淨化, suddhim)[503]라고 여겨서는 안 된다오.
밖에 있는 것으로 정화를 기대한다면
정화를 할 수 없다고 현자들은 말한다오.
바라문이여! 나는 장작 태우기를 포기하고
안으로 불을 지핀다오.
불꽃은 항상 타오르고,
마음은 항상 삼매에 들어 있다오.
나는 청정한 수행[梵行]으로 살아가는 아라한이라오.

바라문이여! 그대의 교만은 한 섬의 짐이라오.
분노는 연기이고 허망한 말은 재라오.
혀는 국자이고 심장은 불을 모신 제단이라오.
잘 길들인 자아가 사람들의 불빛이라오.

법(法)은 계행을 나루[sīlatittha]로 삼는 호수라오.
착한 사람이 착한 사람에게 청정하다고 칭찬한다오.
그곳에서 목욕한 현자는
몸에 물을 적시지 않고 피안(彼岸)으로 건너간다오.

진리[saccaṁ], 법[dhammo], 자제, 청정한 수행[梵行]이
바라문이 중도(中道)로써 얻는 최상의 성취라오.

---

503 바라문교에서는 성스러운 하천에서 불을 피워 제사를 올리고 목욕하면 죄업을 씻고 윤회를 벗어나 천상에 간다고 믿었다.

올바른 주의집중을 하는 사람들에게 귀의
하시오!
나는 그 사람을 법을 따르는 사람이라고 부
른다오.

18. 이 말씀을 듣고, 순다리까 바라드와자 바라문은 세존 앞으로 출가하여 구족계를 받았습니다. 그는 오래지 않아 선남자(善男子)들이 출가하는 목적인 위없는 청정한 수행[梵行]의 완성을 지금 여기에서 스스로 체득하고 성취하여 살아갔습니다.
19. 바라드와자 존자는 아라한 가운데 한 분이 되었습니다.

1.107. 까시(Kasi) 〈s.7.11〉

1. 이와 같이 나는 들었습니다.

한때 세존께서는 마가다의 닥키나기리(Dakkhiṇāgiri)에 있는 에까날라(Ekanāḷa) 바라문 마을에 머무셨습니다.
2. 그때 까시(Kasi) 바라드와자 바라문은 파종기(播種期)에 즈음하여 500개의 쟁기를 멍에에 묶고 있었습니다.
3. 세존께서는 아침에 옷을 입고 발우와 법의를 지니고 까시 바라드와자 바라문이 일하는 곳을 찾아가서 한쪽에 서 계셨습니다.
4. 그때 까시바라드와자 바라문은 음식을 나누어 주고 있었습니다.
5. 까시 바라드와자 바라문은 탁발하기 위해서 있는 세존을 보았습니다.
6. 까시 바라드와자 바라문은 탁발하기 위해 서있는 세존에게 이렇게 말했습니다.

"사문이여, 나는 밭을 갈고 씨를 뿌립니다. 나는 밭을 갈고 씨를 뿌린 후에 먹습니다. 사문이여, 그대도 밭을 갈고 씨를 뿌리세요. 그대도 밭을 갈고 씨를 뿌린 후에 먹으세요."
7. "바라문이여, 나도 밭을 갈고 씨를 뿌린다오. 나도 밭을 갈고 씨를 뿌린 후에 먹는다오."
8. '우리는 고따마 존자의 멍에나 쟁기나 보습이나 회초리나 밭 가는 소들을 보지 못했다. 그런데 고따마 존자는 '나도 밭을 갈고 씨를 뿌린다. 나도 밭을 갈고 씨를 뿌린 후에 먹는다'라고 말하는구나.'
9. 이렇게 생각한 까시 바라드와자 바라문은 세존에게 게송으로 말을 걸었습니다.

그대는 자신을 농부라고 말하지만
농사짓는 것을 나는 보지 못했다오.
그대가 농부라면 말해 보세요.
어떻게 농사짓는지 알고 싶군요.

10.

믿음은 씨앗, 수행은 비
통찰지[般若]는 나의 멍에와 쟁기
부끄러움은 끌채, 마음은 멍에끈
주의집중은 나의 보습과 회초리

몸가짐을 조심하고, 말조심하고
음식은 양에 맞게 절제하며
진리[saccaṃ]로 잡초를 베어 낸다네.
온화함은 나의 휴식이라네.

지고의 행복[瑜伽安穩]을 실어 나르는
짐을 진 나의 소는 정진(精進)이라네.
물러서지 않고 나아간다네.
그가 간 곳에는 걱정이 없다네.

나는 농사를 이와 같이 짓는다네.
불사(不死)가 이 농사의 결실이라네.
이 농사를 잘 지으면
일체의 괴로움을 벗어난다네.

11. "고따마 존자여, 음식을 드십시오! 농사를 지어서 불사(不死)의 결실을 거두는 고따마 존자가 진정한 농부입니다."

12.

게송 읊어 받은 음식 먹을 수 없네.
바르게 보는 자의 법도(法道)가 아니라네.
깨달은 이들은 품삯 받지 않는다네.
바라문이여, 그것이 옳은 법도라네.

번뇌가 소멸하고, 악행이 멸진한
독존(獨存)에 이른 위대한 선인(仙人)을
먹고 마실 것으로 달리 공양하시오!
그것이 복 구하는 밭[福田]이라오.

이 말씀을 듣고, 까시 바라드와자 바라문은 이렇게 말했습니다.

"훌륭합니다, 고따마 존자여! 훌륭합니다, 고따마 존자여! 마치 뒤집힌 것을 바로 세우는 것 같고, 감추어진 것을 드러내는 것 같고, 길 잃은 자에게 길을 알려 주는 것 같고, '눈 있는 자들은 보라'라고 어둠 속에 등불을 비춰 주는 것 같습니다. 이와 같이 고따마 존자께서는 여러 가지 방법으로 진리를 알려 주셨습니다. 고따마 존자여, 그래서 저는 고따마 존자님께 귀의합니다. 가르침과 비구상가에 귀의합니다. 고따마 존자께서는 저를 청신사(淸信士)로[504] 받아 주소서. 지금부터 살아 있는 날까지 귀의하겠습니다."

제8 왕기싸(Vaṅgīsa) 상윳따
(생략)

제9 숲[Vana] 상윳따

1.108. 일깨움[Upaṭṭhāna] 〈s.9.2〉

1. 한때 어떤 비구가 꼬살라에 있는 어느 잡목 숲에 머물고 있었습니다.
2. 그 비구는 오후의 휴식을 취하면서 잠들어 있었습니다.
3. 그때 그 잡목 숲의 신이 그 비구를 연민하고 이익을 주기 위해 그를 자극하려고 그에게 다가갔습니다.
4. 그는 그 비구에게 다가가서 게송으로 말을 걸었습니다.

일어나세요! 비구여, 어찌하여 잠을 자나요?
잠을 자면 그대에게 무슨 이익이 있나요?
화살을 맞아 괴로운
고통 속에서 잠이 웬 말인가요?[505]

신념을 가지고 집을 떠나
집 없는 곳으로 출가했으니
잠에 빠져들지 말고
그 신념을 보여 주세요!

504 'upāsakaṃ'의 번역.
505 'āturassa hi kā niddā'의 번역.

5.

감각적 욕망은 무상하고 불안한 것,
어리석으면 거기에 빠져들지만
속박에서 벗어나 집착하지 않는
출가자를 어떻게 괴롭히리오.

욕망과 탐착을 조복(調伏)하고
무명(無明)을 벗어나서
청정한 지혜를 갖춘
출가자를 어떻게 괴롭히리오.

밝음[vijjā, 明]으로 어둠[avijjaṃ, 無明]을 깨고
번뇌[漏]를 소멸하여
슬픔과 근심이 없는
출가자를 어떻게 괴롭히리오.

부단히 정진(精進)하고 스스로 노력하고
끊임없이 열심히 노력하면서
열반을 갈망하는
출가자를 어떻게 괴롭히리오.

1.109. 까싸빠곳따[Kassapagotto] 〈s.9.3〉

1. 한때 까싸빠곳따(Kassapagotta) 존자는 꼬살라에 있는 어느 잡목 숲에 머물고 있었습니다.

2. 까싸빠곳따 존자는 오후의 휴식을 취하면서 어떤 사냥꾼을 훈계했습니다.

3. 그때 그 잡목 숲의 신이 까싸빠곳따 존자를 연민하고 이익을 주기 위해 그를 자극하려고 까싸빠곳따 존자에게 다가갔습니다.

4. 그는 까싸빠곳따 존자에게 다가가서 게송으로 말을 걸었습니다.

비구여! 험한 산길을 돌아다니는 사냥꾼에게
지혜 없고 착한 마음 없는 자에게
시의적절하지 않게 하는 훈계가
나에게는 무익하게 보이네.

그는 들어도 알지 못하고,
보여 줘도 보지 못한다네.
가르침을 설해도
어리석은 자는 의미를 이해하지 못한다네.

까싸빠여! 그대가 열 개의 등불을
들어 올린다고 해도
그는 형색을 보지 못한다네.
그에게는 볼 수 있는 눈이 없다네.

5. 그러자 까싸빠곳따 존자는 그 천신의 자극을 받고 동요했습니다.

1.110. 홍련화(紅蓮花, Paduma-puppha) 〈s.9.14〉

1. 한때 어떤 비구가 꼬살라에 있는 어느 잡목 숲에 머물고 있었습니다.

2. 그 비구는 탁발하고 돌아와서 식사를 마친 후에 연못에 들어가 홍련 향기를 맡았습니다.

3. 그때 그 잡목 숲의 신이 그 비구를 연민하고 이익을 주기 위해 그를 자극하려고 그 비구에게 다가가서 게송으로 말을 걸었습니다.

물에서 자란 이 홍련을
주지 않았는데 향기를 맡는군요.
이것은 일종의 도둑질이라오.
존자여! 그대는 향기 도둑이라오.

4.

나는 훔치지 않았다오.
나는 꺾지도 않았다오.
멀리서 연꽃을 냄새만 맡았다오.
그런데 어찌하여
향기 도둑이라고 말하나요?

뿌리를 파내고
홍련을 꺾고
이와 같이 모진 짓을 하는 사람은
어찌하여 그렇게 부르지 않나요?

5.

모질고 잔혹한 사람
기저귀처럼 오염된 사람
그런 사람에게 나는 할 말이 없지만
그대에게는 할 말이 있다오.
그대처럼 죄가 없고
항상 청정하기를 바라는 사람은
털끝만큼의 악행도 하늘만큼 커 보인다오.

6.

그대는 참으로 나를 알고 있군요.
그리고 나를 연민하는군요.
그대가 이와 같은 일을 보거든
야차여! 다음에도 말해 주세요.

7.

나는 그대를 의지해서 살아가지 않고
그대의 하인도 아니라오.
비구여, 행복으로 가는 길은
그대가 스스로 알아야 한다오.

제10 야차(夜叉, Yakkha) 상윳따

1.111. 인다까[Indako] 〈s.10.1〉

1. 한때 세존께서는 인다까(Indaka) 야차가 사는 라자가하의 인다꾸따(Indakūṭa)산에 머무셨습니다.

2. 그때 인다까 야차가 세존에게 다가와서 게송으로 말을 걸었습니다.

몸[rūpa]은 생명체[jīva]가 아니라고
깨달은 분들이 말씀하시는데,[506]
이 몸은 어떻게 이 육신(肉身)을 얻나요?
이 몸에 뼈와 장기는 어디에서 오나요?
이 몸은 어떻게 자궁에 탁태하나요?[507]

3.

맨 처음에는 깔라라(kalala) 상태다.[508]
깔라라에서 압부다(abbuda)가 된다.[509]
압부다에서 뻬시(pesī)가 생긴다.[510]

---

506 'rūpa'는 '사람이나 동물의 형상을 이루는 전체'를 의미하는 '몸'이고, 'jīva'는 '생명체[壽命]'를 의미한다. 이들을 '물질'과 '영혼'으로 번역하는 경우가 허다한데, 이는 잘못된 번역이다. 이 게송은 생명체가 아닌 몸이 어떻게 자궁에 붙어서 뼈와 장기(臟器)를 지닌 몸뚱이가 되는가를 묻고 있다.

507 당시의 윤회설에 의하면 생명체가 모태에 탁태(托胎)하여 새로운 세상에 태어난다. 그런데 생명체가 아닌 몸이 어떻게 모태에 탁태하여 뼈와 장기를 지닌 몸뚱이를 지니고 세상에 나오게 되는가를 묻고 있다.

508 'kalala'는 '진흙'이나 '반죽'을 의미한다. 여기에서는 끈적끈적한 액체 상태를 의미한다.

509 'abbuda'는 종기처럼 부풀어 오른 상태를 의미한다. 죽을 끓일 때 끈적끈적한 상태에서 기포가 생겨 부풀어 오르듯이 어떤 형태가 나타나기 시작하는 상태를 의미한다.

510 'pesī'는 '살덩어리'를 의미한다. 부풀어 오른 것이 살의 모양을 갖추게 되는 것을 의미한다.

빼시에서 가나(ghana)가 생긴다.[511]
가나에서 빠사카들과
머리카락, 체모, 손발톱이 생긴다.[512]

어머니가 태아를 위해
음식을 먹고 마시면
모태에 있는 사람은
그곳에서 그것으로 살아간다.[513]

제11 제석천(帝釋天, Sakka) 상윳따
(생략)

511 'ghana'는 단단한 상태를 의미한다. 뼈같이 단단한 것이 생기는 것을 의미한다.

512 'pasākhā'는 사지(四肢)를 의미한다.

513 이 게송을 근거로 체내오위설(體內五位說)이 나타난다. 그러나 이 게송은 체내오위(體內五位)를 설명하려는 의도에서 설해진 것이 아니라, 생명체인 지와(Jīva)가 모태에 탁태하여 윤회를 거듭한다는 당시의 윤회설을 부정하기 위하여, 사람의 몸은 어머니의 몸속에서 어머니가 먹는 음식에 의지하여 여러 가지로 상태의 변화를 겪으며 성장한다는 것을 이야기한 것이다.

2. 인연품(因緣品, Nidāna-Vagga)

제12 인연(因緣, Nidāna) 상윳따

2.1. 설법[Desanā] 〈s.12.1〉

1. 이와 같이 나는 들었습니다.

한때 세존께서는 사왓티의 제따와나 아나타삔디까 승원에 머무셨습니다.

2. 그때 세존께서 비구들을 불러 말씀하셨습니다.

"비구들이여, 내가 연기(緣起)에 대하여 가르쳐 주겠소. 잘 듣고 깊이 생각해 보시오! 내가 이야기하겠소."

그 비구들은 "세존이시여, 그렇게 하겠습니다"라고 세존께 대답했습니다.

3. 세존께서 말씀하셨습니다.

"비구들이여, 연기(緣起)란 어떤 것인가? 비구들이여, 나라고 할 만한 것이 없다는 사실을 알지 못하는 무명(無明, avijjā)에 의지하여 내가 있다는 생각으로 행하는 행위[行, saṅkhārā]들이, 그 행위들에 의지하여 나와 세계를 분별하는 분별의식[識, viññāṇa]이, 그 분별의식에 의지하여 이름과 형색[名色, nāmarūpa]이, 이름과 형색에 의지하여 그 이름과 형색을 보고 듣는 6입처(六入處, saḷ-āyatāna)가 있고, 6입처에 의지하여 대상을 경험하는 접촉[觸, phassa]이, 그 접촉에 의지하여 즐겁거나 괴로운 느낌[vedanā, 受]이, 그 느낌에 의지하여 느낌을 갈망하는 갈애[taṇhā, 愛]가 있고, 그 갈애에 의지하여 무상한 오온을 자아로 취하는 취(取, upādāna)가 있고, 그 취에 의지하여 내가 있다[bhava, 有]는 생각이, 내가 있다는 생각에 의지하여 내가 태어났다[jāti, 生]는 생각이, 내가 태어났다는 생각에 의지하여 내가 늙고 죽는다[jarāmaraṇa, 老死]는 생각과 근심·슬픔·고통·우울·고뇌가 생긴다오. 이와 같이 순전한 괴로움 덩어리[dukkhakkhanda, 苦蘊]가 쌓인다오[samudaya, 集]. 비구들이여, 이것을 '함께 나타남[samuppāda]'이라고 한다오.

4. 그렇지만 나라고 할 만한 것이 없다는 사실을 깨달아 무명이 남김없이 소멸하면 내가 있다는 생각으로 행하는 행위들이 소멸하고, 그 행위들이 소멸하면 분별의식이 소멸하고, 분별의식이 소멸하면 이름과 형색이 소멸하고, 이름과 형색이 소멸하면 6입처가 소멸하고, 6입처가 소멸하면 접촉이 소멸하고, 접촉이 소멸하면 느낌이 소멸하고, 느낌이 소멸하면 갈애가 소멸하고, 갈애가 소멸하면 취가 소멸하고, 취가 소멸하면 유가 소멸하고, 유가 소멸하면 생이 소멸하고, 생이 소멸하면 노사와 근심·슬픔·고통·우울·고뇌가 소멸한다오. 이와 같이 순전한 괴로움 덩어리의 소멸[滅]이 있다오[nirodha, 滅]."[514]

5. 이것이 세존께서 하신 말씀입니다.

그 비구들은 세존의 말씀에 만족하고

---

514 'evam etassa kevalassa dukkhakkhandhassa nirodho hoti'의 번역. 이것은 12연기의 환멸문(還滅門)이 고온(苦蘊)의 멸(滅), 즉 멸성제(滅聖諦)를 설명하는 교리라는 것을 의미한다.

기뻐했습니다.

2.2. 자세한 설명[Vibhaṅgaṃ] 〈s.12.2〉

세존께서 사왓티의 제따와나 아나타삔디까 승원에 머무실 때, 비구들에게 말씀하셨습니다.

"비구들이여, 내가 연기(緣起)에 대하여 자세하게 설명해 주겠소. 잘 듣고 깊이 생각해 보시오! 내가 이야기하겠소."

그 비구들은 "세존이시여, 그렇게 하겠습니다"라고 세존께 대답했습니다.

세존께서 말씀하셨습니다.

"비구들이여, 연기란 어떤 것인가? 비구들이여, 무명(無明)에 의지하여 행위[行]들이, 행위들에 의지하여 분별의식[識]이, 분별의식에 의지하여 이름과 형색[名色]이, 이름과 형색에 의지하여 6입처(六入處)가 있고, 6입처에 의지하여 접촉[觸]이, 접촉에 의지하여 느낌[受]이, 느낌에 의지하여 갈애[愛]가 있고, 갈애에 의지하여 취(取)가 있고, 취에 의지하여 유(有)가 있고, 유에 의지하여 생(生)이, 생에 의지하여 노사(老死)와 근심·슬픔·고통·우울·고뇌가 생긴다오. 이와 같이 순전한 괴로움 덩어리[苦蘊]의 쌓임[集]이 있다오.

4. 비구들이여, 노사(老死)란 어떤 것인가? 이런저런 중생들의 이런저런 중생의 몸[sattanikāya, 衆生身]에 노쇠가 나타나고, 이가 빠지고, 주름살이 잡히고, 수명이 줄고, 지각활동이 쇠퇴하면, 존자들이여, 이것을 늙음[老]이라고 부르고, 이런저런 중생들의 몸의 죽음·소멸·파멸·소실·사망·운명(殞命)·온(蘊)들의 파괴·사체의 매장(埋葬), 비구들이여, 이것을 죽음[死]이라고 부른다오. 이것이 늙음이고, 이것이 죽음이라오. 비구들이여, 이것을 노사라고 부른다오.

5. 비구들이여, 생이란 어떤 것인가? 이런저런 중생들의 몸 가운데 태어남[生]·탄생(誕生)·출현(出現)·출생·온(蘊)들의 현현(顯現)·입처(入處)들의 획득(獲得), 비구들이여, 이것을 생이라고 부른다오.

6. 비구들이여, 유란 어떤 것인가? 비구들이여, 유는 세 가지, 즉 욕유(欲有, kāma-bhava)·색유(色有, rūpa-bhava)·무색유(無色有, arūpa-bhava)가 있다오. 비구들이여, 이것을 유라고 부른다오.

7. 비구들이여, 취란 어떤 것인가? 비구들이여, 취는 네 가지, 즉 욕취(欲取, kāmupādāna)·견취(見取, diṭṭhupādāna)·계금취(戒禁取, sīlabbatupādāna)·아어취(我語取, atta-vādupādāna)가 있다오. 비구들이여, 이것을 취라고 부른다오.

8. 비구들이여, 갈애란 어떤 것인가? 비구들이여, 갈애구조[taṇhākāyā, 愛身]는 여섯 가지, 즉 형색[色]에 대한 갈애[色愛]·소리에 대한 갈애[聲愛]·냄새에 대한 갈애[香愛]·맛에 대한 갈애[味愛]·촉감에 대한 갈애[觸愛]·지각대상에 대한 갈애[法愛]라오. 비구들이여, 이것을 갈애라고 부른다오.

9. 비구들이여, 느낌이란 어떤 것인가? 비구들이여, 느낌구조[vedanākāyā, 受身]는 여섯 가지, 즉 시각접촉에서 생긴 느낌[cakkhu-samphassajā vedanā, 眼觸生受]·청각접촉에서 생긴 느낌[耳觸生受]·후각접촉에서 생긴 느낌[鼻觸生受]·미각접촉에서 생긴 느낌[舌觸生受]·촉각접촉에서 생긴 느낌[身觸生受]·마음접촉에서 생긴 느낌[意觸生受]이라오.

비구들이여, 이것을 느낌이라고 부른다오.

10. 비구들이여, 접촉이란 어떤 것인가? 비구들이여, 접촉구조[phassakāyā, 觸身]는 여섯 가지, 즉 시각접촉[眼觸]·청각접촉[耳觸]·후각접촉[鼻觸]·미각접촉[舌觸]·촉각접촉[身觸]·마음접촉[意觸]이라오. 비구들이여, 이것을 접촉이라고 부른다오.

11. 비구들이여, 6입처란 어떤 것인가? 안입처(眼入處)·이입처(耳入處)·비입처(鼻入處)·설입처(舌入處)·신입처(身入處)·의입처(意入處), 비구들이여, 이것을 6입처라고 부른다오.

12. 비구들이여, 이름과 형색이란 어떤 것인가? 비구들이여, 느낌[受]·생각[想]·의도[cetanā, 思]·접촉[觸]·관심[manasikāro, 作意], 비구들이여, 이것을 이름[名]이라고 부른다오.[515] 4대(四大)와 4대를 취하고 있는 형색, 비구들이여, 이것을 형색[色]이라고 부른다오.[516] 이와 같이 이 이름과 이 형색, 비구들이여, 이것을 이름과 형색이라고 부른다오.

13. 비구들이여, 분별의식이란 어떤 것인가? 비구들이여, 분별의식구조[viññāṇakāyā, 識身]는 여섯 가지, 즉 시각분별의식[眼識]·청각분별의식[耳識]·후각분별의식[鼻識]·미각분별의식[舌識]·촉각분별의식[身識]·마음분별의식[意識]이라오. 비구들이여, 이것을 분별의식이라고 부른다오.

14. 비구들이여, 행위란 어떤 것인가? 비구들이여, 행위는 세 가지, 즉 신체행위[kāyasaṅkhāra, 身行]·언어행위[vacīsaṅkhāra, 口行]·마음행위[cittasaṅkhāra, 意行]가 있다오. 비구들이여, 이것을 행위라고 부른다오.

15. 비구들이여, 무명이란 어떤 것인가? 비구들이여, 괴로움[苦]에 대하여 알지 못하고, 괴로움의 쌓임[苦集]에 대하여 알지 못하고, 괴로움의 소멸[苦滅]에 대하여 알지 못하고, 괴로움의 소멸에 이르는 길[苦滅道]에 대하여 알지 못하면, 비구들이여, 이것을 무명이라고 부른다오.

16. 비구들이여, 이와 같이 무명에 의지하여 행위들이, … 생에 의지하여 노사와 근심, 슬픔, 고통, 우울, 고뇌가 생긴다오. 이와 같이 순전한 괴로움 덩어리[苦蘊]의 쌓임[集]이 있다오.

그리고 무명이 남김없이 소멸하면 행위가 소멸하고, … 생이 소멸하면 노사와 근심, 슬픔, 고통, 우울, 고뇌가 소멸한다오. 이와 같이 순전한 괴로움 덩어리의 소멸[滅]이 있다오."

2.3. 길[Paṭipadā] 〈s.12.3〉

세존께서 사왓티의 제따와나 아나타삔디까 승원에 머무실 때, 비구들에게 말씀하셨습니다.

"비구들이여, 삿된 길[micchāpaṭipada,

---

515 우리는 인식의 대상을 개념, 즉 이름[nāma]으로 분별하는데, 이 이름은 인식의 대상이 본래부터 가지고 있는 이름이 아니라 우리가 느끼고 생각하고 의도하면서 대상을 접촉하여, 이에 관심을 가짐으로써 만들어진 것이라는 의미이다.

516 'rūpa'는 '형색·형태'를 의미하며, 4대는 당시의 인도인들이 물질세계를 구성하는 네 가지 불변의 요소라고 생각했던 것들이다. 우리는 인식의 대상을 형색[色]으로 분별하는데, 이 형색은 인식의 대상이 본래부터 가지고 있는 것이 아니라 4대와 4대를 취하고 있는 형색이라는 의미이다.

邪道]과 바른길[sammāpaṭipada, 正道]에 대하여 가르쳐 주겠소. 잘 듣고 깊이 생각해 보시오! 내가 이야기하겠소."

그 비구들은 "세존이시여, 그렇게 하겠습니다"라고 세존께 대답했습니다.

세존께서 말씀하셨습니다.

"비구들이여, 어떤 것이 삿된 길인가? 비구들이여, 무명(無明)에 의지하여 행위[行]들이, … 생(生)에 의지하여 노사(老死)와 근심, 슬픔, 고통, 우울, 고뇌가 생긴다오. 이와 같이 순전한 괴로움 덩어리[苦蘊]의 쌓임[集]이 있다오. 비구들이여, 이것을 삿된 길이라고 부른다오.

비구들이여, 어떤 것이 바른길인가? 비구들이여, 무명이 남김없이 소멸하면 행위들이 소멸하고, … 생이 소멸하면 노사와 근심, 슬픔, 고통, 우울, 고뇌가 소멸한다오. 이와 같이 순전한 괴로움 덩어리의 소멸[滅]이 있다오. 비구들이여, 이것을 바른길이라고 부른다오."

2.4. 위대한 사끼야무니 고따마[Mahā Sakyamuni Gotamo] 〈s.12.10〉

세존께서 사왓티의 제따와나 아나타삔디까 승원에 머무실 때, 비구들에게 말씀하셨습니다.

"비구들이여, 내가 예전에 정각(正覺)을 깨닫지 못한 보살이었을 때, 과거의 위빠씬(Vipassin)·시킨(Sikhin)·웨싸부(Vessabhu)·까꾸산다(Kakusandha)·꼬나가마나(Koṇā-gamana)·까싸빠(Kassapa) 부처님이 그러했듯이,[517] 나에게 이런 생각이 들었다오.

'세간은 태어나고, 늙어 죽고, 죽어 가서 다시 태어나는 곤경에 처해 있다. 그런데 이러한 괴로움과 늙어 죽음에서 벗어날 줄을 모른다. 언제 이러한 괴로움과 늙어 죽음에서 벗어날 줄을 알게 될까?'

비구들이여, 나는 이렇게 생각했다오.

'무엇이 있는 곳에 늙어 죽음[老死]이 있을까? 무엇에 의지하여 늙어 죽음이 있을까?'

비구들이여, 그때 이치에 맞는 생각을 하자, 통찰지[般若]에 의한 이해가 생겼다오.

'생(生)이 있는 곳에 노사(老死)가 있다. 생에 의지하여 노사가 있다.'

4.-13.비구들이여, 나는 이렇게 생각했다오.

'무엇이 있는 곳에 생(生), 유(有), 취(取), 갈애[愛], 느낌[受], 접촉[觸], 6입처(六入處), 이름과 형색[名色], 분별의식[識], 행위[行]들이 있을까? 무엇에 의지하여 생, 유, 취, 갈애, 느낌, 접촉, 6입처, 이름과 형색, 분별의식, 행위들이 있을까?'

비구들이여, 그때 이치에 맞는 생각을 하자, 통찰지에 의한 이해가 생겼다오.

'무명(無明)이 있는 곳에 행위[行]들이 있다. 무명에 의지하여 행위들이 있다.'

14. 이와 같이 무명에 의지하여 행위들이, 행위들에 의지하여 분별의식이, 분별의식에 의지하여 이름과 형색이, 이름과 형색에 의지하여 6입처가 있고, 6입처에 의지하여 접촉이, 접촉에 의지하여 느낌이, 느낌에 의지하여 갈애가 있고, 갈애에 의지하여 취가 있고, 취에 의지하여 유가 있고, 유에 의지하여

---

517 과거의 부처님들에 대한 이야기가 같은 내용이기 때문에 생략하고 이렇게 표현함.

생이, 생에 의지하여 노사와 근심·슬픔·고통·우울·고뇌가 생긴다. 이와 같이 순전한 괴로움 덩어리[苦蘊]의 쌓임[samudayo, 集]이 있다.

15. 비구들이여, 나에게 '쌓임이다. 바로 쌓임이다'라고 하는, 예전에 들어 본 적 없는 법(法)들에 대한 안목이 생기고, 지식이 생기고, 통찰지가 생기고, 밝음[明]이 생기고, 광명(光明)이 생겼다오.

16. 비구들이여, 나는 이렇게 생각했다오.

'무엇이 없는 곳에 노사가 없을까? 무엇이 소멸하면 노사가 소멸할까?'

비구들이여, 그때 이치에 맞는 생각을 하자, 통찰지에 의한 이해가 생겼다오.

'생이 없는 곳에 노사가 없다. 생이 소멸하면 늙어 죽음이 소멸한다.'

17-26. 비구들이여, 그래서 나는 이렇게 생각했다오.

'무엇이 없는 곳에 생, 유, 취, 갈애, 느낌, 접촉, 6입처, 이름과 형색, 분별의식, 행위들이 없을까? 무엇이 소멸하면 생, 유, 취, 갈애, 느낌, 접촉, 6입처, 이름과 형색, 분별의식, 행위들이 소멸할까?'

비구들이여, 그때 이치에 맞는 생각을 하자, 통찰지에 의한 이해가 생겼다오.

27. '무명이 없는 곳에 행위들이 없다. 무명이 소멸하면 행위들이 소멸한다.'

이와 같이 무명이 소멸하면 행위들이 소멸하고, 행위들이 소멸하면 분별의식이 소멸하고, 분별의식이 소멸하면 이름과 형색이 소멸하고, 이름과 형색이 소멸하면 6입처가 소멸하고, 6입처가 소멸하면 접촉이 소멸하고, 접촉이 소멸하면 느낌이 소멸하고, 느낌이 소멸하면 갈애가 소멸하고, 갈애가 소멸하면 취가 소멸하고, 취가 소멸하면 유가 소멸하고, 유가 소멸하면 생이 소멸하고, 생이 소멸하면 노사와 근심·슬픔·고통·우울·고뇌가 소멸한다. 이와 같이 순전한 괴로움 덩어리[苦蘊]의 소멸[nirodho, 滅]이 있다.

28. 비구들이여, '소멸이다. 바로 소멸이다'라고 하는, 예전에 들어 본 적 없는 법들에 대한 안목이 생기고, 지식이 생기고, 통찰지가 생기고, 밝음이 생기고, 광명이 생겼다오."

2.5. 음식[Āhārā[518]] 〈s.12.11〉

세존께서 사왓티의 제따와나 아나타삔디까 승원에 머무실 때, 비구들에게 말씀하셨습니다.

"비구들이여, 이미 존재하는 중생들을 머물게 하거나, 다시 존재하고 싶어 하는 중생들을 돕는 네 가지 음식이 있다오. 그 넷은 어떤 것인가? 첫째는 딱딱하거나 부드러운 덩어리음식[kabaliṃkāro āhāro, 摶食], 둘째는 접촉음식[phasso āhāro, 觸食], 셋째는 의사음식[manosañcetanā āhāro, 意思食] 넷째는 분별음식[viññanaṃ āhāro識食]이라오. 비구들이여, 이들 네 가지 음식이 이미 존재하는 중생들을 머물게 하거나, 다시 존재하고 싶어 하는 중생들을 돕는다오.

비구들이여, 이들 네 가지 음식은 어떤 인연으로, 어떤 것이 모여서, 어떤 것의 발생으로 인해서, 어떤 것을 근거로 존재하는가? 이들 네 가지 음식은 갈애[愛]를 인연으로,

---

518 'āhārā'는 우리말 '밥'에 해당하는 '끼니로 먹는 음식'이다. 한역에서는 '食'으로 번역한다.

갈애가 모여서, 갈애의 발생으로 인해서, 갈애를 근거로 존재한다오.

비구들이여, 그렇다면 이 갈애는 어떤 인연으로, 어떤 것이 모여서, 어떤 것의 발생으로 인해서, 어떤 것을 근거로 존재하는가? 이 갈애는 느낌[受]을 인연으로, 느낌이 모여서, 느낌의 발생으로 인해서, 느낌을 근거로 존재한다오.

비구들이여, 그렇다면 이 느낌은 어떤 인연으로, 어떤 것이 모여서, 어떤 것의 발생으로 인해서, 어떤 것을 근거로 존재하는가? 이 느낌은 접촉[觸]을 인연으로, 접촉이 모여서, 접촉의 발생으로 인해서, 접촉을 근거로 존재한다오.

비구들이여, 그렇다면 이 접촉은 어떤 인연으로, 어떤 것이 모여서, 어떤 것의 발생으로 인해서, 어떤 것을 근거로 존재하는가? 이 접촉은 6입처(六入處)를 인연으로, 6입처가 모여서, 6입처의 발생으로 인해서, 6입처를 근거로 존재한다오.

7. 비구들이여, 그렇다면 이 6입처는 어떤 인연으로, 어떤 것이 모여서, 어떤 것의 발생으로 인해서, 어떤 것을 근거로 존재하는가? 이 6입처는 이름과 형색[名色]을 인연으로, 이름과 형색이 모여서, 이름과 형색의 발생으로 인해서, 이름과 형색을 근거로 존재한다오.

8. 비구들이여, 그렇다면 이 이름과 형색은 어떤 인연으로, 어떤 것이 모여서, 어떤 것의 발생으로 인해서, 어떤 것을 근거로 존재하는가? 이 이름과 형색은 분별의식[識]을 인연으로, 분별의식이 모여서, 분별의식의 발생으로 인해서, 분별의식을 근거로 존재한다오.

9. 비구들이여, 그렇다면 이 분별의식은 어떤 인연으로, 어떤 것이 모여서, 어떤 것의 발생으로 인해서, 어떤 것을 근거로 존재하는가? 이 분별의식은 행위[行]들을 인연으로, 행위들이 모여서, 행위들의 발생으로 인해서, 행위들을 근거로 존재한다오.

10. 비구들이여, 그렇다면 이 행위들은 어떤 인연으로, 어떤 것이 모여서, 어떤 것의 발생으로 인해서, 어떤 것을 근거로 존재하는가? 이 행위들은 무명(無明)을 인연으로, 무명이 모여서, 무명의 발생으로 인해서, 무명을 근거로 존재한다오.

11. 비구들이여, 이와 같이 무명에 의지하여 행위들이, 행위들에 의지하여 분별의식이, 분별의식에 의지하여 이름과 형색이, 이름과 형색에 의지하여 6입처가 있고, 6입처에 의지하여 접촉이, 접촉에 의지하여 느낌이, 느낌에 의지하여 갈애가 있고, 갈애에 의지하여 취가 있고, 취에 의지하여 유가 있고, 유에 의지하여 생이, 생에 의지하여 노사와 근심·슬픔·고통·우울·고뇌가 생긴다오. 이와 같이 순전한 괴로움 덩어리[苦蘊]의 쌓임[集]이 있다오.

12. 그리고 무명이 남김없이 소멸하면 행위들이 소멸하고, 행위들이 소멸하면 분별의식이 소멸하고, 분별이 소멸하면 이름과 형색이 소멸하고, 이름과 형색이 소멸하면 6입처가 소멸하고, 6입처가 소멸하면 접촉이 소멸하고, 접촉이 소멸하면 느낌이 소멸하고, 느낌이 소멸하면 갈애가 소멸하고, 갈애가 소멸하면 취가 소멸하고, 취가 소멸하면 유가 소멸하고, 유가 소멸하면 생이 소멸하고, 생이 소멸하면 노사와 근심·슬픔·고통·우울·고뇌가 소멸한다오. 이와 같이 순전한 괴로

움 덩어리의 소멸[滅]이 있다오."

2.6. 팍구나[Phagguno] 〈s.12.12〉

세존께서 사왓티의 제따와나 아나타삔디까 승원에 머무실 때, 비구들에게 말씀하셨습니다.

"비구들이여, 이미 존재하는 중생들을 머물게 하거나, 다시 존재하고 싶어 하는 중생들을 돕는 네 가지 음식이 있다오. 그 넷은 어떤 것인가? 첫째는 딱딱하거나 부드러운 덩어리음식[摶食], 둘째는 접촉음식[觸食], 셋째는 의사음식[意思食] 넷째는 분별음식[識食]이라오. 비구들이여, 이들 네 가지 음식이 이미 존재하는 중생들을 머물게 하거나, 다시 존재하고 싶어 하는 중생들을 돕는다오."

이 말씀을 듣고, 몰리야 팍구나(Moliya Phagguna) 존자가 세존께 이렇게 말씀드렸습니다.

"세존이시여, 그렇다면 누가 분별음식을 먹습니까?"[519]

세존께서는 '온당치 않은 질문'이라고 하시면서 다음과 같이 말씀하셨습니다.

"나는 '먹는다'라고 말하지 않았다. 내가 '먹는다'라고 말했다면, '세존이시여, 그렇다면 누가 분별음식을 먹습니까?'라는 질문은 온당한 질문이다. 그렇지만 나는 그렇게 말하지 않았다. 그렇게 말하지 않은 나에게는 '세존이시여, 분별음식은 무엇을 키우는 음식입니까?'[520]라고 묻는 것이 온당한 질문이다. 그때 '분별음식은 미래에 이후의 존재[punabbhava, 後有]가 생기는 조건이다.[521] 그것이 존재할 때 6입처(六入處)가 있고, 6입처에 의지하여 접촉[觸]이 있다'라고 하는 것이 온당한 대답이다."

"세존이시여, 그렇다면 누가 접촉합니까?"

세존께서는 '온당치 않은 질문'이라고 하시면서 다음과 같이 말씀하셨습니다.

"나는 '접촉한다'라고 말하지 않았다. 내가 '접촉한다'라고 말했다면, '세존이시여, 그렇다면 누가 접촉합니까?'라는 질문은 온당한 질문이다. 그렇지만 나는 그렇게 말하지 않았다. 그렇게 말하지 않은 나에게는 '세존이시여, 무엇에 의지하여 접촉이 있습니까?'라고 묻는 것이 온당한 질문이다. 그때 '6입처에 의지하여 접촉이, 접촉에 의지하여 느낌[受]이 있다'라고 하는 것이 온당한 대답이다."

"세존이시여, 그렇다면 누가 느낍니까?"

세존께서는 '온당치 않은 질문'이라고 하시면서 다음과 같이 말씀하셨습니다.

"나는 '느낀다'라고 말하지 않았다. 내가 '느낀다'라고 말했다면, '세존이시여, 그렇다

---

519 팍구나는 음식을 먹는 행위자가 누구인가를 묻고 있다.

520 우리는 음식을 섭취함으로써 사람으로 존재하는 것이지, 사람이 존재하면서 음식을 먹는 게 아니다. 따라서 "누가 음식을 먹는가?"라는 질문은 온당치 못하며, 무엇을 키우는 음식인가를 묻는 것이 온당한 질문이라는 의미이다.

521 'punabbhava'를 이후의 존재[後有]로 번역함. 자양분이 생물을 먹여 살리듯이, 네 가지 음식은 미래에 자신의 존재를 다시 존재하게 하는 자양분이 된다는 의미이다.

면 누가 느낍니까?'라는 질문은 온당한 질문이다. 그렇지만 나는 그렇게 말하지 않았다. 그렇게 말하지 않은 나에게는 '세존이시여, 무엇에 의지하여 느낌이 있습니까?'라고 묻는 것이 온당한 질문이다. 그때 '접촉에 의지하여 느낌이, 느낌에 의지하여 갈애[愛]가 있다'라고 하는 것이 온당한 대답이다."

"세존이시여, 그렇다면 누가 갈망합니까?"

세존께서는 '온당치 않은 질문'이라고 하시면서 다음과 같이 말씀하셨습니다.

"나는 '갈망한다'라고 말하지 않았다. 내가 '갈망한다'라고 말했다면, '세존이시여, 그렇다면 누가 갈망합니까?'라는 질문은 온당한 질문이다. 그렇지만 나는 그렇게 말하지 않았다. 그렇게 말하지 않은 나에게는 '세존이시여, 무엇에 의지하여 갈애가 있습니까?'라고 묻는 것이 온당한 질문이다. 그때 '느낌에 의지하여 갈애가 있고, 갈애에 의지하여 취(取)가 있다'라고 하는 것이 온당한 대답이다."

"세존이시여, 그렇다면 누가 취합니까?"

세존께서는 '온당치 않은 질문'이라고 하시면서 다음과 같이 말씀하셨습니다.

"나는 '취한다'라고 말하지 않았다. 내가 '취한다'라고 말했다면, '세존이시여, 그렇다면 누가 취합니까?'라는 질문은 온당한 질문이다. 그렇지만 나는 그렇게 말하지 않았다. 그렇게 말하지 않은 나에게는 '세존이시여, 무엇에 의지하여 취가 있습니까?'라고 묻는 것이 온당한 질문이다. 그때 '갈애에 의지하여 취가 있고, 취에 의지하여 유(有)가 있고, 유에 의지하여 생(生)이, 생에 의지하여 노사(老死)와 근심·슬픔·고통·우울·고뇌가 생긴다'라고 하는 것이 온당한 대답이다. 이와 같이 순전한 괴로움 덩어리[苦蘊]의 쌓임[集]이 있다.

팍구나여, 그렇지만 6촉입처(六觸入處)가 남김없이 소멸하면 접촉이 소멸하고, 접촉이 소멸하면 느낌이 소멸하고, 느낌이 소멸하면 갈애가 소멸하고, 갈애가 소멸하면 취가 소멸하고, 취가 소멸하면 유가 소멸하고, 유가 소멸하면 생이 소멸하고, 생이 소멸하면 노사와 근심·슬픔·고통·우울·고뇌가 소멸한다. 이와 같이 순전한 괴로움 덩어리의 소멸[滅]이 있다."

2.7. 사문과 바라문[Samaṇa-brahmaṇā]
〈s.12.13〉

세존께서 사왓티의 제따와나 아나타삔디까 승원에 머무실 때, 비구들에게 말씀하셨습니다.

"비구들이여, 어떤 사문이나 바라문이라 할지라도 노사(老死)를 분명하게 알지 못하고, 노사의 쌓임[集]을 분명하게 알지 못하고, 노사의 소멸[滅]을 분명하게 알지 못하고, 노사의 소멸에 이르는 길[道]을 분명하게 알지 못한다면, 생(生)·유(有)·취(取)·갈애[愛]·느낌[受]·접촉[觸]·6입처(六入處)·이름과 형색[名色]·분별의식[識]·행위[行]들에 대하여 분명하게 알지 못하고, 이들의 쌓임과 소멸과 소멸에 이르는 길을 분명하게 알지 못한다면, 비구들이여, 이러한 사문이나 바라문은 사문들 가운데 있지만 진정한 사문이라고 볼 수 없고, 바라문들 가운데 있지만 진정한 바라문이라고 볼 수 없다오. 더구나 그들은 사문의 목적이나 바라문의 목적을 지금 여기에서 스스로 체험지(體驗智, abhiññā)[522]로 체득하고 성취하여 살아갈 수 없다오.

비구들이여, 어떤 사문이나 바라문이라 할지라도 노사를 분명하게 알고, 노사의 쌓임을 분명하게 알고, 노사의 소멸을 분명하게 알고, 노사의 소멸에 이르는 길을 분명하게 안다면, 생·유·취·갈애·느낌·접촉·6입처·이름과 형색·분별의식[識]·행위[行]들에 대하여 분명하게 알고, 이들의 쌓임과 소멸과 소멸에 이르는 길을 분명하게 안다면, 비구들이여, 이러한 사문이나 바라문은 사문들 가운데서 진정한 사문이라고 할 수 있고, 바라문들 가운데서 진정한 바라문이라고 할 수 있다오. 그리고 그들은 사문의 목적이나 바라문의 목적을 지금 여기에서 스스로 체험지로 체득하고 성취하여 살아갈 수 있다오."

2.8. 깟짜야나곳따[Kaccāyanagotto] 〈s.12.15〉

한때 세존께서는 사왓티의 제따와나 아나타삔디까 승원에 머무셨습니다.

그때 깟짜야나곳따(Kaccāyanagotta) 존자가 세존을 찾아와서 예배하고 한쪽에 앉았습니다.

깟짜야나곳따 존자가 세존께 말씀드렸습니다.

"세존이시여, 바른 견해[正見]라는 말들을 하는데, 어떤 방식으로 보는 것이 바른 견해입니까?"

"깟짜야나여, 이 세간은 대체로 '있음[atthita, 有]'과 '없음[natthita, 無]'이라는 이원성(二元性)에 의존하고 있다오.[523]

깟짜야나여, 그렇지만 세간의 쌓임[集]을 바른 통찰지로 있는 그대로 보면 세간에 대하여 '없음'이라고 할 것이 없다오. 깟짜야나여, 그리고 세간의 소멸[滅]을 바른 통찰지로 있는 그대로 보면 세간에 대하여 '있음'이라고 할 것이 없다오.

깟짜야나여, 이 세간은 대체로 방편[upāya]이며, 취(取, upādānā)이며, 집착[abhinivesa]이며, 속박[vinibandha]이라오. 방편과 취와 마음의 편견[cetaso adhiṭṭhāna]과 집착하는 습성[abhinivesānusaya]에 빠져들지 않고 붙잡지 않고 바라지 않는 사람은 '그것은 나의 자아가 아니다. 일어나고 있는 것은 괴로움일 뿐이고, 사라지고 있는 것은 괴로움일 뿐이다'라고 불안해하지 않고 의심하지 않고, 그에 관해서 남에게 의존하지 않는 올바른 지식이 그에게 생긴다오. 깟짜야나여, 이런 방식으로 보는 것이 바른 견해[正見]라오.

깟짜야나여, '일체(一切, sabba)는 있다'라고 보는 것은 한쪽의 견해이고, '일체(一切)는 없다'라고 보는 것은 다른 한쪽의 견해

---

522 abhiññā'는 자신이 직접 체험해 아는 지혜를 의미한다. 한역에서는 '신통(神通)' 또는 '승지(勝智)'로 번역한다.

523 사람들은 대부분 이 세상을 있는 것과 없는 것으로 판단한다는 의미이다. 논리학적으로 말하면, 사람들은 대부분 있음[有]과 없음[無]의 모순구조로 이 세상을 본다는 의미이다.

라오.[524] 깟짜야나여, 여래는 이들 양쪽에 가까이 가지 않고, 중간에서[majjhena] 법을 설한다오.

무명(無明)에 의지하여 행위[行]들이, … 이와 같이 순전한 괴로움 덩어리[苦蘊]의 쌓임[集]이 있다오. 그렇지만 무명이 남김없이 소멸하면 행위들이 소멸하고, … 이와 같이 순전한 괴로움 덩어리의 소멸[滅]이 있다오."

2.9. 법사(法師, Dhammakathiko) 〈s.12.16〉

1. 한때 세존께서는 사왓티의 제따와나 아나타삔디까 승원에 머무셨습니다.

2. 그때 어떤 비구가 세존을 찾아와서 예배하고 한쪽에 앉았습니다.

3. 그 비구가 세존께 말씀드렸습니다.

"세존이시여, 법사(法師, dhamma-kathika)라는 말들을 하는데, 어느 정도가 되어야 법사라고 할 수 있습니까?"

4. "만약에 어떤 비구가 노사(老死)에 싫증[厭離]을 내고, 욕탐을 버리고[離欲], 소멸(消滅)하는 법(法)을 보여 준다면 그는 법사라는 말에 어울리는 비구라오.

5. 만약에 어떤 비구가 노사에 싫증을 내고, 욕탐을 버리고, 소멸을 실천하고 있다면 그는 여법한 실천을 하는 비구라는 말에 어울리는 비구라오.

6. 만약에 어떤 비구가 노사에 싫증을 내고, 욕탐을 버리고, 소멸하여 집착에서 벗어나 해탈했다면, 그는 지금 여기에서 해탈에 이른 비구라는 말에 어울리는 비구라오.

7.-9. 생(生) 내지 무명(無明)에 대해서도 마찬가지라오."

2.10. 아쩰라(Acela[525]) 〈s.12.17〉

1. 한때 세존께서는 라자가하의 웰루와나 깔란다까니와빠[竹林精舍]에 머무셨습니다.

2. 세존께서 아침에 옷을 입고 발우와 법의를 지니고 탁발하러 라자가하에 들어가셨습니다.

3. 그때 멀리서 세존께서 오시는 것을 본 아쩰라 까싸빠(Acela-Kassapa)가 세존에게 다가가서 정중하게 인사를 하고 공손한 인사말을 나눈 후 한쪽에 섰습니다.

4. 한쪽에 선 아쩰라 까싸빠가 세존께 말씀드렸습니다.

"우리는 고따마 존자님께 어떤 점에 대하여 묻고 싶습니다. 만약에 허락하신다면 고따마 존자님께서 물음에 답을 주시기 바랍니다."

---

524 여기에서 일체[sabba]는 모든 것을 의미하는 일반명사가 아니라 '세계의 근원이 되는 실체(實體)'를 의미한다. 부처님 당시에 우파니샤드에서는 '일체는 브라만이다'라고 주장했고, 유물론자들은 '일체는 4대(四大)다'라고 주장했고, 회의론자들은 '일체는 알 수 없다'라고 주장했다. 이와 같이 세계를 설명하기 위해서 세계의 근원이 되는 존재를 설정하여 이것이 있다는 주장과 없다는 주장이 대립하고 있는 것을 언급한 것이다.

525 'Acela'는 '옷을 입지 않은'의 의미이다. 당시의 자이나교 승려들은 옷을 입지 않았다. 이 경에 등장하는 까싸빠에게 'Acela'라는 수식어가 붙은 것으로 보아 까싸빠가 자이나교의 승려라는 것을 알 수 있다. 자이나교의 수행법은 고행주의(苦行主義)로서 고행을 통해서 과거에 지은 업을 소멸해야 한다고 주장했다. 이 경에서 다루고 있는 '괴로움'의 문제는 이와 같은 자이나교의 교리와 관련된 것이다.

"까싸빠여, 그런데 우리는 지금 마을에 들어와 있기 때문에 적당한 때가 아니군요."

5.-6. 아쩰라 까싸빠가 두 번 세 번 거듭하여 청하였지만, 세존께서는 같은 말씀을 하셨습니다. 그러자 아쩰라 까싸빠가 세존께 이렇게 말했습니다.

"우리는 고따마 존자님께 결코 많은 질문을 하려는 것이 아닙니다."

"까싸빠여, 하고 싶은 질문을 하시오!"

7. "고따마 존자여, 어떠한가요? 괴로움은 자기 자신이 지은 것인가요?"

세존께서는 "까싸빠여, 그렇지 않다오" 라고 말씀하셨습니다.

8. "고따마 존자여, 그렇다면 괴로움은 다른 사람이 지은 것인가요?"

세존께서는 "까싸빠여, 그렇지 않다오" 라고 말씀하셨습니다.

"고따마 존자여, 그렇다면 괴로움은 자기 자신과 다른 사람이 지은 것인가요?"

세존께서는 "까싸빠여, 그렇지 않다오" 라고 말씀하셨습니다.

10 "고따마 존자여, 자신이 지은 것도 아니고 다른 사람이 지은 것도 아니라면, 괴로움은 우연히 생긴 것인가요?"

세존께서는 "까싸빠여, 그렇지 않다오" 라고 말씀하셨습니다.

11. "고따마 존자여, 그렇다면 괴로움이 없다는 말씀인가요?"

"까싸빠여, 없다는 말이 아니라오. 까싸빠여, 괴로움은 있다오."

12. "그렇다면 고따마 존자님은 괴로움을 알지 못하고 보지 못하나요?"

"까싸빠여, 나는 결코 괴로움을 알지 못하고 보지 못하는 것이 아니라오. 까싸빠여, 나야말로 진실로 괴로움을 알고 있다오. 까싸빠여, 나야말로 진실로 괴로움을 보고 있다오."

13. "'괴로움은 자기 자신이 지은 것인가?'라고 물으니, '그렇지 않다'라고 말씀하시고, … '고따마 존자님은 괴로움을 알지 못하고 보지 못하는가?'라고 물으니 '까싸빠여, 나는 결코 괴로움을 알지 못하고 보지 못하는 것이 아니다. 까싸빠여, 나야말로 진실로 괴로움을 알고 있다. 까싸빠여, 나야말로 진실로 괴로움을 보고 있다'라고 말씀하셨습니다. 세존이시여, 세존께서는 저에게 괴로움을 알려 주십시오! 세존이시여, 세존께서는 저에게 괴로움을 보여 주십시오!"

14. "까싸빠여, '그 사람이 지어서 그 사람이 겪는다'라는 것은 처음부터 있었던 사람에게 자기 자신이 지은 괴로움이 있다는 것으로서 이것은 상주론(常住論)에 귀착(歸着)한다오. 까싸빠여, '다른 사람이 지어서 다른 사람이 겪는다'라는 것은 괴로움을 느끼고 있는 사람에게 다른 사람이 지은 괴로움이 있다는 것으로서 이것은 단멸론(斷滅論)에 귀착한다오.

15. 까싸빠여, 여래는 이들 양쪽에 가까이 가지 않고 중간에서 법(法)을 설한다오. 무명(無明)에 의지하여 행위[行]들이, … 이와 같이 순전한 괴로움 덩어리[苦蘊]의 쌓임[集]이 있다오. 그렇지만 무명이 남김없이 소멸하면 행위들이 소멸하고, … 이와 같이 순전한 괴로움 덩어리의 소멸[滅]이 있다오."

16. 이 말씀을 듣고, 아쩰라 까싸빠는 세존께 이렇게 말씀드렸습니다.

"훌륭합니다, 세존이시여! 훌륭합니다, 세존이시여! 세존이시여, 마치 뒤집힌 것을 바로 세우는 것 같고, 감추어진 것을 드러내는 것 같고, 길 잃은 자에게 길을 알려 주는 것 같고, '눈 있는 자들은 보라'라고 어둠 속에 등불을 비춰 주는 것 같습니다. 이와 같이 세존께서는 여러 가지 방법으로 진리를 알려 주셨습니다. 세존이시여, 그래서 저는 세존께 귀의합니다. 가르침과 비구상가에 귀의합니다. 세존이시여, 저는 세존님 앞으로 출가하여 구족계를 받고자 합니다."

17. "까싸빠여, 이전에 외도(外道)였던 사람으로서 이 가르침과 율에 출가하여 구족계를 받고자 하는 사람은 넉 달 동안 별주(別住)[526]하고, 넉 달이 지나서 확신을 가진 비구들이 그를 비구가 되도록 출가시켜 구족계를 준다오. 그렇지만 나는 사람마다 차이가 있다는 것을 알고 있다오."

18. "세존이시여, 만약에 이전에 외도였던 사람으로서 이 가르침과 율에 출가하여 구족계를 받고자 하는 사람은 넉 달 동안 별주하고, 넉 달이 지나서 확신을 가진 비구들이 그를 비구가 되도록 출가시켜 구족계를 준다면, 저는 넉 달 동안 별주하겠습니다. 넉 달이 지난 후에 확신을 가진 비구들께서 저에게 구족계를 주고 출가시켜 비구가 되도록 해 주십시오!"

19. 마침내 아쩰라 까싸빠는 세존 앞으로 출가하여 구족계를 받았습니다.

20. 까싸빠는 구족계를 받자 곧 홀로 외딴곳에서 열심히 노력하고 정진하며 지냈습니다. 그리고 오래지 않아 선남자(善男子)들이 출가하는 목적인 위없는 청정한 수행[梵行]의 완성을 지금 여기에서 스스로 체득하고 성취하여 살았습니다. 그는 '생(生)은 소멸했다. 청정한 수행을 완성했으며, 해야 할 일을 끝마쳤다. 다시는 이와 같은 상태로 되지 않는다'라는 것을 체득했습니다.

21. 까싸빠 존자는 아라한(阿羅漢) 가운데 한 분이 되었습니다.

2.11. 띰바루까[Timbaruko] 〈s.12.18〉

1. 한때 세존께서는 사왓티의 제따와나 아나타삔디까 승원에 머무셨습니다.

2. 그때 행각수행자 띰바루까가 세존을 찾아와서 정중하게 인사를 하고 공손한 인사말을 나눈 후에 한쪽에 앉았습니다.

3. 한쪽에 앉은 행각수행자 띰바루까가 세존께 말씀드렸습니다.

"고따마 존자여, 어떠한가요? 즐거움과 괴로움은 자기 자신이 지은 것인가요?"

세존께서는 "띰바루까여, 그렇지 않다오"라고 말씀하셨습니다.

4. "고따마 존자여, 그렇다면 즐거움과 괴로움은 다른 사람이 지은 것인가요?"

세존께서는 "띰바루까여, 그렇지 않다오"라고 말씀하셨습니다.

5. "고따마 존자여, 그렇다면 즐거움과 괴로움은 자기 자신과 다른 사람이 지은 것인가요?"

세존께서는 "띰바루까여, 그렇지 않다오"라고 말씀하셨습니다.

6. "고따마 존자여, 자신이 지은 것도 아니고

---

526 비구상가와 함께 생활하지 않고 따로 생활하는 것. 구족계를 받기 전에 따로 생활하면서 상가의 승인을 기다리는 것을 의미한다.

다른 사람이 지은 것도 아니라면, 즐거움과 괴로움은 우연히 생긴 것인가요?"

세존께서는 "띰바루까여, 그렇지 않다오"라고 말씀하셨습니다.

7. "고따마 존자여, 그렇다면 즐거움과 괴로움이 없다는 말씀인가요?"

8. "띰바루까여, 없다는 말이 아니라오. 띰바루까여, 즐거움과 괴로움은 있다오."

"그렇다면 고따마 존자님은 즐거움과 괴로움을 알지 못하고 보지 못하나요?"

9. "띰바루까여, 나는 결코 즐거움과 괴로움을 알지 못하고 보지 못하는 것이 아니라오. 띰바루까여, 나야말로 진실로 즐거움과 괴로움을 알고 있다오. 띰바루까여, 나야말로 진실로 즐거움과 괴로움을 보고 있다오."

10. "'즐거움과 괴로움은 자기 자신이 지은 것인가?'라고 물으니 '그렇지 않다'라고 말씀하시고, … '고따마 존자님은 즐거움과 괴로움을 알지 못하고, 보지 못하는가?'라고 물으니 '띰바루까여, 나는 결코 즐거움과 괴로움을 알지 못하고 보지 못하는 것이 아니다. 띰바루까여, 나야말로 진실로 즐거움과 괴로움을 알고 있다. 띰바루까여, 나야말로 진실로 즐거움과 괴로움을 보고 있다'라고 말씀하셨습니다. 세존이시여, 세존께서는 저에게 즐거움과 괴로움을 알려 주십시오! 세존이시여, 세존께서는 저에게 즐거움과 괴로움을 보여 주십시오!"

11. "띰바루까여, 나는 결코 '자기 자신이 지은 즐거움과 괴로움을 처음부터 있었던 같은 사람이 느낀다'라고 말하지 않는다오.

12. 띰바루까여, 나는 결코 '느끼고 있는 사람과 다른 사람이 지은 즐거움과 괴로움을 다른 사람이 느낀다'라고 말하지 않는다오.

13. 띰바루까여, 여래는 이들 양쪽에 가까이 가지 않고 중간에서 법을 설한다오. 무명(無明)에 의지하여 행위[行]들이, … 이와 같이 순전한 괴로움 덩어리[苦蘊]의 쌓임[集]이 있다오. 그렇지만 무명이 남김없이 소멸하면 행위들이 소멸하고, … 이와 같이 순전한 괴로움 덩어리의 소멸[滅]이 있다오."

14. 이 말씀을 듣고, 띰바루까는 세존께 이렇게 말씀드렸습니다.

"훌륭합니다, 고따마 존자여! 훌륭합니다, 고따마 존자여! 고따마 존자여, 마치 뒤집힌 것을 바로 세우는 것 같고, 감추어진 것을 드러내는 것 같고, 길 잃은 자에게 길을 알려 주는 것 같고, '눈 있는 자들은 보라'라고 어둠 속에 등불을 비춰 주는 것 같습니다. 이와 같이 고따마 존자께서는 여러 가지 방법으로 진리를 알려 주셨습니다. 고따마 존자여, 그래서 저는 고따마 존자님께 귀의합니다. 가르침과 비구상가에 귀의합니다. 고따마 존자께서는 저를 청신사(淸信士)로 받아 주소서. 지금부터 살아 있는 날까지 귀의하겠습니다."

2.12. 어리석은 사람과 현명한 사람[Bālena Paṇḍito] 〈s.12.19〉

1. 세존께서 사왓티의 제따와나 아나타삔디까 승원에 머무실 때, 비구들에게 말씀하셨습니다.

2. "비구들이여, 무명(無明)에 뒤덮이고 갈애[愛]에 속박된 어리석은 사람에게 이 몸[kāya]이 생긴다오. 즉 그는 '이것은 몸이고,

밖에는 이름과 형색[nāmarūpa, 名色]이 있다'라고 생각한다오.[527] 여기에서 이것이 이원성(二元性, dvayaṃ)이라오.[528] 이원성에 의지하여 접촉[觸]이 있으며, 6입처(六入處)나 그것들 가운데 어떤 하나로 접촉을 한 어리석은 사람은 즐거움과 괴로움을 느낀다오.

3. 비구들이여, 무명에 뒤덮이고 갈애에 속박된 현명한 사람에게도 이 몸이 생긴다오. 즉 그는 '이것은 몸이고, 밖에는 이름과 형색이 있다'라고 생각한다오. 여기에서 이것이 이원성이라오. 이원성에 의지하여 접촉이 있으며, 6입처나 그것들 가운데 어떤 하나로 접촉을 한 현명한 사람은 즐거움과 괴로움을 느낀다오.

4. 비구들이여, 여기에서 현명한 사람과 어리석은 사람이 구별되는 차이는 무엇이고, 다른 점은 무엇인가?"

5. "세존이시여, 세존께서는 우리의 법의 근본이시고, 안내자이시고, 귀의처이십니다. 세존이시여, 부디 세존께서는 이 말씀의 의미를 밝혀 주십시오! 비구들은 세존의 말씀을 듣고 받아 지니겠습니다."

6. "비구들이여, 그렇다면 그대들은 듣고 잘 생각하도록 하시오! 내가 이야기하겠소."

그 비구들은 "그렇게 하겠습니다, 세존이시여"라고 대답했습니다.

7. 세존께서는 다음과 같이 말씀하셨습니다.

"비구들이여, 무명에 휩싸이고, 갈애에 속박된 어리석은 사람에게 이 몸이 생기게 하는, 그 무명이 어리석은 사람에게는 버려지지 않고, 그 갈애가 흩어지지 않는다오. 그 까닭은 무엇인가? 비구들이여, 어리석은 사람은 괴로움을 없애기 위한 청정한 수행[梵行]을 바르게 실천하지 않기 때문이라오. 그래서 어리석은 사람은 이미 부서져 버린 몸을 몸으로 여긴다오. 그것을 몸으로 여기기 때문에 그는 생(生)·노사(老死)·근심·슬픔·고통·우울·고뇌에서 벗어나지 못하고, 괴로움에서 벗어나지 못한다고 나는 말한다오.

8. 비구들이여, 무명에 휩싸이고, 갈애에 속박된 현명한 사람에게 이 몸이 생기게 하는, 그 무명이 현명한 사람에게는 버려지고, 그 갈애가 흩어진다오. 그 까닭은 무엇인가? 비구들이여, 현명한 사람은 괴로움을 없애기 위한 청정한 수행을 바르게 실천하기 때문이라오. 그래서 현명한 사람은 이미 부서져 버린 몸을 몸이라고 여기지 않는다오. 그것을 몸이라고 여기지 않기 때문에 그는 생·노사·근심·슬픔·고통·우울·고뇌에서 벗어나고, 괴로움에서 벗어난다고 나는 말한다오.

---

527 이 경에 상응하는 『잡아함경(雜阿含經)』(294)에는 이 부분이 '愚癡無聞凡夫無明覆 愛緣繫得此識身 內有此識身 外有名色[어리석고 무지한 범부는 무명에 뒤덮이고 갈애에 묶여서 이 식신(識身)을 얻으면, 안에는 이 식신이 있고 밖에는 명색(名色)이 있다고 생각한다]'로 되어 있다. 『잡아함경』(294)에서는 '몸'을 '식신'이라고 하고 있기 때문에 여기에서 이야기하는 몸은 신체를 의미하기보다는 의식이 있는 몸을 의미한다고 볼 수 있다.

528 여기에서 몸은 내6입처(內六入處), 즉 안이비설신의(眼耳鼻舌身意)이고, 외부의 이름과 형색[名色]을 지닌 대상은 외6입처(外六入處), 즉 색성향미촉법(色聲香味觸法)이다. "이것이 이원성(二元性)이다"라는 말은 '내6입처가 주관이 되고 외6입처가 객관이 되어 한 쌍으로 존재한다'라는 말이다. 바꾸어 말하면, 중생들은 무명(無明)과 갈망하는 마음[愛]에 의해 '자신의 몸'이라는 생각을 갖게 되는데, 그 결과 이 몸을 주관인 자아가 머무는 장소, 즉 내입처(內入處)로 생각하고, 밖에 있는 이름과 형색을 객관인 대상이 머무는 장소, 즉 외입처(外入處)로 생각함으로써 중생들은 세계를 주관과 객관의 이원성으로 인식한다는 의미이다.

9. 비구들이여, 청정한 수행을 실천하는 삶, 이것이 현명한 사람과 어리석은 사람이 구별되는 차이이고, 이것이 다른 점이라오."

2.13. 의지하여[緣, Paccayo] 〈s.12.20〉

1. 세존께서 사왓티의 제따와나 아나타삔디까 승원에 머무실 때, 비구들에게 말씀하셨습니다.

2. "비구들이여, 내가 그대들에게 연기(緣起, paṭiccasamupāda)와 연생법(緣生法, paṭicca-samupanne dhamme)들[529]을 가르쳐 주겠소. 그대들은 듣고 잘 생각하도록 하시오! 내가 이야기하겠소."

그 비구들은 "그렇게 하겠습니다, 세존이시여"라고 대답했습니다.

세존께서는 다음과 같이 말씀하셨습니다.

3. "비구들이여, 연기(緣起)란 어떤 것인가? 비구들이여, 생(生)에 의지하여 노사(老死)가 있다오. 여래가 출현하거나 여래가 출현하지 않거나, 실로 그 계(界, sā dhātu)·법(法)의 고정성[dhammaṭṭhitatā]·법의 순차성[dhammaniyāmatā]·이 의존성[ida-ppaccayatā]은 상주(常住, ṭhitā)한다오. 여래는 그것을 바르게 깨닫고 통달한다오. 그리하여 알려 주고 보여 주고 선언하고 확립하고 공개하고 해석하고 천명(闡明)한다오. 그리고 '보라!'라고 말한다오.

4. 비구들이여, 생에 의지하여 노사가 있다오. 비구들이여, 유(有)에 의지하여 생이 있다오. 비구들이여, 취(取)에 의지하여 유가 있다오. 비구들이여, 갈애[愛]에 의지하여 취가 있다오. 비구들이여, 느낌[受]에 의지하여 갈애가 있다오. 비구들이여, 접촉[觸]에 의지하여 느낌이 있다오. 비구들이여, 6입처(六入處)에 의지하여 접촉이 있다오. 비구들이여, 이름과 형색[名色]에 의지하여 6입처가 있다오. 비구들이여, 분별의식[識]에 의지하여 이름과 형색이 있다오. 비구들이여, 행위[行]들에 의지하여 분별의식이 있다오. 비구들이여, 무명에 의지하여 행위들이 있다오. 여래가 출현하거나 여래가 출현하지 않거나, 실로 그 계·법의 고정성·법의 순차성·이 의존성은 상주한다오. 여래는 그것을 바르게 깨닫고 통달한다오. 그리하여 알려 주고 보여 주고 선언하고 확립하고 공개하고 해석하고 천명한다오. 그리고 '보라!'라고 말한다오.

5. 비구들이여, 무명에 의지하여 행위들이 있다오. 비구들이여, 여기에서 이 의존성은 진실 그대로[tathatā, 眞如]이며, 거짓 아닌 그대로[avitathatā]이며, 다름 아닌 그대로[anaññathatā]라오. 비구들이여, 이것을 연기라고 부른다오.

6. 비구들이여, 연생법들은 어떤 것인가? 비구들이여, 노사는 지속성이 없으며[aniccaṃ, 無常], 조작된 것[saṅkhataṃ, 有爲]이며, 연기한 것[paṭiccasamuppannaṃ]이며, 괴멸법(壞滅法, khayadhammaṃ)이며, 쇠멸법(衰滅法, vayadhammaṃ)이며, 이욕법(離欲法, viragadhammaṃ)이며, 소멸법(消滅法, nirodhadhammam)이라오.

7.-16. 비구들이여, 생·유·취·갈애·느낌·접촉·6입처·이름과 형색·분별의식·행위

529 연기하여 생긴 법을 의미한다.

들·무명은 지속성이 없으며, 조작된 것이며, 연기한 것이며, 괴멸법이며, 쇠멸법이며, 이욕법이며, 소멸법이라오. 비구들이여, 이것들을 연생법들이라고 부른다오.

17.-20. 비구들이여, 훌륭한 제자들은 이 연기와 연생법들을 바른 통찰지로 있는 그대로 잘 보기 때문에 '나는 과거세에 존재했을까, 존재하지 않았을까? 나는 과거세에 무엇이었을까? 나는 과거세에 어떠했을까? 나는 과거세에 무엇이었다가 무엇이 되었을까?'라고 과거로 거슬러 가려고 하거나, '나는 미래세에 존재하게 될까, 존재하지 않게 될까? 나는 미래세에 무엇이 될까? 나는 미래세에 어떻게 될까? 나는 미래세에 무엇이었다가 무엇이 될까?'라고 미래로 다가가려고 하거나, '나는 존재하는가, 존재하지 않는가? 나는 무엇인가? 나는 어떠한가? 나는 어디에서 온 중생이며, 그 중생은 어디로 가서 존재하게 될까?'라고 지금 현재의 자신에 대하여 의심하는 일이 있을 수가 없다오.

21. 그 까닭은 무엇인가? 비구들이여, 훌륭한 제자들은 이 연기와 연생법들을 바른 통찰지로 있는 그대로 잘 보기 때문이라오."

2.14. 열 가지 능력[十力, Dasabalā] 〈s.12.22〉

1. 세존께서 사왓티의 제따와나 아나타삔디까 승원에 머무실 때, 비구들에게 말씀하셨습니다.

2. "비구들이여, 여래는 열 가지 능력[十力]을 구족하고, 네 가지 두려움 없음[四無所畏]을 구족하여, 지도자의 지위에 있음을 선언하고, 대중 가운데서 사자후(獅子吼)를 하며, 범륜(梵輪)을 굴린다오.

'형색(形色)을 지닌 몸[色]은 이러하고, 형색을 지닌 몸의 쌓임[集]은 이러하고, 형색을 지닌 몸의 사라짐은 이러하다. 느낌[受]은 이러하고, 느낌의 쌓임은 이러하고, 느낌의 사라짐은 이러하다. 생각[想]은 이러하고, 생각의 쌓임은 이러하고, 생각의 사라짐은 이러하다. 행위[行]들은 이러하고, 행위들의 쌓임은 이러하고, 행위들의 사라짐은 이러하다. 분별의식[識]은 이러하고, 분별의식의 쌓임은 이러하고, 분별의식의 사라짐은 이러하다.

이것이 있는 곳에 이것이 있고, 이것이 생기면 이것이 생긴다[imasmiṃ sati idaṃ hoti imassupādā idam uppajjati]. 이것이 없는 곳에는 이것이 없다. 이것이 소멸하면 이것이 소멸한다[imasmiṃ asati idaṃ na hoti imassa nirodhā idaṃ nirujjhati].

3. 이와 같이 무명(無明)에 의지하여 행위들이, 행위에 의지하여 분별의식이, … 이와 같이 순전한 괴로움 덩어리[苦蘊]의 쌓임[集]이 있다.

4. 그렇지만 무명이 남김없이 소멸하면 행위들이 소멸하고, 행위가 소멸하면 분별의식이 소멸하고, … 이와 같이 순전한 괴로움 덩어리[苦蘊]의 소멸[滅]이 있다.'

5. 비구들이여, 이와 같이 나는 밝히고 공개하고 드러내어 적나라(赤裸裸)하게 법(法)을 잘 설했다오.

6. 비구들이여, 이와 같이 내가 밝히고 공개하고 드러내어 적나라하게 잘 설한 법은 출가한 선남자(善男子)가 '가죽과 힘줄과 뼈만 남고 몸에 살과 피가 말라비틀어져도 좋다. 그 법은 마땅히 인간이 할 수 있는 모든 힘과 정진(精進)과 노력을 기울여 얻어야 할 것이

다. 그것을 얻지 못하면 정진을 쉬지 않겠다' 라고 신념을 가지고 정진하기에 적당한 것이라오.

7. 비구들이여, 게으른 사람은 괴롭게 지내면서 사악(邪惡)하고 불선(不善)한 법에 뒤덮여 위대하고 참된 목적을 버린다오. 비구들이여, 그렇지만 열심히 정진하는 사람은 행복하게 지내면서 사악하고 불선한 법에서 멀리 벗어나 위대하고 참된 목적을 달성한다오.

8. 비구들이여, 작은 정진으로는 최상의 목적에 도달하지 못한다오. 비구들이여, 최상의 정진으로 최상의 목적에 도달한다오. 비구들이여, 이 청정한 수행[梵行]은 최상의 음료인 제호(醍醐)와 같고, 그대들 앞에는 스승이 있다오. 비구들이여, 그러므로 얻지 못한 것을 얻기 위하여, 도달하지 못한 곳에 도달하기 위하여, 체득하지 못한 것을 체득하기 위하여 정진을 시작하시오!

9. 이와 같이 하면 결코 우리의 출가는 헛되지 않고, 결과가 있고, 결실이 있을 것이오. 우리가 먹고 쓰는 옷과 탁발 음식과 좌구(坐具)와 의약자구(醫藥資具)는 비록 보잘것없을지라도, 우리에게는 큰 결과와 큰 이익이 있을 것이오.

10. 비구들이여, 그대들은 이와 같이 공부해야 한다오. 비구들이여, 자신의 이익을 잘 살피면서 노력해야 한다오. 비구들이여, 다른 사람의 이익을 잘 살피면서 노력해야 한다오. 비구들이여, 자신과 타인, 양자(兩者)의 이익을 잘 살피면서 노력해야 한다오."

2.15. 원인[Upanisā] 〈s.12.23〉

세존께서 사왓티의 제따와나 아나타삔디까 승원에 머무실 때, 비구들에게 말씀하셨습니다.

2. "비구들이여, 나는 알고, 보면 번뇌[漏]는 소멸한다고 말한다오. 알지 못하면 소멸하지 않고, 보지 못하면 소멸하지 않는다오.

3. 비구들이여, 무엇을 알고 무엇을 보아야 번뇌가 소멸하는가? '형색(形色)을 지닌 몸[色]은 이러하고, 형색을 지닌 몸의 쌓임[集]은 이러하고, 형색을 지닌 몸의 소멸은 이러하다. 느낌[受]은 이러하고, 느낌의 쌓임은 이러하고, 느낌의 소멸은 이러하다. 생각[想]은 이러하고, 생각의 쌓임은 이러하고, 생각의 소멸은 이러하다. 행위[行]들은 이러하고, 행위들의 쌓임은 이러하고, 행위들의 소멸은 이러하다. 분별의식[識]은 이러하고, 분별의식의 쌓임은 이러하고, 분별의식의 소멸은 이러하다.' 비구들이여, 이와 같이 알고, 이와 같이 보면 번뇌가 소멸한다오.

4. 비구들이여, 번뇌가 소멸할 때, 소멸에 대한 앎은 원인이 있는 것이지 원인이 없는 것이 아니라고 나는 말한다오.

5. 비구들이여, 그렇다면 소멸에 대한 앎의 원인은 무엇인가? '해탈(解脫, vimutti)'이 그 답이라오. 비구들이여, 나는 해탈은 원인이 있는 것이지 없는 것이 아니라고 말한다오.

6. 비구들이여, 그렇다면 해탈의 원인은 무엇인가? '욕탐을 버림[virāga, 離欲]'이 그 답이라오. 비구들이여, 나는 욕탐을 버림은 원인이 있는 것이지 없는 것이 아니라고 말한다오.

7. 비구들이여, 그렇다면 욕탐을 버림의 원인은 무엇인가? '싫증[nibbida, 厭離]'이 그 답이

라오. 비구들이여, 나는 싫증은 원인이 있는 것이지 없는 것이 아니라고 말한다오.

8. 비구들이여, 그렇다면 싫증의 원인은 무엇인가? '있는 여실지견(如實知見, yathābhūta-ñāṇadassana]'이 그 답이라오. 비구들이여, 나는 있는 여실지견은 원인이 있는 것이지 없는 것이 아니라고 말한다오.

9. 비구들이여, 그렇다면 여실지견의 원인은 무엇인가? '삼매(三昧, samādhi)'가 그 답이라오. 비구들이여, 나는 삼매는 원인이 있는 것이지 없는 것이 아니라고 말한다오.

10. 비구들이여, 그렇다면 삼매의 원인은 무엇인가? '즐거움[sukha, 樂]'이 그 답이라오. 비구들이여, 나는 즐거움은 원인이 있는 것이지 없는 것이 아니라고 말한다오.

11. 비구들이여, 그렇다면 즐거움의 원인은 무엇인가? '경안(輕安, passaddhi)'이 그 답이라오. 비구들이여, 나는 경안은 원인이 있는 것이지 없는 것이 아니라고 말한다오.

12. 비구들이여, 그렇다면 경안의 원인은 무엇인가? '기쁨[pīti, 喜]'이 그 답이라오. 비구들이여, 나는 기쁨은 원인이 있는 것이지 없는 것이 아니라고 말한다오.

13. 비구들이여, 그렇다면 기쁨의 원인은 무엇인가? '희락(喜樂, pāmojja)'이 그 답이라오. 비구들이여, 나는 희락은 원인이 있는 것이지 없는 것이 아니라고 말한다오.

14. 비구들이여, 그렇다면 희락의 원인은 무엇인가? '신념[saddhā, 信]'이 그 답이라오. 비구들이여, 나는 신념은 원인이 있는 것이지 없는 것이 아니라고 말한다오.

15. 비구들이여, 그렇다면 신념의 원인은 무엇인가? '괴로움[dukkha, 苦]'이 그 답이라오. 비구들이여, 나는 괴로움은 원인이 있는 것이지 없는 것이 아니라고 말한다오.

16. 비구들이여, 그렇다면 괴로움의 원인은 무엇인가? '생(生)'이 그 답이라오. 비구들이여, 나는 생(生)은 원인이 있는 것이지 없는 것이 아니라고 말한다오.

17.-25. 비구들이여, 그렇다면 '생의 원인은 … 유의 원인은 … 취의 원인은 … 갈애의 원인은 … 느낌의 원인은 … 접촉의 원인은 … 6입처의 원인은 … 이름과 형색의 원인은 … 분별의식의 원인은 무엇인가? 행위[行]들이 그 답이라오.' 비구들이여, 나는 행위들은 원인이 있는 것이지 없는 것이 아니라고 말한다오.

26. 비구들이여, 그렇다면 행위들의 원인은 무엇인가? '무명(無明)'이 그 답이라오.

비구들이여, 이와 같이 무명이 행위들의 원인이고, 행위들이 분별의식[識]의 원인이고, 분별의식이 이름과 형색[名色]의 원인이고, 이름과 형색이 6입처(六入處)의 원인이고, 6입처가 접촉[觸]의 원인이고, 접촉이 느낌[受]의 원인이고, 느낌이 갈애[愛]의 원인이고, 갈애가 취(取)의 원인이고, 취가 유(有)의 원인이고, 취가 생(生)의 원인이고, 생이 괴로움[苦]의 원인이고, 괴로움이 신념의 원인이고, 신념이 희락의 원인이고, 희락이 기쁨의 원인이고, 기쁨이 경안의 원인이고, 경안이 즐거움의 원인이고, 즐거움이 삼매의 원인이고, 삼매는 여실지견의 원인이고, 여실지견은 싫증의 원인이고, 싫증은 욕탐을 버림의 원인이고, 욕탐을 버림은 해탈의 원인이고, 해탈은 소멸에 대한 앎[khaye ñāṇa]의 원인이라오.

27. 비구들이여, 비유하면 산꼭대기에 비구름이 비를 뿌리면 그 물이 낮은 곳으로 흘러

내리면서 산의 작은 골짜기를 채우고, 산의 작은 골짜기가 차면 작은 못을 채우고, 작은 못이 차면 큰 못을 채우고, 큰 못이 차면 작은 강을 채우고, 작은 강이 차면 큰 강을 채우고, 큰 강이 차면 큰 바다와 대양을 채우는 것과 같다오.

28. 비구들이여, 이와 같이 무명이 행위들의 원인이고, 행위들이 분별의식의 원인이고, 분별의식이 이름과 형색의 원인이고, 이름과 형색이 6입처의 원인이고, 6입처가 접촉의 원인이고, 접촉이 느낌의 원인이고, 느낌이 갈애의 원인이고, 갈애가 취의 원인이고, 취가 유의 원인이고, 취가 생의 원인이고, 생이 괴로움의 원인이고, 괴로움이 신념의 원인이고, 신념이 희락의 원인이고, 희락이 기쁨의 원인이고, 기쁨이 경안의 원인이고, 경안이 즐거움의 원인이고, 즐거움이 삼매의 원인이고, 삼매는 여실지견의 원인이고, 여실지견은 싫증의 원인이고, 싫증은 욕탐을 버림의 원인이고, 욕탐을 버림은 해탈의 원인이고, 해탈은 소멸에 대한 앎의 원인이라오."

2.16. 깔라라(Kaḷāra) 〈s.12.32〉

1. 세존께서 사왓티의 제따와나 아나타삔디까 승원에 머무실 때

2. 깔라라 캇띠야(Kaḷāra Khattiya) 비구가 사리뿟따 존자를 찾아가서, 함께 인사를 하고 공손한 인사말을 나눈 후 한쪽에 앉았습니다.

3. 한쪽에 앉은 깔라라 캇띠야 비구가 사리뿟따 존자에게 말했습니다.

"사리뿟따 존자여, 몰리야 팍구나[530] 비구가 공부를 포기하고 환속했습니다."

"그 존자는 이 가르침[法]과 율(律)에서 안식(安息, assāsa)을 얻지 못한 것 같군요."

4. "사리뿟따 존자께서는 이 가르침과 율에서 안식처를 얻었습니까?"

"존자여, 나는 불안하지 않다오."

5. "존자여, 미래에도 그렇습니까?"

"존자여, 나는 미래를 걱정하지 않는다오."

6. 그러자 깔라라 캇띠야 비구는 자리에서 일어나 세존을 찾아갔습니다. 그는 세존을 찾아가서 예배하고 한쪽에 앉았습니다.

7. 한쪽에 앉은 깔라라 캇띠야 비구가 세존께 말씀드렸습니다.

"세존이시여, 사리뿟따 존자는 '생(生)은 소멸했다. 청정한 수행[梵行]을 완성했으며, 해야 할 일을 끝마쳤다. 다시는 이와 같은 상태로 되지 않는다고 나는 통찰한다'라고 구경지(究竟智, aññā)를 선언했습니다."

8. 그러자 세존께서 어떤 비구를 불렀습니다.

"이리 오라! 비구여, 그대는 '사리뿟따 존자여, 스승님께서 그대를 부르십니다'라고 나의 말을 전하여 사리뿟따를 불러라!"

9. 그 비구는 "그렇게 하겠습니다, 세존이시여!"라고 세존께 대답하고 사리뿟따 존자를 찾아가서 말했습니다.

"사리뿟따 존자여, 스승님께서 그대를 부르십니다."

10. 사리뿟따 비구는 그 비구에게 "알겠습니다, 존자여!"라고 대답하고서 세존을 찾아갔습니다. 그는 세존을 찾아가서 예배하고 한쪽에 앉았습니다.

530 이전의 「팍구나경」에서 세존께서 네 가지 음식에 대하여 말씀하시자, '누가 먹습니까?'라는 질문 을 한 비구.

11. 한쪽에 앉은 사리뿟따 존자에게 세존께서 말씀하셨습니다.

"사리뿟따여, 그대가 '생은 소멸했다. 청정한 수행을 완성했으며, 해야 할 일을 끝마쳤다. 다시는 이와 같은 상태로 되지 않는다고 나는 통찰한다'라고 구경지를 선언했다고 하던데, 사실인가?"

"세존이시여, 저는 구경지에 대하여 그런 단어를 사용하여 말하지 않았고, 그런 자구(字句)를 사용하여 말하지 않았습니다."

12. "사리뿟따여, 선남자(善男子)는 어떤 식으로든 구경지를 선언한다오. 그렇지만 선언해야 할 말로 선언해야 한다오."

13. "세존이시여, 저는 결코 그렇게 말하지 않았습니다. 세존이시여, 구경지에 대하여 그런 단어를 사용하여 말하지 않았고, 그런 자구를 사용하여 말하지 않았습니다."

14. "사리뿟따여, 만약에 그대에게 '사리뿟따 존자여, 그대는 어떻게 알고 어떻게 보았기에 '생은 소멸했다. 청정한 수행을 완성했으며, 해야 할 일을 끝마쳤다. 다시는 이와 같은 상태로 되지 않는다고 나는 통찰한다'라고 구경지를 선언하는가?'라고 묻는다면, 사리뿟따여, 이와 같은 질문에 그대는 어떻게 답변하겠는가?"

15.-16. "세존이시여, 만약 저에게 그렇게 묻는다면, 저는 '나는 의존하고 있는 그 인연의 소멸로 인하여 생이 소멸했을 때 소멸했다는 것을 알고, 소멸했을 때 소멸했다는 것을 알고 난 다음에 '생은 소멸했다. 청정한 수행을 완성했으며, 해야 할 일을 끝마쳤다. 다시는 이와 같은 상태로 되지 않는다'라고 통찰한다'라고 답변할 것입니다."

17. "사리뿟따여, 만약에 그대에게 '사리뿟따 존자여, 그렇다면 생은 무엇이 인연이고, 무엇이 쌓여 나타난 것이고, 무엇에서 생긴 것이고, 무엇이 근원인가?'라고 묻는다면, 사리뿟따여, 이와 같은 질문에 그대는 어떻게 답변하겠는가?"

18. "세존이시여, 만약 저에게 그렇게 묻는다면, 저는 '생은 유(有)가 인연이고, 유가 쌓여 나타난 것이고, 유에서 생긴 것이고, 유가 근원이다'라고 답변할 것입니다."

19. "사리뿟따여, 만약에 그대에게 '사리뿟따 존자여, 그렇다면 유는 무엇이 인연이고, 무엇이 쌓여 나타난 것이고, 무엇에서 생긴 것이고, 무엇이 근원인가?'라고 묻는다면, 사리뿟따여, 이와 같은 질문에 그대는 어떻게 답변하겠는가?"

20. "세존이시여, 만약 저에게 그렇게 묻는다면, 저는 '유는 취(取)가 인연이고, 취가 쌓여 나타난 것이고, 취에서 생긴 것이고, 취가 근원이다'라고 답변할 것입니다."

21. "사리뿟따여, 만약에 그대에게 '사리뿟따 존자여, 그렇다면 취는 무엇이 인연이고, 무엇이 쌓여 나타난 것이고, 무엇에서 생긴 것이고, 무엇이 근원인가?'라고 묻는다면, 사리뿟따여, 이와 같은 질문에 그대는 어떻게 답변하겠는가?"

22. "세존이시여, 만약 저에게 그렇게 묻는다면, 저는 '취는 갈애[愛]가 인연이고, 갈애가 쌓여 나타난 것이고, 갈애에서 생긴 것이고, 갈애가 근원이다'라고 답변할 것입니다."

23. "사리뿟따여, 만약에 그대에게 '사리뿟따 존자여, 그렇다면 갈애는 무엇이 인연이고, 무엇이 쌓여 나타난 것이고, 무엇에서 생긴 것이고, 무엇이 근원인가?'라고 묻는다면, 사리뿟따여, 이와 같은 질문에 그대는 어떻게

답변하겠는가?"

24. "세존이시여, 만약 저에게 그렇게 묻는다면, 저는 '갈애는 느낌[受]이 인연이고, 느낌이 쌓여 나타난 것이고, 느낌에서 생긴 것이고, 느낌이 근원이다'라고 답변할 것입니다."

25. "사리뿟따여, 만약에 그대에게 '사리뿟따 존자여, 그렇다면 그대는 어떻게 알고 어떻게 보았을 때 느낌에 대한 환희[sunandī]가 일어나지 않았는가?'라고 묻는다면, 사리뿟따여, 이와 같은 질문에 그대는 어떻게 답변하겠는가?"

26.-27. "세존이시여, 만약 저에게 그렇게 묻는다면, 저는 '존자여, 느낌은 세 가지다. 그 셋은 즐거운 느낌, 괴로운 느낌, 괴롭지도 즐겁지도 않은 느낌이다. 존자여, 그런데 이 세 가지 느낌은 지속성이 없다[無常]. 지속성이 없는 그것이 괴로움[苦]이라는 것을 알았을 때 느낌에 대한 환희가 일어나지 않았다'라고 답변할 것입니다."

28. "훌륭하오! 사리뿟따여! 훌륭하오! 사리뿟따여! '느껴진 것은 어떤 것이든 괴로움이다'라고 말하는 것이 이 물음에 대한 간략한 답변이라오.

29. 사리뿟따여, 만약에 그대에게 '사리뿟따 존자여, 그렇다면 어떻게 해탈했기에 그대는 '생은 소멸했다. 청정한 수행을 완성했으며, 해야 할 일을 끝마쳤다. 다시는 이와 같은 상태로 되지 않는다고 나는 통찰한다'라고 구경지를 선언하는가?'라고 묻는다면, 사리뿟따여, 이와 같은 질문에 그대는 어떻게 답변하겠는가?"

30.-31. "세존이시여, 만약 저에게 그렇게 묻는다면, 저는 '존자여, 나는 내적으로 해탈했기 때문에, 일체의 취가 소멸했기 때문에 이렇게 주의집중에 머문다오. 그와 같은 주의집중에 머물기 때문에 번뇌[漏]들이 흘러들지 않으며, 나는 나 자신을 의심하지 않는다오'라고 답변할 것입니다."

32. "훌륭하오! 사리뿟따여, 훌륭하오! 사리뿟따여, '사문(沙門)들이 말한 번뇌들을 나는 걱정하지 않는다. 내가 그것들을 버렸다는 것을 나는 의심하지 않는다'라고 말하는 것이 이 물음에 대한 간략한 답변이라오."

33. 이와 같이 말씀하시고, 세존께서는 자리에서 일어나 거처로 들어가셨습니다.

34. 세존께서 떠나시자, 잠시 후에 사리뿟따 존자가 비구들에게 고백했습니다.

35. "존자들이여, 아까 세존께서 나에게 예상치 못한 첫 번째 질문을 하셨을 때, 나는 망설였다오. 그렇지만 세존께서 나의 첫 번째 대답에 동의하시자, 존자들이여, 나에게 이런 생각이 들었다오.

36. '만약에 종일토록 세존께서 이 의미를 서로 다른 말을 사용하여 서로 다른 방식으로 나에게 질문하신다면, 나는 종일토록 이 의미를 서로 다른 말을 사용하여 서로 다른 방식으로 세존께 답변을 드릴 수 있다.

37. 만약에 밤중까지 세존께서 이 의미를 서로 다른 말을 사용하여 서로 다른 방식으로 나에게 질문하신다면, 나는 밤중까지 이 의미를 서로 다른 말을 사용하여 서로 다른 방식으로 세존께 답변을 드릴 수 있다.

38.-44. 하루 밤낮이든, 이틀 밤낮이든, 사흘 밤낮이든, 나흘 밤낮이든, 닷새 밤낮이든, 엿새 밤낮이든, 이레 밤낮이든, 세존께서 이 의미를 서로 다른 말을 사용하여 서로 다른 방식으로 나에게 질문하신다면, 나는 이 의미를 서로 다른 말을 사용하여 서로 다른 방식

으로 세존께 답변을 드릴 수 있다.'"

45. 그러자 깔라라 캇띠야 비구는 자리에서 일어나 세존을 찾아가서 예배하고 한쪽에 앉았습니다.

46. 한쪽에 앉은 깔라라 캇띠야 비구가 세존께 이렇게 말씀드렸습니다.

"세존이시여, 사리뿟따 존자는 '만약에 종일토록 세존께서 이 의미를 서로 다른 말을 사용하여 서로 다른 방식으로 나에게 질문하신다면, 나는 종일토록 이 의미를 서로 다른 말을 사용하여 서로 다른 방식으로 세존께 답변을 드릴 수 있다. 하루 밤낮이든, 이틀 밤낮이든, 사흘 밤낮이든, 나흘 밤낮이든, 닷새 밤낮이든, 엿새 밤낮이든, 이레 밤낮이든, 세존께서 이 의미를 서로 다른 말을 사용하여 서로 다른 방식으로 나에게 질문하신다면, 나는 이 의미를 서로 다른 말을 사용하여 서로 다른 방식으로 세존께 답변을 드릴 수 있다'라고 사자후(獅子吼)를 토했습니다."

47. "비구여, 그것은 사리뿟따가 법계(法界, dhammadhātu)를 잘 통달했기 때문이라오. 법계를 잘 통달했기 때문에, 만약에 내가 종일토록 사리뿟따에게 이 의미를 서로 다른 말을 사용하여 서로 다른 방식으로 질문하면, 사리뿟따는 종일토록 이 의미를 서로 다른 말을 사용하여 서로 다른 방식으로 나에게 답변을 할 수 있는 것이라오. 하루 밤낮이든, 이틀 밤낮이든, 사흘 밤낮이든, 나흘 밤낮이든, 닷새 밤낮이든, 엿새 밤낮이든, 이레 밤낮이든, 내가 이 의미를 서로 다른 말을 사용하여 서로 다른 방식으로 사리뿟따에게 질문하면, 사리뿟따는 이 의미를 서로 다른 말을 사용하여 서로 다른 방식으로 나에게 답변을 할 수 있는 것이라오."

2.17. 알아야 할 항목들[Ñāṇassa vatthūni] 〈s.12.33〉

1. 세존께서 사왓티의 제따와나 아나타삔디까 승원에 머무실 때, 비구들에게 말씀하셨습니다.

2. "비구들이여, 내가 그대들에게 마흔네 가지 알아야 할 항목들을 가르쳐 주겠소. 그대들은 듣고 잘 생각하도록 하시오! 내가 이야기하겠소."

그 비구들은 "그렇게 하겠습니다, 세존이시여"라고 대답했습니다.

3. 세존께서는 다음과 같이 말씀하셨습니다.

"비구들이여, 마흔네 가지 알아야 할 항목들은 어떤 것인가?

4.-14. 노사(老死)에 대한 앎, 노사의 쌓임[集]에 대한 앎, 노사의 소멸[滅]에 대한 앎, 노사의 소멸에 이르는 길[道]에 대한 앎, 그리고 생(生)·유(有)·취(取)·갈애[愛]·느낌[受]·접촉[觸]·6입처(六入處)·이름과 형색[名色]·분별의식[識]·행위[行]들에 대한 앎과 이들의 쌓임과 소멸과 소멸에 이르는 길에 대한 앎, 이들을 마흔네 가지 알아야 할 항목들이라고 한다오.

15. 비구들이여, 그렇다면 노사란 어떤 것인가? 이런저런 중생들의 이런저런 중생의 몸[衆生身]에 노쇠가 나타나고, 이가 빠지고, 주름살이 지고, 수명이 줄고, 지각활동이 쇠퇴하면, 존자들이여, 이것을 늙음[老]이라고 부르고, 이런저런 중생들의 이런저런 중생의 몸의 죽음·소멸·파멸·소실·사망·운명(殞命)·온(蘊)들의 파괴·사체의 매장(埋葬), 비

구들이여, 이것을 죽음[死]이라고 부른다오. 이것이 늙음이고, 이것이 죽음이라오. 비구들이여, 이것을 노사라고 부른다오.

16. 생이 쌓여 나타나면[jātisamudayā] 노사가 쌓여 나타나고[jarāmaraṇasamudayo], 생이 소멸하면[jātinirodhā] 노사가 소멸한다오[jarāmaraṇanirodho]. 이러한 사실에 대한 바른 견해[正見]·바른 의도[正思惟]·바른말[正語]·바른 행동[正業]·바른 생계[正命]·바른 정진[正精進]·바른 주의집중[正念]·바른 선정[正定], 이것이 노사의 소멸에 이르는 길[道], 즉 거룩한 8정도(八正道)라오.

17. 비구들이여, 거룩한 제자가 이와 같이 노사를 통찰하고, 이와 같이 노사의 쌓임을 통찰하고, 이와 같이 노사의 소멸을 통찰하고, 이와 같이 노사의 소멸에 이르는 길을 통찰한다오.

18. 이것은 그의 법(法)에 대한 앎[dhamme ñāṇaṃ]이라오. 그는 지금 여기에서 알고 곧바로 도달한 깊은 이해를 가지고 과거와 미래에 대하여 다음과 같이 추론한다오.

19. '과거에 노사에 대하여 알고, 노사의 쌓임에 대하여 알고, 노사의 소멸에 대하여 알고, 노사의 소멸에 이르는 길에 대하여 알았던 사문이나 바라문은 그 누구나 모두가 지금의 나와 같이 알았을 것이다.

20. 미래에 노사에 대하여 알고, 노사의 쌓임에 대하여 알고, 노사의 소멸에 대하여 알고, 노사의 소멸에 이르는 길에 대하여 알게 될 사문이나 바라문은 그 누구나 모두가 지금의 나와 같이 알게 될 것이다.' 이것은 그의 추론에 의한 앎[anvaye ñāṇaṃ]이라오.

21. 비구들이여, 거룩한 비구에게는 법에 대한 앎과 추론에 의한 앎, 이 두 가지 청정하고 순수한 앎이 있다오. 비구들이여, 이것을 거룩한 제자가 '견(見)을 구족했다[diṭṭhisampanno]', '안목을 구족했다[dassana-sampanno]', '이 정법(正法)을 성취했다[āgato imaṃ saddhammaṃ]', '이 정법을 보고 있다[passati imaṃ saddhammaṃ]', '배워야 할 앎을 갖추었다', '배워야 할 명지(明智, vijjā)를 갖추었다', '법의 귀[dhammasotaṃ, 法耳]를 구족했다', '거룩한 결택지(決擇智, nibbedhikapāñño)가 있다', '불사(不死)의 문[amatadvāraṃ]을 두드리며 서 있다'라고 한다오.

22.-36. 비구들이여, 생·유·취·갈애·느낌·접촉·6입처·이름과 형색·분별의식·행위들에 대해서도 마찬가지라오."

2.18. 무명(無明)에 의지하여[Avijjāpaccayā] ⟨s.12.35⟩

1. 세존께서 사왓티의 제따와나 아나타삔디까 승원에 머무실 때, 비구들에게 말씀하셨습니다.

2. "무명(無明)에 의지하여 행위[行]들이, 행위들에 의지하여 분별의식[識]이 있으며, … 생(生)에 의지하여 노사(老死)와 근심·슬픔·고통·우울·고뇌가 생긴다오. 이와 같이 순전한 괴로움 덩어리[苦蘊]의 쌓임[集]이 있다오."

3. "세존이시여, 그렇다면 노사는 어떤 것입니까? 그러니까 이것은 무엇의 노사입니까?"[531]

---

531 이 비구는 육신과 정신을 별개의 실체로 생각하고, '늙어 죽는 것은 육신인가, 정신인가?'를 묻고 있다. 즉 세존께서 말씀하시는 노사(老死)는 '육신의 노사를 의미하는가, 정신의 노사를 의미하는가?'를 묻고 있다.

세존께서는 '온당치 않은 질문'이라고 하시면서 다음과 같이 말씀하셨습니다.

"비구여, '노사는 어떤 것이다. 이것은 무엇의 노사다'라고 말하든, 비구여, '노사는 다른 것이다. 이것은 다른 것의 노사다'라고 말하든, 이 둘은 의미는 같은데 말만 다를 뿐이라오. 비구여, '생명(生命)은 곧 육신(肉身)이다'[532]라는 견해가 있는 곳에는 청정한 수행[梵行]을 실천하는 삶이[533] 없다오. 비구여, '생명과 육신은 서로 다른 것이다'라는 견해가 있는 곳에도 청정한 수행을 실천하는 삶이 없다오. 비구여, 여래는 이들 양쪽에 가까이 가지 않고 중간에서 법(法)을 설한다오. 생에 의지하여 노사가 있다오."

4. "세존이시여, 그렇다면 생은 어떤 것입니까? 그러니까 이것은 무엇의 생입니까?"

세존께서는'온당치 않은 질문이라고 하시면서 다음과 같이 말씀하셨습니다.

"비구여, '생은 어떤 것이다. 이것은 무엇의 생이다'라고 말하든, 비구여, '생은 다른 것이다. 이것은 다른 것의 생이다'라고 말하든, 이 둘은 의미는 같은데 말만 다를 뿐이다. 비구여, '생명은 곧 육신이다'라는 견해가 있는 곳에는 청정한 수행을 실천하는 삶이 없다. 비구여, '생명과 육신은 서로 다른 것이다'라는 견해가 있는 곳에도 청정한 수행을 실천하는 삶이 없다. 비구여, 여래는 이들 양쪽에 가까이 가지 않고 중간에서 법을 설한다. 유(有)에 의지하여 생이 있다."

5. "세존이시여, 그렇다면 유는 어떤 것입니까? 그러니까 이것은 무엇의 유입니까?"

세존께서는 온당치 않은 질문이라고 하시면서 다음과 같이 말씀하셨습니다.

"비구여, '유는 어떤 것이다. 이것은 무엇의 유다'라고 말하든, 비구여, '유는 다른 것이다. 이것은 다른 것의 유이다'라고 말하든, 이 둘은 의미는 같은데 말만 다를 뿐이다. 비구여, '생명은 곧 육신이다'라는 견해가 있는 곳에는 청정한 수행을 실천하는 삶이 없다. 비구여, '생명과 육신은 서로 다른 것이다'라는 견해가 있는 곳에도 청정한 수행을 실천하는 삶이 없다. 비구여, 여래는 이들 양쪽에 가까이 가지 않고 중간에서 법을 설한다.

6. 취(取)에 의지하여 유가 있다. …

7. 갈애[愛]에 의지하여 취가 있다. …

8. 느낌[受]에 의지하여 갈애가 있다. …

9. 접촉[觸]에 의지하여 갈애가 있다. …

10. 6입처(六入處)에 의지하여 접촉이 있다. …

11. 이름과 형색[名色]에 의지하여 6입처가 있다. …

12. 분별의식[識]에 의지하여 이름과 형색이 있다. …

13. 행위[行]들에 의지하여 분별의식[識]이 있다."

14. "세존이시여, 그렇다면 행위들은 어떤 것입니까? 그러니까 이것은 무엇의 행위들입

---

532 'taṃ jīvaṃ taṃ sarīranti'의 번역. 'jīva'를 '영혼'으로 번역하는 경우가 있는데, 여기에서는 노사(老死)를 겪는 생명을 의미한다. 여기에서 문제 삼는 것은 육신을 생명으로 보느냐, 아니면 생명을 육신과는 다른 어떤 것으로 보느냐에 대한 견해이다.

533 'bahmacariyavāso'의 번역.

니까?"

세존께서는 온당치 않은 질문이라고 하시면서 다음과 같이 말씀하셨습니다.

"비구여, '행위들은 어떤 것이다. 이것은 무엇의 행위들이다'라고 말하든, 비구여, '행위들은 다른 것이다. 이것은 다른 것의 행위들이다'라고 말하든, 이 둘은 의미는 같은데 말만 다를 뿐이다. 비구여, '생명은 곧 육신이다'라는 견해가 있는 곳에는 청정한 수행을 실천하는 삶이 없다. 비구여, '생명과 육신은 서로 다른 것이다'라는 견해가 있는 곳에도 청정한 수행을 실천하는 삶이 없다. 비구여, 여래는 이들 양쪽에 가까이 가지 않고 중간에서 법을 설한다. 무명(無明)에 의지하여 행위들이 있다.

비구여, 그렇지만 무명이 남김없이 소멸하면, 그로 인한 곡해와 갈등과 논쟁은 그 어떤 것이든 생기지 않는다.

15. '노사는 어떤 것이다. 이것은 무엇의 노사다', '노사는 다른 것이다. 이것은 다른 것의 노사다', '생명은 곧 육신이다', '생명과 육신은 서로 다른 것이다'와 같은 그로 인한 모든 것들이 제거되어 뿌리가 잘려 없어진 야자나무처럼 미래에는 생기지 않는다.

16.-25. 생·유·취·갈애·느낌·접촉·6입처·이름과 형색·분별의식도 마찬가지다."

2.19. 그대들의 것이 아니다[Na tumhā] 〈s.12.37〉

1. 세존께서 사왓티의 제따와나 아나타삔디까 승원에 머무실 때, 비구들에게 말씀하셨습니다.

2. "비구들이여, 이 몸[kāyo]은 그대들의 것도 아니고, 다른 사람들의 것도 아니라오.

3. 비구들이여, 이것은 고의(故意)에 의해 조작되고 경험된 과거의 업(業)이라고 보아야 한다오.[534]

4. 비구들이여, 배움이 많은 거룩한 제자는 연기(緣起)를 다음과 같이 철저하게 이치에 맞게 생각한다오.

5. '이것이 있는 곳에 이것이 있고, 이것이 생기면 이것이 생긴다. 이것이 없는 곳에는 이것이 없다. 이것이 소멸하면 이것이 소멸한다. 이와 같이 무명(無明)에 의지하여 행위[行]들이, 행위에 의지하여 분별의식[識]이, … 생에 의지하여 노사(老死)와 근심·슬픔·고통·우울·고뇌가 생긴다오. 이와 같이 순전한 괴로움 덩어리[苦蘊]의 쌓임[集]이 있다.

그렇지만 무명이 남김없이 소멸하면 행위들이 소멸하고, 행위가 소멸하면 분별의식이 소멸하고, … 이와 같이 순전한 괴로움덩어리의 소멸[滅]이 있다.'"

2.20. 의도(意圖, Cetanā) (1) 〈s.12.38〉

1. 세존께서 사왓티의 제따와나 아나타삔디까 승원에 머무실 때, 비구들에게 말씀하셨습니다.

"비구들이여, 의도되는[ceteti] 것과 계획되는[pakappeti] 것과 반복되는[anuseti]

---

534 우리의 몸은 과거에 고의로 행한 업(業)에 의해서 경험된 것들에 의해 조작된 결과물이라는 의미이다. 즉, 몸은 업보(業報)일 뿐 업을 짓는 작자(作者)가 아니라는 말씀이다.

것, 이것이 분별의식[識]이 머무는 대상[ārammaṇa, 所緣]이라오. 대상이 있는 곳에 분별의식이 머물 곳이 있다오. 분별의식이 머물면서 성장하는 그곳에[tasmiṃ patiṭṭhite viññāṇe virūḷhe] 미래에 이후의 존재[後有]의 생성이 있다[āyatim punabbhavābhinibbatti hoti]오. 미래에 이후의 존재의 생성이 있는 곳에, 미래에 생(生)과 노사(老死)·근심·슬픔·고통·우울·고뇌가 생긴다오. 이와 같이 순전한 괴로움 덩어리[苦蘊]의 쌓임[集]이 있다오.

3. 비구들이여, 의도되지 않고 계획되지 않아도, 만약에 다시 반복된다면, 이것이 분별의식이 머무는 대상이라오. 대상이 있는 곳에 분별의식이 머물 곳이 있다오. 분별의식이 머물면서 성장하는 그곳에, 미래에 이후의 존재의 생성이 있다오. 미래에 이후의 존재의 생성이 있는 곳에, 미래에 생과 노사·근심·슬픔·고통·우울·고뇌가 생긴다오. 이와 같이 순전한 괴로움 덩어리의 쌓임이 있다오.

4. 비구들이여, 의도되지 않고 계획되지 않고 반복되지 않으면, 이것은 분별의식이 머무는 대상이 아니라오. 대상이 없는 곳에는 분별의식이 머물 곳이 없다오. 분별의식이 머물지 않고 성장하지 않는 곳에는 미래에 이후의 존재의 생성이 없다오. 미래에 이후의 존재의 생성이 없으면, 미래에 생과 노사·근심·슬픔·고통·우울·고뇌가 생기지 않는다오. 이와 같이 순전한 괴로움 덩어리의 소멸[滅]이 있다오."

2.21. 의도(意圖, Cetanā) (2) 〈s.12.39〉

1. 세존께서 사왓티의 제따와나 아나타삔디까 승원에 머무실 때, 비구들에게 말씀하셨습니다.

2. "비구들이여, 의도되는 것과 계획되는 것과 반복되는 것, 이것이 분별의식[識]이 머무는 대상[所緣]이라오. 대상이 있는 곳에 분별의식이 머물 곳이 있다오. 분별의식이 머물면서 성장하는 그곳에 이름과 형색[名色]의 출현이 있다[nāmarūpassa avakkanti hoti][535]오.

3. 이름과 형색에 의지하여 6입처(六入處)가 있고, 6입처에 의지하여 접촉[觸]이, 접촉에 의지하여 느낌[受]이, 느낌에 의지하여 갈애[愛]가 있고, 갈애에 의지하여 취(取)가 있고, 취에 의지하여 유(有)가 있고, 유에 의지하여 생(生)이, 생에 의지하여 노사(老死)와 근심·슬픔·고통·우울·고뇌가 생긴다오. 이와 같이 순전한 괴로움 덩어리[苦蘊]의 쌓임[集]이 있다오.

4. 비구들이여, 의도되지 않는다고 할지라도, 계획되지 않는다고 할지라도, 만약에 다시 반복된다면, 이것이 분별의식이 머무는 대상이라오. 대상이 있는 곳에 분별의식이 머물 곳이 있다오. 분별의식이 머물면서 성장하는 그곳에 이름과 형색의 출현이 있다오.

5. 이름과 형색에 의지하여 6입처가 있고, 6입처에 의지하여 접촉이, 접촉에 의지하여 느낌이, 느낌에 의지하여 갈애가 있고, 갈애에 의지하여 취가 있고, 취에 의지하여 유가 있고, 유에 의지하여 생이, 생에 의지하여 노사와 근심·슬픔·고통·우울·고뇌가 생긴다

535 'tasmiṃ patiṭṭhite viññāṇe virūḷhe nāmarūpassa avakkanti hoti'의 번역.

오. 이와 같이 순전한 괴로움 덩어리의 쌓임이 있다오.
6. 비구들이여, 의도되지 않고 계획되지 않고 반복되지 않으면, 이것은 분별의식이 머무는 대상이 아니라오. 대상이 없는 곳에는 분별의식이 머물 곳이 없다오. 분별의식이 머물지 않고 성장하지 않는 곳에는 이름과 형색의 출현이 없다오. 이름과 형색이 소멸하면 6입처의 소멸이 있고, … 이와 같이 순전한 괴로움 덩어리의 소멸[滅]이 있다오."

2.22. 의도(意圖, Cetanā) (3) 〈s.12.40〉

1. 세존께서 사왓티의 제따와나 아나타삔디까 승원에 머무실 때, 비구들에게 말씀하셨습니다.
2. "비구들이여, 의도되는 것과 계획되는 것과 반복되는 것, 이것이 분별의식[識]이 머무는 대상이라오. 대상이 있는 곳에 분별의식이 머물 곳이 있다오.
3. 분별의식이 머물면서 성장하는 그곳에 의향(意向, nati)이[536] 있다오. 의향이 있는 곳에 오고 감[āgaigati]이 있다오. 오고 감이 있는 곳에 사라지고 나타남[cutūpapāta]이 있다오. 사라지고 나타남이 있는 곳에, 미래에 생(生)과 노사(老死)·근심·슬픔·고통·우울·고뇌가 생긴다오. 이와 같이 순전한 괴로움 덩어리[苦蘊]의 쌓임[集]이 있다오.
4. 비구들이여, 의도되지 않고 계획되지 않아도, 만약에 다시 반복된다면, 이것이 분별의식이 머무는 대상이라오. 대상이 있는 곳에 분별의식이 머물 곳이 있다오.
5. 분별의식이 머물면서 성장하는 그곳에 의향이 있다오. 의향이 있는 곳에 오고 감이 있다오. 오고 감이 있는 곳에 사라지고 나타남이 있다오. 사라지고 나타남이 있는 곳에 미래에 생과 노사·근심·슬픔·고통·우울·고뇌가 생긴다오. 이와 같이 순전한 괴로움덩어리의 쌓임이 있다오.
6. 비구들이여, 의도되지 않고 계획되지 않고 반복되지 않으면, 이것은 분별의식이 머무는 대상이 아니라오. 대상이 없는 곳에는 분별의식이 머물 곳이 없다오.
7. 분별의식이 머물지 않고 성장하지 않는 곳에는 의향이 없다오. 의향이 없는 곳에는 오고 감이 없다오. 오고 감이 없는 곳에는 사라지고 나타남이 없다오. 사라지고 나타남이 없는 곳에는 미래에 생과 노사·근심·슬픔·고통·우울·고뇌가 소멸한다오. 이와 같이 순전한 괴로움 덩어리의 소멸[滅]이 있다오."

2.23. 다섯 가지 죄의 두려움[Pañcaverabhayā] 〈s.12.41〉

1. 한때 세존께서 사왓티의 제따와나 아나타삔디까 승원에 머무셨습니다.
2. 그때 아나타삔디까(Anāthapiṇḍika) 장자가 세존을 찾아와서 세존께 예배하고 한쪽에 앉았습니다.
　한쪽에 앉은 아나타삔디까 장자에게 세존께서 이렇게 말씀하셨습니다.
3. "장자여, 다섯 가지 죄의 두려움이 소멸하고, 수다원(須陀洹)의 네 가지 덕목(德

536 대상을 지향하는 의지의 지향성을 의미한다.

目, aṅga)을 구족하고, 거룩한 이치[ariyo ñāyo][537]를 통찰지[般若]로써 잘 보고 잘 통달한 거룩한 제자는 의심하지 않고 스스로 자신에게 '나는 지옥을 파괴했고, 축생의 자궁을 파괴했고, 아귀의 세계를 파괴했고, 괴롭고 험난한 악취(惡趣)를 파괴했다. 나는 수다원으로서 결국은 정각(正覺)을 성취하도록 결정되어 있다'라고 선언할 수 있다오.

4. 어떤 것이 다섯 가지 죄의 두려움이 소멸하는 것인가?

5. 장자여, 살생(殺生)하는 사람은 살생으로 인하여 현재에도 죄의 두려움을 느끼고, 내세에도 죄의 두려움을 느낄 뿐만 아니라 심적으로 괴로움과 근심을 겪는다오. 살생을 하지 않으면 이와 같은 죄의 두려움이 소멸한다오.

6. 장자여, 주지 않은 것을 취하는 사람은 주지 않은 것을 취함으로 인하여 현재에도 죄의 두려움을 느끼고, 내세에도 죄의 두려움을 느낄 뿐만 아니라 심적으로 괴로움과 근심을 겪는다오. 주지 않은 것을 취하지 않으면 이와 같은 죄의 두려움이 소멸한다오.

7. 장자여, 삿된 음행(淫行)을 하는 사람은 삿된 음행으로 인하여 현재에도 죄의 두려움을 느끼고, 내세에도 죄의 두려움을 느낄 뿐만 아니라 심적으로 괴로움과 근심을 겪는다오. 삿된 음행을 하지 않으면 이와 같은 죄의 두려움이 소멸한다오.

8. 장자여, 거짓말을 하는 사람은 거짓말로 인하여 현재에도 죄의 두려움을 느끼고, 내세에도 죄의 두려움을 느낄 뿐만 아니라 심적으로 괴로움과 근심을 겪는다오. 거짓말을 하지 않으면 이와 같은 죄의 두려움이 소멸한다오.

9. 장자여, 곡주나 과실주를 취하게 마셔 방일하는 사람은 곡주나 과실주를 취하게 마셔 방일함으로 인하여 현재에도 죄의 두려움을 느끼고, 내세에도 죄의 두려움을 느낄 뿐만 아니라 심적으로 괴로움과 근심을 겪는다오. 곡주나 과실주를 취하게 마셔 방일하지 않으면 이와 같은 죄의 두려움이 소멸한다오.

이와 같이 다섯 가지 죄의 두려움이 소멸한다오.

10. 어떤 것이 수다원의 네 가지 덕목을 구족하는 것인가?

11. 장자여, 거룩한 제자는 부처님에 대하여 '그분 세존은 아라한(阿羅漢)이며, 원만하고 바르게 깨달으신 분[等正覺]이며, 앎과 실천을 구족하신 분[明行足]이며, 행복하신 분[善逝]이며, 세상을 잘 아시는 분[世間解]이며, 위없는 분[無上士]이며, 사람을 길들여 바른 길로 이끄시는 분[調御丈夫]이며, 천신과 인간의 스승[天人師]이며, 진리를 깨달으신 분[佛]이며, 세존(世尊)이시다'라는 흔들림 없는 청정한 믿음을 구족한다오.

12. 거룩한 제자는 가르침에 대하여 '잘 설해진 세존의 가르침은 지금 여기에서 볼 수 있는 것[sandiṭṭhiko]이며, 즉시 체득할 수 있는 것[akāliko]이며, 와서 보라고 할 수 있는 것[ehi passīko]이며, 지혜로운 사람이 스스로 볼 수 있도록 도움을 주는 것이다'라는 흔들림 없는 청정한 믿음을 구족한다오.

---

537 'ñāya'는 '논리(論理)·체계적인 이론'을 의미하며, 한역에서는 '정리(正理)'로 번역한다. 여기에서는 단순한 '논리'를 의미하지 않고 12연기의 이치를 의미한다.

13. 상가[saṅgha, 僧伽]에 대하여 '세존의 성문(聲聞)상가[sāvakasaṅgha]는 제대로 실천하며, 세존의 성문상가는 바르게 실천하며, 세존의 성문상가는 합리적으로 실천하며, 세존의 성문상가는 화합(和合)과 공경(恭敬)을 실천한다'라는 흔들림 없는 청정한 믿음을 구족한다오.

14. '4쌍8배(四雙八輩, cattāri purisayugāni aṭṭhapurisapuggalā)[538]의 세존의 성문상가는 공경받아 마땅하고, 환대받아 마땅하고, 시주(施主)받아 마땅하고, 존경받아 마땅한 세간의 위없는 복전(福田)이다. 성자(聖者)들이 행하고 현자(賢者)들이 칭찬하는 온전하고, 결함이 없고, 결점이 없고, 순수하고, 자유롭고, 물들지 않고, 삼매로 인도하는 계행(戒行)을 구족하고 있다'라는 흔들림 없는 청정한 믿음을 구족한다오.

이와 같이 수다원의 네 가지 덕목을 구족한다오.

15. 어떤 것이 거룩한 이치를 통찰지로써 잘 보고 잘 통달하는 것인가?

16. 장자여, 거룩한 제자는 다음과 같이 연기(緣起)를 철저하게 이치에 맞게 생각한다오.

'이것이 있는 곳에 이것이 있고, 이것이 생기면 이것이 생긴다. 이것이 없는 곳에는 이것이 없다. 이것이 소멸하면 이것이 소멸한다.

17. 이와 같이 무명(無明)에 의지하여 행위[行]들이, 행위들에 의지하여 분별의식[識]이, … 이와 같이 순전한 괴로움 덩어리[苦蘊]의 쌓임[集]이 있다. 그렇지만 무명이 남김없이 소멸하면 행위들이 소멸하고, 행위가 소멸하면 분별의식이 소멸하고, … 이와 같이 순전한 괴로움 덩어리의 소멸[滅]이 있다.'

이것이 통찰지로써 거룩한 이치를 잘 보고 잘 통달하는 것이라오.

18. 장자여, 이와 같은 다섯 가지 죄의 두려움이 소멸하고, 이와 같은 수다원의 네 가지 덕목을 구족하고, 이 거룩한 이치를 통찰지로써 잘 보고 잘 통달한 거룩한 제자는 의심하지 않고 스스로 자신에게 '나는 지옥을 파괴했고, 축생의 자궁을 파괴했고, 아귀의 세계를 파괴했고, 괴롭고 험난한 악취를 파괴했다. 나는 수다원으로서 결국은 정각을 성취하도록 결정되어 있다'라고 선언할 수 있다오."

2.24. 괴로움[Dukkha] 〈s.12.43〉

1. 세존께서 사왓티의 제따와나 아나타삔디까 승원에 머무실 때, 비구들에게 말씀하셨습니다.

2. "비구들이여, 내가 그대들에게 괴로움의 쌓임[集]과 사라짐[atthaṅgama]에 대하여 가르쳐 주겠소. 그대들은 듣고 잘 생각하도록 하시오! 내가 이야기하겠소."

그 비구들은 "그렇게 하겠습니다, 세존이시여"라고 대답했습니다.

세존께서는 다음과 같이 말씀하셨습니다.

3. "비구들이여, 어떤 것이 괴로움의 쌓임인가?

538 사문4과(沙門四果)를 향(向)과 득(得)으로 나누어 4쌍8배(四雙八輩)라고 하며, 4향4득(四向四得)·4향4과(四向四果)라고도 한다.

4. 시각활동[眼]과 형색[色]들에 의지하여 시각분별의식[眼識]이 생긴다오. 셋의 만남이 접촉[tiṇṇaṃ saṅgatiphasso]이라오. 접촉에 의지하여 느낌[受]이, 느낌에 의지하여 갈애[愛]가 있다오. 비구들이여, 이것이 괴로움의 쌓임이라오.

5. 청각활동[耳]과 소리[聲]들에 의지하여 청각분별의식[耳識]이 생긴다오. …

6. 후각활동[鼻]과 냄새[香]들에 의지하여 후각분별의식[鼻識]이 생긴다오. …

7. 미각활동[舌]과 맛[味]들에 의지하여 미각분별의식[舌識]이 생긴다오. …

8. 촉각활동[身]과 촉감[觸]들에 의지하여 촉각분별의식[身識]이 생긴다오. …

9. 마음활동[意]과 대상[法]들에 의지하여 마음분별의식[意識]이 생긴다오. 셋의 만남이 접촉[觸]이라오. 접촉에 의지하여 느낌이 있고, 느낌에 의지하여 갈애가 있다오.

비구들이여, 이것이 괴로움의 쌓임이라오.

10. 비구들이여, 어떤 것이 괴로움의 사라짐인가?

11. 시각활동과 형색들에 의지하여 시각분별의식이 생긴다오. 셋의 만남이 접촉이라오. 접촉에 의지하여 느낌이 있고, 느낌에 의지하여 갈애가 있다오. 그 갈애가 남김없이 소멸하면 취(取)가 소멸하고, 취가 소멸하면 유(有)가 소멸하고, 유가 소멸하면 생(生)이 소멸하고, 생이 소멸하면 노사(老死)와 근심·슬픔·고통·우울·고뇌가 소멸한다오. 이와 같이 순전한 괴로움 덩어리의 소멸[滅]이 있다오.

비구들이여, 이것이 괴로움의 사라짐이라오.

12.-17. 청각활동, 후각활동, 미각활동, 촉각활동, 마음활동도 마찬가지라오.

18. 비구들이여, 이것이 괴로움의 사라짐이라오."

2.25. 세간[Loko] 〈s.12.44〉

1. 세존께서 사왓티의 제따와나 아나타삔디까 승원에 머무실 때, 비구들에게 말씀하셨습니다.

2. "비구들이여, 내가 그대들에게 세간(世間)의 쌓임[集]과 사라짐에 대하여 가르쳐 주겠소. 그대들은 듣고 잘 생각하도록 하시오! 내가 이야기하겠소."

그 비구들은 "그렇게 하겠습니다, 세존이시여"라고 대답했습니다.

세존께서는 다음과 같이 말씀하셨습니다.

"비구들이여, 어떤 것이 세간의 쌓임인가?

시각활동[眼]과 형색[色]들에 의지하여 시각분별의식[眼識]이 생긴다오. 셋의 만남이 접촉[觸]이라오. 접촉에 의지하여 느낌[受]이 있고, 느낌에 의지하여 갈애[愛]가 있고, 갈애에 의지하여 취(取)가 있고, 취에 의지하여 유(有)가 있고, 유에 의지하여 생(生)이 있고, 생에 의지하여 노사(老死)와 근심·슬픔·고통·우울·고뇌가 생긴다오. 이것이 괴로움의 쌓임이라오.

5. 청각활동[耳]과 소리[聲]들에 의지하여 청각분별의식[耳識]이 생긴다오. …

6. 후각활동[鼻]과 냄새[香]들에 의지하여 후각분별의식[鼻識]이 생긴다오. …

7. 미각활동[舌]과 맛[味]들에 의지하여 미각

분별의식[舌識]이 생긴다오. …

8. 촉각활동[身]과 촉감[觸]들에 의지하여 촉각분별의식[身識]이 생긴다오. …

9. 마음활동[意]과 대상[法]들에 의지하여 마음분별의식[意識]이 생긴다오. 셋의 만남이 접촉이라오. 접촉에 의지하여 느낌이 있고, 느낌에 의지하여 갈애가 있고, 갈애에 의지하여 취가 있고, 취에 의지하여 유가 있고, 유에 의지하여 생이 있고, 생에 의지하여 노사와 근심·슬픔·고통·우울·고뇌가 생긴다오.

비구들이여, 이것이 세간의 쌓임이라오.

10. 비구들이여, 어떤 것이 세간의 사라짐인가?

11. 시각활동과 형색들에 의지하여 시각분별의식이 생긴다오. 셋의 만남이 접촉이라오. 접촉에 의지하여 느낌이 있고, 느낌에 의지하여 갈애가 있다오. 그 갈애가 남김없이 소멸하면 취가 소멸하고, 취가 소멸하면 유가 소멸하고, 유가 소멸하면 생이 소멸하고, 생이 소멸하면 노사와 근심·슬픔·고통·우울·고뇌가 소멸한다오. 이와 같이 순전한 괴로움 덩어리의 소멸[滅]이 있다오.

이것이 세간의 사라짐이라오.

12.-16. 청각활동, 후각활동, 미각활동, 촉각활동, 마음활동도 마찬가지라오.

17. 비구들이여, 이것이 세간의 사라짐이라오."

2.26. 자누쏘니(Jānussoṇi) 〈s.12.47〉

1. 한때 세존께서는 사왓티의 제따와나 아나타삔디까 승원에 머무셨습니다.

2. 그때 자누쏘니(Jānussoṇi) 바라문이 세존을 찾아왔습니다. 그는 세존과 함께 인사를 하고 공손한 인사말을 나눈 후 한쪽에 앉았습니다.

한쪽에 앉은 자누쏘니 바라문이 세존에게 말했습니다.

3. "고따마 존자여, 일체(一切, sabbaṃ)[539]라는 것이 있을까요?"

"바라문이여, '일체는 있다'라고 하는 것은 한쪽의 견해[eko anto]라오."

"고따마 존자여, 그렇다면 일체는 없습니까?"

"바라문이여, '일체는 없다'라고 하는 것은 다른 한쪽의 견해[dutiyo anto][540]라오. 바라문이여, 여래는 이들 양쪽에 가까이 가지 않고 중간에서 법(法)을 설한다오.

5. 무명(無明)에 의지하여 행위[行]들이 있고, … 이와 같이 순전한 괴로움 덩어리[苦蘊]의 쌓임[集]이 있다오. 그렇지만 무명이 남김없이 소멸하면 행위들이 소멸하고, … 이와 같이 순전한 괴로움 덩어리의 소멸[滅]이 있다오."

6. 이 말씀을 듣고, 자누쏘니 바라문은 세존께 이렇게 말씀드렸습니다.

"훌륭합니다, 고따마 존자여! … 고따마 존자께서는 저를 청신사(清信士)로 받아 주

---

539 여기에서 말하는 'sabbaṃ', 즉 일체(一切)는 '모든 것'을 의미하는 것이 아니라 모든 것의 근원이 되는 실체를 의미한다. 찬도갸 우파니샤드에서는 '모든 것은 브라만에서 나와서 브라만으로 돌아간다. 그러므로 일체는 브라만이다'라고 이야기한다. 이와 같이 이 세계의 모든 것을 설명할 수 있는 존재를 'sabbaṃ', 즉 일체라고 부른다.

540 'dutiyo anto'를 '다른 한쪽의 견해'로 번역했다.

소서. 지금부터 살아 있는 날까지 귀의하겠습니다."

2.27. 세간의 철학을 따르는 바라문 [Lokāyatika] 〈s.12.48〉

1. 한때 세존께서는 사왓티의 제따와나 아나타삔디까 승원에 머무셨습니다.
2. 그때 세간의 철학을 따르는[lokāyatika] 바라문이 세존을 찾아왔습니다. 그는 세존과 함께 인사를 하고 공손한 인사말을 나눈 후 한쪽에 앉았습니다.

한쪽에 앉은 세간의 철학을 따르는 바라문이 세존에게 말했습니다.

3. "고따마 존자여, 일체(一切)라는 것이 있을까요?"

"바라문이여, '일체는 있다'라고 하는 것은 가장 오래된 세간의 철학이라오."

4. "고따마 존자여, 그렇다면 일체는 없습니까?"

"바라문이여, '일체는 없다'라고 하는 것은 두 번째로 오래된 세간의 철학이라오."

5. "고따마 존자여, 일체는 하나인가요?"[541]

"바라문이여, '일체는 하나다'라고 하는 것은 세 번째로 오래된 세간의 철학이라오."

6. "고따마 존자여, 그렇다면 일체는 여러 종류인가요?"[542]

"바라문이여, '일체는 여러 종류다'라고 하는 것은 네 번째로 오래된 세간의 철학이라오. 바라문이여, 여래는 이들 양쪽에 가까이 가지 않고 중간에서 법(法)을 설한다오.

7. 무명(無明)에 의지하여 행위[行]들이 있고, … 이와 같이 순전한 괴로움 덩어리[苦蘊]의 쌓임[集]이 있다오. 그렇지만 무명이 남김없이 소멸하면 행위들이 소멸하고, … 이와 같이 순전한 괴로움 덩어리의 소멸[滅]이 있다오."

8. 이 말씀을 듣고, 세간의 철학을 따르는 바라문은 세존께 이렇게 말씀드렸습니다.

"훌륭합니다, 고따마 존자여! … 고따마 존자께서는 저를 청신사(淸信士)로 받아 주소서. 지금부터 살아 있는 날까지 귀의하겠습니다."

2.28. 거룩한 제자[Ariyāsavaka] (1) 〈s.12.49〉

1. 세존께서 사왓티의 제따와나 아나타삔디까 승원에 머무실 때, 비구들에게 말씀하셨습니다.
2. "비구들이여, 배움이 많은 거룩한 제자에게는 다음과 같은 생각이 없다오.

'무엇이 있는 곳에 무엇이 있을까? 무엇이 생기면 무엇이 생길까? 무엇이 있는 곳에 이름과 형색[名色]이 있을까? 무엇이 있는 곳에 6입처(六入處)가 있을까? 무엇이 있는 곳에 접촉[觸]이 있을까? 무엇이 있는 곳에 느낌[受]이 있을까? 무엇이 있는 곳에 갈애[愛]가 있을까? 무엇이 있는 곳에 취(取)가 있을까? 무엇이 있는 곳에 유(有)가 있을까? 무엇이 있는 곳에 생(生)이 있을까? 무엇이 있는 곳에 노사(老死)가 있을까?'

3. 비구들이여, 배움이 많은 거룩한 제자에게

---

541 이 질문은 일원론(一元論)이 진리인가를 묻는 것이다.
542 이 질문은 다원론(多元論)이 진리인가를 묻는 것이다.

는 실로 이 점에 관하여 남에게 의존하지 않는 앎이 있다오.

'이것이 있는 곳에 이것이 있고, 이것이 생기면 이것이 생긴다. 분별의식[識]이 있는 곳에 이름과 형색이 있고, … 생이 있는 곳에 노사가 있다.'

그는 이와 같이 '이 세간은 이렇게 쌓인다'라고 통찰한다오.

4. 비구들이여, 배움이 많은 거룩한 제자에게는 다음과 같은 생각이 없다오.

'무엇이 없는 곳에 무엇이 없을까? 무엇이 소멸하면 무엇이 소멸할까? 무엇이 없는 곳에 이름과 형색이 없을까? 무엇이 없는 곳에 6입처가 없을까? 무엇이 없는 곳에 접촉이 없을까? 무엇이 없는 곳에 느낌이 없을까? 무엇이 없는 곳에 갈애가 없을까? 무엇이 없는 곳에 취가 없을까? 무엇이 없는 곳에 유가 없을까? 무엇이 없는 곳에 생이 없을까? 무엇이 없는 곳에 노사가 없을까?'

5. 비구들이여, 배움이 많은 거룩한 제자에게는 실로 이 점에 관하여 남에게 의존하지 않는 앎이 있다오.

'이것이 없는 곳에는 이것이 없고, 이것이 소멸하면 이것이 소멸한다. 분별의식이 없는 곳에는 이름과 형색이 없고, … 생이 없는 곳에는 노사가 없다.'

그는 이와 같이 '이 세간은 이렇게 소멸한다'라고 통찰한다오.

6. 비구들이여, 배움이 많은 거룩한 제자는 이와 같이 세간의 쌓임[集]과 세간의 소멸[滅]을 있는 그대로 통찰한다오. 비구들이여, 이것을 거룩한 제자가 '견(見)을 구족했다', '통찰을 구족했다', '정법(正法)을 성취했다', '정법을 보고 있다', '배워야 할 앎을 갖추었다', '배워야 할 명지(明智)를 갖추었다', '법의 귀[法耳]를 구족했다', '거룩한 결택지(決擇智)가 있다', '불사(不死)의 문을 두드리며 서 있다'라고 한다오."

2.29. 거룩한 제자[Ariyāsavaka] (2) 〈s.12.50〉

1. 세존께서 사왓티의 제따와나 아나타삔디까 승원에 머무실 때, 비구들에게 말씀하셨습니다.

2. "비구들이여, 배움이 많은 거룩한 제자에게는 다음과 같은 생각이 없다오.

'무엇이 있는 곳에 무엇이 있을까? 무엇이 생기면 무엇이 생길까? 무엇이 있는 곳에 행위[行]들이 있을까? 무엇이 있는 곳에 분별의식[識]이 있을까? 무엇이 있는 곳에 이름과 형색[名色]이 있을까? 무엇이 있는 곳에 6입처(六入處)가 있을까? 무엇이 있는 곳에 접촉[觸]이 있을까? 무엇이 있는 곳에 느낌[受]이 있을까? 무엇이 있는 곳에 갈애[愛]가 있을까? 무엇이 있는 곳에 취(取)가 있을까? 무엇이 있는 곳에 유(有)가 있을까? 무엇이 있는 곳에 생(生)이 있을까? 무엇이 있는 곳에 노사(老死)가 있을까?'

3. 비구들이여, 배움이 많은 거룩한 제자에게는 실로 이점에 관하여 남에게 의존하지 않는 앎이 있다오.

'이것이 있는 곳에 이것이 있고, 이것이 생기면 이것이 생긴다. 무명(無明)이 있는 곳에 행위들이 있고, … 생이 있는 곳에 노사가 있다.'

그는 이와 같이 '이 세간은 이와 같이 쌓인다'라고 통찰한다오.

4. 비구들이여, 배움이 많은 거룩한 제자에게

는 다음과 같은 생각이 없다오.

'무엇이 없는 곳에 무엇이 없을까? 무엇이 소멸하면 무엇이 소멸할까? 무엇이 없는 곳에 행위들이 없을까? 무엇이 없는 곳에 분별의식이 없을까? 무엇이 없는 곳에 이름과 형색이 없을까? 무엇이 없는 곳에 6입처가 없을까? 무엇이 없는 곳에 접촉이 없을까? 무엇이 없는 곳에 느낌이 없을까? 무엇이 없는 곳에 갈애가 없을까? 무엇이 없는 곳에 취가 없을까? 무엇이 없는 곳에 유가 없을까? 무엇이 없는 곳에 생이 없을까? 무엇이 없는 곳에 노사가 없을까?'

5. 비구들이여, 배움이 많은 거룩한 제자에게는 실로 이 점에 관하여 남에게 의존하지 않는 앎이 있다오.

'이것이 없는 곳에는 이것이 없고, 이것이 소멸하면 이것이 소멸한다. 무명이 없는 곳에는 행위들이 없고, … 생이 없는 곳에는 노사가 없다.'

그는 이와 같이 '이 세간은 이와 같이 소멸한다'라고 통찰한다오.

6. 비구들이여, 배움이 많은 거룩한 제자는 이와 같이 세간의 쌓임[集]과 세간의 소멸을 있는 그대로 통찰하기 때문에, 비구들이여, 이것을 거룩한 제자가 '견(見)을 구족했다', '통찰을 구족했다', '정법(正法)을 성취했다', '정법을 보고 있다', '배워야 할 앎을 갖추었다', '배워야 할 명지(明智)를 갖추었다', '법의 귀[法耳]를 구족했다', '거룩한 결택지(決擇智)가 있다', '불사(不死)의 문을 두드리며 서 있다'라고 한다오."

2.30. 성찰(省察, Parivimaṃsana) 〈s.12.51〉

1. 한때 세존께서는 사왓티의 제따와나 아나타삔디까 승원에 머무셨습니다.

2. 그때 세존께서 "비구들이여!" 하고 부르셨습니다. 비구들은 "세존이시여!" 하고 대답했습니다.

3. 세존께서 말씀하셨습니다.

"비구들이여, 비구가 완전히 바르게 괴로움을 소멸하기 위해서 성찰할 때는 어떤 점을 성찰해야 하는가?"

"세존이시여, 세존께서는 우리의 법의 근본이시고, 안내자이시고, 귀의처이십니다. 세존이시여, 부디 세존께서는 이 말씀의 의미를 밝혀 주십시오! 비구들은 세존의 말씀을 듣고 받아 지니겠습니다."

4. "비구들이여, 그렇다면 그대들은 듣고 잘 생각하도록 하시오! 내가 이야기하겠소."

그 비구들은 "그렇게 하겠습니다, 세존이시여"라고 대답했습니다.

세존께서는 다음과 같이 말씀하셨습니다.

5. "비구들이여, 비구는 성찰할 때 다음과 같이 성찰한다오.

'세간에서 생기는 다양한 종류의 여러 가지 괴로움은 노사(老死)로 인한 것이다. 이 괴로움은 무엇이 인연이고, 무엇이 쌓여 나타난 것이고, 무엇에서 생긴 것이고, 무엇이 근원일까? 무엇이 있는 곳에 노사가 있을까? 무엇이 없는 곳에는 노사가 없을까?'

6. 그는 성찰하면서 이와 같이 통찰한다오.

'세간에서 생기는 다양한 종류의 여러 가지 괴로움은 노사로 인한 것이다. 이 괴로움은 생(生)이 인연이고, 생이 쌓여 나타난 것이고, 생에서 생긴 것이고, 생이 근원이다.

생이 있는 곳에 노사가 있다. 생이 없는 곳에는 노사가 없다.'

7. 그는 노사를 통찰하고, 노사의 쌓임[集]을 통찰하고, 노사의 소멸[滅]을 통찰하고, 노사가 그쳐 사라진 상태에 이르는 길[道]을 통찰한다오. 그리고 그대로 실천하는 사람이 법을 따라 실천하는 수법행자(隨法行者, anudhammacārin)라오.

8. 비구들이여, 이 사람을 다양한 종류의 여러 가지 괴로움을 소멸하기 위하여, 노사의 소멸을 위하여 실천하는 비구라고 부른다오.

9. 그는 계속해서 이렇게 성찰한다오.

'생은 무엇이 인연이고, … 유(有)는 무엇이 인연이고, … 취(取)는 무엇이 인연이고, … 갈애[愛]는 무엇이 인연이고, … 느낌[受]은 무엇이 인연이고, … 접촉[觸]은 무엇이 인연이고, … 6입처(六入處)는 무엇이 인연이고, … 이름과 형색[名色]은 무엇이 인연이고, … 분별의식[識]은 무엇이 인연이고, … 행위[行]들은 무엇이 인연이고, 무엇이 쌓여 나타난 것이고, 무엇에서 생긴 것이고, 무엇이 근원일까? 무엇이 있는 곳에 행위들이 있을까? 무엇이 없는 곳에는 행위들이 없을까?'

10. 그는 계속해서 이렇게 성찰한다오.

'행위[行]들은 무명(無明)이 인연이고, 무명이 쌓여 나타난 것이고, 무명에서 생긴 것이고, 무명이 근원이다. 무명이 있는 곳에 행위들이 있다. 무명이 없는 곳에는 행위들이 없다.'

11. 그는 행위들을 통찰하고, 행위들의 쌓임을 통찰하고, 행위들의 소멸을 통찰하고, 행위들이 그쳐 사라진 상태에 이르는 길을 통찰한다오. 이렇게 실천하는 사람이 여법(如法)한 수행자라오. 비구들이여, 이런 사람을 다양한 종류의 여러 가지 괴로움을 소멸하기 위하여, 행위들의 소멸을 위하여 실천하는 비구라고 부른다오.

12. 비구들이여, 무명의 상태에 있는 사람이 만약에 공덕(功德)이 있는 행위를 실행하면 공덕 있는 분별의식이 되고, 만약에 공덕이 없는 행위를 실행하면 공덕 없는 분별의식이 되고, 만약에 동요하지 않는 행위를 실행하면 동요하지 않는 분별의식이 된다오.

13. 비구들이여, 비구에게 무명이 제거되고 명지(明智)가 생기면, 그는 무명에서 벗어나 명지가 생겼기 때문에 결코 공덕이 있는 행위를 실행하지 않고, 공덕이 없는 행위를 실행하지 않고, 동요하지 않는 행위를 실행하지 않는다오.

14. 그는 실행하지 않고 계획하지 않기 때문에 세간에서 어떤 것도 취(取)하지[upādiyati] 않는다오. 취하지 않기 때문에 걱정하지 않으며, 걱정하지 않기 때문에 스스로 반열반(般涅槃)한다[paccattaññeva parinibbāyati]오. 그는 '생은 소멸했다. 청정한 수행[梵行]을 완성했으며, 해야 할 일을 끝마쳤다. 다시는 이와 같은 상태로 되지 않는다'라고 통찰한다오.

15. 그는 즐거운 느낌을 느끼게 되면 '그것은 무상(無常)하다'라고 통찰하고, '탐닉할 것이 못 된다'라고 통찰하고, '즐길 것이 못 된다'라고 통찰한다오. 그는 괴로운 느낌을 느끼게 되면 '그것은 무상하다'라고 통찰하고, '탐닉할 것이 못 된다'라고 통찰하고, '즐길 것이 못 된다'라고 통찰한다오. 그는 괴롭지도 즐겁지도 않은 느낌을 느끼게 되면 '그것은 무상하다'라고 통찰하고, '탐닉할 것이 못 된다'

라고 통찰하고, '즐길 것이 못 된다'라고 통찰한다오.

16. 그는 즐거운 느낌을 느끼게 되어도 속박에서 벗어나 그 느낌을 느끼고, 괴로운 느낌을 느끼게 되어도 속박에서 벗어나 그 느낌을 느끼고, 괴롭지도 즐겁지도 않은 느낌을 느끼게 되어도 속박에서 벗어나 그 느낌을 느낀다오.

17. 그는 몸에 한정된 느낌을[kāyapariyantikaṃ vedanaṃ] 느끼면서 '나는 몸에 한정된 느낌을 느끼고 있다'라고 통찰한다오. 그는 수명(壽命)에 한정된 느낌을[jīvita-pariyantikaṃ vedanaṃ] 느끼면서 '나는 수명에 한정된 느낌을 느끼고 있다'라고 통찰한다오. 그는 '몸이 파괴된 후에 수명이 끝나면 실로 이 세상에서 느껴진 모든 것들은 더 이상 즐길 수 없이 싸늘하게 식어 버리고 유골(遺骨)들만 남겨진다'라고 통찰한다오.

18. 비구들이여, 마치 도공(陶工)이 가마에서 뜨거운 그릇을 들어내어 평평한 땅에 세워 놓으면 거기에 열기는 가라앉고 사발들만 남겨지는 것처럼, 비구들이여, 이렇게 비구는 몸에 한정된 느낌을 느끼면서 '나는 몸에 한정된 느낌을 느끼고 있다'라고 통찰하고, 수명에 한정된 느낌을 느끼면서 '나는 수명에 한정된 느낌을 느끼고 있다'라고 통찰하고, '몸이 파괴된 후에 수명이 끝나면 실로 이 세상에서 느껴진 모든 것들은 더 이상 즐길 수 없이 싸늘하게 식어 버리고 유골들만 남겨진다'라고 통찰한다오.

19. 비구들이여, 어떻게 생각하는가? 번뇌가 소멸한 비구가 공덕이 되는 행위를 실행하거나, 공덕이 되지 않는 행위를 실행하거나, 동요하지 않는 행위를 실행하겠는가?"

"세존이시여, 그렇지 않습니다."

20. "그렇다면 모든 행위들이 소멸하여 행위들이 없는 곳에 분별의식이 언명(言明)될[viññāṇaṃ paññayetha] 수 있겠는가?[543]"

"세존이시여, 그렇지 않습니다."

21. "그렇다면 분별의식이 소멸하여 분별의식이 없는 곳에 이름과 형색이 언명될 수 있겠는가?"

"세존이시여, 그렇지 않습니다."

22. "그렇다면 이름과 형색이 소멸하여 이름과 형색이 없는 곳에 6입처가 언명될 수 있겠는가?"

"세존이시여, 그렇지 않습니다."

23. "그렇다면 6입처가 소멸하여 6입처가 없는 곳에 접촉이 언명될 수 있겠는가?"

"세존이시여, 그렇지 않습니다."

24. "그렇다면 접촉이 소멸하여 접촉이 없는 곳에 느낌이 언명될 수 있겠는가?"

"세존이시여, 그렇지 않습니다."

25. "그렇다면 느낌이 소멸하여 느낌이 없는 곳에 갈애가 언명될 수 있겠는가?"

"세존이시여, 그렇지 않습니다."

26. "그렇다면 갈애가 소멸하여 갈애가 없는 곳에 취가 언명될 수 있겠는가?"

"세존이시여, 그렇지 않습니다."

27. "그렇다면 취가 소멸하여 취가 없는 곳에 유가 언명될 수 있겠는가?"

"세존이시여, 그렇지 않습니다."

---

543 'paññayetha'는 '시설(施設)되다'라는 의미의 동사 'paññāyati'의 3인칭 기원법인데, '시설된다'라는 것은 '언어로 표명된다'라는 의미이다.

28. "그렇다면 유가 소멸하여 유가 없는 곳에 생이 언명될 수 있겠는가?"

"세존이시여, 그렇지 않습니다."

29. "그렇다면 생이 소멸하여 생이 없는 곳에 노사가 언명될 수 있겠는가?"

"세존이시여, 그렇지 않습니다."

30. "훌륭하오. 비구들이여, 훌륭하오. 바로 그와 같다오. 결코 그와 다르지 않다오. 비구들이여, 나의 말을 믿으시오! 의심하지 마시오! 이 점에 대하여 확신을 갖도록 하시오! 실로 이것이 괴로움의 끝이라오."

2.31. 취(取, Upādāna) 〈s.12.52〉

1. 세존께서 사왓티의 제따와나 아나타삔디까 승원에 머무실 때, 비구들에게 말씀하셨습니다.

2. "비구들이여, 취(取)의 대상이 되는 법들에 대하여[upādāniyesu dhammesu] 달콤한 맛이라고 보면서 살아가면 갈애[愛]가 늘어난다오. 갈애에 의지하여 취가, 취에 의지하여 유(有)가, 유에 의지하여 생(生)이, 생에 의지하여 노사(老死)와 근심·슬픔·고통·우울·고뇌가 생긴다오. 이와 같이 순전한 괴로움 덩어리[苦蘊]의 쌓임[集]이 있다오.

3.-4. 비구들이여, 비유하면 열 수레의 장작이나 스무 수레의 장작이나 서른 수레의 장작이나 마흔 수레의 장작에 큰불을 지르고, 거기에다가 사람이 수시로 바짝 마른 건초나 바짝 마른 쇠똥이나 바짝 마른 장작을 던져 넣는 것과 같다오. 비구들이여, 이와 같이 하면 그것이 공급되어, 그것을 취한[tad-upādāno][544] 그 큰 불덩어리가 오래오래 긴 시간을 타는 것과 같다오.

5. 비구들이여, 취의 대상이 되는 법들에 대하여 위험한 것이라고 보면서 살아가면 갈애가 소멸한다오. 갈애가 소멸하면 취가 소멸하고, 취가 소멸하면 유가 소멸하고, 유가 소멸하면 생이 소멸하고, 생이 소멸하면 노사와 근심·슬픔·고통·우울·고뇌가 소멸한다오. 이와 같이 순전한 괴로움 덩어리의 소멸[滅]이 있다오.

6.-7. 비구들이여, 비유하면 열 수레의 장작이나 스무 수레의 장작이나 서른 수레의 장작이나 마흔 수레의 장작에 큰불을 지르고, 거기에다가 사람이 수시로 바짝 마른 건초나 바짝 마른 쇠똥이나 바짝 마른 장작을 던져 넣지 않는 것과 같다오. 비구들이여, 이렇게 하면 이전의 연료는 소진(消盡)되고 다른 연료가 공급되지 않아서, 공급이 끊긴 그 큰 불덩어리가 꺼지는 것과 같다오."

2.32. 속박[Saññojanaṃ] 〈s.12.53〉

1. 세존께서 사왓티의 제따와나 아나타삔디까 승원에 머무실 때, 비구들에게 말씀하셨습니다.

2. "비구들이여, 속박하는 법들에 대하여 달콤한 맛이라고 보면서 살아가면 갈애[愛]가 늘어난다오. 갈애에 의지하여 취(取)가 있

---

544 'upādāno'는 '잡다, 쥐다, 취하다'는 의미의 동사 'upāduyati'에서 파생된 남성명사 1인칭으로서 '연료, 집착'의 의미가 있다. 12연기의 취(取)가 바로 'upādāno'의 번역이다. 불이 연료에 의지하여 존속하듯이, 유(有)가 유지될 수 있는 연료와 같은 것이 취라는 것을 12연기의 취가 보여 준다고 할 수 있다.

고, 취에 의지하여 유(有)가 있고, 유에 의지하여 생(生)이 있고, 생에 의지하여 노사(老死)와 근심·슬픔·고통·우울·고뇌가 생긴다오. 이와 같이 순전한 괴로움 덩어리[苦蘊]의 쌓임[集]이 있다오.

3.-4. 비구들이여, 비유하면 기름에 의존하고 심지에 의지하여 기름등이 타고 있는데, 거기에 사람이 수시로 기름을 붓고 심지를 돋우는 것과 같다오. 비구들이여, 이와 같이 하면 그것이 공급되어, 그것을 취한 그 기름등은 오래오래 긴 시간을 타는 것과 같다오.

5. 비구들이여, 속박하는 법들에 대하여 위험한 것이라고 보면서 살아가면 갈애가 소멸한다오. 갈애가 소멸하면 취가 소멸하고, 취가 소멸하면 유가 소멸하고, 유가 소멸하면 생이 소멸하고, 생이 소멸하면 노사와 근심·슬픔·고통,·우울·고뇌가 소멸한다오. 이와 같이 순전한 괴로움 덩어리의 소멸[滅]이 있다오.

6.-7. 비구들이여, 비유하면 기름에 의존하고 심지에 의지하여 기름등이 타고 있는데, 거기에다가 사람이 수시로 기름을 붓지 않고 심지를 돋우지 않는 것과 같다오. 비구들이여, 이와 같이 하면 이전의 연료는 소진되고 다른 연료가 공급되지 않아서, 공급이 끊긴 그 기름등이 꺼지는 것과 같다오."

2.33. 큰 나무[Mahārukkho] 〈s.12.55〉

1. 세존께서 사왓티의 제따와나 아나타삔디까 승원에 머무실 때, 비구들에게 말씀하셨습니다.

2. "비구들이여, 취(取)의 대상이 되는 법들에 대하여 달콤한 맛이라고 보면서 살아가면 갈애[愛]가 늘어난다오. 갈애에 의지하여 취가, 취에 의지하여 유(有)가, 유에 의지하여 생(生)이, 생에 의지하여 노사(老死)와 근심·슬픔·고통·우울·고뇌가 생긴다오. 이와 같이 순전한 괴로움 덩어리의 쌓임[集]이 있다오.

3.-4. 비구들이여, 비유하면 아래로 뻗고 사방으로 뻗은 큰 나무의 뿌리들이 위로 모든 자양분을 제공하는 것과 같다오. 비구들이여, 이와 같이 하면 그것이 공급되어, 그것을 취한 그 큰 나무는 오래오래 긴 시간을 서 있는 것과 같다오.

5. 비구들이여, 취의 대상이 되는 법들에 대하여 위험한 것이라고 보면서 살아가면 갈애가 소멸한다오. 갈애가 소멸하면 취가 소멸하고, 취가 소멸하면 유가 소멸하고, 유가 소멸하면 생이 소멸하고, 생이 소멸하면 노사와 근심·슬픔·고통·우울·고뇌가 소멸한다오. 이와 같이 순전한 괴로움 덩어리의 소멸[滅]이 있다오.

6.-7. 비구들이여, 비유하면 사람이 괭이와 소쿠리를 가지고 와서 큰 나무를 뿌리 부분에서 자른 후에 흙을 파내어 뿌리를 뽑고, 잔뿌리 실뿌리까지 뽑아낸 다음, 그 나무를 토막을 내어 자르고 쪼개고 산산조각으로 조각내어 바람과 햇볕에 말려서 불로 태운 후에 재를 만들어서 큰바람에 날려 버리거나 강의 급류(急流)에 씻어 버리는 것과 같다오. 비구들이여, 이와 같이 하면 뿌리가 잘린 그 큰 나무는 그루터기가 잘린 종려나무처럼 다시 존재할 수 없게 되어 미래에는 생기지 않는 것과 같다오."

2.34. 어린나무[Taruṇa] 〈s.12.57〉

1. 세존께서 사왓티의 제따와나 아나타삔디까 승원에 머무실 때, 비구들에게 말씀하셨습니다.

2. "비구들이여, 속박하는 법들에 대하여 달콤한 맛이라고 보면서 살아가면 갈애[愛]가 늘어난다오. 갈애에 의지하여 취(取)가, 취에 의지하여 유(有)가, 유에 의지하여 생(生)이, 생에 의지하여 노사(老死)와 근심·슬픔·고통·우울·고뇌가 생긴다오. 이와 같이 순전한 괴로움 덩어리[苦蘊]의 쌓임[集]이 있다오.

3.-4. 비구들이여, 비유하면 어린나무의 뿌리에 사람이 수시로 풀을 매주고, 수시로 흙을 북돋아 주고, 수시로 물을 주는 것과 같다오. 비구들이여, 이와 같이 하면 그것이 공급되어, 그것을 취한 그 작은 나무는 성장하고 증장하고 번성하게 되는 것과 같다오.

5. 비구들이여, 속박하는 법들에 대하여 위험한 것이라고 보면서 살아가면 갈애가 소멸한다오. 갈애가 소멸하면 취가 소멸하고, 취가 소멸하면 유가 소멸하고, 유가 소멸하면 생이 소멸하고, 생이 소멸하면 노사와 근심·슬픔·고통·우울·고뇌가 소멸한다오. 이와 같이 순전한 괴로움 덩어리의 소멸[滅]이 있다오.

6.-7. 비구들이여, 비유하면 사람이 괭이와 소쿠리를 가지고 와서 작은 나무를 뿌리 부분에서 자른 후에 흙을 파내어 뿌리를 뽑고, 잔뿌리 실뿌리까지 뽑아낸 다음, 그 나무를 토막을 내어 자르고 쪼개고 산산조각으로 조각내어 바람과 햇볕에 말려서 불로 태운 후에 재를 만들어서 큰바람에 날려 버리거나 강의 급류(急流)에 씻어 버리는 것과 같다오. 비구들이여, 이와 같이 하면 뿌리가 잘린 그 작은 나무는 그루터기가 잘린 종려나무처럼 다시 존재할 수 없게 되어 미래에는 생기지 않는 것과 같다오."

2.35. 이름과 형색[名色, Nāmarūpaṃ] 〈s.12.58〉

1. 세존께서 사왓티의 제따와나 아나타삔디까 승원에 머무실 때, 비구들에게 말씀하셨습니다.

2. "비구들이여, 속박하는 법들에 대하여 달콤한 맛이라고 보면서 살아가면 이름과 형색[名色]이 늘어난다오. 이름과 형색에 의지하여 6입처(六入處)가, … 유에 의지하여 생(生)이, 생에 의지하여 노사(老死)와 근심·슬픔·고통·우울·고뇌가 생긴다오. 이와 같이 순전한 괴로움 덩어리[苦蘊]의 쌓임[集]이 있다오.

3.-4. 비구들이여, 비유하면 아래로 뻗고 사방으로 뻗은 큰 나무의 뿌리들이 위로 모든 자양분을 제공하는 것과 같다오. 비구들이여, 이와 같이 하면 그것이 공급되어, 그것을 취한 그 큰 나무는 오래오래 긴 시간을 서 있는 것과 같다오.

5. 비구들이여, 속박하는 법들에 대하여 위험한 것이라고 보면서 살아가면 이름과 형색이 소멸한다오. 이름과 형색이 소멸하면 6입처가 소멸하고, … 생이 소멸하면 노사와 근심·슬픔·고통·우울·고뇌가 소멸한다오. 이와 같이 순전한 괴로움 덩어리의 소멸[滅]이 있다오.

6.-7. 비구들이여, 비유하면 사람이 괭이와 소쿠리를 가지고 와서 큰 나무를 뿌리 부분

에서 자른 후에 흙을 파내어 뿌리를 뽑고, 잔뿌리 실뿌리까지 뽑아낸 다음, 그 나무를 토막을 내어 자르고 쪼개고 산산조각으로 조각내어 바람과 햇볕에 말려서 불로 태운 후에 재를 만들어서 큰바람에 날려 버리거나 강의 급류(急流)에 씻어 버리는 것과 같다오. 비구들이여, 이와 같이 하면 뿌리가 잘린 그 큰 나무는 그루터기가 잘린 종려나무처럼 다시 존재할 수 없게 되어 미래에는 생기지 않는 것과 같다오."

2.36. 분별의식[識, Viññāṇaṃ]〈s.12.49〉

1. 세존께서 사왓티의 제따와나 아나타삔디까 승원에 머무실 때, 비구들에게 말씀하셨습니다.

2. "비구들이여, 속박하는 법들에 대하여 달콤한 맛이라고 보면서 살아가면 분별의식[識]이 늘어난다오. 분별의식에 의지하여 이름과 형색[名色]이, … 유에 의지하여 생(生)이, 생에 의지하여 노사(老死)와 근심·슬픔·고통·우울·고뇌가 생긴다오. 이와 같이 순전한 괴로움 덩어리[苦蘊]의 쌓임[集]이 있다오.

3.-4. 비구들이여, 비유하면 아래로 뻗고 사방으로 뻗은 큰 나무의 뿌리들이 위로 모든 자양분을 제공하는 것과 같다오. 비구들이여, 이와 같이 하면 그것이 공급되어, 그것을 취한 그 큰 나무는 오래오래 긴 시간을 서 있는 것과 같다오.

5. 비구들이여, 속박하는 법들에 대하여 위험한 것이라고 보면서 살아가면 분별의식이 소멸한다오. 분별의식이 소멸하면 이름과 형색이 소멸하고, … 생이 소멸하면 노사와 근심·슬픔·고통·우울·고뇌가 소멸한다오. 이와 같이 순전한 괴로움 덩어리의 소멸[滅]이 있다오.

6.-7. 비구들이여, 비유하면 사람이 괭이와 소쿠리를 가지고 와서 큰 나무를 뿌리 부분에서 자른 후에 흙을 파내어 뿌리를 뽑고, 잔뿌리 실뿌리까지 뽑아낸 다음, 그 나무를 토막을 내어 자르고 쪼개고 산산조각으로 조각내어 바람과 햇볕에 말려서 불로 태운 후에 재를 만들어서 큰바람에 날려 버리거나 강의 급류(急流)에 씻어 버리는 것과 같다오. 비구들이여, 이와 같이 하면 뿌리가 잘린 그 큰 나무는 그루터기가 잘린 종려나무처럼 다시 존재할 수 없게 되어 미래에는 생기지 않는 것과 같다오."

2.37. 무지한 자[Assutavato] (1)〈s.12.61〉

1. 세존께서 사왓티의 제따와나 아나타삔디까 승원에 머무실 때, 비구들에게 말씀하셨습니다.

2. "비구들이여, 무지한 범부라도 4대(四大)로 된 몸에 대하여 싫증[厭離]을 내고, 욕탐을 버리고[離欲], 해탈(解脫)할 수가 있다오.

3. 그 까닭은 무엇인가? 비구들이여, 그는 4대로 된 몸이 늘어나기도 하고 줄어들기도 하고, 섭취하기도 하고 배설하기도 하는 것을 본다오. 그래서 무지한 범부도 그것에 대하여 싫증을 내고, 욕탐을 버리고, 해탈할 수가 있다오.

4. 그렇지만 비구들이여, 무지한 범부가 마음[cittaṃ, 心]이라고도 불리고 생각[mano, 意]이라고도 불리고 의식[viññāṇaṃ, 識]이라고도 불리는 것에 대하여 싫증을 내고, 욕탐을

버리고, 해탈하기는 어렵다오.

5. 그 까닭은 무엇인가? 비구들이여, 무지한 범부는 실로 오랜 세월 동안 '이것은 나의 것이다. 이것이 나다. 이것이 나의 자아다'라고 고집하고 좋아하고 집착했다오. 그래서 무지한 범부는 마음이라고도 불리고 생각이라고도 불리고 의식이라고도 불리는 것에 대하여 싫증을 내고, 욕탐을 버리고, 해탈하기 어렵다오.

6. 비구들이여, 무지한 범부는 4대로 된 몸을 자아로 여기는 것이 마음을 자아로 여기는 것보다 나을 것이오.

7. 그 까닭은 무엇인가? 비구들이여, 이 4대로 된 몸을 보면 1년을 머물기도 하고, 2년을 머물기도 하고, 3년을 머물기도 하고, 4년을 머물기도 하고, 5년을 머물기도 하고, 10년을 머물기도 하고, 20년을 머물기도 하고, 30년을 머물기도 하고, 40년을 머물기도 하고, 50년을 머물기도 하고, 100년을 머물기도 하고, 그 이상을 머물기도 한다오. 비구들이여, 그렇지만 마음이라고도 불리고 생각이라고도 불리고 의식이라고도 불리는 것은 밤낮으로 달라지면서 다른 것이 생기고 사라진다오.

8. 비유하면, 숲속에서 돌아다니는 원숭이가 나뭇가지를 붙잡았다가 붙잡았던 나뭇가지를 놓고 다른 나뭇가지를 붙잡는 것과 같다오. 비구들이여, 실로 이와 같이 마음이라고도 불리고 생각이라고도 불리고 의식이라고도 불리는 것은 밤낮으로 달라지면서 다른 것이 생기고 사라진다오.

9. 비구들이여, 거기에서 배움이 많은 거룩한 제자는 연기(緣起)를 철저하게 이치에 맞게 생각한다오.

'이것이 있는 곳에 이것이 있고, 이것이 생기면 이것이 생긴다. 이것이 없는 곳에는 이것이 없다. 이것이 소멸하면 이것이 소멸한다. 이와 같이 무명(無明)에 의지하여 행위[行]들이, … 유에 의지하여 생(生)이, 생에 의지하여 노사(老死)와 근심·슬픔·고통·우울·고뇌가 생긴다오. 이와 같이 순전한 괴로움 덩어리[苦蘊]의 쌓임[集]이 있다.

10. 그렇지만 무명이 남김없이 소멸하면 행위들이 소멸하고, … 생이 소멸하면 노사와 근심·슬픔·고통·우울·고뇌가 소멸한다 이와 같이 순전한 괴로움 덩어리의 소멸[滅]이 있다.'

11. 비구들이여, 이와 같이 본 학식이 많은 거룩한 제자는 형상을 지닌 몸[色]이나, 느끼는 마음[受], 생각하는 마음[想], 행위[行]들, 분별의식[識]에 대하여 싫증을 낸다오. 그는 싫증을 내기 때문에 욕탐을 버리고, 욕탐을 버리기 때문에 해탈하며, 해탈했을 때 '나는 해탈했다'라고 안다오. 그는 '생은 소멸했다. 청정한 수행[梵行]을 완성했으며, 해야 할 일을 끝마쳤다. 다시는 이와 같은 상태로 되지 않는다'라고 통찰한다오."

2.38. 무지한 자[Assutavā] (2) 〈s.12.62〉

1. 세존께서 사왓티의 제따와나 아나타삔디까 승원에 머무실 때, 비구들에게 말씀하셨습니다.

2. "비구들이여, 무지한 범부라도 4대(四大)로 된 몸에 대하여 싫증[厭離]을 내고, 욕탐을 버리고[離欲], 해탈(解脫)할 수가 있다오.

3. 그 까닭은 무엇인가? 비구들이여, 그는 4대로 된 몸이 늘어나기도 하고 줄어들기도

하고, 섭취하기도 하고 배설하기도 하는 것을 본다오. 그래서 무지한 범부도 그것에 대하여 싫증을 내고, 욕탐을 버리고, 해탈할 수가 있다오.

4. 그렇지만 비구들이여, 무지한 범부가 마음[心]이라고도 불리고 생각[意]이라고도 불리고 의식[識]이라고도 불리는 것에 대하여 싫증을 내고, 욕탐을 버리고, 해탈하기는 어렵다오.

5. 그 까닭은 무엇인가? 비구들이여, 무지한 범부는 실로 오랜 세월 동안 '이것은 나의 것이다. 이것이 나다. 이것이 나의 자아다'라고 고집하고 좋아하고 집착했다오. 그래서 무지한 범부는 마음이라고도 불리고 생각이라고도 불리고 의식이라고도 불리는 그것에 대하여 싫증을 내고, 욕탐을 버리고, 해탈하기 어렵다오.

6. 비구들이여, 무지한 범부는 4대로 된 몸을 자아로 여기는 것이 마음을 자아로 여기는 것보다 나을 것이오.

7. 그 까닭은 무엇인가? 비구들이여, 이 4대로 된 몸을 보면 1년을 머물기도 하고, 2년을 머물기도 하고, 3년을 머물기도 하고, 4년을 머물기도 하고, 5년을 머물기도 하고, 10년을 머물기도 하고, 20년을 머물기도 하고, 30년을 머물기도 하고, 40년을 머물기도 하고, 50년을 머물기도 하고, 100년을 머물기도 하고, 그 이상을 머물기도 한다오. 비구들이여, 그렇지만 마음이라고도 불리고 생각이라고도 불리고 의식이라고도 불리는 것은 밤낮으로 달라지면서 다른 것이 생기고 사라진다오.

8. 비구들이여, 거기에서 많이 배운 거룩한 제자는 연기(緣起)를 철저하게 이치에 맞게 생각한다오. '이것이 있는 곳에 이것이 있고, 이것이 생기면 이것이 생긴다. 이것이 없는 곳에는 이것이 없다. 이것이 소멸하면 이것이 소멸한다.'

9. 비구들이여, 즐겁게 느껴지는 접촉[觸]에 의지하여 즐거운 느낌[樂受]이 생긴다오. 그 즐겁게 느껴지는 접촉이 소멸하면, 그 즐겁게 느껴지는 접촉에 의지하여 생긴 즐거운 느낌, 그것이 소멸하고, 그것이 가라앉는다오.

10. 비구들이여, 괴롭게 느껴지는 접촉에 의지하여 괴로운 느낌[苦受]이 생긴다오. 그 괴롭게 느껴지는 접촉이 소멸하면, 그 괴롭게 느껴지는 접촉에 의지하여 생긴 괴로운 느낌, 그것이 소멸하고, 그것이 가라앉는다오.

11. 비구들이여, 괴롭지도 즐겁지도 않게 느껴지는 접촉에 의지하여 괴롭지도 즐겁지도 않은 느낌[不苦不樂受]이 생긴다오. 그 괴롭지도 즐겁지도 않게 느껴지는 접촉이 소멸하면, 그 괴롭지도 즐겁지도 않게 느껴지는 접촉에 의지하여 생긴 괴롭지도 즐겁지도 않은 느낌, 그것이 소멸하고, 그것이 가라앉는다오.

12. 비구들이여, 비유하면 두 개의 나무토막을 맞대어 문지르면 열이 생기면서 불이 일어나고, 그 두 나무토막을 분리하여 흩트리면 그것에서 생긴 열, 그것이 사라지고, 그것이 가라앉는 것과 같다오.

13.-15. (9.-11.의 반복)

16. 비구들이여, 이와 같이 보는 학식이 많은 거룩한 제자는 접촉에 대하여 싫증을 내고, 느낌[受]에 대하여 싫증을 내고, 생각[想]에 대하여 싫증을 내고, 분별의식[識]에 대하여 싫증을 낸다오. 그는 싫증을 내기 때문에 탐욕을 버리고, 탐욕을 버리기 때문에 해탈하

며, 해탈했을 때 '나는 해탈했다'라고 안다오. 그는 '생(生)은 소멸했다. 청정한 수행[梵行]을 완성했으며, 해야 할 일을 끝마쳤다. 다시는 이와 같은 상태로 되지 않는다'라고 통찰한다오."

2.39. 아들의 살[Puttamaṃsa] 〈s.12.63〉

1. 세존께서 사왓티의 제따와나 아나타삔디까 승원에 머무실 때, 비구들에게 말씀하셨습니다.

2. "비구들이여, 이미 존재하는 중생들을 머물게 하거나, 다시 존재하고 싶어 하는 중생들을 돕는 네 가지 음식이 있다오.

3. 그 넷은 어떤 것인가? 첫째는 딱딱하거나 부드러운 덩어리음식[摶食], 둘째는 접촉음식[觸食], 셋째는 의사음식[意思食], 넷째는 분별음식[識食]이라오. 비구들이여, 이들 네 가지 음식이 이미 존재하는 중생들을 머물게 하거나, 다시 존재하고 싶어 하는 중생들을 돕는다오.

4. 비구들이여, 덩어리음식은 어떻게 보아야 하는가?

5. 비유하면 비구들이여, 어떤 부부가 적은 식량을 가지고 사막 길에 들어섰다오. 그들에게는 사랑스럽고 귀여운 외아들이 있었다오.

6. 비구들이여, 사막 길을 가던 그 부부의 식량이 떨어져서 바닥났는데, 그 사막은 끝나지 않고 남아 있었다오.

7. 그 부부는 생각했다오.

'우리의 식량이 떨어져서 바닥났는데, 이 사막은 끝나지 않고 남아 있구나. 우리는 이 사랑스럽고 귀여운 외아들을 죽여 육포(肉脯)를 만들고 장포(醬脯)를 만들어서 아들의 살을 먹으면 남은 사막을 건널 수 있을 것이다. 우리 셋이 다 죽을 수는 없지 않은가?'

8. 그 부부는 사랑스럽고 귀여운 외아들을 죽여 아들의 살을 먹으면서 남은 사막을 건넜다오. 그들은 '우리 외아들아 어디로 갔느냐! 우리 외아들아 어디로 갔느냐!'라고 가슴을 치면서 아들의 살을 먹었다오.

9. 비구들이여, 어떻게 생각하는가? 그들이 즐기려고 음식을 먹거나, 맛에 빠져서 음식을 먹거나, 푸짐하게 음식을 먹거나, 진수성찬으로 음식을 먹었겠는가?"

"결코 그렇지 않습니다, 세존이시여!"

10. "비구들이여, 그들은 오직 사막을 건널 목적으로만 그 음식을 먹지 않았겠는가?"

"그렇습니다, 세존이시여!"

11. "비구들이여, 나는 '덩어리음식은 이와 같이 보아야 한다'라고 말한다오. 비구들이여, '덩어리음식에 대한 완전한 이해가 있을 때 다섯 가지 감각적 욕망의 대상에 대한 탐욕[pañcakāmaguṇika rāga]의 완전한 이해가 있으며, 다섯 가지 감각적 욕망의 대상에 대한 탐욕의 완전한 이해가 있을 때는 거룩한 제자가 더 이상 해야 할 어떤 것도 없다'라고 나는 말한다오.

12. 비구들이여, 접촉음식은 어떻게 보아야 하는가?

13. 비유하면 비구들이여, 피부가 벗겨진 암소가 담장에 기대어 서 있으면 담장에 의지해서 사는 것들이 그 소를 뜯어먹을 것이고, 나무에 기대어 서 있으면 나무에 의지해서 사는 것들이 그 소를 뜯어먹을 것이고, 물속에 들어가 서 있으면 물에 의지해서 사는 것들이 그 소를 뜯어먹을 것이고, 허공에 몸을

두고 서 있으면 허공에 의지해서 사는 것들이 그 소를 뜯어먹을 것이오. 비구들이여, 그 피부가 벗겨진 암소가 무엇인가에 의지하여 서 있으면, 그것에 의지하여 사는 것들이 그 소를 뜯어먹을 것이오.

비구들이여, 나는 '접촉음식은 이와 같이 보아야 한다'라고 말한다오.

14. 비구들이여, '접촉음식에 대한 완전한 이해가 있을 때 세 가지 느낌[受]에 대한 완전한 이해가 있으며, 세 가지 느낌에 대한 완전한 이해가 있을 때는 거룩한 제자가 더 이상 해야 할 어떤 것도 없다'라고 나는 말한다오.

15. 비구들이여, 의사음식은 어떻게 보아야 하는가?

16. 비유하면 비구들이여, 키보다 훨씬 깊은, 불꽃도 일지 않고 연기도 나지 않는 숯불이 가득 찬 불구덩이에 살기를 바라고 죽지 않기를 바라고 괴로움을 싫어하는 사람이 왔다오. 그 사람을 힘센 장정 두 사람이 억지로 붙잡아서 그 불구덩이 속에 끌어넣었다오. 비구들이여, 그것은 그 사람의 의지와는 전혀 동떨어진 것이고, 바람과는 전혀 동떨어진 것이고, 소원과는 전혀 동떨어진 것일 것이오.

17. 왜냐하면 비구들이여, 그 사람은 '내가 이 불구덩이에 빠지게 되면 그로 인해서 죽게 되거나 죽을 정도로 괴롭게 될 것이다'라고 생각할 것이기 때문이오.

비구들이여, 나는 '의사음식은 이와 같이 보아야 한다'라고 말한다오.

18. 비구들이여, '의사음식에 대한 완전한 이해가 있을 때 세 가지 갈애[愛]에 대한 완전한 이해가 있으며, 세 가지 갈애에 대한 완전한 이해가 있을 때는 거룩한 제자가 더 이상 해야 할 어떤 것도 없다'라고 나는 말한다오.

19. 비구들이여, 분별음식은 어떻게 보아야 하는가?

20. 비유하면 비구들이여, 도적질을 한 죄인을 붙잡아 왕에게 보이고, '전하! 이놈이 도적질을 한 죄인입니다. 뜻대로 이놈에게 벌을 내려 주십시오'라고 왕에게 고하자, '여봐라, 가서 이놈을 오전에 창으로 100번 찔러라!'라고 하여 오전에 창으로 그자를 100번 찔렀다오.

21. 정오가 되자 왕은 '여봐라, 그자는 어떻게 되었느냐?'라고 말했고, '전하, 여전히 살아 있습니다'라고 왕에게 고하자, '여봐라, 가서 그놈을 한낮에 창으로 100번 찔러라!'라고 하여 정오에 창으로 그자를 100번 찔렀다오.

22. 오후가 되자 왕은 '여봐라, 그자는 어떻게 되었느냐?'라고 말했고, '전하, 여전히 살아 있습니다'라고 왕에게 고하자, '여봐라, 가서 그놈을 오후에 창으로 100번 찔러라!'라고 하여 오후에 창으로 그자를 100번 찔렀다오.

23. 비구들이여, 어떻게 생각하는가? 하루에 창으로 300번 찔린 그 사람은 그로 인해서 괴로움과 슬픔을 느끼지 않았겠는가?"

"세존이시여, 한 번만 창에 찔려도 그로 인해서 괴로움과 슬픔을 느낄 것입니다. 그런데 300번을 찔린다면 말해 무엇 하겠습니까?"

24. "비구들이여, 나는 '분별음식은 이와 같이 보아야 한다'라고 말한다오.

25. 비구들이여, '분별음식에 대한 완전한 이해가 있을 때 이름과 형색[名色]에 대한 완전한 이해가 있으며, 이름과 형색에 대한 완

전한 이해가 있을 때는 거룩한 제자가 더 이상 해야 할 어떤 것도 없다'라고 나는 말한다오."

2.40. 탐욕이 있으면[Atthirāgo] 〈s.12.64〉

1. 세존께서 사왓티의 제따와나 아나타삔디까 승원에 머무실 때, 비구들에게 말씀하셨습니다.

2. "비구들이여, 이미 존재하는 중생들을 머물게 하거나, 다시 존재하고 싶어 하는 중생들을 돕는 네 가지 음식이 있다오.

3. 그 넷은 어떤 것인가? 첫째는 딱딱하거나 부드러운 덩어리음식[摶食], 둘째는 접촉음식[觸食], 셋째는 의사음식[意思食], 넷째는 분별음식[識食]이라오.

비구들이여, 이들 네 가지 음식이 이미 존재하는 중생들을 머물게 하거나, 다시 존재하고 싶어 하는 중생들을 돕는다오.

4. 비구들이여, 만약에 덩어리음식에 대하여 탐욕이 있고 좋아하고 갈애[愛]가 있으면, 거기에 분별의식[識]이 머물면서 자란다오. 분별의식이 머물면서 자라는 곳에, 그곳에 이름과 형색[名色]의 출현이 있다오. 이름과 형색의 출현이 있는 곳에, 그곳에 행위[行]들의 증가가 있다오. 행위들의 증가가 있는 곳에, 그곳에 미래에 이후의 존재[後有]의 발생이 있다오. 미래에 이후의 존재의 발생이 있는 곳에, 그곳에 미래에 생(生)과 노사(老死)가 있다오. 비구들이여, '미래에 생과 노사가 있는 곳에 슬픔이 있고 근심이 있고 불안이 있다'라고 나는 말한다오.

5.-7. 접촉음식, 의사음식, 분별음식에 대해서도 마찬가지라오.

8. 비유하면 비구들이여, 염색공이나 화가가 염료나 칠이나 노란색이나 파란색이나 붉은색으로 잘 문지른 널빤지나 담벼락이나 흰 천에 여자의 모습이나 남자의 모습을 손가락 발가락까지 자세하게 그리는 것과 같다오.

9.-12. (4.-7.의 반복)

13. 비구들이여, 만약에 덩어리음식에 대하여 탐욕이 없고 좋아하지 않고 갈애가 없으면, 거기에 분별의식이 머물지 않고 자라지 않는다오. 분별의식이 머물지 않고 자라지 않는 곳에는, 그곳에는 이름과 형색의 출현이 없다오. 이름과 형색의 출현이 없는 곳에는, 그곳에는 행위들의 증가가 없다오. 행위들의 증가가 없는 곳에는, 그곳에는 미래에 이후의 존재의 발생이 없다오. 미래에 이후의 존재의 발생이 없는 곳에는, 그곳에 미래에 생과 노사가 없다오. 비구들이여, '미래에 생과 노사가 없는 곳에는 슬픔이 없고 근심이 없고 불안이 없다'라고 나는 말한다오.

14.-16. 접촉음식, 의사음식, 분별음식에 대해서도 마찬가지라오.

17. 비유하면 비구들이여, 북쪽이나 남쪽이나 동쪽에 창문이 있는 집이나 누각(樓閣)이 있다면, 해가 뜰 때 창문으로 광선이 들어와 어디에 머물겠는가?"

"세존이시여, 서쪽 벽에 머물 것입니다."

18. "비구들이여, 만약에 서쪽 벽이 없다면 어디에 머물겠는가?"

"세존이시여, 땅에 머물 것입니다."

19. "비구들이여, 만약에 땅이 없다면 어디에 머물겠는가?"

"세존이시여, 물에 머물 것입니다."[545]

20. "비구들이여, 만약에 물이 없다면 어디에 머물겠는가?"

"세존이시여, 머물지 않을 것입니다."

21. "비구들이여, 이와 같이 만약에 덩어리음식에 대하여 탐욕이 없고 좋아하지 않고 갈애가 없으면, 거기에 분별의식이 머물지 않고 자라지 않는다오. 분별의식이 머물지 않고 자라지 않는 곳에는, 그곳에는 이름과 형색의 출현이 없다오. 이름과 형색의 출현이 없는 곳에는, 그곳에는 행위들의 증가가 없다오. 행위들의 증가가 없는 곳에는, 그곳에는 미래에 이후의 존재의 발생이 없다오. 미래에 이후의 존재의 발생이 없는 곳에는, 그곳에 미래에 생과 노사가 없다오. 비구들이여, '미래에 생과 노사가 없는 곳에는 슬픔이 없고 근심이 없고 불안이 없다'라고 나는 말한다오.

22.-24. 접촉음식, 의사음식, 분별음식에 대해서도 마찬가지라오."

2.41. 성(城, Nagaraṃ[546]) 〈s.12.65〉

1. 세존께서 사왓티의 제따와나 아나타삔디까 승원에 머무실 때, 비구들에게 말씀하셨습니다.

2. "비구들이여, 예전에 정각(正覺)을 성취하지 못한 보살이었을 때, 나는 이렇게 생각했다오.

'실로 이 세간은 태어나고 늙고 죽고 없어지고[cavati] 생기는[upapajjati] 고난에 빠져 있다. 그런데 이러한 노사(老死)의 괴로움에서 벗어날 줄을 모르고 있다. 실로 언제쯤이나 노사의 괴로움에서 벗어날 줄을 알게 될까?'

3. 비구들이여, 그때 나는 이렇게 생각했다오.

'도대체 무엇이 있는 곳에 노사가 있을까? 무엇에 의지하여 노사가 있을까?'

4. 비구들이여, 그때 통찰지[般若]로 이치에 맞는 생각을 함으로써 나에게 다음과 같은 이해가 생겼다오.

'생(生)이 있는 곳에 노사가 있다. 생에 의지하여 노사가 있다.'

5. 비구들이여, 그때 나는 이렇게 생각했다오.

'도대체 무엇이 있는 곳에 생이 있을까? … 유(有)가 있을까? … 취(取)가 있을까? … 갈애[愛]가 있을까? … 느낌[受]이 있을까? … 접촉[觸]이 있을까? … 6입처(六入處)가 있을까? … 도대체 무엇이 있는 곳에 이름과 형색[名色]이 있을까? 무엇에 의지하여 이름과 형색이 있을까?'

6. 비구들이여, 그때 통찰지로 이치에 맞는 생각을 함으로써 나에게 다음과 같은 이해가 생겼다오.

'분별의식[識]이 있는 곳에 이름과 형색이 있다. 분별의식에 의지하여 이름과 형색

---

545 땅이 없다는 것은 그곳에 땅 대신 물이 있다는 것을 의미하기 때문에 이렇게 대답했을 수도 있고, 당시의 인도인들은 지계(地界)가 수계(水界) 위에 있다고 생각했기 때문에 이렇게 대답했을 수도 있다.

546 'nagara'는 큰 도시나 성(城)을 의미한다. 여기에서는 '열반(涅槃)'을 큰 성에 비유한 것이기 때문에 성(城)으로 번역했다.

이 있다.'

7. 비구들이여, 그때 나는 이렇게 생각했다오.

'도대체 무엇이 있는 곳에 분별의식이 있을까? 무엇에 의지하여 분별의식이 있을까?'

8. 비구들이여, 그때 통찰지로 이치에 맞는 생각을 함으로써 나에게 다음과 같은 이해가 생겼다오.

'이름과 형색이 있는 곳에 분별의식이 있다. 이름과 형색에 의지하여 분별의식이 있다.'

9. 비구들이여, 그때 나는 이렇게 생각했다오.

'그런데 분별의식은 되돌아가서 이름과 형색에서 더 이상 가지 못한다. 늙거나 태어나거나 죽거나 없어지거나 생긴다면, 그것은 바로 이름과 형색에 의존하고 있는 분별의식일 따름이다.[547] 분별의식에 의지하여 이름과 형색이, 이름과 형색에 의지하여 6입처가, 6입처에 의지하여 접촉이 …. 생에 의지하여 노사와 근심·슬픔·고통·우울·고뇌가 생긴다. 이와 같이 순전한 괴로움 덩어리[苦蘊]의 쌓임[集]이 있다.'

10. '쌓임이다[samudayo]! 쌓임이다!'[548]

비구들이여, 나에게 이와 같이 이전에 들어 본 적 없는 법(法)들에 대하여 안목이 생기고, 앎이 생기고, 통찰지가 생기고, 명지(明智)가 생기고, 광명이 생겼다오.

11. 비구들이여, 그때 나는 이렇게 생각했다오.

'무엇이 없는 곳에 노사가 없을까? 무엇이 소멸하면[滅] 노사가 소멸할까?'

12. 비구들이여, 그때 통찰지로 이치에 맞는 생각을 함으로써 나에게 다음과 같은 이해가 생겼다오.

'생이 없는 곳에는 노사가 없다. 생이 소멸하면 노사가 소멸한다.'

13. 비구들이여, 그때 나는 이렇게 생각했다오.

'무엇이 없는 곳에 생이 없을까? … 유가 없을까? … 취가 없을까? … 갈애가 없을까? … 느낌이 없을까? … 접촉이 없을까? … 6입처가 없을까? … 무엇이 없는 곳에 이름과 형색이 없을까? 무엇이 소멸하면 이름과 형색이 소멸할까?'

14. 비구들이여, 그때 통찰지로 이치에 맞는 생각을 함으로써 나에게 다음과 같은 이해가 생겼다오.

'분별의식이 없는 곳에는 이름과 형색이 없다. 분별의식이 소멸하면 이름과 형색이 소멸한다.'

15. 비구들이여, 그때 나는 이렇게 생각했다오.

'무엇이 없는 곳에 분별의식이 없을까? 무엇이 소멸하면 분별의식이 소멸할까?'

16. 비구들이여, 그때 통찰지로 이치에 맞는 생각을 함으로써 나에게 다음과 같은 이해가

---

547 노사(老死)의 근본을 사유하다가 이름과 형색[名色]에 의존하고 있는 분별의식[識]에 이르러, 이 분별의식이 이름과 형색을 벗어나지 못한다는 사실에서 '무엇인가가 생기고 없어진다는 인식은 이름과 형색에 의한 분별일 뿐'이라는 것을 깨달았다는 의미이다.

548 'samudayo'의 반복은 'samudaya', 즉 집성제(集聖諦)를 깨닫고 내지르는 환성이다.

생겼다오.

'이름과 형색이 없는 곳에는 분별의식이 없다. 이름과 형색이 소멸하면 분별의식이 소멸한다.'

17. 비구들이여, 그때 나는 이렇게 생각했다오.

'참으로 나는 깨달음의 길을 이해했다. 이름과 형색이 소멸하면 분별의식이 소멸하고, 분별의식이 소멸하면 이름과 형색이 소멸하고, 이름과 형색이 소멸하면 6입처가 소멸하고, 6입처가 소멸하면 접촉이 소멸하고, … 생이 소멸하면 노사와 근심·슬픔·고통·우울·고뇌가 소멸한다. 이와 같이 순전한 괴로움 덩어리[苦蘊]의 소멸[滅]이 있다.'

18. '소멸이다[nirodho]! 소멸이다!'[549]

비구들이여, 나에게 이와 같이 이전에 들어 본 적 없는 법들에 대하여 안목이 생기고, 앎이 생기고, 통찰지가 생기고, 명지가 생기고, 광명이 생겼다오.

19. 비구들이여, 비유하면 어떤 사람이 산기슭 숲속을 돌아다니다가 옛길을, 옛날 사람들이 다니던 오래된 지름길을 발견하는 것과 같다오. 그는 그 길을 따라갔다오. 그는 그 길을 따라가다가 옛날 사람들이 살던 공원이 있고, 숲이 있고, 호수가 있고, 성벽이 있는 아름다운 옛 성을, 옛날의 왕도(王都)를 발견했다오.

20. 비구들이여, 그 사람은 왕이나 왕의 대신에게 성을 발견한 사실을 알리고 그 성을 다시 건설하도록 권했다오.[550]

21. 비구들이여, 그래서 왕이나 왕의 대신은 그 성을 건설했다오. 그 성은 이후에 번영하고 번성하여, 인구가 많고 사람들이 붐비는 큰 성으로 성장했다오.

비구들이여, 이와 같이 나도 실로 옛길을, 옛날의 정각(正覺)을 성취한 분들이 따라간 오래된 지름길을 보았다오.

22. 비구들이여, 어떤 것이 그 옛길, 옛날의 정각을 성취한 분들이 따라간 오래된 지름길인가? 그것은 성스러운 8정도(八正道), 즉 바른 견해[正見]·바른 의도[正思惟]·바른말[正語]·바른 행동[正業]·바른 생계[正命]·바른 정진[正精進]·바른 주의집중[正念]·바른 선정[正定]이라오. 비구들이여, 이것이 그 옛길, 옛날의 정각을 성취한 분들이 따라간 오래된 지름길이라오. 나는 그 길을 따라갔다오. 그 길을 따라가서 노사를 체험적으로 깨달았고,[551] 노사의 쌓임[集]을 체험적으로 깨달았고, 노사의 소멸[滅]을 체험적으로 깨달았고, 노사의 소멸에 이르는 길[道]을 체험적으로 깨달았다오.

23.-31. 나는 그 길을 따라갔다오. 그 길을 따라가서 생 …, 유…, 취 …, 갈애 …, 느낌 …, 접촉…, 6입처 …, 이름과 형색…, 분별의식 …, 행위들을 체험적으로 깨달았고, 행위들의 쌓임을 체험적으로 깨달았고, 행위들의 소멸을 체험적으로 깨달았고, 행위들의 소멸에 이르는 길을 체험적으로 깨달았다오. 나는 그것을 체험적으로 깨달아서 비구, 비구니, 청신남, 청신녀에게 알려 주었다오. 비구

---

549 'nirodho'의 반복은 'nirodha', 즉 멸성제(滅聖諦)를 깨닫고 내지르는 환성이다.

550 성(城)을 발견한 이야기는 동일한 내용의 반복이므로 생략함.

551 'abbhaññāsiṃ'의 번역.

들이여, 이 청정한 수행[梵行]은 번영하고 번성하여 많은 사람에게 널리 퍼지고, 천신과 인간들이 모두 알 수 있을 정도로 두루 퍼질 것이오."

2.42. 파악(把握, Sammasanaṃ) 〈s.12.66〉

1. 한때 세존께서는 꾸루(Kuru)에 있는 꾸루족의 마을 깜마사담마(Kammāsadhamma)에 머무셨습니다.

2. 그곳에서 세존께서 "비구들이여!"라고 비구들을 부르셨습니다.

그 비구들은 "세존이시여!"라고 세존께 대답했습니다.

3. 세존께서 말씀하셨습니다.

"내면을 파악하시오! 비구들이여, 그대들은 잘 파악하고 있는가?"

4. 이 말씀을 듣고, 어떤 비구가 세존께 말씀드렸습니다.

"세존이시여, 저는 내면을 잘 파악하고 있습니다."

5. "비구여, 그대는 어떻게 내면을 파악하고 있는가?"

6. 그 비구는 설명했습니다. 그러나 그 비구는 세존의 마음을 흡족하게 하지 못했습니다.

7. 그러자 아난다 존자가 세존께 말씀드렸습니다.

"세존이시여, 좋은 기회입니다. 선서(善逝)시여, 좋은 기회입니다. 세존께서 내면의 파악에 대하여 말씀해 주시면, 비구들은 세존의 말씀을 듣고 받아 지닐 것입니다."

8. "아난다여, 그렇다면 내가 이야기하겠으니, 그대들은 듣고 잘 생각해 보도록 하라!"

그 비구들은 "세존이시여, 그렇게 하겠습니다"라고 세존께 대답했습니다.

9. 세존께서는 다음과 같이 말씀하셨습니다.

"비구들이여, 비구는 내면을 파악하면서 다음과 같이 파악한다오.

'세간에서 일어나는 여러 가지 다양한 괴로움은 노사(老死)다.[552] 이 괴로움은 무엇이 인연이고, 무엇이 쌓여 나타난 것이고, 무엇에서 생긴 것이고, 무엇이 근원일까? 무엇이 있는 곳에 노사가 있을까? 무엇이 없는 곳에는 노사가 없을까?'

그는 파악하면서 이와 같이 통찰한다오.

'세간에서 일어나는 여러 가지 다양한 괴로움은 노사다. 이 괴로움은 집착이 인연이고, 집착이 쌓여 나타난 것이고, 집착에서 생긴 것이고, 집착이 근원이다. 집착이 있는 곳에 노사가 있다. 집착이 없는 곳에는 노사가 없다.'

그는 노사를 통찰하고, 노사의 쌓임[集]을 통찰하고, 노사의 소멸[滅]을 통찰하고, 노사가 소멸하는 길[道]을 통찰한다오. 그리고 그대로 실천하는 사람이 법을 따라 실천하는 수법행자(隨法行者)라오. 비구들이여, 이런 비구를 일체의 괴로움을 완전히 소멸하기 위하여, 노사의 소멸을 위하여 실천하는 비구라고 한다오.

10. 비구들이여, 비구는 내면을 파악하면서 그다음에 다음과 같이 파악한다오.

'이 집착은 무엇이 인연이고, 무엇이 쌓여 나타난 것이고, 무엇에서 생긴 것이고, 무엇이 근원일까? 무엇이 있는 곳에 집착이 있

552 우리가 느끼는 모든 괴로움은 늙고 죽는다는 생각[老死]에서 비롯된다는 의미이다.

을까? 무엇이 없는 곳에는 집착이 없을까?'

그는 파악하면서 이와 같이 통찰한다오.

'이 집착은 갈애[愛]가 인연이고, 갈애가 쌓여 나타난 것이고, 갈애에서 생긴 것이고, 갈애가 근원이다. 갈애가 있는 곳에 집착이 있다. 갈애가 없는 곳에는 집착이 없다.'

그는 집착을 통찰하고, 집착의 쌓임을 통찰하고, 집착의 소멸을 통찰하고, 집착이 소멸하는 길을 통찰한다오. 그리고 그대로 실천하는 사람이 법을 따라 실천하는 수법행자라오. 비구들이여, 이런 비구를 일체의 괴로움을 완전히 소멸하기 위하여, 집착의 소멸을 위하여 실천하는 비구라고 한다오.

11.-16. 비구들이여, 비구는 내면을 파악하면서 그다음에 다음과 같이 파악한다오.

'이 갈애는 일어날 때는 어디에서 일어나고, 가라앉을 때는 어디에서 가라앉는가?'

그는 파악하면서 이와 같이 통찰한다오.

'세간에 있는 사랑스럽고 즐거운 것은 그것이 어떤 것이든, 이 갈애가 일어날 때는 여기에서 일어나고, 가라앉을 때는 여기에서 가라앉는다. 그렇다면 세간에 있는 사랑스럽고 즐거운 것은 어떤 것인가? 보는 나[cakkhuṃ, 眼]가[553] 세간에 있는 사랑스럽고 즐거운 것이다. 이 갈애가 일어날 때는 여기에서 일어나고, 가라앉을 때는 여기에서 가라앉는다. 듣는 나[耳]가 세간에 있는 사랑스럽고 즐거운 것이다. … 냄새 맡는 나[鼻]가 세간에 있는 사랑스럽고 즐거운 것이다. … 맛보는 나[舌]가 세간에 있는 사랑스럽고 즐거운 것이다. … 만지는 나[身]가 세간에 있는 사랑스럽고 즐거운 것이다. … 마음[意]이 세간에 있는 사랑스럽고 즐거운 것이다.[554] 이 갈애가 일어날 때는 여기에서 일어나고, 가라앉을 때는 여기에서 가라앉는다.'

17. 비구들이여, 과거의 그 어떤 사문이나 바라문이라 할지라도 이 세간에 있는 사랑스럽고 즐거운 것을 영속적이라고 보고, 즐겁다고 보고, 자아(自我)라고 보고, 병이 없는 것이라고 보고, 평온하다고 본 사람들은 갈애를 키웠다오.

18. 갈애를 키운 사람들은 집착을 키우고, 집착을 키운 사람들은 괴로움을 키우고, 괴로움을 키운 사람들은 생(生)·노사·근심·슬픔·고통·우울·고뇌에서 해탈하지 못했다고, 즉 괴로움에서 해탈하지 못했다고 나는 말한다오.

19. 비구들이여, 미래의 그 어떤 사문이나 바라문이라 할지라도 이 세간에 있는 사랑스럽고 즐거운 것을 영속적이라고 보고, 즐겁다고 보고, 자아라고 보고, 병이 없는 것이라고 보고, 평온하다고 본 사람들은 갈애를 키울 것이오.

20. 갈애를 키운 사람들은 집착을 키울 것이고, 집착을 키운 사람들은 괴로움을 키울 것이고, 괴로움을 키운 사람들은 생·노사·근심·슬픔·고통·우울·고뇌에서 해탈하지 못할 것이라고, 즉 괴로움에서 해탈하지 못할

553 여기에서 'cakkhuṃ, 眼'은 6입처(六入處)의 안입처(眼入處)로서 시각기관(視覺器官)이 아니라 시각주체(視覺主體), 즉 '보는 나'를 의미한다. 귀[耳], 코[鼻] 등도 마찬가지다.

554 지각활동을 하는 나를 사랑하고 이를 통해서 즐거움을 느끼기 때문에 눈[眼], 귀[耳], 코[鼻] 등을 사랑스럽고 즐거운 것이라고 본다는 의미이다.

것이라고 나는 말한다오.

21. 비구들이여, 현재의 그 어떤 사문이나 바라문이라 할지라도 이 세간에 있는 사랑스럽고 즐거운 것을 영속적이라고 보고, 즐겁다고 보고, 자아라고 보고, 병이 없는 것이라고 보고, 평온하다고 보는 사람들은 갈애를 키우는 것이라오.

22. 갈애를 키우는 사람들은 집착을 키우고, 집착을 키우는 사람들은 괴로움을 키우고, 괴로움을 키우는 사람들은 생·노사·근심·슬픔·고통·우울·고뇌에서 해탈하지 못한다고, 즉 괴로움에서 해탈하지 못한다고 나는 말한다오.

23. 비유하면 비구들이여, 색깔 좋고 향기 좋고 맛 좋은 독이 섞인 물이 든 그릇이 있는 곳에 더위에 시달리고 더위에 지쳐서 피곤하고 갈증이 심한 사람이 왔다오. 그 사람에게 '여보시오! 이 그릇에는 색깔 좋고 향기 좋고 맛 좋은 물이 있지만 독이 섞여 있다오. 마시고 싶으면 마시도록 하시오! 그러면 색깔과 향기와 맛을 즐기게 될 것이오. 그렇지만 그대는 그로 인해서 죽게 되거나 죽을 괴로움을 겪을 것이오'라고 말했다오. 만약에 그 사람이 그 그릇의 물을 포기하지 않고 아무 생각 없이 허겁지겁 마신다면, 그는 그로 인해서 죽게 되거나 죽을 괴로움을 겪을 것이오.

24.-26. 비구들이여, 이와 같이 과거·미래·현재의 어떤 사문이나 바라문이라 할지라도 이 세간에 있는 사랑스럽고 즐거운 것을 영속적이라고 보고, 즐겁다고 보고, 자아라고 보고, 병이 없는 것이라고 보고, 평온하다고 보는 사람들은 갈애를 키우게 되고, 갈애를 키운 사람들은 집착을 키우게 되고, 집착을 키운 사람들은 괴로움을 키우게 되고, 괴로움을 키운 사람들은 생·노사·근심·슬픔·고통·우울·고뇌에서 해탈하지 못한다고, 즉 괴로움에서 해탈하지 못한다고 나는 말한다오.

27. 비구들이여, 그렇지만 과거의 어떤 사문이나 바라문이라 할지라도 이 세간에 있는 사랑스럽고 즐거운 것을 무상(無常)하다고 보고, 괴롭다고 보고, 자아가 아니라고 보고, 병이라고 보고, 두렵다고 본 사람은 갈애를 버렸을 것이오.

28. 갈애를 버린 사람들은 집착을 버리고, 집착을 버린 사람들은 괴로움을 버리고, 괴로움을 버린 사람들은 생·노사·근심·슬픔·고통·우울·고뇌에서 해탈했다고, 즉 괴로움에서 해탈했다고 나는 말한다오.

29. 비구들이여, 미래의 그 어떤 사문이나 바라문이라 할지라도 이 세간에 있는 사랑스럽고 즐거운 것을 무상하다고 보고, 괴롭다고 보고, 자아가 아니라고 보고, 병이라고 보고, 두렵다고 본 사람들은 갈애를 버릴 것이오.

30. 갈애를 버린 사람들은 집착을 버리고, 집착을 버린 사람들은 괴로움을 버리고, 괴로움을 버린 사람들은 생·노사·근심·슬픔·고통·우울·고뇌에서 해탈할 것이라고, 즉 괴로움에서 해탈할 것이라고 나는 말한다오.

31. 비구들이여, 현재의 그 어떤 사문이나 바라문이라 할지라도 이 세간에 있는 사랑스럽고 즐거운 것을 무상하다고 보고, 괴롭다고 보고, 자아가 아니라고 보고, 병이라고 보고, 두렵다고 보는 사람들은 갈애를 버린다오.

32. 갈애를 버리는 사람들은 집착을 버리고, 집착을 버리는 사람들은 괴로움을 버리고, 괴로움을 버리는 사람들은 생·노사·근심·슬픔·고통·우울·고뇌에서 해탈한다고, 즉 괴로움에서 해탈한다고 나는 말한다오.

33. 비유하면 비구들이여, 색깔 좋고 향기 좋고 맛 좋은 독이 섞인 물이 든 그릇이 있는 곳에 더위에 시달리고 더위에 지쳐서 피곤하고 갈증이 심한 사람이 왔다오. 그 사람에게 '여보시오! 이 그릇에는 색깔 좋고 향기 좋고 맛 좋은 물이 있지만 독이 섞여 있다오. 마시고 싶으면 마시도록 하시오! 그러면 색깔과 향기와 맛을 즐기게 될 것이오. 그렇지만 그대는 그로 인해서 죽게 되거나 죽을 괴로움을 겪을 것이오'라고 말했다오.

34. 비구들이여, 그런데 그 사람은 이렇게 생각했다오.

'나의 이 극심한 갈증은 물이나 유장(乳漿, dadhamaṇḍaka)[555]이나 죽이나 미음으로 없앨 수 있다. 나는 나에게 오랜 기간 해를 주고 괴로움을 주게 될 그 물을 마시지 않겠다.'

그 사람이 신중하게 생각하여 그 그릇의 물을 포기하고 마시지 않는다면, 그는 그로 인해서 죽게 되거나 죽을 괴로움을 겪지 않을 것이오.

35.-40. 비구들이여, 이와 같이 과거·미래·현재의 그 어떤 사문이나 바라문이라 할지라도 이 세간에 있는 사랑스럽고 즐거운 것을 무상하다고 보고, 괴롭다고 보고, 자아가 아니라고 보고, 병이라고 보고, 두렵다고 보는 사람들은 갈애를 버리고, 갈애를 버린 사람들은 집착을 버리고, 집착을 버린 사람들은 괴로움을 버리고, 괴로움을 버린 사람들은 생·노사·근심·슬픔·고통·우울·고뇌에서 해탈한다고, 즉 괴로움에서 해탈한다고 나는 말한다오."

2.43. 갈대 다발[Nalakalapiyaṃ] 〈s.12.67〉

1. 한때 사리뿟따 존자와 마하 꼿티따 존자는 바라나시의 이시빠따나 미가다야[鹿野苑]에 머물렀습니다.

2. 어느 날 해 질 무렵에 마하 꼿티따 존자는 좌선에서 일어나 사리뿟따 존자를 찾아가서 인사를 나누고 한쪽에 앉았습니다.

3. 한쪽에 앉은 마하 꼿티따 존자가 사리뿟따 존자에게 말했습니다.

"사리뿟따 존자여, 노사(老死)는 자신이 만든 것입니까, 다른 사람이 만든 것입니까, 자신도 만들고 다른 사람도 만든 것입니까? 그렇지 않으면 자신도 만들지 않았고 다른 사람도 만들지 않았는데 우연히 생긴 것입니까?"

4. "꼿티따 존자여, 노사는 자신이 만든 것도 아니고 다른 사람이 만든 것도 아니고 자신도 만들고 다른 사람도 만든 것도 아니며, 그렇다고 자신도 만들지 않았고 다른 사람도 만들지 않았는데 우연히 생긴 것도 아닙니다. 노사는 생(生)에 의존하고 있습니다."

5. "사리뿟따 존자여, 그렇다면 생은 자신이 만든 것입니까, 다른 사람이 만든 것입니까, 자신도 만들고 다른 사람도 만든 것입니까? 그렇지 않으면 자신도 만들지 않았고 다른 사람도 만들지 않았는데 우연히 생긴 것입니까?"

6. "꼿티따 존자여, 생은 자신이 만든 것도 아니고 다른 사람이 만든 것도 아니고 자신도 만들고 다른 사람도 만든 것도 아니며, 그렇다고 자신도 만들지 않았고 다른 사람도 만들지 않았는데 우연히 생긴 것도 아닙니다.

555 우유로 만든 음료.

생은 유(有)에 의존하고 있습니다."
7.-18. "사리뿟따 존자여, 그렇다면 유(有)는 … 취(取)는 … 갈애[愛]는 … 느낌[受]은 … 접촉[觸]은 … 6입처(六入處)는 …."
19. "사리뿟따 존자여, 그렇다면 이름과 형색[名色]은 자신이 만든 것입니까, 다른 사람이 만든 것입니까, 자신도 만들고 다른 사람도 만든 것입니까? 그렇지 않으면 자신도 만들지 않았고 다른 사람도 만들지 않았는데 우연히 생긴 것입니까?"
20. "꼿티따 존자여, 이름과 형색은 자신이 만든 것도 아니고 다른 사람이 만든 것도 아니고 자신도 만들고 다른 사람도 만든 것도 아니며, 그렇다고 자신도 만들지 않았고 다른 사람도 만들지 않았는데 우연히 생긴 것도 아닙니다. 이름과 형색은 분별의식[識]에 의존하고 있습니다."
21. "사리뿟따 존자여, 그렇다면 분별의식은 자신이 만든 것입니까, 다른 사람이 만든 것입니까, 자신도 만들고 다른 사람도 만든 것입니까? 그렇지 않으면 자신도 만들지 않았고 다른 사람도 만들지 않았는데 우연히 생긴 것입니까?"
22. "꼿티따 존자여, 분별의식은 자신이 만든 것도 아니고 다른 사람이 만든 것도 아니고 자신도 만들고 다른 사람도 만든 것도 아니며, 그렇다고 자신도 만들지 않았고 다른 사람도 만들지 않았는데 우연히 생긴 것도 아닙니다. 분별의식은 이름과 형색에 의존하고 있습니다."
23. "우리는 방금 사리뿟따 존자께서 '이름과 형색은 자신이 만든 것도 아니고, … 우연히 생긴 것도 아니다. 이름과 형색은 분별의식에 의존하고 있다'라고 말씀하신 것으로 알고 있습니다.
24. 그런데 지금 우리는 사리뿟따 존자께서 '분별의식은 자신이 만든 것도 아니고, … 우연히 생긴 것도 아니다. 분별의식은 이름과 형색에 의존하고 있다'라고 말씀하신 것으로 알고 있습니다.
25. 사리뿟따 존자여, 이 말씀의 의미를 어떻게 보아야 할까요?"[556]

"존자여, 그대에게 비유를 들겠습니다. 현명한 사람들은 비유를 통해서 말의 의미를 이해합니다.
26. 존자여, 비유하면 두 개의 갈대 다발이 서로서로 의지하여 서 있는 것과 같습니다. 존자여, 이와 같이 이름과 형색에 의지하여 분별의식이 있고, 분별의식에 의지하여 이름과 형색이 있습니다. 그리고 이름과 형색에 의지하여 6입처가 있고, 6입처에 의지하여 접촉이 있고, 접촉에 의지하여 느낌이 있고, 느낌에 의지하여 갈애가 있고, 갈애에 의지하여 취가 있고, 취에 의지하여 유가 있고, 유에 의지하여 생이 있고, 생에 의지하여 노사와 근심·슬픔·고통·우울·고뇌가 함께 있습니다. 이와 같이 순전한 괴로움 덩어리[苦蘊]의 쌓임[集]이 있습니다. 존자여, 만약에 그 갈대 다발 가운데 하나를 빼내면 다른 하나가 쓰러지고 다른 하나를 빼내면 하나가 쓰러지듯이, 존자여, 이와 같이 이름과 형색이 소멸하면 분별의식이 소멸하고, 분별의식이

---

556 명색(名色)이 식(識)에 의존하고 있다고 말하고, 다시 식(識)은 명색에 의존하고 있다는 말의 의미를 이해하기 어렵다는 말이다.

소멸하면 이름과 형색이 소멸합니다. 그리고 이름과 형색이 소멸하면 6입처가 소멸하고, 6입처가 소멸하면 접촉이 소멸하고, 접촉이 소멸하면 느낌이 소멸하고, 느낌이 소멸하면 갈애가 소멸하고, 갈애가 소멸하면 취가 소멸하고, 취가 소멸하면 유가 소멸하고, 유가 소멸하면 생이 소멸하고, 생이 소멸하면 노사와 근심·슬픔·고통·우울·고뇌가 소멸합니다. 이와 같이 순전한 괴로움 덩어리의 소멸[滅]이 있습니다."

27. "놀랍습니다, 사리뿟따 존자여! 희유합니다, 사리뿟따 존자여! 사리뿟따 존자께서 잘 말씀해 주셨으니, 이제 우리는 사리뿟따 존자의 말씀을 다음과 같은 36개의 항목으로 기뻐합니다.

28. 존자여, 만약에 비구가 노사에 대하여 싫증 내고[厭離] 탐욕을 버리고[離欲] 소멸(消滅)하는 법(法)을 가르친다면, 법을 설하는 설법비구(說法比丘, dhammakathiko bhikkhu)라고 불러 마땅합니다.

존자여, 만약에 비구가 노사에 대하여 싫증 내고 탐욕을 버리고 (번뇌가) 소멸하는 실천을 하고 있다면, 법을 따라 실천하는 수법비구(隨法比丘, Dhamma-anudhammapaṭipanno bhikkhu)라고 불러 마땅합니다.

존자여, 만약에 비구가 노사에 대하여 싫증 내고 탐욕을 버리고 (번뇌가) 소멸하고 생기지 않고 해탈하면, 지금 여기에서 열반을 성취한 현법열반비구(現法涅槃比丘, Diṭṭā-dhammanibbānapatto bhikkhu)라고 불러 마땅합니다.

29.-39. 생·유·취·갈애·느낌·접촉·6입처·이름과 형색·분별의식·행위들·무명(無明)에 대해서도 마찬가지입니다."

2.44. 수시마[Susīmo] 〈s.12.70〉

1. 한때 세존께서 라자가하의 웰루와나 깔란다까니와빠[竹林精舍]에 머무셨습니다.

2. 그때 세존께서는 존경과 존대와 공경과 공양과 숭배를 받았기 때문에 옷과 음식과 좌구(坐具)와 환자에게 필요한 의약(醫藥)과 자구(資具)를 얻으셨습니다.

3. 비구상가도 존경과 존대와 공경과 공양과 숭배를 받았기 때문에 옷과 음식과 좌구와 환자에게 필요한 의약과 자구를 얻었습니다.

4. 그렇지만 외도(外道) 행각수행자들은 존경과 존대와 공경과 공양과 숭배를 받지 못했기 때문에 옷과 음식과 좌구와 환자에게 필요한 의약과 자구를 얻지 못했습니다.

5. 그때 라자가하에는 행각수행자 수시마가 커다란 행각수행자 대중과 함께 살고 있었습니다.

6. 어느 날 수시마가 속한 행각수행자 대중이 행각수행자 수시마에게 말했습니다.

"여보시오! 수시마 존자여, 그대는 고따마 사문에게 가서 청정한 수행[梵行]을 닦아 익히도록 하시오! 그대는 가르침을 잘 배워서 우리에게 말해 주시오! 우리가 그 가르침을 잘 배워서 재가자(在家者)에게 말해 줍시다. 그렇게 하면 우리도 존경과 존대와 공경과 공양과 숭배를 받게 되어, 옷과 음식과 좌구와 환자에게 필요한 의약과 자구를 얻게 될 것이오."

7. 행각수행자 수시마는 자신의 대중에게 "그렇게 하겠습니다"라고 대답한 후에 아난다 존자를 찾아갔습니다. 그는 아난다 존자

와 서로 인사를 나누고 한쪽에 앉았습니다.

8. 한쪽에 앉은 행각수행자 수시마가 아난다 존자에게 말했습니다.

"아난다 존자여, 저는 이 가르침과 율(律)에서 청정한 수행을 배우고 싶습니다."

9. 아난다 존자는 행각수행자 수시마를 데리고 세존을 찾아가서 세존께 예배한 후에 한쪽에 앉았습니다.

10. 한쪽에 앉은 아난다 존자가 세존께 말씀드렸습니다.

"세존이시여, 이 행각수행자 수시마가 '아난다 존자여, 저는 이 가르침과 율에서 청정한 수행을 배우고 싶습니다'라고 말했습니다."

11. "아난다여, 그렇다면 수시마를 출가시켜라!"

12. 그래서 행각수행자 수시마는 세존 앞에서 출가하여 구족계를 받았습니다.

13. 그때 많은 비구들이 세존 앞에서 "우리는 '생(生)은 소멸했다. 청정한 수행을 완성했으며, 해야 할 일을 끝마쳤다. 다시는 이와 같은 상태로 되지 않는다'라고 통찰합니다"라고 구경지(究竟智)를 선언했습니다.

14. 수시마 존자는 많은 비구들이 세존 앞에서 구경지를 선언했다는 말을 들었습니다.

15. 수시마 존자는 그 비구들을 찾아갔습니다. 그는 그 비구들과 함께 인사를 나누고 한쪽에 앉았습니다.

16. 한쪽에 앉은 수시마 존자가 그 비구들에게 말했습니다.

"지금 존자들이 세존 앞에서 '생은 소멸했다. 청정한 수행을 완성했으며, 해야 할 일을 끝마쳤다. 다시는 이와 같은 상태로 되지 않는다고 우리는 통찰합니다'라고 구경지를 선언한 것이 사실인가요?"

"그렇다오, 존자여!"

17. "존자들이여, 그렇다면 이와 같이 알고 이와 같이 본 그대들은 여러 가지 신통(神通)을 체득하나요? 그대들은 하나이다가 여럿이 되기도 하고, 여럿이다가 하나가 되기도 하나요? 그대들은 나타나고 사라지고 담장을 가로지르고 성벽을 가로지르고 산을 가로질러 허공에서 다니듯이 거침없이 다니나요? 그대들은 땅속에서 물속처럼 오르내리기도 하나요? 그대들은 땅 위를 걷듯이 물 위를 걸어 다니나요? 그대들은 날개 달린 새처럼 허공에서 가부좌를 하고 다니나요? 이와 같은 큰 신족통(神足通)과 이와 같은 큰 위력으로 그대들은 해와 달을 손바닥으로 만지고 쓰다듬기도 하나요? 그대들은 몸을 범천(梵天)의 세계까지 늘리기도 하나요?"

"그렇지 않다오, 존자여!"

18. "존자들이여, 그렇다면 이와 같이 알고 이와 같이 본 그대들은 인간을 초월하는 청정한 하늘 귀[dibba sotadhātu, 天耳]로[557] 멀고 가까운 천신과 인간의 두 소리를 듣나요?"

"그렇지 않다오, 존자여!"

19. "존자들이여, 그렇다면 이와 같이 알고 이와 같이 본 그대들은 타심통(他心通, cetasā ceto paricca)으로[558] 다른 중생들이나 다른 사람들의 마음을 잘 이해하여 통찰하나요?

557 'dibbāya sotadhātuyā'의 번역.

558 'cetasā ceto paricca'는 '자신의 마음으로 타인의 마음을 잘 이해하는'의 뜻인데, 타심통(他心通)을 의미한다.

여러분은 탐욕이 있는 마음은 탐욕이 있는 마음이라고 통찰하고, 탐욕이 없는 마음은 탐욕이 없는 마음이라고 통찰하고, 진에(瞋恚)가 있는 마음은 진에가 있는 마음이라고 통찰하고, 진에가 없는 마음은 진에가 없는 마음이라고 통찰하고, 어리석음이 있는 마음은 어리석음이 있는 마음이라고 통찰하고, 어리석음이 없는 마음은 어리석음이 없는 마음이라고 통찰하고, 집중된 마음은 집중된 마음이라고 통찰하고, 산만한 마음은 산만한 마음이라고 통찰하고, 넓은 마음은 넓은 마음이라고 통찰하고, 좁은 마음은 좁은 마음이라고 통찰하고, 뛰어난 마음은 뛰어난 마음이라고 통찰하고, 위없는 마음은 위없는 마음이라고 통찰하고, 삼매에 든 마음은 삼매에 든 마음이라고 통찰하고, 삼매에 들지 않은 마음은 삼매에 들지 않은 마음이라고 통찰하고, 해탈한 마음은 해탈한 마음이라고 통찰하고, 해탈하지 못한 마음은 해탈하지 못한 마음이라고 통찰하나요?"

"그렇지 않다오, 존자여!"

20. "존자들이여, 그렇다면 이와 같이 알고 이와 같이 본 그대들은 전생에 살던 곳을 기억해 내나요? 그대들은 '한 번 태어나고, 두 번 태어나고, 세 번 태어나고, 네 번 태어나고, 다섯 번 태어나고, 열 번 태어나고, 스무 번 태어나고, 서른 번 태어나고, 마흔 번 태어나고, 쉰 번 태어나고, 백 번 태어나고, 천 번 태어나고, 10만 번 태어나면서 수많은 괴겁(壞劫)과 수많은 성겁(成劫)과 수많은 성괴겁(成壞劫) 동안 그곳에서 나는 이름은 이러했고, 가문은 이러했고, 용모는 이러했고, 음식은 이러했으며, 이러한 고락(苦樂)을 겪었고, 이와 같이 수명을 마쳤다. 그가 죽어서 나는 거기에 태어났다. 그곳에서 나는 이름은 이러했고, 가문은 이러했고, 용모는 이러했고, 음식은 이러했으며, 이러한 고락을 겪었고, 이와 같이 수명을 마쳤다. 그가 죽어서 이 세상에 태어났다'라고 용모와 내력(來歷)을 포함하여 여러 가지 전생에 살던 곳을 기억해 내나요?"

"그렇지 않다오, 존자여!"

21. "존자들이여, 그렇다면 이와 같이 알고 이와 같이 본 그대들은 인간을 초월한 청정한 하늘 눈[dibba cakkhu, 天眼]으로 중생들을 보나요? 그대들은 업에 따라 죽고, 태어나고, 못나고, 훌륭하고, 잘생기고, 못생기고, 행복하고, 불행한 중생들을 보나요? '여러분, 참으로 이 중생들은 몸으로 악행을 행한 자들이며, 말로 악행을 행한 자들이며, 마음으로 악행을 행한 자들이며, 성자(聖者)를 비방한 자들이며, 삿된 견해[邪見]를 가진 자들이며, 삿된 견해로 업을 지은 자들이오. 그들은 몸이 무너져 죽은 후에 괴로운 곳, 불행한 곳, 험난한 곳, 지옥에 태어났다오. 여러분, 참으로 이 중생들은 몸으로 선행을 행한 자들이며, 말로 선행을 행한 자들이며, 마음으로 선행을 행한 자들이며, 성자를 비방하지 않은 자들이며, 바른 견해[正見]를 가진 자들이며, 바른 견해로 업을 지은 자들이오. 그들은 몸이 무너져 죽은 후에 행복한 곳, 천상 세계에 태어났다오.' 이와 같이 그대들은 인간을 초월한 청정한 하늘 눈으로 중생들을 보나요? 그대들은 업에 따라 죽고, 태어나고, 못나고, 훌륭하고, 잘생기고, 못생기고, 행복하고, 불행한 중생들을 보나요?"

"그렇지 않다오, 존자여!"

22. "존자들이여, 그렇다면 이와 같이 알고

이와 같이 본 그대들은 형색[色]들을 초월한 형색이 없는[無色] 평온한 해탈을 그대들의 몸으로 체득하고 살고 있나요?"

"그렇지 않다오, 존자여!"

23. "존자들이여, 지금 존자들의 답변은 존자들이 이들 법을 성취하지 못했다는 것이 아닌가요?

24. "그것이 아니라오, 존자여!"

25. "왜 그렇지요?"

"수시마 존자여, 우리는 통찰지[般若]로 해탈한 혜해탈자(慧解脫者, paññāvimutta)들이라오."

26. "나는 존자들의 간단한 이 말씀의 의미를 상세하게 알지 못하겠습니다. 부디 존자들께서는 내가 존자들의 간단한 이 말씀의 의미를 상세하게 알 수 있도록 나에게 말해 주십시오!"

27. "수시마 존자여, 그대가 알든 알지 못하든, 우리는 통찰지로 해탈한 혜해탈자들이라오."

28. 수시마 존자는 자리에서 일어나 세존을 찾아갔습니다. 그는 세존께 예배하고 한쪽에 앉았습니다.

29. 한쪽에 앉은 수시마 존자는 비구들과 함께 나눈 대화를 빠짐없이 세존께 말씀드렸습니다.

30. "수시마여, 먼저 변치 않는 법에 대한 앎[dhammaṭṭhitiñāṇam, 法住智][559]이 있고, 그 다음에 열반에 대한 앎[nibbāne ñāṇani, 涅槃智]이 있다."

31. "저는 세존의 간단한 이 말씀의 의미를 상세하게 알지 못하겠습니다. 부디 세존께서는 제가 세존의 이 간단한 말씀의 의미를 상세하게 알 수 있도록 저에게 말씀해 주십시오!"

32. "수시마여, 그대가 알든 알지 못하든, 먼저 이 변치 않는 법에 대한 앎이 있고, 다음에 열반에 대한 앎이 있다. 수시마여, 어떻게 생각하는가? 형색[色]은 무상(無常)한가, 무상하지 않은가?"

"무상합니다, 세존이시여!"

33. "무상하면 괴로운가, 즐거운가?"[560]

"괴롭습니다, 세존이시여!"

"그렇다면 무상하고, 괴롭고, 변역하는 법을 '그것은 나의 것이다. 그것이 나다. 그것이 나의 자아(自我)다'라고 여기는 것이 마땅한가?"

"그렇지 않습니다, 세존이시여!"

34.-37. "느낌[受]은 … 생각[想]은 … 행위[行]들은 … 분별의식[識]은 무상한가, 무상하지 않은가?"

"무상합니다, 세존이시여!"

"무상하면 괴로운가, 즐거운가?"

"괴롭습니다, 세존이시여!"

"그렇다면 무상하고, 괴롭고, 변역하는 법을 '그것은 나의 것이다. 그것이 나다. 그것이 나의 자아다'라고 여기는 것이 마땅한가?"

"그렇지 않습니다, 세존이시여!"

38. "수시마여, 그러므로 여기에서 '과거·미

---

559 'dhammaṭṭhitiñāṇaṃ'은 직역하면 '법(法)의 머묾에 대한 앎'이다. 한역에서는 '법주지(法住智)'로 번역했는데, 여기에서 머문다는 것은 변함없이 존재한다는 의미이다.

560 'yam panāniccaṃ dukkhaṃ vā taṃ sukhaṃ vāti'의 번역.

래·현재의 모든 형색은, 그것이 내적인 것이든 외적인 것이든, 거친 것이든 섬세한 것이든, 저열한 것이든 훌륭한 것이든, 멀리에 있든 가까이에 있든, 형색은 어떤 것이든, 그것은 나의 것이 아니고, 그것은 내가 아니고, 그것은 나의 자아가 아니다'라고, 이것을 있는 그대로 바른 통찰지로 보아야 한다.

39.-42. 느낌, 생각, 행위들, 분별의식도 마찬가지다.

43. 수시마여, 이와 같이 보기 때문에 학식이 많은 거룩한 제자는 형색에 대하여 싫증 내고[厭離], 느낌·생각·행위들·분별의식에 대하여 싫증을 낸다. 싫증을 내기 때문에 탐욕을 버리고[離欲] 탐욕을 버리기 때문에 해탈(解脫)하고, 해탈했을 때 '나는 해탈했다'라고 안다. 그는 '생(生)은 소멸했다. 청정한 수행을 완성했으며, 해야 할 일을 끝마쳤다. 다시는 이와 같은 상태로 되지 않는다'라고 통찰한다. 수시마여, 그대는 '생에 의지하여 노사(老死)가 있다'라고 보는가?"

"그렇습니다, 세존이시여!"

44. "수시마여, 그대는 '유(有)에 의지하여 생이 있다'라고 보는가?"

"그렇습니다, 세존이시여!"

45.-47. "수시마여, 그대는 '취(取)에 의지하여 유가 … 갈애[愛]에 의지하여 취가 … 느낌[受]에 의지하여 갈애가 … 접촉[觸]에 의지하여 느낌이 … 6입처(六入處)에 의지하여 접촉이 … 이름과 형색[名色]에 의지하여 6입처가 … 분별의식에 의지하여 이름과 형색이 … 행위들에 의지하여 분별의식이 … 무명(無明)에 의지하여 행위들이 있다'라고 보는가?"

"그렇습니다, 세존이시여!"

48. "수시마여, 그대는 '생이 소멸하면 노사가 소멸한다'라고 보는가?"

"그렇습니다, 세존이시여!"

49. "수시마여, 그대는 '유가 소멸하면 생이 소멸한다'라고 보는가?"

"그렇습니다, 세존이시여!"

50. "수시마여, 그대는 취가 소멸하면 유가 … 갈애가 소멸하면 취가 … 느낌이 소멸하면 갈애가 … 접촉이 소멸하면 느낌이 … 6입처가 소멸하면 접촉이 … 이름과 형색이 소멸하면 6입처가 … 분별의식이 소멸하면 이름과 형색이 … 행위들이 소멸하면 분별의식이 … 무명이 소멸하면 행위들이 소멸한다는 사실을 보는가?"

"그렇습니다, 세존이시여!"

51. "수시마여, 이와 같이 알고 이와 같이 본 그대는 여러 가지 신통을 체득하는가? 그대는 하나이다가 여럿이 되기도 하고, 여럿이다가 하나가 되기도 하는가? 그대는 나타나고 사라지고 담장을 가로지르고 성벽을 가로지르고 산을 가로질러 허공에서 다니듯이 거침없이 다니는가? 그대는 땅속에서 물속처럼 오르내리기도 하는가? 그대는 땅 위를 걷듯이 물 위를 걸어 다니는가? 그대는 날개 달린 새처럼 허공에서 가부좌를 하고 다니는가? 이와 같은 큰 신족통과 이와 같은 큰 위력으로 그대는 해와 달을 손바닥으로 만지고 쓰다듬기도 하는가? 그대들은 몸을 범천의 세계까지 늘리기도 하는가?"

"그렇지 않습니다, 세존이시여!"

52. "수시마여, 그렇다면 이와 같이 알고 이와 같이 본 그대는 인간을 초월하는 청정한 하늘 귀로 멀고 가까운 천신과 인간의 두 소리를 듣는가?"

"그렇지 않습니다, 세존이시여!"

53. "수시마여, 그렇다면 이와 같이 알고 이와 같이 본 그대는 타심통으로 다른 중생들이나 다른 사람들의 마음을 잘 이해하여 통찰하는가?"

"그렇지 않습니다, 세존이시여!"

54. "수시마여, 그렇다면 이와 같이 통찰하고 이와 같이 본 그대는 전생에 살던 곳을 기억해 내는가?"

"그렇지 않습니다, 세존이시여!"

55. "수시마여, 그렇다면 이와 같이 알고 이와 같이 본 그대는 인간을 초월한 청정한 하늘 눈으로 중생들을 보는가?"

"그렇지 않습니다, 세존이시여!"

56. "수시마여, 그렇다면 이와 같이 알고 이와 같이 본 그대는 형색들을 초월한 형색이 없는 평온한 해탈을 그대의 몸으로 체득하고 살고 있는가?"

"그렇지 않습니다, 세존이시여!"

57. "수시마여, 지금 이 답변은 이들 법을 성취하지 못했다는 것인데, 수시마여, 그렇지 않은가?"

58. 그러자 수시마 존자는 세존의 발에 머리를 조아리고 이렇게 말씀드렸습니다.

"세존이시여, 제가 바보처럼 어리석게도 착하지 못하게 죄를 범했습니다. 저는 이와 같이 잘 가르쳐진 가르침과 율(律)에 가르침을 훔치기 위해서 출가했습니다. 세존이시여, 세존께서는 저의 죄를 용서하시어 미래에 다시 죄를 범하지 않게 하소서!"

59. "수시마여, 그대가 이와 같이 잘 가르쳐진 가르침과 율에 가르침을 훔치기 위해서 출가한 것은 분명히 바보처럼 어리석게도 착하지 못하게 죄를 범한 것이다.

60. 비유하면 수시마여, 도적질을 한 죄인을 붙잡아 왕에게 보이고, '전하! 이놈이 도적질을 한 죄인입니다. 뜻대로 이놈에게 벌을 내려 주십시오'라고 왕에게 고하자, '여봐라, 가서 이놈을 팔을 뒤로하여 굵은 밧줄로 묶어서 단단히 결박하고, 머리를 삭발한 후에 날카로운 소리가 나는 작은 북을 걸치고, 이 차도에서 저 차도로, 이 사거리에서 저 사거리로 이리저리 끌고 다닌 다음, 남문(南門)으로 나가서 성(城)의 남쪽에서 그의 머리를 베어라'라고 하였다. 그 왕의 하인들은 그 사람을 팔을 뒤로하여 굵은 밧줄로 묶어서 단단히 결박하고, 머리를 삭발한 후에 날카로운 소리가 나는 작은 북을 걸치고, 이 차도에서 저 차도로, 이 사거리에서 저 사거리로 이리저리 끌고 다닌 다음, 남문으로 나가서 성의 남쪽에서 그의 머리를 베었다.

61. 수시마여, 어떻게 생각하는가? 그 사람은 그로 인하여 괴로움과 슬픔을 느끼지 않겠는가?"

"그렇습니다, 세존이시여!"

62. "수시마여, 잘 가르쳐진 가르침과 율에 가르침을 훔치기 위해서 출가한 자들은 그 죄인이 그로 인하여 괴로움과 슬픔을 느끼는 것보다 더한 괴로운 과보와 혹독한 과보를 받는 고통스러운 곳에 떨어진다.

63. 그렇지만 그대는 죄를 죄로 보고 여법(如法)하게 참회했으니, 우리는 그 참회를 받아들이겠다. 수시마여, 죄를 죄로 보고 여법하게 참회하고, 이후로 자제하는 것이 거룩한 율에서는 성장이다."

2.45. 스승[Satthā] 〈s.12.82〉

세존께서 사왓티의 제따와나 아나타삔디까 승원에 머무실 때, 비구들에게 말씀하셨습니다.

1. "비구들이여, 노사(老死)를 알지 못하고 보지 못하면, 노사에 대하여 있는 그대로 알기 위해서 스승을 찾아야 한다오. 노사의 쌓임[集]을 알지 못하고 보지 못하면, 노사의 쌓임에 대하여 있는 그대로 알기 위해서 스승을 찾아야 한다오. 노사의 소멸[滅]을 알지 못하고 보지 못하면, 노사의 소멸에 대하여 있는 그대로 알기 위해서 스승을 찾아야 한다오. 노사가 소멸하는 길[道]을 알지 못하고 보지 못하면, 노사가 소멸하는 길에 대하여 있는 그대로 알기 위해서 스승을 찾아야 한다오.

2.-11. 생(生), 유(有), 취(取), 갈애[愛], 느낌[受], 접촉[觸], 6입처(六入處), 이름과 형색[色], 분별의식[識], 행위[行]들에 대해서도 마찬가지라오."

제13 이해(理解, Abhisamaya) 상윳따

2.46. 손톱 끝[Nakhasikhā] 〈s.13.1〉

1. 한때 세존께서는 사왓티의 제따와나 아나타삔디까 승원에 머무셨습니다.

2. 그때 세존께서 손톱 끝으로 티끌을 집어 들고서 비구들에게 말씀하셨습니다.

"비구들이여, 어떻게 생각하는가? 내가 손톱 끝으로 집어 든 이 작은 티끌과 이 대지(大地) 가운데 어떤 것이 더 큰가?"

3. "세존이시여, 이 대지가 더 큽니다. 세존께서 손톱 끝으로 집어 드신 티끌은 아주 작습니다. 대지에 비하여 세존께서 손톱 끝으로 집어 드신 티끌은 100분의 1에도 미치지 못하고, 1,000분의 1에도 미치지 못하고, 10만분의 1에도 미치지 못할 만큼 작습니다."

4. "비구들이여, 실로 이와 같이 거룩한 가르침을 듣고 바른 견해[正見]를 성취하여 이해한 사람에게 소멸하고 종식된 괴로움은 매우 많고, 남겨진 괴로움은 매우 적다오. 이전에 소멸하고 종식된 괴로움에 비하면 기껏해서 이 일곱 번의 괴로움은[561] 100분의 1에도 미치지 못하고, 1,000분의 1에도 미치지 못하고, 10만분의 1에도 미치지 못할 만큼 적다오.

비구들이여, 이와 같이 법(法)의 이해는 큰 위력이 있고, 법안(法眼)의 성취는 큰 위력이 있다오."

제14 계(界, Dhātu) 상윳따

2.47. 계(界, Dhātu[562]) 〈s.14.1〉

1. 세존께서 사왓티의 제따와나 아나타삔디까 승원에 머무실 때, 비구들에게 말씀하셨습니다.

---

561 여기에서 '일곱 번'은 수다원(須陀洹)이 열반을 얻기까지 받아야 할 일곱 번의 생사(生死)를 의미한다. 여기에서 생사가 의미하는 것은 윤회(輪廻)가 아니라 아직 떨치지 못한 번뇌다.

562 '계(界)'로 한역되는 'dhātu'는 온(蘊), 입처(入處)와 함께 불교 교리를 이해하는 데 매우 중요한 개념으로서 '유유상종(類類相從)하는 것'을 의미한다. 즉 같은 종류를 모아서 다른 종류와 구별하는 개념이다. 우리가 일상적으로 사용하는 '부류(部類)'와 가까운 말이다.

2. "비구들이여, 다양한 계(界)를 설하겠소. 그대들은 듣고 잘 생각해 보도록 하시오!"

그 비구들은 "세존이시여, 그렇게 하겠습니다"라고 세존께 대답했습니다.

3. 세존께서는 다음과 같이 말씀하셨습니다.

"비구들이여, 어떤 것이 다양한 계인가?

4. 시각계[眼界]·형색계[色界]·시각분별의식계[眼識界]·청각계[耳界]·소리계[聲界]·청각분별의식계[耳識界]·후각계[鼻界]·향기계[香界]·후각분별의식계[鼻識界]·미각계[舌界]·맛계[味界]·미각분별의식계[舌識界]·촉각계[身界]·촉감계[觸界]·촉각분별의식계[身識界]·마음계[意界]·법계(法界)·마음분별의식계[意識界], 비구들이여, 이들을 다양한 계라고 한다오."

2.48. 접촉[觸, Samphassaṃ]〈s.14.2〉

1. 세존께서 사왓티의 제따와나 아나타삔디까 승원에 머무실 때, 비구들에게 말씀하셨습니다.

2. "비구들이여, 다양한 계(界)에 의지하여 다양한 접촉[觸]이 생긴다오.

3. 비구들이여, 어떤 것이 다양한 계인가?

4. 시각계[眼界]·청각계[耳界]·후각계[鼻界]·미각계[舌界]·촉각계[身界]·마음계[意界], 비구들이여, 이들을 다양한 계라고 한다오.

5. 비구들이여, 다양한 계에 의지하여 다양한 접촉이 생긴다는 것은 어떤 것인가?

6. 비구들이여, 시각계에 의지하여 시각접촉[眼觸]이 생긴다오. 청각계에 의지하여 청각접촉[耳觸]이 생기고, 후각계에 의지하여 후각접촉[鼻觸]이 생기고, 미각계에 의지하여 미각접촉[舌觸]이 생기고, 촉각계에 의지하여 촉각접촉[身觸]이 생기고, 마음계에 의지하여 마음접촉[意觸]이 생긴다오.

7. 비구들이여, 이와 같이 다양한 계에 의지하여 다양한 접촉이 생긴다오."

2.49. 그런 것이 아니다[No ce taṃ] 〈s.14.3〉

1. 세존께서 사왓티의 제따와나 아나타삔디까 승원에 머무실 때, 비구들에게 말씀하셨습니다.

2. "비구들이여, 다양한 계(界)에 의지하여 다양한 접촉[觸]이 생기는 것이지, 다양한 접촉에 의지하여 다양한 계가 생기는 것이 아니라오.

3. 비구들이여, 어떤 것이 다양한 계인가?

4. 시각계[眼界]·청각계[耳界]·후각계[鼻界]·미각계[舌界]·촉각계[身界]·마음계[意界], 비구들이여, 이들을 다양한 계라고 한다오.

5. 비구들이여, 다양한 계에 의지하여 다양한 접촉이 생기는 것이지, 다양한 접촉에 의지하여 다양한 계가 생기는 것이 아니라는 것은 어떤 것인가?

6. 비구들이여, 시각계에 의지하여 시각접촉[眼觸]이 생기고, 청각계에 의지하여 청각접촉[耳觸]이 생기고, 후각계에 의지하여 후각접촉[鼻觸]이 생기고, 미각계에 의지하여 미각접촉[味觸]이 생기고, 촉각계에 의지하여 촉각접촉[身觸]이 생기고, 마음계에 의지하여 마음접촉[意觸]이 생기는 것이지, 시각접촉에 의지하여 시각계가 생기고, … 마음접촉에 의지하여 마음계가 생기는 것이 아니라오.

7. 비구들이여, 이와 같이 다양한 계에 의지하여 다양한 접촉이 생기는 것이지, 다양한 접촉에 의지하여 다양한 계가 생기는 것이 아니라오."

2.50. 느낌[受, Vedanā]〈s.14.4-5〉

1. 세존께서 사왓티의 제따와나 아나타삔디까 승원에 머무실 때, 비구들에게 말씀하셨습니다.

2. "비구들이여, 다양한 계(界)에 의지하여 다양한 접촉[觸]이 생기고, 다양한 접촉에 의지하여 다양한 느낌[受]이 생긴다오. 비구들이여, 다양한 계에 의지하여 다양한 접촉이 생기고, 다양한 접촉에 의지하여 다양한 느낌이 생기는 것이지, 다양한 느낌에 의지하여 다양한 접촉이 생기는 것이 아니고, 다양한 접촉에 의지하여 다양한 계가 생기는 것이 아니라오.

3. 비구들이여, 어떤 것이 다양한 계인가?

4. 시각계[眼界]·청각계[耳界]·후각계[鼻界]·미각계[舌界]·촉각계[身界]·마음계[意界], 비구들이여, 이들을 다양한 계라고 한다오.

5. 비구들이여, 다양한 계에 의지하여 다양한 접촉이 생기고, 다양한 접촉에 의지하여 다양한 느낌이 생긴다는 것은 어떤 것인가?

6. 비구들이여, 시각계에 의지하여 시각접촉[眼觸]이 생기고, 시각접촉에 의지하여 시각접촉에서 생긴 느낌[cakkhusamphassajā vedanā]이 생긴다오. 청각계, 후각계, 미각계, 촉각계, 마음계도 마찬가지라오.

7. 비구들이여, 이와 같이 다양한 계에 의지하여 다양한 접촉이 생기고, 다양한 접촉에 의지하여 다양한 느낌이 생긴다오."

2.51. 계(界, Dhātu)〈s.14.6〉

1. 세존께서 사왓티의 제따와나 아나타삔디까 승원에 머무실 때, 비구들에게 말씀하셨습니다.

2. "비구들이여, 다양한 계(界)를 설하겠소. 그대들은 듣고 잘 생각해 보도록 하시오!"

그 비구들은 "세존이시여, 그렇게 하겠습니다"라고 세존께 대답했습니다.

세존께서는 다음과 같이 말씀하셨습니다.

3. "비구들이여, 어떤 것이 다양한 계인가? 형색계[色界]·소리계[聲界]·향기계[香界]·맛계[味界]·촉감계[觸界]·법계(法界)

4. 비구들이여, 이들을 다양한 계라고 한다오."

2.52. 생각[想, Saññā]〈s.14.7〉

1. 세존께서 사왓티의 제따와나 아나타삔디까 승원에 머무실 때, 비구들에게 말씀하셨습니다.

2. "비구들이여, 다양한 계(界)에 의지하여 다양한 생각[想]이 생기고, 다양한 생각에 의지하여 다양한 의도[saṅkappa, 思]가 생기고, 다양한 의도에 의지하여 다양한 의욕[chanda]이 생기고, 다양한 의욕에 의지하여 다양한 고민[pariḷāha, 熱惱]이 생기고, 다

양한 고민에 의지하여 다양한 추구(追求, pariyesanā)가[563] 생긴다오.[564]

3. 비구들이여, 어떤 것이 다양한 계인가? 형색계[色界]·소리계[聲界]·향기계[香界]·맛계[味界]·촉감계[觸界]·법계(法界), 비구들이여, 이들을 다양한 계라고 한다오.

4. 비구들이여, 다양한 계에 의지하여 다양한 생각이 생기고, 다양한 생각에 의지하여 다양한 의도가 생기고, 다양한 의도에 의지하여 다양한 의욕이 생기고, 다양한 의욕에 의지하여 다양한 고민[惱]이 생기고, 다양한 고민에 의지하여 다양한 추구가 생긴다는 것은 어떤 것인가?

5.-9. 비구들이여, 형색계에 의지하여 형색에 대한 생각[色想]이 생기고, 형색에 대한 생각에 의지하여 형색에 대한 의도[色思]가 생기고, 형색에 대한 의도에 의지하여 형색에 대한 의욕[rūpachando]이 생기고, 형색에 대한 의욕에 의지하여 형색에 대한 고민[色惱]이 생기고, 형색에 대한 고민에 의지하여 형색에 대한 추구[色尋求]가 생긴다오. 소리계, 향기계, 맛계, 촉감계, 법계도 마찬가지라오.

10. 법계에 의지하여 법에 대한 생각[法想]이 생기고, 법에 대한 생각에 의지하여 법에 대한 의도[法思]가 생기고, 법에 대한 의도에 의지하여 법에 대한 의욕이 생기고, 법에 대한 의욕에 의지하여 법에 대한 고민[法惱]이 생기고, 법에 대한 고민에 의지하여 법에 대한 추구[法尋求]가 생긴다오.

11. 비구들이여, 이와 같이 다양한 계에 의지하여 다양한 생각이 생기고, 다양한 생각에 의지하여 다양한 의도가 생기고, 다양한 의도에 의지하여 다양한 의욕이 생기고, 다양한 의욕에 의지하여 다양한 고민이 생기고, 다양한 고민에 의지하여 다양한 추구가 생긴다오."

2.53. 그런 것이 아니다[No ce taṃ] 〈s.14.8〉

1. 세존께서 사왓티의 제따와나 아나타삔디까 승원에 머무실 때, 비구들에게 말씀하셨습니다.

2. "비구들이여, 다양한 계(界)에 의지하여 다양한 생각[想]이 생기고, 다양한 생각에 의지하여 다양한 의도[思]가 생기고, 다양한 의도에 의지하여 다양한 의욕이 생기고, 다양한 의욕에 의지하여 다양한 고민[惱]이 생기고, 다양한 고민에 의지하여 다양한 추구(追求)가 생기는 것이지, 다양한 추구에 의지하여 다양한 고민이 생기는 것이 아니며, … 다양한 생각에 의지하여 다양한 계가 생기는 것이 아니라오."

---

563 'pariyesanā'는 '심구(尋求)'로 한역되는데, 의욕을 달성하기 위해서 여러 가지 방법을 찾아 시도하는 것을 의미한다.

564 내적인 계(界)에 의지하여 생기는 것은 접촉[觸]인데, 외적인 계에 의지하여 생기는 것은 생각[想]이라는 점에 주목해야 한다. 그리고 내적인 계에 의지하여 접촉과 느낌[受]이 생기는데, 외적인 계에 의지하여 생각, 의도[思], 의욕, 고민[惱], 추구(追求)가 생긴다는 점에 주목해야 한다.

2.54. 접촉[觸, Phassa[565]] (1) 〈s.14.9〉

1. 세존께서 사왓티의 제따와나 아나타삔디까 승원에 머무실 때, 비구들에게 말씀하셨습니다.

2. "비구들이여, 다양한 계(界)에 의지하여 다양한 생각[想]이 생기고, 다양한 생각에 의지하여 다양한 의도[思]가 생기고, 다양한 의도에 의지하여 다양한 접촉[觸]이 생기고, 다양한 접촉에 의지하여 다양한 느낌[受]이 생기고, 다양한 느낌에 의지하여 다양한 의욕이 생기고, 다양한 의욕에 의지하여 다양한 고민[惱]이 생기고, 다양한 고민에 의지하여 다양한 추구(追求)가 생기고, 다양한 추구에 의지하여 다양한 획득(獲得)이 생긴다오.[566]

3. 비구들이여, 어떤 것이 다양한 계인가? 형색계[色界]·소리계[聲界]·향기계[香界]·맛계[味界]·촉감계[觸界]·법계(法界), 비구들이여, 이들을 다양한 계라고 한다오.

4. 다양한 계에 의지하여 다양한 생각이 생기고, 다양한 생각에 의지하여 다양한 의도가 생기고, 다양한 의도에 의지하여 다양한 접촉이 생기고, 다양한 접촉에 의지하여 다양한 느낌이 생기고, 다양한 느낌에 의지하여 다양한 의욕이 생기고, 다양한 의욕에 의지하여 다양한 고민이 생기고, 다양한 고민에 의지하여 다양한 추구가 생기고, 다양한 추구에 의지하여 다양한 획득이 생긴다는 것은 어떤 것인가?

5. 비구들이여, 형색계[色界]에 의지하여 형색에 대한 생각[色想]이 생기고, 형색에 대한 생각에 의지하여 형색에 대한 의도[色思]가 생기고, 형색에 대한 의도에 의지하여 형색에 대한 접촉[色觸]이 생기고, 형색에 대한 접촉에 의지하여 형색에 대한 느낌[色受]이 생기고, 형색에 대한 느낌에 의지하여 형색에 대한 의욕이 생기고, 형색에 대한 의욕에 의지하여 형색에 대한 고민[色惱]이 생기고, 형색에 대한 고민에 의지하여 형색에 대한 추구[色尋求]가 생기고, 형색에 대한 추구에 의지하여 형색의 획득이 생긴다오.

6.-10. 소리계, 향기계, 맛계, 촉감계, 법계도 마찬가지라오."

2.55. 접촉[觸, Phassa] (2) 〈s.14.10〉

1. 세존께서 사왓티의 제따와나 아나타삔디까 승원에 머무실 때, 비구들에게 말씀하셨습니다.

2. "비구들이여, 다양한 계(界)에 의지하여 다양한 생각[想]이 생기고, 다양한 생각에 의지하여 다양한 의도[思]가 생기고, 다양한 의도에 의지하여 다양한 접촉[觸]이 생기고, 다

---

565 외적인 계(界)에 의지하여 그 외적인 계를 접촉하는 것을 'phassa'라고 표현하여 내적인 계에서 생기는 'samphassa'와 구별하고 있는 점에 주목해야 한다. 'samphassa'는 내적인 지각활동을 의미하고, 'phassa'는 외적인 계를 대상으로 접촉하는 것을 의미한다.

566 앞의 경에서는 외적인 계(界)에 의지하여 생각[想]·의도[思]·의욕·고민[惱]·추구(追求)가 생긴다고 했는데, 이 경에서는 외적인 계에 의지하여 생각·의도·접촉[觸], 느낌[受], 의욕, 고민·추구, 획득(獲得)이 생긴다고 하여 중간에 접촉과 느낌이 첨가되고, 마지막에 획득이 추가된 점에 주목해야 한다. 이것은 내적인 계에 의지하여 나타난 접촉과 느낌이 추가된 것인데, 그 지점이 의도 다음이다. 이것은 우리의 지각활동이 의도에 의해 이루어지고 있고, 의도가 있을 때 외부의 대상에 대한 접촉이 이루어진다는 것을 시사하며, 이러한 접촉의 목적은 획득에 있음을 보여 주고 있다.

양한 접촉에 의지하여 다양한 느낌[受]이 생기고, 다양한 느낌에 의지하여 다양한 의욕이 생기고, 다양한 의욕에 의지하여 다양한 고민[惱]이 생기고, 다양한 고민에 의지하여 다양한 추구(追求)가 생기고, 다양한 추구에 의지하여 다양한 획득이 생기는 것이지, 다양한 획득에 의지하여 다양한 추구가 생기는 것이 아니고, … 다양한 접촉에 의지하여 다양한 의도가 생기는 것이 아니고, … 다양한 생각에 의지하여 다양한 계가 생기는 것이 아니라오.

3. 비구들이여, 어떤 것이 다양한 계인가? 형색계[色界]·소리계[聲界]·향기계[香界]·맛계[味界]·촉감계[觸界]·법계(法界), 비구들이여, 이들을 다양한 계라고 한다오."

2.56. 일곱 가지[Sattimā] 〈s.14.11〉

1. 세존께서 사왓티의 제따와나 아나타삔디까 승원에 머무실 때, 비구들에게 말씀하셨습니다.

2. "비구들이여, 일곱 가지 계(界)가 있다오. 일곱 가지는 어떤 것인가? 밝은 계[光界]·청정한 계[淨界]·공무변처계(空無邊處界)·식무변처계(識無邊處界)·무소유처계(無所有處界)·비유상비무상처계(非有想非無想處界)·생각과 느껴진 것이 소멸한 계[saññāvedayitanirodhadhātu, 想受滅界],[567] 비구들이여, 이들이 일곱 가지 계라오."

3. 이 말씀을 듣고, 어떤 비구가 세존께 다음과 같이 말씀드렸습니다.

"세존이시여, 밝은 계와 청정한 계, 공무변처계, 식무변처계, 무소유처계, 비유상비무상처계, 생각과 느껴진 것이 소멸한 계는 무엇에 의지하여 언명됩니까?"[568]

4. "비구여, 밝은 계는 어둠에 의지하여 언명된다오.

5. 비구여, 청정한 계는 더러움에 의지하여 언명된다오.

6. 비구여, 공무변처계는 형색[色]에 의지하여 언명된다오.

7. 비구여, 식무변처계는 공무변처에 의지하여 언명된다오.

8. 비구여, 무소유처계는 식무변처에 의지하여 언명된다오.

9. 비구여, 비유상비무상처계는 무소유처에 의지하여 언명된다오.

10. 비구여, 생각과 느껴진 것이 소멸한 계는 소멸[滅]에 의지하여 언명된다오."

11. "세존이시여, 밝은 계와 청정한 계·공무변처계·식무변처계·무소유처계·비유상비무상처계·생각과 느껴진 것이 소멸한 계, 세존이시여, 이들 계는 무엇을 얻어야 도달할 수 있습니까?"

12. "비구여, 밝은 계와 청정한 계·공무변처계·식무변처계·무소유처계는 생각[想]을 얻어야 도달할 수 있다오. 비구여, 비유상비무상처계는 나머지 행위[saṅkhārāva

---

567 'saññāvedayita'는 '생각'을 의미하는 'saññā'와 '느끼다, 경험하다, 지각하다, 인지하다'라는 의미의 동사 'vedeti'의 과거분사 'vedayita'의 합성어로서 생각과 느껴진 것을 의미한다.

568 '언명되다'로 번역한 'paññāyati'는 언어를 통해서 알려지는 것을 의미한다. 불교에서는 모든 언어를 어떤 사실을 알리기 위한 방편(方便)이나 시설로 보기 때문에 언어적으로 표명하는 것을 '시설한다'라고 한다.

sesasamāpatti][569]를 얻어야 도달할 수 있다오. 비구여, 생각과 느껴진 것이 소멸한 계는 소멸을 얻어야[nirodhasamāpatti] [570] 도달할 수 있다오."

2.57. 인연(因緣)이 있기 때문에[Sanidānaṃ] 〈s.14.12〉

1. 세존께서 사왓티의 제따와나 아나타삔디까 승원에 머무실 때, 비구들에게 말씀하셨습니다.

2. "비구들이여, 인연이 있기 때문에 감각적 욕망에 대한 사유[kāmavitakko, 欲尋究]가 생긴다오. 인연이 없으면 생기지 않는다오. 인연이 있기 때문에 분노의 사유[vyāpāda-vitakko, 瞋恚尋究]가 생긴다오. 인연이 없으면 생기지 않는다오. 인연이 있기 때문에 폭력의 사유[vihiṃsāvitakko, 害尋究]가 생긴다오. 인연이 없으면 생기지 않는다오.

3. 비구들이여, 이 말의 의미는 어떤 것인가?

4. 비구들이여, 감각적 욕망계[kāmadhātum, 欲界]에 의지하여 감각적 욕망에 대한 생각[kāmasaññā, 欲想]이 생기고, 감각적 욕망에 대한 생각에 의지하여 감각적 욕망에 대한 의도[kāmasaṅkappo, 欲思]가 생기고, 감각적 욕망에 대한 의도에 의지하여 감각적 욕망에 대한 의욕[kāmachando]이 생기고, 감각적 욕망에 대한 의욕에 의지하여 감각적 욕망에 대한 고민[kāmapariḷāho, 欲惱]이 생기고, 감각적 욕망에 대한 고민에 의지하여 감각적 욕망에 대한 추구[kāmapariyesanā]가 생긴다오. 비구들이여, 무지한 범부는 몸과 말과 마음, 세 가지로 감각적 욕망을 추구하면서 삿된 길에 들어간다오.

5. 비구들이여, 분노계[vyāpādadhātum, 瞋恚界]에 의지하여 분노에 대한 생각[vyāpāda-saññā, 瞋恚想]이 생기고, 분노에 대한 생각에 의지하여 분노하려는 의도[vyāpādasaṅkappo, 瞋恚思]가 생기고, 분노하려는 의도에 의지하여 분노하려는 의욕[vyāpādachando]이 생기고, 분노하려는 의욕에 의지하여 분노하려는 고민[vyāpādapariḷāho, 瞋恚惱]이 생기고, 분노하려는 고민에 의지하여 분노의 추구[vyāpādapariyesanā]가 생긴다오. 비구들이여, 무지한 범부는 몸과 말과 마음, 세 가지로 분노를 추구하면서 삿된 길에 들어간다오.

---

569 'saṅkhārāvasesa'는 '행위[行]'를 의미하는 'saṅkhāra'와 '나머지, 잔여, 남겨진, 여타의'를 의미하는 'avasesa'의 합성어이다. 유(有)와 무(無)는 조작된 생각이다. 중생들이 인식하는 세계는 모두 유와 무라고 하는 모순된 생각에 의해서 이루어진다. 밝은 계[光界]의 있음[有]은 어두움의 없음[無]에 의해서 시설된 것이고, 청정한 계[淨界]의 있음[有]은 더러움의 없음[無]에 의해서 시설된 것이며, 공무변처계(空無邊處界)의 있음[有]은 형색[色]의 없음[無]에 의해서 시설된 것이고, 식무변처계(識無邊處界)의 있음[有]은 공무변처(空無邊處)의 없음[無]에 의해서 시설된 것이며, 무소유처계(無所有處界)의 있음[有]은 식무변처(識無邊處)의 없음[無]에 의해서 시설된 것이다. 그런데 비유상비무상처계(非有想非無想處界)는 '있음'이라는 생각[有想]도 부정(否定)하고, '없음'이라는 생각[無想]도 부정함으로써 시설된 것이다. 이전의 계들이 유와 무라는 모순개념[想]을 조작함으로써 시설된 것이라면, 비유상비무상처계는 유와 무라는 모순개념을 부정함으로써 시설된 것인데, 모순의 부정 역시 행위이다. '나머지 행위'는 이와 같이 모순을 부정하는 행위를 의미한다. 바꾸어 말하면 유와 무라는 모순개념을 조작함으로써 시설된 계들은 형식논리(形式論理)에 의해 시설된 것이고, 유와 무라는 모순개념을 부정함으로써 시설된 비유상비무상처계는 변증법(辨證法)에 의해서 조작된 생각이라는 의미이다.

570 'nirodhasamāpatti'는 모든 행위[行]들이 소멸하는 것[諸行寂滅]을 의미한다.

6. 비구들이여, 폭력계[vihiṃsādhātum, 害界]에 의지하여 폭력에 대한 생각[vihiṃsāsaññā, 害想]이 생기고, 폭력에 대한 생각에 의지하여 폭력을 쓰려는 의도[vihiṃsāsaṅkappo, 害思]가 생기고, 폭력을 쓰려는 의도에 의지하여 폭력을 쓰려는 의욕[vihiṃsāchando]이 생기고, 폭력을 쓰려는 의욕에 의지하여 폭력을 쓰려는 고민[vihiṃsāpariḷāho, 害惱]이 생기고, 폭력을 쓰려는 고민에 의지하여 폭력의 추구[ahiṃsāpariyesanā]가 생긴 다오. 비구들이여, 무지한 범부는 몸과 말과 마음, 세 가지로 폭력을 추구하면서 삿된 길에 들어간다오.

7. 비유하면 비구들이여, 어떤 사람이 불타는 횃불을 마른 초원에 던지는 것과 같다오. 만약에 손이나 발로 빨리 끄지 않으면, 비구들이여, 풀이나 나무에 의지해서 살아가는 생명들은 불행과 재난을 만나게 될 것이오.

8. 비구들이여, 이와 같이 어떤 사문이나 바라문이라 할지라도 나타난 사악(邪惡)한 생각[想]을[571] 빨리 버리지 않고 제거하지 않고 파괴하지 않고 없애지 않으면, 그는 지금 여기에서 고뇌하고 근심하고 고민하면서 괴롭게 살아갈 것이오. 그리고 몸이 무너져 죽은 후에 불행한 삶을 살게 될 것이오.

9. 비구들이여, 인연이 있기 때문에 감각적 욕망에서 벗어나려는 사유[nekkhammavitakko, 出離尋究]가 생긴다오. 인연이 없으면 생기지 않는다오. 인연이 있기 때문에 분노가 없는 사유[avyāpādavitakko, 無恚尋究]가 생긴다오. 인연이 없으면 생기지 않는다오. 인연이 있기 때문에 비폭력의 사유[avihiṃsā-vitakko, 無害尋究]가 생긴다오. 인연이 없으면 생기지 않는다오.

10. 비구들이여, 이 말의 의미는 어떤 것인가?

11. 비구들이여, 감각적 욕망에서 벗어난 계[出離界]에 의지하여 벗어남에 대한 생각[出離想]이 생기고, 벗어남에 대한 생각에 의지하여 벗어나려는 의도[出離思]가 생기고, 벗어나려는 의도에 의지하여 벗어나려는 의욕이 생기고, 벗어나려는 의욕에 의지하여 벗어나려는 고민[出離惱]이 생기고, 벗어나려는 고민에 의지하여 벗어나기 위한 추구(追求)가 생긴다오. 비구들이여, 학식이 많은 거룩한 제자는 몸과 말과 마음, 세 가지로 벗어나기를 추구하면서 바른길에 들어간다오.

12. 비구들이여, 분노가 없는 계[無恚界]에 의지하여 분노가 없는 생각[無恚想]이 생기고, 분노가 없는 생각에 의지하여 분노를 없애려는 의도[無恚思]가 생기고, 분노를 없애려는 의도에 의지하여 분노를 없애려는 의욕이 생기고, 분노를 없애려는 의욕에 의지하여 분노를 없애려는 고민[無恚惱]이 생기고, 분노를 없애려는 고민에 의지하여 분노를 없애려는 추구(追求)가 생긴다오. 비구들이여, 학식이 많은 거룩한 제자는 몸과 말과 마음, 세 가지로 분노 없애기를 추구하면서 바른길에 들어간다오.

13. 비구들이여, 비폭력계[無害界]에 의지하여 비폭력의 생각[無害想]이 생기고, 비폭력의 생각에 의지하여 폭력을 행하지 않으려는 의도[無害思]가 생기고, 폭력을 행하지 않으

571 여기에서 이야기하는 '사악한 생각'은 '신, 내세, 환생, 윤회, 제사, 희생, 영생' 등과 같은 종교적인 생각을 의미한다. 종교가 사악한 생각을 만들어 세상에 던져 놓으면, 그 생각이 세상에 퍼져서 많은 사람들이 해를 입는다는 의미이다.

려는 의도에 의지하여 폭력을 행하지 않으려는 의욕이 생기고, 폭력을 행하지 않으려는 의욕에 의지하여 폭력을 행하지 않으려는 고민[無害惱]이 생기고, 폭력을 행하지 않으려는 고민에 의지하여 비폭력의 추구가 생긴다오. 비구들이여, 학식이 많은 거룩한 제자는 몸과 말과 마음, 세 가지로 비폭력을 추구하면서 바른길에 들어간다오.

14. 비구들이여, 비유하면 어떤 사람이 불타는 횃불을 마른 초원에 던지는 것과 같다오. 만약에 그것을 손이나 발로 빨리 끄면, 비구들이여, 그러면 풀이나 나무에 의지해 살아가는 생명들은 불행과 재난을 만나지 않게 될 것이오. 비구들이여, 이와 같이 어떤 사문이나 바라문이라 할지라도 나타난 사악한 생각을 빨리 버리고 제거하고 파괴하고 없애면, 그는 지금 여기에서 고뇌 없이 근심 없이 고민 없이 행복하게 살게 될 것이오. 그리고 몸이 무너져 죽은 후에 행복한 삶을 기대할 수 있을 것이오."

2.58. 벽돌집[Giñjakāvasatha] 〈s.14.13〉

1.2. 세존께서 사왓티의 제따와나 아나타삔디까 승원에 머무실 때, 비구들에게 말씀하셨습니다.

3. "비구들이여, 계(界)에 의지하여 생각[想]이 생기고, 견해[diṭṭhi, 見]가 생기고, 사유[vitakko, 尋究]가 생긴다오."

4. 이 말씀을 듣고, 신심 깊은 깟짜야나 존자가 세존께 말씀드렸습니다.

"세존이시여, 바른 깨달음을 얻지 못한 사람들을 바른 깨달음을 얻은 분[等正覺]이라고 보는 견해는 무엇에 의지하여 언명되는 것입니까?"

5. "깟짜야나여, 그것은 광대(廣大)한 무명계(無明界, avijjādhātu)라오. 깟짜야나여, 하급(下級)의 계에 의지하여 하급의 생각, 하급의 견해, 하급의 사유, 하급의 의지(意志, cetanā), 하급의 소망(所望, patthanā), 하급의 서원(誓願, paṇidhī), 하급의 인간[puggalo], 하급의 언어[vācā]가 생긴다오. 그는 하급을 이야기하고, 가르치고, 언명하고, 제시하고, 밝히고, 해설하고, 천명한다오. 나는 '그 사람의 출생은 하급이다'라고 말한다오.

6. 깟짜야나여, 중급(中級)의 계에 의지하여 중급의 생각, 중급의 견해, 중급의 사유, 중급의 의지, 중급의 소망, 중급의 서원, 중급의 인간, 중급의 언어가 생긴다오. 그는 중급을 이야기하고, 가르치고, 언명하고, 제시하고, 밝히고, 해설하고, 천명한다오. 나는 '그 사람의 출생은 중급이다'라고 말한다오.

7. 깟짜야나여, 상급(上級)의 계에 의지하여 상급의 생각, 상급의 견해, 상급의 사유, 상급의 의지, 상급의 소망, 상급의 서원, 상급의 인간, 상급의 언어가 생긴다오. 그는 상급을 이야기하고, 가르치고, 언명하고, 제시하고, 밝히고, 해설하고, 천명한다오. 나는 '그 사람의 출생은 상급이다'라고 말한다오."

2.59. 업(業, Kammaṃ) 〈s.14.15〉

1. 한때 세존께서는 라자가하의 깃자꾸따산[靈鷲山]에 머무셨습니다.

2. 그때 사리뿟따 존자가 많은 비구들과 함께 세존과 멀지 않은 곳에서 산책하고 있었습니다.

3.-9. 마하 목갈라나 존자, 마하 깟싸빠 존자,

아누룻다 존자, 뿐나 존자, 우빨리 존자, 아난다 존자, 데와닷따도 각기 많은 비구들과 함께 세존과 멀지 않은 곳에서 산책하고 있었습니다.

10. 그때 세존께서 비구들을 불렀습니다.

"비구들이여, 사리뿟따가 많은 비구들과 함께 산책하는 것이 보이는가?"

"네! 세존이시여!"

"비구들이여, 그 비구들은 모두 큰 지혜가 있다오.

11. 비구들이여, 목갈라나가 많은 비구들과 함께 산책하는 것이 보이는가?"

"네! 세존이시여!"

"비구들이여, 그 비구들은 모두 큰 신통이 있다오.

12. 비구들이여, 까싸빠가 많은 비구들과 함께 산책하는 것이 보이는가?"

"네! 세존이시여!"

"비구들이여, 그 비구들은 모두 두타행(頭陀行)을 가르치는 사람들[dhutavādā]이라오.

13. 비구들이여, 아누룻다가 많은 비구들과 함께 산책하는 것이 보이는가?"

"네! 세존이시여!"

"비구들이여, 그 비구들은 모두 천안(天眼)을 갖춘 사람들[dibbacakkhukā]이라오.

14. 비구들이여, 뿐나가 많은 비구들과 함께 산책하는 것이 보이는가?"

"네! 세존이시여!"

"비구들이여, 그 비구들은 모두 설법(說法)을 잘하는 사람들[dhammakathikā]이라오.

15. 비구들이여, 우빨리가 많은 비구들과 함께 산책하는 것이 보이는가?"

"네! 세존이시여!"

"비구들이여, 그 비구들은 모두 율(律)을 지닌 사람들[vinayadharā]이라오.

16. 비구들이여, 아난다가 많은 비구들과 함께 산책하는 것이 보이는가?"

"네! 세존이시여!"

"비구들이여, 그 비구들은 많이 듣는 사람들[bahussutā']이라오.

17. 비구들이여, 데와닷따가 많은 비구들과 함께 산책하는 것이 보이는가?"

"네! 세존이시여!"

"비구들이여, 그 비구들은 의도가 사악한 사람들[pāpicchā]이라오.

18. 비구들이여, 중생들은 같은 계(界, dhātuso)[572]와 교류하고 어울린다오. 저급한 성품의 중생들은 저급한 성품의 중생들과 교류하고 어울리고, 선량한 성품의 중생들은 선량한 성품의 중생들과 교류하고 어울린다오.

19.-21. 과거에도 그랬고, 미래에도 그럴 것이고, 현재에도 그렇다오."

2.60. 게송(偈頌)이 있는[Sagātha] 〈s.14.16〉

1. 세존께서 사왓티의 제따와나 아나타삔디까 승원에 머무실 때, 비구들에게 말씀하셨습니다.

2. "비구들이여, 중생들은 같은 계(界)와 교

572 'dhātuso'는 '계(界)'로 한역된 'dhātu'에 '방법, 정도'를 의미하는 접미사 'so'가 붙은 것이다. 'dhātu'는 '유유상종(類類相從)하는 것', 즉 같은 부류(部類)를 의미한다.

류하고 어울린다오. 저급한 성품의 중생들은 저급한 성품의 중생들과 교류하고 어울린다오.

3.-5. 과거에도 그랬고, 미래에도 그럴 것이고, 현재에도 그렇다오.

6. 비유하면 비구들이여, 똥은 똥과 합쳐져서 어울리고, 오줌은 오줌과 합쳐져서 어울리고, 침은 침과 합쳐져서 어울리고, 고름은 고름과 합쳐져서 어울리고, 피는 피와 합쳐져서 어울리는 것과 같다오.

7.-9. 이와 같이 중생들은 같은 계와 교류하고 어울린다오. 저급한 성품의 중생들은 저급한 성품의 중생들과 교류하고 어울린다오. 과거에도 그랬고, 미래에도 그럴 것이고, 현재에도 그렇다오.

10. 비구들이여, 중생들은 같은 계와 교류하고 어울린다오. 선량한 성품의 중생들은 선량한 성품의 중생들과 교류하고 어울린다오.

11.-13. 과거에도 그랬고, 미래에도 그럴 것이고, 현재에도 그렇다오.

14. 비유하면 비구들이여, 우유는 우유와 합쳐져서 어울리고, 참기름은 참기름과 합쳐져서 어울리고, 버터는 버터와 합쳐져서 어울리고, 꿀은 꿀과 합쳐져서 어울리고, 당밀은 당밀과 합쳐져서 어울리는 것과 같다오.

15.-17. 이와 같이 중생들은 같은 계와 교류하고 어울린다오. 선량한 성품의 중생들은 선량한 성품의 중생들과 교류하고 어울린다오."

18. 세존께서는 이와 같이 말씀하셨습니다. 선서께서는 이와 같이 말씀하셨습니다. 스승님께서는 다시 다음과 같이 말씀하셨습니다.

욕망의 숲은 교류에서 생기고
교류가 없으면 잘려진다.
작은 나무 조각에 올라타면
큰 바닷속으로 가라앉듯이
이와 같이 게으름 때문에
유덕한 생활 또한 가라앉는다.
그러므로 노력이 부족한
게으른 사람을 멀리해야 한다.
세속의 욕망에서 벗어난 성자와
정진하는 선정(禪定)수행자와
지속적으로 열심히 노력하는
현자와 함께 살아가야 한다.

2.61. 믿음이 없는[Asaddha] 〈s.14.17〉

1. 세존께서 사왓티의 제따와나 아나타삔디까 승원에 머무실 때, 비구들에게 말씀하셨습니다.

2. "비구들이여, 중생들은 같은 계(界)와 교류하고 어울린다오.

3. 믿음이 없는 중생들은 믿음이 없는 중생들과 교류하고 어울린다오. 부끄러움을 모르는 중생들은 부끄러움을 모르는 중생들과 교류하고 어울린다오. 뉘우침이 없는 중생들은 뉘우침이 없는 중생들과 교류하고 어울린다오. 무지한 중생들은 무지한 중생들과 교류하고 어울린다오. 게으른 중생들은 게으른 중생들과 교류하고 어울린다오. 주의집중을 망각한 중생들은 주의집중을 망각한 중생들과 교류하고 어울린다오. 통찰력이 없는 중생들은 통찰력이 없는 중생들과 교류하고 어울린다오.

4. 믿음이 있는 중생들은 믿음이 있는 중생들과 교류하고 어울린다오. 부끄러움을 아는 중생들은 부끄러움을 아는 중생들과 교류하

고 어울린다오. 뉘우침이 있는 중생들은 뉘우침이 있는 중생들과 교류하고 어울린다오. 학식이 많은 중생들은 학식이 많은 중생들과 교류하고 어울린다오. 부지런한 중생들은 부지런한 중생들과 교류하고 어울린다오. 주의집중이 현전(現前)하는 중생들은 주의집중이 현전하는 중생들과 교류하고 어울린다오. 통찰력이 있는 중생들은 통찰력이 있는 중생들과 교류하고 어울린다오.

5.-7. 비구들이여, 과거에도 그랬고, 미래에도 그럴 것이고, 현재에도 그렇다오."

2.62. 삼매(三昧)에 들지 않는[Asamāhita] 〈s.14.23〉

1. 세존께서 사왓티의 제따와나 아나타삔디까 승원에 머무실 때, 비구들에게 말씀하셨습니다.

2. "비구들이여, 중생들은 같은 계(界)와 교류하고 어울린다오.

3. 믿음이 없는 중생들은 믿음이 없는 중생들과 교류하고 어울린다오. 부끄러움을 모르는 중생들은 부끄러움을 모르는 중생들과 교류하고 어울린다오. 뉘우침이 없는 중생들은 뉘우침이 없는 중생들과 교류하고 어울린다오. 무지한 중생들은 무지한 중생들과 교류하고 어울린다오. 게으른 중생들은 게으른 중생들과 교류하고 어울린다오. 삼매(三昧)에 들지 않는[asamāhitā] 중생들은 삼매에 들지 않는 중생들과 교류하고 어울린다오. 통찰력이 없는 중생들은 통찰력이 없는 중생들과 교류하고 어울린다오.

믿음이 있는 중생들은 믿음이 있는 중생들과 교류하고 어울린다오. 부끄러움을 아는 중생들은 부끄러움을 아는 중생들과 교류하고 어울린다오. 뉘우침이 있는 중생들은 뉘우침이 있는 중생들과 교류하고 어울린다오. 학식이 많은 중생들은 학식이 많은 중생들과 교류하고 어울린다오. 부지런한 중생들은 부지런한 중생들과 교류하고 어울린다오. 삼매에 드는[samāhitā] 중생들은 삼매에 드는 중생들과 교류하고 어울린다오. 통찰력이 있는 중생들은 통찰력이 있는 중생들과 교류하고 어울린다오."

2.63. 부도덕한[Dussilya] 〈s.14.24〉

1. 세존께서 사왓티의 제따와나 아나타삔디까 승원에 머무실 때, 비구들에게 말씀하셨습니다.

2. "비구들이여, 중생들은 같은 계(界)와 교류하고 어울린다오.

3. 믿음이 없는 중생들은 믿음이 없는 중생들과 교류하고 어울린다오. 부끄러움을 모르는 중생들은 부끄러움을 모르는 중생들과 교류하고 어울린다오. 뉘우침이 없는 중생들은 뉘우침이 없는 중생들과 교류하고 어울린다오. 무지한 중생들은 무지한 중생들과 교류하고 어울린다오. 게으른 중생들은 게으른 중생들과 교류하고 어울린다오. 부도덕한[dusīlya] 중생들은 부도덕한 중생들과 교류하고 어울린다오. 통찰력이 없는 중생들은 통찰력이 없는 중생들과 교류하고 어울린다오.

4. 믿음이 있는 중생들은 믿음이 있는 중생들과 교류하고 어울린다오. 부끄러움을 아는 중생들은 부끄러움을 아는 중생들과 교류하고 어울린다오. 뉘우침이 있는 중생들은 뉘

우침이 있는 중생들과 교류하고 어울린다오. 학식이 많은 중생들은 학식이 많은 중생들과 교류하고 어울린다오. 부지런한 중생들은 부지런한 중생들과 교류하고 어울린다오. 도덕적인[sīlavanto] 중생들은 도덕적인 중생들과 교류하고 어울린다오. 통찰력이 있는 중생들은 통찰력이 있는 중생들과 교류하고 어울린다오."

2.64. 10업도(十業道, Dasakammapathā) 〈s.14.27〉

1. 세존께서 사왓티의 제따와나 아나타삔디까 승원에 머무실 때, 비구들에게 말씀하셨습니다.

2. "비구들이여, 중생들은 같은 계(界)와 교류하고 어울린다오.

3. 살생하는 중생들은 살생하는 중생들과 교류하고 어울린다오. 주지 않은 것을 취하는 중생들은 주지 않은 것을 취하는 중생들과 교류하고 어울린다오. 삿된 음행을 하는 중생들은 삿된 음행을 하는 중생들과 교류하고 어울린다오. 거짓말하는 중생들은 거짓말하는 중생들과 교류하고 어울린다오. 이간질하는 중생들은 이간질하는 중생들과 교류하고 어울린다오. 폭언(暴言)하는 중생들은 폭언하는 중생들과 교류하고 어울린다오. 잡담하는 중생들은 잡담하는 중생들과 교류하고 어울린다오. 탐욕스러운 중생들은 탐욕스러운 중생들과 교류하고 어울린다오. 진심(瞋心)을 가진 중생들은 진심(瞋心)을 가진 중생들과 교류하고 어울린다오. 삿된 견해[邪見]를 가진 중생들은 삿된 견해를 가진 중생들과 교류하고 어울린다오.

4. 살생하지 않는 중생들은 살생하지 않는 중생들과 교류하고 어울린다오. 주지 않은 것을 취하지 않는 중생들은 주지 않은 것을 취하지 않는 중생들과 교류하고 어울린다오. 삿된 음행을 하지 않는 중생들은 삿된 음행을 하지 않는 중생들과 교류하고 어울린다오. 거짓말하지 않는 중생들은 거짓말하지 않는 중생들과 교류하고 어울린다오. 이간질하지 않는 중생들은 이간질하지 않는 중생들과 교류하고 어울린다오. 폭언하지 않는 중생들은 폭언하지 않는 중생들과 교류하고 어울린다오. 잡담하지 않는 중생들은 잡담하지 않는 중생들과 교류하고 어울린다오. 탐욕스럽지 않은 중생들은 탐욕스럽지 않은 중생들과 교류하고 어울린다오. 진심(瞋心)이 없는 중생들은 진심(瞋心)이 없는 중생들과 교류하고 어울린다오. 바른 견해[正見]를 가진 중생들은 바른 견해를 가진 중생들과 교류하고 어울린다오."

2.65. 10지(十支, Dasaṅga) 〈s.14.29〉

1. 세존께서 사왓티의 제따와나 아나타삔디까 승원에 머무실 때, 비구들에게 말씀하셨습니다.

2. "비구들이여, 중생들은 같은 계(界)와 교류하고 어울린다오.

3. 삿된 견해[邪見]를 가진 중생들은 삿된 견해를 가진 중생들과 교류하고 어울린다오. 그릇된 말을 하는 중생들은 그릇된 말을 하는 중생들과 교류하고 어울린다오. 그릇된 행위를 하는 중생들은 그릇된 행위를 하는 중생들과 교류하고 어울린다오. 그릇된 생활을 하는 중생들은 그릇된 생활을 하는 중생

들과 교류하고 어울린다오. 그릇된 정진을 하는 중생들은 그릇된 정진을 하는 중생들과 교류하고 어울린다오. 그릇된 주의집중을 하는 중생들은 그릇된 주의집중을 하는 중생들과 교류하고 어울린다오. 그릇된 선정(禪定)을 닦는 중생들은 그릇된 선정을 닦는 중생들과 교류하고 어울린다오. 그릇되게 아는 중생들은 그릇되게 아는 중생들과 교류하고 어울린다오. 그릇되게 해탈한 중생들은 그릇되게 해탈한 중생들과 교류하고 어울린다오.

4. 바른 견해[正見]를 가진 중생들은 바른 견해를 가진 중생들과 교류하고 어울린다오. 바른말을 하는 중생들은 바른말을 하는 중생들과 교류하고 어울린다오. 바른 행위를 하는 중생들은 바른 행위를 하는 중생들과 교류하고 어울린다오. 바른 생활을 하는 중생들은 바른 생활을 하는 중생들과 교류하고 어울린다오. 바른 정진을 하는 중생들은 바른 정진을 하는 중생들과 교류하고 어울린다오. 바른 주의집중을 하는 중생들은 바른 주의집중을 하는 중생들과 교류하고 어울린다오. 바른 선정(禪定)을 닦는 중생들은 바른 선정을 닦는 중생들과 교류하고 어울린다오. 바르게 아는 중생들은 바르게 아는 중생들과 교류하고 어울린다오. 바르게 해탈한 중생들은 바르게 해탈한 중생들과 교류하고 어울린다오."

2.66. 예전에[Pubbe] 〈s.14.31〉

1. 세존께서 사왓티의 제따와나 아나타삔디까 승원에 머무실 때, 비구들에게 말씀하셨습니다.

2. "비구들이여, 예전에 정각(正覺)을 성취하지 못한 보살이었을 때, 나는 이렇게 생각했다오.

3. '지계(地界)의 달콤한 맛[assādo]은 어떤 것이고, 재난[ādinavo, 患]은 어떤 것이고, 벗어남[nissaraṇaṃ, 出離]은 어떤 것일까? 수계(水界)·화계(火界)·풍계(風界)의 달콤한 맛은 어떤 것이고, 재난은 어떤 것이고, 벗어남은 어떤 것일까?'

4. 비구들이여, 나는 이렇게 생각했다오.

5. '지계에 의지하여 생긴 즐거움과 만족, 이것이 지계의 달콤한 맛이다. 지계는 지속성이 없고 괴롭고 변해 가는 법이라는 사실, 이것이 지계의 재난이다. 지계에 대한 욕탐(欲貪)을 억제하고 버리는 것, 이것이 지계에서 벗어남이다.

6.-8. 수계(水界), 화계(火界), 풍계(風界)도 마찬가지다.'

9. 비구들이여, 내가 이들 네 가지 계[四界]에 대하여 이와 같이 달콤한 맛[味]을 달콤한 맛으로, 재난을 재난으로, 벗어남을 벗어남으로, 있는 그대로 체득하여 알지 못했다면, 비구들이여, 나는 결코 마라와 범천과 천신들을 포함한 세간에서 사문과 바라문, 그리고 왕과 백성을 포함한 인간들에게 위없는 평등하고 바른 깨달음을 얻은 등정각(等正覺)이라고 선언하지 못했을 것이오.

10. 비구들이여, 나는 이들 네 가지 계에 대하여 이와 같이 달콤한 맛을 달콤한 맛으로, 재난을 재난으로, 벗어남을 벗어남으로, 있는 그대로 체득하여 알았기 때문에, 비구들이여, 나는 마라와 범천과 천신들을 포함한 세간에서 사문과 바라문, 그리고 왕과 백성을 포함한 인간들에게 위없는 평등하고 바른 깨달음을 얻은 등정각이라고 선언했던 것이오.

11. 그리고 '이것이 마지막 생(生)이다. 이제 이후의 존재[後有]는 없다'라는 지견(知見)이 나에게 생기고, 부동(不動)의 심해탈(心解脫)이 나에게 생겼던 것이라오."

2.67. 나는 탐구했다[Acariṃ] 〈s.14.32〉

1. 세존께서 사왓티의 제따와나 아나타삔디까 승원에 머무실 때, 비구들에게 말씀하셨습니다.

2. "비구들이여, 나는 지계(地界)의 달콤한 맛[味]을 탐구했다오. 나는 지계의 달콤한 맛을 파악했다오. 나는 지계의 달콤한 맛을 통찰지[般若]를 통해 잘 보았다오.

3. 비구들이여, 나는 지계의 재난[患]을 탐구했다오. 나는지계의 재난을 파악했다오. 나는 지계의 재난을 통찰지를 통해 잘 보았다오.

4. 비구들이여, 나는 지계에서 벗어남[出離]을 탐구했다오. 나는 지계에서 벗어남을 파악했다오. 나는 지계에서 벗어남을 통찰지를 통해 잘 보았다오.

5.-13. 수계(水界), 화계(火界), 풍계(風界)에 대해서도 마찬가지로 통찰지를 통해 잘 보았다오.

14. 비구들이여, 내가 이들 네 가지 계[四界]에 대하여 이와 같이 달콤한 맛을 달콤한 맛으로, 재난을 재난으로, 벗어남을 벗어남으로, 있는 그대로 체득하여 알지 못했다면, 비구들이여, 나는 결코 마라와 범천과 천신들을 포함한 세간에서 사문과 바라문, 그리고 왕과 백성을 포함한 인간들에게 위없는 평등하고 바른 깨달음을 얻은 등정각(等正覺)이라고 선언하지 못했을 것이오.

15. 비구들이여, 나는 이들 네 가지 계에 대하여 이와 같이 달콤한 맛을 달콤한 맛으로, 재난을 재난으로, 벗어남을 벗어남으로, 있는 그대로 체득하여 알았기 때문에, 비구들이여, 나는 마라와 범천과 천신들을 포함한 세간에서 사문과 바라문, 그리고 왕과 백성을 포함한 인간들에게 위없는 평등하고 바른 깨달음을 얻은 등정각으로 선언했던 것이오.

16. 그리고 '이것이 마지막 생(生)이다. 이제 이후의 존재[後有]는 없다'라는 지견(知見)이 나에게 생기고, 부동(不動)의 심해탈(心解脫)이 나에게 생겼던 것이라오."

2.68. 이것이 없다면[Yo no cedaṃ] 〈s.14.33〉

1. 세존께서 사왓티의 제따와나 아나타삔디까 승원에 머무실 때, 비구들에게 말씀하셨습니다.

2. "비구들이여, 만약 이 지계(地界)의 달콤한 맛[味]이 없다면 중생들은 지계를 즐기지 않을 것이오. 비구들이여, 지계의 달콤한 맛이 있기 때문에 중생들은 지계를 즐기는 것이라오.

3. 비구들이여, 만약 이 지계의 재난[患]이 없다면 중생들은 지계에 대하여 싫증 내지[厭離] 않을 것이오. 비구들이여, 지계의 재난이 있기 때문에 중생들은 지계에 대하여 싫증 내는 것이라오.

4. 비구들이여, 만약 이 지계에서 벗어남[出離]이 없다면 중생들은 지계에서 벗어나지 못할 것이오. 비구들이여, 지계에서 벗어남이 있기 때문에 중생들은 지계에서 벗어나는 것이라오.

5.-13. 수계(水界), 화계(火界), 풍계(風界)도 마찬가지라오.

14. 비구들이여, 중생들은 이들 네 가지 계[四界]에 대하여 이와 같이 달콤한 맛을 달콤한 맛으로, 재난을 재난으로, 벗어남을 벗어남으로, 있는 그대로 체득하여 알지 못했기 때문에, 비구들이여, 중생들은 마라와 범천과 천신들을 포함한 세간들을, 그리고 사문과 바라문과 왕과 백성을 포함한 인간들을 포기하지 못하고 벗어나지 못하고 떨어지지 못하고 자유로운 마음으로 살아가지 못했다오.

15. 비구들이여, 중생들은 이들 네 가지 계에 대하여 이와 같이 달콤한 맛을 달콤한 맛으로, 재난을 재난으로, 벗어남을 벗어남으로, 있는 그대로 체득하여 알았기 때문에, 비구들이여, 중생들은 마라와 범천과 천신들을 포함한 세간들을, 그리고 사문과 바라문과 왕과 백성을 포함한 인간들을 포기하고 벗어나고 떨어져서 자유로운 마음으로 살아간다오."

2.69. 괴로움[Dukkha] 〈s.14.34〉

1. 세존께서 사왓티의 제따와나 아나타삔디까 승원에 머무실 때, 비구들에게 말씀하셨습니다.

2. "비구들이여, 만약에 지계(地界)가 괴로움이 따르고, 괴로움이 나타나고, 즐거움은 나타나지 않는 순전(純全)히 괴로운 것이라면, 중생들은 지계를 즐기지 않을 것이오. 비구들이여, 그러나 지계는 즐거움이 따르고, 즐거움이 나타나고, 괴로움은 나타나지 않는 즐거운 것이기 때문에 중생들은 지계를 즐긴다오.

3.-5. 수계(水界), 화계(火界), 풍계(風界)도 마찬가지라오.

6. 비구들이여, 만약에 지계가 즐거움이 따르고, 즐거움이 나타나고, 괴로움은 나타나지 않는 순전히 즐거운 것이라면, 중생들은 지계에 대하여 싫증 내지[厭離] 않을 것이오. 비구들이여, 그러나 지계는 괴로움이 따르고, 괴로움이 나타나고, 즐거움은 나타나지 않는 괴로운 것이기 때문에 중생들은 지계에 대하여 싫증을 낸다오.

7.-9. 수계, 화계, 풍계도 마찬가지라오."

2.70. 사문과 바라문[Samaṇabrāhmaṇa] 〈s.14.37-39〉

1. 세존께서 사왓티의 제따와나 아나타삔디까 승원에 머무실 때, 비구들에게 말씀하셨습니다.

2. "비구들이여, 지계(地界)를 좋아하는 사람은 괴로움을 좋아하는 사람이고, 괴로움을 좋아하는 사람은 괴로움에서 해탈하지 못했다고 나는 말한다오. 수계(水界), 화계(火界), 풍계(風界)도 마찬가지라오. 비구들이여, 지계를 좋아하지 않는 사람은 괴로움을 좋아하지 않는 사람이고, 괴로움을 좋아하지 않는 사람은 괴로움에서 해탈했다고 나는 말한다오.

수계, 화계, 풍계도 마찬가지라오. 〈s.14.37〉

3. 비구들이여, 지계의 생김과 머묾과 거듭하여 생김과 드러남은 괴로움의 나타남이며, 병(病)의 머묾이며, 노사(老死)의 드러남이라오. 수계, 화계, 풍계도 마찬가지라오. 비구들이여, 지계의 괴멸(壞滅)과 적멸과 소멸(消滅)은 괴로움의 괴멸이며, 병의 적멸이며, 노사의 소멸이라오.

수계, 화계, 풍계도 마찬가지라오. 〈s.14.

38〉

4. 비구들이여, 그 어떤 사문이나 바라문이라 할지라도 이 네 가지 계(界)의 쌓임[集]과 소멸[滅]과 달콤한 맛[味]과 재난[患]과 벗어남[出離]을 있는 그대로 통찰하지 못하는 사람을 나는 사문 가운데 있으나 사문으로 여기지 않고, 바라문 가운데 있으나 바라문으로 여기지 않는다오. 그들은 지금 여기에서 사문의 목적이나 바라문의 목적을 스스로 체험지(體驗智)로 체득하고 성취하여 살고 있는 것이 아니라오. 비구들이여, 그 어떤 사문이나 바라문이라 할지라도 이 네 가지 계의 쌓임과 소멸과 달콤한 맛과 재난과 벗어남을 있는 그대로 통찰하는 사람을 나는 사문 가운데 사문으로 여기고, 바라문 가운데 바라문으로 여긴다오. 그들은 지금 여기에서 사문의 목적이나 바라문의 목적을 스스로 체험지로 체득하고 성취하여 사는 것이라오. 〈s.14.37-38〉

5. 비구들이여, 그 어떤 사문이나 바라문이라 할지라도 지계를 통찰하지 못하고, 지계의 쌓임을 통찰하지 못하고, 지계의 소멸을 통찰하지 못하고, 지계의 달콤한 맛을 통찰하지 못하고, 지계의 재난을 통찰하지 못하고, 지계에서 벗어남을 통찰하지 못하는 사람을 나는 사문 가운데 있으나 사문으로 여기지 않고, 바라문 가운데 있으나 바라문으로 여기지 않는다오. 그들은 지금 여기에서 사문의 목적이나 바라문의 목적을 스스로 체험지로 체득하고 성취하여 살고 있는 것이 아니라오. 비구들이여, 그 어떤 사문이나 바라문이라 할지라도 지계를 통찰하고, 지계의 쌓임을 통찰하고, 지계의 소멸을 통찰하고, 지계의 달콤한 맛을 통찰하고, 지계의 재난을 통찰하고, 지계에서 벗어남을 통찰하는 사람을 나는 사문 가운데 사문으로 여기고, 바라문 가운데 바라문으로 여긴다오. 그들은 지금 여기에서 사문의 목적이나 바라문의 목적을 스스로 체험지로 체득하고 성취하여 사는 것이라오.

수계, 화계, 풍계도 마찬가지라오." 〈s.14.39〉

제15 무시이래(無始以來) 상윳따

2.71. 풀과 나무[Tiṇakaṭṭhaṃ], 흙덩어리[Pathavī] 〈s.15.1-2〉

1. 세존께서 사왓티의 제따와나 아나타삔디까 승원에 머무실 때, 비구들에게 말씀하셨습니다.

2. "비구들이여, 무명(無明)에 뒤덮이고 갈애[愛]에 속박된 중생들이 흘러 다니고 돌아다닌, 시초를 헤아릴 수 없는 유전(流轉)의 시작은 알 수 없다오.

3. 비구들이여, 예를 들어 어떤 사람이 이 잠부디빠(Jambudīpa)[573]에 있는 풀과 나무 잎사귀를 잘라서 한곳에 모아 놓고, 손가락 네

573 우리가 살고 있는 이 세상을 의미함. 인도의 세계관에 의하면, 우주의 중심에 수미산(須彌山)이 바다에 둘러싸여 있고, 사방에는 큰 섬이 있으며, 우리는 남쪽의 섬에 살고 있다고 하는데, 그 섬의 이름이 잠부디빠(Jambudīpa)이다. 한역으로는 '염부제(閻浮提), 섬부주(贍部洲)'로 음역(音譯)되며, 남쪽에 있기 때문에 '남섬부주(南贍部洲)'라고 번역되기도 한다.

마디의 크기로[574] 잘게 만들어서 '이것은 나의 어머니, 이것은 나의 어머니의 어머니'[575] 라고 하면서 제거한다면, 비구들이여, 그 사람의 어머니의 어머니가 끝나기 전에 이 잠부디빠에 있는 풀과 나무 잎사귀는 동나게 될 것이오. 〈s.15.1〉

4. 비구들이여, 예를 들어 어떤 사람이 이 대지(大地)를 대추 씨 크기로 흙덩어리를 만들어서[576] '이것은 나의 어머니, 이것은 나의 어머니의 어머니'라고 하면서 제거한다면, 비구들이여, 그 사람의 어머니의 어머니가 끝나기 전에 이 대지는 동나게 될 것이오.

왜냐하면 비구들이여, 무명에 뒤덮이고 갈애에 속박된 중생들이 흘러 다니고 돌아다닌, 시초를 헤아릴 수 없는 유전의 시작은 알 수 없기 때문이오. 비구들이여, 이렇게 오랜 세월 동안 그대들은 괴로움을 겪고 고난을 겪고 파멸을 겪었으며 무덤은 늘어났다오. 비구들이여, 이 정도이니 마땅히 일체의 행위[行]들에 대하여 싫증 내고[厭離], 탐욕을 버리고[離欲], 해탈(解脫)해야 한다오." 〈s.15.2〉

2.72. 눈물[Assu] 〈s.15.3〉

1. 세존께서 사왓티의 제따와나 아나타삔디까 승원에 머무실 때, 비구들에게 말씀하셨습니다.

2. "비구들이여, 무명(無明)에 뒤덮이고 갈애[愛]에 속박된 중생들이 흘러 다니고 돌아다닌, 시초를 헤아릴 수 없는 유전(流轉)의 시작은 알 수 없다오.

3. 비구들이여, 그대들은 어떻게 생각하는가? 그대들이 오랜 세월 동안 흘러 다니고 돌아다니면서 싫어하는 것과 만나고 좋아하는 것과 헤어짐으로 인해서 울고 통곡하며 흘린 눈물을 모아 놓은 것과 4대양(大洋)의 바닷물 가운데 어떤 것이 더 많다고 생각하는가?"

4. "세존이시여, 우리가 세존께서 가르치신 가르침을 이해한 바로는 우리가 오랜 세월 동안 흘러 다니고 돌아다니면서 싫어하는 것과 만나고 좋아하는 것과 헤어짐으로 인해서 울고 통곡하며 흘린 눈물을 모아 놓은 것이 더 많습니다. 결코 4대양의 바닷물이 더 많지 않습니다."

5. "훌륭하오! 비구들이여, 훌륭하오! 그대들은 내가 가르친 가르침을 잘 이해했군요.

6.-12. 비구들이여, 그대들이 오랜 세월 어머니의 죽음을 겪고, 아들의 죽음을 겪고, 딸의 죽음을 겪고, 친척의 죽음을 겪고, 재산의 손실을 겪고, 질병의 고통을 겪으면서 싫어하는 것과 만나고 좋아하는 것과 헤어짐으로 인해서 울고 통곡하며 흘린 눈물을 모아 놓은 것이 더 많지, 결코 4대양의 바닷물이 더 많지 않다오.

---

574 'caturaṅgulaṃ'의 번역. '손가락 네 마디의 크기'는 손으로 집어서 수를 세기에 적당한 크기를 의미한다.

575 여기에서 '나의 어머니, 나의 어머니'가 아니라, '나의 어머니, 나의 어머니의 어머니'라는 말에 주의할 필요가 있다. 이것은 이 경에서 이야기하는 'saṃsāra'가 개인적인 '윤회'를 의미하는 것이 아니라, 어머니의 어머니에서 어머니로 이어지는 생사유전(生死流轉)을 의미한다는 것을 보여 준다. 즉 오늘의 우리는 시작을 알 수 없는 먼 옛날의 어머니의 어머니들로부터 오늘의 어머니에 이르는 생사유전의 결과라는 것을 말하고 있다.

576 '대추 씨 크기의 흙덩어리'는 손으로 집어서 수를 세기에 적당한 크기의 흙덩어리를 의미한다.

13. 왜냐하면, 비구들이여, 무명에 뒤덮이고 갈애에 속박된 중생들이 흘러 다니고 돌아다닌, 시초를 헤아릴 수 없는 유전의 시작은 알 수 없기 때문이오. 비구들이여, 이렇게 오랜 세월 동안 그대들은 괴로움을 겪고 고난을 겪고 파멸을 겪었으며 무덤은 늘어났다오.
14. 비구들이여, 이 정도이니 마땅히 일체의 행위[行]들에 대하여 싫증 내고[厭離], 탐욕을 버리고[離欲], 해탈(解脫)해야 한다오."

2.73. 젖[Khīraṃ] 〈s.15.4〉

1. 세존께서 사왓티의 제따와나 아나타삔디까 승원에 머무실 때, 비구들에게 말씀하셨습니다.
2. "비구들이여, 무명(無明)에 뒤덮이고 갈애[愛]에 속박된 중생들이 흘러 다니고 돌아다닌, 시초를 헤아릴 수 없는 유전(流轉)의 시작은 알 수 없다오.
3. 비구들이여, 그대들은 어떻게 생각하는가? 그대들이 오랜 세월 동안 흘러 다니고 돌아다니면서 마신 어머니의 젖과 4대양(大洋)의 바닷물 가운데 어떤 것이 더 많다고 생각하는가?"
4. "세존이시여, 우리가 세존께서 가르치신 가르침을 이해한 바로는 우리가 오랜 세월 동안 흘러 다니고 돌아다니면서 마신 어머니의 젖이 더 많습니다. 결코 4대양의 바닷물이 더 많지 않습니다."
5. "훌륭하오! 비구들이여, 훌륭하오! 그대들은 내가 가르친 가르침을 잘 이해했군요.
6. 비구들이여, 그대들이 오랜 세월 동안 흘러 다니고 돌아다니면서 마신 어머니의 젖이 더 많지, 결코 4대양의 바닷물이 더 많지 않다오.
7. 왜냐하면 비구들이여, 무명에 뒤덮이고 갈애에 속박된 중생들이 흘러 다니고 돌아다닌, 시초를 헤아릴 수 없는 유전의 시작은 알 수 없기 때문이오. 비구들이여, 이렇게 오랜 세월 동안 그대들은 괴로움을 겪고 고난을 겪고 파멸을 겪었으며 무덤은 늘어났다오.

비구들이여, 이 정도이니 마땅히 일체의 행위[行]들에 대하여 싫증 내고[厭離], 탐욕을 버리고[離欲], 해탈(解脫)해야 한다오."

2.74. 산[Pabbata], 겨자[Sāsapā] 〈s.15.5-6〉

1. 세존께서 사왓티의 제따와나 아나타삔디까 승원에 머무실 때
2. 어떤 비구가 세존을 찾아와서 세존께 예배하고 한쪽에 앉았습니다.
3. 그 비구가 세존께 물었습니다.

"세존이시여, 겁(劫)은 얼마나 깁니까?"
4. "비구여, 겁은 '몇 년이다, 몇백 년이다, 몇천 년이다, 몇십만 년이다'라고 헤아릴 수 없이 길다."

"세존이시여, 그렇다면 비유할 수는 있습니까?"

세존께서는 "할 수 있다. 비구여!"라고 말씀하신 후에 다음과 같이 말씀하셨습니다.
5. "비구여, 예를 들어 가로와 세로와 높이가 각각 한 요자나(yojana)[577]가 되는 빈틈없이

---

577 'yojana'는 길이의 단위로서 14km 정도의 거리이다.

조밀하고 단단한 큰 바위산을 사람이 100년마다 와서 비단옷으로[kāsikena vatthena][578] 한 번씩 문지른다고 할 때, 비구여, 이렇게 하면 그 큰 바위산이 더 빨리 닳아서 없어지고, 겁은 없어지지 않을 것이다. 〈s.15.5〉

6. 비구여, 예를 들어 가로와 세로와 높이가 각각 한 요자나가 되는 큰 성(城)에 가득 찬 겨자씨를 사람이 100년마다 와서 한 알씩 덜어 낸다고 할 때, 비구여, 이렇게 하면 그 많은 겨자씨가 더 빨리 없어지고, 겁은 없어지지 않을 것이다. 〈s.15.6〉

7. 비구여, 겁은 이렇게 길다. 비구여, 그런데 이렇게 긴 겁을 그대는 수 겁, 수백 겁, 수천 겁, 수십만 겁 동안 흘러 다니고 돌아다녔다.

8. 왜냐하면 비구여, 무명에 뒤덮이고 갈애에 속박된 중생들이 흘러 다니고 돌아다닌, 시초를 헤아릴 수 없는 유전의 시작은 알 수 없기 때문이다. 비구여, 이렇게 오랜 세월 동안 중생들은 괴로움을 겪고 고난을 겪고 파멸을 겪었으며 무덤은 늘어났다. 비구여, 이 정도이니 마땅히 일체의 행위[行]들에 대하여 싫증 내고[厭離], 탐욕을 버리고[離欲], 해탈(解脫)해야 한다."

2.75. 불행한 사람[Duggataṃ], 행복한 사람[Sukhitaṃ] 〈s.15.11-12〉

1. 세존께서 사왓티의 제따와나 아나타삔디까 승원에 머무실 때, 비구들에게 말씀하셨습니다.

2. "비구들이여, 무명(無明)에 뒤덮이고 갈애[愛]에 속박된 중생들이 흘러 다니고 돌아다닌, 시초를 헤아릴 수 없는 유전(流轉)의 시작은 알 수 없다오.

3. 비구들이여, 그대들은 불행하고 가난한 사람을 보면, 우리도 긴 세월 동안 이와 같은 일을 겪었다고 생각해야 한다오. 〈s.15.11〉

4. 비구들이여, 그대들은 행복하고 유복한 사람을 보면, 우리도 긴 세월 동안 이와 같은 일을 겪었다고 생각해야 한다오. 〈s.15.12〉

5. 왜냐하면 비구들이여, 무명에 뒤덮이고 갈애에 속박된 중생들이 흘러 다니고 돌아다닌, 시초를 헤아릴 수 없는 유전의 시작은 알 수 없기 때문이오. 비구들이여, 이렇게 오랜 세월 동안 그대들은 괴로움을 겪고 고난을 겪고 파멸을 겪었으며 무덤은 늘어났다오. 비구들이여, 이 정도이니 마땅히 일체의 행위[行]들에 대하여 싫증 내고[厭離], 탐욕을 버리고[離欲], 해탈(解脫)해야 한다오."

2.76. 어머니[Mātā] - 딸[Dhītā] 〈s.15.14-19〉

1. 세존께서 사왓티의 제따와나 아나타삔디까 승원에 머무실 때, 비구들에게 말씀하셨습니다.

2. "비구들이여, 무명(無明)에 뒤덮이고 갈애[愛]에 속박된 중생들이 흘러 다니고 돌아다닌, 시초를 헤아릴 수 없는 유전(流轉)의 시작은 알 수 없다오.

3. 비구들이여, 중생들이 긴 세월 동안 과거의 어머니가 아닌 사람, 아버지가 아닌 사람, 형제가 아닌 사람, 자매가 아닌 사람, 아들이 아닌 사람, 딸이 아닌 사람을 만나기는 쉽지 않다오.

---

578 직역하면 '까시에서 생산된 옷으로'인데, '까시에서 생산된 옷'은 매우 부드러운 천으로 만든 옷을 의미한다.

4. 왜냐하면 비구들이여, 무명에 뒤덮이고 갈애에 속박된 중생들이 흘러 다니고 돌아다닌, 시초를 헤아릴 수 없는 유전의 시작은 알 수 없기 때문이라오. 비구들이여, 이렇게 오랜 세월 동안 그대들은 괴로움을 겪고 고난을 겪고 파멸을 겪었으며 무덤은 늘어났다오. 비구들이여, 이 정도이니 마땅히 일체의 행위[行]들에 대하여 싫증 내고[厭離], 탐욕을 버리고[離欲], 해탈(解脫)해야 한다오."

제16 까싸빠(Kassapa) 상윳따

2.77. 지족(知足, Santuṭṭhaṃ) 〈s.16.1〉

1. 세존께서 사왓티의 제따와나 아나타삔디까 승원에 머무실 때, 비구들에게 말씀하셨습니다.

2.-5. "비구들이여, 까싸빠는 어떤 옷이나 탁발 음식[piṇḍapada]이나 좌구(坐具)나 의약자구(醫藥資具)로도 만족할 줄을 안다오. 그는 어떤 옷이나 탁발 음식이나 좌구나 의약자구로도 만족할 줄 아는 것을 찬탄하며, 옷이나 탁발 음식이나 좌구나 의약자구 때문에 부당하거나 부적절한 일을 하지 않는다오. 옷이나 탁발 음식이나 좌구나 의약자구를 얻지 못해도 걱정하지 않고, 옷이나 탁발 음식이나 좌구나 의약자구를 얻으면 집착하지 않고 마음을 뺏기지 않고 과오를 범하지 않고 재난을 보고 벗어남[出離]을 통찰하며 사용한다오.

6. 비구들이여, 그러므로 이제 그대들은 이와 같이 배워야 한다오.

'우리는 어떤 옷이나 탁발 음식이나 좌구나 의약자구로도 만족할 줄을 알고, 어떤 옷이나 탁발 음식이나 좌구나 의약자구로도 만족할 줄을 아는 것을 찬탄하고, 옷이나 탁발 음식이나 좌구나 의약자구 때문에 부당하거나 부적절한 일을 하지 않겠다. 우리는 옷이나 탁발 음식이나 좌구나 의약자구를 얻지 못해도 걱정하지 않고, 옷이나 탁발 음식이나 좌구나 의약자구를 얻으면 집착하지 않고 마음을 뺏기지 않고 과오를 범하지 않고 재난을 보고 벗어남을 통찰하며 사용하겠다.'

비구들이여, 그대들은 참으로 이와 같이 배워야 한다오.

7. 비구들이여, 나는 까싸빠나 까싸빠 같은 사람을 통해서 그대들을 가르치고자 하는 것이오. 그대들은 배운 그대로 실천하도록 하시오!"

2.78. 두려워하지 않으면[Anottāpi] 〈s.16.2〉

1. 한때 사리뿟따 존자와 마하 까싸빠 존자는 바라나시의 이시빠따나 미가다야[鹿野苑]에 머물렀습니다.

2. 어느 날 해 질 무렵에 사리뿟따 존자는 좌선에서 일어나 마하 까싸빠 존자를 찾아가서 인사를 나누고 한쪽에 앉았습니다.

3. 사리뿟따 존자가 마하 까싸빠 존자에게 말했습니다.

4. "까싸빠 존자여, 노력하지 않고 두려워하지 않으면 바른 깨달음[正覺]과 열반(涅槃)과 더할 나위 없는 행복[瑜伽安穩]의 획득이 불가능하며, 노력하고 두려워하면 바른 깨달음과 열반과 더할 나위 없는 행복의 획득이 가능하다고 합니다.

5. 존자여, 어떤 식으로 노력하지 않고 두려워하지 않으면 바른 깨달음과 열반과 더할

나위 없는 행복의 획득이 불가능합니까? 그리고 어떤 식으로 노력하고 두려워하면 바른 깨달음과 열반과 더할 나위 없는 행복의 획득이 가능합니까?"

6. "존자여, 어떤 비구는 '나에게 생기지 않았던 사악하고 나쁜 법[惡不善法]들이 생기고 있으니 손해가 될 것이다'라고 노력하지 않고, '나에게 생겼던 사악하고 나쁜 법들이 소멸하지 않고 있으니 손해가 될 것이다'라고 노력하지 않고, '나에게 생기지 않았던 좋은 법[善法]들이 생기지 않고 있으니 손해가 될 것이다'라고 노력하지 않고, '나에게 생겼던 좋은 법들이 소멸하고 있으니 손해가 될 것이다'라고 노력하지 않습니다. 존자여, 이렇게 하는 것이 노력하지 않는 것입니다."

7. "존자여, 그렇다면 어떻게 하는 것이 두려워하지 않는 것입니까?"

"존자여, 어떤 비구는 '나에게 생기지 않았던 사악하고 나쁜 법들이 생기고 있으니 손해가 될 것이다'라고 두려워하지 않고, '나에게 생기지 않았던 좋은 법들이 생기지 않고 있으니 손해가 될 것이다'라고 두려워하지 않고, '나에게 생겼던 좋은 법들이 소멸하고 있으니 손해가 될 것이다'라고 두려워하지 않습니다. 존자여, 이렇게 하는 것이 두려워하지 않는 것입니다.

8. 존자여, 이와 같이 노력하지 않고 두려워하지 않으면 바른 깨달음과 열반과 더할 나위 없는 행복의 획득이 불가능합니다."

9. "존자여, 그렇다면 어떻게 하는 것이 노력하는 것입니까?"

"존자여, 어떤 비구는 '나에게 생기지 않았던 사악하고 나쁜 법들이 생기고 있으니 손해가 될 것이다'라고 노력하고, '나에게 생기지 않았던 좋은 법들이 생기지 않고 있으니 손해가 될 것이다'라고 노력하고, '나에게 생겼던 좋은 법들이 소멸하고 있으니 손해가 될 것이다'라고 노력합니다. 존자여, 이렇게 하는 것이 노력하는 것입니다."

10. "존자여, 그렇다면 어떻게 하는 것이 두려워하는 것입니까?"

"존자여, 어떤 비구는 '나에게 생기지 않았던 사악하고 나쁜 법들이 생기고 있으니 손해가 될 것이다'라고 두려워하고, '나에게 생기지 않았던 좋은 법들이 생기지 않고 있으니 손해가 될 것이다'라고 두려워하고, '나에게 생겼던 좋은 법들이 소멸하고 있으니 손해가 될 것이다'라고 두려워합니다. 존자여, 이렇게 하는 것이 두려워하는 것입니다.

11. 존자여, 이와 같이 노력하고 두려워하면 바른 깨달음과 열반과 더할 나위 없는 행복의 획득이 가능합니다."

2.79. 달의 비유[Candupamaṃ] 〈s.16.3〉

1. 세존께서 사왓티의 제따와나 아나타삔디까 승원에 머무실 때, 비구들에게 말씀하셨습니다.

2. "비구들이여, 그대들은 조신(操身)하고 조심(操心)하면서, 그 식구들에게 항상 새내기처럼 겸손하게 달처럼 가정집을 방문해야 한다오.

3. 비구들이여, 비유하면 어떤 사람이 허물어진 우물이나 산벼랑이나 험한 강을 살피듯이 조신하고 조심해야 한다오. 비구들이여, 이와 같이 그대들은 조신하고 조심하면서, 그 식구들에게 항상 새내기처럼 겸손하게 달처럼 가정집을 방문해야 한다오. 비구들이여,

까싸빠는 이와 같이 조신하고 조심하면서, 그 식구들에게 항상 새내기처럼 겸손하게 달처럼 가정집을 방문한다오.

4. 비구들이여, 그대들은 어떻게 생각하는가? 비구가 어떤 태도로 가정집을 방문하는 것이 바람직하겠는가?"

5. "세존이시여, 세존께서는 법의 근본이시고, 법의 안내자이시고, 법의 귀의처이십니다. 세존이시여, 부디 세존께서는 이 말씀의 의미를 밝혀 주십시오! 세존의 말씀을 듣고 비구들은 받아 지닐 것입니다."

6. 그러자 세존께서 허공에 손을 흔드셨습니다.

"비구들이여, 비유하면 허공에 이 손이 들러붙지 않고 붙잡히지 않고 묶이지 않듯이, 비구들이여, 이와 같이 비구는 어떤 가정집을 방문하더라도 '얻고 싶으면 얻고 공덕을 원하면 공덕을 지으시오!'라고 생각하면서 가정집에 마음이 들러붙지 않고 붙잡히지 않고 묶이지 않아야 한다오.

7.-9. '자신이 얻어서 즐겁고 기쁘듯이 다른 사람이 얻어서 즐겁고 기쁘다.' 비구들이여, 비구는 이런 태도로 가정집을 방문하는 것이 바람직하다오. 비구들이여, 까싸빠는 이런 태도로 가정집을 방문한다오.

10. 비구들이여, 그대들은 어떻게 생각하는가? 어떤 태도가 비구의 청정하지 못한 설법이고 어떤 태도가 비구의 청정한 설법인가?"

11. "세존이시여, 세존께서는 법의 근본이시고, 법의 안내자이시고, 법의 귀의처이십니다. 세존이시여, 부디 세존께서는 이 말씀의 의미를 밝혀 주십시오! 세존의 말씀을 듣고 비구들은 받아 지닐 것입니다."

12. "비구들이여, 그렇다면 그대들은 듣고 잘 생각하도록 하시오! 내가 이야기하겠소."

그 비구들은 "그렇게 하겠습니다, 세존이시여"라고 대답했습니다.

세존께서는 다음과 같이 말씀하셨습니다.

13. "비구들이여, 어떤 비구라도 '아! 나에게 가르침[法]을 들으면 좋겠다. 가르침을 듣고서 믿으면 좋겠다. 믿고서 나에게 믿음을 보이면 좋겠다'라는 마음으로 다른 사람에게 설법한다면, 비구들이여, 이런 태도는 비구의 청정하지 못한 설법이라오.

14. 비구들이여, 어떤 비구라도 '잘 설해진 세존의 가르침은 지금 여기에서 볼 수 있는 것이며, 즉시 체득할 수 있는 것이며, 와서 보라고 할 수 있는 것이며, 지혜로운 사람이 스스로 볼 수 있도록 도움을 주는 것이다. 아! 나에게 이 가르침을 들으면 좋겠다. 가르침을 듣고서 이해하면 좋겠다. 이해하고서 그대로 실천하면 좋겠다'라고 가르침의 선법성(善法性, dhammasudhammatam)에 의지하여 다른 사람에게 설법하고, 자애의 마음으로 연민의 마음으로 동정심을 가지고 다른 사람에게 설법한다면, 비구들이여, 이런 태도가 비구의 청정한 설법이라오.

15. 비구들이여, 까싸빠는 이런 마음으로 다른 사람에게 설법한다오.

16. 비구들이여, 나는 까싸빠나 까싸빠와 비슷한 사람을 통해서 그대들을 가르치고자 하는 것이오. 그대들은 배운 그대로 실천하도록 하시오!"

2.80. 심방(尋訪, Kulupagaṃ) 〈s.16.4〉

1. 세존께서 사왓티의 제따와나 아나타삔디

까 승원에 머무실 때, 비구들에게 말씀하셨습니다.

2. "비구들이여, 그대들은 어떻게 생각하는가? 비구가 어떤 태도로 가정집을 방문하는 것이 바람직하고, 어떤 태도로 가정집을 방문하는 것이 바람직하지 않다고 생각하는가?"

3. "세존이시여, 세존께서는 법의 근본이시고, 법의 안내자이시고, 법의 귀의처이십니다. 세존이시여, 부디 세존께서는 이 말씀의 의미를 밝혀 주십시오! 세존의 말씀을 듣고 비구들은 받아 지닐 것입니다."

"비구들이여, 그렇다면 그대들은 듣고 잘 생각하도록 하시오! 내가 이야기하겠소."

그 비구들은 "그렇게 하겠습니다, 세존이시여"라고 대답했습니다.

세존께서는 다음과 같이 말씀하셨습니다.

4. "비구들이여, 어떤 비구라 할지라도 '그들은 나에게 보시해야 한다. 보시하지 않으면 안 된다. 그들은 나에게 많은 보시를 해야 한다. 적어서는 안 된다. 그대들은 나에게 훌륭한 보시를 해야 한다. 보잘것없어서는 안 된다. 그들은 나에게 지체하지 않고 보시해야 한다. 지체해서는 안 된다. 그들은 나에게 공손하게 보시해야 한다. 공손하지 않으면 안 된다'라고 생각하고, 이와 같은 마음으로 가정집을 방문한다면, 비구들이여, 이와 같은 마음으로 가정집을 방문한 그 비구에게 그들이 보시하지 않으면, 그 비구는 화가 날 것이오.

5. 그는 그로 인해서 괴로움과 불쾌함을 느낄 것이오. 그들이 적게 보시하거나 보잘것없는 것을 보시하거나 지체하고 보시하거나 공손하지 않게 보시하면, 그 비구는 화가 날 것이오. 그는 그로 인해서 괴로움과 불쾌함을 느낄 것이오.

비구들이여, 비구가 이런 마음으로 가정집을 방문하는 것은 바람직하지 않다오.

6. 비구들이여, 비구가 '어떻게 다른 집에 가서, 그들은 나에게 보시해야 한다. 보시하지 않으면 안 된다. 그들은 나에게 많은 보시를 해야 한다. 적어서는 안 된다. 그대들은 나에게 훌륭한 보시를 해야 한다. 보잘것없어서는 안 된다. 그들은 나에게 지체하지 않고 보시해야 한다. 지체해서는 안 된다. 그들은 나에게 공손하게 보시해야 한다. 공손하지 않으면 안 된다고 생각할 수 있겠는가?'라고 생각하고, 이와 같은 마음으로 가정집을 방문한다면, 비구들이여, 이와 같은 마음으로 가정집을 방문한 그 비구에게 그들이 보시하지 않아도, 그 비구는 화가 나지 않을 것이오.

7. 그는 그로 인해서 괴로움과 불쾌함을 느끼지 않을 것이오. 그들이 적게 보시하거나 보잘것없는 것을 보시하거나 지체하고 보시하거나 공손하지 않게 보시해도, 그 비구는 화가 나지 않을 것이오. 그는 그로 인해서 괴로움과 불쾌함을 느끼지 않을 것이오.

비구들이여, 비구는 이런 마음으로 가정집을 방문하는 것이 바람직하다오.

8.-10. 비구들이여, 까싸빠는 이런 마음으로 가정집을 방문한다오.

11. 비구들이여, 나는 까싸빠나 까싸빠와 비슷한 사람을 통해서 그대들을 가르치고자 하는 것이오. 그대들은 배운 그대로 실천하도록 하시오!"

2.81. 연로(年老)한[Jiṇṇaṃ] 〈s.16.5〉

1. 한때 세존께서는 라자가하의 웰루와나 깔란다까니와빠[竹林精舍]에 머무셨습니다.

2. 그때 마하 까싸빠 존자가 세존을 찾아와서 예배하고 한쪽에 앉았습니다.

3. 한쪽에 앉은 마하 까싸빠 존자에게 세존께서 말씀하셨습니다.

"까싸빠여, 그대는 거친 삼베옷, 분소의(糞掃衣), 버려진 옷들을 중시하여 애착하기에는 너무 나이가 많습니다. 까싸빠여, 그러므로 그대는 이제 거사들이 주는 옷을 입고 초대에 응하면서 내 곁에서 머무는 것이 어떠한가요?"

4. "세존이시여, 저는 오랜 세월을 숲에서 살면서 숲에서의 생활을 찬탄했고, 탁발 음식을 먹으면서 탁발 음식을 찬탄했고, 분소의를 입으면서 분소의를 찬탄했고, 세 벌의 옷을 지니면서 세 벌의 옷을 찬탄했고, 적은 욕심으로 생활하면서 적은 욕심을 찬탄했고, 만족할 줄 알고 살아가면서 만족할 줄 아는 것을 찬탄했고, 한적한 곳에서 지내면서 한적한 곳에서 지내는 것을 찬탄했고, 번거로운 교류를 하지 않으면서 번거로운 교류를 하지 않는 것을 찬탄했고, 열심히 정진하면서 열심히 정진하는 것을 찬탄했습니다."

5. "까싸빠여, 그대는 도대체 어떤 이익이 있음을 보았기에 오랜 세월을 그렇게 살았나요?"

6. "세존이시여, 저는 두 가지 이익이 있음을 보고서 오랜 세월을 그렇게 살았습니다.

7. 저는 저 자신이 지금 여기에서 행복한 삶을 살고 있음을 보고 있습니다. 그리고 후인(後人)들을 연민하면서, 후인들이 보고 따르게 하고 싶습니다. 깨달은 분을 따라서 깨달음을 구하는 제자들은 오랜 세월을 숲에서 생활하면서 숲에서의 생활을 찬탄했으며, 탁발음식을 먹으면서 탁발 음식을 찬탄했으며, 분소의를 입고 분소의를 찬탄했으며, 세 벌의 옷을 지니고 세 벌의 옷을 찬탄했으며, 적은 욕심으로 생활하면서 적은 욕심을 찬탄했으며, 만족할 줄 알고 살아가면서 만족할 줄 아는 것을 찬탄했고, 한적한 곳에서 지내면서 한적한 곳에서 지내는 것을 찬탄했으며, 번거로운 교류를 하지 않으면서 번거로운 교류를 하지 않는 것을 찬탄했으며, 열심히 정진하면서 열심히 정진하는 것을 찬탄했다고 합니다. 후인들이 그대로 실천한다면 그것은 그들에게 오랜 세월 동안 행복이 되고 즐거움이 될 것입니다.

8. 세존이시여, 저는 이 두 가지 이익이 있음을 보았기 때문에 오랜 세월을 그렇게 살았습니다."

9. "훌륭하군요!' 까싸빠여! 훌륭하군요! 까싸빠여! 참으로 그대는 많은 사람의 행복을 위하여, 많은 사람의 즐거움을 위하여, 세간을 연민하여, 천신과 인간의 이익과 행복과 즐거움을 위하여 실천했습니다.

10. 까싸빠여, 그러면 이제 그대는 거친 삼베옷, 분소의, 버려진 옷들을 입고 탁발하러 다니면서 숲에 머물도록 하십시오!"

2.82. 가르침[Ovādo] (1) 〈s.16.6〉

1. 한때 세존께서는 라자가하의 웰루와나 깔란다까니와빠[竹林精舍]에 머무셨습니다.

2. 그때 마하 까싸빠 존자가 세존을 찾아와서 예배하고 한쪽에 앉았습니다.

3. 한쪽에 앉은 마하 까싸빠 존자에게 세존

께서 말씀하셨습니다.

"까싸빠여, 비구들을 가르치시오! 까싸빠여, 비구들에게 설법하시오! 까싸빠여, 내가 아니면 그대가 비구들을 가르쳐야 합니다. 내가 아니면 그대가 비구들에게 설법해야 합니다."

4. "세존이시여, 요즘 비구들은 참을성이 없고 말을 듣지 않아서 말로 타이르기 어렵고 가르치기 어렵습니다. 세존이시여, 저는 아난다의 제자인 반다(Bhaṇḍa)라는 비구와 아누룻다의 제자인 아빈지까(Abhiñjika)라는 비구가 '여보게! 비구여, 우리 가운데 누가 더 많은 것을 말할 수 있을까? 누가 더 훌륭하게 말할 수 있을까? 누가 더 오래 말할 수 있을까?'라고 서로 입씨름하는 것을 보았습니다."

5. 그러자 세존께서 어떤 비구를 부르셨습니다.

"이리 오라! 비구여, 그대는 '스승께서 존자들을 부르신다'라고 나의 말을 전하여 아난다의 제자인 반다라는 비구와 아누룻다의 제자인 아빈지까라는 비구를 불러오라!"

6. 그 비구는 세존께 "그렇게 하겠습니다, 세존이시여!"라고 대답하고 그 비구들에게 가서 "스승께서 존자들을 부르신다"라고 말했습니다.

7. 그 비구들은 "알겠습니다, 존자여!"라고 대답하고 세존을 찾아가서 예배한 후 한쪽에 앉았습니다.

8. 한쪽에 앉은 그 비구들에게 세존께서 말씀하셨습니다.

"비구들이여, 그대들은 '여보게! 비구여, 우리 가운데 누가 더 많은 것을 말할 수 있을까? 누가 더 훌륭하게 말할 수 있을까? 누가 더 오래 말할 수 있을까?'라고 서로 입씨름을 했다고 하던데, 사실인가?"

"그렇습니다, 세존이시여!"

9. "비구들이여, 그대들은 내가 그와 같은 입씨름을 하라고 법을 가르쳤다고 알고 있는가?"

"그렇지 않습니다, 세존이시여!"

10. "비구들이여, 만약에 그대들이 내가 그런 법을 가르치지 않았다고 알고 있다면, 어리석은 사람들아! 그렇다면 그대들은 어떻게 알고 어떻게 보았기에 이와 같이 잘 설해진 가르침과 율(律)에 출가한 사문으로서 그런 입씨름을 한단 말인가?"

11. 그러자 그 비구들은 세존의 두 발에 머리를 조아린 후에 이렇게 말씀드렸습니다.

"세존이시여, 저희들이 바보처럼 어리석게 착하지 못하게 잘못을 저질렀습니다. 세존이시여, 세존께서는 저희들의 죄를 용서하시어 미래에 다시 죄를 범하지 않게 하소서!"

12. "비구들이여, 그대들은 분명히 잘못을 저질렀다. 그렇지만 그대들은 죄를 죄로 보고 여법(如法)하게 참회했으니, 우리는 그 참회를 받아들이겠다.

13. 비구들이여, 죄를 죄로 보고 여법하게 참회하고, 이후로 자제하는 것이 거룩한 율에서는 성장이다."

2.83. 가르침[Ovādo] (2) 〈s.16.8〉

1. 한때 세존께서는 라자가하의 웰루와나 깔란다까니와빠[竹林精舍]에 머무셨습니다.

2. 그때 마하 까싸빠 존자가 세존을 찾아와서 예배하고 한쪽에 앉았습니다.

3. 한쪽에 앉은 마하 까싸빠 존자에게 세존께서 말씀하셨습니다.

"까싸빠여, 비구들을 가르치시오! 까싸빠여, 비구들에게 설법을 하시오! 까싸빠여, 내가 아니면 그대가 비구들을 가르쳐야 합니다. 내가 아니면 그대가 비구들에게 설법을 해야 합니다."

4. "세존이시여, 요즘 비구들은 참을성이 없고 말로 타이르기 어렵고 존경심이 없어서 가르치기 어렵습니다."

5. "까싸빠여, 실로 그렇다오. 예전에 장로(長老) 비구들은 숲에서 살면서 숲에서의 생활을 찬탄했고, 탁발 음식을 먹으면서 탁발 음식을 찬탄했고, 분소의를 입으면서 분소의를 찬탄했고, 세 벌의 옷을 지니면서 세 벌의 옷을 찬탄했고, 적은 욕심으로 생활하면서 적은 욕심을 찬탄했고, 만족할 줄 알고 살아가면서 만족할 줄 아는 것을 찬탄했고, 한적한 곳에서 지내면서 한적한 곳에서 지내는 것을 찬탄했고, 번거로운 교류를 하지 않으면서 번거로운 교류를 하지 않는 것을 찬탄했고, 열심히 정진하면서 열심히 정진하는 것을 찬탄했다오.

6. 그리고 숲에서 살면서 숲에서의 생활을 찬탄하고, … 열심히 정진하면서 열심히 정진하는 것을 찬탄하는 비구가 있으면, 장로 비구들은 그를 자리에 불러서 '이리 오라, 비구여! 비구여, 이름이 무엇인가? 비구여, 참으로 훌륭하구나! 비구여, 참으로 배울 바가 있구나! 비구여, 이리 와서 이 자리에 앉아라!'라고 했다오.

7. 젊은 비구들은 '숲에서 살면서 숲에서의 생활을 찬탄하고, … 열심히 정진하면서 열심히 정진하는 것을 찬탄하는 비구가 있으면 장로 비구들이 그를 불러서 여러 가지로 칭찬한다고 하던데, 그분들은 그와 같이 실천하는구나!'라고 생각했다오. 그리고 그것은 그들에게 오랜 세월 이익이 되고 행복이 되었다오.

8. 까싸빠여, 그런데 요즘 장로 비구들은 숲에서 살지 않고, 숲에서의 생활을 찬탄하지 않으며, … 열심히 정진하지 않고, 열심히 정진하는 것을 찬탄하지 않는다오.

9. 그리고 옷과 탁발 음식과 좌구(坐具)와 의약자구(醫藥資具)를 많이 받는 명성이 있고 유명한 비구가 있으면, 장로 비구들은 그를 자리에 불러서 '이리 오라, 비구여! 비구여, 이름이 무엇인가? 비구여, 참으로 훌륭하구나. 비구여, 참으로 도반(道伴)으로 삼고 싶구나. 비구여, 이리 와서 이 자리에 앉아라!'라고 한다오.

10. 젊은 비구들은 '옷과 탁발 음식과 좌구와 의약자구를 많이 받는 명성이 있고 유명한 비구가 있으면, 장로 비구들이 그를 자리에 불러서 여러 가지로 칭찬한다고 하던데, 그들은 그와 같이 실천하는구나!'라고 생각한다오. 그리고 그것은 그들에게 오랜 세월 무익하고 괴로움이 된다오.

까싸빠여, 청정한 수행[梵行]을 하는 사람은 청정한 수행을 해치는 사람에 의해서 해를 입고, 청정한 수행을 하는 사람은 청정한 수행을 이룬 사람에 의해서 승리한다고 말하는 것이 옳은 말이오."

2.84. 사이비 정법[Saddhammapatirūpakaṃ] 〈s.16.13〉

1. 한때 세존께서는 라자가하의 웰루와나 깔

란다까니와빠[竹林精舍]에 머무셨습니다.

2. 그때 마하 까싸빠 존자가 세존을 찾아와서 예배하고 한쪽에 앉았습니다.

3. 한쪽에 앉은 마하 까싸빠 존자가 세존께 말씀드렸습니다.

"세존이시여, 예전에는 계법(戒法)이 더 적었지만 구경지(究竟智)로써 자제하는 비구들이 더 많았던 원인은 무엇이고 이유는 무엇입니까? 그리고 요즘은 계법이 더 많지만 구경지로써 자제하는 비구들은 더 적은 원인은 무엇이고 이유는 무엇입니까?"

4. "까싸빠여, 그것은 이와 같다오. 중생들이 감소하고 정법(正法)이 사라질 때는 계법이 더 많아도 구경지로써 자제하는 비구들은 더 적다오.

5. 까싸빠여, 사이비 정법이 세상에 출현하지 않는 한 정법은 사라지지 않는다오. 까싸빠여, 그런데 사이비 정법이 세상에 출현하면, 이제 정법이 사라진다오.

6. 까싸빠여, 비유하면 가짜 황금이 세상에 출현하지 않는 한 황금은 사라지지 않는 것과 같다오. 까싸빠여, 가짜 황금이 세상에 출현하면, 이제 황금이 사라지는 것과 같다오.

7. 까싸빠여, 실로 이와 같이 사이비 정법이 세상에 출현하지 않는 한 정법은 사라지지 않는다오. 까싸빠여, 그런데 사이비 정법이 세상에 출현하면, 이제 정법이 사라진다오.

8.-11. 까싸빠여, 지계(地界)가 정법을 사라지게 하는 것이 아니라오. 수계(水界), 화계(火界), 풍계(風界)가 정법을 사라지게 하는 것이 아니라오.

12. 무지몽매한 사람들이 세상에 출현하여 그들이 정법을 사라지게 한다오.

13. 까싸빠여, 비유하면 곧바로 침몰하는 배처럼, 까싸빠여, 정법은 그렇게 사라지는 것이 아니라오.

14. 까싸빠여, 다섯 가지 타락법(墮落法)이 정법을 어지럽히고 사라지게 한다오. 다섯 가지는 어떤 것인가?

15. 까싸빠여, 비구·비구니·청신사(淸信士)·청신녀(淸信女)들이 스승을 존경하지 않고 따르지 않고 살아가는 것, 가르침[法]을 존경하지 않고 따르지 않고 살아가는 것, 상가[僧伽]를 존경하지 않고 따르지 않고 살아가는 것, 학계(學戒)를 존경하지 않고 따르지 않고 살아가는 것, 삼매(三昧)를 존경하지 않고 따르지 않고 살아가는 것, 까싸빠여, 이들 다섯 가지가 정법을 어지럽히고 사라지게 하는 다섯 가지 타락법이라오.

16. 까싸빠여, 다섯 가지 법이 정법을 어지럽히지 않고 사라지지 않고 머물게 한다오. 다섯 가지는 어떤 것인가?

17. 까싸빠여, 비구·비구니·청신사·청신녀들이 스승을 존경하고 따르며 살아가는 것, 가르침을 존경하고 따르며 살아가는 것, 상가를 존경하고 따르며 살아가는 것, 학계를 존경하고 따르며 살아가는 것, 삼매를 존경하고 따르며 살아가는 것, 까싸빠여, 이들 다섯 가지 법이 정법을 어지럽히지 않고 사라지지 않고 머물게 한다오."

제17 재물과 공경[Lābhasakkāra] 상윳따

2.85. 흉악한 것[Dāruno] - 게송이 있는 [Sagāthakaṃ] 〈s.17.1-10〉

1. 이와 같이 나는 들었습니다.

한때 세존께서는 사왓티의 제따와나 아

나타삔디까 승원에 머무셨습니다.
2. 그때 세존께서 비구들을 불러 말씀하셨습니다.
3. "비구들이여, 재물과 공경과 명성은 더할 나위 없는 행복[yogakkhema, 瑜伽安穩]을 증득하는 데 장애가 되는 끔찍하고 지독하고 흉악한 것이라오.

비구들이여, 그러므로 그대들은 '우리는 이미 생긴 재물과 공경과 명성을 버리겠다. 그리고 아직 생기지 않은 재물과 공경과 명성이 마음을 지배하지 않도록 하겠다'라고 공부해야 한다오. 〈s.17.1〉
4. 비구들이여, 비유하면 어부가 미끼를 끼운 낚시를 깊은 호수 속에 던져 놓으면 미끼에 눈이 먼 물고기가 그것을 삼키는 것과 같다오.

비구들이여, 이렇게 어부의 낚시를 삼킨 그 물고기는 상처를 입고 손상을 당하여 어부의 뜻대로 할 수밖에 없다오.

비구들이여, 어부는 마라(Māra) 빠삐만(Pāpimant)의 비유라오. 비구들이여, 낚시는 재물과 공경과 명성의 비유라오.

비구들이여, 어떤 비구든 비구가 이미 생긴 재물과 공경과 명성을 즐기고 희구하면, 비구들이여, 이것을 일러 '마라의 낚시를 삼켜 상처를 입고 손상을 당한 비구는 빠삐만의 뜻대로 할 수밖에 없다'라고 한다오. 〈s.17.2〉
5. 비구들이여, 옛날에 어떤 호수에 큰 거북이 가족이 오랫동안 살고 있었다오.

비구들이여, 그때 어떤 거북이가 다른 거북이에게 이렇게 말했다오.

'사랑하는 거북이여, 너는 그 지역에는 가지 마라!'

비구들이여, 그런데도 그 거북이는 그 지역에 갔다오. 그 거북이를 본 사냥꾼이 끈이 달린 작살로 그 거북이를 찔렀다오.

비구들이여, 그때 그 거북이는 처음의 거북이를 찾아갔다오.

비구들이여, 처음의 거북이는 멀리서 그 거북이가 오는 것을 보고, 그 거북이에게 이렇게 말했다오.

'사랑하는 거북이여, 너는 그 지역에 가지 않았어야 했는데!'

'사랑하는 거북이여, 그렇지만 나는 그 지역에 갔다오.'

'사랑하는 거북이여, 그런데 너는 상처를 입지 않고 손상을 당하지 않은 것 같구나.'

'사랑하는 거북이여, 나는 손상을 당하지 않았지만, 이 끈이 나를 뒤에서 묶고 있다오.'

'사랑하는 거북이여, 너는 분명히 상처를 입었고 분명히 손상을 당했다. 사랑하는 거북이여, 그 사냥꾼에게 너의 아버지와 할아버지도 상처를 입고 손상을 당하였다. 사랑하는 거북이여, 이제 너는 가거라! 이제 너는 우리의 가족이 아니다.'

비구들이여, 사냥꾼은 마라 빠삐만의 비유라오. 비구들이여, 끈이 달린 작살은 재물과 공경과 명성의 비유라오. 비구들이여, 끈은 환희와 탐욕(貪欲)의 비유라오. 비구들이여, 어떤 비구든 비구가 이미 생긴 재물과 공경과 명성을 즐기고 희구하면, 비구들이여, 이것을 일러 '탐욕의 작살에 의해 상처를 입고 손상을 당한 비구는 빠삐만의 뜻대로 할 수밖에 없다'라고 한다오. 〈s.17.3〉
6. 비구들이여, 비유하면 털이 긴 염소가 가시덤불에 들어가면, 여기저기에 들러붙고, 여기저기에 붙잡히고, 여기저기에 얽매이고,

여기저기에 묶이고, 여기저기에 상처와 손상을 입는 것과 같다오.

비구들이여, 이와 같이 어떤 비구는 재물과 공경과 명성에 정복당하고 지배된 마음으로 아침에 옷을 입고 발우와 법의를 지니고 마을이나 촌락에 탁발하러 들어가서 여기저기를 집착하고, 여기저기를 붙잡고, 여기저기에 얽매이고, 여기저기에 묶이고, 여기저기에 상처와 손상을 입는다오. 〈s.17.4〉

7. 비구들이여, 비유하면 똥을 먹는 구더기가 똥으로 포식을 하고 똥이 넘쳐나는데, 그 앞에 또 커다란 똥 덩어리가 있으면, 그 구더기가 '나는 똥을 먹는 자다. 똥으로 포식을 하고 똥이 넘쳐난다. 그리고 내 앞에는 또 커다란 똥 덩어리가 있다'라고 다른 구더기들을 얕보는 것과 같다오.

비구들이여, 이와 같이 어떤 비구는 재물과 공경과 명성에 정복당하고 지배된 마음으로 아침에 옷을 입고 발우와 법의를 지니고 마을이나 촌락에 탁발하러 들어간다오. 그는 그곳에서 마음껏 먹고, 다음 날 초대를 받고, 탁발 음식이 넘쳐난다오.

그는 정사(精舍)에 가서 비구들의 모임 가운데서 '나는 마음껏 먹고, 다음 날 초대를 받고, 나의 탁발 음식은 넘쳐난다. 나는 옷과 탁발 음식과 좌구(坐具)와 의약자구(醫藥資具)를 얻는다. 그렇지만 공덕이 적고 위력이 없는 다른 비구들은 옷과 탁발 음식과 좌구와 의약자구를 얻지 못한다'라고 자랑한다오.

그리고 그는 재물과 공경과 명성에 정복당하고 지배된 마음으로 품행이 올바른 다른 비구들을 얕본다오. 〈s.17.5〉

8. 비구들이여, 벼락은 누구에게 떨어지겠는가?

뜻을 이루지 못한 유학(有學)이 재물과 공경과 명성을 얻으면, 벼락은 그에게 떨어진다오.

비구들이여, 벼락은 재물과 공경과 명성의 비유라오. 〈s.17.6〉

9. 비구들이여, 독화살은 누구를 관통하겠는가?

뜻을 이루지 못한 유학이 재물과 공경과 명성을 얻으면, 독화살은 그를 관통한다오.

비구들이여, 독화살은 재물과 공경과 명성의 비유라오. 〈s.17.7〉

10. 비구들이여, 높은 공중에는 회오리바람이 분다오. 새가 거기에 가면 회오리바람이 새를 내팽개친다오. 그러면 발은 발대로, 날개는 날개대로, 머리는 머리대로, 몸은 몸대로 산산이 흩어진다오.

비구들이여, 이와 같이 어떤 비구가 재물과 공경과 명성에 정복당하고 사로잡힌 마음으로 아침에 옷을 입고 발우와 법의를 지니고 마을이나 촌락에 탁발하러 들어가서 몸과 말과 마음을 단속하지 못하고 주의집중을 확립하지 못하고 6근을 수호하지 못하고, 그곳에서 헐거운 옷을 입거나 살이 드러난 부인을 보면 탐욕이 그의 마음을 타락시킨다오. 그는 탐욕에 의해 타락한 마음으로 배움을 포기하고 환속한다오.

바람에 내팽개쳐진 새처럼, 그에게서 다른 사람들이 법복을 빼앗고 발우를 빼앗고 좌구를 빼앗고 바늘 쌈지를 빼앗는다오. 〈s.17.9〉

11. 비구들이여, 어떤 사람은 마음이 공경에 정복당하고 지배되어 몸이 무너져 죽은 후에 험난하고 고통스러운 지옥과 같은 불행한 삶을 살게 되는 것을 나는 본다오.

비구들이여, 어떤 사람은 마음이 공경받지 못함에 정복당하고 지배되어 몸이 무너져 죽은 후에 험난하고 고통스러운 지옥과 같은 불행한 삶을 살게 되는 것을 나는 본다오.

비구들이여, 어떤 사람은 마음이 공경과 공경받지 못함, 그 둘에 정복당하고 지배되어 몸이 무너져 죽은 후에 험난하고 고통스러운 지옥과 같은 불행한 삶을 살게 되는 것을 나는 본다오.

12. 비구들이여, 이와 같이 재물과 공경과 명성은 더할 나위 없는 행복을 증득하는 데 장애가 되는 끔찍하고 지독하고 흉악한 것이라오. 비구들이여, 그러므로 그대들은 '우리는 이미 생긴 재물과 공경과 명성을 버리겠다. 그리고 아직 생기지 않은 재물과 공경과 명성이 마음을 지배하지 않도록 하겠다'라고 공부해야 한다오."

세존께서는 이와 같이 말씀하셨습니다. 선서(善逝)이신 스승님께서는 이와 같이 말씀하신 후에 다시 말씀하셨습니다.

공경을 받거나
공경받지 못하거나
방일하지 않고 살아가는 사람은
삼매(三昧)가 흔들리지 않는다.
미묘한 견(見)을 관찰하고[579]
취(取)의 소멸을 즐기는
항상 노력하는 선정(禪定)수행자를
참사람이라고 한다. 〈s.17.10〉

제18 라훌라 상윳따

2.86. 보는 나[眼, Cakkhu]〈s.18.1〉

1. 이와 같이 나는 들었습니다.

한때 세존께서는 사왓티의 제따와나 아나타삔디까 승원에 머무셨습니다.

2. 그때 라훌라(Rahula) 존자가 세존을 찾아와서 예배하고 한쪽에 앉았습니다.

3. 한쪽에 앉은 라훌라 존자가 세존께 말씀드렸습니다.

"거룩하신 세존이시여! 세존께서는 저에게 법을 설해 주십시오! 저는 그것을 듣고 홀로 외딴곳에서 열심히 노력하고 정진하며 지내겠습니다."

4.-9. "라훌라여, 어떻게 생각하느냐? 보는 나[眼]·듣는 나[耳]·냄새 맡는 나[鼻]·맛보는 나[舌]·만지는 나[身]·마음[意]은 지속하는 가[常], 지속하지 않는가[無常]?"[580]

"지속하지 않습니다, 세존이시여!"

---

579 'sukhumaṃ diṭṭhivipassakaṃ'의 번역.

580 'cakkhu[眼)', 'sota[耳]', 'ghāna[鼻]' 'jivhā[舌], kāya[身], mano[意]'는 신체를 구성하는 눈, 귀, 코 등이 아니다. 신체를 구성하는 눈, 귀, 코를 의미하는 명사로는 'nayana[눈], kaṇṇa[귀], nāsā[코]' 등이 있다. 'cakkhu', 'sota' 등은 보고 듣고 냄새 맡고 대상을 지각하는 지각활동을 의미하며, 이것이 6근(六根)이다. 우리는 지각활동을 지속하는 나의 활동으로 생각한다. 우리는 시각활동을 할 때, '지속하는 나가 눈을 통해서 외부의 사물을 보고 있다'라고 생각하는 것이다. 이러한 생각이 'cakkhu', 'sota', 'ghāna' 'jivhā, kāya, mano'로 표현되는 6입처(六入處)다. 이 경에서는 6입처에 대하여 이야기하고 있다. 이 경에서 붓다는 '지각활동이 지속하는 나의 활동인가, 그렇지 않은가'를 묻고 있다. '지속하는[常]'으로 번역한 'niccaṃ'은 일반적으로 '영원한'으로 번역하는데, 이는 잘못된 번역이다. 'niccaṃ'은 시간적인 '지속'을 의미하는 것이지 '영원'을 의미하지 않기 때문이다. 따라서 'niccaṃ'을 부정하는 의미의 'aniccaṃ'도 '영원하지 않는'을 의미하는 것이 아니라 '지속하지 않는'을 의미한다.

"지속하지 않으면 괴로운가, 즐거운가?"

"괴롭습니다, 세존이시여!"

"지속하지 않고, 괴롭고, 변화하는 법(法)을 '이것은 나의 소유다. 이것은 나다. 이것은 나의 자아다'라고 여기는 것이 온당한가?"

"그렇지 않습니다, 세존이시여!"

10. "라훌라여, 이와 같이 본 학식이 많은 거룩한 제자는 보는 나·듣는 나·냄새 맡는 나·맛보는 나·만지는 나·마음에 대하여 싫증 내고[厭離], 싫증 내기 때문에 탐욕을 버리고[離欲], 탐욕을 버리기 때문에 해탈(解脫)하며, 해탈했을 때 '생(生)은 소멸했다. 청정한 수행[梵行]을 완성했으며, 해야 할 일을 끝마쳤다. 다시는 이와 같은 상태로 되지 않는다'라고, '나는 해탈했다'라고 통찰한다."

2.87. 형색[色, Rūpaṃ]〈s.18.2〉

2.-7. "라훌라여, 어떻게 생각하느냐? 형색[色]·소리[聲]·냄새[香]·맛[味]·촉감[觸]·법(法)은 지속하는가, 지속하지 않는가?"

"지속하지 않습니다, 세존이시여!"

"지속하지 않으면 괴로운가, 즐거운가?"

"괴롭습니다, 세존이시여!"

"지속하지 않고, 괴롭고, 변화하는 법(法)을 '이것은 나의 소유다. 이것은 나다. 이것은 나의 자아다'라고 여기는 것이 온당한가?"

"그렇지 않습니다, 세존이시여!"

8. "라훌라여, 이와 같이 본 학식이 많은 거룩한 제자는 형색·소리·냄새·맛·촉감·법에 대하여 싫증 내고, 싫증 내기 때문에 탐욕을 버리고, 탐욕을 버리기 때문에 해탈하며, 해탈했을 때 '생(生)은 소멸했다. 청정한 수행을 완성했으며, 해야 할 일을 끝마쳤다. 다시는 이와 같은 상태로 되지 않는다'라고, '나는 해탈했다'라고 통찰한다."

2.88. 분별의식[識, Viññāṇaṃ]〈s.18.3〉

2.-7. "라훌라여, 어떻게 생각하느냐? 시각분별의식[眼識]·청각분별의식[耳識]·후각분별의식[鼻識]·미각분별의식[舌識]·촉각분별의식[身識]·마음분별의식[意識]은 지속하는가, 지속하지 않는가]?"

"지속하지 않습니다, 세존이시여!"

"지속하지 않으면 괴로운가, 즐거운가?"

"괴롭습니다, 세존이시여!"

"지속하지 않고, 괴롭고, 변화하는 법을 '이것은 나의 소유다. 이것은 나다. 이것은 나의 자아다'라고 여기는 것이 온당한가?"

"그렇지 않습니다, 세존이시여!"

8. "라훌라여, 이와 같이 본 학식이 많은 거룩한 제자는 시각분별의식·청각분별의식·후각분별의식·미각분별의식·촉각분별의식·마음분별의식에 대하여 싫증 내고, 싫증 내기 때문에 탐욕을 버리고, 탐욕을 버리기 때문에 해탈하며, 해탈했을 때 '생(生)은 소멸했다. 청정한 수행을 완성했으며, 해야 할 일을 끝마쳤다. 다시는 이와 같은 상태로 되지 않는다'라고, '나는 해탈했다'라고 통찰한다."

2.89. 접촉[觸, Samphasso]〈s.18.4〉

2.-7. "라훌라여, 어떻게 생각하느냐? 시각접촉[眼觸]·청각접촉[耳觸]·후각접촉[鼻觸]·미각접촉[舌觸]·촉각접촉[身觸]·마음접촉[意觸]은 지속하는가, 지속하지 않는가?"

"지속하지 않습니다, 세존이시여!"

"지속하지 않으면 괴로운가, 즐거운가?"

"괴롭습니다, 세존이시여!"

"지속하지 않고, 괴롭고, 변화하는 법을 '이것은 나의 소유다. 이것은 나다. 이것은 나의 자아다'라고 여기는 것이 온당한가?"

"그렇지 않습니다, 세존이시여!"

8. "라훌라여, 이와 같이 본 학식이 많은 거룩한 제자는 시각접촉·청각접촉·후각접촉·미각접촉·촉각접촉·마음접촉에 대하여 싫증 내고, 싫증 내기 때문에 탐욕을 버리고, 탐욕을 버리기 때문에 해탈하며, 해탈했을 때 '생(生)은 소멸했다. 청정한 수행을 완성했으며, 해야 할 일을 끝마쳤다. 다시는 이와 같은 상태로 되지 않는다'라고, '나는 해탈했다'라고 통찰한다."

2.90. 느낌[受, Vedanā]〈s.18.5〉

2.-7. "라훌라여, 어떻게 생각하느냐? 시각접촉에서 생긴 느낌[眼受]·청각접촉에서 생긴 느낌[耳受]·후각접촉에서 생긴 느낌[鼻受]·미각접촉에서 생긴 느낌[舌受]·촉각접촉에서 생긴 느낌[身受]·마음접촉에서 생긴 느낌[意受]은 지속하는가, 지속하지 않는가?"

"지속하지 않습니다, 세존이시여!

"지속하지 않으면 괴로운가, 즐거운가?"

"괴롭습니다, 세존이시여!"

"지속하지 않고, 괴롭고, 변화하는 법을 '이것은 나의 소유다. 이것은 나다. 이것은 나의 자아다'라고 여기는 것이 온당한가?"

"그렇지 않습니다, 세존이시여!"

8. "라훌라여, 이와 같이 본 학식이 많은 거룩한 제자는 시각접촉에서 생긴 느낌·청각접촉에서 생긴 느낌·후각접촉에서 생긴 느낌·미각접촉에서 생긴 느낌·촉각접촉에서 생긴 느낌·마음접촉에서 생긴 느낌에 대하여 싫증 내고, 싫증 내기 때문에 탐욕을 버리고, 탐욕을 버리기 때문에 해탈하며, 해탈했을 때 '생(生)은 소멸했다. 청정한 수행을 완성했으며, 해야 할 일을 끝마쳤다. 다시는 이와 같은 상태로 되지 않는다'라고, '나는 해탈했다'라고 통찰한다."

2.91. 생각[想, Saññā]〈s.18.6〉

2.-7. "라훌라여, 어떻게 생각하느냐? 형상에 대한 생각[色想]·소리에 대한 생각[聲想]·냄새에 대한 생각[香想]·맛에 대한 생각[味想]·촉감에 대한 생각[觸想]·법에 대한 생각[法想]은 지속하는가, 지속하지 않는가?"

"지속하지 않습니다, 세존이시여!"

"지속하지 않으면 괴로운가, 즐거운가?"

"괴롭습니다, 세존이시여!"

"지속하지 않고, 괴롭고, 변화하는 법을 '이것은 나의 소유다. 이것은 나다. 이것은 나의 자아다'라고 여기는 것이 온당한가?"

"그렇지 않습니다, 세존이시여!"

8. "라훌라여, 이와 같이 본 학식이 많은 거룩한 제자는 형상에 대한 생각·소리에 대한 생

각·냄새에 대한 생각·맛에 대한 생각·촉감에 대한 생각·법에 대한 생각에 대하여 싫증 내고, 싫증 내기 때문에 탐욕을 버리고, 탐욕을 버리기 때문에 해탈하며, 해탈했을 때 '생(生)은 소멸했다. 청정한 수행을 완성했으며, 해야 할 일을 끝마쳤다. 다시는 이와 같은 상태로 되지 않는다'라고, '나는 해탈했다'라고 통찰한다."

2.92. 의도(意圖, Sañcetanā) 〈s.18.7〉

2.-7. "라훌라여, 어떻게 생각하느냐? 형상에 대한 의도[色思]·소리에 대한 의도[聲思]·냄새에 대한 의도[香思]·맛에 대한 의도[味思]·촉감에 대한 의도[觸思]·법에 대한 의도[法思]는 지속하는가, 지속하지 않는가?"

"지속하지 않습니다, 세존이시여!"

"지속하지 않으면 괴로운가, 즐거운가?"

"괴롭습니다, 세존이시여!"

"지속하지 않고, 괴롭고, 변화하는 법을 '이것은 나의 소유다. 이것은 나다. 이것은 나의 자아다'라고 여기는 것이 온당한가?"

"그렇지 않습니다, 세존이시여!"

8. "라훌라여, 이와 같이 본 학식이 많은 거룩한 제자는 형상에 대한 의도·소리에 대한 의도·냄새에 대한 의도·맛에 대한 의도·촉감에 대한 의도·법에 대한 의도에 대하여 싫증 내고, 싫증 내기 때문에 탐욕을 버리고, 탐욕을 버리기 때문에 해탈하며, 해탈했을 때 '생(生)은 소멸했다. 청정한 수행[梵行]을 완성했으며, 해야 할 일을 끝마쳤다. 다시는 이와 같은 상태로 되지 않는다'라고, '나는 해탈했다'라고 통찰한다."

2.93. 갈애[愛, Taṇhā]〈s.18.8〉

2.-7. "라훌라여, 어떻게 생각하느냐? 형상에 대한 갈애[色愛]·소리에 대한 갈애[聲愛]·냄새에 대한 갈애[香愛]·맛에 대한 갈애[味愛]·촉감에 대한 갈애[觸愛]·법에 대한 갈애[法愛]는 지속하는가, 지속하지 않는가?"

"지속하지 않습니다, 세존이시여!"

"지속하지 않으면 괴로운가, 즐거운가?"

"괴롭습니다, 세존이시여!"

"지속하지 않고, 괴롭고, 변화하는 법을 '이것은 나의 소유다. 이것은 나다. 이것은 나의 자아다'라고 여기는 것이 온당한가?"

"그렇지 않습니다, 세존이시여!"

8. "라훌라여, 이와 같이 본 학식이 많은 거룩한 제자는 형상에 대한 갈애·소리에 대한 갈애·냄새에 대한 갈애·맛에 대한 갈애·촉감에 대한 갈애·법에 대한 갈애에 대하여 싫증 내고, 싫증 내기 때문에 탐욕을 버리고, 탐욕을 버리기 때문에 해탈하며, 해탈했을 때 '생(生)은 소멸했다. 청정한 수행을 완성했으며, 해야 할 일을 끝마쳤다. 다시는 이와 같은 상태로 되지 않는다'라고, '나는 해탈했다'라고 통찰한다."

2.94. 계(界, Dhātu) 〈s.18.9〉

2.-7. "라훌라여, 어떻게 생각하느냐? 지계(地界)·수계(水界)·화계(火界)·풍계(風界)·공계(空界)·식계(識界)는 지속하는가, 지속하지 않는가?"

"지속하지 않습니다, 세존이시여!"

"지속하지 않으면 괴로운가, 즐거운가?"

"괴롭습니다, 세존이시여!"

"지속하지 않고, 괴롭고, 변화하는 법을 '이것은 나의 소유다. 이것은 나다. 이것은 나의 자아다'라고 여기는 것이 온당한가?"

"그렇지 않습니다, 세존이시여!"

8. "라훌라여, 이와 같이 본 학식이 많은 거룩한 제자는 지계·수계·화계·풍계·공계·식계에 대하여 싫증 내고, 싫증 내기 때문에 탐욕을 버리고, 탐욕을 버리기 때문에 해탈하며, 해탈했을 때 '생(生)은 소멸했다. 청정한 수행을 완성했으며, 해야 할 일을 끝마쳤다. 다시는 이와 같은 상태로 되지 않는다'라고, '나는 해탈했다'라고 통찰한다."

2.95. 온(蘊, Khandha) 〈s.18.10〉

2.-7. "라훌라여, 어떻게 생각하느냐? 형색[色]·느끼는 마음[受]·생각하는 마음[想]·행위[行]들·분별의식[識]은 지속하는가, 지속하지 않는가?"

"지속하지 않습니다, 세존이시여!"

"지속하지 않으면 괴로운가, 즐거운가?"

"괴롭습니다, 세존이시여!"

"지속하지 않고, 괴롭고, 변화하는 법을 '이것은 나의 소유다. 이것은 나다. 이것은 나의 자아다'라고 여기는 것이 온당한가?"

"그렇지 않습니다, 세존이시여!"

8. "라훌라여, 이와 같이 본 학식이 많은 거룩한 제자는 형색·느끼는 마음·생각하는 마음·행위들·분별의식에 대하여 싫증 내고, 싫증 내기 때문에 탐욕을 버리고, 탐욕을 버리기 때문에 해탈하며, 해탈했을 때 '생(生)은 소멸했다. 청정한 수행을 완성했으며, 해야 할 일을 끝마쳤다. 다시는 이와 같은 상태로 되지 않는다'라고, '나는 해탈했다'라고 통찰한다."

2.96. 습성[Anusaya, 隨眠]〈s.18.21〉

1. 한때 세존께서 사왓티의 제따와나 아나타삔디까 승원에 머무셨습니다.

2. 그때 라훌라 존자가 세존을 찾아와서 세존께 예배하고 한쪽에 앉았습니다.

한쪽에 앉은 라훌라 존자가 세존께 말씀드렸습니다.

3. "세존이시여, 어떻게 알고 어떻게 보아야 이 의식이 있는 몸과 모든 외모에 대하여 '나'라는 생각을 하고[ahaṃkāra] '내 것'이라는 생각을 하는[mamaṅkāra] 아만(我慢)의 습성[慢隨眠]들이 없어질까요?"[581]

4. "라훌라여, '어떤 형색[色]이든, 그것이 과거의 것이든 미래의 것이든 현재의 것이든, 안의 것이든 밖의 것이든, 거친 것이든 미세한 것이든, 못생긴 것이든 잘생긴 것이든, 멀리 있든 가까이 있든, 모든 형색은 나의 것이 아니며, 내가 아니며, 나의 자아가 아니다'라고 이와 같이 바른 통찰지로 그것을 있는 그대로 보아야 한다. 느끼는 마음[受], 생각하는 마음[想], 행위[行]들, 분별의식[識]에 대

---

581 우리는 무의식적으로 의식을 가지고 활동하는 몸과 외모에 대하여 나라는 생각과 내 것이라는 생각을 일으키고 있는데, 이것을 'mānānusaya[慢隨眠]'이라고 한다. 우리는 지각활동을 하는 몸을 자신이라고 생각하고, 다른 사람과는 다른 모습의 외모를 자신의 모습이라고 생각하는데, 이것이 아만(我慢)의 습성[慢隨眠]인 것이다. 이 경에서 라훌라 존자는 어떻게 하면 이 아만의 습성들이 나타나지 않을 수 있는가를 묻고 있다.

해서도 마찬가지다.
5. 라훌라여, 이와 같이 알고 이와 같이 보면, 이 의식이 있는 몸과 모든 외모에 대하여 '나'라는 생각을 하고 '내 것'이라는 생각을 하는 아만의 습성들이 없어진다."

2.97. 제거된[Apagataṃ] ⟨s.18.22⟩

1.-2. 세존께서 사왓티의 제따와나 아나타삔디까 승원에 머무실 때, 라훌라 존자가 세존을 찾아와서 세존께 말씀드렸습니다.
3. "세존이시여, 어떻게 알고 어떻게 보아야 이 의식이 있는 몸과 모든 외모(外貌)에 대하여 '나'라는 생각을 하고 '내 것'이라는 생각을 하는 아만(我慢)이 제거되고, 교만(驕慢)을 극복하여 마음이 고요해지고 잘 해탈하게 될까요?"
4. "라훌라여, '어떤 형색[色]이든, 그것이 과거의 것이든 미래의 것이든 현재의 것이든, 안의 것이든 밖의 것이든, 거친 것이든 미세한 것이든, 못생긴 것이든 잘생긴 것이든, 멀리 있든 가까이 있든, 모든 형색은 나의 것이 아니며, 내가 아니며, 나의 자아가 아니다'라고 이와 같이 바른 통찰지로 그것을 있는 그대로 보고 집착하지 않으면 해탈이 있다. 느끼는 마음[受], 생각하는 마음[想], 행위[行]들, 분별의식[識]에 대해서도 마찬가지다.
5. 라훌라여, 이와 같이 알고 이와 같이 보면, 이 의식이 있는 몸과 모든 외모에 대하여 '나'라는 생각을 하고 '내 것'이라는 생각을 하는 아만이 제거되고, 교만을 극복하여 마음이 고요해지고 잘 해탈하게 된다."

제19 락카나 상윳따

제20 비유 상윳따

제21 비구 상윳따

(생략)

3. 온품(蘊品, Khandha-Vagga)

제22 온(蘊, Khandha) 상윳따

3.1. 나꿀라삐따(Nakulapitā) 〈s.22.1〉

1. 이와 같이 나는 들었습니다.

한때 세존께서는 박가(Bhagga)의 숭수마라기라(Suṃsumāragira)에 있는 베사깔라와나 미가다야(Bhesakaḷāvana Migadāya)에 머무셨습니다.

2. 그때 나꿀라삐따(Nakulapitā) 장자가 세존을 찾아와서 한쪽에 앉았습니다.

3. 한쪽에 앉은 니꿀라삐따 장자가 세존께 말씀드렸습니다.

"세존이시여, 저는 노쇠한 고령의 늙은 이로서 만년에 몸에 병이 있어 끊임없이 병고에 시달리고 있습니다. 세존이시여, 뿐만 아니라 저는 세존의 존경스러운 비구들을 자주 뵐 수도 없습니다. 세존이시여, 세존께서는 제가 오래오래 축복과 안락을 누릴 수 있도록 저에게 가르침을 주시고, 저를 지도하여 주십시오!"

4. "그렇다오, 장자여! 그렇다오, 장자여! 실로 이 몸은 병들고 자유롭지 못하고 구속되어 있다오. 장자여, 이 몸을 잠시라도 병 없이 지킬 수 있다고 알고 있다면 어찌 어리석음이 아니겠는가? 그러므로 장자여, 그대는 이렇게 공부해야 한다오. '몸은 병들어도 나의 마음은 병들지 않게 하겠다!' 장자여, 그대는 실로 이렇게 공부해야 한다오."

5. 나꿀라삐따 장자는 세존의 말씀에 기뻐하고 만족하고, 자리에서 일어나 세존께 예배하고 오른쪽으로 돈 다음에 사리뿟따 존자를 찾아갔습니다. 그는 사리뿟따 존자를 찾아가서 예배한 후 한쪽에 앉았습니다.

6. 한쪽에 앉은 나꿀라삐따 장자에게 사리뿟따 존자가 말했습니다.

"장자여, 당신의 6근(六根)은 청정하고, 용모는 맑고 순수하군요. 혹시 오늘 세존께서 직접 설하신 법문을 듣지 않았나요?"

7. "존자님! 어찌 아니겠습니까? 존자님! 세존께서는 저에게 감로(甘露)의 법문을 뿌려 주셨습니다."

"장자여, 세존께서 그대에게 어떤 감로의 법문을 뿌려 주셨나요?"

"존자님! 제가 세존을 찾아가서 법문을 청하자, 세존께서는 '몸은 병들어도 마음은 병들지 않게 해야 한다'라는 가르침을 주셨습니다."

8. "장자여, 그렇다면 그대는 세존께 '세존이시여, 어떻게 하면 몸도 병들고 마음도 병들며, 어떻게 하면 몸은 병들어도 마음은 병들지 않습니까?'라고 더 이상 반문(反問)을 하지 않았나요?"

9. "존자님! 제가 멀리서 사리뿟따 존자님 앞에 온 것은 그 말씀의 의미를 알기 위해서입니다. 그 말씀의 의미를 알려 주시기를 사리뿟따 존자님께 간절히 바라옵니다."

10. "장자여, 그렇다면 잘 듣고 생각해 보십시오! 제가 이야기하겠습니다."

나꿀라삐따 장자는 사리뿟따 존자에게 "존자여, 그렇게 하겠습니다"라고 대답했습니다.

11. 사리뿟따 존자는 다음과 같이 말했습니다.

"장자여, 어떻게 하면 몸도 병들고 마음도 병들까요?

12. 장자여, 성인(聖人)을 무시하고, 성인의 가르침을 이해하지 못하고, 성인의 가르침에서 배우지 못하고, 참사람을 무시하고, 참사람의 가르침을 이해하지 못하고, 참사람의 가르침에서 배우지 못한 무지한 범부는 형색[色]을 자아로 여깁니다. 자아가 형색을 지니고 있다고 여기거나, 자아 속에 형색이 있다고 여기거나, 형색 속에 자아가 있다고 여겨 '형색이 자아다. 형색은 나의 소유다'라는 선입견에 사로잡혀 있습니다. '형색이 자아다. 형색은 나의 소유다'라는 선입견에 사로잡혀 있는 그 사람의 형색은 다른 모습으로 변화합니다. 형색이 다른 모습으로 변화하면, 그에게 근심·슬픔·고통·우울·고뇌가 생깁니다.

13.-16. 느낌[受], 생각[想], 행위[行]들, 분별의식[識]도 마찬가지입니다.

17. 장자여, 이렇게 하면 몸도 병들고 마음도 병듭니다.

18. 장자여, 어떻게 하면 몸은 병들어도 마음은 병들지 않을까요?

19. 장자여, 성인을 알아보고, 성인의 가르침을 이해하고, 성인의 가르침에서 잘 배우고, 참사람을 알아보고, 참사람의 가르침을 이해하고, 참사람의 가르침에서 잘 배운 학식 있는 거룩한 제자는 형색을 자아로 여기지 않습니다. 자아가 형색을 지니고 있다고 여기거나, 자아 속에 형색이 있다고 여기거나, 형색 속에 자아가 있다고 여기지 않고 '형색이 자아다. 형색은 나의 소유다'라는 선입견에 사로잡히지 않습니다. '형색이 자아다. 형색은 나의 소유다'라는 선입견에 사로잡히지 않는 그 사람의 형색도 다른 모습으로 변화합니다. 형색이 다른 모습으로 변화해도 그에게는 근심·슬픔·고통·우울·고뇌가 생기지 않습니다.

20.-23. 느낌, 생각, 행위들, 분별의식도 마찬가지입니다.

24. 장자여, 이렇게 하면 몸은 병들어도 마음은 병들지 않습니다."

이것이 사리뿟따 존자께서 하신 말씀입니다. 나꿀라삐따 장자는 사리뿟따 존자의 말씀에 만족하고 기뻐했습니다.

3.2. 데와다하(Devadaha) 〈s.22.2〉

1. 이와 같이 나는 들었습니다.

한때 세존께서는 데와다하라는 사끼야족의 마을에 머무셨습니다.

2. 그때 서쪽 지방으로 가는 많은 비구들이 세존을 찾아와서 예배하고 한쪽에 앉았습니다.

3. 한쪽에 앉은 그 비구들이 세존께 말씀드렸습니다.

"세존이시여, 저희들은 서쪽 지방에 가서 서쪽 지방에 거처(居處)를 마련하고 싶습니다."

"비구들이여, 그대들은 사리뿟따에게 작별 인사를 했는가?"

"아닙니다, 세존이시여! 사리뿟따 존자에게 작별 인사를 하지 않았습니다."

"비구들이여, 사리뿟따에게 작별 인사를 하도록 하시오! 비구들이여, 사리뿟따는 도반(道伴)들을 돕는 현명한 비구라오."

그 비구들은 "그렇게 하겠습니다, 세존이시여!"라고 세존께 대답했습니다.

4. 그때 사리뿟따 존자는 세존으로부터 멀지 않은 곳에 있는 엘라갈라(elagala) 숲에 앉아 있었습니다.

5. 그 비구들은 세존의 말씀에 만족하고 기뻐한 후에 일어나서 세존께 예배하고 오른쪽으로 돈 다음에 사리뿟따 존자를 찾아갔습니다. 그들은 사리뿟따 존자와 정중하게 인사를 하고 공손한 인사말을 나눈 후 한쪽에 앉았습니다.

6. 한쪽에 앉은 비구들이 사리뿟따 존자에게 말했습니다.

"사리뿟따 존자여, 저희들은 서쪽 지방에 가서 서쪽 지방에 거처를 마련하고 싶습니다. 저희들은 세존께 작별 인사를 하였습니다."

7. "존자들이여, 여러 지방에 가면 비구에게 질문하는 박학다식(博學多識)한 크샤트리아, 바라문, 장자, 사문들이 있을 것입니다. 존자들이여, 박학다식한 사람들은 '존자들의 스승은 무엇을 주장하고 무엇을 가르치는가?'라고 물을 것입니다. 존자 여러분들은 가르침들을 잘 듣고, 잘 이해하고, 잘 사유하고, 잘 기억하고, 통찰지로 잘 통달했는지요? 존자들이 대답할 때는 세존께서 말씀하신 그대로 말해야 합니다. 여러분들은 허망한 말로 세존을 잘못 대변해서는 안 됩니다. 여러분들은 가르침에 따라 여법하게 설명해야 합니다. 누구든지 스승의 말씀에 따라 말을 하는 동일한 가르침을 지닌 사람은 비난의 단초를 초래하지 않아야 합니다."

8. "존자여, 저희들은 그 말씀의 의미를 알기 위하여 멀리서 사리뿟따 존자님 앞에 왔습니다. 부디 사리뿟따 존자님께서 그 말씀의 의미를 밝혀 주시기 바랍니다."

9. "존자들이여, 그렇다면 잘 듣고 잘 생각해 보도록 하시오! 내가 이야기하겠습니다."

그 비구들은 사리뿟따 존자에게 "존자여, 그렇게 하겠습니다"라고 대답했습니다.

사리뿟따 존자는 다음과 같이 말했습니다.

10. "존자들이여, 여러 지방에 가면 비구에게 질문하는 박학다식한 크샤트리아, 바라문, 장자, 사문이 있을 것입니다. 존자들이여, 박학다식한 사람들은 '존자들의 스승은 무엇을 주장하고 무엇을 가르치는가?'라고 물을 것입니다. 존자들이여, 이와 같은 질문에 여러분들은 '존자여, 우리의 스승님은 욕탐의 극복을 가르칩니다'라고 대답해야 합니다.

11. 존자들이여, 이와 같이 대답하면, 그 사람들은 그다음에 '그렇다면 존자의 스승은 무엇에 대한 욕탐의 극복을 가르치는가?'라고 질문할 것입니다. 이와 같은 질문에 여러분들은 '존자여, 스승님은 형색[色]에 대한 욕탐의 극복을 가르치고, 느낌[受]·생각[想]·행위[行]들·분별의식[識]에 대한 욕탐의 극복을 가르칩니다'라고 대답해야 합니다.

12. 존자들이여, 이와 같이 대답하면, 그 사람들은 그다음에 '그렇다면 존자의 스승은 어떤 재난을 보고서 형색에 대한 욕탐의 극복을 가르치고, 느낌·생각·행위들·분별의식에 대한 욕탐의 극복을 가르치는가?'라고 질문할 것입니다. 이와 같은 질문에 여러분들은 '존자여, 형색에 대한 탐욕이 끊이지 않고, 욕망이 끊이지 않고, 애정이 끊이지 않고, 갈증이 끊이지 않고, 열망이 끊이지 않

고, 갈망이 끊이지 않으면, 그 형색이 다른 모습으로 변화하기 때문에 근심·슬픔·고통·우울·고뇌가 생깁니다. 느낌, 생각, 행위들, 분별의식도 마찬가지입니다. 이러한 재난을 보고서 스승님은 형색에 대한 욕탐의 극복을 가르치고, 느낌·생각·행위들·분별의식에 대한 욕탐의 극복을 가르칩니다'라고 대답해야 합니다.

13. 존자들이여, 이와 같이 대답하면, 그 사람들은 그다음에 '그렇다면 존자의 스승은 어떤 공덕을 보고서 형색에 대한 욕탐의 극복을 가르치고, 느낌·생각·행위들·분별의식에 대한 욕탐의 극복을 가르치는가?'라고 질문할 것입니다. 이와 같은 질문에 여러분들은 '존자여, 형색에 대한 탐욕이 끊어지고, 욕망이 끊어지고, 애정이 끊어지고, 갈증이 끊어지고, 열망이 끊어지고, 갈망이 끊어지면, 그 형색이 다른 모습으로 변화한다고 해서 근심·슬픔·고통·우울·고뇌가 생기지 않습니다. 느낌, 생각, 행위들, 분별의식도 마찬가지입니다. 이러한 공덕을 보고서 스승님은 형색에 대한 욕탐의 극복을 가르치고, 느낌·생각·행위들·분별의식에 대한 욕탐의 극복을 가르칩니다'라고 대답해야 합니다.

14. 존자들이여, 착하게 살지 않아도 지금 여기에서 고뇌 없이 근심 없이 고민 없이 행복하게 살 수 있다면, 그리고 몸이 무너져 죽은 후에 행복한 삶을 기대할 수 있다면, 세존께서는 착하지 않은 삶을 버리는 것을 칭찬하지 않았을 것입니다.

15. 존자들이여, 그렇지만 착하게 살지 않으면 지금 여기에서 고뇌하고 근심하고 고민하며 불행하게 살게 되기 때문에, 그리고 몸이 무너져 죽은 후에 불행한 삶을 살게 되기 때문에, 세존께서는 착하지 않은 삶을 버리는 것을 칭찬하신 것입니다.

16. 존자들이여, 착하게 살아도 지금 여기에서 고뇌하고 근심하고 고민하면서 불행하게 살게 된다면, 그리고 몸이 무너져 죽은 후에 불행하게 살게 된다면, 세존께서는 착하게 사는 것을 칭찬하지 않았을 것입니다.

17. 존자들이여, 그렇지만 착하게 살면 지금 여기에서 고뇌 없이 근심 없이 고민 없이 행복하게 살 수 있고, 몸이 무너져 죽은 후에는 행복한 삶을 기대할 수 있기 때문에 세존께서 착하게 사는 것을 칭찬하신 것입니다."

18. 이것이 사리뿟따 존자께서 하신 말씀입니다. 그 비구들은 사리뿟따 존자의 말씀에 만족하고 기뻐했습니다.

3.3. 할릿디까니(Hāliddikāni) 〈s.22.3〉

1. 한때 마하 깟짜나 존자는 아완띠(Avantī)에 있는 꾸라라가라(Kuraraghara) 절벽의 바위에 머물고 있었습니다.

2. 그때 할릿디까니 장자가 마하 깟짜나 존자를 찾아와서 예배하고 한쪽에 앉았습니다.

3. 한쪽에 앉은 할릿디까니 장자가 마하 깟짜나 존자에게 말했습니다.

"존자여, 세존께서는 마간디야의 질문에 이렇게 말씀하셨습니다.

집을 버린 집 없는 성자는
마을에서 교제하지 않는다.
쾌락에서 벗어나 따르지 않으며
사람들과 언쟁하지 않는다.

존자여, 세존께서 요약하여 말씀하신

이 말의 의미를 상세하게 설명해 주십시오!"

4.-7. "장자여, 형색계[色界]가 분별의식[識]의 집[oka]입니다. 그리고 형색계에 대한 탐욕에 결박된 분별의식을 집을 지키는 자[okasārin]라고 부릅니다. 느낌계[受界]가 분별의식의 집입니다. 그리고 느낌계에 대한 탐욕에 결박된 분별의식을 집을 지키는 자라고 부릅니다. 생각계[想界]가 분별의식의 집입니다. 그리고 생각계에 대한 탐욕에 결박된 분별의식을 집을 지키는 자라고 부릅니다. 행위계[行界]가 분별의식의 집입니다. 그리고 행위계에 대한 탐욕에 결박된 분별의식을 집을 지키는 자라고 부릅니다.

장자여, 집을 지키는 자는 이런 것입니다.

8. 장자여, 집을 버린 자[anokasārin]는 어떤 것일까요?

9. 장자여, 여래는 형색계에 대하여 욕망하고, 탐내고, 환희하고, 갈망하고, 방편들을 취하는 마음의 기반이 되는 습성을 버리고 근절하여 그루터기가 잘린 종려나무처럼 다시 존재할 수 없으며, 미래에는 생기지 않습니다.

그러므로 여래를 집을 버린 성자라고 부릅니다.

10.-13. 장자여, 느낌계, 생각계, 행위계, 분별의식계도 마찬가지입니다.

14. 장자여, 집을 버린 자는 이런 것입니다.

15. 장자여, 집 있는 자[niketasārin]는 어떤 것일까요?

장자여, 형색의 특징[rūpanimitta, 色相][582]이라는 집에 머물게 하는 결박을 집 있는 자라고 부릅니다. 장자여, 소리의 특징[聲相], 냄새의 특징[香相], 맛의 특징[味相], 촉감의 특징[觸相], 법의 특징[法相]이라는 집에 머물게 하는 결박을 집 있는 자라고 부릅니다.

16. 장자여, 집 없는 자[aniketasārin]는 어떤 것일까요?

장자여, 여래는 형색의 특징이라는 집을 떠나지 못하게 하는 결박이 버려지고 근절되어 그루터기가 잘린 종려나무처럼 다시 존재할 수 없으며, 미래에는 생기지 않습니다. 그러므로 여래를 집 없는 성자라고 부릅니다. 장자여, 소리의 특징·냄새의 특징·맛의 특징·촉감의 특징·법의 특징도 마찬가지입니다. 그러므로 여래를 집 없는 성자라고 부릅니다.

17. 장자여, 집 없는 자는 이런 것입니다.

18. 장자여, 마을에서 교제한다는 것은 어떤 것일까요?

장자여, 어떤 사람은 속인(俗人)들과 교제하며 살아갑니다. 함께 즐기고, 함께 슬퍼하고, 기쁠 때 기뻐하고, 괴로울 때 괴로워하고, 사건이 발생하면 자신이 거기에 개입합니다.

장자여, 마을에서 교제한다는 것은 이런 것입니다.

19. 장자여, 마을에서 교제하지 않는다는 것은 어떤 것일까요?

장자여, 비구는 속인들과 교제하지 않고 살아갑니다. 함께 즐기지 않고, 함께 슬퍼하지 않고, 기쁠 때 기뻐하지 않고, 괴로울 때 괴로워하지 않고, 사건이 발생하면 자신이 거기에 개입하지 않습니다.

장자여, 마을에서 교제하지 않는다는

---

582 다른 형색과 차별되는 모습.

것은 이런 것입니다.

20. 장자여, 감각적 욕망을 제거하지 않는다는 것은 어떤 것일까요?

장자여, 어떤 사람은 감각적 욕망에 대한 탐욕이 끊이지 않고, 욕망이 끊이지 않고, 애정이 끊이지 않고, 갈증이 끊이지 않고, 열망이 끊이지 않고, 갈망이 끊이지 않습니다.

장자여, 감각적 욕망을 제거하지 않는다는 것은 이런 것입니다.

21. 장자여, 감각적 욕망을 제거한다는 것은 어떤 것일까요?

장자여, 어떤 사람은 감각적 욕망에 대한 탐욕이 끊어지고, 욕망이 끊어지고, 애정이 끊어지고, 갈증이 끊어지고, 열망이 끊어지고, 갈망이 끊어집니다.

장자여, 감각적 욕망을 제거한다는 것은 이런 것입니다.

22. 장자여, 따른다는 것은 어떤 것일까요?

장자여, 어떤 사람은 '미래(未來)에 형색[色]은 이와 같았으면! 미래에 느낌[受]은 이와 같았으면! 미래에 생각[想]은 이와 같았으면! 미래에 행위[行]는 이와 같았으면! 미래에 분별의식[識]은 이와 같았으면!' 하고 생각합니다.

장자여, 따른다는 것은 이런 것입니다.

23. 장자여, 따르지 않는다는 것은 어떤 것일까요?

장자여, 어떤 사람은 '미래에 형색은 이와 같았으면! 미래에 느낌은 이와 같았으면! 미래에 생각은 이와 같았으면! 미래에 행위는 이와 같았으면! 미래에 분별의식은 이와 같았으면!' 하고 생각하지 않습니다.

장자여, 따르지 않는다는 것은 이런 것입니다.

24. 장자여, 사람들과 언쟁(言爭)한다는 것은 어떤 것일까요?

장자여, 어떤 사람은 '너는 이 법(法)과 율(律)을 알지 못하고, 나는 이 법과 율을 안다. 네가 어떻게 이 법과 율을 알 수 있겠느냐? 너는 사도(邪道)를 따르고 나는 정도(正道)를 따른다. 너는 앞에 해야 할 말을 뒤에 했고, 뒤에 해야 할 말을 앞에 했다.[583] 나의 말은 일관되고, 너의 말은 모순된다. 너는 매번 반대로 생각한다. 네가 한 말은 비난받아 마땅하다. 할 수 있다면 해명해 보아라!'라고 말합니다.

장자여, 사람들과 언쟁한다는 것은 이런 것입니다.

25. 장자여, 사람들과 언쟁하지 않는다는 것은 어떤 것일까요?

장자여, 비구는 '너는 이 법과 율을 알지 못하고, 나는 이 법과 율을 안다. … 네가 한 말은 비난받아 마땅하다. 할 수 있다면 해명해 보아라!'라고 말하지 않습니다.

장자여, 사람들과 언쟁하지 않는다는 것은 이런 것입니다.

26. 장자여, 마간디야의 8구절의 질문에 대하여 세존께서 요약하여 답변하신 말씀의 상세한 의미는 이렇게 볼 수 있습니다."

3.4. 삼매(三昧, Samādhi), 좌선(坐禪, Paṭisallāṇā) 〈s.22.5-6〉

1. 한때 세존께서는 사왓티의 제따와나 아나

583 두서없이 말했다는 의미이다.

타삔디까 승원에 머무셨습니다.
2. 그때 세존께서 비구들에게 말씀하셨습니다.
"비구들이여, 삼매(三昧)를 닦아 익히시오!〈s.22.5〉 비구들이여, 좌선을 닦아 익히시오!〈s.22.6〉 비구들이여, 삼매를 닦아 익히고 좌선을 닦아 익히는 비구는 있는 그대로 통찰한다오.
3. 무엇을 있는 그대로 통찰하는가?
형색[色]의 쌓임[集]과 사라짐, 그리고 느낌[受]·생각[想]·행위[行]들·분별의식[識]의 쌓임과 사라짐을 있는 그대로 통찰한다오.
4. 비구들이여, 형색의 쌓임이란 무엇이고, 느낌·생각·행위들·분별의식의 쌓임이란 무엇인가?
5. 비구들이여, 그것은 즐기고 환호하고 탐닉하면서 사는 것이라오.
무엇을 즐기고 환호하고 탐닉하면서 사는가?
6. 형색을 즐기고 환호하고 탐닉하면서 사는 것이라오.
형색을 즐기고 환호하고 탐닉하면서 살면, 형색을 즐기고 환호하고 탐닉하면서 살기 때문에 희락심(喜樂心, nandi)이 생긴다오. 형색에 대한 희락심이 취(取)라오. 그 취에 의지하여 유(有)가 있고, 유에 의지하여 생(生)이 있고, 생에 의지하여 노사(老死)와 근심·슬픔·고통·우울·고뇌가 생긴다오. 이와 같이 순전한 괴로움 덩어리[苦蘊]가 쌓인다오.
6.-10. 느낌, 생각, 행위들, 분별의식도 마찬가지라오.
11. 비구들이여, 이것이 형색의 쌓임이고, 느낌·생각·행위들·분별의식의 쌓임이라오.
12. 비구들이여, 형색의 사라짐이란 무엇이고, 느낌·생각·행위들·분별의식의 사라짐이란 무엇인가?
비구들이여, 그것은 즐기지 않고 환호하지 않고 탐닉하지 않으면서 사는 것이라오.
무엇을 즐기지 않고 환호하지 않고 탐닉하지 않으면서 사는 것인가?
13.-17. 형색, 느낌, 생각, 행위들, 분별의식을 즐기지 않고 환호하지 않고 탐닉하지 않으면서 사는 것이라오.
형색·느낌·생각·행위들·분별의식을 즐기지 않고 환호하지 않고 탐닉하지 않으면서 살면, 형색·느낌·생각·행위들·분별의식을 즐기지 않고 환호하지 않고 탐닉하지 않으면서 살기 때문에 형색·느낌·생각·행위들·분별의식에 대한 희락심이 소멸한다오. 환희심이 소멸하기 때문에 취가 소멸하고[滅], 취가 사라지기 때문에 유가 소멸하고, 유가 사라지기 때문에 생이 소멸하고, 생이 사라지기 때문에 노사와 근심·슬픔·고통·우울·고뇌가 소멸한다오. 이와 같이 순전한 괴로움 덩어리의 소멸이 있다오.
18. 비구들이여, 이것이 형색의 소멸이고, 느낌·생각·행위들·분별의식의 소멸이라오."

3.5. 취하면 생기는 두려움[Upādāparitassanā]〈s.22.7〉

1. 세존께서 사왓티의 제따와나 아나타삔디까 승원에 머무실 때, 비구들에게 말씀하셨습니다.
2. "비구들이여, 그대들에게 취하면 생기는 두려움과 취하지 않으면 생기지 않는 두려움에 대하여 가르쳐 주겠소. 듣고 잘 생각해 보

도록 하시오! 내가 이야기하겠소."

그 비구들은 "그렇게 하겠습니다, 세존이시여!"라고 세존께 대답했습니다.

3. 세존께서는 다음과 같이 말씀하셨습니다.

4. "비구들이여, 취하면 생기는 두려움이란 어떤 것인가? 비구들이여, 성인(聖人)을 무시하고, 성인의 가르침을 이해하지 못하고, 성인의 가르침에서 배우지 못하고, 참사람을 무시하고, 참사람의 가르침을 이해하지 못하고, 참사람의 가르침에서 배우지 못한 무지한 범부는 형색[色]을 자아로 여기거나, 자아가 형색을 지니고 있다고 여기거나, 자아 속에 형색이 있다고 여기거나, 형색 속에 자아가 있다고 여긴다오. 그런데 그 사람의 형색은 다른 모습으로 변화한다오. 형색이 다른 모습으로 변화하기 때문에 분별의식[識]이 형색의 변화에 따라 변화한다오. 그러면 형색의 변화에 따른 변화에서 생긴 두려움들이 대상과 함께 생겨서 마음을 사로잡고 머문다오. 마음이 사로잡히기 때문에 그는 공포를 느끼고 고민하고 열망하고, 그로 인하여 두려워한다오.

5.-8. 느낌[受], 생각[想], 행위[行]들, 분별의식도 마찬가지라오.

9. 비구들이여, 취하면 생기는 두려움이란 이와 같다오.

10. 비구들이여, 취하지 않으면 생기지 않는 두려움이란 어떤 것인가?

11. 비구들이여, 성인을 알아보고, 성인의 가르침을 이해하고, 성인의 가르침에서 잘 배우고, 참사람을 알아보고, 참사람의 가르침을 이해하고, 참사람의 가르침에서 잘 배운 학식이 많은 거룩한 제자는 형색을 자아로 여기지 않는다오. 자아는 형색을 지니고 있다고 여기거나, 자아 속에 형색이 있다고 여기거나, 형색 속에 자아가 있다고 여기지 않는다오. 그런데 그 사람의 형색은 다른 모습으로 변화한다오. 형색이 다른 모습으로 변화해도 분별의식은 형색의 변화에 따라 변화하지 않는다오. 그래서 형색의 변화에 따른 변화에서 생긴 두려움들이 대상과 함께 생겨서 마음을 사로잡고 머물지 않는다오. 마음이 사로잡히지 않기 때문에 그는 공포를 느끼지 않고 고민하지 않고 열망하지 않고, 그로 인하여 두려워하지 않는다오.

12.-15. 느낌, 생각, 행위들, 분별의식도 마찬가지라오.

16. 비구들이여, 취하지 않으면 생기지 않는 두려움이란 이와 같다오."

3.6. 과거·미래·현재[Atītānāgatapaccuppanna] 〈s.22.9-11〉

1. 세존께서 사왓티의 제따와나 아나타삔디까 승원에 머무실 때, 비구들에게 말씀하셨습니다.

2. "비구들이여, 과거와 미래의 형색[色]은 지속성이 없으며[無常]〈s.22.9〉, 괴로움이며[苦]〈s.22.10〉, 자아가 아니라오[無我]〈s.22.11〉. 그런데 현재의 형색은 말해 무엇하겠는가? 비구들이여, 이와 같이 보는 학식이 많은 거룩한 제자는 과거의 형색에 대하여 관심이 없고, 미래의 형색을 좋아하지 않고, 현재의 형색에 대하여 싫증[厭離]을 내고, 욕탐을 버리고[離欲], 소멸(消滅)을 실천한다오.

3.-6. 느낌[受], 생각[想], 행위[行]들, 분별의식[識]도 마찬가지라오."

3.7. 무상[Anicca]·괴로움[Dukkha]·무아[Anattā] 〈s.22.12-14〉

1.-2. 세존께서 사왓티의 제따와나 아나타삔디까 승원에 머무실 때, 비구들에게 말씀하셨습니다.

3.-7 "비구들이여, 형색[色]이나 느낌[受]·생각[想]·행위[行]들·분별의식[識]은 지속성이 없으며[無常]〈s.22.12〉, 괴로움이며[苦]〈s.22.13〉, 자아가 아니라오[無我]〈s.22.14〉.

8. 비구들이여, 이와 같이 보는 학식이 많은 거룩한 제자는 형색이나 느낌·생각·행위들·분별의식에 대하여 싫증[厭離]을 낸다오. 그는 싫증을 내기 때문에 욕탐을 버리고[離欲], 욕탐을 버리기 때문에 해탈(解脫)하며, 해탈했을 때 '나는 해탈했다'라고 안다오. 그는 '생(生)은 소멸했다. 청정한 수행[梵行]을 완성했으며, 해야 할 일을 끝마쳤다. 다시는 이와 같은 상태로 되지 않는다'라고 통찰한다오."

3.8. 무상(無常)한 것[Yad anicca] 〈s.22.15〉

1.-2. 세존께서 사왓티의 제따와나 아나타삔디까 승원에 머무실 때, 비구들에게 말씀하셨습니다.

3.-7. "비구들이여, 형색[色]이나 느낌[受], 생각[想], 행위[行]들, 분별의식[識]은 지속성이 없다오[無常]. 지속성이 없는 것[無常], 그것은 괴로움[苦]이라오. 괴로운 것[苦], 그것은 자아가 아니라오[無我]. 자아가 아닌 것[無我], 그것은 나의 소유가 아니고, 나도 아니고, 나의 자아도 아니라오. 이와 같이 이것을 바른 통찰지로 있는 그대로 보아야 한다오.

8. 비구들이여, 이와 같이 보는 학식이 많은 거룩한 제자는 형색이나 느낌, 생각, 행위들, 분별의식에 대하여 싫증[厭離]을 낸다오. 그는 싫증을 내기 때문에 욕탐을 버리고[離欲], 욕탐을 버리기 때문에 해탈(解脫)하며, 해탈했을 때 '나는 해탈했다'라고 안다오. 그는 '생(生)은 소멸했다. 청정한 수행[梵行]을 완성했으며, 해야 할 일을 끝마쳤다. 다시는 이와 같은 상태로 되지 않는다'라고 통찰한다오."

3.9. 원인[Hetu] 〈s.22.18-20〉

1.-2. 세존께서 사왓티의 제따와나 아나타삔디까 승원에 머무실 때, 비구들에게 말씀하셨습니다.

3.-7. "비구들이여, 형색[色]이나 느낌[受], 생각[想], 행위[行]들, 분별의식[識]은 지속성이 없다오[無常]. 형색이나 느낌, 생각, 행위들, 분별의식이 나타나는 원인과 조건도 지속성이 없다오. 비구들이여, 지속성이 없이 생긴 형색이나 느낌, 생각, 행위들, 분별의식이 어떻게 지속성이 있겠는가? 〈s.22.18〉

비구들이여, 형색이나 느낌, 생각, 행위들, 분별의식은 괴로움[苦]이라오. 형색이나 느낌, 생각, 행위들, 분별의식이 생기는 원인과 조건도 괴로움이라오. 비구들이여, 괴로움에서 생긴 형색이나 느낌, 생각, 행위들, 분별의식이 어떻게 즐거움이겠는가? 〈s.22.19〉

비구들이여, 형색이나 느낌, 생각, 행위들, 분별의식은 자아가 아니라오[無我]. 형색이나 느낌, 생각, 행위들, 분별의식이 생기는 원인과 조건도 자아가 아니라오. 비구들이여, 자아가 아닌 것에서 생긴 형색이나 느낌, 생각, 행위들, 분별의식이 어떻게 자아이겠는가? 〈s.22.20〉

8. 비구들이여, 이와 같이 보는 학식이 많은 거룩한 제자는 형색이나 느낌, 생각, 행위들, 분별의식에 대하여 싫증[厭離]을 낸다오. 그는 싫증을 내기 때문에 욕탐을 버리고[離欲], 욕탐을 버리기 때문에 해탈(解脫)하며, 해탈했을 때 '나는 해탈했다'라고 안다오. 그는 '생(生)은 소멸했다. 청정한 수행[梵行]을 완성했으며, 해야 할 일을 끝마쳤다. 다시는 이와 같은 상태로 되지 않는다'라고 통찰한다오."

3.10. 아난다(Ānanda) 〈s.22.21〉

1. 세존께서 사왓티의 제따와나 아나타삔디까 승원에 머무실 때

2. 아난다 존자가 세존을 찾아와서 예배하고 한쪽에 앉았습니다.

3. 한쪽에 앉은 아난다 존자가 세존께 말씀드렸습니다.

"세존이시여, 멸(滅, nirodha)이라는 말들을 하는데, 어떤 법들의 소멸을 멸이라고 합니까?"

4.-8. "아난다여, 형색[色]이나 느낌[受]·생각[想]·행위[行]들·분별의식[識]은 지속성이 없고[無常], 조작된 것[有爲]이고, 연기(緣起)한 것이고, 파괴해야 할 법이고, 없애야 할 법이고, 욕탐을 버려야(離欲) 할 법이고, 소멸해야 할 법이다. 그것의 소멸을 멸이라고 한다.

9. 아난다여, 이들 법의 소멸을 멸이라고 한다."

3.11. 짐[Bharaṃ] 〈s.22.22〉

1.-2. 세존께서 사왓티의 제따와나 아나타삔디까 승원에 머무실 때, 비구들에게 말씀하셨습니다.

3. "비구들이여, 짐과 짐을 진 자와 짐을 지는 것과 짐을 벗는 것에 대하여 알려 주겠소. 잘 듣도록 하시오!

4. 비구들이여, 어떤 것이 짐인가? 5취온(五取蘊)을 그렇게 부른다오.

비구들이여, 색취온(色取蘊)·수취온(受取蘊)·상취온(想取蘊)·행취온(行取蘊)·식취온(識取蘊)을 짐이라고 부른다오.

5. 비구들이여, 어떤 것이 짐을 진 자인가? 사람을 그렇게 부른다오.

이와 같은 이름, 이와 같은 성을 가진 사람을 짐을 진 자라고 부른다오.

6. 비구들이여, 어떤 것이 짐을 지는 것인가?

다시 존재하기를 바라며[ponobhavikā] 즐기고자 하는 탐욕을 수반하여[nandirāga-sahagatā], 이것저것을[tatra tatra] 애락(愛樂)하는 갈애[愛], 예를 들면 감각적 욕망에 대한 갈애[kāma-taṇhā, 欲愛]·존재하기를 갈망하는 갈애[bhava-taṇhā, 有愛]·존재하지 않기를 갈망하는 갈애[vibhava-taṇhā, 無有愛],[584] 비구들이여, 이것을 짐을 지는 것이라고 한다오.

7. 비구들이여, 어떤 것이 짐을 벗는 것인가?

---

584 싫어하는 것이 다시는 존재하지 않기를 바라는 갈애가 무유애(無有愛)이다.

그 갈애를 남김없이 없애고 버리고 완전히 포기하고 해탈하여 집착이 없으면, 존자들이여, 이것을 짐을 벗는 것이라고 한다오."

세존께서는 이와 같이 말씀하셨습니다. 선서(善逝)이신 스승님께서는 이와 같이 말씀하신 후에 다시 말씀하셨습니다.

실로 5온(五蘊)이 짐이다.
그리고 사람이 짐을 진 자다.
짐을 지는 것이 세간의 괴로움이다.
짐을 벗는 것이 즐거움이다.

무거운 짐을 벗어 버리고
다른 짐을 지지 않고
갈애를 뿌리째 뽑아 버리면
만족스러운 열반을 성취한다.

3.12. 이해[Pariñña]·증득[Abhijānaṃ]·욕탐[Chandarāga] 〈s.22.23-25〉

1.-2. 세존께서 사왓티의 제따와나 아나타삔디까 승원에 머무실 때, 비구들에게 말씀하셨습니다.
3. "비구들이여, 이해해야 할 법(法)에 대하여 가르쳐 주겠소. 잘 듣도록 하시오!
4. 비구들이여, 이해해야 할 법은 어떤 것인가?

비구들이여, 형색[色]이 이해해야 할 법이라오. 비구들이여, 느낌[受], 생각[想], 행위[行]들, 분별의식[識]이 이해해야 할 법이라오. 비구들이여, 이들을 이해해야 할 법이라고 한다오.

비구들이여, 이해란 어떤 것인가?

비구들이여, 탐심(貪心)의 소멸·진심(瞋心)의 소멸·치심(癡心)의 소멸, 이것을 이해라고 한다오. 〈s.22.23〉
5. 비구들이여, 형색을 증득하지 못하고 이해하지 못하여, 탐심을 버리지 못하고 포기하지 못하면, 괴로움을 소멸할 수 없다오. 비구들이여, 느낌·생각·행위들·분별의식을 증득하지 못하고 이해하지 못하여, 탐심을 버리지 못하고 포기하지 못하면, 괴로움을 소멸할 수 없다오.

비구들이여, 형색을 증득하고 이해하여, 탐심을 버리고 포기해야 괴로움을 소멸할 수 있다오. 비구들이여, 느낌·생각·행위들·분별의식을 증득하고 이해하여, 탐심을 버리고 포기해야 괴로움을 소멸할 수 있다오. 〈s.22.24〉
6. 비구들이여, 형색에 대한 욕심(欲心)과 탐심을 버리도록 하시오! 비구들이여, 느낌·생각·행위들·분별의식에 대한 욕심과 탐심을 버리도록 하시오! 그러면 형색이 제거되고, 느낌·생각·행위들·분별의식이 제거되어, 뿌리가 잘려 없어진 야자나무처럼 미래에는 생기지 않게 된다오."[585] 〈s.22.25〉

3.13. 달콤한 맛[Assādo] (1) 〈s.22.26〉

1.-2. 세존께서 사왓티의 제따와나 아나타삔디까 승원에 머무실 때, 비구들에게 말씀하셨습니다.
3. "비구들이여, 예전에 정각(正覺)을 성취하

585 5온(五蘊)이 제거된다는 것은 5온을 자아라고 생각하는 망상이 제거된다는 것을 의미한다.

지 못한 보살이었을 때, 나는 이렇게 생각했다오.

4. '형색[色]의 달콤한 맛[味]은 어떤 것이고, 재난[患]은 어떤 것이고, 벗어남[出離]은 어떤 것일까? 느낌[受]·생각[想]·행위[行]들·분별의식[識]의 달콤한 맛은 어떤 것이고, 재난은 어떤 것이고, 벗어남은 어떤 것일까?'

5. 비구들이여, 나는 이렇게 생각했다오.

6. '형색에 의지하여 생긴 즐거움과 만족, 이것이 형색의 달콤한 맛이다. 형색은 지속성이 없고[無常] 괴롭고 변해 가는 법(法)이라는 사실, 이것이 형색의 재난이다. 형색에 대한 욕탐(欲貪)을 억제하고 버리는 것, 이것이 형색에서 벗어남이다.

7.-10. 느낌[受], 생각[想], 행위[行]들, 분별의식[識]도 마찬가지다.'

11. 비구들이여, 내가 이들 5취온(五取蘊)에 대하여 이와 같이 달콤한 맛을 달콤한 맛으로 재난을 재난으로 벗어남을 벗어남으로 있는 그대로 증득하지 못했다면, 비구들이여, 나는 결코 마라와 범천과 천신들을 포함한 세간에서 사문과 바라문과 왕과 백성을 포함한 인간들에게 위없는 평등하고 바른 깨달음을 얻은 등정각(等正覺)이라고 선언하지 못했을 것이오.

12. 비구들이여, 나는 이들 5취온에 대하여 이와 같이 달콤한 맛을 달콤한 맛으로 재난을 재난으로 벗어남을 벗어남으로 있는 그대로 증득했기 때문에, 비구들이여, 나는 마라와 범천과 천신들을 포함한 세간에서 사문과 바라문과 왕과 백성을 포함한 인간들에게 위없는 평등하고 바른 깨달음을 얻은 등정각이라고 선언했던 것이오.

13. 그리고 '이것이 마지막 생(生)이다. 이제 이후의 존재[後有]는 없다'라는 지견(知見)이 나에게 생기고, 부동(不動)의 심해탈(心解脫)이 나에게 생겼던 것이라오."

3.14. 달콤한 맛[Assādo] (2) 〈s.22.28〉

1.-2. 세존께서 사왓티의 제따와나 아나타삔디까 승원에 머무실 때, 비구들에게 말씀하셨습니다.

3. "비구들이여, 만약에 형색[色]의 달콤한 맛[味]이 없다면, 중생들이 형색을 애착하지 않을 것이오. 비구들이여, 형색의 달콤한 맛이 있기 때문에 중생들은 형색을 좋아한다오.

4. 비구들이여, 만약에 형색의 재난[患]이 없다면, 중생들이 형색에 싫증[厭離]을 내지 않을 것이오. 비구들이여, 형색의 재난이 있기 때문에 중생들은 형색에 싫증을 낸다오.

5. 비구들이여, 만약에 형색으로부터 벗어남[出離]이 없다면, 중생들이 형색으로부터 벗어나지 못할 것이오. 비구들이여, 형색으로부터 벗어남이 있기 때문에 중생들은 형색에서 벗어난다오.

6.-17. 느낌[受], 생각[想], 행위[行]들, 분별의식[識]도 마찬가지라오.

18. 비구들이여, 이들 5취온(五取蘊)에 대하여 이와 같이 달콤한 맛을 달콤한 맛으로 재난을 재난으로 벗어남을 벗어남으로 있는 그대로 증득하지 못한 중생들은 마라와 범천과 천신들을 포함한 세간, 사문과 바라문과 왕과 백성을 포함한 인간에서 벗어나 굴레를 벗고 자유롭게 해방된 마음으로 살아가지 못한다오.

19. 비구들이여, 이들 5취온에 대하여 이와

같이 달콤한 맛을 달콤한 맛으로 재난을 재난으로 벗어남을 벗어남으로 있는 그대로 증득한 중생들은 마라와 범천과 천신들을 포함한 세간, 사문과 바라문과 왕과 백성을 포함한 인간에서 벗어나 굴레를 벗고 자유롭게 해방된 마음으로 살아간다오."

3.15. 즐김[Abhinandanaṃ] 〈s.22.29〉

1.-2. 세존께서 사왓티의 제따와나 아나타삔디까 승원에 머무실 때, 비구들에게 말씀하셨습니다.

3. "비구들이여, 형색[色]을 즐기는 사람은 괴로움을 즐기는 사람이라오. '괴로움을 즐기는 사람은 괴로움에서 벗어나지 못한다'라고 나는 말한다오.

4.-7. 느낌[受], 생각[想], 행위[行]들, 분별의식[識]도 마찬가지라오.

8. 비구들이여, 형색을 즐기지 않는 사람은 괴로움을 즐기지 않는 사람이라오. '괴로움을 즐기지 않는 사람은 괴로움에서 벗어난다'라고 나는 말한다오.

9.-12. 느낌, 생각, 행위들, 분별의식도 마찬가지라오."

3.16. 출현[Uppādaṃ] 〈s.22.30〉

1.-2. 세존께서 사왓티의 제따와나 아나타삔디까 승원에 머무실 때, 비구들에게 말씀하셨습니다.

3. "비구들이여, 형색[色]이 출현하고 머물고 드러나는 것은 괴로움이 출현하고, 질병이 머물고, 노사(老死)가 드러나는 것이라오.

4.-7. 느낌[受], 생각[想], 행위[行]들, 분별의식[識]도 마찬가지라오.

8. 비구들이여, 형색이 소멸하고 적멸하고 사라지는 것은 괴로움이 소멸하고, 질병이 적멸하고, 노사가 사라지는 것이라오.

9.-12. 느낌, 생각, 행위들, 분별의식도 마찬가지라오."

3.17. 재앙의 근원[Aghamūlaṃ] 〈s.22.31〉

1.-2. 세존께서 사왓티의 제따와나 아나타삔디까 승원에 머무실 때, 비구들에게 말씀하셨습니다.

3. "비구들이여, 내가 재앙과 재앙의 근원을 가르쳐 주겠소. 잘 듣도록 하시오!

4. 비구들이여, 어떤 것이 재앙인가?

비구들이여, 형색[色]이 재앙이고, 느낌[受]·생각[想]·행위[行]들·분별의식[識]이 재앙이라오. 비구들이여 이것을 재앙이라고 부른다오.

5. 비구들이여, 어떤 것이 재앙의 근원인가?

비구들이여, 다시 존재하기를 바라며, 즐기고자 하는 탐욕을 수반하여 이것저것을 애락(愛樂)하는 갈애[愛], 예를 들면 욕애(欲愛)·유애(有愛)·무유애(無有愛), 비구들이여, 이것을 재앙의 근원이라고 한다오."

3.18. 그대들의 것이 아닌 것[Natumhāka] 〈s.22.33〉

1.-2. 세존께서 사왓티의 제따와나 아나타삔디까 승원에 머무실 때, 비구들에게 말씀하셨습니다.

3. "비구들이여, 그대들의 것이 아닌 것을 버리도록 하시오! 그것을 버리는 것이 그대들

에게 이익이 되고 즐거움이 될 것이오.

4. 비구들이여, 어떤 것이 그대들의 것이 아닌가?

형색[色]은 그대들의 것이 아니라오. 그것을 버리도록 하시오! 그것을 버리는 것이 그대들에게 이익이 되고 즐거움이 될 것이오.

5.-9. 느낌[受], 생각[想], 행위[行]들, 분별의식[識]은 그대들의 것이 아니라오. 그것을 버리도록 하시오! 그것을 버리는 것이 그대들에게 이익이 되고 즐거움이 될 것이오.

10. 비구들이여, 예를 들어 어떤 사람이 이 제따와나에 있는 풀이나 나무토막, 나뭇가지, 나뭇잎을 가져가거나 태우거나 제멋대로 사용한다면, 그대들은 '어떤 사람이 우리를 가져가거나 태우거나 제멋대로 사용한다'라고 생각하겠는가?"

"그렇지 않습니다, 세존이시여!"

"그 까닭은 무엇인가?"

"세존이시여, 그것은 우리의 자아(自我)나 자아의 소유가 아니기 때문입니다."

11. "비구들이여, 실로 이와 같이 형색은 그대들의 것이 아니니, 그것을 버리도록 하시오! 그것을 버리는 것이 그대들에게 이익이 되고 즐거움이 될 것이오. 느낌·생각·행위들·분별의식은 그대들의 것이 아니니, 그것을 버리도록 하시오! 그것을 버리는 것이 그대들에게 이익이 되고 즐거움이 될 것이오."

3.19. 비구[Bhikkhu] 〈s.22.36〉

1.-2. 세존께서 사왓티의 제따와나 아나타삔디까 승원에 머무실 때, 어떤 비구가 세존을 찾아와서 세존께 예배하고 한쪽에 앉아 이렇게 말씀드렸습니다.

3. "세존이시여, 세존께서는 부디 저에게 간략하게 가르침을 주십시오! 저는 세존의 가르침을 듣고 홀로 외딴곳에서 게으름을 피우지 않고 열심히 정진하며 지내겠습니다."

4. "비구여, 무엇을 마음에 둔[anuseti] 것을 평가하고[anumīyati], 평가한 것으로 명칭을 붙인다[saṅkhaṃ gacchati]오."

"알았습니다, 세존이시여! 알았습니다, 선서(善逝)시여!"

5. "비구여, 그대는 내가 간략하게 한 말의 의미를 구체적으로 어떻게 이해하고 있는가?"

6. "세존이시여, 만약에 형색[色]을 마음에 두면 그것을 평가하고, 평가한 것으로 이름을 붙입니다.[586] 느낌[受]·생각[想]·행위[行]들·분별의식[識]을 마음에 두면 그것을 평가하고, 평가한 것으로 이름을 붙입니다.

7. 세존이시여, 만약에 형색을 마음에 두지 않으면 그것을 평가하지 않고, 평가하지 않은 것으로는 이름을 붙이지 않습니다. 느낌·생각·행위들·분별의식을 마음에 두지 않으면 그것을 평가하지 않고, 평가하지 않은 것으로는 이름을 붙이지 않습니다.

세존이시여, 저는 세존께서 간략히 하신 말씀의 의미를 구체적으로 이렇게 이해하고 있습니다."

8. "훌륭하오, 비구여! 훌륭하오, 비구여, 그대는 내가 간략하게 한 말의 의미를 구체적으로 잘 이해하고 있군요!"

---

586 우리가 사물에 붙인 이름은 마음에 둔 것을 평가하여 이름을 붙인 것이라는 뜻이다. 즉 5온(五蘊)은 우리가 관심을 갖는 것을 평가하여 이름 붙인 개념에 지나지 않는다는 것이다.

9. 그러자 그 비구는 세존의 말씀에 만족하고 기뻐하고서 자리에서 일어나 세존께 예배하고 오른쪽으로 돈 후에 떠나갔습니다.
10. 그 비구는 홀로 외딴곳에서 게으름을 피우지 않고 열심히 정진하며 지냈습니다.
11. 그 비구는 아라한 가운데 한 분이 되었습니다.

3.20. 자신을 등불로[Attadīpa] 〈s.22.43〉

1.-2. 세존께서 사왓티의 제따와나 아나타삔디까 승원에 머무실 때, 비구들에게 말씀하셨습니다.
3. "비구들이여, 다른 사람을 의지하지 말고 자신을 등불로 삼아서 자신에 의지하여 살아가시오! 다른 것에 의지하지 말고 가르침[法]을 등불로 삼아서 가르침에 의지하여 살아가시오!
4. 비구들이여, 다른 사람을 의지하지 않고 자신을 등불로 삼아서 자신을 의지하여 살아갈 때, 다른 것에 의지하지 않고 가르침을 등불로 삼아서 가르침에 의지하여 살아갈 때, 근심·슬픔·고통·우울·고뇌를 낳는 것은 무엇이고, 근원은 무엇인가를 이치에 맞게 탐구할 수가 있다오.
5. 비구들이여, 근심·슬픔·고통·우울·고뇌를 낳은 것은 무엇이고 근원은 무엇인가?
6. 비구들이여, 성인(聖人)을 무시하고, 성인의 가르침을 이해하지 못하고, 성인의 가르침에서 배우지 못하고, 참사람을 무시하고, 참사람의 가르침을 이해하지 못하고, 참사람의 가르침에서 배우지 못한 무지한 범부는 형색[色]을 자아로 여기거나, 자아가 형색을 지니고 있다고 여기거나, 자아 속에 형색이 있다고 여기거나, 형색 속에 자아가 있다고 여긴다오. 그런데 그 사람의 형색은 다른 모습으로 변화한다오. 형색이 다른 모습으로 변화하기 때문에 근심, 슬픔, 고통, 우울, 고뇌가 생긴다오.
7.-10. 느낌[受], 생각[想], 행위[行]들, 분별의식[識]도 마찬가지라오.
11. 비구들이여, 그렇지만 형색이 지속하지 않고 변해 가고 없어지고 소멸한다는 것을 알고서 '과거와 현재의 모든 형색은 지속하지 않으며 괴로움이며 변해 가는 법(法)이다'라고 이와 같이 이것을 있는 그대로 바른 통찰지[般若]로 통찰하면 근심, 슬픔, 고통, 우울, 고뇌가 소멸한다오. 그것들이 소멸하면 그는 근심 걱정하지 않으며, 아무 근심 걱정 없이 행복하게 살아간다오. 행복하게 살아가면, 실제로 열반에 든(tadaṅganibbuto) 비구라고 부른다오.
12.-15. 느낌, 생각, 행위들, 분별의식도 마찬가지라오."

3.21. 길[Paṭipadā] 〈s.22.44〉

1.-2. 세존께서 사왓티의 제따와나 아나타삔디까 승원에 머무실 때, 비구들에게 말씀하셨습니다.
3. "비구들이여, 자신이 존재한다는 생각이 쌓이는[sakkāyasamudayagāminiṃ, 有身集] 길과 자신이 존재한다는 생각이 소멸하는[sakkāyanirodhagāminiṃ, 有身滅] 길을 내가 가르쳐 주겠소. 그대들은 잘 듣도록 하시오!
4. 비구들이여, 자신이 존재한다는 생각이 쌓이는 길은 어떤 것인가?
5. 비구들이여, 성인(聖人)을 무시하고, 성인

의 가르침을 이해하지 못하고, 성인의 가르침에서 배우지 못하고, 참사람을 무시하고, 참사람의 가르침을 이해하지 못하고, 참사람의 가르침에서 배우지 못한 무지한 범부는 형색[色]을 자아로 여기거나, 자아가 형색을 지니고 있다고 여기거나, 자아 속에 형색이 있다고 여기거나, 형색 속에 자아가 있다고 여긴다오.

6.-10. 느낌[受], 생각[想], 행위[行]들, 분별의식[識]도 마찬가지라오.

비구들이여, 이것을 자신이 존재한다는 생각이 쌓이는 길이라고 부르며, 이것이 자신이 존재한다는 생각이 쌓이는 길이라오. 비구들이여, 이것을 괴로움이 쌓이는 것으로 보라는 것이 여기에서 이 말의 의미라오.

11. 비구들이여, 자신이 존재한다는 생각이 소멸하는 길은 어떤것인가? 비구들이여, 성인을 알아보고, 성인의 가르침을 이해하고, 성인의 가르침에서 잘 배우고, 참사람을 알아보고, 참사람의 가르침을 이해하고, 참사람의 가르침에서 잘 배운 학식이 많은 거룩한 제자는 형색을 자아로 여기지 않는다오. 자아는 형색을 지니고 있다고 여기거나, 자아 속에 형색이 있다고 여기거나, 형색 속에 자아가 있다고 여기지 않는다오.

12.-16. 느낌, 생각, 행위들, 분별의식도 마찬가지라오.

비구들이여, 이것을 자신이 존재한다는 생각이 소멸하는 길이라고 부르며, 이것이 자신이 존재한다는 생각이 소멸하는 길이라오. 비구들이여, 이것을 괴로움이 소멸하는 것으로 보라는 것이 여기에서 이 말의 의미라오."

3.22. 지속성 없음[Aniccatā, 無常性]
〈s.22.45-46〉

1.-2. 세존께서 사왓티의 제따와나 아나타삔디까 승원에 머무실 때, 비구들에게 말씀하셨습니다.

3. "비구들이여, 형색[色]이나 느낌[受], 생각[想], 행위[行]들, 분별의식[識]은 지속성이 없다오[無常]. 지속성이 없는 것[無常], 그것은 괴로움[苦]이라오. 괴로운 것[苦], 그것은 자아가 아니라오[無我]. 자아가 아닌 것[無我], 그것은 나의 소유가 아니고, 나도 아니고, 나의 자아도 아니라오. 이와 같이 이것을 바른 통찰지로 있는 그대로 보아야 한다오.

이와 같이 그것을 있는 그대로 바른 통찰지로 통찰하면, 마음이 탐욕에서 벗어나 집착이 없이 번뇌로부터 해탈한다오.

4. 비구들이여, 만약에 형색계[色界]·느낌계[受界]·생각계[想界]·행위계[行界]·분별의식계[識界]에 대하여 비구의 마음이 탐욕에서 벗어나 집착이 없이 번뇌로부터 해탈하면, 해탈하기 때문에 안정되고, 안정되기 때문에 만족하고, 만족하기 때문에 걱정하지 않고, 걱정하지 않기 때문에 스스로 반열반(般涅槃)에 든다오. 그는 '생(生)은 소멸했다. 청정한 수행[梵行]을 완성했으며, 해야 할 일을 끝마쳤다. 다시는 이와 같은 상태로 되지 않는다'라고 통찰한다오. 〈s.22.45〉

5. 이와 같이 그것을 있는 그대로 바른 통찰지[般若]로 통찰하면 전생(前生)에 대한 추측들[pubbantānudiṭṭhiyo]이 생기지 않고, 전생에 대한 추측이 없으면 내생(來生)에 대한 추측들[aparantānudiṭṭhiyo]이 생기지 않고, 내생에 대한 추측들이 없으면 강한 집착이 생기지 않는다오. 강한 집착이 없으면 형색

이나 느낌, 생각, 행위들, 분별의식에 대하여 마음이 탐욕에서 벗어나 집착이 없이 번뇌로부터 해탈한다오. 그는 해탈함으로써 안주(安住)하게 되고, 안주함으로써 만족하게 되고, 만족함으로써 근심하지 않는다오. 근심하지 않고 스스로 열반에 들어 '생(生)은 소멸했다. 청정한 수행을 완성했으며, 해야 할 일을 끝마쳤다. 다시는 이와 같은 상태로 되지 않는다'라고 통찰한다오." 〈s.22.46〉

3.23. 여기기[Samanupassanā] 〈s.22.47〉

1.-2. 세존께서 사왓티의 제따와나 아나타삔디까 승원에 머무실 때, 비구들에게 말씀하셨습니다.

3. "비구들이여, 여러 가지 방법으로 자아를 상정(想定)하는 사문이나 바라문들은 누구나 5취온(五取蘊)이나 5취온 가운데 어떤 것을 자아로 여긴다오.

4. 5취온은 어떤 것인가?

비구들이여, 성인을 무시하고 참사람의 가르침에서 배우지 못한 무지한 범부는 형색[色]을 자아로 여긴다오. 자아가 형색을 지니고 있다고 여기거나, 자아 속에 형색이 있다고 여기거나, 형색을 지닌 몸속에 자아가 있다고 여긴다오. 느낌[受], 생각[想], 행위[行]들, 분별의식[識]도 마찬가지라오.

이렇게 여기기 때문에, 그에게 '내가 있다'라는 생각이 든다오[asmīti cassa adhigataṃ hoti].

5. 비구들이여, '내가 있다[asmi]'라는 생각이 나타날 때 다섯 가지 지각활동, 즉 시각활동[眼根]·청각활동[耳根]·후각활동[鼻根]·미각활동[舌根]·촉각활동[身根]이 생긴다오.

6. 비구들이여, 마음[mano, 意]이 있고, 법(法, dhamma)들이 있고, 무명계(無明界, avijjādhātu)가 있다오. 비구들이여, 무명촉(無明觸, avijjāsamphassa)에서 생긴 느껴진 것[vedayita]에 의해서 무지한 범부에게 '내가 있다'라는 생각이 생긴다오. 그는 '이것이 나다'라고 생각하기도 하고, '나는 다음 세상에 존재할 것이다'라고 생각하기도 하고, '나는 다음 세상에 존재하지 않을 것이다'라고 생각하기도 하고, '형색이 있는 내가 다음 세상에 존재할 것이다'라고 생각하기도 하고, '형색이 없는 내가 다음 세상에 존재할 것이다'라고 생각하기도 하고, '생각[想]이 있는 내가 다음 세상에 존재할 것이다'라고 생각하기도 하고, '생각이 없는 내가 다음 세상에 존재할 것이다'라고 생각하기도 하고, '생각이 있지도 않고 없지도 않은[非有想非無想] 내가 다음 세상에 존재할 것이다'라고 생각하기도 한다오.

7. 비구들이여, 바로 그때 다섯 가지 지각활동[五根]이 지속된다오[tiṭṭhanti]. 그러나 여기에서 학식이 많은 거룩한 제자에게는 무명(無明)이 소멸하고 명지(明智, vijjā)가 생긴다오. 그에게는 무명이 소멸하고 명지가 생기기 때문에 '내가 있다'라는 생각이 들지 않는다오. 그는 '이것이 나다'라고 생각하지도 않고, '나는 다음 세상에 존재할 것이다'라고 생각하지도 않고, '나는 다음 세상에 존재하지 않을 것이다'라고 생각하지도 않고, '몸이 있는 내가 다음 세상에 존재할 것이다'라고 생각하지도 않고, '몸이 없는 내가 다음 세상에 존재할 것이다'라고 생각하지도 않고, '생각이 있는 내가 다음 세상에 존재할 것이다'라고 생각하지도 않고, '생각이 없는 내가 다

음 세상에 존재할 것이다'라고 생각하지도 않고, '생각이 있지도 않고 없지도 않은 내가 다음 세상에 존재할 것이다'라고 생각하지도 않는다오."

3.24. 온(蘊, Khandhā) 〈s.22.48〉

1.-2. 세존께서 사왓티의 제따와나 아나타삔디까 승원에 머무실 때, 비구들에게 말씀하셨습니다.

3. "비구들이여, 5온(五蘊)과 5취온(五取蘊)에 대하여 내가 이야기하겠소. 그대들은 잘 듣도록 하시오!

4. 비구들이여, 5온이란 어떤 것인가?

5.-9. 비구들이여, 형색[色]은 그것이 어떤 것이든, 내적인 것이든 외적인 것이든, 거친 것이든 미세한 것이든, 보잘것없는 것이든 빼어난 것이든, 멀리 있는 것이든 가까이 있는 것이든, 과거와 미래와 현재의 모든 형색, 이것을 색온(色蘊)이라고 부른다오.

6. 느낌[受]은 그것이 어떤 것이든, … 과거와 미래와 현재의 모든 느낌, 이것을 수온(受蘊)이라고 부른다오.

7. 생각[想]은 그것이 어떤 것이든, … 과거와 미래와 현재의 모든 생각, 이것을 상온(想蘊)이라고 부른다오.

8. 행위[行]들은 그것이 어떤 것이든, … 과거와 미래와 현재의 모든 행위들, 이것을 행온(行蘊)이라고 부른다오.

9. 분별의식[識]은 그것이 어떤 것이든, … 과거와 미래와 현재의 모든 분별의식, 이것을 식온(識蘊)이라고 부른다오.

10. 비구들이여, 이들을 5온(五蘊)이라고 부른다오.

11. 비구들이여, 5취온(五取蘊)이란 어떤 것인가?

12. 비구들이여, 형색은 그것이 어떤 것이든, 내적인 것이든 외적인 것이든, 거친 것이든 미세한 것이든, 보잘것없는 것이든 빼어난 것이든, 멀리 있는 것이든 가까이 있는 것이든, 번뇌가 있는[sāsavam, 有漏], 취해진[upādānīyaṃ][587] 과거와 미래와 현재의 모든 형색, 이것을 색취온(色取蘊)이라고 부른다오.

13. 느낌은 그것이 어떤 것이든, … 번뇌가 있는, 취해진 과거와 미래와 현재의 모든 느낌, 이것을 수취온(受取蘊)이라고 부른다오.

14. 생각은 그것이 어떤 것이든, … 번뇌가 있는, 취해진 과거와 미래와 현재의 모든 생각, 이것을 상취온(想取蘊)이라고 부른다오.

15. 행위들은 그것이 어떤 것이든, … 번뇌가 있는, 취해진 과거와 미래와 현재의 모든 행위들, 이것을 행취온(行取蘊)이라고 부른다오.

16. 분별의식은 그것이 어떤 것이든, … 번뇌가 있는, 취해진 과거와 미래와 현재의 모든 분별의식, 이것을 식취온(識取蘊)이라고 부른다오.

17. 비구들이여, 이들을 5취온(五取蘊)이라고 부른다오."

3.25. 소나[Soṇo] 〈s.22.49-50〉

1.-2. 세존께서 라자가하의 웰루와나 깔란다

---

587 자아로 취해진 것을 의미함.

까니와빠[竹林精舍]에 머무실 때, 장자의 아들 소나가 세존을 찾아와서 세존께 예배하고 한쪽에 앉았습니다.

3. 한쪽에 앉은 장자의 아들 소나에게 세존께서 이렇게 말씀하셨습니다.

4. "소나여, 그 어떤 사문이나 바라문이라 할지라도 지속하지 않고 변화하는 괴로운 형색[色]을 가지고 '나는 우월하다'라고 여기거나, '나는 동등하다'라고 여기거나, '나는 열등하다'라고 여기는 사람들은 사실대로 보지 못한 사람들이 아니겠는가?

5.-8. 그 어떤 사문이나 바라문이라 할지라도 지속하지 않고 변화하는 괴로운 느낌[受]·생각[想]·행위[行]들·분별의식[識]을 가지고 '나는 우월하다'라고 여기거나, '나는 동등하다'라고 여기거나, '나는 열등하다'라고 여기는 사람들은 사실대로 보지 못한 사람들이 아니겠는가?

9. 소나여, 그 어떤 사문이나 바라문이라 할지라도 지속하지 않고 변화하는 괴로운 형색을 가지고 '나는 우월하다'라고 여기지 않고, '나는 동등하다'라고 여기지 않고, '나는 열등하다'라고 여기지 않는 사람들은 사실대로 본 사람들이 아니겠는가?

10.-13. 그 어떤 사문이나 바라문이라 할지라도 지속하지 않고 변화하는 괴로운 느낌·생각·행위들·분별의식을 가지고 '나는 우월하다'라고 여기지 않고, '나는 동등하다'라고 여기지 않고, '나는 열등하다'라고 여기지 않는 사람들은 사실대로 본 사람들이 아니겠는가?

14. 소나여, 그대는 어떻게 생각하는가? 형색은 지속하는가, 지속하지 않는가?"

"세존이시여, 지속하지 않습니다."

"그렇다면 지속하지 않는 것은 괴로움인가, 즐거움인가?"

"세존이시여, 괴로움입니다."

"그렇다면 지속하지 않고 변화하는 괴로운 것을 '이것은 나의 것이다. 이것이 나다. 이것이 나의 자아(自我)다'라고 여기는 것이 온당한가?"

"세존이시여, 결코 온당하지 않습니다."

15.-18. "소나여, 그대는 어떻게 생각하는가? 느낌·생각·행위들·분별의식은 지속하는가, 지속하지 않는가?"

"세존이시여, 지속하지 않습니다."

"그렇다면 지속하지 않는 것은 괴로움인가, 즐거움인가?"

"세존이시여, 괴로움입니다."

"그렇다면 지속하지 않고 변화하는 괴로운 것을 '이것은 나의 것이다. 이것이 나다. 이것이 나의 자아다'라고 여기는 것이 온당한가?"

"세존이시여, 결코 온당하지 않습니다."

19. "소나여, 그러므로 '형색은 그것이 어떤 것이든, 내적인 것이든 외적인 것이든, 거친 것이든 미세한 것이든, 보잘것없는 것이든 빼어난 것이든, 멀리 있는 것이든 가까이 있는 것이든, 과거와 미래와 현재의 모든 형색, 이것은 나의 것이 아니고, 이것은 내가 아니고, 이것은 나의 자아가 아니다'라고 이것을 바른 통찰지[般若]로 사실대로 보아야 한다오.

20.-23. 느낌, 생각, 행위들, 분별의식도 마찬가지라오.

24. 소나여, 이와 같이 보는 학식이 많은 거룩한 제자는 형색에 대하여 싫증[厭離] 내고, 느낌·생각·행위들, 분별의식에 대하여 싫증 낸다오. 그는 싫증 내기 때문에 욕탐을 버

리고, 욕탐을 버리기 때문에 해탈(解脫)하며, 해탈했을 때 '나는 해탈했다'라고 안다오. 그는 '생(生)은 소멸했다. 청정한 수행[梵行]을 완성했으며, 해야 할 일을 끝마쳤다. 다시는 이와 같은 상태로 되지 않는다'라고 통찰한다오. 〈s.22.49〉

25. 소나여, 그 어떤 사문들이나 바라문들이라 할지라도 형색·느낌·생각·행위들·분별의식을 통찰하지 못하고, 형색·느낌·생각·행위들·분별의식의 쌓임[集]을 통찰하지 못하고, 형색·느낌·생각·행위들·분별의식의 소멸[滅]을 통찰하지 못하고, 형색·느낌·생각·행위들·분별의식의 소멸에 이르는 길을 통찰하지 못한다면, 나는 그 사문들과 바라문들을 사문들 가운데 사문으로 인정하지 않고, 바라문들 가운데 바라문으로 인정하지 않는다오. 그리고 그 존자들은 지금 여기에서 스스로 체험지(體驗智)로써 사문의 목적이나 바라문의 목적을 증득하고 획득하여 살아가지 못한다오.

26. 소나여, 그 어떤 사문들이나 바라문들이라 할지라도 형색·느낌·생각·행위들·분별의식을 통찰하고, 형색·느낌·생각·행위들·분별의식의 쌓임을 통찰하고, 형색·느낌·생각·행위들·분별의식의 소멸을 통찰하고, 형색·느낌·생각·행위들·분별의식의 소멸에 이르는 길을 통찰한다면, 나는 그 사문들과 바라문들을 사문들 가운데 사문으로 인정하고, 바라문들 가운데 바라문으로 인정한다오. 그리고 그 존자들은 지금 여기에서 스스로 체험지로써 사문의 목적이나 바라문의 목적을 증득하고 획득하여 살아간다오." 〈s.22.50〉

3.26. 희락심(喜樂心)의 소멸[Nandikkhaya] 〈s.22.51-52〉

1.-2. 세존께서 사왓티의 제따와나 아나타삔디까 승원에 머무실 때, 비구들에게 말씀하셨습니다.

3. "비구들이여, 비구가 지속하지 않는 형색[色]을 지속하지 않는다고 보면, 이것이 바른 견해[正見]며, 바르게 보면 싫증을 내게 된다[厭離]오. 희락심(喜樂心)이 소멸함으로써 탐욕이 소멸하고, 탐욕이 소멸함으로써 희락심이 소멸하며, 희락심과 탐욕으로부터 마음이 해탈하는 것을 훌륭한 해탈이라고 한다오. 느낌[受], 생각[想], 행위[行]들, 분별의식[識]도 마찬가지라오. 〈s.22.51〉

4. 비구들이여, 형색에 대하여 이치에 맞게 생각하고, 형색의 무상(無常)을 있는 그대로 보도록 하시오! 비구들이여, 형색에 대하여 이치에 맞게 생각하고, 형색의 무상을 있는 그대로 보면, 형색에 대하여 싫증[厭離]을 내게 된다오. 희락심이 소멸함으로써 탐욕이 소멸하고, 탐욕이 소멸함으로써 희락심이 소멸하며, 희락심과 탐욕으로부터 마음이 해탈하는 것을 훌륭한 해탈이라고 한다오. 느낌, 생각, 행위들, 분별의식도 마찬가지라오." 〈s.22.52〉

3.27. 가까이함[Upāyo] 〈s.22.53〉

1.-2. 세존께서 사왓티의 제따와나 아나타삔디까 승원에 머무실 때, 비구들에게 말씀하셨습니다.

3. "비구들이여, 가까이하면 해탈하지 못한다오. 가까이하지 않아야 해탈한다오.

4.-10. 비구들이여, 형색[色]이나 느낌[受],

생각[想], 행위[行]들을 가까이하면 분별의 식[識]이 그것에 머물면서 지속할 것이오. 형색이나 느낌·생각·행위들을 대상으로, 형색이나 느낌·생각·행위들을 의지하여 즐김을 추구하면서[nandupasevanaṃ] 자라나고 늘어나고 성장할 것이오.

비구들이여, 만약 어떤 사람이 '나는 형색이나 느낌·생각·행위들을 제외하고서 분별의식이 오고 가고 나타나고 소멸하고 자라나고 늘어나고 불어나는 일을 설명하겠다'라고 이야기한다면, 그런 일은 있을 수 없다오.

비구들이여, 만약 형색계[色界]·느낌계[受界]·생각계[想界]·행위계[行界]·분별의식계[識界]에 대하여 비구의 탐욕이 소멸하면, 탐욕이 사라짐으로써 대상이 끊어져서 분별의식이 의지할 곳이 없게 된다오.

11. 비구들이여, 분별의식이 의지할 곳이 없어서 성장하지 못하고 작용하지 않으면[anabhisaṅkhāraṃ], 그는 해탈한다오. 그는 해탈함으로써 안주(安住)하게 되고, 안주함으로써 만족하게 되고, 만족함으로써 근심하지 않는다오. 근심하지 않고 스스로 열반에 들어, '생(生)은 소멸했다. 청정한 수행[梵行]을 완성했으며, 해야 할 일을 끝마쳤다. 다시는 이와 같은 상태로 되지 않는다'라고 통찰한다오."

3.28. 종자[Bījaṃ] 〈s.22.54〉

1.-2. 세존께서 사왓티의 제따와나 아나타삔디까 승원에 머무실 때, 비구들에게 말씀하셨습니다.

3. "비구들이여, 다섯 종자가 있다오. 다섯은 어떤 것인가? 뿌리 종자·줄기 종자·가지 종자·열매 종자·씨앗 종자, 이들이 다섯이라오.

4. 비구들이여, 이들 다섯 종자가 부서지지 않고 썩지 않고 바람이나 열에 상하지 않고 싱싱하고 잘 심어졌다 할지라도 흙이 없고 물이 없으면, 비구들이여, 이들 다섯 종자가 자라나고 늘어나고 성장하겠는가?"

"세존이시여, 그렇지 않습니다."

5. "비구들이여, 이들 다섯 종자들이 부서지고 썩고 바람이나 열에 상하고 싱싱하지 않고 잘 심어지지 않으면, 흙이 있고 물이 있다 할지라도, 비구들이여, 이들 다섯 종자들이 자라나고 늘어나고 성장하겠는가?"

"세존이시여, 그렇지 않습니다."

6. "비구들이여, 이들 다섯 종자들이 부서지지 않고 썩지 않고 바람이나 열에 상하지 않고 싱싱하고 잘 심어졌으며, 흙도 있고 물도 있다면, 비구들이여, 이들 다섯 종자들은 자라나고 늘어나고 성장하지 않겠는가?"

"세존이시여, 그렇습니다."

7. "비구들이여, 비유하면 네 가지 분별의 식[識]이 머무는 곳[catasso viññāṇaṭṭhitiyo]은[588] 지계(地界)와 같다고 보도록 하시오! 비구들이여, 비유하면 즐기고자 하는 욕망[nandirāgo]은 수계(水界)와 같다고 보도록 하시오! 비구들이여, 비유하면 음식이 있는

---

588 '네 가지 식(識)이 머무는 곳'은 「3.30. 가까이함(Upāyo)경」〈s.22.53〉에서 말씀하신 색(色), 수(受), 상(想), 행(行)을 의미한다.

분별의식[viññāṇam sāhāraṃ]은[589] 다섯 종자와 같다고 보도록 하시오!
8. 비구들이여, 형색[色]을 가까이하면 머물고 있는 분별의식이 계속 머물 것이오. 형색을 대상으로, 형색을 의지하여, 즐거움을 추구하면서 자라나고 늘어나고 성장할 것이오.
9.-11. 비구들이여, 느낌[受]·생각[想]·행위[行]들을 가까이하면 머물고 있는 분별의식이 계속 머물 것이오. 느낌·생각·행위들을 대상으로, 느낌·생각·행위들을 의지하여, 즐거움을 추구하면서 자라나고 늘어나고 성장할 것이오.
12. 비구들이여, 만약 어떤 사람이 '나는 형색을 제외하고서, 느낌·생각·행위들을 제외하고서, 분별의식이 오고 가고 나타나고 소멸하고 자라나고 늘어나고 불어나는 일을 설명하겠다'라고 이야기한다면, 그런 일은 있을 수 없다오.
13.-17. 비구들이여, 만약 형색계[色界]에 대하여 비구의 탐욕이 소멸하면, 탐욕이 사라짐으로써 대상이 끊어져서 분별의식이 의지할 곳이 없게 된다오. 비구들이여, 만약 느낌계[受界]·생각계[想界]·행위계[行界]·분별의식계[識界]에 대하여 비구의 탐욕이 소멸하면, 탐욕이 사라짐으로써 대상이 끊어져서 분별의식이 의지할 곳이 없게 된다오.
18. 분별의식이 의지할 곳이 없어서 성장하지 못하고 작용하지 않으면, 그는 해탈한다오. 그는 해탈함으로써 안주(安住)하게 되고, 안주함으로써 만족하게 되고, 만족함으로써 근심하지 않는다오. 근심하지 않고 스스로 열반에 들어 '생(生)은 소멸했다. 청정한 수행[梵行]을 완성했으며 해야 할 일을 끝마쳤다. 다시는 이와 같은 상태로 되지 않는다'라고 통찰한다오."

3.29. 우다나[Udānaṃ] 〈s.22.55〉

1. 세존께서 사왓티의 제따와나 아나타삔디까 승원에 머무실 때
2. 세존께서 다음과 같은 우다나를 읊으셨습니다.

그것이 존재하지 않는다면
나에게도 존재하지 않을 것이다.
그것이 존재할 수 없다면
나에게도 존재할 수 없을 것이다.
이와 같이 확신하고 있는 비구는
낮은 단계의 속박[下分結]을 끊을 수 있다.

3. 이 말씀을 듣고, 어떤 비구가 세존께 말씀드렸습니다.
"세존이시여, 어떤 의미에서 이와 같은 말씀을 하십니까?"
4. "비구여, 성인을 무시하고 참사람의 가르침에서 배우지 못한 무지한 범부는 형색[色]을 자아로 여긴다오. 자아가 형색을 지니고 있다고 여기거나, 자아 속에 형색이 있다고 여기거나, 형색을 지닌 몸속에 자아가 있다고 여긴다오. 느낌[受], 생각[想], 행위[行]들,

---

589 이 경에 상응하는 『잡아함경(雜阿含經)』(39)에는 '취음구식(取陰俱識)'으로 한역됨. 5취온(五取蘊) 가운데 색(色), 수(受), 상(想), 행(行) 네 가지 취온(取蘊)이 분별의식[識]의 음식이 된다는 의미에서 이들 네 가지 취온을 대상으로 하는 분별의식을 'viññāṇam sāhāraṃ: 음식이 있는 분별의식'이라고 한 것이다.

분별의식[識]도 마찬가지라오.
5.-9. 그는 지속하지 않고 괴롭고[苦] 자아가 아니고[無我] 유위(有爲)인 형색을 지속하지 않고 괴롭고 자아가 아니고 유위인 형색이라고 있는 그대로 통찰하지 못하고, 지속하지 않고 괴롭고 자아가 아니고 유위인 느낌·생각·행위들·분별의식을 있는 그대로 통찰하지 못한다오.

그는 형색은 소멸한다는 것을 있는 그대로 통찰하지 못하고, 느낌·생각·행위들·분별의식은 소멸한다는 것을 있는 그대로 통찰하지 못한다오.

10. 비구들이여, 성인(聖人)을 알아보고, 성인의 가르침을 이해하고, 성인의 가르침에서 잘 배우고, 참사람을 알아보고, 참사람의 가르침을 이해하고, 참사람의 가르침에서 잘 배운 학식이 많은 거룩한 제자는 형색을 자아로 여기지 않는다오. 자아가 형색을 지니고 있다고 여기지 않고, 자아 속에 형색이 있다고 여기지 않고, 형색을 지닌 몸속에 자아가 있다고 여기지 않는다오. 느낌, 생각, 행위들, 분별의식도 마찬가지라오.

11.-15. 그는 지속하지 않고 괴롭고 자아가 아니고 유위인 형색을 지속하지 않고 괴롭고 자아가 아니고 유위인 형색이라고 있는 그대로 통찰하고, 지속하지 않고 괴롭고 자아가 아니고 유위인 느낌·생각·행위들·분별의식을 있는 그대로 통찰한다오.

그는 형색은 소멸한다는 것을 있는 그대로 통찰하고, 느낌·생각·행위들·분별의식은 소멸한다는 것을 있는 그대로 통찰한다오.

16. 비구여, 그는 형색이 소멸하고, 느낌·생각·행위들·분별의식이 소멸하기 때문에, 실로 이와 같이 '그것[五蘊]이 존재하지 않는다면, 나에게도 존재하지 않을 것이다. 그것[五蘊]이 존재할 수 없다면, 나에게도 존재할 수 없을 것이다'라고 확신하는 비구는 낮은 단계의 속박[下分結]을 끊게 된다오."

17. "세존이시여, 이와 같이 확신하여 낮은 단계의 속박을 끊게 된 비구는, 세존이시여, 이제 어떻게 알고 어떻게 보아야 번뇌[漏]가 곧바로 소멸합니까?"

18. "비구여, 무지한 범부는 걱정할 것이 없는 데서 걱정한다오. 비구여, 무지한 범부는 '그것[五蘊]이 존재하지 않는다면, 나에게도 존재하지 않을 것이다. 그것[五蘊]이 존재할 수 없다면, 나에게도 존재할 수 없을 것이다'라고 걱정한다오.

19. 비구여, 그렇지만 학식이 많은 거룩한 제자는 걱정할 것이 없는 데서 걱정하지 않는다오. 비구여, 학식이 많은 거룩한 제자는 '그것[五蘊]이 존재하지 않는다면, 나에게도 존재하지 않을 것이다. 그것[五蘊]이 존재할 수 없다면, 나에게도 존재할 수 없을 것이다'라고 걱정하지 않는다오.

20. 비구여, 형색을 집착하면, 머물고 있는 분별의식이 머물게 될 것이오. 형색을 대상으로, 형색을 의지처로 삼아, 즐거움을 추구하고 성장하고 증장하고 풍부해질 것이오.

21.-23. 비구여, 느낌·생각·행위들을 집착하면, 머물고 있는 분별의식이 머물게 될 것이오. 느낌·생각·행위들을 대상으로, 느낌·생각·행위들을 의지처로 삼아, 즐거움을 추구하고 성장하고 증장하고 풍부해질 것이오.

24. 비구여, 만약 그 사람이 '나는 형색이나 느낌·생각·행위들을 떠나서, 분별의식이 오고 가고 나타나고 소멸하고 자라나고 늘어나

고 불어나는 일을 설명하겠다'라고 한다면, 그런 일은 있을 수 없다오.

25. 비구여, 만약 형색계[色界]에 대하여 비구의 탐욕이 소멸하면, 탐욕이 사라짐으로써 대상이 끊어져서 분별의식이 의지할 곳이 없게 된다오.

26.-29. 비구여, 만약 느낌계[受界]·생각계[想界]·행위계[行界]·분별의식계[識界]에 대하여 비구의 탐욕이 소멸하면, 탐욕이 사라짐으로써 대상이 끊어져서 분별의식이 의지할 곳이 없게 된다오.

30. 분별의식이 의지할 곳이 없어서 성장하지 못하고 작용하지 않으면, 그는 해탈한다오. 그는 해탈함으로써 안주(安住)하게 되고, 안주함으로써 만족하게 되고, 만족함으로써 근심하지 않는다오. 근심하지 않고 스스로 열반에 들어 '생(生)은 소멸했다. 청정한 수행[梵行]을 완성했으며, 해야 할 일을 끝마쳤다. 다시는 이와 같은 상태로 되지 않는다'라고 통찰한다오.

31. 비구여, 이와 같이 알고 이와 같이 보면, 곧바로 번뇌가 소멸한다오."

3.30. 취(取)의 단계[Upādānam parivaṭṭaṃ] 〈s.22.56〉

1.-2. 세존께서 사왓티의 제따와나 아나타삔디까 승원에 머무실 때, 비구들에게 말씀하셨습니다.

3. "비구들이여, 5취온이 있다오. 5취온은 어떤 것인가? 그것은 색취온(色取蘊), 수취온(受取蘊), 상취온(想取蘊), 행취온(行取蘊), 식취온(識取蘊)이라오.

4. 비구들이여, 내가 5취온의 4단계를 있는 그대로 증득(證得)하지 못했다면, 비구들이여, 나는 결코 천상과 악마와 범천과 사문 바라문과 인간과 천인(天人)의 세계에서 위없는 바른 깨달음을 성취한 붓다(Buddha)라고 선언하지 않았을 것이오.

5. 비구들이여, 나는 5취온의 4단계를 있는 그대로 증득했기 때문에, 비구들이여, 나는 비로소 천상과 악마와 범천과 사문과 바라문과 인간과 천인의 세계에서 위없는 바른 깨달음을 성취한 붓다라고 선언했던 것이오.

6. 4단계는 어떤 것인가? 나는 형색[色]·느낌[受]·생각[想]·행위[行]들·분별의식[識]을 증득했고, 형색·느낌·생각·행위들·분별의식의 쌓임[集]을 증득했고, 형색·느낌·생각·행위들·분별의식의 소멸[滅]을 증득했고, 형색·느낌·생각·행위들·분별의식의 소멸에 이르는 길[道]을 증득했다오.

7.-9. 비구들이여, 형색이란 어떤 것인가? 4대(四大)와 4대를 취하고 있는 형색[catunnaṃ mahābhūtānam upādāya rūpaṃ], 비구들이여, 이것을 형색이라고 부른다오. 음식이 쌓이면 형색이 쌓이고, 음식이 소멸하면 형색이 소멸한다오. 거룩한 8정도, 즉 바른 견해[正見]·바른 의도[正思惟]·바른말[正語]·바른 행동[正業],·바른 생계[正命]·바른 정진[正精進]·바른 주의집중[正念]·바른 선정[正定], 이것이 형색의 소멸에 이르는 길이라오.

10.-12. 비구들이여, 느낌이란 어떤 것인가? 비구들이여, 여섯 가지 느낌구조[cha-vedanākāyā, 六受身], 즉 시각접촉[眼觸]에서 생긴 느낌·청각접촉[耳觸]에서 생긴 느낌·후각접촉[鼻觸]에서 생긴 느낌·미각접촉[舌觸]에서 생긴 느낌·신체접촉[身觸]에서 생

긴 느낌·마음접촉[意觸]에서 생긴 느낌, 비구들이여, 이것들을 느낌이라고 부른다오. 접촉[觸]이 쌓이면 느낌이 쌓이고, 접촉이 소멸하면 느낌이 소멸한다오. 거룩한 8정도, 즉 바른 견해·바른 의도·바른말·바른 행동·바른 생계·바른 정진·바른 주의집중·바른 선정, 이것이 느낌의 소멸에 이르는 길이라오.

13-15. 비구들이여, 생각이란 어떤 것인가? 비구들이여, 여섯 가지 생각구조[cha-saññā-kāyā, 六想身], 즉 형색에 대한 생각[色想]·소리에 대한 생각[聲想]·냄새에 대한 생각[香想]·맛에 대한 생각[味想]·촉감에 대한 생각[觸想]·법에 대한 생각[法想], 비구들이여, 이것들을 생각이라고 부른다오. 접촉이 쌓이면 생각이 쌓이고, 접촉이 소멸하면 생각이 소멸한다오. 거룩한 8정도, 즉 바른 견해·바른 의도·바른말·바른 행동·바른 생계·바른 정진·바른 주의집중·바른 선정, 이것이 생각의 소멸에 이르는 길이라오.

16.-18. 비구들이여, 행위들이란 어떤 것인가? 여섯 가지 의도구조[cha-cetanākāyā, 六思身], 즉 형색에 대한 의도[色思]·소리에 대한 의도[聲思]·냄새에 대한 의도[香思]·맛에 대한 의도[味思]·촉감에 대한 의도[觸思]·법에 대한 의도[法思], 비구들이여, 이것들을 행위들이라고 부른다오. 접촉이 쌓이면 행위들이 쌓이고, 접촉이 소멸하면 행위들이 소멸한다오. 거룩한 8정도, 즉 바른 견해·바른 의도·바른말·바른 행동·바른 생계·바른 정진·바른 주의집중·바른 선정, 이것이 행위들의 소멸에 이르는 길이라오.

19. 비구들이여, 분별의식이란 어떤 것인가? 여섯 가지 분별의식구조[cha-viññāṇakāyā, 六識身], 즉 시각분별의식[眼識]·청각분별의식[耳識]·후각분별의식[鼻識]·미각분별의식[舌識]·촉각분별의식[身識]·마음분별의식[意識], 비구들이여, 이것들을 분별의식이라고 부른다오. 이름과 형색이 쌓이면 분별의식이 쌓이고, 이름과 형색이 소멸하면 분별의식이 소멸한다오. 거룩한 8정도, 즉 바른 견해·바른 의도·바른말·바른 행동·바른 생계·바른 정진·바른 주의집중·바른 선정, 이것이 분별의식의 소멸에 이르는 길이라오.

20. 비구들이여, 사문이든 바라문이든, 누구라도 이와 같이 형색·느낌·생각·행위들·분별의식을 증득하고, 이와 같이 형색·느낌·생각·행위들·분별의식의 쌓임[集]을 증득하고, 이와 같이 형색·느낌·생각·행위들·분별의식의 소멸[滅]을 증득하고, 이와 같이 형색·느낌·생각·행위들·분별의식의 소멸에 이르는 길을 증득하여, 형색·느낌·생각·행위들·분별의식에 싫증[厭離]을 내고 탐욕을 소멸하여 형색·느낌·생각·행위들·분별의식의 소멸에 도달했다면, 그들은 잘 도달한 것이며, 잘 도달한 사람들이 이 법(法)과 율(律)에 굳게 선 사람들이라오.

21. 비구들이여, 사문이든 바라문이든, 누구라도 이와 같이 형색·느낌·생각·행위들·분별의식을 증득하고, 이와 같이 형색·느낌·생각·행위들·분별의식의 쌓임을 증득하고, 이와 같이 형색·느낌·생각·행위들·분별의식의 소멸을 증득하고, 이와 같이 형색·느낌·생각·행위들·분별의식의 소멸에 이르는 길을 증득하여, 형색·느낌·생각·행위들·분별의식에 싫증을 내고 탐욕을 소멸하여 형색·느낌·생각·행위들·분별의식이 소멸하여 집착하지 않고 해탈했다면, 그들은 잘 해탈한 사람들이라오. 잘 해탈한 사람들이 완전

한 사람들이라오. 완전한 사람들, 그들에게는 윤회(輪迴, vaṭṭa)를 언급할 수 없다오."

3.31. 일곱 가지 요점[Sattaṭṭhāna] 〈s.22.57〉

1.-2. 세존께서 사왓티의 제따와나 아나타삔디까 승원에 머무실 때, 비구들에게 말씀하셨습니다.

3. "비구들이여, 비구가 일곱 가지 요점을 잘 알고 세 가지로 탐색(探索)하면, 이 가르침[法]과 율(律)에서는 완전한 사람·수행을 성취한 사람·가장 훌륭한 사람이라고 부른다오.

4. 비구들이여, 어떤 비구가 일곱 가지 요점을 잘 아는 사람인가?

5. 비구들이여, 그 비구는 형색[色]을 통찰하고, 형색의 쌓임[集]을 통찰하고, 형색의 소멸[滅]을 통찰하고, 형색의 소멸에 이르는 길[道]을 통찰하고, 형색의 달콤한 맛[味]을 통찰하고, 형색의 재난[患]을 통찰하고, 형색에서 벗어남[出離]을 통찰한다오.

6.-9. 느낌[受], 생각[想], 행위[行]들, 분별의 식[識]도 마찬가지라오.

10. 비구들이여, 형색이란 어떤 것인가? 4대(四大)와 4대를 취하고 있는 형색, 비구들이여, 이것을 형색이라고 부른다오. 음식이 쌓이면 형색이 쌓인다오. 음식이 소멸하면 형색이 소멸한다오. 거룩한 8정도, 즉 바른 견해[正見]·바른 의도[正思惟]·바른말[正語]·바른 행동[正業]·바른 생계[正命]·바른 정진[正精進]·바른 주의집중[正念]·바른 선정[正定], 이것이 형색의 소멸에 이르는 길이라오.

11. 형색에 의지하여 생긴 즐거움과 만족, 이것이 형색의 달콤한 맛이라오. 형색은 지속성이 없고[無常] 괴롭고 변해 가는 법이라는 사실, 이것이 형색의 재난이라오. 형색에 대한 욕탐(欲貪)을 억제하고 버리는 것, 이것이 형색에서 벗어남이라오.

12. 비구들이여, 사문이든 바라문이든, 누구라도 이와 같이 형색을 증득하고, 이와 같이 형색의 쌓임을 증득하고, 이와 같이 형색의 소멸을 증득하고, 이와 같이 형색의 소멸에 이르는 길을 증득하고, 형색의 달콤한 맛을 증득하고, 형색의 재난을 증득하고, 형색에서 벗어남을 증득하여, 형색에 싫증[厭離]을 내고 탐욕을 소멸하여 형색의 소멸에 도달했다면, 그들은 잘 도달한 것이라오. 잘 도달한 사람들이 이 가르침과 율에 굳게 선 사람들이라오.

13. 비구들이여, 사문이든 바라문이든, 누구라도 이와 같이 형색에 대한 일곱 가지 요점을 증득하여, 형색에 싫증을 내고 탐욕을 버리고 형색이 소멸하여 집착하지 않고 해탈했다면, 그들은 잘 해탈한 사람들이라오. 잘 해탈한 사람들이 완전한 사람들이며, 완전한 사람들, 그들에게는 윤회를 언급할 수 없다오.

14.-18. 비구들이여, 느낌이란 어떤 것인가? 비구들이여, 여섯 가지 느낌구조[六受身], 즉 시각접촉[眼觸]에서 생긴 느낌·청각접촉[耳觸]에서 생긴 느낌·후각접촉[鼻觸]에서 생긴 느낌·미각접촉[舌觸]에서 생긴 느낌·신체접촉[身觸]에서 생긴 느낌·마음접촉[意觸]에서 생긴 느낌, 비구들이여, 이것들을 느낌이라고 부른다오.

접촉[觸]이 쌓이면 느낌이 쌓이고, 접촉이 소멸하면 느낌이 소멸한다오. 거룩한 8정도, 즉 바른 견해·바른 의도·바른말·바른 행동·바른 생계·바른 정진·바른 주의집중·바른 선정, 이것이 느낌의 소멸에 이르는 길이라오.

느낌에 의지하여 생긴 즐거움과 만족, 이것이 느낌의 달콤한 맛이라오. 느낌은 지속성이 없고 괴롭고 변해 가는 법이라는 사실, 이것이 느낌의 재난이라오. 느낌에 대한 욕탐을 억제하고 버리는 것, 이것이 느낌에서 벗어남이라오.

19.-21. 비구들이여, 생각이란 어떤 것인가? 비구들이여, 여섯 가지 생각구조[六想身], 즉 형색에 대한 생각[色想]·소리에 대한 생각[聲想]·냄새에 대한 생각[香想]·맛에 대한 생각[味想]·촉감에 대한 생각[觸想]·법에 대한 생각[法想], 비구들이여, 이것들을 생각이라고 부른다오. 접촉이 쌓이면 생각이 쌓이고, 접촉이 소멸하면 생각이 소멸한다오. 거룩한 8정도, 즉 바른 견해·바른 의도·바른말·바른 행동·바른 생계·바른 정진·바른 주의집중·바른 선정, 이것이 생각의 소멸에 이르는 길이라오. 생각에 의지하여 생긴 즐거움과 만족, 이것이 생각의 달콤한 맛이라오. 생각은 지속성이 없고 괴롭고 변해 가는 법이라는 사실, 이것이 생각의 재난이라오. 생각에 대한 욕탐을 억제하고 버리는 것, 이것이 생각에서 벗어남이라오.

22.-25. 비구들이여, 행위들이란 어떤 것인가? 여섯 가지 의도구조[六思身], 즉 형색에 대한 의도[色思]·소리에 대한 의도[聲思]·냄새에 대한 의도[香思]·맛에 대한 의도[味思]·촉감에 대한 의도[觸思]·법에 대한 의도[法思], 비구들이여, 이것들을 행위들이라고 부른다오. 접촉이 쌓이면 행위들이 쌓이고, 접촉이 소멸하면 행위들이 소멸한다오. 거룩한 8정도, 즉 바른 견해·바른 의도·바른말·바른 행동·바른 생계·바른 정진·바른 주의집중·바른 선정, 이것이 행위들의 소멸에 이르는 길이라오. 행위들에 의지하여 생긴 즐거움과 만족, 이것이 행위들의 달콤한 맛이라오. 행위들은 지속성이 없고 괴롭고 변해 가는 법이라는 사실, 이것이 행위들의 재난이라오. 행위들에 대한 욕탐을 억제하고 버리는 것, 이것이 행위들에서 벗어남이라오.

26.-29. 비구들이여, 분별의식이란 어떤 것인가? 여섯 가지 분별의식구조[六識身], 즉 시각분별의식[眼識]·청각분별의식[耳識]·후각분별의식[鼻識],·미각분별의식[舌識]·촉각분별의식[身識]·마음분별의식[意識], 비구들이여, 이것들을 분별의식이라고 부른다오. 이름과 형색[名色]이 쌓이면 분별의식이 쌓이고, 이름과 형색이 소멸하면 분별의식이 소멸한다오. 거룩한 8정도, 즉 바른 견해·바른 의도·바른말·바른 행동·바른 생계·바른 정진·바른 주의집중·바른 선정, 이것이 분별의식의 소멸에 이르는 길이라오. 분별의식에 의지하여 생긴 즐거움과 만족, 이것이 분별의식의 달콤한 맛이라오. 분별의식은 지속성이 없고 괴롭고 변해 가는 법이라는 사실, 이것이 분별의식의 재난이라오. 분별의식에 대한 욕탐을 억제하고 버리는 것, 이것이 분별의식에서 벗어남이라오.

30. 비구들이여, 이와 같은 비구가 일곱 가지 요점을 잘 아는 사람이라오.

31. 비구들이여, 어떤 비구가 세 가지로 탐색하는 사람인가?

비구들이여, 계(界)로 탐색하고, 입처(入處)로 탐색하고, 연기(緣起)로 탐색하는 사람, 비구들이여, 이와 같은 비구가 세 가지로 탐색하는 사람이라오.

32. 비구들이여, 일곱 가지 요점을 잘 알고, 세 가지로 탐색한 비구를 이 가르침과 율에서는 완전한 사람·수행을 성취한 사람·가장 훌륭한 사람이라고 부른다오."

3.32. 다섯 비구[Pañca] 〈s.22.59〉

1.-2. 세존께서 바라나시의 이시빠따나 미가다야[鹿野苑]에 머무실 때, 다섯 비구들에게 말씀하셨습니다.

3.-11. "비구들이여, 형색[色]은 자아가 아니라오. 비구들이여, 만약 형색이 자아라면 이 형색은 병이 들지 않을 것이오. 그리고 형색에 대하여 '나의 형색은 이렇게 되어라. 나의 형색은 이렇게 되지 마라'라고 할 수 있을 것이오. 비구들이여, 그런데 형색은 자아가 아니기 때문에 형색은 병이 들고, 형색에 대하여 '나의 형색은 이렇게 되어라. 나의 형색은 이렇게 되지 마라'라고 할 수 없는 것이오. 느낌[受], 생각[想], 행위[行]들, 분별의식[識]도 마찬가지라오.

12. 비구들이여, 어떻게 생각하는가? 형색은 지속하는가, 지속하지 않는가?"

"지속하지 않습니다, 세존이시여!"

"그렇다면 지속하지 않는 것은 괴로움인가, 즐거움인가?"

"괴로움입니다, 세존이시여!"

"그렇다면 지속하지 않고 괴롭고 변역(變易)하는 현상[法]을 '그것은 나의 것이다. 그것은 나다. 그것은 나의 자아다'라고 여기는 것이 옳은가?"

"그것은 옳지 않습니다, 세존이시여!"

13.-16. "느낌, 생각, 행위들, 분별의식도 마찬가지라오.

17.-21. 비구들이여, 그러므로 '과거·미래·현재의 어떤 형색이라 할지라도, 내적인 것이든 외적인 것이든, 거친 것이든 미세한 것이든, 보잘것없는 것이든 훌륭한 것이든, 먼 것이든 가까운 것이든, 일체의 형색은 나의 것도 아니고, 나도 아니고, 나의 자아도 아니다'라고 바른 지혜로 있는 그대로 통찰해야 한다오. 느낌, 생각, 행위들, 분별의식도 마찬가지라오.

22. 비구들이여, 이와 같이 보는 배움이 많은 거룩한 제자는 형색, 느낌, 생각, 행위들, 분별의식에 싫증[厭離]을 낸다오. 그는 싫증을 내기 때문에 욕탐을 버리고[離欲], 욕탐을 버리기 때문에 해탈(解脫)하며, '나는 해탈했다'라고 안다오. 그는 '생(生)은 소멸했다. 청정한 수행[梵行]을 완성했으며, 해야 할 일을 끝마쳤다. 다시는 이와 같은 상태로 되지 않는다'라고 통찰한다오."

23. 이것이 세존께서 하신 말씀입니다.

다섯 비구는 세존의 말씀에 환희하고 기뻐했습니다.

그리고 이러한 설명을 하실 때 다섯 비구는 집착이 없어져서 마음이 번뇌에서 해탈했습니다.

3.33. 마할리(Mahāli) 〈s.22.60〉

1.-2. 세존께서 웨살리에 있는 마하와나의 중각강당(重閣講堂)에 머무실 때, 마할리 릿차위(Mahāli Licchavi)[590]가 세존을 찾아와

590 릿차위족의 마할리라는 의미.

서 예배하고 한쪽에 앉아 세존께 말씀드렸습니다.

3. "세존이시여, 뿌라나 까싸빠는 '중생들이 오염(汚染)되는 데는 원인도 없고 조건도 없다. 원인도 없고 조건도 없이 중생들은 오염된다. 중생들이 청정해지는 데는 원인도 없고 조건도 없다. 원인도 없고 조건도 없이 중생들은 청정해진다'라고 말합니다. 이 점에 대하여 세존께서는 어떻게 말씀하십니까?"

4. "마할리여, 중생들이 오염되는 데는 원인이 있고 조건이 있다오. 원인이 있고 조건이 있으면 중생들은 번뇌에 오염된다오. 마할리여, 중생들이 청정해지는 데는 원인이 있고 조건이 있다오. 원인이 있고 조건이 있으면 중생들은 번뇌로부터 청정해진다오."

5. "세존이시여, 그렇다면 중생들이 오염되는 데는 어떤 원인과 어떤 조건이 있습니까? 어떤 원인과 어떤 조건이 있으면 중생들이 오염됩니까?"

6. "마할리여, 형색[色]이 괴롭기만 한 것이라면, 그래서 항상 괴로움이 핍박하고 괴로움에 빠져 있을 뿐 즐거울 때가 없다면, 중생들은 이 몸을 좋아하지 않을 것이오. 마할리여, 그러나 형색은 때로는 즐겁고 즐거움이 충만하고 즐거움에 빠질 때도 있어서 항상 괴롭지만은 않다오. 그래서 중생들은 형색에 대하여 애욕을 가지고 좋아하고 결박에 묶여 오염된다오. 마할리여, 이것이 중생들이 오염되는 원인이며 조건이라오. 이와 같이 원인이 있고 조건이 있으면 중생들은 오염된다오.

7.-10. 느낌[受], 생각[想], 행위[行]들, 분별의식[識]도 마찬가지라오."

11. "세존이시여, 그렇다면 중생들이 청정해지는 데는 어떤 원인과 어떤 조건이 있습니까? 어떤 원인과 어떤 조건이 있으면 중생들이 청정해집니까?"

12. "마할리여, 형색이 즐겁기만 한 것이라면, 그래서 항상 즐거움이 충만하고 즐거움에 빠져 있을 뿐 괴로울 때가 없다면, 중생들은 이 몸에 싫증[厭離]을 내지 않을 것이오. 마할리여, 그러나 형색은 때로는 괴롭고 괴로움이 핍박하고 괴로움에 빠질 때도 있어서 항상 즐겁지만은 않다오. 그래서 중생들은 형색에 대하여 싫증을 내고, 싫증을 내기 때문에 욕탐을 버리고[離欲], 욕탐을 버리기 때문에 청정해진다오. 마할리여, 이것이 중생들이 청정해지는 원인이며 조건이라오. 이와 같이 원인이 있고, 조건이 있으면 중생들은 청정해진다오.

13.-16. 느낌, 생각, 행위들, 분별의식도 마찬가지라오."

3.34. 불타고 있다[Āditta] 〈s.22.61〉

1.-2. 세존께서 사왓티의 제따와나 아나타삔디까 승원에 머무실 때, 비구들에게 말씀하셨습니다.

3. "비구들이여, 형색[色]은 불타고 있다오. 느낌[受]은 불타고 있다오. 생각[想]은 불타고 있다오. 행위[行]들은 불타고 있다오. 분별의식[識]은 불타고 있다오.

4. 비구들이여, 이와 같이 보는 학식이 많은 거룩한 제자는 형색·느낌·생각·행위들·분별의식에 대하여 싫증[厭離]을 내고, 싫증을 내기 때문에 욕탐을 버리고[離欲], 욕탐을 버리기 때문에 해탈(解脫)하며, 해탈했을 때 해탈했다는 것을 안다오.

5. 그는 '생(生)은 소멸했다. 청정한 수행[梵

行]을 완성했으며, 해야 할 일을 끝마쳤다. 다시는 이와 같은 상태로 되지 않는다'라고 통찰한다오."

3.35. 먹힘[Khajjani] 〈s.22.79〉

1.-2. 세존께서 사왓티의 제따와나 아나타삔디까 승원에 머무실 때, 비구들에게 말씀하셨습니다.

3. "비구들이여, 여러 전생(前生)을 기억하는 사문들이나 바라문들이 기억하고 있는 것은, 그것이 어떤 것이든, 모두 5취온(五取蘊)이나 5취온 가운데 어떤 것이라오.

4. 비구들이여, '나는 과거세에 이런 형색[色]이었다'라고 기억하면서, 그는 형색을 기억한다오. 느낌[受], 생각[想], 행위[行]들, 분별의식[識]도 마찬가지라오.

5. 비구들이여, 그대들이 '형색[rūpa, 色]'이라고 말하는 것은 무엇일까? 비구들이여, 몸살을 앓는다오[ruppati]. 그래서 '형색'이라고 불린다오. 무엇에 몸살을 앓는가? 추위에 몸살을 앓고, 더위에 몸살을 앓고, 굶주림에 몸살을 앓고, 질병에 몸살을 앓고, 파리·모기·바람·열에 몸살을 앓고, 뱀에 물려서 몸살을 앓는다오. 비구들이여, 몸살을 앓는다오. 그래서 '형색'이라고 불린다오.

6. 비구들이여, 그대들이 '느낌[vedanā, 受]'이라고 말하는 것은 무엇일까? 비구들이여, 느낀다오[vediyati]. 그래서 '느낌'이라고 불린다오. 무엇을 느끼는가? 즐거움을 느끼고, 괴로움을 느끼고, 괴롭지도 즐겁지도 않음을 느낀다오. 비구들이여, 느낀다오. 그래서 '느낌'이라고 불린다오.

7. 비구들이여, 그대들이 '생각[saññā, 想]'이라고 말하는 것은 무엇일까? 비구들이여, 생각한다오(sañjānāti). 그래서 '생각'이라고 불린다오. 무엇을 생각하는가? 푸르다고 생각하고, 노랗다고 생각하고, 붉다고 생각하고, 희다고 생각한다오. 비구들이여, 생각한다오(sañjānāti). 그래서 '생각'이라고 불린다오.

8. 비구들이여, 그대들이 '행위[saṅkhārā, 行]'라고 말하는 것은 무엇일까? 비구들이여, 유위를 조작한다오(saṅkhataṃ abhisaṅkharoti). 그래서 '행위'라고 불린다오. 어떻게 유위를 조작하는가? 형색[色]의 성질로(rūpattāya) 형색[rūpa]이라는 유위를 조작하고, 느낌[受]의 성질로(vedanattāya) 느낌[vedanā]이라는 유위를 조작하고, 생각[想]의 성질로(saññattāya) 생각[saññā]이라는 유위를 조작하고, 행위의 성질로(saṅkharattāya) 행위[saṅkhārā]라는 유위를 조작하고, 분별의식의 성질로(viññāṇattāya) 분별의식[viññāṇa]이라는 유위를 조작한다오. 비구들이여, 유위를 조작한다오. 그래서 '행위'라고 불린다오.

9. 비구들이여, 그대들이 '분별의식[viññāṇa, 識]'이라고 말하는 것은 무엇일까? 비구들이여, 분별한다오(vijānāti). 그래서 '분별의식'이라고 불린다오. 무엇을 분별하는가? 신맛을 분별하고, 쓴맛을 분별하고, 매운맛을 분별하고, 단맛을 분별하고, 자극적인 맛을 분별하고, 자극이 없는 맛을 분별하고, 짠맛을 분별하고, 싱거운 맛을 분별한다오. 비구들이여, 분별한다오. 그래서 '분별의식'이라고 불린다오.

10. 비구들이여, 여기에서 배움이 많은 거룩한 제자는 이렇게 사유한다오.

11. '나는 지금 형색에게 먹히고 있다. 현생에

서 현재의 형색에게 먹히고 있듯이, 과거세에도 나는 형색에게 먹혔다. 내가 만약 미래의 형색을 즐기려 한다면, 현생에서 현재의 형색에게 먹히고 있듯이 미래세에도 나는 형색에게 먹힐 것이다.'

그는 이렇게 사유함으로써 과거의 형색에 대하여 초연해지고, 미래의 형색을 즐기려 하지 않으며, 지금 생긴 형색에 대하여 싫증[厭離]을 내고 욕탐을 버리고[離欲] 소멸(消滅)에 도달한다오.

12.-15. 느낌, 생각, 행위들, 분별의식도 마찬가지라오.

16.-20. 비구들이여, 어떻게 생각하는가? 형색은 지속하는가, 지속하지 않는가?[591]"

"세존이시여, 지속하지 않습니다."

"느낌·생각·행위들·분별의식은 지속하는가, 지속하지 않는가?"

"세존이시여, 지속하지 않습니다."

"그렇다면 지속하지 않는 것은 괴로운가, 즐거운가?"

"세존이시여, 괴롭습니다."

"그렇다면 지속하지 않고 괴롭고 변화하는 법(法)을 '그것은 나의 것이다. 그것은 나다. 그것은 나의 자아다'라고 여기는 것이 과연 옳은가?"

"세존이시여, 그것은 결코 옳지 않습니다."

21. "비구들이여, 그러므로 여기에서 '과거 미래 현재의, 내적인 것이든 외적인 것이든, 거친 것이든 미세한 것이든, 보잘것없는 것이든 훌륭한 것이든, 멀리 있는 것이든 가까이 있는 것이든, 일체의 형색은 나의 것도 아니고, 나도 아니고, 나의 자아도 아니다'라고, 이렇게 보는 것이 있는 그대로 바른 지혜로 보는 것이라오.

22.-25. 느낌, 생각, 행위들, 분별의식도 마찬가지라오.

26. 비구들이여, 이것을 '거룩한 제자는 없애고 모으지 않으며, 버리고 취하지 않으며, 멀리하고 가까이하지 않으며, 불을 끄고 지피지 않는다'라고 한다오.

27. 무엇을 없애고 모으지 않는가? 형색, 느낌, 생각, 행위들, 분별의식을 없애고 모으지 않는다오.

28. 무엇을 버리고 취하지 않는가? 형색, 느낌, 생각, 행위들, 분별의식을 버리고 취하지 않는다오.

29. 무엇을 멀리하고 가까이하지 않는가? 형색, 느낌, 생각, 행위들, 분별의식을 멀리하고 가까이하지 않는다오.

30. 어떤 불을 끄고 지피지 않는가? 형색, 느낌, 생각, 행위들, 분별의식의 불을 끄고 지피지 않는다오.

31. 비구들이여, 이와 같이 보는 학식이 많은 거룩한 제자는 형색·느낌·생각·행위들·분별의식에 대하여 싫증을 내고, 싫증을 내기 때문에 욕탐을 버리고, 욕탐을 버리기 때문에 해탈하며, 해탈했을 때 해탈했다는 것을 안다오. 그는 '생(生)은 소멸했다. 청정한 수행[梵行]을 완성했으며, 해야 할 일을 끝마쳤다. 다시는 이와 같은 상태로 되지 않는다'라고 통찰한다오.

32. 비구들이여, 이것을 '비구는 모으지도 않고 없애지도 않는다. 없앤 후에는 계속해서

---

591 'rūpaṃ niccaṃ vā aniccaṃ vā'의 번역.

버리지도 않고 취하지도 않는다. 버린 후에는 계속해서 멀리하지도 않고 가까이하지도 않는다. 멀리한 후에는 계속해서 불을 끄지도 않고 지피지도 않는다'라고 한다오.

33. 불을 끈 다음에는 계속해서 무엇을 모으지도 않고 없애지도 않는가? 없앤 후에 계속해서 형색, 느낌, 생각, 행위들, 분별의식을 모으지도 않고 없애지도 않는다오.

34. 없앤 다음에는 계속해서 무엇을 버리지도 않고 취하지도 않는가? 버린 후에 계속해서 형색, 느낌, 생각, 행위들, 분별의식을 버리지도 않고 취하지도 않는다오.

35. 버린 다음에는 계속해서 무엇을 멀리하지도 않고 가까이하지도 않는가? 멀리한 후에 계속해서 형색, 느낌, 생각, 행위들, 분별의식을 멀리하지도 않고 가까이하지도 않는다오.

36. 멀리한 다음에는 계속해서 어떤 불을 끄지도 않고 지피지도 않는가? 불을 끈 후에 계속해서 형색, 느낌, 생각, 행위들, 분별의식의 불을 끄지도 않고 지피지도 않는다오.

37. 비구들이여, 불을 끈 후에 계속해서 이와 같이 해탈한 마음을 지닌 비구에게 제석천의 무리, 범천의 무리, 생주천(生主天)의 무리까지도 멀리서 귀의할 것이오."

38.

> 고귀하신 분에게 귀의합니다. 존귀하신 분에게 귀의합니다.
> 당신께서 머무시는 선정(禪定)을 우리는 증득(證得)하지 못했습니다.

3.36. 탁발[Piṇḍolyaṃ] 〈s.22.80〉

1. 한때 세존께서는 삭까족의 까삘라왓투에 있는 니그로다 승원에 머무셨습니다.

2. 그때 세존께서 어떤 일로 인해서[592] 비구상가를 꾸짖어 내치시고, 아침에 옷을 입고 발우와 법의를 지니고 탁발하러 까삘라왓투에 들어가셨습니다.

3. 세존께서는 까삘라왓투에서 탁발을 하시고 돌아와 식사를 마치신 후에 오후의 휴식을 하시려고 큰 숲으로 가셨습니다. 큰 숲에 들어가 오후의 휴식을 위해 웰루왈랏티따(Veluvalaṭṭhitā)나무 아래 앉으셨습니다.

4. 그때 세존께서 좌선하시는 가운데 마음속에 이런 생각이 떠올랐습니다.

5. '나에게 쫓겨난 비구상가에는 최근에 이 법과 율에 출가하여 새로 온 신참 비구들이 있다. 그들은 나를 보지 못하면 어린 송아지가 어미를 보지 못하면 당황하고 길을 잃듯이, 당황하고 길을 잃을 것이다.

6. 그렇지! 그렇지! 최근에 이 법과 율에 출가하여 새로 온 신참 비구들이 있지! 그들은 나를 보지 못하면 어린 종자들이 물을 얻지 못하면 시들어 싹을 틔우지 못하듯이, 시들어 싹을 틔우지 못하겠지!

7. 그렇지! 그렇지! 최근에 이 법과 율에 출가하여 새로 온 신참 비구들이 있지! 그들은 나를 볼 수 없으면 시들어 싹을 틔우지 못하겠지! 내가 이전에 비구상가를 용서하고 받아들였듯이, 이제 비구상가를 용서하고 받아들이면 어떨까?'

8. 그때 사함빠띠(Sahampati) 범천(梵天)이

---

592 주석서에 의하면, 비구들이 법당에서 소란을 피웠기 때문이라고 하며, 「우다나(Udāna) 25.」에서는 세존께서 그 비구들을 걸핏하면 싸우려 드는 어부들에 비유하시고, 아난다를 보내 그들을 꾸짖었다고 한다.

세존께서 생각하시는 바를 알고, 마치 건장한 사람이 구부린 팔을 펴거나 편 팔을 구부리듯이, 이와 같이 삽시간에 범천의 세계에서 사라져 세존 앞에 나타났습니다.

9. 사함빠띠 범천은 한쪽 어깨에 상의(上衣)를 걸치고, 오른쪽 무릎을 꿇고 세존을 향해 합장 공경하고 세존께 말씀드렸습니다.

"그렇습니다, 세존이시여! 그렇습니다, 선서시여!

10. 세존에게 쫓겨난 비구상가에는 최근에 이 법과 율에 출가하여 새로 온 신참 비구들이 있습니다. 그들은 세존을 보지 못하면 어린 송아지가 어미를 보지 못하면 당황하고 길을 잃듯이, 당황하고 길을 잃을 것입니다.

11. 그렇습니다! 그렇습니다! 최근에 이 법과 율에 출가하여 새로 온 신참 비구들이 있습니다. 그들은 세존을 보지 못하면 어린 종자들이 물을 얻지 못하면 시들어 싹을 틔우지 못하듯이, 시들어 싹을 틔우지 못할 것입니다.

12. 그렇습니다! 그렇습니다! 최근에 이 법과 율에 출가하여 새로 온 신참 비구들이 있습니다. 그들은 세존을 볼 수 없으면 시들어 싹을 틔우지 못할 것입니다.

13. 세존이시여, 비구상가를 기쁘게 하소서! 세존이시여, 비구상가를 받아들이소서! 세존께서 이전에 비구상가를 용서하고 받아들였듯이, 이제 비구상가를 용서하고 받아들이소서!"

14. 세존께서는 침묵으로 동의하셨습니다.

15. 그러자 사함빠띠 범천은 세존께서 동의하신 것을 알고 세존께 예배한 후에 오른쪽으로 돌고 그곳에서 사라졌습니다.

16. 세존께서는 해 질 무렵에 좌선에서 일어나 니그로다 승원으로 가서 마련된 자리에 앉으셨습니다. 자리에 앉으신 세존께서는 '그 비구들이 부끄러워하면서 하나둘씩 나에게 오도록 하겠다'라는 그와 같은 신통을 부리셨습니다.

17. 그 비구들은 하나둘씩 부끄러워하면서 세존에게 와서 세존께 예배한 후 한쪽에 앉았습니다.

18. 한쪽에 앉은 그 비구들에게 세존께서 다음과 같이 말씀하셨습니다.

"비구들이여, 탁발은 밑바닥 삶이라오. 세간에서는 '손에 그릇을 들고 다니면서 빌어먹어라!'라고 저주한다오. 비구들이여, 선남자들이 그러한 탁발의 길로 나서는 것은 그럴 만한 목적이 있고 이유가 있다오. 왕의 강요 때문이 아니고, 강도의 협박 때문이 아니고, 빚 때문이 아니고, 두려움 때문이 아니고, 생계 때문이 아니라 '나는 태어남·늙음·죽음·근심·슬픔·고통·우울·고뇌에 뒤덮여 있으며, 고통에 빠져서 고통에 시달리고 있다. 이와 같은 순전한 괴로움 덩어리[苦蘊]를 소멸하는 법을 알아야 한다'라고 생각하기 때문이라오.

19. 비구들이여, 이와 같이 출가한 선남자가 감각적 욕망의 불길에 휩싸여 강렬한 탐욕이 있고 분노의 마음이 있어 사악한 생각을 하고, 주의집중을 하지 못하여 알아차림을 하지 않고, 삼매에 들지 못하여 마음이 산란하고, 지각활동을 제어하지 못한다면, 비구들이여, 비유하면 양 끝이 불에 타고 중간에 똥이 묻은 부지깽이는 속가(俗家)에서도 쓸모가 없고 승원에서도 쓸모가 없듯이, 그와 같이 이 사람은 재가신도(在家信徒)의 재산만 축낼 뿐 출가사문(出家沙門)의 목적을 성취

하지 못한다고 나는 이야기한다오.

20. 비구들이여, 감각적 욕망에 대한 생각·분노의 생각·해치려는 생각, 이들 셋은 나쁜 생각이라오. 비구들이여, 4념처(四念處)에 확고하게 머무는 마음으로 살아가면서 무상삼매(無相三昧, animittaṃ samādhiṃ)를 닦으면 이들 세 가지 나쁜 생각이 남김없이 소멸한다오.

21. 비구들이여, 마땅히 무상삼매를 닦아야 한다오. 비구들이여, 무상삼매를 닦아서 익히면 많은 성과가 있고 많은 이익이 있다오.

22. 비구들이여, 유견(有見, bhavadiṭṭhi)과 무견(無見, vibhavadiṭṭhi)이라는 모순된 두 견해가 있다오. 비구들이여, 거기에서 학식이 많은 거룩한 제자는 '어떤 것이든 내가 그것을 취했을 때 잘못되지 않을 수 있는 것이 세간에 있을까?'라고 숙고한다오,

23. 그는 이렇게 통찰한다오.

'어떤 것이든 내가 그것을 (나의 존재로) 취했을 때 잘못되지 않을 수 있는 것은 세간에 없다. 실로 (나의 존재로) 취해야 한다면, 나는 형색[色]을 취할 것이고, 느낌[受]을 취할 것이고, 생각[想]을 취할 것이고, 행위[行]들을 취할 것이고, 분별의식[識]을 취할 것이다. 그로 인해서 나에게 취(取)에 의지하여 유(有)가 있고, 유에 의지하여 생(生)이 있고, 생에 의지하여 노사(老死)와 근심·슬픔,·고통·우울·고뇌가 생길 것이다. 이와 같이 순전한 괴로움 덩어리의 쌓임[集]이 있을 것이다.'

24.-28. 비구들이여 어떻게 생각하는가? 형색·느낌·생각·행위들·분별의식은 지속하는가[nicca, 常], 지속하지 않는가[anicca, 無常]?"

"세존이시여, 지속하지 않습니다."

"지속하지 않으면 즐거운가, 괴로운가?"

"세존이시여, 괴롭습니다."

"지속하지 않고 괴롭고 변해 가는 법(法)을 '이것은 나의 것이다. 이것이 나다. 이것이 나의 자아다'라고 여기는 것이 과연 옳은가?"

"세존이시여, 결코 옳지 않습니다."

29-30. "비구들이여, 그러므로 이와 같이 보는 학식이 많은 거룩한 제자는 형색·느낌·생각·행위들·분별의식에 대하여 싫증[厭離]을 내고, 싫증을 내기 때문에 욕탐을 버리고[離欲], 욕탐을 버리기 때문에 해탈(解脫)하며, 해탈했을 때 해탈했다는 것을 안다오. 그는 '생(生)은 소멸했다. 청정한 수행[梵行]을 완성했으며, 해야 할 일을 끝마쳤다. 다시는 이와 같은 상태로 되지 않는다'라고 통찰한다오."

3.37. 빠릴레야(Pārileyya) 〈s.22.81〉

1.-2. 세존께서 꼬삼비의 고시따(Ghosita) 승원에 머무실 때, 세존께서 아침에 옷을 입고 발우와 법의를 지니고 탁발하러 꼬삼비에 들어가셨습니다. 세존께서는 꼬삼비에서 탁발을 마치고 음식을 드신 후에, 몸소 자리를 정리하고 발우와 법의를 지니고 시자를 부르지 않고 비구상가에도 알리지 않고 홀로 유행(遊行)의 길을 떠나셨습니다.

3. 세존께서 길을 떠나신 직후에 어떤 비구가 아난다 존자를 찾아와서 아난다 존자에게 말했습니다.

"아난다 존자여, 세존께서 몸소 잠자리

를 정리하시고, 발우와 법의를 지니시고, 시자를 부르시지 않고, 비구상가에도 알리시지 않고, 홀로 유행의 길을 떠나셨습니다."

4. "존자여, 세존께서 시자를 부르지 않고, 비구상가에 알리지도 않고, 홀로 유행의 길을 떠나신 것은 세존께서 홀로 지내고 싶은 뜻이 있기 때문입니다. 그때는 누구도 세존을 따라가서는 안 됩니다."

5. 세존께서는 계속해서 유행하시다가 빠릴레야까(Pārileyyaka)에 도착하여 빠릴레야까에 있는 밧다살라(Bhaddasāla)나무 아래에 머무셨습니다.

6. 그때 많은 비구들이 아난다 존자를 찾아와서 아난다와 함께 공손하게 인사를 나누고 한쪽에 앉았습니다.

7. 한쪽에 앉은 그 비구들이 아난다 존자에게 말했습니다.

"아난다 존자여, 우리는 오랫동안 세존으로부터 친히 법문을 듣지 못했습니다. 아난다 존자여, 우리는 세존으로부터 친히 법문을 듣고 싶습니다."

8. 아난다 존자는 비구들과 함께 빠릴레야까의 밧다살라나무 아래로 세존을 찾아가서 예배하고 한쪽에 앉았습니다.

9. 한쪽에 앉은 비구들에게 세존께서 법문을 설하여 가르치고 격려하고 칭찬하셨습니다.

10. 그때 어떤 비구가 이런 생각을 일으켰습니다.

'어떻게 알고 어떻게 보아야 곧바로 번뇌[漏]가 소멸할까?'

11. 세존께서는 그 비구가 마음속으로 생각하는 바를 아시고 비구들에게 말씀하셨습니다.

"비구들이여, 나는 알아볼 수 있도록 구분하여 법(法)을 설했다오. 나는 알아볼 수 있도록 구분하여 4념처(四念處)를 설하고, 4정근(四正勤)·4여의족(四如意足)·5근(五根)·5력(五力)·7각지(七覺支)·8지성도(八支聖道)를 설했다오.

12. 비구들이여, 나는 이와 같이 알아볼 수 있도록 구분하여 법을 설했다오. 그럼에도 불구하고 이제 어떤 비구는 '어떻게 알고 어떻게 보아야 곧바로 번뇌가 소멸할까?'라는 생각을 일으켰다오.

13. 비구들이여, 번뇌는 어떻게 알고 어떻게 보아야 곧바로 소멸하는가?

14. 비구들이여, 성인을 무시하고 참사람의 가르침에서 배우지 못한 무지한 범부는 형색[色]을 자아로[attato] 여긴다오. 비구들이여, 그렇게 여기는 것이 행위[saṅkhāra, 行]라오.

15. 형색을 자아라고 여기지 않아도, 자아가 형색을 지니고 있다고 여긴다면, 비구들이여, 그렇게 여기는 것이 행위라오.

16. 자아가 형색을 지니고 있다고 여기지 않아도, 자아 속에 형색이 있다고 여긴다면, 비구들이여, 그렇게 여기는 것이 행위라오.

17. 자아 속에 형색이 있다고 여기지 않아도, 형색 속에 자아가 있다고 여긴다면, 비구들이여, 그렇게 여기는 것이 행위라오.

18.-24. 느낌[受]·생각[想]·행위[行]들·분별의식[識]을 자아라고 여기거나, 자아가 이들을 지니고 있다고 여기거나, 자아 속에 이들이 있다고 여기거나, 이들 속에 자아가 있다고 여긴다면, 비구들이여, 그렇게 여기는 것이 행위라오.

25.-26. 형색·느낌·생각·행위들·분별의식을 자아라고 여기지 않아도, '그것이 자아다. 그것이 세계다. 그 자아가 내세(來世)에 지속

적으로 일정하게 상주하며 불변할 것이다'라는 견해가 있다면, 비구들이여, 그 상견(常見)이 행위라오.

27. '그것이 자아다. 그것이 세계다. 그 자아가 내세에 지속적으로 일정하게 상주하며 불변할 것이다'라는 견해가 없어도, '나는 없을 것이고, 내 것도 없을 것이다. (죽은 후에) 나는 존재하지 않게 될 것이고, 내 것도 존재하지 않게 될 것이다'라는 견해가 있다면, 비구들이여, 그 단견(斷見)이 행위라오.

28. 상견과 단견이 없어도, 바른 가르침[正法]에 대하여 의심하고 주저하여 실천하지 않는다면,[593] 비구들이여, 바른 가르침에 대하여 의심하고 주저하여 실천하지 않는 것이 행위라오.

29. 그렇다면 그 행위는 무엇이 인연(nidāna)이고, 무엇이 쌓인 것이고, 무엇이 낳은 것이고, 무엇이 함께하는가? 비구들이여, 무명(無明)의 상태에서 대상을 접촉함으로써 생긴 느낌에 영향을 받은 무지한 범부에게 생긴 갈애[愛],[594] 그것에서 행위가 생긴다오. 비구들이여, 그 행위는 지속하지 않으며[無常], 조작된 것이며[有爲, saṅkhatā]이며, 연기(緣起)한 것이라오. 그 갈애도 지속하지 않으며, 조작된 것이며, 연기한 것이라오. 그 느낌도, 그 접촉[觸]도 지속하지 않으며, 조작된 것이며, 연기한 것이라오. 그 무명도 지속하지 않으며, 조작된 것이며, 연기한 것이라오.

30. 비구들이여, 이와 같이 알고 이와 같이 보면, 곧바로 번뇌가 소멸한다오."

3.38. 띠싸[Tisso] 〈s.22.84〉

1. 세존께서 사왓티의 제따와나 아나타삔디까 승원에 머무실 때

2. 세존의 사촌 형제인 띠싸 존자가 여러 비구들에게 말했습니다.

"존자들이여, 나의 몸은 술에 취한 것처럼 방향을 가늠할 수 없고 가르침들이 생각나지 않으며, 나의 마음은 혼미하여 청정한 수행[梵行]을 즐겁게 실천하지 못하고 가르침에 대하여 의심이 있습니다."

3.-4. 여러 비구들은 세존을 찾아가서 세존께 예배하고 한쪽에 앉은 후에 세존께 띠싸 존자에 대하여 말씀드렸습니다.

5. 세존께서는 한 비구를 보내서 띠싸 존자를 부르셨습니다.

6.-7. 띠싸 존자는 세존의 부름을 받고 세존을 찾아와서 세존께 예배한 후 한쪽에 앉았습니다.

8. 한쪽에 앉은 띠싸 존자에게 세존께서 말씀하셨습니다.

"띠싸여, 그대는 진실로 여러 비구들에게 '존자들이여, 나의 몸은 술에 취한 것 같아서 방향을 가늠할 수 없고 가르침들이 생각나지 않으며, 나의 마음은 혼미하여 청정한 수행을 즐겁게 실천하지 못하고 가르침에 대하여 의심이 있다'라고 말했는가?"

"그렇습니다, 세존이시여!"

9.-14. "띠싸여, 어떻게 생각하는가? 형색[色], 느낌[受], 생각[想], 행위[行]들, 분별의 식[識]에 대하여 탐욕이 그치지 않고 욕망이 그치지 않고 애정이 그치지 않고 갈증이 그

---

593 'api ca kho kaṅkhī hoti vicikicchī aniṭṭhaṅgato saddhamme'의 번역.

594 'avijjāsamphassajena vedayitena phuṭṭhassa assutavato puthujjanassa uppannā taṇhā'의 번역.

치지 않고 열뇌(熱惱)가 그치지 않고 갈애(渴愛)가 그치지 않기 때문에 그 형색, 느낌, 생각, 행위들, 분별의식이 변하여 달라지면 근심·슬픔·고통·우울·고뇌가 생기는 것이 아닌가?"

"그렇습니다, 세존이시여!"

15.-18. "훌륭하구나, 띠싸여! 훌륭하구나, 띠싸여! 어떻게 생각하는가? 형색, 느낌, 생각, 행위들, 분별의식에 대하여 탐욕이 소멸하고 욕망이 소멸하고 애정이 소멸하고 갈증이 소멸하고 열뇌가 소멸하고 갈애가 소멸해도 그 형색, 느낌, 생각, 행위들, 분별의식이 변하여 달라지면 근심·슬픔·고통·우울·고뇌가 생기겠는가?"

"그렇지 않습니다, 세존이시여!"

19.-24. "훌륭하구나, 띠싸여! 훌륭하구나, 띠싸여! 어떻게 생각하는가? 형색·느낌·생각·행위들·분별의식은 지속하는가, 지속하지 않는가?"

"지속하지 않습니다, 세존이시여!"

25. "띠싸여, 그러므로 이와 같이 보는 학식이 많은 거룩한 제자는 형색·느낌·생각·행위들·분별의식에 대하여 싫증[厭離]을 내고, 싫증을 내기 때문에 욕탐을 버리고[離欲], 욕탐을 버리기 때문에 해탈(解脫)하며, 해탈했을 때 해탈했다는 것을 안다. 그는 '생(生)은 소멸했다. 청정한 수행을 완성했으며, 해야 할 일을 끝마쳤다. 다시는 이와 같은 상태로 되지 않는다'라고 통찰한다.

26. 띠싸여, 비유하면, 두 사람 가운데 한 사람은 길을 모르고 한 사람은 길을 잘 아는 것과 같다. 길을 모르는 사람이 길을 잘 아는 사람에게 길을 물으면, 그는 '그 길은 이 길이다. 이 길로 잠시 가면 두 갈래 길이 보일 것이다. 그곳에서 왼쪽 길로 가지 말고 오른쪽 길로 가라! 그 길로 잠시 가면 빽빽한 밀림(密林)이 보일 것이다. 그 길로 잠시 가면 커다란 낮은 습지가 보일 것이다. 그 길로 잠시 가면 험준한 절벽이 보일 것이다. 그 길로 잠시 가면 아름다운 평원이 보일 것이다'라고 말하는 것과 같다. 띠싸여, 내가 이 비유를 이야기한 까닭은 의미를 알려 주기 위해서다. 띠싸여, 길을 모르는 사람은 범부(凡夫)의 비유이다. 띠싸여, 길을 잘 아는 사람은 여래, 아라한, 등정각(等正覺)의 비유이다. 띠싸여, 두 갈래 길은 의혹(疑惑)의 비유이다. 띠싸여, 왼쪽 길은 여덟 가지 삿된 길[八邪道], 즉 삿된 견해[邪見] 내지 삿된 선정[邪定]의 비유이다. 띠싸여, 오른쪽 길은 여덟 가지 바른 길[八正道], 즉 바른 견해[正見] 내지 바른 선정[正定]의 비유이다. 띠싸여, 빽빽한 밀림은 무명(無明)의 비유이다. 띠싸여, 커다란 낮은 습지는 감각적 욕망의 비유이다. 띠싸여, 험준한 절벽은 분노와 절망의 비유이다. 띠싸여, 아름다운 평원은 열반의 비유이다.

힘을 내라! 띠싸여! 힘을 내라! 띠싸여! 연민심을 가지고 도움을 주려고 충고하고 훈계하는 내가 있다."

32. 세존께서는 이렇게 말씀하셨고, 띠싸 존자는 세존의 말씀에 환희하고 기뻐했습니다.

3.39. 야마까[Yamako] 〈s.22.85〉

1.-2. 사리뿟따 존자가 사왓티의 제따와나 아나타삔디까 승원에 머물 때, 야마까라는 비구가 이런 못된 사견(邪見)을 일으켰습니다.

"나는 세존께서 '번뇌가 사라진 비구는 사후(死後)에 몸이 무너져 소멸하고 사라져서 존재하지 않게 된다'라는 설법을 하셨다고 알고 있다."

3. 많은 비구가 야마까라는 비구가 못된 사견을 일으켜 이렇게 말하는 것을 들었습니다.

4.-5. 그래서 그 비구들은 야마까 존자를 찾아가서 정중하게 인사를 나누고 한쪽에 앉은 후에 야마까 존자에게 말했습니다.

"야마까 존자여, 그대가 '세존께서는 번뇌가 멸진한 비구는 사후에 몸이 무너져 소멸하고 사라져서 존재하지 않게 된다는 설법을 하셨다'라는 못된 사견을 일으킨 것이 사실이오?"

6. "그렇습니다. 존자들이여, 나는 실로 세존께서 '번뇌가 멸진한 비구는 사후에 몸이 무너져 소멸하고 사라져서 존재하지 않게 된다'라는 설법을 하셨다고 알고 있습니다."

7. "야마까 존자여, 그렇게 말하지 마시오! 세존을 비방하지 마시오! 부디 세존께서 비방을 받게 하지 마시오! 세존께서는 결코 '번뇌가 멸진한 비구는 사후에 몸이 무너져 소멸하고 사라져서 존재하지 않게 된다'라는 말씀을 하시지 않았을 것이오."

8. 비구들로부터 이와 같은 이야기를 들은 야마까 존자는 강하게 고집하면서 삿된 견해를 버리지 않았습니다.

9. 그 비구들은 야마까 존자를 못된 사견에서 벗어나게 하지 못하고, 자리에서 일어나 사리뿟따 존자를 찾아가서 사리뿟따 존자에게 말했습니다.

"사리뿟따 존자여, 야마까라는 비구가 '세존께서는 번뇌가 멸진한 비구는 사후에 몸이 무너져 소멸하고 사라져서 존재하지 않게 된다는 설법을 하셨다'라는 못된 사견을 일으켰습니다. 부디 사리뿟따 존자께서는 연민의 마음을 가지고 야마까 비구에게 가시기 바랍니다."

10. 사리뿟따 존자는 침묵으로 승낙했습니다.

11.-12. 사리뿟따 존자는 해 질 무렵에 좌선에서 일어나 야마까 존자를 찾아가 함께 인사를 나눈 후 한쪽에 앉아 야마까 존자에게 말했습니다.

"야마까 존자여, 그대가 '세존께서는 번뇌가 멸진한 비구는 사후에 몸이 무너져 소멸하고 사라져서 존재하지 않게 된다는 설법을 하셨다'라는 못된 삿된 견해를 일으킨 것이 사실인가?"

13. "그렇습니다, 존자님! 저는 실로 세존께서 '번뇌가 멸진한 비구는 사후에 몸이 무너져 소멸하고 사라져서 존재하지 않게 된다'라는 설법을 하셨다고 알고 있습니다."

14.-18. "야마까 존자여, 어떻게 생각하는가? 형색[色]·느낌[受]·생각[想]·행위[行]들·분별의식[識]은 지속하는가, 지속하지 않는가?"

"지속하지 않습니다, 존자님!"

19. "야마까 존자여, 그러므로 이와 같이 보는 학식이 많은 거룩한 제자는 형색·느낌·생각·행위들·분별의식에 대하여 싫증[厭離]을 내고, 싫증을 내기 때문에 욕탐을 버리고[離欲], 욕탐을 버리기 때문에 해탈(解脫)하며, 해탈했을 때 해탈했다는 것을 안다.

20. 그는 '생(生)은 소멸했다. 청정한 수행[梵行]을 완성했으며, 해야 할 일을 끝마쳤다. 다시는 이와 같은 상태로 되지 않는다'라고 통찰한다.

21. 야마까 존자여, 어떻게 생각하는가? 그

대는 형색이 여래(如來)라고 여기는가?"

"그렇지 않습니다, 존자님."

22.-26. "야마까 존자여, 어떻게 생각하는가? 그대는 느낌, 생각, 행위들, 분별의식이 여래라고 여기는가?"

"그렇지 않습니다, 존자님."

27. "야마까 존자여, 어떻게 생각하는가? 그대는 형색, 느낌, 생각, 행위들, 분별의식 안에 여래가 있다고 여기는가?"

"그렇지 않습니다, 존자님."

29.-31. "야마까 존자여, 어떻게 생각하는가? 그대는 형색, 느낌, 생각, 행위들, 분별의식 이외에 여래가 있다고 여기는가?"

"그렇지 않습니다, 존자님."

32. "야마까 존자여, 어떻게 생각하는가? 그대는 형색과 느끼는 마음, 생각, 행위들, 분별의식, 이들 모두를 여래라고 여기는가?"

"그렇지 않습니다, 존자님."

33. "야마까 존자여, 어떻게 생각하는가? 그대는 여래는 형색이 없고, 느낌이 없고, 생각이 없고, 행위들이 없고, 분별의식이 없다고 여기는가?"

"그렇지 않습니다, 존자님."

34. "야마까 존자여, 그대는 실로 지금 여기에서 여래를 사실대로, 있는 그대로 이해하지 못하고 있다오.[595] 그럼에도 불구하고 그대가 '나는 세존께서 번뇌가 멸진한 비구는 사후에 몸이 무너져 소멸하고 사라져서 존재하지 않게 된다는 설법을 하셨다고 알고 있다'라고 확언하는 것이 과연 옳은 일인가?"

35. "사리뿟따 존자님! 이전에는 어리석어서 저에게 못된 삿된 견해[邪見]가 있었습니다. 그러나 사리뿟따 존자님의 설법을 듣고 저는 그 못된 삿된 견해를 버리고 가르침을 이해했습니다."

36. "야마까 존자여, 만약 그대에게 '야마까 존자여, 비구로서 번뇌가 사라진 아라한(阿羅漢)은 사후에 몸이 무너져 소멸하고 사라진 후에는 어떻게 되는가?'라고 묻는다면, 이러한 질문에 그대는 어떻게 대답하겠는가?"

37. "존자님! 만약 저에게 그렇게 묻는다면, 저는 '존자여, 형색은 지속하지 않는 것입니다. 지속하지 않는[無常] 것은 괴로움입니다. 소멸하고 사라진 것은 그 괴로움입니다. 느낌, 생각, 행위들, 분별의식도 마찬가지입니다'라고 대답할 것입니다."

38. "훌륭하다! 야마까 존자여! 훌륭하다! 야마까 존자여! 내가 이제 그대에게 그 의미를 보다 잘 이해할 수 있도록 비유하여 이야기하겠다.

39. 비유하면 야마까 존자여, 경호원을 두고 있는 재산이 많은 부유한 장자나 장자의 아들이 있다. 그런데 어떤 사람이 그에게서 재산을 빼앗고, 괴롭히고, 불안하게 하고, 생명을 빼앗으려는 욕망을 일으켰다. 그는 '이 장자나 장자의 아들은 재산이 많고 부유한데 경호원을 두고 있다. 이 사람을 힘으로 죽이기 어려우니, 내가 침입하여 목숨을 빼앗는 것이 좋겠다'라고 생각했다. 그가 그 장자나 장자의 아들을 찾아가서 '주인님, 당신의 시중을 들고 싶습니다'라고 말하자, 그 장자나 장자의 아들은 곧바로 그 사람을 시중들게 했다. 그는 시중들면서 남보다 일찍 일어나고, 남보다 늦게 자고, 무슨 일이나 복종하며

595 'ettha ca te āvuso Yamaka diṭṭheva dhamme saccato thetato anupalabbhiyamāno'의 번역.

즐겁게 일하고 상냥하게 말하자, 그 장자나 장자의 아들은 그 사람을 가까운 친구로 생각하고 신뢰하게 되었다. 그러자 그 사람은 '이 장자나 장자의 아들은 나를 신뢰한다'라고 생각하고 그를 조용한 곳에 데려가서 날카로운 칼로 목숨을 빼앗았다.

40. 야마까 존자여, 어떻게 생각하는가? 그 사람이 장자나 장자의 아들을 찾아가서 '주인님, 당신의 시중을 들고 싶습니다'라고 말했을 때, 장자나 장자의 아들은 '그 살인자가 나를 죽일 살인자'라는 것을 알지 못했던 것이 아닌가?

41. 그가 시중들면서 남보다 일찍 일어나고, 남보다 늦게 자고, 무슨 일이나 복종하며 즐겁게 일하고 상냥하게 말했을 때, 장자나 장자의 아들은 '그 살인자가 나를 죽일 살인자' 라는 것을 알지 못했던 것이 아닌가?

43. 그를 조용한 곳에 데려가서 날카로운 칼로 목숨을 빼앗았을 때, 장자나 장자의 아들은 '그 살인자가 나를 죽일 살인자'라는 것을 알지 못했던 것이 아닌가?"

"그렇습니다, 존자님!"

43. "존자여, 이와 같이 성인을 무시하고 참사람의 가르침에서 배우지 못한 무지한 범부는 형색을 자아로 여긴다. 그는 자아가 형색을 지니고 있다고 여기거나, 자아 안에 형색이 있다고 여기거나, 형색 안에 자아가 있다고 여긴다오. 느낌, 생각, 행위들, 분별의식도 마찬가지다.

44. 형색은 지속하지 않는데, 그는 '형색은 지속하지 않는다'라고 있는 그대로 통찰하지 못한다. 느낌, 생각, 행위들, 분별의식도 마찬가지다.

45. 형색은 괴로움인데, 그는 '형색은 괴로움이다'라고 있는 그대로 통찰하지 못한다. 느낌, 생각, 행위들, 분별의식도 마찬가지다.

46. 형색은 자아가 아닌데, 그는 '형색은 자아가 아니다'라고 있는 그대로 통찰하지 못한다. 느낌, 생각, 행위들, 분별의식도 마찬가지다.

47. 형색은 조작된 것[有爲]인데, 그는 '형색은 조작된 것이다'라고 있는 그대로 통찰하지 못한다. 느낌, 생각, 행위들, 분별의식도 마찬가지다.

48. 형색은 살인자인데, 그는 '형색은 살인자이다'라고 있는 그대로 통찰하지 못한다. 느낌, 생각, 행위들, 분별의식도 마찬가지다.

49. 그는 형색을 가까이하고, 집착하고, '나의 자아'라고 고집한다. 느낌, 생각, 행위들, 분별의식도 마찬가지다. 그가 가까이하고 집착한 이들 5취온(五取蘊)이 그를 오랜 세월 무익한 괴로움으로 이끈다.

50.-56. 학식이 많은 거룩한 제자는 형색을 자아로 여기지 않는다. … 그는 형색을 가까이하지 않고, 집착하지 않고, '나의 자아'라고 고집하지 않는다. 느낌, 생각, 행위들, 분별의식도 마찬가지다. 그가 가까이하지 않고 집착하지 않는 이들 5취온이 그를 오랜 세월 유익한 즐거움으로 이끈다."

57. "그렇군요! 사리뿟따 존자님! 법우들에게 연민심을 가지고 도움을 주려고 충고하고 훈계하는 이런 도반님이 계시군요! 저는 사리뿟따 존자님의 설법을 듣고 집착을 버리고 번뇌로부터 마음이 해탈했습니다."

58. 사리뿟따 존자는 이렇게 말했고, 야마까 존자는 사리뿟따 존자의 말씀에 환희하고 기뻐했습니다.

3.40. 아누라다[Anurādho] 〈s.22.86〉

1. 세존께서 웨살리에 있는 마하와나의 중각 강당에 머무실 때

2. 아누라다 존자는 세존으로부터 멀지 않은 숲속의 초막에 머물고 있었습니다.

3.-4. 그때 많은 외도(外道) 행각수행자들이 아누라다 존자를 찾아와서 정중하게 인사를 나누고 한쪽에 앉은 후에 아누라다 존자에게 말했습니다.

"아누라다 존자여, 여래는 최고의 인간이며 최상의 인간이며 최상의 공덕을 성취한 여래에 대하여 언명할 때, '여래는 사후(死後)에 존재한다' 또는 '여래는 사후에 존재하지 않는다' 또는 '여래는 사후에 존재하기도 하고 존재하지 않기도 한다' 또는 '여래는 사후에 존재하는 것도 아니고 존재하지 않는 것도 아니다'라는 네 가지 명제(命題)로 규정(規定)하여 언명하지요?"

5. 이 말을 듣고, 아누라다 존자가 외도 행각수행자들에게 말했습니다.

"존자들이여, 여래는 최고의 인간이며 최상의 인간이며 최상의 공덕을 성취한 여래에 대하여 언명할 때, '여래는 사후에 존재한다' 또는 '여래는 사후에 존재하지 않는다' 또는 '여래는 사후에 존재하기도 하고 존재하지 않기도 한다' 또는 '여래는 사후에 존재하는 것도 아니고 존재하지 않는 것도 아니다'라는 네 가지 명제로 규정하는 것을 배제하고 언명합니다."

6. 이 말을 듣고, 그 외도 행각수행자들이 아누라다 존자에게 말했습니다.

"이 비구는 출가한 지 얼마 되지 않은 새내기이거나 그렇지 않으면 어리석은 바보 장로(長老)로군."

7. 외도 행각수행자들은 새내기라는 말과 바보라는 말로 아누라다 존자를 비난한 후에 자리에서 일어나 떠나갔습니다.

8. 그 행각수행자들이 떠난 후에 아누라다 존자에게 이런 생각이 들었습니다.

'만약에 그 외도 행각수행자들이 나에게 추가적인 질문을 했다면, 나는 그 외도 행각수행자들에게 어떻게 대답해야 세존께서 말씀하신 그대로 말하는 것이 되고, 거짓으로 세존을 중상(中傷)하지 않고 가르침대로 여법하게 대답하는 것이 되고, 같은 가르침을 따르는 사람은 누구라도 논쟁이나 비난을 받는 처지에 이르지 않는 대답이 될까?'

9.-14. 아누라다 존자는 세존을 찾아가서 예배하고 한쪽에 앉아 외도 행각수행자들이 찾아와서 있었던 일과 자신에게 생겼던 의문을 말씀드렸습니다.

세존께서 아누라다 존자에게 물으셨습니다.

15.-17. "아누라다여, 어떻게 생각하는가? 형색[色]·느낌[受]·생각[想]·행위[行]들·분별의식[識]은 지속하는가, 지속하지 않는가?"

"지속하지 않습니다, 세존이시여!"

"아누라다여, 그러므로 이와 같이 보는 학식이 많은 거룩한 제자는 형색·느낌·생각·행위들·분별의식에 대하여 싫증[厭離]을 내고, 싫증을 내기 때문에 욕탐을 버리고[離欲], 욕탐을 버리기 때문에 해탈(解脫)하며, 해탈했을 때 해탈했다는 것을 안다. 그는 '생(生)은 소멸했다. 청정한 수행[梵行]을 완성했으며, 해야 할 일을 끝마쳤다. 다시는 이와 같은 상태로 되지 않는다'라고 통찰한다.

18. 아누라다여, 어떻게 생각하는가? 그대는

형색이 여래(如來)라고 여기는가?"

"그렇지 않습니다, 세존이시여!"

"아누라다여, 어떻게 생각하는가? 그대는 느낌, 생각, 행위들, 분별의식이 여래라고 여기는가?"

"그렇지 않습니다, 세존이시여!"

19. "아누라다여, 어떻게 생각하는가? 그대는 형색, 느낌, 생각, 행위들, 분별의식 안에 여래가 있다고 여기는가?"

"그렇지 않습니다, 세존이시여!"

"아누라다여, 어떻게 생각하는가? 그대는 형색, 느낌, 생각, 행위들, 분별의식 밖에 여래가 있다고 여기는가?"

"그렇지 않습니다, 세존이시여!"

"아누라다여, 어떻게 생각하는가? 그대는 형색, 느낌, 생각, 행위들, 분별의식, 이들 모두를 여래라고 여기는가?"

"그렇지 않습니다, 세존이시여!"

20. "아누라다여, 어떻게 생각하는가? 그대는 여래는 형색이 없고, 느낌이 없고, 생각이 없고, 행위들이 없고, 분별의식이 없다고 여기는가?"

"그렇지 않습니다, 세존이시여!"

21. "아누라다여, 그대는 실로 지금 여기에서 여래를 사실대로, 있는 그대로 이해하지 못하고 있다. 그럼에도 불구하고 그대가 여래는 '여래는 사후에 존재한다. 또는 여래는 사후에 존재하지 않는다. 또는 여래는 사후에 존재하기도 하고 존재하지 않기도 한다. 또는 여래는 사후에 존재하는 것도 아니고 존재하지 않는 것도 아니다.' 이러한 네 가지 명제로 규정하는 것을 배제하고서, 최고의 인간이며 최상의 인간이며 최상의 공덕을 성취한 여래를 언명한다고 대답한 것이 과연 옳은 일인가?"

"그렇지 않습니다, 세존이시여!"

22. "훌륭하다, 아누라다여. 훌륭하다, 아누라다여. 이전에도 그리고 지금도, 내가 알려주는 것은 실로 괴로움과 괴로움의 소멸이다."

3.41. 왁깔리(Vakkali) 〈s.22.87〉

1.-2. 세존께서 라자가하의 웰루와나 깔란다까니와빠[竹林精舍]에 머무실 때, 중병이 들어 고통을 겪고 있는 왁깔리 존자는 도공(陶工)의 집에 머물고 있었습니다.

3. 왁깔리 존자는 간병하는 사람들에게 부탁했습니다.

"존자들이여, 그대들이 세존을 찾아가서 나를 대신하여 '세존이시여, 중병이 들어 고통을 겪고 있는 왁깔리 비구가 세존의 두 발에 정례(頂禮)를 올립니다'라고 세존의 두 발에 정례를 올리고, '세존이시여, 부디 연민심을 가지고 왁깔리 비구를 찾아가 주시기 바랍니다'라고 말씀드려 주십시오!"

4.-5. "그렇게 하겠습니다, 왁깔리 존자여!"

그 비구들은 왁깔리 존자에게 대답하고 세존을 찾아가 예배한 후 한쪽에 앉아서 왁깔리 존자의 말을 전했습니다.

세존께서는 침묵으로 승낙하셨습니다.

6. 세존께서는 옷을 입고 발우와 법의를 지니고 왁깔리 존자를 찾아가셨습니다.

7. 왁깔리 존자는 먼발치에서 세존께서 오시는 것을 보고 침대에서 일어났습니다.

8. 그러자 세존께서 왁깔리 존자에게 말씀하셨습니다.

"잠깐만! 왁깔리여, 침대에서 일어나지

마시오! 마련된 자리들이 있으니, 나는 그곳에 앉겠소."

9. 세존께서는 마련된 자리에 앉으신 후에 왁깔리 존자에게 말씀하셨습니다.

"왁깔리여, 참을 만한가? 왁깔리여, 견딜 만한가? 왁깔리여, 통증은 줄어들어 더하지는 않는가? 왁깔리여, 병세는 차도가 있는가?"

"세존이시여, 참을 수가 없고 견딜 수가 없습니다. 심한 통증은 더해지고 줄어들지 않습니다. 병세에 차도가 없습니다."

10. "왁깔리여, 그대에게는 어떤 회한이나 후회는 없는가?"

"세존이시여, 저에게는 실로 적지 않은 회한과 후회가 있습니다."

11. "왁깔리여, 그대는 계행(戒行)으로 인해서 자신을 책망하고 있는가?"

"세존이시여, 저는 계행으로 인해서 자책하는 것이 아닙니다."

12. "왁깔리여, 계행으로 인해서 자책하는 것이 아니라면, 그대의 회한과 후회는 무엇인가?"

"세존이시여, 저는 오랫동안 세존을 뵈러 찾아가고 싶었지만, 저의 몸에는 그럴 기력이 없었습니다."

13. "잠깐만! 왁깔리여, 썩은 내 나는 이 몸은 보아서 무엇 하겠소? 왁깔리여, 법(法)을 보는 사람이 나를 보는 사람이고[yo dhammam passati so mam passati], 나를 보는 사람은 법을 보는 사람이오. 왁깔리여, 실로 법을 보는 것이 나를 보는 것이고, 나를 보는 것은 법을 보는 것이오.

14. 왁깔리여, 어떻게 생각하는가? 형색[色]·느낌[受]·생각[想]·행위[行]들·분별의식[識]은 지속하는가, 지속하지 않는가?"

"지속하지 않습니다, 세존이시여!"

15.-16. "왁깔리여, 그러므로 이와 같이 보는 학식이 많은 거룩한 제자는 형색·느낌·생각·행위들·분별의식에 대하여 싫증[厭離]을 내고, 싫증을 내기 때문에 욕탐을 버리고[離欲], 욕탐을 버리기 때문에 해탈(解脫)하며, 해탈했을 때 해탈했다는 것을 안다오. 그는 '생(生)은 소멸했다. 청정한 수행[梵行]을 완성했으며, 해야 할 일을 끝마쳤다. 다시는 이와 같은 상태로 되지 않는다'라고 통찰한다오."

17. 세존께서는 왁깔리 존자를 이와 같이 훈계하시고 자리에서 일어나 깃자꾸따산으로 떠나셨습니다.

18. 왁깔리 존자는 세존께서 떠나시자 곧바로 간병하는 사람들에게 부탁했습니다.

"존자들이여, 나를 침대에 올려서 이시길리(Isigili)산 중턱의 검바위로 데려가 주십시오. 이른바 나와 같은 수행자가 속인(俗人)의 집안에서 죽을 생각을 하면 되겠습니까?"

19. 그 비구들은 왁깔리 존자에게 "그렇게 하겠습니다"라고 대답하고, 왁깔리 존자를 침대에 올려서 이시길리산 중턱의 검바위로 데려갔습니다.

20. 그때 세존께서는 그날의 나머지 낮과 밤을 깃자꾸따산에서 지내셨습니다.

21. 그때 두 천신이 눈부신 용모로 깃자꾸따를 환히 밝히면서 세존을 찾아와 예배한 후 한쪽에 섰습니다.

22. 한쪽에 선 한 천신이 세존께 말씀드렸습니다.

"세존이시여, 왁깔리 비구가 해탈하려고 생각하고 있습니다."

23. 다른 천신은 세존께 이렇게 말씀드렸습니다.

"세존이시여, 그는 분명히 훌륭한 해탈자(解脫者)로 해탈할 것입니다."

24. 그 천신들은 이와 같이 말씀드리고 세존께 예배한 후에 오른쪽으로 돌고 나서 그곳에서 사라졌습니다.

25. 세존께서는 그 밤이 지난 후에 비구들에게 분부하셨습니다.

"비구들이여, 그대들은 왁깔리 비구를 찾아가서 이렇게 말하시오!

'왁깔리 존자여, 세존과 두 천신의 이야기를 들어 보시오! 존자여, 지난밤에 두 천신이 눈부신 용모로 깃자꾸따를 환히 밝히면서 세존을 찾아와 예배한 후 한쪽에 서서 한 천신이 세존께 이렇게 말씀드렸답니다. '세존이시여, 왁깔리 비구가 해탈하려고 생각하고 있습니다.' 다른 천신은 세존께 이렇게 말씀드렸답니다. '세존이시여, 그는 분명히 훌륭한 해탈자로 해탈할 것입니다.' 그 천신들은 이와 같이 말씀드리고 세존께 예배한 후에 오른쪽으로 돌고 나서 그곳에서 사라졌답니다. 왁깔리 존자여, 세존께서는 이렇게 말씀하셨습니다. '왁깔리여, 두려워 마시오! 왁깔리여, 두려워 마시오! 그대에게 죽음은 사악한 일이 되지 않고, 절명(絶命)은 비열한 일이 되지 않을 것이오.'"

26. 그 비구들은 세존께 "그렇게 하겠습니다"라고 대답한 후에 왁깔리 존자를 찾아가서 세존의 말씀을 전했습니다.

27.-29. 그러자 왁깔리 존자는 간병하는 사람들에게 부탁했습니다.

"존자들이여, 나를 침대에서 내려 주세요. 이른바 나와 같은 제자가 높은 침대에 앉아서 세존의 전갈(傳喝)을 들을 생각을 하면 되겠소?"

그 비구들은 왁깔리 존자에게 "그렇게 하겠습니다"라고 대답하고, 왁깔리 존자를 침대에서 내려 주었습니다.

왁깔리 존자는 침대 아래에서 세존의 전갈을 들은 후에 말했습니다.

30. "존자들이여, 나를 대신하여 '세존이시여, 중병이 들어 고통을 겪고 있는 왁깔리 비구가 세존의 두 발에 정례를 올립니다'라고 세존의 두 발에 정례를 올려 주세요. 그리고 '세존이시여, 형색, 느낌, 생각, 행위들, 분별의식은 지속하지 않는다는 사실을 저는 두려워하지 않습니다. 지속하지 않는 것[無常]은 괴로움이라는 사실을 저는 의심하지 않습니다. 저에게 지속하지 않고 괴롭고 변해 가는 법(法)에 대한 욕망이나 집착이나 애정이 없다는 것을 저는 의심하지 않습니다'라는 말씀을 전해 주세요!"

31. 그 비구들은 왁깔리 존자에게 "그렇게 하겠습니다"라고 대답하고 떠났습니다.

32. 그러자 왁깔리 존자는 그 비구들이 떠나자 곧바로 칼을 들어 자결했습니다.

33. 그 비구들은 세존을 찾아가서 왁깔리 존자의 말을 전해드렸습니다.

34. 그러자 세존께서 비구들에게 분부하셨습니다.

"비구들이여, 우리 함께 갑시다. 나는 선남자 왁깔리가 칼을 들어 자결한 이시길리산 중턱의 검바위를 찾아갈 것이오."

그 비구들은 세존께 "그렇게 하겠습니다"라고 대답했습니다.

35. 세존께서는 많은 비구들과 함께 이시길리산 중턱의 검바위를 찾아가셨습니다.

36. 세존께서는 먼발치에서 침대 위에 어깨를 돌리고 누워 있는 왁깔리 존자를 보셨습니다.
37. 그때 어두운 운무(雲霧)가 동쪽으로 갔다가 서쪽으로 가고, 북쪽으로 가고, 남쪽으로 가고, 위로 가고, 아래로 가면서 모든 방향으로 퍼져 갔습니다.
38. 그러자 세존께서 비구들에게 말씀하셨습니다.

"비구들이여, 그대들은 어두운 운무가 동쪽으로 갔다가 서쪽으로 가고, 북쪽으로 가고, 남쪽으로 가고, 위로 가고, 아래로 가면서 모든 방향으로 퍼져 가는 것을 보는가?"

"그렇습니다, 세존이시여!"

39. "비구들이여, 이것은 마라 빠삐만이 선남자 왁깔리의 분별의식이 어디에 머물고 있는지, 선남자 왁깔리의 분별의식을 찾고 있는 것이라오.
40. 그렇지만 선남자 왁깔리는 분별의식이 머물지 않고 반열반(般涅槃)했다오."

3.42. 아싸지(Assaji) 〈s.22.88〉

1.-2. 세존께서 라자가하의 웰루와나 깔란다까니와빠[竹林精舍]에 머무실 때, 중병이 들어 고통을 겪고 있는 아싸지 존자는 도공(陶工)의 집에 머물고 있었습니다.
3. 아싸지 존자는 간병하는 사람들에게 부탁했습니다.

"존자들이여, 그대들이 세존을 찾아가서 나를 대신하여 '세존이시여, 중병이 들어 고통 을 겪고 있는 아싸지 비구가 세존의 두 발에 정례(頂禮)를 올립니다'라고 세존의 두 발에 정례를 올리고, '세존이시여, 부디 연민심을 가지고 아싸지 비구를 찾아가 주시기 바랍니다'라고 말씀드려 주십시오!"

… (중략) …

12. "아싸지여, 그대는 계행(戒行)으로 인해서 자신을 책망(責望)하고 있는가?"

"세존이시여, 저는 계행으로 인해서 자책(自責)하는 것이 아닙니다."

13. "아싸지여, 계행으로 인해서 자책하는 것이 아니라면, 그대의 회한과 후회는 무엇인가?"

"세존이시여, 저는 이전에 통증을 가라앉히면서 행한 신행(身行)에 대하여 후회하며 지내고 있습니다. 저는 삼매(三昧)를 성취하지 못했습니다. 세존이시여, 저는 삼매를 성취하지 못했지만, '나는 물러서지 않겠다'라고 생각합니다."

14. "아싸지여, 진실한 삼매를 닦고, 사문에 걸맞은 삼매를 닦는 사문이나 바라문들은 삼매를 성취하지 못해도 '우리는 물러서지 않을 것이다'라고 생각한다오.
15.-20. 아싸지여, 어떻게 생각하는가? 형색[色]·느낌[受]·생각[想]·행위[行]들·분별의식[識]은 지속하는가, 지속하지 않는가?"

"지속하지 않습니다, 세존이시여!"

21. "아싸지여, 그러므로 이와 같이 보는 학식이 많은 거룩한 제자는 형색·느낌·생각·행위들·분별의식에 대하여 싫증[厭離]을 내고, 싫증을 내기 때문에 욕탐을 버리고[離欲], 욕탐을 버리기 때문에 해탈(解脫)하며, 해탈했을 때 해탈했다는 것을 안다오. 그는 '생(生)은 소멸했다. 청정한 수행[梵行]을 완성했으며, 해야 할 일을 끝마쳤다. 다시는 이와 같은 상태로 되지 않는다'라고 통찰한다오.
22. 그는 즐거운 느낌을 느낄 때 '그것은 지

속하지 않는다'라고 통찰하고, '탐착하면 안 된다'라고 통찰하고, '즐기면 안 된다'라고 통찰한다오. 괴로운 느낌을 느낄 때나 괴롭지도 즐겁지도 않은 느낌을 느낄 때도 '그것은 지속하지 않는다'라고 통찰하고. '탐착하면 안 된다'라고 통찰하고, '즐기면 안 된다'라고 통찰한다오.

23. 그는 즐거운 느낌을 느낄 때 속박에서 벗어나 그것을 느낀다오. 괴로운 느낌을 느낄 때나 괴롭지도 즐겁지도 않은 느낌을 느낄 때도 속박에서 벗어나 그것을 느낀다오.

24. 그는 몸이 끝나 가는 느낌을 느끼면서 '나는 몸이 끝나 감을 느낀다'라고 통찰하고, 수명(壽命)이 끝나 가는 느낌을 느끼면서 '나는 수명이 끝나 감을 느낀다'라고 통찰하고, '몸이 파괴된 후에 수명이 다하면, 지금까지 느꼈던 모든 것들이 즐길 수 없이 차갑게 식어 버릴 것이다'라고 통찰한다오.

25. 아싸지여, 비유하면 기름과 심지에 의지하여 타는 기름등이 기름과 심지가 닳아 없어지면 연료가 없어서 꺼지는 것과 같다오. 아싸지여, 이와 같이 비구는 몸이 끝나 가는 느낌을 느끼면서 '나는 몸이 끝나 감을 느낀다'라고 통찰하고, 수명이 끝나 가는 느낌을 느끼면서 '나는 수명이 끝나 감을 느낀다'라고 통찰하고, '몸이 파괴된 후에 수명이 다하면, 지금까지 느꼈던 모든 것들은 즐길 수 없이 차갑게 식어 버릴 것이다'라고 통찰한다오."

3.43. 찬나[Channo] 〈s.22.90〉

1. 한때 많은 장로 비구들이 바라나시의 이시빠따나 미가다야[鹿野苑]에 머물고 있었습니다.

2. 그때 찬나 존자는 해 질 무렵에 좌선에서 일어나 열쇠를 들고 승방(僧房) 이곳저곳을 찾아다니면서 장로 비구들에게 말했습니다.

"존경하는 장로님, 저를 지도해 주십시오! 존경하는 장로님, 저를 가르쳐 주십시오! 존경하는 장로님, 저에게 가르침을 주십시오! 저는 어떻게 해야 있는 그대로 법을 볼 수 있을까요?"

3. 이 말을 듣고, 장로 비구들은 찬나 존자에게 말했습니다.

"찬나 존자여, 형색[色]은 지속하지 않는다오. 느낌[受], 생각[想], 행위[行]들, 분별의식[識]은 지속하지 않는다오. 형색은 자아가 아니라오. 느낌, 생각, 행위들, 분별의식은 자아가 아니라오. 일체의 행위들은 지속하지 않고, 일체의 법(法)들은 자아가 아니라오."

4. 그렇지만 찬나 존자는 이렇게 생각했습니다.

'나도 역시 '형색, 느낌, 생각, 행위들, 분별의식은 지속하지 않는다. 형색, 느낌, 생각, 행위들, 분별의식은 자아가 아니다. 일체의 행위들은 지속하지 않고, 일체의 법들은 자아가 아니다'라고 생각한다.

5. 그렇지만 내 마음은 일체의 행위를 그치고, 일체의 집착을 버리고, 갈애(渴愛)를 부수고, 욕탐을 버리고, 번뇌를 소멸하여 열반(涅槃)에 들어가지 못하고, 믿지 못하고, 안주(安住)하지 못하고, 걱정에서 벗어나지 못하고 있다. 그래서 취(取)가 생긴다. 그리고 마음은 '그렇다면 나의 자아는 무엇인가[atha ko carahi me attā]?'라는 생각으로 되돌아간다. 도대체 이 법을 볼 수가 없다. 누가 나에게 내가 법을 볼 수 있도록 가르쳐 줄 수 있을

까?'
6. 그때 찬나 존자에게 이런 생각이 들었습니다.
'아난다 존자께서 꼬삼비(Kosambī)의 고시따(Ghosita) 승원(僧院)에 머물고 계신다. 이분은 스승의 칭찬을 받고, 식자(識者)들과 수행자(修行者)들의 존경을 받는 분이다. 그러므로 아난다 존자께서는 내가 법을 볼 수 있도록, 나에게 법을 가르쳐 줄 수 있을 것이다. 나는 이렇게 아난다 존자를 신뢰하고 있으니, 아난다 존자를 찾아가는 것이 좋겠다.'
7. 찬나 존자는 잠자리를 정리하고 발우와 법의를 지니고 꼬삼비의 고시따 승원으로 아난다 존자를 찾아가서 함께 인사를 나눈 후에 한쪽으로 물러나 앉았습니다.
8.-12. 한쪽에 앉은 찬나 존자는 자신이 찾아오게 된 사연을 고백하고, 아난다 존자에게 말했습니다.
13. "아난다 존자여, 저를 지도해 주십시오! 아난다 존자여, 저를 가르쳐 주십시오! 아난다 존자여, 제가 법을 볼 수 있도록 적절한 말씀을 해주십시오!"
14. "찬나 존자는 고백(告白)함으로써 장애(障礙)를 깨부수었다오. 그래서 나는 찬나 존자가 마음에 든다오. 찬나 존자여, 귀를 기울이시오! 그대는 법을 이해할 수 있다오."
15. 그때 찬나 존자에게 '나는 법을 이해할 수 있다'라는 커다란 희열이 생겼습니다.
16. "찬나 존자여, 내가 직접 세존으로부터 들었다오. 깟짜야나곳따 비구를 가르치실 때[596] 나는 직접 다음과 같은 가르침을 받았다오.
'깟짜야나여, 이 세간은 대체로 '있음'과 '없음'이라는 이원성(二元性)에 의존하고 있다. 깟짜야나여, 그렇지만 세간의 쌓임[集]을 바른 통찰지로 있는 그대로 보면 세간에 대하여 '없음'이라고 할 것이 없다. 깟짜야나여, 그리고 세간의 소멸[滅]을 바른 통찰지로 있는 그대로 보면 세간에 대하여 '있음'이라고 할 것이 없다.
깟짜야나여, 이 세간은 대체로 방편이며 취(取)이며 집착이며 속박이다. 방편과 취와 마음의 편견과 집착하는 습성에 빠져들지 않고 붙잡지 않고 바라지 않는 사람은 '그것은 나의 자아가 아니다. 일어나고 있는 것은 괴로움일 뿐이고, 소멸하고 있는 것은 괴로움일 뿐이다'라고 불안해하지 않고 의심하지 않고 그에 관해서 남에게 의존하지 않는 올바른 지식이 그에게 생긴다. 깟짜야나여, 이런 방식으로 보는 것이 바른 견해[正見]다.
17. 깟짜야나여, '일체(一切)는 있다'라고 보는 것은 한쪽의 견해이고, '일체는 없다'라고 보는 것은 다른 한쪽의 견해이다. 깟짜야나여, 여래는 이들 양쪽에 가까이 가지 않고 중간에서 법을 보여 준다. 무명(無明)에 의지하여 행위[行]들이 있고, … 이와 같이 순전한 괴로움 덩어리[苦蘊]의 쌓임[集]이 있다. 그렇지만 무명이 남김없이 소멸하면 행위들이 소멸하고, … 이와 같이 순전한 괴로움 덩어리의 소멸[滅]이 있다.'"
18. "아난다 존자여, 청정한 수행자이며, 자애롭고 요익(饒益)한 교사이며, 지도자이신 존자들의 생각은 이와 같군요. 저는 이제 아

---

596 2.8. 「깟짜야나곳따(Kaccāyanagotta)경」〈s.12.15〉을 의미함.

난다 존자의 설법을 듣고 법을 확실하게 이해했습니다."

3.44. 꽃[Pupphaṃ] 〈s.22.94〉

1.-2. 세존께서 사왓티의 제따와나 아나타삔디까 승원에 머무실 때, 비구들에게 말씀하셨습니다.

3. "비구들이여, 나는 세간과 다투지 않는다오. 세간이 나와 다툴 뿐이라오. 비구들이여, 법(法)을 이야기하는 사람들은[597] 세간에서 누구와도 다투지 않는다오.

4. 비구들이여, 세간에서 현명한 사람들이 '있다'라고 동의한 것은 나도 '있다'라고 말한다오. 비구들이여, 세간에서 현명한 사람들이 '없다'라고 동의한 것은 나도 '없다'라고 말한다오.

5. 비구들이여, 무엇이 세간에서 현명한 사람들이 '없다'라고 동의하고, 나도 '없다'라고 말하는 것인가?

6. 비구들이여, 세간에서 현명한 사람들은 '지속하고 견고하고 상주(常住)하고 변괴(變壞)하지 않는 형색[色]은 없다'라고 동의하고, 나도 역시 '없다'라고 말한다오.

7.-10. 느낌[受], 생각[想], 행위[行]들, 분별의식[識]도 마찬가지라오.

11. 비구들이여, 이것이 세간에서 현명한 사람들이 '없다'라고 동의하고, 나도 '없다'라고 말하는 것이라오.

12. 비구들이여, 무엇이 세간에서 현명한 사람들이 '있다'라고 동의하고, 나도 '있다'라고 말하는 것인가?

13. 비구들이여, 세간에서 현명한 사람들은 '지속하지 않고[無常] 괴롭고 변괴하는 형색은 있다'라고 동의하고, 나도 역시 '있다'라고 말한다오.

14.-17. 느낌, 생각, 행위들, 분별의식도 마찬가지라오.

18. 비구들이여, 이것이 세간에서 현명한 사람들이 '있다'라고 동의하고, 나도 '있다'라고 말하는 것이라오.

19. 비구들이여, 세간에는 세간법(世間法, lokadhamma)이 있다오. 여래는 그것을 깨닫고 이해했다오. 깨닫고 이해한 후에 보여 주고 가르치고 시설(施設)하고 보급하고 드러내고 설명하고 천명(闡明)한다오.

20. 비구들이여, 여래가 깨닫고 이해하여 보여 주고 가르치고 시설하고 보급하고 드러내고 설명하고 천명하는, 세간에 있는 세간법은 어떤 것인가?

21.-25. 비구들이여, 형색·느낌·생각·행위들·분별의식이 세간에 있는 세간법이라오. 여래는 그것을 깨닫고 이해하여 보여 주고 가르치고 시설하고 보급하고 드러내고 설명하고 천명한다오. 비구들이여, 여래가 이와 같이 보여 주고 가르치고 시설하고 보급하고 드러내고 설명하고 천명했지만, 그것을 알지 못하고 보지 못하는 어리석고 눈먼 장님과도 같은 범부를 내가 어찌하겠는가?

26. 비구들이여, 비유하면 물속에서 생기고 물속에서 자라난 청련(靑蓮)이나 홍련(紅蓮)이나 백련(白蓮)이 물에서 나왔지만, 물에 오염되지 않고 서 있는 것과 같다오.

27. 비구들이여, 이와 같이 여래는 세간에서

---

597 'dhammavāvī'의 번역.

자랐지만, 세간을 극복하여 세간에 물들지 않고 머문다오."

3.45. 거품[Pheṇaṃ] 〈s.22.95〉

1.-2. 세존께서 아요자야(Ayojjhāya)의 갠지스[Gaṅgā] 강변에 머무실 때 비구들을 불러 말씀하셨습니다.

3. "비구들이여, 비유하면 이 갠지스강이 일으킨 커다란 거품 덩어리를 통찰력 있는 사람이 있는 그대로 보고 깊이 사유하며 살펴보는 것과 같다오. 그가 있는 그대로 보고 깊이 사유하며 살펴본 그것은 공허하게 보이고 텅 비어 보이고 실체가 없어 보일 것이오. 비구들이여, 어떤 거품 덩어리에 실체가 있겠는가?

4. 비구들이여, 이와 같이 과거·미래·현재의 형색[色]은 어떤 몸일지라도, 먼 것이든 가까운 것이든, 비구가 그것을 있는 그대로 보고 깊이 사유하며 살펴보면, 그가 있는 그대로 보고 깊이 사유하며 살펴본 몸[色]은 공허하게 보이고 텅 비어 보이고 실체가 없어 보일 것이오. 비구들이여, 어떤 몸에 실체가 있겠는가?

5. 비구들이여, 비유하면 가을에 굵은 비가 내릴 때 물에 생겼다가 없어지는 물방울을 통찰력 있는 사람이 있는 그대로 보고 깊이 사유하며 살펴보는 것과 같다오. 그가 있는 그대로 보고 깊이 사유하며 살펴본 그것은 공허하게 보이고 텅 비어 보이고 실체가 없어 보일 것이오. 비구들이여, 어떤 물방울에 실체가 있겠는가?

6. 비구들이여, 이와 같이 과거·미래·현재의 느낌[受]은 어떤 느낌일지라도, 먼 것이든 가까운 것이든, 비구가 그것을 있는 그대로 보고 깊이 사유하며 살펴보면, 그가 있는 그대로 보고 깊이 사유하며 살펴본 느낌은 공허하게 보이고 텅 비어 보이고 부실하게 보일 것이오. 비구들이여, 어떤 느낌에 실체가 있겠는가?

7. 비구들이여, 비유하면 여름의 마지막 달 한낮에 나타난 신기루를 통찰력 있는 사람이 있는 그대로 보고 깊이 사유하며 살펴보는 것과 같다오. 그가 있는 그대로 보고 깊이 사유하며 살펴본 그것은 공허하게 보이고 텅 비어 보이고 실체가 없어 보일 것이오. 비구들이여, 어떤 신기루에 실체가 있겠는가?

8. 비구들이여, 이와 같이 과거·미래·현재의 생각[想]은 어떤 생각일지라도, 먼 것이든 가까운 것이든, 비구가 그것을 있는 그대로 보고 깊이 사유하며 살펴보면, 그가 있는 그대로 보고 깊이 사유하며 살펴본 생각은 공허하게 보이고 텅 비어 보이고 부실하게 보일 것이오. 비구들이여, 어떤 생각에 실체가 있겠는가?

9. 비구들이여, 비유하면 단단한 목재를 구하는 사람이 단단한 목재를 찾으러 날카로운 도끼를 지니고 숲에 들어가서 곧고 새로운 높이 자란 커다란 파초 줄기를 발견하고, 그 뿌리를 잘라내고 꼭대기를 잘라내고 잎사귀를 제거하는 것과 같다오. 그는 잎사귀와 나무껍질을 제거해도 결코 단단한 목재를 얻지 못할 것이오.

10. 그것을 통찰력 있는 사람이 있는 그대로 보고 깊이 사유하며 살펴보면, 그가 있는 그대로 보고 깊이 사유하며 살펴본 그것은 공허하게 보이고 텅 비어 보이고 실체가 없어 보일 것이오. 비구들이여, 어떤 파초의 줄기

속에 단단한 목재가 있겠는가?

11. 비구들이여, 이와 같이 과거·미래·현재의 행위[行]는 어떤 행위일지라도, 먼 것이든 가까운 것이든, 비구가 그것을 있는 그대로 보고 깊이 사유하며 살펴보면, 그가 있는 그대로 보고 깊이 사유하며 살펴본 행위는 공허하게 보이고 텅 비어 보이고 실체가 없어 보인다오. 비구들이여, 어떤 행위에 실체가 있겠는가?

12. 비구들이여, 비유하면 마술사나 마술사의 제자가 큰길에서 마술을 보여 주는 것과 같다오. 그것을 통찰력 있는 사람이 있는 그대로 보고 깊이 사유하며 살펴보면, 그가 있는 그대로 보고 깊이 사유하며 살펴본 그것은 공허하게 보이고 텅 비어 보이고 부실하게 보일 것이오. 비구들이여, 어떤 요술에 실체가 있겠는가?

13. 비구들이여, 이와 같이 과거·미래·현재의 분별의식[識]은 어떤 분별의식일지라도, 먼 것이든 가까운 것이든, 비구가 그것을 있는 그대로 보고 깊이 사유하며 살펴보면, 그가 있는 그대로 보고 깊이 사유하며 살펴본 분별의식은 공허하게 보이고 텅 비어 보이고 실체가 없어 보인다오. 비구들이여, 어떤 분별의식에 실체가 있겠는가?

14. 비구들이여, 이와 같이 보는 배움이 많은 거룩한 제자는 형색·느낌·생각·행위들·분별의식에 대하여 싫증[厭離]을 내고, 싫증을 내기 때문에 욕탐을 버리고[離欲], 욕탐을 버리기 때문에 해탈(解脫)하며, 해탈했을 때 해탈했다는 것을 안다오. 그는 '생(生)은 소멸했다. 청정한 수행[梵行]을 완성했으며, 해야 할 일을 끝마쳤다. 다시는 이와 같은 상태로 되지 않는다'라고 통찰한다오."

15. 세존께서는 이렇게 말씀하셨습니다. 선서(善逝)께서는 이렇게 말씀하셨습니다. 스승께서는 다시 다음과 같이 말씀하셨습니다.

형색[色]은 거품 덩어리 같고,
느낌[受]은 물방울 같고,
생각[想]은 신기루 같고,
행위[行]들은 파초 같고,
분별의식[識]은 마술 같다고
태양족은 가르쳤다네.

있는 그대로 생각하고,
이치에 맞게 살펴보면,
이치에 맞게 본 사람에게
그것은 공허하고 비어 있다네,

이 몸[kāya]에 관하여
대지(大地) 같은 지혜로운 분은 가르쳤다네.
세 가지 법(法)이[598] 끊어져서
버려진 형색을 보라!

수명(壽命)과 열(熱)과 분별의식이
몸을 버리면
그때는 아무런 의지(意志) 없이 버려져
다른 것의 먹이가 된다네.

이것은 혈통(血統)이 이와 같다네.
이것은 바보를 속이는 허깨비라네.
이것은 살해자라고 가르친 것이라네.
여기에서 실체[sāra]는 찾을 수 없다네.

---

598 세가지 법(法)은 수명(壽命), 열(熱), 분별의식[識]을 의미한다.

온들[五蘊]을 이와 같이 보도록 하라!
비구여, 낮이나 밤이나 열심히 정진하라!
주의를 집중하여 바르게 알아차려라!

일체의 속박을 끊어 버려라!
자신을 의지처로 삼아라!
불사(不死)의 길을 갈망하여
머리에 불붙은 사람처럼 수행하라!

3.46. 손톱 끝[Nakhasikhaṃ] 〈s.22.97〉

1.-3. 세존께서 사왓티의 제따와나 아나타삔디까 승원에 머무실 때, 어떤 비구가 세존을 찾아와서 예배하고 한쪽으로 물러나 앉은 후에 말씀드렸습니다.

4.-8. "세존이시여, 지속하고 일정하며 영원하고 변치 않는 법으로서, 영구적으로 그대로 머물 수 있는 그 어떤 형색[色]·느낌[受]·생각[想]·행위[行]들·분별의식[識]이 있습니까?"

9.-13. "비구여, 지속하고 일정하며 영원하고 변치 않는 법으로서, 영구적으로 그대로 머물 수 있는 그 어떤 형색·느낌·생각·행위들·분별의식도 없다오."

14. 그때 세존께서 작은 손톱 끝에 묻은 티끌을 그 비구에게 보여 주면서 말씀하셨습니다.

15.-19. "비구여, 지속하고 일정하며 영원하고 변치 않는 법으로서, 영구적으로 그대로 머물 수 있는 형색·느낌·생각·행위들·분별의식은 이만큼도 없다오. 비구여, 만약 지속하고 일정하며 영원하고 변치 않는 법으로서의 형색·느낌·생각·행위들·분별의식이 이만큼이라도 있다면, 순전한 괴로움의 소멸을 위한 청정한 수행[梵行]은 시설되지 않을 것이오. 비구여, 그러나 지속하고 일정하며 영원하고 변치 않는 법으로서의 형색·느낌·생각·행위들·분별의식은 이만큼도 없으므로, 순전한 괴로움의 소멸을 위한 청정한 수행이 시설되는 것이라오.

20. 비구여, 어떻게 생각하는가? 형색·느낌·생각·행위들·분별의식은 지속하는가, 지속하지 않는가?"

"세존이시여, 지속하지 않습니다."

21. "비구여, 그러므로 이와 같이 보는 학식이 많은 거룩한 제자는 형색·느낌·생각·행위들·분별의식에 대하여 싫증[厭離]을 내고, 싫증을 내기 때문에 욕탐을 버리고[離欲], 욕탐을 버리기 때문에 해탈(解脫)하며, 해탈했을 때 해탈했다는 것을 안다오.

22. 그는 '생(生)은 소멸했다. 청정한 수행[梵行]을 완성했으며, 해야 할 일을 끝마쳤다. 다시는 이와 같은 상태로 되지 않는다'라고 통찰한다오."

3.47. 가죽끈[Gaddula] 〈s.22.100〉

1.-2. 세존께서 사왓티의 제따와나 아나타삔디까 승원에 머무실 때, 비구들에게 말씀하셨습니다.

3. "비구들이여, 무명(無明)에 뒤덮이고 갈애[愛]에 묶인 중생들이 흘러들어 돌고 있는 헤아릴 수 없는 이 윤전(輪轉)의 시작은 알 수 없다오.

4. 비구들이여, 비유하면 단단한 말뚝이나 기둥에 가죽끈으로 묶인 개와 같다오. 그 개는 간다면 말뚝이나 기둥 가까이 갈 것이고, 머문다면 말뚝이나 기둥 가까이에 머물 것이

고, 앉는다면 말뚝이나 기둥 가까이에 앉을 것이고, 눕는다면 말뚝이나 기둥 가까이에 누울 것이오.

5. 비구들이여, 이와 같이 무지한 범부는 형색[色], 느낌[受], 생각[想], 행위[行]들, 분별의식[識]을 '그것은 나의 것이다. 그것이 나다. 그것이 나의 자아다'라고 여긴다오. 그는 가면 5취온(五取蘊) 가까이 가고, 머물면 5취온 가까이에 머물고, 앉으면 5취온 가까이에 앉고, 누우면 5취온 가까이에 눕는다오.

6. 비구들이여, 그러므로 '긴 밤 동안 이 마음은 탐욕과 분노와 어리석음에 물들었다'라고 끊임없이 자신의 마음을 성찰해야 한다오. 비구들이여, 마음이 물들면 중생들이 물들고, 마음이 청정(清淨)해지면 중생들이 청정해진다오.

7. 비구들이여, 그대들은 짜라나(caraṇa) [599] 라는 새의 여러 색을[caraṇa nāma cittaṃ] 본 적이 있는가?"

"그렇습니다, 세존이시여!"

"비구들이여, 그 짜라나 새의 여러 색은 마음이 의도한 것이라오. 비구들이여, 실로 마음은 그 짜라나 새의 여러 색보다 더 복잡하다오.

8. 비구들이여, 그러므로 '긴 밤 동안 이 마음은 탐욕과 분노와 어리석음에 물들었다'라고 끊임없이 자신의 마음을 성찰해야 한다오.

비구들이여, 마음이 물들면 중생들이 물들고, 마음이 청정해지면 중생들이 청정해진다오.

9. 비구들이여, 나는 어떤 부류도 축생계(畜生界)의 생류(生類)들보다 다양한 것을 보지 못했다오. 비구들이여, 그 축생계의 생류들은 마음이 의도한 것이라오. 비구들이여, 실로 마음은 그 축생계의 생류들보다도 더 다양하다오.

10. 비구들이여, 그러므로 '긴 밤 동안 이 마음은 탐욕과 분노와 어리석음에 물들었다'라고 끊임없이 자신의 마음을 성찰해야 한다오.

비구들이여, 마음이 물들면 중생들이 물들고, 마음이 청정해지면 중생들이 청정해진다오.

11. 비구들이여, 비유하면 염색공이나 화가가 염료나 옻이나 금물이나 쪽이나 진홍색으로 잘 다듬은 널빤지나 벽이나 하얀 천에 수족을 갖춘 여인의 모습이나 남자의 모습을 그리는 것과 같다오.

비구들이여, 이와 같이 무지한 범부는 형색·느낌·생각·행위들·분별의식을 자아로 여기는 생각을 계속해서 일으킨다오.

12. 비구들이여, 어떻게 생각하는가? 몸은 지속하는가, 지속하지 않는가?"

"세존이시여, 지속하지 않습니다."

13.-14. "비구들이여, 그러므로 이와 같이 보는 학식이 많은 거룩한 제자는 형색·느낌·생각·행위들·분별의식에 대하여 싫증[厭離]을 내고, 싫증을 내기 때문에 욕탐을 버리

---

599 경에서 짜라나(caraṇa)가 무엇인지 확실하지 않다. 주석서에 의하면 '가지고 다니는 그림'이라고 한다. 그런데 『잡아함경(雜阿含經)』(267)에서는 짜라나를 '차란나조(嗟蘭那鳥)'로 번역하여 새의 이름으로 해석하고 있다. 이 부분을 『잡아함경』(267)의 의미로 해석하면, 짜라나는 칠면조나 카멜레온처럼 마음대로 몸의 색을 변화하는 새를 의미한다.

고[離欲], 욕탐을 버리기 때문에 해탈(解脫)하며, 해탈했을 때 해탈했다는 것을 안다오. 그는 '생(生)은 소멸했다. 청정한 수행[梵行]을 완성했으며, 해야 할 일을 끝마쳤다. 다시는 이와 같은 상태로 되지 않는다'라고 통찰한다오."

3.48. 도낏자루[Vāsijaṭaṃ] 〈s.22.101〉

1.-2. 세존께서 사왓티의 제따와나 아나타삔디까 승원에 머무실 때, 비구들에게 말씀하셨습니다.

3. "비구들이여, 나는 알고 보아야 번뇌[漏]가 소멸한다고 이야기한다오. 알지 못하고 보지 못하면 번뇌는 사라지지 않는다오.

4. 비구들이여, 그렇다면 무엇을 알고 무엇을 보아야 번뇌가 사라지는가?

'이것은 형색[色]이다. 이것은 형색의 쌓임[集]이다. 이것은 형색의 소멸[滅]이다'라고 알고, 보아야 번뇌가 소멸한다오. 느낌[受], 생각[想], 행위[行]들, 분별의식[識]도 마찬가지라오. 비구들이여, 이와 같이 알고 이와 같이 보아야 번뇌가 소멸한다오.

5. 비구들이여, 닦아 익히지 않고 지내는 비구에게 '아아! 진실로 나의 마음이 집착이 사라져서 번뇌에서 벗어났으면!' 하는 의욕이 일어난다고 할지라도, 결코 그의 마음은 집착이 사라져서 번뇌에서 벗어나지 못한다오.

6. 그 까닭은 무엇인가? 그것은 스스로 닦아 익히지 않기 때문이라오. 무엇을 닦아 익히지 않기 때문인가? 4념처(四念處)를 닦아 익히지 않고, 4정근(四正勤)을 닦아 익히지 않고, 4여의족(四如意足)을 닦아 익히지 않고, 5근(五根)을 닦아 익히지 않고, 5력(五力)을 닦아 익히지 않고, 7각지(七覺支)를 닦아 익히지 않고, 8성도(八聖道)를 닦아 익히지 않기 때문이라오.

7. 비구들이여, 비유하면 암탉이 제대로 품어 주지 않아 제대로 가열되지 않고 제대로 부화하지 않은 여덟 개나 열 개나 열두 개의 달걀과 같다오.

8. 그 암탉에게 '내가 발톱이나 부리로 껍질을 깨뜨려서 병아리들이 무사히 부화하도록 해야겠다'라는 의욕이 일어난다고 할지라도, 그 병아리들은 결코 발톱이나 부리에 의해 껍질이 깨져서 무사히 부화할 수 없다오.

9. 그 까닭은 무엇인가? 비구들이여, 그 여덟 개나 열 개나 열두 개의 달걀들은 암탉이 제대로 품어 주지 않아 제대로 가열되지 않고 제대로 부화하지 않았기 때문이라오.

10. 비구들이여, 닦아 익히며 지내는 비구에게 '아아! 진실로 나의 마음이 집착이 사라져서 번뇌에서 벗어났으면!' 하는 의욕이 일어나지 않는다고 할지라도, 그의 마음은 집착이 사라져서 번뇌에서 벗어난다오.

11.-13. 그 까닭은 무엇인가? 그것은 스스로 닦아 익히기 때문이라오. 무엇을 닦아 익히기 때문인가? 4념처를 닦아 익히고, 4정근을 닦아 익히고, 4여의족을 닦아 익히고, 5근을 닦아 익히고, 5력을 닦아 익히고, 7각지를 닦아 익히고, 8성도를 닦아 익히기 때문이라오.

14. 비구들이여, 비유하면 암탉이 제대로 품어서 제대로 가열되고 제대로 부화한 여덟 개나 열 개나 열두 개의 달걀과 같다오. 그 암탉에게 '내가 발톱이나 부리로 껍질을 깨뜨려서 병아리들이 무사히 부화하도록 해야겠다'라는 의욕이 일어나지 않는다고 할지라도, 그 병아리들은 발톱이나 부리에 의해 껍

질이 깨져서 무사히 부화한다오.

15.-17. 그 까닭은 무엇인가? 비구들이여, 그 여덟 개나 열 개나 열두 개의 달걀들은 암탉이 제대로 품어서 제대로 가열되고 제대로 부화하기 때문이라오.

18. 비구들이여, 비유하면 목공이나 목공의 제자가 도낏자루를 살펴보고, 손가락 자국과 엄지손가락 자국을 보면서 '나의 도낏자루가 오늘은 이만큼 닳았고, 어제는 이만큼 닳았고, 다른 때는 이만큼 닳았다'라고 알지는 못하지만, 닳았을 때 닳았다는 것을 아는 것과 같다오.

19. 비구들이여, 이와 같이 닦아 익히며 지내는 비구는 '참으로 나의 번뇌가 오늘은 이만큼 소멸했고, 어제는 이만큼 소멸했고, 다른 때에는 이만큼 소멸했다'라고 알지는 못하지만, 소멸하면 소멸했다는 것을 안다오.

20. 비구들이여, 비유하면 등나무로 엮은 뗏목이 우기에 물 위에 떠다니다가 건기에 육지에 올려지면 결박한 밧줄들이 바람과 햇빛에 삭아 버리는 것과 같다오. 그 밧줄들은 비와 폭풍우를 맞아 쉽게 썩어 없어진다오.

21. 비구들이여, 이와 같이 닦아 익히며 지내는 비구에게 결박들은 쉽게 썩어 없어진다오."

3.49. 지속성 없음[Aniccatā, 無常性]
⟨s.22.102⟩

1.-2. 세존께서 사왓티의 제따와나 아나타삔디까 승원에 머무실 때, 비구들에게 말씀하셨습니다.

3. "비구들이여, 지속하지 않는다는 생각[無常想]을 닦아 익히면 일체의 쾌락에 대한 탐욕[kāmarāga, 欲貪]이 소멸하고, 일체의 형색에 대한 탐욕[rūparāga, 色貪]이 소멸하고, 일체의 존재에 대한 탐욕[bhavarāga, 有貪]이 소멸하고, 일체의 무명(無明)이 소멸하고, 내가 있다고 생각하는 일체의 아만(我慢, asmi-māna)이 소멸하고 근절된다오.

4. 비구들이여, 비유하면 가을철에 큰 쟁기로 밭을 가는 농부가 거미줄 같은 모든 뿌리를 갈아서 잘라 버리는 것과 같다오. 비구들이여, 이와 같이 지속하지 않는다는 생각을 닦아 익히면 일체의 쾌락에 대한 탐욕이 소멸하고, 일체의 형색에 대한 탐욕이 소멸하고, 일체의 존재에 대한 탐욕이 소멸하고, 일체의 무명이 소멸하고, 일체의 '나다'라는 교만이 소멸하고 근절된다오.

5.-12. 세존께서는 갈대를 베는 사람, 망고를 따는 일, 집의 용마루, 침향, 전단향, 재스민향, 전륜성왕, 달빛의 비유를 차례로 말씀하셨습니다.

13. 비구들이여, 비유하면 구름 한 점 없이 청명한 가을 하늘에 안개를 뚫고 솟아오른 태양이 모든 허공의 어둠을 몰아내고 밝고 타오르면서 광명을 비추는 것과 같다오. 비구들이여, 이와 같이 지속하지 않는다는 생각을 닦아 익히면 일체의 쾌락에 대한 탐욕이 소멸하고, 일체의 형색에 대한 탐욕이 소멸하고, 일체의 존재에 대한 탐욕이 소멸하고, 일체의 무명이 소멸하고, 일체의 '나다'라는 교만이 소멸하고 근절된다오.

14. 비구들이여, 지속하지 않는다는 생각을 어떻게 닦고 어떻게 익히면 일체의 쾌락에 대한 탐욕이 소멸하고, 일체의 형색에 대한 탐욕이 소멸하고, 일체의 존재에 대한 탐욕이 소멸하고, 일체의 무명이 소멸하고, 일체

의 '나다'라는 교만이 소멸하고 근절되는가?
15. 이것은 형색[色]이다. 이것은 형색의 쌓임[集]이다. 이것은 형색의 사라짐이다. 이것은 느낌[受], 생각[想], 행위[行]들, 분별의식[識]이다. 이것은 느낌, 생각, 행위들, 분별의식의 쌓임이다. 이것은 느낌, 생각, 행위들, 분별의식의 사라짐이다.
16. 비구들이여, 이와 같이 지속하지 않는다는 생각을 닦아 익히면 일체의 쾌락에 대한 탐욕이 소멸하고, 일체의 형색에 대한 탐욕이 소멸하고, 일체의 존재에 대한 탐욕이 소멸하고 일체의 무명이 소멸하고, 일체의 '나다'라는 교만이 소멸하고 근절된다오."

3.50. 괴로움[Dukkhaṃ], 자기 자신(自己自身, Sakkāyo) 〈s.22.104-105〉

1.-2. 세존께서 사왓티의 제따와나 아나타삔디까 승원에 머무실 때, 비구들에게 말씀하셨습니다.
3.-4. "비구들이여, 내가 괴로움과 괴로움의 쌓임[苦集]과 괴로움의 소멸[苦滅]과 괴로움의 소멸에 이르는 길을 알려 주겠소. 그대들은 잘 듣도록 하시오! 비구들이여, 괴로움이란 어떤 것인가? 그것은 5취온(五取蘊)이라오. 〈s.22.104〉

비구들이여, 내가 자기 자신[sakkāyo]과 자기 자신의 쌓임[集]과 자기 자신의 소멸[滅]과 자기 자신의 소멸에 이르는 길을 알려 주겠소. 그대들은 잘 듣도록 하시오! 비구들이여, 자기 자신이란 어떤 것인가? 그것은 5취온이라오. 〈s.22.105〉

5취온은 어떤 것인가? 그것은 색취온(色取蘊), 수취온(受取蘊), 상취온(想取蘊), 행취온(行取蘊), 식취온(識取蘊)이라오. 비구들이여, 이것을 자기 자신이라고 부르고 괴로움이라고 부른다오.

비구들이여, 괴로움의 쌓임과 자기 자신의 쌓임이란 어떤 것인가? 그것은 환희와 탐욕에 수반하는, 이것저것을 애락(愛樂)하는, 새로운 존재로 이끄는(ponabbhavika) 갈애(渴愛), 즉 욕애(欲愛)·유애(有愛)·무유애(無有愛)라오. 비구들이여, 이것을 괴로움의 쌓임이라고 부르고 자기 자신의 쌓임이라고 부른다오.

비구들이여, 괴로움의 소멸과 자기 자신의 소멸이란 어떤 것인가? 그것은 갈애의 멸진(滅盡), 단념(斷念), 버림[捨離], 해탈(解脫), 싫증[厭離]이라오.

비구들이여, 이것을 괴로움의 소멸이라고 부르고, 자기 자신의 소멸이라고 부른다오.

비구들이여, 괴로움의 소멸과 자기 자신의 소멸에 이르는 길은 어떤 것인가? 그것은 거룩한 8정도(八正道), 즉 바른 견해[正見]·바른 의도[正思惟]·바른말[正語]·바른 행동[正業]·바른 생계[正命]·바른 정진[正精進]·바른 주의집중[正念]·바른 선정[正定]이라오. 비구들이여, 이것을 괴로움의 소멸에 이르는 길이라고 부르고, 자기 자신의 소멸에 이르는 길이라고 부른다오."

3.51. 사문(沙門, Samaṇā) 〈s.22.108〉

1.-2. 세존께서 사왓티의 제따와나 아나타삔디까 승원에 머무실 때, 비구들에게 말씀하셨습니다.
3. "비구들이여, 5취온(五取蘊)이 있다오. 어

떤 것이 5취온인가? 그것은 색취온(色取蘊), 수취온(受取蘊), 상취온(想取蘊), 행취온(行取蘊), 식취온(識取蘊)이라오.

4. 비구들이여, 그 어떤 사문이나 바라문이라 할지라도, 이 5취온의 쌓임[集]과 소멸[滅]과 달콤한 맛[味]과 재난[患]과 벗어남[出離]을 있는 그대로 통찰하지 못하는 사람을 나는 사문 가운데 있으나 사문으로 여기지 않고, 바라문 가운데 있으나 바라문으로 여기지 않는다오. 그들은 지금 여기에서 사문의 목적이나 바라문의 목적을 스스로 체험지(體驗智)로 증득하고 성취하여 사는 것이 아니라오.

5. 비구들이여, 그 어떤 사문이나 바라문이라 할지라도, 이 5취온의 쌓임과 소멸과 달콤한 맛과 재난과 벗어남을 있는 그대로 통찰하는 사람을 나는 사문 가운데 사문으로 여기고, 바라문 가운데 바라문으로 여긴다오. 그들은 지금 여기에서 사문의 목적이나 바라문의 목적을 스스로 체험지로 증득하고 성취하여 사는 것이라오."

3.52. 수다원(須陀洹, Sotāpanno) 〈s.22.109〉

1.-2. 세존께서 사왓티의 제따와나 아나타삔디까 승원에 머무실 때, 비구들에게 말씀하셨습니다.

3. "비구들이여, 5취온(五取蘊)이 있다오. 어떤 것이 5취온인가? 그것은 색취온(色取蘊), 수취온(受取蘊), 상취온(想取蘊), 행취온(行取蘊), 식취온(識取蘊)이라오.

4. 비구들이여, 거룩한 제자가 이 5취온의 쌓임[集]과 소멸[滅]과 달콤한 맛[味]과 재난[患]과 벗어남[出離]을 있는 그대로 통찰하면, 비구들이여, 이 거룩한 제자는 바른 깨달음이라는 목표가 결정되어 악취(惡趣)에 떨어지지 않는 수다원(須陀洹)이라고 불린다오."

3.53. 아라한(阿羅漢, Arahaṃ) 〈s.22.110〉

1.-2. 세존께서 사왓티의 제따와나 아나타삔디까 승원에 머무실 때, 비구들에게 말씀하셨습니다.

3. "비구들이여, 5취온(五取蘊)이 있다오. 어떤 것이 5취온인가? 그것은 색취온(色取蘊), 수취온(受取蘊), 상취온(想取蘊), 행취온(行取蘊), 식취온(識取蘊)이라오.

4. 비구들이여, 비구가 이 5취온의 쌓임[集]과 소멸[滅]과 달콤한 맛[味]과 재난[患]과 벗어남[出離]을 있는 그대로 통찰하여 집착을 버리고 해탈하면, 비구들이여, 이 비구는 누진(漏盡) 아라한·원만하게 성취한 아라한·해야 할 일을 마친 아라한·짐을 내려놓은 아라한·자신의 목적에 도달한 아라한·존재[有]의 결박이 사라진 아라한·바른 지혜로 해탈한 아라한이라고 불린다오."

3.54. 욕탐에 물든[Chandarāgī] 〈s.22.112〉

1.-2. 세존께서 사왓티의 제따와나 아나타삔디까 승원에 머무실 때, 비구들에게 말씀하셨습니다.

3. "비구들이여, 형색[色]·느낌[受]·생각[想]·행위[行]들·분별의식[識]에 대한 어떤 욕망이나 탐욕이나 환락이나 갈애[愛]나 마음의 고집과 집착의 잠재적인 경향도, 그것을 버려야 한다오. 그러면 그 형색이나 느낌, 생

각, 행위들, 분별의식은 포기되고 근절(根絶)되고 단절되고 없어지고 미래에 다시 나타나지 않는 법(法)이 될 것이오."

3.55. 무명(無明, Avijjā) 〈s.22.113〉

1.-3. 세존께서 사왓티의 제따와나 아나타삔디까 승원에 머무실 때, 어떤 비구가 세존을 찾아와서 예배하고 한쪽으로 물러나 앉아서 세존께 말씀드렸습니다.

"세존이시여, 무명(無明)이라는 말들을 하는데, 무명은 어떤 것이며, 어느 정도를 모르는 것입니까?"

4.-8. "비구여, 무지한 범부는 형색[色]을 통찰하지 못하고, 형색의 쌓임[集]을 통찰하지 못하고, 형색의 소멸[滅]을 통찰하지 못하고, 형색의 소멸에 이르는 길을 통찰하지 못한다오. 느낌[受], 생각[想], 행위[行]들, 분별의식[識]도 마찬가지라오.

9. 비구여, 이것을 무명이라고 부르며, 이 정도를 모르는 것이 무명이라오."

3.56. 명지(明智, Vijjā) 〈s.22.114〉

1.-3. 세존께서 사왓티의 제따와나 아나타삔디까 승원에 머무실 때, 어떤 비구가 세존을 찾아와서 예배하고 한쪽으로 물러나 앉아서 세존께 말씀드렸습니다.

"세존이시여, 명지(明智)라는 말들을 하는데, 명지란 어떤 것이며, 어느 정도를 아는 것입니까?"

4. "비구여, 학식이 많은 거룩한 제자는 형색[色]을 통찰하고, 형색의 쌓임[集]을 통찰하고, 형색의 소멸[滅]을 통찰하고, 형색의 소멸에 이르는 길을 통찰한다오. 느낌[受], 생각[想], 행위[行]들, 분별의식[識]도 마찬가지라오. 비구여, 이것을 명지라고 부르며, 이 정도를 아는 것이 명지라오."

3.57. 법사[Kathika] 〈s.22.116〉

1.-2. 세존께서 사왓티의 제따와나 아나타삔디까 승원에 머무실 때, 어떤 비구가 세존을 찾아와서 예배하고 한쪽에 앉은 후에 세존께 말씀드렸습니다.

"세존이시여, 법사(法師)라는 말들을 하는데, 어느 정도를 법사라고 합니까?"

3. "만약에 어떤 비구가 형색[色]·느끼는 마음[受]·생각[想]·행위[行]들·분별의식[識]에 대하여 싫증을 내고[厭離], 욕탐을 버리고[離欲], 소멸하는 법을 보여 준다면 그는 법사라는 말을 들어 마땅하다오.

4.-7. 만약에 어떤 비구가 형색·느낌·생각·행위들·분별의식에 대하여 싫증을 내고, 욕탐을 버리고, 소멸(消滅)을 실천하고 있다면 그는 여법한 실천을 하는 비구라는 말을 들어 마땅하다오.

만약에 어떤 비구가 형색·느낌·생각·행위들·분별의식에 대하여 싫증을 내고, 욕탐을 버리고, 소멸하고[止滅] 집착에서 벗어나 해탈했다면, 그는 지금 여기에서 해탈에 이른 비구라는 말을 들어 마땅하다오."

3.58. 속박(束縛, Bandhanā) 〈s.22.117〉

1.-2. 세존께서 사왓티의 제따와나 아나타삔디까 승원에 머무실 때, 비구들에게 말씀하셨습니다.

3.-7. "비구들이여, 성인을 무시하고 참사람의 가르침에서 배우지 못한 무지한 범부는 형색[色]을 자아로 여긴다오. 그는 자아가 형색을 지니고 있다고 여기거나, 자아 안에 형색이 있다고 여기거나, 형색 안에 자아가 있다고 여긴다오. 비구들이여, 이것을 일러 '형색이라는 속박에 묶이고, 내외의 속박에 묶인 무지한 범부는 묶인 상태에서 언덕을 보지 못하고 건너편을 보지 못하고, 묶인 상태에서 태어나고, 묶인 상태에서 죽어서, 이 세상에서 저세상으로 간다'라고 말한다오. 느낌[受], 생각[想], 행위[行]들, 분별의식[識]도 마찬가지라오.

8.-12. 비구들이여, 성인을 알아보고 참사람의 가르침에서 배운 학식이 많은 거룩한 제자는 형색을 자아라고 여기지 않는다오. 자아가 형색을 지니고 있다고 여기거나, 자아 속에 형색이 있다고 여기거나, 형색이 자아를 소유하고 있다고 여기지 않는다오. 비구들이여, 이것을 일러 '형색이라는 속박에 묶이지 않고, 내외의 속박에 묶이지 않은 학식이 많은 거룩한 제자는 언덕을 보고 건너편을 보고, 모든 괴로움에서 해탈한다'라고 말한다오. 느낌, 생각, 행위들, 분별의식도 마찬가지라오."

3.59. 해탈(解脫, Parimucchita) 〈s.22.118〉

1. 세존께서 사왓티의 제따와나 아나타삔디까 승원에 머무실 때, 비구들에게 말씀하셨습니다.

2. "비구들이여, 어떻게 생각하는가? '형색[色]은 나의 것이다. 형색이 나다. 형색이 나의 자아다'라고 여길 수 있겠는가?"

"그렇지 않습니다, 세존이시여!"

"훌륭하오! 비구들이여. 비구들이여, '형색은 나의 것이 아니고, 내가 아니고, 나의 자아가 아니다'라고 이것을 있는 그대로 바른 통찰지로 통찰해야 한다오.

3.-6. 느낌[受], 생각[想], 행위[行]들, 분별의식[識]도 마찬가지라오.

7. 이와 같이 보는 학식이 많은 거룩한 제자는 형색·느낌·생각·행위들·분별의식에 대하여 싫증[厭離]을 내고, 싫증을 내기 때문에 욕탐을 버리고[離欲], 욕탐을 버리기 때문에 해탈(解脫)하며, 해탈했을 때 해탈했다는 것을 안다오. 그는 '생(生)은 소멸했다. 청정한 수행[梵行]을 완성했으며, 해야 할 일을 끝마쳤다. 다시는 이와 같은 상태로 되지 않는다'라고 통찰한다오."

3.60. 결박(結縛, Saññojanaṃ) 〈s.22.120〉

1.-2. 세존께서 사왓티의 제따와나 아나타삔디까 승원에 머무실 때, 비구들에게 말씀하셨습니다.

"비구들이여, 내가 결박된 법(法)과 결박한 법(法)에 대하여 가르쳐 주겠소. 그대들은 잘 듣도록 하시오!

3. 비구들이여, 결박된 법은 어떤 것이고, 결박한 법은 어떤 것인가?

4.-8. 비구들이여, 형색[色]·느낌[受]·생각[想]·행위[行]들·분별의식[識]이 결박된 법이라오. 그것에 대한 욕탐, 그것이 결박한 법이라오.

9. 비구들이여, 이것을 결박된 법이라고 부르고, 이것을 결박한 법이라고 부른다오."

3.61. 취(取, Upādānaṃ) 〈s.22.121〉

1.-3. 세존께서 사왓티의 제따와나 아나타삔디까 승원에 머무실 때, 비구들에게 말씀하셨습니다.

"비구들이여, 내가 취해진 법(法)과 취한 법에 대하여 가르쳐 주겠소. 그대들은 잘 듣도록 하시오!

4. 비구들이여, 취해진 법은 어떤 것이고, 취한 법은 어떤 것인가?

5.-9. 비구들이여, 형색[色]·느낌[受]·생각[想]·행위[行]들·분별의식[識]이 취해진 법이라오. 그것에 대한 욕탐, 그것이 취한 법이라오.

비구들이여, 이것을 취해진 법이라고 부르고, 이것을 취한 법이라고 부른다오."

3.62. 계행(戒行, Sīlaṃ) 〈s.22.122〉

1. 한때 사리뿟따 존자와 마하 꼿티따 존자는 이시빠따나 미가다야[鹿野苑]에 머물렀습니다.

2.-3. 그때 마하 꼿티따 존자가 해 질 무렵에 좌선에서 일어나 사리뿟따 존자를 찾아가서 말했습니다.

"사리뿟따 존자여, 계행(戒行)을 갖춘 비구는 어떤 법을 이치에 맞게 생각해야 합니까?"

4.-5. "마하 꼿티따 존자여, 계행을 갖춘 비구는 '5취온(五取蘊)은 지속하지 않고, 괴롭고, 질병과 같고, 종기와 같고, 화살과 같고, 재난이고, 암과 같고, 타자(他者)이고, 괴멸하는 것이고, 공(空)이고, 자아가 아니다'라고 이치에 맞게 생각해야 합니다.

6. 존자여, 그러면 다음과 같은 일이 가능합니다. 계행을 갖춘 비구가 '5취온은 지속하지 않고, 괴롭고, 질병과 같고, 종기와 같고, 화살과 같고, 재난이고, 암과 같고, 타자이고, 괴멸하는 것이고, 공이고, 자아가 아니다'라고 이치에 맞게 생각하면, 수다원과(須陀洹果)를 증득할 수 있습니다."

7. "사리뿟따 존자여, 수다원과를 증득한 비구는 어떤 법을 이치에 맞게 생각해야 합니까?"

8. "마하 꼿티따 존자여, 수다원과를 증득한 비구는 '5취온은 지속하지 않고, 괴롭고, 질병과 같고, 종기와 같고, 화살과 같고, 재난이고, 암과 같고, 타자이고, 괴멸하는 것이고, 공이고, 자아가 아니다'라고 이치에 맞게 생각해야 합니다.

9. 존자여, 그러면 다음과 같은 일이 가능합니다. 수다원과를 증득한 비구가 '5취온은 지속하지 않고, 괴롭고, 질병과 같고, 종기와 같고, 화살과 같고, 재난이고, 암과 같고, 타자이고, 괴멸하는 것이고, 공이고, 자아가 아니다'라고 이치에 맞게 생각하면, 사다함과(斯多含果)를 증득할 수 있습니다."

10. "사리뿟따 존자여, 사다함과를 증득한 비구는 어떤 법을 이치에 맞게 생각해야 합니까?"

11. "마하 꼿티따 존자여, 사다함과를 증득한 비구는 '5취온은 지속하지 않고, 괴롭고, 질병과 같고, 종기와 같고, 화살과 같고, 재난이고, 암과 같고, 타자이고, 괴멸하는 것이고, 공이고, 자아가 아니다'라고 이치에 맞게 생각해야 합니다.

12. 존자여, 그러면 다음과 같은 일이 가능합니다. 사다함과를 증득한 비구가 '5취온은 지속하지 않고, 괴롭고, 질병과 같고, 종기와 같

고, 화살과 같고, 재난이고, 암과 같고, 타자이고, 괴멸하는 것이고, 공이고, 자아가 아니다'라고 이치에 맞게 생각하면, 아나함과(阿那含果)를 증득할 수 있습니다."

13. "사리뿟따 존자여, 아나함과를 증득한 비구는 어떤 법을 이치에 맞게 생각해야 합니까?"

14. "마하 꼿티따 존자여, 아나함과를 증득한 비구는 '5취온은 지속하지 않고, 괴롭고, 질병과 같고, 종기와 같고, 화살과 같고, 재난이고, 암과 같고, 타자이고, 괴멸하는 것이고, 공이고, 자아가 아니다'라고 이치에 맞게 생각해야 합니다.

15. 존자여, 그러면 다음과 같은 일이 가능합니다. 아나함과를 증득한 비구가 '5취온은 지속하지 않고, 괴롭고, 질병과 같고, 종기와 같고, 화살과 같고, 재난이고, 암과 같고, 타자이고, 괴멸하는 것이고, 공이고, 자아가 아니다'라고 이치에 맞게 생각하면, 아라한과(阿羅漢果)를 증득할 수 있습니다."

16. "사리뿟따 존자여, 아라한과를 증득한 비구는 어떤 법을 이치에 맞게 생각해야 합니까?"

17. "마하 꼿티따 존자여, 아라한과를 증득한 비구는 '5취온은 지속하지 않고, 괴롭고, 질병과 같고, 종기와 같고, 화살과 같고, 재난이고, 암과 같고, 타자이고, 괴멸하는 것이고, 공이고, 자아가 아니다'라고 이치에 맞게 생각해야 합니다.

18. 존자여, 아라한에게는 더 이상 할 일도 없고, 이미 한 일에 보탤 것도 없습니다. 그렇지만 이들 법을 닦아 자주 익히면, 지금 여기에서 행복하게 살아가는 데, 그리고 주의 집중하여[正念] 알아차리는[正知] 데[sati-sampajaññāya] 도움이 됩니다."

3.63. 깝빠[Kappo] 〈s.22.124〉

1.-3. 세존께서 사왓티의 제따와나 아나타삔디까 승원에 머무실 때, 깝빠 존자가 세존을 찾아와서 예배하고 한쪽에 앉은 후에 세존께 말씀드렸습니다.

"세존이시여, 어떻게 알고 어떻게 보면 이 의식이 있는 몸[saviññāṇaka kāya]과 외부의 일체의 외모[bahiddhā sabbanimitta]에 대하여 자기라고 분별하고 나의 것이라고 분별하는 습성이[ahaṃkāramamaṃkāramānānusayā] 없어집니까?"

4. "깝빠여, 그것이 어떤 것이건, 과거·미래·현재의 내적이든 외적이든, 거친 것이든 미세한 것이든, 보잘것없는 것이든 빼어난 것이든, 멀리 있는 것이든 가까이 있는 것이든, 일체의 몸의 형태[色]는 나의 것도 아니고, 나도 아니고, 나의 자아도 아니라오. 이와 같이 그것을 있는 그대로 바른 통찰지(通察智)로 통찰해야 한다오.

5.-8. 느낌[受], 생각[想], 행위[行]들, 분별의 식[識]도 마찬가지라오.

9. 깝빠여, 이와 같이 알고 이와 같이 보면, 이 의식이 있는 몸과 외부의 일체의 외모에 대하여 자기라고 분별하고 나의 것이라고 분별하는 습성이 없어진다오."

3.64. 5온(五蘊)이 있을 때 〈s.22.149-156〉

1.-4. 세존께서 사왓티의 제따와나 아나타삔디까 승원에 머무실 때, 비구들에게 말씀하셨습니다.

5. "비구들이여, 5온(五蘊)이 있을 때, 5온을 취함으로써 자신의 내부에 즐거움과 괴로움이 생긴다오. 〈s.22.149〉

비구들이여, 5온이 있을 때, 5온을 취하고 5온을 집착함으로써 '이것은 나다. 이것은 나의 자아다'라고 여기게 된다오. 〈s.22.150〉

비구들이여, 5온이 있을 때, 5온을 취하고 5온을 집착함으로써 '이것은 자아다. 이것은 세계다. 이것은 이후에도 항상 지속하는 영원히 변하지 않는 법이다'라는 견해가 생긴다오. 〈s.22.151〉

비구들이여, 5온이 있을 때, 5온을 취하고 5온을 집착함으로써 '내가 없고, 내 것이 없다면, 나는 존재하지 않게 될 것이고, 내 것도 존재하지 않게 될 것이다'라는 견해가 생긴다오. 〈s.22.152〉

비구들이여, 5온이 있을 때, 5온을 취하고 5온을 집착함으로써 삿된 견해[邪見]가 생긴다오. 〈s.22.153〉

비구들이여, 5온이 있을 때, 5온을 취하고 5온을 집착함으로써 자신이 존재한다는 견해[有身見]가 생긴다오. 〈s.22.154〉

비구들이여, 5온이 있을 때, 5온을 취하고 5온을 집착함으로써 자아에 대한 추측[attānudiṭṭhi]이 생긴다오. 〈s.22.155〉

비구들이여, 5온이 있을 때, 5온을 취하고 5온을 집착함으로써 결박에 의존하는 속박이 생긴다오." 〈s.22.156〉

제23 라다(Rādha) 상윳따

3.65. 마라[Māro] 〈s.23.1〉

1.-3. 세존께서 사왓티의 제따와나 아나타삔디까 승원에 머무실 때, 라다(Rādha) 존자가 세존을 찾아와서 예배하고 한쪽에 앉은 후에 세존께 말씀드렸습니다.

"세존이시여, 마라(Māra)라는 말들을 하는데, 마라란 어떤 것입니까?"

4. "라다여, 형색[色]·느낌[受]·생각하는 마음[想]·행위[行]들·분별의식[識]이 있는 곳에는 마라나 살해자(殺害者)나 죽는 자가 있을 것이다. 라다여, 그러므로 그대는 이와 같이 형색·느낌·생각·행위들·분별의식을 마라라고 보고, 살해자라고 보고, 죽는 자라고 보고, 질병이라고 보고, 종기라고 보고, 화살이라고 보고, 재앙이라고 보고, 재앙의 실체[aghabhūtaṃ]라고 보도록 하라! 이렇게 보는 사람이 바르게 보는 사람이다."

"세존이시여, 바르게 보는 목적은 무엇입니까?"

"라다여, 바르게 보는 목적은 싫증[厭離]을 내는 것이다."

"세존이시여, 싫증을 내는 목적은 무엇입니까?"

"라다여, 싫증을 내는 목적은 욕탐을 버리는[離貪] 것이다."

"세존이시여, 욕탐을 버리는 목적은 무엇입니까?"

"라다여, 욕탐을 버리는 목적은 해탈(解脫)이다."

"세존이시여, 해탈의 목적은 무엇입니까?"

"라다여, 해탈의 목적은 열반(涅槃)이다."

"세존이시여, 열반의 목적은 무엇입니까?"

"라다여, 질문의 한계를 파악하지 못한

질문이다. 라다여, 열반은 청정한 수행의 근거이며, 목표이며, 완성이다."

3.66. 중생[Satto] 〈s.23.2〉

1.-3. 라다 존자가 세존께 말씀드렸습니다.

"세존이시여, 중생(衆生, satta)이라는 말들을 하는데, 중생이란 어떤 것입니까?"

4. "라다여, 형색[色]·느낌[受]·생각하는 마음[想]·행위[行]들·분별의식[識]에 대하여 욕심이 있고, 탐심이 있고, 즐기는 마음이 있고, 갈애[愛]가 있어서 그것에 매달리고[satta] 집착하면[visatta], 그로 인해서 그는 중생이라고 불린다.

라다여, 비유하면 소년이나 소녀들이 흙집을 짓고 소꿉장난을 하는 것과 같다. 그 흙집에 대하여 탐심이 있고 욕심이 사라지지 않고 애정이 사라지지 않고 애착이 사라지지 않고 고뇌가 사라지지 않고 갈애가 사라지지 않는 한, 그들은 그 흙집을 집착하고 소중하게 여기고 마음에 두고 자기 것으로 여긴다. 라다여, 그렇지만 소년이나 소녀들은 그 흙집에 대하여 탐심이 없고 욕심이 소멸하고 애정이 소멸하고 애착이 소멸하고 고뇌가 소멸하고 갈애가 소멸하면, 이제 그들은 그 흙집을 손이나 발로 흩어 버리고 무너뜨리고 부수고 내버린다. 라다여, 이와 같이 그대들은 형색·느낌·생각·행위들·분별의식을 흩어 버리고 무너뜨리고 부수고 내버리고 갈애의 소멸로 나아가도록 하라! 라다여, 갈애의 소멸이 열반이다."

3.67. 존재로 이끄는 고삐[Bhavanetti] 〈s.23.3〉

1.-3. 라다 존자가 세존께 말씀드렸습니다.

4. "세존이시여, 존재로 이끄는 고삐와 존재로 이끄는 고삐의 소멸이라는 말들을 하는데, 존재로 이끄는 고삐란 어떤 것이고 존재로 이끄는 고삐의 소멸이란 어떤 것입니까?"

5. "라다여, 형색[色]·느낌[受]·생각하는 마음[想]·행위[行]들·분별의식[識]에 대한 욕심, 탐심, 즐기는 마음, 갈애[愛], 방편과 취(取), 마음의 편견과 집착하는 습성, 이것을 존재로 이끄는 고삐라고 부르며, 그것의 소멸을 존재로 이끄는 고삐의 소멸이라고 부른다."

제24 견해[Diṭṭhi] 상윳따

3.68. 바람[Vātaṃ] 〈s.24.1〉

1.-2. 세존께서 사왓티의 제따와나 아나타삔디까 승원에 머무실 때, 비구들에게 말씀하셨습니다.

"비구들이여, 무엇이 있을 때, 무엇을 취하여, 무엇을 집착하여 '견고하게 서 있는 기둥처럼 바람은 불지 않는다. 강은 흐르지 않는다. 산모는 출산하지 않는다. 해와 달은 뜨거나 지지 않는다'라는 견해가 생기는 것인가?"

3. "세존이시여, 세존께서는 법의 근본이시고, 법의 안내자이시고, 법의 귀의처이십니다. 세존이시여, 부디 세존께서는 이 말씀의 의미를 밝혀 주십시오! 세존의 말씀을 듣고 비구들은 받아 지닐 것입니다."

"비구들이여, 그렇다면 그대들은 듣고 잘 생각하도록 하시오! 내가 이야기하겠소."

그 비구들은 "그렇게 하겠습니다, 세존

이시여"라고 대답했습니다.

세존께서는 다음과 같이 말씀하셨습니다.

4. "비구들이여, 형색[色]이 있을 때, 형색을 취하여, 형색을 집착하여 '견고하게 서 있는 기둥처럼 바람은 불지 않는다. 강은 흐르지 않는다. 산모는 출산하지 않는다. 해와 달은 뜨거나 지지 않는다'라는 견해가 생긴다오.

5.-8. 느낌[受], 생각[想], 행위[行]들, 분별의식[識]도 마찬가지라오.

9.-13. 비구들이여, 어떻게 생각하는가? 형색·느낌·생각·행위들·분별의식은 지속하는가, 지속하지 않는가?"

"지속하지 않습니다, 세존이시여!"

"지속하지 않는 것은 괴로움인가, 즐거움인가?"

"괴로움입니다. 세존이시여!"

"지속하지 않고 괴롭고 변하는 법, 그것을 취하지 않으면 '견고하게 서 있는 기둥처럼 바람은 불지 않는다. 강은 흐르지 않는다. 산모는 출산하지 않는다. 해와 달은 뜨거나 지지 않는다'라는 견해가 생기겠는가?"

"생기지 않겠습니다, 세존이시여!"

14. "보이고, 들리고, 지각(知覺)되고, 분별(分別)되고, 획득되고, 탐색되고, 마음[意]에 의해 숙고된 것은 지속하는가, 지속하지 않는가?"

"지속하지 않습니다, 세존이시여!"

"지속하지 않는 것은 괴로움인가, 즐거움인가?"

"괴로움입니다, 세존이시여!"

"지속하지 않고 괴롭고 변하는 법, 그것을 취하지 않으면 '견고하게 서 있는 기둥처럼 바람은 불지 않는다. 강은 흐르지 않는다. 산모는 출산하지 않는다. 해와 달은 뜨거나 지지 않는다'라는 견해가 생기겠는가?"

"생기지 않겠습니다, 세존이시여!"

15. "비구들이여, 거룩한 제자에게 이들 여섯 가지 문제[600]에 대한 의혹이 제거되면, 그리고 그에게 괴로움[苦]에 대한 의혹이 제거되고, 괴로움의 쌓임[苦集]에 대한 의혹이 제거되고, 괴로움의 소멸[苦滅]에 대한 의혹이 제거되고, 괴로움의 소멸에 이르는 길[苦滅道]에 대한 의혹이 제거되면, 비구들이여, 그로 인해서 이런 거룩한 제자를 물러서지 않고 바른 깨달음이라는 목표에 도달하도록 결정된 수다원(須陀洹)이라고 부른다오."

3.69. 없다[Natthi] 〈s.24.5〉

1.-2. 세존께서 사왓티의 제따와나 아나타삔디까 승원에 머무실 때, 비구들에게 말씀하셨습니다.

"비구들이여, 무엇이 있을 때, 무엇을 취하여, 무엇을 집착하여 '보시의 과보(果報)도 없고, 제물(祭物)이나 헌공(獻供)이나 선악업(善惡業)의 과보도 없다. 현세도 없고, 내세도 없으며, 부모도 없고, 중생의 화생(化生,

600 여섯 가지 문제는 '5취온(五取蘊)이 지속하는가, 지속하지 않는가?'라는 다섯 가지 문제와 '보이고, 들리고, 지각(知覺)되고, 분별(分別)되고, 획득되고, 탐색(探索)되고, 마음에 의해 숙고(熟考)된 것이 지속하는가, 지속하지 않는가?'라는 문제를 의미한다.

opapātikā)[601]도 없다. 세간에는 현세와 내세를 스스로 알고 증득하여 가르치는, 바른 수행으로 바르게 도달한 사문이나 바라문도 없다. 인간은 4대(四大)로 된 것이며, 죽으면 흙은 지신(地身, paṭhavi-kāya)으로 녹아 돌아가고,[602] 물은 수신(水身, apo-kāya)으로 녹아 돌아가고, 불은 화신(火身, tejo-kāya)으로 녹아 돌아가고, 바람은 풍신(風身, vāyo-kāya)으로 녹아 돌아가며, 감관[根]들은 허공으로 흩어진다. 상여꾼들이 상여에 죽은 자를 싣고 가면서 화장터까지 시구(詩句)를 읊어도, 해골은 비둘기색이 되고 헌공은 재가 된다. 유론(有論, atthika-vāda)[603]을 주장하는 사람들은 누구든, 그들의 주장은 허망한 거짓말이며 낭설이다. 어리석은 사람이든 현명한 사람이든 몸이 파괴되면 단멸(斷滅)하여 사라지며, 사후에는 존재하지 않는다'[604]라는 견해가 생기는 것일까?"

3. "세존이시여, 세존께서는 법의 근본이시고, 법의 안내자이시고, 법의 귀의처이십니다. 세존이시여, 부디 세존께서는 이 말씀의 의미를 밝혀 주십시오! 세존의 말씀을 듣고 비구들은 받아 지닐 것입니다."

"비구들이여, 그렇다면 그대들은 듣고 잘 생각하도록 하시오! 내가 이야기하겠소."

그 비구들은 "그렇게 하겠습니다, 세존이시여"라고 대답했습니다.

세존께서는 다음과 같이 말씀하셨습니다.

4. "비구들이여, 형색[色]이 있을 때, 형색을 취하고 형색을 집착하여 그와 같은 견해가 생긴다오.

5.-8. 느낌[受], 생각[想], 행위[行]들, 분별의식[識]도 마찬가지라오.

9.-13. 비구들이여, 어떻게 생각하는가? 형색·느낌·생각·행위들·분별의식은 지속하는가, 지속하지 않는가?"

"지속하지 않습니다, 세존이시여!"

"지속하지 않는 것은 괴로움인가, 즐거움인가?"

"괴로움입니다, 세존이시여!"

"지속하지 않고 괴롭고 변하는 법, 그것을 취하지 않으면 그와 같은 견해가 생기겠는가?"

"생기지 않겠습니다, 세존이시여!"

14. "보이고, 들리고, 지각되고, 분별되고, 획득되고, 탐색되고, 마음[意]에 의해 숙고된 것[anuvicaritam manasā]은 지속하는가, 지속하지 않는가?"

"지속하지 않습니다, 세존이시여!"

"지속하지 않는 것은 괴로움인가, 즐거움인가?"

"괴로움입니다, 세존이시여!"

"지속하지 않고 괴롭고 변하는 법, 그것

---

601 화생(化生)이란 중생이 죽어서 성적 욕망이 없는 천상(天上)에 부모 없이 태어나는 것을 의미한다.

602 여기에서 신(身)으로 번역한 'kāya'는 전체적인 구조를 의미한다. 지신(地身)으로 녹아 돌아간다는 것은 인간이 죽으면 흙으로 이루어진 부분은 전체적인 흙의 구조로 돌아간다는 의미이다.

603 'atthika-vāda'는 선악업의 과보 등이 있다고 주장하는 이론을 의미한다.

604 이것은 4대설(四大說)을 주장하는 유물론자이며 단멸론자(斷滅論者)인 아지따 께사깜발린의 견해다. D.N.2. Sāmañña-Phala Sutta 참조.

을 취하지 않으면 그와 같은 견해가 생기겠는가?"

"생기지 않겠습니다, 세존이시여!"

15. "비구들이여, 거룩한 제자에게 이들 여섯 가지 문제에 대한 의혹이 제거되면, 그리고 그에게 괴로움[苦]에 대한 의혹이 제거되고, 괴로움의 쌓임[苦集]에 대한 의혹이 제거되고, 괴로움의 소멸[苦滅]에 대한 의혹이 제거되고, 괴로움의 소멸에 이르는 길[苦滅道]에 대한 의혹이 제거되면, 비구들이여, 그로 인해서 이런 거룩한 제자를 물러서지 않고 바른 깨달음이라는 목표에 도달하도록 결정된 수다원이라고 부른다오."

3.70. 업(業)을 지어도[Karota] 〈s.24.6〉

1.-2. 세존께서 사왓티의 제따와나 아나타삔디까 승원에 머무실 때, 비구들에게 말씀하셨습니다.

"비구들이여, 무엇이 있을 때, 무엇을 취하여, 무엇을 집착하여 '베고, 베게 하고, 자르고, 자르게 하고, 굽고, 굽게 하고, 슬프게 하고, 슬프게 하도록 하고, 괴롭히고, 괴롭히게 하고, 겁박하고, 겁박하게 하고, 생명을 해치고, 강탈하고, 이간질하고, 약탈하고, 노상에서 도둑질하고, 남의 부인을 겁탈하고, 거짓말을 해도 죄가 되지 않는다. 설령 날카로운 칼끝의 전차 바퀴로 이 땅의 생명들을 한 덩어리로 짓이기고 한 덩어리로 만들어도, 그것 때문에 죄가 있지 않으며 죄의 과보가 있는 것도 아니다. 설령 갠지스강의 남쪽 언덕에 가서 때리고 죽이고 자르고 자르게 하고 굽고 굽게 해도, 그것 때문에 죄가 있는 것이 아니며 죄의 과보가 있는 것도 아니다. 설령 갠지스강의 북쪽 언덕에 가서 보시하고 보시하도록 하고 공양을 올리고 공양을 올리게 해도, 그것 때문에 복이 있는 것이 아니며 복의 과보가 있는 것도 아니다. 보시하고 수행하고 금욕하고 정직함으로써 복이 있는 것이 아니며 복의 과보가 있는 것도 아니다'[605] 라는 견해가 생기는가?"

3. "세존이시여, 세존께서는 법의 근본이시고, 법의 안내자이시고, 법의 귀의처이십니다. 세존이시여, 부디 세존께서는 이 말씀의 의미를 밝혀 주십시오! 세존의 말씀을 듣고 비구들은 받아 지닐 것입니다."

"비구들이여, 그렇다면 그대들은 듣고 잘 생각하도록 하시오! 내가 이야기하겠소."

그 비구들은 "그렇게 하겠습니다, 세존이시여"라고 대답했습니다.

세존께서는 다음과 같이 말씀하셨습니다.

4. "비구들이여, 형색[色]이 있을 때, 형색을 취하여, 형색을 집착하여 그와 같은 견해가 생긴다오.

5.-8. 느낌[受], 생각[想], 행위[行]들, 분별의식[識]도 마찬가지라오.

9.-13 비구들이여, 어떻게 생각하는가? 형색·느낌·생각·행위들·분별의식은 지속하는가, 지속하지 않는가?"

"지속하지 않습니다, 세존이시여!"

"지속하지 않는 것은 괴로움인가, 즐거

605 이것은 인과응보(因果應報)와 도덕(道德)을 부정(否定)하는 뿌라나 까싸빠(Pūraṇa Kassapa)의 견해다. D.N. 2. Sāmañña-Phala Sutta 참조.

움인가?"

"괴로움입니다, 세존이시여!"

"지속하지 않고 괴롭고 변하는 법, 그것을 취하지 않으면 그와 같은 견해가 생기겠는가?"

"생기지 않겠습니다, 세존이시여!"

14. "보이고, 들리고, 지각되고, 분별되고, 획득되고, 탐색되고, 마음[意]에 의해 숙고된 것은 지속하는가, 지속하지 않는가?"

"지속하지 않습니다, 세존이시여!"

"지속하지 않는 것은 괴로움인가, 즐거움인가?"

"괴로움입니다, 세존이시여!"

"지속하지 않고 괴롭고 변하는 법, 그것을 취하지 않으면 그와 같은 견해가 생기겠는가?"

"생기지 않겠습니다, 세존이시여!"

15. "비구들이여, 거룩한 제자에게 이들 여섯 가지 문제에 대한 의혹이 제거되면, 그리고 그에게 괴로움[苦]에 대한 의혹이 제거되고, 괴로움의 쌓임[苦集]에 대한 의혹이 제거되고, 괴로움의 소멸[苦滅]에 대한 의혹이 제거되고, 괴로움의 소멸에 이르는 길[苦滅道]에 대한 의혹이 제거되면, 비구들이여, 그로 인해서 이런 거룩한 제자를 물러서지 않고 바른 깨달음이라는 목표에 도달하도록 결정된 수다원이라고 부른다오."

3.71. 원인[Hetu] 〈s.24.7〉

1.-2. 세존께서 사왓티의 제따와나 아나타삔디까 승원에 머무실 때, 비구들에게 말씀하셨습니다.

"비구들이여, 무엇이 있을 때, 무엇을 취하여, 무엇을 집착하여 '중생들이 타락하는 데는 원인이 없고 조건이 없다. 원인 없이 조건 없이 중생들은 타락한다. 중생들이 청정해지는 데는 원인이 없고 조건이 없다. 원인 없이 조건 없이 중생들은 청정해진다. 자신의 업(業)도 없고, 타인의 업도 없고, 인간의 업도 없고, 위력도 없고, 정진(精進)도 없고, 인간의 힘도 없고, 인간의 노력도 없다. 모든 중생, 모든 생명, 모든 생물, 모든 목숨은 자제력(自制力)이 없고 위력이 없고 정진이 없이 숙명(宿命, niyati)[606]이 결합하여 존재로 성숙하며, 여섯 가지 계층(階層)에서 고락(苦樂)을 겪는다. 140만 6,600가지의 자궁[yoni]이 있고, 500가지의 업에는 다섯 가지 업과 세 가지 업이 있으며, 업과 반업(半業, aḍḍha-kamma)이 있다.[607] 62가지 행도(行道, paṭipadā)가 있고, 62가지 중겁(中劫, antara-kappa)이 있고, 여섯 가지 계층이 있고, 여덟 가지 인간의 지위가 있으며, 4,900가지의 직업이 있고, 4,900가지 행각수행자가 있으며, 4,900가지 용(龍)의 거처가 있으며, 2,000가지 감관[根, indriya]이 있으며, 3,000가지 지옥(地獄)이 있으며, 서른여섯 가지 티끌 세계[rajo-dhātu, 塵界]가 있고, 일곱 가지 생각

606 'niyati'는 확정되고 결정된 법칙이나 운명을 의미한다. 결정론자이면서 숙명론자인 막칼리 고살라는 모든 존재 속에는 'niyati'라고 하는 확정된 숙명적인 요인이 결합되어 있다고 주장함으로써 우연론을 극복하려고 했다.

607 5업은 다섯 가지 감각 작용을 의미하고, 3업은 신(身)·구(口)·의(意) 삼업(三業)을 의미하며, 업은 신업(身業)과 구업(口業)을 의미하고, 반업(半業)은 의업(意業)을 의미함.

이 있는 모태[saññi-gabbha]가 있고, 일곱 가지 생각이 없는 모태가 있으며, 일곱 가지 마디 없는 모태[niganṭhi-gabbha]가 있으며, 일곱 가지 천신, 일곱 가지 인간, 일곱 가지 악귀, 일곱 개의 호수, 일곱 개의 산맥, 700개의 산, 일곱 가지의 절벽, 700개의 절벽, 일곱 가지 꿈, 700개의 꿈, 그리고 840만 대겁(大劫)이 있다. 어리석은 사람이든 현명한 사람이든, 숙명에 의해 정해진 만큼 유전(流轉)하며 윤회(輪廻)하고 나서 괴로움을 끝낸다. 그때 '나는 계행(戒行)이나 덕행(德行)이나 고행(苦行)이나 범행(梵行)으로 미숙한 업을 성숙시키고, 성숙한 업을 자주 겪어 없애야겠다'라고 할 수 없다. 이와 같이 고락(苦樂)의 양이 정해진 윤회에 우열(優劣)이나 증감(增減)은 없다. 비유하면, 던져진 실타래가 풀리면서 굴러가듯이, 어리석은 사람이든 현명한 사람이든, 숙명에 의해 정해진 만큼 유전하며 윤회하고 나서 괴로움을 끝낸다'[608]라는 견해가 생기는가?"

3. "세존이시여, 세존께서는 법의 근본이시고, 법의 안내자이시고, 법의 귀의처이십니다. 세존이시여, 부디 세존께서는 이 말씀의 의미를 밝혀 주십시오! 세존의 말씀을 듣고 비구들은 받아 지닐 것입니다."

"비구들이여, 그렇다면 그대들은 듣고 잘 생각하도록 하시오! 내가 이야기하겠소."

그 비구들은 "그렇게 하겠습니다, 세존이시여"라고 대답했습니다.

세존께서는 다음과 같이 말씀하셨습니다.

4. "비구들이여, 형색[色]이 있을 때, 형색을 취하여, 형색을 집착하여 그와 같은 견해가 생긴다오.

5.-8. 느낌[受], 생각[想], 행위[行]들, 분별의식[識]도 마찬가지라오.

9.-13. 비구들이여, 어떻게 생각하는가? 형색·느낌·생각·행위들·분별의식은 지속하는가, 지속하지 않는가?"

"지속하지 않습니다, 세존이시여!"

"지속하지 않는 것은 괴로움인가, 즐거움인가?"

"괴로움입니다, 세존이시여!"

"지속하지 않고 괴롭고 변하는 법, 그것을 취하지 않으면 그와 같은 견해가 생기겠는가?"

"생기지 않겠습니다, 세존이시여!"

14. "보이고, 들리고, 지각되고, 분별되고, 획득되고, 탐색되고, 마음[意]에 의해 숙고된 것은 지속하는가, 지속하지 않는가?"

"지속하지 않습니다, 세존이시여!"

"지속하지 않는 것은 괴로움인가, 즐거움인가?"

"괴로움입니다, 세존이시여!"

"지속하지 않고 괴롭고 변하는 법, 그것을 취하지 않으면 그와 같은 견해가 생기겠는가?"

"생기지 않겠습니다, 세존이시여!"

15. "비구들이여, 거룩한 제자에게 이들 여섯 가지 문제에 대한 의혹이 제거되면, 그리고 그에게 괴로움[苦]에 대한 의혹이 제거되고, 괴로움의 쌓임[苦集]에 대한 의혹이 제거되고, 괴로움의 소멸[苦滅]에 대한 의혹이 제거되고, 괴로움의 소멸에 이르는 길[苦滅道]에

---

608 이것은 결정론자인 막칼리 고살라(Makkhali Gosāla)의 견해다. D.N.2. Sāmañña-Phala Sutta 참조.

대한 의혹이 제거되면, 비구들이여, 그로 인해서 이런 거룩한 제자를 물러서지 않고 바른 깨달음이라는 목표에 도달하도록 결정된 수다원이라고 부른다오."

3.72. 삿된 견해[Diṭṭhena] 〈s.24.8〉

1.-2. 세존께서 사왓티의 제따와나 아나타삔디까 승원에 머무실 때, 비구들에게 말씀하셨습니다.

"비구들이여, 무엇이 있을 때, 무엇을 취하여, 무엇을 집착하여 '일곱 가지 실체[kāya, 身]는 만들어진 것이 아니며, 만들어진 것으로 구성된 것이 아니며, 창조된 것이 아니며, 석녀(石女)처럼 생산할 수 없으며, 기둥처럼 움직일 수 없다. 그것들은 움직이지 않고, 변화하지 않고, 상호 간에 괴로움이나 즐거움을 서로 방해하지 않는다. 일곱 가지는 어떤 것인가? 지신(地身), 수신(水身), 화신(火身), 풍신(風身), 낙(樂, sukha), 고(苦, dukkha) 그리고 명아(命我, jīva)가 일곱째다. 이들 일곱 가지 실체는 만들어진 것이 아니며, 만들어진 것으로 구성된 것이 아니며, 창조된 것이 아니며, 석녀처럼 생산할 수 없으며, 기둥처럼 움직일 수 없다. 그것들은 움직이지 않고, 변화하지 않고, 상호 간에 괴로움이나 즐거움을 방해하지 않는다. 거기에는 살해하는 자나 살해되는 자나 듣는 자나 들리는 자나 인식하는 자나 인식되는 자가 없다. 누군가 날카로운 칼로 머리를 자른다고 할지라도 아무도 누군가의 목숨을 빼앗지 못하며, 일곱 가지 실체 사이에 칼이 지나간 틈이 생길 뿐이다'[609]라는 견해가 생기는가?"

3. "세존이시여, 세존께서는 법의 근본이시고, 법의 안내자이시고, 법의 귀의처이십니다. 세존이시여, 부디 세존께서는 이 말씀의 의미를 밝혀 주십시오! 세존의 말씀을 듣고 비구들은 받아 지닐 것입니다."

"비구들이여, 그렇다면 그대들은 듣고 잘 생각하도록 하시오! 내가 이야기하겠소."

그 비구들은 "그렇게 하겠습니다, 세존이시여"라고 대답했습니다.

세존께서는 다음과 같이 말씀하셨습니다.

4. "비구들이여, 형색[色]이 있을 때, 형색을 취하여, 형색을 집착하여 그와 같은 견해가 생긴다오.

5.-8. 느낌[受], 생각[想], 행위[行]들, 분별의 식[識]도 마찬가지라오.

9.-13. 비구들이여, 어떻게 생각하는가? 형색·느낌·생각·행위들·분별의식은 지속하는가, 지속하지 않는가?"

"지속하지 않습니다, 세존이시여!"

"지속하지 않는 것은 괴로움인가, 즐거움인가?"

"괴로움입니다, 세존이시여!"

"지속하지 않고 괴롭고 변하는 법, 그것을 취하지 않으면 그와 같은 견해가 생기겠는가?"

"생기지 않겠습니다, 세존이시여!"

14. "보이고, 들리고, 지각되고, 분별되고, 획득되고, 탐색되고, 마음[意]에 의해 숙고된 것은 지속하는가, 지속하지 않는가?"

"지속하지 않습니다, 세존이시여!"

---

609 이것은 기계적(機械的) 요소론자(要素論者)인 빠꾸다 깟짜야나(Pakudha Kaccāyana)의 견해다.

"지속하지 않는 것은 괴로움인가, 즐거움인가?"

"괴로움입니다, 세존이시여!"

"지속하지 않고 괴롭고 변하는 법, 그것을 취하지 않으면 그와 같은 견해가 생기겠는가?"

"생기지 않겠습니다, 세존이시여!"

15. "비구들이여, 거룩한 제자에게 이들 여섯 가지 문제에 대한 의혹이 제거되면, 그리고 그에게 괴로움[苦]에 대한 의혹이 제거되고, 괴로움의 쌓임[苦集]에 대한 의혹이 제거되고, 괴로움의 소멸[苦滅]에 대한 의혹이 제거되고, 괴로움의 소멸에 이르는 길[苦滅道]에 대한 의혹이 제거되면, 비구들이여, 그로 인해서 이런 거룩한 제자를 물러서지 않고 바른 깨달음이라는 목표에 도달하도록 결정된 수다원이라고 부른다오."

3.73. 모순되는 견해들(Sassato loko - Neva hoti na na hoti tathāgato) 〈s.24.9-18〉

1.-2. 세존께서 사왓티의 제따와나 아나타삔디까 승원에 머무실 때, 비구들에게 말씀하셨습니다.

"비구들이여, 무엇이 있을 때, 무엇을 취하여, 무엇을 집착하여 '세간은 상주(常住)한다. 세간은 상주하지 않는다. 세간은 끝이 있다. 세간은 끝이 없다. 육신(肉身)이 곧 수명(壽命)이다. 수명은 육신과 다른 것이다. 사후에 여래는 있다. 사후에 여래는 없다. 사후에 여래는 있으면서 없다. 사후에 여래는 있지도 않고 없지도 않다'라는 견해가 생기는가?"

3. "세존이시여, 세존께서는 법의 근본이시고, 법의 안내자이시고, 법의 귀의처이십니다. 세존이시여, 부디 세존께서는 이 말씀의 의미를 밝혀 주십시오! 세존의 말씀을 듣고 비구들은 받아 지닐 것입니다."

"비구들이여, 그렇다면 그대들은 듣고 잘 생각하도록 하시오! 내가 이야기하겠소."

그 비구들은 "그렇게 하겠습니다, 세존이시여"라고 대답했습니다.

세존께서는 다음과 같이 말씀하셨습니다.

4. "비구들이여, 형색[色]이 있을 때, 형색을 취하고 형색을 집착하여 그와 같은 견해가 생긴다오.

5.-8. 느낌[受], 생각[想], 행위[行]들, 분별의 식[識]도 마찬가지라오.

9.-13. 비구들이여, 어떻게 생각하는가? 형색·느낌·생각·행위들·분별의식은 지속하는가, 지속하지 않는가?"

"지속하지 않습니다, 세존이시여!"

"지속하지 않는 것은 괴로움인가, 즐거움인가?"

"괴로움입니다, 세존이시여!"

"지속하지 않고 괴롭고 변하는 법, 그것을 취하지 않으면 그와 같은 견해가 생기겠는가?"

"생기지 않겠습니다, 세존이시여!"

14. "보이고, 들리고, 지각되고, 분별되고, 획득되고, 탐색되고, 마음[意]에 의해 숙고된 것은 지속하는가, 지속하지 않는가?"

"지속하지 않습니다, 세존이시여!"

"지속하지 않는 것은 괴로움인가, 즐거움인가?"

"괴로움입니다, 세존이시여!"

"지속하지 않고 괴롭고 변하는 법, 그것을 취하지 않으면 그와 같은 견해가 생기겠는가?"

"생기지 않겠습니다, 세존이시여!"

15. "비구들이여, 거룩한 제자에게 이들 여섯 가지 문제에 대한 의혹이 제거되면, 그리고 그에게 괴로움[苦]에 대한 의혹이 제거되고, 괴로움의 쌓임[苦集]에 대한 의혹이 제거되고, 괴로움의 소멸[苦滅]에 대한 의혹이 제거되고, 괴로움의 소멸에 이르는 길[苦滅道]에 대한 의혹이 제거되면, 비구들이여, 그로 인해서 이런 거룩한 제자를 물러서지 않고 바른 깨달음이라는 목표에 도달하도록 결정된 수다원이라고 부른다오."

제25 들어감[Okkantika] 상윳따

3.74. 안(眼, Cakkhu) – 온(蘊, Khandhena) (1) 〈s.25.1-10〉

1.-2. 세존께서 사왓티의 제따와나 아나타삔디까 승원에 머무실 때, 비구들에게 말씀하셨습니다.

3. "비구들이여, 안이비설신의(眼耳鼻舌身意)[6內入處], 색성향미촉법(色聲香味觸法)[6外入處], 안식(眼識)·이식(耳識)·비식(鼻識)·설식(舌識)·신식(身識)·의식(意識)[6識], 안촉(眼觸)·이촉(耳觸)·비촉(鼻觸)·설촉(舌觸)·신촉(身觸)·의촉(意觸)[6觸], 안수(眼受)·이수(耳受)·비수(鼻受)·설수(舌受)·신수(身受)·의수(意受)[6受], 색상(色想)·성상(聲想)·향상(香想)·미상(味想)·촉상(觸想)·법상(法想)[6想], 색사(色思)·성사(聲思)·향사(香思)·미사(味思)·촉사(觸思)·법사(法思)[6思], 색애(色愛)·성애(聲愛)·향애(香愛)·미애(味愛)·촉애(觸愛)·법애(法愛)[6愛], 지계(地界)·수계(水界)·화계(火界)·풍계(風界)·공계(空界)·식계(識界)[6界], 색온(色蘊)·수온(受蘊)·상온(想蘊)·행온(行蘊)·식온(識蘊)[5蘊]은 지속하지 않고[無常] 변화하고 달라진다오.

4.-5. 비구들이여, 이들 법(法)에 대하여 이와 같이 통찰지(通察智)로 적절하게 이해하여 받아들이는 사람을 '법에 수순(隨順)하는 사람들 속에 들어갔다', '바르게 결정된 참사람의 땅에 들어갔다', '범부(凡夫)의 땅에서 벗어났다', '지옥이나 축생이나 아귀계(餓鬼界)에 태어날 업을 지을 수 없다', '죽는 한이 있어도 수다원과(須陀洹果)를 성취하지 않을 수 없다'라고 말한다오.

6. 비구들이여, 이들 법을 이와 같이 알고 보는 사람을 물러서지 않고 바른 깨달음이라는 목표에 도달하도록 결정된 수다원이 라고 부른다오."

제26 나타남[Uppāda] 상윳따

3.75. 안(眼, Cakkhu) – 온(蘊, Khandhena) (2) 〈s.26.1-10〉

1.-2. 세존께서 사왓티의 제따와나 아나타삔디까 승원에 머무실 때, 비구들에게 말씀하셨습니다.

3. "비구들이여, 안이비설신의(眼耳鼻舌身意)[6內入處], 색성향미촉법(色聲香味觸法)[6外入處], 안식(眼識)·이식(耳識)·비식(鼻識)·설식(舌識)·신식(身識)·의식(意識)[6識], 안촉(眼觸)·이촉(耳觸)·비촉(鼻觸)·설촉(舌觸)·신촉(身觸)·의촉(意觸)[6觸], 안수(眼受)·이수(耳受)·비수(鼻受)·설수(舌受)

·신수(身受)·의수(意受)[6受], 색상(色想)·성상(聲想)·향상(香想)·미상(味想)·촉상(觸想)·법상(法想)[6想], 색사(色思)·성사(聲思)·향사(香思)·미사(味思)·촉사(觸思)·법사(法思)[6思], 색애(色愛)·성애(聲愛)·향애(香愛)·미애(味愛)·촉애(觸愛)·법애(法愛)[6愛], 지계(地界)·수계(水界)·화계(火界)·풍계(風界)·공계(空界)·식계(識界)[6界], 색온(色蘊)·수온(受蘊)·상온(想蘊)·행온(行蘊)·식온(識蘊)[5蘊]의 나타남, 머묾, 발생, 현현(顯現)이 괴로움의 나타남, 질병의 머묾, 노사(老死)의 현현(顯現)이라오.

4. 비구들이여, 안이비설신의, 색성향미촉법, 안식·이식·비식·설식·신식·의식, 안촉·이촉·비촉·설촉·신촉·의촉, 안수·이수·비수·설수·신수·의수, 색상·성상·향상·미상·촉상·법상, 색사·성사·향사·미사·촉사·법사, 색애·성애·향애·미애·촉애·법애, 지계·수계·화계·풍계·공계·식계, 색온·수온·상온·행온·식온의 소멸, 적멸, 사라짐이 괴로움의 소멸, 질병의 적멸, 노사의 사라짐이라오."

제27 더러운 때[Kilesa] 상윳따

3.76. 안(眼, Cakkhu) - 온(蘊, Khandhena) (3) 〈s.27.1-10〉

1.-2. 세존께서 사왓티의 제따와나 아나타삔디까 승원에 머무실 때, 비구들에게 말씀하셨습니다.

3. "비구들이여, 안이비설신의(眼耳鼻舌身意)[6內入處], 색성향미촉법(色聲香味觸法)[6外入處], 안식(眼識)·이식(耳識)·비식(鼻識)·설식(舌識)·신식(身識)·의식(意識)[6識], 안촉(眼觸)·이촉(耳觸)·비촉(鼻觸)·설촉(舌觸)·신촉(身觸)·의촉(意觸)[6觸], 안수(眼受)·이수(耳受)·비수(鼻受)·설수(舌受)·신수(身受)·의수(意受)[6受], 색상(色想)·성상(聲想)·향상(香想)·미상(味想)·촉상(觸想)·법상(法想)[6想], 색사(色思)·성사(聲思)·향사(香思)·미사(味思)·촉사(觸思)·법사(法思)[6思], 색애(色愛)·성애(聲愛)·향애(香愛)·미애(味愛)·촉애(觸愛)·법애(法愛)[6愛], 지계(地界)·수계(水界)·화계(火界)·풍계(風界)·공계(空界)·식계(識界)[6界], 색온(色蘊)·수온(受蘊)·상온(想蘊)·행온(行蘊)·식온(識蘊)[5蘊]에 대한 욕탐이 마음의 더러운 때라오.

4. 비구들이여, 비구에게 이들에 대한 마음의 더러운 때가 제거되고, 마음이 (욕탐에서) 출리(出離)하면, 출리가 잘 실천된 마음은 성취해야 할 법에 대하여 체험지로 증득하기 쉽게 된다오."

제28 사리뿟따 상윳따

3.77. 멀리함[遠離, Vivekaṃ] - 소멸[Nirodho]〈s.28.1-9〉

1. 한때 사리뿟따 존자는 사왓티의 제따와나 아나타삔디까 승원에 머물렀습니다.

2.-5. 어느 날 사리뿟따 존자는 아침에 사왓티에 들어가 탁발을 하고 돌아와서, 식사를 마친 후에 오후의 휴식을 위하여 안다 숲에 들어가 나무 아래에서 좌선(坐禪)을 하다가 해 질 녘에 자리에서 일어나 제따와나 아나타삔디까 승원으로 왔습니다.

6. 아난다 존자는 먼발치로 사리뿟따 존자가 오는 것을 보고 사리뿟따 존자에게 말했습니다.

"사리뿟따 존자님! 존자님의 6근(六根)은 청정(清淨)하고, 안색(顏色)은 맑고 깨끗하군요. 사리뿟따 존자님은 오늘 어느 처소에서 머무셨습니까?"

7. "존자여, 나는 감각적 욕망을 멀리하고 불선법(不善法)을 멀리함으로써 사유가 있고 숙고가 있는, 멀리함에서 생긴 즐거움과 환희심이 있는 초선(初禪)을 성취하여 머물렀다오. 존자여, 그렇지만 나에게는 '나는 초선에 들어간다'라는 생각이나, '나는 초선에 들어갔다'라는 생각이나, '나는 초선에서 일어났다'라는 생각이 없었다오. 〈s.28.1〉

8. 존자여, 나는 사유와 숙고를 억제하여 내적으로 조용해진, 마음이 집중된, 사유와 숙고가 없는, 삼매에서 생긴 즐거움과 환희심이 있는 제2선(第二禪)을 성취하여 머물렀다오. 존자여, 그렇지만 나에게는 '나는 제2선에 들어간다'라는 생각이나, '나는 제2선에 들어갔다'라는 생각이나, '나는 제2선에서 일어났다'라는 생각이 없었다오. 〈s.28.2〉

9. 존자여, 나는 환희심이 소멸하고 평정한 마음으로 주의집중과 알아차림을 하며 지내는 가운데 몸으로 즐거움을 느끼면서, 성인들이 '평정한 마음[捨]으로[610] 주의집중을 하는 즐거운 상태'라고 이야기한 제3선(第三禪)을 성취하여 머물렀다오. 존자여, 그렇지만 나에게는 '나는 제3선에 들어간다'라는 생각이나, '나는 제3선에 들어갔다'라는 생각이나, '나는 제3선에서 일어났다'라는 생각이 없었다오. 〈s.28.3〉

10. 존자여, 나는 즐거움을 포기하고 괴로움을 버림으로써 이전의 만족과 불만이 소멸하여 괴롭지도 않고 즐겁지도 않은, 평정한 주의집중이 청정한 제4선(第四禪)을 성취하여 머물렀다오. 존자여, 그렇지만 나에게는 '나는 제4선에 들어간다'라는 생각이나, '나는 제4선에 들어갔다'라는 생각이나, '나는 제4선에서 일어났다'라는 생각이 없었다오. 〈s.28.4〉

11. 존자여, 나는 일체의 형색에 대한 생각[色想][611]을 초월하고, 지각의 대상에 대한 생각[有對想][612]을 소멸하여, 차별적인 생각을 생각하지 않음으로써 '허공은 무한하다'라고 생각하는 공무변처(空無邊處)를 성취하여 머물렀다오. 존자여, 그렇지만 나에게는 '나는 공무변처에 들어간다'라는 생각이나, '나는 공무변처에 들어갔다'라는 생각이나, '나는 공무변처에서 일어났다'라는 생각이 없었다오. 〈s.28.5〉

12. 존자여, 나는 일체의 공무변처를 초월하여 '의식(意識)은 무한하다'라고 생각하는 식무변처(識無邊處)를 성취하여 머물렀다오. 존자여, 그렇지만 나에게는 '나는 식무변처에 들어간다'라는 생각이나, '나는 식무변처에 들어갔다'라는 생각이나, '나는 식무변처에서 일어났다'라는 생각이 없었다오. 〈s.28.6〉

---

610 'upekhaka'의 번역.

611 'rūpa-saññāṇa'의 번역.

612 'paṭigha-saññāṇa'의 번역.

13. 존자여, 나는 일체의 식무변처를 초월하여 '아무것도 없다'라고 생각하는 무소유처(無所有處)를 성취하여 머물렀다오. 존자여, 그렇지만 나에게는 '나는 무소유처에 들어간다'라는 생각이나, '나는 무소유처에 들어갔다'라는 생각이나, '나는 무소유처에서 일어났다'라는 생각이 없었다오. 〈s.28.7〉

14. 존자여, 나는 일체의 무소유처를 초월하여 비유상비무상처(非有想非無想處)를 성취하여 머물렀다오. 존자여, 그렇지만 나에게는 '나는 비유상비무상처에 들어간다'라는 생각이나, '나는 비유상비무상처에 들어갔다'라는 생각이나, '나는 비유상비무상처에서 일어났다'라는 생각이 없었다오. 〈s.28.8〉

15. 존자여, 나는 일체의 비유상비무상처를 초월하여 생각과 느껴진 것의 적멸[saññā-vedayita-nirodha, 想受滅]을 성취하여 머물렀다오. 존자여, 그렇지만 나에게는 '나는 생각과 느껴진 것의 적멸에 들어간다'라는 생각이나, '나는 생각과 느껴진 것의 적멸에 들어갔다'라는 생각이나, '나는 생각과 느껴진 것의 적멸에서 일어났다'라는 생각이 없었다오." 〈s.28.9〉

그렇게 사리뿟따 존자에게는 오랫동안 잠재적인 나라는 의식, 나의 소유라는 의식, 교만(憍慢)이 제거되었습니다. 그래서 사리뿟따 존자에게는 '나는 선정(禪定)에 들어간다'라는 생각이나, '나는 선정에 들었다'라는 생각이나, '나는 선정에서 일어났다'라는 생각이 없었던 것입니다.

3.78. 수찌무키(Sucimukhī) 〈s.28.10〉

1. 한때 사리뿟따 존자는 라자가하의 웰루와나 깔란다까니와빠[竹林精舍]에 머물렀습니다.

2. 어느 날 사리뿟따 존자는 아침에 옷을 입고 발우와 법의를 지니고 탁발하러 라자가하에 들어가서 순서대로 탁발한 후에 어떤 담장에 기대어 탁발 음식을 먹고 있었습니다.

3. 그때 행각수행녀 수찌무키가 사리뿟따 존자에게 와서 물었습니다.

4. "사문이여, 그대는 고개를 숙이고 먹습니까?"

"자매여, 나는 고개를 숙이지 않고 먹습니다."

5. "사문이여, 그렇다면 그대는 고개를 쳐들고 먹습니까?"

"자매여, 나는 고개를 쳐들지 않고 먹습니다."

6. "사문이여, 그렇다면 그대는 사방(四方)을 보며 먹습니까?"

"자매여, 나는 사방을 보지 않고 먹습니다."

7. "사문이여, 그렇다면 그대는 사유(四維)[613]를 보며 먹습니까?"

"자매여, 나는 사유를 보지 않고 먹습니다."

8. "사문이여, 그렇다면 그대는 어떻게 먹습니까?"

9. "자매여, 어떤 사문이나 바라문일지라도, 풍수(風水)를 보는 천한 기술로 삿된 삶을 살면서 생계를 영위하면, 자매여, 이런 사문이나 바라문을 고개를 숙이고 먹는다고 한다오.

613 동서남북 사이의 방향, 즉 서북·서남·동북·동남을 사유(四維)라고 한다.

10. 자매여, 어떤 사문이나 바라문일지라도, 별자리로 점을 치는 천한 기술로 삿된 삶을 살면서 생계를 영위하면, 자매여, 이런 사문이나 바라문을 고개를 쳐들고 먹는다고 한다오.

11. 자매여, 어떤 사문이나 바라문일지라도, 소식을 전하는 천한 기술로 삿된 삶을 살면서 생계를 영위하면, 자매여, 이런 사문이나 바라문을 사방을 보며 먹는다고 한다오.

12. 자매여, 어떤 사문이나 바라문일지라도, 관상(觀相)을 보는 천한 기술로 삿된 삶을 살면서 생계를 영위하면, 자매여, 이런 사문이나 바라문을 사유(四維)를 보며 먹는다고 한다오.

13. 자매여, 나는 풍수를 보거나 별자리로 점을 치거나 소식을 전하거나 관상을 보는 천한 기술로 삿된 삶을 살면서 생계를 영위하지 않는다오. 나는 여법(如法)하게 걸식(乞食)한 음식을 구하며, 여법하게 걸식한 음식을 구하여 먹는다오."

14. 행각수행녀 수찌무키는 라자가하의 이 거리 저 거리를 돌아다니면서 말했습니다.

"석씨(釋氏)사문들은 여법한 음식을 먹습니다. 석씨사문들은 허물없는 음식을 먹습니다. 여러분은 석씨사문들에게 탁발 음식을 주십시오!"

제29 용(龍) 상윳따

제30 금시조(金翅鳥) 상윳따

제31 건달바(乾達婆) 상윳따

제32 구름 상윳따

제33 왓차곳따(Vacchagotta) 상윳따

제34 선정(禪定, Jhāna) 상윳따

(생략)

4. 입처품(入處品, Āyatana-Vagga)

제35 6입처(六入處, Saḷāyatana) 상윳따

4.1. 무상(無常, Aniccaṃ ; 내적인 것, ajjhattaṃ) 〈s.35.1〉

1.-2. 세존께서 사왓티의 제따와나 아나타삔디까 승원에 머무실 때, 비구들에게 말씀하셨습니다.

3. "비구들이여, 보는 나[眼]는 지속하지 않는다오. 지속하지 않는 것[無常], 그것은 괴로움이라오[苦]. 괴로운 것, 그것은 자아가 아니라오[無我]. '자아가 아닌 것, 그것은 내 것이 아니다. 그것은 내가 아니다. 그것은 나의 자아가 아니다'라고 있는 그대로 바른 통찰지로 보도록 하시오! 듣는 나[耳], 냄새 맡는 나[鼻], 맛보는 나[舌], 만지는 나[身], 마음[意]도 마찬가지라오. 이들에 대해서도 '자아가 아닌 것, 그것은 내 것이 아니다. 그것은 내가 아니다. 그것은 나의 자아가 아니다'라고 있는 그대로 바른 통찰지로 보도록 하시오!

4. 비구들이여, 이와 같이 보는 학식이 많은 거룩한 제자는 보는 나·듣는 나·냄새 맡는 나·맛보는 나·만지는 나·마음에 대하여 싫증[厭離]을 내고, 싫증을 내기 때문에 욕탐을 버리고[離欲], 욕탐을 버리기 때문에 해탈(解脫)하며, 해탈했을 때 해탈했다는 것을 안다오. 그는 '생(生)은 소멸했다. 청정한 수행[梵行]을 완성했으며, 해야 할 일을 끝마쳤다. 다시는 이와 같은 상태로 되지 않는다'라고 통찰한다오."

4.2. 무상(無常, Aniccaṃ ; 외적인 것, bāhiraṃ) 〈s.35.4〉

1.-2. 세존께서 사왓티의 제따와나 아나타삔디까 승원에 머무실 때, 비구들에게 말씀하셨습니다.

3. "비구들이여, 형색[色]은 지속하지 않는다오[無常]. 지속하지 않는 것, 그것은 괴로움이라오[苦]. 괴로운 것, 그것은 자아가 아니라오[無我]. '자아가 아닌 것, 그것은 내 것이 아니다. 그것은 내가 아니다. 그것은 나의 자아가 아니다'라고 있는 그대로 바른 통찰지로 보도록 하시오!

4.-8. 소리[聲], 냄새[香], 맛[味], 촉감[觸], 법[法]도 마찬가지라오. 이들에 대해서도 '자아가 아닌 것, 그것은 내 것이 아니다. 그것은 내가 아니다. 그것은 나의 자아가 아니다'라고 있는 그대로 바른 통찰지로 보도록 하시오!

9. 비구들이여, 이와 같이 보는 학식이 많은 거룩한 제자는 형색·소리·냄새·맛·촉감·법에 대하여 싫증[厭離]을 내고, 싫증을 내기 때문에 욕탐을 버리고[離欲], 욕탐을 버리기 때문에 해탈(解脫)하며, 해탈했을 때 해탈했다는 것을 안다오. 그는 '생(生)은 소멸했다. 청정한 수행[梵行]을 완성했으며, 해야 할 일을 끝마쳤다. 다시는 이와 같은 상태로 되지 않는다'라고 통찰한다오."

4.3. 무상[Aniccaṃ]·고[Dukkhaṃ]·무아[Anattā] (1) 〈s.35.7-9〉

1.-2. 세존께서 사왓티의 제따와나 아나타삔디까 승원에 머무실 때, 비구들에게 말씀하셨습니다.

3. "비구들이여, 과거와 미래의 보는 나[眼]는 지속하지 않으며[無常], 괴로움[苦]이며, 자아가 아니라오[無我]. 하물며 현재의 보는 나는 말해 무엇 하겠는가? 이와 같이 보는 학식이 많은 거룩한 제자는 과거의 보는 나에 대하여 고려하지 않고, 미래의 보는 나를 기뻐하지 않고, 현재의 보는 나에 대하여 싫증을 내고[厭離], 욕탐을 버리고[離欲], 멸진(滅盡)으로 나아간다오.

4.-8. 듣는 나[耳], 냄새 맡는 나[鼻], 맛보는 나[舌], 만지는 나[身], 마음[意]도 마찬가지라오."

4.4. 무상[Aniccaṃ]·고[Dukkhaṃ]·무아[Anattā] (2) 〈s.35.10-12〉

1.-2. 세존께서 사왓티의 제따와나 아나타삔디까 승원에 머무실 때, 비구들에게 말씀하셨습니다.

3. "비구들이여, 과거와 미래의 형색[色]은 지속하지 않으며[無常], 괴로움[苦]이며, 자아가 아니라오[無我]. 하물며 현재의 것은 말해 무엇 하겠는가? 이와 같이 보는 학식이 많은 거룩한 제자는 과거의 형색에 대하여 고려하지 않고, 미래의 형색을 기뻐하지 않고, 현재의 형색에 대하여 싫증을 내고[厭離], 욕탐을 버리고[離欲], 멸진(滅盡)으로 나아간다오.

4.-8. 소리[聲], 냄새[香], 맛[味], 촉감[觸], 법[法]도 마찬가지라오."

4.5. 올바른 깨달음[Sambodhena] 〈s.35.13-14〉

1. 세존께서 사왓티의 제따와나 아나타삔디까 승원에 머무실 때, 비구들에게 말씀하셨습니다.

2. "비구들이여, 예전에 정각(正覺)을 성취하지 못한 보살이었을 때, 나는 이렇게 생각했다오.

'보는 나[眼]의 달콤한 맛[味]은 무엇이고, 재난[患]은 무엇이고, 벗어남[出離]은 무엇인가? 듣는 나[耳]·냄새 맡는 나[鼻]·맛보는 나[舌]·만지는 나[身]·마음[意]의 달콤한 맛은 무엇이고, 재난은 무엇이고, 벗어남은 무엇인가?' 〈s.35.13〉

'형색[色]의 달콤한 맛은 무엇이고, 재난은 무엇이고, 벗어남은 무엇인가? 소리[聲]·냄새[香]·맛[味]·촉감[觸]·법[法]의 달콤한 맛은 무엇이고, 재난은 무엇이고, 벗어남은 무엇인가?' 〈s.35.14〉

3.-5. 비구들이여, 그때 나는 이렇게 생각했다오.

'보는 나를 조건으로 생기는 즐거움과 환희심, 이것이 보는 나의 달콤한 맛이다. 보는 나는 지속하지 않고[無常] 괴로움이며 변해 가는 법(法)이라는 사실, 이것이 보는 나의 재난이다. 보는 나에 대한 욕탐을 억제하고 욕탐을 제거하는 것, 이것이 보는 나에서의 벗어남이다. 듣는 나, 냄새 맡는 나, 맛보는 나, 만지는 나, 마음도 마찬가지다. 〈s.35.13〉

6.-8. 형색을 조건으로 생기는 즐거움과 환

희심, 이것이 형색의 달콤한 맛이다. 형색은 지속하지 않고 괴로움이며 변해 가는 법이라는 사실, 이것이 형색의 재난이다. 형색에 대한 욕탐을 억제하고 욕탐을 제거하는 것, 이것이 형색에서의 벗어남이다. 소리, 냄새, 맛, 촉감, 법도 마찬가지다.' 〈s.35.14〉

9. 비구들이여, 내가 이와 같이 이들 내적인 6입처[內六入處]와 외적인 6입처[外六入處]의 달콤한 맛을 달콤한 맛으로, 재난을 재난으로, 벗어남을 벗어남으로, 있는 그대로 증득하지 못했을 때는 나는 천계(天界)·마라·범천(梵天)을 포함한 이 세간, 사문과 바라문과 왕과 백성을 포함한 인간들에게 위없는 바르고 평등한 깨달음[無上正等正覺]을 체험적으로 깨달았다고 선언하지 못했다오.

10. 비구들이여, 나는 이와 같이 이들 내적인 6입처와 외적인 6입처의 달콤한 맛을 달콤한 맛으로, 재난을 재난으로, 벗어남을 벗어남으로, 있는 그대로 체험적으로 알았기 때문에 나는 천계·마라·범천을 포함한 이 세간, 사문과 바라문과 왕과 백성을 포함한 인간들에게 위없는 바르고 평등한 깨달음을 체험적으로 깨달았다고 선언했다오.

11. 그리고 나에게 '나의 마음은 확고하게 해탈했다. 이것이 마지막 태어남이다. 이제 이후의 존재[後有]는 없다'라는 지견(知見)이 생겼다오."

4.6. 달콤한 맛[Assādena] 〈s.35.15-16〉

1.-7. 세존께서 사왓티의 제따와나 아나타삔디까 승원에 머무실 때, 비구들에게 말씀하셨습니다.

"비구들이여, 나는 내적인 6입처[內六入處]와 외적인 6입처[外六入處]의 달콤한 맛[味]과 재난[患]과 벗어남[出離]에 대하여 탐구했다오. 나는 내적인 6입처와 외적인 6입처의 달콤한 맛과 재난과 벗어남을 파악했다오. 나는 내적인 6입처와 외적인 6입처의 달콤한 맛과 재난과 벗어남이 어느 정도인지를 통찰지(通察智)로 잘 보았다오.[614]

8. 비구들이여, 내가 이와 같이 이들 내적인 6입처와 외적인 6입처의 달콤한 맛을 달콤한 맛으로, 재난을 재난으로, 벗어남을 벗어남으로, 있는 그대로 체험적으로 알지 못했을 때는 나는 천계(天界)·마라·범천(梵天)을 포함한 이 세간, 사문과 바라문과 왕과 백성을 포함한 인간들에게 위없는 바르고 평등한 깨달음[無上正等正覺]을 체험적으로 깨달았다고 선언하지 못했다오.

9. 비구들이여, 나는 이와 같이 이들 내적인 6입처와 외적인 6입처의 달콤한 맛을 달콤한 맛으로, 재난을 재난으로, 벗어남을 벗어남으로, 있는 그대로 체험적으로 알았기 때문에 나는 천계·마라·범천을 포함한 이 세간, 사문과 바라문과 왕과 백성을 포함한 인간들에게 위없는 바르고 평등한 깨달음을 체험적으로 깨달았다고 선언했다오.

10. 그리고 나에게 '나의 마음은 확고하게 해탈했다. 이것이 마지막 태어남이다. 이제 이후의 존재[後有]는 없다'라는 지견(知見)이 생겼다오."

---

614 원본에는 각각의 내6입처(內六入處)와 외6입처(外六入處)에 대하여 설하고 있는데, 이를 종합하여 간략하게 번역함. 이후의 경에서도 마찬가지로 생략하여 번역함.

4.7. 그렇지 않으면[No cetena] 〈s.35.17-18〉

1.-2. 세존께서 사왓티의 제따와나 아나타삔디까 승원에 머무실 때, 비구들에게 말씀하셨습니다.

"비구들이여, 만약 이 내적인 6입처[內六入處]와 외적인 6입처[外六入處]의 달콤한 맛이 없다면, 중생들은 이 내적인 6입처와 외적인 6입처를 좋아하지 않을 것이오. 비구들이여, 그러나 내적인 6입처와 외적인 6입처의 달콤한 맛이 있기 때문에 중생들은 이 내적인 6입처와 외적인 6입처를 좋아한다오.

3. 비구들이여, 만약 이 내적인 6입처와 외적인 6입처의 재난이 없다면, 중생들은 이 내적인 6입처와 외적인 6입처에 싫증[厭離]을 내지 않을 것이오. 비구들이여, 그러나 내적인 6입처와 외적인 6입처의 재난이 있기 때문에 중생들은 이 내적인 6입처와 외적인 6입처에 싫증을 낸다오.

4. 비구들이여, 만약 이 내적인 6입처와 외적인 6입처에서 벗어남[出離]이 없다면, 중생들은 이 내적인 6입처와 외적인 6입처에서 벗어나지 못할 것이오. 비구들이여, 그러나 내적인 6입처와 외적인 6입처에서 벗어남이 있기 때문에 중생들은 이 내적인 6입처와 외적인 6입처에서 벗어난다오.

5. 비구들이여, 어떤 중생이든 이 내적인 6입처와 외적인 6입처의 달콤한 맛을 달콤한 맛으로, 재난을 재난으로, 벗어남을 벗어남으로, 있는 그대로 체험적으로 알지 못했기 때문에 천계(天界)·마라·범천(梵天)을 포함한 이 세간, 사문과 바라문과 왕과 백성을 포함한 인간에서 벗어나 속박에서 벗어나고 자유롭게 제약 없는 마음으로 살지 못했다오.

6. 비구들이여, 어떤 중생이든 이 내적인 6입처와 외적인 6입처의 달콤한 맛을 달콤한 맛으로, 재난을 재난으로, 벗어남을 벗어남으로, 있는 그대로 체험적으로 알면 천계·마라·범천을 포함한 이 세간, 사문과 바라문과 왕과 백성을 포함한 인간에서 벗어나 속박에서 벗어나고 자유롭게 제약 없는 마음으로 살아간다오."

4.8. 즐김[Abhinandena] 〈s.35.19-20〉

1.-2. 세존께서 사왓티의 제따와나 아나타삔디까 승원에 머무실 때, 비구들에게 말씀하셨습니다.

"비구들이여, 내적인 6입처[內六入處]와 외적인 6입처[外六入處]를 즐기는 것은 괴로움[苦]을 즐기는 것이오. 괴로움을 즐기는 것을 괴로움에서 해탈하지 못했다고 나는 말한다오.

3. 비구들이여, 내적인 6입처와 외적인 6입처를 즐기지 않는 것이 괴로움을 즐기지 않는 것이오. 괴로움을 즐기지 않는 것을 괴로움에서 해탈했다고 나는 말한다오."

4.9. 나타남[Uppadena] 〈s.35.21-22〉

1.-2. 세존께서 사왓티의 제따와나 아나타삔디까 승원에 머무실 때, 비구들에게 말씀하셨습니다.

"비구들이여, 내적인 6입처[內六入處]와 외적인 6입처[外六入處]의 나타남과 머묾[住]과 발생과 출현은 괴로움의 나타남이며, 불행의 머묾이며, 늙어 죽음[老死]의 출현이라오.

3. 비구들이여, 내적인 6입처와 외적인 6입

처의 괴멸(壞滅)과 적정(寂靜)과 소멸(消滅)이 괴로움의 소멸이고, 불행의 적정이고, 늙어 죽음의 소멸이라오."

4.10. 일체(一切, Sabba) 〈s.35.23〉

1.-2. 세존께서 사왓티의 제따와나 아나타삔디까 승원에 머무실 때, 비구들에게 말씀하셨습니다.

"비구들이여, 내가 그대들에게 일체(一切, Sabba)에 대하여 가르쳐 주겠소. 그대들은 잘 듣도록 하시오!

3. 비구들이여, 어떤 것이 일체인가? 보는 나[眼]와 형색[色]들, 듣는 나[耳]와 소리[聲]들, 냄새 맡는 나[鼻]와 냄새[香]들, 맛보는 나[舌]와 맛[味]들, 만지는 나[身]와 촉감[觸]들, 마음[意]과 법(法)들, 비구들이여, 이들을 일체라고 부른다오.

4. 비구들이여, '나는 이 일체를 거부하고 다른 일체를 선언하겠다'라고 말하는 사람이 주장하는 것은 단지 언설(言說)일 뿐[tassa vācā-vatthur evassa], 질문을 받으면 설명할 수 없을 것이오. 그뿐만 아니라 반론(反論, vighātaṃ)에 맞닥뜨릴 것이오.

그 까닭은 무엇인가?

비구들이여, 그가 주장하는 것은 지각의 영역에 있지 않기[avisayasmin] 때문이라오."

『잡아함경(雜阿含經)』(319-321)
생문바라문이 질문한 3경 보충

(319) 이와 같이 나는 들었습니다.

한때 부처님께서 사위국 기수급고독원에 머무실 때, 생문바라문(生聞婆羅門)이 부처님을 찾아와서 함께 인사말을 나눈 후에 한쪽으로 물러나 앉아 부처님께 물었습니다.

"구담(瞿曇)이시여! 일체(一切)라고들 말하는데, 무엇을 일체라고 합니까?"

부처님께서 바라문에게 말씀하셨습니다.

"일체는 12입처(入處)를 말한다오. 보는 나[眼]와 형색[色], 듣는 나[耳]와 소리[聲], 냄새 맡는 나[鼻]와 냄새[香], 맛보는 나[舌]와 맛[味], 만지는 나[身]와 촉감[觸], 마음[意]과 법(法), 이것을 일체라고 부른다오. 만약에 '이것은 일체가 아니다. 나는 이제 사문 구담이 말한 일체를 버리고 따로 다른 일체를 세우겠다'라고 말한다면, 그것은 언설(言說)만 있을 뿐 물어보면 알지 못하고 의혹만 늘어날 것이오. 왜냐하면 그것은 경계(境界)가 아니기 때문이오."

(320) "구담이시여! 일체의 존재[一切有]라고들 말하는데, 무엇을 일체의 존재라고 합니까?"

부처님께서 생문바라문에게 말씀하셨습니다.

"이제는 내가 그대에게 묻겠으니, 생각대로 대답하시오! 바라문이여, 어떻게 생각하는가? 보는 나는 있는가, 없는가?"

"있습니다, 사문 구담이시여!"

"형색은 있는가, 없는가?"

"있습니다, 사문 구담이시여!"

"바라문이여, 형색·시각분별의식[眼識]·시각접촉[眼觸]·시각접촉에 의지하여 생기는 괴롭거나 즐겁거나 괴롭지도 즐겁지도 않은 느낌은 있는가, 그렇지 않은가?"

"있습니다, 사문 구담이시여!"

듣는 나, 냄새 맡는 나, 맛보는 나, 만지는 나, 마음도 마찬가지로 말씀하셨습니다. 그리고 이렇게 말씀하셨습니다.

"이것을 일체의 존재라고 부른다오. 만약에 '이것은 일체의 존재가 아니다. 나는 이제 사문 구담이 말한 일체의 존재를 버리고 따로 다른 일체의 존재를 세우겠다'라고 말한다면, 그것은 언설만 있을 뿐 물어보면 알지 못하고 의혹만 늘어날 것이오. 왜냐하면 그것은 경계가 아니기 때문이오."

(321) "구담이시여! 일체의 법[一切法]이라고들 말하는데, 무엇을 일체의 법이라고 합니까?"

부처님께서 바라문에게 말씀하셨습니다.

"보는 나와 형색·시각분별의식·시각접촉·시각접촉에 의지하여 생기는 괴롭거나 즐겁거나 괴롭지도 즐겁지도 않은 느낌, 듣는 나·냄새 맡는 나·맛보는 나·만지는 나·마음과 법, 마음분별의식[意識]·마음접촉[意觸]·마음접촉에 의지하여 생기는 괴롭거나 즐겁거나 괴롭지도 즐겁지도 않은 느낌, 이것을 일체의 법이라고 부른다오. 만약에 '이것은 일체의 법이 아니다. 나는 이제 사문 구담이 말한 일체의 법을 버리고 따로 다른 일체의 법을 세우겠다'라고 말한다면, 그것은 언설만 있을 뿐 물어보면 알지 못하고 의혹만 늘어날 것이오. 왜냐하면 그것은 경계가 아니기 때문이오."

(319) 如是我聞 一時 佛住舍衛國祇樹給孤獨園 時 有生聞婆羅門往詣佛所 共相問訊 問訊已 退坐一面 白佛言 瞿曇 所謂一切者 云何名一切 佛告婆羅門 一切者 謂十二入處 眼色 耳聲 鼻香 舌味 身觸 意法 是名一切若復說言此非一切 沙門瞿曇所說一切 我今捨 別立餘一切者 彼但有言說 問已不知 增其疑惑 所以者 何 非其境界故 時生聞婆羅門聞佛所說歡喜隨喜 奉行

(320) 如是我聞 一時 佛住舍衛國祇樹給孤獨園 時 有生聞婆羅門往詣佛所 面相問訊已 退坐一面 白佛言 瞿曇 所謂一切有 云何一切有 佛告生聞婆羅門 我今問汝 隨意答我 婆羅門 於意云何 眼是有不 答言 是有 沙門瞿曇 色是有不 答言 是有 沙門瞿曇 婆羅門 有色 有眼識 有眼觸 有眼觸因緣生受 若 苦 若 樂 不苦不樂不 答言有 沙門瞿曇 耳 鼻 舌 身 意亦如是說 如是廣說 乃至非其境界故 佛說此經已 生聞婆羅門聞佛所說 歡喜隨喜 從坐起去

(321) 如是我聞 一時 佛住舍衛國祇樹給孤獨園 時 有生聞婆羅門往詣佛所 共相問訊已 退坐一面 白佛言 沙門瞿曇 所謂一切法 云何為一切法佛告婆羅門 眼及色 眼識 眼觸 眼觸因緣生受 若 苦 若 樂 不苦不樂 耳 鼻舌 身 意法 意識 意觸 意觸因緣生受 若 苦 若 樂 不苦不樂 是名為一切法若復有言此非一切法 沙門瞿曇所說一切法 我今捨 更立一切法者 此但有言 數問已不知 增其癡惑 所以者何 非其境界故 佛說此經已 生聞婆羅門聞佛說已 歡喜隨喜 從坐起去

4.11. 버림[Pahāna] (1) 〈s.35.24〉

1.-2. 세존께서 사왓티의 제따와나 아나타삔디까 승원에 머무실 때, 비구들에게 말씀하셨습니다.

"비구들이여, 내가 그대들에게 버려야 할 일체(一切)의 법(法)에 대하여 가르쳐 주겠소. 그대들은 잘 듣도록 하시오!

3. 비구들이여, 어떤 것이 버려야 할 일체의 법인가?

4. 비구들이여, 보는 나[眼]가 버려야 할 것이라오. 형색[色]들이 버려야 할 것이라오. 시각분별의식[眼識]이 버려야 할 것이라오. 시각접촉[眼觸]이 버려야 할 것이라오. 시각접촉에 의지하여 생기는 즐거운[樂] 느낌이나 괴로운[苦] 느낌이나 즐겁지도 괴롭지도 않은 [不苦不樂] 느낌, 이것이 버려야 할 것이라오.

5.-9. 듣는 나[耳]와 소리[聲], 냄새 맡는 나[鼻]와 맡아지는 냄새[香], 맛보는 나[舌]와 느껴진 맛[味], 만지는 나[身]와 촉감[觸], 마음[意]과 법[法]도 마찬가지라오.

10. 비구들이여, 이것이 버려야 할 일체의 법이라오."

4.12. 버림[Pahāna] (2) 〈s.35.25〉

1.-2. 세존께서 사왓티의 제따와나 아나타삔디까 승원에 머무실 때, 비구들에게 말씀하셨습니다.

"비구들이여, 내가 그대들에게 증득하고 이해함으로써 버려야 할 일체(一切)의 법(法)에 대하여 가르쳐 주겠소. 그대들은 잘 듣도록 하시오!

3. 비구들이여, 어떤 것이 증득하고 이해함으로써 버려야 할 일체의 법인가?

4. 비구들이여, 보는 나[眼]가 증득하고 이해함으로써 버려야 할 것이라오. 형색[色]들이 증득하고 이해함으로써 버려야 할 것이라오. 시각분별의식[眼識]이 증득하고 이해함으로써 버려야 할 것이라오. 시각접촉[眼觸]이 증득하고 이해함으로써 버려야 할 것이라오. 시각접촉에 의지하여 생기는 즐거운[樂] 느낌이나 괴로운[苦] 느낌이나 즐겁지도 괴롭지도 않은[不苦不樂] 느낌, 이것이 버려야 할 것이라오.

5.-9. 듣는 나[耳]와 소리[聲]들, 냄새 맡는 나[鼻]와 냄새[香]들, 맛보는 나[舌]와 맛[味]들, 만지는 나[身]와 촉감[觸]들, 마음[意]과 법(法)들도 마찬가지라오.

10. 비구들이여, 이것이 증득하고 이해함으로써 버려야 할 일체의 법이라오."

4.13. 이해[Parijānāna] 〈s.35.27〉

1.-2. 세존께서 사왓티의 제따와나 아나타삔디까 승원에 머무실 때, 비구들에게 말씀하셨습니다.

"비구들이여, 일체(一切)를 증득하지 못하고, 이해하지 못하고, 제거하지 못하고, 버리지 못하면 괴로움을 소멸할 수 없다오.

3. 비구들이여, 일체를 증득하지 못하고, 이해하지 못하고, 제거하지 못하고, 버리지 못하면 괴로움을 소멸할 수 없다는 것은 어떤 것인가?

4. 비구들이여, 보는 나[眼]와 형색[色]들과 시각분별의식[眼識]과 시각분별의식[眼識]이 분별하는 법(法)들을 증득하지 못하고, 이해하지 못하고, 제거하지 못하고, 버리지 못하면 괴로움을 소멸할 수 없다오.

5.-10 듣는 나[耳]와 소리[聲]들, 냄새 맡는 나[鼻]와 냄새[香]들, 맛보는 나[舌]와 맛[味]들, 만지는 나[身]와 촉감[觸]들, 마음[意]과 법(法)들도 마찬가지라오.

11. 비구들이여, 일체를 증득하지 못하고, 이해하지 못하고, 제거하지 못하고, 버리지 못하면 괴로움을 소멸할 수 없다는 것은 이것이라오.
12. 비구들이여, 일체를 증득하고, 이해하고, 제거하고, 버리면 괴로움을 소멸할 수 있다오.

비구들이여, 일체를 증득하고, 이해하고, 제거하고, 버리면 괴로움을 소멸할 수 있다는 것은 어떤 것인가?
13.-18. 비구들이여, 보는 나와 형색들과 시각분별의식과 시각분별의식이 분별하는 법들을 증득하고, 이해하고, 제거하고, 버리면 괴로움을 소멸할 수 있다오. 듣는 나와 소리들, 냄새 맡는 나와 냄새들, 맛보는 나와 맛들, 만지는 나와 촉감들, 마음과 법들도 마찬가지라오.
19. 비구들이여, 일체를 증득하고, 이해하고, 제거하고, 버리면 괴로움을 소멸할 수 있다는 것은 이것이라오."

4.14. 불타고 있는[Ādittaṃ] 〈s.35.28〉

1.-2. 세존께서 1,000명의 비구들과 함께 가야(Gayā)의 가야시사(Gayāsīsa)에 머무실 때, 비구들에게 말씀하셨습니다.

"비구들이여, 일체(一切)는 불타고 있다오. 비구들이여, 일체가 불타고 있다는 것은 무엇인가?
3. 비구들이여, 보는 나[眼]가 불타고 있다오. 형색[色]들이 불타고 있다오. 시각분별의식[眼識]이 불타고 있다오. 시각접촉[眼觸]이 불타고 있다오. 시각접촉에 의지하여 생기는 즐거운 느낌이나 괴로운 느낌이나 즐겁지도 괴롭지도 않은 느낌, 이것들이 불타고 있다오.

무엇에 의해서 불타고 있는가? 탐욕의 불길에 의해서, 분노의 불길에 의해서, 어리석음의 불길에 의해서 불타고 있고, 태어남에 의해서, 늙음에 의해서, 죽음에 의해서, 근심에 의해서, 슬픔에 의해서, 고통에 의해서, 불안에 의해서, 절망에 의해서 불타고 있다고 나는 말한다오.
4.-8. 듣는 나[耳]와 소리[聲]들, 냄새 맡는 나[鼻]와 냄새[香]들, 맛보는 나[舌]와 맛[味]들, 만지는 나[身]와 촉감[觸]들, 마음[意]과 법(法)들도 마찬가지라오.
9. 비구들이여, 이와 같이 보는 학식이 많은 거룩한 제자는 보는 나에 대하여 싫증[厭離]을 내고, 형색들에 대하여 싫증을 내고, 시각분별의식에 대하여 싫증을 내고, 시각접촉에 대하여 싫증을 내고, 시각접촉에 의지하여 생기는 즐거운 느낌이나 괴로운 느낌이나 즐겁지도 괴롭지도 않은 느낌, 그것에 대하여 싫증을 낸다오. 듣는 나와 소리들, 냄새 맡는 나와 냄새들, 맛보는 나와 맛들, 만지는 나와 촉감들, 마음과 법들에 대해서도 마찬가지라오.
10. 싫증을 내기 때문에 욕탐을 버리고[離欲], 욕탐을 버리기 때문에 해탈(解脫)하며, 해탈했을 때 해탈했다는 것을 안다오. 그는 '생(生)은 소멸했다. 청정한 수행[梵行]을 완성했으며, 해야 할 일을 끝마쳤다. 다시는 이와 같은 상태로 되지 않는다'라고 통찰한다오."
11. 이것이 세존께서 하신 말씀입니다. 그 비구들은 세존의 말씀에 만족하고 기뻐했습니다.
12. 이 설법을 하실 때, 그 1,000명의 비구들

은 집착이 사라져서 번뇌로부터 마음이 해탈했습니다.

4.15. 눈먼[Andhabhūtaṃ] 〈s.35.29〉

1.-2. 세존께서 라자가하의 웰루와나 깔란다까니와빠[竹林精舍]에 머무실 때, 비구들에게 말씀하셨습니다.

"비구들이여, 일체(一切)는 눈멀었다오. 비구들이여, 무엇이 눈멀었는가? 비구들이여, 보는 나[眼]가 눈멀었다오. 형색[色]들이 눈멀었다오. 시각분별의식[眼識]이 눈멀었다오. 시각접촉[眼觸]이 눈멀었다오. 시각접촉에 의지하여 생기는 즐거운 느낌이나 괴로운 느낌이나 즐겁지도 괴롭지도 않은 느낌, 이것들이 눈멀었다오.

3. 무엇에 의해서 눈멀었는가? 탐욕의 불길에 의해서, 분노의 불길에 의해서, 어리석음의 불길에 의해서 눈멀었고, 태어남에 의해서, 늙음에 의해서, 죽음에 의해서, 근심에 의해서, 슬픔에 의해서, 고통에 의해서, 불안에 의해서, 절망에 의해서 눈멀었다고 나는 말한다오.

4.-8. 듣는 나[耳]와 소리[聲]들, 냄새 맡는 나[鼻]와 냄새[香]들, 맛보는 나[舌]와 맛[味]들, 만지는 나[身]와 촉감[觸]들, 마음[意]과 법(法)들도 마찬가지라오.

9. 비구들이여, 이와 같이 보는 학식이 많은 거룩한 제자는 보는 나에 대하여 싫증[厭離]을 내고, 형색들에 대하여 싫증을 내고, 시각분별의식에 대하여 싫증을 내고, 시각접촉에 대하여 싫증을 내고, 시각접촉에 의지하여 생기는 즐거운[樂] 느낌이나 괴로운[苦] 느낌이나 즐겁지도 괴롭지도 않은[不苦不樂] 느낌, 이것들에 대하여 싫증을 낸다오. 듣는 나와 소리들, 냄새 맡는 나와 냄새들, 맛보는 나와 맛들, 만지는 나와 촉감들, 마음과 법들도 마찬가지라오.

싫증을 내기 때문에 욕탐을 버리고[離欲], 욕탐을 버리기 때문에 해탈(解脫)하며, 해탈했을 때 해탈했다는 것을 안다오. 그는 '생(生)은 소멸했다. 청정한 수행[梵行]을 완성했으며, 해야 할 일을 끝마쳤다. 다시는 이와 같은 상태로 되지 않는다'라고 통찰한다오."

4.16. 적합한[Sāruppa], 도움 되는[Sappāya] 〈s.35.30-31〉

1.-2. 세존께서 라자가하의 웰루와나 깔란다까니와빠[竹林精舍]에 머무실 때, 비구들에게 말씀하셨습니다.

"비구들이여, 내가 그대들에게 일체의 상상을 근절하는 데 적합하고 도움이 되는 길을 알려 주겠소. 그대들은 잘 듣고 철저하게 생각하도록 하시오! 내가 이야기하겠소.

3. 비구들이여, 일체의 상상을 근절하는 데 적합하고 도움이 되는 길은 어떤 것인가?

4. 비구들이여, 비구는 보는 나를[cakkhuṃ, 眼] 상상하지 않고, 보는 나에 대하여 상상하지 않고, 보는 나라고 상상하지 않고, '보는 나는 나의 것이다'라고 상상하지 않는다오.

그는 형색[色]을 상상하지 않고, 형색에 대하여 상상하지 않고, 형색이라고 상상하지 않고, '형색은 나의 것이다'라고 상상하지 않는다오.

그는 시각분별의식[眼識]을 상상하지 않고, 시각분별의식에 대하여 상상하지 않고, 시각분별의식이라고 상상하지 않고, '시각분별의식은 나의 것이다'라고 상상하지 않는다오.

그는 시각접촉[眼觸]을 상상하지 않고, 시각접촉에 대하여 상상하지 않고, 시각접촉이라고 상상하지 않고, '시각접촉은 나의 것이다'라고 상상하지 않는다오.

그는 시각접촉에 의지하여 생기는 즐거운 느낌이나 괴로운 느낌이나 즐겁지도 괴롭지도 않은 느낌, 그것을 상상하지 않고, 그것에 대하여 상상하지 않고, 그것이라고 상상하지 않고, '그것은 나의 것이다'라고 상상하지 않는다오.

비구들이여, 상상한 것, 그것에 대하여 상상한 것, 그것이라고 상상한 것, '그것은 나의 것이다'라고 상상한 것, 그 상상한 것은 달라진오[tato taṃ hoti aññāthā]. 그런데 존재[bhava, 有]를 집착하는[bhavasatto] 달라지는 세간[aññāthābhāvī loko]은 (달라지지 않는) 존재[有]를 좋아한다오. 〈s.35.31〉

5.-9. 듣는 나[耳]와 소리[聲]들, 냄새 맡는 나[鼻]와 냄새[香]들, 맛보는 나[舌]와 맛[味]들, 만지는 나[身]와 촉감[觸]들, 마음[意]과 법(法)들도 마찬가지라오.

그는 일체(一切)를 상상하지 않고, 일체에 대하여 상상하지 않고, 일체라고 상상하지 않고, 일체를 나의 것이라고 상상하지 않는다오.

10. 비구들이여, 온(蘊)·계(界)·입처(入處)를 상상하지 않고, 그것에 대하여 상상하지 않고, 그것이라고 상상하지 않고, 그것을 나의 것이라고 상상하지 않으면, 이와 같이 상상하지 않음으로써 그는 세간에서 어떤 것도 취(取)하지 않는다오. 그는 취하지 않기 때문에 걱정하지 않고, 걱정하지 않음으로써 스스로 반열반에 든다오. 그는 '생(生)은 소멸했다. 청정한 수행[梵行]을 완성했으며, 해야 할 일을 끝마쳤다. 다시는 이와 같은 상태로 되지 않는다'라고 통찰한다오.

비구들이여, 이것이 일체의 상상을 근절하는 데 적합하고 도움이 되는 길이라오."

4.17. 도움 되는[Sappāya] 〈s.35.32〉

1.-2. 세존께서 라자가하의 웰루와나 깔란다까니와빠[竹林精舍]에 머무실 때, 비구들에게 말씀하셨습니다.

"비구들이여, 내가 그대들에게 일체의 상상을 근절하는 데 적합하고 도움이 되는 길을 알려 주겠소. 그대들은 잘 듣도록 하시오!

3. 비구들이여, 일체의 상상을 근절하는 데 적합하고 도움이 되는 길은 어떤 것인가?

4. 비구들이여, 어떻게 생각하는가? 보는 나[眼]·형색[色]·시각분별의식[眼識],·시각접촉[眼觸]·시각접촉에 의지하여 생기는 즐거운 느낌이나 괴로운 느낌이나 즐겁지도 괴롭지도 않은 느낌은 지속하는가[常], 지속하지 않는가[無常]?"

"지속하지 않습니다, 세존이시여!"

"지속하지 않으면 즐거운가[樂], 괴로운가[苦]?"

"괴롭습니다, 세존이시여!"

"지속하지 않고 괴롭고 변해 가는 법(法)을 '그것은 나의 것이다. 그것이 나다. 그것이 나의 자아다'라고 여기는 것이 과연 정당한가?"

"그렇지 않습니다, 세존이시여!"

5.-9. "듣는 나[耳]와 소리[聲]들, 냄새 맡는

나[鼻]와 냄새[香]들, 맛보는 나[舌]와 맛[味]들, 만지는 나[身]와 촉감[觸]들, 마음[意]과 법(法)들도 마찬가지라오.

10. 비구들이여, 이와 같이 보는 학식이 많은 거룩한 제자는 보는 나에 대하여 싫증[厭離]을 내고, 형색들에 대하여 싫증을 내고, 시각분별의식에 대하여 싫증을 내고, 시각접촉에 대하여 싫증을 내고, 시각접촉에 의지하여 생기는 즐거운 느낌이나 괴로운 느낌이나 즐겁지도 괴롭지도 않은 느낌, 그것에 대하여 싫증을 낸다오. 듣는 나와 소리들, 냄새 맡는 나와 냄새들, 맛보는 나와 맛들, 만지는 나와 촉감들, 마음과 법들도 마찬가지라오.

싫증을 내기 때문에 욕탐을 버리고[離欲], 욕탐을 버리기 때문에 해탈(解脫)하며, 해탈했을 때 해탈했다는 것을 안다오. 그는 '생(生)은 소멸했다. 청정한 수행[梵行]을 완성했으며, 해야 할 일을 끝마쳤다. 다시는 이와 같은 상태로 되지 않는다'라고 통찰한다오.

11. 비구들이여, 이것이 일체의 상상을 근절하는 데 적합하고 도움이 되는 길이라오."

4.18. 생(生, Jāti) - 적멸(寂滅, Nirodha) 〈s.35.33-42〉

1.-2. 세존께서 사왓티의 제따와나 아나타삔디까 승원에 머무실 때, 비구들에게 말씀하셨습니다.

"비구들이여, 내가 그대들에게 일체의 생법(生法), 노법(老法), 병법(病法), 사법(死法), 우법(憂法), 염법(染法), 소멸법(消滅法), 쇠멸법(衰滅法), 집법(集法), 멸법(滅法)을 가르쳐 주겠소. 그대들은 잘 듣도록 하시오!

3. 비구들이여, 보는 나[眼], 형색[色], 시각분별의식[眼識], 시각접촉[眼觸], 시각접촉에 의지하여 생기는 즐거운 느낌이나 괴로운 느낌이나 즐겁지도 괴롭지도 않은 느낌이 일체의 생법, 노법, 병법, 사법, 우법, 염법, 소멸법, 쇠멸법, 집법, 멸법이라오.

4.-8. 듣는 나[耳]와 소리[聲]들, 냄새 맡는 나[鼻]와 냄새[香]들, 맛보는 나[舌]와 맛[味]들, 만지는 나[身]와 촉감[觸]들, 마음[意]과 법(法)들도 마찬가지라오.

9. 비구들이여, 이와 같이 보는 학식이 많은 거룩한 제자는 보는 나에 대하여 싫증[厭離]을 내고, 형색들에 대하여 싫증을 내고, 시각분별의식에 대하여 싫증을 내고, 시각접촉에 대하여 싫증을 내고, 시각접촉에 의지하여 생기는 즐거운 느낌이나 괴로운 느낌이나 즐겁지도 괴롭지도 않은 느낌, 그것에 대하여 싫증을 낸다오. 듣는 나와 소리들, 냄새 맡는 나와 냄새들, 맛보는 나와 맛들, 만지는 나와 촉감들, 마음과 법들도 마찬가지라오.

싫증을 내기 때문에 욕탐을 버리고[離欲], 욕탐을 버리기 때문에 해탈(解脫)하며, 해탈했을 때 해탈했다는 것을 안다오. 그는 '생(生)은 소멸했다. 청정한 수행[梵行]을 완성했으며, 해야 할 일을 끝마쳤다. 다시는 이와 같은상태로 되지 않는다'라고 통찰한다오."

4.19. 무상(無常, Aniccaṃ) - 핍박받는[Upassaṭṭhaṃ] 〈s.35.43-52〉

1.-2. 세존께서 사왓티의 제따와나 아나타삔디까 승원에 머무실 때, 비구들에게 말씀하셨습니다.

"비구들이여, 내가 그대들에게 일체의

지속하지 않는 것[無常], 괴로운 것[苦], 자아가 아닌 것[無我], 체험해야 할 것, 이해해야 할 것, 버려야 할 것, 증득해야 할 것, 체험하여 이해해야 할 것, 성가신 것, 핍박받는 것을 가르쳐 주겠소. 그대들은 잘 듣도록 하시오!

3. 비구들이여, 보는 나[眼], 형색[色], 시각분별의식[眼識], 시각접촉[眼觸], 시각접촉에 의지하여 생기는 즐거운 느낌이나 괴로운 느낌이나 즐겁지도 괴롭지도 않은 느낌이 일체의 지속하지 않는 것, 괴로운 것, 자아가 아닌 것, 체험해야 할 것, 이해해야 할 것, 버려야 할 것, 증득해야 할 것, 체험하여 이해해야 할 것, 성가신 것, 핍박받는 것이라오.

4.-8. 듣는 나[耳]와 소리[聲]들, 냄새 맡는 나[鼻]와 냄새[香]들, 맛보는 나[舌]와 맛[味]들, 만지는 나[身]와 촉감[觸]들, 마음[意]과 법(法)들도 마찬가지라오.

9. 비구들이여, 이와 같이 보는 학식이 많은 거룩한 제자는 보는 나에 대하여 싫증[厭離]을 내고, 형색들에 대하여 싫증을 내고, 시각분별의식에 대하여 싫증을 내고, 시각접촉에 대하여 싫증을 내고, 시각접촉에 의지하여 생기는 즐거운 느낌이나 괴로운 느낌이나 즐겁지도 괴롭지도 않은 느낌, 그것에 대하여 싫증을 낸다오. 듣는 나와 소리들, 냄새 맡는 나와 냄새들, 맛보는 나와 맛들, 만지는 나와 촉감들, 마음과 법들도 마찬가지라오.

싫증을 내기 때문에 욕탐을 버리고[離欲], 욕탐을 버리기 때문에 해탈(解脫)하며, 해탈했을 때 해탈했다는 것을 안다오. 그는 '생(生)은 소멸했다. 청정한 수행[梵行]을 완성했으며, 해야 할 일을 끝마쳤다. 다시는 이와 같은 상태로 되지 않는다'라고 통찰한다오."

4.20. 무명(無明, Avijjā) 〈s.35.53〉

1.-3. 세존께서 사왓티의 제따와나 아나타삔디까 승원에 머무실 때, 어떤 비구가 세존을 찾아와서 예배하고 한쪽으로 물러나 앉아서 말씀드렸습니다.

"세존이시여, 어떻게 알고 어떻게 보면 무명(無明)이 소멸하고 명지(明智)가 생깁니까?"

4. "비구여, 보는 나[眼]·형색[色]·시각분별의식[眼識]·시각접촉[眼觸]·시각접촉에 의지하여 생기는 즐거운 느낌이나 괴로운 느낌이나 즐겁지도 괴롭지도 않은 느낌을 지속하지 않는다고 알고 보면, 무명이 소멸하고 명지가 생긴다오.

5.-9 듣는 나[耳]와 소리[聲]들, 냄새 맡는 나[鼻]와 냄새[香]들, 맛보는 나[舌]와 맛[味]들, 만지는 나[身]와 촉감[觸]들, 마음[意]과 법(法)들도 마찬가지라오.

10. 비구여, 이와 같이 알고 이와 같이 보면, 무명이 소멸하고 명지가 생긴다오."

4.21. 결박(結縛, Saṃyojanā) 〈s.35.54-55〉

1.-3. 세존께서 사왓티의 제따와나 아나타삔디까 승원에 머무실 때, 어떤 비구가 세존을 찾아와서 예배하고 한쪽으로 물러나 앉아서 말씀드렸습니다.

"세존이시여, 어떻게 알고 어떻게 보면 결박(結縛)들이 소멸하고 제거됩니까?"

4. "비구여, 보는 나[眼]·형색[色]·시각분별의식[眼識]·시각접촉[眼觸]·시각접촉에 의지하여 생기는 즐거운 느낌이나 괴로운 느낌이나 즐겁지도 괴롭지도 않은 느낌을 지속하지 않는다고 알고 보면, 결박들이 소멸하고,

제거된다오.
5.-9. 듣는 나[耳]와 소리[聲]들, 냄새 맡는 나[鼻]와 냄새[香]들, 맛보는 나[舌]와 맛[味]들, 만지는 나[身]와 촉감[觸]들, 마음[意]과 법(法)들도 마찬가지라오.
10. 비구여, 이와 같이 알고 이와 같이 보면, 결박들이 소멸하고 제거된다오."

4.22. 번뇌[Asavā] 〈s.35.56-57〉

1.-3. 세존께서 사왓티의 제따와나 아나타삔디까 승원에 머무실 때, 어떤 비구가 세존을 찾아와서 예배하고 한쪽으로 물러나 앉아서 말씀드렸습니다.

"세존이시여, 어떻게 알고 어떻게 보면 번뇌[漏]들이 소멸하고 제거됩니까?"
4.-9. "비구여, 보는 나[眼]·형색[色]·시각분별의식[眼識]·시각접촉[眼觸]·시각접촉에 의지하여 생기는 즐거운 느낌이나 괴로운 느낌이나 즐겁지도 괴롭지도 않은 느낌을 지속하지 않는다고 알고 보면, 번뇌들이 소멸하고 제거된다오. 듣는 나[耳]와 소리[聲]들, 냄새 맡는 나[鼻]와 냄새[香]들, 맛보는 나[舌]와 맛[味]들, 만지는 나[身]와 촉감[觸]들, 마음[意]과 법(法)들도 마찬가지라오.
10. 비구여, 이와 같이 알고 이와 같이 보면, 번뇌들이 소멸하고, 제거된다오."

4.23. 습성[Anusayā, 隨眠] 〈s.35.58-59〉

1.-3. 세존께서 사왓티의 제따와나 아나타삔디까 승원에 머무실 때, 어떤 비구가 세존을 찾아와서 예배하고 한쪽으로 물러나 앉아서 말씀드렸습니다.

"세존이시여, 어떻게 알고 어떻게 보면 습성들이 소멸하고 제거됩니까?"
4. "비구여, 보는 나[眼]·형색[色]·시각분별의식[眼識]·시각접촉[眼觸]·시각접촉에 의지하여 생기는 즐거운 느낌이나 괴로운 느낌이나 즐겁지도 괴롭지도 않은 느낌은 지속하지 않는다고 알고 보면, 습성들이 소멸하고 제거된다오.
5.-9. 듣는 나[耳]와 소리[聲]들, 냄새 맡는 나[鼻]와 냄새[香]들, 맛보는 나[舌]와 맛[味]들, 만지는 나[身]와 촉감[觸]들, 마음[意]과 법(法)들도 마찬가지라오.
10. 비구여, 이와 같이 알고 이와 같이 보면, 습성들이 소멸하고 제거된다오."

4.24. 이해[Pariññā] 〈s.35.60〉

1.-2. 세존께서 사왓티의 제따와나 아나타삔디까 승원에 머무실 때, 비구들에게 말씀하셨습니다.

"비구들이여, 내가 그대들에게 일체의 취(取)를 이해하는 법(法)을 가르쳐 주겠소. 그대들은 잘 듣도록 하시오!
3. 비구들이여, 일체의 취를 이해하는 법은 어떤 것인가?
4. 비구들이여. 보는 나[眼]와 형색[色]을 의지하여 시각분별의식[眼識]이 생긴다오. 셋의 만남이 접촉[觸]이라오. 접촉을 의지하여 느낌[受]이 생긴다오.

비구들이여, 이와 같이 보는 학식이 많은 거룩한 제자는 보는 나에 대하여 싫증[厭離]을 내고, 형색들에 대하여 싫증을 내고, 시각분별의식에 대하여 싫증을 내고, 시각접촉[眼觸]에 대하여 싫증을 내고, 시각접촉에 의지하여 생기는 즐거운 느낌이나 괴로운 느낌이나 즐겁지도 괴롭지도 않은 느낌, 그것에 대하여 싫증을 낸다오.

5.-9. 듣는 나[耳]와 소리[聲]들, 냄새 맡는 나[鼻]와 냄새[香]들, 맛보는 나[舌]와 맛[味]들, 만지는 나[身]와 촉감[觸]들, 마음[意]과 법(法)들도 마찬가지라오.

싫증을 내기 때문에 욕탐을 버리고[離欲], 욕탐을 버리기 때문에 해탈(解脫)하며, 해탈하면 '나는 취를 이해했다'라고 통찰한다오.

10. 비구들이여, 이것이 일체의 취를 이해하는 법이라오."

4.25. 멸진(滅盡, Pariyādinnaṃ) (1) 〈s.35.61〉

1.-2. 세존께서 사왓티의 제따와나 아나타삔디까 승원에 머무실 때, 비구들에게 말씀하셨습니다.

"비구들이여, 내가 그대들에게 일체의 취(取)를 멸진(滅盡)하는 법(法)을 가르쳐 주겠소. 그대들은 잘 듣도록 하시오!

3. 비구들이여, 일체의 취를 멸진하는 법은 어떤 것인가?

4. 비구들이여. 보는 나[眼]와 형색[色]을 의지하여 시각분별의식[眼識]이 생긴다오. 셋의 만남이 접촉[觸]이라오. 접촉을 의지하여 느낌[受]이 생긴다오.

비구들이여, 이와 같이 보는 학식이 많은 거룩한 제자는 보는 나에 대하여 싫증[厭離]을 내고, 형색들에 대하여 싫증을 내고, 시각분별의식에 대하여 싫증을 내고, 시각접촉[眼觸]에 대하여 싫증을 내고, 시각접촉에 의지하여 생기는 즐거운 느낌이나 괴로운 느낌이나 즐겁지도 괴롭지도 않은 느낌, 그것에 대하여 싫증을 낸다오.

5.-9. 듣는 나[耳]와 소리[聲]들, 냄새 맡는 나[鼻]와 냄새[香]들, 맛보는 나[舌]와 맛[味]들, 만지는 나[身]와 촉감[觸]들, 마음[意]과 법(法)들도 마찬가지라오.

싫증을 내기 때문에 욕탐을 버리고[離欲], 욕탐을 버리기 때문에 해탈(解脫)하며, 해탈했을 때 해탈했다는 것을 안다오. 그는 '생(生)은 소멸했다. 청정한 수행[梵行]을 완성했으며, 해야 할 일을 끝마쳤다. 다시는 이와 같은 상태로 되지 않는다'라고 통찰한다오.

10. 비구들이여, 이것이 일체의 취를 멸진하는 법이라오."

4.26. 멸진(滅盡, Pariyādinnaṃ) (2) 〈s.35.62〉

1.-2. 세존께서 사왓티의 제따와나 아나타삔디까 승원에 머무실 때, 비구들에게 말씀하셨습니다.

"비구들이여, 내가 그대들에게 일체의 취(取)를 멸진(滅盡)하는 법(法)을 가르쳐 주겠소. 그대들은 잘 듣도록 하시오!

3. 비구들이여, 일체의 취를 멸진하는 법은 어떤 것인가?

4. 비구들이여, 어떻게 생각하는가? 보는 나[眼]·형색[色]·시각분별의식[眼識],·시각접촉[眼觸]·시각접촉에 의지하여 생기는 즐거운 느낌이나 괴로운 느낌이나 즐겁지도 괴롭지도 않은 느낌은 지속하는가[常], 지속하지 않는가[無常]?"

"지속하지 않습니다, 세존이시여!"

"지속하지 않으면 즐거운가[樂], 괴로운

가[苦]?"

"괴롭습니다, 세존이시여!"

"지속하지 않고 괴롭고 변해 가는 법을 '그것은 나의 것이다. 그것이 나다. 그것이 나의 자아다'라고 여기는 것이 과연 정당한가?"

"그렇지 않습니다, 세존이시여!"

5.-9. "듣는 나[耳]와 소리[聲]들, 냄새 맡는 나[鼻]와 냄새[香]들, 맛보는 나[舌]와 맛[味]들, 만지는 나[身]와 촉감[觸]들, 마음[意]과 법(法)들도 마찬가지라오.

10. 비구들이여, 이와 같이 보는 학식이 많은 거룩한 제자는 보는 나에 대하여 싫증[厭離]을 내고, 형색들에 대하여 싫증을 내고, 시각분별의식에 대하여 싫증을 내고, 시각접촉에 대하여 싫증을 내고, 시각접촉에 의지하여 생기는 즐거운 느낌이나 괴로운 느낌이나 즐겁지도 괴롭지도 않은 느낌, 그것에 대하여 싫증을 낸다오. 듣는 나와 소리들, 냄새 맡는 나와 냄새들, 맛보는 나와 맛들, 만지는 나와 촉감들, 마음과 법들도 마찬가지라오.

싫증을 내기 때문에 욕탐을 버리고[離欲], 욕탐을 버리기 때문에 해탈(解脫)하며, 해탈하면 '나는 취를 멸진했다'라고 통찰한다오.

11. 비구들이여, 이것이 일체의 취를 멸진하는 법이라오."

4.27. 미가잘라(Migajāla) 〈s.35.63〉

1.-3. 세존께서 사왓티의 제따와나 아나타삔디까 승원에 머무실 때, 미가잘라(Migajāla) 존자가 세존을 찾아와서 예배하고 한쪽으로 물러나 앉아서 말씀드렸습니다.

"세존이시여, '홀로 사는 자[ekavihārī]'라는 말들을 합니다. 세존이시여, 어떤 점에서 '홀로 사는 자'라고 하고, 어떤 점에서 '동반자와 사는 자[sadutiyavihārī]'라고 합니까?"

4. "미가잘라여, 시각[眼]에 의해 지각되는[cakkhuviññeyā] 마음에 들고 사랑스럽고 매력 있고 귀엽고 즐겁고 유혹적인 형색[色]들이 있다. 만약에 비구가 그것을 즐기고 환영하고 집착하여 머물면, 그것을 즐기고 환영하고 집착하여 머물기 때문에 그것에 희락심이 생긴다. 희락심이 있는 곳에는 애정이 있고, 애정이 있는 곳에는 속박(束縛)이 있다.

미가잘라여, 희락심이라는 속박에 묶인 비구를 '동반자와 사는 자'라고 부른다.

5.-9. 청각[耳], 후각[鼻], 미각[舌], 촉각[身], 마음[意]도 마찬가지다.

10. 미가잘라여, 이와 같이 사는 비구는 누구든 외딴 숲속에 있는 조용하고 고요한, 사람들과 멀리 떨어져서 인적이 없는, 홀로 좌선하기 적합한 수행처에서 지낸다고 하더라도 '동반자와 함께 사는 자'라고 불린다.

11. 왜냐하면 갈애[愛]가 동반자인데, 그는 그것을 버리지 않았기 때문에 '동반자와 사는 자'라고 불린다.

12. 미가잘라여, 시각에 의해 지각되는 마음에 들고 사랑스럽고 매력 있고 귀엽고 즐겁고 유혹적인 형색들이 있다. 만약에 비구가 그것을 즐기지 않고 환영하지 않고 집착하여 머물지 않으면, 그것을 즐기지 않고 환영하지 않고 집착하여 머물지 않기 때문에 그에게 희락심이 소멸한다. 희락심이 없는 곳에는 애정이 없고, 애정이 없는 곳에는 속박이 없다. 미가잘라여, 희락심이라는 속박에서

벗어난 비구를 '홀로 사는 자'라고 부른다.

13.-17. 청각, 후각, 미각, 촉각, 마음도 마찬가지다.

18. 미가잘라여, 이와 같이 사는 비구는 누구든 여러 비구·비구니·왕·대신·외도·외도의 제자들이 찾아오는 번잡한 마을에서 지낸다고 하더라도 '홀로 사는 자'라고 불린다.

19. 왜냐하면 갈애가 동반자인데, 그는 그것을 버렸기 때문에 '홀로 사는 자'라고 불린다."

4.28. 사밋디(Samiddhi) 〈s.35.65-68〉

1.-3. 세존께서 라자가하의 웰루와나 깔란다까니와빠[竹林精舍]에 머무실 때, 사밋디 존자가 세존을 찾아와서 예배하고 한쪽으로 물러나 앉아서 말씀드렸습니다.

"세존이시여, '마라(Māra)'·'중생'·'괴로움'·'세간'이라는 말들을 합니다. 어떤 경우에 '마라'나 '마라'라는 명칭[Mārapaññatti], '중생'이나 '중생'이라는 명칭, '괴로움'이나 '괴로움'이라는 명칭, '세간'이나 '세간'이라는 명칭이 있게 됩니까?"

4. "사밋디여, 보는 나[眼]가 있고, 형색[色]이 있고, 시각분별의식[眼識]이 있고, 시각분별의식이 분별하는 법(法)이 있는 곳에, 그곳에 '마라'나 '마라'라는 명칭, '중생'이나 '중생'이라는 명칭, '괴로움'이나 '괴로움'이라는 명칭, '세간'이나 '세간'이라는 명칭이 있다.

5.-9. 청각[耳], 후각[鼻], 미각[舌], 촉각[身], 마음[意]도 마찬가지다.

10. 사밋디여, 보는 나가 없고, 형색이 없고, 시각분별의식이 없고, 시각분별의식이 분별하는 법이 없는 곳에는, 그곳에는 '마라'나 '마라'라는 명칭, '중생'이나 '중생'이라는 명칭, '괴로움'이나 '괴로움'이라는 명칭, '세간'이나 '세간'이라는 명칭이 없다.

11.-15. 듣는 나[耳], 냄새 맡는 나[鼻], 맛보는 나[舌], 만지는 나[身], 마음[意]도 마찬가지다."

4.29. 우빠와나(Upavāna) 〈s.35.70〉

1.-3. 세존께서 사왓티의 제따와나 아나타삔디까 승원에 머무실 때, 우빠와나 존자가 세존을 찾아와서 예배하고 한쪽으로 물러나 앉아서 말씀드렸습니다.

"세존이시여, '지금 여기에서 유익한 법[sandiṭṭhiko dhammo]'이라고들 이야기합니다. 세존이시여, 곧바로 와서 보라고 할 수 있고, 현자(賢者)들이 스스로 아는 데 도움이 되는 '지금 여기에서 유익한 법(法)'이란 어떤 것입니까?"

4. "우빠와나여, 비구는 눈[眼]으로 형색[色]을 본 후에 형색을 지각하고[rūpapaṭisaṃvedī] 형색에 대한 탐욕을 느끼면[rūparāgapaṭisaṃvedī], '나의 내부에 형색에 대한 탐욕이 있다'라고 내부에 형색에 대한 탐욕이 있음을 통찰한다. 우빠와나여, 이와 같이 통찰하는 것이 곧바로 와서 보라고 할 수 있고, 현자들이 스스로 아는 데 도움이 되는, '지금 여기에서 유익한 법'이다.

5.-9. 귀[耳], 코[鼻], 혀[舌], 몸[身], 마음[意]도 마찬가지다.

10. 우빠와나여, 비구는 눈으로 형색을 본 후에 형색을 지각하고 형색에 대한 탐욕이 느껴지지 않으면, '나의 내부에 형색에 대한 탐욕이 없다'라고 내부에 형색에 대한 탐욕이

없음을 통찰한다. 우빠와나여, 이와 같이 통찰하는 것이 곧바로 와서 보라고 할 수 있고, 현자들이 스스로 아는 데 도움이 되는, '지금 여기에서 유익한 법'이다.

11.-15. 귀, 코, 혀, 몸, 마음도 마찬가지다."

4.30. 6촉입처(六觸入處, Chaphassāyatanikā) (1) 〈s.35.71〉

1.-2. 세존께서 사왓티의 제따와나 아나타삔디까 승원에 머무실 때, 비구들에게 말씀하셨습니다.

"비구들이여, 누구든 여섯 가지 접촉하는 나[六觸入處]의 쌓임[集]과 소멸[滅]과 달콤한 맛[味]과 재난[患]과 벗어남[出離]을 있는 그대로 통찰하지 못하는 비구는 청정한 수행[梵行]을 완성하지 못하며, 그는 가르침과 율(律)에서 멀리 떨어진 사람이라오."

3. 이 말씀을 듣고, 어떤 비구가 세존께 말씀드렸습니다.

"세존이시여, 저는 지금 불안합니다. 세존이시여, 저는 여섯 가지 접촉하는 나의 쌓임과 소멸과 달콤한 맛과 재난과 벗어남을 있는 그대로 통찰하지 못합니다."

4. "비구여, 어떻게 생각하는가? 그대는 보는 나[眼], 듣는 나[耳], 냄새 맡는 나[鼻], 맛보는 나[舌], 만지는 나[身], 마음[意]에 대하여 '이것은 나의 것이다. 이것은 나다. 이것은 나의 자아다'라고 여기는가?"

"그렇지 않습니다, 세존이시여!"

"훌륭하오! 비구여! 보는 나에 대하여 '이것은 내 것이 아니다. 이것은 내가 아니다. 이것은 나의 자아가 아니다'라고 이것을 있는 그대로 바른 통찰지로 잘 보아야 한다오. 이것이 괴로움의 끝이라오.

5.-9. 듣는 나, 냄새 맡는 나, 맛보는 나, 만지는 나, 마음도 마찬가지라오."

4.31. 6촉입처(六觸入處, Chaphassāyatanikā) (2) 〈s.35.73〉

1.-2. 세존께서 사왓티의 제따와나 아나타삔디까 승원에 머무실 때, 비구들에게 말씀하셨습니다.

"비구들이여, 누구든 여섯 가지 접촉하는 나[六觸入處]의 쌓임[集]과 소멸[滅]과 달콤한 맛[味]과 재난[患]과 벗어남[出離]을 있는 그대로 통찰하지 못하는 비구는 청정한 수행[梵行]을 완성하지 못하며, 그는 가르침과 율(律)에서 멀리 떨어진 사람이라오."

3. 이 말씀을 듣고, 어떤 비구가 세존께 말씀드렸습니다.

"세존이시여, 저는 지금 불안합니다. 세존이시여, 저는 여섯 가지 접촉하는 나의 쌓임과 소멸과 달콤한 맛과 재난과 벗어남을 있는 그대로 통찰하지 못합니다."

4.-9. "비구여, 어떻게 생각하는가? 보는 나[眼]·듣는 나[耳]·냄새 맡는 나[鼻]·맛보는 나[舌]·만지는 나[身]·마음[意]은 지속하는가[常], 지속하지 않는가[無常]?"

"지속하지 않습니다, 세존이시여!"

"지속하지 않으면 즐거운가[樂], 괴로운가[苦]?"

"괴롭습니다, 세존이시여!"

"그대는 지속하지 않고 괴롭고 변해 가는 그것을 '이것은 나의 것이다. 이것이 나다. 이것이 나의 자아다'라고 여기는가?"

"그렇지 않습니다, 세존이시여!"

10. "비구여, 이와 같이 보는 학식이 많은 거룩한 제자는 보는 나, 듣는 나, 냄새 맡는 나, 맛보는 나, 만지는 나, 마음에 대하여 싫증[厭離]을 낸다오. 싫증을 내기 때문에 욕탐을 버리고[離欲], 욕탐을 버리기 때문에 해탈(解脫)하며, 해탈했을 때 해탈했다는 것을 안다오. 그는 '생(生)은 소멸했다. 청정한 수행을 완성했으며, 해야 할 일을 끝마쳤다. 다시는 이와 같은 상태로 되지 않는다'라고 통찰한다오."

4.32. 라다(Rādha) 〈s.35.76-78〉

1.-3. 세존께서 사왓티의 제따와나 아나타삔디까 승원에 머무실 때, 라다 존자가 세존을 찾아와서 예배하고 한쪽에 앉은 후에 말씀드렸습니다.

"세존이시여, 세존께서는 부디 저에게 간략하게 가르침을 설해 주십시오! 저는 세존의 가르침을 들은 후에 홀로 멀리 떨어진 곳에서 게으름을 피우지 않고 열심히 전념(專念)하며 지내겠습니다."

4. "라다여, 지속하지 않는 것[無常], 괴로운 것[苦], 자아가 아닌 것[無我]에 대하여 그대의 욕망을 버리도록 하라!

5. 라다여, 어떤 것이 지속하지 않는 것, 괴로운 것, 자아가 아닌 것인가?

보는 나[眼]·형색[色]·시각분별의식[眼識]·시각접촉[眼觸]·시각접촉에 생기는 즐거운 느낌이나 괴로운 느낌이나 즐겁지도 괴롭지도 않은 느낌, 이것이 지속하지 않는 것, 괴로운 것, 자아가 아닌 것이다. 이것에 대하여 그대의 욕망을 버리도록 하라!

6.-10. 듣는 나[耳]와 소리[聲]들, 냄새 맡는 나[鼻]와 냄새[香]들, 맛보는 나[舌]와 맛[味]들, 만지는 나[身]와 촉감[觸]들, 마음[意]과 법(法)들도 마찬가지다."

4.33. 무명[Avijjā] (1) 〈s.35.79〉

1.-3. 세존께서 사왓티의 제따와나 아나타삔디까 승원에 머무실 때, 어떤 비구가 세존을 찾아와서 예배하고 한쪽에 앉은 후에 말씀드렸습니다.

"세존이시여, 그것을 끊어 버리면 비구에게 무명(無明)이 소멸하고 명지(明智)가 생기는 하나의 법(法)이 있습니까?"

"비구여, 그것을 끊어 버리면 비구에게 무명이 소멸하고 명지가 생기는 하나의 법이 있다오."

4. "세존이시여, 그것은 어떤 것입니까?"

"비구여, 그것은 무명이라오."

5. "세존이시여, 어떻게 알고 어떻게 보면 비구에게 무명이 소멸하고 명지가 생깁니까?"

6. "비구여, 보는 나[眼]·형색[色]·시각분별의식[眼識]·시각접촉[眼觸]·시각접촉에 생기는 즐거운 느낌이나 괴로운 느낌이나 즐겁지도 괴롭지도 않은 느낌은 지속하지 않는다고 알고 보면, 비구에게 무명이 소멸하고 명지가 생긴다오.

7.-11. 듣는 나[耳]와 소리[聲]들, 냄새 맡는 나[鼻]와 냄새[香]들, 맛보는 나[舌]와 맛[味]들, 만지는 나[身]와 촉감[觸]들, 마음[意]과 법(法)들도 마찬가지라오.

12. 비구여, 이와 같이 알고 이와 같이 보면 비구에게 무명이 소멸하고 명지가 생긴다오."

4.34. 무명[Avijjā] (2) 〈s.35.80〉

1.-5. 세존께서 사왓티의 제따와나 아나타삔디까 승원에 머무실 때, 어떤 비구가 세존을 찾아와서 예배하고 한쪽에 앉은 후에 말씀드렸습니다.

"세존이시여, 어떻게 알고 어떻게 보면 비구에게 무명(無明)이 소멸하고 명지(明智)가 생깁니까?"

6. "비구여, 어떤 비구는 '법(法)들을 집착하면 안 된다'라는 말을 듣는다오. 비구여, 이와 같이 '일체의 법을 집착하면 안 된다'라는 말을 들은 비구가 일체의 법을 체험적으로 인식하고, 일체의 법을 체험적으로 인식함으로써 일체의 법을 이해하고, 일체의 법을 이해함으로써 일체의 현상들을 달라졌다고 본다오. 보는 나[眼]를 달라졌다고 보고, 형색[色]들을 달라졌다고 보고, 시각분별의식[眼識]을 달라졌다고 보고, 시각접촉[眼觸]을 달라졌다고 보고, 시각접촉에 생기는 즐거운 느낌이나 괴로운 느낌이나 즐겁지도 괴롭지도 않은 느낌을 달라졌다고 본다오.

7.-11. 듣는 나[耳]와 소리[聲]들, 냄새 맡는 나[鼻]와 냄새[香]들, 맛보는 나[舌]와 맛[味]들, 만지는 나[身]와 촉감[觸]들, 마음[意]과 법(法)들도 마찬가지라오.

12. 비구여, 이와 같이 알고 이와 같이 보면 비구에게 무명이 소멸하고 명지가 생긴다오."

4.35. 비구[Bhikkhu] 〈s.35.81〉

1.-3. 세존께서 사왓티의 제따와나 아나타삔디까 승원에 머무실 때, 많은 비구들이 세존을 찾아와서 예배하고 한쪽에 앉은 후에 말씀드렸습니다.

"세존이시여, 외도 행각수행자들은 저희에게 '존자여, 무엇 때문에 고따마 사문 곁에서 청정한 수행을 하며 살아가는가?'라고 묻습니다. 세존이시여, 이와 같이 물으면, 저희는 그 외도 행각수행자들에게 '괴로움을 이해하기 위하여 세존 곁에서 청정한 수행을 하며 살아간다'라고 대답합니다. 세존이시여, 저희가 이러한 물음에 이렇게 대답하는 것은 세존의 가르침을 잘 이야기하는 것인지요? 저희가 거짓으로 세존을 중상(中傷)하는 것은 아닌지요? 저희가 가르침에 대하여 여법(如法)하게 대답한 것인지요? 그 말을 따르는 같은 가르침을 지닌 사람은 비난을 받지 않을까요?"

4. "비구들이여, 그대들이 이러한 물음에 이렇게 대답하는 것은 분명히 나의 가르침을 잘 이야기하는 것이라오. 그대들은 거짓으로 나를 중상한 것이 아니라오. 그대들은 가르침에 대하여 여법하게 대답한 것이라오. 그 말을 따르는 같은 가르침을 지닌 사람은 비난을 받지 않는다오.

5. 비구들이여, 이제 그대들에게 외도 행각수행자들이 '어떤 괴로움을 이해하기 위하여 고따마 사문 곁에서 청정한 수행을 하며 살아가는가?'라고 물으면, 비구들이여, 그대들은 이렇게 대답하시오!

6. '보는 나[眼]는 괴로움이다. 그것을 이해하기 위하여 세존 곁에서 청정한 수행을 하며 살아간다. 형색[色]들, 시각분별의식[眼識], 시각접촉[眼觸], 시각접촉에 생기는 즐거운 느낌이나 괴로운 느낌이나 즐겁지도 괴롭지도 않은 느낌은 괴로움이다. 그것을 이해하기 위하여 세존 곁에서 청정한 수행을 하며

살아간다.

7.-11. 듣는 나[耳]와 소리[聲]들, 냄새 맡는 나[鼻]와 냄새[香]들, 맛보는 나[舌]와 맛[味]들, 만지는 나[身]와 촉감[觸]들, 마음[意]과 법(法)들도 마찬가지다.

이것이 그 괴로움이다. 이것을 이해하기 위하여 세존 곁에서 청정한 수행을 하며 살아간다.'

12. 비구들이여, 이러한 물음에 그대들은 그 외도 행각수행자들에게 이렇게 대답하시오!"

4.36. 세간[Loko] 〈s.35.82〉

1.-3. 세존께서 사왓티의 제따와나 아나타삔디까 승원에 머무실 때, 어떤 비구가 세존을 찾아와서 예배하고 한쪽에 앉은 후에 말씀드렸습니다.

"세존이시여, '세간(世間)'이라는 말들을 하는데, 어찌하여 '세간'이라고 합니까?"

"비구여, 파괴되기[lujjāti] 때문에 '세간(世間, loka)'이라고 불린다오.[615] 무엇이 파괴되는가?

4. 비구여, 보는 나[眼]가 파괴된다오. 형색[色]들이 파괴된다오. 시각분별의식[眼識]이 파괴된다오. 시각접촉[眼觸]이 파괴된다오. 시각접촉에 생기는 즐거운 느낌이나 괴로운 느낌이나 즐겁지도 괴롭지도 않은 느낌, 그것이 파괴된다오.

5.-9. 듣는 나[耳]와 소리[聲]들, 냄새 맡는 나[鼻]와 냄새[香]들, 맛보는 나[舌]와 맛[味]들, 만지는 나[身]와 촉감[觸]들, 마음[意]과 법(法)들도 마찬가지라오.

10. 비구여, 파괴되기 때문에 '세간'이라고 불린다오."

4.37. 괴멸[Paloka] 〈s.35.84〉

1.-3. 세존께서 사왓티의 제따와나 아나타삔디까 승원에 머무실 때, 아난다 존자가 세존을 찾아와서 예배하고 한쪽에 앉은 후에 말씀드렸습니다.

"세존이시여, '세간(世間)'이라는 말들을 하는데, 어찌하여 '세간'이라고 합니까?"

4. "아난다여, 괴멸법(壞滅法, palokadhamma)이 성자의 율(律)에서는 '세간'이라고 불린다. 어떤 것이 괴멸법인가?

5. 아난다여, 보는 나[眼]가 괴멸법이다. 형색[色]들이 괴멸법이다. 시각분별의식[眼識]이 괴멸법이다. 시각접촉[眼觸]이 괴멸법이다. 시각접촉에 생기는 즐거운 느낌이나 괴로운 느낌이나 즐겁지도 괴롭지도 않은 느낌, 그것이 괴멸법이다.

6.-10. 듣는 나[耳]와 소리[聲]들, 냄새 맡는 나[鼻]와 냄새[香]들, 맛보는 나[舌]와 맛[味]들, 만지는 나[身]와 촉감[觸]들, 마음[意]과 법(法)들도 마찬가지다.

11. 아난다여, 괴멸법을 성자의 율에서는 '세간'이라고 부른다."

---

615 '세간(世間)'을 의미하는 명사 'loko'는 '파괴된다'는 의미의 동사 'lujjāti'에서 파생된 명사라는 의미로서, 명사로 표현되는 존재의 근원이 동사라는 것을 이야기한 것이다.

4.38. 공(空, Suñña) 〈s.35.85〉

1.-3. 세존께서 사왓티의 제따와나 아나타삔디까 승원에 머무실 때, 아난다 존자가 세존을 찾아와서 예배하고 한쪽에 앉은 후에 말씀드렸습니다.

"세존이시여, '세간(世間)은 비어 있다[空]'라고들 말하는데, 어찌하여 '세간은 비어 있다'라고 말합니까?"

4. "아난다여, 자아(自我)나 자아에 속하는 것이 비어 있기 때문에 '세간은 비어 있다'라고 말한다. 자아나 자아에 속하는 것이 비어 있다는 것은 어떤 것인가?

5. 아난다여, 보는 나[眼]는 자아나 자아에 속하는 것이 비어 있다. 형색[色]들은 자아나 자아에 속하는 것이 비어 있다. 시각분별의 식[眼識]은 자아나 자아에 속하는 것이 비어 있다. 시각접촉[眼觸]은 자아나 자아에 속하는 것이 비어 있다. 시각접촉에 생기는 즐거운 느낌이나 괴로운 느낌이나 즐겁지도 괴롭지도 않은 느낌, 이것은 자아나 자아에 속하는 것이 비어 있다.

6.-10. 듣는 나[耳]와 소리[聲]들, 냄새 맡는 나[鼻]와 냄새[香]들, 맛보는 나[舌]와 맛[味]들, 만지는 나[身]와 촉감[觸]들, 마음[意]과 법(法)들도 마찬가지다.

11. 아난다여, 자아나 자아에 속하는 것이 비어 있기 때문에 '세간은 비어 있다'라고 말한다."

『잡아함경』(335) 제일의공경(第一義空經) 보충

한때 부처님께서 구유수(拘留搜)의 조우취락(調牛聚落)에 머무셨습니다. 그때 세존께서 비구들에게 말씀하셨습니다.

"비구들이여, 내가 그대들에게 법(法)을 설하겠소. 처음도 좋고 중간도 좋고 마지막도 좋으며, 좋은 의미가 있으며, 순일하게 온통 청정하며, 범행(梵行)이 청백한 것으로서 제일의공경(第一義空經)이라고 하는 것이오. 잘 듣고 깊이 생각해 보시오! 그대들을 위하여 이야기하겠소.

제일의공경이란 어떤 것인가? 비구들이여, 보는 나[眼]는 생길 때 오는 곳이 없고 사라질 때 가는 곳이 없다오. 이와 같이 보는 나는 부실하게 생기며, 생겨서는 남김없이 소멸한다오. 업보(業報)는 있으나 작자(作者)는 없다오. 이 온(蘊)이 멸하고 다른 온이 상속할 뿐이라오.

듣는 나[耳], 냄새 맡는 나[鼻], 맛보는 나[舌], 만지는 나[身], 마음[意]도 마찬가지라오.

(이 경은) 속수법(俗數法)을 제거하나니, 속수법이란 무명(無明)을 의지하여 행(行)이 있고, 행을 의지하여 식(識)이 있으며 내지 순전한 큰 괴로움 덩어리가 쌓이는 것을 말한다오. 이와 같이 이것이 있는 곳에 저것이 있고, 이것이 일어날 때 저것이 일어나는 것을 말한다오. 그래서 이것이 없는 곳에는 저것이 없고, 이것이 소멸할 때 저것이 소멸하나니, 무명이 소멸하면 행이 소멸하고, 행이 소멸하면 식이 소멸하고 내지 순전한 큰 괴로움 덩어리가 소멸한다오. 비구들이여, 이것을 제일의공경이라고 부른다오."

비구들은 부처님의 말씀을 듣고 환희하면서 받들어 행하였습니다.

如是我聞 一時 佛住拘留搜調牛聚落 爾時 世尊告諸比丘 我今當為汝等說法 初中 後善 善義善味 純一滿淨 梵行清白 所謂第一義空經 諦聽 善思 當為汝說 云何為第一義空經 諸比丘 眼生時無有來處 滅時無有去處 如是眼不實而生 生已盡滅 有業報而無作者 此陰滅已 異陰相續 除俗數法 耳 鼻 舌 身 意 亦如是說 除俗數法 俗數法者 謂此有故彼有 此起故彼起 如無明緣行 行緣識 廣說乃至純大苦聚集起 又復此無故彼無 此滅故彼滅 無明滅故行滅 行滅故識滅 如是廣說 乃至純大苦聚滅 比丘是名第一義空法經 佛說此經已 諸比丘聞佛所說 歡喜奉行

4.39. 동요[Eja] 〈s.35.90-91〉

1.-2. 세존께서 사왓티의 제따와나 아나타삔디까 승원에 머무실 때, 비구들에게 말씀하셨습니다.

"비구들이여, 동요(動搖)는 질병이라오. 동요는 종기라오. 동요는 화살이라오. 비구들이여, 여래는 동요가 없기 때문에 화살을 맞지 않고 살아간다오.

3. 비구들이여, 그러므로 비구는 동요 없이 화살을 맞지 않고 살아가야 한다오.

4. 보는 나[眼]를 상상하지 않아야 하고, 보는 나에 대하여 상상하지 않아야 하고, 보는 나라고 상상하지 않아야 하고, '보는 나는 나의 것이다'라고 상상하지 않아야 한다오. 형색[色]들·시각분별의식[眼識]·시각접촉[眼觸]·시각접촉에 생기는 즐거운 느낌이나 괴로운 느낌이나 즐겁지도 괴롭지도 않은 느낌을 상상하지 않아야 하고, 형색들·시각분별·시각접촉·시각접촉에 생기는 즐거운 느낌이나 괴로운 느낌이나 즐겁지도 괴롭지도 않은 느낌에 대하여 상상하지 않아야 하고, 형색·시각분별·시각접촉·시각접촉에 생기는 즐거운 느낌이나 괴로운 느낌이나 즐겁지도 괴롭지도 않은 느낌이라고 상상하지 않아야 하고, '형색들·시각분별·시각접촉·시각접촉에 생기는 즐거운 느낌이나 괴로운 느낌이나 즐겁지도 괴롭지도 않은 느낌은 나의 것이다'라고 상상하지 않아야 한다오.

비구들이여, 무엇을 상상하고, 무엇에 대하여 상상하고, 무엇이라고 상상하고, '무엇은 나의 것이다'라고 상상하는, 그 무엇은 달라진다오. 그런데 존재[有]를 집착하는 달라지는 세간(世間)은 (달라지지 않는) 존재[有]를 좋아한다오.

5.-9. 듣는 나[耳]와 소리[聲]들, 냄새 맡는 나[鼻]와 냄새[香]들, 맛보는 나[舌]와 맛[味]들, 만지는 나[身]와 촉감[觸]들, 마음[意]과 법(法)들도 마찬가지라오.

10. 비구들이여, 온(蘊)·계(界)·입처(入處), 그것을 상상하지 않고, 그것에 대하여 상상하지 않고, 그것이라고 상상하지 않고, '그것을 나의 것이다'라고 상상하지 않으면, 이와 같이 상상하지 않음으로써 그는 세간에서 어떤 것도 취(取)하지 않는다오. 그는 취하지 않기 때문에 걱정하지 않고, 걱정하지 않음으로써 스스로 반열반(般涅槃)에 든다오." 그는 '생(生)은 소멸했다. 청정한 수행[梵行]을 완성했으며, 해야 할 일을 끝마쳤다. 다시는 이와 같은 상태로 되지 않는다'라고 통찰한다오."

4.40. 이원성(二元性, Dvayaṃ) (1) 〈s.35.92〉

1.-2. 세존께서 사왓티의 제따와나 아나타삔디까 승원에 머무실 때, 비구들에게 말씀하셨습니다.

"비구들이여, 내가 그대들에게 이원성(二元性)을 가르쳐 주겠소. 그대들은 잘 듣도록 하시오!

비구들이여, 이원성은 어떤 것인가?

3. 보는 나[眼]와 형색[色]들·듣는 나[耳]와 소리[聲]들·냄새 맡는 나[鼻]와 냄새[香]들·맛보는 나[舌]와 맛[味]들·만지는 나[身]와 촉감[觸]들·마음[意]과 법(法)들, 비구들이여, 이것을 이원성이라고 한다오.

4. 비구들이여, '나는 이 이원성을 거부하고 다른 이원성을 선언하겠다'라고 말하는 사람은, 그의 주장은 언어에 기초한 것이기 때문에 질문을 받으면 설명할 수가 없을 것이오. 그뿐만 아니라 반론(反論)에 맞닥뜨릴 것이오.

5. 그 까닭은 무엇인가? 비구들이여, 그것은 지각의 영역이 아니기 때문이오."

4.41. 이원성(二元性, Dvayaṃ) (2) 〈s.35.93〉

1.-2. 세존께서 사왓티의 제따와나 아나타삔디까 승원에 머무실 때, 비구들에게 말씀하셨습니다.

"비구들이여, 이원성에 의지하여 분별의식[識]이 생긴다오.

비구들이여, 어떻게 이원성에 의지하여 분별의식이 생기는가?

3. 보는 나[眼]와 형색[色]들을 의지하여 시각분별의식[眼識]이 생긴다오. 보는 나는 지속하지 않고 변하고 달라진다오. 형색들은 지속하지 않고 변하고 달라진다오. 이와 같이 참으로 불안정하고 쇠멸(衰滅)하는 이 이원성은 지속하지 않고 변하고 달라진다오. 시각분별의식은 지속하지 않고 변하고 달라진다오. 시각분별의식이 생기는 원인도, 그리고 조건도 지속하지 않고 변하고 달라진다오.

비구들이여, 그런데 참으로 지속하지 않는 조건에 의지하여 생긴 시각분별의식이 어찌 지속할 수 있겠는가? 비구들이여, 이들 세 법(法)의 만남, 모임, 회합, 이것을 시각접촉[眼觸]이라고 한다오. 시각접촉도 지속하지 않고 변하고 달라진다오. 시각접촉이 생기는 원인도, 그리고 조건도 지속하지 않고 변하고 달라진다오. 비구들이여, 그런데 참으로 지속하지 않는 조건에 의지하여 생긴 시각접촉이 어찌 지속할 수 있겠는가? 비구들이여, 접촉되면 느끼고[phuṭṭho vedeti], 접촉되면 의도하고[phuṭṭho ceteti], 접촉되면 개념적으로 인식한다[phuṭṭho sañjānāti]오. 이와 같이 참으로 불안정하고 쇠멸하는 이들 법은 지속하지 않고 변하고 달라진다오.

4.-8. 듣는 나[耳]와 소리[聲]들, 냄새 맡는 나[鼻]와 냄새[香]들, 맛보는 나[舌]와 맛[味]들, 만지는 나[身]와 촉감[觸], 마음[意]과 법들도 마찬가지라오.

9. 비구들이여, 참으로 이렇게 이원성에 의지하여 분별의식이 생긴다오."

4.42. 억제[Saṅgayha] (1) 〈s.35.94〉

1.-2. 세존께서 사왓티의 제따와나 아나타삔디까 승원에 머무실 때, 비구들에게 말씀하셨습니다.

"비구들이여, 길들지 않고 제어(制御)되지 않고 수호(守護)되지 않고 통제되지 않은 여섯 가지 접촉하는 나[六觸入處]는 괴로움을 실어 온다오. 그 여섯은 어떤 것인가?

3.-8. 비구들이여, 길들지 않고 제어되지 않고 수호되지 않고 통제되지 않은 시각접촉자아[眼觸入處], 청각접촉자아[耳觸入處], 후각접촉자아[鼻觸入處], 미각접촉자아[舌觸入處], 촉각접촉자아[身觸入處], 마음접촉자아[意觸入處]는 괴로움을 실어 온다오.

9. 비구들이여, 참으로 이들 길들지 않고 제어되지 않고 수호되지 않고 통제되지 않은 여섯 가지 접촉하는 나가 괴로움을 실어 온다오.

10. 비구들이여, 잘 길들고 잘 제어되고 잘 수호되고 잘 통제된 여섯 가지 접촉하는 나는 즐거움을 실어 온다오. 그 여섯은 어떤 것인가?

11.-16. 비구들이여, 잘 길들고 잘 제어되고 잘 수호되고 잘 통제된 시각접촉자아, 청각접촉자아, 후각접촉자아, 미각접촉자아, 촉각접촉자아, 마음접촉자아는 즐거움을 실어 온다오.

17. 비구들이여, 잘 길들고 잘 제어되고 잘 수호되고 잘 통제된 이들 여섯 가지 접촉하는 나는 즐거움을 실어 온다오."

18. 세존께서는 이렇게 말씀하셨습니다. 스승님께서는 또 이렇게 말씀하셨습니다.

비구들이여, 여섯 가지 접촉하는 나를
수호하지 않으면 괴로움을 겪는다.
그것들을 수호할 줄 아는
믿음의 벗들은 번뇌 없이 살아간다.

마음에 드는 형색[色]을 보거나
마음에 들지 않는 형색을 본 후에는
마음에 드는 것에 대하여 탐욕심을 없애고
내마음에들지않는다고성내지않아야한다.
듣기에 좋거나 싫은 소리를 들은 후에는
듣기 좋은 소리에 혹(惑)하지 않고
듣기 싫은 소리에 화내지 않고
내마음에들지않는다고성내지않아야한다.

마음에 드는 매혹적인 향기를 맡거나
불쾌한 더러운 냄새를 맡은 후에는
불쾌한 냄새에 대한 반감(反感)을 버리고
기분 좋은 향기에 대한 욕망에
이끌리지 않아야 한다.

달고 맛있는 음식을 먹거나
맛없는 음식을 먹은 후에는
맛난 음식 먹으려 원하지 않고
맛없는 음식을 거부하지 않아야 한다.

접촉에 의한 즐거운 촉감에 취하지 않고
괴로운 촉감에 흔들리지 않아야 한다.
괴롭거나 즐거운 촉감에 평정심을 가지고
어떤 것도 따르거나 방해받지 않아야 한다.

허망한 생각[妄想]으로 살아가는
이런저런 사람들은[616]
생각을 가지고 억측의

616 'papañcasaññā itarītarā narā'의 번역.

영역으로 들어가나니[617]
마음으로 이루어진 세속의 모든 것을
내버리고 벗어나서 돌아다녀야 한다.

이렇게 여섯 가지 접촉하는 나에 대하여
마음이 잘 닦여진 사람은
무엇에 대해서든 마음이 접촉에 동요하지
않는다.
탐욕과 분노에 승리하라!
비구들이여! 생사(生死)를 건너라!

4.43. 억제[Saṅgayha] (2) 〈s.35.95〉

1.-3. 세존께서 사왓티의 제따와나 아나타삔디까 승원에 머무실 때, 말룽꺄뿟따 존자가 찾아와서 한쪽에 앉아 말씀드렸습니다.

"세존이시여, 제가 세존의 가르침을 듣고 홀로 외딴곳에서 열심히 노력하고 정진하며 지낼 수 있도록, 세존께서 저에게 간략하게 법을 가르쳐 주시면 고맙겠습니다."

4. "말룽꺄뿟따여, 그대는 나이 들어 늙고 노쇠한 만년의 원로 비구인데, 나이 많은 그대가 간략한 가르침을 요청하면, 지금 여기에 있는 젊은 비구들에게 나는 무슨 말을 해야 하겠는가?"[618]

5. "세존이시여, 제가 비록 나이 들어 늙고 노쇠한 만년의 원로 비구지만, 세존께서 저에게 간략하게 법을 가르쳐 주시면, 분명히 저는 세존께서 하신 말씀의 의미를 이해할 수 있을 것입니다. 분명히 저는 세존께서 하신 말씀의 계승자가 될 것입니다."

6. "말룽꺄뿟따여, 어떻게 생각하는가? 보지 못했고, 예전에도 본 적이 없는, 시각[眼]에 의해 지각되는[cakkhuviññeyā] 형색[色]들을 그대가 지금 보고 있지 않고, 그것들이 그대에게 보이지 않는다면, 그때 그대에게 그것에 대한 의욕이나 욕탐이나 애정이 있겠는가?"

"그렇지 않습니다, 세존이시여!"

7.-11. "청각[耳]에 의해 지각되는 소리[聲]들, 후각[鼻]에 의해 지각되는 냄새[香]들, 미각[舌]에 의해 지각되는 맛[味]들, 촉각[身]에 의해 지각되는 촉감[觸], 마음[意]에 의해 지각되는 대상[法]들은 어떠한가?"

"마찬가지입니다, 세존이시여!"

12. "말룽꺄뿟따여, 그대에게 보이고 들리고 지각되고 분별되는 법들에 대하여, 보인 것에는 단지 보인 것만 있도록 하고, 들린 것에는 단지 들린 것만 있도록 하고, 지각된 것에는 단지 지각된 것만 있도록 하고, 분별된 것에는 단지 분별된 것만 있도록 해야 한다오.

13. 말룽꺄뿟따여, 그대에게 보이고 들리고 지각되고 분별되는 법들에 대하여, 보인 것에는 단지 보인 것만 있도록 하고, 들린 것에는 단지 들린 것만 있도록 하고, 지각된 것에는 단지 지각된 것만 있도록 하고, 분별된 것에는 단지 분별된 것만 있도록 하면, 말룽꺄뿟따여, 그대는 그것과 함께 있지 않게 된다오. 말룽꺄뿟따여, 그대가 그것과 함께 있지 않으면, 그대는 거기에 있지 않게 된다오. 말룽꺄뿟따여, 그대가 거기에 있지 않으면, 그대는 여기[지각]에도 없고, 저기[지각된 것]에

617 'papañcayantā upayanti saññino'의 번역.
618 젊은 비구를 가르쳐야 할 원로가 초보적인 가르침을 청하는 것을 꾸짖는 말씀이다.

도 없고, 그 둘 사이에도 없게 된다오. 이것이 참으로 괴로움의 끝이라오."

14. "세존이시여, 참으로 저는 세존의 이 간략한 말씀의 의미를 자세하게 알았습니다."

형색[色]을 보면서 주의집중을 망각하고
사랑스러운 모습에 정신이 팔리면
애착심을 가지고 느끼면서
그것을 애착하며 살아갑니다.
그에게 형색에서 생긴 다양한 느낌들
그리고 탐욕과 걱정이 늘어나서
마음이 해를 입습니다.
이렇게 괴로움이 늘어나면
열반에서 멀리 떨어진 것입니다.

소리[聲], 냄새[香], 맛[味], 촉감[觸],
지각대상[法]도 마찬가지입니다.

형색에 대하여 탐착하지 않고
주의집중을 잊지 않고 형색을 보면
애착 없는 마음으로 느끼면서
그것을 애착하지 않고 살게 됩니다.
그는 있는 그대로 형색을 보기 때문에
그 느낌[受]이 소멸하고 쌓이지 않습니다.
그는 이렇게 주의집중을 실천합니다.
이렇게 괴로움이 쌓이지 않으면
열반은 가까운 곳에 있습니다.

소리, 냄새, 맛, 촉감,
지각대상도 마찬가지입니다.

"세존이시여, 참으로 저는 세존의 이 간략한 말씀의 의미를 이렇게 자세하게 알았습니다."

15. "훌륭하오! 말룽꺄뿟따여, 훌륭하오! 그대는 참으로 간략한 내 말의 의미를 잘 알았군요!"

16. 말룽꺄뿟따 존자는 세존의 말씀에 만족하고 기뻐하면서 자리에서 일어나 세존께 예배한 후에 오른쪽으로 돌고 나서 떠나갔습니다.

17. 말룽꺄뿟따 존자는 홀로 외딴곳에서 열심히 노력하고 정진하며 지냈습니다. 그리고 오래지 않아 선남자(善男子)들이 출가하는 목적인 위없는 청정한 수행[梵行]의 완성을 지금 여기에서 스스로 증득하고 성취하여 살았습니다. 그는 '생(生)은 소멸했다. 청정한 수행을 완성했으며, 해야 할 일을 끝마쳤다. 다시는 이와 같은 상태로 되지 않는다'라는 것을 증득했습니다.

18. 말룽꺄뿟따 존자는 아라한 가운데 한 분이 되었습니다.

4.44. 퇴전(退轉, Parihānaṃ) 〈s.35.96〉

1.-2. 세존께서 사왓티의 제따와나 아나타삔디까 승원에 머무실 때, 비구들에게 말씀하셨습니다.

"비구들이여, 내가 그대들에게 퇴전법(退轉法, parihānadhamma)과 불퇴전법(不退轉法, aparihānadhamma), 그리고 6입처(六入處)의 정복[cha abhibhāyatanāni, 六勝處]에 대하여 가르쳐 주겠소.

3. 비구들이여, 퇴전법은 어떤 것인가?

4. 비구들이여, 눈[眼]으로 형색[色]을 본 후에 비구에게 사악한 불선법(不善法)들에 결박(結縛)된 기억과 의도가 발생할 때, 만약에 비구가 그것을 용인하여 포기하지 않고

내쫓지 않고 제거하지 않고 비우지 않으면, 비구들이여, '나는 사악한 불선법에 의해서 비구에서 물러나고 있다. 이것을 세존께서 퇴전(退轉)이라고 말씀하셨다'라고 알아야 한다오.

5.-9. 귀[耳]와 소리[聲], 코[鼻]와 냄새[香], 혀[舌]와 맛[味], 몸[身]과 촉감[觸], 마음[意]과 지각대상[法]도 마찬가지라오.

10. 비구들이여, 이것이 퇴전법이라오.

11. 비구들이여, 불퇴전법은 어떤 것인가?

12. 비구들이여, 눈으로 형색을 본 후에 비구에게 사악한 불선법들에 결박된 기억과 의도가 발생할 때, 만약에 비구가 그것을 용인하지 않고 포기하고 내쫓고 제거하고 비우면, 비구들이여, '나는 사악한 불선법에 의해서 비구에서 물러나지 않고 있다. 이것이 세존께서 불퇴전이라고 말씀하신 것이다'라고 알아야 한다오.

13.-17. 귀와 소리, 코와 냄새, 혀와 맛, 몸과 촉감, 마음과 지각대상도 마찬가지라오.

18. 비구들이여, 이것이 불퇴전법이라오.

19. 비구들이여, 6입처의 정복은 어떤 것인가?

20. 비구들이여, 눈으로 형색을 본 후에 비구에게 사악한 불선법들에 결박된 기억과 의도가 생기지 않으면, 비구들이여, '이것이 비구가 입처(入處)를 이긴 것[勝處]이다. 이것이 세존께서 입처 승리라고 말씀하신 것이다'라고 알아야 한다오.

21-25. 귀와 소리, 코와 냄새, 혀와 맛, 몸과 촉감, 마음과 지각대상도 마찬가지라오.

26. 비구들이여, 이것이 6입처 승리라오."

4.45. 방일(放逸)한 삶[Pamādavihārī] 〈s.35.97〉

1.-2. 세존께서 사왓티의 제따와나 아나타삔디까 승원에 머무실 때, 비구들에게 말씀하셨습니다.

"비구들이여, 내가 그대들에게 방일한 삶과 방일하지 않는 삶을 가르쳐 주리니 잘 듣도록 하시오!

3. 비구들이여, 방일한 삶은 어떤 것인가?

4. 비구들이여, 시각활동[cakkhundriya, 眼根]을 통제하지 않고 살아가면, 마음[cittaṃ, 心]이 시각에 의해 지각되는 형색[色]들 속으로 이리저리 흩어진다[vyāsiñcati]오. 마음이 이리저리 흩어지면 환희심[pāmujjaṃ]이 없고, 환희심이 없는 곳에는 희열(喜悅, pīti)이 없고, 희열이 없는 곳에는 편안함[passaddhi, 輕安)이 없고, 편안함이 없는 곳에 괴로움이 머문다오. 괴로운 마음은 삼매[samādhi]에 들지 못하고, 집중하지 못한 마음에는 법(法)들이 드러나지 않으며[dhammā na pātu-bhavanti], 법들이 드러나지 않으면 방일(放逸)한 삶이라고 부른다오.

5.-9. 청각활동[耳根], 후각활동[鼻根], 미각활동[舌根], 촉각활동[身根], 마음활동[意根]도 마찬가지라오.

10. 비구들이여, 방일한 삶은 이와 같다오.

11. 비구들이여, 방일하지 않는 삶은 어떤 것인가?

12. 비구들이여, 시각활동을 통제하고 살아가면, 마음이 시각에 의해 지각되는 형색들 속으로 이리저리 흩어지지 않는다오. 마음이 이리저리 흩어지지 않으면 환희심(喜樂)이 생기고, 환희심이 있으면 희열이 생기고, 희열심으로 인해서 몸이 편안해지고, 편안한

몸이 즐거움을 느끼며, 즐거우면 마음이 삼매에 들고, 집중된 마음에 법들이 드러나며, 법들이 드러나면 방일하지 않은 삶이라고 부른다오.

13.-17. 청각활동, 후각활동, 미각활동, 촉각활동, 마음활동도 마찬가지라오.

18. 비구들이여, 방일하지 않는 삶은 이와 같다오."

4.46. 삼매(三昧, Samādhi), 좌선(坐禪, Paṭisallāṇa) 〈s.35.99-100〉

1.-2. 세존께서 사왓티의 제따와나 아나타삔디까 승원에 머무실 때, 비구들에게 말씀하셨습니다.

"비구들이여, 삼매(三昧)를 닦고 좌선을 닦으시오! 비구들이여, 삼매에 들고 좌선에 든 비구는 있는 그대로 통찰한다오.

3. 무엇을 있는 그대로 통찰하는가?

4. '보는 나[眼]는 지속하지 않는다'라고 있는 그대로 통찰하고, '형색[色]은 지속하지 않는다'라고 있는 그대로 통찰하고, '시각분별의식[眼識]은 지속하지 않는다'라고 있는 그대로 통찰하고, '시각접촉[眼觸]은 지속하지 않는다'라고 있는 그대로 통찰하고, '시각접촉을 의지하여 생긴 즐겁거나 괴롭거나 괴롭지도 즐겁지도 않은 느낌은 지속하지 않는다'라고 있는 그대로 통찰한다오.

5.-9. 듣는 나[耳], 냄새 맡는 나[鼻], 맛보는 나[舌], 만지는 나[身], 마음[意]도 마찬가지라오.

10. 비구들이여, 삼매를 닦고 좌선을 닦으시오! 비구들이여, 삼매에 들고 좌선에 든 비구는 있는 그대로 통찰한다오."

4.47. 그대들의 것이 아닌 것[Natumhākaṃ] 〈s.35.101-102〉

1.-2. 세존께서 사왓티의 제따와나 아나타삔디까 승원에 머무실 때, 비구들에게 말씀하셨습니다.

"비구들이여, 그대들의 것이 아닌 것을 버리도록 하시오! 그것을 버리는 것이 그대들에게 이익이 되고 즐거움이 될 것이오.

3. 비구들이여, 어떤 것이 그대들의 것이 아닌가?

4. 보는 나[眼]는 그대들의 것이 아니라오. 그것을 버리도록 하시오! 그것을 버리는 것이 그대들에게 이익이 되고 즐거움이 될 것이오. 형색[色]들, 시각분별의식[眼識], 시각접촉[眼觸], 시각접촉을 의지하여 생긴 즐겁거나 괴롭거나 괴롭지도 즐겁지도 않은 느낌은 그대들의 것이 아니라오. 그것을 버리도록 하시오! 그것을 버리는 것이 그대들에게 이익이 되고 즐거움이 될 것이오.

5.-9. 듣는 나[耳]와 소리[聲]들, 냄새 맡는 나[鼻]와 냄새[香]들, 맛보는 나[舌]와 맛[味]들, 만지는 나[身]와 촉감[觸]들, 마음[意]과 법(法)들도 마찬가지라오.

10. 비구들이여, 비유하면 어떤 사람이 이 제따와나에 있는 풀이나 나무토막·나뭇가지·나뭇잎을 가져가거나 태우거나 제멋대로 사용한다면, 그대들은 '어떤 사람이 우리를 가져가거나 태우거나 제멋대로 사용한다'라고 생각하겠는가?"

"그렇지 않습니다, 세존이시여!"

"그 까닭은 무엇인가?"

"세존이시여, 그것은 우리의 자아나 자아에 속하는 것이 아닙니다."

11. "비구들이여, 실로 이와 같이 보는 나는

그대들의 것이 아니니, 그것을 버리도록 하시오! 그것을 버리는 것이 그대들에게 이익이 되고 즐거움이 될 것이오. 형색들, 시각분별의식, 시각접촉, 시각접촉을 의지하여 생긴 즐겁거나 괴롭거나 괴롭지도 즐겁지도 않은 느낌은 그대들의 것이 아니니, 그것을 버리도록 하시오! 그것을 버리는 것이 그대들에게 이익이 되고 즐거움이 될 것이오.

12.-16. 듣는 나와 소리들, 냄새 맡는 나와 냄새들, 맛보는 나와 맛들, 만지는 나와 촉감들, 마음과 법들도 마찬가지라오."

4.48. 웃다까[Uddako] 〈s.35.103〉

1.-2. 세존께서 사왓티의 제따와나 아나타삔디까 승원에 머무실 때, 비구들에게 말씀하셨습니다.

"비구들이여, 웃다까 라마뿟따는 바로 이런 말을 한다오."

> 이 사람은 확실하게 베다에 정통했다.
> 이 사람은 일체승자(一切勝者)다.
> 이 사람은 뽑히지 않은 종기의 뿌리를 뽑은 사람이다.

"비구들이여, 웃다까 라마뿟따는 베다에 정통하지 못했음에도 베다에 정통했다고 말하고, 일체승자가 아님에도 일체승자라고 말하고, 뿌리 뽑지 못했음에도 '나는 종기의 뿌리를 뽑았다'라고 말한다오.

3. 비구들이여, 비구야말로 정당하게 그런 말을 할 수 있다오.

4. 비구들이여, 어찌하여 비구가 베다에 정통한 사람인가? 비구는 여섯 가지 접촉하는 나[六觸入處]의 쌓임[集]과 소멸[滅]과 달콤한 맛[味]과 재난[患]과 벗어남[出離]을 있는 그대로 통찰하기 때문에, 이러한 비구가 베다에 정통한 사람이라오.

5. 비구들이여, 어찌하여 비구가 일체승자인가? 비구는 여섯 가지 접촉하는 나의 쌓임과 소멸과 달콤한 맛과 재난과 벗어남을 있는 그대로 통찰하고 나서, 집착하지 않고 해탈하기 때문에 이러한 비구가 일체승자라오.

6. 비구들이여, 어찌하여 비구가 뽑히지 않은 종기의 뿌리를 뽑은 사람인가? 비구들이여, 종기란 4대(四大)로 된 이 몸,[619] 즉 부모로부터 태어나 밥과 젖이 쌓인, 무상(無常)하며, 단멸(斷滅)하며, 부서지며, 파괴되며, 멸망하는 법(法)의 명칭(名稱)[620]이라오. 비구들이여, 종기의 뿌리란 갈애[愛]의 명칭이라오. 비구들이여, 비구에게 갈애는 제거되어 뿌리가 잘린 나무나 밑동이 잘린 종려나무처럼 없어진, 미래에 생기지 않는 법이기 때문에 이러한 비구가 뽑히지 않은 종기의 뿌리를 뽑은 사람이라오."

4.49. 요가로 평안을 얻은 사람[Yogakkhemi] 〈s.35.104〉

1.-2. 세존께서 사왓티의 제따와나 아나타삔디까 승원에 머무실 때, 비구들에게 말씀하셨습니다.

---

619 'gaṇḍa ti kho bhikkhave imassetam cātumahābhūtikassa kāyassa'의 번역.
620 'adhivacanaṃ'의 번역.

"비구들이여, 내가 그대들에게 요가로 평안을 얻은 사람 법문을 가르쳐 주겠소. 그대들은 잘 듣도록 하시오!

3. 비구들이여, 요가로 평안을 얻은 사람 법문이란 어떤 것인가?

4. 비구들이여, 시각[眼]에 의해 지각되는 마음에 들고 사랑스럽고 매력 있고 귀엽고 즐겁고 유혹적인 형색[色]들이 있다오. 여래에게 그것들은 제거되어 뿌리가 잘린 나무나 밑동이 잘린 종려나무처럼 없어진, 미래에 생기지 않는 법들이라오. 여래는 그것들을 제거하기 위한 요가를 가르친다오. 그래서 여래는 '요가로 평안을 얻은 사람[Yoga-kkhemin]'이라고 불린다오.

5.-9. 청각[耳]에 의해 지각되는 소리[聲]들, 후각[鼻]에 의해 지각되는 냄새[香]들, 미각[舌]에 의해 지각되는 맛[味]들, 촉각[身]에 의해 지각되는 촉감[觸], 마음[意]에 의해 지각되는 대상[法]들도 마찬가지라오.

10. 비구들이여, 이것이 요가로 평안을 얻은 사람 법문이라오."

4.50. 취(取)하여[Upādāya] 〈s.35.105〉

1.-2. 세존께서 사왓티의 제따와나 아나타삔디까 승원에 머무실 때, 비구들에게 말씀하셨습니다.

"비구들이여, 무엇이 있을 때, 무엇을 취하여 내면에 즐거움과 괴로움이 생기는가?"

3. "세존이시여, 세존께서는 법의 근본이시고, 법의 안내자이시고, 법의 귀의처이십니다. 세존이시여, 부디 이 말씀의 의미를 밝혀 주십시오! 세존의 말씀을 듣고 비구들은 받아 지닐 것입니다."

"비구들이여, 그렇다면 그대들은 듣고 잘 생각하도록 하시오! 내가 이야기하겠소.

4. 비구들이여, 보는 나[眼]가 있을 때, 보는 나를 취하여 내면에 즐거움과 괴로움이 생긴다오.

5. 비구들이여, 어떻게 생각하는가? 보는 나·듣는 나·냄새 맡는 나·맛보는 나·만지는 나·마음은 지속하는가[常], 지속하지 않는가[無常]?"

"지속하지 않습니다, 세존이시여!"

"지속하지 않으면 즐거운가[樂], 괴로운가[苦]?"

"괴롭습니다, 세존이시여!"

"지속하지 않고 괴롭고 변해 가는 법(法)을 취하지 않아도 내면에 즐거움과 괴로움이 생기겠는가?"

"그렇지 않습니다, 세존이시여!"

6.-10. "듣는 나[耳], 냄새 맡는 나[鼻], 맛보는 나[舌], 만지는 나[身], 마음[意]도 마찬가지라오.

11. 비구들이여, 이와 같이 보는 학식이 많은 거룩한 제자는 보는 나, 듣는 나, 냄새 맡는 나, 맛보는 나, 만지는 나, 마음에 대하여 싫증[厭離]을 낸다오. 그는 싫증을 내기 때문에 욕탐을 버리고[離欲], 욕탐을 버리기 때문에 해탈(解脫)하며, 해탈했을 때 '나는 해탈했다'라고 안다오. 그는 '생(生)은 소멸했다. 청정한 수행[梵行]을 완성했으며, 해야 할 일을 끝마쳤다. 다시는 이와 같은 상태로 되지 않는다'라고 통찰한다오."

4.51. 괴로움[Dukkha] 〈s.35.106〉

1.-2. 세존께서 사왓티의 제따와나 아나타삔

디까 승원에 머무실 때, 비구들에게 말씀하셨습니다.

"비구들이여, 내가 괴로움의 쌓임[苦集]과 소멸[苦滅]을 가르쳐 주겠소. 그대들은 잘 듣도록 하시오!

3. 비구들이여, 괴로움의 쌓임이란 어떤 것인가?

4. 보는 나[眼]와 형색[色]들을 의지하여 시각분별의식[眼識]이 생긴다오. 셋의 만남이 접촉[觸]이라오. 접촉을 의지하여 느낌[受]이 생기고, 느낌을 의지하여 갈애[愛]가 생긴다오. 이것이 괴로움의 쌓임이라오.

5.-9. 듣는 나[耳]와 소리[聲]들, 냄새 맡는 나[鼻]와 냄새[香]들, 맛보는 나[舌]와 맛[味]들, 만지는 나[身]와 촉감[觸]들, 마음[意]과 법(法)들도 마찬가지라오.

비구들이여, 이것이 괴로움의 쌓임이라오.

10. 비구들이여, 괴로움의 소멸이란 어떤 것인가?

11. 보는 나와 형색들을 의지하여 시각분별의식이 생긴다오. 셋의 만남이 접촉이라오. 접촉을 의지하여 느낌이 생기고, 느낌을 의지하여 갈애가 생긴다오. 그 갈애가 남김없이 소멸하면 유(有)가 소멸하고, 유가 소멸하면 생(生)이 소멸하고, 생이 소멸하면 노사(老死)와 근심·슬픔·고통·우울·고뇌가 사라지며, 이와 같이 순전한 괴로움 덩어리[苦蘊]가 소멸한다오. 이것이 괴로움의 소멸이라오.

12.-16. 듣는 나와 소리들, 냄새 맡는 나와 냄새들, 맛보는 나와 맛들, 만지는 나와 촉감들, 마음과 법들도 마찬가지라오.

비구들이여, 이것이 괴로움의 소멸이라오."

4.52. 세간[Loko] 〈s.35.107〉

1.-2. 세존께서 사왓티의 제따와나 아나타삔디까 승원에 머무실 때, 비구들에게 말씀하셨습니다.

"비구들이여, 내가 세간(世間)의 쌓임[集]과 소멸을 가르쳐 주겠으니, 잘 듣도록 하시오!

3. 비구들이여, 세간의 쌓임이란 어떤 것인가?

4. 보는 나[眼]와 형색[色]들을 의지하여 시각분별의식[眼識]이 생긴다오. 셋의 만남이 접촉[觸]이라오. 접촉을 의지하여 느낌[受]이 생기고, 느낌을 의지하여 갈애[愛]가 생기고, 갈애를 의지하여 취(取)가 생기고, 취를 의지하여 유(有)가 생기고, 유를 의지하여 생(生)이 생기고, 생을 의지하여 노사(老死)와 근심·슬픔·고통·우울·고뇌가 생긴다오. 이것이 세간의 쌓임이라오.

5.-9. 듣는 나[耳]와 소리[聲]들, 냄새 맡는 나[鼻]와 냄새[香]들, 맛보는 나[舌]와 맛[味]들, 만지는 나[身]와 촉감[觸]들, 마음[意]과 법(法)들도 마찬가지라오. 비구들이여, 이것이 세간의 쌓임이라오.

10. 비구들이여, 세간의 소멸이란 어떤 것인가?

11. 보는 나와 형색들을 의지하여 시각분별의식이 생긴다오. 셋의 만남이 접촉이라오. 접촉을 의지하여 느낌이 생기고, 느낌을 의지하여 갈애가 생긴다오. 그 갈애가 남김없이 소멸하면 유가 소멸하고, 유가 소멸하면 생이 소멸하고, 생이 소멸하면 노사와 근심·

슬픔·고통·우울·고뇌가 사라지며, 이와 같이 순전한 괴로움 덩어리[苦蘊]가 소멸한다오. 이것이 세간의 소멸이라오.
12.-16. 듣는 나와 소리들, 냄새 맡는 나와 냄새들, 맛보는 나와 맛들, 만지는 나와 촉감들, 마음과 법들도 마찬가지라오.
17. 비구들이여, 이것이 세간의 소멸이라오."

4.53. 우월한[Seyyo] 〈s.35.108〉

1.-2. 세존께서 사왓티의 제따와나 아나타삔디까 승원에 머무실 때, 비구들에게 말씀하셨습니다.

"비구들이여, 무엇이 있을 때, 무엇을 취하여, 무엇을 붙잡고, '나는 우월하다'라고 하거나 '나는 동등하다'라고 하거나 '나는 열등하다'라고 하는가?"

3. "세존이시여, 세존께서는 법의 근본이시고, 법의 안내자이시고, 법의 귀의처이십니다. 세존이시여, 부디 이 말씀의 의미를 밝혀 주십시오! 세존의 말씀을 듣고 비구들은 받아 지닐 것입니다."

"비구들이여, 그렇다면 그대들은 듣고 잘 생각하도록 하시오! 내가 이야기하겠소."

그 비구들은 "그렇게 하겠습니다, 세존이시여"라고 대답했습니다.

세존께서는 다음과 같이 말씀하셨습니다.

4. "비구들이여, 보는 나[眼]가 있을 때, 보는 나를 취하여, 보는 나를 붙잡고, '나는 우월하다'라고 하거나 '나는 동등하다'라고 하거나 '나는 열등하다'라고 한다오.
5.-9. 듣는 나[耳], 냄새 맡는 나[鼻], 맛보는 나[舌], 만지는 나[身], 마음[意]도 마찬가지라오.
10.-15. 비구들이여, 어떻게 생각하는가? 보는 나·듣는 나·냄새 맡는 나·맛보는 나·만지는 나·마음은 지속하는가[常], 지속하지 않는가[無常]?"

"지속하지 않습니다, 세존이시여!"

"지속하지 않으면 즐거운가[樂], 괴로운가[苦]?"

"괴롭습니다, 세존이시여!"

"지속하지 않고 괴롭고 변해 가는 법을 취하지 않아도, '나는 우월하다'라고 하거나 '나는 동등하다'라고 하거나 '나는 열등하다'라고 하겠는가?"

"그렇지 않습니다, 세존이시여!"

16. "비구들이여, 이와 같이 보는 학식이 많은 거룩한 제자는 보는 나, 듣는 나, 냄새 맡는 나, 맛보는 나, 만지는 나, 마음에 대하여 싫증[厭離]을 낸다오. 그는 싫증을 내기 때문에 욕탐을 버리고[離欲], 욕탐을 버리기 때문에 해탈(解脫)하며, 해탈했을 때 '나는 해탈했다'라고 안다오. 그는 '생(生)은 소멸했다. 청정한 수행을 완성했으며, 해야 할 일을 끝마쳤다. 다시는 이와 같은 상태로 되지 않는다'라고 통찰한다오."

4.54. 결박[Saṃyojana] 〈s.35.109〉

1.-2. 세존께서 사왓티의 제따와나 아나타삔디까 승원에 머무실 때, 비구들에게 말씀하셨습니다.

"비구들이여, 내가 결박된 법[結所繫法]과 결박[saṃyojana, 結]을 가르쳐 주겠소. 그대들은 잘 듣도록 하시오!
3. 비구들이여, 결박된 법은 어떤 것인가?

4.-9. 비구들이여, 보는 나[眼]·듣는 나[耳]·냄새 맡는 나[鼻]·맛보는 나[舌]·만지는 나[身]·마음[意]이 결박된 법이라오. 거기에 욕탐(欲貪)이 있으면, 거기에서 그것이 결박[結]이라오.
10. 비구들이여, 이들을 결박된 법이라고 하고, 이것을 결박이라고 부른다오."

4.55. 취(取, Upādānaṃ) 〈s.35.110〉

1.-2. 세존께서 사왓티의 제따와나 아나타삔디까 승원에 머무실 때, 비구들에게 말씀하셨습니다.

"비구들이여, 내가 취해진 법[所取法]과 취(取, upādāna)를 가르쳐 주겠소. 그대들은 잘 듣도록 하시오!
3. 비구들이여, 취해진 법은 어떤 것들인가?
4.-9. 비구들이여, 보는 나[眼]·듣는 나[耳]·냄새 맡는 나[鼻]·맛보는 나[舌]·만지는 나[身]·마음[意]이 취해진 법이라오. 거기에 욕탐(欲貪)이 있으면, 거기에서 그것이 취라오.
10. 비구들이여, 이들을 취해진 법이라고 하고, 이것을 취라고 부른다오."

4.56. 통찰[Pajānaṃ] 〈s.35.111-112〉

1.-2. 세존께서 사왓티의 제따와나 아나타삔디까 승원에 머무실 때, 비구들에게 말씀하셨습니다.
3. "비구들이여, 보는 나[眼]·듣는 나[耳]·냄새 맡는 나[鼻]·맛보는 나[舌]·만지는 나[身]·마음[意]을 체험적으로 알지 못하고, 통찰하지 못하고, 이해하지 못하고, 제거하지 못하고, 포기하지 못하면, 괴로움을 소멸할 수 없다오. 〈s.35.111〉
4. 비구들이여, 형색[色]들·소리[聲]들·냄새[香]들·맛[味]들·촉감[觸]·법(法)들을 체험적으로 알지 못하고, 통찰하지 못하고, 이해하지 못하고, 제거하지 못하고, 포기하지 못하면, 괴로움을 소멸할 수 없다오." 〈s.35.112〉

4.57. 마라의 올가미[Mārapāsa] 〈s.35.114-115〉

1.-2. 세존께서 사왓티의 제따와나 아나타삔디까 승원에 머무실 때, 비구들에게 말씀하셨습니다.
3. "비구들이여, 시각[眼]에 의해 지각되는 마음에 들고 사랑스럽고 매력 있고 귀엽고 즐겁고 유혹적인 형색[色]들이 있다오. 만약에 비구가 그것을 즐기고 환영하고 집착하여 머물면, 이것을 '비구가 마라(Māra)의 소굴에 들어가 마라의 지배 아래 들어갔다'라고 한다오. 그는 마라의 올가미에 걸리고 마라의 고삐에 묶여서 빠삐만(Pāpimant)[621]의 뜻대로 행한다오. 청각[耳], 후각[鼻], 미각[舌], 촉각[身], 마음[意]도 마찬가지라오. 〈s.35.114〉
4. 비구들이여, 시각에 의해 지각되는 마음에 들고 사랑스럽고 매력 있고 귀엽고 즐겁고 유혹적인 형색들이 있다오. 만약에 비구가 그것을 즐기지 않고 환영하지 않고 집착하지 않으면, 이것을 '비구가 마라의 소굴에 들어

621 마라(Māra)의 이름.

가지 않고, 마라의 지배 아래 들어가지 않았다'라고 한다오. 그는 빠삐만의 뜻대로 행하지 않는다오. 청각, 후각, 미각, 촉각, 마음도 마찬가지라오." 〈s.35.115〉

4.58. 세간(世間)의 감각적 욕망
[Lokakāmaguṇa] (1) 〈s.35.116〉

1.-2. 세존께서 사왓티의 제따와나 아나타삔디까 승원에 머무실 때, 비구들에게 말씀하셨습니다.

"비구들이여, 나는 '세간의 끝을 걸어가서 알고, 보고, 도달할 수 없다'라고 말한다오. 그리고 나는 '세간의 끝에 도달하지 않으면 괴로움에서 벗어날 수 없다'라고 말한다오."

이와 같이 말씀하시고, 세존께서는 자리에서 일어나 거처로 들어가셨습니다.

3. 세존께서 떠나신 후에 그 비구들은 이렇게 생각했습니다.

'세존께서는 '비구들이여, 나는 세간의 끝을 걸어가서 알고, 보고, 도달할 수 없다고 말한다오. 그리고 나는 세간의 끝에 도달하지 않으면 괴로움에서 벗어날 수 없다고 말한다오'라고 간략하게 가르침을 주시고, 자세하게 의미를 설명해 주시지 않고 자리에서 일어나 거처로 들어가셨다. 누가 세존께서 간략하게 말씀하신 이 가르침의 자세한 의미를 설명해 줄 수 있을까?'

4. 비구들은 이렇게 생각했습니다.

'아난다 존자는 스승님의 칭찬을 받고 현명한 도반들의 존경을 받는다. 아난다 존자는 세존께서 간략하게 말씀하신 이 가르침의 자세한 의미를 설명해 줄 수 있을 것이다. 우리는 아난다 존자를 찾아가서 아난다 존자에게 그 의미를 묻는 것이 좋겠다.'

5. 그 비구들은 아난다 존자를 찾아가서, 아난다 존자와 정중하게 인사를 하고 공손한 인사말을 나눈 후 한쪽에 앉았습니다.

6. 한쪽에 앉은 그 비구들은 아난다 존자에게 찾아온 사연을 이야기하고, 자세한 의미를 설명해 주기를 청했습니다.

7. "존자들이여, 비유하면 단단한 목재를 구하는 어떤 사람이 목재를 찾아 큰 나무에 가서 단단하고 견실한 줄기를 내버리고, 뿌리를 내버리고, 가지와 잎에서 목재를 구하려 하는 것과 같이, 여러분은 스승님 면전에서 세존을 버려두고 나에게 그 의미를 물으려고 하고 있군요. 존자들이여, 세존께서는 알아야 할 것을 아시고 보아야 할 것을 보시나니, 눈을 성취한 분이시며, 앎을 성취한 분이시며, 법(法)을 성취한 분이시며, 브라만[梵天]을 성취한 분이시며, 알려 주는 분이시며, 가르치는 분이시며, 목표로 인도하는 분이시며, 불사(不死)의 감로(甘露)를 베푸는 분이시며, 진리의 주인이시며, 여래(如來)이십니다. 여러분은 세존께 그 의미를 물어볼 기회가 있었습니다. 그때 세존께서 설명하셨다면, 여러분은 그대로 그것을 받아 지니면 되었을 것입니다."

8. "아난다 존자여, 참으로 그렇습니다. 우리는 세존께 그 의미를 물어볼 기회가 있었습니다. 그때 세존께서 설명하셨다면, 우리는 그대로 그것을 받아 지니면 되었을 것입니다. 그런데 아난다 존자께서는 스승님의 칭찬을 받고 존중을 받는 현명한 도반이십니다. 아난다 존자께서는 세존께서 간략하게 말씀하신 이 가르침의 자세한 의미를 설명해

줄 수 있을 것입니다. 아난다 존자께서는 어려워하지 말고 설명해 주십시오!"

9. "그렇다면 존자들이여, 잘 듣고 깊이 생각해 보십시오! 제가 이야기하겠습니다."

그 비구들은 "존자여, 그렇게 하겠습니다"라고 아난다 존자에게 대답했습니다.

10. 아난다 존자께서는 다음과 같이 말씀하셨습니다.

"존자들이여, 세존께서 간단하게 하신 말씀의 의미를 나는 다음과 같이 이해하고 있습니다.

11. 존자들이여, 무언가에 의해서[yena] 세상 사람들은[lokasmiṃ] 세간이 있다고 지각하고[lokasaññī hoti], 세간이 있다고 상상합니다[lokamānī].[622] 그것을 성자의 율(律)에서는 세간[loka]이라고 부릅니다. 존자들이여, 무엇에 의해서 세상 사람들은 세간이 있다고 지각하고, 세간이 있다고 상상하는가? 존자들이여, 보는 나[眼]에 의해서 세상 사람들은 세간이 있다고 지각하고, 세간이 있다고 상상합니다. 존자들이여, 듣는 나[耳]·냄새 맡는 나[鼻]·맛보는 나[舌]·만지는 나[身]·마음[意]에 의해서 세상 사람들은 세간이 있다고 지각하고, 세간이 있다고 상상합니다. 존자들이여, 이것을 성자의 율에서는 세간이라고 부릅니다.

12. 존자들이여, 세존께서 간단하게 하신 말씀의 의미를 나는 이와 같이 이해하고 있습니다. 이제 존자 여러분께서는 세존을 찾아가서 그 의미를 물어보시고, 세존께서 설명하시는 것을 받아 지니시기 바랍니다."

13.-14. 그 비구들은 아난다 존자의 말씀에 기뻐하고 만족하고서 자리에서 일어나 세존을 찾아갔습니다. 그 비구들은 세존을 찾아가서 예배한 후에 한쪽에 앉아 세존께 아난다 존자와 나눈 이야기를 말씀드렸습니다.

15. 세존께서는 다음과 같이 말씀하셨습니다.

"비구들이여, 아난다는 현명하다오. 비구들이여, 아난다는 큰 지혜가 있다오. 비구들이여, 만약 그대들이 나에게 그 의미를 물었다면, 나도 아난다가 설명한 그대로 설명했을 것이오. 그러니 그것을 받아 지니도록 하시오!"

4.59. 세간(世間)의 감각적 욕망 [Lokakāmaguṇa] (2) 〈s.35.117〉

1.-2. 세존께서 사왓티의 제따와나 아나타삔디까 승원에 머무실 때, 비구들에게 말씀하셨습니다.

"비구들이여, 이전에 바른 깨달음을 얻지 못한 보살이었을 때, 나에게 '내가 예전에 마음으로 접촉했던 다섯 가지 감각적 욕망은 지나가 버렸고, 소멸했고, 변했다. 그런데 내 마음은 대부분 거기에 가고 현재나 미래로는 적게 간다'라는 생각이 들었다오.

비구들이여, 그래서 나는 '내가 예전에 마음으로 접촉한 다섯 가지 감각적 욕망은 지나가 버렸고, 소멸했고, 변했다. 거기에서 나는 나 자신의 이익을 위해서 마음으로 주의집중[saticetaso]과 지켜보기[ārakkho]를

622 원문을 그대로 번역하면 '무언가에 의해서 세간에는 세간이라는 생각을 하는 사람, 세간이라는 상상을 하는 사람이 있다'이다.

게을리하지 않겠다'라고 생각했다오.

3. 비구들이여, 그대들에게도 그대들이 예전에 마음으로 접촉한 다섯 가지 감각적 욕망은 지나가 버렸고, 소멸했고, 변했을 것이오. 그런데 그대들의 마음은 대부분 거기에 가고 현재나 미래로는 적게 갈 것이오. 비구들이여, 그대들에게 그대들이 예전에 마음으로 접촉한 다섯 가지 감각적 욕망이 지나가 버렸고 소멸했고 변했을 때, 거기에서 그대들은 그대 자신의 이익을 위해서 마음으로 주의집중과 지켜보기를 게을리하지 않아야 한다오.

4. 비구들이여, 그러기 위해서 그대들은 '나'가 머무는 장소들[āyatane, 入處]을 알아야 한다오. 보는 나[眼]가 소멸하고, 형색에 대한 생각[rūpasaññā, 色想]이 소멸할 때, '나'가 머무는 장소를 알아야 한다오. 듣는 나[耳], 냄새 맡는 나[鼻], 맛보는 나[舌], 만지는 나[身], 마음[意]도 마찬가지라오."

5. 이와 같이 말씀하시고, 세존께서는 자리에서 일어나 거처로 들어가셨습니다.

6.-12. 세존께서 떠나신 후에 그 비구들은 아난다 존자를 찾아가, 아난다 존자와 정중하게 인사를 하고 공손한 인사말을 나눈 후 한쪽에 앉았습니다. 그 비구들은 아난다 존자에게 찾아온 사연을 이야기하고, 자세한 의미를 설명해 주기를 청했습니다.

13. 아난다 존자께서는 다음과 같이 말씀하셨습니다.

"존자들이여, 세존께서 간단하게 하신 말씀의 의미를 나는 이렇게 이해하고 있습니다. 존자들이여, 세존의 말씀은 '나'가 머무는 여섯 가지 장소[六入處]의 소멸[saḷāyatana-nirodhaṃ]에 대한 말씀입니다.

14. 존자들이여, 나는 세존께서 간단하게 하신 말씀의 의미를 이렇게 이해하고있습니다.

이제 존자 여러분께서는 세존을 찾아가서 그 의미를 물어보시고, 세존께서 설명하시는 것을 받아 지니시기 바랍니다."

그 비구들은 아난다 존자의 말씀에 기뻐하고 만족하고서 자리에서 일어나 세존을 찾아갔습니다.

15.-16. 그 비구들은 세존을 찾아가서 예배한 후에 한쪽에 앉아 세존께 아난다 존자와 나눈 이야기를 말씀드렸습니다.

17. 세존께서는 다음과 같이 말씀하셨습니다.

"비구들이여, 아난다는 현명하오. 비구들이여, 아난다는 큰 지혜가 있소. 비구들이여, 만약 그대들이 나에게 그 의미를 물었다면, 나도 아난다가 설명한 그대로 설명했을 것이오. 그러니 그것을 받아 지니도록 하시오!"

4.60. 삭까(Sakka) 〈s.35.118〉

1.-3. 세존께서 라자가하의 깃자꾸따산에 머무실 때, 신들의 제왕(帝王) 삭까(Sakka)가 세존을 찾아와서 예배하고 한쪽에 서서 말씀드렸습니다.

"세존이시여, 어떤 중생들이 지금 여기에서 반열반(般涅槃)하지 못하는 원인은 무엇이고 이유는 무엇입니까? 중생들이 지금 여기에서 반열반하는 원인은 무엇이고 이유는 무엇입니까?"

4. "신들의 제왕이여, 시각[眼]에 의해 지각되는 마음에 들고 사랑스럽고 매력 있고 귀엽고 즐겁고 유혹적인 형색[色]들이 있다오.

만약에 비구가 그것을 즐기고 환영하고 집착하고 머물면, 그것을 즐기고 환영하고 집착하고 머물기 때문에 그의 분별의식[識]이 그것에 의존하고 그것을 취한다오. 신들의 제왕이여, 취(取)가 있는 비구는 반열반하지 못한다오.

5.-9. 듣는 나[耳], 냄새 맡는 나[鼻], 맛보는 나[舌], 만지는 나[身], 마음[意]도 마찬가지라오.

10. 신들의 제왕이여, 이것이 중생들이 지금 여기에서 반열반하지 못하는 원인이고 이유라오.

11.-16. 신들의 제왕이여, 시각에 의해 지각되는 마음에 들고 사랑스럽고 매력 있고 귀엽고 즐겁고 유혹적인 형색들이 있다오. 만약에 비구가 그것을 즐기지 않고 환영하지 않고 집착하지 않고 머물지 않으면, 그것을 즐기지 않고 환영하지 않고 집착하지 않고 머물지 않기 때문에 그의 분별의식이 그것에 의존하지 않고, 그것을 취하지 않는다오. 신들의 제왕이여, 취가 없는 비구는 반열반한다오. 듣는 나, 냄새 맡는 나, 맛보는 나, 만지는 나, 마음도 마찬가지라오.

17. 신들의 제왕이여, 이것이 중생들이 지금 여기에서 반열반하는 원인이고 이유라오."

4.61. 사리뿟따(Sāriputta) 〈s.35.120〉

1.-3. 한때 사리뿟따 존자는 사왓티의 제따와나 아나타삔디까 승원에 머물렀습니다. 그때 어떤 비구가 사리뿟따 존자를 찾아와서 함께 인사를 나누고 한쪽에 앉은 후에 사리뿟따 존자에게 말했습니다.

"사리뿟따 존자님! 함께 지내는 비구가 공부를 포기하고 환속했습니다."

4. "존자여, 지각활동을 통제하지 않고[indriyesu aguttadvārassa], 음식에 분수를 모르고, 깨어 있음을[jāgariyam] 실천하지 않아서 그런 것이라오. 존자여, 지각활동을 통제하지 않고, 음식에 분수를 모르고, 깨어 있음을 실천하지 않는 비구는 살아 있는 동안 완전하고 청정한 수행을 계속할 수 없다오.

5. 존자여, 지각활동을 통제하고, 음식에 분수를 알고, 깨어 있음을 실천하는 비구는 살아 있는 동안 완전하고 청정한 수행을 계속할 수 있다오.

6. 존자여, 지각활동[根]에 대한 통제는 어떻게 하는가? 존자여, 비구는 눈으로 형색을 보고서 모습[nimitta, 相]에 이끌리지 않고, 부분의 모습[anuvyañjana]에 이끌리지 않는다오. 시각활동[眼根]을 통제하지 않고 지내면 탐욕이나 근심 같은 사악하고 좋지 않은 법들이 흘러들어 오기 때문에 그는 시각활동을 통제하고, 시각활동을 보호하며, 시각활동을 할 때 자제한다오. 청각활동[耳根], 후각활동[鼻根], 미각활동[舌根], 촉각활동[身根], 마음활동[意根]도 마찬가지라오.

존자여, 지각활동에 대한 통제는 이렇게 한다오.

7. 존자여, 음식에 분수를 아는 것은 어떤 것인가? 존자여, 비구는 '맛으로 먹지 않고, 맛에 빠져 먹지 않고, 호사(豪奢)로 먹지 않고, 과시하려 먹지 않겠다. 나는 이 몸을 지탱하고, 유지하고, 주림을 없애고, 범행(梵行)을 돕기 위해서 먹겠다. 나는 이미 생긴 느낌을 소멸하고, 새로운 느낌을 일으키지 않고, 나의 생계(生計)를 허물이 없고 평안하게 하겠다'라고 음식을 이치에 맞게 성찰하며 먹는

다오.

존자여, 음식에 분수를 아는 것은 이런 것이라오.

8. 존자여, 깨어 있음의 실천은 어떤 것인가? 존자여, 비구는 낮에는 행선(行禪, caṅkama) 과 좌선(坐禪, nisajjā)으로 장애법(障碍法, āvaraṇiya dhamma)으로부터 마음을 정화하고, 초야(初夜)에는 행선과 좌선으로 장애법들로부터 마음을 정화하고, 중야(中夜)에는 사자처럼 발 위에 발을 포개고 오른쪽 옆구리로 누워서 주의집중과 알아차림을 하면서 일어날 생각을 하고, 후야(後夜)에는 일어나서 행선과 좌선으로 장애법들로부터 마음을 정화한다오. 존자여, 깨어 있음의 실천은 이런 것이라오.

9. 존자여, 그러므로 이와 같이 지각활동을 통제하고, 음식에 분수를 알고, 깨어 있음을 실천하는 공부를 해야 한다오. 존자여, 이와 같이 공부해야 한다오."

4.62. 결박[Saṃyojanaṃ] 〈s.35.122〉

1. 세존께서 사왓티의 제따와나 아나타삔디까 승원에 머무실 때, 비구들에게 말씀하셨습니다.

"비구들이여, 내가 결박된 법[結所繫法]들과 결박[結]을 가르쳐 주겠소. 그대들은 잘 듣도록 하시오!

2. 비구들이여, 결박된 법들은 어떤 것들인가?

3. 비구들이여, 시각[眼]에 의해 지각되는 마음에 들고 사랑스럽고 매력 있고 귀엽고 즐겁고 유혹적인 형색[色]들이 있다오. 비구들이여, 이들이 결박된 법이라오. 거기에 욕탐(欲貪)이 있으면, 거기에서 그것이 결박이라오.

4.-8. 비구들이여, 청각[耳]에 의해 지각되는 소리[聲]들, 후각[鼻]에 의해 지각되는 냄새[香]들, 미각[舌]에 의해 지각되는 맛[味]들, 촉각[身]에 의해 지각되는 촉감[觸], 마음[意]에 의해 지각되는 대상[法]들이 있다오. 비구들이여, 이들이 결박된 법이라오. 비구들이여, 거기에 욕탐이 있으면, 거기에서 그것이 결박이라오."

4.63. 취(取, Upādānaṃ) 〈s.35.123〉

1. 세존께서 사왓티의 제따와나 아나타삔디까 승원에 머무실 때, 비구들에게 말씀하셨습니다.

"비구들이여, 내가 취해진 법[所取法]들과 취(取)를 가르쳐 주겠소. 그대들은 잘 듣도록 하시오!

2. 비구들이여, 취해진 법들은 어떤 것들인가?

3. 비구들이여, 시각[眼]에 의해 지각되는 마음에 들고 사랑스럽고 매력 있고 귀엽고 즐겁고 유혹적인 형색[色]들이 있다오. 이들이 취해진 법이라오. 거기에 욕탐(欲貪)이 있으면, 거기에서 그것이 취라오.

4.-8. 비구들이여, 청각[耳]에 의해 지각되는 소리[聲]들, 후각[鼻]에 의해 지각되는 냄새[香]들, 미각[舌]에 의해 지각되는 맛[味]들, 촉각[身]에 의해 지각되는 촉감[觸], 마음[意]에 의해 지각되는 대상[法]들이 있다오. 비구들이여, 이들이 취해진 법이라오. 비구들이여, 거기에 욕탐이 있으면, 거기에서 그것이 취라오."

4.64. 고시따(Ghosita) 〈s.35.129〉

1.-3. 한때 아난다 존자는 꼬삼비의 고시따 승원에 머물렀습니다.

그때 고시따 장자가 아난다 존자를 찾아와서 예배하고 한쪽에 앉아 물었습니다.

"아난다 존자여, 다양한 계(界, dhātu-nānattaṃ]라는 말들을 하는데, 세존께서 말씀하신 다양한 계는 어떤 것입니까?"

4. "장자여, 시각계[cakkhudhātu, 眼界]와 마음에 드는 형색[色]들, 그리고 시각분별의식[眼識]이 있으면, 즐거움으로 알고 있는[sukha-vedaniyaṃ] 접촉[觸]을 의지하여 즐거운 느낌이 생깁니다. 장자여, 시각계와 마음에 들지 않는 형색들, 그리고 시각분별의식이 있으면, 괴로움으로 알고 있는 접촉을 의지하여 괴로운 느낌이 생깁니다. 장자여, 시각계와 관심이 가지 않는[upekhāṭṭhāniyā] 형색들, 그리고 시각분별의식이 있으면, 괴로움도 아니고 즐거움도 아닌 것으로 알고 있는 접촉을 의지하여 괴롭지도 즐겁지도 않은 느낌이 생깁니다.

5.-9. 청각계[耳], 후각계[鼻界], 미각계[舌界], 촉각계[身界], 의식계[意界]도 마찬가지입니다.

10. 장자여, 세존께서 말씀하신 다양한 계는 이런 것입니다."

4.65. 하릿다까[Hāliddako] 〈s.35.130〉

1.-3. 한때 마하 깟짜나 존자는 아완띠(Avantī)의 꾸라라가라에 있는 산에 머물렀습니다. 그때 하릿다까 장자가 마하 깟짜나 존자를 찾아와 예배하고 한쪽에 앉아서 물었습니다.

"존자여, 세존께서는 다양한 계(界)를 의지하여 다양한 접촉[觸]이 생기고, 다양한 접촉을 의지하여 다양한 느낌이 생긴다고 말씀하셨습니다. 존자여, 세존의 이러한 말씀은 어떤 것을 말씀하신 것입니까?"

4. "장자여, 비구는 눈[眼]으로 마음에 드는 형색[色]을 보고, '여기에 있는 이것은 즐거움으로 알고 있는 시각분별의식[眼識]이다'라고 통찰합니다[Itthetanti pajānāti cakkhu-viññaṇaṃ sukhavedaniyaṃ]. 즐거움으로 알고 있는 접촉을 의지하여 즐거운 느낌이 생깁니다. 눈으로 마음에 들지 않는 형색을 보고, '여기 이것은 괴로움으로 알고 있는 시각분별의식이다'라고 통찰합니다 괴로움으로 알고 있는 접촉을 의지하여 괴로운 느낌이 생깁니다. 눈으로 관심이 가지 않는[upekhā-ṭṭhāniyā] 형색을 보고, '여기 이것은 괴롭지도 즐겁지도 않은 것으로 알고 있는 시각분별의식이다'라고 통찰합니다. 괴롭지도 즐겁지도 않은 것으로 알려진 접촉을 의지하여 괴롭지도 즐겁지도 않은 느낌이 생깁니다.

5.-9. 귀[耳], 코[鼻], 혀[舌], 몸[身], 마음[意]도 마찬가지입니다.

10. 장자여, 이와 같이 다양한 계를 의지하여 다양한 접촉이 생기고, 다양한 접촉을 의지하여 다양한 느낌이 생기는 것입니다."

4.66. 데와다하(Devadaha) 〈s.35.134〉

1.-2. 세존께서 삭까의 데와다하라는 삭까족 마을에 머무실 때, 비구들에게 말씀하셨습니다.

"비구들이여, 나는 모든 비구에게 '6촉입처(六觸入處)에서 방일(放逸)하면 안 된다'라고 말하지 않는다오. 비구들이여, 나는 또한 모든 비구에게 '6촉입처에서 방일하면 안 되는 것은 아니다'라고 말하지 않는다오.

3. 비구들이여, 나는 수행을 완성하고, 해야 할 일을 마치고, 짐을 내려놓고, 자신의 목적을 성취하고, 존재의 결박[有結]이 멸진하고, 완전한 지혜에 의해 해탈하고, 번뇌[漏]가 멸진한[漏盡] 아라한들에게는 '6촉입처에서 방일하면 안 되는 것은 아니다'라고 말한다오.

4. 그 까닭은 무엇인가? 그들은 방일하지 않은 삶을 성취하여 방일할 수 없기 때문이오.

5. 비구들이여, 나는 뜻을 이루지 못하고 더할 나위 없는 행복[瑜伽安穩]을 갈망하며 살아가는 유학(有學) 비구들에게는 '6촉입처에서 방일하면 안 된다'라고 말한다오. 그 까닭은 무엇인가?

6. 비구들이여, 시각[眼]에 의해 지각되는 형색[色]에는 마음에 드는 것도 있고, 마음에 들지 않는 것도 있다오. 거듭하여 접촉하여도 그것들이 마음을 붙잡고 머물지 않으면, 붙잡지 않기 때문에 기꺼이 열심히 정진하여 성성(惺惺)한 마음의 주의집중이 이루어지며, 몸은 편안한 상태가 되고, 마음은 하나의 대상에 집중된다오. 비구들이여, 나는 방일하지 않으면 얻는 이런 결과를 보기 때문에 그 비구들에게 '6촉입처에서 방일하면 안 된다'라고 말한다오.

7.-11. 듣는 나[耳], 냄새 맡는 나[鼻], 맛보는 나[舌], 만지는 나[身], 마음[意]도 마찬가지라오."

4.67. 기회[Khaṇo] 〈s.35.135〉

1.-2. 세존께서 삭까의 데와다하라는 삭까족 마을에 머무실 때, 비구들에게 말씀하셨습니다.

"비구들이여, 그대들이 청정한 수행으로 살아가는 기회를 얻은 것은 그대들에게 유익한 것이라오.

3. 비구들이여, 나는 6촉입처(六觸入處)라는 지옥(地獄)을 보았다오. 거기에서는 눈[眼]으로 어떤 형색[色]을 보더라도, 마음에 들지 않은 형색만 볼 뿐 마음에 드는 형색은 보지 못하고, 사랑스럽지 않은 형색만 볼 뿐 사랑스러운 형색은 보지 못하고, 매력 없는 형색만 볼 뿐 매력적인 형색은 보지 못한다오.

귀[耳]로 듣는 소리[聲], 코[鼻]로 맡는 냄새[香], 혀[舌]로 보는 맛[味], 몸[身]으로 접촉하는 촉감[觸], 마음[意]으로 지각하는 대상[法]도 마찬가지라오.

비구들이여, 그대들이 청정한 수행으로 살아가는 기회를 얻은 것은 그대들에게 유익한 것이라오.

4. 비구들이여, 나는 6촉입처라는 천당(天堂)을 보았다오. 거기에서는 눈으로 어떤 형색을 보더라도, 마음에 드는 형색만 볼 뿐 마음에 들지 않은 형색은 보지 못하고, 사랑스러운 형색만 볼 뿐 사랑스럽지 않은 형색은 보지 못하고, 매력적인 형색만 볼 뿐 매력 없는 형색은 보지 못한다오.

귀로 듣는 소리, 코로 맡는 냄새, 혀로 보는 맛, 몸으로 접촉하는 촉감, 마음으로 지각하는 대상도 마찬가지라오.

비구들이여, 그대들이 청정한 수행으로 살아가는 기회를 얻은 것은 그대들에게 유익한 것이라오."

4.68. 환희로운 형색(色)[Rūparāma] 〈s.35.136〉

1.-2. 세존께서 삭까의 데와다하라는 삭까족 마을에 머무실 때, 비구들에게 말씀하셨습니다.

"비구들이여, 형색[色]·소리[聲]·냄새[香]·맛[味]·촉감[觸]·대상[法]을 즐기는 천신과 인간들은 형색·소리·냄새·맛·촉감·대상에서 환희심을 느낀다오. 비구들이여, 인간과 천신들은 형색·소리·냄새·맛·촉감·대상이 변하고 소멸하고 없어지기 때문에 괴롭게 살아간다오.

3. 비구들이여, 여래(如來)·아라한(阿羅漢)·등정각(等正覺)은 형색·소리·냄새·맛·촉감·대상의 쌓임[集]과 소멸[滅]과 달콤한 맛[味]과 재난[患]과 벗어남[出離]을 있는 그대로 통찰하고 나서, 형색·소리·냄새·맛·촉감·대상을 즐기지 않고 탐닉하지 않고, 형색·소리·냄새·맛·촉감·대상에서 환희심을 느끼지 않는다오. 비구들이여, 여래는 형색·소리·냄새·맛·촉감·대상이 변하고 소멸하고 없어지기 때문에 즐겁게 살아간다오."

4. 세존께서는 이렇게 말씀하셨습니다. 선서(善逝)께서는 이렇게 말씀하셨습니다. 스승님께서는 다시 이렇게 말씀하셨습니다.

형색, 소리, 냄새
맛, 촉감, 대상
전적으로 마음에 들고 사랑스럽고 매력적인
이것들을 '있다'라고 생각한다.

신들을 포함하는 세간(世間)은
이것들을 즐거움으로 여긴다.
그러나 이것들이 소멸하면
그들은 그것을 괴로움으로 여긴다.
자신이 존재한다는 생각[有身]의 소멸을
성자(聖者)들은 즐거움으로 본다.
이것은 모든 세간이 보는 것과 반대다.

다른 사람들이 즐겁다고 말하는 것을
성자들은 괴롭다고 말하고
다른 사람들이 괴롭다고 말하는 것을
성자들은 즐거운 것으로 안다.

이해하기 어려운 법(法)을 보라!
어리석은 사람은 여기에서 헷갈린다.

어리석은 사람에게는 가려 있다.
무지한 사람은 보지 못한다.
참사람에게는 열려 있다.
여기에서 지혜로운 사람은 본다.
위대한 가르침에 정통한 사람들은
곧바로 이해한다.

존재에 대한 탐욕[有貪]에 지배되어
존재의 흐름을 따르면
마라의 지배에 들어가
이 가르침을 쉽게 이해할 수 없다.
성자가 아니라면 그 누가 길을
바르게 이해하여 구경지(究竟智)로써
무루(無漏)의 반열반을 성취할 수 있겠는가?

4.69. 업(業, Kammaṃ) 〈s.35.145〉

1.-2. 세존께서 삭까의 데와다하라는 삭까족 마을에 머무실 때, 비구들에게 말씀하셨습니다.

"비구들이여, 내가 현재와 과거의 업(業)과 업의 소멸과 업의 소멸에 이르는 길을 알려 주겠소. 그대들은 잘 듣도록 하시오!

3. 비구들이여, 과거의 업이란 어떤 것인가? 비구들이여, 보는 나[眼]는 조작된 것이고, 의도된 것이며, 알려지고 볼 수 있는 과거의 업이라오. 비구들이여, 이것을 과거의 업이라고 한다오. 듣는 나[耳], 냄새 맡는 나[鼻], 맛보는 나[舌], 만지는 나[身], 마음[意]도 마찬가지라오. 비구들이여, 이것을 과거의 업이라고 한다오.

4. 비구들이여, 현재의 업이란 어떤 것인가? 비구들이여, 몸과 말과 마음으로 지금 행하는 업, 이것을 현재의 업이라고 한다오.

5. 비구들이여, 업의 소멸이란 어떤 것인가? 비구들이여, 신업(身業)과 구업(口業)과 의업(意業)이 소멸하여 해탈(解脫)에 도달하면, 이것을 업의 소멸이라고 한다오.

6. 비구들이여, 업의 소멸에 이르는 길은 어떤 것인가? 비구들이여, 이것은 거룩한 8정도(八正道), 즉 바른 견해[正見]·바른 의도[正思惟]·바른말[正語]·바른 행동[正業]·바른 생계[正命]·바른 정진[正精進]·바른 주의집중[正念]·바른 선정[正定]이라오. 비구들이여, 이것을 업의 소멸에 이르는 길이라고 한다오."

4.70. 방법이 있는가[Atthi nu kho pariyāyo] 〈s.35.152〉

1.-2. 세존께서 삭까의 데와다하라는 삭까족 마을에 머무실 때, 비구들에게 말씀하셨습니다.

3. "비구들이여, 신념(信念)이나 기호(嗜好)·전통(傳統)·논리적(論理的)인 추론(推論)·사변적 견해의 이해와 승인(承認) 이외에, 비구가 그 방법에 따라서 다른 사람에게 '생(生)은 소멸했다. 청정한 수행[梵行]을 완성했으며, 해야 할 일을 끝마쳤다. 다시는 이와 같은 상태로 되지 않는다고 통찰한다'라고 해명할 방법이 있는가?"

4. "세존이시여, 세존께서는 법의 근본이시고, 법의 안내자이시고, 법의 귀의처이십니다. 세존이시여, 부디 이 말씀의 의미를 밝혀 주십시오! 세존의 말씀을 듣고 비구들은 받아 지닐 것입니다."

"비구들이여, 그렇다면 그대들은 듣고 잘 생각하도록 하시오! 내가 이야기하겠소."

그 비구들은 "그렇게 하겠습니다, 세존이시여"라고 대답했습니다.

세존께서는 다음과 같이 말씀하셨습니다.

5. "비구들이여, 신념이나 기호·전통·논리적인 추론·사변적 견해의 이해와 승인 이외에, 비구가 그 방법에 따라서 다른 사람에게 '생은 소멸했다. 청정한 수행을 완성했으며, 해야 할 일을 끝마쳤다. 다시는 이와 같은 상태로 되지 않는다고 통찰한다'라고 해명하는 방법이 있다오.

6. 비구들이여, 그 방법은 어떤 것인가?

7. 비구들이여, 비구는 눈[眼]으로 형색[色]을 본 후에 내면(內面)에 탐진치(貪瞋痴)가 있으면 '나의 내면에 탐진치가 있다'라고 통찰하고, 내면에 탐진치가 없으면 '나의 내면에 탐진치가 없다'라고 통찰한다오. 비구들이여, 비구가 눈으로 형색을 본 후에 내면에 탐진치가 있으면 '나의 내면에 탐진치가 있다'라고 통찰하고, 내면에 탐진치가 없으면

'나의 내면에 탐진치가 없다'라고 통찰하는 나의 가르침은 신념이나 기호, 전통, 논리적인 추론, 사변적 견해의 이해와 승인으로 알 수 있는가?"

"그렇지 않습니다, 세존이시여!"

"그렇다면 나의 가르침은 통찰지로 본 후에 알 수 있는가?"

"그렇습니다, 세존이시여!"

"비구들이여, 이것이 신념이나 기호·전통·논리적인 추론·사변적 견해의 이해와 승인 이외에, 비구가 그 방법에 따라서 다른 사람에게 '생은 소멸했다. 청정한 수행을 완성했으며, 해야 할 일을 끝마쳤다. 다시는 이와 같은 상태로 되지 않는다고 통찰한다'라고 해명하는 방법이라오.

8.-12. 귀[耳], 코[鼻], 혀[舌], 몸[身], 마음[意]도 마찬가지라오."

4.71. 지와까의 망고 숲에서[Jīvakambavane] (1) ⟨s.35.159⟩

1.-2. 세존께서 라자가하에 있는 지와까의 망고 숲에 머무실 때, 비구들에게 말씀하셨습니다.

3. "비구들이여, 삼매(三昧)를 닦아 익히시오![623] 비구들이여, 삼매에 든 비구에게는 있는 그대로 나타난다오. 무엇이 있는 그대로 나타나는가?

4. '보는 나[眼]는 지속하지 않는다'라는 사실이 있는 그대로 나타난다오. '형색[色]들, 시각분별의식[眼識], 시각접촉[眼觸]은 지속하지 않는다'라는 사실이 있는 그대로 나타난다오. 나아가서 '시각접촉을 의지하여 생긴 즐겁거나 괴롭거나 즐겁지도 괴롭지도 않은 느낌도 지속하지 않는다'라는 사실이 있는 그대로 나타난다오.

5.-9. 듣는 나[耳], 냄새 맡는 나[鼻], 맛보는 나[舌], 만지는 나[身], 마음[意] 등도 마찬가지라오.

10. 비구들이여, 삼매를 닦아 익히시오! 비구들이여, 삼매에 든비구에게는 있는 그대로 나타난다오."

4.72. 지와까의 망고 숲에서[Jīvakambavane] (2) ⟨s.35.160⟩

1.-2. 세존께서 라자가하에 있는 지와까의 망고 숲에 머무실 때, 비구들에게 말씀하셨습니다.

3. "비구들이여, 좌선하여 요가(yoga)에 도달하시오! 비구들이여, 좌선하는 비구에게는 있는 그대로 나타난다오. 무엇이 있는 그대로 나타나는가?

4. '보는 나[眼]는 지속하지 않는다'라는 사실이 있는 그대로 나타난다오. '형색[色]들, 시각분별의식[眼識], 시각접촉[眼觸]은 지속하지 않는다'라는 사실이 있는 그대로 나타난다오. 나아가서 '시각접촉을 의지하여 생긴 즐겁거나 괴롭거나 즐겁지도 괴롭지도 않은 느낌도 지속하지 않는다'라는 사실이 있는 그대로 나타난다오.

5.-9. 듣는 나[耳], 냄새 맡는 나[鼻], 맛보는 나[舌], 만지는 나[身], 마음[意] 등도 마찬가지라오.

623 'samādhim bhikkhave bhāvetha'의 번역.

10. 비구들이여, 좌선하여 요가에 도달하시오! 비구들이여, 좌선하는 비구에게는 있는 그대로 나타난다오."

4.73. 사견(邪見, Micchādiṭṭi) - 자아(自我, Attano) 〈s.35.164-166〉

1.-3. 세존께서 사왓티의 제따와나 아나타삔디까 승원에 머무실 때, 어떤 비구가 세존을 찾아와서 예배하고 한쪽에 앉아 물었습니다.

"세존이시여, 어떻게 알고 어떻게 보면, 삿된 견해[邪見]가 버려지고, 자신이 존재한다는 생각[有身見]이 버려지고, 자아에 대한 억측(臆測)이 버려집니까?"

4. "비구여, 보는 나[眼]가 지속하지 않음[無常]을 알고 보면, 삿된 견해[邪見]가 버려진다오. 형색[色]들·시각분별의식[眼識]·시각접촉[眼觸]이 지속하지 않음을 알고 보면, 삿된 견해가 버려진다오. 듣는 나[耳], 냄새 맡는 나[鼻], 맛보는 나[舌], 만지는 나[身], 마음[意] 등도 마찬가지라오. 〈s.35.164〉

5. 비구여, 보는 나가 괴로움임[苦]을 알고 보면, 자신이 존재한다는 생각[有身見]이 버려진다오. 형색들·시각분별의식·시각접촉이 괴로움임을 알고 보면, 자신이 존재한다는 생각이 버려진다오. 듣는 나, 냄새 맡는 나, 맛보는 나, 만지는 나, 마음 등도 마찬가지라오. 〈s.35.165〉

6. 비구여, 보는 나가 자아가 아님[無我]을 알고 보면, 자아에 대한 억측이 버려진다오. 형색들·시각분별의식·시각접촉이 자아가 아님을 알고 보면, 자아에 대한 억측이 버려진다오. 듣는 나, 냄새 맡는 나, 맛보는 나, 만지는 나, 마음 등도 마찬가지라오." 〈s.35.166〉

4.74. 욕망[Chandena] - 외적인[Bāhira] 〈s.35.167-186〉

1.-2. 세존께서 사왓티의 제따와나 아나타삔디까 승원에 머무실 때, 비구들에게 말씀하셨습니다.

3. "비구들이여, 지속하지 않으면[無常], 그대들은 그것에 대하여 욕망을 버리고 탐욕을 버리고 욕망과 탐욕을 버려야 한다오.

비구들이여, 보는 나[眼]·듣는 나[耳]·냄새 맡는 나[鼻]·맛보는 나[舌]·만지는 나[身]·마음[意]은 지속하지 않는다오. 그러므로 그대들은 그것에 대하여 욕망을 버리고 탐욕을 버리고 욕망과 탐욕을 버려야 한다오.

4. 비구들이여, 괴로우면[苦], 그대들은 그것에 대하여 욕망을 버리고 탐욕을 버리고 욕망과 탐욕을 버려야 한다오.

비구들이여, 보는 나, 듣는 나·냄새 맡는 나·맛보는 나·만지는 나·마음은 괴롭다오. 그러므로 그대들은 그것에 대하여 욕망을 버리고 탐욕을 버리고 욕망과 탐욕을 버려야 한다오.

5. 비구들이여, 자아가 아니면[無我], 그대들은 그것에 대하여 욕망을 버리고 탐욕을 버리고 욕망과 탐욕을 버려야 한다오.

비구들이여, 보는 나·듣는 나·냄새 맡는 나·맛보는 나·만지는 나·마음은 자아가 아니라오. 그러므로 그대들은 그것에 대하여 욕망을 버리고 탐욕을 버리고 욕망과 탐욕을 버려야 한다오.

6. 형색[色]들, 소리[聲]들, 냄새[香]들, 맛[味]들, 촉감[觸], 법(法)들도 마찬가지라오.

7. 비구들이여, 과거·미래·현재의 보는 나, 듣는 나, 냄새 맡는 나, 맛보는 나, 만지는 나, 마음은 지속하지 않는다오. 비구들이여, 이

와 같이 보는 학식이 많은 거룩한 제자는 보는 나·듣는 나·냄새 맡는 나·맛보는 나·만지는 나·마음에 대하여 싫증[厭離]을 낸다오. 그는 싫증을 내기 때문에 욕탐을 버리고[離欲], 욕탐을 버리기 때문에 해탈(解脫)하며, 해탈했을 때 '나는 해탈했다'라고 안다오. 그는 '생(生)은 소멸했다. 청정한 수행[梵行]을 완성했으며, 해야 할 일을 끝마쳤다. 다시는 이와 같은 상태로 되지 않는다'라고 통찰한다오.

8. 비구들이여, 과거·미래·현재의 보는 나, 듣는 나, 냄새 맡는 나, 맛보는 나, 만지는 나, 마음은 괴롭다오. 비구들이여, 이와 같이 보는 학식이 많은 거룩한 제자는 보는 나·듣는 나·냄새 맡는 나·맛보는 나·만지는 나·마음에 대하여 싫증을 낸다오. 그는 싫증을 내기 때문에 욕탐을 버리고, 욕탐을 버리기 때문에 해탈하며, 해탈했을 때 '나는 해탈했다'라고 안다오. 그는 '생은 소멸했다. 청정한 수행을 완성했으며, 해야 할 일을 끝마쳤다. 다시는 이와 같은 상태로 되지 않는다'라고 통찰한다오.

9. 비구들이여, 과거·미래·현재의 보는 나, 듣는 나, 냄새 맡는 나, 맛보는 나, 만지는 나, 마음은 자아가 아니라오. 비구들이여, 이와 같이 보는 학식이 많은 거룩한 제자는 보는 나·듣는 나·냄새 맡는 나·맛보는 나·만지는 나·마음에 대하여 싫증을 낸다오. 그는 싫증을 내기 때문에 욕탐을 버리고, 욕탐을 버리기 때문에 해탈하며, 해탈했을 때 '나는 해탈했다'라고 안다오. 그는 '생은 소멸했다. 청정한 수행을 완성했으며, 해야 할 일을 끝마쳤다. 다시는 이와 같은 상태로 되지 않는다'라고 통찰한다오.

10. 형색들, 소리들, 냄새들, 맛들, 촉감, 지각 대상들도 마찬가지라오."

4.75. 바다[Samuddo] (1) 〈s.35.187〉

1.-2. 세존께서 사왓티의 제따와나 아나타삔디까 승원에 머무실 때, 비구들에게 말씀하셨습니다.

"비구들이여, 배우지 못한 무지한 범부는 '바다'라고들 말한다오. 비구들이여, 이것은 성자의 율(律)에서는 '바다'가 아니라오. 비구들이여, 범부들이 말하는 바다는 단지 많은 물이 모인 큰 물웅덩이를 의미할 뿐이라오.

3. 비구들이여, 보는 나[眼]가 인간의 바다라오. 그 바다의 거친 파도는 형색[色]으로 이루어졌다오. 비구들이여, 그 형색으로 이루어진 거친 파도를 극복한 사람을, 파도치고 소용돌이치고 악어와 나찰(羅刹)이 우글대는, 보는 나의 바다를 통과하여 저편으로 건너가 높은 땅에 도달하여 머무는 바라문이라고 부른다오.

4. 비구들이여, 듣는 나[耳]가 인간의 바다라오. 그 바다의 거친 파도는 소리[聲]로 이루어졌다오. 비구들이여, 그 소리로 이루어진 거친 파도를 극복한 사람을, 파도치고 소용돌이치고 악어와 나찰이 우글대는, 듣는 나의 바다를 통과하여 저편으로 건너가 높은 땅에 도달하여 머무는 바라문이라고 부른다오.

5. 비구들이여, 냄새 맡는 나[鼻]가 인간의 바다라오. 그 바다의 거친 파도는 냄새[香]로 이루어졌다오. 비구들이여, 그 냄새로 이루어진 거친 파도를 극복한 사람을, 파도치고 소용돌이치고 악어와 나찰이 우글대는, 냄새

맡는 나의 바다를 통과하여 저편으로 건너가 높은 땅에 도달하여 머무는 바라문이라고 부른다오.

6. 비구들이여, 맛보는 나[舌]가 인간의 바다라오. 그 바다의 거친 파도는 맛[味]으로 이루어졌다오. 비구들이여, 그 맛으로 이루어진 거친 파도를 극복한 사람을, 파도치고 소용돌이치고 악어와 나찰이 우글대는, 맛보는 나의 바다를 통과하여 저편으로 건너가 높은 땅에 도달하여 머무는 바라문이라고 부른다오.

7. 비구들이여, 만지는 나[身]가 인간의 바다라오. 그 바다의 거친 파도는 촉감[觸]으로 이루어졌다오. 비구들이여, 그 촉감으로 이루어진 거친 파도를 극복한 사람을, 파도치고 소용돌이치고 악어와 나찰이 우글대는, 만지는 나의 바다를 통과하여 저편으로 건너가 높은 땅에 도달하여 머무는 바라문이라고 부른다오.

8. 비구들이여, 마음[意]이 인간의 바다라오. 그 바다의 거친 파도는 지각대상[法]으로 이루어졌다오. 비구들이여, 그 지각대상으로 이루어진 거친 파도를 극복한 사람을, 파도치고 소용돌이치고 악어와 나찰이 우글대는, 마음의 바다를 통과하여 저편으로 건너가 높은 땅에 도달하여 머무는 바라문이라고 부른다오."

9. 스승님께서는 이렇게 말씀하셨습니다.

악어와 나찰이 우글대고 파도치는
거친 바다 저편으로 건너간 사람
그를 청정한 수행을 완성하고 세간의 끝에 도달한
베다에 정통한 사람이라고 부른다.

4.76. 바다[Samuddo] (2) 〈s.35.188〉

1.-2. 세존께서 사왓티의 제따와나 아나타삔디까 승원에 머무실 때, 비구들에게 말씀하셨습니다.

"비구들이여, 배우지 못한 무지한 범부는 '바다'라고들 말한다오. 비구들이여, 이것은 성자의 율(律)에서는 '바다'가 아니라오. 비구들이여, 범부들이 말하는 '바다'는 단지 많은 물이 모인 큰 물웅덩이를 의미할 뿐이라오.

3. 비구들이여, 시각[眼]에 의해 지각되는 마음에 들고 사랑스럽고 매력 있고 귀엽고 즐겁고 유혹적인 형색[色]들이 있다오. 비구들이여, 성자의 율에서는 이것을 바다라고 부른다오.

지금 천신(天神)·마라(Māra)·범천(梵天)을 포함한 이 세간(世間), 사문과 바라문과 왕과 백성을 포함한 인간은 대부분 바다에 빠져서 뒤엉킨 실타래처럼 태어나고 뭉친 실타래처럼 태어나, 갈대나 억새처럼 살면서 몹쓸 세상, 괴로운 세상, 험한 세상을 떠도는 윤회(輪迴)를 벗어나지 못하고 있다오.

4.-8. 비구들이여, 청각[耳]에 의해 지각되는 … 유혹적인 소리[聲]들, 후각[鼻]에 의해 지각되는 … 유혹적인 냄새[香]들, 미각[舌]에 의해 지각되는 … 유혹적인 맛[味]들, 촉각[身]에 의해 지각되는 … 유혹적인 촉감[觸], 마음[意]에 의해 지각되는 … 유혹적인 대상[法]들이 있다오. 비구들이여, 성자의 율에서는 이것을 바다라고 부른다오.

지금 천신·마라·범천을 포함한 이 세간, 사문과 바라문과 왕과 백성을 포함한 인간은 대부분 바다에 빠져서 뒤엉킨 실타래처럼 태어나고 뭉친 실타래처럼 태어나, 갈대나 억새처럼 살면서 몹쓸 세상, 괴로운 세상, 험한 세상을 떠도는 윤회를 벗어나지 못하고 있다오."

4.77. 꼿티까[Koṭṭhiko] 〈s.35.191〉

1. 한때 사리뿟따 존자와 마하 꼿티까 존자는 바라나시의 이시빠따나 미가다야[鹿野苑]에 머물고 있었습니다.

2.-3. 그때 마하 꼿티까 존자는 해 질 무렵에 좌선에서 일어나 사리뿟따 존자를 찾아가서 말했습니다.

"사리뿟따 존자님! 보는 나[眼]가 형색[色]들의 결박입니까, 형색들이 보는 나의 결박입니까? 듣는 나[耳]·냄새 맡는 나[鼻]·맛보는 나[舌]·만지는 나[身]·마음[意]이 소리[聲]들·냄새[香]들·맛[味]들·촉감[觸]들·지각대상[法]들의 결박입니까, 소리들·냄새들·맛들·촉감들·지각대상들이 듣는 나·냄새 맡는 나·맛보는 나·만지는 나·마음의 결박입니까?"

4. "마하 꼿티까 존자여! 보는 나가 형색들의 결박도 아니고, 형색들이 보는 나의 결박도 아니라오. 듣는 나, 냄새 맡는 나, 맛보는 나, 만지는 나, 마음과 소리들, 냄새들, 맛들, 촉감들, 지각대상들도 마찬가지라오. 그 둘에 의지하여 욕탐(欲貪)이 생기면, 그때 그 욕탐이 결박이라오.

5. 존자여, 비유하면 검은 소와 흰 소가 하나의 밧줄이나 고삐에 묶여 있는 것과 같다오. 만약에 어떤 사람이 검은 소가 흰 소의 결박이라고 말하거나 흰 소가 검은 소의 결박이라고 말한다면, 그는 바르게 이야기하고 있는 것인가?"

"그렇지 않습니다, 존자님!"

6. "존자여, 보는 나가 형색들의 결박이거나 형색들이 보는 나의 결박이라면, 바르게 괴로움을 소멸하기 위한 청정한 수행의 삶이 시설(施設)되지 않는다오. 존자여, 보는 나가 형색들의 결박도 아니고, 형색들이 보는 나의 결박도 아니고, 그 둘에 의지하여 욕탐이 생기면, 그때 그 욕탐이 결박이기 때문에 바르게 괴로움을 소멸하기 위한 청정한 수행의 삶이 시설되는 것이라오. 듣는 나, 냄새 맡는 나, 맛보는 나, 만지는 나, 마음과 소리들, 냄새들, 맛들, 촉감, 지각대상들도 마찬가지라오.

존자여, 이런 식으로 알아야 한다오.

존자여, 세존에게도 눈[眼]이 있다오. 세존께서는 눈으로 형색을 보시지만, 세존에게는 욕탐이 없다오. 세존은 잘 해탈한 마음이라오[suvimuttacitto Bhagavā]. 귀[耳], 코[鼻], 혀[舌], 몸[身], 마음[意]도 마찬가지라오."

4.78. 독사[Āsīviso] 〈s.35.197〉

1.-2. 세존께서 사왓티의 제따와나 아나타삔디까 승원에 머무실 때, 비구들에게 말씀하셨습니다.

3. "비구들이여, 비유하면 맹렬하고 무서운 독을 품은 네 마리의 독사가 살기를 바라고, 죽지 않기를 바라고, 즐겁기를 바라고, 괴로움을 싫어하는 사람이 다가왔다오. 그러자 사람들이 그에게 '여보게! 이 사람아! 여기에는 맹렬하고 무서운 독을 품은 네 마리의 독사가 있다네. 그 뱀들은 반드시 때때로 일어나서 목욕하고 먹고 들어간다네. 여보게! 이 사람아! 만약에 맹렬하고 무서운 독을 품은

네 마리의 독사 가운데 어떤 놈이라도 성을 내면, 그대는 죽음에 이르거나 죽을 지경의 괴로움에 이를 것이네. 그러니 그대는 이에 대처해야 하지 않겠는가?'라고 말했다오.

4. 비구들이여, 그 사람은 맹렬하고 무서운 독을 품은 네 마리의 독사가 두려워서 이리저리 도망 다녔다오. 그러자 사람들이 그에게 '여보게! 이 사람아! 여기에는 다섯 명의 악독한 살인자가 사람을 뒤쫓아 가서 '우리는 그를 보면 목숨을 빼앗겠다'라고 한다네. 그러니 그대는 이에 대처해야 하지 않겠는가?'라고 말했다오.

5. 비구들이여, 그 사람은 다섯 명의 악독한 살인자가 두려워서 이리저리 도망 다녔다오. 그러자 사람들이 그에게 '여보게! 이 사람아! 이 여섯 번째 칼을 뽑아 든 강도 살인자가 뒤쫓아 가서 '나는 그를 보면 머리를 잘라 죽이겠다'라고 한다네. 그러니 그대는 이에 대처해야 하지 않겠는가?'라고 말했다오.

6. 비구들이여, 그 사람은 강도 살인자가 두려워서 이리저리 도망 다녔다오. 그는 텅 빈 마을을 보고, 아무도 없는 버려진 빈집에 들어가 아무것도 없는 빈 그릇을 집어 들었다오. 그러자 사람들이 그에게 '여보게! 이 사람아! 지금 마을을 약탈하는 도적들이 이 빈 마을을 털려고 한다네. 그러니 그대는 이에 대처해야 하지 않겠는가?'라고 말했다오.

7. 비구들이여, 그 사람은 마을을 약탈하는 도적들이 두려워서 이리저리 도망 다니다가 큰 강을 보았다오. 그 강의 이쪽 언덕은 무섭고 위험하고 저쪽 언덕은 안전하고 위험이 없는데, 이 언덕[此岸]에서 저 언덕[彼岸]으로 갈 수 있도록 강을 건네줄 배가 없었다오.

8. 비구들이여, 그 사람은 '이 큰 강의 이쪽 언덕은 무섭고 위험하고 저쪽 언덕은 안전하고 위험이 없다. 그런데 이 언덕에서 저 언덕으로 갈 수 있도록 강을 건네줄 배가 없구나! 나는 풀·나무토막·나뭇가지·나뭇잎을 모아 뗏목을 엮은 다음, 그 뗏목에 의지하여 손과 발을 힘껏 저어서 안전하게 저 언덕으로 올라가야겠다'라고 생각했다오.

9. 비구들이여, 그래서 그 사람은 풀·나무토막·나뭇가지·나뭇잎을 모아 뗏목을 엮은 다음, 그 뗏목에 의지하여 손과 발을 힘껏 저어서 안전하게 저 언덕으로 올라갔다오.

바라문은 강을 건너가 저 언덕에 도달하여 높은 땅에 머문다오.

10. 비구들이여, 나는 어떤 의미를 전달하기 위하여 이 비유를 들었다오.

11. 비구들이여, 맹렬하고 무서운 독을 품은 네 마리의 독사는 4대(四大), 즉 지계(地界)·수계(水界)·화계(火界)·풍계(風界)의 비유라오.

12. 다섯 명의 악독한 살인자는 5취온(五取蘊), 즉 색취온(色取蘊)·수취온(受取蘊)·상취온(想取蘊)·행취온(行取蘊)·식취온(識取蘊)의 비유라오.

13. 여섯 번째 칼을 뽑아 든 강도 살인자는 환락과 욕탐의 비유라오.

14. 비구들이여, 텅 빈 마을은 내6입처(內六入處)의 비유라오. 현명하고 총명하고 지혜로운 사람이 확인한다면, 보는 나[眼]·듣는 나[耳]·냄새 맡는 나[鼻]·맛보는 나[舌]·만지는 나[身]·마음[意]은 실체가 없이 공허하고 텅 빈 것으로 보인다오.

15. 비구들이여, 마을을 약탈하는 도적들은 외6입처(外六入處)의 비유라오. 보는 나, 듣는 나, 냄새 맡는 나, 맛보는 나, 만지는 나, 마

음은 마음에 들거나 마음에 들지 않는 형색[色]들, 소리[聲]들, 냄새[香]들, 맛[味]들, 촉감[觸], 지각대상[法]들에 의해서 공격을 받는다오.

16. 비구들이여, 큰 강은 네 가지 폭류[四流], 즉 욕류(欲流)·유류(有流)·견류(見流)·무명류(無明流)의 비유라오.

17. 무섭고 위험한 이쪽 언덕은 자기 자신이 있다는 생각[sakkāya, 有身]의 비유라오.

18. 안전하고 위험이 없는 저쪽 언덕은 열반의 비유라오.

19. 뗏목은 거룩한 8정도(八正道), 즉 바른 견해[正見]·바른 의도[正思惟]·바른말[正語]·바른 행동[正業]·바른 생계[正命]·바른 정진[正精進]·바른 주의집중[正念]·바른 선정[正定]의 비유라오.

20. 손과 발을 힘껏 젓는다는 것은 정진(精進)과 노력의 비유라오.

21. 바라문은 강을 건너가 저 언덕에 도달하여 높은 땅에 머문다는 것은 아라한(阿羅漢)의 비유라오."

4.79. 나뭇가지[Dārukkhandho] 〈s.35.200〉

1.-2. 세존께서 꼬삼비의 갠지스강 언덕에 머무실 때, 갠지스강에 큰 나뭇가지가 떠서 흘러가는 것을 보시고 비구들에게 말씀하셨습니다.

"비구들이여, 갠지스강에 큰 나뭇가지가 떠서 흘러가는 것이 보이는가?"

"그렇습니다, 세존이시여!"

3. "비구들이여, 만약에 나뭇가지가 이쪽 언덕에도 가까이 가지 않고 저쪽 언덕에도 가까이 가지 않고 중간에 가라앉지 않고 땅에 걸리지 않고 사람에게 붙잡히지 않고 비인(非人, amanussa)[624]에게 붙잡히지 않고 소용돌이에 붙잡히지 않고 안으로 썩지 않으면, 그 나뭇가지는 바다를 향하여 바다로 가서 바다에 들어가게 된다오. 왜냐하면 비구들이여, 갠지스강의 흐름은 바다를 향하여 바다로 가서 바다에 들어가기 때문이라오. 비구들이여, 이와 마찬가지로 그대들이 이쪽 언덕에도 가까이 가지 않고 저쪽 언덕에도 가까이 가지 않고 도중에 가라앉지 않고 땅에 걸리지 않고 사람에게 붙잡히지 않고 비인에게 붙잡히지 않고 소용돌이에 붙잡히지 않고 안으로 썩지 않으면, 그대들은 열반을 향하여 열반으로 가서 열반에 들어가게 된다오. 왜냐하면 비구들이여, 바른 견해[正見]는 열반을 향하여 열반으로 가서 열반에 들어가기 때문이오."

4. 이 말씀을 듣고, 어떤 비구가 세존께 말씀드렸습니다.

"세존이시여, 이쪽 언덕은 무엇이고, 저쪽 언덕은 무엇입니까? 중간에 가라앉는 것은 어떤 것이고, 땅에 걸리는 것은 어떤 것입니까? 사람에게 붙잡히는 것은 어떤 것이고, 비인에게 붙잡히는 것은 어떤 것입니까? 소용돌이에 붙잡히는 것은 어떤 것이고, 안으로 썩는 것은 어떤 것입니까?"

5. "비구여, 이쪽 언덕은 내6입처(內六入處)의 비유라오.

6. 저쪽 언덕은 외6입처(外六入處)의 비유라오.

---

624 인간이 아닌 귀신이나 천신이나 야차 등을 의미한다.

7. 중간에 가라앉는 것은 환락과 욕탐의 비유라오.
8. 땅에 걸리는 것은 '내가 있다는 생각[我慢]'의 비유라오.
9. 비구여, 어떤 것이 사람에게 붙잡히는 것인가? 비구가 속인들과 어울려 살면서 함께 기뻐하고, 함께 슬퍼하고, 즐거운 일에 즐거워하고, 괴로운 일에 괴로워하고, 일이 생기면 스스로 끼어드는 것이 사람에게 붙잡히는 것이라오.
10. 비구여, 어떤 것이 비인에게 붙잡히는 것인가? 어떤 사람은 '나는 이 계율(戒律)이나 덕행(德行)이나 고행(苦行)이나 청정한 수행[梵行]으로 천신(天神)이나 천중(天衆)이 되어야겠다'라고 생각하고, 어떤 천신이 되기 위하여 청정한 수행을 실천한다오. 비구여, 이것이 비인에게 붙잡히는 것이라오.
11. 비구여, 소용돌이에 붙잡히는 것은 다섯 가지 감각적 욕망의 비유라오.
12. 비구여, 어떤 것이 안으로 썩는 것인가? 어떤 사람은 부도덕하다오. 그는 행실이 사악하고 깨끗하지 않으며, 바른 수행을 하는지 의심스럽고, 참회하지 않고 죄를 숨기며, 사문이 아니면서 사문인 체하고, 수행자가 아니면서 수행자인 체하며, 안으로 썩고 부패하였으며, 성품이 더럽다오. 비구여, 이것이 안으로 썩는 것이라오."
13.-14. 그때 세존 가까이에 있던 소를 치는 난다(Nanda)가 세존께 말씀드렸습니다.

"세존이시여, 저는 이쪽 언덕에도 가까이 가지 않고, 저쪽 언덕에도 가까이 가지 않고, 중간에 가라앉지 않고, 땅에 걸리지 않고, 사람에게 붙잡히지 않고, 비인에게 붙잡히지 않고, 소용돌이에 붙잡히지 않고, 안으로 썩지 않겠습니다. 세존이시여, 저는 세존 앞으로 출가하여 구족계를 받고 싶습니다."
15. "난다여, 그렇다면 그대는 소들을 주인에게 돌려주어라!"

"세존이시여, 소들은 송아지를 애지중지하기 때문에 알아서 갈 것입니다."

"난다여, 그대는 소들을 주인에게 돌려주어라!"
16. 난다는 소들을 주인에게 돌려준 후에 세존을 찾아와서 세존께 말씀드렸습니다.

"세존이시여, 소들을 주인에게 돌려주었습니다. 세존이시여, 저는 세존 앞으로 출가하여 구족계를 받고 싶습니다."
17. 소를 치는 난다는 세존 앞으로 출가하여 구족계를 받았습니다. 난다 존자는 구족계를 받고 곧바로 홀로 외딴곳에서 열심히 노력하고 정진하며 지냈습니다. 그리고 오래지 않아 선남자(善男子)들이 출가하는 목적인 위없는 청정한 수행[梵行]의 완성을 지금 여기에서 스스로 증득하고 성취하여 살았습니다. 그는 '생(生)은 소멸했다. 청정한 수행[梵行]을 완성했으며, 해야 할 일을 끝마쳤다. 다시는 이와 같은 상태로 되지 않는다'라는 것을 증득했습니다.
18. 난다 존자는 아라한 가운데 한 분이 되었습니다.

4.80. 괴로운 법(法)들[Dukkhadhammā] 〈s.35.203〉

1.-3. 세존께서 사왓티의 제따와나 아나타삔디까 승원에 머무실 때, 비구들에게 말씀하셨습니다.

"비구들이여, 비구가 일체의 괴로운 법

의 쌓임[集]과 소멸[滅]을 있는 그대로 통찰하면 그에게 감각적 욕망들이 보이고, 그와 같이 감각적 욕망들을 관찰하면 감각적 욕망 가운데 있는 감각적 욕망에 대한 의욕, 감각적 욕망에 대한 애착, 감각적 욕망에 대한 열망, 감각적 욕망에 대한 열뇌(熱惱)가 잠재하지[anuseti] 않는다오. 그러면 그는 수행하는 방법과 살아가는 방법을 깨닫게 되며, 이렇게 수행하면 탐욕과 불만 같은 사악한 불선법(不善法)들이 잠재하지 않는다오.

4. 비구들이여, 비구는 어떻게 일체의 괴로운 법의 쌓임과 소멸을 있는 그대로 통찰하는가? '이것이 형색[色]이다', '이것이 형색의 쌓임[色集]이다', '이것이 형색의 소멸[色滅]이다', '이것이 느낌[受]이다', '이것이 느낌의 쌓임[受集]이다', '이것이 느낌의 소멸[受滅]이다', '이것이 생각[想]이다', '이것이 생각의 쌓임[想集]이다', '이것이 생각의 소멸[想滅]이다', '이것이 행위[行]들이다', '이것이 행위들의 쌓임[行集]이다', '이것이 행위들의 소멸[行滅]이다', '이것이 분별의식[識]이다', '이것이 분별의식의 쌓임[識集]이다', '이것이 분별의식의 소멸[識滅]이다'라고, 비구들이여, 이와 같이 비구는 일체의 괴로운 법의 쌓임과 소멸을 있는 그대로 통찰한다오.

5. 비구들이여, 어떻게 비구에게 감각적 욕망들이 보이고, 그와 같이 감각적 욕망들을 관찰하면 감각적 욕망 가운데 있는 감각적 욕망에 대한 의욕, 감각적 욕망에 대한 애착, 감각적 욕망에 대한 열망, 감각적 욕망에 대한 열뇌가 무의식중에 잠재하지 않는가?

비구들이여, 예를 들어 사람의 키보다 훨씬 깊은, 불꽃도 일지 않고 연기도 나지 않는 숯불이 가득 찬 불구덩이에 살기를 바라고 죽지 않기를 바라고 괴로움을 싫어하는 사람이 오자, 그를 힘센 장정 두 사람이 억지로 붙잡아서 그 불구덩이 속에 끌어넣는다면, 그는 이리저리 몸을 비틀 것이오. 비구들이여, 왜냐하면 그는 '내가 이 불구덩이에 빠지게 되면 그로 인해서 죽게 되거나 죽을 정도로 괴롭게 될 것이다'라고 알기 때문이오.

비구들이여, 이와 같이 비구에게 감각적 욕망들이 보이고, 이와 같이 감각적 욕망들을 관찰하면 감각적 욕망 가운데 있는 감각적 욕망에 대한 의욕, 감각적 욕망에 대한 애착, 감각적 욕망에 대한 열망, 감각적 욕망에 대한 열뇌가 잠재하지 않는다오.

6. 비구들이여, 비구는 어떻게 수행하는 방법과 살아가는 방법을 깨닫게 되며, 이렇게 수행하면 탐욕과 불만 같은 사악한 불선법들이 흘러나오지 않는가?

비구들이여, 예를 들면 어떤 사람이 가시덤불이 우거진 숲에 들어가서 전후·좌우·상하에 가시가 있으면, 주의해서 나아가고 주의해서 물러설 것이오. 비구들이여, 세간에 있는 사랑스러운 형색, 기분 좋은 형색, 이것을 성자의 율(律)에서는 '가시'라고 부른다오.

7. 이와 같이 안 다음에 수호(守護)와 수호하지 않음을 알아야 한다오.

8. 비구들이여, 수호하지 않음은 어떤 것인가? 비구들이여, 어떤 비구는 눈[眼]으로 형색[色]을 보고, 귀[耳]로 소리[聲]를 듣고, 코[鼻]로 냄새[香]를 맡고, 혀[舌]로 맛[味]을 보고, 몸[身]으로 촉감[觸]을 느끼고, 마음[意]으로 대상[法]을 지각한 후에 사랑스러운 형색·소리·냄새·맛·촉감·대상을 애착하고, 사랑스럽지 않은 형색·소리·냄새·맛

·촉감·지각대상을 싫어하고, 몸에 대한 주의집중을 확립하지 않고 옹졸한 마음으로 살아가면서 이미 발생한 사악한 불선법이 남김없이 소멸하는 심해탈(心解脫)과 혜해탈(慧解脫)을 여실(如實)하게 통찰하지 않는다오. 비구들이여, 이렇게 하는 것이 수호하지 않음이라오.

9. 비구들이여, 수호는 어떤 것인가? 비구들이여, 어떤 비구는 눈으로 형색을 보고, 귀로 소리를 듣고, 코로 냄새를 맡고, 혀로 맛을 보고, 몸으로 촉감을 느끼고, 마음으로 대상을 지각한 후에 사랑스러운 형색·소리·냄새·맛·촉감·지각대상을 애착하지 않고, 사랑스럽지 않은형색·소리·냄새·맛·촉감·지각대상을 싫어하지 않고, 몸에 대한 주의집중을 확립하고 한량없는 마음으로 살아가면서 이미 발생한 사악한 불선법이 남김없이 소멸하는 심해탈과 혜해탈을 있는 그대로 통찰한다오. 비구들이여, 이렇게 하는 것이 수호라오.

10. 비구들이여, 만약에 이와 같이 수행하며 살아가는 비구에게 가끔 주의집중을 놓침으로써 주의집중과 의도(意圖)를 결박하는 사악한 불선법들이 생겨도, 천천히 생기기 때문에 그는 주의집중을 일으켜서 재빨리 그것을 포기하고 몰아내고 제거하여 없앤다오. 비구들이여, 비유하면 한낮에 뜨거워진 그릇에 두세 방울의 빗방울이 떨어져도, 빗방울이 천천히 떨어지기 때문에 그것은 재빨리 고갈하여 소멸하는 것과 같다오. 비구들이여, 이와 같이 수행하며 살아가는 비구에게 가끔 주의집중을 놓침으로써 주의집중과 의도를 결박하는 사악한 불선법들이 생겨도, 천천히 생기기 때문에 그는 주의집중을 일으켜서 재빨리 그것을 포기하고 몰아내고 제거하여 없앤다오.

11. 비구들이여, 이와 같이 비구가 수행하는 방법과 살아가는 방법을 깨닫게 되면, 이렇게 수행하며 살아감에 따라 탐욕과 불만 같은 사악한 불선법들이 흘러나오지 않는다오. 비구들이여, 만약에 그에게 왕이나 왕의 대신이나 친구나 동료나 친지나 친척이 재물을 가지고 와서 '여보게, 이 사람아! 그대는 왜 가사를 입고, 왜 삭발을 하는가? 이리 와서 환속하여 재물을 향유하고 공덕을 지어라!'라고 할지라도, 이렇게 수행하며 살아가는 비구가 공부를 포기하고 환속하는 일은 결코 있을 수 없다오.

12. 비구들이여, 비유하면 동쪽으로 기울어지고 동쪽으로 향하여 동쪽으로 흘러가는 갠지스강을 많은 사람들이 삽과 바구니를 가지고 와서 '우리가 갠지스강을 서쪽으로 기울게 하고 서쪽으로 향하게 하여 서쪽으로 흘러가게 하자!'라고 하는 것과 같다오. 비구들이여, 어떻게 생각하는가? 많은 사람들이 갠지스강을 서쪽으로 기울게 하고 서쪽으로 향하게 하여 서쪽으로 흘러가게 할 수 있겠는가?"

"세존이시여, 그렇게 할 수 없습니다."

13. "비구들이여, 이와 마찬가지로 이렇게 수행하며 살아가는 비구에게 왕이나 왕의 대신이나 친구나 동료나 친지나 친척이 재물을 가지고 와서 '여보게, 이 사람아! 그대는 왜 가사를 입고, 왜 삭발을 하는가? 이리 와서 환속하여 재물을 향유하고 공덕을 지어라!'라고 할지라도, 이렇게 수행하며 살아가는 그 비구가 실로 공부를 포기하고 환속하는 일은 있을 수 없다오. 왜냐하면 비구들이여, 오랜 세월 마음이 쾌락을 멀리함[viveka,

遠離]으로 기울고 쾌락을 멀리함으로 향하여 쾌락을 멀리함으로 흘러가는 사람이 환속하는 일은 있을 수 없다오."

4.81. 여섯 동물[Chapāṇa]〈s.35.206〉

1.-2. 세존께서 사왓티의 제따와나 아나타삔디까 승원에 머무실 때, 비구들에게 말씀하셨습니다.

3. "비구들이여, 예를 들어, 상처투성이가 되어 살이 썩어 들어가는 사람이 갈대숲에 들어가면, 꾸사(kusa)풀 가시가 발을 찌르고 썩은 상처를 할퀼 것이오. 비구들이여, 그러면 그 사람은 그로 인해서 극심한 고통을 느낄 것이오. 비구들이여, 이와 마찬가지로 어떤 비구가 마을에 가거나 숲에 가서 '존자여! 이런 일을 하고 이런 행동을 하는 것은 더러운 세속의 가시입니다'라는 말을 들으면, '그것은 가시다'라고 안 다음에 수호(守護)와 수호하지 않음을 알아야 한다오.

4. 비구들이여, 수호하지 않음은 어떤 것인가? 비구들이여, 어떤 비구는 눈[眼]으로 형색[色]을 보고, 귀[耳]로 소리[聲]를 듣고, 코[鼻]로 냄새[香]를 맡고, 혀[舌]로 맛[味]을 보고, 몸[身]으로 촉감[觸]을 느끼고, 마음[意]으로 대상[法]을 지각한 후에 사랑스러운 형색·소리·냄새·맛·촉감·지각대상을 애착하고, 사랑스럽지 않은 형색·소리·냄새·맛·촉감·지각대상을 싫어하고, 몸에 대한 주의집중을 확립하지 않고 옹졸한 마음으로 살아가면서 이미 발생한 사악한 불선법(不善法)이 남김없이 소멸하는 심해탈(心解脫)과 혜해탈(慧解脫)을 여실(如實)하게 통찰하지 않는다오. 비구들이여, 이렇게 하는 것이 수호하지 않음이라오.

5. 비구들이여, 예를 들어 어떤 사람이 관심 대상이 다르고 활동영역이 다른 여섯 동물, 즉 뱀·악어·새·개·승냥이·원숭이를 붙잡아 튼튼한 밧줄로 묶고 각각의 밧줄 중간을 매듭으로 묶어서 놓아 주면, 관심 대상이 다르고 활동영역이 다른 여섯 동물은 저마다 자신의 관심 대상과 활동영역으로 갈 것이오. 뱀은 '나는 구멍으로 들어가겠다'라고 구멍으로 갈 것이고, 악어는 '나는 물로 가겠다'라고 물로 갈 것이고, 새는 '나는 공중을 날겠다'라고 공중으로 갈 것이고, 개는 '나는 마을로 가겠다'라고 마을로 갈 것이고, 승냥이는 '나는 묘지로 가겠다'라고 묘지로 갈 것이고, 원숭이는 '나는 숲으로 가겠다'라고 숲으로 갈 것이오.

비구들이여, 그 여섯 동물이 각기 지쳤을 때, 그 여섯 동물 가운데 더 강한 동물이 있으면 동물들은 그 동물을 따르고 순종하고 그에게 복종할 것이오. 비구들이여, 이와 같이 누구든 몸에 대한 주의집중을 닦아 익히지 않은 비구의 보는 나는 마음에 드는 형색들을 가까이하고, 마음에 들지 않는 형색들은 싫어한다오. 듣는 나[耳], 냄새 맡는 나[鼻], 맛보는 나[舌], 만지는 나[身], 마음[意]도 마찬가지라오. 비구들이여, 이렇게 하는 것이 수호하지 않음이라오.

6. 비구들이여, 수호는 어떤 것인가? 비구들이여, 어떤 비구는 눈으로 형색을 보고, 귀로 소리를 듣고, 코로 냄새를 맡고, 혀로 맛을 보고, 몸으로 촉감을 느끼고, 마음으로 대상을 지각한 후에 사랑스러운 형색·소리·냄새·맛·촉감·지각대상을 애착하지 않고, 사랑스럽지 않은 형색·소리·냄새·맛·촉감·

지각대상을 싫어하지 않고, 몸에 대한 주의집중을 확립하고 한량없는 마음으로 살아가면서 이미 발생한 사악한 불선법이 남김없이 소멸하는 심해탈과 혜해탈을 있는 그대로 통찰한다오. 비구들이여, 이렇게 하는 것이 수호라오.

7. 비구들이여, 예를 들어 어떤 사람이 관심대상이 다르고 활동영역이 다른 여섯 동물, 즉 뱀·악어·새·개·승냥이·원숭이를 붙잡아 튼튼한 밧줄로 묶고 튼튼한 말뚝이나 기둥에 묶어 놓으면, 관심 대상이 다르고 활동영역이 다른 여섯 동물은 저마다 자신의 관심 대상과 활동영역으로 갈 것이오. 뱀은 '나는 구멍으로 들어가겠다'라고 구멍으로 갈 것이고, 악어는 '나는 물로 가겠다'라고 물로 갈 것이고, 새는 '나는 공중을 날겠다'라고 공중으로 갈 것이고, 개는 '나는 마을로 가겠다'라고 마을로 갈 것이고, 승냥이는 '나는 묘지로 가겠다'라고 묘지로 갈 것이고, 원숭이는 '나는 숲으로 가겠다'라고 숲으로 갈 것이오.

비구들이여, 그 여섯 동물이 각기 지쳤을 때, 그 동물들은 그 말뚝이나 기둥 가까이 머물고 가까이 앉고 가까이 돌아다닐 것이오. 비구들이여, 이와 같이 누구든 몸에 대한 주의집중을 닦아 익힌 비구의 보는 나는 마음에 드는 형색들을 가까이하지 않고, 마음에 들지 않는 형색들은 싫어하지 않는다오. 듣는 나, 냄새 맡는 나, 맛보는 나, 만지는 나, 마음도 마찬가지라오. 비구들이여, 이렇게 하는 것이 수호라오.

8. 비구들이여, 튼튼한 말뚝이나 기둥은 몸에 대한 주의집중의 비유라오. 비구들이여, 그러므로 그대들은 '우리는 몸에 대한 주의집중을 잘 시작하여 꾸준히 습관적으로, 철저하게 체험적으로 몸에 배게 몰입하여 닦아 익히겠다'라고 공부해야 한다오. 비구들이여, 이렇게 공부해야 한다오."

제36 느낌[受, Vedanā] 상윳따

4.82. 두 번째 화살[Sallattena] 〈s.36.6〉

1.-2. 세존께서 사왓티의 제따와나 아나타삔디까 승원에 머무실 때, 비구들에게 말씀하셨습니다.

3. "비구들이여, 배우지 못한 범부는 즐거운 느낌을 느끼고, 괴로운 느낌을 느끼고, 즐겁지도 괴롭지도 않은 느낌을 느낀다오.

4. 비구들이여, 학식이 많은 거룩한 제자도 즐거운 느낌을 느끼고, 괴로운 느낌을 느끼고, 즐겁지도 괴롭지도 않은 느낌을 느낀다오.

5. 비구들이여, 거기에서 학식이 많은 거룩한 제자와 배우지 못한 범부의 구별되는 점은 무엇이고, 다른 점은 무엇이고, 행동의 차이는 무엇인가?"

6. "세존이시여, 세존께서는 법의 근본이시고, 법의 안내자이시고, 법의 귀의처이십니다. 세존이시여, 부디 그 차이를 알려 주십시오! 세존의 말씀을 듣고 비구들은 받아 지닐 것입니다."

7. "비구들이여, 배우지 못한 범부는 괴로운 느낌을 접촉하면, 슬퍼하고 짜증 내고 통곡하고 가슴을 치며 울부짖고 실성한다오. 그는 두 개의 느낌, 즉 몸에 의한 느낌과 마음에 의한 느낌을 느낀다오.

8. 비구들이여, 비유하면 화살에 맞은 사람이 두 번째 화살에 맞는 것과 같다오.

비구들이여, 이와 같이 그 사람은 두 개의 화살에 맞은 것과 같은 느낌을 느낀다오. 비구들이여, 이와 같이 배우지 못한 범부는 괴로운 느낌을 접촉하면, 슬퍼하고 짜증 내고 통곡하고 가슴을 치며 울부짖고 실성한다오. 그는 두 개의 느낌, 즉 몸에 의한 느낌과 마음에 의한 느낌을 느낀다오. 게다가 괴로운 느낌을 접촉하면, 그에게 반감이 차오른다오. 괴로운 느낌에 대한 반감이 차오르면, 괴로운 느낌에 대한 반감의 습성[paṭighānusayo]이 잠재한다오.

그는 괴로운 느낌을 접촉하면, 감각적 욕망을 즐긴다오. 왜냐하면 비구들이여, 배우지 못한 범부는 감각적 욕망 이외에는 괴로운 느낌에서 벗어나는 방법을 알지 못하기 때문이라오. 감각적 욕망을 즐기는 그에게 즐거운 느낌에 대한 탐욕의 습성[rāgānusayo]이 잠재한다오. 그는 그 느낌들의 쌓임[集]과 소멸[滅]과 달콤한 맛[味]과 재난[患]과 벗어남[出離]을 있는 그대로 통찰하지 못한다오. 느낌들의 쌓임과 소멸과 달콤한 맛과 재난과 벗어남을 있는 그대로 통찰하지 못하는 그에게 괴롭지도 즐겁지도 않은 느낌에 대한 무명의 습성[avijjānusayo]이 잠재한다오.

그는 즐거운 느낌을 느낄 때 그것을 속박된 것으로 느끼고, 괴로운 느낌을 느낄 때 그것을 속박된 것으로 느끼고, 괴롭지도 즐겁지도 않은 느낌을 느낄 때 그것을 속박된 것으로 느낀다오. 비구들이여, 나는 이것을 '배우지 못한 범부는 태어남·죽음·근심·슬픔·고통·우울·고뇌에 속박되고 괴로움에 속박되었다'라고 말한다오.

9. 비구들이여, 학식이 많은 거룩한 제자는 괴로운 느낌을 접촉해도, 슬퍼하지 않고 짜증 내지 않고 통곡하지 않고 가슴을 치며 울부짖지 않고 실성하지 않는다오. 그는 몸에 의한 느낌 하나만을 느낄 뿐 마음에 의한 느낌은 느끼지 않는다오.

10. 비구들이여, 비유하면 화살에 맞은 사람이 두 번째 화살에 맞지 않는 것과 같다오.

비구들이여, 이와 같이 그 사람은 하나의 화살에 맞은 것과 같은 느낌을 느낀다오. 비구들이여, 이와 같이 학식이 많은 거룩한 제자는 괴로운 느낌을 접촉해도, 슬퍼하지 않고 짜증 내지 않고 통곡하지 않고 가슴을 치며 울부짖지 않고 실성하지 않는다오. 그는 몸에 의한 느낌 하나만을 느낄 뿐 마음에 의한 느낌은 느끼지 않는다오. 그뿐만 아니라 괴로운 느낌을 접촉해도 그에게 반감이 차오르지 않는다오. 반감이 없는 그에게는 괴로운 느낌에 대한 반감의 습성이 잠재하지 않는다오.

그는 괴로운 느낌을 접촉하면 감각적 욕망을 즐기지 않는다오. 왜냐하면 비구들이여, 학식이 많은 거룩한 제자는 감각적 욕망 이외의 괴로운 느낌에서 벗어나는 방법을 통찰하기 때문이라오. 감각적 욕망을 즐기지 않는 그에게는 즐거운 느낌에 대한 탐욕의 습성이 잠재하지 않는다오.

그는 그 느낌들의 쌓임과 소멸과 달콤한 맛과 재난과 벗어남을 있는 그대로 통찰한다오. 그 느낌들의 쌓임과 소멸과 달콤한 맛과 재난과 벗어남을 있는 그대로 통찰하는 그에게는 괴롭지도 즐겁지도 않은 느낌에 대한 무명의 습성이 잠재하지 않는다오. 그는 즐거운 느낌을 느낄 때 그것을 속박에서 벗어난 것으로 느끼고, 괴로운 느낌을 느낄 때 그것을 속박에서 벗어난 것으로 느끼고, 괴롭지도 즐겁지도 않은 느낌을 느낄 때 그것을 속박에서 벗어난 것으로 느낀다오. 비구들이여, 나는 이것을 '학식이 많은 거룩한 제자는 태어남·죽음·근심·슬픔·고통·우울·고뇌의 속박에서 벗어났고 괴로움의 속박에서 벗어났다'라고 말한다오.

11. 비구들이여, 이것이 학식이 많은 거룩한 제자와 배우지 못한 범부의 구별되는 점이고, 다른 점이고, 행동의 차이라오."

12.

지혜로운 사람은 즐겁거나 괴로운
느낌을 느끼지 않는다.
이것이 훌륭한 현자(賢者)와
범부(凡夫)의 큰 차이이다.

이 세간과 저 세간을 바르게 본
법(法)을 아는 배움이 많은 사람은
마음에 드는 법이 그의 마음을 흔들지 못하고
마음에 들지 않아도 거부하지 않는다.

그에게는 좋은 것 또는 싫은 것이
사라져서 존재하지 않는다.
번뇌의 때가 없고 근심 없는 길을 알고
존재[有]의 피안에 도달한 사람은 바르게 통찰한다.

4.83. 홀로 앉아[Rahogataka] 〈s.36.11〉

1.-3. 세존께서 사왓티의 제따와나 아나타삔디까 승원에 머무실 때, 어떤 비구가 세존을 찾아와서 예배하고 한쪽에 앉아 말씀드렸습니다.

"세존이시여 저는 홀로 앉아서 좌선하면서 다음과 같이 생각했습니다.

'세존께서는 세 가지 느낌, 즉 즐거운 느낌·괴로운 느낌·괴롭지도 즐겁지도 않은 느낌을 말씀하셨다. 그렇지만 세존께서는 이들 세 가지 느낌을 말씀하시면서, 느껴진 것은 무엇이든지 그것은 괴로움에 속한다고 말씀하셨다. 세존께서 느껴진 것은 무엇이든지 그것은 괴로움에 속한다고 하신 말씀은 무엇에 관한 것일까?'라는 생각이 떠올랐습니다."

4. "훌륭하오! 비구여, 훌륭하오! 비구여, 나는 세 가지 느낌을 말했으며, 내가 '느껴진 것은 무엇이든지 그것은 괴로움에 속한다'라고 한 말은 모든 행위[諸行]의 지속성 없음[無常性]에 관한 말이라오. 비구여, 내가 '느껴진 것은 무엇이든지 그것은 괴로움에 속한다'라고 한 말은 모든 행위[諸行]의 괴멸법성(壞滅法性, khayadhammataṃ), 쇠멸법성(衰滅法性, virāgadhammataṃ) 퇴색법성(退色法性, vayadhammataṃ), 소멸법성(消滅法性, nirodhadhammataṃ), 변역법성(變易法性, vipariṇāmadhammataṃ)에 관한 것이라오.

5. 비구여, 나는 모든 행위의 점차적인 소멸(消滅)을[anupubbaṃ saṅkhārānaṃ nirodho] 가르쳤다오. 초선정(初禪定)에 도달하면 언어(言語)가 소멸하고[vācā niruddhā], 제2선정(第二禪定)에 도달하면 사유와 숙고[覺觀]가 소멸하고[vitakkavicārā niruddhā], 제3선정(第三禪定)에 도달하면 환희심이 소멸하고[pīti niruddhā], 제4선정(第四禪定)에 도달하면 들숨과 날숨[入息出息]이 소멸하고[assāsapassāsā niruddhā], 공무변처(空無邊處)에 도달하면 형색에 대한 생각[色想]이 소멸

하고[rūpasaññā niruddhā], 식무변처(識無邊處)에 도달하면 공무변처에 대한 생각[空無邊處想]이 소멸하고[ākāsānañcāyatanasaññā niruddhā], 무소유처(無所有處)에 도달하면 식무변처에 대한 생각[識無邊處想]이 소멸하고[viññāṇañcāyatanasaññā niruddhā], 비유상비무상처(非有想非無想處)에 도달하면 무소유처에 대한 생각[無所有處想]이 소멸하고[ākiñcaññāyatanasaññā niruddhā], 상수멸(想受滅)에 도달하면 생각[想]과 느낌[受]이 소멸한다오[saññā ca vedanā ca niruddhā]. 번뇌가 다한[漏盡] 비구는 탐심(貪心, rāga)이 소멸하고, 진심(瞋心, dosa)이 소멸하고, 치심(癡心, moha)이 소멸한다오.

6. 비구여, 나는 모든 행위의 점차적인 억제(抑制, vūpasamo)를 가르쳤다오. 초선정에 도달하면 언어가 억제되고, 제2선정에 도달하면 사유와 숙고가 억제되고, 제3선정에 도달하면 환희심이 억제되고, 제4선정에 도달하면 들숨과 날숨이 억제되고, 공무변처에 도달하면 형색에 대한 생각이 억제되고, 식무변처에 도달하면 공무변처에 대한 생각이 억제되고, 무소유처에 도달하면 식무변처에 대한 생각이 억제되고, 비유상비무상처에 도달하면 무소유처에 대한 생각이 억제되고, 상수멸에 도달하면 생각과 느낌이 억제된다오. 번뇌가 다한 비구는 탐심이 억제되고, 진심이 억제되고, 치심이 억제된다오.

7. 비구여, 이것이 여섯 가지 평온(平穩, passaddhi)이라오. 초선정에 도달하면 언어가 평온해지고, 제2선정에 도달하면 사유와 숙고가 평온해지고, 제3선정에 도달하면 기쁜 마음[喜心]이 평온해지고, 제4선정에 도달하면 들숨과 날숨이 평온해지고, 상수멸에 도달하면 생각과 느낌이 평온해지고, 번뇌가 다한 비구는 탐심이 평온해지고 진심이 평온해지고 치심이 평온해진다오."

4.84. 허공(虛空, Ākāsaṃ) 〈s.36.12〉

1.-2. 세존께서 사왓티의 제따와나 아나타삔디까 승원에 머무실 때, 비구들에게 말씀하셨습니다.

3. "비구들이여, 비유하면 허공에 다양한 바람이 부는 것과 같다오. 동풍도 불고, 서풍도 불고, 북풍도 불고, 남풍도 불고, 흑풍(黑風)도 불고, 청풍(淸風)도 불고, 한풍(寒風)도 불고, 열풍(熱風)도 불고, 미풍(微風)도 불고, 폭풍(暴風)도 부는 것처럼, 비구들이여, 이와 같이 이 몸에는 다양한 느낌이 일어난다오. 즐거운 느낌이 일어나고, 괴로운 느낌이 일어나고, 괴롭지도 즐겁지도 않은 느낌이 일어난다오."

4.

허공에 바람이 불듯이
동풍, 서풍, 북풍, 남풍이 불듯이

흑풍과 청풍이 불고, 한풍과 열풍이 불고
미풍과 폭풍이 불듯이,

이 몸에도 느낌이 일어난다.
즐거움과 괴로움이 일어나고
괴롭지도 즐겁지도 않은 느낌이 일어난다.

4.85. 객사(客舍, Āgāraṃ) 〈s.36.14〉

3. "비구들이여, 비유하면 객사(客舍)와 같다오. 그곳에는 사람들이 동쪽에서 와서 머물

기도 하고, 서쪽에서 와서 머물기도 하고, 북쪽에서 와서 머물기도 하고, 남쪽에서 와서 머물기도 한다오. 크샤트리아가 와서 머물기도 하고, 바라문이 와서 머물기도 하고, 바이샤가 와서 머물기도 하고, 수드라가 와서 머물기도 한다오. 비구들이여, 이와 같이 이 몸에는 다양한 느낌이 일어난다오. 즐거운 느낌이 일어나고, 괴로운 느낌이 일어나고, 괴롭지도 즐겁지도 않은 느낌이 일어난다오.

4. 육체적으로 즐거운 느낌·괴로운 느낌·괴롭지도 즐겁지도 않은 느낌이 일어나고, 정신적으로 즐거운 느낌·괴로운 느낌·괴롭지도 즐겁지도 않은 느낌이 일어난다오."

4.86. 억제[Santakaṃ] 〈s.36.15〉

1.-3. 세존께서 사왓티의 제따와나 아나타삔디까 승원에 머무실 때, 아난다 존자가 세존을 찾아와서 예배하고 한쪽에 앉아 말씀드렸습니다.

"세존이시여, 어떤 것들이 느낌[受]이고, 어떤 것이 느낌의 쌓임[受集]이고, 어떤 것이 느낌의 소멸[受滅]이고, 어떤 것이 느낌이 소멸하는 길[受滅道]입니까? 무엇이 달콤한 맛[味]이고, 무엇이 재난[患]이고 무엇이 벗어남[出離]입니까?"

4. "아난다여, 즐거운 느낌·괴로운 느낌·괴롭지도 즐겁지도 않은 느낌, 이들 셋을 느낌[受]이라고 한다. 접촉의 쌓임[觸集]이 느낌의 쌓임이고, 접촉의 소멸[觸滅]이 느낌의 소멸이다. 거룩한 8정도(八正道), 즉 바른 견해[正見]·바른 의도[正思惟]·바른말[正語]·바른 행동[正業]·바른 생계[正命]·바른 정진[正精進]·바른 주의집중[正念]·바른 선정[正定]이 느낌이 소멸하는 길이다. 느낌을 의지하여 만족스러운 즐거움이 생기는 것이 달콤한 맛이다. 느낌은 지속성이 없고[無常] 괴롭고[苦] 변해 가는 법[變易法]이다. 이것이 재난이다. 느낌에 대한 욕탐(欲貪)을 억제하고, 욕탐을 버리는 것이 벗어남이다.

5. 아난다여, 나는 모든 행위[諸行]의 점차적인 소멸(消滅)을 가르쳤다. 초선정(初禪定)에 도달하면 언어(言語)가 소멸하고, 제2선정(第二禪定)에 도달하면 사유와 숙고[覺觀]가 소멸하고, 제3선정(第三禪定)에 도달하면 기쁜 마음[喜心]이 소멸하고, 제4선정(第四禪定)에 도달하면 들숨과 날숨[入息出息]이 소멸하고, 공무변처(空無邊處)에 도달하면 형색에 대한 생각[色想]이 소멸하고, 식무변처(識無邊處)에 도달하면 공무변처에 대한 생각[空無邊處想]이 소멸하고, 무소유처(無所有處)에 도달하면 식무변처에 대한 생각[識無邊處想]이 소멸하고, 비유상비무상처(非有想非無想處)에 도달하면 무소유처에 대한 생각[無所有處想]이 소멸하고, 상수멸(想受滅)에 도달하면 생각[想]과 느낌[受]이 소멸한다. 번뇌가 다한[漏盡] 비구는 탐심(貪心)이 소멸하고, 진심(瞋心)이 소멸하고, 치심(癡心)이 소멸한다.

6. 아난다여, 나는 모든 행위의 점차적인 억제를 가르쳤다. 초선정에 도달하면 언어가 억제되고, 제2선정에 도달하면 사유와 숙고가 억제되고, 제3선정에 도달하면 기쁜 마음이 억제되고, 제4선정에 도달하면 들숨과 날숨이 억제되고, 공무변처에 도달하면 형색에 대한 생각이 억제되고, 식무변처에 도달하면 공무변처에 대한 생각이 억제되고, 무소유처에 도달하면 식무변처에 대한 생각이 억제되

고, 비유상비무상처에 도달하면 무소유처에 대한 생각이 억제되고, 상수멸에 도달하면 생각과 느낌이 억제된다. 번뇌가 다한 비구는 탐심이 억제되고, 진심이 억제되고, 치심이 억제된다."

7. 아난다여, 나는 모든 행위의 점차적인 평온(平穩, passaddhi)을 가르쳤다. 초선정에 도달하면 언어가 평온해지고, 제2선정에 도달하면 사유와 숙고가 평온해지고, 제3선정에 도달하면 기쁜 마음이 평온해지고, 제4선정에 도달하면 들숨과 날숨이 평온해지고, 상수멸에 도달하면 생각과 느낌이 평온해진다. 번뇌가 다한 비구는 탐심이 평온해지고, 진심이 평온해지고, 치심이 평온해진다."

4.87. 정신적인 청정[Suddhikaṃ nirāmisaṃ]
〈s.36.29〉

1.-2. 세존께서 사왓티의 제따와나 아나타삔디까 승원에 머무실 때, 비구들에게 말씀하셨습니다.

"비구들이여, 세 가지 느낌이 있다오. 그 셋은 어떤 것인가? 즐거운 느낌·괴로운 느낌·괴롭지도 즐겁지도 않은 느낌, 비구들이여, 이들이 세 가지 느낌이라오.

3. 비구들이여, 육체적인 환희심[sāmisā pīti], 정신적인 환희심[nirāmisā pīti], 그보다 더 정신적인 환희심[nirāmisā nirāmisatarā pīti]이 있다오.

육체적인 즐거움[sāmisaṃ sukhaṃ], 정신적인 즐거움, 그보다 더 정신적인 즐거움이 있고, 육체적인 평정(平定, sāmisā upekhā), 정신적인 평정, 그보다 정신적인 평정이 있고, 육체적인 해탈, 정신적인 해탈, 그보다 더 정신적인 해탈이 있다오.

비구들이여, 육체적인 환희심은 어떤 것인가? 비구들이여, 다섯 가지 감각적 욕망의 대상[kāmaguṇā]이 있다오. 그 다섯은 어떤 것인가? 시각[眼]·청각[耳]·후각[鼻]·미각[舌]·촉각[身]에 의해 지각되는 마음에 들고 사랑스럽고 매력 있고 귀엽고 즐겁고 유혹적인 형색[色]들·소리[聲]들·냄새[香]들·맛[味]들·촉감[觸], 비구들이여, 이들이 다섯 가지 감각적 욕망의 대상이라오. 비구들이여, 이들 다섯 가지 감각적 욕망의 대상을 의지하여 환희심이 생긴다오. 비구들이여, 이것을 육체적인 환희심이라고 한다오.

비구들이여, 정신적인 환희심은 어떤 것인가? 비구들이여, 비구는 감각적 욕망을 멀리하고 불선법(不善法)을 멀리함으로써 사유가 있고 숙고가 있는, 멀리함에서 생긴 즐거움과 환희심이 있는 초선(初禪)을 성취하여 살아가고, 사유와 숙고를 억제하여 내적으로 조용해진, 마음이 집중된, 사유와 숙고가 없는, 삼매에서 생긴 즐거움과 환희심이 있는 제2선(第二禪)을 성취하여 살아간다오. 비구들이여, 이것을 정신적인 환희심이라고 한다오.

비구들이여, 그보다 더 정신적인 환희심은 어떤 것인가? 비구들이여, 탐심(貪心)에서 해탈했음을 알아차리고, 진심(瞋心)에서 해탈했음을 알아차리고, 치심(癡心)에서 해탈했음을 알아차린, 번뇌가 소멸한 비구에게 환희심이 생긴다오. 비구들이여, 이것을 그보다 더 정신적인 환희심이라고 한다오.

비구들이여, 육체적인 즐거움은 어떤 것인가? 비구들이여, 다섯 가지 감각적 욕망의 대상이 있다오. 그 다섯은 어떤 것인가?

시각·청각·후각·미각·촉각에 의해 지각되는 마음에 들고 사랑스럽고 매력 있고 귀엽고 즐겁고 유혹적인 형색들·소리들·냄새들·맛들·촉감, 비구들이여, 이들이 다섯 가지 감각적 욕망의 대상이라오. 비구들이여, 이들 다섯 가지 감각적 욕망의 대상을 의지하여 즐거움과 희열이 생긴다오. 비구들이여, 이것을 육체적인 즐거움이라고 한다오.

비구들이여, 정신적인 즐거움은 어떤 것인가? 비구들이여, 비구는 감각적 욕망의 대상을 멀리하고 불선법을 멀리함으로써 사유가 있고 숙고가 있는, 멀리함에서 생긴 즐거움과 환희심이 있는 초선을 성취하여 살아가고, 사유와 숙고를 억제하여 내적으로 조용해진, 마음이 집중된, 사유와 숙고가 없는, 삼매에서 생긴 즐거움과 환희심이 있는 제2선을 성취하여 살아가고, 환희심이 소멸하고 평정한 마음으로 주의집중과 알아차림을 하며 지내는 가운데 몸으로 즐거움을 느끼면서, 성인들이 '평정한 마음[捨]으로 주의집중을 하는 즐거운 상태'라고 이야기한 제3선(第三禪)을 성취하여 살아간다오. 비구들이여, 이것을 정신적인 즐거움이라고 한다오.

비구들이여, 그보다 더 정신적인 즐거움은 어떤 것인가? 비구들이여, 탐심(貪心)에서 해탈했음을 알아차리고, 진심(瞋心)에서 해탈했음을 알아차리고, 치심(癡心)에서 해탈했음을 알아차린, 번뇌가 소멸한 비구에게 즐거움과 희열이 생긴다오. 비구들이여, 이것을 그보다 더 정신적인 즐거움이라고 한다오.

비구들이여, 육체적인 평정은 어떤 것인가? 비구들이여, 다섯 가지 감각적 욕망의 대상이 있다오. 그 다섯은 어떤 것인가? 시각·청각·후각·미각·촉각에 의해 지각되는 마음에 들고 사랑스럽고 매력 있고 귀엽고 즐겁고 유혹적인 형색들·소리들·냄새들·맛들·촉감, 비구들이여, 이들이 다섯 가지 감각적 욕망의 대상이라오. 비구들이여, 이들 다섯 가지 감각적 욕망의 대상을 의지하여 평정이 생긴다오. 비구들이여, 이것을 육체적인 평정이라고 한다오.

비구들이여, 정신적인 평정은 어떤 것인가? 비구들이여, 비구는 즐거움을 포기하고 괴로움을 버림으로써 이전의 만족과 불만이 소멸하여 괴롭지도 않고 즐겁지도 않은, 평정한 주의집중이 청정한 제4선(第四禪)을 성취하여 살아간다오. 비구들이여, 이것을 정신적인 평정이라고 한다오.

비구들이여, 그보다 더 정신적인 평정은 어떤 것인가? 비구들이여, 탐심에서 해탈했음을 알아차리고, 진심에서 해탈했음을 알아차리고, 치심에서 해탈했음을 알아차린, 번뇌가 소멸한 비구에게 평정이 생긴다오. 비구들이여, 이것을 그보다 더 정신적인 평정이라고 한다오.

비구들이여, 육체적인 해탈은 어떤 것인가? 형색에 속하는 해탈이 육체적인 해탈이라오. 시각·청각·후각·미각·촉각에 의해 지각되는 마음에 들고 사랑스럽고 매력 있고 귀엽고 즐겁고 유혹적인 형색·소리·냄새·맛·촉감, 비구들이여, 이들 다섯 가지 감각적 욕망의 대상을 포기하면 해탈하게 된다오. 비구들이여, 이것을 육체적인 해탈이라고 한다오.

비구들이여, 정신적인 해탈은 어떤 것인가? 형색 없는 것[無色]에 속하는 해탈이

625 정신적인 해탈이라오. 비구들이여, 비구는 행복감을 포기하고 괴로움을 버림으로써 이전의 만족과 불만이 소멸하여 괴롭지도 않고 즐겁지도 않은, 평정한 주의집중이 청정한 제4선을 성취하여 살아간다오. 비구들이여, 이것을 정신적인 해탈이라고 한다오.

비구들이여, 그보다 더 정신적인 해탈은 어떤 것인가? 비구들이여, 탐심에서 해탈했음을 알아차리고, 진심에서 해탈했음을 알아차리고, 치심에서 해탈했음을 알아차린, 번뇌가 소멸한 비구는 해탈하게 된다오. 비구들이여, 이것을 그보다 더 정신적인 해탈이라고 한다오."

제37 여인(女人) 상윳따

제38 잠부카다까 상윳따

제39 사만다까 상윳따

제40 목갈라나 상윳따

제41 찟따 상윳따

제41 「찟따 상윳따(Citta-Saṃyutta)」
(생략)

제42 촌장(村長, Gāmaṇi) 상윳따

4.88. 서쪽 지방[Paccahābhūmako] 〈s.42.6〉

1.-3. 세존께서 나란다(Nāḷandā)에 있는 빠와리까의 망고 숲(Pāvārikambavana)에 머무실 때, 아시반다까뿟따(Asibandhakaputta) 촌장이 세존을 찾아와서 예배하고 한쪽에 앉아 말씀드렸습니다.

"세존이시여, 불을 섬기는 서쪽 지방의 바라문들은 물병을 지니고, 수초(水草)로 만든 화환을 두르고, 목욕재계하고, 죽은 사람을 세워 놓고 이름을 알려서 천상(天上)으로 천도(薦度)합니다. 세존이시여, 아라한으로서 바른 깨달음을 이루신 세존께서도 세간의 모든 사람이 몸이 무너져 죽은 후에 행복한 천상세계에 태어나도록 할 수 있습니까?"

4. "촌장이여, 그렇다면 내가 반문을 할 테니 좋을 대로 대답하시오!

5. 촌장이여, 어떻게 생각하나요? 살생하고, 주지 않은 것을 취하고, 삿된 음행을 하고, 거짓말하고, 이간질하고, 거친 욕설을 하고, 천박한 잡담을 하고, 탐욕스럽고, 악의를 품고, 삿된 견해[邪見]를 가진 사람이 있는데, 많은 사람이 모여서 합장하고 이 사람이 몸이 무너져 죽은 후에 행복한 천상세계에 태어나기를 기원하고 축원한다고 합시다. 촌장이여, 어떻게 생각하나요? 많은 사람이 함께 모여서 합장하고 이 사람이 몸이 무너져 죽은 후에 행복한 천상세계에 태어나기를 기원하고 축원한다고 해서, 몸이 무너져 죽은 후에 행복한 천상세계에 태어날까요?"

"그렇지 않습니다, 세존이시여!"

6. "촌장이여, 비유하면 어떤 사람이 커다란 바위를 깊은 호수에 던졌는데, 많은 사람이 모여서 합장하고 '바위야 떠올라라! 바위야 가라앉지 마라! 바위야 땅으로 올라와라!'라고 기원하고 축원하는 것과 같다오. 촌장이여, 어떻게 생각하나요? 많은 사람이 함께 모여서 합장하고 그 바위가 떠오르거나 가라앉지 않거나 땅으로 올라오기를 기원하고 축

625 'arūpapaṭisaṃyutto vimokkho'의 번역.

원한다고 해서, 떠오르거나 가라앉지 않거나 땅으로 올라올 수 있을까요?"

"그렇지 않습니다, 세존이시여!"

"촌장이여, 이와 같이 살생하고, 주지 않은 것을 취하고, 삿된 음행을 하고, 거짓말하고, 이간질하고, 거친 욕설을 하고, 천박한 잡담을 하고, 탐욕스럽고, 악의를 품고, 삿된 견해를 가진 사람은 누구든지, 많은 사람이 함께 모여서 합장하고 이 사람이 몸이 무너져 죽은 후에 행복한 천상세계에 태어나기를 기원하고 축원한다고 해도, 이 사람은 몸이 무너져 죽은 후에 험난하고 고통스러운 지옥에 태어날 것이오.

7. 촌장이여, 어떻게 생각하나요? 살생하지 않고, 주지 않은 것을 취하지 않고, 삿된 음행을 하지 않고, 거짓말하지 않고, 이간질하지 않고, 거친 욕설을 하지 않고, 천박한 잡담을 하지 않고, 탐욕스럽지 않고, 악의가 없고, 바른 견해를 가진 사람이 있는데, 많은 사람이 모여서 합장하고 이 사람이 몸이 무너져 죽은 후에 험난하고 고통스러운 지옥에 태어나기를 기원하고 축원한다고 합시다. 촌장이여, 어떻게 생각하나요? 많은 사람이 함께 모여서 합장하고 이 사람이 몸이 무너져 죽은 후에 험난하고 고통스러운 지옥에 태어나기를 기원하고 저주한다고 해서, 몸이 무너져 죽은 후에 험난하고 고통스러운 지옥에 태어날까요?"

"그렇지 않습니다, 세존이시여!"

8. "촌장이여, 비유하면 어떤 사람이 버터 단지나 기름 단지를 깊은 호수에 빠뜨렸는데, 단지가 깨져서 깨진 파편이나 조각은 바닥으로 내려가고 버터나 기름은 위로 올라오자, 많은 사람이 함께 모여서 합장하고 '기름아, 제발 가라앉아라! 기름아, 제발 내려가라! 기름아, 제발 바닥으로 가라!'라고 기원하고 축원하는 것과 같다오. 촌장이여, 어떻게 생각하나요? 많은 사람이 함께 모여서 합장하고 '기름아, 제발 가라앉아라! 기름아, 제발 내려가라! 기름아, 제발 바닥으로 가라!'라고 기원하고 저주한다고 해서, 가라앉거나 내려가거나 바닥으로 갈 수 있을까요?"

"그렇지 않습니다, 세존이시여!"

"촌장이여, 이와 같이 살생하지 않고, 주지 않은 것을 취하지 않고, 삿된 음행을 하지 않고, 거짓말하지 않고, 이간질하지 않고, 거친 욕설을 하지 않고, 천박한 잡담을 하지 않고, 탐욕스럽지 않고, 악의가 없고, 바른 견해를 가진 사람은 누구든지, 많은 사람이 함께 모여서 합장하고 이 사람이 몸이 무너져 죽은 후에 험난하고 고통스러운 지옥에 태어나기를 기원하고 저주한다고 해도, 이 사람은 몸이 무너져 죽은 후에 행복한 천상세계에 태어날 것이오."

9. 이 말씀을 듣고, 아시반다까뿟따 촌장은 세존께 말씀드렸습니다.

"훌륭합니다, 세존이시여! … 세존께서는 저를 청신사(淸信士)로 받아 주소서. 지금부터 살아 있는 날까지 귀의하겠습니다."

4.89. 법문(法門, Desanā)〈s.42.7〉

1.-3. 세존께서 나란다(Nāḷandā)에 있는 빠와리까의 망고 숲에 머무실 때, 아시반다까뿟따 촌장이 세존을 찾아와서 예배하고 한쪽에 앉아 말씀드렸습니다.

"세존이시여, 세존께서는 모든 생명을 요익(饒益)하고 연민(憐愍)하며 살아가시지 않습니까?"

"그렇습니다. 촌장이여, 여래는 모든 생명을 요익하고 연민하며 살아갑니다."

4. "세존이시여, 그렇다면 어찌하여 세존께서는 어떤 사람에게는 정성스레 법을 설하시고, 어떤 사람에게는 그렇게 정성스레 법을 설하지 않으십니까?"

"촌장이여, 그렇다면 내가 반문을 할 테니 좋을 대로 대답하시오!

촌장이여, 어떻게 생각하나요? 어떤 농부에게 세 개의 밭이 있다고 합시다. 하나는 최상급이고, 하나는 중급이며, 하나는 황무지에다 염분이 있는 척박한 하급의 밭입니다. 촌장이여, 어떻게 생각하나요? 농부가 씨를 뿌리고자 한다면, 제일 먼저 어느 밭에 뿌릴까요? 최상급의 밭일까요, 중급의 밭일까요, 황무지에다 염분이 있는 척박한 하급의 밭일까요?"

"세존이시여, 농부가 씨를 뿌리고자 한다면, 아마도 최상급의 밭에 뿌릴 것입니다. 그곳에 뿌린 다음에 아마도 중급의 밭에 뿌릴 것입니다. 그곳에 뿌린 다음에 아마도 황무지에다 염분이 있는 척박한 하급의 밭에 뿌릴 것입니다. 왜냐하면 쇠먹이 정도는 나오기 때문입니다."

6. "촌장이여, 비유하면 나의 비구와 비구니는 최상급의 밭과 같다오. 나는 그들에게 처음도 좋고 중간도 좋고 마지막도 좋은, 의미 있고 명쾌하고 완벽한 법을 설하여 청정한 수행을 보여 준다오. 왜냐하면 촌장이여, 그들은 나를 등불로 삼고, 나를 피난처로 삼고, 나를 도피처로 삼고, 나를 귀의처로 삼고 살아가기 때문이라오.

7. 촌장이여, 비유하면 나의 청신사(淸信士)와 청신녀(淸信女)는 중급의 밭과 같다오. 나는 그들에게도 역시 처음도 좋고 중간도 좋고 마지막도 좋은, 의미 있고 명쾌하고 완벽한 법을 설하여 청정한 수행을 보여 준다오. 왜냐하면 촌장이여, 그들은 나를 등불로 삼고, 나를 피난처로 삼고, 나를 도피처로 삼고, 나를 귀의처로 삼고 살아가기 때문이라오.

8. 촌장이여, 비유하면 외도(外道) 사문과 바라문과 행각수행자는 황무지에다 염분이 있는 척박한 하급의 밭과 같다오. 나는 그들에게도 역시 처음도 좋고 중간도 좋고 마지막도 좋은, 의미 있고 명쾌하고 완벽한 법을 설하여 청정한 수행을 보여 준다오. 왜냐하면 촌장이여, 그들이 한 구절이라도 이해하면 그들에게 오랜 세월 이익이 되고 행복이 되기 때문이라오.

9. 촌장이여, 비유하면 어떤 사람에게 세 개의 물동이가 있다오. 하나는 흠집이 없고 물이 새어 나오지 않고, 하나는 흠집은 없지만 물이 새어 나오고, 하나는 흠집도 있고 물도 새어 나오는 물동이라오. 촌장이여, 어떻게 생각하나요? 그 사람이 물을 담아두고자 한다면, 제일 먼저 어느 물동이에 담을까요? 흠집이 없고 물이 새어 나오지 않는 물동이일까요, 흠집은 없지만 물이 새어 나오는 물동이일까요, 흠집도 있고 물도 새어 나오는 물동이일까요?"

"세존이시여, 그 사람이 물을 담아 두고자 한다면, 흠집이 없고 물이 새어 나오지 않는 물동이에 담을 것입니다. 그곳에 담은 다음에 흠집은 없지만 물이 새어 나오는 물동이에 담을 것입니다. 그곳에 담은 다음에 흠집도 있고 물도 새어 나오는 물동이에 담을 것입니다. 왜냐하면 설거지할 정도는 남아 있을 것이기 때문입니다."

10. "촌장이여, 비유하면 나의 비구와 비구니는 흠집이 없고 물이 새어 나오지 않는 물동이와 같다오. 나는 그들에게 처음도 좋고 중간도 좋고 마지막도 좋은, 의미 있고 명쾌하고 완벽한 법을 설하여 청정한 수행을 보여 준다오. 왜냐하면 촌장이여, 그들은 나를 등불로 삼고, 나를 피난처로 삼고, 나를 도피처로 삼고, 나를 귀의처로 삼고 살아가기 때문이라오.

11. 촌장이여, 비유하면 나의 청신사와 청신녀는 흠집은 없지만 물이 새어 나오는 물동이와 같다오. 나는 그들에게도 역시 처음도 좋고 중간도 좋고 마지막도 좋은, 의미 있고 명쾌하고 완벽한 법을 설하여 청정한 수행을 보여 준다오. 왜냐하면 촌장이여, 그들은 나를 등불로 삼고, 나를 피난처로 삼고, 나를 도피처로 삼고, 나를 귀의처로 삼고 살아가기 때문이라오.

12. 촌장이여, 비유하면 외도 사문과 바라문과 행각수행자는 흠집도 있고 물도 새어 나오는 물동이와 같다오. 나는 그들에게도 역시 처음도 좋고 중간도 좋고 마지막도 좋은, 의미 있고 명쾌하고 완벽한 법을 설하여 청정한 수행을 보여 준다오. 왜냐하면 촌장이여, 그들이 한 구절이라도 이해하면 그들에게 오랜 세월 이익이 되고 행복이 되기 때문이라오."

13. 이 말씀을 듣고, 아시반다까뿟따 촌장은 세존께 말씀드렸습니다.

"훌륭합니다, 세존이시여! … 세존께서는 저를 청신사(淸信士)로 받아 주소서. 지금부터 살아 있는 날까지 귀의하겠습니다."

4.90. 나팔[Saṅkha] 〈s.42.8〉

1.-2. 세존께서 나란다에 있는 빠와리까의 망고 숲에 머무실 때, 니간타(Nigaṇṭha)의 제자인 아시반다까뿟따 촌장이 세존을 찾아와서 예배하고 한쪽에 앉았습니다.

3. 세존께서 한쪽에 앉은 아시반다까뿟따 촌장에게 물었습니다.

"촌장이여, 니간타 나따뿟따는 법을 설하지 않나요?"

4. "그렇습니다. 세존이시여, 니간타 나따뿟따는 제자들에게 '누구든지 살생을 하면 모두 고통스러운 지옥에 간다. 누구든지 주지 않은 것을 취하거나 삿된 음행을 하거나 거짓말하면, 모두 고통스러운 지옥에 간다. 그것을 많이 하면서 살아가면 많이 한 만큼 그것에 끌려간다'라고 법을 설합니다."

"촌장이여, 니간타 나따뿟따의 말처럼 그것을 많이 하면서 살아가면 많이 한 만큼 그것에 끌려간다면, 그 누구도 고통스러운 지옥에 가지 않을 것이오.

5. 촌장이여, 어떻게 생각하나요? 어떤 사람이 밤낮을 가리지 않고 수시로 살생을 한다면, 그가 살생하는 시간이 더 많을까요, 살생하지 않는 시간이 더 많을까요?"

"세존이시여, 어떤 사람이 밤낮을 가리지 않고 수시로 살생을 한다고 할지라도, 그가 살생하지 않는 시간이 더 많을 것입니다."

"촌장이여, 니간타 나따뿟따의 말과 같이 그것을 많이 하면서 살아가면 많이 한 만큼 그것에 끌려간다면, 그 누구도 고통스러

운 지옥에 가지 않을 것이오.[626]

6.-8. 촌장이여, 어떻게 생각하나요? 어떤 사람이 밤낮을 가리지 않고 수시로 주지 않은 것을 취하고, 삿된 음행을 하고, 거짓말을 한다면, 그가 주지 않은 것을 취하고, 삿된 음행을 하고, 거짓말하는 시간이 더 많을까요, 주지 않은 것을 취하지 않고, 삿된 음행을 하지 않고, 거짓말하지 않는 시간이 더 많을까요?"

"세존이시여, 어떤 사람이 밤낮을 가리지 않고 수시로 주지 않은 것을 취하고, 삿된 음행을 하고, 거짓말을 한다고 할지라도, 그가 주지 않은 것을 취하지 않고, 삿된 음행을 하지 않고, 거짓말하지 않는 시간이 더 많을 것입니다."

"촌장이여, 니간타 나따뿟따의 말과 같이 그것을 많이 하면서 살아가면 많이 한 만큼 그것에 끌려간다면, 그 누구도 고통스러운 지옥에 가지 않을 것이오.

9. 촌장이여, 여기에 '누구든지 살생을 하면 모두 고통스러운 지옥에 간다. 누구든지 주지 않은 것을 취하거나 삿된 음행을 하거나 거짓말하면 모두 고통스러운 지옥에 간다'라는 이론과 견해를 가진 어떤 스승이 있다오. 촌장이여, 그런데 그 스승에게는 성실한 제자가 있다오.

10. 그는 '나의 스승은 누구든지 살생을 하면 모두 고통스러운 지옥에 간다는 이론과 견해를 가지고 있다. 그런데 나는 살생을 했다'라고 생각한다오. 그는 '나는 뒤에 고통스러운 지옥에 갈 것이다'라는 견해에 도달한다오. 촌장이여, 그 말을 포기하지 않고, 그 생각을 포기하지 않고, 그 견해를 놓아 버리지 않으면, 그는 분명히 이렇게 지옥에 떨어진다오.

그는 '나의 스승은 누구든지 주지 않은 것을 취하거나 삿된 음행을 하거나 거짓말하면 모두 고통스러운 지옥에 간다는 이론과 견해를 가지고 있다. 그런데 나는 주지 않은 것을 취하고, 삿된 음행을 하고, 거짓말을 했다'라고 생각한다오. 그는 '나는 뒤에 고통스러운 지옥에 갈 것이다'라는 견해에 도달한다오. 촌장이여, 그 말을 포기하지 않고, 그 생각을 포기하지 않고, 그 견해를 놓아 버리지 않으면, 그는 분명히 이렇게 지옥에 떨어진다오.

11. 촌장이여, 여기 세간에 여래(如來)가 출현한다오. 그는 아라한[應供], 원만하고 바르게 깨달으신 분[正遍知], 앎과 실천을 구족하신 분[明行足], 열반에 잘 가신 분[善逝], 세상을 잘 아시는 분[世間解], 위없는 분[無上士], 사람을 길들여 바른길로 이끄시는 분[調御丈夫], 천신과 인간의 스승[天人師], 진리를 깨달으신 분[佛], 세존(世尊)이라오. 그는 여러 법문을 통해서 살생을 나무라고, 살생을 꾸짖고, '살생하지 마라!'라고 말한다오. 그는 여러 법문을 통해서 주지 않은 것을 취하고, 삿된 음행을 하고, 거짓말하는 것을 나무라고 꾸짖고 '주지 않은 것을 취하지 말고, 삿된 음행을 하지 말고, 거짓말하지 마라!'라고 말한다오. 촌장이여, 그런데 그 스승에게는 성실한 제자가 있다오. 그는 다음과 같이 성찰한다오.

---

626 우리의 운명이 더 많은 양의 업에 의해 이끌려 간다면, 아무리 자주 살생을 한다고 해도 살생하는 시간보다는 살생하지 않는 시간이 더 많으므로, 살생하지 않는 업에 이끌려 갈 것이다. 그러므로 그 이론에 따르면, 살생해도 지옥에 가지 않는다는 의미이다.

12. '세존께서는 여러 법문을 통해서 살생을 나무라고, 살생을 꾸짖고, 살생하지 말라고 말씀하셨다. 그런데 나는 이러이러한 살생을 했다. 그것은 못난 짓이고, 그것은 못된 짓이다. 나는 그에 대하여 참회하겠다. 나는 그 악행을 하지 않겠다.' 그는 이렇게 반성하여 살생을 버리고, 미래에 살생을 삼간다오. 그는 이렇게 그 악행을 벗어난다오.

13.-15. '세존께서는 여러 법문을 통해서 주지 않은 것을 취하고, 삿된 음행을 하고, 거짓말하는 것을 나무라고 꾸짖고, 그런 악행을 하지 말라고 말씀하셨다. 그런데 나는 이러이러한 악행을 했다. 그것은 못난 짓이고, 그것은 못된 짓이다. 나는 그에 대하여 참회하겠다. 나는 그 악행을 하지 않겠다.' 그는 이렇게 반성하여 그 악행을 끊고, 미래에 그 악행을 하지 않는다오. 그는 이렇게 그 악행에서 벗어난다오.

16. 그는 살생을 끊고 실행하지 않는다오. 주지 않은 것을 취하는 일을 끊고 실행하지 않는다오. 삿된 음행을 끊고 실행하지 않는다오. 거짓말을 끊고 실행하지 않는다오. 이간질을 끊고 실행하지 않는다오. 거친 욕설을 끊고 실행하지 않는다오. 천박한 잡담을 끊고 실행하지 않는다오. 탐심을 끊고 일으키지 않는다오. 악의를 끊고 일으키지 않는다오. 삿된 견해를 끊고 일으키지 않는다오.

촌장이여, 탐심이 소멸하고 악의가 소멸하고 어리석지 않고 바르게 알아차리고 주의집중을 확립한 그 거룩한 제자는 자애로운 마음으로 한 방향을 가득 채운다오. 마찬가지로 사방(四方), 팔방(八方), 상하(上下) 모든 곳에 빠짐없이 두루 세간의 모든 곳을 풍부하고 광대하고 무량하게, 원한 없고 폭력 없는 자애로운 마음으로 가득 채우고 살아간다오.

17. 촌장이여, 비유하면 건장한 나팔수가 힘들이지 않고 사방에 알리는 것과 같다오. 이렇게 자애로운 마음을 닦아서 마음이 해탈하면, 이렇게 수시로 실천하면, 측량(測量)된 업[pamāṇakatam kammaṃ]이 거기에는 남겨지지 않고, 거기에는 머물지 않는다오.[627] 촌장이여, 탐심이 소멸하고 악의가 소멸하고 어리석지 않고 바르게 알아차리고 주의집중을 확립한 그 거룩한 제자는 연민하는 마음, 기뻐하는 마음, 평정한 마음으로 한 방향을 가득 채운다오. 마찬가지로 사방, 팔방, 상하 모든 곳에 빠짐없이 두루 세간의 모든 곳을 풍부하고 광대하고 무량하게, 원한 없고 폭력 없는 연민하는 마음·기뻐하는 마음·평정한 마음으로 가득 채우고 살아간다오.

18. 촌장이여, 비유하면 건장한 나팔수가 힘들이지 않고 사방에 알리는 것과 같다오. 이렇게 연민하는 마음·기뻐하는 마음·평정한 마음을 닦아서 마음이 해탈하면, 이렇게 수시로 실천하면, 측량된 업이 거기에는 남겨지지 않고, 거기에는 머물지 않는다오."

19. 이 말씀을 듣고, 아시반다까뿟따 촌장은 세존께 말씀드렸습니다.

---

627 니간타 나따뿟따는 업(業)의 양(量)에 의해서 다음 세상이 결정된다고 주장한다. 이에 대하여 붓다는 악행(惡行)을 반성하고 악행을 끊고, 자비희사(慈悲喜捨)의 사무량심(四無量心)을 닦아 익히면, 일정량의 과보(果報)를 초래하도록 결정된 이전의 업이 남김없이 소멸하여 그 과보를 받지 않게 된다고 가르친다. 여기에서 붓다는 업과 보의 관계는 수학적으로 계량된 결정적인 것이 아니라, 반성과 새로운 실천을 통해서 변화시킬 수 있다는 것을 이야기하고 있다.

"훌륭합니다, 세존이시여! … 세존께서는 저를 청신사(淸信士)로 받아 주소서. 지금부터 살아 있는 날까지 귀의하겠습니다."

4.91. 가정[Kulaṃ] 〈s.42.9〉

1. 한때 세존께서는 큰 비구상가와 함께 꼬살라에서 유행하시다가 나란다에 도착하여 나란다에 있는 빠와리까의 망고 숲에 머무셨습니다.
2. 그때 나란다는 기근(飢饉)이 들어서 초근목피로 연명하며, 피골이 상접한 상태로 어렵게 살아가고 있었습니다.
3. 나란다에는 니간타 나따뿟따가 많은 니간타의 무리와 함께 거주하고 있었습니다.
4. 어느 날 니간타의 제자인 아시반다까뿟따 촌장이 니간타 나따뿟따를 찾아가서 니간타 나따뿟따에게 예배하고 한쪽에 앉았습니다.
5. 한쪽에 앉은 아시반다까뿟따 촌장에게 니간타 나따뿟따가 말했습니다.

"자! 촌장이여, 그대가 고따마 사문의 말을 논박하시오! 그러면 '아시반다까뿟따가 큰 신통이 있고 큰 위력이 있는 고따마 사문의 말을 논박했다'라고 그대의 훌륭한 명성이 높아질 것이오."

"존자님! 그러면 제가 어떻게 하면 큰 신통이 있고 큰 위력이 있는 고따마 사문의 말을 논박할 수 있을까요?"

6. "자! 촌장이여, 그대는 고따마 사문을 찾아가서 '세존이시여, 세존께서는 여러 법문을 통해서 가정을 연민하는 것을 칭찬하고, 보호하는 것을 칭찬하고, 동정하는 것을 칭찬하시지 않습니까?'라고 말하시오. 촌장이여, 만약에 고따마 사문이 이러한 물음에 '그렇다'라고 대답하면, 그에게 '세존이시여, 그렇다면 세존께서는 어찌하여 기근이 들어서 초근목피로 연명하며 피골이 상접한 상태로 어렵게 살아가고 있는데, 큰 비구상가와 함께 유행하십니까? 세존께서는 가정을 파탄 내고, 가정을 파괴하고, 가정을 재난에 빠뜨리고, 가정을 파멸하고 있습니다'라고 말하시오. 촌장이여, 이러한 자기모순적인[ubhatokoṭika]인[628] 행위를 지적하는 그대의 질문을 받으면, 고따마 사문은 자신의 말을 토해 낼 수도 없고 삼킬 수도 없을 것이오."

7. 아시반다까뿟따 촌장은 니간타 나따뿟따에게 "그렇게 하겠습니다"라고 대답하고 일어나서 니간타 나따뿟따에게 예배하고 오른쪽으로 돈 후에 세존을 찾아갔습니다.
8. 그는 세존을 찾아가서 예배하고 한쪽에 앉은 후에 세존께 말씀드렸습니다.

"세존이시여, 세존께서는 여러 법문을 통해서 가정을 연민하는 것을 칭찬하고, 보호하는 것을 칭찬하고, 동정하는 것을 칭찬하시지 않습니까?"

"그렇다오. 촌장이여, 여래는 여러 법문을 통해서 가정을 연민하는 것을 칭찬하고, 보호하는 것을 칭찬하고, 동정하는 것을 칭찬한다오."

"세존이시여, 그렇다면 세존께서는 어찌하여 기근이 들어서 초근목피로 연명하며 피골이 상접한 상태로 어렵게 살아가고 있는

---

628 'ubhatokoṭika'는 '끝점이 둘'이라는 의미인데, 여기에서는 어떤 주장이 모순된 두 결론을 지니고 있어서, 즉 이율배반적(二律背反的)이어서 자기모순인 것을 의미한다.

데, 큰 비구상가와 함께 유행하십니까? 세존께서는 가정을 파탄 내고, 가정을 파괴하고, 가정을 재난에 빠뜨리고, 가정을 파멸하고 있습니다."

9. "촌장이여, 내가 지금부터 91겁(劫) 이전을 기억해 보니, 그 어떤 가정도 요리한 음식을 보시한 정도로 인해서 파멸하는 것을 과거에 나는 직접 보지 못했다오. 오히려 재산이 많고 곡식이 많고 금은보화가 많은 부유한 가정은 모두가 보시에서 생기고, 진실에서 생기고, 절약에서 생기는 것을 나는 직접 보았다오.

10. 촌장이여, 가정이 파멸하는 데는 여덟 가지 원인, 여덟 가지 조건이 있다오. 왕 때문에 가정들이 파멸하거나, 도적 때문에 가정들이 파멸하거나, 불 때문에 가정들이 파멸하거나, 물 때문에 가정들이 파멸한다오. 저축한 재물을 찾지 못하거나, 전념하지 못하고 직업을 버리거나, 재산을 탕진하고 흩어 버리고 흩어지게 하는 가정의 애물단지가 나오기 때문에 가정들이 파멸한다오. 그리고 여덟째는 지속성이 없기[無常性] 때문이라오. 촌장이여, 이들이 가정이 파멸하는 여덟 가지 원인이며 여덟 가지 조건이라오.

11. 촌장이여, 이들 여덟 가지 원인, 여덟 가지 조건이 있는데, 나에게 '세존께서는 가정을 파탄 내고, 가정을 파괴하고, 가정을 재난에 빠뜨리고, 가정을 파멸하고 있습니다'라고 말한다면, 촌장이여, 그 말을 포기하지 않고, 그 생각을 포기하지 않고, 그 견해를 놓아 버리지 않으면, 그는 분명히 지옥에 떨어질 것이오."

12. 이 말씀을 듣고, 아시반다까뿟따 촌장은 세존께 말씀드렸습니다.

"훌륭합니다, 세존이시여! … 세존께서는 저를 청신사(淸信士)로 받아 주소서. 지금부터 살아 있는 날까지 귀의하겠습니다."

4.92. 바드라가까(Bhadragaka) 〈s.42.11〉

1.-3. 세존께서 말라따(Malata)에 있는 우루웰라깝빠라는 말라따족의 마을에 머무실 때, 바드라가까 촌장이 세존을 찾아와서 예배하고 한쪽에 앉아 말씀드렸습니다.

"세존이시여, 세존께서는 부디 저에게 괴로움의 쌓임[集]과 소멸[滅]을 가르쳐 주십시오!"

4. "촌장이여, 만약에 내가 과거세(過去世)에 대하여 '과거세는 이러했다'라고 괴로움의 쌓임과 소멸을 가르쳐 주면, 그것에 대하여 그대는 의심할 수도 있고 당혹할 수도 있을 것이오. 만약에 내가 미래세(未來世)에 대하여 '미래세는 이러할 것이다'라고 괴로움의 쌓임과 소멸을 가르쳐 주면, 그것에 대해서도 역시 그대는 의심할 수도 있고 당혹할 수도 있을 것이오. 촌장이여, 그래서 나는 여기에 앉아서 지금 여기에 앉아 있는 그대의 괴로움의 쌓임과 소멸을 가르쳐 주겠소. 듣고 깊이 생각해 보시오! 내가 이야기하겠소."

바드라가까 촌장은 세존께 "세존이시여, 그렇게 하겠습니다"라고 대답했습니다.

5. 세존께서 말씀하셨습니다.

"촌장이여, 어떻게 생각하나요? 그대에게는, 그들이 죽임을 당하거나 구속되거나 약탈을 당하거나 비난을 받으면, 그대에게 근심·슬픔·고통·우울·고뇌가 생기는, 그런 사람들이 우루웰라깝빠에 있나요?"

"세존이시여, 있습니다. 저에게는, 그들

이 죽임을 당하거나 구속되거나 약탈을 당하거나 비난을 받으면, 나에게 근심·슬픔·고통·우울·고뇌가 생기는, 그런 사람들이 우루웰라깝빠에 있습니다."

6. "촌장이여, 그대에게는, 그들이 죽임을 당하거나 구속되거나 약탈을 당하거나 비난을 받아도, 그대에게 근심·슬픔·고통·우울·고뇌가 생기지 않는, 그런 사람들이 우루웰라깝빠에 있나요?"

"세존이시여, 있습니다. 저에게는, 그들이 죽임을 당하거나 구속되거나 약탈을 당하거나 비난을 받아도, 나에게 근심·슬픔·고통,·우울·고뇌가 생기지 않는, 그런 사람들이 우루웰라깝빠에 있습니다."

"촌장이여, 어떤 우루웰라깝빠 사람들이 죽임을 당하거나 구속되거나 약탈을 당하거나 비난을 받으면, 그대에게 근심·슬픔·고통·우울·고뇌가 생기는 원인은 무엇이고 조건은 무엇인가요? 촌장이여, 어떤 우루웰라깝빠 사람들이 죽임을 당하거나 구속되거나 약탈을 당하거나 비난을 받아도, 그대에게 근심·슬픔·고통·우울·고뇌가 생기지 않는 원인은 무엇이고 조건은 무엇인가요?"

"세존이시여, 어떤 우루웰라깝빠 사람들이 죽임을 당하거나 구속되거나 약탈을 당하거나 비난을 받으면, 저에게 근심·슬픔·고통·우울·고뇌가 생기는 것은 저에게 그들에 대한 욕탐(欲貪)이 있기 때문입니다. 세존이시여, 그렇지만 어떤 우루웰라깝빠 사람들이 죽임을 당하거나 구속되거나 약탈을 당하거나 비난을 받아도, 저에게 근심·슬픔·고통·우울·고뇌가 생기지 않는 것은 저에게 그들에 대한 욕탐이 없기 때문입니다."

"촌장이여, 그대는 직접 보고 알고 깊이 이해한, '나에게는 그들에 대한 욕탐이 있는가, 없는가?'라는 이 법(法)으로 과거세와 미래세에 대하여 판단하시오! 과거세에 일어난 괴로움은 어떤 것이든, 그것은 모두 욕망을 뿌리로, 욕망을 인연으로 생긴 것이라오. 실로 욕망이 괴로움의 뿌리라오. 미래세에 일어날 괴로움은 어떤 것이든, 그것은 모두 욕망을 뿌리로, 욕망을 인연으로 생길 것이라오. 실로 욕망이 괴로움의 뿌리라오."

"놀랍습니다, 세존이시여! 희유합니다, 세존이시여! 세존께서는 '과거세에 일어난 괴로움은 어떤 것이든, 그것은 모두 욕망을 뿌리로, 욕망을 인연으로 생긴 것이다. 실로 욕망이 괴로움의 뿌리다. 미래세에 일어날 괴로움은 어떤 것이든, 그것은 모두 욕망을 뿌리로, 욕망을 인연으로 생길 것이다. 실로 욕망이 괴로움의 뿌리다'라고 잘 말씀하셨습니다.

7. 세존이시여, 저에게는 밖의 거처에 거주하는 찌라와시(Ciravāsī)라는 어린아이가 있습니다. 세존이시여, 저는 아침 일찍 일어나서 '여봐라! 너는 가서 찌라와시 동자가 어떤지 알아보아라!'라고 사람을 보냅니다. 그리고 그 사람이 얼마 동안 오지 않으면, 찌라와시 동자가 어디 아프진 않은지 걱정이 됩니다."

8. "촌장이여, 어떻게 생각하나요? 찌라와시 동자가 죽임을 당하거나 구속되거나 약탈을 당하거나 비난을 받으면, 그대에게 근심·슬픔·고통·우울·고뇌가 생길까요?"

"세존이시여, 찌라와시 동자가 죽임을 당하거나 구속되거나 약탈을 당하거나 비난을 받으면, 저는 제명에 죽지 못할 텐데, 어찌 저에게 근심·슬픔·고통·우울·고뇌가 생기지 않겠습니까?"

"촌장이여, 이러한 이유에서 '일어나고 있는 괴로움은 어떤 것이든, 그것은 모두 욕망을 뿌리로, 욕망을 인연으로 생긴 것이다. 실로 욕망이 괴로움의 뿌리다'라는 것을 알아야 한다오.

9. 촌장이여, 어떻게 생각하나요? 그대가 찌라와시의 어머니를 보지도 듣지도 못했다면, 찌라와시의 어머니에 대한 그대의 욕심이나 탐심이나 애정이 있을까요?"

"결코 그렇지 않습니다, 세존이시여!"

"촌장이여, 그대가 보았기 때문에, 그대가 들었기 때문에, 그대에게 찌라와시의 어머니에 대한 그대의 욕심이나 탐심이나 애정이 있는 것이 아닌가요?"

"그렇습니다, 세존이시여!"

10. "촌장이여, 어떻게 생각하나요? 찌라와시의 어머니가 죽임을 당하거나 구속되거나 약탈을 당하거나 비난을 받으면, 그대에게 근심·슬픔·고통·우울·고뇌가 생길까요?"

"세존이시여, 찌라와시의 어머니가 죽임을 당하거나 구속되거나 약탈을 당하거나 비난을 받으면, 저는 제명에 죽지 못할 텐데, 어찌 저에게 근심·슬픔·고통·우울·고뇌가 생기지 않겠습니까?"

11. "촌장이여, 이러한 이유에서 '일어나고 있는 괴로움은 어떤 것이든, 그것은 모두 욕망을 뿌리로, 욕망을 인연으로 생긴 것이다. 실로 욕망이 괴로움의 뿌리다'라는 것을 알아야 한다오."

제43 무위(無爲, Asaṅkhata) 상윳따

4.93. 몸[Kāyo] - 길[道, Maggena] 〈s.43.1-11〉

1.-2. 세존께서 사왓티의 제따와나 아나타삔디까 승원에 머무실 때, 비구들에게 말씀하셨습니다.

"비구들이여, 내가 무위(無爲)와 무위에 이르는 길[無爲道]을 알려 주겠소. 잘 듣도록 하시오!

2. 비구들이여, 무위란 어떤 것인가? 비구들이여, 탐심(貪心)의 소멸·진심(瞋心)의 소멸·치심(癡心)의 소멸, 이것을 무위라고 한다오.

3. 비구들이여, 무위에 이르는 길은 어떤 것인가?

몸에 대한 주의집중[kāyagatā sati, 身念處], 이것을 무위에 이르는 길이라고 한다오.

사마타와 위빠싸나[samatho vipassanā, 止觀], 이것을 무위에 이르는 길이라고 한다오.

사유가 있고 숙고가 있는[有覺有觀] 삼매[savitakko savicāro samādhi], 사유는 없고 숙고가 있는[無覺有觀] 삼매, 사유가 없고 숙고가 없는[無覺無觀] 삼매, 이것을 무위에 이르는 길이라고 한다오.

공삼매(空三昧, suññato samādhi)·무상삼매(無相三昧, animitto samādhi)·무원삼매(無願三昧, appaṇihito samādhi), 이것을 무위에 이르는 길이라고 한다오.

4념처(四念處, cattāro satipaṭṭhānā), 이것을 무위에 이르는 길이라고 한다오.

4정단(四正斷, cattāro sammappadhānā), 이것을 무위에 이르는 길이라고 한다오.

4여의족(四如意足, cattāro iddhipādā), 이

것을 무위에 이르는 길이라고 한다오.

5근(五根, pañcidriyāni), 이것을 무위에 이르는 길이라고 한다오.

5력(五力, pañcabalāni), 이것을 무위에 이르는 길이라고 한다오.

7각지(七覺支, sattabojjhaṅgā), 이것을 무위에 이르는 길이라고 한다오.

거룩한 8정도(八正道), 이것을 무위에 이르는 길이라고 한다오.

4. 비구들이여, 이렇게 나는 그대들에게 무위를 알려 주었고, 무위에 이르는 길을 알려 주었소.

5. 비구들이여, 스승이 해야 할 일은 연민의 마음으로 제자들의 이익을 도모하는 것이오. 나는 연민을 가지고 그대들에게 그 일을 한 것이오.

6. 비구들이여, 이들이 나무 아래이고, 이들이 한적한 곳이오. 비구들이여, 그대들은 선정(禪定)을 닦으시오! 방일하지 마시오! 뒤에 후회하지 마시오! 이것이 그대들에게 주는 우리의 가르침이오."

제44 무기(無記, Avyākata) 상윳따

(생략)

5. 대품(大品, Mahā-Vagga)

제45 도(道, Magga) 상윳따

5.1. 무명(無明, Avijjā) 〈s.45.1〉

1.-2. 세존께서 사왓티의 제따와나 아나타삔디까 승원에 머무실 때, 비구들에게 말씀하셨습니다.

3. "비구들이여, 불선법(不善法)을 성취하는 데는 무명(無明 avijjā)이 앞장서고, 부끄러움을 모르고 뉘우침을 모르는 일이 뒤따른다오. 비구들이여, 무명에 빠진 어리석은 자에게 삿된 견해[邪見]가 생긴다오. 삿된 견해를 가진 자는 삿된 의도를 갖게 되고[邪思惟], 삿된 의도를 가진 자는 삿된 말을 하게 되고[邪語], 삿된 말을 하는 자는 삿된 행동을 하게 되고[邪業], 삿된 행동을 하는 자는 삿된 방법으로 살아가고[邪命], 삿된 방법으로 살아가는 자는 삿된 정진을 하게 되고[邪精進], 삿된 정진을 하는 자는 삿된 주의집중을 하게 되고[邪念], 삿된 주의집중을 하는 자는 삿된 선정에 든다오[邪定].

4. 비구들이여, 선법(善法)을 성취하는 데는 명지(明智, vijjā)가 앞장서고, 부끄러움을 알고 뉘우침을 아는 일이 뒤따른다오. 비구들이여, 명지에 도달한 지혜로운 사람에게 바른 견해[正見]가 생긴다오. 바른 견해를 가진 사람은 바른 의도를 갖게 되고[正思惟], 바른 의도를 가진 사람은 바른말을 하게 되고[正語], 바른말을 하는 사람은 바른 행동을 하게 되고[正業], 바른 행동을 하는 사람은 바른 생계로 살아가게 되고[正命], 바른 생계로 살아가는 사람은 바른 정진을 하게 되고[正精進], 바른 정진을 하는 사람은 바른 주의집중을 하게 되고[正念], 바른 주의집중을 하는 사람은 바른 선정에 든다오[正定]."

5.2. 자세한 설명[Vibhaṅgo] 〈s.45.8〉

1.-2. 세존께서 사왓티의 제따와나 아나타삔디까 승원에 머무실 때, 비구들에게 말씀하셨습니다.

"비구들이여, 내가 거룩한 8정도를 자세하게 설명할 테니 잘 듣고 깊이 생각해 보시오! 내가 이야기하겠소."

그 비구들은 "예, 그렇게 하겠습니다"라고 대답했습니다.

세존께서는 이렇게 말씀하셨습니다.

3. "비구들이여, 어떤 것이 거룩한 8정도인가? 바른 견해[正見]·바른 의도[正思惟]·바른말[正語]·바른 행동[正業]·바른 생계[正命]·바른 정진[正精進]·바른 주의집중[正念]·바른 선정[正定], 이것을 거룩한 8정도라고 한다오.

4. 비구들이여, 바른 견해란 어떤 것인가? 괴로움[苦]에 대하여 알고, 괴로움의 쌓임[苦集]에 대하여 알고, 괴로움의 소멸[苦滅]에 대하여 알고, 괴로움의 소멸에 이르는 길[苦滅道]에 대하여 아는 것, 이것을 바른 견해라고 한다오.

5. 비구들이여, 바른 의도란 어떤 것인가? 비

구들이여, 출리(出離)를 하려는 의도(意圖)·악의(惡意)가 없는 의도·해치려는 생각이 없는 의도, 이것을 바른 의도라고 한다오.

6. 비구들이여, 바른말이란 어떤 것인가? 비구들이여, 거짓말하지 않고, 이간질하지 않고, 폭언하지 않고, 잡담하지 않는 것, 이것을 바른말이라고 한다오.

7. 비구들이여, 바른 행동이란 어떤 것인가? 비구들이여, 살생하지 않고, 주지 않은 것을 취하지 않고, 삿된 음행을 하지 않는 것, 이것을 바른 행동이라고 한다오.

8. 비구들이여, 바른 생계란 어떤 것인가? 비구들이여, 거룩한 제자는 삿된 생계(生計)를 버리고 바른 생계로 생활한다오. 비구들이여, 이것을 바른 생계라고 한다오.

9. 비구들이여, 바른 정진이란 어떤 것인가? 비구들이여, 비구는 아직 생기지 않은 사악한 불선법(不善法)은 생기지 않도록 의욕을 일으켜 노력하고, 정진하고, 마음을 다잡고 애쓴다오. 이미 생긴 사악한 불선법은 버리려는 의욕을 일으켜 노력하고, 정진하고, 마음을 다잡고 애쓴다오. 아직 생기지 않은 선법(善法)은 생기도록 의욕을 일으켜 노력하고, 정진하고, 마음을 다잡고 애쓴다오. 이미 생긴 선법은 지속하고 망실이지 않고 증가하고 발전하고 닦아 익히고 성취하려는 의욕을 일으켜 노력하고, 정진하고, 마음을 다잡고 애쓴다오. 비구들이여, 이것을 바른 정진이라고 한다오.

10. 비구들이여, 바른 주의집중이란 어떤 것인가? 비구들이여, 비구는 몸[身]을 관찰하며 몸에 머물면서, 열심히 알아차리고 주의집중을 하여 세간에 대한 탐욕과 불만을 제거한다오. 느낌[受]을 관찰하며 느낌에 머물면서, 열심히 알아차리고 주의집중을 하여 세간에 대한 탐욕과 불만을 제거한다오. 마음[心]을 관찰하며 마음에 머물면서, 열심히 알아차리고 주의집중을 하여 세간에 대한 탐욕과 불만을 제거한다오. 법(法)을 관찰하며 법에 머물면서, 열심히 알아차리고 주의집중을 하여 세간에 대한 탐욕과 불만을 제거한다오. 비구들이여, 이것을 바른 주의집중이라고 한다오.

11. 비구들이여, 바른 선정이란 어떤 것인가? 비구들이여, 비구는 감각적 욕망을 멀리하고 불선법을 멀리함으로써 사유(思惟)가 있고 숙고(熟考)가 있는, 멀리함에서 생긴 환희심과 즐거움이 있는 초선(初禪)을 성취하여 살아가고, 사유와 숙고를 억제하여 내적으로 조용해진, 마음이 집중된, 사유와 숙고가 없는, 삼매에서 생긴 즐거움과 환희심이 있는 제2선(第二禪)을 성취하여 살아가고, 환희심이 소멸하고 평정한 마음으로 주의집중과 알아차림을 하며 지내는 가운데 몸으로 즐거움을 느끼면서, 성인들이 '평정한 마음[捨]으로 주의집중을 하는 즐거운 상태'라고 이야기한 제3선(第三禪)을 성취하여 살아가고, 즐거움을 포기하고 괴로움을 버림으로써 이전의 만족과 불만이 소멸하여 괴롭지도 않고 즐겁지도 않은, 평정한 주의집중이 청정한 제4선(第四禪)을 성취하여 살아간다오. 비구들이여, 이것을 바른 선정이라고 한다오."

5.3. 설산(雪山, Himavantaṃ[629])」 〈s.46.1〉

1.-2. 세존께서 사왓티의 제따와나 아나타삔디까 승원에 머무실 때, 비구들에게 말씀하셨습니다.

3. "비구들이여, 용(龍)들은 산들의 왕 설산(雪山)에 의지하여 몸을 키우고 힘을 기른다오. 그곳에서 몸을 키우고 힘을 기른 후에 작은 못에 들어가고, 그 후에 큰 못에 들어가고, 그 후에 작은 강에 들어가고, 그 후에 큰 강에 들어가고, 그 후에 큰 바다와 대양(大洋)에 들어간다오. 그들은 그곳에서 크고 완전한 몸을 성취한다오.

4. 비구들이여, 이와 같이 비구는 계(戒)를 의지하여 계에 굳게 서서 7각지(七覺支)를 닦아 익히고, 7각지를 끊임없이 실천하여 크고 완전한 법을 성취한다오.

비구들이여, 비구는 어떻게 계를 의지하여 계에 굳게 서서 7각지를 닦아 익히고, 7각지를 끊임없이 실천하여 크고 완전한 법을 성취하는가?

5. 비구들이여, 비구는 쾌락을 멀리하기[遠離]에 도움이 되고, 욕탐을 버리기[離欲]에 도움이 되고, 번뇌의 소멸에 도움이 되고, 마침내 버림[捨離]으로 귀결되는 염각지(念覺支)를 닦아 익히고 택법각지(擇法覺支)·정진각지(精進覺支)·희각지(喜覺支)·경안각지(輕安覺支)·정각지(定覺支)·사각지(捨覺支)를 닦아 익힌다오.

6. 비구들이여, 이와 같이 비구는 계를 의지하여 계에 굳게 서서 7각지를 닦아 익히고, 7각지를 끊임없이 실천하여 크고 완전한 법을 성취한다오."

5.4. 몸[Kāyo] 〈s.46.2〉

1.-2. 세존께서 사왓티의 제따와나 아나타삔디까 승원에 머무실 때, 비구들에게 말씀하셨습니다.

3. "비구들이여, 음식에 의해 유지되는 이 몸은 음식을 의지하여 지속하고 음식이 없으면 지속하지 못하듯이, 다섯 가지 장애[五蓋]도 음식에 의해 유지되기 때문에 음식을 의지하여 지속하고 음식이 없으면 지속하지 못한다오.

4. 비구들이여, 무엇이 아직 일어나지 않은 감각적 욕망을 일어나게 하거나 이미 일어난 감각적 욕망을 더욱 크게 하는 음식인가? 비구들이여, 마음에 드는 모습[subhanimittam]이 있을 때, 그것에 대하여 이치에 맞지 않는 생각을 지속적으로 하면, 이것이 아직 일어나지 않은 감각적 욕망을 일어나게 하거나 이미 일어난 감각적 욕망을 더욱 크게 하는 음식이라오.

5. 비구들이여, 무엇이 아직 일어나지 않은 악의를 일어나게 하거나 이미 일어난 악의를 더욱 크게 하는 음식인가? 비구들이여, 거슬리는 모습[paṭighanimittam]이 있을 때, 그것에 대하여 이치에 맞지 않는 생각을 지속적으로 하면, 이것이 아직 일어나지 않은 악의를 일어나게 하거나 이미 일어난 악의를 더욱 크게 하는 음식이라오.

6. 비구들이여, 무엇이 아직 일어나지 않은

629 눈 덮인 산이라는 의미로 '히말라야'를 의미한다.

나태와 졸음[thīnamiddha, 昏沈]을 일어나게 하거나 이미 일어난 나태와 졸음을 더욱 크게 하는 음식인가? 비구들이여, 흥미 없고 권태롭고 졸리고 나른하고 마음이 무거울 때, 거기에서 이치에 맞지 않는 생각을 지속적으로 하면, 이것이 아직 일어나지 않은 나태와 졸음을 일어나게 하거나 이미 일어난 나태와 졸음을 더욱 크게 하는 음식이라오.

7. 비구들이여, 무엇이 아직 일어나지 않은 흥분과 후회[uddhaccakukkucca, 悼擧]를 일어나게 하거나 이미 일어난 흥분과 후회를 더욱 크게 하는 음식인가? 비구들이여, 마음이 진정되지 않을 때[cetaso avūpasamo], 거기에서 이치에 맞지 않는 생각을 지속적으로 하면, 이것이 아직 일어나지 않은 흥분과 후회를 일어나게 하거나 이미 일어난 흥분과 후회를 더욱 크게 하는 음식이라오.

8. 비구들이여, 무엇이 아직 일어나지 않은 의심[疑]을 일어나게 하거나 이미 일어난 의심을 더욱 크게 하는 음식인가? 비구들이여, 의심스러운 가르침[法]이 있을 때, 거기에서 이치에 맞지 않는 생각을 지속적으로 하면, 이것이 아직 일어나지 않은 의심을 일어나게 하거나 이미 일어난 의심을 더욱 크게 하는 음식이라오.

9. 비구들이여, 음식에 의해 유지되는 이 몸은 음식을 의지하여 지속하고 음식이 없으면 지속하지 못하듯이, 다섯 가지 장애도 음식에 의해 유지되기 때문에 음식을 의지하여 지속하고 음식이 없으면 지속하지 못한다오.

10. 비구들이여, 음식에 의해 유지되는 이 몸은 음식을 의지하여 지속하고 음식이 없으면 지속하지 못하듯이, 7각지(七覺支)도 음식에 의해 유지되기 때문에 음식을 의지하여 지속하고 음식이 없으면 지속하지 못한다오.

11. 비구들이여, 무엇이 아직 일어나지 않은 염각지(念覺支)를 일어나게 하거나 이미 일어난 염각지를 더욱 크게 하는 음식인가? 비구들이여, 염각지가 머무는 법들이 있을 때,[630] 그것에 대하여 이치에 맞는 생각을 지속적으로 하면, 이것이 아직 일어나지 않은 염각지를 일어나게 하거나 이미 일어난 염각지를 더욱 크게 하는 음식이라오.

12. 비구들이여, 무엇이 아직 일어나지 않은 택법각지(擇法覺支)를 일어나게 하거나 이미 일어난 택법각지를 더욱 크게 하는 음식인가? 비구들이여, 선법(善法)과 불선법(不善法)들이 있고, 허물이 있는 법과 허물이 없는 법들이 있고, 저열한 법과 수승한 법들이 있고, 흑백(黑白)으로 상반되는 법들이 있을 때, 그것에 대하여 이치에 맞는 생각을 지속적으로 하면, 이것이 아직 일어나지 않은 택법각지를 일어나게 하거나 이미 일어난 택법각지를 더욱 크게 하는 음식이라오.

13. 비구들이여, 무엇이 아직 일어나지 않은 정진각지(精進覺支)를 일어나게 하거나 이미 일어난 정진각지를 더욱 크게 하는 음식인가? 비구들이여, 시작 단계[發勤界]·벗어나는 단계[出離界]·용맹정진하는 단계[勇猛界]가 있을 때, 거기에서 이치에 맞는 생각을 지속적으로 하면, 이것이 아직 일어나지 않은 정진각지를 일어나게 하거나 이미 일어난 정진각지를 더욱 크게 하는 음식이라오.

14. 비구들이여, 무엇이 아직 일어나지 않은

630 염각지(念覺支)가 머무는 법들은 4념처(四念處), 즉 신(身)·수(受)·심(心)·법(法)을 의미한다.

희각지(喜覺支)를 일어나게 하거나 이미 일어난 희각지를 더욱 크게 하는 음식인가? 비구들이여, 희각지가 머무는 법들이 있을 때, 거기에서 이치에 맞는 생각을 지속적으로 하면, 이것이 아직 일어나지 않은 희각지를 일어나게 하거나 이미 일어난 희각지를 더욱 크게 하는 음식이라오.

15. 비구들이여, 무엇이 아직 일어나지 않은 경안각지(輕安覺支)를 일어나게 하거나 이미 일어난 경안각지를 더욱 크게 하는 음식인가? 비구들이여, 몸이 편안하고 마음이 편안할 때, 거기에서 이치에 맞는 생각을 지속적으로 하면, 이것이 아직 일어나지 않은 경안각지를 일어나게 하거나 이미 일어난 경안각지를 더욱 크게 하는 음식이라오.

16. 비구들이여, 무엇이 아직 일어나지 않은 정각지(定覺支)를 일어나게 하거나 이미 일어난 정각지를 더욱 크게 하는 음식인가? 비구들이여, (밖으로 흩어지는 마음이) 멈추고 산란하지 않을 때,[631] 거기에서 이치에 맞는 생각을 지속적으로 하면, 이것이 아직 일어나지 않은 정각지를 일어나게 하거나 이미 일어난 정각지를 더욱 크게 하는 음식이라오.

17. 비구들이여, 무엇이 아직 일어나지 않은 사각지(捨覺支)를 일어나게 하거나 이미 일어난 사각지를 더욱 크게 하는 음식인가? 비구들이여, 사각지가 머무는 법들이 있을 때, 거기에서 이치에 맞는 생각을 지속적으로 하면, 이것이 아직 일어나지 않은 사각지를 일어나게 하거나 이미 일어난 사각지를 더욱 크게 하는 음식이라오.

18. 비구들이여, 음식에 의해 유지되는 이 몸은 음식을 의지하여 지속하고 음식이 없으면 지속하지 못하듯이, 7각지(七覺支)도 음식에 의해 유지되기 때문에 음식을 의지하여 지속하고 음식이 없으면 지속하지 못한다오."

5.5. 비구[Bhikkhu] 〈s.46.5〉

1.-2. 세존께서 사왓티의 제따와나 아나타삔디까 승원에 머무실 때, 어떤 비구가 세존을 찾아와서 예배하고 한쪽에 앉아 물었습니다.

"세존이시여, 각지(覺支, bojjhaṅgā)라는 말들을 하는데, 어찌하여 각지라고 합니까?"

"비구여, 깨달음으로 이끌기 때문에 각지라고 말한다오.

3. 비구여, 비구는 쾌락을 멀리하기[遠離]에 도움이 되고, 욕탐을 버리기[離欲]에 도움이 되고, 번뇌의 소멸에 도움이 되고, 마침내 버림[捨離]으로 귀결되는 염각지(念覺支)·택법각지(擇法覺支)·정진각지(精進覺支)·희각지(喜覺支)·경안각지(輕安覺支)·정각지(定覺支)·사각지(捨覺支)를 닦아 익힌다오.

4. 비구들이여, 이들 7각지(七覺支)를 닦아 익히면 욕루(欲漏)에서 마음이 해탈하고, 유루(有漏)에서 마음이 해탈하고, 무명루(無明漏)에서 마음이 해탈한다오. 그는 해탈했을 때 해탈했음을 안다오. 그는 '생(生)은 소멸했다. 청정한 수행[梵行]을 완성했으며, 해야 할 일을 끝마쳤다. 다시는 이와 같은 상태로 되지 않는다'라고 통찰한다오.

5. 비구여, 깨달음으로 이끌기 때문에 각지라고 말한다오."

---

631 'atthi bhikkhave samathanimittam avyagganimittaṃ'의 번역.

5.6. 꾼달리(Kuṇḍali) 〈s.46.6〉

1.-2. 세존께서 사께따(Sāketa)에 있는 안짜와나(Añcavana)의 사슴 동산에 머무실 때, 행각수행자 꾼달리야(Kuṇḍaliya)가 세존을 찾아와 함께 인사를 나눈 후 한쪽에 앉아 말씀드렸습니다.

3. "고따마 존자님! 저는 승원 근처에 머물면서 집회(集會)에 돌아다니는 사람입니다. 고따마 존자님! 저에게는 식사를 마치면 식후에 이 승원에서 저 승원으로, 이 원림(園林)에서 저 원림으로, (집회에) 돌아다니는 습관이 있습니다. 거기에서 저는 어떤 사문과 바라문들이 논박에서 벗어날 목적으로, 그리고 논박할 목적으로 무의미한 논쟁을 일삼는 것을 보았습니다. 그런데 고따마 존자님은 어떤 훌륭한 공덕을 이루어 살아갑니까?"

"꾼달리야여, 여래는 명지(明智)와 해탈(解脫)이라는 훌륭한 공덕의 결실을 이루어 살아간다오."

4. "고따마 존자님! 어떤 법(法)을 지속적으로 닦아 익히면 명지와 해탈이 이루어집니까?"

"꾼달리야여, 7각지(七覺支)을 지속적으로 닦아 익히면 명지와 해탈이 이루어진다오."

5. "고따마 존자님! 어떤 법을 지속적으로 닦아 익히면 7각지가 이루어집니까?"

"꾼달리야여, 4념처(四念處)를 지속적으로 닦아 익히면 7각지가 이루어진다오."

6. "고따마 존자님! 어떤 법을 지속적으로 닦아 익히면 4념처가 이루어집니까?"

"꾼달리야여, 세 가지 선행(善行)을 지속적으로 닦아 익히면 4념처가 이루어진다오."

7. "고따마 존자님! 어떤 법을 지속적으로 닦아 익히면 세 가지 선행이 이루어집니까?"

"꾼달리야여, 지각활동의 수호[indriya-saṃvaro, 根守護]를 지속적으로 닦아 익히면 세 가지 선행이 이루어진다오. 꾼달리야여, 지각활동의 수호를 어떻게 지속적으로 닦아 익히면 세 가지 선행이 이루어지는가?

8. 꾼달리야여, 비구가 눈[眼]으로 마음에 드는 형색[色]을 보고 이를 탐착하지 않고 즐기지 않고 욕탐을 일으키지 않으면, 몸이 안정되고 마음도 안정되어 내적으로 잘 안주(安住)하고 잘 해탈한다오. 그리고 눈으로 마음에 들지 않는 형색을 보아도 불만스러워하지 않고 불안한 마음이 없고 고상한 생각을 하고 악의(惡意)를 품지 않으면, 몸이 안정되고 마음도 안정되어 내적으로 잘 안주하고 잘 해탈한다오.

9.-13. 귀[耳]로 마음에 드는 소리[聲]를 듣고, 코[鼻]로 마음에 드는 냄새[香]를 맡고, 혀[舌]로 마음에 드는 맛[味]을 보고, 몸[身]으로 마음에 드는 촉감[觸]을 접촉하고, 마음[意]으로 마음에 드는 대상[法]을 지각하고 이를 탐착하지 않고 즐기지 않고 욕탐을 일으키지 않으면, 몸이 안정되고 마음도 안정되어 내적으로 잘 안주하고 잘 해탈한다오. 그리고 귀로 마음에 들지 않는 소리를 듣고, 코로 마음에 들지 않는 냄새를 맡고, 혀로 마음에 들지 않는 맛을 보고, 몸으로 마음에 들지 않는 촉감을 접촉하고, 마음으로 마음에 들지 않는 대상을 지각해도 불만스러워하지 않고 불안한 마음이 없고 고상한 생각을 하고 악의를 품지 않으면, 몸이 안정되고 마음도 안정되어 내적으로 잘 안주하고 잘 해탈한다오.

14. 꾼달리야여, 눈으로 형색을 보고 마음에 들거나 마음에 들지 않는 형색들에 대하여 비구의 몸이 안정되고 마음도 안정되어 내적으로 잘 안주하고 잘 해탈하면, 귀로 소리를 듣고, 코로 냄새를 맡고, 혀로 맛을 보고, 몸으로 촉감을 접촉하고, 마음으로 대상을 지각하고 마음에 들거나 마음에 들지 않는 대상에 대하여 비구의 몸이 안정되고 마음도 안정되어 내적으로 잘 안주하고 잘 해탈하면, 꾼달리야여, 이와 같이 지각활동의 수호를 지속적으로 닦아 익히면 세 가지 선행이 이루어진다오.

15. 꾼달리야여, 세 가지 좋은 행위를 어떻게 지속적으로 닦아 익히면 4념처가 이루어지는가? 꾼달리야여, 비구는 몸으로 행하는 나쁜 행위를 버리고, 몸으로 행하는 좋은 행위를 한다오. 말로 행하는 나쁜 행위를 버리고, 말로 행하는 좋은 행위를 하고, 마음으로 행하는 나쁜 행위를 버리고, 마음으로 행하는 좋은 행위를 한다오. 꾼달리야여, 이와 같이 세 가지 좋은 행위를 지속적으로 닦아 익히면 4념처가 이루어진다오.

16. 꾼달리야여, 4념처를 어떻게 지속적으로 닦아 익히면 7각지가 이루어지는가? 꾼달리야여, 비구는 몸[身]을 관찰하며 몸에 머물면서, 열심히 알아차리고 주의집중을 하여 세간에 대한 탐욕과 불만을 제거한다오. 느낌[受]을 관찰하며 느낌에 머물면서, 열심히 알아차리고 주의집중을 하여 세간에 대한 탐욕과 불만을 제거한다오. 마음[心]을 관찰하며 마음에 머물면서, 열심히 알아차리고 주의집중을 하여 세간에 대한 탐욕과 불만을 제거한다오. 법(法)을 관찰하며 법에 머물면서, 열심히 알아차리고 주의집중을 하여 세간에 대한 탐욕과 불만을 제거한다오. 꾼달리야여, 이와 같이 4념처를 지속적으로 닦아 익히면 7각지가 이루어진다오.

17. 꾼달리야여, 7각지를 어떻게 지속적으로 닦아 익히면 명지와 해탈이 이루어지는가? 꾼달리야여, 비구는 염각지(念覺支)·택법각지(擇法覺支)·정진각지(精進覺支)·희각지(喜覺支)·경안각지(輕安覺支)·정각지(定覺支)·사각지(捨覺支)를 닦아 익힌다오. 꾼달리야여, 이와 같이 7각지를 지속적으로 닦아 익히면 명지와 해탈이 이루어진다오."

18. 이 말씀을 듣고, 행각수행자 꾼달리야가 세존께 말씀드렸습니다.

"훌륭합니다, 세존이시여! … 세존께서는 저를 청신사(淸信士)로 받아 주소서. 지금부터 살아 있는 날까지 귀의하겠습니다."

제47 염처(念處, Satipaṭṭhāna) 상윳따

5.7. 원숭이[Makkaṭo] 〈s.47.7〉

1.-2. 세존께서 사왓티의 제따와나 아나타삔디까 승원에 머무실 때, 비구들에게 말씀하셨습니다.

3. "비구들이여, 산들의 왕 설산(雪山)에는 험악하고 평탄하지 않아서 원숭이도 다닐 수 없고 사람도 다닐 수 없는 지역이 있다오.

4. 비구들이여, 산들의 왕 설산에는 험악하고 평탄하지 않아서 원숭이는 다닐 수 있지만 사람은 다닐 수 없는 지역이 있다오.

5. 비구들이여, 산들의 왕 설산에는 땅이 아름답고 평탄하여 원숭이도 다닐 수 있고 사람도 다닐 수 있는 지역이 있다오.

비구들이여, 그곳에서 사냥꾼들이 원

숭이를 잡기 위해서 원숭이가 다니는 길에 회반죽 덫을 놓는다오. 그러면 어리석지 않고 탐욕스럽지 않은 원숭이들은 그 회반죽을 보고 멀리 피한다오. 그런데 어리석고 탐욕스러운 원숭이가 그 회반죽으로 가서 손으로 잡으면, 그 손이 거기에 달라붙는다오. '손을 떼어 내야겠다'라고 생각하고 다른 손으로 잡으면, 그 손도 거기에 달라붙는다오. '두 손을 떼어 내야겠다'라고 생각하고 발로 잡으면, 그 발도 거기에 달라붙는다오. '두 손과 발을 떼어 내야겠다'라고 생각하고 다른 발로 잡으면, 그 발도 거기에 달라붙는다오. '두 손과 두 발을 떼어 내야겠다'라고 생각하고 주둥이로 잡으면, 그 주둥이도 거기에 달라붙는다오.

6. 비구들이여, 이렇게 다섯 군데가 묶인 그 원숭이는 신음하며 누워서 불행에 빠지고 재앙에 빠져 사냥꾼이 멋대로 할 수 있게 된다오. 비구들이여, 사냥꾼은 그 원숭이를 나무 꼬챙이에 꿰어 묶어서 원하는 곳으로 떠나간다오.

7. 비구들이여, 활동영역이 아닌 남의 경계에 돌아다니는 사람도 마찬가지라오.

비구들이여, 그러므로 활동영역이 아닌 남의 경계에 돌아다니지 마시오! 비구들이여, 활동영역이 아닌 남의 경계에 돌아다니면, 마라(Māra)가 기회를 얻고 근거를 얻을 것이오.

8. 비구들이여, 어떤 것이 활동영역이 아닌 남의 경계인가? 그것은 다섯 가지 감각적 욕망[五欲樂]이라오. 다섯은 어떤 것들인가?

9. 비구들이여, 시각[眼]에 의해 지각되는 마음에 들고 사랑스럽고 매력 있고 귀엽고 즐겁고 유혹적인 형색[色]들, 청각[耳]에 의해 지각되는 … 유혹적인 소리[聲]들, 후각[鼻]에 의해 지각되는 … 유혹적인 냄새[香]들, 미각[舌]에 의해 지각되는 … 유혹적인 맛[味]들, 촉각[身]에 의해 지각되는 … 유혹적인 촉감[觸]들, 비구들이여, 이것이 비구의 활동영역이 아닌 남의 경계라오.

10. 비구들이여, 자신의 활동영역인 고향에서 돌아다니시오! 비구들이여, 자신의 활동영역인 고향에서 돌아다니면, 마라가 기회를 얻지 못하고 근거를 얻지 못할 것이오.

11. 비구들이여, 어떤 것이 자신의 활동영역인 고향인가? 그것은 네 가지 주의집중의 확립[四念處]이라오. 넷은 어떤 것들인가?

12. 비구들이여, 비구는 몸[身]을 관찰하며 몸에 머물면서, 열심히 알아차리고 주의집중을 하여 세간에 대한 탐욕과 불만을 제거한다오. 느낌[受]을 관찰하며 느낌에 머물면서, 열심히 알아차리고 주의집중을 하여 세간에 대한 탐욕과 불만을 제거한다오. 마음[心]을 관찰하며 마음에 머물면서, 열심히 알아차리고 주의집중을 하여 세간에 대한 탐욕과 불만을 제거한다오. 법(法)을 관찰하며 법에 머물면서, 열심히 알아차리고 주의집중을 하여 세간에 대한 탐욕과 불만을 제거한다오. 비구들이여, 이것이 비구에게 자신의 활동영역인 고향이라오."

5.8. 쭌다[Cundo] 〈s.47.13〉

1.-2. 세존께서 사왓티의 제따와나 아나타삔디까 승원에 머무실 때, 사리뿟따 존자는 깊은 병이 들어 병고(病苦)를 겪으며 마가다의 날라가마까(Nālagamaka)에 머물고 있었습니다. 그때 쭌다(Cunda) 사미(沙彌)가 사리

뿟따 존자의 병시중을 들고 있었습니다.

3. 사리뿟따 존자는 그 병으로 반열반(般涅槃)에 들었습니다.

4. 쭌다 사미는 사리뿟따 존자의 법의와 발우를 들고 사왓티의 제따와나 아나타삔디까 승원으로 아난다 존자를 찾아갔습니다. 그는 아난다 존자에게 예배하고 한쪽에 앉아 말했습니다.

"존자님! 사리뿟따 존자께서 반열반에 드셨습니다. 이것이 사리뿟따 존자님의 법의와 발우입니다."

5. "쭌다 법우여! 이것은 세존께 알려드려야 할 이야기다. 쭌다 법우여! 어서 세존을 찾아가서 세존께 이 사실을 알려드리자!"

쭌다 사미는 아난다 존자에게 "존자님! 그렇게 하겠습니다"라고 대답했습니다.

6. 아난다 존자와 쭌다 사미는 세존을 찾아가서 예배하고 한쪽에 앉았습니다. 한쪽에 앉은 아난다 존자가 세존께 말씀드렸습니다.

"세존이시여, 쭌다 사미가 '존자님! 사리뿟따 존자께서 반열반에 드셨습니다. 이것이 사리뿟따 존자님의 법의와 발우입니다'라고 말했습니다. 사리뿟따 존자께서 반열반에 드셨다는 말을 들으니, 저의 몸은 술에 취한 것 같이 방향을 분별할 수 없고, 눈앞이 캄캄하고 아득합니다."

7. "아난다여, 사리뿟따가 그대의 계온(戒蘊)을 가지고 반열반에 들었는가, 아니면 정온(定蘊)을 가지고 반열반에 들었는가, 아니면 혜온(慧蘊)을 가지고 반열반에 들었는가, 아니면 해탈온(解脫蘊)을 가지고 반열반에 들었는가, 아니면 해탈지견온(解脫知見蘊)을 가지고 반열반에 들었는가?"

"세존이시여, 사리뿟따 존자께서 저의 계온을 가지고 반열반에 들거나, 정온을 가지고 반열반에 들거나, 혜온을 가지고 반열반에 들거나, 해탈온을 가지고 반열반에 들거나, 해탈지견온을 가지고 반열반에 들지는 않았습니다. 그렇지만 사리뿟따 존자님은 저를 감싸 주고 알려 주고 가르치고 지도하고 고무하고 칭찬하고 훈육하신 분이었으며, 도반에게 법(法)을 설함에 피로를 몰랐습니다. 우리는 사리뿟따 존자님을 법의 자양분이며, 법의 재산이며, 법의 조력자로 기억하고 있습니다."

8. "아난다여, '사랑스럽고 즐거운 모든 것은 변하고 떠나가고 달라진다'라고 내가 이전에 이야기하지 않았더냐? 아난다여, 그것을 지금 어찌하겠느냐? 태어난 존재는 유위(有爲)이며 쇠멸법(衰滅法)이다. 그것을 사멸(死滅)하지 말라고 할 수는 없다.

9. 아난다여, 마치 단단하고 견실한 큰 나무에서 커다란 가지가 부러져 나간 것처럼, 단단하고 견실한 큰 비구상가에서 사리뿟따의 반열반은 이와 같구나. 아난다여, 그렇지만 그것을 지금 어찌하겠느냐? 태어난 존재는 유위이며 쇠멸법이다. 그것을 사멸하지 말라고 할 수는 없는 것이다.

10. 아난다여, 그러므로 그대들은 자신을 등불로 삼고 자신을 귀의처로 삼고 다른 사람을 귀의처로 삼지 마라! 가르침[法]을 등불로 삼고 가르침을 귀의처로 삼고 다른 것을 귀의처로 삼지 않고 살아가도록 하라! 아난다여, 비구가 자신을 등불로 삼고 자신을 귀의처로 삼고 다른 사람을 귀의처로 삼지 않으며, 가르침을 등불로 삼고 가르침을 귀의처로 삼고 다른 것을 귀의처로 삼지 않고 살아간다는 것은 어떤 것인가?

11. 아난다여, 비구는 몸[身]을 관찰하며 몸에 머물면서, 열심히 주의집중을 하고 알아차려 세간에 대한 탐욕과 불만을 제거해야 한다. 느낌[受]을 관찰하며 느낌에 머물면서, 열심히 주의집중을 하고 알아차려 세간에 대한 탐욕과 불만을 제거해야 한다. 마음[心]을 관찰하며 마음에 머물면서, 열심히 주의집중을 하고 알아차려 세간에 대한 탐욕과 불만을 제거해야 한다. 법(法)을 관찰하며 법에 머물면서, 열심히 주의집중을 하고 알아차려 세간에 대한 탐욕과 불만을 제거해야 한다. 아난다여, 이와 같이 하는 것이 비구가 자신을 등불로 삼고 자신을 귀의처로 삼고 다른 사람을 귀의처로 삼지 않으며, 가르침을 등불로 삼고 가르침을 귀의처로 삼고 다른 것을 귀의처로 삼지 않고 살아가는 것이다.

12. 아난다여, 지금이든 나의 사후(死後)든, 자신을 등불로 삼고 자신을 귀의처로 삼고 다른 사람을 귀의처로 삼지 않으며, 가르침을 등불로 삼고 가르침을 귀의처로 삼고 다른 것을 귀의처로 삼지 않고 살아간다면, 아난다여, 그 비구들은 누구든지 학계(學戒)를 열망하는 나의 가장 훌륭한 제자가 될 것이다."

5.9. 욱까쩰라(Ukkācela) 〈s.47.14〉

1. 사리뿟따와 목갈라나가 반열반에 든 지 얼마 되지 않았을 때, 세존께서 큰 비구상가와 함께 왓지의 강가(Gaṅga) 강기슭에 있는 욱까쩰라(Ukkācela)에 머무셨습니다.

2. 그때 세존께서는 비구상가에 둘러싸여 노지(露地)에 앉아 계셨습니다. 세존께서는 말없이 비구상가를 둘러보신 후에 비구들에게 말씀하셨습니다.

3. "비구들이여, 나에게는 이 대중이 텅 빈 것처럼 보이는군요! 비구들이여, 사리뿟따와 목갈라나가 반열반에 들지 않았을 때는 나에게 대중이 텅 비지 않았다오. 사리뿟따와 목갈라나가 머물고 있는 곳이면 어느 곳이든 아무렇지 않았다오.

4. 비구들이여, 과거세에도 아라한·등정각(等正覺)들이 있었고, 그 세존들에게도 나에게 사리뿟따와 목갈라나가 있듯이, 이처럼 뛰어난 한 쌍의 제자가 있었다오. 비구들이여, 미래세에도 아라한·등정각들이 있을 것이고, 그 세존들에게도 나에게 사리뿟따와 목갈라나가 있듯이, 이처럼 뛰어난 한 쌍의 제자가 있을 것이오.

5. 비구들이여, 제자들로서 이 얼마나 놀라운 일인가! 비구들이여, 제자들로서 이 얼마나 희유한 일인가! 다시 말해서, 그들은 얼마나 스승의 가르침에 어긋남 없이 행동하려고 했고, 훈계(訓戒)에 순응하려고 했고, 사부대중(四部大衆)에게 얼마나 사랑스럽고 매력적이며 소중하며 존경을 받았는가!

비구들이여, 여래로서 이 얼마나 놀라운 일인가! 비구들이여, 여래로서 이 얼마나 희유한 일인가! 다시 말해서, 이러한 제자들이 반열반에 들었는데, 여래에게는 슬픔이나 비통함이 없다오. 비구들이여, 그것을 지금 어찌하겠는가? 태어난 존재는 유위(有爲)이며 쇠멸법(衰滅法)이라오. 그것을 사멸(死滅)하지 말라고 할 수는 없는 것이라오.

7. 비구들이여, 그러므로 그대들은 자신을 등불로 삼고, 자신을 귀의처로 삼고, 다른 사람을 귀의처로 삼지 마시오! 가르침[法]을 등불로 삼고, 가르침을 귀의처로 삼고, 다른 것을 귀의처로 삼지 않고 살아가도록 하시오!"

제48 근(根, Indriya) 상윳따

5.10. 자세한 설명[Vibhaṅga] 〈s.48.10〉

1. 세존께서 사왓티의 제따와나 아나타삔디까 승원에 머무실 때, 비구들에게 말씀하셨습니다.

2. "비구들이여, 5근(五根)이 있다오. 5근은 어떤 것인가? 그것은 신근(信根), 정진근(精進根), 염근(念根), 정근(定根), 혜근(慧根)이라오.

3. 비구들이여, 신근이란 어떤 것인가? 비구들이여, 거룩한 제자는 '세존은 아라한[應供], 원만하고 바르게 깨달으신 분[正遍知], 앎과 실천을 구족하신 분[明行足], 피안으로 잘 가신 분[善逝], 세상을 잘 아시는 분[世間解], 위없는 분[無上士], 사람을 길들여 바른길로 이끄시는 분[調御丈夫], 천신과 인간의 스승[天人師], 진리를 깨달으신 분[佛], 세존(世尊)이시다'라고 여래의 깨달음을 믿는 믿음이 있다오. 비구들이여, 이것을 신근이라고 한다오.

4. 비구들이여, 정진근이란 어떤 것인가? 비구들이여, 거룩한 제자는 불선법(不善法)을 버리고 선법(善法)을 얻기 위하여 선법에 대하여 굳고 확고하고 용맹하고 끈기 있게 열심히 정진하며 살아간다오. 그는 아직 생기지 않은 사악한 불선법은 생기지 않도록 의욕을 일으켜 노력하고, 정진하고, 마음을 다잡고 애쓴다오. 이미 생긴 사악한 불선법은 버리려는 의욕을 일으켜 노력하고, 정진하고, 마음을 다잡고 애쓴다오. 아직 생기지 않은 선법은 생기도록 의욕을 일으켜 노력하고, 정진하고, 마음을 다잡고 애쓴다오. 이미 생긴 선법은 지속하고 증가하고 발전하고 닦아 익히고 성취하려는 의욕을 망설이지 않고 일으켜 노력하고, 정진하고, 마음을 다잡고 애쓴다오. 비구들이여, 이것을 정진근이라고 한다오.

5. 비구들이여, 염근이란 어떤 것인가? 비구들이여, 거룩한 제자는 최상의 신중한 집중력을 가지고 오래전에 행한 일이나 오래전에 말한 것까지 상기하고 기억하여 주의집중을 한다오. 그는 몸[身]을 관찰하며 몸에 머물면서, 열심히 알아차리고 주의집중을 하여 세간에 대한 탐욕과 불만을 제거한다오. 느낌[受]을 관찰하며 느낌에 머물면서, 열심히 알아차리고 주의집중을 하여 세간에 대한 탐욕과 불만을 제거한다오. 마음[心]을 관찰하며 마음에 머물면서, 열심히 알아차리고 주의집중을 하여 세간에 대한 탐욕과 불만을 제거한다오. 법(法)을 관찰하며 법에 머물면서, 열심히 알아차리고 주의집중을 하여 세간에 대한 탐욕과 불만을 제거한다오. 비구들이여, 이것을 염근이라고 한다오.

6. 비구들이여, 정근이란 어떤 것인가? 비구들이여, 거룩한 제자는 외부의 대상[ārammaṇa]을 포기하고 삼매(三昧)에 들어 마음을 하나로 모은다오. 그는 감각적 욕망을 멀리하고 불선법을 멀리함으로써 사유(思惟)가 있고 숙고(熟考)가 있는, 멀리함에서 생긴 환희심과 즐거움이 있는 초선(初禪)을 성취하여 살아가고, 사유와 숙고를 억제하여 내적으로 조용해진, 마음이 집중된, 사유와 숙고가 없는, 삼매에서 생긴 즐거움과 환희심이 있는 제2선(第二禪)을 성취하여 살아가고, 환희심이 소멸하고 평정한 마음으로 주의집중과 알아차림을 하며 지내는 가운데 몸으로 즐거움을 느끼면서, 성인들이 '평정한 마음[捨]으로 주의집중을 하는 즐거운 상태'

라고 이야기한 제3선(第三禪)을 성취하여 살아가고, 즐거움을 포기하고 괴로움을 버림으로써 이전의 만족과 불만이 소멸하여 괴롭지도 않고 즐겁지도 않은, 평정한 주의집중이 청정한 제4선(第四禪)을 성취하여 살아간다오. 비구들이여, 이것을 정근이라고 한다오.

7. 비구들이여, 혜근이란 어떤 것인가? 비구들이여, 거룩한 제자는 통찰지[般若]가 있다오. 그는 일어나고 사라지는 것을 꿰뚫어 보고 바르게 괴로움의 멸진으로 인도하는 거룩한 통찰지를 구족(具足)한다오. 그는 '이것은 괴로움[苦]이다'라고 통찰하고, '이것은 괴로움의 쌓임[苦集]이다'라고 통찰하고, '이것은 괴로움의 소멸[苦滅]이다'라고 통찰하고, '이것은 괴로움의 소멸에 이르는 길[苦滅道]이다'라고 통찰한다오.

8. 비구들이여, 이것을 혜근이라고 한다오.

비구들이여, 이들이 5근이라오."

5.11. 운나바 바라문[Uṇṇābho brāhmaṇo]

〈s.48.42〉

1.-2. 세존께서 사왓티의 뿝바라마 미가라마뚜 강당에 머무실 때, 운나바 바라문이 세존을 찾아와서 인사를 나눈 뒤에 말씀드렸습니다.

3. "고따마 존자님! 다섯 가지 지각활동[五根], 즉 시각활동[眼根]·청각활동[耳根]·후각활동[鼻根]·미각활동[舌根]·촉각활동[身根]은 대상[visaya, 境]이 다르고 활동영역[gocara, 行境]이 달라서 다른 것들의 활동영역과 대상을 경험하지 못합니다. 고따마 존자님! 대상이 다르고 활동영역이 달라서 다른 것들의 활동영역과 대상을 경험하지 못하는 이들 다섯 가지 지각활동의 의지처(依止處)는 무엇입니까? 무엇이 그것들의 활동영역과 대상을 경험합니까?"

4. "바라문이여, 대상이 다르고 활동영역이 달라서 다른 것들의 활동영역과 대상을 경험하지 못하는 이들 다섯 가지 지각활동의 의지처는 마음활동[意]이라오. 그리고 마음활동이 그것들의 활동영역과 대상을 경험한다오."

5. "고따마 존자님! 그렇다면 마음활동의 의지처는 무엇입니까?"

"바라문이여, 마음활동의 의지처는 주의집중[念, sati]이라오."

6. "고따마 존자님! 그렇다면 주의집중의 의지처는 무엇입니까?"

"바라문이여, 주의집중의 의지처는 해탈(解脫, vimutti)이라오."

7. "고따마 존자님! 그렇다면 해탈의 의지처는 무엇입니까?"

"바라문이여, 해탈의 의지처는 열반(涅槃)이라오."

8. "고따마 존자님! 그렇다면 열반의 의지처는 무엇입니까?"

"존자여, 바라문이여, 질문이 범위를 벗어났군요. 그대는 질문의 한계를 파악하지 못했군요. 바라문이여, 청정한 수행[梵行]은 열반에 들어가기 위하여, 열반을 목표로, 열반을 종착지로 영위된다오."

9. 그러자 운나바 바라문은 세존의 말씀에 기뻐하고 만족하고서 자리에서 일어나 세존께 예배한 후에 오른쪽으로 돌고 나서 떠나갔습니다.

제49 정도(正道) 상윳따

제50 역(力) 상윳따

제51 여의족(如意足) 상윳따

제52 아누룻다 상윳따

제53 선정(禪定) 상윳따

제54 들숨날숨 상윳따

제55 수다원(須陀洹) 상윳따

(생략)

제56 진리[諦, Sacca] 상윳따

5.12. 삼매(三昧, Samādhi) 〈s.56.1〉

1. 세존께서 사왓티의 제따와나 아나타삔디까 승원에 머무실 때, 비구들에게 말씀하셨습니다.

2. "비구들이여, 삼매(三昧)를 닦도록 하시오! 비구들이여, 삼매에 든 비구는 있는 그대로 통찰한다오. 무엇을 있는 그대로 통찰하는가?

3. '이것은 괴로움[苦]이다'라고 있는 그대로 통찰한다오. '이것은 괴로움의 쌓임[苦集]이다'라고 있는 그대로 통찰한다오. '이것은 괴로움의 소멸[苦滅]이다'라고 있는 그대로 통찰한다오. '이것은 괴로움의 소멸에 이르는 길[苦滅道]이다'라고 있는 그대로 통찰한다오.

4. 비구들이여, 삼매를 닦도록 하시오! 비구들이여, 삼매에 든 비구는 있는 그대로 통찰한다오. 비구들이여, 그러므로 '이것은 괴로움이다'라고 통찰하기 위해 노력하고, '이것은 괴로움의 쌓임이다'라고 통찰하기 위해 노력하고, '이것은 괴로움의 소멸이다'라고 통찰하기 위해 노력하고, '이것은 괴로움의 소멸에 이르는 길이다'라고 통찰하기 위해 노력해야 한다오."

5.13. 여래의 말씀[Tathāgatena vutta] 〈s.56.11〉

1.-2. 세존께서 바라나시의 이시빠따나 미가다야[鹿野苑]에 머무실 때, 다섯 비구[五比丘]에게 말씀하셨습니다.

"비구들이여, 나에게 출가한 사람은 두 극단(極端)을 가까이해서는 안 된다오. 두 극단은 어떤 것인가?

3. 그것은 속가(俗家) 범부들의 저열한 감각적 욕망에서 생기는 천박하고 무익한 즐거움과 자신을 괴롭혀서 생기는 천박하고 무익한 괴로움이라오. 비구들이여, 여래는 이 두 극단을 멀리함으로써 안목이 생기고 앎이 생겨서 평온과 체험적 지혜와 정각(正覺)과 열반으로 이끄는 중도(中道)를 체험하고 깨달았다오.

4. 비구들이여, 그 중도는 어떤 것인가? 이것은 거룩한 8정도(八正道), 즉 정견(正見)·정사유(正思惟)·정어(正語)·정업(正業)·정명(正命)·정정진(正精進)·정념(正念)·정정(正定)이라오.

5. 비구들이여, 태어남[生]이 괴로움이고, 늙음[老]이 괴로움이고, 질병[病]이 괴로움이고, 죽음[死]이 괴로움이고, 근심[憂]·슬픔[悲]·고통[苦]·우울[惱]·불안(不安)이 괴로움이고, 미워하는 사람과 만나는 것이 괴로움[怨憎會苦]이고, 사랑하는 사람과 이별하는 것이 괴로움[愛別離苦]이고, 원하는 것을 얻지 못하는 것이 괴로움[求不得苦]이라오. 요컨대 5취온(五取蘊)이 괴로움이라오[saṅkhitena pañc' upādānakkhandhā dukkhā]. 이것이 괴로움이라는 거룩한 진리[苦聖諦]

라오.

6. 비구들이여, 다시 존재하기를 바라며, 즐기고자 하는 탐욕을 수반하여 이것저것을 애락(愛樂)하는 갈애[愛], 즉 욕애(欲愛)·유애(有愛)·무유애(無有愛),[632] 이것이 괴로움의 쌓임이라는 거룩한 진리[苦集聖諦]라오.

7. 비구들이여, 그 갈애가 남김없이 소멸하고 버려지고 완전히 포기되어 갈애에서 해탈하여 집착이 없으면, 이것이 괴로움의 소멸이라는 거룩한 진리[苦滅聖諦]라오.

8. 비구들이여, 거룩한 8정도, 즉 정견·정사유·정어·정업·정명·정정진·정념·정정, 이것이 괴로움의 소멸에 이르는 길이라는 거룩한 진리[苦滅道聖諦]라오.

9. 비구들이여, 나에게 '이것은 괴로움이라는 거룩한 진리다'라는 이전에 들어 본 적 없는 법(法)들에 대한 안목이 생기고, 앎이 생기고, 통찰지[般若]가 생기고, 명지(明智)가 생기고, 광명이 생겼다오. 비구들이여, 나에게 '이 괴로움이라는 거룩한 진리를 명확하게 이해해야 한다'라는 이전에 들어 본 적 없는 법들에 대한 안목이 생기고, 앎이 생기고, 통찰지가 생기고, 명지가 생기고, 광명이 생겼다오. 비구들이여, 나에게 '이 괴로움이라는 거룩한 진리를 명확하게 이해했다'라는 이전에 들어 본 적 없는 법들에 대한 안목이 생기고, 앎이 생기고, 통찰지가 생기고, 명지가 생기고, 광명이 생겼다오.

10. 비구들이여, 나에게 '이것은 괴로움의 쌓임이라는 거룩한 진리다'라는 이전에 들어 본 적 없는 법들에 대한 안목이 생기고, 앎이 생기고, 통찰지가 생기고, 명지가 생기고, 광명이 생겼다오. 비구들이여, 나에게 '이 괴로움의 쌓임이라는 거룩한 진리를 제거해야 한다'[633]라는 이전에 들어 본 적 없는 법들에 대한 안목이 생기고, 앎이 생기고, 통찰지가 생기고, 명지가 생기고, 광명이 생겼다오. 비구들이여, 나에게 '이 괴로움의 쌓임이라는 거룩한 진리를 제거했다'라는 이전에 들어 본 적 없는 법들에 대한 안목이 생기고, 앎이 생기고, 통찰지가 생기고, 명지가 생기고, 광명이 생겼다오.

11. 비구들이여, 나에게 '이것은 괴로움의 소멸이라는 거룩한 진리다'라는 이전에 들어 본 적 없는 법들에 대한 안목이 생기고, 앎이 생기고, 통찰지가 생기고, 명지가 생기고, 광명이 생겼다오. 비구들이여, 나에게 '이 괴로움의 소멸이라는 거룩한 진리를 증득(證得)해야 한다'[634]라는 이전에 들어 본 적 없는 법들에 대한 안목이 생기고, 앎이 생기고, 통찰지가 생기고, 명지가 생기고, 광명이 생겼다오. 비구들이여, 나에게 '이 괴로움의 소멸이라는 거룩한 진리를 증득했다'라는 이전에 들어 본 적 없는 법들에 대한 안목이 생기고, 앎이 생기고, 통찰지가 생기고, 명지가 생기고, 광명이 생겼다오.

12. 비구들이여, 나에게 '이것은 괴로움의 소멸에 이르는 길이라는 거룩한 진리다'라는 이전에 들어 본 적 없는 법들에 대한 안목이 생기고, 앎이 생기고, 통찰지가 생기고, 명지

---

632 싫어하는 것이 다시는 존재하지 않기를 갈망하는 마음이 무유애(無有愛)이다.

633 'taṃ kho panidam dukkhasamudayam ariyasaccam pahātabban ti'의 번역.

634 'taṃ kho panidam dukkhanirodham ariyasaccaṃ sacchikātabban ti'의 번역.

가 생기고, 광명이 생겼다오. 비구들이여, 나에게 '이 괴로움의 소멸에 이르는 길이라는 거룩한 진리를 닦아 익혀야 한다'라는 이전에 들어 본 적 없는 법들에 대한 안목이 생기고, 앎이 생기고, 통찰지가 생기고, 명지가 생기고, 광명이 생겼다오. 비구들이여, 나에게 '이 괴로움의 소멸에 이르는 길이라는 거룩한 진리를 닦아 익혔다'라는 이전에 들어 본 적 없는 법들에 대한 안목이 생기고, 앎이 생기고, 통찰지가 생기고, 명지가 생기고, 광명이 생겼다오.

13. 비구들이여, 내가 이들 네 가지 거룩한 진리[四聖諦]에 대하여 이와 같이 세 단계의 12행[三轉十二行]을 있는 그대로 알고 봄으로써 한 점 의혹 없이 확신하지 않았다면, 비구들이여, 나는 마라와 범천을 포함한 천신들의 세계, 사문과 바라문과 왕과 백성을 포함한 인간계에서 '위없는 바르고 평등한 깨달음[無上正等正覺]을 깨달았다'라고 선언하지 않았을 것이오.

14. 비구들이여, 나는 이 네 가지 거룩한 진리에 대하여 이와 같이 세 단계의 12행을 있는 그대로 알고 봄으로써 한 점 의혹 없이 확신했기 때문에, 비구들이여, 나는 마라와 범천을 포함한 천신들의 세계, 사문과 바라문과 왕과 백성을 포함한 인간계에서 '위없는 바르고 평등한 깨달음을 깨달았다'라고 선언했다오. 그리고 나에게 '이것이 마지막 태어남이다. 이제는 이후의 존재[後有]는 없다'라는 확고한 지견(知見)과 마음의 해탈[心解脫]이 생겼다오."

15. 이것이 세존께서 하신 말씀입니다. 다섯 비구는 세존의 말씀에 만족하고 기뻐했습니다. 그리고 이 설명을 하실 때, 꼰단냐[憍陳如] 존자에게 '쌓인 법[集法]은 어떤 것이든 모두가 소멸하는 법[滅法]이다'라는 티 없이 맑은 법안(法眼)이 생겼습니다.

16. 이와 같이 세존께서 법륜(法輪)을 굴리실 때, 대지(大地)의 신들이 '세존께서 바라나시의 이시빠따나 미가다야에서 사문이든 바라문이든 천신이든 마라든 브라만신이든, 세간의 그 누구도 되돌릴 수 없는 위없는 법륜을 굴리셨다'라고 외쳤습니다.

17. 대지의 신들의 소리를 듣고, 4대천왕(四大天王)이 '세존께서 바라나시의 이시빠따나 미가다야에서 사문이든 바라문이든 천신이든 마라든 브라만신이든, 세간의 그 누구도 되돌릴 수 없는 위없는 법륜을 굴리셨다'라고 외쳤습니다.

18. 4대천왕의 소리를 듣고, 도리천(忉利天)의 천신들과 야마천(夜摩天)의 천신들과 도솔천(兜率天)의 천신들과 화락천(化樂天)의 천신들과 타화자재천(他化自在天)의 천신들이 '세존께서 바라나시의 이시빠따나 미가다야에서 사문이든 바라문이든 천신이든 마라든 브라만신이든, 세간의 그 누구도 되돌릴 수 없는 위없는 법륜을 굴리셨다'라고 외쳤습니다.

19. 이렇게 하여 순식간에 범천의 세계에 그 소리가 올라갔으며, 일만 세계가 진동하고 흔들리고 요동쳤습니다. 그리고 천신들의 위신력을 뛰어넘는 헤아릴 수 없는 웅장한 광명이 세간에 비쳤습니다.

그때 세존께서 우다나를 읊으셨습니다.

꼰단냐여! 참으로 그대는 이해했군요.
꼰단냐여! 참으로 그대는 이해했군요.

이렇게 해서 꼰단냐 존자에게 안냐따 꼰단냐(Aññāta Koṇḍañña)[635]라는 이름이 생겼습니다.

5.14. 온(蘊, Khandha) 〈s.56.13〉

1. 세존께서 사왓티의 제따와나 아나타삔디까 승원에 머무실 때, 비구들에게 말씀하셨습니다.

2. "비구들이여, 네 가지 거룩한 진리[四聖諦]가 있다오. 그 넷은 어떤 것인가? 그것은 고성제(苦聖諦), 고집성제(苦集聖諦), 고멸성제(苦滅聖諦), 고멸도성제(苦滅道聖諦)라오.

3. 비구들이여, 어떤 것이 고성제인가? 그 답은 5취온(五取蘊), 즉 색취온(色取蘊)·수취온(受取蘊)·상취온(想取蘊)·행취온(行取蘊)·식취온(識取蘊)이라오. 비구들이여, 이것을 고성제라고 부른다오.

4. 비구들이여, 어떤 것이 고집성제인가? 비구들이여, 다시 존재하기를 바라며, 즐기고자 하는 탐욕을 수반하여 이것저것을 애락(愛樂)하는 갈애[愛] 즉, 욕애(欲愛)·유애(有愛)·무유애(無有愛), 비구들이여, 이것을 고집성제라고 부른다오.

5. 비구들이여, 어떤 것이 고멸성제인가? 비구들이여, 그 갈애가 남김없이 소멸하고 버려지고 완전히 포기되고 (갈애에서) 해탈하여 집착이 없으면, 비구들이여, 이것을 고멸성제라고 부른다오.

6. 비구들이여, 어떤 것이 고멸도성제인가? 비구들이여, 그것은 거룩한 8정도(八正道), 즉 정견(正見)·정사유(正思惟)·정어(正語)·정업(正業)·정명(正命)·정정진(正精進)·정념(正念)·정정(正定)이라오. 비구들이여, 이것을 고멸도성제라고 부른다오.

7. 비구들이여 이들이 거룩한 진리라오. 비구들이여, 그러므로 '이것은 괴로움[苦]이다'라고 통찰하기 위해 노력하고, '이것은 괴로움의 쌓임[苦集]이다'라고 통찰하기 위해 노력하고, '이것은 괴로움의 소멸[苦滅]이다'라고 통찰하기 위해 노력하고, '이것은 괴로움의 소멸에 이르는 길[苦滅道]이다'라고 통찰하기 위해 노력해야 한다오."

5.15. 입처(入處, Āyatana) 〈s.56.14〉

1. 세존께서 사왓티의 제따와나 아나타삔디까 승원에 머무실 때, 비구들에게 말씀하셨습니다.

2. "비구들이여, 네 가지 거룩한 진리[四聖諦]가 있다오. 그 넷은 어떤 것인가? 그것은 고성제(苦聖諦), 고집성제(苦集聖諦), 고멸성제(苦滅聖諦), 고멸도성제(苦滅道聖諦)라오.

3. 비구들이여, 어떤 것이 고성제인가? 그 답은 내적인 6입처[內六入處], 즉 안입처(眼入處)·이입처(耳入處)·비입처(鼻入處)·설입처(舌入處)·신입처(身入處)·의입처(意入處)라오. 비구들이여, 이것을 고성제라고 부른다오.

4. 비구들이여, 어떤 것이 고집성제인가? 비구들이여, 다시 존재하기를 바라며, 즐기고자 하는 탐욕을 수반하여 이것저것을 애락(愛樂)하는 갈애[愛], 즉 욕애(欲愛)·유애(有愛)·무유애(無有愛), 비구들이여, 이것을 고

---

635 '이해한 꼰단냐'라는 의미.

집성제라고 부른다오.
5. 비구들이여, 어떤 것이 고멸성제인가? 비구들이여, 그 갈애가 남김없이 소멸하고 버려지고 완전히 포기되고 해탈하여 집착이 없으면, 비구들이여, 이것을 고멸성제라고 부른다오.
6. 비구들이여, 어떤 것이 고멸도성제인가? 비구들이여, 그것은 거룩한 8정도(八正道), 즉 정견(正見)·정사유(正思惟)·정어(正語)·정업(正業)·정명(正命)·정정진(正精進)·정념(正念)·정정(正定)이라오. 비구들이여, 이것을 고멸도성제라고 부른다오.
7. 비구들이여 이들이 거룩한 진리라오. 비구들이여, 그러므로 '이것은 괴로움[苦]이다'라고 통찰하기 위해 노력하고, '이것은 괴로움의 쌓임[苦集]이다'라고 통찰하기 위해 노력하고, '이것은 괴로움의 소멸[苦滅]이다'라고 통찰하기 위해 노력하고, '이것은 괴로움의 소멸에 이르는 길[苦滅道]이다'라고 통찰하기 위해 노력해야 한다오."

5.16. 무명(無明, Avijjā) 〈s.56.17〉

1.-3. 세존께서 사왓티의 제따와나 아나타삔디까 승원에 머무실 때, 어떤 비구가 세존을 찾아와서 예배하고 한쪽에 앉아 말씀드렸습니다.

"세존이시여, 무명(無明)이라는 말들을 하는데, 무명은 어떤 것이며, 어찌하면 무명에 빠집니까?"

4. "비구여, 괴로움[苦]에 대하여 알지 못하고, 괴로움의 쌓임[苦集]에 대하여 알지 못하고, 괴로움의 소멸[苦滅]에 대하여 알지 못하고, 괴로움의 소멸에 이르는 길[苦滅道]에 대하여 알지 못하는 것, 이것을 무명이라고 하며, 이리하면 무명에 빠진다오.
5. 비구여, 그러므로 '이것은 괴로움이다'라고 통찰하기 위해 노력하고, '이것은 괴로움의 쌓임이다'라고 통찰하기 위해 노력하고, '이것은 괴로움의 소멸이다'라고 통찰하기 위해 노력하고, '이것은 괴로움의 소멸에 이르는 길이다'라고 통찰하기 위해 노력해야 한다오."

5.17. 명지(明智, Vijjā) 〈s.56.18〉

1.-3. 세존께서 사왓티의 제따와나 아나타삔디까 승원에 머무실 때, 어떤 비구가 세존을 찾아와서 예배하고 한쪽에 앉아 말씀드렸습니다.

"세존이시여, 명지(明智)라는 말들을 하는데, 명지는 어떤 것이며, 어찌하면 명지에 도달합니까?"

4. "비구여, 괴로움[苦]에 대하여 알고, 괴로움의 쌓임[苦集]에 대하여 알고, 괴로움의 소멸[苦滅]에 대하여 알고, 괴로움의 소멸에 이르는 길[苦滅道]에 대하여 아는 것, 이것을 명지라고 하며, 이리하면 명지에 도달한다오.
5. 비구여, 그러므로 '이것은 괴로움이다'라고 통찰하기 위해 노력하고, '이것은 괴로움의 쌓임이다'라고 통찰하기 위해 노력하고, '이것은 괴로움의 소멸이다'라고 통찰하기 위해 노력하고, '이것은 괴로움의 소멸에 이르는 길이다'라고 통찰하기 위해 노력해야 한다오."

5.18. 싱사빠(Siṃsapā) 〈s.56.31〉

1.-2. 세존께서 꼬삼비의 싱사빠 숲에 머무

실 때, 세존께서 싱사빠 나뭇잎을 조금 손에 쥐고서 비구들에게 말씀하셨습니다.

"비구들이여. 어떻게 생각하는가? 내가 손에 조금 쥐고 있는 싱사빠 나뭇잎이 더 많은가, 이 싱사빠 숲 바닥에 있는 나뭇잎이 더 많은가?"

"세존이시여, 세존께서 손에 조금 쥐고 계신 싱사빠 나뭇잎은 매우 적고, 이 싱사빠 숲 바닥에 있는 나뭇잎은 매우 많습니다."

3. "비구들이여, 실로 이와 같이 내가 체험하여 알고 있지만 말하지 않은 것이 더 많고 말한 것은 적다오.

4. 비구들이여. 그렇다면 나는 왜 그것을 말하지 않았는가? 그것은 무의미하고, 청정한 수행의 근거가 아니며, 쾌락에 대한 싫증[厭離]·욕탐을 버림[離欲]·번뇌의 소멸[止滅]·적정(寂靜)·체험적 지혜[勝智]·바른 깨달음[正覺]·열반(涅槃)에 도움이 되지 않는다오. 그래서 나는 그것을 말하지 않았다오.

5. 비구들이여, 내가 말한 것은 어떤 것인가? 나는 '이것은 괴로움[苦]이다'라고 말했다오. 나는 '이것은 괴로움의 쌓임[苦集]이다'라고 말했다오. 나는 '이것은 괴로움의 소멸[苦滅]이다'라고 말했다오. 나는 '이것은 괴로움의 소멸로 가는 길[苦滅道]이다'라고 말했다오.

6. 비구들이여, 그렇다면 나는 왜 그것을 말했는가? 비구들이여, 그것은 의미가 있고, 청정한 수행의 근거이며, 쾌락에 대한 싫증·욕탐을 버림·번뇌의 소멸·적정·체험적 지혜·바른 깨달음·열반에 도움이 된다오. 그래서 나는 그것을 말했다오.

7. 비구들이여, 그러므로 '이것은 괴로움이다'라고 통찰하기 위해 노력하고, '이것은 괴로움의 쌓임]이다'라고 통찰하기 위해 노력하고, '이것은 괴로움의 소멸이다'라고 통찰하기 위해 노력하고, '이것은 괴로움의 소멸에 이르는 길이다'라고 통찰하기 위해 노력해야 한다오."

5.19. 옷[Cela] 〈s.56.34〉

1. 세존께서 꼬삼비의 싱사빠 숲에 머무실 때, 비구들에게 말씀하셨습니다.

2. "비구들이여, 옷이나 머리에 불이 붙었을 때는 어찌하겠는가?"

"세존이시여, 옷이나 머리에 불이 붙었을 때는 옷이나 머리의 불을 끄기 위하여 지극한 의지와 노력과 힘을 기울여 불퇴전의 정진과 주의집중과 알아차림을 행해야 합니다."

3. "비구들이여, 불이 붙은 옷이나 머리는 주시하지 않고 주의하지 않더라도, 이해하지 못한 네 가지 거룩한 진리[四聖諦]를 있는 그대로 이해하기 위해서 지극한 의지와 노력과 힘을 기울여 불퇴전의 정진과 주의집중과 알아차림을 행해야 한다오. 그 넷은 어떤 것인가?

4. 그것은 고성제(苦聖諦), 고집성제(苦集聖諦), 고멸성제(苦滅聖諦), 고멸도성제(苦滅道聖諦)라오.

5. 비구들이여, 그러므로 '이것은 괴로움[苦]이다'라고 통찰하기 위해 노력하고, '이것은 괴로움의 쌓임[苦集]이다'라고 통찰하기 위해 노력하고, '이것은 괴로움의 소멸[苦滅]이다'라고 통찰하기 위해 노력하고, '이것은 괴로움의 소멸에 이르는 길[苦滅道]이다'라고 통찰하기 위해 노력해야 한다오."

5.20. 맹귀우목(盲龜遇木, Chiggaḷa[636]) 〈s.56.47-48〉

1. 세존께서 웨살리에 있는 마하와나의 중각강당(重閣講堂)에 머무실 때, 비구들에게 말씀하셨습니다.

2. "비구들이여, 예를 들어 어떤 사람이 큰 바다에 구멍이 하나 뚫린 멍에를 던져 놓았다오. 그런데 거기에 눈먼 거북이가 100년마다 한 번씩 떠오른다오.

3. 비구들이여, 어떻게 생각하는가? 100년마다 한 번씩 떠오르는 그 눈먼 거북이가 구멍이 하나 뚫린 멍에에 목을 넣을 수 있겠는가?"

"세존이시여, 아마도 오랜 시간이 지나면 언젠가는 그럴 수 있을 것입니다."

4.-5. "비구들이여, 내가 이르노니, 한 번 악처(惡處)에 떨어진 어리석은 자가 사람의 몸을 얻는 것보다 100년마다 한 번씩 떠오르는 그 눈먼 거북이가 구멍이 하나 뚫린 멍에에 목을 넣는 것이 더 빠를 것이오. 왜냐하면 비구들이여, 거기에는 여법한 수행·바른 수행·착한 행위·복된 행위가 없기 때문이오. 비구들이여, 거기에서는 서로 잡아먹고 약자를 잡아먹는 일이 벌어진다오. 왜냐하면 비구들이여, 그들은 4성제(四聖諦)를 보지 못했기 때문이라오.

6. 비구들이여, 그러므로 '이것은 괴로움[苦]이다'라고 통찰하기 위해 노력하고, '이것은 괴로움의 쌓임[苦集]이다'라고 통찰하기 위해 노력하고, '이것은 괴로움의 소멸[苦滅]이다'라고 통찰하기 위해 노력하고, '이것은 괴로움의 소멸에 이르는 길[苦滅道]이다'라고 통찰하기 위해 노력해야 한다오.

7. 비구들이여, 예를 들어 이 대지가 하나의 바다가 되었는데, 그곳에 어떤 사람이 구멍이 하나 뚫린 멍에를 던져 놓았다오. 그 멍에는 동풍이 불면 서쪽으로 흘러가고, 서풍이 불면 동쪽으로 흘러가고, 북풍이 불면 남쪽으로 흘러가고, 남풍이 불면 북쪽으로 흘러간다오. 거기에 눈먼 거북이가 100년마다 한 번씩 떠오른다오.

8. 비구들이여, 어떻게 생각하는가? 100년마다 한 번씩 떠오르는 그 눈먼 거북이가 구멍이 하나 뚫린 멍에에 목을 넣을 수 있겠는가?"

"세존이시여, 100년마다 한 번씩 떠오르는 그 눈먼 거북이가 구멍이 하나 뚫린 멍에에 목을 넣기는 지극히 어렵습니다."

9. "비구들이여, 사람의 몸을 얻기가 이만큼 어렵다오. 비구들이여, 아라한이며 등정각자인 여래가 이 세상에 출현하기가 이만큼 어렵다오. 여래가 가르친 법(法)과 율(律)이 세간에서 밝게 빛나기가 이만큼 어렵다오.

10. 비구들이여, 그런데 그대들은 인간의 몸을 얻었고, 아라한이며 등정각자인 여래가 이 세상에 출현했으며, 여래가 가르친 법과 율이 세간에서 밝게 빛나고 있다오.

11. 비구들이여, 그러므로 '이것은 괴로움이다'라고 통찰하기 위해 노력하고, '이것은 괴로움의 쌓임이다'라고 통찰하기 위해 노력하고, '이것은 괴로움의 소멸이다'라고 통찰하기 위해 노력하고, '이것은 괴로움의 소멸에 이르는 길이다'라고 통찰하기 위해 노력해야 한다오."

---

636 'chiggaḷa'는 구멍을 의미하는데, 이미 널리 알려진 '맹귀우목'으로 경의 제목을 붙였다.

앙굿따라 니까야

Aṅguttara-Nikāya

제1장 하나-모음[Eka-Nipāta]

A.1.1. 여자의 형색[Itthirūpa]〈A.1.1.~A.1.5.〉

이와 같이 나는 들었습니다.

한때 세존께서는 사왓티의 제따와나 아나타삔디까 승원에 머무셨습니다.

그때 세존께서 비구들이여!"라고 비구들을 부르셨습니다.

비구들은 "존경하는 스승님!"하고 대답했습니다.

세존께서 말씀하셨습니다.

"비구들이여, 나는 어떤 형색[色]이나 소리[聲], 향기[香], 맛[味], 촉감[觸]도 여자의 형색이나 소리, 향기, 맛, 촉감만큼 남자의 마음을 사로잡는 것을 하나도 보지 못했다오. 비구들이여, 여자의 형색이나 소리, 향기, 맛, 촉감은 남자의 마음을 사로잡는다오."

A.1.2. 남자의 형색[Purisarūpa]
〈A.1.6.~A.1.10.〉

"비구들이여, 나는 어떤 형색[色]이나 소리[聲], 향기[香], 맛[味], 촉감[觸]도 남자의 형색이나 소리, 향기, 맛, 촉감만큼 여자의 마음을 사로잡는 것을 하나도 보지 못했다오. 비구들이여, 남자의 형색이나 소리, 향기, 맛, 촉감은 여자의 마음을 사로잡는다오."

A.1.3. 아름다운 모습[Subhanimitta]〈A.1.11.〉

"비구들이여, 나는 아름다운 모습 이외에는, 그것에 의해서 일어나지 않은 감각적 욕망이 일어나고, 일어난 감각적 욕망은 더욱 크고 강해지는 것을 하나도 보지 못했다오.

비구들이여, 아름다운 모습을 이치에 맞지 않게 생각하면, 일어나지 않은 감각적 욕망이 일어나고, 일어난 감각적 욕망은 더욱 크고 강해진다오."

A.1.4. 거슬리는 모습[Paṭighanimitta]
〈A.1.12.〉

"비구들이여, 나는 거슬리는 모습 이외에는, 그것에 의해서 일어나지 않은 악의(惡意)가 일어나고, 일어난 악의는 더욱 크고 강해지는 것을 하나도 보지 못했다오.

비구들이여, 거슬리는 모습을 이치에 맞지 않게 생각하면, 일어나지 않은 악의가 일어나고, 일어난 악의는 더욱 크고 강해진다오."

A.1.5. 해이(解弛)한 마음[Līnacitta]〈A.1.13.〉

"비구들이여, 나는 불만과 권태·졸림·식곤증·해이한 마음 이외에는, 그것에 의해서 일어나지 않은 나태와 졸음[thīnamiddha, 昏沈]이 일어나고, 일어난 나태와 졸음은 더욱 크고 강해지는 것을 하나도 보지 못했다오.

비구들이여, 마음이 해이해지면, 일어나지 않은 나태와 졸음이 일어나고, 일어난 나태와 졸음은 더욱 크고 강해진다오."

A.1.6. 진정되지 않은 마음[Avūpasantacitta] 〈A.1.14.〉

“비구들이여, 나는 진정되지 않은 마음 이외에는, 그것에 의해서 일어나지 않은 흥분과 후회[uddhaccakukkucca, 悼擧]가 일어나고, 일어난 흥분과 후회는 더욱 크고 강해지는 것을 하나도 보지 못했다오.

비구들이여, 마음이 진정되지 않으면, 일어나지 않은 흥분과 후회가 일어나고, 일어난 흥분과 후회는 더욱 크고 강해진다오.”

A.1.7. 이치에 맞지 않는 생각 [Ayonisomanasikāra] 〈A.1.15.〉

“비구들이여, 나는 이치에 맞지 않는 생각 이외에는, 그것에 의해서 일어나지 않은 의심[vicikiccha]이 일어나고, 일어난 의심은 더욱 크고 강해지는 것을 하나도 보지 못했다오.

비구들이여, 이치에 맞지 않는 생각을 하면, 일어나지 않은 의심이 일어나고, 일어난 의심은 더욱 크고 강해진다오.”

A.1.8. 추한 모습[Asubhanimitta] 〈A.1.16.〉

“비구들이여, 나는 추한 모습 이외에는, 그것에 의해서 일어나지 않은 감각적 욕망은 일어나지 않고, 일어난 감각적 욕망은 사라지는 것을 하나도 보지 못했다오.

비구들이여, 추한 모습을 이치에 맞게 생각하면, 일어나지 않은 감각적 욕망은 일어나지 않고, 일어난 감각적 욕망은 사라진다오.”

A.1.9. 자애에 의한 심해탈[Mettā-cetovimutti] 〈A.1.17.〉

“비구들이여, 나는 자애(慈愛)에 의한 심해탈 이외에는, 그것에 의해서 일어나지 않은 악의는 일어나지 않고, 일어난 악의는 사라지는 것을 하나도 보지 못했다오.

비구들이여, 자애에 의한 심해탈을 이치에 맞게 생각하면, 일어나지 않은 악의는 일어나지 않고, 일어난 악의는 사라진다오.”

A.1.10. 용맹정진[Ārambhaviriya] 〈A.1.18.〉

“비구들이여, 나는 발근계(發勤界, ārambha-dhātu)·출리계(出離界, nikkama-dhātu)·용맹계(勇猛界, parakkama-dhātu) 이외에는, 그것에 의해서 일어나지 않은 혼침(昏沈)은 일어나지 않고, 일어난 혼침은 사라지는 것을 하나도 보지 못했다오.

비구들이여, 정진(精進)하기 시작하면, 일어나지 않은 혼침은 일어나지 않고, 일어난 혼침은 사라진다오.”

A.1.11. 진정된 마음[Vūpasantacitta] 〈A.1.19.〉

“비구들이여, 나는 진정된 마음[cetaso vūpasamo] 이외에는, 그것에 의해서 일어나지 않은 들뜸과 후회는 일어나지 않고, 일어난 들뜸과 후회는 사라지는 것을 하나도 보지 못했다오.

비구들이여, 마음이 진정되면, 일어나지 않은 들뜸과 후회는 일어나지 않고, 일어난 들뜸과 후회는 사라진다오.”

A.1.12. 이치에 맞는 생각[Yonisomanasikāra) 〈A.1.20.〉

"비구들이여, 나는 이치에 맞는 생각[yoniso manasikāro] 이외에는, 그것에 의해서 일어나지 않은 의심은 일어나지 않고, 일어난 의심은 사라지는 것을 하나도 보지 못했다오.

비구들이여, 이치에 맞는 생각을 하면, 일어나지 않은 의심은 일어나지 않고, 일어난 의심은 사라진다오."

A.1.13. 닦지 않은 마음[Abhāvitacitta] ① 〈A.1.21.〉

"비구들이여, 나는 마음 이외에는, 닦지 않으면 다루기 어려운 것을 하나도 보지 못했다오. 비구들이여, 닦지 않은 마음은 다루기 어렵다오."

A.1.14. 닦은 마음[Bhāvitacitta] ① 〈A.1.22.〉

"비구들이여, 나는 마음 이외에는, 닦으면 다루기 쉬운 것을 하나도 보지 못했다오. 비구들이여, 닦은 마음은 다루기 쉽다오."

A.1.15. 닦지 않은 마음[Abhāvitacitta] ② 〈A.1.23.〉

"비구들이여, 나는 마음 이외에는, 닦지 않으면 큰 손해를 가져오는 것을 하나도 보지 못했다오. 비구들이여, 닦지 않은 마음은 큰 손해를 가져온다오."

A.1.16. 닦은 마음[Bhāvitacitta] ② 〈A.1.24.〉

"비구들이여, 나는 마음 이외에는, 닦으면 큰 이익을 가져오는 것을 하나도 보지 못했다오. 비구들이여, 닦은 마음은 큰 이익을 가져온다오."

A.1.17. 닦지 않은 마음[Abhāvitacitta] ③ 〈A.1.25.〉

"비구들이여, 나는 마음 이외에는, 닦지 않아 드러나지 않으면 큰 손해를 가져오는 것을 하나도 보지 못했다오. 비구들이여, 닦지 않아 드러나지 않은 마음은 큰 손해를 가져온다오."

A.1.18. 닦은 마음[Bhāvitacitta] ③ 〈A.1.26.〉

"비구들이여, 나는 마음 이외에는, 닦아 드러나면 큰 이익을 가져오는 것을 하나도 보지 못했다오. 비구들이여, 닦아 드러난 마음은 큰 이익을 가져온다오."

A.1.19. 닦지 않은 마음[Abhāvitacitta] ④ 〈A.1.27.〉

"비구들이여, 나는 마음 이외에는, 닦지 않고 익히지 않으면 큰 손해를 가져오는 것을 하나도 보지 못했다오. 비구들이여, 닦지 않고 익히지 않은 마음은 큰 손해를 가져온다오."

A.1.20. 닦은 마음[Bhāvitacitta] ④ 〈A.1.28.〉

"비구들이여, 나는 마음 이외에는, 닦아 익히면 큰 이익을 가져오는 것을 하나도 보지 못했다오. 비구들이여, 닦아 익힌 마음은 큰 이익을 가져온다오."

A.1.21. 닦지 않은 마음[Abhāvitacitta] ⑤ 〈A.1.29.〉

"비구들이여, 나는 마음 이외에는, 닦지 않고 익히지 않으면 괴로움을 가져오는 것을 하나도 보지 못했다오. 비구들이여, 닦지 않고 익히지 않은 마음은 괴로움을 가져온다오."

A.1.22. 닦은 마음[Bhāvitacitta] ⑤ 〈A.1.30.〉

"비구들이여, 나는 마음 이외에는, 닦아 익히면 즐거움을 가져오는 것을 하나도 보지 못했다오. 비구들이여, 닦아 익힌 마음은 즐거움을 가져온다오."

A.1.23. 길들이지 않은 마음[Adantacitta] 〈A.1.31.〉

"비구들이여, 나는 마음 이외에는, 길들이지 않으면 큰 손해를 가져오는 것을 하나도 보지 못했다오. 비구들이여, 길들이지 않은 마음은 큰 손해를 가져온다오."

A.1.24. 길들인 마음[Dantacitta] 〈A.1.32.〉

"비구들이여, 나는 마음 이외에는, 길들이면 큰 이익을 가져오는 것을 하나도 보지 못했다오. 비구들이여, 길들인 마음은 큰 이익을 가져온다오."

A.1.25. 지켜보지 않은 마음[Aguttacitta] 〈A.1.33.〉

"비구들이여, 나는 마음 이외에는, 지켜보지 않으면 큰 손해를 가져오는 것을 하나도 보지 못했다오. 비구들이여, 지켜보지 않은 마음은 큰 손해를 가져온다오."

A.1.26. 지켜본 마음[Guttacitta] 〈A.1.34.〉

"비구들이여, 나는 마음 이외에는, 지켜보면 큰 이익을 가져오는 것을 하나도 보지 못했다오. 비구들이여, 지켜본 마음은 큰 이익을 가져온다오."

A.1.27. 수호하지 않은 마음[Arakkhitacitta] 〈A.1.35.〉

"비구들이여, 나는 마음 이외에는, 수호(守護)하지 않으면 큰 손해를 가져오는 것을 하나도 보지 못했다오. 비구들이여, 수호하지 않은 마음은 큰 손해를 가져온다오."

A.1.28. 수호한 마음[Rakkhitacitta] 〈A.1.36.〉

"비구들이여, 나는 마음 이외에는, 수호하면 큰 이익을 가져오는 것을 하나도 보지 못했다오. 비구들이여, 수호한 마음은 큰 이익을 가져온다오."

A.1.29. 제어(制御)하지 않은 마음 [Asaṃvutacitta] 〈A.1.37.〉

"비구들이여, 나는 마음 이외에는, 제어하지 않으면 큰 손해를 가져오는 것을 하나도 보지 못했다오. 비구들이여, 제어하지 않은 마음은 큰 손해를 가져온다오."

A.1.30. 제어한 마음[Saṃvutacitta] 〈A.1.38.〉

"비구들이여, 나는 마음 이외에는, 제어하면 큰 이익을 가져오는 것을 하나도 보지 못했다오. 비구들이여, 제어한 마음은 큰 이익을 가져온다오."

A.1.31. 손해[Anattha] 〈A.1.39.〉

"비구들이여, 나는 마음 이외에는, 길들이지 않고 지켜보지 않고 수호하지 않고 제어하지 않으면 큰 손해를 가져오는 것을 하나도 보지 못했다오. 비구들이여, 길들이지 않고 지켜보지 않고 수호하지 않고 제어하지 않은 마음은 큰 손해를 가져온다오."

A.1.32. 이익[Attha] 〈A.1.40.〉

"비구들이여, 나는 마음 이외에는, 길들이고 지켜보고 수호하고 제어하면 큰 이익을 가져오는 것을 하나도 보지 못했다오. 비구들이여, 길들이고 지켜보고 수호하고 제어한 마음은 큰 이익을 가져온다오."

A.1.33. 마음수련을 하지 않음[Cittabhāvanā n'atthi] 〈A.1.51.〉

"비구들이여, 이 마음은 밝게 빛난다오. 그런데 이 마음이 밖에서 온 번뇌[客塵煩惱]에 의해서 오염된다오. 무지한 범부(凡夫)는 그것을 있는 그대로 통찰하지 못한다오. '그래서 무지한 범부는 마음수련을 하지 않는다'라고 나는 말한다오."

A.1.34. 마음수련을 함[Cittabhāvanā atthi] 〈A.1.52.〉

"비구들이여, 이 마음은 밝게 빛난다오. 그리고 이 마음이 밖에서 온 번뇌[客塵煩惱]에서 벗어난다오. 학식이 많은 거룩한 제자는 그것을 있는 그대로 통찰한다오. '그래서 학식이 많은 거룩한 제자는 마음수련을 한다'라고 나는 말한다오."

A.1.35. 못된 친구[Pāpamittatā] 〈A.1.70.〉

"비구들이여, 나는 못된 친구와 사귀는 것 이외에, 발생하지 않았던 불선법(不善法)을 일으키고, 발생한 선법(善法)을 줄어들게 하는 것을 하나도 보지 못했다오. 비구들이여, 못된 친구와 사귀면 발생하지 않았던 불선법이 생기고, 발생한 선법은 줄어든다오."

A.1.36. 좋은 친구[Kalyāṇamittatā] 〈A.1.71.〉

"비구들이여, 나는 좋은 친구와 사귀는 것 이외에, 발생하지 않았던 선법을 일으키고, 발생한 불선법을 줄어들게 하는 것을 하나도 보지 못했다오. 비구들이여, 좋은 친구와 사귀면 발생하지 않았던 선법이 생기고, 발생한 불선법은 줄어든다오."

A.1.37. 친족의 감소[Ñāti-parihāni] 〈A.1.76.〉

"비구들이여, 친족이 줄어드는 것은 큰일이

아니라오. 비구들이여, 통찰지[般若]를 잃는 것이 가장 큰 비극이라오."

A.1.38. 친족의 증가[Ñāti-vuddhi] 〈A.1.77.〉

"비구들이여, 친족이 늘어나는 것은 큰일이 아니라오. 비구들이여, 통찰지의 성장(成長)이 제일가는 소득이라오. 비구들이여, 그러므로 통찰지를 키우고 늘리는 공부를 해야 한다오. 비구들이여, 그대들은 이와 같이 공부해야 한다오."

A.1.39. 재산의 손실[Ghoga-parihāni] 〈A.1.78.〉

"비구들이여, 재산을 잃는 것은 큰일이 아니라오. 비구들이여, 통찰지를 잃는 것이 비극이라오."

A.1.40. 재산의 증가[Ghoga-vuddhi] 〈A.1.79.〉

"비구들이여, 재산이 늘어나는 것은 큰일이 아니라오. 비구들이여, 통찰지의 성장이 가장 큰 소득이라오. 비구들이여, 그러므로 통찰지를 키우고 늘리는 공부를 해야 한다오. 비구들이여, 그대들은 이와 같이 공부해야 한다오."

A.1.41. 명성의 손실[Yaso-parihāni] 〈A.1.80.〉

"비구들이여, 명성을 잃는 것은 큰일이 아니라오. 비구들이여, 통찰지를 잃는 것이 비극이라오."

A.1.42. 여래(如來, Tathāgato) 〈A.1.121.〉

"비구들이여, 세간에 태어날 때 많은 사람의 이익을 위하여, 많은 사람의 즐거움을 위하여, 세간을 연민하여, 천신과 인간의 이익과 행복과 즐거움을 위하여 태어나는 단 한 사람이 있다오. 단 한 사람은 어떤 분인가? 그 분은 여래, 아라한, 등정각(等正覺)이라오.

비구들이여, 이분은 세간에 태어날 때 많은 사람의 이익을 위하여, 많은 사람의 즐거움을 위하여, 세간을 연민하여, 천신과 인간의 이익과 행복과 즐거움을 위하여 태어난다오."

A.1.43. 비구 제자[Bhikkhūnaṃ] ① 〈A.1.131.〉

"비구들이여, 나의 비구 제자 가운데

기숙제일(耆宿第一)은 안냐 꼰단냐(Añña Koṇḍañña, 憍陳如)라오.

지혜제일(智慧第一)은 사리뿟따(Sāri putta, 舍利弗)라오.

신통제일(神通第一)은 마하 목갈라나(Mahā Moggallāna, 大目犍連)라오.

두타제일(頭陀第一)은 마하 까싸빠(Mahā Kassapa, 大迦葉)라오.

천안제일(天眼第一)은 아누룻다(Anu ruddha, 阿那律)라오.

가문제일(家門第一)은 밧디야 깔리고다야뿟따(Bhaddiya Kāligodhāyaputta)라오.

묘음제일(妙音第一)은 라꾼따까 밧디야(Lakuṇṭaka Bhaddiya)라오.

사자후제일(師子吼第一)은 삔돌라 바라

드와자(Piṇḍola Bhāradvāja)라오.

설법제일(說法第一)은 뿐나 만따니뿟따(Puṇṇa Mantāniputta, 富樓那)라오.

논의제일(論義第一)은 마하 깟짜나(Mahā Kāccāna, 大迦旃延)라오."

A.1.44. 비구 제자[Bhikkhūnaṃ] ②〈A.1.132.〉

"비구들이여, 나의 비구 제자 가운데

의성신제일(意成身第一)은 쭐라 빤타까(Culla Panthaka)라오.

상전제일(想轉[saññā-vivaṭṭa-kusala]第一)은 마하 빤타까(Mahā Panthaka)라오.

무쟁제일(無諍[araṇavihārin]第一)은 수부띠(Subhūti, 須菩提)라오.

임서제일(林棲[āraññika]第一)은 레와따 카디라와니야(Revata Khadiravaniya)라오.

선정제일(禪定第一)은 깡카 레와따(Kaṅkhā Revata)라오.

정진제일(精進第一)은 소나 꼴리위사(Soṇa Kolivīsa)라오.

선설제일(善說第一)은 소나 꾸띠깐나(Soṇa Kuṭikaṇṇa)라오.

소득제일(所得第一)은 시왈리(Sīvali)라오.

신심제일(信心第一)은 왁깔리(Vakkali)라오."

A.1.45. 비구 제자[Bhikkhūnaṃ] ③〈A.1.133.〉

"비구들이여, 나의 비구 제자 가운데

학계제일(學戒[sikkhākāma]第一)은 라훌라(Rāhula, 羅云)라오.

신심출가제일(信心出家第一)은 랏타빨라(Raṭṭapāla)라오.

급식제일(給食[paṭhamaṃ salākaṃ gaṇhanta]第一)은[637] 꾼다다나(Kuṇḍadhāna)라오.

변재제일(辯才第一)은 왕기사(Vaṅgīsa)라오.

선견제일(善見第一)은 우빠세나 왕간따뿟따(Upasena Vaṅgantaputta)라오.

방사단속제일(房舍團束第一)은 답바 말라뿟따(Dabba Mallaputta)라오.

천인애제일(天人愛[devatāṃ piyamanāpa]第一)은 삘린다 왓차(Pilinda Vaccha)라오.

체험지신속제일(體驗智迅速[khippābhiñña]第一)은 바히야 다루찌리야(Bāhiya Dārucīriya)라오.

교설제일(教說第一)은 꾸마라 까싸빠(Kumāra Kassapa)라오.

분석제일(分析第一)은 마하 꼿티따(Mahā Koṭṭhita)라오."

A.1.46. 비구 제자[Bhikkhūnaṃ] ④〈A.1.134.〉

"비구들이여, 나의 비구 제자 가운데

다문제일(多聞第一)은 아난다(Ānanda, 阿難)라오.

정념제일(正念第一)은 아난다(Ānanda, 阿難)라오.

정행제일(正行第一)은 아난다(Ānanda, 阿難)라오.

---

637 'salākā'는 음식을 분배할 때 순번을 정하는 '식권(食券)'을 의미하므로 원뜻은 '식권을 잡은 첫 번째'이다.

정견제일(正見第一)은 아난다(Ānanda, 阿難)라오.

시봉제일(侍奉第一)은 아난다(Ānanda, 阿難)라오.

대중제일(大衆第一)은 우루웰라 까싸빠(Uruvela Kassapa)라오.

가문인도제일(家門引導[kulappasādaka]第一)은 깔루다이(Kāḷudayī)라오.

무병제일(無病第一)은 박꿀라(Bakkula)라오.

숙명지제일(宿命知第一)은 소비따(Sobhita)라오.

지계제일(持戒第一)은 우빨리(Upāli)라오.

비구니교계제일(比丘尼教誡第一)은 난다까(Nandaka)라오.

6근수호제일(六根守護第一)은 난다(Nanda)라오.

비구교계제일(比丘教誡第一)은 마하 깝삐나(Mahā Kappina)라오.

화계선교제일(火界善巧第一)은 사가따(Sāgata)라오.

질문제일(質問第一)은 라다(Rādha)라오.

분소의제일(糞掃衣第一)은 모가라자(Mogharāja)라오."

A.1.47. 비구니 제자[Bhikkhunīnaṃ]

〈A.1.135.〉

"비구들이여, 나의 비구니 제자 가운데

기숙제일(耆宿第一)은 마하빠자빠띠 고따미(Mahāpajāpatī Gotamī)라오.

지혜제일(智慧第一)은 케마(Khemā)라오.

신통제일(神通第一)은 웁빨라완나(Upalavaṇṇā)라오.

지계제일(持戒第一)은 빠따짜라(Paṭācārā)라오.

설법제일(說法第一)은 담마딘나(Dhammadinnā)라오.

선정제일(禪定第一)은 난다(Nandā)라오.

정진제일(精進第一)은 소나(Soṇā)라오.

천안제일(天眼第一)은 사꿀라(Sakulā)라오.

신통지신속제일(神通智迅速第一)은 밧다 꾼달라께사(Bhaddā Kuṇḍala kesā)라오.

숙명지제일(宿命知第一)은 밧다 까삘라니(Bhaddā Kapilānī)라오.

대신통지성취제일(大神通智成就第一)은 밧다 깟짜나(Bhaddā Kaccānā)라오.

분소의제일(糞掃衣第一)은 끼사고따미(Kisāgotamī)라오.

신심제일(信心第一)은 시갈라마따(Sigālamātā)라오.

A.1.48. 청신사(清信士, Upāsakānaṃ)

〈A.1.136.〉

"비구들이여, 나의 청신사 제자 가운데

최초귀의자(最初歸依者)는 상인(商人) 따뿌싸(Tapussa)와 발리까(Bhallika)라오.

보시제일(布施第一)은 수닷따 아나타삔디까(Sudatta Anāthapiṇḍika)라오.

설법제일(說法第一)은 찟따 맛치까산디까(Citta Macchikasaṇḍika)라오.

사섭사제일(四攝事第一)은[638] 핫타까 알라와까(Hatthaka Āḷāvaka)라오.

승묘보시제일(勝妙布施第一)은 마하나마 삭까(Mahānāma Sakka)라오.

만족보시제일(滿足布施第一)은 욱가 웨살리까(Ugga Vesālika)라오.

상가옹호제일(僧伽擁護第一)은 욱가따(Uggata)라오.

신심불변제일(信心不變第一)은 수라 암밧타(Sūra Ambaṭṭha)라오.

인간신심제일(人間信心第一)은 지와까 꼬마라밧짜(Jīvaka Komāra bhacca)라오.

신뢰제일(信賴第一)은 나꿀라삐따(Nakulapitā)라오."

A.1.49. 청신녀(清信女, Upāsikānaṃ) 〈A.1.137.〉

"비구들이여, 나의 청신녀 제자 가운데

최초귀의자(最初歸依者)는 수자따 세나니디따(Sujātā Senānidhītā)라오.

보시제일(布施第一)은 위사카 미가라마따(Visākhā Migāramātā)라오.

다문제일(多聞第一)은 쿠즛따라(Khujjuttarā)라오.

자애제일(慈愛第一)은 사마와띠(Sāmāvatī)라오.

선정제일(禪定第一)은 웃따라 난다마따(Uttarā Nandamātā)라오.

승묘보시제일(勝妙布施第一)은 수빠와사 꼴리야디따(Suppavāsā Koḷiyadhītā)라오.

간병제일(看病第一)은 수삐야(Suppiyā)라오.

변치 않는 신심제일은 까띠야니(Kātiyānī)라오.

신뢰제일(信賴第一)은 나꿀라마따(Nakulamātā) 장자 부인[639]이라오.

수문신심제일(隨聞信心第一)은[640] 꾸라라(Kurara) 집안의 깔리(Kāḷī)라오."

A.1.50. 사견(邪見, Micchādiṭhi) ① 〈A.1.161.〉

"비구들이여, 나는 사견(邪見) 이외에, 발생하지 않았던 불선법(不善法)이 생기고, 발생한 불선법을 늘리고 불리는 것을 하나도 보지 못했다오. 비구들이여, 사견을 가지면 발생하지 않았던 불선법이 생기고, 발생한 불선법은 늘어나고 불어난다오."

A.1.51. 정견(正見, Sammādiṭhi) ① 〈A.1.162.〉

"비구들이여, 나는 정견(正見) 이외에, 발생하지 않았던 선법(善法)을 일으키고, 발생한 선법을 늘리고 불리는 것을 하나도 보지 못했다오. 비구들이여, 정견을 가지면 발생하지 않았던 선법이 생기고, 발생한 선법은 늘어나고 불어난다오."

638 4섭사(四攝事)는 중생을 불도(佛道)로 인도하기 위해 보시(布施), 이행(利行), 애어(愛語), 동사(同事)를 실천하는 일이다.

639 신뢰제일 청신사 나꿀라삐따(Nakulapitā) 장자의 부인.

640 깔리(Kāḷī)는 부처님에 대한 소문을 듣고 신심을 일으켰다고 한다.

A.1.52. 사견(邪見, Micchādiṭhi) ② 〈A.1.163.〉

"비구들이여, 나는 사견(邪見) 이외에, 발생하지 않았던 선법(善法)은 일으키지 않고, 발생한 선법은 줄이는 것을 하나도 보지 못했다오. 비구들이여, 사견을 가지면 발생하지 않았던 선법은 생기지 않고, 발생한 선법은 줄어든다오."

A.1.53. 정견(正見, Sammādiṭhi) ② 〈A.1.164.〉

"비구들이여, 나는 정견(正見) 이외에, 발생하지 않았던 불선법(不善法)은 일으키지 않고, 발생한 불선법은 줄이는 것을 하나도 보지 못했다오. 비구들이여, 정견을 가지면 발생하지 않았던 불선법은 생기지 않고, 발생한 불선법은 줄어든다오."

A.1.54. 이치에 맞지 않는 생각 [Ayonisomanasikāra] 〈A.1.165.〉

"비구들이여, 나는 이치에 맞지 않는 생각 이외에, 발생하지 않았던 사견(邪見)을 일으키고, 발생한 사견을 늘리는 것을 하나도 보지 못했다오. 비구들이여, 이치에 맞지 않는 생각을 하면 발생하지 않았던 사견이 생기고, 발생한 사견은 늘어난다오."

A.1.55. 이치에 맞는 생각[Yonisomanasikāra] 〈A.1.166.〉

"비구들이여, 나는 이치에 맞는 생각 이외에, 발생하지 않았던 정견(正見)을 일으키고, 발생한 정견을 늘리는 것을 하나도 보지 못했다오. 비구들이여, 이치에 맞는 생각을 하면 발생하지 않았던 정견이 생기고, 발생한 정견은 늘어난다오."

A.1.56. 사견(邪見, Micchādiṭhi) ③ 〈A.1.167.〉

"비구들이여, 나는 사견(邪見) 이외에, 그로 인해서 중생들이 몸이 무너져 죽은 후에 험난하고 고통스러운, 지옥과 같은 악취(惡趣)에서 태어나는 것을 하나도 보지 못했다오. 비구들이여, 사견을 가진 중생들은 몸이 무너져 죽은 후에 험난하고 고통스러운, 지옥과 같은 악취에서 태어난다오."

A.1.57. 정견(正見, Sammādiṭhi) ③ 〈A.1.168.〉

"비구들이여, 나는 정견(正見) 이외에, 그로 인해서 중생들이 몸이 무너져 죽은 후에 행복한 천상세계에 태어나는 것을 하나도 보지 못했다오. 비구들이여, 정견을 가진 중생들은 몸이 무너져 죽은 후에 행복한 천상세계에 태어난다오."

A.1.58. 사악한[Pāpika] 〈A.1.169.〉

"비구들이여, 사견(邪見)을 가진 사람들의 그 견해에 따르는 신업(身業)과 구업(口業)과 의업(意業), 그리고 그 견해에 따르는 의도와 희망과 소망과 행위 등은 모든 것들을 만족스럽지 않고 불쾌하고 마음에 들지 않고 무익하고 괴롭게 만든다오. 그 까닭은 무엇인가? 비구들이여, 그것은 견해가 사악(邪惡)하기 때문이라오.

비구들이여, 비유하면 님바(nimba) 종자나 꼬사따끼(kosātaki) 종자나 띳따까라부

(tittaka-labu) 종자가 젖은 땅에 떨어지면, 종자가 사악하기 때문에 땅의 맛을 취하고 물의 맛을 취하여 모든 것을 쓰고 맵고 맛없게 만들어 버리는 것과 같다오."

A.1.59. 훌륭한[Bhaddaka] 〈A.1.170.〉

"비구들이여, 정견(正見)을 가진 사람들의 그 견해에 따르는 신업(身業)과 구업(口業)과 의업(意業), 그리고 그 견해에 따르는 의도와 희망과 소망과 행위 등은 모든 것들을 만족스럽고 유쾌하고 마음에 들고 유익하고 즐겁게 만든다오. 그 까닭은 무엇인가? 비구들이여, 그것은 견해가 훌륭하기 때문이라오.

비구들이여, 비유하면 웃추(ucchu) 종자나 살리(sāli) 종자나 뭇디까(muddikā) 종자가 젖은 땅에 떨어지면, 종자가 훌륭하기 때문에 땅의 맛을 취하고 물의 맛을 취하여 모든 것을 달콤하고 상쾌하고 상큼하게 만드는 것과 같다오."

제2장 둘-모음[Duka-Nipāta]

A.2.1. 죄(罪, Vajja) 〈A.2.1.〉

1. 세존께서 사왓티의 제따와나 아나타삔디까 승원에 머무실 때, 비구들에게 말씀하셨습니다.

2. "비구들이여, 두 가지 죄가 있다오. 그 둘은 어떤 것인가? 현세에서 벌을 받는 죄와 미래세에서 벌을 받는 죄라오.

3. 비구들이여, 현세에서 벌을 받는 죄는 어떤 것인가? 비구들이여, 어떤 사람이, 왕들이 죄를 지은 도적을 잡아다가 갖가지 형벌을 가하는 것을 본다오. 그는 '이러한 악행으로 인해서 왕들이 죄를 지은 도적을 잡아다가 갖가지 형벌을 가하고, 채찍으로 때리고, 칼로 머리를 자르는구나. 만약 내가 이런 악행을 저지르면 왕들이 나를 잡아다가 갖가지 형벌을 가하고, 채찍으로 때리고, 칼로 머리를 자를 것이다'라고 생각한다오. 그는 현세에서 벌을 받는 죄가 두려워서 다른 사람의 재물을 약탈하지 않는다오. 비구들이여, 이것을 현세에서 벌을 받는 죄라고 한다오.

4. 비구들이여, 미래세에서 벌을 받는 죄는 어떤 것인가? 비구들이여, 어떤 사람은 '몸이나 말이나 마음으로 악행을 저지르면 미래세에 나쁜 과보(果報)가 있다. 만약에 내가 몸이나 말이나 마음으로 악행을 저지르면 그로 인해서 나는 몸이 무너져 죽은 후에 험난하고 고통스러운 지옥과 같은 악취(惡趣)에 태어날 것이다'라고 성찰한다오. 그는 미래세에서 받는 죄가 두려워서 몸이나 말이나 마음으로 행하는 악행을 버리고, 선행을 닦아서 청정한 자신을 지킨다오. 비구들이여, 이것을 미래세에서 벌을 받는 죄라고 한다오.

5. 비구들이여, 그러므로 '나는 현세에서 벌을 받는 죄를 두려워하고, 미래세에서 벌을 받는 죄를 두려워하겠다. 죄를 두려워하고, 죄의 무서움을 통찰하는 사람이 되겠다'라고 공부해야 한다오. 비구들이여 그대들은 이와 같이 공부해야 한다오. 비구들이여, 죄를 두려워하고, 죄의 무서움을 통찰하는 사람은 당연히 모든 죄에서 해탈하게 된다오."

A.2.2. 어리석은 사람[Bāla] 〈A.2.21.〉

1. "비구들이여, 두 부류의 어리석은 사람이 있다오. 그 둘은 어떤 것인가? 잘못을 잘못으로 알지 못하는 사람과 잘못을 고백하는 사람을 여법하게 받아들이지 않는 사람이라오. 비구들이여, 이들이 두 부류의 어리석은 사람이라오.

2. 비구들이여, 두 부류의 현명한 사람이 있다오. 그 둘은 어떤 것인가? 잘못을 잘못으로 아는 사람과 잘못을 고백하는 사람을 여법하게 받아들이는 사람이라오. 비구들이여, 이들이 두 부류의 현명한 사람이라오."

A.2.3. 사람의 바탕[Bhūmi] 〈A.2.31.〉

1. "비구들이여, 못된 사람의 바탕[asappurisa-bhūmi]과 참사람의 바탕[sappurisabhūmi]에 대하여 설하겠소. 듣고 잘 생각해 보시오! 내

가 이야기하겠소.
2. 비구들이여, 못된 사람의 바탕은 어떤 것인가? 비구들이여, 못된 사람을 보면, 은혜를 망각하고 감사할 줄 모른다오. 비구들이여, 천박한 사람을 보면, 은혜를 망각하고 감사할 줄 모른다오. 비구들이여, 은혜를 망각하고 감사할 줄 모르는 것이 바로 못된 사람의 바탕이라오.
3. 비구들이여, 참사람의 바탕은 어떤 것인가? 비구들이여, 참사람을 보면, 은혜를 알고 감사할 줄 안다오. 비구들이여, 고결한 사람을 보면, 은혜를 알고 감사할 줄 안다오. 비구들이여, 은혜를 알고 감사할 줄 아는 것이 바로 참사람의 바탕이라오."

A.2.4. 막중한 은혜[Duppaṭikāra] 〈A.2.32.〉

1. "비구들이여, 갚기 어려운 두 가지 은혜를 이야기하겠소. 그 둘은 어떤 것인가? 어머니의 은혜와 아버지의 은혜라오.
2. 비구들이여, 한쪽 어깨에는 어머니를 모시고, 한쪽 어깨에는 아버지를 모시고, 백 세가 되고 백 년을 사는 동안 향료를 발라 드리고 주물러 드리고 씻어 드리고 머리 감겨 드리면서 부양하고 부모님의 대소변을 받아 낸다고 할지라도, 부모님의 은혜를 갚을 수 없다오.
3. 비구들이여, 부모님을 칠보(七寶)가 충만한 이 대지를 다스리는 최고의 제왕(帝王)으로 옹립한다고 할지라도, 부모님의 은혜를 갚을 수 없다오. 왜냐하면 비구들이여, 부모님이 이 세상에서 자식을 보호하고, 양육하고, 가르친 은혜가 너무 크기 때문이라오.
4. 비구들이여, 그렇지만 부모가 믿음이 없으면 믿음을 성취하여 지니고 확립하여 살아가도록 하고, 계(戒)를 어기면 계를 성취하여 지니고 확립하여 살아가도록 하고, 인색하면 베풂을 성취하여 지니고 확립하여 살아가도록 하고, 통찰지[般若]가 없으면 통찰지를 성취하여 지니고 확립하여 살아가도록 한다면, 이 사람은 부모의 은혜를 갚은 것이며, 충분히 갚은 것이라오."

A.2.5. 학계(學戒, Sikkhāpada) 〈A.2.161.〉

1. "비구들이여, 여래는 두 가지 목적으로 제자들에게 학계(學戒)를 시설했다오. 그 둘은 어떤 것인가? 상가의 건전을 위하고 상가의 평안을 위함이라오. 여래는 이 두 가지 목적으로 제자들에게 학계를 시설했다오.
2. 품행이 어지러운 사람들을 제어하고, 품행이 올바른 비구들이 평온하게 생활하도록, 여래는 이 두 가지 목적으로 제자들에게 학계를 시설했다오.
3. 현세의 번뇌·죄·과오(過誤)·두려움과 같은 불선법(不善法)을 제어하고, 미래세의 번뇌·죄·과오·두려움과 같은 불선법을 막도록, 여래는 이 두 가지 목적으로 제자들에게 학계를 시설했다오.
4. 재가자들을 연민하고, 사악한 자들의 파당(派黨)을 근절하기 위하여, 여래는 이 두 가지 목적으로 제자들에게 학계를 시설했다오.
5. 신심(信心)이 없는 자들은 신심을 갖게 되고, 신심이 있는 자들은 신심이 더욱 확고해지도록, 여래는 이 두 가지 목적으로 제자들에게 학계를 시설했다오.
6. 바른 가르침[正法]을 확립하고, 율(律)을 섭수(攝受)하도록, 여래는 이 두 가지 목적으로 제자들에게 학계를 시설했다오."

제3장 셋-모음[Tika-Nipāta]

A.3.1. 어리석음[Bāla] 〈A.3.1.〉

1. 세존께서 사왓티의 제따와나 아나타삔디까 승원에 머무실 때, 세존께서 비구들에게 말씀하셨습니다.

2. "비구들이여, 어떤 두려움이건 모든 두려움은 어리석기 때문에 생긴 것이지 현명하기 때문에 생긴 것이 아니라오. 비구들이여, 어떤 재난이건 모든 재난은 어리석기 때문에 생긴 것이지 현명하기 때문에 생긴 것이 아니라오.

3. 비구들이여, 비유하면 불이 갈대집이나 초가집을 태우지만 회벽을 칠하고 빗장을 잠그고 창을 닫아 바람을 막은 누각은 불길에서 벗어나듯이, 비구들이여, 어떤 두려움이건 모든 두려움은 어리석기 때문에 생긴 것이지 현명하기 때문에 생긴 것이 아니라오. 비구들이여, 어떤 재난이건 모든 재난은 어리석기 때문에 생긴 것이지, 현명하기 때문에 생긴 것이 아니라오.

4. 비구들이여, 이와 같이 어리석으면 두려움과 재앙과 재난을 초래하고, 현명하면 두려움과 재난과 재앙을 초래하지 않는다오. 비구들이여, 현명하면 두려움과 재앙과 재난이 없다오.

5. 비구들이여, 그러므로 '나는 어리석다고 알려진 자가 갖춘 세 가지 법(法)을 버리고, 현명하다고 알려진 자가 갖춘 세 가지 법을 받아 지니겠다'라고 공부해야 한다오. 비구들이여 이와 같이 공부해야 한다오."

A.3.2. 표시[Lakkhaṇa] 〈A.3.2.〉

1. "비구들이여, 어리석음의 표시도 업이고, 현명함의 표시도 업이라고 지혜로운 사람은 가르친다오.

2. 비구들이여, 세 가지 법을 갖춘 사람은 어리석다고 알려진다오. 그 셋은 몸으로 행하는 악행, 말로 행하는 악행, 마음으로 행하는 악행이라오. 비구들이여, 이 세 법을 갖춘 사람은 어리석다고 알려진다오.

3. 비구들이여, 세 가지 법을 갖춘 사람은 현명하다고 알려진다오. 그 셋은 몸으로 행하는 선행, 말로 행하는 선행, 마음으로 행하는 선행이라오. 비구들이여, 이 세 법을 갖춘 사람은 현명하다고 알려진다오.

4. 비구들이여, 그러므로 '나는 어리석다고 알려진 사람들이 갖춘 세 가지 법을 버리고, 현명하다고 알려진 사람들이 갖춘 세 가지 법을 받아지니겠다'라고 공부해야 한다오. 비구들이여 이와 같이 공부해야 한다오."

A.3.3. 자해(自害, Attavyāpāda) 〈A.3.17.〉

1. 세존께서 바라나시(Bārāṇasi)의 이시빠따나 미가다야(Isipatana migadāya, 鹿野苑)에 머무실 때, 세존께서 비구들에게 말씀하셨습니다.

2. "비구들이여, 자신도 해치고 상대방도 해치는, 두 사람 모두를 해치는 세 가지 법이 있다오. 그 셋은 어떤 것인가? 그것은 몸으로 행하는 악행, 말로 행하는 악행, 마음으로 행

하는 악행이라오. 비구들이여, 이들 세 가지 법은 자신도 해치고, 상대방도 해치고, 두 사람 모두를 해친다오.

3. 비구들이여, 자신도 해치지 않고, 상대방도 해치지 않고, 두 사람 모두를 해치지 않는 세 가지 법이 있다오. 그 셋은 어떤 것인가? 그것은 몸으로 행하는 선행, 말로 행하는 선행, 마음으로 행하는 선행이라오. 비구들이여, 이들 세 가지 법은 자신도 해치지 않고, 상대방도 해치지 않고, 두 사람 모두를 해치지 않는다오."

A.3.4. 종기(腫氣, Aruka) 〈A.3.25.〉

1. 세존께서 사왓티의 제따와나 아나타삔디까 승원에 머무실 때, 세존께서 비구들에게 말씀하셨습니다.

2. "비구들이여, 세상에는 세 종류의 사람이 있다오. 그 셋은 어떤 것인가? 그것은 마음이 종기 같은 사람, 마음이 번갯불 같은 사람, 마음이 금강석(金剛石) 같은 사람이라오.

3. 비구들이여, 어떤 사람이 마음이 종기 같은 사람인가? 비구들이여, 어떤 사람은 성질이 사납고 화가 많아서 사소한 말에도 화를 내고 흥분하고 성내고 격분(激忿)하면서, 원한과 분노와 불만을 드러낸다오. 마치 곪은 종기가 장작개비나 사금파리에 스치면 많은 피고름을 흘려 내듯이, 어떤 사람은 성질이 사납고 화가 많아서 사소한 말에도 화를 내고 흥분하고 성내고 격분하면서, 원한과 분노와 불만을 드러낸다오. 비구들이여, 이런 사람을 마음이 종기 같은 사람이라고 한다오.

4. 비구들이여, 어떤 사람이 마음이 번갯불 같은 사람인가? 비구들이여, 어떤 사람은 '이것은 괴로움[苦]이다'라고 있는 그대로 통찰하고, '이것은 괴로움의 쌓임[苦集]이다. 이것은 괴로움의 소멸[苦滅]이다. 이것은 괴로움의 소멸에 이르는 길[苦滅道]이다'라고 있는 그대로 통찰한다오.

비구들이여, 마치 안목 있는 사람이 칠흑같이 어두운 밤중에 번갯불이 번쩍이는 사이에 형색들을 보듯이, 어떤 사람은 '이것은 괴로움이다'라고 있는 그대로 통찰하고, '이것은 괴로움의 쌓임이다. 이것은 괴로움의 소멸이다. 이것은 괴로움의 소멸에 이르는 길이다'라고 있는 그대로 통찰한다오. 비구들이여, 이런 사람을 마음이 번갯불 같은 사람이라고 한다오.

5. 비구들이여, 어떤 사람이 마음이 금강석 같은 사람인가? 비구들이여, 어떤 사람은 번뇌[漏]를 소멸하여, 번뇌가 없는 심해탈과 혜해탈을 지금 여기에서 스스로 체험적 지혜로 증득하고 성취하여 살아간다오. 비구들이여, 마치 그 어떤 수정이나 돌도 부술 수 없는 금강석처럼, 어떤 사람은 번뇌를 소멸하여 번뇌가 없는 심해탈과 혜해탈을 지금 여기에서 스스로 체험적 지혜로 증득하고 성취하여 살아간다오. 비구들이여, 이런 사람을 마음이 금강석 같은 사람이라고 한다오.

6. 비구들이여, 세상에는 이와 같은 세 종류의 사람이 있다오."

A.3.5. 피해야 할 사람[Jigucchitabba] 〈A.3.27.〉

1. "비구들이여, 세상에는 세 종류의 사람이 있다오. 그 셋은 어떤 것인가?

비구들이여, 어울려서도 안 되고, 가까이해서도 안 되고, 모셔서도 안 되고, 피해야 할 사람이 있다오. 비구들이여, 어울려서도 안 되고, 가까이해서도 안 되고, 모셔서도 안 되는 조심해야 할 사람이 있다오. 비구들이여, 어울리고 가까이하고 모셔야 할 사람이 있다오.

2. 비구들이여, 어울려서도 안 되고, 가까이해서도 안 되고, 모셔서도 안 되고, 피해야 할 사람은 어떤 사람인가?

비구들이여, 어떤 사람은 성격이 고약하고, 추잡하고, 의심스러운 행동을 하고, 은밀한 행동을 하고, 사문(沙門)이 아니면서 사문이라고 자칭하고, 청정한 수행자가 아니면서 청정한 수행자라고 자칭하고, 속이 썩어서 더러운 것이 흘러나오고, 천성이 추악하다오.

비구들이여, 이런 사람과는 어울려서도 안 되고, 가까이해서도 안 되고, 모셔서도 안 되고, 피해야 한다오. 왜냐하면 설령 이런 사람을 본받지 않을지라도 '사악한 친구가 있고, 사악한 동료가 있고, 사악한 벗이 있는 사람이다'라는 악명(惡名)이 퍼지기 때문이리오.

비구들이여, 비유하면 똥 묻은 뱀이 설령 물지 않을지라도 똥을 묻히는 것과 같이, 설령 그 사람을 본받지 않을지라도 '사악한 친구가 있고, 사악한 동료가 있고, 사악한 벗이 있는 사람이다'라는 악명이 퍼진다오. 비구들이여, 그러므로 이런 사람은 어울려서도 안 되고, 가까이해서도 안 되고, 모셔서도 안 되고, 피해야 한다오.

3. 비구들이여, 어울려서도 안 되고, 가까이해서도 안 되고, 모셔서도 안 되고, 조심해야 할 사람은 어떤 사람인가? 비구들이여, 어떤 사람은 성질이 사납고 화가 많아서 사소한 말에도 화를 내고 흥분하고 성내고 격분하면서, 원한과 분노와 불만을 드러낸다오.

비구들이여, 마치 곪은 종기가 장작개비나 사금파리에 스치면 많은 피고름을 흘려내듯이, 어떤 사람은 성질이 사납고 화가 많아서 사소한 말에도 화를 내고 흥분하고 성내고 격분하면서 원한과 분노와 불만을 드러낸다오.

비구들이여, 마치 띤두까(tiṇḍuka)나무 불쏘시개가 장작개비나 사금파리에 스치면 많은 톡톡대는 소리를 내듯이, 어떤 사람은 성질이 사납고 화가 많아서 사소한 말에도 화를 내고 흥분하고 성내고 격분하면서, 원한과 분노와 불만을 드러낸다오. 비구들이여, 마치 똥구덩이에 장작개비나 사금파리를 던지면 많은 악취가 나듯이, 어떤 사람은 성질이 사납고 화가 많아서 사소한 말에도 화를 내고 흥분하고 성내고 격분하면서, 원한과 분노와 불만을 드러낸다오. 비구들이여, 그러므로 이런 사람은 어울려서도 안 되고, 가까이해서도 안 되고, 모셔서도 안 되고, 조심해야 한다오.

4. 비구들이여, 어울리고 가까이하고 모셔야 할 사람은 어떤 사람인가? 비구들이여, 어떤 사람은 계행(戒行)을 갖추고 행실이 훌륭하다오. 비구들이여, 이런 사람은 어울리고 가까이하고 모셔야 한다오. 왜냐하면 설령 이런 사람을 본받지 않을지라도 '훌륭한 친구가 있고, 훌륭한 동료가 있고, 훌륭한 벗이 있는 사람이다'라는 좋은 명성이 퍼지기 때문이리오. 비구들이여, 그러므로 이런 사람은 어울리고 가까이하고 모셔야 한다오.

비구들이여, 이들이 세상에 있는 세 종류의 사람이라오."

5.

천박한 사람을 사귀면 몰락하고,
동등한 사람을 사귀면 퇴보하지 않고,
훌륭한 사람을 사귀면 빨리 성장한다.
그러므로 자신보다 뛰어난 사람을 사귀어야 한다.

A.3.6. 꽃 같은 말을 하는 사람[Pupphabhāṇī] 〈A.3.28.〉

1. "비구들이여, 세상에는 세 종류의 사람이 있다오. 그 셋은 어떤 종류의 사람인가? 그것은 똥 같은 말을 하는 사람, 꽃 같은 말을 하는 사람, 꿀 같은 말을 하는 사람이라오.

2. 비구들이여, 어떤 사람이 똥 같은 말을 하는 사람인가?

어떤 사람은 단체나 집회나 문중(門中)이나 조합이나 법정(法庭) 가운데 증인으로 불려 나와 '당신은 아는 대로 말하시오!'라고 심문당할 때, 그는 알지 못하는 것을 '나는 안다'라고 말하거나, 알고 있는 것을 '나는 모른다'라고 말하거나, 보지 못한 것을 '나는 보았다'라고 말하거나, 본 것을 '나는 보지 못했다'라고 말한다오. 이와 같이 그는 자신 때문에, 혹은 다른 사람 때문에, 혹은 사소한 이익 때문에 고의로 거짓말을 한다오. 비구들이여, 이런 사람을 똥 같은 말을 하는 사람이라고 한다오.

3. 비구들이여, 어떤 사람이 꽃 같은 말을 하는 사람인가?

어떤 사람은 단체나 집회나 문중이나 조합이나 법정 가운데 증인으로 불려 나와 '당신은 아는 대로 말하시오!'라고 심문당할 때, 그는 알지 못하는 것은 '나는 알지 못한다'라고 말하고, 알고 있는 것은 '나는 안다'라고 말하고, 보지 못한 것은 '나는 보지 못했다'라고 말하고, 본 것을 '나는 보았다'라고 말한다오. 이와 같이 그는 자신 때문에, 혹은 다른 사람 때문에, 혹은 사소한 이익 때문에 고의로 거짓말을 하지 않는다오. 비구들이여, 이런 사람을 꽃 같은 말을 하는 사람이라고 한다오.

4. 비구들이여, 어떤 사람이 꿀 같은 말을 하는 사람인가? 어떤 사람은 거칠고 난폭한 말을 버리고 삼간다오. 그는 부드럽고, 듣기 좋고, 사랑스럽고, 심금을 울리고, 예의 바르고, 대중이 즐거워하고, 대중이 기뻐하는 말을 한다오. 비구들이여, 이런 사람을 꿀 같은 말을 하는 사람이라고 한다오.

5. 비구들이여, 이들이 세상에 있는 세 종류의 사람이라오."

A.3.7. 장님[Andha] 〈A.3.29.〉

1. "비구들이여, 세상에는 세 종류의 사람이 있다오. 그 셋은 어떤 종류의 사람인가? 그것은 장님, 외눈박이, 두 눈을 가진 사람이라오.

비구들이여, 어떤 사람이 장님인가?

2. 어떤 사람은 얻지 못한 재산을 취득하거나 얻은 재산을 늘릴 수 있는 안목도 없고, 훌륭한 행실과 못된 행실을 알아보고 비난받을 일과 비난받지 않을 일을 알아보고 못난 행실과 훌륭한 행실을 알아보고 흑백(黑白)은 동류(同類)의 법(法)[kaṅhasukka-sappaṭibhāge dhamme]이라는 것을 알아보는 안목도 없다오. 비구들이여, 이런 사람을 장

님이라고 한다오.

비구들이여, 어떤 사람이 외눈박이인가?

3. 어떤 사람은 얻지 못한 재산을 취득하거나 얻은 재산을 늘릴 수 있는 안목은 있지만, 훌륭한 행실과 못된 행실을 알아보고 비난받을 일과 비난받지 않을 일을 알아보고 못난 행실과 훌륭한 행실을 알아보고 흑백은 동류의 법이라는 것을 알아보는 안목은 없다오. 비구들이여, 이런 사람을 외눈박이라고 한다오.

비구들이여, 어떤 사람이 두 눈 가진 사람인가?

4. 어떤 사람은 얻지 못한 재산을 얻거나 얻은 재산을 늘릴 수 있는 안목도 있고, 옳은 일과 그른 일을 알아보고 비난받을 일과 비난받지 않을 일을 알아보고 못난 행실과 훌륭한 행실을 알아보고 상반하는 흑백의 행실을 알아보는 안목도 있다오. 비구들이여, 이런 사람을 두 눈 가진 사람이라고 한다오.

5. 비구들이여, 이들이 세상에 있는 세 종류의 사람이라오."

6.

재물도 얻지 못하고 공덕도 쌓지 못하는
눈먼 장님은 양쪽에서 불행해진다.
한 눈만 온전한 외눈박이는
옳은 일 그른 일 가리지 않고 재물을 구한다.
도둑질이나 속임수나 거짓말로
능숙하게 재산을 모아 돈 자랑하는
외눈박이는 지옥에 가서 고난을 겪는다.
최상의 인간으로 알려진 두 눈 가진 사람은
여법하게 열심히 모은 재물로
가장 훌륭한 의도를 가지고 주저하지 않고
보시하는 사람이다.
그는 좋은 곳으로 가나니, 그곳에 가면 슬퍼하지 않는다.
장님과 외눈박이는 멀리하고 피해야 한다.
두 눈 가진 최상의 인간을 가까이 모셔야 한다.

A.3.8. 범천(梵天)이 계시는 가정 [Sabrahmaka] 〈A.3.31.〉

1. "비구들이여, 자녀들이 공경하는 부모님이 계시는 가정은 범천(梵天)이 계시는 가정이라오. 비구들이여, 자녀들이 공경하는 부모님이 계시는 가정은 선대(先代)의 스승님이 계시는 가정이라오. 비구들이여, 자녀들이 공경하는 부모님이 계시는 가정은 공양받아 마땅한 분이 계시는 가정이라오.

2. 비구들이여, 범천은 부모를 지칭하는 말이라오. 선대의 스승은 부모를 지칭하는 말이라오. 비구들이여, 공양받아 마땅한 분은 부모를 지칭하는 말이라오. 왜냐하면 비구들이여, 부모님은 자녀들에게 많은 도움을 주는 보호자이며, 양육자이며, 이 세간의 안내자이기 때문이라오."

3.

부모님을 범천이라고도 부르고, 선대의 스승님이라고도 부른다.
부모님은 자손들을 애민(哀愍)하시니, 자녀들의 공경을 받아 마땅하다.
그러므로 현명한 사람이라면 먹고 마실 음식과 옷과 침구로
존경하고 받들어 모셔야 한다.
목욕시켜 드리고 향을 바르고, 깨끗하게 발을 씻겨 드려야 한다.

이와 같이 부모님을 봉양한다면
현생에는 현자들이 칭찬을 하고, 사후에는
천상에서 기뻐하리라.

A.3.9. 사리뿟따(Sāriputta) 〈A.3.32.〉

1. 어느 날 사리뿟따 존자가 세존을 찾아와서 예배하고 한쪽에 앉았습니다. 한쪽에 앉은 사리뿟따에게 세존께서 말씀하셨습니다.
2. "사리뿟따여, 나는 법(法)을 간략하게 가르치기도 하고, 자세하게 가르치기도 하고, 간략하면서 자세하게 가르치기도 하지만, 완전하게 이해한 사람을 보기가 어렵구나!"
3. "세존이시여, 지금이 좋은 때입니다. 선서시여, 지금이 좋은 때입니다. 세존께서 법을 간략하게 가르치시거나, 자세하게 가르치시거나, 간략하면서 자세하게 가르치시면, 법을 완전하게 이해하는 사람이 있을 것입니다."
4. "사리뿟따여, 이렇게 공부해야 한다오. '이 깨어 있는 몸에 대하여 나라는 생각을 하고, 내 것이라는 생각을 하는 아만(我慢)의 습성[慢隨眠]들이 있어서는 안 된다. 모든 외모에 대하여 나라는 생각을 하고, 내 것이라는 생각을 하는 아만의 습성들이 있어서는 안 된다. 나는 나라는 생각을 하고, 내 것이라는 생각을 하는 아만의 습성 없이 살아가는 심해탈(心解脫)과 혜해탈(慧解脫)을 성취하여 살아가도록 하겠다.' 사리뿟따여, 이렇게 공부해야 한다오.
5. 사리뿟따여, 비구에게 이 깨어 있는 몸에 대하여 나라는 생각을 하고 내 것이라는 생각을 하는 아만의 습성이 없고, 모든 외모에 대하여 나라는 생각을 하고 내 것이라는 생각을 하는 아만의 습성이 없기 때문에, 그는 나라는 생각을 하고 내 것이라는 생각을 하는 아만의 습성 없이 살아가는 심해탈과 혜해탈을 성취하여 살아간다오. 사리뿟따여, 이런 비구를 갈애를 끊고 결박을 제거하여 아만을 바르게 이해하여 괴로움을 끝낸 비구라고 한다오."

A.3.10. 알라와까(Āḷavaka) 〈A.3.34.〉

1. 세존께서 알라위(Āḷavī)의 싱사빠(Simsapā) 숲에 있는 고막가(Gomagga)[641]에서 낙엽을 깔고 지내실 때, 핫타까 알라와까(Hatthaka Āḷavaka)는 이리저리 배회하며 돌아다니다가, 싱사빠 숲에서 낙엽을 깔고 앉아 계시는 세존을 보았습니다.
2. 핫타까 알라와까는 세존께 다가가서 예배하고 한쪽에 앉은 후에 말했습니다.

"세존이시여, 편히 주무셨습니까?"

3. "그렇다. 동자여, 나는 편히 잘 잤다. 나는 세상에서 편히 잘 자는 사람 가운데 한 사람이다."
4. "세존이시여, 겨울밤은 춥습니다. 한겨울 8일간은[642] 눈이 오는 혹한기(酷寒期)입니다. 땅은 황소들이 발굽으로 짓밟아 고르지 않고, 낙엽을 깔아서 만든 잠자리는 나뭇잎이 적어서 얇으며, 바람은 차가운데 가사(袈裟)와 옷은 추워 보입니다."

---

641 고막가(Gomagga)는 소[go]의 길[magga], 즉 소들이 다니는 길이다.

642 인도에서 가장 추운 1월 말의 4일간과 2월 초의 4일간을 의미한다.

5. 그러자 세존께서 이렇게 말씀하셨습니다.

"그렇지만 동자여, 나는 편히 잘 잤다. 나는 세상에서 편히 잘 자는 사람 가운데 한 사람이다. 동자여, 내가 물을 테니 좋은 대로 대답해 보아라! 동자여, 어떻게 생각하느냐? 장자나 장자의 아들에게 바람이 들어오지 못하게 빗장을 걸고 창문을 닫은 잘 치장된 저택이 있는데, 그곳에 양쪽에 붉은 등받이가 있고 위에는 덮개가 있는 갖가지 진귀한 양탄자를 깐 침상(寢牀)이 있는 방에서 기름등에 불을 밝히고 네 명의 아내가 매우 즐겁게 시중을 든다면, 동자여, 그는 잠을 편히 잘 잘 것이다. 그렇지 않겠느냐?"

"세존이시여, 그는 편히 잘 잘 것입니다. 그는 세상에서 편히 잘 자는 사람 가운데 한 사람일 것입니다."

5. "동자여, 어떻게 생각하느냐? 그 장자나 장자의 아들에게 탐욕이나 분노나 어리석음이 생겨서 육체적으로나 정신적으로 뜨거운 고뇌가 있다면, 그는 탐욕이나 분노나 어리석음이 생겨서 그 고통으로 잠을 못 이루지 않겠느냐?"

"그렇습니다, 세존이시여!"

6. "동자여, 그 장자나 장자의 아들은 탐욕이나 분노나 어리석음이 생기면 뜨거운 고뇌로 인해 괴롭게 잠을 자겠지만, 여래는 그 탐욕과 분노와 어리석음을 버리고, 뿌리 뽑고, 그루터기가 잘린 종려나무처럼 다시 존재할 수 없게 하고, 미래에는 생기지 않게 했단다. 그래서 나는 편히 잘 잤단다."

감각적 욕망에 물들지 않고 욕망이 없고 맑고 시원한
반열반(般涅槃)을 성취한 바라문은 언제나 참으로 편히 잔다.
일체의 집착을 끊고 가슴에서 고통을 제거하고
마음의 적정(寂靜)을 얻은 고요한 사람은 편히 잔다.

A.3.11. 천사(天使, Devadūta) 〈A.3.35.〉

1. "비구들이여, 세 종류의 천사가 있다오. 그 셋은 어떤 천사들인가?

비구들이여, 어떤 사람은 몸으로 악행을 행하고, 말로 악행을 행하고, 마음으로 악행을 행한다오. 그는 몸이 무너져 죽은 후에 괴롭고 험난하고 고통스러운 지옥에 태어난다오. 비구들이여, 그러면 지옥의 옥졸(獄卒)들이 그의 팔을 붙잡고 야마천왕[Yama rājā][643]에게 보여 준다오.

'대왕이시여, 이자는 어머니를 공경하지 않고, 아버지를 공경하지 않고, 사문을 공경하지 않고, 바라문을 공경하지 않고, 가문의 어른들을 공경하지 않았습니다. 대왕이시여, 이자에게 벌을 내리십시오!'

2. 비구들이여, 그러면 야마천왕은 그에게 첫 번째 천사에 대하여 물으며 추궁한다오.

'네 이놈! 너는 인간 가운데 출현한 첫 번째 천사를 보지 못했느냐?'

그는 '대왕님, 보지 못했습니다'라고 말한다오.

---

643 야마천은 제석천 위에 있는 욕계의 하늘세계로서 사람이 죽으면 야마천에 가서 야마천왕의 심판을 받는다고 한다. 야마천은 중국에서 명부(冥府)의 시왕(十王) 가운데 염라대왕(閻羅大王)과 동일시된다.

비구들이여, 그에게 야마천왕은 이렇게 말한다오.

'네 이놈! 너는 인간 가운데서 여든 살이나 아흔 살이나 백 살을 먹은, 태어나서 늙어 서까래처럼 등이 휘고 지팡이에 의지하여 떨면서 걸어가는, 병들고 늙어 이가 빠지고 백발에 머리 빠진 대머리에 이마에는 주름이 지고 온몸에는 검버섯이 핀 여인이나 사내를 보지 못했단 말이냐?'

그는 '대왕님, 보았습니다'라고 말한다오.

비구들이여, 그에게 야마천왕은 이렇게 말한다오.

'네 이놈! 분별 있는 늙은이라면 '나도 늙는 존재다. 늙음은 피할 수 없다. 그러니 나는 몸과 말과 마음으로 공덕을 지어야겠다'라고 생각해야 하지 않겠느냐?'

그는 '대왕님, 저는 그렇게 하지 못했습니다. 대왕님, 저는 방일(放逸)했습니다'라고 말한다오.

비구들이여, 그에게 야마천왕은 이렇게 말한다오.

'네 이놈! 방일하여 몸과 말과 마음으로 공덕을 짓지 못했단 말이냐? 네 이놈! 너는 분명히 방일해서 그렇게 했을 것이다. 그런데 이 악업(惡業)은 어머니가 지은 것도 아니고, 아버지가 지은 것도 아니고, 형제가 지은 것도 아니고, 누이가 지은 것도 아니고, 친구가 지은 것도 아니고, 친척이 지은 것도 아니고, 천신이 지은 것도 아니고, 사문이나 바라문이 지은 것도 아니다. 이 악업은 네가 지었으니 마땅히 네가 그 과보를 받아라!'

3. 비구들이여, 야마천왕은 다시 그에게 두 번째 천사에 대하여 물으며 추궁한다오.

'네 이놈! 너는 인간 가운데 출현한 두 번째 천사를 보지 못했느냐?'

그는 '대왕님, 보지 못했습니다'라고 말한다오.

비구들이여, 그에게 야마천왕은 이렇게 말한다오.

'네 이놈! 너는 인간 가운데서 심한 병에 걸려 격심한 고통을 느끼면서 자신의 대소변에 드러누워 다른 사람이 일으키고 눕히는 여인이나 사내를 보지 못했단 말이냐?'

그는 '대왕님, 보았습니다'라고 말한다오.

비구들이여, 그에게 야마천왕은 이렇게 말한다오.

'네 이놈! 분별 있는 늙은이라면 '나도 병드는 존재다. 질병은 피할 수 없다. 그러니 나는 몸과 말과 마음으로 공덕을 지어야겠다'라고 생각해야 하지 않겠느냐?'

그는 '대왕님, 저는 그렇게 하지 못했습니다. 대왕님, 저는 방일했습니다'라고 말한다오.

비구들이여, 그에게 야마천왕은 이렇게 말한다오.

'네 이놈! 방일하여 몸과 말과 마음으로 공덕을 짓지 못했단 말이냐? 네 이놈! 너는 분명히 방일해서 그렇게 했을 것이다. 그런데 이 악업은 어머니가 지은 것도 아니고, 아버지가 지은 것도 아니고, 형제가 지은 것도 아니고, 누이가 지은 것도 아니고, 친구가 지은 것도 아니고, 친척이 지은 것도 아니고, 천신이 지은 것도 아니고, 사문이나 바라문이 지은 것도 아니다. 이 악업은 네가 지었으니 마땅히 네가 그 과보를 받아라!'

4. 비구들이여, 야마천왕은 그에게 마지막으

로 세 번째 천사에 대하여 물으며 추궁한다오.

'네 이놈! 너는 인간 가운데 출현한 세 번째 천사를 보지 못했느냐?'

그는 '대왕님, 보지 못했습니다'라고 말한다오.

비구들이여, 그에게 야마천왕은 이렇게 말한다오.

'네 이놈! 너는 인간 가운데서 죽은 지 하루나 이틀이나 사흘이 지나, 푸르뎅뎅하게 변하여 부풀어 오르고 썩어 문드러진 여인이나 사내를 보지 못했단 말이냐?'

그는 '대왕님, 보았습니다'라고 말한다오.

비구들이여, 그에게 야마천왕은 이렇게 말한다오.

'네 이놈! 분별 있는 늙은이라면 '나도 죽는 존재다. 죽음은 피할 수 없다. 그러니 나는 몸과 말과 마음으로 공덕을 지어야겠다'라고 생각해야 하지 않겠느냐?'

그는 '대왕님, 저는 그렇게 하지 못했습니다. 대왕님, 저는 방일했습니다'라고 말한다오.

비구들이여, 그에게 야마천왕은 이렇게 말한다오.

'네 이놈! 방일하여 몸과 말과 마음으로 공덕을 짓지 못했단 말이냐? 네 이놈! 너는 분명히 방일해서 그렇게 했을 것이다. 그런데 이 악업은 어머니가 지은 것도 아니고, 아버지가 지은 것도 아니고, 형제가 지은 것도 아니고, 누이가 지은 것도 아니고, 친구가 지은 것도 아니고, 친척이 지은 것도 아니고, 천신이 지은 것도 아니고, 사문이나 바라문이 지은 것도 아니다. 이 악업은 네가 지었으니 마땅히 네가 그 과보를 받아라!'

5. 비구들이여, 야마천왕은 그에게 세 번째 천사에 대하여 물으며 추궁한 후에 침묵하고, 지옥의 옥졸들은 그에게 양손과 양발과 앙가슴에 뜨거운 쇠말뚝을 박는 5박(五縛)이라는 벌을 준다오. 그는 거기에서 매섭고 신랄하고 혹독한 고통을 느끼면서 그 악업이 다할 때까지는 죽지 않는다오.

비구들이여, 지옥의 옥졸들은 그를 눕힌 후에 도끼로 자른다오. 그는 거기에서 매섭고 신랄하고 혹독한 고통을 느끼면서 그 악업이 다할 때까지 죽지 않는다오.

비구들이여, 지옥의 옥졸들은 그를 발이 위로 가고 머리가 아래로 가도록 거꾸로 세운 후에 면도칼로 살을 깎아 낸다오. 그는 거기에서 매섭고 신랄하고 혹독한 고통을 느끼면서 그 악업이 다할 때까지 죽지 않는다오.

비구들이여, 지옥의 옥졸들은 그를 수레에 묶은 후에 화염에 휩싸여 벌겋게 타오르는 땅 위를 오가게 한다오. 그는 거기에서 매섭고 신랄하고 혹독한 고통을 느끼면서 그 악업이 다할 때까지 죽지 않는다오.

비구들이여, 지옥의 옥졸들은 그를 화염에 휩싸여 벌겋게 타오르는 작열하는 숯불 산을 오르내리게 한다오. 그는 거기에서 매섭고 신랄하고 혹독한 고통을 느끼면서 그 악업이 다할 때까지 죽지 않는다오.

비구들이여, 지옥의 옥졸들은 그를 발이 위로, 머리가 아래로 가도록 거꾸로 붙잡아서 화염에 휩싸여 벌겋게 타오르는 작열하는 뜨거운 청동 솥에 내던져 버린다오. 그는 그곳에 던져져서 거품을 내며 삶아진다오. 그는 거기에서 거품을 내며 삶아지면서 위로 갔다가, 아래로 갔다가, 사방팔방으로 천방지축 돌아다닌다오. 그는 거기에서 매섭고 신랄하고 혹독한 고통을 느끼면서 그 악업이 다할 때까지 죽지 않는다오.

비구들이여, 지옥의 옥졸들은 그를 큰 지옥에 내던진다오.

비구들이여, 그 큰 지옥은 이와 같다오."

형태는 사각(四角)인데, 구분된 네 개의 문이 있다.
경계(境界)는 철 담장으로 두르고, 쇠 지붕을 덮었다.
쇠로 된 땅은 작열하는 불길에 휩싸여 있다네.
주위는 각각 100유순(由旬)이며,
언제나 그 자리에 버티고 있다.

5. "비구들이여, 옛적에 야마천왕에게 이런 생각이 들었다오.

'세간에서 악업을 지은 자들은 이렇게 갖가지 업보를 받는구나. 아아! 나는 진정으로 인간이 되어, 여래·아라한·등정각께서 출현하신 세간에서 세존을 가까이 모시고 세존께서 나에게 가르침을 설하시면 그 가르침을 배우고 싶다.'

비구들이여, 나는 이것을 다른 사문이나 바라문으로부터 듣고 안 것이 아니라오. 비구들이여, 이것은 내가 직접 분명히 보고 안 것이라오."

6.

천사의 경고를 받고도 방일하는 사람들은
비천한 몸을 받아 오랜 세월 슬퍼한다.
천사의 경고를 받은 선량한 참사람들은
거룩한 가르침 속에서 언제나 방일하지 않는다.
생사(生死)를 일으키는 취(取)에서 두려움을 보고
집착하지 않고 생사를 소멸하여 해탈한다.
그들은 행복한 안온(安穩)에 도달하여,
지금 여기에서 적멸(寂滅)을 얻는다.
일체의 원한과 두려움을 초월하고, 일체의 괴로움을 극복한다.

A.3.12. 4대천왕(四大天王, Cātummahārāja) 〈A.3.36.〉

1. "비구들이여, 보름의 여덟째 날과 열넷째 날에는 4대천왕(四大天王)의 신하들이 이 세간을 순행(巡行)하면서, 인간들 가운데 얼마나 많은 사람이 부모와 사문과 바라문과 가문의 어른을 공경하고, 포살(布薩)을 행하고, 공덕을 짓는지를 살핀다오.
2. 비구들이여, 포살을 행하는 보름날에는 4대천왕이 몸소 이 세간을 순행하면서, 인간들 가운데 얼마나 많은 사람이 부모와 사문과 바라문과 가문의 어른을 공경하고, 포살을 행하고, 공덕을 짓는지를 살핀다오.
3. 비구들이여, 만약에 인간들 가운데 부모와 사문과 바라문과 가문의 어른을 공경하고 포살을 행하고 공덕을 짓는 사람이 적으면, 4대천왕은 도리천(忉利天)의 선법강당(善法講堂)에 함께 모여 앉아 있는 33천신(天神)들에게 '존자들이여, 인간들 가운데 부모와 사문과 바라문과 가문의 어른을 공경하고 포살을 행하고 공덕을 짓는 사람이 적습니다'라고 보고한다오. 비구들이여, 그러면 도리천의 33천신들은 '여러분, 참으로 천신의 무리는 줄어들고, 아수라(Asura)의 무리는 늘어나겠군요'라고 상심한다오.

4. 비구들이여, 만약에 인간들 가운데 부모와 사문과 바라문과 가문의 어른을 공경하고 포살을 행하고 공덕을 짓는 사람이 많으면, 4대천왕은 도리천의 선법강당에 함께 모여 앉아 있는 33천신들에게 '존자들이여, 인간들 가운데 부모와 사문과 바라문과 가문의 어른을 공경하고 포살을 행하고 공덕을 짓는 사람이 많습니다'라고 보고한다오. 비구들이여, 그러면 도리천의 33천신들은 '여러분, 참으로 천신의 무리는 늘어나고, 아수라의 무리는 줄어들겠군요'라고 기뻐한다오."

A.3.13. 호사로운 양육[Sukhumāla] 〈A.3.38.〉

1. "비구들이여, 나는 더할 나위 없이 지극히 호사로운 양육을 받았다오. 비구들이여, 내 아버지의 집에는 나를 위한 연못들이 조성되어 있었는데, 한 곳에는 청련이 피고, 한 곳에는 홍련이 피고, 한 곳에는 백련이 피었다오. 비구들이여, 나는 까시(Kāsi)국의 것이 아닌 신발은 신지 않았다오. 비구들이여, 실로 내 두건도 까시국의 것이었고, 내 외투도 까시국의 것이었고, 내 속옷도 까시국의 것이었고, 내 겉옷도 까시국의 것이었다오. 실로 밤이나 낮이나 나에게 흰 일산(日傘)을 씌워, 한기(寒氣)나 열기(熱氣)나 먼지나 풀이나 이슬이 닿지 않도록 했다오. 비구들이여, 나에게는 세 개의 별궁이 있었다오. 하나는 겨울에 사용하는 것이고, 하나는 여름에 사용하는 것이고, 하나는 우기(雨期)에 사용하는 것이었다오. 나는 우기에 사용하는 별궁에서 넉 달 동안 오로지 여인들과 유희를 즐기면서 아래의 궁전으로 내려오지 않았다오. 비구들이여, 다른 집에서는 하인이나 일꾼에게 쌀겨로 만든 음식에 묵은 죽을 주었지만, 내 아버지의 집에서는 하인이나 일꾼에게 쌀밥에 고기반찬을 주었다오.

2. 비구들이여, 이와 같이 온갖 부귀영화를 누리며 지극히 호사로운 양육을 받았지만, 나에게는 이런 생각이 들었다오.

'배우지 못한 범부는 자신도 늙음과 병과 죽음을 극복하지 못하고 똑같이 늙고 병들고 죽을 수밖에 없는 처지임에도 불구하고, 자신은 극복한 것처럼 늙거나 병들거나 죽은 다른 사람을 보고 염려하고, 걱정하고, 혐오한다. 나도 늙음과 병과 죽음을 극복하지 못하여 똑같이 늙고 병들고 죽을 수밖에 없는 처지에 있다. 그런데 늙음과 병과 죽음을 극복하지 못하고 똑같이 늙고 병들고 죽을 수밖에 없는 처지에 있는 내가 늙거나 병들거나 죽은 다른 사람을 보고 염려하고, 걱정하고, 혐오한다면, 그것은 옳지 않다.'

비구들이여, 이렇게 성찰하자, 내가 젊기 때문에 가졌던 젊음에 대한 자만, 건강하기 때문에 가졌던 건강에 대한 자만, 살아 있기 때문에 가졌던 수명에 대한 자만이 모조리 사라졌다오."

A.3.14. 행각수행자[Paribbajaka] 〈A.3.54.〉

1. 바라문 행각수행자가 세존을 찾아와서 세존과 함께 인사를 나누고 한쪽에 앉아서 말했습니다.

"고따마 존자여, '지금 여기에서 볼 수 있는 법(法)'이라고 말씀하시는데, 바로 지금 와서 보라고 할 수 있고, 현명한 사람이라면 스스로 알아야 할, '지금 여기에서 볼 수 있는 법'은 어떤 것입니까?"

2. "바라문이여, 탐욕에 물들고 정복되고 사로잡힌 마음은 자신을 해치는 생각을 하고, 남을 해치는 생각을 하고, 자신과 남을 해치는 생각을 하며, 그 마음에 수반하는 괴로움과 근심을 겪는다오. 탐욕을 버리면 자신을 해치는 생각을 하지 않고, 남을 해치는 생각을 하지 않고, 자신과 남을 해치는 생각을 하지 않으며, 그 마음에 수반하는 괴로움과 근심을 겪지 않는다오. 바라문이여, '지금 여기에서 볼 수 있는 법'은 이와 같은 것이라오.

3. 바라문이여, 분노로 인해서 화가 나거나 어리석음에 눈이 멀면, 자신을 해치는 생각을 하고 남을 해치는 생각을 하고 자신과 남을 해치는 생각을 하며, 그 마음에 수반하는 괴로움과 근심을 겪는다오. 분노를 버리고 어리석음을 버리면, 자신을 해치는 생각을 하지 않고 남을 해치는 생각을 하지 않고 자신과 남을 해치는 생각을 하지 않으며, 그 마음에 수반하는 괴로움과 근심을 겪지 않는다오. 바라문이여, '지금 여기에서 볼 수 있는 법'은 이와 같은 것이라오.

4. 바라문이여, 탐욕에 물들고 정복되고 사로잡힌 마음은 몸으로 삿된 행동을 하고, 말로 삿된 행동을 하고, 마음으로 삿된 행동을 한다오. 탐욕을 버리면 몸으로 삿된 행동을 하지 않고, 말로 삿된 행동을 하지 않고, 마음으로 삿된 행동을 하지 않는다오. 바라문이여, '지금 여기에서 볼 수 있는 법'은 이와 같은 것이라오.

5. 바라문이여, 탐욕에 물들고 정복되고 사로잡힌 마음은 자신의 이익을 있는 그대로 통찰하지 못하고, 남의 이익을 있는 그대로 통찰하지 못하고, 자신과 남의 이익을 있는 그대로 통찰하지 못한다오. 탐욕을 버리면 자신의 이익을 있는 그대로 통찰하고, 남의 이익을 있는 그대로 통찰하고, 자신과 남의 이익을 있는 그대로 통찰한다오. 바라문이여, '지금 여기에서 볼 수 있는 법'은 이와 같은 것이라오.

6. 바라문이여, 분노로 인해서 화가 나거나 어리석음에 눈이 멀면 자신의 이익을 있는 그대로 통찰하지 못하고, 남의 이익을 있는 그대로 통찰하지 못하고, 자신과 남의 이익을 있는 그대로 통찰하지 못한다오. 분노를 버리고 어리석음을 버리면 자신의 이익을 있는 그대로 통찰하고, 남의 이익을 있는 그대로 통찰하고, 자신과 남의 이익을 있는 그대로 통찰한다오. 바라문이여, '지금 여기에서 볼 수 있는 법'은 이와 같은 것이라오."

7. "훌륭합니다, 고따마 존자여! 훌륭합니다, 고따마 존자여! 고따마 존자여, 마치 뒤집힌 것을 바로 세우는 것 같고, 감추어진 것을 드러내는 것 같고, 길 잃은 자에게 길을 알려 주는 것 같고, '눈 있는 자들은 보라'라고 어둠 속에 등불을 비춰 주는 것 같습니다. 이와 같이 고따마 존자께서는 여러 가지 방법으로 진리를 알려 주셨습니다. 이제 저는 고따마 존자님께 귀의합니다. 가르침과 비구상가에 귀의합니다. 고따마 존자님께서는 저를 청신사(淸信士)로 받아 주소서. 오늘부터 살아 있는 날까지 귀의하겠습니다."

A.3.15. 열반[Nibbāna] 〈A.3.55.〉

1. 자누쏘니(Jāṇussoṇi) 바라문이 세존을 찾아와서 세존과 함께 인사를 나누고 한쪽에

앉아서 말했습니다.

"고따마 존자여, '지금 여기에서 볼 수 있는 열반'이라고 말씀하시는데, 바로 지금 와서 보라고 할 수 있고, 현명한 사람이라면 스스로 알아야 할, '지금 여기에서 볼 수 있는 열반'은 어떤 것입니까?"

2. "바라문이여, 탐욕에 물들고 정복되고 사로잡힌 마음은 자신을 해치는 생각을 하고, 남을 해치는 생각을 하고, 자신과 남을 해치는 생각을 하며, 그 마음에 수반하는 괴로움과 근심을 겪는다오. 탐욕을 버리면 자신을 해치는 생각을 하지 않고, 남을 해치는 생각을 하지 않고, 자신과 남을 해치는 생각을 하지 않으며, 그 마음에 수반하는 괴로움과 근심을 겪지 않는다오. 바라문이여, '지금 여기에서 볼 수 있는 열반'은 이와 같은 것이라오.

3. 바라문이여, 분노로 인해서 화가 나거나 어리석음에 눈이 멀면 자신을 해치는 생각을 하고, 남을 해치는 생각을 하고, 자신과 남을 해치는 생각을 하며, 그 마음에 수반하는 괴로움과 근심을 겪는다오. 분노를 버리고 어리석음을 버리면 자신을 해치는 생각을 하지 않고, 남을 해치는 생각을 하지 않고, 자신과 남을 해치는 생각을 하지 않으며, 그 마음에 수반하는 괴로움과 근심을 겪지 않는다오. 바라문이여, '지금 여기에서 볼 수 있는 열반'은 이와 같은 것이라오.

4. 바라문이여, 탐욕이 남김없이 소멸했음을 몸소 증득하고, 분노가 남김없이 소멸했음을 몸소 증득하고, 어리석음이 남김없이 소멸했음을 몸소 증득하면, 이와 같은 것을 '바로 지금 와서 보라고 할 수 있고, 현명한 사람이라면 스스로 알아야 할, 지금 여기에서 볼 수 있는 열반'이라고 한다오."

5. "훌륭합니다, 고따마 존자여! 훌륭합니다, 고따마 존자여! 고따마 존자여, 마치 뒤집힌 것을 바로 세우는 것 같고, 감추어진 것을 드러내는 것 같고, 길 잃은 자에게 길을 알려 주는 것 같고, '눈 있는 자들은 보라'라고 어둠 속에 등불을 비춰 주는 것 같습니다. 이와 같이 고따마 존자께서는 여러 가지 방법으로 진리를 알려 주셨습니다. 이제 저는 고따마 존자님께 귀의합니다. 가르침과 비구상가에 귀의합니다. 고따마 존자님께서는 저를 청신사(淸信士)로 받아 주소서. 오늘부터 살아 있는 날까지 귀의하겠습니다."

A.3.16. 거부(巨富, Mahāsāla) 〈A.3.56.〉

1. 큰 부자 바라문이 세존을 찾아와서 세존과 함께 인사를 나누고 한쪽에 앉아서 말했습니다.

"고따마 존자여, 저는 옛 스승의 스승이 되는 연로하고 나이 많은 바라문들에게 '예전에는 이 세상에 빈틈이 없을 정도로 사람들이 넘쳐 났고, 마을과 성읍(城邑)과 왕도(王都)는 닭이 날아갈 수 있을 만큼 가깝게 붙어 있었다'라고 들었습니다. 고따마 존자여, 그런데 지금은 사람들이 사라지고 감소하여 마을은 마을이 아니고, 성읍은 성읍이 아니고, 왕도는 왕도가 아니고, 나라는 나라가 아닌 형국이 되었는데, 그 원인과 이유는 무엇입니까?"

2. "바라문이여, 지금은 사람들이 법도(法道)에 어긋난 탐욕에 물들고, 정도(正道)를 벗어난 욕심에 사로잡히고, 삿된 가르침에 빠져 들었다오. 그들은 법도에 어긋난 탐욕에 물

들고, 정도를 벗어난 욕심에 사로잡히고, 삿된 가르침에 빠져들어서 날카로운 칼을 들고 다른 사람의 목숨을 빼앗는다오. 그래서 많은 사람이 죽는다오. 바라문이여, 이것이 지금은 사람들이 사라지고 감소하여 마을은 마을이 아니고, 성읍은 성읍이 아니고, 왕도는 왕도가 아니고, 나라는 나라가 아닌 형국이 된 원인이고 이유라오.

3. 바라문이여, 그뿐만 아니라 지금은 사람들이 법도에 어긋난 탐욕에 물들고, 정도를 벗어난 욕심에 사로잡히고, 삿된 가르침에 빠져들기 때문에 천신이 제때 비를 내려 주지 않는다오. 그래서 흉년이 들어 기근이 생기고, 사람들은 피골이 상접하여 초근목피로 살아간다오. 그래서 많은 사람이 죽는다오. 바라문이여, 이것이 지금은 사람들이 사라지고 감소하여 마을은 마을이 아니고, 성읍은 성읍이 아니고, 왕도는 왕도가 아니고, 나라는 나라가 아닌 형국이 된 원인이고 이유라오.

4. 바라문이여, 그뿐만 아니라 지금 사람들이 법도에 어긋난 탐욕에 물들고, 정도를 벗어난 욕심에 사로잡히고, 삿된 가르침에 빠져들기 때문에 야차(夜叉)들이 맹수들을 풀어놓는다오. 그래서 많은 사람이 죽는다오. 바라문이여, 이것이 지금은 사람들이 사라지고 감소하여 마을은 마을이 아니고, 성읍은 성읍이 아니고, 왕도는 왕도가 아니고, 나라는 나라가 아닌 형국이 된 원인이고 이유라오."

5. "훌륭합니다, 고따마 존자여! … 이제 저는 고따마 존자님께 귀의합니다. 가르침과 비구 상가에 귀의합니다. 고따마 존자님께서는 저를 청신사(淸信士)로 받아 주소서. 오늘부터 살아 있는 날까지 귀의하겠습니다."

A.3.17. 띠깐나(Tikaṇṇa) 〈A.3.58.〉

1. 띠깐나(Tikaṇṇa) 바라문이 세존을 찾아와서 세존과 함께 인사를 나누고 한쪽에 앉았습니다. 한쪽에 앉은 띠깐나 바라문은 세존의 면전에서 "삼명 바라문[tevijja brāhmaṇa]들은 이와 같습니다. 역시 삼명 바라문들은 이렇습니다"라고 삼명 바라문들을 찬탄했습니다.

"바라문이여, 바라문들은 바라문들의 삼명을 어떻게 언명하나요?"

"고따마 존자여, 바라문의 부모가 모두 훌륭한 가문의 태생으로서 7대 조부까지 뒤섞이지 않고 비난받지 않은 순수한 혈통이며, 학식 있는 스승으로서 만뜨라를 암송하고, 세 가지 베다에 통달했으며, 어휘론(語彙論)과 의궤론(儀軌論)·음운론과 어원론 그리고 다섯 번째로 역사에 정통하여 잘 해설하고, 세속의 철학과 큰 인물을 판별하는 관상[mahāpurisalakkhaṇa, 大人相]에 대한 지식에 부족함이 없어야 합니다. 고따마 존자여, 바라문들은 바라문들의 삼명을 이렇게 언명합니다."

"바라문이여, 바라문들이 언명하는 바라문들의 삼명과 성자의 율(律)에서의 삼명은 다르다오."

"고따마 존자여, 성자의 율에서 삼명은 어떤 것입니까? 고따마 존자여, 부디 저에게 성자의 율에서 삼명은 어떤 것인지를 가르쳐 주십시오!"

"바라문이여, 그렇다면 듣고 잘 생각해 보시오! 내가 이야기하겠소."

2. 띠깐나 바라문은 세존께 "존자여, 그렇게 하겠습니다"라고 대답했습니다.

세존께서 말씀하셨습니다.

"바라문이여, 삼명 비구는 감각적 욕망을 멀리하고 불선법(不善法)을 멀리함으로써 사유[尋]가 있고 숙고[伺]가 있는, 멀리함에서 생긴 희열과 행복이 있는 초선(初禪)을 성취하여 살아간다오. 그는 사유와 숙고를 억제하여 내적으로 조용해진, 마음이 집중된, 사유와 숙고가 없는, 삼매에서 생긴 희열과 행복이 있는 제2선(第二禪)을 성취하여 살아간다오. 그는 희열과 이욕(離欲)으로부터 초연하여 평정한 주의집중과 알아차림을 하며 지내는 가운데 몸으로 행복을 느끼는, 성자(聖者)들이 '평정한 주의집중을 하는 행복한 상태'라고 이야기한 제3선(第三禪)을 성취하여 살아간다오. 그는 행복감을 포기하고 괴로움을 버림으로써 이전의 만족과 불만이 소멸하여 괴롭지도 않고 즐겁지도 않은, 평정한 주의집중이 청정한 제4선(第四禪)을 성취하여 살아간다오.

3. 그는 이와 같이 청정하게 정화되고, 죄악의 먼지가 없고[無塵], 번뇌의 때가 없으며[無垢], 유연하여 적응력이 있고, 견고하여 움직이지 않는, 삼매에 든 마음에서 숙명통(宿命通)에 마음을 기울인다오. 그는 한 번의 태어남, 두 번의 태어남, 세 번의 태어남, 네 번의 태어남, 다섯 번의 태어남, 열 번의 태어남, 스무 번의 태어남, 서른 번의 태어남, 마흔 번의 태어남, 쉰 번의 태어남, 백 번의 태어남, 천 번의 태어남, 백천 번의 태어남, 수많은 괴겁(壞劫), 수많은 성겁(成劫), 수많은 성괴겁(成壞劫)과 같은 여러 가지 전생의 삶을 기억한다오. '그곳에서 나는 이름은 이러했고 가문은 이러했고 용모는 이러했고 음식은 이러했으며, 이러한 고락(苦樂)을 겪었고 이와 같이 수명을 마쳤다. 그가 죽어서 나는 거기에 태어났다. 그곳에서 나는 이름은 이러했고 가문은 이러했고 용모는 이러했고 음식은 이러했으며, 이러한 고락을 겪었고 이와 같이 수명을 마쳤다. 그가 죽어서 이 세상에 태어났다.' 이와 같이 그는 용모와 내력을 지닌 여러 가지 전생의 삶을 기억한다오. 이것이 그가 성취한 첫 번째 명(明, vijja)이라오. 게으름 피우지 않고 열심히 정진하며 살아감으로써 그에게 무명(無明)은 사라지고 명(明)이 생긴 것이며, 어둠이 사라지고 광명이 생긴 것이라오.

4. 그는 이와 같이 청정하게 정화되고, 죄악의 먼지가 없고, 번뇌의 때가 없으며, 유연하여 적응력이 있고, 견고하여 움직이지 않는, 삼매에 든 마음에서 중생들의 죽고 태어남을 알기 위하여 그쪽으로 마음을 기울인다오. 그는 청정하고 초인적인 천안(天眼)으로 중생들을 보고, 중생들이 업에 따라 죽고 태어나고 못나고 훌륭하고 잘생기고 못생기고 행복하고 불행한 것을 분명하게 안다오.

'존자들이여, 참으로 이 중생들은 몸으로 악행을 행한 자들이며, 말로 악행을 행한 자들이며, 마음으로 악행을 행한 자들이며, 성자(聖者)를 비방한 자들이며, 사견(邪見)을 가진 자들이며, 사견으로 업을 지은 자들입니다. 그들은 몸이 무너져 죽은 후에 괴로운 곳, 불행한 곳, 험난한 곳, 지옥에 태어났습니다. 존자들이여, 참으로 이 중생들은 몸으로 선행을 행한 자들이며, 말로 선행을 행한 자들이며, 마음으로 선행을 행한 자들이며, 성자를 비방하지 않은 자들이며, 정견을 가진 자들이며, 정견으로 업을 지은 자들입니다. 그들은 몸이 무너져 죽은 후에 행복한 곳, 천상 세계에 태어났습니다.' 이와 같이 그는 청정하고 초인적인 천안으로 중생들을 보고, 중생들이 업에 따라 죽고 태어나고 못나고 훌륭하고 잘생기고 못생기고 행복하고 불행한 것을 분명하게 안다오. 이것이 그가 성취한 두 번째 명(明)이라오. 게으름 피우지 않고 열심히 정진하며 살아감으로써 그에게 무명은 사라지고 명(明)이 생긴 것이며, 어둠이 사라지고 광명이 생긴 것이라오.

5. 그는 이와 같이 청정하게 정화되고, 죄악의 먼지가 없고, 번뇌의 때가 없으며, 유연하여 적응력이 있고, 견고하여 움직이지 않는, 삼매에 든 마음에서 누진통(漏盡通)에 마음을 기울인다오. 그는 '이것은 괴로움[苦]이다'라고 있는 그대로 분명하게 안다오. 그는 '이것은 괴로움의 쌓임[苦集]이다'라고 있는 그대로 분명하게 안다오. 그는 '이것은 괴로움의 소멸[苦滅]이다'라고 있는 그대로 분명하게 안다오. 그는 '이것은 괴로움의 소멸에 이르는 길[苦滅道이다'라고 있는 그대로 분명하게 안다오. 그는 '이것들은 번뇌[漏, āsava]다'라고 있는 그대로 분명하게 안다오. 그는 '이것은 번뇌의 쌓임[漏集, āsavasamudaya]이다'라고 있는 그대로 분명하게 안다오. 그는 '이것은 번뇌의 소멸[漏滅, āsavanirodha]이다'라고 있는 그대로 분명하게 안다오. 그는 '이것은 번뇌의 소멸에 이르는 길[漏滅道, āsavanirodhagāminī]이다'라고 있는 그대로 분명하게 안다오.

그가 이렇게 알고 이렇게 보았을 때, 마음이 욕루(欲漏, kāmâsava)에서 해탈하고, 유루(有漏, bhavâsava)에서 해탈하고, 무명루(無明漏, avijjâsava)에서 해탈한다오. 해탈했을 때 '나는 해탈했다'라고 알게 된다오. 그는 '태어남은 끝났고, 범행(梵行)을 마쳤으며, 해야 할 일을 끝마쳤다. 다시는 현재의 상태로 되지 않는다'라고 분명하게 안다오. 이것이 그가 성취한 세 번째 명(明)이라오. 게으름 피우지 않고 열심히 정진하며 살아감으로써 그에게 무명은 사라지고 명(明)이 생기고, 어둠이 사라지고 광명이 생긴 것이라오.

6. 바라문이여, 성자의 율에서 삼명은 이와 같다오."

"고따마 존자여, 이제 보니 바라문들의 삼명과 성자의 율에서의 삼명은 다르군요. 고따마 존자여, 이러한 성자의 율에서의 삼명에 비하면 바라문들의 삼명은 16분의 1도 되지 않는군요. 훌륭합니다. 고따마 존자여! … 이제 저는 고따마 존자님께 귀의합니다. 가르침과 비구상가에 귀의합니다. 고따마 존자님께서는 저를 청신사(淸信士)로 받아 주소서. 오늘부터 살아 있는 날까지 귀의하겠습니다."

A.3.18. 상가라와(Saṅgārava) 〈A.3.60.〉

1. 상가라와(Saṅgārava) 바라문이 세존을 찾아와서 세존과 함께 인사를 나누고 한쪽에 앉았습니다. 한쪽에 앉은 상가라와 바라문이 세존께 말씀드렸습니다.

"고따마 존자여, 우리 바라문들은 헌공(獻供)을 올려 제사를 모시고, 또한 제사를 모시도록 합니다. 고따마 존자여, 그때 제사를 모시는 자와 제사를 모시도록 한 자 모두가, 여러 사람이 복된 길[puññapaṭipadaṃ]에 도달합니다.[644] 이것이 헌공의 결과입니다. 고따마 존자여, 그렇지만 이런저런 가문에서 집을 버리고 출가한 자는 오직 자신만을 수련하고, 오직 자신과 어울리고, 오직 자신만을 반열반(般涅槃)에 들게 합니다. 이와 같이 이 사람은 한 사람만이 복된 길에 도달합니다. 이것이 출가의 결과입니다."

2. "바라문이여, 그렇다면 내가 그대에게 묻겠소. 바라문이여, 어떻게 생각하나요? 아라한(阿羅漢), 원만하고 바르게 깨달으신 분[正遍知], 앎과 실천을 구족하신 분[明行足], 행복하신 분[善逝], 세간을 잘 아시는 분[世間解], 위없는 분[無上士], 사람을 길들여 바른 길로 이끄시는 분[調御丈夫], 천신과 인간의 스승[天人師], 진리를 깨달으신 분[佛], 세존(世尊)으로 불리는 여래(如來)가 이 세상에 출현한다오.

그는 이렇게 말한다오.

'오라! 이것이 길이고, 이것이 길[paṭipadā]이다. 나는 이 길을 실천하여 범행(梵行)에 토대를 둔 체험적 지혜를 몸소 증득하여 가르친다. 오라! 그대들도 내가 실천한 길을 실천하면 범행에 토대를 둔 체험적 지혜를 몸소 증득하고 성취하여 살아가게 될 것이다.'

이렇게 스승은 법(法)을 설하고, 다른 사람들은 그대로 실천한다오. 그리고 그런 사람들이 수백, 수천, 수십만이 된다오. 바라문이여, 어떻게 생각하나요? 이렇다면, 이러한 출가의 결과는 한 사람의 복된 길인가요, 여러 사람의 복된 길인가요?"

"고따마 존자여, 이렇다면, 이러한 출가의 결과는 여러 사람의 복된 길입니다."

A.3.19. 3종 외도[Tittha][645] 〈A.3.61.〉

1. "비구들이여, 지혜로운 사람들이 자세히 따져 묻고 이유를 묻고 함께 토론하다 보면, 업(業)의 작용이 없다는 결론에 도달하는 세 가지 외도(外道)들의 사상적 입장[tittha-āyatanāni]이 있다오. 그 셋은 어떤 것인가?

비구들이여, 어떤 사문과 바라문들은 '인간이 느끼는 느낌은, 즐겁거나 괴롭거나 즐겁지도 괴롭지도 않거나, 그것이 어떤 것이든 모두 이전에 행한 것이 원인[pubbe katahetū]이다'라는 견해를 주장한다오. 비구들이여, 어떤 사문과 바라문들은 '인간이 느끼는 느낌은, 즐겁거나 괴롭거나 즐겁지도 괴롭지도 않거나, 그것이 어떤 것이든 모두 자재신(自在神)의 창조가 원인[issara-nimmānahetū]이다'라는 견해를 주장한다오. 비구들이여, 어떤 사문과 바라문들은 '인

---

644 우파니샤드에 의하면 사람이 죽으면 가게 되는 두 가지 길이 있다. 하나는 조상의 길로서 이 세상에 다시 돌아오는 길이고, 다른 하나는 브라만천에 가는 길로서 그곳에 가면 이 세상에 다시 태어나는 일이 없이 영원히 행복하게 살게 된다. 여기에서 말하는 복된 길은 브라만천에 가는 길을 의미한다.

645 'tittha'는 물을 건너가는 '나루터'라는 뜻이다. 여기에서 나루터는 고통스러운 이 세상에서 행복한 저세상으로 사람들을 제도한다고 주장하는 종교사상의 은유(隱喩)이다. 이 경에서 'tittha'는 'āyatana'와 결합하여 'titthāyatana'의 형태로 나타나는데, 'āyatana'가 '들어가서 머무는 장소'를 의미하기 때문에 'titthāyatana'는 '이 세상을 구제한다는 사상이 들어 있는 철학적 입장'의 의미라고 할 수 있다. 이 경에 세 가지 철학적 입장이 나오기 때문에 경의 이름을 '3종 외도'라고 번역했다.

간이 느끼는 느낌은, 즐겁거나 괴롭거나 즐겁지도 괴롭지도 않거나, 그것이 어떤 것이든 모두 원인도 없고 조건도 없다[ahatu-appaccayā]'라는 견해를 주장한다오.

2. 비구들이여, 나는 그중에 '인간이 느끼는 느낌은, 즐겁거나 괴롭거나 즐겁지도 괴롭지도 않거나, 그것이 어떤 것이든 모두 이전에 행한 것이 원인이다'라는 견해를 주장하는 사문과 바라문들에게 가서는 이렇게 말할 것이오.

'존자들이여, 그대들은 진실로 '인간이 느끼는 느낌은, 즐겁거나 괴롭거나 즐겁지도 괴롭지도 않거나, 그것이 어떤 것이든 모두 이전에 행한 것이 원인이다'라는 견해를 주장하는가?'

만약에 그들이 나의 질문에 '그렇다'라고 동의하면, 나는 이렇게 말할 것이오.

'존자들이여, 그렇다면 이전에 행한 것이 원인이 되어 살생(殺生)하게 될 것이고, 이전에 행한 것이 원인이 되어 주지 않은 것을 취하게 될 것이고, 이전에 행한 것이 원인이 되어 거짓말을 하게 될 것이고, 이전에 행한 것이 원인이 되어 이간질하게 될 것이고, 이전에 행한 것이 원인이 되어 욕설하게 될 것이고, 이전에 행한 것이 원인이 되어 꾸며 대는 말을 하게 될 것이고, 이전에 행한 것이 원인이 되어 탐내게 될 것이고, 이전에 행한 것이 원인이 되어 가해하려는 마음이 일어나게 될 것이고, 이전에 행한 것이 원인이 되어 삿된 견해[邪見]를 갖게 될 것이오.'

비구들이여, 진실로 이전에 행한 것으로 귀결된다면, 의욕이나 노력이나 해야 할 일이나 해서는 안 될 일이 없다오.

이렇게 해야 할 일과 해서는 안 될 일에 대하여 진실로 확실하게 알지 못하고서, 주의집중을 망각하고 지켜보지 않고 살아간다면, 그는 스스로 적법한 사문이라는 말을 들을 수 없다오. 비구들이여, 이것이 이러한 견해를 주장하는 사문과 바라문들에 대한 나의 첫 번째 적법한 논박이라오.

3. 비구들이여, 나는 그중에 '인간이 느끼는 느낌은, 즐겁거나 괴롭거나 즐겁지도 괴롭지도 않거나, 그것이 어떤 것이든 모두 자재신의 창조가 원인이다'라는 견해를 주장하는 사문과 바라문들에게 가서는 이렇게 말할 것이오.

'존자들이여, 그대들은 진실로 '인간이 느끼는 느낌은, 즐겁거나 괴롭거나 즐겁지도 괴롭지도 않거나, 그것이 어떤 것이든 모두 자재신의 창조가 원인이다'라는 견해를 주장하는가?'

만약에 그들이 나의 질문에 '그렇다'라고 동의하면, 나는 이렇게 말할 것이오.

'존자들이여, 그렇다면, 자재신의 창조가 원인이 되어 살생하게 될 것이고, 주지 않은 것을 취하게 될 것이고, 거짓말을 하게 될 것이고, 이간질하게 될 것이고, 욕설하게 될 것이고, 꾸며 대는 말을 하게 될 것이고, 탐내게 될 것이고, 가해하려는 마음이 일어나게 될 것이고, 삿된 견해를 갖게 될 것이오.'

비구들이여, 진실로 자재신의 창조로 귀결된다면, 의욕이나 노력이나 해야 할 일이나 해서는 안 될 일이 없다오. 이렇게 해야 할 일과 해서는 안 될 일에 대하여 진실로 확실하게 알지 못하고서, 주의집중을 망각하고 지켜보지 않고 살아간다면, 그는 스스로 적법한 사문이라는 말을 들을 수 없다오. 비구들이여, 이것이 이러한 견해를 주장하는 사문과 바라문들에 대한 나의 두 번째 적법한 논박이라오.

4. 비구들이여, 나는 그중에 '인간이 느끼는 느낌은, 즐겁거나 괴롭거나 즐겁지도 괴롭지도 않거나, 그것이 어떤 것이든 모두 원인도 없고 조건도 없다'라는 견해를 주장하는 사문과 바라문들에게 가서는 이렇게 말할 것이오.

'존자들이여, 그대들은 진실로 '인간이 느끼는 느낌은, 즐겁거나 괴롭거나 즐겁지도 괴롭지도 않거나, 그것이 어떤 것이든 모두 원인도 없고 조건도 없다'라는 견해를 주장하는가?'

만약에 그들이 나의 질문에 '그렇다'라고 동의하면, 나는 이렇게 말할 것이오.

'존자들이여, 그렇다면 원인도 없고 조건도 없이 살생을 하게 될 것이고, 주지 않은 것을 취하게 될 것이고, 거짓말을 하게 될 것이고, 이간질하게 될 것이고, 욕설하게 될 것이고, 꾸며 대는 말을 하게 될 것이고, 탐내게 될 것이고, 가해하려는 마음이 일어나게 될 것이고, 삿된 견해를 갖게 될 것이오.'

비구들이여, 진실로 원인도 없고 조건도 없다면, 의욕이나 노력이나 해야 할 일이나 해서는 안 될 일이 없다오. 이렇게 해야 할 일과 해서는 안 될 일에 대하여 진실로 확실하게 알지 못하고서, 주의집중을 망각하고 지켜보지 않고 살아간다면, 그는 스스로 적법한 사문이라는 말을 들을 수 없다오. 비구들이여, 이것이 이러한 견해를 주장하는 사문과 바라문들에 대한 나의 세 번째 적법한 논박이라오.

비구들이여, 이것이 지혜로운 사람들이 자세히 따져 묻고 이유를 묻고 함께 토론해 가다 보면, 업의 작용이 없다는 결론에 도달하는 세 가지 외도들의 사상적 입장이라오.

5. 비구들이여, 내가 가르친 법(法)은 결점이 없어서 사문들과 바라문들과 지혜로운 사람들이 논박하지 못하고, 흠을 잡지 못하고, 비난하지 못한다오. 비구들이여, 내가 가르친 법으로서 결점이 없어서 사문들과 바라문들과 지혜로운 사람들이 논박하지 못하고, 흠을 잡지 못하고, 비난하지 못하는 법은 어떤 것인가?

비구들이여, 6계(六界)는 내가 가르친 법으로서 사문들과 바라문들과 지혜로운 사람들이 논박하지 못하고, 흠을 잡지 못하고, 비난하지 못하는 결점이 없는 법이라오. 비구들이여, 6촉입처(六觸入處)는 내가 가르친 법으로서 사문들과 바라문들과 지혜로운 사람들이 논박하지 못하고, 흠을 잡지 못하고, 비난하지 못하는 결점이 없는 법이라오. 비구들이여, 18의행(十八意行, aṭṭhārasa manovicārā)은 내가 가르친 법으로서 사문들과 바라문들과 지혜로운 사람들이 논박하지 못하고, 흠을 잡지 못하고, 비난하지 못하는 결점 없는 법이라오. 비구들이여, 4성제(四聖諦)는 내가 가르친 법으로서 사문들과 바라문들과 지혜로운 사람들이 논박하지 못하고, 흠을 잡지 못하고, 비난하지 못하는 결점이 없는 법이라오.

6. 비구들이여, '6계는 내가 가르친 법으로서 사문들과 바라문들과 지혜로운 사람들이 논박하지 못하고, 흠을 잡지 못하고, 비난하지 못하는 결점이 없는 법이다'라고 말했는데, 이렇게 말한 근거는 무엇인가? 비구들이여, 6계란 지계(地界)·수계(水界)·화계(火界)·풍계(風界)·공계(空界)·식계(識界)라오. 이

들이 '6계는 내가 가르친 법으로서 사문들과 바라문들과 지혜로운 사람들이 논박하지 못하고, 흠을 잡지 못하고, 비난하지 못하는 결점이 없는 법이다'라고 말한 근거라오.

7. 비구들이여, '6촉입처는 내가 가르친 법으로서 사문들과 바라문들과 지혜로운 사람들이 논박하지 못하고, 흠을 잡지 못하고, 비난하지 못하는 결점이 없는 법이다'라고 말했는데, 이렇게 말한 근거는 무엇인가? 비구들이여, 6촉입처란 안촉입처(眼觸入處)·이촉입처(耳觸入處)·비촉입처(鼻觸入處)·설촉입처(舌觸入處)·신촉입처(身觸入處)·의촉입처(意觸入處)라오. 이들이 '6촉입처(觸入處)는 내가 가르친 법으로서 사문들과 바라문들과 지혜로운 사람들이 논박하지 못하고, 흠을 잡지 못하고, 비난하지 못하는 결점이 없는 법이다'라고 말한 근거라오.

8. 비구들이여, '18의행은 내가 가르친 법으로서 사문들과 바라문들과 지혜로운 사람들이 논박하지 못하고, 흠을 잡지 못하고, 비난하지 못하는 결점이 없는 법이다'라고 말했는데, 이렇게 말한 근거는 무엇인가? 비구들이여, 18의행이란 눈[眼]으로 형색[色]을 본 후에 마음에 만족을 주는 형색을 식별하고, 마음에 고통을 주는 형색을 식별하고, 평정심을 주는 형색을 식별하고, 귀[耳]로 소리[聲]를 들은 후에 마음에 만족을 주는 소리를 식별하고, 마음에 고통을 주는 소리를 식별하고, 평정심을 주는 소리를 식별하고, 코[鼻]로 냄새[香]를 맡은 후에 마음에 만족을 주는 냄새를 식별하고, 마음에 고통을 주는 냄새를 식별하고, 평정심을 주는 냄새를 식별하고, 혀[舌]로 맛[味]을 본 후에 마음에 만족을 주는 맛을 식별하고, 마음에 고통을 주는 맛을 식별하고, 평정심을 주는 맛을 식별하고, 몸[身]으로 접촉[觸]을 한 후에 마음에 만족을 주는 접촉을 식별하고, 마음에 고통을 주는 접촉을 식별하고, 평정심을 주는 접촉을 식별하고, 마음[意]으로 대상[法]을 분별한 후에 마음에 만족을 주는 대상을 식별하고, 마음에 고통을 주는 대상을 식별하고, 평정심을 주는 대상을 식별하는 것이라오. 이들이 '18의행은 내가 가르친 법으로서 사문들과 바라문들과 지혜로운 사람들이 논박하지 못하고, 흠을 잡지 못하고, 비난하지 못하는 결점이 없는 법이다'라고 말한 근거라오.

9. 비구들이여, '4성제는 내가 가르친 법으로서 사문들과 바라문들과 지혜로운 사람들이 논박하지 못하고, 흠을 잡지 못하고, 비난하지 못하는 결점이 없는 법이다'라고 말했는데, 이렇게 말한 근거는 무엇인가? 비구들이여, 6계로부터 내부의 방의 출현이 있다오[channaṃ dhātūnaṃ upādāya gabbhassāvakkanti hoti].[646] 출현에 의지하여 이름과 형색[名色]이 있다오[okkaniyā sati

646 'gabbhassāvakkanti'를 대부분 탁태(托胎)로 이해한다. 'gabbha'는 물체 속의 구멍[cavity]을 뜻하는 말로서, 안방[inner room]·내부[interior]·침실[bed room]·자궁[womb] 등을 의미한다. 여기에서는 문맥상 '내부의 방'으로 번역한다. 여기에서 말하는 '내부의 방'은 지계(地界), 수계(水界), 화계(火界), 풍계(風界), 공계(空界) 속에 있는 식계(識界)를 의미하는 것 같다. 즉 사대와 공간으로 구성된 몸속에 의식이 들어 있다는 생각을 '내부의 방'으로 표현한 것 같다. 따라서 이어지는 문장 'okkaniyā sati nāmarūpaṃ[출현으로부터 명색이 있다]'은 식(識)의 출현에 의지하여 명색(名色)이 있다는 의미로 해석할 수 있다.

nāmarūpaṃ]. 이름과 형색에 의지하여 6입처가 있고, 6입처에 의지하여 접촉[觸]이 있고, 접촉에 의지하여 느낌[受]이 있다오. 그리고 비구들이여, 나는 느끼고 있기 때문에 [vediyamānassa] '이것은 괴로움[苦]이다'라고 언명하고, '이것은 괴로움의 쌓임[苦集]이다'라고 언명하고, '이것은 괴로움의 소멸[苦滅]이다'라고 언명하고, '이것은 괴로움의 소멸에 이르는 길[苦滅道]이다'라고 언명한다오.

10. 비구들이여, 고성제(苦聖諦)란 어떤 것인가? 비구들이여, 태어남이 괴로움이고, 늙음이 괴로움이고, 죽음이 괴로움이고, 슬픔·비탄·고통·근심·불안이 괴로움이고, 원하는 것을 얻지 못하는 것이 괴로움이라오. 요컨대 5취온(五取蘊)이 괴로움이라오. 비구들이여, 이것을 고성제라고 한다오.

11. 비구들이여, 고집성제(苦集聖諦)란 어떤 것인가? 비구들이여, '나라고 할 만한 것이 없다는 사실을 알지 못하는 무지[無明]에 의지하여 내가 있다는 생각을 만드는 행위[行]들이 나타난다오. 내가 있다는 생각을 만드는 행위들에 의지하여 분별의식[識]이 생긴다오. 분별의식에 의지하여 이름과 형색[名色]이 나타난다오. 이름과 형색에 의지하여 보고, 듣고, 냄새 맡고, 맛보고, 만지고 생각하는 주관들[六入處]이 나타난다오. 보고, 듣고, 냄새 맡고, 맛보고, 만지고 생각하는 주관들에 의지하여 객관들을 접촉하는 경험[觸]이 있다오. 객관들을 접촉하는 경험에 의지하여 고락(苦樂)의 느낌[受]이 생긴다오. 고락의 느낌에 의지하여 갈망[愛]이 생긴다오. 갈망에 의지하여 취(取)가 생긴다오. 취에 의지하여 나라는 존재[有]가 있다오. 나라는 존재에 의지하여 내가 태어났다는 생각[生]이 있다오. 태어났다는 생각에 의지하여 늙어 죽는다는 생각[老死]과 근심, 슬픔, 고통, 우울, 고뇌가 생긴다오. 이와 같은 과정이 쌓여서[集] 순전한 괴로움 덩어리[苦蘊]가 나타난다오. 비구들이여, 이것을 고집성제라고 한다오.

12. 비구들이여, 고멸성제(苦滅聖諦)란 어떤 것인가? 비구들이여, '나라고 할 만한 것이 없다는 사실을 알지 못하는 무지가 남김없이 사라지면, 내가 있다는 생각을 만드는 행위들이 사라진다오. 내가 있다는 생각을 만드는 행위들이 사라지면 분별의식이 사라진다오. 분별의식이 사라지면 이름과 형색이 사라진다오. 이름과 형색이 사라지면 보고, 듣고, 냄새 맡고, 맛보고, 만지고 생각하는 주관들이 사라진다오. 보고, 듣고, 냄새 맡고, 맛보고, 만지고 생각하는 주관들이 사라지면 객관들을 접촉하는 경험이 사라진다오. 객관들을 접촉하는 경험이 사라지면 고락의 느낌이 사라진다오. 고락의 느낌이 사라지면 갈망이 사라진다오. 갈망이 사라지면 취가 사라진다오. 취가 사라지면 나라는 존재가 사라진다오. 나라는 존재가 사라지면 내가 태어났다는 생각이 사라진다오. 태어났다는 생각이 사라지면 늙어 죽는다는 생각과 근심, 슬픔, 고통, 우울, 고뇌가 사라진다오. 이와 같이 순전한 괴로움 덩어리가 사라진다오[滅]. 비구들이여, 이것을 고멸성제라고 한다오.

13. 비구들이여, 고멸도성제(苦滅道聖諦)란 어떤 것인가? 비구들이여, 이것은 거룩한 8정도(八正道), 즉 정견(正見)·정사유(正思惟)·정어(正語)·정업(正業)·정명(正命)·정

정진(正精進)·정념(正念)·정정(正定)이라오. 비구들이여, 이것을 고멸도성제라고 한다오.

비구들이여, 이것이 '4성제는 내가 가르친 법으로서 사문들과 바라문들과 지혜로운 사람들이 논박하지 못하고, 흠을 잡지 못하고, 비난하지 못하는 결점이 없는 법이다'라고 말한 근거라오."

A.3.20. 깔라마(Kālāma) 〈A.3.65.〉

1. 한때 세존께서는 큰 비구상가와 함께 꼬살라국에서 유행하시다가 께사뿟따(Kesa-putta)라는 깔라마(Kālāma)족의 마을에 당도하셨습니다. 께사뿟따의 깔라마족 사람들은 '사끼야족의 후예로서 사끼야족에서 출가한 사문 고따마께서 께사뿟따에 당도하셨다. 고따마 세존은 열 가지 이름[十號]으로 불리는 명성이 자자하신 분이다. 그분은 천계·마라·범천을 포함한 이 세간을, 사문과 바라문과 왕과 백성을 포함한 인간계를 수승한 지혜로 몸소 증득하여 알려 준다. 그분은 처음도 좋고 중간도 좋고 마지막도 좋은, 의미 있고 명쾌하고 완벽한 진리[法]를 가르치며, 청정한 범행(梵行)을 알려 준다. 그러므로 마땅히 그런 성자(聖者)를 만나보아야 한다'라는 말을 들었습니다. 께사뿟따의 깔라마족 사람들은 세존을 찾아가서, 어떤 이들은 세존께 예배한 후에 한쪽에 앉았고, 어떤 이들은 세존과 정중하게 인사를 하고 공손한 인사말을 나눈 후에 한쪽에 앉았고, 어떤 이들은 세존에게 합장한 후에 한쪽에 앉았고, 어떤 이들은 세존에게 면전에서 이름을 밝힌 후에 한쪽에 앉았고, 어떤 이들은 말없이 조용히 한쪽에 앉았습니다.

한쪽에 앉은 께사뿟따의 깔라마족 사람들이 세존께 말씀드렸습니다.

2. "세존이시여, 어떤 사문과 바라문들이 께사뿟따에 왔었습니다. 그들은 자신의 교리를 설명하고 보여 주면서 다른 이론을 비난하고 경멸하고 무시했습니다. 세존이시여, 또 다른 사문과 바라문들이 께사뿟따에 왔었습니다. 그들도 자신의 교리를 설명하고 보여 주면서 다른 이론을 비난하고 경멸하고 무시했습니다. 세존이시여, 우리는 이 사문 존자들 가운데 누가 진실하고 누가 거짓된지, 그들에게 확신이 없으며 그들에게 의구심이 있습니다."

3. "깔라마족 사람들이여, 그대들이 확신이 없고 의구심이 있는 것은 당연한 일이오. 실로 확신이 없을 경우에 의구심이 생긴다오. 깔라마족 사람들이여, 이제 그대들은 전통(傳統)에 의지하지 말고, 전승(傳承)에 의지하지 말고, 뜬소문에 의지하지 말고, 경전의 권위에 의지하지 말고, 논리에 의지하지 말고, 추론(推論)에 의지하지 말고, 논리적인 추론에 의지하지 말고, 이론의 이해와 승인(承認)에[diṭṭhinijjhānakhantiya] 의지하지 말고, 그럴듯한 것에[bhavyarūpatāya] 의지하지 말고, '이 사문(沙門)은 우리의 스승이다'라고[samaṇo no garū ti] 의지하지 마시오! 깔라마족 사람들이여, 그대들이 '이들 법(法)은 좋지 않다. 이들 법은 결함이 있다. 이들 법은 현자(賢者)들이 꾸짖는 것이다. 이들 법은 실행하고 시도하면 해롭고 괴롭게 된다'라고 스스로 알게 되었을 때, 깔라마족 사람들이여, 이제 그대들은 그것을 버리도록 하시오!

4. 깔라마족 사람들이여, 어떻게 생각하나

요? 사람의 마음속에서 일어난 탐욕은 이익을 가져올까요, 손해를 가져올까요?"

"세존이시여, 손해를 가져옵니다."

"깔라마족 사람들이여, 탐욕에 정복되고 사로잡힌 마음을 가진 탐욕스러운 사람이 살아 있는 것을 죽이고, 주지 않은 것을 취하고, 남의 부인에게 접근하고, 거짓말을 하고, 남에게 이런 일을 권유하면, 그는 오랜 세월 손해가 있고 괴로움이 있지 않을까요?"

"세존이시여, 그렇습니다."

5. "깔라마족 사람들이여, 어떻게 생각하나요? 사람의 마음속에서 일어난 악의(惡意)는 이익을 가져올까요, 손해를 가져올까요?"

"세존이시여, 손해를 가져옵니다."

"깔라마족 사람들이여, 악의에 정복되고 사로잡힌 마음을 가진 악의를 지닌 사람이 살아 있는 것을 죽이고, 주지 않은 것을 취하고, 남의 부인에게 접근하고, 거짓말을 하고, 남에게 이런 일을 권유하면, 그는 오랜 세월 손해가 있고 괴로움이 있지 않을까요?"

"세존이시여, 그렇습니다."

6. "깔라마족 사람들이여, 어떻게 생각하나요? 사람의 마음속에서 일어난 어리석음은 이익을 가져올까요, 손해를 가져올까요?"

"세존이시여, 손해를 가져옵니다."

"깔라마족 사람들이여, 어리석음에 정복되고 사로잡힌 마음을 가진 어리석은 사람이 살아 있는 것을 죽이고, 주지 않은 것을 취하고, 남의 부인에게 접근하고, 거짓말을 하고, 남에게 이런 일을 권유하면, 그는 오랜 세월 손해가 있고 괴로움이 있지 않을까요?"

"세존이시여, 그렇습니다."

7. "깔라마족 사람들이여, 어떻게 생각하나요? 이들 법은 좋습니까, 좋지 않습니까?"

"세존이시여, 좋지 않습니다."

"결함이 있습니까, 결함이 없습니까?"

"세존이시여, 결함이 있습니다."

"현자들이 꾸짖는 것입니까, 현자들이 칭찬하는 것입니까?"

"세존이시여, 현자들이 꾸짖는 것입니다."

"실행하고 시도하면 해롭고 괴롭게 되지 않을까요?"

"세존이시여, 실행하고 시도하면 해롭고 괴롭게 될 것입니다."

8. "깔라마족 사람들이여, 그래서 우리는 '이제 그대들은 전통이나 전승과 같은 다른 것에 의지하지 말고, 그대들이 '이들 법은 좋지 않다. 이들 법은 결함이 있다. 이들 법은 현자들이 꾸짖는 것이다. 이들 법은 실행하고 시도하면 해롭고 괴롭게 된다'라고 스스로 알게 되었을 때, 그것을 버리도록 하시오'라고 말했던 것이오.

9. 깔라마족 사람들이여, 이제 그대들은 전통이나 전승과 같은 다른 것에 의지하지 말고, 그대들이 '이들 법은 좋다. 이들 법은 결함이 없다. 이들 법은 현자들이 칭찬하는 것이다. 이들 법은 실행하고 시도하면 이롭고 즐겁게 된다'라고 스스로 알게 되었을 때, 깔라마족 사람들이여, 이제 그대들은 그것을 성취하여 살아가도록 하시오!

10. 깔라마족 사람들이여, 어떻게 생각하나요? 사람의 마음속에서 일어난 탐욕이 없으면 이익이 생길까요, 손해가 생길까요?"

"세존이시여, 이익이 생깁니다."

"깔라마족 사람들이여, 탐욕에 정복되지 않고 사로잡히지 않는 마음을 가진 탐욕 없는 사람이 살아 있는 것을 죽이지 않고, 주지 않은 것을 취하지 않고, 남의 부인에게 접근하지 않고, 거짓말을 하지 않고, 남에게 이런 일을 권유하지 않으면, 그는 오랜 세월 이익이 있고 즐거움이 있지 않을까요?"

"세존이시여, 그렇습니다."

11. "깔라마족 사람들이여, 어떻게 생각하나요? 사람의 마음속에서 일어난 악의가 없으면 이익이 생길까요, 손해가 생길까요?"

"세존이시여, 이익이 생깁니다."

"깔라마족 사람들이여, 악의에 정복되지 않고 사로잡히지 않는 마음을 가진 악의가 없는 사람이 살아 있는 것을 죽이지 않고, 주지 않은 것을 취하지 않고, 남의 부인에게 접근하지 않고, 거짓말을 하지 않고, 남에게 이런 일을 권유하지 않으면, 그는 오랜 세월 이익이 있고 즐거움이 있지 않을까요?"

"세존이시여, 그렇습니다."

12. "깔라마족 사람들이여, 어떻게 생각하나요? 사람의 마음속에서 일어난 어리석음이 없으면 이익이 생길까요, 손해가 생길까요?"

"세존이시여, 이익이 생깁니다."

"깔라마족 사람들이여, 어리석음에 정복되지 않고 사로잡히지 않는 마음을 가진 어리석지 않은 사람이 살아 있는 것을 죽이지 않고, 주지 않은 것을 취하지 않고, 남의 부인에게 접근하지 않고, 거짓말을 하지 않고, 남에게 이런 일을 권유하지 않으면, 그는 오랜 세월 이익이 있고 즐거움이 있지 않을까요?"

"세존이시여, 그렇습니다."

13. "깔라마족 사람들이여, 어떻게 생각하나요? 이들 법은 좋습니까, 좋지 않습니까?"

"세존이시여, 좋습니다."

"결함이 있습니까, 결함이 없습니까?"

"세존이시여, 결함이 없습니다."

"현자들이 꾸짖는 것입니까, 현자들이 칭찬하는 것입니까?"

"세존이시여, 현자들이 칭찬하는 것입니다."

"실행하고 시도하면 이롭고 즐겁게 되지 않을까요?"

"세존이시여, 실행하고 시도하면 이롭고 즐겁게 될 것입니다."

14. "깔라마족 사람들이여, 그래서 우리는 '이제 그대들은 전통이나 전승과 같은 다른 것에 의지하지 말고, 그대들이 '이들 법은 좋다. 이들 법은 결함이 없다. 이들 법은 현자들이 칭찬하는 것이다. 이들 법은 실행하고 시도하면 이롭고 즐겁게 된다'라고 스스로 알게 되었을 때, 그것을 성취하여 살아가도록 하시오'라고 말했던 것이오.

15. 깔라마족 사람들이여, 이렇게 탐욕을 멀리하고, 악의를 멀리하고, 어리석지 않고, 알아차리고, 주의집중하는 거룩한 제자는 자애로운[慈] 마음으로, 연민[悲]의 마음으로, 기쁜[喜] 마음으로, 평정한[捨] 마음으로 첫째 방향을 가득 채우고 살아가며, 그와 같이 둘째 방향·셋째 방향·넷째 방향을 가득 채우고 살아간다오. 이렇게 위로, 아래로, 사방으로, 모든 곳에 빠짐없이 온 세상을 풍부하고 광대하고 무량하게, 원한 없고 폭력 없는 자애로운 마음·연민의 마음·기쁜 마음·평정한 마음으로 가득 채우고 살아간다오. 깔라마족 사람들이여, 이와 같이 원한 없는 마음, 이와 같이 평화로운 마음, 이와 같이 물들지 않은 마음, 이와 같이 청정한 마음의 거룩한 제자는 지금 여기에서 네 가지 마음의 평온을 얻는다오.

16. 그는 '만약에 다음 세상이 있고, 선업(善業)과 악업(惡業)의 과보(果報)가 있다면, 나는 몸이 무너져 죽은 후에 행복한 천상 세계에 태어날 것이다'라고 생각한다오. 이것이 첫 번째로 얻는 마음의 평온이라오.

그는 '만약에 다음 세상이 없고, 선업과 악업의 과보가 없다면, 이제 나는 지금 여기에서 원한 없이 평화롭게, 근심 없이 행복하게 나 자신을 돌보겠다'라고 생각한다오. 이것이 두 번째로 얻는 마음의 평온이라오.

그는 '만약에 행한 것이 악행이 된다면, 나는 누구에게도 사악한 일을 할 생각을 하지 않는다. 그런데 의도하지 않은 악업이[647] 어떻게 나를 괴롭히겠는가?'라고 생각한다오. 이것이 세 번째로 얻는 마음의 평온이라오.

그는 '만약에 행한 것이 악행이 되지 않으면, 나는 나 자신을 양면(兩面)으로 청정하다[ubhayen' eva visuddhaṃ]고[648] 여길 것이다'라고 생각한다오. 이것이 네 번째로 얻는 마음의 평온이라오.

깔라마족 사람들이여, 원한 없는 마음·평화로운 마음·물들지 않은 마음·청정한 마음으로 살아가는 거룩한 제자는 이렇게 지금 여기에서 네 가지 마음의 평온을 얻는다오."

17. "그렇군요, 세존이시여! 그렇군요, 선서(善逝)시여! … 원한없는 마음, 평화로운 마음, 물들지 않은 마음, 청정한 마음으로 살아가는 거룩한 제자는 지금 여기에서 네 가지 마음의 평온을 얻는군요.

훌륭합니다, 세존이시여! … 이제 저희는 세존께 귀의합니다. 가르침과 비구상가에 귀의합니다. 세존께서는 저희를 청신사(清信士)로 받아 주소서. 오늘부터 살아 있는 날까지 귀의하겠습니다."

A.3.21. 대화의 주제[Kathāvatthu] 〈A.3.67.〉

1. "비구들이여, 대화의 주제는 세 가지라오. 그 셋은 어떤 것인가? 비구들이여, '과거의 시기에 이러했다'라고 과거의 시기를 대상으로 대화하거나, '미래의 시기에 이럴 것이다'라고 미래의 시기를 대상으로 대화하거나, '지금 현재의 시기에 이렇다'라고 현재의 시기를 대상으로 대화해야 한다오.[649]

2. 비구들이여, 대화를 통해서 토론에 적합한 사람인지 아닌지를 알아야 한다오.

만약에 질문받은 사람이 단언적(斷言的)으로 답변해야 할 질문에 단언적으로 답변하지 않고,[650] 자세하게 분별하여 답변해야 할 질문에 자세하게 분별하여 답변하지 않고,[651] 반문(反問)해야 할 질문에 반문하

---

647 붓다는 업(業)을 '고의(故意)로 한 행위'로 규정한다.

648 양면으로 청정하다는 것은 의도한 업과 의도하지 않은 업이 모두 청정하다는 의미이다.

649 모든 대화는 과거, 현재, 미래의 시제(時制)가 명확해야 한다는 의미이다.

650 단언적으로 답변해야 할 질문은 어떤 모순된 명제에 대하여 어느 하나를 선택해야 하는 질문을 의미한다. 예를 들면 '신은 존재하는가, 존재하지 않는가?'라는 질문에 대한 답은 '존재한다'라고 단언하거나, '존재하지 않는다'라고 단언하는 것 이외에 어떤 조건도 필요하지 않은 질문이다.

651 예를 들면, 서울에 대한 질문에는 서울의 위치와 지형을 다른 지역과 분별하여 자세하게 설명해야 한다.

지 않고, 버려둬야 할 질문을 버려두지 않으면,[652] 이런 사람은 토론에 적합하지 않은 사람이라오. 비구들이여, 만약에 질문받은 사람이 단언적으로 답변해야 할 질문에 단언적으로 답변하고, 자세하게 분별하여 답변해야 할 질문에 자세하게 분별하여 답변하고, 반문해야 할 질문에 반문하고, 버려둬야 할 질문을 버려두면, 이런 사람은 토론에 적합한 사람이라오.

3. 만약에 질문받은 사람이 시비(是非) 판단 을 지키지 않고[ṭhānāṭṭhāne na saṇṭhāti],[653] 전제(前提)를 지키지 않고[parikappe na saṇṭhāti],[654] 공리(公理)를 지키지 않고[aññavāde na saṇṭhāti],[655] 논증법(論證法)을 지키지 않으면[paṭipadāya na saṇṭhāti],[656] 이런 사람은 토론에 적합하지 않은 사람이라오. 비구들이여, 만약에 질문받은 사람이 시비 판단을 지키고, 전제를 지키고, 공리를 지키고, 논증법을 지키면, 이런 사람은 토론에 적합한 사람이라오.

4. 만약에 질문받은 사람이 엉뚱한 말로 답변을 피하고, 화제(話題)를 밖으로 돌리고, 화를 내고 성을 내면서 불만을 드러내면, 이런 사람은 토론에 적합하지 않은 사람이라오. 만약에 질문받은 사람이 엉뚱한 말로 답변을 피하지 않고, 주제 밖으로 대화를 돌리지 않고, 화를 내지 않고 성을 내지 않으면서 불만을 드러내지 않으면, 이런 사람은 토론에 적합한 사람이라오.

5. 만약에 질문받은 사람이 욕하고 윽박지르고 조롱하고 말실수를 붙잡고 늘어지면, 이런 사람은 토론에 적합하지 않은 사람이라오. 만약에 질문받은 사람이 욕하지 않고 윽박지르지 않고 조롱하지 않고 말실수를 붙잡고 늘어지지 않으면, 이런 사람은 토론에 적합한 사람이라오.

6. 비구들이여, 대화를 통해서 믿음이 있는 사람인지 없는 사람인지를 알아야 한다오. 비구들이여, 귀를 기울이지 않는 사람은 믿음이 없는 사람이고, 귀를 기울이는 사람은 믿음이 있는 사람이라오. 믿음이 있는 사람은 한 법을[ekaṃ dhammaṃ] 체험적으로 알고, 한 법을 이해하고, 한 법을 버리고, 한 법을 증득한다오. 그는 한 법을 체험적으로 알고, 한 법을 이해하고, 한 법을 버리고, 한 법을 증득함으로써 바른 해탈을 성취한다오.

비구들이여, 집착이 없는 마음의 해탈, 이것이 대화의 목적이고, 이것이 충고의 목

---

652 붓다가 대답하지 않은 질문, 즉 '세계는 영원한가, 영원하지 않은가?', '여래는 사후에 존재하는가, 존재하지 않는가?' 등과 같이 답이 없거나 무의미한 질문을 의미한다.

653 문자 그대로는 '시처(是處) 비처(非處)를 지키지 않는다'이다. 여기에서는 토론할 때 자신이 옳다고 긍정하거나 틀리다고 부정한 내용을 뒤에 가서 바꾸는 것을 의미한다.

654 자신이 내세운 전제를 바꾸는 것을 의미한다. 예를 들어 '모든 사람은 선하다'라는 전제를 가지고 논증하다가 '악한 사람도 있다'라고 말을 바꾸는 것을 말한다.

655 'aññavāda'는 '다른 이론'이라는 뜻인데, 여기에서는 다른 사람들이 지키는 공인된 이론, 즉 논리학에서 증명이 필요 없는 공리(公理)를 의미한다. 공리를 지키지 않는다는 것은 증명이 필요 없는 공리를 인정하지 않고 증명하라고 시비를 거는 것을 의미한다.

656 'paṭipadā'는 논리학에서 어떤 주장의 진실성을 논증하는 방법을 의미한다. 인도에서는 오지작법(五支作法)이라는 5단논법(五段論法)을 사용했다.

적이고, 이것이 믿음의 목적이고, 이것이 경청(傾聽)의 목적이라오."

A.3.22. 존재(有, Bhava) ① 〈A.3.76.〉

1. 아난다 존자가 세존을 찾아와서 예배하고 한쪽에 앉아 세존께 말씀드렸습니다.

"세존이시여, '존재[有]'라고들 말합니다. 세존이시여, 존재란 어떤 것입니까?"

"아난다여, 욕계(欲界)를 낳는[kāmadhatu-vepakka] 업(業)이 없다면, 욕유(欲有)가 언명되겠는가?"

"그렇지 않습니다, 세존이시여!"

"아난다여, 이와 같이 업은 밭이고, 분별의식[識]은 종자(種子)이고, 갈애[愛]는 물이다. 무명에 뒤덮이고 갈애에 묶인 중생들의 분별의식이 하열한 계[下界]에 머물면, 이와 같이 미래에 이후의 존재[後有]의 생성[punabhavābhinibbatti]이 있다. 아난다여, 존재란 이런 것이다.

2. 아난다여, 색계(色界)를 낳는 업이 없다면, 색유(色有)가 언명되겠는가?"

"그렇지 않습니다, 세존이시여!"

"아난다여, 이렇게 업은 밭이고, 분별의식은 종자이고, 갈애는 물이다. 무명에 뒤덮이고 갈애에 묶인 중생들의 분별의식이 중간의 계[中界]에 머물면, 이와 같이 미래에 이후의 존재의 생성이 있다. 아난다여, 존재란 이런 것이다.

3. 아난다여, 무색계(無色界)를 낳는 업이 없다면, 무색유(無色有)가 언명되겠는가?"

"그렇지 않습니다, 세존이시여!"

"아난다여, 이렇게 업은 밭이고, 분별의식은 종자이고, 갈애는 물이다. 무명에 뒤덮이고 갈애에 묶인 중생들의 분별의식이 수승한 계[上界]에 머물면, 이와 같이 미래에 이후의 존재의 생성이 있다. 아난다여, 존재란 이런 것이다."

A.3.23. 존재(有, Bhava) ② 〈A.3.77.〉

1. 아난다 존자가 세존을 찾아와서 예배하고 한쪽에 앉아 세존께 말씀드렸습니다.

"세존이시여, '존재[有]'라고들 말합니다. 세존이시여, 존재란 어떤 것입니까?"

"아난다여, 욕계(欲界)를 낳는 업(業)이 없다면, 욕유(欲有)가 언명되겠는가?"

"그렇지 않습니다, 세존이시여!"

"아난다여, 이렇게 업은 밭이고, 분별의식[識]은 종자(種子)이고, 갈애[愛]는 물이다. 무명(無明)에 뒤덮이고 갈애에 묶인 중생들의 의도(意圖, cetanā)가 하열한 계[下界]에 머물면, 이와 같이 미래에 이후의 존재[後有]의 생성이 있다. 아난다여, 존재란 이런 것이다.

2. 아난다여, 색계(色界)를 낳는 업이 없다면, 색유(色有)가 언명되겠는가?"

"그렇지 않습니다, 세존이시여!"

"아난다여, 이렇게 업은 밭이고, 분별의식은 종자이고, 갈애는 물이다. 무명에 뒤덮이고 갈애에 묶인 중생들의 의도가 중간의 계[中界]에 머물면, 이와 같이 미래에 이후의 존재의 생성이 있다. 아난다여, 존재란 이런 것이다.

3. 아난다여, 무색계(無色界)를 낳는 업이 없다면, 무색유(無色有)가 언명되겠는가?"

"그렇지 않습니다, 세존이시여!"

"아난다여, 이렇게 업은 밭이고, 분별의

식은 종자고, 갈애는 물이다. 무명에 뒤덮이고 갈애에 묶인 중생들의 의도가 수승한 계[上界]에 머물면, 이와 같이 미래에 이후의 존재의 생성이 있다. 아난다여, 존재란 이런 것이다."

A.3.24. 향기[Gandha] 〈A.3.79.〉

1. 아난다 존자가 세존을 찾아와서 예배하고 한쪽에 앉아 세존께 말씀드렸습니다.

"세존이시여, 뿌리의 향기·목재의 향기·꽃의 향기, 이들 세 가지 향기는 그 향기가 바람을 따라갈 뿐 바람을 거슬러 가지는 못합니다. 세존이시여, 그 향기가 바람을 따라가고, 바람을 거슬러 가고, 바람을 따라가면서 거슬러 가는 향기가 있을까요?"

"아난다여, 그 향기가 바람을 따라가고, 바람을 거슬러 가고, 바람을 따라가고 거슬러 가는 향기가 있다."

2. "세존이시여, 그와 같은 향기는 어떤 향기입니까?"

"아난다여, 마을이나 촌락에서 여자나 남자가 붓다에게 귀의하고, 가르침에 귀의하고, 상가에 귀의하고, 살생을 하지 않고, 주지 않은 것을 취하지 않고, 삿된 음행을 하지 않고, 거짓말을 하지 않고, 방일의 원인이 되는 곡주나 과일주 같은 취기 있는 음료를 마시지 않고, 계행(戒行)을 지키고, 행실이 훌륭하고, 인색(吝嗇)하지 않은 청정한 마음으로 속가(俗家)에 살면서 아낌없이 주고, 대가 없이 주고, 남 주기 좋아하고, 요구하는 대로 주고, 베풀고 나누기 좋아하면, 여러 지방에서 사문이나 바라문들이 그 사람의 이러한 행실을 찬탄한다. 그뿐만 아니라 천신(天神)들과 귀신(鬼神, amanussa)[657]들도 그 사람의 행실을 찬탄한다. 아난다여, 이것이 그 향기가 바람을 따라가고, 바람을 거슬러 가고, 바람을 따라가고 거슬러 가는 향기다."

3.

전단향(栴檀香)도, 따가라(taggara)나 말리까 꽃도
그 향기 바람을 거슬러 가지 못하지만
착한 사람의 향기는 바람을 거슬러 간다.
참사람의 향기는 온 세상에 퍼진다.

A.3.25. 공부[Sikkhā] 〈A.3.88.~A.3.89.〉

1. "비구들이여, 공부는 세 가지라오. 그 셋은 어떤 것인가? 그것은 계행을 향상하는 공부[增上戒學], 마음을 향상하는 공부[增上心學], 통찰지[般若]를 향상하는 공부[增上慧學]라오.

2. 비구들이여, 계행을 향상하는 공부란 어떤 것인가? 비구들이여, 비구는 계율을 지킨다오. 그는 별해탈율의(別解脫律儀, pātimokkha-saṃvara)[658]를 수호하며 살아가고, 행동규범[ācāra-gocara行境]을 갖추어 하찮은 죄에서도 두려움을 보고, 학계(學戒, sikkhapada)를 수지(受持)하여 공부한다오. 비구들이여, 이

---

657 '비인(非人)'으로 한역된 'amanussa'는 우리말의 귀신과 같이 사람은 아니면서 사람과 비슷한 일을 하는 존재이기 때문에 '귀신'으로 번역함.

658 3종 율의 가운데 하나. 5계, 10계, 구족계 등을 받아 신업과 구업으로 지은 악업에서 해탈하는 계법.

것을 계행을 향상하는 공부라고 한다오.

3. 비구들이여, 마음을 향상하는 공부란 어떤 것인가? 비구들이여, 비구는 감각적 욕망을 멀리하고 불선법(不善法)을 멀리함으로써 사유[尋]가 있고 숙고[伺]가 있는, 멀리함에서 생긴 희열과 행복이 있는 초선(初禪)을 성취하여 살아가고, 다음으로 비구는 사유와 숙고를 억제하여 내적으로 조용해진, 마음이 집중된, 사유와 숙고가 없는, 삼매에서 생긴 희열과 행복이 있는 제2선(第二禪)을 성취하여 살아가고, 다음으로 비구는 희열과 이욕(離欲)으로부터 초연하여 평정한 주의집중과 알아차림을 하며 몸으로 행복을 느끼는, 성자(聖者)들이 '평정한[upekhaka, 捨][659] 주의집중을 하는 행복한 상태'라고 이야기한 제3선(第三禪)을 성취하여 살아가고, 다음으로 비구는 행복감을 포기하고 괴로움을 버림으로써 이전의 만족과 불만이 소멸하여 괴롭지도 않고 즐겁지도 않은, 평정한 주의집중이 청정한 제4선(第四禪)을 성취하여 살아간다오. 이것을 마음을 향상하는 공부라고 한다오.

4. 비구들이여, 통찰지를 향상하는 공부란 어떤 것인가? 비구들이여, 비구는 '이것은 괴로움이다'라고 있는 그대로 통찰하고, '이것은 괴로움을 쌓임이다'라고 있는 그대로 통찰하고, '이것은 괴로움의 소멸이다'라고 있는 그대로 통찰하고, '이것은 괴로움의 소멸에 이르는 길이다'라고 있는 그대로 통찰한다오. 비구는 번뇌[漏]를 소멸하고 무루(無漏)의 심해탈(心解脫)과 혜해탈(慧解脫)을 지금 여기에서 스스로 체험지(體驗智)로써 증득하고 성취하여 살아간다오. 비구들이여, 이것을 통찰지를 향상하는 공부라고 한다오.

비구들이여, 이것이 세 가지 공부라오."

5.

선정에 들어 주의집중하여 6근(六根)을 수호하면서
용맹스럽게 정진하는 수행자가
계행의 향상[增上戒], 마음의 향상[增上心]
통찰지의 향상[增上慧]을 닦아 가면서
이전처럼 이후에도, 이후처럼 이전에도
아래처럼 위도, 위처럼 아래도
낮처럼 밤에도, 밤처럼 낮에도
무량한 삼매(三昧)로 사방을 제압하면
그것을 학계 또는 청정한 수행이라고 한다.
분별의식[識]이 소멸함으로써 갈애가 파괴되어 해탈한 사람,
불길이 꺼져서 마음이 해탈한 사람,
그를 세간에서 바르게 깨달은 분[正覺], 현자(賢者), 목적지에 간 사람이라고 말한다.

A.3.26. 소금 덩어리[Loṇaphala] 〈A.3.99.〉

1. "비구들이여, '사람이 어떤 업을 지으면 지은 그대로 받게 된다'라고 말한다면, 비구들이여, 그렇다면 청정한 수행을 하는 삶도 없고, 바르게 괴로움을 종식할 기회도 시설(施設)되지 않는다오. 비구들이여, '사람이 업을 지어서 받게 되는 것은 지은 업이 조건에 의

659 고락(苦樂)의 감정에서 벗어난, 평정한 불고불락(不苦不樂)의 감정을 의미한다.

해 달리 성숙한 과보[vipākaṃ, 異熟]이다'[660] 라고 말한다면, 비구들이여, 그러면 청정한 수행을 하는 삶도 있고, 바르게 괴로움을 종식할 기회도 시설된다오.

비구들이여, 어떤 사람은 사소한 악업을 지어도 지옥에 떨어진다오. 그렇지만 어떤 사람은 그와 같은 사소한 악업을 지어도 지금 여기에서 받으면서, 실로 많기는 고사하고 아주 조금도 받지 않는 것처럼 보인다오.

2. 비구들이여 사소한 악업을 지어도 지옥에 떨어지는 사람은 어떤 사람인가? 비구들이여, 어떤 사람은 몸을 닦지 않고, 계행을 닦지 않고, 마음을 닦지 않고, 통찰지[般若]를 닦지 않고, 옹졸하고 소심하고 초라하고 비참하게 살아간다오. 비구들이여, 이런 사람은 사소한 악업을 지어도 지옥에 떨어진다오.

비구들이여, 그와 같은 사소한 악업을 지어도 지금 여기에서 받으면서, 실로 많기는 고사하고 아주 조금도 받지 않는 것처럼 보이는 사람은 어떤 사람인가? 비구들이여, 어떤 사람은 몸을 닦고, 계행을 닦고, 마음을 닦고, 통찰지를 닦고, 너그럽고 대범하고 거침없이 살아간다오. 비구들이여, 이런 사람은 그와 같은 사소한 악업을 지어도 지금 여기에서 받으면서, 실로 많기는 고사하고 아주 조금도 받지 않는 것처럼 보인다오.

3. 비구들이여, 비유하면 어떤 사람이 소금덩어리를 작은 물그릇에 넣는 것과 같다오. 비구들이여, 어떻게 생각하는가? 그 작은 물그릇의 물은 소금 덩어리 때문에 짜서 마실 수 없지 않겠는가?"

"그렇습니다, 세존이시여!"

"그 원인은 무엇인가?"

"세존이시여, 그것은 물그릇의 물이 적기 때문입니다. 그 소금 덩어리 때문에 물이 짜져서 마실 수가 없게 된 것입니다."

"비구들이여, 비유하면 어떤 사람이 소금 덩어리를 많은 물이 흐르는 갠지스강에 넣는 것과 같다오. 비구들이여, 어떻게 생각하는가? 많은 물이 흐르는 갠지스강의 물이 그 작은 소금 덩어리 때문에 짜서 마실 수 없겠는가?"

"그렇지 않습니다. 세존이시여!"

"그 원인은 무엇인가?"

"세존이시여, 그것은 갠지스강의 물이 많기 때문입니다. 그 소금 덩어리 때문에 갠지스강의 물이 마실 수 없이 짜게 되지는 않습니다."

"비구들이여, 바로 이와 같이 어떤 사람은 사소한 악업을 지어도 지옥에 떨어지지만, 어떤 사람은 그와 같은 사소한 악업을 지어도 지금 여기에서 받으면서, 실로 (그 과보가) 많기는 고사하고 아주 조금도 받지 않는 것처럼 보인다오.

4. 비구들이여, 어떤 사람은 반 까하빠나(kahāpana)[661] 때문에 감옥에 들어가기도 하고, 1까하빠나 때문에 감옥에 들어가기도 하고, 100까하빠나 때문에 감옥에 들어가기도 한다오. 그렇지만 어떤 사람은 반 까하빠나나 1까하빠나나 100까하빠나 때문에 감옥

---

660 여기에서 '지은 업이 조건에 의해 달리 성숙한 과보[異熟]'로 번역한 'vipākaṃ'은 같은 업이라도 조건에 의해서 달리 변화한 결과를 의미한다. 불교에서 이야기하는 업의 과보는 이러한 이숙(異熟)이다.

661 화폐의 단위.

에 들어가지 않는다오.

5. 비구들이여, 반 까하빠나 때문에 감옥에 들어가기도 하고, 1까하빠나 때문에 감옥에 들어가기도 하고, 100까하빠나 때문에 감옥에 들어가기도 하는 사람은 어떤 사람인가? 비구들이여, 어떤 사람은 가진 것도 없고 재산도 없이 가난하다오. 비구들이여, 이런 사람은 반 까하빠나 때문에 감옥에 들어가기도 하고, 1까하빠나 때문에 감옥에 들어가기도 하고, 100까하빠나 때문에 감옥에 들어가기도 한다오.

6. 비구들이여, 반 까하빠나나 1까하빠나나 100까하빠나 때문에 감옥에 들어가지는 않는 사람은 어떤 사람인가? 비구들이여, 어떤 사람은 재물도 많고 재산도 많은 부자라오. 비구들이여, 이런 사람은 반 까하빠나나 1까하빠나나 100까하빠나 때문에 감옥에 들어가지 않는다오.

7. 비구들이여, 예를 들어 어떤 사람이 양을 훔치면 양을 잡는 백정이나 푸줏간 주인은 거리낌 없이 그를 죽이거나 결박하거나 태우거나 할 수 있지만, 어떤 사람이 양을 훔치면 양을 잡는 백정이나 푸줏간 주인은 거리낌 없이 그를 죽이거나 결박하거나 태우거나 할 수 없다오.

비구들이여, 양을 훔치면 양을 잡는 백정이나 푸줏간 주인이 거리낌 없이 죽이거나 결박하거나 태우거나 할 수 있는 사람은 어떤 사람인가? 비구들이여, 어떤 사람은 가진 것도 없고 재산도 없이 가난하다오. 비구들이여, 이런 사람이 양을 훔치면 양을 잡는 백정이나 푸줏간 주인은 거리낌 없이 죽이거나 결박하거나 태우거나 할 수 있다오.

비구들이여, 양을 훔치면 양을 잡는 백정이나 푸줏간 주인이 거리낌 없이 죽이거나 결박하거나 태우거나 할 수 없는 사람은 어떤 사람인가? 비구들이여, 어떤 사람은 재물도 많고 재산도 많은 부자라오. 비구들이여, 이런 사람이 양을 훔치면 양을 잡는 백정이나 푸줏간 주인은 거리낌 없이 죽이거나 결박하거나 태우거나 할 수 없다오.

8. 비구들이여, 이와 같이 어떤 사람은 사소한 악업을 지어도 지옥에 떨어진다오. 그렇지만 어떤 사람은 그와 같은 사소한 악업을 지어도 지금 여기에서 받으면서, 실로 많기는 고사하고 아주 조금도 받지 않는 것처럼 보인다오.

비구들이여, '사람이 어떤 업을 지으면 지은 그대로 받게 된다'라고 말한다면, 비구들이여, 그렇다면 청정한 수행을 하는 삶도 없고, 바르게 괴로움을 종식할 기회도 시설되지 않는다오. 비구들이여, '사람이 업을 지어서 받게 되는 것은 지은 업이 조건에 의해 달리 성숙한 과보이다'라고 말한다면, 비구들이여, 그러면 청정한 수행을 하는 삶도 있고, 바르게 괴로움을 종식할 기회도 시설된다오."

A.3.27. 금세공사[Paṭhamasuvaṇṇakāra] 〈A.3.100.〉

1. "비구들이여, 황금에는 흙·모래·자갈·돌 같은 거친 불순물들이 있다오. 금세공사나 금세공사의 제자는 그것을 나무통에 넣어 물로 씻어 내고 흔들어 내고 털어 낸다오. 그렇게 제거하고 분리해 내면, 황금에는 작은 자갈이나 굵은 모래 같은 중간단계의 불순물들이 남는다오.

금세공사나 금세공사의 제자는 그것을 물로 씻어 내고 흔들어 내고 털어 낸다오. 그렇게 제거하고 분리해 내면, 황금에는 작은 모래나 검은 티 같은 미세한 불순물들이 남는다오.

금세공사나 금세공사의 제자는 그것을 물로 씻어 내고 흔들어 내고 털어 낸다오. 그렇게 제거하고 분리해 내면, 이제 사금(砂金)이 남게 된다오.

2. 금세공사나 금세공사의 제자는 그 황금을 용광로에 넣은 후에 불을 지피고 불이 꺼지지 않게 풀무질을 한다오. 불을 지피고 불이 꺼지지 않게 풀무질을 해도 그 황금은 불순물이 제거되어 없어지지 않고, 유연하지 않고, 다루기에 적절치 않고, 빛도 나지 않고, 잘 부서져서 제대로 세공할 수 없다오.

비구들이여, 그때 금세공사나 금세공사의 제자는 그 황금에 불을 지피고 불이 꺼지지 않게 풀무질을 한다오. 불을 지피고 불이 꺼지지 않게 풀무질을 하면 그 황금은 불순물이 제거되어 없어지고, 유연하고, 다루기에 적절하고, 빛이 나고, 잘 부서지지 않아서 제대로 세공할 수 있게 된다오. 그러면 그는 허리띠든 귀걸이든 목걸이든 황금 화환이든, 그가 원하는 종류의 장신구를 만들어 목적을 달성한다오.

3. 비구들이여, 이와 마찬가지로 마음의 향상[增上心]을 수행하는 비구의 거친 불순물은 몸으로 하는 악행, 말로 하는 악행, 마음으로 하는 악행이라오. 품성이 훌륭한 사려 깊은 비구는 그것을 버리고 제거하고 그쳐서 없앤다오.

그렇게 버리고, 그렇게 제거하면, 마음의 향상을 수행하는 비구에게 중간단계의 불순물인 감각적 욕망을 가지려는 의향(意向, kāmavitakko), 악의를 품으려는 의향[vyāpādavitakko], 폭력을 행하려는 의향[vihiṃsāvitakko]이 남는다오. 품성이 훌륭한 사려 깊은 비구는 그것을 버리고 제거하고 그쳐서 없앤다오.

그렇게 버리고, 그렇게 제거하면, 마음의 향상을 수행하는 비구에게 미세한 불순물인 다시 태어나고 싶은 의향[jātivitakko], 좋은 국토에 태어나고 싶은 의향[janapada-vitakko], 좋은 가문에 태어나고 싶은 의향[anavaññatti-paṭisaṃyuttavitako]이 남는다오. 품성이 훌륭한 사려 깊은 비구는 그것을 버리고 제거하고 그쳐서 없앤다오.

그렇게 버리고, 그렇게 제거하면, 이제 법(法)에 대한 의향들[dhammavitakā]이 남게 된다오.

4. 그렇지만 그 삼매(三昧)는 고요하지 않고 수승하지 않고 평온(平穩)에 이르지 못하고 하나로 집중되지 않는 것으로서, 힘들게 억누르고 지켜서 얻어진[sasaṅkhāra-niggayha-vārita-vato] 것이라오.

비구들이여, 그때 비구는 그 마음을 안에 단단히 붙잡아 두고, 하나로 모아서 삼매에 든다오. 그 삼매는 고요하고 수승하고 평온에 이르고 하나로 집중된 것으로서, 힘들게 억누르고 지켜서 얻어진 것이 아니라오.

그가 그 마음을 체험지(體驗智)로 증득(證得)해야 할 법에 마음을 기울이면, 체험지로 증득하는 이런저런 신통(神通)들을 직접 보이게 된다오.

5.-10. 그는 신족통(神足通)을 원하면 신족통을 보이고, 천이통(天耳通)을 원하면 천이통을 보이고, 타심통(他心通)을 원하면 타심

통을 보이고, 숙명통을 원하면 숙명통을 보이고, 천안통을 원하면 천안통을 보이고, 누진통(漏盡通)을 원하면 누진통을 보인다오.

11. 비구들이여, 마음의 향상을 수행하는 비구는 수시로 세 가지 상태에 마음을 써야 한다오. 수시로 삼매의 상태[samādhinimitta]에 마음을 써야 하고, 수시로 정근(精勤)의 상태[paggāhanimitta]에 마음을 써야 하고, 수시로 평정(平靜)의 상태[upekhānimitta]에 마음을 써야 한다오.

12. 비구들이여, 만약에 마음의 향상을 수행하는 비구가 오로지 삼매의 상태에 마음을 쓰면, 그럴 경우 그 마음은 게을러진다오. 만약에 마음의 향상을 수행하는 비구가 오로지 정근의 상태에 마음을 쓰면, 그럴 경우 그 마음은 들뜨게 된다오. 만약에 마음의 향상을 수행하는 비구가 오로지 평정의 상태에 마음을 쓰면, 그럴 경우 그 마음은 번뇌를 소멸하기 위한 바른 삼매에 들지 못한다오.

비구들이여, 그러므로 마음의 향상을 수행하는 비구는 수시로 삼매의 상태에 마음을 쓰고, 수시로 정근의 상태에 마음을 쓰고, 수시로 평정의 상태에 마음을 씀으로써 그 마음이 유연하고, 다루기에 적절하고, 빛이 나고, 쉽게 파괴되지 않고, 번뇌를 소멸하기 위한 바른 삼매에 들어가야 한다오.

13. 비구들이여, 비유하면 금세공사나 금세공사의 제자가 단열로(鍛熱爐)를 만들어서, 단열로 입구에 불을 붙인 후에 집게로 황금을 집어서 용광로 입구에 넣고, 수시로 풀무질을 하고 수시로 물을 뿌려 주고 수시로 살펴보는 것과 같다오. 만약에 금세공사나 금세공사의 제자가 그 황금에 오로지 풀무질만 하면, 그 황금은 타서 녹아 버릴 것이오. 만약에 금세공사나 금세공사의 제자가 그 황금에 오로지 물만 뿌려 주면, 그 황금은 식어서 굳어 버릴 것이오. 만약에 금세공사나 금세공사의 제자가 그 황금에 오로지 살펴보기만 하면, 그 황금은 제대로 정제(精製)되지 못할 것이오.

비구들이여, 금세공사나 금세공사의 제자는 단열로를 만들어서, 단열로 입구에 불을 붙인 후에 집게로 황금을 집어서 단열로 입구에 넣고, 수시로 풀무질을 하고 수시로 물을 뿌려 주고 수시로 살펴본다오. 그러면 그 황금은 유연하고, 다루기에 적절하고, 빛이 나고, 잘 부서지지 않아서 제대로 세공할 수 있게 된다오. 그때 그는 허리띠든 귀걸이든 목걸이든 황금 화환이든, 그가 원하는 종류의 장신구를 만들어 목적을 달성한다오.

14. 비구들이여, 이와 같이 마음의 향상을 수행하는 비구는 수시로 세 가지 상태에 마음을 써야 한다오. 수시로 삼매의 상태에 마음을 써야 하고, 수시로 정근의 상태에 마음을 써야 하고, 수시로 평정의 상태에 마음을 써야 한다오. …

비구들이여, 마음의 향상을 수행하는 비구가 수시로 삼매의 상태에 마음을 쓰고, 수시로 정근의 상태에 마음을 쓰고, 수시로 평정의 상태에 마음을 써서 그 마음이 유연하고, 다루기에 적절하고, 빛이 나고, 쉽게 파괴되지 않고, 번뇌를 소멸하기 위한 바른 삼매에 들어가면, 그는 체험지로 증득하는 이런저런 신통들을 직접 보이게 된다오.

15. 그는 신족통을 원하면 신족통을 보이고, 천이통을 원하면 천이통을 보이고, 타심통을 원하면 타심통을 보이고, 숙명통을 원하면 숙명통을 보이고, 천안통을 원하면 천안통을

보이고, 누진통을 원하면 누진통을 보인다오."

A.3.28. 지붕[Kūṭa] 〈A.3.105.〉

1. 아나타삔다까(Anāthapiṇḍaka) 장자가 세존을 찾아와서 세존께 예배하고 한쪽에 앉았습니다. 세존께서 한쪽에 앉은 아나타삔다까 장자에게 말씀하셨습니다.

2. "장자여, 마음을 지키지 않으면 몸으로 짓는 업[身業]도 지켜지지 않고, 말로 짓는 업[口業]도 지켜지지 않고, 마음으로 짓는 업[意業]도 지켜지지 않는다오. 몸으로 짓는 업이 지켜지지 않고, 말로 짓는 업이 지켜지지 않고, 마음으로 짓는 업이 지켜지지 않는 자로부터 몸으로 짓는 업이 흘러나오고, 말로 짓는 업이 흘러나오고, 마음으로 짓는 업이 흘러나온다오. 몸으로 짓는 업이 흘러나오고, 말로 짓는 업이 흘러나오고, 마음으로 짓는 업이 흘러나오는 자에게 몸으로 짓는 업의 악취(惡臭)가 나고, 말로 짓는 업의 악취가 나고, 마음으로 짓는 업의 악취가 난다오. 몸으로 짓는 업의 악취가 나고, 말로 짓는 업의 악취가 나고, 마음으로 짓는 업의 악취가 나는 자에게는 명예로운 죽음이 있을 수 없고, 명예로운 임종이 있을 수 없다오.

3. 장자여, 비유하면 누각의 지붕이 잘못 덮이면 지붕도 보호되지 않고, 서까래도 보호되지 않고, 벽도 보호되지 않으며, 지붕도 썩어 내리고, 서까래도 썩어 내리고, 벽도 썩어 내리며, 지붕도 악취가 나고, 서까래도 악취가 나고, 벽도 악취가 나는 것과 같다오.

장자여, 이와 같이 마음을 지키지 않으면 몸으로 짓는 업도 지켜지지 않고, 말로 짓는 업도 지켜지지 않고, 마음으로 짓는 업도 지켜지지 않으며, … 그에게는 명예로운 죽음이 있을 수 없고, 명예로운 임종이 있을 수 없다오.

4. 장자여, 마음을 지키면 몸으로 짓는 업도 지켜지고, 말로 짓는 업도 지켜지고, 마음으로 짓는 업도 지켜진다오. 몸으로 짓는 업이 지켜지고, 말로 짓는 업이 지켜지고, 마음으로 짓는 업이 지켜지는 사람에게는 몸으로 짓는 업이 흘러나오지 않고, 말로 짓는 업이 흘러나오지 않고, 마음으로 짓는 업이 흘러나오지 않는다오. 몸으로 짓는 업이 흘러나오지 않고, 말로 짓는 업이 흘러나오지 않고, 마음으로 짓는 업이 흘러나오지 않는 사람에게는 몸으로 짓는 업의 악취가 나지 않고, 말로 짓는 업의 악취가 나지 않고, 마음으로 짓는 업의 악취가 나지 않는다오. 몸으로 짓는 업의 악취가 나지 않고, 말로 짓는 업의 악취가 나지 않고, 마음으로 짓는 업의 악취가 나지 않는 사람에게는 명예로운 죽음이 있고, 명예로운 임종이 있다오.

5. 장자여, 비유하면 누각의 지붕이 잘 덮이면 지붕도 보호되고, 서까래도 보호되고, 벽도 보호되며, 지붕도 썩어 내리지 않고, 서까래도 썩어 내리지 않고, 벽도 썩어 내리지 않으며, 지붕도 악취가 나지 않고, 서까래도 악취가 나지 않고, 벽도 악취가 나지 않는 것과 같다오. 장자여, 이와 같이 마음을 지키면 몸으로 짓는 업도 지켜지고, 말로 짓는 업도 지켜지고, 마음으로 짓는 업도 지켜지며, … 그에게는 명예로운 죽음이 있고, 명예로운 임종이 있다오."

A.3.29. 아누룻다(Anuruddha) 〈A.3.128.〉

1. 아누룻다 존자가 사리뿟따 존자를 찾아가서 인사를 나누고 한쪽에 앉았습니다. 한쪽에 앉은 아누룻다 존자가 사리뿟따 존자에게 말했습니다.

"사리뿟따 존자님! 저는 인간을 초월한 청정한 천안(天眼)으로 1,000개의 세계를 봅니다. 저는 힘써 정진(精進)하여 물러서지 않으며, 주의집중이 현전(現前)하여 망각하지 않습니다. 몸은 편안하고 동요하지 않으며, 마음은 하나로 집중되어 있습니다. 그렇지만 제 마음은 번뇌[漏]에서 남김없이 해탈하지 못하고 있습니다."

2. "아누룻다 존자여, 그대는 '나는 인간을 초월한 청정한 천안으로 1,000개의 세계를 본다'라고 말하는데, 이것은 그대가 교만하기 때문에 하는 말입니다. 아누룻다 존자여, 그대는 또 '나는 힘써 정진하여 물러서지 않으며, 주의집중이 현전하여 망각하지 않는다'라고 말하는데, 이것은 그대가 불안하기[掉擧] 때문에 하는 말입니다. 아누룻다 존자여, 그대는 또 '내 마음은 번뇌에서 남김없이 해탈하지 못하고 있다'라고 말하는데, 이것은 그대가 후회하기[惡作] 때문에 하는 말입니다. 아누룻다 존자여, 부디 이들 세 법(法)을 버리고, 이들 세 법에 마음을 쓰지 말고, 불사계(不死界)에[amatāya dhātuyā] 마음을 집중하도록 하시오!"

3. 아누룻다 존자는 그 후에 이들 세 법을 버리고, 이들 세 법에 마음을 쓰지 않고, 불사계에 마음을 집중했습니다. 아누룻다 존자는 홀로 외딴곳에서 열심히 노력하고 정진하며 지냈습니다. 그리고 오래지 않아 선남자(善男子)들이 출가하는 목적인 위없는 청정한 수행[梵行]의 완성을 지금 여기에서 스스로 체험하고 성취하여 살아갔습니다. 그는 태어남은 끝났고, 청정한 수행을 마쳤으며, 해야 할 일을 끝마쳤습니다. 그는 다시는 이런 상태로 되지 않는다는 것을 증득했습니다.

아누룻다 존자는 아라한 가운데 한 분이 되었습니다.

A.3.30. 돌에 새긴[Pāsāṇalekha] 〈A.3.130.〉

1. "비구들이여, 이 세상에는 세 부류의 사람이 있다오. 그 셋은 돌에 새긴 것 같은 사람, 땅에 새긴 것 같은 사람, 물에 새긴 것 같은 사람이라오.

비구들이여, 어떤 사람이 돌에 새긴 것 같은 사람인가? 비구들이여, 어떤 사람은 자주 화를 낸다오. 그리고 그 화가 오랫동안 마음속에 남는다오. 비구들이여, 비유하면 돌에 새긴 글자가 바람이나 물에 의해 빨리 지워지지 않고 오래 남아 있는 것과 같다오. 이와 같이 어떤 사람은 자주 화를 낸다오. 그리고 그 화가 오랫동안 마음속에 남는다오. 비구들이여, 이런 사람을 돌에 새긴 것 같은 사람이라고 한다오.

2. 비구들이여, 어떤 사람이 땅에 새긴 것 같은 사람인가? 비구들이여, 어떤 사람은 자주 화를 낸다오. 하지만 그 화가 오랫동안 마음속에 남지 않는다오. 비구들이여, 비유하면 땅에 새긴 글자가 바람이나 물에 의해 빨리 지워지고 오래 남아 있지 않는 것과 같다오. 이와 같이 어떤 사람은 자주 화를 낸다오. 하지만 그 화가 오랫동안 마음속에 남지 않는다오. 비구들이여, 이런 사람을 땅에 새긴 것 같은 사람이라고 한다오.

3. 비구들이여, 어떤 사람이 물에 새긴 것 같은 사람인가? 비구들이여, 어떤 사람은 거칠게 말하고, 날카롭게 말하고, 불쾌하게 말하면서도 화해하고 어울리고 교제한다오. 비구들이여, 비유하면 물에 새긴 글자가 금방 사라져서 오래 남아 있지 않는 것과 같다오. 이와 같이 어떤 사람은 거칠게 말하고, 날카롭게 말하고, 불쾌하게 말하면서도 화해하고 어울리고 교제한다오. 비구들이여, 이런 사람을 물에 새긴 것 같은 사람이라고 한다오."

제4장 넷-모음[Catukka-Nipāta]

A.4.1. 자각(自覺, Anubuddha) 〈A.4.1.〉

1. 세존께서 왓지(Vajji)의 반다가마(Bhaṇḍa-gāma)에 머무실 때, 비구들에게 말씀하셨습니다.

2. "비구들이여, 네 가지에 법(法) 대한 몰지각과 몰이해가 이와 같이 오랜 세월을 나와 그대들을 흘러 다니고 돌아다니게 했다오. 그 넷은 어떤 것인가?

3. 비구들이여, 거룩한 계행(戒行, sīla)에 대한 몰지각과 몰이해가 이와 같이 오랜 세월을 나와 그대들을 흘러 다니고 돌아다니게 했다오. 비구들이여, 거룩한 삼매(三昧)에 대한 몰지각과 몰이해가 이와 같이 오랜 세월을 나와 그대들을 흘러 다니고 돌아다니게 했다오. 비구들이여, 거룩한 통찰지[paññā, 般若]에 대한 몰지각과 몰이해가 이와 같이 오랜 세월을 나와 그대들을 흘러 다니고 돌아다니게 했다오. 비구들이여, 거룩한 해탈(解脫, vimutti)에 대한 몰지각과 몰이해가 이와 같이 오랜 세월을 나와 그대들을 흘러 다니고 돌아다니게 했다오.

4. 비구들이여, 나는 거룩한 계행을 자각(自覺)하고 통달(通達)했으며, 거룩한 삼매를 자각하고 통달했으며, 거룩한 통찰지를 자각하고 통달했으며, 거룩한 해탈을 자각하고 통달했기 때문에 존재에 대한 갈애[bhava-taṇhā, 有愛]가 끊어지고, 존재로 이끄는 것[bhavanetti]이 소멸하여 이후의 존재[後有]가 없다오."

5. 세존께서는 이렇게 말씀하셨습니다. 선서(善逝)께서는 이렇게 말씀하셨습니다. 스승님께서는 또 이렇게 말씀하셨습니다.

> 위없는 계행과 삼매와 통찰지와 해탈
> 명성 높은 고따마는 이들 법을 자각했다.
> 붓다는 이렇게 몸소 증득하여 그 법을 비구들에게 가르친다.
> 괴로움을 끝낸 안목을 지닌 스승은 반열반에 들었다[parinibbuto].

A.4.2. 피해[Khata] 〈A.4.3.〉

1. "비구들이여, 네 가지 법(法)을 지닌 어리석고 무지하고 참되지 못한 사람은 자신의 피해와 파멸을 초래하고, 현자의 비난과 빈축을 받으며, 많은 악덕(惡德)을 낳는다오. 그 넷은 어떤 것인가?

잘 알지 못하고 깊이 알아보지도 않고 비난받아 마땅한 사람을 찬탄하는 것, 잘 알지 못하고 깊이 알아보지도 않고 찬탄 받아 마땅한 사람을 비난하는 것, 잘 알지 못하고 깊이 알아보지도 않고 믿음을 주어서는 안 되는 경우에 믿음을 주는 것, 잘 알지 못하고 깊이 알아보지도 않고 믿음을 주어야 하는 경우에 믿음을 주지 않는 것, 비구들이여, 이들 네 가지 법을 지닌 어리석고 무지하고 참되지 못한 사람은 자신의 피해와 파멸을 초래하고, 현자의 비난과 빈축을 받으며, 많은 악덕을 낳는다오.

2. 비구들이여, 네 가지 법을 지닌 지혜롭고

학식 있는 참사람은 자신의 피해와 파멸을 초래하지 않고, 현자의 찬탄과 칭찬을 받으며, 많은 복덕(福德)을 낳는다오. 그 넷은 어떤 것인가?

잘 알고 깊이 알아보고서 비난받아 마땅한 사람을 비난하는 것, 잘 알고 깊이 알아보고서 찬탄 받아 마땅한 사람을 찬탄하는 것, 잘 알고 깊이 알아보고서 믿음을 주어서는 안 되는 경우에 믿음을 주지 않는 것, 잘 알고 깊이 알아보고서 믿음을 주어야 하는 경우에 믿음을 주는 것, 비구들이여, 이들 네 가지 법을 지닌 지혜롭고 학식 있는 참사람은 자신의 피해와 파멸을 초래하지 않고, 현자의 찬탄과 칭찬을 받으며, 많은 복덕을 낳는다오."

A.4.3. 우루웰라(Uruvela) 〈A.4.22.〉

1. 세존께서 사왓티의 제따와나 아나타삔디까 승원에 머무실 때 비구들에게 말씀하셨습니다.

"비구들이여, 나는 정각(正覺)을 성취한 직후에 우루웰라의 네란자라 강기슭에 있는 아자빨라니그로다(Ajapāla-nigrodha)나무 아래에 머물고 있었다오. 비구들이여, 그곳에 늙고 노쇠한 나이 많은 만년(晩年)의 원로(元老) 바라문들이 찾아와서 나와 함께 인사를 나누고 한쪽에 앉았다오. 비구들이여, 한쪽에 앉은 그 바라문들이 나에게 이렇게 말했다오.

'고따마 존자여, 우리는 '고따마 사문은 늙고 노쇠한 나이 많은 만년의 원로 바라문들에게 일어나서 인사하거나 자리를 권하지 않는다'라고 들었습니다. 고따마 존자여, 이것이 사실이군요. 고따마 존자는 늙고 노쇠한 나이 많은 만년의 원로 바라문들에게 일어나서 인사하거나 자리를 권하지 않는군요. 고따마 존자여, 정말 이러면 안 됩니다.'

2. 비구들이여, 그러자 나에게 이런 생각이 들었다오.

'이 존자들은 참으로 장로나 장로가 되는 법(法)을 알지 못하는구나!'

비구들이여, 80이나 90이나 100세가 된 원로일지라도, 시의적절하지 않은 말을 하거나, 실없는 말을 하거나, 쓸데없는 말을 하거나, 법에 어긋난 말을 하거나, 율(律)에 어긋난 말을 하거나, 입에 담지 못할 말을 하거나, 무익한 말을 가리지 않고 횡설수설 그칠 줄 모르고 이야기한다면, 그는 어리석은 장로라고 불린다오.

비구들이여, 그렇지만 검은 머리에 찬란한 젊음을 지닌 나이 어린 청년일지라도, 시의적절한 말을 하고, 진실한 말을 하고, 의미 있는 말을 하고, 법을 이야기하고, 율을 이야기하고, 귀담아들을 말을 하고, 유익한 말을 가려서 조리 있게 절제하여 이야기한다면, 그는 현명한 장로라고 불린다오.

3. 비구들이여, 장로가 되는 네 가지 법이 있다오. 그 넷을 어떤 것인가?

비구들이여, ① 계행(戒行)을 갖춘 비구가 있다오. 그는 별해탈율의(別解脫律儀)를 지키고 살아가면서 행동규범(行動規範)을 갖추어 작은 죄도 두렵게 보고 학계(學戒)를 수지(受持)하여 배우고 익힌다오. ② 배운 것을 기억하고 배운 것을 모아 놓은 많이 배운 비구가 있다오. 그는 처음도 좋고 중간도 좋고 마지막도 좋은, 의미 있고 명쾌하고 완벽하고 청정한 범행(梵行)을 알려 주는 가르침들을 많이 배우고 기억하고 언어로 모아서 심사숙고하고, 바른 견해로 잘 이해한다오. ③ 그는 마음을 향상시키는 4선(四禪)을 만족스럽게 어려움 없이 얻어 지금 여기에서 행복하게 살아간다오. ④ 그는 번뇌[漏]를 소멸하고 무루(無漏)의 심해탈과 혜해탈을 지금 여기에서 몸소 체험지(體驗智)로 증득하고 성취하여 살아간다오.

비구들이여, 이것이 장로가 되는 네 가지 법이라오."

A.4.4. 세간[Loka] 〈A.4.23.〉

1. "비구들이여, 여래는 세간을 온전히 깨달았으며, 여래는 세간에서 벗어났다오. 비구들이여, 여래는 세간의 쌓임[集]을 온전히 깨달았으며, 여래는 세간의 쌓임을 버렸다오. 비구들이여, 여래는 세간의 소멸[滅]을 온전히 깨달았으며, 여래는 세간의 소멸을 증득(證得)했다오. 비구들이여, 여래는 세간의 소멸에 이르는 길[道]을 온전히 깨달았으며, 여래는 세간의 소멸에 이르는 길을 닦아 익혔다오[修習].

2. 비구들이여, 여래는 천신들을 포함한 세간의 마라와 범천, 그리고 사문과 바라문과 왕과 백성을 포함한 인간들이 보고, 듣고, 생각하고, 인식하고, 도달하고, 탐구하고, 마음으로 숙고하는 모든 것을 온전히 깨달았다오. 그래서 여래라고 부른다오. 비구들이여, 여래가 온전히 깨달은 날 밤부터 여래가 열반에 드는 날 밤까지, 그동안 가르치고 이야기하고 설명한 모든 것은 사실 그대로[如如]일 뿐 다른 것이 없다오.[662] 그래서 여래라고 부른다오.[663]

3. 비구들이여, 여래는 말한 대로 행하고 행한 대로 말한다오. 이렇게 말한 대로 행하고 행한 대로 말하기 때문에 여래라고 부른다오.

비구들이여, 여래는 천신들을 포함한 세간의 마라와 범천, 그리고 사문과 바라문과 왕과 백성을 포함한 인간들 가운데서 승리자이며, 불패자(不敗者)이며, 모든 것을 보는 자이며, 위력자(威力者)라오. 그래서 여래라고 부른다오."

A.4.5. 4섭법(四攝法, Saṅgahavatthu) 〈A.4.32.〉

1. 세존께서 사왓티의 제따와나 아나타삔디까 승원에 머무실 때, 세존께서 비구들에게 말씀하셨습니다.

"비구들이여, 네 가지 섭수법[四攝法]이 있다오. 그 넷은 어떤 것인가? 그것은 베풀기[布施], 애정 어린 말하기[愛語], 도움 되는 일 하기[利行], 같은 일 하기[同事]라오."

2.

베풀고, 애정 어린 말을 하고, 도움 되는 일을 하고
그와 같이 적절하게 같은 일을 하는 것.
이들 섭수법은 세간에서 차축의 연결고리 같다.
이들섭수법이없으면자식을낳은어머니나
자식을 키운 아버지도 존경과 공경을 얻지

662 'sabbaṃ taṃ tatth' eva hoti no aññathā'의 번역.
663 'tasmā Tathāgato ti vuccati'의 번역.

못한다.

현자들은 이들 섭수법을 실증한다.

그래서 그들은 위대해지고 찬탄을 받는다.

A.4.6. 께시(Kesi) 〈A.4.111.〉

1. 말 조련사 께시가 세존을 찾아와서 예배한 후에 한쪽에 앉았습니다. 한쪽에 앉은 말 조련사 께시에게 세존께서 말씀하셨습니다.

2. "께시여, 그대는 능숙한 말 조련사가 아닌가? 께시여, 그렇다면 그대는 말을 어떻게 조련하는가?"

"세존이시여, 저는 말을 부드럽게 조련하기도 하고, 거칠게 조련하기도 하고, 부드럽고 거칠게 조련하기도 합니다."

"께시여, 만약에 조련하는 말이 부드럽게 조련해도 제어되지 않고, 거칠게 조련해도 제어되지 않고, 부드럽고 거칠게 조련해도 제어되지 않으면, 그대는 그 말을 어떻게 하는가?"

"세존이시여, 만약에 조련받는 말이 부드럽게 조련해도 제어되지 않고, 거칠게 조련해도 제어되지 않고, 부드럽고 거칠게 조련해도 제어되지 않으면, 저는 그 말을 죽입니다. 왜냐하면 제 문파(門派)가 비난받지 않기 위해서입니다.

세존이시여, 세존께서는 최상(最上)의 사람 조련사[調御丈夫]가 아니십니까? 세존이시여, 그렇다면 세존께서는 어떻게 사람을 조련하십니까?"

3. "께시여, 나도 사람을 부드럽게 조련하기도 하고, 거칠게 조련하기도 하고, 부드럽고 거칠게 조련하기도 한다오. 께시여, '몸으로 행하는[身行] 착한 일은 이런 것이고, 몸으로 행하는 착한 일의 과보(果報)는 이런 것이다.' '말로 행하는[口行] 착한 일은 이런 것이고, 말로 행하는 착한 일의 과보는 이런 것이다.' '마음으로 행하는[意行] 착한 일은 이런 것이고, 마음으로 행하는 착한 일의 과보는 이런 것이다.' '천신은 이런 것이고, 인간은 이런 것이다.' 이렇게 하는 것이 부드럽게 하는 것이라오.

께시여, '몸으로 행하는 악한 일은 이런 것이고, 몸으로 행하는 악한 일의 과보는 이런 것이다.' '말로 행하는 악한 일은 이런 것이고, 말로 행하는 악한 일의 과보는 이런 것이다.' '마음으로 행하는 악한 일은 이런 것이고, 마음으로 행하는 악한 일의 과보는 이런 것이다.' '지옥은 이런 것이고, 축생(畜生)의 자궁은 이런 것이고, 아귀(餓鬼)의 경계는 이런 것이다.' 이렇게 하는 것이 거칠게 하는 것이라오.

께시여, '몸으로 행하는 착한 일은 이런 것이고, 몸으로 행하는 착한 일의 과보는 이런 것이다.' '몸으로 행하는 악한 일은 이런 것이고, 몸으로 행하는 악한 일의 과보은 이런 것이다.' '말로 행하는 착한 일은 이런 것이고, 말로 행하는 착한 일의 과보는 이런 것이다.' '말로 행하는 악한 일은 이런 것이고, 말로 행하는 악한 일의 과보는 이런 것이다.' '마음으로 행하는 착한 일은 이런 것이고, 마음으로 행하는 착한 일의 과보는 이런 것이다.' '마음으로 행하는 악한 일은 이런 것이고, 마음으로 행하는 악한 일의 과보는 이런 것이다.' '천신은 이런 것이고, 인간은 이런 것이다.' '지옥은 이런 것이고, 축생의 자궁은 이런 것이고, 아귀의 경계는 이런 것이다.' 이렇게 하는 것이 부드럽고 거칠게 하는 것이라오."

"세존이시여, 만약에 조련받는 사람이 부드럽게 조련해도 제어되지 않고, 거칠게 조련해도 제어되지 않고, 부드럽고 거칠게 조련해도 제어되지 않으면, 세존께서는 그 사람을 어떻게 하십니까?"

"께시여, 만약에 조련받는 사람이 부드럽게 조련해도 제어되지 않고, 거칠게 조련해도 제어되지 않고, 부드럽고 거칠게 조련해도 제어되지 않으면, 께시여, 나는 그 사람을 죽인다오."

4. "세존이시여, 세존에게는 살생이 허용되지 않는다고 알고 있는데 세존께서 '께시여, 나는 그 사람을 죽인다'라고 말씀하셨습니다."

"께시여, 여래에게 살생이 허용되지 않는 것은 사실이라오. 조련받는 사람이 부드럽게 조련해도 제어되지 않고, 거칠게 조련해도 제어되지 않고, 부드럽고 거칠게 조련해도 제어되지 않으면, 여래는 그에게 말하거나 가르칠 생각을 하지 않고, 현명한 도반들도 그에게 말하거나 가르칠 생각을 하지 않는다오. 께시여, 성자의 율에서는 이것이 살해나 마찬가지라오."

"세존이시여, 여래도 그에게 말하거나 가르칠 생각을 하지 않고, 현명한 도반들도 그에게 말하거나 가르칠 생각을 하지 않으면, 그것이 선서(善逝)께서 죽인 것이군요. 훌륭합니다, 세존이시여! 훌륭합니다, 세존이시여! 세존이시여, 마치 뒤집힌 것을 바로 세우는 것 같고, 감추어진 것을 드러내는 것 같고, 길 잃은 자에게 길을 알려 주는 것 같고, '눈 있는 자들은 보라'라고 어둠 속에 등불을 비춰 주는 것 같습니다. 이와 같이 세존께서는 여러 가지 방법으로 진리를 알려 주셨습니다. 이제 저는 세존께 귀의합니다. 가르침과 비구상가에 귀의합니다. 세존께서는 저를 청신사(淸信士)로 받아 주소서. 오늘부터 살아 있는 날까지 귀의하겠습니다."

A.4.7. 채찍[Patoda] 〈A.4.113.〉

1. "비구들이여, 세간에는 네 종류의 혈통이 좋은 명마(名馬)가 있다오. 그 넷은 어떤 것인가?

비구들이여, 어떤 말은 채찍 그림자만 보아도 두려움을 느끼면서 '조련사가 오늘은 나에게 어떤 일을 시킬까? 나는 그것에 어떤 대책을 세워야 할까?'라고 생각한다오. 비구들이여, 이런 말이 세간에 있는 첫째로 혈통이 좋은 명마라오.

2. 비구들이여, 어떤 말은 채찍 그림자를 보아도 두려움을 느끼지 않고, 채찍이 털을 파고들어야 두려움을 느끼면서 '조련사가 오늘은 나에게 어떤 일을 시킬까? 나는 그것에 어떤 대책을 세워야 할까?'라고 생각한다오. 비구들이여, 이런 말이 세간에 있는 둘째로 혈통이 좋은 명마라오.

3. 비구들이여, 어떤 말은 채찍 그림자를 보아도 두려움을 느끼지 않고, 채찍이 털을 파고들어도 두려움을 느끼지 않고, 살을 파고들어야 두려움을 느끼면서 '조련사가 오늘은 나에게 어떤 일을 시킬까? 나는 그것에 어떤 대책을 세워야 할까?'라고 생각한다오. 비구들이여, 이런 말이 세간에 있는 셋째로 혈통이 좋은 명마라오.

4. 비구들이여, 어떤 말은 채찍 그림자를 보아도 두려움을 느끼지 않고, 채찍이 털을 파

고들어도 두려움을 느끼지 않고, 살을 파고들어도 두려움을 느끼지 않고, 골수에 파고들어야 두려움을 느끼면서 '조련사가 오늘은 나에게 어떤 일을 시킬까? 나는 그것에 어떤 대책을 세워야 할까?'라고 생각한다오. 비구들이여, 이런 말이 세간에 있는 넷째로 혈통이 좋은 명마라오.

5. 비구들이여, 이와 같이 세간에는 네 종류의 혈통이 좋은 훌륭한 사람이 있다오. 그 넷은 어떤 것인가?

비구들이여, 어떤 사람은 마을이나 촌락에서 여인이나 사내가 고통을 겪고 죽었다는 말을 듣고서, 그로 인해서 두려움을 느끼고 이치에 맞게 노력하고 정진하여 몸소 최상의 진리를 증득하고 통찰지[般若]로 통달하여 본다오. 비구들이여, 예를 들어 채찍 그림자만 보아도 두려움을 느끼는 말을 내가 혈통이 좋은 훌륭한 말이라고 했듯이, 비구들이여, 이런 사람이 세간에 있는 첫째로 혈통이 좋은 훌륭한 사람이라오.

6. 비구들이여, 어떤 사람은 마을이나 촌락에서 여인이나 사내가 고통을 겪고 죽었다는 말을 들어서가 아니라, 스스로 여인이나 사내가 고통을 겪거나 죽는 것을 보고서, 그로 인해서 두려움을 느끼고 이치에 맞게 노력하고 정진하여 몸소 최상의 진리를 증득하고 통찰지로 통달하여 본다오. 비구들이여, 예를 들어 채찍이 털을 파고들면 두려움을 느끼는 말을 내가 혈통이 좋은 훌륭한 말이라고 했듯이, 비구들이여, 이런 사람이 세간에 있는 둘째로 혈통이 좋은 훌륭한 사람이라오.

7. 비구들이여, 어떤 사람은 마을이나 촌락에서 여인이나 사내가 고통을 겪고 죽었다는 말을 들어서도 아니고, 스스로 여인이나 사내가 고통을 겪거나 죽는 것을 보아서도 아니고, 친척이 고통을 겪거나 죽는 것을 보아서, 그로 인해서 두려움을 느끼고 이치에 맞게 노력하고 정진하여 몸소 최상의 진리를 증득하고 통찰지로 통달하여 본다오. 비구들이여, 예를 들어 채찍이 살을 파고들면 두려움을 느끼는 말을 내가 혈통이 좋은 훌륭한 말이라고 했듯이, 비구들이여, 이런 사람이 세간에 있는 셋째로 혈통이 좋은 훌륭한 사람이라오.

8. 비구들이여, 어떤 사람은 마을이나 촌락에서 여인이나 사내가 고통을 겪고 죽었다는 말을 들어서도 아니고, 스스로 여인이나 사내가 고통을 겪고 죽는 것을 보아서도 아니고, 친척이 고통을 겪거나 죽는 것을 보아서도 아니고, 스스로 몸으로 불쾌하고 기분 나쁘고 격렬하고 혹독하고 쓰라린 죽을 지경의 고통을 느끼면, 그로 인해서 두려움을 느끼고 이치에 맞게 노력하고 정진하여 몸소 최상의 진리를 증득하고 통찰지로 통달하여 본다오. 비구들이여, 예를 들어 채찍이 뼈를 파고들면 두려움을 느끼는 말을 내가 혈통이 좋은 훌륭한 말이라고 했듯이, 비구들이여, 이런 사람이 세간에 있는 넷째로 혈통이 좋은 훌륭한 사람이라오.

비구들이여, 이들이 세간에 있는 네 종류의 혈통이 좋은 훌륭한 사람이라오."

A.4.8. 꽂티따(Koṭṭhita) 〈A.4.174.〉

1. 마하 꽂티따(Mahā Koṭṭhita) 존자가 사리뿟따 존자를 찾아가서 함께 인사를 나누고 한쪽에 앉았습니다. 한쪽에 앉은 마하 꽂티

따 존자가 사리뿟따 존자에게 말했습니다.

"존자여, 6촉입처(六觸入處)가 남김없이 사라져 소멸하면 다른 어떤 것이 있습니까?"

"존자여, 그렇게 말해서는 안 됩니다."

"존자여, 6촉입처가 남김없이 사라져 소멸하면 다른 어떤 것이 없습니까?"

"존자여, 그렇게 말해서는 안 됩니다."

"존자여, 6촉입처가 남김없이 사라져 소멸하면 다른 어떤 것이 있기도 하고 없기도 합니까?"

"존자여, 그렇게 말해서는 안 됩니다."

"존자여, 6촉입처가 남김없이 사라져 소멸하면 다른 어떤 것이 있지도 않고 없지도 않습니까?"

"존자여, 그렇게 말해서는 안 됩니다."

2. "존자여, '6촉입처가 남김없이 사라져 소멸하면 다른 어떤 것이 있는가?'라고 물어도 '존자여, 그렇게 말해서는 안 된다'라고 말씀하시고, '다른 어떤 것이 없는가?'라고 물어도 '존자여, 그렇게 말해서는 안 된다'라고 말씀하시고, '다른 어떤 것이 있기도 하고 없기도 하는가?'라고 물어도 '존자여, 그렇게 말해서는 안 된다'라고 말씀하시고, '다른 어떤 것이 있지도 않고 없지도 않은가?'라고 물어도 '존자여, 그렇게 말해서는 안 된다'라고 말씀하셨습니다. 저는 이 말씀의 의미를 어떻게 이해해야 할까요?"

"존자여, '6촉입처가 남김없이 사라져 소멸하면 다른 어떤 것이 있는가?'라고 말하는 것은 억측[papañca, 戱論]이 소멸한 곳에서 억측을 일으키는 것입니다.[664] '다른 어떤 것이 없는가?'라고 말하는 것도, '다른 어떤 것이 있기도 하고 없기도 하는가?'라고 말하는 것도, '다른 어떤 것이 있지도 않고 없지도 않은가?'라고 말하는 것도 억측이 소멸한 곳에서 억측을 일으키는 것입니다. 존자여, 6촉입처에 빠지기 때문에 억측에 빠지고, 억측에 빠지기 때문에 6촉입처에 빠집니다. 존자여, 6촉입처가 남김없이 사라져 소멸한 것이 억측의 소멸이고 억측의 적멸입니다."

A.4.9. 우빠와나(Upavāna) 〈A.4.175.〉

1. 우빠와나 존자가 사리뿟따 존자를 찾아가서 함께 인사를 나누고 한쪽에 앉았습니다. 한쪽에 앉은 우빠와나 존자가 사리뿟따 존자에게 말했습니다.

"사리뿟따 존자여, 명지(明智)에 의해서 종식[antakaro]이 있습니까?"[665]

"존자여, 그렇지 않습니다."

"사리뿟따 존자여, 그렇다면 수행(修行)에 의해서[caraṇena] 종식이 있습니까?"

"존자여, 그렇지 않습니다."

"사리뿟따 존자여, 그렇다면 명지와 수행에 의해서 (괴로움의) 종식이 있습니까?"

"존자여, 그렇지 않습니다."

"사리뿟따 존자여, 그렇다면 명지와 수행 없이 (괴로움의) 종식이 있습니까?"

"존자여, 그렇지 않습니다."

---

664 'papañca'는 '희론(戱論)'으로 한역되는 말로서 실체가 없는 것을 실체시하는 억측을 의미한다. 여기에서 'papañca'는 경험 이전에 경험하는 선험적(先驗的)인 자아가 있다고 생각하는 억측을 의미한다.

665 여기에서 묻고 있는 종식은 괴로움, 즉 5취온의 종식이다.

2. "사리뿟따 존자여, '명지에 의해서 종식이 있습니까?'라고 물어도 '존자여, 그렇지 않습니다'라고 말씀하시고, '수행에 의해서 종식이 있습니까?'라고 물어도 '존자여, 그렇지 않습니다'라고 말씀하시고, '명지와 수행에 의해서 종식이 있습니까?'라고 물어도 '존자여, 그렇지 않습니다'라고 말씀하시고, '명지와 수행 없이 종식이 있습니까?'라고 물어도 '존자여, 그렇지 않습니다'라고 말씀하셨습니다. 저는 이 말씀의 의미를 어떻게 이해해야 할까요?"

3. "존자여, 만약에 명지에 의해서 종식이 있다면, 취(取)를 가지고 있는 존재의 종식[savupādāno samāno antakaro]이 있을 것입니다.[666] 존자여, 만약에 수행에 의해서 종식이 있거나, 명지와 수행에 의해서 종식이 있거나, 명지나 수행 없이 종식이 있다면, 취를 가지고 있는 존재의 종식이 있을 것입니다. 존자여, 명지와 수행 없이 수행을 하지 않는 범부는 있는 그대로 알지 못하고 보지 못합니다. 수행을 완성하면 있는 그대로 알고 봅니다. 있는 그대로 알고 보는 것이 종식입니다."[667]

A.4.10. 증득(證得, Sacchikiriyā) 〈A.4.189.〉

1. "비구들이여, 네 가지 증득해야 할 법이 있다오. 그 넷은 어떤 것인가?

비구들이여, 몸으로[kāyena] 증득해야 할 법이 있다오. 비구들이여, 주의집중으로 증득해야 할 법이 있다오. 비구들이여, 눈으로[cakkhunā] 증득해야 할 법이 있다오. 비구들이여, 통찰지[般若]로[paññāya] 증득해야 할 법이 있다오.

2. 비구들이여, 몸으로 증득해야 할 법은 어떤 것인가? 비구들이여, 8해탈(八解脫)이 몸으로 증득해야 할 법이라오.

3. 비구들이여, 주의집중으로 증득해야 할 법은 어떤 것인가? 비구들이여, 이전의 삶[pubbenivāso, 宿命通]이 주의집중으로 증득해야 할 법이라오.

4. 비구들이여, 눈으로 증득해야 할 법은 어떤 것인가? 비구들이여, 중생들의 죽고 태어남[sattānaṃ cutuppāto, 天眼通]이 눈으로 증득해야 할 법이라오.

5. 비구들이여, 통찰지로 증득해야 할 법은 어떤 것인가? 비구들이여, 번뇌의 소멸[āsavānaṃ khayo, 漏盡通]이 통찰지로 증득해야 할 법이라오.

비구들이여, 이들이 네 가지 증득해야 할 법이라오."

A.4.11. 포살(布薩, Uposatha) 〈A.4.190.〉

1. 한때 세존께서 사왓티의 뿝바라마 미가라마뚜 강당에 머무셨습니다. 어느 포살의 날에 세존께서는 비구상가에 둘러싸여 앉아 계셨습니다. 세존께서는 침묵하고 있는 비구상가를 묵묵히 둘러보신 후에 비구들에게 말씀하셨습니다.

"비구들이여, 이 대중은 정숙하고 잡담하지 않는군요. 이 대중은 청정하고 중심을

---

666 붓다가 괴로움이라고 이야기한 5취온은 취를 가지고 있는 존재[savupādāno samāno]가 아니라는 의미이다.

667 괴로움은 어떤 존재를 없애서 종식되는 것이 아니라, 무지에서 벗어나 진실을 알고 보면 사라진다는 말씀이다.

확실하게 잡고 있군요. 비구들이여, 이런 비구상가와 이런 대중은 세간에서 찾아보기 어렵다오. 비구들이여, 이런 비구상가와 이런 대중은 합장하여 존중하고 공경하고 공양해야 할 세간의 위없는 복전(福田)이라오. 비구들이여, 이런 비구상가와 이런 대중에게 적은 보시를 해도 큰 공덕이 되고, 많은 보시를 하면 더욱 큰 공덕이 된다오. 비구들이여, 이런 비구상가와 이런 대중은 마땅히 도시락을 챙겨 100리 길을 가서라도 보아야 한다오.[668]

2. 비구들이여, 이 비구상가 가운데는 천신(天神)의 경지에 도달하여 살아가는 비구들도 있고, 범천(梵天)의 경지에 도달하여 살아가는 비구들도 있고, 부동(不動)의 경지에 도달하여 살아가는 비구들도 있고, 성자(聖者)의 경지에 도달하여 살아가는 비구들도 있군요.

3. 비구들이여, 비구는 어떻게 천신의 경지에 도달하는가? 비구들이여, 비구는 감각적 욕망을 멀리하고 불선법(不善法)을 멀리함으로써 사유[尋]가 있고 숙고[伺]가 있는, 멀리함에서 생긴 희열과 행복이 있는 초선(初禪)을 성취하여 살아가고, 그다음에 비구는 사유와 숙고를 억제하여 내적으로 조용해진, 마음이 집중된, 사유와 숙고가 없는, 삼매에서 생긴 희열과 행복이 있는 제2선(第二禪)을 성취하여 살아가고, 그다음에 비구는 희열과 이욕(離欲)으로부터 초연하여 평정한 주의집중과 알아차림을 하며 지내면서 몸으로 행복을 느끼는, 성자들이 '평정한[捨] 주의집중을 하는 행복한 상태'라고 이야기한 제3선(第三禪)을 성취하여 살아가고, 그다음에 비구는 행복감을 포기하고 괴로움을 버림으로써 이전의 만족과 불만이 소멸하여 괴롭지도 않고 즐겁지도 않은, 평정한 주의집중이 청정한 제4선(第四禪)을 성취하여 살아간다오. 비구들이여, 비구는 이렇게 천신의 경지에 도달한다오.

4. 비구들이여, 비구는 어떻게 범천의 경지에 도달하는가? 비구들이여, 비구는 자애로운 마음[慈]으로 한쪽을 가득 채우고 살아간다오. 그와 같이 두 번째, 세 번째, 네 번째 방향을 가득 채우고 살아간다오. 이와 같이 위로, 아래로, 사방으로, 모든 곳에 빠짐없이 온 세상을 풍부하고 광대하고 무량하게, 원한 없고 폭력 없는 자애로운 마음으로 가득 채우고 살아간다오. 비구는 연민의 마음[悲]으로, … 기쁜 마음[喜]으로, … 평정한 마음[捨]으로 한쪽을 가득 채우고 살아간다오. 그와 같이 두 번째, 세 번째, 네 번째 방향을 가득 채우고 살아간다오. 이와 같이 위로, 아래로, 사방으로, 모든 곳에 빠짐없이 온 세상을 풍부하고 광대하고 무량하게, 원한 없고 폭력 없는 자애로운 마음으로 가득 채우고 살아간다오. 비구들이여, 비구는 이렇게 범천의 경지에 도달한다오.

5. 비구들이여, 비구는 어떻게 부동의 경지에 도달하는가? 비구들이여, 비구는 일체의 형색에 대한 생각[rūpa-saññā, 色想][669]을 초

---

668 원문은 '여러 요자나(yojana)'인데, 1요자나는 14km 정도의 거리를 의미하므로 '여러 요자나'를 40km의 거리를 의미하는 '100리 길'로 번역했다.

669 'rūpa-saññā'의 번역.

월하고, 지각대상에 대한 생각[有對想]을 소멸하고, 다양한 모습에 대한 생각[nānatta-saññā]에 마음 쓰지 않음[amanasikāra, 不作意]으로써 '허공은 무한하다'라고 생각하는 공무변처(空無邊處)를 성취하여 살아간다오. 그다음에 비구는 일체의 공무변처를 초월하여 '의식은 무한하다'라고 생각하는 식무변처(識無邊處)를 성취하여 살아간다오. 그다음에 비구는 일체의 식무변처를 초월하여 '아무것도 없다'라고 생각하는 무소유처(無所有處)를 성취하여 살아간다오. 그다음에 비구는 일체의 무소유처를 초월하여 비유상비무상처(非有想非無想處)를 성취하여 살아간다오. 비구들이여, 비구는 이렇게 부동의 경지에 도달한다오.

6. 비구들이여, 비구는 어떻게 성자의 경지에 도달하는가? 비구들이여, 비구는 '이것은 괴로움[苦]이다'라고 있는 그대로 통찰하고, '이것은 괴로움의 쌓임[苦集]이다'라고 있는 그대로 통찰하고, '이것은 괴로움의 소멸[苦滅]이다'라고 있는 그대로 통찰하고, '이것은 괴로움의 소멸에 이르는 길[苦滅道]이다'라고 있는 그대로 통찰한다오. 비구들이여, 비구는 이렇게 성자의 경지에 도달한다오."

A.4.12. 밧디야(Bhaddiya) 〈A.4.193.〉

1. 한때 세존께서 웨살리(Vesālī)의 마하와나[大林園]에 있는 중각강당(重閣講堂)에 머무셨습니다. 그때 밧디야 릿차위(Licchavī)[670]가 세존을 찾아와서 예배하고 한쪽에 앉았습니다. 한쪽에 앉은 밧디야 릿차위가 세존께 말씀드렸습니다.

"세존이시여, 저는 '환술(幻術)을 부리는 고따마 사문은 전향시키는 환술을 알아서 그것으로 외도(外道)의 제자들을 전향시킨다'라는 말을 들었습니다. 세존이시여, 그렇게 말하는 사람들은 세존에 대하여 진실을 말한 것인지요? 그들은 거짓으로 세존을 헐뜯는 것은 아닌지요? 그들은 가르침에 어긋난 말을 한 것은 아닌지요? 논박하는 가르침을 따르는 사람이 비난받게 되는 것은 아닌지요? 세존이시여, 저희들은 세존을 비방할 생각이 없습니다."

2. "밧디야여, 이제 그대들은 전통(傳統)에 의지하지 말고, 전승(傳承)에 의지하지 말고, 뜬소문에 의지하지 말고, 경전의 권위에 의지하지 말고, 논리에 의지하지 말고, 추론(推論)에 의지하지 말고, 논리적인 추론에 의지하지 말고, 독단의 이해와 승인(承認)에 의지하지 말고, 그럴듯한 것에 의지하지 말고, '이 사문(沙門)은 우리의 스승'이라고 해서 의지하지 마시오! 밧디야여, 그대들은 '이들 법은 좋지 않다. 이들 법은 결함이 있다. 이들 법은 현자들이 꾸짖는 것이다. 이들 법을 실행하고 시도하면 해롭고 괴롭게 된다'라고 스스로 알도록 하시오! 그리고 밧디야여, 그대들은 그것을 버리도록 하시오!

3.-4. 밧디야여, 어떻게 생각하나요? 사람의 마음속에 일어난 탐욕이나 악의(惡意)나 어

---

670 왓지(Vajji)국에 거주하는 종족(種族)의 이름.

리석음은 이익을 가져오나요, 손해를 가져오나요?"[671]

"손해를 가져옵니다, 세존이시여!"

"밧디야여, 탐욕이나 악의나 어리석음에 정복되고 사로잡힌 마음을 가진 사람이 살아 있는 것을 죽이고, 주지 않은 것을 취하고, 남의 부인에게 접근하고, 거짓말을 하고, 남에게 이런 일을 권유하면, 그는 오랜 세월 손해가 있고 괴로움이 있지 않을까요?"

"그렇습니다, 세존이시여!"

5. "밧디야여, 어떻게 생각하나요? 이들 법(法)은 좋은가요, 좋지 않은가요?"

"좋지 않습니다, 세존이시여!"

"결함이 있나요, 결함이 없나요?"

"결함이 있습니다, 세존이시여!"

"현자(賢者)들이 꾸짖는 것인가요, 현자들이 칭찬하는 것인가요?"

"현자들이 꾸짖는 것입니다, 세존이시여!"

"실행하고 시도하면 해롭고 괴롭게 되지 않을까요?"

"실행하고 시도하면 해롭고 괴롭게 될 것입니다, 세존이시여!"

6. "밧디야여, 그래서 우리는 그대들에게 전통이나 전승과 같은 다른 것에 의지하지 말고, 그대들이 '이들 법은 좋지 않다. 이들 법은 결함이 있다. 이들 법은 현자들이 꾸짖는 것이다. 이들 법은 실행하고 시도하면 해롭고 괴롭게 된다'라고 스스로 알게 되었을 때, 그것을 버리라고 말했던 것이오.

7. 밧디야여, 이제 그대들은 전통이나 전승과 같은 다른 것에 의지하지 말고, 그대들이 '이들 법은 좋다. 이들 법은 결함이 없다. 이들 법은 현자들이 칭찬하는 것이다. 이들 법은 실행하고 시도하면 이롭고 즐겁게 된다'라고 스스로 알게 되었을 때, 밧디야여, 이제 그대들은 그것을 성취하여 살아가도록 하시오!

8. 밧디야여, 어떻게 생각하나요? 사람의 마음속에서 일어난 탐욕이나 분노나 어리석음이 없으면 이익이 생길까요, 손해가 생길까요?"

"이익이 생깁니다, 세존이시여!"

9. "밧디야여, 탐욕이나 분노나 어리석음에 정복되지 않고 사로잡히지 않는 마음을 가진 사람이 살아 있는 것을 죽이지 않고, 주지 않은 것을 취하지 않고, 남의 부인에게 접근하지 않고, 거짓말을 하지 않고, 남에게 이런 일을 권유하지 않으면, 그는 오랜 세월 이익이 있고 즐거움이 있지 않을까요?"

"그렇습니다, 세존이시여!"

10. "밧디야여, 어떻게 생각하나요? 이들 법은 좋은가요, 좋지 않은가요?"

"좋습니다, 세존이시여!"

"결함이 있나요, 결함이 없나요?"

"결함이 없습니다, 세존이시여!"

"현자들이 꾸짖는 것인가요, 현자들이 칭찬하는 것인가요?"

"현자들이 칭찬하는 것입니다, 세존이시여!"

"실행하고 시도하면 이롭고 즐겁게 되지 않을까요?"

"실행하고 시도하면 이롭고 즐겁게 될

---

671 이후의 내용은 「A.3.20. 깔라마(Kālāma) 〈A.3.65.〉」와 같다. 원본에는 탐욕·악의(惡意)·어리석음에 대하여 따로따로 문답이 이어지는데, 여기에서는 이들을 하나로 묶어서 번역했다.

것입니다, 세존이시여!"

11. "밧디야여, 그래서 우리는 '이제 그대들은 전통이나 전승과 같은 다른 것에 의지하지 말고, 그대들이 '이들 법은 좋다. 이들 법은 결함이 없다. 이들 법은 현자들이 칭찬하는 것이다. 이들 법은 실행하고 시도하면 이롭고 즐겁게 된다'라고 스스로 알게 되었을 때, 그것을 성취하여 살아가도록 하시오'라고 말했던 것이오.

12. 밧디야여, 세간에 있는 참사람들은 제자들에게 '여보시오! 이리 오시오! 그대는 탐욕을 버리고 살아가도록 하시오! 탐욕을 버리고 살아가면 몸이나 말이나 마음으로 탐욕에서 생긴 업을 짓지 않을 것이오. 그대는 악의를 버리고 살아가도록 하시오! 악의를 버리고 살아가면 몸이나 말이나 마음으로 악의에서 생긴 업을 짓지 않을 것이오. 그대는 어리석음을 버리고 살아가도록 하시오! 어리석음을 버리고 살아가면 몸이나 말이나 마음으로 어리석음에서 생긴 업을 짓지 않을 것이오. 그대는 분노를 버리고 살아가도록 하시오! 분노를 버리고 살아가면 몸이나 말이나 마음으로 분노에서 생긴 업을 짓지 않을 것이오'라고 권유한다오."

13. 이 말씀을 듣고, 밧디야 릿차위가 세존께 말씀드렸습니다.

"훌륭합니다, 세존이시여! … 이제 저는 세존께 귀의합니다. 가르침과 비구상가에 귀의합니다. 세존께서는 저를 청신사(淸信士)로 받아 주소서. 오늘부터 살아 있는 날까지 귀의하겠습니다."

"밧디야여, 내가 '밧디야여, 그대는 이리 와서 나의 제자가 되라! 나는 그대의 스승이 되겠다'라고 말했나요?"

"아닙니다, 세존이시여!"

"밧디야여, 이와 같이 말하고 이와 같이 알려 준 나를 어떤 사문이나 바라문들은 사실이 아닌, 근거 없는, 진실이 아닌 거짓으로 '환술을 부리는 고따마 사문은 전향시키는 환술을 알아서 그것으로 외도의 제자들을 전향시킨다'라고 중상(中傷)한다오."

"세존이시여, 전향시키는 환술은 축복입니다. 세존이시여, 전향시키는 환술은 아주 좋습니다. 세존이시여, 사랑스러운 나의 친지와 혈육들이 이 전향시키는 환술을 통해 전향한다면, 사랑스러운 나의 친지와 혈육들에게 오랜 세월 동안 이익과 즐거움이 있을 것입니다. 세존이시여, 크샤트리아들이든 바라문들이든 바이샤들이든 수드라들이든, 그 누구든 이 전향시키는 환술을 통해 전향한다면, 그들에게는 오랜 세월 동안 이익과 즐거움이 있을 것입니다."

"밧디야여, 그렇다오! 밧디야여, 그렇다오! 밧디야여, 크샤트리아들이든 바라문들이든 바이샤들이든 수드라들이든, 그 누구든 전향한다면 좋지 않은 법[不善法]을 버리고 좋은 법[善法]을 구족함으로써 그들에게 오랜 세월 동안 이익과 즐거움이 있을 것이오. 밧디야여, 만약에 이 커다란 살라나무들이 전향한다면 좋지 않은 법을 버리고 좋은 법을 구족함으로써 이 나무들에게는 오랜 세월 동안 이익과 즐거움이 있을 것이오. 이렇게 생각한다면 인간존재에 대해서는 말해 무엇하겠는가!"

A.4.13. 왑빠(Vappa) 〈A.4.195.〉

1. 한때 세존께서는 삭까족의 까삘라왓투에

있는 니그로다 승원에 머무셨습니다.

그때 니간타의 제자인 삭까족 왑빠가 마하 목갈라나 존자를 찾아와서 예배하고 한쪽에 앉았습니다.

한쪽에 앉은 삭까족 왑빠에게 마하 목갈라나 존자가 말했습니다.

"왑빠여, 몸과 말과 마음으로 무명과 욕탐을 제어하여 명지(明智)가 생기면, 왑빠여, 그대는 그럴 경우에 사람을 괴롭히는 번뇌[漏]가 미래에 흘러들어 올 어떤 이유가 있다고 봅니까?"

"존자여, 나는 그럴 경우에 전생에 악업을 짓고 받지 않은 과보[avipakkavipākaṃ]가 있으면, 그로 인해서 사람을 괴롭히는 번뇌가 미래에 흘러들 것이라고 봅니다."

마하 목갈라나 존자가 삭까족 왑빠와 함께 나누던 대화는 도중에 중단되었습니다.

2. 그때 세존께서 저녁에 좌선에서 일어나 강당에 오셔서 마련된 자리에 앉으셨습니다. 자리에 앉으신 세존께서 마하 목갈라나 존자에게 말씀하셨습니다.

"목갈라나여, 그대들은 지금 무슨 이야기를 하기 위해서 함께 앉아 있나요? 그대들이 도중에 중단한 이야기는 무엇인가요?"

마하 목갈라나 존자는 세존께 니간타의 제자인 삭까족 왑빠와 나누다가 세존께서 오시자 중단된 이야기를 말씀드렸습니다.

3. 세존께서 니간타의 제자인 삭까족 왑빠에게 말씀하셨습니다.

"왑빠여, 만약에 그대가 나에게 인정할 수 있으면 인정하고, 반대해야 한다면 반대하시오! 그리고 내 말의 의미를 모르겠으면, 나에게 '이 말은 이 의미인가?'라고 반문하시오! 이렇게 대화하겠습니까?"

"세존이시여, 제가 세존께 인정할 수 있으면 인정하고, 반대해야 한다면 반대하겠습니다. 나아가서 제가 말씀의 의미를 모르겠으면 '이 말은 이 의미인가요?'라고 반문하겠습니다."

4.-6. "왑빠여, 어떻게 생각하나요? 신체활동[kāyasamārambha]이나 언어활동[vacīsamārambha]이나 마음활동[manosamārambha]에 의지하여 발생하는 번뇌와 열뇌(熱惱)와 고통들은 신체활동이나 언어활동이나 마음활동을 삼가면, 이런 번뇌와 열뇌와 고통들은 생기지 않는다오. 그는 새로운 업은 짓지 않고, 과거의 업은 접촉될 때마다 제거한다오. 그때 볼 수 있는 소멸은 즉각 와서 보라고 할 수 있으며, 도움이 되며, 현자들이 스스로 알아야 할 것들이라오. 왑빠여, 그대는 그럴 경우에도 사람을 괴롭히는 번뇌가 미래에 흘러들어 올 어떤 이유가 있다고 보나요?"

"그렇지 않습니다, 세존이시여!"

7. "왑빠여, 어떻게 생각하나요? 무명(無明)에 의지하여 발생하는 번뇌와 열뇌와 고통들은 무명이 사라져 명지가 생기면, 이런 번뇌와 열뇌와 고통들은 생기지 않는다오. 그는 새로운 업은 짓지 않고, 과거의 업은 접촉될 때마다 제거한다오. 그때 볼 수 있는 소멸들은 즉각 와서 보라고 할 수 있으며, 도움이 되며, 현자들이 스스로 알아야 할 것들이라오. 왑빠여, 그대는 그럴 경우에도 사람을 괴롭히는 번뇌가 미래에 흘러들어 올 어떤 이유가 있다고 보나요?"

"그렇지 않습니다, 세존이시여!"

8.-9. "왑빠여, 이와 같이 바르게 마음이 해탈한 비구는 여섯 가지 한결같은 삶[satatavihārā]을 성취한다오. 그는 눈[眼]으로 형

색[色]을 보면서 결코 좋아하지 않고 싫어하지 않고 평정심으로 주의집중을 하고 알아차리며 살아간다오. 그는 귀[耳]로 소리[聲]를 듣고, 코[鼻]로 냄새[香]를 맡고, 혀[舌]로 맛[味]을 보고, 몸[身]으로 접촉[觸]을 느끼고, 마음[意]으로 대상[法]을 지각하면서 결코 좋아하지 않고 싫어하지 않고 평정심으로 주의집중을 하고 알아차리며 살아간다오. 그는 몸의 마지막 느낌을 느끼면서[kāyapariyantikaṁ vedanaṁ vediyamāno] '나는 몸의 마지막 느낌을 느낀다'라고 통찰하고, 수명의 마지막 느낌을 느끼면서[jīvita-pariyantikaṁ vedanaṁ vediyamāno] '나는 수명의 마지막 느낌을 느낀다'라고 통찰한다오.

그는 '몸이 무너지고 수명이 다하여 죽은 후에는, 이제 느끼고 즐겼던 모든 것이 싸늘하게 식어 버릴 것이다'라고 통찰한다오."

10. 이 말씀을 듣고, 니간타의 제자인 삭까족 왑빠는 세존께 이렇게 말씀드렸습니다.

"세존이시여, 비유하면 이득을 기대하고 말을 사서 키운 사람이 이득을 보지 못할 뿐만 아니라 피곤한 고민거리만 떠안게 된 것과 같습니다. 세존이시여, 저는 이와 같이 어리석은 니간타들을 받들었지만 이득을 보지 못했을 뿐만 아니라 피곤한 고민거리만 떠안았습니다. 세존이시여, 저는 오늘부터 어리석은 니간타들에 대한 믿음을 큰 바람에 날려버리고, 강물이나 급류에 흘려 버리겠습니다. 훌륭합니다, 세존이시여! … 이제 저는 세존께 귀의합니다. 가르침과 비구상가에 귀의합니다. 세존께서는 저를 청신사(淸信士)로 받아 주소서. 오늘부터 살아 있는 날까지 귀의하겠습니다."

A.4.14. 살하(Sāḷha) 〈A.4.196.〉

1. 한때 세존께서 웨살리의 마하와나[大林園]에 있는 중각강당(重閣講堂)에 머무셨습니다. 그때 살하 릿차위와 아바야(Abhaya) 릿차위가 세존을 찾아와서 예배하고 한쪽에 앉았습니다. 한쪽에 앉은 살하 릿차위가 세존께 말씀드렸습니다.

"세존이시여, 어떤 사문과 바라문들은 두 가지 원인, 즉 청정한 계행(戒行)과 염세적인 고행에 의해서 폭류(暴流)를 건넌다고 천명합니다. 세존이시여, 세존께서는 무엇을 원인이라고 말씀하십니까?"

2.-6. "살하여, 나는 청정한 계행을 사문의 자격 가운데 하나라고 말한다오. 살하여, 그렇지만 염세적인 고행을 원인이라고 주장하면서 염세적인 고행을 핵심으로 삼아 염세적인 고행에 집착하고 살아가는 사문과 바라문들은 폭류를 건널 수 없다오. 살하여, 신체행위[kāyasamācārā]가 청정하지 않고, 언어행위[vacīsamācārā]가 청정하지 않고, 마음행위[manosamācārā]가 청정하지 않은 사문과 바라문들은 위없는 바른 깨달음에 대하여 알고 볼 수 없다오.

살하여, 그렇지만 염세적인 고행을 원인이라고 주장하지 않고, 염세적인 고행을 핵심으로 삼지 않고, 염세적인 고행에 집착하지 않고 살아가는 사문과 바라문들은 폭류를 건널 수 있다오. 살하여, 신체행위가 청정하고, 언어행위가 청정하고, 마음행위가 청정한 사문과 바라문들은 위없는 바른 깨달음에 대하여 알고 볼 수 있다오.

7. 살하여, 예를 들어 활 쏘는 재주가 뛰어난 무사가 세 가지 일을 할 수 있으면, 그는 왕이 될 자질이 있으며, 왕의 자격을 갖춘 제왕이

라고 불리는 것과 같다오. 그 셋은 어떤 것인가? 멀리 쏘고, 번개처럼 빨리 쏘고, 큰 적군을 쳐부수는 것이라오.

8. 살하여, 멀리 쏘는 무사처럼, 이와 같이 거룩한 제자는 바른 삼매에 든다오. 바른 삼매에 든 거룩한 제자는 '과거·미래·현재의 모든 몸의 형색[色]은, 그것이 내적인 것이든 외적인 것이든, 거친 것이든 섬세한 것이든, 저열한 것이든 훌륭한 것이든, 멀리에 있든 가까이에 있든, 몸의 형색은 어떤 것이든, 그것은 나의 것이 아니고, 그것은 내가 아니고, 그것은 나의 자아가 아니다'라고 이것을 바른 통찰지로 있는 그대로 통찰한다오. 느낌[受], 생각[想], 행위[行]들, 분별의식[識]도 이와 같이 바른 통찰지로 있는 그대로 통찰한다오.

9. 살하여, 번개처럼 빨리 쏘는 무사처럼, 이와 같이 거룩한 제자는 바른 견해[正見]가 있다오. 바른 견해가 있는 거룩한 제자는 '이것은 괴로움[苦]이다'라고 있는 그대로 통찰하고, '이것은 괴로움의 쌓임[苦集]이다'라고 있는 그대로 통찰하고, '이것은 괴로움의 소멸[苦滅]이다'라고 있는 그대로 통찰하고, '이것은 괴로움의 소멸에 이르는 길[苦滅道]이다'라고 있는 그대로 통찰한다오.

10. 살하여, 큰 적군을 쳐부수는 무사처럼, 이와 같이 거룩한 제자는 바른 해탈을 한다오. 바른 해탈을 한 거룩한 제자는 커다란 무명 덩어리[avijjākhandaṃ]를 쳐부순다오."

제5장 다섯-모음[Pañcaka-Nipāta]

A.5.1. 설명[Vitthata] ① 〈A.5.2.〉

1. 세존께서 사왓티의 제따와나 아나타삔디까 승원에 머무실 때, 비구들에게 말씀하셨습니다.

"비구들이여, 공부하는 사람의 다섯 가지 힘[五力]이 있다오. 그 다섯은 어떤 것인가? 그것은 믿음의 힘[saddhābalaṃ], 부끄러움의 힘[hiribalaṃ], 뉘우침의 힘[ottappabalaṃ], 정진(精進)의 힘[viriyabalaṃ], 통찰지[般若]의 힘[paññābalaṃ]이라오.

2. 비구들이여, 믿음의 힘은 어떤 것인가? 비구들이여, 거룩한 제자는 여래의 깨달음을 믿는다오. 즉, 여래는 '아라한(阿羅漢), 원만하고 바르게 깨달으신 분[正遍知], 앎과 실천을 구족하신 분[明行足], 행복하신 분[善逝], 세간을 잘 아시는 분[世間解], 위없는 분[無上士], 사람을 길들여 바른길로 이끄시는 분[調御丈夫], 천신과 인간의 스승[天人師], 진리를 깨달으신 분[佛], 세존(世尊)'이라고 믿는다오. 비구들이여, 이것을 믿음의 힘이라고 한다오.

3. 비구들이여, 부끄러움의 힘은 어떤 것인가? 비구들이여, 거룩한 제자는 몸으로 행한 악행·말로 행한 악행·마음으로 행한 악행에 대하여 부끄러워하고, 사악하고 불선(不善)한 법을 실행한 것에 대하여 부끄러워한다오. 비구들이여, 이것을 부끄러움의 힘이라고 한다오.

4. 비구들이여, 뉘우침의 힘은 어떤 것인가? 비구들이여, 거룩한 제자는 몸으로 행한 악행·말로 행한 악행·마음으로 행한 악행에 대하여 뉘우치고, 사악하고 불선법(不善法)을 실행한 것에 대하여 뉘우친다오. 비구들이여, 이것을 뉘우침의 힘이라고 한다오.

5. 비구들이여, 정진의 힘은 어떤 것인가? 비구들이여, 거룩한 제자는 불선법을 버리고 선법을 구족하기 위하여, 선법에 대하여 강력하게 열심히 노력하면서 끈기 있게 열정적으로 정진하며 살아간다오. 비구들이여, 이것을 정진의 힘이라고 한다오.

6. 비구들이여, 통찰지의 힘은 어떤 것인가? 비구들이여, 거룩한 제자는 거룩한 바른 괴로움의 소멸에 이르기 위해서, 나타나고 사라지는 것을 꿰뚫어 보는 통찰지를 구족한다오. 비구들이여, 이것을 통찰지의 힘이라고 한다오.

7. 비구들이여, 이들이 공부하는 사람의 다섯 가지 힘이라오. 비구들이여, 그러므로 '나는 믿음의 힘을 구족하고, 부끄러움의 힘을 구족하고, 뉘우침의 힘을 구족하고, 정진의 힘을 구족하고, 통찰지의 힘을 구족하겠다'라고 공부해야 한다오."

A.5.2. 설명[Vitthata] ② 〈A.5.14.〉

1. "비구들이여, 다섯 가지 힘[五力]이 있다오. 그 다섯은 어떤 것인가? 그것은 믿음의 힘, 정진(精進)의 힘, 주의집중의 힘[sati-balaṃ], 삼매의 힘[samādhibalaṃ], 통찰지[般若]의 힘이라오.

2. 비구들이여, 믿음의 힘은 어떤 것인가? 비구들이여, 거룩한 제자는 여래의 깨달음을 믿는다오. 즉, 여래는 '아라한(阿羅漢), 원만하고 바르게 깨달으신 분[正遍知], 앎과 실천을 구족하신 분[明行足], 행복하신 분[善逝], 세간을 잘 아시는 분[世間解], 위없는 분[無上士], 사람을 길들여 바른길로 이끄시는 분[調御丈夫], 천신과 인간의 스승[天人師], 진리를 깨달으신 분[佛], 세존(世尊)'이라고 믿는다오. 비구들이여, 이것을 믿음의 힘이라고 한다오.

비구들이여, 정진의 힘은 어떤 것인가? 비구들이여, 거룩한 제자는 불선법(不善法)을 버리고 선법(善法)을 구족하기 위하여, 선법에 대하여 강력하게 열심히 노력하면서 끈기 있게 열정적으로 정진하며 살아간다오. 비구들이여, 이것을 정진의 힘이라고 한다오.

3. 비구들이여, 주의집중의 힘은 어떤 것인가? 비구들이여, 거룩한 제자는 최상의 사려 깊은 주의집중을 구족하여 오래전에 행한 것과 오래전에 말한 것을 기억하고 상기(想起)한다오. 비구들이여, 이것을 주의집중의 힘이라고 한다오.

4. 비구들이여, 삼매의 힘은 어떤 것인가? 비구들이여, 거룩한 제자는 감각적 욕망을 멀리하고 불선법을 멀리함으로써 사유[尋]가 있고 숙고[伺]가 있는, 멀리함에서 생긴 희열과 행복이 있는 초선(初禪)을 성취하여 살아가고, 사유와 숙고를 억제하여 내적으로 조용해진, 마음이 집중된, 사유와 숙고가 없는, 삼매에서 생긴 희열과 행복이 있는 제2선(第二禪)을 성취하여 살아가고, 희열과 이욕(離欲)으로부터 초연하여 평정한 주의집중과 알아차림을 하며 지내면서 몸으로 행복을 느끼는, 성자(聖者)들이 '평정한 주의집중을 하는 행복한 상태'라고 이야기한 제3선(第三禪)을 성취하여 살아가고, 행복감을 포기하고 괴로움을 버림으로써 이전의 만족과 불만이 소멸하여 괴롭지도 않고 즐겁지도 않은, 평정한 주의집중이 청정한 제4선(第四禪)을 성취하여 살아간다오. 비구들이여, 이것을 삼매의 힘이라고 한다오.

5. 비구들이여, 통찰지의 힘은 어떤 것인가? 비구들이여, 거룩한 제자는 통찰지가 있다오. 그는 거룩한 바른 괴로움의 소멸에 이르기 위해서, 나타나고 사라지는 것을 꿰뚫어 보는 통찰지를 구족한다오. 비구들이여, 이것을 통찰지의 힘이라고 한다오.

비구들이여, 이들이 다섯 가지 힘이라오."

A.5.3. 공경하지 않는[Agārava] 〈A.5.22.〉

1. "비구들이여, 도반(道伴)을 공경하지 않고 화순(和順)하지 않고 화합하지 않는 비구가 실천해야 할 바른 법[abhisamacārikaṃ dhammaṃ]을 성취하는 일은 있을 수 없다오. 비구들이여, 실천해야 할 바른 법을 성취하지 못한 비구가 공부해야 할 법[sekhaṃ dhammaṃ]을 성취하는 일은 있을 수 없다오. 비구들이여, 공부해야 할 법을 성취하지 못한 비구가 계온(戒蘊, sīlakkhandhaṃ)을 성취하는 일은 있을 수 없다오. 비구들이여, 계온을 성취하지 못한 비구가 정온(定蘊, samādhikkhandhaṃ)을 성취하는 일은 있을 수 없다오. 비구들이여, 정온을 성취하지 못한 비구가 혜온(慧蘊, paññākkhandhaṃ)을 성

취하는 일은 있을 수 없다오.

2. 비구들이여, 도반을 공경하고 화순하고 화합하는 비구가 실천해야 할 바른 법을 성취할 수 있다오. 비구들이여, 실천해야 할 바른 법을 성취한 비구가 공부해야 할 법을 성취할 수 있다오. 비구들이여, 공부해야 할 법을 성취한 비구가 계온을 성취할 수 있다오. 비구들이여, 계온을 성취한 비구가 정온을 성취할 수 있다오. 비구들이여, 정온을 성취한 비구가 혜온을 성취할 수 있다오."

A.5.4. 시하(Sīha) 〈A.5.34.〉

1. 한때 세존께서 웨살리의 마하와나[大林園]에 있는 중각강당에 머무셨습니다. 그때 시하 장군이 세존을 찾아와서 세존께 예배하고 한쪽에 앉았습니다. 한쪽에 앉은 시하 장군이 세존께 말씀드렸습니다.

2. "세존이시여, 눈에 보이는 보시의 결실을 알려 줄 수 있습니까?"

세존께서는 "시하여, 알려 줄 수 있다오" 라고 말씀하시고, 이렇게 말씀하셨습니다.

"시하여, 보시를 행하는 시주(施主)는 많은 사람의 사랑을 받는다오. 시하여, 이것이 눈에 보이는 보시의 결실이라오. 시하여, 그다음에 보시를 행하는 시주를 선량한 참사람들이 가까이한다오. 시하여, 이것이 눈에 보이는 보시의 결실이라오. 시하여, 그다음에 보시를 행하는 시주의 훌륭한 명성이 높아진다오. 시하여, 이것이 눈에 보이는 보시의 결실이라오. 시하여, 그다음에 보시를 행하는 시주는 크샤트리아의 모임에 가든 바라문의 모임에 가든 거사의 모임에 가든 사문의 모임에 가든, 어느 모임에 가더라도 떳떳하고 당당하게 간다오. 시하여, 이것이 눈에 보이는 보시의 결실이라오. 시하여, 그다음에 보시를 행하는 시주는 몸이 무너져 죽은 후에 행복한 천상세계에 태어난다오. 시하여, 이것은 내세의 보시의 결실이라오."

3. 이 말씀을 듣고, 시하 장군은 세존께 이렇게 말씀드렸습니다.

"세존이시여, 세존께서 말씀하신 눈에 보이는 네 가지 보시의 결실은 제가 세존에 대한 믿음으로 알게 된 것이 아니라, 저도 그것들을 알고 있습니다. 세존이시여, 저는 보시하는 시주이기 때문에 많은 사람의 사랑을 받습니다. 세존이시여, 저는 보시하는 시주이기 때문에 선량한 참사람들이 가까이합니다. 세존이시여, 저는 보시하는 시주이기 때문에 '시하 장군은 보시를 행하는 상가의 단월(檀越)이다'라는 훌륭한 명성이 높습니다. 세존이시여, 저는 보시하는 시주이기 때문에 크샤트리아의 모임에 가든 바라문의 모임에 가든 거사의 모임에 가든 사문의 모임에 가든, 어느 모임에 가더라도 떳떳하고 당당하게 갑니다. 세존이시여, 이와 같이 세존께서 말씀하신 눈에 보이는 네 가지 보시의 결실은 제가 세존에 대한 믿음으로 알게 되는 아니라, 저도 그것들을 알고 있습니다. 그런데 세존께서 '시하여, 보시를 행하는 시주는 몸이 무너져 죽은 후에 행복한 천상세계에 태어난다오. 시하여, 이것은 내세의 보시의 결실이라오'라고 하신 말씀은 알지 못했습니다. 그래서 저는 세존에 대한 믿음으로 그렇게 알겠습니다."

"시하여, 그렇다오. 시하여, 그렇다오. 시하여, 보시를 행하는 시주는 몸이 무너져 죽은 후에 행복한 천상세계에 태어난다오."

A.5.5. 꼬살라(Kosala) 〈A.5.49.〉

1. 한때 세존께서는 사왓티의 제따와나 아나타삔디까 승원에 머무셨습니다.

어느 날 꼬살라의 왕 빠세나디가 세존을 찾아와서 세존께 예배하고 한쪽에 앉았습니다. 그때 말리까 왕비가 죽었습니다. 그래서 어떤 하인이 꼬살라의 왕 빠세나디에게 와서 그의 귀에 대고 "말리까 왕비께서 운명하셨습니다"라고 알렸습니다. 이 말을 들은 꼬살라의 왕 빠세나디는 괴롭고 슬퍼서, 축 처진 어깨에 고개를 떨어뜨린 채로 말을 잃고 앉아 있었습니다.

세존께서는 꼬살라의 왕 빠세나디가 괴롭고 슬퍼서, 축 처진 어깨에 고개를 떨어뜨린 채로 말을 잃고 있는 것을 보시고 그에게 말씀하셨습니다.

2. "대왕이시여, 사문이든 바라문이든 천신이든 마라(Māra)든 범천(梵天)이든, 세간에서 그 누구도 할 수 없는 다섯 가지가 있습니다. 그 다섯은 어떤 것인가? 대왕이시여, 사문이든 바라문이든 천신이든 마라든 범천이든, 세간에서 그 누구도 늙는 존재[jarā-dhammaṃ]를 늙지 말라고 하고, 병드는 존재를 병들지 말라고 하고, 죽는 존재를 죽지 말라고 하고, 소멸하는 존재를 소멸하지 말라고 하고, 사라지는 존재를 사라지지 말라고 할 수 없습니다.

3. 대왕이시여, 배우지 못한 범부는 늙음이 오고 병이 들고 죽음이 오고 소멸하게 되고 사라지게 되면, 그는 늙음·병·죽음·소멸·사라짐에 대하여 '늙음·병·죽음·소멸·사라짐은 나에게만 오는 것이 아니다. 오고 가고 죽고 태어나는 것이 중생이기 때문에 모든 중생에게는 늙음·병·죽음·소멸·사라짐이 온다. 그런데 내가 늙음이 오고 병이 들고 죽음이 오고 소멸하게 되고 사라지게 되었다고 해서 괴로워하고 탄식하고 슬퍼하고 가슴을 치며 울부짖고 당황하면 밥맛도 없을 것이고, 몸은 추한 몰골이 될 것이고, 일을 할 수 없게 될 것이고, 적들은 기뻐하고 친구들은 걱정할 것이다'라고 성찰하지 못합니다. 그는 늙음이 오고 병이 들고 죽음이 오고 소멸하게 되고 사라지게 되면, 괴로워하고 탄식하고 슬퍼하고 가슴을 치며 울부짖고 당황하게 됩니다.

대왕이시여, 이것을 '배우지 못한 범부는 고뇌의 독화살을 맞고서 자신을 괴롭힌다'라고 말하는 것입니다.

4. 대왕이시여, 배움이 많은 거룩한 제자도 늙음이 오고 병이 들고 죽음이 오고 소멸하게 되고 사라지게 되지만, 그는 늙음·병·죽음·소멸·사라짐에 대하여 '늙음·병·죽음·소멸·사라짐은 나에게만 오는 것이 아니다. 오고 가고 죽고 태어나는 것이 중생이기 때문에 모든 중생에게는 늙음·병·죽음·소멸·사라짐이 온다. 그런데 내가 늙음이 오고 병이 들고 죽음이 오고 소멸하게 되고 사라지게 되었다고 해서 괴로워하고 탄식하고 슬퍼하고 가슴을 치며 울부짖고 당황하면 밥맛도 없을 것이고, 몸은 추한 몰골이 될 것이고, 일을 할 수 없게 될 것이고, 적들은 기뻐하고 친구들은 걱정할 것이다'라고 성찰합니다. 그는 늙음이 오고 병이 들고 죽음이 오고 소멸하게 되고 사라지게 되어도, 괴로워하지 않고 탄식하지 않고 슬퍼하지 않고 가슴을 치며 울부짖지 않고 당황하지 않습니다.

대왕이시여, 이것을 '배움이 많은 거룩한 제자는 배우지 못한 범부가 맞고서 스스로 괴롭히는 고뇌의 독화살을 뽑았다. 화살을 제거하여 고뇌 없는 거룩한 제자는 자신을 반열반(般涅槃)에 들게 한다'라고 말하는 것입니다."

A.5.6. 친교사(親教師, Upajjhāya)[672] 〈A.5.56.〉

1. 어떤 비구가 자신의 친교사(親教師)를 찾아가서 말했습니다.

"존자님! 요즘 제 몸은 마치 취한 것처럼 방향을 가늠할 수 없고 가르침들이 생각나지 않습니다. 제 마음은 혼미하며, 저는 수행하는 것이 즐겁지 않습니다. 저에게는 가르침에 대한 의심이 있습니다."

2. 그 비구는 제자 비구를 데리고 세존을 찾아가서 세존께 예배하고 한쪽에 앉았습니다. 한쪽에 앉은 그 비구는 세존께 말씀드렸습니다.

"세존이시여, 이 비구가 '존자님! 요즘 제 몸은 마치 취한 것처럼 방향을 가늠할 수 없고 가르침들이 생각나지 않습니다. 제 마음은 혼미하며, 저는 수행하는 것이 즐겁지 않습니다. 저에게는 가르침들에 대한 의심이 있습니다'라고 말했습니다."

3. "비구여, 참으로 그러할 것이오. 지각활동을 할 때 문을 지키지 않고, 음식의 양을 조절하지 못하고, 깨어 있음에 전념하지 못하고, 좋은 법들에 대한[kusalānaṃ dhammānaṃ] 내적 성찰이 없고[avipassaka], 초저녁[初夜]과 새벽[後夜]에 깨달음에 도움이 되는 법들에[bodhipakkhikānaṃ dhammānaṃ] 전념하지 않으면, 마음은 혼미하고 수행하는 것이 즐겁지 않으며 가르침에 대한 의심이 있게 된다오. 비구여, 그러므로 '나는 지각활동을 할 때 문을 지키고, 음식의 양을 조절하고, 깨어 있음에 전념하고, 좋은 법들에 대해서 안으로 성찰하고, 초저녁과 새벽에 깨달음에 도움이 되는 법들을 수행하는 데 전념하며 살아가겠다'라고 공부해야 한다오. 비구여, 실로 이렇게 공부해야 한다오."

4. 그 비구는 세존으로부터 이러한 가르침을 받고, 자리에서 일어나 세존께 예배하고 떠나갔습니다. 그 비구는 홀로 외딴곳에서 열심히 노력하고 정진하며 지냈습니다. 그리고 오래지 않아 선남자(善男子)들이 출가하는 목적인 위없는 청정한 수행[梵行]의 완성을 지금 여기에서 스스로 체험하고 성취하여 살아갔습니다. 그는 '태어남은 끝났고, 청정한 수행을 마쳤으며, 해야 할 일을 끝마쳤다. 다시는 이런 상태로 되지 않는다'라는 것을 증득했습니다. 그리하여 그는 아라한 가운데 한 분이 되었습니다.

아라한이 된 그 비구는 자신의 친교사를 찾아가서 말했습니다.

5. "존자님! 요즘 제 몸은 방향을 잘 가늠하고 있습니다. 가르침들이 잘 떠오르고 마음은 혼미하지 않습니다. 저는 수행하는 것이 즐겁습니다. 저에게는 가르침에 대한 의심이 없습니다."

A.5.7. 사실[Ṭhāna] 〈A.5.57.〉

1. "비구들이여, 이들 다섯 가지 사실을 여자든 남자든, 재가자든 출가자든, 항상 성찰(省

672 처음 출가한 사람의 스승이 되어 가르치는 스승.

察)해야 한다오. 그 다섯은 어떤 것인가?

2. 여자든 남자든, 재가자든 출가자든, '나는 늙음에서 벗어나지 못한 늙는 존재다'라고 항상 성찰해야 한다오. 여자든 남자든, 재가자든 출가자든, '나는 질병에서 벗어나지 못한 병드는 존재다'라고 항상 성찰해야 한다오. 여자든 남자든, 재가자든 출가자든, '나는 죽음에서 벗어나지 못한 죽는 존재다'라고 항상 성찰해야 한다오. 여자든 남자든, 재가자든 출가자든, '나는 사랑하고 좋아하는 것들과 헤어지고 이별해야 한다'라고 항상 성찰해야 한다오. 여자든 남자든, 재가자든 출가자든, '나는 업(業)의 소유자이며, 업의 상속자이며, 업을 모태(母胎)로 하며, 업의 친척이며, 업에 의지한다. 나는 좋은 업[善業]이든 사악한 업[惡業]이든 내가 지은 업의 상속자가 될 것이다'라고 항상 성찰해야 한다오.

비구들이여, 무엇 때문에 여자든 남자든, 재가자든 출가자든, '나는 늙음에서 벗어나지 못한 늙는 존재다'라고 항상 성찰해야 하는가?

3. 중생들은 젊은 시절에 젊음에 대한 자만(自慢)이 있으며, 자만에 빠져서 몸으로 악행을 저지르고, 말로 악행을 저지르고, 마음으로 악행을 저지른다오. 그가 이런 사실을 항상 성찰하면, 젊은 시절 젊음에 대한 자만이 모두 사라지거나 줄어든다오. 이런 까닭에 여자든 남자든, 재가자든 출가자든, '나는 늙음에서 벗어나지 못한 늙는 존재다'라고 항상 성찰해야 한다오.

비구들이여, 무엇 때문에 여자든 남자든, 재가자든 출가자든, '나는 질병에서 벗어나지 못한 병드는 존재다'라고 항상 성찰해야 하는가?

4. 중생들은 건강할 때 건강에 대한 자만이 있으며, 자만에 빠져서 몸으로 악행을 저지르고, 말로 악행을 저지르고, 마음으로 악행을 저지른다오. 그가 이런 사실을 항상 성찰하면, 건강할 때 건강에 대한 자만이 모두 사라지거나 줄어든다오. 이런 까닭에 여자든 남자든, 재가자든 출가자든, '나는 질병에서 벗어나지 못한 병드는 존재다'라고 항상 성찰해야 한다오.

비구들이여, 무엇 때문에 여자든 남자든, 재가자든 출가자든, '나는 죽음에서 벗어나지 못한 죽는 존재다'라고 항상 성찰해야 하는가?

5. 중생들은 살아가는 동안 수명(壽命)에 대한 자만이 있으며, 자만에 빠져서 몸으로 악행을 저지르고, 말로 악행을 저지르고, 마음으로 악행을 저지른다오. 그가 이런 사실을 항상 성찰하면, 살아갈 때 수명에 대한 자만이 모두 사라지거나 줄어든다오. 이런 까닭에 여자든 남자든, 재가자든 출가자든, '나는 죽음에서 벗어나지 못한 죽는 존재다'라고 항상 성찰해야 한다오.

비구들이여, 무엇 때문에 여자든 남자든, 재가자든 출가자든, '나는 사랑하고 좋아하는 것들과 헤어지고 이별해야 한다'라고 항상 성찰해야 하는가?

6. 중생들은 사랑스러운 것들에 대한 욕탐(欲貪)이 있으며, 욕탐 때문에 몸으로 악행을 저지르고, 말로 악행을 저지르고, 마음으로 악행을 저지른다오. 그가 이런 사실을 항상 성찰하면, 사랑스러운 것들에 대한 욕탐이 모두 사라지거나 줄어든다오. 이런 까닭에 여자든 남자든, 재가자든 출가자든, '나는 사랑하고 좋아하는 것들과 헤어지고 이별해

야 한다'라고 항상 성찰해야 한다오.

비구들이여, 무엇 때문에 여자든 남자든, 재가자든 출가자든, '나는 업의 소유자이며, 업의 상속자이며, 업을 모태로 하며, 업의 친척이며, 업에 의지한다. 나는 좋은 업이든 사악한 업이든 내가 지은 업의 상속자가 될 것이다'라고 항상 성찰해야 하는가?

7. 중생들은 몸으로 저지른 악행, 말로 저지른 악행, 마음으로 저지른 악행이 있다오. 그가 이런 사실을 항상 성찰하면, 악행이 모두 사라지거나 줄어든다오. 이런 까닭에 여자든 남자든, 재가자든 출가자든, '나는 업의 소유자이며, 업의 상속자이며, 업을 모태로 하며, 업의 친척이며, 업에 의지한다. 나는 좋은 업이든 사악한 업이든 내가 지은 업의 상속자가 될 것이다'라고 항상 성찰해야 한다오.

8. 비구들이여, 거룩한 제자가 '나 혼자만 늙음에서 벗어나지 못한 늙는 존재가 아니다. 오고 가고 죽고 태어나는 것이 중생이기 때문에 모든 중생은 늙음에서 벗어나지 못한 늙는 존재다'라고 성찰하면, 그 사실을 항상 성찰함으로써 그에게 길이 생긴다오. 그는 그 길을 열심히 수행하여 익힌다오. 그 길을 열심히 수행하여 익힘으로써 그에게 결박들이 사라지고 습성[隨眠]들이 종식된다오. '나 혼자만 질병에서 벗어나지 못한 병드는 존재가 아니다. 오고 가고 죽고 태어나는 것이 중생이기 때문에 모든 중생은 질병에서 벗어나지 못한 병드는 존재다'라고 성찰하면, 그 사실을 항상 성찰함으로써 그에게 길이 생긴다오. 그는 그 길을 열심히 수행하여 익힌다오. 그 길을 열심히 수행하여 익힘으로써 그에게 결박들이 사라지고 습성들이 종식된다오. '나 혼자만 죽음에서 벗어나지 못한 죽는 존재가 아니다. 오고 가고 죽고 태어나는 것이 중생이기 때문에 모든 중생은 죽음에서 벗어나지 못한 죽는 존재다'라고 성찰하면, 그 사실을 항상 성찰함으로써 그에게 길이 생긴다오. 그는 그 길을 열심히 수행하여 익힌다오. 그 길을 열심히 수행하여 익힘으로써 그에게 결박들이 사라지고 습성들이 종식된다오. '나 혼자만 사랑하고 좋아하는 것들과 헤어지고 이별해야 하는 것이 아니다. 오고 가고 죽고 태어나는 것이 중생이기 때문에 모든 중생은 사랑하고 좋아하는 것들과 헤어지고 이별해야 한다'라고 성찰하면, 그 사실을 항상 성찰함으로써 그에게 길이 생긴다오. 그는 그 길을 열심히 수행하여 익힌다오. 그 길을 열심히 수행하여 익힘으로써 그에게 결박들이 사라지고 습성들이 종식된다오. '나 혼자만 업의 소유자이며, 업의 상속자이며, 업을 모태로 하며, 업의 친척이며, 업에 의지하는 것이 아니다. 오고 가고 죽고 태어나는 것이 중생이기 때문에 모든 중생은 업의 소유자이며, 업의 상속자이며, 업을 모태로 하며, 업의 친척이며, 업에 의지한다'라고 성찰하면, 그 사실을 항상 성찰함으로써 그에게 길이 생긴다오. 그는 그 길을 열심히 수행하여 익힌다오. 그 길을 열심히 수행하여 익힘으로써 그에게 결박들이 사라지고 습성들이 종식된다오."

A.5.8. 릿차위 소년[Licchavikumāraka]
〈A.5.58.〉

1. 한때 세존께서 웨살리의 마하와나[大林園]에 있는 중각강당(重閣講堂)에 머무셨습

니다. 어느 날 세존께서 오전에 옷을 입고 발우와 법의를 지니고 탁발하러 웨살리에 들어가셨습니다. 웨살리에서 탁발을 마치고 돌아와 식사를 마치신 후에 마하와나 숲속에 들어가서 오후의 휴식을 위해 나무 아래 앉으셨습니다. 그때 많은 릿차위(Licchavi) 소년들이 시위를 건 활을 들고, 개떼에 둘러싸여 마하와나 숲속에서 사냥감을 찾아 돌아다니다가 어떤 나무 아래 앉아 계시는 세존을 보았습니다. 그들은 세존을 보자 시위를 건 활을 내려놓고, 개떼를 한쪽으로 쫓아 버린 후에 세존께 다가가서 예배하고 말없이 조용히 합장하고 세존을 공경했습니다.

그때 마하나마(Mahānama) 릿차위가 마하와나 숲속에서 산책하면서 돌아다니다가 릿차위 소년들이 말없이 조용히 합장하고 세존을 공경하는 것을 보고, 세존께 다가가서 예배하고 한쪽에 앉았습니다. 한쪽에 앉은 마하나마 릿차위가 우다나(udāna)를 읊었습니다.

이들이 왓지 사람이 되게 하소서![673]
이들이 왓지 사람이 되게 하소서!

"마하나마여, 그대는 어찌하여 '이들이 왓지 사람이 되게 하소서! 이들은 왓지 사람이 되게 하소서!'라고 말하는 것이오?"

"세존이시여, 이 릿차위 소년들은 사납고 거칠고 탐욕스러운 젊은이들입니다. 가문에 보내온 사탕수수며 대추며 빵이며 사탕이며 과자 등을 수시로 훔쳐서 먹고, 양갓집 여인과 소녀들을 뒤에서 밀어뜨립니다. 그런 그들이 말없이 조용히 합장하고 세존을 공경하고 있습니다."

"마하나마여, 관정(灌頂)을 받아 왕이 된 크샤트리아든, 세습 관료든, 군대의 장군이든, 마을의 관리든, 단체의 수장이든, 가문을 다스리는 가장이든, 그 누구든 다섯 가지 법이 드러나면 결코 몰락하지 않고 번영을 기대할 수 있을 것이오. 그 다섯은 어떤 것인가?

2. 마하나마여, 선남자가 도덕적으로 여법하게 손수 땀 흘려 힘써 노력하여 얻은 재산으로 부모를 봉양하고 정성껏 보살피면, 봉양과 보살핌을 받는 부모는 선한 마음으로 '오랜 수명을 누리며 장수하여라!'라고 축원한다오. 마하나마여, 부모가 축원하는 선남자는 결코 몰락하지 않고 번영을 기대할 수 있을 것이오.

3. 마하나마여, 그다음에 선남자가 도덕적으로 여법하게 손수 땀 흘려 힘써 노력하여 얻은 재산으로 처자와 하인과 노복을 봉양하고 정성껏 보살피면, 봉양과 보살핌을 받는 처자와 하인과 노복은 선한 마음으로 '오랜 수명을 누리며 장수하시오!'라고 축원한다오. 마하나마여, 처자와 하인과 노복이 축원하는 선남자는 결코 몰락하지 않고 번영을 기대할 수 있을 것이오.

4. 마하나마여, 그다음에 선남자가 도덕적으로 여법하게 손수 땀 흘려 힘써 노력하여 얻은 재산으로 전답을 일구는 일꾼이나 주변의 일을 돕는 사람들을 봉양하고 정성껏 보살피

673 릿차위는 왓지국의 종족 이름이다. 거칠고 사나운 소년들이 세존을 공경하는 모습을 보고, 이들이 부처님의 가르침을 받아 왓지의 훌륭한 인물이 되기를 희망하면서 한 말이다.

면, 봉양과 보살핌을 받는 전답을 일구는 일꾼이나 주변의 일을 돕는 사람들은 선한 마음으로 '오랜 수명을 누리며 장수하시오!'라고 축원한다오. 마하나마여, 전답을 일구는 일꾼이나 주변의 일을 돕는 사람들이 축원하는 선남자는 결코 몰락하지 않고 번영을 기대할 수 있을 것이오.

5. 마하나마여, 그다음에 선남자가 도덕적으로 여법하게 손수 땀 흘려 힘써 노력하여 얻은 재산으로 헌공(獻供)을 받는 천신들을 봉양하고 정성껏 헌공하면, 헌공을 받는 천신들은 선한 마음으로 '오랜 수명을 누리며 장수하시오!'라고 축원한다오. 마하나마여, 천신들이 축원하는 선남자는 결코 몰락하지 않고 번영을 기대할 수 있을 것이오.

6. 마하나마여, 그다음에 선남자가 도덕적으로 여법하게 손수 땀 흘려 힘써 노력하여 얻은 재산으로 사문과 바라문들을 봉양하고 정성껏 보살피면, 봉양과 보살핌을 받는 사문과 바라문들은 선한 마음으로 '오랜 수명을 누리며 장수하시오!'라고 축원한다오. 마하나마여, 사문과 바라문들이 축원하는 선남자는 결코 몰락하지 않고 번영을 기대할 수 있을 것이오.

마하나마여, 관정을 받아 왕이 된 크샤트리아든, 세습 관료이든, 군대의 장군이든, 마을의 관리든, 단체의 수장이든, 가문을 다스리는 가장이든, 그 누구든 이들 다섯 가지 법이 드러나면 결코 몰락하지 않고 번영을 기대할 수 있을 것이오."

A.5.9. 공부하는 사람의 자신감
[Sekhavesārajja] 〈A.5.101.〉

1. "비구들이여, 이들 다섯 가지 법은 공부하는 사람에게 자신감을 준다오. 그 다섯은 어떤 것인가?

2. 비구들이여, 비구는 신념(信念)을 지니고, 계행(戒行)을 갖추고, 많이 배우고, 열심히 정진하고, 통찰력[般若]이 있어야 한다오. 비구들이여, 신념을 갖지 않으면 자신감이 없다오. 신념을 가져야 자신감이 생긴다오. 따라서 이 법은 공부하는 사람에게 자신감을 준다오. 비구들이여, 계율을 어기면 자신감이 없다오. 계행을 갖추어야 자신감이 생긴다오. 따라서 이 법은 공부하는 사람에게 자신감을 준다오. 비구들이여, 많이 배우지 않으면 자신감이 없다오. 많이 배워야 자신감이 생긴다오.

따라서 이 법은 공부하는 사람에게 자신감을 준다오. 비구들이여, 열심히 정진하지 않으면 자신감이 없다오. 열심히 정진해야 자신감이 생긴다오. 따라서 이 법은 공부하는 사람에게 자신감을 준다오. 비구들이여, 통찰력이 없으면 자신감이 없다오. 통찰력이 있어야 자신감이 생긴다오. 따라서 이 법은 공부하는 사람에게 자신감을 준다오."

A.5.10. 평온한 삶[Phāsuvihāra] 〈A.5.105.〉

1. "비구들이여, 이들 다섯 가지는 평온한 삶을 가져다준다오. 그 다섯은 어떤 것인가?

2. 비구들이여, 비구는 볼 때나 보지 않을 때나 도반에 대하여 몸으로 자애로운 행동을 보이고, 말로 자애로운 행동을 보이고, 마음으로 자애로운 행동을 보인다오. 그는 볼 때

나 보지 않을 때나 도반에 대하여 청정무구하게 흠 없이 깨끗하게 계율을 범하지 않고, 현자들이 칭찬하는 집착이 없고 삼매에 도움이 되는 이런 계율을 가지고 계율에 일치하여 살아간다오. 그는 볼 때나 보지 않을 때나 도반에 대하여, 그것을 행한 사람이 바르게 괴로움을 소멸하도록 거룩한 출리(出離)로 이끄는 이런 견해(見解)를 가지고 견해에 일치하여 살아간다오.

비구들이여, 이들 다섯 가지는 평온한 삶을 가져다준다오."

A.5.11. 아난다(Ānanda) 〈A.5.106.〉

1. 세존께서 사왓티의 고시따(Ghosita) 승원에 머무실 때, 아난다 존자가 세존을 찾아가서 예배하고 한쪽에 앉아 세존께 말씀드렸습니다.

"세존이시여, 비구상가가 살아갈 때, 어떻게 하면 평안하게 살아갈 수 있습니까?"

2. "아난다여, 비구가 자신은 계율을 구족하고 다른 사람의 계율에 대하여 비난하지 않으면, 비구상가가 살아갈 때 평안하게 살아갈 수 있을 것이다."

"세존이시여, 그렇다면 비구상가가 살아갈 때, 평안하게 사는 다른 방법도 있습니까?"

세존께서는 "있다, 아난다여!"라고 말씀하시고 이렇게 말씀하셨습니다.

3. "아난다여, 비구가 자신은 계율을 구족하고 다른 사람의 계율에 대하여 비난하지 않으면서 자신을 살피고 다른 사람을 살피지 않으면, 비구상가가 살아갈 때 평안하게 살 수 있을 것이다."

"세존이시여, 그렇다면 비구상가가 살아갈 때, 평안하게 사는 다른 방법도 있습니까?"

세존께서는 "있다, 아난다여!"라고 말씀하시고 이렇게 말씀하셨습니다.

4. "아난다여, 비구가 자신은 계율을 구족하고 다른 사람의 계율에 대하여 비난하지 않고, 자신을 살피고 다른 사람을 살피지 않으면서 알려지지 않았다고 해서 그것 때문에 걱정하지 않는다면, 비구상가가 살아갈 때 평안하게 살 수 있을 것이다."

"세존이시여, 그렇다면 비구상가가 살아갈 때, 평안하게 사는 다른 방법도 있습니까?"

세존께서는 "있다, 아난다여!"라고 말씀하시고 이렇게 말씀하셨습니다.

5. "아난다여, 비구가 자신은 계율을 구족하고 다른 사람의 계율에 대하여 비난하지 않고, 자신을 살피고 다른 사람을 살피지 않고, 알려지지 않았다고 해서 그것 때문에 걱정하지 않으면서 4선정(四禪定)이라고 하는 마음의 향상[增上心]을 지금 여기에서 만족스럽게 얻어 즐겁게 살아가면, 비구상가가 살아갈 때 평안하게 살 수 있을 것이다."

"세존이시여, 그렇다면 비구상가가 살아갈 때, 평안하게 사는 다른 방법도 있습니까?"

세존께서는 "있다, 아난다여!"라고 말씀하시고 이렇게 말씀하셨습니다.

6. "아난다여, 비구가 자신은 계율을 구족하고 다른 사람의 계율에 대하여 비난하지 않고, 자신을 살피고 다른 사람을 살피지 않고, 알아주지 않는다고 해서 그것 때문에 걱정하지 않고, 4선정이라고 하는 마음의 향상을

지금 여기에서 만족스럽게 얻어 즐겁게 살아가면서 어렵지 않고 쉽게 번뇌[漏]를 소멸하여 무루(無漏)의 심해탈과 혜해탈을 지금 여기에서 스스로 체험지로써 증득하여 성취하고 살아가면, 비구상가가 살아갈 때 평안하게 살 수 있을 것이다. 아난다여, 나는 이 평온한 삶보다 더 높고 수승한 다른 삶은 존재하지 않는다고 말한다."

A.5.12. 업신여김[Avajānāti] 〈A.5.141.〉

1. "비구들이여, 세간에는 다섯 부류의 사람이 있다오. 그 다섯은 어떤 것인가?

2. 주고 나서 업신여기는 사람, 함께 살았기 때문에 업신여기는 사람, 쉽게 믿는 사람, 동요하는 사람, 우둔하고 어리석은 사람이라오.

비구들이여, 어떤 사람이 주고 나서 업신여기는 사람인가?

3. 비구들이여, 어떤 사람은 다른 사람에게 의복과 탁발 음식과 거처(居處)와 의약자구(醫藥資具)를 주고 나서 '내가 이것을 주었고 그는 받았다'라고 생각한다오. 이런 사람이 주고 나서 업신여기는 사람이라오.

비구들이여, 어떤 사람이 함께 살았기 때문에 업신여기는 사람인가?

4. 비구들이여, 어떤 사람은 다른 사람과 함께 몇 년 살고서, 이렇게 함께 살았기 때문에 업신여긴다오. 이런 사람이 함께 살았기 때문에 업신여기는 사람이라오.

비구들이여, 어떤 사람이 쉽게 믿는 사람인가?

5. 비구들이여, 어떤 사람은 다른 사람에 대한 칭찬이나 비난의 말을 듣고 곧장 믿어 버린다오. 이런 사람이 쉽게 믿는 사람이라오.

비구들이여, 어떤 사람이 동요하는 사람인가?

6. 비구들이여, 어떤 사람은 신념이 흔들리고, 믿음이 흔들리고, 사랑이 흔들리고, 신심(信心)이 흔들린다오. 이런 사람이 동요하는 사람이라오.

비구들이여, 어떤 사람이 우둔하고 어리석은 사람인가?

7. 비구들이여, 어떤 사람은 유익한 것[善法]과 해로운 것[不善法]을 알지 못하고, 비난받을 일과 비난받지 않을 일을 알지 못하고, 저열한 것과 수승한 것을 알지 못하고, 선악(善惡)이 대립한다는 것을 알지 못한다오. 이런 사람이 우둔하고 어리석은 사람이라오."

A.5.13. 진실하지 않은 사람의 보시 [Asappurasadāna] 〈A.5.147.〉

1. "비구들이여, 이들 다섯 가지는 진실하지 않은 사람의 보시라오. 그 다섯은 어떤 것인가?

2. 진실하지 않은 사람은 공손하지 않게 보시하고, 성의 없이 보시하고, 제 손으로 보시하지 않고, 쓸모없는 것을 보시하고, 돌아온다는 믿음 없이 보시한다오. 비구들이여, 이들이 다섯 가지 진실하지 않은 사람의 보시라오.

3. 비구들이여, 이들 다섯 가지는 진실한 사람의 보시라오. 그 다섯은 어떤 것인가?

4. 진실한 사람은 공손하게 보시하고, 정성스럽게 보시하고, 제 손으로 보시하고, 소중한 것을 보시하고, 돌아온다는 믿음을 가지고 보시한다오. 비구들이여, 이들이 다섯 가지 진실한 사람의 보시라오."

A.5.14. 진실한 사람의 보시[Sappurasadāna]

〈A.5.148.〉

1. "비구들이여, 이들 다섯 가지는 진실한 사람의 보시라오. 그 다섯은 어떤 것인가?

2. 진실한 사람은 신심을 가지고 보시하고, 공손하게 보시하고, 시의적절(時宜適切)하게 보시하고, 아낌없이 보시하고, 자신과 타인에게 해가 되지 않게 보시한다오.

비구들이여, 신심을 가지고 보시하면 그 후에 어느 곳에서든, 그 과보를 받는 곳에서 그는 많은 재물과 큰 재산을 지닌 부자가 되고, 사랑스럽고 아름다운 연꽃 같은 최상의 용모를 갖게 된다오.

비구들이여, 공손하게 보시하면 그 후에 어느 곳에서든, 그 과보를 받는 곳에서 그는 많은 재물과 큰 재산을 지닌 부자가 되고, 아들이며 부인이며 노복이며 하인이며 일꾼 등은 귀를 기울여 말을 잘 듣고 지극한 마음으로 시중을 든다오.

비구들이여, 시의적절하게 보시하면 그 후에 어느 곳에서든, 그 과보를 받는 곳에서 그는 많은 재물과 큰 재산을 지닌 부자가 되고, 때가 오면 여러 가지 좋은 일이 있게 된다오.

비구들이여, 아낌없이 보시하면 그 후에 어느 곳에서든, 그 과보를 받는 곳에서 그는 많은 재물과 큰 재산을 지닌 부자가 되어 최상의 5욕락(五欲樂)을 누리는 데 마음을 기울이게 된다오.

비구들이여, 자신과 타인에게 해가 되지 않게 보시하면 그 후에 어느 곳에서든, 그 과보를 받는 곳에서 그는 많은 재물과 큰 재산을 지닌 부자가 되고, 결코 불이나 물이나 왕이나 도적이나 사랑하지 않는 사람이나 상속자에 의해 재산의 피해를 입지 않게 된다오.

비구들이여, 이들이 다섯 가지 진실한 사람의 보시라오."

A.5.15. 원한의 극복[Āghātapaṭivinaya]

〈A.5.161.〉

1. "비구들이여, 일어난 원한을 모조리 극복할 수 있는 다섯 가지 방법이 있다오. 그 다섯은 어떤 것인가?

2. 비구들이여, 어떤 사람에 대한 원한이 생기면, 그 사람에 대하여 자애(慈愛)의 마음을 일으켜야 한다오. 이렇게 하면 그 사람에 대한 원한을 극복할 수 있다오.

3. 비구들이여, 어떤 사람에 대한 원한이 생기면, 그 사람에 대하여 연민(憐愍)의 마음을 일으켜야 한다오. 이렇게 하면 그 사람에 대한 원한을 극복할 수 있다오.

4. 비구들이여, 어떤 사람에 대한 원한이 생기면, 그 사람에 대하여 평정한 마음을 일으켜야 한다오. 이렇게 하면 그 사람에 대한 원한을 극복할 수 있다오.

5. 비구들이여, 어떤 사람에 대한 원한이 생기면, 그 사람에 대하여 주의를 기울이지 않고 마음을 쓰지 않도록 해야 한다오. 이렇게 하면 그 사람에 대한 원한을 극복할 수 있다오.

6. 비구들이여, 어떤 사람에 대한 원한이 생기면, 그 사람에 대하여 업의 소유자라는 사실을 명심하여 '이 존자는 업(業)의 소유자이며, 업의 상속자이며, 업을 모태(母胎)로 하며, 업의 친척이며, 업에 의지한다. 그가 좋은 업을 짓든 사악한 업을 짓든, 그는 그 업의 상속자가 될 것이다'라고 생각해야 한다오. 이

렇게 하면 그 사람에 대한 원한을 극복할 수 있다오.

비구들이여, 이들이 일어난 원한을 모조리 극복할 수 있는 다섯 가지 방법이라오."

A.5.16. 질책[Codanā] 〈A.5.167.〉

1. 사리뿟따 존자가 비구들에게 말했습니다.

"존자들이여, 질책하려는 비구가 남을 질책할 때는 마음속에 이들 다섯 가지 법을 유념하고 남을 질책해야 합니다. 그 다섯은 어떤 것인가?

2. '나는 적절한 때에 말하고, 적절하지 않은 때에는 말하지 않겠다. 나는 사실대로 말하고, 사실이 아닌 것은 말하지 않겠다. 나는 부드럽게 말하고, 거칠게 말하지 않겠다. 나는 유익한 말을 하고, 무익한 말은 하지 않겠다. 나는 자애로운 마음으로 말하고, 악의를 품고 말하지 않겠다.'

존자들이여, 질책하려는 비구가 남을 질책할 때는 속으로 이들 다섯 가지 법을 유념하고 남을 질책해야 합니다.

3. 존자들이여, 내가 어떤 사람을 보니, 그는 적절한 때가 아니라 적절하지 않은 때에 질책을 받으면서 화를 내고, 사실 아닌 것으로 질책받으면서 화를 내고, 부드러운 말이 아니라 거친 말로 질책을 받으면서 화를 내고, 유익한 말이 아니라 무익한 말로 질책을 받으면서 화를 내고, 자애로운 마음이 아니라 악의를 품고 하는 질책을 받으면서 화를 냅니다.

4. 존자들이여, 다섯 가지 상태로 법도에 맞지 않게 질책을 받은 비구는 뉘우치지 않아도 됩니다.

적절한 때가 아니라 적절하지 않은 때에 질책을 받은 존자는 뉘우치지 않아도 됩니다. 사실이 아닌 것으로 질책을 받은 존자는 뉘우치지 않아도 됩니다. 부드러운 말이 아니라 거친 말로 질책을 받은 존자는 뉘우치지 않아도 됩니다. 유익한 말이 아니라 무익한 말로 질책을 받은 존자는 뉘우치지 않아도 됩니다. 자애로운 마음이 아니라 악의를 품고 하는 질책을 받은 존자는 뉘우치지 않아도 됩니다.

존자들이여, 이들 다섯 가지 상태로 법도에 맞지 않게 질책을 받은 비구는 뉘우치지 않아도 됩니다.

5. 존자들이여, 다섯 가지 상태로 법도에 맞지 않게 질책한 비구는 뉘우쳐야 합니다.

적절한 때가 아니라 적절하지 않은 때에 질책한 존자는 뉘우쳐야 합니다. 사실이 아닌 것으로 질책한 존자는 뉘우쳐야 합니다. 부드러운 말이 아니라 거친 말로 질책한 존자는 뉘우쳐야 합니다. 유익한 말이 아니라 무익한 말로 질책한 존자는 뉘우쳐야 합니다. 자애로운 마음이 아니라 악의를 품고 질책한 존자는 뉘우쳐야 합니다.

존자들이여, 이들 다섯 가지 상태로 법도에 맞지 않게 질책한 비구는 뉘우쳐야 합니다. 왜냐하면, 그렇게 하면 다른 비구가 사실이 아닌 것으로 질책해서는 안 된다는 생각을 하게 될 것이기 때문입니다.

6. 존자들이여, 내가 어떤 사람을 보니, 그는 적절하지 않은 때가 아니라 적절한 때에 질책을 받으면서 화를 내고, 사실이 아닌 것이 아니라 사실대로 질책을 받으면서 화를 내고, 거친 말이 아니라 부드러운 말로 질책을 받으면서 화를 내고, 무익한 말이 아니라 유

익한 말로 질책을 받으면서 화를 내고, 악의가 아니라 자애로운 마음으로 하는 질책을 받으면서 화를 냅니다.

7. 존자들이여, 다섯 가지 상태로 법도에 맞게 질책을 받은 비구는 당연히 뉘우쳐야 합니다. 적절하지 않은 때가 아니라 적절한 때에 질책을 받은 존자는 당연히 뉘우쳐야 합니다. 사실이 아닌 것이 아니라 사실대로 질책을 받은 존자는 당연히 뉘우쳐야 합니다. 거친 말이 아니라 부드러운 말로 질책을 받은 존자는 당연히 뉘우쳐야 합니다. 무익한 말이 아니라 유익한 말로 질책을 받은 존자는 당연히 뉘우쳐야 합니다. 악의가 아니라 자애로운 마음으로 하는 질책을 받은 존자는 당연히 뉘우쳐야 합니다. 존자들이여, 이들 다섯 가지 상태로 법도에 맞게 질책을 받은 비구는 당연히 뉘우쳐야 합니다.

8. 존자들이여, 다섯 가지 상태로 법도에 맞게 질책한 비구는 뉘우치지 않아도 됩니다.

적절하지 않은 때가 아니라 적절한 때에 질책한 존자는 뉘우치지 않아도 됩니다. 사실이 아닌 것이 아니라 사실대로 질책한 존자는 뉘우치지 않아도 됩니다. 거친 말이 아니라 부드러운 말로 질책한 존자는 뉘우치지 않아도 됩니다. 무익한 말이 아니라 유익한 말로 질책한 존자는 뉘우치지 않아도 됩니다. 악의가 아니라 자애로운 마음으로 질책한 존자는 뉘우치지 않아도 됩니다.

존자들이여, 이들 다섯 가지 상태로 법도에 맞게 질책한 비구는 뉘우치지 않아도 됩니다. 왜냐하면, 그렇게 하면 다른 비구가 사실대로 질책해야 한다는 생각을 하게 될 것이기 때문입니다.

9. 존자들이여, 질책을 받는 사람은 다음과 같이 두 가지 법, 즉 진실(眞實)과 부동(不動)에 굳게 머물러야 합니다.

만약에 다른 사람이 나를 질책할 때, 그 시기가 적절하거나 적절하지 않거나, 사실이거나 사실이 아니거나, 부드럽거나 거칠거나, 유익하거나 해롭거나, 자애로운 마음으로 말하거나 악의를 품고 말하거나, 나는 그것에 영향을 받지 않고 진실을 이야기하겠다. 만약에 그런 일이 나에게 있다는 것을 알게 되면 '나는 그런 일을 한 적이 있다'라고 말하고, 만약에 그런 일이 나에게 없다는 것을 알게 되면 '나는 그런 일을 한 적이 없다'라고 말해야 합니다."

제6장 여섯-모음[Chakka-Nipāta]

A.6.1. 항상 생각하는 대상[Anussatiṭṭhāna] ① 〈A.6.9.〉

1. "비구들이여, 여섯 가지 항상 생각하는 대상들이 있다오. 그 여섯은 어떤 것인가?

2. 항상 붓다[佛]를 생각하고, 항상 가르침[法]을 생각하고, 항상 상가[僧]를 생각하고, 계행(戒行)을 항상 생각하고, 항상 아낌없는 베풂을[cāgaṃ] 생각하고, 천신(天神)을 항상 생각한다오.

비구들이여, 이들이 여섯 가지 항상 생각하는 대상들이라오."

A.6.2. 항상 생각하는 대상[Anussatiṭṭhāna] ② 〈A.6.10.〉

1. 한때 세존께서 삭까족의 까삘라왓투에 있는 니그로다 승원에 머무실 때, 마하나마 삭까가 세존을 찾아와서 세존께 예배하고 한쪽에 앉았습니다. 한쪽에 앉은 마하나마 삭까가 세존께 말씀드렸습니다.

"세존이시여, 가르침을 배워서 성과를 얻은 거룩한 제자는 어떤 생각을 하면서 열심히 살아갑니까?"

"마하나마여, 가르침을 배워서 성과를 얻은 거룩한 제자는 이런 생각을 하면서 열심히 살아간다오.

2. 마하나마여, 거룩한 제자는 항상 여래[佛]를 생각한다오. 그는 '그분 세존은 아라한(阿羅漢)이며, 원만하고 바르게 깨달으신 분[正遍知]이며, 앎과 실천을 구족하신 분[明行足]이며, 행복하신 분[善逝]이며, 세간을 잘 아시는 분[世間解]이며, 위없는 분[無上士]이며, 사람을 길들여 바른길로 이끄시는 분[調御丈夫]이며, 천신과 인간의 스승[天人師]이며, 진리를 깨달으신 분[佛]이다'라고 여래를 항상 생각한다오. 마하나마여, 거룩한 제자가 여래를 항상 생각할 때, 마음이 탐욕에 사로잡히지 않고 분노에 사로잡히지 않고 어리석음에 사로잡히지 않으며, 그때 여래로 인해서 마음이 올바르게 된다오. 마하나마여, 마음이 올바르게 된 거룩한 제자는 목적에 대한 열정을 얻게 되고, 가르침에 대한 열정을 얻게 되고, 가르침에 수반하는 기쁨을 얻게 되며, 기쁨으로 인해서 희열이 생기고, 희열에 찬 마음으로 인해서 몸이 편안해지고, 편안해진 몸은 행복을 느끼고, 행복해진 마음은 삼매에 든다오. 마하나마여, 이런 사람을 거룩한 제자라고 하나니, 그는 바르지 못한 삶을 사는 사람들 가운데서 바른 삶을 성취하여 살아가며, 악의(惡意)를 가진 사람들 가운데서 악의 없이 살아가며, 가르침[法]의 개울[dhammasotaṃ]에 들어가 붓다 생각[buddhānussatiṃ, 念佛]을 닦아 익힌다오.

3. 마하나마여, 거룩한 제자는 그다음에 항상 가르침을 생각한다오. 그는 '잘 설해진 세존의 가르침은 지금 여기에서 즉시 와서 보라고 할 수 있으며, 현자(賢者)들이 스스로 아는 데 도움이 된다'라고 가르침을 항상 생각한다오. 마하나마여, 거룩한 제자가 가르침을 항상 생각할 때, 마음이 탐욕에 사로잡히지 않

고 분노에 사로잡히지 않고 어리석음에 사로잡히지 않으며, 그때 가르침으로 인해서 마음이 올바르게 된다오. 마하나마여, 마음이 올바르게 된 거룩한 제자는 목적에 대한 열정을 얻게 되고, 가르침에 대한 열정을 얻게 되고, 가르침에 수반하는 기쁨을 얻게 되며, 기쁨으로 인해서 희열이 생기고, 희열에 찬 마음으로 인해서 몸이 편안해지고, 편안해진 몸은 행복을 느끼고, 행복해진 마음은 삼매에 든다오. 마하나마여, 이런 사람을 거룩한 제자라고 하나니, 그는 바르지 못한 삶을 사는 사람들 가운데서 바른 삶을 성취하여 살아가며, 악의를 가진 사람들 가운데서 악의 없이 살아가며, 가르침의 개울에 들어가 가르침 생각[dhammānussatiṃ, 念法]을 닦아 익힌다오.

4. 마하나마여, 거룩한 제자는 그다음에 항상 상가[僧]를 생각한다오. 그는 '세존의 제자들의 상가는 훌륭하게 실천하며, 바르게 실천하며, 이치에 맞게 실천하며, 화합하고 존경하면서 실천한다'라고 상가를 항상 생각한다오. 마하나마여, 거룩한 제자가 상가를 항상 생각할 때, 마음이 탐욕에 사로잡히지 않고 분노에 사로잡히지 않고 어리석음에 사로잡히지 않으며, 그때 상가로 인해서 마음이 올바르게 된다오. 마하나마여, 마음이 올바르게 된 거룩한 제자는 목적에 대한 열정을 얻게 되고, 가르침에 대한 열정을 얻게 되고, 가르침에 수반하는 기쁨을 얻게 되며, 기쁨으로 인해서 희열이 생기고, 희열에 찬 마음으로 인해서 몸이 편안해지고, 편안해진 몸은 행복을 느끼고, 행복해진 마음은 삼매에 든다오. 마하나마여, 이런 사람을 거룩한 제자라고 하나니, 그는 바르지 못한 삶을 사는 사람들 가운데서 바른 삶을 성취하여 살아가며, 악의를 가진 사람들 가운데서 악의 없이 살아가며, 가르침의 개울에 들어가 상가 생각[saṅghānussatiṃ, 念僧]을 닦아 익힌다오.

5. 마하나마여, 거룩한 제자는 그다음에 항상 자신의 계행(戒行)을 생각한다오. 그는 '파계(破戒)하지 않았는지, 결함은 없는지, 오점은 없는지, 때는 없는지, 자유로운지, 현자들이 칭찬할만한지, 더럽혀지지는 않았는지, 삼매에 도움이 되는지'라고 자신의 계행을 항상 생각한다오. 마하나마여, 거룩한 제자가 자신의 계행을 항상 생각할 때, 마음이 탐욕에 사로잡히지 않고 분노에 사로잡히지 않고 어리석음에 사로잡히지 않으며, 그때 계행으로 인해서 마음이 올바르게 된다오. 마하나마여, 마음이 올바르게 된 거룩한 제자는 목적에 대한 열정을 얻게 되고, 가르침에 대한 열정을 얻게 되고, 가르침에 수반하는 기쁨을 얻게 되며, 기쁨으로 인해서 희열이 생기고, 희열에 찬 마음으로 인해서 몸이 편안해지고, 편안해진 몸은 행복을 느끼고, 행복해진 마음은 삼매에 든다오. 마하나마여, 이런 사람을 거룩한 제자라고 하나니, 그는 바르지 못한 삶을 사는 사람들 가운데서 바른 삶을 성취하여 살아가며, 악의를 가진 사람들 가운데서 악의 없이 살아가며, 가르침의 개울에 들어가 계행 생각[sīlānussatiṃ, 念戒]을 닦아 익힌다오.

6. 마하나마여, 거룩한 제자는 그다음에 항상 자신의 아낌없는 베풂을 생각한다오. 그는 '실로 나의 소득이다. 실로 나에게 유익하다. 나는 더러운 인색한 생각에 사로잡혀 사는 사람들 가운데서 더러운 인색한 생각이 없는 마음으로 마을에서 살아가면서 마음껏 베풀고, 손에 있는 것을 남김없이 주기 좋아하며, 구하는 것을 주고, 보시하고 나누기를 좋아

한다'라고 자신의 아낌없는 베풂을 항상 생각한다오. 마하나마여, 거룩한 제자가 자신의 아낌없는 베풂을 항상 생각할 때, 마음이 탐욕에 사로잡히지 않고 분노에 사로잡히지 않고 어리석음에 사로잡히지 않으며, 그때 아낌없는 베풂으로 인해서 마음이 올바르게 된다오. 마하나마여, 마음이 올바르게 된 거룩한 제자는 목적에 대한 열정을 얻게 되고, 가르침에 대한 열정을 얻게 되고, 가르침에 수반하는 기쁨을 얻게 되며, 기쁨으로 인해서 희열이 생기고, 희열에 찬 마음으로 인해서 몸이 편안해지고, 편안해진 몸은 행복을 느끼고, 행복해진 마음은 삼매에 든다오. 마하나마여, 이런 사람을 거룩한 제자라고 하나니, 그는 바르지 못한 삶을 사는 사람들 가운데서 바른 삶을 성취하여 살아가며, 악의를 가진 사람들 가운데서 악의 없이 살아가며, 가르침의 개울에 들어가 아낌없는 베풂 생각[cāgānussatiṃ, 念施]을 닦아 익힌다오.

7. 마하나마여, 거룩한 제자는 그다음에 항상 천신(天神)을 생각한다오. 그는 '4대천왕(四大天王)의 천신들이 있고, 삼십삼천(三十三天)의 천신들이 있고, 야마천의 천신들이 있고, 도솔천의 천신들이 있고, 화락천의 천신들이 있고, 타화자재천의 천신들이 있고, 범신천(梵身天)의 천신들이 있고 그보다 더 높은 천신들이 있다. 그 천신들은 믿음을 구족했기 때문에 이곳에서 죽어 그곳에 태어났다. 나에게도 그와 같은 믿음이 있다. 그 천신들은 계행을 구족했기 때문에 이곳에서 죽어 그곳에 태어났다. 나에게도 그와 같은 계행이 있다. 그 천신들은 배움을 구족했기 때문에 이곳에서 죽어 그곳에 태어났다. 나에게도 그와 같은 배움이 있다. 그 천신들은 베풂을 구족했기 때문에 이곳에서 죽어 그곳에 태어났다. 나에게도 그와 같은 베풂이 있다. 그 천신들은 통찰지[般若]를 구족했기 때문에 이곳에서 죽어 그곳에 태어났다. 나에게도 그와 같은 통찰지가 있다'라고 천신을 항상 생각한다오. 마하나마여, 거룩한 제자가 천신들의 믿음과 계행과 배움과 베풂과 통찰지를 항상 생각할 때, 마음이 탐욕에 사로잡히지 않고 분노에 사로잡히지 않고 어리석음에 사로잡히지 않으며, 그때 베풂으로 인해서 마음이 올바르게 된다오. 마하나마여, 마음이 올바르게 된 거룩한 제자는 목적에 대한 열정을 얻게 되고, 가르침에 대한 열정을 얻게 되고, 가르침에 수반하는 기쁨을 얻게 되며, 기쁨으로 인해서 희열이 생기고, 희열에 찬 마음으로 인해서 몸이 편안해지고, 편안해진 몸은 행복을 느끼고, 행복해진 마음은 삼매에 든다오. 마하나마여, 이런 사람을 거룩한 제자라고 하나니, 그는 바르지 못한 삶을 사는 사람들 가운데서 바른 삶을 성취하여 살아가며, 악의를 가진 사람들 가운데서 악의 없이 살아가며, 가르침의 개울에 들어가 천신 생각[devatānussatiṃ, 念天]을 닦아 익힌다오.

마하나마여, 가르침을 배워서 성과를 얻은 거룩한 제자는 이런 생각을 하면서 열심히 살아간다오."

A.6.3. 자애(慈愛, Mettā) 〈A.6.13.〉

1. "비구들이여, 6가지 벗어난 세계[出離界]가 있다오. 그 여섯은 어떤 것인가?

비구들이여, 어떤 비구가 '나는 자애(慈愛)에 의한 심해탈(心解脫)을 수련하고 열심히 몸에 배도록 철저하게 실행하여 체득했는데 악의가 나의 마음을 사로잡고 있다'라고 말하면, '그렇게 말하지 마라!'라고 한 후 이렇게 말해야 한다오.

'존자여, 그렇게 말하지 마시오! 세존을 중상하지 마시오! 세존을 비방하는 것은 좋지 않다오. 세존께서는 그렇게 말하지 않았을 것이오. 존자여, 그런 일은 불가능하다오. 자애에 의한 심해탈을 수련하고 열심히 몸에 배도록 철저하게 실행하여 체득했는데 악의가 마음을 사로잡는 일은 있을 수 없다오. 존자여, 악의에서 벗어나는 것, 그것이 바로 자애에 의한 심해탈[mettā cetovimutti]이라오.'

비구들이여, 그다음에 어떤 비구가 '나는 연민(憐愍)에 의한 심해탈을 수련하고 열심히 몸에 배도록 철저하게 실행하여 체득했는데 짜증이 나의 마음을 사로잡고 있다'라고 말하면, '그렇게 말하지 마라!'라고 한 후 이렇게 말해야 한다오.

'존자여, 그렇게 말하지 마시오! 세존을 중상하지 마시오! 세존을 비방하는 것은 좋지 않다오. 세존께서는 그렇게 말하지 않았을 것이오. 존자여, 그런 일은 불가능하다오. 연민에 의한 심해탈을 수련하고 열심히 몸에 배도록 철저하게 실행하여 체득했는데 짜증이 마음을 사로잡는 일은 있을 수 없다오. 존자여, 짜증에서 벗어나는 것, 그것이 바로 연민에 의한 심해탈[karuṇā cetovimutti]이라오.'

비구들이여, 그다음에 어떤 비구가 '나는 함께 기뻐함[喜]에 의한 심해탈을 수련하고 열심히 몸에 배도록 철저하게 실행하여 체득했는데 반감이 나의 마음을 사로잡고 있다'라고 말하면, '그렇게 말하지 마라!'라고 한 후 이렇게 말해야 한다오.

'존자여, 그렇게 말하지 마시오! 세존을 중상하지 마시오! 세존을 비방하는 것은 좋지 않다오. 세존께서는 그렇게 말하지 않았을 것이오. 존자여, 그런 일은 불가능하다오. 함께 기뻐함에 의한 심해탈을 수련하고 열심히 몸에 배도록 철저하게 실행하여 체득했는데 반감이 마음을 사로잡는 일은 있을 수 없다오. 존자여, 반감에서 벗어나는 것, 그것이 바로 함께 기뻐함에 의한 심해탈[muditā cetovimutti]이라오.'

비구들이여, 그다음에 어떤 비구가 '나는 평정심(平靜心)에 의한 심해탈을 수련하고 열심히 몸에 배도록 철저하게 실행하여 체득했는데 탐욕이 나의 마음을 사로잡고 있다'라고 말하면, '그렇게 말하지 마라!'라고 한 후 이렇게 말해야 한다오.

'존자여, 그렇게 말하지 마시오! 세존을 중상하지 마시오! 세존을 비방하는 것은 좋지 않다오. 세존께서는 그렇게 말하지 않았을 것이오. 존자여, 그런 일은 불가능하다오. 평정심에 의한 심해탈을 수련하고 열심히 몸에 배도록 철저하게 실행하여 체득했는데 탐욕이 마음을 사로잡는 일은 있을 수 없다오. 존자여, 탐욕에서 벗어나는 것, 그것이 바로 평정심에 의한 심해탈[upekkhā cetovimutti]이라오.'

비구들이여, 그다음에 어떤 비구가 '나는 무상(無相)에 의한 심해탈을 수련하고 열심히 몸에 배도록 철저하게 실행하여 체득했는데 나에게 겉모습[相]에 따르는 분별의식[nimitānusāri viññāṇaṃ]이 있다'라고 말하면, '그렇게 말하지 마라!'라고 한 후 이렇게 말해야 한다오.

'존자여, 그렇게 말하지 마시오! 세존을 중상하지 마시오! 세존을 비방하는 것은 좋지 않다오. 세존께서는 그렇게 말하지 않았을 것이오. 존자여, 그런 일은 불가능하다오. 무상에 의한 심해탈을 수련하고 열심히 몸에 배도록 철저하게 실행하여 체득했는데 겉모습에 따르는 분별의식이 있을 수는 없다오. 존자여, 일체의 겉모습에서 벗어나는 것, 그것이 바로 무상에 의한 심해탈[animittā ceto-vimutti]이라오.'

비구들이여, 그다음에 어떤 비구가 '나에게는 '내가 있다'라는 생각이 없어졌다. 나는 '이것이 나다'라고 보지 않는다. 그렇지만 의심과 의문의 화살이 나의 마음을 사로잡고 있다'라고 말하면, '그렇게 말하지 마라!'라고 한 후 이렇게 말해야 한다오.

'존자여, 그렇게 말하지 마시오! 세존을 중상하지 마시오! 세존을 비방하는 것은 좋지 않다오. 세존께서는 그렇게 말하지 않았을 것이오. 존자여, 그런 일은 불가능하다오. '내가 있다'라는 생각이 없어지고 '이것이 나다'라고 보지 않는데, 의심과 의문의 화살이 마음을 사로잡는 일은 있을 수 없다오. 존자여, 일체의 의심과 의문의 화살에서 벗어나는 것, 그것이 바로 '내가 있다'라고 생각하는 아만(我慢)의 근절(根絶, asmī ti māna-samugghāto)이라오.'

비구들이여, 이들이 여섯 가지 벗어난 세계라오."

A.6.4. 나꿀라(Nakula) 〈A.6.16.〉

1. 한때 세존께서는 박가(Bhagga)의 숭수마라(Suṃsumāra)산에 있는 베사깔라(Bhesakaḷa) 숲의 사슴 동산에 머무셨습니다. 그때 나꿀라삐따(Nakulapita) 장자가 병이 들어 극심한 고통을 겪고 있었습니다.

그때 그의 아내 나꿀라마따(Nakulamātā) 부인이 나꿀라삐따 장자에게 말했습니다.

2. "장자여, 부디 당신은 걱정하면서 죽음을 맞이하지 마십시오! 장자여, 걱정하면서 죽음을 맞이하면 괴롭습니다. 세존께서는 걱정하면서 죽음을 맞이하는 것을 꾸짖었습니다. 장자여, 당신은 '나의 부인 나꿀라마따는 내가 죽으면 아이들을 돌보면서 집안 살림을 꾸려 갈 수 없을 것이다'라고 생각할 것입니다. 장자여, 그렇지만 나를 그렇게 보지 마십시오! 장자여, 나는 훌륭하게 솜을 타서 실을 잣고 베를 짤 수 있답니다. 장자여, 당신이 돌아가시면 내가 아이들을 돌보면서 집안 살림을 꾸려 가겠습니다. 장자여, 그러므로 부디 당신은 걱정하면서 죽음을 맞이하지 마십시오! 장자여, 걱정하면서 죽음을 맞이하면 괴롭습니다. 세존께서는 걱정하면서 죽음을 맞이하는 것을 꾸짖었습니다.

장자여, 당신은 '나의 부인 나꿀라마따는 내가 죽으면 다른 집으로 갈 것이다'라고 생각할 것입니다. 장자여, 그렇지만 나를 그렇게 보지 마십시오! 장자여, 당신은 내가 16년 동안 재가자의 청정한 수행을 실천했다는 것을[674] 잘 알지 않습니까? 장자여, 그러므로 부디 당신은 걱정하면서 죽음을 맞이하지 마십시오! 장자여, 걱정하면서 죽음을 맞이

674 'gahaṭṭhakaṃ brahmacariyaṃ samāciṇṇaṃ'의 번역.

하면 괴롭습니다. 세존께서는 걱정하면서 죽음을 맞이하는 것을 꾸짖었습니다.

장자여, 당신은 '나의 부인 나꿀라마따는 내가 죽으면 세존을 뵈려고 하지 않고, 비구상가를 뵈려고 하지 않을 것이다'라고 생각할 것입니다. 장자여, 그렇지만 나를 그렇게 보지 마십시오! 장자여, 당신이 돌아가시면 나는 더욱 자주 세존을 찾아가서 뵙고, 비구상가를 찾아가서 뵙겠습니다. 장자여, 그러므로 부디 당신은 걱정하면서 죽음을 맞이하지 마십시오! 장자여, 걱정하면서 죽음을 맞이하면 괴롭습니다. 세존께서는 걱정하면서 죽음을 맞이하는 것을 꾸짖었습니다.

장자여, 당신은 '나의 부인 나꿀라마따는 내가 죽으면 계행(戒行)을 원만하게 실천하지 않을 것이다'라고 생각할 것입니다. 장자여, 그렇지만 나를 그렇게 보지 마십시오! 장자여, 나는 흰옷을 입고 계행을 원만하게 실천하는 세존의 재가 여자 제자들 가운데 한 사람입니다. 그 점에 대하여 의심이나 의혹이 있으면, 아라한(阿羅漢)이시며 등정각(等正覺)이신 세존께서 박가의 숭수마라산에 있는 베사깔라 숲의 사슴 동산에 머물고 계시니, 그분 세존을 찾아가서 물어보세요. 장자여, 그러므로 부디 당신은 걱정하면서 죽음을 맞이하지 마십시오! 장자여, 걱정하면서 죽음을 맞이하면 괴롭습니다. 세존께서는 걱정하면서 죽음을 맞이하는 것을 꾸짖었습니다.

장자여, 당신은 '나의 부인 나꿀라마따는 안으로 마음의 적정(寂靜)을[675] 얻지 못했다'라고 생각할 것입니다. 장자여, 그렇지만 나를 그렇게 보지 마십시오! 장자여, 나는 흰옷을 입고 안으로 마음의 적정을 얻은 세존의 재가 여자 제자들 가운데 한 사람입니다. 그 점에 대하여 의심이나 의혹이 있으면, 아라한이시며 등정각이신 세존께서 박가의 숭수마라산에 있는 베사깔라 숲의 사슴 동산에 머물고 계시니, 그분 세존을 찾아가서 물어보세요. 장자여, 그러므로 부디 당신은 걱정하면서 죽음을 맞이하지 마십시오! 장자여, 걱정하면서 죽음을 맞이하면 괴롭습니다. 세존께서는 걱정하면서 죽음을 맞이하는 것을 꾸짖었습니다.

장자여, 당신은 '나의 부인 나꿀라마따는 이 가르침과 율에 근거하여 안정된 기반을 얻고 위안을 얻어, 의심을 극복하고 의혹이 사라져서 두려움 없이 다른 사람에게 의지하지 않고 스승의 가르침 속에서 살아가지 않을 것이다'라고 생각할 것입니다. 장자여, 그렇지만 나를 그렇게 보지 마십시오! 장자여, 나는 흰옷을 입고 이 가르침과 율에 근거하여 안정된 기반을 얻고 위안을 얻어, 의심을 극복하고 의혹이 사라져서 두려움 없이 다른 사람에게 의지하지 않고 스승의 가르침 속에서 살아가는 세존의 재가 여자 제자들 가운데 한 사람입니다. 그 점에 대하여 의심이나 의혹이 있으면, 아라한이시며 등정각이신 세존께서 박가의 숭수마라산에 있는 베사깔라 숲의 사슴 동산에 머물고 계시니, 그분 세존을 찾아가서 물어보세요. 장자여, 그러므로 부디 당신은 걱정하면서 죽음을 맞이하지 마십시오! 장자여, 걱정하면서 죽음을 맞이하면 괴롭습니다. 세존께서는 걱정하면서

675 'ajjhattaṃ cetosamathassā'의 번역.

죽음을 맞이하는 것을 꾸짖었습니다."

3. 나꿀라삐따 장자는 나꿀라마따 부인의 충고를 듣고 곧 병이 나아 병에서 일어났습니다. 그렇게 나꿀라삐따 장자는 병을 이겨 냈습니다. 병에서 일어난 나꿀라삐따 장자는 병에서 일어난 직후에 지팡이를 짚고 세존을 찾아가서 세존께 예배하고 한쪽에 앉았습니다. 한쪽에 앉은 나꿀라삐따 장자에게 세존께서 말씀하셨습니다.

4. "장자여, 나꿀라마따 부인이 그대에게 깊은 연민심을 가지고 이익을 주기 위하여 충고하고 조언한 것은 그대에게 유익한 일이고 축복입니다. 장자여, 나꿀라마따 부인은 흰옷을 입고 계행을 원만하게 실천하는 나의 재가 여자 제자들 가운데 한 사람입니다. 장자여, 나꿀라마따 부인은 흰옷을 입고 안으로 마음의 적정을 얻은 나의 재가 여자 제자들 가운데 한 사람입니다. 장자여, 나꿀라마따 부인은 흰옷을 입고 이 가르침과 율에 근거하여 안정된 기반을 얻고 위안을 얻어, 의심을 극복하고 의혹이 사라져서 두려움 없이 다른 사람에게 의지하지 않고 스승의 가르침 속에서 살아가는 나의 재가 여자 제자들 가운데 한 사람입니다. 장자여, 나꿀라마따 부인이 그대에게 깊은 연민의 마음을 가지고 이익을 주기 위하여 충고하고 조언한 것은 그대에게 유익한 일이고 축복입니다."

A.6.5. 죽음에 대한 주의집중[Maraṇasati]

〈A.6.19.〉

1. 한때 세존께서는 나디까(Nādika)의 긴자까와사타(Giñjakāvasatha)에 머무셨습니다. 그곳에서 세존께서 비구들에게 말씀하셨습니다.

2. "비구들이여, 죽음에 대한 주의집중을 부지런히 수련하면 불사(不死)에 들어가 불사를 이루는 큰 성과와 큰 공덕이 있다오. 비구들이여, 그대들은 죽음에 대한 주의집중을 수련하도록 하시오!"

3. 이 말씀을 듣고, 어떤 비구가 세존께 말씀드렸습니다.

"세존이시여, 저는 죽음에 대한 주의집중을 수련하고 있습니다."

"비구여, 그렇다면 그대는 어떻게 죽음에 대한 주의집중을 수련하는가?"

"세존이시여, 저는 '내가 하루 밤낮을 살더라도 세존의 가르침을 생각한다면, 실로 내가 한 일은 많을 것이다'라고 생각합니다. 세존이시여, 저는 이렇게 죽음에 대한 주의집중을 수련합니다."

4. 그러자 어떤 비구가 세존께 말씀드렸습니다.

"세존이시여, 저도 죽음에 대한 주의집중을 수련하고 있습니다."

"비구여, 그렇다면 그대는 어떻게 죽음에 대한 주의집중을 수련하는가?"

"세존이시여, 저는 '내가 낮 동안을 살더라도 세존의 가르침을 생각한다면, 실로 내가 한 일은 많을 것이다'라고 생각합니다. 세존이시여, 저는 이렇게 죽음에 대한 주의집중을 수련합니다."

5. 그러자 어떤 비구가 세존께 말씀드렸습니다.

"세존이시여, 저도 죽음에 대한 주의집중을 수련하고 있습니다."

"비구여, 그렇다면 그대는 어떻게 죽음에 대한 주의집중을 수련하는가?"

"세존이시여, 저는 '내가 밥 한 그릇 먹는 동안을 살더라도 세존의 가르침을 생각한다면, 실로 내가 한 일은 많을 것이다'라고 생각합니다. 세존이시여, 저는 이렇게 죽음에 대한 주의집중을 수련합니다."

6. 그러자 어떤 비구가 세존께 말씀드렸습니다.

"세존이시여, 저도 죽음에 대한 주의집중을 수련하고 있습니다."

"비구여, 그렇다면 그대는 어떻게 죽음에 대한 주의집중을 수련하는가?"

"세존이시여, 저는 '내가 밥 네다섯 입을 씹어 삼키는 동안을 살더라도 세존의 가르침을 생각한다면, 실로 내가 한 일은 많을 것이다'라고 생각합니다. 세존이시여, 저는 이렇게 죽음에 대한 주의집중을 수련합니다."

7. 그러자 어떤 비구가 세존께 말씀드렸습니다.

"세존이시여, 저도 죽음에 대한 주의집중을 수련하고 있습니다."

"비구여, 그렇다면 그대는 어떻게 죽음에 대한 주의집중을 수련하는가?"

"세존이시여, 저는 '내가 밥 한 입을 씹어 삼키는 동안을 살더라도 세존의 가르침을 생각한다면, 실로 내가 한 일은 많을 것이다'라고 생각합니다. 세존이시여, 저는 이렇게 죽음에 대한 주의집중을 수련합니다."

8. 그러자 어떤 비구가 세존께 말씀드렸습니다.

"세존이시여, 저도 죽음에 대한 주의집중을 수련하고 있습니다."

"비구여, 그렇다면 그대는 어떻게 죽음에 대한 주의집중을 수련하는가?"

"세존이시여, 저는 '내가 숨을 내쉬고 들이쉬거나 들이쉬고 내쉬는 동안을 살더라도 세존의 가르침을 생각한다면, 실로 내가 한 일은 많을 것이다'라고 생각합니다. 세존이시여, 저는 이렇게 죽음에 대한 주의집중을 수련합니다."

9. 이와 같은 이야기를 듣고, 세존께서 비구들에게 말씀하셨습니다.

"비구들이여, 비구가 '나는 하루 밤낮을 살더라도, 혹은 낮 동안을 살더라도, 혹은 밥 한 그릇 먹는 동안을 살더라도, 혹은 밥 네다섯 입을 씹어 삼키는 동안을 살더라도 세존의 가르침을 생각한다면, 실로 내가 한 일은 많을 것이다'라고 생각한다면, 비구들이여, 이런 비구들을 일러 방일하게 살아가면서 번뇌를 소멸하기 위하여 죽음에 대한 주의집중을 게으르게 수련한다고 한다오.

비구들이여, 비구가 '나는 밥 한 입을 씹어 삼키는 동안을 살더라도, 혹은 숨을 내쉬고 들이쉬거나 들이쉬고 내쉬는 동안을 살더라도 세존의 가르침을 생각한다면, 실로 내가 한 일은 많을 것이다'라고 생각한다면, 비구들이여, 이런 비구들을 일러 방일하지 않고 살아가면서 번뇌를 소멸하기 위하여 죽음에 대한 주의집중을 부지런히 수련한다고 한다오.

10. 비구들이여, 그러므로 이와 같이 '나는 방일하지 않고 살아가면서 번뇌를 소멸하기 위하여 죽음에 대한 주의집중을 부지런히 수련하겠다'라고 생각하면서 공부해야 한다오.

비구들이여, 그대들은 이와 같이 공부하도록 하시오!"

A.6.6. 두려움[Bhaya] 〈A.6.23.〉

1. "비구들이여, '두려움'은 감각적 욕망을 가리키는 말이라오. 비구들이여, '괴로움'은 감각적 욕망을 가리키는 말이라오. 비구들이여, '질병'은 감각적 욕망을 가리키는 말이라오. 비구들이여, '결박'은 감각적 욕망을 가리키는 말이라오. 비구들이여, '진흙탕'은 감각적 욕망을 가리키는 말이라오.

2. 비구들이여, 어찌하여 '두려움'은 감각적 욕망을 가리키는 말인가?

비구들이여, 감각적 욕망에 대한 탐욕에 물들고 욕망과 탐욕에 묶이면, 지금 여기에서도 두려움에서 벗어나지 못하고 미래에도 두려움에서 벗어나지 못한다오. 그러므로 '두려움'은 감각적 욕망을 가리키는 말이라오.

3. 비구들이여, 어찌하여 '괴로움'은 감각적 욕망을 가리키는 말인가?

비구들이여, 감각적 욕망에 대한 탐욕에 물들고 욕망과 탐욕에 묶이면, 지금 여기에서도 괴로움에서 벗어나지 못하고 미래에도 괴로움에서 벗어나지 못한다오. 그러므로 '괴로움'은 감각적 욕망을 가리키는 말이라오.

4. 비구들이여, 어찌하여 '질병'은 감각적 욕망을 가리키는 말인가?

비구들이여, 감각적 욕망에 대한 탐욕에 물들고 욕망과 탐욕에 묶이면, 지금 여기에서도 질병에서 벗어나지 못하고 미래에도 질병에서 벗어나지 못한다오. 그러므로 '질병'은 감각적 욕망을 가리키는 말이라오.

5. 비구들이여, 어찌하여 '결박'은 감각적 욕망을 가리키는 말인가?

비구들이여, 감각적 욕망에 대한 탐욕에 물들고 욕망과 탐욕에 묶이면, 지금 여기에서도 결박에서 벗어나지 못하고 미래에도 결박에서 벗어나지 못한다오. 그러므로 '결박'은 감각적 욕망을 가리키는 말이라오.

6. 비구들이여, 어찌하여 '진흙탕'은 감각적 욕망을 가리키는 말인가? 비구들이여, 감각적 욕망에 대한 탐욕에 물들고 욕망과 탐욕에 묶이면, 지금 여기에서도 진흙탕에서 벗어나지 못하고 미래에도 진흙탕에서 벗어나지 못한다오. 그러므로 '진흙탕'은 감각적 욕망을 가리키는 말이라오."

A.6.7. 보시[Dāna] 〈A.6.37.〉

1. 한때 세존께서는 사왓티의 제따와나 아나타삔디까 승원에 머무셨습니다. 그때 난다의 어머니 웰루깐다끼(Veḷukaṇḍakī) 청신녀가 사리뿟따와 목갈라나가 지도하는 비구상가에 여섯 가지가 갖추어진 공양을 제공했습니다. 세존께서는 인간을 초월한 청정한 천안(天眼)으로 그것을 보시고 비구들에게 말씀하셨습니다.

"비구들이여, 난다의 어머니 웰루깐다끼 청신녀는 사리뿟따와 목갈라나가 지도하는 비구상가에 여섯 가지 복덕(福德)이 갖추어진 공양을 제공한다오.

비구들이여, 여섯 가지 복덕이 갖추어진 공양이란 어떤 것인가?

2. 비구들이여, 주는 자가 갖추는 세 가지 복덕이 있고, 받는 자가 갖추는 세 가지 복덕이 있다오.

주는 자의 세 가지 복덕은 어떤 것인가? 비구들이여, 주는 자는 보시하기 전에는 행복하고, 보시할 때는 마음이 청정해지고, 보시한 후에는 기쁘다오. 이것이 주는 자의 세 가지 복덕이라오.

받는 자의 세 가지 복덕은 어떤 것인가? 비구들이여, 받는 자들은 탐욕을 멀리하거나 탐욕을 제거하고, 분노를 멀리하거나 분노를 제거하고, 어리석음을 멀리하거나 어리석음을 제거한다오. 이것이 받는 자의 세 가지 복덕이라오.

3. 비구들이여, 이와 같이 여섯 가지가 갖추어진 공양의 복덕은 '좋은 일이 생기고, 행복한 과보가 있고, 천상으로 인도하고, 기분 좋고, 만족스럽고, 유익한 복덕이 이만큼 나온다'라고 측정할 수가 없다오. 그래서 그것은 헤아릴 수 없고 측량할 수 없이 큰 복덩어리라고 일컬어진다오.

비구들이여, 비유하면 큰 바다의 물에 대하여 '몇 됫박의 물이다'라거나 '몇백 됫박의 물이다'라거나 '몇천 됫박의 물이다'라거나 '몇만 됫박의 물이다'라고 측정할 수 없는 것과 같다오."

제7장 일곱-모음[Sattaka-Nipāta]

A.7.1. 사랑스러운[Piya] 〈A.7.1.〉

1. 이와 같이 나는 들었습니다. 세존께서 사왓티의 제따와나 아나타삔디까 승원에 머무실 때, 비구들에게 말씀하셨습니다.

2. "비구들이여, 일곱 가지 행실(行實)을 갖춘 비구는 도반들이 사랑하지 않고, 좋아하지 않고, 존중하지 않고, 존경하지 않는다오.

그 일곱은 어떤 것인가?

3. 비구들이여, 어떤 비구는 이익을 탐하고, 공경을 탐하고, 명예를 탐하고, 염치가 없고, 수치심이 없고, 사악한 욕심을 가지고 있고, 삿된 견해를 가지고 있다오. 비구들이여. 이들 일곱 가지 법을 갖춘 비구는 도반들이 사랑하지 않고, 좋아하지 않고, 존중하지 않고, 존경하지 않는다오.

4. 비구들이여, 일곱 가지 행실을 갖춘 비구는 도반들이 사랑하고, 좋아하고, 존중하고, 존경한다오.

그 일곱은 어떤 것인가?

5. 비구들이여, 어떤 비구는 이익을 탐하지 않고, 공경을 탐하지 않고, 명예를 탐하지 않고, 염치가 있고, 수치심이 있고, 욕심이 없고, 바른 견해를 가지고 있다오. 비구들이여. 이들 일곱 가지 법을 갖춘 비구는 도반들이 사랑하고, 좋아하고, 존중하고, 존경한다오."

A.7.2. 욱가(Ugga) 〈A.7.7.〉

1. 왕의 대신(大臣) 욱가가 세존을 찾아와서 예배하고 한쪽에 앉은 후에 세존께 말씀드렸습니다.

"세존이시여, 놀랍습니다! 세존이시여, 지금까지 이런 부자는 본 적이 없습니다! 세존이시여, 미가라 로하네야(Migāra Rohaṇeyya)는 재산이 많고 재물이 많습니다."

"욱가여, 미가라 로하네야는 재산이 얼마나 되고 재물이 얼마나 되나요?"

"세존이시여, 황금이 천만(千萬)이라는데, 은(銀)은 말해 무엇 하겠습니까?"

"욱가여, 이런 재산이 과연 있는 것일까요? 내 말은 그것이 없다는 것이 아니라오. 욱가여, 이런 재산은 불이나 물이나 왕이나 도적이나 원치 않는 사람이나 상속인에 의해서 없어진다오.

2. 욱가여, 일곱 가지 재산은 불이나 물이나 왕이나 도적이나 원치 않는 사람이나 상속인에 의해서 없어지지 않는다오.

그 일곱은 어떤 것인가?

그것은 믿음이라는 재산, 계행이라는 재산, 염치라는 재산, 수치심이라는 재산, 배움이라는 재산, 베풂이라는 재산, 통찰지[般若]라는 재산이라오. 욱가여, 이들 일곱 가지 재산은 불이나 물이나 왕이나 도적이나 마음에 들지 않는 사람이나 상속인에 의해서 없어지지 않는다오."

A.7.3. 습성[Anusaya, 隨眠] 〈A.7.12.〉

1. "비구들이여, 일곱 가지 습성[隨眠]을 버리고 끊기 위하여 청정한 수행[梵行]을 한다

오. 그 일곱은 어떤 것인가?

2. 감각적 욕망을 탐하는 습성[kāmarāga-anusaya]을 버리고 끊기 위하여, 성내는 습성[paṭighānusaya]을 버리고 끊기 위하여, 견해(見解)를 갖는 습성[diṭṭhānusaya]을 버리고 끊기 위하여, 의심하는 습성[vicikicchānusaya]을 버리고 끊기 위하여, 아만(我慢)의 습성[mānānusaya]을 버리고 끊기 위하여, 존재를 탐하는 습성[bhavaraga-anusaya]을 버리고 끊기 위하여, 무명(無明)의 습성[avijjānusaya]을 버리고 끊기 위하여 청정한 수행을 한다오.

비구들이여, 이들 일곱 가지 습성을 버리고 끊기 위하여 청정한 수행을 한다오.

비구들이여, 비구에게 이들 일곱 가지 습성이 제거되어 뿌리가 잘린 나무나 밑동이 잘린 야자수처럼 미래에 생기지 않게 되면, 비구들이여, 이것을 비구가 갈애를 끊고 결박을 제거하고 바르게 아만을 소멸하여 괴로움을 종식했다고 한다오."

A.7.4. 가정[Kula] 〈A.7.13.〉

1. "비구들이여, 일곱 가지를 갖춘 가정은 방문하지 말고, 방문했으면 앉지 않도록 하시오!

그 일곱은 어떤 것인가?

2. 기쁘게 맞이하지 않고, 기쁘게 인사하지 않고, 기쁘게 자리를 건네지 않고, 있는 것을 숨기고, 많이 있지만 적게 주고, 좋은 것이 있지만 나쁜 것을 주고, 공손하지 않고 성의 없이 주는 것이라오. 비구들이여, 이런 일곱 가지를 갖춘 가정은 방문하지 말고, 방문했으면 앉지 않도록 하시오!

3. 비구들이여, 일곱 가지를 갖춘 가정은 방문하도록 하고, 방문했으면 앉도록 하시오!

그 일곱은 어떤 것인가?

4. 기쁘게 맞이하고, 기쁘게 인사하고, 기쁘게 자리를 건네고, 있는 것을 숨기지 않고, 많이 있으면 많이 주고, 좋은 것이 있으면 좋은 것을 주고, 무례하지 않고 정성스레 주는 것이라오. 비구들이여, 이런 일곱 가지를 갖춘 가정은 방문하지 않았으면 방문하고, 방문했으면 앉도록 하시오!"

A.7.5. 물에 빠진 사람[Udakūpamā] 〈A.7.15.〉

1. "비구들이여, 세간에는 물에 빠진 사람으로 비유할 수 있는 일곱 부류의 사람이 있다오. 그 일곱은 어떤 것인가?

2. 비구들이여, 어떤 사람은 물속에 계속 가라앉아 있다오. 비구들이여, 어떤 사람은 떠올랐다가 가라앉는다오. 비구들이여, 어떤 사람은 떠올라서 머물러 있다오. 비구들이여, 어떤 사람은 떠올라서 둘러보고 살펴본다오[676] 비구들이여, 어떤 사람은 떠올라서 물을 건넌다오. 비구들이여, 어떤 사람은 떠올라서 얕은 곳에 도달한다오. 비구들이여, 어떤 사람은 떠올라서 건너편으로 건너가 육지에 머물며, 그가 진정한 바라문이라오.

비구들이여, 어떤 사람이 물속에 계속 가라앉아 있는 사람인가?

3. 비구들이여, 어떤 사람은 오로지 검고 좋지 못한 행실만을 갖추고 있다오. 비구들이

---

676 'ekacco puggalo ummujjitvā vipassati viloketi'의 번역.

여, 이런 사람이 한번 물속에 가라앉으면 계속 가라앉아 있는 사람이라오.

비구들이여, 어떤 사람이 떠올랐다가 가라앉는 사람인가?

4. 비구들이여, 어떤 사람은 '선법(善法)에 대한 믿음은 훌륭한 것이다. 염치는 훌륭한 것이다. 수치심은 훌륭한 것이다. 정진(精進)은 훌륭한 것이다. 선법에 대한 통찰지[般若]는 훌륭한 것이다'라는 생각을 떠올린다오. 그렇지만 그에게 그 믿음과 염치와 수치심과 정진과 선법에 대한 통찰지가 머물지 않고, 자라지 않고, 줄어든다오. 비구들이여, 이런 사람이 떠올랐다가 가라앉는 사람이라오.

비구들이여, 어떤 사람이 떠올라서 머무는 사람인가?

5. 비구들이여, 어떤 사람은 '선법에 대한 믿음은 훌륭한 것이다. 염치는 훌륭한 것이다. 수치심은 훌륭한 것이다. 정진은 훌륭한 것이다. 선법에 대한 통찰지는 훌륭한 것이다'라는 생각을 떠올린다오. 그런데 그에게 그 믿음과 염치와 수치심과 정진과 선법에 대한 통찰지가 자라지도 않고, 줄어들지도 않고, 머물고 있다오. 비구들이여, 이런 사람이 떠올라서 머무는 사람이라오.

비구들이여, 어떤 사람이 떠올라서 둘러보고 살펴보는 사람인가?

6. 비구들이여, 어떤 사람은 '선법에 대한 믿음은 훌륭한 것이다. 염치는 훌륭한 것이다. 수치심은 훌륭한 것이다. 정진은 훌륭한 것이다. 선법에 대한 통찰지는 훌륭한 것이다'라는 생각을 떠올린다오. 그는 세 가지 결박을 끊고 흐름에 든 자[sotapanno, 入流]가 되어 뒤로 물러서지 않고 결국은 바른 깨달음을 얻도록 결정된다오. 비구들이여, 이런 사람이 떠올라서 둘러보고 살펴보는 사람이라오.

비구들이여, 어떤 사람이 떠올라서 물을 건너는 사람인가?

7. 비구들이여, 어떤 사람은 '선법에 대한 믿음은 훌륭한 것이다. 염치는 훌륭한 것이다. 수치심은 훌륭한 것이다. 정진은 훌륭한 것이다. 선법에 대한 통찰지는 훌륭한 것이다'라는 생각을 떠올린다오. 그는 세 가지 결박을 끊고, 탐욕과 분노와 어리석음이 줄어들어 한 번 돌아오는 자[sakadāgāmī, 一來]가 되어 한 번 이 세간에 돌아와서 괴로움을 끝낸다오. 비구들이여, 이런 사람이 떠올라서 물을 건너는 사람이라오.

비구들이여, 어떤 사람이 떠올라서 얕은 곳에 도달한 사람인가?

8. 비구들이여, 어떤 사람은 '선법에 대한 믿음은 훌륭한 것이다. 염치는 훌륭한 것이다. 수치심은 훌륭한 것이다. 정진은 훌륭한 것이다. 선법에 대한 통찰지는 훌륭한 것이다'라는 생각을 떠올린다오. 그는 다섯 가지 낮은 단계의 결박[五下分結]을 끊고, 화생(化生)하여 돌아오지 않는 자[anāvattidhammo, 不還]가 되어 그 세간에서 반열반(般涅槃)하게 된다오. 비구들이여, 이런 사람이 떠올라서 얕은 곳에 도달한 사람이라오.

비구들이여, 어떤 사람이 떠올라서 건너편으로 건너가 육지에 머무는 바라문인가?

9. 비구들이여, 어떤 사람은 '선법에 대한 믿음은 훌륭한 것이다. 염치는 훌륭한 것이다. 수치심은 훌륭한 것이다. 정진은 훌륭한 것이다. 선법에 대한 통찰지는 훌륭한 것이다'라는 생각을 떠올린다오. 그는 모든 번뇌를

소멸하고, 번뇌가 없는 심해탈(心解脫)과 혜해탈(慧解脫)을 지금 여기에서 스스로 체험지(體驗智)로써 증득하고 성취하여 살아간다오. 비구들이여, 이런 사람이 떠올라서 건너편으로 건너가 육지에 머무는 바라문이라오.

비구들이여, 세간에는 물에 빠진 사람으로 비유할 수 있는 이들 일곱 부류의 사람이 있다오."

A.7.6. 칭찬의 근거[Niddasavatthu] 〈A.7.40.〉

1. 한때 세존께서는 꼬삼비(Kosambī)의 고시따(Ghosita) 승원에 머무셨습니다. 그때 아난다 존자는 오전에 옷을 입고 발우와 법의를 지니고 탁발하러 꼬삼비에 들어갔습니다. 도중에 아난다 존자는 '지금 꼬삼비에 탁발하러 가기는 너무 이르다. 그러니 외도 행각수행자들의 승원으로 가는 것이 좋겠다'라고 생각했습니다. 아난다 존자는 외도 행각수행자들의 승원을 찾아가서 외도 행각수행자들과 함께 서로 정중하게 인사를 하고 공손한 인사말을 나눈 후에 한쪽에 앉았습니다.

2. 그때 그 외도 행각수행자들은 함께 모여 앉아서 이야기하는 도중에 "존자들이여, 누구든 12년을 충실하게 청정한 범행을 수행하면 '훌륭한 비구'라는 칭찬을 듣기에 충분합니다"라는 이야기를 꺼냈습니다. 그런데 아난다 존자는 그 외도 행각수행자들의 말에 찬동하지도 않고 반대하지도 않았습니다. 그는 찬동하지도 않고 반대하지도 않고 자리에서 일어나 떠나오면서 '세존께 직접 이 말의 의미를 알아보아야겠다'라고 생각했습니다.

3. 아난다 존자는 꼬삼비에서 탁발을 하고 돌아와서 탁발 음식을 먹은 후에 세존을 찾아가서 세존께 예배하고 한쪽에 앉았습니다. 한쪽에 앉은 아난다 존자는 세존께 탁발 도중에 외도의 승원에서 있었던 일을 말씀드린 후에 이렇게 여쭈었습니다.

"세존이시여, 이 가르침과 율에서 오직 햇수만으로 훌륭한 비구라고 말할 수 있습니까?"

"아난다여, 이 가르침과 율에서는 오직 햇수만으로 훌륭한 비구라고 말할 수 없다. 아난다여, 이 가르침과 율에는 내가 몸소 체험지(體驗智)로써 증득하여 가르친 일곱 가지 칭찬의 근거가 있다. 그 일곱은 어떤 것인가?

4. 아난다여, 비구는 믿음이 있어야 하고, 염치가 있어야 하고, 수치심이 있어야 하고, 많은 배움이 있어야 하고, 확고한 정진이 있어야 하고, 주의집중이 있어야 하고, 통찰지[般若]가 있어야 한다. 아난다여, 이들이 내가 몸소 체험지로써 증득하여 가르친 일곱 가지 칭찬의 근거다. 아난다여, 이들 일곱 가지 칭찬의 근거를 성취한 비구가 만약에 12년을 충실하게 청정한 범행을 수행하면 '훌륭한 비구'라는 칭찬을 듣기에 충분하고, 만약에 24년을 충실하게 청정한 범행을 수행하면 '훌륭한 비구'라는 칭찬을 듣기에 충분하고, 만약에 36년을 충실하게 청정한 범행을 수행하면 '훌륭한 비구'라는 칭찬을 듣기에 충분하고, 만약에 48년을 충실하게 청정한 범행을 수행하면 '훌륭한 비구'라는 칭찬을 듣기에 충분하다."

A.7.7. 불[Aggi] 〈A.7.44.〉

1. 한때 세존께서 사왓티의 제따와나 아나타삔디까 승원에 머무셨습니다.

그때 욱가따사리라(Uggatasarira) 바라문은 큰 제사를 준비하고 있었습니다. 500마리의 수소와 500마리의 수송아지, 500마리의 암송아지, 500마리의 염소, 500마리의 숫양이 제물(祭物)로 끌려 나와 제사 기둥[thūṇa][677]에 묶였습니다.

욱가따사리라 바라문은 세존을 찾아가서 세존과 함께 정중하게 인사를 하고 공손한 인사말을 나눈 후에 한쪽에 앉았습니다.

한쪽에 앉은 욱가따사리라 바라문이 세존께 말씀드렸습니다.

"고따마 존자여, 저는 불을 피우고 제사 기둥을 세우면[678] 큰 과보가 있고 큰 공덕이 있다고 들었습니다."

"바라문이여, 나도 불을 피우고 제사 기둥을 세우면 큰 과보가 있고 큰 공덕이 있다고 들었다오."

"두 번째로 말씀드립니다. 고따마 존자여, 저는 불을 피우고 제사 기둥을 세우면 큰 과보가 있고 큰 공덕이 있다고 들었습니다."

"바라문이여, 나도 불을 피우고 제사 기둥을 세우면 큰 과보가 있고 큰 공덕이 있다고 들었다오."

"세 번째로 말씀드립니다.[679] 고따마 존자여, 저는 불을 피우고 제사 기둥을 세우면 큰 과보가 있고 큰 공덕이 있다고 들었습니다."

"바라문이여, 나도 불을 피우고 제사 기둥을 세우면 큰 과보가 있고 큰 공덕이 있다고 들었다오."

"고따마 존자여, 고따마 존자와 저는 모든 것이 일치하는군요."

2. 이 말을 듣고, 아난다 존자가 욱가따사리라 바라문에게 말했습니다.

"바라문이여, 여래에게는 '고따마 존자여, 저는 불을 피우고 제사 기둥을 세우면 큰 과보가 있고 큰 공덕이 있다고 들었습니다'라고 물어서는 안 됩니다. 바라문이여, 여래에게는 '세존이시여, 저는 불을 피우고 제사 기둥을 세우고 있습니다. 세존이시여, 세존께서는 제가 오랜 세월 유익하고 행복할 수 있도록 저를 가르치고 충고해 주십시오!'라고 물어야 합니다."

3. 그러자 욱가따사리라 바라문이 세존께 말씀드렸습니다.

"세존이시여, 저는 불을 피우고 제사 기둥을 세우고 있습니다. 세존이시여, 세존께서는 제가 오랜 세월 유익하고 행복할 수 있도록 저를 가르치고 충고해 주십시오!"

"바라문이여, 불을 피우고 제사 기둥을 세우면, 그는 제사를 행하기 전에 괴로움을 일으키고 괴로운 과보를 가져오는 좋지 않은 세 개의 칼을 들게 된다오.

그 셋은 어떤 것인가?

4. 그것은 몸의 칼, 말의 칼, 마음의 칼이라오.

바라문이여, 불을 피우고 제사 기둥을 세우면, 그는 제사를 행하기 전에 '제사를 위

---

677 제사에 희생할 동물을 묶어 두는 기둥.

678 불을 피워 제사를 올리고, 제사 기둥에 가축들을 묶어 제물로 바친다는 의미이다.

679 같은 말을 세 번 반복하는 것은 자신의 견해를 확정하는 것이다.

해서는 수소는 이만큼 죽여야 하고, 수송아지는 이만큼 죽여야 하고, 암송아지는 이만큼 죽여야 하고, 염소는 이만큼 죽여야 하고, 숫양은 이만큼 죽여야 한다'라고 생각한다오. 그는 '나는 공덕을 짓는다'라고 생각하면서 악덕(惡德)을 짓고, '나는 좋은 일을 한다'라고 생각하면서 좋지 못한 일을 하고, '나는 행복으로 가는 길을 추구한다'라고 생각하면서 불행으로 가는 길을 추구한다오. 바라문이여, 불을 피우고 제사 기둥을 세우는 사람은 제사를 행하기 전에 맨 처음 이러한 괴로움을 일으키고 괴로운 과보를 가져오는 좋지 않은 마음의 칼을 들게 된다오.

5. 바라문이여, 불을 피우고 제사 기둥을 세우면, 그는 제사를 행하기 전에 '제사를 위해서는 수소는 이만큼 죽여야 하고, 수송아지는 이만큼 죽여야 하고, 암송아지는 이만큼 죽여야 하고, 염소는 이만큼 죽여야 하고, 숫양은 이만큼 죽여야 한다'라고 말한다오. 그는 '나는 공덕을 짓는다'라고 생각하면서 악덕을 짓고, '나는 좋은 일을 한다'라고 생각하면서 좋지 못한 일을 하고, '나는 행복으로 가는 길을 추구한다'라고 생각하면서 불행으로 가는 길을 추구한다오. 바라문이여, 불을 피우고 제사 기둥을 세우는 사람은 제사를 행하기 전에 두 번째로 이러한 괴로움을 일으키고 괴로운 과보를 가져오는 좋지 않은 말의 칼을 들게 된다오.

6. 바라문이여, 불을 피우고 제사 기둥을 세우면, 그는 제사를 행하기 전에 '제사를 위해서 수소를 죽여야 한다'라고 몸소 맨 먼저 수소를 죽이기 시작하고, '제사를 위해서 수송아지를 죽여야 한다'라고 몸소 맨 먼저 수송아지를 죽이기 시작하고, '제사를 위해서 암송아지를 죽여야 한다'라고 몸소 맨 먼저 암송아지를 죽이기 시작하고, '제사를 위해서 염소를 죽여야 한다'라고 몸소 맨 먼저 염소를 죽이기 시작하고, '제사를 위해서 숫양을 죽여야 한다'라고 몸소 맨 먼저 숫양을 죽이기 시작한다오. 그는 '나는 공덕을 짓는다'라고 생각하면서 악덕을 짓고, '나는 좋은 일을 한다'라고 생각하면서 좋지 못한 일을 하고, '나는 행복으로 가는 길을 추구한다'라고 생각하면서 불행으로 가는 길을 추구한다오. 바라문이여, 불을 피우고 제사 기둥을 세우는 사람은 제사를 행하기 전에 세 번째로 이러한 괴로움을 일으키고 괴로운 과보를 가져오는 좋지 않은 몸의 칼을 들게 된다오.

바라문이여, 불을 피우고 제사 기둥을 세우면, 그는 제사를 행하기 전에 괴로움을 일으키고 괴로운 과보를 가져오는 좋지 않은 이러한 세 개의 칼을 들게 된다오.

7. 바라문이여, 버려야 하고, 멀리해야 하고, 섬겨서는 안 되는 세 가지 불이 있다오.

그 셋은 어떤 것인가?

8. 그것은 탐욕의 불, 분노의 불, 어리석음의 불이라오.

바라문이여, 탐욕의 불은 왜 버려야 하고, 멀리해야 하고, 섬겨서는 안 되는가?

9. 바라문이여, 마음이 탐욕에 물들고 정복되고 사로잡히면, 그는 몸으로 악행(惡行)을 하고, 말로 악행을 하고, 마음으로 악행을 한다오. 그는 몸으로 악행을 하고, 말로 악행을 하고, 마음으로 악행을 하고 나서 몸이 무너져 죽은 후에 괴롭고 험난하고 고통스러운 지옥에 태어난다오. 그러므로 탐욕의 불은 버려야 하고, 멀리해야 하고, 섬겨서는 안 된다오.

바라문이여, 그렇다면 분노의 불은 왜

버려야 하고, 멀리해야 하고, 섬겨서는 안 되는가?

10. 바라문이여, 마음이 분노에 물들고 정복되고 사로잡히면, 그는 몸으로 악행을 하고, 말로 악행을 하고, 마음으로 악행을 한다오. 그는 몸으로 악행을 하고, 말로 악행을 하고, 마음으로 악행을 하고 나서 몸이 무너져 죽은 후에 괴롭고 험난하고 고통스러운 지옥에 태어난다오. 그러므로 분노의 불은 버려야 하고, 멀리해야 하고, 섬겨서는 안 된다오.

바라문이여, 그렇다면 어리석음의 불은 왜 버려야 하고, 멀리해야 하고, 섬겨서는 안 되는가?

11. 바라문이여, 마음이 어리석음에 물들고 정복되고 사로잡히면, 그는 몸으로 악행을 하고, 말로 악행을 하고, 마음으로 악행을 한다오. 그는 몸으로 악행을 하고, 말로 악행을 하고, 마음으로 악행을 하고 나서 몸이 무너져 죽은 후에 괴롭고 험난하고 고통스러운 지옥에 태어난다오. 그러므로 어리석음의 불은 버려야 하고, 멀리해야 하고, 섬겨서는 안 된다오.

12. 바라문이여, 이들이 버려야 하고, 멀리해야 하고, 섬겨서는 안 되는 세 가지 불이라오.

13. 바라문이여, 공경하고 존중하고 존경하고 숭상(崇尙)한 후에 진정으로 행복을 지켜 주어야 할 세 가지 불이 있다오. 그 셋은 어떤 것인가? 그것은 봉헌(奉獻)의 불, 가장(家長)의 불, 공양받을 분의 불이라오.

바라문이여, 봉헌의 불은 어떤 것인가?

14. 어머니나 아버지를 봉헌의 불이라고 한다오. 그 까닭은 무엇인가? 바라문이여, 우리는 이분에게서 태어났기 때문이라오. 그러므로 이 봉헌의 불은 공경하고 존중하고 존경하고 숭상한 후에 진정으로 행복을 지켜 주어야 한다오.

바라문이여, 가장의 불은 어떤 것인가?

15. 아들이나 아내나 종이나 하인이나 일꾼들을 가장의 불이라고 한다오. 그러므로 이 가장의 불은 공경하고 존중하고 존경하고 숭상한 후에 진정으로 행복을 지켜 주어야 한다오.

바라문이여, 공양받을 분의 불은 어떤 것인가?

16. 교만과 방일을 삼가고 관용과 자제가 몸에 밴 사문이나 바라문들을 공양받을 분의 불이라고 한다오. 그러므로 이 공양받을 분의 불은 공경하고 존중하고 존경하고 숭상한 후에 진정으로 행복을 지켜 주어야 한다오.

바라문이여, 이들이 공경하고 존중하고 존경하고 숭상한 후에 진정으로 행복을 지켜 주어야 할 세 가지 불이라오.

바라문이여, 이 불을 지필 나무는 수시로 불태우고, 수시로 살펴보고, 수시로 끄고, 수시로 치워 두어야 한다오."

17. 이 말씀을 듣고, 욱가따사리라 바라문은 세존께 이렇게 말씀드렸습니다.

"훌륭합니다, 고따마 존자여! 훌륭합니다, 고따마 존자여! 고따마 존자께서는 저를 청신사(淸信士)로 받아 주소서. 오늘부터 살아 있는 날까지 귀의하겠습니다. 고따마 존자여, 이제 저는 500마리의 수소와 500마리의 수송아지, 500마리의 암송아지, 500마리의 염소, 500마리의 숫양을 풀어 주고 살려 주겠습니다. 그리고 신선한 풀을 먹을 수 있게 하고, 시원한 물을 마실 수 있게 하고, 시원한 바람을 쐴 수 있게 하겠습니다."

A.7.8. 판단하지 않음[無記, Abyākata] 〈A.7.51.〉

1. 어느 날 어떤 비구가 세존을 찾아와서 예배하고 한쪽에 앉아 세존께 말씀드렸습니다.

"세존이시여, 판단하지 않는 문제들에 대하여[abyākatavatthūsu] 배움이 많은 거룩한 제자에게 의심이 일어나지 않는 이유는 무엇이고 까닭은 무엇입니까?"

2. "비구여, 독단이 소멸했기 때문에[diṭṭhi-nirodhā] 배움이 많은 거룩한 제자에게는 판단하지 않는 문제들에 대하여 의심이 일어나지 않는다오. 비구여, '여래는 사후(死後)에 존재한다'라고 생각하는 것은 독단[diṭṭhiṃ, 見]에 빠진 것이라오. 비구여, '여래는 사후에 존재하지 않는다'라고 생각하는 것은 독단에 빠진 것이라오. 비구여, '여래는 사후에 존재하기도 하고 존재하지 않기도 한다'라고 생각하는 것은 독단에 빠진 것이라오. 비구여, '여래는 사후에 존재하는 것도 아니고 존재하지 않는 것도 아니다'라고 생각하는 것은 독단에 빠진 것이라오.

비구여, 배우지 못한 범부는 독단을 통찰하지 못하고, 독단의 쌓임[diṭṭhisamudayaṃ]을 통찰하지 못하고, 독단의 소멸[diṭṭhi-nirodhaṃ]을 통찰하지 못하고, 독단의 소멸에 이르는 길[diṭṭhinirodhagāminiṃ paṭipadaṃ]을 통찰하지 못한다오. 그에게 독단이 늘어난다오. '그는 태어남과 늙음과 죽음과 근심과 슬픔과 고통과 우울과 불안에서 벗어나지 못하고 괴로움에서 벗어나지 못한다'라고 나는 말한다오.

비구여, 그렇지만 배움이 많은 거룩한 제자는 독단을 통찰하고, 독단의 쌓임을 통찰하고, 독단의 소멸을 통찰하고, 독단의 소멸에 이르는 길을 통찰한다오. 그에게 그 독단들이 소멸한다오. '그는 태어남과 늙음과 죽음과 근심과 슬픔과 고통과 우울과 불안에서 벗어나고 괴로움에서 벗어난다'라고 나는 말한다오.

비구여, 이와 같이 알고 이와 같이 보기 때문에 배움이 많은 거룩한 제자는 '여래는 사후에 존재한다'라고 판단하지도 않고, '여래는 사후에 존재하지 않는다'라고 판단하지도 않고, '여래는 사후에 존재하기도 하고 존재하지 않기도 한다'라고 판단하지도 않고, '여래는 사후에 존재하는 것도 아니고 존재하지 않는 것도 아니다'라고 판단하지도 않는다오.

비구여, 이와 같이 알고 이와 같이 보기 때문에 배움이 많은 거룩한 제자는 이와 같이 판단하지 않는 문제들에 대하여 판단하지 않는다오.

비구여, 이와 같이 알고 이와 같이 보기 때문에 배움이 많은 거룩한 제자는 판단하지 않는 문제들에 대하여 놀라지 않고 동요하지 않고 흔들리지 않고 두려워하지 않는다오.

비구여, '여래는 사후에 존재한다'라고 생각하는 것은 갈애[愛]에 빠진 것[taṇhāgataṃ]이고, 생각[想]에 빠진 것[saññāgataṃ]이고, 상상(想像)한 것[maññitaṃ]이고, 억측한 것[papañcitaṃ]이고, 취(取)에 빠진 것[upādānagataṃ]이며, 후회할 일이라오. 비구여, '여래는 사후에 존재하지 않는다'라고 생각하는 것은 후회할 일이라오. 비구여, '여래는 사후에 존재하기도 하고 존재하지 않기도 한다'라고 생각하는 것은 후회할 일이라오. 비구여, '여래는 사후에 존재하는 것도 아니고 존재하지 않는 것도 아니다'라고 생각하는 것은 후회할 일이라오.

비구여, 배우지 못한 범부는 후회할 일을 통찰하지 못하고, 독단의 쌓임을 통찰하지 못하고, 독단의 소멸을 통찰하지 못하고, 독단의 소멸에 이르는 길을 통찰하지 못한다오. 그에게 후회할 일이 늘어난다오. '그는 태어남과 늙음과 죽음과 근심과 슬픔과 고통과 우울과 불안에서 벗어나지 못하고 괴로움에서 벗어나지 못한다'라고 나는 말한다오.

비구여, 그렇지만 배움이 많은 거룩한 제자는 후회할 일을 통찰하고, 후회할 일의 쌓임을 통찰하고, 후회할 일의 소멸을 통찰하고, 후회할 일의 소멸에 이르는 길을 통찰한다오. 그에게 그 독단들은 소멸한다오. '그는 태어남과 늙음과 죽음과 근심과 슬픔과 고통과 우울과 불안에서 벗어나고 괴로움에서 벗어난다'라고 나는 말한다오.

비구여, 이와 같이 알고 이와 같이 보기 때문에 배움이 많은 거룩한 제자는 '여래는 사후에 존재한다'라고 판단하지도 않고, '여래는 사후에 존재하지 않는다'라고 판단하지도 않고, '여래는 사후에 존재하기도 하고 존재하지 않기도 한다'라고 판단하지도 않고, '여래는 사후에 존재하는 것도 아니고 존재하지 않는 것도 아니다'라고 판단하지도 않는다오.

비구여, 이와 같이 알고 이와 같이 보기 때문에 배움이 많은 거룩한 제자는 판단하지 않는 문제들에 대하여 이와 같이 판단하지 않는 것이라오.

비구여, 이와 같이 알고 이와 같이 보기 때문에 배움이 많은 거룩한 제자는 판단하지 않는 문제들에 대하여 놀라지 않고 동요하지 않고 흔들리지 않고 두려워하지 않는다오.

비구여, 이것이 판단하지 않는 문제들에 대하여 배움이 많은 거룩한 제자에게 의심이 일어나지 않는 이유이고 까닭이라오."

A.7.9. 아내[Bhariyā] 〈A.7.59.〉

1. 한때 세존께서 사왓티의 제따와나 아나타삔디까 승원에 머무셨습니다. 어느 날 세존께서 오전에 옷을 입고 발우와 법의를 지니고 아나타삔디까 장자의 집을 찾아가서 마련된 자리에 앉으셨습니다. 그때 아나타삔디까 장자의 집 안에서 사람들이 큰소리를 질렀습니다. 아나타삔디까 장자가 세존께 와서 예배하고 한쪽에 앉았습니다.

한쪽에 앉은 아나타삔디까 장자에게 세존께서 말씀하셨습니다.

"장자여, 어찌하여 그대의 집 안에서 사람들이 큰소리를 지르나요? 마치 어부들이 물고기가 가득 찬 그물을 끌어 올리는 것 같군요."

"세존이시여, 부유한 집안에서 큰 재산을 가지고 시집온 며느리 수자따(Sujātā)의 소리입니다. 그녀는 시어머니를 모시지 않고, 시아버지를 모시지 않고, 남편을 모시지 않습니다. 그녀는 세존도 공경하지 않고, 존중하지 않고, 존경하지 않고, 공양하지 않습니다."

2. 그러자 세존께서 그 집의 며느리 수자따를 부르셨습니다.

"수자따여! 이리 와 보겠는가?"

"그렇게 하겠습니다, 세존이시여!"

그 집의 며느리 수자따는 세존께 대답하고, 세존께 와서 예배한 후에 한쪽에 앉았습니다. 한쪽에 앉은 수자따에게 세존께서 말씀하셨습니다.

"수자따여, 일곱 부류의 아내가 있다. 그 일곱은 어떤 것인가? 살인자 같은 아내, 도적 같은 아내, 안주인 같은 아내, 어머니 같은 아내, 누이 같은 아내, 친구 같은 아내, 하녀 같은 아내가 있다. 이들이 일곱 부류의 아내다. 수자따여, 그대는 이들 가운데 어떤 부류인가?"

"세존이시여, 저는 세존께서 간략하게 하신 말씀의 의미를 자세하게 이해하지 못하겠습니다. 세존이시여, 부디 세존께서는 저에게 세존께서 간략하게 하신 말씀의 의미를 자세하게 이해할 수 있도록 가르침을 주십시오!"

"수자따여, 그렇다면 그대는 듣고 잘 생각해 보도록 하라. 내가 이야기해 주겠다."

"그렇게 하겠습니다, 세존이시여!"

세존께서는 이렇게 말씀하셨습니다.

사악한 마음을 품고, 친절하고 연민의 마음이 없고
딴 남자들에게 빠져서 남편을 무시하고
재물을 받고 몸을 팔면서 죽이는 일에 열중하는
이런 아내를 살인자 같은 아내라고 한다.

기술이나 장사나 농사에 종사하여
남편이 부인을 위해 얻은 재물을
탕진하여 없애려고 생각하는
이런 아내를 도적 같은 아내라고 한다.

일하기 싫어하고 게으르면서 많이 먹고
거칠고 사나운 욕설을 하고
부지런한 남편에게 주인처럼 행세하는
이런 아내를 안주인 같은 아내라고 한다.

언제나 친절하고 연민의 마음을 가지고
어머니나 아버지처럼 남편을 보호하고
남편이 모은 재산을 지키는
이런 아내를 어머니 같은 아내라고 한다.

어린 누이가 손위 누이를 존경하듯이
자신의 주인에게 존경심을 가지고
수줍은 듯이 남편을 따르는
이런 아내를 누이 같은 아내라고 한다.

멀리서 온 친구를 보면 기뻐하듯이
남편을 보면 기뻐하며
훌륭한 계행을 갖춘 정숙한 아내
이런 아내를 친구 같은 아내라고 한다.

매로 때리고 위협해도 분노하지 않고 평온하고
악의 없는 마음으로 남편에게 인내하며
성내지 않고 남편을 따르는
이런 아내를 하녀 같은 아내라고 한다.

계행이 바르지 않고 거칠고 무례한
살인자 같은 아내, 도적 같은 아내, 안주인 같은 아내
그들은 몸이 무너지면 괴로운 지옥으로 간다.

계행을 확립하고 오랜 세월 자신을 다스린
어머니 같은 아내, 누이 같은 아내, 친구 같은 아내, 하녀 같은 아내
그들은 몸이 무너지면 행복한 천상으로 간다.

"수자따여, 이들이 일곱 부류의 아내다. 수자따여, 그대는 이들 가운데 어떤 부류인가?"

"세존이시여, 세존께서는 오늘부터 저를 제 남편의 하녀 같은 아내로 기억해 주십시오!"

A.7.10. 불[Aggi] 〈A.7.68.〉

1. 한때 세존께서는 큰 비구상가와 함께 꼬살라에서 유행(遊行)하셨습니다. 세존께서는 어떤 지방에서 길을 가는 도중에 사납게 타오르는 큰 불덩어리를 보시고, 길에서 벗어나 나무 아래에 마련된 자리에 앉으신 후에 비구들에게 말씀하셨습니다.

"그대들은 사납게 불꽃을 내며 타오르고 있는 큰 불덩어리를 보는가?"

"그렇습니다, 세존이시여!"

"비구들이여, 어떻게 생각하는가? 사납게 불꽃을 내며 타오르고 있는 큰 불덩어리를 껴안고 옆에 앉거나 눕는 것과 손발이 부드러운 크샤트리아 처녀나 바라문 처녀나 거사 처녀를 껴안고 옆에 앉거나 눕는 것 가운데서 어떤 것이 더 좋겠는가?"

"세존이시여, 손발이 부드러운 크샤트리아 처녀나 바라문 처녀나 거사 처녀를 껴안고 옆에 앉거나 눕는 것이 더 좋습니다. 세존이시여, 사납게 불꽃을 내며 타오르고 있는 큰 불덩어리를 껴안고 옆에 앉거나 눕는 것은 괴롭습니다."

"비구들이여, 내가 그대들에게 알려 주겠소. 내가 그대들에게 단언하겠소. 계행이 바르지 않고 행실이 사악하고 행동이 청정하지 못하여 믿음이 가지 않고 잘못을 발로(發露)하지 않고 숨기는, 사문(沙門)이 아니면서 사문 행세를 하고 바라문이 아니면서 바라문 행세를 하고 청정한 수행자가 아니면서 청정한 수행자 행세를 하고 속은 썩어서 탐욕으로 가득 찬 성품이 청정하지 못한 비구에게는 사납게 불꽃을 내며 타오르고 있는 큰 불덩어리를 껴안고 옆에 앉거나 눕는 것이 더 좋을 것이오. 그 까닭은 무엇인가? 비구들이여, 그는 그로 인해서 죽을 지경에 이르거나 죽을 정도의 고통을 겪게 되겠지만, 그 때문에 몸이 무너져 죽은 후에 괴롭고 험난하고 고통스러운 지옥에 태어나지는 않을 것이오. 비구들이여, 계행이 바르지 않고 행실이 사악하고 행동이 청정하지 못하여 믿음이 가지 않고 잘못을 발로하지 않고 숨기는, 사문이 아니면서 사문 행세를 하고 바라문이 아니면서 바라문 행세를 하고 청정한 수행자가 아니면서 청정한 수행자 행세를 하고 속은 썩어서 탐욕으로 가득 찬 성품이 청정하지 못한 비구가 손발이 부드러운 크샤트리아 처녀나 바라문 처녀나 거사 처녀를 껴안고 옆에 앉거나 누우면, 그는 오랜 세월 동안 이익이 없고 괴로움을 겪게 되며, 몸이 무너져 죽은 후에는 괴롭고 험난하고 고통스러운 지옥에 태어난다오.

2. 비구들이여, 어떻게 생각하는가? 힘센 사내가 단단한 말총 노끈으로 두 다리를 묶고 비틀어서 피부가 찢어지고, 가죽이 찢어지고, 살점이 떨어지고, 뼈가 부서지고, 골수가 흘러나오는 것과 크샤트리아 부호나 바라문 부호나 거사 부호의 예배를 받는 것 가운데서 어떤 것이 더 좋겠는가?"

"세존이시여, 크샤트리아 부호나 바라문 부호나 거사 부호의 예배를 받는 것이 더 좋습니다. 세존이시여, 힘센 사내가 단단한 말총 노끈으로 두 다리를 묶고 비틀어서 피부가 찢어지고, 가죽이 찢어지고, 살점이 떨어지고, 뼈가 부서지고, 골수가 흘러나오는 것은 괴롭습니다."

"비구들이여, 내가 그대들에게 알려 주겠소. 내가 그대들에게 단언하겠소. 계행이 바르지 않고, … 성품이 청정하지 못한 비구에게는 힘센 사내가 단단한 말총 노끈으로 두 다리를 묶고 비틀어서 피부가 찢어지고, 가죽이 찢어지고, 살점이 떨어지고, 뼈가 부서지고, 골수가 흘러나오는 것이 더 좋을 것이오. 그 까닭은 무엇인가? 비구들이여, 그는 그로 인해서 죽을 지경에 이르거나 죽을 정도의 고통을 겪게 되겠지만, 그 때문에 몸이 무너져 죽은 후에 괴롭고 험난하고 고통스러운 지옥에 태어나지는 않을 것이오. 비구들이여, 계행이 바르지 않고, … 성품이 청정하지 못한 비구가 크샤트리아 부호나 바라문 부호나 거사 부호의 예배를 받으면, 그는 오랜 세월 동안 이익이 없고 괴로움을 겪게 되며, 몸이 무너져 죽은 후에는 괴롭고 험난하고 고통스러운 지옥에 태어난다오.

3. 비구들이여, 어떻게 생각하는가? 힘센 사내가 기름칠을 한 날카로운 칼로 엉덩이를 내리치는 것과 크샤트리아 부호나 바라문 부호나 거사 부호의 합장을 받는 것 가운데서 어떤 것이 더 좋겠는가?"

"세존이시여, 크샤트리아 부호나 바라문 부호나 거사 부호의 합장 공경을 받는 것이 더 좋습니다. 세존이시여, 힘센 사내가 기름칠을 한 날카로운 칼로 엉덩이를 내리치는 것은 괴롭습니다."

"비구들이여, 내가 그대들에게 알려 주겠소. 내가 그대들에게 단언하겠소. 계행이 바르지 않고, … 성품이 청정하지 못한 비구에게는 힘센 사내가 기름칠을 한 날카로운 칼로 엉덩이를 내리치는 것이 더 좋을 것이오. 그 까닭은 무엇인가? 비구들이여, 그는 그로 인해서 죽을 지경에 이르거나 죽을 정도의 고통을 겪게 되겠지만, 그 때문에 몸이 무너져 죽은 후에 괴롭고 험난하고 고통스러운 지옥에 태어나지는 않을 것이오. 비구들이여, 계행이 바르지 않고, … 성품이 청정하지 못한 비구가 크샤트리아 부호나 바라문 부호나 거사 부호의 합장 공경을 받으면, 그는 오랜 세월 동안 이익이 없고 괴로움을 겪게 되며, 몸이 무너져 죽은 후에는 괴롭고 험난하고 고통스러운 지옥에 태어난다오.

4. 비구들이여, 어떻게 생각하는가? 힘센 사내가 사납게 불꽃을 내며 타오르는 뜨거운 철판으로 몸을 감싸는 것과 크샤트리아 부호나 바라문 부호나 거사 부호의 옷을 받아 입는 것 가운데서 어떤 것이 더 좋겠는가?"

"세존이시여, 크샤트리아 부호나 바라문 부호나 거사 부호의 옷을 받아 입는 것이 더 좋습니다. 세존이시여, 힘센 사내가 사납게 불꽃을 내며 타오르는 뜨거운 철판으로 몸을 감싸는 것은 괴롭습니다."

"비구들이여, 내가 그대들에게 알려 주겠소. 내가 그대들에게 단언하겠소. 계행이 바르지 않고, … 성품이 청정하지 못한 비구에게는 힘센 사내가 사납게 불꽃을 내며 타오르는 뜨거운 철판으로 몸을 감싸는 것이 더 좋을 것이오. 그 까닭은 무엇인가? 비구들이여, 그는 그로 인해서 죽을 지경에 이르거나 죽을 정도의 고통을 겪게 되겠지만, 그 때문에 몸이 무너져 죽은 후에 괴롭고 험난하고 고통스러운 지옥에 태어나지는 않을 것이오. 비구들이여, 계행이 바르지 않고, … 성품이 청정하지 못한 비구가 크샤트리아 부호나 바라문 부호나 거사 부호의 옷을 받아 입으면, 그는 오랜 세월 동안 이익이 없고 괴로움을 겪게 되며, 몸이 무너져 죽은 후에는 괴롭고 험난하고 고통스러운 지옥에 태어난다오.

5. 비구들이여, 어떻게 생각하는가? 힘센 사내가 사납게 불꽃을 내며 타오르는 뜨거운 쇠꼬챙이로 입을 벌리고, 사납게 불꽃을 내며 타오르는 뜨거운 놋쇠구슬을 입속에 집어넣어서 입술을 태우고 입속을 태우고 혀를 태우고 목구멍을 태우고 위장을 태우고 마지막에 내장을 태우면서 아래로 빠져나가는 것과 크샤트리아 부호나 바라문 부호나 거사 부호가 믿음으로 보시한 탁발 음식을 받아먹는 것 가운데서 어떤 것이 더 좋겠는가?"

"세존이시여, 크샤트리아 부호나 바라문 부호나 거사 부호가 믿음으로 보시한 탁발 음식을 받아먹는 것이 더 좋습니다. 세존이시여, 힘센 사내가 사납게 불꽃을 내며 타오르는 뜨거운 쇠꼬챙이로 입을 벌리고, 사납게 불꽃을 내며 타오르는 뜨거운 놋쇠구슬을 입속에 집어넣어서 입술을 태우고 입속을 태우고 혀를 태우고 목구멍을 태우고 위장을 태우고 마지막에 내장을 태우면서 아래로 빠져나가는 것은 괴롭습니다."

"비구들이여, 내가 그대들에게 알려 주겠소. 내가 그대들에게 단언하겠소. 계행이 바르지 않고, … 성품이 청정하지 못한 비구에게는 힘센 사내가 사납게 불꽃을 내며 타오르는 뜨거운 쇠꼬챙이로 입을 벌리고, 사납게 불꽃을 내며 타오르는 뜨거운 놋쇠구슬을 입속에 집어넣어서 입술을 태우고 입속을 태우고 혀를 태우고 목구멍을 태우고 위장을 태우고 마지막에 내장을 태우면서 아래로 빠져나가는 것이 더 좋을 것이오. 그 까닭은 무엇인가? 비구들이여, 그는 그로 인해서 죽을 지경에 이르거나 죽을 정도의 고통을 겪게 되겠지만, 그 때문에 몸이 무너져 죽은 후에 괴롭고 험난하고 고통스러운 지옥에 태어나지는 않을 것이오. 비구들이여, 계행이 바르지 않고, … 성품이 청정하지 못한 비구가 크샤트리아 부호나 바라문 부호나 거사 부호가 믿음으로 보시한 탁발 음식을 받아먹으면, 그는 오랜 세월 동안 이익이 없고 괴로움을 겪게 되며, 몸이 무너져 죽은 후에는 괴롭고 험난하고 고통스러운 지옥에 태어난다오.

6. 비구들이여, 어떻게 생각하는가? 힘센 사내가 머리나 어깨를 잡고 사납게 불꽃을 내며 타오르는 뜨거운 무쇠 침대나 무쇠 의자에 앉히거나 눕히는 것과 크샤트리아 부호나 바라문 부호나 거사 부호가 믿음으로 보시한 침대나 의자를 받아서 사용하는 것 가운데서 어떤 것이 더 좋겠는가?"

"세존이시여, 크샤트리아 부호나 바라문 부호나 거사 부호가 믿음으로 보시한 침대나 의자를 받아서 사용하는 것이 더 좋습니다. 세존이시여, 힘센 사내가 머리나 어깨를 잡고 사납게 불꽃을 내며 타오르는 뜨거운 무쇠 침대나 무쇠 의자에 앉히거나 눕히는 것은 괴롭습니다."

"비구들이여, 내가 그대들에게 알려 주겠소. 내가 그대들에게 단언하겠소. 계행이 바르지 않고, … 성품이 청정하지 못한 비구에게는 힘센 사내가 머리나 어깨를 잡고 사납게 불꽃을 내며 타오르는 뜨거운 무쇠 침대나 무쇠 의자에 앉히거나 눕히는 것이 더 좋을 것이오. 그 까닭은 무엇인가? 비구들이여, 그는 그로 인해서 죽을 지경에 이르거나 죽을 정도의 고통을 겪게 되겠지만, 그 때문에 몸이 무너져 죽은 후에 괴롭고 험난하고 고통스러운 지옥에 태어나지는 않을 것이오. 비구들이여, 계행이 바르지 않고, … 성품이 청정하지 못한 비구가 크샤트리아 부호나 바라문 부호나 거사 부호가 믿음으로 보시한 침대나 의자를 받아서 사용하면, 그는 오랜 세월 동안 이익이 없고 괴로움을 겪게 되며, 몸이 무너져 죽은 후에는 괴롭고 험난하고 고통스러운 지옥에 태어난다오.

7. 비구들이여, 어떻게 생각하는가? 힘센 사내가 거꾸로 세워서 다리를 위로, 머리를 아래로 붙잡고 사납게 불꽃을 내며 타오르는 뜨거운 쇳물이 부글부글 끓는 솥에 집어넣어 한 번은 위로 올리고, 한 번은 아래로 내리고, 한 번은 좌우로 흔들어서 튀기는 것과 크샤트리아 부호나 바라문 부호나 거사 부호가 믿음으로 보시한 승원을 받아서 사용하는 것 가운데서 어떤 것이 더 좋겠는가?"

"세존이시여, 크샤트리아 부호나 바라문 부호나 거사 부호가 믿음으로 보시한 승원을 받아서 사용하는 것이 더 좋습니다. 세존이시여, 힘센 사내가 거꾸로 세워서 다리를 위로, 머리를 아래로 붙잡고 사납게 불꽃을 내며 타오르는 뜨거운 쇳물이 부글부글 끓는 솥에 집어넣어 한 번은 위로 올리고, 한 번은 아래로 내리고, 한 번은 좌우로 흔들어서 튀기는 것은 괴롭습니다."

"비구들이여, 내가 그대들에게 알려 주겠소. 내가 그대들에게 단언하겠소. 계행이 바르지 않고, … 성품이 청정하지 못한 비구에게는 힘센 사내가 거꾸로 세워서 다리를 위로, 머리를 아래로 붙잡고 사납게 불꽃을 내며 타오르는 뜨거운 쇳물이 부글부글 끓는 솥에 집어넣어 한 번은 위로 올리고, 한 번은 아래로 내리고, 한 번은 좌우로 흔들어서 튀기는 것이 더 좋을 것이오. 그 까닭은 무엇인가? 비구들이여, 그는 그로 인해서 죽을 지경에 이르거나 죽을 정도의 고통을 겪게 되겠지만, 그 때문에 몸이 무너져 죽은 후에 괴롭고 험난하고 고통스러운 지옥에 태어나지는 않을 것이오. 비구들이여, 계행이 바르지 않고, … 성품이 청정하지 못한 비구가 크샤트리아 부호나 바라문 부호나 거사 부호가 믿음으로 보시한 승원을 받아서 사용하면, 그는 오랜 세월 동안 이익이 없고 괴로움을 겪게 되며, 몸이 무너져 죽은 후에는 괴롭고 험난하고 고통스러운 지옥에 태어난다오.

비구들이여, 그러므로 그대들은 이와 같이 공부해야 한다오.

'우리가 받아서 사용하는 의복과 탁발 음식과 잠자리와 의약자구(醫藥資具)를 베풀어 준 분들에게 그 행위는 큰 과보와 공덕이 있을 것이고, 우리에게 이 출가는 헛되지 않고 결과가 있고 결실이 있을 것이다.'

비구들이여, 그대들은 이와 같이 공부해야 한다오.

8. 비구들이여, 자신의 공덕을 살펴보고 마땅히 방일하지 않고 정진해야 한다오. 비구들이여, 타인의 공덕을 살펴보고 마땅히 방일하지 않고 정진해야 한다오. 비구들이여, 자신과 타인의 공덕을 살펴보고 마땅히 방일하지 않고 정진해야 한다오."

이것이 세존께서 하신 말씀입니다. 그런데 이 기별(記別)을 말씀하실 때[680] 60명 정도의 비구들은 입에서 뜨거운 피를 토해 냈고, 60명 정도의 비구들은 '세존이시여, 어렵습니다. 세존이시여, 너무 어렵습니다'라고 말하면서 공부를 포기하고 환속했으며, 60명 정도의 비구들은 집착에서 벗어나 마음이 번뇌에서 해탈했습니다.

680 기별(記別)로 번역한 'veyyākaraṇa'는 부처님께서 죽은 다음에 가는 곳을 알려 주는 일인데, 부처님께서 이 경에서 계행이 바르지 않은 비구가 공경을 받고 보시를 수용하면 죽어서 지옥에 간다고 기별하신 것을 의미한다.

제8장 여덟-모음[Aṭṭhaka-Nipāta]

A.8.1. 자애(慈愛, Mettā) 〈A.8.1.〉

1. 세존께서 사왓티의 제따와나 아나타삔디까 승원에 머무실 때, 비구들에게 말씀하셨습니다.

2. "비구들이여, 자애에 의한 심해탈을 자주 부지런히 수련하여 수레로 삼고 터전으로 삼아 실천하고 체득하여 잘 실행하면 여덟 가지 좋은 결과를 기대할 수 있다오.

그 여덟은 어떤 것인가?

3. 그것은 편히 잠들고, 편히 깨어나고, 악몽을 꾸지 않고, 사람들이 좋아하고, 비인(非人)들이 좋아하고, 천신들이 보호하고, 불이나 독이나 칼이 해치지 못하고, 더 높은 세계는 성취하지 못해도 범천의 세계에는 도달하는 것이라오.

비구들이여, 자애에 의한 심해탈을 자주 부지런히 수련하여 수레로 삼고 터전으로 삼아 실천하고 체득하여 잘 실행하면, 이와 같은 여덟 가지 좋은 결과를 기대할 수 있다오."

A.8.2. 세간법(世間法, Lokadhamma) 〈A.8.6.〉

1. "비구들이여, 여덟 가지 세간법(世間法)이 세간을 움직이고, 세간은 여덟 가지 세간법 안에서 움직인다오.

그 여덟은 어떤 것인가?

2. 그것은 이익과 손해, 명예와 불명예, 비난과 칭찬, 즐거움과 괴로움이라오.

3. 비구들이여, 배우지 못한 범부에게도 이익이나 손해·명예나 불명예·비난이나 칭찬·즐거움이나 괴로움이 생기고, 배움이 많은 거룩한 제자에게도 이익이나 손해·명예나 불명예·비난이나 칭찬·즐거움이나 괴로움이 생긴다오.

비구들이여, 거기에서 구별되는 점은 무엇이고 차이는 무엇인가? 배움이 많은 거룩한 제자가 배우지 못한 범부와 다른 점은 어떤 것인가?"

"세존이시여, 우리의 모든 법(法)은 세존을 근본으로 하고, 세존을 스승으로 하고, 세존을 의지처로 합니다. 세존이시여, 부디 세존께서 말씀하신 의미를 알려 주십시오! 비구들은 세존의 말씀을 듣고 명심하겠습니다."

"비구들이여, 그렇다면 그대들은 듣고 잘 생각하도록 하시오! 내가 이야기하겠소."

그 비구들은 "그렇게 하겠습니다, 세존이시여"라고 대답했습니다.

세존께서는 다음과 같이 말씀하셨습니다.

4. "비구들이여, 배우지 못한 범부에게 이익이나 손해·명예나 불명예·비난이나 칭찬·즐거움이나 괴로움이 생기면, 그는 '나에게 생긴 이 이익이나 손해·명예나 불명예·비난이나 칭찬·즐거움이나 괴로움은 무상(無常)하고 괴로운 변역법(變易法)이다'라고 성찰하지 못하고, '나에게 생긴 이 이익이나 손해·명예나 불명예·비난이나 칭찬·즐거움이나 괴로움은 무상하고 괴로운 변역법이다'

라고 있는 그대로 통찰하지 못한다오. 그에게 이익이나 손해, 명예나 불명예, 비난이나 칭찬, 즐거움이나 괴로움이 마음을 사로잡고 머문다오. 그는 이익이나 명예나 칭찬이나 즐거움이 생기면 순응하고, 손해나 불명예나 비난이나 괴로움이 생기면 배척한다오. 그는 이와 같이 순응과 배척에 빠져들기 때문에 태어남과 늙음과 죽음과 근심과 슬픔과 고통과 우울과 불안에서 벗어나지 못하고, 괴로움에서 벗어나지 못한다고 나는 말한다오.

5. 비구들이여, 배움이 많은 거룩한 제자에게 이익이나 손해·명예나 불명예·비난이나 칭찬·즐거움이나 괴로움이 생기면, 그는 '나에게 생긴 이 이익이나 손해·명예나 불명예·비난이나 칭찬·즐거움이나 괴로움은 무상하고 괴로운 변역법이다'라고 성찰하고, '나에게 생긴 이 이익이나 손해·명예나 불명예·비난이나 칭찬·즐거움이나 괴로움은 무상하고 괴로운 변역법이다'라고 있는 그대로 통찰한다오. 그에게 이익이나 손해, 명예나 불명예, 비난이나 칭찬, 즐거움이나 괴로움이 마음을 사로잡고 머물지 않는다오. 그는 이익이나 명예나 칭찬이나 즐거움이 생겨도 순응하지 않고, 손해나 불명예나 비난이나 괴로움이 생겨도 배척하지 않는다오. 그는 이와 같이 순응과 배척에 빠져들지 않음으로써 태어남과 늙음과 죽음과 근심과 슬픔과 고통과 우울과 불안에서 벗어나고, 괴로움에서 벗어난다고 나는 말한다오.

비구들이여, 이것이 구별되는 점이고 이것이 차이라오. 이것이 배움이 많은 거룩한 제자가 배우지 못한 범부와 다른 점이라오."

A.8.3. 시하(Sīha) 〈A.8.12.〉

1. 세존께서 웨살리의 마하와나[大林園]에 있는 중각강당(重閣講堂)에 머무실 때, 많은 저명한 릿차위들이 공회당에 함께 모여 앉아 갖가지 언설로 붓다를 찬양하고 가르침을 찬양하고 상가를 찬양했습니다.

2. 그때 니간타의 제자인 시하 장군이 그 대중 가운데 앉아 있었습니다. 시하 장군은 '세존은 바른 깨달음을 성취한 아라한이 확실하다. 그래서 이들 많은 저명한 릿차위들이 공회당에 함께 모여 앉아 갖가지 언설로 붓다를 찬양하고 가르침을 찬양하고 상가를 찬양한다. 나는 바른 깨달음을 성취한 아라한인 세존을 뵈러 가야겠다'라고 생각했습니다.

3. 시하 장군은 니간타 나따뿟따를 찾아가서 말했습니다.

"존자여, 저는 고따마 사문을 뵈러 가고 싶습니다."

"시하여, 업론자(業論者)인 그대가 왜 업부정론자(業否定論者)인 고따마 사문을 보러 가려고 하나요? 시하여, 고따마 사문은 업을 부정하는 가르침을 설하고 그것으로 제자들을 가르치는 업부정론자라오."

그래서 시하 장군은 세존을 뵈러 가려는 생각을 내려놓았습니다.

4. 많은 저명한 릿차위들이 두 번째로 공회당에 함께 모여 앉아 갖가지 언설로 붓다를 찬양하고 가르침을 찬양하고 상가를 찬양했습니다. 그때도 니간타의 제자인 시하 장군이 그 대중 가운데 앉아 있었습니다. 시하 장군은 두 번째로 '세존은 바른 깨달음을 성취한 아라한이 확실하다. 그래서 이들 많은 저명한 릿차위들이 공회당에 함께 모여 앉아 갖가지 언설로 붓다를 찬양하고 가르침을 찬

양하고 상가를 찬양한다. 나는 바른 깨달음을 성취한 아라한인 세존을 뵈러 가야겠다'라고 생각했습니다.

그래서 시하 장군은 니간타 나따뿟따를 찾아가서 말했습니다.

"존자여, 저는 고따마 사문을 뵈러 가고 싶습니다."

"시하여, 업론자인 그대가 왜 업부정론자인 고따마 사문을 보러 가려고 하나요? 시하여, 고따마 사문은 업을 부정하는 가르침을 설하고 그것으로 제자들을 가르치는 업부정론자라오."

그래서 시하 장군은 두 번째에도 세존을 뵈러 가려는 생각을 내려놓았습니다.

5. 많은 저명한 릿차위들이 세 번째로 공회당에 함께 모여 앉아 갖가지 언설로 붓다를 찬양하고 가르침을 찬양하고 상가를 찬양했습니다. 그때도 니간타의 제자인 시하 장군이 그 대중 가운데 앉아 있었습니다. 시하 장군은 세 번째로 '세존은 바른 깨달음을 성취한 아라한이 확실하다. 그래서 이들 많은 저명한 릿차위들이 공회당에 함께 모여 앉아 갖가지 언설로 붓다를 찬양하고 가르침을 찬양하고 상가를 찬양한다. 니간타들이 허락을 하든 허락을 하지 않든 나와 무슨 상관인가? 나는 바른 깨달음을 성취한 아라한인 세존을 뵈러 가야겠다'라고 생각했습니다.

시하 장군은 세존을 뵙기 위하여 500대 정도의 수레를 거느리고 아침 일찍 웨살리를 나섰습니다. 그는 수레가 갈 수 있는 곳까지는 수레로 간 다음에 걸어서 승원에 들어갔습니다. 시하 장군은 세존을 찾아가서 세존께 예배한 후에 한쪽에 앉았습니다.

한쪽에 앉은 시하 장군이 세존께 말씀드렸습니다.

"세존이시여, 저는 '고따마 사문은 업을 부정하는 가르침을 설하고 그것으로 제자들을 가르치는 업부정론자다'라고 들었습니다. 세존이시여, 이렇게 말하는 사람들은 세존에 대하여 진실을 말하는 사람인가요? 그들은 세존을 거짓으로 중상하는 것이 아니라 가르침과 일치하는 판단을 한 것인가요? 가르침을 따르는 사람이든 다른 종파의 사람이든, 누구라도 비난받게 되는 것은 아닌지요? 세존이시여, 우리는 세존을 중상하고 싶지 않습니다."

6. "시하여, 나에 대하여 바르게 이야기하면서 '고따마 사문은 업을 부정하는 가르침을 설하고 그것으로 제자들을 가르치는 업부정론자다'라고 말할 수 있는 법문도 있고, '고따마 사문은 업에 대한 가르침을 설하고 그것으로 제자들을 가르치는 업론자다'라고 말할 수 있는 법문도 있고, '고따마 사문은 단멸(斷滅)에 대한 가르침을 설하고 그것으로 제자들을 가르치는 단멸론자(斷滅論者)다'라고 말할 수 있는 법문도 있고, '고따마 사문은 혐오에 대한 가르침을 설하고 그것으로 제자들을 가르치는 혐오론자(嫌惡論者)다'라고 말할 수 있는 법문도 있고, '고따마 사문은 파괴에 대한 가르침을 설하고 그것으로 제자들을 가르치는 파괴론자(破壞論者)다'라고 말할 수 있는 법문도 있고, '고따마 사문은 고행(苦行)에 대한 가르침을 설하고 그것으로 제자들을 가르치는 고행론자(苦行論者)다'라고 말할 수 있는 법문도 있고, '고따마 사문은 모태(母胎)에 들어가지 말라는 가르침을 설하고 그것으로 제자들을 가르치는 입태거부자(入胎拒否者)다'라고 말할 수 있는 법문도 있

고, '고따마 사문은 안식(安息)에 대한 가르침을 설하고 그것으로 제자들을 가르치는 안식론자(安息論者)다'라고 말할 수 있는 법문도 있다오.

7. 시하여, 나에 대하여 바르게 이야기하면서 '고따마 사문은 업을 부정하는 가르침을 설하고 그것으로 제자들을 가르치는 업부정론자다'라고 말할 수 있는 법문은 어떤 것인가? 시하여, 나는 업을 짓지 말라고 이야기한다오. 나는 몸과 말과 마음으로 행하는 못된 행위에 의한 갖가지 사악한 불선법(不善法)을 행하지 말라고 이야기한다오. 시하여, 이것이 나에 대하여 바르게 이야기하면서 '고따마 사문은 업을 부정하는 가르침을 설하고 그것으로 제자들을 가르치는 업부정론자다'라고 말할 수 있는 법문이라오.

시하여, 나에 대하여 바르게 이야기하면서 '고따마 사문은 업에 대한 가르침을 설하고 그것으로 제자들을 가르치는 업론자다'라고 말할 수 있는 법문은 어떤 것인가? 시하여, 나는 업을 지으라고 이야기한다오. 나는 몸과 말과 마음으로 행하는 착한 행위에 의한 갖가지 선법(善法)을 행하라고 이야기한다오. 시하여, 이것이 나에 대하여 바르게 이야기하면서 '고따마 사문은 업에 대한 가르침을 설하고 그것으로 제자들을 가르치는 업론자다'라고 말할 수 있는 법문이라오.

시하여, 나에 대하여 바르게 이야기하면서 '고따마 사문은 단멸에 대한 가르침을 설하고 그것으로 제자들을 가르치는 단멸론자다'라고 말할 수 있는 법문은 어떤 것인가? 시하여, 나는 단멸을 이야기한다오. 나는 탐욕과 분노와 어리석음에 의한 갖가지 사악한 불선법을 끊어 없애라고 이야기한다오. 시하여, 이것이 나에 대하여 바르게 이야기하면서 '고따마 사문은 단멸에 대한 가르침을 설하고 그것으로 제자들을 가르치는 단멸론자다'라고 말할 수 있는 법문이라오.

시하여, 나에 대하여 바르게 이야기하면서 '고따마 사문은 혐오에 대한 가르침을 설하고 그것으로 제자들을 가르치는 혐오론자다'라고 말할 수 있는 법문은 어떤 것인가? 시하여, 나는 몸과 말과 마음으로 행하는 못된 행위를 혐오한다오. 나는 갖가지 사악한 불선법을 저지르는 것을 혐오한다오. 시하여, 이것이 나에 대하여 바르게 이야기하면서 '고따마 사문은 혐오에 대한 가르침을 설하고 그것으로 제자들을 가르치는 혐오론자다'라고 말할 수 있는 법문이라오.

시하여, 나에 대하여 바르게 이야기하면서 '고따마 사문은 파괴에 대한 가르침을 설하고 그것으로 제자들을 가르치는 파괴론자다'라고 말할 수 있는 법문은 어떤 것인가? 시하여, 나는 파괴하는 법을 가르친다오. 나는 탐욕과 분노와 어리석음에 의한 갖가지 사악한 불선법을 파괴하는 법을 가르친다오. 시하여, 이것이 나에 대하여 바르게 이야기하면서 '고따마 사문은 파괴에 대한 가르침을 설하고 그것으로 제자들을 가르치는 파괴론자다'라고 말할 수 있는 법문이라오.

시하여, 나에 대하여 바르게 이야기하면서 '고따마 사문은 고행에 대한 가르침을 설하고 그것으로 제자들을 가르치는 고행론자다'라고 말할 수 있는 법문은 어떤 것인가? 시하여, 나는 사악한 불선법들을 불태우라고 말한다오. 시하여, 몸과 말과 마음으로 행하는 못된 행위를 불태워서 그에게 사악한 불선법들이 제거되고 없어져서 뿌리가 잘린 나무나 밑동이 잘린 야자수처럼 미래에 생기지 않으면, 나는 그를 고행론자라고 말한다오. 시하여, 여래에게는 사악한 불선법들이 제거되고 없어져서 뿌리가 잘린 나무나 밑동이 잘린 야자수처럼 미래에 생기지 않는다오. 시하여, 이것이 나에 대하여 바르게 이야기하면서 '고따마 사문은 고행에 대한 가르침을 설하고 그것으로 제자들을 가르치는 고행론자다'라고 말할 수 있는 법문이라오.

시하여, 나에 대하여 바르게 이야기하면서 '고따마 사문은 모태에 들어가지 말라는 가르침을 설하고 그것으로 제자들을 가르치는 입태거부자다'라고 말할 수 있는 법문은 어떤 것인가? 시하여, 그에게 미래에 모태가 이후의 존재[後有]를 생산하는 일이[681] 제거되고 없어져서 뿌리가 잘린 나무나 밑동이 잘린 야자수처럼 미래에 생기지 않으면, 나는 그를 입태거부자라고 말한다오. 시하여, 여래에게는 미래에 모태가 이후의 존재를 생산하는 일이 제거되고 없어져서 뿌리가 잘린 나무나 밑동이 잘린 야자수처럼 미래에 생기지 않는다오. 시하여, 이것이 나에 대하여 바르게 이야기하면서 '고따마 사문은 모태에 들어가지 말라는 가르침을 설하고 그것으로 제자들을 가르치는 입태거부자다'라고 말할 수 있는 법문이라오.

시하여, 나에 대하여 바르게 이야기하면서 '고따마 사문은 안식에 대한 가르침을 설하고 그것으로 제자들을 가르치는 안식론자다'라고 말할 수 있는 법문은 어떤 것인가? 시하여, 나는 최상의 안식으로 편히 쉬는 법을 설하고 그것으로 제자들을 가르친다오. 시하여, 이것이 나에 대하여 바르게 이야기하면서 '고따마 사문은 안식에 대한 가르침을 설하고 그것으로 제자들을 가르치는 안식론자다'라고 말할 수 있는 법문이라오."

8. 이 말씀을 듣고, 시하 장군이 세존께 말씀드렸습니다.

"훌륭합니다, 세존이시여! … 이제 저는 세존께 귀의합니다. 가르침과 비구상가에 귀의합니다. 세존께서는 저를 청신사(淸信士)로 받아 주소서. 오늘부터 살아 있는 날까지 귀의하겠습니다."

"시하여, 깊이 생각하시오! 당신은 세상에 널리 알려진 사람이니 부디 깊이 생각하도록 하시오!"

"세존이시여, 세존께서 저에게 '시하여, 깊이 생각하시오! 당신은 세상에 널리 알려진 사람이니 부디 깊이 생각하도록 하시오!'라고 말씀하시니, 저는 더욱더 세존께 흡족하고 만족합니다. 세존이시여, 외도들은 저를 제자로 얻은 다음에는 '시하 장군이 우리의 제자가 되었다'라고 외치면서 깃발을 흔들며 웨살리의 모든 곳을 돌아다닐 것입니다. 그런데 세존께서는 저에게 '시하여, 깊이 생각하시오! 당신은 세상에 널리 알려진 사람이니 부디 깊이 생각하도록 하시오!'라고 말씀하셨습니다. 이제 저는 거듭 세존께 귀의합니다. 가르침과 비구상가에 귀의합니다. 세존께서는 저를 청신사로 받아 주소서. 오늘부터 살아 있는 날까지 귀의하겠습니다."

"시하여, 당신의 가문은 오랫동안 니간타에게 우물 같은 존재였다오. 그러므로 그들이 오면 탁발 음식을 보시해야 한다고 생

681 '모태가 이후의 존재를 생산하는 일'이란 식(識)이 모태가 되어 새로운 명색(名色)을 만들어 내는 것을 의미한다.

각하시오!"

"세존이시여, 세존께서 저에게 '거사여, 당신의 가문은 오랫동안 니간타에게 우물 같은 존재였다오. 그러므로 그들이 오면 탁발음식을 보시해야 한다고 생각하시오!'라고 말씀하시니, 저는 더욱더 세존께 흡족하고 만족합니다. 세존이시여, 저는 사문 고따마는 '나에게만 보시를 베풀고, 다른 사람에게는 보시를 베풀지 마라! 나의 제자들에게만 보시를 베풀고, 다른 사람의 제자들에게는 보시를 베풀지 마라! 나에게 베푼 보시만이 큰 공덕이 있고, 다른 사람에게 베푼 보시는 큰 공덕이 없다. 나의 제자들에게 베푼 보시만이 큰 공덕이 있고, 다른 사람의 제자들에게 베푼 보시는 큰 공덕이 없다'라고 말한다고 들었습니다. 그런데 세존께서는 저에게 니간타에게도 보시할 것을 권유하시는군요. 세존이시여, 그 점은 제가 때를 알아 하겠습니다. 세존이시여, 이제 저는 세 번 거듭 세존께 귀의합니다. 가르침과 비구상가에 귀의합니다. 세존께서는 저를 청신사로 받아 주소서. 오늘부터 살아 있는 날까지 귀의하겠습니다."

9. 세존께서는 시하 장군에게 차제설법(次第說法)을 하셨습니다. 즉 보시를 말씀하시고, 계율을 말씀하시고, 천상(天上)을 말씀하시고, 감각적 욕망은 위험하고 무익하고 더러운 것이며 그것에서 벗어나는 것이 이익이 된다는 것을 설명하셨습니다. 세존께서는 시하 장군의 마음이 유연하고 편견이 없고 즐겁고 청정하여 가르침을 받아들일 준비가 된 것을 아시고, 깨달으신 분들이 찬탄하시는 고(苦)·집(集)·멸(滅)·도(道)의 법문을 그에게 설명하셨습니다. 비유하면, 얼룩이 없는 깨끗한 옷이 염색을 잘 받아들이듯이, 그 자리에서 시하 장군에게 '어떤 것이든 쌓인 법[集法]은 모두가 소멸하는 법[滅法]'이라는 것을 보는 청정무구한 법안(法眼)이 생겼습니다.

10. 진리를 보고, 진리를 획득하고, 진리를 알고, 진리를 깊이 이해하여 스승의 가르침에 대하여 다른 사람을 의지하지 않고, 의심을 극복하고, 의혹이 사라지고, 두려움이 없어진 시하 장군이 세존께 말씀드렸습니다.

"세존이시여, 세존께서는 비구상가와 함께 내일 저의 공양을 받아 주십시오!"

세존께서는 침묵으로 승낙하셨습니다.

시하 장군은 세존께서 승낙하신 것을 알고 자리에서 일어나 세존께 예배한 후에 오른쪽으로 돌고 떠나갔습니다.

시하 장군은 어떤 하인에게 "여봐라! 너는 가서 싱싱한 고기를 알아보아라!"라고 일렀습니다.

시하 장군은 그날 밤새 갖가지 훌륭한 딱딱한 음식과 부드러운 음식을 마련한 후에 "세존이시여, 공양이 준비되었습니다"라고 세존께 알렸습니다.

11. 세존께서는 오전에 옷을 입고 발우와 법의(法衣)를 들고 비구상가와 함께 시하 장군의 집으로 가서 마련된 자리에 앉으셨습니다.

그때 많은 니간타들이 이 길에서 저 길로, 이 거리에서 저 거리로 웨살리를 돌아다니면서 손을 쳐들고 "오늘 시하 장군은 큰 가축을 잡아서 고따마 사문의 음식을 만들었다. 고따마 사문은 그것을 알고도 업을 짓게 되는 그 고기를 먹었다"라고 울부짖듯이 외쳤습니다.

그러자 어떤 사람이 시하 장군을 찾아와서 조용히 알려 주었습니다.

"존자여, 많은 니간타들이 이 길에서 저 길로, 이 거리에서 저 거리로 웨살리를 돌아다니면서 손을 쳐들고 '오늘 시하 장군은 큰 가축을 잡아서 고따마 사문의 음식을 만들었다. 고따마 사문은 그것을 알고도 업을 짓게 되는 그 고기를 먹었다'라고 울부짖듯이 외치고 있다는 것을 아십시오!"

"존자여, 괜찮습니다. 오랜 세월을 그 존자들은 붓다를 비방하고 가르침을 비방하고 상가를 비방했습니다. 그 존자들은 실없고 공허하고 허망한 거짓으로 중상했지만, 세존을 해치지 못했습니다. 우리는 생계를 위하여 고의로 살아 있는 것들의 생명을 빼앗지 않습니다."

12. 시하 장군은 붓다를 비롯하여 비구상가를 갖가지 훌륭한 딱딱한 음식과 부드러운 음식으로 손수 시중을 들며 만족하게 했습니다. 시하 장군은 세존께서 공양을 마치고 발우에서 손을 떼시자 아래에 있는 다른 자리로 가서 한쪽에 앉았습니다. 세존께서는 법을 설하여 한쪽에 앉은 시하 장군을 가르치고 격려하고 칭찬하고 기쁘게 하신 후에 자리에서 일어나 떠나셨습니다.

A.8.4. 와셋타(Vāseṭṭha) 〈A.8.44.〉

1. 세존께서 웨살리의 마하와나[大林園]에 있는 꾸따가라(Kūṭāgara) 강당에 머무실 때, 청신사 와셋타가 세존을 찾아와서 세존께 예배하고 한쪽에 앉았습니다.

한쪽에 앉은 청신사 와셋타에게 세존께서 말씀하셨습니다.

"여덟 가지를 구족한 포살(布薩)을 행하면 큰 결실이 있고, 큰 공덕이 있고, 명성이 크게 빛나고, 명성이 널리 퍼진다오. 와셋타여, 큰 결실이 있고, 큰 공덕이 있고, 명성이 크게 빛나고, 명성이 널리 퍼지는 여덟 가지를 구족한 포살은 어떻게 행하는가?

와셋타여, 거룩한 제자는 '아라한들은 수명이 다할 때까지 살생하지 않고 살생을 삼가고, 몽둥이나 칼을 잡지 않고, 부끄러움을 알고, 모든 생명을 애민하고 보살피고 사랑하며 살아간다. 나도 오늘 하루 이 밤과 이 낮 동안은 살생하지 않고 살생을 삼가고, 몽둥이나 칼을 잡지 않고, 부끄러움을 알고, 모든 생명을 애민하고 보살피고 사랑하며 지내겠다. 이것으로 아라한을 본받고 나의 포살이 되도록 하겠다'라고 성찰한다오. 이렇게 함으로써 첫 번째를 구족한다오.

거룩한 제자는 '아라한들은 수명이 다할 때까지 주지 않은 것을 취하지 않고 주지 않은 것을 취하는 일을 삼가고, 보시받은 것만을 취하고 보시만을 기대하며, 도둑질하지 않고 청정한 마음으로 살아간다. 나도 오늘 밤과 낮 하루 동안은 주지 않은 것을 취하지 않고 주지 않은 것을 취하는 일을 삼가고, 보시받은 것만을 취하고 보시만을 기대하며, 도둑질하지 않고 청정한 마음으로 지내겠다. 이것으로 아라한을 본받고 나의 포살이 되도록 하겠다'라고 성찰한다오. 이렇게 함으로써 두 번째를 구족한다오.

거룩한 제자는 '아라한들은 수명이 다할 때까지 청정한 범행(梵行)이 아닌 행을 하지 않고 청정한 범행을 행하며, 세속의 법인 음행(淫行)을 삼가고 멀리하며 살아간다. 나도 오늘 밤과 낮 하루 동안은 청정한 범행이 아닌 행을 하지 않고 청정한 범행을 행하며, 세속의 법인 음행을 삼가고 멀리하며 지내겠다. 이것으로 아라한을 본받고 나의 포살이 되도록 하겠다'라고 성찰한다오. 이렇게 함으로써 세 번째를 구족한다오.

거룩한 제자는 '아라한들은 수명이 다할 때까지 거짓말을 하지 않고 거짓말을 삼가고, 진실을 말하고 정직하고 참되고 믿을 만하며, 세상을 속이지 않고 살아간다. 나도 오늘 밤과 낮 하루 동안은 거짓말을 하지 않고 거짓말을 삼가고, 진실을 말하고 정직하고 참되고 믿을 만하며, 세상을 속이지 않고 지내겠다. 이것으로 아라한을 본받고 나의 포살이 되도록 하겠다'라고 성찰한다오. 이렇게 함으로써 네 번째를 구족한다오.

거룩한 제자는 '아라한들은 수명이 다할 때까지 곡주나 과일주 같은 취기 있는 음료를 마시지 않고 삼간다. 나도 오늘 밤과 낮 하루 동안은 곡주나 과일주 같은 취기 있는 음료를 마시지 않고 삼가겠다. 이것으로 아라한을 본받고 나의 포살이 되도록 하겠다'라고 성찰한다오. 이렇게 함으로써 다섯 번째를 구족한다오.

거룩한 제자는 '아라한들은 수명이 다할 때까지 하루 한 끼만 먹고 야식(夜食)을 하지 않으며, 때가 아니면 식사를 하지 않는다. 나도 오늘 밤과 낮 하루 동안은 하루 한 끼만 먹고 야식을 하지 않으며, 때가 아니면 식사를 하지 않겠다. 이것으로 아라한을 본받고 나의 포살이 되도록 하겠다'라고 성찰한다오. 이렇게 함으로써 여섯 번째를 구족한다오.

거룩한 제자는 '아라한들은 수명이 다할 때까지 춤추고 노래하고 연주하고 연극을 보고 화만(華鬘)으로 장식하거나 향수를 바르거나 몸을 치장하고 꾸미는 일을 삼간다. 나도 오늘 밤과 낮 하루 동안은 춤추고 노래하고 연주하고 연극을 보고 화만으로 장식하거나 향수를 바르거나 몸을 치장하고 꾸미는 일을 삼가겠다. 이것으로 아라한을 본받고 나의 포살이 되도록 하겠다'라고 성찰한다오. 이렇게 함으로써 일곱 번째를 구족한다오.

거룩한 제자는 '아라한들은 수명이 다할 때까지 높은 침상이나 큰 침상을 사용하지 않고 높은 침상이나 큰 침상을 삼간다. 나도 오늘 밤과 낮 하루 동안은 높은 침상이나 큰 침상을 사용하지 않고 높은 침상이나 큰 침상을 삼가겠다. 이것으로 아라한을 본받고 나의 포살이 되도록 하겠다'라고 성찰한다오. 이렇게 함으로써 여덟 번째를 구족한다오.

와셋타여, 이와 같이 여덟 가지를 구족한 포살을 행하면 큰 결실이 있고, 큰 공덕이 있고, 명성이 크게 빛나고, 명성이 널리 퍼진다오. 어느 정도로 큰 결실이 있고 큰 공덕이 있고 큰 과보가 있는가?

와셋타여, 비유하면 굉장히 많은 칠보(七寶)가 있는 16대국(大國), 즉 앙가(Aṅgā)·마가다(Magadhā)·까시(Kāsī)·꼬살라(Kosalā)·왓지(Vajjī)·말라(Mallā)·쩨띠(Cetī)·왕사(Vaṃsā)·꾸루(Kurū)·빤짤라(Pañcālā)·맛차(Macchā)·수라세나(Sūrasenā)·아싸까(Assakā)·아완띠(Avantī)·간다라(Gandhārā)·깜보자(Kambojā)를 지배하는 왕이 된 사람은 여덟 가지를 구족한 포살을 행한 사람의 16분의 1에도 미치지 못한다오. 그 까닭은 무엇인가? 와셋타여, 인간의 왕은 천상의 즐거움에 비하면 하찮은 것이라오.

와셋타여, 인간의 100년은 33천(三十三天)의 하루이고, 그 하루로 30일이 한 달이며, 그 달로 12달이 1년이고, 그 햇수로 1,000년이 33천의 천신들의 수명(壽命)이라오. 와셋타여, 어떤 여인이나 남자가 여덟 가지를 구족한 포살을 행하면 몸이 무너져 죽은 후에 33천에 태어날 수 있다오. 와셋타여, 그래서 나는 '인간의 왕은 천상의 즐거움에 비하면 하찮은 것이다'라고 말한 것이라오.

와셋타여, 인간의 200년은 야마천(夜摩天)의 하루이고, 그 하루로 30일이 한 달이며, 그 달로 12달이 1년이고, 그 햇수로 2,000년이 야마천의 천신들의 수명이라오. 와셋타여, 어떤 여인이나 남자가 여덟 가지를 구족한 포살을 행하면 몸이 무너져 죽은 후에 야마천에 태어날 수 있다오. 와셋타여, 그래서 나는 '인간의 왕은 천상의 즐거움에 비하면 하찮은 것이다'라고 말한 것이라오.

와셋타여, 인간의 400년은 도솔천(兜率天)의 하루이고, 그 하루로 30일이 한 달이며, 그 달로 12달이 1년이고, 그 햇수로 4,000년이 도솔천의 천신들의 수명이라오. 와셋타여, 어떤 여인이나 남자가 여덟 가지를 구족한 포살을 행하면 몸이 무너져 죽은 후에 도솔천에 태어날 수 있다오. 와셋타여, 그래서 나는 '인간의 왕은 천상의 즐거움에 비하면 하찮은 것이다'라고 말한 것이라오.

와셋타여, 인간의 800년은 화락천(化樂天)의 하루이고, 그 하루로 30일이 한 달이며, 그 달로 12달이 1년이고, 그 햇수로 8,000년이 화락천의 천신들의 수명이라오. 와셋타여, 어떤 여인이나 남자가 여덟 가지를 구족한 포살을 행하면 몸이 무너져 죽은 후에 화락천에 태어날 수 있다오. 와셋타여, 그래서 나는 '인간의 왕은 천상의 즐거움에 비하면 하찮은 것이다'라고 말한 것이라오.

와셋타여, 인간의 1,600년은 타화자재천(他化自在天)의 하루이고, 그 하루로 30일이 한 달이며, 그 달로 12달이 1년이고, 그 햇수로 16,000년이 타화자재천의 천신들의 수명이라오. 와셋타여, 어떤 여인이나 남자가 여덟 가지를 구족한 포살을 행하면 몸이 무너져 죽은 후에 타화자재천에 태어날 수 있다오. 와셋타여, 그래서 나는 '인간의 왕은 천상의 즐거움에 비하면 하찮은 것이다'라고 말한 것이라오."

2. 이 말씀을 듣고, 청신사 와셋타가 세존께 말씀드렸습니다.

"세존이시여, 사랑스러운 제 친척과 혈육들도 여덟 가지를 구족한 포살을 실천한다면, 그들에게도 오랜 세월 이익이 있고 즐거움이 있을까요? 세존이시여, 모든 크샤트리아나 바라문이나 바이샤나 수드라도 여덟 가지를 구족한 포살을 실천한다면, 그들에게도 오랜 세월 이익이 있고 즐거움이 있을까요?"

3. "와셋타여, 그렇다오. 와셋타여, 모든 크샤트리아나 바라문이나 바이샤나 수드라도 여덟 가지를 구족한 포살을 실천한다면, 그들에게도 오랜 세월 이익이 있고 즐거움이 있을 것이오. 와셋타여, 천신과 마라와 범천을 포함한 세간도, 사문과 바라문과 왕과 백성을 포함한 인간도 여덟 가지를 구족한 포살을 실천한다면, 그들에게도 오랜 세월 이익이 있고 즐거움이 있을 것이오. 와셋타여, 만약에 이 커다란 살라나무들도 생각할 수 있어서 여덟 가지를 구족한 포살을 실천한다

면, 이들 커다란 살라나무들에게도 오랜 세월 이익이 있고 즐거움이 있을 것이오. 그런데 인간으로 태어난 사람들은 말해 무엇 하겠소?"

A.8.5. 위사카(Visākhā) 〈A.8.47.〉

1. 세존께서 사왓티의 뿝바라마 미가라마뚜 강당에 머무실 때 위사카 미가라마따(Visākhā Migāramātā)가 세존을 찾아와서 세존께 예배하고 한쪽에 앉았습니다. 한쪽에 앉은 위사카 미가라마따에게 세존께서 말씀하셨습니다.

2. "위사카여, 여덟 가지 행실[法]을 구족한 부인은 몸이 무너져 죽은 후에 멋진 몸을 지닌 천신(天神)들의 무리에 태어난다오. 그 여덟은 어떤 것인가?

3. 위사카여, 부모가 시집을 보내면, 부인은 남편의 이익을 바라고 연민심을 일으켜 '먼저 일어나고 늦게 자며, 하인처럼 순종하고, 마음에 드는 행동을 하고, 사랑스러운 말을 하겠다'라고 생각한다오.

어머니든 아버지든, 사문이든 바라문이든, 남편이 존경하는 사람들을 공경하고 존경하고 존중하고 공양하며, 손님들에게 자리와 물로써 존경을 표시한다오.

모직(毛織) 일이든 면직(綿織) 일이든, 집안일에 능숙하고 부지런하며, 방법을 찾아 익혀서 집안일을 잘 처리하고 완수한다오.

종들이든 하인들이든 일꾼들이든, 집안의 식솔들이 한 일과 하지 않은 일을 알고, 아픈 사람의 기력이 있는지 없는지를 알고, 음식이 있으면 각자의 몫을 잘 나누어 준다오.

곡물이든 은이든 금이든, 남편이 벌어온 재물을 도박이나 음주로 축내거나 탕진하지 않고 보호하고 지키기 위하여 노력한다오.

청신녀가 되어 붓다께 귀의하고, 가르침에 귀의하고, 상가에 귀의한다오.

계행(戒行)을 갖추어 살생하지 않고, 주지 않은 것을 취하지 않고, 삿된 음행을 하지 않고, 거짓말하지 않고, 곡주나 과일주 같은 취기 있는 음료를 마시지 않는다오.

베푸는 사람이 되어 인색한 마음 없이 속가에 살면서 아낌없이 베푸는 깨끗한 손이 되어 요청에 응하여 주기를 좋아하고, 베풀고 나누기를 좋아한다오.

위사카여, 이들 여덟 가지 행실을 구족한 부인은 몸이 무너져 죽은 후에 멋진 몸을 지닌 천신들의 무리에 태어난다오."

A.8.6. 세간(世間)의 정복[Lokavijaya] 〈A.8.49.〉

1. 세존께서 사왓티의 뿝바라마 미가라마뚜 강당에 머무실 때 위사카 미가라마따가 세존을 찾아와서 세존께 예배하고 한쪽에 앉았습니다.

한쪽에 앉은 위사카 미가라마따에게 세존께서 말씀하셨습니다.

2. "위사카여, 네 가지 행실[法]을 구족한 부인은 여기에서 세간을 정복하고, 그 세간을 얻게 된다오. 그 넷은 어떤 것인가?

3. 위사카여, 그것은 부인이 일을 잘 처리하고, 집안의 식솔들을 잘 보살피고, 남편이 좋아하는 일을 하고, 재산을 지키는 것이라오.

위사카여, 부인은 어떻게 일을 잘 처리하는가?

4. 위사카여, 일을 잘 처리하는 부인은 모직 일이든 면직 일이든, 집안일에 능숙하고 부지런하며, 방법을 찾아 익혀서 집안일을 잘 처리하고 완수한다오. 위사카여, 일을 잘 처리하는 부인은 이와 같이 집안일을 처리한다오.

위사카여, 부인은 어떻게 집안의 식솔들을 잘 보살피는가?

5. 위사카여, 집안의 식솔들을 잘 보살피는 부인은 종들이든 하인들이든 일꾼들이든, 집안의 식솔들이 한 일과 하지 않은 일을 알고, 아픈 사람의 기력이 있는지 없는지를 알고, 음식이 있으면 각자의 몫을 잘 나누어 준다오. 위사카여, 부인은 이와 같이 집안의 식솔들을 잘 보살핀다오.

위사카여, 부인은 어떻게 남편이 좋아하는 일을 하는가?

6. 위사카여, 남편이 좋아하는 일을 하는 부인은 남편이 싫어한다고 생각되는 일은 목숨을 걸고 행하지 않는다오. 위사카여, 부인은 이와 같이 남편이 좋아하는 일을 한다오.

위사카여, 부인은 어떻게 재산을 지키는가?

7. 위사카여, 재산을 지키는 부인은 곡물이든 은이든 금이든, 남편이 벌어 온 재물을 도박이나 음주로 축내거나 탕진하지 않고 보호하고 지키기 위하여 노력한다오. 위사카여, 부인은 이와 같이 재산을 지킨다오.

위사카여, 이들 네 가지 행실을 구족한 부인은 여기에서 세간을 정복하고, 그 세간을 얻게 된다오.

8. 위사카여, 네 가지 행실을 구족한 부인은 저세상에서 세간을 정복하고, 그 세간을 얻게 된다오. 그 넷은 어떤 것인가?

9. 위사카여, 그것은 부인이 믿음을 구족하고, 계행(戒行)을 구족하고, 베풂을 구족하고, 통찰지[般若]를 구족하는 것이라오.

위사카여, 부인은 어떻게 믿음을 구족하는가?

10. 위사카여, 믿음이 있는 부인은 여래의 깨달음을 믿는다오. 즉 여래는 '아라한(阿羅漢), 원만하고 바르게 깨달으신 분[正遍知], 앎과 실천을 구족하신 분[明行足], 행복하신 분[善逝], 세간을 잘 아시는 분[世間解], 위없는 분[無上士], 사람을 길들여 바른길로 이끄시는 분[調御丈夫], 천신과 인간의 스승[天人師], 진리를 깨달으신 분[佛], 세존(世尊)'이라고 믿는다오. 위사카여, 부인은 이와 같이 믿음을 구족한다오.

위사카여, 부인은 어떻게 계행을 구족하는가?

11. 위사카여, 계행을 구족한 부인은 살생하지 않고, 주지 않은 것을 취하지 않고, 삿된 음행을 하지 않고, 거짓말하지 않고, 곡주나 과일주 같은 취기 있는 음료를 마시지 않는다오. 위사카여, 부인은 이와 같이 계행을 구족한다오.

위사카여, 부인은 어떻게 베풂을 구족하는가?

12. 위사카여, 베풂을 구족한 부인은 인색한 마음이 없이 속가에 살면서 아낌없이 베푸는 깨끗한 손이 되어 요청에 응하여 주기를 좋아하고, 베풀고 나누기를 좋아한다오. 위사카여, 부인은 이와 같이 베풂을 구족한다오.

13. 위사카여, 부인은 어떻게 통찰지를 구족하는가? 위사카여, 통찰지를 구족한 부인은 생성과 소멸에 이르는 길에 대한 통찰지를 갖추어 거룩한 괴로움의 소멸에 이르는 바른

길을 판단하여 선택한다오. 위사카여, 부인은 이와 같이 통찰지를 구족한다오.

위사카여, 이들 네 가지 행실을 구족한 부인은 저세상에서 세간을 정복하고, 그 세간을 얻게 된다오."

A.8.7. 두려움[Bhaya] 〈A.8.56.〉

1. "비구들이여, '두려움[bhaya]'은 감각적 욕망[kāma]의 속성[adhivacana]이라오. 비구들이여, '괴로움'은 감각적 욕망의 속성이라오. 비구들이여, '질병(疾病, roga)'은 감각적 욕망의 속성이라오. 비구들이여, '종기(腫氣)'는 감각적 욕망의 속성이라오. 비구들이여, '화살'은 감각적 욕망의 속성이라오. 비구들이여, '집착[saṅga]'은 감각적 욕망의 속성이라오. 비구들이여, '진흙'은 감각적 욕망의 속성이라오. 비구들이여, '모태(母胎)'는 감각적 욕망의 속성이라오.

2. 비구들이여, 어찌하여 '두려움'은 감각적 욕망의 속성인가? 비구들이여, 감각적 욕망에 대한 탐욕에 물들어 욕탐에 속박되면, 지금 여기에서도 두려움에서 벗어나지 못하고 미래에도 두려움에서 벗어나지 못한다오. 그러므로 '두려움'은 감각적 욕망의 속성이라오.

3. 비구들이여, 어찌하여 '괴로움'은 감각적 욕망의 속성인가? 비구들이여, 감각적 욕망에 대한 탐욕에 물들어 욕탐에 속박되면, 지금 여기에서도 괴로움에서 벗어나지 못하고 미래에도 괴로움에서 벗어나지 못한다오. 그러므로 '괴로움'은 감각적 욕망의 속성이라오.

비구들이여, 어찌하여 '질병'은 감각적 욕망의 속성인가? 비구들이여, 감각적 욕망에 대한 탐욕에 물들어 욕탐에 속박되면, 지금 여기에서도 질병에서 벗어나지 못하고 미래에도 질병에서 벗어나지 못한다오. 그러므로 '질병'은 감각적 욕망의 속성이라오.

비구들이여, 어찌하여 '종기'는 감각적 욕망의 속성인가? 비구들이여, 감각적 욕망에 대한 탐욕에 물들어 욕탐에 속박되면, 지금 여기에서도 종기에서 벗어나지 못하고 미래에도 종기에서 벗어나지 못한다오. 그러므로 '종기'는 감각적 욕망의 속성이라오.

비구들이여, 어찌하여 '화살'은 감각적 욕망의 속성인가? 비구들이여, 감각적 욕망에 대한 탐욕에 물들어 욕탐에 속박되면, 지금 여기에서도 화살에서 벗어나지 못하고 미래에도 화살에서 벗어나지 못한다오. 그러므로 '화살'은 감각적 욕망의 속성이라오.

비구들이여, 어찌하여 '집착'은 감각적 욕망의 속성인가? 비구들이여, 감각적 욕망에 대한 탐욕에 물들어 욕탐에 속박되면, 지금 여기에서도 집착에서 벗어나지 못하고 미래에도 집착에서 벗어나지 못한다오. 그러므로 '집착'은 감각적 욕망의 속성이라오.

비구들이여, 어찌하여 '진흙'은 감각적 욕망의 속성인가? 비구들이여, 감각적 욕망에 대한 탐욕에 물들어 욕탐에 속박되면, 지금 여기에서도 진흙에서 벗어나지 못하고 미래에도 진흙에서 벗어나지 못한다오. 그러므로 '진흙'은 감각적 욕망의 속성이라오.

비구들이여, 어찌하여 '모태'는 감각적 욕망의 속성인가? 비구들이여, 감각적 욕망에 대한 탐욕에 물들어 욕탐에 속박되면, 지금 여기에서도 모태에서 벗어나지 못하고 미래에도 모태에서 벗어나지 못한다오. 그러므로 '모태'는 감각적 욕망의 속성이라오."

두려움과 괴로움, 질병과 종기,
화살과 집착, 진흙과 모태,
이 모두는 감각적 욕망이라고 불린다네.
여기에 집착하는 범부는
기꺼이 모태로 다시 들어간다네.
힘써 노력하는 비구는 알아차림을 버리지 않기 때문에
그렇게 힘들고 험한 길을 건너가서
태어나서 늙어 가며 떨고 있는 사람들을 바라본다네.

A.8.8. 간략한[Saṃkhitta]〈A.8.63.〉

1. 어떤 비구가 세존을 찾아와서 세존께 예배하고 한쪽에 앉아 말씀드렸습니다.

"세존이시여, 부디 세존께서는 저에게 간략하게 법문을 설해 주십시오! 저는 세존의 법문을 듣고 홀로 외딴곳에서 열심히 노력하고 정진하며 지내려고 합니다."

"마땅히 그래야 한다오. 그런데 어떤 어리석은 사람들은 나에게 간청하여 법문을 설해 주면, 그들은 나를 추종해야 한다고 생각한다오."

"세존이시여, 세존께서는 저에게 간략하게 법문을 설해 주십시오! 선서께서는 간략하게 법문을 설해 주십시오! 저는 분명히 세존께서 하시는 말씀의 의미를 알 것 같습니다. 저는 분명히 세존의 말씀의 상속자가 될 것입니다."

2. "비구여, 그렇다면 그대는 '나의 마음이 안에 머물게 하고 잘 안정되게 하겠다. 그리하여 이미 발생한 사악하고 불선한 법들이 마음을 사로잡고 머물지 않도록 하겠다'라고 공부해야 한다오.

3. 비구여, 그대의 마음이 안에 머물러 잘 안정되어 이미 발생한 사악하고 불선한 법들이 마음을 사로잡고 머물지 않으면, 비구여 그대는 '나는 자애(慈愛)에 의한 심해탈(心解脫)을 자주 부지런히 수련하여 수레로 삼고 터전으로 삼아 실천하고 체득하여 잘 실행하겠다'라고 공부해야 한다오. 비구여, 그대가 이 삼매를 이와 같이 부지런히 수련했으면, 비구여, 그대는 사유가 있고 숙고가 있는 삼매도 수련해야 하고, 사유도 없고 숙고도 없는 삼매도 수련해야 하고, 희열이 있는 삼매도 수련해야 하고, 희열이 없는 삼매도 수련해야 하고, 주의집중을 수반하는 삼매도 수련해야 하고, 평정한 마음을 수반하는 삼매도 수련해야 한다오. 비구여, 그대는 이와 같이 공부해야 한다오.

4. 비구여, 그대가 이 삼매를 이와 같이 잘 수련했으면, 비구여, 그대는 '나는 연민에 의한 심해탈, 기쁨에 의한 심해탈, 평정한 마음[捨心]에 의한 심해탈을 자주 부지런히 수련하여 수레로 삼고 터전으로 삼아 실천하고 체득하여 잘 실행하겠다'라고 공부해야 한다오. 비구여, 그대가 이 삼매를 이와 같이 부지런히 수련했으면, 비구여, 그대는 사유가 있고 숙고가 있는 삼매도 수련해야 하고, 사유도 없고 숙고도 없는 삼매도 수련해야 하고, 희열이 있는 삼매도 수련해야 하고, 희열이 없는 삼매도 수련해야 하고, 주의집중을 수반하는 삼매도 수련해야 하고, 평정한 마음을 수반하는 삼매도 수련해야 한다오.

5. 비구여, 그대가 이 삼매를 이와 같이 잘 수련했으면, 비구여, 그대는 '나는 몸을 대상으

로 몸을 관찰하며 살아가면서[身念處], 열심히 알아차리고 주의집중하여 세간에 대한 탐욕과 근심을 없애겠다'라고 공부해야 한다오. 비구여, 그대가 이 삼매를 이와 같이 부지런히 수련했으면, 비구여, 그대는 사유가 있고 숙고가 있는 삼매도 수련해야 하고, 사유도 없고 숙고도 없는 삼매도 수련해야 하고, 희열이 있는 삼매도 수련해야 하고, 희열이 없는 삼매도 수련해야 하고, 주의집중을 수반하는 삼매도 수련해야 하고, 평정한 마음을 수반하는 삼매도 수련해야 한다오.

6. 비구여, 그대가 이 삼매를 이와 같이 잘 수련했으면, 비구여, 그대는 '나는 느낌을 대상으로 느낌을 관찰하며 살아가면서[受念處], 마음을 대상으로 마음을 관찰하며 살아가면서[心念處], 법(法)을 대상으로 법을 관찰하며 살아가면서[法念處], 열심히 알아차리고 주의집중하여 세간에 대한 탐욕과 근심을 없애겠다'라고 공부해야 한다오.

7. 비구여, 그대가 이 삼매를 이와 같이 부지런히 수련했으면, 비구여, 그대는 사유가 있고 숙고가 있는 삼매도 수련해야 하고, 사유도 없고 숙고도 없는 삼매도 수련해야 하고, 희열이 있는 삼매도 수련해야 하고, 희열이 없는 삼매도 수련해야 하고, 주의집중을 수반하는 삼매도 수련해야 하고, 평정한 마음을 수반하는 삼매도 수련해야 한다오.

비구여, 그대가 이 삼매를 이와 같이 잘 수련하면, 그대는 어디로 가도 편안하게 가고, 어디에 머물러도 편안하게 머물고, 어디에 앉아도 편안하게 앉고, 어디에 누워도 편안하게 누울 것이오."

8. 그 비구는 세존으로부터 이 가르침을 받고, 자리에서 일어나 세존께 예배하고 오른쪽으로 돈 후에 떠났습니다. 그 비구는 홀로 외딴곳에서 열심히 노력하고 정진하며 지냈습니다. 그리고 오래지 않아 선남자(善男子)들이 출가하는 목적인 위없는 청정한 수행[梵行]의 완성을 지금 여기에서 스스로 체험하고 성취하여 살아갔습니다. 그는 '태어남은 끝났고, 청정한 수행을 마쳤으며, 해야 할 일을 끝마쳤다. 다시는 이런 상태로 되지 않는다'라는 것을 증득했습니다.

그 비구는 아라한 가운데 한 분이 되었습니다.

A.8.9. 주의집중[Sati] 〈A.8.81.〉

1. "비구들이여, 주의집중과 알아차림이 없으면, 주의집중과 알아차림을 상실함과 동시에 부끄러움과 뉘우침의 조건이 파괴된다오.

비구들이여, 부끄러움과 뉘우침이 없으면, 부끄러움과 뉘우침을 상실함과 동시에 지각활동[根]을 지켜보기[守護]의 조건이 파괴된다오.

비구들이여, 지각활동을 지켜보기가 없으면, 지각활동을 지켜보기를 상실함과 동시에 계행(戒行)의 조건이 파괴된다오.

비구들이여, 계행이 없으면, 계행을 상실함과 동시에 바른 삼매[正定]의 조건이 파괴된다오.

비구들이여, 바른 삼매가 없으면, 바른 삼매를 상실함과 동시에 여실지견(如實知見)의 조건이 파괴된다오.

비구들이여, 여실지견이 없으면, 여실지견을 상실함과 동시에 염리(厭離)와 이욕(離欲)의 조건이 파괴된다오.

비구들이여, 염리와 이욕이 없으면, 염

리와 이욕을 상실함과 동시에 해탈지견(解脫知見)의 조건이 파괴된다오.

비구들이여, 비유하면 가지와 잎사귀를 상실한 나무는 새싹도 나오지 않고, 겉껍질도 만들어지지 않고, 속껍질도 만들어지지 않고, 수심(樹心)도 만들어지지 않는 것과 같다오.

2. 비구들이여, 주의집중과 알아차림이 있으면, 주의집중과 알아차림을 성취함과 동시에 부끄러움과 뉘우침의 조건이 성취된다오.

비구들이여, 부끄러움과 뉘우침이 있으면, 부끄러움과 뉘우침을 성취함과 동시에 지각활동을 지켜보기의 조건이 성취된다오.

비구들이여, 지각활동을 지켜보기가 있으면, 지각활동을 지켜보기를 성취함과 동시에 계행의 조건이 성취된다오.

비구들이여, 계행이 있으면, 계행을 성취함과 동시에 바른 삼매의 조건이 성취된다오.

비구들이여, 바른 삼매가 있으면, 바른 삼매를 성취함과 동시에 여실지견의 조건이 성취된다오.

비구들이여, 여실지견이 있으면, 여실지견을 성취함과 동시에 염리와 이욕의 조건이 성취된다오.

비구들이여, 염리와 이욕이 있으면, 염리와 이욕을 성취함과 동시에 해탈지견의 조건이 성취된다오.

비구들이여, 비유하면 가지와 잎사귀를 구족한 나무는 새싹도 나오고, 겉껍질도 만들어지고, 속껍질도 만들어지고, 수심도 만들어지는 것과 같다오."

A.8.10. 근본[Mūla] 〈A.8.83.〉

1. "비구들이여, 만약에 외도 행각수행자들이 '존자여, 모든 법은 무엇이 근본이고, 무엇이 낳은 것이고, 무엇이 쌓인 것이고, 무엇이 모인 것이고, 무엇이 선두에 있고, 무엇이 지배하고, 무엇이 위에 있고, 무엇이 핵심인가?'라고 묻는다면, 비구들이여, 그대들은 그 외도 행각수행자들에게 어떻게 답변하겠는가?"

2. "세존이시여, 세존께서는 법의 근본이시고, 법의 안내자이시고, 법의 귀의처이십니다. 세존이시여, 부디 세존께서는 이 말씀의 의미를 밝혀 주십시오! 세존의 말씀을 듣고 비구들은 받아 지닐 것입니다."

"비구들이여, 그렇다면 그대들은 듣고 잘 생각하도록 하시오! 내가 이야기하겠소."

그 비구들은 "그렇게 하겠습니다, 세존이시여"라고 대답했습니다.

세존께서는 다음과 같이 말씀하셨습니다.

3. "비구들이여, 만약에 외도 행각수행자들이 '존자여, 모든 법은 무엇이 근본이고, 무엇이 기원(起源)이고, 무엇이 쌓인 것이고, 무엇이 모인 것이고, 무엇이 선두에 있고, 무엇이 지배하고, 무엇이 위에 있고, 무엇이 핵심인가?'라고 묻는다면, 비구들이여, 그대들은 이와 같이 답변하도록 하시오!

'모든 법은 의욕이 근본이고[chanda-mūlakā], 모든 법은 관심[作意]이 기원이고[manasikārā-sambhavā], 모든 법은 접촉[觸]이 쌓인 것이고[phassa-samudayā], 모든 법은 느낌[受]이 모인 것이고[vedanā-samosaraṇā], 모든 법은 삼매[定]가 선두에 있고[samādhi-pamukhā], 모든 법은 주의집

중[念]이 지배하고[satādhipateyyā], 모든 법은 통찰지[般若]가 위에 있고[paññuttarā], 모든 법은 해탈(解脫)이 핵심[vimutti-sārā]이다.'"[682]

682 『中阿含經』〈113. 諸法本經〉과 대조. 欲爲諸法本 更樂[觸]爲諸法和 覺[受]爲諸法來 思想爲諸法有 念爲諸法上主 定爲諸法前 慧爲諸法上 解脫爲諸法眞 涅槃爲諸法訖. 〈대정장 1. 602c.〉

제9장 아홉-모음[Navaka-Nipāta]

A.9.1. 메기야(Meghiya) 〈A.9.3.〉

1. 한때 세존께서는 짤리까(Cālikā)의 짤리까 산(Cālikāpabbata)에 머무셨습니다.

그때 메기야 존자가 세존의 시자였습니다.

어느 날 메기야 존자는 세존을 찾아가서 예배하고 한쪽에 서서 세존께 말씀드렸습니다.

"세존이시여, 저는 자뚜가마(Jatugama)로 탁발하러 가고 싶습니다."

"메기야여, 그렇다면 네가 알아서 하여라!"

2. 메기야 존자는 오전에 옷을 입고 발우와 법의를 지니고 탁발하러 자뚜가마에 들어갔습니다. 그는 자뚜가마에서 탁발하여 식사를 한 후에 돌아와 끼미깔라(Kimikālā) 강둑으로 갔습니다. 메기야 존자는 강둑을 따라 산책하다가 마음에 드는 아름다운 망고 숲을 보았습니다. 그는 '이 망고 숲은 아름답고 마음에 든다. 이 숲은 선남자가 정진하기에 참으로 적당하구나. 만약에 세존께서 나에게 허락하신다면 이 망고 숲으로 정진하러 와야겠다'라고 생각했습니다.

3. 메기야 존자는 세존을 찾아가서 예배하고 한쪽에 앉아 세존께 말씀드렸습니다.

"세존이시여, 저는 오전에 옷을 입고 발우와 법의를 지니고 탁발하러 자뚜가마에 들어갔습니다. 저는 자뚜가마에서 탁발한 후에 돌아와 끼미깔라 강둑으로 가서 강둑을 따라 산책을 하다가 마음에 드는 아름다운 망고 숲을 보았습니다. 그것을 보고 저는 '이 망고 숲은 아름답고 마음에 든다. 이 숲은 선남자가 정진하기에 참으로 적당하구나. 만약에 세존께서 나에게 허락하신다면 이 망고 숲으로 정진하러 와야겠다'라고 생각했습니다. 세존께서 저에게 허락하신다면 저는 정진하러 그 망고 숲으로 가겠습니다."

"메기야여, 우리 둘뿐이니 누구든 다른 비구가 나타날 때까지 기다려라!"

4. 그렇지만 메기야 존자는 두 번째로 세존께 간청했습니다.

"세존이시여, 세존께서는 더 이상 하실 일이 없고 보충하실 것이 없지만, 저에게는 할 일이 있고 보충할 것이 있습니다. 세존께서 저에게 허락하신다면 저는 정진하러 그 망고 숲으로 가겠습니다."

"메기야여, 우리 둘뿐이니 누구든 다른 비구가 나타날 때까지 기다려라!"

5. 그렇지만 메기야 존자는 세 번째로 세존께 간청했습니다.

"세존이시여, 세존께서는 더 이상 하실 일이 없고 보충하실 것이 없지만, 저에게는 할 일이 있고 보충할 것이 있습니다. 세존께서 저에게 허락하신다면 저는 정진하러 그 망고 숲으로 가겠습니다."

"메기야여, '정진하기 위해서'라고 하는데, 내가 무슨 말을 할 수 있겠느냐? 메기야여, 그렇다면 네가 알아서 하여라."

6. 메기야 존자는 자리에서 일어나 세존께 예배하고 오른쪽으로 돈 후에 그 망고 숲에

들어가 오후의 휴식을 하기 위해 나무 아래에 앉았습니다. 메기야 존자가 그 망고 숲에서 머물 때, 거의 대부분 세 가지 사악하고 불선한 생각, 즉 감각적 욕망에 대한 생각·악의에 대한 생각·해치려는 생각이 일어났습니다. 메기야 존자는 '참으로 놀랍다. 일찍이 이런 일은 없었다. 나는 믿음으로 집을 버리고 출가했다. 그런데 세 가지 사악하고 불선한 생각, 즉 감각적 욕망에 대한 생각·악의에 대한 생각·해치려는 생각이 들러붙다니!'라고 생각했습니다.

7. 메기야 존자는 세존을 찾아가서 예배하고 한쪽에 앉아 세존께 말씀드렸습니다.

"세존이시여, 제가 그 망고 숲에서 머물 때, 거의 대부분 세 가지 사악하고 불선한 생각, 즉 감각적 욕망에 대한 생각·악의에 대한 생각·해치려는 생각이 일어났습니다. 저는 '참으로 놀랍다. 일찍이 이런 일은 없었다. 나는 신념에 의해서 집을 버리고 출가했다. 그런데 세 가지 사악하고 불선한 생각, 즉 감각적 욕망에 대한 생각·악의에 대한 생각·해치려는 생각이 들러붙다니!'라고 생각했습니다."

"메기야여, 다섯 가지 법이 성숙하지 못한 심해탈(心解脫)을 성숙하게 하는 데 도움이 된다. 그 다섯은 어떤 것인가?

8. 메기야여, 비구는 훌륭한 친구, 훌륭한 동료, 훌륭한 벗이 있다. 메기야여, 이것이 성숙하지 못한 심해탈을 성숙하게 하는 데 도움이 되는 첫 번째 법이다.

9. 메기야여, 그다음에 비구는 계율을 지킨다. 그는 별해탈율의(別解脫律儀)를 수호하며 살아가고, 행동규범[行境]을 갖추어 하찮은 죄에서도 두려움을 보고, 학계(學戒)를 수지(受持)하여 공부한다. 메기야여, 이것이 성숙하지 못한 심해탈을 성숙하게 하는 데 도움이 되는 두 번째 법이다.

10. 메기야여, 그다음에 비구는 마음을 정화하기에 적합한 솔직한 이야기들, 예를 들면 소욕(小欲) 이야기·만족(滿足) 이야기·원리(遠離) 이야기·교제하지 않는 이야기·용맹정진 이야기·계율 이야기·삼매[定] 이야기·통찰지[般若] 이야기·해탈 이야기·해탈지견(解脫知見) 이야기, 이런 이야기들을 힘들이지 않고 어렵지 않게 즐겁게 나눈다. 메기야여, 이것이 성숙하지 못한 심해탈을 성숙하게 하는 데 도움이 되는 세 번째 법이다.

11. 메기야여, 그다음에 비구는 불선법(不善法)을 버리고 선법(善法)을 얻기 위하여 선법 가운데서 끈기 있게 불굴의 노력을 하며 열심히 살아간다. 메기야여, 이것이 성숙하지 못한 심해탈을 성숙하게 하는 데 도움이 되는 네 번째 법이다.

12. 메기야여, 그다음에 비구는 통찰지를 갖는다. 그는 생성과 소멸에 대한 날카로운 통찰지로 거룩한 괴로움의 소멸을 성취한다. 메기야여, 이것이 성숙하지 못한 심해탈을 성숙하게 하는 데 도움이 되는 다섯 번째 법이다.

13. 메기야여, 훌륭한 친구·훌륭한 동료·훌륭한 벗이 있는 비구는 당연히 계행을 갖출 수 있고, 별해탈율의를 수호하며 살아갈 수 있고, 행동규범을 갖추어 하찮은 죄에서도 두려움을 보고, 학계를 수지하여 공부할 수 있다.

메기야여, 훌륭한 친구·훌륭한 동료·훌륭한 벗이 있는 비구는 당연히 마음을 정화하기에 적합한 솔직한 이야기들, 예를 들면 소욕 이야기·지족 이야기·원리 이야기·(속인들과) 어울리지 않는 이야기,·용맹정진 이야기·계율 이야기·삼매 이야기·통찰지 이야기·해탈 이야기·해탈지견 이야기, 이런 이야기들을 힘들이지 않고 어렵지 않으면서도 즐겁게 나눌 수 있다.

메기야여, 훌륭한 친구·훌륭한 동료·훌륭한 벗이 있는 비구는 당연히 불선법을 버리고 선법을 얻기 위하여 선법 가운데서 끈기 있게 불굴의 노력을 하며 열심히 살아갈 수 있다.

메기야여, 훌륭한 친구·훌륭한 동료·훌륭한 벗이 있는 비구는 당연히 통찰지를 갖게 된다. 그는 생성과 소멸에 대한 날카로운 통찰지로 거룩한 괴로움의 소멸을 성취한다.

메기야여, 이들 다섯 가지 법 가운데 확고하게 자리 잡은 비구는 그 위에 네 가지 법을 수련해야 한다. 탐욕을 끊어 버리기 위하여 부정관(不淨觀)을 수련해야 하고, 악의를 끊어 버리기 위하여 자애로운 마음을 수련해야 하고, 사유를 그치기 위하여 들숨과 날숨 주의집중을 수련해야 하고, '내가 있다'라는 아만(我慢)을 제거하기 위하여 무상하다는 생각[無常想]을 수련해야 한다.

메기야여, 무상(無常)하다는 생각을 지닌 사람은 무아라는 생각을 확립하며, 무아라는 생각을 가진 사람은 '내가 있다'라는 아만을 제거하고 지금 여기에서 열반을 얻는다."

A.9.2. 난다까(Nandaka) 〈A.9.4.〉

1. 세존께서 사왓티의 제따와나 아나타삔디까 승원에 머무실 때, 난다까(Nandaka) 존자가 강당에서 법담(法談)을 하며 비구들을 가르치고 격려하고 칭찬하고 기쁘게 했습니다.

2. 그때 세존께서 저녁에 좌선에서 일어나 강당으로 오셨습니다. 강당에 오신 세존께서는 출입문 밖에 서서 이야기가 끝나기를 기다리며 서 계셨습니다. 세존께서는 이야기가 끝난 것을 알고, 헛기침을 하신 후에 문고리를 두드리셨습니다. 비구들은 세존께 문을 열어 드렸습니다.

세존께서는 강당으로 들어가 마련된 자리에 앉으셨습니다. 자리에 앉으신 세존께서 난다까 존자에게 말씀하셨습니다.

"난다까여, 그대는 비구들에게 긴 설법을 했군요. 출입문 밖에서 이야기가 끝나기를 기다리며 서 있었더니 나의 등이 아프군요."

3. 이 말씀을 듣고, 난다까 존자는 당황한 기색으로 세존께 말씀드렸습니다.

"세존이시여, 우리는 세존께서 출입문 밖에 서 계신다는 것을 알지 못했습니다. 만약에 우리가 세존께서 출입문 밖에 서 계신다는 것을 알았다면, 우리는 그렇게 오랫동안 이야기를 주고받지 않았을 것입니다."

세존께서는 난다까 존자의 당황한 기색을 보시고 난다까 존자에게 말씀하셨습니다.

"난다까여, 괜찮다오! 난다까여, 훌륭하오! 그대들이 법담을 나누기 위해서 모여 앉은 것은 믿음으로 집을 버리고 출가한 선남자인 그대들에게 적합한 것이오. 난다까여, 그대들이 모여서 해야 할 일은 법담(法談, dhammī kathā) 아니면 거룩한 침묵(沈黙, ariyo tuṇhībhāvo) 두 가지라오.

난다까여, 비구가 믿음은 있으나 계행을 지니지 못했다면, 이와 같이 그는 그 부분을 충족하지 못한 것이라오. 그는 '나는 어떻게 해야 믿음이 있고 계행을 지니게 될까?'라고 그 부분을 충족해야 한다오. 난다까여, 비구가 믿음이 있고 계행을 지니면, 이와 같이 그 부분을 충족한다오.

난다까여, 비구가 믿음이 있고 계행을 지니고 있지만 안으로 마음의 평온[ceto-samatha]을 얻지 못했다면, 이와 같이 그는 그 부분을 충족하지 못한 것이라오. 그는 '나는 어떻게 해야 믿음이 있고 계행을 지니면서 안으로 마음의 평온을 얻게 될까?'라고 그 부분을 충족해야 한다오. 난다까여, 비구가 믿음이 있고 계행을 지니면서 안으로 마음의 평온을 성취하면, 이와 같이 그 부분을 충족한다오.

난다까여, 비구가 믿음이 있고 계행을 지니고 있고 안으로 마음의 평온을 얻었지만 뛰어난 통찰지[般若]로 법을 관찰하지 못한다면, 이와 같이 그는 그 부분을 충족하지 못한 것이라오. 난다까여, 비유하면 네발 달린 짐승의 발 하나가 오그라들어 작은 것과 같다오. 난다까여, 이와 같이 비구가 믿음이 있고 계행을 지니고 있고 안으로 마음의 평온을 얻었지만 뛰어난 통찰지로 법을 관찰하지 못한다면, 그는 그 부분을 충족하지 못한 것이라오. 그는 '나는 어떻게 해야 믿음이 있고 계행도 지니면서 안으로 마음의 평온을 얻고, 뛰어난 통찰지로 법을 관찰하게 될까?'라고 그 부분을 충족시켜야 한다오. 난다까여, 비구가 믿음이 있고 계행도 지니고 안으로 마음의 평온을 얻고 뛰어난 통찰지로 법을 관찰하면, 이와 같이 그는 그 부분을 충족한다오."

이것이 세존께서 하신 말씀입니다. 선서께서는 이것을 말씀하시고 자리에서 일어나 처소로 들어가셨습니다.

A.9.3. 꼿티따(Koṭṭhita) 〈A.9.13.〉

1. 마하 꼿티따(Mahā Koṭṭhita) 존자가 사리뿟따 존자를 찾아와서 사리뿟따 존자와 함께 정중하게 인사를 하고 공손한 인사말을 나눈 후에 한쪽에 앉았습니다.

한쪽에 앉은 마하 꼿티따 존자가 사리뿟따 존자에게 말했습니다.

"사리뿟따 존자여, '현재에 받을 나의 업보를 미래에 받도록 하겠다'라는 목적으로 세존 아래서 청정한 수행을 합니까?"

"존자여, 그렇지 않다오."

"사리뿟따 존자여, 그렇다면 '미래에 받을 나의 업보를 현재에 받도록 하겠다'라는 목적으로 세존 아래서 청정한 수행을 합니까?"

"존자여, 그렇지 않다오."

"사리뿟따 존자여, '즐거움으로 받을 나의 업보를 괴로움으로 받도록 하겠다'라는 목적으로 세존 아래서 청정한 수행을 합니까?"

"존자여, 그렇지 않다오."

"사리뿟따 존자여, 그렇다면 '괴로움으로 받을 나의 업보를 즐거움으로 받도록 하겠다'라는 목적으로 세존 아래서 청정한 수행을 합니까?"

"존자여, 그렇지 않다오."

"사리뿟따 존자여, '성숙하면 받을 나의 업보를 미숙할 때 받도록 하겠다'라는 목적으로 세존 아래서 청정한 수행을 합니까?"

"존자여, 그렇지 않다오."

"사리뿟따 존자여, 그렇다면 '미숙할 때 받을 나의 업보를 성숙하면 받도록 하겠다'라는 목적으로 세존 아래서 청정한 수행을 합니까?"

"존자여, 그렇지 않다오."

"사리뿟따 존자여, '많이 받을 나의 업보를 적게 받도록 하겠다'라는 목적으로 세존 아래서 청정한 수행을 합니까?"

"존자여, 그렇지 않다오."

"사리뿟따 존자여, 그렇다면 '적게 받을 나의 업보를 많이 받도록 하겠다'라는 목적으로 세존 아래서 청정한 수행을 합니까?"

"존자여, 그렇지 않다오."

"사리뿟따 존자여, '받아야 할 나의 업보를 받지 않도록 하겠다'라는 목적으로 세존 아래서 청정한 수행을 합니까?"

"존자여, 그렇지 않다오."

"사리뿟따 존자여, 그렇다면 '받지 않을 나의 업보를 받도록 하겠다'라는 목적으로 세존 아래서 청정한 수행을 합니까?"

"존자여, 그렇지 않다오."

2. "사리뿟따 존자여, 모든 질문에 한결같이 '존자여, 그렇지 않다오'라고 말씀하셨는데, 그렇다면 세존 아래서 청정한 수행을 하는 목적은 무엇입니까?"

3. "알지 못하고 보지 못하고 성취하지 못하고 증득하지 못하고 자각하지 못한 것이 있을 때, 그것을 알고 보고 성취하고 증득하고 자각하기 위해서 세존 아래서 청정한 수행을 한다오."

"사리뿟따 존자여, 그렇다면 알지 못하고 보지 못하고 성취하지 못하고 증득하지 못하고 자각하지 못한 것이 무엇이기에, 그것을 알고 보고 성취하고 증득하고 자각하기 위해서 세존 아래서 청정한 수행을 합니까?"

"존자여, '이것은 괴로움[苦]이다'라는 것을 알지 못하고 보지 못하고 성취하지 못하고 증득하지 못하고 자각하지 못하고 있을 때, 그것을 알고 보고 성취하고 증득하고 자각하기 위해서 세존 아래서 청정한 수행을 한다오. 존자여, '이것이 괴로움의 쌓임[苦集]이다. 이것이 괴로움의 소멸[苦滅]이다. 이것이 괴로움의 소멸에 이르는 길[苦滅道]이다'라는 것을 알지 못하고 보지 못하고 성취하지 못하고 증득하지 못하고 자각하지 못하고 있을 때, 그것을 알고 보고 성취하고 증득하고 자각하기 위해서 세존 아래서 청정한 수행을 한다오. 존자여, 이것을 알지 못하고 보지 못하고 성취하지 못하고 증득하지 못하고 자각하지 못했을 때, 그것을 알고 보고 성취하고 증득하고 자각하기 위해서 세존 아래서 청정한 수행을 한다오."

A.9.4. 사밋디(Samiddhi) 〈A.9.14.〉

1. 사밋디 존자가 사리뿟따 존자를 찾아와서 사리뿟따 존자와 함께 정중하게 인사를 하고 공손한 인사말을 나눈 후에 한쪽에 앉았습니다.

한쪽에 앉은 사밋디 존자에게 사리뿟따 존자가 말했습니다.

"사밋디여, 무엇을 대상으로 사람에게 의도와 사유들[saṅkappavitakkā]이 발생하는가?"

"존자여, 이름과 형색[名色]이 대상입니다."

"사밋디여, 그렇다면 그것들은 어디에서 여러 가지가 되는가?"

"존자여, 계(界)들 가운데서[dhātūsu]입니다."

"사밋디여, 그렇다면 그것들은 어떤 것들이 쌓인[集] 것인가?"

"존자여, 접촉[觸]이 쌓인[phassa-samudayā] 것입니다."

"사밋디여, 그렇다면 그것들은 어떤 것들이 모인 것인가?"

"존자여, 느낌[受]이 모인[vedanā-samosaraṇā] 것입니다."

"사밋디여, 그렇다면 그것들은 어떤 것들이 선두에 있는가?"

"존자여, 삼매[定]가 선두에[samādhi-pamukhā] 있습니다."

"사밋디여, 그렇다면 그것들은 어떤 것이 지배하는가?"

"존자여, 주의집중[念]이 지배[sata-adhipateyyā]합니다."

"사밋디여, 그렇다면 그것들은 어떤 것이 위에 있는가?"

"존자여, 통찰지[般若]가 위에[paññā-uttarā] 있습니다."

"사밋디여, 그렇다면 그것들은 어떤 것이 핵심인가?"

"존자여, 해탈이 핵심[vimuttisārā]입니다."

"사밋디여, 그렇다면 그것들은 어떤 것에 들어가는가?"

"존자여, 불사(不死)에 들어갑니다[amtogadhā]."

2. "훌륭하다, 사밋디여! 훌륭하다, 사밋디여! 그대는 모든 질문에 잘 대답했다. 그렇다고 자만해서는 안 된다."

A.9.5. 점차적인 소멸[Anupubbanirodha]

〈A.9.31.〉

1. "비구들이여, 9단계의 점차적인 소멸[九次第滅]이 있다오.

그 아홉은 어떤 것인가?

비구들이여, 초선(初禪)에 들어가면 감각적 욕망에 대한 생각[kāmasaññā]이 소멸하고, 제2선(第二禪)에 들어가면 사유와 숙고[vitakkavicārā]가 소멸하고, 제3선(第三禪)에 들어가면 희열(喜悅, pīti)이 소멸하고, 제4선(第四禪)에 들어가면 들숨과 날숨[assāsapassāsā, 出息入息]이 소멸하고, 공무변처(空無邊處)에 들어가면 형색에 대한 생각[rūpasaññā]이 소멸하고, 식무변처(識無邊處)에 들어가면 공무변처에 대한 생각[ākāsānañcāyatanasaññā]이 소멸하고, 무소유처(無所有處)에 들어가면 식무변처에 대한 생각[viññāṇañācāyatanasaññā]이 소멸하고, 비유상비무상처(非有想非無想處)에 들어가면 무소유처에 대한 생각[ākiñcaññāyatanasaññā]이 소멸하고, 상수멸(想受滅)에 들어가면 생각과 느낌[saññā ca vedanā ca]이 소멸한다오.

비구들이여, 이것이 9단계의 점차적인 소멸이라오."

A.9.6. 점차적인 삶[Anupubbavihāra]

〈A.9.32.〉

1. "비구들이여, 9단계의 점차적인 삶이 있다오.

그 아홉은 어떤 것인가?

2. 비구들이여, 비구는 감각적 욕망을 멀리하고 불선법(不善法)을 멀리함으로써 사유[尋]

가 있고 숙고[伺]가 있는, 멀리함에서 생긴 희열과 행복이 있는 초선(初禪)을 성취하여 살아가고, 사유와 숙고를 억제하여 내적으로 조용해진, 마음이 집중된, 사유와 숙고가 없는, 삼매에서 생긴 희열과 행복이 있는 제2선(第二禪)을 성취하여 살아가고, 희열과 이욕(離欲)으로부터 초연하여 평정한 주의집중과 알아차림을 하며 지내면서 몸으로 행복을 느끼는, 성자들이 '평정한[捨] 주의집중을 하는 행복한 상태'라고 이야기한 제3선(第三禪)을 성취하여 살아가고, 행복감을 포기하고 괴로움을 버림으로써 이전의 만족과 불만이 소멸하여 괴롭지도 않고 즐겁지도 않은, 평정한 주의집중이 청정한 제4선(第四禪)을 성취하여 살아가고, 일체의 형색에 대한 생각[色想]을 초월하고, 지각대상에 대한 생각[有對想]을 소멸하고, 다양한 모습에 대한 생각[想]에 마음 쓰지 않음[不作意]으로써 '허공은 무한하다'라고 생각하는 공무변처(空無邊處)를 성취하여 살아가고, 일체의 공무변처를 초월하여 '의식은 무한하다'라고 생각하는 식무변처(識無邊處)를 성취하여 살아가고, 일체의 식무변처를 초월하여 '아무것도 없다'라고 생각하는 무소유처(無所有處)를 성취하여 살아가고, 일체의 무소유처를 초월하여 비유상비무상처(非有想非無想處)를 성취하여 살아가고, 일체의 비유상비무상처를 초월하여 상수멸(想受滅)을 성취하여 살아간다오.

비구들이여, 이것이 아홉 단계의 점차적인 삶이라오."

A.9.7. 열반[Nibbāna] 〈A.9.34.〉

1. 한때 사리뿟따 존자께서는 라자가하에 있는 웰루와나 깔란다까니와빠에 머무셨습니다. 그때 사리뿟따 존자께서 비구들에게 말씀하셨습니다.

"존자들이여, 행복[sukhaṃ]이 열반[nibbānaṃ]이라오. 존자들이여, 행복이 열반이라오."

2. 이 말씀을 듣고, 우다이(Udāyi) 존자가 사리뿟따 존자에게 말했습니다.

"사리뿟따 존자여, 느껴진 것[vedayitaṃ]이 없는데 어떻게 행복합니까?"

3. "존자여, 느껴진 것이 없는 것, 그것이 실로 행복이라오.

존자여, 5가지 감각적 욕망의 대상이 있다오.

그 다섯은 어떤 것인가?

마음에 들고 사랑스럽고 매력적이고 귀엽고 쾌락을 주는 유혹적인 눈에 보이는[cakkhuviññeyyā] 형색[色]·귀에 들리는 소리[聲]·코에 맡아지는 냄새[香]·혀에 느껴지는 맛[味]·몸에 느껴지는 촉감[觸], 이들이 다섯 가지 감각적 욕망의 대상이라오. 존자여, 이들 다섯 가지 감각적 욕망의 대상을 의지하여 생기는 즐거움과 기쁨을 감각적 쾌락[kāmasukha]이라고 부른다오.

4. 존자여, 비구는 감각적 욕망을 멀리하고 불선법(不善法)을 멀리함으로써 사유[尋]가 있고 숙고[伺]가 있는, 멀리함에서 생긴 기쁨과 행복감이 있는 초선(初禪)을 성취하여 살아간다오. 만약에 이렇게 살아가는 비구에게 감각적 욕망을 수반하는 생각과 관심이 일어난다면, 그에게는 그것이 질병이라오. 존자여, 비유하면 행복한 사람에게 질병에 의한

약간의 괴로움이 일어나는 것과 같다오. 이와 같이 그에게 감각적 욕망을 수반하는 생각과 관심이 일어나면, 그에게는 그것이 질병이라오. 존자여, 더구나 질병은 괴로움이라고 세존께서 말씀하셨다오. 존자여, 이런 까닭에 행복이 열반이라고 알아야 한다오.

5. 존자여, 다음으로 비구는 사유와 숙고를 억제하여 내적으로 조용해진, 마음이 집중된, 사유와 숙고가 없는, 삼매에서 생긴 희열과 행복이 있는 제2선(第二禪)을 성취하여 살아간다오. 만약에 이렇게 살아가는 비구에게 사유를 수반하는[vittakasahagatā] 생각과 관심[saññāmanasikārā]이 일어난다면, 그에게는 그것이 질병이라오. 존자여, 비유하면 행복한 사람에게 질병에 의한 약간의 괴로움이 일어나는 것과 같다오. 이와 같이 그에게 사유를 수반하는 생각과 관심이 일어나면, 그에게는 그것이 질병이라오. 존자여, 더구나 질병은 괴로움이라고 세존께서 말씀하셨다오. 존자여, 이런 까닭에 행복이 열반이라고 알아야 한다오.

6. 존자여, 다음으로 비구는 희열과 이욕(離欲)으로부터 초연하여 평정한 주의집중과 알아차림을 하며 몸으로 행복을 느끼는, 성자들이 '평정한[捨] 주의집중을 하는 행복한 상태'라고 이야기한 제3선(第三禪)을 성취하여 살아간다오. 만약에 이렇게 살아가는 비구에게 희열을 수반하는 생각과 관심이 일어나면, 그에게는 그것이 질병이라오. 존자여, 비유하면 행복한 사람에게 질병에 의한 약간의 괴로움이 일어나는 것과 같다오. 이와 같이 그에게 희열을 수반하는 생각과 관심이 일어나면, 그에게는 그것이 질병이라오. 존자여, 더구나 질병은 괴로움이라고 세존께서 말씀하셨다오. 존자여, 이런 까닭에 행복이 열반이라고 알아야 한다오.

7. 존자여, 다음으로 비구는 행복감을 포기하고 괴로움을 버림으로써 이전의 만족과 불만이 소멸하여 괴롭지도 않고 즐겁지도 않은, 평정한 주의집중이 청정한 제4선(第四禪)을 성취하여 살아간다오. 만약에 이렇게 살아가는 비구에게 평정한 행복을 수반하는 생각과 관심이 일어난다면, 그에게는 그것이 질병이라오. 존자여, 비유하면 행복한 사람에게 질병에 의한 약간의 괴로움이 일어나는 것과 같다오. 이와 같이 그에게 평정한 행복을 수반하는 생각과 관심이 일어나면, 그에게는 그것이 질병이라오. 존자여, 더구나 질병은 괴로움이라고 세존께서 말씀하셨다오. 존자여, 이런 까닭에 행복이 열반이라고 알아야 한다오.

8. 존자여, 다음으로 비구는 일체의 형색에 대한 생각[色想]을 초월하고, 지각대상에 대한 생각[有對想]을 소멸하고, 다양한 모습에 대한 생각[想]에 마음 쓰지 않음으로써 '허공은 무한하다'라고 생각하는 공무변처(空無邊處)를 성취하여 살아간다오. 만약에 이렇게 살아가는 비구에게 형색[色]을 수반하는 생각과 관심이 일어난다면, 그에게는 그것이 질병이라오. 존자여, 비유하면 행복한 사람에게 질병에 의한 약간의 괴로움이 일어나는 것과 같다오. 이와 같이 그에게 형색을 수반하는 생각과 관심이 일어나면, 그에게는 그것이 질병이라오. 존자여, 더구나 질병은 괴로움이라고 세존께서 말씀하셨다오. 존자여, 이런 까닭에 행복이 열반이라고 알아야 한다오.

9. 존자여, 다음으로 비구는 일체의 공무변처를 초월하여 '의식은 무한하다'라고 생각하

는 식무변처(識無邊處)를 성취하여 살아간다오.

만약에 이렇게 살아가는 비구에게 공무변처를 수반하는 생각과 관심이 일어난다면, 그에게는 그것이 질병이라오. 존자여, 비유하면 행복한 사람에게 질병에 의한 약간의 괴로움이 일어나는 것과 같다오. 이와 같이 그에게 공무변처를 수반하는 생각과 관심이 일어나면, 그에게는 그것이 질병이라오. 존자여, 더구나 질병은 괴로움이라고 세존께서 말씀하셨다오. 존자여, 이런 까닭에 행복이 열반이라고 알아야 한다오.

10. 존자여, 다음으로 비구는 일체의 식무변처를 초월하여 '아무것도 없다'라고 생각하는 무소유처(無所有處)를 성취하여 살아간다오. 만약에 이렇게 살아가는 비구에게 식무변처를 수반하는 생각과 관심이 일어난다면, 그에게는 그것이 질병이라오. 존자여, 비유하면 행복한 사람에게 질병에 의한 약간의 괴로움이 일어나는 것과 같다오. 이와 같이 그에게 공무변처를 수반하는 생각과 관심이 일어나면, 그에게는 그것이 질병이라오. 존자여, 더구나 질병은 괴로움이라고 세존께서 말씀하셨다오. 존자여, 이런 까닭에 행복이 열반이라고 알아야 한다오.

11. 존자여, 다음으로 비구는 일체의 무소유처를 초월하여 비유상비무상처(非有想非無想處)를 성취하여 살아간다오. 만약에 이렇게 살아가는 비구에게 무소유처를 수반하는 생각과 관심이 일어난다면, 그에게는 그것이 질병이라오. 존자여, 비유하면 행복한 사람에게 질병에 의한 약간의 괴로움이 일어나는 것과 같다오. 이와 같이 그에게 무소유처를 수반하는 생각과 관심이 일어나면, 그에게는 그것이 질병이라오. 존자여, 더구나 질병은 괴로움이라고 세존께서 말씀하셨다오. 존자여, 이런 까닭에 행복이 열반이라고 알아야 한다오.

12. 존자여, 다음으로 비구는 일체의 비유상비무상처를 초월하여 상수멸(想受滅)을 성취하여 살아간다오. 그리고 통찰지[般若]로 본 후 번뇌[漏]를 남김없이 소멸한다오. 존자여, 이런 까닭에 행복이 열반이라고 알아야 한다오."

A.9.8. 선(禪, Jhāna) 〈A.9.36.〉

1. "비구들이여, 나는 초선(初禪)에 의지하는 번뇌의 소멸도 이야기하고, 제2선(第二禪)에 의지하는 번뇌의 소멸도 이야기하고, 제3선(第三禪)에 의지하는 번뇌의 소멸도 이야기하고, 제4선(第四禪)에 의지하는 번뇌의 소멸도 이야기하고, 공무변처(空無邊處)에 의지하는 번뇌의 소멸도 이야기하고, 식무변처(識無邊處)에 의지하는 번뇌의 소멸도 이야기하고, 무소유처(無所有處)에 의지하는 번뇌의 소멸도 이야기하고, 비유상비무상처(非有想非無想處)에 의지하는 번뇌의 소멸도 이야기한다오.

2. 비구들이여, '나는 초선에 의지하는 번뇌의 소멸도 이야기한다'라고 말했는데, 이 말은 무엇을 근거로 한 말인가? 비구들이여, 비구는 감각적 욕망을 멀리하고 불선법(不善法)을 멀리함으로써 사유(思惟)가 있고 숙고(熟考)가 있는, 멀리함에서 생긴 기쁨과 행복감이 있는 초선을 성취하여 살아간다오. 그는 형색[色]이 나타나고 느낌[受]이 나타나고 생각[想]이 나타나고 행위[行]가 나타

나고 분별[識]이 나타날 때, 그 법들을 지속성이 없는 것[aniccato, 無常]으로, 괴로운 것[dukkhato]으로, 병으로, 종기로, 화살로, 재앙(災殃)으로, 고통으로, 타자(他者, parato)로, 괴멸(壞滅)할 것[palokato]으로, 텅 빈 것[suññato, 空]으로, 자아가 없는 것[anattato, 無我]으로 여긴다오. 그는 마음이 그 법들에서 벗어나며, '모든 행위들의 그침·모든 집착의 버림·갈애의 소멸·욕탐을 멀리함·번뇌의 소멸·열반(涅槃), 이것이 평온한 것이며, 이것이 수승(殊勝)한 것이다'라고 불사의 세계[不死界]에 마음을 집중한다오. 그는 그곳에 머물러 번뇌의 소멸을 성취한다오. 만약에 번뇌의 소멸을 성취하지 못한다면, 그는 법에 대한 열망에 의해서, 법에 대한 환희에 의해서, 다섯 가지 낮은 단계의 결박[五下分結]을 끊고 화생(化生)하여 돌아오지 않는 자[不還]가 되어 그 세간에서 반열반(般涅槃)하게 된다오. 비구들이여, 비유하면 궁사나 궁사의 제자가 허수아비나 진흙 덩어리로 훈련을 하고 나서, 그 후에 능숙한 사수가 되어 멀리서 대군을 쳐부수는 것과 같다오. 비구들이여, 이와 같이 비구는 감각적 욕망을 멀리하고 … 초선을 성취하여 … 그곳에 머물러 번뇌의 소멸을 성취한다오. 만약에 번뇌의 소멸을 성취하지 못한다면, 그는 법에 대한 열망에 의해서, 법에 대한 환희에 의해서, 다섯 가지 낮은 단계의 결박을 끊고 화생하여 돌아오지 않는 자가 되어 그 세간에서 반열반하게 된다오. 비구들이여, '나는 초선에 의지하는 번뇌의 소멸도 이야기한다'라고 한 말은 이것을 근거로 한 말이라오.

3.-5 비구들이여, '나는 제2선에 의지하는 번뇌의 소멸도 이야기하고, 제3선에 의지하는 번뇌의 소멸도 이야기하고, 제4선에 의지하는 번뇌의 소멸도 이야기하고, 공무변처에 의지하는 번뇌의 소멸도 이야기하고, 식무변처에 의지하는 번뇌의 소멸도 이야기하고, 무소유처에 의지하는 번뇌의 소멸도 이야기한다'라고 말했는데, 이 말은 무엇을 근거로 한 말인가? 비구들이여, 비구는 제2선·제3선·제4선·공무변처·식무변처·무소유처를 성취하여 살아간다오. 그는 형색이 나타나고 느낌이 나타나고 생각이 나타나고 행위가 나타나고 분별이 나타날 때, 그 법들을 무상(無常)한 것으로, 괴로운 것으로, 병으로, 종기로, 화살로, 재앙으로, 고통으로, 타자로, 괴멸할 것으로, 텅 빈 것으로, 자아가 없는 것으로 여긴다오. 그는 마음이 그 법들에서 벗어나며, '모든 행위들의 그침·모든 집착의 버림·갈애의 소멸·욕탐을 멀리함·번뇌의 소멸·열반, 이것이 평온한 것이며, 이것이 수승한 것이다'라고 불사의 세계에 마음을 집중한다오.

그는 그곳에 머물러 번뇌의 소멸을 성취한다오. 만약에 번뇌의 소멸을 성취하지 못한다면, 그는 법에 대한 열망에 의해서, 법에 대한 환희에 의해서, 다섯 가지 낮은 단계의 결박을 끊고 화생하여 돌아오지 않는 자가 되어 그 세간에서 반열반하게 된다오. 비구들이여, 비유하면 궁사나 궁사의 제자가 허수아비나 진흙 덩어리로 훈련을 하고 나서, 그 후에 능숙한 사수가 되어 멀리서 대군을 쳐부수는 것과 같다오. 비구들이여, 이와 같이 비구는 제2선·제3선·제4선·공무변처·식무변처·무소유처를 성취하여 … 그곳에 머물러 번뇌의 소멸을 성취한다오. 만약에 번뇌의 소멸을 성취하지 못한다면, 그는 법에 대한 열망에 의해서, 법에 대한 환희에 의해서, 다섯 가지 낮은 단계의 결박을 끊고 화생하여 돌아오지 않는 자가 되어 그 세간에서 반열반하게 된다오. 비구들이여, '나는 제2선·제3선·제4선·공무변처·식무변처·무소유처에 의지하는 번뇌의 소멸도 이야기한다'라고 한 말은 이것을 근거로 한 말이라오.

비구들이여, 이와 같이 생각에 대한 선정[saññāsamāpatti]으로 인해서 구경지의 성취가 있다오.[683] 비구들이여, 내 말은 '이들 영역[處, āyatanāni], 즉 비유상비무상처정(非有想非無想處定)과 상수멸(想受滅, saññāvedayitanirodha)은 선정수행을 하는 비구들이 능숙하게 선정에 들어가고 능숙하게 선정에서 나옴으로써 선정에 들어갔다가 선정에서 나온 후에 바르게 이야기할 수 있다'라는 말이라오."

A.9.9. 아난다(Ānanda) 〈A.9.37.〉

1. 한때 아난다 존자께서는 꼬삼비의 고시따 승원에 머무셨습니다.

그때 아난다 존자께서 비구들에게 말씀하셨습니다.

2. "존자들이여, 놀라운 일이라오. 존자들이여, 희유한 일이라오. 아시고 보시는 아라한이시며 등정각(等正覺)이신 세존께서 중생들이 근심과 슬픔을 극복하고 괴로움과 고통을 소멸하는 방법을 알아 열반을 증득할 수 있는 진리를 발견하고 깨달으셨다오. 그것은 바로 시각[眼]은 있어도[cakkhuṃ bhavissati] 형색[色]들의 영역[色入處]을 느끼지 않을 수 있다[te rūpānaṃ cāyatanaṃ no paṭisaṃvedissati]는 사실이라오. 실로 청각[耳]은 있어도 소리[聲]들의 영역[聲入處]을 느끼지 않을 수 있다는 사실이라오. 실로 후각[鼻]은 있어도 냄새[香]들의 영역[香入處]을 느끼지 않을 수 있다는 사실이라오. 실로 미각[舌]은 있어도 맛[味]들의 영역[味入處]을 느끼지 않을 수 있다는 사실이라오. 실로 촉각[身]은 있어도 접촉되는 것[觸]들의 영역[觸入處]을 느끼지 않을 수 있다는 사실이라오."

3. 이 말씀을 듣고, 우다인(Udāyin) 존자가 아난다 존자에게 말했습니다.

"아난다 존자여, 의식이 있는 상태에서[saññī] 그 영역[āyatanaṃ, 入處]을 느끼지 않습니까, 그렇지 않으면 의식이 없는 생태에서[asaññī] 그렇습니까?"

"존자여, 의식이 있는 상태에서 그 영역을 느끼지 않는다오. 의식이 없는 상태에서가 아니라오."

"존자여, 어떻게 의식이 있는 상태에서 그 영역을 느끼지 않습니까?"

4. "존자여, 비구는 일체의 형색에 대한 생각[色想]을 초월하고, 지각대상에 대한 생각[有對想]을 소멸하고, 다양한 모습에 대한 생각에[nānattasaññānaṃ] 마음 쓰지 않음으로써[amanasikārā] '허공은 무한하다'라고 생각하는 공무변처(空無邊處)를 성취하여 살아간

---

683 생각에 대한 선정[saññāsamāpatti]은 4무색정(四無色定), 즉 공무변처정(空無邊處定)·식무변처정(識無邊處定)·무소유처정(無所有處定)·비유상비무상처정(非有想非無想處定)을 의미한다. 구경지의 성취[aññāpaṭivedho]는 상수멸을 의미한다.

다오. 이와 같이 의식이 있는 상태에서 그 영역을 느끼지 않는다오.

5. 존자여, 그다음에 비구는 일체의 공무변처를 초월하여 '의식은 무한하다'라고 생각하는 식무변처(識無邊處)를 성취하여 살아간다오. 이와 같이 의식이 있는 상태에서 그 영역을 느끼지 않는다오.

6. 존자여, 그다음에 비구는 일체의 식무변처를 초월하여 '아무것도 없다'라고 생각하는 무소유처(無所有處)를 성취하여 살아간다오. 이와 같이 의식이 있는 상태에서 그 영역을 느끼지 않는다오.

7. 존자여, 나는 한때 사께따(Sāketa)의 안자나와나(Añjanavana)에 있는 미가다야에 머물렀다오. 존자여, 그때 자띨라가히야(Jaṭilāgāhiyā) 비구니가 나를 찾아와서 나에게 예배한 후에 한쪽에 서서 나에게 말했다오.

'아난다 존자님! 이 삼매(三昧)는 이리저리 흔들리지 않으며, 행위[行]에 얽매여 제약받지 않고 스스로 해탈하며, 자제력을 가지고 머물며, 스스로 만족을 알아 만족하고 걱정하지 않습니다. 아난다 존자님! 이 삼매의 결과는 무엇이라고 세존께서 말씀하셨습니까?'

존자들이여, 이와 같이 말하자, 나는 자띨라가히야 비구니에게 '자매여, 이리저리 흔들리지 않으며, 행위에 얽매여 제약받지 않고 스스로 해탈하며, 자제력을 가지고 머물며, 스스로 만족을 알아 만족하고 걱정하지 않는 이 삼매의 결과는 구경지(究境智)라고 세존께서 말씀하셨다'라고 말했다오.

존자들이여, 이와 같이 의식이 있는 상태에서 그 영역을 느끼지 않는다오."

A.9.10. 바라문[Brāhmaṇa] 〈A.9.38.〉

1. 어느 날 세속 철학자[lokāyatikā]인 두 바라문이 세존을 찾아와서 세존과 함께 정중하게 인사를 하고 공손한 인사말을 나눈 후에 한쪽에 앉았습니다.

한쪽에 앉은 그 바라문들이 세존께 말씀드렸습니다.

2. "고따마 존자여, 뿌라나 까싸빠는 모든 것을 남김없이 알고 보는 일체지자(一切知者)이며 일체견자(一切見者)로서 '걸을 때나 서 있을 때나, 잠잘 때나 깨어 있을 때나, 끊임없이 계속해서 지견(知見)이[ñāṇadassanaṃ] 현전(現前)한다'라고 공언합니다. 그는 '나는 무한한 지식으로 끝이 있는 세간을 알고 보며 살아간다'라고 말했습니다. 고따마 존자여, 니간타 나따뿟따는 모든 것을 남김없이 알고 보는 일체지자이며 일체견자로서 '걸을 때나 서 있을 때나, 잠잘 때나 깨어 있을 때나, 끊임없이 계속해서 지견이 현전한다'라고 공언합니다. 그는 '나는 유한한 지식으로 끝이 있는 세간을 알고 보며 살아간다'라고 말했습니다. 고따마 존자여, 이들 두 사람의 지식에 대한 주장은 서로 다르며 대립적입니다. 누가 한 말이 진실이고, 누가 한 말이 거짓입니까?"

3. "잠깐! 바라문들이여, 서로 다르고 대립적인 이들 두 사람의 지식에 대한 주장 가운데 누가 한 말이 진실이고, 누가 한 말이 거짓인지는 내버려둡시다. 바라문들이여, 내가 그대들에게 사실[法]을 이야기하겠소. 잘 듣고 깊이 생각해 보시오! 내가 이야기하겠소."

바라문들이 "존자여, 그렇게 하겠습니다"라고 세존께 대답하자, 세존께서 이렇게 말씀하셨습니다.

4. "바라문들이여, 비유하면 훈련받아 능숙하게 숙련된 솜씨 좋은 궁사가 가볍게 화살을 야자수 그림자를 가로질러 날려 보내는 것 같은 가장 빠른 속도로 달릴 수 있는, 예를 들면 한 발걸음에 동해에서 서해로 가로질러 가는 가장 빠른 발걸음을 지닌 네 명의 사람이 사방을 향하여 서 있는 것과 같다오.

동쪽을 향해 서 있는 사람이 '나는 걸어서 세간의 끝에 도달해야겠다'라고 말한다면, 그는 음식을 먹고 마시고 대소변을 보고 잠자고 지칠 때를 제외하고 100년을 걸어가도 세간의 끝에 도달하지 못하고 도중에 죽을 것이오. 이제 서쪽을 향해 서 있는 사람이 '나는 걸어서 세간의 끝에 도달해야겠다'라고 말한다면, 그는 음식을 먹고 마시고 대소변을 보고 잠자고 지칠 때를 제외하고 100년을 걸어가도 세간의 끝에 도달하지 못하고 도중에 죽을 것이오. 이제 북쪽을 향해 서 있는 사람이 '나는 걸어서 세간의 끝에 도달해야겠다'라고 말한다면, 그는 음식을 먹고 마시고 대소변을 보고 잠자고 지칠 때를 제외하고 100년을 걸어가도 세간의 끝에 도달하지 못하고 도중에 죽을 것이오. 이제 남쪽을 향해 서 있는 사람이 '나는 걸어서 세간의 끝에 도달해야겠다'라고 말한다면, 그는 음식을 먹고 마시고 대소변을 보고 잠자고 지칠 때를 제외하고 100년을 걸어가도 세간의 끝에 도달하지 못하고 도중에 죽을 것이오.

그 원인은 무엇일까요? 바라문들이여, 나는 이런 식으로 달려가서 세간의 끝을 알 수 있고 볼 수 있고 도달할 수 있다고 말하지 않는다오. 바라문들이여, 그리고 나는 세간의 끝에 도달하지 않고 괴로움의 종식이 있다고 말하지도 않는다오.

5. 바라문들이여, 성인의 율(律)에서는 다섯 가지 감각적 욕망의 대상을 세간이라고 부른다오.

그 다섯은 어떤 것인가?

6. 마음에 들고 사랑스럽고 매력적이고 귀엽고 쾌락을 주는 유혹적인 눈에 보이는 형색[色]·귀에 들리는 소리[聲]·코에 맡아지는 냄새[香]·혀에 느껴지는 맛[味]·몸에 느껴지는 촉감[觸], 이들이 다섯 가지 감각적 욕망의 대상이라오. 바라문들이여, 성인의 율에서는 이들 다섯 가지 감각적 욕망의 대상을 세간이라고 부른다오.

7. 바라문들이여, 비구는 감각적 욕망을 멀리하고 불선법(不善法)을 멀리함으로써 사유(思惟)가 있고 숙고(熟考)가 있는, 멀리함에서 생긴 기쁨과 행복감이 있는 초선(初禪)을 성취하여 살아간다오. 바라문들이여, 비구는 세간의 끝에 가서 세간의 끝에서 살아간다오. 다른 사람들은 그것을 '이것은 세간에 속한다. 이것은 세간에서 벗어난 것이 아니다'라고 말했다오. 바라문들이여, 나도 역시 '이것은 세간에 속한다. 이것은 세간에서 벗어난 것이 아니다'라고 말한다오.

8. 바라문들이여, 그다음에 비구는 사유와 숙고를 억제하여 내적으로 조용해진, 마음이 집중된, 사유와 숙고가 없는, 삼매에서 생긴 희열과 행복이 있는 제2선(第二禪)을 성취하여 살아간다오. 바라문들이여, 비구는 세간의 끝에 가서 세간의 끝에서 살아간다오. 다른 사람들은 그것을 '이것은 세간에 속한다. 이것은 세간에서 벗어난 것이 아니다'라고 말했다오. 바라문들이여, 나도 역시 '이것은 세간에 속한다. 이것은 세간에서 벗어난 것이 아니다'라고 말한다오.

바라문들이여, 그다음에 비구는 희열과 이욕(離欲)으로부터 초연하여 평정한 주의집중과 알아차림을 하며 지내면서 몸으로 행복을 느끼는, 성자들이 '평정한[捨] 주의집중을 하는 행복한 상태'라고 이야기한 제3선(第三禪)을 성취하여 살아간다오. 바라문들이여, 비구는 세간의 끝에 가서 세간의 끝에서 살아간다오. 다른 사람들은 그것을 '이것은 세간에 속한다. 이것은 세간에서 벗어난 것이 아니다'라고 말했다오. 바라문들이여, 나도 역시 '이것은 세간에 속한다. 이것은 세간에서 벗어난 것이 아니다'라고 말한다오.

바라문들이여, 그다음에 비구는 행복감을 포기하고 괴로움을 버림으로써 이전의 만족과 불만이 소멸하여 괴롭지도 않고 즐겁지도 않은, 평정한 주의집중이 청정한 제4선(第四禪)을 성취하여 살아간다오. 바라문들이여, 비구는 세간의 끝에 가서 세간의 끝에서 살아간다오. 다른 사람들은 그것을 '이것은 세간에 속한다. 이것은 세간에서 벗어난 것이 아니다'라고 말했다오. 바라문들이여, 나도 역시 '이것은 세간에 속한다. 이것은 세간에서 벗어난 것이 아니다'라고 말한다오.

9. 바라문들이여, 그다음에 비구는 일체의 형색에 대한 생각[色想]을 초월하고, 지각대상에 대한 생각[有對想]을 소멸하고, 다양한 모습에 대한 생각[想]에 마음 쓰지 않음으로써 '허공은 무한하다'라고 생각하는 공무변처(空無邊處)를 성취하여 살아간다오. 바라문들이여, 비구는 세간의 끝에 가서 세간의 끝에서 살아간다오. 다른 사람들은 그것을 '이것은 세간에 속한다. 이것은 세간에서 벗어난 것이 아니다'라고 말했다오. 바라문들이여, 나도 역시 '이것은 세간에 속한다. 이것은 세간에서 벗어난 것이 아니다'라고 말한다오.

10. 바라문들이여, 그다음에 비구는 일체의 공무변처를 초월하여 '의식은 무한하다'라고 생각하는 식무변처(識無邊處)를 성취하여 살아간다오. 바라문들이여, 비구는 세간의 끝에 가서 세간의 끝에서 살아간다오. 다른 사람들은 그것을 '이것은 세간에 속한다. 이것은 세간에서 벗어난 것이 아니다'라고 말했다오. 바라문들이여, 나도 역시 '이것은 세간에 속한다. 이것은 세간에서 벗어난 것이 아니다'라고 말한다오.

바라문들이여, 그다음에 비구는 일체의 식무변처를 초월하여 '아무것도 없다'라고 생각하는 무소유처(無所有處)를 성취하여 살아간다오. 바라문들이여, 비구는 세간의 끝에 가서 세간의 끝에서 살아간다오. 다른 사람들은 그것을 '이것은 세간에 속한다. 이것은 세간에서 벗어난 것이 아니다'라고 말했다오. 바라문들이여, 나도 역시 '이것은 세간에 속한다. 이것은 세간에서 벗어난 것이 아니다'라고 말한다오.

바라문들이여, 그다음에 비구는 일체의 무소유처를 초월하여 비유상비무상처(非有想非無想處)를 성취하여 살아간다오. 바라문들이여, 비구는 세간의 끝에 가서 세간의 끝에서 살아간다오. 다른 사람들은 그것을 '이것은 세간에 속한다. 이것은 세간에서 벗어난 것이 아니다'라고 말했다오. 바라문들이여, 나도 역시 '이것은 세간에 속한다. 이것은 세간에서 벗어난 것이 아니다'라고 말한다오.

11. 바라문들이여, 그다음에 비구는 일체의 비유상비무상처를 초월하여 상수멸(想受滅)

을 성취하여 살아간다오. 그리고 통찰지[般若]로 본 후에 번뇌[漏]를 남김없이 소멸한다오. 바라문들이여, 이것을 '비구가 세간의 끝에 가서 세간의 끝에서 살아가면서 세간에 대한 애착을 초월했다'라고 말한다오."

A.9.11. 따뿌싸(Tapussa) 〈A.9.41.〉

1. 한때 세존께서는 말라(Malla)에 있는 우루웰라깝빠(Uruvelakappa)라고 하는 말라족 마을에 머무셨습니다. 어느 날 세존께서는 오전에 옷을 입고 발우와 법의를 지니고 탁발하러 우루웰라깝빠에 들어가셨습니다.

세존께서는 우루웰라깝빠에서 탁발을 마치고 돌아와서 아난다 존자에게 말씀하셨습니다.

"아난다여, 내가 오후의 휴식을 위해 마하와나[大林園] 숲속에 들어가 있는 동안 너는 이곳에 있어라!"

아난다 존자는 "세존이시여, 그렇게 하겠습니다"라고 세존께 대답했습니다. 세존께서는 마하와나 숲속에 들어가서 어떤 나무 아래 앉으셨습니다.

2. 그때 따뿌싸 장자가 아난다 존자를 찾아와서 예배하고 한쪽에 앉은 후에 아난다 존자에게 말했습니다.

"아난다 존자님! 우리 재가자들은 감각적 욕망을 즐기고, 감각적 욕망을 좋아하고, 감각적 욕망을 탐닉하고, 감각적 욕망에 열광합니다. 이렇게 감각적 욕망을 즐기고, 감각적 욕망을 좋아하고, 감각적 욕망을 탐닉하고, 감각적 욕망에 열광하는 우리 재가자들에게는 욕망에서 벗어나는 일[出離]이 절벽처럼 보입니다. 존자님! 저는 이 가르침[法]과 율(律) 가운데서 젊은 비구들의 마음이 욕망에서 벗어나는 일에 뛰어들어 확신을 가지고 안정되고, '이것이 적정(寂靜, santaṃ)이다'라고 보면서 해탈한다고 들었습니다. 존자님! 이 가르침과 율 가운데 있는 비구들과 많은 사람들의 차이는 이 욕망에서 벗어나는 일인 것 같습니다."

"장자여, 이것은 토론해야 할 주제군요. 장자여, 우리 세존을 뵈러 갑시다. 세존을 찾아가서 세존께 이 주제를 말씀드립시다. 그리하여 세존께서 판단하신 대로 우리는 받아 지닙시다."

따뿌싸 장자는 "존자님! 그렇게 하겠습니다"라고 아난다 존자에게 대답했습니다.

3. 아난다 존자는 따뿌싸 장자와 함께 세존을 찾아가서 세존께 예배하고 한쪽에 앉아 세존께 이 일에 대하여 말씀드렸습니다.

4. "아난다여, 그렇다. 아난다여, 그렇다. 예전에 내가 바른 깨달음[正覺]을 원만하게 깨닫지 못한 보살이었을 때를 기억해 보니, 그때 나는 '욕망에서 벗어나는 일은 훌륭한 일이다. 쾌락을 멀리하는 일[遠離]은 훌륭한 일이다'라고 생각했다. 아난다여, 그런데 나의 마음은 욕망에서 벗어나는 일에 뛰어들지 않고, 확신을 갖지 못하고, 안정되지 않고, '이것이 적정이다'라고 보면서 해탈하지 못했다. 아난다여, 그래서 나는 내 마음이 욕망에서 벗어나는 일에 뛰어들지 않고, 확신을 갖지 못하고, 안정되지 않고, '이것이 적정이다'라고 보면서 해탈하지 못하는 원인은 무엇이고 조건은 무엇인지를 생각했다.

아난다여, 나는 감각적 욕망을 재앙으로 보지 않았기 때문에 욕망에서 벗어나는 일을 익히지 않았고, 욕망에서 벗어나는 일의 이익을 이해하지 못했기 때문에 그것을 추구하지 않았다. 그렇기 때문에 나의 마음은 욕망에서 벗어나는 일에 뛰어들지 않고, 확신을 갖지 못하고, 안정되지 않고, '이것이 적정이다'라고 보면서 해탈하지 못했다고 생각했다.

아난다여, 나는 만약에 내가 감각적 욕망을 재앙으로 보고, 욕망에서 벗어나는 일을 익히고, 욕망에서 벗어나는 일의 이익을 이해하고, 그것을 추구하면 나의 마음은 욕망에서 벗어나는 일에 뛰어들어 확신을 가지고, 안정되고, '이것이 적정이다'라고 보면서 해탈할 수 있다고 생각했다.

아난다여, 나는 그 후에 감각적 욕망을 재앙으로 보고, 욕망에서 벗어나는 일을 익히고, 욕망에서 벗어나는 일의 이익을 이해하고, 그것을 추구했다. 아난다여, 그러자 나의 마음은 욕망에서 벗어나는 일에 뛰어들어 확신을 가지고 안정되었으며, '이것이 적정이다'라고 보면서 해탈했다.

아난다여, 나는 그 후에 감각적 욕망을 멀리하고 불선법(不善法)을 멀리함으로써 사유(思惟)가 있고 숙고(熟考)가 있는, 멀리함에서 생긴 기쁨과 행복감이 있는 초선(初禪)을 성취하여 머물렀다. 아난다여, 이렇게 머무는 가운데 나에게 감각적 욕망을 수반하는 생각과 관심이 일어났다. 나에게는 그것이 질병이었다. 아난다여, 비유하면 행복한 사람에게 질병에 의한 약간의 괴로움이 일어나는 것과 같다. 이와 같이 나에게 감각적 욕망을 수반하는 생각과 관심이 일어났으며, 나에게는 그것이 질병이었다.

5. 아난다여, 나는 그 후에 사유와 숙고를 억제하여 내적으로 조용해진, 마음이 집중된, 사유와 숙고가 없는, 삼매에서 생긴 희열과 행복이 있는 제2선(第二禪)을 성취하여 머물겠다고 생각했다. 아난다여, 그런데 나의 마음은 사유 없는 상태에[684] 뛰어들지 않고, 확신을 갖지 못하고, 안정되지 않고, '이것이 적정이다'라고 보면서 해탈하지 못했다. 아난다여, 그래서 나는 내 마음이 사유 없는 상태에 뛰어들지 않고, 확신을 갖지 못하고, 안정되지 않고, '이것이 적정이다'라고 보면서 해탈하지 못하는 원인은 무엇이고, 조건은 무엇인지를 생각했다. 아난다여, 나는 사유를 재앙으로 보지 않았기 때문에 사유 없는 상태를 익히지 않았고, 사유 없는 상태의 이익을 이해하지 못했기 때문에 그것을 추구하지 않았다. 그렇기 때문에 나의 마음은 사유 없는 상태에 뛰어들지 않고, 확신을 갖지 못하고, 안정되지 않고, '이것이 적정이다'라고 보면서 해탈하지 못했다고 생각했다.

아난다여, 나는 만약에 내가 사유를 재앙으로 보고, 사유 없는 상태를 익히고, 사유 없는 상태의 이익을 이해하고, 그것을 추구하면 나의 마음은 사유 없는 상태에 뛰어들어 확신을 가지고, 안정되고, '이것이 적정이다'라고 보면서 해탈할 수 있다고 생각했다.

아난다여, 나는 그 후에 사유를 재앙으로 보고, 사유 없는 상태를 익히고, 사유 없는 상태의 이익을 이해하고, 그것을 추구했다. 아난다여, 그러자 나의 마음은 사유 없는 상태에 뛰어들어 확신을 가지고 안정되었으며, '이것이 적정이다'라고 보면서 해탈했다.

---

684 'avitakke'의 번역.

아난다여, 나는 그 후에 사유와 숙고를 억제하여 내적으로 조용해진, 마음이 집중된, 사유와 숙고가 없는, 삼매에서 생긴 희열과 행복이 있는 제2선을 성취하여 머물렀다. 아난다여, 이렇게 머무는 가운데 나에게 사유를 수반하는 생각과 관심이 일어났다. 나에게는 그것이 질병이었다. 아난다여, 비유하면 행복한 사람에게 질병에 의한 약간의 괴로움이 일어나는 것과 같다. 이와 같이 나에게 사유를 수반하는 생각과 관심이 일어났으며, 나에게는 그것이 질병이었다.

6. 아난다여, 나는 그 후에 희열과 이욕(離欲)으로부터 초연하여 평정한 주의집중과 알아차림을 하며 지내면서 몸으로 행복을 느끼는, 성자들이 '평정한[捨] 주의집중을 하는 행복한 상태'라고 이야기한 제3선(第三禪)을 성취하여 머물겠다고 생각했다. 아난다여, 그런데 나의 마음은 희열에서 벗어난 상태에 뛰어들지 않고, 확신을 갖지 못하고, 안정되지 않고, '이것이 적정이다'라고 보면서 해탈하지 못했다. 아난다여, 그래서 나는 내 마음이 희열에서 벗어난 상태에 뛰어들지 않고, 확신을 갖지 못하고, 안정되지 않고, '이것이 적정이다'라고 보면서 해탈하지 못하는 원인은 무엇이고, 조건은 무엇인지를 생각했다.

아난다여, 나는 희열을 재앙으로 보지 않았기 때문에 희열에서 벗어난 상태를 익히지 않았고, 희열에서 벗어난 상태의 이익을 이해하지 못했기 때문에 그것을 추구하지 않았다. 그렇기 때문에 나의 마음은 희열에서 벗어난 상태에 뛰어들지 않고, 확신을 갖지 못하고, 안정되지 않고, '이것이 적정이다'라고 보면서 해탈하지 못했다고 생각했다.

아난다여, 나는 만약에 내가 희열을 재앙으로 보고, 희열에서 벗어난 상태를 익히고, 희열에서 벗어난 상태의 이익을 이해하고, 그것을 추구하면 나의 마음은 희열에서 벗어난 상태에 뛰어들어 확신을 가지고, 안정되고, '이것이 적정이다'라고 보면서 해탈할 수 있다고 생각했다.

아난다여, 나는 그 후에 희열을 재앙으로 보고, 희열에서 벗어난 상태를 익히고, 희열에서 벗어난 상태의 이익을 이해하고, 그것을 추구했다. 아난다여, 그러자 나의 마음은 희열에서 벗어난 상태에 뛰어들어 확신을 가지고 안정되었으며, '이것이 적정이다'라고 보면서 해탈했다.

아난다여, 나는 그 후에 희열과 이욕으로부터 초연하여 평정한 주의집중과 알아차림을 하며 지내면서 몸으로 행복을 느끼는, 성자들이 '평정한 주의집중을 하는 행복한 상태'라고 이야기한 제3선을 성취하여 머물렀다. 아난다여, 이렇게 머무는 가운데 나에게 희열을 수반하는 생각과 관심이 일어났다. 나에게는 그것이 질병이었다. 아난다여, 비유하면 행복한 사람에게 질병에 의한 약간의 괴로움이 일어나는 것과 같다. 이와 같이 나에게 희열을 수반하는 생각과 관심이 일어났으며, 나에게는 그것이 질병이었다.

7. 아난다여, 나는 그 후에 행복감을 포기하고 괴로움을 버림으로써 이전의 만족과 불만이 소멸하여 괴롭지도 않고 즐겁지도 않은, 평정한 주의집중이 청정한 제4선(第四禪)을 성취하여 머물겠다고 생각했다. 아난다여, 그런데 나의 마음은 괴롭지도 즐겁지도 않은 상태에 뛰어들지 않고, 확신을 갖지 못하고, 안정되지 않고, '이것이 적정이다'라고 보면서 해탈하지 못했다. 아난다여, 그래서 나는

내 마음이 괴롭지도 즐겁지도 않은 상태에 뛰어들지 않고, 확신을 갖지 못하고, 안정되지 않고, '이것이 적정이다'라고 보면서 해탈하지 못하는 원인은 무엇이고, 조건은 무엇인지를 생각했다.

아난다여, 나는 평정의 즐거움을 재앙으로 보지 않았기 때문에 괴롭지도 즐겁지도 않은 상태를 익히지 않았고, 괴롭지도 즐겁지도 않은 상태의 이익을 이해하지 못했기 때문에 그것을 추구하지 않았다. 그렇기 때문에 나의 마음은 괴롭지도 즐겁지도 않은 상태에 뛰어들지 않고, 확신을 갖지 못하고, 안정되지 않고, '이것이 적정이다'라고 보면서 해탈하지 못했다고 생각했다.

아난다여, 나는 만약에 내가 평정의 즐거움을 재앙으로 보고, 괴롭지도 즐겁지도 않은 상태를 익히고, 괴롭지도 즐겁지도 않은 상태의 이익을 이해하고, 그것을 추구하면 나의 마음은 괴롭지도 즐겁지도 않은 상태에 뛰어들어 확신을 가지고, 안정되고, '이것이 적정이다'라고 보면서 해탈할 수 있다고 생각했다.

아난다여, 나는 그 후에 평정의 즐거움을 재앙으로 보고, 괴롭지도 즐겁지도 않은 상태를 익히고, 괴롭지도 즐겁지도 않은 상태의 이익을 이해하고, 그것을 추구했다. 아난다여, 그러자 나의 마음은 괴롭지도 즐겁지도 않은 상태에 뛰어들어 확신을 가지고 안정되었으며, '이것이 적정이다'라고 보면서 해탈했다.

아난다여, 나는 그 후에 행복감을 포기하고 괴로움을 버림으로써 이전의 만족과 불만이 소멸하여 괴롭지도 않고 즐겁지도 않은, 평정한 주의집중이 청정한 제4선을 성취하여 머물렀다. 아난다여, 이렇게 머무는 가운데 나에게 평정의 즐거움을 수반하는 생각과 관심이 일어났다. 나에게는 그것이 질병이었다. 아난다여, 비유하면 행복한 사람에게 질병에 의한 약간의 괴로움이 일어나는 것과 같다. 이와 같이 나에게 평정의 즐거움을 수반하는 생각과 관심이 일어났으며, 나에게는 그것이 질병이었다.

8. 아난다여, 나는 그 후에 일체의 형색에 대한 생각[色想]을 초월하고, 지각대상에 대한 생각[有對想]을 소멸하고, 다양한 모습에 대한 생각[想]에 마음 쓰지 않음[不作意]으로써 '허공은 무한하다'라고 생각하는 공무변처(空無邊處)를 성취하여 머물겠다고 생각했다. 아난다여, 그런데 나의 마음은 공무변처에 뛰어들지 않고, 확신을 갖지 못하고, 안정되지 않고, '이것이 적정이다'라고 보면서 해탈하지 못했다. 아난다여, 그래서 나는 내 마음이 공무변처에 뛰어들지 않고, 확신을 갖지 못하고, 안정되지 않고, '이것이 적정이다'라고 보면서 해탈하지 못하는 원인은 무엇이고, 조건은 무엇인지를 생각했다.

아난다여, 나는 형색[色]을 재앙으로 보지 않았기 때문에 공무변처를 익히지 않았고, 공무변처의 이익을 이해하지 못했기 때문에 그것을 추구하지 않았다. 그렇기 때문에 나의 마음은 공무변처에 뛰어들지 않고, 확신을 갖지 못하고, 안정되지 않고, '이것이 적정이다'라고 보면서 해탈하지 못했다고 생각했다.

아난다여, 나는 형색을 재앙으로 보고, 공무변처를 익히고, 공무변처의 이익을 이해하고, 그것을 추구하면 나의 마음은 공무변처에 뛰어들어 확신을 가지고, 안정되고, '이것이 적정이다'라고 보면서 해탈할 수 있다고 생각했다.

아난다여, 나는 그 후에 형색을 재앙으로 보고, 공무변처를 익히고, 공무변처의 이익을 이해하고, 그것을 추구했다. 아난다여, 그러자 나의 마음은 공무변처에 뛰어들어 확신을 가지고 안정되었으며, '이것이 적정이다'라고 보면서 해탈했다.

아난다여, 나는 그 후에 일체의 형색에 대한 생각을 초월하고, 지각대상에 대한 생각을 소멸하고, 다양한 모습에 대한 생각에 마음 쓰지 않음으로써 '허공은 무한하다'라고 생각하는 공무변처를 성취하여 머물렀다. 아난다여, 이렇게 머무는 가운데 나에게 형색을 수반하는 생각과 관심이 일어났다. 나에게는 그것이 질병이었다. 아난다여, 비유하면 행복한 사람에게 질병에 의한 약간의 괴로움이 일어나는 것과 같다.

이와 같이 나에게 형색을 수반하는 생각과 관심이 일어났으며, 나에게는 그것이 질병이었다.

9. 아난다여, 나는 그 후에 일체의 공무변처를 초월하여 '의식은 무한하다'라고 생각하는 식무변처(識無邊處)를 성취하여 머물겠다고 생각했다. 아난다여, 그런데 나의 마음은 식무변처에 뛰어들지 않고, 확신을 갖지 못하고, 안정되지 않고, '이것이 적정이다'라고 보면서 해탈하지 못했다. 아난다여, 그래서 나는 내 마음이 식무변처에 뛰어들지 않고, 확신을 갖지 못하고, 안정되지 않고, '이것이 적정이다'라고 보면서 해탈하지 못하는 원인은 무엇이고, 조건은 무엇인지를 생각했다.

아난다여, 나는 공무변처를 재앙으로 보지 않았기 때문에 식무변처를 익히지 않았고, 식무변처의 이익을 이해하지 못했기 때문에 그것을 추구하지 않았다. 그렇기 때문에 나의 마음은 식무변처에 뛰어들지 않고, 확신을 갖지 못하고, 안정되지 않고, '이것이 적정이다'라고 보면서 해탈하지 못했다고 생각했다.

아난다여, 나는 만약에 내가 공무변처를 재앙으로 보고, 식무변처를 익히고, 식무변처의 이익을 이해하고, 그것을 추구하면 나의 마음은 식무변처에 뛰어들어 확신을 가지고, 안정되고, '이것이 적정이다'라고 보면서 해탈할 수 있다고 생각했다.

아난다여, 나는 그 후에 공무변처를 재앙으로 보고, 식무변처를 익히고, 식무변처의 이익을 이해하고, 그것을 추구했다. 아난다여, 그러자 나의 마음은 식무변처에 뛰어들어 확신을 가지고 안정되었으며, '이것이 적정이다'라고 보면서 해탈했다.

아난다여, 나는 그 후에 일체의 공무변처를 초월하여 '의식은 무한하다'라고 생각하는 식무변처를 성취하여 머물렀다. 아난다여, 이렇게 머무는 가운데 나에게 공무변처를 수반하는 생각과 관심이 일어났다. 나에게는 그것이 질병이었다. 아난다여, 비유하면 행복한 사람에게 질병에 의한 약간의 괴로움이 일어나는 것과 같다. 이와 같이 나에게 공무변처를 수반하는 생각과 관심이 일어났으며, 나에게는 그것이 질병이었다.

10. 아난다여, 나는 그 후에 일체의 식무변처를 초월하여 '아무것도 없다'라고 생각하는 무소유처(無所有處)를 성취하여 머물겠다고 생각했다. 아난다여, 그런데 나의 마음은 무소유처에 뛰어들지 않고, 확신을 갖지 못하

고, 안정되지 않고, '이것이 적정이다'라고 보면서 해탈하지 못했다. 아난다여, 그래서 나는 내 마음이 무소유처에 뛰어들지 않고, 확신을 갖지 못하고, 안정되지 않고, '이것이 적정이다'라고 보면서 해탈하지 못하는 원인은 무엇이고, 조건은 무엇인지를 생각했다.

아난다여, 나는 식무변처를 재앙으로 보지 않았기 때문에 무소유처를 익히지 않았고, 무소유처의 이익을 이해하지 못했기 때문에 그것을 추구하지 않았다. 그렇기 때문에 나의 마음은 무소유처에 뛰어들지 않고, 확신을 갖지 못하고, 안정되지 않고, '이것이 적정이다'라고 보면서 해탈하지 못했다고 생각했다.

아난다여, 나는 만약에 내가 식무변처를 재앙으로 보고, 무소유처를 익히고, 무소유처의 이익을 이해하고, 그것을 추구하면 나의 마음은 무소유처에 뛰어들어 확신을 가지고, 안정되고, '이것이 적정이다'라고 보면서 해탈할 수 있다고 생각했다.

아난다여, 나는 그 후에 식무변처를 재앙으로 보고, 무소유처를 익히고, 무소유처의 이익을 이해하고, 그것을 추구했다. 아난다여, 그러자 나의 마음은 무소유처에 뛰어들어 확신을 가지고 안정되었으며, '이것이 적정이다'라고 보면서 해탈했다.

아난다여, 나는 그 후에 일체의 식무변처를 초월하여 '아무것도 없다'라고 생각하는 무소유처를 성취하여 머물렀다. 아난다여, 이렇게 머무는 가운데 나에게 식무변처를 수반하는 생각과 관심이 일어났다. 나에게는 그것이 질병이었다. 아난다여, 비유하면 행복한 사람에게 질병에 의한 약간의 괴로움이 일어나는 것과 같다. 이와 같이 나에게 식무변처를 수반하는 생각과 관심이 일어났으며, 나에게는 그것이 질병이 었다.

11. 아난다여, 나는 그 후에 일체의 무소유처를 초월하여 비유상비무상처(非有想非無想處)를 성취하여 머물겠다고 생각했다. 아난다여, 그런데 나의 마음은 비유상비무상처에 뛰어들지 않고, 확신을 갖지 못하고, 안정되지 않고, '이것이 적정이다'라고 보면서 해탈하지 못했다. 아난다여, 그래서 나는 내 마음이 비유상비무상처에 뛰어들지 않고, 확신을 갖지 못하고, 안정되지 않고, '이것이 적정이다'라고 보면서 해탈하지 못하는 원인은 무엇이고, 조건은 무엇인지를 생각했다.

아난다여, 나는 무소유처를 재앙으로 보지 않았기 때문에 비유상비무상처를 익히지 않았고, 비유상비무상처의 이익을 이해하지 못했기 때문에 그것을 추구하지 않았다. 그렇기 때문에 나의 마음은 비유상비무상처에 뛰어들지 않고, 확신을 갖지 못하고, 안정되지 않고, '이것이 적정이다'라고 보면서 해탈하지 못했다고 생각했다.

아난다여, 나는 만약에 내가 무소유처를 재앙으로 보고, 비유상비무상처를 익히고, 비유상비무상처의 이익을 이해하고, 그것을 추구하면 나의 마음은 비유상비무상처에 뛰어들어 확신을 가지고, 안정되고, '이것이 적정이다'라고 보면서 해탈할 수 있다고 생각했다.

아난다여, 나는 그 후에 무소유처를 재앙으로 보고, 비유상비무상처를 익히고, 비유상비무상처의 이익을 이해하고, 그것을 추구했다. 아난다여, 그러자 나의 마음은 비유상비무상처에 뛰어들어 확신을 가지고 안정되었으며, '이것이 적정이다'라고 보면서 해탈했다.

아난다여, 나는 그 후에 일체의 무소유처를 초월하여 비유상비무상처를 성취하여 머물렀다. 아난다여, 이렇게 머무는 가운데 나에게 무소유처를 수반하는 생각과 관심이 일어났다. 나에게는 그것이 질병이었다. 아난다여, 비유하면 행복한 사람에게 질병에 의한 약간의 괴로움이 일어나는 것과 같다. 이와 같이 나에게 무소유처를 수반하는 생각과 관심이 일어났으며, 나에게는 그것이 질병이었다.

12. 아난다여, 나는 그 후에 일체의 비유상비무상처를 초월하여 상수멸(想受滅)을 성취하여 머물겠다고 생각했다. 아난다여, 그런데 나의 마음은 상수멸에 뛰어들지 않고, 확신을 갖지 못하고, 안정되지 않고, '이것이 적정이다'라고 보면서 해탈하지 못했다. 아난다여, 그래서 나는 내 마음이 상수멸에 뛰어들지 않고, 확신을 갖지 못하고, 안정되지 않고, '이것이 적정이다'라고 보면서 해탈하지 못하는 원인은 무엇이고, 조건은 무엇인지를 생각했다.

아난다여, 나는 비유상비무상처를 재앙으로 보지 않았기 때문에 상수멸을 익히지 않았고, 상수멸의 이익을 이해하지 못했기 때문에 그것을 추구하지 않았다. 그렇기 때문에 나의 마음은 상수멸에 뛰어들지 않고, 확신을 갖지 못하고, 안정되지 않고, '이것이 적정이다'라고 보면서 해탈하지 못했다고 생각했다.

아난다여, 나는 만약에 내가 비유상비무상처를 재앙으로 보고, 상수멸을 익히고, 상수멸의 이익을 이해하고, 그것을 추구하면 나의 마음은 상수멸에 뛰어들어 확신을 가지고, 안정되고, '이것이 적정이다'라고 보면서 해탈할 수 있다고 생각했다.

아난다여, 나는 그 후에 비유상비무상처를 재앙으로 보고, 상수멸을 익히고, 상수멸의 이익을 이해하고, 그것을 추구했다. 아난다여, 그러자 나의 마음은 상수멸에 뛰어들어 확신을 가지고 안정되었으며, '이것이 적정이다'라고 보면서 해탈했다.

아난다여, 나는 그 후에 일체의 비유상비무상처를 초월하여 상수멸을 성취하여 머물렀다. 그리고 통찰지로 본 후에 번뇌[漏]를 남김없이 소멸했다.

13. 아난다여, 내가 이들 아홉 가지 점차적으로 머무는 선정[九次第住定]에 순관(順觀)과 역관(逆觀)으로 들어가고 나오지 않았을 때는, 아난다여, 나는 천계(天界)·마라·범천(梵天)을 포함한 이 세간, 사문과 바라문과 왕과 백성을 포함한 인간들에게 위없는 바르고 평등한 깨달음[無上正等正覺]을 체험적으로 깨달았다고 선언하지 못했다.

아난다여, 나는 이들 아홉 가지 점차적으로 머무는 선정에 순관과 역관으로 들어가고 나왔기 때문에, 아난다여, 나는 천계·마라·범천을 포함한 이 세간, 사문과 바라문과 왕과 백성을 포함한 인간들에게 위없는 바르고 평등한 깨달음을 체험적으로 깨달았다고 선언했다. 그리고 나에게 '이 마음의 해탈[心解脫]은 확고하다. 이것이 마지막 태어남이다. 이제 이후의 존재[後有]는 없다'라는 이해와 식견(識見)이 생겼다."

A.9.12. 공부[Sikkhā] 〈A.9.63.〉

1. "비구들이여, 공부를 무력하게 하는 다섯

가지가 있다오.

그 다섯은 어떤 것인가?

2. 살생(殺生)·불여취(不與取)·사음(邪淫)·거짓말·방일(放逸)의 원인이 되는 곡주나 과일주 같은 술, 비구들이여, 이들이 공부를 무력하게 하는 다섯 가지라오.

3. 이들 다섯 가지 공부를 무력하게 하는 것을 버리기 위하여 4념처(四念處)를 수련해야 한다오.

그 넷은 어떤 것인가?

4. 비구들이여, 비구는 몸[身]을 관찰하며 몸에 머물면서, 열심히 주의집중을 하고 알아차려 세간에 대한 탐욕과 불만을 제거해야 한다오. 느낌[受]을 관찰하며 느낌에 머물면서, 열심히 주의집중을 하고 알아차려 세간에 대한 탐욕과 불만을 제거해야 한다오. 마음[心]을 관찰하며 마음에 머물면서, 열심히 주의집중을 하고 알아차려 세간에 대한 탐욕과 불만을 제거해야 한다오. 법(法)을 관찰하며 법에 머물면서, 열심히 주의집중을 하고 알아차려 세간에 대한 탐욕과 불만을 제거해야 한다오.

비구들이여, 다섯 가지 공부를 무력하게 하는 것을 버리기 위하여 이들 4념처를 수련해야 한다오."

A.9.13. 장애[Nīvaraṇa] 〈A.9.64.〉

1. "비구들이여, 다섯 가지 장애[五蓋]가 있다오.

그 다섯은 어떤 것인가?

2. 감각적 욕망이라는 장애·악의라는 장애·혼침(昏沈)이라는 장애·흥분과 후회[悼擧]라는 장애·의심(疑心)이라는 장애, 비구들이여, 이들이 다섯 가지 장애라오.

3. 비구들이여, 이들 다섯 가지 장애를 버리기 위하여 4념처를 수련해야 한다오."

A.9.14. 감각적 욕망[Kāma] 〈A.9.65.〉

1. "비구들이여, 다섯 가지 감각적 욕망의 대상이 있다오.

그 다섯은 어떤 것인가?

2. 마음에 들고 사랑스럽고 매력적이고 귀엽고 쾌락을 주는 유혹적인 눈에 보이는 형색[色]·귀에 들리는 소리[聲]·코에 맡아지는 냄새[香]·혀에 느껴지는 맛[味]·몸에 느껴지는 촉감[觸], 이들이 다섯 가지 감각적 욕망의 대상이라오.

3. 비구들이여, 이들 다섯 가지 감각적 욕망의 대상을 버리기 위하여 4념처를 수련해야 한다오."

A.9.15. 괴로움 덩어리[Khandha] 〈A.9.66.〉

1. "비구들이여, 자아로 취해진 다섯 가지 괴로움 덩어리[五取蘊]가 있다오.

그 다섯은 어떤 것인가?

2. 자아로 취해진 형색 덩어리[色取蘊]·자아로 취해진 느낌 덩어리[受取蘊]·자아로 취해진 생각 덩어리[想取蘊]·자아로 취해진 행위 덩어리[行取蘊]·자아로 취해진 의식 덩어리[識取蘊], 이들이 자아로 취해진 다섯 가지 괴로움 덩어리라오.

3. 비구들이여, 이들 자아로 취해진 다섯 가지 괴로움 덩어리를 버리기 위하여 4념처를 수련해야 한다오."

A.9.16. 낮은 단계[Orambhāgiya] 〈A.9.67.〉

1. "비구들이여, 다섯 가지 낮은 단계의 결박[五下分結]이 있다오.

그 다섯은 어떤 것인가?

2. 유신견(有身見)·의심(疑心)·계금취견(戒禁取見)·욕탐(欲貪)·악의(惡意), 이들이 다섯 가지 낮은 단계의 결박라오.

3. 비구들이여, 이들 다섯 가지 낮은 단계의 결박을 버리기 위하여 4념처를 수련해야 한다오."

A.9.17. 가는 곳[Gati] 〈A.9.68.〉

1. "비구들이여, 다섯 가지 가는 곳[五趣]이 있다오.

그 다섯은 어떤 것인가?

2. 지옥·축생의 모태·아귀의 경계·인간·천신, 이들이 다섯 가지 가는 곳이라오.

3. 비구들이여, 이들 다섯 가지 가는 곳을 버리기 위하여 4념처를 수련해야 한다오."

A.9.18. 높은 단계[Uddhambhāgiya] 〈A.9.70.〉

1. "비구들이여, 다섯 가지 높은 단계의 결박[五上分結]이 있다오.

그 다섯은 어떤 것인가?

2. 색애결(色愛結)·무색애결(無色愛結)·도결(掉結)·만결(慢結)·무명결(無明結), 이들이 다섯 가지 높은 단계의 결박라오.

3. 비구들이여, 이들 다섯 가지 높은 단계의 결박을 버리기 위하여 4념처를 수련해야 한다오."

A.9.19. 아홉 종류의 음식[685]

1. 이와 같이 나는 들었습니다. 한때 부처님께서는 바라원(婆羅園)에 머무셨습니다. 그때 세존께서는 때가 되자 옷을 입고 발우를 들고 바라촌(婆羅村)에 걸식하러 들어가셨습니다.

2. 그때 악마(惡魔) 파순(波旬)이 생각하기를 '지금 이 사문은 마을에 들어가서 걸식을 하려고 한다. 내가 방편을 써서 사람들이 그에게 음식을 주지 못하게 해야겠다'라고 했습니다. 그래서 악마 파순은 곧바로 나라의 인민들에게 명하여 사문 고따마(瞿曇)[686]에게 음식을 주는 일이 없도록 했습니다.

그때 세존께서 마을에 들어가 걸식을 하시는데, 사람들이 모두 여래에게 음식을 주지 않기로 함께 약속한 자들인지라 와서 받들어 공양하는 자가 없었습니다. 그래서 여래는 걸식을 마칠 때까지 음식을 얻지 못하고 마을에서 나오셨습니다. 이때 마왕 파순이 여래에게 다가와서 부처님께 물었습니다.

"사문은 걸식을 마칠 때까지 음식을 얻지 못했나요?"

세존께서 말씀하셨습니다.

3. "악마여, 네가 음식을 얻지 못하게 했기 때문이다. 너도 머지않아 그 보(報)를 받을 것이다. 악마여, 이제 내 말을 들어 보아라. 현

---

685 이 경은 『앙굿따라 니까야』에는 없지만 그 내용이 중요하므로 한역 『증일아함경(增壹阿含經)』 제45 「마왕품(馬王品)」 제4경을 번역하여 넣은 것이다.

686 한역의 '瞿曇'을 빠알리어 음으로 표기함.

겁(賢劫) 가운데 부처님이 있으니 이름은 구루손(拘樓孫) 여래(如來), 응공(應供), 정변지(正遍知), 명행족(明行足), 선서(善逝), 세간해(世間解), 무상사(無上士), 조어장부(調御丈夫), 천인사(天人師), 불(佛), 세존(世尊)이니라.[687] 이 부처님께서 세간에 출현하셨을 때 그 부처님도 40만 대중을 거느리고 이 마을에 의지하여 머물렀다. 그때 악마 파순이 생각하기를 '내가 지금이 사문이 구하는 것을 끝내 얻지 못하도록 하리라'라고 했으며, 악마가 다시 생각하기를 '내가 지금 바라촌의 사람들에게 사문에게 음식을 주지 않기로 약속하도록 명해야겠다'라고 했다.

이때 거룩한 대중이 모두 옷을 입고 발우를 들고 마을에 들어가서 걸식을 했는데, 그때 비구들은 모두 끝내 음식을 얻지 못하고 마을에서 나왔다. 그때 그 부처님께서 여러 비구들에게 이와 같은 묘법(妙法)을 말씀하셨다.

4. '음식에 아홉 가지가 있음을 통찰할지니, 그것은 인간을 이루는 네 종류의 음식[四種人間食]과 인간을 벗어나는 다섯 종류의 음식[五種出人間食]이다. 어떤 것이 인간을 이루는 네 종류의 음식인가? 첫째는 단식(摶食)이고, 둘째는 촉식(觸食)이고, 셋째는 의사식(意思食)이고, 넷째는 식식(識食)이다.[688] 이것을 세간에 있는 네 가지 음식이라고 한다. 어떤 것이 인간을 벗어나는 다섯 종류의 음식인가? 첫째는 선식(禪食)이고, 둘째는 원식(願食)이고, 셋째는 염식(念食)이고, 넷째는 8해탈식(八解脫食)이고, 다섯째는 희식(喜食)이다. 이것을 다섯 종류의 음식이라고 한다. 비구들이여, 이들이 아홉 종류의 음식이니 마땅히 함께 전념하여 네 종류의 음식을 없애 버려야 하고, 방편을 구하여 다섯 종류의 음식을 갖추도록 해야 한다. 비구들이여, 마땅히 이렇게 공부해야 한다.'

5. 그때 비구들은 그 부처님의 가르침을 받고 스스로 자기를 다스려서 다섯 종류의 음식을 갖추었다. 악마 파순은 어찌할 수가 없었다. 그래서 파순은 곧 '나는 지금 이 사문을 어찌할 수가 없다. 이제 보고, 듣고, 냄새 맡고, 맛보고, 만지고, 생각하는 것에 대한 방편을 구해야겠다. 나는 이제 마을에 머물면서 사람들을 가르쳐 사문들이 이익을 얻으려고 하면 그것을 얻게 하고, 이익을 곱절이나 더 많이 얻게 하여 그 비구들이 이익을 탐착하여 잠시도 탐착심을 버릴 수 없게 해야겠다. 그리고 보고, 듣고, 냄새 맡고, 맛보고, 만지고, 생각하는 것에 욕심을 내도록 해야겠다'라고 생각했다. 이때 그 부처님의 성문(聲聞) 제자들은 때가 되어 옷을 입고 발우를 들고 마을에 들어가 걸식을 했다. 그러자 바라문촌 사람들은 비구에게 입을 옷과 음식과 침상과 와구, 그리고 병을 치료할 의약을 부족하지 않도록 모두 나서서 상가리(僧伽梨)[689]를 붙잡고 억지로 주었다. 이때 그 부처님께서 여러 성문 제자들에게 이와 같은 법을 설

687 『증일아함경(增壹阿含經)』의 여래십호(如來十號)는 이와 다르지만, 널리 통용되는 용어로 번역함.

688 『증일아함경(增壹阿含經)』에서는 '一者揣食 二者更樂食 三者念食 四者識食'으로 번역되어 있는데, 여타의 아함경에서는 단식(摶食)·촉식(觸食)·의사식(意思食)·식식(識食)으로 번역되었기 때문에 이를 따라서 번역함.

689 비구들이 걸식할 때 입는 옷.

하셨다.

6. '이익은 사람을 악취에 떨어뜨려 무위(無爲)의 경지에 이르지 못하게 한다. 비구들이여, 그대들은 생각을 집착하는 마음을 취하여 이익으로 나아가지 말고 이익을 버리고 멀리할 생각을 하라. 이익을 집착하는 비구는 5분법신(五分法身)을 이룰 수 없고 계덕(戒德)을 갖출 수 없다. 그러므로 비구는 아직 생기지 않은 이익의 마음은 생기지 않도록 하고, 이미 생긴 이익의 마음은 빨리 없애야 한다. 비구들이여, 마땅히 이와 같이 공부해야 한다.'"

이때 악마 파순은 모습을 감추고 사라졌습니다. 그때 모든 비구는 부처님의 말씀을 듣고 기뻐하며 받들어 행하였습니다.

제10장 열-모음[Dasaka-Nipāta]

A.10.1. 무슨 목적으로[Kimatthiya] 〈A.10.1.〉

1. 세존께서 사왓티의 제따와나 아나타삔디까 승원에 머무실 때, 아난다 존자가 세존을 찾아와서 예배하고 한쪽에 앉아 세존께 말씀드렸습니다.

"세존이시여, 착한 계행(戒行)은 무엇이 목적이고, 공덕은 어떤 것입니까?"

"아난다여, 착한 계행은 후회 없음이 목적이고 후회 없음이 공덕이다."

"세존이시여, 후회 없음은 무엇이 목적이고, 공덕은 어떤 것입니까?"

"아난다여, 후회 없음은 기쁨이 목적이고 기쁨이 공덕이다."

"세존이시여, 기쁨은 무엇이 목적이고, 공덕은 어떤 것입니까?"

"아난다여, 기쁨은 희열이 목적이고 희열이 공덕이다."

"세존이시여, 희열은 무엇이 목적이고, 공덕은 어떤 것입니까?"

"아난다여, 희열은 평안이 목적이고 평안이 공덕이다."

"세존이시여, 평안은 무엇이 목적이고, 공덕은 어떤 것입니까?"

"아난다여, 평안은 즐거움이 목적이고 즐거움이 공덕이다."

"세존이시여, 즐거움은 무엇이 목적이고, 공덕은 어떤 것입니까?"

"아난다여, 즐거움은 삼매(三昧)가 목적이고 삼매가 공덕이다."

"세존이시여, 삼매는 무엇이 목적이고, 공덕은 어떤 것입니까?"

"아난다여, 삼매는 여실지견(如實知見)이 목적이고 여실지견이 공덕이다."

"세존이시여, 여실지견은 무엇이 목적이고, 공덕은 어떤 것입니까?"

"아난다여, 여실지견은 염리(厭離)와 이욕(離欲)이 목적이고 염리와 이욕이 공덕이다."

"세존이시여, 염리와 이욕은 무엇이 목적이고, 공덕은 어떤 것입니까?"

"아난다여, 염리와 이욕은 해탈지견(解脫知見)이 목적이고 해탈지견이 공덕이다.

2. 아난다여, 이와 같이 착한 계행의 목적과 공덕은 후회 없음이고, 후회 없음의 목적과 공덕은 기쁨이고, 기쁨의 목적과 공덕은 희열이고, 희열의 목적과 공덕은 평안이고, 평안의 목적과 공덕은 즐거움이고, 즐거움의 목적과 공덕은 삼매이고, 삼매의 목적과 공덕은 여실지견이고, 여실지견의 목적과 공덕은 염리와 이욕이고, 염리와 이욕의 목적과 공덕은 해탈지견이다. 아난다여, 이와 같이 착한 계행은 점차적으로 최상에 도달한다."

A.10.2. 의도[Cetanā] 〈A.10.2.〉

1. "비구들이여, 계를 지키고 계를 구족한 사람은 의도적으로 '나에게 후회가 생기지 않았으면!' 하는 생각을 할 필요가 없다오. 비구들이여, 계를 지키고 계를 구족한 사람에게 후회가 생기지 않는 것은 법성(法性)이라

오. 비구들이여, 후회가 없는 사람은 의도적으로 '나에게 기쁨이 생겼으면!' 하는 생각을 할 필요가 없다오. 비구들이여, 후회가 없는 사람에게 기쁨이 생기는 것은 법성이라오. 비구들이여, 기쁜 사람은 의도적으로 '나에게 희열이 생겼으면!' 하는 생각을 할 필요가 없다오. 비구들이여, 기쁜 사람에게 희열이 생기는 것은 법성이라오. 비구들이여, 희열에 찬 사람은 의도적으로 '나의 몸이 편안했으면!' 하는 생각을 할 필요가 없다오. 비구들이여, 희열에 찬 사람의 몸이 편안한 것은 법성이라오. 비구들이여, 몸이 편안한 사람은 의도적으로 '나는 즐거움을 느껴야겠다!'라는 생각을 할 필요가 없다오. 비구들이여, 몸이 편안한 사람이 즐거움을 느끼는 것은 법성이라오. 비구들이여, 즐거운 사람은 의도적으로 '나의 마음이 삼매에 들었으면!' 하는 생각을 할 필요가 없다오. 비구들이여, 즐거운 사람의 마음이 삼매에 들어가는 것은 법성이라오. 비구들이여, 삼매에 든 사람은 의도적으로 '나는 여실(如實)하게 알아야겠다!'라는 생각을 할 필요가 없다오. 비구들이여, 삼매에 든 사람이 여실하게 아는 것은 법성이라오. 비구들이여, 여실하게 알고 본 사람은 의도적으로 '나는 염리(厭離)하고 이욕(離欲)하겠다!'라는 생각을 할 필요가 없다오. 비구들이여, 여실하게 알고 본 사람이 염리하고 이욕하는 것은 법성이라오. 비구들이여, 염리하고 이욕한 사람은 의도적으로 '나는 해탈지견(解脫知見)을 증득하겠다!'라는 생각을 할 필요가 없다오. 비구들이여, 염리하고 이욕한 사람이 해탈지견을 증득하는 것은 법성이라오.

2. 비구들이여, 이와 같이 염리와 이욕의 목적과 공덕은 해탈지견이고, 여실지견(如實知見)의 목적과 공덕은 염리와 이욕이고, 삼매의 목적과 공덕은 여실지견이고, 즐거움의 목적과 공덕은 삼매이고, 평안의 목적과 공덕은 즐거움이고, 희열의 목적과 공덕은 평안이고, 기쁨의 목적과 공덕은 희열이고, 후회 없음의 목적과 공덕은 기쁨이고, 착한 계행의 목적과 공덕은 후회 없음이라오.

비구들이여, 이와 같이 이 언덕에서 저 언덕으로 가기 위하여 법들이 법들을 채우고, 법들이 법들을 실현시킨다오."

A.10.3. 우빨리(Upāli) 〈A.10.31.〉

1. 우빨리 존자가 세존을 찾아와서 예배하고 한쪽에 앉아 세존께 말씀드렸습니다.

2. "세존이시여, 여래께서 제자들의 학계(學戒)를 시설(施設)하고 별해탈율의(別解脫律儀)를 제정하신 이유는 몇 가지입니까?"

"우빨리여, 여래가 제자들의 학계를 시설하고 별해탈율의를 제정한 이유는 열 가지다.

그 열은 어떤 것인가?

3. 훌륭한 상가를 만들기 위함이며, 상가의 안녕을 위함이며, 불량한 사람들을 제어하기 위함이며, 선량한 비구들을 편히 살게 하기 위함이며, 지금 여기에 있는 번뇌를 억제하기 위함이며, 미래의 번뇌를 막기 위함이며, 믿음이 없는 사람들을 믿게 하기 위함이며, 믿음이 있는 사람들을 더욱더 믿게 하기 위함이며, 정법(正法)을 머물게 하기 위함이며, 율(律)을 옹호하기 위함이다.

이 열 가지 이유로 인해서 여래는 제자들의 공부할 과목을 시설하고 별해탈율의를 제정한다."

A.10.4. 상가의 분열[Saṅghabheda]
〈A.10.35.〉

1. "세존이시여, '상가의 분열'이라고들 말합니다. 세존이시여, 어떻게 하면 상가가 분열됩니까?"

2. "우빨리여, 어떤 비구들은 비법(非法)을 법(法)이라고 선언하고, 법을 비법이라고 선언하고, 율(律)이 아닌 것을 율이라고 선언하고, 율을 율이 아니라고 선언하고, 여래가 설하지 않고 말하지 않은 것을 여래가 설하고 말했다고 선언하고, 여래가 설하고 말한 것을 여래가 설하지 않고 말하지 않았다고 선언하고, 여래가 실천하지 않은 것을 여래가 실천했다고 선언하고, 여래가 실천한 것을 여래가 실천하지 않았다고 선언하고, 여래가 시설하지 않은 것을 여래가 시설했다고 선언하고, 여래가 시설한 것을 여래가 시설하지 않았다고 선언한다. 그들은 이들 열 가지 일을 통해서 흩어지게 하고, 갈라지게 하고, 별도의 의식을 행하고, 별도의 별해탈율의를 제정한다. 우빨리여, 이렇게 하면 상가가 분열된다."

A.10.5. 상가의 화합[Saṅghasāmaggī]
〈A.10.36.〉

1. "세존이시여, '상가의 화합'이라고들 말합니다. 세존이시여, 어떻게 하면 상가가 화합합니까?"

2. "우빨리여, 어떤 비구들은 비법(非法)을 비법이라고 선언하고, 법(法)을 법이라고 선언하고, 율(律)이 아닌 것을 율이 아니라고 선언하고, 율을 율이라고 선언하고, 여래가 설하지 않고 말하지 않은 것을 여래가 설하지 않고 말하지 않았다고 선언하고, 여래가 설하고 말한 것을 여래가 설하고 말했다고 선언하고, 여래가 실천하지 않은 것을 여래가 실천하지 않았다고 선언하고, 여래가 실천한 것을 여래가 실천했다고 선언하고, 여래가 시설하지 않은 것을 여래가 시설하지 않았다고 선언하고, 여래가 시설한 것을 여래가 시설했다고 선언한다. 그들은 이들 열 가지 일을 통해서 흩어지지 않게 하고, 갈라지지 않게 하고, 별도의 의식을 행하지 않고, 별도의 별해탈율의를 제정하지 않는다. 우빨리여, 이렇게 하면 상가가 화합한다."

A.10.6. 꾸씨나라(Kusinārā) 〈A.10.44.〉

1. 세존께서 꾸씨나라(Kusinārā)의 공양 올리는 숲에 머무실 때, 세존께서 비구들을 불러 말씀하셨습니다.

2. "비구들이여, 견책하는 비구가 다른 사람을 견책할 때는 안으로 다섯 가지 행실을 살피고, 안으로 다섯 가지 원칙을 세운 후에 다른 사람을 견책해야 한다오.

안으로 살펴야 할 다섯 가지 행실은 어떤 것인가?

3. 비구들이여, 견책하는 비구가 다른 사람을 견책할 때는 '나는 몸으로 한 행동이 청정한가? 나는 결함이 없고 잘못이 없는 청정한 몸의 행동을 갖추었는가? 나에게 이런 행실이 있는가, 그렇지 않으면 없는가?'라고 살펴야 한다오. 비구들이여, 만약에 비구가 몸으로 한 행동이 청정하지 않고, 결함이 없고 잘못

이 없는 청정한 몸의 행동을 갖추지 못했다면, 사람들은 그에게 '존자여, 그대는 먼저 몸에 대하여 학습하시오!'라고 말할 것이오. 반드시 이렇게 말하는 사람들이 있을 것이오.

4. 비구들이여, 그다음으로 견책하는 비구가 다른 사람을 견책할 때는 '나는 언어로 한 행동이 청정한가? 나는 결함이 없고 잘못이 없는 청정한 언행(言行)을 갖추었는가? 나에게 이런 행실이 있는가, 그렇지 않으면 없는가?'라고 살펴야 한다오. 비구들이여, 만약에 비구가 언어로 한 행동이 청정하지 않고, 결함이 없고 잘못이 없는 청정한 언행을 갖추지 못했다면, 사람들은 그에게 '존자여, 그대는 먼저 언행을 학습하시오!'라고 말할 것이오. 반드시 이렇게 말하는 사람들이 있을 것이오.

5. 비구들이여, 그다음으로 견책하는 비구가 다른 사람을 견책할 때는 '나는 도반(道伴)들에 대하여 악의가 없는 자애로운 마음을 보이는가? 나에게 이런 행실이 있는가, 그렇지 않으면 없는가?'라고 살펴야 한다오. 비구들이여, 만약에 비구가 도반들에 대하여 악의가 없는 자애로운 마음을 보이지 않으면, 사람들은 그에게 '존자여, 그대는 먼저 도반들에 대하여 악의가 없는 자애로운 마음을 갖추시오!'라고 말할 것이오. 반드시 이렇게 말하는 사람들이 있을 것이오.

6. 비구들이여, 그다음으로 견책하는 비구가 다른 사람을 견책할 때는 '나는 많이 배우고, 배운 것을 기억하고, 배운 것을 모았는가? 처음도 좋고 중간도 좋고 마지막도 좋은, 의미 있고 명쾌하고 완벽하고 청정한 수행[梵行]을 알려 주는 가르침들을 많이 배우고 기억하고 언어로 모아서 심사숙고하고, 바른 견해로 잘 이해했는가? 나에게 이런 행실이 있는가, 그렇지 않으면 없는가?'라고 살펴야 한다오. 비구들이여, 만약에 비구가 많이 배우지 않고, 배운 것을 기억하지 않고, 배운 것을 모으지 않고, 처음도 좋고 중간도 좋고 마지막도 좋은, 의미 있고 명쾌하고 완벽하고 청정한 범행을 알려 주는 가르침들을 많이 배우지 않고 기억하지 않고 언어로 모아서 심사숙고하지 않고, 바른 견해로 잘 이해하지 못하면, 사람들은 그에게 '존자여, 그대는 먼저 전승된 가르침[āgamaṃ]을 숙지(熟知)하시오!'라고 말할 것이오. 반드시 이렇게 말하는 사람들이 있을 것이오.

7. 비구들이여, 그다음으로 견책하는 비구가 다른 사람을 견책할 때는 '나는 한편으로는 별해탈율의를 상세하게 암기하고, 다른 한편으로는 경(經)을 대조하여 상세하게 잘 정리하고, 잘 진술하고, 잘 설명하는가? 나에게 이런 행실이 있는가, 그렇지 않으면 없는가?'라고 살펴야 한다오. 비구들이여, 만약에 비구가 그렇지 못하면, '존자여, 세존께서 이 말씀을 어디에서 하셨는가?'라는 질문에 설명할 수 없다오. 사람들은 그에게 '존자여, 그대는 먼저 율(律)을 배우시오!'라고 말할 것이오. 반드시 이렇게 말하는 사람들이 있을 것이오.

이들이 안으로 살펴야 할 다섯 가지 행실이라오.

8. 안으로 세워야 할 다섯 가지 원칙은 어떤 것인가?

9. 나는 적절한 때에 말하고, 적절하지 않은 때에는 말하지 않겠다. 나는 있었던 일을 가지고 말하고, 없었던 일을 가지고 말하지 않겠다. 나는 부드럽게 말하고, 거칠게 말하지

않겠다. 나는 유익한 말을 하고, 무익한 말은 하지 않겠다. 나는 자애로운 마음으로 말하고, 악의(惡意)를 품고 말하지 않겠다.

이들이 안으로 세워야 할 다섯 가지 원칙이라오.

비구들이여, 견책하는 비구가 다른 사람을 견책할 때는 안으로 이들 다섯 가지 행실을 살피고, 안으로 이들 다섯 가지 원칙을 세운 후에 다른 사람을 견책해야 한다오."

A.10.7. 삭까(Sakka) 〈A.10.46.〉

1. 세존께서 삭까족의 까삘라왓투에 있는 니그로다 승원에 머무실 때, 많은 삭까족의 청신사들이 포살일(布薩日)에 세존을 찾아와서 세존께 예배하고 한쪽에 앉았습니다.

한쪽에 앉은 삭까족의 청신사들에게 세존께서 말씀하셨습니다.

2. "삭까들이여, 그대들은 여덟 가지를 구족한 포살을 행하는가?"

"세존이시여, 저희들은 여덟 가지를 구족한 포살을 어떤 때는 행하고, 어떤 때는 행하지 않습니다."

"삭까들이여, 슬픔과 죽음의 공포로 가득 찬 삶 속에서, 그대들이 여덟 가지를 구족한 포살을 어떤 때는 행하고 어떤 때는 행하지 않는다면, 이것은 무익하며 이익을 얻기 어렵다오. 삭까들이여, 어떻게 생각하는가? 어떤 사람이 궂은날을 마다하지 않고 어떤 일이든 열심히 하여 2분의 1까하빠나[690]를 번다면, '유능하고 근면한 사람이다'라고 말하기에 충분하지 않겠는가?"

"세존이시여, 그렇습니다."

"삭까들이여, 어떻게 생각하는가? 어떤 사람이 궂은날을 마다하지 않고 어떤 일이든 열심히 하여 1까하빠나를 번다면, '유능하고 근면한 사람이다'라고 말하기에 충분하지 않겠는가?"

"세존이시여, 그렇습니다."

"삭까들이여, 어떻게 생각하는가? 어떤 사람이 궂은날을 마다하지 않고 어떤 일이든 열심히 하여 2까하빠나를 번다면, … 3까하빠나를 번다면, … 4까하빠나를 번다면, … 5까하빠나를 번다면, … 6까하빠나를 번다면, … 7까하빠나를 번다면, … 8까하빠나를 번다면, … 9까하빠나를 번다면, … 10까하빠나를 번다면, … 20까하빠나를 번다면, … 30까하빠나를 번다면, … 40까하빠나를 번다면, … 50까하빠나를 번다면, '유능하고 근면한 사람이다'라고 말하기에 충분하지 않겠는가?"

"세존이시여, 그렇습니다."

"삭까들이여, 어떻게 생각하는가? 그 사람이 날마다 100까하빠나를 벌고 1,000까하빠나를 벌어서, 번 돈을 100살까지 100년을 살면서 모으면 큰 재산을 이루지 않겠는가?"

"세존이시여, 그렇습니다."

"삭까들이여, 어떻게 생각하는가? 그 사람이 재산으로 인해서, 재산에 의해서, 재산으로 말미암아 하룻밤이나 하룻낮, 또는 반나절의 밤이나 반나절의 낮 동안 한결같은 즐거움을 느끼면서 지낼 수 있겠는가?"

"세존이시여, 그럴 수 없습니다. 왜냐하면 감각적 욕망은 무상(無常)하고, 공허하고,

---

690 화폐의 단위.

거짓되고, 허망한 법(法)이기 때문입니다."

3. "삭까들이여, 나의 제자가 내가 가르친 대로 10년을 열심히 노력하고 정진하여 실천하면 백 년, 천 년, 만 년, 10만 년 동안 한결같은 즐거움을 느끼면서 지낼 수 있을 것이오. 그리고 그는 사다함[sakadagāmin, 一來]이 되거나 아나함[anāgāmin, 不還]이 될 것이며, 그렇지 않으면 확실히 수다원[sotāpanna, 豫流]은 될 것이오.

삭까들이여, 10년은 차치하고, 나의 제자가 내가 가르친 대로 9년, 8년, 7년, 6년, 5년, 4년, 3년, 2년, 1년을 열심히 노력하고 정진하여 실천하면 백 년, 천 년, 만 년, 10만 년 동안 한결같은 즐거움을 느끼면서 지낼 수 있을 것이오. 그리고 그는 사다함이 되거나 아나함이 될 것이며, 그렇지 않으면 확실히 수다원은 될 것이오.

삭까들이여, 1년은 차치하고, 나의 제자가 내가 가르친 대로 열 달을 열심히 노력하고 정진하여 실천하면 백 년, 천 년, 만 년, 10만 년 동안 한결같은 즐거움을 느끼면서 지낼 수 있을 것이오. 그리고 그는 사다함이 되거나 아나함이 될 것이며, 그렇지 않으면 확실히 수다원은 될 것이오.

삭까들이여, 열 달은 차치하고, 나의 제자가 내가 가르친 대로 아홉 달, 여덟 달, 일곱 달, 여섯 달, 다섯 달, 넉 달, 석 달, 두 달, 한 달, 반달을 열심히 노력하고 정진하여 실천하면,백 년, 천 년, 만 년, 10만 년 동안 한결같은 즐거움을 느끼면서 지낼 수 있을 것이오. 그리고 그는 사다함이 되거나 아나함이 될 것이며, 그렇지 않으면 확실히 수다원은 될 것이오.

삭까들이여, 반달은 차치하고, 나의 제자가 내가 가르친 대로 열흘 밤낮을 열심히 노력하고 정진하여 실천하면 백 년, 천 년, 만 년, 10만 년 동안 한결같은 즐거움을 느끼면서 지낼 수 있을 것이오. 그리고 그는 사다함이 되거나 아나함이 될 것이며, 그렇지 않으면 확실히 수다원은 될 것이오.

삭까들이여, 열흘 밤낮은 차치하고, 나의 제자가 내가 가르친 대로 아흐레 밤낮, 여드레 밤낮, 이레 밤낮, 엿새 밤낮, 닷새 밤낮, 나흘 밤낮, 사흘 밤낮, 이틀 밤낮, 하루 밤낮을 열심히 노력하고 정진하여 실천하면 백 년, 천 년, 만 년, 10만 년 동안 한결같은 즐거움을 느끼면서 지낼 수 있을 것이오. 그리고 그는 사다함이 되거나 아나함이 될 것이며, 그렇지 않으면 확실히 수다원은 될 것이오.

삭까들이여, 슬픔과 죽음의 공포로 가득 찬 삶 속에서, 그대들이 여덟 가지를 구족한 포살을 어떤 때는 행하고 어떤 때는 행하지 않는다면, 이것은 무익하며 이익을 얻기 어렵다오."

"세존이시여, 이제 저희들은 오늘부터 여덟 가지를 구족한 포살을 행하겠습니다."

A.10.8. 무명(無明, Avijjā) 〈A.10.61.〉

1. "비구들이여, '이전에는 무명(無明)이 없었는데, 지금 이후에 생겼다'라고 할 수 있는 무명의 시작점은 누가 봐도 알 수 없다오. 비구들이여, 그렇지만 '이 조건에 의지하고 있는 무명은 누가 봐도 알 수 있다'라고 말할 수 있다오.

비구들이여, 무명은 자양분[āhāraṃ]이 있으며, 결코 없지 않다고 나는 말한다오. 무엇이 무명의 자양분인가? 그것은 '다섯 가지 장애[paṅca nīvaraṇāni, 五蓋]'[691]라고 말할 수 있다오. 비구들이여, 다섯 가지 장애는 자양분이 있으며, 결코 없지 않다고 나는 말한다오. 무엇이 다섯 가지 장애의 자양분인가? 그것은 '세 가지 나쁜 행위[惡行]'[692]라고 말할 수 있다오. 비구들이여, 세 가지 나쁜 행위는 자양분이 있으며, 결코 없지 않다고 나는 말한다오. 무엇이 세 가지 나쁜 행위의 자양분인가? 그것은 '지각활동[根]을 지켜보지 [indriyāsaṃvaro] 않음'이라고 말할 수 있다오. 비구들이여, '지각활동을 지켜보지 않음'은 자양분이 있으며, 결코 없지 않다고 나는 말한다오. 무엇이 '지각활동을 지켜보지 않음'의 자양분인가? 그것은 '주의집중을 하지 못하고 알아차리지 못함[asatāsampajaññaṃ]'이라고 말할 수 있다오. 비구들이여, '주의집중을 하지 못하고 알아차리지 못함'은 자양분이 있으며, 결코 없지 않다고 나는 말한다오. 무엇이 '주의집중을 하지 못하고 알아차리지 못함'의 자양분인가? 그것은 '이치에 맞지 않는 생각[ayonisomanasikāro, 非如理作意]'이라고 말할 수 있다오. 비구들이여, '이치에 맞지 않는 생각'은 자양분이 있으며, 결코 없지 않다고 나는 말한다오. 무엇이 '이치에 맞지 않는 생각'의 자양분인가? 그것은 '불신(不信, assaddhiyaṃ)'이라고 말할 수 있다오. 비구들이여, '불신'은 자양분이 있으며, 결코 없지 않다고 나는 말한다오. 무엇이 '불신'의 자양분인가? 그것은 '정법(正法)을 듣지 않음[asaddhammasavanaṃ]'이라고 말할 수 있다오. 비구들이여, '정법을 듣지 않음'은 자양분이 있으며, 결코 없지 않다고 나는 말한다오. 무엇이 '정법을 듣지 않음'의 자양분인가? 그것은 '참사람을 가까이하지 않음[asappurisasaṃsevo]'이라고 말할 수 있다오.

2. 비구들이여, 이와 같이 참사람을 가까이하지 않는 일이 정법을 듣지 않게 하고, 정법을 듣지 않는 일이 불신을 이루고, 불신이 이치에 맞지 않는 생각을 이루고, 이치에 맞지 않는 생각이 주의집중을 하지 못하고 알아차리지 못하게 하고, 주의집중을 하지 못하고 알아차리지 못하는 일이 지각활동을 지켜보지 않게 하고, 지각활동을 지켜보지 않는 일이 세 가지 나쁜 행위를 이루고, 세 가지 나쁜 행위가 다섯 가지 장애를 이루고, 다섯 가지 장애가 무명을 이룬다오.

이와 같이 무명을 이루는 무명의 자양분이 있다오.

3. 비구들이여, 비유하면 산꼭대기에서 천둥이 치면서 큰 비가 내릴 때, 그 물이 낮은 곳으로 흘러가면서 산의 협곡을 채우고, 산의 협곡을 채운 후에 작은 웅덩이를 채우고, 작은 웅덩이를 채운 후에 작은 개울을 채우고, 작은 개울을 채운 후에 큰 개울을 채우고, 큰 개울을 채운 후에 큰 강을 채우고, 큰 강을 채운 후에 큰 바다와 대양을 채우는 것과 같다오.

이와 같이 큰 바다와 대양을 이루는 큰 바다와 대양의 자양분이 있듯이, 무명을 이루는 무명의 자양분이 있다오.

---

691 감각적인 욕망[kāma], 악심(惡心, vyāpāda), 나태[昏沈, thīnamiddha], 흥분과 후회[悼擧, uddhaccakukkucca], 의심[疑, vicikiccha].

692 몸과 말과 마음으로 행하는 악행.

4. 비구들이여, 명지에 의한 해탈은 자양분이 있으며, 결코 없지 않다고 나는 말한다오. 무엇이 명지에 의한 해탈의 자양분인가? 그것은 '7각지(七覺支)'라고 말할 수 있다오. 비구들이여, 7각지는 자양분이 있으며, 결코 없지 않다고 나는 말한다오. 무엇이 7각지의 자양분인가? 그것은 '4념처(四念處)'라고 말할 수 있다오. 비구들이여, 4념처는 자양분이 있으며, 결코 없지 않다고 나는 말한다오. 무엇이 4념처의 자양분인가? 그것은 '세 가지 착한 행위[善行]'라고 말할 수 있다오. 비구들이여, 세 가지 착한 행위는 자양분이 있으며, 결코 없지 않다고 나는 말한다오. 무엇이 세 가지 착한 행위의 자양분인가? 그것은 '지각활동을 지켜보기'라고 말할 수 있다오. 비구들이여, '지각활동을 지켜보기'는 자양분이 있으며, 결코 없지 않다고 나는 말한다오. 무엇이 '지각활동을 지켜보기'의 자양분인가? 그것은 '주의집중과 알아차림'이라고 말할 수 있다오. 비구들이여, '주의집중과 알아차림'은 자양분이 있으며, 결코 없지 않다고 나는 말한다오. 무엇이 '주의집중과 알아차림'의 자양분인가? 그것은 '이치에 맞는 생각'이라고 말할 수 있다오. 비구들이여, '이치에 맞는 생각'은 자양분이 있으며, 결코 없지 않다고 나는 말한다오. 무엇이 '이치에 맞는 생각'의 자양분인가? 그것은 '믿음'이라고 말할 수 있다오. 비구들이여, '믿음'은 자양분이 있으며, 결코 없지 않다고 나는 말한다오. 무엇이 '믿음'의 자양분인가? 그것은 '정법을 듣는 일'이라고 말할 수 있다오. 비구들이여, '정법을 듣는 일'은 자양분이 있으며, 결코 없지 않다고 나는 말한다오. 무엇이 '정법을 듣는 일'의 자양분인가? 그것은 '참사람을 가까이함'이라고 말할 수 있다오.

5. 비구들이여, 이와 같이 참사람을 가까이하는 일이 정법을 듣게 하고, 정법을 듣는 일이 믿음을 이루고, 믿음이 이치에 맞는 생각을 이루고, 이치에 맞는 생각이 주의집중과 알아차림을 이루고, 주의집중과 알아차림이 지각활동을 지켜보게 하고, 지각활동을 지켜보기가 세 가지 착한 행위를 이루고, 세 가지 착한 행위가 4념처를 이루고, 4념처가 7각지를 이루고, 7각지가 명지(明智)에 의한 해탈을 이룬다오.

이와 같이 명지에 의한 해탈을 이루는 명지에 의한 해탈의 자양분이 있다오.

6. 비구들이여, 비유하면 산꼭대기에서 천둥이 치면서 큰 비가 내릴 때, 그 물이 낮은 곳으로 흘러가면서 산의 협곡을 채우고, 산의 협곡을 채운 후에 작은 웅덩이를 채우고, 작은 웅덩이를 채운 후에 작은 개울을 채우고, 작은 개울을 채운 후에 큰 개울을 채우고, 큰 개울을 채운 후에 큰 강을 채우고, 큰 강을 채운 후에 큰 바다와 대양을 채우는 것과 같다오. 이와 같이 큰 바다와 대양을 이루는 큰 바다와 대양의 자양분이 있듯이, 명지에 의한 해탈을 이루는 명지에 의한 해탈의 자양분이 있다오."

A.10.9. 갈애[愛, Taṇhā] 〈A.10.62.〉

1. "비구들이여, '이전에는 존재에 대한 갈애[愛]가 없었는데, 지금 이후에 생겼다'라고 할 수 있는 존재에 대한 갈애의 시작점은 누가 봐도 알 수 없다오. 비구들이여, 그렇지만 '이 조건에 의지하고 있는 존재에 대한 갈애는 누가 봐도 알 수 있다'라고 말할 수 있다오.

비구들이여, 존재에 대한 갈애는 자양분이 있으며, 결코 없지 않다고 나는 말한다오. 무엇이 존재에 대한 갈애의 자양분인가? 그것은 '무명(無明)'이라고 말할 수 있다오. 비구들이여, 무명은 자양분이 있으며, 결코 없지 않다고 나는 말한다오. 무엇이 무명의 자양분인가? 그것은 '다섯 가지 장애[五蓋]'라고 말할 수 있다오. 비구들이여, 다섯 가지 장애는 자양분이 있으며, 결코 없지 않다고 나는 말한다오. 무엇이 다섯 가지 장애의 자양분인가? 그것은 '세 가지 나쁜 행위[惡行]'라고 말할 수 있다오. 비구들이여, 세 가지 나쁜 행위는 자양분이 있으며, 결코 없지 않다고 나는 말한다오. 무엇이 세 가지 나쁜 행위의 자양분인가? 그것은 '지각활동[根]을 지켜보지 않음'이라고 말할 수 있다오. 비구들이여, '지각활동을 지켜보지 않음'은 자양분이 있으며, 결코 없지 않다고 나는 말한다오. 무엇이 '지각활동을 지켜보지 않음'의 자양분인가? 그것은 '주의집중을 하지 못하고 알아차리지 못함'이라고 말할 수 있다오. 비구들이여, '주의집중을 하지 못하고 알아차리지 못함'은 자양분이 있으며, 결코 없지 않다고 나는 말한다오. 무엇이 '주의집중을 하지 못하고 알아차리지 못함'의 자양분인가? 그것은 '이치에 맞지 않는 생각'이라고 말할 수 있다오. 비구들이여, '이치에 맞지 않는 생각'은 자양분이 있으며, 결코 없지 않다고 나는 말한다오. 무엇이 '이치에 맞지 않는 생각'의 자양분인가? 그것은 '불신이라고 말할 수 있다오. 비구들이여, '불신'은 자양분이 있으며, 결코 없지 않다고 나는 말한다오. 무엇이 '불신'의 자양분인가? 그것은 '정법을 듣지 않음'이라고 말할 수 있다오. 비구들이여, '정법을 듣지 않음'은 자양분이 있으며, 결코 없지 않다고 나는 말한다오. 무엇이 '정법을 듣지 않음'의 자양분인가? 그것은 '참사람을 가까이하지 않음'이라고 말할 수 있다오.

2. 비구들이여, 이와 같이 참사람을 가까이하지 않는 일이 정법을 듣지 않게 하고, 정법을 듣지 않는 일이 불신을 이루고, 불신이 이치에 맞지 않는 생각을 이루고, 이치에 맞지 않는 생각이 주의집중을 하지 못하고 알아차리지 못하게 하고, 주의집중을 하지 못하고 알아차리지 못하는 일이 지각활동을 수호하지 않게 하고, 지각활동을 수호하지 않는 일이 세 가지 나쁜 행위를 이루고, 세 가지 나쁜 행위가 다섯 가지 장애를 이루고, 다섯 가지 장애가 무명을 이루고, 무명이 존재에 대한 갈애를 이룬다오. 이와 같이 존재에 대한 갈애를 이루는 존재에 대한 갈애의 자양분이 있다오.

3. 비구들이여, 비유하면 산꼭대기에서 천둥이 치면서 큰 비가 내릴 때, 그 물이 낮은 곳으로 흘러가면서 산의 협곡을 채우고, 산의 협곡을 채운 후에 작은 웅덩이를 채우고, 작은 웅덩이를 채운 후에 작은 개울을 채우고, 작은 개울을 채운 후에 큰 개울을 채우고, 큰 개울을 채운 후에 큰 강을 채우고, 큰 강을 채운 후에 큰 바다와 대양을 채우는 것과 같다오. 이와 같이 큰 바다와 대양을 이루는 큰 바다와 대양의 자양분이 있듯이, 존재에 대한 갈애를 이루는 존재에 대한 갈애의 자양분이 있다오.

4. 비구들이여, 명지(明智)에 의한 해탈은 자양분이 있으며, 결코 없지 않다고 나는 말한다오. 무엇이 명지에 의한 해탈의 자양분인가? 그것은 '7각지(七覺支)'라고 말할 수 있

다오. 비구들이여, 7각지는 자양분이 있으며, 결코 없지 않다고 나는 말한다오. 무엇이 7각지의 자양분인가? 그것은 '4념처(四念處)'라고 말할 수 있다오. 비구들이여, 4념처는 자양분이 있으며, 결코 없지 않다고 나는 말한다오. 무엇이 4념처의 자양분인가? 그것은 '세 가지 착한 행위'라고 말할 수 있다오. 비구들이여, 세 가지 착한 행위는 자양분이 있으며, 결코 없지 않다고 나는 말한다오. 무엇이 세 가지 착한 행위의 자양분인가? 그것은 '지각활동을 지켜보기'라고 말할 수 있다오. 비구들이여, '지각활동을 지켜보기'는 자양분이 있으며, 결코 없지 않다고 나는 말한다오. 무엇이 '지각활동을 지켜보기'의 자양분인가? 그것은 '주의집중과 알아차림'이라고 말할 수 있다오. 비구들이여, '주의집중과 알아차림'은 자양분이 있으며, 결코 없지 않다고 나는 말한다오. 무엇이 '주의집중과 알아차림'의 자양분인가? 그것은 '이치에 맞는 생각'이라고 말할 수 있다오. 비구들이여, '이치에 맞는 생각'은 자양분이 있으며, 결코 없지 않다고 나는 말한다오. 무엇이 '이치에 맞는 생각'의 자양분인가? 그것은 '믿음'이라고 말할 수 있다오. 비구들이여, '믿음'은 자양분이 있으며, 결코 없지 않다고 나는 말한다오. 무엇이 '믿음'의 자양분인가? 그것은 '정법을 듣는 일'이라고 말할 수 있다오. 비구들이여, '정법을 듣는 일'은 자양분이 있으며, 결코 없지 않다고 나는 말한다오. 무엇이 '정법을 듣는 일'의 자양분인가? 그것은 '참사람을 가까이함'이라고 말할 수 있다오.

5. 비구들이여, 이와 같이 참사람을 가까이하는 일이 정법을 듣게 하고, 정법을 듣는 일이 믿음을 이루고, 믿음이 이치에 맞는 생각을 이루고, 이치에 맞는 생각이 주의집중과 알아차림을 이루고, 주의집중과 알아차림이 지각활동을 지켜보기를 이루고, 지각활동을 지켜보기가 세 가지 착한 행위를 이루고, 세 가지 착한 행위가 4념처를 이루고, 4념처가 7각지를 이루고, 7각지가 명지에 의한 해탈을 이룬다오.

이와 같이 명지에 의한 해탈을 이루는 명지에 의한 해탈의 자양분이 있다오.

6. 비구들이여, 비유하면 산꼭대기에서 천둥이 치면서 큰 비가 내릴 때, 그 물이 낮은 곳으로 흘러가면서 산의 협곡을 채우고, 산의 협곡을 채운 후에 작은 웅덩이를 채우고, 작은 웅덩이를 채운 후에 작은 개울을 채우고, 작은 개울을 채운 후에 큰 개울을 채우고, 큰 개울을 채운 후에 큰 강을 채우고, 큰 강을 채운 후에 큰 바다와 대양을 채우는 것과 같다오. 이와 같이 큰 바다와 대양을 이루는 큰 바다와 대양의 자양분이 있듯이, 명지에 의한 해탈을 이루는 명지에 의한 해탈의 자양분이 있다오."

A.10.10. 불가능[Abhabba] 〈A.10.76.〉

1. "비구들이여, 세간에 세 가지 법(法)이 존재하지 않으면, 아라한이며 바른 깨달음을 이룬 여래가 세간에 출현하지 않고, 여래가 가르친 법과 율이 세간에서 빛을 내지 않는다오. 그 셋은 어떤 것인가?

2. 태어남[生]과 늙음[老]과 죽음[死], 비구들이여, 세간에 이들 세 가지 법이 존재하지 않으면, 아라한이며 바른 깨달음을 이룬 여래가 세간에 출현하지 않고, 여래가 가르친 법과 율이 세간에서 빛을 내지 않는다오. 비구

들이여, 세간에 이들 세 가지 법이 존재하기 때문에 아라한이며 바른 깨달음을 이룬 여래가 출현하고, 여래가 가르친 법과 율이 세간에서 빛을 낸다오.

3. 비구들이여, 세 가지 법을 버리지 않으면 태어남을 극복할 수 없고, 늙음을 극복할 수 없고, 죽음을 극복할 수 없다오.

그 셋은 어떤 것인가?

4. 탐욕[貪]을 버리지 않고, 분노[瞋]를 버리지 않고, 어리석음[癡]을 버리지 않으면, 비구들이여, 이들 세 가지 법을 버리지 않으면 태어남을 극복할 수 없고, 늙음을 극복할 수 없고, 죽음을 극복할 수 없다오.

5. 비구들이여, 세 가지 법을 버리지 않으면 탐욕을 극복할 수 없고, 분노를 극복할 수 없고, 어리석음을 극복할 수 없다오.

그 셋은 어떤 것인가?

6. 자신이 존재한다는 견해[sakkāyadiṭṭhiṃ, 有身見]를 버리지 않고, 의심(疑心)을 버리지 않고, 부당한 관습적 금계(禁戒)에 대한 집착[sīlabbataparāmāsaṃ, 戒禁取]을 버리지 않으면, 비구들이여, 이들 세 가지 법을 버리지 않으면 탐욕을 극복할 수 없고, 분노를 극복할 수 없고, 어리석음을 극복할 수 없다오.

7. 비구들이여, 세 가지 법을 버리지 않으면 자신이 존재한다는 견해를 극복할 수 없고, 의심을 극복할 수 없고, 부당한 관습적 금계에 대한 집착을 극복할 수 없다오.

그 셋은 어떤 것인가?

8. 이치에 맞지 않는 생각을 버리지 않고, 사도(邪道)를 따르는 일[kummaggasevanaṃ]을 버리지 않고, 우둔한 마음[cetaso līnattaṃ]을 버리지 않으면, 비구들이여, 이들 세 가지 법을 버리지 않으면 자신이 존재한다는 견해를 극복할 수 없고, 의심을 극복할 수 없고, 부당한 관습적 금계에 대한 집착을 극복할 수 없다오.

9. 비구들이여, 세 가지 법을 버리지 않으면 이치에 맞지 않는 생각을 극복할 수 없고, 사도를 따르는 일을 극복할 수 없고, 우둔한 마음을 극복할 수 없다오.

그 셋은 어떤 것인가?

10. 주의집중의 망각[muṭṭhasaccaṃ, 失念]을 버리지 않고, 알아차리지 못함을 버리지 않고, 산란한 마음을 버리지 않으면, 비구들이여, 이들 세 가지 법을 버리지 않으면, 이치에 맞지 않는 생각을 극복할 수 없고, 사도를 따르는 일을 극복할 수 없고, 우둔한 마음을 극복할 수 없다오.

11. 비구들이여, 세 가지 법을 버리지 않으면 주의집중의 망각을 극복할 수 없고, 알아차리지 못함을 극복할 수 없고, 산란한 마음을 극복할 수 없다오.

그 셋은 어떤 것인가?

12. 성인(聖人) 뵙기를 바라지 않고, 성인의 가르침을 들으려 하지 않고, 비난하는 마음을 버리지 않으면, 비구들이여, 이들 세 가지 법을 버리지 않으면, 주의집중의 망각을 극복할 수 없고, 알아차리지 못함을 극복할 수 없고, 산란한 마음을 극복할 수 없다오.

13. 비구들이여, 세 가지 법을 버리지 않으면 성인 뵙기를 바라지 않음을 극복할 수 없고, 성인의 가르침 듣기를 바라지 않음을 극복할 수 없고, 비난하는 마음을 극복할 수 없다오.

그 셋은 어떤 것인가?

14. 들뜸[uddhaccaṃ, 掉擧]을 버리지 않고, 수호하지 않음[asaṃvaraṃ]을 버리지 않고, 파계(破戒, dussīlaṃ)를 버리지 않으면, 비구

들이여, 이들 세 가지 법을 버리지 않으면, 성인 뵙기를 바라지 않음을 극복할 수 없고, 성인의 가르침 듣기를 바라지 않음을 극복할 수 없고, 비난하는 마음을 극복할 수 없다오.

15. 비구들이여, 세 가지 법을 버리지 않으면 들뜸을 극복할 수 없고, 수호하지 않음을 극복할 수 없고, 파계를 극복할 수 없다오.

그 셋은 어떤 것인가?

16. 불신[assaddhiyaṃ]을 버리지 않고, 인색(吝嗇, avadaññutaṃ)을 버리지 않고, 태만[kosajjaṃ]을 버리지 않으면, 비구들이여, 이들 세 가지 법을 버리지 않으면, 들뜸을 극복할 수 없고, 수호하지 않음을 극복할 수 없고, 파계를 극복할 수 없다오.

17. 비구들이여, 세 가지 법을 버리지 않으면 불신을 극복할 수 없고, 인색을 극복할 수 없고, 태만을 극복할 수 없다오.

그 셋은 어떤 것인가?

18. 무례(無禮, anādariyaṃ)를 버리지 않고, 거친 말[dovacassataṃ]을 버리지 않고, 못된 벗과의 사귐[pāpamittataṃ]을 버리지 않으면, 비구들이여, 이들 세 가지 법을 버리지 않으면, 불신을 극복할 수 없고, 인색을 극복할 수 없고, 태만을 극복할 수 없다오.

19. 비구들이여, 세 가지 법을 버리지 않으면 무례를 극복할 수 없고, 거친 말을 극복할 수 없고, 못된 벗과의 사귐을 극복할 수 없다오.

그 셋은 어떤 것인가?

20. 부끄러운 줄 모름[ahirikaṃ, 無慙]을 버리지 않고, 뉘우칠 줄 모름[anottappaṃ]을 버리지 않고, 방일(放逸, pamādaṃ)을 버리지 않으면, 비구들이여, 이들 세 가지 법을 버리지 않으면, 무례를 극복할 수 없고, 거친 말을 극복할 수 없고, 못된 벗과의 사귐을 극복할 수 없다오.

21. 비구들이여, 부끄러운 줄 모르고 뉘우칠 줄 모르고 방일하면, 그는 방일하기 때문에 무례를 극복할 수 없고, 거친 말을 극복할 수 없고, 못된 벗과의 사귐을 극복할 수 없다오. 그는 못된 벗과 사귀기 때문에 불신을 극복할 수 없고, 인색을 극복할 수 없고, 태만을 극복할 수 없다오. 그는 나태하기 때문에 들뜸을 극복할 수 없고, 수호하지 않음을 극복할 수 없고, 파계를 극복할 수 없다오. 그는 파계하기 때문에 성인 뵙기를 바라지 않음을 극복할 수 없고, 성인의 가르침 듣기를 바라지 않음을 극복할 수 없고, 비난하는 마음을 극복할 수 없다오. 그는 비난하는 마음이 있기 때문에 주의집중의 망각을 극복할 수 없고, 알아차리지 못함을 극복할 수 없고, 산란한 마음을 극복할 수 없다오. 그는 마음이 산란하기 때문에 이치에 맞지 않는 생각을 극복할 수 없고, 사도를 따르는 일을 극복할 수 없고, 우둔한 마음을 극복할 수 없다오. 그는 마음이 우둔하기 때문에 자신이 존재한다는 견해를 극복할 수 없고, 의심을 극복할 수 없고, 부당한 관습적 금계에 대한 집착을 극복할 수 없다오. 그는 의심이 있기 때문에 탐욕을 극복할 수 없고, 분노를 극복할 수 없고, 어리석음을 극복할 수 없다오. 그는 탐욕을 버리지 않고, 분노를 버리지 않고, 어리석음을 버리지 않기 때문에 태어남을 극복할 수 없고, 늙음을 극복할 수 없고, 죽음을 극복할 수 없다오.

22. 비구들이여, 세 가지 법을 버리면 태어남을 극복할 수 있고, 늙음을 극복할 수 있고, 죽음을 극복할 수 있다오.

그 셋은 어떤 것인가?

23. 탐욕을 버리고, 분노를 버리고, 어리석음을 버리면, 비구들이여, 이들 세 가지 법을 버리면, 태어남을 극복할 수 있고, 늙음을 극복할 수 있고, 죽음을 극복할 수 있다오.

24. 비구들이여, 세 가지 법을 버리면 탐욕을 극복할 수 있고, 분노를 극복할 수 있고, 어리석음을 극복할 수 있다오.

그 셋은 어떤 것인가?

25. 자신이 존재한다는 견해를 버리고, 의심을 버리고, 부당한 관습적 금계에 대한 집착을 버리면, 비구들이여, 이들 세 가지 법을 버리면, 탐욕을 극복할 수 있고, 분노를 극복할 수 있고, 어리석음을 극복할 수 있다오.

26. 비구들이여, 세 가지 법을 버리면 자신이 존재한다는 견해를 극복할 수 있고, 의심을 극복할 수 있고, 부당한 관습적 금계에 대한 집착을 극복할 수 있다오.

그 셋은 어떤 것인가?

27. 이치에 맞지 않는 생각을 버리고, 사도를 따르는 일을 버리고, 우둔한 마음을 버리면, 비구들이여, 이들 세 가지 법을 버리면, 자신이 존재한다는 견해를 극복할 수 있고, 의심을 극복할 수 있고, 부당한 관습적 금계에 대한 집착을 극복할 수 있다오.

28. 비구들이여, 세 가지 법을 버리면 이치에 맞지 않는 생각을 극복할 수 있고, 사도를 따르는 일을 극복할 수 있고, 우둔한 마음을 극복할 수 있다오.

그 셋은 어떤 것인가?

29. 주의집중의 망각을 버리고, 알아차리지 못함을 버리고, 산란한 마음을 버리면, 비구들이여, 이들 세 가지 법을 버리면, 이치에 맞지 않는 생각을 극복할 수 있고, 사도를 따르는 일을 극복할 수 있고, 우둔한 마음을 극복할 수 있다오.

30. 비구들이여, 세 가지 법을 버리면 주의집중의 망각을 극복할 수 있고, 알아차리지 못함을 극복할 수 있고, 산란한 마음을 극복할 수 있다오.

그 셋은 어떤 것인가?

31. 성인 뵙기를 바라지 않음을 버리고, 성인의 가르침 듣기를 바라지 않음을 버리고, 비난하는 마음을 버리면, 비구들이여, 이들 세 가지 법을 버리면, 주의집중의 망각을 극복할 수 있고, 알아차리지 못함을 극복할 수 있고, 산란한 마음을 극복할 수 있다오.

32. 비구들이여, 세 가지 법을 버리면 성인 뵙기를 바라지 않음을 극복할 수 있고, 성인의 가르침 듣기를 바라지 않음을 극복할 수 있고, 비난하는 마음을 극복할 수 있다오.

그 셋은 어떤 것인가?

33. 들뜸을 버리고, 수호하지 않음을 버리고, 파계를 버리면, 비구들이여, 이들 세 가지 법을 버리면, 성인 뵙기를 바라지 않음을 극복할 수 있고, 성인의 가르침 듣기를 바라지 않음을 극복할 수 있고, 비난하는 마음을 극복할 수 있다오.

34. 비구들이여, 세 가지 법을 버리면 들뜸을 극복할 수 있고, 수호하지 않음을 극복할 수 있고, 파계를 극복할 수 있다오.

그 셋은 어떤 것인가?

35. 불신을 버리고, 인색을 버리고, 태만을 버리면, 비구들이여, 이들 세 가지 법을 버리면, 들뜸을 극복할 수 있고, 수호하지 않음을 극복할 수 있고, 파계를 극복할 수 있다오.

36. 비구들이여, 세 가지 법을 버리면 불신을 극복할 수 있고, 인색을 극복할 수 있고, 태만을 극복할 수 있다오.

그 셋은 어떤 것인가?

37. 무례를 버리고, 거친 말을 버리고, 못된 벗과의 사귐을 버리면, 비구들이여, 이들 세 가지 법을 버리면, 불신을 극복할 수 있고, 인색을 극복할 수 있고, 태만을 극복할 수 있다오.

38. 비구들이여, 세 가지 법을 버리면 무례를 극복할 수 있고, 거친 말을 극복할 수 있고, 못된 벗과의 사귐을 극복할 수 있다오.

그 셋은 어떤 것인가?

39. 부끄러운 줄 모름을 버리고, 뉘우칠 줄 모름을 버리고, 방일을 버리면, 비구들이여, 이들 세 가지 법을 버리면, 무례를 극복할 수 있고, 거친 말을 극복할 수 있고, 못된 벗과의 사귐을 극복할 수 있다오.

40. 비구들이여, 부끄러운 줄 알고 뉘우칠 줄 알고 방일하지 않으면, 그는 방일하지 않음으로써 무례를 극복할 수 있고, 거친 말을 극복할 수 있고, 못된 벗과의 사귐을 극복할 수 있다오. 그는 못된 벗과 사귀지 않음으로써 불신을 극복할 수 있고, 인색을 극복할 수 있고, 태만을 극복할 수 있다오. 그는 나태하지 않음으로써 들뜸을 극복할 수 있고, 수호하지 않음을 극복할 수 있고, 파계를 극복할 수 있다오. 그는 파계하지 않음으로써 성인 뵙기를 바라지 않음을 극복할 수 있고, 성인의 가르침 듣기를 바라지 않음을 극복할 수 있고, 비난하는 마음을 극복할 수 있다오. 그는 비난하는 마음을 버림으로써 주의집중의 망각을 극복할 수 있고, 알아차리지 못함을 극복할 수 있고, 산란한 마음을 극복할 수 있다오. 그는 산란한 마음을 극복함으로써 이치에 맞지 않는 생각을 극복할 수 있고, 사도를 따르는 일을 극복할 수 있고, 우둔한 마음을 극복할 수 있다오. 그는 우둔한 마음을 극복함으로써 자신이 존재한다는 견해를 극복할 수 있고, 의심을 극복할 수 있고, 부당한 관습적 금계에 대한 집착을 극복할 수 있다오. 그는 의심을 극복함으로써 탐욕을 극복할 수 있고, 분노를 극복할 수 있고, 어리석음을 극복할 수 있다오. 그는 탐욕을 버리고, 분노를 버리고, 어리석음을 버림으로써 태어남을 극복할 수 있고, 늙음을 극복할 수 있고, 죽음을 극복할 수 있다오."

A.10.11. 견해[Diṭṭhi] 〈A.10.93.〉

1. 한때 세존께서는 사왓티의 제따와나 아나타삔디까 승원에 머무셨습니다.

어느 날 아나타삔디까(Anātapiṇḍika, 給孤獨) 장자는 아침 일찍 세존을 뵈러 가기 위해서 사왓티성 밖으로 나왔습니다.

아나타삔디까 장자는 '지금은 세존께서 홀로 앉아 마음수행을 하실 시간이므로 세존을 뵙기에 적당한 때가 아니다. 비구들도 홀로 앉아 마음수행을 하실 시간이므로 비구들을 뵙기에도 적당한 때가 아니다. 그러니 나는 외도 행각수행자들의 원림으로 가는 것이 좋겠다'라고 생각했습니다.

아나타삔디까 장자는 외도 행각수행자들의 원림으로 갔습니다.

2. 그때 외도 행각수행자들은 함께 모여서 시끄럽게 높고 큰 소리로 여러 가지 잡스러운 이야기를 하면서 앉아 있었습니다. 그 외도 행각수행자들은 멀리서 아나타삔디까 장자가 오고 있는 것을 보고 서로서로 저지했습니다.

"여러분, 조용히 하시오! 여러분, 소리 내지 마시오! 고따마 사문의 제자인 아나타삔디까 장자가 오고 있습니다. 사왓티에는 고따마 사문의 흰옷을 입는 재가 제자들이 살고 있습니다. 아나타삔디까 장자는 그들 가운데 한 사람입니다. 그 존자들은 조용한 것을 좋아하고, 정숙하도록 교육받고, 조용한 것을 칭찬하기 때문에 분명히 대중들이 조용해진 것을 보고 나서 가까이 올 것입니다."

그 행각수행자들은 침묵했습니다.

3. 아나타삔디까 장자는 그 행각수행자들에게 가서 그들과 함께 정중하게 인사하고 공손한 인사말을 나눈 후에 한쪽에 앉았습니다. 한쪽에 앉은 아나타삔디까 장자에게 그 행각수행자들이 말했습니다.

"장자여, 고따마 사문은 어떤 견해를 가지고 있는지 말씀해 주십시오!"

"존자들이여, 나는 세존의 견해를 다 알지 못합니다."

"장자여, 그대가 고따마 사문의 견해를 다 알지 못한다고 하니, 그렇다면 장자여, 비구들은 어떤 견해를 가지고 있는지 말씀해 주십시오!"

"존자들이여, 나는 비구들의 견해를 다 알지 못합니다."

"장자여, 그대가 고따마 사문의 견해를 다 알지 못하고 비구들의 견해를 다 알지 못한다고 하니, 그렇다면 장자여, 그대는 어떤 견해를 가지고 있는지 말씀해 주십시오!"

"존자들이여, 내가 어떤 견해를 가졌는지를 밝히는 것은 나에게 어려운 일이 아닙니다. 존자들이여, 이제 그대들이 먼저 자신들의 견해들에 대하여 밝히십시오! 그 후에 내가 어떤 견해를 가졌는지를 밝히면 저에게 어려움이 없을 것 같습니다."

4. 이와 같이 말하자, 아나타삔디까 장자에게 어떤 행각수행자는 "장자여, 나는 '세간은 상주(常住)한다. 실로 이것이 진실이고 다른 것은 거짓이다'라는 견해를 가지고 있습니다"라고 말하고, 어떤 행각수행자는 "장자여, 나는 '세간은 상주하지 않는다. 실로 이것이 진실이고 다른 것은 거짓이다'라는 견해를 가지고 있습니다"라고 말하고, 어떤 행각수행자는 "장자여, 나는 '세간은 끝이 있다. 실로 이것이 진실이고 다른 것은 거짓이다'라는 견해를 가지고 있습니다"라고 말하고, 어떤 행각수행자는 "장자여, 나는 '세간은 끝이 없다. 실로 이것이 진실이고 다른 것은 거짓이다'라는 견해를 가지고 있습니다"라고 말하고, 어떤 행각수행자는 "장자여, 나는 '생명과 육신(肉身)은 같다. 실로 이것이 진실이고 다른 것은 거짓이다'라는 견해를 가지고 있습니다"라고 말하고, 어떤 행각수행자는 "장자여, 나는 '생명과 육신은 다르다. 실로 이것이 진실이고 다른 것은 거짓이다'라는 견해를 가지고 있습니다"라고 말하고, 어떤 행각수행자는 "장자여, 나는 '여래는 사후(死後)에 존재한다. 실로 이것이 진실이고 다른 것은 거짓이다'라는 견해를 가지고 있습니다"라고 말하고, 어떤 행각수행자는 "장자여, 나는 '여래는 사후에 존재하지 않는다. 실로 이것이 진실이고 다른 것은 거짓이다'라는 견해를 가지고 있습니다"라고 말하고, 어떤 행각수행자는 "장자여, 나는 '여래는 사후에 존재하기도 하고 존재하지 않기도 한다. 실로 이것이 진실이고 다른 것은 거짓이다'라는 견해를 가지고 있습니다"라고 말하고, 어떤 행각수행자는 "장자여, 나는 '여래는 사후에 존재하지도 않고 존재하지 아니하지도 않는

다. 실로 이것이 진실이고 다른 것은 거짓이다'라는 견해를 가지고 있습니다"라고 말했습니다.

5. 이와 같이 말하자, 아나타삔디까 장자가 그 행각수행자들에게 말했습니다.

"존자여, 존자가 '장자여, 세간은 상주한다. 실로 이것이 진실이고 다른 것은 거짓이다. 나는 이런 견해를 가지고 있다'라고 이야기한 존자의 견해는 자신의 이치에 맞지 않는 생각으로 인해서 생긴 것이거나 다른 사람의 말에 의지하고 있습니다. 그런데 이렇게 생긴 견해는 조작된 것[saṃkhatā, 有爲]이며, 의도된 것[cetayitā]이며, 연기(緣起)한 것[paṭiccasamuppannā]입니다. 이렇게 생긴 조작되고 의도되고 연기한 것은 어떤 것이든 무상(無常)하며, 무상한 것은 괴로움입니다. 존자는 그 괴로움에 붙잡혀 있고, 존자는 그 괴로움에 의지하고 있습니다. 다른 견해들도 마찬가지입니다. 존자들이 이야기한 견해는 이치에 맞지 않는 자신의 생각으로 인해서 생긴 것이거나 다른 사람의 말에 의지하고 있는 것입니다. 그런데 이렇게 생긴 견해는 조작된 것이며, 의도된 것이며, 연기한 것입니다. 조작되고 의도되고 연기하여 생긴 것은 어떤 것이든 무상하며, 무상한 것은 괴로움입니다. 존자들은 그 괴로움에 붙잡혀 있고, 존자들은 그 괴로움에 의지하고 있습니다."

6. 이 말을 듣고, 그 행각수행자들이 아나타삔디까 장자에게 말했습니다.

"장자여, 우리는 모두 자신의 견해를 그대로 밝혔습니다. 장자여, 그대의 견해는 어떤 것인지 말해 주십시오!"

"존자들이여, 조작되고 의도되고 연기하여 생긴 것은 어떤 것이든 무상하며, 무상한 것은 괴로움이며, 그것은 나의 것이 아니고, 그것은 내가 아니고, 그것은 나의 자아가 아닙니다. 존자들이여, 나는 이와 같은 견해를 가지고 있습니다."

"장자여, 조작되고 의도되고 연기하여 생긴 것은 어떤 것이든 무상하며, 무상한 것은 괴로움인데, 장자여, 그것이 그대에게 들러붙어 있고, 그것이 그대를 굴복시켰군요."

"존자들이여, '조작되고 의도되고 연기하여 생긴 것은 어떤 것이든 무상하며, 무상한 것은 괴로움이며, 그것은 나의 것이 아니고, 그것은 내가 아니고, 그것은 나의 자아가 아니다'라고 나는 그것을 있는 그대로 바른 통찰지[般若]로 잘 봄으로써 최상의 벗어남[出離]을 여실하게 알고 있습니다."

이와 같이 말하자, 그 행각수행자들은 아무 말도 못 하고 당황해하면서 어깨를 늘어뜨리고 고개를 떨구고 생각에 잠긴 채 앉아있었습니다.

7. 아나타삔디까 장자는 그 행각수행자들이 아무 말도 못 하고 당황해하면서 어깨를 늘어뜨리고 고개를 떨구고 생각에 잠긴 채 있는 것을 보고, 자리에서 일어나 세존을 찾아갔습니다. 그는 세존을 찾아가서 예배하고 한쪽에 앉았습니다. 한쪽에 앉은 아나타삔디까 장자는 외도 행각수행자들과 함께 나눈 이야기를 모두 세존께 말씀드렸습니다.

"장자여, 매우 훌륭하군요. 그대는 적절하게 사실을 가지고 절복(折伏)해야 할 어리석은 사람들을 잘 절복했군요."

세존께서는 법을 설하여 아나타삔디까 장자를 가르치고 격려하고 칭찬하고 기쁘게 하셨습니다. 아나타삔디까 장자는 세존의 설법에 의해 가르침을 받고 격려를 받고 칭찬을 받고, 기뻐하면서 자리에서 일어나 세존께 예배하고 오른쪽으로 돈 후에 떠났습니다.

8. 세존께서는 아나타삔디까 장자가 떠난 후에 곧바로 비구들에게 말씀하셨습니다.

"비구들이여, 이 가르침과 율(律)에서 구족계를 받은 지 100년 된 비구도 역시 아나타삔디까 장자가 절복해야 할 외도 행각수행자들을 사실로써 잘 절복한 것처럼, 그와 같이 절복할 것이오."

A.10.12. 왓지야마히따(Vajjiyamāhita) 〈A.10.94.〉

1. 한때 세존께서는 짬빠의 각가라(Gaggarā) 호수 기슭에 머무셨습니다. 어느 날 왓지야마히따 장자는 아침 일찍 세존을 뵈러 가기 위해서 짬빠성 밖으로 나왔습니다.

왓지야마히따 장자는 '지금은 세존께서 홀로 앉아 마음수행을 하실 시간이므로 세존을 뵙기에 적당한 때가 아니다. 비구들도 홀로 앉아 마음수행을 하실 시간이므로 비구들을 뵙기에도 적당한 때가 아니다. 그러니 나는 외도 행각수행자들의 원림으로 가는 것이 좋겠다'라고 생각했습니다.

왓지야마히따 장자는 외도 행각수행자들의 원림으로 갔습니다.

2. 그때 외도 행각수행자들은 함께 모여서 시끄럽게 높고 큰 소리로 여러 가지 잡스러운 이야기를 하면서 앉아 있었습니다. 그 외도 행각수행자들은 멀리서 왓지야마히따 장자가 오고 있는 것을 보고 서로서로 저지했습니다.

"여러분, 조용히 하시오! 여러분, 소리 내지 마시오! 고따마 사문의 제자인 왓지야마히따 장자가 오고 있습니다. 짬빠에는 고따마 사문의 흰옷을 입는 재가 제자들이 살고 있습니다. 왓지야마히따 장자는 그들 가운데 한 사람입니다. 그 존자들은 조용한 것을 좋아하고, 정숙하도록 교육받고, 조용한 것을 칭찬하기 때문에 분명히 대중들이 조용해진 것을 보고 나서 가까이 올 것입니다."

그 행각수행자들은 침묵했습니다.

3. 왓지야마히따 장자는 그 행각수행자들에게 가서 그들과 함께 정중하게 인사하고 공손한 인사말을 나눈 후에 한쪽에 앉았습니다. 한쪽에 앉은 왓지야마히따 장자에게 그 행각수행자들이 말했습니다.

"장자여, 고따마 사문은 모든 고행(苦行)을 비난하면서, 모든 고행수행자(苦行修行者)를 하나같이 비루(鄙陋)한 삶을 산다고 꾸짖고 비방한다고 하던데, 사실인가요?"

"존자들이여, 세존께서는 모든 고행을 비난하시지 않으며, 모든 고행수행자를 하나같이 비루한 삶을 산다고 꾸짖거나 비방하시지 않습니다. 존자들이여, 세존께서는 비판해야 할 것은 비판하시고, 칭찬해야 할 것은 칭찬하십니다. 존자들이여, 세존께서는 분별하여 말씀하시지, 그렇게 하나같이 말씀하시지 않습니다."

4. 이 말을 듣고, 어떤 행각수행자가 왓지야마히따 장자에게 말했습니다.

"장자여, 잠깐 멈추시오! 당신은 고따마 사문을 찬탄하지만 그 고따마 사문은 허무주의자(虛無主義者, venayiko)이며, 불가지론자(不可知論者, appaññattiko)입니다."

"존자들이여, 이 점에 관하여 내가 존자

들에게 사실을 가지고 말하겠습니다. 존자들이여, 세존께서는 '이것은 선(善)이다'라고 알려 주셨습니다. 존자들이여, 세존께서는 '이것은 불선(不善)이다'라고 알려 주셨습니다. 이렇게 세존께서는 선을 선이라고 알려 주시고, 불선을 불선이라고 알려 주신 지식을 가진 분[sappaññattiko]입니다. 세존은 허무주의자나 불가지론자가 아닙니다."

이와 같이 말하자, 그 행각수행자들은 아무 말도 못 하고 당황해하면서 어깨를 늘어뜨리고 고개를 떨구고 생각에 잠긴 채 앉아있었습니다.

5. 왓지야마히따 장자는 그 행각수행자들이 아무 말도 못 하고 당황해하면서 어깨를 늘어뜨리고 고개를 떨구고 생각에 잠긴 채 있는 것을 보고, 자리에서 일어나 세존을 찾아갔습니다.

그는 세존을 찾아가서 예배하고 한쪽에 앉았습니다. 한쪽에 앉은 왓지야마히따 장자는 외도 행각수행자들과 함께 나눈 이야기를 모두 세존께 말씀드렸습니다.

6. "장자여, 매우 훌륭하군요. 그대는 적절하게 사실을 가지고 절복해야 할 어리석은 사람들을 잘 절복했군요. 장자여, 나는 '모든 고행을 해야 한다'라고도 말하지 않고, '모든 고행을 해서는 안 된다'라고도 말하지 않는다오. 장자여, 나는 '모든 수련(修鍊)을 해야 한다'라고도 말하지 않고, '모든 수련을 해서는 안 된다'라고도 말하지 않는다오. 장자여, 나는 '모든 노력을 기울여야 한다'라고도 말하지 않고, '모든 노력을 기울여서는 안 된다'라고도 말하지 않는다오. 장자여, 나는 '모든 버림을 행해야 한다'라고도 말하지 않고, '모든 버림을 행해서는 안 된다'라고도 말하지 않는다오. 장자여, 나는 '모든 것에서 벗어나야 한다'라고도 말하지 않고, '모든 것에서 벗어나서는 안 된다'라고도 말하지 않는다오.

7. 장자여, 고행을 하여 불선법(不善法)이 늘어나고 선법(善法)이 줄어든다면, 그와 같은 고행은 해서는 안 된다고 나는 말한다오. 장자여, 그렇지만 고행을 하여 선법이 늘어나고 불선법이 줄어든다면, 그와 같은 고행은 해야 한다고 나는 말한다오. 장자여, 수련을 하여 불선법이 늘어나고 선법이 줄어든다면, 그와 같은 수련은 해서는 안 된다고 나는 말한다오. 장자여, 그렇지만 수련을 하여 선법이 늘어나고 불선법이 줄어든다면, 그와 같은 수련은 해야 한다고 나는 말한다오. 장자여, 노력을 기울여서 불선법이 늘어나고 선법이 줄어든다면, 그와 같은 노력은 해서는 안 된다고 나는 말한다오. 장자여, 그렇지만 노력을 기울여서 선법이 늘어나고 불선법이 줄어든다면, 그와 같은 노력은 해야 한다고 나는 말한다오. 장자여, 버림을 행하여 불선법이 늘어나고 선법이 줄어든다면, 그와 같은 버림은 행해서는 안 된다고 나는 말한다오. 장자여, 그렇지만 버림을 행하여 선법이 늘어나고 불선법이 줄어든다면, 그와 같은 버림은 행해야 한다고 나는 말한다오. 장자여, 벗어나서 불선법이 늘어나고 선법이 줄어든다면, 그와 같은 것에서 벗어나서는 안 된다고 나는 말한다오. 장자여, 그렇지만 벗어나서 선법이 늘어나고 불선법이 줄어든다면, 그와 같은 것에서는 벗어나야 한다고 나는 말한다오."

8. 세존께서는 법을 설하여 왓지야마히따 장자를 가르치고 격려하고 칭찬하고 기쁘게 하셨습니다. 왓지야마히따 장자는 세존의 설법

에 의해 가르침을 받고 격려받고 칭찬받고, 기뻐하면서 자리에서 일어나 세존께 예배하고 오른쪽으로 돈 후에 떠났습니다.

세존께서는 왓지야마히따 장자가 떠난 후에 곧바로 비구들에게 말씀하셨습니다.

"이 가르침과 율(律)에서 오랜 세월을 허물없이 지낸 비구 역시 왓지야마히따 장자가 잘 절복해야 할 외도 행각수행자들을 사실로써 절복한 것처럼, 그와 같이 절복할 것이오."

A.10.13. 웃띠야(Uttiya) 〈A.10.95.〉

1. 어느 날 행각수행자 웃띠야가 세존을 찾아와서 세존과 함께 정중하게 인사하고 공손한 인사말을 나눈 후에 한쪽에 앉았습니다. 한쪽에 앉은 행각수행자 웃띠야가 세존께 말씀드렸습니다.

"고따마 존자여, 세계는 상주(常住)하며, 실로 이것이 진실이고 다른 것은 거짓입니까?"

"웃띠야여, 나는 '세계는 상주하며, 실로 이것이 진실이고 다른 것은 거짓이다'라고 말하지 않는다오."

"고따마 존자여, 그렇다면 '세계는 상주하지 않으며, 실로 이것이 진실이고 다른 것은 거짓입니까"

"웃띠야여, 나는 '세계는 상주하지 않으며, 실로 이것이 진실이고 다른 것은 거짓이다'라고 말하지 않는다오."

"고따마 존자여, 세계는 끝이 있으며, 실로 이것이 진실이고 다른 것은 거짓입니까?"

"웃띠야여, 나는 '세계는 끝이 있으며, 실로 이것이 진실이고 다른 것은 거짓이다' 라고 말하지 않는다오."

"고따마 존자여, 그렇다면 세계는 끝이 없으며, 실로 이것이 진실이고 다른 것은 거짓입니까?"

"웃띠야여, 나는 '세계는 끝이 없으며, 실로 이것이 진실이고 다른 것은 거짓이다' 라고 말하지 않는다오."

"고따마 존자여, 생명과 육신은 같은 것이며, 실로 이것이 진실이고 다른 것은 거짓입니까?"

"웃띠야여, 나는 '생명과 육신은 같은 것이며, 실로 이것이 진실이고 다른 것은 거짓이다'라고 말하지 않는다오."

"고따마 존자여, 그렇다면 생명과 육신은 서로 다른 것이며, 실로 이것이 진실이고 다른 것은 거짓입니까?"

"웃띠야여, 나는 '생명과 육신은 서로 다른 것이며, 실로 이것이 진실이고 다른 것은 거짓이다'라고 말하지 않는다오."

"고따마 존자여, 여래는 사후(死後)에 존재하며, 실로 이것이 진실이고 다른 것은 거짓입니까?"

"웃띠야여, 나는 '여래는 사후에 존재하며, 실로 이것이 진실이고 다른 것은 거짓이다'라고 말하지 않는다오."

"고따마 존자여, 그렇다면 '여래는 사후에 존재하지 않으며, 실로 이것이 진실이고 다른 것은 거짓입니까?"

"웃띠야여, 나는 '여래는 사후에 존재하지 않으며, 실로 이것이 진실이고 다른 것은 거짓이다'라고 말하지 않는다오."

"고따마 존자여, '여래는 사후에 존재하기도 하고 존재하지 않기도 하며, 실로 이것이 진실이고 다른 것은 거짓입니까?"

"웃띠야여, 나는 '여래는 사후에 존재하기도 하고 존재하지 않기도 하며, 실로 이것이 진실이고 다른 것은 거짓이다'라고 말하지 않는다오."

"고따마 존자여, 그렇다면 '여래는 사후에 존재하지도 않고 존재하지 아니하지도 않으며, 실로 이것이 진실이고 다른 것은 거짓입니까?"

"웃띠야여, 나는 '여래는 사후에 존재하지도 않고 존재하지 아니하지도 않으며, 실로 이것이 진실이고 다른 것은 거짓이다'라고 말하지 않는다오."

2. "고따마 존자여, 고따마 존자는 나의 질문을 받고 모든 질문에 '웃띠야여, 나는 그런 말을 하지 않는다'라고 말했습니다. 그렇다면 고따마 존자는 무엇을 이야기합니까?"

"웃띠야여, 나는 체험적 지혜를 가지고 중생들을 청정하게 하고, 슬픔과 걱정을 극복하고, 고통과 번민을 소멸하고, 열반을 증득하도록 제자들에게 법을 가르친다오."

"그렇다면 고따마 존자가 체험적 지혜를 가지고 중생들을 청정하게 하고, 슬픔과 걱정을 극복하고, 고통과 번민을 소멸하고, 열반을 증득하도록 제자들에게 가르친 법에 의해서 모든 세간이 벗어나게 됩니까, 절반이 벗어나게 됩니까, 3분의 1이 벗어나게 됩니까?"

이와 같이 말하자, 세존께서는 침묵하셨습니다.

3. 그때 아난다 존자는 '고따마 사문에게 뛰어난 질문을 하여 감히 대답할 수 없게 하였다는 생각을 행각수행자 웃띠야가 갖지 못하게 해야겠다. 그것은 행각수행자 웃띠야에게 오랜 세월 손해가 되고 괴로움이 될 것이다'라고 생각했습니다.

아난다 존자가 행각수행자 웃띠야에게 말했습니다.

4. "웃띠야 존자여, 내가 그대에게 비유를 들어 보겠습니다. 여기에서 지혜로운 사람들은 비유를 통해서 말의 의미를 이해할 것입니다. 웃띠야 존자여, 비유하면 변경에 있는 왕의 성에는 성벽에 견고한 성문 하나가 있는데, 그곳에서 총명하고 유능하고 현명한 문지기가 모르는 사람은 막고 아는 사람은 들여보내는 것과 같습니다. 그는 그 성으로 가는 모든 길을 순찰하면서 성벽의 틈이나 구멍으로 고양이가 돌아다니는 것까지 살피지는 않을 것입니다. 그는 '이 성을 들어오거나 나가는 몸집이 큰 짐승은 어떤 것이든, 모두가 이 문으로 들어오거나 나간다'라고 생각할 것입니다. 웃띠야 존자여, 이와 마찬가지로 세존께서는 그것으로 모든 세간이 벗어나게 되는지, 절반이 벗어나게 되는지, 3분의 1이 벗어나게 되는지는 마음 쓰지 않으십니다.

세존께서는 '누구든지 세간에서 벗어났거나, 세간에서 벗어나거나, 세간에서 벗어나게 될 사람은 모두가 다섯 가지 장애[五蓋]를 버리고 통찰지[般若]로써 마음의 더러운 번뇌들[cetaso upakkilese]을 무력하게 하고, 4념처(四念處)에 잘 자리 잡은 마음으로 7각지(七覺支)를 여법하게 수련한 후에 세간에서 벗어났거나, 세간에서 벗어나거나, 세간에서 벗어나게 된다'라고 생각하십니다. 웃띠야 존자여, 그대는 세존께 질문을 했습니다. 그런데 세존의 입장과 다른 질문을 했습니다. 그래서 세존께서는 그 질문에 대답하지 않으신 것입니다."

A.10.14. 꼬까누다(Kokanuda) 〈A.10.96.〉

1. 한때 아난다 존자는 라자가하의 따뽀다 승원에 머물렀습니다. 아난다 존자는 어스름 새벽에 일어나 목욕을 하러 따뽀다강으로 갔습니다. 그는 따뽀다강에서 목욕을 마치고 나와 승복 하나만 걸친 채로 서서 몸을 말리고 있었습니다. 행각수행자 꼬까누다도 어스름 새벽에 일어나 목욕을 하러 갔습니다. 행각수행자 꼬까누다는 멀리서 다가오는 아난다 존자를 보고, 아난다 존자에게 말했습니다.

"존자여, 그대는 누구입니까?"

"존자여, 나는 비구입니다."

"존자여, 어떤 비구에 속합니까?"

"존자여, 석씨사문(釋氏沙門)에 속합니다."

"우리는 존자님께 어떤 점에 대하여 묻고 싶습니다. 만약에 존자님께서 허락하신다면 물음에 답을 주시기 바랍니다."

"존자여, 질문하십시오! 들어 보고 말하겠습니다."

2. "존자여, '세계는 상주한다. 실로 이것이 진실이고 다른 것은 거짓이다.' 이것이 존자의 견해입니까?"

"존자여, 나는 그런 견해가 없습니다."

"존자여, 그렇다면 '세계는 상주하지 않는다. 실로 이것이 진실이고 다른 것은 거짓이다.' 이것이 존자의 견해입니까?"

"존자여, 나는 그런 견해가 없습니다."

"존자여, '세계는 끝이 있다. 실로 이것이 진실이고 다른 것은 거짓이다.' 이것이 존자의 견해입니까?"

"존자여, 나는 그런 견해가 없습니다."

"존자여, 그렇다면 '세계는 끝이 없다. 실로 이것이 진실이고 다른 것은 거짓이다.' 이것이 존자의 견해입니까?"

"존자여, 나는 그런 견해가 없습니다."

"존자여, '생명과 육신은 같은 것이다. 실로 이것이 진실이고 다른 것은 거짓이다.' 이것이 존자의 견해입니까?"

"존자여, 나는 그런 견해가 없습니다."

"존자여, 그렇다면 '생명과 육신은 서로 다른 것이다. 실로 이것이 진실이고 다른 것은 거짓이다.' 이것이 존자의 견해입니까?"

"존자여, 나는 그런 견해가 없습니다."

"존자여, '여래는 사후에 존재한다. 실로 이것이 진실이고 다른 것은 거짓이다.' 이것이 존자의 견해입니까?"

"존자여, 나는 그런 견해가 없습니다."

"존자여, 그렇다면 '여래는 사후에 존재하지 않는다. 실로 이것이 진실이고 다른 것은 거짓이다.' 이것이 존자의 견해입니까?"

"존자여, 나는 그런 견해가 없습니다."

"존자여, '여래는 사후에 존재하기도 하고 존재하지 않기도 한다. 실로 이것이 진실이고 다른 것은 거짓이다.' 이것이 존자의 견해입니까?"

"존자여, 나는 그런 견해가 없습니다."

"존자여, 그렇다면 '여래는 사후에 존재하지도 않고 존재하지 아니하지도 않는다. 실로 이것이 진실이고 다른 것은 거짓이다.' 이것이 존자의 견해입니까?"

"존자여, 나는 그런 견해가 없습니다."

"그렇다면 존자는 알지 못하고 보지 못합니까?"

"존자여, 나는 알지 못하고 보지 못하는 것이 아닙니다. 존자여, 나는 알고 봅니다."

3. "존자여, 존자는 나의 모든 질문에 '나는

그런 견해가 없습니다'라고 말했습니다. '그렇다면 존자는 알지 못하고 보지 못합니까?' 라고 질문하자, 그대는 '나는 알지 못하고 보지 못하는 것이 아닙니다. 나는 알고 봅니다' 라고 말했습니다. 존자여, 도대체 이 말들의 의미를 어떻게 이해해야 할까요?"

4. "존자여, '세계는 상주한다. 실로 이것이 진실이고 다른 것은 거짓이다.' 이 주장은 이론[diṭṭhigata]입니다. 다른 주장들도 마찬가지로 이론입니다. 존자여, 이론에 관하여, 이론의 근거와 기반과 속박과 발생과 근절에 관하여, 나는 그것을 알고, 나는 그것을 봅니다. 그것을 알고 있고, 그것을 보고 있는 내가 '나는 알지 못한다. 나는 보지 못한다'라고 해야 할 까닭이 무엇이겠습니까? 존자여, 나는 알고 봅니다."

"존자여, 이름이 무엇입니까? 도반들은 존자를 어떻게 알고 있습니까?"

"내 이름은 아난다라고 합니다. 도반들은 나를 아난다라고 알고 있습니다."

"위대한 스승이신 존자님과 함께 논의하면서도 제가 아난다 존자님이라는 것을 알지 못했습니다. 만약에 제가 아난다 존자님이라는 것을 알았다면, 이렇게 질문하지 않았을 것입니다. 아난다 존자님께서는 저를 용서하십시오!"

A.10.15. 상가와라(Saṅgāvara) 〈A.10.117.〉

1. 어느 날 상가와라 바라문이 세존을 찾아와서 세존과 함께 정중하게 인사하고 공손한 인사말을 나눈 후에 한쪽에 앉았습니다.

한쪽에 앉은 상가와라 바라문이 세존께 말씀드렸습니다.

"고따마 존자님! 무엇이 이 언덕[此岸]이고, 무엇이 저 언덕[彼岸]입니까?"

2. "바라문이여, 삿된 견해[邪見]가 이 언덕이고 정견(正見)이 저 언덕이라오.

삿된 의도(意圖)가 이 언덕이고, 정사유(正思惟)가 저 언덕이라오.

삿된 언행(言行)이 이 언덕이고, 바른 언행[正語]이 저 언덕이라오.

삿된 행동이 이 언덕이고, 바른 행동[正業]이 저 언덕이라오.

삿된 생계(生計)가 이 언덕이고, 바른 생계[正命]가 저 언덕이라오.

삿된 정진(精進)이 이 언덕이고, 바른 정진[正精進]이 저 언덕이라오.

삿된 주의집중이 이 언덕이고, 바른 주의집중[正念]이 저 언덕이라오.

삿된 삼매(三昧)가 이 언덕이고, 바른 삼매[正定]가 저 언덕이라오.

삿된 앎이 이 언덕이고, 바른 앎[正知]이 저 언덕이라오.

삿된 해탈(解脫)이 이 언덕이고, 바른 해탈[正解脫]이 저 언덕이라오.

바라문이여, 이것이 이 언덕이고 이것이 저 언덕이라오."

인간들 가운데 건너가는 사람은 드물다.
다른 사람들은 이 언덕을 따라갈 뿐이다.
바르게 설해진 가르침 가운데서 가르침을 따르는 사람들
그들은 벗어나기 어려운 죽음의 영역을 건너가게 된다.
악법(惡法)을 버리고 선법(善法)을 닦은 현명한 사람은
집에서 나와 멀리 떨어진 집 없는 곳으로

간다.

현명한 사람은 그곳에서 기쁨을 얻게 되고,

남김없이 쾌락을 버린 후에

마음의 더러운 번뇌를 정화한다.

그들은 정각(正覺)을 이루는 수행을 통해

바르게 마음을 잘 닦아서

집착을 버리고 애착 없이 즐긴다.

번뇌가 소멸한 빛나는 사람들은

세간에서 반열반(般涅槃)을 성취한다.

A.10.16. 하강제(下降祭, Paccorohaṇi)〈A.10.119.〉

1. 그때 자누쏘니(Jāṇussoṇi) 바라문은 어느 포살일(布薩日)에 머리를 감고, 깨끗한 모시옷 한 벌을 갖추어 입고, 신선한 길상초(吉祥草) 한 줌을 쥐고 세존 가까이 한쪽에 서 있었습니다.

세존께서는 자누쏘니 바라문을 보시고 그에게 말씀하셨습니다.

"바라문이여, 그대는 왜 오늘 머리를 감고, 깨끗한 모시옷 한 벌을 갖추어 입고, 신선한 길상초 한 줌을 쥐고 한쪽에 서 있나요? 오늘 바라문의 집안에 무슨 일이 있나요?"

"고따마 존자여, 오늘은 바라문 집안의 하강제(下降祭) 날입니다."

"바라문이여, 바라문의 하강제는 어떻게 하나요?"

"고따마 존자여, 바라문들은 포살일에 머리를 감고, 깨끗한 모시옷 한 벌을 갖추어 입고, 신선한 쇠똥을 땅에 바른 후에 푸른 길상초를 깔고, 그 경계선과 제화당(祭火堂) 사이에 잠자리를 마련합니다.

그들은 그날 밤에 세 차례 일어나서 불의 신에게 합장하고 '우리는 당신께 내려갑니다[paccorohāma bhavantaṃ]. 우리는 당신께 내려갑니다'라고 예경(禮敬)합니다. 많은 버터기름과 생우유로 불의 신에게 헌공(獻供)하고, 그날 밤이 지나면 갖가지 훌륭한 딱딱한 음식과 부드러운 음식을 바라문들에게 공양합니다. 고따마 존자여, 바라문들의 하강제는 이렇게 합니다."

"바라문이여, 바라문들의 하강제는 성자의 율(律)에서 행하는 하강제와 다르군요."

"고따마 존자여, 그렇다면 성자의 율에서는 하강제를 어떻게 합니까? 고따마 존자님께서는 부디 저에게 성자의 율에서는 하강제를 어떻게 행하는지 가르쳐 주십시오!"

"바라문이여, 그렇다면 듣고 잘 생각해 보시오! 내가 가르쳐 주겠소."

자누쏘니 바라문은 "존자여, 그렇게 하겠습니다"라고 세존께 대답했습니다.

세존께서 말씀하셨습니다.

2. "바라문이여, 거룩한 제자는 '삿된 견해[邪見]로 인해서 현재와 미래에 악한 과보(果報)가 있다'라고 성찰한다오. 그는 이렇게 성찰함으로써 삿된 견해를 버리고 삿된 견해에서 내려온다오. 바라문이여, 거룩한 제자는 '삿된 의도로 인해서 현재와 미래에 악한 과보가 있다'라고 성찰한다오. 그는 이렇게 성찰함으로써 삿된 의도를 버리고 삿된 의도에서 내려온다오. 바라문이여, 거룩한 제자는 '삿된 언행(言行)으로 인해서 현재와 미래에 악한 과보가 있다'라고 성찰한다오. 그는 이렇게 성찰함으로써 삿된 언행을 버리고 삿된 언행에서 내려온다오. 바라문이여, 거룩한 제자는 '삿된 행동으로 인해서 현재와 미래

에 악한 과보가 있다'라고 성찰한다오. 그는 이렇게 성찰함으로써 삿된 행동을 버리고 삿된 행동에서 내려온다오. 바라문이여, 거룩한 제자는 '삿된 생계(生計)로 인해서 현재와 미래에 악한 과보가 있다'라고 성찰한다오. 그는 이렇게 성찰함으로써 삿된 생계를 버리고 삿된 생계에서 내려온다오. 바라문이여, 거룩한 제자는 '삿된 정진(精進)으로 인해서 현재와 미래에 악한 과보가 있다'라고 성찰한다오. 그는 이렇게 성찰함으로써 삿된 정진을 버리고 삿된 정진에서 내려온다오. 바라문이여, 거룩한 제자는 '삿된 주의집중으로 인해서 현재와 미래에 악한 과보가 있다'라고 성찰한다오. 그는 이렇게 성찰함으로써 삿된 주의집중을 버리고 삿된 주의집중에서 내려온다오. 바라문이여, 거룩한 제자는 '삿된 삼매(三昧)로 인해서 현재와 미래에 악한 과보가 있다'라고 성찰한다오. 그는 이렇게 성찰함으로써 삿된 삼매를 버리고 삿된 삼매에서 내려온다오. 바라문이여, 거룩한 제자는 '삿된 앎으로 인해서 현재와 미래에 악한 과보가 있다'라고 성찰한다오. 그는 이렇게 성찰함으로써 삿된 앎을 버리고 삿된 앎에서 내려온다오. 바라문이여, 거룩한 제자는 '삿된 해탈(解脫)로 인해서 현재와 미래에 악한 과보가 있다'라고 성찰한다오. 그는 이렇게 성찰함으로써 삿된 해탈을 버리고 삿된 해탈에서 내려온다오. 바라문이여, 성자의 율에서는 이렇게 하강제를 행한다오."

3. "고따마 존자여, 바라문들의 하강제는 성자의 율에서 행하는 하강제와 다르군요. 고따마 존자여, 이 성자의 율에서 행하는 하강제에 비하면 바라문들의 하강제는 16분의 1밖에 되지 않는군요. 훌륭합니다, 고따마 존자여! … 이제 저는 고따마 존자께 귀의합니다. 가르침과 비구상가에 귀의합니다. 고따마 존자께서는 저를 청신사(淸信士)로 받아주소서. 오늘부터 살아 있는 날까지 귀의하겠습니다."

A.10.17. 쭌다(Cunda) 〈A.10.176.〉

1. 한때 세존께서는 빠와(Pāvā)에서 대장장이 쭌다(Cunda)의 망고 숲에 머무셨습니다. 그때 대장장이 쭌다는 세존을 찾아가서 세존께 예배한 후에 한쪽에 앉았습니다.

한쪽에 앉은 대장장이 쭌다에게 세존께서 말씀하셨습니다.

"쭌다여, 그대는 누구의 정화(淨化)를 좋아하나요?"

"세존이시여, 물병을 들고, 수초(水草)로 만든 화만(華鬘)을 걸고, 불을 숭배하는 서쪽 지방의 바라문들은 물에 들어가 목욕재계하고 정화를 시행합니다. 저는 그들의 정화를 좋아합니다."

"쭌다여, 그렇다면 물병을 들고, 수초로 만든 화만을 걸고, 불을 숭배하는 서쪽 지방의 바라문들은 물에 들어가 목욕재계하고 어떻게 정화를 시행하나요?"

"세존이시여, 물병을 들고, 수초로 만든 화만을 걸고, 불을 숭배하는 서쪽 지방의 바라문들은 물에 들어가 목욕재계하고, 제자에게 '불쌍한 놈[ambho purisa]아! 이리 오너라! 너는 이른 아침에 잠자리에서 일어나 땅을 만져라! 만약에 땅을 만지지 않으려면, 신선한 쇠똥을 만져라! 만약에 신선한 쇠똥을 만지지 않으려면, 푸른 풀을 만져라! 만약에 푸른 풀을 만지지 않으려면, 불의 신에게 예배하라! 만약에 불의 신에게 예배하지 않으려면, 합장하고 태양을 예경(禮敬)하라! 만약에 태양을 예경하지 않으려면, 밤중인 삼경(三更)에 물에 들어가서 목욕재계하라!'라고 알려 줍니다. 세존이시여, 이와 같이 물병을 들고, 수초로 만든 화만을 걸고, 불을 숭배하는 서쪽 지방의 바라문들은 물에 들어가 목욕재계하고 정화를 시행합니다. 저는 그들의 정화를 좋아합니다."

"쭌다여, 물병을 들고, 수초로 만든 화만을 걸고, 불을 숭배하는 서쪽 지방의 바라문들이 물에 들어가 목욕재계하고 시행하는 정화는 성자의 율에서 행하는 정화와 다르군요."

"세존이시여, 그렇다면 성자의 율에서는 정화를 어떻게 합니까? 세존께서는 부디 저에게 성자의 율에서는 정화를 어떻게 행하는지 가르쳐 주십시오!"

"쭌다여, 그렇다면 듣고 잘 생각해 보시오! 내가 가르쳐 주겠소."

쭌다는 "세존이시여, 그렇게 하겠습니다"라고 세존께 대답했습니다.

세존께서 말씀하셨습니다.

2. "쭌다여, 몸에 의한 세 가지 부정(不淨)이 있고, 말에 의한 네 가지 부정이 있고, 마음에 의한 세 가지 부정이 있다오.

쭌다여, 몸에 의한 세 가지 부정은 어떤 것인가?

3. 쭌다여, 어떤 사람은 살생을 한다오. 그는 생명에 대하여 자비심이 없이 손에 피를 묻히고 잔인하게 살생을 일삼는다오.

어떤 사람은 주지 않은 것을 취한다오. 그는 마을이나 숲에 가서 주지 않은 다른 사람의 재물을 남몰래 훔친다오.

어떤 사람은 삿된 음행을 한다오. 그는 부모의 보호를 받는 여인, 형제의 보호를 받는 여인, 자매의 보호를 받는 여인, 친척의 보호를 받는 여인, 남편이 있는 여인, 법의 보호를 받는 여인, 심지어는 결혼을 위해 화만으로 치장한 여인에 이르기까지, 그런 사람들과 관계를 갖는다오.

쭌다여, 이와 같이 몸에 의한 세 가지 부정이 있다오.

쭌다여, 말에 의한 네 가지 부정은 어떤 것인가?

4. 쭌다여, 어떤 사람은 거짓말을 한다오. 그는 집회에 가거나 대중들에게 가거나 문중(門中)에 가거나 단체에 가거나 법정에 가서 '그대는 아는 것을 말하라!'라고 증인으로서 심문받을 때, 알지 못하는 것을 '나는 안다'라고 말하고, 아는 것을 '나는 모른다'라고 말하고, 보지 못한 것을 '나는 보았다'라고 말하고, 본 것을 '나는 보지 못했다'라고 말한다오. 그는 이렇게 자신 때문에, 또는 다른 사람 때문에, 또는 하찮은 이익 때문에 고의로 거짓말을 한다오.

어떤 사람은 이간(離間)하는 말을 한다오. 그는 화합을 파괴하기 위하여 여기에서 들은 것을 저기에 알리고, 화합을 파괴하기 위하여 저기에서 들은 것을 여기에 알린다오. 그는 이렇게 화합을 파괴하고, 분열을 조장하고, 분열을 즐기고, 분열을 좋아하고, 분열을 기뻐하면서 분열시키는 말을 한다오.

어떤 사람은 추악한 말을 한다오. 그는 거칠고 난폭하고 신랄한 말로 남을 질책하고, 이웃에 화를 내면서, 삼매(三昧)로 이끌지 않는 말을 한다오.

어떤 사람은 잡담을 한다오. 그는 때에

맞지 않고 진실하지 않고 의미 없고 진리에 맞지 않고 율에 맞지 않는 말을 하며, 적절하지 않은 때에 근거 없고 일정한 의도가 없고 이익이 없는 무의미한 말을 한다오.

쭌다여, 이와 같이 말에 의한 네 가지 부정이 있다오.

쭌다여, 마음에 의한 세 가지 부정은 어떤 것인가?

5. 쭌다여, 어떤 사람은 탐욕스럽다오. 그는 '아! 다른 사람의 것이 내 것이면 좋을 텐데'라고 생각하면서 다른 사람의 재물을 탐낸다오.

어떤 사람은 악의(惡意)를 품는다오. 그는 '이 중생들을 죽여 버리겠다. 때려죽이겠다. 찢어 죽이겠다. 없애 버리겠다. 존재하지 못하게 하겠다'라고 생각다오.

어떤 사람은 사견(邪見)을 가진다오. 그는 '보시(布施)의 과보(果報)도 없고, 공양(供養)의 과보도 없고, 헌공(獻供)의 과보도 없고, 선악업(善惡業)의 과보도 없다. 이 세상도 없고 저세상도 없다. 부모도 없고 중생의 화생(化生)도 없다. 세상에는 이 세상과 저세상을 스스로 지혜로 증득하여 알려 주고 바른 삶과 바른 실천을 하는 사문과 바라문도 없다'라고 생각하는 뒤집힌 견해를 갖는다오.

쭌다여, 이와 같이 마음에 의한 세 가지 부정이 있다오.

6. 쭌다여, 이들은 열 가지 불선업도(不善業道)라오.

쭌다여, 이들 열 가지 불선업도를 갖추면, 이른 아침 잠자리에서 일어나 땅을 만져도 청정하지 않고, 땅을 만지지 않아도 청정하지 않으며, 신선한 쇠똥을 만져도 청정하지 않고, 신선한 쇠똥을 만지지 않아도 청정하지 않으며, 푸른 풀을 만져도 청정하지 않고, 푸른 풀을 만지지 않아도 청정하지 않으며, 불의 신에게 예배해도 청정하지 않고, 불의 신에게 예배하지 않아도 청정하지 않으며, 합장하고 태양을 예경해도 청정하지 않고, 태양을 예경하지 않아도 청정하지 않으며, 밤중인 삼경에 물에 들어가서 목욕재계해도 청정하지 않고, 밤중인 삼경에 물에 들어가서 목욕재계하지 않아도 청정하지 않다오. 그 까닭은 무엇인가? 쭌다여, 이들 열 가지 불선업도는 청정하지 않고 부정을 만드는 것이기 때문이라오.

쭌다여, 이들 열 가지 불선업도를 갖춤으로 인해서 지옥이 나타나고, 축생의 모태(母胎)가 나타나고, 아귀의 영역이 나타나고, 그 밖의 모든 악취(惡趣)가 나타난다오.

7. 쭌다여, 몸에 의한 세 가지 청정(淸淨)이 있고, 말에 의한 네 가지 청정이 있고, 마음에 의한 세 가지 청정이 있다오.

쭌다여, 몸에 의한 세 가지 청정은 어떤 것인가?

8. 쭌다여, 어떤 사람은 살생을 멀리하고 살생하지 않는다오. 그는 몽둥이와 칼을 내려놓고 부끄러워할 줄 알며, 연민을 가지고 모든 생명을 동정하여 이익을 주며 살아간다오.

어떤 사람은 도둑질을 멀리하고 도둑질을 하지 않는다오. 그는 마을이나 숲에 가서 주지 않은 다른 사람의 재물을 남몰래 훔치지 않는다오.

어떤 사람은 삿된 음행을 멀리하고 삿된 음행을 하지 않는다오. 그는 부모의 보호를 받는 여인, 형제의 보호를 받는 여인, 자매의 보호를 받는 여인, 친척의 보호를 받는 여인, 남편이 있는 여인, 법의 보호를 받는 여인, 결혼을 위해 화만으로 치장한 여인에 이르기까지, 그런 사람들과 관계를 갖지 않는다오.

쭌다여, 이와 같이 몸에 의한 세 가지 청정이 있다오.

쭌다여, 말에 의한 세 가지 청정은 어떤 것인가?

9. 쭌다여, 어떤 사람은 거짓말을 멀리하고, 거짓말을 하지 않는다오. 그는 집회에 가거나 대중들에게 가거나 문중에 가거나 단체에 가거나 법정에 가서 '그대는 아는 것을 말하라!'라고 증인으로서 심문받을 때, 알지 못하는 것은 '나는 모른다'라고 말하고, 아는 것은 '나는 안다'라고 말하고, 보지 못한 것은 '나는 보지 못했다'라고 말하고, 본 것은 '나는 보았다'라고 말한다오. 그는 이렇게 자신 때문에, 또는 다른 사람 때문에, 또는 하찮은 이익 때문에 고의로 거짓말을 하지 않는다오.

어떤 사람은 이간질을 멀리하고, 이간질을 하지 않는다오. 그는 여기에서 들은 것을 저기에 알려 화합을 파괴하지 않고, 저기에서 들은 것을 여기에 알려 화합을 파괴하지 않는다오. 그는 이렇게 분열을 화해하거나 단합하도록 하며, 화합을 즐기고, 화합을 좋아하고, 화합을 기뻐하면서 화합하는 말을 한다오.

어떤 사람은 추악한 말을 멀리하고, 추악한 말을 하지 않는다오. 그는 온화하고, 듣기 좋고, 사랑스럽고, 유쾌하고, 예의 바르고, 대중을 즐겁게 하는 말을 한다오.

어떤 사람은 잡담을 멀리하고, 잡담을 하지 않는다오. 그는 때에 맞고 진실하고 의미 있고 진리에 맞고 율에 맞는 말을 하는 자로서, 적절한 때에 근거가 있고 일정한 의도가 있고 이익이 있는 의미 있는 말을 한다오.

쭌다여, 이와 같이 말에 의한 네 가지 청정이 있다오.

쭌다여, 마음에 의한 세 가지 청정은 어떤 것인가?

10. 쭌다여, 어떤 사람은 탐욕스럽지 않다오. 그는 '아! 다른 사람의 것이 내 것이면 좋을 텐데'라고 생각하거나 다른 사람의 재물을 탐내지 않는다오.

어떤 사람은 악의가 없다오. 그는 악의 없이 '이 중생들이 원한 없이, 평화롭고, 편안하고, 행복하게 자신을 보호하기 바란다'라고 생각한다오.

어떤 사람은 정견(正見)을 가진다오. 그는 '보시의 과보도 있고, 공양의 과보도 있고, 헌공의 과보도 있고, 선악업(善惡業)의 과보도 있다. 이 세상도 있고 저세상도 있다. 부모도 있고 중생의 화생도 있다. 세상에는 이 세상과 저세상을 스스로 지혜로 증득하여 알려 주고 바른 삶과 바른 실천을 하는 사문과 바라문도 있다'라고 생각하는 올바른 견해를 갖는다오.

쭌다여, 이와 같이 마음에 의한 세 가지 청정이 있다오.

11. 쭌다여, 이들은 열 가지 선업도(善業道)라오.

쭌다여, 이들 열 가지 선업도를 갖추면, 이른 아침 잠자리에서 일어나 땅을 만져도 청정하고, 땅을 만지지 않아도 청정하며, 신선한 쇠똥을 만져도 청정하고, 신선한 쇠똥을 만지지 않아도 청정하며, 푸른 풀을 만져도 청정하고, 푸른 풀을 만지지 않아도 청정하며, 불의 신에게 예배해도 청정하고, 불의 신에게 예배하지 않아도 청정하며, 합장하고 태양을 예경해도 청정하고, 태양을 예경하지 않아도 청정하며, 밤중인 삼경에 물에 들어가서 목욕재계해도 청정하고, 밤중인 삼경에 물에 들어가서 목욕재계하지 않아도 청정하다오. 그 까닭은 무엇인가? 쭌다여, 이들 열 가지 선업도는 청정하고, 청정을 만드는 것이기 때문이라오. 쭌다여, 이들 열 가지 선업도를 갖춤으로 인해서 천신들이 나타나고, 인간들이 나타나고, 그 밖의 모든 선취(善趣)가 나타난다오."

12. 이 말씀을 듣고, 대장장이 쭌다는 세존께 이렇게 말씀드렸습니다.

"훌륭합니다, 세존이시여! … 이제 저는 세존께 귀의합니다. 가르침과 비구상가에 귀의합니다. 세존께서는 저를 청신사(淸信士)로 받아 주소서. 오늘부터 살아 있는 날까지 귀의하겠습니다."

A.10.18. 고의로 지은 업[Sañcetanika] 〈A.10.207.〉

1. "비구들이여, 나는 고의로 지어서 쌓인 업보는 받지 않으면 끝나지 않는다고 말한다오. 그것은 지금 여기에 나타나거나 아니면 미래에 돌고 돌아서 나타난다오. 비구들이여, 나는 고의로 지어서 쌓인 업보는 받지 않으면 괴로움이 종식되지 않는다고 말한다오.

비구들이여, 거기에서 나쁜 의도를 가지고 몸으로 행하는 악의(惡意)에 오염된 세 가지 업은 괴로운 과보가 있고, 나쁜 의도를 가지고 말로 행하는 악의에 오염된 네 가지 업은 괴로운 과보가 있고, 나쁜 의도를 가지고 마음으로 행하는 악의에 오염된 세 가지 업은 괴로운 과보가 있다오.

비구들이여, 괴로운 과보가 있는, 나쁜 의도를 가지고 몸으로 행하는 악의에 오염된 세 가지 업은 어떤 것인가?

비구들이여, 어떤 사람은 살생을 한다오. 그는 생명에 대하여 자비심 없이 손에 피를 묻히고 잔인하게 살생을 일삼는다오.

어떤 사람은 주지 않은 것을 취한다오. 그는 마을이나 숲에 가서 주지 않은 다른 사람의 재물을 남몰래 훔친다오.

어떤 사람은 삿된 음행[邪淫]을 한다오. 그는 부모의 보호를 받는 여인, 형제의 보호를 받는 여인, 자매의 보호를 받는 여인, 친척의 보호를 받는 여인, 남편이 있는 여인, 법의 보호를 받는 여인, 심지어는 결혼을 위해 화만(華鬘)으로 치장한 여인에 이르기까지, 그런 사람들과 관계를 갖는다오.

비구들이여, 이와 같이 나쁜 의도를 가지고 몸으로 행하는 악의에 오염된 세 가지 업은 괴로운 과보가 있다오.

비구들이여, 괴로운 과보가 있는, 나쁜 의도를 가지고 말로 행하는 악의에 오염된 네 가지 업은 어떤 것인가?

비구들이여, 어떤 사람은 거짓말을 한다오. 그는 집회에 가거나 대중들에게 가거나 문중(門中)에 가거나 단체에 가거나 법정에 가서 '그대는 아는 것을 말하라!'라고 증인으로서 심문받을 때, 알지 못하는 것을 '나는 안다'라고 말하고, 아는 것을 '나는 모른다'라고 말하고, 보지 못한 것을 '나는 보았다'라고 말하고, 본 것을 '나는 보지 못했다'라고 말한다오. 그는 이렇게 자신 때문에, 또는 다른 사람 때문에, 또는 하찮은 이익 때문에 고의로 거짓말을 한다오.

어떤 사람은 이간질을 한다오. 그는 화

합을 파괴하기 위하여 여기에서 들은 것을 저기에 알리고, 화합을 파괴하기 위하여 저기에서 들은 것을 여기에 알린다오. 그는 이렇게 화합을 파괴하고, 분열을 조장하고, 분열을 즐기고, 분열을 좋아하고, 분열을 기뻐하면서 분열시키는 말을 한다오.

어떤 사람은 추악한 말을 한다오. 그는 거칠고 난폭하고 신랄한 말로 남을 질책하고, 이웃에 화를 내면서, 삼매(三昧)로 이끌지 않는 말을 한다오.

어떤 사람은 잡담을 한다오. 그는 때에 맞지 않고 진실하지 않고 의미 없고 진리에 맞지 않고 율(律)에 맞지 않는 말을 하며, 적절하지 않은 때에 근거 없고 일정한 의도가 없고 이익이 없는 무의미한 말을 한다오.

이와 같이 나쁜 의도를 가지고 말로 행하는 악의에 오염된 네 가지 업은 괴로운 과보가 있다오.

비구들이여, 괴로운 과보가 있는, 나쁜 의도를 가지고 마음으로 행하는 악의에 오염된 세 가지 업은 어떤 것인가?

비구들이여, 어떤 사람은 탐욕스럽다오. 그는 '아! 다른 사람의 것이 내 것이면 좋을 텐데'라고 생각하면서 다른 사람의 재물을 탐낸다오.

어떤 사람은 악의를 품는다오. 그는 '이 중생들을 죽여 버리겠다. 때려죽이겠다. 찢어 죽이겠다. 없애 버리겠다. 존재하지 못하게 하겠다'라고 생각한다오.

어떤 사람은 사견(邪見)을 갖는다오. 그는 '보시의 과보도 없고, 공양의 과보도 없고, 헌공의 과보도 없고, 선악업의 과보도 없다. 이 세상도 없고 저세상도 없다. 부모도 없고 중생의 화생(化生)도 없다. 세상에는 이 세상과 저세상을 스스로 지혜로 증득하여 알려 주고 바른 삶과 바른 실천을 하는 사문과 바라문도 없다'라고 생각하는 뒤집힌 견해를 갖는다오. 비구들이여, 이와 같이 나쁜 의도를 가지고 마음으로 행하는 악의에 오염된 세 가지 업은 괴로운 과보가 있다오.

2. 비구들이여, 나쁜 의도를 가지고 몸으로 행하는 악의에 오염된 세 가지 행위와 나쁜 의도를 가지고 말로 행하는 악의에 오염된 네 가지 행위와 나쁜 의도를 가지고 마음으로 행하는 악의에 오염된 세 가지 행위로 인하여 중생들은 몸이 무너져 죽은 후에 괴롭고 험난하고 고통스러운 지옥에 태어난다오.

비구들이여, 비유하면 주사위를 위로 던지면 어디에 떨어져도 반듯하게 떨어지듯이, 비구들이여, 이와 같이 나쁜 의도를 가지고 몸으로 행하는 악의에 오염된 세 가지 행위와 나쁜 의도를 가지고 말로 행하는 악의에 오염된 네 가지 행위와 나쁜 의도를 가지고 마음으로 행하는 악의에 오염된 세 가지 행위로 인하여 중생들은 몸이 무너져 죽은 후에 괴롭고 험난하고 고통스러운 지옥에 태어난다오.

3. 비구들이여, 나는 고의로 지어서 쌓인 업보는 받지 않으면 끝나지 않는다고 말한다오. 그것은 지금 여기에 나타나거나 아니면 미래에 돌고 돌아서 나타난다오. 비구들이여, 나는 고의로 지어서 쌓인 업보는 받지 않으면 괴로움이 종식되지 않는다고 말한다오.

비구들이여, 거기에서 좋은 의도를 가지고 몸으로 행하는 훌륭한 세 가지 업은 즐거운 과보가 있고, 좋은 의도를 가지고 말로 행하는 훌륭한 네 가지 업은 즐거운 과보가 있고, 좋은 의도를 가지고 마음으로 행하는 훌륭한 세 가지 업은 즐거운 과보가 있다오.

비구들이여, 즐거운 과보가 있는, 좋은 의도를 가지고 몸으로 행하는 훌륭한 세 가지 업은 어떤 것인가?

비구들이여, 어떤 사람은 살생을 멀리하고 살생하지 않는다오. 그는 몽둥이와 칼을 내려놓고 부끄러워할 줄 알며, 연민을 가지고 모든 생명을 동정하여 이익을 주며 살아간다오.

어떤 사람은 도둑질을 멀리하고 도둑질을 하지 않는다오. 그는 마을이나 숲에 가서 주지 않은 다른 사람의 재물을 남몰래 훔치지 않는다오.

어떤 사람은 삿된 음행을 멀리하고 삿된 음행을 하지 않는다오. 그는 부모의 보호를 받는 여인, 형제의 보호를 받는 여인, 자매의 보호를 받는 여인, 친척의 보호를 받는 여인, 남편이 있는 여인, 법의 보호를 받는 여인, 결혼을 위해 화만으로 치장한 여인에 이르기까지, 그런 사람들과 관계를 갖지 않는다오.

비구들이여, 이와 같이 좋은 의도를 가지고 몸으로 행하는 훌륭한 세 가지 업은 즐거운 과보가 있다오.

비구들이여, 즐거운 과보가 있는, 좋은 의도를 가지고 말로 행하는 훌륭한 네 가지 업은 어떤 것인가?

비구들이여, 어떤 사람은 거짓말을 멀리하고 거짓말을 하지 않는다오. 그는 집회에 가거나 대중들에게 가거나 문중에 가거나 단체에 가거나 법정에 가서 '그대는 아는 것을 말하라!'라고 증인으로서 심문받을 때, 알지 못하는 것은 '나는 모른다'라고 말하고, 아는 것은 '나는 안다'라고 말하고, 보지 못한 것은 '나는 보지 못했다'라고 말하고, 본 것은 '나는 보았다'라고 말한다오. 그는 이렇게 자신 때문에, 또는 다른 사람 때문에, 또는 하찮은 이익 때문에 고의로 거짓말을 하지 않는다오.

어떤 사람은 이간질을 멀리하고 이간질을 하지 않는다오. 그는 여기에서 들은 것을 저기에 알려 화합을 파괴하지 않고, 저기에서 들은 것을 여기에 알려 화합을 파괴하지 않는다오. 그는 이렇게 분열을 화해하거나 단합하도록 하며, 화합을 즐기고, 화합을 좋아하고, 화합을 기뻐하면서 화합하는 말을 한다오.

어떤 사람은 추악한 말을 멀리하고 추악한 말을 하지 않는다오. 그는 온화하고, 듣기 좋고, 사랑스럽고, 유쾌하고, 예의 바르고, 대중을 즐겁게 하는 말을 한다오.

어떤 사람은 잡담을 멀리하고 잡담을 하지 않는다오. 그는 때에 맞고 진실하고 의미 있고 진리에 맞고 율에 맞는 말을 하는 자로서, 적절한 때에 근거 있고 일정한 의도가 있고 이익이 있는 의미 있는 말을 한다오.

비구들이여, 이와 같이 좋은 의도를 가지고 말로 행하는 훌륭한 네 가지 업은 즐거운 과보가 있다오.

비구들이여, 즐거운 과보가 있는, 좋은 의도를 가지고 마음으로 행하는 훌륭한 세 가지 업은 어떤 것인가? 어떤 사람은 탐욕스럽지 않다오. 그는 '아! 다른 사람의 것이 내 것이면 좋을 텐데'라고 생각하거나 다른 사람의 재물을 탐내지 않는다오. 어떤 사람은 증오심이 없다오. 그는 악의 없이 '이 중생들이 원한 없이, 평화롭고, 편안하고, 행복하게 자신을 보호하기 바란다'라고 생각한다오.

어떤 사람은 정견(正見)을 가진다오. 그는 '보시의 과보도 있고, 공양의 과보도 있고, 헌공의 과보도 있고, 선악업의 과보도 있다. 이 세상도 있고 저세상도 있다. 부모도 있고 중생의 화생도 있다. 세상에는 이 세상과 저세상을 스스로 지혜로 증득하여 알려 주는 바른 삶과 바른 실천을 하는 사문과 바라문도 있다'라고 생각하는 확실한 견해를 갖는다오. 비구들이여, 이와 같이 좋은 의도를 가지고 마음으로 행하는 훌륭한 세 가지 업은 즐거운 과보가 있다오.

4. 비구들이여, 좋은 의도를 가지고 몸으로 행하는 훌륭한 세 가지 행위와 좋은 의도를 가지고 말로 행하는 훌륭한 네 가지 행위와 좋은 의도를 가지고 마음으로 행하는 훌륭한 세 가지 행위로 인하여 중생들은 몸이 무너져 죽은 후에 행복한 천상세계에 태어난다오.

비구들이여, 비유하면 주사위를 위로 던지면 어디에 떨어져도 반듯하게 떨어지듯이, 비구들이여, 이와 같이 좋은 의도를 가지고 몸으로 행하는 훌륭한 세 가지 행위와 좋은 의도를 가지고 말로 행하는 훌륭한 네 가지 행위와 좋은 의도를 가지고 마음으로 행하는 훌륭한 세 가지 행위로 인하여 중생들은 몸이 무너져 죽은 후에 행복한 천상세계에 태어난다오.

비구들이여, 나는 고의로 지어서 쌓인 업보는 받지 않으면 끝나지 않는다고 말한다오. 그것은 지금 여기에 나타나거나 아니면 미래에 돌고 돌아서 나타난다오. 비구들이여, 나는 고의로 지어서 쌓인 업보는 받지 않으면 괴로움이 종식되지 않는다고 말한다오."

A.10.19. 업(業)에서 생긴 몸[Karajakāya] 〈A.10.208.〉

1. "비구들이여, 나는 고의로 지어서 쌓인 업보는 받지 않으면 끝나지 않는다고 말한다오. 그것은 지금 여기에 나타나거나 아니면 미래에 돌고 돌아서 나타난다오. 비구들이여, 나는 고의로 지어서 쌓인 업보는 받지 않으면 괴로움이 종식되지 않는다고 말한다오.

비구들이여, 거룩한 제자는 탐욕이 없고[vigatābhijjho], 악의가 없고[vigata-vyāpādo], 흐리멍덩하지 않고[asammūḷho], 알아차리고, 주의집중을 확립하여 자애로운 마음[慈]으로 한쪽을 가득 채우고 살아간다오. 그와 같이 두 번째, 세 번째, 네 번째 방향을 가득 채우고 살아간다오. 이와 같이 위로, 아래로, 사방으로, 모든 곳에 빠짐없이 온 세상을 풍부하고 광대하고 무량하게, 원한 없고 폭력 없는 자애로운 마음으로 가득 채우고 살아간다오.

그는 '이전에 나의 마음은 수련되지 않아서 옹졸했었다. 그런데 지금 나의 이 마음은 잘 수련되어 한계가 없다. 그래서 한계를 만드는 업[pamānakataṃ kammaṃ]은 어떤 것도 거기에 남아 있지 않고 머물고 있지 않다'라고 통찰한다오.

비구들이여, 어떻게 생각하는가? 어린 시절에 처음부터 어린이가 이 자애(慈愛)에 의한 심해탈(心解脫)을 수련한다면, 그가 사악한 업을 짓겠는가?"

"세존이시여, 결코 그렇지 않을 것입니다."

"그가 사악한 업을 짓지 않는데, 괴로움을 겪겠는가?"

"세존이시여, 결코 그렇지 않을 것입니

다. 세존이시여, 그가 사악한 업을 짓지 않는데, 어찌 괴로움을 겪겠습니까?"

2. "비구들이여, 여자든 남자든 자애에 의한 심해탈을 수련해야 한다오. 비구들이여, 여자든 남자든 이 몸을 가지고 가는 것이 아니라오[nāyaṃ kāyo ādāya gamanīyo]. 비구들이여, 죽어야 하는 이 인간은 마음속에 있다오[cittantaro ayaṃ macco]. 그는 '내가 과거의 업에서 생긴 몸으로 지은 사악한 업보는 어떤 것이든지 모두 여기에서 받아 버리고, 그것이 따라오지 못하게 하겠다'라고 통찰한다오. 비구들이여, 이와 같이 통찰한 비구는 더 높은 해탈을 성취하지 못할지라도, 이와 같이 수련된 자애에 의한 심해탈은 불환과(不還果)로 이어진다오.

3. 비구들이여, 거룩한 제자는 연민의 마음[悲]으로, … 기쁜 마음[喜]으로, … 평정한 마음[捨]으로 한쪽을 가득 채우고 살아간다오. 그와 같이 두 번째, 세 번째, 네 번째 방향을 가득 채우고 살아간다오. 이와 같이 위로, 아래로, 사방으로, 모든 곳에 빠짐없이 온 세상을 풍부하고 광대하고 무량하게, 원한 없고 폭력 없는 연민의 마음·기쁜 마음·평정한 마음으로 가득 채우고 살아간다오.

그는 '이전에 나의 마음은 수련되지 않아서 옹졸했었다. 그런데 지금 나의 이 마음은 잘 수련되어 한계가 없다. 그래서 한계를 만드는 업은 어떤 것도 거기에 남아 있지 않고 머물고 있지 않다'라고 통찰한다오.

비구들이여, 어떻게 생각하는가? 어린 시절에 처음부터 어린이가 이 연민에 의한 심해탈·기쁨에 의한 심해탈·평정한 마음에 의한 심해탈을 수련한다면, 그가 사악한 업을 짓겠는가?"

"세존이시여, 결코 그렇지 않을 것입니다."

"그가 사악한 업을 짓지 않았는데, 괴로움을 겪겠는가?"

"세존이시여, 결코 그렇지 않을 것입니다. 세존이시여, 그가 사악한 업을 짓지 않았는데, 어찌 괴로움을 겪겠습니까?"

4. 비구들이여, 여자든 남자든 연민에 의한 심해탈, 기쁨에 의한 심해탈, 평정한 마음에 의한 심해탈을 수련해야 한다오. 비구들이여, 여자든 남자든 이 몸을 가지고 가는 것이 아니라오. 비구들이여, 죽어야 하는 이 인간은 마음속에 있다오. 그는 '내가 여기에서 과거에 업에서 생긴 몸으로 지은 사악한 업보는 어떤 것이든지 모두 여기에서 받아 버리고, 그것이 따라오지 못하게 하겠다'라고 통찰한다오.

비구들이여, 이와 같이 통찰한 비구는 더 높은 해탈을 성취하지 못한다고 할지라도, 이와 같이 수련된 연민에 의한 심해탈·기쁨에 의한 심해탈·평정한 마음에 의한 심해탈은 불환과로 이어진다오."

숫따니빠따

Sutta-Nipāta

제1장 우라가 왁가(Uraga-vagga)
뱀

1. 우라가-숫따(Uraga-sutta) | 뱀

Sn. 0001.

몸에 퍼진 뱀독을 약초로 다스리듯
치미는 화를 다스리는 수행자는
높고 낮은 중생세계 다 버린다.
뱀들이 묵은 허물 벗어 버리듯.

Sn. 0002.

연못에 뛰어들어 연꽃을 꺾듯
남김없이 탐욕을 끊어 버린 수행자는
높고 낮은 중생세계 다 버린다.
뱀들이 묵은 허물 벗어 버리듯.

Sn. 0003.

흐르는 급류를 말려 버리듯
남김없이 갈애(渴愛)를 말려 버린 수행자는
높고 낮은 중생세계 다 버린다.
뱀들이 묵은 허물 벗어 버리듯.

Sn. 0004.

엉성한 갈대 다리 폭류가 쓸어 가듯
남김없이 아만(我慢)을 뽑아 버린 수행자는
높고 낮은 중생세계 다 버린다.
뱀들이 묵은 허물 벗어 버리듯.

Sn. 0005.

찾아봐도 무화과에 꽃이 없듯이
존재 속에 실체 없음 깨달은 수행자는
높고 낮은 중생세계 다 버린다.
뱀들이 묵은 허물 벗어 버리듯.

Sn. 0006.

마음속에는 원한이 없고,
있고 없기 바람을[693] 벗어난 수행자는
높고 낮은 중생세계 다 버린다.
뱀들이 묵은 허물 벗어 버리듯.

Sn. 0007.

남김없이 사변(思辨)을 털어 버리고
내면을 아름답게 가꾸는 수행자는
높고 낮은 중생세계 다 버린다.
뱀들이 묵은 허물 벗어 버리듯.

Sn. 0008.

지나치지 않고 물러서지 않고[694]
모든 억측(臆測, papañcaṃ)을[695] 넘어선 수행자는
높고 낮은 중생세계 다 버린다.
뱀들이 묵은 허물 벗어 버리듯.

---

693 어떤 것이 존재하거나 존재하지 않기를 바라는 희망.

694 수행을 지나치게 하거나 도중에 뒤로 물러서지 않고 중용을 취한다는 의미.

695 '억측(臆測)'으로 번역한 'papañca'는 '독단적인 논리로 추리하여 만든 억측'을 의미한다.

Sn. 0009.

지나치지 않고 물러서지 않고

세간 모두 허망함을 잘 아는 수행자는

높고 낮은 중생세계 다 버린다.

뱀들이 묵은 허물 벗어 버리듯.

Sn. 0010.

지나치지 않고 물러서지 않고

모든 허망 알고서 욕심 버린 수행자는

높고 낮은 중생세계 다 버린다.

뱀들이 묵은 허물 벗어 버리듯.

Sn. 0011.

지나치지 않고 물러서지 않고

모든 허망 알고서 탐심(貪心) 버린 수행자는

높고 낮은 중생세계 다 버린다.

뱀들이 묵은 허물 벗어 버리듯.

Sn. 0012.

지나치지 않고 물러서지 않고

모든 허망 알고서 진심(瞋心) 버린 수행자는

높고 낮은 중생세계 다 버린다.

뱀들이 묵은 허물 벗어 버리듯.

Sn. 0013.

지나치지 않고 물러서지 않고

모든 허망 알고서 치심(癡心) 버린 수행자는

높고 낮은 중생세계 다 버린다.

뱀들이 묵은 허물 벗어 버리듯.

Sn. 0014.

그 어떤 습성에도 빠지지 않고

뿌리째 불선(不善)을 뽑아 버린 수행자는

높고 낮은 중생세계 다 버린다.

뱀들이 묵은 허물 벗어 버리듯.

Sn. 0015.

근심하면 이 세상에 다시 오나니

그 어떤 근심도 하지 않는 수행자는

높고 낮은 중생세계 다 버린다.

뱀들이 묵은 허물 벗어 버리듯.

Sn. 0016.

욕정 품어 존재에 속박되나니

그 어떤 욕정도 품지 않는 수행자는

높고 낮은 중생세계 다 버린다.

뱀들이 묵은 허물 벗어 버리듯.

Sn. 0017.

다섯 가지 장애[五蓋]를 모두 버리고

의심의 화살을 뽑아 버린 수행자는

높고 낮은 중생세계 다 버린다.

뱀들이 묵은 허물 벗어 버리듯.

2. 다니야-숫따(Dhaniya-sutta) | 다니야

Sn. 0018.

소 치는 다니야가 말하기를,

나는 밥도 지었고 우유도 짜 놓았다.

마히야(Mahiyā) 강변에서 가족과 산다.

움막 지붕은 잘 이었고 불은 충분히 지펴 놓았다.

하늘이여, 비를 내릴 테면 내려라!

Sn. 0019.

세존께서 말씀하시기를,

나는 성내지 않고 마음 활짝 열어 놓았다.

마히야 강변에서 하룻밤을 지낸다.
움막은 지붕 없고 불은 꺼졌다.
하늘이여, 비를 내릴 테면 내려라!

Sn. 0020.
소 치는 다니야가 말하기를,
쇠파리는 보이지 않고
무성한 풀밭에는 소가 풀을 뜯고 있다.
비가 와도 견딜 수 있을 터이니
하늘이여, 비를 내릴 테면 내려라!

Sn. 0021.
세존께서 말씀하시기를,
잘 엮어서 뗏목을 만들어
거센 물결 헤치고 피안으로 건너갔다.
나는 뗏목이 필요 없으니
하늘이여, 비를 내릴 테면 내려라!

Sn. 0022.
소 치는 다니야가 말하기를,
내 아내는 충실하고 욕심이 없다.
오랜 세월 행복하게 함께 살았다.
그녀가 나쁘다는 어떤 말도 듣지 못했다.
하늘이여, 비를 내릴 테면 내려라!

Sn. 0023.
세존께서 말씀하시기를,
내 마음은 충실하고 해탈했다.
오랜 세월 길들이고 수련했다.
나에게는 사악한 어떤 것도 없다.
하늘이여, 비를 내릴 테면 내려라!

Sn. 0024.
소 치는 다니야가 말하기를,
나는 내가 벌어서 자녀를 부양한다.
내 아들은 모두가 건강하다.
그들이 나쁘다는 말을 듣지 못했다.
하늘이여, 비를 내릴 테면 내려라!

Sn. 0025.
세존께서 말씀하시기를,
나는 그 누구의 하인도 아니다.
얻은 것으로 온 세상을 돌아다닌다.
나에게는 품삯이 필요 없다.
하늘이여, 비를 내릴 테면 내려라!

Sn. 0026.
소 치는 다니야가 말하기를,
암소도 있고 어미 소도 있고
수송아지도 있고 암송아지도 있다.
황소도 있고 대장 소도 있다.
하늘이여, 비를 내릴 테면 내려라!

Sn. 0027.
세존께서 말씀하시기를,
암소도 없고 어미 소도 없고
수송아지도 없고 암송아지도 없다.
황소도 없고 대장 소도 없다.
하늘이여, 비를 내릴 테면 내려라!

Sn. 0028.
소 치는 다니야가 말하기를,
움직이지 않게 말뚝을 박았다.
문자(muñja) 풀로 잘 만든 새 밧줄은
어미 소도 끊을 수가 없다.
하늘이여, 비를 내릴 테면 내려라!

Sn. 0029.

세존께서 말씀하시기를,

황소가 결박을 끊어 버리듯

용상(龍象)[696]이 악취 내는 덩굴을 뭉개듯

다시는 모태(母胎)에 가지 않으리니

하늘이여, 비를 내릴 테면 내려라!

Sn. 0030.

그때 갑자기 큰 폭우가 쏟아져서

낮은 땅이 빗물로 가득 찼다.

하늘이 비 내리는 소리를 듣고

다니야가 말하기를

Sn. 0031.

우리가 세존을 뵙고

얻은 이익이 참으로 많습니다.

우리는 눈을 지닌 분께 귀의합니다.

위대한 성자여! 당신은 우리의 스승입니다.

Sn. 0032.

아내와 저는 충실합니다.

선서(善逝)님 밑에서 범행(梵行) 닦겠습니다.

우리는 생사의 피안에 가서

괴로움을 끝내도록 하겠습니다.

Sn. 0033.

마라(Māra) 빠삐만(Pāpiman)이 말하기를,

아들을 가진 사람은 아들 때문에 기뻐하고

소를 가진 사람은 소 때문에 기뻐한다.

사람의 기쁨은 가진 것 때문이니

가진 것이 없는 사람 기뻐할 것이 없다.

Sn. 0034.

세존께서 말씀하시기를,

아들 가진 사람은 아들 때문에 슬퍼하고

소를 가진 사람은 소 때문에 슬퍼한다.

사람의 슬픔은 가진 것 때문이니

가진 것이 없는 사람 슬퍼할 것이 없다.

3. 칵가위사나-숫따(Khaggavisaṇa-sutta) | 무소

Sn. 0035.

모든 생명에게 폭력을 내려놓고

살아 있는 어떤 것도 해치지 말라!

자녀도 기대 말라! 하물며 친구이랴!

무소의 뿔처럼 혼자서 가라!

Sn. 0036.

교제하는 가운데 애정이 생기고

애정을 따라서 괴로움이 생긴다.

애정에서 생기는 재앙을 보고

무소의 뿔처럼 혼자서 가라!

Sn. 0037.

친구와 동료를 연민하다가

마음이 얽매이면 목표를 잃게 된다.

친교에서 이러한 두려움 보고

무소의 뿔처럼 혼자서 가라!

Sn. 0038.

커다란 대나무 가지가 뒤엉키듯

처자식을 애착함도 마찬가지다.

---

696 큰 코끼리를 의미함.

들러붙지 않는 죽순처럼
무소의 뿔처럼 혼자서 가라!

Sn. 0039.
숲속에서 묶이지 않은 사슴이
마음대로 풀을 찾아 돌아다니듯
현명한 사람은 자유를 찾아
무소의 뿔처럼 혼자서 가라!

Sn. 0040.
집에서 머물거나 여행하고 유행(遊行)할 때
친구들과 함께하면 요청이 있다.
욕심 없는 사람은 자유를 찾아
무소의 뿔처럼 혼자서 가라!

Sn. 0041.
친구들과 함께하면 놀이에 빠져들고
자녀들과 함께하면 사랑이 커진다.
사랑하는 것들과 헤어지기 싫으면
무소의 뿔처럼 혼자서 가라!

Sn. 0042.
어떤 것이든 얻은 것에 만족하면
사방 천지에 거리낄 것이 없다.
위험에 처해서도 두려움 없이
무소의 뿔처럼 혼자서 가라!

Sn. 0043.
어떤 출가자는 함께하기 어렵다.
집에 사는 재가자도 마찬가지다.
다른 사람 자녀들에 관심 두지 말고[697]
무소의 뿔처럼 혼자서 가라!

Sn. 0044.
낙엽이 져 버린 꼬윌라라(koviḷāra) 나무처럼
재가자의 속된 습성 떨쳐 버리고
재가자의 속박을 끊어 버린 영웅은
무소의 뿔처럼 혼자서 가라!

Sn. 0045.
신념을 가지고 착하게 사는
현명한 동료나 도반 얻으면
즐겁게 모든 난관 극복하면서
마음 모아 그들과 함께 가라!

Sn. 0046.
신념을 가지고 착하게 사는
현명한 동료나 도반 없으면
대왕이 정복한 국토 버리듯
무소의 뿔처럼 혼자서 가라!

Sn. 0047.
좋은 동료 얻는 것을 우리는 찬탄한다.
낫거나 동등한 친구를 사귀어라!
그런 친구 없으면 허물을 짓지 말고
무소의 뿔처럼 혼자서 가라!

Sn. 0048.
세공사가 황금으로 예쁘게 만든
찬란하게 빛나는 팔찌 두 개가
팔에서 부딪치는 모습을 보고
무소의 뿔처럼 혼자서 가라!

Sn. 0049.
이와 같이 둘이서 함께 있으면

---

697 타인에게 관심 두지 말라는 의미.

잡담이나 말다툼이 일어나리니
이러한 두려움을 미리 보고서
무소의 뿔처럼 혼자서 가라!

Sn. 0050.

사랑스러운 갖가지 달콤한 쾌락들은
다양한 모습으로 마음을 휘젓는다.
감각적 쾌락에서 위험을 보고
무소의 뿔처럼 혼자서 가라!

Sn. 0051.

이와 같이 쾌락은 종기처럼 위험하다.
질병이나 화살처럼 두려운 것이다.
감각적 쾌락에서 두려움 보고
무소의 뿔처럼 혼자서 가라!

Sn. 0052.

추위와 더위 굶주림과 목마름
바람과 햇빛 쇠파리와 뱀
이 모든 것을 견디어 내고
무소의 뿔처럼 혼자서 가라!

Sn. 0053.

어깨가 벌어지고 연꽃 문양 점이 있는
거대한 코끼리가 무리를 피해 나와
숲속에서 제 맘대로 살아가듯이
무소의 뿔처럼 혼자서 가라!

Sn. 0054.

친구들과 어울리기 좋아하는 사람은
잠시도 해탈에 이를 수 없다.
태양족의 이 말을 명심하고서
무소의 뿔처럼 혼자서 가라!

Sn. 0055.

옥신각신 다투는 이론에서 벗어나
해탈에 이르는 길을 얻은 사람은
이제는 알았으니 남의 지도 필요 없다.
무소의 뿔처럼 혼자서 가라!

Sn. 0056.

욕심 없이 거짓 없이 갈망 없이 위선 없이
폭력이나 어리석음 남김없이 소멸하고
세간의 모든 애착 벗어 버리고
무소의 뿔처럼 혼자서 가라!

Sn. 0057.

나쁜 일에 빠져서 못된 일만 일삼는
사악한 친구들을 멀리하라!
스스로 나태에 빠지지 말고
무소의 뿔처럼 혼자서 가라!

Sn. 0058.

많이 배워 법을 알고 재치가 있는
훌륭한 친구를 가까이하라!
많은 이익 있을지니 의심 버리고
무소의 뿔처럼 혼자서 가라!

Sn. 0059.

세간에서 오락이나 쾌락의 즐거움을
누리려 하지 말고 바라지 말라!
꾸미지 말고 진실만을 말하고
무소의 뿔처럼 혼자서 가라!

Sn. 0060.

처자도 버리고 부모도 버리고
재산도 곡물도 친척도 버리고
아낌없이 모든 욕망 다 버리고

무소의 뿔처럼 혼자서 가라!

Sn. 0061.

집착하면 행복과 만족은 적고
거기에는 괴로움이 많게 되나니
낚싯바늘 알아차린 현명한 사람은
무소의 뿔처럼 혼자서 가라!

Sn. 0062.

물속에서 물고기가 그물을 찢듯이
불탄 곳에 불이 다시 오지 않듯이
모든 결박을 끊어 버리고
무소의 뿔처럼 혼자서 가라!

Sn. 0063.

눈을 내리뜨고 똑바로 걸어가라!
지각활동 지켜보고 마음을 단속하며
번뇌에서 벗어나 불길에서 벗어나
무소의 뿔처럼 혼자서 가라!

Sn. 0064.

잎사귀가 떨어진 빠리찻따(pārichatta)나무
처럼
재가자의 속된 습성 떨쳐 버리고
가사를 입고 집에서 나와
무소의 뿔처럼 혼자서 가라!

Sn. 0065.

맛을 탐하거나 동요하지 말고
홀로 이 집 저 집 차례로 걸식하며
어떤 집에도 마음을 두지 말고
무소의 뿔처럼 혼자서 가라!

Sn. 0066.

마음의 다섯 가지 장애[五蓋] 없애고
더러운 번뇌를 모두 내쫓고
애정과 악의 끊고 자유를 얻어
무소의 뿔처럼 혼자서 가라!

Sn. 0067.

이전에 느꼈던 괴로움도 즐거움도
만족도 불만도 마음에 두지 말고
청정한 평정심과 사마타(samatha)를 성취하
여
무소의 뿔처럼 혼자서 가라!

Sn. 0068.

최상의 목적을 이루기 위해
마음을 가다듬어 나태하지 말고
강력한 힘을 갖춰 용맹하게 정진하며
무소의 뿔처럼 혼자서 가라!

Sn. 0069.

홀로 앉아 열심히 선정을 닦고
언제나 가르침에 따르는 사람은
무엇이 재앙인지 파악하고서
무소의 뿔처럼 혼자서 가라!

Sn. 0070.

게으름 피우지 말고 갈애를 소멸하라!
귀머거리 되지 말고 많이 듣고 집중하라!
가르침을 헤아려서 힘써 정진하라!
무소의 뿔처럼 혼자서 가라!

Sn. 0071.

소리에 놀라지 않는 사자처럼
그물에 걸리지 않는 바람처럼

진흙탕에 물들지 않는 연꽃처럼
무소의 뿔처럼 혼자서 가라!

Sn. 0072.
억센 이빨로 짐승들을 제압하는
백수의 왕 사자가 승리를 거둔 후에
한적한 외딴곳에 즐겨 가듯이
무소의 뿔처럼 혼자서 가라!

Sn. 0073.
자애심(慈愛心) 평정심(平靜心) 연민심(憐愍心) 해탈심(解脫心)
그리고 희심(喜心)을 수시로 실천하여
세간의 모든 것에 방해받지 말고
무소의 뿔처럼 혼자서 가라!

Sn. 0074.
탐욕 분노 어리석음 다 버리고
모든 결박을 남김없이 깨부수고
목숨이 끊어져도 무서워 말고
무소의 뿔처럼 혼자서 가라!

Sn. 0075.
이익을 위하여 사귀고 교제한다.
목적 없는 친구는 얻기 어렵다.
이익에 밝은 사람 순수하지 않으니
무소의 뿔처럼 혼자서 가라!

4. 까시 바라드와자-숫따(Kasi-bhāradvāja-sutta) | 밭 가는 바라문

이와 같이 나는 들었습니다.

한때 세존께서 마가다의 닥키나기리에 있는 에까날라 바라문 마을에 머무실 때, 까시 바라드와자 바라문은 파종기(播種期)에 즈음하여 500개의 쟁기를 멍에에 묶고 있었습니다. 세존께서는 아침에 옷을 입고 발우와 법의를 지니고 까시 바라드와자 바라문이 일하는 곳을 찾아가서 한쪽에 서 계셨습니다. 그때 까시 바라드와자 바라문은 음식을 나누어 주고 있었습니다. 까시 바라드와자 바라문은 탁발하기 위해 서 있는 세존을 보았습니다.

그는 세존께 이렇게 말했습니다.

"사문이여, 나는 밭을 갈고 씨를 뿌립니다. 나는 밭을 갈고 씨를 뿌린 후에 먹습니다. 사문이여, 그대도 밭을 갈고 씨를 뿌리세요. 그대도 밭을 갈고 씨를 뿌린 후에 먹으세요."

"바라문이여, 나도 밭을 갈고 씨를 뿌린다오. 나도 밭을 갈고 씨를 뿌린 후에 먹는다오."

'우리는 고따마 존자의 멍에나 쟁기나 보습이나 회초리나 밭을 가는 소들을 보지 못했다. 그런데 고따마 존자는, 나도 밭을 갈고 씨를 뿌린다. 나도 밭을 갈고 씨를 뿌린 후에 먹는다고 말하는구나.'

이렇게 생각한 까시 바라드와자 바라문은 세존께 게송으로 말을 걸었습니다.

Sn. 0076.
그대는 자신을 농부라고 말하지만
농사짓는 것을 나는 보지 못했다오.
그대가 농부라면 말해 보세요.
어떤 농사 짓는지 알고 싶군요.

Sn. 0077.
믿음은 씨앗, 수행은 비
통찰지[般若]는 나의 멍에와 쟁기

부끄러움은 끌채, 마음은 멍에끈,
주의집중[sati]은 나의 보습과 회초리.

Sn. 0078.
몸가짐 조심하고, 말조심하고,
음식은 양에 맞게 절제를 하며
진리로 잡초를 베어 낸다네.
온화함은 나의 휴식이라네.

Sn. 0079.
지고의 행복을 실어 나르는
짐을 진 나의 소는 정진이라네.
물러서지 않고 나아간다네.
그가 간 곳에는 걱정이 없다네.

Sn. 0080.
나는 농사를 이와 같이 짓는다네.
불사(不死)가 이 농사의 결실이라네.
이 농사를 잘 지으면
일체의 괴로움을 벗어난다네.

까시 바라드와자 바라문은 커다란 청동 발우에 유미죽을 담아 세존께 드렸습니다.

"고따마 존자여, 음식을 드십시오! 농사를 지어서 불사의 결실을 거두는 고따마 존자가 진정한 농부입니다."

Sn. 0081.
게송 읊어 받은 음식 먹을 수 없네.
바르게 보는 자의 법도가 아니라네.
깨달은 이들은 품삯 받지 않는다네.
바라문이여, 그것이 옳은 법도라네.

Sn. 0082.
번뇌가 소멸하고 악행이 멸진한
독존(獨存, kevalin)[698]에 이른 위대한 선인(仙人)을
먹고 마실 것으로 달리 공양하시오!
그것이 복 구하는 밭[福田]이라오.

"고따마 존자여, 그렇다면 저는 이 유미죽을 누구에게 줄까요?"

"바라문이여, 나는 천신(天神)과 마라(Māra)와 범천(梵天)을 포함하는 세간(世間), 사문과 바라문과 왕과 사람들을 포함하는 인간 가운데서 여래와 여래의 제자 이외에 이 음식을 먹고 소화시킬 수 있는 것을 보지 못했다오. 그대는 이 유미죽을 풀이 없는 곳에 감추거나 벌레가 없는 물속에 가라앉히시오!"

까시 바라드와자 바라문은 그 유미죽을 벌레가 없는 물속에 가라앉혔습니다. 그러자 그 유미죽이 물속에서 거품과 연기를 내며 지글지글 끓었습니다. 예를 들면 하루 종일 열을 받은 과일을 물속에 던지면 거품과 연기를 내며 지글지글 끓듯이, 이와 같이 그 유미죽은 물속에서 거품과 연기를 내며 지글지글 끓었습니다. 놀라서 온몸의 털이 곤두선

---

698 '독존(獨存)'으로 번역한 'kevalin'은 원래 고행주의자들이 사용한 말이다. 고행주의자들은 고행을 통해 업(業)을 멸진하면 영혼[Jīva]이 육체에서 벗어나 홀로 존재하게 된다고 주장하면서 영혼이 홀로 존재하는 것을 'kevala'라고 불렀다. 그리고 이러한 독존에 도달한 사람을 'kevalin'이라고 했는데, 이것이 일반화되어 'kevalin'은 모든 번뇌가 사라진 사람을 의미한다.

까시 바라드와자 바라문은 세존께 다가가서 세존의 두 발에 머리를 조아리고 세존께 말씀드렸습니다.

"놀랍습니다! 고따마 존자님! 놀랍습니다! 고따마 존자님! 고따마 존자님! 마치 뒤집힌 것을 바로 세우는 것 같고, 감추어진 것을 드러내는 것 같고, 길 잃은 자에게 길을 알려 주는 것 같고, '눈 있는 자들은 보라!'라고 어둠 속에 등불을 비춰 주는 것 같습니다. 이와 같이 고따마 존자께서는 여러 가지 방법으로 진리를 알려 주셨습니다. 고따마 존자님! 그래서 저는 고따마 존자님께 귀의합니다. 가르침과 비구상가에 귀의합니다. 고따마 존자님! 저는 고따마 존자님 앞으로 출가하여 구족계를 받고자 합니다."

까시 바라드와자 바라문은 세존 앞으로 출가하여 구족계를 받았습니다. 까시 바라드와자 바라문은 구족계를 받자 곧 홀로 외딴 곳에서 열심히 노력하고 정진하며 지냈습니다. 그리고 오래지 않아 선남자(善男子)들이 출가하는 목적인 위없는 청정한 수행[梵行]의 완성을 지금 여기에서 스스로 체득하고 성취하여 살았습니다. 그는 '생(生)은 소멸했다. 청정한 수행을 완성했으며, 해야 할 일을 끝마쳤다. 다시는 이와 같은 상태로 되지 않는다'라는 것을 체득했습니다. 그리하여 까시 바라드와자 존자는 아라한(阿羅漢) 가운데 한 분이 되었습니다.

5. 쭌다-숫따(Cunda-sutta)
| 대장장이 쭌다

Sn. 0083.

대장장이 쭌다가 말하기를,
갈애에서 벗어난 붓다이며 법주(法主)이며
최상의 인간이며 최고의 마부이신
지혜 크신 성자님께 묻습니다.
세간에 사문은 몇 종류인가요?

Sn. 0084.

세존께서 쭌다에게 말씀하시기를,
그대의 질문에 대답하리라.
길을 정복한 자, 길을 가르치는 자
길에서 사는 자, 길을 더럽히는 자
사문은 이들 네 종류일 뿐, 다섯째는 없다.

Sn. 0085.

대장장이 쭌다가 말하기를,
깨달은 분들이 말씀하시는 길을 정복한 자
누구인가요?
비길 바 없는 길을 가르치는 자 어떤 사람인가요?
묻사오니, 길에서 사는 자 누구이며
길을 더럽히는 자 누구인가요.

Sn. 0086.

독화살을 뽑아서 의심이 없고
갈망하는 것이 없어 열반을 좋아하는
천신을 포함한 세간의 인도자
모든 붓다 그를 일러 길의 정복자라 한다.

Sn. 0087.

최상을 최상으로 아는 사람

법을 알려 주고 해석하는 사람
의심을 끊어 흔들림 없는 사람
그를 일러 길을 가르치는 수행자라 한다.

Sn. 0088.

잘 설해진 가르침 가운데서
그 길 가운데서 자제하고 집중하며,
허물없는 길을 가는 사람
그를 일러 길에서 사는 수행자라 한다.

Sn. 0089.

가식으로 착한 일을 하는 척하면서
가문을 더럽히는 무모한 위선자
거짓되고 절제 없고 얼토당토아니하게
시늉으로 수행하면 길을 더럽히는 자라 한다.

Sn. 0090.

이들을 낱낱이 꿰뚫어 본 재가자는
학식 있고 지혜 있는 성자의 제자는
이와 같이 수행자가 모두 다름 알고
이와 같이 보고 신심 줄지 않는다.
타락한 자와 타락하지 않은 수행자가 어찌 같겠는가?
청정한 수행자가 청정하지 않은 자와 어찌 같겠는가?

6. 빠라바와-숫따(Parābhava-sutta) | 파멸(破滅)

이와 같이 나는 들었습니다.

한때 세존께서 사왓티의 제따와나 아나타삔디까 사원에 머무실 때, 밤이 되자 어떤 천신이 휘황찬란한 모습으로 제따와나를 훤히 밝히며 세존을 찾아와서 예배한 후에 한쪽에 섰습니다. 한쪽에 선 그 천신이 게송으로 세존께 말을 걸어왔습니다.

Sn. 0091.

파멸하는 사람에 대하여
고따마 존자님께 묻습니다.
우리는 묻기 위해 세존께 왔습니다.
파멸로 가는 문은 무엇인가요?

Sn. 0092.

성공하는 자도 알아보기 쉽고
파멸하는 자도 알아보기 쉽다.
해야 할 일 좋아하면 성공하고
해야 할 일 싫어하면 파멸한다.

Sn. 0093.

그렇지요! 그런 사람 파멸하지요.
첫 번째 파멸의 문 알았습니다.
말해 주소서! 세존이시여
두 번째 파멸의 문 무엇인가요?

Sn. 0094.

거짓된 것 좋아하고
진실한 것 싫어하고
못된 행실 용납하면
이것이 파멸로 가는 문이다.

Sn. 0095.

그렇지요! 그런 사람 파멸하지요.
두 번째 파멸의 문 알았습니다.
말해 주소서! 세존이시여
세 번째 파멸의 문 무엇인가요?

Sn. 0096.

나태하고 모임 좋아하고
열의 없고 게으른 사람이
화낼 줄밖에 모른다면
이것이 파멸로 가는 문이다.

Sn. 0097.

그렇지요! 그런 사람 파멸하지요.
세 번째 파멸의 문 알았습니다.
말해 주소서! 세존이시여
네 번째 파멸의 문 무엇인가요?

Sn. 0098.

노년의 늙은 부모
모실 수 있으면서
부양하지 않는다면
이것이 파멸로 가는 문이다.

Sn. 0099.

그렇지요! 그런 사람 파멸하지요.
네 번째 파멸의 문 알았습니다.
말해 주소서! 세존이시여
다섯 번째 파멸의 문 무엇인가요?

Sn. 0100.

사문이나 바라문
걸식하는 나그네를
거짓말로 속이면
이것이 파멸로 가는 문이다.

Sn. 0101.

그렇지요! 그런 사람 파멸하지요.
다섯 번째 파멸의 문 알았습니다.
말해 주소서! 세존이시여
여섯 번째 파멸의 문 무엇인가요?

Sn. 0102.

큰 재산을 가진 사람이
황금이며 먹을 것 쌓아 놓고서
혼자서 좋은 음식 먹고 있다면
이것이 파멸로 가는 문이다.

Sn. 0103.

그렇지요! 그런 사람 파멸하지요.
여섯 번째 파멸의 문 알았습니다.
말해 주소서! 세존이시여
일곱 번째 파멸의 문 무엇인가요?

Sn. 0104.

출생을 내세우고 재산을 자랑하고
가문을 뽐내면서
친척을 멸시하면
이것이 파멸로 가는 문이다.

Sn. 0105.

그렇지요! 그런 사람 파멸하지요.
일곱 번째 파멸의 문 알았습니다.
말해 주소서! 세존이시여
여덟 번째 파멸의 문 무엇인가요?

Sn. 0106.

여자에게 빠지고 술에 빠지고
도박에 빠져서
버는 대로 탕진하면
이것이 파멸로 가는 문이다.

Sn. 0107.

그렇지요! 그런 사람 파멸하지요.

여덟 번째 파멸의 문 알았습니다.
말해 주소서! 세존이시여
아홉 번째 파멸의 문 무엇인가요?

Sn. 0108.
자신의 아내에 만족 못 하고
기녀들 가운데 모습 보이고
남의 아내 처소에 나타난다면
이것이 파멸로 가는 문이다.

Sn. 0109.
그렇지요! 그런 사람 파멸하지요.
아홉 번째 파멸의 문 알았습니다.
말해 주소서! 세존이시여
열 번째 파멸의 문 무엇인가요?

Sn. 0110.
늙은이가 띰바루(timbaru) 열매 같은
가슴 지닌 젊은 여인 데려와서
질투심에 사로잡혀 잠을 못 이룬다면
이것이 파멸로 가는 문이다.

Sn. 0111.
그렇지요! 그런 사람 파멸하지요.
열 번째 파멸의 문 알았습니다.
말해 주소서! 세존이시여
열한 번째 파멸의 문 무엇인가요?

Sn. 0112.
술에 빠지거나 낭비벽이 있는
여인이나 사내에게
주도권을 준다면
이것이 파멸로 가는 문이다.

Sn. 0113.
그렇지요! 그런 사람 파멸하지요.
열한 번째 파멸의 문 알았습니다.
말해 주소서! 세존이시여
열두 번째 파멸의 문 무엇인가요?

Sn. 0114.
크샤트리아 가문에 태어나
가진 것 없이 욕망만 커서
왕위를 차지하기 원한다면
이것이 파멸로 가는 문이다.

Sn. 0115.
현자는 세상에서
이런 파멸 살펴보고
통찰력을 잘 갖춘 거룩한 성자는
행복한 세상으로 간다.

7. 와살라-숫따(Vasāla-sutta) | 천한 사람

이와 같이 나는 들었습니다.

한때 세존께서 사왓티의 제따와나 아나타삔디까 사원에 머무셨습니다.

세존께서는 오전에 옷을 입고 발우와 법의를 지니고 탁발하러 사왓티에 들어가셨습니다.

그때 악기까 바라드와자 바라문은 집에서 불을 피우고 헌공(獻供)을 올리고 있었습니다. 세존께서는 사왓티에서 차례로 탁발하면서 악기까 바라드와자 바라문의 집으로 다가갔습니다. 악기까 바라드와자 바라문은 세존께서 오시는 것을 멀리서 보고, 세존께 말했습니다.

"거기 까까머리야! 거기 사문(沙門)놈아! 거기 천한 놈아! 거기에 서라!" 이와 같이 말하자, 세존께서 악기까 바라드와자 바라문에게 말씀하셨습니다.

"바라문이여, 그대는 천한 사람이나 천한 사람을 만드는 행실[法]들을 아는가?"

"고따마 존자여, 저는 천한 사람이나 천한 사람을 만드는 행실들을 모릅니다. 고따마 존자께서는 제가 천한 사람이나 천한 사람을 만드는 행실들을 알 수 있도록 저에게 가르침을 주십시오!"

"바라문이여, 그렇다면 내가 하는 이야기를 듣고 잘 생각하라!" 악기까 바라드와자 바라문은 "존자여, 그렇게 하겠습니다"라고 세존께 약속했습니다.

세존께서 말씀하셨습니다.

Sn. 0116.

화 잘 내고, 악의 품고
그릇된 견해를 가진 사람
현혹하여 남을 속이는 사람
그를 천한 사람으로 알아야 한다.

Sn. 0117.

한 번 태어난 것이든
두 번 태어난 것[699]이든
생명을 해치고 동정심이 없으면
그를 천한 사람으로 알아야 한다.

Sn. 0118.

마을을 공격하고
도시를 파괴하고
독재자로 악명 높은 자
그를 천한 사람으로 알아야 한다.

Sn. 0119.

마을이든 숲에서든
남의 귀한 물건을
도둑질로 취한다면
그를 천한 사람으로 알아야 한다.

Sn. 0120.

빚진 것이 확실한데
독촉받자 도망가서
빚이 없다 우긴다면
그를 천한 사람으로 알아야 한다.

Sn. 0121.

사소한 것 욕심내서
길에 나가 사람 해쳐
사소한 것 뺏는다면
그를 천한 사람으로 알아야 한다.

Sn. 0122.

자신이나 남이나 재산 때문에
증인 심문받는 자가
거짓으로 증언하면
그를 천한 사람으로 알아야 한다.

Sn. 0123.

친척이나 친구의
아내 처소에 보이는 자
강간이든 화간이든
그를 천한 사람으로 알아야 한다.

---

699 새처럼 알로 태어났다가 다시 부화하여 태어나는 것을 의미함.

Sn. 0124.

노년의 늙은 부모
모실 수 있으면서
부양하지 않는다면
그를 천한 사람으로 알아야 한다.

Sn. 0125.

부모와 형제자매
장인과 장모를
악담으로 해치거나 괴롭히는 자
그를 천한 사람으로 알아야 한다.

Sn. 0126.

이익 될 일 자문받고
손해 볼 일 알려 주고
숨겨야 할 비밀을 발설하는 자
그를 천한 사람으로 알아야 한다.

Sn. 0127.

악한 일을 행하고
몰라보길 바라면서
악한 행동을 은밀하게 하는 자
그를 천한 사람으로 알아야 한다.

Sn. 0128.

남의 집에 가서 융숭하게 대접받고
방문한 사람을
공경하지 않는 자
그를 천한 사람으로 알아야 한다.

Sn. 0129.

사문이나 바라문
걸식하는 나그네를
거짓말로 속이면
그를 천한 사람으로 알아야 한다.

Sn. 0130.

밥때가 되었는데
사문이나 바라문에게
밥은 주지 않고 욕설하는 자
그를 천한 사람으로 알아야 한다.

Sn. 0131.

어리석음에 뒤덮여서
사소한 것 탐을 내어
거짓을 말하는 자
그를 천한 사람으로 알아야 한다.

Sn. 0132.

자화자찬하면서
다른 사람 무시하는
자신의 교만으로 천박해진 자
그를 천한 사람으로 알아야 한다.

Sn. 0133.

화 잘 내고 인색하고
악의 품고 탐욕스러운
수치를 모르는 무모한 불량배
그를 천한 사람으로 알아야 한다.

Sn. 0134.

붓다(Buddha)를 비방하고
출가 제자든 재가 제자든
그의 제자를 비방하는 자
그를 천한 사람으로 알아야 한다.

Sn. 0135.

아라한이 아니면서 아라한을 자칭하면

범천(梵天)을 포함한 세간의 도적이며
이것이 천한 행실이다.
내가 그대들에게 밝힌 것들이 천하다고 불리는 것이다.

Sn. 0136.
태어날 때 천한 자 없고
태어날 때 바라문 없다.
업에 의해 천한 자 되고
업에 의해 바라문 된다.

Sn. 0137.
그대들이 알 수 있게
내가 예를 들겠노라.
불가촉천민 마땅가(Mātaṅga)는
천한 백정의 아들이었다.

Sn. 0138.
마땅가는 얻기 힘든
최상의 지위 얻어
많은 바라문과 크샤트리아
그를 예배하러 모여들었다.

Sn. 0139.
그는 쾌락과 욕망을 버리고
범천세계 가는 천상의 길
티 없이 깨끗한 큰 길에 올라
아무런 장애 없이 범천세계 태어났다.

Sn. 0140.
베다를 배우는 가문에 태어나
만트라[manta][700]를 잘 아는 바라문들도
거듭해서 사악한 업을
짓는 것을 우리는 볼 수가 있다.

Sn. 0141.
그는 지금 여기에서 비난을 받고
미래에는 악취에 떨어지나니
악취에 떨어지고 비난받는 것
그 누구도 막을 수 없다.

Sn. 0142.
태어날 때 천한 자 없고
태어날 때 바라문 없다.
업에 의해 천한 자 되고
업에 의해 바라문 된다.

이 말씀을 듣고, 악기까 바라드와자 바라문은 이렇게 말했습니다.

"훌륭합니다, 고따마 존자여! 훌륭합니다, 고따마 존자여! 고따마 존자여, 마치 뒤집힌 것을 바로 세우는 것 같고, 감추어진 것을 드러내는 것 같고, 길 잃은 자에게 길을 알려 주는 것 같고, '눈 있는 자들은 보라'라고 어둠 속에 등불을 비춰 주는 것 같습니다. 이와 같이 고따마 존자께서는 여러 가지 방법으로 진리를 알려 주셨습니다. 고따마 존자여, 그래서 저는 고따마 존자님께 귀의합니다. 가르침과 비구상가에 귀의합니다. 고따마 존자님께서는 저를 청신사(淸信士)로 받아 주소서. 지금부터 살아 있는 날까지 귀의하겠습니다."

---

700 'manta'는 산스크리트어 'mantra'의 빨리어 표기이다. 'mantra'는 원래 베다의 운문 형식의 찬가를 의미하는데, 후대에는 베다의 문구나 주문을 의미하게 된다. 여기에서는 베다의 문구를 의미한다.

8. 멧따-숫따(Metta-sutta) | 자애(慈愛)

Sn. 0143.

평온한 경지를 체득한 사람은
유능하고 정직하고 올바르고
온순하고 말씨는 부드럽고
교만하지 않아야 한다.

Sn. 0144.

만족할 줄 알아 검소하고
할 일이 별로 없어 한가하고
지각활동 고요하며 사려 깊고
겸손하고 살림 욕심 없어야 한다.

Sn. 0145.

현자들이 나중에 질책할 만한
못난 짓은 어떤 것도 하면 안 된다.
안락하여라! 평온하여라!
살아 있는 것은 모두 행복하여라!

Sn. 0146.

살아 있는 존재는 어떤 것이든
동물이든 식물이든 하나도 빠짐없이
길든 짧든 크든 작든 중간 크기든
크고 작은 살아 있는 모든 존재는

Sn. 0147.

눈에 보이든 보이지 않든
먼 곳에 살든 가까이 살든
태어난 존재든 태어날 존재든
살아 있는 것은 모두 행복하여라!

Sn. 0148.

서로서로 상대를 속이면 안 된다.
어디서든 누구든 무시하면 안 된다.
분노 때문에 반감 때문에
상대의 불행을 소망하면 안 된다.

Sn. 0149.

어머니가 목숨 걸고
외아들을 지키듯이
이와 같이 모든 생명에 대하여
한량없는 마음을 닦아야 한다.

Sn. 0150.

위로 아래로 사방 천지로
세상의 모든 중생들에 대하여
거침없이 원한 없이 아무런 적의 없이
한량없는 자애심을 닦아야 한다.

Sn. 0151.

서 있든 길을 가든 앉아 있든 누워 있든
잠들지 않고 깨어 있는 한
무량한 자애심에 주의를 집중하면
이것을 범천의 삶[brahmaṃ vihāraṃ, 梵住]이
라고 한다.

Sn. 0152.

공허한 이론을 가까이하지 않고
계행을 지키고 통찰력을 갖추어서
쾌락에 대한 탐욕 버린 사람은
결코 다시 모태에 가지 않는다.

9. 헤마와따-숫따(Hemavata-sutta)
| 헤마와따 야차

Sn. 0153.

사따기라(Sātāgira) 야차가 말하기를
오늘은 보름날 포살일(布薩日)이다.
거룩한 밤이 다가온다.
자! 이제 최고의 명성을 지닌
고따마 스승님을 뵙도록 하자!

Sn. 0154.

헤마와따 야차가 말하기를
그런 분이 살아 있는 모든 존재에
깊은 관심을 갖기나 할까?
마음에 들거나 들지 않거나
그분은 생각을 자제하실까?

Sn. 0155.

사따기라 야차가 말하기를
그분은 살아 있는 모든 존재에
깊은 관심을 가지고 있다.
마음에 들거나 들지 않거나
그분은 생각을 자제하신다.

Sn. 0156.

헤마와따 야차가 말하기를
주지 않은 것을 취하지는 않는가?
그분은 생명을 해치지는 않는가?
그분은 행여나 방일하지 않는가?
선정을 게을리하지 않는가?

Sn. 0157.

사따기라 야차가 말하기를
주지 않은 것을 취하지 않는다.
그분은 생명을 해치지 않는다.
붓다는 결코 방일하지 않는다.
선정을 게을리하지 않는다.

Sn. 0158.

헤마와따 야차가 말하기를
그분은 거짓말을 하지는 않는가?
그분은 폭언을 하지는 않는가?
그분은 이간질을 하지는 않는가?
그분은 잡담을 하지는 않는가?

Sn. 0159.

사따기라 야차가 말하기를
그분은 거짓말을 하지 않는다.
그분은 폭언을 하지 않는다.
그분은 이간질을 하지 않는다.
진실하고 유익한 말만 하신다.

Sn. 0160.

헤마와따 야차가 말하기를
그분은 쾌락을 즐기지는 않는가?
그분은 마음이 혼탁하진 않는가?
어리석음에서는 벗어났는가?
법(法)에 대한 안목은 갖추었는가?

Sn. 0161.

사따기라 야차가 말하기를
그분은 쾌락을 즐기지 않는다.
그분은 마음이 혼탁하지 않다.
모든 어리석음에서 벗어났다.
붓다는 법안(法眼)을 갖추었다.

Sn. 0162.

헤마와따 야차가 말하기를

그분은 명지(明智)에 도달했는가?
그분은 청정하게 행동하는가?
그분은 번뇌를 소멸했는가?
이후의 존재[punabhava, 後有]는 없는가?

Sn. 0163.

사따기라 야차가 말하기를
그분은 명지에 도달했다.
그분은 청정하게 행동한다.
그분은 번뇌를 소멸했다.
이후의 존재는 없다.

Sn. 0163(a).

성자의 마음은
행동과 말로 성취되었다.
명지와 실천을 구족하신[明行足]
그분을 그대는 찬탄함이 마땅하다.

Sn. 0163(b).

성자의 마음은
행동과 말로 성취되었다.
명지와 실천을 구족하신
그분을 그대는 감사함이 마땅하다.

Sn. 0164.

성자의 마음은
행동과 말로 성취되었다.
명지와 실천을 구족하신 고따마
우리 이제 그분을 뵙도록 하자!

Sn. 0165.

사슴 같은 장딴지에 몸은 여위고
지혜롭고 식탐 없어 소식하시는
성자께서 숲속에서 명상하신다.
어서 가서 고따마 뵙도록 하자!

Sn. 0166.

감각적 쾌락에는 관심이 없이
코끼리나 사자처럼 혼자서 가는
그분을 찾아가서 묻도록 하자!
죽음의 올가미를 벗어나는 길

Sn. 0167.

알려 주는 분, 설명하는 분
모든 법의 피안에 도달하신 분
원한과 두려움을 극복하신 분
고따마 붓다님께 우리는 묻습니다.

Sn. 0168.

세간은 어디에서 생겼나요?
세간은 어디에서 관계를 맺나요?
세간은 무엇에 의존하고 있나요?
세간은 어디에서 고난을 겪나요?

Sn. 0169.

세간은 여섯[701]에서 생겨났다.
세간은 여섯에서 관계를 맺는다.
세간은 여섯에 의존하고 있다.
세간은 여섯에서 고난을 겪는다.

Sn. 0170.

취[upādānaṃ, 取]는 어떤 것이기에
그로 인해 세간이 고난을 겪나요?
벗어나는 길을 알려 주소서!

---

701 '여섯'은 6입처(六入處)를 의미한다.

어떻게 괴로움을 벗어나나요?

Sn. 0171.

세간에는 다섯 가지 쾌락이 있고
여섯 번째로 마음이 있다.
이들에 대한 욕망 버리면
이렇게 괴로움을 벗어난다.

Sn. 0172.

세간에서 벗어나는 이러한 길을
너희에게 사실대로 알려 주었다.
내가 너희에게 천명하겠다.
이렇게 하면 괴로움을 벗어난다.

Sn. 0173.

거센 강물을 건너는 자 누구인가요?
바다를 건너는 자 누구인가요?
바닥을 알 수 없는 깊은 물에서
가라앉지 않는 자 누구인가요?

Sn. 0174.

언제나 빠짐없이 계행을 갖추고
마음이 집중된 지혜로운 자
내면을 사유하는 주의집중하는 자
건너기 힘든 거센 강물을 건너간다.

Sn. 0175.

쾌락에 대한 생각 모조리 끊고
모든 속박에서 벗어난 사람
환락을 더 이상 누리지 않는 사람
깊은 물속에 가라앉지 않는다.

Sn. 0176.

보라! 위대한 저 선인을
깊은 지혜 갖추고 미묘한 뜻 깨달아서
쾌락에 물들지 않고 해탈하신 분
성자들의 거룩한 길 걸어가신다.

Sn. 0177.

보라! 현명한 일체지자(一切知者)를
미묘한 뜻 깨달아서 지혜 주시며
쾌락에 물들지 않고 명성 높은 분
성자들의 거룩한 길 걸어가신다.

Sn. 0178.

오늘에야 우리는 새벽을 보았네.
어둠 뚫고 떠오르는 밝은 태양을
거센 강물 건너간 번뇌가 없는
정각(正覺)을 성취하신 붓다 세존을

Sn. 0179.

신통을 갖추고 명성이 높은
일천(一千) 야차 모두 함께 귀의합니다.
당신은 우리의 스승입니다.
우리의 위없는 스승입니다.

Sn. 0180.

우리는 이제부터 이 마을 저 마을로
이 도시 저 도시로 사방 천지를
정각을 성취하신 거룩한 붓다와
가르침을 예경하며 돌아다니자!

10. 알라와까-숫따(Āļavaka-sutta)
| 알라와까 야차

이와 같이 나는 들었습니다.

한때 세존께서 알라위국의 알라와까 야

차의 영역에 머무실 때, 알라와까 야차가 세존께 다가와서 말했습니다.

"사문이여, 나가시오!"

"그러지요, 존자여!"

세존께서 나가셨습니다.

"사문이여, 들어오시오!"

"그러지요, 존자여!"

세존께서 들어오셨습니다.

두 번째로 알라와까 야차가 세존께 말했습니다.

"사문이여, 나가시오!"

"그러지요, 존자여!"

세존께서 나가셨습니다.

"사문이여, 들어오시오!"

"그러지요, 존자여!"

세존께서 들어오셨습니다.

세 번째로 알라와까 야차가 세존께 말했습니다.

"사문이여, 나가시오!"

"그러지요, 존자여!"

세존께서 나가셨습니다.

"사문이여, 들어오시오!"

"그러지요, 존자여!"

세존께서 들어오셨습니다.

네 번째로 알라와까 야차가 세존께 말했습니다.

"사문이여, 나가시오!"

"존자여, 나는 나가지 않겠으니, 그대 할 일이나 하시오!"

"사문이여, 내가 질문을 하겠소. 만약에 나에게 대답하지 못하면 그대의 마음을 휘저어 버리거나, 심장을 찢어 버리거나, 두 발을 잡아서 갠지스강에 던져 버리겠소."

"존자여, 나는 천신과 마라와 범천을 포함하는 세간, 사문과 바라문과 왕과 사람들을 포함하는 인간 가운데서 나의 마음을 휘저어 버리거나, 심장을 찢어 버리거나, 두 발을 잡아서 갠지스강에 던져 버릴 수 있는 자를 보지 못했다오. 그렇지만 벗이여, 그대가 원한다면 묻도록 하시오!"

그러자 알라와까 야차가 세존께 게송으로 말을 걸었습니다.

Sn. 0181.

사람에게 으뜸가는 재산은 무엇인가?
행복을 가져오는 좋은 실천은 무엇인가?
다른 맛보다 달콤한 것은 무엇인가?
어떤 삶을 으뜸가는 삶이라 하는가?

Sn. 0182.

믿음이 사람에게 으뜸가는 재산이다.
법(法)을 잘 실천하면 행복을 가져온다.
진실이야말로 다른 맛보다 달콤하다.
지혜로운 삶을 으뜸가는 삶이라고 한다.

Sn. 0183.

거센 강물은 어떻게 건너는가?
바다는 어떻게 건너는가?
괴로움은 어떻게 극복하는가?
어떻게 해야 청정해지는가?

Sn. 0184.

거센 강물은 믿음으로 건넌다.
바다는 불방일(不放逸)로 건넌다.
괴로움은 정진으로 극복한다.
지혜로써 통찰해야 청정해진다.

Sn. 0185.

지혜는 어떻게 얻는가?
재산은 어떻게 얻는가?
명성은 어떻게 얻는가?
친구들은 어떻게 사귀는가?
저승 갈 때 어찌해야 슬퍼하지 않는가?

Sn. 0186.

부지런하고 현명한 자가
열반을 성취하기 위하여
아라한의 법도를 믿고
듣기를 원하여 지혜 얻는다.

Sn. 0187.

적절한 일을 인내심 있게
열심히 하면 재물을 얻고
진실로써 명성을 얻고
베풂으로써 친구들을 사귄다.

Sn. 0188.

신심 있는 재가자에게
진실과 법도, 열성과 베풂
이들 네 가지 법이 있으면
죽은 후에 결코 슬퍼하지 않는다.

Sn. 0189.

사문이나 바라문 크샤트리아 바이샤
여러 부류 사람에게 물어보아라!
진실과 법도, 열성과 베풂
이 밖에 다른 것이 과연 있는지.

Sn. 0190.

어찌 지금 사문이나 바라문 같은
여러 부류 사람에게 묻겠습니까?
저는 이제 비로소 알았습니다.
내세에 무엇이 이익 되는지.

Sn. 0191.

붓다께서 저의 이익을 위해
알라위 마을에 머무셨군요.
이제야 저는 알았습니다.
베푼 만큼 큰 결실 있다는 것을.

Sn. 0192.

이제부터 저는 이 마을 저 마을로
이 도시 저 도시로 사방천지를
정각을 성취하신 거룩한 붓다와
가르침을 예경하며 다니겠습니다.

11. 위자야-숫따(Vijaya-sutta)
| 승리(勝利)

Sn. 0193.

가거나 서거나
앉거나 눕거나
구부리고 펴는 것
이것이 몸짓이다.

Sn. 0194.

뼈는 힘줄에 묶여 있고
살과 근육이 휘감고 있으니
피부에 감춰진 몸은
있는 그대로 보이지 않는다.

Sn. 0195.

그 속은 창자로 가득 차 있고
간장 위장 방광 심장

폐장 신장 비장 같은
여러 가지 내장으로 가득 차 있다.

Sn. 0196.
그 속에는 콧물과 침
땀과 지방 들어 있고
혈액과 활액과 림프액이
그리고 담즙이 가득 차 있다.

Sn. 0197.
그리고 아홉 개의 구멍에서는
언제나 더러운 것 흘러나온다.
눈에서는 눈곱이 흘러나오고
귀에서는 귀지가 흘러나온다.

Sn. 0198.
입에서는 콧물 침 담즙 가래가
한꺼번에 흘러나오고
몸에서는 땀이 나면서
더러운 때가 흘러나온다.

Sn. 0199.
두개골은 뇌수로 가득 차 있다.
어리석은 자는 무지로 인해
그러한 몸을 좋아하면서
아름답다고 생각한다.

Sn. 0200.
그렇지만 죽어서 묘지에 버려져
푸르게 부풀어 누워 있으면
친척들도 관심을 보이지 않고
아무도 거들떠보지 않는다.

Sn. 0201.
개나 늑대나 승냥이가 뜯어 먹고
구더기나 까마귀나 독수리가 파먹고
그 밖에 다른 생명들이 달려들어
남김없이 먹어 치운다.

Sn. 0202.
지혜로운 수행자는
붓다의 말씀 듣고
정확하게 이해하고
있는 그대로 본다.

Sn. 0203.
저 시체도 예전에는 내 몸 같았고,
내 몸도 죽으면 저 시체같이 된다.
이렇게 생각하고 안과 밖으로
몸에 대한 욕망을 버려야 한다.

Sn. 0204.
욕망과 탐욕 버린
지혜로운 수행자는
죽음 없이 평화로운
불멸의 열반을 성취한다.

Sn. 0205.
두 발 달린 이 몸은
아무리 보살펴도
냄새나고 더러운 오물 가득 들어 있어
여기저기 그것들이 흘러나온다.

Sn. 0206.
이런 몸에 대하여
자부심을 가지고
남을 무시한다면

그가 바로 장님이다.

12. 무니-숫따(Muni-sutta) | 성자(聖者)

Sn. 0207.

친한 사이에서 두려움이 생기고
집에서 먼지가 생긴다.
집 없고 친한 이 없으니
이것이 성자의 모습이다.

Sn. 0208.

생긴 번뇌 소멸하고 씨 뿌리지 않고
생겨나는 것을 키우지 않으면
그것을 혼자 가는 성자의 길이라고 한다.
저 위대한 선인은 평화로운 경지를 보았다.

Sn. 0209.

근거를 헤아려서 씨를 말리고[702]
그 씨에 물을 주어 키우지 않고
진실로 생(生)을 소멸하여 끝을 본
사변(思辨)을 버린 성자는 말로 표현할 수 없다[703]

Sn. 0210.

모든 집착을 깨닫고서
그 가운데 어떤 것도 갈망하지 않는
진실로 탐욕을 버려 욕심 없는 성자는
애쓰지 않고 저 언덕에 건너간다.

Sn. 0211.

모든것을극복한현명한일체지자(一切知者)
어떤 법에도 물들지 않고
모든 것을 버리고 갈애 끊고 해탈한
그분이 성자임을 현자들은 알아본다.

Sn. 0212.

지혜의 힘이 있고 계행(戒行) 갖춘
마음 모아 선정(禪定)에서 주의집중하는
집착을 벗어나 장애 없고 번뇌 없는
그분이 성자임을 현자들은 알아본다.

Sn. 0213.

혼자서 가는 방일하지 않는 성자
비난과 칭찬에 흔들리지 않고
소리에 놀라지 않는 사자처럼
그물에 걸리지 않는 바람처럼
진흙탕에 물들지 않는 연꽃처럼
남의 인도 받지 않고 남을 인도하는
그분이 성자임을 현자들은 알아본다.

Sn. 0214.

목욕장에 서 있는 견고한 기둥처럼
지극한 칭찬이나 혹독한 비난에
영향받지 않고 지각활동에 변함이 없는
그분이 성자임을 현자들은 알아본다.

---

702 근거를 헤아린다는 것은 12연기의 역관(逆觀)을 의미하고, 씨를 말린다는 것은 생사의 근원이 되는 무명을 소멸한다는 의미이다.

703 붓다는 언어로 분별되는 것들이 허구임을 깨달았기 때문에 이름이나 언어로 붓다를 표현할 수 없다는 의미이다.

Sn. 0215.

똑바로 오가는 북처럼 자제하여[704]
사악한 행동을 싫어하고
옳은 것과 그른 것을 사유하는
그분이 성자임을 현자들은 알아본다.

Sn. 0216.

스스로 자제하여 악을 행하지 않고
젊어서나 나이 들어서나 자제하는 성자
성내지 않고 누구도 성나게 하지 않는
그분이 성자임을 현자들은 알아본다.

Sn. 0217.

탁발하여 밥을 얻어 사는 사람이
맨 위 밥이든 중간 밥이든 남은 밥이든
칭찬도 아니하고 욕설도 아니하니
그분이 성자임을 현자들은 알아본다.

Sn. 0218.

젊을 때 어떤 것에도 묶이지 않고
음행을 삼가며 유행(遊行)한 성자
교만과 방일을 멀리하고 벗어난
그분이 성자임을 현자들은 알아본다.

Sn. 0219.

세간을 알고 최상의 진리 보고
거센 강물과 바다를 건넌 분
속박 끊고 집착 없고 번뇌 없는 분
그분이 성자임을 현자들은 알아본다.

Sn. 0220.

아내를 부양하는 재가자와
무소유의 출가자는 서로 다르다.
재가자는 살생을 삼가지 않지만
성자는 언제나 생명을 보호한다.

Sn. 0221.

푸른 목을 지닌 공작 같은 새가
결코 백조를 따라잡지 못하듯이
재가자는 홀로 숲에서 명상하는
비구나 성자와 견줄 수 없다.

---

704 베틀의 북이 흔들리지 않고 똑바로 왕복하면서 베를 짜듯이 성자는 자신을 자제하여 항상 바른 행실을 한다는 의미이다.

제2장 쭐라 왁가(Cūla-vagga)
소품(小品)

1. 라따나-숫따(Ratana-sutta) | 보배

Sn. 0222.

여기 모인 살아 있는 모든 존재는
땅에서 살든 공중에서 살든
살아 있는 존재는 모두 기뻐하라!
그리고 경건하게 이내 말씀 들어 보라!

Sn. 0223.

살아 있는 존재는 모두 귀를 기울이라!
여인의 자손에게 자애를 행하라!
그들은 밤낮으로 공양을 가져온다.
그러므로 열심히 그들을 보호하라!

Sn. 0224.

이 세상과 저세상의 어떤 재물도
제아무리 훌륭한 천상의 보배도
여래(如來)와는 결코 견줄 수 없다.
붓다에게 이러한 훌륭한 보배 있다.
이 진실에 의해 행복하기를!

Sn. 0225.

사끼야(Sakya)족의 성자가 마음 모아 성취한
멸진(滅盡) 이욕(離欲) 불사(不死)의 훌륭한 가르침
이 가르침 어떤 것도 견줄 수 없다.
가르침에 이러한 훌륭한 보배 있다.
이 진실에 의해 행복하기를!

Sn. 0226.

붓다께서 칭찬하신 청정한 삼매는
끊임없이 이어지는 삼매라고 한다.
그 삼매에 견줄 것은 하나도 없다.
가르침에 이러한 훌륭한 보배 있다.
이 진실에 의해 행복하기를!

Sn. 0227.

바른 사람이 칭찬하는
네 쌍의 여덟 무리[四雙八輩]
공양받아 마땅한 선서(善逝)의 제자
그들에게 공양하면 큰 결실 있다.
상가[僧伽]에 이러한 훌륭한 보배 있다.
이 진실에 의해 행복하기를!

Sn. 0228.

굳은 마음으로 감각적 욕망을 버린
고따마의 가르침에 열중하는 사람들은
불사를 성취하여 그 속에 들어가
최상의 적멸 얻어 그것을 누린다.
상가[僧伽]에 이러한 훌륭한 보배 있다.
이 진실에 의해 행복하기를!

Sn. 0229.

땅속에 깊이 박힌 제석천의 말뚝이
사방의 바람에 흔들리지 않듯이
거룩한 진리를 확실하게 본
참사람도 그와 같다고 나는 말한다.
상가[僧伽]에 이러한 훌륭한 보배 있다.
이 진실에 의해 행복하기를!

Sn. 0230.

깊은 지혜로 잘 설해진
거룩한 진리를 이해한 이들은
아무리 크게 방일한다 할지라도
여덟 번째 존재를 취하지 않는다[705].
상가[僧伽]에 이러한 훌륭한 보배 있다.
이 진실에 의해 행복하기를!

Sn. 0231.

통찰력을 구족하면 그와 동시에
자신이 존재한다고 보는 견해[有身見]와
의심과 부당한 관습적 금계(禁戒)[706]
이들 세 법(法)이 남김없이 버려지며
네 가지 악취(惡趣)[707]에서 벗어나고
여섯 가지 큰 죄[708]를 범할 수 없다.
상가[僧伽]에 이러한 훌륭한 보배 있다.
이 진실에 의해 행복하기를!

Sn. 0232.

몸이나 말이나 마음으로
어떤 악행을 하게 되면
그는 그것을 숨기지 못한다.
숨길 수 없는 것이 특징이기 때문이다.
상가[僧伽]에 이러한 훌륭한 보배 있다.
이 진실에 의해 행복하기를!

Sn. 0233.

여름 첫 달의 더운 열기에
다채롭게 피어나는 숲속의 초목 같은
열반으로 가는 최고의 이익 주는
그와 같은 최상의 가르침을 설하셨다.
붓다에게 이러한 훌륭한 보배 있다.
이 진실에 의해 행복하기를!

Sn. 0234.

최상을 알고 최상을 주고
최상을 가져오는 가장 훌륭하신 분
위없는 최상의 가르침을 설하셨다.
붓다에게 이러한 훌륭한 보배 있다.
이 진실에 의해 행복하기를!

Sn. 0235.

과거의 존재는 없애 버렸고 새로 생긴 존재는 없다.
미래의 존재에 집착하지 않는 마음
그곳에는 씨가 말라 욕망이 자라지 않는다.
현자들은 꺼진 등불처럼 욕망이 식어 버린다.
상가[僧伽]에 이러한 훌륭한 보배 있다.
이 진실에 의해 행복하기를!

Sn. 0236.

여기 모인 살아 있는 모든 존재는
땅에서 살든 공중에서 살든
천신과 인간의 공양받는 여래에게
붓다에게 우리 함께 예경 올리자!
그리고 우리 모두 행복하기를!

---

705 수다원과를 성취하면 일곱 번을 다른 세상에 다녀와서 열반을 성취한다. 여기에서는 이것을 여덟 번째 존재를 취하지 않는다고 하고 있다.

706 전통적인 관습에 의해 형성된 도덕적 규율이나 덕행을 의미한다.

707 지옥, 아귀, 축생, 아수라를 의미함.

708 모친 살해, 부친 살해, 아라한 살해, 화합 파괴, 붓다를 상하게 함, 외도(外道)를 추종함.

Sn. 0237.
여기 모인 살아 있는 모든 존재는
땅에서 살든 공중에서 살든
천신과 인간의 공양받는 여래의
가르침에 우리 함께 예경 올리자!
그리고 우리 모두 행복하기를!

Sn. 0238.
여기 모인 살아 있는 모든 존재는
땅에서 살든 공중에서 살든
천신과 인간의 공양받는 여래의
상가[僧伽]에 우리 함께 예경 올리자!
그리고 우리 모두 행복하기를!

2. 아마간다-숫따(Āmagandha-sutta) | 비린내

Sn. 0239.
좁쌀이나 딩굴라까(ḍiṅgulaka) 또는 찌나까(cīnaka)[709]
채소나 알뿌리나 넝쿨 열매를
여법(如法)하게 얻어먹는 참된 사람은
쾌락을 갈망하여 거짓말 않습니다.

Sn. 0240.
잘 조리되고 잘 차려진
남이 준 맛있고 좋은 반찬에
쌀밥 먹는 호사를 누린다면
까싸빠(Kassapa)[710]여, 그는 비린 것을 즐기는 것입니다.

Sn. 0241.
그런데 범천의 친족인 당신은
잘 조리된 새의 고기에 쌀밥을 먹으면서
'나는 비린 것을 허용하지 않는다' 하시니
까싸빠여, 제가 그 의미를 묻습니다.
어떤 것이 비린 것인가요?

Sn. 0242.
산 것을 해치고 죽이고 자르고 묶고
도둑질하고 거짓말하고 속임수로 속이고
위선 떨고 남의 아내와 관계를 맺고
이런 것이 비린 것이지, 육식은 비린 것이 아니다.

Sn. 0243.
쾌락을 절제하지 못하고 맛을 탐하고
부정한 사람과 어울리고 허무주의에 빠지고
바르지 못해 함께하기 힘든 사람들
이런 것이 비린 것이지, 육식은 비린 것이 아니다.

Sn. 0244.
모질고 잔인하고 등 뒤에서 험담하고
친구를 배신하고 무자비하고 오만하고
인색하여 어떤 것도 베풀지 않는 자들
이런 것이 비린 것이지, 육식은 비린 것이 아니다.

Sn. 0245.
성내고 교만하고 완고하고 반항하고
속이고 질투하고 과장해서 말하고

---

709 콩의 일종.
710 과거칠불(過去七佛) 가운데 석가모니 이전의 여섯째 부처님의 이름.

오만방자하고 상스러운 자와 친밀한 것
이런 것이 비린 것이지, 육식은 비린 것이 아니다.

Sn. 0246.
부도덕하고 빚지고 비방하고
위증(僞證)하고 가장(假裝)하고
지극히 못된 짓을 하는 자들
이런 것이 비린 것이지, 육식은 비린 것이 아니다.

Sn. 0247.
살아 있는 것들에 대하여 자제하지 못하고
남의 것을 빼앗고 괴롭히기 바쁘고
파계하고 사납고 난폭하고 무례한 자들
이런 것이 비린 것이지, 육식은 비린 것이 아니다.

Sn. 0248.
항상 탐욕스럽게 적의를 가지고
살아 있는 것을 공격하기 바쁜 중생들
그들은 사후에 암흑으로 나아가서
머리를 처박고 지옥에 떨어진다.
이런 것이 비린 것이지, 육식은 비린 것이 아니다.

Sn. 0249.
어육(魚肉) 먹지 않아도 단식을 해도
벌거벗어도 삭발해도 결발(結髮)을 해도
먼지 뒤집어쓰고 거친 가죽옷 입어도
불을 피워 놓고 헌공을 올려도
불사(不死) 위한 세간의 많은 고행도
주문 외며 계절 따라 올리는 제사도
의심 극복 못 한 자를 정화(淨化)하지 못한다.

Sn. 0250.
폭류 속에서 육근(六根)을 수호하고
육근(六根)을 정복하고 유행하라!
가르침 가운데 굳게 서서
정직하고 온화한 삶에 전념하고
집착에서 벗어나 모든 괴로움을 없앤
현자는 보고 들은 것에 영향받지 않는다.

Sn. 0251.
베다의 만트라에 정통하신 세존께서
이와 같이 그 의미를 거듭해서 알려 주었네.
비린내 없고 집착 없고 함께하기 어려운
성자께서 여러 가지 게송으로 알려 주었네.

Sn. 0252.
비린내를 없애고 모든 고통 없애라는
붓다께서 가르친 좋은 말씀 듣고서
그는 여래에게 공손하게 예배하고
그곳에서 출가를 결심했다네.

3. 히리-숫따(Hiri-sutta) | 부끄러움

Sn. 0253.
부끄러운 줄 모르고 싫어하면서
"나는 친구다"라고 말하고
할 수 있는 일 하지 않으면
그는 친구 아님을 알아야 한다.

Sn. 0254.
입에 발린 좋은 말을
친구들 가운데서 늘어놓는 자
현자는 그가 말만
번지르르하다는 것을 안다.

Sn. 0255.

언제나 불화(不和)는 아랑곳없이
허물만 보는 자는 친구 아니다.
품 안에서 자고 있는 자식처럼
남에 의해 사이가 깨지지 않는
그런 친구가 진정한 친구다.

Sn. 0256.

남이 행복해할 때
즐겁게 박수를 보내면
인간의 짐을 짊어진 사람은
크고 좋은 결실이 있을 것이다.

Sn. 0257.

세속 떠난 삶[遠離]의 맛을 보고
고요한 마음의 맛을 보고
법열(法悅)의 맛을 본 사람은
근심과 죄악에서 벗어난다.

4. 마하망갈라-숫따(Mahāmaṅgala-sutta) | 더없는 행운

이와 같이 나는 들었습니다.

한때 세존께서 사왓티의 제따와나 아나타삔디까 사원에 머무셨습니다. 그때 밤이 되자 어떤 천신이 휘황찬란한 모습으로 제따와나를 훤히 밝히면서 세존을 찾아와서 예배한 후에 한쪽에 섰습니다. 한쪽에 선 그 천신이 게송으로 세존께 말을 걸어왔습니다.

Sn. 0258.

많은 신과 인간들은
행복을 원하면서
행운을 바랍니다.
더없는 행운을 알려 주세요.

Sn. 0259.

우매한 자 멀리하고
현명한 자 교제하고
공경할 분 공경하면
이것이 더없는 행운이다.

Sn. 0260.

적절한 곳에 거주하면서
과거에 지은 공덕이 있고
자신의 바른 서원 있으면
이것이 더없는 행운이다.

Sn. 0261.

학식이 많고
기술과 율(律)을 잘 배웠고
말솜씨가 뛰어나면
이것이 더없는 행운이다.

Sn. 0262.

부모님을 모시고
처자식을 부양하며
우환 없이 살아가면
이것이 더없는 행운이다.

Sn. 0263.

보시하고 법 지키고
친척을 부양하고
비난받지 않으면
이것이 더없는 행운이다.

Sn. 0264.

못된 악행 자제하고
음주를 절제하고
가르침에 열중하면
이것이 더없는 행운이다.

Sn. 0265.

존경할 줄 알고 겸손하고
만족을 알고 은혜를 알고
수시로 가르침을 들으면
이것이 더없는 행운이다.

Sn. 0266.

관용하고 온화하고
수행자를 만나 보고
수시로 법담을 나누면
이것이 더없는 행운이다.

Sn. 0267.

고행과 청정한 수행으로
거룩한 진리를 보고
열반을 증득하면
이것이 더없는 행운이다.

Sn. 0268.

세간법에 접촉해도
동요하지 않고
근심 없이 번뇌 없이 평온하면
이것이 더없는 행운이다.

Sn. 0269.

이와 같은 것들을 실천하면
어떤 일을 해도 실패하지 않으며
어디에서나 행복할 수 있다.
그러므로 이것이 더없는 행운이다.

5. 수찔로마-숫따(Sūciloma-sutta)
| 수찔로마 야차

이와 같이 나는 들었습니다.

한때 세존께서 가야(Gāyā)의 땅끼따만짜(Ṭaṃkitamañca)에 있는 수찔로마 야차의 영역에 머무셨습니다. 그때 카라(Khara) 야차와 수찔로마 야차가 세존 옆으로 지나가다가, 카라 야차가 수찔로마 야차에게 "이분은 사문이군"이라고 말했습니다. 수찔로마 야차는 '진짜 사문인지 형색만 사문인지, 내가 알아보기 전에는 이자는 사문이 아니라 사문 형색을 한 자일 뿐이다'라고 생각하고, 다가가서 세존께 몸을 들이밀었습니다.

세존께서는 몸을 움츠리셨습니다.

그러자 수찔로마 야차가 세존께 말했습니다.

"사문은 내가 두렵나요?"

"존자여, 나는 결코 그대가 두렵지 않소. 그렇지만 그대와 부딪히는 것은 좋지 않소."

"사문이여, 내가 질문을 하겠소. 만약에 나에게 대답하지 못하면 그대의 마음을 휘저어 버리거나, 심장을 찢어 버리거나, 두 발을 잡아서 갠지스강에 던져 버리겠소."

"존자여, 나는 천신과 마라와 범천을 포함하는 세간, 사문과 바라문과 왕과 사람들을 포함하는 인간 가운데서 나의 마음을 휘저어 버리거나, 심장을 찢어 버리거나, 두 발을 잡아서 갠지스강에 던져 버릴 수 있는 자를 보지 못했다오. 그렇지만 벗이여, 그대가 원한다면 묻도록 하시오!" 그러자 수찔로마 야차가 세존께 게송으로 말을 걸었습니다.

Sn. 0270.

탐욕과 분노가 일어나는 인연은 어디에 있는가?

애착과 혐오, 털이 서는 공포는 어디에서 생기는가?

아이들이 낚싯바늘 풀어 주듯이[711] (의심을 풀어 주는)

마음의 사유(思惟)는 어디에서 일어나는가?

Sn. 0271.

탐욕과 분노가 일어나는 인연은 가까운 곳에 있다.

애착과 혐오, 털이 서는 공포는 가까운 곳에서 생긴다.

아이들이 낚싯바늘 풀어 주듯이 (의심을 풀어 주는)

마음의 사유는 가까운 곳에서 일어난다.

Sn. 0272.

니그로다(nigrodha)가 가지에서 생겨나듯이

애정에서 생기고 자신에게서 일어난다.

숲속에 매달린 칡넝쿨처럼[712]

감각적 욕망에 얽매여 있다.

Sn. 0273.

야차여 들어 보라!

인연이 어디에 있는지를

통찰하는 사람들은 그것을 제거하고

이후의 존재[後有]가 되지 않기 위하여

예전에 건넌 적 없는

건너기 힘든 거센 강을 건넌다.

6. 담마짜리야-숫따(Dhammacariya-sutta) | 가르침의 실천

Sn. 0274.

가르침의 실천[dhammacariyaṃ]과 청정한 수행[brahmacariyaṃ, 梵行]

이것을 최상의 재산이라고 한다.

집을 버리고 떠난

출가자도 마찬가지다.

Sn. 0275.

그가 만약에 천성이 말이 많고

상처 주기 좋아하는 금수 같은 자라면

그의 삶은 갈수록 사악해지고

자신은 더욱더 더러워진다.

Sn. 0276.

붓다가 설하고 가르친

가르침도 알지 못하고

다투기 좋아하고

어리석음에 뒤덮인 비구는

---

711 'kumārakā vaṃkam iv' ossajanti'의 번역. 의미가 불분명하다. 다른 판본에서는 'vaṃkam'이 'dhaṃkam'으로 되어 있기 때문에 '낚싯바늘' 대신 '까마귀'로 번역하여 '아이들이 까마귀를 풀어 주듯이'로 번역하기도 하는데, 그 역시 의미가 모호하다. 오히려 낚싯바늘을 풀어 주듯이 사유를 통해서 의문을 풀어 준다는 의미로 해석하는 것이 좋을 것 같다.

712 원문의 'māluvā'는 '넝쿨 식물'인데, 우리에게 익숙한 '칡넝쿨'로 번역했다.

Sn. 0277.
무명에 끌려다니며
지옥 가는 길인 줄도
알지 못하고
수행 잘한 사람들을 괴롭힌다.

Sn. 0278.
어둠에서 어둠으로
모태에서 모태로
악취에 도달한 비구는
죽은 후에 괴로운 곳에 떨어진다.

Sn. 0279.
오랜 세월 채워진
똥구덩이처럼
이와 같이 죄 많은 자
정화하기 어렵다.

Sn. 0280.
비구들아! 알아야 한다.
이와 같이 속세에 묶인 자는
의도가 사악하고 목적이 사악하고
수행의 경계가 사악하다.

Sn. 0281.
모두가 하나 되어
그를 멀리하라!
껍데기는 날려 버리고
쓰레기는 치워 버려라!

Sn. 0282.
나아가서 의도가 사악하고
수행의 경계가 사악한
수행자도 아니면서 수행자 행세하는
쭉정이들을 몰아내라!

Sn. 0283.
청정한 자들은 청정한 자들과
마음을 모아 함께 살아라!
그리고 현명한 자들아!
한 덩어리 되어 괴로움을 끝내라!

7. 브라마나담미까-숫따
(Brahmaṇadhammika-sutta)
| 바라문 법도(法度)

이와 같이 나는 들었습니다.

한때 세존께서 사왓티의 제따와나 아나타삔디까 사원에 머무셨습니다. 그때 나이 들어 늙고 노쇠한 존경받는 거부 바라문들이 세존을 찾아와서, 세존과 함께 정중하게 인사를 하고 공손한 인사말을 나눈 후에 한쪽에 앉았습니다. 한쪽에 앉은 그 거부 바라문들이 세존께 말씀드렸습니다.

"고따마 존자님! 요즘 바라문들은 옛 바라문들의 바라문 법도에 부합하는지요?"

"바라문들이여, 요즘 바라문들은 옛 바라문들의 바라문 법도에 부합하지 않습니다."

"고따마 존자님께서 괜찮으시다면 부디 옛 바라문들의 바라문 법도를 말씀해 주십시오!"

"바라문들이여, 그렇다면 듣고 잘 생각해 보시오! 내가 이야기하겠소."

"존자님! 그렇게 하겠습니다"라고 그 거부 바라문들은 세존께 대답했습니다. 세존께서 말씀하셨습니다.

Sn. 0284.

옛날의 선인(仙人)들은
자신을 다스리는 고행자였다오.
5욕락(五欲樂)을 버리고
자신의 목적을 위해 수행했다오.

Sn. 0285.

바라문들에게는 가축도 없었고
황금도 없었고 곡물도 없었다오.
가진 것 없이 독송하면서
범천의 보물을 지켰다오.

Sn. 0286.

그들을 위해 대문 밖에
음식을 차려 주었고
믿음으로 그것을
그들에게 준다고 생각했다오.

Sn. 0287.

형형색색의 옷과
침구와 거처를 가지고
지방과 왕국의 부호들이
그 바라문들을 공경했다오.

Sn. 0288.

바라문들은 죽이거나 약탈할 수 없도록
법의 보호를 받았다오.
그 누구도 가정집 문전에서
그들을 가로막지 않았다오.

Sn. 0289.

그들은 48년 동안
동정(童貞)을 지켰으며
옛 바라문들은
지행합일(知行合一)을 추구했다오.

Sn. 0290.

바라문들은 남에게 가지 않았고[713]
아내를 사지도 않았으며
서로 사랑하면서 함께 살았고
함께 모여 함께 즐겼다오.

Sn. 0291.

바라문들은 생리 기간 동안
남편은 금욕을 했으며
그 때문에 음욕에 빠져서
다른 곳에 가지 않았다오.

Sn. 0292.

그들은 범행(梵行)과 계행(戒行)
그리고 정직과 온화
고행과 절제와 비폭력
그리고 관용을 찬양했다오.

Sn. 0293.

그들 가운데
가장 정력적인 바라문이 있었다오.
그는 음행을
꿈에도 생각하지 않았다오.

---

713 남에게 가지 않았다는 것은 아내를 얻기 위하여 다른 가문에 가지 않았다는 의미로 보인다. 바라문 계급은 순수한 혈통을 중시하였기 때문에 같은 가문 사람들과 혼인을 했던 것 같다.

Sn. 0294.

어떤 현자들은
그의 덕행을 본받고
범행과 계행
그리고 관용을 찬양했다오.

Sn. 0295.

그들은 쌀과 침구와 옷
그리고 버터를 구걸하여 모아서
법도에 따라 제사를 모셨으며
그 제사에는 소를 죽이지 않았다오.

Sn. 0296.

부모 형제나
다른 친척들처럼
약을 생산하는 소는
가장 훌륭한 벗이라오.

Sn. 0297.

음식을 주고 활력을 주고
미모를 주고 즐거움 주니
그들은 이것을 알고
소를 죽이지 않았다오.

Sn. 0298.

바라문들은 우아하고 큰 몸에
용모가 빼어나고 명성이 있고
해야 할 일과 해서는 안 될 일을
스스로 법도에 따라 실행했으며
그들이 세간에 존재하는 동안
사람들은 즐거움을 얻었다오.

Sn. 0299.

그들은 조금씩
타락했다오.
화려하게 치장한
왕의 여인들을 보고

Sn. 0300.

화려하게 수놓은
멋지게 꾸민 마차들
여러 구역으로
나누어진 집들을 보고

Sn. 0301.

바라문들은 소들에 둘러싸이고
예쁜 여인들을 거느리는
많은 재산을 가진
부자가 되기를 갈망했다오.

Sn. 0302.

그래서 그들은 만트라[714]를 엮어서
옥까까(Okkāka)왕을 찾아갔다오.
당신은 재산과 곡물이 많습니다.
재산이 많으니 제사를 지내시오!
재물이 많으니 제사를 지내시오!

Sn. 0303.

전차부대를 이끄는 왕은
바라문들의 권유를 받고
말 희생제(犧牲祭), 사람 희생제
창 꽂는 제사, 술 올리는 제사
이런 제사들을 장애 없이 지내면서
바라문들에게 재물을 주었다오.

---

714 베다의 문구(文句)나 주문(呪文)을 의미함.

Sn. 0304.

소와 침구와 의복
그리고 치장한 여인들
화려하게 수놓은
멋지게 꾸민 마차들

Sn. 0305.

여러 구역으로 나누어진
아름다운 집들에
갖가지 곡물을 가득 채워서
바라문들에게 재물을 주었다오.

Sn. 0306.

그들은 재물을 얻어 모으기를 좋아했다오.
욕망에 빠질수록 갈애는 커졌다오.
그래서 그들은 만트라를 엮어서
다시 옥까까왕을 찾아갔다오.

Sn. 0307.

물과 땅과 황금 그리고 재물과 곡물처럼
소도 인간이 살아가는 데 필요합니다.
당신은 재산이 많으니 제사를 지내시오!
당신은 재물이 많으니 제사를 지내시오!

Sn. 0308.

전차부대를 이끄는 왕은
바라문들의 권유를 받고
수백 수천 마리의 소를
제사를 지내면서 죽였다오.

Sn. 0309.

발로도 뿔로도 그 어떤 것으로도
해치지 않고 우유를 주는
양처럼 유순한 소를
왕은 뿔을 잡고 칼로 죽이게 했다오.

Sn. 0310.

소들에게 칼을 내리칠 때
천신들 조상신들 인드라
그리고 아수라 야차들이
"몹쓸 것이다!"라고 소리쳤다오.

Sn. 0311.

이전에는 욕망과 굶주림과 늙음
이들 세 가지 병만 있었는데
가축들을 도살한 후에
아흔여덟 가지 병이 나타났다오.

Sn. 0312.

이런 몹쓸 폭력은
옛적에 나타났다오.
사제들은 죄 없는 것을 죽이고
법도를 파괴했다오.

Sn. 0313.

이와 같은 오래된 하잘것없는 관습을
현자들은 비난했다오.
이런 것을 보면 사람들은
사제를 비난한다오.

Sn. 0314.

이와 같이 법도가 무너지자
수드라와 바이세시카가 나누어지고
크샤트리아는 제각기 갈라지고
남편은 아내를 무시하게 되었다오.

Sn. 0315.

크샤트리아나 범천의 친족

가문의 보호받는 다른 계급도
가문의 명성은 내팽개치고
쾌락을 얻는 데 몰두한다오.

이 말씀을 듣고, 그 거부 바라문들은 이렇게 말했습니다.

"훌륭합니다, 고따마 존자여! 훌륭합니다, 고따마 존자여! 고따마 존자여, 마치 뒤집힌 것을 바로 세우는 것 같고, 감추어진 것을 드러내는 것 같고, 길 잃은 자에게 길을 알려 주는 것 같고, '눈 있는 자들은 보라'라고 어둠 속에 등불을 비춰 주는 것 같습니다. 이와 같이 고따마 존자께서는 여러 가지 방법으로 진리를 알려 주셨습니다. 고따마 존자여, 그래서 저희들은 고따마 존자님께 귀의합니다. 가르침과 비구상가에 귀의합니다. 고따마 존자님께서는 저희들을 청신사로 받아 주소서. 지금부터 살아 있는 날까지 귀의하겠습니다."

8. 나와-숫따(Nāvā-sutta) | 배

Sn. 0316.
남에게 법(法)을 배운 사람은
천신들이 인드라를 공경하듯이
청정한 마음으로 그를 공경하라!
많이 배운 사람은 법을 천명하라!

Sn. 0317.
신중하게 주의를 기울이는 현자는
가르침[法]을 여법하게 실천한다.
그런 분을 부지런히 가까이 모시면
현명하고 지혜롭고 유식해진다.

Sn. 0318.
의미는 모르면서 시기심만 많은
소인배와 우매한 자 따라다니면
가르침을 이해하지 못한 채로
의혹 극복 못 하고 죽음에 이른다.

Sn. 0319.
물이 깊고 빨리 흐르는
강에 빠진 사람이
물에 따라 흘러가면서
어찌 다른 사람 건네줄 수 있으리오.

Sn. 0320.
마찬가지로 법을 이해 못 하고
많이 배운 사람에게 배우지 않아
자신도 모르고 의혹 극복 못 하고서
어찌 다른 사람 가르칠 수 있으리오.

Sn. 0321.
모든 것을 아는 능숙한 현자가
노와 키를 갖춘
튼튼한 배에 올라
많은사람을 건네주듯이.

Sn. 0322.
이와 같이 수승한 지혜 갖추고
수행 잘하고 많이 배워 흔들림 없는 사람은
가까이 앉아서 귀를 기울이는
다른 사람들이 알도록 가르친다.

Sn. 0323.
그러므로 현명하고 많이 배운
참사람을 가까이 모셔라!
의미를 알고 실천하면서

법을 이해하는 자 행복을 얻으리.

9. 낌실라-숫따(Kiṃsīla-sutta)
| 어떤 계행을

Sn. 0324.

사람은 어떤 계행과
어떤 행위 어떤 업을 행해야
삶이 바르게 확립되고
최상의 이익을 얻게 되는가?

Sn. 0325.

어른을 존경하고 시기하지 않고
시간이 있을 때마다 스승을 뵙고
설법하는 때를 놓치지 말고
잘 설해진 말씀을 경청하라!

Sn. 0326.

수시로 스승을 찾아가 뵙고
고집을 버리고 조신(操身)하라!
목적과 가르침, 자제와 범행(梵行)을
깊이 명심하고 반드시 실천하라!

Sn. 0327.

가르침을 즐기고 가르침을 좋아하고
가르침에 머물면서 가르침을 잘 판단하고
가르침을 더럽히는 말을 하지 말고
잘 설해진 그대로 따르라!

Sn. 0328.

농담 갈망 한탄 분노
속임수 위선 탐욕과 교만
격정 난폭 추태 혼미 다 버리고
자만하지 말고 평온하게 살아가라!

Sn. 0329.

잘 설해진 것이 이해의 핵심이다.
배워서 이해하는 것이 삼매의 핵심이다.
성급하고 게으른 사람은
지혜[般若]와 배움이 늘지 않는다.

Sn. 0330.

성자의 가르침을 즐기는 사람들은
말과 마음과 행동이 최상이다.
그들은 배움과 지혜의 핵심에 도달하여
삼매가 확립되고 고요하고 온화하다.

10. 웃타나-숫따(Uṭṭhāna-sutta)
| 일어나라!

Sn. 0331.

일어나 앉아라!
잠을 자면 너희에게 무슨 이익 있겠는가?
화살 맞아 괴로운 고통 속에
잠이 웬 말인가?

Sn. 0332.

일어나 앉아라!
고요한 삶을 위해 열심히 공부하라!
죽음의 왕이 방일한 줄 알고
그대들을 현혹하여 지배하지 않도록.

Sn. 0333.

천신과 인간들이 묶여서 원하며
머물고 있는 애착을 극복하라!
찰나도 허송 말라! 기회를 놓치면

지옥에 떨어져서 통곡하리라.

Sn. 0334.

게으름이 더러운 때다.
때는 게으름에서 생긴다.
게으름 피우지 말고 명지(明智)로써
자신에게 박힌 화살을 뽑아라!

11. 라훌라-숫따(Rāhula-sutta) | 라훌라

Sn. 0335.

자주 보며 지낸다고
현자를 몰라보진 않느냐?
사람들의 지도자를
너는 공경하느냐?

Sn. 0336.

자주 보며 지낸다고
현자를 몰라보지 않습니다.
사람들의 지도자를
저는 공경합니다.

Sn. 0337.

매력 있고 기쁨 주는
5욕락을 버리고
확신을 가지고 집을 떠나서
괴로움을 끝내도록 하라!

Sn. 0338.

좋은 벗을 사귀어라!
한적하고 조용한 곳에 살면서
음식의 양을 알아
적절하게 먹어라!

Sn. 0339.

옷이나 발우 같은
자구(資具)와 거처
이런 것들을 갈망하지 말고
다시 세간으로 돌아가지 말라!

Sn. 0340.

별해탈율의(別解脫律儀)와
다섯 지각활동을 잘 지키고
몸에 대하여 주의집중하고
세속의 욕망을 멀리 떠나라!

Sn. 0341.

탐욕을 가져오는
예쁜 모습 멀리하라!
추한 것을 보아도 변함없는
한결같은 마음을 닦아라!

Sn. 0342.

모습을 차별 않는[animittaṃ, 無相] 수행을 하라!
그리고 아만(我慢)의 습성을 버려라!
그러면 아만을 꿰뚫어 보고
고요하게 지낼 수 있을 것이다.

바로 이렇게 세존께서는 이들 게송으로 라훌라 존자를 자주 가르치셨습니다.

12. 왕기사-숫따(Vaṅgīsa-sutta) | 왕기사 존자

이와 같이 나는 들었습니다.

한때 세존께서 알라위(Āḷavī)의 악갈라

와(Aggāḷava) 탑묘에 머무셨습니다. 그때 왕기사 존자의 친교사인 니그로다깝빠라는 장로가 악갈라와 탑묘에서 완전하게 열반한 지 얼마 되지 않았습니다. 왕기사 존자는 홀로 좌선하면서 '나의 친교사님은 완전하게 열반하셨을까, 완전하게 열반하지 못하셨을까?'라는 생각을 했습니다. 왕기사 존자는 저녁 때 좌선에서 일어나 세존을 찾아가서 예배하고 한쪽에 앉아 세존께 말씀드렸습니다.

"세존이시여, 제가 홀로 좌선하면서 '나의 친교사님은 완전하게 열반하셨을까, 완전하게 열반하지 못하셨을까?'라는 생각을 했습니다."

왕기사 존자는 자리에서 일어나 가사를 한쪽 어깨에 걸치고 세존께 합장한 후에 세존께 게송으로 말씀드렸습니다.

Sn. 0343.

지금 여기에서 의혹을 끊어 버린
지혜 수승하신 스승님께 묻습니다.
완전한 적멸을 성취한 명성 있고
저명한 비구가 악갈라와에서 죽었습니다.

Sn. 0344.

세존께서는 니그로다깝빠라는 이름을
그 바라문에게 지어 주셨습니다.
법을 보는 분이시여!
그는 그 이름을 존중하면서
열정적으로 해탈을 구했습니다.

Sn. 0345.

두루 보시는[普眼] 삭까(Sakka)[715]여!
우리 모두는 그 제자에 대하여 알고 싶습니다.
이미 들을 준비가 되었습니다.
당신은 스승입니다. 위없는 스승입니다.

Sn. 0346.

우리의 의혹을 끊어 주세요. 저에게 말해 주세요.
완전하게 열반했는지 알려 주세요.
지혜 크신 분이시여! 두루 보시는 분이시여!
천신들의 천 개의 눈을 지닌
삭까께서 지금 우리에게 말해 주세요.

Sn. 0347.

어리석게 만들고 무지하게 만들고
의혹을 갖게 하는 그 어떤 속박도
인간 가운데 최상의 안목을 갖춘
여래를 알고 나면 존재하지 않습니다.

Sn. 0348.

바람이 먹구름을 날려 버리듯
누군가 오염을 제거하지 않으면
일체의 세간은 어둠에 휩싸여
사람들이 밝게 빛나지 못할 것입니다.

Sn. 0349.

현자들은 빛을 만드시는 분
저는 당신을 그러한 현자라고 생각합니다.
우리는 통찰력 있는 지자(知者)에게 왔습니다.

---

715 'Sakka'는 인드라(Indra)천왕, 즉 제석천왕의 이름이다. 여기에서는 붓다를 세상을 빠짐없이 살펴보는 제석천에 비유하고 있다.

여기 모인 대중에게 깝빠에 대하여 밝혀 주세요.

Sn. 0350.

아름다운 음성으로 어서 말해 주세요.
백조가 목을 뽑고 부드럽게 노래하듯
낭랑하고 우아하게 말해 주세요.
저희 모두 성심껏 듣겠습니다.

Sn. 0351.

태어남과 죽음을 남김없이 버리신
청정한 법 지닌 분께 말씀드립니다.
결코 욕심대로 행하는 범부에게 하는 말이 아니라
생각대로 행하시는 여래께 드리는 말씀입니다.

Sn. 0352.

당신은 완전하게 기별(記別)하시는 분[716]
올바른 지혜로 그것을 파악하신 분입니다.
온몸을 구부려서 합장 공경하옵니다.
지혜 수승한 분이시여! 아는 것을 감추지 마소서!

Sn. 0353.

이 세상 저세상의[717] 거룩한 법을 아시는
지혜 수승한 분이시여! 아는 것을 감추지 마소서!
뜨거운 여름에 물을 갈구하듯이
말씀을 갈구합니다. 청문(聽聞)의 비 내리소서!

Sn. 0354.

깝빠가 청정한 수행을 한 목적
그것이 헛되지는 않았나요?
그는 취(取, upādāna)를 가지고 열반했는지, 해탈했는지
저는 그것을 듣고자 합니다.

Sn. 0355.

세존께서 말씀하시기를,
그는 이름과 형색[名色]에 대한 갈애를 끊었다.
오랜 세월 잠재하던 어두운 흐름을 끊고
태어남과 죽음을 남김없이 극복했다.
이렇게 다섯 가지가 빼어난[718] 세존께서 말씀하셨습니다.

Sn. 0356.

최상의 선인(仙人)이시여! 이 말씀을 듣고
저는 당신의 말씀을 기꺼이 믿습니다.
실로 제 질문이 헛되지 않았군요.
바라문이여![719] 당신은 저를 속이지 않았군요.

---

716 '기별(記別)'로 번역한 'veyyākaraṇa'는 수행자가 죽은 후의 일을 알려 주는 것을 의미한다.

717 'parovaraṃ'의 번역. 'parovara'는 피안(彼岸)을 의미하는 'para'와 차안(此岸)을 의미하는 'avara'의 합성어로서 오직 여기에만 나오는 말이다. 문맥상 깝빠가 죽어서 어디로 갔는지를 묻는 질문이기 때문에 '이 세상 저세상'으로 번역함.

718 'pañcaseṭṭho'의 번역. 여기에서 계행(戒行)이나 안목(眼目)과 같은 여래의 다섯 가지 수승한 점을 의미한다.

719 바라문은 왕기사의 스승인 깝빠를 의미한다.

Sn. 0357.

말한 대로 실행한
부처님의 제자는
죽음의 신이 속임수로 펼쳐 놓은
질긴 그물을 끊어 버렸군요.

Sn. 0358.

세존님! 깝삐야(Kappiya)는
취의 시작점을[720] 보았군요.
실로 건너기 힘든
죽음의 왕국을 건너갔군요.

13. 삼마빠립바자니야-숫따 (Sammāparibbājaniya-sutta) | 올바른 유행(遊行)

Sn. 0359.

피안에 건너가 반열반(般涅槃)에 머무시는
지혜 크신 성자님께 묻습니다.
어떤 비구가 세간에서
바르게 유행할 수 있나요?

Sn. 0360.

세존께서 말씀하시기를
누군가를 위하여 축원하고 예언하고
해몽하고 관상을 보는 짓이나
길흉화복을 점치지 않는 비구
세간에서 바르게 유행할 수 있다.

Sn. 0361.

인간과 천상의 쾌락에 대한
욕망을 버리고 존재[bhava, 有]를 뛰어넘고
법(法)을 아는 비구는
세간에서 바르게 유행할 수 있다.

Sn. 0362.

돌아서서 중상하지 않고
화내고 인색한 짓 하지 않고
만족과 불만을 버린 비구는
세간에서 바르게 유행할 수 있다.

Sn. 0363.

사랑도 내려놓고 미움도 내려놓고
집착도 내려놓고 어디에도 의존 않고
결박에서 벗어난 비구는
세간에서 바르게 유행할 수 있다.

Sn. 0364.

집착의 대상에 실체 없음을 알고
집착에 대한 욕탐을 버리고
의존 않고 남에게 이끌리지 않으면
세간에서 바르게 유행할 수 있다.

Sn. 0365.

정법(正法)을 알아서
말과 생각과 행동이 어긋나지 않고
열반을 희구하는 비구는
세간에서 바르게 유행할 수 있다.

---

720 취(取, upādāna)는 유(有)의 조건이고, 유는 생(生)의 조건이다. 제354게에서는 깝빠가 취를 가지고 열반했는지 아니면 취에서 해탈했는지를 물었고, 이 게송에서는 깝빠가 취의 출발점, 즉 생사가 연기하는 출발점인 무명을 보고 생사에서 벗어나 해탈했다는 것을 이야기하고 있다.

Sn. 0366.

나를 존경한다고 거만하지 않고
비난받아도 마음에 두지 않고
남에게 대접받고 우쭐하지 않는 비구
세간에서 바르게 유행할 수 있다.

Sn. 0367.

욕심을 버리고 존재[bhava, 有]를[721] 내려놓고
자르고 결박하는 폭력을 내려놓고
의혹을 극복하고 화살[722] 뽑은 비구는
세간에서 바르게 유행할 수 있다.

Sn. 0368.

자신의 분수를 알고
세상 어느 것도 해치지 않고
있는 그대로 법을 아는 비구는
세간에서 바르게 유행할 수 있다.

Sn. 0369.

그 어떤 습성[anusaya, 隨眠]도 없고
불선(不善)의 뿌리를 뽑아 버리고
원하거나 바라는 것 없는 비구는
세간에서 바르게 유행할 수 있다.

Sn. 0370.

번뇌를 소멸하고 아만(我慢)을 버리고
모든 탐욕을 뛰어넘어
반열반에 머무는 수행 잘된 비구는
세간에서 바르게 유행할 수 있다.

Sn. 0371.

믿음 있고 배움 있고 바른길 보고
무리 속에 있지만 추종하지 않는
탐욕과 분노와 증오 버린 현자는
세간에서 바르게 유행할 수 있다.

Sn. 0372.

법을 통달하여 피안에 도달한
동요하지 않고 행(行, saṃkhara)의 소멸 잘 아는
장막을 걷어 낸 청정한 승리자는
세간에서 바르게 유행할 수 있다.

Sn. 0373.

과거에 대해서도 미래에 대해서도
시간을 초월한 청정한 지혜 가진
일체의 입처(入處)에서[sabbāyatanehi][723] 벗어난 비구는
세간에서 바르게 유행할 수 있다.

Sn. 0374.

구경지(究境智)로 법구(法句)를 통달하여
번뇌[漏]의 소멸을 훤히 보면서
일체의 집착을 말려 버린 비구는
세간에서 바르게 유행할 수 있다.

Sn. 0375.

세존님! 참으로 그렇군요!
이와 같이 살면서 수행 잘된 비구는
일체의 결박에서 벗어나

---

721 존재[有]는 5온(五蘊)을 취하여 유지되는 자기 존재이다.

722 사견(邪見)을 화살에 비유함.

723 일체의 입처(入處)는 12입처를 의미한다.

세간에서 바르게 유행할 수 있군요!

14. 담미까-숫따(Dhammika-sutta) | 청신사(淸信士) 담미까

이와 같이 나는 들었습니다.

한때 세존께서 사왓티의 제따와나 아나타삔디까 사원에 머무셨습니다. 그때 청신사 담미까가 세존을 찾아와서 세존께 예배한 후에 한쪽에 앉았습니다. 한쪽에 앉은 청신사 담미까가 세존께 게송으로 말씀드렸습니다.

Sn. 0376.

지혜 크신 고따마께 묻습니다.
당신의 훌륭한 제자는
재가자나 출가자로서
어떻게 행동해야 하나요?

Sn. 0377.

당신은 천신을 포함한 세간의
길과 목적지를 잘 아시는 분
비할 바 없는 선견지명이 있는 당신을
사람들은 훌륭한 붓다라고 말합니다.

Sn. 0378.

당신은 모든 것을 다 아시니
분명하게 법도(法度)를 알려 주소서!
장막을 제거하고 두루 보는 분이시니
티 없는 당신께서 중생들을 연민하사
일체의 세간에 광명을 비추소서!

Sn. 0379.

제석천의 코끼리 에라와나(Erāvaṇa)가
이전에 '승리자'란 이름을 듣고 왔다지요.
그는 당신의 충고를 받고
'고맙다'라고 듣고 나서 기뻐했다지요.

Sn. 0380.

비사문천왕(毘沙門天王)[724] 꾸웨라(Kuvera)도
당신께 와서 법(法)을 물었다지요.
그의 질문을 받고 분명하게 설명하자
그는 듣고 나서 기뻐했다지요.

Sn. 0381.

논쟁에 익숙한 어떤 외도(外道)도
사명외도(邪命外道)나 니간타(Nigaṇṭha) 같은 자들도
서 있는 자가 달리는 사자를 따라잡지 못하듯이
모두 당신을 넘어설 수 없습니다.

Sn. 0382.

논쟁에 익숙한 어떤 바라문도
제아무리 노숙(老宿)한 바라문일지라도
남들이 논사(論師)라고 여기는 자들도
당신에게 배우기를 원한답니다.

Sn. 0383.

세존님! 당신이 잘 설명하신
이 법은 미묘하고 행복한 것이군요.
우리 모두 그것을 듣고자 원합니다.
지고하신 붓다여! 우리의 질문에 답해 주소서!

---

724 사천왕(四天王) 가운데 북방천왕.

Sn. 0384.
출가와 재가의 모든 제자가
듣기 위해 이렇게 함께 앉아 있습니다.
제석천의 좋은 말씀 천신들이 듣듯이
티 없는 분 깨달은 법 듣게 하소서!

Sn. 0385.
비구들이여, 나의 말을 들어라!
그대들에게 출가자에게 적합한 처신법(處身法)인
두타행법(頭陀行法)을[725] 설하리니 모두 명심하라!
현명하게 이익을 보고 그것을 실천하라!

Sn. 0386.
비구는 때가 아닐 때 돌아다니면 안 된다.
정해진 때에 마을에 탁발을 가야 한다.
정해진 때가 아닐 때 가면 집착을 품게 된다.
그래서 깨달은 이들은 때가 아닐 때 가지 않는다.

Sn. 0387.
형색과 소리 향기와 맛
그리고 촉감은 중생들을 유린한다.
이들 법에 대한 욕망을 버리고
정해진 때에 아침 식사하러 들어가야 한다.

Sn. 0388.
비구는 정해진 때에 탁발 음식 얻어서
돌아와 홀로 외딴곳에 앉아
밖으로 마음이 흩어지지 않도록
안으로 자신을 다스려야 한다.

Sn. 0389.
제자든 타인(他人)이든 그 어떤 비구든
그들과 함께 대화하게 된다면
수승한 가르침을 이야기하고
중상이나 남들을 비난해선 안 된다.

Sn. 0390.
어떤 이들은 토론을 적대적으로 한다.
그들에게 여기저기 집착이 들러붙는다.
그들은 거기에서 마음이 멀리 흩어진다.
지혜가 천박한 이들을 우리는 칭찬하지 않는다.

Sn. 0391.
탁발 음식과 거처 잠자리와 방석
그리고 가사를 세탁할 물을
선서(善逝)가 설한 가르침을 들은
지혜 수승한 제자는 생각하며 써야 한다.

Sn. 0392.
탁발 음식과 거처 잠자리와 방석
그리고 가사를 세탁할 물에
비구는 물들지 않아야 한다.
연꽃에 물방울이 묻지 않듯이

Sn. 0393.
어떻게 해야 훌륭한 제자가 되는지
그대들에게 재가자가 할 일을 일러 주리라.
혼자서 사는 비구의 법도는
아내와 사는 이가 성취할 수 없다.

---

725 '두타(頭陀)'로 한역된 'dhuta'는 출가자의 청정한 수행법을 의미한다.

Sn. 0394.

생명을 죽이거나 죽이도록 시키면 안 된다.
다른사람이 죽이는것을허용해서도안된다.
동물이든 식물이든 이 세간에 있는
모든 존재에 대한 폭력을 버려야 한다.

Sn. 0395.

무엇이든 어디서든 주지 않은 것을
제자가 알고 있다면 빼앗지 말라!
빼앗도록 시켜도 안 되고 허용해도 안 된다.
주지 않은 어떤 것도 빼앗지 말라!

Sn. 0396.

뜨겁게 타오르는 숯불을 멀리하듯
현자는 부도덕한 삶을 멀리해야 한다.
청정한 범행(梵行)을 행할 수는 없어도
남의 아내를 범해서는 안 된다.

Sn. 0397.

집회에 가서든 모임에 가서든 개인에게든
거짓말을 해서는 안 된다.
거짓말하도록 시켜도 안 되고 허용해도 안 된다.
모든 거짓말을 멀리하라!

Sn. 0398.

술을 좋아하는 재가자는
'미치게 만든다'라는 것을 알고
술을 마시면 안 된다.
마시게 해도 안 되고 허용해도 안 된다.

Sn. 0399.

어리석은 자는 취중에 악행을 저지르고
방일한다른사람들이 악행을저지르게 한다.
이런 미치고 혼란스럽고 멍청한
덕(德) 될 것 없는 곳은 피해야 한다.

Sn. 0400.

살생하지 말라! 주지 않은 것 취하지 말라!
거짓말하지 말라! 술 마시지 말라!
부도덕한 음행을 삼가라!
때아닌 음식[非時食]을 밤에 먹지 말라!

Sn. 0401.

몸치장을 하거나 향을 바르지 말라!
땅 위에 침상을 놓거나 자리를 깔고 자라!
이것은 괴로움을 극복한 붓다가 알려 준
8재계(八齋戒)라고 하는 것이다.

Sn. 0402.

보름 가운데 14일과 15일
그리고 8일에 포살(布薩)을 행하라![726]
길일(吉日)인 포살일(布薩日)에 행복한 마음으로
8재계를 충실하게 잘 지켜라!

Sn. 0403.

현자는 아침 일찍 포살을 행하고
기쁜 마음으로 감사하면서
먹을 것과 마실 것을 적절하게
비구상가와 함께 나누어라!

---

726 보름은 15일 동안을 의미한다. 그동안에 제8일, 제14일, 제15일, 세 차례 포살을 행하라는 말씀이다. 한 달을 30일로 보면 8일, 14일, 15일, 23일, 29일, 30일 여섯 차례 포살을 행해야 한다.

Sn. 0404.

여법하게 부모를 봉양하라!

적법하게 거래하라!

이렇게 열심히 사는 재가자는

스스로 빛나는 천신이 된다.

제3장 마하 왁가(Mahā-vagga)
대품(大品)

1. 빠밧자-숫따(Pabbajjā-sutta) | 출가(出家)

Sn. 0405.
눈뜬 분이 어떻게 출가했는지
어떤 생각하면서 기꺼이 출가했는지
그분의 출가에 대하여
내가 이야기하리라.

Sn. 0406.
속가의 삶은 번잡한 홍진세계(紅塵世界)
출가는 아무런 걸림 없는 노지(露地)
이와 같이 보시고
그분은 출가했다네.

Sn. 0407.
출가하신 후에는
몸으로 짓는 악행 버리고
몹쓸 말 하지 않고
삶을 정화했다네.

Sn. 0408.
여러 가지 수승한 상호 갖추신
붓다는 탁발 음식 얻기 위하여
산으로 둘러싸인 마가다의
라자가하에 가게 됐다네.

Sn. 0409.
누각에 서 있던 빔비사라는
그분을 보았다네.
상호를 구족하신 분을 보고 난 후에
그는 이런 말을 했다네.

Sn. 0410.
그대들은 이분을 살펴보아라!
준수한 모습은 장대하고 청아하다.
발걸음도 고상한 이분은
한 발짝 앞만 보며 걷고 있구나.

Sn. 0411.
눈을 내리뜨고 주의집중하는 이분
천한 집안 출생이 결코 아니리.
왕의 사자(使者)야! 따라가 보아라!
수행자가 어디로 가는지.

Sn. 0412.
명을 받은 왕의 사자들은
그를 뒤따라갔다네.
수행자는 어디로 가는 것일까?
수행자는 어디에 사는 것일까?

Sn. 0413.
그는 차례로 걸식하면서
지각활동 수호하고 잘 제어하여
주의집중을 놓치지 않고
얼른 발우를 채웠다.

Sn. 0414.
탁발을 마치고
성을 나온 성자는

빤다와(Paṇḍava)산으로 갔다.
그는 여기에 머무나 보다.

Sn. 0415.
거처에 도착한 것을 보고
사자들은 그곳으로 다가갔다네.
한 사자는 왕에게 가서
이렇게 아뢰었다네.

Sn. 0416.
대왕이시여! 그 수행자는
빤다와산 앞의 동굴 속에
호랑이처럼 황소처럼
사자처럼 앉아 있습니다.

Sn. 0417.
사자의 말을 들은 크샤트리아는
화살같이 빠른 수레를 타고
서둘러서 빤다와산으로
길을 떠났다네.

Sn. 0418.
차도(車道)를 달려간 그 크샤트리아는
수레에서 내려
그에게 다가가
가까이 앉았다네.

Sn. 0419.
자리에 앉은 왕은
정중한 인사말을 나누고
대화를 나누면서
이런 말을 했다네.

Sn. 0420.
당신은 갓 피어난
나이 어린 젊은 청년으로서
수려한 용모를 갖고 태어난
크샤트리아가 아닌지요?

Sn. 0421.
코끼리부대를 앞세운 으리으리한
최상의 군대를 그대에게 드리리니
이 선물 받고 내가 질문한
당신의 출생을 알려 주세요.

Sn. 0422.
왕이여, 히말라야 산기슭에
올곧은 사람들의 나라가 있습니다.
부와 권력을 갖추고
꼬살라(Kosala)에 살고 있습니다.

Sn. 0423.
종족의 이름은 태양족이고,
가문의 이름은 사끼야(Sākiya, 釋迦)입니다.
왕이여, 나는 쾌락에 뜻이 없어
그 가문에서 출가했습니다.

Sn. 0424.
쾌락에서 재앙을 보고
욕망에서 벗어남을 안온으로 보고
나는 정진하러 가려고 합니다.
그래서 내 마음은 기쁘답니다.

2. 빠다나-숫따(Padhāna-sutta)

| 정진(精進)

Sn. 0425.

네란자라 강가에서
열심히 선정을 닦아
더할 나위 없는 행복을 얻고자
정진에 전념하는 나를 향하여

Sn. 0426.

악마 나무찌(Namucī)가
연민의 말을 하며 다가왔다네.
그대는 여위고 안색이 어둡군요.
그대에게 죽음이 임박했군요.

Sn. 0427.

당신이 죽지 않고 살 수 있는
가망은 천에 하나랍니다.
살아야지요. 사는 것이 더 낫지요.
존자여, 살아야 공덕도 짓지요.

Sn. 0428.

청정한 범행(梵行)을 실천하고
불의 신에게 제물을 바치면
많은 공덕이 쌓일 터인데
정진은 하여서 무엇 하나요?

Sn. 0429.

정진의 길은 어렵고도 힘들고
성취하기도 어렵답니다.
이러한 게송을 읊으면서
마라(Māra)는 붓다 앞에 서 있었다네.

Sn. 0430.

이런 말을 하는 마라에게
세존은 이렇게 말씀하셨네.
게으른 족속 빠삐만(Pāpiman)아!
너는 무엇 하러 여기 왔느냐?

Sn. 0431.

나는 공덕에는 조금도 뜻이 없다.
마라여! 그런 말은
공덕에 뜻이 있는
사람에게 하는 말이다.

Sn. 0432.

나에게는 신념이 있다.
그리고 정력과 지혜도 있다.
이와 같이 스스로 정진하는 나에게
어찌하여 목숨을 거론하는가?

Sn. 0433.

이 바람은[727] 흐르는
강물도 말려 버릴 터인데
어찌 스스로 정진하는
나의 피가 마르지 않겠는가?

Sn. 0434.

피가 마르면 담즙과 가래도 마르고
살이 빠지면 마음은 더욱더 맑아지리라.
나의 주의집중과 지혜
그리고 삼매는 더욱 확고해지리라.

Sn. 0435.

이와 같이 지내면서

---

727 열정적인 정진을 의미한다.

최상의 느낌을 성취한
내 마음은 쾌락을 바라지 않는다.
보라! 청정한 영혼을.

Sn. 0436.
너의 첫째 군대는 쾌락이지.
둘째는 불만이라고 부르지.
셋째는 굶주림과 목마름이지.
넷째는 갈애(渴愛)라고 말하지.

Sn. 0437.
다섯째는 나태와 졸음이지.
여섯째는 두려움이라고 말하지.
일곱째는 의심이지.
여덟째는 위선과 고집이지.

Sn. 0438.
이익과 명성과 지위를
삿되게 얻고서
자신을 높이고
남을 업신여기는 자.

Sn. 0439.
나무찌여! 이들이 너의 군대지.
검은 악마 깡하(Kaṇha)와의 전쟁에서[728]
겁쟁이는 승리하지 못하겠지만
나는 승리하고 즐거움을 얻으리.

Sn. 0440.
문자(Muñja) 풀을 걸치고[729] 살아간다면
이 얼마나 수치스러운 일인가!
나는 패배하고 사느니
차라리 싸우다가 죽는 게 낫다.

Sn. 0441.
지금 어떤 사문이나 바라문도
가라앉아서 보이질 않는구나.
현자가 가는 길을
아는 자들이 없구나.

Sn. 0442.
코끼리를 탄 마라와
그가 거느리는 모든 군대를
보았으니 나는 싸우겠다.
나를 가로막지 말라!

Sn. 0443.
천신을 포함하여 세간은
너의 군대를 이길 수 없지만
나는 지혜로 깨부수리라!
바위로 흙 단지를 깨부수듯이.

Sn. 0444.
너에게서 승리를 거둔 후에는
목적과 주의집중 잘 확립하여
많은 제자들을 가르치면서
이 나라 저 나라를 돌아다니리.

Sn. 0445.
그들은 게으름을 피우지 않고
스스로 열심히 나의 가르침을 따라
감각적 욕망을 버리고

---

728 'kaṇha'는 원래 '검은색'을 의미하는데, '어둠·죄악·악마'의 의미를 갖는다.
729 'muñja'는 갈대 같은 풀이다. 'muñja'를 걸친다는 것은 전쟁에서 항복하는 것을 의미한다.

슬퍼할 일 없는 곳에 가게 되리라.

Sn. 0446.

7년 동안 가시는 발길을 따라
우리는 세존을 뒤따랐지만
주의집중하시는 붓다에게
접근할 기회조차 얻지 못했네.

Sn. 0447.

기름칠한 듯이 매끄러운 바위를
까마귀가 이리저리 돌아다니며
"여기에서 부드러운 먹이를 찾아야지.
맛있는 것들이 있겠지."

Sn. 0448.

그곳에서 맛있는 것 얻지 못하고
까마귀가 그곳을 떠나가듯이
우리도 바위에 간 까마귀처럼
실망하고 고따마를 떠나는구나!

Sn. 0449.

슬픔을 억누르지 못한 나머지
옆구리에서 비파가 떨어졌다네.
그 후에 야차는 상심하고
그곳에서 모습을 감추었다네.

3. 수바시따-숫따(Subhāsita-sutta)
| 훌륭한 말

이와 같이 나는 들었습니다.

한때 세존께서 사왓티의 제따와나 아나타삔디까 사원에 머무셨습니다. 그때 세존께서 말씀하셨습니다.

"비구들이여, 못된 말이 아닌, 허물이 없고 비난받지 않고 현명한 네 가지 훌륭한 말이 있다오. 그 넷은 어떤 것인가? 비구들이여, 수행자는 못된 말은 하지 않고 좋은 말을 하고, 비법(非法)은 말하지 않고 법(法)을 말하고, 불쾌한 말은 하지 않고 유쾌한 말을 하고, 거짓은 말하지 않고 진실을 말한다오. 비구들이여, 이들이 못된 말이 아닌, 허물이 없고 비난받지 않고 현명한 네 가지 훌륭한 말이라오."

세존께서는 이런 말씀을 하셨습니다. 이런 말씀을 하신 후에 선서께서, 스승님께서 이렇게 말씀하셨습니다.

Sn. 0450.

참사람들은 말한다네. 좋은 말이 첫째라고.
둘째는 비법(非法) 아닌 법(法)을 말하고,
셋째는 불쾌하지 않은 유쾌한 말
넷째는 거짓 아닌 진실을 말하라고.

그때 왕기사 존자가 자리에서 일어나 가사를 한쪽 어깨에 걸치고 세존께 합장한 후에 세존께 말씀드렸습니다.

"선서시여, 저에게 생각이 떠올랐습니다."

"왕기사여, 생각을 말해 보아라!"라고 세존께서 말씀하셨습니다.

왕기사 존자는 적절한 게송으로 찬탄했습니다.

Sn. 0451.

자신을 괴롭히지 않고
남을 해치지 않는
이런 말을 해야 합니다.

이런 말이 훌륭한 말입니다.

Sn. 0452.
그 말이 기쁨을 주는
유쾌한 말을 해야 합니다.
다른 사람에게 해를 주지 않는
유쾌한 말을 해야 합니다.

Sn. 0453.
진실은 불멸(不滅)의 언어입니다.
이 법(法)은 만고불변(萬古不變)입니다.
진실 속에서 의미와 법을 확립하라고
참사람들은 말했습니다.

Sn. 0454.
열반을 성취하도록
괴로움을 끝내도록
붓다께서 하신 안온한 말씀
실로 말씀 중에 최상입니다.

4. 순다리까 바라드와자-숫따 (Sundarika-bhāradvāja-sutta) | 순다리까 바라드와자 바라문

이와 같이 나는 들었습니다.

세존께서 꼬살라(Kosala)에 있는 순다리까강 언덕에 머무실 때, 순다리까 바라드와자 바라문은 순다리까강 언덕에서 불의 신에게 헌공하고 제화(祭火)를 올렸습니다. 순다리까 바라드와자 바라문은 불의 신에게 헌공하고 제화를 올린 후에 자리에서 일어나 사방을 두루 둘러보았습니다.

"헌공하고 남은 이 음식을 누군가가 먹으면 좋겠는데."

순다리까 바라드와자 바라문은 어떤 나무 아래에서 머리를 가리고 앉아 있는 세존을 보았습니다. 그는 왼손으로는 남은 음식을 들고, 오른손으로는 물병을 들고 세존에게 다가갔습니다. 세존께서는 순다리까 바라드와자 바라문의 발자국 소리를 듣고 머리를 드러내셨습니다. 그러자 순다리까 바라드와자 바라문은 "이 존자는 삭발했네! 이 존자는 삭발했네!"라고 하면서 그곳에서 다시 돌아가려고 생각했습니다. 그러다가 순다리까 바라드와자 바라문은 '하긴 어떤 바라문들은 삭발을 하지! 내가 다가가서 혈통을 물어봐야겠다'라고 생각했습니다.

순다리까 바라드와자 바라문은 다가가서 세존에게 말했습니다.

"존자는 출생이 어찌되나요?"

그러자 세존께서 순다리까 바라드와자 바라문에게 게송으로 말씀하셨습니다.

Sn. 0455.
나는 바라문도 아니고 왕자도 아니라오.
바이샤도 아니고 그 무엇도 아니라오.
범부들의 혈통이야 잘 알지만, 현자여!
나는 가진 것 없이 세간에서 유행한다오.

Sn. 0456.
머리를 깎고 고요한 마음으로
사람들에 의해 물들지 않고
집 없이 가사 입고 떠도는 나에게
바라문이여! 혈통을 묻는 것은 옳지 않다오.

Sn. 0457.
존자여! 바라문들은 바라문들과 만나면

'바라문이 아니신지요?'라고 묻습니다.
그대가 그대를 '바라문'이라고 부르고,
나를 바라문이 아니라고 부른다면
나는 그대에게 3행 24음절의
사윗티(Sāvittī)[730]에 대하여 묻겠습니다.

Sn. 0458.

"선인들, 인간들, 크샤트리아, 바라문들은 이 세간에서
무엇 때문에 천신들에게 여러 가지 제사를 지내나요?"
"제사를 지낼 때 궁극에 이른 지혜로운 이가
어떤 사람의 헌공을 받으면
그 사람은 좋은 결실 얻는다고 나는 말한다오."

Sn. 0459.

바라문이 말하기를
실로 그의 헌공은 좋은 결실이 있을 것입니다.
그런 지혜로운 분을 우리는 보았습니다.
당신 같은 분을 뵙지 못했다면
다른 사람이 제사 떡을 먹었을 것입니다.

Sn. 0460.

바라문이여! 그렇다면 그대는 가까이 와서
이익이 될 만한 질문을 하시오!
여기에서 그대는 평온하고 고요하고
차분하고 욕망 없고 현명한 이를 얻을 것이오.

Sn. 0461.

고따마 존자여, 저는 제사를 좋아합니다.
제사를 지내고 싶은데 저는 알지 못합니다.
존자여, 저에게 가르쳐 주세요.
어디에 헌공해야 좋은 결실 있는지 말해 주세요.

Sn. 0462.

출생을 묻지 말고 행위를 물어야 한다네.
어떤 나무에서도 불은 생긴다네.
출생이 천해도 부끄러움을 알고 자제하면
그는 확실한 고귀한 성자라네.

Sn. 0463.

진실이 몸에 배고 자제(自制)가 몸에 익은
범행(梵行)을 끝내고 구경지(究境智)를 이룬 분들.
그분들께 적절한 때에 헌공해야 한다네.
공덕을 바라는 바라문은 그분들께 공양해야 한다네.

Sn. 0464.

쾌락을 버리고 집 없이 유행(遊行)하는
똑바로 오가는 북처럼 자신을 잘 제어하는 분들.
그분들께 적절한 때에 헌공해야 한다네.
공덕을 바라는 바라문은 그분들께 공양해야 한다네.

Sn. 0465.

라후(Rāhu)[731]의 손아귀를 벗어난 달처럼
욕망에서 벗어나 집중하고 지각활동을 하는 분들.

---

730 유명한 베다(Veda)의 찬가(讚歌).
731 아수라 왕의 이름. 라후(Rāhu)가 해와 달을 삼키면 일식(日蝕)과 월식(月蝕)이 일어난다고 한다.

그분들께 적절한 때에 헌공해야 한다네.
공덕을 바라는 바라문은 그분들께 공양해야 한다네.

Sn. 0466.

사랑하는 것을 버리고 언제나 주의집중하며
집착 없이 세간에서 유행하는
그분들께 적절한 때에 헌공해야 한다네.
공덕을 바라는 바라문은 그분들께 공양해야 한다네.

Sn. 0467.

쾌락을 버리고 승리를 거둔
생사의 끝을 아는
호수처럼 시원한 열반을 이룬
여래는 제사 떡을 받을 만하네.

Sn. 0468.

같은 이들과 평등하고[732] 다른 자들과 멀리 떨어진[733]
이 세상 저세상에 물들지 않는
여래는 끝없는 지혜 갖춘 분.
여래는 제사 떡을 받을 만하네.

Sn. 0469.

속임수와 교만을 벗어던진 분.
탐욕 없고 아집 없고 갈망하지 않고
분노를 몰아내고 적멸(寂滅)을 얻은
그 바라문은 슬픔의 때 벗겨 냈으니
여래는 제사 떡을 받을 만하네.

Sn. 0470.

마음의 집착을 내버렸기에
그에게는 어떤 재산도 없고
이 세상도 저세상도 집착하지 않으니
여래는 제사 떡을 받을 만하네.

Sn. 0471.

마음을 집중하여 거센 강을 건너고
최상의 안목으로 법(法)을 알아
번뇌[漏]를 소멸하고 최후의 몸[antimadeha, 最後身][734]을 지닌
여래는 제사 떡을 받을 만하네.

Sn. 0472.

번뇌를 소멸하고 피안에 이른 그에게는
존재[有]의 번뇌[bhavāsava]와 거친 말이 없다네.
그 현자는 모든 것에서 해탈했으니
여래는 제사 떡을 받을 만하네.

Sn. 0473.

집착을 초월한 그에게는 집착이 없다네.
자만심에 집착하는 사람들 가운데 자만심이 없고
괴로움의 터전을 잘 아나니
여래는 제사 떡을 받을 만하네.

Sn. 0474.

욕망에 기대지 않고 세속 떠난 삶[viveka, 遠離]을 보는

---

732 과거의 여래들과 평등하다는 의미.
733 중생들과는 현격한 차이가 있다는 의미.
734 이후로는 생사유전하지 않는 몸.

남들이 아는 견해에서 벗어난
그에게는 어떤 욕망의 대상도 없으니
여래는 제사 떡을 받을 만하네.

Sn. 0475.

알고 파괴하고 소멸한 그에게는
높고 낮은 법이 없다네.
취(取)를 소멸하고 해탈하여 적멸하니
여래는 제사 떡을 받을 만하네.

Sn. 0476.

속박과 태어남의 소멸과 끝을 보고
탐욕의 길을 남김없이 제거하여
청정하고 흠 없고 때 없이 맑은
여래는 제사 떡을 받을 만하네.

Sn. 0477.

스스로 자아(自我)를 보지 않고
집중하고 흔들리지 않고 똑바로 가는
욕망 없고 의혹 없고 마음이 열린
여래는 제사 떡을 받을 만하네.

Sn. 0478.

어떤 미혹함도 그에게는 없다네.
모든 법을 알고 본다네.
최후의 몸을 지니고
위없이 행복한 정각(正覺)을 이뤘으니
여래는 제사 떡을 받을 만하네.

Sn. 0479.

이처럼 훌륭한 현자에게 드리는
나의 헌공은 참된 헌공 될지어다.
범천(梵天)이 증인이 되소서!
세존님! 저의 헌공 받으소서!
세존님! 저의 제사 떡을 드소서!

Sn. 0480.

게송 읊어 받은 음식 먹을 수 없네.
바르게 보는 자의 법이 아니네.
깨달은 이들은 품삯 받지 않는다네.
바라문이여, 그것이 옳은 법이라네.

Sn. 0481.

번뇌가 소멸하고 악행이 멸진한
독존(獨存)에 이른 위대한 선인(仙人)을
먹고 마실 것으로 달리 공양하시오!
그것이 복 구하는 밭[福田]이라오.

Sn. 0482.

세존님! 저는 알고 싶습니다.
나 같은 사람의 공양을 먹을 분을.
제사 때 누구를 찾아야 할지
당신의 가르침을 받고 싶습니다.

Sn. 0483.

격분이 사라지고
마음이 청정하고
쾌락에서 해탈하고
나태하지 않는 분.

Sn. 0484.

번뇌를 제거하고
생사를 잘 아는
거룩한 인격 갖춘
이러한 성자가 제사에 오면

Sn. 0485.

교만을 버리고

합장하고 공경하면서
먹을 것과 마실 것을 공양할지니
이와 같은 공양이 좋은 결실 있다오.

Sn. 0486.
존자여! 위없는 복전(福田)인 붓다는
제사 떡을 받을 만하다오.
그분에게 올리는 공양은
일체 세간에 큰 결실이 있다오.

그러자 순다리까 바라드와자 바라문은 이렇게 말씀드렸습니다.

"놀랍습니다! 고따마 존자님! 놀랍습니다! 고따마 존자님! 고따마 존자님! 마치 뒤집힌 것을 바로 세우는 것 같고, 감추어진 것을 드러내는 것 같고, 길 잃은 자에게 길을 알려 주는 것 같고, '눈 있는 자들은 보라'라고 어둠 속에 등불을 비춰 주는 것 같습니다. 이와 같이 고따마 존자께서는 여러 가지 방법으로 진리를 알려 주셨습니다. 고따마 존자님! 그래서 저는 고따마 존자님께 귀의합니다. 가르침과 비구상가에 귀의합니다. 고따마 존자님! 저는 고따마 존자님 앞으로 출가하여 구족계를 받고자 합니다."

순다리까 바라드와자 바라문은 세존 앞으로 출가하여 구족계를 받았습니다. 순다리까 바라드와자 바라문은 구족계를 받자 곧 홀로 외딴곳에서 열심히 노력하고 정진하며 지냈습니다. 그리고 오래지 않아 선남자들이 출가하는 목적인 위없는 청정한 수행[梵行]의 완성을 지금 여기에서 스스로 체득하고 성취하여 살았습니다. 그는 '생(生)은 소멸했다. 청정한 수행을 완성했으며, 해야 할 일을 끝마쳤다. 다시는 이와 같은 상태로 되지 않는다'라는 것을 체득했습니다. 그리하여 순다리까 바라드와자 존자는 아라한 가운데 한 분이 되었습니다.

5. 마가-숫따(Māgha-sutta)
| 바라문 청년 마가

이와 같이 나는 들었습니다.

세존께서 라자가하에 있는 깃자꾸따(Gijjhakūṭaa)산[靈鷲山]에 머무실 때, 바라문 청년 마가가 세존을 찾아와서 세존과 함께 정중하게 인사를 하고 공손한 인사말을 나눈 후에 한쪽에 앉았습니다. 한쪽에 앉은 바라문 청년 마가가 세존께 말씀드렸습니다.

"고따마 존자님! 저는 구하는 것을 베풀어 주는 마음이 너그러운 시주(施主)로서 정당하게 재물을 구하여 정당하게 얻고 정당하게 취득한 재산으로 한 사람에게 베풀기도 하고, 두 사람에게 베풀기도 하고, 세 사람에게 베풀기도 하고, 네 사람·다섯 사람·여섯 사람·일곱 사람·여덟 사람·아홉 사람·열 사람에게 베풀기도 하고, 스무 사람·서른 사람·마흔 사람·쉰 사람에게 베풀기도 하고, 백 사람에게 베풀기도 하고 더 많은 사람들에게 베풀기도 합니다. 고따마 존자님! 이와 같이 베풀고 보시하는 저는 얼마나 많은 공덕을 지은 것일까요?"

"바라문 청년이여, 이와 같이 베풀고 보시하는 그대는 실로 많은 공덕을 지은 것이라오. 구하는 것을 베풀어 주는 마음이 너그러운 시주로서 정당하게 재물을 구하여 정당하게 얻고 정당하게 취득한 재산으로 한 사람에게 베풀기도 하고, 두 사람에게 베풀기도 하고, 세 사람에게 베풀기도 하고, 네 사람·다섯 사람·여섯 사람·일곱 사람·여덟 사람·아홉 사람·열 사람에게 베풀기도 하고, 스무 사람·서른 사람·마흔 사람·쉰 사람에게 베풀기도 하고, 백 사람에게 베풀기도 하고 더 많은 사람들에게 베풀기도 하는 사람은 많은 공덕을 짓는 것이라오."

그러자 바라문 청년 마가가 세존께 게송으로 말을 걸었습니다.

Sn. 0487.

바라문 청년 마가가 말하기를,
가사 입고 집 없이 세간에서 유행하는
너그러운 고따마 존자님께 묻습니다.
공덕을 목적으로 공덕 구해 헌공하고
남들에게 먹을 것과 마실 것을 주고
구하는 것 베푸는 재가 시주는
어디에 헌공해야 정화되나요?

Sn. 0488.

세존께서 말씀하시기를, 마가여!
공덕을 바라고 공덕 구해 헌공하고
남들에게 먹을 것과 마실 것을 주고
구하는 것 베푸는 재가 시주는
공양받을 만한 분들에 의해 목적을 이룬다오.

Sn. 0489.

바라문 청년이 말하기를,
공덕을 바라고 공덕 구해 헌공하고
남들에게 먹을 것과 마실 것을 주고
구하는 것 베푸는 재가 시주에게
공양받을 만한 분들을 세존께서 제게 알려주세요!

Sn. 0490.

집착하지 않고 가진 것 없이 세간에서 유행하는
자신을 제어하는 독존(獨存)을 성취한 분들
그분들께 적절한 때에 헌공해야 한다네.
공덕을 바라는 바라문은 그분들께 공양해야 한다네.

Sn. 0491.

일체의 속박과 결박을 끊고
절제되고 해탈하여 평온하고 갈망 없는
그분들께 적절한 때에 헌공해야 한다네.
공덕을 바라는 바라문은 그분들께 공양해야 한다네.

Sn. 0492.

일체의 속박에서 벗어나
절제되고 해탈하여 평온하고 갈망 없는
그분들께 적절한 때에 헌공해야 한다네.
공덕을 바라는 바라문은 그분들께 공양해야 한다네.

Sn. 0493.

탐욕과 분노와 어리석음 버리고
범행(梵行)을 끝내고 번뇌를 소멸하신
그분들께 적절한 때에 헌공해야 한다네.
공덕을 바라는 바라문은 그분들께 공양해야 한다네.

Sn. 0494.

속임수와 교만을 벗어던진 분들
탐욕 없고 아집(我執) 없고 갈망하지 않는
그분들께 적절한 때에 헌공해야 한다네.
공덕을 바라는 바라문은 그분들께 공양해야

한다네.

Sn. 0495.

갈애(渴愛)에 빠지지 않고 거센 강을 건너가
이기심 없이[735] 유행하는 분들
그분들께 적절한 때에 헌공해야 한다네.
공덕을 바라는 바라문은 그분들께 공양해야 한다네.

Sn. 0496.

이 세상이든 저세상이든 세간 어디에도
존재[bhava, 有]에도 비존재[abhava, 非有]에도 갈애가 없는
그분들께 적절한 때에 헌공해야 한다네.
공덕을 바라는 바라문은 그분들께 공양해야 한다네.

Sn. 0497.

쾌락을 버리고 집 없이 유행하는
똑바로 오가는 북처럼 자신을 잘 제어하는 분들
그분들께 적절한 때에 헌공해야 한다네.
공덕을 바라는 바라문은 그분들께 공양해야 한다네.

Sn. 0498.

라후(Rāhu)의 손아귀를 벗어난 달처럼
욕망에서 벗어나 집중하고 지각활동을 하는 분들
그분들께 적절한 때에 헌공해야 한다네.
공덕을 바라는 바라문은 그분들께 공양해야 한다네.

Sn. 0499.

욕망을 버려서 이제는 갈 곳이 없는
욕망에서 벗어나 원한 없고 고요한 분들
그분들께 적절한 때에 헌공해야 한다네.
공덕을 바라는 바라문은 그분들께 공양해야 한다네.

Sn. 0500.

남김없이 생사를 내버리고
일체의 의혹을 벗어난 분들
그분들께 적절한 때에 헌공해야 한다네.
공덕을 바라는 바라문은 그분들께 공양해야 한다네.

Sn. 0501.

자신을 등불 삼아 세간에서 유행하는
아무것도 없이 모든 것에서 해탈하신
그분들께 적절한 때에 헌공해야 한다네.
공덕을 바라는 바라문은 그분들께 공양해야 한다네.

Sn. 0502.

'이것이 마지막 존재다. 이후의 존재[後有]는 없다.'
여기에서 이것을 있는 그대로 아는 분들
그분들께 적절한 때에 헌공해야 한다네.
공덕을 바라는 바라문은 그분들께 공양해야 한다네.

Sn. 0503.

선정을 즐기며 주의집중하는 현자
많은 이들의 귀의처가 되는 붓다

---

735 'amamā'의 번역.

그분에게 적절한 때에 헌공해야 한다네.
공덕을 바라는 바라문은 그분에게 공양해야 한다네.

Sn. 0504.
실로 제 질문이 헛되지 않았군요.
세존께서 제게 공양받을 만한 분들을 알려 주시는군요.
당신은 이것을 있는 그대로 아시는군요.
이 법을 당신은 사실대로 아시는군요.

Sn. 0505.
바라문 청년 마가가 말하기를,
공덕을 목적으로 공덕 구해 헌공하고
남들에게 먹을 것과 마실 것을 주고
구하는 것 베푸는 재가 시주가
제사 성취하는 법을 세존께서 제게 알려 주세요.

Sn. 0506.
세존께서 말씀하시기를, 마가여!
제사를 지낼 때는 어떤 경우에도
마음을 청정하게 하고 제사를 지내시오!
제사를 지내는 이유는
제사에 의지하여 악의(惡意)를 버리는 것이라오.

Sn. 0507.
탐욕을 버리고 분노를 내려놓고
밤낮으로 부지런히 끊임없이
한없는 자애심을 일으켜
한량없이 온 세상을 가득 채우시오!

Sn. 0508.
청정해지고 해탈하고 속박되는 자는 누구인가요?
어떻게 해야 범천에 가나요?
무지한 저의 물음에 성자께서 답해 주세요!
저에게는 지금 세존이 범천으로 보입니다.
당신이 곧 범천인 것은 진실입니다.
어찌해야 찬란한 범천세계에 태어나나요?

Sn. 0509.
세존께서 말씀하시기를, 마가여!
세 가지 제사법을[736] 성취하여 제사 지내는 이는
공양받을만한분들에 의해 목적을 이룬다오.
이와 같이 제사 지내고 구하는 것 바르게 베푸는 이는
범천세계에 태어난다고 나는 말한다오.

이 말씀을 듣고, 바라문 청년 마가는 이렇게 말했습니다.

"훌륭합니다, 고따마 존자여! 훌륭합니다, 고따마 존자여! 고따마 존자여, 마치 뒤집힌 것을 바로 세우는 것 같고, 감추어진 것을 드러내는 것 같고, 길 잃은 자에게 길을 알려 주는 것 같고, '눈 있는 자들은 보라'라고 어둠 속에 등불을 비춰 주는 것 같습니다. 이와 같이 고따마 존자께서는 여러 가지 방법으로 진리를 알려 주셨습니다. 고따마 존자여, 그래서 저는 고따마 존자님께 귀의합니다. 가르침과 비구상가에 귀의합니다. 고따마 존자님께서는 저를 청신사로 받아 주소서. 지금부터 살아 있는 날까지 귀의하겠습니다."

---

736 세 가지 제사법은 앞에서 이야기한 탐욕을 버리고 분노를 내려놓고 자애심을 일으키는 것이다.

6. 사비야-숫따(Sabhiya-sutta)
| 행각수행자 사비야

이와 같이 나는 들었습니다.

한때 세존께서는 라자가하의 웰루와나 깔란다까니와빠에 머무셨습니다. 그때 조상신(祖上神)이 행각수행자 사비야에게 질문을 하도록 지시했습니다.

"사비야여! 네가 사문이나 바라문에게 이 질문을 하여 대답하면, 그분 밑에서 청정한 수행[梵行]을 하여라!"

행각수행자 사비야는 조상신에게 그 질문을 배운 다음에 많은 사람들의 큰 존경을 받는 사문이나 바라문들, 예를 들면 뿌라나 까싸빠·막칼리 고살라·아지따 께사깜발린·빠꾸다 깟짜야나·산자야 벨랏띠뿟따·니간타 나따뿟따 같은 교단의 명성 있는 유명한 지도자, 스승, 교조들을 찾아가서 그들에게 질문을 했습니다.

행각수행자 사비야의 질문을 받은 그들은 답변하지 못했으며, 답변은 하지 않고 화를 내고 성을 내고 불만을 드러내면서 도리어 행각수행자 사비야에게 되묻기까지 했습니다. 그래서 행각수행자 사비야는 '많은 사람들의 큰 존경을 받는 사문이나 바라문들을 찾아가서 그들에게 질문을 했지만, 그들은 나의 질문에 답변하지 못했으며, 답변은 하지 않고 화를 내고 성을 내고 불만을 드러내면서 도리어 나에게 되묻기까지 했다. 차라리 환속하여 쾌락을 즐기는 것이 나을 것 같다'라고 생각했습니다. 그러다가 행각수행자 사비야에게 '고따마 사문도 많은 사람들의 큰 존경을 받는 교단의 명성 있는 유명한 지도자이며, 스승이며, 교조다. 그러니 고따마 사문을 찾아가서 이 질문을 해 보면 어떨까?'라는 생각이 들었습니다. 그렇지만 행각수행자 사비야는 '뿌라나 까싸빠·막칼리 고살라·아지따 께사깜발린·빠꾸다 깟짜야나·산자야 벨랏띠뿟따·니간타 나따뿟따 같은 출가한 지 오래된 경험 많은, 나이 들어 늙고 노쇠한 만년의 원로(元老) 사문이나 바라문 존자들도 나의 질문에 답변하지 못했고, 답변은 하지 않고 화를 내고 성을 내고 불만을 드러내면서 도리어 나에게 되묻기까지 했다. 그런데 출가한 지 얼마 되지 않은 젊은 고따마 사문이 어떻게 나의 질문에 답변할 수 있겠는가?'라고 생각했습니다.

그러다가 행각수행자 사비야는 '수행자가 젊다고 해서 얕보거나 무시하면 안 된다. 젊은 수행자일지라도 큰 신통과 큰 위력이 있을 수 있다. 그러므로 고따마 사문을 찾아가서 이 질문을 하는 것이 좋겠다'라고 생각했습니다.

행각수행자 사비야는 라자가하로 길을 떠났습니다. 그는 여행을 계속하여 라자가하의 웰루와나 깔란다까니와빠로 세존을 찾아갔습니다. 그는 세존과 함께 정중하게 인사를 하고 공손한 인사말을 나눈 후에 한쪽에 앉았습니다. 한쪽에 앉은 행각수행자 사비야가 세존께 게송으로 말을 걸었습니다.

Sn. 0510.

사비야가 말하기를,
의심과 의혹이 있어서 왔습니다.
존자님께 질문을 드리고 싶습니다.
제가 드리는 질문에 차례대로 여법하게
답변하여 제 의심을 해결해 주십시오!

Sn. 0511.

세존께서 말씀하시기를,

사비야여, 질문을 하고 싶어서

그대는 나를 찾아 먼 길을 왔군요.

그대 질문에 차례대로 여법하게

답변하여 그대 의심을 해결해 주겠소.

Sn. 0512.

사비야여, 나에게 질문하시오!

무엇이든 마음대로 질문하시오!

그대가 묻는 대로 내가

그대의 의심을 해결해 주겠소.

행각수행자 사비야는 '아! 참으로 놀랍다. 아! 지금까지 이런 일이 없었다. 다른 사문이나 바라문들에게서는 허락을 받지 못했는데, 고따마 사문은 나에게 허락을 하셨다'라고 생각하고, 즐겁고 환희롭고 기쁨과 만족이 생겨 신이 나서 세존께 질문했습니다.

Sn. 0513.

사비야가 말하기를,

무엇을 얻으면 수행자라고 말하나요?

어찌하면 온화한 이라고 하고, 왜 길든 이라고 하나요?

왜 붓다라고 부르나요?

세존님! 제 질문에 답해 주세요.

Sn. 0514.

세존께서 말씀하시기를,

사비야여, 스스로 길을 가서 반열반을 성취하고

의심을 극복하여 존재[有]와 비존재[非有]를 버리고

수행을 완성하여 이후의 존재[後有]가 소멸한 이가 수행자라오.

Sn. 0515.

모든 일에 평정심을 가지고 주의집중하면서

일체의 세간에서 어떤 것도 해치지 않고

피안으로 건너가 절제하고 물들지 않고

오만하지 않은 이가 온화한 이라오.

Sn. 0516.

일체의 세간에서 안과 밖으로

지각(知覺, indriyāni) 수행[bhāvitāni]을 하면서

이 세상과 저세상을 통달하고

죽음을기다리며수련하는이가길든이라오.

Sn. 0517.

사라졌다 나타나는 기만적인 윤회와

과거 현재 미래의 모든 시간 알아보고

때 묻지 않고 번뇌 없이 청정하며

생(生)의 소멸을 성취한 이가 붓다라오.

그러자 즐겁고 환희롭고 기쁨과 만족이 생겨 신이 난 행각수행자 사비야는 세존께 계속하여 질문했습니다.

Sn. 0518.

사비야가 말하기를,

무엇을 얻으면 바라문이라 말하나요?

왜 사문이라고 하고, 왜 목욕한 사람이라고 하나요?

왜 용상(龍象, nāga)이라고 부르나요?

세존님! 제 질문에 답해 주세요.

Sn. 0519.
세존께서 말씀하시기를,
사비야여, 일체의 사악한 일 멀리하고
티 없고 잘 집중하고 흔들리지 않고
윤회를 벗어나 독존(獨存)을 이루어[kevalī]
집착하지 않는 이를 바라문이라고 한다오.

Sn. 0520.
공덕과 죄악 버린
고요하고 허물없는
이 세상과 저세상을 알고 생사를 벗어난
바로 이런 사람을 사문이라고 한다오.

Sn. 0521.
일체의 세간에서 안과 밖으로
모든 죄악을 씻어 버리고
천신과 인간의 시간 속에서
시간으로 돌아가지 않는 이를 목욕한 사람이라고 한다오.

Sn. 0522.
세간에서 어떤 죄도 짓지 않고
모든 속박과 결박을 풀고
어떤 것도 애착 않고 해탈한 사람
바로 이런 사람을 용상이라고 한다오.

그러자 즐겁고 환희롭고 기쁨과 만족이 생겨 신이 난 행각수행자 사비야는 세존께 계속하여 질문했습니다.

Sn. 0523.
사비야가 말하기를,
깨달은 분들은 어떤 분을 터전[khetta]의 승리자라고 하나요?
어찌하면 훌륭한 분이라고 하고, 왜 현명한 분이라고 하나요?
왜 성자라는 명칭으로 부르나요?
세존님! 제 질문에 답해 주세요.

Sn. 0524.
세존께서 말씀하시기를,
사비야여, 천신과 인간과 범천의
모든 터전을 알아보고
터전의 근본인 일체 결박 벗어난
바로 이런 분을 터전의 승리자라 한다오.

Sn. 0525.
천신과 인간과 범천의
모든 창고를 알아보고
창고의 근본인 일체 결박 벗어난
바로 이런 분을 훌륭한 분이라고 한다오.

Sn. 0526.
안과 밖으로 청정한 것 알아보는
청정한 지혜를 가지고
선과 악을 초월한 분
바로 이런 분을 현명한 분이라고 한다오.

Sn. 0527.
일체의 세간에서 안과 밖으로
바른 법과 그른 법을 알아서
천신과 인간의 공양받아 마땅한 분
바로 이런 분을 성자라고 한다오.

그러자 즐겁고 환희롭고 기쁨과 만족이 생겨 신이 난 행각수행자 사비야는 세존께 계속하여 질문했습니다.

Sn. 0528.

사비야가 말하기를,
어떤 사람을 지식인이라고 하나요?
어찌하면 잘 아는 사람이라고 하고,
왜 정진하는 사람이라고 하나요?
귀족이란 명칭은 무엇인가요?
세존님! 제 질문에 답해 주세요.

Sn. 0529.

세존께서 말씀하시기를,
사비야여, 사문과 바라문에게 있는
모든 지식을 알아보고
일체의 느낌에 대하여 탐욕이 없는
일체의 지식을 벗어난 사람을 지식인이라고
한다오.

Sn. 0530.

억측(臆測, papañca)과 이름과 형색[名色]이
안팎으로 질병의 근본임을 알고
질병의 근본인 일체 결박 벗어난
바로 이런 사람을 잘 아는 사람이라고 한다오.

Sn. 0531.

일체의 죄악을 자제하며
지옥의 괴로움을 벗어난
열심히 정진하는 사람
바로 이런 사람을 정진하는 사람이라고 한다오.

Sn. 0532.

안팎으로 집착의 근본인
결박이 끊어진 사람
집착의 근본인 일체 결박 벗어난
바로 이런 사람을 귀족이라고 한다오.

그러자 즐겁고 환희롭고 기쁨과 만족이 생겨 신이 난 행각수행자 사비야는 세존께 계속하여 질문했습니다.

Sn. 0533.

사비야가 말하기를,
어떤 사람을 정통한 사람이라고 하나요?
어찌하면 거룩한 사람이라고 하고,
왜 덕행(德行)을 갖춘 사람이라고 하나요?
행각수행자란 명칭은 무엇인가요?
세존님! 제 질문에 답해 주세요.

Sn. 0534.

세존께서 말씀하시기를, 사비야여,
일체의 법(法)을 듣고 체험지(體驗智)로
세간에서 비난받는 일과 비난받지 않는 일을
무엇이든 통달하고 의심 없이 해탈하여
모든 점에 혼란이 없으면 정통한 사람이라고
한다오.

Sn. 0535.

번뇌[漏]와 집착을 끊고
모태를 알아서 다가가지 않는
세 가지 생각[想][737]과 더러움을 버리고
시간으로 돌아가지 않는 사람을 거룩한 사람
이라고 한다오.

---

737 '세 가지 생각[想]'이란 1) rūpasaññā[色想]: 형색(形色)에 대한 생각, 2) paṭighasaññā[有對想]: 지각의 대상에 대한 생각, 3) nānatta saññā[異想]: 서로 다르게 보는 생각이다.

Sn. 0536.

최상의 덕행을 성취하여
언제나 선법(善法)을 알고
어디서나 집착하지 않고 해탈하여
장애 없는 사람이 덕행을 갖춘 사람이라오.

Sn. 0537.

상하, 사방, 중앙에
괴로운 과보(果報) 있는 업을 멀리하고
거짓과 아만(我慢)과 탐욕과 분노
이름과 형색[名色]을 끝내 버린 사람
그를 덕행 갖춘 행각수행자라고 한다오.

그러자 즐겁고 환희롭고 기쁨과 만족이 생겨 신이 난 행각수행자 사비야는 자리에서 일어나 가사를 한쪽 어깨에 걸치고 세존께 합장한 후에 세존 앞에서 적절한 게송으로 찬탄했습니다.

Sn. 0538.

생각[想]을 만들어서 생각에 의지하는
63가지 사문들의 헛된 논쟁
지혜 크신 당신은 그것을 벗어나서
거센 흐름을 건너셨군요.[738]

Sn. 0539.

괴로움을 끝내도록 저를 제도하셨으니
당신은 피안에 가 괴로움을 끝내고
번뇌를 소멸하신 밝고 현명한
지혜 크신 등정각(等正覺)이 분명하군요.

Sn. 0540.

성자의 길에서 덕행 갖춘 성자여!
마음이 비옥하고 온화한 태양족이여!
제가 가진 의문 알고 의혹에서 저를 건진
당신께 저는 귀의합니다.

Sn. 0541.

이전에 저에게 있었던 의문
눈뜬 분이 제게 답을 주셨습니다.
바르게 깨달은 참된 성자여!
당신에게는 막힘이 전혀 없군요.

Sn. 0542.

당신에게는 모든 집착이
쓸모없이 부서졌군요.
자제(自制)를 얻어 맑고 시원하며
확고하고 진실하군요.

Sn. 0543.

용상 중의 용상이며
대웅(大雄)이신 당신이 말씀하시면
나라다(Nārada)와 빱바따(Pabbatā) 두 신(神)
은 물론
모든 천신(天神)들이 기뻐하는군요.

Sn. 0544.

인간 가운데 가장 고귀한 당신께 귀의합니다.
인간 가운데 가장 높으신 당신께 귀의합니다.
천신들을 포함한 세간 가운데
당신과 같은 분은 없으십니다.

---

738 거센 흐름이란 세상 사람들이 개념으로 만든 이론에 의지하여 논쟁하는 세류(世流)를 의미함.

Sn. 0545.
당신은 붓다입니다. 당신은 스승입니다.
당신은 마라를 정복한 성자입니다.
당신은 습성을 끊고 건너가
이 세상 사람들을 구제하십니다.

Sn. 0546.
당신은 집착을 뛰어넘었습니다.
당신은 번뇌를 부쉈습니다.
당신은 두려움과 공포를 버린
취(取, upādāna)가 없는 사자입니다.

Sn. 0547.
물에 젖지 않는 예쁜 연꽃처럼
복덕(福德)과 악덕(惡德)에 물들지 않는 당신
영웅이여, 두 발을 내미십시오!
사비야가 스승님께 예배합니다.

사비야는 세존의 두 발에 머리를 조아리고 세존께 말씀드렸습니다.

"놀랍습니다! 고따마 존자님! 놀랍습니다! 고따마 존자님! 고따마 존자님! 마치 뒤집힌 것을 바로 세우는 것 같고, 감추어진 것을 드러내는 것 같고, 길 잃은 자에게 길을 알려 주는 것 같고, '눈 있는 자들은 보라'라고 어둠 속에 등불을 비춰 주는 것 같습니다. 이와 같이 고따마 존자께서는 여러 가지 방법으로 진리를 알려 주셨습니다. 고따마 존자님! 그래서 저는 고따마 존자님께 귀의합니다. 가르침과 비구상가에 귀의합니다. 고따마 존자님! 저는 고따마 존자님 앞으로 출가하여 구족계를 받고자 합니다."

"사비야여, 이전에 외도(外道)였던 사람으로서 이 가르침과 율에 출가하여 구족계를 받고자 하는 사람은 넉 달 동안 별주(別住)하고[739], 넉 달이 지나서 확신을 가진 비구들이 그를 비구가 되도록 출가시켜 구족계를 준다오. 그렇지만 나는 사람마다 차이가 있다고 알고 있다오."

"세존이시여, 만약에 이전에 외도였던 사람으로서 이 가르침과 율에 출가하여 구족계를 받고자 하는 사람은 넉 달 동안 별주하고, 넉 달이 지나서 확신을 가진 비구들이 그를 비구가 되도록 출가시켜 구족계를 준다면, 저는 네 해 동안이라도 별주하겠습니다. 네 해가 지나서라도 좋으니, 확신을 가진 비구들께서 비구가 되도록 출가시켜 구족계를 주십시오!"

행각수행자 사비야는 세존 앞으로 출가하여 구족계를 받았습니다. 새로 구족계를 받은 마간디야 존자는 홀로 외딴곳에서 열심히 노력하고 정진하며 지냈습니다. 그리고 오래지 않아 선남자들이 출가하는 목적인 위없는 청정한 수행[梵行]의 완성을 지금 여기에서 스스로 체험하고 성취하여 살았습니다. 그는 '태어남은 끝났고, 청정한 수행을 마쳤으며, 해야 할 일을 끝마쳤다. 다시는 이런 상태로 되지 않는다'라는 것을 체득했습니다. 그리하여 사비야 존자는 아라한 가운데 한 분이 되었습니다.

---

739 구족계를 받기 전에 비구상가와 함께 생활하지 않고 따로 생활하는 것.

7. 셀라-숫따(Sela-sutta) | 셀라 바라문

이와 같이 나는 들었습니다.

한때 세존께서는 1,250명의 큰 비구상가와 함께 앙굿따라빠(Aṅguttarāpa)에서 유행하시다가 앙굿따라빠의 아빠나(Āpaṇa)라는 마을에 도착하셨습니다.

그때 결발수행자 께니야(Keṇiya)는 '사끼야족의 후예로서 사끼야족에서 출가한 사문 고따마가 1,250명의 큰 비구상가와 함께 앙굿따라빠에서 유행하시다가 아빠나에 도착했다. 그런데 고따마 존자는 아라한[應供], 원만하고 바르게 깨달으신 분[正遍知], 앎과 실천을 구족하신 분[明行足], 잘 가신 분[善逝], 세간을 잘 아시는 분[世間解], 위없는 분[無上士], 사람을 길들여 바른길로 이끄시는 분[調御丈夫], 천신과 인간의 스승[天人師], 붓다[佛], 세존(世尊)으로 불리는 명성이 자자하신 분이다. 그분은 천계(天界)·마라·범천을 포함한 이 세간을, 사문과 바라문과 왕과 백성을 포함한 인간계를 수승한 지혜로 몸소 체득하여 알려 준다. 그분은 처음도 좋고 중간도 좋고 마지막도 좋은, 의미 있고 명쾌하고 완벽한 진리[法]를 가르치며, 청정한 범행(梵行)을 알려 준다. 그러므로 마땅히 그런 성자를 만나 보아야 한다'라는 말을 들었습니다.

결발수행자 께니야는 세존을 찾아갔습니다. 그는 세존과 함께 정중하게 인사를 하고 공손한 인사말을 나눈 후에 한쪽에 앉았습니다. 한쪽에 앉은 결발수행자 께니야를 세존께서는 여법한 말씀으로 가르치고 격려하고 장려하고 기쁘게 하셨습니다. 세존으로부터 가르침을 받고 기뻐하면서, 결발수행자 께니야는 세존께 이렇게 말씀드렸습니다.

"고따마 존자님께서는 비구상가와 함께 내일 저의 공양을 받아 주십시오."

이렇게 말씀드리자, 세존께서 결발수행자 께니야에게 말씀하셨습니다.

"비구상가는 크다오. 께니야여, 1,250명이나 된다오. 그리고 그대는 바라문들을 믿고 따르지 않나요?"

결발수행자 께니야는 세존께 두 번째로 말씀드렸습니다.

"고따마 존자님, 비구상가는 커서 1,250명이 되든, 제가 바라문들을 믿고 따르든, 아무튼 존자님께서는 비구상가와 함께 내일 저의 공양을 받아 주십시오."

세존께서 두 번째로 결발수행자 께니야에게 말씀하셨습니다.

"비구상가는 크다오. 께니야여, 1,250명이나 된다오. 그리고 그대는 바라문들을 믿고 따르지 않나요?"

결발수행자 께니야는 세존께 세 번째로 말씀드렸습니다.

"고따마 존자님, 비구상가가 커서 1,250명이 되든, 제가 바라문들을 믿고 따르든, 아무튼 존자님께서는 비구상가와 함께 내일 저의 공양을 받아 주십시오."

세존께서는 침묵으로 승낙하셨습니다.

결발수행자 께니야는 자리에서 일어나 자신의 아쉬람[assama, 草幕][740] 으로 가서 친

---

740 'assama'는 'āśram'의 빨리어 표기. 아쉬람(āśram)은 은퇴한 바라문이 수행하기 위해 숲속에 지은 초막(草幕)이다.

구와 동료, 친지와 친척들에게 알렸습니다.

"친구, 동료, 친지, 친척 여러분 제 말을 들어 보십시오! 제가 고따마 사문을 비구상가와 함께 내일 식사에 초대했습니다. 그러니 제가 하는 일을 도와주십시오!"

께니야의 친구, 동료, 친지, 친척들은 "존자여, 그렇게 하지요."라고 께니야에게 대답한 후에 어떤 사람들은 화덕을 파고, 어떤 사람들은 장작을 패고, 어떤 사람들은 그릇을 씻고, 어떤 사람들은 물통을 채우고, 어떤 사람들은 자리를 마련하고, 께니야는 몸소 천막을 쳤습니다.

그때 아빠나에 셀라(Sela) 바라문이 살고 있었습니다. 그는 세 가지 베다에 통달했으며, 어휘론(語彙論)과 의궤론(儀軌論)·음운론과 어원론 그리고 다섯 번째로 역사(歷史, itihāsa)[741]에 정통하여 잘 해설하고, 세속의 철학[lokāyata][742]과 큰 인물의 관상[mahā-purisa-lakkhaṇa]에 대한 지식에 부족함이 없는 이로서 300명의 바라문 청년들에게 만트라를 가르치고 있었습니다. 그때 결발수행자 께니야는 셀라 바라문을 믿고 따랐습니다.

셀라 바라문은 300명의 바라문 청년들에게 둘러싸여 이리저리 산책을 하다가 께니야의 아쉬람을 찾아갔습니다. 셀라 바라문은 께니야의 아쉬람에서 결발수행자들이 어떤 사람들은 화덕을 파고, 어떤 사람들은 장작을 패고, 어떤 사람들은 그릇을 씻고, 어떤 사람들은 물통을 채우고, 어떤 사람들은 자리를 마련하고, 께니야는 몸소 천막을 치고 있는 것을 보았습니다.

이것을 본 셀라 바라문이 결발수행자 께니야에게 말했습니다.

"께니야 존자는 아들을 장가보내거나 딸을 시집보내거나 큰 제사를 지내거나 마가다의 왕 세니야 빔비사라를 군대와 함께 초대한 것인가요?"

"아닙니다. 셀라여, 그런 것이 아니라 사끼야족의 후예로서 사끼야족에서 출가한 사문 고따마께서 1,250명의 큰 비구상가와 함께 앙굿따라빠에서 유행하다가 아빠나에 도착하셨습니다. 그런데 고따마 존자는 아라한, 원만하고 바르게 깨달으신 분, 앎과 실천을 구족하신 분, 잘 가신 분, 세간을 잘 아시는 분, 위없는 분, 사람을 길들여 바른길로 이끄시는 분, 천신과 인간의 스승, 붓다, 세존으로 불리는 명성이 자자하신 분입니다. 나는 내일 그분을 비구상가와 함께 초대했습니다."

"께니야 존자여, 당신은 '붓다'라고 말했습니까?"

"셀라 존자여, 나는 '붓다'라고 말했습니다."

"께니야 존자여, 당신이 '붓다'라고 말했다고요?"

"셀라 존자여, 그렇습니다. 나는 '붓다'라고 말했습니다."

그러자 셀라 존자는 '세간에서 붓다라는 평판을 얻기는 매우 어렵다. 우리의 만트라에는 큰 인물의 32가지 관상[32相]이 전해

---

741 'itihāsa'는 '이와 같이(iti) 틀림없이(ha) 그런 일이 있었다(āsa)'라는 말로서 구전(口傳)된 전설이나 역사를 의미한다.

742 'lokāyata'의 번역. 'lokāyata'는 해탈이나 열반과는 무관한 세속에 순응하는 철학을 의미한다.

지고 있다. 그것을 구족한 큰 인물에게는 두 가지 운명만 있을 뿐 다른 것은 없다. 만약에 집에서 생활하면 여법(如法)한 법왕(法王)으로서 칠보(七寶)를 구족하고, 사방을 정복하여 나라를 안정시키는 전륜성왕이 된다. 그에게는 금륜보(金輪寶), 백상보(白象寶), 감마보(紺馬寶), 신주보(神珠寶), 옥녀보(玉女寶), 거사보(居士寶), 주병보(主兵寶) 등의 칠보가 있다. 그리고 그에게는 영웅적으로 적군을 정복하는 천 명이 넘는 용감한 아들이 있다. 그는 바다에 이르는 대지를 몽둥이나 칼을 사용하지 않고 법으로 정복하여 다스린다. 그리고 만약에 집을 버리고 출가하면 세간에서 장막을 걷어내는 아라한, 등정각(等正覺)이 된다'라고 생각하고 물었습니다.

"께니야 존자여, 지금 아라한이며 등정각이신 고따마 존자님은 어디에 머물고 계신가요?"

결발수행자 께니야는 오른팔을 들고 셀라 바라문에게 말했습니다.

"셀라 존자여, 저기 짙푸른 숲에 계십니다."

셀라 바라문은 300명의 바라문 청년들과 함께 세존을 찾아갔습니다. 그때 셀라 바라문은 바라문 청년들에게 분부했습니다.

"그대들은 조용히 와서 한 발짝씩 나아가도록 하라! 실로 사자처럼 혼자서 가시는 세존들은 가까이 가기 어렵다. 그리고 내가 고따마 사문과 함께 논의할 때 그대들은 중간에 방해하지 말고 대화가 끝날 때까지 기다려라!"

셀라 바라문은 세존을 찾아가서 세존과 함께 정중하게 인사를 하고 공손한 인사말을 나눈 후에 한쪽에 앉았습니다. 한쪽에 앉은 셀라 바라문은 세존의 몸에서 큰 인물의 32가지 관상을 찾아보았습니다. 셀라 바라문은 세존의 몸에서 큰 인물의 32가지 관상 대부분을 보았지만, 음마장(陰馬藏)[743]과 광장설(廣長舌)[744] 두 가지를 보지 못했기 때문에 그 두 가지 관상에 대하여 의심하고 주저하고 확신하지 못하고 믿지 못했습니다.

세존께서는 '셀라 바라문이 나의 몸에서 큰 인물의 32가지 관상 대부분을 보았지만, 음마장과 광장설을 보지 못했기 때문에 그 두 가지 관상에 대하여 의심하고 주저하고 확신하지 못하고 믿지 못한다'라고 생각하셨습니다. 세존께서는 셀라 바라문이 세존의 음마장을 보도록 신통을 부리셨습니다. 그리고 세존께서는 혀를 내밀어 두 귓구멍을 핥고, 두 콧구멍을 핥고, 앞이마 전체를 혀로 덮으셨습니다.

그러자 셀라 바라문은 이렇게 생각했습니다.

'고따마 사문은 큰 인물의 32가지 관상을 부족함이 없이 완전하게 갖추었다. 그렇지만 나는 그가 붓다인지 아닌지 알지 못하겠다. 그런데 나는 연로한 장로 바라문과 스승과 스승의 스승 바라문들에게 아라한·등정각들은 자신이 찬탄을 받을 때 자신을 드러낸다고 들었다. 나는 고따마 사문 앞에서 적절한 게송으로 찬탄해 봐야겠다.'

셀라 바라문은 세존 앞에서 적절한 게

743 생식기가 말처럼 몸속에 숨어 있는 모습.

744 혀가 넓고 긴 모습.

송으로 찬탄했습니다.

Sn. 0548.

잘 태어난 완전한 몸은
광채가 나고 보기에도 좋군요.
세존께서는 황금빛 피부에
치아는 희고 정력은 넘치는군요.

Sn. 0549.

잘 태어난 사람에게
있게 되는 특징들인
위대한 인물의 관상이
당신의 몸에는 모두 있군요.

Sn. 0550.

눈은 맑고 얼굴은 매력 있고
몸은 곧고 위엄이 있군요.
사문의 상가[僧伽] 가운데서
당신은 태양처럼 빛나는군요.

Sn. 0551.

피부가 황금 같은
잘생긴 비구여!
이렇게 최상의 용모 지닌 당신이
어찌하여 사문의 삶을 사시나요?

Sn. 0552.

당신은 사방을 정복하고
잠부싼다(Jambusaṇḍa)[745]를 통치하는
전차를 모는
전륜성왕이 되어야 합니다.

Sn. 0553.

크샤트리아들과 지방의 왕들은
당신에게 충성할 것입니다.
고따마여! 왕 중의 왕
인간의 제왕[manujindo]이 되어 지배하세요.

Sn. 0554.

세존께서 말씀하시기를,
셀라여! 나는 왕이라오.
위없이 높은 법왕이라오.
나는 법으로 수레바퀴를 굴린다오.
되돌아가지 않는 수레바퀴를.

Sn. 0555.

셀라 바라문이 말하기를,
당신은 진정한 붓다임을 공언하시는군요.
'나는 위없이 높은 법왕이다.
나는 법으로 수레바퀴를 굴린다.'
고따마여! 당신은 이렇게 말씀하시는군요.

Sn. 0556.

제자 가운데 스승과 일치하는
존자의 장수는 누구인가요?
누가 되돌아가지 않도록
이 수레바퀴를 계속해서 굴리나요?

Sn. 0557.

세존께서 말씀하시기를, 셀라여!
나의 되돌아가지 않는 수레바퀴를
위없이 높은 법의 수레바퀴[法輪]를
여래의 뒤를 이어 사리뿟따가
계속해서 굴릴 것이오.

---

745 사대주(四大洲) 가운데 남쪽의 섬. 인도를 의미하며 염부제(閻浮提)로 한역됨.

Sn. 0558.

체득해야 할 것을 체득했고
수련해야 할 것을 수련했고
버려야 할 것을 버렸다오.
바라문이여, 그래서 나는 붓다라오.

Sn. 0559.

나에 대한 의심을 버리시오!
바라문이여! 믿음을 가지시오!
진정한 붓다를 보는 기회는
언제나 얻기 어렵다오.

Sn. 0560.

그런 분이 세간에 출현하기는
언제나 어려운 일이라오.
바라문이여! 나는 독화살 뽑아 주는
바로 그 위없는 진정한 붓다라오.

Sn. 0561.

마라의 군대를 깨부순 나는
비할 바 없는 신성한 존재
모든 적들을 물리치고서
두려움 없이 어디서나 즐긴다오.

Sn. 0562.

그대들은 눈뜨신 분이
하시는 말씀에 귀 기울여라!
독화살 뽑아 주는 큰 영웅께서
사자처럼 숲에서 포효하신다.

Sn. 0563.

마라의 군대를 깨부순
비할 바 없는 신성한 존재
뉘라서 보고 믿지 않을까?
비천한 사람도 보면 믿으리.

Sn. 0564.

원하는 사람은 나를 따르라!
원하지 않으면 떠나가거라!
지혜가 수승하신 분 밑으로
나는 이제 출가하리라!

Sn. 0565.

만약에 등정각의 가르침을
존자님께서 좋아하신다면
지혜가 수승하신 분 밑으로
저희들도 출가를 하겠습니다.

Sn. 0566.

300명의 바라문들은
합장하고 간청합니다.
세존님! 저희들은 당신 밑에서
청정한 수행을 하겠습니다.

Sn. 0567.

세존께서 말씀하시기를,
셀라여! 청정한 수행은 잘 설해졌다오.
총명한 출가자가 부지런히 배워 익히면
곧바로 여기에서 볼 수 있다오.

그래서 셀라 바라문은 대중들과 함께 세존 밑으로 출가하여 구족계를 받았습니다.

결발수행자 께니야는 그날 밤새 자신의 아쉬람에서 갖가지 훌륭한 딱딱한 음식과 부드러운 음식을 마련한 후에 세존께 알렸습니다.

"세존이시여, 공양이 준비되었습니다."

세존께서는 오전에 옷을 입고 발우와

법의(法衣)를 들고, 비구상가와 함께 결발수행자 께니야의 아쉬람으로 가서 마련된 자리에 앉으셨습니다. 결발수행자 께니야는 부처님을 위시한 비구상가를 갖가지 훌륭한 딱딱한 음식과 부드러운 음식으로 손수 시중을 들며 만족시켰습니다. 결발수행자 께니야는 세존께서 공양을 마치고 발우에서 손을 떼시자 아래에 있는 다른 자리로 가서 한쪽에 앉았습니다.

세존께는 한쪽에 앉은 결발수행자 께니야를 이러한 게송으로 기쁘게 하셨습니다.

Sn. 0568.

제사의 으뜸은 불제사라네.
찬가(讚歌)의 으뜸은 사윗띠(Sāvittī)라네.
인간의 으뜸은 제왕이라네.
강의 으뜸은 대양이라네.

Sn. 0569.

별들의 으뜸은 달이라네.
밝은 것의 으뜸은 태양이라네.
공덕을 바라면서 공양할 곳은
참으로 상가[僧伽]가 으뜸이라네.

세존께서는 결발수행자 께니야를 이러한 게송으로 기쁘게 하신 후에 자리에서 일어나 떠나셨습니다.

셀라 존자는 대중들과 함께 외딴곳에서 열심히 노력하고 정진하며 지냈습니다. 그리고 오래지 않아 선남자들이 출가하는 목적인 위없는 청정한 수행[梵行]의 완성을 지금 여기에서 스스로 체험하고 성취하여 살았습니다. 그는 '태어남은 끝났고, 청정한 수행을 마쳤으며, 해야 할 일을 끝마쳤다. 다시는 이런 상태로 되지 않는다'라는 것을 체득했습니다. 그리하여 셀라 존자는 아라한 가운데 한 분이 되었습니다.

셀라 존자는 대중들과 함께 세존을 찾아가서 가사를 한쪽 어깨에 걸치고 세존께 합장한 후에 게송으로 말씀드렸습니다.

Sn. 0570.

눈뜬 분이시여! 우리가
당신께 귀의한 지 8일째입니다.
세존님! 우리는 7일 동안에
당신의 가르침에 길들었습니다.

Sn. 0571.

당신은 붓다입니다. 당신은 스승입니다.
당신은 마라(Māra)를 정복한 성자입니다.
당신은 결사(結使)를 끊고 건너가
이 세상 사람들을 구제하십니다.

Sn. 0572.

당신은 집착을 뛰어넘었습니다.
당신은 번뇌를 부쉈습니다.
당신은 두려움과 공포를 버린
취(取)가 없는 사자입니다.

Sn. 0573.

300명의 비구가
합장하고 섰습니다.
용상(龍象)[746]들이 스승님께 예배하도록
영웅이여, 두 발을 내미십시오!

746 훌륭한 수행자를 의미함.

8. 살라-숫따(Salla-sutta) | 독화살

Sn. 0574.

언젠가 죽어야 할 인간의 삶은
언제 죽을지 알 수가 없다.
비참하고 보잘것없으며
괴로움에 결박되어 있다.

Sn. 0575.

태어나서 죽지 않을 방법은 없다.
늙으면 반드시 죽는 것이
살아 있는 것들의
정해진 법이다.

Sn. 0576.

익어서 떨어지는 과일에는
떨어지는 두려움이 있듯이
태어나서 죽어 가는 인간에게는
언제나 죽음의 공포가 있다.

Sn. 0577.

도공이 만든 질그릇이
결국에는 모두 깨어지듯이
죽어 가는 인간의 삶도
모두가 이와 마찬가지다.

Sn. 0578.

젊은 사람도 늙은 사람도
어리석은 자도 현명한 자도
모두가 죽음의 지배를 받는다.
모두가 결국은 죽음에 이른다.

Sn. 0579.

죽음에 패배한 사람들이
저세상으로 갈 때
아버지도 아들을 구하지 못하고
친척도 다른 친척 구하지 못한다.

Sn. 0580.

보라! 친척들이
통곡하면서 보는 가운데
도살장에 끌려가는 소처럼
제각기 혼자서 죽음에 끌려간다.

Sn. 0581.

이와 같이 세간은
죽음과 늙음의 공격을 받고 있다.
그러므로 세간의 속성을 아는
현자들은 슬퍼하지 않는다.

Sn. 0582.

어디서 와서 어디로 가는지
그대는 그 길을 알지 못한다.
양쪽 끝을 보지 못하고
그대는 부질없이 울고 있구나.

Sn. 0583.

얼이 빠져서 울부짖으며
자신을 해친다고
무슨 소용 있으리오.
어찌할 수 없이 지켜만 볼 뿐.

Sn. 0584.

운다고 슬퍼한다고
마음의 평안 얻지 못한다.
괴로움은 더 생기고
몸만 상할 뿐이다.

Sn. 0585.
스스로 자신을 해치면
마르고 창백해진다.
그런다고 망자가 살아오지 않나니
울어 봐야 아무런 소용이 없다.

Sn. 0586.
슬픔을 내려놓지 못한 사람은
더욱 큰 괴로움에 빠져든다.
죽은 자를 붙들고 통곡하면
슬픔에 정복당하게 된다.

Sn. 0587.
업에 따라 가는 운명에 처한
다른 사람들을 보라!
이 세상 살아 있는 모든 것들이
죽음에 정복되어 떨고 있구나.

Sn. 0588.
그 어느 누가 생각해 봐도
아무리 달리 생각해 봐도
이별은 이렇게 피할 수 없나니
보라! 이것이 세상의 이치다.

Sn. 0589.
사람이 100년을 산다고 해도
그보다 더 오래 산다고 해도
결국은 친척들과 이별을 하고
세상에서 수명을 버리게 된다.

Sn. 0590.
그러므로 아라한의 말씀을 듣고
망자의 죽음을 보게 되면
'내 힘으로 어찌할 수 없다.'
이렇게 생각하고 슬피 울지 말라!

Sn. 0591.
집에 불이 나면 물로 불을 끄듯이
신념 있고 현명하고 지혜 갖춘 현자는
바람이 솜털을 날려 버리듯
일어난 슬픔을 재빨리 털어 낸다.

Sn. 0592.
자신의 행복을 구하는 사람은
자신의 슬픔과 갈망과 근심을
자신에게 박힌 독화살을
뽑아내어 버려야 한다.

Sn. 0593.
독화살을 뽑고 집착하지 않고
마음의 평온을 얻어야 한다.
일체의 슬픔을 뛰어넘으면
슬픔 없는 열반에 이르게 된다.

9. 와셋타-숫따(Vāseṭṭha-sutta)
| 바라문 청년 와셋타

이와 같이 나는 들었습니다.

한때 세존께서는 잇차낭깔라의 잇차낭깔라 숲(Icchānaṃkalavanasaṇḍa)에 머무셨습니다. 그때 잇차낭깔라에는 짱끼(Caṅkī) 바라문, 따룩카(Tārukkha) 바라문, 뽁카라사띠(Pokkharasāti) 바라문, 자누쏘니(Jaṇussoṇi) 바라문, 또데야(Todeyya) 바라문 같은 저명한 바라문 장자들과 그 밖에도 많은 유명한 바라문 장자들이 살고 있었습니다.

그때 바라문 청년 와셋타(Vāseṭṭha)와

바라드와자(Bhāradvāja)는 앞서거니 뒤서거니 한가로이 거닐며 산책하는 도중에 '어떻게 바라문이 되는가?'라는 이야기가 나왔습니다.

바라문 청년 바라드와자는 이렇게 말했습니다.

"부모가 모두 훌륭한 가문의 출생으로서 족보에 7대 조부까지 뒤섞이지 않고 비난받지 않은 순수한 혈통에 의해서 바라문이 된다."

바라문 청년 와셋타는 이렇게 말했습니다.

"계율을 잘 지키고 덕을 갖춤으로써 바라문이 된다."

바라드와자는 와셋타를 설득할 수 없었고, 와셋타는 바라드와자를 설득할 수 없었습니다.

와셋타가 바라드와자에게 말했습니다.

"바라드와자여, 사끼야족의 후예로서 사끼야족에서 출가한 사문 고따마께서 잇차낭깔라의 잇차낭깔라 숲에 머물고 계신다네. 고따마 존자님은 아라한[應供], 원만하고 바르게 깨달으신 분[正遍知], 앎과 실천을 구족하신 분[明行足], 잘 가신 분[善逝], 세간을 잘 아시는 분[世間解], 위없는 분[無上士], 사람을 길들여 바른길로 이끄시는 분[調御丈夫], 천신과 인간의 스승[天人師], 붓다[佛], 세존(世尊)으로 불리는 명성이 자자하신 분이라네. 여보게, 바라드와자여, 우리는 고따마 사문을 찾아가서 이 문제를 고따마 사문께 물어보세. 고따마 사문께서 답을 주시면, 그것을 받아들이도록 하세."

바라드와자는 "벗이여, 그렇게 하세"라고 와셋타에게 대답했습니다.

그래서 와셋타와 바라드와자는 세존을 찾아가서 세존과 함께 정중하게 인사를 하고 공손한 인사말을 나눈 후에 한쪽에 앉았습니다. 한쪽에 앉은 바라문 청년 와셋타가 세존께 게송으로 말씀드렸습니다.

Sn. 0594.

우리 둘은 3베다[747]에 통달한 자로
인정받고 스스로도 공언합니다.
저는 뽁카라사띠의 학생이고
저 사람은 따룩카의 학생입니다.

Sn. 0595.

3베다에 설해진 것을
우리는 완전하게 통달했습니다.
베다의 구절을 해설하고
스승이 외운 대로 암송합니다.

Sn. 0596.

고따마여! 출생에 대한
이야기를 하다가 논쟁이 생겼습니다.
바라드와자는 출생에 의해서 바라문이 된다고 했고
저는 업에 의해서 된다고 했습니다.
눈뜨신 분이여! 이와 같은 줄 아십시오!

Sn. 0597.

우리 둘은 서로서로
상대방을 설득할 수 없었기에
진정한 붓다라고 널리 알려진

---

747 3베다는《리그베다》,《사마베다》,《야주르베다》를 의미함.

존자님께 묻기 위해 왔습니다.

Sn. 0598.

졌다가 차오르는 달을 향해서
사람들이 합장하고 예배하듯이
세간에서는 고따마를
그와 같이 예배하고 공경합니다.

Sn. 0599.

세상에 눈으로 출현하신 분이여!
고따마께 우리는 묻습니다.
출생에 의해서 바라문이 되나요?
아니면 업에 의해서 되나요?
저희들은 알지 못하니
바라문을 알 수 있게 말해 주세요.

Sn. 0600.

세존께서 말씀하시기를,
와셋타여! 내가 그것에 대하여
차례차례 사실대로 설명하리라.
살아 있는 것들은 종류에 따라
태어날 때 서로서로 차이가 있다.

Sn. 0601.

풀이나 나무들을 보라!
스스로 다르다고 하진 않지만
그들에겐 타고난 특징이 있다.
태어날 때 서로서로 차이가 있다.

Sn. 0602.

그다음에 벌레를 보라!
메뚜기에서 개미들까지
그들에겐 타고난 특징이 있다.
태어날 때 서로서로 차이가 있다.

Sn. 0603.

네발 달린 짐승을 보라!
크고 작은 짐승들은
그들에겐 타고난 특징이 있다.
태어날 때 서로서로 차이가 있다.

Sn. 0604.

기어 다니는 뱀을 보라!
긴 등을 가진 뱀들도
그들에겐 타고난 특징이 있다.
태어날 때 서로서로 차이가 있다.

Sn. 0605.

그리고 물고기를 보라!
물속에서 사는 물고기들도
그들에겐 타고난 특징이 있다.
태어날 때 서로서로 차이가 있다.

Sn. 0606.

그리고 날개 달린 새들을 보라!
날아다니는 새들에게도
그들에겐 타고난 특징이 있다.
태어날 때 서로서로 차이가 있다.

Sn. 0607.

이들처럼 모든 생물들은
저마다 타고난 특징이 있다.
그렇지만 인간들은 그와 달리
저마다 타고난 특징이 없다.

Sn. 0608.

머리카락에도 없고 머리에도 없고
귀에도 없고 눈에도 없고
입에도 없고 코에도 없고

입술에도 없고 눈썹에도 없다.

Sn. 0609.
목에도 없고 어깨에도 없고
배에도 없고 등에도 없고
엉덩이에도 없고 가슴에도 없고
음부에도 없고 성행위도 차이 없다.

Sn. 0610.
손에도 없고 발에도 없고
손가락에도 없고 손톱에도 없다.
장딴지에도 없고 허벅지에도 없고
피부색이나 음성에도 타고난 특징이 없다.
인간은 다른 생물들과 결코 같지 않다.

Sn. 0611.
각각의 인간의 몸에는
타고난 특징이 보이지 않는다.
굳이 말하자면 인간에게는
명칭의 구별이 있을 뿐이다.

Sn. 0612.
인간들 가운데 누구든
소를 치며 살아가는 자는
와셋타여! 알아야 한다.
그는 농부다. 바라문이 아니다.

Sn. 0613.
인간들 가운데 누구든
여러 가지 기술로 살아가는 자는
와셋타여! 알아야 한다.
그는 기술자다. 바라문이 아니다.

Sn. 0614.
인간들 가운데 누구든
상업으로 살아가는 자는
와셋타여! 알아야 한다.
그는 상인이다. 바라문이 아니다.

Sn. 0615.
인간들 가운데 누구든
다른 사람 시중들며 살아가는 자는
와셋타여! 알아야 한다.
그는 하인이다. 바라문이 아니다.

Sn. 0616.
인간들 가운데 누구든
도둑질로 살아가는 자는
와셋타여! 알아야 한다.
그는 도둑이다. 바라문이 아니다.

Sn. 0617.
인간들 가운데 누구든
활 쏘는 재주로 살아가는 자는
와셋타여! 알아야 한다.
그는 무사다. 바라문이 아니다.

Sn. 0618.
인간들 가운데 누구든
제사를 주관하며 살아가는 자는
와셋타여! 알아야 한다.
그는 제관이다. 바라문이 아니다.

Sn. 0619.
인간들 가운데 누구든
마을과 국토를 다스리는 자는
와셋타여! 알아야 한다.

그는 왕이다. 바라문이 아니다.

Sn. 0620.

어머니의 자궁에서 태어난 존재를
나는 바라문이라고 부르지 않는다.
무언가를 가진 자는 '그대'라고 부른다.
가진 것 없고 집착 없는 사람
나는 그를 바라문이라고 부른다.

Sn. 0621.

일체의 속박 끊고 걱정 없는 사람
집착을 초월한 사람
속박을 벗어난 사람
나는 그를 바라문이라고 부른다.

Sn. 0622.

밧줄을 끊고 가죽끈을 끊고
올가미와 굴레를 벗고
장애를 제거하고 깨달은 사람
나는 그를 바라문이라고 부른다.

Sn. 0623.

비난하고 매질하고 결박을 해도
인내심 많은 강한 군대처럼
화내지 않고 참아 내는 사람
나는 그를 바라문이라고 부른다.

Sn. 0624.

친절하고 독실한 사람
계율을 지키고 자신을 길들여서
최후의 몸[最後身]을 이룬 사람
나는 그를 바라문이라고 부른다.

Sn. 0625.

연꽃잎에 달린 이슬만큼도
송곳 끝에 걸린 겨자씨만큼도
쾌락에 물들지 않는 사람
나는 그를 바라문이라고 부른다.

Sn. 0626.

자신의 괴로움 소멸했음 통찰하고
속박에서 벗어나
짐을 내려놓은 사람
나는 그를 바라문이라고 부른다.

Sn. 0627.

깊은 지혜 있는 총명한 사람
바른길과 그른 길에 정통한 사람
최고의 목적을 성취한 사람
나는 그를 바라문이라고 부른다.

Sn. 0628.

재가자든 출가자든
어느 누구와도 어울리지 않고
집 없이 사는 욕심 없는 사람
나는 그를 바라문이라고 부른다.

Sn. 0629.

동물에 대해서도 식물에 대해서도
살아 있는 모든 것에 폭력을 내려놓고
때리지 않고 죽이지 않는 사람
나는 그를 바라문이라고 부른다.

Sn. 0630.

모든 장애 가운데서 걸림이 없고
모든 폭력 가운데서 평온하고
집착의 대상에 집착하지 않는 사람

나는 그를 바라문이라고 부른다.

Sn. 0631.
송곳 끝에서 겨자씨가 떨어지듯
탐욕과 분노와 오만과 위선이
그에게서 떨어져 나간 사람
나는 그를 바라문이라고 부른다.

Sn. 0632.
부드럽고 유익한 말
진실한 말을 하고
누구에게든 악담하지 않는 사람
나는 그를 바라문이라고 부른다.

Sn. 0633.
크든 작든 많든 적든
좋은 것이든 싫은 것이든
주지 않은 것을 취하지 않는 사람
나는 그를 바라문이라고 부른다.

Sn. 0634.
그에게는 이 세상과 저세상에서
존재하려는 욕망이 보이지 않는
애착 않고 속박에서 벗어난 사람
나는 그를 바라문이라고 부른다.

Sn. 0635.
그에게는 집착이 보이지 않고
구경지(究境智)로 모든 의심을 없애고
불사(不死)의 경지를 성취한 사람
나는 그를 바라문이라고 부른다.

Sn. 0636.
공덕(功德)에도 집착 않고
악덕(惡德)에도 집착 않는
근심 없고 티 없이 맑은 사람
나는 그를 바라문이라고 부른다.

Sn. 0637.
구름을 벗어난 달처럼
환락의 삶을 버린
티 없이 맑고 청정한 사람
나는 그를 바라문이라고 부른다.

Sn. 0638.
돌고 도는[saṃsāraṃ] 위험하고 험한 길과
어리석음 벗어나 저 언덕에 건너간
갈망도 없고 의심도 없고
집착 없는 평온한 선정수행자
나는 그를 바라문이라고 부른다.

Sn. 0639.
세상에서 감각적 욕망 버리고
출가하여 집 없이 살아가는
쾌락의 삶을 버린 사람
나는 그를 바라문이라고 부른다.

Sn. 0640.
세상에서 갈애를 내버리고
출가하여 집 없이 살아가는
갈애의 삶을 버린 사람
나는 그를 바라문이라고 부른다.

Sn. 0641.
인간의 속박을 벗어 버리고
천상의 속박에서 벗어나
모든 속박에서 자유로운 사람
나는 그를 바라문이라고 부른다.

Sn. 0642.
사랑도 내버리고 미움도 내버리고
집착이 없어서 맑고 시원한
일체의 세간을 극복한 영웅
나는 그를 바라문이라고 부른다.

Sn. 0643.
중생들의 태어남과 죽음을 알고
어떤 것에도 집착이 없는
잘 간 사람[善逝] 깨달은 사람[佛]
나는 그를 바라문이라고 부른다.

Sn. 0644.
그가 죽어서 가는 길을
천신도 건달바도 인간도 모르는
번뇌를 남김없이 없앤 아라한
나는 그를 바라문이라고 부른다.

Sn. 0645.
그에게는 가진 것이 앞에도 없고
중간에도 뒤에도 아무것도 없는
가진 것 없는 집착 없는 사람
나는 그를 바라문이라고 부른다.

Sn. 0646.
황소처럼 늠름한 영웅이며
위대한 선인(仙人)이며 승리자이며
갈망 없는 목욕한 깨달은 사람
나는 그를 바라문이라고 부른다.

Sn. 0647.
전생에 살던 곳을 알고
천상과 지옥을 보고
태어남을 없앤 사람
나는 그를 바라문이라고 부른다.

Sn. 0648.
명칭과 가문의 이름은
세간에서 만들어진 것이다.
세간의 관습에 의하여 생긴
그때그때 만들어진 것이다.

Sn. 0649.
오랜 세월 잠재해 있는
무지한 견해를 버리지 못한
무지한 자들은 주장한다.
"출생에 의해서 바라문이 된다."

Sn. 0650.
출생에 의해서 바라문이 되지 않는다.
출생에 의해서 바라문이 아닌 자가 되지 않는다.
업에 의해서 바라문이 되고
업에 의해서 바라문이 아닌 자가 된다.

Sn. 0651.
업에 의해서 농부가 되고
업에 의해서 기술자가 된다.
업에 의해서 상인이 되고
업에 의해서 하인이 된다.

Sn. 0652.
업에 의해서 도둑이 되고
업에 의해서 무사가 된다.
업에 의해서 제관이 되고
업에 의해서 왕이 된다.

Sn. 0653.
연기(緣起)를 보고 업보(業報)를 아는
지혜로운 사람들은
이와 같이 업을
여실하게 본다.

Sn. 0654.
세상도 업에서 생기고
사람들도 업에서 생긴다.
바퀴의 축을 고정하는 못처럼
중생들은 업에 의해 묶여 있다.

Sn. 0655.
고행에 의해서 범행(梵行)에 의해서
자제하고 수련하여 바라문이 된다.
바라문은 이렇게 되는 것이다.
이것이 최상의 바라문이다.

Sn. 0656.
와셋타여! 그대는 알아야 한다.
삼명(三明)에 통달하고
이후의 존재[後有]가 소멸한
참사람이 범천이고 제석천이다.

이 말씀을 듣고, 바라문 청년 와셋타와 바라드와자는 이렇게 말했습니다.

"훌륭합니다, 고따마 존자여! 훌륭합니다, 고따마 존자여! 고따마 존자여, 마치 뒤집힌 것을 바로 세우는 것 같고, 감추어진 것을 드러내는 것 같고, 길 잃은 자에게 길을 알려 주는 것 같고, '눈 있는 자들은 보라'라고 어둠 속에 등불을 비춰 주는 것 같습니다. 이와 같이 고따마 존자께서는 여러 가지 방법으로 진리를 알려 주셨습니다. 고따마 존자여, 그래서 저는 고따마 존자님께 귀의합니다. 가르침과 비구상가에 귀의합니다. 고따마 존자께서는 저를 청신사로 받아 주소서. 지금부터 살아 있는 날까지 귀의하겠습니다."

10. 꼬깔리야-숫따(Kokāliya-sutta) | 꼬깔리야 비구

이와 같이 나는 들었습니다.

한때 세존께서 사왓티의 제따와나 아나타삔디까 사원에 머무셨습니다. 그때 꼬깔리야 비구가 세존을 찾아와서 세존께 예배한 후에 한쪽에 앉았습니다. 한쪽에 앉은 꼬깔리야 비구가 세존께 말씀드렸습니다.

"세존이시여, 사리뿟따(Sāriputta)와 목갈라나(Mogglllānā)는 사악한 욕망에 빠져서 사악한 욕망을 가지고 있습니다."

이와 같이 말씀드리자, 세존께서 꼬깔리야 비구에게 말씀하셨습니다.

"꼬깔리야여, 그렇게 말하지 마라! 꼬깔리야여, 사리뿟따와 목갈라나의 마음을 믿어라! 사리뿟따와 목갈라나는 올바르다."

그러자 꼬깔리야 비구는 다시 세존께 말씀드렸습니다.

"세존이시여, 비록 세존께서 청정하고 믿을 만하다고 저에게 말씀하실지라도, 사리뿟따와 목갈라나는 사악한 욕망에 빠져서 사악한 욕망을 가지고 있습니다."

이와 같이 두 번째로 말씀드리자, 세존께서 다시 꼬깔리야 비구에게 말씀하셨습니다.

"꼬깔리야여, 그렇게 말하지 마라! 꼬깔리야여, 사리뿟따와 목갈라나의 마음을 믿어라! 사리뿟따와 목갈라나는 올바르다."

그렇지만 꼬깔리야 비구는 다시 세존께 말씀드렸습니다.

"세존이시여, 비록 세존께서 청정하고 믿을 만하다고 저에게 말씀하실지라도, 사리뿟따와 목갈라나는 사악한 욕망에 빠져서 사악한 욕망을 가지고 있습니다."

이와 같이 세 번째로 말씀드리자, 세존께서 다시 꼬깔리야 비구에게 말씀하셨습니다.

"꼬깔리야여, 그렇게 말하지 마라! 꼬깔리야여, 사리뿟따와 목갈라나의 마음을 믿어라! 사리뿟따와 목갈라나는 올바르다."

그러자 꼬깔리야 비구는 세존께 예배하고 자리에서 일어나 가사를 한쪽 어깨에 걸치고 오른쪽으로 돈 후에 떠나갔습니다.

그곳을 떠난지 얼마 안 되어 꼬깔리야 비구의 몸 전체에 겨자씨만 한 종기가 퍼졌습니다. 겨자씨만 하던 것이 팥알만 해졌고, 팥알만 하던 것이 완두콩알만 해졌고, 완두콩알만 하던 것이 대추씨만 해졌고, 대추씨만 하던 것이 대추만 해졌고, 대추만 하던 것이 아말라까(āmalaka)만 해졌고, 아말라까만 하던 것이 덜 익은 윌바(vilva) 열매만 해졌고, 덜 익은 윌바 열매만 하던 것이 익은 윌바 열매만 해졌고, 익은 윌바 열매만 해졌을 때 터져서 고름과 피가 흘러나왔습니다. 꼬깔리야 비구는 그 병으로 죽었으며, 사리뿟따와 목갈라나에 대하여 증오하는 마음을 품었기 때문에 죽은 후에 빠두마(Paduma) 지옥에 태어났습니다.

그때 밤이 되자 사함빠띠(Sahampati) 범천이 휘황찬란한 모습으로 제따와나를 훤히 밝히면서 세존을 찾아와서 예배한 후에 한쪽에 섰습니다. 한쪽에 선 사함빠띠 범천이 세존께 말씀드렸습니다.

"세존이시여, 꼬깔리야 비구가 죽었습니다. 세존이시여, 죽은 꼬깔리야 비구는 사리뿟따와 목갈라나에 대하여 증오하는 마음을 품었기 때문에 빠두마 지옥에 태어났습니다."

사함빠띠 범천은 이 말을 하고서 세존께 예배하고 오른쪽으로 돈 후에 사라졌습니다.

그날 밤이 지나자 세존께서 비구들에게 말씀하셨습니다.

"비구들이여, 오늘 밤에 사함빠띠 범천이 밤이 되자 나를 찾아와서 '세존이시여, 꼬깔리야 비구가 죽었습니다. 세존이시여, 죽은 꼬깔리야 비구는 사리뿟따와 목갈라나에 대하여 증오하는 마음을 품었기 때문에 빠두마 지옥에 태어났습니다'라고 말하고서 나에게 예배하고 오른쪽으로 돈 후에 사라졌다오."

이 말씀을 듣고, 어떤 비구가 세존께 말씀드렸습니다.

"세존이시여, 빠두마 지옥의 수명은 얼마나 깁니까?"

"비구여, 빠두마 지옥의 수명의 길이는 '몇 년이다. 몇백 년이다. 또는 몇천 년이다. 몇십만 년이다'라고 헤아릴 수가 없다오."

"세존이시여, 그렇다면 비유는 가능합니까?"

세존께서는 "가능하다"라고 말씀하시고 이렇게 말씀하셨습니다.

"비구여, 비유하면 꼬살라(Kosala)의 참깨 나르는 수레에 실린 20카리(khārī)의[748] 참깨를 어떤 사람이 100년이 지날 때마다

---

748 'khārī'는 용량(容量)의 단위인데 정확히 어느 정도인지는 알 수 없다. 꼬살라에서 참깨를 운반할 때 사용하는 수레에는 20카리(khārī)의 참깨를 실었던 것 같다.

한 알씩 들어낸다고 하면, 비구여, 이렇게 하여 수레에 실린 20카리의 참깨가 다 없어지고 사라져도 압부다(Abbuda) 지옥의 수명은 다하지 않는다오. 비구여, 20압부다 지옥의 수명이 1니랍부다(Nirabbuda) 지옥의 수명이고, 20니랍부다 지옥의 수명이 1아바바(Ababa) 지옥의 수명이고, 20아바바 지옥의 수명이 1아하하(Ahaha) 지옥의 수명이고, 20아하하 지옥의 수명이 1아따따(Aṭaṭa) 지옥의 수명이고, 20아따따 지옥의 수명이 1꾸무다(Kumuda) 지옥의 수명이고, 20꾸무다 지옥의 수명이 1소간디까(Sogandhika) 지옥의 수명이고, 20소간디까 지옥의 수명이 1웁빨라까(Uppalaka) 지옥의 수명이고, 20웁빨라까 지옥의 수명이 1뿐다리까(Puṇḍarika) 지옥의 수명이고, 20뿐다리까 지옥의 수명이 1빠두마 지옥의 수명이라오. 비구여, 그런데 그 빠두마 지옥에 꼬깔리야 비구가 태어난 것은 사리뿟따와 목갈라나에 대하여 증오하는 마음을 품었기 때문이라오."

세존께서는 이렇게 말씀하셨습니다. 선서(善逝)께서는 이렇게 말씀하셨습니다. 그리고 다시 스승님께서 말씀하셨습니다.

Sn. 0657.

사람이 태어날 때
입안에 도끼가 생긴다.
어리석은 사람은 나쁜 말 하여
그것으로 자신을 찍는다.

Sn. 0658.

비난받을 사람을 칭찬하거나
칭찬받을 사람을 비난하는 자
그는 입으로 죄를 짓는다.
죄로 인해 행복을 얻지 못한다.

Sn. 0659.

도박으로 모든 재산을 잃고
자기 자신까지 잃어버린 자
이 사람의 죄는 작은 것이다.
선서(善逝)에게 악의를 품는 자
이 사람의 죄는 훨씬 더 크다.

Sn. 0660.

사악한 말과 마음을 내어
거룩한 사람을 비난하는 자는
360만 번을 니랍부다 지옥에
다섯 번을 압부다 지옥에 떨어진다.

Sn. 0661.

자기가 하고서 '내가 하지 않았다.'
거짓말하는 자는 지옥에 떨어진다.
악업 지은 사람들도 그다음에
죽어서 똑같은 처지가 된다.

Sn. 0662.

잘못 없는 사람에게, 죄 없는 사람에게
청정한 사람에게 악의를 품는
어리석은 자에게는 죄가 돌아온다.
바람을 향해 날린 먼지가 돌아오듯

Sn. 0663.

탐욕에 빠진 자는
말로써 남을 헐뜯는다.
이간질에 열중인 자 이기적이며
믿음 없고 인색하고 탐욕스럽다.

Sn. 0664.
입이 더럽고 진실하지 못한 천박한 자야!
살생하는 사악한 자야! 악을 행하는 자야!
죄를 뒤집어쓰고 태어난 인간 말종아!
많은 말 할 것 없이 너는 지옥에 떨어질 운명이다.

Sn. 0665.
너는 먼지 뿌려 세상을 더럽혔다.
참사람을 비난하는 못된 짓 했다.
수많은 악행을 저지르고서
길고도 어두운 지옥에 간다.

Sn. 0666.
업은 어떤 것도 사라지지 않는다.
돌아오면 주인이 그것을 받는다.
못된 짓을 한 어리석은 자는
내세에 자신이 괴로움을 겪는다.

Sn. 0667.
쇠말뚝이 박혀 있는 지옥에 떨어져서
쇠말뚝에 꽂히는 가혹한 고통 받고
그곳에서 먹어야 하는 음식은
뜨거운 쇠구슬 같은 것이다.

Sn. 0668.
고운 말 하거나 적극 나서서
구제해 주는 자 아무도 없이
불길이 뜨겁게 타오르는
이글대는 숯불 속에 집어넣는다.

Sn. 0669.
그곳에서는 그물로 묶어서
그를 쇠망치로 내리치고
안개처럼 펼쳐진 어두운
암흑 속으로 끌고 들어간다.

Sn. 0670.
그리고 불길이 뜨겁게 타오르는
구리물 가마솥에 집어넣는다.
그는 불길 속을 오르내리며
그곳에서 오랜 세월 삶아진다.

Sn. 0671.
못된 짓을 한 자는 그 누구나
피고름 뒤섞인 솥에서 삶아진다.
그곳에서는 어느 쪽으로 가도
피고름에 닿아서 젖게 된다.

Sn. 0672.
못된 짓을 한 자는 그 누구나
구더기가 득실대는 물 솥에 빠진다.
가마솥의 테두리가 모두 같아서
그 누구도 빠져나올 언덕이 없다.

Sn. 0673.
나뭇잎이 칼날같이 날카로운 숲에
사지(四肢)가 잘린 채로 끌고 들어가
낚싯바늘로 혀를 꿰어 놓고
갈기갈기 찢어지도록 때린다.

Sn. 0674.
날카로운 면도날이 흐르는
험악한 웨따라니(Vetaraṇi)강에
어리석은 자들은 악행을 저지르고
죄인이 되어서 그곳에 빠진다.

Sn. 0675.

그곳에서 울부짖는 죄인들을
검고 다양한 까마귀 떼와
게걸스러운 개와 늑대가 씹어 먹고
독수리와 까마귀가 쪼아 먹는다.

Sn. 0676.

이것이 못된 짓을 한 사람이
겪어야 하는 참혹한 삶이다.
그러므로 이제 남겨진 삶은
해야 할 일 하면서 방일하지 말라!

Sn. 0677.

빠두마 지옥에 떨어진 자는
수레 속의 깨알만큼 많은 세월을
그곳에서 보낸다고 현자들은 헤아렸나니
5나유타(那由他, nahuta) 구지(俱胝, koṭiya)
하고도 1,200구지다.[749]

Sn. 0678.

여기에서 말한 고통스러운 지옥에서
그만큼의 긴 세월을 살아야 한다.
그러므로 청정하고 단정하고 훌륭한 분들에 대하여
항상 말과 마음을 수호해야 한다.

11. 날라까-숫따(Nālaka-sutta) | 날라까

Sn. 0679.

아시따(Asita) 선인은 오후 휴식 시간에
기쁨에 넘쳐 환희하며 옷을 벗어 들고
열렬하게 인드라(Indra)를 찬양하는
깨끗한 옷을 입은 도리천(忉利天)의 천신들을 보았다.

Sn. 0680.

신이 나서 희열에 찬 천신들을 보고
존경을 표하면서 이렇게 말했다.
어찌하여 천신들은 크게 기뻐하나요?
무슨 일로 옷을 들고 흔들고 있나요?

Sn. 0681.

과거에 아수라(Asura)와 전투를 해서
신들이 승리하고 아수라가 졌을 때도
이처럼 털이 서게 환희하진 않았는데
어떤 희유한 것을 보았기에 신들이 기뻐하나요?

Sn. 0682.

환호하고 노래하고 연주하고
손뼉 치며 춤을 추는군요.
수미산 정상에 사는 분께 묻사오니
존자여! 제 궁금증 어서 풀어 주세요!

Sn. 0683.

무가(無價)의 보배인 보살님께서
이익과 행복 주러 인간 세상에
사끼야(Sakya)족 마을 룸비니(Lumbinī) 동산에 태어났다오.
그래서 우리는 크게 기뻐한다오.

Sn. 0684.

살아 있는 존재 중에 가장 높은 분

749 구지(俱胝)로 한역된 'koṭiya'는 100억이고, 나유타(那由他)로 한역된 'nahuta'는 구지의 4제곱이다.

최고의 인간이며 최상의 우두머리
모든 것을 아시는 분 녹야원(鹿野苑) 숲에서
사자가 울부짖듯 법륜(法輪)을 굴릴 것이오.

Sn. 0685.
그 말 듣고 그는 서둘러 내려와서
숫도다나(Suddhodana)의 왕성(王城)에 도착했다.
그는 그곳에 앉아 사끼야들에게 말했다.
"왕자는 어디 있나요? 나도 그를 보고 싶군요."

Sn. 0686.
그래서 사끼야들은 대장간의 화덕에서
솜씨 좋게 제련된 황금처럼 빛나는
눈부시게 아름다운 아기 왕자를
아시따라는 사람에게 보여줬다.

Sn. 0687.
밤하늘 샛별처럼 달처럼 청정하고
청명한 가을 하늘 태양처럼 빛나는
눈부시게 아름다운 왕자를 보고 나서
환희가 샘솟는 큰 기쁨을 얻었다.

Sn. 0688.
천신들은 공중에 수많은 살대와
1,000개 테를 두른 일산(日傘)을 펼치고
황금 자루 불자(拂子)들을 흔들었으나
불자와 일산을 잡고 있는 이는 보이지 않았다.

Sn. 0689.
깡하시리(Kaṇhasiri)[750]라는 결발(結髮) 선인은
노란 강보 속에 하얀 일산으로 머리를 가린
황금 장신구 같은 아기를 보고
북받치는 행복감을 느끼며 그를 받아들었다.

Sn. 0690.
사끼야의 황소를 받아 들고 살펴본
관상과 베다에 능통한 선인은
청량한 마음으로 탄성을 질렀다.
"이분은 위없는 분, 인간 중에 으뜸이다."

Sn. 0691.
그리고 자신이 죽어 갈 일 생각하자
마음이 울적해져 슬픈 눈물 흘렸다.
사끼야들이 슬피 우는 선인 보고 말했다.
"혹시 왕자에게 재앙이라도 있게 되나요?"

Sn. 0692.
걱정하는 사끼야들을 보고 선인은 말했다.
나는 왕자에게 불길한 것 못 보았소.
그에게 재앙은 있지 않을 것이오.
천한 관상 아니니 이분 걱정하지 마오.

Sn. 0693.
이 왕자는 지고한 정각(正覺)을 성취하여
최상의 청정(淸淨)을 보고 많은 사람을
요익하고 애민하여 법륜(法輪) 굴릴 것이오.
그의 청정한 수행[梵行]은 널리 알려질 것이오.

Sn. 0694.
이생에서 나의 수명 얼마 남지 않았다오.

---

750 아시따 선인의 다른 이름.

그래서 죽음이 나에게 오는 동안
비할 바 없는 법을 나는 듣지 못할 것이오.
그래서 나는 시들어 가는 것이 서럽고 괴롭다오.

Sn. 0695.

사끼야들에게 커다란 기쁨을 일으킨 후에
청정한 수행자는 궁에서 나왔다.
그는 자신의 조카를 애민하여
비할 바 없는 가르침을 받게 했다.

Sn. 0696.

바른 깨달음을 얻은 '붓다'가
진리의 길 간다는 소문 들으면
그때 너는 그곳에 가서 묻고
그 세존 밑에서 범행(梵行)을 닦아라!

Sn. 0697.

더없이 청정한 분을 예견한 분에게
고마운 마음으로 충고받은 날라까는
많은 공덕 쌓고 승리자를 기다리며
지각활동을 지켜보며 살았다.

Sn. 0698.

훌륭한 수레바퀴를 굴리는 승리자에 대한
소문을 듣고 가서 가장 훌륭한 선인을 보고
청정한 믿음으로 아시따 선인의 가르침에 따라 물었다.
지고한 성자의 삶과 존귀한 성자에 대하여.
- 서시(序詩) 끝 -

Sn. 0699.

아시따의 말씀이
사실임을 알았습니다.
일체의 법에 통달하신
고따마께 묻습니다.

Sn. 0700.

출가수행자 되어 걸식하며
살아가기 바라옵니다.
지고한 성자의 삶에 대해 묻습니다.
성자께서는 제 질문에 답해 주소서!

Sn. 0701.

세존께서 말씀하시기를,
행하기 어렵고 성취하기 어려운
성자의 삶 그대에게 알려 주리라.
이제 그대에게 이야기하리니
확고한 마음으로 굳게 지켜라!

Sn. 0702.

마을에서 욕을 먹든 존경을 받든
악의를 품지 않고 고요하고
겸손하게 유행하면서
한결같이 평온해야 한다.

Sn. 0703.

크고 작은 소리를 내며
타오르는 불꽃처럼 숲에서도
여인들이 성자를 유혹한다.
바로 그때 유혹되지 말라!

Sn. 0704.

음행을 삼가고
이 세상 저세상의 쾌락을 버리고
동물이든 식물이든 모든 생명을
거역하지 말고 좋아하지도 말라!

Sn. 0705.

나도 그들과 마찬가지고
그들도 나와 마찬가지다.
자신과 동등하게 대하라!
때리지 말고 죽이지 말라!

Sn. 0706.

범부가 집착하는
욕망과 탐욕을 버려라!
눈뜬 사람이 이를 실천하면
구렁텅이를 건너가게 된다.

Sn. 0707.

배를 비우고 음식을 절제하며
욕망을 줄이고 탐욕을 버려라!
적은 욕심으로 항상 만족하고
바라는 것 없는 것이 적멸(寂滅)이다.

Sn. 0708.

성자는 탁발한 후에
숲에 자주 들어가서
나무 아래 자리 잡고
마련된 자리에 앉는다.

Sn. 0709.

현자는 숲속에서 부지런히
선정에 들어 즐긴다.
나무 아래서 선정을 닦아라!
자신을 즐겁게 하기 위하여

Sn. 0710.

그리고 이른 새벽에
마을에 들어가되
마을 사람 초청이나
선물을 즐기지 말라!

Sn. 0711.

성자는 마을에 가면 가정집에서
사려 깊지 못한 행동 하지 않는다.
벙어리처럼 밥을 구하고
말을 함부로 하지 않는다.

Sn. 0712.

얻어도 좋고 얻지 못해도
성자는 괜찮다고 생각한다.
얻든 얻지 못하든 이렇게
생각하며 나무로 돌아온다.

Sn. 0713.

손에 발우를 든 성자는
벙어리는 아니지만 벙어리처럼 보인다.
준 것이 적어도 비웃지 않고
준 사람을 업신여기지 않는다.

Sn. 0714.

나는 높고 낮은
사문의 길을 보여 주었다.
피안에는 두 번 가지 않지만[751]
이것을 한 번만 느끼는 것은 아니다.[752]

---

751 열반(涅槃)은 한 번 성취하면 된다는 의미이다.

752 한 번 열반을 성취하면 항상 열반의 즐거움을 누리게 된다는 의미이다.

Sn. 0715.

거센 흐름을 끊은 비구
그에게는 집착이 없다.
해야 할 일도 해서는 안 될 일도
모두 버린 그에게는 고뇌가 없다.

Sn. 0716.

세존께서 말씀하시기를
그대에게 성자의 삶 알려 주겠다.
면도날처럼 하여
혀를 입천장에 붙이고
생각은 복부(腹部)에 두어라!

Sn. 0717.

비린내 내지 말고[753] 집착하지 말고
범행(梵行)을 목표로 삼아라!
용맹한 마음 갖되
많은 생각 하지 말라!

Sn. 0718.

홀로 살아가는
사문의 수행을 배워라!
고독은 지혜를 알려 준다.
홀로 있으면 즐거울 것이다.

Sn. 0719.

그러면 온 세상에 빛날 것이다.
쾌락을 버리고 선정을 닦는
현자라는 소리 듣고 이에 더하여
수치심과 믿음을 자신의 것으로 만들라!

Sn. 0720.

강과 웅덩이와 협곡을 보라!
작은 강과 웅덩이의 물은
요란한 소리를 내며 흐르고
큰 바다는 소리 없이 흐른다.

Sn. 0721.

빈 그릇은 요란한 소리를 내고
가득 찬 그릇은 소리 없이 고요하다.
어리석은 자는 빈 항아리 같고
현명한 자는 깊은 호수와 같다.

Sn. 0722.

수행자는 말을 많이 하더라도
의미를 갖춘 말을 한다.
그는 법을 알고 보여 준다.
그는 아는 것을 많이 말한다.

Sn. 0723.

알지만 자제하고
많은 말을 않는 사람
그분은 성자의 자격이 있다.
성자의 지위에 이른 분이다.

12. 드와야따누빠싸나-숫따 (Dvayatānupassanā-sutta) | 두 가지 관찰

한때 세존께서 사왓티의 뿝바라마 미가라마뚜 강당에 머무셨습니다. 어느 포살의 날 보름날 밤에 세존께서는 비구상가에 둘러싸여

753 살생 등의 악행을 하지 말라는 의미다.

앉아 계셨습니다. 세존께서는 침묵하고 있는 비구상가를 묵묵히 둘러보신 후에 비구들에게 말씀하셨습니다.

"비구들이여, 욕망에서 벗어나 바른 깨달음으로 이끄는 거룩한 선법(善法)이 있다오. 비구들이여, '그 욕망에서 벗어나 바른 깨달음으로 이끄는 거룩한 선법을 그대들은 무엇 때문에 배우는가?'라는 질문을 받으면, 그대들은 '두 가지 법을 있는 그대로 알기 위해서'라고 말해야 한다오. 그렇다면 그대들은 어떤 두 가지를 말해야 하는가? '이것은 괴로움이고, 이것이 괴로움의 쌓임이다'라는 것을 관찰하는 것이 첫 번째 관찰이고, '이것은 괴로움의 소멸이고, 이것이 괴로움의 소멸에 이르는 길이다'라는 것을 관찰하는 것이 두 번째 관찰이라오. 비구들이여, 이와 같은 올바른 두 가지 관찰을 하면서 방일하지 않고 열심히 정진하며 살아가는 비구는 두 가지 결실 가운데 하나의 결실을 기대할 수 있다오. 그는 지금 여기에서 구경지(究境智, aññā)를 얻거나 집착이 남아 있다면 불환과(不還果)를 얻는다오."

세존께서는 이렇게 말씀하셨습니다. 선서(善逝)께서는 이렇게 말씀하셨습니다. 그리고 다시 스승님께서 말씀하셨습니다.

Sn. 0724.

괴로움과 괴로움의 근원을 통찰하지 못하고
모든 괴로움을 남김없이 소멸하여
괴로움의 평온에 이르는
그 길을 알지 못하는 사람들은

Sn. 0725.

심해탈(心解脫)도 얻을 수 없고
혜해탈(慧解脫)도 얻을 수 없다.
그들은 괴로움을 끝낼 수 없다.
그들은 태어나서 늙어 가게 된다.

Sn. 0726.

괴로움과 괴로움의 근원을 통찰하고
모든 괴로움을 남김없이 소멸하여
괴로움의 평온에 이르는
그 길을 아는 사람들은

Sn. 0727.

심해탈도 얻을 수 있고
혜해탈도 얻을 수 있다.
그들은 괴로움을 끝낼 수 있다.
그들은 태어나서 늙어 가지 않는다.

"비구들이여, 만약에 '다른 방법으로 올바른 두 가지 관찰을 할 수 있는가?'라는 질문을 받으면, 그대들은 '있다'라고 말해야 한다오. 그렇다면 어떤 방법인가? '괴로움은 어떤 것이든 모두가 기반(基盤, upadhi)에 의지하여 발생한다'라는 것을 관찰하는 것이 첫 번째 관찰이고, '기반이 남김없이 사라져서 소멸하면 괴로움은 생기지 않는다'라는 것을 관찰하는 것이 두 번째 관찰이라오. 비구들이여, 이와 같은 올바른 두 가지 관찰을 하면서 방일하지 않고 열심히 정진하며 살아가는 비구는 두 가지 결실 가운데 하나의 결실을 기대할 수 있다오. 그는 지금 여기에서 구경지를 얻거나 집착이 남아 있다면 불환과를 얻는다오."

세존께서는 이렇게 말씀하셨습니다. 선서께서는 이렇게 말씀하셨습니다. 그리고 다시 스승님께서 말씀하셨습니다.

Sn. 0728.

세간에 있는 갖가지 괴로움은
모두가 기반(基盤, upadhi)을 인연으로 생긴다.
이를 알지 못하고 기반을 만드는
어리석은 사람은 거듭하여 괴로움을 겪는다.
이를 통찰하여 괴로움의 발생과 근원을
관찰하는 사람은 기반을 만들지 않는다.

"비구들이여, 만약에 '다른 방법으로 올바른 두 가지 관찰을 할 수 있는가?'라는 질문을 받으면, 그대들은 '있다'라고 말해야 한다오. 그렇다면 어떤 방법인가? '괴로움은 어떤 것이든 모두가 무명(無明)에 의지하여 발생한다'라는 것을 관찰하는 것이 첫 번째 관찰이고, '무명이 남김없이 사라져서 소멸하면 괴로움은 생기지 않는다'라는 것을 관찰하는 것이 두 번째 관찰이라오. 비구들이여, 이와 같은 올바른 두 가지 관찰을 하면서 방일하지 않고 열심히 정진하며 살아가는 비구는 두 가지 결실 가운데 하나의 결실을 기대할 수 있다오. 그는 지금 여기에서 구경지를 얻거나 집착이 남아 있다면 불환과를 얻는다오."

세존께서는 이렇게 말씀하셨습니다. 선서께서는 이렇게 말씀하셨습니다. 그리고 다시 스승님께서 말씀하셨습니다.

Sn. 0729.

나고 죽는 윤회를 거듭하면서
이 세상의 존재에서 다른 존재로
나아가는 자들은 실로
무명 때문에 가는 것이다.

Sn. 0730.

무명이 실로 큰 어리석음이다.
오랜 세월 헤맨 것은 그 때문이다.
명지(明智)에 도달한 중생들은
이후의 존재[後有]로 가지 않는다.

"비구들이여, 만약에 '다른 방법으로 올바른 두 가지 관찰을 할 수 있는가?'라는 질문을 받으면, 그대들은 '있다'라고 말해야 한다오. 그렇다면 어떤 방법인가? '괴로움은 어떤 것이든 모두가 행위[行]에 의지하여 발생한다'라는 것을 관찰하는 것이 첫 번째 관찰이고, '행위가 남김없이 사라져서 소멸하면 괴로움은 생기지 않는다'라는 것을 관찰하는 것이 두 번째 관찰이라오. 비구들이여, 이와 같은 올바른 두 가지 관찰을 하면서 방일하지 않고 열심히 정진하며 살아가는 비구는 두 가지 결실 가운데 하나의 결실을 기대할 수 있다오. 그는 지금 여기에서 구경지를 얻거나 집착이 남아 있다면 불환과를 얻는다오."

세존께서는 이렇게 말씀하셨습니다. 선서께서는 이렇게 말씀하셨습니다. 그리고 다시 스승님께서 말씀하셨습니다.

Sn. 0731.

괴로움은 어떤 것이든
행위[行]에 의지하여 생긴 것이다.
행위가 소멸하면
괴로움은 생기지 않는다.

Sn. 0732.

괴로움은 행위에 의지하여 생긴다.
이러한 위험을 알아차리고
일체의 행위를 그치고

생각[想]을 없애면 괴로움이 소멸한다.
이것을 사실 그대로 알고

Sn. 0733.

바르게 보고 바르게 아는
지혜에 통달한 현자들은
마라의 속박을 벗어나
이후의 존재[後有]로 가지 않는다.

"비구들이여, 만약에 '다른 방법으로 올바른 두 가지 관찰을 할 수 있는가?'라는 질문을 받으면, 그대들은 '있다'라고 말해야 한다오. 그렇다면 어떤 방법인가? '괴로움은 어떤 것이든 모두가 분별의식[識]에 의지하여 발생한다'라는 것을 관찰하는 것이 첫 번째 관찰이고, '분별의식이 남김없이 사라져서 소멸하면 괴로움은 생기지 않는다'라는 것을 관찰하는 것이 두 번째 관찰이라오. 비구들이여, 이와 같은 올바른 두 가지 관찰을 하면서 방일하지 않고 열심히 정진하며 살아가는 비구는 두 가지 결실 가운데 하나의 결실을 기대할 수 있다오. 그는 지금 여기에서 구경지를 얻거나 집착이 남아 있다면 불환과를 얻는다오."

세존께서는 이렇게 말씀하셨습니다. 선서께서는 이렇게 말씀하셨습니다. 그리고 다시 스승님께서 말씀하셨습니다.

Sn. 0734.

괴로움은 어떤 것이든
분별의식[識]을 의지하여 생긴 것이다.
분별의식이 소멸하면
괴로움은 생기지 않는다.

Sn. 0735.

괴로움은 분별의식에 의지하여 발생한다.
이러한 위험을 알아차리고
분별의식을 가라앉힌 비구는
바라는 것 없이 열반에 든다.

"비구들이여, 만약에 '다른 방법으로 올바른 두 가지 관찰을 할 수 있는가?'라는 질문을 받으면, 그대들은 '있다'라고 말해야 한다오. 그렇다면 어떤 방법인가? '괴로움은 어떤 것이든 모두가 접촉[觸]에 의지하여 발생한다'라는 것을 관찰하는 것이 첫 번째 관찰이고, '접촉이 남김없이 사라져서 소멸하면 괴로움은 생기지 않는다'라는 것을 관찰하는 것이 두 번째 관찰이라오. 비구들이여, 이와 같은 올바른 두 가지 관찰을 하면서 방일하지 않고 열심히 정진하며 살아가는 비구는 두 가지 결실 가운데 하나의 결실을 기대할 수 있다오. 그는 지금 여기에서 구경지를 얻거나 집착이 남아 있다면 불환과를 얻는다오."

세존께서는 이렇게 말씀하셨습니다. 선서께서는 이렇게 말씀하셨습니다. 그리고 다시 스승님께서 말씀하셨습니다.

Sn. 0736.

접촉에 걸려들어
존재의 거센 흐름을 따르는
삿된 길을 가는 자들에게
속박에서 벗어날 길은 멀다.

Sn. 0737.

접촉을 이해하고 잘 알아서
열심히 가라앉히는 사람들은
접촉을 그침으로써

바라는 것 없이 열반에 든다.

"비구들이여, 만약에 '다른 방법으로 올바른 두 가지 관찰을 할 수 있는가?'라는 질문을 받으면, 그대들은 '있다'라고 말해야 한다오. 그렇다면 어떤 방법인가? '괴로움은 어떤 것이든 모두가 느낌[受]에 의지하여 발생한다'라는 것을 관찰하는 것이 첫 번째 관찰이고, '느낌이 남김없이 사라져서 소멸하면 괴로움은 생기지 않는다'라는 것을 관찰하는 것이 두 번째 관찰이라오. 비구들이여, 이와 같은 올바른 두 가지 관찰을 하면서 방일하지 않고 열심히 정진하며 살아가는 비구는 두 가지 결실 가운데 하나의 결실을 기대할 수 있다오. 그는 지금 여기에서 구경지를 얻거나 집착이 남아 있다면 불환과를 얻는다오."

세존께서는 이렇게 말씀하셨습니다. 선서께서는 이렇게 말씀하셨습니다. 그리고 다시 스승님께서 말씀하셨습니다.

Sn. 0738.

즐거움이든 괴로움이든
괴롭지도 즐겁지도 않은 것이든
안으로나 밖으로
느껴진 것은 어떤 것이든

Sn. 0739.

그것은 괴로움이라는 것을 알고
파괴될 수밖에 없는 허망한 법을
접촉할 때마다 소멸(消滅)을 보고 탐욕에서 벗어나
느낌이 사라진 비구는 바라는 것 없이 열반에 든다.

"비구들이여, 만약에 '다른 방법으로 올바른 두 가지 관찰을 할 수 있는가?'라는 질문을 받으면, 그대들은 '있다'라고 말해야 한다오. 그렇다면 어떤 방법인가? '괴로움은 어떤 것이든 모두가 갈애[愛]에 의지하여 발생한다'라는 것을 관찰하는 것이 첫 번째 관찰이고, '갈애가 남김없이 사라져서 소멸하면 괴로움은 생기지 않는다'라는 것을 관찰하는 것이 두 번째 관찰이라오. 비구들이여, 이와 같은 올바른 두 가지 관찰을 하면서 방일하지 않고 열심히 정진하며 살아가는 비구는 두 가지 결실 가운데 하나의 결실을 기대할 수 있다오. 그는 지금 여기에서 구경지를 얻거나 집착이 남아 있다면 불환과를 얻는다오."

세존께서는 이렇게 말씀하셨습니다. 선서께서는 이렇게 말씀하셨습니다. 그리고 다시 스승님께서 말씀하셨습니다.

Sn. 0740.

갈애를 짝 삼은 사람은
오랜 세월 윤회한다.
이 세상의 존재에서 다른 존재로
떠도는 삶에서 벗어나지 못한다.

Sn. 0741.

갈애는 괴로움의 근원이다.
이러한 위험을 알아차리고
갈애를 버리고 집착 없이
비구는 주의집중하고 유행하라!

"비구들이여, 만약에 '다른 방법으로 올바른 두 가지 관찰을 할 수 있는가?'라는 질문을 받으면, 그대들은 '있다'라고 말해야 한다오. 그렇다면 어떤 방법인가? '괴로움은 어떤 것이든 모두가 취(取)를 의지하여 발생한다'라는 것을 관찰하는 것이 첫 번째 관찰이고, '취가 남김없이 사라져서 소멸하면 괴로움은 생기지 않는다'라는 것을 관찰하는 것이 두 번째 관찰이라오. 비구들이여, 이와 같은 올바른 두 가지 관찰을 하면서 방일하지 않고 열심히 정진하며 살아가는 비구는 두 가지 결실 가운데 하나의 결실을 기대할 수 있다오. 그는 지금 여기에서 구경지를 얻거나 집착이 남아 있다면 불환과를 얻는다오."

세존께서는 이렇게 말씀하셨습니다. 선서께서는 이렇게 말씀하셨습니다. 그리고 다시 스승님께서 말씀하셨습니다.

Sn. 0742.

취(取)를 의지하여 존재[有]가 있다.
태어난 존재는 괴로움을 겪는다.
태어나면 죽는다.
이것이 괴로움의 근원이다.

Sn. 0743.

그러므로 취의 소멸을
바르게 아는 현자들은
태어남의 소멸을 체득하고
이후의 존재[後有]로 가지 않는다.

"비구들이여, 만약에 '다른 방법으로 올바른 두 가지 관찰을 할 수 있는가?'라는 질문을 받으면, 그대들은 '있다'라고 말해야 한다오. 그렇다면 어떤 방법인가? '괴로움은 어떤 것이든 모두가 대상(對象, ārambha)에 의지하여 발생한다'라는 것을 관찰하는 것이 첫 번째 관찰이고, '대상이 남김없이 사라져서 소멸하면 괴로움은 생기지 않는다'라는 것을 관찰하는 것이 두 번째 관찰이라오. 비구들이여, 이와 같은 올바른 두 가지 관찰을 하면서 방일하지 않고 열심히 정진하며 살아가는 비구는 두 가지 결실 가운데 하나의 결실을 기대할 수 있다오. 그는 지금 여기에서 구경지를 얻거나 집착이 남아 있다면 불환과를 얻는다오."

세존께서는 이렇게 말씀하셨습니다. 선서께서는 이렇게 말씀하셨습니다. 그리고 다시 스승님께서 말씀하셨습니다.

Sn. 0744.

괴로움은 어떤 것이든
모두가 대상에 의지하여 발생한다.
대상이 사라지면
괴로움은 생기지 않는다.

Sn. 0745.

괴로움은 대상에 의지하여 발생한다.
이러한 위험을 알아차리고
일체의 대상을 버림으로써
대상이 없어져서 해탈한 사람에게는

Sn. 0746.

존재에 대한 갈애를 끊고
태어남과 윤회를 벗어난
마음이 고요한 비구에게는
이후의 존재[後有]가 없다.

"비구들이여, 만약에 '다른 방법으로 올바른 두 가지 관찰을 할 수 있는가?'라는 질문을 받으면, 그대들은 '있다'라고 말해야 한다오. 그렇다면 어떤 방법인가? '괴로움은 어떤 것이든 모두가 음식[āhāra]에 의지하여 발생한다'[754]라는 것을 관찰하는 것이 첫 번째 관찰이고, '음식이 남김없이 사라져서 소멸하면 괴로움은 생기지 않는다'라는 것을 관찰하는 것이 두 번째 관찰이라오. 비구들이여, 이와 같은 올바른 두 가지 관찰을 하면서 방일하지 않고 열심히 정진하며 살아가는 비구는 두 가지 결실 가운데 하나의 결실을 기대할 수 있다오. 그는 지금 여기에서 구경지를 얻거나 집착이 남아 있다면 불환과를 얻는다오."

세존께서는 이렇게 말씀하셨습니다. 선서께서는 이렇게 말씀하셨습니다. 그리고 다시 스승님께서 말씀하셨습니다.

Sn. 0747.

괴로움은 어떤 것이든
음식에 의지하여 발생한다.
음식이 사라지면
괴로움은 생기지 않는다.

Sn. 0748.

괴로움은 음식에 의지하여 발생한다.
이러한 위험을 알아차리고
일체의 음식을 이해하고
일체의 음식에 의존하지 않는 사람

Sn. 0749.

건강은 번뇌의 소멸에서 온다.
이러한 사실을 바르게 알고
가르침[法]을 확립하고 사려 깊게 행동하는
지혜로운 사람은 말로 표현할 수 없다.

"비구들이여, 만약에 '다른 방법으로 올바른 두 가지 관찰을 할 수 있는가?'라는 질문을 받으면, 그대들은 '있다'라고 말해야 한다오. 그렇다면 어떤 방법인가? '괴로움은 어떤 것이든 모두가 동요(動搖, iñjita)에 의지하여 발생한다'라는 것을 관찰하는 것이 첫 번째 관찰이고, 동요가 남김없이 사라져서 소멸하면 괴로움은 생기지 않는다'라는 것을 관찰하는 것이 두 번째 관찰이라오. 비구들이여, 이와 같은 올바른 두 가지 관찰을 하면서 방일하지 않고 열심히 정진하며 살아가는 비구는 두 가지 결실 가운데 하나의 결실을 기대할 수 있다오. 그는 지금 여기에서 구경지를 얻거나 집착이 남아 있다면 불환과를 얻는다오."

세존께서는 이렇게 말씀하셨습니다. 선서께서는 이렇게 말씀하셨습니다. 그리고 다시 스승님께서 말씀하셨습니다.

Sn. 0750.

괴로움은 어떤 것이든
동요(動搖, iñjita)에 의지하여 발생한다.
동요가 사라지면
괴로움은 생기지 않는다.

Sn. 0751.

괴로움은 동요에 의지하여 발생한다.
비구는 이런 위험 알아차리고

---

754 여기에서 말하는 음식은 5취온(五取蘊)의 자양분이 되는 네 가지 음식[四食], 즉 단식(摶食)·촉식(觸食)·의사식(意思食)·식식(識食)을 의미한다. 4식(四食)에 대해서는 『맛지마 니까야』 「9. 정견(正見)경[Sammādiṭṭhi-sutta]」 참조.

동요하지 말고 행위[行]를 그치고
흔들림 없이 취하는 것 없이 주의집중하며
유행(遊行)하라!

"비구들이여, 만약에 '다른 방법으로 올바른 두 가지 관찰을 할 수 있는가?'라는 질문을 받으면, 그대들은 '있다'라고 말해야 한다오. 그렇다면 어떤 방법인가? '집착하기 때문에 동요한다'라는 것을 관찰하는 것이 첫 번째 관찰이고, '집착하지 않으면 동요하지 않는다'라는 것을 관찰하는 것이 두 번째 관찰이라오. 비구들이여, 이와 같은 올바른 두 가지 관찰을 하면서 방일하지 않고 열심히 정진하며 살아가는 비구는 두 가지 결실 가운데 하나의 결실을 기대할 수 있다오. 그는 지금 여기에서 구경지를 얻거나 집착이 남아 있다면 불환과를 얻는다오."

세존께서는 이렇게 말씀하셨습니다. 선서께서는 이렇게 말씀하셨습니다. 그리고 다시 스승님께서 말씀하셨습니다.

Sn. 0752.

집착이 없으면 동요하지 않는다.
집착하고 애착하면
이 세상의 존재에서 다른 존재로
떠도는 삶에서 벗어나지 못한다.

Sn. 0753.

집착 속에 큰 두려움이 있다.
비구는 이런 위험 알아차리고
동요하지 말고 취하지 말고[anupādāno]
주의집중하며 유행하라!

"비구들이여, 만약에 '다른 방법으로 올바른 두 가지 관찰을 할 수 있는가?'라는 질문을 받으면, 그대들은 '있다'라고 말해야 한다오. 그렇다면 어떤 방법인가? 비구들이여, '색계(色界)보다 무색계(無色界)가 더 고요하다.' 이것이 첫 번째 관찰이라오. '무색계보다 멸진(滅盡, nirodho)이 더 고요하다.' 이것이 두 번째 관찰이라오. 비구들이여, 이와 같은 올바른 두 가지 관찰을 하면서 방일하지 않고 열심히 정진하며 살아가는 비구는 두 가지 결실 가운데 하나의 결실을 기대할 수 있다오. 그는 지금 여기에서 구경지를 얻거나 집착이 남아 있다면 불환과를 얻는다오."

세존께서는 이렇게 말씀하셨습니다. 선서께서는 이렇게 말씀하셨습니다. 그리고 다시 스승님께서 말씀하셨습니다.

Sn. 0754.

색계에 속하는 중생들과
무색계에 사는 중생들은
멸진(滅盡)을 통찰하지 못하기 때문에
이후의 존재[後有]로 돌아온다.

Sn. 0755.

색계를 완전히 이해하고
무색계에 머물지 않고
멸진에 들어가 해탈한 사람들은
죽음을 벗어난 사람들이다.

"비구들이여, 만약에 '다른 방법으로 올바른 두 가지 관찰을 할 수 있는가?'라는 질문을 받으면, 그대들은 '있다'라고 말해야 한다오. 그렇다면 어떤 방법인가? 비구들이여, 천신과 마라를 포함한 세간, 사문과 바라문과 왕과 백성을 포함한 사람들이 '이것은 진실하다'라고 보는 것을 성인들은 '이것은 허망하다'라고 바른 통찰지[般若]로 사실 그대로 잘 본다오. 이것이 첫 번째 관찰이라오. 비구들이여, 천신과 마라를 포함한 세간, 사문과 바라문과 왕과 백성을 포함한 사람들이 '이것은 허망하다'라고 보는 것을 성인들은 '이것은 진실하다'라고 바른 통찰지로 사실 그대로 잘 본다오. 이것이 두 번째 관찰이라오. 비구들이여, 이와 같은 올바른 두 가지 관찰을 하면서 방일하지 않고 열심히 정진하며 살아가는 비구는 두 가지 결실 가운데 하나의 결실을 기대할 수 있다오. 그는 지금 여기에서 구경지를 얻거나 집착이 남아 있다면 불환과를 얻는다오."

세존께서는 이렇게 말씀하셨습니다. 선서께서는 이렇게 말씀하셨습니다. 그리고 다시 스승님께서 말씀하셨습니다.

Sn. 0756.

보라! 천신을 포함한 세간을
자아가 아닌 것을 자아로 여기고
그들은 이름과 형색[名色]에 빠져서
'이것은 진실하다'라고 생각한다.

Sn. 0757.

그들이 그것을 어떻게 생각하든
그것은 그들의 생각과 다르다.
그것은 실로 허망한 것이며
실로 덧없는 거짓된 법이다.

Sn. 0758.

열반(涅槃)은 거짓된 법이 아니다.
그것이 진실임을 아는 성인들은
진실을 철저하게 꿰뚫어 보고
바라는 것 없이 열반에 든다.

"비구들이여, 만약에 '다른 방법으로 올바른 두 가지 관찰을 할 수 있는가?'라는 질문을 받으면, 그대들은 '있다'라고 말해야 한다오. 그렇다면 어떤 방법인가? 비구들이여, 천신과 마라를 포함한 세간, 사문과 바라문과 왕과 백성을 포함한 사람들이 '이것은 즐거움이다'라고 보는 것을 성인들은 '이것은 괴로움이다'라고 바른 통찰지로 있는 그대로 잘 본다오. 이것이 첫 번째 관찰이라오. 비구들이여, 천신과 마라를 포함한 세간, 사문과 바라문과 왕과 백성을 포함한 사람들이 '이것은 괴로움이다'라고 보는 것을 성인들은 '이것은 즐거움이다'라고 바른 통찰지로 있는 그대로 잘 본다오. 이것이 두 번째 관찰이라오. 비구들이여, 이와 같은 올바른 두 가지 관찰을 하면서 방일하지 않고 열심히 정진하며 살아가는 비구는 두 가지 결실 가운데 하나의 결실을 기대할 수 있다오. 그는 지금 여기에서 구경지를 얻거나 집착이 남아 있다면 불환과를 얻는다오."

세존께서는 이렇게 말씀하셨습니다. 선서께서는 이렇게 말씀하셨습니다. 그리고 다시 스승님께서 말씀하셨습니다.

Sn. 0759.

전적으로 마음에 들고
사랑스럽고 매력적인
형색[色] 소리[聲] 냄새[香] 맛[味] 촉감[觸]
그리고 지각대상[法]들이 '있다'고들 말한다.

Sn. 0760.

천신을 포함한 세간은

이들을 즐거움으로 여긴다.
그리고 이들이 사라지면
그것을 괴로움으로 여긴다.

Sn. 0761.
자신의 존재[sakkāya]가 소멸하는 것을
성인들은 즐거움으로 여긴다.
이것은 일체의 세간이
보는 것과는 정반대다.

Sn. 0762.
다른 사람들이 즐겁다고 한 것을 성인들은 괴롭다고 하고
다른 사람들이 괴롭다고 한 것을 성인들은 즐거움으로 안다.
알기 어려운 법을 보라!
어리석은 자들은 이 점에서 헷갈린다.

Sn. 0763.
뒤덮인 자에게 어둠이 있다. 눈먼 자는 보지 못한다.
빛이 있으면 볼 수 있듯이 참사람에게는 열려 있다.
법을 알지 못하는 어리석은 사람들은
눈앞에 있어도 알아보지 못한다.

Sn. 0764.
존재에 대한 탐욕에 정복되고
존재의 거센 흐름을 따르는
죽음의 영역에 들어간 자들은
이 법을 바르게 깨닫지 못한다.

Sn. 0765.
성인들이 아니면 그 누가
이 경지를 깨달을 수 있으리오.
이 경지를 바르게 알아서
번뇌 없는 사람들이 열반에 들어간다.

이것이 세존께서 하신 말씀입니다. 그 비구들은 세존의 말씀에 만족하고 기뻐했습니다. 이 설명을 하실 때 60명의 비구들은 집착을 버리고 마음이 번뇌에서 해탈했습니다.

제4장 앗타까 왁가(Aṭṭhaka-vagga)
8송품(八頌品)

1. 까마-숫따(Kāma-sutta) | 쾌락

Sn. 0766.

쾌락을 원하는 사람은
그것을 성취하면
원하는 것을 얻었다고
참으로 기뻐한다.

Sn. 0767.

쾌락에 대한 욕망이 생긴 사람에게
쾌락이 줄어들면
화살 맞은 사람처럼
괴로워한다.

Sn. 0768.

뱀의 머리를 두 발이 피하듯이
쾌락을 멀리하고
주의집중하는 사람
세간에 대한 애착을 초월한다.

Sn. 0769.

논밭과 집과 황금을 탐내고
소와 말과 하인을 탐내고
부인들과 친척을 탐내고
갖가지 쾌락을 탐내는 사람은

Sn. 0770.

힘없는 사람도 그를
사로잡아 위험에 빠뜨린다.
그리고 그에게 괴로움이 따른다.
부서진 배에 물이 스며들듯이.

Sn. 0771.

그러므로 사람은 주의집중하고
항상 쾌락을 멀리해야 한다.
쾌락을 버리고 거센 강을 건너라!
배의 물을 퍼내고 강을 건넌 사람처럼.

2. 구핫타까-숫따(Guhaṭṭhaka-sutta) | 동굴에 대한 8송

Sn. 0772.

중생은 동굴 속에서 온갖 것에 뒤덮여 있다.
그 속에 머물면서 유혹에 빠진 사람
세속 떠난 삶[viveka, 遠離]과는 거리가 멀다.
결코 세간에서 쾌락을 못 버린다.

Sn. 0773.

욕망으로 인해 존재의 즐거움에 얽매인 자들은
이전의 쾌락에 대한 욕망을
이전에도 이후에도 열망하면서
벗어나기 어렵고 남을 구제하지도 못한다.

Sn. 0774.

쾌락에 얼이 빠져 게걸스레 탐착하는
인색한 자들은 그릇된 일에 몰두한다.
그러다가 괴로움이 나타나면 통탄한다.
"이제 죽으면 우리는 어떡하나?"

Sn. 0775.
그러므로 이 세상에서 사람은 배워야 한다.
세간에서 '그릇된 일'이라고 알려진 것은 어떤 것이든
그것 때문에 그릇된 일을 행해서는 안 된다.
현자들은 '인생은 짧다'라고 말했다.

Sn. 0776.
내가 보니 인간은 세간에서
존재에 대한 갈애에 사로잡혀 떨고 있다.
이승이나 저승의 존재에 대한 갈애를 버리지 못하고
저열한 사람들은 죽음의 입구에서 울부짖는다.

Sn. 0777.
물 마른 강바닥의 물고기처럼
두려움에 떨고 있는 애착하는 자들을 보라!
이것을 보고 존재에 대한 집착을 떠나
가진 것 없이 유행(遊行)하라!

Sn. 0778.
현자는 양극단에 대한 욕망을 버리고[755]
접촉[觸]을 이해하여 갈망하지 않고[756]
자책할 일을 하지 않으면서
보고 들은 것에 물들지 않는다.

Sn. 0779.
생각[想]을 이해하여 거센 강을 건너가라!
집착에 물들지 않고 독화살을 뽑고
방일하지 않고 유행하는 성자는
이 세상도 저세상도 바라지 않는다.

3. 두탓타까-숫따(Duṭṭhaṭṭhaka-sutta)
| 사악함에 대한 8송

Sn. 0780.
어떤 사람들은 사악한 마음으로 말하고
어떤 사람들은 진실한 마음으로 말한다.
성자는 어떤 말에도 영향받지 않는다.
그래서 성자에겐 어디서나 장애 없다.

Sn. 0781.
욕망에 이끌리고 즐거움에 얽매인 자
어떻게 자신의 견해를 넘어설까?
자신이 옳다고 생각한 일 하면서
자신이 아는 대로 말할 것이다.

Sn. 0782.
묻지도 않았는데 자신의 계(戒)와 덕(德)을
다른 사람에게 말하는 사람
스스로 자신에 대하여 말하는 사람
훌륭한 분들은 그를 천박하다고 말한다.

Sn. 0783.
"나는 이렇다"라고 계행(戒行)에 대해 말하지 않고
어디에서도 세상에 드러나지 않는
주의집중하고 마음이 고요한 비구
훌륭한 분들은 그를 거룩하다고 말한다.

---

755 중도(中道)의 입장을 갖는다는 의미이다.
756 모든 느낌과 갈망은 촉(觸)에서 비롯되기 때문에 촉(觸)을 이해함으로써 갈망에서 벗어난다는 의미이다.

Sn. 0784.
누군가 인정하는 교리를 만들어
인정하는 자들의 공경을 받고
자신에게 공덕이 있다고 보는 자
그가 의존하는 고요함은 불안하다.

Sn. 0785.
집착하는 견해를 극복하기 쉽지 않다.
여러 교리[法]에 대하여 차별하여 얽매이면
그 결과 그 사람은 그것에 의지하여
교리를 무시하거나 수용한다.

Sn. 0786.
청정해진 사람에게는 세상 어디에도
이승이나 저승의 존재에 대해 만들어진 견해가 없다.
거짓과 아만 버린 청정해진 사람이
집착이 없는데 어디로 가겠는가?

Sn. 0787.
교리[法]에 집착하면 논쟁에 빠진다.
집착하지 않는 사람 무엇으로 논쟁하리?
그에게는 취한 것도 버린 것도 없다.
그는 모든 견해를 없애 버렸다.

4. 수닷타까-숫따(Suddhaṭṭhaka-sutta)
| 청정(清淨)에 대한 8송

Sn. 0788.
내가 보니 청정한 사람이 가장 건강하다.
사람은 본 것에 의해서 청정해진다.
이렇게 체험하여 아는 것이 최고라고 알고
청정으로 간주하면서 지식에 의지한다.

Sn. 0789.
사람이 보는 것에 의해서 청정해진다거나
지식으로 괴로움을 버리게 된다는
그런 말은 집착 있는 사람[sopadhīka]이
다른 것에 의해 청정해진다는 견해다.

Sn. 0790.
바라문은 본 것이나 들은 것 계행(戒行)이나 지각된
다른 것에 의해서 청정해진다고 말하지 않는다.
그는 공덕과 악행에 물들지 않고
집착을 버리고 속세의 일을 하지 않는다.

Sn. 0791.
앞의 것을 버리고 다음 것을 붙잡는
유혹에 흔들리는 자들은 집착을 벗어나지 못한다.
그들은 놓았다가 붙잡는다.
원숭이가 나뭇가지 놓았다가 붙잡듯이.

Sn. 0792.
생각[想]에 사로잡혀 금계(禁戒)를 수지(受持)하는 사람은
스스로 높고 낮은 곳으로 간다.[757]
지혜로 법(法)을 아는 지혜가 빼어난
지자(知者)는 높고 낮은 곳으로 가지 않는다.

---

757 계율을 잘 지키면 천상에 가고 어기면 지옥에 간다는 생각[想]에 사로잡혀 계율을 지키는 사람은 천상과 지옥을 오간다는 의미.

Sn. 0793.

어떤 것을 보고 듣고 생각하든지
모든 대상[法]을 적대(敵對)하지 않는다.
이와 같이 열린 마음 실천하는 사람을
세간에서 어떻게 알아볼 수 있을까?

Sn. 0794.

그들은 추측하지 않고 추종하지 않으며
'지극히 청정하다'라고 말하지 않는다.
얽매인 집착의 굴레를 벗고
세간에서 어떤 것도 원하지 않는다.

Sn. 0795.

죄악의 경계를 벗어난 바라문은
알거나 보고 나서 취하는 것이 없다.
탐욕에 물들지 않고 이욕(離欲)에 얽매이지 않는다.
이 세상에 그가 취한 지고한 것은 없다.

5. 빠라맛타까-숫따(Paramaṭṭhaka-sutta) | 최상(最上)에 대한 8송

Sn. 0796.

세간에서 어떤 것을 더 높다고 생각한 사람은
그것을 '최상'으로 보는 견해 속에 머물면서
다른 것은 모두 '낮다'라고 말한다.
그래서 논쟁을 벗어나지 못한다.

Sn. 0797.

본 것이나 들은 것 계행(戒行)이나 인식한 것
이들 중에 자신에게 이익 되는 것을 보고
거기에서 그것을 취하기 때문에
그는 다른 모든 것을 낮은 것으로 본다.

Sn. 0798.

어떤 것에 의지하여 다른 것을 낮게 보면
훌륭한 분들은 그것을 결박이라고 말한다.
그러므로 비구는 본 것이나 들은 것
인식한 것이나 계행에 의지하지 말라!

Sn. 0799.

지식이나 계행을 가지고
세간에서 이론(理論, diṭṭhiṃ)을 만들지 말라!
자신과 '동등하다' 말하지 말고
'못났다', '잘났다' 생각하지 말라!

Sn. 0800.

집착을 버리고 취하지 않으면서
지식에 의지하지 않는 사람은
이론다른사람들 속에서 무리를 따르지 않고
어떤 이론에도 의지하지 않는다.

Sn. 0801.

이승이나 저승의 존재에 대하여
양극단에 대하여 갈망이 없는 사람은
법에 대한 집착을 알기 때문에
그에게는 그 어떤 집착도 없다.

Sn. 0802.

보거나 배우거나 생각한 것들에 대하여
만들어진 생각[想]이 조금도 없는
이론을 취하지 않는 그런 바라문을
세간에서 어떻게 알아볼 수 있을까?

Sn. 0803.

그들은 추측하지 않고 추종하지 않으며
그들이 취한 교리(敎理)들도 없다.
바라문은 계행으로 알아볼 수 없다.

피안에 간 사람은 이렇게 파악할 수 없다.

6. 자라-숫따(Jarā-sutta) | 늙음

Sn. 0804.

참으로 인생은 짧은 것이다.
100살이 되기도 전에 죽는다.
100살을 넘겨서 산다고 해도
결국에는 늙어서 죽는다.

Sn. 0805.

애착했기 때문에 애통해한다.
소유한 것들은 영원하지 않다.
'이것은 나를 떠나 사라지는 것'
이렇게 보고서 속가에서 살지 말라!

Sn. 0806.

사람들이 '내 것이다' 생각하는 것
그것은 죽고 나면 버려지는 것.
현명한 사람은 이와 같이 알고
집착하는 것에 마음 두지 말라!

Sn. 0807.

꿈에서 본 것을
깨어나면 보지 못하듯이
사랑하는 사람도
죽으면 보지 못한다.

Sn. 0808.

사람들이 보이고 들릴 때는
그들에게 이름을 붙여 부른다.
그러다가 죽은 사람이 되면
오로지 이름만 남게 된다.

Sn. 0809.

사랑스러운 것을 갈망하는 자들은
슬픔, 비탄, 탐욕을 버리지 않는다.
그렇지만 지고한 행복을 본 성자들은
재산을 버리고 유행하였다.

Sn. 0810.

자신의 존재를 드러내지 않는 것이
홀로 사유하기 좋아하고
홀로 유행하는 비구에게
어울리는 것이라고들 말한다.

Sn. 0811.

성자는 어디에도 머물지 않고
사랑하지 않고 미워하지 않는다.
그래서 그는 나뭇잎 위의 물처럼
비탄과 탐욕에 물들지 않는다.

Sn. 0812.

연잎 위의 물방울처럼
연꽃이 물에 물들지 않듯이
보고 듣고 생각한 것들 속에서
이와 같이 성자는 물들지 않는다.

Sn. 0813.

보고 듣고 생각한 것들 속에서
정화된 사람은 그것을 자랑하지 않고
다른 것으로 청정을 얻으려고 하지 않는다.
그는 집착하지도 않고 집착에서 벗어나지도
않는다.

7. 띠싸 멧떼야-숫따(Tissametteyya-sutta) | 띠싸 멧떼야 존자

Sn. 0814.

띠싸 멧떼야 존자가 말하기를,
스승님! 음행(淫行)에 빠진 자의
파멸에 대하여 알려 주소서!
당신의 가르침을 듣고서
세속 떠난 삶[遠離]을 배우겠습니다.

Sn. 0815.

세존께서 말씀하시기를, 메떼이야여!
음행에 빠진 자는
가르침을 망각하고 삿된 길을 간다.
이것이 그에게 있는 상스러운 것이다.

Sn. 0816.

어떤 자는 이전에 유행하다가
길 벗어난 수레처럼 음행에 빠진다.
그런 자를 세상에서는
천박한 범부라고 말한다.

Sn. 0817.

이전에 그에게 있었던
명예와 명성은 사라진다.
그러므로 이것을 보고
음행 멀리하기를 배워 익혀라!

Sn. 0818.

목적[saṃkappa]에 지배된 사람은
굶주린 사람처럼 명상한다[jhāyati].
다른 사람의 비난을 들으면
이런 식으로 불만을 갖는다.

Sn. 0819.

그는 다른 사람의 말에
자극을 받아서 칼을 간다.
이것은 큰 욕심이 있기 때문이다.
그래서 그는 거짓말에 빠져든다.

Sn. 0820.

홀로 유행할 때는
현자라고 알려진다.
그렇지만 음행에 빠지면
어리석은 사람처럼 고달프게 된다.

Sn. 0821.

성자는 이러한 위험을 보고
처음부터 끝까지 이 세상에서
흔들림 없이 홀로 유행하나니
그대들도 음행에 빠지지 말라!

Sn. 0822.

세속 떠난 삶[遠離]을 배워라!
이것이 성인들에게 가장 중요하다.
그렇지만 그것을 최고라고 생각 말라!
그는 열반에 가까이 있을 뿐이다.

Sn. 0823.

쾌락을 바라지 않고
거센 강물을 건넌
욕심 없이 유행하는 성자를
쾌락에 빠진 사람들은 부러워한다.

8. 빠수라-숫따(Pasūra-sutta) | 빠수라

Sn. 0824.

"이것만이 진실이다"라고 말하는 자들은
다른 교리에 대하여 진실하지 않다고 말한다.
자신이 의지하는 것이 훌륭하다 주장하며
저마다 각기 달리 진리를 확신한다.

Sn. 0825.

논쟁을 좋아하는 자들은 집회에 가서
서로서로 상대를 무식하다고 여긴다.
찬탄을 바라는 자들은 저명한
다른 사람에 의지하여 언쟁을 벌인다.

Sn. 0826.

집회에서 토론에 끼어들어
찬탄을 바라면서 패배를 두려워한다.
그러다가 패배하면 불만을 갖고
흠을 잡고 비난하며 화를 낸다.

Sn. 0827.

논거에 결함이 있기 때문에
패배했다고 심판원이 말하면
"나를 이기다니"라고 중얼거리면서
논쟁에 패한 자는 투덜대고 애석해한다.

Sn. 0828.

수행자들 사이에 이런 논쟁 생기면
그 가운데 승자와 패자가 있나니
이것을 보고 언쟁을 멈춰라!
얻는 것은 찬탄밖에 아무것도 없다.

Sn. 0829.

집회에서 어떤 주장을 하여
그곳에서 찬탄을 받으면
생각대로 목적을 달성했기에
그로 인해 신이 나고 우쭐해진다.

Sn. 0830.

우쭐함은 파멸의 토양이다.
모든 오만은 파멸의 토양이다.
이것을 보고 논쟁을 하지 말라!
훌륭한 분들은 논쟁을 진실하다고 말하지 않는다.

Sn. 0831.

왕의 음식으로 길러진 용사가
포효하며 적을 향해 뛰어들듯이
용사여! 그곳으로 달려가거라!
이전에 투쟁이 없던 곳으로.

Sn. 0832.

이론을 취하여 논쟁하면서
"이것만이 진리다"라고 주장하는 자들
그들에게 그대는 이렇게 말해야 한다.
"논쟁이 생겨도 논쟁할 사람 없다."

Sn. 0833.

이론에 구애되지 않으면서
적을 만들지 않고 유행하는 사람들
빠수라여! 더 이상 얻을 것이 없는
그들에게 그대는 무엇을 얻겠는가?

Sn. 0834.

만들어진 이론들을 생각하면서
그대는 논란에 빠져 있구나.
정화된 사람과 함께 있지만
그대는 그와 일치할 수 없다.

9. 마간디야-숫따(Māgandhiya-sutta) | 마간디야

Sn. 0835.

땅하(Taṇhā)와 아라띠(Arati)와 라가(Ragā)를[758] 보고
음행에 대한 욕망 나에게는 없었다.
오줌똥 가득 찬 게 무엇이라고!
발로도 그것을 만지지 않으리.

Sn. 0836.

많은 왕들이 원하는 보물인
이런 여인들을 원치 않는 당신은
어떤 이론과 계행과 생활을 그리고
어떤 존재로 태어나야 한다고 주장합니까?

Sn. 0837.

세존께서 말씀하시기를, 마간디야여!
교리 가운데서 취한 것을 구별하여
"내가 주장하는 것은 이것이다"라고 하는 것이 없다.
이론들 가운데서 한쪽 측면을 취하지 않고[759]
성찰하여 내적 평온을 보았다.

Sn. 0838.

마간디야가 말하기를,
만들어진 것들을 구별하지 않고
취하지 않아야 한다고 성자님은 말씀하셨습니다.
'내적 평온'이라고 하신 이 말의 의미를
현자들은 어떻게 알려 주나요?

Sn. 0839.

세존께서 말씀하시기를, 마간디야여!
이론이나 학식이나 지식이나
계율과 의식으로 진실[suddhiṃ]을 말하지 말라!
이론이나 학식이나 지식이나 계율과 의식이
없는 것으로도 진실을 말하지 말라![760]
이들을 버리고 취하거나 의지하지 말고
평온하게 존재[bhava, 有]를 갈망하지 말라!

Sn. 0840.

마간디야가 말하기를,
만약에 이론이나 학식이나 지식이나
계율과 의식으로 진실을 말하지 않고
이론이나 학식이나 지식이나 계율과 의식이
없는 것으로도 진실을 말하지 않는다면
제 생각에 그 가르침은 당혹스럽습니다.
어떤 사람들은 이론을 진실이라고 믿습니다.

Sn. 0841.

세존께서 말씀하시기를, 마간디야여!
그대는 이론에 의지하여 물으면서
집착 속에서 혼란에 빠졌다.
지금 생각[想]을 티끌만큼도 보지 못했다.
그래서 그대는 당황하게 된 것이다.

---

758 죽음의 신 마라(Māra)의 세 딸. 'Taṇhā, Arati, Ragā'는 '갈애(渴愛)와 혐오(嫌惡)와 탐욕(貪慾)을 의미한다.
759 중도(中道)를 벗어나지 않는다는 의미.
760 이론이나 지식 등이 없는 것이 진실이라고 말하지 않는다는 의미.

Sn. 0842.

나와 동등하다 우월하다 열등하다 분별하여
이렇게 생각하는 사람들은 그로 인해 다툰다.
이들 세 가지에 동요하지 않는 사람에게는
'나와 동등하다'라는 등의 생각이 없다.

Sn. 0843.

그런 바라문이 어찌 '옳다'라고 주장하리.
그가 무엇 때문에 '틀렸다'라고 논쟁하리.
그에게는 같다거나 다르다는 생각 없다.
그가 무엇 때문에 논쟁을 일으키겠는가?

Sn. 0844.

사는 곳을 버리고 집 없이 떠돌며
마을에서 친분을 맺지 않는 성자는
쾌락에서 벗어나 마음 쓰지 않고
사람들을 붙잡고 말다툼 아니한다.

Sn. 0845.

세간에서 홀로 유행하는 용상(龍象)은
그것들을 취하여 논쟁하지 말라!
물이나 진흙에 물들지 않는
물에서 생긴 가시연꽃처럼
이와 같이 평온을 말하는 욕심 없는
성자들은 쾌락과 세간에 물들지 않는다.

Sn. 0846.

지혜로운 사람은 이론과 지식에 의해서
교만에 빠지지 않는다. 그는 그런 사람이 아니다.
그의 행위는 들어서는 알 수 없다.
그는 집착에 빠져들지 않는다.

Sn. 0847.

생각[想]에서 벗어난 자, 속박이 없다.
지혜로 해탈한 자, 혼란이 없다.
생각과 이론에 사로잡힌 수행자는
세간에서 부대끼며 유행한다.

10. 뿌라베다-숫따(Purābheda-sutta) | 죽기 전에

Sn. 0848.

어떤 통찰 어떤 계행(戒行) 지닌 사람을
'평온한 사람'이라고 말하나요?
고따마님! 저에게 알려 주세요.
지고하신 분께 묻습니다.

Sn. 0849.

세존께서 말씀하시기를,
죽기 전에 갈애[愛]에서 벗어나
과거에 집착하지 않고
현재에 만들지 않으며
미래에 기대하지 않는다.

Sn. 0850.

성내지 않고 두려워하지 않고
으스대지 않고 재치 있게 말하고
오만하지 않은 성자는
진실로 말을 삼간다.

Sn. 0851.

오지 않은 미래를 집착하지 않고
지난 과거를 애석해하지 않고
접촉[觸] 가운데서 세속 떠난 삶[遠離]을 보고

이론[diṭṭhi] 속에 끌려가지 않는다.[761]

Sn. 0852.

집착을 버리고 거짓 없고
욕망 없고 인색하지 않으며
겸손하고 미움받지 않고
중상(中傷)에 관여하지 않는다.

Sn. 0853.

즐거움에 대한 번뇌가 없고
자만에 빠지지 않고
온화하고 재치가 있으며
속지 않고 무관심하지 않는다.

Sn. 0854.

이익을 바라고 배우지 않고
이익이 없어도 성내지 않는다.
갈애에서 벗어나
맛을 갈망하지 않는다.

Sn. 0855.

언제나 평정하게 주의집중하고
세간에서 동등하다 여기지 않고
우월하다 열등하다 여기지 않는
그에게는 그 어떤 자만도 없다.

Sn. 0856.

법(法)을 알고 집착하지 않는[762]
그에게는 집착하는 것이 없다.
존재[bhava, 有]나 비존재[abhava, 非有]에 대한 갈애가[763]
그에게는 전혀 보이지 않는다.

Sn. 0857.

쾌락에 대한 갈망이 없는 사람을
나는 '평온하다'라고 말한다.
그에게는 속박이 없다.
그는 집착을 벗어났다.

Sn. 0858.

그에게는 자식도 없고
전답이나 재산도 없다.
취득한 것이 없는 그에게는
취할 것도 없고 버릴 것도 없다.

Sn. 0859.

범부들과 사문이나 바라문들이
비난이든 찬탄이든 어떤 말을 해도
그에게는 그 말에 기대하는 것이 없다.
그래서 그 말에 동요하지 않는다.

Sn. 0860.

탐욕에서 벗어나 욕심 없는 성자는
우월한 것에 대해 말하지 않고
동등하거나 열등한 것에 대해 말하지 않는다.
망상에서 벗어나 망상에 빠지지 않는다.

Sn. 0861.

그에게는 세간에 자기 것이 없다.
자기 것이 없다고 슬퍼하지 않는다.

---

761 여기서 말하는 이론은 죽으면 다음 세상에 태어난다는 상견(常見)과 죽으면 그만이라는 단견(斷見)이다.

762 모든 법은 연기하기 때문에 공(空)이라는 것을 안다는 의미.

763 존재하기를 바라는 갈망과 존재하지 않기를 바라는 갈망을 의미함.

지각대상들 속으로[dhammesu] 가지 않는다.[764]
그가 진실로 평온한 사람이다.

11. 깔라하위와다-숫따(Kalahavivāda-sutta) | 다툼과 논쟁

Sn. 0862.
수없이 많은 다툼과 논쟁이
슬픔과 비탄이 탐욕과 함께
자만과 교만이 중상(中傷)과 함께
어디에서 나오는지 알려 주세요.

Sn. 0863.
사랑에서 다툼과 논쟁이 나오고
슬픔과 비탄이 탐욕과 함께 나오고
자만과 교만이 중상과 함께 나온다.
탐욕에 얽매여 다툼과 논쟁을 하게 되고
논쟁이 생기면 중상을 하게 된다.

Sn. 0864.
세간에 대한 사랑이나 세간에 떠도는
탐욕들은 어떤 인연에서 생기나요?
내세에 대하여 인간이 갖게 되는
기대와 목표는 어떤 인연에서 생기나요?

Sn. 0865.
세간에 대한 사랑이나 세간에 떠도는
탐욕들은 욕망을 인연으로 생긴다.
내세에 대하여 인간이 갖는
기대와 목표도 이 인연에서 생긴다.

Sn. 0866.
세간에서 욕망은 어떤 인연에서 생기나요?
사문들이 진리[法]라고 부르는
수많은 지식과 분노와 거짓말
그리고 의혹은 어떤 인연에서 생기나요?

Sn. 0867.
세간에서 말하는 유쾌와 불쾌
그것에 의지하여 욕망이 일어난다.
형색[色]들 가운데서 '없음과 있음' 보고[765]
인간은 세간에 대한 판단을 한다.

Sn. 0868.
분노와 거짓말 그리고 의심
이들 법(法)도 둘에 의해 나타난다.[766]
의심을 가진 자는 지식을 얻는 방법을 통해 배운다.[767]
알고 나서 사문들은 '진리'라고 부른다.[768]

Sn. 0869.
유쾌와 불쾌의 인연은 어디에 있나요?

---

764 여기에서 'dhamma'는 의(意)의 대상인 법(法), 즉 마음이 지각하는 대상을 의미한다. 지각대상들 속으로 가지 않는다는 것은 마음이 외부의 지각대상으로 흩어지지 않는다는 것을 의미한다.

765 우리는 형색을 통해서 있고 없음을 판단한다는 말이다.

766 둘은 유쾌(愉快)와 불쾌(不快)를 의미함.

767 지식을 얻는 방법에는 다음과 같은 세 가지가 있다. 1) 현량(現量): 지각(知覺) 경험, 2) 비량(比量): 논리적인 추론, 3) 성언량(聖言量): 권위 있는 사람의 증언(證言).

768 사문들은 자신들이 알아낸 지식을 '법'이라고 부른다는 의미.

무엇이 없는 곳에 이들이 나타나지 않나요?
그리고 '없음과 있음'의 대상(對象)
그것은 어떤 인연에서 생기는지 알려 주세요.

Sn. 0870.

유쾌와 불쾌는 접촉[觸]을 인연으로 생긴다.
접촉이 없는 곳에는 이들이 존재하지 않는다.
그리고 '있음과 없음'의 대상
그것은 이 접촉에서 생긴다고 나는 말한다.

Sn. 0871.

세간에 있는 접촉은 어디에 인연이 있나요?
수많은 집착들은 어디에서 생기나요?
무엇이 없으면 자만이 없나요?
무엇이 사라지면 접촉이 일어나지 않나요?[769]

Sn. 0872.

접촉은 이름[名]과 형색[色]을 의지하고 있다.
집착은 욕구가 원인이다.
욕구가 없으면 자만이 없다.
형색이 사라지면 접촉이 일어나지 않는다.

Sn. 0873.

어떤 상태가 되어야 형색이 사라지나요?
즐거움이나 괴로움은 어찌해야 사라지나요?
이것은 어찌해야 사라지는지 알려 주세요.
'우리는 그것을 알고 싶다.' 이것이 저의 마음입니다.

Sn. 0874.

생각[想]으로 인지(認知)하지 않고, 생각 없이 인지하지 않고[770]
인지가 없는 것도 아니고 무(無)를 인지하는 것도 아닌[771]
이런 상태가 되어야 형색이 사라진다.
생각을 인연으로 억측(臆測, papañca)과 명칭(名稱, saṃkhā)이 생기기 때문이다.[772]

Sn. 0875.

저희들이 물었던 것을 잘 설명해 주셨습니다.
다른 것을 묻겠습니다. 그것을 알려 주세요.
현자들 가운데 어떤 이들은 이 정도를
인간의 최상의 청정이라 주장하고
다른 이들은 이와는 다른 주장을 하지는 않나요?

Sn. 0876.

현자들 가운데 어떤 이들은 이 정도를
인간의 최상의 청정이라 주장하고
어떤 이들은 그다음 상태인
의지할 것 없는[無餘依, anupādisesa] 훌륭한 경지를 주장한다.

Sn. 0877.

그렇지만 이들을 '의지한 것들[upanissitā]'이라고 알고
알고 나서 성자들은 의지한 것들을 성찰하고

---

769 'kismiṃ vibhūte na phusanti phassā '의 번역.

770 'na saññasaññī na visaññasaññī'의 번역.

771 'no pi asaññī na vibhūtasaññī'의 번역.

772 생각[想]을 인연으로 억측(臆測)과 명칭(名稱)이 생기는 것에 대한 구체적인 내용은『맛지마 니까야』의「18. 꿀 덩어리경(Madhupiṇḍika-sutta)」에 있다.

알고 나서 벗어나 논쟁에 끼어들지 않는다.
현자는 존재와 비존재로[bhavābhavāya] 인식하지[sameti] 않는다.

12. 쭐라위유하-숫따(Cūḷaviyūha-sutta) | 작은 대담

Sn. 0878.

저마다 자신의 견해를 가지고 살아가면서
이런저런 훌륭한 사람들은 다투면서 주장합니다.
'이렇게 아는 사람이 진리[法]를 아는 사람이다.
이것을 비난하면 완전한 지자(知者)가 아니다.'

Sn. 0879.

그들은 이와 같이 다투면서 논쟁합니다.
'다른사람은어리석고훌륭한사람이아니다.'
이들은 모두 훌륭한 사람들이라고 하는데
이들 가운데 누구의 말이 진실인가요?

Sn. 0880.

만약에 다른 사람의 교리[法]를 허용하지 않는다면
어리석은 짐승처럼 지혜가 천박한 자다.
모두가 지혜가 천박한 어리석은 자들이다.
이들에게는 모두 견해가 머물고 있다.

Sn. 0881.

그렇지만 만약에 실제로 순수하고
지혜가 청정한 지각 있는 훌륭한 사람들이 있고
그들 중에 누구도 지혜를 버리지 않았다면
실로 그들의 견해는 전적으로 진실이다.

Sn. 0882.

어리석은 자들이 서로 다르게 말하는 것에 대하여
'이것이 진실이다'라고 나는 말하지 않는다.
그들은 저마다 자신의 견해로 진리를 만들었다.
그래서 다른사람을'어리석다'라고주장한다.

Sn. 0883.

어떤 사람들이 '진리, 진실'이라고 말하는 것을
다른 사람들은 '빈말, 거짓'이라고 말합니다.
이와 같이 그들은 다투면서 논쟁합니다.
어찌하여 사문들은 일치하는 말을 하지 않나요?

Sn. 0884.

진리는하나일 뿐,진리에 대하여 아는사람이
아는 사람과 논쟁할 두 번째 진리는 없다.[773]
그런데 그들은 제각기 여러 가지 진리를 부르짖는다.
모르기 때문에 사문들은 일치하는 말을 하지 않는 것이다.

Sn. 0885.

어찌하여 훌륭하다는 사람들이
논쟁하며 여러 가지 진리를 주장하나요?

---

773 진리를 아는 사람들은 견해가 일치하기 때문에 서로 다투지 않는다는 의미이다.

진리가 과연 그렇게 갖가지로 많은가요?
아니면 그들이 잘못된 사변을 품고 있나요?

Sn. 0886.
진리는 결코 갖가지로 많은 것이 아니다.
생각[想] 이외에 세간에 지속하는 것은 없다.
그런데 잘못된 사변이 견해 속에 자리 잡고 있기 때문에
'진실이다, 거짓이다'라고 모순된 두 법(法)을 말한다.

Sn. 0887.
본 것이나 배운 것이나 계행(戒行)이나 생각한 것들
이들에 의지하여 경멸을 드러내고
판단을 고집하고 좋아하는 자는
'다른 사람은 어리석고 훌륭한 사람이 아니다'라고 말한다.

Sn. 0888.
다른 사람을 '어리석다'라고 주장함으로써
자신을 '훌륭하다'라고 말하는 것이다.
스스로 자신이 훌륭하다는 말을 듣기 위하여
그런 식의 말로 남을 경멸하는 것이다.

Sn. 0889.
그는 그릇된 견해를 갖추고
자만으로 가득 차 있다.
그의 견해는 진실을 갖추었다고
스스로 자신을 완전하다고 생각한다.

Sn. 0890.
만약에 다른 사람에게 천박하다고 말한다면
사실은 자기가 지혜가 천박한 사람이다.
만약에 스스로를 지혜롭다고 하는 자가 현자라면
사문들 가운데 어리석은 자는 아무도 없을 것이다.

Sn. 0891.
"이것과 다른 교리를 주장하는 사람은
청정하지 못하며 완전한 지자(知者)가 아니다."
외도들은 이와 같이 서로 달리 말한다.
그들은 실로 세속적인 욕망에 도취해 있다.

Sn. 0892.
'여기에만 진실이 있다'라고 주장하면서
다른 교리에는 진실성이 없다고 말한다.
자신의 길에서 고집하는 교리를 주장하는
외도들은 이와 같이 서로 달리 말한다.

Sn. 0893.
자신의 길에서 고집하는 교리를 이야기하는 자가
다른 사람을 어떻게 어리석다고 주장할 수 있을까?
다른 사람의 주장을 어리석고 진실하지 않은 교리라고 하면
그는 실로 스스로 분쟁을 일으킬 것이다.

Sn. 0894.
판단을 고집하여 스스로 평가하면
그는 나중에 세간에서 논쟁에 빠져든다.
일체의 판단을 버린 사람은
세간에서 분쟁을 만들지 않는다.

13. 마하위유하-숫따(Mahāviyūha-sutta) | 큰 대담

Sn. 0895.

이들은 누구나 견해를 가지고 살아가면서
'이것만이 진실이다'라고 논쟁을 합니다.
그들은 모두 비난을 받거나
아니면 그때 칭찬을 받습니다.

Sn. 0896.

그것은 하찮은 것이며 결코 평온이 아니다.
나는 그것을 논쟁의 두 가지 결과라고 말한다.[774]
이것을 보고 논쟁하지 않아야 한다.
논쟁이 없는 땅에서 안온을 찾아야 한다.

Sn. 0897.

이것들은 어떤 것이든 범부의 생각임을 알고
그 모든 것에 가까이 가지 않아야 한다.
집착 없는 사람이 보고 들은 것에 대하여
어떻게 자제하지 않고 집착에 빠지겠는가?

Sn. 0898.

계율이 최상이고 자제에 의해 청정해진다고
금계(禁戒)에 따르면서 머무는 자들은 말한다.
'우리는 여기에서 공부하자! 그러면 청정해질 것이다.'
훌륭하다고 하는 자들이 이렇게 존재[有]에 빠져 있다.

Sn. 0899.

만약에 계율(戒律) 의식(儀式)을 행할 곳이 없으면
갈마(羯磨, kammaṃ)를 행하지 않았다고 걱정한다.
그는 이제 청정해지기를 갈망하고 염원한다.
집에서 멀리 떠난 버려진 대상(隊商)처럼.

Sn. 0900.

일체의 계율 의식도 버리고
결함이 있든 없든 갈마도 버리고
'청정하다, 청정하지 않다'라고 바라지 않고
취하는 것 없이 삼가면서 고요하게 유행하라!

Sn. 0901.

존재와 비존재에 대한 갈애를[775] 벗어나지 못한 자들은
도덕적 관행에 의지하여 기피한 것이나
보거나 듣거나 생각한 것을
청정해야 한다고 소리 높여 개탄한다.

Sn. 0902.

원하는 것들을 갈망하기 때문에
만든 것들 속에서 두려움에 떤다.[776]
이 세상에 사라지고 나타남이 없는 사람이
무엇을 두려워하고 어디를 원하겠는가?

Sn. 0903.

어떤 사람들이 '최상'이라고 말하는 교리를

---

774 논쟁의 두 가지 결과는 칭찬과 비난을 의미한다.

775 존재와 비존재에 대한 갈애는 좋아하는 것은 존재하기를 갈망하고 싫어하는 것은 없어지기를 갈망하는 것을 의미한다.

776 스스로 내세(來世)와 지옥을 만들어 놓고, 죽어서 지옥에 가지 않을까 두려워한다는 의미.

다른 사람들은 '낮다'라고 말합니다.
이들은 모두 훌륭한 사람들이라고 하는데
이들 가운데 누구의 말이 진실인가요?

Sn. 0904.

자기의 교리는 완전하다고 말하고
다른 사람의 교리는 천박하다고 말한다.
이와 같이 다투면서 논쟁하는 자들은
저마다 자신의 의견을 진실이라고 말한다.

Sn. 0905.

만약에 다른 사람의 매도에 의해 천박해진다면
교리들 가운데서 어느것도 더 나은것은 없다.
저마다 자신의 주장을 고집하면서
다른 사람의 교리를 천박하다고 말하기 때문이다.

Sn. 0906.

그들이 자신의 길을 찬탄함으로써
그대로 그 교리가 공경받게 된다면
그들의 교리는 제 스스로 청정하기 때문에
실로 모든 주장이 진실이 되어야 할 것이다.

Sn. 0907.

바라문은 다른 사람에게 끌려다니지 않고
교리들 가운데서 취사선택하지 않는다.
그래서 논쟁에서 벗어났다.
그는 어느 교리를 뛰어나다고 보지 않는다.

Sn. 0908.

'내가 안다. 내가 보았다. 이것은 사실이다'라고
어떤 사람들은 이론[diṭṭhi]을 진실[suddhi]이라고 믿는다.
무엇을 보면 스스로 한계를 넘어
그것과는 다르게 진실을 주장한다.

Sn. 0909.

보는 사람은 이름과 형색[名色]을 본다.
그것들을 보면서 다른 것이 있다고 보거나
많고 적은 욕망의 대상으로 본다.
훌륭한 사람들은 그것으로 진실을 말하지 않는다.

Sn. 0910.

독단론자(獨斷論者)는 결코 진실을 따르지 않는다.
자신이 만든 이론을 존중한다.
거기에서 말하는 훌륭한 것은 자신이 의지하는 것이다.
그가본것이 바로거기에서는진실한말이다.

Sn. 0911.

바라문은 명칭을 붙일 수 없다.
이론가(理論家, diṭṭhisārī)도 아니고 지식인(知識人, ñāṇabandhu)도 아니다.
다른 사람들이 배우는 범부들의 생각을
그는 알지만 관심 두지 않는다.

Sn. 0912.

세간에서 모든 속박 벗어던진 성자는
논쟁이 생겼을 때 끼어들지 않는다.
소란 속에서 고요하고 평정하며
다른 사람들 관심사에 관심이 없다.

Sn. 0913.

이전의 번뇌는 끊고 새로 만들지 않는다.

욕망을 따르지 않고 독단을 주장하지 않는다.
현자는 이론(理論) 가운데서 빠져나온다.
세간에서 물들지 않고 자책하지 않는다.

Sn. 0914.

성자는 어떤 것을 보고 듣고 생각하든지
모든 대상[法]을 적대하지 않으며
짐을 내려놓고 속박에서 벗어나
망상 없고 거침없고 갈망하는 것이 없다.
이렇게 세존께서 말씀하셨네.

14. 뚜와따까-숫따(Tuvaṭaka-sutta) | 신속하게

Sn. 0915.

태양족의 후예이신 대선인(大仙人)께
원리(遠離, vivekaṃ)와 적정(寂靜)의 경지를
[santipadaṃ] 묻습니다.
어떻게 보아야 비구는 세간에서 어떤 것도
집착하지 않고 번뇌의 불길을 끌 수 있나요?

Sn. 0916.

세존께서 말씀하시기를,
'내가 있다'라는 억측(臆測)과 명칭(名稱)의
뿌리를
현자는 모두 없애야 한다.
자신의 안에 있는 갈애[愛]는 어떤 것이든
그것을 없애기 위해 항상 주의집중하여 공부
해야 한다!

Sn. 0917.

안에 있는 현상이든 밖에 있는 현상이든
어떤 현상[法]이든 직접 체험해야 한다.
그러나 체험한 것을 고집해선 안 된다.
참사람은 그것을 적멸(寂滅)이라고 말하지
않는다.

Sn. 0918.

그것으로 '우월하다' 생각해도 안 되고
'열등하다', '동등하다' 생각해도 안 된다.
갖가지 형태로 질문을 받을 때
자신을 꾸며서 내세우지 말라!

Sn. 0919.

비구는 실로 안으로 고요해야 하고
다른 곳에서 적정을 찾아서는 안 된다.
안으로 고요하면 자아라는 생각이 없다.
그런데 어디에 자아가 아니라는 생각이 있겠
는가?

Sn. 0920.

바닷물 가운데는 파도가 일지 않듯이
그렇게 고요하게 머물러야 한다.
이와 같이 머물면서 욕심이 없어야 한다.
비구는 어디에서도 풍파를 만들지 말라!

Sn. 0921.

눈뜨신 분께서는 자신이 증득하신
위험 없애는 법(法)을 설명하셨습니다.
이제는 훌륭한 실천의 길과
계율이나 삼매를 설해 주소서!

Sn. 0922.

눈으로 볼 때 탐욕이 있으면 안 된다.
속세의 이야기에 귀를 막아라!
맛을 탐하면 안 된다.
세간에서 어떤 것도 애착하지 말라!

Sn. 0923.
접촉[觸]을 통해 접촉된 것이 있을 때
비구는 어떤 경우에도 슬퍼하면 안 된다.
그리고 존재[有]를 원해서도 안 되며
두려움 속에서 떨어서도 안 된다.

Sn. 0924.
먹고 마실 음식과 옷을
얻어서 쌓아 두면 안 된다.
그것들을 얻지 못한다고
걱정해서도 안 된다.

Sn. 0925.
선정수행자는 탐욕스러우면 안 된다.
악행을 그치고 방일하면 안 된다.
비구는 앉을 자리와 누울 자리가
조용한 곳에서 지내야 한다.

Sn. 0926.
잠을 많이 자면 안 된다.
열심히 깨어 있음에 전념해야 한다.
나태, 마술, 농담, 놀이, 음행(淫行)
그리고거기에쓰이는물건을내버려야한다.

Sn. 0927.
주술이나 해몽이나 관상
점성술이나 예언이나 회임술(懷妊術)
이런 술수를 부려서는 안 되며
의료행위를 사업으로 하면 안 된다.

Sn. 0928.
비구는 비난에 흔들리지 않고
칭찬에 들뜨지 않아야 한다.
인색을 수반하는 탐욕과
분노와 증상을 떨쳐야 한다.

Sn. 0929.
비구는 사고파는 곳에 머물면 안 되며
어디에서든 모욕적인 말을 하면 안 된다.
마을에서 악담을 해서는 안 되며
얻기를 바라고 사람에게 말을 걸면 안 된다.

Sn. 0930.
비구는 허풍쟁이가 되면 안 되며
아무 말이나 함부로 하면 안 된다.
무례한 행동을 익혀서는 안 되며
다툼을 일으키는 말을 하면 안 된다.

Sn. 0931.
거짓말을 하면 안 된다.
고의로 기만적인 행동을 하면 안 된다.
직업이나 지혜나 계행으로
다른 사람을 멸시하면 안 된다.

Sn. 0932.
사문들이나 말 많은 사람들에게
많은 말을 듣고 불쾌할지라도
거칠게 대꾸하면 안 된다.
참사람은 결코 응수하지 않는다.

Sn. 0933.
비구는 이 가르침을 알고
항상 잘 살펴서 집중하여 익혀야 한다.
적정이란 적멸임을 알고
고따마의 가르침 가운데서 방일하지 말라!

Sn. 0934.
그는 실로 패한 적이 없는 승리자다.

전해 듣지 않고 스스로 본 법(法)을 말했다.
그러므로 그 세존의 가르침 속에서
항상 부지런히 공경하면서 배워야 한다.
이렇게 세존께서 말씀하셨네.

15. 앗따단다-숫따(Attadaṇḍa-sutta)
| 폭력

Sn. 0935.
싸우는 사람을 보라!
두려움은 폭력에서 생긴다.
내가 본 공포를
본 대로 설명하리라.

Sn. 0936.
서로서로 반목하면서
말라 가는 물속의 물고기처럼
무서워서 떨고 있는 인간을 보고
나는 두려움에 빠져들었다.

Sn. 0937.
세간은 모두 공허하다.
사방은 모두 사람이 가득 차 있다.
내가 살 곳을 원했을 때
사람이 살지 않는 곳을 보지 못했다.

Sn. 0938.
결국에 반목하는 것을 보고
나는 언짢았다.
여기에서 나는 가슴에 숨겨진
보이지 않는 화살을 보았다.

Sn. 0939.
화살에 맞은 자는
사방으로 헤매고 있다.
그 화살만 뽑으면
떠돌지 않고 안주한다.

Sn. 0940.
거기에서 암송해야 할 학계(學戒)가 있다.
세간에 대한 여러 가지 탐욕들
그것들에 대하여 관심 두지 말라!
어떤 경우에도 감각적 욕망을 꿰뚫어 보고
자신의 열반을 위해 공부하라!

Sn. 0941.
성자는 진실하고 겸손하고
솔직하고 중상하지 않고
친절해야 하고 사악한 이기심과
탐욕을 극복해야 한다.

Sn. 0942.
열반을 원하는 사람은
권태와 나태를 이겨 내야 한다.
게으르게 살아서는 안 되며
교만에 빠져서도 안 된다.

Sn. 0943.
거짓말을 하지 말라!
형색에 애착을 가지지 말라!
아만(我慢)을 잘 알아라!
폭력을 삼가고 유행하라!

Sn. 0944.
지난 것들에 미련 두지 말고
새로운 것들을 용납하지 말라!

버려진 것들을 애석해하지 말라!
공연한 것을 붙잡지 말라!

Sn. 0945.
나는 탐욕을 거센 강물이라고
집착을 소용돌이라고 말한다.
탐욕과 집착이 관심 갖는 대상은
빠져나오기 어려운 진흙탕 같은 쾌락이다.

Sn. 0946.
성자는 진실을 벗어나지 않는다.
바라문은 안전한 땅에 머문다.
모든 것을 버린 그를
참사람이라고 한다.

Sn. 0947.
지혜로운 사람은 그것을 보고
알기 때문에 법(法)에 집착하지 않는다.
그는 세간에서 바르게 처신하며
이 세상 어떤 것도 바라지 않는다.

Sn. 0948.
세간에서 벗어나기 어려운
쾌락의 결박을 벗어난 사람은
흐름을 끊고 속박에서 벗어나
슬퍼하지 않고 걱정하지 않는다.

Sn. 0949.
이전의 것은 모두 없애 버리고
이후의 것은 어떤 것도 생기지 않게 하고
중간의 것을 붙잡지 않으면
고요하게 유행하게 된다.

Sn. 0950.
이름과 형색[名色]에 대하여
어떤 경우에도 애착이 없으면
없어도 슬퍼하지 않으며
세간에서 잃을 것이 없다.

Sn. 0951.
어떤 것을 '이것은 나의 것이다.'
'이것은 남의 것이다'라고 생각하지 않으면
내 것을 알지 못하기 때문에
'내 것이 없다'라고 슬퍼하지 않는다.

Sn. 0952.
동요하지 않는 것에 대해 물으면
잔인하지 않고 갈망하지 않고
어떤 경우에도 동요하지 않고
고요한 것을 나는 훌륭하다고 말한다.

Sn. 0953.
동요하지 않을 줄 아는 사람은
어떤 것에도 영향받지 않는다.
그는 자제하면서 노력하고
어디에서나 안온을 본다.

Sn. 0954.
성자는 동등한 자나 열등한 자나
우월한 자에 대해 말하지 않는다.
시샘할 줄 모르는 참사람은
선망하거나 무시하지 않는다.
이렇게 세존께서 말씀하셨네.

16. 사리뿟따-숫따(Sāriputta-sutta) | 사리뿟따 존자

Sn. 0955.

사리뿟다 존자가 말하기를,
지금까지 저는 보지 못했습니다.
누구에게 듣지도 못했습니다.
이와 같이 미묘한 설법하시는
도솔천에서 인도자로 오신 스승님

Sn. 0956.

천신을 포함한 세간의
눈 있는 자 보는 것처럼
홀로 어둠을 제거하시고
즐거움을 성취하셨습니다.

Sn. 0957.

이렇게 집착 없고 거짓이 없는
인도자로 오신 붓다님께
속박된 많은 사람들을 위하여
질문을 가지고 왔습니다.

Sn. 0958.

비구들은 번잡한 곳 싫어하고
나무 밑이나 묘지나
산속의 동굴 같은
한적한 곳을 좋아합니다.

Sn. 0959.

갖가지 잠자리 가운데는
얼마나 두려움이 많겠습니까?
비구는 조용한 잠자리에서
어찌해야 두렵지 않을까요?

Sn. 0960.

비구가 불사(不死)의 세계로 가면서
지나가야 할 길에 있는
잠자리에는 얼마나
많은 위험이 있을까요?

Sn. 0961.

말하는 법은 어떠해야 하고
다니는 곳은 어떠해야 할까요?
비구가 열중해야 할
계행은 어떤 것들이 있을까요?

Sn. 0962.

지혜롭게 전념하여 주의집중하는
수행자는 어떤 학계(學戒)를 따라야
세공사가 은을 정련하듯이
자신의 더러움을 씻어 낼 수 있을까요?

Sn. 0963.

세존께서 말씀하시기를, 사리뿟따여!
만약에 여법하게 바른 깨달음을 구하여
안락한 것을 싫어하고
한적한 자리를 좋아한다면
내가 아는 대로 그대에게 말하리라.

Sn. 0964.

주의집중하고 자제하는 현명한 비구는
다섯 가지 무서운 것을 두려워하지 않아야
한다.
그것은 등에, 나방, 뱀, 마주치는 사람
그리고 네발 달린 짐승이다.

Sn. 0965.

그들에게 많은 두려움이 있음을 보고

다른 가르침을 따르는 자들을 겁내지 말라!
그리고 선(善)을 구하는 사람은
근심을 극복해야 한다.

Sn. 0966.
질병이나 굶주림을 겪더라도 견디고
혹한과 무더위를 이겨 내야 한다.
집 없는 사람은 이런 일을 수없이 겪나니
굳건하고 용맹하게 정진해야 한다.

Sn. 0967.
도둑질하지 말고 거짓말하지 말라!
동물이든 식물이든 자애롭게 대하라!
마음의 혼란을 '악마의 일당'이라고
알아차리고 쫓아 버려라!

Sn. 0968.
분노와 자만에 지배되지 말라!
그것의 뿌리를 뽑아 버려라!
유쾌한 생각이든 불쾌한 생각이든
생기는 대로 다 버려라!

Sn. 0969.
지혜를 따르면서 선행(善行)을 좋아하고
근심 걱정을 버려야 한다.
불만을 내려놓고 인적 없는 잠자리에서
네 가지 걱정을 내려놓아야 한다.

Sn. 0970.
무엇을 먹을까? 어디에서 먹을까?
불편하게 잤다. 오늘은 어디에서 잘까?
이렇게 생각하며 하는 걱정을
집 없는 학인(學人)은 내려놓아야 한다.

Sn. 0971.
음식과 옷은 적절한 때에 얻고
얻은 것이 적어도 만족할 줄 알아야 한다.
마을에서는 귀를 막고 자제하고
불쾌해도 거친 말을 하지 않아야 한다.

Sn. 0972.
눈을 내려뜨고 똑바로 걸어가라!
선정에 전념하여 항상 깨어 있으라!
평정심을 일으키고 마음을 한곳에 모아
의심의 여지와 근심을 없애라!

Sn. 0973.
주의집중하는 수행자는 책망의 말에 기뻐하
고
도반에 대한 거친 생각을 버려야 한다.
말을삼가고 좋은 말도 장황하게 하면 안된다.
사람들이 말하는 것에 마음 두면 안 된다.

Sn. 0974.
세간에는 다섯 가지 객진(客塵) 번뇌가 있다.
주의집중하여 그것들을 없애는 공부를 하라!
형색[色]과 소리[聲]와 맛[味]과 향기[香]
그리고 촉감[觸]에 대한 탐욕을 버려라!

Sn. 0975.
비구는 주의집중하여 해탈한 마음으로
이들 법(法)에 대한 욕망을 버려야 한다.
바른 가르침을 수시로 사유하고
마음을 하나로 모아 어둠을 제거하라!
이렇게 세존께서 말씀하셨습니다.

제5장 빠라야나 왁가(Pārāyana-vagga)
피안(彼岸)으로 가는 길

1. 왓투가타(Vatthugātha) | 서시(序詩)

Sn. 0976.

무소유(無所有)의 삶을 원하는
베다에 통달한 바라문이
꼬살라의 아름다운 도시에서
닥키나빠타(Dakkhiṇāpatha)에 왔다.

Sn. 0977.

그는 아싸까(Assaka)와 알라까(Aḷaka) 접경의
고다와리(Godhāvarī) 강변에서
이삭을 줍고 열매를 따서
그것으로 살아갔다.

Sn. 0978.

그 근처에는
큰 마을이 있었다.
그곳에서 생긴 소득으로
그는 큰 제사를 지냈다.

Sn. 0979.

큰 제사를 지낸 후에
아쉬람으로 돌아왔다.
그곳에 다시 들어갔을 때
어떤 바라문이 왔다.

Sn. 0980.

발은 부르트고 목은 마르고
이는 더럽고 머리에 먼지를 뒤집어쓴
그가 그에게 와서
500냥을 구걸했다.

Sn. 0981.

바와리(Bāvarī)는 그를 보고
자리를 권했다.
안녕과 건강을 묻고
이렇게 말했다.

Sn. 0982.

내가 가진 것은
모두 나누어 주었다오.
바라문이여! 양해해 주시오!
나에게는 500냥이 없다오.

Sn. 0983.

만약 내가 구걸하는 것을
내게 주지 않으면
일곱 번째 날에 그대의 머리는
일곱 조각으로 쪼개질 것이다.

Sn. 0984.

사기꾼은 겁을 주며
선언했다.
바와리는 그 말 듣고
몹시 괴로웠다.

Sn. 0985.

근심의 화살을 맞은 그는
음식을 먹지 못해 야위어 갔다.

이런 마음인지라 그의 마음은
선정을 즐길 수가 없었다.

Sn. 0986.
걱정하고 괴로워하는 것을
이로움을 주는 여신이 보고
바와리를 찾아와서
이렇게 말했다.

Sn. 0987.
그는 머리를 알지 못하는
재물을 탐내는 사기꾼이오.
그에게는 머리에 대한 지식도
머리를 쪼개는 지식도 없다오.

Sn. 0988.
그렇다면 존자는 아시나요?
청컨대 저에게 알려 주세요.
머리와 머리를 쪼개는 것
그 말을 당신에게 듣고 싶군요.

Sn. 0989.
나도 그것을 알지 못하오.
그에 대한 지식이 내겐 없다오.
머리와 머리를 쪼개는 것
그것은 승리자가 볼 뿐이라오.

Sn. 0990.
그렇다면 이 둥근 땅 위에서
머리와 머리를 쪼개는 것
그것을 누가 알고 있나요?
여신이여! 저에게 알려 주세요.

Sn. 0991.
예전에 까삘라왓투에서
출가한 세간의 인도자가 계셨다오.
그분은 옥까까(Okkāka)왕의 자손이며
빛을 비추는 사끼야족의 아들이라오.

Sn. 0992.
바라문이여! 그분은 바르게 깨달은 분이며
일체의 법을 초월하고 일체의 신통력을 성취한 분이며
일체의 법에 대한 눈을 뜨신 분이며
일체의 법을 소멸하고 집착을 끊어 해탈한 분이라오.

Sn. 0993.
눈을 뜨신 그분 붓다 세존은
세간에서 법(法)을 가르친다오.
그대는 그분을 찾아가서 물으시오!
그분이 그것을 설명해 줄 것이오.

Sn. 0994.
'바르게 깨달은 분'이란 말을 듣고
바와리는 어쩔 줄을 몰랐다.
슬픔은 눈 녹듯 사라지고
커다란 기쁨을 얻었다.

Sn. 0995.
바와리는 기뻐서 어쩔 줄을 몰랐다.
그는 열광하며 여신에게 물었다.
어느 마을 어느 도시 어느 나라에
세간을 구제하는 구세주가 계신가요?
그곳에 가서 최상의 인간이신
바르게 깨친 분께 예배하고 싶군요.

Sn. 0996.

광대한 지혜와 뛰어난 지식 가진
현명한 승리자는 꼬살라의 사왓티에 계신다오.
번뇌가 없고 비할 바가 없는 사끼야족의 아들
그분은 머리 쪼개는 것을 아는 인간 황소라오.

Sn. 0997.

그래서 그는 베다에 통달한
제자 바라문들에게 말했다.
젊은이들아! 이제부터
내가 하는 말을 들어 보아라!

Sn. 0998.

언제나 세간에 출현하기 어려운
정각(正覺) 이룬 분이라고 널리 알려진
최상의 인간이 세간에 오셨으니
사왓티에 빨리 가서 뵙도록 하라!

Sn. 0999.

그렇다면, 바라문이여! 우리가 보고
'붓다'인 줄 어떻게 알 수 있나요?
우리는 모르오니 우리들에게
알 수 있는 방법을 알려 주세요!

Sn. 1000.

전승되고 있는 베다에는
위대한 인물의 32가지
상호(相好)가 빠짐없이
차례대로 잘 설명되어 있다.

Sn. 1001.

위대한 인물의 상호를
구족한 사람에게는
두 가지 운명(運命)만 있을 뿐
세 번째는 없다.

Sn. 1002.

만약에 집에서 생활하면
이 대지를 정복하여
몽둥이나 칼을 사용하지 않고,
법(法)으로 다스린다.

Sn. 1003.

만약에 집을 버리고 출가하면
어둠의 장막을 걷어 버린
위없는 아라한
등정각(等正覺)이 된다.

Sn. 1004.

태생과 가문, 몸의 특징, 베다, 제자
그리고 이에 더하여 머리와
머리 쪼개는 것에 대하여
그대들은 마음으로 질문을 하라!

Sn. 1005.

장애 없이 보시는
깨달은 분이라면
마음으로 물은 질문에
답변의 말씀을 하실 것이다.

Sn. 1006.

바와리의 말을 듣고
16명의 제자 바라문
아지따(Ajita)와 띠싸멧떼야(Tissametteyya)
뿐나까(Puṇṇaka) 그리고 멧따구(Mettagū)

Sn. 1007.
도따까(Dhotaka)와 우빠시와(Upasīva)
난다(Nanda)와 헤마까(Hemaka)
또데야(Todeyya)와 깝빠(Kappā) 두 사람
그리고 박식한 자뚜깐니(Jatukaṇṇī)

Sn. 1008.
바드라우다(Bhadrāvudha)와 우다야(Udaya)
그리고 뽀살라(Posāla) 바라문과
총명한 모가라자(Mogharājā)와
뼁기야(Piṅgiya) 대선인(大仙人)

Sn. 1009.
세간에 널리 알려진 이들은
모두가 저마다 많은 제자 거느린
선정을 좋아하는 현명한 선정수행자로서
지난 삶의 향기가 배어 나왔다.

Sn. 1010.
결발하고 사슴 가죽옷을 입은 그들은
모두 바와리에게 인사를 하고
그를 오른쪽으로 돈 후에
북쪽으로 길을 떠났다.

Sn. 1011.
먼저 알라까의 빠띠타나(Patiṭṭhāna)로
그다음에 마히싸띠(Māhissatī)로
그리고 우제니(Ujjenī)와 고낫다(Gonaddha)
웨디사(Vedisa) 와나사우하야(Vanasavhaya)

Sn. 1012.
그리고 꼬삼비(Kosambī)와 사께따(Sāketa)
수도(首都) 사왓티(Sāvatthī)와 세따위야 (Setavya)
까삘라왓투와 꾸씨나라(Kusinārā)의 궁전

Sn. 1013.
빠와(Pāva)와 보가나가라(Bhoganagara)를 거쳐서
마가다의 도시 웨살리(Vesālī)에 있는
아름답고 사랑스러운 빠사나까(Pāsāṇaka)
탑묘에 이르렀다.

Sn. 1014.
목마른 자가 시원한 물을 찾듯
장사꾼이 큰 이익을 찾듯
더위에 지친 자가 그늘을 찾듯
그들은 서둘러서 산에 올라갔다.

Sn. 1015.
세존께서는 그때
비구상가를 앞에 두고
사자가 숲에서 울부짖듯이
비구들에게 법을 설하셨다.

Sn. 1016.
아지따는 보았다.
태양처럼 빛나고
보름날 만월 같은
바르게 깨친 분을

Sn. 1017.
상호를 빠짐없이 갖춘
몸을 보고 한쪽에 서서
털이 곤두서는 희열을 느끼면서
그는 마음으로 질문을 했다.

Sn. 1018.

출생에 대하여 말해 보세요.
가문에 대하여 말해 보세요
몸의 특징을 말해 보세요.
베다에 통달했는지 말해 보세요
바라문은 몇이나 가르치나요?

Sn. 1019.

그의 나이는 120살이고
가문은 '바와리'다.
몸에는 세 가지 특징이 있고
세 가지 베다에 통달했다.

Sn. 1020.

그는 관상과 역사에 정통하고
어휘론(語彙論)과 의궤론(儀軌論)에 정통했으며
500명을 가르치고
정법(正法)에 통달했다.

Sn. 1021.

갈애를 끊어 버린 최상의 인간이시여!
저희들이 의심하지 않도록
바와리의 몸의 특징을
살펴보고 말해 주소서.

Sn. 1022.

그는 혀로 얼굴을 덮으며
눈썹 사이에는 털이 있다.
음부는 말처럼 숨겨져 있다.
청년이여, 이와 같이 알도록 하라!

Sn. 1023.

어떤 질문도 듣지 않고서
질문에 답변하는 말씀을 듣고
모든 사람은 경외심에 휩싸여
합장을 하고 생각했다.

Sn. 1024.

이분은 천신(天神)이나 범천(梵天)이거나
수자(Sujā)의 남편인 인드라가 아닐까?
마음속으로 질문한 물음에
어떻게 이렇게 대답하실까?

Sn. 1025.

머리와 머리를 쪼개는 것에 대해
바와리가 물었습니다.
세존이시여, 그것을 알려 주소서.
선인(仙人)의 의심을 없애 주소서.

Sn. 1026.

'무명(無明, avijjā)이 머리'라는 것을 알아야 한다.
확신을 가지고 주의집중하고
삼매에 들어 의욕적으로 정진하여
얻은 명지[vijjā, 明]가 머리를 쪼갠 것이다.

Sn. 1027.

그러자 바라문 청년은
큰 감동을 받고 마음이 확고해져서
사슴 가죽옷을 한쪽 어깨에 걸치고
두 발에 머리 조아려 예배했다.

Sn. 1028.

존자님! 바와리 바라문이 제자들과 함께
행복한 마음으로 기쁨에 넘쳐
존자님께 예배합니다.
눈뜨신 분이시여!

Sn. 1029.

바와리 바라문은

제자들과 함께 행복하기를!

바라문 청년이여!

그대도 행복하고 장수하기를!

Sn. 1030.

바와리와 그대 그리고 모든 사람의

모든 의혹 질문하기 허락하나니

그대들이 마음으로 원하는 것을

무엇이든 나에게 묻도록 하라!

Sn. 1031.

바르게 깨친 분이 허락하시자

아지따는 앉아서 합장을 하고

그곳에서 맨 먼저

여래에게 질문을 했다.

2. 아지따마나와뿟차(Ajitamāṇavapucchā)
| 바라문 청년 아지따의 질문

Sn. 1032.

아지따 존자가 말하기를,

세간은 무엇으로 덮여 있나요?

무엇 때문에 보이지 않나요?

당신은 무엇을 오염이라고 말하나요?

세간의 큰 두려움은 무엇인가요?

Sn. 1033.

세존께서 말씀하시기를, 아지따여!

세간은 무명으로 뒤덮여 있다.

탐욕과 부주의 때문에 보이지 않는다.

나는 욕망을 오염이라고 말한다.

괴로움이 큰 두려움이다.

Sn. 1034.

아지따 존자가 말하기를,

거센 강물은 어디에나 흐릅니다.

무엇이 거센 강물 막아 주나요?

거센 강물 막는 것을 알려 주세요.

무엇으로 거센 강물 막을 수 있나요?

Sn. 1035.

세존께서 말씀하시기를, 아지따여!

세간에서 거센 강물은

주의집중이 그것을 막아 준다.

거센 강물 막는 것을 알려 주겠다.

통찰지[般若]로 그것을 막을 수 있다.

Sn. 1036.

아지따 존자가 말하기를,

통찰지와 주의집중이군요.

존자님께 묻습니다. 대답해 주세요.

이름과 형색[名色]은 어디에서 파괴되나요?

Sn. 1037.

아지따여! 이름과 형색이

남김없이 파괴되는 곳에 대한

그대의 물음에 대답하겠다.

분별의식[識]이 소멸하면

여기에서 그것이 파괴된다.

Sn. 1038.

존자님! 세상에는 유학(有學), 범부(凡夫)라

고

불리는 사람들이 있습니다.

그들의 행실에 대하여 묻습니다.

현자께서 저에게 말씀해 주세요.

Sn. 1039.

쾌락을 갈망하면 안 된다.
마음이 산란하면 안 된다.
비구는 일체의 법에 통달하고
주의집중하면서 유행해야 한다.

3. 띠싸멧떼야마나와뿟차
(Tissametteyyamāṇavapucchā)
| 바라문 청년 띠싸멧떼야의 질문

Sn. 1040.

띠싸멧떼야 존자가 말하기를,
세상에 행복한 자 누구인가요?
누구에게 동요가 없나요?
누가 양극단을 알고 중간에서
오염되지 않은 현자(賢者)인가요?
누구를 대인(大人)이라고 말하나요?
누가 탐욕을 극복했나요?

Sn. 1041.

세존께서 말씀하시기를, 멧떼야여!
쾌락의 세상에서 청정한 삶 살면서
갈애[愛]에서 벗어나 항상 주의집중하는
사려 깊은 행복한 비구
그에게는 동요가 없다.

Sn. 1042.

현자는 양극단을 알고
중간에 서서 오염되지 않는다.
탐욕을 극복한 그를
나는 대인(大人)이라고 말한다.

4. 뿐나까마나와뿟차
(Puṇṇakamāṇavapucchā)
| 바라문 청년 뿐나까의 질문

Sn. 1043.

뿐나까 존자가 말하기를,
갈망 없이 근본을 보시는 분께
여쭐 것이 있어서 왔습니다.
세간에서 선인들 인간들 크샤트리아들
그리고 바라문들과 범부들은
어찌하여 천신들에게 제사를 올렸나요?
세존이시여! 그것을 알고 싶어요.
그것을 저에게 알려 주세요.

Sn. 1044.

세존께서 말씀하시기를, 뿐나까여!
선인이든 인간이든 크샤트리아든
바라문이든 범부든 세간에서
천신들에게 제사를 올린 자는
누구나 이 세상에 존재하기 원하면서
늙어 가기 때문에 제사를 지냈다.

Sn. 1045.

뿐나까 존자가 말하기를, 세존이시여!
선인이든 인간이든 크샤트리아든
바라문이든 범부든 그 누구든
세간에서 천신들에게 제사를 올린 자는
과연 그들은 열심히 제물 올려
태어나고 늙고 죽음 극복했나요?
세존이시여! 그것을 알고 싶어요.
그것을 저에게 알려 주세요.

Sn. 1046.

세존께서 말씀하시기를, 뿐나까여!

원하고 찬탄하고 간청하고 공양하는
그들은 재물에 의지하여 쾌락을 갈구한다.
존재에 대한 욕망에 사로잡혀 공양을 올리는
그들은 생사를 극복하지 못했다.

Sn. 1047.
뿐나까 존자가 말하기를,
그들이 제사를 올리고도
태어나고 늙고 죽음 극복하지 못했다면
누가 천신과 인간의 세계에서
태어나고 늙고 죽음 극복했나요?
세존이시여! 그것을 알고 싶어요.
그것을 저에게 알려 주세요.

Sn. 1048.
세존께서 말씀하시기를, 뿐나까여!
세간에서 높고 낮은 모든 것을 헤아려서
세간의 어떤 것에도 동요하지 않는
고요하고 밝고 욕심 없는 사람
'그는 생사를 극복했다'라고 나는 말한다.

5. 멧따구마나와뿟차 (Mettagūmāṇavapucchā) | 바라문 청년 멧따구의 질문

Sn. 1049.
멧따구 존자가 말하기를, 세존이시여!
저는 당신을 베다에 통달한
훌륭한 수행자로 생각합니다.
그것이 어떤 것이든 세간에서
다양한 괴로움은 어떻게 생기나요?
저는 그것을 알고 싶어요.
저에게 그것을 알려 주세요.

Sn. 1050.
세존께서 말씀하시기를, 멧따구여!
그대는 나에게 괴로움의 발생에 대하여 물었다.
아는 대로 그대에게 설명하리라.
그것이 어떤 것이든 세간에서
괴로움은 집착을 인연으로 생긴다.

Sn. 1051.
이를 알지 못하고 집착을 하는
어리석은 자는 계속해서 괴로움을 겪는다.
그러므로 이것을 알고 집착하지 말고
괴로움이 생기는 것을 지켜보아라!

Sn. 1052.
저희들이 물었던 것 잘 설명하셨으니
저는 다른 것을 묻겠습니다.
이제 그것을 알려 주세요.
태어남과 늙음과 슬픔과 비탄의
거센 강을 현자들은 어떻게 건너나요?
성자님! 부디 저에게 알려 주세요.
이 법을 당신은 바르게 아시지요?

Sn. 1053.
세존께서 말씀하시기를, 멧따구여!
지금 여기에서 직접 체험한
법(法)을 그대에게 알려 주겠다.
그것을 알고 전념하여 실천하면
세간에 대한 애착을 극복할 수 있다.

Sn. 1054.
대선인(大仙人)이시여!
그것을 알고 전념하여 실천하면
세간에 대한 애착을 극복할 수 있다는

최상의 가르침, 저는 너무 기쁩니다.

Sn. 1055.

세존께서 말씀하시기를, 멧따구여!
위나 아래나 사방이나 중간이나
그곳에 있는 것은 어떤 것이든
그대는 그것을 바르게 알아서
이들에 대한 기쁨과 집착
그리고 분별의식[識]을 몰아내고
존재[有]에 머물지 않아야 한다.

Sn. 1056.

이와 같이 살면서 방일하지 않고
집중하며 유행하는 현명한 비구는
애착을 버림으로써 태어나서 늙어 가는
슬픔과 비탄의 괴로움을 버려야 한다.

Sn. 1057.

대선인의 말씀, 저는 너무 기쁩니다.
고따마님! 집착에서 벗어남을 잘 설명했습니다.
세존이시여! 실로 당신은 괴로움을 버리셨군요.
이 법을 당신은 바르게 아시는군요.

Sn. 1058.

아마 그들도 괴로움을 버리게 될 것이니
성자님! 당신께서 항상 가르쳐 주소서.
용상(龍象)이시여! 저는 당신을 공경하오니
세존께서 저도 항상 가르쳐 주소서.

Sn. 1059.

소유하지 않고 욕유(欲有, kāmabhava)에 대한 집착이 없는
베다에 통달한 바라문을 그대는 직접 체험해야 한다.
그는 실로 거센 강을 건넜으며
피안에 도달하여 장애 없고 의혹 없다.

Sn. 1060.

그는 베다에 통달한 현명한 사람이다.
존재와 비존재에 대한 집착을 내버리고
갈애에서 벗어나 고요하고 욕심 없다.
'그는 생사를 극복했다'라고 나는 말한다.

6. 도따까마나와뿟차
(Dhotakamāṇavapucchā)
| 바라문 청년 도따까의 질문

Sn. 1061.

도따까 존자가 말하기를,
세존이시여! 알고 싶어요.
저에게 그것을 알려 주세요.
대선인이여! 저는 당신의 말씀을 갈망합니다.
당신의 말씀 듣고 제 자신의
고요한 열반을 배우겠습니다.

Sn. 1062.

세존께서 말씀하시기를, 도따까여!
그렇다면 열심히 노력해야 한다.
이제 현자는 집중하여 듣고
자신의 고요한 열반을 배워라!

Sn. 1063.

천신과 인간의 세계에서 소유하지 않고
떠도는 바라문을 제가 뵙습니다.
두루 보시는[普眼] 당신을 공경하오니

삭까(Sakka)여! 의혹에서 저를 벗어나게 하소서!

Sn. 1064.

도따까여! 세간에서 의혹 있는 사람을
누구든 내가 벗어나게 할 수는 없다.
으뜸가는 가르침을 배워 알아서
그대가 거센 강을 건너가거라!

Sn. 1065.

범천이여! 연민하사 제가 알 수 있도록
세속 떠난 삶[遠離]을 가르쳐 주소서!
저는 배운 대로 허공처럼 걸림이 없이
고요하게 집착 없이 유행하겠습니다.

Sn. 1066.

세존께서 말씀하시기를, 도따까여!
내가 그대에게 지금 여기에서
직접 체험한 평온을 설명하리라.
그것을 듣고 유행하면서
세간에 대한 애착에서 벗어나라!

Sn. 1067.

대선인이시여! 그것을 듣고 유행하면서
세간에 대한 애착에서 벗어나라는
지고의 평온에 대한 말씀 들으니
저는 너무 기쁩니다.

Sn. 1068.

세존께서 말씀하시기를, 도따까여!
위나 아래나 사방이나 중간이나 그곳에 있는 것은
어떤 것이든 그대는 그것을 바르게 알아야 한다.
이것을 '집착'이라고 알고 세간에서
존재와 비존재에 대하여 갈애[愛]를 만들지 말라!

7. 우빠시와마나와뿟차

(Upasīvamāṇavapucchā)

| 바라문 청년 우빠시와의 질문

Sn. 1069.

우빠시와 존자가 말하기를,
삭까여! 저는 의지하지 않고 혼자서
거대한 거친 강을 건널 수가 없습니다.
두루 보는[普眼] 분이시여! 거친 강을 건널 때
의지할 대상을 말씀해 주소서.

Sn. 1070.

세존께서 말씀하시기를, 우빠시와여!
소유하지 않고 주의집중하여 관찰하면서
'원하는 것 없음[無願]'에 의지하여 거친 강을 건너가라!
쾌락을 버리고 의혹에서 벗어나
밤낮으로 갈애의 소멸을 위해 힘쓰라!

Sn. 1071.

우빠시와 존자가 말하기를,
일체의 쾌락에 대한 탐욕을 내려놓고
무소유(無所有)에 의지하여 다른 것을 버리고
생각[想]에서 벗어난 최상의 해탈자는
따라가지 않고 그곳에서 머물 수 있나요?

Sn. 1072.

세존께서 말씀하시기를, 우빠시와여!
일체의 쾌락에 대한 탐욕을 내려놓고

무소유에 의지하여 다른 것을 버리고
생각에서 벗어난 최상의 해탈자는
따라가지 않고 그곳에서 머물 수 있다.

Sn. 1073.

두루 보는 분이시여!
따라가지 않고 그곳에서 오랜 세월 머물러
그곳에서 열반에 든 해탈자
그와 같은사람의 분별의식[識]이 있나요?[777]

Sn. 1074.

세존께서 말씀하시기를, 우빠시와여!
바람이 불어 불꽃이 꺼지면
대상이 사라져서 명칭을 붙일 수 없듯이[778]
이와 같이 개념체계[nāmakāyā]에서 해탈한 성자는
대상이 사라져서 명칭을 붙일 수 없다.

Sn. 1075.

열반으로 돌아간 그는 존재하지 않나요?
그렇지 않으면 건강하게 영원히 존재하나요?
성자님! 부디 저에게 알려 주세요.
이 법을 당신은 바르게 아시지요?

Sn. 1076.

세존께서 말씀하시기를, 우빠시와여!
열반으로 돌아간자에게는설명할 말이 없다.
그것으로 그를 언급할 수 있는 말이 없다.
일체의 법이 제거되면 모든 말길[vādapathā, 言路]도 제거된다.

8. 난다마나와뿟차 (Nandamāṇavapucchā) | 바라문 청년 난다의 질문

Sn. 1077.

난다 존자가 말하기를,
사람들은 '세간에 성자들이 있다'라고 말하는데
무엇을 가지고 이렇게 말하나요?
지식을 갖춘 자를 성자라고 말하나요?
그렇지 않으면 삶에 의해서 태어났나요?[779]

Sn. 1078.

난다여! 훌륭한 사람들은 견해나 베다의 지식이나
아는 것을 가지고 성자라고 말하지 않는다.
적을 만들지 않고 고요하게 욕망 없이
유행하는 사람을 나는 '성자'라고 부른다.

Sn. 1079.

사문이나 바라문들은 누구나
보고 들은 것으로 진실을 말하고
계행과 의례(儀禮)로 진실을 말합니다.
그들은 갖가지로 진실을 말하는데
세존이시여! 그들은 과연 그렇게 수행하여
태어나고 늙어 죽음 극복했나요?

---

777 해탈한 사람을 분별의 대상으로 삼을 수 있는가를 묻고 있다.

778 불꽃이 꺼지면 불꽃이라는 명칭이 지시하는 대상이 사라져서 더 이상 불꽃이라는 명칭을 붙일 수 없다는 의미.

779 성자는 많은 지식을 가진 사람을 지칭하는 것인지, 전생에 훌륭한 삶을 산 결과 이 세상에 성자로 태어나는 것인지를 묻고 있다.

세존이시여! 알고 싶어요.
저에게 그것을 알려 주세요.

Sn. 1080.

세존께서 말씀하시기를, 난다여!
사문이나 바라문들은 누구나
보고 들은 것으로 진실을 말하고
계행과 의례로 진실을 말한다.
그들은 갖가지로 진실을 말하지만
그렇게 수행한 그들은 누구도
태어나고 늙음을 극복하지 못했다고 나는 말한다.

Sn. 1081.

난다 존자가 말하기를,
사문이나 바라문들은 누구나
보고 들은 것으로 진실을 말하고
계행과 의례로 진실을 말합니다.
그들은 갖가지로 진실을 말하는데
성자님! 그들이 거센 강을 건너지 못했다고 말하신다면
이제 천신과 인간의 세상에서
태어나고 늙어 죽음 극복한 자 누구인가요?
세존이시여! 알고 싶어요.
저에게 그것을 알려 주세요.

Sn. 1082.

세존께서 말씀하시기를, 난다여!
나는 모든 사문과 바라문들이 태어남과 늙음에
뒤덮여 있다고 말하지 않는다.
보고 들은 것을 모두 버리고
계행과 의례를 모두 버리고
이런저런 것들을 모두 버리고
갈애를 이해하여 번뇌[漏] 없는 사람들
'그들은 거센 강을 건넜다'라고 나는 말한다.

Sn. 1083.

대선인(大仙人)의 이 말씀, 저는 너무 기쁩니다.
고따마님! 집착에서 벗어남을 잘 설명했습니다.
보고 들은 것을 모두 버리고
계행과 의례를 모두 버리고
이런저런 것들을 모두 버리고
갈애를 이해하여 번뇌 없는 사람들
'그들은 거센 강을 건넜다'라고 저도 말하겠습니다.

9. 헤마까마나와뿟차
(Hemakamāṇavapucchā)
| 바라문 청년 헤마까의 질문

Sn. 1084.

헤마까 존자가 말하기를,
고따마의 가르침을 듣기 전에
이전에 제가 들었던 대답은
'이랬다고 하더라. 이렇게 된다더라.'
모두가 이렇게 전해 들은 말이었고
그 말은 모두가 의혹만 키웠습니다.

Sn. 1085.

저는 거기에서 즐겁지 않았습니다.
성자님! 저에게 갈애 없애는 법을 알려 주세요.
그것을 알고 전념하여 실천하여
세간에 대한 욕망을 극복하겠습니다.

Sn. 1086.

헤마까여! 보고 듣고 생각하고 분별한
사랑스러운 형색에 대한
욕망과 탐욕을 없애면
그것이 영원한 열반이다.

Sn. 1087.

이것을 아는 참사람들은
지금 여기에서 열반에 든다.
세간에 대한 욕망을 극복한
그들은 언제나 평화롭다.

10. 또데야마나와뿟차 (Todeyyamāṇavapucchā) | 바라문 청년 또데야의 질문

Sn. 1088.

또데야 존자가 말하기를,
그에게는 쾌락이 머물지 않고
그에게는 갈애가 없고
그는 의혹을 극복했습니다.
그는 무엇에서 해탈해야 하나요?

Sn. 1089.

세존께서 말씀하시기를, 또데야여!
그에게는 쾌락이 머물지 않고
그에게는 갈애가 없고
그가 의혹을 극복했다면
그는 더 이상 해탈할 것이 없다.

Sn. 1090.

그는 갈망하지 않나요? 아니면 갈망하나요?
그는 지혜로운가요? 아니면 지혜를 얻었나요?
삭까여! 저는 성자를 알아보고 싶어요.
두루 보는[普眼] 분이시여! 저에게 알려 주세요.

Sn. 1091.

그는 갈망하지 않는다. 갈망할 수가 없다.
그는 지혜로운 것이지 지혜를 얻은 것이 아니다.
또데야여! 이와 같이 성자를 알아보라!
그는 소유하지 않고, 욕망의 존재[kāma-bhava, 欲有]를 집착하지 않는다.

11. 깝빠마나와뿟차 (Kappamāṇavapucchā) | 바라문 청년 깝빠의 질문

Sn. 1092.

깝빠 존자가 말하기를,
두려운 거센 폭류가 일어났을 때
그 물 가운데 서 있는 사람들이
늙고 죽음에서 벗어날 수 있는 섬을
스승님! 저에게 알려 주세요.
다음에는 이런 일을 겪지 않을
그 섬을 저에게 알려 주세요.

Sn. 1093.

세존께서 말씀하시기를, 깝빠여!
두려운 거센 폭류가 일어났을 때
그 물 가운데 서 있는 사람들이
늙고 죽음에서 벗어날 수 있는 섬을
깝빠여! 그대에게 알려 주리라.

Sn. 1094.

소유하지 않고 집착하지 않는 것

이것이 다음에는 겪지 않는 섬이다.

나는 그것을 늙음과 죽음이

소멸한 '열반'이라고 부른다.

Sn. 1095.

이것을 아는 참사람들은

지금 여기에서 열반에 든다.

그들은 마라에게 지배되지 않는다.

그들은 마라의 노예가 아니다.

12. 자뚜깐니마나와뿟차 (Jatukaṇṇimāṇavapucchā) | 바라문 청년 자뚜깐니의 질문

Sn. 1096.

자뚜깐니 존자가 말하기를,

저는 쾌락에 대한 욕망이 없는 영웅에 대한 말을 듣고

거센 강을 건넌 욕망 없는 분께 묻고자 왔습니다.

모든 것을 아는 분이시여! 평온의 경지를 알려 주세요!

세존이시여! 그것을 저에게 여실하게 알려 주세요!

Sn. 1097.

쾌락을 정복하고 떠도시는 세존이여!

빛나는 태양이 빛으로 땅을 비추듯이

지혜 크신 분이시여! 지혜 적은 저에게

제가 그것을 알면 태어남과 죽음에서

벗어날 수 있는 법을 알려 주세요!

Sn. 1098.

세존께서 말씀하시기를, 자뚜깐니여!

쾌락에 대한 탐욕을 제어하여

욕망을 떠난 것이 안온임을 보고

어떤 것도 취하거나 버리지 말라!

Sn. 1099.

과거에 있던 것은 말려버리고

미래에는 아무것도 없게 하라!

그 중간에 어떤 것도 붙잡지 않으면

그대는 평화롭게 유행할 것이다.

Sn. 1100.

바라문이여! 이름과 형색[名色]에 대한

탐욕을 완전히 내려놓으면

죽음의 지배를 받게 만드는

번뇌[漏]들이 존재하지 않는다.

13. 바드라우다마나와뿟차 (Bhadrāvudhamāṇavapucchā) | 바라문 청년 바드라우다의 질문

Sn. 1101.

바드라우다 존자가 말하기를,

집착을 버리고 갈애를 끊고 동요하지 않고

환락을 버리고 거센 강을 건너고

해탈하여 윤회에서 벗어난 현자께 간청합니다.

사람들은 용상(龍象)의 말씀을 듣고 이곳에서 물러날 것입니다.

Sn. 1102.

영웅이시여! 당신의 말씀을 듣기 원하는

다양한 사람들이 여러 나라에서 모였습니다.
그들이 이 법을 알 수 있도록
부디 그들에게 설명해 주소서!

Sn. 1103.
세존께서 말씀하시기를, 바드라우다여!
위나 아래나 사방이나 중간이나 그곳에 있는
일체의 갈애에 대한 집착을 제어하라!
세간에서 사람들이 집착하는 것은 무엇이든
마라는 그것을 가지고 사람에게 접근한다.

Sn. 1104.
그러므로 비구는 이것을 알고 주의집중하여
죽음의 왕국에 얽매인 이 인간들을
'집착한 중생들'이라고 보고
일체의 세간에서 어떤 것도 집착하지 않아야
한다.

14. 우다야마나와뿟차 (Udayamāṇavapucchā) | 바라문 청년 우다야의 질문

Sn. 1105.
우다야 존자가 말하기를,
일을 마치고 번뇌 없이 앉아서 선정에 든
일체의 법을 뛰어넘은 청정한 분께
질문이 있어서 왔습니다.
무명을 깬 구경지해탈(究境智解脫, aññā-vimokha)을 알려 주세요.

Sn. 1106.
세존께서 말씀하시기를, 우다야여!
쾌락에 대한 욕망과 근심
이 둘을 버리고
나태하지 않고
후회할 일 하지 않고

Sn. 1107.
청정한 평정심으로 주의집중하고
여법한 사유를 앞세우는 것을
무명을 깬 구경지해탈이라
나는 말한다.

Sn. 1108.
세간은 무엇이 속박하나요?
무엇이 그것을 찾아다니나요?
무엇을 버리면
'열반'이라고 하나요?

Sn. 1109.
세간은 기쁨이 속박한다.
사유(思惟, vitakka)가 그것을 찾아다닌다.
갈애를 버리면
'열반'이라고 한다.

Sn. 1110.
어떻게 주의집중을 수행하면
분별의식[識]이 없어지나요?
우리는 세존께 묻고자 왔습니다.
당신의 말씀을 듣고 싶습니다.

Sn. 1111.
안으로든 밖으로든
느낌을 기뻐하지 않으면
이와 같이 주의집중을 수행하면
분별의식[識]이 없어진다.

15. 뽀살라마나와뿟차
(Posālamāṇavapucchā)
| 바라문 청년 뽀살라의 질문

Sn. 1112.
뽀살라 존자가 말하기를,
동요하지 않고 의혹을 끊고
지난 일을 말씀하시는
일체의 법을 뛰어넘은 분께
질문이 있어서 왔습니다.

Sn. 1113.
형색에 대한 생각이 없는[vibhūtarūpasaññissa] 일체의 몸을 버린[sabbakāyapahāyino]
안에도 밖에도 아무것도 없다고 보는 앎에 대하여
삭까님! 저는 알고 싶어요.
그런 앎은 어떻게 알게 되나요?

Sn. 1114.
세존께서 말씀하시기를, 뽀살라여!
분별의식[識]이 머무는 모든 곳을
여래는 직접 체험하였다.
여래는 머무는 곳의 끝을 알고
열심히 노력하여 도달하는 해탈을 안다.

Sn. 1115.
그는 무소유처(無所有處)의 생성을 알고
'기쁨은 속박이다'라고
이와 같이 체험지(體驗智)로써 그곳에서 관찰한다.
그 앎은 그대로 그 바라문에게 완성된다.

16. 모가라자마나와뿟차
(Mogharājamāṇavapucchā)
| 바라문 청년 모가라자의 질문

Sn. 1116.
모가라자 존자가 말하기를,
저는 삭까님께 두 번을 물었는데
눈을 뜨신 분이시여!
당신은 제게 대답하지 않았습니다.
저는 천신이나 신선은 세 번째에는
대답한다고 들었습니다.

Sn. 1117.
이 세간도 저 세간도 범천의 세간도
천신들과 함께 저도
명성 높은 고따마님의 견해를
정확하게 알지 못하옵니다.

Sn. 1118.
모든 것을 보시는 분께
질문이 있어서 왔습니다.
세간을 어떻게 보는 사람을
죽음의 왕은 보지 못하나요?

Sn. 1119.
모가라자여! 자아가 있다고 추측하지 말고
항상 주의집중하여 세간을 공성(空性)으로 보아라!
이와 같이 하면 죽음을 벗어난 사람이 될 것이다.
세간을 이렇게 보는 사람을 죽음의 왕은 보지 못한다.

17. 삥기야마나와뿟차 (Piṅgiyamāṇavapucchā) | 바라문 청년 삥기야의 질문

Sn. 1120.

삥기야 존자가 말하기를,
저는 기력이 없고 볼품없는 늙은이입니다.
두 눈은 어둡고 귀도 불편합니다.
몽매한 가운데 생을 마치지 않고
태어남과 늙음을 버리는 법을
제가 알 수 있도록 가르쳐 주소서!

Sn. 1121.

세존께서 말씀하시기를, 삥기야여!
보라! 방일한 사람들은
형색[色]들 가운데서 고난을 겪으면서
형색들 가운데서 억압을 받는다.
그러므로 삥기야여! 그대는 방일하지 말고
이후에 존재하지 않도록 형색을 버려야 한다.

Sn. 1122.

사방(四方)과 그 사이의 사방
상방(上方)과 하방(下方) 이들 시방(十方)세계에서
보지 못하고 듣지 못하고 생각하지 못하고
알지 못하는 것이 당신에게는 아무것도 없습니다.
태어남과 늙음을 버리는 법을
제가 알 수 있도록 가르쳐 주소서!

Sn. 1123.

세존께서 말씀하시기를, 삥기야여!
갈애[愛]에 사로잡힌 사람들을 보면
불길에 휩싸여 늙음에 정복된다.
그러므로 삥기야여! 그대는 방일하지 말고
이후에 존재하지 않도록 갈애를 버려야 한다.

18. 빠라야나(Pārāyana) | 피안(彼岸)으로 가는 길

이 말씀은 세존께서 마가다의 빠사나까(Pāsāṇaka) 탑묘에 머무실 때, 16명의 참배(參拜) 바라문들이 물었던 각각의 질문에 답하신 것입니다. 만약에 각각의 질문의 의미를 이해하고 가르침을 이해하여 가르침을 그대로 따르면 늙어 죽음[老死]의 피안(彼岸)으로 갈 수 있습니다. 이들 가르침은 피안에 이르게 하는 것이므로, 이 법문의 이름은 '피안으로 가는 길'입니다.

Sn. 1124.

아지따(Ajita)와 띠싸멧떼야(Tissametteyya)
뿐나까(Puṇṇaka) 그리고 멧따구(Mettagū)
도따까(Dhotaka)와 우빠시와(Upasīva)
난다(Nanda)와 헤마까(Hemaka)

Sn. 1125.

또데야(Todeyya)와 깝빠(Kappā) 두 사람
그리고 박식한 자뚜깐니(Jatukaṇṇī)
바드라우다(Bhadrāvudha)와 우다야(Udaya)
그리고 뽀살라(Posāla) 바라문과
총명한 모가라자(Mogharājā)와
삥기야(Piṅgiya) 대선인(大仙人)

Sn. 1126.

이들은 덕행을 구족한 선인(仙人)이신
붓다를 찾아갔다.

이들은 거룩한 붓다를 찾아가서
훌륭한 질문을 했다.

Sn. 1127.
붓다는 그들이 묻는 물음에
사실대로 대답했다.
성자는 질문에 답함으로써
바라문들을 만족하게 했다.

Sn. 1128.
눈을 뜨신 태양족 붓다의
가르침에 만족한 그들은
최상의 지혜를 갖춘 분 밑에서
청정한 범행을 수행했다.

Sn. 1129.
각각의 물음에 대해 붓다가
가르친 그대로 따른다면
누구나 차안(此岸)에서
피안(彼岸)으로 간다.

Sn. 1130.
차안에서 피안으로 가려면
최상의 길을 수행해야 한다.
그 길은 피안에 이르게 한다.
그래서 '피안으로 가는 길'이다.
- 16명의 바라문은 바와리에게 돌아갔다.[780] -

Sn. 1131.
삥기야 존자가 말하기를,
피안에 이르는 길 찬양하겠습니다.
청정하고 지혜 크신 분은 본 대로 말씀하셨습니다.
욕망 떠나 집착 없는 구세주(救世主)께서
거짓말할 까닭이 무엇이겠습니까?

Sn. 1132.
먼지와 어리석음 털어 버린 분의
교만과 위선을 떨쳐 버린 분의
고귀한 말씀을 지금부터
제가 찬탄하겠습니다.

Sn. 1133.
어둠을 몰아내고 눈을 뜨신 붓다
일체의 존재를 벗어나 세간의 끝에 가신 분
일체의 괴로움을 떨쳐 버린 번뇌 없는 분
이렇게 불러 마땅한 분
바라문이여! 저는 그분을 모시게 됐습니다.

Sn. 1134.
새가 덤불을 버리고 떠나
열매 많은 숲에서 살아가듯이
저도 소견 좁은 사람들을 버리고
백조처럼 큰 바다에 도달했습니다.

Sn. 1135.
고따마의 가르침을 듣기 전에
이전에 제가 들었던 대답은
'이랬다고 하더라. 이렇게 된다더라.'
모두가 이렇게 전해 들은 말이었고
그 말은 모두가 의혹만 키웠습니다.

Sn. 1136.
홀로 어둠을 몰아내고 앉아서

---

780 본문에 없는 내용을 역자가 상황을 이해시키기 위해서 삽입함.

온 세상에 빛을 비추는 거룩하신
고따마는 광대한 지혜와
광대한 지식을 지녔습니다.

Sn. 1137.
그분은 지금 여기에서 볼 수 있는
갈애를 소멸하는 확실한 법을
저에게 가르쳐 주셨습니다.
그분에 비할 사람은 어디에도 없습니다.

Sn. 1138.
뻥기야여! 그대는
광대한 지혜와 광대한 지식을 지닌
고따마로부터 잠시라도
떨어져서 지낼 수 있는가?

Sn. 1139.
그분이 지금 여기에서 볼 수 있는
갈애를 소멸하는 확실한 법을
그대에게 가르쳐 주었단 말인가?
그분에 비할 사람은 어디에도 없단 말인가?

Sn. 1140.
바라문이여! 저는
광대한 지혜와 광대한 지식을 지닌
고따마로부터 잠시라도
떨어져서 지낼 수 없습니다.

Sn. 1141.
그분은 지금 여기에서 볼 수 있는
갈애를 소멸하는 확실한 법을
저에게 가르쳐 주셨습니다.
그분에 비할 사람은 어디에도 없습니다.

Sn. 1142.
바라문이여! 낮이나 밤이나 방심하지 않고
저는 마음의 눈으로 그분을 보고 있습니다.
저는 그분을 예경하면서 밤을 보냅니다.
그래서 결코 떨어져서 지낸다고 생각하지 않습니다.

Sn. 1143.
믿음과 기쁨 그리고 주의집중한 마음은
고따마의 가르침에서 떠나지 않습니다.
지혜 크신 분이 어느 방향으로 가시든
저는 그 방향으로 향하고 있습니다.

Sn. 1144.
저는 늙어서 기력이 없습니다.
그래서 몸은 가지 못하지만
생각은 항상 그곳으로 갑니다.
바라문이여! 제 마음은 그분과 함께합니다.

Sn. 1145.
진흙탕에 누워서 허우적거리며
이 섬 저 섬을 떠돌다가
거센 강을 건넌 번뇌 없는 분
바르게 깨친 분을 보았습니다.

Sn. 1146.
왁깔리와 바드라우다
그리고 알라위-고따마(Āḷavi-Gotama)가
믿음으로 해탈했듯이
그대도 믿음으로 해탈할지어다.
뻥기야여! 그대는 죽음의 왕국의 피안에 갈 것이다.

Sn. 1147.

성자님의 말씀을 듣고
저는 더욱 굳게 믿게 되었습니다.
당신은 장막을 걷고 황무지를 없앤
지혜로운 등정각(等正覺)입니다.

Sn. 1148.

천신을 뛰어넘어 높고 낮은
모든 것을 체험하여 아시는 스승님은
의심하는 바를 알고
질문을 해결하셨습니다.

Sn. 1149.

정복되지 않고 동요하지 않는 경지에
그 어떤 것도 비교할 수 없는 경지에
도달할 것을 저는 의심하지 않습니다.
이와 같이 확신에 찬 제 마음을 아소서!

담마빠다

Dhammapada

1. 야마까-왁가(Yamaka-vagga)
쌍요품(雙要品)

Dh. 001.

마음이 모든 일의 근본이다.
마음이 주가 되어 마음이 만든다.
사악한 마음으로 말하거나 행동하면
그로 인해 괴로움이 그를 따른다.
발걸음을 따르는 수레의 바퀴처럼.

manopubbaṅgamā dhammā, manoseṭṭhā manomayā |
manasā ce paduṭṭhena, bhāsati vā karoti vā |
tato naṁ dukkhamanveti, cakkaṁva vahato padaṁ ||

Dh. 002.

마음이 모든 일의 근본이다.
마음이 주가 되어 마음이 만든다.
청정한 마음으로 말하거나 행동하면
그로 인해 즐거움이 그를 따른다.
형체를 따르는 그림자처럼.

manopubbaṅgamā dhammā, manoseṭṭhā manomayā |
manasā ce pasannena, bhāsati vā karoti vā |
tato naṁ sukhamanveti, chāyāva anapāyinī ||

Dh. 003.

그는 나를 모욕했다. 그는 나를 때렸다.
그는 나를 이겼다. 내 것을 빼앗았다.
그것에 원한을 품고 있으면
그들에게 원망은 가라앉지 않는다.

akkocchi maṁ avadhi maṁ, ajini maṁ ahāsi me |
ye ca taṁ upanayhanti, veraṁ tesaṁ na sammati ||

Dh. 004.

그는 나를 모욕했다. 그는 나를 때렸다.
그는 나를 이겼다. 내 것을 빼앗았다.
그것에 원한을 품지 않아야
그들에게 원망이 가라앉는다.

akkocchi maṁ avadhi maṁ, ajini maṁ ahāsi me |
ye ca taṁ nupanayhanti, veraṁ tesūpasammati ||

Dh. 005.

원망은 원망에 의해서
결코 가라앉지 않는다.
원망은 버려야 가라앉는다.
이것이 만고(萬古)의 진리다.

na hi verena verāni, sammantīdha kudācanaṁ |
averena ca sammanti, esa dhammo sanantano ||

Dh. 006.

다른 사람들은 알지 못한다.
우리는 지금 죽어 간다는 것을.
그런데 그것을 아는 사람은
모든 다툼을 그치게 된다.

pare ca na vijānanti, mayamettha yamāmase |
ye ca tattha vijānanti, tato sammanti medhagā ||

Dh. 007

부귀영화(富貴榮華)를 바라고 살면서
지각활동을 지켜보지 않고
음식의 적절한 양 알지 못하고
게을러서 정진하지 않으면
마라(Māra)가 그를 정복한다.
바람이 약한 나무 쓰러뜨리듯.

subhānupassiṁ viharantaṁ, indriyesu asaṁvutaṁ |
bhojanamhi cāmattaññuṁ, kusītaṁ hīnavīriyaṁ |
taṁ ve pasahati māro, vāto rukkhaṁva dubbalaṁ ||

Dh. 008.

부귀영화 바라지 않고 살면서
지각활동을 잘 지켜보고
음식의 적절한 양을 알고
신념을 가지고 열심히 정진하면
마라는 그를 정복하지 못한다.
바람이 산과 바위 어찌하지 못하듯.

asubhānupassiṁ viharantaṁ, indriyesu susaṁvutaṁ |
bhojanamhi ca mattaññuṁ, saddhaṁ āraddhavīriyaṁ |
taṁ ve nappasahati māso, vāto selaṁva pabbataṁ ||

Dh. 009.

오염에 뒤덮인 더러운 사람이
설령 가사를 입었다고 할지라도
진실하지 않고 자제하지 않는다면
그는 가사 입을 자격이 없다.

anikkasāvo kāsāvaṁ, yo vatthaṁ paridahissati |
apeto damasaccena, na so kāsāvamarahati ||

Dh. 010.

온갖 더러움을 토해 버린 사람이
계율을 지키면서 마음 모으고
진실하고 잘 자제하면
그는 가사 입을 자격이 있다.

yo ca vantakasāvassa, sīlesu susamāhito |
upeto damasaccena, sa ve kāsāvamarahati ||

Dh. 011.

거짓을 진실이라고 여기는 사람들
진실을 거짓이라고 여기는 사람들
그릇된 생각의 영역에 있기에
그들은 진실에 도달하지 못한다.

asāre sāramatino, sāre cāsāradassino |
te sāraṁ nādhigacchanti, micchāsaṅkappagocarā ||

Dh. 012.

진실을 진실이라고 아는 사람들
거짓을 거짓이라고 아는 사람들
올바른 생각의 영역에 있기에
그들은 진실에 도달하게 된다.

sārañca sārato ñatvā, asārañca asārato |
te sāraṁ adhigacchanti, sammāsaṅkappagocarā ||

Dh. 013.

지붕 잘못 덮인 집에

빗물 쉽게 새어 들듯

수련되지 않은 마음

탐욕 쉽게 새어 든다.

yathā agāraṁ ducchannaṁ, vuṭṭhī
samativijjhati |
evaṁ abhāvitaṁ cittaṁ, rāgo samativijjhati ||

Dh. 014.

지붕 잘 덮인 집에

빗물 새어 들지 않듯

수련이 잘된 마음

탐욕 새어 들지 못한다.

yathā agāraṁ suchannaṁ, vuṭṭhī na
samativijjhati |
evaṁ subhāvitaṁ cittaṁ, rāgo na
samativijjhati ||

Dh. 015.

이 세상도 걱정이고 저세상도 걱정이다.

죄를 지은 사람은 두 세상 다 걱정이다.

자신이 지은 더러운 업을 보며

그는 걱정하고 괴로워한다.

idha socati pecca socati, pāpakārī ubhayattha
socati |
so socati so vihaññati, disvā
kammakiliṭṭhamattano ||

Dh. 016.

이 세상도 기쁨이고 저세상도 기쁨이다.

복을 지은 사람은 두 세상 다 기쁨이다.

자신이 지은 청정한 업을 보며

그는 기뻐하고 행복해한다.

idha modati pecca modati, katapuñño
ubhayattha modati |
so modati so pamodati, disvā
kammavisuddhimattano ||

Dh. 017.

이 세상도 괴롭고 저세상도 괴롭다.

죄를 지은 사람은 두 세상 다 괴롭다.

자신이 죄를 지었으니 괴롭고

험한 세상[惡趣] 가게 되니 더욱 괴롭다.

idha tappati pecca tappati, pāpakārī
ubhayattha tappati |
"pāpaṁ me katan"ti tappati, bhiyyo tappati
duggatiṁ gato ||

Dh. 018.

이 세상도 행복하고 저세상도 행복하다.

복을 지은 사람은 두 세상 다 행복하다.

자신이 복을 지었으니 행복하고

좋은 세상[善趣] 가게 되니 더욱 행복하다.

idha nandati pecca nandati,
katapuñño ubhayattha nandati |
"puññaṁ me katan"ti nandati,
bhiyyo nandati suggatiṁ gato ||

Dh. 019.

많은 경(經)을 읽고도
게을러서 실천하지 않으면
남의 소를 세는 목동처럼
수행자가 얻게 될 이득은 없다.

bahumpi ce saṁhitaṁ bhāsamāno,
na takkaro hoti naro pamatto |
gopova gāvo gaṇayaṁ paresaṁ,
na bhāgavā sāmaññassa hoti ||

Dh. 020.

적은 경을 읽고도 여법하게
가르침을 실천하는 사람은
탐욕과 분노와 어리석음 버리고
바르게 통찰하고 마음이 잘 해탈하여
이 세상도 저세상도 집착하지 않으리니
그것이 수행자가 얻게 되는 이득이다.

appampi ce saṁhitaṁ bhāsamāno,
dhammassa hoti anudhammacārī |
rāgañca dosañca pahāya mohaṁ,
sammappajāno suvimuttacitto |
anupādiyāno idha vā huraṁ vā,
sa bhāgavā sāmaññassa hoti ||

2. 압빠마나-왁가(Appamaṇa-vagga)
방일품(放逸品)

Dh. 021.

방일하지 않아야 죽음이 없다.
방일은 죽음으로 가는 길이다.
방일하지 않는 사람 죽지 않는다.
방일하는 자는 죽은 자와 다름없다.

appamādo amatapadaṁ, pamādo maccuno padaṁ |
appamattā na mīyanti, ye pamattā yathā matā ||

Dh. 022.

이와 같음을 분명하게 알고
현자들은 방일하지 않는다.
기꺼이 방일하지 않으면서
성인의 경지에서 즐긴다.

evaṁ visesato ñatvā, appamādamhi paṇḍitā |
appamāde pamodanti, ariyānaṁ gocare ratā ||

Dh. 023.

열심히 선정을 닦으면서
항상 용맹정진하는
현자들은 더없이 행복하고
안온한 열반에 도달한다.

te jhāyino sātatikā, niccaṁ daḷhaparakkamā |
phusanti dhīrā nibbānaṁ, yogakkhemaṁ anuttaraṁ ||

Dh. 024.

열심히 주의집중하고
청정한 행동을 사려 깊게 행하고
자제하면서 여법하게 살아가는
방일하지 않는사람 명성(名聲) 날로 커 간다.

uṭṭhānavato satīmato, sucikammassa nisammakārino |
saññatassa dhammajīvino, appamattassa yasobhivaḍḍhati ||

Dh. 025.

열심히 방일하지 않고
자제하고 제어하는 것으로
섬을 삼는 현자는
거센 강물이 휩쓸지 못한다.

uṭṭhānenappamādena saṁyamena damena ca |
dīpaṁ kayirātha medhāvī, yaṁ ogho nābhikīrati ||

Dh. 026.

무지하고 어리석은 사람들은
방일하며 헛되이 살아간다.
현명한 사람들은 방일하지 않음을
가장 소중한 보물처럼 지킨다.

pamādamanuyuñjanti, bālā dummedhino janā |
appamādañca medhāvī, dhanaṁ seṭṭhaṁva rakkhati ||

Dh. 027.

방일하며 헛되이 살지 말라!
쾌락을 가까이 탐닉하지 말라!
방일하지 않고 선정을 닦으면
누구나 커다란 행복을 얻는다.

mā pamādamanuyuñjetha, mā kāmaratisanthavaṁ |
appamatto hi jhāyanto, pappoti vipulaṁ sukhaṁ ||

Dh. 028.

현자는 방일하지 않음으로
방일을 몰아내고
근심에서 벗어나 지혜의 궁전에서
근심에 휩싸인 인간들을 내려다본다.
산 위에 선 현자가 땅에 서 있는
어리석은 자들을 바라보듯이.

pamādaṁ appamādena, yadā nudati paṇḍito |
paññāpāsādamāruyha, asoko sokiniṁ pajaṁ |
pabbataṭṭhova bhūmaṭṭhe, dhīro bāle avekkhati ||

Dh. 029.

방일한 자들 속에서 방일하지 않고
잠든 자들 속에서 깨어 있는 현자는
허약한 말을 내버려두고
달려 나가는 준마(駿馬)와 같다.

appamatto pamattesu, suttesu bahujāgaro |
abalassaṁva sīghasso, hitvā yāti sumedhaso ||

Dh. 030.

마가와(Maghavā)[781]는 방일하지 않았기에
가장 높은 천신(天神)이 되었다.
방일하면 언제나 비난받지만
방일하지 않으면 칭찬받는다.

appamādena maghavā, devānaṁ seṭṭhataṁ gato |
appamādaṁ pasaṁsanti, pamādo garahito sadā ||

Dh. 031.

방일을 두려운 것으로 보고
전념하여 방일하지 않는 수행자는
불길이 모든 것을 태워 버리듯
크고 작은 결박을 태워 버린다.

appamādarato bhikkhu, pamāde bhayadassi vā |
saṁyojanaṁ aṇuṁ thūlaṁ, ḍahaṁ aggīva gacchati ||

Dh. 032.

방일을 두려운 것으로 보고
전념하여 방일하지 않는 수행자는
실로 열반을 눈앞에 두고
허송세월할 수가 없다.

appamādarato bhikkhu, pamāde bhayadassi vā |
abhabbo parihānāya, nibbānasseva santike ||

---

781 제석천(帝釋天)의 다른 이름.

3. 찟따-왁가(Citta-vagga)
심의품(心意品)

Dh. 033.

불안하고 흔들리는 마음은
안정시키고 억누르기 어렵다.
지혜로운 사람만이 바로잡을 수 있다.
활 만드는 사람 화살을 바로잡듯.

phandanaṁ capalaṁ cittaṁ, dūrakkhaṁ dunnivārayaṁ |
ujuṁ karoti medhāvī, usukārova tejanaṁ ||

Dh. 034.

물 밖으로 내던져져
맨땅에 떨어진 물고기처럼
마라의 영역에서 벗어나기 위해
이 마음은 몸부림친다.

vārijova thale khitto, okamokata ubbhato |
pariphandatidaṁ cittaṁ, māradheyyaṁ pahātave ||

Dh. 035.

좋아하는 곳이면 가서 머물고
가벼워서 억누르기 어려운
마음을 길들이는 것이 훌륭하다.
길들인 마음은 행복을 가져온다.

dunniggahassa lahuno, yatthakāmanipātino |
cittassa damatho sādhu, cittaṁ dantaṁ sukhāvahaṁ ||

Dh. 036.

좋아하는 곳이면 가서 머물고
미묘하여 보기 어려운
마음을 지켜보는 것이 현명하다.
잘 지킨 마음은 행복을 가져온다.

sududdasaṁ sunipuṇaṁ, yatthakāmanipātinaṁ |
cittaṁ rakkhetha medhāvī, cittaṁ guttaṁ sukhāvahaṁ ||

Dh. 037.

아무리 먼 곳도 혼자서 가고
몸도 없이 가슴에 숨어 있는
마음을 제어하는 사람들은
마라의 결박에서 벗어난다.

dūraṅgamaṁ ekacaraṁ, asarīraṁ guhāsayaṁ |
ye cittaṁ saṁyamessanti, mokkhanti mārabandhanā ||

Dh. 038.

마음이 불안하고
바른 가르침을 모르고
믿음이 흔들리면
지혜는 완성되지 않는다.

anavaṭṭhitacittassa, saddhammaṁ avijānato |
pariplavapasādassa, paññā na paripūrati ||

Dh. 039.

마음에 번뇌가 없고

어떤 일에도 당황하지 않고

복(福)과 죄(罪)를 모두 버린

깨어 있는 사람에게 두려움은 없다.

anavassutacittassa, ananvāhatacetaso |
puññapāpapahīnassa, natthi jāgarato bhayaṁ ||

Dh. 040.

이 몸은 옹기그릇 같음을 알고

마음을 성채처럼 굳게 세워서

반야(般若)의 칼을 들고 마라와 싸워

승리하고 집착 없이 지켜야 한다.

kumbhūpamaṁ kāyamimaṁ viditvā,
nagarūpamaṁ cittamidaṁ ṭhapetvā |
yodhetha māraṁ paññāvudhena,
jitañca rakkhe anivesano siyā ||

Dh. 041.

이 몸은 실로 머지않아

의식이 사라진 채 버려져

쓸모없는 나무토막처럼

땅 위에 눕게 되리라.

aciraṁ vatayaṁ kāyo, pathaviṁ adhisessati |
chuddho apetaviññāṇo, niratthaṁva kaliṅgaraṁ ||

Dh. 042.

적이 적에게 하는 짓보다

원수가 원수에게 하는 짓보다

삿된 길을 향한 내 마음이

나에게 더 큰 해악을 준다.

diso disaṁ yaṁ taṁ kayirā, verī vā pana verinaṁ |
micchāpaṇihitaṁ cittaṁ, pāpiyo naṁ tato kare ||

Dh. 043.

부모가 할 수 있는 일이 아니다.

친지나 친구들도 마찬가지다.

바른길을 향한 내 마음이

나에게 더 큰 행복을 준다.

na taṁ mātā pitā kayirā, aññe vāpi ca ñātakā |
sammāpaṇihitaṁ cittaṁ, seyyaso naṁ tato kare ||

4. 뿝파-왁가(Puppha-vagga)
화향품(華香品)

Dh. 044.

누가 이 땅과 야마(Yama)[782]를 정복하고
천신을 포함한 세간을 정복할 수 있을까?
꽃 장수가 좋은 꽃을 꺾어서 보여 주듯
누가 법구(法句)를 잘 보여 줄 수 있을까?

ko imaṁ pathaviṁ vijessati,
yamalokañca imaṁ sadevakaṁ |
ko dhammapadaṁ sudesitaṁ,
kusalo pupphamiva pacessati ||

Dh. 045.

공부하는 사람이 이 땅과 야마를 정복하고
천신을 포함한 세간을 정복할 수 있다.
꽃 장수가 좋은 꽃을 꺾어서 보여 주듯
공부하는 사람이 법구를 잘 보여 줄 수 있다.

sekho pathaviṁ vicessati,
yamalokañca imaṁ sadevakaṁ |
sekho dhammapadaṁ sudesitaṁ,
kusalo pupphamiva pacessati ||

Dh. 046.

몸의 형색[色]은 물거품 같음을 알고
신기루라는 것을 깨달은 사람은
마라의 화살 앞에 달린 꽃을 꺾고[783]
죽음의 왕이 볼 수 없는 곳에 간다.

pheṇūpamaṁ kāyamimaṁ viditvā,
marīcidhammaṁ abhisambudhāno |
chetvāna mārassa papupphakāni,
adassanaṁ maccurājassa gacche ||

Dh. 047.

꽃을 따는 데
마음이 사로잡힌 사람은
잠든 마을 홍수가 쓸어 가듯
죽음이 그를 붙잡아 간다.

pupphāni heva pacinantaṁ, byāsattamanasaṁ
naraṁ |
suttaṁ gāmaṁ mahoghova, maccu ādāya
gacchati ||

Dh. 048.

꽃을 따는 데
마음이 사로잡힌 사람은
쾌락에 만족하기도 전에
죽음이 들이닥친다.

pupphāni heva pacinantaṁ, byāsattamanasaṁ
naraṁ |
atittaññeva kāmesu, antako kurute vasaṁ ||

---

782 사후(死後)의 세계를 의미함.

783 죽음의 신 마라가 사람을 죽일 때 쏘는 화살 끝에는 꽃이 달려 있다고 한다.

Dh. 049.

빛깔과 향기는 내버려두고
꽃에서 꿀만 따서 날아가는
꿀벌처럼 성자는 마을에서
이와 같이 유행(遊行)해야 한다.

yathāpi bhamaro pupphaṁ,
vaṇṇagandhamaheṭhayaṁ |
paleti rasamādāya, evaṁ gāme munī care ||

Dh. 050.

다른 사람 잘못을 보지 말고
다른 사람 하는 일을 보지 말고
자신이 할 일을 했는지 안 했는지
항상 그것을 보아야 한다.

na paresaṁ vilomāni, na paresaṁ katākataṁ |
attanova avekkheyya, katāni akatāni ca ||

Dh. 051.

모습은 예쁘지만
향기 없는 꽃처럼
잘 설해진 부처님 말씀도
실천하지 않으면 결실이 없다.

yathāpi ruciraṁ pupphaṁ, vaṇṇavantaṁ
agandhakaṁ |
evaṁ subhāsitā vācā, aphalā hoti akubbato ||

Dh. 052.

모습도 아름답고
향기도 좋은 꽃처럼
잘 설해진 부처님 말씀도
실천해야만 결실이 있다.

yathāpi ruciraṁ pupphaṁ, vaṇṇavantaṁ
sugandhakaṁ |
evaṁ subhāsitā vācā, saphalā hoti kubbato ||

Dh. 053.

많은 꽃을 모아서
많은 화만(花鬘) 만들듯이
태어나서 죽을 때까지
착한 일 많이 해야 한다.

yathāpi puppharāsimhā, kayirā mālāguṇe
bahū |
evaṁ jātena maccena, kattabbaṁ kusalaṁ
bahuṁ ||

Dh. 054.

전단향(栴檀香)도 따가라(Tagara)도 말리까
(Mallikā)도
꽃향기는 바람을 거스르지 못하지만
참사람의 향기는 바람을 거슬러
사방으로 온 세상에 퍼져 나간다.

na pupphagandho paṭivātameti,
na candanaṁ tagaramallikā |
satañca gandho paṭivātameti,
sabbā disā sappuriso pavāyati ||

Dh. 055.

전단향도 있고 따가라도 있고
연꽃도 있고 와씨끼(Vassikī)도 있지만
이들 향기 나는 것들 가운데
계향(戒香)[784] 보다 더 좋은 것은 없다.

candanaṁ tagaraṁ vāpi, uppalaṁ atha vassikī |
etesaṁ gandhajātānaṁ, sīlagandho anuttaro ||

Dh. 056.

따가라나 전단향은
그 향기가 보잘것없다.
계행(戒行)이 훌륭한 분의 향기는
가장 높은 천상까지 퍼져 간다.

appamatto ayaṁ gandho, yāyaṁ tagaracandanī |
yo ca sīlavataṁ gandho, vāti devesu uttamo ||

Dh. 057.

계행을 빠짐없이 갖추고
방일하지 않고 살아가는
바른 지혜로 해탈한 사람
그가 가는 길은 마라도 모른다.

tesaṁ sampannasīlānaṁ, appamādavihārinaṁ |
sammadaññāvimuttānaṁ, māro maggaṁ na vindati ||

Dh. 058.

큰길가에 버려진
쓰레기통 속에서
연꽃이 피어나면
맑고 좋은 향기 나듯

yathā saṅkāraṭhānasmiṁ, ujjhitasmiṁ mahāpathe |
padumaṁ tattha jāyetha, sucigandhaṁ manoramaṁ ||

Dh. 059.

쓰레기 같은 중생들 속에서
어리석은 범부들 속에서
바르게 깨친 분의 제자는
지혜의 광명을 두루 비춘다.

evaṁ saṅkārabhūtesu, andhabhūte puthujjane |
atirocati paññāya, sammāsambuddhasāvako ||

---

784 계율을 지키는 사람의 향기.

5. 발라-왁가(Bāla-vagga)
우암품(愚闇品)

Dh. 060.

잠 못 드는 밤은 길기만 하다.
지친 몸은 십리(十里)도 멀기만 하다.[785]
정법(正法)을 모르는 어리석은 자
끝없이 도는 삶은 길고도 멀다.

dīghā jāgarato ratti, dīghaṁ santassa yojanaṁ |
dīgho bālānaṁ saṁsāro, saddhammaṁ avijānataṁ ||

Dh. 061.

자신보다 낫거나 동등한 친구
수행하는 길에서 얻지 못하면
주저하지 말고 혼자서 가라!
어리석은 자와는 사귀지 말라!

carañce nādhigaccheyya, seyyaṁ sadisamattano |
ekacariyaṁ daḷhaṁ kayirā, natthi bāle sahāyatā ||

Dh. 062.

자식은 내 것이고 재산은 내 것이다.
이런 생각으로 골치 앓는 어리석은 자여!
나 자신도 나의 것이 아니거늘
하물며 자식이랴! 하물며 재산이랴!

puttā matthi dhanammatthi, iti bālo vihaññati |
attā hi attano natthi, kuto puttā kuto dhanaṁ ||

Dh. 063.

어리석은 자가 어리석은 줄 안다면
그는 그것으로 현자와 다름없다.
어리석은 자가 현명함을 자랑하면
그를 참으로 어리석은 자라고 한다.

yo bālo maññati bālyaṁ, paṇḍito vāpi tena so |
bālo ca paṇḍitamānī, sa ve bāloti vuccati ||

Dh. 064.

어리석은 자는 평생 동안
현자를 모시고 살아도
가르침을 알아듣지 못한다.
국자가 국물 맛을 알지 못하듯.

yāvajīvampi ce bālo, paṇḍitaṁ payirupāsati |
na so dhammaṁ vijānāti, dabbī sūparasaṁ yathā ||

Dh. 065.

현명한 사람은 잠시 동안
현자를 모시고 살아도
금방 가르침을 알아듣는다.
혀가 국물 맛을 알아보듯.

muhuttamapi ce viññū, paṇḍitaṁ payirupāsati |
khippaṁ dhammaṁ vijānāti, jivhā sūparasaṁ yathā ||

---

785 원뜻은 '지친 자의 유순은 길다'이다. '유순(由旬, yojana)'은 인도의 거리 단위로서 16km 정도의 거리다.

Dh. 066.

지혜 없는 어리석은 자들은

자신에게 원수처럼 행동한다.

사악한 행위를 자행하면서

혹독한 과보를 받게 된다.

caranti bālā dummedhā, amitteneva attanā |
karontā pāpakaṁ kammaṁ, yaṁ hoti
kaṭukapphalaṁ ||

Dh. 067.

어떤 일을 한 후에 후회하고

눈물 젖은 얼굴로 통곡하는

그런 과보가 뒤따른다면

그런 일은 하지 않는 것이 좋다.

na taṁ kammaṁ kataṁ sādhu, yaṁ katvā
anutappati |
yassa assumukho rodaṁ, vipākaṁ paṭisevati ||

Dh. 068.

어떤 일을 한 후에 후회하지 않고

기쁘고 흐뭇한 마음이 드는

그런 과보가 뒤따른다면

그런 일은 하는 것이 좋다.

tañca kammaṁ kataṁ sādhu, yaṁ katvā
nānutappati |
yassa patīto sumano, vipākaṁ paṭisevati ||

Dh. 069.

악행의 결과가 나타나기 전에는

어리석은 자는 꿀처럼 여긴다.

그러다가 악행의 결과가 나타나면

그때 비로소 괴로움을 겪는다.

madhuvā maññati bālo, yāva pāpaṁ na
paccati |
yadā ca paccati pāpaṁ, bālo dukkhaṁ
nigacchati ||

Dh. 070.

어리석은 자가 한 달 또 한 달

풀잎 끝으로 음식을 먹어도[786]

법을 통찰하신 분에 비하면

16분의 1에도 미치지 못한다.

māse māse kusaggena, bālo bhuñjeyya
bhojanaṁ |
na so saṅkhātadhammānaṁ, kalaṁ agghati
soḷasiṁ ||

Dh. 071.

새로 짠 우유가 즉시 굳지 않듯이

악행의 결과도 즉시 보이지 않고

재에 덮인 불씨처럼 몰래 따라와

어리석은 자에게 고통을 준다.

na hi pāpaṁ kataṁ kammaṁ, sajju khīraṁva
muccati |
ḍahantaṁ bālamanveti, bhasmacchannova
pāvako ||

---

786 이주 적은 양의 음식을 먹으며 고행한다는 의미.

Dh. 072.

어리석은 자에게

무익한 지식이 생기면

어리석은 자의 행운을 없애고

그를 고뇌에 빠뜨린다.

yāvadeva anatthāya, ñattaṁ bālassa jāyati |
hanti bālassa sukkaṁsaṁ, muddhamassa vipātayaṁ ||

Dh. 073.

헛된 명성을 바라는 자는

비구들 속에서는 존경을 바라고

수행처(修行處)에서는 주도권을 바라고

남의 집에서는 공양(供養)을 바란다.

asantaṁ bhāvanamiccheyya, purekkhārañca bhikkhusu |
āvāsesu ca issariyaṁ, pūjā parakulesu ca ||

Dh. 074.

'재가자(在家者)든 출가자(出家者)든

어떤 일이든 모든 일은

나의 일이라고 생각하고

모두 내 허락을 받아라!'[787]

이렇게 생각하는 어리석은 사람은

욕망과 교만이 커 간다.

mameva kataṁ maññantu, gihīpabbajitā ubho |
mamevātivasā assu, kiccākiccesu kismici |
iti bālassa saṅkappo, icchā māno ca vaḍḍhati ||

Dh. 075.

하나의 길은 환대(歡待)받는 길이요

다른 길은 열반(涅槃)으로 가는 길이다.

이를 이해한 수행자는 붓다의 제자로서

환대를 기뻐하지 않고 멀리해야 한다.

aññā hi lābhūpanisā, aññā nibbānagāminī |
evametaṁ abhiññāya, bhikkhu buddhassa sāvako |
sakkāraṁ nābhinandeyya, vivekamanubrūhaye ||

---

787 교단(教團)을 개인의 사유물로 생각한다는 의미.

6. 빤디따-왁가(Paṇḍita-vagga)
명철품(明哲品)

Dh. 076.

숨은 보물을 알려 주듯이
허물을 드러내어 꾸짖는
현명한 분을 보면 가까이하라!
이런 분을 가까이하면
더 좋아질 뿐 나빠지지 않는다.

nidhīnaṁva pavattāraṁ, yaṁ passe
vajjadassinaṁ |
niggayhavādiṁ medhāviṁ, tādisaṁ paṇḍitaṁ
bhaje |
tādisaṁ bhajamānassa, seyyo hoti na pāpiyo ||

Dh. 077.

사람을 훈계하고 가르쳐서
천박한 짓을 못 하게 하면
착한 사람의 사랑을 받고
못된 사람의 미움을 받는다.

ovadeyyānusāseyya, asabbhā ca nivāraye |
satañhi so piyo hoti, asataṁ hoti appiyo ||

Dh. 078.

사악한 친구를 가까이하지 말고
저열한 사람을 가까이하지 말라!
선량한 친구를 가까이하고
훌륭한 사람을 가까이하라!

na bhaje pāpake mitte, na bhaje purisādhame |
bhajetha mitte kalyāṇe, bhajetha purisuttame ||

Dh. 079.

법열(法悅) 속에서 편히 지내는
현자는 청정한 마음으로
언제나 성인이 가르친
가르침을 즐긴다.

dhammapīti sukhaṁ seti, vippasannena
cetasā |
ariyappavedite dhamme, sadā ramati paṇḍito ||

Dh. 080.

물 대는 사람은 물길을 내고
활 만드는 사람은 화살을 다듬고
목수는 나무를 다듬고
현자는 자신을 길들인다.

udakañhi nayanti nettikā, usukārā namayanti
tejanaṁ |
dāruṁ namayanti tacchakā, attānaṁ
damayanti paṇḍitā ||

Dh. 081.

바람에 움직이지 않는
단단한 바위처럼
비난과 칭찬에
현자는 동요하지 않는다.

selo yathā ekaghano, vātena na samīrati |
evaṁ nindāpasaṁsāsu, na samiñjanti paṇḍitā ||

Dh. 082.

맑고 고요한

깊은 호수처럼

현자는 가르침을 듣고

맑고 고요해진다.

yathāpi rahado gambhīro, vippasanno anāvilo |
evaṁ dhammāni sutvāna, vippasīdanti
paṇḍitā ||

Dh. 083.

참사람은 언제나 놓아 버린다.

쾌락을 바라며 애걸하지 않는다.

즐거움을 당해서나 괴로움을 당해서나

현자들은 한결같은 모습을 보인다.

sabbattha ve sappurisā cajanti,
na kāmakāmā lapayanti santo |
sukhena phuṭṭhā athavā dukhena,
na uccāvacaṁ paṇḍitā dassayanti ||

Dh. 084.

자신을 위해서도 다른 사람 위해서도 원하지 말라!

자식을 원하지 말고 재산과 나라를 원하지 말라!

정당하지 않게 자신의 번영을 바라지 말고

계행이나 지혜가 여법(如法)하도록 하라!

na attahetu na parassa hetu,
na puttamicche na dhanaṁ na raṭṭhaṁ |
na iccheyya adhammena samiddhimattano,
sa sīlavā paññavā dhammikosiyā ||

Dh. 085.

인간들 가운데 저 언덕으로

건너간 사람은 극히 드물다.

실로 여타의 다른 자들은

오히려 이 언덕을 추구한다.

appakā te manussesu, ye janā pāragāmino |
athāyaṁ itarā pajā, tīramevānudhāvati ||

Dh. 086.

바르게 설해진 가르침 가운데서

가르침에 따르는 사람들은

건너기 어려운 죽음의 영역

저편으로 건너간다.

ye ca kho sammadakkhāte, dhamme
dhammānuvattino |
te janā pāramessanti, maccudheyyaṁ
suduttaraṁ ||

Dh. 087.

집을 떠나 집 없는 곳에 가서

즐기기 어려운 고독 가운데서

현자는 어두운 길을 버리고

밝은 길을 닦아야 한다.

kaṇhaṁ dhammaṁ vippahāya, sukkaṁ
bhāvetha paṇḍito |
okā anokamāgamma, viveke yattha dūramaṁ ||

Dh. 088.

현자는 그곳에서 모든 쾌락 버리고
무소유(無所有)의 기쁨을 원해야 한다.
자신의 마음을 물들인
오염을 깨끗이 씻어야 한다.

tatrābhiratimiccheyya, hitvā kāme akiñcano |
pariyodapeyya attānaṁ, cittaklesehi
paṇḍito ||

Dh. 089.

바른 깨달음 주는 수행법들 가운데서[788]
마음을 바르게 잘 수련하여
집착을 내려놓고 집착 없이 즐기는
번뇌를 소멸한 빛나는 존재들
그들은 세간에서 열반에 든다.

yesaṁ sambodhiyaṅgesu, sammā cittaṁ
subhāvitaṁ |
ādānapaṭinissagge, anupādāya ye ratā |
khīṇāsavā jutimanto, te loke parinibbutā ||

788 'sambodhiyaṅgesu'의 번역. 칠각지(七覺支)를 의미함.

7. 아라한따-왁가(Arahanta-vagga)
나한품(羅漢品)

Dh. 090.

여정(旅程)을 끝내 걱정이 없고
모든 것에서 해탈한 아라한
모든 결박을 벗어 버린
그에게는 근심이 없다.

gataddhino visokassa, vippamuttassa sabbadhi |
sabbaganthappahīnassa, pariḷāho na vijjati ||

Dh. 091.

주의집중에 전념하는 수행자들은
한곳에 머물면서 즐기지 않는다.
백조가 작은 연못 버리고 가듯
그들은 머물던 곳 모두 버린다.

uyyuñjanti satīmanto, na nikete ramanti te |
haṁsāva pallalaṁ hitvā, okamokaṁ jahanti te ||

Dh. 092.

음식에 대하여 빠짐없이 아는[789]
그들에게는 모아 둔 것이 없다.
그들이 노니는 해탈의 경지는
새가 날아간 허공 같아서
그들이 가는 길 알기 어렵다.

yesaṁ sannicayo natthi, ye pariññātabhojanā |
suññato animitto ca, vimokkho yesaṁ gocaro |
ākāse va sakuntānaṁ, gati tesaṁ durannayā ||

Dh. 093.

번뇌를 소멸한 사람은
음식에 집착하지 않는다.
그가 노니는 해탈의 경지는
텅 비어 아무런 모습이 없다.
새가 날아간 허공 같아서
그의 발자취 알기 어렵다.

yassāsavā parikkhīṇā, āhāre ca anissito |
suññato animitto ca, vimokkho yassa gocaro |
ākāse va sakuntānaṁ, padaṁ tassa durannayaṁ ||

Dh. 094.

조련사가 잘 길들인 말처럼
육근(六根)의 지각활동 고요해지고
교만을 내려놓고 번뇌를 털어 버린
그들을 천신들도 부러워한다.

yassindriyāni samathaṅgatāni,
assā yathā sārathinā sudantā |
pahīnamānassa anāsavassa,
devāpi tassa pihayanti tādino ||

---

789 음식에 담긴 세 가지 뜻을 잘 안다는 의미. 음식을 준 사람의 공덕을 알고, 음식은 몸을 유지하는 수단일 뿐이므로 욕심내서 저장하지 않아야 함을 알고, 맛있는 음식도 결국은 똥이 된다는 사실을 아는 것.

Dh. 095.

땅처럼 모든 것을 받아들이고[790]

고결한 성품은 기둥처럼 우뚝하며

오염되지 않은 맑은 호수 같은

그런 사람에게 윤회(輪廻)는 없다.

pathavisamo no virujjhati, indakhīlupamo tādi subbato |
rahadova apetakaddamo, saṁsārā na bhavanti tādino ||

Dh. 096.

바르게 알아서 해탈하여

평화롭기 그지없는

그런 이의 마음은 적멸(寂滅)하고

말도 행동도 적멸하다.

santaṁ tassa manaṁ hoti, santā vācā ca kamma ca |
sammadaññāvimuttassa, upasantassa tādino ||

Dh. 097.

다른 사람 믿지 않고 무위(無爲)를 알고[791]

다시 태어나는 결박을 끊고

기회도 버리고 기대도 없는

그가 진실로 최상의 인간이다.

assaddho akataññū ca, sandhicchedo ca yo naro |
hatāvakāso vantāso, sa ve uttamaporiso ||

Dh. 098.

마을이든 숲이든

계곡이든 산꼭대기든

아라한이 머무는 곳이면

그곳이 복된 땅이다.

gāme vā yadi vāraññe, ninne vā yadi vā thale |
yattha arahanto viharanti, taṁ bhūmiṁ rāmaṇeyyakaṁ ||

Dh. 099.

사람들은 즐기지 않지만

숲이야말로 즐거운 곳이다.

쾌락을 찾아다니지 않는

탐욕 버린 사람들이 즐기게 된다.

ramaṇīyāni araññāni, yattha na ramatī jano |
vītarāgā ramissanti, na te kāmagavesino ||

---

790 땅이 더러운 것과 깨끗한 것을 모두 받아들이듯이 칭찬과 비난을 받아들인다는 의미.

791 자신을 믿고 의지하여 스스로 열반을 성취한다는 의미. '무위'로 번역한 'akata'는 만들어진 것이 아닌 것을 의미한다. 여기에서는 '열반'을 의미한다.

8. 사하싸-왁가(Sahassa-vagga)
술천품(述千品)

Dh. 100.

의미 없이 말하는
일천 마디 말보다
들으면 고요해지는
의미 있는 한 마디가 더 낫다.

sahassamapi ce vācā, anatthapadasaṁhitā |
ekaṁ atthapadaṁ seyyo, yaṁ sutvā
upasammati ||

Dh. 101.

의미 없이 외는
일천 마디 게송보다
들으면 고요해지는
한 구절의 게송이 더 낫다.

sahassamapi ce gāthā, anatthapadasaṁhitā |
ekaṁ gāthāpadaṁ seyyo, yaṁ sutvā
upasammati ||

Dh. 102.

의미 없이 외는
백 마디 게송보다
들으면 고요해지는
한 구절의 법구(法句)가 더 낫다.

yo ca gāthā sataṁ bhāse, anatthapadasaṁhitā |
ekaṁ dhammapadaṁ seyyo, yaṁ sutvā
upasammati ||

Dh. 103.

전쟁에서 100만 대군
이기는 자보다
자기 한 사람을 이기는 자가
진정한 최고의 승리자다.

yo sahassaṁ sahassena, saṅgāme mānuse jine |
ekañca jeyyamattānaṁ, sa ve
saṅgāmajuttamo ||

Dh. 104.

항상 자신을 다스리고
자제하며 사는 사람
그 어떤 사람보다
자신을 이긴 사람이 더 낫다.

attā have jitaṁ seyyo, yā cāyaṁ itarā pajā |
attadantassa posassa, niccaṁ saññatacārino ||

Dh. 105.

천신도 건달바(乾闥婆)도
마라도 범천도
그런 사람의 승리를
패배로 만들지 못한다.

neva devo na gandhabbo, na māro saha
brahmunā |
jitaṁ apajitaṁ kayirā, tathārūpassa jantuno ||

Dh. 106.

어떤 사람 다달이 천금(千金)을 들여

백 년을 한결같이 헌공(獻供)을 하고

어떤 사람 잠시라도 자신을 닦는

수행자 한 분에게 공양한다면

백 년 동안 헌공한 공덕보다

잠시 올린 공양이 더 낫다.

māse māse sahassena, yo yajetha sataṁ samaṁ |
ekañca bhāvitattānaṁ, muhuttamapi pūjaye |
sāyeva pūjanā seyyo, yañce vassasataṁ hutaṁ ||

Dh. 107.

어떤 사람 백 년 동안 숲속에서

불의 신을 예배하며 지내고

어떤 사람 잠시라도 자신을 닦는

수행자 한 분에게 공양한다면

백 년 동안 예배한 공덕보다

잠시 올린 공양이 더 낫다.

yo ca vassasataṁ jantu, aggiṁ paricare vane |
ekañca bhāvitattānaṁ, muhuttamapi pūjaye |
sāyeva pūjanā seyyo, yañce vassasataṁ hutaṁ ||

Dh. 108.

세간에서 공덕을 기대하고

일 년 내내 올리는 희생이나 헌공은

바른 삶을 사는 분께 예배하는 것에

4분의 1에도 미치지 못한다.

yaṁ kiñci yiṭṭhaṁ va hutaṁ va loke,
saṁvaccharaṁ yajethapuññapekkho |
sabbampi taṁ na catubhāgameti,
abhivādanaṁ ujjugatesu seyyo ||

Dh. 109.

항상 덕 높은 분을 예배하고

연로한 분을 존경하는 사람은

수명과 미모, 행복과 기력

이들 네 가지가 증가한다.

abhivādanasīlissa, niccaṁ vaḍḍhāpacāyino |
cattāro dhammā vaḍḍhanti, āyu vaṇṇo sukhaṁ balaṁ ||

Dh. 110.

계율을 어기고 어지럽게

백 년을 사는 것보다

계율을 지키고 선정에 들어

하루를 사는 것이 더 낫다.

yo ca vassasataṁ jīve, dussīlo asamāhito |
ekāhaṁ jīvitaṁ seyyo, sīlavantassa jhāyino ||

Dh. 111.

지혜 없이 어지럽게

백 년을 사는 것보다

지혜를 갖추고 선정에 들어

하루를 사는 것이 더 낫다.

yo ca vassasataṁ jīve, duppañño asamāhito |
ekāhaṁ jīvitaṁ seyyo, paññavantassa jhāyino ||

Dh. 112.

게으름 피우며 정진하지 않고
백 년을 사는 것보다
열심히 정진하면서
하루를 사는 것이 더 낫다.

yo ca vassasataṁ jīve, kusīto hīnavīriyo |
ekāhaṁ jīvitaṁ seyyo, vīriyamārabhato
daḷhaṁ ||

Dh. 113.

생멸(生滅)을 보지 못하고
백 년을 사는 것보다
생멸을 보고
하루를 사는 것이 더 낫다.

yo ca vassasataṁ jīve, apassaṁ udayabbayaṁ |
ekāhaṁ jīvitaṁ seyyo, passato udayabbayaṁ ||

Dh. 114.

불사(不死)의 길을 보지 못하고
백 년을 사는 것보다
불사의 길을 보고
하루를 사는 것이 더 낫다.

yo ca vassasataṁ jīve, apassaṁ amataṁ
padaṁ |
ekāhaṁ jīvitaṁ seyyo, passato amataṁ
padaṁ ||

Dh. 115.

위없는 가르침을 알지 못하고
백 년을 사는 것보다
위없는 가르침을 알고
하루를 사는 것이 더 낫다.

yo ca vassasataṁ jīve, apassaṁ
dhammamuttamaṁ |
ekāhaṁ jīvitaṁ seyyo, passato
dhammamuttamaṁ ||

9. 빠빠-왁가(Pāpa-vagga)
악행품(惡行品)

Dh. 116.

착한 일을 부지런히 하여
악행(惡行)으로부터 마음을 지켜라!
공덕 짓는 일을 게을리하면
마음은 못된 짓을 즐기게 된다.

abhittharetha kalyāṇe, pāpā cittaṁ nivāraye |
dandhañhi karoto puññaṁ, pāpasmiṁ ramatī mano ||

Dh. 117.

어떤 사람 악행을 저질렀다면
그런 짓을 두 번 다시 하면 안 된다.
그런 짓에 욕망을 일으키면 안 된다.
악행이 쌓여서 괴로움 된다.

pāpañce puriso kayirā, na naṁ kayirā punappunaṁ |
na tamhi chandaṁ kayirātha, dukkho pāpassa uccayo ||

Dh. 118.

어떤 사람 선행(善行)을 행하였다면
그런 일을 거듭해서 행해야 한다.
그런 일에 의욕을 일으켜야 한다.
공덕이 쌓여서 즐거움 된다.

puññañce puriso kayirā, kayirā naṁ punappunaṁ |
tamhi chandaṁ kayirātha, sukho puññassa uccayo ||

Dh. 119.

악행의 열매가 익기 전에는
악한 자도 행복을 누린다.
그러다 악행의 열매가 익으면
악한 자는 그 죗값을 치른다.

pāpopi passati bhadraṁ, yāva pāpaṁ na paccati |
yadā ca paccati pāpaṁ, atha pāpo pāpāni passati ||

Dh. 120.

선행의 열매가 익기 전에는
착한 사람도 괴로움을 겪는다.
그러다 선행의 열매가 익으면
착한 사람은 그 복을 받는다.

bhadropi passati pāpaṁ, yāva bhadraṁ na paccati |
yadā ca paccati bhadraṁ, atha bhadro bhadrāni passati ||

Dh. 121.

업보가 오지 않을 것이라고
악행을 가볍게 보지 말라!
물방울이 모여서
항아리를 채우듯이
악행이 조금씩 쌓여서
어리석은 사람을 채운다.

māppamaññetha pāpassa, na mantaṁ
āgamissati |
udabindunipātena, udakumbhopi pūrati |
bālo pūrati pāpassa, thokathokampi ācinaṁ ||

Dh. 122.

업보가 오지 않을 것이라고
공덕을 가볍게 보지 말라!
물방울이 모여서
항아리를 채우듯이
공덕이 조금씩 쌓여서
지혜로운 사람을 채운다.

māppamaññetha puññassa, na mantaṁ
āgamissati |
udabindunipātena, udakumbhopi pūrati |
dhīro pūrati puññassa, thokathokampi ācinaṁ ||

Dh. 123.

많은 재물 지니고 장삿길에 홀로 나선
돈 많은 상인이 험한 길을 피하듯이
살고 싶어 하는 자가 독(毒)을 멀리하듯이
모든 악행을 멀리하고 피해야 한다.

vāṇijova bhayaṁ maggaṁ, appasattho
mahaddhano |
visaṁ jīvitukāmova, pāpāni parivajjaye ||

Dh. 124.

손에 상처가 없으면
손으로 독을 집어도
상처 없는 사람 독이 접근 못 하듯
죄짓지 않은 사람 죄가 없다.

pāṇimhi ce vaṇo nāssa, hareyya pāṇinā visaṁ |
nābbaṇaṁ visamanveti, natthi pāpaṁ
akubbato ||

Dh. 125.

어떤 자가 죄 없는 청정한 사람
허물없는 사람의 허물을 보면
어리석은 그에게 죄가 돌아간다.
바람을 향해 날린 작은 먼지처럼.

yo appaduṭṭhassa narassa dussati,
suddhassa posassa anaṅgaṇassa |
tameva bālaṁ pacceti pāpaṁ,
sukhumo rajo paṭivātaṁva khitto ||

Dh. 126.

어떤 사람들은 모태(母胎)에 들어간다.
죄를 지은 사람들은 지옥에 가고
착하게 산 사람들은 천상에 간다.
번뇌 여읜 사람들은 열반에 든다.

gabbhameke uppajjanti, nirayaṁ
pāpakammino |
saggaṁ sugatino yanti, parinibbanti anāsavā ||

Dh. 127.

공중에도 없고 바다에도 없다.
산골짜기 협곡에 들어가도 없다.
악업을 짓고 벗어날 수 있는 곳
세상 어디에도 그런 곳은 없다.

na antalikkhe na samuddamajjhe,
na pabbatānaṁ vivaraṁ pavissa |
na vijjati so jagatippadeso,
yatthaṭṭhito mucceyya pāpakammā ||

Dh. 128.

공중에도 없고 바다에도 없다.

산골짜기 협곡에 들어가도 없다.

죽음의 지배에서 벗어날 수 있는 곳

세상 어디에도 그런 곳은 없다.

na antalikkhe na samuddamajjhe,
na pabbatānaṁ vivaraṁ pavissa |
na vijjatī so jagatippadeso, yatthaṭṭhitaṁ
nappasaheyya maccu ||

10. 단다-왁가(Daṇḍa-vagga)
도장품(刀杖品)

Dh. 129.

매 맞으면 누구나 비명(悲鳴) 지른다.
죽음은 누구나 두려워한다.
자기 자신을 여기에 견주어
때리지 말고 죽이지 말라!

sabbe tasanti daṇḍassa, sabbe bhāyanti maccuno |
attānaṁ upamaṁ katvā, na haneyya na ghātaye ||

Dh. 130.

매 맞는 일 누구나 두려워한다.
누구나 자신의 생명을 사랑한다.
자기 자신을 여기에 견주어
때리지 말고 죽이지 말라!

sabbe tasanti daṇḍassa, sabbesaṁ jīvitaṁ piyaṁ |
attānaṁ upamaṁ katvā, na haneyya na ghātaye ||

Dh. 131.

자신의 행복을 추구하면서
행복을 바라는 존재들을
폭력으로 해치는 자는
사후에 행복을 얻지 못한다.

sukhakāmāni bhūtāni, yo daṇḍena vihiṁsati |
attano sukhamesāno, pecca so na labhate sukhaṁ ||

Dh. 132.

자신의 행복을 추구하면서
행복을 바라는 존재들을
폭력으로 해치지 않는 사람은
사후에 행복을 얻게 된다.

sukhakāmāni bhūtāni, yo daṇḍena na hiṁsati |
attano sukhamesāno, pecca so labhate sukhaṁ ||

Dh. 133.

누구에게든 거친 말을 하지 말라!
뱉은 말은 반드시 되돌아온다.
성내며 하는 말은 괴로움 된다.
몽둥이가 되어서 되돌아온다.

māvoca pharusaṁ kañci, vuttā paṭivadeyyu taṁ |
dukkhā hi sārambhakathā, paṭidaṇḍā phuseyyu taṁ ||

Dh. 134.

그대가 만약에 깨진 징처럼
스스로 동요하지 않는다면
그대에게 분노가 없을 것이니
그대는 열반을 얻은 것이다.

sace neresi attānaṁ, kaṁso upahato yathā |
esa pattosi nibbānaṁ, sārambho te na vijjati ||

Dh. 135.

목동이 작대기로
소들을 몰고 가듯
늙음과 죽음은
중생들의 목숨을 몰고 간다.

yathā daṇḍena gopālo, gāvo pāceti gocaraṁ |
evaṁ jarā ca maccu ca, āyuṁ pācenti
pāṇinaṁ ||

Dh. 136.

어리석은 자는 악한 업을
짓고 있는 줄 알지 못한다.
어리석은 자는 그 업에 의해
불에 타는 듯이 괴로워진다.

atha pāpāni kammāni, karaṁ bālo na bujjhati |
sehi kammehi dummedho, aggidaḍḍhova
tappati ||

Dh. 137.

선량한 사람을 폭력으로 가해하고
허물없는 사람의 허물을 보는 자는
열 가지 처지 가운데
하나에 곧바로 떨어진다.

yo daṇḍena adaṇḍesu, appaduṭṭhesu dussati |
dasannamaññataraṁ ṭhānaṁ, khippameva
nigacchati ||

Dh. 138.

극심한 손해를 보거나
신체에 손상을 입거나
중대한 질병을 앓거나
마음이 어지러워지거나

vedanaṁ pharusaṁ jāniṁ, sarīrassa ca
bhedanaṁ |
garukaṁ vāpi ābādhaṁ, cittakkhepañca
pāpuṇe ||

Dh. 139.

왕으로부터 재난을 당하거나
혹독한 고발을 당하거나
친족이 멸망하거나
재산을 망실(亡失)하거나

rājato vā upasaggaṁ, abbhakkhānañca
dāruṇaṁ |
parikkhayañca ñātīnaṁ, bhogānañca
pabhaṅguraṁ ||

Dh. 140.

불이 나서
집이 불에 타거나
어리석은 자는 사후에
지옥에 태어난다.

atha vāssa agārāni, aggi ḍahati pāvako |
kāyassa bhedā duppañño, nirayaṁ sopapajjati ||

Dh. 141.

벌거벗고 결발하고 진흙 발라도
단식해도 맨땅에 누워 지내도
땀과 먼지 범벅 돼도 웅크리고 정진해도
의심 극복 못 한 자를 정화하지 못한다.

na naggacariyā na jaṭā na paṅkā,

nānāsakā thaṇḍilasāyikā vā |
rajojallaṁ ukkuṭikappadhānaṁ,
sodhenti maccaṁ avitiṇṇakaṅkhaṁ ||

Dh. 142.

몸치장을 했어도 평온하게 다니면서
고요하게 길들여져 일관되게 범행(梵行) 닦고
모든 존재에게 폭력을 내려놓은
그가 바라문이며 사문이고 비구다.

alaṅkato cepi samaṁ careyya,
santo danto niyato brahmacārī
sabbesu bhūtesu nidhāya daṇḍaṁ,
so brāhmaṇo so samaṇo sa bhikkhu ||

Dh. 143.

훌륭한 말이 채찍에 맞지 않듯[792]
비난받을 일을 하지 않고
부끄러운 줄 알아 자제하는 사람
그런 사람 세상에 흔치 않다.

hirīnisedho puriso, koci lokasmi vijjati |
yo niddaṁ appabodhati, asso bhadro kasāmiva ||

Dh. 144.

채찍을 잘 아는 훌륭한 말처럼
두렵게 보고 열심히 수련하라!
확신과 계행과 정진에 의해
그리고 삼매(三昧)와 택법(擇法)에[793] 의해
아는 대로 실천하고 주의집중 전념하여
수많은 괴로움을 없애도록 하라!

asso yathā bhadro kasāniviṭṭho,
ātāpino saṁvegino bhavātha |
saddhāya sīlena ca vīriyena ca,
samādhinā dhammavinicchayena ca |
sampannavijjācaraṇā patissatā,
pahassatha dukkhamidaṁ anappakaṁ ||

Dh. 145.

물 대는 사람은 물길을 내고
활 만드는 사람은 화살을 다듬고
목수는 나무를 다듬고
덕 있는 사람은 자신을 길들인다.

udakañhi nayanti nettikā, usukārā namayanti tejanaṁ |
dāruṁ namayanti tacchakā, attānaṁ damayanti subbatā ||

792 훌륭한 말은 채찍에 맞기 전에 알아서 달린다는 의미.

793 7각지 가운데 택법각지(擇法覺支)를 의미한다. 선악(善惡)을 가려서 악행을 그치고 선행을 실천하는 것.

11. 자라-왁가(Jarā-vagga)
노모품(老耄品)

Dh. 146.

불길이 끊임없이 타오르는데
무엇이 즐거워 웃고 있는가?
암흑이 뒤덮은 어둠 속에서
어찌하여 등불을 찾지 않는가?

ko nu hāso kimānando, niccaṁ pajjalite sati |
andhakārena onaddhā, padīpaṁ na gavessatha ||

Dh. 147.

옷으로 치장한 모습을 보라!
온몸은 문드러져 상처투성이
질병으로 가득 찬 고름 주머니
여기에 영원히 머무는 것은 없다.

passa cittakataṁ bimbaṁ, arukāyaṁ samussitaṁ |
āturaṁ bahusaṅkappaṁ, yassa natthi dhuvaṁ ṭhiti ||

Dh. 148.

날마다 늙어 가는 이 몸은
질병이 깃드는 엉성한 둥지
악취 나는 몸은 마침내 무너지고
삶은 결국 죽음으로 끝난다.

parijiṇṇamidaṁ rūpaṁ, roganīḷaṁ pabhaṅguraṁ |
bhijjati pūtisandeho, maraṇantañhi jīvitaṁ ||

Dh. 149.

가을에 쓸모가 없어
버려진 조롱박 같은
회색빛 해골을 보고
누가 그것을 사랑하리오.

yānimāni apatthāni, alāpūneva sārade |
kāpotakāni aṭṭhīni, tāni disvāna kā rati ||

Dh. 150.

살과 피로 벽을 바른
뼈로 만들어진 성채
그곳에는 늙음과 죽음
자만과 위선이 숨어 있다.

aṭṭhīnaṁ nagaraṁ kataṁ, maṁsalohitalepanaṁ |
yattha jarā ca maccu ca, māno makkho ca ohito ||

Dh. 151.

왕들의 화려한 수레도 낡아지고
인간의 육신도 늙음에 이른다.
정법(正法, sata dhamma)은 늙음에 이르지 않는다.
참사람들은 분명하게 그 진실을 밝힌다.

jīranti ve rājarathā sucittā,
atho sarīrampi jaraṁ upeti |
satañca dhammo na jaraṁ upeti,
santo have sabbhi pavedayanti ||

Dh. 152.

배우지 못한 사람은

황소처럼 늙어 간다.

몸집만 늘어날 뿐

지혜는 늘지 않는다.

appassutāyaṁ puriso, balivaddova jīrati |
maṁsāni tassa vaḍḍhanti, paññā tassa na vaḍḍhati ||

Dh. 153.

수많은 태어남을 거듭하면서

집 짓는 자를 찾아서

소득 없이 떠돌아다녔다.

거듭된 태어남은 고통스럽다.

anekajātisaṁsāraṁ, sandhāvissaṁ anibbisaṁ |
gahakārakaṁ gavesanto, dukkhā jāti punappunaṁ ||

Dh. 154.

집 짓는 자여! 나는 너를 보았다.

너는 다시 집을 짓지 못할 것이다.

너의 갈비뼈는 모두 부러졌다.

네가 만든 집은 파괴되었다.

내 마음은 열반에 이르렀다.

갈애의 소멸에 이르렀다.

gahakāraka diṭṭhosi, puna gehaṁ na kāhasi |
sabbā te phāsukā bhaggā, gahakūṭaṁ visaṅkhitaṁ |
visaṅkhāragataṁ cittaṁ, taṇhānaṁ khayamajjhagā ||

Dh. 155.

청정한 수행을 하지도 않고

젊어서 재물도 얻지 못하면

물고기 없는 연못에 사는

늙은 백로처럼 말라 간다.

acaritvā brahmacariyaṁ, aladdhā yobbane dhanaṁ |
jiṇṇakoñcāva jhāyanti, khīṇamacchеva pallale ||

Dh. 156.

청정한 수행을 하지도 않고

젊어서 재물도 얻지 못하면

그는 부서진 활처럼 드러누워

지난 일을 한탄하게 된다.

acaritvā brahmacariyaṁ, aladdhā yobbane dhanaṁ |
senti cāpātikhīṇāva, purāṇāni anutthunaṁ ||

12. 앗따-왁가(Atta-vagga)
애신품(愛身品)

Dh. 157.

자기를 사랑할 줄 아는 사람은
자신을 잘 지켜야 한다.
현자는 삼시(三時) 중에 한 번은[794]
자신을 살펴보아야 한다.

attānañce piyaṁ jaññā, rakkheyya naṁ surakkhitaṁ |
tiṇṇaṁ aññataraṁ yāmaṁ, paṭijaggeyya paṇḍito ||

Dh. 158.

다른 사람을 가르치려면
현자는 먼저 자신을
바르게 확립하고
잘못을 저지르지 않아야 한다.

attānameva paṭhamaṁ, patirūpe nivesaye |
athaññamanusāseyya, na kilisseyya paṇḍito ||

Dh. 159.

다른 사람을 가르친 대로
그대로 자신도 행해야 한다.
실로 길들이기 가장 어려운
자신을 잘 길들여야 한다.

attānaṁ ce tathā kayirā, yathāññamanusāsati |
sudanto vata dammetha, attā hi kira duddamo ||

Dh. 160.

어찌 다른 사람이 보호자리오.
자기의 보호자는 자신뿐이다.
자신을 잘 길들이는 것이
얻기 힘든 보호자를 얻는 것이다.

attā hi attano nātho, ko hi nātho paro siyā |
attanā hi sudantena, nāthaṁ labhati dullabhaṁ ||

Dh. 161.

자신이 스스로 저지른 악행은
자신에서 생기고 자신에서 나와서
금강석이 수정을 깨부수듯
어리석은 자를 파멸시킨다.

attanā hi kataṁ pāpaṁ, attajaṁ attasambhavaṁ |
abhimatthati dummedhaṁ, vajiraṁ vasmamayaṁ maṇiṁ ||

---

794 '삼시(三時)'로 번역한 'tiṇṇaṁ yāmaṁ'은 밤을 세 시간대로 나눈 초경(初更), 이경(二更), 삼경(三更)을 의미한다. 인도 전통에서는 이를 인생의 세 시기인 초년, 중년, 말년의 의미로 해석하기도 한다. 역자는 하루 중의 삼시, 즉 오전·오후·밤의 의미로 해석하는 것이 좋다고 생각한다. 즉 하루에 한 번은 자신을 살펴야 한다는 의미로 보고 싶다.

Dh. 162.

극심한 악행을 저지르는 자는
등나무가 살라나무를 뒤덮듯이
자신의 원수가 원하는 대로
자신이 자신에게 그대로 한다.

yassa accantadussīlyaṁ, māluvā
sālamivotthataṁ |
karoti so tathattānaṁ, yathā naṁ icchatī diso ||

Dh. 163.

자신에게 해로운 못된 것은
참으로 하기가 쉽고
자신에게 이로운 좋은 일은
하기가 가장 어렵다.

sukarāni asādhūni, attano ahitāni ca |
yaṁ ve hitañca sādhuñca, taṁ ve
paramadukkaraṁ ||

Dh. 164.

아라한과 성인들의
가르침에 따라 사는 사람을
사악한 견해에 의지하여
비난하는 어리석은 사람은
대나무 열매처럼[795]
자신을 죽이는 일을 한다.

yo sāsanaṁ arahataṁ, ariyānaṁ
dhammajīvinaṁ |
paṭikkosati dummedho, diṭṭhiṁ nissāya
pāpikaṁ |
phalāni kaṭṭhakasseva, attaghātāya phallati ||

Dh. 165.

스스로 악을 행하여 스스로 더러워지고
스스로 악행을 그쳐 스스로 청정해진다.
타인이 타인을 정화할 수 없나니
깨끗하고 더러움은 자신에게 달렸다.

attanā hi kataṁ pāpaṁ, attanā saṁkilissati |
attanā akataṁ pāpaṁ, attanāva visujjhati |
suddhi asuddhī paccattaṁ, nāñño aññaṁ
visodhaye ||

Dh. 166.

크든 작든 다른 이의 이익 때문에
자신의 이익을 소홀히 하지 말라!
자신의 이익을 확실하게 알아서
그 이익 얻는 데 전념해야 한다.[796]

attadatthaṁ paratthena, bahunāpi na hāpaye |
attadatthamabhiññāya, sadatthapasuto siyā ||

795 대나무는 꽃이 피고 열매가 맺히면 죽는다.
796 열반이라는 이익에 전념하라는 의미.

13. 로까-왁가(Loka-vagga)
세속품(世俗品)

Dh. 167.

저열한 가르침을 따르지 말고
방일하며 지내지 말라!
사견(邪見)을 따르지 말고
세간에 집착하지 말라!

hīnaṁ dhammaṁ na seveyya, pamādena na saṁvase |
micchādiṭṭhiṁ na seveyya, na siyā lokavaḍḍhano ||

Dh. 168.

방일하지 말고 일어나라!
선법을 행하라!
선법을 행하는 사람은
이 세상과 저세상에서 편히 잠든다.

uttiṭṭhe nappamajjeyya, dhammaṁ sucaritaṁ care |
dhammacārī sukhaṁ seti, asmiṁ loke paramhi ca ||

Dh. 169.

선법을 행하라!
악법을 행하지 말라!
선법을 행하는 사람은
이 세상과 저세상에서 편히 잠든다.

dhammaṁ care sucaritaṁ, na naṁ duccaritaṁ care |
dhammacārī sukhaṁ seti, asmiṁ loke paramhi ca ||

Dh. 170.

물거품 같다고 세간을 보라!
아지랑이 같다고 세간을 보라!
세간을 이렇게 보는 사람은
죽음의 왕이 그를 보지 못한다.

yathā bubbulakaṁ passe, yathā passe marīcikaṁ |
evaṁ lokaṁ avekkhantaṁ, maccurājā na passati ||

Dh. 171.

와서 보라, 이 세간을!
마음은 왕의 수레와 같다.
어리석은 자들은 거기에서 흔들리고
이를 아는 사람은 집착하지 않는다.

etha passathimaṁ lokaṁ, cittaṁ rājarathūpamaṁ |
yattha bālā visīdanti, natthi saṅgo vijānataṁ ||

Dh. 172.

누구든 이전에 방일했어도
이후에 방일하지 않는다면
그는 세상에 빛을 줄 것이다.
마치 구름에서 벗어난 달처럼.

yo ca pubbe pamajjitvā, pacchā so nappamajjati |
somaṁ lokaṁ pabhāseti, abbhā muttova candimā ||

Dh. 173.

누구든 예전에 지었던 악업(惡業)

선업(善業)으로 모조리 덮어 버리면

그는 세상에 빛을 줄 것이다.

마치 구름에서 벗어난 달처럼.

yassa pāpaṁ kataṁ kammaṁ, kusalena pithīyati |
somaṁ lokaṁ pabhāseti, abbhā muttova candimā ||

Dh. 174.

세상에는 눈먼 장님뿐이다.

통찰하여 보는 자는 드물다.

그물에서 벗어난 새처럼

천상으로 가는 자는 드물다.

andhabhūto ayaṁ loko, tanukettha vipassati |
sakuṇo jālamuttova, appo saggāya gacchati ||

Dh. 175.

백조가 하늘로 날아가듯이

신통력으로 허공을 날아가듯이

마라와 그 군대를 물리치고

현자는 세간에서 멀리 떠나간다.

haṁsādiccapathe yanti, ākāse yanti iddhiyā |
nīyanti dhīrā lokamhā, jetvā māraṁ savāhiṇiṁ ||

Dh. 176.

하나의 가르침을 저버리고[797]

거짓말을 하는 사람

다음 세상을 포기한 그에게는

저지르지 못할 악행이 없다.

ekaṁ dhammaṁ atītassa, musāvādissa jantuno |
vitiṇṇaparalokassa, natthi pāpaṁ akāriyaṁ ||

Dh. 177.

인색한 자들은 천계(天界)에 이르지 못하고

어리석은 자들은 보시를 찬탄하지 않는다.

현자는 보시하기 좋아하나니

그로 인해 이후에 행복해진다.

na ve kadariyā devalokaṁ vajanti,
bālā have nappasaṁsantidānaṁ |
dhīro ca dānaṁ anumodamāno,
teneva so hoti sukhī parattha ||

Dh. 178.

온 세상을 혼자서 다스리는 것보다

천상의 세계에 가는 것보다

모든 세상을 지배하는 것보다

수다원과(須陀洹果)[798]가 더 훌륭하다.

pathavyā ekarajjena, saggassa gamanena vā |
sabbalokādhipaccena, sotāpattiphalaṁ varaṁ ||

---

797 여기에서 '하나의 가르침'은 거짓말하지 말라는 가르침이다.

798 사문4과(沙門四果) 가운데 첫 단계로서 열반을 얻는 길에 들어선 단계를 의미한다.

14. 붓다-왁가(Buddha-vagga)
술불품(述佛品)

Dh. 179.

그분의 승리는 능가할 수 없다.
세간에 그보다 큰 승리는 없다.
깨달으신 그분의 끝없는 경계
말길 끊겼는데 어떤 말로 이해할까?[799]

yassa jitaṁ nāvajīyati,
jitaṁ assa no yāti koci loke |
taṁ buddhamanantagocaraṁ,
apadaṁ kena padena nessatha ||

Dh. 180.

그에게는 어디에도 존재로 이끄는
집착과 갈애(渴愛)의 그물이 없다.
깨달으신 그분의 끝없는 경계
말길 끊겼는데 어떤 말로 이해할까?

yassa jālinī visattikā,
taṇhā natthi kuhiñci netave |
taṁ buddhamanantagocaraṁ,
apadaṁ kena padena nessatha ||

Dh. 181.

선정수행에 전념하는 현자들은
세간을 버리고 적정을 즐긴다.
주의집중 확립한 바르게 깨친 분들
그분들은 천신들도 부러워한다.

ye jhānapasutā dhīrā, nekkhammūpasame ratā |
devāpi tesaṁ pihayanti, sambuddhānaṁ
satīmataṁ ||

Dh. 182.

인간의 몸을 받아 태어나기 어렵고
죽어 가는 인간이 살아가기 어렵고
사는 동안 정법(正法)을 듣기 어렵고
사는 동안 붓다가 출현하기 어렵다.

kiccho manussapaṭilābho,
kicchaṁ maccāna jīvitaṁ |
kicchaṁ saddhammasavanaṁ,
kiccho buddhānamuppādo ||

Dh. 183.

악행은 어떤 것도 행하지 말고
선행은 빠짐없이 받들어 행하여
자신의 마음을 청정하게 하는 것이
삼세(三世) 모든 부처님의 가르침이다.

sabbapāpassa akaraṇaṁ, kusalassa
upasampadā |
sacittapariyodapanaṁ, etaṁ buddhāna sāsanaṁ ||

Dh. 184.

참고 용서하는 것이 최고의 고행이다.
모든 붓다 열반을 최고라고 말한다.

---

799 'apadaṁ kena padena nessatha'의 번역. 'padaṁ'은 문자(文字)나 어구(語句)를 의미한다.

남을 해치지 않는 것이 출가자다.

남을 괴롭히지 않는 것이 사문이다.

khantī paramaṁ tapo titikkhā,
nibbānaṁ paramaṁ vadanti buddhā |
na hi pabbajito parūpaghātī,
na samaṇo hoti paraṁ viheṭhayanto ||

Dh. 185.

비난하지 말고 해치지 말라!

계율을 철저하게 잘 지켜라!

식사할 때 적절한 양을 알라!

외딴곳에 홀로 앉아서

전념하여 선정을 닦아라!

이것이 부처님의 가르침이다.

anūpavādo anūpaghāto, pātimokkhe ca saṁvaro |
mattaññutā ca bhattasmiṁ, pantañca sayanāsanaṁ |
adhicitte ca āyogo, etaṁ buddhāna sāsanaṁ ||

Dh. 186.

금화(金貨)가 비처럼 쏟아진다 해도

그것으로 욕망은 채워지지 않는다.

채워지지 않는 욕망 괴로움이다.

현자는 이렇게 알아야 한다.

na kahāpaṇavassena, titti kāmesu vijjati |
appassādā dukhā kāmā, iti viññāya paṇḍito ||

Dh. 187.

바르게 깨달은 붓다의 제자는

천상에서 쾌락을 누리는 것을

결코 기뻐하지 아니하고

갈애 소멸하는 것을 기뻐한다.

api dibbesu kāmesu, ratiṁ so nādhigacchati |
taṇhakkhayarato hoti,
sammāsambuddhasāvako ||

Dh. 188.

두려움에 떠는 사람들은

대부분 산속과 숲속을

사원(寺院)이나 신성한 나무를

피난처로 삼는다.

bahuṁ ve saraṇaṁ yanti, pabbatāni vanāni ca |
ārāmarukkhacetyāni, manussā bhayatajjitā ||

Dh. 189.

그곳은 안온한 피난처가 아니다.

최상의 피난처는 더욱 아니다.

그런 곳을 피난처로 삼는 사람은

모든 괴로움에서 벗어나지 못한다.

netaṁ kho saraṇaṁ khemaṁ, netaṁ
saraṇamuttamaṁ |
netaṁ saraṇamāgamma, sabbadukkhā
pamuccati ||

Dh. 190.

누구든 붓다와 붓다의 가르침

그리고 상가[僧伽]를 피난처로 삼으면

거룩한 네 가지 진리를

바른 통찰지[般若]로 보게 된다.

yo ca buddhañca dhammañca, saṅghañca
saraṇaṁ gato |
cattāri ariyasaccāni, sammappaññāya passati ||

Dh. 191.

괴로움[苦]과 괴로움의 쌓임[苦集]
그리고 괴로움의 사라짐[苦滅]과
괴로움의 적멸에 이르는
여덟 가지 거룩한 길[八正道]

dukkhaṁ dukkhasamuppādaṁ, dukkhassa ca atikkamaṁ |
ariyaṁ aṭṭhaṅgikaṁ maggaṁ, dukkhūpasamagāminaṁ ||

Dh. 192.

이것이 진정으로 안온한 피난처다.
이것이 진정으로 최상의 피난처다.
이것을 피난처로 삼는 사람은
모든 괴로움에서 벗어난다.

etaṁ kho saraṇaṁ khemaṁ, etaṁ saraṇamuttamaṁ |
etaṁ saraṇamāgamma, sabbadukkhā pamuccati ||

Dh. 193.

존귀한 사람은 얻기 어렵다.
아무 데서나 태어나지 않는다.
그런 현자가 태어난 가문은
길이 행복하고 번영한다.

dullabho purisājañño, na so sabbattha jāyati |
yattha so jāyati dhīro, taṁ kulaṁ sukhamedhati ||

Dh. 194.

붓다가 세상에 오신 것은 행운이다.
바른 가르침을 펴신 것은 행운이다.
상가[僧伽]가 화합하는 것은 행운이다.
화합하여 수행하는 것은 행운이다.

sukho buddhānamuppādo, sukhā saddhammadesanā |
sukhā saṅghassa sāmaggī, samaggānaṁ tapo sukho ||

Dh. 195.

마땅히 공경해야 할 사람들
억측[papañca, 戱論][800]에서 벗어나
근심과 슬픔을 극복한
붓다와 그의 제자들을 공경하라!

pūjārahe pūjayato, buddhe yadi va sāvake |
papañcasamatikkante, tiṇṇasokapariddave ||

Dh. 196.

번뇌가 소멸하여 두려움 없는
그런 사람들을 공경하면
그 공덕은 여기에서
그 누구도 헤아릴 수 없다.

te tādise pūjayato, nibbute akutobhaye |
na sakkā puññaṁ saṅkhātuṁ, imettamiti kenaci ||

800 한역에서 희론(戱論)으로 번역한 'papañca'는 '대상을 개념적으로 인식하고 논리적으로 추리(推理)하여 만든 억측(臆測)'을 의미한다.

15. 수카-왁가(Sukha-vagga)
안녕품(安寧品)

Dh. 197.

우리는 진정으로 행복하게 살자!
원한으로 가득 찬 세상 속에서
원한을 품고 사는 사람들 속에서
우리는 원한 없이 행복하게 살아가자!

susukhaṁ vata jīvāma, verinesu averino |
verinesu manussesu, viharāma averino ||

Dh. 198.

우리는 진정으로 행복하게 살자!
고통으로 가득 찬 세상 속에서
고통을 품고 사는 사람들 속에서
우리는 고통 없이 행복하게 살아가자!

susukhaṁ vata jīvāma, āturesu anāturā |
āturesu manussesu, viharāma anāturā ||

Dh. 199.

우리는 진정으로 행복하게 살자!
탐욕으로 가득 찬 세상 속에서
탐욕을 품고 사는 사람들 속에서
우리는 탐욕 없이 행복하게 살아가자!

susukhaṁ vata jīvāma, ussukesu anussukā |
ussukesu manassesu, viharāma anussukā ||

Dh. 200.

우리는 진정으로 행복하게 살자!
실로 어떤 것도 가진 것 없이
광음천(光音天)에 사는 천신들처럼
기쁨을 음식 삼아 행복하게 살아가자!

susukhaṁ vata jīvāma, yesaṁ no natthi kiñcanaṁ |
pītibhakkhā bhavissāma, devā ābhassarā yathā ||

Dh. 201.

승리는 원한을 낳고
패자는 고통 속에 살아간다.
승패를 떠나 경쟁하지 않는
고요한 사람은 행복하게 살아간다.

jayaṁ veraṁ pasavati, dukkhaṁ seti parājito |
upasanto sukhaṁ seti, hitvā jayaparājayaṁ ||

Dh. 202.

탐욕보다 더한 불길은 없고
분노보다 더한 죄악은 없다.
오온(五蘊)보다 더한 괴로움 없고[801]
적정(寂靜)을 넘어서는 즐거움 없다.[802]

natthi rāgasamo aggi, natthi dosasamo kali |
natthi khandhasamā dukkhā, natthi santiparaṁ sukhaṁ ||

---

801 오온을 자아로 취하고 사는 삶보다 더 괴로운 삶은 없다는 뜻이다.

802 '적정'으로 번역한 'santi'는 오온을 자아로 취하는 망상이 사라진 고요한 상태, 즉 열반을 의미한다.

Dh. 203.

으뜸가는 질병은 배고픔이고
으뜸가는 괴로움은 어리석은 행위[行]다.[803]
이것을 여실(如實)하게 알고 성취한
열반이 으뜸가는 행복이다.

jighacchāparamā rogā, saṅkhārāparamā dukhā |
etaṁ ñatvā yathābhūtaṁ, nibbānaṁ paramaṁ sukhaṁ ||

Dh. 204.

건강이 으뜸가는 이익이고
만족이 으뜸가는 재산이다.
신뢰가 으뜸가는 친지이고
열반이 으뜸가는 행복이다.

ārogyaparamā lābhā, santuṭṭhiparamaṁ dhanaṁ |
vissāsaparamā ñātī, nibbānaṁ paramaṁ sukhaṁ ||

Dh. 205.

세속 떠난 삶[遠離]의 맛을 보고
고요한 마음의 맛을 보고
법열의 맛을 본 사람은
근심과 죄악에서 벗어난다.

pavivekarasaṁ pitvā, rasaṁ upasamassa ca |
niddaro hoti nippāpo, dhammapītirasaṁ pivaṁ ||

Dh. 206.

거룩한 분 뵙는 것은 좋은 일이다.
그런 분과 함께 살면 항상 즐겁다.
어리석은 자들을 보지 않는다면
이 또한 언제나 즐겁지 않겠는가!

sādhu dassanamariyānaṁ, sannivāso sadā sukho |
adassanena bālānaṁ, niccameva sukhī siyā ||

Dh. 207.

어리석은 자와 교제하는 사람은
긴 세월을 근심하며 살게 된다.
어리석은 자와 살면 언제나 괴롭다.
적과 함께 사는 것과 다름이 없다.
현명한 분과 살면 언제나 즐겁다.
친족과 사는 것과 다름이 없다.

bālasaṅgatacārī hi, dīghamaddhānaṁ socati |
dukkho bālehi saṁvāso, amitteneva sabbadā |
dhīro ca sukhasaṁvāso, ñātīnaṁva samāgamo ||

Dh. 208.

그러므로 신념 있고 지혜롭고 학식 많고
인내심 있고 독실하고 거룩한 분을
이와 같이 밤하늘의 달과 같은
현명한 참사람을 따라야 한다.

tasmā hi dhīrañca paññañca bahussutañca,
dhorayhasīlaṁ vatavantamariyaṁ |
taṁ tādisaṁ sappurisaṁ sumedhaṁ,
bhajetha nakkhattapathaṁva candimā ||

---

803 'saṅkhāra'는 한역에서 '행(行)'으로 번역하는 말로서, 자아가 있다고 생각하며 살아가는 삶이다.

16. 삐야-왁가(Piya-vagga)
호희품(好喜品)

Dh. 209.

전념해선 안 될 것에 전념하고
전념할 것에 전념하지 않는 자는
애착에 빠져서 목표를 버린 후에
자기에 전념하는 사람을 부러워한다.

ayoge yuñjamattānaṁ, yogasmiñca ayojayaṁ |
atthaṁ hitvā piyaggāhī, pihetattānuyoginaṁ ||

Dh. 210.

사랑에도 빠져들지 말고
미움에도 빠져들지 말라!
사랑하는 사람은 못 보면 괴롭고
미워하는 사람은 보면 괴롭다.

mā piyehi samāgañchi, appiyehi kudācanaṁ |
piyānaṁ adassanaṁ dukkhaṁ, appiyānañca dassanaṁ ||

Dh. 211.

그러므로 사랑을 만들지 말라!
사랑과의 이별은 몹쓸 것이다.
사랑과 미움이 없는 사람들
그들에게는 속박이 없다.

tasmā piyaṁ na kayirātha, piyāpāyo hi pāpako |
ganthā tesaṁ na vijjanti, yesaṁ natthi piyāppiyaṁ ||

Dh. 212.

애착에서 근심이 생기고
애착에서 두려움이 생긴다.
애착에서 벗어난 사람에게는
근심과 두려움이 어디에도 없다.

piyato vippamuttassa, natthi soko kuto bhayaṁ ||

Dh. 213.

애정에서 근심이 생기고
애정에서 두려움이 생긴다.
애정에서 벗어난 사람에게는
근심과 두려움이 어디에도 없다.

pemato jāyatī soko, pemato jāyatī bhayaṁ |
pemato vippamuttassa, natthi soko kuto bhayaṁ ||

Dh. 214.

집착에서 근심이 생기고
집착에서 두려움이 생긴다.
집착에서 벗어난 사람에게는
근심과 두려움이 어디에도 없다.

ratiyā jāyatī soko, ratiyā jāyatī bhayaṁ |
ratiyā vippamuttassa, natthi soko kuto bhayaṁ ||

Dh. 215.

감각적 욕망에서 근심이 생기고
감각적 욕망에서 두려움이 생긴다.
감각적 욕망에서 벗어난 사람에게는
근심과 두려움이 어디에도 없다.

kāmato jāyatī soko, kāmato jāyatī bhayaṁ |
kāmato vippamuttassa, natthi soko kuto bhayaṁ ||

Dh. 216.

갈애[愛]에서 근심이 생기고
갈애에서 두려움이 생긴다.
갈애에서 벗어난 사람에게는
근심과 두려움이 어디에도 없다.

taṇhāya jāyatī soko, taṇhāya jāyatī bhayaṁ |
taṇhāya vippamuttassa, natthi soko kuto bhayaṁ ||

Dh. 217.

계행과 통찰을 갖추고
바르게 진리를 알아
자신의 일을 행하면
사람들은 그를 사랑한다.

sīladassanasampannaṁ, dhammaṭṭhaṁ saccavādinaṁ |
attano kamma kubbānaṁ, taṁ jano kurute piyaṁ ||

Dh. 218.

말길 끊어진 곳에 의욕이 생겨[804]
거기에 마음이 사무쳐서
감각적 욕망에 마음이 묶이지 않으면
흐름을 거슬러 간다고 말한다.

chandajāto anakkhāte, manasā ca phuṭo siyā |
kāmesu ca appaṭibaddhacitto, uddhaṁsototi vuccati ||

Dh. 219.

오랫동안 고향을 떠난 사람이
멀리서 안전하게 돌아오면
가족과 친지와 친구들이
그의 귀향을 기뻐하듯이

cirappavāsiṁ purisaṁ, dūrato sotthimāgataṁ |
ñātimittā suhajjā ca, abhinandanti āgataṁ ||

Dh. 220.

이와 같이 공덕을 지은 사람이
이 세상을 떠나 저세상에 가면
귀향을 기뻐하는 친지들처럼
공덕이 그를 반갑게 맞이한다.

tatheva katapuññampi, asmā lokā paraṁ gataṁ |
puññāni paṭigaṇhanti, piyaṁ ñātīva āgataṁ ||

---

804 '말길 끊어진 곳'으로 번역한 'anakkhāte'는 '언설로 표현할 수 없는'의 의미로서 깨달음의 경지를 의미한다.

17. 꼬다-왁가(Kodha-vagga)
분노품(忿怒品)

Dh. 221.

분노를 내려놓고 교만을 버려라!

모든 속박에서 벗어나라!

이름과 형색[名色]에 집착하지 않으면

어떤 괴로움도 따르지 않는다.

kodhaṁ jahe vippajaheyya mānaṁ,
saṁyojanaṁsabbamatikkameyya |
taṁ nāmarūpasmimasajjamānaṁ,
akiñcanaṁ nānupatanti dukkhā ||

Dh. 222.

요동치는 마차를 제어하듯이

치미는 분노를 다스리는 사람

나는 그를 마부(馬夫)라고 부른다.

다른 사람들은 단지 고삐잡이다.

yo ve uppatitaṁ kodhaṁ, rathaṁ bhantaṁva
dhāraye |
tamahaṁ sārathiṁ brūmi, rasmiggāho itaro
jano ||

Dh. 223.

분노를 이기려면 분노를 버려라!

악(惡)을 이기려면 선(善)을 행하라!

인색을 이기려면 보시를 행하라!

거짓말을 이기려면 진실을 말하라!

akkodhena jine kodhaṁ, asādhuṁ sādhunā jine |
jine kadariyaṁ dānena, saccenālikavādinaṁ ||

Dh. 224.

진실을 말하고 성내지 말라!

가진 것 없어도 청하면 베풀라!

이들 세 가지 일을 행하면

천신들의 세계로 가게 되리라.

saccaṁ bhaṇe na kujjheyya, dajjāppasmiṁpi
yācito |
etehi tīhi ṭhānehi, gacche devānaṁ santike ||

Dh. 225.

언제나 자신을 제어하고

폭력을 내려놓은 성자들은

그곳에 가면 근심이 없는

불사의 경지에 들어간다.

ahiṁsakā ye munayo, niccaṁ kāyena
saṁvutā |
te yanti accutaṁ ṭhānaṁ, yattha gantvā na
socare ||

Dh. 226.

항상 깨어 있으면서

밤낮으로 공부하고

열반에 전념하면

번뇌가 사라진다.

sadā jāgaramānānaṁ, ahorattānusikkhinaṁ |
nibbānaṁ adhimuttānaṁ, atthaṁ gacchanti
āsavā ||

Dh. 227.

이것은 어제오늘 일이 아니다.

아뚤라(Atula)여! 이것은 오래된 일이다.

사람들은 침묵해도 비난하고

많은 말을 해도 비난하고

간략한 말을 해도 비난한다.

비난받지 않을 사람 세상에 없다.

porāṇametaṁ atula, netaṁ ajjatanāmiva |
nindanti tuṇhimāsīnaṁ, nindanti bahubhāṇinaṁ |
mitabhāṇimpi nindanti, natthi loke anindito ||

Dh. 228.

오로지 비난만 받는 사람도

오로지 칭찬만 받는 사람도

지금 세상에는 존재하지 않는다.

전에도 없었고 앞으로도 없을 것이다.

na cāhu na ca bhavissati, na cetarahi vijjati |
ekantaṁ nindito poso, ekantaṁ vā pasaṁsito ||

Dh. 229.

지혜와 계행과 선정수행이

흠잡을 데 없는 현명한 사람

현자들은 언제나 이런 사람을

알아보고 칭찬한다.

yaṁ ce viññū pasaṁsanti, anuvicca suve suve |
acchiddavuttiṁ medhāviṁ, paññāsīlasamāhitaṁ ||

Dh. 230.

염부단금(閻浮檀金)[805] 으로 만든 금화 같은

그를 누가 비난할 수 있으리오!

범천도 그를 칭찬하고

천신들도 그를 칭찬한다.

nikkhaṁ jambonadasseva, ko taṁ ninditumarahati |
devāpi naṁ pasaṁsanti, brahmunāpi pasaṁsito ||

Dh. 231.

분노로부터 몸을 지키고

항상 행동을 제어해야 한다.

몸으로 짓는 악행을 버리고

몸으로 선행을 행해야 한다.

kāyappakopaṁ rakkheyya, kāyena saṁvuto siyā |
kāyaduccaritaṁ hitvā, kāyena sucaritaṁ care ||

Dh. 232.

분노로부터 입을 지키고

항상 언행(言行)을 제어해야 한다.

말로 짓는 악행을 버리고

말로 선행을 행해야 한다.

vacīpakopaṁ rakkheyya, vācāya saṁvuto siyā |
vacīduccaritaṁ hitvā, vācāya sucaritaṁ care ||

---

805 품질이 가장 좋은 황금.

Dh. 233.

분노로부터 마음을 지키고
항상 마음을 제어해야 한다.
마음으로 짓는 악행을 버리고
마음으로 선행을 행해야 한다.

manopakopaṁ rakkheyya, manasā saṁvuto siyā |
manoduccaritaṁ hitvā, manasā sucaritaṁ care ||

Dh. 234.

현자들은 행동을 제어하고
현자들은 언행을 제어한다.
현자들은 마음 또한 제어하나니
그들은 실로 잘 제어된 사람이다.

kāyena saṁvutā dhīrā, atho vācāya saṁvutā |
manasā saṁvutā dhīrā, te ve suparisaṁvutā ||

18. 말라-왁가(Mala-vagga)
진구품(塵垢品)

Dh. 235.

그대는 지금 낙엽 같은 신세다.
저승사자들이 그대 옆에 서 있다.
죽음의 문턱에 서 있는 그대는
가야 할 길조차 모르는구나!

paṇḍupalāsovadānisi, yamapurisāpi ca te upaṭṭhitā |
uyyogamukhe ca tiṭṭhasi, pātheyyampi ca te na vijjati ||

Dh. 236.

자신을 등불로 삼아라!
부지런히 정진하여 현자가 되어라!
더러운 때를 씻고 번뇌에서 벗어나면
내세에 성인의 경지에 들어간다.

so karohi dīpamattano, khippaṁ vāyama paṇḍito bhava |
niddhantamalo anaṅgaṇo, dibbaṁ ariyabhūmiṁ ehisi ||

Dh. 237.

그대는 지금 황혼(黃昏)에 이르렀다.
염라대왕 앞으로 길을 떠났다.
도중에 머물 곳 없는 그대는
가야 할 길조차 모르는구나!

upanītavayo cadānisi, sampayātosi yamassa santike |
vāso te natthi antarā, pātheyyampi ca te na vijjati ||

Dh. 238.

자신을 등불로 삼아라!
부지런히 정진하여 현자가 되어라!
더러운 때를 씻고 번뇌에서 벗어나면
다시는 태어나서 늙지 않는다.

so karohi dīpamattano, khippaṁ vāyama paṇḍito bhava |
niddhantamalo anaṅgaṇo, na puna jātijaraṁ upehisi ||

Dh. 239.

현자는 차례차례
매 순간 조금씩
세공사가 은을 다듬듯이
자신의 때를 벗겨 내야 한다.

anupubbena medhāvī, thokathokaṁ khaṇe khaṇe |
kammāro rajatasseva, niddhame malamattano ||

Dh. 240.

쇠에서 생긴 녹이
쇠에서 나와 쇠를 먹듯이
많은 죄를 지은 자는
그의 업이 그를 고통으로 끌고 간다.

ayasāva malaṁ samuṭṭhitaṁ, taduṭṭhāya
tameva khādati |
evaṁ atidhonacārinaṁ, sakakammāni
nayanti duggatiṁ ||

Dh. 241.

경구(經句)는 독송하지 않으면 잊혀지고
집은 소홀히 관리하면 훼손된다.
게으른 사람은 얼굴에 때가 끼고
방일한 사람은 마음에 때가 낀다.

asajjhāyamalā mantā, anuṭṭhānamalā gharā |
malaṁ vaṇṇassa kosajjaṁ, pamādo rakkhato
malaṁ ||

Dh. 242.

부정(不淨)한 행실은 여인을 더럽히고
인색한 마음은 시주(施主)를 더럽힌다.
사악한 행실은 이 세상은 물론
실로 저세상까지 더럽힌다.

malitthiyā duccaritaṁ, maccheraṁ dadato
malaṁ |
malā ve pāpakā dhammā, asmiṁ loke
paramhi ca ||

Dh. 243.

더러운 것 중에서도 가장 더러운
무명(無明)이 으뜸가는 더러움이다.
수행자는 더러운 무명 버리고
맑고 향기롭게 살아야 한다.

tato malā malataraṁ, avijjā paramaṁ malaṁ |
etaṁ malaṁ pahantvāna, nimmalā hotha
bhikkhavo ||

Dh. 244.

부끄러움 모르는 사람 참 쉽게 산다.
당돌한 까마귀처럼 무례하고
천방지축 무모하게 뛰어들어
더러움을 뒤집어쓰고 살아간다.

sujīvaṁ ahirikena, kākasūrena dhaṁsinā |
pakkhandinā pagabbhena, saṁkiliṭṭhena
jīvitaṁ ||

Dh. 245.

부끄러움 아는 사람 어렵게 산다.
언제나 청정한 삶을 추구한다.
신중하게 생각하며 부지런히
청정하게 살면서 통찰한다.

hirīmatā ca dujjīvaṁ, niccaṁ sucigavesinā |
alīnenāppagabbhena, suddhājīvena passatā ||

Dh. 246.

생명을 해치고
거짓말하고
주지 않은 것을 취하고
남의 아내를 범하고

yo pāṇamatipāteti, musāvādañca bhāsati |
loke adinnamādiyati, paradārañca gacchati ||

Dh. 247.

술을 마시고 취하는
이런 일에 몰두하는 자
이런 자는 이 세상에서

자신의 뿌리를 파내는 자다.

surāmerayapānañca, yo naro anuyuñjati |
idhevameso lokasmiṁ, mūlaṁ khaṇati attano ||

Dh. 248.

사람들아! 그대들은 알아야 한다.
자제하지 않는 것이 악행이다.
탐욕과 악행이 오랜 세월
그대들을 괴롭히지 않도록 하라!

evaṁ bho purisa jānāhi, pāpadhammā asaññatā |
mā taṁ lobho adhammo ca, ciraṁ dukkhāya randhayuṁ ||

Dh. 249.

보시하는 사람은 믿음을 가지고
기쁜 마음으로 보시한다.
남이 준 음식에 불만을 갖는 자는
낮이나 밤이나 삼매에 들지 못한다.

dadāti ve yathāsaddhaṁ, yathāpasādanaṁ jano |
tattha yo maṅku bhavati, paresaṁ pānabhojane |
na so divā vā rattiṁ vā, samādhimadhigacchati ||

Dh. 250.

그런 불만을 뿌리 뽑아
근절하고 제거한 사람은
낮이나 밤이나
삼매에 든다.

yassa cetaṁ samucchinnaṁ, mūlaghaccaṁ samūhataṁ |
sa ve divā vā rattiṁ vā, samādhimadhigacchati ||

Dh. 251.

탐욕보다 더한 불길은 없고
분노보다 더한 악귀(惡鬼)는 없다.
어리석음보다 더 질긴 그물은 없고
갈애보다 더 험한 강은 없다.

natthi rāgasamo aggi, natthi dosasamo gaho |
natthi mohasamaṁ jālaṁ, natthi taṇhāsamā nadī ||

Dh. 252.

남의 잘못은 보기 쉽지만
자신의 잘못은 보기 어렵다.
남의 잘못 키질하듯 들추어내고
자신의 잘못은 깊이 감춘다.
교활한 사기꾼이 주사위를 감추듯이.[806]

sudassaṁ vajjamaññesaṁ, attano pana duddasaṁ |
paresaṁ hi so vajjāni, opunāti yathā bhusaṁ |
attano pana chādeti, kaliṁva kitavā saṭho ||

---

806 도박판에서 잘못 던져 패배한 주사위를 감추는 것을 의미한다.

Dh. 253.

다른 사람 잘못을 찾아내어
항상 성을 내며 비난하면
그에게 번뇌는 늘어나고
번뇌의 소멸은 멀어진다.

paravajjānupassissa, niccaṁ ujjhānasaññino |
āsavā tassa vaḍḍhanti, ārā so āsavakkhayā ||

Dh. 254.

허공에는 발자취가 없고
외도(外道) 속에는 수행자가 없다.
사람들은 억측[papañca]을 좋아하지만
여래(如來)는 억측을 없앤 분이다.

ākāseva padaṁ natthi, samaṇo natthi bāhire |
papañcābhiratā pajā, nippapañcā tathāgatā ||

Dh. 255.

허공에는 발자취가 없고
외도 속에는 사문이 없다.
모든 행위[行]는 영원한 것이 없고[807]
붓다에게는 동요가 없다.

ākāseva padaṁ natthi, samaṇo natthi bāhire |
saṅkhārā sassatā natthi, natthi
buddhānamiñjitaṁ ||

---

807 제행무상(諸行無常)의 의미이다.

19. 담맛타-왁가(Dhammaṭṭha-vagga)
봉지품(奉持品)

Dh. 256.

의미를 성급하게 판단하면
바르게 가르침을 이해할 수 없다.
현자는 의미 있는 것과 의미 없는 것
이 둘을 판별할 줄 알아야 한다.

na tena hoti dhammaṭṭho, yenatthaṁ sahasā naye |
yo ca atthaṁ anatthañca, ubho niccheyya paṇḍito ||

Dh. 257.

성급하지 않게 가르침에 의해
올바로 다른 사람들을 인도하고
가르침을 지키는 현자를
가르침을 이해한 분이라고 한다.

asāhasena dhammena, samena nayatī pare |
dhammassa gutto medhāvī, dhammaṭṭhoti pavuccati ||

Dh. 258.

많은 말을 한다고
현자가 아니다.
원한 없고 두려움 없는
안온한 사람을 현자라고 한다.

na tena paṇḍito hoti, yāvatā bahu bhāsati |
khemī averī abhayo, paṇḍitoti pavuccati ||

Dh. 259.

많은 말을 한다고 가르침을 아는 이가 아니다.
배운 것은 적어도 가르침을 부지런히 실천하여
몸으로 가르침을 체험한 사람
그를 가르침을 아는 이라고 한다.

na tāvatā dhammadharo, yāvatā bahu bhāsati |
yo ca appampi sutvāna, dhammaṁ kāyena passati |
sa ve dhammadharo hoti, yo dhammaṁ nappamajjati ||

Dh. 260.

머리카락 희다고
장로(長老)가 아니다.
나이만 먹은 사람은
헛늙은 사람이라고 한다.

na tena thero so hoti, yenassa palitaṁ siro |
paripakko vayo tassa, moghajiṇṇoti vuccati ||

Dh. 261.

진리와 가르침이 있고
비폭력과 자제를 수련하여
모든 허물을 털어 버린 현자
이런 분을 장로라고 부른다.

yamhi saccañca dhammo ca, ahiṁsā saṁyamo damo |
sa ve vantamalo dhīro, thero iti pavuccati ||

Dh. 262.

말솜씨가 뛰어나거나

용모가 빼어나다고 해도

시기하고 인색하고 교활한 자는

결코 훌륭한 사람이 아니다.

na vākkaraṇamattena, vaṇṇapokkharatāya vā |
sādhurūpo naro hoti, issukī maccharī saṭho ||

Dh. 263.

그런 것을 뿌리 뽑아

근절하고 제거하여

분노를 내려놓은 현자

그를 훌륭하다고 한다.

yassa cetaṁ samucchinnaṁ, mūlaghaccaṁ samūhataṁ |
sa vantadoso medhāvī, sādhurūpoti vuccati ||

Dh. 264.

삭발했다고 수행자가 아니다.

규범이 없고 거짓말하고

욕망과 탐욕에 빠져 있다면

어찌 수행자라 할 수 있으랴!

na muṇḍakena samaṇo, abbato alikaṁ bhaṇaṁ |
icchālobhasamāpanno, samaṇo kiṁ bhavissati ||

Dh. 265.

크고 작은 모든 악행을

대적하여 잠재운 사람

악행을 잠재웠기 때문에

그를 수행자라고 부른다.

yo ca sameti pāpāni, aṇuṁ thūlāni sabbaso |
ssamitattā hi pāpānaṁ, samaṇoti pavuccati ||

Dh. 266.

남들에게 걸식을 한다고 해서

그것만으로 비구라고 할 수 없다.

비린내 나는 행실을 지녔다면

그런 사람은 비구라고 할 수 없다.

na tena bhikkhu so hoti, yāvatā bhikkhate pare |
vissaṁ dhammaṁ samādāya, bhikkhu hoti na tāvatā ||

Dh. 267.

공덕과 죄악을 멀리하고

청정한 수행을 하면서

사려 깊게 세간에 유행하면

그를 비구라고 부른다.

yodha puññañca pāpañca, bāhetvā brahmacariyavā |
saṅkhāya loke carati, sa ve bhikkhūti vuccati ||

Dh. 268.

어리석고 무지한 사람이

침묵한다고 성자가 아니다.

저울로 잰 듯 잘 판단하여

최선을 택하는 현자가 성자다.

na monena munī hoti, mūḷharūpo aviddasu |
yo ca tulaṁva paggayha, varamādāya paṇḍito ||

Dh. 269.

성자는 악행을 멀리한다.

그렇기 때문에 성자다.

양쪽 세상을 아는 사람[808]

그를 성자라고 부른다.

pāpāni parivajjeti, sa munī tena so muni |
yo munāti ubho loke, munī tena pavuccati ||

Dh. 270.

살아 있는 생명을 해친다면

그런 자는 성인이 아니다.

모든 생명을 해치지 않으면

그를 성인이라고 부른다.

na tena ariyo hoti, yena pāṇāni hiṁsati |
ahiṁsā sabbapāṇānaṁ, ariyoti pavuccati ||

Dh. 271.

단지 계행과 위의(威儀)만으로

또는 많이 배웠다고 해서

삼매를 성취했다고 해서

홀로 떨어져 지낸다고 해서

na sīlabbatamattena, bāhusaccena vā pana |
atha vā samādhilābhena, viviccasayanena vā ||

Dh. 272.

"나는 범부들이 누리지 못하는

속세를 벗어난[出離] 즐거움을 성취했다"라

고

확신을 하는 비구는

번뇌의 소멸을 이루지 못한다.

phusāmi nekkhammasukhaṁ,
aputhujjanasevitaṁ |
bhikkhu vissāsamāpādi, appatto
āsavakkhayaṁ ||

808 양쪽 세상은 이 세상과 저세상을 의미한다.

20. 막가-왁가(Magga-vagga)
도행품(道行品)

Dh. 273.

8정도(八正道)가 최상의 길이고
4성제(四聖諦)가 최고의 진리다.
이욕(離欲)이 최고의 가르침이고
눈뜬 분이 최상의 인간이다.

maggānaṭṭhaṅgiko seṭṭho, saccānaṁ caturo padā |
virāgo seṭṭho dhammānaṁ, dvipadānañca cakkhumā ||

Dh. 274.

청정한 견해를 갖기 위해서는
이 길 밖에 다른 길은 없다.
실로 그대들이 이 길을 가면
마라가 혼란에 빠질 것이다.

eseva maggo natthañño, dassanassa visuddhiyā |
etañhi tumhe paṭipajjatha, mārassetaṁ pamohanaṁ ||

Dh. 275.

그대들은 이 길을 가서
괴로움을 끝내도록 하라!
나는 화살 뽑는 법을 알아
그 길을 알려 주었다.

etañhi tumhe paṭipannā, dukkhassantaṁ karissatha |
akkhāto ve mayā maggo, aññāya sallasanthanaṁ ||

Dh. 276.

그대들은 열심히 실천해야 한다.
여래는 다만 알려 줄 뿐이다.
이 길을 가는 선정수행자들은
마라의 속박을 벗어날 것이다.

tumhehi kiccamātappaṁ, akkhātāro tathāgatā |
paṭipannā pamokkhanti, jhāyino mārabandhanā ||

Dh. 277.

"일체의 행위[行]는 지속하지 않는다."[809]
이렇게 지혜로 통찰하면
괴로움에서 벗어난다.
이것이 청정해지는 길이다.

sabbe saṅkhārā aniccāti, yadā paññāya passati |
atha nibbindati dukkhe, esa maggo visuddhiyā ||

---

809 제행무상(諸行無常).

Dh. 278.

"일체의 행위는 괴로움이다."[810]

이렇게 지혜로 통찰하면

괴로움에서 벗어난다.

이것이 청정해지는 길이다.

sabbe saṅkhārā dukkhāti, yadā paññāya passati |
atha nibbindati dukkhe, esa maggo visuddhiyā ||

Dh. 279.

"일체의 법(法)은 무아(無我)다."[811]

이렇게 반야(般若)로 통찰하면

괴로움에서 벗어난다.

이것이 청정해지는 길이다.

sabbe dhammā anattāti, yadā paññāya passati |
atha nibbindati dukkhe, esa maggo visuddhiyā ||

Dh. 280.

힘 있는 젊은이가 게으름에 빠져서

일어나야 할 때 일어나지 않고

활기 없이 나태하게 헛생각만 하면

게을러서 반야로 길을 찾지 못한다.

uṭṭhānakālamhi anuṭṭhāno,
yuvā balī ālasiyaṁ upeto |
saṁsannasaṅkappamano kusīto,
paññāya maggaṁ alaso na vindati ||

Dh. 281.

언행을 조심하고 마음을 잘 제어하고

몸으로 악행을 저지르지 말고

이들 세 가지 업 청정하게 하여

선인(仙人)이 가르쳐 준 길에 매진하라!

vācānurakkhī manasā susaṁvuto,
kāyena ca nākusalaṁ kayirā |
ete tayo kammapathe visodhaye,
ārādhaye maggamisippaveditaṁ ||

Dh. 282.

마음을 집중해야 지혜가 생긴다.

집중하지 않으면 지혜가 소멸한다.

생기고 없어지는 두 길을 알고서

지혜 늘어나는 길에 자신을 확립하라!

yogā ve jāyatī bhūri, ayogā bhūrisaṅkhayo |
etaṁ dvedhāpathaṁ ñatvā, bhavāya vibhavāya ca |
tathāttānaṁ niveseyya, yathā bhūri pavaḍḍhati ||

Dh. 283.

한 그루의 나무가 아니라 숲을 베어 내라![812]

번뇌의 숲에서 두려움이 생긴다.

번뇌의 숲과 욕망의 덤불을 베어 내고

수행자들이여! 열반을 성취하라!

vanaṁ chindatha mā rukkhaṁ, vanato jāyate bhayaṁ |

---

810 일체개고(一切皆苦).

811 '제법무아(諸法無我).

812 하나의 번뇌가 아니라 모든 번뇌를 제거하라는 의미.

chetvā vanañca vanathañca, nibbanā hotha bhikkhavo ||

Dh. 284.

이성(異性)에 대한 욕망의 덤불을
조금이라도 베어 내지 않으면
젖먹이 송아지가 어미를 따르듯이
그의 마음은 이성에게 묶인다.

yāva hi vanatho na chijjati, aṇumattopi narassa nārisu |
paṭibaddhamanova tāva so, vaccho khīrapakova mātari ||

Dh. 285.

가을에 손으로 연꽃을 꺾듯
자신에 대한 애착을 끊어라!
선서(善逝)께서 알려 준 열반으로 가는
평화로운 길을 즐겁게 걸어가라!

ucchinda sinehamattano, kumudaṁ sāradikaṁva pāṇinā |
santimaggameva brūhaya, nibbānaṁ sugatena desitaṁ ||

Dh. 286.

나는 우안거(雨安居)를 여기에서 보내리라!
겨울과 여름에도 여기에서 살리라!
어리석은 자는 위험을 깨닫지 못하고
한곳에서 살아갈 생각을 한다.[813]

idha vassaṁ vasissāmi, idha hemantagimhisu |
iti bālo vicinteti, antarāyaṁ na bujjhati ||

Dh. 287.

자식과 가축에 도취되어
마음이 사로잡힌 사람은
잠든 마을 홍수가 쓸어 가듯
죽음이 그를 붙잡아 간다.

taṁ puttapasusammattaṁ, byāsattamanasaṁ naraṁ |
suttaṁ gāmaṁ mahoghova, maccu ādāya gacchati ||

Dh. 288.

자식들은 피난처가 아니다.
아버지나 친척들도 아니다.
죽음의 신에게 붙잡힌 자의
친족 가운데는 피난처가 없다.

na santi puttā tāṇāya, na pitā nāpi bandhavā |
antakenādhipannassa, natthi ñātīsu tāṇatā ||

Dh. 289.

이런 사실을 알고서
현자는 계행을 실천하여
서둘러 열반으로 가는 길을
청정하게 닦아야 한다.

etamatthavasaṁ ñatvā, paṇḍito sīlasaṁvuto |
nibbānagamanaṁ maggaṁ, khippameva visodhaye ||

---

813 한곳에 오래 머물면 집착이 생겨서 그곳에 묶인다는 의미.

21. 빠낀나까-왁가(Pakiṇṇaka-vagga)
광연품(廣衍品)

Dh. 290.

작은 즐거움을 버림으로써
큰 즐거움을 볼 수 있다면
현자는 큰 즐거움을 바라고
작은 즐거움을 버려야 한다.

mattāsukhapariccāgā, passe ce vipulaṁ sukhaṁ |
caje mattāsukhaṁ dhīro, sampassaṁ vipulaṁ sukhaṁ ||

Dh. 291.

타인에게 고통을 줌으로써
자신의 행복을 바라는 자는
원한관계를 맺음으로써
원한에서 벗어나지 못한다.

paradukkhūpadhānena, attano sukhamicchati |
verasaṁsaggasaṁsaṭṭho, verā so na parimuccati ||

Dh. 292.

해야 할 일은 하지 않고
해서는 안 될 일을 하는
오만하고 게으른 자에게
번뇌는 나날이 늘어 간다.

yañhi kiccaṁ apaviddhaṁ, akiccaṁ pana kayirati |
unnaḷānaṁ pamattānaṁ, tesaṁ vaḍḍhanti āsavā ||

Dh. 293.

몸에 대한 주의집중을
항상 잘 실천하여
해서는 안 될 일은 하지 않고
해야 할 일은 놓치지 않는
주의집중하고 알아차리는
사람에게 번뇌는 사라진다.

yesañca susamāraddhā, niccaṁ kāyagatā sati |
akiccaṁ te na sevanti, kicce sātaccakārino |
satānaṁ sampajānānaṁ, atthaṁ gacchanti āsavā ||

Dh. 294.

어머니 같은 욕망과 아버지 같은 교만
그리고 상견(常見)과 단견(斷見)의
두 왕을 죽이고
왕국과 그 추종자를 쳐부수고[814]
바라문은 근심 없이 지낸다.

mātaraṁ pitaraṁ hantvā, rājāno dve ca khattiye |
raṭṭhaṁ sānucaraṁ hantvā, anīgho yāti brāhmaṇo ||

---

814 '왕국'은 '내육입처(內六入處)'를 의미하고 '추종자'는 '외육입처(外六入處)'를 의미한다. 십이입처(十二入處)를 소멸한다는 의미이다.

Dh. 295.

어머니 같은 욕망과 아버지 같은 교만
그리고 학식 있는 두 왕을 죽이고[815]
다섯 번째 호랑이를 죽이고[816]
바라문은 근심 없이 지낸다.

mātaraṁ pitaraṁ hantvā, rājāno dve ca sotthiye |
veyyagghapañcamaṁ hantvā, anīgho yāti brāhmaṇo ||

Dh. 296.

고따마 제자들은
항상 밝게 깨어 있다.
낮이나 밤이나 항상
붓다에 대해 생각한다.

suppabuddhaṁ pabujjhanti, sadā gotamasāvakā |
yesaṁ divā ca ratto ca, niccaṁ buddhagatā sati ||

Dh. 297.

고따마 제자들은
항상 밝게 깨어 있다.
낮이나 밤이나 항상
가르침에 대해 생각한다.

suppabuddhaṁ pabujjhanti, sadā gotamasāvakā |
yesaṁ divā ca ratto ca, niccaṁ dhammagatā sati ||

Dh. 298.

고따마 제자들은
항상 밝게 깨어 있다.
낮이나 밤이나 항상
상가[僧伽]에 대해 생각한다.

suppabuddhaṁ pabujjhanti, sadā gotamasāvakā |
yesaṁ divā ca ratto ca, niccaṁ saṅghagatā sati ||

Dh. 299.

고따마 제자들은
항상 밝게 깨어 있다.
낮이나 밤이나 항상
몸에 대해 생각한다.

suppabuddhaṁ pabujjhanti, sadā gotamasāvakā |
yesaṁ divā ca ratto ca, niccaṁ kāyagatā sati ||

Dh. 300.

고따마 제자들은
항상 밝게 깨어 있다.
낮이나 밤이나 항상
비폭력을 좋아한다.

suppabuddhaṁ pabujjhanti, sadā gotamasāvakā |
yesaṁ divā ca ratto ca, ahiṁsāya rato mano ||

---

815 '학식 있는 두 왕'은 상견을 가진 자와 단견을 가진 자를 의미한다.

816 '다섯 번째 호랑이'는 오개(五蓋) 가운데 의심(疑心)을 의미한다. 다섯 번째 호랑이를 죽인다는 것은 오개를 소멸한다는 의미이다.

Dh. 301.

고따마 제자들은
항상 밝게 깨어 있다.
낮이나 밤이나 항상
수행하기를 좋아한다.

suppabuddhaṁ pabujjhanti, sadā
gotamasāvakā |
yesaṁ divā ca ratto ca, bhāvanāya rato mano ||

Dh. 302.

출가도 어렵지만 즐기기도 어렵다.[817]
살기 힘든 속가에서 사는 것은 괴롭다.
맞지 않는 사람들과 사는 것도 괴롭고
핍박받고 떠도는 나그네도 괴롭다.[818]
그러므로 떠도는 나그네가 되지 말라!
그리고 괴로움의 핍박을 받지 말라!

duppabbajjaṁ durabhiramaṁ, durāvāsā
ghrā dukhā |
dukkhosamānasaṁvāso,
dukkhānupatitaddhagū |
tasmā na caddhagū siyā, na ca
dukkhānupatito siyā ||

Dh. 303.

믿음이 있고 계행을 갖추고
명예와 부를 구비한 사람은
그가 가는 곳마다
그곳에서 존경받는다.

saddho sīlena sampanno,
yasobhogasamappito |
yaṁ yaṁ padesaṁ bhajati, tattha tattheva
pūjito ||

Dh. 304.

참사람은 멀리 있어도
히말라야산처럼 볼 수 있지만
진실하지 않은 사람은 가까이 있어도
밤중에 쏜 화살처럼 보이지 않는다.

dūre santo pakāsenti, himavantova pabbato |
asantettha na dissanti, rattiṁ khittā yathā sarā ||

Dh. 305.

홀로 앉고 홀로 눕고
싫증 내지 않고 홀로 다니며
홀로 자신을 길들이는 사람은
숲속에서 즐겁게 지낼 것이다.

ekāsanaṁ ekaseyyaṁ, eko caramatandito |
eko damayamattānaṁ, vanante ramito siyā ||

---

817 세간을 떠나 출가하기도 어렵지만 세간에서 즐기며 살기도 어렵다는 의미.
818 '나그네'는 생사를 오가는 중생을 의미한다.

22. 니라야-왁가(Niraya-vagga)
지옥품(地獄品)

Dh. 306.

거짓을 말하는 자는 지옥에 떨어진다.
한 일을 안 했다고 하는 자도 그렇다.
비천한 업을 지은 이들 두 사람은
죽으면 저세상에서 같은 신세가 된다.

abhūtavādī nirayaṁ upeti,
yo vāpi katvā na karomi cāha |
ubhopi te pecca samā bhavanti,
nihīnakammā manujā parattha ||

Dh. 307.

목에 황색 가사를 걸치고 있지만
행실이 사악하고 자제하지 않으면
사악한 자들은 사악한 업에 의해
모두가 지옥에 태어날 것이다.

kāsāvakaṇṭhā bahavo, pāpadhammā asaññatā |
pāpā pāpehi kammehi, nirayaṁ te upapajjare ||

Dh. 308.

계율 지키지 않고 자제하지 않는 자는
마을에서 탁발한 음식을 먹는 것보다
차라리 불이 활활 타오르는
뜨거운 쇠구슬을 먹는 것이 낫다.

seyyo ayoguḷo bhutto, tatto aggisikhūpamo |
yañce bhuñjeyya dussīlo,
raṭṭhapiṇḍamasaññato ||

Dh. 309.

방일하여 남의 아내 범하는 사람은
네 가지 경우에 처하게 된다.
악명(惡名)을 얻고 편히 자지 못하며
셋째는 비난이고 넷째는 지옥이다.

cattāri ṭhānāni naro pamatto,
āpajjati paradārūpasevī |
apuññalābhaṁ nanikāmaseyyaṁ,
nindaṁ tatiyaṁ nirayaṁ catutthaṁ ||

Dh. 310.

죄를 지어서 악명을 얻고
두려움에 떠는 남녀, 즐거움은 적고
왕이 내리는 처벌은 무겁다.
그러므로 남의 아내와 관계하지 말라!

apuññalābho ca gatī ca pāpikā,
bhītassa bhītāya ratī ca thokikā |
rājā ca daṇḍaṁ garukaṁ paṇeti,
tasmā naro paradāraṁ na seve ||

Dh. 311.

꾸사(kusa) 풀을 잘못 잡으면
손을 베듯이
잘못 파악한 수행자는[819]

---

819 수행법을 잘못 이해한 수행자를 의미함.

지옥에 빠진다.

kuso yathā duggahito, hatthamevānukantati |
sāmaññaṁ dupparāmaṭṭhaṁ,
nirayāyūpakaḍḍhati ||

Dh. 312.

어떤 일에나 게으르고
행실이 더러운
청정한 범행(梵行)이[820] 의심스러운 자는
큰 결실이 있을 수 없다.

yaṁ kiñci sithilaṁ kammaṁ, saṁkiliṭṭhañca
yaṁ vataṁ |
saṅkassaraṁ brahmacariyaṁ, na taṁ hoti
mahapphalaṁ ||

Dh. 313.

해야 할 일이 있으면
꾸준하게 열심히 하라!
나태한 출가수행자는
점점 더 먼지만 날릴 뿐이다.

kayirā ce kayirāthenaṁ, daḷhamenaṁ
parakkame |
sithilo hi paribbājo, bhiyyo ākirate rajaṁ ||

Dh. 314.

나중에 괴로움을 겪게 되리니
악행은 하지 않는 것이 더 낫다.
하고 나서 후회할 일 없으리니
착한 일은 하는 것이 더 낫다.

akataṁ dukkaṭaṁ seyyo, pacchā tappati
dukkaṭaṁ |
katañca sukataṁ seyyo, yaṁ katvā
nānutappati ||

Dh. 315.

변방의 성채를
안팎으로 지키듯이
이와 같이 자신을 잘 지켜라!
찰나도 헛되이 보내지 말라!
한순간이라도 놓치게 되면
지옥에 가서 한탄하게 된다.

nagaraṁ yathā paccantaṁ, guttaṁ
santarabāhiraṁ |
evaṁ gopetha attānaṁ, khaṇo ve mā
upaccagā |
khaṇātītā hi socanti, nirayamhi samappitā ||

Dh. 316.

떳떳한 일에 수치(羞恥)를 느끼고
부끄러운 일에 수치를 모르는
삿된 견해를 가진 중생들은
고통스러운 곳으로 가게 된다.

alajjitāye lajjanti, lajjitāye na lajjare |
micchādiṭṭhisamādānā, sattā gacchanti
duggatiṁ ||

Dh. 317.

두렵지 않은 일을 두려워하고
두려운 일을 두려워하지 않는

820 '청정한 범행(梵行)'으로 번역한 'brahmacariyaṁ'은 수행자가 음행(淫行)을 삼가는 것을 의미한다.

삿된 견해를 가진 중생들은
고통스러운 곳으로 가게 된다.

abhaye bhayadassino, bhaye cābhayadassino |
micchādiṭṭhisamādānā, sattā gacchanti
duggatiṁ ||

Dh. 318.

피해선 안 될 일은 피하면서
피해야 할 일은 서슴없이 하는
삿된 견해를 가진 중생들은
고통스러운 곳으로 가게 된다.

avajje vajjamatino, vajje cāvajjadassino |
micchādiṭṭhisamādānā, sattā gacchanti
duggatiṁ ||

Dh. 319.

피해야 할 일을 피할 일로 알고
피해선 안 될 일을 피하지 않는
바른 견해를 가진 중생들은
행복한 곳으로 가게 된다.

vajjañca vajjato ñatvā, avajjañca avajjato |
sammādiṭṭhisamādānā, sattā gacchanti
suggatiṁ ||

23. 나가-왁가(Nāga-vagga)
상유품(象喩品)

Dh. 320.

큰 코끼리가 전쟁터에서
활을 떠난 화살을 참아 내듯이
행실이 고약한 많은 사람들이
내뱉는 욕설을 나는 참아 내겠다.

ahaṁ nāgova saṅgāme, cāpato patitaṁ saraṁ |
ativākyaṁ titikkhissaṁ, dussīlo hi bahujjano ||

Dh. 321.

길들여진 코끼리에 왕이 올라타고
그 코끼리가 군대를 이끌듯이
욕설을 참아 내는 길들여진 사람
그가 인간 중에 가장 훌륭하다.

dantaṁ nayanti samitiṁ, dantaṁ
rājābhirūhati |
danto seṭṭho manussesu, yotivākyaṁ
titikkhati ||

Dh. 322.

잘 길들여진 노새도 훌륭하고
천리마(千里馬)도 훌륭하고
왕이 타는 코끼리도 훌륭하지만
길들여진 자신이 더 훌륭하다.

varamassatarā dantā, ājānīyā ca sindhavā |
kuñjarā ca mahānāgā, attadanto tato varaṁ ||

Dh. 323.

이들이 끄는 수레로는
결코 갈 수 없는 곳을[821]
자신을 잘 길들임으로써
길들여진 자신은 간다.

na hi etehi yānehi, gaccheyya agataṁ disaṁ |
yathāttanā sudantena, danto dantena gacchati ||

Dh. 324.

발정(發情)이 나서 제어하기 힘든
큰 코끼리 다나빨라까(Dhanapālaka)는
붙잡히면 한 입도 먹지를 않고
코끼리 숲속의 코끼리만 생각한다.

dhanapālako nāma kuñjaro,
kaṭukappabhedano dunnivārayo |
baddho kabaḷaṁ na bhuñjati,
sumarati nāgavanassa kuñjaro ||

Dh. 325.

게으르고 게다가 식탐이 많고
빈둥빈둥 뒹굴며 잠이나 자는
사료를 축내는 수퇘지 같은
게으른 자 거듭하여 모태(母胎)에 든다.

middhī yadā hoti mahagghaso ca,
niddāyitā samparivattasāyī |

---

821 열반을 의미한다.

mahāvarāhova nivāpapuṭṭho,
punappunaṁ gabbhamupeti mando ||

Dh. 326.

예전에는 마음이 원하는 대로
쾌락 좇아 즐겁게 돌아다녔다.
조련사가 사나운 코끼리를 길들이듯
나는 오늘부터 철저하게 자제하리라!

idaṁ pure cittamacāri cārikaṁ,
yenicchakaṁ yatthakāmaṁyathāsukhaṁ |
tadajjahaṁ niggahessāmi yoniso,
hatthippabhinnaṁ viya aṅkusaggaho ||

Dh. 327.

기꺼이 방일하지 말고
자신의 마음을 지켜라!
진흙 속에 빠진 코끼리처럼[822]
험한 길에서 자신을 건져 내라!

appamādaratā hotha, sacittamanurakkhatha |
duggā uddharathattānaṁ, paṅke sannova
kuñjaro ||

Dh. 328.

신념을 가지고 착하게 사는
현명한 동료나 도반(道伴) 얻으면
즐겁게 모든 난관 극복하면서
마음 모아 그들과 함께 가라!

sace labhetha nipakaṁ sahāyaṁ,
saddhiṁ caraṁ sādhuvihāridhīraṁ |
abhibhuyya sabbāni parissayāni,
careyya tenattamano satīmā ||

Dh. 329.

신념을 가지고 착하게 사는
현명한 동료나 도반 없으면
대왕이 정복한 국토를 버리듯
대왕코끼리처럼[823] 혼자서 가라!

no ce labhetha nipakaṁ sahāyaṁ,
saddhiṁ caraṁ sādhuvihāridhīraṁ |
rājāva raṭṭhaṁ vijitaṁ pahāya,
eko care mātaṅgaraññeva nāgo ||

Dh. 330.

어리석은 자와는 벗할 수 없다.
차라리 혼자서 가는 게 낫다.
묵묵히 홀로 가는 대왕코끼리처럼
죄를 짓지 말고 혼자서 가라!

ekassa caritaṁ seyyo,
natthi bāle sahāyatā |
eko care na ca pāpāni kayirā,
appossukko mātaṅgaraññeva nāgo ||

Dh. 331.

필요할 때 도와줄 벗 있으면 행복하고
어떤 것에도 만족하면 행복하다.
지은 공덕 있으면 죽을 때 행복하고
모든 괴로움을 버리면 행복하다.

---

822 진흙 속에 빠진 코끼리가 스스로 빠져나오듯이 스스로 빠져나오라는 의미.
823 원뜻은 '코끼리 숲속의 큰 코끼리처럼'이다.

atthamhi jātamhi sukhā sahāyā,
tuṭṭhī sukhā yā itarītarena |
puññaṁ sukhaṁ jīvitasaṅkhayamhi,
sabbassa dukkhassa sukhaṁ pahānaṁ ||

Dh. 332.

세간에서 어머니를 모시면 행복하고
더불어 아버지를 모시면 행복하다.
세간에서 수행자를 공경하면 행복하고
더불어 바라문을 공경하면 행복하다.

sukhā matteyyatā loke, atho petteyyatā sukhā |
sukhā sāmaññatā loke, atho brahmaññatā
sukhā ||

Dh. 333.

계율을 지키면 노년까지 행복하고
믿음이 확고하면 언제라도 행복하다.
밝은 통찰지[般若]를 얻으면 행복하고
죄를 짓지 않으면 언제라도 행복하다.

sukhaṁ yāva jarā sīlaṁ, sukhā saddhā
patiṭṭhitā |
sukho paññāya paṭilābho, pāpānaṁ akaraṇaṁ
sukhaṁ ||

24. 땅하-왁가(Taṇhā-vagga)
애욕품(愛欲品)

Dh. 334.

방일하게 살아가는 사람에게
칡넝쿨처럼 갈애[愛]가 자라난다.
그는 이 생 저 생을 떠돌아다닌다.
과일을 욕심낸 숲속의 원숭이처럼.

manujassa pamattacārino, taṇhā vaḍḍhati
māluvā viya |
so plavatī hurā huraṁ, phalamicchaṁva
vanasmi vānaro ||

Dh. 335.

세간에 대한 갈애와 탐욕에
지배된 비참한 사람
그에게 근심이 커 간다.
비 온 후의 죽순처럼.[824]

yaṁ esā sahatī jammī, taṇhā loke visattikā |
sokā tassa pavaḍḍhanti, abhivaṭṭhaṁva
bīraṇaṁ ||

Dh. 336.

세간에서 극복하기 어려운
비참한 갈애를 극복하면
그에게서 근심이 떨어져 나간다.
연꽃 위의 물방울처럼.

yo cetaṁ sahatī jammiṁ, taṇhaṁ loke
duraccayaṁ |
sokā tamhā papatanti, udabinduva pokkharā ||

Dh. 337.

여기 모인 그대들에게
내가 복음(福音)을 설하겠노라.
우씨라(usīra)를 얻기 위해
비라나(bīraṇa)를 걷어 내듯이[825]
갈애의 뿌리를 뽑아 버려라!
그리하여 홍수가 갈대를 망치듯이
마라가 그대들을 망치지 못하게 하라!

taṁ vo vadāmi bhaddaṁ vo, yāvantettha
samāgatā |
taṇhāya mūlaṁ khaṇatha, usīratthova
bīraṇaṁ |
mā vo naḷaṁva sotova, māro bhañji
punappunaṁ ||

Dh. 338.

뿌리만 상하지 않고 견실하면
잘라 내도 다시 자라는 나무처럼
잠재하는 갈애를 근절하지 않으면
괴로움은 계속해서 다시 생긴다.

yathāpi mūle anupaddave daḷhe,

---

824 'bīraṇaṁ'은 성장이 빠른 풀의 이름인데, 여기에서는 '죽순'으로 번역함.

825 우씨라(usīra)는 비라나(bīraṇa)의 뿌리로서 향기가 좋기 때문에 향료로 쓰인다. 우씨라 향을 얻기 위해서 비라나 풀을 제거해야 한다는 의미이다.

chinnopi rukkho punarevarūhati |
evampi taṇhānusaye anūhate,
nibbattatī dukkhamidaṁ punappunaṁ ||

_Dh. 339._

즐거움을 좇아서 강하게 흐르는
서른여섯 종류의 거센 폭류(暴流)가[826]
탐욕에 의존하는 의도를 가진
악견(惡見)을 지닌 자를 휩쓸어 간다.

yassa chattiṁsati sotā, manāpasavanā bhusā |
vāhā vahanti duddiṭṭhiṁ, saṅkappā rāganissitā ||

_Dh. 340._

폭류가 흘러간 모든 곳에는
넝쿨이 생겨서 그곳에 머문다.
넝쿨이 생기는 것을 보거든
통찰지[般若]로 뿌리를 끊어라!

savanti sabbadhi sotā, latā ubbhijja tiṭṭhati |
tañca disvā lataṁ jātaṁ, mūlaṁ paññāya chindatha ||

_Dh. 341._

사람에게는 즐거움을 갈망하며
꿈틀거리는 욕망이 있다.
즐거움에 집착하여 즐거움을 바라는
그들은 태어남과 늙음을 겪는다.

saritāni sinehitāni ca, somanassāni bhavanti jantuno |
te sātasitā sukhesino, te ve jātijarūpagā narā ||

_Dh. 342._

갈망을 따르는 사람들은
덫에 걸려 날뛰는 토끼와 같다.
집착에 결박된 중생들은
오랜 세월 계속해서 괴로움을 겪는다.

tasiṇāya purakkhatā pajā, parisappanti sasova bandhito |
saṁyojanasaṅgasattā, dukkhamupenti punappunaṁ cirāya ||

_Dh. 343._

갈망을 따르는 사람들은
덫에 걸려 날뛰는 토끼와 같다.
그러므로 자신의 이욕(離欲)을 바라는
수행자는 갈망을 몰아내야 한다.

tasiṇāya purakkhatā pajā, parisappanti sasova bandhito |
tasmā tasiṇaṁ vinodaye, bhikkhu ākaṅkhī virāgamattano ||

_Dh. 344._

탐욕에서 벗어나 숲으로 갔다가
숲을 버리고 숲을 떠난 사람

826 36종의 거센 폭류는 6근(根)의 활동을 통해 일어나는 욕애(欲愛)·색애(色愛)·무색애(無色愛), 총 18종류의 애(愛)와 그 대상인 6경(境)에 대하여 일어나는 욕애·색애·무색애, 총 18종류의 애를 합한 36종의 애를 의미한다.

그대들은 와서 그를 보아라![827]

벗어났다 속박으로 달려간 자를.

yo nibbanatho vanādhimutto,
vanamutto vanameva dhāvati |
taṁ puggalametha passatha,
mutto bandhanameva dhāvati ||

Dh. 345.

현자가 말하는 단단한 결박은
쇠, 나무, 노끈으로 된 것이 아니다.
마음을 사로잡는 보석 귀고리와
처자식에 대한 애착이 결박이다.

na taṁ daḷhaṁ bandhanamāhu dhīrā,
yadāyasaṁ dārujaṁ pabbajañca |
sārattarattā maṇikuṇḍalesu,
puttesu dāresu ca yā apekkhā ||

Dh. 346.

무겁고 질겨서 벗어나기 어려운
이 결박을 현자들은 단단하다고 말한다.
쾌락의 즐거움을 버리고 바랄 것 없는
현자들은 이 결박을 끊고서 출가한다.

etaṁ daḷhaṁ bandhanamāhu dhīrā,
ohārinaṁ sithilaṁ duppamuñcaṁ |
etampi chetvāna paribbajanti,
anapekkhino kāmasukhaṁ pahāya ||

Dh. 347.

스스로 만든 그물 속의 거미처럼
탐욕에 물든 자는 폭류가 덮친다.
일체의 괴로움을 버리고 바랄 것 없는
현자들은 이 결박을 끊고서 출가한다.

ye rāgarattānupatanti sotaṁ,
sayaṁkataṁ makkaṭakova jālaṁ |
etampi chetvāna vajanti dhīrā,
anapekkhino sabbadukkhaṁ pahāya ||

Dh. 348.

과거에서 벗어나고 미래에서 벗어나라!
현재에서도 벗어나 피안(彼岸)에 도달하라!
언제 어디에서든 마음이 해탈하면
다시는 태어남과 늙음 겪지 않는다.

muñca pure muñca pacchato,
majjhe muñca bhavassa pāragū |
sabbattha vimuttamānaso,
na puna jātijaraṁ upehisi ||

Dh. 349.

더러운 탐욕을 청정하다고 보는
사유의 힘이 마비된 사람에게
나날이 갈애는 늘어나고
그만큼 결박은 단단해진다.

vitakkapamathitassa jantuno,
tibbarāgassa subhānupassino |
bhiyyo taṇhā pavaḍḍhati,
esa kho daḷhaṁ karoti bandhanaṁ ||

---

827 이 게송은 출가하여 수행하던 비구가 비구 생활을 포기하고 환속하여 살다가 죄를 지어 처형을 받는 자리에서 설해진 것이다.

Dh. 350.

언제나 집중하여 부정관(不淨觀)을 닦는
평온한 사유를 즐기는 사람
그는 마라의 결박을 제거한다.
그는 마라의 결박을 끊어 낸다.

vitakkūpasame ca yo rato, asubhaṁ
bhāvayati sadā sato |
esa kho vyantikāhiti, eso checchati
mārabandhanaṁ ||

Dh. 351.

궁극에 도달하여 두려움 없고
갈애에서 벗어나 번뇌 없으며
존재의 화살을 모조리 끊으면
이것이 생을 받은 마지막 몸[最後身]이다.

niṭṭhaṅgato asantāsī, vītataṇho anaṅgaṇo |
acchindi bhavasallāni, antimoyaṁ samussayo ||

Dh. 352.

갈애에서 벗어나 집착이 없고
경전의 말씀과 의미에 통달하여
결합된 문장을 잘 이해하고
전후의 맥락을 잘 안다면
이 사람이 마지막 몸을 성취한
큰 지혜를 갖춘 위인(偉人)이다.

vītataṇho anādāno, niruttipadakovido |
akkharānaṁ sannipātaṁ, jaññā pubbāparāni ca |
sa ve antimasārīro, mahāpañño mahāpurisoti
vuccati ||

Dh. 353.

나는 모든 법에 물들지 않는
일체승자(一切勝者)이며 일체지자(一切知者)다.
일체를 버리고 갈애를 부수고
체험적 지혜로써 스스로 해탈했다.
그런데 누구를 스승이라 말하겠는가?

sabbābhibhū sabbavidūhamasmi,
sabbesu dhammesu anūpalitto |
sabbañjaho taṇhakkhaye vimutto,
sayaṁ abhiññāya kamuddiseyyaṁ ||

Dh. 354.

모든 보시의 승리자는 법보시(法布施)고
모든 맛의 승리자는 법미(法味)다.
모든 즐거움의 승리자는 법락(法樂)이고
모든 괴로움의 승리자는 갈애의 소멸이다.

sabbadānaṁ dhammadānaṁ jināti,
sabbarasaṁ dhammaraso jināti |
sabbaratiṁ dhammaratī jināti,
taṇhakkhayo sabbadukkhaṁ jināti ||

Dh. 355.

재물은 어리석은 사람을 해치지만
피안을 바라는 사람은 해치지 못한다.
어리석은 사람은 재물에 대한 갈애 때문에
다른 사람들은 물론 자신까지 해친다.

hananti bhogā dummedhaṁ, no ca
pāragavesino |
bhogataṇhāya dummedho, hanti aññeva
attanaṁ ||

Dh. 356.

밭은 잡초가 망치고

사람은 탐욕이 망친다.

그래서 탐욕을 버린 분에게

보시하면 큰 결실이 있다.

tiṇadosāni khettāni, rāgadosā ayaṁ pajā |
tasmā hi vītarāgesu, dinnaṁ hoti
mahapphalaṁ ||

Dh. 357.

밭은 잡초가 망치고

사람은 분노가 망친다.

그래서 분노를 버린 분에게

보시하면 큰 결실이 있다.

tiṇadosāni khettāni, dosadosā ayaṁ pajā |
tasmā hi vītadosesu, dinnaṁ hoti
mahapphalaṁ ||

Dh. 358.

밭은 잡초가 망치고

사람은 어리석음이 망친다.

그래서 어리석음 버린 분에게

보시하면 큰 결실이 있다.

tiṇadosāni khettāni, mohadosā ayaṁ pajā |
tasmā hi vītamohesu, dinnaṁ hoti
mahapphalaṁ ||

Dh. 359.

밭은 잡초가 망치고

사람은 욕망이 망친다.

그래서 욕망을 버린 분에게

보시하면 큰 결실이 있다.

tiṇadosāni khettāni, icchādosā ayaṁ pajā |
tasmā hi vigaticchesu, dinnaṁ hoti
mahapphalaṁ ||

25. 빅쿠-왁가(Bhikkhu-vagga)
사문품(沙門品)

Dh. 360.

시각활동을 지켜보는 것도 유익하고[828]
청각활동을 지켜보는 것도 유익하다.
후각활동을 지켜보는 것도 유익하고
미각활동을 지켜보는 것도 유익하다.

cakkhunā saṁvaro sādhu, sādhu sotena saṁvaro |
ghānena saṁvaro sādhu, sādhu jivhāya saṁvaro ||

Dh. 361.

신체 활동을 지켜보는 것도 유익하고
언행을 지켜보는 것도 유익하고
마음을 지켜보는 것도 유익하다.
이 모든 것을 지켜보는 것은 유익하다.
모든 것을 지켜보는 비구는
모든 괴로움에서 벗어난다.

kāyena saṁvaro sādhu, sādhu vācāya saṁvaro |
manasā saṁvaro sādhu, sādhu sabbattha saṁvaro |
sabbattha saṁvuto bhikkhu, sabbadukkhā pamuccati ||

Dh. 362.

손놀림을 자제하고 발걸음을 자제하고
언행을 자제하고 자신을 자제하고
마음을 집중하여 내면의 즐거움을
홀로 즐긴다면 그를 비구라고 한다.

hatthasaṁyato pādasaṁyato, vācāsaṁyato saṁyatuttamo |
ajjhattarato samāhito, eko santusito tamāhu bhikkhuṁ ||

Dh. 363.

비구가 입을 함부로 놀리지 않고
들뜨지 않고 현명하게 말하여
가르침의 의미를 밝게 드러내면
그의 말은 꿀처럼 감미롭다.

yo mukhasaṁyato bhikkhu, mantabhāṇī anuddhato |
atthaṁ dhammañca dīpeti, madhuraṁ tassa bhāsitaṁ ||

Dh. 364.

가르침을 기뻐하고 가르침을 즐기고
가르침에 따라서 사유하고
가르침을 기억하는 비구는
바른 가르침에서 멀어지지 않는다.

---

828 '안(眼)'으로 한역되는 'cakkhunā'를 '시각 활동'으로, '수호(守護)'로 한역되는 'saṁvaro'를 '지켜보는 것'으로 번역함.

dhammārāmo dhammarato,
dhammaṁ anuvicintayaṁ |
dhammaṁ anussaraṁ bhikkhu,
saddhammā na parihāyati ||

Dh. 365.

자신이 얻은 것을 가볍게 보지 말고
다른 사람 얻은 것을 부러워 말라!
다른 사람 얻은 것을 부러워하면
그 비구는 삼매에 들지 못한다.

salābhaṁ nātimaññeyya, nāññesaṁ pihayaṁ
care |
aññesaṁ pihayaṁ bhikkhu, samādhiṁ
nādhigacchati ||

Dh. 366.

비구가 얻은 것이 적을지라도
자신이 얻은 것을 가볍게 보지 않고
부지런히 청정하게 살아가면
천신들은 분명히 그를 칭찬한다.

appalābhopi ce bhikkhu, salābhaṁ
nātimaññati |
taṁ ve devā pasaṁsanti, suddhājīviṁ
atanditaṁ ||

Dh. 367.

모든 이름과 형색[名色]에 대하여
그 어떤 애착도 없는 사람은
존재하지 않게 됨을 근심하지 않나니[829]
그를 진정으로 '비구'라고 할 수 있다.

sabbaso nāmarūpasmiṁ, yassa natthi
mamāyitaṁ |
asatā ca na socati, sa ve bhikkhūti vuccati ||

Dh. 368.

비구가 붓다의 가르침을 믿고
자애로운 마음으로 살아가면
모든 행위[行]가 적멸하여 행복한
평온한 경지에 이를 것이다.

mettāvihārī yo bhikkhu, pasanno
buddhasāsane |
adhigacche padaṁ santaṁ, saṅkhārūpasamaṁ
sukhaṁ ||

Dh. 369.

비구여! 이 배에서 물을 퍼내라!
물 퍼내면 가볍게 나아갈 것이다.
탐욕과 분노를 끊어 버리고
그 후에 열반으로 나아가거라!

siñca bhikkhu imaṁ nāvaṁ, sittā te
lahumessati |
chetvā rāgañca dosañca, tato nibbānamehisi ||

---

829 우리가 인식하는 모든 존재는 이름과 형색[名色]이다. 따라서 이름과 형색에 대한 애착이 없으면 죽음을 근심하지 않는다는 의미이다.

Dh. 370.

다섯 가지를[830] 끊고 다섯 가지를[831] 버려라!

그리고 나아가서 다섯 가지를[832] 닦아라!

다섯 가지 집착을[833] 초월한 비구를

폭류를 건너간 사람이라고 한다.

pañca chinde pañca jahe, pañca cuttari
bhāvaye |
pañca saṅgātigo bhikkhu, oghatiṇṇoti vuccati ||

Dh. 371.

비구여! 방일하지 말고 선정을 닦아라!

마음이 쾌락의 대상 속에서 맴돌지 않게 하라!

방일하여 뜨거운 쇠구슬을 삼키지 말라!

태워지면서 괴롭다고 울부짖지 말라!

jhāya bhikkhu mā ca pamādo,
mā te kāmaguṇe bhamessu cittaṁ |
mā lohaguḷaṁ gilī pamatto,
mā kandi dukkhamidanti ḍayhamāno ||

Dh. 372.

지혜 없이 선정 없고

선정 없이 지혜 없다.

선정과 지혜가 있으면

그곳에 열반이 있다.

natthi jhānaṁ apaññassa, paññā natthi
ajhāyato |
yamhi jhānañca paññā ca, sa ve
nibbānasantike ||

Dh. 373.

텅 빈 집에 들어가서

비구가 평온한 마음으로

가르침을 바르게 통찰하면

인간을 초월한 기쁨이 있다.

suññāgāraṁ paviṭṭhassa, santacittassa
bhikkhuno |
amānusī ratī hoti, sammā dhammaṁ
vipassato ||

Dh. 374.

누구나 오온(五蘊)의 발생과 소멸을

바르게 주의집중하여

기쁨과 즐거움을 얻으면

그것이 불사(不死)를 아는 것이다.

yato yato sammasati, khandhānaṁ
udayabbayaṁ |
labhatī pītipāmojjaṁ, amataṁ taṁ vijānataṁ ||

---

830 오하분결(五下分結), 즉 탐결[貪結: 탐심(貪心)]·진결[瞋結: 진심(嗔心)]·신견결[身見結: 유신견(有身見, 자신이 존재한다는 견해]·계취견결[戒取見結: 계금취견(戒禁取見)]·의결[疑結: 의심(疑心)]을 의미함.

831 오상분결(五上分結), 즉 색애결[色愛結: 색계(色界)에 대한 애착]·무색애결(無色愛結: 무색계에 대한 애착)·도결(掉結: 들뜬 마음)·만결(慢結: 교만한 마음)·무명결(無明結: 무지한 마음)을 의미함.

832 오력(五力), 즉 신력(信力: 신념)·진력[進力: 정진(精進)]·염력[念力: 사념처(四念處)],·정력[定力: 선정(禪定)]·혜력(慧力: 지혜)을 의미함.

833 오결(五結), 즉 탐결(貪結: 탐욕)·에결(恚結: 분노)·만결(慢結: 교만한 마음)·질결(嫉結: 질투심)·간결(慳結: 인색한 마음)을 의미함.

Dh. 375.

지각활동 지켜보며 만족을 알고
별해탈율의(別解脫律儀)를 지키도록 하라!
지혜로운 비구의 수행은
바로 여기에서 시작된다.

tatrāyamādi bhavati, idha paññassa
bhikkhuno |
indriyagutti santuṭṭhī, pātimokkhe ca
saṁvaro |
mitte bhajassu kalyāṇe, suddhājīve atandite ||

Dh. 376.

훌륭한 친구와 교제하면서
열심히 청정하게 살아가라!
우정을 나누며 서로 좋은 경쟁하면
그로 인해 많은 즐거움 있고
괴로움을 끝내게 될 것이다.

paṭisanthāravutyassa, ācārakusalo siyā |
tato pāmojjabahulo, dukkhassantaṁ karissati ||

Dh. 377.

비구들이여! 와씨까(vassikā)[834]가
시든 꽃을 떨어뜨리듯
탐욕과 분노를
내려놓아라!

vassikā viya pupphāni, maddavāni pamuñcati |
evaṁ rāgañca dosañca, vippamuñcetha
bhikkhavo ||

Dh. 378.

몸가짐과 언행이 평온하고
평온하게 마음을 잘 집중하고
세속의 이익을 버린 비구를
'평온한 비구'라고 한다.

santakāyo santavāco, santavā susamāhito |
vantalokāmiso bhikkhu, upasantoti vuccati ||

Dh. 379.

스스로 자신을 경책(警責)하고
스스로 자신을 통제하라!
주의집중하여 자신을 지키면
비구는 행복하게 살 수 있다.

attanā codayattānaṁ, paṭimāse attam attanā |
so attagutto satimā, sukhaṁ bhikkhu vihāhisi ||

Dh. 380.

자신이 자신의 보호자다.
자신이 자신의 미래를 만든다.
그러므로 자신을 제어해야 한다.
상인이 말을 훌륭하게 제어하듯.

attā hi attano nātho,
(ko hi nātho paro siyā) attā hi attano gati |
tasmā saññamayattānaṁ,
assaṁ bhadraṁva vāṇijo ||

Dh. 381.

커다란 기쁨을 느끼면서
붓다의 가르침을 믿는 비구는

---

834 재스민(jasmine)의 일종.

모든 행위[行]가 적멸하여

행복하고 평온한 경지에 이른다.

pāmojjabahulo bhikkhu, pasanno
buddhasāsane |
adhigacche padaṁ santaṁ, saṅkhārūpasamaṁ
sukhaṁ ||

Dh. 382.

젊은 비구라 할지라도

붓다의 가르침에 전념하면

구름을 벗어난 달처럼

이 세간을 밝게 비춘다.

yo have daharo bhikkhu, yuñjati
buddhasāsane |
somaṁ lokaṁ pabhāseti, abbhā muttova
candimā ||

26. 브라마나-왁가(Brāhmaṇa-vagga)
범지품(梵志品)

Dh. 383.

욕망을 제거하고 용맹하게
폭류를 끊은 자가 바라문이다.
행위[行]의 소멸과 무위의 열반을
아는 자가 바라문이다.

chinda sotaṁ parakkamma, kāme panuda brāhmaṇa |
saṅkhārānaṁ khayaṁ ñatvā, akataññūsi brāhmaṇa ||

Dh. 384.

바라문이 두 법 가운데서[835]
피안으로 건너갈 때
결박을 알기 때문에
모든 결박이 소멸한다.

yadā dvayesu dhammesu, pāragū hoti brāhmaṇo |
athassa sabbe saṁyogā, atthaṁ gacchanti jānato ||

Dh. 385.

피안도 없고 차안(此岸)도 없고
피안과 차안도 없으며
걱정 없고 속박 없는 사람
나는 그를 바라문이라고 부른다.

yassa pāraṁ apāraṁ vā, pārāpāraṁ na vijjati |
vītaddaraṁ visaṁyuttaṁ, tamahaṁ brūmi brāhmaṇaṁ ||

Dh. 386.

조용하게 앉아 선정을 닦고
해야 할 일 마쳐서 번뇌가 없는
최상의 목적을 성취한 사람
나는 그를 바라문이라고 부른다.

jhāyiṁ virajamāsīnaṁ, katakiccamanāsavaṁ |
uttamatthamanuppattaṁ, tamahaṁ brūmi brāhmaṇaṁ ||

Dh. 387.

해는 낮에 빛나고 달은 밤에 빛난다.
크샤트리아는 무장했을 때 빛나고
바라문은 선정에 들었을 때 빛난다.
붓다는 낮이나 밤이나 항상 밝게 빛난다.

divā tapati ādicco, rattimābhāti candimā |
sannaddho khattiyo tapati, jhāyī tapati brāhmaṇo |
atha sabbamahorattiṁ, buddho tapati tejasā ||

Dh. 388.

'악을 멀리하는 자'를 '바라문'이라고 한다.

---

835 두 법은 사마타(samatha)와 위빠싸나(vipassanā)를 의미한다. 바라문은 사마타와 위빠싸나를 수행하여 피안에 건너간다는 의미이다.

'평온하게 사는 자'를 '사문'이라고 부른다.
자신의 먼지를 털어 내면
그로 인해서 '출가자'라고 부른다.

bāhitapāpoti brāhmaṇo, samacariyā samaṇoti vuccati |
pabbājayamattano malaṁ, tasmā pabbajitoti vuccati ||

Dh. 389.

바라문에게 해를 주지 말고
바라문은 앙갚음하지 말라!
차마 바라문에게 해를 줄 수 있으랴!
그렇다고 차마 앙갚음을 하랴!

na brāhmaṇassetadakiñci seyyo,
yadā nisedho manaso piyehi |
yato yato hiṁsamano nivattati,
tato tato sammatimeva dukkhaṁ ||

Dh. 390.

기쁜 마음으로 억누를 수 있다면[836]
바라문에게 이보다 좋은 것은 없다.
죽이고 싶은 마음 그칠 때마다
그때마다 괴로움 가라앉는다.

na brāhmaṇassetadakiñci seyyo,
yadā nisedho manaso piyehi |
yato yato hiṁsamano nivattati,
tato tato sammatimeva dukkhaṁ ||

Dh. 391.

어떤 사람이든 몸이나 말이나
마음으로 짓는 악행이 없는
세 가지로 자신을 제어한 사람
나는 그를 바라문이라고 부른다.

yassa kāyena vācāya, manasā natthi dukkaṭaṁ |
saṁvutaṁ tīhi ṭhānehi, tamahaṁ brūmi brāhmaṇaṁ ||

Dh. 392.

바른 깨달음을 이룬 분이 가르친
가르침을 누군가가 알려 준다면
바라문이 제화(祭火)를 섬기듯이
공손하게 그를 받들어야 한다.

yamhā dhammaṁ vijāneyya, sammāsambuddhadesitaṁ |
sakkaccaṁ taṁ namasseyya, aggihuttaṁva brāhmaṇo ||

Dh. 393.

결발이나 가문이나 출생에 의해서
바라문이 되는 것이 아니다.
누구든 진실과 법(法)이 있으면
그는 청정하고, 그가 바라문이다.

na jaṭāhi na gottena, na jaccā hoti brāhmaṇo |
yamhi saccañca dhammo ca, so sucī so ca brāhmaṇo ||

836 가해를 당할 때 분노를 억누르는 것을 의미한다.

Dh. 394.

어리석은 자여! 결발로 무엇을 하겠으며
사슴 가죽옷으로 무엇을 하겠는가?
그대는 안에 있는 집착은 버려두고
밖에 있는 몸만 만지고 있구나.

kiṁ te jaṭāhi dummedha, kiṁ te ajinasāṭiyā |
abhbhantaraṁ te gahanaṁ, bāhiraṁ
parimajjasi ||

Dh. 395.

말라서 핏줄이 드러난
홀로 숲에서 선정에 든
분소의(糞掃衣)를 입은 사람
나는 그를 바라문이라고 부른다.

paṁsukūladharaṁ jantuṁ, kisaṁ
dhamanisanthataṁ |
ekaṁ vanasmiṁ jhāyantaṁ, tamahaṁ brūmi
brāhmaṇaṁ ||

Dh. 396.

어머니의 자궁에서 태어난 존재를
나는 바라문이라고 부르지 않는다.
무언가를 가진 자는 '그대'라고 부른다.
가진 것 없고 집착 없는 사람
나는 그를 바라문이라고 부른다.

na cāhaṁ brāhmaṇaṁ brūmi, yonijaṁ
mattisambhavaṁ |
bhovādi nāma so hoti, sace hoti sakiñcano |
akiñcanaṁ anādānaṁ, tamahaṁ brūmi
brāhmaṇaṁ ||

Dh. 397.

일체의 속박 끊고 걱정 없는 사람
집착을 초월한 사람
속박을 벗어난 사람
나는 그를 바라문이라고 부른다.

sabbasaññojanaṁ chetvā, yo ve na paritassati |
saṅgātigaṁ visaṁyuttaṁ, tamahaṁ brūmi
brāhmaṇaṁ ||

Dh. 398.

밧줄을 끊고 가죽끈을 끊고
올가미와 굴레를 벗고
장애를 제거하고 깨달은 사람
나는 그를 바라문이라고 부른다.

chetvā naddhiṁ varattañca, sandānaṁ
sahanukkamaṁ |
ukkhittapalighaṁ buddhaṁ, tamahaṁ brūmi
brāhmaṇaṁ ||

Dh. 399.

비난받고 매를 맞고 결박당해도
인내심 많은 강한 군대처럼
화내지 않고 참아 내는 사람
나는 그를 바라문이라고 부른다.

akkosaṁ vadhabandhañca, aduṭṭho yo
titikkhati |
khantībalaṁ balānīkaṁ, tamahaṁ brūmi
brāhmaṇaṁ ||

Dh. 400.

친절하고 독실한 사람
계율을 지키고 자신을 길들여서
마지막 몸[最後身]을 이룬 사람
나는 그를 바라문이라고 부른다.

akkodhanaṁ vatavantaṁ, sīlavantaṁ
anussutaṁ |
dantaṁ antimasārīraṁ, tamahaṁ brūmi
brāhmaṇaṁ ||

Dh. 401.

연꽃잎에 달린 이슬만큼도
송곳 끝에 걸린 겨자씨만큼도
감각적 욕망에 물들지 않는 사람
나는 그를 바라문이라고 부른다.

vāri pokkharapatteva, āraggeriva sāsapo |
yo na limpati kāmesu, tamahaṁ brūmi
brāhmaṇaṁ ||

Dh. 402.

자신의 괴로움 소멸했음 통찰하고
속박에서 벗어나
짐을 내려놓은 사람
나는 그를 바라문이라고 부른다.

yo dukkhassa pajānāti, idheva khayamattano |
pannabhāraṁ visaṁyuttaṁ, tamahaṁ brūmi
brāhmaṇaṁ ||

Dh. 403.

깊은 지혜 있는 총명한 사람
바른길과 그른 길에 정통한 사람
최고의 목적을 성취한 사람
나는 그를 바라문이라고 부른다.

gambhīrapaññaṁ medhāviṁ,
maggāmaggassa kovidaṁ |
uttamatthamanuppattaṁ, tamahaṁ brūmi
brāhmaṇaṁ ||

Dh. 404.

재가자든 출가자든
어느 누구와도 어울리지 않고
집 없이 사는 욕심 없는 사람
나는 그를 바라문이라고 부른다.

asaṁsaṭṭhaṁ gahaṭṭhehi, anāgārehi
cūbhayaṁ |
anokasārimappicchaṁ, tamahaṁ brūmi
brāhmaṇaṁ ||

Dh. 405.

동물에 대해서도 식물에 대해서도
살아 있는 모든 것에 폭력을 내려놓고
때리지 않고 죽이지 않는 사람
나는 그를 바라문이라고 부른다.

nidhāya daṇḍaṁ bhūtesu, tasesu thāvaresu ca |
yo na hanti na ghāteti, tamahaṁ brūmi
brāhmaṇaṁ ||

Dh. 406.

모든 장애 가운데서 걸림이 없고
모든 폭력 가운데서 평온하고
집착의 대상을 집착하지 않는 사람
나는 그를 바라문이라고 부른다.

aviruddhaṁ viruddhesu, attadaṇḍesu
nibbutaṁ |
sādānesu anādānaṁ, tamahaṁ brūmi
brāhmaṇaṁ ||

Dh. 407.

송곳 끝에서 겨자씨가 떨어지듯
탐욕과 분노와 오만과 위선이
남김없이 떨어져 나간 사람
나는 그를 바라문이라고 부른다.

yassa rāgo ca doso ca, māno makkho ca
pātito |
sāsaporiva āraggā, tamahaṁ brūmi
brāhmaṇaṁ ||

Dh. 408.

부드럽고 유익한 말
진실한 말을 하고
누구에게도 악담하지 않는 사람
나는 그를 바라문이라고 부른다.

akakkasaṁ viññāpaniṁ, giraṁ
saccamudīraye |
yāya nābhisaje kañci, tamahaṁ brūmi
brāhmaṇaṁ ||

Dh. 409.

크든 작든 많든 적든
좋은 것이든 싫은 것이든
주지 않은 것을 취하지 않는 사람
나는 그를 바라문이라고 부른다.

yodha dīghaṁ va rassaṁ vā, aṇuṁ thūlaṁ
subhāsubhaṁ |
loke adinnaṁ nādiyati, tamahaṁ brūmi
brāhmaṇaṁ ||

Dh. 410.

이 세상과 저세상에서
존재하려는 욕망이 없는
애착 않고 속박에서 벗어난 사람
나는 그를 바라문이라고 부른다.

āsā yassa na vijjanti, asmiṁ loke paramhi ca |
nirāsayaṁ visaṁyuttaṁ, tamahaṁ brūmi
brāhmaṇaṁ ||

Dh. 411.

집착은 어디에도 찾아볼 수 없고
구경지(究境智)로 모든 의심을 없앤
불사의 경지를 성취한 사람
나는 그를 바라문이라고 부른다.

yassālayā na vijjanti, aññāya akathaṁkathī |
amatogadhamanuppattaṁ, tamahaṁ brūmi
brāhmaṇaṁ ||

Dh. 412.

복덕에도 집착 않고
죄악에도 집착 않는
근심 없고 티 없이 맑은 사람
나는 그를 바라문이라고 부른다.

yodha puññañca pāpañca, ubho
saṅgamupaccagā |
asokaṁ virajaṁ suddhaṁ, tamahaṁ brūmi
brāhmaṇaṁ ||

Dh. 413.

구름을 벗어난 달처럼
환락의 삶을 버린
티 없이 맑고 청정한 사람
나는 그를 바라문이라고 부른다.

candaṁva vimalaṁ suddhaṁ,
vippasannamanāvilaṁ |
nandībhavaparikkhīṇaṁ, tamahaṁ brūmi
brāhmaṇaṁ ||

Dh. 414.

돌고 도는 위험하고 험한 길과
어리석음 벗어나 저 언덕에 건너간
갈망도 없고 의심도 없고
집착 없는 평온한 선정수행자
나는 그를 바라문이라고 부른다.

yomaṁ palipathaṁ duggaṁ, saṁsāraṁ
mohamaccagā |
tiṇṇo pāragato jhāyī, anejo akathaṁkathī |
anupādāya nibbuto, tamahaṁ brūmi
brāhmaṇaṁ ||

Dh. 415.

세상에서 감각적 욕망 버리고
출가하여 집 없이 살아가는
욕망의 존재[kāmabhava, 欲有]를 버린 사람
나는 그를 바라문이라고 부른다.

yodha kāme pahantvāna, anāgāro paribbaje |
kāmabhavaparikkhīṇaṁ, tamahaṁ brūmi
brāhmaṇaṁ ||

Dh. 416.

세상에서 갈애[愛]를 내버리고
출가하여 집 없이 살아가는
갈애의 존재[taṇhābhava, 愛有]를 버린 사람
나는 그를 바라문이라고 부른다.

yodha taṇhaṁ pahantvāna, anāgāro paribbaje |
taṇhābhavaparikkhīṇaṁ, tamahaṁ brūmi
brāhmaṇaṁ ||

Dh. 417.

인간의 속박을 벗어 버리고
천상의 속박을 벗어 버리고
모든 속박에서 자유로운 사람
나는 그를 바라문이라고 부른다.

hitvā mānusakaṁ yogaṁ, dibbaṁ yogaṁ
upaccagā |
sabbayogavisaṁyuttaṁ, tamahaṁ brūmi
brāhmaṇaṁ ||

Dh. 418.

사랑도 내버리고 미움도 내버리고
집착이 없어서 맑고 시원한
일체의 세간을 극복한 영웅
나는 그를 바라문이라고 부른다.

hitvā ratiñca aratiñca, sītibhūtaṁ nirūpadhiṁ |
sabbalokābhibhuṁ vīraṁ, tamahaṁ brūmi
brāhmaṇaṁ ||

Dh. 419.

중생들의 태어남과 죽음을 알고
어떤 것에도 집착이 없는
잘 간 사람[善逝] 깨달은 사람[佛]
나는 그를 바라문이라고 부른다.

cutiṁ yo vedi sattānaṁ, upapattiñca sabbaso |
asattaṁ sugataṁ buddhaṁ, tamahaṁ brūmi
brāhmaṇaṁ ||

Dh. 420.

그가 죽어서 가는 길을
천신도 건달바도 인간도 모른다.
번뇌를 남김없이 없앤 아라한
나는 그를 바라문이라고 부른다.

yassa gatiṁ na jānanti, devā
gandhabbamānusā |
khīṇāsavaṁ arahantaṁ, tamahaṁ brūmi
brāhmaṇaṁ ||

Dh. 421.

그에게는 가진 것이 앞에도 없고
중간에도 뒤에도 아무것도 없다.
가진 것 없는 집착 없는 사람
나는 그를 바라문이라고 부른다.

yassa pure ca pacchā ca, majjhe ca natthi
kiñcanaṁ |
akiñcanaṁ anādānaṁ, tamahaṁ brūmi
brāhmaṇaṁ ||

Dh. 422.

황소처럼 늠름한 영웅이며
위대한 선인이며 승리자이며
갈망 없이 목욕한 깨달은 사람
나는 그를 바라문이라고 부른다.

usabhaṁ pavaraṁ vīraṁ,
mahesiṁ vijitāvinaṁ |
anejaṁ nahātakaṁ buddhaṁ,
tamahaṁ brūmi brāhmaṇaṁ ||

Dh. 423.

전생(前生)에 살던 곳을 알고
천상과 지옥을 보고
마침내 태어남을 없애고
모든 것을 완전하게 성취한
체험지(體驗智, abhiññā)를 성취한 성자
나는 그를 바라문이라고 부른다.

pubbenivāsaṁ yo vedi, saggāpāyañca passati |
atho jātikkhayaṁ patto, abhiññāvosito munii |
sabbavositavosānaṁ, tamahaṁ brūmi
brāhmaṇaṁ ||

중각 이중표

전남대학교 철학과를 졸업한 뒤 동국대학교 대학원에서 불교학 석·박사 학위를 취득했다.
이후 전남대학교 철학과 교수로 재직했으며, 정년 후 동 대학교 철학과 명예교수로 위촉됐다.
호남불교문화연구소 소장, 범한철학회 회장, 불교학연구회 회장을 역임했으며,
현재 불교 신행 단체인 '붓다나라'를 설립하여 포교와 교육에 힘쓰고 있다.
저서로는 『인간 붓다』, 『정선 디가 니까야』, 『정선 맛지마 니까야』, 『정선 쌍윳따 니까야』,
『정선 앙굿따라 니까야』, 『붓다의 철학』, 『니까야로 읽는 금강경』, 『니까야로 읽는 반야심경』,
『담마빠따』, 『숫따니빠따』, 『불교란 무엇인가』, 『붓다가 깨달은 연기법』, 『근본불교』, 『현대와 불교사상』 외
여러 책이 있으며, 역서로 『붯다의 연기법과 인공지능』, 『불교와 양자역학』 등이 있다.

불경

佛經

SUTTA

2024년 10월 1일 초판 1쇄 발행
2024년 11월 8일 초판 4쇄 발행

지은이 중각 이중표
발행인 박상근(至弘) • 편집인 류지호 • 편집이사 양동민
책임편집 양민호 • 편집 김재호, 김소영, 최호승, 하다해, 정유리
디자인 쿠담디자인 • 제작 김명환 • 마케팅 김대현, 이선호 • 관리 윤정안
콘텐츠국 유권준, 김대우, 김희준
펴낸 곳 불광출판사 (03169) 서울시 종로구 사직로10길 17 인왕빌딩 301호
대표전화 02) 420-3200 편집부 02) 420-3300 팩시밀리 02) 420-3400
출판등록 제300-2009-130호(1979. 10. 10.)

ISBN 979-11-7261-052-4 (03220)

값 70,000원